Ritscher / Schweizer

Quellen des Immaterialgüter- und Wettbewerbsrechts

Michael Ritscher
Dr. iur., LL.M.

Mark Schweizer
lic. iur., LL.M.

Quellen des Immaterialgüter- und Wettbewerbsrechts

Marken
Kennzeichen
Urheberrecht
Design
Patente
Lauterkeit
Kartelle
Verfahren

Schulthess § 2004

Bibliografische Information ‹Der Deutschen Bibliothek›
Die Deutsche Bibliothek verzeichnet diese Publikation in der Deutschen Nationalbibliografie;
detaillierte bibliografische Daten sind im Internet über ‹http://dnb.ddb.de› abrufbar.

Alle Rechte, auch die des Nachdrucks von Auszügen, vorbehalten. Jede Verwertung ist ohne
Zustimmung des Verlages unzulässig. Dies gilt insbesondere für Vervielfältigungen, Übersetzungen, Mikroverfilmungen und die Einspeicherung und Verarbeitung in elektronische
Systeme.

© Schulthess Juristische Medien AG, Zürich · Basel · Genf 2004
  ISBN 3 7255 4824 2

www.schulthess.com

Inhaltsverzeichnis

A. **Markenrecht** 1
   Markenschutzgesetz 3
   Markenschutzverordnung 22
   Nizza-Klassifikation Oberbegriffe (Deutsch) 39
   Nizza-Klassifikation Oberbegriffe (Französisch) 45
   Richtlinien Markenprüfung (IGE) 51
   Richtlinien Widerspruchsverfahren (IGE) 105
   Gebühren IGE, Madrider Abkommen und Protokoll 148
   Staatsvertrag Schweiz – Deutschland 152
   Madrider Abkommen 154
   Madrider Protokoll 169
   Mitgliedstaaten Madrider Abkommen und Protokoll 185
   TRIPS (Auszug Marken) 189
   PVÜ (Auszug Marken) 194
   Harmonisierungsrichtlinie Markenrecht (EU) 202
   Gemeinschaftsmarkenverordnung (EU) 212
   Fundstellen weiterer Quellen für Markenrecht 254

B. **Übriges Kennzeichenrecht** 257
   Firmenrecht (Auszug OR) 259
   Handelsregisterverordnung (Auszug) 263
   Anleitung und Weisung zum Firmenrecht (EHRA) 265
   Liste der gesperrten Begriffe (EHRA) 306
   Namensrecht (ZGB Auszug) 311
   Lauterkeitsrecht (UWG Auszug) 316
   Wappenschutzgesetz 317
   Wappenschutzverordnung 324
   TRIPS (Auszug geographische Herkunftsangaben) 330
   Register der Ursprungsbezeichnungen, Stand 1. Oktober 2004 334
   PVÜ (Auszug Handelsnamen, Herkunftsbezeichnung) 335
   Uniform Dispute Resolution Policy (ICANN) 338
   Fundstellen weiterer Quellen für übriges Kennzeichenrecht 343

C. **Urheberrecht** 347
   Urheberrechtsgesetz 349
   Änderung Urheberrechtsgesetz (Vorentwurf 2004) 370

Urheberrechtsverordnung 378
Verlagsvertrag (Auszug OR) 386
Revidierte Berner Übereinkunft (1971) 390
Rom-Abkommen 407
WIPO Copyright Treaty 421
WIPO Performances and Phonograms Treaty 428
TRIPS (Auszug Urheberrecht) 439
Software-Richtlinie (EU) 442
Richtlinie Urheberrecht in der Informationsgesellschaft (EU) 448
Fundstellen weiterer Quellen für Urheberrecht und Leistungsschutzrecht . . 467

D. Designrecht 469
Designgesetz 471
Designverordnung 482
Locarno-Klassifikation (Oberbegriffe) 492
Gebühren Designschutz (IGE) 494
Haager Muster und Modell Abkommen (Genfer Akte) 496
TRIPS (Auszug Designrecht) 514
Richtlinie Muster und Modelle (EU) 515
Verordnung Gemeinschaftsgeschmacksmuster (EU) 525
Weitere Fundstellen für Designrecht 567

E. Patentrecht 569
Patentgesetz 571
Änderung Patentgesetz (Vorentwurf 2004) 619
Patentverordnung 645
Gebühren Patente (IGE) 694
Europäisches Patentübereinkommen (EPÜ) 695
Ausführungsordnung EPÜ 752
Anerkennungsprotokoll zum EPÜ 807
Protokoll über die Auslegung des Art. 69 des EPÜ 810
Gebühren und Auslagen EPA 811
Patent Cooperation Treaty (PCT) 819
Ausführungsordnung PCT 857
Liste Vertragsstaaten PCT und EPÜ 972
TRIPS (Auszug Patente) 977
PVÜ (Auszug Patente) 982
Weitere Fundstellen für Patentrecht und Sortenschutz 989

F. Lauterkeitsrecht ... 991
UWG ... 993
Preisbekanntgabeverordnung ... 1001
Grundsätze der Lauterkeitskommission ... 1010
TRIPS (Auszug Geschäftsgeheimnisse) ... 1025
PVÜ (Auszug Art. 10[bis, ter]) ... 1027
Richtlinie vergleichende und irreführende Werbung (EU) ... 1029
Weitere Fundstellen für Lauterkeitsrecht ... 1035

G. Kartellrecht ... 1037
Kartellgesetz ... 1039
Kontrolle der Unternehmenszusammenschlüsse (Verordnung) ... 1057
Kartellgesetz-Sanktionen (Verordnung) ... 1065
Vertikalabreden (Bekanntmachung WEKO) ... 1070
Kalkulationshilfen (Bekanntmachung WEKO) ... 1073
EG-Vertrag Art. 81–86 ... 1076
de minimis Bekanntmachung (EU) ... 1079
Gruppenfreistellung vertikale Vereinbarungen (EU) ... 1084
Gruppenfreistellung Technologietransfer-Vereinbarungen (EU) ... 1094
Weitere Fundstellen für Kartellrecht ... 1105

H. Verfahrensrecht ... 1107
Gerichtsstandgesetz (Auszug) ... 1109
IPRG (Auszug) ... 1113
Lugano-Übereinkommen (Auszug) ... 1126
TRIPS (Auszug) ... 1141
Richtlinie zur Durchsetzung der Rechte des geistigen Eigentums (EU) ... 1150
Weitere Fundstellen Verfahrensrecht ... 1167

Markenrecht

Bundesgesetz über den Schutz von Marken und Herkunftsangaben

(Markenschutzgesetz, MSchG)

vom 28. August 1992 (Stand am 25. Juni 2002)

Die Bundesversammlung der Schweizerischen Eidgenossenschaft,
gestützt auf die Artikel 64 und 64bis der Bundesverfassung[1,2]
nach Einsicht in eine Botschaft des Bundesrates vom 21. November 1990[3],
beschliesst:

1. Titel: Marken

1. Kapitel: Allgemeine Bestimmungen

1. Abschnitt: Schutz der Marken

Art. 1 Begriff

¹ Die Marke ist ein Zeichen, das geeignet ist, Waren oder Dienstleistungen eines Unternehmens von solchen anderer Unternehmen zu unterscheiden.

² Marken können insbesondere Wörter, Buchstaben, Zahlen, bildliche Darstellungen, dreidimensionale Formen oder Verbindungen solcher Elemente untereinander oder mit Farben sein.

Art. 2 Absolute Ausschlussgründe

Vom Markenschutz ausgeschlossen sind:

a. Zeichen, die Gemeingut sind, es sei denn, dass sie sich als Marke für die Waren oder Dienstleistungen durchgesetzt haben, für die sie beansprucht werden;
b. Formen, die das Wesen der Ware ausmachen, und Formen der Ware oder Verpackung, die technisch notwendig sind;
c. irreführende Zeichen;
d. Zeichen, die gegen die öffentliche Ordnung, die guten Sitten oder geltendes Recht verstossen.

---

[1] [BS **1** 3]. Den genannten Bestimmungen entsprechen heute Art.122 und 123 der BV vom 18. April 1999 (SR **101**).

[2] Fassung gemäss Anhang Ziff. 10 des Gerichtsstandsgesetzes vom 24. März 2000, in Kraft seit 1. Jan.2001 (SR **272**).

[3] BBl **1991** I 1

Art. 3　　　**Relative Ausschlussgründe**

¹ Vom Markenschutz ausgeschlossen sind weiter Zeichen, die:

a. mit einer älteren Marke identisch und für die gleichen Waren oder Dienstleistungen bestimmt sind wie diese;

b. mit einer älteren Marke identisch und für gleichartige Waren oder Dienstleistungen bestimmt sind, so dass sich daraus eine Verwechslungsgefahr ergibt;

c. einer älteren Marke ähnlich und für gleiche oder gleichartige Waren oder Dienstleistungen bestimmt sind, so dass sich daraus eine Verwechslungsgefahr ergibt.

² Als ältere Marken gelten:

a. hinterlegte oder eingetragene Marken, die eine Priorität nach diesem Gesetz (Art. 6–8) geniessen;

b. Marken, die zum Zeitpunkt der Hinterlegung des unter Absatz 1 fallenden Zeichens im Sinne von Artikel 6bis der Pariser Verbandsübereinkunft vom 20. März 1883[4] zum Schutz des gewerblichen Eigentums (Pariser Verbandsübereinkunft) in der Schweiz notorisch bekannt sind.

³ Auf die Ausschlussgründe nach diesem Artikel kann sich nur der Inhaber der älteren Marke berufen.

Art. 4　　　**Eintragung zugunsten Nutzungsberechtigter**

Keinen Schutz geniessen ferner Marken, die ohne Zustimmung des Inhabers auf den Namen von Agenten, Vertretern oder anderen zum Gebrauch Ermächtigten eingetragen werden oder die nach Wegfall der Zustimmung im Register eingetragen bleiben.

2. Abschnitt: Entstehung des Markenrechts; Priorität

Art. 5　　　**Entstehung des Markenrechts**

Das Markenrecht entsteht mit der Eintragung im Register.

Art. 6　　　**Hinterlegungspriorität**

Das Markenrecht steht demjenigen zu, der die Marke zuerst hinterlegt.

Art. 7　　　**Priorität nach der Pariser Verbandsübereinkunft**

¹ Ist eine Marke erstmals in einem anderen Mitgliedstaat der Pariser Verbandsübereinkunft[5] oder mit Wirkung für einen solchen Staat vorschriftsgemäss hinterlegt worden, so kann der Hinterleger oder sein Rechtsnachfolger für die Hinterlegung der gleichen Marke in der Schweiz das Datum der Ersthinterlegung beanspruchen, sofern die Hinterlegung in der Schweiz innerhalb von sechs Monaten nach der Ersthinterlegung erfolgt.

² Die Ersthinterlegung in einem Staat, welcher der Schweiz Gegenrecht hält, hat die gleiche Wirkung wie die Ersthinterlegung in einem Mitgliedstaat der Pariser Verbandsübereinkunft.

---

[4] SR **0.232.01/.04**

[5] SR **0.232.01/.04**

Art. 8   **Ausstellungspriorität**

Wer eine mit einer Marke gekennzeichnete Ware oder Dienstleistung auf einer offiziellen oder offiziell anerkannten Ausstellung im Sinne des Übereinkommens vom 22. November 1928[6] über die internationalen Ausstellungen in einem Mitgliedstaat der Pariser Verbandsübereinkunft[7] vorstellt, kann für die Hinterlegung das Datum des Eröffnungstages der Ausstellung beanspruchen, sofern er die Marke innerhalb von sechs Monaten nach diesem Zeitpunkt hinterlegt.

Art. 9   **Prioritätserklärung**

[1] Wer die Priorität nach der Pariser Verbandsübereinkunft[8] oder die Ausstellungspriorität beansprucht, hat bei der Hinterlegung eine Prioritätserklärung abzugeben und einen Prioritätsbeleg einzureichen.

[2] Der Anspruch ist verwirkt, wenn die in der Verordnung festgelegten Fristen und Formerfordernisse nicht beachtet werden.

[3] Die Eintragung einer Priorität begründet lediglich eine Vermutung zugunsten des Markeninhabers.

3. Abschnitt: Bestand des Markenrechts

Art. 10   **Gültigkeitsdauer und Verlängerung der Eintragung**

[1] Die Eintragung ist während zehn Jahren vom Hinterlegungsdatum an gültig.

[2] Die Eintragung wird jeweils um zehn Jahre verlängert, wenn ein Verlängerungsantrag vorliegt und die in der Verordnung dafür vorgesehenen Gebühren bezahlt sind.[9]

[3] Der Verlängerungsantrag muss innerhalb der letzten zwölf Monate vor Ablauf der Gültigkeitsdauer, spätestens jedoch innerhalb von sechs Monaten nach ihrem Ablauf beim Eidgenössischen Institut für Geistiges Eigentum (Institut) eingereicht werden.[10]

[4] ...[11]

Art. 11   **Gebrauch der Marke**

[1] Die Marke ist geschützt, soweit sie im Zusammenhang mit den Waren und Dienstleistungen gebraucht wird, für die sie beansprucht wird.

[2] Als Gebrauch der Marke gelten auch der Gebrauch in einer von der Eintragung nicht wesentlich abweichenden Form und der Gebrauch für die Ausfuhr.

[3] Der Gebrauch der Marke mit Zustimmung des Inhabers gilt als Gebrauch durch diesen selbst.

---

[6] SR **0.945.11**

[7] SR **0.232.01/.04**

[8] SR **0.232.01/.04**

[9] Fassung gemäss Anhang Ziff. 2 des BG vom 24. März 1995 über Statut und Aufgaben des Eidgenössischen Instituts für Geistiges Eigentum, in Kraft seit 1. Jan. 1996 (SR **172.010.31**).

[10] Fassung gemäss Ziff. I des BG vom 4. Okt. 1996, in Kraft 1. Mai 1997 (AS **1997** 1028 1030; BBl **1996** II 1425).

[11] Aufgehoben durch Anhang Ziff. 2 des BG vom 24. März 1995 über Statut und Aufgaben des Eidgenössischen Instituts für Geistiges Eigentum (SR **172.010.31**).

Art. 12 Folgen des Nichtgebrauchs

¹ Hat der Inhaber die Marke im Zusammenhang mit den Waren oder Dienstleistungen, für die sie beansprucht wird, während eines ununterbrochenen Zeitraums von fünf Jahren nach unbenütztem Ablauf der Widerspruchsfrist oder nach Abschluss des Widerspruchsverfahrens nicht gebraucht, so kann er sein Markenrecht nicht mehr geltend machen, ausser wenn wichtige Gründe für den Nichtgebrauch vorliegen.

² Wird der Gebrauch der Marke nach mehr als fünf Jahren erstmals oder erneut aufgenommen, so lebt das Markenrecht mit Wirkung der ursprünglichen Priorität wieder auf, sofern vor dem Zeitpunkt der erstmaligen oder erneuten Aufnahme des Gebrauchs niemand den Nichtgebrauch der Marke nach Absatz 1 geltend gemacht hat.

³ Wer den Nichtgebrauch der Marke geltend macht, hat ihn glaubhaft zu machen; der Beweis des Gebrauchs obliegt sodann dem Markeninhaber.

4. Abschnitt: Inhalt des Markenrechts

Art. 13 Ausschliessliches Recht

¹ Das Markenrecht verleiht dem Inhaber das ausschliessliche Recht, die Marke zur Kennzeichnung der Waren oder Dienstleistungen, für die sie beansprucht wird, zu gebrauchen und darüber zu verfügen.

² Der Markeninhaber kann anderen verbieten, ein Zeichen zu gebrauchen, das nach Artikel 3 Absatz 1 vom Markenschutz ausgeschlossen ist, so insbesondere:

a. das Zeichen auf Waren oder deren Verpackung anzubringen;
b. unter dem Zeichen Waren anzubieten, in Verkehr zu bringen oder zu diesem Zweck zu lagern;
c. unter dem Zeichen Dienstleistungen anzubieten oder zu erbringen;
d. unter dem Zeichen Waren ein- oder auszuführen;
e. das Zeichen auf Geschäftspapieren, in der Werbung oder sonstwie im geschäftlichen Verkehr zu gebrauchen.

³ Diese Ansprüche stehen dem Markeninhaber auch gegenüber Nutzungsberechtigten nach Artikel 4 zu.

Art. 14 Einschränkung zugunsten vorbenützter Zeichen

¹ Der Markeninhaber kann einem anderen nicht verbieten, ein von diesem bereits vor der Hinterlegung gebrauchtes Zeichen im bisherigen Umfang weiter zu gebrauchen.

² Dieses Weiterbenützungsrecht kann nur zusammen mit dem Unternehmen übertragen werden.

Art. 15 Berühmte Marke

¹ Der Inhaber einer berühmten Marke kann anderen deren Gebrauch für jede Art von Waren oder Dienstleistungen verbieten, wenn ein solcher Gebrauch die Unterscheidungskraft der Marke gefährdet oder deren Ruf ausnützt oder beeinträchtigt.

² Rechte, die erworben wurden, bevor die Marke Berühmtheit erlangt hat, bleiben unberührt.

Art. 16 **Wiedergabe von Marken in Wörterbüchern und anderen Nachschlagewerken**

Ist in einem Wörterbuch, in einem anderen Nachschlagewerk oder in einem ähnlichen Werk eine eingetragene Marke ohne einen Hinweis auf ihre Eintragung wiedergegeben, so kann der Markeninhaber vom Verleger, Herausgeber oder Verteiler des Werkes verlangen, spätestens bei einem Neudruck einen entsprechenden Hinweis aufzunehmen.

5. Abschnitt: Änderungen im Markenrecht

Art. 17 **Übertragung**

[1] Der Markeninhaber kann die Marke für die Waren oder Dienstleistungen, für die sie beansprucht wird, ganz oder teilweise übertragen.

[2] Die Übertragung bedarf zu ihrer Gültigkeit der schriftlichen Form. Sie ist gegenüber gutgläubigen Dritten erst wirksam, wenn sie im Register eingetragen ist.

[3] Klagen nach diesem Gesetz können bis zur Eintragung der Übertragung im Register gegen den bisherigen Inhaber gerichtet werden.

[4] Ohne gegenteilige Vereinbarung werden mit der Übertragung eines Unternehmens auch seine Marken übertragen.

Art. 17a[12] **Teilung des Eintragungsgesuchs oder der Eintragung**

[1] Der Markeninhaber kann jederzeit schriftlich die Teilung der Eintragung oder des Eintragungsgesuchs verlangen.

[2] Die Waren und Dienstleistungen werden auf die Teilgesuche oder Teileintragungen aufgeteilt.

[3] Die Teilgesuche oder Teileintragungen behalten das Hinterlegungs- und Prioritätsdatum des Ursprungsgesuchs oder der Ursprungseintragung bei.

Art. 18 **Lizenz**

[1] Der Markeninhaber kann die Marke für die Waren oder Dienstleistungen, für die sie beansprucht wird, ganz oder teilweise und für das gesamte Gebiet oder einen Teil der Schweiz anderen zum Gebrauch überlassen.

[2] Die Lizenz wird auf Antrag eines Beteiligten in das Register eingetragen. Sie erhält damit Wirkung gegenüber einem später erworbenen Recht an der Marke.

Art. 19 **Nutzniessung und Pfandrecht; Zwangsvollstreckung**

[1] Die Marke kann Gegenstand einer Nutzniessung, eines Pfandrechts sowie von Vollstreckungsmassnahmen sein.

[2] Die Nutzniessung und die Verpfändung sind gegenüber gutgläubigen Dritten erst wirksam, wenn sie im Register eingetragen sind.

---

[12] Eingefügt durch Ziff. I des BG vom 4. Okt. 1996, in Kraft seit 1. Mai 1997 (AS **1997** 1028 1030; BBl **1996** II 1425).

6. Abschnitt: Völkerrechtliche Verträge

Art. 20

[1] Völkerrechtliche Verträge bleiben vorbehalten.

[2] Gewähren für die Schweiz verbindliche völkerrechtliche Verträge weitergehende Rechte als dieses Gesetz, so gelten diese auch für schweizerische Staatsangehörige.

2. Kapitel: Garantiemarke und Kollektivmarke

Art. 21   Garantiemarke

[1] Die Garantiemarke ist ein Zeichen, das unter der Kontrolle des Markeninhabers von verschiedenen Unternehmen gebraucht wird und dazu dient, die Beschaffenheit, die geographische Herkunft, die Art der Herstellung oder andere gemeinsame Merkmale von Waren oder Dienstleistungen dieser Unternehmen zu gewährleisten.

[2] Die Garantiemarke darf nicht für Waren oder Dienstleistungen des Markeninhabers oder eines mit ihm wirtschaftlich eng verbundenen Unternehmens gebraucht werden.

[3] Der Markeninhaber muss jedermann gegen angemessenes Entgelt den Gebrauch der Garantiemarke für Waren oder Dienstleistungen gestatten, welche die nach dem Markenreglement gewährleisteten gemeinsamen Merkmale aufweisen.

Art. 22   Kollektivmarke

Die Kollektivmarke ist ein Zeichen einer Vereinigung von Fabrikations-, Handels- oder Dienstleistungsunternehmungen, das dazu dient, Waren oder Dienstleistungen der Mitglieder der Vereinigung von solchen anderer Unternehmen zu unterscheiden.

Art. 23   Markenreglement

[1] Der Hinterleger einer Garantie- oder Kollektivmarke muss dem Institut[13] ein Reglement über den Gebrauch der Marke einreichen.

[2] Das Reglement der Garantiemarke nennt die gemeinsamen Merkmale der Waren oder Dienstleistungen, welche die Marke gewährleisten soll; weiter muss es eine wirksame Kontrolle über den Gebrauch der Marke und angemessene Sanktionen vorsehen.

[3] Das Reglement der Kollektivmarke bezeichnet den Kreis der Unternehmen, die zum Gebrauch der Marke berechtigt sind.

[4] Das Reglement darf nicht gegen die öffentliche Ordnung, die guten Sitten oder geltendes Recht verstossen.

Art. 24   Genehmigung des Reglements

Das Reglement muss vom Institut genehmigt werden. Die Genehmigung wird erteilt, wenn die Voraussetzungen nach Artikel 23 erfüllt sind.

---

[13] Ausdruck gemäss Ziff. I des BG vom 4. Okt. 1996, in Kraft seit 1. Mai 1997 (AS **1997** 1028 1030; BBl **1996** II 1425). Diese Änderung wird im ganzen Erlass berücksichtigt.

Art. 25   **Rechtswidriges Reglement**
Erfüllt das Reglement die Voraussetzungen nach Artikel 23 nicht oder nicht mehr und schafft der Markeninhaber nicht innerhalb einer vom Richter anzusetzenden Frist Abhilfe, so ist die Eintragung der Marke nach Ablauf dieser Frist nichtig.

Art. 26   **Reglementswidriger Gebrauch**
Duldet der Markeninhaber einen wiederholten Gebrauch der Garantie- oder Kollektivmarke, der wesentliche Bestimmungen des Reglements verletzt, und schafft er nicht innerhalb einer vom Richter anzusetzenden Frist Abhilfe, so ist die Eintragung der Marke nach Ablauf dieser Frist nichtig.

Art. 27   **Übertragung und Lizenz**
Die Übertragung der Garantie- oder Kollektivmarke sowie die Erteilung von Lizenzen an Kollektivmarken sind nur gültig, wenn sie im Register eingetragen sind.

3. Kapitel: Eintragung der Marken

1. Abschnitt: Eintragungsverfahren

Art. 28   **Hinterlegung**
[1]   Jede Person kann eine Marke hinterlegen.
[2]   Für die Hinterlegung sind beim Institut einzureichen:
a.   das Eintragungsgesuch mit Angabe des Namens oder der Firma des Hinterlegers;
b.   die Wiedergabe der Marke;
c.   das Verzeichnis der Waren oder Dienstleistungen, für welche die Marke beansprucht wird.
[3]   Für die Hinterlegung müssen die in der Verordnung dafür vorgesehenen Gebühren bezahlt werden.[14]
[4]   ...[15]

Art. 29   **Hinterlegungsdatum**
[1]   Eine Marke gilt als hinterlegt, sobald die in Artikel 28 Absatz 2 genannten Unterlagen eingereicht sind.
[2]   Wird die Marke nach der Hinterlegung ersetzt oder in wesentlichen Teilen geändert oder wird das Verzeichnis der Waren und Dienstleistungen erweitert, so gilt als Hinterlegungsdatum der Tag, an dem diese Änderungen eingereicht werden.

Art. 30   **Entscheid und Eintragung**
[1]   Das Institut tritt auf das Eintragungsgesuch nicht ein, wenn die Hinterlegung den Erfordernissen nach Artikel 28 Absatz 2 nicht entspricht.

---

[14] Fassung gemäss Anhang Ziff. 2 des BG vom 24. März 1995 über Statut und Aufgaben des Eidgenössischen Instituts für Geistiges Eigentum, in Kraft seit 1. Jan. 1996 (SR **172.010.31**).
[15] Aufgehoben durch Anhang Ziff. 2 des BG vom 24. März 1995 über Statut und Aufgaben des Eidgenössischen Instituts für Geistiges Eigentum (SR **172.010.31**).

² Es weist das Eintragungsgesuch zurück, wenn:
a. die Hinterlegung den in diesem Gesetz oder in der Verordnung festgelegten formalen Erfordernissen nicht entspricht;
b. die vorgeschriebenen Gebühren nicht bezahlt sind;
c. absolute Ausschlussgründe vorliegen;
d. die Garantie- oder Kollektivmarke den Erfordernissen der Artikel 21–23 nicht entspricht.

³ Es trägt die Marke ein, wenn keine Zurückweisungsgründe vorliegen.

2. Abschnitt: Widerspruchsverfahren

Art. 31 **Widerspruch**

¹ Der Inhaber einer älteren Marke kann gestützt auf Artikel 3 Absatz 1 gegen die Eintragung Widerspruch erheben.

² Der Widerspruch ist innerhalb von drei Monaten nach der Veröffentlichung der Eintragung beim Institut schriftlich mit Begründung einzureichen. Innerhalb dieser Frist ist auch die Widerspruchsgebühr zu bezahlen.

Art. 32 **Glaubhaftmachung des Gebrauchs**

Behauptet der Widerspruchsgegner den Nichtgebrauch der älteren Marke nach Artikel 12 Absatz 1, so hat der Widersprechende den Gebrauch seiner Marke oder wichtige Gründe für den Nichtgebrauch glaubhaft zu machen.

Art. 33 **Entscheid über den Widerspruch**

Ist der Widerspruch begründet, so wird die Eintragung ganz oder teilweise widerrufen; andernfalls wird der Widerspruch abgewiesen.

Art. 34 **Parteientschädigung**

Mit dem Entscheid über den Widerspruch hat das Institut zu bestimmen, ob und in welchem Masse die Kosten der obsiegenden Partei von der unterliegenden zu ersetzen sind.

3. Abschnitt: Löschung der Eintragung

Art. 35

Das Institut löscht eine Markeneintragung ganz oder teilweise; wenn:
a. der Inhaber die Löschung beantragt;
b. die Eintragung nicht verlängert wird;
c. die Eintragung durch ein rechtskräftiges richterliches Urteil nichtig erklärt wird.

4. Abschnitt: Beschwerde an die Rekurskommission

Art. 36

¹ Verfügungen des Institutes in Markensachen können mit Beschwerde bei der Rekurskommission für geistiges Eigentum angefochten werden.

Markenschutzgesetz 11

² Der gleiche Beschwerdeweg gilt für Verfügungen des Eidgenössischen Amtes für das Handelsregister über die Unzulässigkeit einer Firmenbezeichnung und des Namens von Vereinen oder Stiftungen.

³ Die Rekurskommission entscheidet im Rahmen des Widerspruchsverfahrens (Art. 31 ff.) endgültig.

5. Abschnitt: Register, Veröffentlichungen

Art. 37 Führung des Registers

Das Institut führt das Markenregister.

Art. 38 Veröffentlichungen

¹ Das Institut veröffentlicht:

a. die Eintragung der Marken (Art. 30 Abs. 3);
b. die Verlängerung von Markeneintragungen (Art. 10 Abs. 2);
c. den Widerruf von Markeneintragungen (Art. 33);
d. die Löschung von Markeneintragungen (Art. 35).

² Der Bundesrat legt fest, welche weiteren Eintragungen veröffentlicht werden.

³ Das Institut bestimmt das Publikationsorgan.[16]

Art. 39 Öffentlichkeit des Registers; Akteneinsicht

¹ Jede Person kann in das Register Einsicht nehmen, über dessen Inhalt Auskünfte einholen und Auszüge verlangen.

² Sie hat zudem das Recht, in das Aktenheft eingetragener Marken Einsicht zu nehmen.

³ Der Bundesrat regelt die Fälle, in denen schon vor der Eintragung Einsicht in das Aktenheft gewährt wird.

Art. 40[17]

6. Abschnitt: Weiterbehandlung bei Fristversäumnis

Art. 41

¹ Weist das Institut in Markensachen ein Gesuch zurück, weil eine Frist versäumt wurde, so kann der Gesuchsteller schriftlich die Weiterbehandlung beantragen. Vorbehalten bleibt Artikel 24 Absatz 1 des Verwaltungsverfahrensgesetzes[18].

---

[16] Fassung gemäss Anhang Ziff. II 3 des Designgesetzes vom 5. Okt. 2001, in Kraft seit 1. Juli 2002 (SR **232.12**).

[17] Aufgehoben durch Anhang Ziff. 2 des BG vom 24. März 1995 über Statut und Aufgaben des Eidgenössischen Instituts für Geistiges Eigentum (SR **172.010.31**).

[18] SR **172.021**

² Der Antrag muss innerhalb von zwei Monaten, nachdem der Gesuchsteller von der Fristversäumnis Kenntnis erhalten hat, spätestens jedoch innerhalb von sechs Monaten nach Ablauf der versäumten Frist eingereicht werden; innerhalb dieser Frist müssen zudem die unterbliebene Handlung vollständig nachgeholt und die in der Verordnung dafür vorgesehenen Gebühren bezahlt werden.[19]

³ Wird dem Antrag entsprochen, so wird dadurch der Zustand hergestellt, der bei rechtzeitiger Handlung eingetreten wäre.

⁴ Die Weiterbehandlung ist ausgeschlossen bei Versäumnis:

a. der Fristen für die Einreichung des Weiterbehandlungsantrags (Abs. 2);
b. der Fristen für die Inanspruchnahme einer Priorität nach den Artikeln 7 und 8;
c. der Frist für die Einreichung des Widerspruchs nach Artikel 31 Absatz 2.

7. Abschnitt: Vertretung

Art. 42

¹ Wer an einem Verwaltungs- oder Gerichtsverfahren nach diesem Gesetz beteiligt ist und in der Schweiz keinen Wohnsitz oder Sitz hat, muss einen hier niedergelassenen Vertreter bestellen.

² Vorbehalten bleiben die Bestimmungen über die berufsmässige Prozessvertretung.

8. Abschnitt: Gebühren

Art. 43

¹ Ausser in den in diesem Gesetz genannten Fällen sind Gebühren zu entrichten für Amtshandlungen, die durch einen besonderen Antrag veranlasst werden.

² ...[20]

4. Kapitel:[21] Internationale Markenregistrierung

Art. 44   Anwendbares Recht

¹ Dieses Kapitel gilt für internationale Registrierungen nach dem Madrider Abkommen vom 14. Juli 1967[22] über die internationale Registrierung von Marken (Madrider Markenabkommen) und dem Protokoll vom 27. Juni 1989[23] zum Madrider Abkommen über die internationale Registrierung von Marken (Madrider Protokoll), die durch Vermittlung des Instituts veranlasst werden oder die für die Schweiz wirksam sind.

---

[19] Fassung gemäss Anhang Ziff. 2 des BG vom 24. März 1995 über Statut und Aufgaben des Eidgenössischen Instituts für Geistiges Eigentum, in Kraft seit 1. Jan. 1996 (SR **172.010.31**).

[20] Aufgehoben durch Anhang Ziff. 2 des BG vom 24. März 1995 über Statut und Aufgaben des Eidgenössischen Instituts für Geistiges Eigentum (SR **172.010.31**).

[21] Fassung gemäss Ziff. I des BG vom 4. Okt. 1996, in Kraft 1. Mai 1997 (AS **1997** 1028 1030; BBl **1996** II 1425).

[22] SR **0.232.112.3**

[23] SR **0.232.112.4**

² Die übrigen Bestimmungen dieses Gesetzes gelten, soweit sich aus dem Madrider Markenabkommen, aus dem Madrider Protokoll oder aus diesem Kapitel nichts anderes ergibt.

Art. 45 Gesuche um Registrierungen im internationalen Register

¹ Durch Vermittlung des Instituts können veranlasst werden:

a. die internationale Registrierung einer Marke, wenn die Schweiz Ursprungsland im Sinne von Artikel 1 Absatz 3 des Madrider Markenabkommens[24] oder von Artikel 2 Absatz 1 des Madrider Protokolls ist;

b. die Änderung einer internationalen Registrierung, wenn die Schweiz das Land des Markeninhabers im Sinne des Madrider Markenabkommens oder des Madrider Protokolls ist;

c. die internationale Registrierung eines Eintragungsgesuchs, wenn die Schweiz Ursprungsland im Sinne von Artikel 2 Absatz 1 des Madrider Protokolls ist.

² Für die internationale Registrierung einer Marke oder eines Eintragungsgesuchs oder für die Änderung einer internationalen Registrierung sind die im Madrider Markenabkommen, im Madrider Protokoll und in der Verordnung dafür vorgesehenen Gebühren zu bezahlen.

Art. 46 Wirkung der internationalen Registrierung in der Schweiz

¹ Eine internationale Registrierung mit Schutzwirkung für die Schweiz hat dieselbe Wirkung wie die Hinterlegung beim Institut und die Eintragung im schweizerischen Register.

² Diese Wirkung gilt als nicht eingetreten, wenn und soweit der international registrierten Marke der Schutz für die Schweiz verweigert wird.

Art. 46a Umwandlung einer internationalen Registrierung in ein nationales Eintragungsgesuch

¹ Eine internationale Registrierung kann in ein nationales Eintragungsgesuch umgewandelt werden, wenn:

a. das Gesuch innerhalb von drei Monaten nach Löschung der internationalen Registrierung beim Institut eingereicht wird;

b. internationale Registrierung und nationales Eintragungsgesuch dieselbe Marke betreffen;

c. die im Gesuch aufgeführten Waren und Dienstleistungen in bezug auf die Schutzwirkung für die Schweiz tatsächlich von der internationalen Registrierung erfasst waren;

d. das nationale Eintragungsgesuch den übrigen Vorschriften dieses Gesetzes entspricht.

² Widersprüche gegen die Eintragung von Marken, die nach Absatz 1 hinterlegt wurden, sind unzulässig.

---

[24] SR **0.232.112.3**
[25] SR **0.232.112.4**

2. Titel: Herkunftsangaben

Art. 47 Grundsatz

¹ Herkunftsangaben sind direkte oder indirekte Hinweise auf die geographische Herkunft von Waren oder Dienstleistungen, einschliesslich Hinweisen auf die Beschaffenheit oder auf Eigenschaften, die mit der Herkunft zusammenhängen.

² Geographische Namen und Zeichen, die von den massgebenden Verkehrskreisen nicht als Hinweis auf eine bestimmte Herkunft der Waren oder Dienstleistungen verstanden werden, gelten nicht als Herkunftsangabe im Sinne von Absatz 1.

³ Unzulässig ist der Gebrauch:

a. unzutreffender Herkunftsangaben;
b. von Bezeichnungen, die mit einer unzutreffenden Herkunftsangabe verwechselbar sind;
c. eines Namens, einer Adresse oder einer Marke im Zusammenhang mit Waren oder Dienstleistungen fremder Herkunft, wenn sich daraus eine Täuschungsgefahr ergibt.

⁴ Regionale oder lokale Herkunftsangaben für Dienstleistungen werden als zutreffend betrachtet, wenn diese Dienstleistungen die Herkunftskriterien für das betreffende Land als Ganzes erfüllen.

Art. 48 Herkunft von Waren

¹ Die Herkunft einer Ware bestimmt sich nach dem Ort der Herstellung oder nach der Herkunft der verwendeten Ausgangsstoffe und Bestandteile.

² Zusätzlich kann die Erfüllung weiterer Voraussetzungen verlangt werden, namentlich die Einhaltung ortsüblicher oder am Ort vorgeschriebener Herstellungsgrundsätze und Qualitätsanforderungen.

³ Die Kriterien sind im Einzelfall nach Massgabe ihres Einflusses auf den Ruf der betreffenden Waren zu bestimmen; entspricht eine Herkunftsangabe den Usanzen, so wird ihre Richtigkeit vermutet.

Art. 49 Herkunft von Dienstleistungen

¹ Die Herkunft einer Dienstleistung bestimmt sich nach:

a. dem Geschäftssitz derjenigen Person, welche die Dienstleistung erbringt;
b. der Staatsangehörigkeit der Personen, welche die tatsächliche Kontrolle über die Geschäftspolitik und Geschäftsführung ausüben; oder
c. dem Wohnsitz der Personen, welche die tatsächliche Kontrolle über die Geschäftspolitik und Geschäftsführung ausüben.

² Zusätzlich kann die Erfüllung weiterer Voraussetzungen verlangt werden, namentlich die Einhaltung üblicher oder vorgeschriebener Grundsätze für das Erbringen der Dienstleistung oder die traditionelle Verbundenheit derjenigen Person, welche die Dienstleistung erbringt, mit dem Herkunftsland.

³ Die Kriterien sind im Einzelfall nach Massgabe ihres Einflusses auf den Ruf der betreffenden Dienstleistungen zu bestimmen; entspricht eine Herkunftsangabe den Usanzen, so wird ihre Richtigkeit vermutet.

Art. 50   Besondere Bestimmungen

Wenn das allgemeine Interesse der Wirtschaft oder einzelner Branchen es rechtfertigt, kann der Bundesrat die Voraussetzungen näher umschreiben, unter denen eine schweizerische Herkunftsangabe für bestimmte Waren oder Dienstleistungen gebraucht werden darf. Er hört vorher die beteiligten Kantone und die interessierten Berufs- und Wirtschaftsverbände an.

Art. 51   Produzentenkennzeichen

Wenn die Interessen einer Wirtschaftsbranche es erfordern, kann der Bundesrat vorschreiben, dass auf den Waren dieser Wirtschaftsbranche ein Produzentenkennzeichen anzubringen ist.

3. Titel: Rechtsschutz

1. Kapitel: Zivilrechtlicher Schutz

Art. 52   Feststellungsklage

Wer ein rechtliches Interesse nachweist, kann vom Richter feststellen lassen, dass ein Recht oder Rechtsverhältnis nach diesem Gesetz besteht oder nicht besteht.

Art. 53   Klage auf Übertragung der Marke

[1] Der Kläger kann anstatt auf Feststellung der Nichtigkeit der Markeneintragung auf Übertragung der Marke klagen, wenn der Beklagte sich diese angemasst hat.

[2] Der Anspruch erlischt zwei Jahre nach Veröffentlichung der Eintragung oder nach Wegfall der Zustimmung des Markeninhabers gemäss Artikel 4.

Art. 54   Mitteilung von Urteilen

Die Gerichte teilen rechtskräftige Urteile, welche die Änderung einer Eintragung im Register bewirken, dem Institut mit.

Art. 55   Leistungsklage

[1] Wer in seinem Recht an der Marke oder an einer Herkunftsangabe verletzt oder gefährdet wird, kann vom Richter verlangen:

a. eine drohende Verletzung zu verbieten;

b. eine bestehende Verletzung zu beseitigen;

c. den Beklagten zu verpflichten, die Herkunft der in seinem Besitz befindlichen, widerrechtlich mit der Marke oder der Herkunftsangabe versehenen Gegenstände anzugeben.

[2] Vorbehalten bleiben die Klagen nach dem Obligationenrecht[26] auf Schadenersatz, auf Genugtuung sowie auf Herausgabe eines Gewinns entsprechend den Bestimmungen über die Geschäftsführung ohne Auftrag.

[3] Als Markenrechtsverletzung gilt auch der reglementswidrige Gebrauch einer Garantie- oder Kollektivmarke.

---

[26] SR 220

Art. 56 **Klageberechtigung der Verbände und Konsumentenorganisationen**

¹ Zu Klagen nach den Artikeln 52 und 55 Absatz 1, die den Schutz von Herkunftsangaben betreffen, sind ferner berechtigt:

a. Berufs- und Wirtschaftsverbände, die nach den Statuten zur Wahrung der wirtschaftlichen Interessen ihrer Mitglieder befugt sind;

b. Organisationen von gesamtschweizerischer oder regionaler Bedeutung, die sich nach den Statuten dem Konsumentenschutz widmen.

² Die gleichen Verbände und Organisationen sind zu Klagen nach Artikel 52 berechtigt, die eine Garantie- oder Kollektivmarke betreffen.

Art. 57 **Einziehung im Zivilverfahren**

¹ Der Richter kann die Einziehung von Gegenständen anordnen, die widerrechtlich mit einer Marke oder einer Herkunftsangabe versehen sind und sich im Besitz des Beklagten befinden.

² Er entscheidet darüber, ob die Marke oder die Herkunftsangabe unkenntlich zu machen ist oder ob die Gegenstände unbrauchbar zu machen, zu vernichten oder in einer bestimmten Weise zu verwenden sind.

Art. 58 **Einzige kantonale Instanz**[27]

¹⁻² [28] ...

³ Die Kantone bezeichnen das Gericht, das für das ganze Kantonsgebiet als einzige Instanz für Zivilklagen zuständig ist.

Art. 59 **Vorsorgliche Massnahmen**

¹ Wer glaubhaft macht, dass er in seinem Recht an der Marke oder der Herkunftsangabe verletzt wird oder eine solche Verletzung befürchten muss und dass ihm aus der Verletzung ein nicht leicht wiedergutzumachender Nachteil droht, kann die Anordnung vorsorglicher Massnahmen beantragen.

² Er kann insbesondere verlangen, dass der Richter Massnahmen zur Beweissicherung, zur Ermittlung der Herkunft widerrechtlich mit der Marke oder der Herkunftsangabe versehener Gegenstände, zur Wahrung des bestehenden Zustandes oder zur vorläufigen Vollstreckung von Unterlassungs- und Beseitigungsansprüchen anordnet.

³ [29] ...

⁴ Im übrigen gelten die Artikel 28c–28f des Zivilgesetzbuches[30] sinngemäss.

Art. 60 **Veröffentlichung des Urteils**

Der Richter kann auf Antrag der obsiegenden Partei anordnen, dass das Urteil auf Kosten der anderen Partei veröffentlicht wird. Er bestimmt Art und Umfang der Veröffentlichung.

---

[27] Fassung gemäss Anhang Ziff. 10 des Gerichtsstandsgesetzes vom 24. März 2000, in Kraft seit 1. Jan. 2001 (SR **272**).

[28] Aufgehoben durch Anhang Ziff. 10 des Gerichtsstandsgesetzes vom 24. März 2000 (SR **272**).

[29] Aufgehoben durch Anhang Ziff. 10 des Gerichtsstandsgesetzes vom 24. März 2000 (SR **272**).

[30] SR **210**

Markenschutzgesetz 17

2. Kapitel: Strafbestimmungen

Art. 61 Markenrechtsverletzung

¹ Auf Antrag des Verletzten wird mit Gefängnis bis zu einem Jahr oder mit Busse bis zu 100 000 Franken bestraft, wer vorsätzlich das Markenrecht eines anderen verletzt, indem er:

a. sich die Marke des anderen anmasst oder diese nachmacht oder nachahmt;

b. unter der angemassten, nachgemachten oder nachgeahmten Marke Waren in Verkehr setzt oder Dienstleistungen erbringt, solche Waren oder Dienstleistungen anbietet oder für sie wirbt.

² Ebenso wird auf Antrag des Verletzten bestraft, wer sich weigert, die Herkunft von Gegenständen anzugeben, die mit einer angemassten, nachgemachten oder nachgeahmten Marke versehen sind und sich in seinem Besitz befinden.

³ Handelt der Täter gewerbsmässig, so wird er von Amtes wegen verfolgt. Die Strafe ist Gefängnis und Busse bis zu 100 000 Franken.

Art. 62 Betrügerischer Markengebrauch

¹ Auf Antrag des Verletzten wird mit Gefängnis oder mit Busse bis zu 100 000 Franken bestraft, wer:

a. Waren oder Dienstleistungen zum Zwecke der Täuschung widerrechtlich mit der Marke eines anderen kennzeichnet und auf diese Weise den Anschein erweckt, es handle sich um Originalwaren oder -dienstleistungen;

b. widerrechtlich mit der Marke eines anderen gekennzeichnete Waren oder Dienstleistungen als Originalwaren anbietet oder in Verkehr setzt oder als Originaldienstleistungen anbietet oder erbringt.

² Handelt der Täter gewerbsmässig, so wird er von Amtes wegen verfolgt. Die Strafe ist Gefängnis bis zu fünf Jahren und Busse bis zu 100 000 Franken.

³ Wer Waren, von denen er weiss, dass sie zur Täuschung im geschäftlichen Verkehr dienen sollen, einführt, ausführt oder lagert, wird auf Antrag des Verletzten mit Haft oder mit Busse bis zu 20 000 Franken bestraft.

Art. 63 Reglementswidriger Gebrauch einer Garantie- oder Kollektivmarke

¹ Auf Antrag des Verletzten wird mit Gefängnis bis zu einem Jahr oder mit Busse bis zu 100 000 Franken bestraft, wer eine Garantie- oder Kollektivmarke vorsätzlich in reglementswidriger Weise gebraucht.

² Ebenso wird auf Antrag des Verletzten bestraft, wer sich weigert, die Herkunft der reglementswidrig mit einer Garantie- oder Kollektivmarke versehenen und in seinem Besitz befindlichen Gegenstände anzugeben.

³ Sind nur unwesentliche Bestimmungen des Reglements betroffen, so kann von einer Bestrafung abgesehen werden.

⁴ Handelt der Täter gewerbsmässig, so wird er von Amtes wegen verfolgt. Die Strafe ist Gefängnis und Busse bis zu 100 000 Franken.

Art. 64 Gebrauch unzutreffender Herkunftsangaben

¹ Auf Antrag des Verletzten wird mit Gefängnis bis zu einem Jahr oder mit Busse bis zu 100 000 Franken bestraft, wer vorsätzlich:

a. eine unzutreffende Herkunftsangabe gebraucht;
b. eine mit einer unzutreffenden Herkunftsangabe verwechselbare Bezeichnung gebraucht;
c. eine Täuschungsgefahr schafft, indem er einen Namen, eine Adresse oder eine Marke im Zusammenhang mit Waren oder Dienstleistungen fremder Herkunft gebraucht.

² Handelt der Täter gewerbsmässig, so wird er von Amtes wegen verfolgt. Die Strafe ist Gefängnis und Busse bis zu 100 000 Franken.

Art. 65 **Widerhandlungen betreffend das Produzentenkennzeichen**

Wer vorsätzlich die Vorschriften über das Produzentenkennzeichen verletzt, wird mit Busse bis zu 20 000 Franken bestraft.

Art. 66 **Aussetzung des Verfahrens**

¹ Der Richter kann das Strafverfahren aussetzen, wenn der Angeschuldigte die Nichtigkeit der Markeneintragung in einem Zivilverfahren geltend macht.

² Wendet der Angeschuldigte im Strafverfahren die Nichtigkeit der Markeneintragung ein, so kann ihm der Richter zu ihrer Geltendmachung in einem Zivilverfahren eine angemessene Frist ansetzen.

³ Während der Aussetzung ruht die Verjährung.

Art. 67 **Widerhandlungen in Geschäftsbetrieben**

Bei Widerhandlungen in Geschäftsbetrieben, durch Untergebene, Beauftragte oder Vertreter gelten die Artikel 6 und 7 des Verwaltungsstrafrechtsgesetzes[31].

Art. 68 **Einziehung im Strafverfahren**

Artikel 58 des Strafgesetzbuches[32] ist anwendbar; der Richter kann jedoch ungeachtet des Absatzes 2 dieser Bestimmung anordnen, dass ein widerrechtlich mit einer Marke oder einer Herkunftsangabe versehener Gegenstand als Ganzes einzuziehen ist.

Art. 69 **Zuständigkeit der kantonalen Behörden**

Die Strafverfolgung ist Sache der Kantone.

3. Kapitel: Hilfeleistung der Zollverwaltung

Art. 70 **Anzeige verdächtiger Sendungen**

Die Zollverwaltung ist ermächtigt, den Markeninhaber, den an einer Herkunftsangabe Berechtigten oder einen nach Artikel 56 klageberechtigten Berufs- oder Wirtschaftsverband auf bestimmte Sendungen aufmerksam zu machen, wenn der Verdacht besteht, dass widerrechtlich mit einer Marke oder einer Herkunftsangabe versehene Waren ein- oder ausgeführt werden sollen.

---

[31] SR **313.0**
[32] SR **311.0**

Art. 71   **Antrag auf Hilfeleistung**

¹ Hat der Markeninhaber, der an einer Herkunftsangabe Berechtigte oder ein nach Artikel 56 klageberechtigter Berufs- oder Wirtschaftsverband konkrete Anhaltspunkte dafür, dass widerrechtlich mit einer Marke oder einer Herkunftsangabe versehene Waren ein- oder ausgeführt werden sollen, so kann er der Zollverwaltung schriftlich beantragen, die Freigabe der Waren zu verweigern.

² Der Antragsteller muss alle ihm zur Verfügung stehenden Angaben machen, die für den Entscheid der Zollverwaltung erforderlich sind; dazu gehört eine genaue Beschreibung der Waren.

³ Die Zollverwaltung entscheidet über den Antrag endgültig. Sie kann eine Gebühr zur Deckung der Verwaltungskosten erheben.

Art. 72   **Zurückbehalten von Waren**

¹ Hat die Zollverwaltung aufgrund eines Antrags nach Artikel 71 den begründeten Verdacht, dass eine zur Ein- oder Ausfuhr bestimmte Ware widerrechtlich mit einer Marke oder einer Herkunftsangabe versehen ist, so teilt sie dies dem Antragsteller mit.

² Die Zollverwaltung behält die betreffenden Waren bis zu zehn Arbeitstagen vom Zeitpunkt der Mitteilung nach Absatz 1 an zurück, damit der Antragsteller vorsorgliche Massnahmen erwirken kann.[33]

²ᵇⁱˢ In begründeten Fällen kann die Zollverwaltung die betreffenden Waren während höchstens zehn weiteren Arbeitstagen zurückbehalten.[34]

²ᵗᵉʳ Ist durch das Zurückbehalten von Waren ein Schaden zu befürchten, so kann die Zollverwaltung das Zurückbehalten von einer angemessenen Sicherheitsleistung des Antragstellers abhängig machen.[35]

³ Der Antragsteller muss den durch das Zurückbehalten von Waren entstandenen Schaden ersetzen, wenn vorsorgliche Massnahmen nicht angeordnet werden oder sich als unbegründet erweisen.

4. Titel: Schlussbestimmungen

1. Kapitel: Vollzug

Art. 73

Der Bundesrat erlässt die Ausführungsbestimmungen.

---

[33] Fassung gemäss Ziff. I des BG vom 16. Dez. 1994, in Kraft seit 1. Juli 1995 (AS **1995** 1781 1782; BBl **1994** IV 950).

[34] Eingefügt durch Ziff. I des BG vom 16. Dez. 1994, in Kraft seit 1. Juli 1995 (AS **1995** 1781 1782; BBl **1994** IV 950).

[35] Eingefügt durch Ziff. I des BG vom 16. Dez. 1994, in Kraft seit 1. Juli 1995 (AS **1995** 1781 1782; BBl **1994** IV 950).

2. Kapitel: Aufhebung und Änderung von Bundesrecht

Art. 74 Aufhebung bisherigen Rechts

Das Bundesgesetz vom 26. September 1890[36] betreffend den Schutz der Fabrik- und Handelsmarken, der Herkunftsbezeichnungen von Waren und der gewerblichen Auszeichnungen wird aufgehoben. Jedoch ist Artikel 16bis Absatz 2 bis zum Inkrafttreten von Artikel 36 dieses Gesetzes weiterhin anwendbar.

Art. 75 Änderung bisherigen Rechts

[nicht abgedruckt]

3. Kapitel: Übergangsbestimmungen

Art. 76 Hinterlegte oder eingetragene Marken

[1] Die beim Inkrafttreten dieses Gesetzes hinterlegten oder eingetragenen Marken unterstehen von diesem Zeitpunkt an dem neuen Recht.

[2] Davon abweichend gelten jedoch folgende Bestimmungen:

a. Die Priorität richtet sich nach altem Recht.
b. Die Gründe für die Zurückweisung von Eintragungsgesuchen, ausgenommen die absoluten Ausschlussgründe, richten sich nach altem Recht.
c. Widersprüche gegen die Eintragung von Marken, die beim Inkrafttreten dieses Gesetzes hinterlegt waren, sind unzulässig.
d. Die Gültigkeit der Eintragung endet mit dem Ablauf der nach altem Recht geltenden Frist; bis dahin kann sie jederzeit verlängert werden.
e. Die erste Verlängerung der Eintragung von Kollektivmarken unterliegt den gleichen Formvorschriften wie eine Hinterlegung.

Art. 77 Bisher nicht eintragbare Marken

Sind beim Inkrafttreten dieses Gesetzes Eintragungsgesuche für Marken hängig, die nach dem alten, nicht aber nach dem neuen Recht von der Eintragung ausgeschlossen sind, so gilt als Hinterlegungsdatum der Tag des Inkrafttretens.

Art. 78 Gebrauchspriorität

[1] Wer eine Marke vor dem Inkrafttreten dieses Gesetzes auf Waren oder deren Verpackung oder zur Kennzeichnung von Dienstleistungen zuerst gebraucht hat, ist gegenüber dem ersten Hinterleger besser berechtigt, sofern er die Marke innerhalb von zwei Jahren nach Inkrafttreten dieses Gesetzes hinterlegt und zugleich den Zeitpunkt angibt, in dem die Marke in Gebrauch genommen wurde.

[2] Widersprüche gegen die Eintragung von Marken, die nach Absatz 1 hinterlegt wurden, sind unzulässig.

---

[36] [BS **2** 845; AS **1951** 903 Art. 1, **1971** 1617, **1988** 1776 Anhang Ziff. I Bst. e]

4. Kapitel: Referendum und Inkrafttreten

Art. 79

[1] Dieses Gesetz untersteht dem fakultativen Referendum.

[2] Der Bundesrat bestimmt das Inkrafttreten.

Datum des Inkrafttretens:

Alle Bestimmungen ohne Art. 36: 1. April 1993[37].
Art. 36: 1 Januar 1994[38].

---

[37] BRB vom 23. Dez. 1992 (AS **1992** 295)
[38] V vom 26. April 1993 (SR **232.110**)

Markenschutzverordnung
(MSchV)

vom 23. Dezember 1992 (Stand am 28. Mai 2002)

Der Schweizerische Bundesrat,

gestützt auf die Artikel 38 Absätze 2 und 3, 39 Absatz 3, 51 und 73 des Markenschutzgesetzes vom 28. August 1992[1] (MSchG)
und auf Artikel 13 des Bundesgesetzes vom 24. März 1995[2] über Statut und Aufgaben des Eidgenössischen Instituts für Geistiges Eigentum (IGEG),[3]

verordnet:

1. Kapitel: Allgemeine Bestimmungen

Art. 1 Zuständigkeit

[1] Der Vollzug der Verwaltungsaufgaben, die sich aus dem MSchG ergeben, und der Vollzug dieser Verordnung sind Sache des Eidgenössischen Instituts für Geistiges Eigentum (Institut).[4]

[2] Ausgenommen sind die Artikel 70–72 MSchG und die Artikel 54–57 dieser Verordnung, deren Vollzug der Eidgenössischen Zollverwaltung obliegt.

Art. 2[5] Fristberechnung

Berechnet sich eine Frist nach Monaten oder Jahren, so endet sie im letzten Monat an dem Tag, der dieselbe Zahl trägt wie der Tag, an dem sie zu laufen begann. Fehlt ein entsprechender Tag, so endet die Frist am letzten Tag des letzten Monats.

Art. 3 Sprache

[1] Eingaben an das Institut[6] müssen in einer schweizerischen Amtssprache abgefasst sein. Vorbehalten bleibt Artikel 47 Absatz 3.

[2] Von Beweisurkunden, die nicht in einer Amtssprache abgefasst sind, kann das Institut eine Übersetzung sowie eine Bescheinigung ihrer Richtigkeit verlangen; vorbehalten bleibt Artikel 14 Absatz 3. Wird die Übersetzung oder die Bescheinigung trotz Aufforderung nicht eingereicht, so bleibt die Urkunde unberücksichtigt.

---

[1] SR **232.11**
[2] SR **172.010.31**
[3] Fassung gemäss Ziff. I der V vom 25. Okt. 1995, in Kraft seit 1. Jan. 1996 (AS **1995** 5158).
[4] Fassung gemäss Ziff. I der V vom 25. Okt. 1995, in Kraft seit 1. Jan. 1996 (AS **1995** 5158).
[5] Fassung gemäss Ziff. I der V vom 8. März 2002, in Kraft seit 1. Juli 2002 (AS **2002** 1119).
[6] Ausdruck gemäss Ziff. I der V vom 25. Okt. 1995, in Kraft seit 1. Jan. 1996 (AS **1995** 5158). Diese Änd. ist im ganzen Erlass berücksichtigt.

Art. 4[7]   **Vertretung bei mehreren Hinterlegern oder Inhabern einer Marke**

[1] Sind mehrere Personen Hinterleger einer Marke oder Inhaber eines Markenrechts, so fordert das Institut sie auf, einen gemeinsamen Vertreter zu bestimmen.

[2] Solange kein Vertreter bestimmt wurde, haben die Markenhinterleger oder Markeninhaber gegenüber dem Institut gemeinschaftlich zu handeln.

Art. 5[8]   **Vertretungsvollmacht**

Lässt sich ein Hinterleger oder Inhaber vor dem Institut vertreten oder muss er sich von Gesetzes wegen vertreten lassen, so kann das Institut eine schriftliche Vollmacht verlangen.

Art. 6[9]   **Unterschrift**

[1] Eingaben müssen unterzeichnet sein.

[2] Fehlt auf einer Eingabe die rechtsgültige Unterschrift, so wird das ursprüngliche Einreichungsdatum anerkannt, wenn eine inhaltlich identische und unterzeichnete Eingabe innerhalb eines Monats nach Aufforderung durch das Institut nachgereicht wird.

[3] Das Eintragungsgesuch muss nicht unterzeichnet sein. Das Institut kann weitere Dokumente bestimmen, für welche die Unterschrift nicht nötig ist.

Art. 7[10]   **Gebühren**

Für die Gebühren, die nach dem MSchG oder nach dieser Verordnung zu bezahlen sind, gilt die Verordnung vom 25. Oktober 1995[11] über die Gebühren des Eidgenössischen Instituts für Geistiges Eigentum.

Art. 7a[12]   **Elektronische Kommunikation**

[1] Das Institut kann die elektronische Kommunikation zulassen.

[2] Es legt die technischen Einzelheiten fest und veröffentlicht sie in geeigneter Weise.[13]

---

[7] Fassung gemäss Ziff. I der V vom 8. März 2002, in Kraft seit 1. Juli 2002 (AS **2002** 1119).
[8] Fassung gemäss Ziff. I der V vom 8. März 2002, in Kraft seit 1. Juli 2002 (AS **2002** 1119).
[9] Fassung gemäss Ziff. I der V vom 8. März 2002, in Kraft seit 1. Juli 2002 (AS **2002** 1119).
[10] Fassung gemäss Ziff. I der V vom 25. Okt. 1995, in Kraft seit 1. Jan. 1996 (AS **1995** 5158).
[11] [AS **1995** 5174, **1997** 773]. Siehe heute die Gebührenordnung des Eidgenössischen Instituts für Geistiges Eigentum vom 28. April 1997 (SR **232.148**).
[12] Eingefügt durch Ziff. I der V vom 22. Jan. 1997, in Kraft seit 1. Mai 1997 (AS **1997** 865).
[13] Eingefügt durch Ziff. II der V vom 31. März 1999, in Kraft seit 1. Mai 1999 (AS **1999** 1443).

2. Kapitel: Eintragung der Marken

1. Abschnitt: Eintragungsverfahren

Art. 8 **Hinterlegung**

[1] Für die Hinterlegung muss das amtliche, ein vom Institut zugelassenes privates oder ein der Ausführungsordnung zum Markenrechtsvertrag vom 27. Oktober 1994[14] entsprechendes Formular verwendet werden.[15]

[2] Das Institut bescheinigt dem Hinterleger die Hinterlegung.

Art. 8a[16] **Umwandlung einer internationalen Registrierung in ein Eintragungsgesuch**

Ein Eintragungsgesuch nach Artikel 46a MSchG erhält als Hinterlegungsdatum das Eintragungsdatum der entsprechenden internationalen Registrierung oder der Schutzausdehnung auf die Schweiz.

Art. 9 **Eintragungsgesuch**

[1] Das Eintragungsgesuch umfasst:

a. den Antrag auf Eintragung der Marke;
b. den Namen und Vornamen oder die Firma sowie die Adresse des Hinterlegers;
c. ein Verzeichnis der eingereichten Akten und der bezahlten Gebühren, mit Angabe der Zahlungsart;
d. ...[17].

[2] Es ist gegebenenfalls zu ergänzen mit:

a. dem Namen und der Adresse des Vertreters;
b. der Prioritätserklärung (Art. 12–14);
c. der Angabe, dass es sich um eine Garantie- oder eine Kollektivmarke handelt;
d.[18] einem Nachweis über die Löschung der internationalen Registrierung und der Schutzausdehnung auf die Schweiz. Wird die Priorität der gelöschten internationalen Registrierung beansprucht, so ist kein weiterer Prioritätsbeleg erforderlich.

Art. 10[19] **Wiedergabe der Marke**

[1] Die Marke muss grafisch darstellbar sein.

[2] Wird für die Marke eine farbige Ausführung beansprucht, so ist die entsprechende Farbe oder Farbkombination anzugeben. Das Institut kann zusätzlich verlangen, dass farbige Wiedergaben der Marke eingereicht werden.

---

[14] SR **0.232.112.1**
[15] Fassung gemäss Ziff. I der V vom 22. Jan. 1997, in Kraft seit 1. Mai 1997 (AS **1997** 865).
[16] Eingefügt durch Ziff. I der V vom 22. Jan. 1997, in Kraft seit 1. Mai 1997 (AS **1997** 865).
[17] Aufgehoben durch Ziff. I der V vom 8. März 2002 (AS **2002** 1119).
[18] Eingefügt durch Ziff. I der V vom 22. Jan. 1997, in Kraft seit 1. Mai **1997** (AS 1997 865).
[19] Fassung gemäss Ziff. I der V vom 8. März 2002, in Kraft seit 1. Juli **2002** (AS 2002 1119).

³ Handelt es sich um einen besonderen Markentyp, beispielsweise ein dreidimensionales Zeichen, so muss dies im Eintragungsgesuch vermerkt werden.

Art. 11 Waren- und Dienstleistungsverzeichnis

¹ Die Waren und Dienstleistungen, für welche die Marke beansprucht wird, sind präzise zu bezeichnen.

² Die Waren und Dienstleistungen sind in Gruppen zusammenzufassen, die den internationalen Klassen nach dem Abkommen von Nizza vom 15. Juni 1957[20] über die internationale Klassifikation von Waren und Dienstleistungen entsprechen. Den Gruppen ist die Nummer der Klasse dieser Klassifikation voranzustellen, und jede Gruppe ist in der Reihenfolge der Klassen dieser Klassifikation anzuordnen.[21]

Art. 12 Priorität nach der Pariser Verbandsübereinkunft

¹ Die Erklärung für die Priorität nach der Pariser Verbandsübereinkunft vom 20. März 1883[22] zum Schutz des gewerblichen Eigentums umfasst folgende Angaben:

a. das Datum der Ersthinterlegung;

b. das Land, in dem oder für das diese Hinterlegung erfolgt ist.

² Der Prioritätsbeleg besteht aus einer Bescheinigung der zuständigen Behörde über die Ersthinterlegung, mit der Angabe der Hinterlegungs- oder Eintragungsnummer der Marke.

³ Das Institut führt ein Verzeichnis derjenigen Staaten, die der Schweiz Gegenrecht nach Artikel 7 Absatz 2 MSchG halten.

Art. 13 Ausstellungspriorität

¹ Die Erklärung für die Ausstellungspriorität umfasst:

a. die genaue Bezeichnung der Ausstellung;

b. die Angabe der unter der Marke vorgestellten Ware oder Dienstleistung.

² Der Prioritätsbeleg besteht aus einer Bescheinigung der zuständigen Stelle darüber, dass die mit der Marke gekennzeichnete Ware oder Dienstleistung vorgestellt worden ist, mit der Angabe des Eröffnungstages der Ausstellung.

Art. 14 Gemeinsame Bestimmungen zu Prioritätserklärung und Prioritätsbeleg

¹ Die Prioritätserklärung muss bis spätestens 30 Tage nach der Hinterlegung der Marke abgegeben, der Prioritätsbeleg innerhalb von sechs Monaten nach der Hinterlegung eingereicht werden; andernfalls erlischt der Prioritätsanspruch.

² Die Prioritätserklärung kann sich auf mehrere Ersthinterlegungen beziehen.

³ Prioritätsbelege können auch in englischer Sprache eingereicht werden.

---

[20] SR **0.232.112.7/.9**
[21] Eingefügt durch Ziff. I der V vom 22. Jan. 1997, in Kraft seit 1. Mai 1997 **(AS 1997 865)**.
[22] SR **0.232.01/.04**

Art. 15   **Eingangsprüfung**

Wenn die Hinterlegung den Erfordernissen nach Artikel 28 Absatz 2 MSchG nicht entspricht, so kann das Institut dem Hinterleger eine Frist zur Vervollständigung der Unterlagen ansetzen.

Art. 16   **Formalprüfung**

[1] Wenn die Hinterlegung den im MSchG oder in dieser Verordnung festgelegten formalen Erfordernissen nicht entspricht, so setzt das Institut dem Hinterleger eine Frist zur Behebung des Mangels an.

[2] Wird der Mangel nicht fristgerecht behoben, so wird das Eintragungsgesuch ganz oder teilweise zurückgewiesen. Das Institut kann ausnahmsweise weitere Fristen ansetzen.

Art. 17   **Materielle Prüfung**

[1] Liegt ein Zurückweisungsgrund nach Artikel 30 Absatz 2 Buchstabe c oder d MSchG vor, so setzt das Institut dem Hinterleger eine Frist zur Behebung des Mangels an.

[2] Wird der Mangel nicht fristgerecht behoben, so wird das Eintragungsgesuch ganz oder teilweise zurückgewiesen. Das Institut kann ausnahmsweise weitere Fristen ansetzen.

Art. 17a[23]   **Weiterbehandlung bei Fristversäumnis**

Für die Weiterbehandlung eines wegen Fristversäumnis zurückgewiesenen Gesuchs (Art. 41 MSchG) ist eine Weiterbehandlungsgebühr zu bezahlen.

Art. 18   **Hinterlegungs- und Zuschlagsgebühr**

[1] Der Hinterleger hat innerhalb einer vom Institut angesetzten Frist die Hinterlegungsgebühr zu bezahlen.[24]

[2] Umfasst das Waren- oder Dienstleistungsverzeichnis der hinterlegten Marke mehr als zwei Klassen, so hat der Hinterleger für jede weitere Klasse eine Zuschlagsgebühr (Klassengebühr) zu entrichten. Das Institut bestimmt die Anzahl der gebührenpflichtigen Klassen nach der Klasseneinteilung des Abkommens von Nizza vom 15. Juni 1957[25] über die internationale Klassifikation von Waren und Dienstleistungen für die Eintragung von Fabrik- oder Handelsmarken (Nizzaer Klassifikationsabkommen).

[3] Die Klassengebühr ist innerhalb einer vom Institut angesetzten Frist zu bezahlen. Sie wird zurückerstattet, wenn keine Eintragung erfolgt.[26]

---

[23] Eingefügt durch Ziff. I der V vom 25. Okt. 1995, in Kraft seit 1. Jan. 1996 (AS **1995** 5158).
[24] Fassung gemäss Ziff. I der V vom 22. Jan. 1997, in Kraft seit 1. Mai 1997 (AS **1997** 865).
[25] SR **0.232.112.7/.9**
[26] Fassung gemäss Ziff. I der V vom 22. Jan. 1997, in Kraft seit 1. Mai 1997 (AS **1997** 865).

Art. 18a[27]   **Beschleunigung der Prüfung**

[1] Der Hinterleger kann die beschleunigte Durchführung der Prüfung beantragen.

[2] Der Antrag gilt erst dann als gestellt, wenn zusätzlich zur Hinterlegungsgebühr die Gebühr für die beschleunigte Durchführung der Prüfung bezahlt ist.[28]

Art. 19   **Eintragung und Veröffentlichung**

[1] Liegen keine Zurückweisungsgründe vor, so trägt das Institut die Marke im Markenregister ein und veröffentlicht die Eintragung.

[2] Es stellt dem Markeninhaber eine Eintragungsurkunde aus, welche die im Register eingetragenen Angaben enthält.

2. Abschnitt: Widerspruchsverfahren

Art. 20   **Form und Inhalt des Widerspruchs**

Der Widerspruch ist in zwei Exemplaren einzureichen und muss enthalten:

a. den Namen und Vornamen oder die Firma sowie die Adresse des Widersprechenden;

b. die Registernummer der Markeneintragung oder die Gesuchsnummer der Markenhinterlegung, auf die sich der Widerspruch stützt;

c. die Registernummer der angefochtenen Markeneintragung sowie den Namen oder die Firma des Markeninhabers;

d. die Erklärung, in welchem Umfang gegen die Eintragung Widerspruch erhoben wird;

e. eine kurze Begründung des Widerspruchs.

Art. 21   **Vertretung der Parteien**

[1] Muss der Widersprechende nach Artikel 42 Absatz 1 MSchG einen Vertreter bestellen, so hat er innerhalb der Widerspruchsfrist oder einer vom Institut angesetzten Nachfrist den Namen und die Adresse des Vertreters anzugeben und eine Vollmacht einzureichen. Kommt er dieser Verpflichtung nicht nach, so wird auf den Widerspruch nicht eingetreten.[29]

[2] Muss der Widerspruchsgegner einen Vertreter bestellen, so hat er innerhalb einer vom Institut angesetzten Frist den Namen und die Adresse des Vertreters anzugeben und eine Vollmacht einzureichen. Kommt er dieser Verpflichtung nicht nach, so wird er vom Verfahren ausgeschlossen.

Art. 22   **Schriftenwechsel**

[1] Das Institut bringt einen nicht offensichtlich unzulässigen Widerspruch dem Widerspruchsgegner zur Kenntnis und setzt ihm eine Frist zur Stellungnahme an.

[2] Die Stellungnahme des Widerspruchsgegners ist in zwei Exemplaren einzureichen.

---

[27] Eingefügt durch Ziff. I der V vom 17. Sept. 1997, in Kraft seit 1. Jan. 1998 (AS **1997** 2170).
[28] Fassung gemäss Ziff. I der V vom 8. März 2002, in Kraft seit 1. Juli 2002 (AS **2002** 1119).
[29] Fassung gemäss Ziff. I der V vom 22. Jan. 1997, in Kraft seit 1. Mai 1997 (AS **1997** 865).

³ Der Widerspruchsgegner muss in seiner ersten Stellungnahme gegebenenfalls den Nichtgebrauch der Marke des Widersprechenden nach Artikel 12 Absatz 1 MSchG geltend machen.

⁴ Das Institut kann weitere Schriftenwechsel durchführen.

Art. 23 Mehrere Widersprüche, Aussetzung des Entscheids

¹ Sind gegen dieselbe Markeneintragung mehrere Widersprüche eingereicht worden, so bringt das Institut die Widersprüche allen Widersprechenden zur Kenntnis. Es kann die Behandlung der Widersprüche in einem Verfahren vereinigen.

² Hält das Institut es für zweckmässig, so kann es zuerst einen von mehreren Widersprüchen prüfen und darüber entscheiden und die Behandlung der übrigen Widersprüche aussetzen.

³ Stützt sich der Widerspruch auf eine Markenhinterlegung, so kann das Institut den Entscheid über den Widerspruch aussetzen, bis die Marke eingetragen ist.

Art. 24 Parteientschädigung und Widerspruchsgebühr[30]

¹ Für die Bemessung von Parteientschädigungen, die das Institut zuspricht, ist Artikel 8 der Verordnung vom 10. September 1969[31] über Kosten und Entschädigungen im Verwaltungsverfahren sinngemäss anwendbar.

² Beantragt der Widerspruchsgegner innerhalb der Frist von Artikel 22 Absatz 1 die Löschung der angefochtenen Markeneintragung, so wird die Hälfte der Widerspruchsgebühr zurückerstattet.[32]

3. Abschnitt: Verlängerung der Markeneintragung

Art. 25[33] Mitteilung über den Ablauf der Gültigkeitsdauer

Das Institut kann den im Register eingetragenen Inhaber oder dessen Vertreter sechs Monate vor Ablauf der Gültigkeitsdauer der Eintragung an das Datum des Ablaufs erinnern. Das Institut kann auch Mitteilungen ins Ausland versenden.

Art. 26 Verfahren[34]

¹ Der Antrag auf Verlängerung der Markeneintragung kann frühestens zwölf Monate vor Ablauf der Gültigkeitsdauer gestellt werden.[35]

² Die Verlängerung wird mit dem Ablauf der vorangegangenen Gültigkeitsdauer wirksam.

³ Das Institut bescheinigt dem Markeninhaber die Verlängerung der Eintragung.

⁴ Für die Verlängerung ist die Verlängerungsgebühr sowie gegebenenfalls eine Klassengebühr (Art. 18 Abs. 2) zu bezahlen.[36]

---

[30] Fassung gemäss Ziff. I der V vom 22. Jan. 1997, in Kraft seit 1. Mai 1997 (AS **1997** 865).
[31] SR 172.041.0
[32] Eingefügt durch Ziff. I der V vom 22. Jan. 1997, in Kraft seit 1. Mai 1997 (AS **1997** 865).
[33] Fassung gemäss Ziff. I der V vom 8. März 2002, in Kraft seit 1. Juli 2002 (AS **2002** 1119).
[34] Fassung gemäss Ziff. I der V vom 8. März 2002, in Kraft seit 1. Juli 2002 (AS **2002** 1119).
[35] Fassung gemäss Ziff. I der V vom 8. März 2002, in Kraft seit 1. Juli 2002 (AS **2002** 1119).
[36] Eingefügt durch Ziff. I der V vom 25. Okt. 1995, in Kraft seit 1. Jan. 1996 (AS **1995** 5158).

⁵ Wird der Verlängerungsantrag nach Ablauf der Gültigkeitsdauer eingereicht, so ist eine zusätzliche Gebühr zu entrichten.[37]

Art. 27[38]   **Rückerstattung der Klassengebühr und der Verlängerungsgebühr**

Wurde ein Verlängerungsantrag gestellt und führt dieser nicht zur Verlängerung der Eintragung, so werden zurückerstattet:

a. die Klassengebühr;

b. die Verlängerungsgebühr abzüglich einer Bearbeitungsgebühr.

4. Abschnitt: Änderungen der Markeneintragung

Art. 28   Übertragung

¹ Der Antrag auf Eintragung der Übertragung ist vom bisherigen Markeninhaber oder vom Erwerber zu stellen und umfasst:

a. eine ausdrückliche Erklärung des bisherigen Inhabers oder eine andere genügende Urkunde, nach der die Marke auf den Erwerber übergegangen ist;

b. den Namen und Vornamen oder die Firma sowie die Adresse des Erwerbers und gegebenenfalls seines Vertreters;

c. bei teilweiser Übertragung die Angabe der Waren und Dienstleistungen, für welche die Marke übertragen worden ist.

² Ist eine Marke teilweise übertragen worden, so endet die Gültigkeitsdauer der Eintragung des übertragenen Teils gleichzeitig mit derjenigen der Eintragung des dem bisherigen Inhaber verbliebenen Teils der Marke.

Art. 29   Lizenz

¹ Der Antrag auf Eintragung der Lizenz ist vom Markeninhaber oder vom Lizenznehmer zu stellen und umfasst:

a. eine ausdrückliche Erklärung des Markeninhabers oder eine andere genügende Urkunde, nach welcher der Inhaber die Marke dem Lizenznehmer zum Gebrauch überlässt;

b. den Namen und Vornamen oder die Firma sowie die Adresse des Lizenznehmers;

c. gegebenenfalls das Begehren, dass die Lizenz als ausschliessliche Lizenz eingetragen wird;

d. bei einer teilweisen Lizenz die Angabe der Waren und Dienstleistungen oder des Gebiets, für welche die Lizenz erteilt wird.

² Für die Eintragung einer Unterlizenz gilt Absatz 1. Ausserdem muss nachgewiesen werden, dass der Lizenznehmer zur Erteilung von Unterlizenzen berechtigt ist.

---

[37] Eingefügt durch Ziff. I der V vom 25. Okt. 1995, in Kraft seit 1. Jan. 1996 (AS **1995** 5158).

[38] Fassung gemäss Ziff. I der V vom 8. März 2002, in Kraft seit 1. Juli 2002 (AS **2002** 1119).

Art. 30 **Sonstige Änderungen der Markeneintragung**

Aufgrund einer entsprechenden Erklärung des Markeninhabers oder einer anderen genügenden Urkunde werden eingetragen:

a. die Nutzniessung an der Marke und die Verpfändung der Marke;
b. Verfügungsbeschränkungen von Gerichten und Vollstreckungsbehörden;
c. Änderungen, die eingetragene Angaben betreffen.

Art. 31 **Löschung von Rechten anderer**

Das Institut löscht auf Antrag des Markeninhabers das zugunsten einer Drittperson eingetragene Recht, wenn eine ausdrückliche Verzichtserklärung des Inhabers dieses Rechts oder eine andere genügende Urkunde vorgelegt wird.

Art. 32 **Berichtigungen**

¹ Fehlerhafte Eintragungen werden auf Antrag des Markeninhabers unverzüglich berichtigt.

² Beruht der Fehler auf einem Versehen des Institutes, so erfolgt die Berichtigung von Amtes wegen.

Art. 33[39] **Antrag und Gebühren**

¹ Der Antrag auf Änderung oder Berichtigung der Markeneintragung ist schriftlich zu stellen.

² Er ist gebührenpflichtig.

³ Wird für dieselbe Marke gleichzeitig die Eintragung mehrerer Änderungen beantragt, so ist nur die einfache Gebühr zu entrichten.

Art. 34 **Gebührenfreie Änderungen**

Folgende Änderungen sind gebührenfrei:

a. die Eintragung der erstmaligen Bestellung eines Vertreters und die Löschung von Vertretungsverhältnissen;
b. Änderungen, die auf einem vollstreckbaren Gerichtsurteil oder auf einer Vollstreckungsmassnahme beruhen, sowie Verfügungsbeschränkungen von Gerichten und Vollstreckungsbehörden;
c. die Vormerkung von Änderungen im Aktenheft;
d. Berichtigungen, wenn der Fehler auf einem Versehen des Institutes beruht.

5. Abschnitt: Löschung der Markeneintragung

Art. 35[40]

¹ Der Antrag auf Löschung der Markeneintragung ist schriftlich zu stellen.

² Die vollständige Löschung ist gebührenfrei. Für eine Teillöschung erhebt das Institut eine Gebühr.

---

[39] Fassung gemäss Ziff. I der V vom 8. März 2002, in Kraft seit 1. Juli 2002 (AS **2002** 1119).
[40] Fassung gemäss Ziff. I der V vom 8. März 2002, in Kraft seit 1. Juli 2002 (AS **2002** 1119).

3. Kapitel: Aktenheft und Markenregister

1. Abschnitt: Das Aktenheft

Art. 36 **Inhalt**

¹ Das Institut führt für jedes Eintragungsgesuch und jede Markeneintragung ein Aktenheft, aus dem der Verlauf des Eintragungsverfahrens und eines allfälligen Widerspruchsverfahrens, die Verlängerung und die Löschung der Eintragung, die Tatsache einer allfälligen internationalen Registrierung, Änderungen im Markenrecht sowie sonstige Änderungen der Markeneintragung ersichtlich sind.[41]

² Das Reglement einer Garantie- oder Kollektivmarke ist ebenfalls Bestandteil des Aktenhefts.

³ Beweisurkunden, die Fabrikations- oder Geschäftsgeheimnisse offenbaren, werden auf Antrag oder von Amtes wegen ausgesondert. Die Aussonderung wird im Aktenheft vermerkt.

⁴ Das Aktenheft kann in elektronischer Form geführt werden.[42]

Art. 37 **Akteneinsicht**

¹ Vor der Eintragung der Marke dürfen in das Aktenheft Einsicht nehmen:
a. der Hinterleger und sein Vertreter;
b. Personen, die nachweisen, dass der Hinterleger ihnen die Verletzung seines Rechts an der hinterlegten Marke vorwirft oder dass er sie vor solcher Verletzung warnt;
c. andere Personen, mit ausdrücklicher Zustimmung des Hinterlegers oder seines Vertreters.

² Die in Absatz 1 genannten Personen dürfen auch in die Akten zurückgezogener oder zurückgewiesener Eintragungsgesuche Einsicht nehmen.

³ Nach der Eintragung der Marke kann jede Person Einsicht in das Aktenheft nehmen.

⁴ Über die Einsicht in ausgesonderte Beweisurkunden (Art. 36 Abs. 3) entscheidet das Institut nach Anhörung des Hinterlegers oder des Inhabers der Marke.

⁵ Auf Antrag und gegen Kostenersatz wird die Einsichtnahme durch Abgabe von Kopien gewährt.

Art. 38 **Auskünfte über Eintragungsgesuche**

¹ Das Institut erteilt Drittpersonen gegen Zahlung einer Gebühr Auskünfte über hängige Eintragungsgesuche.

² Diese Auskünfte sind beschränkt auf Angaben, die im Falle einer späteren Eintragung der Marke veröffentlicht werden.

---

[41] Fassung gemäss Ziff. I der V vom 22. Jan. 1997, in Kraft seit 1. Mai 1997 (AS **1997** 865).
[42] Eingefügt durch Ziff. I der V vom 22. Jan. 1997, in Kraft seit 1. Mai 1997 (AS **1997** 865).

Art. 39   **Aktenaufbewahrung**

¹ Das Institut verwahrt die Akten vollständig gelöschter Markeneintragungen im Original oder in Kopie noch während fünf Jahren nach der Löschung.

² Es verwahrt die Akten zurückgezogener und zurückgewiesener Eintragungsgesuche sowie vollständig widerrufener Eintragungen (Art. 33 MSchG) im Original oder in Kopie noch während fünf Jahren nach der Zurückziehung, der Zurückweisung oder dem Widerruf, mindestens aber während zehn Jahren nach der Hinterlegung.

³ Die Aktenaufbewahrung kann in elektronischer Form erfolgen.[43]

2. Abschnitt: Das Markenregister

Art. 40   **Registerinhalt**

¹ Die Eintragung der Marke im Markenregister enthält:

a. die Registernummer;
b. das Hinterlegungsdatum;
c. den Namen und Vornamen oder die Firma sowie die Adresse des Markeninhabers;
d. Namen und Adresse des allfälligen Vertreters;
e. die Wiedergabe der Marke;
f. die Waren und Dienstleistungen, für welche die Marke beansprucht wird, in der Reihenfolge und mit der Angabe der Klassen nach der Klasseneinteilung des Nizzaer Klassifikationsabkommens[44];
g. das Datum der Veröffentlichung der Eintragung.
h.[45] Angaben über die Ersetzung einer früheren nationalen Eintragung durch eine internationale Registrierung;
i.[46] das Datum der Eintragung;
k.[47] die Nummer des Eintragungsgesuchs.

² Die Eintragung wird gegebenenfalls ergänzt mit:

a. der Angabe der beanspruchten Farbe oder Farbkombination;
b.[48] dem Vermerk «Dreidimensionale Marke» oder einer anderen Angabe, welche den besonderen Typ der Marke präzisiert;
c. dem Vermerk «Durchgesetzte Marke»;
d. der Angabe, dass es sich um eine Garantie- oder eine Kollektivmarke handelt;

---

[43] Eingefügt durch Ziff. I der V vom 22. Jan. 1997, in Kraft seit 1. Mai 1997 (AS **1997** 865).
[44] SR 0.232.112.7/.9
[45] Eingefügt durch Ziff. I der V vom 22. Jan. 1997, in Kraft seit 1. Mai 1997 (AS **1997** 865).
[46] Eingefügt durch Ziff. I der V vom 22. Jan. 1997, in Kraft seit 1. Mai 1997 (AS **1997** 865).
[47] Eingefügt durch Ziff. I der V vom 22. Jan. 1997, in Kraft seit 1. Mai 1997 (AS **1997** 865).
[48] Fassung gemäss Ziff. I der V vom 8. März 2002, in Kraft seit 1. Juli 2002 (AS **2002** 1119).

e. Angaben über die Inanspruchnahme einer Priorität nach den Artikeln 7 und 8 MSchG;

f. ...[49]

³ Ferner werden im Markenregister, jeweils mit dem Datum der Veröffentlichung, eingetragen:

a. die Verlängerung der Markeneintragung, mit der Angabe des Datums, an dem die Verlängerung wirksam wird;

b. der vollständige oder teilweise Widerruf der Markeneintragung;

c. die vollständige oder teilweise Löschung der Markeneintragung, mit der Angabe des Grundes der Löschung;

d. die vollständige oder teilweise Übertragung der Marke;

e. die Erteilung einer Lizenz, gegebenenfalls mit der Angabe, dass es sich um eine ausschliessliche Lizenz handelt, und im Falle einer Teillizenz mit der Angabe der Waren und Dienstleistungen oder des Gebiets, für welche die Lizenz erteilt wird;

f. die Nutzniessung an der Marke und die Verpfändung der Marke;

g. Verfügungsbeschränkungen von Gerichten und Vollstreckungsbehörden;

h. Änderungen, die eingetragene Angaben betreffen;

i. der Hinweis auf eine Änderung des Markenreglements.

⁴ Das Institut kann weitere Angaben von öffentlichem Interesse eintragen.

Art. 40a[50] Elektronisches Markenregister

¹ Das Institut kann ein elektronisches Markenregister führen.

² Das Institut kann seine Datenbestände gegen Bezahlung Dritten zugänglich machen.

Art. 41 Einsichtnahme; Registerauszüge

¹ Das Markenregister steht jeder Person gegen Zahlung einer Gebühr zur Einsichtnahme offen.

² Gegen Zahlung einer Gebühr erteilt das Institut Auskünfte über den Inhalt des Markenregisters und erstellt Auszüge aus dem Register.

Art. 41a[51] Prioritätsbeleg für schweizerische Ersthinterlegungen

Das Institut erstellt einen Prioritätsbeleg, sofern ein entsprechender Antrag vorliegt und die dafür in Rechnung gestellte Gebühr gezahlt worden ist.

---

[49] Aufgehoben durch Ziff. I der V vom 22. Jan. 1997 (AS **1997** 865).
[50] Eingefügt durch Ziff. I der V vom 22. Jan. 1997, in Kraft seit 1. Mai 1997 (AS **1997** 865).
[51] Eingefügt durch Ziff. I der V vom 25. Okt. 1995, in Kraft seit 1. Jan. 1996 (AS **1995** 5158).

4. Kapitel: Veröffentlichungen des Amtes

Art. 42   Gegenstand der Veröffentlichung

Das Institut veröffentlicht:

a. die Eintragung der Marken, mit den Angaben nach Artikel 40 Absatz 1 Buchstaben a–f und Absatz 2 Buchstaben a–e;
b. die Eintragungen nach Artikel 40 Absatz 3;
c. die Angaben nach Artikel 40 Absatz 4, soweit deren Veröffentlichung zweckmässig erscheint.

Art. 43[52]   Publikationsorgan, Publikationsform und massgebliche Veröffentlichung

[1] Das Institut bestimmt das Publikationsorgan.

[2] Die Veröffentlichung kann auch in elektronischer Form erfolgen.

[3] Die elektronische Veröffentlichung ist nur dann massgebend, wenn die Daten ausschliesslich elektronisch veröffentlicht werden.

Art. 44[53]

5. Kapitel: ...

Art. 45–46[54]

6. Kapitel: Internationale Markenregistrierung[55]

1. Abschnitt: Gesuch um internationale Registrierung

Art. 47   Einreichung des Gesuchs

[1] Das Gesuch um internationale Registrierung einer Marke oder eines Eintragungsgesuchs ist beim Institut einzureichen, wenn die Schweiz Ursprungsland im Sinne von Artikel 1 Absatz 3 des Madrider Abkommens vom 14. Juli 1967[56] über die internationale Registrierung von Marken (Madrider Markenabkommen) oder im Sinne von Artikel 2 Absatz 1 des Protokolls vom 27. Juni 1989[57] zum Madrider Abkommen über die internationale Registrierung von Marken (Madrider Protokoll) ist.[58]

---

[52] Fassung gemäss Ziff. I der V vom 8. März 2002, in Kraft seit 1. Juli 2002 (AS **2002** 1119).
[53] Aufgehoben durch Ziff. I der V vom 8. März 2002 (AS **2002** 1119).
[54] Aufgehoben durch Ziff. I der V vom 25. Okt. 1995 (AS **1995** 5158).
[55] Fassung gemäss Ziff. I der V vom 22. Jan. 1997, in Kraft seit 1. Mai 1997 (AS **1997** 865).
[56] SR **0.232.112.3**
[57] SR **0.232.112.4**
[58] Fassung gemäss Ziff. I der V vom 22. Jan. 1997, in Kraft seit 1. Mai 1997 (AS **1997** 865).

² Für die Einreichung des Gesuchs muss das amtliche Formular oder ein vom Institut zugelassenes privates Formular verwendet werden.

³ Das Institut legt die Sprache fest, in welcher die Waren und Dienstleistungen, für welche die Marke oder das Eintragungsgesuch beansprucht wird, anzugeben sind.[59]

⁴ Die nationale Gebühr (Art. 45 Abs. 2 MSchG) ist nach Aufforderung durch das Institut zu bezahlen.[60]

Art. 48   **Prüfung durch das Institut**

¹ Wenn ein beim Institut eingereichtes Gesuch den formalen Erfordernissen, die es nach MSchG, dieser Verordnung oder der Ausführungsordnung vom 18. Januar 1996[61] zum Madrider Markenabkommen und zum Madrider Protokoll erfüllen muss, nicht entspricht oder wenn die vorgeschriebenen Gebühren nicht bezahlt sind, setzt das Institut dem Gesuchsteller eine Frist zur Behebung des Mangels an.[62]

² Wird der Mangel nicht fristgerecht behoben, so wird das Gesuch zurückgewiesen. Das Institut kann ausnahmsweise weitere Fristen ansetzen.

Art. 49   **Aktenheft**

¹ Das Institut führt ein Aktenheft für jede international registrierte Marke, deren Ursprungsland die Schweiz ist.

² Das Aktenheft kann in elektronischer Form geführt werden.[63]

2. Abschnitt: Wirkung der internationalen Registrierung in der Schweiz

Art. 50   **Widerspruchsverfahren**

¹ Im Falle eines Widerspruchs gegen eine internationale Registrierung beginnt die Widerspruchsfrist nach Artikel 31 Absatz 2 MSchG am ersten Tag des Monats zu laufen, der dem Monat der Veröffentlichung in dem vom Internationalen Büro herausgegebenen Publikationsorgan folgt.

² Das Institut führt ein Aktenheft, aus dem der Verlauf des Widerspruchsverfahrens ersichtlich ist.

³ Das Aktenheft kann in elektronischer Form geführt werden.[64]

Art. 51   **Aussetzung des Entscheides**

¹ Stützt sich der Widerspruch auf eine internationale Registrierung, die Gegenstand einer vorläufigen Schutzverweigerung durch das Institut ist, so kann dieses den Entscheid über den Widerspruch aussetzen, bis über die Schutzverweigerung endgültig entschieden ist.

---

[59] Fassung gemäss Ziff. I der V vom 22. Jan. 1997, in Kraft seit 1. Mai 1997 (AS **1997** 865).
[60] Fassung gemäss Ziff. I der V vom 22. Jan. 1997, in Kraft seit 1. Mai 1997 (AS **1997** 865).
[61] SR **0.232.112.21**
[62] Fassung gemäss Ziff. I der V vom 22. Jan. 1997, in Kraft seit 1. Mai 1997 (AS **1997** 865).
[63] Eingefügt durch Ziff. I der V vom 22. Jan. 1997, in Kraft seit 1. Mai 1997 (AS **1997** 865).
[64] Eingefügt durch Ziff. I der V vom 22. Jan. 1997, in Kraft seit 1. Mai 1997 (AS **1997** 865).

² Fällt die internationale Registrierung dahin und ist nach Artikel 46a MSchG eine Umwandlung in ein Eintragungsgesuch möglich, so kann das Institut den Entscheid über den Widerspruch bis zur Umwandlung aussetzen.⁶⁵

Art. 52　Schutzverweigerung und Schutzentziehung

¹ Gegenüber international registrierten Marken tritt an die Stelle:

a. der Zurückweisung des Eintragungsgesuchs nach Artikel 30 Absatz 2 Buchstaben c und d MSchG und des Widerrufs der Eintragung nach Artikel 33 MSchG die Schutzverweigerung;

b. der Löschung der Eintragung infolge Nichtigerklärung durch ein rechtskräftiges richterliches Urteil (Art. 35 Bst. c MSchG) die Schutzentziehung.

² Es erfolgt keine Veröffentlichung der Schutzverweigerungen und Schutzentziehungen durch das Institut.

7. Kapitel:　Produzentenkennzeichen auf Uhren und Uhrwerken

Art. 53

¹ Schweizerische Uhren und Uhrwerke im Sinne der Verordnung vom 23. Dezember 1971⁶⁶ über die Benützung des Schweizer Namens für Uhren müssen mit dem Kennzeichen ihres Herstellers versehen sein. Bei Uhren ist das Kennzeichen auf dem Gehäuse oder auf dem Zifferblatt anzubringen.

² Das Produzentenkennzeichen muss gut sichtbar und dauerhaft angebracht sein. Anstatt des Produzentenkennzeichens kann der Firmenname oder eine Marke des Herstellers angebracht werden.

³ Es darf nur für schweizerische Erzeugnisse gebraucht werden.

⁴ Der Verband der Schweizerischen Uhrenindustrie FH teilt die Produzentenkennzeichen zu und führt ein entsprechendes Register.

⁵ Die Ausschlussgründe nach Artikel 3 Absatz 1 MSchG gelten auch für Produzentenkennzeichen.

8. Kapitel:　Hilfeleistung der Zollverwaltung

Art. 54　Zolllager

Die Hilfeleistung der Zollverwaltung erstreckt sich auf die Ein- und Ausfuhr von widerrechtlich mit einer Marke oder einer Herkunftsangabe versehenen Waren sowie auf die Lagerung solcher Waren in einem Zolllager.

Art. 55　Antrag auf Hilfeleistung

¹ Der Berechtigte muss den Antrag auf Hilfeleistung bei der Oberzolldirektion stellen. In dringenden Fällen kann der Antrag unmittelbar beim Zollamt gestellt werden, bei dem widerrechtlich gekennzeichnete Waren ein- oder ausgeführt werden sollen.

---

⁶⁵ Eingefügt durch Ziff. I der V vom 22. Jan. 1997, in Kraft seit 1. Mai 1997 (AS **1997** 865).
⁶⁶ SR **232.119**

² Der Antrag gilt während zwei Jahren, wenn er nicht für eine kürzere Geltungsdauer gestellt wird. Er kann erneuert werden.

Art. 56   Zurückbehalten von Waren

¹ Behält das Zollamt Waren zurück, so verwahrt es sie gegen Gebühr selbst oder gibt sie auf Kosten des Antragstellers einer Drittperson in Verwahrung.

² Der Antragsteller ist berechtigt, die zurückbehaltenen Waren zu besichtigen. Der zur Verfügung über die Ware Berechtigte kann an der Besichtigung teilnehmen.

³ Steht schon vor Ablauf der Frist nach Artikel 72 Absatz 2 beziehungsweise Absatz 2bis MSchG fest, dass der Antragsteller vorsorgliche Massnahmen nicht erwirken kann, so werden die Waren sogleich freigegeben.[67]

Art. 57   Gebühren

Die Gebühren für die Behandlung des Antrags auf Hilfeleistung sowie für die Verwahrung zurückbehaltener Waren richten sich nach der Verordnung vom 22. August 1984[68] über die Gebühren der Zollverwaltung.

9. Kapitel: Schlussbestimmungen

1. Abschnitt: Aufhebung bisherigen Rechts

Art. 58

Es werden aufgehoben:

a. die Verordnung vom 24. April 1929[69] über den Schutz der Fabrik- und Handelsmarken (MSchV);
b. der Bundesratsbeschluss vom 4. November 1966[70] betreffend die Ausführung des Madrider Abkommens über die internationale Registrierung von Fabrik- und Handelsmarken.

2. Abschnitt: Übergangsbestimmungen

Art. 59   Fristen

Vom Institut angesetzte Fristen, die am Tag des Inkrafttretens dieser Verordnung laufen, bleiben unverändert.

---

[67] Fassung gemäss Ziff. I der V vom 17. Mai 1995, in Kraft seit 1. Juli 1995 (AS **1995** 1783).
[68] SR **631.152.1**
[69] [BS **2** 856; AS 1951 905, **1959** 2100, **1962** 1060, **1968** 601, **1972** 2444, **1977** 1989, **1983** 1478 Ziff. III 2, **1986** 526]
[70] [AS **1966** 1413, **1973** 1839, **1977** 1992]

Art. 60   **Gebrauchspriorität**

[1] Im Falle der Hinterlegung einer Marke nach Artikel 78 Absatz 1 MSchG wird der Zeitpunkt, in dem die Marke in Gebrauch genommen wurde, im Markenregister eingetragen und veröffentlicht.

[2] Handelt es sich um eine international registrierte Marke, so ist die entsprechende Angabe gegenüber dem Institut bis zum Ende des Monats der Veröffentlichung der internationalen Registrierung zu machen; der Zeitpunkt, in dem die Marke in Gebrauch genommen wurde, wird in einem besonderen Register eingetragen und veröffentlicht.

3. Abschnitt: Inkrafttreten

Art. 61

Diese Verordnung tritt am 1. April 1993 in Kraft.

Internationale Waren- und Dienstleistungsklassifikation

Die vorliegende Aufstellung bezweckt, Hinterlegerinnen und Hinterlegern von Marken die Abfassung der Warenliste zu erleichtern, welche unter Ziffer 6 auf dem Formular Eintragung einer schweizerischen Marke aufzuführen ist. Die nachfolgenden Bemerkungen weisen auf gewisse Besonderheiten der Waren- und Dienstleistungsklassen hin. Diese Angaben sind weder vollständig noch bindend. Das Institut für Geistiges Eigentum steht Ihnen für weitere Auskünfte gerne zur Verfügung.

Internationale Klassifikation der Waren und Dienstleistungen	Bemerkungen
1 Chemische Erzeugnisse für gewerbliche, wissenschaftliche, fotografische, land-, garten- und forstwirtschaftliche Zwecke; Kunstharze im Rohzustand, Kunststoffe im Rohzustand; Düngemittel; Feuerlöschmittel; Mittel zum Härten und Löten von Metallen; chemische Erzeugnisse zum Frischhalten und Haltbarmachen von Lebensmitteln; Gerbmittel; Klebstoffe für gewerbliche Zwecke.	Klebstoffe für Papier- und Schreibwaren oder für Haushaltzwecke .... Klasse 16
2 Farben, Firnisse, Lacke; Rostschutzmittel, Holzkonservierungsmittel; Färbemittel; Beizen; Naturharze im Rohzustand; Blattmetalle und Metalle in Pulverform für Maler, Dekorateure, Drucker und Künstler.	
3 Wasch- und Bleichmittel; Putz-, Polier-, Fettentfernungs- und Schleifmittel; Seifen; Parfümeriewaren; ätherische Öle, Mittel zur Körper- und Schönheitspflege, Haarwässer; Zahnputzmittel.	
4 Technische Öle und Fette; Schmiermittel; Staubabsorbierungs-, Staubbenetzungs- und Staubbindemittel; Brennstoffe (einschliesslich Motorentreibstoffe) und Leuchtstoffe; Kerzen und Dochte für Beleuchtungszwecke.	
5 Pharmazeutische und veterinärmedizinische Erzeugnisse sowie Präparate für die Gesundheitspflege; diätetische Erzeugnisse für medizinische Zwecke, Babykost; Pflaster, Verbandmaterial; Zahnfüllmittel und Abdruckmassen für zahn-	

ärztliche Zwecke; Desinfektionsmittel; Mittel zur Vertilgung von schädlichen Tieren; Fungizide, Herbizide.

6
Unedle Metalle und deren Legierungen; Baumaterialien aus Metall; transportable Bauten aus Metall; Schienenbaumaterial aus Metall; Kabel und Drähte aus Metall (nicht für elektrische Zwecke); Schlosserwaren und Kleineisenwaren; Metallrohre; Geldschränke; Waren aus Metall, soweit in dieser Klasse enthalten; Erze.

Blattmetalle und Metalle in Pulverform für Maler und Drucker .... Klasse 2
Vorhangstangen aus Metall............. Klasse 20
Näh-, Strick-, Schuhmachernadeln, Haken und Ösen (Kurzwaren).. Klasse 26

7
Maschinen und Werkzeugmaschinen; Motoren (ausgenommen Motoren für Landfahrzeuge); Kupplungen und Vorrichtungen zur Kraftübertragung (ausgenommen solche für Landfahrzeuge); nicht handbetätigte landwirtschaftliche Geräte; Brutapparate für Eier.

Fotokopier-, Rechenmaschinen .... Klasse 9
Schreibmaschinen .. Klasse 16
Elektrische Kaffeemaschinen .... Klasse 11
Eismaschinen und -apparate .... Klasse 11
Siehe auch .... Klasse 21

8
Handbetätigte Werkzeuge und Geräte; Messerschmiedewaren, Gabeln und Löffel; Hieb- und Stichwaffen; Rasierapparate.

9
Wissenschaftliche, Schiffahrts-, Vermessungs-, elektrische, fotografische, Film-, optische, Wäge-, Mess-, Signal-, Kontroll-, Rettungs- und Unterrichtsapparate und -instrumente; Apparate und Instrumente für die Leitung, die Verteilung, die Umwandlung, die Speicherung, die Regulierung oder die Steuerung von elektrischem Strom; Geräte zur Aufzeichnung, Übertragung und Wiedergabe von Ton und Bild; Magnetaufzeichnungsträger, Schallplatten; Verkaufsautomaten und Mechaniken für geldbetätigte Apparate; Registrierkassen, Rechenmaschinen, Datenverarbeitungsgeräte und Computer; Feuerlöschgeräte.

10
Chirurgische, ärztliche, zahn- und tierärztliche Instrumente und Apparate, künstliche Gliedmassen, Augen und Zähne; orthopädische Artikel; chirurgisches Nahtmaterial.

11
Beleuchtungs-, Heizungs-, Dampferzeugungs-, Koch-, Kühl-, Trocken-, Lüftungs- und Wasserleitungsgeräte sowie sanitäre Anlagen.

12
Fahrzeuge; Apparate zur Beförderung auf dem Lande, in der Luft oder auf dem Wasser.

13
Schusswaffen; Munition und Geschosse; Sprengstoffe; Feuerwerkskörper.

14
Edelmetalle und deren Legierungen sowie daraus hergestellte oder damit plattierte Waren, soweit sie in dieser Klasse enthalten sind; Juwelierwaren, Schmuckwaren, Edelsteine; Uhren und Zeitmessinstrumente.

Essbestecke......... Klasse 8
Brillenfassungen.... Klasse 9
Schreibgeräte ...... Klasse 16
Feueranzünder aus Edelmetallen........ Klasse 34

15
Musikinstrumente.

16
Papier, Pappe (Karton) und Waren aus diesen Materialien, soweit sie in dieser Klasse enthalten sind; Druckereierzeugnisse; Buchbinderartikel; Fotografien, Schreibwaren; Klebstoffe für Papier- und Schreibwaren oder für Haushaltszwecke; Künstlerbedarfsartikel; Pinsel; Schreibmaschinen und Büroartikel (ausgenommen Möbel); Lehr- und Unterrichtsmittel (ausgenommen Apparate); Verpackungsmaterial aus Kunststoff, soweit es in dieser Klasse enthalten ist; Spielkarten; Drucklettern; Druckstöcke.

Fotopapier .... Klasse 1
Tapeten aus Papier . Klasse 27
Hygienische Binden Klasse 5
Kunststoffolien, ausser für Verpackungszwecke .... Klasse 17
Säcke zum Transport oder für die Lagerung von Massengütern .. Klasse 22
Spielkarten .... Klasse 28
Gummifäden für textile Zwecke ..... Klasse 23
Feuerschutzbekleidung .... Klasse 9

17
Kautschuk, Guttapercha, Gummi, Asbest, Glimmer und Waren daraus, soweit sie in dieser Klasse enthalten sind; Waren aus Kunststoffen (Halbfabrikate); Dichtungs-, Packungs- und Isoliermaterial; Schläuche (nicht aus Metall).

18
Leder und Lederimitationen sowie Waren daraus, soweit sie in dieser Klasse enthalten sind; Häute und Felle; Reise- und Handkoffer; Regenschirme, Sonnenschirme und Spazierstöcke; Peitschen, Pferdegeschirre und Sattlerwaren.

Bekleidungsstücke, Ledergürtel .... Klasse 25
Etuis, nicht angepasst an die Waren, für die sie bestimmt sind ... Klasse 18

19
Baumaterialien (nicht aus Metall); Rohre (nicht aus Metall) für Bauzwecke; Asphalt, Pech und Bitumen; transportable Bauten (nicht aus Metall); Denkmäler (nicht aus Metall).

20
Möbel, Spiegel, Rahmen; Waren, soweit sie in dieser Klasse enthalten sind, aus Holz, Kork, Rohr, Binsen, Weide, Horn, Knochen, Elfenbein,

Behälter für den Haushalt .... Klasse 21

Fischbein, Schildpatt, Bernstein, Perlmutter, Meerschaum und deren Ersatzstoffen oder aus Kunststoffen.

21
Behälter und Geräte für den Haushalt und Küche (nicht aus Edelmetall oder plattiert); Kämme und Schwämme; Bürsten (mit Ausnahme von Pinseln); Bürstenmachermaterial; Putzzeug; Stahlspäne; rohes oder teilweise bearbeitetes Glas (mit Ausnahme von Bauglas); Glaswaren, Porzellan und Steingut, soweit sie in dieser Klasse enthalten sind.

Essbestecke . . . . Klasse 8
Elektrische Dosenöffner . . . . Klasse 7
Nicht elektrische Dosenöffner . . . . Klasse 8
Toilettengeräte . . . . . Klasse 21
Elektrische Zahnbürsten . . . . Klasse 21
Aschenbecher nicht aus Edelmetall . . . . . Klasse 34
Aschenbecher aus Edelmetall . . . . Klasse 14

22
Seile, Bindfaden, Netze, Zelte, Planen, Segel, Säcke, (soweit sie in dieser Klasse enthalten sind); Polsterfüllstoffe (ausser aus Kautschuk oder Kunststoffen); rohe Gespinstfasern.

23
Garne und Fäden für textile Zwecke.

24
Webstoffe und Textilwaren, soweit sie in dieser Klasse enthalten sind; Bett- und Tischdecken.

25
Bekleidungsstücke, Schuhwaren, Kopfbedeckungen.

26
Spitzen und Stickereien, Bänder und Schnürbänder; Knöpfe, Haken und Ösen, Nadeln; künstliche Blumen.

27
Teppiche, Fussmatten, Matten, Linoleum und andere Bodenbeläge; Tapeten (ausgenommen aus textilem Material).

28
Spiele, Spielzeug; Turn- und Sportartikel, soweit sie in dieser Klasse enthalten sind; Christbaumschmuck; Spielkarten.

Turn- und Sportbekleidung . . . . Klasse 25

29
Fleisch, Fisch, Geflügel und Wild; Fleischextrakte; konserviertes, getrocknetes und gekochtes Obst und Gemüse; Gallerten (Gelees), Konfitüren, Fruchtmus; Eier, Milch und Milchprodukte; Speiseöle und -fette.

30
Kaffee, Tee, Kakao, Zucker, Reis, Tapioka, Sago, Kaffee-Ersatzmittel; Mehle und Getreidepräparate; Brot, feine Backwaren und Konditorwaren,

Speiseeis; Honig, Melassesirup; Hefe, Backpulver; Salz, Senf; Essig, Saucen (Würzmittel); Gewürze; Kühleis.

31
Land-, garten- und forstwirtschaftliche Erzeugnisse sowie Samenkörner, soweit sie in dieser Klasse enthalten sind; lebende Tiere; frisches Obst und Gemüse; Sämereien, lebende Pflanzen und natürliche Blumen; Futtermittel, Malz.

32
Biere; Mineralwässer und kohlensäurehaltige Wässer und andere alkoholfreie Getränke; Fruchtgetränke und Fruchtsäfte; Sirupe und andere Präparate für die Zubereitung von Getränken.

33
Alkoholische Getränke (ausgenommen Biere).

34
Tabak; Raucherartikel; Streichhölzer.

35
Werbung; Geschäftsführung; Unternehmensverwaltung; Büroarbeiten.

36
Versicherungswesen; Finanzwesen; Geldgeschäfte; Immobilienwesen.

37
Bauwesen; Reparaturwesen; Installationsarbeiten.

38
Telekommunikation.

39
Transportwesen; Verpackung und Lagerung von Waren; Veranstaltung von Reisen.

40
Materialbearbeitung.

41
Erziehung; Ausbildung; Unterhaltung; sportliche und kulturelle Aktivitäten.

42
Dienstleistungen im Bereich der Wissenschaft und der Technologie, sowie diesbezügliche Forschungs- und Entwicklungsdienstleistungen; industrielle Analysen und Forschung; Entwurf und Entwicklung von Computern und Computerprogrammen; Rechtsberatung und -vertretung.

Montage, Wartung und Reparatur von Computern (Hardware) . . . . Klasse 37

43
Verpflegung; Beherbergung von Gästen.

44
Dienstleistungen eines Arztes; Dienstleistungen eines Tierarztes; Gesundheits- und Schönheitspflege für Menschen und Tiere; Dienstleistungen im Bereich der Land-, Garten- und Forstwirtschaft.

45
Von Dritten erbrachte, persönliche und gesellschaftliche Dienstleistungen zur Befriedigung persönlicher Bedürfnisse; Sicherheitsdienstleistungen für den Schutz von Sachwerten und Individuen

Classification internationale des produits et des services

Cette feuille a pour but d'aider le ou la déposant(e) de marques à rédiger la liste des produits devant figurer sous le chiffre 6 du formulaire. Enregistrement d'une marque suisse. Les remarques ci-dessous servent à attirer l'attention sur certaines particularités de la classification. Ces indications ne sont ni exhaustives, ni contraignantes. La base de données en ligne de l'Institut, qui est consultable sous http://wdl.ige.ch, leur permet d'accéder à la pratique de l'Institut en matière de classification. L'Institut Fédéral de la Propriété intellectuelle se tient à votre disposition pour toute information complémentaire.

Classification internationale des produits

1
Produits chimiques destinés à l'industrie, aux sciences, à la photographie, ainsi qu'à l'agriculture, l'horticulture et la sylviculture; résines artificielles à l'état brut, matières plastiques à l'état brut; engrais pour les terres; compositions extinctrices; préparations pour la trempe et la soudure des métaux; produits chimiques destinés à conserver les aliments; matières tannantes; adhésifs (matières collantes) destinés à l'industrie.

2
Couleurs, vernis, laques; préservatifs contre la rouille et contre la détérioration du bois; matières tinctoriales; mordants; résines naturelles à l'état brut; métaux en feuilles et en poudre pour peintres, décorateurs, imprimeurs et artistes.

3
Préparations pour blanchir et autres substances pour lessiver; préparations pour nettoyer, polir, dégraisser et abraser; savons; parfumerie, huiles essentielles, cosmétiques, lotions pour les cheveux; dentifrices.

4
Huiles et graisses industrielles; lubrifiants; produits pour absorber, arroser et lier la poussière; combustibles (y compris les essences pour moteurs) et matières éclairantes; bougies et mèches pour l'éclairage.

5
Produits pharmaceutiques et vétérinaires; produits hygiéniques pour la médecine; substances diététiques à usage médical, aliments pour bébés; emplâtres, matériel pour pansements; matières

Remarques

Adhésifs (matières collantes) pour la papeterie ou le ménage . . . . classe 16 pour plomber les dents et pour empreintes dentaires; désinfectants; produits pour la destruction des animaux nuisibles; fongicides, herbicides.

6
Métaux communs et leurs alliages; matériaux de construction métalliques; constructions transportables métalliques; matériaux métalliques pour les voies ferrées; câbles et fils métalliques non électriques; serrurerie et quincaillerie métalliques; tuyaux métalliques; coffres-forts; produits métalliques compris dans cette classe; minerais.

7
Machines et machines-outils; moteurs (à l'exception des moteurs pour véhicules terrestres); accouplements et organes de transmission (à l'exception de ceux pour véhicules terrestres); instruments agricoles autres que ceux actionnés manuellement; couveuses pour les œufs.

8
Outils et instruments à main entraînés manuellement; coutellerie, fourchettes et cuillers; armes blanches; rasoirs.

9
Appareils et instruments scientifiques, nautiques, géodésiques, photographiques, cinématographiques, optiques, de pesage, de mesurage, de signalisation, de contrôle (inspection), de secours (sauvetage) et d'enseignement; appareils et instruments pour la conduite, la distribution, la transformation, l'accumulation, le réglage ou la commande du courant électrique; appareils pour l'enregistrement, la transmission, la reproduction du son ou des images; supports d'enregistrement magnétiques, disques acoustiques; distributeurs automatiques et mécanismes pour appareils à prépaiement; caisses enregistreuses, machines à calculer, équipement pour le traitement de l'information et les ordinateurs; extincteurs.

10
Appareils et instruments chirurgicaux, médicaux, dentaires et vétérinaires, membres, yeux et dents artificiels; articles orthopédiques; matériel de suture.

11
Appareils d'éclairage, de chauffage, de production de vapeur, de cuisson, de réfrigération, de

Métaux en feuilles, en poudre pour peintres, imprimeurs .... classe 2

Tringles de rideaux métalliques .... classe 20

Aiguilles à coudre, tricoter, de cordonnier, crochets et œillets pour la mercerie ..... classe 26

Machines à photocopier, à calculer .... classe 9

Machines à écrire .... classe 16

Machines à café électriques .... classe 11

Appareils et machines à glace .... classe 11

Voir aussi........... classe 21

séchage, de ventilation, de distribution d'eau et installations sanitaires.

12
Véhicules; appareils de locomotion par terre, par air ou par eau.

13
Armes à feu; munitions et projectiles; explosifs; feux d'artifice.

14
Métaux précieux et leurs alliages et produits en ces matières ou en plaqué compris dans cette classe; joaillerie, bijouterie, pierres précieuses; horlogerie et instruments chronométriques.

Couverts............ classe 8
Montures de lunettes   classe 9
Briquets en métaux précieux........... classe 34
Plumes à écrire en or   classe 16

15
Instruments de musique.

16
Papier, carton et produits en ces matières, compris dans cette classe; produits de l'imprimerie; articles pour reliures; photographies; papeterie; adhésifs (matières collantes) pour la papeterie ou le ménage; matériel pour les artistes; pinceaux; machines à écrire et articles de bureau (à l'exception des meubles); matériel d'instruction ou d'enseignement (à l'exception des appareils); matières plastiques pour l'emballage (comprises dans cette classe); caractères d'imprimerie; clichés.

Papier pour la photographie...... classe 1
Papier peint......... classe 27
Serviettes hygiéniques.......... classe 5
Pellicules en matières plastiques autres que pour l'emballage..... classe 17
Sacs pour le transport ou l'emmagasinage de marchandises en vrac .... classe 22
cartes à jouer........ classe 28
Fils de caoutchouc à usage textile .... classe 23

17
Caoutchouc, gutta-percha, gomme, amiante, mica et produits en ces matières compris dans cette classe; produits en matières plastiques mi-ouvrées; matières à calfeutrer, à étouper et à isoler; tuyaux flexibles non métalliques.

18
Cuir et imitations du cuir, produits en ces matières compris dans cette classe; peaux d'animaux; malles et valises; parapluies, parasols et cannes; fouets et sellerie.

Vêtements en amiante contre le feu .... classe 9
Vêtements, ceintures de cuir .... classe 25
Etuis non adaptés aux produits qu'ils sont destinés à contenir........... classe 18
Etuis à lunettes...... classe 9
Etuis pour instruments de musique.......... classe 15

19
Matériaux de construction non métalliques; tuyaux rigides non métalliques pour la construction; asphalte, poix et bitume; constructions transportables non métalliques; monuments non métalliques.

20
Meubles, glaces (miroirs), cadres; produits, compris dans cette classe, en bois, liège, roseau, jonc, osier, corne, os, ivoire, baleine, écaille, ambre, nacre, écume de mer, succédanés de toutes ces matières ou en matières plastiques.

Récipients pour le ménage.......... classe 21

21
Ustensiles et récipients pour le ménage ou la cuisine (ni en métaux précieux, ni en plaqué); peignes et éponges; brosses (à l'exception des pinceaux); matériaux pour la brosserie; matériel de nettoyage; paille de fer; verre brut ou mi-ouvré (à l'exception du verre de construction); verrerie, porcelaine et faïence comprises dans cette classe.

Couverts .... classe 8
Ouvre-boîtes électriques .... classe 7
Ouvre-boîtes non électriques.......... classe 8
Ustensiles de toilette   classe 21
Brosses à dents électriques .... classe 21
Cendriers non en métal précieux........... classe 34
Cendriers en métal précieux .... classe 14

22
Cordes, ficelles, filets, tentes, bâches, voiles, sacs (compris dans cette classe); matières de rembourrage (à l'exception du caoutchouc ou des matières plastiques); matières textiles fibreuses brutes.

23
Fils à usage textile.

24
Tissus et produits textiles compris dans cette classe; couvertures de lit et de table.

25
Vêtements, chaussures, chapellerie.

26
Dentelles et broderies, rubans et lacets; boutons, crochets et œillets, épingles et aiguilles; fleurs artificielles.

27
Tapis, paillassons, nattes, linoléum et autres revêtements de sols; tentures murales non en matières textiles.

28
Jeux, jouets; articles de gymnastique et de sport compris dans cette classe; décorations pour arbres de Noël; cartes à jouer.

Vêtements de gymnastique et de sport .... classe 25

29
Viande, poisson, volaille et gibier; extraits de viande; fruits et légumes conservés, séchés et cuits; gelées, confitures, compotes; œufs, lait et produits laitiers; huiles et graisses comestibles.

30
Café, thé, cacao, sucre, riz, tapioca, sagou, succédanés du café; farines et préparations faites de céréales, pain, pâtisserie et confiserie, glaces comestibles; miel, sirop de mélasse; levure, poudre pour faire lever; sel, moutarde; vinaigre, sauces (condiments); épices; glace à rafraîchir.

31
Produits agricoles, horticoles, forestiers et graines, compris dans cette classe; animaux vivants; fruits et légumes frais; semences, plantes et fleurs naturelles; aliments pour les animaux; malt.

32
Bières; eaux minérales et gazeuses et autres boissons non alcooliques; boissons de fruits et jus de fruits; sirops et autres préparations pour faire des boissons.

33
Boissons alcooliques (à l'exception des bières).

34
Tabac; articles pour fumeurs; allumettes.

35
Publicité; gestion des affaires commerciales; administration commerciale; travaux de bureau.

36
Assurances; affaires financières; affaires monétaires; affaires immobilières.

37
Construction; réparation; services d'installation.

38
Télécommunications.

39
Transport; emballage et entreposage de marchandises; organisation de voyages.

40
Traitement de matériaux.

41
Education; formation; divertissement; activités sportives et culturelles.

Installation, entretien et réparation d'ordinateurs........ classe 37

42
Services scientifiques et technologiques ainsi que services de recherches et de conception y relatifs; services d'analyses et de recherches industrielles; conception et développement d'ordinateurs et de logiciels; services juridiques.

43
Services de restauration (alimentation); hébergement temporaire.

44
Services médicaux; services vétérinaires; soins d'hygiène et de beauté pour êtres humains ou pour animaux; services d'agriculture, d'horticulture et de sylviculture.

45
Services personnels et sociaux rendus par des tiers destinés à satifaire les besoins des individus; services de sécurité pour la protection des biens et des individus.

Eidgenössisches Institut für geistiges Eigentum
Richtlinien für die Markenprüfung Ausgabe 2002

Inhaltsverzeichnis:
1. **Einführung**
   1.1. Ziel und Zweck der Richtlinien
   1.2. Konstanz der Markenführungspraxis
   1.3. Allgemeine Rechtsgrundlagen
2. **Ablauf der Markenprüfung**
   2.1. Rechtsgrundlagen
   2.2. Eingangsprüfung
      2.2.1. Hinterlegung
         2.2.1.1. Eintragungsgesuch (Art. 9 MSchV)
         2.2.1.2. Wiedergabe der Marke
         2.2.1.3. Verzeichnis der Waren und/oder Dienstleistungen (WDL)
         2.2.1.4. Unvollständiges Gesuch
      2.2.2. Hinterlegungsdatum
      2.2.3. Sprache (vgl. unten Ziff. 2.3.1.2.)
   2.3. Formelle Markenprüfung
      2.3.1. Eintragungsgesuch
         2.3.1.1. Formular
         2.3.1.2. Sprache
         2.3.1.3. Hinterleger
         2.3.1.4. Unterschrift
         2.3.1.5. Vertreter
         2.3.1.6. Vollmacht
      2.3.2. Wiedergabe der Marke
         2.3.2.1. Wortmarken
         2.3.2.2. Kombinierte Marken und Bildmarken ohne Farbanspruch
         2.3.2.3. Kombinierte Marke und Bildmarken mit Farbanspruch
         2.3.2.4. Dreidimensionale Marken
         2.3.2.5. Hologramme
         2.3.2.6. Akustische Marken
         2.3.2.7. (Abstrakte) Farbmarken
         2.3.2.8. Positionsmarken
      2.3.3. Verzeichnis der Waren und/oder Dienstleistungen (WDL)
      2.3.4. Prioritätsanspruch
      2.3.5. Kollektivmarke
      2.3.6. Garantiemarke
      2.3.7. Beschleunigte Markenprüfung (Art. 18a MSchV)
      2.3.8. Basismarke zu internationalen Markeneintragungen
      2.3.9. Gebühren
      2.3.10. Fristen
      2.3.11. Weiterbehandlung
      2.3.12. Änderung der Marke – Datumsverschiebung
      2.3.13. Publikation und Gültigkeitsdauer
3. **Registerführung**
   3.1. Verlängerungen
   3.2. Änderungen (Art. 17 bis 19 MSCHG)
      3.2.1. Übertragungen
      3.2.2. Teilübertragungen
      3.2.3 Teilung
      3.2.4. Lizenzverträge

      3.2.5. Nutzniessung und Pfandrecht / Zwangsverwertung
      3.2.6. Einschränkungen der WDL
      3.2.7. Sonstige Änderungen
      3.2.8. Berichtigungen
      3.2.9. Löschungen
  3.3. Auskünfte – Akteneinsicht – Prioritätsbelege
      3.3.1. Markenregister
      3.3.2. Aktenheft
      3.3.2. Auskünfte über Eintragungsgesuche
      3.3.3. Prioriätsbelege

4. Materielle Markenprüfung
  4.1. Rechtsgrundlagen
  4.2. Die wichtigsten Grundsätze
  4.3. Zeichen des Gemeingutes
      4.3.1. Einfache Zeichen
            4.3.1.1. Buchstaben und Zahlen
            4.3.1.2. Ausgeschriebene Buchstaben und Zahlen
            4.3.1.3. Geometrische Figuren
            4.3.1.4. Interpunktionen
            4.3.1.5. Fremde Schriften und Alphabete
            4.3.1.6. Monogramme
      4.3.2. Farbbezeichnungen
      4.3.3. Freizeichen
      4.3.4. Angaben, die keine konkrete Unterscheidungskraft haben
      4.3.5. Beschreibende Angaben
            4.3.5.1. Grundsatz
            4.3.5.2. Sachbezeichnungen
            4.3.5.3. Qualitätsangaben
            4.3.5.4. Ausstattungsmerkmale
            4.3.5.5. Beschaffenheitsangaben
            4.3.5.6. Zweckbestimmung
            4.3.5.7. Wirkungsweise
            4.3.5.8. Inhaltsangaben
            4.3.5.9. Reklamehafte Angaben
            4.3.5.10. Slogans
            4.3.5.11. International Nonproprietary Names (INN)
            4.3.5.12. Weitere beschreibende Angaben
      4.3.6. Domain Names
  4.4. Grundsätzlich eintragungsfähige Zeichen
      4.4.1. Kombinationen von Zeichen des Gemeingutes
      4.4.2. Modifikationen
      4.4.3. Pleonasmen
      4.4.4. Symbolische Bezeichnungen
      4.4.5. Zwei Sprachen
      4.4.6. Kombinierte Wort-Bildmarken
  4.5. Formmarken
      4.5.1. Begriff
      4.5.2. Grafische Darstellung
      4.5.3. Einheit und Konstanz der Form
      4.5.4. Ausschlussgründe
            4.5.4.1. Wesen der Ware
            4.5.4.2. Technisch notwendige Form
            4.5.4.3. Gemeingut
            4.5.4.4. Irreführung und Verstoss gegen die öffentliche Ordnung
      4.5.5. Hinterlegung einer Form als Bildmarke

4.6. Spezielle Markenformen
   4.6.1. Farbmarken
   4.6.2. Positionsmarken
   4.6.3. Hologramme
   4.6.4. Akustische Marken
4.7. Verkehrsdurchsetzung
   4.7.1. Grundsatz
   4.7.2. Absolut freihaltebedürftige Zeichen
   4.7.3. Dreidimensionale Marken
4.8. Irreführende Zeichen
   4.8.1. Allgemeine Bemerkungen
   4.8.2. Sachliche Irreführung
   4.8.3. Verlust des irreführenden Charakters durch Gebrauch
   4.8.4. Auszeichnungen, Gründungsjahr
   4.8.5. Firmen
4.9. Zeichen, die gegen die öffentliche Ordnung oder die guten Sitten verstossen
4.10. Zeichen, die gegen geltendes Recht verstossen
   4.10.1. Wappenschutzgesetz
   4.10.2. Schutz des Roten Kreuzes
   4.10.3. Internationale Organisationen

5. Herkunfsangaben
5.1. Begriff der Herkungsangaben
5.2. Arten von Herkunfsangaben
   5.2.1. Direkte Herkunftsangaben
   5.2.2. Indirekte Herkunftsangaben
   5.2.3. Qualifizierte Herkunftsangaben
5.3. Gemeingut
5.4. Irreführung über die geographische Herkunft
   5.4.1. Grundsatz
   5.4.2. Korrektive
   5.4.3. Einschränkungspraxis
      5.4.3.1. Grundsatz
      5.4.3.2. Qualifizierte Herkunftsangaben
      5.4.3.3. Entlokalisierende Zusätze
      5.4.3.4. Geographischer Hinweis auf mehrere Länder oder eine Region
5.5. Nicht als Herkunfsangaben geltende Bezeichnungen
   5.5.1. Grundsatz
   5.5.2. Unbekannte geographische Namen
   5.5.3. Namen von ethnischen Gruppen
   5.5.4. Angaben mit doppelter Bedeutung
   5.5.5. Geographische Hinweise in der Gastronomie
   5.5.6. Namen von Luftfahrtgesellschaften
   5.5.7. Titel von Verlagserzeugnissen
   5.5.8. Symbolische Zeichen
   5.5.9. Namen von Sport-Dachorganisationen
   5.5.10. Namen von sportlichen und kulturellen Anlässen
   5.5.11. Geographische Hinweise bei Tabakwaren
   5.5.12. Tourismus
   5.5.13. Verkaufsort (Apotheken, Messen u.ä.)
5.6. Verstoss gegen geltendes Recht
   5.6.1. Bilaterale Verträge
   5.6.2. Stresa Abkommen
   5.6.3. Landwirtschaftsgesetz (LwG)
5.7. Herkunfsangaben für Dienstleistungen

1. Einführung

1.1. Ziel und Zweck der Richtlinien

Die vorliegenden Richtlinien sollen die Grundsätze erläutern, die das Institut bei der Prüfung von Markeneintragungsgesuchen anwendet. Sie erheben keinen Anspruch auf Vollständigkeit und sind weder für das Institut noch für den Richter verbindlich. Die Richtlinien sind ein Leitfaden für Markenprüfer, Hinterleger und Vertreter und sollen eine möglichst einheitliche und kohärente Praxis gewährleisten.

1.2. Konstanz der Markenprüfungspraxis

Jedes Markeneintragungsgesuch wird aufgrund aller im Einzelfall massgebenden Umstände geprüft.

Für den Ablauf des Prüfungsverfahrens bedeutet dies, dass die entsprechenden rechtlichen Vorgaben so umgesetzt werden, dass die in Frage stehenden Rechtsansprüche richtig und rechtsgleich behandelt und durchgesetzt werden.

Damit bei der Prüfung auf absolute Schutzausschlussgründe eine grösstmögliche Objektivität erreicht wird, werden sprachliche, lexikographische und fachspezifische Abklärungen getätigt und verschiedene Datenbanken konsultiert. Problematische Fälle werden an verschiedenen, regelmässig (je nach Stufe wöchentlich bzw. zweimal im Monat) stattfindenden institutsinternen Markenkonferenzen besprochen. Während das Prüfungsverfahren somit so objektiv wie möglich zu sein hat und die Prüfer nach der grösstmöglichen Einheitlichkeit ihrer Entscheidungen streben, gilt es aber nicht zu vergessen, dass immer ein gewisser Ermessensspielraum vorhanden ist und dass die Entscheide deshalb bis zu einem bestimmten Grad auch vom subjektiven Urteil des Prüfers abhängen.

Zudem muss die Praxis der Markenprüfung der Veränderung der Umstände und der sprachlichen Entwicklung Rechnung tragen. Das Institut und die am Markenprüfungsverfahren Beteiligten müssen deshalb auch berücksichtigen, dass die Richtlinien nicht alle Fragen endgültig beantworten können und dass gewisse Entscheidungen davon abweichen. Die in den Richtlinien enthaltenen Informationen sind demzufolge nicht starr zu handhaben und der Weiterentwicklung der Praxis sowie den gewonnenen Erfahrungen anzupassen. Aus all diesen Gründen sind Entscheide zu verschiedenen Markeneintragungsgesuchen denn auch nur in den wenigsten Fällen miteinander zu vergleichen.

1.3. Allgemeine Rechtsgrundlagen

Rechtsgrundlage für die Markenprüfung sind vor allem das Bundesgesetz über den Schutz von Marken und Herkunftsangaben (MSchG), die dazugehörige Verordnung (MSchV) und das Bundesgesetz über das Verwaltungsverfahren (VwVG) sowie für die internationale Markeneintragung das Madrider Abkommen über die internationale Registrierung von Marken (MMA), das Protokoll zum Madrider Abkommen über die internationale Registrierung von Marken (MMP) und allgemein die Pariser Verbandsübereinkunft (PVUe).

2. Ablauf der Markenprüfung

2.1. Rechtsgrundlagen

Für den Verfahrensablauf sind in erster Linie die Art. 28 bis 30 MSchG nebst den zugehörigen Ausführungsbestimmungen der MSchV und das VwVG zu beachten.

2.2 Eingangsprüfung

2.2.1. Hinterlegung

Anlässlich der Eingangsprüfung wird lediglich geprüft, ob die Hinterlegung den von Art. 28 Abs. 2 MSchG geforderten Mindestinhalt aufweist. Zu überprüfen sind:

2.2.1.1. Eintragungsgesuch (Art. 9 MSchV)

Das Gesuch ist schriftlich einzureichen.

Aus den Gesuchsangaben muss die Identität der Hinterlegerschaft hervorgehen, damit überhaupt mit ihr kommuniziert werden kann. Neben Name (bei natürlichen Personen) oder Firma (bei juristischen Personen) ist auch eine Adresse erforderlich (Art. 9 Abs. 1 lit. b. MSchV).

2.2.1.2. Wiedergabe der Marke

Aufgrund der grafischen Darstellung der Marke (Art. 10 MSchV) muss erkennbar sein, was für ein Zeichen der Hinterleger registrieren lassen will (vgl. unten Ziff. 2.3.2.).

2.2.1.3. Verzeichnis der Waren und/oder Dienstleistungen (WDL)

Es wird geprüft, ob überhaupt in irgendeiner Form eine Waren- und/oder Dienstleistungsliste, nachfolgend WDL vorliegt.

2.2.1.4. Unvollständiges Gesuch

Ist eines der obgenannten Mindestelemente nicht vorhanden, ist das Gesuch gemäss Art. 15 MSchV zu beanstanden. Wird der Mangel nicht fristgerecht behoben, wird auf das Gesuch nicht eingetreten (Art. 30 Abs. 1 MSchG).

2.2.2. Hinterlegungsdatum

Sobald die gesetzlichen Voraussetzungen von Art. 28 MSchG (Angabe des Namens oder der Firma des Hinterlegers, Wiedergabe der Marke, WDL) mit ausreichender Bestimmtheit vorhanden sind, wird auf das Gesuch eingetreten und dem Gesuch ein Hinterlegungsdatum zugeordnet. Dieses entspricht dem Tag der Postaufgabe des letzten erforderlichen Elements (in Analogie zu Art. 2 Abs. 1 PatV und Art. 14 DesV).

Die Hinterlegung wird dem Hinterleger bescheinigt (Art. 8 Abs. 2 MSchV).

2.2.3. Sprache (vgl. unten Ziff. 2.3.1.2.)

Wurde das Hinterlegungsgesuch nicht in Deutsch, Französisch, Italienisch oder (bei Hinterlegern rätoromanischer Sprache) Rumantsch eingereicht, ist gemäss Art. 15 MSchV eine Nachfrist anzusetzen und auf das Gesuch gegebenenfalls nicht einzutreten (Art. 3 Abs. 1 MSchV i.V.m. Art 70 Abs. 1 BV, Art. 30 Abs. 1 MSchG und Art. 15 MSchV).

2.3. Formelle Markenprüfung

2.3.1. Eintragungsgesuch

2.3.1.1. Formular

Die Hinterlegung ist rechtsgültig, solange die Minimalerfordernisse von Art. 28 Abs. 2 MSchG i.V.m. Art. 9 Abs. 1 MSchV erfüllt sind (s.o. Ziff. 2.2.1.1. bis 2.2.1.3.). Allerdings kann einem Gesuch nur entsprochen werden, wenn das amtliche, ein vom IGE zugelassenes privates oder ein dem Markenrechtsvertrag (TLT) entsprechendes Formular verwendet worden ist (Art. 8 Abs. 1 MSchV). Zum Nachreichen eines ausgefüllten Formulars ist dem Hinterleger gemäss Art. 16 Abs. 1 MSchV eine Nachfrist anzusetzen. Wird der Mangel nicht fristgerecht behoben, ist das Gesuch zurückzuweisen (Art. 30 Abs. 2 lit. a MSchG i.V.m Art. 16 Abs. 2 MSchV).

2.3.1.2. Sprache

Eingaben ans IGE können gemäss Art. 3 Abs. 1 MSchV wahlweise in einer der Amtssprachen Deutsch, Französisch oder Italienisch gemacht werden, wobei für Personen rätoromanischer Sprache auch diese als Amtssprache gilt (Art. 70 Abs. 1 BV). Ausnahmen gelten für Prioritätsbelege (s.u. Ziff. 2.3.4.), die nach Art. 14 Abs. 3 MSchV auch in Englisch akzeptiert werden, und für die WDL von Gesuchen um internationale Schutzausdehnung gemäss dem Madrider System (s.u. Ziff. 2.3.8.), die in Französisch eingereicht werden müssen (Art. 47 Abs. 3 MSchV und sic! 1997, 250). Die Sprache, in welcher die WDL abgefasst worden ist, bestimmt die Verfahrenssprache für das folgende Markenprüfungsverfahren. Auf Wunsch der Hinterlegerschaft kann die Sprache bei hängigem Verfahren in eine andere Amtssprache geändert werden, wobei eine Übersetzung der WDL einzureichen ist, falls die Publikation in dieser neuen Sprache gewünscht wird.

Für Eingaben, die nicht in einer Amtssprache abgefasst sind und auch nicht Ausnahmen im oben dargelegten Sinn sind, gilt:

– Für Hinterlegungsgesuche siehe oben Ziff. 2.2.3.
– Verfügt ein Gesuch um internationale Schutzausdehnung nicht über eine französische WDL, ist unter Androhung der Zurückweisung eine Nachfrist zur Behebung des Mangels anzusetzen (Art. 16 MSchV).
– Im Falle von Beweisurkunden (z.B. Vollmachten, Prioritätsbelegen, Übertragungserklärungen etc.) liegt es gemäss Art. 3 Abs. 2 MSchV im Ermessen des IGE, die Urkunde zu akzeptieren oder eine Nachfrist zur Übersetzung anzusetzen und bei ungenutztem Fristablauf die Eingabe – mit der jeweils spezifischen Rechtsfolge – nicht zu berücksichtigen. Während Vollmachten in der Regel akzeptiert werden können, ist bei Prioritätsbelegen und Übertragungserklärungen aus Gründen der Rechtssicherheit eine Übersetzung zu verlangen.

2.3.1.3. Hinterleger

Gemäss Art. 28 Abs. 1 MSchG kann jede natürliche und juristische Person Eintragungsgesuche deponieren. Hinzu kommen Personengesellschaften mit beschränkter Rechtspersönlichkeit (Kollektiv-, Kommanditgesellschaft) und organisatorisch verselbständigte Verwaltungseinheiten (z.B. Polizeidepartement). Soll die Marke für eine juristische Person in Gründung hinterlegt werden, haben alle Gründungsgesellschafter zusammen (als mehrere Hinterleger, s.u.) aufzutreten. Eine Ausnahme besteht für Kollektivmarken, die nicht von natürlichen Personen hinterlegt werden können (s.u. Ziff. 2.3.5.).

Bestehen aufgrund der Angaben im Hinterlegungsgesuch erhebliche Unklarheiten über die, resp. Zweifel an der eigentlichen Rechtspersönlichkeit des Hinterlegers, ist binnen einer Frist unter Androhung der Zurückweisung ein Handelsregister-Auszug o.ä. anzufordern (Art. 16 MSchV i.V.m. Art. 28 MSchG).

Treten mehrere Personen als Hinterleger auf sind prinzipiell alle zusammen Hinterleger, d.h. es liegt in der Regel Gesamteigentum im Sinne der Art. 652 ff ZGB vor. Solange kein gemeinsamer Vertreter bestellt wurde, können die Gesamteigentümer nur gemeinschaftlich handeln. Eingaben an das Institut sind somit durch alle Gesamteigentümer zu unterzeichnen (Art. 4 MSchV).

Verfügt die Hinterlegerschaft in der Schweiz über keinen Wohnsitz oder Sitz, muss obligatorisch ein Vertreter bezeichnet werden (Art. 42 Abs. 1 MSchG). Hierzu ist mit einer Beanstandung eine Nachfrist anzusetzen und das Gesuch im Unterlassungsfall zurückzuweisen (s.u. Ziff. 2.3.1.5.). Auch ist in einem solchen Fall zu beachten, dass für die Hinterlegung von Basisgesuchen für internationale Markeneintragungen eine Kaskade gemäss Madrider System einzuhalten ist (s.u. Ziff. 2.3.8).

2.3.1.4. Unterschrift

Das Hinterlegungsgesuch muss nicht unterzeichnet werden. Alle übrigen Eingaben an das Institut bedürfen jedoch der Unterschrift (Art. 6 Abs. 1 und Abs. 3 MSchV). Fehlt einer Eingabe die Originalunterschrift, wird nach Art. 6 Abs. 2 MSchV eine einmonatige Nachfrist zur Einreichung des Originals angesetzt.

Auch bei per Telefax gemachten Eingaben fehlt eine Originalunterschrift. In solchen Fällen wird gemäss Art. 6 Abs. 2 MSchV eine einmonatige Nachfrist zur Nachreichung des Originals angesetzt. Die Eingabe wird (mit Datum des Faxes) anerkannt, wenn das Original fristgemäss nachgereicht wird.

2.3.1.5. Vertreter

Verfügt die Hinterlegerschaft über keinen Wohnsitz oder Sitz in der Schweiz, verlangt Art. 42 Abs. 1 MSchG zwingend einen Vertreter. Wird im Eintragungsgesuch kein solcher bezeichnet, ist in analoger Anwendung von Art. 21 MSchV eine Nachfrist dafür anzusetzen und das Gesuch bei unbenütztem Fristablauf zurückzuweisen (Art. 30 Abs. 2 MSchG i.V.m. Art. 16 MSchV und Art. 42 MSchG).

In allen anderen Fällen ist es der Hinterlegerschaft grundsätzlich unbenommen, einen Vertreter einzusetzen. Dabei kann es sich um eine natürliche Person handeln, die in der Schweiz niedergelassen ist. Das IGE akzeptiert als Vertreter auch juristische Personen und Personengesellschaften (z.B. Patentanwalts-AG, Kollektiv- oder Kommanditgesellschaften), die ihren Sitz oder eine Zweigniederlassung in der Schweiz haben. Fachkenntnisse dieses Vertreters werden nicht verlangt.

Wurde ein Vertreter eingesetzt, ist ausschliesslich dieser Ansprechpartner für das IGE (Art. 11 Abs. 3 VwVG). Gegenüber dem IGE bleibt aber der inländische Hinterleger voll handlungsfähig und kann selbständig Eingaben machen. Ein ausländischer Hinterleger kann hingegen nur das Gesuch zurückziehen oder den Antrag auf Löschung stellen (Art. 5 Abs. 2 MSchV).

Widersprechen sich parallele Eingaben von Hinterlegerschaft und Vertreter, ist die Unklarheit über den Vertreter zu bereinigen.

2.3.1.6. Vollmacht

Befindet sich ein Vertreter im Verfahren, kann das Institut gemäss Art. 5 MSchV die Einreichung einer schriftlichen Vollmacht verlangen. Eine Vollmacht wird grundsätzlich verlangt, wenn ein Vertreter nach der Hinterlegung im Sinne von Art. 28 MSchG bestellt wird. Ausserdem ist bei allen nach der Eintragung beantragten Handlungen, welche den Bestand oder die Nutzung des Markenrechts tangieren (beispielsweise Gesuch um Eintragung einer Übertragung, Lizenz, Nutzniessung, Verpfändung oder Verfügungsbeschränkung, Löschung von Rechten Dritter und vollständige oder teilweise Löschung) die Einreichung einer Vollmacht nötig.

Sofern das Institut eine Vollmacht verlangt, muss diese in schriftlicher Form eingereicht werden (Art. 5 MSchV). Mündlich mitgeteilte Vollmachten reichen nicht aus. Die Urkunde muss als Mindestinhalt die Personalien von Vollmachtgeber und Bevollmächtigtem, den Gegenstand der Bevollmächtigung, ein Datum und die Unterschrift des Vollmachtgebers enthalten (Art. 13 Abs. 1 OR i.V.m. Art. 5 MSchV). Dabei kann es sich um für den Einzelfall erteilte Spezialvollmachten oder um für sämtliche Markenangelegenheiten ausgestellte Generalvollmachten handeln. Für ersteren Fall ist in der Regel die Vollmacht im Original einzureichen, in letzterem Fall wird auch die Kopie einer vom IGE vorgängig beglaubigten Urkunde akzeptiert. Die Vollmacht ist grundsätzlich in einer Amtssprache (s.o. Ziff. 2.3.1.2.) einzureichen. Ist die Urkunde in einer anderen Sprache abgefasst, kann bei Unklarheiten eine Übersetzung angefordert werden (Art. 3 Abs. 2 MSchV).

Die Hinterlegerschaft kann eine erteilte Vollmacht jederzeit widerrufen (Art. 34 Abs. 1 OR). Solange der Widerruf dem IGE nicht mitgeteilt worden ist, bleibt der Vertreter Ansprechpartner (Art. 34 Abs. 3 OR).

2.3.2. Wiedergabe der Marke

Eine Marke muss grafisch darstellbar sein (Art. 10 Abs. 1 MSchV), damit die Marke ins Register aufgenommen werden kann. Das Schutzobjekt muss dabei aufgrund der Abbildung zusammen mit der WDL und einem allfälligen Vermerk eindeutig bestimmt werden können (vgl. RKGE, sic! 2000, 313 – JANSSEN PHARMACEUTICA). Nur so lassen sich Zeichenkonflikte frühzeitig erkennen und vermeiden.

Fehlt es dem Gesuch überhaupt an einer Wiedergabe, ist dies im Rahmen der Eingangsprüfung unter Androhung des Nichteintretens zu beanstanden (s.o. Ziff. 2.2.1.4.).

Genügt die Wiedergabe den in der Folge dargelegten Anforderungen nicht, wird dies beanstandet (Art. 16 Abs. 1 MSchV). Wird der Mangel nicht fristgerecht behoben, wird das Gesuch zurückgewiesen (Art. 30 Abs. 2 lit. a. MSchG i.V.m. Art. 16 Abs. 2 MSchV).

2.3.2.1. Wortmarken

Als Wortmarken gelten alle üblichen Schrift- und Tastaturzeichen, die in der vom Institut verwendeten üblichen Druckschrift eingetragen werden sollen, also Buchstaben, Zahlen oder sonstige Zeichen, wie beispielsweise +, -, ?, !, @, $, £. Wird ein Zeichen in der üblichen Gross- und Kleinschreibung hinterlegt, so gilt es als Wortmarke. Wortmarken, für welche bspw. Farben beansprucht werden, gelten hingegen als kombinierte Marken (s.u. Ziff. 2.3.2.3.).

2.3.2.2. Kombinierte Marken und Bildmarken ohne Farbanspruch

Diese bestehen aus Kombination von Wörtern mit einer Grafik oder aus einer Grafik allein. Auf dem Eintragungsgesuch ist eine Abbildung der Marke anzubringen (Art. 10 Abs. 1 MSchV). Verschiedene Grautöne müssen klar ersichtlich sein. Die Abbildung ist maximal im Format 8 x 8 cm einzureichen

2.3.2.3. Kombinierte Marke und Bildmarken mit Farbanspruch

Solchen Gesuchen sind zusätzlich drei farbige Abbildungen beizulegen (Art. 10 Abs. 2 MSchV). Weiter sind auf dem Formular die beanspruchten Farben in Worten zu umschreiben. Sämtliche auf der Abbildung enthaltenen Farben müssen in dieser Umschreibung aufgelistet sein (inkl. Schwarz und – falls von anderen Farben umgrenzt – Weiss).

Da die Marken schwarzweiss publiziert werden, ist auf dem Gesuch selber eine schwarzweisse Abbildung anzubringen (maximal 8 x 8 cm).

2.3.2.4. Dreidimensionale Marken

Der dreidimensionale Charakter der Marke muss aus der Abbildung ersichtlich sein. Zu diesem Zweck sind perspektivische Abbildungen oder Mehrfachabbildungen aus verschiedenen Blickwinkeln nötig (vgl. RKGE, sic! 2000, 313 – JANSSEN PHARMACEUTICA).

Zudem ist auf dem Eintragungsgesuch der Vermerk «Dreidimensionale Marke» erforderlich (Art. 10 Abs. 3 MSchV).

2.3.2.5. Hologramme

Solange es sich beim Hologramm um ein räumlich abgebildetes Objekt handelt, ist dieses entweder perspektivisch oder mit Mehrfachabbildungen darzustellen. Bei Hologrammen, die je nach Blickwinkel verschiedene Objekte zeigen, sind alle diese Objekte abzubilden. Auch bei dieser Markenform ist ein entsprechender Vermerk (z.B. «Die Marke besteht aus einem Hologramm» oder kurz «Hologrammmarke») anzubringen (Art. 10 Abs. 3 MSchV).

2.3.2.6. Akustische Marken

Eine Wiedergabe des Zeichens in Notenschrift reicht aus. Probleme ergeben sich im Eintragungsverfahren für die akustischen Zeichen, die sich nicht in der üblichen Notenschrift wiedergeben lassen (sog. Geräusch- oder Klangmarken) – sie sind mangels grafischer Darstellbarkeit aus formellen Gründen nicht eintragungsfähig.

Um Verwechslungen mit kombinierten Marken ausschliessen zu können, ist auf dem Eintragungsgesuch der Vermerk «Akustische Marke» notwendig (Art. 10 Abs. 3 MSchV).

2.3.2.7. (Abstrakte) Farbmarken

Um eine Verwechslung mit Bildmarken ausschliessen zu können, müssen für die Hinterlegung von Farbmarken folgende Voraussetzungen erfüllt sein:

- Unter Farbanspruch (Ziffer 9 des Eintragungsgesuchs) sind die beanspruchten Farben zu benennen und in einem anerkannten Farbstandard (Pantone/RAL) zu präzisieren.
- Unter Marke oder Bemerkungen (Ziffern 4 bzw. 10 des Eintragungsgesuchs) ist zusätzlich der Vermerk «Farbmarke» anzubringen (Art. 10 Abs. 3 MSchV).
- Auf dem Gesuch selber ist eine schwarzweisse Abbildung (maximal 8x8 cm) anzubringen und es sind drei farbige Abbildungen einzureichen (Art. 10 Abs. 2 MSchV).

2.3.2.8. Positionsmarken

Um Verwechslungen mit dreidimensionalen Marken zu vermeiden, muss aus der Abbildung klar hervorgehen, dass nicht die Form als solche geschützt werden soll (z.B. indem die Konturen der abgebildeten Ware in einer gepunkteten Linie dargestellt werden). Weiter muss aus Gründen der Rechtssicherheit das Schutzobjekt unmissverständlich bestimmt sein; so ist unter Ziffer 10 des Eintragungsgesuches ein positiv oder negativ formulierter Vermerk anzubringen, aus welchem klar hervorgeht, worauf sich der Schutz beziehen soll.

Bsp. (siehe 4.6.2):

CH 465 214 (Zierstreifen an Badehose, Positionsmarke): «Die Eintragung der Marke erstreckt sich nicht auf die abgebildete Badehose».

2.3.3. Verzeichnis der Waren und/oder Dienstleistungen (WDL)

Wegen des Spezialitätsprinzips kann die Marke nicht abstrakt geschützt werden. Aus diesem Grund ist die WDL für die Bestimmung des Schutzumfangs unentbehrlich. Art. 11 Abs. 1 MSchV verlangt denn auch, dass die beanspruchten Waren/Dienstleistungen präzise bezeichnet werden müssen. Als Mitglied des Nizzaer Abkommens ist die Schweiz verpflichtet, nach diesem zu klassifizieren und die entsprechenden Klassennummern in die WDL aufzunehmen (Art. 11 Abs. 2 MSchV).

Fehlen überhaupt Angaben zu beanspruchten Waren/Dienstleistungen, ist dies im Rahmen der Eingangsprüfung zu beanstanden (Art. 15 MSchV; s.o. Ziff. 2.2.1.3.). Wird dieser Mangel nicht fristgerecht behoben, wird auf das Gesuch nicht eingetreten (Art. 30 Abs. 1 MSchG).

Es ist zu kontrollieren, ob überhaupt in irgendeiner Form eine WDL vorliegt. Sind lediglich Klassennummern der Nizzaer Klassifikation vorhanden, wird das Gesuch beanstandet. Wird die Beanstandung nicht fristgerecht behoben, ist das Gesuch zurückzuweisen (Art. 30 Abs 2 lit. a MSchG i.v.m. Art 16 Abs. 2 MSchV).

Nach Möglichkeit sind die Begriffe der Nizza-Klassifikation zu übernehmen. Unbestimmte Angaben (z.B. «Zubehör») sind in Alleinstellung nicht zulässig. Bei Unklarheiten kann ein Oberbegriff aus der Nizza-Klassifikation gefolgt von einer Präzisierung verwendet werden.

Englische und andere nicht in einer Amtssprache abgefasste Bezeichnungen werden in der Regel nicht akzeptiert (vgl. 2.3.1.2.). Es ist jedoch möglich, einen englischen Begriff als Präzisierung in Klammern hinter einer deutschen Bezeichnung zu verwenden (z.B. elektronische Post (e-mail)).

Die Einschränkung «soweit in dieser Klasse enthalten» ist nur möglich, wenn ein wesentlicher Teil der Waren der beanspruchten Art in dieser Klasse enthalten ist. Für Dienstleistungsklassen ist diese Einschränkung nicht zulässig.

2.3.4. Prioritätsanspruch

Voraussetzung für die Inanspruchnahme der Auslandpriorität ist eine Ersthinterlegung in einem PVUe- (oder Gegenrechts-)Staat maximal 6 Monate vor der Hinterlegung in der Schweiz (Art. 4 lit. C Abs. 1 PVUe i.V.m. Art. 7 MSchG). Diese Frist beginnt erst am auf die Hinterlegung folgenden Tag zu laufen (Art. 4 lit. C Abs. 2 PVUe). Weiter muss gegenüber dem IGE bis spätestens 30 Tage nach der schweizerischen Hinterlegung eine Prioritätserklärung abgegeben werden (Art. 4 lit. D Abs. 1 PVUe i.V.m. Art. 14 Abs. 1 MSchV). Die Prioritätserklärung hat das Land und das Datum der Ersthinterlegung zu bezeichnen (Art. 12 Abs. 1 MSchV). Schliesslich ist bis maximal 6 Monate nach der schweizerischen Hinterlegung ein Prioritätsbeleg einzureichen (Art. 14 Abs. 1 MSchV).

Der Prioritätsbeleg muss in Deutsch, Französisch, Italienisch oder Englisch abgefasst sein (Art. 3 Abs. 2 i.V.m. Art. 14 Abs. 3 MSchV). Wird der Prioritätsbeleg in einer anderen Sprache eingereicht, verlangt das Institut eine Übersetzung. Weiter muss dieses Dokument von der zuständigen Behörde stammen, von ihr unterzeichnet sein und im Original eingereicht werden.

Wird eine der obgenannten Fristen nicht eingehalten, erlischt der Prioritätsanspruch (Art. 14 Abs. 1 MSchV) - die schweizerische Hinterlegung bleibt davon unberührt; als Hinterlegungsdatum gilt nun der Tag der Postaufgabe des Schweizer Eintragungsgesuches (Art. 29 MSchG).

Der Prioritätsbeleg ist mit den Angaben im Hinterlegungsgesuch zu vergleichen - es muss sich um gleiche oder im Gesamteindruck nur unwesentlich voneinander abweichende Marken handeln.

Ist die im schweizerischen Gesuch beanspruchte WDL umfassender als diejenige der Ersthinterlegung, kann lediglich eine Teilpriorität (für die übereinstimmenden Produkte) beansprucht werden. Dies ist auf dem Gesuchsformular unter Ziff. 8 mit «Teilpriorität» zu vermerken. Ist die WDL der Ersthinterlegung umfassender als diejenige der schweizerischen Hinterlegung, kann die Priorität voll geltend gemacht werden.

2.3.5. Kollektivmarke

Als Hinterleger kommen hier keine natürlichen Personen in Frage, sondern gemäss Art. 22 MSchG nur Vereinigungen (juristische Personen und Personengesellschaften mit beschränkter Rechtspersönlichkeit, s.o. Ziff. 2.3.1.3.) von Fabrikations-, Handels- oder Dienstleistungsunternehmungen. Zweck dieser Markenart ist eine einheitliche Kennzeichnung von Produkten der Mitglieder dieser Vereinigung (Art. 22 i.V.m. Art. 1 MSchG).

Zusätzlich zu den allgemeinen formellen Erfordernissen muss sich bei den Gesuchsunterlagen gemäss Art. 23 Abs. 1 MSchG ein Reglement befinden, mit folgendem Mindestinhalt: Inhaber der Marke, Kreis der Berechtigten und Angaben, die eine Zuordnung des Reglements zur Marke erlauben (Art. 23 Abs. 3 MSchG). Weiter darf kein Verstoss gegen geltendes Recht, die öffentliche Ordnung oder die guten Sitten vorliegen (Art. 23 Abs. 4 MSchG).

Fehlt das Reglement oder entspricht es nicht den gesetzlichen Anforderungen ist dies zu beanstanden (Art. 16 Abs. 1 MSchV). Wird der Mangel nicht fristgerecht behoben, hat dies die Zurückweisung des Gesuches zur Folge (Art. 30 Abs. 2 lit. d MSchG i.V.m. Art. 16 Abs. 2 MSchV).

2.3.6. Garantiemarke

Als Hinterleger kommen hier alle Personen gemäss Art. 28 MSchG in Frage (Art. 21 Abs. 1 MSchG). Zweck des Markentyps ist die Gewährleistung von Minimalstandards (Herkunft, Qualität, sonstige Eigenschaften) der Waren/Dienstleistungen. Der Markeninhaber, der die Marke selber nicht gebrauchen darf (Art. 21 Abs. 1 und 2 MSchG), hat die Einhaltung dieser Standards zu überwachen.

Wie bei der Kollektivmarke (s.o. Ziff. 2.3.5.) haben die Gesuchsakten ein Reglement zu enthalten, das folgenden Inhalt aufweisen muss:

Angaben, die eine Zuordnung des Reglements zur Marke erlauben; Inhaber der Marke; gemeinsame Merkmale der Waren/Dienstleistungen (Minimalstandards); Kontrollmechanismen; angemessene Sanktionen für den Fall des unzulässigen Markengebrauchs; Zugangsmöglichkeit zur Marke für jedermann, der die festgelegten Standards erfüllt (Art. 23 Abs. 2 und 4 i.V.m. Art. 21 Abs. 3 MSchG). Auch hier ist kein Verstoss gegen geltendes Recht, die öffentliche Ordnung oder die guten Sitten zulässig (Art. 23 Abs. 4 MSchG).

Ein fehlendes oder den Anforderungen nicht genügendes Reglement ist zu beanstanden und das Gesuch gegebenenfalls zurückzuweisen (Art. 30 Abs. 2 lit. d MSchG i.V.m. Art. 16 Abs. 2 MSchV).

2.3.7. Beschleunigte Markenprüfung (Art. 18a MSchV)

Damit eine Marke beschleunigt geprüft wird, bedarf es eines schriftlichen Antrags (Art. 18a i.V.m. Art. 6 MSchV) und der Bezahlung einer Hinterlegungs- und Expressgebühr. Erst die Bezahlung der Expressgebühr führt zu einem gültigen Antrag und löst die verkürzte Behandlungsfrist aus (Art. 18a Abs. 2 MSchV). Solange die Expressgebühr nicht bezahlt wird, gilt der Antrag als nicht gestellt. Das Dossier wird (bis zur Zahlung) im Zuge des normalen Prüfungsverfahrens geprüft.

2.3.8. Basismarke zu internationalen Markeneintragungen

Jede Hinterlegerschaft mit (Wohn-)Sitz oder Staatsangehörigkeit Schweiz kann eine solche Marke hinterlegen (Art. 1 Abs. 3 MMA; wobei nach dieser Bestimmung eine strenge Kaskade unter diesen verschiedenen Möglichkeiten besteht (vgl. Art. 2 Abs. 1 lit. ii) MMP i.V.m. Art. 44 MSchG). Die Prüfung der schweizerischen Basismarke erfolgt nach MSchG.

2.3.9. Gebühren

Nach Art. 28 Abs. 3 MSchG i.V.m. Art. 7 MSchV ist das IGE berechtigt, für die im Zuge des Markenprüfungsverfahrens erbrachten Leistungen Gebühren zu verlangen. Die Gebührenordnung des IGE (IGE-GebO) legt Zahlungsmodalitäten (Art. 3 bis 8) und Höhe (Anhang I) der jeweiligen Gebühr fest.

Die Hinterlegungsgebühr (z.Zt. CHF 700.–) ist ab der Hinterlegung geschuldet und binnen der vom IGE angesetzten Frist zu bezahlen (Art. 18 Abs. 1 MSchV). Wird nicht fristgerecht bezahlt, führt dies zur Zurückweisung des Gesuches (Art. 30 Abs. 1 lit. b. MSchG). Die Gebühr bleibt nach wie vor geschuldet.

Werden für die Marke Waren und/oder Dienstleistungen aus mehr als zwei Klassen beansprucht, ist ab der dritten Klasse für jede zusätzliche Klasse eine Gebühr von je CHF 100.– geschuldet (Klassengebühr). Auch hier führt Fristversäumnis bei Bezahlung zur Zurückweisung. Im Unterschied zur Hinterlegungsgebühr wird diese Klassengebühr zurückerstattet, falls es nicht zur Eintragung der Marke kommt (Art. 18 Abs. 3 MSchV).

Die Expressgebühr beläuft sich z.Zt. auf CHF 400.–.

Fristgerechte Zahlung bedeutet Zahlungseingang, also Gutschrift auf dem Institutskonto (Art. 6 Abs. 1 IGE-GebO), am letzten Tag der Zahlungsfrist. Ebenfalls genügend ist der Poststempel des letzten Tages der Frist auf der Einzahlungsscheinquittung o.ä. (Art. 6 Abs. 2 IGE-GebO). Die Frist ist auch gewahrt, wenn beim SAD Post als Fälligkeitsdatum spätestens der letzte Tag der Frist angegeben und der Datenträger innert dieser Frist der Post übergeben worden ist (BGE 118 Ia 12).

2.3.10. Fristen

In der Regel werden zweimonatige Fristen angesetzt. Auf ein entsprechendes Gesuch hin kann die Frist erstreckt werden (Art. 22 Abs. 2 VwVG). Eine solche Erstreckung ist bis zu dreimal möglich.

Diese Regelung gilt nicht in denjenigen Fällen, in welchen das Gesetz selbst die Frist festlegt. In diesen Fällen ist keine Fristerstreckung möglich (Art. 22 Abs. 1 VwVG). Wurde die Frist versäumt, gilt die Handlung als nicht vorgenommen. Dies ist mit einem Rechtsverlust verbunden (z.B. Verlust des Prioritätsrechts, Zurückweisung des Gesuchs). Es betrifft dies namentlich:

- Die Fristen im Zusammenhang mit der Geltendmachung einer Auslandpriorität nach PVUe (Hinterlegung in der Schweiz maximal sechs Monate nach der ausländische Ersthinterlegung (Art. 7 Abs. 1 MSchG); Abgabe der Prioritätserklärung maximal 30 Tage nach der schweizerischen Hinterlegung (Art. 14 Abs. 1 MSchG); Einreichen des Prioritätsbeleges maximal sechs Monate nach der schweizerischen Hinterlegung (Art. 14 Abs. 1 MSchV)).
- Die Fristen im Zusammenhang mit der Weiterbehandlung (s.u. Ziff. 2.3.11.; zwei [resp. sechs] Monate [Art. 41 Abs. 2 MSchG]).
- Die Frist für das Nachreichen einer Originalunterschrift oder eines Dokumentenoriginals (ein Monat, Art. 6 MSchV).

Die Frist ist gewahrt, wenn die verlangte Handlung spätestens am letzten Tag der Frist vorgenommen wird. Für schriftlich vorzunehmende Antworten bedeutet dies, dass sie dem IGE bis zum Ende der Geschäftszeit direkt eingereicht oder bis Mitternacht zu Handen des IGE der schweizerischen Post übergeben worden (Datum Poststempel), resp. bis Mitternacht per Telefax abgesendet worden sein müssen (Art. 21 Abs. 1 VwVG - wobei die Adressierung an eine unzuständige Behörde nicht schadet: Art. 21 Abs. 3 VwVG). Fällt das Fristende auf einen Samstag, Sonntag oder gesetzlichen Feiertag, läuft die Frist am nächsten darauf folgenden Werktag ab (Art. 20 Abs. 3 VwVG). Gesetzliche Feiertage sind eidg. Feiertage sowie am (Wohn-)Sitz der Hinterlegerschaft oder am Domizil des Vertreters kantonal anerkannte Feiertage.

Sind Fristen nach Tagen bestimmt (30 Tage ab Hinterlegung zur Abgabe der Prioritätserklärung; Art. 14 Abs. 1 MSchV), ist zu berücksichtigen, dass hier die Frist während den Gerichtsferien stillsteht, d.h. a) vom siebten Tag vor Ostern bis und mit dem siebten Tag nach Ostern; b) vom 15. Juli bis und mit 15. August; c) vom 18. Dezember bis und mit dem 1. Januar (Art. 22a VwVG).

Das IGE trägt die Beweislast dafür, dass und wann die Korrespondenz, in welcher eine Frist angesetzt wurde, der Hinterlegerschaft zugestellt worden ist. Grundsätzlich ist aber der Adressat dafür verantwortlich, dass er von einer an den richtigen Ort gesandten Beanstandung Kenntnis nehmen kann. Bei Einschreibebriefen, die vom Adressaten nicht abgeholt wurden, gilt der letzte Tag der Abholfrist als Zustellungszeitpunkt (vorbehältlich der in Art. 24 VwVG aufgelisteten Wiederherstellungsgründe; vgl. zur Praxis bei der Zustellung von Einschreibebriefen BGE 115 Ia 12, Erw. 3a).

Zahlungsfristen werden wie oben unter Ziff. 2.3.9. dargestellt gewahrt.

2.3.11. Weiterbehandlung

In der Regel hat das Versäumen einer Frist während des Hinterlegungsverfahrens für den Hinterleger nicht automatisch einen Rechtsverlust zur Folge. In den meisten Fällen besteht die Möglichkeit, das Verfahren doch weiterzuführen. Dies gilt gemäss Art. 41 Abs. 4 MSchG nicht für Fristen in Zusammenhang mit einer PVUe-Priorität (Prioritätserklärung, Prioritätsbeleg) und für die Frist des Weiterbehandlungsantrages selber. Ist eine solche Frist versäumt, ist das entsprechende Recht verwirkt.

Der schriftliche Antrag muss innerhalb von zwei Monaten, nachdem der Gesuchsteller von der Fristversäumnis Kenntnis erhalten hat, spätestens jedoch innerhalb von sechs Monaten nach Ablauf der versäumten Frist eingereicht werden; innerhalb dieser Frist müssen zudem die unterbliebene Handlung vollständig nachgeholt und die in der Verordnung dafür vorgesehenen Gebühren bezahlt werden.

Wird lediglich die Gebühr bezahlt, ohne dass ein entsprechender schriftlicher Antrag ausdrücklich gestellt wird, wird das Gesuch um Weiterbehandlung zurückgewiesen.

Werden sämtliche Formalitäten fristgerecht vorgenommen, ist dem Gesuch zu entsprechen und das Verfahren wieder aufzunehmen (Art. 41 Abs. 3 MSchG).

2.3.12. Änderung der Marke – Datumsverschiebung

Die Änderung des Hinterlegungsgesuches führt nach Art. 29 Abs. 2 MSchG insbesondere dann zu einer Verschiebung des Hinterlegungsdatums, wenn:
- das Zeichen in wesentlichen Teilen geändert wird, z.B. wenn es durch die vorgenommene Änderung erst eintragungsfähig wird oder wenn ein den Gesamteindruck prägender Zeichenteil entfernt, hinzugefügt oder geändert wird;

– der Schutzumfang des Zeichens durch die Änderung vergrössert wird, z.B. durch Verzicht auf einen Farbanspruch oder durch Erweiterung der WDL (was nicht einer Ausformulierung von bereits verwendeten Oberbegriffen oder einer Umklassierung falsch klassierter Waren und Dienstleistungen gleichzusetzen ist);

Als neues Hinterlegungsdatum gilt das Datum des Poststempels der entsprechenden Eingabe, resp. das Datum der Einreichung beim IGE.

2.3.13. Publikation und Gültigkeitsdauer

Ist eine Marke im Register eingetragen, werden die massgeblichen Daten publiziert (Art. 38 MSchG, Art. 19 und Art. 42 i.V.m. Art. 40 MSchV). Publikationsorgan ist das Schweizerische Handelsamtsblatt «SHAB» (Art. 43 MSchV).

Ebenfalls publiziert werden Übertragungen, Lizenzen, Verlängerungen, Änderungen von eingetragenen Daten, Widerrufe und Löschungen von Eintragungen (Art. 38 MSchG/Art. 42 MSchV).

Die Markenhinterlegung ist während zehn Jahren, berechnet ab Hinterlegungsdatum, gültig (Art. 10 Abs. 1 MSchG).

3. Registerführung

3.1. Verlängerungen

Eine Markeneintragung kann nach Ablauf der zehnjährigen Schutzfrist gegen Entrichtung einer Verlängerungsgebühr von z.Zt. CHF 700.– beliebig oft um jeweils zehn Jahre verlängert werden (Art. 10 Abs. 2 MSchG i.V.m. Anhang I IGE-GebO). Der Antrag auf Verlängerung kann frühestens 12 Monate vor Ablauf der Gültigkeitsdauer, spätestens jedoch innerhalb von sechs Monaten nach ihrem Ablauf eingereicht werden (Art. 10 Abs. 3 MSchG). Im letzteren Fall ist jedoch eine Zusatzgebühr (CHF 200.–) zu entrichten.

Bei der Verlängerung einer Eintragung können keine Änderungen an der Marke (am Schutzobjekt) sowie keine Ausdehnung des Schutzumfanges (WDL) vorgenommen werden. Das Vorliegen von absoluten Schutzausschlussgründen gemäss Art. 2 MSchG wird nicht mehr geprüft.

3.2. Änderungen (Art. 17 bis 19 MSchG)

3.2.1. Übertragungen

Wenn eine Marke an einen neuen Inhaber übertragen werden soll, muss dies zwischen dem alten und dem neuen Inhaber in einem schriftlichen Vertrag vereinbart werden (Art. 17 MSchG). Durch eine blosse mündliche Vereinbarung kann demnach eine Marke nicht übertragen werden.

Eine Markenübertragung ist auch ohne entsprechende Änderung des Registereintrages rechtswirksam. Ein aussenstehender Dritter, welcher von der Übertragung nichts weiss und deshalb davon ausgeht, dass das Recht an der Marke immer noch dem alten Inhaber zustehe, wird aber in seinem guten Glauben solange geschützt als die Übertragung nicht im Register eingetragen ist.

Dem schriftlichen Antrag auf die Registrierung der Übertragung, der vom Anmelder oder vom Erwerber gestellt werden kann, hat eine ausdrückliche schriftliche Erklärung des bisherigen Inhabers, die Marke an den Erwerber übertragen zu wollen, beizuliegen (Art. 28 Abs. 1 MSchV). Der Erwerber (wo nötig oder erwünscht auch dessen Vertreter – s.o. Ziff. 2.3.1.5.) müssen genau bezeichnet sein. Soll nur ein Teil der Marke übertragen werden, muss dieser spezifiziert sein. Wo erforderlich (z.B. Vollmacht bei Vertreterwechsel, s.o. Ziff. 2.3.1.6.), sind die entsprechenden Dokumente beizulegen.

Nach Eintragung der Marke sind Übertragungen gebührenpflichtig (Art. 33 MSchV i.V.m. Anhang I IGE-GebO). Dies im Gegensatz zu Änderungen bei hängigem Eintragungsverfahren, die kostenlos vorgenommen werden. Veröffentlicht werden nur die zum Eintragungszeitpunkt aktuellen Angaben.

3.2.2.   Teilübertragungen

Die Übertragung kann auch nur einen Teil der Waren bzw. Dienstleistungen erfassen. Eine solche Teilübertragung führt einerseits zur Eintragung einer neuen Marke mit derjenigen Person oder Firma als Hinterlegerin, auf welche die Marke mit dem betreffenden Teil des Warenverzeichnisses übertragen worden ist. Andererseits muss das Verzeichnis der Marke, von welcher ein Teil übertragen worden ist, entsprechend eingeschränkt werden.

Die Marke, von der ein Teilbereich übertragen worden ist, behält ihr ursprüngliches Hinterlegungsdatum und die neu eingetragene (Teil-)Marke erhält dasselbe Hinterlegungsdatum, denn die Teilübertragung hat wie die vollständige Übertragung keine Auswirkungen auf den Schutzbeginn einer Marke.

3.2.3.   Teilung

Der Inhaber einer Marke kann jederzeit schriftlich die Teilung des Eintragungsgesuches oder der Eintragung verlangen (Art. 17a MSchG). Die Waren und/oder Dienstleistungen werden dabei auf die Teilgesuche oder Teileintragungen aufgeteilt. Diese behalten das Hinterlegungsresp. Prioritätsdatum des ursprünglichen Gesuchs oder der Eintragung. Die Aufteilung eines Eintragungsgesuchs wird wie eine neue Hinterlegung betrachtet, weshalb für jedes Teilgesuch Hinterlegungsgebühren von z.Zt. CHF 700.– und allenfalls Klassengebühren zu bezahlen sind. Für die Teilung einer eingetragenen Marke wird eine Gebühr von z.Zt. CHF 100.– verlangt (vgl. IGE-GebO).

3.2.4.   Lizenzverträge

Der Inhaber einer Marke darf diese Dritten zum Gebrauch überlassen. Die entsprechenden Vereinbarungen werden Lizenzverträge genannt. Die Lizenz kann sich auch nur auf einen Teil der Waren oder Dienstleistungen beziehen oder nur für ein bestimmtes Gebiet gelten. Solche Teillizenzen sind ohne weiteres zulässig (Art. 29 Abs. 1 lit. d MSchV).

Analog zur Übertragung ist auch die Eintragung der Lizenz im Markenregister keine Gültigkeitsvoraussetzung. Einzig bei der Kollektivmarke ist die Gültigkeit der Erteilung von Lizenzen von der Eintragung im Register abhängig (Art. 27 MSchG).

Wenn die Eintragung der Lizenz aber ausbleibt, kann sie wie eine nicht eingetragene Übertragung jenen Drittpersonen, welche von ihr keine Kenntnis haben, nicht entgegengehalten werden.

Der Antrag auf Eintragung der Lizenz kann sowohl vom Markeninhaber als auch vom Lizenznehmer gestellt werden. Im letzteren Fall muss er von einer ausdrücklichen Erklärung des Markeninhabers oder einer sonstigen genügenden Urkunde, aus der die Gebrauchsüberlassung hervorgeht, begleitet sein (Art. 29 Abs. 1 lit. a MSchV).

3.2.5. Nutzniessung und Pfandrecht / Zwangsverwertung

Der Inhaber einer Marke kann diese an Dritte verpfänden oder zur Nutzniessung überlassen. Im MSchG wird nur die Möglichkeit der Einräumung dieser Rechte erwähnt (Art. 30 lit. a MSchV). Die weiteren rechtlichen Grundlagen sind vor allem im ZGB (Art. 745 ff. und Art. 899 ff.) enthalten. Deshalb setzt z.B. die Verpfändung einer Marke aufgrund der Bestimmung von Art. 900 Abs. 3 ZGB wie die Übertragung eine schriftliche Vereinbarung voraus.

Im Zwangsverwertungsverfahren dürfen Markenrechte von den Betreibungs- und Konkursämtern gepfändet oder mit Arrest belegt werden.

Alle diese Rechte werden auf Antrag im Register eingetragen (Art. 30 lit. b MSchV). Die Eintragung der Verpfändung und der Nutzniessung erfolgt auf Antrag des Markeninhabers oder aufgrund einer anderen genügenden Urkunde, jener auf Registrierung der Pfändung oder des Arrests von den zuständigen Zwangsvollstreckungsbehörden. Wie bei der Übertragung und der Lizenz ist die Registrierung aber nicht Voraussetzung für die Entstehung dieser Rechte. Ohne Eintragung geht jedoch der Gutglaubensschutz aussenstehender Dritter ebenfalls vor.

3.2.6. Einschränkungen der WDL

Der Inhaber einer Marke kann jederzeit deren Waren- und Dienstleistungsverzeichnis einschränken. Ein solcher Antrag kommt einer Teillöschung gleich. Der Markenschutz für die gelöschten Waren und Dienstleistungen kann deshalb nur mehr durch eine Neueintragung – mit entsprechender Verschiebung des Schutzbeginnes – wiedererlangt werden.

Nie zulässig ist die Erweiterung des Waren und Dienstleistungsverzeichnisses, da sie die Wirkung einer nachträglichen Schutzausdehnung hätte. Neue Waren und Dienstleistungen können nur durch die erneute Hinterlegung eines identischen Zeichens geschützt werden.

3.2.7. Sonstige Änderungen

Der Markeninhaber kann die Änderung von Adress- Firmen-, Namens- und Vertretereintragungen beantragen (vgl. oben Ziff. 2.3.1.7.). Diese Eintragungsänderungen haben im Gegensatz zu den oben aufgeführten keine Auswirkungen auf die Rechte an der Marke.

Auch diese Änderungen werden bei hängigem Eintragungsverfahren kostenlos vorgenommen. Veröffentlicht werden nur die zum Eintragungszeitpunkt aktuellen Angaben. Nach Eintragung der Marke sind Änderungen im Register gebührenpflichtig (Art. 33 MSchV i.V.m. Anhang I IGEGebO).

3.2.8. Berichtigungen

Fehlerhafte Eintragungen werden auf Antrag des Hinterlegers oder von Amtes wegen berichtigt (Art. 32 MSchV). Die Kosten einer solchen Änderung werden vom Institut oder vom Hinterleger getragen, je nachdem auf wessen Seite das Verschulden liegt.

3.2.9. Löschungen

Eine Markeneintragung wird ganz oder teilweise gelöscht, wenn (Art. 35 MSchV)
– der Inhaber oder sein Vertreter dies schriftlich beantragt,
– die Eintragung innerhalb der vorgesehenen Fristen nicht verlängert wird oder
– die Eintragung durch ein rechtskräftiges richterliches Urteil nichtig erklärt wird.

3.3. Auskünfte – Akteneinsicht – Prioritätsbelege

3.3.1. Markenregister

Gemäss Art. 39 MSchG i.V.m. Art. 41 MSchV kann jede Person – gegen Entrichtung einer Gebühr – in das Markenregister (inklusive Aktenheft, siehe aber auch 3.3.2.) Einsicht nehmen. Ebenfalls gebührenpflichtig ist das Erstellen eines Registerauszuges und die Erteilung von Auskünften über den Registerinhalt.

3.3.2. Aktenheft

Bevor die Marke eingetragen worden ist, bei zurückgezogenen oder zurückgewiesenen Marken dürfen nur die Hinterlegerschaft, deren Vertreter, Personen, die nachweisen können, dass sie von der Hinterlegerschaft vor einer Markenverletzung gewarnt werden oder ihnen eine solche vorgeworfen wird sowie solche, die von der Hinterlegerschaft ausdrücklich dazu ermächtigt worden sind, ins Aktenheft Einsicht nehmen. Die Legitimation der Einsicht Ersuchenden ist abzuklären. Wird an Stelle der Einsicht die Zusendung von Kopien verlangt, hat dies auf schriftlichem Weg zu geschehen und ist kostenpflichtig.

Beweisurkunden, die Fabrikations- oder Geschäftsgeheimnisse offenbaren, werden allerdings auf Antrag oder von Amtes wegen ausgesondert. Sie sind vom Einsichtsrecht in der Regel ausgenommen. Betrifft ein Gesuch um Einsichtnahme solche Akten, entscheidet das Institut erst nach Anhörung des Hinterlegers oder des Inhabers der Marke, ob allenfalls Einsicht gewährt werden kann (Art. 37 Abs. 4 i.V.m. Art. 36 Abs. 3 MSchV).

3.3.2. Auskünfte über Eintragungsgesuche

Dritten erteilt das IGE, auf ein entsprechendes Gesuch hin und gegen Bezahlung einer Gebühr, Auskunft über hängige Gesuche (Art. 38 MSchV). Diese Auskunft umfasst nur Angaben, die später publiziert werden und besteht in der Zustellung einer Kopie des Hinterlegungsgesuches.

3.3.3. Prioriätsbelege

Gemäss Art. 41a MSchV erstellt das Institut auf Antrag und gegen Entrichtung einer Gebühr einen Prioritätsbeleg betreffend schweizerische Ersthinterlegungen aus.

4. Materielle Markenprüfung

4.1. Rechtsgrundlagen

Bei der Prüfung auf absolute Schutzausschlussgründe sind Art. 30 Abs. 2 lit. c und Art. 2 MSchG zu beachten. Sie lauten wie folgt:

Art. 30 Abs. 2 lit. c

Das Institut weist das Eintragungsgesuch zurück, wenn:

c. absolute Ausschlussgründe vorliegen.

Art. 2: Absolute Ausschlussgründe

Vom Markenschutz ausgeschlossen sind:
a. Zeichen, die Gemeingut sind, es sei denn, dass sie sich als Marke für die Waren oder Dienstleistungen durchgesetzt haben, für die sie beansprucht werden;
b. Formen, die das Wesen der Ware ausmachen und Formen der Ware oder Verpackung, die technisch notwendig sind;
c. irreführende Zeichen;
d. Zeichen, die gegen die öffentliche Ordnung, die guten Sitten oder geltendes Recht verstossen.

4.2. Die wichtigsten Grundsätze

Jedes Zeichen ist in engem Zusammenhang mit den beanspruchten Waren und/oder Dienstleistungen zu prüfen.

In sprachlicher Hinsicht erfolgt die Prüfung in erster Linie bezüglich des Deutschen, des Schweizerdeutschen, des Französischen, des Italienischen und des Rätoromanischen. Englisch oder andere Sprachen werden berücksichtigt, wenn ein Wort als allgemein bekannt vorausgesetzt werden kann. Dabei ist auf die Sprachkenntnisse des mutmasslichen Durchschnittskonsumenten der in Frage stehenden Waren und Dienstleistungen abzustellen: Versteht dieser den zu prüfenden Ausdruck ohne weitere Gedankenarbeit, kann das Zeichen je nach seiner Aussage bezüglich der beanspruchten Produkte beschreibend oder täuschend sein.

Richtet sich ein Produkt (auch) an Fachleute, so genügt für die Zurückweisung des Zeichens, wenn es von diesen als beschreibend betrachtet wird.

Zeichen, die aus verschiedenen nicht eintragungsfähigen Elementen bestehen, können zur Eintragung zugelassen werden, wenn die Kombination dieser Elemente als Ganzes kennzeichnungskräftig wirkt, d.h. eine von der reinen Zusammenfassung der Einzelelemente verschiedene und originelle Bedeutung erlangt (vgl. Ziff 54.4.1.). Mithin sind Zeichen nicht eintragbar, wenn das eine Element nur das andere näher präzisiert. Eine Zusammenschreibung der beiden Begriffe oder deren Verbindung mit Bindestrich genügt ebenfalls nicht. Dasselbe gilt für dem Gemeingut zugehörige Elemente, die mit einer schwachen graphischen oder einfachen farblichen Darstellung gekoppelt sind (sog. kombinierte Marken). Hierbei kann eine grössere Anzahl von Farben oder eine dominante graphische Ausgestaltung zur Schutzbegründung beitragen. «Schwarz» und «weiss» werden auf Antrag als Farbanspruch vorgemerkt (vgl. RKGE, sic! 2000, 297 – CYBERNET DER BUSINESS PROVIDER; vgl. Ziff. 4.4.6.)

Zweisprachige, symbolische, pleonastische oder modifizierte Wortzeichen können kennzeichnungskräftige Marken darstellen. Gleiches gilt unter Umständen für die Kombination von Zeichen des Gemeingutes (vgl. Ziff. 4.4.1. ff).

Bei der materiellen Prüfung von nationalen Markenhinterlegungen und internationalen Markeneintragungen wird der gleiche Massstab angelegt. Für Garantie- und Kollektivmarken gelten hinsichtlich des beschreibenden und täuschenden Charakters grundsätzlich die gleichen Beurteilungskriterien wie für Individualmarken.

Gemäss bundesgerichtlicher Rechtsprechung sind bei der Prüfung der absoluten Ausschlussgründe nach Art. 2 lit. a MSchG Grenzfälle einzutragen, da im Streitfall die Überprüfung eingetragener Marken durch die Zivilgerichte vorbehalten bleibt (BGer sic! 1999, 30 – SWISSLINE).

Gemäss ständiger Rechtsprechung haben ausländische Urteile und Markeneintragungen keine präjudizielle Wirkung (vgl. unter anderem BGer, PMMBl 94/43 – MASTERtherm; RKGE, sic! 1997, 560 – MIRABELL; RKGE, sic! 2001, 31 – SIDDHARTA). Das Institut hat die Schutzwürdigkeit einer Marke nach dem MSchG zu prüfen, die daraus resultierende Rechtsprechung zu befolgen sowie die Würdigung der Unterscheidungskraft anhand des jeweiligen schweizerischen Abnehmerkreises zu beurteilen. Hinsichtlich der Berücksichtigung von ausländischen Markeneintragungen gilt es nun zu beachten, dass einerseits das Sprachverständnis der angesprochenen schweizerischen Abnehmerkreise vom Sprachverständnis in einem anderen Staat differenzieren kann. Andererseits kann die Prüfungspraxis eines ausländischen Markenamtes je nach Zeichenart und nationalen Gegebenheiten von der schweizerischen Prüfungspraxis abweichen. Somit kann eine im Ausland erfolgte Eintragung lediglich ein Indiz für die Beurteilung der Schutzfähigkeit eines Zeichens bei tatsächlich vergleichbaren Umständen darstellen.

4.3. Zeichen des Gemeingutes

Zeichen des Gemeingutes sind vom Markenschutz ausgeschlossen (Art. 2 lit. a MSchG). Zum Gemeingut gehören Zeichen ohne jegliche Unterscheidungskraft sowie Zeichen, die dem Geschäftsverkehr unentbehrlich, d.h. freihaltebedürftig sind. Ersteres ist immer dann der Fall, wenn ein Zeichen von den Abnehmern der in Frage stehenden Waren und Dienstleistungen gar nicht als Hinweis auf eine bestimmte Betriebsherkunft aufgefasst wird. Letzteres liegt dann vor, wenn das Zeichen nicht zu Gunsten eines einzelnen Wettbewerbers monopolisiert werden darf, weil die Konkurrenten auf die Mitbenützung des Zeichens angewiesen sind.

4.3.1. Einfache Zeichen

4.3.1.1. Buchstaben und Zahlen

Einfache Zeichen, und als solche grundsätzlich nicht eintragbar, sind insbesondere einzelne Buchstaben des lateinischen Alphabets (A bis Z) oder einzelne Grundzahlen der arabischen (0 bis 9) und römischen Zahlenreihe (Grundzahlen). Buchstaben- oder Zahlengruppen oder Kombinationen davon sind hingegen als Marken eintragbar, wenn sie in Verbindung mit den beanspruchten Waren oder Dienstleistungen keine beschreibenden Angaben oder Abkürzungen darstellen oder keine ersichtliche Jahreszahl wiedergeben, die z.B. auf den Zeitpunkt einer Veranstaltung hinweist.

Eintragungsfähig wären demzufolge z.B.:
- BC, H4, 17, 29F

4X4

CH 418 344
Int. Kl. 25, allerdings nicht eintragungsfähig für Motorfahrzeuge (Int. Kl. 12)
Nicht eintragungsfähig sind Zeichen, die als Kurzbezeichnungen oder Abkürzungen eine eigenständige Bedeutung erlangt haben und in Verbindung mit den beanspruchten Waren oder Dienstleistungen beschreibend sind (so z.B. als Mass- oder Typenangaben).
Nicht eintragungsfähig sind z.B.:
- 4WD für Fahrzeuge (4-Rad-Antrieb)
- kp für Messgeräte (Kilopond)
- V8 für Fahrzeuge (8 Zylinder in V-Form)
- M8 für Schrauben (metrisch / 8 mm)

4.3.1.2. Ausgeschriebene Buchstaben und Zahlen
Ausgeschriebene lateinische Einzelbuchstaben, wie «ZET» für den Buchstaben «Z» oder «ACCA» für den Buchstaben «H» in italienischer Sprache, sind als Marken eintragbar. Diese Schreibweise ist im täglichen Verkehr nicht unentbehrlich. Eintragungsfähig sind grundsätzlich auch Grundzahlen, die in Worten formuliert sind, wie z.B. «ACHT». Eine Ausnahme besteht da, wo Grundzahlen in Verbindung mit bestimmten Waren auch ohne die jeweils relevante Masseinheit als Mengenangabe betrachtet werden.

4.3.1.3. Geometrische Figuren
Zu den einfachen Zeichen gehören ferner die einfachen geometrischen Figuren, also im Wesentlichen Dreieck, Rechteck, Quadrat und Kreis. In Alleinstellung sind sie in der Regel nicht eintragungsfähig. Hingegen können graphische Ausgestaltungen oder Kombinationen von einfachen geometrischen Figuren mit einfachen Zeichen durchaus schutzfähig sein. Beispiele eingetragener Zeichen (aufgrund spezieller graphischer Ausgestaltung):

CH 407 912
Int. Kl. 16

CH 418 185
Int. Kl 37,42

CH 465 853
Int. Kl. 16, 35, 36, 42

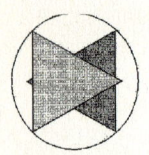

CH 464 687
Int. Kl. 9, 42

CH 463 695
Int. Kl. 5

4.3.1.4. Interpunktionen

Interpunktionen in Alleinstellung gehören auch zu den einfachen Zeichen. Beispiele sind Punkt (.), Komma (,), Bindestrich (–) und dergleichen, aber auch mathematische Zeichen, wie Gleichheitszeichen (=), Plus- (+) oder Minuszeichen (–). Sie sind daher nicht als Marken eintragbar. Gleiches gilt für die blosse Abbildung eines Sterns (*). Kombinationen solcher einfacher Zeichen unter sich oder mit anderen einfachen Zeichen, z.B. Buchstaben oder Zahlen, können jedoch eintragungsfähig sein. Beispiele:

CH 399 180
Int. Kl. 12, 22, 25, 28

CH 464 729
Int. Kl. 38, 41

4.3.1.5. Fremde Schriften und Alphabete

Das Institut trägt Einzelbuchstaben fremder Schriften, z.B. des griechischen Alphabets, dann ein, wenn sie nicht beschreibend sind. Nicht eintragungsfähig ist z.B. der Buchstabe £\ für Apparate zur Messung von Alpha-Strahlen. Ausgeschriebene griechische Buchstaben, z.B. Alpha, Beta, Gamma, sind unter der gleichen Bedingung eintragungsfähig. Beispiel:

CH 462 931
Int. Kl. 6

In der Schweiz unübliche Schriften (z.B. chinesisch und japanisch) werden als Bildzeichen behandelt. Beispiel:

CH 410 988
Int. Kl. 3

CH 463 814
Int. Kl. 1, 2, 3, 4, 6, 7, 8, 9, 17, 20

Richtlinien Markenprüfung 73

4.3.1.6. Monogramme

Einzelbuchstaben des lateinischen Alphabets oder Grundzahlen, die graphisch ausgeprägt, also als Monogramm oder Signet konzipiert oder mehrfarbig gestaltet sind, sind als Marken eintragbar, sofern die grafische Ausgestaltung im Vordergrund steht. Beispiele:

| CH 418 160 | CH 463 981 | CH 452 689 | CH 468 950 |
| Int. Kl. 9, 16, 35, 36, 37, 38, 41, 42 | Int. Kl. 3 | Int. Kl. 37 | Int. Kl. 35, 41, 42 |

4.3.2. Farbbezeichnungen

Eine Farbbezeichnung (in Lettern) gehört grundsätzlich zum Gemeingut, wenn sie eine Eigenschaft der beanspruchten Produkte direkt beschreibt (BGer in PMMBl 80/60 – BLACK & WHITE). Dies ist z.B. der Fall, wenn eine Farbbezeichnung für die beanspruchten Waren ein Kaufkriterium darstellt (z.B. «BLAU» für Bekleidung oder «ANTRAZIT» für Autos), oder wenn die Farbe wesensbestimmend ist (z.B. «GELB» für Farben, Lacke oder Kosmetika). Dasselbe gilt für wesenbedingte Farbbezeichnungen (z.B. «GRÜN» für Gurken).

Wo die Farbgebung lediglich auf die Ausstattung der Verpackung hinweist, muss geprüft werden, ob es sich um eine übliche Ausgestaltung für die beanspruchten Waren handelt (vgl. BGer in PMMBl 67/37 – Gold Band; BGE 103 Ib 268 - Red & White).

Beispiele:

- «ROT» ist für Bekleidungsstücke (Klasse 25) nicht eintragbar, da die Farbbezeichnung eine wesentliche Eigenschaft der Waren beschreibt und die Farbe ein Kaufkriterium darstellt.
- «AZUR» kann für Kosmetika (Klasse 3) nicht eingetragen werden, weil die Farbe für die beanspruchten Produkte ein wesensbedingtes Merkmal ist.
- «WEISSER QUADER» für Butter (Klasse 29) oder für Möbel (Klasse 20) beschreibt sowohl die Färbung als auch eine übliche Form der Waren und ist deshalb nicht eintragungsfähig.

4.3.3. Freizeichen

Freizeichen sind Zeichen, die früher einmal kennzeichnungskräftig waren, sich aber im Laufe der Zeit zu sachlichen Angaben gewandelt haben, wie etwa die Bezeichnung EILE MIT WEILE für Brettspiele (BGE 114 II 171; PMMBl 88/48). Freizeichen bilden Gemeingut und sind deshalb nicht eintragungsfähig. Das Institut übt in der Beurteilung darüber, ob ein Zeichen ein sogenanntes Freizeichen darstellt, grösste Zurückhaltung und überlässt es in der Regel den Gerichten, diese Frage zu entscheiden.

4.3.4. Angaben, die keine konkrete Unterscheidungskraft haben

Keine konkrete Unterscheidungskraft haben u.a. Angaben, die im allgemeinen Sprachgebrauch oder in den ständigen Verkehrsgepflogenheiten derart üblich sind, dass sie originär nicht als Hinweis auf eine bestimmte Betriebsherkunft wirken können. Insbesondere Slogans (s. Ziff. 4.3.5.10.) und werbemässigen Schlagwörtern fehlt vielfach die Unterscheidungskraft, auch wenn sie die beanspruchten Waren oder Dienstleistungen nicht direkt beschreiben.

Zurückzuweisen sind z.B. Zeichen wie:
- ENTERPRISE für alle Produkte
- TERROIR für Weine
- GESUNDHEIT für pharmazeutische Erzeugnisse
- PROST für Getränke,
- LA FORMULE DU CHEF für Fertigmahlzeiten.

Meist sind solche Zeichen auch dem Geschäftsverkehr freizuhalten. Da es sich bei der Beurteilung der konkreten Unterscheidungskraft um die teilweise schwierig einzuschätzende subjektive Wahrnehmung der jeweils relevanten Verkehrskreise handelt, weist das Institut ein Gesuch unter diesem Aspekt nur beim Fehlen jeglicher konkreten Unterscheidungskraft zurück.

4.3.5. Beschreibende Angaben

4.3.5.1. Grundsatz

Zum Gemeingut gehören Wort- oder Bildzeichen, die mögliche Eigenschaften der beanspruchten Produkte (in erster Linie die Art, die Qualität oder den geographischen Ursprung der Waren oder Dienstleistungen) direkt beschreiben (BGer, sic! 1997, 160 – ELLE). Blosse Anspielungen oder Gedankenassoziationen genügen nicht, damit ein Hinweis als beschreibend gilt. Zwischen der Bezeichnung und der Ware muss vielmehr ein so unmittelbarer Zusammenhang bestehen, dass die Bezeichnung ohne besondere Gedankenarbeit oder besonderen Phantasieaufwand auf eine bestimmte Eigenschaft oder auf die Beschaffenheit der Erzeugnisse schliessen lässt (BGer, sic! 1997, 57 – DIGIBAU/DIGIPLAN II).

Für die Beurteilung von Zeichen, die aus beschreibenden Angaben bestehen, ist der Gesamteindruck massgebend. Das Zeichen muss dabei als Ganzes und nicht isoliert in seinen einzelnen Bestandteilen gesehen werden. Das Publikum nimmt erfahrungsgemäss eine Marke so auf, wie sie ihm entgegentritt und ist wenig geneigt, Zeichen von Waren und Dienstleistungen aufwändig auf allfällig beschreibende Bedeutungen hin zu untersuchen. Bedarf es seitens der Verbraucher einer besonderen Gedankenarbeit, um eine direkte oder indirekte Botschaft in eine rationale Erklärung umzuwandeln, hat das Zeichen einen bloss andeutenden Charakter und ist nicht mehr dem Gemeingut zuzurechnen. Beschreibende Zeichen können dann als Marken eintragungsfähig sein, wenn sie mit einem oder mehreren beschreibenden Angaben derart kombiniert werden, dass es zu einer neuen Wortkreation kommt, die, als Ganzes betrachtet, keine offensichtlich eindeutige Bedeutung hat und nicht als Hinweis auf bestimmte Eigenschaften eines Produktes zu verstehen ist. Ein Zeichen wird zudem eingetragen, wenn es eine unerwartete und unübliche Bedeutung enthält, die ihm die ausreichende Unterscheidungskraft verleiht.

Richtlinien Markenprüfung 75

Die RKGE hat zum Beispiel folgende Bezeichnungen als eintragungsfähig betrachtet: SURESTORE, sic! 1999, 560 und MICROLINK, sic! 1999, 34 – MICROLINK (beide für Hard- und Software), SPACESTAR, sic! 2000, 18 (für Autos), GLOBAL ONE, sic! 1999, 32 (für Telekommunikationsdienstleistungen) und WARRANT PHONE, sic! 1999, 31 (für Finanzdienstleistungen).

Hingegen kann ein Zeichen dann nicht eingetragen werden, wenn eine von verschiedenen Bedeutungen einen eindeutigen Hinweis auf eine bestimmte Eigenschaft der Produkte liefert (RKGE sic! 2000, 105 – CRAFT / LIVING CRAFTS).

4.3.5.2. Sachbezeichnungen

Zeichen, die zur gattungsmässigen Bezeichnung von Produkten dienen («Produktenamen») sind als Marken nicht eintragbar. Ihnen fehlt es einerseits an jeglicher Unterscheidungskraft anderseits ist der Verkehr auf deren freie Verwendung angewiesen. Unter den Begriff der Sachbezeichnung fallen auch bildliche Darstellungen von Waren oder Dienstleistungen, wie etwa die naturgetreue Wiedergabe eines Apfels für Apfelsaft. Genügend stark stilisierte Abbildungen von Waren sind hingegen eintragungsfähig. Beispiele:

CH 456 155
Int. Kl. 42

CH 497 794
Int. Kl. 4, 21, 26, 35 (u.a. Kerzen)

4.3.5.3. Qualitätsangaben

Von der Eintragung als Marke ausgeschlossen sind Angaben, welche die Qualität einer Ware oder Dienstleistung beschreiben. Beispiele hierfür sind etwa PRIMA, MASTER, SUPER, TOP und MEGA. Ebenso verhält es sich für Kombinationen von Qualitätsangaben mit anderen beschreibenden Bezeichnungen wie MASTERBANKING (RKGE, sic! 1998, 302) für Bankdienstleistungen, VIP-CARD für Kreditkarten und Dienstleistungen mittels Kreditkarten (BGE, PMMBl 94/47) oder CONNOISSEUR CLASS für Dienstleistungen einer Fluggesellschaft (RKGE, PMMBl 96 / 16).

4.3.5.4. Ausstattungsmerkmale

Blosse Wortzeichen, die Form, Ausstattung oder Verpackung einer Ware charakterisieren, können dann nicht als Marke eingetragen werden, wenn sie für die betreffenden Erzeugnisse typisch sind, deren Qualität direkt beschreiben oder wenn sie auf praktische Vorteile hinweisen (BGE 116 II 609, 611). GOLD BAND ist ein für Tabakwaren charakteristisches, gemeinfreies Ausstattungsmerkmal und daher nicht eintragungsfähig (BGE, PMMBI 67/37). Zulässig sind solche Bezeichnungen hingegen dann, wenn sie für die fraglichen Waren unüblich sind, wie etwa ROTRING für Werkzeug (BGE 106 II 245) oder FIORETTO für Schokolade und Zuckerwaren (BGE 116 II 609; PMMBl 91/30).

4.3.5.5. Beschaffenheitsangaben

Beschaffenheitsangaben sind Zeichen, die, in Wort oder Bild, offen oder leicht erkennbar auf Eigenschaften von Waren oder Dienstleistungen hinweisen. Sie sind beschreibend und somit nicht eintragungsfähig. Beispiele: CHOCO STICK für Schokoladeprodukte, LIGHTTON für Backsteine, HYDROFIL für Nylon-Garn (RKGE, sic! 1998, 581), MICRO COMPACT CAR (RKGE, sic! 1997, 559) und ECO-SPEEDSTER (RKGE, sic! 1997, 558) für Kraftfahrzeuge oder ALLFIT (RKGE, sic! 1997, 302) für Implantate und Zahnfüllstoffe.

4.3.5.6. Zweckbestimmung

Darunter ist die Angabe des Gebrauchszwecks einer Ware zu verstehen, wie LOADLEVELER für EDV-Programme (RKGE, SMI 1995, 305), SOURCESAFE (RKGE, sic! 1998, 477) oder POLYNORM (RKGE, sic! 1999, 272).

4.3.5.7. Wirkungsweise

Die Beschreibung der üblichen Wirkungsweise bzw. der Funktionsart einer Ware kann nicht eingetragen werden. Darunter sind Bezeichnungen wie RAPIDE für Heilmittel oder Motoren zu verstehen. So wurden beispielsweise die Wortzeichen SANOMED (BGer, PMMBl 92 / 87) für pharmazeutische Präparate und BIENFAIT TOTAL (RKGE, sic! 1997, 161) für Kosmetika zurückgewiesen.

4.3.5.8. Inhaltsangaben

Inhaltsangaben sind Zeichen, die direkt auf den Inhalt von Waren und Dienstleistungen hinweisen. Die Problematik stellt sich vor allem bei Druckereierzeugnissen wie Zeitungen, Zeitschriften, Büchern sowie bei bespielten elektronischen Datenträgern. Einige Beispiele für unter diesem Aspekt nicht eintragungsfähige Zeichen: AUTOMOBIL für eine Zeitschrift, WELTRUNDSCHAU oder OPINION PUBLIQUE für eine Zeitung.

4.3.5.9. Reklamehafte Angaben

Reklamehafte Angaben mit rein anpreisendem Charakter können nicht als Marken eingetragen werden. In diese Kategorie fallen z.B. Angaben wie TREND (BGer, PMMBl 83/82) oder MASTERPIECE (RKGE vom 20.2.1998) für jede Art von Waren oder Dienstleistungen, «KLUG» für Versicherungsdienstleistungen oder VALUE PLUS für Termin- und Geldgeschäfte.

4.3.5.10. Slogans

Bei Slogans steht vielfach die Prüfung der konkreten Unterscheidungskraft im Vordergrund. Vor allem bei Wörtern oder Phrasen, die in der Werbung häufig benutzt werden (z.B.: «unwiderstehlich»), einfachen Aufforderungen (z.B.: «Kauf mich!»), allgemein verbreiteten Redewendungen ist oftmals das Vorhandensein jeglicher konkreter Unterscheidungskraft zu verneinen, selbst wenn zwischen dem Zeichen und den damit verbundenen Waren kein direkter Zusammenhang besteht. Der Konsument erkennt das Zeichen in diesen Fällen nämlich nicht als individualisierenden Hinweis auf ein bestimmtes Unternehmen.

Slogans, welche direkt die Qualität eines Produkts oder einer Dienstleistung beschreiben oder welche sich in einer blossen Werbeaussage erschöpfen, werden ebenfalls nicht eingetragen. Beispiele: BETTER THINGS FOR BETTER LIVING für Heilmittel, DAS IST FÜR SIE für verschiedene Klassen.

Slogans, die ein eintragungsfähiges Element enthalten, wie etwa KATZEN WÜRDEN WHISKAS KAUFEN (CH 322 804), können zur Eintragung zugelassen werden; ebenso verhält es sich mit Slogans, deren beschreibender Charakter nicht auf Anhieb ersichtlich ist, wiez.b. METTEZ UN TIGRE DANS VOTRE MOTEUR oder MAKING YOUR BUSINESS WORLD YOUR SINGLE WORLD (CH 413 147).

4.3.5.11. International Nonproprietary Names (INN)

Die Weltgesundheitsorganisation (WHO) teilt den chemischen Substanzen, die für pharmazeutische Zwecke offiziell genehmigt worden sind, sogenannte International Nonproprietary Names oder Generic Names (Gattungsbezeichnungen) zu, die als Sachbezeichnungen im weiteren Sinn dem Gemeingut zuzurechnen sind und als Marken nicht eingetragen werden können (Bsp.: ASPARTAM). Das Institut verfügt über ein Verzeichnis dieser Bezeichnungen. Alle mit den INN identischen Zeichen werden zurückgewiesen. Genügend abgewandelte oder modifizierte INN können jedoch eingetragen werden (Bsp.: SPARTAME (CH 328 408)).

4.3.5.12. Weitere beschreibende Angaben

Nebst den unter den vorstehenden Rubriken besonders hervorgehobenen beschreibenden Angaben existiert noch eine Reihe weiterer beschreibender Zeichen, insbesondere hinsichtlich:

- der Zusammensetzung eines Produktes, z.B. Vitamin C für Getränke;
- der Menge, z.B. TRIPLE-PACK für Schokolade;
- des Wertes einer Ware, z.B. 50er-MOGGE für Süsswaren;
- des Herstellungsortes oder des Verkaufsortes z.B. BÄCKEREI oder INTERNET; des Zeitpunktes eines Anlass oder der Produktion einer Ware, z.B. Bern 2004 für Möbelausstellungen; SPÄTLESE für Wein.

4.3.6. Domain Names

Domain Names können gemäss den üblichen in der Markenprüfung geltenden Verfahrensregeln und Grundsätzen als Marken hinterlegt werden. Wie bei jedem andern Zeichen auch kann ein Domain Name nur dann als Marke registriert werden, wenn das Gesamtbild im Zusammenhang mit den beanspruchten Waren und Dienstleistungen die nötige Kennzeichnungskraft aufweist. Top Level Domain Names wie .COM, .ORG, .NET oder .CH werden als nicht unterscheidungskräftig und somit als nicht schutzfähig betrachtet. In der Regel ebenfalls nicht schutzfähig ist die Kombination aus einem Begriff des Gemeinguts und einem Top Level Domain Name. Beispiele von Zeichen, die nicht eingetragen werden können: AUTO.CH für Verkauf von Autos; SWISS.NET für alle Waren und Dienstleistungen.

4.4. Grundsätzlich eintragungsfähige Zeichen

4.4.1. Kombinationen von Zeichen des Gemeingutes

Das Institut trägt aus verschiedenen Zeichen des Gemeingutes zusammengesetzte Marken ein, wenn deren Kombination einen kennzeichnungskräftigen Gesamteindruck ergibt. Allerdings genügt die Kombination eines einfachen Zeichens mit einem Zeichen des Gemeinguts nicht ohne weiteres, um dem Ganzen genügend Kennzeichnungskraft zu verleihen. Kennzeichnungskraft ist mithin nur gegeben, wenn dem einfachen Zeichen (Buchstabe oder Ziffer) in Verbindung mit den fraglichen Waren und Dienstleistungen kein bestimmter Sinngehalt zukommt (vgl. RKGE, sic! 2000, 702 – M Power). So lässt das Institut z.B. die Kombination eines Begriffs des Gemeinguts mit einem Buchstaben oder einer Ziffer zu, wenn dadurch ein kennzeichnungskräftiges Ganzes entsteht (z.B. WORLDWIDE 7 für Dienstleistungen der Telekommunikation oder MASTER A für Fahrzeugzubehör) oder wenn die Ziffer als Wort geschrieben wird (z.B. WORLDWIDE ONE für Dienstleistungen der Telekommunikation).

Ist der beschreibende Charakter im Zusammenhang mit den benannten Waren oder Dienstleistungen jedoch klar ersichtlich, muss dem Zeichen die Registrierung versagt bleiben.

Kombinationen von Zeichen des Gemeinguts werden nur dann zurückgewiesen, wenn sie in direkter Weise die beanspruchten Waren und Dienstleistungen bezeichnen und wenn der Sinn der Wortkombination für den Verbraucher unmittelbar erkennbar ist. Zeichen, die grammatikalisch offensichtlich falsch sind, können im Einzelfall eingetragen werden, sofern die grammatikalische Eigenart selber unterscheidungskräftig ist. Bei Fremdsprachen genügen kleine grammatikalische Eigenheiten oft nicht.

Zugelassene Zeichen:

SPAGHELLI	**RE-EL**	**DIABET-X**
CH 449 222	CH 470 528	CH 453 860
Int. Kl. 29, 30	Int. Kl. 35, 36, 37, 39, 40, 42	Int. Kl. 3

Zurückgewiesene Zeichen:

CLINICARE	**Pomsticks**	
IR 681 122	IR 645 379	Int. Kl. 29, 30
Int. Kl. 9, 35, 36, 42		

4.4.2. Modifikationen

Beschreibende Wortzeichen, die eine genügende Unregelmässigkeit aufweisen, das heisst eine Änderung, welche eine für das Publikum klar erkennbare Wortneuschöpfung ergibt, werden zur Eintragung zugelassen. Beispiele: KLINER für Besen (statt «cleaner»; der visuelle Eindruck des Zeichens unterscheidet sich deutlich von der sachlichen Angabe).

Falls eine ungenügende Unregelmässigkeit vorliegt, wird die Marke zurückgewiesen. Beispiele: BLAK (statt «black») für Kohle, DECAP (statt «décape») für Abbeizmittel; NENDA (statt «Nendaz») für Mineralwasser (die angeführten Beispiele sind alle phonetisch identisch mit dem nicht eintragungsfähigen Zeichen und unterscheiden sich nur durch einen Buchstaben).

4.4.3. Pleonasmen

Die überflüssige Wiederholung eines beschreibenden Wortsinns kann ein eintragungsfähiges Ganzes bilden, wie dies etwa in einem Zeichen wie TINIMINI (tiny = winzig, mini = sehr klein) zum Ausdruck kommt.

4.4.4. Symbolische Bezeichnungen

Symbolische Zeichen sind als Marken eintragbar. Beispiele: NUITS INDIENNES für Reisedienstleistungen, NORDPOL für Stiefel, BUFFET für Tierfuttermittel oder LILIPUT für Automobile.

HYDRO SHIELD
CH 442 273
Int. Kl. 25

BLISTER GUARD
CH 490 407
Int. Kl. 25

GENIUS
CH 443 319
Int. Kl. 7

4.4.5. Zwei Sprachen

Reine Wortzeichen, die zweisprachig, das heisst aus Elementen zweier verschiedener Sprachen zusammengesetzt sind, können als phantasievoll betrachtet und daher zur Eintragung zugelassen werden. Beispiel: DUROGRIP für Strassenbeläge (duro = hart in italienischer Sprache, grip = Griff, Haftung in englischer Sprache). Zweisprachige Zeichen können jedoch nicht zugelassen werden, wenn ihr Sinngehalt offensichtlich ist, wie MEDICOSUISSE für medizinische Analysegeräte oder DIETAPREPARATION für diätetische Produkte.

Zu beachten ist, dass es aus einer Fremdsprache stammende Wörter gibt, deren Verwendung in den Amtssprachen üblich geworden ist (sog. «Lehnwörter»; Beispiele: EASY, MISTER, JOB). Je nach Fall kann eine Kombination mit einem solchen Wort nicht als fantasievolle

Zweisprachigkeit gelten. Zurückgewiesen wurde z.B.:
GEWEBE CONDITIONER für u.a. Waschmittel (Int. Kl. 3)

4.4.6. Kombinierte Wort-Bildmarken

Kombinierte Marken bestehen aus Wortzeichen und einer speziellen graphischen oder farblichen Darstellung (s.o. Ziff. 2.3.2.2. f.). Um festzustellen, ob ein hinterlegtes Zeichen zum Gemeingut gehört, ist sein Gesamteindruck massgebend. Der Ermessensentscheid, ob dieser Eindruck kennzeichnungskräftig wirkt, ist nicht immer einfach zu treffen. Der Gesamteindruck basiert auf der Verbindung verschiedener Elemente: Wortbestandteile, gewähltes Schriftbild, graphische Ausgestaltung, Farbansprüche, beschreibender Grad der Wortelemente. Zu beachten ist auch das Verhältnis dieser Elemente zueinander. Das Institut verweigert die Markeneintragung, wenn der dominante Bestandteil des Zeichens Gemeingut bildet (vgl. BGer, sic! 1997, 159 – ELLE). Dies bedingt, dass in jedem Fall die Bedeutung sowie der Einfluss einzelner Elemente auf den Gesamteindruck des Zeichens zu gewichten sind.

Beispiele eingetragener Marken:

CH 443 409 «R design» (fig.)
Int. Kl. 7

CH 441 182 «Bio ALPTEA» (fig.)
Int. Kl. 30

CH 396 281 «microdiamant» (fig.)
Int. Kl. 3, 7, 8

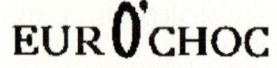

CH 383 756 «EURO' CHOC» (fig.)
Int. Kl. 30

4.5. Formmarken

4.5.1. Begriff

Dreidimensionale Marken können sich in verschiedenen Ausgestaltungen präsentieren:

Die dreidimensionale Marke im engeren Sinn (Formmarke) besteht aus einer kennzeichnungskräftigen dreidimensionalen Waren- oder Verpackungsform. Bsp.:

Lufterfrischer in Entenform, CH 410 595
Int. Kl. 5

Dreidimensionale Marken im weiteren Sinn bestehen unabhängig von Form oder Verpackung einer Ware; sie können also von diesen ohne Beeinträchtigung des Gebrauchszweckes getrennt werden (z.B. Mercedes-Stern). Bsp.:

Phantasiefigur, CH 408 884
Int. Kl.14, 16, 25, 35

CH 412 921, lachende Säule für Versicherungsdienstleistungen
Int. Kl. 36

CH 428 869, Int. Kl. 35, 36. Eichhörnchen für Dienstleistungen im Zusammenhang mit Geschäftsführung und Unternehmensverwaltung.

4.5.2. Grafische Darstellung

Für die Eintragung eines Zeichens als dreidimensionale Marke muss die räumliche Ausdehnung des Schutzobjektes, d.h. der dreidimensionale Charakter aus der Abbildung deutlich ersichtlich sein (RKGE, sic! 2000, 313 – JOHNSON; vgl. oben Ziff. 2.3.2.4.).

4.5.3. Einheit und Konstanz der Form

Das dreidimensionale Zeichen muss eine einheitliche Form als ein inhaltliches Ganzes darstellen. Konkret bedeutet dies, dass der Betrachter auch bei mehrteiligen Formen deren inhaltlichen Zusammenhang direkt erkennt und sie als Einheit wahrnimmt. Nur so kann sie sich dem Konsumenten ohne weitere geistige Tätigkeit auch als einheitliches Kennzeichen einprägen und wird nicht als blosse Zusammenstellung von einzelnen Gegenständen verstanden. Weiter setzt die Eintragung einer dreidimensionalen Form als Marke die Konstanz der Form voraus. Sonst fehlt es, ähnlich wie bei der Einheitlichkeit der Form, am eindeutig definierten Kennzeichen und damit am klar umrissenen Schutzobjekt. Die notwendige Konstanz ist namentlich bei einem festen Gegenstand nicht gegeben, wenn dieser in verschiedenen Zuständen abgebildet wird (z.B. Flasche einmal mit geschlossenem, einmal mit geöffnetem Verschluss).

4.5.4. Ausschlussgründe

Gemäss Art. 2 lit. b MSchG sind Formen, die das Wesen der Ware ausmachen und technisch notwendige Formen von Waren oder Verpackungen vom Markenschutz ausgeschlossen. Diese Formulierung lässt keinen Raum für eine Verkehrsdurchsetzung. Die Bestimmung ist deshalb restriktiv auszulegen. Formen werden mithin nur dann als Wesen der Ware zurückgewiesen, wenn sie ausschliesslich unter diesen Ausschlussgrund fallen. Kommt lit. b nicht zur Anwendung, wird weiter geprüft, ob die hinterlegte Form Gemeingut gemäss Art. 2 lit. a MSchG darstellt.

4.5.4.1. Wesen der Ware

Unter dem Gesichtspunkt von lit. b ist m.a.W. zu untersuchen, was im konkreten Fall das Wesen des Gegenstandes ausmacht. Formen verkörpern dann das Wesen der Ware, wenn sie ausschliesslich aus Elementen bestehen, die der betreffenden Warengattung eigen sind. Dabei handelt es sich um Formen, die an die Art des Produktes, seine Zweckbestimmung, seinen Gebrauch usw. gebunden sind. Eine gedankliche Trennung von Ware und Form ist in diesem Fall nicht möglich. Bei einem Fingerring wäre dies z.B. der nackte Ring, ohne jegliche Ausgestaltung. Nur ein solcher einfacher Ring wäre gestützt auf lit. b zurückzuweisen. Gleiches gilt für einen einfachen Ball für Spielbälle.

Bei reinen Kunst-, Zier- und Schmuckgegenständen ist zudem zu prüfen, ob die Form ausschliesslich ästhetisch bedingt ist. Nur wenn dies bejaht werden kann, macht die Form auch per se das Wesen der Ware aus. Ist aber bei der zu prüfenden Form neben dem ästhetischen Element auch ein Verwendungszweck vorhanden, hat die Prüfung unter lit. a zu erfolgen (Gemeingut).

Verpackungen können nicht das Wesen der Ware ausmachen, da sie die eigentliche Ware lediglich umhüllen. Eine Ausnahme besteht dann, wenn der Schutz für Verpackungen (Klasse 16) beantragt wird (vgl. allerdings Ziff. 4.5.4.3.).

4.5.4.2. Technisch notwendige Form

Sowohl die Form der Ware selbst als auch die Form ihrer Verpackung können technisch notwendig sein. Geprüft wird hier, ob technische Alternativen zur Erfüllung der gleichen Aufgabe bestehen und ob diese Alternativen den jeweiligen Mitbewerbern wirtschaftlich zumutbar sind. Ist dies der Fall, ist die hinterlegte Form nicht technisch notwendig (RKGE, sic! 1998, 399 ff – PARFÜMFLASCHE I). Ein illustratives Beispiel hierfür ist die Marke

CH 404 040, die WC-Ente
Int. Kl. 3, 5

Ein wirksames Spritzen der Flüssigkeit unter den Rand der WC-Schüssel kann auch mit anderen Ausgussformen, also ohne die zusätzliche Schlaufe im Flaschenhals, ermöglicht werden.

4.5.4.3. Gemeingut

Schutzfähigkeit von Formmarken

Die Beurteilung der Eintragungsfähigkeit einer Form erfolgt sinngemäss nach den Grundsätzen, die für zweidimensionale Marken gelten. Eine Form ist dann eintragungsfähig, wenn sie nicht zum Gemeingut gehört. Teil des Gemeingutes bilden Formen, die für die betreffenden Waren funktionsbedingt, banal oder üblich sind und somit jeglicher Kennzeichnungskraft entbehren. Einfachste oder gebräuchliche geometrische Figuren wie z.B. Kugeln, Würfel und Kuben sind für sich allein deshalb in der Regel nicht eintragungsfähig. Gemeinfreie Elemente sind bei Formmarken jedoch zulässig, solange sie den Gesamteindruck der Marke nicht dominieren. Massgeblich ist, ob das Zusammenwirken der einzelnen Bestandteile kennzeichnungskräftig ist. Waren oder Verpackungsformen werden vom Institut dann als Marke anerkannt, wenn die Form aufgrund ihrer Gestaltung unterscheidungskräftig wirkt.

Beispiele für nicht unterscheidungskräftige Warenformen:

Parfümflasche für Waren der Int. Kl. 3 (RKGE, sic! 1999, 130 – PARFÜMFLASCHE II)

Waschmitteltabletten für Waren der Int. Kl. 3 (BGer, sic! 2000, 286 – TABS)

Für die Schutzfähigkeit ist ausschlaggebend, dass die Form vom Erwarteten abweicht und dadurch im Gedächtnis der Abnehmer haften bleibt (BGE 120 II 307 – RADO). Eine Form gehört nur dann nicht zum Gemeingut, wenn sie sich in ihrer Gestaltung vom einfachen, gewöhnlichen Formenschatz unterscheidet und sich von derjenigen banaler Waren des beanspruchten Warensegments einerseits klar abhebt und andererseits von den Verkehrsteilnehmern herkunftshinweisend verstanden wird. Dabei ist sowohl die Abweichung von einer einfachen geometrischen Grundform als auch die Abweichung von einer gewöhnlichen und banalen Form immer im Zusammenhang mit den beanspruchten Waren zu beurteilen. So wird je nach Warenkategorie nicht jede einfache geometrische Figur als banal eingestuft werden müssen. Z.B. wäre wohl ein runder oder dreieckiger Fernsehbildschirm nicht a priori wegen Banalität vom Markenschutz ausgeschlossen.

Formenvielfalt in einem bestimmten Warensegment

Bei der Prüfung der Banalität der hinterlegten Form darf aber nicht ausser Acht gelassen werden, dass die Formenvielfalt im betreffenden Warensegment eine wesentliche Rolle spielt. Herrscht nämlich im jeweiligen Bereich der beanspruchten Waren eine grosse Formenvielfalt, so wird auch eine Vielzahl von Formen jeweils als banal beziehungsweise übliche Gestaltung gelten. Dies hat zur Folge, dass die Anforderungen an die Abweichung der Form vom üblichen und somit erwarteten Formenschatz entsprechend höher sein müssen, damit der Konsument in ihr einen Herkunftshinweis erkennt.

Gewöhnung des Publikums an die kennzeichnende Funktion der Waren- oder Verpackungsformen

Bei der Prüfung von Waren- und Verpackungsformen steht in vielen Fällen die Frage der Unterscheidungskraft im Vordergrund. Deshalb hängt die Beurteilung der Schutzfähigkeit einer hinterlegten Form nicht zuletzt auch von der Frage ab, ob die angesprochenen Abnehmerkreise überhaupt die Gewohnheit haben, in einer Form einen Hinweis auf ein Unternehmen im Sinne der Herkunftsfunktion gemäss Markenschutzgesetz zu sehen. Dabei gilt zu berücksichtigen, dass anders als bei Wort- oder kombinierten Wortbildmarken, die von den angesprochenen Verkehrskreisen gewöhnlich unmittelbar als herkunftshinweisende Zeichen wahrgenommen werden, dies nicht notwendigerweise auch für Zeichen gilt, die mit dem äusseren Erscheinungsbild der Ware selbst übereinstimmen. Nur wenn ein Zeichen beim massgebenden Publikum diese Wirkung entfaltet, kann es auch die vom Gesetz geforderte originäre Unterscheidungsfunktion erfüllen. Je nach Warenkategorie kann nun aber die Frage nach der Gewöhnung des Publikums an die kennzeichnende Funktion der Waren- oder Verpackungsformen unterschiedlich ausfallen.

Beispiele für eingetragene Formmarken:

CH 455751; RKGE, sic! 1998, 399
Int. Kl. 3

IR 684 153, Flasche (Farbanspruch: rot)
Int. Kl. 29, 30, 32

Kombination einer Form mit zweidimensionalen Elementen:

Banale Formen werden ferner zugelassen, wenn sie mit anderen zweidimensionalen Elementen (Wortelemente, bildliche Darstellungen oder Farben) kombiniert sind und diese, für sich allein oder in Kombination mit der dreidimensionalen Form, den Zeichen einen genügend kennzeichnungskräftigen Charakter verleihen (RKGE, sic! 1998, 300 ff – BLAUE FLASCHE). Beispiel:

CH 460 586, Form einer Dose
Int. Kl. 30

4.5.4.4. Irreführung und Verstoss gegen die öffentliche Ordnung

Der Schutzausschluss für irreführende Zeichen sowie Zeichen, die gegen die öffentliche Ordnung, die guten Sitten oder geltendes Recht verstossen, ist auch bei den dreidimensionalen Marken zu beachten (vgl. unten Ziff. 4.8 ff).

4.5.5. Hinterlegung einer Form als Bildmarke

Die Prüfung von naturgetreuen bildlichen Darstellungen dreidimensionaler Objekte erfolgt grundsätzlich nach denselben Kriterien wie die Prüfung der Formmarken. Von der Eintragung ausgeschlossen ist demzufolge die naturgetreue Wiedergabe der Grundform einer Ware. Genügend stark stilisierte Abbildungen von Grundformen sind hingegen grundsätzlich eintragungsfähig. Beispiel:

Stilisierter Affe, CH 469 661
Int. Kl. 28

4.6. Spezielle Markenformen

4.6.1. Farbmarken

Eine Farbmarke wird ausschliesslich durch eine Farbe oder Farbkombinationen gebildet, die in der Form und im Verhältnis zueinander nicht im Voraus bestimmt sind. Solche konturlosen oder abstrakten Farbmarken sind grundsätzlich markenfähig (d.h. abstrakt unterscheidungskräftig gemäss Art. 1 MSchG). Farbmarken sind jedoch in der Regel nicht konkret unterscheidungskräftig, weil Farben im Wirtschaftsverkehr meist zu dekorativen Zwecken eingesetzt werden und deshalb nicht als Hinweis auf ein bestimmtes Unternehmen aufgefasst werden. Ausserdem sind Farben dem Verkehr grundsätzlich freizuhalten, da deren Zahl beschränkt ist.

Abstrakte Farbmarken können sich jedoch, wie jedes Zeichen im Gemeingut, als Marke im Verkehr durchsetzen (RKGE, sic! 2002, 243 – Farbmarke GELB). Die Verkehrsdurchsetzung kann aber nur mittels demoskopischer Umfrage glaubhaft gemacht werden, weil davon ausgegangen werden muss, dass das Publikum eine Farbe auch nach längerem Gebrauch auf dem Markt als dekoratives Element und nicht als Hinweis auf ein Unternehmen auffasst.

Beispiele:

Farbe **lila**	Farbe **orange**
CH 419 105	CH 464 577
Int. Kl. 30 (Schokolade und schokoladehaltige Waren)	Int. Kl. 30 (Frühstücksgetränke auf Schokolade- und/oder Malzbasis

Ein absolutes Freihaltebedürfnis kann aber dann vorliegen, wenn es sich beispielsweise um die natürliche Farbe des beanspruchten Produkts handelt (Bsp. Farbe Rot für Tomaten), oder diese gesetzlich vorgeschrieben ist (Bsp. Farbe Rot für Handfeuerlöschgeräte) (vgl. Ziffern 4.7.2. und 4.7.).

Wird nicht Schutz für abstrakte Farben sondern für mehrfarbige, speziell ausgestaltete, repetitive Musterungen verlangt, liegt eine kombinierte Marke vor, die nach entsprechenden Grundsätzen zu prüfen ist.

4.6.2. Positionsmarken

Eine Positionsmarke wird charakterisiert durch ein stets gleichbleibendes Zeichenelement, an immer derselben Warenposition und in immer konstanten Grössenverhältnissen auftretend. Die Position alleine ist nicht markenfähig, da es nicht um den Schutz eines Kennzeichens an sich, sondern um die Monopolisierung seiner Position geht.

Eine Kombination von Zeichen und Position («Positionsmarke») kann jedoch im Gesamteindruck Unterscheidungskraft haben. Dies ist immer dann der Fall, wenn das Zeichen selber bereits unterscheidungskräftig ist. Verfügt das Zeichen für sich allein betrachtet nicht über genügend Unterscheidungskraft, stellt sich die Frage nach der Wirkung des Positionselements. Für die Gesamtwirkung tragen neue und ungewöhnliche Positionen keine zusätzliche Unterscheidungskraft bei, branchenübliche Positionen hingegen schon. Fehlt dem Zeichen, isoliert betrachtet, die Unterscheidungskraft, kann eine im Verkehr gebräuchliche Position dazu beitragen, dass das Zusammenwirken von Zeichen und Position als Kennzeichen erkannt wird, weil das Publikum gewohnt ist, an dieser Stelle eine Marke vorzufinden.

Auch branchenübliche Positionen vermögen aber nicht unterscheidungskräftige Zeichen nur sehr beschränkt zu heilen.

Verfügt eine «Positionsmarke» nicht über genügend Unterscheidungskraft, ist ein Nachweis der Verkehrsdurchsetzung erforderlich. Der Hinterleger muss mittels demoskopischer Umfrage glaubhaft darlegen, dass der Abnehmerkreis im Zeichen in Verbindung mit der beanspruchten Position einen betrieblichen Herkunftshinweis erkennt.

Für die formellen Voraussetzungen der Hinterlegung einer Positionsmarke vgl. Ziffer 2.3.2.8.

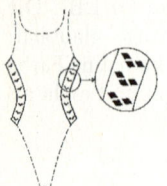

CH 465 215
Int. Kl. 25

4.6.3. Hologramme

Hologramme sind unter den allgemeinen Bedingungen markenfähig; insbesondere müssen sie den Anforderungen von Art. 10 MSchV betreffend die graphische Darstellbarkeit von Marken genügen.

Richtlinien Markenprüfung 87

4.6.4. Akustische Marken

Akustische Marken sind grundsätzlich eintragungsfähig soweit sie sich mittels Notenschrift graphisch wiedergeben lassen. Auch die akustischen Zeichen werden gemäss Art. 2 lit. a MSchG auf einen allfälligen Gemeingutscharakter hin untersucht. Im Vordergrund steht dabei meist die Frage, ob die konkrete Tonfolge als Ganzes eine merkfähige Melodie ergibt.

CH 418 632
Int. Kl. 29, 35, 39

CH 455 543
Int. Kl. 9, 16, 35, 36, 37, 38, 41, 42

4.7. Verkehrsdurchsetzung

4.7.1. Grundsatz

Gemäss Art. 2 lit. a MSchG kann sich ein Zeichen des Gemeinguts als Marke im Verkehr durchsetzen. Eine strikte Beweisführung ist in der Regel nicht erforderlich. Aufgrund von aussagekräftigen Belegen ist glaubhaft zu machen, dass das Zeichen markenmässig verwendet wird und geeignet ist, Produkte eines Unternehmens von denjenigen eines anderen Unternehmens zu unterscheiden. Beigebracht werden können hierfür Angaben und Unterlagen (z.B. Rechnungs- und Bestellungskopien, datierte Preislisten, Werbe- und Packmaterial, Drucksachen oder dergleichen) für die letzten zehn Jahre, vom Zeitpunkt der Hinterlegung an gerechnet (RKGE, sic! 1997, 161 – BIENFAIT TOTAL). Ein weiteres zulässiges Mittel der Glaubhaftmachung ist die Bestätigung von Fachverbänden der Branche (RKGE, sic! 1997, 476 – OPTIMA).

In besonderen Fällen, etwa bei Tageszeitungen mit hohen Auflagezahlen, Produkten, die einem schnellen Wandel unterworfen sind (z.B. EDV-Anlagen) oder medialen Grossereignissen, kann die Zeitspanne auch kürzer sein.

Aus den Durchsetzungsbelegen muss der markenmässige Gebrauch klar hervorgehen, d.h. die Marke muss auf dem Markt als solche und so in Erscheinung treten, wie sie geschützt werden soll (BGer, PMMBI 80/10 – DIAGONAL). Der Nachweis kann nur vergangenheitsbezogen und nicht zukunftsgerichtet sein und muss sich territorial auf die Schweiz beziehen. Der Gebrauch im Ausland gilt nicht als Benützung im Inland, ausser bei Herkunftsangaben des Auslandes, wo die Verkehrsgeltung im Ursprungsland auch für die Schweiz gilt (BGE 100 Ib 351 – HAACHT).

Bei Zeichen, die sich in vollkommener Banalität erschöpfen, ist mitunter zweifelhaft, ob sie vom Publikum auch nach intensivem Gebrauch überhaupt als Hinweis auf eine bestimmte Betriebsherkunft verstanden werden. Deshalb ist hier ausnahmsweise zum Nachweis der Verkehrsdurchsetzung eine demoskopische Umfrage nötig. Bei solchen Zeichen kann nämlich durch die Glaubhaftmachung des Gebrauchs nicht belegt werden, dass die Adressaten das Zeichen effektiv als Kennzeichen wahrnehmen (vgl. RKGE, sic! 1999, 131 – PARFÜMFLASCHE II). Bei einer Umfrage empfiehlt es sich, diese dem Institut vorgängig zu unterbreiten.

Zeichen, die sich im Verkehr durchgesetzt haben, sind im Markenregister mit dem Vermerk «Durchgesetzte Marke» einzutragen und so zu publizieren (BGE 112 II 73); dieser Vermerk kann sich dabei auch nur auf einen Teil der Marke beziehen.

Die Verkehrsgeltung eines Zeichens wird vom Institut nur summarisch geprüft; der Prüfungsentscheid bindet den Zivilrichter deshalb nicht (Cour d'Appel de Fribourg, sic! 1999, 124 – VELO ASSISTANCE).

Das Übereinkommen vom 13. April 1892 zwischen der Schweiz und Deutschland betreffend den gegenseitigen Patent-, Muster- und Markenschutz (SR 0.232.149.136) kann für die Geltendmachung der Verkehrsdurchsetzung nicht angerufen werden. Die allfällige Verkehrsgeltung eines beschreibenden Zeichens in Deutschland kann folglich in der Schweiz gestützt auf diesen Vertrag keine Gültigkeit erlangen.

4.7.2. Absolut freihaltebedürftige Zeichen

Bestimmte Bezeichnungen des Gemeingutes müssen als unentbehrlich für den täglichen Geschäftsverkehr eingestuft werden; sie können nicht zur Eintragung zugelassen werden. Es besteht somit ein absolutes Freihaltebedürfnis, das auch eine Durchsetzung im Verkehr ausschliesst. Beispiele: POSTKONTO für Finanzdienstleistungen – RKGE, PMMBl 95/81; Buttermödeli (Formmarke) – RKGE, sic! 2000, 101. Das Institut ist bei der Annahme der absoluten Freihaltebedürftigkeit eines Zeichens äusserst zurückhaltend.

4.7.3. Dreidimensionale Marken

Dreidimensionale Marken können sich grundsätzlich als Marke im Verkehr durchsetzen, soweit sie nicht unter die absoluten Ausschlussgründe i.S.v. Art. 2 lit. b MSchG zu subsumieren sind.

Eine Form kann sich unabhängig von dem auf ihr angebrachten zweidimensionalen Element (z.B. Aufschrift) als Marke durchsetzen. Dabei ist jedoch dem Grundsatz Rechnung zu tragen, dass je gewöhnlicher die Form, desto höhere Anforderungen an den Durchsetzungsnachweis gestellt werden müssen (RKGE, sic! 1999, 131 – Parfümflasche II).

4.8. Irreführende Zeichen

4.8.1. Allgemeine Bemerkungen

Bei der Prüfung einer möglichen Täuschungsgefahr von Marken muss auf den Endabnehmer der entsprechend gekennzeichneten Waren abgestellt werden. Es ist dabei von einem verständigen und aufgeklärten (kritisch prüfenden) Verbraucher auszugehen. Mit Blick auf die begrenzten Überprüfungsmöglichkeiten im Eintragungsverfahren nimmt das Institut an, dass keine Täuschungsgefahr gegeben ist, solange die Möglichkeit besteht, dass das Zeichen in Zusammenhang mit den hinterlegten Waren korrekt gebraucht wird.

Ein Zeichen wird somit nur dann zurückgewiesen, wenn es offensichtlich irreführend ist. Damit ein Zeichen offensichtlich irreführend ist, muss es ein Element enthalten, das einerseits beim Abnehmer eine bestimmte Erwartung auslöst und andererseits aufgrund der konkret beanspruchten Produkte zur Täuschung geeignet ist.

Aufgrund der internationalen Verpflichtungen (TRIPS) ist im Bereich der Herkunftsangaben eine Ausnahme zu machen (vgl. Ziff. 5.4.1.). Hier ist schon im Eintragungsverfahren die alleinige Möglichkeit der Konsumententäuschung auszuschliessen.

4.8.2. Sachliche Irreführung

Eine offensichtliche Irreführungsgefahr besteht dann, wenn das Zeichen beim Endabnehmer eine klare Erwartung hervorruft, die jedoch aufgrund der Warenliste zwingend nicht erfüllt werden kann.

Beispiele:

- Ein kombiniertes Zeichen mit der Abbildung einer Erdbeere ist für Speiseeis eintragungsfähig, für Schokoladeeis muss es jedoch zurückgewiesen werden, da hier eine offensichtliche Irreführung besteht.
- Zeichen mit dem Bestandteil **BIO** werden für landwirtschaftliche Produkte zugelassen, hingegen für synthetische Seide zurückgewiesen.
- Das Wortelement **LIGHT** sowie Übersetzungen davon werden, ausser für leichtes Bier, für alkoholische Getränke nicht zugelassen.
- Bei Hinweisen auf **GOLD**, die klar erkennbar sind (z.B. GOLDEN RACE), wird eine Marke nur eingetragen, wenn die hinterlegten Waren aus Gold sein können, was namentlich bei Uhren, Schmuckwaren, Füllfederhaltern, Kugelschreibern oder Geschirr der Fall ist. Das gleiche gilt für Waren, für die der Hinweis rein symbolischer und damit phantasievoller Natur ist (z.B. Körperpflegemittel). Für mit Gold plattierte Waren wird die Marke hingegen zurückgewiesen, da hier eine offensichtliche Täuschung vorliegt (BGer, PMMBl 87/11).
- Das Element **MED** wird für Waren mit möglicher medizinischer oder therapeutischer Wirkung, namentlich Waren der Klassen 3 und 5, zugelassen. Für Getränke der Klasse 32 würde das Zeichen hingegen zurückgewiesen.
- Das Element **PHARM** wird als Hinweis auf «pharmazeutisch» oder «Pharmazie» aufgefasst und nur für Waren mit möglicher therapeutischer Wirkung zugelassen.
- Bei **TRAGISETA** ist der Hinweis auf Seide erkennbar. Das Zeichen wird deshalb für künstliche Seiden-Lingerie zurückgewiesen (seta = Seide in Italienisch) (BGE 56 I 46).
- Bei Hinweisen auf Leinen (**LIN**), wird das Zeichen für Textilien zugelassen, für Textilien aus Wolle hingegen zurückgewiesen. Im Gegensatz zu CASHLIN (RKGE, PMMBl 96 / 51) weisen NOVELIN und SPIRALIN (BGE 86 I 55) auf Leinen hin.
- **DORCRIN** ist für Bürsten mit Natur- oder Kunststoffborsten offensichtlich täuschend (crin = Rosshaar in Französisch) (BGer, PMMBl 69/7).
- Bei alkoholischen Getränken sind ausserdem Angaben verboten, die sich auf die Gesundheit beziehen, wie «stärkend», «kräftigend», «energiespendend», «tonisch» (vgl. Art. 19 Abs. 1 Bst. f LMV, SR 817.02).

4.8.3. Verlust des irreführenden Charakters durch Gebrauch

Der Gebrauch eines täuschenden Zeichens beseitigt seinen irreführenden Charakter grundsätzlich nicht, sondern verleiht diesem vielmehr ein besonderes Gewicht.

Eine Marke kann aber unter bestimmten Voraussetzungen ihren sachlichen oder geographischen Hinweis verlieren. Das Institut trägt in solchen Fällen das Zeichen ins Register ein, wenn der Hinterleger durch geeignete Mittel (z.B. Publikumsumfrage) glaubhaft macht, dass das Zeichen keinen täuschenden Charakter mehr aufweist. Beispiel:

Stalden

CH 351 861
Int. Kl. 29, 32, STALDEN

4.8.4. Auszeichnungen, Gründungsjahr

Das Institut prüft nicht, ob der Hinterleger das Anrecht auf ehrenhafte Auszeichnungen in einer Marke, wie z.B. die Zuerkennung von Preisen, Diplomen oder Medaillen oder die Angabe «patentiert», hat. Jahreszahlen in einer Marke, die auf das Gründungsjahr einer Firma hinweisen, wie «Est. 1890», «gegr. 1902» usw., sind vor dem Hintergrund der summarischen Natur der Markenprüfung nicht zu belegen.

CH 384 718
Int. Kl. 24, 25

IR 661 227
Int. Kl. 1, 2, 17, 30

4.8.5. Firmen

Im Gegensatz zum alten Markenrecht (Art. 2 aMSchG) müssen die schweizerischen Geschäftsfirmen, welche als Marken gebraucht werden, ins Markenregister eingetragen werden, um den vom MSchG gewährten Schutz zu geniessen. Firmenbezeichnungen können dann als Marken eingetragen werden, wenn sie aufgrund der Bestimmungen des Markenschutzgesetzes eintragungsfähig sind. Beschreibende Firmenbezeichnungen wie etwa «Schweizerische Baumaterialien AG» oder «Bernische Inkasso GmbH» können nicht als Marken registriert werden. Die Angabe der Rechtsform (AG, S.à.r.l., Ltd., usw.) wird nicht als kennzeichnungskräftig angesehen.

4.9. Zeichen, die gegen die öffentliche Ordnung oder die guten Sitten verstossen

Art. 2 Bst. d MSchG schliesst Zeichen vom Markenschutz aus, die gegen die öffentliche Ordnung oder die guten Sitten verstossen. Sitten und Gebräuche sind einem steten Wandel unterworfen. Was anstössig, schamlos, ärgerniserregend oder unanständig ist, ist nicht immer leicht zu beurteilen und von der allfälligen Sittenwidrigkeit abzugrenzen; die Meinungen dazu gehen oft auseinander. Als Regel gilt, dass Zeichen, die das sittliche, moralische, religiöse oder kulturelle Empfinden nicht nur breiter Bevölkerungskreise, sondern auch von Minoritäten verletzen, gegen diese Gesetzesbestimmung verstossen; desgleichen auch Zeichen, welche die diplomatischen oder internationalen Beziehungen stören können.

Beispiele:

Sittenwidrig: LADY BUDDHA für Uhren, MOHAMMED für alkoholische Getränke, SIDDHARTA für Kl. 12, 39 und 42 (RKGE, sic! 2001, 31).

Auch die Verwendung der Namen von Magistratspersonen oder bekannten Politikern oder Politikerinnen in einer Marke, wie etwa «Moritz Leuenberger», «Bundesrätin Dreifuss» oder «George W. Bush», wird ohne Einverständnis des/der Berechtigten als gegen die öffentliche Ordnung verstossend betrachtet. Solche Namen werden deshalb nicht zur Eintragung als Marke zugelassen. Diese Einschränkung gilt in der Regel bis ein Jahr nach Aufgabe des entsprechenden Amtes.

4.10. Zeichen, die gegen geltendes Recht verstossen

4.10.1. Wappenschutzgesetz

Gemäss Art. 1 des Bundesgesetzes vom 5. Juni 1931 zum Schutz öffentlicher Wappen und anderer öffentlicher Zeichen (WSchG; SR 232.21) dürfen u. a. Wappen und andere Hoheitszeichen der Eidgenossenschaft, der Kantone, Bezirke, Kreise und Gemeinden oder Bestandteilen davon sowie damit verwechselbare Zeichen nicht als Fabrik- und Handelsmarken (d.h. Warenmarken, siehe Art. 1 WSchG i.V.m. Art. 75 Ziff. 3 MSchG) eingetragen werden.

Zulässig ist die Eintragung solcher Zeichen für das Gemeinwesen (Eidgenossenschaft, Kanton usw.), dem sie gehören oder auf das sie hinweisen, sowie für Unternehmungen dieses Gemeinwesens (Art. 1 Abs. 2 Bst. a WSchG) Bsp.:

CH 337 781, hinterlegt durch die Gemeinde Tartegnin;
Int. Kl. 33 Vin de la commune de Tartegnin.

Das Wappen der Eidgenossenschaft ist im roten Felde ein aufrechtes, stehendes weisses Kreuz (Art. 1 Bundesbeschluss betreffend das eidgenössische Wappen, SR 111). Die Farbgebung stellt auch für das Publikum eine wesentliche Eigenschaft des Schweizerkreuzes dar. Aus diesem Grund kann die Verwechslungsgefahr durch eine andere farbliche Gestaltung ausgeschlossen werden (RKGE sic! 1999, 36 ff – CERCLE+). Der Farbanspruch kann positiv (z.B. grünes Kreuz) oder negativ («das in der Marke enthaltene Kreuz wird weder in weiss auf rotem Grund noch in rot auf weissem Grund noch in einer anderen zu Verwechslungen mit dem Schweizerkreuz oder dem Zeichen des Roten Kreuzes führenden Farbe wiedergegeben») formuliert werden. Eine stilisierte Wiedergabe kann die Verwechslungsgefahr ebenfalls ausschliessen.

Swiss Shield

CH 470 459
Int. Kl. 23, 24 (genügende Stilisierung)

BOOTS HEALTHCARE

CH 464 498
Int. Kl. 3, 5 (Farbanspruch: schwarz, weiss, blau)

Art. 1 WSchG findet keine Anwendung auf Dienstleistungsmarken (Art. 75 Ziff. 3 MSchG). Schweizerische Hoheitszeichen können somit in einer im Gesamteindruck unterscheidungskräftigen Dienstleistungsmarke enthalten sein. Zu beachten ist jedoch, dass Wappen und andere Hoheitszeichen üblicherweise einen Herkunftshinweis darstellen (Art. 47 Abs. 1 MSchG). In diesem Fall findet das Irreführungsverbot von Art. 2 Bst. c MSchG Anwendung. Bei Dienstleistungen sind insbesondere die Voraussetzungen von Art. 49 MSchG zu erfüllen (siehe auch Ziff. 5.7).

Ausländische Hoheitszeichen dürfen indessen weder in Dienstleistungs- noch Warenmarken enthalten sein (Art. 10 WSchG; Art. 75 Ziff. 3 MSchG). Eine Ausnahme besteht dann, wenn das in Frage stehende Zeichen im betreffenden Land bereits Gegenstand einer Markeneintragung ist oder der Markeninhaber eine entsprechende Berechtigung zur Verwendung des geschützten Zeichens als Markenbestandteil vorlegen kann.

4.10.2. Schutz des Roten Kreuzes

Das Bundesgesetz vom 25. März 1954 betreffend den Schutz des Zeichens des Roten Kreuzes und des Namens des Roten Kreuzes (RotkreuzG; SR 232.22) schliesst in Art. 7 Abs. 2 die Hinterlegung von Marken aus, die das Zeichen des Roten Kreuzes oder die Worte «Rotes Kreuz» oder «Genfer Kreuz» oder irgendein anderes damit verwechselbares Zeichen oder Wort enthalten (dies betrifft sowohl Waren- wie auch Dienstleistungsmarken; vgl. Art. 75 Ziff. 3 MSchG). Das gleiche gilt für die Zeichen des roten Halbmondes und des roten Löwen mit roter Sonne und die Worte «Roter Halbmond» und «Roter Löwe mit Roter Sonne» oder damit verwechselbare Zeichen (Art. 12 RotkreuzG). Wie beim Schweizerkreuz kann die Verwechlungsgefahr durch einen positiven oder negativen Farbanspruch ausgeschlossen werden (siehe Ziff. 4.10.1.).

4.10.3. Internationale Organisationen

Das Bundesgesetz vom 15. Dezember 1961 zum Schutz von Zeichen der Organisation der Vereinten Nationen und anderer zwischenstaatlicher Organisationen (SR 232.23) verbietet in Art. 6 die Eintragung von Marken, welche die Namen, Sigel, Wappen und Flaggen enthalten, die der Schweiz von der Weltorganisation für geistiges Eigentum (OMPI/WIPO) mitgeteilt worden sind (vgl. auch Art. 2 und 3). Das Institut führt eine Liste der geschützten Wort- und Bildzeichen (Verzeichnis der geschützten Abkürzungen); eine aktuelle Version ist auf der Homepage des IGE zu finden (http://www.ige.ch).

5. Herkunftsangaben

5.1. Begriff der Herkunftsangabe

Unter einer Herkunftsangabe versteht man jeden direkten und indirekten Hinweis auf die geographische Herkunft eines Produktes oder einer Dienstleistung. Wie die Marke hat auch die Herkunftsangabe die Funktion, bestimmte Waren von Waren gleicher Natur zu unterscheiden. Die Unterscheidung soll hier aber nicht bezüglich des Herstellers der Ware erfolgen; mit der Angabe soll der Konsument vielmehr auf eine bestimmte geographische Herkunft hingewiesen werden. Diese steht im Prinzip in keinem Bezug zu einem bestimmten Unternehmen.

Der Begriff Herkunftsangabe ist nicht gleichbedeutend mit demjenigen der «geographischen Bezeichnung». Der zweite Begriff ist wesentlich weiter gefasst. Eine geographische Bezeichnung kann über eine Herkunftsangabe hinaus auch Marke oder Sachbezeichnung sein.

Die Herkunftsangaben werden im 2. Titel des MSchG (Art. 47 ff) geregelt. Sie fallen dann unter die Bestimmungen von Art. 2 MSchG, wenn sie als Markenelemente hinterlegt werden.

Seit dem 1. Juli 1997 besteht ein Register für geographische Bezeichnungen von Landwirtschaftsprodukten (geschützte Ursprungsbezeichnungen und geographische Angaben). Für Eintragungen in dieses Register ist das Bundesamt für Landwirtschaft zuständig (vgl. Art. 16 Landwirtschaftsgesetz, SR 910.1, sowie die Verordnung über den Schutz von Ursprungsbezeichnungen und geographischen Angaben für landwirtschaftliche Erzeugnisse und verarbeitete landwirtschaftliche Erzeugnisse, SR 910.12; vgl. auch Ziffer 5.6.3.).

5.2. Arten von Herkunftsangaben

5.2.1. Direkte Herkunftsangaben

Direkte Herkunftsangaben sind exakte Bezeichnungen der geographischen Herkunft eines Produktes oder einer Dienstleistung: Ortsnamen, Namen von Kontinenten, Staaten, Regionen, Städten, Bezirken oder von Tälern.

5.2.2. Indirekte Herkunftsangaben

Indirekte Herkunftsangaben weisen nicht ausdrücklich, sondern mit sprachlichen oder bildlichen Symbolen auf einen bestimmten Ort oder eine bestimmte Region hin. Darunter fallen bekannte Namen und Abbildungen von Bergen, Seen, Flüssen und Monumenten von nationaler oder internationaler Bedeutung, bekannte Wahrzeichen von Städten oder Namen und Abbildungen berühmter historischer Persönlichkeiten, wie z.B. «Wilhelm Tell», «General Guisan» oder «Uncle Sam» (RKGE, sic! 1999, 644 f).

Freiheitsstatue

Die Freiheitsstatue wird als klarer Hinweis auf die USA aufgefasst.

Matterhorn

Das Matterhorn gilt als Hinweis auf die Schweiz oder – je nach Produkten (z.B. Wein, Käse) – auf das Wallis.

5.2.3. Qualifizierte Herkunftsangaben

Qualifizierte geographische Herkunftsbezeichnungen enthalten einen Hinweis auf einen Ort, der für die betreffenden Produkte einen besonderen Ruf geniesst. Sie weisen darauf hin, dass die besonderen Eigenschaften des Erzeugnisses auf die geographischen Verhältnisse eines Landes, einer Region oder eines bestimmten Ortes zurückzuführen sind (natürliche oder menschliche Faktoren). Beispiele: «Genève» für Uhren, «Schweiz» für Schokolade oder Uhren, «Carrara» für Marmor.

5.3. Gemeingut

Da direkte und qualifizierte Herkunftsangaben die geographische Herkunft eines Produkts eindeutig beschreiben, gelten sie als Zeichen des Gemeingutes; sie können deshalb nicht zu Gunsten eines einzelnen Unternehmens monopolisiert werden.

Geographische Angaben, die an sich Gemeingut bilden, können eingetragen werden, wenn sie sich im Verkehr als Marke für die betreffenden Waren und Dienstleistungen durchgesetzt haben (BGE 117 II 321 – VALSER; IR 687 310 – EXPO 2000 HANNOVER). Die Verkehrsgeltung im Ursprungsland gilt auch für die Schweiz (BGE 100 Ib 351 – HAACHT). Auch die Eintragung einer geographischen Bezeichnung im Markenregister des Ursprungslandes genügt für die Zulassung der Eintragung in der Schweiz, unter der Voraussetzung, dass eine solche Marke nicht über die Herkunft der Waren und Dienstleistungen täuscht (BGE 117 II 327 – MONTPARNASSE; PMMBl 91/66).

Das Institut trägt Herkunftsangaben ferner dann ins Register ein, wenn sie zusammen mit anderen Elementen (Phantasiezusätzen, graphischer Ausgestaltung, Farben usw.) hinterlegt werden, welche dem Zeichen als Ganzes die erforderliche Kennzeichnungskraft verleihen

Beispiel:

IR 636 874
Int. Kl. 29

Indirekte Herkunftsangaben sind in der Regel als Marken eintragbar, sofern sie nicht täuschend wirken.

5.4. Irreführung über die geographische Herkunft

5.4.1. Grundsatz

Unrichtige Angaben über die geographische Herkunft der betreffenden Waren oder Dienstleistungen gelten als irreführend. Ein Zeichen ist in diesem Sinne irreführend, wenn es eine geographische Angabe enthält oder gar ausschliesslich aus einer solchen besteht und damit den Käufer zur Annahme verleitet, die Ware stamme aus dem Land oder aus dem Ort, auf den die Angabe hinweist, obwohl dies in Wirklichkeit nicht zutrifft. Aufgrund der internationalen Verpflichtungen der Schweiz (insbesondere Art. 24 Abs. 3 und 22 Abs. 3 des Abkommens über handelsbezogene Aspekte der Rechte an geistigem Eigentum, TRIPSAbkommen, SR 0.632.20) ergibt sich hier ein Unterschied zur Beurteilung der Täuschungsgefahr von Bezeichnungen ohne Herkunftsangaben. Bei letzteren nimmt das Institut an, dass keine Täuschungsgefahr gegeben ist, solange die Möglichkeit besteht, dass das Zeichen in Zusammenhang mit den hinterlegten Waren korrekt gebraucht wird und weist solche Zeichen nur bei offensichtlicher Täuschungsgefahr zurück (vgl. oben Ziff. 4.8.1.). Im Bereich der Herkunftsangaben muss im Eintragungsverfahren jedoch bereits die Möglichkeit, dass ein Konsument irregeführt werden könnte, ausgeschlossen werden.

Bei der Beurteilung der Täuschungsgefahr kommt es immer auf die Umstände des Einzelfalles an. Relevante Entscheidungskriterien sind namentlich:

- Die Bekanntheit der Bezeichnung als geographische Angabe;
- Die tatsächliche oder naheliegende Beziehung zwischen der geographischen Angabe und zusätzlich in der Marke enthaltenen Angaben, welche die Täuschungsgefahr erhöhen oder beseitigen können;
- Die in Frage stehenden Waren oder Dienstleistungen.

5.4.2. Korrektive

Korrektive dienen zur Beseitigung geographischer oder sachlicher Mehrdeutigkeiten in einer Marke. Beispiele: «Cambridge» oder «Kent» kommen beide nicht nur in Grossbritannien, sondern auch in den USA vor. Das Institut trägt eine Marke, die für Produkte US-amerikanischer Herkunft hinterlegt ist, ein, wenn ein geographisches Korrektiv beigefügt wird (z.B. «made in USA»). Ohne Korrektiv würde eine Einschränkung der benannten Waren auf Erzeugnisse britischer Herkunft erfolgen, weil der schweizerische Durchschnittsabnehmer in Cambridge die englische Stadt sieht. Für Dienstleistungen müsste die Marke in Einklang mit Art. 49 MSchG stehen. Ein Korrektiv muss echt sein, das heisst den Tatsachen entsprechen. Unechte Korrektive wie etwa «St. Moritz, made in Japan» sind offensichtlich täuschend und daher unzulässig. Korrektive können auch mittels Bildelementen erfolgen.

Ein Korrektiv muss geeignet sein, jegliche Unklarheit in einer Marke zu beseitigen. Massgeblich ist dabei in materieller Hinsicht die inhaltliche Aussagekraft des Korrektives und in formeller Hinsicht dessen Grösse, Form, Anordnung und damit seine Erkennbarkeit in der Marke. Korrektive sind erst dann nicht mehr erforderlich, wenn eine Marke infolge der starken Marktdurchdringung in der Schweiz ihren Charakter als Herkunftshinweis für die beanspruchten Waren oder Dienstleistungen verloren hat. Beispiel: PARISIENNE für Zigaretten.

5.4.3. Einschränkungspraxis

5.4.3.1. Grundsatz

Erweckt eine Marke berechtigte Erwartungen über die Herkunft von Waren oder Dienstleistungen, so ist sie grundsätzlich nur für Produkte und Dienstleistungen zulässig, welche dieser Vorstellung auch entsprechen. Bei indirekten und direkten Herkunftsangaben bezieht sich die Einschränkung in der Regel auf das entsprechende Land.

Beispiel: Die Abbildung des Matterhorns macht eine Einschränkung der beanspruchten Produkte auf die Schweiz oder – je nach Produkten – auf das Wallis notwendig.

CH 428 508
Int. Kl. 3

Eine Einschränkung erübrigt sich dann, wenn die Darstellung nicht klar als Matterhorn erkennbar ist.

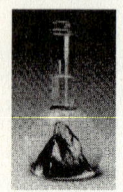

CH 433 097
Int. Kl. 32, 33

Weiter werden Familiennamen, die einen Hinweis auf die geographische Herkunft darstellen (z.B. «Schweizer» oder «Berner»), nur mit einem Zusatz eingetragen, der die Täuschungsgefahr ausschliesst.

5.4.3.2. Qualifizierte Herkunftsangaben

Bei qualifizierten Herkunftsangaben ist eine restriktive Eingrenzung der Provenienz auf jenes Gebiet gerechtfertigt, das sich mit der Ursprungsbezeichnung deckt. Davon betroffen sind vor allem Bodenprodukte wie z.B. Früchte und Gemüse, aber auch Blumen, Bäume und Sträucher, ferner Wein und gewisse Milchprodukte. Dasselbe gilt für industriell hergestellte Erzeugnisse, wenn ein Ort oder eine Region für eine gewerblich hergestellte Ware einen besonderen Ruf geniesst, wie z.B. «ST.GALLEN» für Stickereierzeugnisse, «LANGENTHAL» für Porzellanwaren oder «GENEVE» für Uhren.

Bei Mineralwässern muss die in der Marke enthaltene Angabe der Quelle (source, fonte und dergleichen) den Tatsachen entsprechen; die Einschränkung der Waren bezüglich ihrer Herkunft hat auf die entsprechende Quelle zu erfolgen. Beispiel: «RHEINFELDER CRISTALINTHERME», Einschränkung auf Mineralwasser aus der Cristalin-Quelle Rheinfelden.

Angaben wie «Weingut, Schloss, Domaine, Clos» in einer Weinmarke müssen wahrheitsgetreu sein, wenn sie nicht durch die dazugehörige Bezeichnung per se als reine Phantasieangaben betrachtet werden können. Die Einschränkung der Waren bezüglich der Herkunft hat auf die entsprechenden Anbaugebiete zu erfolgen.

Richtlinien Markenprüfung

5.4.3.3. Entlokalisierende Zusätze

Sogenannte entlokalisierende Zusätze, wie etwa «Typ», «Art», «Genre» und «Façon», die in der Regel zusammen mit geographischen Bezeichnungen wie «Tipo Milano» (für Salami) verwendet werden, schliessen im allgemeinen die Gefahr der Täuschung über die Herkunft der betreffenden Waren nicht aus. Sie sind deshalb unzulässig.

5.4.3.4. Geographischer Hinweis auf mehrere Länder oder eine Region

Enthält ein Zeichen eine Herkunftsangabe, die einen Hinweis auf eine grenzüberschreitende Region (Name der Region, geläufige Abkürzung, (stilisiertes) Wappen o.ä.) darstellt, so ist auf die entsprechende Region einzuschränken. Geniesst eines der betroffenen Länder dabei einen besonderen Ruf für die beanspruchten Waren, so ist auf das entsprechende Land einzuschränken.

Beispiele:

Baskenland (fig.)

Int. Kl. 19; matériaux de construction non métallique provenant du Pays basque.

ALPINA

CH 332 830

Int. Kl. 14 (Montres, parties de montres, compteurs, pendules, pendulettes et horloges murales et de tables, bracelets; tous ces produits **de provenance suisse**)

Da die Schweiz von allen Alpenländern den grössten Ruf für Uhren geniesst, wird das Zeichen als indirekter Hinweis auf die Schweiz betrachtet.

5.5. Nicht als Herkunftsangaben geltende Bezeichnungen

5.5.1. Grundsatz

Geographische Namen und Zeichen, die von den massgebenden Verkehrskreisen nicht als Hinweis auf eine bestimmte Herkunft der Waren oder Dienstleistungen verstanden werden, gelten nicht als Herkunftsangaben (Art. 47 Abs. 2 MSchG). Es handelt sich dabei um Namen, welche nicht auf die Herkunft der Waren hinweisen, sei es:

- aufgrund der sachlichen Unmöglichkeit («MATTERHORN» für Bananen),
- dass der Name symbolisch verstanden wird («GRÖNLAND» für Speiseeis),
- dass der Name vom Abnehmer mit dem Hinweis auf eine bestimmte betriebliche Herkunft assoziiert wird, dass der Abnehmer dem Zeichen eine andere Bedeutung beimisst (z.B. ein Vorname, «FRANCE MÜLLER») oder den Ort nicht kennt («MISSY» für Krawatten).

Der Entscheid, ob einer geographischen Angabe Symbolcharakter zukommt, ist oft schwer zu fällen. Die äusseren Umstände, insbesondere die beanspruchten Waren und Dienstleistungen, sind dabei von ausschlaggebender Bedeutung (vgl. BGer in PMMBl 94/76 – Alaska).

5.5.2. Unbekannte geographische Namen

Die Frage der Bekanntheit bzw. der Unbekanntheit eines geographischen Namens ist immer in Verbindung mit den beanspruchten Waren oder Dienstleistungen zu prüfen. Die Einwohnerzahl ist nicht unbedingt ausschlaggebend; die Bekanntheit durch Tourismus, Industrie usw. spielt ebenfalls eine wesentliche Rolle.

Beispiele:

LUFKIN Int. Kl. 9
CH 443 348: unbekannte Ortsbezeichnung, Marke eingetragen.

SANDVIK Int. Kl. 6, 7. 8
CH 370 280/409 562: unbekannte Ortsbezeichnung, Marke eingetragen.

5.5.3. Namen von ethnischen Gruppen

Eine Einschränkung wird nur dann verlangt, wenn eine bestehende ethnische Gruppe einen besonderen Ruf für die betreffenden Waren hat. Namen historischer, das heisst nicht mehr existierender Völker, werden ohne Einschränkung zugelassen (z.B. Etrusker oder Wikinger)

Beispiel:

AZTECA Int. Kl. 30

CH 429 420: Marke zugelassen, da das Volk als solches nicht mehr existiert.
ZOULOU Int. Kl. 18

IR 708 142: Marke für Lederwaren zugelassen, da dieses Volk für die beanspruchten Waren keinen besonderen Ruf geniesst.

MASSAI würde für Schmuckwaren zurückgewiesen, weil das Volk für diese Waren einen besonderen Ruf geniesst.

5.5.4. Angaben mit doppelter Bedeutung

Wenn einer Angabe neben ihrer geographischen Bedeutung in der Alltagssprache ein anderer Sinngehalt zukommt, wird sie nicht als Herkunftsangabe aufgefasst, wenn der zweite Sinngehalt dominiert.

Beispiel:

SAGA
CH 426 114 (Int. Kl. 16, 39, 41, 42), CH 385 019 (Int. Kl. 9, 16, 20): Die Bedeutung von nordischer Erzählung, Familienchronik überwiegt jene des geographischen Namens (japanische Provinz).

CH 431 332
Int. Kl. 32

In Kombination mit der Abbildung des mythologischen Vogels überwiegt der Symbolgehalt dieser Bezeichnung gegenüber dem geographischen Hinweis auf die Hauptstadt von Arizona.

Richtlinien Markenprüfung 99

5.5.5. Geographische Hinweise in der Gastronomie

Beim Hinweis auf eine bestimmte Küche (Rezept) oder eine bestimmte Ausstattung eines Lokals wird keine Täuschungsgefahr angenommen, wenn die Marke in ihrem Gesamtbild auf eine Art der Küche oder der Verpflegung hinweist (z.B. eine kombinierte Marke mit dem Hinweis «Pizza Hawai»). Bei Dienstleistungen weist die Angabe auf den Inhalt der angebotenen Dienstleistungen hin, jedoch nicht auf deren Herkunft (Verpflegung, Hotellerie, etc.).

5.5.6. Namen von Luftfahrtgesellschaften

Bei Luftfahrtgesellschaften besteht in der Regel keine Täuschungsgefahr für die üblicherweise in Flughäfen und in Flugzeugen angebotenen Waren: Dem Konsumenten ist bekannt, dass diese Waren im Zusammenhang mit den Transportdienstleistungen angeboten werden und sich ein allfälliger geographischer Hinweis auf den Betreiber bezieht.

Beispiel:

SAUDI ARABIAN AIRLINES (fig.)
CH 441 886; Int. Kl. 16, 39: keine Einschränkung

5.5.7. Titel von Verlagserzeugnissen

Zeichen, welche für Zeitungen, Radio- oder Fernsehsendungen oder andere Telekommunikationsmittel hinterlegt werden, enthalten oft geographische Namen. Das Institut trägt solche Marken ohne Einschränkung ein, wenn die geographische Bezeichnung auf das Thema oder den Inhalt der Waren oder Dienstleistungen hinweist. Für Verlagserzeugnisse wird deshalb grundsätzlich keine Einschränkung verlangt. Als Verlagserzeugnisse gelten: bespielte Musikkassetten, bespielte CDs und Videofilme (Kl. 9); Zeitungen, Zeitschriften und Bücher (Kl. 16). Dieser Grundsatz gilt nicht für Leerkassetten, unbeschriftete Aufzeichnungsmaterialien, Drucksachen usw.: Hier weist eine geographische Angabe auf die Herkunft der Waren hin, weshalb eine Einschränkung verlangt wird.

Beispiel:

Bümplizer Zeitung (fig.)
CH 445 029: Ohne Einschränkung zugelassen für Zeitung und Zeitschriften (Int. Kl. 16)

5.5.8. Symbolische Zeichen

Zeichen, welche zwar einen geographischen Hinweis enthalten, als Ganzes jedoch in bezug auf die beanspruchten Waren oder Dienstleistungen Symbolcharakter aufweisen (Hinweis auf Ferienstimmung usw.), werden nicht als Herkunftsangaben betrachtet.

Beispiele:

CARRÉ DES CARAIBES

IR 544 820: hat für Schokolade und Schokoladeprodukte symbolischen Charakter; Hinweis auf tropische Umgebung.

D-DAY NORMANDY (fig.)

CH 443 388: für Int. Kl. 34 klarer Hinweis auf die Invasion, nicht auf die geographische Region.

BERMUDA-POOL

CH 406 554: für Swimming Pools hat dieses Zeichen Symbolcharakter.

MARRAKECH TALES

CH 440 084: symbolischer Charakter für Waren der Int. Kl. 3.

NIAGARA

CH 458 036: symbolisch für Produkte der Int. Kl. 2 (Farben, Lacke, usw)

SANTORINI

CH 455 037: symbolisch für Produkte der Int. Kl. 2 (Farben, Lacke, usw)

VENICE BEACH (fig.);

IR 713 578: für Kleider symbolisch (Int. Kl. 25).

5.5.9. Namen von Sport-Dachorganisationen

Geographische Hinweise in Bezeichnungen von Sport-Dachorganisationen werden weder für Waren noch für Dienstleistungen als Herkunftsangaben aufgefasst.

EUROPEAN HOCKEY LEAGUE: (fig.)

CH 438 335 Int. Kl. 6, 9, 12, 14, 16, 18, 20, 21, 24, 25, 28, 29, 30, 32, 35, 38, 41, 42; keine Einschränkung

UNITED STATES POLO ASSOCIATION

CH 443 545 Int. Kl. 14, 18, 25; keine Einschränkung

UEFA (Karte Europas)

CH 418 336 Int. Kl. 9, 14, 16, 18, 20, 21, 25, 28, 41; keine Einschränkung

5.5.10. Namen von sportlichen und kulturellen Anlässen

Bei klaren Hinweisen auf einen entsprechenden Anlass wird keine Einschränkung verlangt. Eine Ausnahme besteht dann, wenn das entsprechende Land einen besonderen Ruf für die beanspruchten Waren geniesst.

FRANCE 98 (fig.)

CH 437 689; Int. Kl. 5, 17, 20, 29, 31, 36, 38, 39

EXPO 2000 HANNOVER

IR 687 310; Int. Kl. 1 bis 42

5.5.11. Geographische Hinweise bei Tabakwaren

Tabakwaren werden grundsätzlich entsprechend ihrer geographischen Herkunft eingeschränkt. Keine Einschränkung erfolgt dann, wenn der Symbolcharakter des Zeichens im Vordergrund steht oder der Konsument aufgrund des gesamten Erscheinungsbildes der Marke keine Herkunftserwartung hat, sondern vielmehr die besondere Tabakmischung erkennt. Im letzteren Fall erfolgt jedoch eine Einschränkung auf den entsprechenden Tabakmix. Beispiel: Enthält eine Marke die Bezeichnung «AMERICAN BLEND» – ohne weiteren Herkunftshinweis – wird für Tabak und Zigaretten wie folgt eingeschränkt: «aus amerikanischer Mischung (american blend).

AMERICAN LEGEND Int. Kl. 34

CH 443 065: keine Einschränkung; symbolisch für einen bestimmten Lebensstil.

NATURAL AMERICAN SPIRIT Int. Kl. 34

CH 443 066: idem

WEST AMERICAN BLEND (fig.)

IR 675 374: Einschränkung auf «aus amerikanischer Mischung (amercian blend)». Keine Einschränkung für Merchandisingprodukte, da der Konsument aufgrund des graphischen Gesamterscheinungsbildes keine Erwartung bezüglich deren Herkunft hat.

5.5.12. Tourismus

Bei Marken, die von Reiseveranstaltern hinterlegt werden, besteht keine Täuschungsgefahr: Der geographische Name weist auf eine mögliche Destination hin.

Beispiele:

GRIECHENLAND AUS ERSTER HAND

CH 433 760 für Dienstleistungen von Reisebüros

BEST OF AMERICA (fig.)

CH 438 869: symbolisch, Hinweis auf die Destination

5.5.13. Verkaufsort (Apotheken, Messen u.ä.)

Geographische Hinweise auf den Verkaufsort, welche deutlich auf den Ort des Angebots Bezug nehmen, werden weder für die beanspruchten Waren noch Dienstleistungen als Herkunftsangabe aufgefasst.

RATHAUS-APOTHEKE-BERN (fig.)

CH 429 520
Int. Kl. 3, 5

ZÜRCHER KUNST- UND ANTIQUITÄTENMESSE (fig.)

CH 434 786
Int. Kl. 6, 8, 9, 10, 11, 13, 14, 15, 16, 18, 19, 20, 21, 24, 25, 26, 27, 28, 34, 35, 36, 41

5.6. Verstoss gegen geltendes Recht

5.6.1. Bilaterale Verträge

Bei der Markenprüfung sind die bilateralen Verträge über den Schutz von Herkunftsangaben, Ursprungsbezeichnungen und anderen geographischen Bezeichnungen, die mit Deutschland, Frankreich, Spanien, Portugal, Ungarn und der Tschechoslowakei abgeschlossen worden sind, zu berücksichtigen. Der Vertrag mit der Tschechoslowakei ist von den beiden Nachfolgestaaten, der Tschechischen Republik und der Slowakei, übernommen worden. Figuriert eine geographische Bezeichnung in einem bilateralen Abkommen, bedeutet dies konkret, dass sie auch dann als Herkunftsangabe aufzufassen ist und eine Einschränkung notwendig ist, wenn sie dem Publikum nicht bekannt ist (z.B. RIBERA DEL DUERO – IR 574 709; vgl. auch BGer, sic! 1999, 432 – Budweiser).

Gemäss den bilateralen sektoriellen Abkommen zwischen der Schweiz und der Europäischen Gemeinschaft vom 21. Juni 1999 sind im Rahmen der Markenprüfung das Abkommen über den Handel mit Weinbauerzeugnissen und das Abkommen über die gegenseitige Anerkennung und den Schutz der Bezeichnungen im Sektor Spirituosen und aromatisierte weinhaltige Getränke zu berücksichtigen. Diese beiden Abkommen finden sich als Anhang 7 und 8 im Abkommen zwischen der Europäischen Gemeinschaft und der Schweizerischen Eidgenossenschaft über den Handel mit landwirtschaftlichen Erzeugnissen. Die beiden Anhänge enthalten eine separate Liste mit geschützten Namen von Weinbauerzeugnissen und Spirituosen. Diese geschützten Namen gelten in der Schweiz als Herkunftsangaben (analog den Listen in den bilateralen Verträgen über den Schutz von Herkunftsangaben, Ursprungsbezeichnungen und anderen geographischen Bezeichnungen). So verpflichtet das Weinabkommen die Vertragsparteien zur Zurückweisung von Marken, die eine geschützte Bezeichnung enthalten, wenn das betreffende Erzeugnis nicht aus dem genannten Ort stammt (vgl. Art. 7 des Abkommens über den Handel mitWeinbauerzeugnissen).

5.6.2. Stresa Abkommen

Die Ursprungsbezeichnungen, die im Anhang A des internationalen Abkommens vom 1. Juni/18. Juli 1951 über den Gebrauch der Ursprungsbezeichnungen und der

Benennungen für Käse (Stresa Abkommen; SR 0.817.142.1) aufgeführt sind, können nur für Käse aus der bezeichneten Region (Roquefort, Pecorino Romano) als Elemente einer Marke eingetragen werden (vgl. Art. 3 des Abkommens).

Die Benennungen im Anhang B (Camembert, Saint-Paulin usw.) dürfen auch zur Bezeichnung von Käse verwendet werden, der auf dem Gebiet eines anderen Vertragsstaates hergestellt worden ist, gleichzeitig jedoch den vom betreffenden Vertragsstaat festgelegten Kriterien entspricht. Voraussetzung ist dabei, dass die Bezeichnung des Fabrikationslandes in den gleichen Buchstaben beigefügt wird, wie sie für die Benennung selbst verwendet werden (Art. 4 des Abkommens).

5.6.3. Landwirtschaftsgesetz (LwG)

Geschützte oder kontrollierte Ursprungsbezeichnungen (GUB bzw. KUB; die beiden Bezeichnungen sind identisch) und geschützte geografische Angaben (GGA) können nicht als Marke für die gleiche Art von Erzeugnissen eingetragen werden, sofern damit eine kommerzielle Rufausbeutung, Anmassung, Nachahmung oder Nachmachung verbunden ist (Art. 16 Abs. 5 und 7 LwG). Die ältere GUB oder GGA, die im Register des Bundesamtes für Landwirtschaft eingetragen ist, geht somit einer jüngeren Marke vor.

Eine geschützte Ursprungsbezeichnung oder eine geschützte geografische Angabe kann als Markenbestandteil eingetragen werden, wenn der Gebrauch dieser Bezeichnung für die betreffenden Produkte gestattet ist.

Dies bedeutet insbesondere, dass das Warenverzeichnis in einer der geschützten Bezeichnung entsprechenden Weise eingeschränkt werden muss.

Beispiel:

sbrinz

sbrinz (fig.)
CH 499 407
Int. Kl. 21, 25, 29; Milchprodukte, nämlich Käse mit der geschützten Ursprungsbezeichnung «Sbrinz».

5.7. Herkunftsangaben für Dienstleistungen

Die Definition der Herkunftsangabe ist für Waren und Dienstleistungen gleich (Art. 47 Abs. 1 MSchG). Wie bei Waren gilt ein geografischer Name nicht als Herkunftsangabe, falls die massgebenden Verkehrskreise keinen Hinweis auf die Herkunft erkennen (Art. 47 Abs. 2 MSchG). Die Beziehung zwischen der Dienstleistung und ihrer Herkunft ist grundsätzlich nicht so eng, wie zwischen einem Produkt und dem Ort seiner Herstellung. Der Gesetzgeber sieht deshalb in Art. 47 Abs. 4 MSchG vor, dass regionale oder lokale Herkunftsangaben für Dienstleistungen bereits als zutreffend erachtet werden, wenn die Dienstleistungen die Herkunftskriterien für das betreffende Land erfüllen.

Gemäss Art. 49 Abs. 1 MSchG bestimmt sich die Herkunft der Dienstleistungen entweder nach dem Geschäftssitz des Dienstleistungserbringers oder der Staatsangehörigkeit der kontrollierenden Personen oder dem Wohnsitz der kontrollierenden Personen.
Beispiel:

Ⓩ

ZURICH
INVEST

ZURICH INVEST Z ((Schriftzug, Punkt))
(CH 458 362) für Versicherungswesen, Finanzwesen.

Eidgenössisches Institut für Geistiges Eigentum
Richtlinien für das Widerspruchsverfahren
Ausgabe 2002

Inhaltsverzeichnis
Abkürzungsverzeichnis
Literaturverzeichnis

1 **Einleitung**
   1.1 Rechtsgrundlagen
   1.2 Rechtsnatur des Widerspruchsverfahrens
   1.3 Verfahrensgrundsätze
   1.4 Verfahrensablauf (Schema)

2 **Sachentscheidvoraussetzungen**
   2.1 Widerspruchsschrift
   2.2 Rechtsbegehren
   2.3 Begründung
   2.4 Parteien
      2.4.1 Aktivlegitimation
      2.4.2 Passivlegitimation
      2.4.3 Prozessvertretung
      2.4.4 Legitimation des Lizenznehmers
      2.4.5 Markenübertragung (Parteiwechsel)
      2.4.6 Tod einer Partei
      2.4.7 Konkurs einer Partei
   2.5 Widerspruchsfrist
   2.6 Widerspruchsgebühr
      2.6.1 Zahlungsfrist und Gebührenhöhe
      2.6.2 Wahrung der Zahlungsfrist
   2.7 Sprache

3 **Mängel des Widerspruchs**
   3.1 Nicht behebbare Mängel
   3.2 Behebbare Mängel
   3.3 Behebung von Mängeln innerhalb der Widerspruchsfrist

4 **Schriftenwechsel**

5 **Weitere allgemeine Bemerkungen zum Verfahren**
   5.1 Mehrere Widersprüche gegen eine Marke
   5.2 Sistierung
   5.3 Verfahrenssprache
   5.4 Ausschluss vom Verfahren
   5.5 Akteneinsicht
   5.6 Information über eingegangene Widersprüche
   5.7 Fristen
      5.7.1 Vom Institut angesetzte Fristen
      5.7.2 Fristverlängerungen
      5.7.3 Fristberechnung
      5.7.4 Fristwahrung
      5.7.5 Rechtsfolgen bei Nichteinhalten einer Frist
      5.7.6 Wiederherstellung
      5.7.7 Weiterbehandlung

6 **Der Markengebrauch im Widerspruchsverfahren**
   6.1 Grundsatz der Massgeblichkeit des Registereintrages
   6.2 Einrede des Nichtgebrauchs
   6.3 Karenzfrist

- 6.3.1 Dauer der Karenzfrist
- 6.3.2 Beginn der Karenzfrist
- 6.3.3 Ablauf der Karenzfrist während des Verfahrens
- 6.4 Zum Gebrauchstatbestand
  - 6.4.1 Gebrauch in der Schweiz
  - 6.4.2 Zeitlicher Bezug des Gebrauchs
  - 6.4.3 Ernsthaftigkeit des Gebrauchs
  - 6.4.4 Zusammenhang zwischen Marke und Produkt
  - 6.4.5 Gebrauch für die eingetragenen Waren und Dienstleistungen
  - 6.4.6 Gebrauch in abweichender Form
  - 6.4.7 Gebrauch für Hilfswaren und -dienstleistungen
  - 6.4.8 Gebrauch durch den Inhaber oder mit dessen Zustimmung
  - 6.4.9 Rechtswidriger Gebrauch
- 6.5 Wichtige Gründe für den Nichtgebrauch
- 6.6 Verfahrensrechtliches
  - 6.6.1 Weiterer Schriftenwechsel
  - 6.6.2 Beweisführungslast
  - 6.6.3 Beweismass
  - 6.6.4 Beweismittel
  - 6.6.5 Entscheid über die Einrede des Nichtgebrauchs

7 Widerspruchsgründe
- 7.1 Zeichenidentität
- 7.2 Verwechslungsgefahr bei ähnlichen
  - 7.2.1 Allgemeine Beurteilungskriterien
  - 7.2.2 Waren- und Dienstleistungsgleichartigkeit
  - 7.2.3 Markenähnlichkeit
  - 7.2.4 Kasuistik

8 Verfahrensabschluss
- 8.1 Entscheid über den Widerspruch
- 8.2 Verfahrenserledigung ohne materiellen Entscheid
  - 8.2.1 Insbesondere zum Rückzug des Widerspruchs oder der Beschwerde während des hängigen Verfahrens
- 8.3 Kosten
  - 8.3.1 Festsetzung der Verfahrenskosten 8.3.2 Kostenverteilung
- 8.4 Rechtsmittel

9 Eröffnung der Verfügung
- 9.1 Widerspruch gegen eine Schweizer Marke
- 9.2 Mit der Eröffnung zusammenhängende verfahrensrechtliche Besonderheiten bei IR-Marken
  - 9.2.1 Widerspruch gegen IR-Marke, bei der keine absoluten Ausschlussgründe vorliegen
  - 9.2.2 Widerspruch gegen IR-Marke, bei der zudem absolute Ausschlussgründe vorliegen

10 Rechtskraft
- 10.1 Formelle Rechtskraft
- 10.2 Materielle Rechtskraft

11 Wiedererwägung

Abkürzungsverzeichnis

a.a.O.	am angeführten Ort
aMSchG	altes Markenschutzgesetz (Bundesgesetz betreffend den Schutz der Fabrik- und Handelsmarken, der Herkunftsbezeichnungen von Waren und der gewerblichen Auszeichnungen vom 26. September 1890, SR 232.11)
Art.	Artikel

AO	Ausführungsordnung zum Madrider Abkommen über die internationale Registrierung von Marken (SR 0.232.112.31)
Aufl.	Auflage
BGE	Entscheidungen des Schweizerischen Bundesgerichts (Amtliche Sammlung)
BV	Bundesverfassung der Schweizerischen Eidgenossenschaft (SR 101)
BZP	Bundesgesetz über den Zivilprozess (SR 273)
f./ff.	folgende Seite/Seiten
fig.	figurativ
GAFO	Gemeinsame Ausführungsordnung zum Madrider Abkommen über die internationale Registrierung von Marken und zum Protokoll zu diesem Abkommen (SR 0.232.112.21)
GATT	General Agreement on Tariffs and Trade (Allgemeines Zoll- und Handelsabkommen, SR 0.632.21)
GRUR	Gewerblicher Rechtsschutz und Urheberrecht
GRUR Int.	Gewerblicher Rechtsschutz und Urheberrecht, Internationaler Teil
IGE-GebO	Gebührenordnung des Eidgenössischen Instituts für Geistiges Eigentum (SR 232.148)
Institut	Eidgenössisches Institut für Geistiges Eigentum
IR-Marke	international registrierte Marke
i.V.m.	in Verbindung mit
lit.	litera
MMA	Madrider Abkommen über die internationale Registrierung von Marken (SR 0.232.112.3)
MMP	Protokoll zum Madrider Abkommen über die internationale Registrierung von Marken (SR 0.232.112.4)
MSchG	Bundesgesetz über den Schutz von Marken und Herkunftsangaben vom 28. August 1992 (SR 232.11)
MSchV	Markenschutzverordnung (SR 232.111)
N	Note
Nizza-Abkommen	Abkommen von Nizza über die internationale Klassifikation von Waren und Dienstleistungen für die Eintragung von Marken (SR 0.232.112.9)
OG	Bundesgesetz über die Organisation der Bundesrechtspflege (SR 173.110)
OR	Bundesgesetz betreffend die Ergänzung des Schweizerischen Zivilgesetzbuches (Fünfter Teil: Schweizerisches Obligationenrecht) (SR 220)
PMMBl	Schweizerisches Patent-, Muster- und Markenblatt
PVÜ	Pariser Verbandsübereinkunft zum Schutz des gewerblichen Eigentums (SR 0.232.04)
RKGE	Eidgenössische Rekurskommission für geistiges Eigentum
SchKG	Bundesgesetz über Schuldbetreibung und Konkurs
SHAB	Schweizerisches Handelsamtsblatt
sic!	Zeitschrift für Immaterialgüter-, Informations- und Wettbewerbsrecht
SIWR	Schweizerisches Immaterialgüter- und Wettbewerbsrecht
SMI	Schweizerische Mitteilungen über Immaterialgüterrecht
SR	Systematische Sammlung des Bundesrechts
Tarif BG	Tarif über die Entschädigungen an die Gegenpartei für das Verfahren vor dem Bundesgericht (SR 173.119.1)
TRIPs	Agreement on Trade-Related Aspects of Intellectual Property Rights (Abkommen über handelsbezogene Aspekte des geistigen Eigentums, SR 0.632.20)
vgl.	vergleiche
VKEV	Verordnung über Kosten und Entschädigungen im Verwaltungsverfahren (SR 172.041.0)
VwVG	Bundesgesetz über das Verwaltungsverfahren (SR 172.021)

WIPO	World Intellectual Property Organization (Weltorganisation für geistiges Eigentum)
Ziff.	Ziffer
ZR	Blätter für Zürcherische Rechtsprechung

Literaturverzeichnis

Die nachfolgenden Werke werden im Text nur mit dem Namen des Verfassers zitiert. Weitere Literaturhinweise finden sich im Text mit Vollzitat.

ADDOR FELIX, Die Gegenstandslosigkeit des Rechtsstreits, Bern 1997.

BERNET MARTIN, Die Parteientschädigung in der schweizerischen Verwaltungsrechtspflege, Zürich 1986.

CELLI ALLESSANDRO L., Der internationale Handelsname, Zürich 1993.

DAVID LUCAS, Kommentar zum Schweizerischen Privatrecht: Markenschutzgesetz, Muster- und Modellgesetz, 2. Aufl., Basel / Frankfurt a.M. 1999.

FEZER KARL-HEINZ, Markenrecht, 2. Aufl., München 1999.

GYGI FRITZ, Bundesverwaltungsrechtspflege, Bern 1983.

HEINZELMANN WILFRIED, Der Schutz der berühmten Marke, Bern 1993.

KÖLZ ALFRED / HÄNER ISABELLE, Verwaltungsverfahren und Verwaltungsrechtspflege des Bundes, 2. Aufl., Zürich 1998.

KUMMER MAX, Grundriss des Zivilprozessrechts, 4. Aufl., Bern 1984.

MARBACH EUGEN, Markenrecht, in: Schweizerisches Immaterialgüter- und Wettbewerbsrecht, III Kennzeichenrecht, Basel / Frankfurt a.M. 1996.

MESSMER GEORG / IMBODEN HERMANN, Die eidgenössischen Rechtsmittel in Zivilsachen, Zürich 1992.

MOSTERT FREDERICK W., Famous and Well-Known Marks, An International Analysis, London 1997.

NIEDER MICHAEL, Aussergerichtliche Konfliktlösung im gewerblichen Rechtsschutz, Weinheim etc. 1999.

PFISTER BENEDIKT, Der Schutz der nicht eingetragenen Marke im italienischen Recht, Ein Vergleich mit der Rechtslage in Deutschland unter Berücksichtigung des europäischen Markenrechts, Köln 1998.

RHINOW RENÉ / KOLLER HEINRICH / KISS CHRISTINA, Öffentliches Prozessrecht und Justizverfassungsrecht des Bundes, Basel 1996.

SCHNEIDER MARTIN, Die notorische Marke: Entstehung eines neuen Markentyps im internationalen Recht und ihre Konsequenzen für das schweizerische Markenrecht, GRUR Int. 1998, 469.

STAEHELIN ALESCH, Das TRIPS-Abkommen, 2. Aufl., Bern 1999.

THOMANN FELIX H., Immaterialgüter- und Wettbewerbsrecht, Textausgabe, 2. Aufl., Zürich 1989.

VOGEL OSCAR, Grundriss des Zivilprozessrechts, 5. Aufl., Bern 1997.

ZIMMERLI ULRICH / KÄLIN WALTER / KIENER REGINA, Grundlagen des öffentlichen Verfahrensrechts, Bern 1997.

1 Einleitung

Die vorliegenden Richtlinien sollen ein Hilfsmittel für die Praxis im markenrechtlichen Widerspruchsverfahren sein. Sie erheben keinen Anspruch auf Vollständigkeit und sind weder für das Institut noch für die Parteien verbindlich.

1.1 Rechtsgrundlagen

Rechtsgrundlage für das Widerspruchsverfahren bilden vor allem die Art. 31–34 in Verbindung mit Art. 3 MSchG. Weitere Bestimmungen finden sich in den Art. 20–24 MSchV. Ergänzend anwendbar sind die ersten beiden Abschnitte des Bundesgesetzes über das Verwaltungsverfahren (Art. 1–43 VwVG). Neben allgemeinen Rechtsgrundsätzen können zudem Bestimmungen des Verfahrens der Verwaltungsbeschwerde (Art. 44 ff. VwVG) sowie des Bundesgesetzes über den Zivilprozess (BZP) herangezogen werden. Bezüglich Gebühren gilt ferner die IGE-GebO. Auf weitere Rechtsgrundlagen wird nachfolgend im jeweiligen Sachzusammenhang hingewiesen.

1.2 Rechtsnatur des Widerspruchsverfahrens

Unter dem aMSchG stand dem Markeninhaber nur der Gang zu den Gerichten offen, um die Löschung einer jüngeren verwechselbaren Marke zu bewirken. In Anlehnung an ähnliche Verfahren in anderen Ländern[1] wurde im MSchG das Widerspruchsverfahren eingeführt. Störende jüngere Marken können nunmehr im Rahmen des Verwaltungsverfahrens beseitigt werden. Das Widerspruchsverfahren ist jedoch kein typisches Verwaltungsverfahren (Verfahren auf Erlass einer Verfügung).

Es handelt sich um ein Verfahren *sui generis*, welches am meisten dem Zivilprozess ähnelt[2]. Ähnlich wie im Zivilprozess stehen sich zwei (oder mehrere) Parteien gegenüber. Der Widersprechende übernimmt die Rolle des Klägers, indem er die Rechtsbehauptung aufstellt, das Zeichen des Widerspruchsgegners sei nach Art. 3 MSchG vom Markenschutz ausgeschlossen. Der Widerspruchsgegner befindet sich in der Rolle des Beklagten, indem er dies bestreitet[3].

Im öffentlichen Verfahrensrecht wird allgemein zwischen *nichtstreitigen* und *streitigen* Verfahren unterschieden. Zu ersteren zählen die (typischen) erstinstanzlichen Verfahren auf Erlass einer Verfügung (Art. 1–43 VwVG)[4]. Streitig ist ein Verfahren vom Moment an, da gegen einen Hoheitsakt ein Rechtsmittel ergriffen wird. Streitig sind zudem alle Klageverfahren. In der Regel sind erstinstanzliche Verwaltungsverfahren nichtstreitig. Streitig werden sie erst, wenn der Verfügungsadressat mit der Verfügung nicht einverstanden ist und Beschwerde erhebt. Das Widerspruchsverfahren ist demgegenüber bereits in der ersten Instanz streitig. Der Widersprechende ist mit einer Markeneintragung nicht einverstanden und erhebt daher (aus Gründen, die im bisherigen Eintragungsverfahren noch nicht geprüft wurden) Widerspruch. Insbesondere das erstinstanzliche Widerspruchsverfahren ist daher kein typisches Verwaltungsverfahren (auf Erlass einer Verfügung). Es kann auch nicht einem der anderen (bekannteren) besonderen Verfahren des öffentlichen Prozessrechts zugeordnet werden[5].

---

[1] Vgl. z.B. § 42 des deutschen Gesetzes über den Schutz von Marken und sonstigen Kennzeichen.
[2] Vgl. auch MARBACH, 151; DAVID, MSchG 34 N 1.
Die verwaltungsrechtliche Klage (sog. ursprüngliche Verwaltungsgerichtsbarkeit) ist etwas weniger vergleichbar. In diesen Verfahren ist meistens auf einer Seite ein Gemeinwesen Partei (vgl. Art. 116 f. OG; GYGI, 29; RHINOW/KOLLER/KISS, 312).
[3] Vgl. KUMMER, 8.
[4] Vgl. ZIMMERLI/KÄLIN/KIENER, 10; RHINOW/KOLLER/KISS, 144.
[5] Vgl. RHINOW/KOLLER/KISS, N 756: verwaltungsgerichtliche Klage, staatsrechtliche Klage, staatsrechtliche Beschwerde, Beschwerde an den Bundesrat.

Der besonderen Natur des Widerspruchsverfahrens ist Rechnung zu tragen. Darauf wird nachfolgend im jeweiligen Sachzusammenhang zurückgekommen.

1.3 Verfahrensgrundsätze

In der streitigen öffentlichen Rechtspflege gilt im Allgemeinen, wie im Zivilprozess, der *Verfügungsgrundsatz* (Dispositionsmaxime): Die Parteien «verfügen» über ihr Recht und entscheiden, *ob* ein Verfahren eingeleitet, in welchem *Umfang der* (behauptete) Anspruch geltend gemacht, ob und wann das Verfahren durch Vergleich, Rückzug des Widerspruchs oder Erfüllung des Widerspruchsbegehrens *beendet* wird[6]. Die Parteien verfügen mit anderen Worten über den Streitgegenstand; die urteilende Instanz kann nur über Rechtsbegehren befinden, die förmlich vorgebracht werden[7].

Das Widerspruchsverfahren soll ein möglichst einfaches, rasches und kostengünstiges Verfahren sein[8]; der Grundsatz der *Prozessökonomie* ist deshalb besonders zu beachten[9].

Im Verwaltungsverfahren gilt der *Untersuchungsgrundsatz:* Die Behörde hat den Sachverhalt von Amtes wegen festzustellen (Art. 12 Abs. 1 VwVG). Die Parteien sind jedoch verpflichtet, an der Feststellung des Sachverhaltes mitzuwirken (Art. 13 VwVG)[10].

Nach dem Grundsatz der *Rechtsanwendung von Amtes wegen* besteht keine Bindung an die rechtliche Begründung der Parteien *(iura novit curia)*[11].

---

[6] RHINOW / KOLLER / KISS, N 894.
[7] RHINOW / KOLLER / KISS, N 897.
[8] Vgl. auch RKGE, sic! 1998, 306 – Nina de Nina Ricci / Nina.
[9] Vgl. GYGI, 68; KÖLZ / HÄNER, 54 f.; RHINOW / KOLLER / KISS, 181.
[10] Vgl. auch BGE 114 Ia 6: «Im übrigen trägt auch im Sozialversicherungsrecht der Leistungsansprecher die Beweislast für die anspruchsbegründenden Tatsachen insofern, als im Falle der Beweislosigkeit der Entscheid zu Ungunsten jener Partei ausfällt, die aus dem unbewiesenen Sachverhalt Rechte ableiten wollte.»
[11] GYGI, 211 f.

1.4 Verfahrensablauf (Schema)

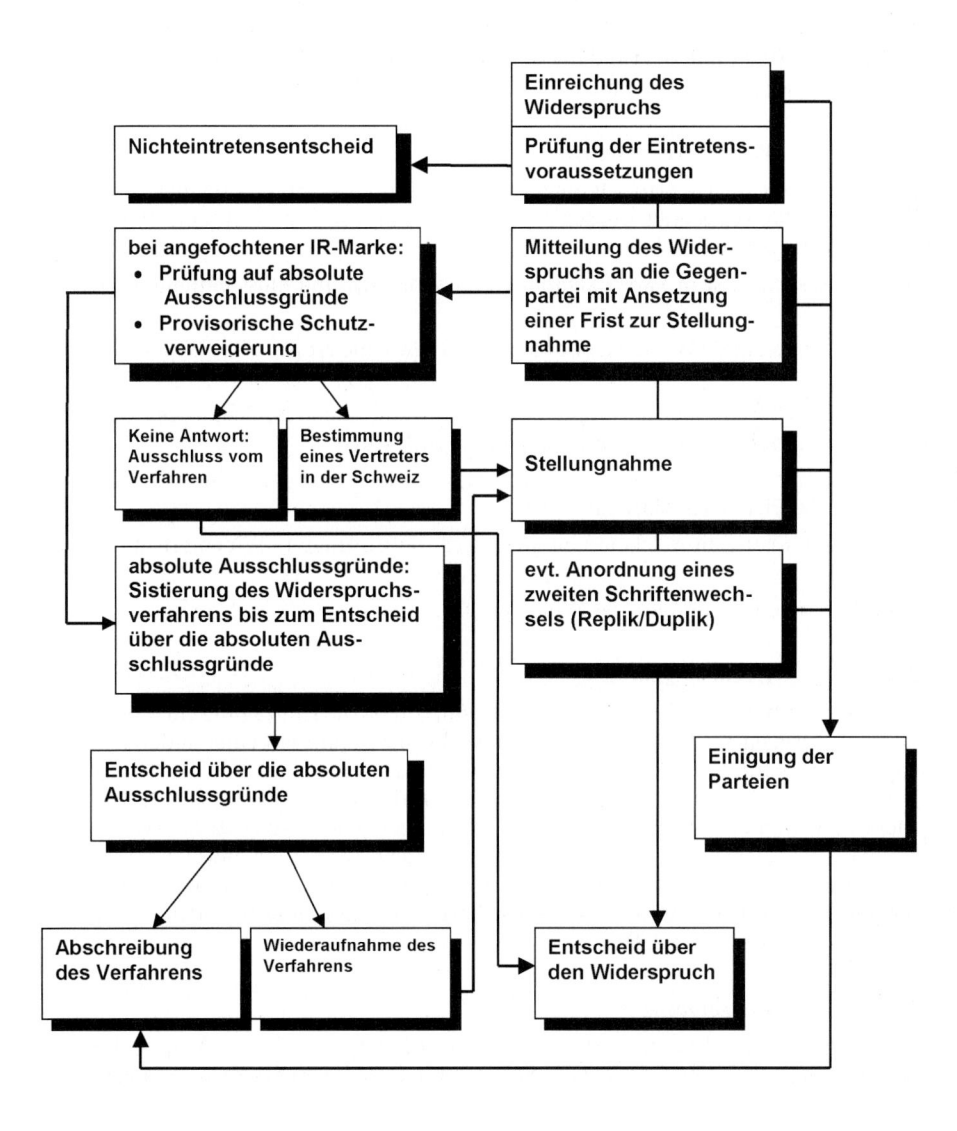

```
                                            ┌─────────────────────────┐
                                            │ Einreichung des         │
                                            │ Widerspruchs            │
                 ┌──────────────────────┐   ├─────────────────────────┤
                 │ Nichteintretens-     │◄──│ Prüfung der Eintretens- │
                 │ entscheid            │   │ voraussetzungen         │
                 └──────────────────────┘   └─────────────────────────┘
                                                        │
                 ┌──────────────────────┐   ┌─────────────────────────┐
                 │ bei angefochtener    │   │ Mitteilung des Wider-   │
                 │ IR-Marke:            │   │ spruchs an die Gegen-   │
                 │ • Prüfung auf        │◄──│ partei mit Ansetzung    │
                 │   absolute           │   │ einer Frist zur Stellung│
                 │   Ausschlussgründe   │   │ nahme                   │
                 │ • Provisorische      │   └─────────────────────────┘
                 │   Schutzverweigerung │
                 └──────────────────────┘
                     │          │                        │
            ┌────────────┐ ┌──────────────┐   ┌─────────────────┐
            │ Keine      │ │ Bestimmung   │   │                 │
            │ Antwort:   │ │ eines        │──►│ Stellungnahme   │
            │ Ausschluss │ │ Vertreters   │   │                 │
            │ vom        │ │ in der       │   └─────────────────┘
            │ Verfahren  │ │ Schweiz      │
            └────────────┘ └──────────────┘
                                                        │
                 ┌──────────────────────┐   ┌─────────────────────────┐
                 │ absolute Ausschluss- │   │ evt. Anordnung eines    │
                 │ gründe: Sistierung   │   │ zweiten Schriftenwech-  │
                 │ des Widerspruchs-    │   │ sels (Replik/Duplik)    │
                 │ verfahrens bis zum   │   └─────────────────────────┘
                 │ Entscheid über die   │
                 │ absoluten Aus-       │
                 │ schlussgründe        │
                 └──────────────────────┘

                 ┌──────────────────────┐   ┌─────────────────────────┐
                 │ Entscheid über die   │   │ Einigung der            │
                 │ absoluten            │   │ Parteien                │
                 │ Ausschlussgründe     │   └─────────────────────────┘
                 └──────────────────────┘
                     │          │
            ┌────────────┐ ┌──────────────┐   ┌─────────────────┐
            │ Abschrei-  │ │ Wiederauf-   │   │ Entscheid über  │
            │ bung des   │ │ nahme des    │──►│ den Widerspruch │
            │ Verfahrens │ │ Verfahrens   │   │                 │
            └────────────┘ └──────────────┘   └─────────────────┘
```

2 Sachentscheidvoraussetzungen

Der Inhaber einer älteren Marke kann gestützt auf Art. 3 Abs. 1 MSchG gegen die Eintragung einer Marke Widerspruch erheben (Art. 31 Abs. 1 MSchG). Der Widerspruch ist innerhalb von drei Monaten nach der Veröffentlichung der Eintragung beim Institut schriftlich mit Begründung einzureichen. Innerhalb dieser Frist ist auch die Widerspruchsgebühr zu bezahlen (Art. 31 Abs. 2 MSchG).

2.1 Widerspruchsschrift

Der Widerspruch ist schriftlich einzureichen. Dazu kann, muss aber nicht, das amtliche Formular verwendet werden[12]. Zur Schriftform gehört auch eine (Original-) Unterschrift (Art. 6 MSchV).

Der Widerspruch ist in zwei Exemplaren einzureichen und muss enthalten (Art. 20 MSchV):

– den Namen und Vornamen oder die Firma sowie die Adresse des Widersprechenden;
– die Registernummer der Markeneintragung oder die Gesuchsnummer der Markenhinterlegung, auf die sich der Widerspruch stützt;
– die Registernummer der angefochtenen Markeneintragung sowie den Namen oder die Firma des Markeninhabers;
– die Erklärung, in welchem Umfang gegen die Eintragung Widerspruch erhoben wird;
– eine kurze Begründung des Widerspruchs.

2.2 Rechtsbegehren

Dem Begehren muss entnommen werden können, dass die Eintragung einer bestimmten Marke wegen des Bestehens einer Verwechslungsgefahr mit einer anderen Marke angefochten wird. Richtet sich der Widerspruch nur gegen einen Teil der Waren oder Dienstleistungen, für welche die angefochtene Marke eingetragen ist, sind die entsprechenden Waren oder Dienstleistungen im Einzelnen genau anzugeben (Art. 20 lit. d MSchV). Es reicht in diesem Zusammenhang nicht, wenn zum Beispiel angegeben wird, der Widerspruch richte sich gegen alle «gleichartigen» Waren oder Dienstleistungen. Ein solcher Antrag ist zu wenig bestimmt, auslegungsbedürftig und daher unzulässig (siehe hinten 3.2).

2.3 Begründung

In der Widerspruchsbegründung (Art. 31 Abs. 2 MSchG, Art. 20 lit. e MSchV) können einzig die in Art. 3 Abs. 1 MSchG erwähnten relativen Ausschlussgründe angeführt werden.

---

[12] Es kann beim Institut schriftlich oder über das Internet – http://www.ige.ch – bestellt oder direkt heruntergeladen werden.

2.4 Parteien

2.4.1 Aktivlegitimation

Widerspruch kann der Inhaber einer älteren Marke erheben (Art. 31 Abs. 1 i.V.m. Art. 3 Abs. 2 MSchG).

2.4.1.1 Inhaber einer hinterlegten oder eingetragenen Marke

Als älter gelten hinterlegte oder eingetragene Marken, die eine Priorität nach den Art. 6–8 MSchG geniessen (Art. 3 Abs. 2 lit. a MSchG). Gemäss Art. 6 MSchG steht das Markenrecht demjenigen zu, der die Marke zuerst hinterlegt (Hinterlegungspriorität). Zu beachten ist auch eine allfällige Priorität nach der PVÜ oder die Ausstellungspriorität (Art. 7 und 8 MSchG).

2.4.1.2 Inhaber einer notorisch bekannten Marke

2.4.1.2.1 Rechtsgrundlagen

Widerspruch gegen eine Neueintragung kann gegebenenfalls auch derjenige erheben, dessen Zeichen zum Zeitpunkt der Hinterlegung der jüngeren Marke im Sinne von Art. 6bis PVÜ in der Schweiz notorisch bekannt ist (Art. 3 Abs. 2 lit. b MSchG). Gemäss Art. 16 Abs. 2 TRIPs findet Art. 6bis PVÜ auf Dienstleistungen entsprechende Anwendung.

Ferner wurde gemäss Art. 16 Abs. 3 TRIPs der Schutz in einem gewissen Rahmen über den Bereich der Waren- und Dienstleistungsgleichartigkeit hinaus ausgedehnt[13]. Dabei handelt es sich nach schweizerischem Verständnis um den Schutz der berühmten Marke nach Art. 15 MSchG. Dieser kann nur im Gerichts-, nicht im Widerspruchsverfahren geltend gemacht werden. Art. 31 Abs. 1 MSchG verweist nur auf Art. 3 Abs. 1 MSchG, nicht auf Art. 15 MSchG. Im übrigen sind im Zusammenhang mit berühmten Marken häufig ausgedehnte Abklärungen nötig, für die sich das Widerspruchsverfahren nicht eignet[14].

2.4.1.2.2 Voraussetzung eines dem Sinn und Zweck von Art. 6bis PVÜ entsprechenden internationalen Sachverhalts

Art. 6bis PVÜ wurde im Bestreben geschaffen, eigentlicher Markenpiraterie entgegenzuwirken[15]. Nicht selten werden im Ausland erfolgreiche Marken im Inland usurpiert und hinterlegt, bevor der ausländische Inhaber sie auch hier eintragen lässt. Bei Art. 6bis PVÜ geht es somit, kurz gefasst, um den Schutz im Ausland bekannter Marken gegen Aneignung im Inland[16], mit anderen Worten um den Schutz bekannter ausländischer Marken «against local trademark pirates»[17]. Entsprechend dieser Zielsetzung

---

[13] Vgl. GATT-Botschaft 1 vom 19. September 1994, 295; STAEHELIN, 97 f.
[14] HEINZELMANN, 156 f.; DAVID, MSchG 3 N 52; RKGE, sic! 1997, 582 – The Beatles; A. STAEHELIN, Anmerkung zum Entscheid der RKGE in sic! 1997, 583; SCHNEIDER, 469; zur analogen Situation nach deutschem Recht A. KUR, TRIPs und das Markenrecht, GRUR Int. 1994, 994.
[15] DAVID, Vorbemerkungen zum 1. Titel, N 11; MARBACH, 130; A. KUR, TRIPs und das Markenrecht, GRUR Int. 1994, 993 ff.
[16] Handelsgericht des Kantons Zürich (Massnahmenentscheid vom 9. April 1997), ZR 1998, 40.
[17] MOSTERT, 19 und 26.

des *internationalen Schutzes* bekannter Marken ist ein *internationaler Sachverhalt* vorauszusetzen[18]. Die Anwendung von Art. 6bis PVÜ bei fehlendem Auslandsbezug, zum Beispiel bei nur im Inland bekannten Marken von einzig in der Schweiz domizilierten Markeninhabern, entspricht nicht deren Zielsetzung. Bei einem Binnensachverhalt ist nach wie vor das Registrierungsprinzip international üblich und unbestritten. Art. 6bis PVÜ verpflichtet lediglich im Sinne einer Ausnahmebestimmung zum Schutz nicht eingetragener Marken[19]. Liegt das Schwergewicht des für die Notorietät massgebenden Sachverhalts in der Schweiz, handelt es sich zum Beispiel um ein in der Schweiz gegründetes Unternehmen, das lediglich seine Geschäftstätigkeit im Lauf der Zeit durch Exporte ins Ausland erweiterte, begründet der blosse Export keinen dem Sinn und Zweck von Art. 6bis PVÜ entsprechenden Auslandsbezug[20].

Art. 6bis PVÜ ist bezüglich der Staatsangehörigkeit neutral und kann daher nicht weitergehende Rechte im Sinne von Art. 20 Abs. 2 MSchG gewähren, weshalb diese Meistbegünstigungsklausel nicht zur Anwendung gelangt[21].

---

[18] Handelsgericht des Kantons Zürich, a.a.O.; SCHNEIDER, 463; A. KUR, Die notorisch bekannte Marke im Sinne von 6bis PVÜ und die «bekannte Marke» im Sinne der Markenrechtsrichtlinie, GRUR 1994, 335 f.; PFISTERER, 249 und 305. In diesem Sinn auch STAEHELIN, 98, wonach Art. 6bis PVÜ definitionsgemäss nur Bürger anderer verbandsangehöriger Staaten privilegiere. Fälle von «Inländerdiskriminierung» seien daher durchaus denkbar. Dafür spricht ferner auch der Umstand, dass (nach herrschender Auffassung) der Gebrauch der (bekannten ausländischen) Marke in dem Staat, für dessen Gebiet Schutz beansprucht wird, nicht vorausgesetzt wird (vgl. nachfolgenden Abschnitt; MOSTERT, 24). – Die Frage wurde von der RKGE bisher offengelassen (sic! 2000, 391 – Heparinol).

[19] Ein lückenloser internationaler Markenschutz würde wegen des territorial begrenzten Geltungsbereichs der Markenrechte eine Registrierung in etwa 150 Ländern der Erde voraussetzen. Dieser Aufwand kann vom Markeninhaber kaum erwartet werden. Das Prinzip der Registergebundenheit des Markenrechts würde überdehnt.

[20] Aus Art. 3 Abs. 2 lit. b MSchG ergibt sich nichts anderes. Diese Bestimmung hat einzig deklaratorische Bedeutung. Die Auffassung, wonach gemäss Art. 3 Abs. 2 lit. b MSchG Art. 6bis PVÜ keine Anwendung finde, sondern lediglich für den Begriff der notorischen Bekanntheit *analog* auf Art. 6bis PVÜ verwiesen werde, ist abzulehnen. In Art. 3 Abs. 2 MSchG wird gesagt, was unter «älteren Marken» zu verstehen ist. Die Prioritätsgründe werden aber nicht in diesem Absatz geregelt, sondern es wird dazu auf Art. 6–8 MSchG sowie auf Art. 6bis PVÜ verwiesen. Art. 3 Abs. 2 lit. a MSchG verweist auf Art. 6–8 MSchG, Art. 3 Abs. 2 lit. b MSchG auf Art. 6bis PVÜ. Geregelt wird die Priorität hinterlegter oder eingetragener Marken in Art. 6–8 MSchG, die Priorität bzw. der Schutz notorisch bekannter Marken in Art. 6bis PVÜ. Auch angesichts der Komplexität des Problems (vgl. «Recommandation commune concernant des dispositions relatives à la protection des marques notoires» der WIPO und der PVÜ, sic! 1/2000, 48 ff.) kann dem blossen Verweis in Art. 3 Abs. 2 lit. b MSchG keine rechtsbegründende, sondern einzig deklaratorische Bedeutung zukommen. Hätte der Gesetzgeber den Schutz notorisch bekannter Marken selbst regeln wollen, hätte er sich nicht mit diesem Verweis auf die PVÜ begnügt. Im übrigen finden sich auch in den Materialien keine Anhaltspunkte dafür, dass der Gesetzgeber mit dem blossen Verweis auf die PVÜ das komplexe Problem selbst hätte regeln wollen (vgl. Botschaft des Bundesrates zum Markenschutzgesetz, Sonderdruck 21 f.).
Ein weiterer Gesichtspunkt spricht gegen eine weitergehende Abschwächung des Eintragungsprinzips: Mit dem Erlass des Markenschutzgesetzes von 1993 erfolgte der Wechsel von der Gebrauchs- zur Hinterlegungspriorität. Dieser Systemwechsel bezweckt die Verbesserung der Rechtssicherheit. Der Vorrang eines Rechts soll zweifelsfrei aus dem Register ersichtlich sein (Botschaft des Bundesrates zum Markenschutzgesetz, Sonderdruck 23). Dieser Zielsetzung des Markenschutzgesetzes würde eine Praxisänderung im Sinne eines weitergehenden Schutzes nicht eingetragener Marken widersprechen.

[21] Handelsgericht des Kantons Zürich, a.a.O.

2.4.1.2.3 Schutzvoraussetzungen im engeren Sinn

Eine international einheitliche Definition der notorisch bekannten Marke gibt es nicht. Vorauszusetzen ist, dass innerhalb der beteiligten Verkehrskreise allgemein bekannt ist, dass die Marke bereits von einem bestimmten, wenn auch nicht unbedingt namentlich bekannten Markeninhaber beansprucht und für gleiche oder gleichartige Waren oder Dienstleistungen benutzt wird[22].

In der «Recommandation commune concernant des dispositions relatives à la protection des marques notoires» der WIPO und des Pariser Verbandes zum Schutz des gewerblichen Eigentums (Art. 2) werden folgende möglichen Beurteilungskriterien genannt, wobei immer die Umstände des Einzelfalles massgebend sind[23]:

- Bekanntheitsgrad der Marke in den betroffenen Verkehrskreisen;
- Dauer, Umfang und geografische Ausdehnung des Markengebrauchs;
- Dauer, Umfang und geografische Ausdehnung der Markenpromotion, einschliesslich Werbung und Produktepräsentation an Messen und Ausstellungen;
- Dauer und geografische Ausdehnung von Markenregistrierungen oder Eintragungsgesuchen, soweit dies den Gebrauch oder die Bekanntheit der Marke widerspiegelt;
- wirksamer Schutz des Markenrechts, insbesondere durch Anerkennung der Notorietät der Marke durch Gerichte oder andere zuständige Instanzen;
- der mit der Marke verbundene Wert.

Die Anforderungen an den Bekanntheitsgrad dürfen nicht zu tief angesetzt werden, da sonst das Eintragungsprinzip ausgehöhlt würde[24]. Vorausgesetzt wird, dass die Marke in der Schweiz entweder intensiv gebraucht oder doch wenigstens beworben wird[25]. Notorietät ohne Gebrauch in der Schweiz ist möglich, dürfte aber die Ausnahme sein[26]. In solchen (Ausnahme-) Fällen müsste der Inhaber der notorisch bekannten Marke somit den Gebrauch seiner Marke auch bei Behauptung des Nichtgebrauchs der älteren Marke gemäss Art. 32 MSchG nicht glaubhaft machen (Art. 6bis PVÜ hat insoweit Vorrang).

Im Widerspruchsverfahren kann sich die Notorietät nur auf Waren oder Dienstleistungen beziehen, für welche die Marke (im In- oder Ausland) gebraucht oder beworben wird. Der Schutz ausserhalb des Bereichs der Waren- oder Dienstleistungsgleichartigkeit betrifft (nach schweizerischem Verständnis) den Schutz der berühmten Marke, der nur im Gerichtsverfahren geltend gemacht werden kann (siehe vorne 2.4.1.2.1)[27].

---

[22] RKGE, sic! 1997, 581 – The Beatles; RKGE, sic! 2000, 392 – Heparinol; DAVID, MSchG 3 N 48.

[23] Siehe sic! 2000, 48 ff., oder http://sct.wipo.int/, Dokument SCT/3/8 vom 7. Oktober 1999. Es handelt sich nicht um einen Staatsvertrag; die Mitgliedstaaten der PVÜ bzw. des GATT/TRIPs sind nicht rechtlich verpflichtet, diese Bestimmungen anzuwenden (bzw. in irgendeiner Weise zu implementieren). Der Pariser Verband zum Schutz des gewerblichen Eigentums und die WIPO «recommandent que chaque Etat membre puisse envisager d'utiliser comme lignes directrices pour la protection des marques notoires tout ou partie des dispositions que le SCT a adoptées lors de la deuxième partie de sa deuxième session» (SCT = Standing Committee on the Law of Trademarks, Industrial Designs and Geographical Indications).

[24] RKGE, sic! 2000, 392 – Heparinol; DAVID, MSchG 3 N 50; MARBACH, 131.

[25] RKGE, sic! 1997, 581 – The Beatles; BGE 120 II 153 – Yeni Raki.

[26] MARBACH, 131; FEZER, PVÜ 6bis N 7.

[27] RKGE, sic! 1997, 582 – The Beatles.

Die notorisch bekannte Marke braucht keine Weltmarke zu sein, die in zahlreichen Ländern der Erde bekannt ist (Marlboro, Coca-Cola etc.). Ausreichend ist allenfalls auch Notorietät in nur einem Mitgliedstaat der PVÜ oder des TRIPs[28].

Der Nachweis, dass die Marke in einem andern Mitgliedstaat der PVÜ oder des TRIPs geschützt ist (mit oder ohne Registereintrag), kann ein Indiz für die Notorietät darstellen, bildet aber keine generelle Schutzvoraussetzung[29].

2.4.1.2.4 Praxis zum Schutz des ausländischen Handelsnamens nach Art. 8 PVÜ

Art. 8 PVÜ verpflichtet die Verbandsländer ebenfalls zum Schutz eines nicht registrierten Kennzeichens. In der Lehre wird teilweise die Auffassung vertreten, die in der diesbezüglichen Rechtsprechung angewandten Schutzanforderungen seien auch im Markenrecht massgebend[30]. Die Anforderungen im Rahmen von Art. 8 PVÜ sind jedoch eindeutig tiefer. Vorausgesetzt wird nicht eigentliche Notorietät (im Sinne allgemeiner Bekanntheit innerhalb der einschlägigen schweizerischen Verkehrskreise). Gebrauch in nennenswertem Umfang oder Werbung bzw. eine «gewisse Notorietät» oder «ausreichende Bekanntheit» in der Schweiz können ausreichen[31]. Anderseits wird dem in der Schweiz nicht eingetragenen Handelsnamen in der Praxis nicht der firmenrechtliche, sondern nur der Schutz gewährt, den das schweizerische Recht für das nicht eingetragene Kennzeichen kennt[32]. Im Vergleich zur notorisch bekannten Marke sind somit einerseits die Anforderungen für den Rechtsschutz tiefer. Anderseits ist der Schutz des in der Schweiz nicht registrierten Handelsnamens weniger weitgehend. Die Praxis zum Handelsnamen mag bei der Beurteilung der Notorietät einer Marke Anhaltspunkte liefern, sie ist aber nicht direkt einschlägig und nicht massgebend.

2.4.1.2.5 Verfahrensrechtliche Voraussetzungen

Die Abklärung der Notorietät muss sich auf präzise Parteibehauptungen stützen können[33].

Wird der Widerspruch ursprünglich nur auf eine einzige Marke gestützt und demgemäss nur eine Widerspruchsgebühr bezahlt, kann der Widerspruch im weiteren Verlauf des Verfahrens nicht auf eine andere Basis, namentlich eine angeblich notorisch bekannte Marke, gestützt werden[34].

2.4.1.2.6 Kasuistik

Notorietät verneint: RKGE, sic! 1997, 581 – The Beatles; RKGE, sic! 1998, 51 – Joyride; RKGE, sic! 2000, 392 – Heparinol; Institut, SMI 1996, 475 – Sealtalk.

---

[28] Bzw. der WTO (World Trade Organization), unter deren Dach das TRIPs-Abkommen abgeschlossen wurde, vgl. FEZER, PVÜ 6bis N 5.

[29] Bei einem nicht registrierten Zeichen wäre dazu unter Umständen zuerst ein Gerichtsverfahren zur Klärung der dortigen Rechtslage nötig, welches Erfordernis Art. 6bis PVÜ bzw. Art. 16 TRIPs nicht entsprechen dürfte (vgl. auch MARBACH, 131; A. KUR, Die notorisch bekannte Marke im Sinne von 6bis PVÜ und die «bekannte Marke» im Sinne der Markenrechtsrichtlinie, GRUR 1994, 994).

[30] DAVID, MSchG 3 N 50.

[31] BGE 109 II 485 f.; ähnlich die deutsche Praxis, vgl. FEZER, Art. 8 PVÜ, N 2 ff.

[32] Es handelt sich dabei im Wesentlichen um den wettbewerbs- oder namensrechtlichen Schutz, vgl. BGE 79 II 305, 90 II 193, 90 II 315, 98 II 57, 109 II 483, 114 II 107; CELLI, 279 ff.

[33] RKGE, sic! 1997, 581 – The Beatles.

[34] RKGE, sic! 1997, 577 – Canal plus/Câble plus.

Notorietät bejaht: RKGE, sic! 1999, 651 – Galeries Lafayette (Notorietät als Name und Marke einer Warenhauskette; Schutz erstreckt sich auf alle Waren, welche vom Publikum dem üblichen Sortiment eines Warenhauses zugeschrieben werden).

BGE 120 II 153 (Yeni Raki) hat sich, als soweit ersichtlich einziger Entscheid des Bundesgerichts, nur relativ kurz zu Art. 6bis PVÜ geäussert und den Fall zur Prüfung der Notorietät an die Vorinstanz zurückgewiesen.

2.4.2 Passivlegitimation

Passivlegitimiert ist der Inhaber der angefochtenen jüngeren Marke.

Mit Erlass des neuen MSchG erfolgte der Wechsel vom Grundsatz der Gebrauchspriorität zur Hinterlegungspriorität[35]. Wer den Gebrauch seines Zeichens vor der Hinterlegung der Widerspruchsmarke aufnahm, es aber erst später selbst hinterlegte, kann sich im Widerspruchsverfahren weder auf das Weiterbenützungsrecht nach Art. 14 MSchG noch auf eine langjährige Duldung seines Zeichens durch den Widersprechenden berufen. Wohl kann der Widerspruchsgegner gegebenenfalls sein Zeichen im Rahmen von Art. 14 MSchG weiter gebrauchen. Dieses Weiterbenützungsrecht verleiht jedoch keinen Anspruch auf eine Markeneintragung (bzw. deren Beibehaltung) und hat auf die Beurteilung des Widerspruchs keinen Einfluss[36].

2.4.3 Prozessvertretung

Parteien ohne Sitz oder Wohnsitz in der Schweiz müssen einen hier niedergelassenen Vertreter bestimmen (Art. 42 Abs. 1 MSchG). Jede andere Partei *kann* sich durch eine andere Person vertreten lassen. Zur Vertretung befugt ist jede Person mit Sitz oder Wohnsitz in der Schweiz (Art. 11 Abs. 1 VwVG, Art. 42 Abs. 1 MSchG). Die Einreichung einer Vollmacht wird vom Institut im Widerspruchsverfahren als Verfahren sui generis generell verlangt, wenn sich ein Vertreter nicht bereits im Eintragungsverfahren konstituiert und durch eine Vollmacht legitimiert hat, welche ihn ebenfalls zur Vertretung in Widerspruchsverfahren ermächtigt (Art. 5 Abs. 1 und Art. 21 MSchV).

2.4.4 Legitimation des Lizenznehmers

Die Frage der Aktivlegitimation des Lizenznehmers im Verletzungsprozess ist (noch) nicht geklärt[37]. Sie bedingt jedenfalls eine Prüfung vertragsrechtlicher Fragen[38], welche den (beschränkten) Rahmen des Widerspruchsverfahrens regelmässig sprengt. Im Widerspruchsverfahren wird daher nur der Markeninhaber als Partei anerkannt. Der Lizenznehmer kann jedoch (wie irgendeine andere Person) vom Markeninhaber ermächtigt werden, als Vertreter im Widerspruchsverfahren zu handeln.

---

[35] Der frühere Gebrauch einer Marke konnte übergangsrechtlich während einer gewissen Zeit gegenüber dem ersten Hinterleger geltend gemacht werden (Art. 78 MSchG). Widersprüche gegen die Eintragung von Marken, die innerhalb von zwei Jahren nach Inkrafttreten des MSchG gemäss Art. 78 Abs. 1 MSchG hinterlegt wurden, waren unzulässig (Art. 78 Abs. 2 MSchG; RKGE, PMMBl 1995 I 60 – Authentic Clothing / Authentic).

[36] RKGE sic! 1999, 418 – König / Sonnenkönig.

[37] Vgl. MARBACH, 222; DAVID, Art. 18 N 5; BGE 113 II 190 – Le Corbusier.

[38] Im Bereich des Urheberrechts wurde die Aktivlegitimation des ausschliesslichen Lizenznehmers, der beauftragt bzw. vertraglich ermächtigt wurde, Verletzungen zu verfolgen, anerkannt, BGE 113 II 194.

2.4.5 Markenübertragung (Parteiwechsel)

Bei der Übertragung einer Marke während des Widerspruchsverfahrens ist zwischen der materiellen Rechtslage und den prozessrechtlichen Folgerungen zu unterscheiden. Für das Widerspruchsverfahren ist grundsätzlich die Markeninhaberschaft im Zeitpunkt der Einreichung des Widerspruchs massgebend. Die Übertragung der Marke des Widersprechenden oder des Widerspruchsgegners bleibt grundsätzlich ohne Einfluss auf die Aktiv- oder Passivlegitimation (vgl. Art. 21 Abs. 2 BZP)[39]. Im Falle einer Markenübertragung ist jedoch mit Zustimmung der Gegenpartei ein Parteiwechsel zulässig (Art. 17 Abs. 1 BZP). Das Institut kann die Gegenpartei über die Übertragung der Marke informieren und dabei darauf hinweisen, ohne Gegenbericht innerhalb einer bestimmten Frist werde davon ausgegangen, dass die Gegenpartei mit der Fortsetzung des Verfahrens im Namen des neuen Markeninhabers einverstanden sei. Erklärt die Gegenpartei (ausdrücklich), damit nicht einverstanden zu sein, wird das Verfahren im Namen des ursprünglichen Markeninhabers weitergeführt.

2.4.6 Tod einer Partei

Beim Tod einer Partei ergeben sich die Folgen aus dem Bundesrecht: Die Erben treten ohne Weiteres an die Stelle der verstorbenen Partei, das heisst das Verfahren wird mit ihnen weitergeführt[40].

2.4.7 Konkurs einer Partei

Mit der Konkurseröffnung verliert der Schuldner die Verfügungsbefugnis über das Markenrecht (Art. 204 SchKG)[41]. Sie geht auf die Gläubigergesamtheit bzw. die Konkursverwaltung über (Art. 240 SchKG). Diese hat zu erklären, ob das Widerspruchsverfahren fortgesetzt wird oder nicht, bzw. ob gegebenenfalls das Markenrecht an einen oder mehrere Gläubiger abgetreten wird. Bis diese Erklärung erfolgt, kann das Widerspruchsverfahren sistiert werden (Art. 207 Abs. 2 SchKG).

2.5 Widerspruchsfrist

Der Widerspruch ist innerhalb von drei Monaten nach der Veröffentlichung der Eintragung beim Institut einzureichen (Art. 31 Abs. 2 MSchG). Schweizer Marken werden derzeit im SHAB, IR-Marken in dem von der WIPO bestimmten Publikationsorgan (zur Zeit «Gazette OMPI des marques internationales») veröffentlicht (Art. 43 Abs. 1 MSchV, Art. 44 Abs. 2 MSchG i.V.m. Art. 32 GAFO)[42].

Bei Schweizer Marken beginnt die Frist von drei Monaten somit am Tag der Veröffentlichung im SHAB zu laufen[43]. Der auf dem SHAB angegebene Ausgabetag stimmt nach der gängigen Praxis nicht mit dem Datum der (Post-) Zustellung über-

---

[39] VOGEL, 149 ff.; KUMMER, 159 f.; GYGI, 182 f.
[40] VOGEL, a.a.O.; KUMMER, a.a.O.; GYGI, a.a.O.
[41] VOGEL, a.a.O.
[42] Der Veröffentlichung im PMMBl kommt keine rechtliche Wirkung zu (Art. 43 Abs. 2 MSchV).
[43] Es handelt sich um eine Monats-, nicht eine nach Tagen bestimmte Frist, weshalb sie nicht erst an dem auf die Publikation folgenden Tag zu laufen beginnt (Art. 31 Abs. 2 MSchG i.V.m. Art. 20 Abs. 1 VwVG; vgl. auch DAVID, MSchG 31 N 6).

ein. Zugestellt werden die Nummern jeweils am folgenden Tag. Analog Art. 932 Abs. 2 OR beginnt die Widerspruchsfrist daher am nächsten Werktag, der dem auf dem SHAB aufgedruckten Ausgabetag folgt[44].

Bei IR-Marken beginnt die Frist am ersten Tag des Monats zu laufen, der dem Monat der Veröffentlichung in der «Gazette» folgt (Art. 50 Abs. 1 MSchV).

Die Frist läuft am Tag, der nach seiner Zahl dem Tag des Fristbeginns entspricht, um 24.00 Uhr, ab (vgl. Europäisches Übereinkommen über die Berechnung von Fristen Art. 4 Ziff. 2 i.V.m. Art. 2 und 3[45]).

Fällt der letzte Tag der Frist auf einen Samstag, Sonntag oder einen am Wohnsitz oder Sitz der Partei oder ihres Vertreters vom kantonalen Recht anerkannten Feiertag, so läuft die Frist am nächsten Werktag ab (Bundesgesetz über den Fristenlauf an Samstagen, Art. 20 Abs. 3 VwVG)[46].

Beispiele:
- Publikation einer Schweizer Marke im SHAB vom 17. Februar 2000: Fristbeginn 18. Februar 2000, Fristablauf 18. Mai 2000, 24.00 Uhr.
- Publikation einer IR-Marke in der «Gazette» vom 17. Dezember 1999: Fristbeginn 1. Januar 2000; Fristablauf 3. April 2000, 24.00 Uhr (1. April 2000 ist ein Samstag).

2.6 Widerspruchsgebühr

2.6.1 Zahlungsfrist und Gebührenhöhe

Die Widerspruchsgebühr ist innerhalb der Widerspruchsfrist zu bezahlen (Art. 31 Abs. 2 MSchG). Es handelt sich um eine Pauschalgebühr. Die Höhe der Gebühr ist fix bestimmt und bemisst sich nicht nach dem Aufwand im einzelnen Verfahren. Die Gebühr (von zur Zeit CHF 800.–, IGE-GebO Anhang I) ist für jedes Widerspruchsverfahren zu bezahlen, bei dem sich auf jeder Seite je eine Marke gegenüberstehen. Wird der Widerspruch auf mehrere Marken gestützt oder wird gegen mehrere Marken Widerspruch erhoben, wird für jede zusätzliche Marke ein weiteres Verfahren eröffnet (vgl. Widerspruchsformular Ziff. 4 und 7). Pro Verfahren ist je eine Gebühr zu bezahlen[47].

Die widersprechende Partei kann gegebenenfalls in der Begründung (Ziff. 9 des Widerspruchsformulars) darauf hinweisen, dass sie Inhaberin weiterer (Serien-)Marken ist, ohne dass der Widerspruch formell auf diese Marken gestützt wird (unter Ziff. 4 des Widerspruchsformulars).

2.6.2 Wahrung der Zahlungsfrist

Massgebend sind die allgemeinen Bestimmungen der IGE-GebO sowie die einschlägige Gerichts- und Verwaltungspraxis.

---

[44] DAVID, MSchG 31 N 6; BGE 62 III 201.
[45] SR 0.221.122.3.
[46] Der in Art. 20 Abs. 3 VwVG erwähnte Grundsatz wird auch auf die nicht nach Tagen berechnete Widerspruchsfrist angewandt. Macht eine Partei einen kantonalen Feiertag geltend macht, hat sie dies nachzuweisen.
[47] PMMBl 1993 I 65; DAVID, MSchG 31 N 13; RKGE sic! 1997, 578 – Canal plus / Câble plus.

2.6.2.1 Ermächtigung zur Belastung eines Kontokorrents beim Institut

Für Zahlungen aus dem Kontokorrent beim Institut bedarf es eines entsprechenden ausdrücklichen schriftlichen Belastungsauftrages des Kontoinhabers[48]. Bei Bezahlung der Widerspruchsgebühr ist somit für die Fristwahrung massgebend, dass der entsprechende Belastungsauftrag von der widersprechenden Partei innerhalb der Frist dem Institut bzw. der Post übergeben wird (siehe Ziff. 5.7.3) und das Konto in diesem Zeitpunkt (vor Fristablauf) über ein Guthaben verfügt, das zur vollen Deckung der Gebühr genügt.

Nicht massgebend ist insoweit der Zeitpunkt der Ausführung des Belastungsauftrages durch das Institut. Weist das Konto ausnahmsweise im Zeitpunkt, in dem es belastet werden soll, keinen genügenden Saldo auf, ist dennoch von einer rechtzeitigen Zahlung auszugehen, falls das Konto zu einem beliebigen Zeitpunkt zwischen der Einreichung des Widerspruchs und dem Ablauf der Widerspruchsfrist gedeckt war und der Fehlbetrag innert einer Nachfrist von 10 Tagen nachbezahlt wird (Art. 7 Abs. 3 IGE-GebO).

2.6.2.2 Einzahlung auf das Postkonto des Instituts

Die Widerspruchsgebühr kann auch auf das Postkonto des Instituts, derzeit PC 30-4000-1, einbezahlt werden.

Wurde der Zahlungsauftrag von der Bank mit Hilfe des Sammelauftragsdienstes der Post ausgeführt, ist die Zahlungsfrist eingehalten, wenn einerseits der Datenträger spätestens am letzten Tag dieser Frist der schweizerischen Post übergeben und anderseits als Fälligkeitsdatum auf dem Datenträger spätestens der letzte Tag der Zahlungsfrist eingesetzt wird[49].

Das Valutadatum, das die mit der Zahlung beauftragte Bank in der Belastungsanzeige gegenüber dem Bankkunden angibt, ist für den Zahlungseingang nicht massgebend, denn es bedeutet lediglich, dass das Konto des Auftraggebers am betreffenden Tag entsprechend belastet wurde.

Die Widerspruchsgebühr ist auch in den Fällen, in denen eine Rechnung des Instituts verlangt wird, innert der gesetzlichen Widerspruchsfrist und gemäss IGE-GebO zu bezahlen.

2.7 Sprache

Der Widerspruch ist in einer schweizerischen Amtssprache einzureichen (Art. 3 Abs. 1 MSchV).

3 Mängel des Widerspruchs

Die Folgen richten sich jeweils nach dem konkreten Mangel. In manchen Fällen kann eine Nachfrist angesetzt werden, in anderen nicht.

---

[48] Gemäss den entsprechenden allgemeinen Bedingungen zum Kontokorrent. Vermerke wie «Konto belasten» oder «zu Lasten meines Kontos», die der Kontoinhaber auf der Widerspruchsschrift anbringt, werden als Aufträge im genannten Sinn behandelt.

[49] BGE 117 Ib 220; eher unklar und insoweit problematisch RKGE, sic! 1998, 404 – Elle (fig.) / NaturElle collection (fig.), wonach es genüge, wenn als Fälligkeitsdatum auf dem Datenträger spätestens der «postalisch nächstmögliche» Tag als Fälligkeitsdatum eingesetzt werde (neben der fristgerechten Postaufgabe des Datenträgers).

3.1 Nicht behebbare Mängel

Auf den verspätet eingereichten Widerspruch ist nicht einzutreten. Da es sich um eine gesetzliche Frist handelt, kann sie nicht erstreckt werden (Art. 31 Abs. 2 MSchG i.V.m. Art. 22 Abs. 1 VwVG). Gleich verhält es sich bei nicht oder verspätet bezahlter Widerspruchsgebühr (Art. 31 Abs. 2 MSchG). Nicht eingetreten werden kann sodann auf den Widerspruch,

- der ohne Begründung eingereicht wird (Art. 31 Abs. 2 MSchG);
- der sich gegen eine gelöschte oder nicht eingetragene Marke richtet (Art. 31 Abs. 1 MSchG);
- bei dem die Marke des Widersprechenden nicht, wie behauptet, im Sinne der PVÜ bzw. des TRIPs notorisch bekannt ist;
- der sich gegen eine ältere Marke richtet (Art. 31 Abs. 1 i.V.m. Art. 3 MSchG);
- der keine relativen Ausschlussgründe geltend macht (Art. 31 Abs. 1 i.V.m. Art. 3 Abs. 1 MSchG);
- bei dem ein sonstiges wesentliches Element, wie die Bezeichnung der Parteien oder die Identifikation der sich gegenüberstehenden Marken, überhaupt fehlt (Art. 20 MSchV)[50].

3.2 Behebbare Mängel

Bei behebbaren Mängeln wird eine Nachfrist angesetzt mit dem Hinweis darauf, dass bei versäumter Frist auf den Widerspruch nicht eingetreten werde (Art. 23 VwVG). Behebbare Mängel liegen vor, wenn für den Widerspruch wesentliche Elemente zwar vorhanden, aber fehlerhaft sind, wie zum Beispiel falsch geschriebene Namen oder ungenaue Registernummern[51]. Eine Nachfrist ist ferner anzusetzen beim Widerspruch,

- bei dem kein Vertreter nach Art. 42 MSchG bestellt wurde oder bei dem die Vertretervollmacht fehlt (Art. 5 Abs. 1 und Art. 21 MSchV);
- der keine (Original-) Unterschrift enthält (Art. 31 Abs. 2 MSchG, Art. 6 MSchV, Art. 52 VwVG analog).

Verbesserbar sind allenfalls auch unklare oder auslegungsbedürftige Rechtsbegehren, insbesondere wenn Unklarheiten in Bezug auf den Umfang des Widerspruchs bestehen (Art. 20 lit. d MSchV, Art. 52 VwVG analog). Das Rechtsbegehren nennt die Rechtsfolge, die zu beurteilen (zu entscheiden) ist und bestimmt damit den Streitgegenstand[52]. Eindeutige Rechtsbegehren sind unerlässlich, wenn die urteilende Instanz nach dem Verfügungsgrundsatz an die Parteianträge gebunden ist (siehe vorne 1.3). Das Rechtsbegehren muss insbesondere in Bezug auf den Umfang des Widerspruchs so klar sein, dass es unverändert in das Entscheiddispositiv übernommen werden kann[53]. Wird zum Beispiel angegeben, der Widerspruch richte sich gegen alle «gleichartigen» Waren oder Dienstleistungen, ist dieses Rechtsbegehren zu wenig bestimmt,

---

[50] RKGE, sic! 1999, 284 f. – Chalet.
[51] RKGE, a.a.O., wonach untergeordnete Mängel allenfalls auch ohne Nachfristansetzung durch die Parteien oder von Amtes wegen korrigiert werden können.
[52] RHINOW / KOLLER / KISS, N 845 und 1312.
[53] Vgl. GYGI, 191.

auslegungsbedürftig und daher unzulässig. Der widersprechenden Partei wird eine Nachfrist angesetzt, um den Umfang des Widerspruchs zu präzisieren. Wird der Mangel nicht fristgerecht behoben, wird auf den Widerspruch nicht eingetreten[54].

Stützt sich der Widerspruch auf mehrere Marken oder richtet er sich gegen mehrere Marken, wurde aber innert Frist nur *eine* Gebühr entrichtet, wird eine Nachfrist angesetzt, innert der zu bestimmen ist, auf welche Marke sich der Widerspruch stützt oder gegen welche Marke er sich richtet. Der Streitgegenstand muss innerhalb dieser Frist bestimmt bzw. eingeschränkt werden[55].

Deckt sich der im Register eingetragene Markeninhaber nicht mit der Partei, in deren Namen Widerspruch erhoben wird, wird eine Nachfrist angesetzt, um die Eingabe zu berichtigen bzw. die Aktivlegitimation nachzuweisen. Kann die widersprechende Partei ihre Aktivlegitimation nicht belegen, wird auf den Widerspruch nicht eingetreten[56].

3.3 Behebung von Mängeln innerhalb der Widerspruchsfrist

Werden Mängel, bei denen keine Nachfrist angesetzt werden kann, vom Institut vor Ablauf der Widerspruchsfrist festgestellt, wird die widersprechende Partei darüber nach Möglichkeit umgehend in Kenntnis gesetzt. Wird der Widerspruch spät eingereicht, besteht kein Anspruch darauf, dass die widersprechende Partei über den Mangel noch innert der Widerspruchsfrist informiert wird. Je früher der Widerspruch vor Fristablauf eingereicht wird, desto eher werden Mängel noch rechtzeitig bemerkt.

4 Schriftenwechsel

Bei einem offensichtlich unzulässigen Widerspruch wird kein Schriftenwechsel durchgeführt (Art. 22 Abs. 1 MSchV). Bei eindeutig fehlenden Verfahrensvoraussetzungen wird ohne Anhörung des Widerspruchsgegners eine Nichteintretensverfügung erlassen. Ist eine IR-Marke angefochten, wird auch in solchen Fällen zuerst eine provisorische Schutzverweigerung erlassen[57].

In allen übrigen Fällen wird dem Widerspruchsgegner der Widerspruch zugesandt und eine Frist zur Stellungnahme angesetzt. Das Institut kann weitere Schriftenwechsel durchführen (Art. 22 Abs. 4 MSchV).

5 Weitere allgemeine Bemerkungen zum Verfahren

5.1 Mehrere Widersprüche gegen eine Marke

Sind gegen dieselbe Markeneintragung mehrere Widersprüche eingereicht worden, so bringt das Institut diese allen widersprechenden Parteien zur Kenntnis. Die Behandlung der Widersprüche kann in einem einzigen Verfahren vereinigt werden (Art. 23 Abs. 1 MSchV).

---

[54] RKGE, sic! 2000, 111 f. – Luk.
[55] Vgl. auch RKGE, sic! 1997, 578 – Canal plus / Câble plus.
[56] Sind mehrere Personen Hinterleger oder Inhaber einer Marke, kann das Institut sie auffordern, einen gemeinsamen Vertreter zu benennen (Art. 4 MSchV). Nach unbenutztem Ablauf der Frist gilt die im Eintragungsgesuch oder im Markenregister zuerst genannte Person als Vertreter (Art. 4 Abs. 2 MSchV).
[57] Die Nichteintretensverfügung könnte angefochten und von der RKGE aufgehoben werden. Währenddessen könnte die Frist für den Erlass der Schutzverweigerung ablaufen.

Aus Gründen der Zweckmässigkeit kann das Institut bei mehreren Widersprüchen gegen eine Marke zuerst einen Widerspruch entscheiden und die Behandlung der übrigen aussetzen (Art. 23 Abs. 2 MSchV).

5.2 Sistierung

Neben dem vorangehend erwähnten Fall werden in der MSchV zwei weitere Beispiele genannt, in denen das Verfahren ausgesetzt werden kann (Art. 23 Abs. 3, Art. 51 MSchV). Darüber hinaus kann das Verfahren allgemein aus Gründen der Zweckmässigkeit und der Verfahrensökonomie sistiert werden, insbesondere wenn es von der Entscheidung in einem hängigen Zivilprozess beeinflusst werden kann (Art. 6 Abs. 1 BZP analog). Häufig wird das Widerspruchsverfahren sistiert, wenn die Parteien es übereinstimmend beantragen.

Sistiert werden kann auf bestimmte oder unbestimmte Dauer. In beiden Fällen kann jede Partei jederzeit ein Gesuch um Wiederaufnahme stellen. Sistiert wird mit einer Zwischenverfügung, die das Institut auch von sich aus jederzeit abändern oder aufheben kann. Die Sistierungsverfügung ist selbständig anfechtbar, falls sie einen nicht wieder gutzumachenden Nachteil bewirken kann (Art. 45 VwVG).

5.3 Verfahrenssprache

Das Verfahren wird grundsätzlich in jener Amtssprache durchgeführt, in welcher der Widerspruch eingereicht wurde (Art. 37 VwVG). Verfügungen an den Widerspruchsgegner können in derjenigen Amtssprache erlassen werden, in der dieser sein Begehren stellen würde. Die Endverfügung wird durchwegs in der Sprache der widersprechenden Partei erlassen. Es erfolgt grundsätzlich keine Übersetzung in die Sprache, in der die Gegenpartei ihre Eingaben machte oder machen würde[58]. Von Beweisurkunden, die nicht in einer Amtssprache abgefasst sind, kann das Institut eine Übersetzung verlangen (Art. 3 Abs. 2 MSchV).

5.4 Ausschluss vom Verfahren

Bestimmt der Widerspruchsgegner mit Sitz oder Wohnsitz im Ausland innerhalb der vom Institut angesetzten Frist keinen Schweizer Vertreter, wird er vom Verfahren ausgeschlossen und das Verfahren unter Verzicht auf dessen weitere Anhörung von Amtes wegen fortgesetzt (Art. 21 Abs. 2 MSchV). Formell verfügt werden kann dies in einer Zwischenverfügung, aber auch erst in der Endverfügung.

Meldet sich nach Fristablauf ein (bevollmächtigter) Vertreter, kann er nicht aktiv am Verfahren teilnehmen. Er wird vom Institut bis zum Verfahrensabschluss auch nicht über dessen Ablauf informiert. Die Endverfügung kann dem Vertreter jedoch zugestellt werden.

---

[58] Eine Ausnahme besteht bei IR-Marken. Bei Publikation der Endverfügung im Bundesblatt kann der Widerspruchsgegner, gegen dessen IR-Marke sich der Widerspruch richtete, verlangen, dass ihm der vollständige Entscheid, wie er dem Widersprechenden in der Schweiz zugestellt wurde, in die französische Sprache übersetzt nachgeliefert wird (über die WIPO als nicht anfechtbare Verfügung nach Art. 5 Abs. 4 MMA, siehe dazu hinten).

5.5 Akteneinsicht

Akteneinsichtsgesuche beurteilen sich nach Art. 39 MSchG und Art. 36–37 MSchV[59]. Diese Bestimmungen haben gegenüber Art. 26–28 VwVG Vorrang[60]. Jede Person kann in das Aktenheft eingetragener Marken Einsicht nehmen (Art. 39 Abs. 2 MSchG). Dazu gehören gegebenenfalls auch die Widerspruchsakten. Beweisurkunden, die Fabrikations- oder Geschäftsgeheimnisse offenbaren, werden auf Antrag oder von Amtes wegen ausgesondert (Art. 36 Abs. 3 MSchV).

Gesuchen von Dritten um Akteneinsicht ist grundsätzlich auch während des hängigen Widerspruchsverfahrens zu entsprechen[61]. Auf entsprechendes Gesuch werden Kopien von Widerspruchsentscheiden versandt, sofern der Entscheid rechtskräftig ist. Enthält er Umsatzzahlen oder andere vertrauliche Daten, werden sie unleserlich gemacht.

5.6 Information über eingegangene Widersprüche

Auf entsprechendes Gesuch hin bestätigt das Institut frühestens fünf Wochen nach Ablauf der Widerspruchsfrist schriftlich, dass gegen eine neu publizierte Marke kein Widerspruch erhoben wurde[62]. Telefonische Anfragen werden bereits früher, aber unverbindlich (gebührenfrei) beantwortet.

5.7 Fristen

5.7.1 Vom Institut angesetzte Fristen

Für die Stellungnahme des Widerspruchsgegners setzt das Institut in der Regel eine Frist von 30 Tagen an.

Wird eine IR-Marke angefochten, wird in der provisorischen Schutzverweigerung zunächst eine Frist von drei Monaten zur Bestimmung eines Vertreters in der Schweiz angesetzt[63]. Sobald sich der Vertreter fristgerecht konstituiert hat, wird ihm die übliche Frist zur Einreichung der Stellungnahme angesetzt[64].

Für die Stellungnahme zu einem Sistierungsantrag gewährt das Institut in der Regel eine Frist von 15 Tagen.

Ausserordentliche Nachfristen (z.B. zur Einreichung einer Stellungnahme bei Nichtgewährung der gewünschten Fristverlängerung) betragen in der Regel 10 Tage.

---

[59] Die Gebühr richtet sich nach dem Anhang der IGE-GebO i.V.m. Art. 26 Abs. 2 VwVG.
[60] Entscheid RKGE vom 14.7.2000 i.S. Apex (noch nicht publiziert).
[61] RKGE a.a.O.; vgl. auch BGE 110 II 315 betreffend Patentrecht.
[62] Die schriftliche Bestätigung erfolgt gegen Bezahlung einer Gebühr gemäss Art. 2 Abs. 2 IGE-GebO (zur Zeit CHF 55.– pro Marke). Bei den fünf Wochen handelt es sich um eine Sicherheitsmarge wegen allfälliger Verzögerungen bei der Zustellung oder Bearbeitung.
[63] Bei Schutzverweigerungen aus absoluten *und* relativen Schutzverweigerungsgründen beträgt die Frist 5 Monate.
[64] In den Fällen, in denen das Widerspruchsverfahren bis zum Entscheid über die absoluten Schutzverweigerungsgründe sistiert wird, wird dem Vertreter die Sistierung eröffnet. Sofern das Widerspruchsverfahren wieder aufgenommen wird, weil die Marke zum Schutz zugelassen wurde, nimmt es seinen ordentlichen Lauf (Aufforderung zur Stellungnahme und allfällige weitere Schriftenwechsel).

5.7.2 Fristverlängerungen

Die Widerspruchsfrist kann als gesetzliche Frist nicht erstreckt werden (Art. 22 Abs. 1 VwVG).

Im Rahmen des vom Institut angeordneten Schriftenwechsels werden in der Regel bei jeder Eingabe (Stellungnahme des Widerspruchsgegners, Replik, Duplik) maximal drei Fristverlängerungen von je zwei Monaten gewährt. Das zweite Fristverlängerungsgesuch ist zu begründen. Die dritte Fristerstreckung wird in der Regel nur bei Zustimmung der Gegenpartei gewährt.

Bei Nachfristen zur Behebung von Mängeln der Widerspruchseingabe hängt die Möglichkeit zur allfälligen Fristverlängerung vom konkreten Mangel ab.

5.7.3 Fristberechnung

Die Fristberechnung richtet sich insbesondere nach dem Europäischen Übereinkommen über die Berechnung von Fristen[65]. Art. 2 MSchV widerspricht Art. 4 Abs. 2 des Europäischen Übereinkommens und ist insoweit nicht anwendbar[66].

5.7.4 Fristwahrung

Schriftliche Eingaben sind spätestens am letzten Tag der Frist beim Institut einzureichen oder zu dessen Handen der schweizerischen Post zu übergeben (Art. 21 Abs. 1 VwVG)[67].

5.7.5 Rechtsfolgen bei Nichteinhalten einer Frist

Die Rechtsfolgen sind unterschiedlich. Wird zum Beispiel die *gesetzliche* Widerspruchsfrist nicht eingehalten, ist auf den Widerspruch nicht einzutreten (Art. 22 Abs. 1 VwVG i.V.m. Art. 31 Abs. 2 MSchG). Wird eine vom *Institut* angesetzte Frist nicht eingehalten, bestimmt sich die Rechtsfolge nach Massgabe der Verfügung (Art. 23 VwVG). Reicht zum Beispiel der Widerspruchsgegner innert der ihm angesetzten Frist keine Stellungnahme ein, wird das Verfahren von Amtes wegen fortgesetzt.

Verspätete (oder ergänzende) Eingaben der Parteien, die ausschlaggebend erscheinen, können trotz der Verspätung berücksichtigt werden (solange das Verfahren noch nicht abgeschlossen ist, Art. 32 Abs. 2 VwVG)[68].

5.7.6 Wiederherstellung

Die Wiederherstellung einer Frist kann erteilt werden, wenn der Gesuchsteller oder sein Vertreter unverschuldet abgehalten worden ist, innert der Frist zu handeln, binnen zehn Tagen nach Wegfall des Hindernisses ein begründetes Begehren um Wiederherstellung einreicht und die versäumte Rechtshandlung nachholt (Art. 24 Abs. 1 VwVG). Die praktische Bedeutung der Wiederherstellung wird durch Art. 32 Abs. 2 VwVG insoweit relativiert, als nach dieser Bestimmung verspätete Parteivorbringen, die ausschlaggebend erscheinen, trotz der Verspätung grundsätzlich berücksichtigt werden können.

---

[65] SR 0.221.122.3.

[66] Entscheid RKGE vom 4.8.2000 i.S. Gallup (noch nicht publiziert).

[67] Schriftliche Eingaben an das IGE können nicht gültig bei einer schweizerischen konsularischen oder diplomatischen Vertretung vorgenommen werden (Art. 21 Abs. 1bis VwVG).

[68] Der Gegenpartei wird die nachträgliche Eingabe zur Kenntnis gebracht; unter Umständen wird ihr förmlich Gelegenheit zur Stellungnahme geboten, das heisst eine entsprechende Frist angesetzt.

Die Wiederherstellung wird bei Versäumung gesetzlicher oder behördlicher Fristen gewährt; sie entspricht einem allgemeinen Rechtsgrundsatz[69]. Die Praxis stellt strenge Anforderungen an den Nachweis unverschuldeter Hindernisse[70]. Denkbar ist zum Beispiel eine plötzliche schwere Erkrankung, nicht aber Arbeitsüberlastung oder Ferien[71].

5.7.7 Weiterbehandlung

Die Weiterbehandlung kann beantragt werden, wenn das Institut in Markensachen ein Gesuch zurückweist, weil eine Frist versäumt wurde (Art. 41 Abs. 1 MSchG). Bei Versäumnis der Widerspruchsfrist ist die Weiterbehandlung ausgeschlossen (Art. 41 Abs. 4 lit. c MSchG). Dieser Ausschluss ist als umfassend zu betrachten, das heisst Art. 41 MSchG findet auf das Widerspruchsverfahren generell keine Anwendung. Art. 41 Abs. 1 MSchG ist bereits vom Wortlaut her («Weist ... ein Gesuch zurück») eindeutig auf das Markeneintragungsverfahren zugeschnitten. In diesem werden häufig Mängel der hinterlegten Zeichens beanstandet und dem Hinterleger eine Frist zur Stellungnahme oder Behebung des Mangels angesetzt mit der Androhung, bei unbenütztem Fristablauf werde das Eintragungsgesuch zurückgewiesen. Dem Zivilprozess oder anderen streitigen Mehrparteienverfahren ist eine derartige Weiterbehandlungsmöglichkeit dagegen unbekannt. Der Natur und der Zielsetzung des Widerspruchsverfahrens widerspricht sie ebenfalls. Bei diesem handelt es sich um ein Mehrparteienverfahren, das möglichst einfach und rasch sein soll (siehe vorne 1.2 und 1.3). Während des Widerspruchsverfahrens können zudem alle vom Institut angesetzten Fristen verlängert werden (Art. 22 Abs. 2 VwVG). Von der Möglichkeit der Fristverlängerung sowie der Sistierung wird in der Praxis denn auch relativ grosszügig Gebrauch gemacht. Ferner können verspätete Parteivorbringen, die ausschlaggebend erscheinen, trotz der Verspätung berücksichtigt werden (Art. 32 Abs. 2 VwVG). Nach Abschluss des Verfahrens soll sich die Gegenpartei auf den Eintritt der Rechtskraft des Entscheides, der beiden Parteien gegenüber Wirkungen entfaltet, verlassen können (unter Vorbehalt eigentlicher Revisionsgründe, vgl. hinten 11).

Keine eigentliche Ausnahme bilden Widersprüche, die sich gegen IR-Marken richten, bei denen auch absolute Ausschlussgründe vorliegen. Wird in diesen Fällen kein Schweizer Vertreter bestellt, wird eine definitive Schutzverweigerung erlassen, die anfechtbar ist und bei der die Weiterbehandlungsmöglichkeit besteht (siehe 9.2.2). Diese betrifft aber primär die absoluten Ausschlussgründe und nur indirekt das Widerspruchsverfahren.

6 Der Markengebrauch im Widerspruchsverfahren

6.1 Grundsatz der Massgeblichkeit des Registereintrages

Grundlage der Beurteilung der Verwechslungsgefahr bilden die im Register eingetragenen Waren und Dienstleistungen. Die aktuelle Tätigkeit der Parteien ist grundsätzlich nicht massgebend[72]. Eine Ausnahme bilden die Fälle, in denen der Nichtgebrauch

---

[69] Vgl. RHINOW / KOLLER / KISS, N 495, 840, 1169 ff.
[70] Vgl. RHINOW / KOLLER / KISS, N 1171.
[71] Vgl. auch GYGI, 62, mit Hinweisen.
[72] RKGE sic! 1999, 419 – König / Sonnenkönig; MARBACH, 115.

der Marke des Widersprechenden nach Art. 32 MSchG behauptet wird. Aber auch in diesen Fällen kommt es insoweit einzig auf den Gebrauch der Marke des Widersprechenden an.

6.2 Einrede des Nichtgebrauchs

Will der Widerspruchsgegner die Einrede des Nichtgebrauchs nach Art. 32 MSchG erheben, muss er dies seiner ersten Stellungnahme tun (Art. 22 Abs. 3 MSchV). In einem späteren Stadium des Verfahrens bleibt diese Einrede unberücksichtigt[73]. Ist nach den Äusserungen des Widerspruchsgegners nicht klar, ob er tatsächlich den Nichtgebrauch im Sinne von Art. 32 MSchG behauptet, ist ihm Gelegenheit zu bieten, dies zu präzisieren.

Wird die Einrede im Verlauf des Verfahrens zurückgezogen, muss der Gebrauch der Widerspruchsmarke nicht mehr geprüft werden[74].

Soweit der Gebrauch nicht bestritten ist, sind die eingetragenen Waren oder Dienstleistungen massgebend. Der Schutz wird in diesem Fall also nicht auf jenen Waren- oder Dienstleistungsbereich beschränkt, in dem die Marke tatsächlich gebraucht wird[75]. In manchen Fällen mag zwar feststehen, dass die Widerspruchsmarke nicht für alle, sondern nur für einen Teil der eingetragenen Produkte gebraucht wird. Bei nicht erhobener Gebrauchseinrede sind dennoch die eingetragenen Waren und Dienstleistungen massgebend.

6.3 Karenzfrist

Als Karenzfrist bezeichnet man die Frist, während welcher eine Marke ohne Schaden für das Markenrecht ungebraucht bleiben kann[76]. Bevor der Widerspruchsgegner die Einrede des Nichtgebrauchs erhebt, sollte er prüfen, ob sich die Marke des Widersprechenden noch innerhalb dieser Frist befindet.

6.3.1 Dauer der Karenzfrist

Die Karenzfrist beträgt 5 Jahre (Art. 12 Abs. 1 MSchG). Sie verlängert sich (ausnahmsweise) um diejenige Zeit, während welcher wichtige Gründe für den Nichtgebrauch vorliegen.

6.3.2 Beginn der Karenzfrist

6.3.2.1 Markeneintragung

Die Karenzfrist beginnt nach der Eintragung:
- bei *Schweizer Marken,* die unter dem aMSchG eingetragen wurden: im Zeitpunkt der Publikation der Eintragung;

---

[73] DAVID, MSchG 32 N 6; RKGE, sic! 1999, 282 – Genesis / Genesis.
[74] RKGE, sic! 1997, 578 – Canal plus / Câble plus.
[75] Solange der Gebrauch nicht bestritten wird, besteht auch nach Ablauf der Karenzfrist die Möglichkeit der Gebrauchsaufnahme (Art. 12 Abs. 2 MSchG). Bei fehlendem Gebrauch verliert die Marke nicht sofort ihre Wirkungen (MARBACH, 185 und 188).
[76] DAVID, MSchG 12 N 5; vgl. auch Art. 5 lit. C Abs. 1 PVÜ, Art. 19 TRIPs.

- bei *Schweizer Marken,* die nach dem MSchG eingetragen wurden: im Zeitpunkt des unbenützten Ablaufs der Widerspruchsfrist oder mit rechtskräftigem Abschluss des Widerspruchsverfahrens (Art. 12 Abs. 1 MSchG) [77,78];
- bei *IR-Marken,* die unter der AO eingetragen wurden: 12 Monate nach der Eintragung im internationalen Register gemäss Regel 17.1 AO (i.V.m. Art. 5 Abs. 2 MMA)[79] oder, wenn das Verfahren wegen einer Schutzverweigerung zu diesem Zeitpunkt noch nicht beendet ist, mit rechtskräftigem Abschluss des Verfahrens (analog zur Situation bei Schweizer Marken gemäss Art. 12 Abs. 1 MSchG);
- bei *IR-Marken,* die nach der GAFO eingetragen wurden:
  - im Anwendungsbereich des MMA: 12 Monate nach dem «date de notification», das heisst dem Datum, an dem die WIPO das Registerblatt der nationalen Behörde gesandt hat und ab dem die Frist für das Erlassen der Schutzverweigerung läuft (Regel 18 Abs. 1 lit. iii GAFO, Art. 5 Abs. 2 MMA);
  - im Anwendungsbereich des MMP: 18 Monate nach dem «date de notification» (wie vorangehend)[80];
  - bzw. im Anwendungsbereich beider Abkommen, falls das Verfahren wegen einer Schutzverweigerung zu diesem Zeitpunkt noch nicht beendet ist: mit rechtskräftigem Abschluss des Verfahrens (ebenfalls analog zur Situation bei Schweizer Marken gemäss Art. 12 Abs. 1 MSchG).

6.3.2.2 Erneuerung der Eintragung nach aMSchG

Nach aMSchG begann bei der Erneuerung der Eintragung einer Schweizer Marke eine neue Karenzfrist von 3 Jahren. Die Erneuerung wurde wie eine Neueintragung geprüft und hatte dieselben Wirkungen (vgl. Art. 8 Abs. 2 aMSchG)[81].

Die Verlängerung nach MSchG unterliegt dagegen keiner erneuten materiellen Prüfung (Art. 10 Abs. 2 MSchG) und bewirkt einzig die Erstreckung der Gültigkeitsdauer der Eintragung. Die Verlängerung löst keine neue Karenzfrist aus[82]. Ebenso ist (und war) auch die Verlängerung von IR-Marken ein reiner Formalakt, der keine neue Karenzfrist auslöst[83].

---

[77] Die Karenzfrist verlängert sich somit um die Zeitspanne, während welcher noch nicht feststeht, ob die Marke im Administrativverfahren angefochten wird.

[78] Eine Ausahme besteht in übergangsrechtlicher Hinsicht bei Marken, die mit einer Gebrauchspriorität nach Art. 78 MSchG eingetragen wurden. Gegen solche Marken kann nicht Widerspruch erhoben werden (Art. 78 Abs. 2 MSchG). Somit beginnt in diesen Fällen die Karenzfrist unmittelbar mit der Publikation der Marke.

[79] Massgebend ist nicht das Registrierungsdatum auf dem Registerblatt links oben. Bei den 12 Monaten handelt es sich um die Frist für das Erlassen der nationalen Schutzverweigerung. Analog zu den gemäss MSchG eingetragenen Schweizer Marken beginnt bei IR-Marken die Karenzfrist noch nicht im Zeitpunkt der Eintragung im internationalen Register. Zu diesem Zeitpunkt steht noch nicht fest, ob die Marke in den Ländern, für die Schutz beansprucht wird, tatsächlich zum Schutz zugelassen wird.

[80] Die Schweiz hat eine Erklärung gemäss Art. 5 Abs. 2 lit. b MMP abgegeben, womit die Jahresfrist für den Erlass der Schutzverweigerung durch eine Frist von 18 Monaten ersetzt wird. Zur Zeit ist das MMP bei folgenden Ursprungsländern (die einzig das MMP ratifiziert haben) anwendbar: vgl. Homepage der WIPO: http://www.wipo.int/eng/ratific/g-mdrd-m.htm.

[81] BGE 102 II 111.

[82] DAVID, MSchG 12 N 8.

[83] Eine erneute materielle Prüfung ist sowohl nach MMA wie MMP ausgeschlossen. Im Vergleich zur Erneuerung von Schweizer Marken nach aMSchG besteht insoweit eine Ungleichbehandlung, die

6.3.2.3 Gebrauchsunterbruch

Im Falle eines Unterbruchs des bisher rechtsgenügenden Gebrauchs beginnt eine neue Karenzfrist zu laufen, und zwar in diesem Fall ab der letzten ernsthaften Nutzungshandlung[84].

6.3.3 Ablauf der Karenzfrist während des Verfahrens

Falls bei Einreichung des Widerspruchs die Karenzfrist abgelaufen ist, muss der Widersprechende (auf entsprechende Einrede hin) den Gebrauch seiner Marke glaubhaft machen.

Wenn bei Einreichung des Widerspruchs die Karenzfrist noch nicht abgelaufen ist, kann der Widersprechende zu diesem Zeitpunkt sein Markenrecht geltend machen (Art. 12 MSchG e contrario). Läuft die Karenzfrist aber während des Verfahrens ab, handelt es sich um eine Änderung des rechtserheblichen Sachverhalts[85]. Aus Gründen der gleichheit, mit Rücksicht auf Art. 22 Abs. 3 MSchV und Art. 12 Abs. 2 MSchG sowie das Beschleunigungsgebot wird der Ablauf der Karenzfrist bis zum Zeitpunkt der *ersten Stellungnahme des Widerspruchsgegners* berücksichtigt[86]. Läuft die Karenzfrist nachher ab, wird dieser Umstand nicht mehr berücksichtigt und der Widersprechende hat den Gebrauch seiner Marke nicht glaubhaft zu machen[87]. Nach der ersten Stellungnahme gemäss Art. 22 Abs. 3 MSchV wird der Ablauf der Karenzfrist auch nicht im Sinne eines Novums berücksichtigt. Andernfalls könnte das Widerspruchsverfahren übermässig verzögert und verschleppt werden.

6.4 Zum Gebrauchstatbestand

6.4.1 Gebrauch in der Schweiz

Grundsätzlich ist ein Gebrauch in der Schweiz erforderlich[88]. Eine Ausnahme ergibt sich aus dem Übereinkommen zwischen der Schweiz und Deutschland betreffend den gegenseitigen Patent-, Muster- und Markenschutz[89]. Gemäss dessen Art. 5 Abs. 1 gilt der Gebrauch in einem Staat auch im anderen als rechtserhaltend[90]. Weitere Ausnah-

---

jedoch durch die unterschiedlichen Voraussetzungen und Wirkungen der jeweiligen Tatbestände begründet ist und Art. 4 MMA nicht verletzt.

[84] DAVID, MSchG 12 N 6; MARBACH, 186.

[85] Massgebend ist im Allgemeinen der Sachverhalt zum Zeitpunkt des Entscheides. Auch im Zivilprozess gilt das Litiskontestationsprinzip, wonach der Sachverhalt massgebend ist, wie er bei Begründung der Rechtshängigkeit vorlag, nur sehr eingeschränkt (vgl. Art. 21 BZP; Vogel, 201 und 213 ff.; KUMMER, 85).

[86] Zur ersten Stellungnahme gemäss Art. 22 Abs. 3 MSchV zählen nicht bereits Fristverlängerungs- oder Sistierungsgesuche, sondern materielle Widerspruchsantworten.
Für die Berücksichtigung des Ablaufs der Karenzfrist nicht nur bis zur Widerspruchseinreichung, sondern bis zur Bestreitung des Gebrauchs spricht auch der Umstand, dass bis zu diesem Zeitpunkt der Gebrauch nach Art. 12 Abs. 2 MSchG erstmals oder erneut aufgenommen werden kann.

[87] RKGE, sic! 1999, 282 f. – Genesis / Genesis: Auf die erst im Rahmen des Beschwerdeverfahrens erhobene Einrede des Nichtgebrauchs wurde nicht eingetreten.

[88] MARBACH, 174; MARBACH, Der Stellenwert ausländischer Sachverhaltselemente bei der Beurteilung nationaler Markenrechte, in: JENNY / KÄLIN (Hrsg.), Die schweizerische Rechtsordnung in ihren internationalen Bezügen, Bern 1988, 330.

[89] SR 0.232.149.136.

[90] Dazu MARBACH, 175; DAVID, MSchG 11 N 20; FEZER, 1906 (Zweiseitige Abkommen, N 12).

men können sich bei Exportmarken (Art. 11 Abs. 2 MSchG)[91] sowie bei notorisch bekannten Marken ergeben (Art. 6bis PVÜ, siehe vorne 2.4.1.2)[92].

6.4.2 Zeitlicher Bezug des Gebrauchs

Es genügt, wenn nur der Gebrauch in jüngster Zeit dargetan wird. Die Beweismittel müssen sich jedoch auf einen Zeitpunkt vor der Einrede des Nichtgebrauchs beziehen[93].

6.4.3 Ernsthaftigkeit des Gebrauchs

Hinsichtlich der Ernsthaftigkeit des Gebrauchs wird in subjektiver Hinsicht die Absicht vorausgesetzt, der Nachfrage des Marktes genügen zu wollen[94]. Um diese Absicht fest zustellen, sind die gesamten Umstände des Einzelfalles zu berücksichtigen. Beurteilungskriterien bilden dabei die Art der Waren oder Dienstleistungen, Umsatzzahlen, geografische Ausdehnung und Dauer des Gebrauchs. So gelten bei teuren Investitionsgütern (z.B. Flugzeugen) andere Massstäbe als bei Konsumgütern des täglichen Bedarfs (Brot, Schuhe etc.).

Ungenügend ist immer ein bloss symbolischer Markengebrauch, der nur inszeniert wird, um den Verlust des Markenschutzes abzuwenden[95]. Eine blosse Einzelaktion ist in der Regel nicht ausreichend[96]. Von jedem Marktteilnehmer darf eine gewisse Marktbearbeitung erwartet werden. Wer nur passiv auf Zufallsbestellungen hofft, dem fehlt in der Regel die verlangte ernsthafte Gebrauchsabsicht[97].

6.4.4 Zusammenhang zwischen Marke und Produkt

Die Marke muss nicht unbedingt direkt auf der Ware oder deren Verpackung angebracht werden (vgl. Art. 11 Abs. 1 MSchG). Ausreichend kann beispielsweise auch der Gebrauch in Katalogen oder Preislisten sein. Der Gebrauch muss sich aber in jedem Fall auf die registrierten Waren oder Dienstleistungen beziehen[98].

6.4.5 Gebrauch für die eingetragenen Waren und Dienstleistungen

Wird die Marke nur für einen Teil der eingetragenen Produkte gebraucht, ist sie nur insoweit geschützt (Art. 11 Abs. 1 MSchG)[99]. Insbesondere vermag der Gebrauch für

---

[91] MARBACH, 175; MARBACH, Die Exportmarke: eine rechtliche Standortbestimmung, sic! 1997, 372 ff.
[92] MARBACH, 175 ff.
[93] Der Zeitpunkt der Einrede des Nichtgebrauchs ist auch entscheidend bei der Gebrauchsaufnahme nach Ablauf der Karenzfrist: Solange niemand den Nichtgebrauch geltend macht, kann der Gebrauch auch nach Ablauf der Karenzfrist erstmals oder erneut aufgenommen werden, Art. 12 Abs. 2 MSchG.
[94] DAVID, MSchG 11 N 3.
[95] MARBACH, 173; DAVID, MSchG 11 N 3.
[96] MARBACH, 174.
[97] MARBACH, 174.
[98] DAVID, MSchG 11 N 5.
[99] Falls eine Marke zum Beispiel für Fahrzeuge und Apparate zur Beförderung auf dem Lande, in der Luft und auf dem Wasser (Kl. 12), Kaffee, Tee und Kakao (Kl. 30) eingetragen ist, aber nur für Kinderwagen (Kl. 12) gebraucht wird, ist die Marke nur für diese und keine weiteren Waren geschützt.

einzelne Produkte nicht als Gebrauch für den gesamten Oberbegriff zu gelten[100]. Für diese Lösung sprechen nicht nur der Wortlaut, sondern auch Sinn und Zweck von Art. 11 Abs. 1 MSchG. Mit dem Gebrauchserfordernis soll einer Überfüllung des Markenregisters mit unbenutzten und damit nicht mehr aktuellen Marken entgegengewirkt und die Bildung neuer Marken erleichtert werden[101]. Dabei ist auch zu berücksichtigen, dass dem Gebrauchszwang wegen des Übergangs von der Gebrauchs- zur Hinterlegungspriorität[102] sowie der vollständigen Liberalisierung der Markenhinterlegung (vgl. dagegen noch Art. 7 aMSchG) unter dem MSchG erhöhte Bedeutung zukommt. Die teilweise recht grosszügige Praxis zum aMSchG kann nicht ohne Weiteres übernommen werden.

Der Gebrauch für andere als die eingetragenen Waren oder Dienstleistungen ist ungenügend[103]. Allfällige Einschränkungen des Produkteverzeichnisses sind zu beachten. Ist beispielsweise eine IR-Marke in der Schweiz nur für Waren spanischer Herkunft zum Schutz zugelassen, ist der Gebrauch für Waren dieser Herkunft glaubhaft zu machen.

6.4.6 Gebrauch in abweichender Form

Als Gebrauch der Marke gilt auch der Gebrauch in einer von der Eintragung nicht wesentlich abweichenden Form (Art. 11 Abs. 2 MSchG). Dieser Gebrauch kann angerechnet werden, falls dabei die Unterscheidungskraft der Marke nicht beeinflusst wird (Art. 5 C Abs. 2 PVÜ). Die Hauptbestandteile der Marke bzw. deren Gesamteindruck dürfen nicht verändert sein.

6.4.7 Gebrauch für Hilfswaren und -dienstleistungen

Unter Hilfswaren und -dienstleistungen werden Güter verstanden, die lediglich der Promotion eines (Haupt-) Produktes dienen und in der Regel unentgeltlich abgegeben werden[104]. In dieser Hinsicht ist zu differenzieren. Wird zum Beispiel der Gebrauch einer für die Dienstleistung «Transportwesen» eingetragenen Marke bestritten und werden Prospekte eingereicht, welche Transportdienstleistungen des Markeninhabers betreffen, erfolgt der Gebrauch insoweit auf Hilfswaren, der wohl dem Hauptprodukt (Transportdienstleistung, Kl. 39), nicht aber der Hilfsware selbst (Drucksachen, Kl. 16) zugerechnet werden kann. Vorausgesetzt wird hier wie anderswo ein (direkter) kennzeichnungsmässiger Zusammenhang zwischen Benutzungshandlung und (Haupt-) Produkt[105]. Der Gebrauch der Marke auf Prospekten, Preislisten, Katalogen oder Ähnlichem wird im Falle eines Zusammenhanges zwischen Marke und (Haupt-) Produkt letzterem angerechnet.

---

[100] A.M. DAVID, MSchG 11 N 7; MARBACH, 181.

[101] DAVID, MSchG 11 N 1.

[102] Zur Gebrauchspriorität nach altem Recht vgl. Art. 5 aMSchG; H. DAVID, Kommentar zum Schweizerischen Markenschutzgesetz, 3. Aufl., Basel 1974, 116 f.

[103] DAVID, MSchG 11 N 7. So ist eine Marke als unbenützt zu betrachten, die für Ledermöbel eingetragen ist, aber nur für Holzstühle gebraucht wird.

[104] Vgl. DAVID, MSchG 3 N 37 und Art. 11 N 8; MARBACH, 170.

[105] MARBACH, 171.

Beim Gebrauch der Marke auf unentgeltlich abgegebenen Werbeartikeln (Feuerzeug, Zündholzbriefchen, Aschenbecher, Kleber etc.) fehlt für die betroffenen Verkehrskreise dagegen in der Regel ein direkter Bezug zum Hauptprodukt, so dass der Gebrauch letzterem nicht angerechnet werden kann.

6.4.8 Gebrauch durch den Inhaber oder mit dessen Zustimmung

Der Gebrauch der Marke mit Zustimmung des Inhabers gilt als Gebrauch durch diesen selbst (Art. 11 Abs. 3 MSchG). In Frage kommen irgendwelche Formen sogenannt stellvertretenden Gebrauchs[106].

6.4.9 Rechtswidriger Gebrauch

Wenn eine Marke ernsthaft benutzt wird, liegt eine rechtserhaltende Benutzung auch vor, wenn die konkrete Art der Benutzung gegen Vorschriften des UWG oder sonstige Bestimmungen (z.B. Arzneimittelrecht) verstösst. «Die Rechtsverletzung löst grundsätzlich allein die jeweils normspezifische Sanktion aus»[107].

6.5 Wichtige Gründe für den Nichtgebrauch

Beim Vorliegen wichtiger Gründe kann der Widersprechende sein Markenrecht trotz Nichtgebrauchs geltend machen (Art. 12 Abs. 1, Art. 32 MSchG). Umstände, die unabhängig vom Willen des Inhabers eintreten und ein Hindernis für die Benutzung der Marke darstellen, wie etwa Einfuhrbeschränkungen oder sonstige staatliche Vorschriften für die durch die Marke geschützten Waren oder Dienstleistungen, werden als triftige Gründe für die Nichtbenutzung anerkannt (Art. 19 Abs. 1 TRIPs). Diese Ausnahmebestimmung ist eng zu handhaben. Einen Nichtgebrauch rechtfertigen nur solche Gründe, die völlig ausserhalb der Einflusssphäre des Markeninhabers liegen. Technische oder wirtschaftliche Schwierigkeiten, die voraussehbar oder kalkulierbar sind, sind dem Markeninhaber zuzurechnen[108].

6.6 Verfahrensrechtliches

6.6.1 Weiterer Schriftenwechsel

Im Anschluss an die Behauptung des Nichtgebrauchs wird grundsätzlich ein zweiter Schriftenwechsel durchgeführt und der widersprechenden Partei Gelegenheit geboten, den Gebrauch oder wichtige Gründe für den Nichtgebrauch glaubhaft zu machen. Ist die Karenzfrist klarerweise noch nicht abgelaufen, wird dem Widersprechenden gegebenenfalls bloss Gelegenheit zur Einreichung einer Replik geboten, ohne ihn aufzufordern, den Gebrauch der Marke glaubhaft zu machen.

---

[106] Vgl. DAVID, MSchG 11 N 22 f.; MARBACH, 182 ff.
[107] FEZER, MarkenG § 26 N 39.
[108] RKGE, sic! 1998, 406 – Anchor / Ancora: Absatzschwierigkeiten und hohe Zollbelastung bei ausländischer Butter stellten in diesem Fall keine Rechtfertigungsgründe dar.

6.6.2 Beweisführungslast

Die Beweisführungslast besagt, wer den Beweis zu führen hat[109]. Gemäss Art. 32 MSchG hat der Widersprechende den Gebrauch seiner Marke (oder wichtige Gründe für den Nichtgebrauch) glaubhaft zu machen. Der Widersprechende hat daher die Beweismittel beizubringen.

6.6.3 Beweismass

Der Widersprechende hat den Gebrauch seiner Marke nicht strikt zu beweisen, sondern (nur, aber immerhin) glaubhaft zu machen (Art. 32 MSchG, in Abweichung von der ausserhalb des Widerspruchsverfahrens geltenden Beweisregel des Art. 12 Abs. 3 MSchG). Glaubhaft gemacht ist der Gebrauch, wenn das Institut die entsprechenden Behauptungen überwiegend für wahr hält, obwohl nicht alle Zweifel beseitigt sind[110]. Das Institut hat mit anderen Worten überzeugt zu sein, dass die Marke des Widersprechenden wahrscheinlich gebraucht wird, nicht aber, dass sie mit Sicherheit tatsächlich gebraucht wird, weil das Gegenteil vernünftigerweise auszuschliessen ist[111].

6.6.4 Beweismittel

Die im Verwaltungsverfahren im Allgemeinen möglichen Beweismittel sind in Art. 12 VwVG aufgeführt. Zeugeneinvernahmen können vom Institut nicht angeordnet werden (wohl aber im Beschwerdeverfahren von der RKGE, Art. 14 VwVG). Im Vordergrund stehen Urkunden (z.B. Rechnungen, Lieferscheine) oder Augenscheinsobjekte (z.B. Verpackungen, Kataloge, Prospekte).

6.6.5 Entscheid über die Einrede des Nichtgebrauchs

Hat der Widersprechende den Gebrauch seiner Marke glaubhaft gemacht, wird das Verfahren wie üblich weitergeführt. Ist der Gebrauch nicht glaubhaft gemacht, wird der Widerspruch auf kein durchsetzbares Markenrecht gestützt (vgl. Art. 11 Abs. 1 MSchG)[112] und ist daher abzuweisen[113].

7 Widerspruchsgründe

Gemäss Art. 3 Abs. 1 lit. a–c MSchG sind vom Markenschutz ausgeschlossen Zeichen, die

- mit einer älteren Marke identisch und für die gleichen Waren oder Dienstleistungen bestimmt sind wie diese;
- mit einer älteren Marke identisch und für gleichartige Waren oder Dienstleistungen bestimmt sind, so dass sich daraus eine Verwechslungsgefahr ergibt;
- einer älteren Marke ähnlich und für gleiche oder gleichartige Waren oder Dienstleistungen bestimmt sind, so dass sich daraus eine Verwechslungsgefahr ergibt.

---

[109] RHINOW / KOLLER / KISS, N 909.
[110] Vgl. VOGEL, 244, mit Hinweisen; GYGI, 272.
[111] Vgl. KUMMER, 135.
[112] MARBACH, 223 und 189 f.
[113] DAVID, MSchG 33 N 5.

7.1 Zeichenidentität

Zeichenidentität nach Art. 3 Abs. 1 lit. a und b MSchG liegt vor, wenn die Marken absolut gleich sind oder eine nur minime Abweichung aufweisen, wie zum Beispiel einen anderen Schrifttyp des gleichen Wortes oder ein kaum wahrnehmbares Zusatzelement (z.B. Punkt nach dem Wort).

7.2 Verwechslungsgefahr bei ähnlichen Marken

7.2.1 Allgemeine Beurteilungskriterien

Grundlage der Beurteilung der Verwechselbarkeit bildet der Registereintrag, nicht die (aktuelle) Art und Weise der Verwendung der Marken im Verkehr[114]. Die Verwechslungsgefahr nach Art. 3 Abs. 1 lit. c MSchG besteht, sobald zu befürchten ist, dass die massgeblichen Verkehrskreise sich durch die Ähnlichkeit der Marken irreführen lassen und Waren oder Dienstleistungen, die das eine oder das andere Zeichen tragen, dem falschen Markeninhaber zurechnen. Eine bloss entfernte Möglichkeit von Fehlzurechnungen genügt nicht. Erforderlich ist, dass der durchschnittliche Verbraucher die Marken mit einer gewissen Wahrscheinlichkeit verwechselt[115].

Die Marken sind unter Umständen auch verwechselbar, wenn das Publikum sie zwar auseindanderzuhalten vermag, aufgrund ihrer Ähnlichkeit aber falsche Zusammenhänge vermutet (sog. mittelbare Verwechslungsgefahr), insbesondere an Serienmarken denkt, die verschiedene Produktelinien des gleichen Unternehmens oder von wirtschaftlich miteinander verbundenen Unternehmen kennzeichnen[116].

Die Verwechslungsgefahr resultiert aus der Kombination von Markenähnlichkeit und Waren- bzw. Dienstleistungsgleichartigkeit. Je näher sich die Produkte sind, für welche die Marken registriert sind, desto grösser wird das Risiko von Verwechslungen und desto stärker muss sich das jüngere Zeichen vom älteren abheben[117]. Anderseits wird die Produktegleichartigkeit bei identischen oder sehr ähnlichen Marken im Einzelfall eher bejaht[118].

Ob sich zwei Marken genügend unterscheiden, ist nicht aufgrund des abstrakten Zeichenvergleichs, sondern vor dem Hintergrund der gesamten Umstände zu beurteilen[119]. Handelt es sich zum Beispiel um eine Marke für rezeptpflichtige Arzneimittel, die nicht ohne Weiteres erhältlich sind, ist von einem höheren Aufmerksamkeitsgrad der betroffenen Verkehrskreise (Fachleute) auszugehen als bei einer Marke für Waren des täglichen Bedarfs, die sich an ein breites Publikum richten[120].

---

[114] MARBACH, 115, mit Hinweisen; DAVID, MSchG 3 N 12.
[115] BGE 122 III 384, 119 II 476,.
[116] BGE 122 III 384.
[117] BGE 122 III 387, 121 III 379, 119 II 475.
[118] Siehe nachfolgend sowie z.B. RKGE, sic! 1997, 480 – Duoderm / DuoDerm.
[119] BGE 122 III 385.
[120] Vgl. z.B. RKGE, sic! 1997, 300 – Sulox / Oslox.

Die Unterscheidbarkeit zweier Marken ist nach dem Gesamteindruck zu beurteilen, den sie beim an den fraglichen Produkten interessierten Publikum hinterlassen. Dieses wird die Zeichen meist nicht gleichzeitig wahrnehmen. Beim Vergleich der Marken ist deshalb auf diejenigen Merkmale abzustellen, die am ehesten geeignet sind, im Gedächtnis haften zu bleiben[121].

7.2.2 Waren- und Dienstleistungsgleichartigkeit

Ob Gleichartigkeit von Waren oder Dienstleistungen gegeben ist, ist im Einzelfall anhand der konkreten Umstände zu beurteilen. Entscheidend ist, ob die Abnehmerkreise auf den Gedanken kommen könnten, die unter Verwendung ähnlicher Marken angepriesenen Waren oder Dienstleistungen würden angesichts ihrer üblichen Herstellungs- und Vertriebsstätten aus ein und demselben Unternehmen stammen[122].

Nicht unbedingt vorausgesetzt wird damit, dass es sich wirtschaftlich um Substitutionsprodukte handelt, das heisst um Waren oder Dienstleistungen, die sich nach ihren Eigenschaften, ihrem wirtschaftlichen Verwendungszweck und ihrer Preislage so nahestehen, dass sie ein mündiger Konsument bei seinem Konsumentenentscheid berechnend miteinander vergleicht und als wechselseitig austauschbar ansieht[123]. Die Klassifikationder Produkte oder Dienstleistungen gemäss Nizza-Abkommen bildet zur Beurteilung der Gleichartigkeit höchstens ein Indiz[124]. Bei Dienstleistungen werden die Kriterien zur Bestimmung der Gleichartigkeit von Waren analog angewandt.

7.2.3 Markenähnlichkeit

7.2.3.1 Unterscheidung zwischen charakteristischen und kennzeichnungsschwachen Elementen, starken und schwachen Marken

Die vollständige Übernahme einer Marke oder die Übernahme des für den Gesamteindruck massgebenden Hauptbestandteils begründet in der Regel die Verwechslungsgefahr[125], ausser falls die Übereinstimmung nur schwach kennzeichnungskräftige Elemente betrifft. Die Übereinstimmung allein in nicht oder wenig kennzeichnungskräftigen Elementen begründet grundsätzlich keine Verwechslungsgefahr[126]. Damit zusammen hängt die Unterscheidung zwischen starken und schwachen Marken: «Der Schutzumfang einer Marke bestimmt sich nach ihrer Kennzeichnungskraft. Für schwache Marken ist der geschützte Ähnlichkeitsbereich kleiner als für starke. Bei schwachen Marken genügen daher schon bescheidenere Abweichungen, um eine hinreichende Unterscheidbarkeit zu schaffen. Als schwach gelten insbesondere

---

[121] BGE 121 III 378.

[122] Z.B. RKGE, sic! 1997, 480 – Duoderm / DuoDerm; DAVID, MSchG 3 N 35, mit Hinweisen; vgl. auch BGE 123 II 191 und 91 II 15; RKGE, PMMBl 1996 I 43 – Creaton / Creabeton und PMMBl I 68 – Gold / Goldsound; RKGE, PMMBl I 1995 I 87 – Avenit / Avenir; BAGE, PMMBl 1995 I 65 - Imperial / Cordon Rouge (Gleichartigkeit bejaht zwischen Bier und Mineralwasser, verneint zwischen Bier und Wein/Sprituosen).

[123] Vgl. MARBACH, 108.

[124] Z.B. RKGE, sic! 1997, 569 – BirkoTex / Biotex.

[125] Z.B. RKGE, sic! 1998, 194 – Secret Pleasures / Private Pleasures.

[126] Z.B. RKGE, sic! 1998, 405 – Elle (fig.) / NaturElle collection (fig.).

Marken, deren wesentliche Bestandteile sich eng an Sachbegriffe des allgemeinen Sprachgebrauchs anlehnen»[127] oder deren Kennzeichnungskraft wegen des häufigen Gebrauchs ähnlicher Marken verwässert ist[128]. Anderseits kann sich die Kennzeichnungskraft und damit der Schutzbereich einer Marke durch deren grossen Bekanntheitsgrad erhöhen. Grosse Kennzeichnungskraft und hoher Bekanntheitsgrad erhöhen die Wahrscheinlichkeit von Assoziationen und damit die Gefahr, dass ähnliche Drittmarken als Serienzeichen missdeutet werden[129].

Gehört die Marke der widersprechenden Partei tatsächlich zu einer Serie von Marken, die durch ein gemeinsames Element definiert sind (sog. Serienzeichen), kann dies für einen erhöhten Schutzumfang dieser Marke sprechen[130].

Hat sich ein ursprünglich nicht schutzfähiges Zeichen im Verkehr durchgesetzt, geniesst es grundsätzlich den gleichen Schutz wie irgendeine andere Marke[131].

7.2.3.2   Zum Verhältnis zwischen Wort- und Bildelementen

Die Frage, ob bei kombinierten Marken der Wort- oder der Bildbestanteil dominierend oder ausschlaggebend ist, muss von Fall zu Fall entschieden werden[132]. In der Regel wird der Gesamteindruck stärker durch Wort- als durch Bildelemente geprägt[133]. Durch die Beifügung eines Bildelementes zu einem Wortelement, das einer älteren Wortmarke ähnlich ist, kann in der Regel nur dann ein genügend unterschiedlicher Gesamteindruck geschaffen werden, wenn das Bildelement dominiert und dem Wortbestandteil nur ein untergeordneter Stellenwert zukommt[134].

7.2.3.3   Wortmarken

Dem Wortanfang sowie dem Wortstamm kommen in der Regel ein besonderes Gewicht zu[135]. Bei kurzen Wörtern genügen unter Umständen bereits relativ geringe Abweichungen, um die Verwechslungsgefahr auszuschliessen[136].

---

[127] BGE 122 III 385. In diesem Sinn auch RKGE, a.a.O. (die Marke Elle, fig., war für Bekleidungsstücke kennzeichnungsschwach und konnte damit nur einen äusserst beschränkten Schutzumfang beanspruchen); vgl. ferner RKGE, sic! 1998, 197 – Torres, Las Torres / Baron de la Torre (die Marke Torres geniesse für Wein aufgrund ihrer Bekanntheit einen erweiterten Schutzumfang); RKGE, sic! 1998, 50 – Clinique / Unique frisch Kosmetik (fig.) («Der unterschiedliche Sinngehalt zweier Marken genügt nicht, um die wegen der Warengleichheit und der klanglichen Ähnlichkeit bestehende Verwechslungsgefahr aufzuheben, wenn der ursprüngliche Sinngehalt einer Marke durch deren Verkehrsdurchsetzung und hohen Bekanntheitsgrad in den Hintergrund gerückt wird»).

[128] Vgl. DAVID, MSchG 3 N 13.

[129] RKGE, sic! 1999, 569 – Hermès / Hermoso Swiss Made (fig.); BGE 122 III 385.

[130] RKGE, sic! 1998, 198 f. – Torres, Las Torres / Baron de la Torre.

[131] DAVID, MSchG 2 N 42; RKGE, sic! 1997, 177 – Gourmet House / Fideco Gourmet House.

[132] Z.B. BAGE, SMI 1996, 353 – The Simpsons (fig.) / Simons.

[133] RKGE, PMMBl 1995 I 87 – Avenit / Avenir; RKGE, SMI 1995, 311 – Bally / Sali; RKGE, PMMBl 1995 I 45 – Castello / Castelberg.

[134] RKGE, sic! 1997, 478 – ATP Tour (fig.) / MTA (fig.) (in casu ähnliche, aber wenig kennzeichnungskräftige Bildbestandteile, da klare Aussage über beanspruchte Produkte); RKGE, sic! 1998, 48 – Swiss Air Force (fig.) / Swiss Force (fig.).

[135] Vgl. MARBACH, 119; DAVID, MSchG 3 N 20 und 22; RKGE, sic! 1997, 300 – Sulox / Oslox.

[136] BGE 121 III 379 – Boss / Boks; MARBACH, 120.

Bei Wortmarken kann unterschieden werden zwischen *Wortklang, Schriftbild* und *Sinngehalt*. Der Wortklang wird wesentlich geprägt durch Vokalfolge, Silbenzahl, Wortanfang, Wortstamm sowie Konsonantenfolge[137]. «Da der durchschnittliche Markenadressat aber, was er hört und liest, unwillkürlich auch gedanklich verarbeitet, kann für den Gesamteindruck einer Wortmarke, die dem allgemeinen Sprachschatz entnommen ist, auch ihr Sinngehalt entscheidend sein. In Betracht fallen neben der eigentlichen Wortbedeutung auch Gedankenverbindungen, die das Zeichen unweigerlich hervorruft. Markante Sinngehalte, die sich beim Hören und beim Lesen dem Bewusstsein sogleich aufdrängen, dominieren regelmässig auch das Erinnerungsbild. Weist eine Wortmarke einen derartigen Sinngehalt auf, der sich in der anderen Marke nicht wiederfindet, so ist die Wahrscheinlichkeit geringer, dass sich das kaufende Publikum durch einen ähnlichen Klang oder ein ähnliches Schriftbild täuschen lässt»[138]. Damit der Sinngehalt die (allfällige) Ähnlichkeit der Klang- und Bildwirkung aufzuwiegen vermag, muss er dominant sein[139]. Anderseits verstärkt ein übereinstimmender oder doch verwandter Sinngehalt die Verwechslungsgefahr[140].

7.2.4 Kasuistik

Bei den nachfolgenden Entscheiden handelt es sich um eine Auswahl in chronologischer Folge.

Verwechslungsgefahr bejaht:

Bundesgericht:

- Kamillosan / Kamillan und Kamillon (BGE 122 III 382 = sic! 1997, 45).
- Bud und Bud King of Beers / Bud bzw. Budweiser, Budvar, Budbräu (BGE 125 III 193 = sic! 1999, 432; bilaterale Abkommen zum Schutz von Herkunftsangaben, Legitimation zum Geltendmachen des Nichtgebrauchs).

RKGE:

- Castello / Castelberg (PMMBl 1995 I 45).
- Avenit / Avenir (PMMBl 1995 I 87; Sinngehalt und grafisches Beiwerk vermögen Ähnlichkeit des Wortklanges nicht aufzuwiegen).
- Creaton / Creabeton (PMMBl 1996 I 41).
- . Scott / Shot Racing (sic! 1997, 59).
- Odeon / Nickelodeon (sic! 1997, 61; auch Marken mit bloss gemeinsamer Endung können den Eindruck gemeinsamer Serienzugehörigkeit erwecken).
- Gourmet House / Fideco Gourmet House (sic! 1997, 177; Widerspruchsmarke durchgesetzt, Hinzufügen der eigenen Firma genügt nicht).

---

[137] Vgl. MARBACH, 119 f.; BGE 119 II 475 f.; RKGE, sic! 1997, 301 – Sulox / Oslox.

[138] BGE 121 III 379 – Boss / Boks.

[139] RKGE, sic! 1999, 650 – Monistat / Mobilat; vgl. auch RKGE, PMMBl 1995 I 87 – Avenit / Avenir (die sofortige und unwillkürliche Assoziation mit dem Sinngehalt des Wortes «avenir» wurde nicht angenommen; nicht jedermann in der Schweiz kenne den Sinn des Wortes); RKGE, sic! 1998, 194 – Secret Pleasures / Private Pleasures (der ähnliche Sinngehalt sei unmittelbar erkennbar und schaffe eine Verwechslungsgefahr); RKGE, sic! 1997, 182 – Bally / Billi («Billi lässt an den im angelsächsischen Sprachbereich weit verbreiteten und deshalb auch dem schweizerischen Publikum ohne weiteres geläufigen Vornamen Bill denken»).

[140] MARBACH, 120, mit Hinweisen.

- Nicopatch / Nicoflash (sic! 1997, 294; Widerspruchsmarke schwach, trotzdem Verwechslungsgefahr).
- Canal plus / Câble plus (sic! 1997, 577).
- Clinique / Unique frisch Kosmetik (fig.) (sic! 1998, 50; Widerspruchsmarke mit hohen Bekanntheitsgrad, starkes Zeichen).
- Secret Pleasures / Private Pleasures (sic! 1998, 194).
- Torres, Las Torres / Baron de la Torre (sic! 1998, 197; Torre ist Teil einer Serie von Marken der Widersprechenden, daher erhöhte Unterscheidungskraft dieses Markenteils; Verkehrsdurchsetzung derWiderspruchsmarken; Adelstitel ist Qualitätsangabe mit beschränkter Kennzeichnungskraft; Weine und Spirituosen sind alltägliche Güter, die mit durchschnittlicher Aufmerksamkeit gekauft werden).
- Lux / Soge Lux (sic! 1998, 303).
- Swibo / Swico Star (sic! 1999, 276).
- Patek Philippe / Grand Philippe Genève (sic! 1999, 421).
- Mezzacorona (fig.) / Gran Coronas (fig.) (sic! 1999, 565).
- Bico / Hico (sic! 1999, 566).
- Calciparin / Cal-Heparine (sic! 1999, 568).
- Hermès / Hermoso Swiss Made (fig.) (sic! 1999, 569; grosse Kennzeichnungskraft und hoher Bekanntheitsgrad erhöhen die Wahrscheinlichkeit von Assoziationen und damit die Gefahr, dass ähnliche Drittmarken als Serienzeichen missdeutet werden).
- Monistat / Mobilat (sic! 1999, 650; damit der Sinngehalt die Ähnlichkeit der Klang- und Bildwirkung aufzuwiegen vermag, muss er dominant sein).
- Galeries Lafayette / Lafayette (sic! 1999, 651; Notorietät von «Galeries Lafayette» als Name und Marke einer Warenhauskette; Schutz erstreckt sich auf alle Waren, welche vom Publikum dem üblichen Sortiment eines Warenhauses zugeschrieben werden).
- XX (fig.) / XXL (sic! 2000, 105; Gutheissung im Bereich der Waren der Klasse 3).
- Windows NT / ETV for Windows (sic! 2000, 109; Windows nicht beschreibend, sondern verfügt als Marke über hohen Bekanntheitsgrad; Zulässigkeit der Verwendung einer Drittmarke verleiht kein Recht auf Registrierung dieser Bezeichnung als Teil einer Marke).
- Land Rover / Rovers (fig.) (sic! 2000, 301; für bestimmte Waren erlangte Bekanntheit einer Marke kann nicht auf andere, nicht gleichartige Waren übertragen werden).
- Clinique / Clinique Hartmann Paris (sic! 2000, 376; Widerspruchsmarke im Verkehr durchgesetzt).
- Maag / Mac (sic! 2000, 386).
- Blue Jeans Gas (fig.) / Gas Station (sic! 2000, 388; kein klar unterschiedlicher Sinngehalt, da jener der angefochtenen Marke für den Durchschnittskonsumenten nicht ohne weiteres erkennbar).

BAGE/Institut:
- Femme / Prenom Femme (PMMBl 1994 I 66).
- fig. / fig. (Chanel / CC) (sic! 1997, 183).

Verwechslungsgefahr verneint:
Bundesgericht:
- Radion / Radomat (BGE 119 II 473).
- Boss / Boks (BGE 121 III 377; unterschiedlicher Sinngehalt).
- Digibau / Digiplan (sic! 1997, 57; «digi» als Abkürzung von «digital» nicht schutzfähig, ebenso «Digibau»; mangels Kennzeichnungskraft keine Verwechslungsgefahr).
- Campus / Liberty Campus, UBS Campus (sic! 2000, 194: Widerspruchsmarke wenig kennzeichnungskräftig; Hinzufügen des starken Markenelements UBS genügt, um Verwechslungsgefahr zu vermeiden)[141].

RKGE:
- Baume & Mercier Linea / Linia (PMMBl 1996 I 50; Übereinstimmung kennzeichnungsschwacher Elemente begründet keine Verwechslungsgefahr).
- Gold / Goldsound (PMMBl 1996 I 68; wie vorangehend).
- Ecoline / Decoline (sic! 1997,180; wie vorangehend und unterschiedlicher Sinngehalt).
- Bally / Billi (sic! 1997,182; fehlende Markenähnlichkeit macht Prüfung der Warengleichartigkeit entbehrlich).
- Exosurf / Exomuc (sic! 1997, 295; «exo» bei Arzneimitteln beschreibend).
- Neutrogena / Neutria (sic! 1997, 298; Übereinstimmung im nicht unterscheidungskräftigen Wortanfang).
- Sulox / Oslox (sic! 1997, 300; Produkte für spezialisierte Fachärzte).
- Valser / Valquella (sic! 1997, 389; unterschiedlicher Sinngehalt und Wortklang).
- Teencool, Kid Cool / Keep Cool (sic! 1997, 393; unterschiedlicher Sinngehalt).
- Liquid Gold / Swiss Gold (sic! 1997, 476; schwache Marken für Getränke).
- ATP Tour (fig.) / MTA (fig.) (sic! 1997, 478; wenig kennzeichnungskräftige Bildbestandteile, da klare Aussage über beanspruchte Produkte).
- Dr. Martens / Drtermans (sic! 1997, 479).
- Birko Tex / Biotex (sic! 1997, 568).
- Swiss Air Force (fig.) / Swiss Force (sic! 1998, 48; Übereinstimmung beschreibender Angaben).
- Schoko-Bons / Tibi Choco Bonbon (sic! 1998, 401; wie vorangehend).
- Elle (fig.) / NaturElle collection (fig.) (sic! 1998, 403; wie vorangehend).

---

[141] Vgl. dagegen RKGE, sic! 1997, 177 – Gourmet House / Fideco Gourmet House, wonach Hinzufügen der eigenen Firma die Verwechslungsgefahr nicht ausschliesse.

- Natural White / Natural White TP. (sic! 1999, 275; wie vorangehend; Eintragung der Widerspruchsmarke bedeutet nicht, dass sich das Institut abschliessend zu deren Unterscheidungskraft geäussert hat; Schutzumfang der Widerspruchsmarke kann vom Institut im Widerspruchsverfahren überprüft und neu beurteilt werden).
- Koenig / Sonnenkönig (sic! 1999, 418).
- Compac / CompactFlash (sic! 1999, 420; Übereinstimmung in einem gemeinfreien Element).
- Thermos (fig.) / Thermosteel (fig.) (sic! 1999, 424; Schutz der Marke Thermos kann sich nicht auf verwandte Wortbestandteile beziehen, da an diesen ein (absolutes) Freihaltebedürfnis besteht).
- Hw Swiss Military / Swiss Military by Chrono (sic! 1999, 643; Übereinstimmung in gemeinfreiem Element).
- Wave Rave / theWave (sic! 1999, 648; Markenähnlichkeit bezüglich Sinngehalt, falls Übersetzung, Synonym, Gegenteil oder inhaltliche Verwandtschaft).
- Craft / Living Crafts (sic! 2000, 104; Craft beschreibend bzw. wenig kennzeichnungskräftig).
- Esprit / L'ésprit du dragon (sic! 2000, 303).
- Nasabol / Lysobol (sic! 2000, 306; Endung «-bol» verwässert bzw. nicht kennzeichnungskräftig).
- Assura (fig.) / Assurpoint etc. (sic! 2000, 378; Widerspruchsmarke wenig kennzeichnungskräftig, keine Verkehrsdurchsetzung).
- Ricard le vrai pastis (fig.) / Pastis le veritable (fig.) (sic! 2000, 381; Übereinstimmung kennzeichnungsschwacher Wort- und Bildelemente).
- Merkur Kaffee (fig.) / Markus-Kaffee (sic! 2000, 383; klar unterschiedlicher Sinngehalt).
- Gourmets (fig.) / Gourmet F & F (fig.) (sic! 2000, 384; Widerspruchsmarke beschreibend und keine Verkehrsdurchsetzung, da immer in Verbindung mit einem anderen, starken Zeichen verwendet wurde).

BAGE/Institut:
- Shell / IBM Workplace Shell (PMMBl 1994 I 53; Übereinstimmung nicht oder wenig kennzeichnungskräftiger Elemente).
- ABS / TBS (PMMBl 1995 I 75; Akronyme).
- Bildmarke (Fisch) / dreidimensionale Marke (Fisch-Pinzette) (sic! 1998, 481; Verwechslungsgefahr nur, falls Formmarke genaue dreidimensionale Wiedergabe der Bildmarke).

8 Verfahrensabschluss

8.1 Entscheid über den Widerspruch

Ist der Widerspruch begründet, wird die Eintragung ganz oder teilweise widerrufen; andernfalls wird der Widerspruch abgewiesen (Art. 33 MSchG).

8.2 Verfahrenserledigung ohne materiellen Entscheid

Abgesehen von der Nichteintretensverfügung bei fehlenden Sachentscheidvoraussetzungen werden Widerspruchsverfahren häufig aus folgenden Gründen ohne Sachentscheid erledigt: Vergleich, Rückzug des Widerspruchs, Gegenstandslosigkeit durch Löschung der angefochtenen Marke. In diesen Fällen wird eine Abschreibungsverfügung erlassen.

8.2.1 Insbesondere zum Rückzug des Widerspruchs oder der Beschwerde während des hängigen Verfahrens

Gemäss dem Dispositionsgrundsatz hat der Staat Rechtsschutz zu gewähren, wenn, soweit und solange es von ihm verlangt wird (siehe vorne 1.2 und 1.3)[142]. Während des hängigen Verfahrens steht dem Widersprechenden das freie Verfügungsrecht über den geltend gemachten Anspruch zu. Der Rückzug des Widerspruchs beendet das hängige Verfahren unmittelbar. Falls bereits ein Widerspruchsentscheid erlassen, dieser aber noch nicht rechtskräftig wurde, fällt der Entscheid mit dem gegenüber dem Institut erklärten Rückzug des Widerspruchs ohne Weiteres dahin[143].

8.3 Kosten

Der Kostenentscheid ergeht regelmässig gestützt auf die vorhandenen Akten[144]. Zusätzliche Abklärungen werden nur in Ausnahmefällen vorgenommen.

8.3.1 Festsetzung der Verfahrenskosten

Die Festsetzung der Verfahrenskosten im Endentscheid erübrigt sich, da die Widerspruchsgebühr fix bestimmt und im Voraus zu bezahlen ist (siehe vorne 2.6). Weitere Verfahrenskosten werden nicht erhoben. Da es sich um eine Pauschalgebühr handelt, wird sie bei Nichteintretens- oder Abschreibungsverfügungen grundsätzlich nicht zurückerstattet[145]. Eine Ausnahme sieht Art. 24 Abs. 2 MSchV vor: Beantragt der Widerspruchsgegner innerhalb der Frist zur Stellungnahme (Art. 22 Abs. 1 MSchV) die Löschung der angefochtenen Markeneintragung, wird die *Hälfte der Gebühr zurückerstattet*. Über den Wortlaut dieser Bestimmung hinaus wird die Hälfte der Gebühr auch zurückerstattet, falls nur teilweise Widerspruch erhoben und das Waren- oder Dienstleistungsverzeichnis genau im Umfang des Widerspruchs eingeschränkt wird. Art. 24 Abs. 2 MSchV wird ferner angewandt, falls die Marke nach Einreichung des Widerspruchs, aber vor der Fristansetzung zur Einreichung der Stellungnahme gelöscht wird.

---

[142] Vgl. KUMMER, 80.

[143] Eine formelle Aufhebung des Widerspruchsentscheids ist nicht erforderlich. Zur analogen Situation im Verfahren der Berufung nach Art. 43 ff. OG vor Bundesgericht BGE 91 II 148; MESSMER / IMBODEN, 166, mit Hinweisen.
Im Beschwerdeverfahren vor der RKGE verhält es sich analog. Die Beschwerde hat zur Folge, dass der Widerspruchsentscheid während des Beschwerdeverfahrens nicht rechtskräftig wird. Solange die Rechtshängigkeit andauert, kann die widersprechende Partei über das geltend gemachte (Ausschliesslichkeits-) Recht frei verfügen. Analog zum Rückzug der zivilrechtlichen Klage während des Berufungsverfahrens beendet der Rückzug des Widerspruchs das nunmehr in zweiter Instanz durchgeführte Widerspruchsverfahren ohne Weiteres.

[144] Vgl. auch Addor, 225 f. und 235; RKGE, sic! 1998, 308 – Nina de Nina Ricci / Nina.

[145] RKGE, sic! 1997, 63 – O'Brien / Obrien.

In folgenden Fällen wird nach der Praxis die *volle* Widerspruchsgebühr, abzüglich 10% Bearbeitungsgebühr (Art. 8 IGE-GebO), zurückerstattet:

– Das Widerspruchsverfahren wird gegenstandslos, weil gegen eine IR-Marke Widerspruch erhoben und dieser der Schutz definitiv aus absoluten Ausschlussgründen verweigert wurde[146];

– Gegen eine Marke sind mehrere Widersprüche erhoben worden. Einer davon ist vorgängig beurteilt und gutgeheissen worden. In den übrigen, gegenstandslos gewordenen Verfahren wird die Widerspruchsgebühr zurückerstattet[147];

– Der Löschungsantrag für die angefochtene Marke lag zum Zeitpunkt der Einreichung des Widerspruchs bereits vor, die Löschung war aber noch nicht publiziert (und dem Widersprechenden somit nicht bekannt)[148].

8.3.2 Kostenverteilung

In der Endverfügung ist festzusetzen, welche Partei welchen Anteil der Widerspruchsgebühr zu tragen hat. Zudem ist zu entscheiden, ob darüber hinaus eine Partei der anderen eine Parteientschädigung zu bezahlen hat.

8.3.2.1 Kostenverteilung beim Entscheid über den Widerspruch

Mit dem Entscheid über den Widerspruch hat das Institut zu bestimmen, ob und in welchem Masse die Kosten der obsiegenden Partei von der unterliegenden zu ersetzen sind (Art. 34 MSchG). Der obsiegenden Partei wird in der Regel eine Parteientschädigung zugesprochen *(Unterliegerprinzip,* vgl. auch Art. 159 OG, Art. 64 VwVG)[149]. Wird der Widerspruch nur teilweise gutgeheissen, ist die (allfällige) Ersatzpflicht nach Massgabe des Obsiegens/Unterliegens zu bestimmen.

Hat der Widerspruchsgegner keine Stellungnahme eingereicht und sich auch sonst nicht aktiv am Verfahren beteiligt, wird ihm auch im Falle des Obsiegens grundsätzlich keine Parteientschädigung zugesprochen[150]. Falls bei IR-Marken der nach Art. 21 Abs. 2 MSchV vorgeschriebene Schweizer Vertreter nicht bestellt wird, wird der Widerspruchsgegner vom Verfahren ausgeschlossen und es wird ihm auch bei Abweisung des Widerspruchs keine Parteientschädigung zugesprochen.

Für die Bemessung der Parteientschädigung ist Art. 8 der Verordnung über Kosten und Entschädigungen im Verwaltungsverfahren sinngemäss anwendbar (Art. 24 Abs. 1 MSchV). Art. 8 Abs. 3 VKEV verweist weiter auf den Tarif des Bundesgerichts über die Entschädigungen an die Gegenpartei. Im Widerspruchsverfahren ist somit der um 50% reduzierte Tarif BG anwendbar (Art. 8 Abs. 3 und 4 VKEV). Bei Reduktion des dort erwähnten Höchstbetrages von CHF 15'000.– (gemäss Art. 6 Abs. 2 Tarif BG) um 50% ergibt sich eine Obergrenze für die Parteientschädigung von CHF 7500.–

---

[146] RKGE, sic! 1997, 395 – Securlink.

[147] RKGE, sic! 1997, 484 – Concord / Condor.

[148] Dagegen erfolgt keine Rückerstattung, wenn der widersprechenden Partei ihr Versehen angelastet werden kann (z.B. Widerspruch gegen eine Marke, die in der Schweiz keine Wirkung entfaltet).

[149] RKGE, sic! 2000, 395 – Red Bull; Bernet, 134 ff.; RHINOW / KOLLER / KISS, N 888; GYGI, 330; KÖLZ / HÄNER, N 705.

[150] Z.B. bei Nichteintretensverfügung ohne Schriftwechsel gemäss Art. 22 Abs. 1 MSchV.

(plus Erstattung der Widerspruchsgebühr). Die Praxis des Instituts bewegt sich in der Regel weit unterhalb dieses Höchstbetrages. Die vom Gesetzgeber angestrebte Kostengünstigkeit des Verfahrens ist auch in diesem Zusammenhang zu beachten[151].

Zu ersetzen sind namentlich die von der widersprechenden Partei im Voraus bezahlte Widerspruchsgebühr sowie die Kosten der Vertretung, falls der Vertreter nicht in einem Dienstverhältnis zur Partei steht (Art. 8 Abs. 2 VKEV)[152].

8.3.2.2 Kostenverteilung bei Abschreibungsverfügungen

Widerspruchsverfahren werden häufig durch Vergleich, Löschung der angefochtenen Marke oder Rückzug des Widerspruchs beendet. In der entsprechenden Abschreibungsverfügung ist ebenfalls auf die Kostenverteilung einzugehen (vgl. Art. 8 Abs. 7 VKEV)[153].

8.3.2.2.1 Vergleich

Haben die Parteien dem Institut mitgeteilt, dass sie sich geeinigt haben, ohne zu sagen, ob diese Einigung auch die Kostenfrage umfasst, wird die Widerspruchsgebühr den Parteien je zur Hälfte auferlegt und die Parteikosten werden wettgeschlagen (um das von den Parteien ausgehandelte Verhältnis von Leistung und Gegenleistung nicht zu stören).

Haben die Parteien dem Institut mitgeteilt, dass sie sich im Kostenpunkt geeinigt haben, ohne zu sagen, in welcher Weise, wird in der Regel die Widerspruchsgebühr dem Widersprechenden auferlegt und die Parteikosten werden wettgeschlagen.

Haben sich die Parteien ausseramtlich geeinigt und dem Institut mitgeteilt, was sie in Bezug auf die Verfahrens-/Parteikosten vereinbart haben, werden die Kosten in aller Regel in diesem Sinn verteilt (bzw. wettgeschlagen). Dem Antrag der Parteien, ihre genau bezifferte Vereinbarung im Kostenpunkt in das Entscheiddispositiv zu übernehmen, kann dagegen nicht Folge geleistet werden. Vergleiche können im Widerspruchsverfahren nicht formell genehmigt und damit zu einem «gerichtlichen» oder «amtlichen» Vergleich gemacht werden[154].

Falls die Kostenverteilung vereinbarungsgemäss ausdrücklich dem Institut zum Entscheid überlassen wird, werden die Kosten sinngemäss wie bei Gegenstandslosigkeit verteilt (dazu nachfolgend)[155].

---

[151] RKGE, sic! 2000, 396 – Red Bull.

[152] Die Notwendigkeit einer rechtskundigen Vertretung wird im Widerspruchsverfahren nicht nach den rechtlichen und tatsächlichen Schwierigkeiten des konkreten Einzelfalles beurteilt, sondern ist allgemein anerkannt.

[153] ADDOR, 223 ff.; BERNET, 143 ff.; GYGI, 328; KÖLZ / HÄNER, 249.

[154] Das Widerspruchsverfahren ist thematisch eng beschränkt. Namentlich können in diesem Verfahren keine vertragsrechtlichen Fragen beurteilt werden (vgl. auch DAVID, MSchG 31 N 5; MARBACH, 154 f.). Vergleiche beinhalten vertragliche Vereinbarungen, die über den eng beschränkten Gegenstand des Widerspruchsverfahrens hinausgehen. Vergleiche können daher nicht überprüft und somit auch nicht formell genehmigt werden.

[155] Vgl. GYGI, 327.

8.3.2.2.2 Gegenstandslosigkeit

Liegt kein Vergleich vor, richtet sich die Kostenverteilung nach den folgenden Kriterien: mutmasslicher Verfahrensausgang, Verursachung der Gegenstandslosigkeit und Veranlassung des Verfahrens[156]. Bei der Frage der Verfahrensveranlassung ist insbesondere massgebend, ob die widersprechende Partei ihr vorprozessuales Informationsgebot erfüllt hat[157]. Wer die Gegenpartei vor Einreichung des Widerspruchs abmahnt, erfüllt das Informationsgebot[158].

8.3.2.2.3 Abstand

Wird der Widerspruch ohne zusätzliche Mitteilung der Parteien zurückgezogen, ist davon auszugehen, dass kein Vergleich vorliegt. Die Kosten sind daher der widersprechenden Partei, die durch den Rückzug des Widerspruchs den Abstand erklärt hat, aufzuerlegen[159].

8.3.2.2.4 Höhe der Parteientschädigung

Bei der Erledigung des Verfahrens ohne Sachentscheid kann das Honorar jeweils gekürzt werden (Art. 7 Abs. 3 Tarif BG). Ansonsten gelten bei Abschreibungsverfügungen nebst dem vorangehend Gesagten in Bezug auf die Höhe der Parteientschädigung grundsätzlich dieselben Kriterien wie bei einem Entscheid über den Widerspruch (siehe 8.3.2.1).

8.4 Rechtsmittel

Verfügungen im Widerspruchsverfahren können, wie sonstige Verfügungen des Institutes in Markensachen, bei der RKGE angefochten werden (Art. 36 MSchG)[160].

9 Eröffnung der Verfügung

9.1 Widerspruch gegen eine Schweizer Marke

Ist eine Schweizer Marke angefochten, wird die Verfügung dem Inhaber oder Vertreter in der Schweiz zugestellt (das Datum der Eröffnung ergibt sich aus den Belegen der eingeschriebenen Postzustellung). Kann die Verfügung nicht zugestellt werden, wird sie im Bundesblatt publiziert (Datum der Eröffnung bildet hier dasjenige der Publikation, Art. 36 lit. a und b VwVG).

9.2 Mit der Eröffnung zusammenhängende verfahrensrechtliche Besonderheiten bei IR-Marken

Ist eine IR-Marken angefochten, hat der Widerspruchsgegner den Sitz oder Wohnsitz jeweils im Ausland und muss daher einen Schweizer Vertreter bestellen (Art. 42 MSchG).

---

[156] Vgl. ADDOR, 223 ff.; Institut, sic! 1998, 337 f.; RKGE, sic! 1998, 308 – Nina de Nina Ricci / Nina; RKGE sic! 1998, 583 – Groupe Schneider / Schneider.
[157] Vgl. MARBACH, 156; ADDOR, 230.
[158] Zu Form und Inhalt der Abmahnung vgl. z.B. NIEDER, 18 ff.
[159] Statt vieler: GYGI, 327.
[160] Die Rekursfrist beträgt 30 Tage ab Eröffnung der (End-) Verfügung (Art. 50 VwVG). Die RKGE entscheidet endgültig (Art. 36 Abs. 3 MSchG).

9.2.1 Widerspruch gegen IR-Marke, bei der keine absoluten Ausschlussgründe vorliegen

Bestellt der Widerspruchsgegner einen Vertreter in der Schweiz, werden die Verfügungen diesem zugestellt. Bestellt der Widerspruchsgegner den Vertreter in der Schweiz nicht fristgerecht, wird er zwar vom Verfahren ausgeschlossen (Art. 21 Abs. 2 MSchV), die Endverfügung wird aber dem Vertreter zugestellt.

Benennt der Widerspruchsgegner keinen Vertreter in der Schweiz, wird ihm die Verfügung grundsätzlich durch Publikation im Bundesblatt eröffnet (Art. 36 lit. a und b VwVG)[161]. Nach Eintritt der Rechtskraft (der in der Schweiz eröffneten Verfügung) wird die definitive Schutzverweigerung versandt bzw. die provisorische Schutzverweigerung nach Massgabe des Widerspruchsentscheides zurückgezogen, und zwar in der Form der nicht anfechtbaren Verfügung[162].

9.2.2 Widerspruch gegen IR-Marke, bei der zudem absolute Ausschlussgründe vorliegen

Aus verfahrenstechnischen Gründen wird zuerst immer eine provisorische *vollumfängliche* Schutzverweigerung erlassen. Unter dem Punkt der absoluten Ausschlussgründe werden keine Einschränkungsvorschläge gemacht. Grundsätzlich werden zuerst die absoluten Ausschlussgründe behandelt. Das Widerspruchsverfahren wird je nach dem weiterem Verlauf unter Umständen formell sistiert.

9.2.2.1 Fristwahrung durch Schweizer Vertreter

Wird die in der provisorischen Schutzverweigerung angesetzte Frist von einem Schweizer Vertreter eingehalten und kann die Marke in Bezug auf absolute Ausschlussgründe nach erneuter Prüfung ganz oder teilweise zugelassen werden, wird dem Vertreter dieser Teilentscheid eröffnet. Das Widerspruchsverfahren wird (im Rahmen der Zulassung der Marke) im üblichen Rahmen fortgesetzt.

Ist an den absoluten Ausschlussgründen vollumfänglich festzuhalten, wird aus diesem Grund eine definitive Schutzverweigerung erlassen (mit Hinweis auf die übliche Beschwerde- und Weiterbehandlungsmöglichkeit nach Art. 36 und 41 MSchG; der Schweizer Vertreter wird darüber informiert). Wird innert Frist weder Beschwerde

---

[161] Die Verfügung wird nicht in der Form der anfechtbaren Verfügung nach dem MMA/MMP über die WIPO zugestellt, weil in diesem Fall das Institut keinen Beleg über die Zustellung im Ausland erhält. Das Institut erhält keine Empfangsbescheinigung. Bei der Eröffnung über die WIPO steht daher nicht eindeutig fest, ob und wann die ausländische Partei die Verfügung erhalten hat und ob die Verfügung damit rechtskräftig geworden ist. In einem streitigen Mehrparteienverfahren ist das aber wesentlich. Für die widersprechende Partei muss über den formell rechtskräftigen Abschluss des Verfahrens Klarheit bestehen. Dabei macht es im Ergebnis keinen Unterschied, ob im Einzelfall Art. 36 lit. a oder b VwVG anwendbar ist. Jedenfalls ist lit. b anwendbar, da das Institut nicht von der Zustellung ausgehen darf, wenn darüber keine Klarheit besteht. Im Übrigen kann nicht auf die Zustellung nach einem anderen Staatsvertrag ausgewichen werden. MMA bzw. MMP haben in diesem Zusammenhang als spezielleres Recht Vorrang (vgl. auch RKGE, sic! 1999, 423 – Patek Philippe / Grand Philippe Genève, in welchem Fall die RKGE die Veröffentlichung einer (verfahrensleitenden) Verfügung im Bundesblatt im Ergebnis, aber mit teilweise anderer Begründung, als korrekt betrachtete).

[162] Auf ausdrückliches Verlangen des Widerspruchsgegners wird der vollständige Entscheid, wie er dem Widersprechenden in der Schweiz zugestellt wurde, über die WIPO nachgeliefert, auf französisch übersetzt (Art. 5 Abs. 4 MMA), ebenfalls in der Form der nicht anfechtbaren Verfügung.

noch ein Weiterbehandlungsgesuch eingereicht, wird das Widerspruchsverfahren als gegenstandslos abgeschrieben[163]. Ansonsten wird das Widerspruchsverfahren je nach Ausgang des Beschwerdeverfahrens oder der Weiterbehandlung wieder aufgenommen.

9.2.2.2 Fehlende Fristwahrung durch Schweizer Vertreter

Wird die in der provisorischen Schutzverweigerung angesetzte Frist von einem Schweizer Vertreter nicht eingehalten, wird wegen der absoluten Ausschlussgründe bzw. der Nichtbehebung der diesbezüglichen formellen und materiellen Mängel eine definitive totale Schutzverweigerung erlassen (u.a. gemäss Art. 42 MSchG, Art. 16 und 17 MSchV – mit Hinweis auf die Beschwerde- und Weiterbehandlungsmöglichkeit nach Art. 36 und 41 MSchG). Wird daraufhin weder Beschwerde erhoben noch ein Antrag zur Weiterbehandlung gestellt, wird das Widerspruchsverfahren als gegenstandslos abgeschrieben[164]. Ansonsten wird das Widerspruchsverfahren je nach Ausgang des Beschwerdeverfahrens oder der Weiterbehandlung wieder aufgenommen.

10 Rechtskraft

10.1 Formelle Rechtskraft

Die Verfügung wird formell rechtskräftig, sobald sie nicht mehr mit einem ordentlichen Rechtsmittel angefochten werden kann[165]. Im Widerspruchsverfahren wird die Verfügung 30 Tage nach Eröffnung rechtskräftig (Art. 36 MSchG i.V.m. Art. 50 VwVG). Handelt es sich um eine anfechtbare Zwischenverfügung, wird diese nach Ablauf der Beschwerdefrist von 10 Tagen (Art. 45 i.V.m. Art. 50 VwVG) rechtskräftig. Die Rechtskraft des Entscheides wird auf entsprechendes Begehren hin nach etwa zwei Monaten seit Versand oder Publikation gebührenfrei bescheinigt.

10.2 Materielle Rechtskraft

Materielle Rechtskraft bedeutet Massgeblichkeit des Entscheides in jeder späteren Auseinandersetzung zwischen den Parteien (und ihren Rechtsnachfolgern)[166]. Die Rechtskraft bezieht sich auf das Dispositiv des Entscheides (nicht die Begründung) und wirkt gegenüber einem gleichen Rechtsbegehren auf Grund des nämlichen Sachverhalts (gestützt auf die gleiche Tatsachen- und Rechtslage)[167]. Wird die Eintragung einer Marke wegen eines Widerspruchs widerrufen und danach *erneut* hinterlegt und *eingetragen,* verfügt sie zumindest über ein neues Hinterlegungs- bzw. Prioritätsdatum. Insoweit liegt ein neues Anfechtungsobjekt – bzw. bei Einreichung einen neuen Widerspruchs – ein anderer Streitgegenstand vor[168].

---

[163] Mit der Abschreibung wird etwa 7 Monate zugewartet, um allen Eventualitäten (Verzögerungen bei der Zustellung) Rechnung zu tragen.

[164] Nach Ablauf von etwa 7 Monaten.

[165] Vgl. GYGI, 322. Die allfällige Möglichkeit, Wiedererwägung, Revision oder Erläuterung einer Verfügung zu verlangen, hemmt den Eintritt der formellen Rechtskraft nicht.

[166] KUMMER, 145; VOGEL, 216.

[167] KUMMER, 146; GYGI, 322 ff.

[168] Gleich verhält es sich mit der IR-Marke, der gegenüber der Schutz für das Gebiet der Schweiz wegen eines Widerspruchs verweigert wurde, falls später eine (immer noch mögliche) nachträgliche Schutzausdehnung beantragt wird.

Zumindest solange die Eintragung einer Marke durch das Institut nicht widerrufen wurde, bindet ein Widerspruchsentscheid die *Zivil-* oder *Strafgerichte* nicht und entfaltet in dieser Hinsicht keine materielle Rechtskraft[169].

11 Wiedererwägung

Im Falle einer Beschwerde kann das Institut die Verfügung bis zur Vernehmlassung *von sich aus in* Wiedererwägung ziehen (Art. 58 Abs. 1 VwVG). Die Wiedererwägung wird in Art. 58 VwVG nicht näher geregelt, sie entspricht aber einem allgemeinen verwaltungsrechtlichen Grundsatz. Auch die Parteien können ein entsprechendes Gesuch stellen, und zwar sowohl vor als auch nach Eintritt der Rechtskraft der Verfügung. Das Gesuch richtet sich an die verfügende Behörde und enthält das Ansuchen, die getroffene Anordnung nochmals zu überprüfen und durch eine dem Gesuchsteller vorteilhaftere Verfügung zu ersetzen[170].

Das Gesuch ist grundsätzlich ein blosser Rechtsbehelf, der keinen Anspruch auf materielle Wiedererwägung begründet. In bestimmten Fällen besteht dagegen eine Pflicht zur Wiedererwägung. «Gemäss den von Rechtsprechung und Lehre aus Art. 4 BV abgeleiteten Grundsätzen ist eine Behörde dann verpflichtet, sich mit einem Wiedererwägungsgesuch zu befassen, wenn die Umstände sich seit dem ersten Entscheid wesentlich geändert haben, oder wenn der Gesuchsteller erhebliche Tatsachen und Beweismittel namhaft macht, die ihm im früheren Verfahren nicht bekannt waren oder die schon damals geltend zu machen für ihn rechtlich oder tatsächlich unmöglich war oder keine Veranlassung bestand»[171].

In Bezug auf Beschwerdeentscheide ist die *Revision* gesetzlich geregelt (Art. 66 ff. VwVG). Für erstinstanzliche Verfügungen fehlt eine solche ausdrückliche Regelung. Es rechtfertigt sich jedoch auch bei diesen, Art. 66–68 VwVG grundsätzlich *analog* anzuwenden und beim Vorliegen von Revisionsgründen einen Anspruch auf erneute Prüfung bzw. Wiedererwägung anzuerkennen[172]. Im Mehrparteienverfahren sind allerdings die Interessen des schutzwürdigen Vertrauens der Gegenpartei in den Bestand der Verfügung gegen die Interessen des Gesuchstellers abzuwägen[173].

---

[169] Vgl. MARBACH, 157.
[170] RHINOW / KOLLER / KISS, N 595.
[171] BGE 113 Ia 152; RHINOW / KOLLER / KISS, N 595 und 1324, S. 115 ff. und 230.
[172] KÖLZ / HÄNER, N 432.
[173] KÖLZ / HÄNER, N 436.

Gebühren Marken
(IGE, Madrider Abkommen und Protokoll)

SCHWEIZ

Hinterlegung
- Hinterlegungsgebühr (Schutzdauer zehn Jahre, verlängerbar) CHF 700.–
- Hinterlegungsgebühr bei elektronischer Anmeldung CHF 600.–
- Klassengebühr (ab dritter Klasse) CHF 100.–
- Expressgebühr (beschleunigte Markenprüfung) CHF 400.–
- Gebühr für die Genehmigung einer Änderung des Reglements CHF 100.–

Widerspruch
- Widerspruchsgebühr CHF 800.–

Verlängerung
- Verlängerungsgebühr (zehn Jahre, beliebig verlängerbar) CHF 700.–
- Klassengebühr (ab dritter Klasse) CHF 100.–
- Zusätzliche Gebühr (Einreichung in der 6 monatigen Nachfrist) CHF 200.–
- Bearbeitungsgebühr bei Rückerstattung von Verlängerungsgebühr CHF 50.–

Änderungen
- Gebühr für die Eintragung einer vollständigen oder teilweisen Übertragung oder Lizenz CHF 100.–
  - für jede zusätzliche Marke des gleichen Inhabers, der gleichen Inhaberin, wenn gleichzeitig dieselbe Änderung beantragt wird CHF 50.–
- Gebühr für eine sonstige Änderung der Markeneintragung CHF 100.–
  - für jede zusätzliche Marke des gleichen Inhabers, der gleichen Inhaberin, wenn gleichzeitig dieselbe Änderung beantragt wird CHF 50.–
- Gebühr für die Eintragung einer Änderung des Vertreters, der Vertreterin CHF 100.–
  - für jede zusätzliche Marke des gleichen Inhabers, der gleichen Inhaberin, wenn gleichzeitig dieselbe Änderung beantragt wird CHF 50.–
- Gebühr für die Berichtigung einer Eintragung CHF 100.–
  - für jede zusätzliche Marke des gleichen Inhabers, der gleichen Inhaberin, wenn gleichzeitig dieselbe Berichtigung beantragt wird CHF 50.–
- Gebühr für die teilweise Löschung der Markeneintragung (Einschränkung des Waren- und Dienstleistungsverzeichnisses), für jede Marke CHF 100.–

Auskünfte

- Gebühr für jede Einsichtnahme in das Aktenheft erledigter Eintragungsgesuche
  - für jede Marke, in deren Aktenheft Einsicht genommen wird   CHF   10.–
  - Mindestbetrag   CHF 100.–
- Gebühr für die Einsichtnahme in das Markenregister
  - für jede Marke   CHF   10.–
  - Mindestbetrag   CHF 100.–
- Gebühr für Auskünfte über Eintragungsgesuche und den Inhalt des Markenregisters
  - für jedes Gesuch und jede Marke, über die Auskunft verlangt wird   CHF   10.–
  - Mindestbetrag   CHF 100.–
  - telefonische Auskünfte, pro Minute   CHF   2.–
- Gebühr für Registerauszüge, für jede Marke   CHF 100.–
  - für jedes zusätzliche Exemplar des gleichen Auszugs im selben Auftrag   CHF   10.–
- Gebühr für die Erstellung eines Prioritätsbeleges, für jede Marke   CHF 100.–
  - für jedes zusätzliche Exemplar des gleichen Beleges im selben Auftrag   CHF   10.–
- Weiterbehandlungsgebühr   CHF 200.–

INTERNATIONALE REGISTRIERUNG GEMÄSS MADRIDER ABKOMMEN UND PROTOKOLL

Registrierung

- Bearbeitungsgebühr des Instituts (nationale Gebühr)   CHF 400.–
- Grundgebühr für 10 Jahre, Markenabbildungen in schwarzweiss   CHF 653.–
- Grundgebühr für 10 Jahre, Markenabbildungen in Farbe   CHF 903.–
- Zusatzgebühr für jede die dritte Warenklasse übersteigende Klasse   CHF   73.–
- Ergänzungsgebühr für jedes benannte Land (Abkommen oder Protokoll), ausgenommen für bestimmte Länder des Madrider Protokolls, für welche individuelle Gebühren gelten – siehe Liste   CHF   73.–

Benennung nach der internationalen Registrierung

- Grundgebühr: CHF 300.–
- Ergänzungsgebühr für jedes benannte Land (Abkommen oder Protokoll), ausgenommen für bestimmte Länder des Madrider Protokolls, für welche individuelle Gebühren gelten – siehe Liste   CHF   73.–

Änderungen

- Vollständige oder teilweise Übertragung   CHF 177.–
- Einschränkung des Waren- und Dienstleistungsverzeichnisses   CHF 177.–

- Änderung des Namens und/oder der Adresse des/der Inhabers/in
  für eine oder mehrere Marken des/der gleichen Inhabers/in, wenn
  die gleiche Änderung gleichzeitig beantragt wird   CHF 150.–
- Eintragung oder Änderung der Eintragung einer Lizenz   CHF 177.–
- **Erneuerung:** kann nicht übers Institut abgewickelt werden.
  Der Antrag muss direkt bei der OMPI gestellt werden.

Individuelle Gebühren

welche bei einem Antrag um internationale Registrierung mit Schweizer Basismarke oder einem Antrag um nachträgliche Benennung mit Schweizer Inhaber anzuwenden sind.

- **Antigua und Barbuda, Litauen, Sambia und Türkei:** diese Länder des Madrider Protokolls erheben keine individuellen Gebühren; die Ergänzungsgebühr von CHF 73.– findet hier Anwendung.
- **Bitte beachten Sie, dass die individuellen Gebühren häufigen Änderungen unterworfen sein können.**

Australien	• für eine Klasse	CHF 436.–
	• für jede weitere Klasse	CHF 436.–
Dänemark	• für drei Klassen	CHF 487.–
	• für jede weitere Klasse	CHF 124.–
Estland	• für eine Klasse	CHF 291.–
	• für jede weitere Klasse	CHF 104.–
	bei einer Kollektiv- oder Garantiemarke:	
	• für eine Klasse	CHF 364.–
	• für jede weitere Klasse	CHF 104.–
Finnland	• für drei Klassen	CHF 236.–
	• für jede weitere Klasse	CHF 88.–
	bei einer Kollektivmarke:	
	• für drei Klassen	CHF 340.–
	• für jede weitere Klasse	CHF 88.–
Georgien	• für eine Klasse	CHF 239.–
	• für jede weitere Klasse	CHF 95.–
Griechenland	• für eine Klasse	CHF 94.–
	• für jede weitere Klasse	CHF 23.–
Grossbritannien	• für eine Klasse	CHF 386.–
	• für jede weitere Klasse	CHF 107.–
Irland	• für eine Klasse	CHF 372.–
	• für jede weitere Klasse	CHF 106.–
Island	• für eine Klasse	CHF 271.–
	• für jede weitere Klasse	CHF 54.–
	bei einer Kollektivmarke:	
	• für eine Klasse	CHF 307.–
	• für jede weitere Klasse	CHF 54.–

Japan	• für eine Klasse vor Weiterleitung an die WIPO	CHF 226.–
	bei Zulassung der Marke durch Japan	CHF 754.–
	Insgesamt	CHF 980.–
	• für jede weitere Klasse vor Weiterleitung an die WIPO	CHF 171.–
	bei Zulassung der Marke durch Japan	CHF 754.–
	Insgesamt	CHF 925.–
Norwegen	• für drei Klassen	CHF 394.–
	• für jede weitere Klasse	CHF 113.–
Schweden	• für eine Klasse	CHF 243.–
	• für jede weitere Klasse	CHF 121.–
Singapur	• für eine Klasse	CHF 200.–
	• für jede weitere Klasse	CHF 200.–
Süd-Korea	• für eine Klasse	CHF 297.–
	• für jede weitere Klasse	CHF 297.–
Turkmenistan	• für eine Klasse	CHF 274.–
	• für jede weitere Klasse	CHF 137.–
USA	• für eine Klasse	CHF 456.–
	• für jede weitere Klasse	CHF 456.–

Originaltext

Übereinkommen zwischen der Schweiz und Deutschland betreffend den gegenseitigen Patent-, Muster- und Markenschutz[1]

Abgeschlossen am 13. April 1892
Von der Bundesversammlung genehmigt am 23. Juni 1892[2]
Ratifikationsurkunden ausgetauscht am 2. August 1894
In Kraft getreten am 16. August 1894

*Der Bundesrat der Schweizerischen Eidgenossenschaft einerseits und
Seine Majestät der Deutsche Kaiser, König von Preussen,
im Namen des Deutschen Reiches
andererseits,*

von dem Wunsche geleitet, die gegenseitigen Beziehungen auf dem Gebiete des Patent-, Muster- und Markenschutzes neu zu regeln, haben zu diesem Zweck Unterhandlungen eröffnen lassen und zu Bevollmächtigten ernannt:

(Es folgen die Namen der Bevollmächtigten)

welche, unter Vorbehalt der beiderseitigen Ratifikation, das nachstehende Übereinkommen vereinbart und abgeschlossen haben:

Art. 1–4[3]

Art. 5

Die Rechtsnachteile, welche nach den Gesetzen der vertragschliessenden Teile eintreten, wenn eine Erfindung, ein Muster oder Modell, eine Handels- oder Fabrikmarke nicht innerhalb einer bestimmten Frist ausgeführt, nachgebildet oder angewendet wird, sollen auch dadurch ausgeschlossen werden, dass die Ausführung, Nachbildung oder Anwendung in dem Gebiete des anderen Teiles erfolgt.

Die Einfuhr einer in dem Gebiete des einen Teiles hergestellten Ware in das Gebiet des anderen Teiles soll in dem letzteren nachteilige Folgen für das auf Grund einer Erfindung, eines Musters oder Modells oder einer Handels- oder Fabrikmarke gewährte Schutzrecht nicht nach sich ziehen.

---

[1] Dieses Abkommen wurde in Anbetracht des Beitrittes des Deutschen Reiches zur Pariser Verbandsübereinkunft zum Schutze des gewerblichen Eigentums [AS **7** 517, **16** 358] jener Verbandsübereinkunft angepasst durch das Abk. vom 26. Mai 1902 (AS **19** 553). Durch dieses Abkommen wurden die Art. 1–4, 6, 8 und 9, das Schlussprotokoll
[AS **14** 381] sowie das Zusatzprotokoll vom 16. Juni 1893 [AS **14** 383] aufgehoben und Art. 5 durch zwei Absätze ergänzt. Diese Änderungen wurden von der Bundesversammlung genehmigt am 2. Okt. 1902 (AS **19** 552); die Ratifikationsurkunden wurden am 3. April 1903 ausgetauscht. Sie sind gleichentags wie der Beitritt des Deutschen Reiches zur Pariser Verbandsübereinkunft, d. h. am 1. Mai 1903, rechtswirksam geworden.

[2] AS **14** 372

[3] Aufgehoben durch Art. I des Abk. vom 26. Mai 1902. Siehe Fussnote zum Titel.

Vorstehende Bestimmungen finden auf diejenigen Erfindungen nicht Anwendung, welche nach den Gesetzen eines der vertragschliessenden Teile vom Patentschutz ausgeschlossen sind. Jedoch bleiben die Vergünstigungen, welche dem Inhaber eines Patentes im Artikel 2 der Zusatzakte vom 14. Dezember 1900[4] zur internationalen Konvention zum Schutze des gewerblichen Eigentums vom 20. März 1883 zugesichert sind, unberührt.[5]

Rechtsnachteile, welche nach den Gesetzen der vertragschliessenden Teile bei Erfindungspatenten im Fall der Lizenzverweigerung eintreten, werden durch die im zweiten Absatz enthaltenen Bestimmungen nicht ausgeschlossen.[6]

Art. 6[7]

Art. 7

Angehörige des einen der vertragschliessenden Teile, welche ein Patent in dem Gebiete des anderen Teiles erlangt haben, sind in dem letzteren von jeder gesetzlichen Verpflichtung befreit, behufs Geltendmachung der aus dem Patent sich ergebenden Rechte, die nach dem Patent hergestellten Gegenstände oder deren Verpackung als patentiert zu kennzeichnen. Ist eine solche Kennzeichnung nicht erfolgt, so muss behufs Verfolgung des Nachahmers der Nachweis schuldhaften Verhaltens besonders geführt werden.

Art. 8–9[8]

Zu Urkund dessen haben die beiderseitigen Bevollmächtigten das gegenwärtige Übereinkommen unterzeichnet und ihre Siegel beigedrückt.

So geschehen zu Berlin, den 13. April 1892.

---

[4] Die Zusatzakte vom 14. Dez. 1900 [AS **19** 212] zur Konvention vom 20. März 1883 ist in den Beziehungen zwischen der Schweiz und Deutschland heute ersetzt durch die 1967 in Stockhohn revidierte Pariser Verbandsübereinkunft zum Schutze des gewerblichen Eigentums (SR **0.232.04**), der beide Staaten beigetreten sind. Vgl. Art. 5 dieser Übereinkunft.

[5] Eingefügt durch Art. II des Abk. vom 26. Mai 1902. Siehe Fussnote zum Titel.

[6] Eingefügt durch Art. II des Abk. vom 26. Mai 1902. Siehe Fussnote zum Titel.

[7] Aufgehoben durch Art. I des Abk. vom 26. Mai 1902. Siehe Fussnote zum Titel.

[8] Aufgehoben durch Art. I des Abk. vom 26. Mai 1902. Siehe Fussnote zum Titel.

Amtlicher deutscher Text[1]
gemäss Artikel 17 Absatz 1) Buchstabe b)

Madrider Abkommen über die internationale Registrierung von Marken revidiert in Stockholm am 14. Juli 1967

Abgeschlossen in Stockholm am 14. Juli 1967
Von der Bundesversammlung genehmigt am 2. Dezember 1969[2]
Schweizerische Ratifikationsurkunde hinterlegt am 26. Januar 1970
In Kraft getreten für die Schweiz am 19. September 1970

(Stand am 4. November 2003)

Art. 1   **Errichtung eines besonderen Verbandes – Hinterlegung der Marken beim Internationalen Büro – Begriffsbestimmung des Ursprungslandes**

1) Die Länder, auf die dieses Abkommen Anwendung findet, bilden einen besonderen Verband für die internationale Registrierung von Marken.

2) Die Angehörigen eines jeden der Vertragsländer können sich in allen übrigen Vertragsländern dieses Abkommens den Schutz ihrer im Ursprungsland für Waren oder Dienstleistungen eingetragenen Marken dadurch sichern, dass sie diese Marken durch Vermittlung der Behörde des Ursprungslandes bei dem im Übereinkommen zur Errichtung der Weltorganisation für geistiges Eigentum[3] (im folgenden als «die Organisation» bezeichnet) vorgesehenen Internationalen Büro für geistiges Eigentum (im folgenden als «das Internationale Büro» bezeichnet) hinterlegen.

3) Als Ursprungsland wird das Land des besonderen Verbandes angesehen, in dem der Hinterleger eine tatsächliche und nicht nur zum Schein bestehende gewerbliche oder Handelsniederlassung hat; wenn er eine solche Niederlassung in einem Land des besonderen Verbandes nicht hat, das Land des besonderen Verbandes, in dem er seinen Wohnsitz hat; wenn er keinen Wohnsitz innerhalb des besonderen Verbandes hat, das Land seiner Staatsangehörigkeit, sofern er Angehöriger eines Landes des besonderen Verbandes ist.

---

[1]   Der Originaltext findet sich unter der gleichen Nummer in der französischen Ausgabe dieser Sammlung. Die Artikel des Abkommens sind mit Überschriften versehen worden, um die Benützung des Textes zu erleichtern; der Originaltext enthält keine Artikelüberschriften.
[2]   Art. 1 Ziff. 5 des BB vom 2. Dez. 1969 (AS **1970** 600)
[3]   SR **0.230**

Art. 2 **Verweisung auf Artikel 3 der Pariser Verbandsübereinkunft (Gleichstellung gewisser Personengruppen mit den Angehörigen der Verbandsländer)**

Den Angehörigen der Vertragsländer sind gleichgestellt die Angehörigen der diesem Abkommen nicht beigetretenen Länder, die im Gebiet des durch dieses Abkommen gebildeten besonderen Verbandes den durch Artikel 3 der Pariser Verbandsübereinkunft zum Schutz des gewerblichen Eigentums[4] festgesetzten Bedingungen genügen.

Art. 3 **Inhalt des Gesuchs um internationale Registrierung**

1) Jedes Gesuch um internationale Registrierung ist auf dem von der Ausführungsordnung[5] vorgeschriebenen Formular einzureichen; die Behörde des Ursprungslandes der Marke bescheinigt, dass die Angaben in diesem Gesuch denen des nationalen Registers entsprechen, und gibt die Daten und Nummern der Hinterlegung und der Eintragung der Marke im Ursprungsland sowie das Datum des Gesuchs um internationale Registrierung an.

2) Der Hinterleger hat die Waren oder Dienstleistungen, für die der Schutz der Marke beansprucht wird, anzugeben sowie, wenn möglich, die Klasse oder die Klassen entsprechend der Klassifikation, die durch das Abkommen von Nizza über die Internationale Klassifikation von Waren und Dienstleistungen für die Eintragung von Marken[6] festgelegt worden ist. Macht der Hinterleger diese Angabe nicht, so ordnet das Internationale Büro die Waren oder Dienstleistungen in die entsprechenden Klassen der erwähnten Klassifikation ein. Die vom Hinterleger angegebene Einordnung unterliegt der Prüfung durch das Internationale Büro, das hierbei im Einvernehmen mit der nationalen Behörde vorgeht. Im Fall einer Meinungsverschiedenheit zwischen der nationalen Behörde und dem Internationalen Büro ist die Ansicht des letzteren massgebend.

3) Beansprucht der Hinterleger die Farbe als unterscheidendes Merkmal seiner Marke, so ist er verpflichtet:

1. dies ausdrücklich zu erklären und seiner Hinterlegung einen Vermerk beizufügen, der die beanspruchte Farbe oder Farbenzusammenstellung angibt;
2. seinem Gesuch farbige Darstellungen der Marke beizulegen, die den Mitteilungen des Internationalen Büros beigefügt werden. Die Anzahl dieser Darstellungen wird durch die Ausführungsordnung bestimmt.

4) Das Internationale Büro trägt die gemäss Artikel 1 hinterlegten Marken sogleich in ein Register ein. Die Registrierung erhält das Datum des Gesuchs um internationale Registrierung im Ursprungsland, sofern das Gesuch beim Internationalen Büro innerhalb von zwei Monaten nach diesem Zeitpunkt eingegangen ist. Ist das Gesuch nicht innerhalb dieser Frist eingegangen, so trägt das Internationale Büro es mit dem Datum ein, an dem es bei ihm eingegangen ist. Das Internationale Büro zeigt diese Registrierung unverzüglich den beteiligten Behörden an. Die registrierten Marken werden in einem regelmässig erscheinenden, vom Internationalen Büro herausgegebenen Blatt unter Verwendung der in dem Registrierungsgesuch enthaltenen An-

---

[4] SR **0.232.01/.04**
[5] SR **0.232.112.21**
[6] SR **0.232.112.7/.9**

gaben veröffentlicht. Hinsichtlich der Marken, die einen bildlichen Bestandteil oder eine besondere Schriftform enthalten, bestimmt die Ausführungsordnung, ob der Hinterleger einen Druckstock einzureichen hat.

5) Um die registrierten Marken in den Vertragsländern zur allgemeinen Kenntnis zu bringen, erhält jede Behörde vom Internationalen Büro eine Anzahl von Stücken der genannten Veröffentlichung unentgeltlich sowie eine Anzahl von Stücken zu ermässigtem Preis im Verhältnis zur Zahl der in Artikel 16 Absatz 4) Buchstabe a) der Pariser Verbandsübereinkunft zum Schutz des gewerblichen Eigentums[7] genannten Einheiten und zu den von der Ausführungsordnung festgelegten Bedingungen. Diese Bekanntgabe ist in allen Vertragsländern als vollkommen ausreichend anzusehen; eine weitere darf vom Hinterleger nicht gefordert werden.

Art. 3bis **Territoriale Beschränkung des Schutzes**

1) Jedes Vertragsland kann jederzeit dem Generaldirektor der Organisation (im folgenden als «der Generaldirektor» bezeichnet) schriftlich notifizieren, dass sich der Schutz aus der internationalen Registrierung auf dieses Land nur dann erstreckt, wenn der Inhaber der Marke es ausdrücklich beantragt.

2) Diese Notifikation wird erst sechs Monate nach dem Zeitpunkt ihrer Mitteilung durch den Generaldirektor an die anderen Vertragsländer wirksam.

Art. 3ter **Gesuch um territoriale Ausdehnung des Schutzes**

1) Das Gesuch um Ausdehnung des Schutzes aus der internationalen Registrierung auf ein Land, das von der durch Artikel 3bis geschaffenen Befugnis Gebrauch gemacht hat, ist in dem in Artikel 3 Absatz 1) vorgesehenen Gesuch besonders zu erwähnen.

2) Das erst nach der internationalen Registrierung gestellte Gesuch um Ausdehnung des Schutzes ist durch Vermittlung der Behörde des Ursprungslandes auf einem von der Ausführungsordnung[8] vorgeschriebenen Formular einzureichen. Das Internationale Büro trägt es sogleich in das Register ein und teilt es unverzüglich der oder den beteiligten Behörden mit. Das Gesuch wird in dem regelmässig erscheinenden, vom Internationalen Büro herausgegebenen Blatt veröffentlicht. Diese Ausdehnung des Schutzes wird zu dem Zeitpunkt wirksam, zu dem sie im internationalen Register eingetragen wird; sie verliert ihre Wirkung mit dem Erlöschen der internationalen Registrierung der Marke, auf die sie sich bezieht.

Art. 4 **Wirkung der internationalen Registrierung**

1) Vom Zeitpunkt der im Internationalen Büro nach den Bestimmungen der Artikel 3 und 3ter vollzogenen Registrierung an ist die Marke in jedem der beteiligten Vertragsländer ebenso geschützt, wie wenn sie dort unmittelbar hinterlegt worden wäre. Die in Artikel 3 vorgesehene Einordnung der Waren oder Dienstleistungen bindet die Vertragsländer nicht hinsichtlich der Beurteilung des Schutzumfangs der Marke.

2) Jede Marke, die Gegenstand einer internationalen Registrierung gewesen ist, geniesst das durch Artikel 4 der Pariser Verbandsübereinkunft zum Schutz des gewerblichen Eigentums[9] festgelegte Prioritätsrecht, ohne dass es erforderlich ist, die unter Buchstabe D jenes Artikels vorgesehenen Förmlichkeiten zu erfüllen.

---

[7] SR **0.232.04** und **0.232.01/.03** Art. 13 Abs. 8
[8] SR **0.232.112.21**
[9] SR **0.232.01/.04**

Art. 4bis **Ersetzung früherer nationaler Eintragungen durch die internationale Registrierung**

1) Ist eine in einem oder mehreren der Vertragsländer bereits hinterlegte Marke später vom Internationalen Büro auf den Namen desselben Inhabers oder seines Rechtsnachfolgers registriert worden, so ist die internationale Registrierung als an die der früheren nationalen Eintragungen getreten anzusehen, unbeschadet der durch die letzteren erworbenen Rechte.

2) Die nationale Behörde hat auf Antrag die internationale Registrierung in ihren Registern zu vermerken.

Art. 5 **Schutzverweigerung durch die nationalen Behörden**

1) Die Behörden, denen das Internationale Büro die Registrierung einer Marke oder das gemäss Artikel 3ter gestellte Gesuch um Ausdehnung des Schutzes mitteilt, sind in den Ländern, deren Rechtsvorschriften sie dazu ermächtigen, zu der Erklärung befugt, dass dieser Marke der Schutz in ihrem Hoheitsgebiet nicht gewährt werden kann. Eine solche Schutzverweigerung ist jedoch nur unter den Bedingungen zulässig, die nach der Pariser Verbandsübereinkunft zum Schutz des gewerblichen – Eigentums[10] auf eine zur nationalen Eintragung hinterlegte Marke anwendbar wären. Der Schutz darf jedoch weder ganz noch teilweise allein deshalb verweigert werden, weil die innerstaatlichen Rechtsvorschriften die Eintragung nur für eine beschränkte Anzahl von Klassen oder für eine beschränkte Anzahl von Waren oder Dienstleistungen zulassen.

2) Die Behörden, die von dieser Befugnis Gebrauch machen wollen, haben ihre Schutzverweigerung unter Angabe aller Gründe dem Internationalen Büro innerhalb der von ihrem Landesgesetz vorgesehenen Frist, spätestens aber vor Ablauf eines Jahres nach der internationalen Registrierung der Marke oder nach dem gemäss Artikel 3ter gestellten Gesuch um Ausdehnung des Schutzes, mitzuteilen.

3) Das Internationale Büro übermittelt unverzüglich eines der Stücke der in dieser Weise mitgeteilten Schutzverweigerungserklärung der Behörde des Ursprungslandes und dem Inhaber der Marke oder seinem Vertreter, falls dieser dem Büro von der genannten Behörde angegeben worden ist. Der Beteiligte hat dieselben Rechtsmittel, wie wenn er die Marke unmittelbar in dem Land hinterlegt hätte, in dem der Schutz verweigert wird.

4) Das Internationale Büro hat den Beteiligten auf Antrag die Gründe der Schutzverweigerung mitzuteilen.

5) Die Behörden, die innerhalb der genannten Höchstfrist von einem Jahr dem Internationalen Büro hinsichtlich der Registrierung einer Marke oder eines Gesuchs um Ausdehnung des Schutzes keine vorläufige oder endgültige Schutzverweigerung mitgeteilt haben, verlieren hinsichtlich der betreffenden Marke die Vergünstigung der in Absatz 1) vorgesehenen Befugnis.

6) Die zuständigen Behörden dürfen eine internationale Marke nicht für ungültig erklären, ohne dem Inhaber der Marke Gelegenheit gegeben zu haben, seine Rechte rechtzeitig geltend zu machen. Die Ungültigerklärung ist dem Internationalen Büro mitzuteilen.

---

[10] SR **0.232.01/.04**

Art. 5bis **Belege für die Rechtmässigkeit des Gebrauchs gewisser Markenbestandteile**

Die Belege für die Rechtmässigkeit des Gebrauchs gewisser Markenbestandteile – wie Wappen, Wappenschilde, Bildnisse, Auszeichnungen, Titel, Handels- oder Personennamen, die anders lauten als der des Hinterlegers, oder andere Inschriften ähnlicher Art –, die von den Behörden der Vertragsländer etwa angefordert werden, sind von jeder Beglaubigung sowie von jeder anderen Bestätigung als der der Behörde des Ursprungslandes befreit.

Art. 5ter **Abschriften der im internationalen Register eingetragenen Angaben – Nachforschungen nach älteren Registrierungen – Auszüge aus dem internationalen Register**

1) Das Internationale Büro übermittelt auf Antrag jedermann gegen eine durch die Ausführungsordnung[11] festgesetzte Gebühr eine Abschrift der im Register eingetragenen Angaben über eine bestimmte Marke.

2) Das Internationale Büro kann gegen Entgelt auch Nachforschungen nach älteren Registrierungen internationaler Marken übernehmen.

3) Die zur Vorlage in einem der Vertragsländer beantragten Auszüge aus dem internationalen Register sind von jeder Beglaubigung befreit.

Art. 6 **Dauer der Gültigkeit der internationalen Registrierung – Unabhängigkeit der internationalen Registrierung – Erlöschen des Schutzes im Ursprungsland**

1) Die Registrierung einer Marke beim Internationalen Büro erfolgt für zwanzig Jahre mit der Möglichkeit der Erneuerung unter den in Artikel 7 festgesetzten Bedingungen.

2) Mit dem Ablauf einer Frist von fünf Jahren vom Zeitpunkt der internationalen Registrierung an wird diese, vorbehaltlich der folgenden Bestimmungen, von der vorher im Ursprungsland eingetragenen nationalen Marke unabhängig.

3) Der durch die internationale Registrierung erlangte Schutz, gleichgültig ob die Registrierung Gegenstand einer Übertragung gewesen ist oder nicht, kann, ganz oder teilweise, nicht mehr in Anspruch genommen werden, wenn innerhalb von fünf Jahren vom Zeitpunkt der internationalen Registrierung an die vorher im Ursprungsland im Sinn des Artikels 1 eingetragene nationale Marke in diesem Land den gesetzlichen Schutz ganz oder teilweise nicht mehr geniesst. Das gleiche gilt, wenn dieser gesetzliche Schutz später infolge einer vor Ablauf der Frist von fünf Jahren erhobenen Klage erlischt.

4) Wird die Marke freiwillig oder von Amts wegen gelöscht, so ersucht die Behörde des Ursprungslandes das Internationale Büro um die Löschung der Marke, das daraufhin die Löschung vornimmt. Im Fall eines gerichtlichen Verfahrens übermittelt die genannte Behörde von Amts wegen oder auf Verlangen des Klägers dem Internationalen Büro eine Abschrift der Klageschrift oder einer anderen die Klageerhebung nachweisenden Urkunde, ebenso eine Abschrift des rechtskräftigen Urteils; das Büro vermerkt dies im internationalen Register.

---

[11] SR **0.232.112.21**

Madrider Abkommen

Art. 7 **Erneuerung der internationalen Registrierung**

1) Die Registrierung kann immer wieder für einen Zeitabschnitt von zwanzig Jahren, gerechnet vom Ablauf des vorhergehenden Zeitabschnitts an, durch einfache Zahlung der in Artikel 8 Absatz 2) vorgesehenen Grundgebühr und gegebenenfalls der Zusatz- und Ergänzungsgebühren erneuert werden.

2) Die Erneuerung darf gegenüber dem letzten Stand der vorhergehenden Registrierung keine Änderung enthalten.

3) Bei der ersten nach den Bestimmungen der Nizzaer Fassung vom 15. Juni 1957[12] oder dieser Fassung des Abkommens vorgenommenen Erneuerung sind die Klassen der internationalen Klassifikation anzugeben, auf die sich die Registrierung bezieht.

4) Sechs Monate vor Ablauf der Schutzfrist erinnert das Internationale Büro den Inhaber der Marke und seinen Vertreter durch Zusendung einer offiziösen Mitteilung an den genauen Zeitpunkt dieses Ablaufs.

5) Gegen Zahlung einer von der Ausführungsordnung[13] festgesetzten Zuschlagsgebühr wird eine Nachfrist von sechs Monaten für die Erneuerung der internationalen Registrierung gewährt.

Art. 8 **Nationale Gebühr – Internationale Gebühr – Verteilung des Einnahmenüberschusses, der Zusatzgebühren und der Ergänzungsgebühren**

1) Die Behörde des Ursprungslandes ist befugt, nach ihrem Ermessen eine nationale Gebühr festzusetzen und zu ihren Gunsten vom Inhaber der Marke, deren internationale Registrierung oder Erneuerung beantragt wird, zu erheben.

2) Vor der Registrierung einer Marke beim Internationalen Büro ist eine internationale Gebühr zu entrichten, die sich zusammensetzt aus:

a) einer Grundgebühr;

b) einer Zusatzgebühr für jede die dritte Klasse übersteigende Klasse der internationalen Klassifikation, in welche die Waren oder Dienstleistungen eingeordnet werden, auf die sich die Marke bezieht;

c) einer Ergänzungsgebühr für jedes Gesuch um Ausdehnung des Schutzes gemäss Artikel 3ter

3) Die in Absatz 2) Buchstabe *b)* geregelte Zusatzgebühr kann jedoch, ohne dass sich dies auf den Zeitpunkt der Registrierung auswirkt, innerhalb einer von der Ausführungsordnung[14] festzusetzenden Frist entrichtet werden, wenn die Zahl der Klassen der Waren oder Dienstleistungen vom Internationalen Büro festgesetzt oder bestritten worden ist. Ist bei Ablauf der genannten Frist die Zusatzgebühr nicht entrichtet oder das Verzeichnis der Waren oder Dienstleistungen vom Hinterleger nicht in dem erforderlichen Ausmass eingeschränkt worden, so gilt das Gesuch um internationale Registrierung als zurückgenommen.

---

[12] SR **0.232.112.2**
[13] SR **0.232.112.21**
[14] SR **0.232.112.21**

4) Der jährliche Gesamtbetrag der verschiedenen Einnahmen aus der internationalen Registrierung wird mit Ausnahme der in Absatz 2) Buchstaben *b)* und *c)* vorgesehenen Einnahmen nach Abzug der durch die Ausführung dieser Fassung des Abkommens verursachten Kosten und Aufwendungen vom Internationalen Büro zu gleichen Teilen unter die Vertragsländer dieser Fassung des Abkommens verteilt. Wenn ein Land im Zeitpunkt des Inkrafttretens dieser Fassung des Abkommens diese noch nicht ratifiziert hat oder ihr noch nicht beigetreten ist, hat es bis zu dem Zeitpunkt, zu dem seine Ratifikation oder sein Beitritt wirksam wird, Anspruch auf eine Verteilung des Einnahmenüberschusses, der auf der Grundlage der früheren Fassung des Abkommens, die für das Land gilt, errechnet wird.

5) Die sich aus den Zusatzgebühren gemäss Absatz 2) Buchstabe *b)* ergebenden Beträge werden nach Ablauf jedes Jahres unter die Vertragsländer dieser Fassung des Abkommens oder der Nizzaer Fassung vom 15. Juni 1957[15] im Verhältnis zur Zahl der Marken verteilt, für die während des abgelaufenen Jahres in jedem dieser Länder der Schutz beantragt worden ist; soweit es sich um Länder mit Vorprüfung handelt, wird diese Zahl mit einem Koeffizienten vervielfacht, der in der Ausführungsordnung festgesetzt wird. Wenn ein Land im Zeitpunkt des Inkrafttretens dieser Fassung des Abkommens diese noch nicht ratifiziert hat oder ihr noch nicht beigetreten ist, hat es bis zu dem Zeitpunkt, zu dem seine Ratifikation oder sein Beitritt wirksam wird, Anspruch auf eine Verteilung der auf der Grundlage der Nizzaer Fassung errechneten Beträge.

6) Die sich aus den Ergänzungsgebühren gemäss Absatz 2) Buchstabe *c)* ergebenden Beträge werden nach den Regeln des Absatzes 5) unter die Länder verteilt, die von der in Artikel 3bis vorgesehenen Befugnis Gebrauch gemacht haben. Wenn ein Land im Zeitpunkt des Inkrafttretens dieser Fassung des Abkommens diese noch nicht ratifiziert hat oder ihr noch nicht beigetreten ist, hat es bis zu dem Zeitpunkt, zu dem seine Ratifikation oder sein Beitritt wirksam wird, Anspruch auf eine Verteilung der auf der Grundlage der Nizzaer Fassung errechneten Beträge.

Art. 8bis Schutzverzicht für ein oder mehrere Vertragsländer

Der Inhaber der internationalen Registrierung kann jederzeit durch eine an die Behörde seines Landes gerichtete Erklärung auf den Schutz in einem oder in mehreren der Vertragsländer verzichten; die Erklärung wird dem Internationalen Büro mitgeteilt und von diesem den Ländern, auf die sich der Verzicht bezieht, zur Kenntnis gebracht. Der Verzicht ist gebührenfrei.

Art. 9 Verfahren bei Änderungen im nationalen Register und bei Einschränkungen des Verzeichnisses der Waren oder Dienstleistungen – Erweiterungen dieses Verzeichnisses

1) Ebenso teilt die Behörde des Landes des Inhabers dem Internationalen Büro die bei der eingetragenen Marke im nationalen Register vermerkten Nichtigkeitserklärungen, Löschungen, Verzichte, Übertragungen und anderen Änderungen mit, wenn diese Änderungen auch die internationale Registrierung berühren.

2) Das Büro trägt diese Änderungen in das internationale Register ein, teilt sie seinerseits den Behörden der Vertragsländer mit und veröffentlicht sie in seinem Blatt.

---

[15] SR **0.232.112.2**

3) Ebenso wird verfahren, wenn der Inhaber der internationalen Registrierung beantragt, das Verzeichnis der Waren oder Dienstleistungen einzuschränken, auf die sich die Registrierung bezieht.

4) Für diese Amtshandlungen kann eine Gebühr erhoben werden, die durch die Ausführungsordnung[16] festgesetzt wird.

5) Die nachträgliche Erweiterung des Verzeichnisses um eine neue Ware oder Dienstleistung kann nur durch eine neue Hinterlegung nach den Bestimmungen des Artikels 3 vorgenommen werden.

6) Der Erweiterung steht der Austausch einer Ware oder Dienstleistung durch eine andere gleich.

Art. 9bis Übertragung der internationalen Marke mit Wechsel des Landes des Markeninhabers

1) Wird eine im internationalen Register eingetragene Marke auf eine Person übertragen, die in einem anderen Vertragsland als dem Land des Inhabers der internationalen Registrierung ansässig ist, so ist die Übertragung durch die Behörde dieses Landes dem Internationalen Büro mitzuteilen. Das Internationale Büro trägt die Übertragung in das Register ein, teilt sie den anderen Behörden mit und veröffentlicht sie in seinem Blatt. Wird die Übertragung vor Ablauf der Frist von fünf Jahren seit der internationalen Registrierung vorgenommen, so holt das Internationale Büro die Zustimmung der Behörde des Landes des neuen Inhabers ein und veröffentlicht, wenn möglich, das Datum und die Nummern der Registrierung der Marke in dem Land des neuen Inhabers.

2) Die Übertragung einer im internationalen Register eingetragenen Marke auf eine Person, die zur Hinterlegung einer internationalen Marke nicht berechtigt ist, wird im Register nicht eingetragen.

3) Konnte eine Übertragung im internationalen Register nicht eingetragen werden, weil das Land des neuen Inhabers seine Zustimmung versagt hat oder weil die Übertragung zugunsten einer Person vorgenommen worden ist, die zur Einreichung eines Gesuchs um internationale Registrierung nicht berechtigt ist, so hat die Behörde des Landes des früheren Inhabers das Recht, vom Internationalen Büro die Löschung der Marke in dessen Register zu verlangen.

Art. 9ter Übertragung der internationalen Marke für einen Teil der Waren oder Dienstleistungen oder für gewisse Vertragsländer – Verweisung auf Artikel 6^{quater} der Pariser Verbandsübereinkunft (Marken: Übertragung)

1) Wird die Übertragung einer internationalen Marke nur für einen Teil der eingetragenen Waren oder Dienstleistungen dem Internationalen Büro mitgeteilt, so trägt dieses die Übertragung in sein Register ein. Jedes der Vertragsländer ist befugt, die Gültigkeit dieser Übertragung nicht anzuerkennen, wenn die Waren oder Dienstleistungen des auf diese Weise übertragenen Teils mit denen gleichartig sind, für welche die Marke zugunsten des Übertragenden eingetragen bleibt.

2) Das Internationale Büro trägt auch Übertragungen der internationalen Marke ein, die sich nur auf eines oder auf mehrere der Vertragsländer beziehen.

---

[16] SR **0.232.112.21**

3) Tritt in den vorgenannten Fällen ein Wechsel des Landes des Inhabers ein, so hat die für den neuen Inhaber zuständige Behörde die nach Artikel 9bis erforderliche Zustimmung zu erteilen, wenn die internationale Marke vor Ablauf der Frist von fünf Jahren seit der internationalen Registrierung übertragen worden ist.

4) Die Bestimmungen der vorhergehenden Absätze finden nur unter dem Vorbehalt des Artikels 6^{quater} der Pariser Verbandsübereinkunft zum Schutz des gewerblichen Eigentums[17] Anwendung.

Art. 9^{quater} Gemeinsame Behörde mehrerer Vertragsländer – Behandlung mehrerer Vertragsländer als ein Land

1) Kommen mehrere Länder des besonderen Verbandes überein, ihre Landesgesetze auf dem Gebiet des Markenrechts zu vereinheitlichen, so können sie dem Generaldirektor notifizieren:

a) dass eine gemeinsame Behörde an die Stelle der nationalen Behörde jedes dieser Länder tritt und

b) dass die Gesamtheit ihrer Hoheitsgebiete für die vollständige oder teilweise Anwendung der diesem Artikel vorhergehenden Bestimmungen als ein Land anzusehen ist.

2) Diese Notifikation wird erst wirksam sechs Monate nach dem Zeitpunkt der Mitteilung, welche der Generaldirektor den anderen Vertragsländern darüber zugehen lässt.

Art. 10 Versammlung des besonderen Verbandes

1)

a) Der besondere Verband hat eine Versammlung, die sich aus den Ländern zusammensetzt, die diese Fassung des Abkommens ratifiziert haben oder ihr beigetreten sind.

b) Die Regierung jedes Landes wird durch einen Delegierten vertreten, der von Stellvertretern, Beratern und Sachverständigen unterstützt werden kann.

c) Die Kosten jeder Delegation werden von der Regierung getragen, die sie entsandt hat, mit Ausnahme der Reisekosten und der Aufenthaltsentschädigung für einen Delegierten jedes Mitgliedlandes, die zu Lasten des besonderen Verbandes gehen.

2)

a) Die Versammlung

  i) behandelt alle Fragen betreffend die Erhaltung und die Entwicklung des besonderen Verbandes sowie die Anwendung dieses Abkommens;

  ii) erteilt dem Internationalen Büro Weisungen für die Vorbereitung der Revisionskonferenzen unter gebührender Berücksichtigung der Stellungnahmen der Länder des besonderen Verbandes, die diese Fassung des Abkommens weder ratifiziert haben noch ihr beigetreten sind;

  iii) ändert die Ausführungsordnung[18] und setzt die Höhe der in Artikel 8 Absatz 2) genannten Gebühren und der anderen Gebühren für die internationale Registrierung fest;

---

[17] SR **0.232.01/.04**
[18] SR **0.232.112.21**

iv) prüft und billigt die Berichte und die Tätigkeit des Generaldirektors betreffend den besonderen Verband und erteilt ihm alle zweckdienlichen Weisungen in Fragen, die in die Zuständigkeit des besonderen Verbandes fallen;

v) legt das Programm fest, beschliesst den Zweijahres-Haushaltsplan[19] des besonderen Verbandes und billigt seine Rechnungsabschlüsse;

vi) beschliesst die Finanzvorschriften des besonderen Verbandes;

vii) bildet die Sachverständigenausschüsse und Arbeitsgruppen, die sie zur Verwirklichung der Ziele des besonderen Verbandes für zweckdienlich hält;

viii) bestimmt, welche Nichtmitgliedländer des besonderen Verbandes, welche zwischenstaatlichen und welche internationalen nichtstaatlichen Organisationen zu ihren Sitzungen als Beobachter zugelassen werden;

ix) beschliesst Änderungen der Artikel 10 bis 13;

x) nimmt jede andere Handlung vor, die zur Erreichung der Ziele des besonderen Verbandes geeignet ist;

xi) nimmt alle anderen Aufgaben wahr, die sich aus diesem Abkommen ergeben.

b) Über Fragen, die auch für andere von der Organisation verwaltete Verbände von Interesse sind, entscheidet die Versammlung nach Anhörung des Koordinierungsausschusses der Organisation.

3)
a) Jedes Mitgliedland der Versammlung verfügt über eine Stimme.

b) Die Hälfte der Mitgliedländer der Versammlung bildet das Quorum (die für die Beschlussfähigkeit erforderliche Mindestzahl).

c) Ungeachtet des Buchstabens b) kann die Versammlung Beschlüsse fassen, wenn während einer Tagung die Zahl der vertretenen Länder zwar weniger als die Hälfte, aber mindestens ein Drittel der Mitgliedländer der Versammlung beträgt; jedoch werden diese Beschlüsse mit Ausnahme der Beschlüsse über das Verfahren der Versammlung nur dann wirksam, wenn die folgenden Bedingungen erfüllt sind: Das Internationale Büro teilt diese Beschlüsse den Mitgliedländern der Versammlung mit, die nicht vertreten waren, und lädt sie ein, innerhalb einer Frist von drei Monaten vom Zeitpunkt der Mitteilung an schriftlich ihre Stimme oder Stimmenthaltung bekanntzugeben. Entspricht nach Ablauf der Frist die Zahl der Länder, die auf diese Weise ihre Stimme oder Stimmenthaltung bekanntgegeben haben, mindestens der Zahl der Länder, die für die Erreichung des Quorums während der Tagung gefehlt hatte, so werden die Beschlüsse wirksam, sofern gleichzeitig die erforderliche Mehrheit noch vorhanden ist.

d) Vorbehaltlich des Artikels 13 Absatz 2) fasst die Versammlung ihre Beschlüsse mit einer Mehrheit von zwei Dritteln der abgegebenen Stimmen.

e) Stimmenthaltung gilt nicht als Stimmabgabe.

f) Ein Delegierter kann nur ein Land vertreten und nur in dessen Namen abstimmen.

---

[19] Fassung dieser Worte geändert am 2. Okt. 1979, in Kraft für die Schweiz seit 23. Okt. 1983 (AS **1984** 44).

g) Die Länder des besonderen Verbandes, die nicht Mitglied der Versammlung sind, werden zu den Sitzungen der Versammlung als Beobachter zugelassen.

4)

a) Die Versammlung tritt nach Einberufung durch den Generaldirektor alle zwei Jahre[20] einmal zu einer ordentlichen Tagung zusammen, und zwar, abgesehen von aussergewöhnlichen Fällen, zu derselben Zeit und an demselben Ort wie die Generalversammlung der Organisation.

b) Die Versammlung tritt nach Einberufung durch den Generaldirektor zu einer ausserordentlichen Tagung zusammen, wenn ein Viertel der Mitgliedländer der Versammlung es verlangt.

c) Die Tagesordnung jeder Tagung wird vom Generaldirektor vorbereitet.

5) Die Versammlung gibt sich eine Geschäftsordnung.

Art. 11 **Internationales Büro**

1)

a) Die Aufgaben hinsichtlich der internationalen Registrierung sowie die anderen Verwaltungsaufgaben des besonderen Verbandes werden vom Internationalen Büro wahrgenommen.

b) Das Internationale Büro bereitet insbesondere die Sitzungen der Versammlung sowie der etwa von ihr gebildeten Sachverständigenausschüsse und Arbeitsgruppen vor und besorgt das Sekretariat dieser Organe.

e) Der Generaldirektor ist der höchste Beamte des besonderen Verbandes und vertritt diesen Verband.

2) Der Generaldirektor und die von ihm bestimmten Mitglieder des Personals nehmen ohne Stimmrecht an allen Sitzungen der Versammlung und aller etwa von ihr gebildeten Sachverständigenausschüsse oder Arbeitsgruppen teil. Der Generaldirektor oder ein von ihm bestimmtes Mitglied des Personals ist von Amts wegen Sekretär dieser Organe.

3)

a) Das Internationale Büro bereitet nach den Weisungen der Versammlung die Konferenzen zur Revision der Bestimmungen des Abkommens mit Ausnahme der Artikel 10 bis 13 vor.

b) Das Internationale Büro kann bei der Vorbereitung der Revisionskonferenzen zwischenstaatliche sowie internationale nichtstaatliche Organisationen konsultieren.

e) Der Generaldirektor und die von ihm bestimmten Personen nehmen ohne Stimmrecht an den Beratungen dieser Konferenzen teil.

4) Das Internationale Büro nimmt alle anderen Aufgaben wahr, die ihm übertragen werden.

[Art. 12 und 13 nicht abgedruckt]

---

[20] Fassung dieser Worte geändert am 2. Okt. 1979, in Kraft für die Schweiz seit 23. Okt. 1983 (AS **1984** 44).

Art. 14   **Ratifikation und Beitritt – Inkrafttreten – Beitritt zu früheren Fassungen – Verweisung auf Artikel 24 der Pariser Verbandsübereinkunft (Hoheitsgebiete)**

1) Jedes Land des besonderen Verbandes kann diese Fassung des Abkommens ratifizieren, wenn es sie unterzeichnet hat, oder ihr beitreten, wenn es sie nicht unterzeichnet hat.

2)

a) Jedes dem besonderen Verband nichtangehörende Vertragsland der Pariser Verbandsübereinkunft zum Schutz des gewerblichen Eigentums[21] kann dieser Fassung des Abkommens beitreten und dadurch Mitglied des besonderen Verbandes werden.

b) Sobald das Internationale Büro davon in Kenntnis gesetzt worden ist, dass ein solches Land dieser Fassung des Abkommens beigetreten ist, übermittelt es der Behörde dieses Landes gemäss Artikel 3 eine Sammelanzeige aller Marken, die zu diesem Zeitpunkt den internationalen Schutz geniessen.

c) Diese Anzeige sichert als solche den genannten Marken die Vorteile der vorhergehenden Bestimmungen im Hoheitsgebiet dieses Landes und setzt die Jahresfrist in Lauf, während der die beteiligte Behörde die in Artikel 5 vorgesehene Erklärung abgeben kann.

d) Jedoch kann ein solches Land bei seinem Beitritt zu dieser Fassung des Abkommens erklären, dass die Anwendung dieser Fassung auf diejenigen Marken beschränkt wird, die von dem Tag an registriert werden, an dem dieser Beitritt wirksam wird; dies gilt nicht für internationale Marken, die schon vorher in diesem Land Gegenstand einer gleichen, noch wirksamen nationalen Eintragung gewesen sind und die auf Antrag der Beteiligten ohne weiteres anzuerkennen sind.

e) Diese Erklärung entbindet das Internationale Büro von der oben genannten Übermittlung der Sammelanzeige. Es beschränkt seine Anzeige auf die Marken, derentwegen ihm der Antrag auf Anwendung der unter Buchstabe d) vorgesehenen Ausnahme nebst den erforderlichen näheren Angaben innerhalb eines Jahres nach dem Beitritt des neuen Landes zugeht.

f) Das Internationale Büro übermittelt solchen Ländern keine Sammelanzeige, wenn sie bei ihrem Beitritt zu dieser Fassung des Abkommens erklären, dass sie von der in Artikel 3bis vorgesehenen Befugnis Gebrauch machen. Diese Länder können ausserdem gleichzeitig erklären, dass die Anwendung dieser Fassung des Abkommens auf diejenigen Marken beschränkt wird, die von dem Tag an registriert werden, an dem ihr Beitritt wirksam wird; diese Einschränkung gilt jedoch nicht für die internationalen Marken, die in diesen Ländern schon vorher Gegenstand einer gleichen nationalen Eintragung waren und die Anlass zu gemäss Artikel 3ter und Artikel 8 Absatz 2) Buchstabe c) gestellten und mitgeteilten Gesuchen um Ausdehnung des Schutzes geben können.

g) Die Markenregistrierungen, die den Gegenstand einer der in diesem Absatz vorgesehenen Anzeige gebildet haben, gelten als an die Stelle der Eintragungen getreten, die in dem neuen Vertragsland vor dem Zeitpunkt des Wirksamwerdens seines Beitritts unmittelbar bewirkt worden sind.

---

[21] SR **0.232.01/.04**

3) Die Ratifikations- und Beitrittsurkunden werden beim Generaldirektor hinterlegt.

4)

a) Für die ersten fünf Länder, die ihre Ratifikations- oder Beitrittsurkunden hinterlegt haben, tritt diese Fassung des Abkommens drei Monate nach Hinterlegung der fünften solchen Urkunde in Kraft.

b) Für jedes andere Land tritt diese Fassung des Abkommens drei Monate nach dem Zeitpunkt der Notifizierung seiner Ratifikation oder seines Beitritts durch den Generaldirektor in Kraft, sofern in der Ratifikationsoder Beitrittsurkunde nicht ein späterer Zeitpunkt angegeben ist. In diesem Fall tritt diese Fassung des Abkommens für dieses Land zu dem angegebenen Zeitpunkt in Kraft.

5) Die Ratifikation oder der Beitritt bewirkt von Rechts wegen die Annahme aller Bestimmungen und die Zulassung zu allen Vorteilen dieser Fassung des Abkommens.

6) Nach dem Inkrafttreten dieser Fassung des Abkommens kann ein Land der Nizzaer Fassung vom 15. Juni 1957[22] nur beitreten, wenn es gleichzeitig diese Fassung des Abkommens ratifiziert oder ihr beitritt. Der Beitritt zu Fassungen des Abkommens, die älter sind als die Nizzaer Fassung, ist auch gleichzeitig mit der Ratifikation dieser Fassung oder dem Beitritt zu ihr nicht zulässig.

7) Artikel 24 der Pariser Verbandsübereinkunft zum Schutz des gewerblichen Eigentums[23] ist auf dieses Abkommen anzuwenden.

Art. 15   **Kündigung**

1) Dieses Abkommen bleibt ohne zeitliche Begrenzung in Kraft.

2) Jedes Land kann diese Fassung des Abkommens durch eine an den Generaldirektor gerichtete Notifikation kündigen. Diese Kündigung bewirkt zugleich die Kündigung aller früheren Fassungen und hat nur Wirkung für das Land, das sie erklärt hat; für die übrigen Länder des besonderen Verbandes bleibt das Abkommen in Kraft und wirksam.

3) Die Kündigung wird ein Jahr nach dem Tag wirksam, an dem die Notifikation beim Generaldirektor eingegangen ist.

4) Das in diesem Artikel vorgesehene Kündigungsrecht kann von einem Land nicht vor Ablauf von fünf Jahren nach dem Zeitpunkt ausgeübt werden, zu dem es Mitglied des besonderen Verbandes geworden ist.

5) Die vor dem Zeitpunkt, an dem die Kündigung wirksam wird, international registrierten Marken, denen innerhalb der in Artikel 5 vorgesehenen Jahresfrist der Schutz nicht verweigert worden ist, geniessen während der Dauer des internationalen Schutzes weiter denselben Schutz, wie wenn sie unmittelbar in diesem Land hinterlegt worden wären.

---

[22] SR **0.232.112.2**
[23] SR **0.232.04** und **0.232.01/.03** Art. 16bis

Art. 16   **Anwendung früherer Fassungen**

1)
a) Diese Fassung des Abkommens ersetzt in den Beziehungen zwischen den Ländern des besonderen Verbandes, die sie ratifiziert haben oder ihr beigetreten sind, von dem Tag an, an dem sie für sie in Kraft tritt, das Madrider Abkommen von 1891[24] in seinen früheren Fassungen.
b) Jedoch bleibt jedes Land des besonderen Verbandes, das diese Fassung des Abkommens ratifiziert hat oder ihr beigetreten ist, in seinen Beziehungen zu den Ländern, die diese Fassung weder ratifiziert haben noch ihr beigetreten sind, an die früheren Fassungen gebunden, sofern es diese nicht gemäss Artikel 12 Absatz 4) der Nizzaer Fassung vom 15. Juni 1957[25] vorher gekündigt hat.

2) Die dem besonderen Verband nicht angehörenden Länder, die Vertragspartei dieser Fassung des Abkommens werden, wenden sie auch auf die internationalen Registrierungen an, die beim Internationalen Büro durch Vermittlung der nationalen Behörde eines Landes des besonderen Verbandes, das nicht Vertragspartei dieser Fassung ist, vorgenommen worden sind, vorausgesetzt, dass die Registrierungen hinsichtlich dieser Länder den Vorschriften dieser Fassung des Abkommens entsprechen. Die dem besonderen Verband nicht angehörenden Länder, die Vertragspartei dieser Fassung des Abkommens werden, lassen es zu, dass das vorgenannte Land hinsichtlich der durch Vermittlung ihrer nationalen Behörden beim Internationalen Büro vorgenommenen internationalen Registrierungen die Erfüllung der Vorschriften der jüngsten Fassung dieses Abkommens, der es angehört, verlangt.

Art. 17   **Unterzeichnung – Sprachen – Wahrnehmung der Verwahreraufgaben**

1)
a) Diese Fassung des Abkommens wird in einer Urschrift in französischer Sprache unterzeichnet und bei der schwedischen Regierung hinterlegt.
b) Amtliche Texte werden vom Generaldirektor nach Konsultierung der beteiligten Regierungen in anderen Sprachen hergestellt, die die Versammlung bestimmen kann.

2) Diese Fassung des Abkommens liegt bis zum 13. Januar 1968 in Stockholm zur Unterzeichnung auf.

3) Der Generaldirektor übermittelt zwei von der schwedischen Regierung beglaubigte Abschriften des unterzeichneten Textes dieser Fassung des Abkommens den Regierungen aller Länder des besonderen Verbandes und der Regierung jedes anderen Landes, die es verlangt.

4) Der Generaldirektor lässt diese Fassung des Abkommens beim Sekretariat der Vereinten Nationen registrieren.

5) Der Generaldirektor notifiziert den Regierungen aller Länder des besonderen Verbandes die Unterzeichnungen, die Hinterlegungen von Ratifikations- oder Beitrittsurkunden sowie die in diesen Urkunden enthaltenen Erklärungen, das Inkrafttreten aller Bestimmungen dieser Fassung des Abkommens, die Notifikationen von Kündigungen und die Notifikationen gemäss den Artikeln 3bis, 9^{quater}, 13, 14 Absatz 7) und Artikel 15 Absatz 2).

---

[24] [AS **12** 1015, **19** 233; BS **11** 1017 1023 1030; SR **0.232.112.2**]
[25] SR **0.232.112.2**

Art. 18   **Übergangsbestimmungen**

1) Bis zur Amtsübernahme durch den ersten Generaldirektor gelten Bezugnahmen in dieser Fassung des Abkommens auf das Internationale Büro der Organisation oder den Generaldirektor als Bezugnahmen auf das Büro des durch die Pariser Verbandsübereinkunft zum Schutz des gewerblichen Eigentums errichteten Verbandes oder seinen Direktor.

2) Die Länder des besonderen Verbandes, die diese Fassung des Abkommens weder ratifiziert haben noch ihr beigetreten sind, können, wenn sie dies wünschen, während eines Zeitraums von fünf Jahren, gerechnet vom Zeitpunkt des Inkrafttretens des Übereinkommens zur Errichtung der Organisation[26] an, die in den Artikeln 10 bis 13 dieser Fassung des Abkommens vorgesehenen Rechte so ausüben, als wären sie durch diese Artikel gebunden. Jedes Land, das diese Rechte auszuüben wünscht, hinterlegt zu diesem Zweck beim Generaldirektor eine schriftliche Notifikation, die im Zeitpunkt ihres Eingangs wirksam wird. Solche Länder gelten bis zum Ablauf der genannten Frist als Mitglied der Versammlung.

Zu Urkund dessen haben die hierzu gehörig bevollmächtigten Unterzeichneten diese Fassung des Abkommens unterschrieben.

Geschehen zu Stockholm am 14. Juli 1967.

Vorbehalte und Erklärungen

Alle in dieser Liste aufgeführten Vertragsstaaten
haben von der Befugnis nach Artikel 3bis Gebrauch gemacht.

China
Dieser Staat hat die in Artikel 14 Absatz 2 Buchstabe d vorgesehene Erklärung abgegeben.

Kuba
Gleiche Erklärung wie China.

Niederlande
Das Abkommen gilt nur für das Königreich in Europa.

---

[26] SR **0.230**

Übersetzung[1]

Protokoll zum Madrider Abkommen über die internationale Registrierung von Marken

Abgeschlossen in Madrid am 27. Juni 1989
Von der Bundesversammlung genehmigt am 1. Oktober 1996[2]
Schweizerische Ratifikationsurkunde hinterlegt am 1. Februar 1997
In Kraft getreten für die Schweiz am 1. Mai 1997
  (Stand am 14. September 2004)

Verzeichnis der Artikel des Protokolls

Artikel 1:	Mitgliedschaft im Madrider Verband
Artikel 2:	Erwerb des Schutzes durch internationale Registrierung
Artikel 3:	Internationales Gesuch
Artikel 3bis:	Territoriale Wirkung
Artikel 3ter:	Gesuch um «territoriale Ausdehnung»
Artikel 4:	Wirkungen der internationalen Registrierung
Artikel 4bis:	Ersetzung einer nationalen oder regionalen Eintragung durch eine internationale Registrierung
Artikel 5:	Schutzverweigerung und Ungültigerklärung der Wirkungen der internationalen Registrierung in bezug auf bestimmte Vertragsparteien
Artikel 5bis:	Belege für die Rechtmässigkeit des Gebrauchs gewisser Markenbestandteile
Artikel 5ter:	Abschriften der im internationalen Register eingetragenen Angaben; Recherchen nach älteren Registrierungen; Auszüge aus dem internationalen Register
Artikel 6:	Dauer der Gültigkeit der internationalen Registrierung; Abhängigkeit und Unabhängigkeit der internationalen Registrierung
Artikel 7:	Erneuerung der internationalen Registrierung
Artikel 8:	Gebühren für das internationale Gesuch und die internationale Registrierung
Artikel 9:	Eintragung einer Änderung des Inhabers einer internationalen Registrierung
Artikel 9bis:	Bestimmte Eintragungen bei einer internationalen Registrierung

---

[1] Der französische Originaltext findet sich unter der gleichen Nummer in der französischen Ausgabe dieser Sammlung.
[2] Art. 1 Abs. 1 Bst. a des BB vom 1. Okt. 1996 (AS **1997** 2283)

Artikel 9ter: Gebühren für bestimmte Eintragungen
Artikel 9^{quater}: Gemeinsame Behörde für mehrere Vertragsstaaten
Artikel 9^{quinquies}: Umwandlung einer internationalen Registrierung in nationale oder regionale Gesuche
Artikel 9^{sexies}: Sicherung des Madrider Abkommens (Stockholmer Fassung)
Artikel 10: Versammlung
Artikel 11: Internationales Büro
Artikel 12: Finanzen
Artikel 13: Änderung bestimmter Artikel des Protokolls
Artikel 14: Möglichkeiten, Vertragspartei des Protokolls zu werden; Inkrafttreten
Artikel 15: Kündigung
Artikel 16: Unterzeichnung; Sprachen; Aufgaben des Verwahrers

Art. 1 Mitgliedschaft im Madrider Verband

Die Staaten, die Vertragsparteien dieses Protokolls sind (im folgenden als «Vertragsstaaten» bezeichnet), auch wenn sie nicht Vertragsparteien des Madrider Abkommens über die internationale Registrierung von Marken[3] in der Stockholmer Fassung von 1967 mit den Änderungen von 1979 (im folgenden als «Madrider Abkommen [Stockholmer Fassung]» bezeichnet) sind, und die in Artikel 14 Absatz 1 Buchstabe b bezeichneten Organisationen, die Vertragsparteien dieses Protokolls sind (im folgenden als «Vertragsorganisationen» bezeichnet), sind Mitglieder desselben Verbands, dem die Vertragsparteien des Madrider Abkommens (Stockholmer Fassung) als Mitglieder angehören. Jede Bezugnahme in diesem Protokoll auf «Vertragsparteien» ist als Bezugnahme sowohl auf die Vertragsstaaten als auch auf die Vertragsorganisationen auszulegen.

Art. 2 Erwerb des Schutzes durch internationale Registrierung

(1) Wurde ein Gesuch um Eintragung einer Marke bei der Behörde einer Vertragspartei eingereicht oder eine Marke im Register der Behörde einer Vertragspartei eingetragen, so kann sich die Person, auf deren Namen das Gesuch (im folgenden als «Basisgesuch» bezeichnet) oder die Eintragung (im folgenden als «Basiseintragung» bezeichnet) lautet, nach diesem Protokoll den Schutz dieser Marke im Gebiet der Vertragsparteien dadurch sichern, dass sie die Eintragung der Marke im Register des Internationalen Büros der Weltorganisation für geistiges Eigentum (im folgenden als «internationale Registrierung», «internationales Register», «Internationales Büro» und «Organisation» bezeichnet) herbeiführt, vorausgesetzt, dass

i) wenn das Basisgesuch bei der Behörde eines Vertragsstaats eingereicht oder die Basiseintragung von einer solchen Behörde vorgenommen wurde, die Person, auf deren Namen das Gesuch oder die Eintragung lautet, Angehöriger des betreffenden Vertragsstaats ist oder in diesem Vertragsstaat ihren Wohnsitz oder eine tatsächliche und nicht nur zum Schein bestehende gewerbliche oder Handelsniederlassung hat;

[3] SR 0.232.112.3

ii) wenn das Basisgesuch bei der Behörde einer Vertragsorganisation eingereicht oder die Basiseintragung von einer solchen Behörde vorgenommen wurde, die Person, auf deren Namen das Gesuch oder die Eintragung lautet, Angehöriger eines Mitgliedstaats dieser Vertragsorganisation ist oder im Gebiet dieser Vertragsorganisation ihren Wohnsitz oder eine tatsächliche und nicht nur zum Schein bestehende gewerbliche oder Handelsniederlassung hat.

(2) Das Gesuch um internationale Registrierung (im folgenden als «internationales Gesuch» bezeichnet) ist beim Internationalen Büro durch Vermittlung der Behörde einzureichen, bei der das Basisgesuch eingereicht beziehungsweise von der die Basiseintragung vorgenommen wurde (im folgenden als «Ursprungsbehörde» bezeichnet).

(3) Jede Bezugnahme in diesem Protokoll auf eine «Behörde» oder eine «Behörde einer Vertragspartei» ist als Bezugnahme auf die Behörde, die namens einer Vertragspartei für die Eintragung von Marken zuständig ist, und jede Bezugnahme in diesem Protokoll auf «Marken» ist als Bezugnahme auf Warenmarken und Dienstleistungsmarken auszulegen.

(4) Für die Zwecke dieses Protokolls bedeutet «Gebiet einer Vertragspartei», wenn es sich bei der Vertragspartei um einen Staat handelt, das Hoheitsgebiet des betreffenden Staates, und wenn es sich bei der Vertragspartei um eine zwischenstaatliche Organisation handelt, das Gebiet, in dem der Gründungsvertrag der betreffenden zwischenstaatlichen Organisation Anwendung findet.

Art. 3 Internationales Gesuch

(1) Jedes internationale Gesuch aufgrund dieses Protokolls ist auf dem von der Ausführungsordnung[4] vorgeschriebenen Formular einzureichen. Die Ursprungsbehörde bescheinigt, dass die Angaben im internationalen Gesuch den Angaben entsprechen, die zum Zeitpunkt der Bescheinigung im Basisgesuch beziehungsweise in der Basiseintragung enthalten sind. Die Behörde gibt ausserdem folgendes an:

i) bei einem Basisgesuch das Datum und die Nummer des Gesuchs,

ii) bei einer Basiseintragung das Datum und die Nummer der Eintragung sowie das Datum und die Nummer des Gesuchs, aus dem die Basiseintragung hervorging.

Die Ursprungsbehörde gibt ausserdem das Datum des internationalen Gesuchs an.

(2) Der Hinterleger hat die Waren und Dienstleistungen, für die der Schutz der Marke beansprucht wird, anzugeben sowie, wenn möglich, die Klasse oder die Klassen entsprechend der Klassifikation, die durch das Abkommen von Nizza über die Internationale Klassifikation von Waren und Dienstleistungen für die Eintragung von Marken[5] festgelegt wurde. Macht der Hinterleger diese Angabe nicht, so ordnet das Internationale Büro die Waren und Dienstleistungen in die entsprechenden Klassen der erwähnten Klassifikation ein. Die vom Hinterleger angegebene Einordnung unterliegt der Prüfung durch das Internationale Büro, das hierbei im Zusammenwirken mit der Ursprungsbehörde vorgeht. Im Fall einer Meinungsverschiedenheit zwischen dieser Behörde und dem Internationalen Büro ist die Ansicht des letzteren massgebend.

---

[4] SR **0.232.112.21**
[5] SR **0.232.112.9**

(3) Beansprucht der Hinterleger die Farbe als unterscheidendes Merkmal seiner Marke, so ist er verpflichtet,
- i) dies ausdrücklich zu erklären und seinem internationalen Gesuch einen Vermerk beizufügen, der die beanspruchte Farbe oder Farbenzusammenstellung angibt;
- ii) seinem internationalen Gesuch farbige Darstellungen der Marke beizulegen, die den Mitteilungen des Internationalen Büros beigefügt werden; die Anzahl dieser Darstellungen wird in der Ausführungsordnung bestimmt.

(4) Das Internationale Büro trägt die gemäss Artikel 2 hinterlegten Marken sogleich in ein Register ein. Die internationale Registrierung erhält das Datum, an dem das internationale Gesuch bei der Ursprungsbehörde eingegangen ist, sofern das internationale Gesuch innerhalb von zwei Monaten nach diesem Zeitpunkt beim Internationalen Büro eingegangen ist. Ist das internationale Gesuch nicht innerhalb dieser Frist eingegangen, so erhält die internationale Registrierung das Datum, an dem das betreffende internationale Gesuch beim Internationalen Büro eingegangen ist. Das Internationale Büro teilt den beteiligten Behörden unverzüglich die internationale Registrierung mit. Die im internationalen Register eingetragenen Marken werden in einem regelmässig erscheinenden, vom Internationalen Büro herausgegebenen Blatt auf der Grundlage der im internationalen Gesuch enthaltenen Angaben veröffentlicht.

(5) Um die im internationalen Register eingetragenen Marken zur allgemeinen Kenntnis zu bringen, erhält jede Behörde vom Internationalen Büro unentgeltlich eine Anzahl von Stücken des genannten Blattes sowie eine Anzahl von Stücken zu ermässigtem Preis zu den Bedingungen, die von der in Artikel 10 genannten Versammlung (im folgenden als «Versammlung» bezeichnet) festgelegt werden. Diese Bekanntgabe gilt für die Zwecke aller Vertragsparteien als ausreichend; eine weitere Bekanntgabe darf vom Inhaber der internationalen Registrierung nicht verlangt werden.

Art. 3bis **Territoriale Wirkung**

Der Schutz aus der internationalen Registrierung erstreckt sich auf eine Vertragspartei nur auf Antrag der Person, die das internationale Gesuch einreicht oder Inhaber der internationalen Registrierung ist. Ein solcher Antrag kann jedoch nicht für die Vertragspartei gestellt werden, deren Behörde die Ursprungsbehörde ist.

Art. 3ter **Gesuch um «territoriale Ausdehnung»**

(1) Jedes Gesuch um Ausdehnung des Schutzes aus der internationalen Registrierung auf eine Vertragspartei ist im internationalen Gesuch besonders zu erwähnen.

(2) Ein Gesuch um territoriale Ausdehnung kann auch nach der internationalen Registrierung gestellt werden. Ein solches Gesuch ist auf dem in der Ausführungsordnung vorgeschriebenen Formular einzureichen. Das Internationale Büro trägt es sogleich im Register ein und teilt diese Eintragung unverzüglich der oder den beteiligten Behörden mit. Die Eintragung wird in dem regelmässig erscheinenden Blatt des Internationalen Büros veröffentlicht. Diese territoriale Ausdehnung wird von dem Datum an wirksam, an dem sie im internationalen Register eingetragen wird; sie verliert ihre Wirkung mit dem Erlöschen der internationalen Registrierung, auf die sie sich bezieht.

Madrider Protokoll 173

Art. 4 Wirkungen der internationalen Registrierung

(1)

a) Von dem Datum der Registrierung oder der Eintragung nach den Bestimmungen der Artikel 3 und 3ter an ist die Marke in jeder der beteiligten Vertragsparteien ebenso geschützt, wie wenn sie unmittelbar bei der Behörde dieser Vertragspartei hinterlegt worden wäre. Wurde dem Internationalen Büro keine Schutzverweigerung nach Artikel 5 Absätze 1 und 2 mitgeteilt oder wurde eine nach jenem Artikel mitgeteilte Schutzverweigerung später zurückgenommen, so ist die Marke in der beteiligten Vertragspartei von dem genannten Datum an ebenso geschützt, wie wenn sie von der Behörde dieser Vertragspartei eingetragen worden wäre.

b) Die in Artikel 3 vorgesehene Angabe der Klassen der Waren und Dienstleistungen bindet die Vertragsparteien nicht hinsichtlich der Beurteilung des Schutzumfangs der Marke.

(2) Jede internationale Registrierung geniesst das durch Artikel 4 der Pariser Verbandsübereinkunft zum Schutz des gewerblichen Eigentums[6] festgelegte Prioritätsrecht, ohne dass es erforderlich ist, die unter Buchstabe D jenes Artikels vorgesehenen Förmlichkeiten zu erfüllen.

Art. 4bis **Ersetzung einer nationalen oder regionalen Eintragung durch eine internationale Registrierung**

(1) Ist eine Marke, die Gegenstand einer nationalen oder regionalen Eintragung bei der Behörde einer Vertragspartei ist, auch Gegenstand einer internationalen Registrierung und lauten sowohl die Eintragung als auch die Registrierung auf den Namen derselben Person, so gilt die internationale Registrierung als an die Stelle der nationalen oder regionalen Eintragung getreten, unbeschadet der durch die letzteren erworbenen Rechte, sofern

i) der Schutz aus der internationalen Registrierung sich nach Artikel 3ter Absatz 1 oder 2 auf die betreffende Vertragspartei erstreckt,

ii) alle in der nationalen oder regionalen Eintragung aufgeführten Waren und Dienstleistungen auch in der internationalen Registrierung in bezug auf die betreffende Vertragspartei aufgeführt sind,

iii) diese Ausdehnung nach dem Datum der nationalen oder regionalen Eintragung wirksam wird.

(2) Die in Absatz 1 bezeichnete Behörde hat auf Antrag die internationale Registrierung in ihrem Register zu vermerken.

Art. 5 **Schutzverweigerung und Ungültigerklärung der Wirkungen der internationalen Registrierung in bezug auf bestimmte Vertragsparteien**

(1) Soweit die geltenden Rechtsvorschriften sie dazu ermächtigen, hat die Behörde einer Vertragspartei, der das Internationale Büro eine Ausdehnung des sich aus der internationalen Registrierung ergebenden Schutzes auf die Vertragspartei nach Artikel 3ter Absatz 1 oder 2 mitgeteilt hat, das Recht, in einer Mitteilung der Schutzverweigerung zu erklären, dass der Marke, die Gegenstand dieser Ausdehnung ist,

---

[6] SR **0.232.04**

der Schutz in der betreffenden Vertragspartei nicht gewährt werden kann. Eine solche Schutzverweigerung kann nur auf Gründe gestützt werden, die nach der Pariser Verbandsübereinkunft zum Schutz des gewerblichen Eigentums[7] im Fall einer unmittelbar bei der Behörde, welche die Schutzverweigerung mitteilt, hinterlegten Marke anwendbar wären. Der Schutz darf jedoch weder ganz noch teilweise allein deshalb verweigert werden, weil die geltenden Rechtsvorschriften die Eintragung nur für eine beschränkte Anzahl von Klassen oder für eine beschränkte Anzahl von Waren oder Dienstleistungen zulassen.

(2)

a) Die Behörden, die von diesem Recht Gebrauch machen wollen, teilen dem Internationalen Büro ihre Schutzverweigerung unter Angabe aller Gründe innerhalb der Frist mit, die in den für diese Behörden geltenden Rechtsvorschriften vorgesehen ist, spätestens jedoch, vorbehaltlich der Buchstaben b und c, vor Ablauf eines Jahres nach dem Zeitpunkt, zu dem die in Absatz 1 genannte Mitteilung der Ausdehnung dieser Behörde vom Internationalen Büro übersandt worden ist.

b) Ungeachtet des Buchstabens a kann jede Vertragspartei erklären, dass für internationale Registrierungen aufgrund dieses Protokolls die unter Buchstabe a genannte Frist von einem Jahr durch 18 Monate ersetzt wird.

c) In dieser Erklärung kann ausserdem festgelegt werden, dass eine Schutzverweigerung, die sich aus einem Widerspruch gegen die Schutzgewährung ergeben kann, von der Behörde der betreffenden Vertragspartei dem Internationalen Büro nach Ablauf der Frist von 18 Monaten mitgeteilt werden kann. Eine solche Behörde kann hinsichtlich einer vorgenommenen internationalen Registrierung eine Schutzverweigerung nach Ablauf der Frist von 18 Monaten nur dann mitteilen, wenn

   i) sie vor Ablauf der Frist von 18 Monaten das Internationale Büro über die Möglichkeit unterrichtet hat, dass Widersprüche nach Ablauf der Frist von 18 Monaten eingelegt werden können, und

   ii) die Mitteilung der auf einen Widerspruch gestützten Schutzverweigerung innerhalb einer Frist von nicht mehr als sieben Monaten nach dem Zeitpunkt gemacht wird, zu dem die Widerspruchsfrist beginnt; läuft die Widerspruchsfrist vor dieser Frist von sieben Monaten ab, so muss die Mitteilung innerhalb einer Frist von einem Monat nach Ablauf der Widerspruchsfrist erfolgen.

d) Eine Erklärung nach den Buchstaben b oder c kann in den in Artikel 14 Absatz 2 genannten Urkunden abgegeben werden; der Zeitpunkt des Wirksamwerdens der Erklärung ist derselbe wie der Zeitpunkt des Inkrafttretens dieses Protokolls für den Staat oder die zwischenstaatliche Organisation, welche die Erklärung abgegeben haben. Eine solche Erklärung kann auch später abgegeben werden; in diesem Fall wird die Erklärung drei Monate nach ihrem Eingang beim Generaldirektor der Organisation (im folgenden als «Generaldirektor» bezeichnet) oder zu einem in der Erklärung angegebenen späteren Zeitpunkt in bezug auf jede internationale Registrierung wirksam, deren Datum mit dem Zeitpunkt des Wirksamwerdens der Erklärung übereinstimmt oder deren Datum nach diesem Zeitpunkt liegt.

---

[7] SR **0.232.04**

e) Nach Ablauf von zehn Jahren nach Inkrafttreten dieses Protokolls prüft die Versammlung die Arbeitsweise des unter den Buchstaben a bis d errichteten Systems. Danach können die Bestimmungen dieser Buchstaben durch einstimmigen Beschluss der Versammlung geändert werden.

(3) Das Internationale Büro übermittelt dem Inhaber der internationalen Registrierung unverzüglich ein Exemplar der Mitteilung der Schutzverweigerung. Der betreffende Inhaber hat dieselben Rechtsmittel, wie wenn er die Marke unmittelbar bei der Behörde hinterlegt hätte, die ihre Schutzverweigerung mitgeteilt hat. Ist das Internationale Büro nach Absatz 2 Buchstabe c Ziffer i unterrichtet worden, so leitet es diese Information unverzüglich an den Inhaber der internationalen Registrierung weiter.

(4) Das Internationale Büro teilt jeder interessierten Person auf Antrag die Gründe für die Schutzverweigerung mit.

(5) Die Behörden, die hinsichtlich einer vorgenommenen internationalen Registrierung dem Internationalen Büro keine vorläufige oder endgültige Schutzverweigerung nach Absatz 1 und 2 mitgeteilt haben, verlieren für diese internationale Registrierung die Vergünstigung des in Absatz 1 vorgesehenen Rechts.

(6) Die zuständigen Behörden einer Vertragspartei dürfen die Wirkung einer internationalen Registrierung im Gebiet einer Vertragspartei nicht für ungültig erklären, ohne dem Inhaber der internationalen Registrierung Gelegenheit gegeben zu haben, seine Rechte rechtzeitig geltend zu machen. Die Ungültigerklärung ist dem Internationalen Büro mitzuteilen.

Art. 5bis Belege für die Rechtmässigkeit des Gebrauchs gewisser Markenbestandteile

Die Belege für die Rechtmässigkeit des Gebrauchs gewisser Markenbestandteile, wie Wappen, Wappenschilde, Bildnisse, Auszeichnungen, Titel, Handels- oder Personennamen, die anders lauten als der des Hinterlegers, oder andere Inschriften ähnlicher Art, die von den Behörden der Vertragsparteien etwa angefordert werden, sind von jeder Beglaubigung sowie von jeder anderen Bestätigung als der der Ursprungsbehörde befreit.

Art. 5ter Abschriften der im internationalen Register eingetragenen Angaben; Recherchen nach älteren Registrierungen; Auszüge aus dem internationalen Register

(1) Das Internationale Büro übermittelt auf Antrag jedermann gegen Zahlung einer in der Ausführungsordnung festgesetzten Gebühr eine Abschrift der im Register eingetragenen Angaben über eine bestimmte Marke.

(2) Das Internationale Büro kann gegen Entgelt auch Recherchen nach älteren Marken vornehmen, die Gegenstand internationaler Registrierungen sind.

(3) Die zur Vorlage bei einer der Vertragsparteien beantragten Auszüge aus dem internationalen Register sind von jeder Beglaubigung befreit.

Art. 6 Dauer der Gültigkeit der internationalen Registrierung; Abhängigkeit und Unabhängigkeit der internationalen Registrierung

(1) Die Registrierung einer Marke beim Internationalen Büro erfolgt für zehn Jahre mit der Möglichkeit der Erneuerung unter den in Artikel 7 festgesetzten Bedingungen.

(2) Mit dem Ablauf einer Frist von fünf Jahren von dem Datum der internationalen Registrierung an wird diese, vorbehaltlich der folgenden Bestimmungen, vom Basisgesuch oder der sich aus ihr ergebenden Eintragung beziehungsweise von der Basiseintragung unabhängig.

(3) Der durch die internationale Registrierung erlangte Schutz, gleichgültig ob die Registrierung Gegenstand einer Übertragung gewesen ist oder nicht, kann nicht mehr in Anspruch genommen werden, wenn vor Ablauf von fünf Jahren von dem Datum der internationalen Registrierung an das Basisgesuch oder die sich aus ihr ergebende Eintragung beziehungsweise die Basiseintragung in bezug auf alle oder einige der in der internationalen Registrierung aufgeführten Waren und Dienstleistungen zurückgenommen wurde, verfallen ist, auf sie verzichtet wurde oder Gegenstand einer rechtskräftigen Zurückweisung, Nichtigerklärung, Löschung oder Ungültigerklärung gewesen ist. Dasselbe gilt, wenn

i) ein Rechtsmittel gegen eine Entscheidung, welche die Wirkung des Basisgesuchs zurückweist,

ii) ein Verfahren, in dem die Rücknahme des Basisgesuchs oder die Nichtigerklärung, Löschung oder Ungültigerklärung der sich aus dem Basisgesuch ergebenden Eintragung oder der Basiseintragung beantragt wird, oder

iii) ein Widerspruch gegen das Basisgesuch nach Ablauf der Fünfjahresfrist zu einer rechtskräftigen Zurückweisung, Nichterklärung, Löschung oder Ungültigerklärung oder zu der Anordnung der Rücknahme des Basisgesuchs oder der sich aus ihr ergebenden Eintragung beziehungsweise der Basiseintragung führt, sofern ein solches Rechtsmittel, ein solches Verfahren oder ein solcher Widerspruch vor Ablauf der genannten Frist eingeleitet wurde. Dasselbe gilt auch, wenn nach Ablauf der Fünfjahresfrist das Basisgesuch zurückgenommen oder auf die sich aus dem Basisgesuch ergebende Eintragung oder auf die Basiseintragung verzichtet wird, sofern zum Zeitpunkt der Rücknahme oder des Verzichts das betreffende Gesuch oder die Eintragung Gegenstand eines unter der Ziffer i, ii oder iii genannten Verfahrens war und ein solches Verfahren vor Ablauf der genannten Frist eingeleitet worden war.

(4) Die Ursprungsbehörde teilt dem Internationalen Büro entsprechend der Ausführungsordnung die nach Absatz 3 massgeblichen Tatsachen und Entscheidungen mit, und das Internationale Büro unterrichtet entsprechend der Ausführungsordnung die Beteiligten und veranlasst entsprechende Veröffentlichungen. Die Ursprungsbehörde fordert gegebenenfalls das Internationale Büro auf, die internationale Registrierung im anwendbaren Umfang zu löschen, und das Internationale Büro verfährt demgemäss.

Art. 7 Erneuerung der internationalen Registrierung

(1) Die internationale Registrierung kann für einen Zeitraum von zehn Jahren nach Ablauf des vorangegangenen Zeitraums durch einfache Zahlung der Grundgebühr und, vorbehaltlich des Artikels 8 Absatz 7, der Zusatz- und Ergänzungsgebühren, die in Artikel 8 Absatz 2 vorgesehen sind, erneuert werden.

(2) Die Erneuerung darf nicht zu einer Änderung der internationalen Registrierung in ihrer letzten Fassung führen.

(3) Sechs Monate vor Ablauf der Schutzfrist erinnert das Internationale Büro den Inhaber der internationalen Registrierung und gegebenenfalls seinen Vertreter durch Zusendung einer offiziösen Mitteilung an den genauen Zeitpunkt dieses Ablaufs.

(4) Gegen Zahlung einer in der Ausführungsordnung festgesetzten Zuschlagsgebühr wird eine Nachfrist von sechs Monaten für die Erneuerung der internationalen Registrierung gewährt.

Art. 8 **Gebühren für das internationale Gesuch und die internationale Registrierung**

(1) Die Ursprungsbehörde kann nach eigenem Ermessen eine Gebühr festsetzen und zu ihren Gunsten vom Hinterleger oder dem Inhaber der internationalen Registrierung im Zusammenhang mit dem Einreichen des internationalen Gesuchs oder der Erneuerung der internationalen Registrierung erheben.

(2) Vor der Registrierung einer Marke beim Internationalen Büro ist eine internationale Gebühr zu entrichten, die sich, vorbehaltlich des Absatzes 7 Buchstabe a, zusammensetzt aus

   i) einer Grundgebühr,
   ii) einer Zusatzgebühr für jede die dritte Klasse übersteigende Klasse der internationalen Klassifikation, in welche die Waren oder Dienstleistungen eingeordnet werden, auf die sich die Marke bezieht,
   iii) einer Ergänzungsgebühr für jedes Gesuch um Ausdehnung des Schutzes gemäss Artikel 3ter.

(3) Die in Absatz 2 Ziffer ii geregelte Zusatzgebühr kann jedoch, ohne dass sich dies auf das Datum der internationalen Registrierung auswirkt, innerhalb der in der Ausführungsordnung festgesetzten Frist entrichtet werden, wenn die Anzahl der Klassen der Waren oder Dienstleistungen vom Internationalen Büro festgesetzt oder bestritten worden ist. Ist bei Ablauf der genannten Frist die Zusatzgebühr nicht entrichtet oder das Verzeichnis der Waren oder Dienstleistungen vom Hinterleger nicht in dem erforderlichen Umfang eingeschränkt worden, so gilt das internationale Gesuch als zurückgenommen.

(4) Der jährliche Gesamtbetrag der verschiedenen Einnahmen aus der internationalen Registrierung, mit Ausnahme der Einnahmen aus den in Absatz 2 Ziffern ii und iii genannten Gebühren, wird nach Abzug der durch die Durchführung dieses Protokolls verursachten Kosten und Aufwendungen vom Internationalen Büro zu gleichen Teilen unter die Vertragsparteien verteilt.

(5) Die sich aus den Zusatzgebühren gemäss Absatz 2 Ziffer ii ergebenden Beträge werden nach Ablauf jedes Jahres unter die beteiligten Vertragsparteien im Verhältnis zur Anzahl der Marken verteilt, für die während des abgelaufenen Jahres in jeder dieser Vertragsparteien der Schutz beantragt worden ist; soweit es sich um Vertragsparteien mit einer Prüfung handelt, wird diese Anzahl mit einem Koeffizienten vervielfacht, der in der Ausführungsordnung festgesetzt wird.

(6) Die sich aus den Ergänzungsgebühren gemäss Absatz 2 Ziffer iii ergebenden Beträge werden nach den Regeln des Absatzes 5 verteilt.

(7)
a) Jede Vertragspartei kann erklären, dass sie im Zusammenhang mit jeder internationalen Registrierung, in der sie nach Artikel 3ter genannt wird, und im Zusammenhang mit jeder Erneuerung einer solchen internationalen Registrierung anstelle eines Anteils an den Einnahmen aus den Zusatz- und Ergänzungsgebühren eine Gebühr zu erhalten wünscht (im folgenden als «individuelle Gebühr» bezeichnet), deren Betrag in der Erklärung anzugeben ist und in weiteren Erklärungen geändert werden kann; dieser Betrag darf nicht höher sein als der Gegenwert des Betrags, den die Behörde der betreffenden Vertragspartei vom Hinterleger für eine zehnjährige Eintragung oder vom Inhaber einer Eintragung für eine zehnjährige Erneuerung der Eintragung der Marke im Register dieser Behörde zu erhalten berechtigt wäre, wobei der Betrag um die Einsparungen verringert wird, die sich aus dem internationalen Verfahren ergeben. Ist eine individuelle Gebühr zu zahlen, so sind

i) keine der in Absatz 2 Ziffer ii genannten Zusatzgebühren zu zahlen, falls nur solche Vertragsparteien nach Artikel 3ter genannt worden sind, die eine Erklärung nach diesem Buchstaben abgegeben haben, und

ii) keine der in Absatz 2 Ziffer iii genannten Ergänzungsgebühren in bezug auf eine Vertragspartei zu zahlen, die eine Erklärung nach diesem Buchstaben abgegeben hat.

b) Eine Erklärung nach Buchstabe a kann in den in Artikel 14 Absatz 2 genannten Urkunden abgegeben werden; der Zeitpunkt des Wirksamwerdens der Erklärung ist derselbe wie der Zeitpunkt des Inkrafttretens dieses Protokolls für den Staat oder die zwischenstaatliche Organisation, welche die Erklärung abgegeben haben. Eine solche Erklärung kann auch später abgegeben werden; in diesem Fall wird die Erklärung drei Monate nach ihrem Eingang beim Generaldirektor oder zu einem in der Erklärung angegebenen späteren Zeitpunkt in bezug auf jede internationale Registrierung wirksam, deren Datum mit dem Zeitpunkt des Wirksamwerdens der Erklärung übereinstimmt oder deren Datum nach diesem Zeitpunkt liegt.

Art. 9   **Eintragung einer Änderung des Inhabers einer internationalen Registrierung**

Auf Antrag der Person, auf deren Namen die internationale Registrierung lautet, oder auf Antrag einer beteiligten Behörde, der von Amts wegen oder auf Antrag eines Beteiligten gestellt wird, trägt das Internationale Büro im internationalen Register jede Änderung des Inhabers der betreffenden Registrierung in bezug auf alle oder einige der Vertragsparteien ein, in deren Gebiet die Registrierung wirksam ist, und in bezug auf alle oder einige der in der Registrierung aufgeführten Waren und Dienstleistungen, sofern der neue Inhaber eine Person ist, die nach Artikel 2 Absatz 1 berechtigt ist, internationale Gesuche einzureichen.

Art. 9bis   **Bestimmte Eintragungen bei einer internationalen Registrierung**

Das Internationale Büro trägt folgendes im internationalen Register ein:

i) jede Änderung des Namens oder der Anschrift des Inhabers der internationalen Registrierung,

ii) die Bestellung eines Vertreters des Inhabers der internationalen Registrierung und alle sonstigen massgeblichen Angaben bezüglich des Vertreters,

iii) jede Einschränkung der in der internationalen Registrierung aufgeführten Waren und Dienstleistungen in bezug auf alle oder einige Vertragsparteien,

iv) jeden Verzicht, jede Löschung oder jede Ungültigerklärung der internationalen Registrierung in bezug auf alle oder einige Vertragsparteien,

v) alle sonstigen in der Ausführungsordnung festgelegten massgeblichen Angaben über die Rechte an einer Marke, die Gegenstand einer internationalen Registrierung ist.

Art. 9ter **Gebühren für bestimmte Eintragungen**

Jede Eintragung aufgrund des Artikels 9 oder 9bis kann von der Zahlung einer Gebühr abhängig gemacht werden.

Art. 9^{quater} **Gemeinsame Behörde für mehrere Vertragsstaaten**

(1) Kommen mehrere Vertragsstaaten überein, ihre innerstaatlichen Gesetze auf dem Gebiet des Markenrechts zu vereinheitlichen, so können sie dem Generaldirektor notifizieren,

i) dass eine gemeinsame Behörde an die Stelle der nationalen Behörde jedes dieser Länder tritt und

ii) dass die Gesamtheit ihrer Hoheitsgebiete für die vollständige oder teilweise Anwendung der diesem Artikel vorhergehenden Bestimmungen sowie der Artikel $9^{quinquies}$ und 9^{sexies} als ein Staat gilt.

(2) Diese Notifikation wird erst drei Monate nach dem Zeitpunkt der Benachrichtigung wirksam, die der Generaldirektor den anderen Vertragsparteien darüber zugehen lässt.

Art. $9^{quinquies}$ **Umwandlung einer internationalen Registrierung in nationale oder regionale Gesuche**

Wird eine internationale Registrierung auf Antrag der Ursprungsbehörde nach Artikel 6 Absatz 4 für alle oder einige der in der Registrierung aufgeführten Waren und Dienstleistungen gelöscht und reicht die Person, die Inhaber der internationalen Registrierung war, ein Gesuch um Eintragung derselben Marke bei der Behörde einer der Vertragsparteien ein, in deren Gebiet die internationale Registrierung wirksam war, so wird dieses Gesuch so behandelt, als sei es zum Datum der internationalen Registrierung nach Artikel 3 Absatz 4 oder zum Datum der Eintragung der territorialen Ausdehnung nach Artikel 3ter Absatz 2 eingereicht worden, und geniesst, falls die internationale Registrierung Priorität genoss, dieselbe Priorität, sofern

i) das Gesuch innerhalb von drei Monaten nach dem Zeitpunkt eingereicht wird, zu dem die internationale Registrierung gelöscht wurde,

ii) die im Gesuch aufgeführten Waren und Dienstleistungen in bezug auf die betroffene Vertragspartei tatsächlich von der in der internationalen Registrierung enthaltenen Liste der Waren und Dienstleistungen erfasst sind und

iii) dieses Gesuch allen Vorschriften des geltenden Rechts einschliesslich der Gebührenvorschriften entspricht.

Art. 9^{sexies} **Sicherung des Madrider Abkommens (Stockholmer Fassung)**

(1) Ist in bezug auf ein bestimmtes internationales Gesuch oder eine bestimmte internationale Registrierung die Ursprungsbehörde die Behörde eines Staates, der Vertragspartei sowohl dieses Protokolls als auch des Madrider Abkommens (Stockholmer Fassung) ist, so hat dieses Protokoll keine Wirkung im Hoheitsgebiet eines anderen Staates, der ebenfalls Vertragspartei sowohl dieses Protokolls als auch des Madrider Abkommens (Stockholmer Fassung) ist.

(2) Die Versammlung kann nach Ablauf von zehn Jahren nach Inkrafttreten dieses Protokolls, jedoch nicht vor Ablauf von fünf Jahren nach dem Zeitpunkt, zu dem die Mehrheit der Länder, die Vertragsparteien des Madrider Abkommens (Stockholmer Fassung) sind, Vertragsparteien dieses Protokolls geworden sind, mit Dreiviertelmehrheit Absatz 1 aufheben oder den Anwendungsbereich des Absatzes 1 einschränken. Bei der Abstimmung in der Versammlung haben nur solche Staaten das Recht auf Teilnahme an der Abstimmung, die Vertragsparteien sowohl des genannten Abkommens als auch dieses Protokolls sind.

Art. 10 **Versammlung**

(1)

a) Die Vertragsparteien sind Mitglieder derselben Versammlung wie die Länder, die Vertragsparteien des Madrider Abkommens (Stockholmer Fassung) sind.

b) Jede Vertragspartei wird in dieser Versammlung durch einen Delegierten vertreten, der von Stellvertretern, Beratern und Sachverständigen unterstützt werden kann.

c) Die Kosten jeder Delegation werden von der Vertragspartei getragen, die sie entsandt hat, mit Ausnahme der Reisekosten und der Aufenthaltsentschädigung für einen Delegierten jeder Vertragspartei, die zu Lasten des Verbands gehen.

(2) Die Versammlung hat zusätzlich zu den Aufgaben, die sie nach dem Madrider Abkommen (Stockholmer Fassung) wahrnimmt, folgende Aufgaben:

　i) Sie behandelt alle Angelegenheiten betreffend die Durchführung dieses Protokolls;

　ii) sie erteilt dem Internationalen Büro Weisungen für die Vorbereitung von Konferenzen zur Revision dieses Protokolls unter gebührender Berücksichtigung der Stellungnahmen der Länder des Verbands, die nicht Vertragsparteien dieses Protokolls sind;

　iii) sie beschliesst und ändert die Bestimmungen der Ausführungsordnung über die Durchführung dieses Protokolls;

　iv) sie nimmt sonstige Aufgaben wahr, die sich aus diesem Protokoll ergeben.

(3)

a) Jede Vertragspartei hat in der Versammlung eine Stimme. In Angelegenheiten, die nur Länder betreffen, Vertragsparteien des Madrider Abkommens (Stockholmer Fassung) sind, haben Vertragsparteien, die nicht Vertragsparteien jenes Abkommens sind, kein Stimmrecht, während in Angelegenheiten, die nur die Vertragsparteien betreffen, nur diese Stimmrecht haben.

b) Die Hälfte der Mitglieder der Versammlung, die in einer bestimmten Angelegenheit Stimmrecht haben, bildet das Quorum für die Zwecke der Abstimmung über diese Angelegenheit.

Madrider Protokoll

c) Ungeachtet des Buchstabens b kann die Versammlung Beschlüsse fassen, wenn während einer Tagung die Anzahl der in der Versammlung vertretenen Mitglieder, die in einer bestimmten Angelegenheit Stimmrecht haben, zwar weniger als die Hälfte, aber mindestens ein Drittel der in dieser Angelegenheit stimmberechtigten Mitglieder der Versammlung beträgt; jedoch werden diese Beschlüsse mit Ausnahme der Beschlüsse über das Verfahren der Versammlung nur dann wirksam, wenn die folgenden Bedingungen erfüllt sind. Das Internationale Büro benachrichtigt die Mitglieder der Versammlung, die in der genannten Angelegenheit Stimmrecht haben und nicht vertreten waren, über diese Beschlüsse und lädt sie ein, innerhalb einer Frist von drei Monaten vom Zeitpunkt der Benachrichtigung an ihre Stimme oder Stimmenthaltung schriftlich bekanntzugeben. Entspricht nach Ablauf der Frist die Anzahl dieser Mitglieder, die auf diese Weise ihre Stimme oder Stimmenthaltung bekanntgegeben haben, mindestens der Anzahl der Mitglieder, die für das Erreichen des Quorums während der Tagung gefehlt hatte, so werden diese Beschlüsse wirksam, sofern gleichzeitig die erforderliche Mehrheit noch vorhanden ist.

d) Vorbehaltlich des Artikels 5 Absatz 2 Buchstabe e, des Artikels 9^{sexies} Absatz 2 sowie der Artikel 12 und 13 Absatz 2 fasst die Versammlung ihre Beschlüsse mit einer Mehrheit von zwei Dritteln der abgegebenen Stimmen.

e) Stimmenthaltung gilt nicht als Stimmabgabe.

f) Ein Delegierter kann nur ein Mitglied der Versammlung vertreten und in dessen Namen abstimmen.

(4) Zusätzlich zu dem Zusammentreten zu den im Madrider Abkommen (Stockholmer Fassung) vorgesehenen ordentlichen oder ausserordentlichen Tagungen tritt die Versammlung nach Einberufung durch den Generaldirektor zu einer ausserordentlichen Tagung zusammen, wenn ein Viertel der Mitglieder der Versammlung, die Stimmrecht in den Angelegenheiten haben, deren Aufnahme in die Tagesordnung der Tagung vorgeschlagen wird, dies verlangt. Die Tagesordnung einer solchen ausserordentlichen Tagung wird vom Generaldirektor vorbereitet.

Art. 11 Internationales Büro

(1) Die Aufgaben hinsichtlich der internationalen Registrierung sowie die anderen Verwaltungsaufgaben aufgrund oder bezüglich dieses Protokolls werden vom Internationalen Büro wahrgenommen.

(2)

a) Das Internationale Büro bereitet nach den Weisungen der Versammlung die Konferenzen zur Revision dieses Protokolls vor.

b) Das Internationale Büro kann bei der Vorbereitung solcher Revisionskonferenzen zwischenstaatliche sowie internationale nichtstaatliche Organisationen konsultieren.

c) Der Generaldirektor und die von ihm bestimmten Personen nehmen ohne Stimmrecht an den Beratungen dieser Revisionskonferenzen teil.

(3) Das Internationale Büro nimmt alle anderen Aufgaben wahr, die ihm bezüglich dieses Protokolls übertragen werden.

Art. 12   **Finanzen**

Soweit die Vertragsparteien betroffen sind, werden die Finanzen des Verbands nach denselben Bestimmungen geregelt, die in Artikel 12 des Madrider Abkommens (Stockholmer Fassung) enthalten sind, wobei jede Bezugnahme auf Artikel 8 jenes Abkommens als Bezugnahme auf Artikel 8 dieses Protokolls gilt. Ausserdem gelten, vorbehaltlich eines gegenteiligen einstimmigen Beschlusses der Versammlung, Vertragsorganisationen für die Zwecke des Artikels 12 Absatz 6 Buchstabe b jenes Abkommens als der Beitragsklasse I (eins) nach der Pariser Verbandsübereinkunft zum Schutz des gewerblichen Eigentums[8] zugehörig.

Art. 13   **Änderung bestimmter Artikel des Protokolls**

(1) Vorschläge zur Änderung der Artikel 10, 11, 12 und dieses Artikels können von jeder Vertragspartei oder vom Generaldirektor vorgelegt werden. Die Vorschläge werden vom Generaldirektor mindestens sechs Monate, bevor sie in der Versammlung beraten werden, den Vertragsparteien mitgeteilt.

(2) Jede Änderung der in Absatz 1 bezeichneten Artikel wird von der Versammlung beschlossen. Der Beschluss erfordert drei Viertel der abgegebenen Stimmen; jede Änderung des Artikels 10 und dieses Absatzes erfordert jedoch vier Fünftel der abgegebenen Stimmen.

(3) Jede Änderung der in Absatz 1 bezeichneten Artikel tritt einen Monat nach dem Zeitpunkt in Kraft, zu dem die schriftlichen Notifikationen der verfassungsmässig zustande gekommenen Annahme des Änderungsvorschlags von drei Vierteln der Staaten und zwischenstaatlichen Organisationen, die im Zeitpunkt der Beschlussfassung über die Änderung Mitglieder der Versammlung waren und das Recht zur Abstimmung über die Änderung hatten, beim Generaldirektor eingegangen sind. Jede auf diese Weise angenommene Änderung der genannten Artikel bindet alle Staaten und zwischenstaatlichen Organisationen, die im Zeitpunkt des Inkrafttretens der Änderung Vertragsparteien sind oder später werden.

Art. 14   **Möglichkeiten, Vertragspartei des Protokolls zu werden; Inkrafttreten**

(1)
a) Jeder Staat, der Vertragspartei der Pariser Verbandsübereinkunft zum Schutz des gewerblichen Eigentums[9] ist, kann Vertragspartei dieses Protokolls werden.
b) Ferner kann auch jede zwischenstaatliche Organisation Vertragspartei dieses Protokolls werden, wenn die folgenden Voraussetzungen erfüllt sind:
   i) mindestens einer der Mitgliedstaaten der betreffenden Organisation ist Vertragspartei der Pariser Verbandsübereinkunft zum Schutz des gewerblichen Eigentums;
   ii) die betreffende Organisation hat eine regionale Behörde für die Zwecke der Eintragung von Marken mit Wirkung im Gebiet der Organisation, soweit diese Behörde nicht Gegenstand einer Notifikation nach Artikel 9^{quater} ist.

---

[8] SR **0.232.04**
[9] SR **0.232.04**

Madrider Protokoll 183

(2) Jeder Staat oder jede Organisation nach Absatz 1 kann dieses Protokoll unterzeichnen. Jeder dieser Staaten oder jede dieser Organisationen kann, wenn sie das Protokoll unterzeichnet haben, eine Ratifikations-, Annahme- oder Genehmigungsurkunde zu dem Protokoll oder, falls sie dieses Protokoll nicht unterzeichnet haben, eine Beitrittsurkunde zu dem Protokoll hinterlegen.

(3) Die in Absatz 2 bezeichneten Urkunden werden beim Generaldirektor hinterlegt.

(4)

a) Dieses Protokoll tritt drei Monate nach der Hinterlegung von vier Ratifikations-, Annahme-, Genehmigungs- oder Beitrittsurkunden in Kraft; jedoch muss mindestens eine dieser Urkunden von einem Land, das Vertragspartei des Madrider Abkommens (Stockholmer Fassung) ist, und mindestens eine weitere dieser Urkunden von einem Staat, der nicht Vertragspartei des Madrider Abkommens (Stockholmer Fassung) ist, oder von einer der in Absatz 1 Buchstabe b bezeichneten Organisationen hinterlegt worden sein.

b) Für jeden anderen Staat oder jede andere Organisation nach Absatz 1 tritt dieses Protokoll drei Monate nach dem Zeitpunkt in Kraft, zu dem seine Ratifikation, Annahme, Genehmigung oder der Beitritt dazu durch den Generaldirektor notifiziert worden ist.

(5) Die in Absatz 1 bezeichneten Staaten oder Organisationen können bei der Hinterlegung ihrer Ratifikations-, Annahme-, Genehmigungs- oder Beitrittsurkunde zu diesem Protokoll erklären, dass der Schutz aus einer internationalen Registrierung, die vor Inkrafttreten des Protokolls für sie aufgrund des Protokolls bewirkt wurde, auf sie nicht ausgedehnt werden kann.

Art. 15 **Kündigung**

(1) Dieses Protokoll bleibt ohne zeitliche Begrenzung in Kraft.

(2) Jede Vertragspartei kann dieses Protokoll durch eine an den Generaldirektor gerichtete Notifikation kündigen.

(3) Die Kündigung wird ein Jahr nach dem Tag wirksam, an dem die Notifikation beim Generaldirektor eingegangen ist.

(4) Das in diesem Artikel vorgesehene Kündigungsrecht kann von einer Vertragspartei nicht vor Ablauf von fünf Jahren nach dem Zeitpunkt ausgeübt werden, zu dem dieses Protokoll für sie in Kraft getreten ist.

(5)

a) Ist eine Marke zum Zeitpunkt des Wirksamwerdens der Kündigung Gegenstand einer internationalen Registrierung mit Wirkung in dem kündigenden Staat oder der kündigenden zwischenstaatlichen Organisation, so kann der Inhaber dieser Registrierung bei der Behörde des kündigenden Staates oder der kündigenden zwischenstaatlichen Organisation ein Gesuch um Eintragung derselben Marke einreichen, das so behandelt wird, als sei es zum Datum der internationalen Registrierung nach Artikel 3 Absatz 4 oder zum Datum der Eintragung der territorialen Ausdehnung nach Artikel 3ter Absatz 2 eingereicht worden; es geniesst, falls die internationale Registrierung Priorität genoss, dieselbe Priorität, sofern

i) dieses Gesuch innerhalb von zwei Jahren nach dem Zeitpunkt eingereicht wird, zu dem die Kündigung wirksam wurde,

ii) die im Gesuch aufgeführten Waren und Dienstleistungen in bezug auf den kündigenden Staat oder die kündigende zwischenstaatliche Organisation tatsächlich von der in der internationalen Registrierung enthaltenen Liste der Waren und Dienstleistungen erfasst sind und

iii) dieses Gesuch allen Vorschriften des geltenden Rechts einschliesslich der Gebührenvorschriften entspricht.

b) Die Bestimmungen des Buchstabens a finden ebenfalls in bezug auf Marken Anwendung, die im Zeitpunkt des Wirksamwerdens der Kündigung Gegenstand einer internationalen Registrierung mit Wirkung in anderen Vertragsparteien als dem kündigenden Staat oder der kündigenden zwischenstaatlichen Organisation sind und deren Inhaber wegen der Kündigung nicht mehr berechtigt sind, internationale Gesuche nach Artikel 2 Absatz 1 einzureichen.

Art. 16 **Unterzeichnung; Sprachen; Aufgaben des Verwahrers**

(1)

a) Dieses Protokoll wird in einer Urschrift in englischer, französischer und spanischer Sprache unterzeichnet und beim Generaldirektor hinterlegt, wenn es in Madrid nicht mehr zur Unterzeichnung aufliegt. Der Wortlaut ist in den drei Sprachen gleichermassen verbindlich.

b) Amtliche Fassungen dieses Protokolls werden vom Generaldirektor nach Beratung mit den beteiligten Regierungen und Organisationen in arabischer, chinesischer, deutscher, italienischer, japanischer, portugiesischer und russischer Sprache sowie in anderen Sprachen hergestellt, welche die Versammlung bestimmen kann.

(2) Dieses Protokoll liegt bis zum 31. Dezember 1989 in Madrid zur Unterzeichnung auf.

(3) Der Generaldirektor übermittelt zwei von der spanischen Regierung beglaubigte Abschriften des unterzeichneten Wortlauts dieses Protokolls allen Staaten und zwischenstaatlichen Organisationen, die Vertragspartei des Protokolls werden können.

(4) Der Generaldirektor lässt dieses Protokoll beim Sekretariat der Vereinten Nationen registrieren.

(5) Der Generaldirektor notifiziert allen Staaten und internationalen Organisationen, die Vertragsparteien dieses Protokolls werden können oder sind, die Unterzeichnungen, Hinterlegungen von Ratifikations-, Annahme-, Genehmigungs- oder Beitrittsurkunden, das Inkrafttreten des Protokolls und etwaiger Änderungen desselben, jede Notifikation einer Kündigung und jede in dem Protokoll vorgesehene Erklärung.

(Es folgen die Unterschriften)

Mitgliedstaaten

Madrider Abkommen und Protokoll

Status on September 24, 2004

State/IGO	Date on which State became party to the Madrid Agreement[2]	Date on which State/IGO became party to the Madrid Protocol (1989)
Albania	October 4, 1995	July 30, 2003
Algeria	July 5, 1972	–
Antigua and Barbuda	–	March 17, 2000
Armenia	December 25, 1991	October 19, 2000[6,10]
Australia	–	July 11, 2001[5,6]
Austria	January 1, 1909	April 13, 1999
Azerbaijan	December 25, 1995	–
Belarus	December 25, 1991	January 18, 2002[6,10]
Belgium	July 15, 1892[3]	April 1, 1998[3,6]
Bhutan	August 4, 2000	August 4, 2000
Bosnia and Herzegovina	March 1, 1992	–
Bulgaria	August 1, 1985	October 2, 2001[6,10]
China	October 4, 1989[4]	December 1, 1995[4,5,6]
Croatia	October 8, 1991	January 23, 2004
Cuba	December 6, 1989	December 26, 1995
Cyprus	November 4, 2003	November 4, 2003
Czech Republic	January 1, 1993	September 25, 1996
Democratic People's Republic of Korea	June 10, 1980	October 3, 1996
Denmark	–	February 13, 1996[5,6,7]
Egypt	July 1, 1952	–
Estonia	–	November 18, 1998[5,6,8]
European Community	–	October 1, 2004[6,10]
Finland	–	April 1, 1996[5,6]

France	July 15, 1892[9]	November 7, 1997[9]
Georgia	–	August 20, 1998[6, 10]
Germany	December 1, 1922	March 20, 1996
Greece	–	August 10, 2000[6,10]
Hungary	January 1, 1909	October 3, 1997
Iceland	–	April 15, 1997[6,10]
Iran (Islamic Republic of)	December 25, 2003	December 25, 2003
Ireland	–	October 19, 2001[5,6]
Italy	October 15, 1894	April 17, 2000[5,6]
Japan	–	March 14, 2000[6,10]
Kazakhstan	December 25, 1991	–
Kenya	June 26, 1998	June 26, 1998[5]
Kyrgyzstan	December 25, 1991	June 17, 2004[6]
Latvia	January 1, 1995	January 5, 2000
Lesotho	February 12, 1999	February 12, 1999
Liberia	December 25, 1995	–
Liechtenstein	July 14, 1933	March 17, 1998
Lithuania	–	November 15, 1997[5]
Luxembourg	September 1, 1924[3]	April 1, 1998[3,6]
Monaco	April 29, 1956	September 27, 1996
Mongolia	April 21, 1985	June 16, 2001
Morocco	July 30, 1917	October 8, 1999
Mozambique	October 7, 1998	October 7, 1998
Namibia	June 30, 2004[2]	June 30, 2004[8]
Netherlands	March 1, 1893[3,11]	April 1, 1998[3,6,11]
Norway	–	March 29, 1996[5,6]
Poland	March 18, 1991	March 4, 1997[10]
Portugal	October 31, 1893	March 20, 1997
Republic of Korea	–	April 10, 2003[5,6]
Republic of Moldova	December 25, 1991	December 1, 1997[6]
Romania	October 6, 1920	July 28, 1998
Russian Federation	July 1, 1976[12]	June 10, 1997
San Marino	September 25, 1960	–
Serbia and Montenegro	April 27, 1992	February 17, 1998
Sierra Leone	June 17, 1997	December 28, 1999
Singapore	–	October 31, 2000[5,6]
Slovakia	January 1, 1993	September 13, 1997[10]
Slovenia	June 25, 1991	March 12, 1998
Spain	July 15, 1892	December 1, 1995

Sudan	May 16, 1984	–
Swaziland	December 14, 1998	December 14, 1998
Sweden	–	December 1, 1995[5,6]
Switzerland	July 15, 1892	May 1, 1997[6,10]
Syrian Arab Republic	August 5, 2004	August 5, 2004
Tajikistan	December 25, 1991	–
The former Yugoslav Republic of Macedonia	September 8, 1991	August 30, 2002
Turkey	–	January 1, 1999[8,10]
Turkmenistan	–	September 28, 1999[6,10]
Ukraine	December 25, 1991	December 29, 2000[5,6]
United Kingdom	–	December 1, 1995[5,6,13]
United States of America	–	November 2, 2003[5,6]
Uzbekistan	December 25, 1991	–
Viet Nam	March 8, 1949	–
Zambia	–	November 15, 2001
(Total: 77)	(56)	(66)

---

[1] The Madrid Union is composed of the States party to the Madrid Agreement and the Contracting Parties to the Madrid Protocol.

[2] All the States party to the Madrid Agreement have declared, under Article 3bis of the Nice or Stockholm Act, that the protection arising from international registration shall not extend to them unless the proprietor of the mark so requests.

[3] The territories of Belgium, Luxembourg and the Kingdom of the Netherlands in Europe are to be deemed a single country, for the application of the Madrid Agreement as from January 1, 1971, and for the application of the Protocol as from April 1, 1998.

[4] Not applicable to either the Hong Kong Special Administrative Region or the Macau Special Administrative Region.

[5] In accordance with Article 5(2)(b) and (c) of the Protocol, this Contracting Party has declared that the time limit to notify a refusal of protection shall be 18 months and that, where a refusal of protection results from an opposition to the granting of protection, such refusal may be notified after the expiry of the 18-month time limit.

[6] In accordance with Article 8(7)(a) of the Protocol, this Contracting Party has declared that, in connection with each request for territorial extension to it of the protection of an international registration and the renewal of any such international registration, it wants to receive, instead of a share in the revenue produced by the supplementary and complementary fee, an individual fee. As regards the Kingdom of the Netherlands, such a declaration was made only in respect of the Kingdom in Europe, not in respect of the Netherlands Antilles.

[7] Not applicable to the Faroe Islands and to Greenland.

[8] In accordance with Article 14(5) of the Protocol, this Contracting Party has declared that the protection resulting from any international registration effected under this Protocol before the date of entry into force of this Protocol with respect to it cannot be extended to it.

[9] Including all Overseas Departments and Territories.
[10] In accordance with Article 5(2)(b) of the Protocol, this Contracting Party has declared that the time limit to notify a refusal of protection shall be 18 months.
[11] The instrument of ratification of the Stockholm Act and the instrument of acceptance of the Protocol were deposited for the Kingdom in Europe. The Netherlands extended the application of the Madrid Protocol to the Netherlands Antilles with effect from April 28, 2003.
[12] Date of accession by the Soviet Union, continued by the Russian Federation as from December 25, 1991.
[13] Ratification in respect of the United Kingdom and the Isle of Man.

Abkommen zur Errichtung der Welthandelsorganisation

Abgeschlossen in Marrakesch am 15. April 1994
Von der Bundesversammlung genehmigt am 16. Dezember 1994
Schweizerische Ratifikationsurkunde hinterlegt am 1. Juni 1995
Inkrafttreten für die Schweiz am 1. Juli 1995

Abkommen über handelsbezogene Aspekte der Rechte an geistigem Eigentum

Teil I: Allgemeine Bestimmungen und Grundsätze

Art. 1 Art und Umfang der Verpflichtungen

1. Die Mitglieder setzen die Bestimmungen dieses Abkommens um. Die Mitglieder können in ihr Recht einen umfassenderen Schutz als den in diesem Abkommen geforderten aufnehmen, sofern dieser Schutz dem Abkommen nicht zuwiderläuft; sie sind dazu aber nicht verpflichtet. Es steht den Mitgliedern frei, die geeignete Methode für die Umsetzung der Bestimmungen des Abkommens in ihr eigenes Rechtssystem und in ihre eigene Rechtspraxis festzulegen.

2. Der Begriff «geistiges Eigentum» im Sinne dieses Abkommens umfasst alle Arten des geistigen Eigentums, die Gegenstand der Abschnitte 1–7 von Teil II sind.

3. Die Mitglieder gewähren den Staatsangehörigen der anderen Mitglieder die in diesem Abkommen vorgesehene Behandlung.[1] In bezug auf das betreffende Recht an geistigem Eigentum sind unter den Staatsangehörigen der anderen Mitglieder diejenigen natürlichen oder juristischen Personen zu verstehen, welche die Voraussetzungen für die Schutzfähigkeit der Pariser Verbandsübereinkunft (1967), der Berner Übereinkunft (1971), des Rom-Abkommens und des Vertrags über den Schutz des geistigen Eigentums an integrierten Schaltkreisen erfüllen würden, wenn alle Mitglieder der WTO Mitglieder dieser Übereinkünfte wären.[2] Ein Mitglied, das von den in Artikel 5 Absatz 3 oder in Artikel 6 Absatz 2 des Rom-Abkommens vorgesehenen Möglichkeiten Gebrauch macht, nimmt eine Notifikation gemäss diesen Bestimmungen an den Rat für handelsbezogene Aspekte der Rechte an geistigem Eigentum («Rat für TRIPS») vor.

---

[1] «Staatsangehöriger» im Sinne dieses Abkommens ist im Fall eines eigenen Zollgebiets, das Mitglied der WTO ist, eine natürliche oder juristische Person, die ihren Wohnsitz oder eine tatsächliche und effektive gewerbliche oder geschäftliche Niederlassung in diesem Zollgebiet hat.

[2] In diesem Abkommen bedeutet «Pariser Verbandsübereinkunft» die Pariser Verbandsübereinkunft zum Schutz des gewerblichen Eigentums; «Pariser Verbandsübereinkunft (1967)» bedeutet die Stockholmer Fassung dieser Übereinkunft vom 14. Juli 1967 (SR **0.232.04**). «Berner Übereinkunft» bedeutet die Berner Übereinkunft zum Schutz von Werken der Literatur und Kunst; «Berner Übereinkunft (1971)» bedeutet die Pariser Fassung dieser Übereinkunft vom 24. Juli 1971 (SR **0.231.15**). «Rom-Abkommen» bedeutet das am 26. Oktober 1961 (SR **0.231.171**) in Rom angenommene Internationale Abkommen über den Schutz der ausübenden Künstler, der Hersteller von Tonträgern und der Sendeunternehmen. «Vertrag über den Schutz des geistigen Eigentums an integrierten Schaltkreisen» (IPIC-Vertrag) bedeutet den am 26. Mai 1989 in Washington angenommenen Vertrag über den Schutz des geistigen Eigentums an integrierten Schaltkreisen. «WTO-Abkommen» bedeutet das Abkommen zur Errichtung der Welthandelsorganisation.

Art. 2   **Übereinkünfte über geistiges Eigentum**

1. In bezug auf die Teile II, III und IV dieses Abkommens befolgen die Mitglieder die Artikel 1–12 sowie 19 der Pariser Verbandsübereinkunft (1967).

2. Die Teile I–IV dieses Abkommens setzen die nach der Pariser Verbandsübereinkunft, der Berner Übereinkunft, dem Rom-Abkommen und dem Vertrag über den Schutz des geistigen Eigentums an integrierten Schaltkreisen bestehenden Verpflichtungen der Mitglieder untereinander nicht ausser Kraft.

Art. 3   **Inländerbehandlung**

1. Die Mitglieder gewähren den Staatsangehörigen der anderen Mitglieder eine Behandlung, die diese gegenüber ihren eigenen Staatsangehörigen in bezug auf den Schutz des geistigen Eigentums nicht benachteiligt, vorbehaltlich der bereits in der Pariser Verbandsübereinkunft (1967), der Berner Übereinkunft (1971), dem Rom-Abkommen oder dem Vertrag über den Schutz[3] des geistigen Eigentums an integrierten Schaltkreisen vorgesehenen Ausnahmen. In bezug auf die ausübenden Künstler, die Hersteller von Tonträgern und die Sendeunternehmen gilt diese Verpflichtung nur für die in diesem Abkommen vorgesehenen Rechte. Ein Mitglied, dass von den in Artikel 6 der Berner Übereinkunft (1971) oder in Artikel 16 Absatz 1 Buchstabe b des Rom-Abkommens vorgesehenen Möglichkeiten Gebrauch macht, nimmt eine Notifikation nach diesen Bestimmungen an den Rat für TRIPS vor.

2. Die Mitglieder dürfen in bezug auf Gerichts- und Verwaltungsverfahren, einschliesslich der Bestimmung einer Zustellungsanschrift und der Bestellung eines Vertreters im Hoheitsbereich eines Mitglieds, von den nach Absatz 1 zulässigen Ausnahmen nur Gebrauch machen, wenn diese notwendig sind, um die Einhaltung von Gesetzen und sonstigen Vorschriften sicherzustellen, die mit den Bestimmungen dieses Abkommens nicht unvereinbar sind, und wenn diese Praktiken nicht so angewandt werden, dass sie versteckte Handelsbeschränkungen darstellen.

Art. 4   **Meistbegünstigung**

In bezug auf den Schutz des geistigen Eigentums werden alle Vorteile, Vergünstigungen, Vorrechte oder Befreiungen, die ein Mitglied den Staatsangehörigen eines anderen Landes gewährt, unmittelbar und bedingungslos den Staatsangehörigen aller anderen Mitglieder gewährt. Von dieser Verpflichtung ausgenommen sind Vorteile, Vergünstigungen, Vorrechte und Befreiungen, die von einem Mitglied gewährt werden und

a) die sich aus internationalen Übereinkünften über Rechtshilfe oder Vollstreckung ableiten, die allgemeiner Art sind und sich nicht vor allem auf den Schutz des geistigen Eigentums beschränken;

b) die im Einklang mit den Bestimmungen der Berner Übereinkunft (1971) oder des Rom-Abkommens gewährt werden, die zulassen, dass die gewährte Behandlung nicht von der Inländerbehandlung, sondern von der in einem anderen Land gewährten Behandlung abhängig gemacht wird;

---

[3] Im Sinne der Artikel 3 und 4 schliesst «Schutz» die Angelegenheiten ein, welche die Verfügbarkeit, den Erwerb, den Umfang, die Aufrechterhaltung und die Durchsetzung der Rechte an geistigem Eigentum betreffen, sowie diejenigen Angelegenheiten, welche die Ausübung der in diesem Abkommen ausdrücklich behandelten Rechte an geistigem Eigentum betreffen.

c) die sich auf die in diesem Abkommen nicht vorgesehenen Rechte der ausübenden Künstler, der Hersteller von Tonträgern und der Sendeunternehmen beziehen;

d) die sich aus internationalen Übereinkünften über den Schutz des geistigen Eigentums ableiten, die vor Inkrafttreten des WTO-Abkommens in Kraft getreten sind, vorausgesetzt, dass diese Übereinkünfte dem Rat für TRIPS notifiziert werden und keine willkürliche oder ungerechtfertigte Diskriminierung der Staatsangehörigen der anderen Mitglieder darstellen.

Art. 5 Mehrseitige Übereinkünfte über den Erwerb oder die Aufrechterhaltung des Schutzes

Die Verpflichtungen nach den Artikeln 3 und 4 gelten nicht für Verfahren, die in mehrseitigen, unter der Schirmherrschaft der WIPO geschlossenen Übereinkünften über den Erwerb oder die Aufrechterhaltung von Rechten an geistigem Eigentum vorgesehen sind.

Art. 6 Erschöpfung

Zum Zwecke der Streitbeilegung nach diesem Abkommen darf dieses Abkommen vorbehaltlich der Artikel 3 und 4 nicht dazu verwendet werden, die Frage der Erschöpfung der Rechte an geistigem Eigentum zu behandeln.

Art. 7 Ziele

Der Schutz und die Durchsetzung der Rechte an geistigem Eigentum sollen zur Förderung der technischen Innovation sowie zum Transfer und zur Verbreitung von Technologie beitragen, dem beiderseitigen Vorteil der Produzenten und der Nutzer technischen Wissens dienen, auf eine dem gesellschaftlichen und wirtschaftlichen Wohl zuträgliche Weise erfolgen und zu einem Gleichgewicht der Rechte und Pflichten führen.

Art. 8 Grundsätze

1. Die Mitglieder können bei der Ausarbeitung oder Änderung ihrer Gesetze und sonstigen Vorschriften die Massnahmen treffen, die zum Schutz der öffentlichen Gesundheit und der Ernährung sowie zur Förderung des öffentlichen Interesses in den für ihre sozioökonomische und technologische Entwicklung entscheidend wichtigen Sektoren notwendig sind, sofern diese Massnahmen mit diesem Abkommen vereinbar sind.

2. Geeignete Massnahmen, die mit diesem Abkommen vereinbar sein müssen, können nötig sein, um den Missbrauch von Rechten an geistigem Eigentum durch den Rechtsinhaber oder den Rückgriff auf Praktiken, die den Handel unangemessen beschränken oder den internationalen Technologietransfer nachteilig beeinflussen, zu verhindern.

Teil II: Normen über die Verfügbarkeit, den Umfang und die Ausübung der Rechte an geistigem Eigentum

[Abschnitt 1: Urheberrechte und verwandte Schutzrechte ist hinten, unter Urheberrecht, abgedruckt.]

Abschnitt 2: Marken

Art. 15   **Gegenstand des Schutzes**

1. Alle Zeichen und alle Zeichenkombinationen, die geeignet sind, die Waren oder Dienstleistungen eines Unternehmens von denen anderer Unternehmen zu unterscheiden, können eine Marke darstellen. Solche Zeichen, insbesondere Wörter einschliesslich Personennamen, Buchstaben, Zahlen, Bildelemente und Farbverbindungen, sowie alle Kombinationen dieser Zeichen sind als Marken eintragungsfähig. Sind die Zeichen ihrem Wesen nach nicht geeignet, die betreffenden Waren oder Dienstleistungen zu unterscheiden, so können die Mitglieder ihre Eintragungsfähigkeit von ihrer durch Benutzung erworbenen Unterscheidungskraft abhängig machen. Die Mitglieder dürfen die visuelle Wahrnehmbarkeit der Zeichen zur Voraussetzung für die Eintragung machen.

2. Absatz 1 hindert ein Mitglied nicht daran, die Eintragung einer Marke aus anderen Gründen abzulehnen, sofern diese nicht im Widerspruch zu den Bestimmungen der Pariser Verbandsübereinkunft (1967) stehen.

3. Die Mitglieder können die Eintragungsfähigkeit von der Benutzung abhängig machen. Die tatsächliche Benutzung einer Marke darf jedoch keine Voraussetzung für die Einreichung eines Antrags auf Eintragung sein.

Ein Antrag darf nicht allein aus dem Grund abgelehnt werden, dass die beabsichtigte Benutzung nicht vor Ablauf von drei Jahren seit Antragstellung stattgefunden hat.

4. Die Art der Waren oder der Dienstleistungen, für welche die Marke gelten soll, darf kein Hindernis für die Eintragung der Marke darstellen.

5. Die Mitglieder veröffentlichen alle Marken entweder vor ihrer Eintragung oder umgehend nach ihrer Eintragung und sehen eine angemessene Möglichkeit vor, Anträge auf Löschung der Eintragung zu stellen. Darüber hinaus können die Mitglieder die Möglichkeit vorsehen, gegen die Eintragung einer Marke Widerspruch einzulegen.

Art. 16   **Rechte aus der Marke**

1. Der Inhaber einer eingetragenen Marke hat das ausschliessliche Recht, allen Dritten zu untersagen, ohne seine Zustimmung im geschäftlichen Verkehr identische oder ähnliche Zeichen für Waren oder Dienstleistungen zu benutzen, die identisch mit denen oder ähnlich denen sind, für welche die Marke eingetragen ist, wenn diese Benutzung eine Verwechslungsgefahr zur Folge hätte. Bei Benutzung eines identischen Zeichens für identische Waren oder Dienstleistungen wird die Verwechslungsgefahr vermutet. Die vorstehend beschriebenen Rechte beeinträchtigen weder bestehende ältere Rechte noch die Möglichkeit der Mitglieder, Rechte aufgrund der Benutzung vorzusehen.

2. Artikel 6bis der Pariser Verbandsübereinkunft (1967) findet sinngemäss auf Dienstleistungen Anwendung. Bei der Entscheidung, ob eine Marke notorisch bekannt ist, berücksichtigen die Mitglieder die Bekanntheit der Marke im betreffenden Teil der Öffentlichkeit, einschliesslich der Bekanntheit im betreffenden Mitgliedstaat, die infolge der Werbung für die Marke erlangt wurde.

3. Artikel 6bis der Pariser Verbandsübereinkunft (1967) findet sinngemäss auf diejenigen Waren und Dienstleistungen Anwendung, die denen, für welche die Marke eingetragen ist, nicht ähnlich sind, sofern die Benutzung dieser Marke im Zusammenhang mit diesen Waren oder Dienstleistungen auf eine Verbindung zwischen diesen

Waren oder Dienstleistungen und dem Inhaber der eingetragenen Marke hinweisen würde und die Interessen des Inhabers der eingetragenen Marke durch diese Benutzung beeinträchtigt werden könnten.

Art. 17   **Ausnahmen**

Die Mitglieder können begrenzte Ausnahmen von den Rechten aus der Marke vorsehen, etwa was die angemessene Verwendung beschreibender Angaben betrifft, sofern bei diesen Ausnahmen die berechtigten Interessen des Inhabers der Marke und Dritter berücksichtigt werden.

Art. 18   **Schutzdauer**

Die Laufzeit der ersten Eintragung und jeder Verlängerung der Eintragung einer Marke beträgt mindestens sieben Jahre. Die Eintragung einer Marke kann unbegrenzt verlängert werden.

Art. 19   **Erfordernis der Benutzung**

1. Wird für die Aufrechterhaltung einer Eintragung die Benutzung verlangt, so darf die Eintragung erst gelöscht werden, wenn sie während drei Jahren ununterbrochen nicht benutzt wurde und der Inhaber der Marke keine triftigen Gründe vorbringt, an der Benutzung gehindert worden zu sein. Umstände, die unabhängig vom Willen des Inhabers eintreten und ein Hindernis für die Benutzung der Marke darstellen, wie etwa Einfuhrbeschränkungen oder sonstige staatliche Vorschriften für die durch die Marke geschützten Waren oder Dienstleistungen, werden als triftige Gründe für die Nichtbenutzung anerkannt.

2. Die Benutzung einer Marke durch einen Dritten wird in bezug auf die Aufrechterhaltung der Eintragung als Benutzung der Marke anerkannt, wenn sie der Kontrolle des Markeninhabers untersteht.

Art. 20   **Sonstige Erfordernisse**

Die Benutzung einer Marke im geschäftlichen Verkehr darf nicht ungerechtfertigt durch besondere Erfordernisse erschwert werden, wie etwa die gleichzeitige Benutzung mit einer anderen Marke, die Benutzung in einer besonderen Form oder die Benutzung auf eine Weise, die ihre Kraft zur Unterscheidung der Waren oder Dienstleistungen eines Unternehmens von denen anderer Unternehmen beeinträchtigt. Dies schliesst nicht das Erfordernis aus, die Marke, welche das die Waren oder Dienstleistungen herstellende Unternehmen kennzeichnet, zusammen, aber ohne Verbindung mit der Marke zu benutzen, welche die betreffenden besonderen Waren oder Dienstleistungen dieses Unternehmens unterscheidet.

Art. 21   **Lizenzerteilung und Abtretung**

Die Mitglieder können die Bedingungen für die Erteilung von Lizenzen auf und die Übertragung von Marken mit der Massgabe festlegen, dass Zwangslizenzen auf Marken nicht zulässig sind und dass der Inhaber einer eingetragenen Marke berechtigt ist, die Marke unabhängig von der Übertragung des Geschäftsbetriebs, zu dem die Marke gehört, zu übertragen.

[Restliche Artikel nicht abgedruckt; Bestimmungen zum Verfahren hinten, unter Verfahrensrecht]

Amtlicher deutscher Text[1] gemäss Artikel 29 Absatz 1) Buchstabe b)

Pariser Verbandsübereinkunft zum Schutz des gewerblichen Eigentums revidiert in Stockholm am 14. Juli 1967

Abgeschlossen in Stockholm am 14. Juli 1967
Von der Bundesversammlung genehmigt am 2. Dezember 1969[2]
Schweizerische Ratifikationsurkunde hinterlegt am 26. Januar 1970
In Kraft getreten für die Schweiz am 26. April 1970

Art. 1 Errichtung des Verbandes – Bereich des gewerblichen Eigentums

1) Die Länder, auf die diese Übereinkunft Anwendung findet, bilden einen Verband zum Schutz des gewerblichen Eigentums.

2) Der Schutz des gewerblichen Eigentums hat zum Gegenstand die Erfindungspatente, die Gebrauchsmuster, die gewerblichen Muster oder Modelle, die Fabrik- oder Handelsmarken, die Dienstleistungsmarken, den Handelsnamen und die Herkunftsangaben oder Ursprungsbezeichnungen sowie die Unterdrückung des unlauteren Wettbewerbes.

3) Das gewerbliche Eigentum wird in der weitesten Bedeutung verstanden und bezieht sich nicht allein auf Gewerbe und Handel im eigentlichen Sinn des Wortes, sondern ebenso auf das Gebiet der Landwirtschaft und der Gewinnung der Bodenschätze und auf alle Fabrikate oder Naturerzeugnisse, zum Beispiel Wein, Getreide, Tabakblätter, Früchte, Vieh, Mineralien, Mineralwässer, Bier, Blumen, Mehl.

4) Zu den Erfindungspatenten zählen die nach den Rechtsvorschriften der Verbandsländer zugelassenen verschiedenen Arten gewerblicher Patente, wie Einführungspatente, Verbesserungspatente, Zusatzpatente, Zusatzbescheinigungen usw.

Art. 2 Inländerbehandlung für Angehörige der Verbandsländer

1) Die Angehörigen eines jeden der Verbandsländer geniessen in allen übrigen Ländern des Verbandes in bezug auf den Schutz des gewerblichen Eigentums die Vorteile, welche die betreffenden Gesetze den eigenen Staatsangehörigen gegenwärtig gewähren oder in Zukunft gewähren werden, und zwar unbeschadet der durch diese Übereinkunft besonders vorgesehenen Rechte. Demgemäss haben sie den gleichen Schutz wie diese und die gleichen Rechtsbehelfe gegen jeden Eingriff in ihre Rechte, vorbehaltlich der Erfüllung der Bedingungen und Förmlichkeiten, die den eigenen Staatsangehörigen auferlegt werden.

---

[1] Der Originaltext findet sich unter der gleichen Nummer in der französischen Ausgabe dieser Sammlung. Die Artikel der Verbandsübereinkunft sind mit Überschriften versehen worden, um die Benützung des Textes zu erleichtern; der Originaltext enthält keine Artikelüberschriften.

[2] Art. 1 Ziff. 2 des BB vom 2. Dez. 1969 (AS **1970** 600)

2) Jedoch darf der Genuss irgendeines Rechts des gewerblichen Eigentums für die Verbandsangehörigen keinesfalls von der Bedingung abhängig gemacht werden, dass sie einen Wohnsitz oder eine Niederlassung in dem Land haben, in dem der Schutz beansprucht wird.

3) Ausdrücklich bleiben vorbehalten die Rechtsvorschriften jedes der Verbandsländer über das gerichtliche und das Verwaltungsverfahren und die Zuständigkeit sowie über die Wahl des Wohnsitzes oder die Bestellung eines Vertreters, die etwa nach den Gesetzen über das gewerbliche Eigentum erforderlich sind.

Art. 3 **Gleichstellung gewisser Personengruppen mit den Angehörigen der Verbandsländer**

Den Angehörigen der Verbandsländer sind gleichgestellt die Angehörigen der dem Verband nicht angehörenden Länder, die im Hoheitsgebiet eines Verbandslandes ihren Wohnsitz oder tatsächliche und nicht nur zum Schein bestehende gewerbliche oder Handelsniederlassungen haben.

Art. 4 **A.–I. Patente, Gebrauchsmuster, gewerbliche Muster und Modelle, Marken, Erfinderscheine: Prioritätsrecht**

A. – 1) Wer in einem der Verbandsländer die Anmeldung für ein Erfindungspatent, ein Gebrauchsmuster, ein gewerbliches Muster oder Modell, eine Fabrik- oder Handelsmarke vorschriftsmässig hinterlegt hat, oder sein Rechtsnachfolger geniesst für die Hinterlegung in den anderen Ländern während der unten bestimmten Fristen ein Prioritätsrecht.

2) Als prioritätsbegründend wird jede Hinterlegung anerkannt, der nach den innerstaatlichen Rechtsvorschriften jedes Verbandslandes oder nach den zwischen Verbandsländern abgeschlossenen zwei- oder mehrseitigen Verträgen die Bedeutung einer vorschriftsmässigen nationalen Hinterlegung zukommt.

3) Unter vorschriftsmässiger nationaler Hinterlegung ist jede Hinterlegung zu verstehen, die zur Festlegung des Zeitpunkts ausreicht, an dem die Anmeldung in dem betreffenden Land hinterlegt worden ist, wobei das spätere Schicksal der Anmeldung ohne Bedeutung ist.

B. – Demgemäss kann die spätere, jedoch vor Ablauf dieser Fristen in einem der anderen Verbandsländer bewirkte Hinterlegung nicht unwirksam gemacht werden durch inzwischen eingetretene Tatsachen, insbesondere durch eine andere Hinterlegung, durch die Veröffentlichung der Erfindung oder deren Ausübung, durch das Feilbieten von Stücken des Musters oder Modells, durch den Gebrauch der Marke; diese Tatsachen können kein Recht Dritter und kein persönliches Besitzrecht begründen. Die Rechte, die von Dritten vor dem Tag der ersten, prioritätsbegründenden Anmeldung erworben worden sind, bleiben nach Massgabe der innerstaatlichen Rechtsvorschriften eines jeden Verbandslandes gewahrt.

C.–1) Die oben erwähnten Prioritätsfristen betragen zwölf Monate für die Erfindungspatente und die Gebrauchsmuster und sechs Monate für die gewerblichen Muster oder Modelle und für die Fabrik- oder Handelsmarken.

2) Diese Fristen laufen vom Zeitpunkt der Hinterlegung der ersten Anmeldung an; der Tag der Hinterlegung wird nicht in die Frist eingerechnet.

3) Ist der letzte Tag der Frist in dem Land, in dem der Schutz beansprucht wird, ein gesetzlicher Feiertag oder ein Tag, an dem das Amt zur Entgegennahme von Anmel-

dungen nicht geöffnet ist, so erstreckt sich die Frist auf den nächstfolgenden Werktag.

4) Als erste Anmeldung, von deren Hinterlegungszeitpunkt an die Prioritätsfrist läuft, wird auch eine jüngere Anmeldung angesehen, die denselben Gegenstand betrifft wie eine erste ältere im Sinn des Absatzes 2) in demselben Verbandsland eingereichte Anmeldung, sofern diese ältere Anmeldung bis zum Zeitpunkt der Hinterlegung der jüngeren Anmeldung zurückgezogen, fallengelassen oder zurückgewiesen worden ist, und zwar bevor sie öffentlich ausgelegt worden ist und ohne dass Rechte bestehen geblieben sind; ebensowenig darf diese ältere Anmeldung schon Grundlage für die Inanspruchnahme des Prioritätsrechts gewesen sein. Die ältere Anmeldung kann in diesem Fall nicht mehr als Grundlage für die Inanspruchnahme des Prioritätsrechts dienen.

D. – 1) Wer die Priorität einer früheren Hinterlegung in Anspruch nehmen will, muss eine Erklärung über den Zeitpunkt und das Land dieser Hinterlegung abgeben. Jedes Land bestimmt, bis wann die Erklärung spätestens abgegeben werden muss.

2) Diese Angaben sind in die Veröffentlichungen der zuständigen Behörde, insbesondere in die Patenturkunden und die zugehörigen Beschreibungen aufzunehmen.

3) Die Verbandsländer können von demjenigen, der eine Prioritätserklärung abgibt, verlangen, dass er die frühere Anmeldung (Beschreibung, Zeichnungen usw.) in Abschrift vorlegt. Die Abschrift, die von der Behörde, die diese Anmeldung empfangen hat, als übereinstimmend bescheinigt ist, ist von jeder Beglaubigung befreit und kann auf alle Fälle zu beliebiger Zeit innerhalb einer Frist von drei Monaten nach der Hinterlegung der späteren Anmeldung gebührenfrei eingereicht werden. Es kann verlangt werden, dass ihr eine von dieser Behörde ausgestellte Bescheinigung über den Zeitpunkt der Hinterlegung und eine Übersetzung beigefügt werden.

4) Andere Förmlichkeiten für die Prioritätserklärung dürfen bei der Hinterlegung der Anmeldung nicht verlangt werden. Jedes Verbandsland bestimmt die Folgen der Nichtbeachtung der in diesem Artikel vorgesehenen Förmlichkeiten; jedoch dürfen diese Folgen über den Verlust des Prioritätsrechts nicht hinausgehen.

5) Später können weitere Nachweise verlangt werden.

Wer die Priorität einer früheren Anmeldung in Anspruch nimmt, ist verpflichtet, das Aktenzeichen dieser Anmeldung anzugeben; diese Angabe ist nach Massgabe des Absatzes 2) zu veröffentlichen.

E. – 1) Wird in einem Land ein gewerbliches Muster oder Modell unter Inanspruchnahme eines auf die Anmeldung eines Gebrauchsmusters gegründeten Prioritätsrechts hinterlegt, so ist nur die für gewerbliche Muster oder Modelle bestimmte Prioritätsfrist massgebend.

2) Im übrigen ist es zulässig, in einem Land ein Gebrauchsmuster unter Inanspruchnahme eines auf die Hinterlegung einer Patentanmeldung gegründeten Prioritätsrechts zu hinterlegen und umgekehrt.

F. – Kein Verbandsland darf deswegen die Anerkennung einer Priorität verweigern oder eine Patentanmeldung zurückweisen, weil der Anmelder mehrere Prioritäten in Anspruch nimmt, selbst wenn sie aus verschiedenen Ländern stammen, oder deswegen, weil eine Anmeldung, für die eine oder mehrere Prioritäten beansprucht werden, ein oder mehrere Merkmale enthält, die in der oder den Anmeldungen, deren Priorität beansprucht worden ist, nicht enthalten waren, sofern in beiden Fällen Erfindungseinheit im Sinn des Landesgesetzes vorliegt.

Hinsichtlich der Merkmale, die in der oder den Anmeldungen, deren Priorität in Anspruch genommen worden ist, nicht enthalten sind, lässt die jüngere Anmeldung ein Prioritätsrecht unter den allgemeinen Bedingungen entstehen.

Art. 6 Eintragungsbedingungen – Unabhängigkeit der in verschiedenen Ländern geschützten identischen Marken

1) Die Bedingungen für die Hinterlegung und Eintragung von Fabrik- oder Handelsmarken werden in jedem Land durch die innerstaatlichen Rechtsvorschriften bestimmt.

2) Jedoch darf eine durch einen Angehörigen eines Verbandslandes in irgendeinem Verbandsland hinterlegte Marke nicht deshalb zurückgewiesen oder für ungültig erklärt werden, weil sie im Ursprungsland nicht hinterlegt, eingetragen oder erneuert worden ist.

3) Eine in einem Verbandsland vorschriftsmässig eingetragene Marke wird als unabhängig angesehen von den in anderen Verbandsländern einschliesslich des Ursprungslandes eingetragenen Marken.

Art. 6bis Notorisch bekannte Marken

1) Die Verbandsländer verpflichten sich, von Amts wegen, wenn dies die Rechtsvorschriften des Landes zulassen, oder auf Antrag des Beteiligten die Eintragung einer Fabrik- oder Handelsmarke zurückzuweisen oder für ungültig zu erklären und den Gebrauch der Marke zu untersagen, wenn sie eine verwechslungsfähige Abbildung, Nachahmung oder Übersetzung einer anderen Marke darstellt, von der es nach Ansicht der zuständigen Behörde des Landes der Eintragung oder des Gebrauchs dort notorisch feststeht, dass sie bereits einer zu den Vergünstigungen dieser Übereinkunft zugelassenen Person gehört und für gleiche oder gleichartige Erzeugnisse benutzt wird. Das gleiche gilt, wenn der wesentliche Bestandteil der Marke die Abbildung einer solchen notorisch bekannten Marke oder eine mit ihr verwechslungsfähige Nachahmung darstellt.

2) Für den Antrag auf Löschung einer solchen Marke ist eine Frist von mindestens fünf Jahren vom Tag der Eintragung an zu gewähren. Den Verbandsländern steht es frei, eine Frist zu bestimmen, innerhalb welcher der Anspruch auf Untersagung des Gebrauchs geltend zu machen ist.

3) Gegenüber bösgläubig erwirkten Eintragungen oder bösgläubig vorgenommenen Benutzungshandlungen ist der Antrag auf Löschung dieser Marken oder auf Untersagung ihres Gebrauchs an keine Frist gebunden.

Art. 6ter Verbot der Eintragung und des Gebrauchs von Hoheitszeichen, amtlichen Prüf- und Gewährzeichen und von Kennzeichen zwischenstaatlicher Organisationen

1)

a) Die Verbandsländer kommen überein, die Eintragung der Wappen, Flaggen und anderen staatlichen Hoheitszeichen der Verbandsländer, der von ihnen eingeführten amtlichen Prüf- und Gewährzeichen und -stempel sowie jeder Nachahmung im heraldischen Sinn als Fabrik- oder Handelsmarken oder als Bestandteile solcher zurückzuweisen oder für ungültig zu erklären sowie den Gebrauch dieser Zeichen durch geeignete Massnahmen zu verbieten, sofern die zuständigen Stellen den Gebrauch nicht erlaubt haben.

b) Die Bestimmungen unter Buchstabe a) sind ebenso auf die Wappen, Flaggen und anderen Kennzeichen, Sigel oder Bezeichnungen der internationalen zwischenstaatlichen Organisationen anzuwenden, denen ein oder mehrere Verbandsländer angehören; ausgenommen sind die Wappen, Flaggen und anderen Kennzeichen, Sigel oder Bezeichnungen, die bereits Gegenstand von in Kraft befindlichen internationalen Abkommen sind, die ihren Schutz gewährleisten.

c) Kein Verbandsland ist gehalten, die Bestimmungen unter Buchstabe b) zum Nachteil der Inhaber von Rechten anzuwenden, die gutgläubig vor dem Inkrafttreten dieser Übereinkunft in diesem Land erworben worden sind. Die Verbandsländer sind nicht gehalten, diese Bestimmungen anzuwenden, falls die Benutzung oder Eintragung gemäss Buchstabe a) nicht geeignet ist, beim Publikum den Eindruck einer Verbindung zwischen der betreffenden Organisation und den Wappen, Flaggen, Kennzeichen, Sigeln oder Bezeichnungen hervorzurufen, oder falls die Benutzung oder Eintragung offenbar nicht geeignet ist, das Publikum über das Bestehen einer Verbindung zwischen dem Benutzer und der Organisation irrezuführen.

2) Das Verbot der amtlichen Prüf- und Gewährzeichen und -stempel findet nur dann Anwendung, wenn die Marken mit diesen Zeichen für gleiche oder gleichartige Waren bestimmt sind.

3)

a) Für die Anwendung dieser Bestimmungen kommen die Verbandsländer überein, durch Vermittlung des Internationalen Büros ein Verzeichnis der staatlichen Hoheitszeichen und amtlichen Prüf- und Gewährzeichen und -stempel auszutauschen, die sie jetzt oder in Zukunft unumschränkt oder in gewissen Grenzen unter den Schutz dieses Artikels zu stellen wünschen; dies gilt auch für alle späteren Änderungen dieses Verzeichnisses. Jedes Verbandsland soll die notifizierten Verzeichnisse rechtzeitig öffentlich zugänglich machen. Diese Notifikation ist jedoch für Staatsflaggen nicht erforderlich.

b) Die Bestimmungen des Absatzes 1) Buchstabe b) sind nur auf die Wappen, Flaggen und anderen Kennzeichen, Sigel und Bezeichnungen der internationalen zwischenstaatlichen Organisationen anwendbar, die diese durch Vermittlung des Internationalen Büros den Verbandsländern mitgeteilt haben.

4) Jedes Verbandsland kann innerhalb einer Frist von zwölf Monaten nach dem Eingang der Notifikation seine etwaigen Einwendungen durch das Internationale Büro dem betreffenden Land oder der betreffenden internationalen zwischenstaatlichen Organisation übermitteln.

5) Hinsichtlich der Staatsflaggen finden die in Absatz 1) vorgesehenen Massnahmen nur auf Marken Anwendung, die nach dem 6. November 1925 eingetragen worden sind.

6) Hinsichtlich der staatlichen Hoheitszeichen – mit Ausnahme der Flaggen – und der amtlichen Zeichen und Stempel der Verbandsländer und hinsichtlich der Wappen, Flaggen und anderen Kennzeichen, Sigel oder Bezeichnungen der internationalen zwischenstaatlichen Organisationen sind diese Bestimmungen nur auf Marken anwendbar, die später als zwei Monate nach dem Eingang der in Absatz 3) vorgesehenen Notifikation eingetragen worden sind.

7) Den Ländern steht es frei, bei Bösgläubigkeit auch solche Marken zu löschen, die vor dem 6. November 1925 eingetragen worden sind und staatliche Hoheitszeichen, Zeichen und Stempel enthalten.

8) Die Angehörigen eines jeden Landes, die zum Gebrauch der staatlichen Hoheitszeichen, Zeichen und Stempel ihres Landes ermächtigt sind, dürfen sie auch dann benutzen, wenn sie denen eines anderen Landes ähnlich sind.

9) Die Verbandsländer verpflichten sich, den unbefugten Gebrauch der Staatswappen der anderen Verbandsländer im Handel zu verbieten, wenn dieser Gebrauch zur Irreführung über den Ursprung der Erzeugnisse geeignet ist.

10) Die vorhergehenden Bestimmungen hindern die Länder nicht an der Ausübung der Befugnis, gemäss Artikel $6^{quinquies}$ Buchstabe B Nummer 3 Marken zurückzuweisen oder für ungültig zu erklären, die ohne Ermächtigung Wappen, Flaggen und andere staatliche Hoheitszeichen oder in einem Verbandsland eingeführte amtliche Zeichen und Stempel enthalten; dies gilt auch für die in Absatz 1) genannten unterscheidungskräftigen Zeichen der internationalen zwischenstaatlichen Organisationen.

Art. 6^{quater} **Übertragung**

1) Ist nach den Rechtsvorschriften eines Verbandslandes die Übertragung einer Marke nur rechtsgültig, wenn gleichzeitig das Unternehmen oder der Geschäftsbetrieb, zu dem die Marke gehört, mit übergeht, so genügt es zur Rechtsgültigkeit der Übertragung, dass der in diesem Land befindliche Teil des Unternehmens oder Geschäftsbetriebes mit dem ausschliesslichen Recht, die mit der übertragenden Marke versehenen Erzeugnisse dort herzustellen oder zu verkaufen, auf den Erwerber übergeht.

2) Diese Bestimmung verpflichtet die Verbandsländer nicht, die Übertragung einer Marke als rechtsgültig anzusehen, deren Gebrauch durch den Erwerber tatsächlich geeignet wäre, das Publikum irrezuführen, insbesondere was die Herkunft, die Beschaffenheit oder die wesentlichen Eigenschaften der Erzeugnisse betrifft, für welche die Marke verwendet wird.

Art. $6^{quinquies}$ **Zulassung der in einem Verbandsland eingetragenen Marke zum Schutz in den anderen Verbandsländern («telle quelle-Klausel»)**

A. – 1) Jede im Ursprungsland vorschriftsmässig eingetragene Fabrik- oder Handelsmarke soll so, wie sie ist, unter den Vorbehalten dieses Artikels in den anderen Verbandsländern zur Hinterlegung zugelassen und geschützt werden. Diese Länder können vor der endgültigen Eintragung die Vorlage einer von der zuständigen Behörde ausgestellten Bescheinigung über die Eintragung im Ursprungsland verlangen. Eine Beglaubigung dieser Bescheinigung ist nicht erforderlich.

2) Als Ursprungsland wird das Verbandsland angesehen, in dem der Hinterleger eine tatsächliche und nicht nur zum Schein bestehende gewerbliche oder Handelsniederlassung hat, und, wenn er eine solche Niederlassung innerhalb des Verbandes nicht hat, das Verbandsland, in dem er seinen Wohnsitz hat, und, wenn er keinen Wohnsitz innerhalb des Verbandes hat, das Land seiner Staatsangehörigkeit, sofern er Angehöriger eines Verbandslandes ist.

B. – Die Eintragung von Fabrik- oder Handelsmarken, die unter diesen Artikel fallen, darf nur in folgenden Fällen verweigert oder für ungültig erklärt werden:

1. wenn die Marken geeignet sind, Rechte zu verletzen, die von Dritten in dem Land erworben sind, in dem der Schutz beansprucht wird;
2. wenn die Marken jeder Unterscheidungskraft entbehren oder ausschliesslich aus Zeichen oder Angaben zusammengesetzt sind, die im Verkehr zur Bezeich-

nung der Art, der Beschaffenheit, der Menge, der Bestimmung, des Wertes, des Ursprungsortes der Erzeugnisse oder der Zeit der Erzeugung dienen können, oder die im allgemeinen Sprachgebrauch oder in den redlichen und ständigen Verkehrsgepflogenheiten des Landes, in dem der Schutz beansprucht wird, üblich sind;

3. wenn die Marken gegen die guten Sitten oder die öffentliche Ordnung verstossen, insbesondere wenn sie geeignet sind, das Publikum zu täuschen. Es besteht Einverständnis darüber, dass eine Marke nicht schon deshalb als gegen die öffentliche Ordnung verstossend angesehen werden kann, weil sie einer Vorschrift des Markenrechts nicht entspricht, es sei denn, dass diese Bestimmung selbst die öffentliche Ordnung betrifft.

Die Anwendung des Artikels 10bis bleibt jedoch vorbehalten.

C. – 1) Bei der Würdigung der Schutzfähigkeit der Marke sind alle Tatumstände zu berücksichtigen, insbesondere die Dauer des Gebrauchs der Marke.

2) In den anderen Verbandsländern dürfen Fabrik- oder Handelsmarken nicht allein deshalb zurückgewiesen werden, weil sie von den im Ursprungsland geschützten Marken nur in Bestandteilen abweichen, die gegenüber der im Ursprungsland eingetragenen Form die Unterscheidungskraft der Marken nicht beeinflussen und ihre Identität nicht berühren.

D. – Niemand kann sich auf die Bestimmungen dieses Artikels berufen, wenn die Marke, für die er den Schutz beansprucht, im Ursprungsland nicht eingetragen ist.

E. – Jedoch bringt die Erneuerung der Eintragung einer Marke im Ursprungsland keinesfalls die Verpflichtung mit sich, die Eintragung auch in den anderen Verbandsländern zu erneuern, in denen die Marke eingetragen worden ist.

F. – Das Prioritätsvorrecht bleibt bei den innerhalb der Frist des Artikels 4 vorgenommenen Markenhinterlegungen gewahrt, selbst wenn die Marke im Ursprungsland erst nach Ablauf dieser Frist eingetragen wird.

Art. 6^{sexies} Dienstleistungsmarken

Die Verbandsländer verpflichten sich, die Dienstleistungsmarken zu schützen. Sie sind nicht gehalten, die Eintragung dieser Marken vorzusehen.

Art. 6^{septies} Eintragung auf den Namen des Agenten oder Vertreters ohne Zustimmung des Markeninhabers

1) Beantragt der Agent oder der Vertreter dessen, der in einem der Verbandsländer Inhaber einer Marke ist, ohne dessen Zustimmung die Eintragung dieser Marke auf seinen eigenen Namen in einem oder mehreren dieser Länder, so ist der Inhaber berechtigt, der beantragten Eintragung zu widersprechen oder die Löschung oder, wenn das Gesetz des Landes es zulässt, die Übertragung dieser Eintragung zu seinen Gunsten zu verlangen, es sei denn, dass der Agent oder Vertreter seine Handlungsweise rechtfertigt.

2) Der Inhaber der Marke ist unter den Voraussetzungen des Absatzes 1) berechtigt, sich dem Gebrauch seiner Marke durch seinen Agenten oder Vertreter zu widersetzen, wenn er diesen Gebrauch nicht gestattet hat.

3) Den Landesgesetzgebungen steht es frei, eine angemessene Frist zu bestimmen, innerhalb welcher der Inhaber einer Marke seine in diesem Artikel vorgesehenen Rechte geltend machen muss.

Art. 7 **Eintragung ohne Rücksicht auf die Beschaffenheit des Erzeugnisses**
Die Beschaffenheit des Erzeugnisses, auf dem die Fabrik- oder Handelsmarke angebracht werden soll, darf keinesfalls die Eintragung der Marke hindern.

Art. 7bis **Verbandsmarken**
1) Die Verbandsländer verpflichten sich, Verbandsmarken, die Verbänden gehören, deren Bestehen dem Gesetz des Ursprungslandes nicht zuwiderläuft, auch dann zur Hinterlegung zuzulassen und zu schützen, wenn diese Verbände eine gewerbliche oder Handelsniederlassung nicht besitzen.

2) Es steht jedem Land zu, frei darüber zu bestimmen, unter welchen besonderen Bedingungen eine Verbandsmarke geschützt wird; es kann den Schutz verweigern, wenn diese Marke gegen das öffentliche Interesse verstösst.

3) Jedoch darf der Schutz dieser Marken einem Verband, dessen Bestehen dem Gesetz des Ursprungslandes nicht zuwiderläuft, nicht deshalb verweigert werden, weil er in dem Land, in dem der Schutz nachgesucht wird, keine Niederlassung hat oder seine Gründung den Rechtsvorschriften dieses Landes nicht entspricht.

Art. 11 **Zeitweiliger Schutz im Zusammenhang mit internationalen Ausstellungen**
1) Die Verbandsländer werden nach Massgabe ihrer innerstaatlichen Rechtsvorschriften den patentfähigen Erfindungen, den Gebrauchsmustern, den gewerblichen Mustern oder Modellen sowie den Fabrik- oder Handelsmarken für Erzeugnisse, die in einem Verbandsland auf den amtlichen oder amtlich anerkannten internationalen Ausstellungen zur Schau gestellt werden, einen zeitweiligen Schutz gewähren.

2) Dieser zeitweilige Schutz verlängert die Fristen des Artikels 4 nicht. Wird später das Prioritätsrecht beansprucht, so kann die Behörde eines jeden Landes die Frist mit dem Zeitpunkt beginnen lassen, zu dem das Erzeugnis in die Ausstellung eingebracht worden ist.

3) Jedes Land kann zum Nachweis der Übereinstimmung des ausgestellten Gegenstandes und des Zeitpunkts der Einbringung die ihm notwendig erscheinenden Belege verlangen.

[Art. 12–30 nicht abgedruckt]

Erste Richtlinie des Rates zur Angleichung der Rechtsvorschriften der Mitgliedstaaten über die Marken

vom 21. Dezember 1988

Der Rat der europäischen Gemeinschaften – gestützt auf den Vertrag zur Gründung der Europäischen Wirtschaftsgemeinschaft, insbesondere auf Artikel 100 a, auf Vorschlag der Kommission[1], in Zusammenarbeit mit dem Europäischen Parlament[2], nach Stellungnahme des Wirtschafts- und Sozialausschusses[3] in Erwägung nachstehender Gründe:

Das gegenwärtig in den Mitgliedstaaten geltende Markenrecht weist Unterschiede auf, durch die der freie Warenverkehr und der freie Dienstleistungsverkehr behindert und die Wettbewerbsbedingungen im Gemeinsamen Markt verfälscht werden können. Zur Errichtung und zum Funktionieren des Binnenmarktes ist folglich eine Angleichung der Rechtsvorschriften der Mitgliedstaaten erforderlich.

Die Möglichkeiten und Vorzüge, die das Markensystem der Gemeinschaft den Unternehmen bieten kann, die Marken erwerben möchten, dürfen nicht ausser acht gelassen werden.

Es erscheint gegenwärtig nicht notwendig, die Markenrechte der Mitgliedstaaten vollständig anzugleichen. Es ist ausreichend, wenn sich die Angleichung auf diejenigen innerstaatlichen Rechtsvorschriften beschränkt, die sich am unmittelbarsten auf das Funktionieren des Binnenmarktes auswirken.

Die vorliegende Richtlinie belässt den Mitgliedstaaten das Recht, die durch Benutzung erworbenen Marken weiterhin zu schützen; diese Marken werden lediglich in ihrer Beziehung zu den durch Eintragung erworbenen Marken berücksichtigt.

Den Mitgliedstaaten steht es weiterhin frei, Verfahrensbestimmungen für die Eintragung, den Verfall oder die Ungültigkeit der durch Eintragung erworbenen Marken zu erlassen. Es steht ihnen beispielsweise zu, die Form der Verfahren für die Eintragung und die Ungültigerklärung festzulegen, zu bestimmen, ob ältere Rechte im Eintragungsverfahren oder im Verfahren zur Ungültigerklärung oder in beiden Verfahren geltend gemacht werden müssen, und – wenn ältere Rechte im Eintragungsverfahren geltend gemacht werden dürfen – ein Widerspruchsverfahren oder eine Prüfung von Amts wegen oder beides vorzusehen. Die Mitgliedstaaten können weiterhin festlegen, welche Rechtswirkung dem Verfall oder der Ungültigerklärung einer Marke zukommt.

Diese Richtlinie schliesst nicht aus, dass auf die Marken andere Rechtsvorschriften der Mitgliedstaaten als die des Markenrechts, wie die Vorschriften gegen den unlauteren Wettbewerb, über die zivilrechtliche Haftung oder den Verbraucherschutz, Anwendung finden.

---

[1] ABl. Nr. C 351 vom 31. 12. 1980, S. 1, und ABl. Nr. C 351 vom 31. 12. 1985, S. 4.
[2] ABl. Nr. C 307 vom 14. 11. 1983, S. 66, und ABl. Nr. C 309 vom 5. 12. 1988.
[3] ABl. Nr. C 310 vom 30. 11. 1981, S. 22.

Die Verwirklichung der mit der Angleichung verfolgten Ziele setzt voraus, dass für den Erwerb und die Aufrechterhaltung einer eingetragenen Marke in allen Mitgliedstaaten grundsätzlich gleiche Bedingungen gelten. Zu diesem Zweck sollte eine Beispielliste der Zeichen erstellt werden, die geeignet sind, Waren oder Dienstleistungen eines Unternehmens von denjenigen anderer Unternehmen zu unterscheiden, und die somit eine Marke darstellen können. Die Eintragungshindernisse und Ungültigkeitsgründe betreffend die Marke selbst, wie fehlende Unterscheidungskraft, oder betreffend Kollisionen der Marke mit älteren Rechten sind erschöpfend aufzuführen, selbst wenn einige dieser Gründe für die Mitgliedstaaten fakultativ aufgeführt sind und es diesen folglich freisteht, die betreffenden Gründe in ihren Rechtsvorschriften beizubehalten oder dort aufzunehmen. Die Mitgliedstaaten können in ihrem Recht Eintragungshindernisse oder Ungültigkeitsgründe beibehalten oder einführen, die an die Bedingungen des Erwerbs oder der Aufrechterhaltung der Marke gebunden sind, für die keine Angleichungsbestimmungen bestehen und die sich beispielsweise auf die Markeninhaberschaft, auf die Verlängerung der Marke, auf die Vorschriften über die Gebühren oder auf die Nichteinhaltung von Verfahrensvorschriften beziehen.

Um die Gesamtzahl der in der Gemeinschaft eingetragenen und geschützten Marken und damit die Anzahl der zwischen ihnen möglichen Konflikte zu verringern, muss verlangt werden, dass eingetragene Marken tatsächlich benutzt werden, um nicht zu verfallen. Ausserdem muss vorgesehen werden, dass wegen des Bestehens einer älteren Marke, die nicht benutzt worden ist, eine Marke nicht für ungültig erklärt werden kann, wobei es den Mitgliedstaaten unbenommen bleibt, den gleichen Grundsatz hinsichtlich der Eintragung einer Marke anzuwenden oder vorzusehen, dass eine Marke in einem Verletzungsverfahren nicht wirksam geltend gemacht werden kann, wenn im Wege der Einwendung Nachweise erbracht werden, dass die Marke für verfallen erklärt werden könnte. In allen diesen Fällen sind die jeweiligen Verfahrensvorschriften von den Mitgliedstaaten festzulegen.

Zur Erleichterung des freien Waren- und Dienstleistungsverkehrs ist es von wesentlicher Bedeutung, zu erreichen, dass die eingetragenen Marken in Zukunft im Recht aller Mitgliedstaaten einen einheitlichen Schutz geniessen. Hiervon bleibt jedoch die Möglichkeit der Mitgliedstaaten unberührt, bekannten Marken einen weitergehenden Schutz zu gewähren.

Zweck des durch die eingetragene Marke gewährten Schutzes ist es, insbesondere die Herkunftsfunktion der Marke zu gewährleisten; dieser Schutz ist absolut im Falle der Identität zwischen der Marke und dem Zeichen und zwischen den Waren oder Dienstleistungen. Der Schutz erstreckt sich ebenfalls auf Fälle der Ähnlichkeit von Zeichen und Marke und der jeweiligen Waren oder Dienstleistungen. Es ist unbedingt erforderlich, den Begriff der Ähnlichkeit im Hinblick auf die Verwechslungsgefahr auszulegen. Die Verwechslungsgefahr stellt die spezifische Voraussetzung für den Schutz dar; ob sie vorliegt, hängt von einer Vielzahl von Umständen ab, insbesondere dem Bekanntheitsgrad der Marke im Markt, der gedanklichen Verbindung, die das benutzte oder eingetragene Zeichen zu ihr hervorrufen kann, sowie dem Grad der Ähnlichkeit zwischen der Marke und dem Zeichen und zwischen den damit gekennzeichneten Waren oder Dienstleistungen. Bestimmungen über die Art und Weise der Feststellung der Verwechslungsgefahr, insbesondere über die Beweislast, sind Sache nationaler Verfahrensregeln, die von der Richtlinie nicht berührt werden.

Aus Gründen der Rechtssicherheit und ohne in die Interessen der Inhaber älterer Marken in unangemessener Weise einzugreifen, muss vorgesehen werden, dass diese nicht mehr die Ungültigerklärung einer jüngeren Marke beantragen oder sich deren Benutzung widersetzen können, wenn sie deren Benutzung während einer längeren Zeit geduldet haben, es sei denn, dass die Anmeldung der jüngeren Marke bösgläubig vorgenommen worden ist.

Da alle Mitgliedstaaten der Gemeinschaft durch die Pariser Verbandsübereinkunft zum Schutz des gewerblichen Eigentums gebunden sind, ist es erforderlich, dass sich die Vorschriften dieser Richtlinie mit denen der erwähnten Pariser Verbandsübereinkunft in vollständiger Übereinstimmung befinden. Die Verpflichtungen der Mitgliedstaaten, die sich aus dieser Übereinkunft ergeben, werden durch diese Richtlinie nicht berührt. Gegebenenfalls findet Artikel 234 Absatz 2 des Vertrages Anwendung.

Hat folgende Richtlinien erlassen:

Art. 1 **Anwendungsbereich**

Diese Richtlinie findet auf Individual-, Kollektiv-, Garantie- und Gewährleistungsmarken für Waren oder Dienstleistungen Anwendung, die in einem Mitgliedstaat oder beim Benelux-Markenamt eingetragen oder angemeldet oder mit Wirkung für einen Mitgliedstaat international registriert worden sind.

Art. 2 **Markenformen**

Marken können alle Zeichen sein, die sich graphisch darstellen lassen, insbesondere Wörter einschliesslich Personennamen, Abbildungen, Buchstaben, Zahlen und die Form oder Aufmachung der Ware, soweit solche Zeichen geeignet sind, Waren oder Dienstleistungen eines Unternehmens von denjenigen anderer Unternehmen zu unterscheiden.

Art. 3 **Eintragungshindernisse – Ungültigkeitsgründe**

(1) Folgende Zeichen oder Marken sind von der Eintragung ausgeschlossen oder unterliegen im Falle der Eintragung der Ungültigerklärung:

a) Zeichen, die nicht als Marke eintragungsfähig sind,
b) Marken, die keine Unterscheidungskraft haben,
c) Marken, die ausschliesslich aus Zeichen oder Angaben bestehen, welche im Verkehr zur Bezeichnung der Art, der Beschaffenheit, der Menge, der Bestimmung, des Wertes, der geographischen Herkunft oder der Zeit der Herstellung der Ware oder der Erbringung der Dienstleistung oder zur Bezeichnung sonstiger Merkmale der Ware oder Dienstleistung dienen können,
d) Marken, die ausschliesslich aus Zeichen oder Angaben bestehen, die im allgemeinen Sprachgebrauch oder in den redlichen und ständigen Verkehrsgepflogenheiten üblich sind,
e) Zeichen, die ausschliesslich bestehen
   – aus der Form der Ware, die zur Erreichung einer technischen Wirkung erforderlich ist, oder
   – aus der Form, die der Ware einen wesentlichen Wert verleiht,
f) Marken, die gegen die öffentliche Ordnung oder gegen die guten Sitten verstossen,
g) Marken, die geeignet sind, das Publikum zum Beispiel über die Art, die Beschaffenheit oder die geographische Herkunft der Ware oder Dienstleistung zu täuschen,

h) Marken, die mangels Genehmigung durch die zuständigen Stellen gemäss Artikel 6ter der Pariser Verbandsübereinkunft zum Schutz des gewerblichen Eigentums, nachstehend «Pariser Verbandsübereinkunft» genannt, zurückzuweisen sind.

(2) Jeder Mitgliedstaat kann vorsehen, dass eine Marke von der Eintragung ausgeschlossen ist oder im Falle der Eintragung der Ungültigerklärung unterliegt, wenn und soweit

a) die Benutzung dieser Marke nach anderen Rechtsvorschriften als des Markenrechts des jeweiligen Mitgliedstaats oder der Gemeinschaft untersagt werden kann;

b) die Marke ein Zeichen mit hoher Symbolkraft enthält, insbesondere ein religiöses Symbol;

c) die Marke nicht unter Artikel 6ter der Pariser Verbandsübereinkunft fallende Abzeichen, Embleme oder Wappen enthält, denen ein öffentliches Interesse zukommt, es sei denn, dass die zuständigen Stellen nach den Rechtsvorschriften des Mitgliedstaats ihrer Eintragung zugestimmt haben;

d) der Antragsteller die Eintragung der Marke bösgläubig beantragt hat.

(3) Eine Marke wird nicht gemäss Absatz 1 Buchstabe b), c) oder d) von der Eintragung ausgeschlossen oder für ungültig erklärt, wenn sie vor der Anmeldung infolge ihrer Benutzung Unterscheidungskraft erworben hat. Die Mitgliedstaaten können darüber hinaus vorsehen, dass die vorliegende Bestimmung auch dann gilt, wenn die Unterscheidungskraft erst nach der Anmeldung oder Eintragung erworben wurde.

(4) Jeder Mitgliedstaat kann vorsehen, dass abweichend von den Absätzen 1, 2 und 3 die Eintragungshindernisse oder Ungültigkeitsgründe, die in diesem Staat vor dem Zeitpunkt gegolten haben, zu dem die zur Durchführung dieser Richtlinie erforderlichen Bestimmungen in Kraft treten, auf Marken Anwendung finden, die vor diesem Zeitpunkt angemeldet worden sind.

Art. 4 **Weitere Eintragungshindernisse oder Ungültigkeitsgründe bei Kollision mit älteren Rechten**

(1) Eine Marke ist von der Eintragung ausgeschlossen oder unterliegt im Falle der Eintragung der Ungültigerklärung, a) wenn sie mit einer älteren Marke identisch ist und die Waren oder Dienstleistungen, für die die Marke angemeldet oder eingetragen worden ist, mit den Waren oder Dienstleistungen identisch sind, für die die ältere Marke Schutz geniesst;

b) wenn wegen ihrer Identität oder Ähnlichkeit mit der älteren Marke und der Identität oder Ähnlichkeit der durch die beiden Marken erfassten Waren oder Dienstleistungen für das Publikum die Gefahr von Verwechslungen besteht, die die Gefahr einschliesst, dass die Marke mit der älteren Marke gedanklich in Verbindung gebracht wird.

(2) «Ältere Marken» im Sinne von Absatz 1 sind

a) Marken mit einem früheren Anmeldetag als dem Tag der Anmeldung der Marke, gegebenenfalls mit der für diese Marken in Anspruch genommenen Priorität, und die den nachstehenden Kategorien angehören:

    i) Gemeinschaftsmarken;

    ii) in dem Mitgliedstaat oder, soweit Belgien, Luxemburg und die Niederlande betroffen sind, beim Benelux-Markenamt eingetragene Marken;

iii) mit Wirkung für den Mitgliedstaat international registrierte Marken;
b) Gemeinschaftsmarken, für die wirksam der Zeitrang gemäss der Verordnung über die Gemeinschaftsmarke aufgrund einer unter Buchstabe a) Ziffern ii) und iii) genannten Marke in Anspruch genommen wird, auch wenn letztere Marke Gegenstand eines Verzichts gewesen oder verfallen ist;
c) Anmeldungen von Marken nach Buchstaben a) und b), vorbehaltlich ihrer Eintragung;
d) Marken, die am Tag der Anmeldung der Marke, gegebenenfalls am Tag der für die Anmeldung der Marke in Anspruch genommenen Priorität, in dem Mitgliedstaat im Sinne des Artikels 6bis der Pariser Verbandsübereinkunft notorisch bekannt sind.

(3) Eine Marke ist auch dann von der Eintragung ausgeschlossen oder unterliegt im Falle der Eintragung der Ungültigerklärung, wenn sie mit einer älteren Gemeinschaftsmarke im Sinne des Absatzes 2 identisch ist oder dieser ähnlich ist und für Waren oder Dienstleistungen eingetragen werden soll oder eingetragen worden ist, die nicht denen ähnlich sind, für die die ältere Gemeinschaftsmarke eingetragen ist, falls diese ältere Gemeinschaftsmarke in der Gemeinschaft bekannt ist und die Benutzung der jüngeren Marke die Unterscheidungskraft oder die Wertschätzung der älteren Gemeinschaftsmarke ohne rechtfertigenden Grund in unlauterer Weise ausnutzen oder beeinträchtigen würde.

(4) Jeder Mitgliedstaat kann ferner vorsehen, dass eine Marke von der Eintragung ausgeschlossen ist oder im Falle der Eintragung der Ungültigerklärung unterliegt, wenn und soweit

a) sie mit einer älteren nationalen Marke im Sinne des Absatzes 2 identisch ist oder dieser ähnlich ist und für Waren oder Dienstleistungen eingetragen werden soll oder eingetragen worden ist, die nicht denen ähnlich sind, für die die ältere Marke eingetragen ist, falls diese ältere Marke in dem Mitgliedstaat bekannt ist und die Benutzung der jüngeren Marke die Unterscheidungskraft oder die Wertschätzung der älteren Marke ohne rechtfertigenden Grund in unlauterer Weise ausnutzen oder beeinträchtigen würde;
b) Rechte an einer nicht eingetragenen Marke oder einem sonstigen im geschäftlichen Verkehr benutzten Kennzeichenrecht vor dem Tag der Anmeldung der jüngeren Marke oder gegebenenfalls vor dem Tag der für die Anmeldung der jüngeren Marke in Anspruch genommenen Priorität erworben worden sind und diese nicht eingetragene Marke oder dieses sonstige Kennzeichenrecht dem Inhaber das Recht verleiht, die Benutzung einer jüngeren Marke zu untersagen;
c) die Benutzung der Marke aufgrund eines sonstigen, nicht in Absatz 2 oder in vorliegendem Absatz unter Buchstabe b) genannten älteren Rechts untersagt werden kann, insbesondere aufgrund eines
   i) Namensrechts,
   ii) Rechts an der eigenen Abbildung,
   iii) Urheberrechts,
   iv) gewerblichen Schutzrechts;
d) die Marke mit einer älteren Kollektivmarke identisch ist oder dieser ähnlich ist, die ein Recht verliehen hat, das längstens drei Jahre vor der Anmeldung erloschen ist;

e) die Marke mit einer älteren Garantie- oder Gewährleistungsmarke identisch ist oder dieser ähnlich ist, die ein Recht verliehen hat, das in einem vom Mitgliedstaat festzulegenden Zeitraum vor der Anmeldung erloschen ist;
f) die Marke mit einer älteren Marke identisch ist oder dieser ähnlich ist, die die für identische oder ähnliche Waren oder Dienstleistungen eingetragen war und ein Recht verliehen hat, das innerhalb eines Zeitraums von höchstens zwei Jahren vor der Anmeldung wegen Nichtverlängerung erloschen ist, es sei denn, dass der Inhaber der älteren Marke der Eintragung der jüngeren Marke zugestimmt hat oder seine Marke nicht benutzt hat;
g) die Marke mit einer Marke verwechselt werden kann, die zum Zeitpunkt der Einreichung der Anmeldung im Ausland benutzt wurde und weiterhin dort benutzt wird, wenn der Anmelder die Anmeldung bösgläubig eingereicht hat.

(5) Die Mitgliedstaaten können zulassen, dass in geeigneten Umständen die Eintragung nicht versagt oder die Marke nicht für ungültig erklärt wird, wenn der Inhaber der älteren Marke oder des älteren Rechts der Eintragung der jüngeren Marke zustimmt.

(6) Jeder Mitgliedstaat kann vorsehen, dass abweichend von den Absätzen 1 bis 5 die Eintragungshindernisse oder Ungültigkeitsgründe, die in diesem Staat vor dem Zeitpunkt gegolten haben, zu dem die zur Durchführung dieser Richtlinie erforderlichen Bestimmungen in Kraft treten, auf Marken Anwendung finden, die vor diesem Zeitpunkt angemeldet worden sind.

Art. 5 Rechte aus der Marke

(1) Die eingetragene Marke gewährt ihrem Inhaber ein ausschliessliches Recht. Dieses Recht gestattet es dem Inhaber, Dritten zu verbieten, ohne seine Zustimmung im geschäftlichen Verkehr

a) ein mit der Marke identisches Zeichen für Waren oder Dienstleistungen zu benutzen, die mit denjenigen identisch sind, für die sie eingetragen ist;
b) ein Zeichen zu benutzen, wenn wegen der Identität oder der Ähnlichkeit des Zeichens mit der Marke und der Identität oder Ähnlichkeit der durch die Marke und das Zeichen erfassten Waren oder Dienstleistungen für das Publikum die Gefahr von Verwechslungen besteht, die die Gefahr einschliesst, dass das Zeichen mit der Marke gedanklich in Verbindung gebracht wird.

(2) Die Mitgliedstaaten können ferner bestimmen, dass es dem Inhaber gestattet ist, Dritten zu verbieten, ohne seine Zustimmung im geschäftlichen Verkehr ein mit der Marke identisches oder ihr ähnliches Zeichen für Waren oder Dienstleistungen zu benutzen, die nicht denen ähnlich sind, für die die Marke eingetragen ist, wenn diese in dem betreffenden Mitgliedstaat bekannt ist und die Benutzung des Zeichens die Unterscheidungskraft oder die Wertschätzung der Marke ohne rechtfertigenden Grund in unlauterer Weise ausnutzt oder beeinträchtigt.

(3) Sind die Voraussetzungen der Absätze 1 und 2 erfüllt, so kann insbesondere verboten werden:

a) das Zeichen auf Waren oder deren Aufmachung anzubringen;
b) unter dem Zeichen Waren anzubieten, in den Verkehr zu bringen oder zu den genannten Zwecken zu besitzen oder unter dem Zeichen Dienstleistungen anzubieten oder zu erbringen;

c) Waren unter dem Zeichen einzuführen oder auszuführen;

d) das Zeichen in den Geschäftspapieren und in der Werbung zu benutzen.

(4) Konnte vor dem Zeitpunkt, zu dem die zur Durchführung dieser Richtlinie erforderlichen Vorschriften in einem Mitgliedstaat in Kraft treten, nach dem Recht dieses Mitgliedstaats die Benutzung eines Zeichens gemäss Absatz 1 Buchstabe b) und Absatz 2 nicht verboten werden, so kann das Recht aus der Marke der Weiterbenutzung dieses Zeichens nicht entgegengehalten werden.

(5) Die Absätze 1 bis 4 berühren nicht die in einem Mitgliedstaat geltenden Bestimmungen über den Schutz gegenüber der Verwendung eines Zeichens zu anderen Zwecken als der Unterscheidung von Waren oder Dienstleistungen, wenn die Benutzung dieses Zeichens die Unterscheidungskraft oder die Wertschätzung der Marke ohne rechtfertigenden Grund in unlauterer Weise ausnutzt oder beeinträchtigt.

Art. 6   Beschränkung der Wirkungen der Marke

(1) Die Marke gewährt ihrem Inhaber nicht das Recht, einem Dritten zu verbieten,

a) seinen Namen oder seine Anschrift,

b) Angaben über die Art, die Beschaffenheit, die Menge, die Bestimmung, den Wert, die geographische Herkunft oder die Zeit der Herstellung der Ware oder der Erbringung der Dienstleistung oder über andere Merkmale der Ware oder Dienstleistung,

c) die Marke, falls dies notwendig ist, als Hinweise auf die Bestimmung einer Ware, insbesondere als Zubehör oder Ersatzteil, oder einer Dienstleistung im geschäftlichen Verkehr zu benutzen, sofern die Benutzung den anständigen Gepflogenheiten in Gewerbe oder Handel entspricht.

(2) Ist in einem Mitgliedstaat nach dessen Rechtsvorschriften ein älteres Recht von örtlicher Bedeutung anerkannt, so gewährt die Marke ihrem Inhaber nicht das Recht, einem Dritten die Benutzung dieses Rechts im geschäftlichen Verkehr in dem Gebiet, in dem es anerkannt ist, zu verbieten.

Art. 7   Erschöpfung des Rechts aus der Marke

(1) Die Marke gewährt ihrem Inhaber nicht das Recht, einem Dritten zu verbieten, die Marke für Waren zu benutzen, die unter dieser Marke von ihm oder mit seiner Zustimmung in der Gemeinschaft in den Verkehr gebracht worden sind.

(2) Absatz 1 findet keine Anwendung, wenn berechtigte Gründe es rechtfertigen, dass der Inhaber sich dem weiteren Vertrieb der Waren widersetzt, insbesondere wenn der Zustand der Waren nach ihrem Inverkehrbringen verändert oder verschlechtert ist.

Art. 8   Lizenz

(1) Die Marke kann für alle oder einen Teil der Waren oder Dienstleistungen, für die sie eingetragen ist, und für das gesamte Gebiet oder einen Teil des Gebietes eines Mitgliedstaats Gegenstand von Lizenzen sein. Eine Lizenz kann ausschliesslich oder nicht ausschliesslich sein.

(2) Gegen einen Lizenznehmer, der hinsichtlich der Dauer der Lizenz, der von der Eintragung erfassten Form, in der die Marke verwendet werden darf, der Art der Waren oder Dienstleistungen, für die die Lizenz erteilt wurde, des Gebietes, in dem die Marke angebracht werden darf, oder der Qualität der vom Lizenznehmer hergestellten Waren oder erbrachten Dienstleistungen gegen eine Bestimmung des Lizenz-

vertrags verstösst, kann der Inhaber einer Marke die Rechte aus der Marke geltend machen.

Art. 9 **Verwirkung durch Duldung**

(1) Hat in einem Mitgliedstaat der Inhaber einer älteren Marke im Sinne von Artikel 4 Absatz 2 die Benutzung einer jüngeren eingetragenen Marke in diesem Mitgliedstaat während eines Zeitraums von fünf aufeinanderfolgenden Jahren in Kenntnis dieser Benutzung geduldet, so kann er für die Waren oder Dienstleistungen, für die die jüngere Marke benutzt worden ist, aufgrund der älteren Marke weder die Ungültigerklärung der jüngeren Marke verlangen noch sich ihrer Benutzung widersetzen, es sei denn, dass die Anmeldung der jüngeren Marke bösgläubig vorgenommen worden ist.

(2) Die Mitgliedstaaten können vorsehen, dass Absatz 1 auch für den Inhaber einer in Artikel 4 Absatz 4 Buchstabe a) genannten älteren Marke oder eines sonstigen in Artikel 4 Absatz 4 Buchstabe b) oder c) genannten älteren Rechts gilt.

(3) In den Fällen der Absätze 1 oder 2 kann der Inhaber der jüngeren eingetragenen Marke sich der Benutzung des älteren Rechts nicht widersetzen, obwohl dieses Recht gegenüber der jüngeren Marke nicht mehr geltend gemacht werden kann.

Art. 10 **Benutzung der Marke**

(1) Hat der Inhaber der Marke diese für die Waren oder Dienstleistungen, für die sie eingetragen ist, innerhalb von fünf Jahren nach dem Tag des Abschlusses des Eintragungsverfahrens nicht ernsthaft in dem betreffenden Mitgliedstaat benutzt, oder wurde eine solche Benutzung während eines ununterbrochenen Zeitraums von fünf Jahren ausgesetzt, so unterliegt die Marke den in dieser Richtlinie vorgesehenen Sanktionen, es sei denn, dass berechtigte Gründe für die Nichtbenutzung vorliegen.

(2) Folgendes gilt ebenfalls als Benutzung im Sinne des Absatzes 1:

a) Benutzung der Marke in einer Form, die von der Eintragung nur in Bestandteilen abweicht, ohne dass dadurch die Unterscheidungskraft der Marke beeinflusst wird;

b) Anbringen der Marke auf Waren oder deren Aufmachung in dem betreffenden Mitgliedstaat ausschliesslich für den Export.

(3) Die Benutzung der Marke mit Zustimmung des Inhabers oder durch eine zur Benutzung einer Kollektivmarke, Garantiemarke oder Gewährleistungsmarke befugte Person gilt als Benutzung durch den Inhaber.

(4) In bezug auf Marken, die vor dem Zeitpunkt eingetragen werden, zu dem die zur Durchführung dieser Richtlinie erforderlichen Vorschriften in dem betreffenden Mitgliedstaat in Kraft treten, gilt folgendes:

a) Ist vor dem genannten Zeitpunkt eine Vorschrift in Kraft, die für die Nichtbenutzung einer Marke während eines ununterbrochenen Zeitraums Sanktionen vorsieht, so gilt als Beginn des in Absatz 1 genannten fünfjährigen Zeitraums der Tag, an dem ein Zeitraum der Nichtbenutzung begonnen hat;

b) ist vor dem genannten Zeitpunkt keine Vorschrift über die Benutzung in Kraft, so gilt als Beginn der in Absatz 1 genannten fünfjährigen Zeiträume frühestens der genannte Zeitpunkt.

Art. 11 **Sanktionen in Gerichts- oder Verwaltungsverfahren für die Nichtbenutzung einer Marke**

(1) Eine Marke kann wegen des Bestehens einer kollidierenden älteren Marke nicht für ungültig erklärt werden, wenn die ältere Marke nicht den Benutzungsbedingungen des Artikels 10 Absätze 1, 2 und 3 oder gegebenenfalls des Artikels 10 Absatz 4 entspricht.

(2) Die Mitgliedstaaten können vorsehen, dass die Eintragung einer Marke aufgrund des Bestehens einer kollidierenden älteren Marke, die den Benutzungsbedingungen des Artikels 10 Absätze 1, 2 und 3 oder gegebenenfalls des Artikels 10 Absatz 4 nicht entspricht, nicht zurückgewiesen werden kann.

(3) Unbeschadet der Anwendung des Artikels 12 in den Fällen, in denen eine Widerklage auf Erklärung des Verfalls erhoben wird, können die Mitgliedstaaten vorsehen, dass eine Marke in einem Verletzungsverfahren nicht wirksam geltend gemacht werden kann, wenn im Wege der Einwendung Nachweise erbracht werden, dass die Marke gemäss Artikel 12 Absatz 1 für verfallen erklärt werden könnte.

(4) Wurde die ältere Marke lediglich für einen Teil der Waren oder Dienstleistungen, für die sie eingetragen ist, benutzt, so gilt sie im Sinne der Absätze 1, 2 und 3 lediglich für diesen Teil der Waren oder Dienstleistungen als eingetragen.

Art. 12 **Verfallsgründe**

(1) Eine Marke wird für verfallen erklärt, wenn sie innerhalb eines ununterbrochenen Zeitraums von fünf Jahren in dem betreffenden Mitgliedstaat für die Waren oder Dienstleistungen, für die sie eingetragen ist, nicht ernsthaft benutzt worden ist und keine berechtigten Gründe für die Nichtbenutzung vorliegen; der Verfall einer Marke kann jedoch nicht geltend gemacht werden, wenn nach Ende dieses Zeitraums und vor Stellung des Antrags auf Verfallserklärung die Benutzung der Marke ernsthaft begonnen oder wieder aufgenommen worden ist; wird die Benutzung jedoch innerhalb eines nicht vor Ablauf des ununterbrochenen Zeitraums von fünf Jahren der Nichtbenutzung beginnenden Zeitraums von drei Monaten vor Stellung des Antrags auf Verfallserklärung begonnen oder wieder aufgenommen, so bleibt sie unberücksichtigt, sofern die Vorbereitungen für die erstmalige oder die erneute Benutzung erst stattgefunden haben, nachdem der Inhaber Kenntnis davon erhalten hat, dass der Antrag auf Verfallserklärung gestellt werden könnte.

(2) Eine Marke wird ferner für verfallen erklärt, wenn sie nach dem Zeitpunkt ihrer Eintragung

a) infolge des Verhaltens oder der Untätigkeit ihres Inhabers im geschäftlichen Verkehr zur gebräuchlichen Bezeichnung einer Ware oder Dienstleistung, für die sie eingetragen ist, geworden ist;

b) infolge ihrer Benutzung durch den Inhaber oder mit seiner Zustimmung für Waren oder Dienstleistungen, für die sie eingetragen ist, geeignet ist, das Publikum insbesondere über die Art, die Beschaffenheit oder die geographische Herkunft dieser Waren oder Dienstleistungen irrezuführen.

Art. 13 Zurückweisung, Verfall oder Ungültigkeit nur für einen Teil der Waren oder Dienstleistungen

Liegt ein Grund für die Zurückweisung einer Marke von der Eintragung oder für ihre Verfalls- oder Ungültigerklärung nur für einen Teil der Waren oder Dienstleistungen vor, für die die Marke angemeldet oder eingetragen ist, so wird sie nur für diese Waren oder Dienstleistungen zurückgewiesen, für verfallen oder für ungültig erklärt.

Art. 14 Nachträgliche Feststellung der Ungültigkeit oder des Verfalls einer Marke

Wird bei einer Gemeinschaftsmarke der Zeitrang einer älteren Marke in Anspruch genommen, die Gegenstand eines Verzichts gewesen oder erloschen ist, so kann die Ungültigkeit oder der Verfall der Marke nachträglich festgestellt werden.

Art. 15 Besondere Bestimmungen für Kollektiv-, Garantie- und Gewährleistungsmarken

(1) Unbeschadet des Artikels 4 können die Mitgliedstaaten, nach deren Rechtsvorschriften die Eintragung von Kollektiv-, Garantie- oder Gewährleistungsmarken zulässig ist, vorsehen, dass diese Marken aus weiteren als den in den Artikeln 3 und 12 genannten Gründen von der Eintragung ausgeschlossen oder für verfallen oder ungültig erklärt werden, soweit es die Funktion dieser Marken erfordert.

(2) Abweichend von Artikel 3 Absatz 1 Buchstabe c) können die Mitgliedstaaten vorsehen, dass Zeichen oder Angaben, welche im Verkehr zur Bezeichnung der geographischen Herkunft der Ware oder Dienstleistung dienen können, Kollektiv-, Garantie- oder Gewährleistungsmarken darstellen können. Eine solche Marke berechtigt den Inhaber nicht dazu, einem Dritten die Benutzung solcher Zeichen oder Angaben im geschäftlichen Verkehr zu untersagen, sofern die Benutzung den anständigen Gepflogenheiten in Gewerbe oder Handel entspricht: insbesondere kann eine solche Marke einem Dritten, der zur Benutzung einer geographischen Bezeichnung berechtigt ist, nicht entgegengehalten werden.

Art. 16 Einzelstaatliche Durchführungsvorschriften aufgrund dieser Richtlinie

(1) Die Mitgliedstaaten erlassen die erforderlichen Rechts- und Verwaltungsvorschriften, um dieser Richtlinie spätestens am 31. Dezember 1992 nachzukommen. Sie setzen die Kommission unverzüglich davon in Kenntnis.

(2) Der Rat kann mit qualifizierter Mehrheit auf Vorschlag der Kommission den in Absatz 1 genannten Zeitpunkt bis spätestens zum 31. Dezember 1992 verschieben.

(3) Die Mitgliedstaaten teilen der Kommission den Wortlaut der wichtigsten innerstaatlichen Rechtsvorschriften mit, die sie auf dem unter diese Richtlinie fallenden Gebiet erlassen.

Art. 17 Adressaten

Diese Richtlinie ist an die Mitgliedstaaten gerichtet.

Verordnung (EG) Nr. 40/94 des Rates über die Gemeinschaftsmarke

vom 20. Dezember 1993

Der Rat der europäischen Union –
gestützt auf den Vertrag zur Gründung der Europäischen Gemeinschaft, insbesondere auf Artikel 235,
auf Vorschlag der Kommission[1],
nach Stellungnahme des Europäischen Parlaments[2],
nach Stellungnahme des Wirtschafts- und Sozialausschusses[3],
in Erwägung nachstehender Gründe:

Die harmonische Entwicklung des Wirtschaftslebens innerhalb der Gemeinschaft und eine beständige und ausgewogene Wirtschaftsausweitung sind durch die Vollendung und das reibungslose Funktionieren des Binnenmarktes zu fördern, der mit einem einzelstaatlichen Markt vergleichbare Bedingungen bietet. Um einen solchen Markt zu verwirklichen und seine Einheit zu stärken, müssen nicht nur die Hindernisse für den freien Waren- und Dienstleistungsverkehr beseitigt und ein System des unverfälschten Wettbewerbs innerhalb des gemeinschaftlichen Marktes errichtet, sondern auch rechtliche Bedingungen geschaffen werden, die es den Unternehmen ermöglichen, ihre Tätigkeiten in den Bereichen der Herstellung und der Verteilung von Waren und des Dienstleistungsverkehrs an die Dimensionen eines gemeinsamen Marktes anzupassen. Eine der besonders geeigneten rechtlichen Möglichkeiten, über die die Unternehmen zu diesem Zweck verfügen müssten, ist die Verwendung von Marken, mit denen sie ihre Waren oder Dienstleistungen in der gesamten Gemeinschaft ohne Rücksicht auf Grenzen kennzeichnen können.

Für die Verwirklichung der oben erwähnten Ziele der Gemeinschaft ist ein Tätigwerden der Gemeinschaft erforderlich. Es ist ein Markensystem der Gemeinschaft zu schaffen, das den Unternehmen ermöglicht, in einem einzigen Verfahren Gemeinschaftsmarken zu erwerben, die einen einheitlichen Schutz geniessen und im gesamten Gebiet der Gemeinschaft wirksam sind. Der hier aufgestellte Grundsatz der Einheitlichkeit der Gemeinschaftsmarke gilt, sofern in dieser Verordnung nichts anderes bestimmt ist.

Im Wege der Angleichung der Rechtsvorschriften kann das Hindernis der territorialen Beschränkung der Rechte, die den Markeninhabern nach den Rechtsvorschriften der Mitgliedstaaten zustehen, nicht beseitigt werden. Um den Unternehmen eine unbehinderte Wirtschaftstätigkeit im gesamten gemeinsamen Markt zu ermöglichen, müssen Marken eingeführt werden, die einem einheitlichen, unmittelbar in allen Mitgliedstaaten geltenden Gemeinschaftsrecht unterliegen.

Da im Vertrag keine spezifischen Befugnisse für die Schaffung eines derartigen Rechtsinstruments vorgesehen sind, ist Artikel 235 des Vertrages heranzuziehen.

---

[1] ABl. Nr. C 351 vom 31. 12. 1908, S. 1, und ABl. Nr. C 230 vom 31. 8. 1984, S. 1.
[2] ABl. Nr. C 307 vom 14. 11. 1983, S. 46, und Nr. C 280 vom 28. 10. 1991, S. 153.
[3] ABl. Nr. C 310 vom 30. 11. 1981, S. 22.

Da (SIC! Das) gemeinschaftliche Markenrecht tritt jedoch nicht an die Stelle der Markenrechte der Mitgliedstaaten, denn es erscheint nicht gerechtfertigt, die Unternehmen zu zwingen, ihre Marken als Gemeinschaftsmarken anzumelden, da die innerstaatlichen Marken nach wie vor für diejenigen Unternehmen notwendig sind, die keinen Schutz ihrer Marken auf Gemeinschaftsebene wünschen.

Das Recht aus der Gemeinschaftsmarke kann nur durch Eintragung erworben werden, die insbesondere dann verweigert wird, wenn die Marke keine Unterscheidungskraft besitzt, wenn sie rechtswidrig ist oder wenn ihr ältere Rechte entgegenstehen.

Zweck des durch die eingetragene Marke gewährten Schutzes ist es, insbesondere die Herkunftsfunktion der Marke zu gewährleisten; dieser Schutz ist absolut im Falle der Identität zwischen der Marke und dem Zeichen und zwischen den Waren oder Dienstleistungen. Der Schutz erstreckt sich ebenfalls auf Fälle der Ähnlichkeit von Zeichen und Marke sowie Waren und Dienstleistungen. Der Begriff der Ähnlichkeit ist im Hinblick auf die Verwechslungsgefahr auszulegen. Die Verwechslungsgefahr stellt die spezifische Voraussetzung für den Schutz dar; ob sie vorliegt, hängt von einer Vielzahl von Umständen ab, insbesondere dem Bekanntheitsgrad der Marke auf dem Markt, der gedanklichen Verbindung, die das benutzte oder eingetragene Zeichen zu ihr hervorrufen kann, sowie dem Grad der Ähnlichkeit zwischen der Marke und dem Zeichen und zwischen den damit gekennzeichneten Waren oder Dienstleistungen.

Aus dem Grundsatz des freien Warenverkehrs folgt, dass der Inhaber der Gemeinschaftsmarke einem Dritten die Benutzung der Marke für Waren, die in der Gemeinschaft unter der Marke von ihm oder mit seiner Zustimmung in den Verkehr gebracht worden sind, nicht untersagen kann, ausser wenn berechtigte Gründe es rechtfertigen, dass der Inhaber sich dem weiteren Vertrieb der Waren widersetzt.

Der Schutz der Gemeinschaftsmarke sowie jeder eingetragenen älteren Marke, die ihr entgegensteht, ist nur insoweit berechtigt, als diese Marken tatsächlich benutzt werden.

Die Gemeinschaftsmarke ist als ein von dem Unternehmen, dessen Waren oder Dienstleistungen sie bezeichnet, unabhängiger Gegenstand des Vermögens zu behandeln. Sie kann unter der Bedingung, dass das Publikum durch den Rechtsübergang nicht irregeführt wird, übertragen werden. Sie kann ausserdem an Dritte verpfändet werden oder Gegenstand von Lizenzen sein.

Das mit dieser Verordnung geschaffene Markenrecht bedarf für jede einzelne Marke des administrativen Vollzugs auf der Ebene der Gemeinschaft. Deshalb ist es erforderlich, unter Wahrung des bestehenden organisatorischen Aufbaus der Gemeinschaft und des Gleichgewichts ein fachlich unabhängiges sowie rechtlich, organisatorisch und finanziell hinreichend selbständiges Harmonisierungsamt für den Binnenmarkt (Marken, Muster und Modelle) zu schaffen. Hierfür ist die Form einer Einrichtung der Gemeinschaft mit eigener Rechtspersönlichkeit erforderlich und geeignet, welche ihre Tätigkeit gemäss den ihr in dieser Verordnung zugewiesenen Ausführungsbefugnissen im Rahmen des Gemeinschaftsrechts und unbeschadet der von den Organen der Gemeinschaft wahrgenommenen Befugnisse ausübt.

Den von den Entscheidungen des Amtes in Markensachen Betroffenen ist ein rechtlicher Schutz zu gewährleisten, welcher der Eigenart des Markenrechts voll gerecht wird. Zu diesem Zweck ist vorgesehen, dass die Entscheidungen der Prüfer und der verschiedenen Abteilungen des Amtes mit der Beschwerde anfechtbar sind. Sofern die Dienststelle, deren Entscheidung angefochten wird, der Beschwerde nicht abhilft, legt sie die Beschwerde einer Beschwerdekammer des Amtes vor, die darüber entscheidet. Die Entscheidungen der Beschwerdekammern sind ihrerseits mit der Klage beim Gerichtshof der Europäischen Gemeinschaften anfechtbar; dieser kann die angefochtene Entscheidung aufheben oder abändern.

Aufgrund des Beschlusses 88/591/EGKS, EWG, Euratom des Rates vom 24. Oktober 1988 zur Errichtung eines Gerichts erster Instanz der Europäischen Gemeinschaften[4], geändert durch den Beschluss 93/350/Euratom, EGKS, EWG vom 8. Juni 1993[5], übt das Gericht im ersten Rechtszug die Zuständigkeiten aus, die dem Gerichtshof durch die Verträge zur Gründung der Gemeinschaften, insbesondere bei Klagen gemäss Artikel 173 Absatz 2 des EG-Vertrags, und durch die zur Durchführung dieser Verträge erlassenen Rechtsakte übertragen worden sind, sofern nicht in dem Akt zur Errichtung einer Einrichtung der Gemeinschaft etwas anderes bestimmt ist. Die dem Gerichtshof durch diese Verordnung übertragenen Befugnisse zur Aufhebung und Abänderung der Beschlüsse der Beschwerdekammern werden infolgedessen im ersten Rechtszug vom Gericht erster Instanz gemäss dem oben genannten Beschluss ausgeübt.

Zum besseren Schutz der Gemeinschaftsmarken sollten die Mitgliedstaaten gemäss ihrer innerstaatlichen Regelung eine möglichst begrenzte Anzahl nationaler Gerichte erster und zweiter Instanz benennen, die für Fragen der Verletzung und der Gültigkeit von Gemeinschaftsmarken zuständig sind.

Die Entscheidungen über die Gültigkeit und die Verletzung der Gemeinschaftsmarke müssen sich wirksam auf das gesamte Gebiet der Gemeinschaft erstrecken, da nur so widersprüchliche Entscheidungen der Gerichte und des Markenamtes und eine Beeinträchtigung des einheitlichen Charakters der Gemeinschaftsmarke vermieden werden können. Die Vorschriften des Brüsseler Übereinkommens über die gerichtliche Zuständigkeit und die Vollstreckung gerichtlicher Entscheidungen in Zivil- und Handelssachen gelten für alle gerichtlichen Klagen im Zusammenhang mit den Gemeinschaftsmarken, es seidenn, dass diese Verordnung davon abweicht.

Es soll vermieden werden, dass sich in Rechtsstreitigkeiten über denselben Tatbestand zwischen denselben Parteien voneinander abweichende Gerichtsurteile aus einer Gemeinschaftsmarke und aus parallelen nationalen Marken ergeben. Zu diesem Zweck soll, sofern Klagen in demselben Mitgliedstaat erhoben werden, sich nach nationalem Verfahrensrecht – das durch diese Verordnung nicht berührt wird – bestimmen, wie dies erreicht wird; hingegen erscheinen, sofern Klagen in verschiedenen Mitgliedstaaten erhoben werden, Bestimmungen angebracht, die sich an den Vorschriften des obengenannten Brüsseler Vollstreckungsübereinkommens über Rechtshängigkeit und im Zusammenhang stehenden Verfahren orientieren.

Es wird für notwendig erachtet, dem Amt einen eigenen Haushalt zuzubilligen, um eine völlige Selbständigkeit und Unabhängigkeit zu gewährleisten. Die Einnahmen des Haushalts umfassen in erster Linie das Aufkommen an Gebühren, die von den Benutzern des Systems zu zahlen sind. Das Haushaltsverfahren der Gemeinschaft findet jedoch auf eventuelle Zuschüsse aus dem Gesamthaushaltsplan der Europäischen Gemeinschaften Anwendung. Ausserdem ist es angezeigt, dass die Überprüfung der Kontenabschlüsse vom Rechnungshof vorgenommen wird.

---

[4] ABl. Nr. L 319 vom 25. 11. 1988, S. 1 und Berichtigung in ABl. Nr. L 241 vom 17. 8. 1989, S. 4.
[5] ABl. Nr. L 144 vom 16. 6. 1993, S. 21.

Zur Durchführung der Verordnung, insbesondere hinsichtlich der Annahme und Änderung einer Gebührenordnung und einer Durchführungsverordnung, sind Durchführungsmassnahmen erforderlich. Diese Massnahmen sollten von der Kommission, unterstützt von einem Ausschuss der Vertreter der Mitgliedstaaten, nach den Verfahrensvorschriften von Artikel 2, Verfahren III Variante b) des Beschlusses 87/373/ EWG des Rates vom 13. Juli 1987 zur Festlegung der Modalitäten für die Ausübung der der Kommission übertragenen Durchführungsbefugnisse[6] erlassen werden –

Hat folgende Verordnung erlassen:

Titel I   Allgemeine Bestimmungen

Art. 1   **Gemeinschaftsmarke**

(1) Die entsprechend den Voraussetzungen und Einzelheiten dieser Verordnung eingetragenen Marken für Waren oder Dienstleistungen werden nachstehend Gemeinschaftsmarken genannt.

(2) Die Gemeinschaftsmarke ist einheitlich. Sie hat einheitliche Wirkung für die gesamte Gemeinschaft: Sie kann nur für dieses gesamte Gebiet eingetragen oder übertragen werden oder Gegenstand eines Verzichts oder einer Entscheidung über den Verfall der Rechte des Inhabers oder die Nichtigkeit sein, und ihre Benutzung kann nur für die gesamte Gemeinschaft untersagt werden. Dieser Grundsatz gilt, sofern in dieser Verordnung nichts anderes bestimmt ist.

Art. 2   **Amt**

Es wird ein Harmonisierungsamt für den Binnenmarkt (Marken, Muster und Modelle), nachstehend «Amt» genannt, errichtet.

Art. 3   **Rechtsfähigkeit**

Für die Anwendung dieser Verordnung werden Gesellschaften und andere juristische Einheiten, die nach dem für sie massgebenden Recht die Fähigkeit haben, im eigenen Namen Träger von Rechten und Pflichten jeder Art zu sein, Verträge zu schliessen oder andere Rechtshandlungen vorzunehmen und vor Gericht zu stehen, juristischen Personen gleichgestellt.

Titel II   Materielles Markenrecht

1. Abschnitt   Begriff und Erwerb der Gemeinschaftsmarke

Art. 4   **Markenformen**

Gemeinschaftsmarken können alle Zeichen sein, die sich graphisch darstellen lassen, insbesondere Wörter einschliesslich Personennamen, Abbildungen, Buchstaben, Zahlen und die Form oder Aufmachung der Ware, soweit solche Zeichen geeignet sind, Waren oder Dienstleistungen eines Unternehmens von denjenigen anderer Unternehmen zu unterscheiden.

---

[6]   ABl. Nr. L 197 vom 18. 7. 1987, S. 33.

Art. 5 **Inhaber von Gemeinschaftsmarken**

(1) Inhaber von Gemeinschaftsmarken können folgende natürliche oder juristische Personen, einschliesslich Körperschaften des öffentlichen Rechts, sein:

a) Angehörige der Mitgliedstaaten oder

b) Angehörige anderer Vertragsstaaten der Pariser Verbandsübereinkunft zum Schutz des gewerblichen Eigentums, nachstehend «Pariser Verbandsübereinkunft» genannt, oder des Übereinkommens zur Errichtung der Welthandelsorganisation oder

c) Angehörige von Staaten, die nicht Verbandsländer der Pariser Verbandsübereinkunft sind, wenn die Angehörigen dieser Staaten ihren Wohnsitz oder Sitz oder eine tatsächliche und nicht nur zum Schein bestehende gewerbliche oder Handelsniederlassung im Gebiet der Gemeinschaft oder eines Verbandslands der Pariser Verbandsübereinkunft haben, oder

d) nicht unter Buchstabe c) fallende Angehörige von Staaten, die nicht zu den Vertragsstaaten der Pariser Verbandsübereinkunft oder des Übereinkommens zur Errichtung der Welthandelsorganisation gehören und die gemäss einer veröffentlichten Feststellung den Angehörigen eines jeden der Mitgliedstaaten für Marken den gleichen Schutz gewähren wie ihren eigenen Angehörigen und die, wenn die Angehörigen der Mitgliedstaaten den Nachweis der Eintragung der Marken im Ursprungsland erbringen müssen, die Eintragung von Gemeinschaftsmarken als einen solchen Nachweis anerkennen.

(2) Für die Anwendung von Absatz 1 werden Staatenlose im Sinne des Artikels 1 des am 28. September 1954 in New York unterzeichneten Übereinkommens über die Rechtsstellung der Staatenlosen und Flüchtlinge im Sinne des Artikels 1 des am 28. Juli 1951 in Genf unterzeichneten Übereinkommens über die Rechtsstellung der Flüchtlinge in der Fassung des am 31. Januar 1967 in New York unterzeichneten Protokolls über die Rechtsstellung der Flüchtlinge den Staatsangehörigen des Staates gleichgestellt, in dem sie ihren gewöhnlichen Aufenthalt haben.

(3) Angehörige eines Staates nach Absatz 1 Buchstabe d) haben den Nachweis zu erbringen, dass die Marke, die als Gemeinschaftsmarke angemeldet wurde, im Ursprungsland eingetragen ist, es sei denn, dass gemäss einer veröffentlichten Feststellung Marken von Angehörigen der Mitgliedstaaten in dem betreffenden Ursprungsland eingetragen werden, ohne dass der Nachweis der vorherigen Eintragung als Gemeinschaftsmarke oder als nationale Marke in einem Mitgliedstaat erbracht werden muss.

Art. 6 **Erwerb der Gemeinschaftsmarke**

Die Gemeinschaftsmarke wird durch Eintragung erworben.

Art. 7 **Absolute Eintragungshindernisse**

(1) Von der Eintragung ausgeschlossen sind

a) Zeichen, die nicht unter Artikel 4 fallen,

b) Marken, die keine Unterscheidungskraft haben,

c) Marken, die ausschliesslich aus Zeichen oder Angaben bestehen, welche im Verkehr zur Bezeichnung der Art, der Beschaffenheit, der Menge, der Bestimmung, des Wertes, der geographischen Herkunft oder der Zeit der Herstellung der Ware oder der Erbringung der Dienstleistung oder zur Bezeichnung sonstiger Merkmale der Ware oder Dienstleistung dienen können,

d) Marken, die ausschliesslich aus Zeichen oder Angaben zur Bezeichnung der Ware oder Dienstleistung bestehen, die im allgemeinen Sprachgebrauch oder in den redlichen und ständigen Verkehrsgepflogenheiten üblich geworden sind,

e) Zeichen, die ausschliesslich bestehen

i) aus der Form, die durch die Art der Ware selbst bedingt ist, oder

ii) aus der Form der Ware, die zur Erreichung einer technischen Wirkung erforderlich ist, oder

iii) aus der Form, die der Ware einen wesentlichen Wert verleiht,

f) Marken, die gegen die öffentliche Ordnung oder gegen die guten Sitten verstossen,

g) Marken, die geeignet sind, das Publikum zum Beispiel über die Art, die Beschaffenheit oder die geographische Herkunft der Ware oder Dienstleistung zu täuschen,

h) Marken, die mangels Genehmigung durch die zuständigen Stellen gemäss Artikel 6ter der Pariser Verbandsübereinkunft zurückzuweisen sind,

i) Marken, die nicht unter Artikel 6ter der Pariser Verbandsübereinkunft fallende Abzeichen, Embleme und Wappen, die von besonderem öffentlichem Interesse sind, enthalten, es sei denn, dass die zuständigen Stellen ihrer Eintragung zugestimmt haben.

j) Marken, die eine geographische Angabe enthalten oder aus ihr bestehen, durch die Weine gekennzeichnet werden, oder Marken, die eine geographische Angabe enthalten oder aus ihr bestehen, durch die Spirituosen gekennzeichnet werden, in bezug auf Weine oder Spirituosen, die diesen Ursprung nicht haben.

(2) Die Vorschriften des Absatzes 1 finden auch dann Anwendung, wenn die Eintragungshindernisse nur in einem Teil der Gemeinschaft vorliegen.

(3) Die Vorschriften des Absatzes 1 Buchstaben b), c) und d) finden keine Anwendung, wenn die Marke für die Waren oder Dienstleistungen, für die die Eintragung beantragt wird, infolge ihrer Benutzung Unterscheidungskraft erlangt hat.

Art. 8 **Relative Eintragungshindernisse**

(1) Auf Widerspruch des Inhabers einer älteren Marke ist die angemeldete Marke von der Eintragung ausgeschlossen.

a) wenn sie mit der älteren Marke identisch ist und die Waren oder Dienstleistungen, für die die Marke angemeldet worden ist, mit den Waren oder Dienstleistungen identisch sind, für die die ältere Marke Schutz geniesst;

b) wenn wegen ihrer Identität oder Ähnlichkeit mit der älteren Marke und der Identität oder Ähnlichkeit der durch die beiden Marken erfassten Waren oder Dienstleistungen für das Publikum die Gefahr von Verwechslungen in dem Gebiet besteht, in dem die ältere Marke Schutz geniesst; dabei schliesst die Gefahr von Verwechslungen die Gefahr ein, dass die Marke mit der älteren Marke gedanklich in Verbindung gebracht wird.

(2) «Ältere Marken» im Sinne von Absatz 1 sind

a) Marken mit einem früheren Anmeldetag als dem Tag der Anmeldung der Gemeinschaftsmarke, gegebenenfalls mit der für diese Marken in Anspruch genommenen Priorität, die den nachstehenden Kategorien angehören:
   i) Gemeinschaftsmarken;
   ii) in einem Mitgliedstaat oder, soweit Belgien, Luxemburg und die Niederlande betroffen sind, beim BENELUX-Markenamt eingetragene Marken;
   iii) mit Wirkung für einen Mitgliedstaat international registrierte Marken;
b) Anmeldungen von Marken nach Buchstabe a), vorbehaltlich ihrer Eintragung;
c) Marken, die am Tag der Anmeldung der Gemeinschaftsmarke, gegebenenfalls am Tag der für die Anmeldung der Gemeinschaftsmarke in Anspruch genommenen Priorität, in einem Mitgliedstaat im Sinne des Artikels 6bis der Pariser Verbandsübereinkunft notorisch bekannt sind.

(3) Auf Widerspruch des Markeninhabers ist von der Eintragung auch eine Marke ausgeschlossen, die der Agent oder Vertreter des Markeninhabers ohne dessen Zustimmung auf seinen eigenen Namen anmeldet, es sei denn, dass der Agent oder Vertreter seine Handlungsweise rechtfertigt.

(4) Auf Widerspruch des Inhabers einer nicht eingetragenen Marke oder eines sonstigen im geschäftlichen Verkehr benutzten Kennzeichenrechts von mehr als lediglich örtlicher Bedeutung ist die angemeldete Marke von der Eintragung ausgeschlossen, wenn und soweit nach dem für den Schutz des Kennzeichens massgeblichen Recht des Mitgliedstaats

a) Rechte an diesem Kennzeichen vor dem Tag der Anmeldung der Gemeinschaftsmarke, gegebenenfalls vor dem Tag der für die Anmeldung der Gemeinschaftsmarke in Anspruch genommenen Priorität, erworben worden sind,

b) dieses Kennzeichen seinem Inhaber das Recht verleiht, die Benutzung einer jüngeren Marke zu untersagen.

(5) Auf Widerspruch des Inhabers einer älteren Marke im Sinne des Absatzes 2 ist die angemeldete Marke auch dann von der Eintragung ausgeschlossen, wenn sie mit der älteren Marke identisch ist oder dieser ähnlich ist und für Waren oder Dienstleistungen eingetragen werden soll, die nicht denen ähnlich sind, für die die ältere Marke eingetragen ist, wenn es sich im Falle einer älteren Gemeinschaftsmarke um eine in der Gemeinschaft bekannte Marke und im Falle einer älteren nationalen Marke um eine in dem betreffenden Mitgliedstaat bekannte Marke handelt und die Benutzung der angemeldeten

Marke die Unterscheidungskraft oder die Wertschätzung der älteren Marke ohne rechtfertigenden Grund in unlauterer Weise ausnutzen oder beeinträchtigen würde.

2. Abschnitt Wirkungen der Gemeinschaftsmarke

Art. 9 Recht aus der Gemeinschaftsmarke

(1) Die Gemeinschaftsmarke gewährt ihrem Inhaber ein ausschliessliches Recht. Dieses Recht gestattet es dem Inhaber, Dritten zu verbieten, ohne seine Zustimmung im geschäftlichen Verkehr

a) ein mit der Gemeinschaftsmarke identisches Zeichen für Waren oder Dienstleistungen zu benutzen, die mit denjenigen identisch sind, für die sie eingetragen ist;

b) ein Zeichen zu benutzen, wenn wegen der Identität oder Ähnlichkeit des Zeichens mit der Gemeinschaftsmarke und der Identität oder Ähnlichkeit der durch die Gemeinschaftsmarke und das Zeichen erfassten Waren oder Dienstleistungen für das Publikum die Gefahr von Verwechslungen besteht; dabei schliesst die Gefahr von Verwechslungen die Gefahr ein, dass das Zeichen mit der Marke gedanklich in Verbindung gebracht wird;

c) ein mit der Gemeinschaftsmarke identisches oder ihr ähnliches Zeichen für Waren oder Dienstleistungen zu benutzen, die nicht denen ähnlich sind, für die die Gemeinschaftsmarke eingetragen ist, wenn diese in der Gemeinschaft bekannt ist und die Benutzung des Zeichens die Unterscheidungskraft oder die Wertschätzung der Gemeinschaftsmarke ohne rechtfertigenden Grund in unlauterer Weise ausnutzt oder beeinträchtigt.

(2) Sind die Voraussetzungen des Absatzes 1 erfüllt, so kann insbesondere verboten werden:

a) das Zeichen auf Waren oder deren Aufmachung anzubringen;

b) unter dem Zeichen Waren anzubieten, in den Verkehr zu bringen oder zu den genannten Zwecken zu besitzen oder unter dem Zeichen Dienstleistungen anzubieten oder zu erbringen;

c) Waren unter dem Zeichen einzuführen oder auszuführen;

d) das Zeichen in den Geschäftspapieren und in der Werbung zu benutzen.

(3) Das Recht aus der Gemeinschaftsmarke kann Dritten erst nach der Veröffentlichung der Eintragung der Marke entgegengehalten werden. Jedoch kann eine angemessene Entschädigung für Handlungen verlangt werden, die nach Veröffentlichung der Anmeldung einer Gemeinschaftsmarke vorgenommen werden und die nach Veröffentlichung der Eintragung aufgrund der Gemeinschaftsmarke verboten wären. Das angerufene Gericht darf bis zur Veröffentlichung der Eintragung keine Entscheidung in der Hauptsache treffen.

Art. 10   **Wiedergabe der Gemeinschaftsmarke in Wörterbüchern**

Erweckt die Wiedergabe einer Gemeinschaftsmarke in einem Wörterbuch, Lexikon oder ähnlichen Nachschlagewerk den Eindruck, als sei sie eine Gattungsbezeichnung der Waren oder Dienstleistungen, für die sie eingetragen ist, so stellt der Verleger des Werkes auf Antrag des Inhabers der Gemeinschaftsmarke sicher, dass der Wiedergabe der Marke spätestens bei einer Neuauflage des Werkes der Hinweis beigefügt wird, dass es sich um eine eingetragene Marke handelt.

Art. 11   **Untersagung der Benutzung der Gemeinschaftsmarke, die für einen Agenten oder Vertreter eingetragen ist**

Ist eine Gemeinschaftsmarke für einen Agenten oder Vertreter dessen, der Inhaber der Marke ist, ohne Zustimmung des Markeninhabers eingetragen worden, so ist der Markeninhaber berechtigt, sich dem Gebrauch seiner Marke durch seinen Agenten oder Vertreter zu widersetzen, wenn er diesen Gebrauch nicht gestattet hat, es sei denn, dass der Agent oder Vertreter seine Handlungsweise rechtfertigt.

Art. 12   **Beschränkung der Wirkungen der Gemeinschaftsmarke**

Die Gemeinschaftsmarke gewährt ihrem Inhaber nicht das Recht, einem Dritten zu verbieten,

a) seinen Namen oder seine Anschrift,
b) Angaben über die Art, die Beschaffenheit, die Menge, die Bestimmung, den Wert, die geographische Herkunft oder die Zeit der Herstellung der Ware oder der Erbringung der Dienstleistung oder über andere Merkmale der Ware oder Dienstleistung,
c) die Marke, falls dies notwendig ist, als Hinweis auf die Bestimmung einer Ware, insbesondere als Zubehör oder Ersatzteil, oder einer Dienstleistung

im geschäftlichen Verkehr zu benutzen, sofern die Benutzung den anständigen Gepflogenheiten in Gewerbe oder Handel entspricht.

Art. 13   **Erschöpfung des Rechts aus der Gemeinschaftsmarke**

(1) Die Gemeinschaftsmarke gewährt ihrem Inhaber nicht das Recht, einem Dritten zu verbieten, die Marke für Waren zu benutzen, die unter dieser Marke von ihm oder mit seiner Zustimmung in der Gemeinschaft in den Verkehr gebracht worden sind.

(2) Absatz 1 findet keine Anwendung, wenn berechtigte Gründe es rechtfertigen, dass der Inhaber sich dem weiteren Vertrieb der Waren widersetzt, insbesondere wenn der Zustand der Waren nach ihrem Inverkehrbringen verändert oder verschlechtert ist.

Art. 14   **Ergänzende Anwendung des einzelstaatlichen Rechts bei Verletzung**

(1) Die Wirkung der Gemeinschaftsmarke bestimmt sich ausschliesslich nach dieser Verordnung. Im übrigen unterliegt die Verletzung einer Gemeinschaftsmarke dem für die Verletzung nationaler Marken geltenden Recht gemäss den Bestimmungen des Titels X.

(2) Diese Verordnung lässt das Recht unberührt, Klagen betreffend eine Gemeinschaftsmarke auf innerstaatliche Rechtsvorschriften insbesondere über die zivilrechtliche Haftung und den unlauteren Wettbewerb zu stützen.

(3) Das anzuwendende Verfahrensrecht bestimmt sich nach den Vorschriften des Titels X.

3. Abschnitt   Benutzung der Gemeinschaftsmarke

Art. 15   **Benutzung der Gemeinschaftsmarke**

(1) Hat der Inhaber die Gemeinschaftsmarke für die Waren oder Dienstleistungen, für die sie eingetragen ist, innerhalb von fünf Jahren, gerechnet von der Eintragung an, nicht ernsthaft in der Gemeinschaft benutzt, oder hat er eine solche Benutzung während eines ununterbrochenen Zeitraums von fünf Jahren ausgesetzt, so unterliegt die Gemeinschaftsmarke den in dieser Verordnung vorgesehenen Sanktionen, es sei denn, dass berechtigte Gründe für die Nichtbenutzung vorliegen.

(2) Folgendes gilt ebenfalls als Benutzung im Sinne des Absatzes 1:

a) Benutzung der Gemeinschaftsmarke in einer Form, die von der Eintragung nur in Bestandteilen abweicht, ohne dass dadurch die Unterscheidungskraft der Marke beeinflusst wird;
b) Anbringen der Gemeinschaftsmarke auf Waren oder deren Aufmachung in der Gemeinschaft ausschliesslich für den Export.

(3) Die Benutzung der Gemeinschaftsmarke mit Zustimmung des Inhabers gilt als Benutzung durch den Inhaber.

4. Abschnitt   Die Gemeinschaftsmarke als Gegenstand des Vermögens

Art. 16   Gleichstellung der Gemeinschaftsmarke mit der nationalen Marke

(1) Soweit in den Artikeln 17 bis 24 nichts anderes bestimmt ist, wird die Gemeinschaftsmarke als Gegenstand des Vermögens im ganzen und für das gesamte Gebiet der Gemeinschaft wie eine nationale Marke behandelt, die in dem Mitgliedstaat eingetragen ist, in dem nach dem Gemeinschaftsmarkenregister

a) der Inhaber zum jeweils massgebenden Zeitpunkt seinen Wohnsitz oder Sitz hat, oder

b) wenn Buchstabe a) nicht anwendbar ist, der Inhaber zum jeweils massgebenden Zeitpunkt eine Niederlassung hat.

(2) Liegen die Voraussetzungen des Absatzes 1 nicht vor, so ist der nach Absatz 1 massgebende Mitgliedstaat der Staat, in dem das Amt seinen Sitz hat.

(3) Sind mehrere Personen als gemeinsame Inhaber in das Gemeinschaftsmarkenregister eingetragen, so ist für die Anwendung des Absatzes 1 der zuerst genannte gemeinsame Inhaber massgebend; liegen die Voraussetzungen des Absatzes 1 für diesen Inhaber nicht vor, so ist der jeweils nächstgenannte gemeinsame Inhaber massgebend. Liegen die Voraussetzungen des Absatzes 1 für keinen der gemeinsamen Inhaber vor, so ist Absatz 2 anzuwenden.

Art. 17   Rechtsübergang

(1) Die Gemeinschaftsmarke kann, unabhängig von der Übertragung des Unternehmens, für alle oder einen Teil der Waren oder Dienstleistungen, für die sie eingetragen ist, Gegenstand eines Rechtsübergangs sein.

(2) Die Übertragung des Unternehmens in seiner Gesamtheit erfasst die Gemeinschaftsmarke, es sei denn, dass in Übereinstimmung mit dem auf die Übertragung anwendbaren Recht etwas anderes vereinbart ist oder eindeutig aus den Umständen hervorgeht. Dies gilt entsprechend für die rechtsgeschäftliche Verpflichtung zur Übertragung des Unternehmens.

(3) Vorbehaltlich der Vorschriften des Absatzes 2 muss die rechtsgeschäftliche Übertragung der Gemeinschaftsmarke schriftlich erfolgen und bedarf der Unterschrift der Vertragsparteien, es sei denn, dass sie auf einer gerichtlichen Entscheidung beruht; anderenfalls ist sie nichtig.

(4) Ergibt sich aus den Unterlagen über den Rechtsübergang in offensichtlicher Weise, dass die Gemeinschaftsmarke aufgrund des Rechtsübergangs geeignet ist, das Publikum insbesondere über die Art, die Beschaffenheit oder die geographische Herkunft der Waren oder Dienstleistungen, für die die Marke eingetragen ist, irrezuführen, so weist das Amt die Eintragung des Rechtsübergangs zurück, falls nicht der Rechtsnachfolger damit einverstanden ist, die Eintragung der Gemeinschaftsmarke auf Waren und Dienstleistungen zu beschränken, hinsichtlich deren sie nicht irreführend ist.

(5) Der Rechtsübergang wird auf Antrag eines Beteiligten in das Register eingetragen und veröffentlicht.

(6) Solange der Rechtsübergang nicht in das Register eingetragen ist, kann der Rechtsnachfolger seine Rechte aus der Eintragung der Gemeinschaftsmarke nicht geltend machen.

(7) Sind gegenüber dem Amt Fristen zu wahren, so können, sobald der Antrag auf Eintragung des Rechtsübergangs beim Amt eingegangen ist, die entsprechenden Erklärungen gegenüber dem Amt von dem Rechtsnachfolger abgegeben werden.

(8) Alle Dokumente, die gemäss Artikel 77 der Zustellung an den Inhaber der Gemeinschaftsmarke bedürfen, sind an den als Inhaber Eingetragenen zu richten.

Art. 18   **Übertragung einer Agentenmarke**

Ist eine Gemeinschaftsmarke für den Agenten oder Vertreter dessen, der Inhaber der Marke ist, ohne Zustimmung des Markeninhabers eingetragen worden, so ist der Markeninhaber berechtigt, die Übertragung der Eintragung zu seinen Gunsten zu verlangen, es sei denn, dass der Agent oder Vertreter seine Handlungsweise rechtfertigt.

Art. 19   **Dingliche Rechte**

(1) Die Gemeinschaftsmarke kann unabhängig vom Unternehmen verpfändet werden oder Gegenstand eines sonstigen dinglichen Rechts sein.

(2) Die in Absatz 1 genannten Rechte werden auf Antrag eines Beteiligten in das Register eingetragen und veröffentlicht.

Art. 20   **Zwangsvollstreckung**

(1) Die Gemeinschaftsmarke kann Gegenstand von Massnahmen der Zwangsvollstreckung sein.

(2) Für die Zwangsvollstreckungsmassnahmen sind die Gerichte und Behörden des nach Artikel 16 massgebenden Mitgliedstaats ausschliesslich zuständig.

(3) Die Zwangsvollstreckungsmassnahmen werden auf Antrag eines Beteiligten in das Register eingetragen und veröffentlicht.

Art. 21   **Konkursverfahren oder konkursähnliches Verfahren**

(1) Bis zum Inkrafttreten gemeinsamer Vorschriften für die Mitgliedstaaten auf diesem Gebiet wird eine Gemeinschaftsmarke von einem Konkursverfahren oder einem konkursähnlichen Verfahren nur in dem Mitgliedstaat erfasst, in dem nach seinen Rechtsvorschriften oder nach den geltenden einschlägigen Übereinkünften das Verfahren zuerst eröffnet wird.

(2) Wird die Gemeinschaftsmarke von einem Konkursverfahren oder einem konkursähnlichen Verfahren erfasst, so wird dies auf Ersuchen der zuständigen nationalen Stellen in das Register eingetragen und veröffentlicht.

Art. 22   **Lizenz**

(1) Die Gemeinschaftsmarke kann für alle oder einen Teil der Waren oder Dienstleistungen, für die sie eingetragen ist, und für das gesamte Gebiet oder einen Teil der Gemeinschaft Gegenstand von Lizenzen sein. Eine Lizenz kann ausschliesslich oder nicht ausschliesslich sein.

(2) Gegen einen Lizenznehmer, der hinsichtlich der Dauer der Lizenz, der von der Eintragung erfassten Form, in der die Marke verwendet werden darf, der Art der Waren oder Dienstleistungen, für die die Lizenz erteilt wurde, des Gebiets, in dem die Marke angebracht werden darf, oder der Qualität der vom Lizenznehmer hergestellten Waren oder erbrachten Dienstleistungen gegen eine Bestimmung des Lizenzvertrags verstösst, kann der Inhaber einer Gemeinschaftsmarke die Rechte aus der Gemeinschaftsmarke geltend machen.

(3) Unbeschadet der Bestimmungen des Lizenzvertrags kann der Lizenznehmer ein Verfahren wegen Verletzung einer Gemeinschaftsmarke nur mit Zustimmung ihres Inhabers abhängig machen. Jedoch kann der Inhaber einer ausschliesslichen Lizenz ein solches Verfahren anhängig machen, wenn der Inhaber der Gemeinschaftsmarke nach Aufforderung nicht selber innerhalb einer angemessenen Frist die Verletzungsklage erhoben hat.

(4) Jeder Lizenznehmer kann einer vom Inhaber der Gemeinschaftsmarke erhobenen Verletzungsklage beitreten, um den Ersatz seines eigenen Schadens geltend zu machen.

(5) Die Erteilung oder der Übergang einer Lizenz an einer Gemeinschaftsmarke wird auf Antrag eines Beteiligten in das Register eingetragen und veröffentlicht.

Art. 23 Wirkung gegenüber Dritten

(1) Die in Artikel 17, 19 und 22 bezeichneten Rechtshandlungen hinsichtlich einer Gemeinschaftsmarke haben gegenüber Dritten in allen Mitgliedstaaten erst Wirkung, wenn sie eingetragen worden sind. Jedoch kann eine Rechtshandlung, die noch nicht eingetragen ist, Dritten entgegengehalten werden, die Rechte an der Marke nach dem Zeitpunkt der Rechtshandlung erworben haben, aber zum Zeitpunkt des Erwerbs dieser Rechte von der Rechtshandlung wussten.

(2) Absatz 1 ist nicht in bezug auf eine Person anzuwenden, die die Gemeinschaftsmarke oder ein Recht an der Gemeinschaftsmarke im Wege des Rechtsübergangs des Unternehmens in seiner Gesamtheit oder einer anderen Gesamtrechtsnachfolge erwirbt.

(3) Die Wirkung einer in Artikel 20 bezeichneten Rechtshandlung gegenüber Dritten richtet sich nach dem Recht des nach Artikel 16 massgebenden Mitgliedstaats.

(4) Bis zum Inkrafttreten gemeinsamer Vorschriften für die Mitgliedstaaten betreffend das Konkursverfahren richtet sich die Wirkung eines Konkursverfahrens oder eines konkursähnlichen Verfahrens gegenüber Dritten nach dem Recht des Mitgliedstaats, in dem nach seinen Rechtsvorschriften oder nach den geltenden einschlägigen Übereinkünften das Verfahren zuerst eröffnet wird.

Art. 24 Die Anmeldung der Gemeinschaftsmarke als Gegenstand des Vermögens

Die Artikel 16 bis 23 gelten entsprechend für die Anmeldungen von Gemeinschaftsmarken.

Titel III   Die Anmeldung der Gemeinschaftsmarke

1. Abschnitt   Einreichung und Erfordernisse der Anmeldung

Art. 25   Einreichung der Anmeldung

(1) Die Anmeldung der Gemeinschaftsmarke kann nach Wahl des Anmelders eingereicht werden:

a) beim Amt oder

b) bei der Zentralbehörde für den gewerblichen Rechtsschutz eines Mitgliedstaats oder beim BENELUX-Markenamt. Eine in dieser Weise eingereichte Anmeldung hat dieselbe Wirkung, wie wenn sie an demselben Tag beim Amt eingereicht worden wäre.

(2) Wird die Anmeldung bei der Zentralbehörde für den gewerblichen Rechtsschutz eines Mitgliedstaats oder beim BENELUXMarkenamt eingereicht, so trifft diese Behörde oder dieses Markenamt alle erforderlichen Massnahmen, damit die Anmeldung binnen zwei Wochen nach Einreichung an das Amt weitergeleitet wird. Die Zentralbehörde beziehungsweise das BENELUX-Markenamt kann vom Anmelder eine Gebühr erheben, die die Verwaltungskosten für Entgegennahme und Weiterleitung der Anmeldung nicht übersteigen darf.

(3) Anmeldungen nach Absatz 2, die beim Amt nach Ablauf einer Frist von einem Monat nach ihrer Einreichung eingehen, gelten als zurückgenommen.

(4) Zehn Jahre nach Inkrafttreten dieser Verordnung erstellt die Kommission einen Bericht über das Funktionieren des Systems zur Einreichung von Anmeldungen für Gemeinschaftsmarken und unterbreitet etwaige Vorschläge zur Änderung dieses Systems.

Art. 26   Erfordernisse der Anmeldung

(1) Die Anmeldung der Gemeinschaftsmarke muss enthalten:

a) einen Antrag auf Eintragung einer Gemeinschaftsmarke;

b) Angaben, die es erlauben, die Identität des Anmelders festzustellen;

c) ein Verzeichnis der Waren oder Dienstleistungen, für die die Eintragung begehrt wird;

d) eine Wiedergabe der Marke.

(2) Für die Anmeldung der Gemeinschaftsmarke sind die Anmeldegebühr und gegebenenfalls eine oder mehrere Klassengebühren zu entrichten.

(3) Die Anmeldung der Gemeinschaftsmarke muss den in der Durchführungsverordnung nach Artikel 140 vorgesehenen Erfordernissen entsprechen.

Art. 27   Anmeldetag

Der Anmeldetag einer Gemeinschaftsmarke ist der Tag, an dem die die Angaben nach Artikel 26 Absatz 1 enthaltenden Unterlagen vom Anmelder beim Amt oder, wenn die Anmeldung bei der Zentralbehörde für den gewerblichen Rechtsschutz eines Mitgliedstaats oder beim BENELUX-Markenamt eingereicht worden ist, bei der Zentralbehörde beziehungsweise beim BENELUX-Markenamt eingereicht worden sind, sofern binnen eines Monats nach Einreichung der genannten Unterlagen die Anmeldegebühr gezahlt wird.

Art. 28 Klassifizierung

Die Waren und Dienstleistungen, für die Gemeinschaftsmarken angemeldet werden, werden nach der in der Durchführungsverordnung festgelegten Klassifizierung klassifiziert.

2. Abschnitt Priorität

Art. 29 Prioritätsrecht

(1) Jedermann, der in einem oder mit Wirkung für einen Vertragsstaat der Pariser Verbandsübereinkunft oder des Übereinkommens zur Errichtung der Welthandelsorganisation eine Marke vorschriftsmässig angemeldet hat, oder sein Rechtsnachfolger geniesst hinsichtlich der Anmeldung derselben Marke als Gemeinschaftsmarke für die Waren oder Dienstleistungen, die mit denen identisch sind, für welche die Marke angemeldet ist, oder die von diesen Waren oder Dienstleistungen umfasst werden, während einer Frist von sechs Monaten nach Einreichung der ersten Anmeldung ein Prioritätsrecht.

(2) Als prioritätsbegründend wird jede Anmeldung anerkannt, der nach dem innerstaatlichen Recht des Staates, in dem sie eingereicht worden ist, oder nach zwei- oder mehrseitigen Verträgen die Bedeutung einer vorschriftsmässigen nationalen Anmeldung zukommt.

(3) Unter vorschriftsmässiger nationaler Anmeldung ist jede Anmeldung zu verstehen, die zur Festlegung des Tages ausreicht, an dem sie eingereicht worden ist, wobei das spätere Schicksal der Anmeldung ohne Bedeutung ist.

(4) Als die erste Anmeldung, von deren Einreichung an die Prioritätsfrist läuft, wird auch eine jüngere Anmeldung angesehen, die dieselbe Marke und dieselben Waren oder Dienstleistungen betrifft wie eine erste ältere in demselben oder für denselben Staat eingereichte Anmeldung, sofern diese ältere Anmeldung bis zur Einreichung der jüngeren Anmeldung zurückgenommen, fallengelassen oder zurückgewiesen worden ist, und zwar bevor sie öffentlich ausgelegt worden ist und ohne dass Rechte bestehen geblieben sind; ebensowenig darf diese ältere Anmeldung schon Grundlage für die Inanspruchnahme des Prioritätsrechts gewesen sein. Die ältere Anmeldung kann in diesem Fall nicht mehr als Grundlage für die Inanspruchnahme des Prioritätsrechts dienen.

(5) Ist die erste Anmeldung in einem Staat eingereicht worden, der nicht zu den Vertragsstaaten der Pariser Verbandsübereinkunft oder des Übereinkommens zur Errichtung der Welthandelsorganisation gehört, so finden die Vorschriften der Absätze 1 bis 4 nur insoweit Anwendung, als dieser Staat gemäss einer veröffentlichten Feststellung aufgrund einer ersten Anmeldung beim Amt ein Prioritätsrecht gewährt, und zwar unter Voraussetzungen und mit Wirkungen, die denen dieser Verordnung vergleichbar sind.

Art. 30 Inanspruchnahme der Priorität

Der Anmelder, der die Priorität einer früheren Anmeldung in Anspruch nehmen will, hat eine Prioritätserklärung und eine Abschrift der früheren Anmeldung einzureichen. Ist die frühere Anmeldung nicht in einer der Sprachen des Amtes abgefasst, so hat der Anmelder eine Übersetzung der früheren Anmeldung in einer dieser Sprachen einzureichen.

Art. 31 **Wirkung des Prioritätsrechts**

Das Prioritätsrecht hat die Wirkung, dass für die Bestimmung des Vorrangs von Rechten der Prioritätstag als Tag der Anmeldung der Gemeinschaftsmarke gilt.

Art. 32 **Wirkung einer nationalen Hinterlegung der Anmeldung**

Die Anmeldung der Gemeinschaftsmarke, deren Anmeldetag feststeht, hat in den Mitgliedstaaten die Wirkung einer vorschriftsmässigen nationalen Hinterlegung, gegebenenfalls mit der für die Anmeldung der Gemeinschaftsmarke in Anspruch genommenen Priorität.

3. Abschnitt Ausstellungspriorität

Art. 33 **Ausstellungspriorität**

(1) Hat der Anmelder der Gemeinschaftsmarke Waren oder Dienstleistungen unter der angemeldeten Marke auf einer amtlichen oder amtlich anerkannten internationalen Ausstellung im Sinne des am 22. November 1928 in Paris unterzeichneten und zuletzt am 30. November 1972 revidierten Übereinkommens über internationale Ausstellungen zur Schau gestellt, kann er, wenn er die Anmeldung innerhalb einer Frist von sechs Monaten seit der erstmaligen Zurschaustellung der Waren oder Dienstleistungen unter der angemeldeten Marke einreicht, von diesem Tag an ein Prioritätsrecht im Sinne des Artikels 31 in Anspruch nehmen.

(2) Der Anmelder, der die Priorität gemäss Absatz 1 in Anspruch nehmen will, hat gemäss den in der Durchführungsverordnung geregelten Einzelheiten Nachweise für die Zurschaustellung der Waren oder Dienstleistungen unter der angemeldeten Marke einzureichen.

(3) Eine Ausstellungspriorität, die in einem Mitgliedstaat oder einem Drittland gewährt wurde, verlängert die Prioritätsfrist des Artikels 29 nicht.

4. Abschnitt Inanspruchnahme des Zeitrangs einer nationalen Marke

Art. 34 **Inanspruchnahme des Zeitrangs einer nationalen Marke**

(1) Der Inhaber einer in einem Mitgliedstaat, einschliesslich des Benelux-Gebiets, oder einer mit Wirkung für einen Mitgliedstaat international registrierten älteren Marke, der eine identische Marke zur Eintragung als Gemeinschaftsmarke für Waren oder Dienstleistungen anmeldet, die mit denen identisch sind, für welche die ältere Marke eingetragen ist, oder die von diesen Waren oder Dienstleistungen umfasst werden, kann für die Gemeinschaftsmarke den Zeitrang der älteren Marke in bezug auf den Mitgliedstaat, in dem oder für den sie eingetragen ist, in Anspruch nehmen.

(2) Der Zeitrang hat nach dieser Verordnung die alleinige Wirkung, dass dem Inhaber der Gemeinschaftsmarke, falls er auf die ältere Marke verzichtet oder sie erlöschen lässt, weiter dieselben Rechte zugestanden werden, die er gehabt hätte, wenn die ältere Marke weiterhin eingetragen gewesen wäre.

(3) Der für die Gemeinschaftsmarke in Anspruch genommene Zeitrang erlischt, wenn die ältere Marke, deren Zeitrang in Anspruch genommen worden ist, für verfallen oder für nichtig erklärt wird oder wenn auf sie vor der Eintragung der Gemeinschaftsmarke verzichtet worden ist.

Art. 35 **Inanspruchnahme des Zeitrangs nach Eintragung der Gemeinschaftsmarke**

(1) Der Inhaber einer Gemeinschaftsmarke, der Inhaber einer in einem Mitgliedstaat, einschliesslich des Benelux-Gebiets, oder einer mit Wirkung für einen Mitgliedstaat international registrierten identischen älteren Marke für identische Waren oder Dienstleistungen ist, kann den Zeitrang der älteren Marke in bezug auf den Mitgliedstaat, in dem oder für den sie eingetragen ist, in Anspruch nehmen.

(2) Artikel 34 Absätze 2 und 3 sind entsprechend anzuwenden.

Titel IV Eintragungsverfahren

1. Abschnitt Prüfung der Anmeldung

Art. 36 **Prüfung der Anmeldungserfordernisse**

(1) Das Amt prüft, ob

a) die Anmeldung der Gemeinschaftsmarke den Erfordernissen für die Zuerkennung eines Anmeldetages nach Artikel 27 genügt;

b) die Anmeldung der Gemeinschaftsmarke den in der Durchführungsverordnung vorgesehenen Erfordernissen genügt;

c) gegebenenfalls die Klassengebühren innerhalb der vorgeschriebenen Frist entrichtet worden sind.

(2) Entspricht die Anmeldung nicht den in Absatz 1 genannten Erfordernissen, so fordert das Amt den Anmelder auf, innerhalb der vorgeschriebenen Frist die festgestellten Mängel zu beseitigen oder die ausstehende Zahlung nachzuholen.

(3) Werden innerhalb dieser Fristen die nach Absatz 1 Buchstabe a) festgestellten Mängel nicht beseitigt oder wird die nach Absatz 1 Buchstabe a) festgestellte ausstehende Zahlung nicht nachgeholt, so wird die Anmeldung nicht als Anmeldung einer Gemeinschaftsmarke behandelt. Kommt der Anmelder der Aufforderung des Amtes nach, so erkennt das Amt der Anmeldung als Anmeldetag den Tag zu, an dem die festgestellten Mängel beseitigt werden oder die festgestellte ausstehende Zahlung nachgeholt wird.

(4) Werden innerhalb der vorgeschriebenen Fristen die nach Absatz 1 Buchstabe b) festgestellten Mängel nicht beseitigt, so weist das Amt die Anmeldung zurück.

(5) Wird die nach Absatz 1 Buchstabe c) festgestellte ausstehende Zahlung nicht innerhalb der vorgeschriebenen Fristen nachgeholt, so gilt die Anmeldung als zurückgenommen, es sei denn, dass eindeutig ist, welche Waren- oder Dienstleistungsklassen durch den gezahlten Gebührenbetrag gedeckt werden sollen.

(6) Wird den Vorschriften über die Inanspruchnahme der Priorität nicht entsprochen, so erlischt der Prioritätsanspruch für die Anmeldung.

(7) Sind die Voraussetzungen für die Inanspruchnahme des Zeitrangs einer nationalen Marke nicht erfüllt, so kann deren Zeitrang für die Anmeldung nicht mehr beansprucht werden.

Art. 37 **Prüfung der Voraussetzungen der Inhaberschaft**

(1) Kann der Anmelder nicht nach Artikel 5 Inhaber einer Gemeinschaftsmarke sein, so wird die Anmeldung zurückgewiesen.

(2) Die Anmeldung kann nur zurückgewiesen werden, wenn dem Anmelder zuvor Gelegenheit gegeben worden ist, die Anmeldung zurückzunehmen oder eine Stellungnahme einzureichen.

Art. 38   **Prüfung auf absolute Eintragungshindernisse**

(1) Ist die Marke nach Artikel 7 für alle oder einen Teil der Waren oder Dienstleistungen, für die die Gemeinschaftsmarke angemeldet worden ist, von der Eintragung ausgeschlossen, so wird die Anmeldung für diese Waren oder Dienstleistungen zurückgewiesen.

(2) Enthält die Marke einen Bestandteil, der nicht unterscheidungskräftig ist, und kann die Aufnahme dieses Bestandteils in die Marke zu Zweifeln über den Schutzumfang der Marke Anlass geben, so kann das Amt als Bedingung für die Eintragung der Marke verlangen, dass der Anmelder erklärt, dass er an dem Bestandteil kein ausschliessliches Recht in Anspruch nehmen wird. Diese Erklärung wird mit der Anmeldung oder gegebenenfalls mit der Eintragung der Gemeinschaftsmarke veröffentlicht.

(3) Die Anmeldung kann nur zurückgewiesen werden, wenn dem Anmelder zuvor Gelegenheit gegeben worden ist, die Anmeldung zurückzunehmen, zu ändern oder eine Stellungnahme einzureichen.

2. Abschnitt Recherche

Art. 39   **Recherche**

(1) Hat das Amt für die Anmeldung einer Gemeinschaftsmarke einen Anmeldetag festgelegt und festgestellt, dass der Anmelder die Bedingungen nach Artikel 5 erfüllt, so erstellt es einen Gemeinschaftsrecherchenbericht, in dem diejenigen ermittelten älteren Gemeinschaftsmarken oder Anmeldungen von Gemeinschaftsmarken aufgeführt werden, die gemäss Artikel 8 gegen die Eintragung der angemeldeten Gemeinschaftsmarke geltend gemacht werden können.

(2) Sobald der Anmeldetag einer Anmeldung einer Gemeinschaftsmarke feststeht, übermittelt das Amt der Zentralbehörde für den gewerblichen Rechtsschutz eines jeden Mitgliedstaaten, die dem Amt mitgeteilt hat, dass sie für Anmeldungen von Gemeinschaftsmarken in ihrem eigenen Markenregister eine Recherche durchführt, ein Exemplar der Anmeldung.

(3) Jede Zentralbehörde für den gewerblichen Rechtsschutz im Sinne des Absatzes 2 übermittelt dem Amt innerhalb von drei Monaten nach dem Tag, an dem die Anmeldung einer Gemeinschaftsmarke bei ihr eingegangen ist, einen Recherchenbericht, in dem entweder diejenigen ermittelten älteren Marken oder Markenanmeldungen aufgeführt sind, die nach Artikel 8 gegen die Eintragung der angemeldeten Gemeinschaftsmarke geltend gemacht werden können, oder in dem mitgeteilt wird, dass solche Rechte bei der Recherche nicht festgestellt worden sind.

(4) Das Amt zahlt jeder Zentralbehörde für den gewerblichen Rechtsschutz einen Betrag für jeden Recherchenbericht, den diese Behörde gemäss Absatz 3 vorlegt. Dieser Betrag, der für jede Zentralbehörde gleich hoch zu sein hat, wird vom Haushaltsausschuss durch mit Dreiviertelmehrheit der Vertreter der Mitgliedstaaten gefassten Beschluss festgesetzt.

(5) Das Amt übermittelt dem Anmelder der Gemeinschaftsmarke unverzüglich den Gemeinschaftsrecherchenbericht und die innerhalb der Frist nach Absatz 3 eingegangen nationalen Recherchenberichte.

(6) Bei der Veröffentlichung der Anmeldung einer Gemeinschaftsmarke, die erst nach Ablauf von einem Monat nach dem Tag, an dem das Amt dem Anmelder die Recherchenberichte übermittelt hat, vorgenommen werden darf, unterrichtet das Amt die Inhaber älterer Gemeinschaftsmarken oder Anmeldungen von Gemeinschaftsmarken, die in dem Gemeinschaftsrecherchenbericht genannt sind, von der Veröffentlichung der Anmeldung der Gemeinschaftsmarke.

(7) Die Kommission unterbreitet dem Rat fünf Jahre nach dem Zeitpunkt, von dem an beim Amt Anmeldungen eingereicht werden können, einen Bericht über das Funktionieren des Recherchensystems im Sinne dieses Artikels, einschliesslich des Systems der Zahlungen an die Mitgliedstaaten gemäss Absatz 4, sowie erforderlichenfalls geeignete Vorschläge zur Änderung dieser Verordnung, um das Recherchensystem unter Berücksichtigung der gemachten Erfahrungen und der Entwicklungen auf dem Gebiet der Recherche anzupassen.

3. Abschnitt   Veröffentlichung der Anmeldung

Art. 40   Veröffentlichung der Anmeldung

(1) Sind die Erfordernisse für die Anmeldung der Gemeinschaftsmarke erfüllt und ist die Frist nach Artikel 39 Absatz 6 abgelaufen, wird die Anmeldung veröffentlicht, soweit sie nicht gemäss den Artikeln 37 und 38 zurückgewiesen wird.

(2) Wird die Anmeldung nach ihrer Veröffentlichung gemäss den Artikel 37 und 38 zurückgewiesen, so wird die Entscheidung über die Zurückweisung veröffentlicht, sobald sie unanfechtbar geworden ist.

4. Abschnitt   Bemerkungen Dritter und Widerspruch

Art. 41   Bemerkungen Dritter

(1) Natürliche oder juristische Personen sowie die Verbände der Hersteller, Erzeuger, Dienstleistungsunternehmer, Händler und Verbraucher können beim Amt nach der Veröffentlichung der Anmeldung der Gemeinschaftsmarke schriftliche Bemerkungen mit der Begründung einreichen, dass die Marke von Amts wegen und insbesondere nach Artikel 7 von der Eintragung auszuschliessen ist. Sie sind an dem Verfahren vor dem Amt nicht beteiligt.

(2) Die in Absatz 1 genannten Bemerkungen werden dem Anmelder mitgeteilt, der dazu Stellung nehmen kann.

Art. 42   Widerspruch

(1) Innerhalb einer Frist von drei Monaten nach Veröffentlichung der Anmeldung der Gemeinschaftsmarke kann gegen die Eintragung der Gemeinschaftsmarke Widerspruch mit der Begründung erhoben werden, dass die Marke nach Artikel 8 von der Eintragung auszuschliessen ist; der Widerspruch kann erhoben werden

a) in den Fällen des Artikels 8 Absätze 1 und 5 von den Inhabern der in Artikel 8 Absatz 2 genannten älteren Marken sowie von Lizenznehmern, die von den Inhabern dieser Marken hierzu ausdrücklich ermächtigt worden sind;

b) in den Fällen des Artikels 8 Absatz 3 von den Inhabern der dort genannten Marken;

c) in den Fällen des Artikels 8 Absatz 4 von den Inhabern der dort genannten älteren Marken oder Kennzeichenrechte sowie von den Personen, die nach dem anzuwendenden nationalen Recht berechtigt sind, diese Rechte geltend zu machen.

(2) Gegen die Eintragung der Marke kann unter den Voraussetzungen des Absatzes 1 ebenfalls Widerspruch erhoben werden, falls eine geänderte Anmeldung gemäss Artikel 44 Absatz 2 Satz 2 veröffentlicht worden ist.

(3) Der Widerspruch ist schriftlich einzureichen und zu begründen. Er gilt erst als erhoben, wenn die Widerspruchsgebühr entrichtet worden ist. Der Widerspruch kann innerhalb einer vom Amt bestimmten Frist zur Stützung des Widerspruchs Tatsachen, Beweismittel und Bemerkungen vorbringen.

Art. 43   **Prüfung des Widerspruchs**

(1) Bei der Prüfung des Widerspruchs fordert das Amt die Beteiligten so oft wie erforderlich auf, innerhalb einer von ihm zu bestimmenden Frist eine Stellungnahme zu seinen Bescheiden oder zu den Schriftsätzen anderer Beteiligter einzureichen.

(2) Auf Verlangen des Anmelders hat der Inhaber einer älteren Gemeinschaftsmarke, der Widerspruch erhoben hat, den Nachweis zu erbringen, dass er innerhalb der letzten fünf Jahre vor der Veröffentlichung der Anmeldung der Gemeinschaftsmarke die ältere Gemeinschaftsmarke in der Gemeinschaft für die Waren oder Dienstleistungen, für die sie eingetragen ist und auf die er sich zur Begründung seines Widerspruchs beruft, ernsthaft benutzt hat, oder dass berechtigte Gründe für die Nichtbenutzung vorliegen, sofern zu diesem Zeitpunkt die ältere Gemeinschaftsmarke seit mindestens fünf Jahren eingetragen ist. Kann er diesen Nachweis nicht erbringen, so wird der Widerspruch zurückgewiesen. Ist die ältere Gemeinschaftsmarke nur für einen Teil der Waren oder Dienstleistungen, für die sie eingetragen ist, benutzt worden, so gilt sie zum Zwecke der Prüfung des Widerspruchs nur für diese Waren oder Dienstleistungen als eingetragen.

(3) Absatz 2 ist auf ältere nationale Marken im Sinne von Artikel 8 Absatz 2 Buchstabe a) mit der Massgabe entsprechend anzuwenden, dass an die Stelle der Benutzung in der Gemeinschaft die Benutzung in dem Mitgliedstaat tritt, in dem die ältere Marke geschützt ist.

(4) Das Amt kann die Beteiligten ersuchen, sich zu einigen, wenn es dies als sachdienlich erachtet.

(5) Ergibt die Prüfung, dass die Marke für alle oder einen Teil der Waren oder Dienstleistungen, für die die Gemeinschaftsmarke beantragt worden ist, von der Eintragung ausgeschlossen ist, so wird die Anmeldung für diese Waren oder Dienstleistungen zurückgewiesen. Ist die Marke von der Eintragung nicht ausgeschlossen, so wird der Widerspruch zurückgewiesen.

(6) Die Entscheidung über die Zurückweisung der Anmeldung wird veröffentlicht, sobald sie unanfechtbar geworden ist.

5. Abschnitt   Zurücknahme, Einschränkung und Änderung der Anmeldung

Art. 44   **Zurücknahme, Einschränkung und Änderung der Anmeldung**

(1) Der Anmelder kann seine Anmeldung jederzeit zurücknehmen oder das in der Anmeldung enthaltene Verzeichnis der Waren und Dienstleistungen einschränken. Ist die Anmeldung bereits veröffentlicht, so wird auch die Zurücknahme oder Einschränkung veröffentlicht.

(2) Im übrigen kann die Anmeldung der Gemeinschaftsmarke auf Antrag des Anmelders nur geändert werden, um Name und Adresse des Anmelders, sprachliche Fehler, Schreibfehler oder offensichtliche Unrichtigkeiten zu berichtigen, soweit durch eine solche Berichtigung der wesentliche Inhalt der Marke nicht berührt oder das Verzeichnis der Waren oder Dienstleistungen nicht erweitert wird. Betreffen die Änderungen die Wiedergabe der Marke oder das Verzeichnis der Waren oder Dienstleistungen und werden sie nach Veröffentlichung der Anmeldung vorgenommen, so wird die Anmeldung in der geänderten Fassung veröffentlicht.

6. Abschnitt   Eintragung

Art. 45   **Eintragung**

Entspricht die Anmeldung den Vorschriften dieser Verordnung und wurde innerhalb der Frist gemäss Artikel 42 Absatz 1 kein Widerspruch erhoben oder wurde ein Widerspruch rechtskräftig zurückgewiesen, so wird die Marke als Gemeinschaftsmarke eingetragen, sofern die Gebühr für die Eintragung innerhalb der vorgeschriebenen Frist entrichtet worden ist. Wird die Gebühr nicht innerhalb dieser Frist entrichtet, so gilt die Anmeldung als zurückgenommen.

Titel V   Dauer, Verlängerung und Änderung der Gemeinschaftsmarke

Art. 46   **Dauer der Eintragung**

Die Dauer der Eintragung der Gemeinschaftsmarke beträgt zehn Jahre gerechnet vom Tag der Anmeldung an. Die Eintragung kann gemäss Artikel 47 um jeweils zehn Jahre verlängert werden.

Art. 47   **Verlängerung**

(1) Die Eintragung der Gemeinschaftsmarke wird auf Antrag des Inhabers oder einer hierzu ausdrücklich ermächtigten Person verlängert, sofern die Gebühren entrichtet worden sind.

(2) Das Amt unterrichtet den Inhaber der Gemeinschaftsmarke und die im Register eingetragenen Inhaber von Rechten an der Gemeinschaftsmarke rechtzeitig vor dem Ablauf der Eintragung. Das Amt haftet nicht für unterbliebene Unterrichtung.

(3) Der Antrag auf Verlängerung ist innerhalb eines Zeitraums von sechs Monaten vor Ablauf des letzten Tages des Monats, in dem die Schutzdauer endet, einzureichen. Innerhalb dieses Zeitraums sind auch die Gebühren zu entrichten. Der Antrag und die Gebühren können noch innerhalb einer Nachfrist von sechs Monaten nach Ablauf des in Satz 1 genannten Tages eingereicht oder gezahlt werden, sofern innerhalb dieser Nachfrist eine Zuschlagsgebühr entrichtet wird.

(4) Beziehen sich der Antrag auf Verlängerung oder die Entrichtung der Gebühren nur auf einen Teil der Waren oder Dienstleistungen, für die die Marke eingetragen ist, so wird die Eintragung nur für diese Waren oder Dienstleistungen verlängert.

(5) Die Verlängerung wird am Tage nach dem Ablauf der Eintragung wirksam. Sie wird eingetragen.

Art. 48 **Änderung**

(1) Die Gemeinschaftsmarke darf weder während der Dauer der Eintragung noch bei ihrer Verlängerung im Register geändert werden.

(2) Enthält jedoch die Gemeinschaftsmarke den Namen und die Adresse ihres Inhabers, so kann die Änderung dieser Angaben, sofern dadurch die ursprünglich eingetragene Marke in ihrem wesentlichen Inhalt nicht beeinträchtigt wird, auf Antrag des Inhabers eingetragen werden.

(3) Die Veröffentlichung der Eintragung der Änderung enthält eine Wiedergabe der geänderten Gemeinschaftsmarke. Innerhalb einer Frist von drei Monaten nach Veröffentlichung können Dritte, deren Rechte durch die Änderung beeinträchtigt werden können, die Eintragung der Änderung der Marke anfechten.

Titel VI   Verzicht, Verfall und Nichtigkeit

1. Abschnitt Verzicht

Art. 49 **Verzicht**

(1) Die Gemeinschaftsmarke kann Gegenstand eines Verzichts für alle oder einen Teil der Waren oder Dienstleistungen sein, für die sie eingetragen ist.

(2) Der Verzicht ist vom Markeninhaber dem Amt schriftlich zu erklären. Er wird erst wirksam, wenn er eingetragen ist.

(3) Ist im Register eine Person als Inhaber eines Rechts eingetragen, so wird der Verzicht nur mit Zustimmung dieser Person eingetragen. Ist eine Lizenz im Register eingetragen, so wird der Verzicht erst eingetragen, wenn der Markeninhaber glaubhaft macht, dass er den Lizenznehmer von seiner Verzichtsabsicht unterrichtet hat; die Eintragung wird nach Ablauf der in der Durchführungsverordnung vorgeschriebenen Frist vorgenommen.

2. Abschnitt Verfallsgründe

Art. 50 **Verfallsgründe**

(1) Die Gemeinschaftsmarke wird auf Antrag beim Amt oder auf Widerklage im Verletzungsverfahren für verfallen erklärt:

a) wenn die Marke innerhalb eines ununterbrochenen Zeitraums von fünf Jahren in der Gemeinschaft für die Waren oder Dienstleistungen, für die sie eingetragen ist, nicht ernsthaft benutzt worden ist und keine berechtigten Gründe für die Nichtbenutzung vorliegen; der Verfall der Rechte des Inhabers kann jedoch nicht geltend gemacht werden, wenn nach Ende dieses Zeitraums und vor Antragstellung oder vor Erhebung der Widerklage die Benutzung der Marke ernsthaft begonnen oder wieder aufgenommen worden ist; wird die Benutzung jedoch innerhalb eines nicht vor Ablauf des ununterbrochenen Zeitraums von fünf Jahren der Nichtbenutzung beginnenden Zeitraums von drei Monaten vor Antragstellung oder vor Erhebung der Widerklage begonnen oder wieder aufgenommen, so bleibt sie unberücksichtigt, sofern die Vorbereitungen für die erstmalige oder die erneute Benutzung erst stattgefunden haben, nachdem der Inhaber Kenntnis davon erhalten hat, dass der Antrag gestellt oder die Widerklage erhoben werden könnte;

b) wenn die Marke infolge des Verhaltens oder der Untätigkeit ihres Inhabers im geschäftlichen Verkehr zur gebräuchlichen Bezeichnung einer Ware oder einer Dienstleistung, für die sie eingetragen ist, geworden ist;

c) wenn die Marke infolge ihrer Benutzung durch den Inhaber oder mit seiner Zustimmung für Waren oder Dienstleistungen, für die sie eingetragen ist, geeignet ist, das Publikum insbesondere über die Art, die Beschaffenheit oder die geographische Herkunft dieser Waren oder Dienstleistungen irrezuführen;

d) wenn der Inhaber der Marke nicht mehr die in Artikel 5 genannten Voraussetzung erfüllt.

(2) Liegt ein Verfallsgrund nur für einen Teil der Waren oder Dienstleistungen vor, für die die Gemeinschaftsmarke eingetragen ist, so wird sie nur für diese Waren oder Dienstleistungen für verfallen erklärt.

3. Abschnitt Nichtigkeitsgründe

Art. 51 Absolute Nichtigkeitsgründe

(1) Die Gemeinschaftsmarke wird auf Antrag beim Amt oder auf Widerklage im Verletzungsverfahren für nichtig erklärt,

a) wenn sie den Vorschriften des Artikels 5 oder des Artikels 7 zuwider eingetragen worden ist;

b) wenn der Anmelder bei der Anmeldung der Marke bösgläubig war.

(2) Ist die Gemeinschaftsmarke entgegen Artikel 7 Absatz 1 Buchstaben b), c) oder d) eingetragen worden, kann sie nicht für nichtig erklärt werden, wenn sie durch Benutzung im Verkehr Unterscheidungskraft für die Waren oder Dienstleistungen, für die sie eingetragen ist, erlangt hat.

(3) Liegt ein Nichtigkeitsgrund nur für einen Teil der Waren oder Dienstleistungen vor, für die die Gemeinschaftsmarke eingetragen ist, so kann sie nur für diese Waren oder Dienstleistungen für nichtig erklärt werden.

Art. 52 Relative Nichtigkeitsgründe

(1) Die Gemeinschaftsmarke wird auf Antrag beim Amt oder auf Widerklage im Verletzungsverfahren für nichtig erklärt,

a) wenn eine in Artikel 8 Absatz 2 genannte ältere Marke besteht und die Voraussetzungen des Artikels 8 Absatz 1 oder Absatz 5 erfüllt sind;

b) wenn eine in Artikel 8 Absatz 3 genannte Marke besteht und die Voraussetzungen dieses Absatzes erfüllt sind;

c) wenn ein in Artikel 8 Absatz 4 genanntes älteres Kennzeichenrecht besteht und die Voraussetzungen dieses Absatzes erfüllt sind.

(2) Die Gemeinschaftsmarke wird auf Antrag beim Amt oder auf Widerklage im Verletzungsverfahren ebenfalls für nichtig erklärt, wenn ihre Benutzung aufgrund der nationalen Rechtsvorschriften über den Schutz eines sonstigen älteren Rechts und insbesondere eines

a) Namensrechts,
b) Rechts an der eigenen Abbildung,
c) Urheberrechts,
d) gewerblichen Schutzrechts, gemäss dem für dessen Schutz massgebenden nationalen Recht untersagt werden kann.

(3) Die Gemeinschaftsmarke kann nicht für nichtig erklärt werden, wenn der Inhaber eines der in Absatz 1 oder 2 genannten Rechte der Eintragung der Gemeinschaftsmarke vor der Stellung des Antrags auf Nichtigerklärung oder der Erhebung der Widerklage ausdrücklich zustimmen.

(4) Hat der Inhaber eines der in Absatz 1 oder 2 genannten Rechts bereits einen Antrag auf Nichtigerklärung der Gemeinschaftsmarke gestellt oder im Verletzungsverfahren Widerklage erhoben, so darf er nicht aufgrund eines anderen dieser Rechte, das er zur Unterstützung seines ersten Begehrens hätte geltend machen können, einen neuen Antrag auf Nichtigerklärung stellen oder Widerklage erheben.

(5) Artikel 51 Absatz 3 ist entsprechend anzuwenden.

Art. 53 **Verwirkung durch Duldung**

(1) Hat der Inhaber einer Gemeinschaftsmarke die Benutzung einer jüngeren Gemeinschaftsmarke in der Gemeinschaft während eines Zeitraums von fünf aufeinanderfolgenden Jahren in Kenntnis dieser Benutzung geduldet, so kann er für die Waren oder Dienstleistungen, für die die jüngere Marke benutzt worden ist, aufgrund dieser älteren Marke weder die Nichtigerklärung dieser jüngeren Marke verlangen noch sich ihrer Benutzung widersetzen, es sei denn, dass die Anmeldung der jüngeren Gemeinschaftsmarke bösgläubig vorgenommen worden ist.

(2) Hat der Inhaber einer in Artikel 8 Absatz 2 genannten älteren nationalen Marke oder eines in Artikel 8 Absatz 4 genannten sonstigen älteren Kennzeichenrechts die Benutzung einer jüngeren Gemeinschaftsmarke in dem Mitgliedstaat, in dem diese ältere Marke oder dieses sonstige ältere Kennzeichenrecht geschützt ist, während eines Zeitraums von fünf aufeinanderfolgenden Jahren in Kenntnis dieser Benutzung geduldet, so kann er für die Waren oder Dienstleistungen, für die die jüngere Gemeinschaftsmarke benutzt worden ist, aufgrund dieser älteren Marke oder dieses sonstigen älteren Kennzeichenrechts weder die Nichtigerklärung der Gemeinschaftsmarke verlangen noch sich ihrer Benutzung widersetzen, es sei denn, dass die Anmeldung der jüngeren Gemeinschaftsmarke bösgläubig vorgenommen worden ist.

(3) In den Fällen der Absätze 1 und 2 kann der Inhaber der jüngeren Gemeinschaftsmarke sich der Benutzung des älteren Rechts nicht widersetzen, obwohl dieses Recht gegenüber der jüngeren Gemeinschaftsmarke nicht mehr geltend gemacht werden kann.

4. Abschnitt Wirkungen des Verfalls und der Nichtigkeit

Art. 54 **Wirkungen des Verfalls und der Nichtigkeit**

(1) Die in dieser Verordnung vorgesehenen Wirkungen der Gemeinschaftsmarke gelten in dem Umfang, in dem die Marke für verfallen erklärt wird, als von dem Zeit-

punkt der Antragstellung oder der Erhebung der Widerklage an nicht eingetreten. In der Entscheidung kann auf Antrag einer Partei ein früherer Zeitpunkt, zu dem einer der Verfallsgründe eingetreten ist, festgesetzt werden.

(2) Die in dieser Verordnung vorgesehenen Wirkungen der Gemeinschaftsmarke gelten in dem Umfang, in dem die Marke für nichtig erklärt worden ist, als von Anfang an nicht eingetreten.

(3) Vorbehaltlich der nationalen Rechtsvorschriften über Klagen auf Ersatz des Schadens, der durch fahrlässiges oder vorsätzliches Verhalten des Markeninhabers verursacht worden ist, sowie vorbehaltlich der nationalen Rechtsvorschriften über ungerechtfertigte Bereicherung berührt die Rückwirkung des Verfalls oder der Nichtigkeit der Marke nicht:

a) Entscheidungen in Verletzungsverfahren, die vor der Entscheidung über den Verfall oder die Nichtigkeit rechtskräftig geworden und vollstreckt worden sind;

b) vor der Entscheidung über den Verfall oder die Nichtigkeit geschlossene Verträge insoweit, als sie vor dieser Entscheidung erfüllt worden sind; es kann jedoch verlangt werden, dass in Erfüllung des Vertrages gezahlte Beträge aus Billigkeitsgründen insoweit zurückerstattet werden, als die Umstände dies rechtfertigen.

5. Abschnitt Verfahren zur Erklärung des Verfalls oder der Nichtigkeit vor dem Amt

Art. 55 Antrag auf Erklärung des Verfalls oder der Nichtigkeit

(1) Ein Antrag auf Erklärung des Verfalls oder der Nichtigkeit der Gemeinschaftsmarke kann beim Amt gestellt werden:

a) in den Fällen der Artikel 50 und 51 vor jeder natürlichen oder juristischen Person sowie jedem Interessenverband von Herstellern, Erzeugern, Dienstleistungsunternehmen, Händlern oder Verbrauchern, der nach dem für ihn massgebenden Recht prozessfähig ist;

b) in den Fällen des Artikels 52 Absatz 1 von den in Artikel 42 Absatz 1 genannten Personen;

c) in den Fällen des Artikels 52 Absatz 2 von den Inhabern der dort genannten älteren Rechte sowie von den Personen, die nach dem anzuwendenden nationalen Recht berechtigt sind, diese Rechte geltend zu machen.

(2) Der Antrag ist schriftlich einzureichen und zu begründen. Er gilt erst als gestellt, wenn die Gebühr entrichtet worden ist.

(3) Der Antrag auf Erklärung des Verfalls oder der Nichtigkeit ist unzulässig, wenn das Gericht eines Mitgliedstaats über einen Antrag wegen desselben Anspruchs zwischen denselben Parteien bereits rechtskräftig entschieden hat.

Art. 56 Prüfung des Antrags

(1) Bei der Prüfung des Antrags auf Erklärung des Verfalls oder der Nichtigkeit fordert das Amt die Beteiligten so oft wie erforderlich auf, innerhalb einer von ihm zu bestimmenden Frist eine Stellungnahme zu seinen Bescheiden oder zu den Schriftsätzen der anderen Beteiligten einzureichen.

(2) Auf Verlangen des Inhabers der Gemeinschaftsmarke hat der Inhaber einer älteren Gemeinschaftsmarke, der am Nichtigkeitsverfahren beteiligt ist, den Nach-

weis zu erbringen, dass er innerhalb der letzten fünf Jahre vor Stellung des Antrags auf Erklärung der Nichtigkeit die ältere Gemeinschaftsmarke in der Gemeinschaft für die Waren oder Dienstleistungen, für die sie eingetragen ist und auf die er sich zur Begründung seines Antrags beruft, ernsthaft benutzt hat oder dass berechtigte Gründe für die Nichtbenutzung vorliegen, sofern zu diesem Zeitpunkt die ältere Gemeinschaftsmarke seit mindestens fünf Jahren eingetragen ist. War die ältere Gemeinschaftsmarke am Tage der Veröffentlichung der Anmeldung der Gemeinschaftsmarke bereits mindestens fünf Jahre eingetragen, so hat der Inhaber der älteren Gemeinschaftsmarke auch den Nachweis zu erbringen, dass die in Artikel 43 Absatz 2 genannten Bedingungen an diesem Tage erfüllt waren. Kann er diesen Nachweis nicht erbringen, so wird der Antrag auf Erklärung der Nichtigkeit zurückgewiesen. Ist die ältere Gemeinschaftsmarke nur für einen Teil der Waren oder Dienstleistungen, für die sie eingetragen ist, benutzt worden, so gilt sie zum Zwecke der Prüfung des Antrags auf Erklärung der Nichtigkeit nur für diesen Teil der Waren oder Dienstleistungen als eingetragen.

(3) Absatz 2 ist auf ältere nationale Marken im Sinne des Artikels 8 Absatz 2 Buchstabe a) mit der Massgabe entsprechend anzuwenden, dass an die Stelle der Benutzung in der Gemeinschaft die Benutzung in dem Mitgliedstaat tritt, in dem die ältere Marke geschützt ist.

(4) Das Amt kann die Beteiligten ersuchen, sich zu einigen, wenn es dies als sachdienlich erachtet.

(5) Ergibt die Prüfung des Antrags auf Erklärung des Verfalls oder der Nichtigkeit, dass die Marke für alle oder einen Teil der Waren oder Dienstleistungen, für die sie eingetragen ist, von der Eintragung ausgeschlossen ist, so wird die Marke für diese Waren oder Dienstleistungen für verfallen oder für nichtig erklärt. Ist die Marke von der Eintragung nicht ausgeschlossen, so wird der Antrag zurückgewiesen.

(6) Die Entscheidung, durch die die Gemeinschaftsmarke für verfallen oder für nichtig erklärt wird, wird in das Register eingetragen, nachdem sie unanfechtbar geworden ist.

Titel VII Beschwerdeverfahren

Art. 57 **Beschwerdefähige Entscheidungen**

(1) Die Entscheidungen der Prüfer, der Widerspruchsabteilungen, der Markenverwaltungs- und Rechtsabteilung und der Nichtigkeitsabteilungen sind mit der Beschwerde anfechtbar. Die Beschwerde hat aufschiebende Wirkung.

(2) Eine Entscheidung, die ein Verfahren gegenüber einem Beteiligten nicht abschliesst, ist nur zusammen mit der Endentscheidung anfechtbar, sofern nicht in der Entscheidung die gesonderte Beschwerde zugelassen ist.

Art. 58 **Beschwerdeberechtigte und Verfahrensbeteiligte**

Die Beschwerde steht denjenigen zu, die an einem Verfahren beteiligt waren, das zu einer Entscheidung geführt hat, soweit sie durch die Entscheidung beschwert sind. Die übrigen an diesem Verfahren Beteiligten sind am Beschwerdeverfahren beteiligt.

Art. 59 **Frist und Form**

Die Beschwerde ist innerhalb von zwei Monaten nach Zustellung der Entscheidung schriftlich beim Amt einzulegen. Die Beschwerde gilt erst als eingelegt, wenn die Beschwerdegebühr entrichtet worden ist. Innerhalb von vier Monaten nach Zustellung der Entscheidung ist die Beschwerde schriftlich zu begründen.

Art. 60 Abhilfe

(1) Erachtet die Dienststelle, deren Entscheidung angefochten wird, die Beschwerde als zulässig und begründet, so hat sie ihr abzuhelfen. Dies gilt nicht, wenn dem Beschwerdeführer ein anderer an dem Verfahren Beteiligter gegenübersteht.

(2) Wird der Beschwerde innerhalb eines Monats nach Eingang der Begründung nicht abgeholfen, so ist sie unverzüglich ohne sachliche Stellungnahme der Beschwerdekammer vorzulegen.

Art. 61 Prüfung der Beschwerde

(1) Ist die Beschwerde zulässig, so prüft die Beschwerdekammer, ob die Beschwerde begründet ist.

(2) Bei der Prüfung der Beschwerde fordert die Beschwerdekammer die Beteiligten so oft wie erforderlich auf, innerhalb einer von ihr zu bestimmenden Frist eine Stellungnahme zu ihren Bescheiden oder zu den Schriftsätzen der anderen Beteiligten einzureichen.

Art. 62 Entscheidung über die Beschwerde

(1) Nach der Prüfung, ob die Beschwerde begründet ist, entscheidet die Beschwerdekammer über die Beschwerde. Die Beschwerdekammer wird entweder im Rahmen der Zuständigkeit der Dienststelle tätig, die die angefochtene Entscheidung erlassen hat, oder verweist die Angelegenheit zur weiteren Entscheidung an diese Dienststelle zurück.

(2) Verweist die Beschwerdekammer die Angelegenheit zur weiteren Entscheidung an die Dienststelle zurück, die die angefochtene Entscheidung erlassen hat, so ist diese Dienststelle durch die rechtliche Beurteilung der Beschwerdekammer, die der Entscheidung zugrundegelegt ist, gebunden, soweit der Tatbestand derselbe ist.

(3) Die Entscheidungen der Beschwerdekammern werden erst mit Ablauf der in Artikel 63 Absatz 5 vorgesehenen Frist oder, wenn innerhalb dieser Frist eine Klage beim Gerichtshof eingelegt worden ist, mit deren Abweisung wirksam.

Art. 63 Klage beim Gerichtshof

(1) Die Entscheidungen der Beschwerdekammern, durch die über eine Beschwerde entschieden wird, sind mit der Klage beim Gerichtshof anfechtbar.

(2) Die Klage ist zulässig wegen Unzuständigkeit, Verletzung wesentlicher Formvorschriften, Verletzung des Vertrages, dieser Verordnung oder einer bei ihrer Durchführung anzuwendenden Rechtsnorm oder wegen Ermessensmissbrauchs.

(3) Der Gerichtshof kann die angefochtene Entscheidung aufheben oder abändern.

(4) Die Klage steht den an dem Verfahren vor der Beschwerdekammer Beteiligten zu, soweit sie durch die Entscheidung beschwert sind.

(5) Die Klage ist innerhalb von zwei Monaten nach Zustellung der Entscheidung der Beschwerdekammer beim Gerichtshof einzulegen.

(6) Das Amt hat die Massnahmen zu ergreifen, die sich aus dem Urteil des Gerichtshofs ergeben.

Titel VIII Gemeinschaftskollektivmarken

Art. 64 Gemeinschaftskollektivmarken

(1) Eine Gemeinschaftskollektivmarke ist eine Gemeinschaftsmarke, die bei der Anmeldung als solche bezeichnet wird und dazu dienen kann, Waren und Dienstleistungen der Mitglieder des Verbands, der Markeninhaber ist, von denen anderer Unternehmen zu unterscheiden. Verbände von Herstellern, Erzeugern, Dienstleistungserbringern oder Händlern, die nach dem für sie massgebenden Recht die Fähigkeit haben, im eigenen Namen Träger von Rechten und Pflichten jeder Art zu sein, Verträge zu schliessen oder andere Rechtshandlungen vorzunehmen und vor Gericht zu stehen, sowie juristische Personen des öffentlichen Rechts können Gemeinschaftskollektivmarken anmelden.

(2) Abweichend von Artikel 7 Absatz 1 Buchstabe c) können Gemeinschaftskollektivmarken im Sinne des Absatzes 1 aus Zeichen oder Angaben bestehen, die im Verkehr zur Bezeichnung der geografischen Herkunft der Waren oder der Dienstleistungen dienen können. Die Gemeinschaftskollektivmarke gewährt ihrem Inhaber nicht das Recht, einem Dritten zu verbieten, solche Zeichen oder Angaben im geschäftlichen Verkehr zu benutzen, sofern die Benutzung den anständigen Gepflogenheiten in Gewerbe oder Handel entspricht; insbesondere kann eine solche Marke einem Dritten, der zur Benutzung einer geografischen Bezeichnung berechtigt ist, nicht entgegengehalten werden.

(3) Auf Gemeinschaftskollektivmarken sind die Vorschriften dieser Verordnung anzuwenden, soweit in den Artikeln 65 bis 72 nicht etwas anderes bestimmt ist.

Art. 65 Markensatzung

(1) Der Anmelder einer Gemeinschaftskollektivmarke muss innerhalb der vorgeschriebenen Frist eine Satzung vorlegen.

(2) In der Satzung sind die zur Benutzung der Marke befugten Personen, die Voraussetzungen für die Mitgliedschaft im Verband und gegebenenfalls die Bedingungen für die Benutzung der Marke, einschliesslich Sanktionen, anzugeben. Die Satzung einer Marke nach Artikel 64 Absatz 2 muss es jeder Person, deren Waren oder Dienstleistungen aus dem betreffenden geografischen Gebiet stammen, gestatten, Mitglied des Verbandes zu werden, der Inhaber der Marke ist.

Art. 66 Zurückweisung der Anmeldung

(1) Ausser aus den in den Artikeln 36 und 38 genannten Gründen für die Zurückweisung der Anmeldung der Gemeinschaftsmarke wird die Anmeldung für eine Gemeinschaftskollektivmarke zurückgewiesen, wenn den Vorschriften der Artikel 64 oder 65 nicht Genüge getan ist oder die Satzung gegen die öffentliche Ordnung oder die guten Sitten verstösst.

(2) Die Anmeldung einer Gemeinschaftskollektivmarke wird ausserdem zurückgewiesen, wenn die Gefahr besteht, dass das Publikum über den Charakter oder die Bedeutung der Marke irregeführt wird, insbesondere wenn diese Marke den Eindruck erwecken kann, als wäre sie etwas anderes als eine Kollektivmarke.

(3) Die Anmeldung wird nicht zurückgewiesen, wenn der Anmelder aufgrund einer Änderung der Markensatzung die Erfordernisse der Absätze 1 und 2 erfüllt.

Art. 67 Bemerkungen Dritter

Ausser in den Fällen des Artikels 41 können die in Artikel 41 genannten Personen und Verbände beim Amt auch schriftliche Bemerkungen mit der Begründung einreichen, dass die Anmeldung der Gemeinschaftskollektivmarke gemäss Artikel 66 zurückzuweisen ist.

Art. 68 Benutzung der Marke

Die Benutzung der Gemeinschaftskollektivmarke durch eine hierzu befugte Person genügt den Vorschriften dieser Verordnung, sofern die übrigen Bedingungen, denen die Benutzung der Gemeinschaftsmarke aufgrund dieser Verordnung zu entsprechen hat, erfüllt sind.

Art. 69 Änderung der Markensatzung

(1) Der Inhaber der Gemeinschaftskollektivmarke hat dem Amt jede Änderung der Satzung zu unterbreiten.

(2) Auf die Änderung wird im Register nicht hingewiesen, wenn die geänderte Satzung den Vorschriften des Artikels 65 nicht entspricht oder einen Grund für eine Zurückweisung nach Artikel 66 bildet.

(3) Artikel 67 gilt für geänderte Satzungen.

(4) Zum Zwecke der Anwendung dieser Verordnung wird die Satzungsänderung erst ab dem Zeitpunkt wirksam, zu dem der Hinweis auf die Änderung ins Register eingetragen worden ist.

Art. 70 Erhebung der Verletzungsklage

(1) Die Vorschriften des Artikels 22 Absätze 3 und 4 über die Rechte der Lizenznehmer gelten für jede zur Benutzung einer Gemeinschaftskollektivmarke befugte Person.

(2) Der Inhaber der Gemeinschaftskollektivmarke kann im Namen der zur Benutzung der Marke befugten Personen Ersatz des Schadens verlangen, der diesen Personen aus der unberechtigten Benutzung der Marke entstanden ist.

Art. 71 Verfallsgründe

Ausser aus den in Artikel 50 genannten Verfallsgründen wird die Gemeinschaftskollektivmarke auf Antrag beim Amt oder auf Widerklage im Verletzungsverfahren für verfallen erklärt, wenn

a) ihr Inhaber keine angemessenen Massnahmen ergreift, um eine Benutzung der Marke zu verhindern, die nicht im Einklang stünde mit den Benutzungsbedingungen, wie sie in der Satzung vorgesehen sind, auf deren Änderung gegebenenfalls im Register hingewiesen worden ist;

b) die Art der Benutzung der Marke durch ihren Inhaber bewirkt hat, dass die Gefahr besteht, dass das Publikum im Sinne von Artikel 66 Absatz 2 irregeführt wird;

c) entgegen den Vorschriften von Artikel 69 Absatz 2 im Register auf eine Änderung der Satzung hingewiesen worden ist, es sei denn, dass der Markeninhaber aufgrund einer erneuten Satzungsänderung den Erfordernissen des Artikels 69 Absatz 2 genügt.

Art. 72 **Nichtigkeitsgründe**

Ausser aus den in den Artikeln 51 und 52 genannten Nichtigkeitsgründen wird die Gemeinschaftskollektivmarke auf Antrag beim Amt oder auf Widerklage im Verletzungsverfahren für nichtig erklärt, wenn sie entgegen den Vorschriften des Artikels 66 eingetragen worden ist, es sei denn, dass der Markeninhaber aufgrund einer Satzungsänderung den Erfordernissen des Artikels 66 genügt.

Titel IX   Verfahrensvorschriften

1. Abschnitt   Allgemeine Vorschriften

Art. 73 **Begründung der Entscheidungen**

Die Entscheidungen des Amtes sind mit Gründen zu versehen. Sie dürfen nur auf Gründe gestützt werden, zu denen die Beteiligten sich äussern konnten.

Art. 74 **Ermittlung des Sachverhalts von Amts wegen**

(1) In dem Verfahren vor dem Amt ermittelt das Amt den Sachverhalt von Amts wegen. Soweit es sich jedoch um Verfahren bezüglich relativer Eintragungshindernisse handelt, ist das Amt bei dieser Ermittlung auf das Vorbringen und die Anträge der Beteiligten beschränkt.

(2) Das Amt braucht Tatsachen und Beweismittel, die von den Beteiligten verspätet vorgebracht werden, nicht zu berücksichtigen.

Art. 75 **Mündliche Verhandlung**

(1) Das Amt ordnet von Amts wegen oder auf Antrag eines Verfahrensbeteiligten eine mündliche Verhandlung an, sofern es dies für sachdienlich erachtet.

(2) Die mündliche Verhandlung vor den Prüfern, vor der Widerspruchsabteilung und vor der Markenverwaltungs- und Rechtsabteilung ist nicht öffentlich.

(3) Die mündliche Verhandlung, einschliesslich der Verkündung der Entscheidung, ist vor der Nichtigkeitsabteilung und den Beschwerdekammern öffentlich, sofern die angerufene Dienststelle nicht in Fällen anderweitig entscheidet, in denen insbesondere für eine am Verfahren beteiligte Partei die Öffentlichkeit des Verfahrens schwerwiegende und ungerechtfertigte Nachteile zur Folge haben könnte.

Art. 76 **Beweisaufnahme**

(1) In den Verfahren vor dem Amt sind insbesondere folgende Beweismittel zulässig:
a) Vernehmung der Beteiligten,
b) Einholung von Auskünften,
c) Vorlegung von Urkunden und Beweisstücken,
d) Vernehmung von Zeugen,
e) Begutachtung durch Sachverständige,
f) schriftliche Erklärungen, die unter Eid oder an Eides statt abgegeben werden oder nach den Rechtsvorschriften des Staates, in dem sie abgegeben werden, eine ähnliche Wirkung haben.

(2) Die befasste Dienststelle kann eines ihrer Mitglieder mit der Durchführung der Beweisaufnahme beauftragen.

(3) Hält das Amt die mündliche Vernehmung eines Beteiligten, Zeugen oder Sachverständigen für erforderlich, so wird der Betroffene zu einer Vernehmung vor dem Amt geladen.

(4) Die Beteiligten werden von der Vernehmung eines Zeugen oder eines Sachverständigen vor dem Amt benachrichtigt. Sie sind berechtigt, an der Zeugenvernehmung teilzunehmen und Fragen an den Zeugen oder Sachverständigen zu richten.

Art. 77 **Zustellung**

Das Amt stellt von Amts wegen alle Entscheidungen und Ladungen sowie die Bescheide und Mitteilungen zu, durch die eine Frist in Lauf gesetzt wird oder die nach anderen Vorschriften dieser Verordnung oder nach der Durchführungsverordnung zuzustellen sind oder für die der Präsident des Amtes die Zustellung vorgeschrieben hat.

Art. 78 **Wiedereinsetzung in den vorigen Stand**

(1) Der Anmelder, der Inhaber der Gemeinschaftsmarke oder jeder andere an einem Verfahren vor dem Amt Beteiligte, der trotz Beachtung aller nach den gegebenen Umständen gebotenen Sorgfalt verhindert worden ist, gegenüber dem Amt eine Frist einzuhalten, wird auf Antrag wieder in den vorigen Stand eingesetzt, wenn die Verhinderung nach dieser Verordnung den Verlust eines Rechts oder eines Rechtsmittels zur unmittelbaren Folge hat.

(2) Der Antrag ist innerhalb von zwei Monaten nach Wegfall des Hindernisses schriftlich einzureichen. Die versäumte Handlung ist innerhalb dieser Frist nachzuholen. Der Antrag ist nur innerhalb eines Jahres nach Ablauf der versäumten Frist zulässig. Ist der Antrag auf Verlängerung der Eintragung nicht eingereicht worden oder sind die Verlängerungsgebühren nicht entrichtet worden, so wird die in Artikel 47 Absatz 3 Satz 3 vorgesehene Frist von sechs Monaten in die Frist von einem Jahr eingerechnet.

(3) Der Antrag ist zu begründen, wobei die zur Begründung dienenden Tatsachen glaubhaft zu machen sind. Er gilt erst als gestellt, wenn die Wiedereinsetzungsgebühr entrichtet worden ist.

(4) Über den Antrag entscheidet die Dienststelle, die über die versäumte Handlung zu entscheiden hat.

(5) Dieser Artikel ist nicht anzuwenden auf die Fristen des Absatzes 2 sowie des Artikels 29 Absatz 1 und des Artikels 42 Absatz 1.

(6) Wird dem Anmelder oder dem Inhaber der Gemeinschaftsmarke die Wiedereinsetzung in den vorigen Stand gewährt, so kann er Dritten gegenüber, die in der Zeit zwischen dem Eintritt des Rechtsverlusts an der Anmeldung oder der Gemeinschaftsmarke und der Bekanntmachung des Hinweises auf die Wiedereinsetzung in den vorigen Stand unter einem mit der Gemeinschaftsmarke identischen oder ihr ähnlichen Zeichen gutgläubig Waren in den Verkehr gebracht oder Dienstleistungen erbracht haben, keine Rechte geltend machen.

(7) Dritte, die sich auf Absatz 6 berufen können, können gegen die Entscheidung über die Wiedereinsetzung des Anmelders oder des Inhabers der Gemeinschaftsmarke in den vorigen Stand binnen zwei Monaten nach dem Zeitpunkt der Bekanntmachung des Hinweises auf die Wiedereinsetzung in den vorigen Stand Drittwiderspruch einlegen.

(8) Dieser Artikel lässt das Recht eines Mitgliedstaats unberührt, Wiedereinsetzung in den vorigen Stand in bezug auf Fristen zu gewähren, die in dieser Verordnung vorgesehen und den Behörden dieses Staats gegenüber einzuhalten sind.

Art. 79   **Heranziehung allgemeiner Grundsätze**

Soweit diese Verordnung, die Durchführungsverordnung, die Gebührenordnung oder die Verfahrensordnung der Beschwerdekammern Vorschriften über das Verfahren nicht enthält, berücksichtigt das Amt die in den Mitgliedstaaten im allgemeinen anerkannten Grundsätze des Verfahrensrechts.

Art. 80   **Beendigung von Zahlungsverpflichtungen**

(1) Ansprüche des Amts auf Zahlung von Gebühren erlöschen nach vier Jahren nach Ablauf des Kalenderjahres, in dem die Gebühr fällig geworden ist.

(2) Ansprüche gegen das Amt auf Rückerstattung von Gebühren oder von Geldbeträgen, die bei der Entrichtung einer Gebühr zuviel gezahlt worden sind, erlöschen nach vier Jahren nach Ablauf des Kalenderjahres, in dem der Anspruch entstanden ist.

(3) Die in Absatz 1 vorgesehene Frist wird durch eine Aufforderung zur Zahlung der Gebühr und die Frist des Absatzes 2 durch eine schriftliche Geltendmachung des Anspruchs unterbrochen. Diese Frist beginnt mit der Unterbrechung erneut zu laufen und endet spätestens sechs Jahre nach Ablauf des Jahres, in dem sie ursprünglich zu laufen begonnen hat, es sei denn, dass der Anspruch gerichtlich geltend gemacht worden ist; in diesem Fall endet die Frist frühestens ein Jahr nach der Rechtskraft der Entscheidung.

2. Abschnitt Kosten

Art. 81   **Kostenverteilung**

(1) Der im Widerspruchsverfahren, im Verfahren zur Erklärung des Verfalls oder der Nichtigkeit oder im Beschwerdeverfahren unterliegende Beteiligte trägt die von dem anderen Beteiligten zu entrichtenden Gebühren sowie – unbeschadet des Artikels 115 Absatz 6 – alle für die Durchführung der Verfahren notwendigen Kosten, die dem anderen Beteiligten entstehen, einschliesslich der Reise- und Aufenthaltskosten und der Kosten der Bevollmächtigten, Beistände und Anwälte im Rahmen der Tarife, die für jede Kostengruppe gemäss der Durchführungsverordnung festgelegt werden.

(2) Soweit jedoch die Beteiligten jeweils in einem oder mehreren Punkten unterliegen oder soweit es die Billigkeit erfordert, beschliesst die Widerspruchsabteilung, die Nichtigkeitsabteilung oder die Beschwerdekammer eine andere Kostenverteilung.

(3) Der Beteiligte, der ein Verfahren dadurch beendet, dass er die Anmeldung der Gemeinschaftsmarke, den Widerspruch, den Antrag auf Erklärung des Verfalls oder der Nichtigkeit oder die Beschwerde zurücknimmt oder die Eintragung der Gemeinschaftsmarke nicht verlängert oder auf diese verzichtet, trägt die Gebühren sowie die Kosten der anderen Beteiligten gemäss den Absätzen 1 und 2.

(4) Im Falle der Einstellung des Verfahrens entscheidet die Widerspruchsabteilung, die Nichtigkeitsabteilung oder die Beschwerdekammer über die Kosten nach freiem Ermessen.

(5) Vereinbaren die Beteiligten vor der Widerspruchsabteilung, der Nichtigkeitsabteilung oder der Beschwerdekammer eine andere als die in den vorstehenden Absätzen vorgesehene Kostenregelung, so nimmt die betreffende Abteilung diese Vereinbarung zur Kenntnis.

(6) Die Geschäftsstelle der Widerspruchsabteilung oder der Nichtigkeitsabteilung oder der Beschwerdekammer setzt auf Antrag den Betrag der nach den vorstehenden Absätzen zu erstattenden Kosten fest. Gegen die Kostenfestsetzung der Geschäftsstelle ist der fristgerechte Antrag auf Entscheidung durch die Widerspruchsabteilung oder die Nichtigkeitsabteilung oder die Beschwerdekammer zulässig.

Art. 82 Vollstreckung der Entscheidungen, die Kosten festsetzen

(1) Jede Entscheidung des Amtes, die Kosten festsetzt, ist ein vollstreckbarer Titel.

(2) Die Zwangsvollstreckung erfolgt nach den Vorschriften des Zivilprozessrechts des Staates, in dessen Hoheitsgebiet sie stattfindet. Die Vollstreckungsklausel wird nach einer Prüfung, die sich lediglich auf die Echtheit des Titels erstrecken darf, von der staatlichen Behörde erteilt, welche die Regierung jedes Mitgliedstaats zu diesem Zweck bestimmt und dem Amt und dem Gerichtshof benennt.

(3) Sind diese Formvorschriften auf Antrag der die Vollstreckung betreibenden Partei erfüllt, so kann diese Zwangsvollstreckung nach innerstaatlichem Recht betreiben, indem sie die zuständige Stelle unmittelbar anruft.

(4) Die Zwangsvollstreckung kann nur durch eine Entscheidung des Gerichtshofs ausgesetzt werden. Für die Prüfung der Ordnungsmässigkeit der Vollstreckungsmassnahmen sind jedoch die Rechtsprechungsorgane des betreffenden Staates zuständig.

3. Abschnitt Unterrichtung der Öffentlichkeit und der Behörden der Mitgliedstaaten

Art. 83 Register für Gemeinschaftsmarken

Das Amt führt ein Register mit der Bezeichnung «Register für Gemeinschaftsmarken», in dem alle Angaben vermerkt werden, deren Eintragung oder Angabe in dieser Verordnung oder der Durchführungsverordnung vorgeschrieben ist. Jedermann kann in das Register Einsicht nehmen.

Art. 84 Akteneinsicht

(1) Einsicht in die Akten von Anmeldungen für Gemeinschaftsmarken, die noch nicht veröffentlicht worden sind, wird nur mit Zustimmung des Anmelders gewährt.

(2) Wer nachweist, dass der Anmelder behauptet hat, dass die Gemeinschaftsmarke nach ihrer Eintragung gegen ihn geltend gemacht werden würde, kann vor der Veröffentlichung dieser Anmeldung und ohne Zustimmung des Anmelders Akteneinsicht verlangen.

(3) Nach der Veröffentlichung der Anmeldung der Gemeinschaftsmarke wird auf Antrag Einsicht in die Akten der Anmeldung und der darauf eingetragenen Marke gewährt.

(4) Im Falle einer Akteneinsicht entsprechend Absatz 2 oder 3 können Teile der Akten jedoch gemäss der Durchführungsverordnung von der Einsicht ausgeschlossen werden.

Art. 85   Regelmässig erscheinende Veröffentlichungen

Das Amt gibt regelmässig folgende Veröffentlichungen heraus:

a) ein Blatt für Gemeinschaftsmarken, das die Eintragungen in das Register für Gemeinschaftsmarken wiedergibt sowie sonstige Angaben enthält, deren Veröffentlichung in dieser Verordnung oder in der Durchführungsverordnung vorgeschrieben ist;

b) ein Amtsblatt, das allgemeine Bekanntmachungen und Mitteilungen des Präsidenten des Amtes sowie sonstige diese Verordnung und seine Anwendung betreffende Veröffentlichungen enthält.

Art. 86   Amtshilfe

Das Amt und die Gerichte oder Behörden der Mitgliedstaaten unterstützen einander auf Antrag durch die Erteilung von Auskünften oder die Gewährung von Akteneinsicht, soweit nicht Vorschriften dieser Verordnung oder des nationalen Rechts dem entgegenstehen. Gewährt das Amt Gerichten, Staatsanwaltschaften oder Zentralbehörden für den gewerblichen Rechtsschutz Akteneinsicht, so unterliegt diese nicht den Beschränkungen des Artikels 84.

Art. 87   Austausch von Veröffentlichungen

(1) Das Amt und die Zentralbehörden für den gewerblichen Rechtsschutz der Mitgliedstaaten übermitteln einander auf entsprechendes Ersuchen kostenlos für ihre eigenen Zwecke ein oder mehrere Exemplare ihrer Veröffentlichungen.

(2) Das Amt kann Vereinbarungen über den Austausch oder die Übermittlung von Veröffentlichungen treffen.

4. Abschritt   Vertretung

Art. 88   Allgemeine Grundsätze der Vertretung

(1) Vorbehaltlich des Absatzes 2 ist niemand verpflichtet, sich vor dem Amt vertreten zu lassen.

(2) Unbeschadet des Absatzes 3 Satz 2 müssen natürliche oder juristische Personen, die weder Wohnsitz noch Sitz noch eine tatsächliche und nicht nur zum Schein bestehende gewerbliche oder Handelsniederlassung in der Gemeinschaft haben, in jedem durch diese Verordnung geschaffenen Verfahren mit Ausnahme der Einreichung einer Anmeldung für eine Gemeinschaftsmarke gemäss Artikel 89 Absatz 1 vor dem Amt vertreten sein; in der Durchführungsverordnung können weitere Ausnahmen zugelassen werden.

(3) Natürliche oder juristische Personen mit Wohnsitz oder Sitz oder einer tatsächlichen und nicht nur zum Schein bestehenden gewerblichen oder Handelsniederlassung in der Gemeinschaft können sich vor dem Amt durch einen ihrer Angestellten vertreten lassen, der eine unterzeichnete Vollmacht zu den Akten einzureichen hat; die entsprechenden Einzelheiten sind in der Durchführungsverordnung geregelt. Angestellte einer juristischen Person im Sinne dieses Absatzes können auch andere juristische Personen, die mit der erstgenannten Person wirtschaftlich verbunden sind, vertreten, selbst wenn diese anderen juristischen Personen weder Wohnsitz noch Sitz noch eine tatsächliche und nicht nur zum Schein bestehende gewerbliche oder Handelsniederlassung in der Gemeinschaft haben.

Art. 89 Zugelassene Vertreter

(1) Die Vertretung natürlicher oder juristischer Personen vor dem Amt kann nur wahrgenommen werden

a) durch einen Rechtsanwalt, der in einem der Mitgliedstaaten zugelassen ist und seinen Geschäftssitz in der Gemeinschaft hat, soweit er in diesem Staat die Vertretung auf dem Gebiet des Markenwesens ausüben kann, oder

b) durch zugelassene Vertreter, die in einer beim Amt geführten Liste eingetragen sind. Die vor dem Amt auftretenden Vertreter haben eine unterzeichnete Vollmacht zu den Akten einzureichen; die entsprechenden Einzelheiten sind in der Durchführungsverordnung geregelt.

(2) In die Liste der zugelassenen Vertreter kann jede natürliche Person eingetragen werden, die folgende Voraussetzungen erfüllt:

a) sie muss die Staatsangehörigkeit eines Mitgliedstaats besitzen;

b) sie muss ihren Geschäftssitz oder Arbeitsplatz in der Gemeinschaft haben;

c) sie muss befugt sein, natürliche oder juristische Personen auf dem Gebiet des Markenwesens vor der Zentralbehörde für den gewerblichen Rechtsschutz des Mitgliedstaats zu vertreten, in dem sie ihren Geschäftssitz oder Arbeitsplatz hat. Unterliegt in diesem Staat die Befugnis nicht dem Erfordernis einer besonderen beruflichen Befähigung, so muss die Person, die die Eintragung in die Liste beantragt, die Vertretung auf dem Gebiet des Markenwesens vor der Zentralbehörde für den gewerblichen Rechtsschutz dieses Staates mindestens fünf Jahre lang regelmässig ausgeübt haben. Die Voraussetzung der Berufsausübung ist jedoch nicht erforderlich für Personen, deren berufliche Befähigung, natürliche oder juristische Personen auf dem Gebiet des Markenwesens vor der Zentralbehörde für den gewerblichen Rechtsschutz eines Mitgliedstaats zu vertreten, nach den Vorschriften dieses Staates amtlich festgestellt worden ist.

(3) Die Eintragung erfolgt auf Antrag, dem eine Bescheinigung der Zentralbehörde für den gewerblichen Rechtsschutz des betreffenden Mitgliedstaats beizufügen ist, aus der sich die Erfüllung der in Absatz 2 genannten Voraussetzungen ergibt.

(4) Der Präsident des Amtes kann Befreiung erteilen

a) vom Erfordernis nach Absatz 2 Buchstabe c) Satz 2, wenn der Antragsteller nachweist, dass er die erforderliche Befähigung auf andere Weise erworben hat;

b) in besonders gelagerten Fällen vom Erfordernis nach Absatz 2 Buchstabe a).

(5) In der Durchführungsverordnung wird festgelegt, unter welchen Bedingungen eine Person von der Liste der zugelassenen Vertreter gestrichen werden kann.

Titel X Zuständigkeit und Verfahren für Klagen, die Gemeinschaftsmarken betreffen

1. Abschnitt Anwendung des Gerichtsstands- und Vollstreckungsübereinkommens

Art. 90 Anwendung des Gerichtsstands- und Vollstreckungsübereinkommens

(1) Soweit in dieser Verordnung nichts anderes bestimmt ist, ist das am 27. September 1968 in Brüssel unterzeichnete Übereinkommen über die gerichtliche Zuständigkeit

und die Vollstreckung gerichtlicher Entscheidungen in Zivil- und Handelssachen mit den Änderungen, die durch die Übereinkommen über den Beitritt der den Europäischen Gemeinschaften beitretenden Staaten zu diesem Übereinkommen vorgenommen worden sind, – dieses Übereinkommen und diese Beitrittsübereinkommen zusammen werden nachstehend «Gerichtsstands- und Vollstreckungsübereinkommen» genannt – auf Verfahren betreffend Gemeinschaftsmarken und Anmeldungen von Gemeinschaftsmarken sowie auf Verfahren, die gleichzeitige oder aufeinanderfolgende Klagen aus Gemeinschaftsmarken und aus nationalen Marken betreffen, anzuwenden.

(2) Auf Verfahren, welche durch die in Artikel 92 genannten Klagen und Widerklagen anhängig gemacht werden,

a) sind Artikel 2, Artikel 4, Artikel 5 Nummern 1, 3, 4 und 5 sowie Artikel 24 des Gerichtsstands- und Vollstreckungsübereinkommens nicht anzuwenden;

b) sind Artikel 17 und 18 des Gerichtsstands- und Vollstreckungsübereinkommens vorbehaltlich der Einschränkungen in Artikel 93 Absatz 4 dieser Verordnung anzuwenden;

c) sind die Bestimmungen des Titels II des Gerichtsstands und Vollstreckungsübereinkommens, die für die in einem Mitgliedstaat wohnhaften Personen gelten, auch auf Personen anzuwenden, die keinen Wohnsitz, jedoch eine Niederlassung in einem Mitgliedstaat haben.

2. Abschnitt Streitigkeiten über die Verletzung und Rechtsgültigkeit der Gemeinschaftsmarken

Art. 91 Gemeinschaftsmarkengerichte

(1) Die Mitgliedstaaten benennen für ihr Gebiet eine möglichst geringe Anzahl nationaler Gerichte erster und zweiter Instanz, nachstehend «Gemeinschaftsmarkengerichte» genannt, die die ihnen durch diese Verordnung zugewiesenen Aufgaben wahrnehmen.

(2) Jeder Mitgliedstaat übermittelt der Kommission innerhalb von drei Jahren ab Inkrafttreten dieser Verordnung eine Aufstellung der Gemeinschaftsmarkengerichte mit Angabe ihrer Bezeichnungen und örtlichen Zuständigkeit.

(3) Änderungen der Anzahl, der Bezeichnung oder der örtlichen Zuständigkeit der Gerichte, die nach der in Absatz 2 genannten Übermittlung der Aufstellung eintreten, teilt der betreffende Mitgliedstaat unverzüglich der Kommission mit.

(4) Die in den Absätzen 2 und 3 genannten Angaben werden von der Kommission den Mitgliedstaaten notifiziert und im Amtsblatt der Europäischen Gemeinschaften veröffentlicht.

(5) Solange ein Mitgliedstaat die in Absatz 2 vorgesehene Übermittlung nicht vorgenommen hat, sind Verfahren, welche durch die in Artikel 92 genannten Klagen und Widerklagen anhängig gemacht werden und für die die Gerichte dieses Mitgliedstaats nach Artikel 93 zuständig sind, vor demjenigen Gericht dieses Mitgliedstaats anhängig zu machen, das örtlich und sachlich zuständig wäre, wenn es sich um Verfahren handeln würde, die eine in diesem Staat eingetragene nationale Marke betreffen.

Art. 92 Zuständigkeit für Verletzung und Rechtsgültigkeit
Die Gemeinschaftsmarkengerichte sind ausschliesslich zuständig
a) für alle Klagen wegen Verletzung und – falls das nationale Recht dies zulässt – wegen drohender Verletzung einer Gemeinschaftsmarke,
b) für Klagen auf Feststellung der Nichtverletzung, falls das nationale Recht diese zulässt,
c) für Klagen wegen Handlungen im Sinne des Artikels 9 Absatz 3 Satz 2,
d) für die in Artikel 96 genannten Widerklagen auf Erklärung des Verfalls oder der Nichtigkeit der Gemeinschaftsmarke.

Art. 93 Internationale Zuständigkeit
(1) Vorbehaltlich der Vorschriften dieser Verordnung sowie der nach Artikel 90 anzuwendenden Bestimmungen des Gerichtsstandsund Vollstreckungsübereinkommens sind für die Verfahren, welche durch eine in Artikel 92 genannte Klage oder Widerklage anhängig gemacht werden, die Gerichte des Mitgliedstaats zuständig, in dem der Beklagte seinen Wohnsitz oder – in Ermangelung eines Wohnsitzes in einem Mitgliedstaat – eine Niederlassung hat.

(2) Hat der Beklagte weder einen Wohnsitz noch eine Niederlassung in einem der Mitgliedstaaten, so sind für diese Verfahren die Gerichte des Mitgliedstaats zuständig, in dem der Kläger seinen Wohnsitz oder – in Ermangelung eines Wohnsitzes in einem Mitgliedstaat – eine Niederlassung hat.

(3) Hat weder der Beklagte noch der Kläger einen Wohnsitz oder eine Niederlassung in einem der Mitgliedstaaten, so sind für diese Verfahren die Gerichte des Mitgliedstaats zuständig, in dem das Amt seinen Sitz hat.

(4) Ungeachtet der Absätze 1, 2 und 3 ist
a) Artikel 17 des Gerichtsstands- und Vollstreckungsübereinkommens anzuwenden, wenn die Parteien vereinbaren, dass ein anderes Gemeinschaftsmarkengericht zuständig sein soll,
b) Artikel 18 des Gerichtsstands- und Vollstreckungsübereinkommens anzuwenden, wenn der Beklagte sich auf das Verfahren vor einem anderen Gemeinschaftsmarkengericht einlässt.

(5) Die Verfahren, welche durch die in Artikel 92 genannten Klagen und Widerklagen anhängig gemacht werden – ausgenommen Klagen auf Feststellung der Nichtverletzung einer Gemeinschaftsmarke –, können auch bei den Gerichten des Mitgliedstaats anhängig gemacht werden, in dem eine Verletzungshandlung begangen worden ist oder droht oder in dem eine Handlung im Sinne des Artikels 9 Absatz 3 Satz 2 begangen worden ist.

Art. 94 Reichweite der Zuständigkeit
(1) Ein Gemeinschaftsmarkengericht, dessen Zuständigkeit auf Artikel 93 Absätze 1 bis 4 beruht, ist zuständig für – die in einem jeden Mitgliedstaat begangenen oder drohenden Verletzungshandlungen, – die in einem jeden Mitgliedstaat begangenen Handlungen im Sinne des Artikels 9 Absatz 3 Satz 2.

(2) Ein nach Artikel 93 Absatz 5 zuständiges Gemeinschaftsmarkengericht ist nur für die Handlungen zuständig, die in dem Mitgliedstaat begangen worden sind oder drohen, in dem das Gericht seinen Sitz hat.

Art. 95 **Vermutung der Rechtsgültigkeit; Einreden**

(1) Die Gemeinschaftsmarkengerichte haben von der Rechtsgültigkeit der Gemeinschaftsmarke auszugehen, sofern diese nicht durch den Beklagten mit einer Widerklage auf Erklärung des Verfalls oder der Nichtigkeit angefochten wird.

(2) Die Rechtsgültigkeit einer Gemeinschaftsmarke kann nicht durch eine Klage auf Feststellung der Nichtverletzung angefochten werden.

(3) Gegen Klagen gemäss Artikel 92 Buchstaben a) und c) ist der Einwand des Verfalls oder der Nichtigkeit der Gemeinschaftsmarke, der nicht im Wege der Widerklage erhoben wird, insoweit zulässig, als sich der Beklagte darauf beruft, dass die Gemeinschaftsmarke wegen mangelnder Benutzung für verfallen oder wegen eines älteren Rechts des Beklagten für nichtig erklärt werden könnte.

Art. 96 **Widerklage**

(1) Die Widerklage auf Erklärung des Verfalls oder der Nichtigkeit kann nur auf die in dieser Verordnung geregelten Verfalls- oder Nichtigkeitsgründe gestützt werden.

(2) Ein Gemeinschaftsmarkengericht weist eine Widerklage auf Erklärung des Verfalls oder der Nichtigkeit ab, wenn das Amt über einen Antrag wegen desselben Anspruchs zwischen denselben Parteien bereits eine unanfechtbar gewordene Entscheidung erlassen hat.

(3) Wird die Widerlage in einem Rechtsstreit erhoben, in dem der Markeninhaber noch nicht Partei ist, so ist er hiervon zu unterrichten und kann dem Rechtsstreit nach Massgabe des nationalen Rechts beitreten.

(4) Das Gemeinschaftsmarkengericht, bei dem Widerklage auf Erklärung des Verfalls oder der Nichtigkeit einer Gemeinschaftsmarke erhoben worden ist, teilt dem Amt den Tag der Erhebung der Widerklage mit. Das Amt vermerkt diese Tatsache im Register für Gemeinschaftsmarken.

(5) Die Vorschriften des Artikels 56 Absätze 3, 4, 5 und 6 sind anzuwenden.

(6) Ist die Entscheidung des Gemeinschaftsmarkengerichts über eine Widerklage auf Erklärung des Verfalls oder der Nichtigkeit rechtskräftig geworden, so wird eine Ausfertigung dieser Entscheidung dem Amt zugestellt. Jede Partei kann darum ersuchen, von der Zustellung unterrichtet zu werden. Das Amt trägt nach Massgabe der Durchführungsverordnung einen Hinweis auf die Entscheidung im Register für Gemeinschaftsmarken ein.

(7) Das mit einer Widerklage auf Erklärung des Verfalls oder der Nichtigkeit befasste Gemeinschaftsmarkengericht kann auf Antrag des Inhabers der Gemeinschaftsmarke nach Anhörung der anderen Parteien das Verfahren aussetzen und den Beklagten auffordern, innerhalb einer zu bestimmenden Frist beim Amt die Erklärung des Verfalls oder der Nichtigkeit zu beantragen. Wird der Antrag nicht innerhalb der Frist gestellt, wird das Verfahren fortgesetzt; die Widerklage gilt als zurückgenommen. Die Vorschriften des Artikels 100 Absatz 3 sind anzuwenden.

Art. 97 **Anwendbares Recht**

(1) Die Gemeinschaftsmarkengerichte wenden die Vorschriften dieser Verordnung an.

(2) In allen Fragen, die nicht durch diese Verordnung erfasst werden, wenden die Gemeinschaftsmarkengerichte ihr nationales Recht einschliesslich ihres internationalen Privatrechts an.

(3) Soweit in dieser Verordnung nichts anderes bestimmt ist, wendet das Gemeinschaftsmarkengericht die Verfahrensvorschriften an, die in dem Mitgliedstaat, in dem es seinen Sitz hat, auf gleichartige Verfahren betreffend nationale Marken anwendbar sind.

Art. 98 Sanktionen

(1) Stellt ein Gemeinschaftsmarkengericht fest, dass der Beklagte eine Gemeinschaftsmarke verletzt hat oder zu verletzen droht, so verbietet es dem Beklagten, die Handlungen, die die Gemeinschaftsmarke verletzen oder zu verletzen drohen, fortzusetzen, sofern dem nicht besondere Gründe entgegenstehen. Es trifft ferner nach Massgabe seines innerstaatlichen Rechts die erforderlichen Massnahmen, um sicherzustellen, dass dieses Verbot befolgt wird.

(2) In bezug auf alle anderen Fragen wendet das Gemeinschaftsmarkengericht das Recht des Mitgliedstaats, einschliesslich dessen internationalen Privatrechts, an, in dem die Verletzungshandlungen begangen worden sind oder drohen.

Art. 99 Einstweilige Massnahmen einschliesslich Sicherungsmassnahmen

(1) Bei den Gerichten eines Mitgliedstaats – einschliesslich der Gemeinschaftsmarkengerichte – können in bezug auf eine Gemeinschaftsmarke oder die Anmeldung einer Gemeinschaftsmarke alle einstweiligen Massnahmen einschliesslich Sicherungsmassnahmen beantragt werden, die in dem Recht dieses Staates für eine nationale Marke vorgesehen sind, auch wenn für die Entscheidung in der Hauptsache aufgrund dieser Verordnung ein Gemeinschaftsmarkengericht eines anderen Mitgliedstaats zuständig ist.

(2) Ein Gemeinschaftsmarkengericht, dessen Zuständigkeit auf Artikel 93 Absätze 1, 2, 3 oder 4 beruht, kann einstweilige Massnahmen einschliesslich Sicherungsmassnahmen anordnen, die vorbehaltlich des gegebenenfalls gemäss Titel III des Gerichtsstands- und Vollstreckungsübereinkommens erforderlichen Anerkennungs- und Vollstrekkungsverfahrens in einem jeden Mitgliedstaat anwendbar sind. Hierfür ist kein anderes Gericht zuständig.

Art. 100 Besondere Vorschriften über im Zusammenhang stehende Verfahren

(1) Ist vor einem Gemeinschaftsmarkengericht eine Klage im Sinne des Artikels 92 – mit Ausnahme einer Klage auf Feststellung der Nichtverletzung – erhoben worden, so setzt es das Verfahren, soweit keine besonderen Gründe für dessen Fortsetzung bestehen, von Amts wegen nach Anhörung der Parteien oder auf Antrag einer Partei nach Anhörung der anderen Parteien aus, wenn die Rechtsgültigkeit der Gemeinschaftsmarke bereits vor einem anderen Gemeinschaftsmarkengericht im Wege der Widerklage angefochten worden ist oder wenn beim Amt bereits ein Antrag auf Erklärung des Verfalls oder der Nichtigkeit gestellt worden ist.

(2) Ist beim Amt ein Antrag auf Erklärung des Verfalls oder der Nichtigkeit gestellt worden, so setzt es das Verfahren, soweit keine besonderen Gründe für dessen Fortsetzung bestehen, von Amts wegen nach Anhörung der Parteien oder auf Antrag einer Partei nach Anhörung der anderen Parteien aus, wenn die Rechtsgültigkeit der Gemeinschaftsmarke im Wege der Widerklage bereits vor einem Gemeinschaftsmarkengericht angefochten worden ist. Das Gemeinschaftsmarkengericht kann jedoch auf Antrag einer Partei des bei ihm anhängigen Verfahrens nach Anhörung der anderen Parteien das Verfahren aussetzen. In diesem Fall setzt das Amt das bei ihm anhängige Verfahren fort.

(3) Setzt das Gemeinschaftsmarkengericht das Verfahren aus, kann es für die Dauer der Aussetzung einstweilige Massnahmen einschliesslich Sicherungsmassnahmen treffen.

Art. 101   **Zuständigkeit der Gemeinschaftsmarkengerichte zweiter Instanz; weitere Rechtsmittel**

(1) Gegen Entscheidungen der Gemeinschaftsmarkengerichte erster Instanz über Klagen und Widerklagen nach Artikel 92 findet die Berufung bei den Gemeinschaftsmarkengerichten zweiter Instanz statt.

(2) Die Bedingungen für die Einlegung der Berufung bei einem Gemeinschaftsmarkengericht zweiter Instanz richten sich nach dem nationalen Recht des Mitgliedstaats, in dem dieses Gericht seinen Sitz hat.

(3) Die nationalen Vorschriften über weitere Rechtsmittel sind auf Entscheidungen der Gemeinschaftsmarkengerichte zweiter Instanz anwendbar.

3. Abschnitt   Sonstige Streitigkeiten über Gemeinschaftsmarken

Art. 102   **Ergänzende Vorschriften über die Zuständigkeit der nationalen Gerichte, die keine Gemeinschaftsmarkengerichte sind**

(1) Innerhalb des Mitgliedstaats, dessen Gerichte nach Artikel 90 Absatz 1 zuständig sind, sind andere als die in Artikel 92 genannten Klagen vor den Gerichten zu erheben, die örtlich und sachlich zuständig wären, wenn es sich um Klagen handeln würde, die eine in diesem Staat eingetragene nationale Marke betreffen.

(2) Ist nach Artikel 90 Absatz 1 und Artikel 102 Absatz 1 kein Gericht für die Entscheidung über andere als die in Artikel 92 genannten Klagen, die eine Gemeinschaftsmarke betreffen, zuständig, so kann die Klage vor den Gerichten des Mitgliedstaats erhoben werden, in dem das Amt seinen Sitz hat.

Art. 103   **Bindung des nationalen Gerichts**

Das nationale Gericht, vor dem eine nicht unter Artikel 92 fallende Klage betreffend eine Gemeinschaftsmarke anhängig ist, hat von der Rechtsgültigkeit der Gemeinschaftsmarke auszugehen.

4. Abschnitt   Übergangsbestimmung

Art. 104   **Übergangsbestimmung betreffend die Anwendung des Gerichtsstands- und Vollstreckungsübereinkommens**

Die Vorschriften des Gerichtsstands- und Vollstreckungsübereinkommens, die aufgrund der vorstehenden Artikel anwendbar sind, gelten für einen Mitgliedstaat nur in der Fassung des Übereinkommens, die für diesen Staat jeweils in Kraft ist.

Gemeinschaftsmarkenverordnung 251

Titel XI   Auswirkungen auf das Recht der Mitgliedstaaten

1. Abschnitt   Zivilrechtliche Klagen aufgrund mehrerer Marken

Art. 105   Gleichzeitige und aufeinanderfolgende Klagen aus Gemeinschaftsmarken und aus nationalen Marken

(1) Werden Verletzungsklagen zwischen denselben Parteien wegen derselben Handlungen bei Gerichten verschiedener Mitgliedstaaten anhängig gemacht, von denen das eine Gericht wegen Verletzung einer Gemeinschaftsmarke und das andere Gericht wegen Verletzung einer nationalen Marke angerufen wird,

a) so hat sich das später angerufene Gericht von Amts wegen zugunsten des zuerst angerufenen Gerichts für unzuständig zu erklären, wenn die betreffenden Marken identisch sind und für identische Waren oder Dienstleistungen gelten. Das Gericht, das sich für unzuständig zu erklären hätte, kann das Verfahren aussetzen, wenn der Mangel der Zuständigkeit des anderen Gerichts geltend gemacht wird;

b) so kann das später angerufene Gericht das Verfahren aussetzen, wenn die betreffenden Marken identisch sind und für ähnliche Waren oder Dienstleistungen gelten oder wenn sie ähnlich sind und für identische oder ähnliche Waren oder Dienstleistungen gelten.

(2) Das wegen Verletzung einer Gemeinschaftsmarke angerufene Gericht weist die Klage ab, falls wegen derselben Handlungen zwischen denselben Parteien ein rechtskräftiges Urteil in der Sache aufgrund einer identischen nationalen Marke für identische Waren oder Dienstleistungen ergangen ist.

(3) Das wegen Verletzung einer nationalen Marke angerufene Gericht weist die Klage ab, falls wegen derselben Handlungen zwischen denselben Parteien ein rechtskräftiges Urteil in der Sache aufgrund einer identischen Gemeinschaftsmarke für identische Waren oder Dienstleistungen ergangen ist.

(4) Die Absätze 1, 2 und 3 gelten nicht für einstweilige Massnahmen einschliesslich solcher, die auf eine Sicherung gerichtet sind.

2. Abschnitt   Anwendung des einzelstaatlichen Rechts zum Zweck der Untersagung der Benutzung von Gemeinschaftsmarken

Art. 106   Untersagung der Benutzung von Gemeinschaftsmarken

(1) Diese Verordnung lässt, soweit nichts anderes bestimmt ist, das nach dem Recht der Mitgliedstaaten bestehende Recht unberührt, Ansprüche wegen Verletzung älterer Rechte im Sinne des Artikels 8 oder des Artikels 52 Absatz 2 gegenüber der Benutzung einer jüngeren Gemeinschaftsmarke geltend zu machen. Ansprüche wegen Verletzung älterer Rechte im Sinne des Artikels 8 Absätze 2 und 4 können jedoch nicht mehr geltend gemacht werden, wenn der Inhaber des älteren Rechts nach Artikel 53 Absatz 2 nicht mehr die Nichtigerklärung der Gemeinschaftsmarke verlangen kann.

(2) Diese Verordnung lässt, soweit nichts anderes bestimmt ist, das Recht unberührt, aufgrund des Zivil-, Verwaltungs- oder Strafrechts eines Mitgliedstaats oder aufgrund von Bestimmungen des Gemeinschaftsrechts Klagen oder Verfahren zum Zweck der Untersagung der Benutzung einer Gemeinschaftsmarke anhängig zu machen, soweit

nach dem Recht dieses Mitgliedstaats oder dem Gemeinschaftsrecht die Benutzung einer nationalen Marke untersagt werden kann.

Art. 107   **Ältere Rechte von örtlicher Bedeutung**

(1) Der Inhaber eines älteren Rechts von örtlicher Bedeutung kann sich der Benutzung der Gemeinschaftsmarke in dem Gebiet, in dem dieses ältere Recht geschützt ist, widersetzen, sofern dies nach dem Recht des betreffenden Mitgliedstaats zulässig ist.

(2) Absatz 1 findet keine Anwendung, wenn der Inhaber des älteren Rechts die Benutzung der Gemeinschaftsmarke in dem Gebiet, in dem dieses ältere Recht geschützt ist, während fünf aufeinanderfolgender Jahre in Kenntnis dieser Benutzung geduldet hat, es sei denn, dass die Anmeldung der Gemeinschaftsmarke bösgläubig vorgenommen worden ist.

(3) Der Inhaber der Gemeinschaftsmarke kann sich der Benutzung des in Absatz 1 genannten älteren Rechts nicht widersetzen, auch wenn dieses ältere Recht gegenüber der Gemeinschaftsmarke nicht mehr geltend gemacht werden kann.

3. Abschnitt   Umwandlung in eine Anmeldung für eine nationale Marke

Art. 108   **Antrag auf Einleitung des nationalen Verfahrens**

(1) Der Anmelder oder Inhaber einer Gemeinschaftsmarke kann beantragen, dass seine Anmeldung oder seine Gemeinschaftsmarke in eine Anmeldung für eine nationale Marke umgewandelt wird,

a) soweit die Anmeldung der Gemeinschaftsmarke zurückgewiesen wird oder zurückgenommen worden ist oder als zurückgenommen gilt;

b) soweit die Gemeinschaftsmarke ihre Wirkung verliert.

(2) Die Umwandlung findet nicht statt,

a) wenn die Gemeinschaftsmarke wegen Nichtbenutzung für verfallen erklärt worden ist, es sei denn, dass in dem Mitgliedstaat, für den die Umwandlung beantragt wird, die Gemeinschaftsmarke benutzt worden ist und dies als eine ernsthafte Benutzung im Sinne der Rechtsvorschriften dieses Mitgliedstaats gilt;

b) wenn Schutz in einem Mitgliedstaat begehrt wird, in dem gemäss der Entscheidung des Amtes oder des einzelstaatlichen Gerichts der Anmeldung oder der Gemeinschaftsmarke ein Eintragungshindernis oder ein Verfalls- oder Nichtigkeitsgrund entgegensteht.

(3) Die nationale Anmeldung, die aus der Umwandlung einer Anmeldung oder einer Gemeinschaftsmarke hervorgeht, geniesst in dem betreffenden Mitgliedstaat den Anmeldetag oder den Prioritätstag der Anmeldung oder der Gemeinschaftsmarke sowie gegebenenfalls den nach Artikel 34 oder Artikel 35 beanspruchten Zeitrang einer Marke dieses Staates.

(4) Für den Fall, dass – die Anmeldung der Gemeinschaftsmarke als zurückgenommen gilt oder vom Amt durch eine unanfechtbar gewordene Entscheidung zurückgewiesen wird, – die Gemeinschaftsmarke ihre Wirkung aufgrund einer unanfechtbar gewordenen Entscheidung des Amtes oder aufgrund der Eintragung eines Verzichts auf die Gemeinschaftsmarke verliert, teilt das Amt dies dem Anmelder oder Inhaber mit und setzt ihm dabei eine Frist von drei Monaten nach dieser Mitteilung für die Einreichung des Umwandlungsantrags.

(5) Wird die Anmeldung der Gemeinschaftsmarke zurückgenommen oder verliert die Gemeinschaftsmarke ihre Wirkung, weil die Eintragung nicht verlängert wurde, so ist der Antrag auf Umwandlung binnen drei Monaten nach dem Tag einzureichen, an dem die Anmeldung der Gemeinschaftsmarke zurückgenommen wurde oder die Eintragung der Gemeinschaftsmarke ihre Gültigkeit verloren hat.

(6) Verliert die Gemeinschaftsmarke ihre Wirkung aufgrund einer Entscheidung eines einzelstaatlichen Gerichts, so ist der Umwandlungsantrag binnen drei Monaten nach dem Tag einzureichen, an dem diese Entscheidung rechtskräftig geworden ist.

(7) Die in Artikel 32 genannte Wirkung erlischt, wenn der Antrag nicht innerhalb der vorgeschriebenen Zeit eingereicht wurde.

Art. 109 Einreichung, Veröffentlichung und Übermittlung des Umwandlungsantrags

(1) Der Umwandlungsantrag ist beim Amt zu stellen; im Antrag sind die Mitgliedstaaten zu bezeichnen, in denen die Einleitung des Verfahrens zur Eintragung einer nationalen Marke gewünscht wird. Der Antrag gilt erst als gestellt, wenn die Umwandlungsgebühr entrichtet worden ist.

(2) Falls die Anmeldung der Gemeinschaftsmarke veröffentlicht worden ist, wird ein Hinweis auf den Eingang des Antrags im Register für Gemeinschaftsmarken eingetragen und der Antrag veröffentlicht.

(3) Das Amt überprüft, ob die Umwandlung gemäss Artikel 108 Absatz 1 beantragt werden kann, ob der Antrag innerhalb der Fristnach Artikel 108 Absatz 4, 5 oder 6 gestellt worden und ob die Umwandlungsgebühr entrichtet worden ist. Sind diese Bedingungen erfüllt, so übermittelt das Amt den Antrag den Zentralbehörden für den gewerblichen Rechtsschutz der im Antrag bezeichneten Staaten. Das Amt erteilt der Zentralbehörde für den gewerblichen Rechtsschutz eines betroffenen Staates auf Antrag alle Auskünfte, die diese Behörde benötigt, um über die Zulässigkeit des Antrags zu entscheiden.

Art. 110 Formvorschriften für die Umwandlung

(1) Die Zentralbehörde für den gewerblichen Rechtsschutz, der der Umwandlungsantrag übermittelt worden ist, entscheidet über seine Zulässigkeit.

(2) Eine Anmeldung bzw. Gemeinschaftsmarke, die nach Artikel 109 übermittelt worden ist, darf nicht solchen Formerfordernissen des nationalen Rechts unterworfen werden, die von denen abweichen, die in der Verordnung oder in der Durchführungsverordnung vorgesehen sind, oder über sie hinausgehen.

(3) Die Zentralbehörde für den gewerblichen Rechtsschutz, der der Umwandlungsantrag übermittelt worden ist, kann verlangen, dass der Anmelder innerhalb einer Frist, die nicht weniger als zwei Monate betragen darf,

a) die nationale Anmeldegebühr entrichtet,

b) eine Übersetzung – in einer der Amtssprachen des betreffenden Staats – des Umwandlungsantrags und der ihm beigefügten Unterlagen einreicht,

c) eine Anschrift angibt, unter der in dem betreffenden Staat zu erreichen ist,

d) in der von dem betreffenden Staat genannten Anzahl eine bildliche Darstellung der Marke übermittelt.

[Titel XII Das Amt nicht abgedruckt]

Fundstellen weiterer Quellen für Markenrecht

Nationale Erlasse
- Bundesgesetz betreffend den Schutz des Zeichens und des Namens des **Roten Kreuzes** vom 25. März 1954 (SR 232.22)
- Bundesgesetz zum Schutz von Namen und Zeichen der **Organisation der Vereinten Nationen** und anderer zwischenstaatlicher Organisationen vom 15. Dezember 1961 (SR 232.23) (eine aktuelle Liste mit den geschützten Zeichen findet sich auf der Webseite des IGE, http://www.ige.ch/D/jurinfo/j11001.htm)

Multilaterale Staatsverträge
- **Markenrechtsvertrag** (mit Ausführungsordnung), Genf 27. Oktober 1994 (SR 0.232.112.1)
- **Gemeinsame Ausführungsordnung zum Madrider Abkommen** über die internationale Registrierung von Marken und zum Protokoll zu diesem Abkommen vom 18. Januar 1996 (SR 0.232.112.21)
- **Abkommen von Nizza über die internationale Klassifikation** von Waren und Dienstleistungen für Fabrik- oder Handelsmarken, Nizza 15. Juni 1957 (SR 0.232.112.7)
- Abkommen von Nizza über die internationale Klassifikation von Waren und Dienstleistungen für die Eintragung von Marken, revidiert in Stockholm am 14. Juli 1967 (SR 0.232.112.8)
- Abkommen von Nizza über die internationale Klassifikation von Waren und Dienstleistungen für die Eintragung von Marken, revidiert in Genf am 13. Mai 1977 (SR 0.232.112.9)
- **Übereinkommen über die internationalen Ausstellungen,** Paris 22. November 1928, geändert und ergänzt durch die Protokolle vom 10. Mai 1948, 16. November 1966 und 30. November 1972 (SR 0.945.7) (eine Liste mit allen vom Ausstellungsbüro anerkannten Ausstellungen findet sich unter http://www.bie-paris.org/eng/index3.htm)
- **Internationale Klassifikation der Bildbestandteile von Marken,** Wien 12. Juni 1973 (frz. Text unter http://www.ompi.org/treaties/classification/vienna/index-fr.html; die Schweiz ist nicht Vertragsstaat)
- Vertrag von Nairobi über den **Schutz des Olympischen Symbols,** Nairobi 26. September 1981 (frz. Text unter http://www.ompi.org/treaties/ip/nairobi/index-fr.html; die Schweiz ist nicht Vertragsstaat)

Bilaterale Staatsverträge
- Übereinkommen mit **Deutschland** betreffend den gegenseitigen Markenschutz (SR 0.232.112.913.6)
- Übereinkommen mit **Korea** über die gegenseitige Gewährleistung und den gegenseitigen Schutz der Marken (SR 0.232.112.928.1)
- Erklärung vom 6. November 1880 zwischen der **Schweiz und Grossbritannien** betreffend den gegenseitigen Schutz der Fabrik- und Handelsmarken (0.232.112.936.7)

- Abkommen mit **Mexiko** – betreffend Firmenbezeichnungen und geographische Marken (SR 0.232.112.956.3)
- Das IGE unterhält eine **Liste mit bilateralen Wirtschafts- und Kooperationsabkommen,** die Bestimmungen betreffend den Schutz von Immaterialgüterrechten enthalten. Zur Zeit bestehen solche Abkommen mit Albanien, Armenien, Aserbeidschan, Belarus, Bosnien und Herzegowina, China, Estland, Georgien, Kasachstan, Kirgisien, Kroatien, Lettland, Litauen, Mazedonien, Moldawien, Russland, Serbien und Montenegro, Ukraine, Usbekistan und Vietnam. Die Abkommen mit Iran und Turkmenistan sind noch nicht in Kraft. Die Liste des IGE findet sich unter http://www.ige.ch/D/jurinfo/j13001.htm

Europäisches Recht
- **Gemeinsame Erklärung** des Rates und der Kommission der Europäischen Gemeinschaften im Protokoll des Rates anlässlich der Annahme der Verordnung des Rates über die **Gemeinschaftsmarke,** 20. Dezember 1993 (Abl. HABM 1996 S. 612)
- Verordnung (EG) Nr. 2868/95 der Kommission zur **Durchführung der Verordnung (EG) Nr. 40/94 des Rates über die Gemeinschaftsmarke,** 13. Dezember 1995 (ABl. HABM Nr. 2-3/95, S. 258)
- Verordnung (EG) Nr. 2869/95 der Kommission vom über die an das **Harmonisierungsamt zu entrichtenden Gebühren,** 13. Dezember 1995, (ABl. HABM Nr. 2–3/95, S. 258)
- Verordnung (EG) Nr. 216/96 über die Verfahrensordnung vor den Beschwerdekammern des Harmonisierungsamts, 5. Februar 1996, (ABl. HABM Nr. 4/96, S. 398)
- Richtlinien des Harmonierungsamts für die **Verfahren vor dem Amt** (alle genannten Dokumente sind erhältlich unter http://oami.eu.int/de/aspects/default.htm)

Verschiedenes
- Rules for **Uniform Domain Name Dispute Resolution Policy,** as approved by ICANN on October 24, 1999 (http://www.icann.org/udrp/udrp-rules-24oct99.htm)
- **WIPO Supplemental Rules** for Uniform Domain Name Dispute Resolution Policy (http://arbiter.wipo.int/domains/rules/supplemental/index.html)
- Guide WIPO Domain Name Dispute Resolution (http://arbiter.wipo.int/center/publications/guide-en-web.pdf)
- **Verfahrensreglement für Streitbeilegungsverfahren** für .ch und .li Domain-Namen der SWITCH vom 1. März 2004 (www.switch.ch/de/id/disputes/rules_v1.html)
- **Joint Recommendation Concerning Provisions on the Protection of Well-Known Marks,** adopted by the Assembly of the Paris Union for the Protection of Industrial Property and the General Assembly of the World Intellectual Property Organization (WIPO) at the Thirty-Fourth Series of Meetings of the Assemblies of the Member States of WIPO – September 20 – 29, 1999
- **Joint Recommendation Concerning Trademark Licenses,** adopted by the Assembly of the Paris Union for the Protection of Industrial Property and the General Assembly of the World Intellectual Property Organization (WIPO) at the

Thirty-Fifth Series of Meetings of the Assemblies of the Member States of WIPO September 25 – October 3, 2000
- **Joint Recommendation Concerning Provisions on the Protection of Marks and other Industrial Property Right in Signs on the Internet** (with Explanatory Notes), adopted by the Assembly of the Paris Union for the Protection of Industrial Property and the General Assembly of the World Intellectual Property Organization (WIPO) at the Thirty-Sixth Series of Meetings of the Assemblies of the Member States of WIPO September 24 – October 3, 2001 (die drei Joint Recommendations sind auf Englisch und Französisch auf der Webseite der WIPO/OMPI erhältlich, http://www.wipo.org/about-ip/en/development_iplaw/ und http://www.wipo.org/about-ip/fr/development_iplaw/)

Übriges Kennzeichenrecht

Bundesgesetz betreffend die Ergänzung des Schweizerischen Zivilgesetzbuches

(Fünfter Teil: Obligationenrecht)

vom 30. März 1911 (Stand am 25. Juni 2002)

[Art. 1–943 nicht abgedruckt]

Vierte Abteilung:[1]   **Handelsregister, Geschäftsfirmen und kaufmännische Buchführung**

Einunddreissigster Titel: Die Geschäftsfirmen

Art. 944

A. Grundsätze der Firmenbildung

I. Allgemeine Bestimmungen

[1] Jede Firma darf, neben dem vom Gesetze vorgeschriebenen wesentlichen Inhalt, Angaben enthalten, die zur näheren Umschreibung der darin erwähnten Personen dienen oder auf die Natur des Unternehmens hinweisen oder eine Phantasiebezeichnung darstellen, vorausgesetzt, dass der Inhalt der Firma der Wahrheit entspricht, keine Täuschungen verursachen kann und keinem öffentlichen Interesse zuwiderläuft.

[2] Der Bundesrat kann Vorschriften darüber erlassen, in welchem Umfange nationale und territoriale Bezeichnungen bei der Bildung von Firmen verwendet werden dürfen.

Art. 945

II. Einzelfirmen

1. Wesentlicher Inhalt

[1] Wer als alleiniger Inhaber ein Geschäft betreibt, muss den wesentlichen Inhalt seiner Firma aus dem Familiennamen mit oder ohne Vornamen bilden.

[2] ...[2]

[3] Der Firma darf kein Zusatz beigefügt werden, der ein Gesellschaftsverhältnis andeutet.

Art. 946

2. Ausschliesslichkeit der eingetragenen Firma

[1] Eine im Handelsregister eingetragene Einzelfirma darf von keinem andern Geschäftsinhaber an demselben Orte verwendet werden, selbst dann nicht, wenn er den gleichen Vor- und Familiennamen hat, mit dem die ältere Firma gebildet worden ist.

---

[1] Fassung gemäss BG vom 18. Dez. 1936, in Kraft seit 1. Juli 1937 (AS **53** 185; BBl **1928** I 205, **1932** I 217). Siehe die Schl- und UeB zu den Tit. XXIV–XXXIII am Schluss des OR.

[2] Aufgehoben durch Ziff. I des BG vom 4. Okt. 1991 (AS **1992** 733; BBl **1983** II 745).

² Der neue Geschäftsinhaber hat in einem solchen Falle seinem Namen in der Firma einen Zusatz beizufügen, durch den diese deutlich von der älteren Firma unterschieden wird.

³ Gegenüber einer an einem andern Orte eingetragenen Einzelfirma bleiben die Ansprüche aus unlauterem Wettbewerb vorbehalten.

Art. 947
III. Gesellschaftsfirmen
1. Kollektiv-, Kommandit- und Kommanditaktiengesellschaft
a. Bildung der Firma

¹ Die Firma einer Kollektivgesellschaft muss, sofern nicht sämtliche Gesellschafter namentlich aufgeführt werden, den Familiennamen wenigstens eines der Gesellschafter mit einem das Gesellschaftsverhältnis andeutenden Zusatz enthalten.

² Bei Aufnahme weiterer Gesellschafter kann die Kollektivgesellschaft ihre Firma unverändert beibehalten.

³ Die Firma einer Kommanditgesellschaft oder Kommanditaktiengesellschaft muss den Familiennamen wenigstens eines unbeschränkt haftenden Gesellschafters mit einem das Gesellschaftsverhältnis andeutenden Zusatz enthalten.

⁴ Die Namen anderer Personen als der unbeschränkt haftenden Gesellschafter dürfen in der Firma einer Kollektivgesellschaft, Kommanditgesellschaft oder Kommanditaktiengesellschaft nicht enthalten sein.

Art. 948
b. Änderung der Firma

¹ Wenn eine Person, deren Familienname in der Firma einer Kollektivgesellschaft Kommanditgesellschaft oder Kommanditaktiengesellschaft enthalten ist, aus der Gesellschaft ausscheidet, so darf auch mit Einwilligung dieser Person oder ihrer Erben ihr Name in der Gesellschaftsfirma nicht beibehalten werden.

² Ausnahmen können bewilligt werden, wenn das Gesellschaftsverhältnis durch eine verwandtschaftliche Beziehung ausgedrückt ist, solange wenigstens unter zwei unbeschränkt haftenden Gesellschaftern noch eine Verwandtschaft oder Schwägerschaft besteht und einer von ihnen den in der Firma enthaltenen Familiennamen trägt.

Art. 949
2. Gesellschaft mit beschränkter Haftung

¹ Gesellschaften mit beschränkter Haftung können unter Wahrung der allgemeinen Grundsätze der Firmenbildung ihre Firma frei wählen.

² In allen Fällen muss der Firma die Bezeichnung als Gesellschaft mit beschränkter Haftung beigefügt werden.

Art. 950
3. Aktiengesellschaft und Genossenschaft

¹ Aktiengesellschaften und Genossenschaften können unter Wahrung der allgemeinen Grundsätze der Firmenbildung ihre Firma frei wählen.

² Unter den gleichen Voraussetzungen dürfen sie auch Personennamen in die Firma

aufnehmen, müssen ihr aber in solchen Fällen die Bezeichnung als Aktiengesellschaft oder Genossenschaft beifügen. Wird diese Bezeichnung den Personennamen vorangestellt, so darf sie nicht abgekürzt werden.

Art. 951
4. Ausschliesslichkeit der eingetragenen Firma

[1] Die Vorschriften über die Ausschliesslichkeit der eingetragenen Einzelfirma gelten auch für die Firma der Kollektivgesellschaft, der Kommanditgesellschaft, der Kommanditaktiengesellschaft und, sofern deren Firma Personennamen enthält, für die Gesellschaft mit beschränkter Haftung.

[2] Die Firmen der Aktiengesellschaften und Genossenschaften sowie die bei der Gesellschaft mit beschränkter Haftung ohne Personennamen gebildeten Firmen müssen sich von jeder in der Schweiz bereits eingetragenen Firma deutlich unterscheiden.

Art. 952
IV. Zweigniederlassungen

[1] Zweigniederlassungen müssen die gleiche Firma führen wie die Hauptniederlassung; sie dürfen jedoch ihrer Firma besondere Zusätze beifügen, sofern diese nur für die Zweigniederlassung zutreffen.

[2] Die Firma der Zweigniederlassung eines Unternehmens, dessen Sitz sich im Auslande befindet, muss überdies den Ort der Hauptniederlassung, den Ort der Zweigniederlassung und die ausdrückliche Bezeichnung als solche enthalten.

Art. 953
V. Übernahme eines Geschäftes

[1] Wer ein Geschäft übernimmt, ist an die Vorschriften gebunden, die für die Bildung und die Führung einer Firma aufgestellt sind.

[2] Der Übernehmer darf jedoch mit ausdrücklicher oder stillschweigender Zustimmung der früheren Inhaber oder ihrer Erben die bisherige Firma weiterführen, sofern in einem Zusatz das Nachfolgeverhältnis zum Ausdruck gebracht und der neue Inhaber genannt wird.

Art. 954
VI. Namensänderung

Die bisherige Firma kann beibehalten werden, wenn der darin enthaltene Name des Geschäftsinhabers oder eines Gesellschafters von Gesetzes wegen oder durch die zuständige Behörde geändert worden ist.

Art. 955
B. Überwachung

Der Registerführer ist von Amtes wegen verpflichtet, die Beteiligten zur Beobachtung der Bestimmungen über die Firmenbildung anzuhalten.

Art. 956
C. Schutz der Firma

[1] Die im Handelsregister eingetragene und im Schweizerischen Handelsamtsblatt

veröffentlichte Firma eines einzelnen Geschäftsinhabers oder einer Handelsgesellschaft oder Genossenschaft steht dem Berechtigten zu ausschliesslichem Gebrauche zu.

² Wer durch den unbefugten Gebrauch einer Firma beeinträchtigt wird, kann auf Unterlassung der weitern Führung der Firma und bei Verschulden auf Schadenersatz klagen.

Handelsverordnung [1]
(HRegV)

vom 7. Juni 1937 (Stand am 1. Juni 2004)

Der Schweizerische Bundesrat,
gestützt auf die Artikel 929, 936 und 936a des Obligationenrechts (OR)[2]
sowie Artikel 102 des Fusionsgesetzes vom 3. Oktober 2003[3] (FusG),[4]
beschliesst:

[Art. 1–43 nicht abgedruckt]

Art. 44[5]   Prüfung von Firma und Namen

[1] Der Registerführer prüft, ob die Firma oder bei Vereinen und Stiftungen der Name den rechtlichen Anforderungen genügt (Art. 944 ff. OR oder Art. 38 Abs. 1 HRegV).

[2] Ausnahmsweise kann er von einer Dienststelle der öffentlichen Verwaltung oder von einer privaten Organisation eine Stellungnahme einholen.

Art. 45[6]   Massgebliche Schreibweise für Firma und Namen

Für die Eintragung der Firma oder des Namens ist für alle sprachlichen Fassungen die Schreibweise massgebend, die enthalten ist in:

a. der Handelsregisteranmeldung bei Einzelunternehmen;
b. dem Gesellschaftsvertrag bei Personengesellschaften;
c. der Stiftungsurkunde bei Stiftungen oder den Statuten bei den anderen juristischen Personen;
d. dem dafür massgeblichen Rechtserlass bei öffentlich-rechtlichen Körperschaften und Anstalten.

Art. 46[7]   Firma und Namen in mehreren Sprachen

[1] Wird eine Firma oder ein Name in mehreren Sprachen gefasst, so sind alle Fassungen in das Handelsregister einzutragen; alle Fassungen müssen inhaltlich übereinstimmen.

[2] Nur die eingetragenen Fassungen der Firma geniessen das Recht auf ausschliesslichen Gebrauch.

---

[1] Fassung des Tit. gemäss Ziff. I der V vom 15. Nov. 1989, in Kraft seit 1. Jan. 1990 (AS **1989** 2380).
[2] SR **220**
[3] SR **221.301**
[4] Fassung gemäss Ziff. I der V vom 21. April 2004, in Kraft seit 1. Juli 2004 (AS **2004** 2669).
[5] Fassung gemäss Ziff. I der V vom 29. Sept. 1997, in Kraft seit 1. Jan. 1998 (AS **1997** 2230).
[6] Fassung gemäss Ziff. I der V vom 29. Sept. 1997, in Kraft seit 1. Jan. 1998 (AS **1997** 2230).
[7] Fassung gemäss Ziff. I der V vom 29. Sept. 1997, in Kraft seit 1. Jan. 1998 (AS **1997** 2230).

Art. 47[8]   **Firmengebrauchspflicht**

Auf Briefen, Bestellscheinen und Rechnungen sowie in Bekanntmachungen ist die im Handelsregister eingetragene Firma vollständig und unverändert anzugeben. Zusätzlich können Kurzbezeichnungen, Logos, Geschäftsbezeichnungen, Enseignes und ähnliche Angaben verwendet werden.

Art. 48[9]   **Geschäftsbezeichnung und Enseigne**

Besondere Bezeichnungen des Geschäftsbetriebes (Geschäftsbezeichnungen) und besondere Bezeichnungen des Geschäftslokals (Enseignes) können im Handelsregister eingetragen werden. Die Eintragung gewährt kein Recht auf ausschliesslichen Gebrauch. Sie untersteht den Bestimmungen der Artikel 38 Absatz 1, 61 und 67.

[Art. 49–68 nicht abgedruckt]

V. Zweigniederlassungen

Art. 69   **Gewerbebetrieb als Voraussetzung der Eintragung**

Es können nur Zweigniederlassungen von Gewerben in das Handelsregister eingetragen werden.

Art. 70   **Firma**

[1] Zweigniederlassungen müssen die gleiche Firma führen wie die Hauptniederlassung; sie dürfen jedoch ihrer Firma besondere Zusätze beifügen, sofern diese nur für die Zweigniederlassung zutreffen.

[2] Die Firma der Zweigniederlassung eines Unternehmens, dessen Sitz sich im Ausland befindet, muss überdies den Ort der Hauptniederlassung, den Ort der Zweigniederlassung und die ausdrückliche Bezeichnung als solche enthalten (Art. 952 OR).

[Art. 71–126 nicht abgedruckt]

---

[8]   Fassung gemäss Ziff. I der V vom 29. Sept. 1997, in Kraft seit 1. Jan. 1998 (AS **1997** 2230).
[9]   Fassung gemäss Ziff. I der V vom 29. Sept. 1997, in Kraft seit 1. Jan. 1998 (AS **1997** 2230).

Anleitung und Weisung an die kantonalen Handelsregisterbehörden betreffend die Prüfung von Firmen und Namen

vom 1. Januar 1998

1   Grundlagen

1
Die Bildung von Firmen von Einzelunternehmen, Handelsgesellschaften und Genossenschaften wird in den Artikeln 944 bis 956 des Obligationenrechts (OR) und in Artikel 38 sowie 44 bis 48 der Handelsregisterverordnung (HRegV) geregelt. Die Bildung der Namen von Vereinen und Stiftungen bestimmt sich nach Artikel 29 des Zivilgesetzbuches (ZGB) sowie nach den erwähnten Bestimmungen der Handelsregisterverordnung (die Rechtsgrundlagen finden sich in Anhang 1).

2
Allgemein gilt, dass jede Firma, neben dem vom Gesetz vorgeschriebenen wesentlichen Inhalt, Angaben enthalten darf, die zur näheren Umschreibung der darin erwähnten Personen dienen oder auf die Natur des Unternehmens hinweisen oder eine Fantasiebezeichnung darstellen. Voraussetzung ist, dass der Inhalt der Firma der Wahrheit entspricht, keine Täuschungen verursachen kann und keinem öffentlichen Interesse widerspricht (Art. 944 Abs. 1 OR).

2   Täuschungsverbot

3
Der Grundsatz des Täuschungsverbots ist in Artikel 944 Absatz 1 OR und Artikel 38 Absatz 1 HRegV festgehalten. In der Rechtsprechung und Praxis wurde dieser Grundsatz in verschiedenen Teilgehalten konkretisiert.

2.1   Firma-Zweck-Relation

4
Eine Firma darf zu keinen Täuschungen über das Tätigkeitsfeld des Rechtssubjektes Anlass geben.

5
Die Täuschungsgefahr ist dann zu bejahen, wenn die Firma Begriffe enthält, die sich auf eine Tätigkeit oder ein Produkt bzw. eine Dienstleistung beziehen, die in der Umschreibung der Zwecksetzung oder Geschäftstätigkeit nicht erwähnt wird, oder wenn sie nur auf einen Nebenzweck hinweist und dadurch die eigentliche Haupttätigkeit verborgen bleibt (s. BGE 117 II 198).

6
Bei der Änderung des Gesellschaftszwecks muss die Firma-Zweck-Relation überprüft werden.

7

Beispiel: Die Firma «Haberthür Industriebetriebe AG» ist täuschend, wenn es sich bisher um einen Industriebetrieb handelt, dessen Zweck in eine blosse Beteiligungs- oder Immobiliengesellschaft umgewandelt wird.

8

Insbesondere Begriffe wie *Hochschule, Universität, Spital, öffentlich, gemeinnützig* dürfen nur in die Firma oder in den Namen aufgenommen werden, wenn dies materiell gerechtfertigt ist.

9

Beispiel: Eine Hotelfachschule ist keine Institution, die den Anforderungen einer Universität genügt, so dass der Firmen- oder Namensbestandteil «University-Center» täuschend und somit nicht eintragungsfähig ist.

10

Die Begriffe *Bank, Banking* und *Bankier* können nur Bestandteil der Firma sein, wenn die Eidgenössische Bankenkommission (EBK) eine Bewilligung zum Geschäftsbetrieb einer Bank erteilt hat (s. Art. 1 Abs. 4 Bankengesetz; SR 952.0; Anhang 1), oder wenn aus der Firma oder dem Namen klar ersichtlich ist, dass es sich nicht um ein Geldinstitut handelt. Dies gilt auch für den Begriff *Effektenhändler* (s. Art. 10 Abs. 7 Börsengesetz; SR 954.1; Anhang 1).

11

Beispiel: Ohne Bewilligung der EBK unzulässige Firmen: «Banking Solutions AG»; «HBC Bank Corporation»; zulässig demgegenüber: «Eureka Datenbank AG»; «Fabuli Blutbank AG».

12

Für Vermögen, die nicht dem Anlagefondsgesetz unterstehen, sowie für bankinterne Sondervermögen dürfen die Bezeichnungen *Anlagefonds, Investmentfonds* oder ähnliche Ausdrücke nicht verwendet werden, wenn sie zu Täuschungen und Verwechslungen Anlass geben können (s. Art. 5 Anlagefondsgesetz; SR 951.31; Anhang 1).

2.2 Reklamehaftigkeit der Firma oder des Namens

13

Eine Firma oder ein Name darf werbende Elemente enthalten, soweit sie dem Wahrheitsgebot entsprechen, das Täuschungsverbot nicht verletzt wird und keine öffentlichen Interessen entgegenstehen.

14

Beispiele: Zulässige Firmen: «Pub Number One GmbH»; «The Best Computer AG»; «Top-Auto-Center GmbH»; «Hans Muster, Ihr Partner beim Küchenbau»; «24-Std-Schlüssel-Blitz-Service, Antonio Muster».

2.3 Sachbegriffe

15

Die Firma hat die Funktion, ein Rechtssubjekt zu kennzeichnen und von anderen zu unterscheiden (s. BGE 101 Ib 363).

16
Reine Sachbegriffe sind nicht geeignet, ein Rechtssubjekt zu individualisieren, da ihnen die notwendige Kennzeichnungs- und Unterscheidungskraft fehlt. Es handelt sich um Begriffe des Gemeinguts, die jedermann frei zur Verfügung stehen und nicht monopolisiert werden können.

17
Eine Firma darf daher nicht aus einem reinen Sachbegriff gebildet werden, der die Tätigkeit oder das Rechtssubjekt als solches umschreibt (s. BGE 101 Ib 366). Das gleiche gilt auch für die Namen von Vereinen und Stiftungen.

18
Beispiele unzulässiger Firmenbildungen, da weder kennzeichnungs- noch unterscheidungsfähig: «Grosshandels AG»; «Handelsgesellschaft mbH»; «Wohnungsbau AG»; «Kaufhaus AG»; «Garage AG»; «Schreinerei GmbH».

19
Sofern der Firma durch das Hinzufügen weiterer Elemente eine hinreichende Kennzeichnungs- und Unterscheidungskraft verliehen wird, sind tätigkeitsumschreibende Sachbegriffe und Branchenbezeichnungen als Firmenbestandteile grundsätzlich zulässig, wenn sie sachlich zutreffen.

20
Beispiele: Zulässig: «Eastern Store Handelsgesellschaft mbH»; «ZUBAG Wohnungsbau AG»; «Garage 2000 AG»; «Schreinerei Muster GmbH».

21
Sachbegriffe, denen nicht die Eigenschaft einer Beschreibung der Tätigkeit des Unternehmens, sondern Fantasiecharakter zukommt, sind als Firmen zulässig, sofern die Firma durch die Angabe der Rechtsform als solche erkennbar ist.

22
Sachbegriffe sind dann zulässig, wenn sie vom durchschnittlichen Betrachter als Fantasiebezeichnung verstanden werden.

Beispiele:

23
Zulässig: «Fondation Soleil»; «Blaue Blume AG»; «Panther AG».

24
Unzulässig, da nicht als Firma erkennbar: «Soleil»; «Blaue Blume»; «Panther».

25
Kombinationen von Sachbezeichnungen sind als alleinige Firmenbestandteile zulässig, wenn ihnen Fantasiecharakter zukommt oder die Begriffskombination eine Originalität aufweist, die das Rechtssubjekt individualisiert; die Firma muss jedoch durch die Angabe der Rechtsform als solche erkennbar sein.

26
An die Originalität der Wortkombinationen dürfen unter Berücksichtigung der Bedürfnisse der Praxis keine zu hohen Anforderungen gestellt werden. Eine Kombination von Sachbegriffen darf unter Hinzufügung des rechtsformandeutenden Zusatzes als Firma verwendet werden, wenn der Gegenstand oder Zweck des Unternehmens für andere Gesellschaften derselben Branche ohne weiteres auch mit anderen Ausdrücken umschrieben werden kann.

Beispiele:

27

Zulässig: «Index Management AG»; «Scientific and Mathematical Research and Computing GmbH»; «Management Zentrum Hinwil AG».

28

Unzulässig: «Schirm Fabrik AG»; «Gemüse-Handel GmbH»; «Wurstladen GmbH»; «Zeitschriften-Vertrieb AG»; «Schraubenwerk AG»; «Schuh-Geschäft GmbH».

29

Unter Umständen können zwei kombinierte Sachbegriffe Fantasiecharakter haben oder eine gewisse Originalität aufweisen, so dass sie als Firma hinreichend individualisierend sind.

30

Beispiel: Zulässig: «Speisewerk GmbH» (Zweck: Betrieb eines Restaurationsbetriebes).

31

Sofern zwei Sachbegriffe zu einem neuen Sachbegriff kombiniert werden, ist letzterer als Firma unzulässig.

32

Beispiel: Unzulässig: «Sonnenbrillen AG».

33

Eine hinreichende Individualisierung von Sachbegriffen kann grundsätzlich auch durch das Hinzufügen einer Sitzangabe erfolgen. Eine Firma darf jedoch nicht eingetragen werden, wenn aus der Verbindung eines Sachbegriffes mit einer Sitzangabe oder einer anderen geografischen Bezeichnung ein unzutreffender monopolisierender Eindruck entsteht oder wenn der Anschein einer nicht vorhandenen offiziellen oder offiziösen Stellung erweckt wird.

34

Blosse Sachbegriffe dürfen als Firma verwendet werden, sofern nebst der Angabe der Rechtsform zusätzlich individualisierende Zeichen hinzugefügt werden.

35

Beispiele: Zulässig: «KK Transport AG»; «BMF Betten- & Matratzenfabrik GmbH».

36

Firmen, die im wesentlichen aus Sachbegriffen oder Branchenbezeichnungen gebildet werden, kommt unter dem Gesichtspunkt der Firmenähnlichkeit nur eine beschränkte Schutzwirkung zu, da der Sachbegriff als solcher nicht monopolisiert werden kann.

37

Anderen Unternehmen steht es frei, eine bereits als Firmenbestandteil eingetragene Sachbezeichnung ebenfalls in ihre Firma aufzunehmen (s. in diesem Sinne BGE 4C.307/1995 vom 24. September 1996).

Anleitung und Weisung zum Firmenrecht 269

2.4 Geografische Firmen- und Namensbestandteile

2.4.1 Grundsatz

38
Geografische Bezeichnungen als Firmen- und Namensbestandteile sind grundsätzlich frei verwendbar; vorbehalten bleiben das Wahrheitsgebot, das Täuschungsverbot und der Schutz öffentlicher Interessen.

39
Als geografische Bezeichnungen im Sinne dieser Weisung gelten *nationale, territoriale* und *regionale Bezeichnungen* sowie Begriffe wie *International, Worldwide und Mondial*.

40
Geografische Bezeichnungen wie insbesondere Namen von Bergen, Pässen, Hügeln, Flüssen, Seen und Meeren dürfen als Fantasiebezeichnungen verwendet werden, sofern sich daraus nach den Umständen keine Täuschungsgefahr ergibt.

41
Besteht jedoch zwischen dem Gesellschaftszweck und einem geografischen Firmen- oder Namensbestandteil ein Sinnzusammenhang, dürfen keine unzutreffenden Bezeichnungen verwendet werden.

42
Beispiele: Zulässig: «Restaurant Vue des Alpes SA»; «Hotel Simplon AG»; «Aare-Bar GmbH»; «Pacific Trading Company Ltd».

43
Gemäss Artikel 6 des Bundesgesetzes über den Schutz von öffentlichen Wappen und anderen öffentlichen Bezeichnungen (Wappenschutzgesetz; SR 232.21; s. Anhang 1) dürfen politische Bezeichnungen wie *Eidgenossenschaft, Bund, eidgenössisch, Kanton, kantonal, Gemeinde, kommunal* oder Ausdrücke, die mit diesen Worten verwechselt werden können, weder für sich allein noch in Verbindung mit anderen Begriffen benutzt werden, sofern sich daraus ein Anschein nicht bestehender amtlicher Beziehungen eines Rechtssubjekts ergibt. Entsprechend gebildete Firmen und Namen sind daher in der Regel zurückzuweisen, da bei den aufgeführten Bezeichnungen meist der Eindruck einer Verbindung zum Gemeinwesen entsteht. Sofern die Firma oder der Name derart gebildet wird, dass keinerlei Bezug zum Gemeinwesen entsteht, ist die entsprechende Bezeichnung zulässig.

44
Beispiele: Zulässig: «Herberge zu den fünf Kantonen, Heiri Muster»; Unzulässig: «Eidgenössische Sparkasse AG».

2.4.2 Herkunftsbezeichnungen

45
Geografische Bezeichnungen dürfen verwendet werden, wenn sie dazu dienen, auf die Herkunft bestimmter Produkte oder Dienstleistungen hinzuweisen und die Herkunftsangabe zutreffend ist.

46
Beispiele: «Afghan Carpets, Muster & Cie» (Gesellschaftszweck: Import und Handel mit afghanischen Teppichen); «Swiss Titan Design GmbH» (Gesellschaftszweck: Konzeption, Design und Herstellung von Titanobjekten in der Schweiz).

47

Die Ausdrücke «Euro» und «Swiss» in Verbindung mit andern Wörtern dürfen generell verwendet werden, sofern das Unternehmen seine Produkte oder Dienstleistungen in Europa oder in der Schweiz herstellt bzw. erbringt. Analoges gilt für ähnlich gebildete Ausdrücke («Berna», «Ital» etc.).

48

Beispiele: «EuroFleurs SA», «Swissôtel SA».

2.4.3 Hinweis auf Tätigkeitsfeld

49

Geografische Bezeichnungen dürfen verwendet werden, wenn sie dazu dienen, die Tätigkeit oder das räumliche Tätigkeitsgebiet in der Firma zum Ausdruck zu bringen, und die Umschreibung des Gesellschaftszwecks auf die in der Firma enthaltene geografische Einheit Bezug nimmt.

50

Zur Vermeidung von Täuschungen über eine nicht vorhandene Offizialität ist der Firma oder dem Namen unter Umständen ein individualisierender Zusatz beizufügen.

51

Beispiele: «Red Dragon China Development Ltd.» (Gesellschaftszweck: Entwicklung von Geschäftsbeziehungen und Vermittlung von Investitionen in China); «Transifast Transporte International AG» (Gesellschaftszweck: Internationale Transporte); «Italia-Mare Travel GmbH» (Gesellschaftszweck: Reisebüro mit Spezialisierung auf Italienreisen).

2.4.4 Fantasiebezeichnungen

52

Geografische Bezeichnungen dürfen verwendet werden, wenn ihnen in Verbindung mit anderen Ausdrücken der Charakter einer Fantasiebezeichnung zukommt.

53

Beispiele: «American Dream AG», «Boutique Swisslake», «Eurosong GmbH».

2.4.5 Konzernverhältnisse

54

Geografische Bezeichnungen dürfen verwendet werden, wenn sie dazu dienen, Gesellschaften, die in einen Konzern eingebunden sind oder einer Gruppe von Gesellschaften angehören, zu individualisieren.

55

Die verwendeten geografischen Bezeichnungen müssen dem im Gesellschaftszweck zum Ausdruck gebrachten räumlichen Zuständigkeitsbereich der betreffenden Konzerngesellschaft entsprechen.

56

Die Verwendung geografischer Bezeichnungen ist auch zulässig, wenn die in den Konzern eingebundenen Gesellschaften in unterschiedlicher Weise firmieren.

57

Die Konzern- oder Gruppenstrukturen können auf *Kapitalbeteiligungen* oder auf *vertraglichen Bindungen* beruhen. Gebietsbezogene Firmenzusätze sind auch dann zulässig, wenn Gesellschaften durch *Lizenz-, Franchising- oder ähnliche Vertragsverhältnisse* liiert sind, ohne dass eine eigentliche, auf Kapitalbeteiligungen beruhende Konzernstruktur vorliegt.

2.4.6 Geografische Bezeichnungen als alleinige Firmen- und Namensbestandteile

58

Geografische Bezeichnungen dürfen nicht ohne zusätzliche Firmenbestandteile verwendet werden, da sie monopolisierend wirken und nicht geeignet sind, das Rechtssubjekt hinreichend zu individualisieren; das gleiche gilt für Namen.

59

Beispiele: «Schweiz GmbH»; «Indian-Swiss Corporation».

60

Veränderte geografische Bezeichnungen gelten als Fantasiebezeichnungen und dürfen als Firma verwendet werden (s. 2.4.4).

61

Beispiele: «Bigla AG»; «Bienna SA».

2.4.7 Anschein einer offiziellen oder offiziösen Tätigkeit oder Stellung

62

Geografische Bezeichnungen sind unzulässig, wenn die Firma oder der Name den Anschein einer nicht gegebenen offiziellen oder offiziösen Tätigkeit oder Stellung erwecken kann (s. auch 2.3).

63

Beispiele: «Suisse Promotion SA»; «Schweizerisches Institut für Medizinalpflanzen».

2.4.8 Anschein einer Marktposition

64

Geografische Bezeichnungen sind unzulässig, wenn die Firma oder der Name den Anschein einer tatsächlich nicht bestehenden Marktposition oder wirtschaftlichen Bedeutung erwecken kann.

65

Die Begriffe «International», «Worldwide», «Mondial» und ähnliche Ausdrücke dürfen nur verwendet werden, wenn entweder das Unternehmen über institutionalisierte Vertriebsstrukturen (Tochtergesellschaften, Zweigniederlassungen) im entsprechenden Raum verfügt oder die Verwendung entsprechender Ausdrücke durch die Art der Leistungen des Unternehmens sachlich begründet ist (s. auch 2.4.3).

66

Das Bestehen von Kundenbeziehungen ins Ausland rechtfertigt nicht die Verwendung des Begriffs «International», wenn das Unternehmen selbst keine grenzüberschreitenden Strukturen aufweist.

67

Beispiele: «Muster Consulting International»; «European Parcel Service AG»: Entsprechende Firmen sind unzulässig, sofern es sich um vorwiegend lokal tätige Unternehmen handelt.

2.4.9 Bezeichnung der politischen Gemeinde des Sitzes

68

Der Ortsname der politischen Gemeinde des Sitzes des Rechtssubjektes ist als Bestandteil der Firma oder des Namens zulässig.

69

Verlegt das Rechtssubjekt seinen Sitz aus der Gemeinde, deren Namen in der Firma erwähnt wird, muss die Firma geändert werden (Art. 937 OR).

70

Der Ausdruck «Schweiz» und Kantonsnamen können nicht als Sitzbezeichnung verwendet werden.

71

Es ist jedoch zulässig, der Sitzbezeichnung in der Firma eine geografische Ergänzung beizufügen.

72

Beispiel: «Comcom, Ittigen bei Bern AG».

2.4.10 Verwendung geografischer Bezeichnungen in Vereinsnamen

73

Vereine dürfen nur dann die Bezeichnung «schweizerisch» in den Namen aufnehmen, wenn sie für die gesamte Schweiz als repräsentativ gelten können.

74

Der Handelsregisterführer prüft die gesamtschweizerische Repräsentativität anhand einer Mitgliederliste. Für das Führen der Bezeichnung «schweizerisch» wird grundsätzlich vorausgesetzt, dass dem Verein *Mitglieder aus allen Landesteilen und allen Sprachregionen* angehören.

75

Ein Verein kann jedoch auch dann als «schweizerisch» im Handelsregister eingetragen werden, wenn er nicht über Mitglieder aus allen Landesteilen verfügt, aber nachweisen kann, dass er dennoch *einen bedeutenden Teil aller potentiellen Mitglieder in der Schweiz umfasst*.

76

Massgebend für die Zulässigkeit einer nationalen Bezeichnung können nebst der geografischen Verbreitung der Vereinsmitglieder auch der *Vereinszweck* und die *effektive Tätigkeit* sein, sofern nachgewiesen wird, dass die Aktivitäten in der gesamten Schweiz erbracht werden.

77

Die Eintragung eines Vereins mit dem Namensbestandteil «schweizerisch» im Handelsregister schliesst nicht aus, dass auch andere Vereine mit einer gleichen oder ähnlichen Aktivität mit einem Namen eingetragen werden können, der ebenfalls den Ausdruck «schweizerisch» enthält, sofern diese Vereine ebenfalls über eine gesamtschweizerische Repräsentativität verfügen.

78
Für die Verwendung internationaler, kantonaler und anderer geografischer Bezeichnungen in Vereinsnamen gelten die Ausführungen zum Begriff «schweizerisch» sinngemäss.

2.4.11 Firmen von Zweigniederlassungen ausländischer Unternehmen

79
Sofern die Firma der Gesellschaft im Ausland eine geografische Bezeichnung enthält, ist diese Bezeichnung unverändert in die Firma der Zweigniederlassung zu übernehmen (s. Art. 952 Abs. 2 OR; vgl. hinten 7.2).

80
Die Handelsregisterämter sind gemäss Artikel 38 HRegV verpflichtet, aufgrund der entsprechenden Belege zu prüfen, ob die Firma am Hauptsitz in der in der Anmeldung angegebenen Form eingetragen wurde.

81
Die *Firma von Zweigniederlassungen ausländischer Unternehmen* untersteht dem schweizerischen Recht (s. Art. 160 Abs. 1 IPRG). Überprüft werden dürfen jedoch nur die für die Zweigniederlassung vorgesehenen Zusätze zur Firma der ausländischen Gesellschaft.

82
Die *Firmen ausländischer Unternehmen* unterstehen grundsätzlich dem Recht des Sitzstaates. Enthält die Firma des Hauptsitzes geografische Bezeichnungen, darf deren rechtliche Zulässigkeit von den schweizerischen Behörden nicht überprüft werden, soweit sie nicht gegen den schweizerischen *Ordre Public* oder das *Rechtsmissbrauchsverbot* verstossen.

2.4.12 Verlegung des Sitzes ausländischer Gesellschaften in die Schweiz

83
Mit der Sitzverlegung in die Schweiz unterstellen sich Unternehmen der schweizerischen Rechtsordnung (s. Art. 162 IPRG).

84
Bei der Verlegung des Sitzes einer ausländischen Gesellschaft in die Schweiz muss deren Firma auf Vereinbarkeit mit den schweizerischen Vorschriften geprüft werden.

85
Verletzt die Firma die schweizerischen Firmenbildungsregeln muss dem Verhältnismässigkeitsprinzip Rechnung getragen werden, weil die Fortführung der angestammten Firma für das Unternehmen von grosser Bedeutung sein kann. Eine Modifikation darf daher nur verlangt werden, wenn sich dies unter Abwägung der betroffenen Interessen rechtfertigt.

2.5 Doppelfirmen

86
Dem Grundsatz der Firmeneinheit zufolge darf ein Rechtssubjekt nur eine Firma haben. Das gleiche gilt auch für die Namen von Vereinen und Stiftungen.

87
Aus der Verwendung mehrerer Firmen oder der Verwendung einer Firma, die aus mehreren an sich selbständigen Firmen zusammengesetzt ist, können sich im Rechtsverkehr Täuschungen ergeben.

88
Firmen, die aus zwei (oder mehreren) Teilen bestehen, von denen jeder eine eigenständige Firma darstellt, sind zurückzuweisen. Das gleiche gilt auch für Namen von Vereinen und Stiftungen.

89
Als unerlaubte Doppelfirma gelten namentlich Firmen, in denen die Rechtsform des Unternehmens mehrmals enthalten ist oder der Familienname einer Person mehrmals in der Firma aufgeführt wird.

90
Beispiele unzulässiger Doppelfirmen: «MOFAG AG (Moto-Fachgeschäft AG)»; «Aktiengesellschaft für Kabelnetz- und Antennenbau Muster (Antennenbau-AG)»; «Muster Bücher und Medien, C. & C. Muster»; «Tobler-Thermik, A. Tobler».

91
Demgegenüber zulässig: «MOFAG Moto-Fachgeschäft AG» (zulässige Firmenbildungen s. sogleich).

92
Keine unerlaubte Doppelfirma liegt dann vor, wenn durch entsprechende Firmenzusätze klargestellt wird, dass der eine Firmenbestandteil eine integrierende Umschreibung des Rechtssubjektes darstellt bzw. es sich um eine Geschäftsbezeichnung oder Marke handelt, die in der Firma figuriert.

93
Beispiele: Zulässig: «Tobler-Thermik, Inhaber A. Tobler»; «Muster Bücher und Medien, Inhaber C. & C. Muster»; «Verein unabhängiger Unternehmensberater VUUB, Gesamtverband der schweizerischen Unternehmensberater».
Anmerkung zu N 93: Das letzte Beispiel ist gemäss Mitteilung des EHRA unzutreffend.

2.6 Personennamen als Bestandteil der Firma oder des Vereins- oder Stiftungsnamens

2.6.1 Einzelunternehmen und Personengesellschaften

94
Bei Einzelunternehmen und Personengesellschaften bildet der Name des Inhabers bzw. mindestens eines Gesellschafters den Hauptbestandteil der Firma (s. 6.2 und 6.3). Es ist zu prüfen, dass die in der Firma aufgeführten Personennamen zu keinen Täuschungen über die persönlichen Haftungs- und Verantwortlichkeitverhältnisse Anlass geben. Beim Ausscheiden von Beteiligten aus Personengesellschaften ist deren Namen aus der Firma zu entfernen (s. Art. 948 Abs. 1 OR).

95
Familiennamen, die von Rechts wegen Hauptbestandteil der Firma sind, müssen mit dem aktuellen amtlichen Namen übereinstimmen (vorbehalten bleibt Art. 954 OR).

96
Der aktuelle amtliche Name richtet sich nach den für das schweizerische Zivilstandsregister massgeblichen Vorschriften. Vorbehalten bleibt die in der Praxis gebräuchliche Verwendung von Allianznamen.

97
Für die Schreibweise des Namens ist auf den Personenstandsausweis oder auf Passdokumente oder Identitätskarten abzustellen.

98
Bei der Bildung der Firmen von Einzelunternehmen und Personengesellschaften dürfen Familiennamen nicht abgeändert oder verfremdet werden.

99
Beispiele: nicht zulässig sind etwa «Elektro Gunzi» anstelle von «Elektro Gunzinger»; «MusterCom» anstelle von «Muster Com»; «Mueller» anstelle von «Müller».

100
Es ist zulässig, einen Personennamen in der Firma ausschliesslich mit Gross- oder Kleinbuchstaben zu schreiben.

101
Beispiele: «dino borelli kernbohrungen»; «GROSS TREUHAND».

102
Enthält die Firma einen Allianznamen, werden die Namen durch einen Bindestrich miteinander verbunden (Muster-Müller).

103
Bildet *ein nach Artikel 160 Absatz 2 ZGB gebildeter Name* den Hauptbestandteil der Firma, sind die Namen ohne Interpunktionszeichen wiederzugeben (Müller Muster).

104
In Personengesellschaften dürfen die Namen der Beteiligten nicht derart geschrieben werden, dass daraus auf nicht zutreffende Allianznamen oder Namen nach Artikel 160 Absatz 2 ZGB geschlossen werden kann.

105
Beispiele: «Schreinerei Muster-Müller» oder «Schreinerei Müller Muster» sind als Firmen von Personengesellschaften unzulässig.

106
Gemäss Artikel 954 OR kann die bisherige Firma beibehalten werden, wenn der darin enthaltene Familienname des Geschäftsinhabers oder eines Gesellschafters von Gesetzes wegen oder durch die zuständige Behörde geändert worden ist.

107
Diese Bestimmung erfasst insbesondere Namensänderungen infolge Heirat oder Scheidung (Art. 149 Abs. 2 bzw. 160 ZGB) sowie Änderungen aufgrund eines Gesuches (Art. 30 Abs. 1 ZGB) und bei der Adoption (Art. 267 ZGB).

108
Bei Vornamen sind in der Praxis Kurz- oder Koseformen als Bestandteil der im Handelsregister eingetragenen Firma zulässig. Diesfalls ist unter den Angaben zur eingetragenen Person jedoch der amtliche Vorname mit den entsprechenden Erläuterungen aufzuführen.

109

Beispiel: Firma: «Spenglerei-Sanitär, Edi Feldmann»; Eingetragene Personen: Feldmann, Edmund genannt Edi, von Frauenfeld, in Frauenfeld».

2.6.2 Juristische Personen

110

Sofern die Firma einer juristischen Person einen oder mehrere Personennamen enthält, bedarf es eines rechtlichen oder faktischen Zusammenhangs zwischen den Personennamen und der juristischen Person anlässlich deren Gründung. Dies gilt auch bei einer Firmenänderung.

111

Juristische Personen werden für ihre Verbindlichkeiten unmittelbar selbst belangt, so dass Personennamen in der Firma nicht dieselbe Bedeutung zukommt wie bei Einzelunternehmen oder Personengesellschaften (BGE 112 II 62 E 1b). Der Wahrheitsgrundsatz erfordert daher nicht, dass der in der Firma aufgeführte Name demjenigen eines Gesellschafters entspricht. Der anlässlich der Gründung der juristischen Person erforderliche rechtliche oder faktische Zusammenhang zum in der Firma aufgeführten Namensträger kann nachträglich wegfallen, ohne dass die Firma den neuen Gegebenheiten angepasst werden müsste.

112

Ein Personenname darf als Bestandteil der Firma einer juristischen Person verfremdet werden.

113

Beispiel: «Gunzi AG» statt «Gunzinger AG».

114

Die Regeln für die Schreibweise zusammengesetzter Personennamen in Personengesellschaften (s. 2.6.1) sind für die Firmenbildung bei juristischen Personen nicht massgebend.

115

Beispiel: «Bernold-Hugentobler Bau AG» statt «Bernold & Hugentobler Bau AG».

116

Ein Personenname kann auch in die *Firma einer Tochtergesellschaft* aufgenommen werden, sofern dieser Name in der Firma der Muttergesellschaft figuriert (oder umgekehrt). Ob der rechtliche oder faktische Zusammenhang zwischen dem in der Firma aufgeführten Namensträger und der Muttergesellschaft noch besteht, ist nicht von Belang.

117

Bespiel: Weist keine Person mit dem Namen «Muster» eine rechtlich oder faktisch geartete Verbindung zur Gesellschaft «Muster AG» auf, kann eine neu zu gründende Tochtergesellschaft gleichwohl die Firma «Muster Marketing AG» führen.

2.6.3 Ausländische Personennamen

118

Ausländische Personennamen müssen in lateinischen Buchstaben geschrieben sein, wobei sich die Schreibweise nach den Regeln über das schweizerische Zivilstandsregister zu richten hat.

119
Sofern eine in lateinischen Buchstaben geschriebene Sprache diakritische Zeichen verwendet (wie beispielsweise š, ñ, ø), sind entsprechende ausländische Personennamen mit diesen Zeichen im Handelsregister einzutragen, *sofern sie technisch erfasst werden können*.

120
Ausländische Personennamen als Bestandteil der Firma einer juristischen Person sind oft nicht als solche erkennbar; der erforderliche rechtliche oder faktische Zusammenhang zwischen dem Namensträger und dem Unternehmen kann diesfalls nicht überprüft werden.

121
Wird ein ausländischer Personenname in täuschender Absicht in eine Firma aufgenommen, obliegt es den betroffenen Personen selbst, eine Änderung dieser Firma herbeizuführen. Ein Verfahren nach Artikel 61 HRegV ist abzulehnen.

2.6.4 Personennamen in Marken und Geschäftsbezeichnungen

122
Eine Marke oder Geschäftsbezeichnung, die einen Personennamen enthält, darf nicht in die Firma aufgenommen werden, wenn dadurch Täuschungen verursacht werden.

123
Wird eine Marke oder Geschäftsbezeichnung, die einen Personennamen enthält, in die Firma eines Einzelunternehmens oder einer Personengesellschaft integriert, ist zu prüfen, ob der aktuelle Inhaber klar erkennbar ist und dadurch nicht der Anschein eines nicht vorhandenen Gesellschaftsverhältnisses entsteht oder auf ein nicht bestehendes Nachfolgeverhältnis hingewiesen wird.

124
Beispiel: Wird die Marke «Muster Gourmet» als Bestandteil einer Einzelfirma aufgenommen, ist die Firma «Hugentobler, Muster Gourmet» täuschend, da der Eindruck einer Personengesellschaft erweckt wird.

125
Eine Täuschungsgefahr kann dadurch ausgeschlossen werden, dass in der Firma der Zusatz «Inhaberin» oder «Inhaber» verwendet wird.

126
Beispiel: Zulässig: «Muster Gourmet, Inhaber G. Hugentobler».

2.7 Übernahme eines Geschäftes (Art. 953 OR)

2.7.1 Grundsatz

127
Wer ein Geschäft übernimmt, ist grundsätzlich an die Vorschriften gebunden, die für die Bildung und Führung einer Firma aufgestellt sind. Der Übernehmer darf jedoch mit ausdrücklicher oder stillschweigender Zustimmung der früheren Inhaber oder ihrer Erben die bisherige Firma weiterführen, sofern in einem Zusatz das Nachfolgeverhältnis zum Ausdruck gebracht und der neue Inhaber genannt wird (s. Art. 953 OR).

128

Die Weiterführung einer bisherigen Firma durch ein anderes Unternehmen ist unter dem Aspekt des Wahrheitsgebotes und des Täuschungsverbotes nicht unproblematisch. Der Anwendungsbereich von Artikel 953 OR ist daher auf jene Fälle zu beschränken, die nachstehenden Anforderungen genügen.

2.7.2 Bisherige Geschäftstätigkeit

129

Zur Weiterführung einer Firma ist vorausgesetzt, dass das Unternehmen, dessen Geschäftsbetrieb übernommen wird, tatsächlich geschäftlich aktiv war. Sofern es sich um ein nicht mehr aktives Unternehmen handelt, liegt keine Geschäftsübernahme vor.

130

Dabei ist unbeachtlich, ob das übernommene Einzelunternehmen, dessen Firma weitergeführt werden soll, im Handelsregister eingetragen war oder nicht (s. BGE 93 I 566 f.). Auch eine nicht im Handelsregister eingetragene Einzelfirma muss jedoch den gesetzlichen Firmenbildungsvorschriften genügen; andernfalls ist die Eintragung zurückzuweisen.

131

Die Übernahme muss wesentliche Aktivposten umfassen, die für den Weiterbestand des Geschäftsbetriebes massgebend sind. Es ist nicht erforderlich, sämtliche Aktiven und Passiven im Sinne von Artikel 181 OR zu übernehmen.

2.7.3 Weiterführung der bisherigen Firma in unveränderter Form

132

Eine im Handelsregister eingetragene Firma darf von einem Nachfolgeunternehmen nur unter der Voraussetzung weiterverwendet werden, dass sie nicht verändert wird.

133

Beispiel: Anlässlich der Übernahme des Geschäftsbetriebes des im Handelsregister eingetragenen Einzelunternehmens «Souvenirs Claudio Fisch» darf die Inhaberin des Nachfolgeunternehmens die bisherige Firma unverändert als Bestandteil ihrer neuen Firma weiterführen: «Ortrud Iseli, vormals Souvenirs Claudio Fisch» oder «Souvenirs Claudio Fisch, Nachfolgerin Ortrud Iseli».

134

Auch für den Fall, dass eine juristische Person einen Geschäftsbetrieb übernimmt, ist eine im Sinne von Artikel 953 OR gebildete Firma zulässig.

135

Beispiel: «Meyer Fotolitographie, Nachfolgerin Fischer Druck GmbH».

2.7.4 Angabe des Nachfolgeverhältnisses

136

Wird eine bestehende Firma weitergeführt, muss ein das Nachfolgeverhältnis andeutender Zusatz beigefügt werden. Dabei ist erforderlich, dass der Nachfolgezusatz seinerseits den spezifischen rechtsformgebundenen Firmenbildungsvorschriften entspricht und zu keinen Täuschungen Anlass gibt (s. Art. 953 Abs. 1 OR).

137
Eine Firma, die auf ein Nachfolgeverhältnis hinweist, darf bezüglich der Rechtsform des Nachfolgeunternehmens keine unrichtigen Angaben enthalten und hat den spezifischen Firmenbildungsvorschriften zu genügen. Die Geschäftsnachfolge muss als solche *eindeutig erkennbar* sein. Das Nachfolgeverhältnis wird mit den Begriffen «*Nachfolger*» bzw. «*Nachfolgerin*» oder «*vormals*» bzw. «*vormalig*» umschrieben.

138
Beispiele: «Physiotherapie Roh & Greulich, Nachfolger Muster»; «Auto-Center New Age AG, vormals Garage Hubacher»; «Gasthof zum Güldnen Schaf, G. Engel, Nachfolger Reiss & Wolf».

139
Nachfolgezusätze dürfen nicht in die Firma aufgenommen werden, wenn keine Geschäftsübernahme vorliegt.

2.7.5 Zweitübernahme

140
Bei einer Zweitübernahme (Übernahme eines zuvor übernommenen Unternehmens) darf die ursprüngliche Firma ohne Hinweis auf den Erstübernehmer gemäss Artikel 953 OR weitergeführt werden.

141
Beispiel: Unzulässig, da unklar: «Engelhardt, Nachfolger Hugentobler, Nachfolger Wolf».

142
Die Weiterführung der ursprünglichen Firma ist nicht statthaft, wenn die Zustimmung nur für den Erstübernehmer gilt.

143
Beispiel: Übernimmt Herr Wolf den Geschäftsbetrieb des Unternehmers «Engelhardt, Nachfolger Hugentobler», ist die Weiterführung der ursprünglichen Firma nur zulässig, sofern der ursprüngliche Inhaber einer Weiterverwendung über den Erstübernehmer hinaus zugestimmt hat («Engelhard, Nachfolger Wolf»).

2.7.6 Weiterführung einer bestehenden Firma durch Kollektiv-, Kommandit- und Kommanditaktiengesellschaften

144
Bei Personengesellschaften und Kommanditaktiengesellschaften ist zu prüfen, dass eine nach Artikel 953 OR gebildete Firma zu keinen Täuschungen Anlass gibt.

145
Insbesondere darf damit nicht der Eindruck erweckt werden, die in der bisherigen Firma namentlich erwähnten, jedoch am Unternehmen nicht mehr beteiligten Personen seien unbeschränkt haftende Gesellschafter.

146
Beispiel: Unzulässig, da Nachfolgeverhältnis nicht erkennbar: «Eisenhandlung Eisenring, Holz, Muster Nachfolger».

3 Schreibweise der Firma und des Namens (Art. 45 HRegV)

3.1 Grundsatz

147
Die für die Handelsregistereintragung massgebliche Schreibweise aller sprachlichen Fassungen einer Firma oder eines Namens richtet sich gemäss Artikel 45 HRegV nach der Handelsregisteranmeldung bei Einzelunternehmen, nach dem Gesellschaftsvertrag bei Personengesellschaften, nach der Stiftungsurkunde bei Stiftungen oder den Statuten bei den übrigen juristischen Personen sowie nach dem dafür massgeblichen Rechtserlass bei öffentlichrechtlichen Körperschaften und Anstalten.

148
Wurde für die Eintragung einer Personengesellschaft im Handelsregister kein schriftlicher Gesellschaftsvertrag eingereicht, ist die in der Anmeldung enthaltene Schreibweise der Firma massgeblich.

3.2 Für die Schreibweise massgebliche Zeichen

149
Die Schreibweise darf einer zweckmässigen Registerführung sowie einer möglichst effizienten Suche nach Firmen und Namen nicht entgegenstehen. Grundsätzlich hat die Schreibweise dem Erfordernis zu genügen, wonach jedermann mit einer Schreibmaschine ein im Handelsregister eingetragenes Rechtssubjekt mit dessen Firma oder dessen Namen korrekt sollte anschreiben können.

150
In der Firma oder im Namen dürfen sämtliche lateinischen Gross- und Kleinbuchstaben sowie arabischen Zahlen frei verwendet werden.

151
Fremdsprachige Fassungen der Firma oder eines Namens in anderen Schriften bedürfen einer Transkription in lateinische Buchstaben.

152
Interpunktionszeichen sowie Wiederholungen oder Kombinationen von Interpunktionszeichen können nicht alleinige Bestandteile einer Firma oder eines Namens sein, da sie keine Firma im Sinne von Artikel 944 OR darstellen (vgl. auch 3.3).

153
Interpunktionszeichen sind als Bestandteile einer Firma oder eines Namens nur zulässig, wenn sie mit Buchstaben und Zahlen kombiniert werden. Wiederholungen oder Kombinationen von Interpunktionszeichen sind jedoch unzulässig, sofern sie keine sprachliche Bedeutung haben.

Beispiele:

154
Zulässig: «WOOP! AG»; «Wer gewinnt? GmbH»; «Es klingt... Hugo Muster».

155
Unzulässig: «-. GmbH»; «http://karix-AG».

156
Zwischen die einzelnen Zeichen darf höchstens ein normaler Wortabstand (Leerschlag) gesetzt werden, da sich grössere Abstände weder sprachlich noch registertechnisch klar erfassen lassen.

157
Die Grammatikregeln sind für die Schreibweise von Firmen und Namen nicht massgebend.

3.3 Erkennbarkeit als Firma oder als Name

158
Sofern der Wortlaut einer Firma oder eines Namens nicht auf das Bestehen eines Rechtssubjektes schliessen lässt, ist die Erkennbarkeit als Firma oder als Name nicht gegeben. Diesfalls muss der entsprechende rechtsformandeutende Zusatz als Bestandteil in die Firma oder den Namen aufgenommen werden.

159
Eine Firma oder ein Name dient sowohl der Identifikation als auch der Individualisierung eines Rechtssubjekts und ist daher von blossen Zeichenkombinationen oder Aussagen zu unterscheiden. Die grössere Ausgestaltungsfreiheit bei der Schreibweise von Firmen und Namen bedingt, dass stets gewährleistet bleibt, dass die Firmen- oder Namenbezeichnung im Rechtsverkehr als solche erkennbar ist, da einer sprachlichen Äusserung nur unter dieser Voraussetzung der für Firmen und Namen erforderliche Kennzeichencharakter zukommt.

160
Eine Firma oder ein Name muss aus mindestens einem Buchstaben oder einer Zahl bestehen. Ist die Firmen- oder Namensbezeichnung nicht ohne weiteres als solche erkennbar, ist die Angabe der Rechtsform erforderlich, da sonst der Bezeichnung der Kennzeichencharakter fehlt.

161
Sofern eine Firma oder ein Name einzelne oder mehrere Zeichen oder Wörter, Kombinationen von Zeichen und/oder Wörtern oder einen Satz enthält, ist die Angabe der Rechtsform erforderlich, da sonst der Bezeichnung der Kennzeichencharakter fehlt.

162
Kombinationen von Buchstaben, Zahlen und Wörtern sowie Sätze (z. B. ganze oder verkürzte Sätze, wie Slogans; s. dazu nicht publizierter BGE vom 12. März 1991 in Sachen «Speak for Yourself», in SMI 1992/1, S. 47) sind als solche nicht als Firma oder als Name eines im Handelsregister eingetragenen Rechtssubjektes erkennbar, sondern stellen bloss juristisch belanglose Zeichen oder Aussagen dar, denen die Funktion der Kennzeichnung von Rechtssubjekten fehlt.

163
Beispiele zulässiger Firmen- und Namensbildungen:
«Z-AG»; «NRG4U SA»; «Genossenschaft 2-gether», «Speak for Yourself AG»; «Ihr Partner beim Ladenbau AG»; «Verein Pro Kunst und Musik»; «Stiftung Allez-hopp Schweiz!».

164

Beispiele unzulässiger Firmen- und Namensbildungen, da kein Kennzeichencharakter:

«Z»; «NRG4U»; «2-gether»; «Speak for Yourself»; «Ihr Partner beim Ladenbau»; «Pro Kunst und Musik»; «Allez-hopp Schweiz!».

3.4   Unzulässige, rein figurative Zeichen

165

Grafische Besonderheiten der Firma oder des Namens (Design, Logo, Farbe, Fettdruck, Kursivschrift usw.) sind im Handelsregister nicht eintragungsfähig und somit firmenrechtlich nicht schützbar.

166

Beispiele: Unzulässig: «Hagemann's 2^4 AG», «~~ASTORE~~ GmbH», «❺ vor ❺ AG».

167

Im Gegensatz zur Eintragung von Firmen und Namen sind bei Marken die grafischen Besonderheiten im Markenregister eintragungsfähig und schützbar. Wird eine Marke in eine Firma oder einen Namen aufgenommen, muss die Schreibweise erforderlichenfalls den firmen- und handelsregisterrechtlichen Anforderungen angepasst werden.

168

Bei der Bildung von Firmen und Namen dürfen keine Symbole (*, £, $, #, %, _, @, √, ∅ etc.) und keine Bildzeichen (♥, ♠, ✂, ✈, ✿ etc.) verwendet werden.

169

Beispiele: Unzulässig: «LabCom@ AG»; «50% GmbH»; «Zero.***AG»; «Stiftung Ω«, «2^4 AG».

170

Zulässig sind die firmenrechtlich gebräuchlichen Zeichen «&» und «+» im Sinne von «und».

4   Firma und Name in mehreren Sprachen (Art. 46 HRegV)

4.1   Grundsätze

171

Wird eine Firma oder ein Name in mehreren Sprachen gefasst, so sind alle sprachlichen Fassungen in das Handelsregister einzutragen (Art. 46 Abs. 1 HRegV).

172

Aus Artikel 45 HRegV folgt, dass bei Personengesellschaften und juristischen Personen nur diejenigen sprachlichen Fassungen der Firma oder des Namens im Handelsregister eingetragen werden können, die im Gesellschaftsvertrag, den Statuten oder der Urkunde ausdrücklich vorgesehen wurden (dies entspricht auch Art. 626 Ziff. 1, 776 Ziff. 1 und 832 Ziff. 1 OR). Die Eintragung oder Löschung fremdsprachiger Fassungen der Firma oder des Namens bedarf demnach bei juristischen Personen einer Statuten- oder Urkundenänderung.

173

Nur die im Handelsregister eingetragenen fremdsprachigen Firmenfassungen geniessen das Recht auf ausschliesslichen Gebrauch (s. Art. 46 Abs. 2 HRegV; s. auch 8.2).

174
Eine fremdsprachige Fassung ist nur eintragungsfähig, sofern sie in lateinischen Buchstaben geschrieben ist.

175
Sofern eine fremdsprachige Fassung in anderen Schriftzeichen als lateinische Buchstaben geschrieben wird, ist nur eine phonetische Transkription eintragungsfähig.

176
Sie darf keine unzulässigen Zeichen oder Elemente enthalten.

177
Die fremdsprachigen Fassungen einer Firma oder eines Namens sind in der Weise im Handelsregister einzutragen, dass sie der Originalfassung in Klammern beigefügt werden.

178
Beispiel: «NormAll Ingenieure AG (NormAll Engineers Ltd.) (NormAll Ingénieurs SA)».

4.2 Inhaltliche Übereinstimmung

179
Alle Fassungen müssen inhaltlich übereinstimmen (Art. 46 Abs. 1 HRegV); es dürfen keine inhaltlichen Abweichungen vorliegen.

180
Bei der Eintragung von fremdsprachigen Fassungen von Firmen und Namen hat der Handelsregisterführer die inhaltliche Übereinstimmung zu prüfen (BGE 106 II 58 ff.). Nötigenfalls kann er eine Beglaubigung verlangen, in der ein Übersetzer den Wahrheitsgehalt der fremdsprachigen Fassung bestätigt.

181
Die Übersetzungen haben sämtliche Elemente der Originalfassung (bzw. der ersten, in den Statuten aufgeführten Fassung) zu enthalten. Werden Teile der Originalfassung weggelassen oder verändert, ist die Eintragung im Handelsregister abzuweisen, da sich aus der Verwendung unterschiedlicher Fassungen eine Täuschung ergeben kann.

Beispiele:

182
Die fremdsprachige Fassung «(IED Watch Ltd)» ist unvollständig und daher unzulässig, sofern die Originalfassung «IED Uhrenfabrik AG» lautet. Zulässig: «(IED Watch Factory Ltd)».

183
Die fremdsprachige Fassung «(QUOD Laboratories Ltd Liab. Co)» stimmt inhaltlich nicht mit der Originalfassung «QUOD Arzneimittel GmbH « überein und ist daher unzulässig. Zulässig: «QUOD Medicine Ltd Liab. Co».

184
Die Firma einer Zweigniederlassung muss, sofern sie in verschiedenen sprachlichen Fassungen eingetragen wird, sämtliche Elemente enthalten. Daher unzulässig: «Delicia AG (Delicia SA), Zweigniederlassung Bern». Zulässig: «Delicia AG, Zweigniederlassung Bern (Delicia SA, succursale de Berne)».

185

Es ist möglich, in einer einzelnen Fassung der Firma oder des Namens Übersetzungen aufzunehmen. Diesfalls ist allerdings im Rechtsverkehr stets die vollständige Firma zu verwenden.

186

Beispiel: Zulässig: « Bücher Books Libri Ledermann & Co».

4.3 Nicht übersetzbare Firmen- und Namensbestandteile

187

Fantasiebezeichnungen oder aus Sachbegriffen kombinierte Bezeichnungen mit Fantasiecharakter sind nicht übersetzbar.

188

Beispiel: Die Übersetzung «Luftleasing AG» oder «Luftmiete AG» ist für die Firma «Aeroleasing Ltd» nicht statthaft.

189

Buchstabenfolgen ohne abkürzende Funktion sind nicht übersetzbar.

190

Buchstabenfolgen stellen firmen- und namensrechtlich keine eigentlichen Abkürzungen dar, wenn der abzukürzende Wortlaut nicht in der Firma oder im Namen aufgeführt wird. Für Dritte ist eine solche Buchstabenfolge nicht als Abkürzung erkennbar, weshalb eine Übersetzung unzulässig ist. Wird eine Firma oder ein Name in mehreren Sprachen geführt, dürfen anderslautende Abkürzungen nur unter der Voraussetzung verwendet werden, dass der abzukürzende Wortlaut ebenfalls als Bestandteil der Firma oder des Namens erscheint.

191

Beispiele: «KWB Verlag AG» ist nicht mit «BFM Editions SA» übersetzbar (dies gilt selbst dann, wenn es sich um grosse Gesellschaften handelt, die früher bekannte Firmenfassungen noch als Abkürzung weiter leben lassen möchten). Demgegenüber kann «CRH Comptabilité et Révision Hug SARL» mit «AAH Accounting and Auditing Hug Ltd. liab. Co» übersetzt werden.

4.4 Rechtsformandeutende Zusätze

192

Die Begriffe und Abkürzungen der verschiedenen Rechtsformen müssen aus Gründen der Verkehrssicherheit einheitlich übersetzt werden (s. nachfolgende Tabelle). Abweichende Terminologien sind abzuweisen, da sich daraus im Rechtsverkehr Täuschungen ergeben können.

193

Die Übersetzung von Rechtsformangaben in Sprachen, die nicht schweizerische Landessprachen sind, ist grundsätzlich problematisch, da die Regelung der Rechtsformen in den verschiedenen Rechtsordnungen nicht völlig übereinstimmen. Eine fremdsprachige Bezeichnung oder Abkürzung der Rechtsform kann daher immer nur eine funktionelle Übersetzung sein.

Anleitung und Weisung zum Firmenrecht 285

194
Aus Gründen einer einheitlichen und klaren Praxis sind für die Bezeichnung und Abkürzung der Rechtsform in Firmen und Namen *ausschliesslich die folgenden Ausdrücke* zu verwenden:

195

Deutsch	Französisch	Italienisch	Englisch
Einzelunternehmen/-firma	Entreprise/ raison individuelle	Ditta individuale	Sole proprietorship
Kollektivgesellschaft	Société en nom collectif	Società in nome collettivo	(General) Partnership
Kommanditgesellschaft	Société en commandite	Società in accomandita	Limited partnership
Aktiengesellschaft *(AG)*	Société anonyme *(SA)*	Società anonima *(SA)*	Limited *(Ltd)* od. (In-) Corporation *(Inc. bzw. corp.)*
Kommanditaktiengesellschaft	Société en commandite par actions	Società in accomandita per azioni	Corporation with unlimited partners
Gesellschaft mit beschränkter Haftung *(GmbH)*	Société à responsabilité limitée *(SARL, S. à r. l.)*	Società a garanzia limitata *(SAGL, S. a g. l.)*	Limited liability company *(Ltd liab. Co)*
Genossenschaft	Société coopérative	Società cooperativa	Cooperative
Verein	Association	Associazione	Association
Stiftung	Fondation	Fondazione	Foundation
Zweigniederlassung	Succursale	Succursale	Branch
Tochtergesellschaft	Filiale	Filiale	Subsidiary

196
Ausländische Rechtsformen sind nicht zu übersetzen, da die Verwendung der Bezeichnungen schweizerischer Rechtsformen für ausländische Gesellschaften materiell unzutreffend ist.

197
Diese Regelung betrifft insbesondere die Eintragungen von *Zweigniederlassungen ausländischer Unternehmen*. Die Unübersetzbarkeit der Rechtsform ergibt sich letztlich aus dem Wortlaut von Artikel 70 Absatz 2 HRegV.

198
Für die Angabe der Rechtsform ist bei ausländischen Gesellschaften daher die Bezeichung des massgebenden Landesrechts zu verwenden.

199
Beispiel: Die Rechtsform der «Chemsetex B.V.B.A., Anderlecht, Basel Branch» ist in der Eintragung mit dem für das belgische Recht massgebenden Begriff «Besloten Vennootschap met beperkte Aansprakelijkheid» anzugeben.

5 Geschäftsbezeichnung, Enseigne und Marke

5.1 Allgemeines

5.1.1 Geschäftsbezeichnung und Enseigne (Art. 48 HRegV)

200
Eine Geschäftsbezeichnung ist eine spezifische Bezeichnung des Geschäftsbetriebes ohne Bezug zum Geschäftslokal.

201
Geschäftsbezeichnungen sind in der Rechtsprechung seit längerer Zeit anerkannt. Artikel 48 HRegV trägt den Bedürfnissen der Rechtspraxis Rechnung, indem auch eine Geschäftsbezeichnung im Handelsregister eingetragen werden kann. Eine Geschäftsbezeichnung braucht nicht notwendigerweise mit der Firma identisch zu sein.

202
Beispiele: «Cebit» ist als Geschäftsbezeichnung der «Deutsche Messe- und Ausstellungs AG» zulässig (s. BGE 114 II 106 ff.); «Jelmoli Reisen» ist als Geschäftsbezeichnung der «Grands Magasins Jelmoli S.A.» zulässig (s. BGE 111 II 508 ff.).

203
Eine Enseigne ist eine spezifische Bezeichnung des Geschäftslokals.

204
Da die Enseigne lokalitätsbezogen ist, braucht sie nicht notwendigerweise mit der Firma, welche das Rechtssubjekt als solches bezeichnet, identisch zu sein.

205
Beispiel: «Zur Zinnkanne» ist als Enseigne des unter der Firma «Rudolf Muster» betriebenen Gasthauses zulässig.

206
Eine Enseigne kann grundsätzlich *keinen* Personennamen enthalten, ausser das Geschäftslokal selbst sei aus historischen Gründen nach einer bestimmten Person benannt. Sofern eine solche Enseigne in die Firma aufgenommen wird, ist durch den Zusatz *«Inhaber»* bzw. *«Inhaberin»* klarzustellen, dass kein Gesellschaftsverhältnis bzw. keine Geschäftsnachfolge vorliegt.

207
Beispiel: Zulässig: «Apotheke zum Tobler-Haus, Inhaber Edwin Muster».

5.1.2 Eintragung im Handelsregister

208
Eine Geschäftsbezeichnung oder Enseigne kann im Handelsregister eingetragen werden.

209

Die *Eintragung* einer Geschäftsbezeichnung oder Enseigne ist *fakultativ* (s. Art. 48 HRegV). Die Eintragungsberechtigten haben zu entscheiden, ob sie die mit der Eintragung verbundenen Vorteile für sich in Anspruch nehmen wollen.

210

Die Eintragung einer Geschäftsbezeichnung oder Enseigne im Handelsregister hat blosse Beweisfunktion und gewährt *keinen firmenrechtlichen Ausschliesslichkeitsschutz*. Der Rechtsschutz richtet sich nach dem *Persönlichkeits-* und dem *Wettbewerbsrecht*.

211

Für die Eintragung von Geschäftsbezeichnungen und Enseignes sind die Vorschriften über die Bildung von Firmen und Namen entsprechend anwendbar; insbesondere untersteht die Eintragung den Grundsätzen des Wahrheitsgebotes, des Täuschungsverbotes und des Schutzes öffentlicher Interessen (s. Art. 38 Abs. 1 HRegV).

212

Geschäftsbezeichnungen und Enseignes müssen geändert werden, sofern sie nicht mehr den effektiven Gegebenheiten entsprechen (s. Art. 937 OR; Art. 61 und 67 HRegV).

213

Registertechnisch ist eine Geschäftsbezeichnung oder Enseigne in der Zweckumschreibung des Unternehmens, unter der Rubrik «Bemerkungen» oder in einer eigens dafür vorgesehenen Rubrik einzutragen.

214

Beispiel: Gesellschaftszweck: Betrieb einer Modeboutique unter der Geschäftsbezeichnung «Fashion-Passion».

5.2 Geschäftsbezeichnungen und Enseignes im Verhältnis zu Firmen und Namen

215

Eine Geschäftsbezeichnung oder Enseigne darf nicht die Funktion der Firma oder des Namens einnehmen.

216

Im Rechtsverkehr darf als Firma oder Name ausschliesslich die im Handelsregister eingetragene Firmen- oder Namensbezeichnung verwendet werden (s. Art. 326ter StGB).

5.3 Marken im Verhältnis zu Firmen und Namen

217

Firmen und Namen dienen der Bezeichnung von Rechtssubjekten. Demgegenüber bezwecken Marken die Kennzeichnung von Waren und Dienstleistungen.

218

Eine Marke kann als Firma oder Name oder als Bestandteil einer Firma oder eines Namens im Handelsregister eingetragen werden. Dabei müssen jedoch die für die Firmen- und Namensbildung massgebenden Regeln beachtet werden.

219
Die Eintragung von Produktebezeichnungen als Firma im Handelsregister gewährt keine markenrechtlichen Schutzansprüche.

6 Rechtsformenbezogene Vorschriften

6.1 Einfache Gesellschaft

220
Einfache Gesellschaften (s. Art. 530 ff. OR) haben keine Firma und keinen Namen im rechtstechnischen Sinn.

221
Sofern in einer Handelsregistereintragung auf eine einfache Gesellschaft Bezug genommen wird, ist darauf zu achten, dass nur eine Umschreibung, die auf die Gesellschafter hinweist, zulässig ist.

222
Beispiel: Die einfache Gesellschaft, bestehend aus Rosi Wolf und Margrit Iseli,...

6.2 Einzelunternehmen (Art. 945 OR)

223
Der Familienname der Inhaberin oder des Inhabers bildet zwingend den Hauptbestandteil der Firma (s. Art. 945 Abs. 1 OR). Unter Vorbehalt der allgemeinen Firmenbildungsvorschriften sind beliebige Zusätze möglich.

224
Auch ein *nicht im Handelsregister eingetragenes* Einzelunternehmen hat die gesetzlichen Firmenbildungsvorschriften zu beachten.

225
Die Firma eines Einzelunternehmens darf keinen Zusatz enthalten, der ein Gesellschaftsverhältnis andeutet (s. Art. 945 Abs. 3 OR).

226
Die Firma darf weder Begriffe enthalten, *die den Anschein eines Gesellschaftsverhältnisses erwecken* (z. B. «Partner», «Team»), noch darf sie *unzutreffende rechtsformandeutende Zusätze* enthalten (z. B. «Gesellschaft», «Foundation»).

227
Beispiele unzulässiger Firmen für Einzelunternehmen: «Herbert Faller Consulting Partnership»; «Vertriebsgesellschaft Hugentobler»; «U & R Team Schocker».

228
Die Verwendung von Ausdrücken, die auf Mitarbeiter hinweisen, kann als Bestandteil der Firma eines Einzelunternehmens zulässig sein, sofern klar erkennbar ist, dass es sich um ein Einzelunternehmen handelt.

229
Beispiel: «Architekten-Team Moderna, Inhaberin Hanna Hauser».

230
Die Firma eines Einzelunternehmens darf grundsätzlich *nicht Namen mehrerer Personen* enthalten. Personennamen Dritter können jedoch ausnahmsweise in die Firma aufgenommen werden, wenn keine Gefahr von Täuschungen über die Rechtsform und

die Inhaberschaft besteht; so insbesondere bei der Verwendung von Markenbezeichnungen, die Personennamen enthalten. Dabei ist durch die Formulierung der Firma sicherzustellen, dass nicht auf das Bestehen einer Personengesellschaft geschlossen wird. Zudem ist in der Zweckumschreibung auf die Marke hinzuweisen.

231
Beispiel: Firma: «Roberta Dillinger, Parfum Christian Dior». Zweck: Vertrieb von Parfums der Marke «Christian Dior».

6.3 Kollektiv-, Kommandit- und Kommandit-aktiengesellschaft (Art. 947 f. OR)

232
Die Firma einer Personengesellschaft muss mindestens einen Personennamen eines unbeschränkt haftenden Gesellschafters enthalten. Unter Vorbehalt der allgemeinen Vorschriften zur Firmenbildung sind beliebige Zusätze möglich.

233
Die Angabe von Namen anderer Personen als der Gesellschafter ist nicht statthaft (s. Art. 947 Abs. 4 OR).

234
Namen Dritter dürfen auch dann nicht in die Firma einer Personengesellschaft aufgenommen werden, wenn sie aufgrund eines Mandats oder Arbeitsvertrages für die Gesellschaft tätig sind.

235
Bei Kollektivgesellschaften sind entweder die Namen aller Gesellschafter in der Firma aufzuführen, oder es muss wenigstens der Name eines Gesellschafters in die Firma aufgenommen und ein Zusatz beigefügt werden, der das Gesellschaftsverhältnis andeutet (s. Art. 947 Abs. 1 OR).

236
Als Zusätze, die ein Gesellschaftsverhältnis andeuten, gelten Ausdrücke wie *«& Co», «+ Cie», «und Partner»*.

237
Beispiel: Die Firma «Muster & Hugentobler» ist unzulässig, wenn die Gesellschaft aus den Gesellschaftern Muster, Hugentobler und Schneider besteht. Sofern der Name des dritten Gesellschafters nicht in die Firma aufgenommen wird, muss die Firma «Muster, Hugentobler & Co» lauten.

238
Enthält die Firma die Namen aller Gesellschafter, ist ein Zusatz, der das Gesellschaftsverhältnis andeutet, irreführend, weil dadurch das Vorhandensein weiterer Gesellschafter vorgetäuscht wird.

239
Bei der Aufnahme weiterer Gesellschafter ist nicht erforderlich, dass ihre Namen in der Firma aufgenommen werden (s. Art. 947 Abs. 2 OR). Scheidet hingegen eine Person, deren Name in der Firma aufgeführt ist, aus der Gesellschaft aus, muss dieser Name aus der Firma entfernt werden (s. Art. 948 Abs. 1 OR).

240

Beispiele zulässiger Firmenbildungen:

- *Muster und Müller (anstelle des Wortes «und» sind auch die Zeichen «+» und «&» zulässig);*
- *sofern nicht alle Gesellschafter namentlich in der Firma erwähnt werden: Muster und Co; zulässig sind auch die Zusätze «und Cie», «und Partner», «und Teilhaber», «und Konsorten»);*
- *Gebrüder Muster;*
- *Muster und Sohn;*
- *Muster Kollektivgesellschaft.*

241

Beispiele unzulässiger Firmenbildungen:

- *Muster KG oder Muster & Co KG (keine in der Schweiz allgemein bekannte Abkürzung; KG könnte auch als Kapitalgesellschaft verstanden werden; es besteht daher ei ne Täuschungsgefahr);*
- *Muster Müller (Name einer Ehefrau i. S. v. Art. 160 Abs. 2 ZGB);*
- *Muster-Müller (kann nicht als Firma einer Kollektivgesell schaft verwendet werden, da der Anschein eines Allianz namens entsteht);*
- *Muster Architekten (kein Hinweis auf ein Gesellschaftsver hältnis; der blosse Plural bei der verwendeten Berufsbezeichnung genügt nicht).*

242

Bei Kommanditgesellschaften dürfen in der Firma keine anderen Namen als diejenigen der unbeschränkt haftenden Gesellschafter aufgeführt werden. Die Firma hat mindestens den Namen eines der unbeschränkt haftenden Gesellschafter zu enthalten. In jedem Fall ist ein das Gesellschaftsverhältnis andeutender Zusatz erforderlich (s. Art. 947 Abs. 3 OR).

243

Die Angabe der Namen der Kommanditäre oder Dritter ist nicht statthaft (s. Art. 947 Abs. 4 OR). Wird der Name eines Kommanditärs in der Firma aufgenommen, haftet dieser nach Artikel 607 OR Dritten gegenüber wie ein unbeschränkt haftender Gesellschafter.

244

Im übrigen gelten die obenerwähnten für die Kollektivgesellschaft massgeblichen Grundsätze auch für die Kommanditgesellschaft.

245

Bei Kommanditaktiengesellschaften gelten dieselben Regeln wie bei der Kommanditgesellschaft.

6.4 Gesellschaft mit beschränkter Haftung (Art. 949 OR)

246

Die Firma der Gesellschaft mit beschränkter Haftung kann unter Wahrung der allgemeinen Grundsätze zur Firmenbildung frei gewählt werden. In allen Fällen muss die Firma jedoch zwingend die Bezeichnung der Rechtsform enthalten (s. Art. 949 OR).

247
Die Firma einer Gesellschaft mit beschränkter Haftung darf keine Begriffe enthalten, die auf eine andere Rechtsform schliessen lassen.

6.5 Aktiengesellschaft und Genossenschaft (Art. 950 OR)

248
Aktiengesellschaften und Genossenschaften können unter Wahrung der allgemeinen Grundsätze zur Firmenbildung ihre Firma frei wählen (s. Art. 950 Abs. 1 OR).

249
Sofern die Firma einen oder mehrere Familiennamen enthält, muss zwingend die Bezeichnung als Aktiengesellschaft oder Genossenschaft beigefügt werden (Art. 950 Abs. 2 OR), damit nicht der Eindruck einer Einzelfirma oder Personengesellschaft entsteht. Wird die Bezeichnung als Aktiengesellschaft oder Genossenschaft dem Personennamen vorangestellt, muss die Angabe der Rechtsform zwingend ausgeschrieben werden.

250
Beispiel: «MMK AG Muster Mechanik» ist unzulässig.

251
Die Firma einer Aktiengesellschaft oder Genossenschaft darf keine Begriffe enthalten, die auf eine andere Rechtsform schliessen lassen.

252
Beispiel: «Genossenschaftliche Privatbank AG» ist unzulässig.

253
Sofern die Rechtsform unklar erscheint, muss ein entsprechender Zusatz in die Firma aufgenommen werden.

254
Beispiel: Die Firma der Aktiengesellschaft «Sozialfonds K. U. V.» ist mit dem Zusatz «AG» zu versehen, ansonsten Dritte annehmen dürfen, es handle sich um einen Verein oder eine Stiftung. Zulässig: «Sozialfonds K. U. V. AG».

7 Zweigniederlassungen (Art. 952 OR)

7.1 Zweigniederlassung eines Unternehmens mit Hauptsitz in der Schweiz

255
Die Firma der Zweigniederlassung eines Unternehmens mit Hauptsitz in der Schweiz darf mit einem spezifischen Zusatz versehen werden (Art. 70 Abs. 1 HRegV). In jedem Fall bleibt das Täuschungsverbot vorbehalten.

256
Die Handelsregisterämter sind gemäss Artikel 38 HRegV verpflichtet, aufgrund der entsprechenden Belege zu prüfen, ob die Firma oder der Name der Zweigniederlassung der am Hauptsitz eingetragenen Form entspricht.

257
Nebst der Angabe des Sitzes kann der Firmenzusatz für die Zweigniederlassung auch eine Tätigkeit, eine Marke, eine Geschäftsbezeichnung oder die Firma eines übernommenen und als Zweigniederlassung weitergeführten Betriebes enthalten, sofern sich daraus keine Täuschungsgefahr ergibt.

258
Beispiele:
«Generosa AG, Zweigniederlassung Luzern»; «Generosa Maschinenbau AG, Zweigniederlassung Automation»; «Generosa AG; Zweigniederlassung Megatec»; «Megatec, Zweigniederlassung der Generosa AG».

259
Der spezifische Zusatz in der Firma des Zweigbetriebs muss den Bestandteil «Zweigniederlassung» enthalten, da sich sonst eine Täuschung ergeben kann.

260
Firmen von Zweigniederlassungen, die nebst der Firma am Hauptsitz nur eine Orts- oder Fantasiebezeichnung enthalten, sind täuschend und daher abzuweisen, da es sich um eigenständige Firmenbezeichnungen handelt, die den Eindruck eines selbständigen Rechtssubjekts erwecken.

261
Beispiel: Lautet die Firma am Hauptsitz «Generosa AG» und soll mit dem spezifischen Zusatz «Megatec» die Zweigniederlassung umschrieben werden, sind die Firmenvarianten «Megatec, Generosa AG» oder «Generosa AG, Megatec» täuschend, da das Publikum aufgrund dieser Firmen auf das Bestehen einer eigenständigen (Tochter-) Gesellschaft wird schliessen müssen.

262
Enthält die Firma der Zweigniederlassung eine geografische Bezeichnung, sind die Grundsätze für geografische Firmenbestandteile zu beachten (s. vorne 2.4).

263
Die Firma der Zweigniederlassung muss die Firma der Gesellschaft in einer der im Handelsregister eingetragenen sprachlichen Fassungen enthalten und darf zusätzlich nur in einer fremdsprachigen Fassung eingetragen werden, falls die Firma der Gesellschaft an deren Sitz in dieser Sprache im Handelsregister eingetragen ist (s. vorne 4).

7.2   Zweigniederlassung eines Unternehmens mit Hauptsitz im Ausland

264
Die Firma der Zweigniederlassung eines Unternehmens mit Hauptsitz im Ausland muss nebst der Firma der Gesellschaft zwingend die Ortsangabe des Hauptsitzes, den Ort der Zweigniederlassung sowie die ausdrückliche Bezeichnung als Zweigniederlassung enthalten (s. Art. 952 Abs. 2 OR und Art. 70 Abs. 2 HRegV).

265
Die Firma von Zweigniederlassungen ausländischer Unternehmen untersteht an sich dem schweizerischen Recht. Überprüft werden dürfen jedoch grundsätzlich nur die für die Zweigniederlassung vorgesehenen Zusätze.

266
Beispiel: Die Firma der in Zug ansässigen Zweigniederlassung der ausländischen Gesellschaft «Fragrance Smith Ltd.» mit Sitz in London lautet: «Fragrance Smith Ltd., London (GB), Zweigniederlassung Zug».

267
Gelegentlich befinden sich Zweigniederlassungen von Unternehmen mit Hauptsitz im Ausland in Gemeinden, die im Ausland unbekannt sind. Obwohl in der Praxis ein legitimes Bedürfnis besteht, beispielsweise statt der Angabe eines unbekannten Vorortes als Sitzbezeichnung einen Städte- oder Kantonsnamen in die Firma aufzunehmen, ist eine genaue Angabe des Sitzes angesichts der politischen Organisation der Schweiz unabdingbar, da juristisch relevant (Gerichtsstand bzw. die Zuständigkeit von Behörden). Es ist jedoch zulässig, die in der Firma enthaltene Bezeichnung des Sitzes der Zweigniederlassung mit einem erklärenden Ortszusatz zu versehen.

268
Beispiele: «Light Flight Industries Ltd., Seattle, Branch of Dübendorf near Zürich»; «Semmelrogge GmbH, Wien, Zweigniederlassung in Hubersdorf/Kanton Solothurn»; «ILMALE Pharma SA, Milano, Succursale di Bissone/Svizzera».

269
Die Firmen ausländischer Unternehmen unterstehen grundsätzlich dem Recht des Sitzstaates.

270
Die rechtliche Zulässigkeit der Firma ausländischer Unternehmen darf daher bei der Eintragung von Zweigniederlassungen in der Schweiz von den schweizerischen Behörden nicht überprüft werden, *soweit sie nicht gegen den schweizerischen Ordre Public oder das Rechtsmissbrauchsverbot verstossen.*

Beispiele:

271
Sofern die Firma einer ausländischen Aktiengesellschaft nur aus einem Personennamen ohne Angabe eines rechtsformandeutenden Zusatzes besteht, so ist dies mit der schweizerischen Rechtsordnung und der Verkehrssicherheit unvereinbar (s. Art. 950 Abs. 2 OR): «Miller Trading, Wilmington (Delaware/USA), Basel Branch» ist daher als Bezeichnung der Zweigniederlassung einer Kapitalgesellschaft unzulässig. Die Firma der Zweigniederlassung kann nur mit der Angabe des rechtsformandeutenden Zusatzes im schweizerischen Handelsregister eingetragen werden («Miller Trading Ltd, Wilmington (Delaware/USA), Basel Branch»).

272
Sofern die Firma eines Einzelunternehmens oder einer Personengesellschaft mit Sitz im Ausland nur aus einer Fantasiebezeichnung besteht, ohne dass der Name des Inhabers oder eines Gesellschafters in der Firma aufgeführt wird, so ist dies mit der schweizerischen Rechtsordnung und der Verkehrssicherheit unvereinbar (s. Art. 945 Abs. 1 OR): «OMOLGEX, Sofia, Zürich Branch» ist daher als Bezeichnung der Zweigniederlassung eines Einzelunternehmens oder einer Personengesellschaft unzulässig. Die Firma der Zweigniederlassung kann nur mit der Angabe des Namens des Geschäftsinhabers oder eines Gesellschafters (mit einem das Gesellschaftsverhältnis andeutenden Zusatz) im schweizerischen Handelsregister eingetragen werden.

8 Firmenidentität

8.1 Allgemeine Grundsätze zur Feststellung der Identität

273
Eine im Handelsregister eingetragene Einzelfirma darf von keinem andern Geschäftsinhaber an demselben Orte verwendet werden, selbst dann nicht, wenn er den gleichen Vor- und Familiennamen hat, mit dem die ältere Firma gebildet worden ist (Art. 946 Abs. 1 OR).

274
Die Vorschriften über die Ausschliesslichkeit der eingetragenen Einzelfirma gelten auch für die Firma der Kollektivgesellschaft, der Kommanditgesellschaft, der Kommanditaktiengesellschaft und, sofern deren Firma Personennamen enthält, für die Gesellschaft mit beschränkter Haftung (Art. 951 Abs. 1 OR).

275
Die Firmen von Aktiengesellschaften und Genossenschaften müssen sich von jeder in der Schweiz bereits eingetragenen Firma deutlich unterscheiden; das gleiche gilt ebenfalls für Gesellschaften mit beschränkter Haftung, deren Firmen keine Personennamen enthalten (Art. 951 Abs. 2 OR).

276
Zur Gewährleistung des Rechts auf ausschliesslichen Gebrauch an der eingetragenen Firma auf nationaler Ebene führt das Eidgenössische Amt für das Handelsregister (EHRA) ein zentrales Verzeichnis aller in der Schweiz eingetragenen Firmen juristischer Personen (*Firmenzentralregister;* s. Art. 119 HRegV).

277
Nach der Rechtsprechung des Bundesgerichts müssen die Handelsregisterbehörden die Eintragung einer identischen Firma von Amtes wegen verweigern, dürfen aber nicht eine Anmeldung mit der Begründung abweisen, es bestehe eine – wie auch immer geartete – Ähnlichkeit mit bereits eingetragenen Firmen (BGE 55 I 189).

278
Die Prüfung der Handelsregisterbehörden beschränkt sich neben der Prüfung der Rechtmässigkeit der Firma auf die Feststellung der Firmenidentität. Gegebenenfalls wird eine neu eingetragene identische Firma zurückgewiesen.

279
Die Frage, ob zwei Firmen ähnlich und dadurch verwechselbar sind, hat das zuständige Gericht zu beurteilen (s. Art. 956 OR).

280
Da sich in der Praxis verschiedene Unklarheiten ergeben haben, sind die Regeln zur Beurteilung der Firmenidentität durch die Handelsregisterbehörden in dieser Weisung neu festzulegen. Die Frage der Identität kann jedoch aufgrund einer Vielzahl für das Erscheinungsbild massgebender Elemente nicht allgemeingültig abstrakt umschrieben, sondern muss letztlich fallweise beurteilt werden.

281
Dabei ist zu beachten, dass die Rückweisung von Amtes wegen eine einschneidende Massnahme darstellt, dass die Bildung ähnlicher Firmen in der Praxis verbreitet einem Bedürfnis entspricht (insb. zum Erkenntlichmachen einer Gruppenzugehörig-

keit) und dass im Streitfall zur Beurteilung ähnlicher Firmen der Richter zuständig ist. Demnach müssen bereits qualitativ geringe, aber kennzeichnungskräftige Unterschiede zur Verneinung der Identität von Firmen genügen.

8.1.1 Gesamteindruck der Firmen als Beurteilungsgrundlage für die Identität

282
Die Firmenidentität beurteilt sich auf der Grundlage des Gesamteindrucks, den die fraglichen Firmenbezeichnungen beim Betrachter erzeugen. Ausgangspunkt – aber nicht alleine massgebend – ist dabei die Zeichenfolge.

283
Die Beurteilung der Firmenidentität beschränkt sich gemäss Rechtsprechung des Bundesgerichts nicht nur auf die absolute Identität der Zeichenfolge, sondern hat dem Gesamteindruck, den die fraglichen Firmenbezeichnungen im Erinnerungsbild des Betrachters hinterlassen, Rechnung zu tragen (vgl. dazu die Erwägungen von BGE 55 I 189).

284
Aus diesem Grunde sind die nachfolgend aufgeführten Abweichungen von der Zeichenfolge für die Identitätsfrage insofern von Belang, als diese Bestandteile und Merkmale aus der Optik des Publikums nicht geeignet sind, die zu beurteilenden Firmen hinreichend voneinander zu unterscheiden.

8.1.2 Nicht unterscheidungsfähige Bestandteile und Merkmale

285
Verschiedene Firmenbestandteile oder Merkmale sind bei übereinstimmender Zeichenfolge nicht geeignet, die jüngere Firma hinreichend von der bereits eingetragenen zu unterscheiden. Für den Gesamteindruck, den Firmen beim Betrachter hinterlassen, erscheinen diese geringfügigen Unterschiede als nicht relevant, da diese Bestandteile und Eigenheiten letztlich nicht einprägsam und somit nicht unterscheidungskräftig sind.

286
Unter Vorbehalt des Gesamteindruckes sind die folgenden Eigenschaften der Schreibweise von Firmen im allgemeinen nicht unterscheidungskräftig:

287
– **Gross- / Kleinschreibung**

288
Beispiel: «XL Fast Burger AG» = «XL FAST BURGER AG».

289
– **Lücken (Zeichen- bzw. Wortabstände)**

290
Beispiel: «XL Fast Burger AG» = «XLFastburger AG» = «XL-Fast-Burger-AG».

291
– **Interpunktionszeichen**

292
Beispiel: «XL Fast Burger AG» = «XL-Fast-Burger-AG» = «XL! Fast, Burger-AG».

293
- **Umlaute (ae = ä; oe = ö; ue = ü)**

294
Dies gilt auch für Firmen mit einem Personennamen.

295
Beispiel: «Heinrich Mäder AG» = «Heinrich Maeder AG».

296
- **diakritische Zeichen (e = é = è = ê = ë)**

297
Beispiel: «étoile énergie sarl» = «Etoile Energie SARL».

298
- **ph = f; tz = z; c = k = ck; dt = t**

299
Die verschiedenen Schreibweisen von Wörtern (Rechtschreibereform!) können unter Berücksichtigung des Gesamteindruckes dazu führen, dass Firmen als identisch zu werten sind.

300
Beispiele: «Even faster Foto-Service AG» = «Even faster Photo Service AG»; «Arte Produktion AG» = «Arte Production GmbH».

301
Je nach den Umständen ist aber unter Berücksichtigung des Gesamteindruckes auch möglich, dass verschiedene Schreibweisen als hinreichend unterscheidungsfähig gelten können, was inbesondere bei Personennamen zutreffen dürfte.

302
- **Ziffern = ausgeschriebene Zahlen**

303
Ziffern und ausgeschriebene Zahlen sind in der Regel gleichbedeutend und daher identisch.

304
Beispiel: «Auberge des 13 étoiles SA» = «Auberge des Treize étoiles SA».

305
Erhält die Firma durch die Verwendung von Zahlen statt Buchstaben einen neuen Sinngehalt, ist die Identität der Firmen zu verneinen.

306
Beispiel: «ONE FOR YOU GMBH» ≠ «1-4-U GmbH».

307
- **Inversionen von Elementen**

308
Inversionen an sich identischer Firmenelemente sind unter Berücksichtigung des Gesamteindruckes unter Umständen nicht ausreichend, die Unterscheidbarkeit zweier Firmen zu gewährleisten.

309
Beispiel: «Huber Transporte AG» = «Transporte Huber AG».

310

Erhält die Firma durch die Inversion der an sich identischen Elemente einen neuen Sinngehalt, ist die Identität der Firmen zu verneinen.

311

Beispiele: «Muster Feldblumen GmbH» ≠ «Muster Blumenfeld GmbH»; «Rocher Lunettes à soleil SA» ≠ «Rocher Soleil à lunettes SA».

312

– **rechtsformandeutende und amtliche Zusätze**

313

Bei juristischen Personen soll beim Wechsel der Rechtsform (Umwandlung) die bisherige Firma beibehalten werden können. Deshalb wird am Grundsatz festgehalten, wonach die rechtsformandeutenden Zusätze bei juristischen Personen unter dem Blickwinkel der Firmenidentität nicht unterscheidungskräftig sind.

314

Beispiel: «Brash AG» = «Brash GmbH» = «Genossenschaft Brash».

315

Eine eingetragene Firma wahrt ihr Ausschliesslichkeitsrecht bis zur Löschung. Dies gilt unabhängig davon, ob die Gesellschaft aufgelöst oder ein Nachlassvertrag mit Vermögensabtretung abgeschlossen wurde. Die entsprechenden Firmenzusätze sind aus der Optik des Publikums nicht unterscheidungskräftig. Der Auflösungsbeschluss kann zudem nach der neusten Rechtsprechung des Bundesgerichts widerrufen werden (BGE 4A.6/1995 vom 18. Juli 1998).

316

Beispiel: «ATOS AG in Liquidation» = «ATOS GmbH».

8.1.3 Unterscheidungsfähige Bestandteile und Merkmale

317

Bestimmte Firmenmerkmale gelten unter Berücksichtigung des Gesamteindrucks als unterscheidungsfähig, auch wenn sie eine grosse Ähnlichkeit der Firmen bewirken können. Die Frage der Identität ist insbesondere in folgenden Fällen zu verneinen:

318

– **Klang (Ausspracheidentität)**

319

Der Wortklang ist in der Regel nicht ausschlaggebend. Die Ausspracheidentität bewirkt bei abweichender Zeichenfolge nicht notwendigerweise die Identität zweier Firmen.

320

Beispiel: «Thiim GmbH» ≠ «Team GmbH».

321

Unter Berücksichtigung des Gesamteindruckes kann eine identische Aussprache unter Umständen ein Element sein, das auf die Identität zweier Firmen schliessen lässt.

322

– **Bild (Silben- und Buchstabenzahl; Wortlänge)**

323
Das Schriftbild ist nicht ausschlaggebend. Sobald die Zeichenfolge nicht übereinstimmt, ist grundsätzlich keine Firmenidentität gegeben.

324
Beispiel: «AA Power Fitness GmbH» («AAA POWER FITNESS GMBH».

325
– **Sinngehalt**

326
Der Sinngehalt einer Firma ist für die Beurteilung der Identität nicht massgebend.

327
Beispiel: «QX Holding AG» («QX Beteiligungen AG».

328
Eigenheiten der Firmenbildung, die für den Aspekt der Firmenidentität als unterscheidungsfähig gelten, können je nach den Umständen unter dem Blickwinkel der durch den Richter zu beurteilenden Firmenähnlichkeit nicht als ausreichende Unterscheidungsmerkmale erscheinen.

8.2 Verhältnis der fremdsprachigen Firmenfassungen zur Firmenidentität

329
Alle im Handelsregister eingetragenen fremdsprachigen Firmenfassungen geniessen denselben firmenrechtlichen Ausschliesslichkeitsschutz (s. Art. 946 und 951 OR) wie die Originalfassung (s. Art. 46 Abs. 2 HRegV).

330
Der Schutz beschränkt sich demnach nicht bloss auf Fassungen in den schweizerischen Amtssprachen, sondern auf alle eingetragenen sprachlichen Fassungen (s. BGE 27 II 520 (vom 22. November 1901) in Sachen «Anglo-Swiss Condensed Milk Company» gegen «Schweizerische Milchgesellschaft»).

Beispiele:

331
- «Sosa Blumen AG» («Sosa Fleurs SA» («Sosa Fiori SA» (keine Firmenidentität);

332
- «Sosa Blumen AG (Sosa Fleurs SA)» = «Sosa Fleurs SA» (Identität gegeben).

333
Im Handelsregister nicht eingetragene Übersetzungen der Firma geniessen keinen firmenrechtlichen Schutz (vgl. Art. 46 Abs. 2 HRegV).

334
Eine Ausdehnung des Ausschliesslichkeitsrechts auch auf nicht im Handelsregister eingetragene Übersetzungen der Firma wäre unpraktikabel; die Ausschliesslichkeit der Firma liesse sich nicht gewährleisten.

335
Beispiel: Sofern die «Berger Bau GmbH» die französischsprachige Fassung «Construction Berger SARL» nicht im Handelsregister hat eintragen lassen, kann eine andere Gesellschaft mit der Firma «Construction Berger SARL» im Handelsregister eingetragen werden.

336
Vorbehalten bleibt der Rechtsschutz aufgrund der Firmenähnlichkeit und aus Wettbewerbsrecht.

8.3 Ausnahme bei Fusionen

337
Anlässlich einer Fusion darf die übernehmende Gesellschaft die Firma der absorbierten Gesellschaft annehmen.

338
Wird die zu absorbierende Gesellschaft aufgelöst, geht ihr Vermögen mit der Eintragung der Fusion uno actu auf die übernehmende Gesellschaft über. Die absorbierte Gesellschaft ist dadurch rechtlich nicht mehr existent, da sie vollumfänglich in der übernommenen Gesellschaft aufgegangen ist. Aus Gründen des Gläubigerschutzes bleibt sie jedoch de lege lata im Handelsregister noch eingetragen (s. Art. 748 OR). Nimmt die übernehmende Gesellschaft die Firma der absorbierten an, sind daher formell zwar zwei identische Firmen eingetragen, doch handelt es sich materiell um dasselbe Rechtssubjekt, so dass weder eine relevante Täuschungsgefahr besteht, noch das Ausschliesslichkeitsrecht an der eingetragenen Firma verletzt wird.

339
Sofern der Fusionsbeschluss hinfällig werden sollte, muss erforderlichenfalls nach dem in Artikel 60 und 61 HRegV vorgesehenen Verfahren eine Firmenänderung herbeigeführt werden.

9 Vereins- und Stiftungsnamen

9.1 Grundsatz

340
Vereine und Stiftungen haben keine Firma gemäss Artikel 944 ff. OR, sondern einen Namen im Sinne des Persönlichkeits- und Namensrechts (s. Art. 29 ZGB; Anhang 1).

341
Rein firmenrechtliche Vorschriften (Art. 944 ff. OR) sind daher bei Vereins- und Stiftungsnamen grundsätzlich nicht anwendbar (s. BGE 103 Ib 6 ff.).

342
Die allgemeinen Bestimmungen für Handelsregistereintragungen gelten jedoch auch für Vereins- und Stiftungsnamen (s. Art. 38 Abs. 1, 44 HRegV); so namentlich das Wahrheitsgebot, das Täuschungsverbot und der Vorbehalt der öffentlichen Interessen.

343
Sofern der Name eines Vereins oder einer Stiftung einen oder mehrere Familiennamen enthält, ist die Bezeichnung als «Verein» oder «Stiftung» im Namen aufzuführen, damit Verwechslungen mit Einzelunternehmen oder Personengesellschaften ausgeschlossen sind.

344
Beispiel: Zulässig: «Stiftung Emil und Ida Muster».

345
Der Name eines Vereins oder einer Stiftung muss als solcher erkennbar sein und ist erforderlichenfalls mit der Angabe der Rechtsform zu versehen (s. vorne 3.3).

346
Beispiele: Zulässig: «Verein Schützt die Natur!»; «Stiftung XYZ».

347
Ein Vereins- oder Stiftungsname ist unzulässig, wenn ein Bestandteil desselben auf eine unzutreffende Rechtsform hindeutet.

348
Beispiele: «Milchgenossenschaft Hintertal» kann nicht Name eines Vereins sein. «X Versicherungen, Schweizerische Gesellschaft für Kranken- und Unfallversicherungen» kann nicht Name einer Stiftung sein.

9.2 Zweigniederlassungen

349
Der Name einer Zweigniederlassung eines Vereins oder einer Stiftung muss aus Gründen des Täuschungsverbotes denselben Anforderungen genügen wie die Firma einer Zweigniederlassung.

9.2.1 Zweigniederlassungen von Vereinen

350
Sektionen (Zweigvereine, Gruppen, Untervereine) dezentral organisierter und strukturierter Vereine sind rechtlich nur dann als Zweigniederlassungen zu qualifizieren, wenn sie ein nach kaufmännischer Art geführtes Gewerbe betreiben. Gemäss Artikel 61 Absatz 2 ZGB ist die Zweigniederlassung diesfalls zur Eintragung verpflichtet und muss im Rechtsverkehr als solche erkennbar sein.

351
Entweder hat die Zweigniederlassung denselben Namen wie der Verein zu führen oder der Name der Zweigniederlassung darf nebst dem Vereinsnamen einen spezifischen Zusatz enthalten.

352
Zweigniederlassungen ausländischer Vereine, die ein nach kaufmännischer Art geführtes Gewerbe betreiben haben dieselben Zusätze in den Namen aufzunehmen wie Zweigniederlassungen ausländischer Gesellschaften in ihre Firma (analog Art. 952 Abs. 2 OR).

9.2.2 Zweigniederlassungen von Stiftungen

353
Grundsätzlich ist auch bei Stiftungen die Errichtung von Zweigniederlassungen denkbar. Für den Namen der Zweigniederlassung einer Stiftung gelten diesfalls dieselben Regeln wie bei Zweigniederlassungen von Vereinen.

9.3 Kein Ausschliesslichkeitsschutz

354
Da der firmenrechtliche Ausschliesslichkeitsanspruch im Namensrecht keine Anwendung findet, müssen identische Vereins- und Stiftungsnamen im Handelsregister eingetragen werden.

355
Die Eintragung identischer Vereins- und Stiftungsnamen ist jedoch abzulehnen, sofern dies aufgrund des Täuschungsverbotes oder zum Schutz öffentlicher Interessen erforderlich ist. Dies dürfte namentlich bei gesamtschweizerischen Vereinen und Stiftungen der Fall sein.

356
Namensanmassungen können entweder mit den spezifischen namensrechtlichen Schutzbestimmungen (s. Art. 29 ZGB; Anhang 1) oder mit dem Kennzeichenschutz des Bundesgesetzes gegen den unlauteren Wettbewerb (s. Art. 3 Bst. d UWG; Anhang 1) unterbunden werden.

10 Liquidation, Konkurs, Nachlassvertrag mit Vermögensabtretung und Wiedereintragung

10.1 Auflösung einer Gesellschaft

357
Die Firma einer aufgelösten juristischen Person ist von Amtes wegen mit dem Zusatz «in Liquidation» oder «in liq.» zu ergänzen und muss zwingend in dieser Form im Rechtsverkehr verwendet werden (s. Art. 739 Abs. 1, 823 Abs. 1, 913 Abs. 1 OR; Anhang 1).

358
Der Auflösungsgrund der Gesellschaft ist unbeachtlich (statutarischer Auflösungsgrund, durch Beschluss des zuständigen Organs, durch Konkurseröffnung, durch richterliches Urteil sowie weitere gesetzliche Gründe). In jedem Falle ist die Firma mit dem Liquidationszusatz zu versehen (s. Art. 736 i. V. m. 739 Abs. 1 OR; Anhang 1).

359
Sofern eine Gesellschaft aufgelöst wird und ins Liquidationsstadium tritt, kann die Firma nicht mehr geändert werden.

360
Das Gesetz schreibt vor, dass die Gesellschaft ihre *bisherige Firma mit dem Zusatz «in Liquidation»* weiterführt (s. Art. 739 Abs. 1 OR). Eine Gesellschaft kann ihre Firma daher bis vor dem Auflösungsbeschluss ändern und in derselben Anmeldung die Eintragung der Firmenänderung und der Auflösung beantragen. In der Handelsregistereintragung ist ausdrücklich auf die Änderung der Firma hinzuweisen und die neue Firma mit dem Liquidationsvermerk zu versehen.

361
Fremdsprachige Firmenfassungen sind mit dem Liquidationszusatz zu versehen, sofern sie nicht gelöscht werden.

362
«en liquidation» (französisch); «in liquidazione» (italienisch); «in liquidation» (englisch).

363
Wird die Auflösung widerrufen, so entfällt der Liquidationszusatz.

364
Ein Einzelunternehmen wird im rechtstechnischen Sinn weder aufgelöst noch liquidiert, da nicht zwischen dem Geschäfts- und Privatvermögen unterschieden wird. Der Zusatz «in Liquidation» ist bei einem Einzelunternehmen *nicht* zutreffend und daher nicht eintragungsfähig.

10.2 Auflösung durch Konkurs

365
Wird über ein im Handelsregister eingetragenes Rechtssubjekt der Konkurs eröffnet, so hat der Handelsregisterführer nach Empfang der vollstreckbaren gerichtlichen Mitteilung die dadurch bewirkte Auflösung der Gesellschaft oder Genossenschaft unverzüglich in das Handelsregister einzutragen (Art. 176 SchKG und Art. 939 OR).

366
Die Firma der infolge Konkurseröffnung aufgelösten Handelsgesellschaft oder Genossenschaft ist mit dem Liquidationszusatz zu versehen.

367
Beispiel: Die Gesellschaft wird infolge Konkurseröffnung durch Urteil vom ... des Gerichts ... aufgelöst. Firma neu: X AG in Liquidation.

368
Wird das Konkursverfahren mangels Aktiven eingestellt, hat der Handelsregisterführer diese Tatsache nach Empfang der gerichtlichen Mitteilung unverzüglich einzutragen.

369
Die Firma behält auch für den Fall der Einstellung des Konkurses mangels Aktiven den Liquidationszusatz bei.

370
Artikel 66 Absatz 2, 3. Satz HRegV («Ist der Einspruch berechtigt, so ist die Firma mit dem Zusatz «in Liquidation» einzutragen»; s. Anhang 1) ist gegenstandslos, da die Firma seit der Konkurseröffnung den Liquidationszusatz enthält.

371
Wird der Konkurs widerrufen, so entfällt der Liquidationszusatz.

10.3 Nachlassvertrag mit Vermögensabtretung

372
Ist die Schuldnerin im Handelsregister eingetragen, so ist der Firma der Zusatz «in Nachlassliquidation» beizufügen.

373
Dies gilt für jede Rechtsform (s. Art. 319 Abs. 2 SchKG; Anhang 1).

374
Fremdsprachige Firmenfassungen sind mit dem Nachlassliquidationszusatz zu versehen, sofern sie nicht gelöscht werden.

375
«en liquidation concordataire» (französisch); «in liquidazione concordataria» (italienisch); «in liquidation with voluntary assignment» (englisch)

10.4 Firmenausschliesslichkeit bei Firmen mit Liquidationszusätzen

376
Die Firma einer juristischen Person, die den Zusatz «in Liquidation» oder «in Nachlassliquidation» enthält, wahrt den firmenrechtlichen Ausschliesslichkeitsanspruch bis zur Löschung.

377
Die Eintragung einer identischen Firma vor der Löschung der in Liquidation befindlichen juristischen Person wird abgewiesen. Die Liquidationszusätze vermögen das Ausschliesslichkeitsrecht an der eingetragenen Firma nicht aufzuheben; aus einer neuen Eintragung derselben Firma könnten sich bis zur Löschung der in Liquidation befindlichen Gesellschaft Täuschungen ergeben, dies insbesondere wenn auch die zweite Gesellschaft in Liquidation tritt.

378
Beispiel: Die Eintragung einer «Saure Gurke GmbH» ist abzuweisen, wenn bereits eine «Saure Gurke AG in Liquidation» besteht.

10.5 Firma der Zweigniederlassung

379
Wird eine Zweigniederlassung infolge Auflösung der Gesellschaft oder Genossenschaft nicht unverzüglich im Handelsregister gelöscht, ist auch die Firma der Zweigniederlassung mit dem Liquidationszusatz zu versehen.

380
Die Auflösung der Gesellschaft (am Hauptsitz) bewirkt eine Änderung im Register der Zweigniederlassung. Diese Tatsache muss daher dem Handelsregisteramt der Zweigniederlassung mitgeteilt werden (s. Art. 74 Abs. 1 HRegV).

381
Beispiel: «Morsch & Mürbe AG in Liquidation, Zweigniederlassung Hilferdingen».

10.6 Vereins- und Stiftungsnamen

382
Wird ein Verein oder eine Stiftung aufgelöst, ist der Name mit dem Liquidationszusatz zu ergänzen (Art. 58 ZGB i. V. m. Art. 913 und 739 OR).

10.7 Wiedereintragung

383

Eine gelöschte Gesellschaft kann unter bestimmten Voraussetzungen (Glaubhaftmachung der Forderung; Wiedereintragung als einziger Behelf, die Ansprüche geltend machen zu können; s. BGE 87 I 303; 100 Ib 37; 115 II 276) auf Antrag der Gläubiger wiedereingetragen werden, damit noch aufgefundene Aktiven verwertet werden können oder damit ein anstehender Rechtsstreit durchgeführt werden kann.

384

Bei der Wiedereintragung ist die Firma mit dem Liquidationszusatz zu versehen.

385

In der Handelsregistereintragung ist ausdrücklich darauf hinzuweisen, dass die Gesellschaft auf Antrag der Gläubiger wiedereingetragen wird.

386

Beispiel: Mürb GmbH in Liquidation, in Hintermatt (letzte SHAB-Referenz). Die Gesellschaft wird auf Antrag eines Gläubigers wieder eingetragen. (Gegebenenfalls Angabe des Liquidators und des Liquidationsdomizils).

387

Bei der Wiedereintragung einer gelöschten Firma muss diese mit einem Zusatz versehen werden, wenn seit ihrer Löschung im Handelsregister eine identische Firma eingetragen wurde.

388

Beispiel: «Alte Morsch AG in Liquidation» oder «Wiedereingetragene Morsch AG in Liquidation».

389

Dieser Zusatz ist nötigenfalls von Amtes wegen in die Firma aufzunehmen, sofern das Unternehmen nicht mehr über die dafür zuständigen Organe verfügt.

11 Namen und Sigel internationaler Organisationen

390

Namen und Sigel internationaler Organisationen dürfen grundsätzlich nicht als Bestandteil in eine Firma oder in einen Namen aufgenommen werden.

391

Solche Bezeichnungen sind gestützt auf die Bundesgesetze zum Schutz des Zeichens und des Namens des Roten Kreuzes (SR 232.22) und zum Schutz von Namen und Zeichen der Organisation der Vereinten Nationen und anderer zwischenstaatlicher Organisationen (SR 232.23) *absolut geschützt*.

392

Ausnahmsweise kann eine gesperrte Bezeichnung mit schriftlicher Zustimmung der betroffenen Organisation in die Firma oder in den Namen aufgenommen werden.

393

Beispiel: «EPA AG» (EPA ist das Zeichen des Europäischen Patentamts).

394

Liste der geschützten Sigel und Bezeichnungen s. Liste der gesperrten Begriffe, S. 306 ff.

Anleitung und Weisung zum Firmenrecht

12 Inkrafttreten

395
Die vorliegende Weisung richtet sich an die kantonalen Handelsregisterämter. Sie wird ihnen und ihren Aufsichtsbehörden schriftlich mitgeteilt und tritt am 1. Januar 1998 in Kraft.

396
Die folgenden Mitteilungen, Kreis- und Rundschreiben, Weisungen und sonstigen Schreiben des EHRA und des EJPD werden durch diese Weisung aufgehoben:
- Die **Mitteilung vom 3. Februar 1932** betreffend «Handelsregister, Rechtsnormen im Zusammenhang mit Firmen- und Gesellschaftsrecht»;
- Die **Mitteilung vom 10. April 1935** betreffend «Verwendung von Kurzbezeichnungen als Firma oder Firmenbestandteil»;
- Die **Mitteilung vom 8. April 1936** betreffend «Einschränkungen zur Verwendung bestimmter Bezeichnungen im Zusammenhang mit der Handelsregistereintragung und insbesondere der Firmenbildung»;
- Die **Mitteilung vom 7. Oktober 1943** betreffend «Verwendung der Bezeichnung ‹gemeinnützig› in Firmen»;
- Die **Mitteilung vom 11. August 1945** betreffend die Eintragung von Exportunternehmungen;
- Die **Mitteilung vom 5. Januar 1948** betreffend «Schreibweise von Firmen»;
- Die **Mitteilung vom 30. April 1948** betreffend «Phantasiefirmen, die von nationalen und territorialen Bezeichnungen abgeleitet werden»;
- Die **Mitteilung vom 2. Februar 1950** betreffend den Zusatz «in Nachlassliquidation»;
- Das **Kreisschreiben vom 17. September 1956** betreffend «Eintragung der zusammengesetzten Familiennamen»;
- Die **Mitteilung vom 5. März 1966** betreffend «Verwendung der Ausdrücke ‹Fabrik› und ‹Werk›»;
- Die **Weisung vom 25. Oktober 1971** betreffend «Verzeichnis der Firmenzusätze»;
- Die **Weisung vom Januar 1977** betreffend «Prüfung bestimmter Firmenbestandteile mit reklamehaftem Charakter»;
- Die **Weisung vom 21. April 1978** betreffend «Schreibweise von Firmen im Handelsregister»;
- Die **Rundschreiben vom 15. Dezember 1987 und 20. April 1989** betreffend «Auswirkungen des neuen Eherechts auf die Handelsregisterführung»;
- Der **Brief des EHRA vom 7. Dezember 1992** betreffend die Rückübertragung der Prüfungszuständigkeit im Firmenrecht an die kantonalen Handelsregisterämter;
- Die **Weisung vom 8. Februar 1993** betreffend «Bildung der Firma im Konkurs»;
- Die **Mitteilung vom Dezember 1996** betreffend «Liberalisierung der Praxis im Bereich des Firmenrechts».

Liste der gesperrten Begriffe (EHRA)
Stand 1. Juli 2004

Keyword	Description	new
AEA	Agenzia europea dell'ambiente	
AEE	Agence européenne pour l'environnement	
AELE	Association européenne de libre-échange	
AELS	Associazione Europea di Libero Scambio	
AID	Association Internationale de Développement	
AIEA	Agence internationale de l'énergie atomique	
AIPO	African Intellectual Property Organization	
ALADI	Asociación latinoamericana de Integración Associação Latino-Americana de Integração	
ALALC	Association Latino-Américaine de Libre Échange	
ALALE	Association Latino-Américaine de Libre Échange	
AMAGE	Afrikanisches und Madegassisches Amt für Gewerbliches Eigentum	
AMPO	African and Malagasy Patent Office	
APEC	Asia-Pacific Economic Cooperation	
APPA	Agence de Presse Pan-Africaine	
ARABSAT	Arab Satellite Communications Organization	
BBDM	Bureau Benelux des Dessins ou Modèles	
BBM	Bureau Benelux des Marques	
BEI	Banque Européenne d'Investissement	
BII	Bureau Intergouvernemental pour l'Informatique	
BIPM	Bureau international des poids et mesures	
BIRD	Banque Internationale pour la Reconstruction et le Développement	
BIRPI	Bureaux Internationaux Réunis pour la Protection de la	
BIS	Bank for International Settlements	
BIT	Bureau International du travail	
BIZ	Bank für Internationalen Zahlungsausgleich	
BRI	Banque des Règlements Internationaux Banca dei Regolamenti Internazionali	
CAEM	Conseil d'assistance économique mutuelle	
CARICOM	Communauté des Caraïbes Caribbean Community	

Liste der gesperrten Begriffe

CCNUCC	Convention-Cadre des Nations Unies sur les Changements Climatiques (New York, 1992)
CECA	Communauté européenne du charbon et de l'acier
CECLES	Organisation Européenne pour la Mise au Point et la Construction de Lanceurs d'Engins Spatiaux
CEE	Communauté économique européenne
CEEA	Communauté européenne de l'énergie atomique
CEPT	Conférence européenne des administrations des postes et des télécommunications
CERN	Organisation Européenne pour la Recherche Nucléaire
CFC	Common Fund for Commodities
CITES	Convention sur le commerce international des espèces et de flore sauvages menacées d'extinction
CMEA	Council for Mutual Economic Assistance
COI	Conseil oléicole international
COMECON	Council for Mutual Economic Assistance
CONSEIL DE L'EUROPE	Europa-Rat
COUNCIL OF EUROPE	Europa-Rat
EAEC	European Atomic Energy Community (EURATOM)
EAG	Europäische Atomgemeinschaft
ECSC	European Coal and Steel Community
EEA	European Environment Agency
EEC	European Economic Community
EFTA	European Free Trade Association
EGKS	Europäische Gemeinschaft für Kohle und Stahl
EIB	European Investment Bank
ELDO	European Space Vehicle Launcher Development Organisation
EMEA	The European Agency for the Evaluation of Medicinal Products
EPA	Europäisches Patentamt
EPO	Europäische Patentorganisation
ESA	European Space Agency
ESARIPO	Organisation für gewerbliches Eigentum vom englischsprachigen Afrika
ESO	Europäische Organisation für astronomische Forschung in der südlichen Hemisphäre
EUA	Europäische Umweltagentur
EURATOM	Europäische Atomgemeinschaft
EUREKA	European Research Coodination Agency/Europäische Agentur für die Koordinierung der Forschung

EURO-CONTROL	Europäische Organisation zur Sicherung der Luftfahrt
EWG	Europäische Wirtschaftsgemeinschaft
FAO	Food and Agriculture Organization of the U.N.
FIDA	Fonds international de développement agricole
FINEFTA	Finland-EFTA Association
FMI	Fonds Monétaire international
HABM	Harmonisierungsamt für den Binnenmarkt
HCR	Haut Commissariat pour les Réfugiés
IAA	Internationales Arbeitsamt
IAEA	International Atomic Energy Agency
IAO	Internationale Arbeitsorganisation
IBI	Bureau Intergouvernemental pour l'Informatique
IBRD	International Bank for Reconstruction and Development
ICAO	International Civil Aviation Organization
ICPO	International Criminal Police Organization
IDA	International Development Association
IFAD	International Fund for Agricultural Development
IFC	International Finance Corporation
ILO	International Labour Organization
IMF	International Monetary Fund
IMO	International Maritime Organization
INMARSAT	International Maritime Satellite Organization
INTELSAT	International Telecommunications Satellite Organization
INTER AMERICAN	Inter-American Development Bank
INTERAMÉRICAINE	Banque interaméricaine de Développement
INTERBANK	Bank for International Settlements
INTER-ELECTRO	Organisation internationale pour la coopération économique, scientifique et technique dans le domaine de l'industrie électrotechnique
INTER-ELEKTRO	Internationale Organisation für ökonomische und wissenschaftlich-technische Zusammenarbeit auf dem Gebiet der elektrotechnischen Industrie
INTERFUND	International Monetary Fund
INTERPOL	Organisation internationale de police criminelle
IOM	Internationale Organisation für Migration
IOOC	International Olive Oil Council
ITU	International Telecommunication Union
ITU-D	Telecommunication Development Sector

ITU-R	Radiocommunication Sector
ITU-T	Telecommunication Standardization Sector
LAFTA	Latin American Free Trade Association
MERCOSUL	Marché Commun du Sud
MERCOSUR	Marché Commun du Sud
NIB	Nordic Investment Bank
OAA	Organisation des Nations Unies pour l'alimentation et l'agriculture
OACI	Organisation de l'aviation civile internationale
OAMPI	Office Africain et Malgache de la Propriété Industrielle
OAPI	Organisation africaine de la propriété intellectuelle
OCAM	Gemeinsame Afrikanisch-Madegassische Organisation
OCCAR	Organisation conjointe de coopération en matière d'armement Organisation for Joint Armament Co-operation
OEB	Organisation européenne des brevets
OHIM	Office for Harmonization in the internal Market
OHMI	Office de l'harmonisation dans le marché intérieur
OIE	Office International des épizooties
OIL	Organizzazione internazionale del lavoro
OIM	Organisation internationale pour les migrations
OIPC	Organisation internationale de police criminelle
OIT	Organisation internationale du travail
OIV	Office international de la vigne et du vin
OMC	Organisation Mondiale du Commerce
OMI	Organisation maritime internationale
OMM	Organisation météorologique mondiale
OMPI	Organisation mondiale de la propriété intellectuelle
OMS	Organisation mondiale de la santé
OMT	Organisation Mondiale du Tourisme
ONU	Organisation des Nations unies
ONUSIDA	Programme commun des Nations Unies sur le VIH/SIDA
OPEC	Organization of the Petroleum Exporting Countries
OSCE	Organisation pour la sécurité et la cooperation en Europe Organization for Security and Co-operation in Europe Organizzazione per la Sicurezza e la Cooperazione in Europa
OSZE	Organisation für Sicherheit und Zusammenarbeit in Europa
PAM	Programme alimentaire mondial
PNUE	Programme des Nations Unies pour l'Environnement
PUAP	Programme des Nations Unies pour l'Environnement

RAMSAR	Convention relative aux zones humides d'importance internationale particulièrement comme habitats des oiseaux d'eau
RGW	Rat für gegenseitige Wirtschaftshilfe
SFI	Société Financière Internationale
SHAPE	Grand quartier général des puissances alliées en Europe
UAMI	Ufficio per l'armonizzazione nel mercato interno
UAMPI	Ufficio Africano e Malgascio della proprietà Industriale
UII	Bureau Intergouvernemental pour l'Informatique
UIL	Ufficio internazionale del lavoro
UIT	Union internationale des télécommunications
UIT-D	Telecommunication Development Sector
UIT-R	Radiocommunication Sector
UIT-T	Telecommunication Development Sector
UN	United Nations
UNAIDS	Joint United Nations Programme on HIV/AIDS
UNEP	United Nations Environment Programme
UNESCO	Organisation des Nations Unies pour l'Éducation, la Science et la Culture
UNFCCC	United Nations Framework Convention on Climate Change (New York, 1992)
UNHCR	Haut Commissariat pour les Réfugiés
UNICEF	United Nations Children's Fund
UNO	Organisation der Vereinten Nationen
UPAEP	Internationaler Verband zum Schutz von Pflanzenzüchtungen
UPOV	Internationaler Verband zum Schutz von Pflanzenzüchtungen
UPU	Union Postale Universelle
WFP	World Food Programme
WGO	Weltgesundheitsorganisation
WHO	World Health Organization
WIPO	World Intellectual Property Organization
WMO	World Meteorological Organization
WORLD-BANK	International Bank for Reconstruction and Development
WPV	Weltpostverein
WTO	World Tourisme Organization

Schweizerisches Zivilgesetzbuch

vom 10. Dezember 1907 (Stand am 22. Juni 2004)

Die Bundesversammlung der Schweizerischen Eidgenossenschaft,
gestützt auf Artikel 64 der Bundesverfassung[1,2]
nach Einsicht in eine Botschaft des Bundesrates vom 28. Mai 1904[3],
beschliesst:

Schweizerisches Zivilgesetzbuch

[Art. 1–27 nicht abgedruckt]

Art. 28[4]

II. Gegen Verletzungen

1. Grundsatz

[1] Wer in seiner Persönlichkeit widerrechtlich verletzt wird, kann zu seinem Schutz gegen jeden, der an der Verletzung mitwirkt, das Gericht anrufen.

[2] Eine Verletzung ist widerrechtlich, wenn sie nicht durch Einwilligung des Verletzten, durch ein überwiegendes privates oder öffentliches Interesse oder durch Gesetz gerechtfertigt ist.

Art. 28a[5]

2. Klage

[1] Der Kläger kann dem Gericht beantragen:

1. eine drohende Verletzung zu verbieten;
2. eine bestehende Verletzung zu beseitigen;
3. die Widerrechtlichkeit einer Verletzung festzustellen, wenn sich diese weiterhin störend auswirkt.

[2] Er kann insbesondere verlangen, dass eine Berichtigung oder das Urteil Dritten mitgeteilt oder veröffentlicht wird.

[3] Vorbehalten bleiben die Klagen auf Schadenersatz und Genugtuung sowie auf Herausgabe eines Gewinns entsprechend den Bestimmungen über die Geschäftsführung ohne Auftrag.

---

[1] [BS **1** 3]. Dieser Bestimmung entspricht Artikel 122 der Bundesverfassung vom 18. April 1999 (SR **101**).

[2] Fassung gemäss Anhang Ziff. 2 des Gerichtsstandsgesetzes vom 24. März 2000, in Kraft seit 1. Jan. 2001 (SR **272**).

[3] BBl **1904** IV 1, **1907** VI 367

[4] Fassung gemäss Ziff. I des BG vom 16. Dez. 1983, in Kraft seit 1. Juli 1985 (AS **1984** 778 782; BBl **1982** II 636).

[5] Eingefügt durch Ziff. I des BG vom 16. Dez. 1983, in Kraft seit 1. Juli 1985 (AS **1984** 778 782; BBl **1982** II 636).

Art. 28b[6]

3. ...

Art. 28c[7]

4. Vorsorgliche Massnahmen

a. Voraussetzungen

[1] Wer glaubhaft macht, dass er in seiner Persönlichkeit widerrechtlich verletzt ist oder eine solche Verletzung befürchten muss und dass ihm aus der Verletzung ein nicht leicht wiedergutzumachender Nachteil droht, kann die Anordnung vorsorglicher Massnahmen verlangen.

[2] Das Gericht kann insbesondere:

1. die Verletzung vorsorglich verbieten oder beseitigen;
2. die notwendigen Massnahmen ergreifen, um Beweise zu sichern.

[3] Eine Verletzung durch periodisch erscheinende Medien kann das Gericht jedoch nur dann vorsorglich verbieten oder beseitigen, wenn sie einen besonders schweren Nachteil verursachen kann, offensichtlich kein Rechtfertigungsgrund vorliegt und die Massnahme nicht unverhältnismässig erscheint.

Art. 28d[8]

b. Verfahren

[1] Das Gericht gibt dem Gesuchsgegner Gelegenheit, sich zu äussern.

[2] Ist es jedoch wegen dringender Gefahr nicht mehr möglich, den Gesuchsgegner vorgängig anzuhören, so kann das Gericht schon auf Einreichung des Gesuchs hin Massnahmen vorläufig anordnen, es sei denn, der Gesuchsteller habe sein Gesuch offensichtlich hinausgezögert.

[3] Kann eine vorsorgliche Massnahme dem Gesuchsgegner schaden, so kann das Gericht vom Gesuchsteller eine Sicherheitsleistung verlangen.

Art. 28e[9]

c. Vollstreckung

[1] Vorsorgliche Massnahmen werden in allen Kantonen wie Urteile vollstreckt.

[2] Vorsorgliche Massnahmen, die angeordnet werden, bevor die Klage rechtshängig ist, fallen dahin, wenn der Gesuchsteller nicht innerhalb der vom Gericht festgesetzten Frist, spätestens aber innert 30 Tagen, Klage erhebt.

---

[6] Eingefügt durch Ziff. I des BG vom 16. Dez. 1983 (AS **1984** 778; BBl **1982** II 636). Aufgehoben durch Anhang Ziff. 2 des Gerichtsstandsgesetzes vom 24. März 2000 (SR **272**).

[7] Eingefügt durch Ziff. I des BG vom 16. Dez. 1983, in Kraft seit 1. Juli 1985 (AS **1984** 778 782; BBl **1982** II 636).

[8] Eingefügt durch Ziff. I des BG vom 16. Dez. 1983, in Kraft seit 1. Juli 1985 (AS **1984** 778 782; BBl **1982** II 636).

[9] Eingefügt durch Ziff. I des BG vom 16. Dez. 1983, in Kraft seit 1. Juli 1985 (AS **1984** 778 782; BBl **1982** II 636).

Art. 28f[10]

d. Schadenersatz

¹ Der Gesuchsteller hat den durch eine vorsorgliche Massnahme entstandenen Schaden zu ersetzen, wenn der Anspruch, für den sie bewilligt worden ist, nicht zu Recht bestanden hat; trifft ihn jedoch kein oder nur ein leichtes Verschulden, so kann das Gericht Begehren abweisen oder die Entschädigung herabsetzen.

² ...[11]

³ Eine bestellte Sicherheit ist freizugeben, wenn feststeht, dass keine Schadenersatzklage erhoben wird; bei Ungewissheit setzt das Gericht Frist zur Klage.

Art. 28g[12]

5. Recht auf Gegendarstellung

a. Grundsatz

¹ Wer durch Tatsachendarstellungen in periodisch erscheinenden Medien, insbesondere Presse, Radio und Fernsehen, in seiner Persönlichkeit unmittelbar betroffen ist, hat Anspruch auf Gegendarstellung.

² Kein Anspruch auf Gegendarstellung besteht, wenn über öffentliche Verhandlungen einer Behörde wahrheitsgetreu berichtet wurde und die betroffene Person an den Verhandlungen teilgenommen hat.

Art. 28h[13]

b. Form und Inhalt

¹ Der Text der Gegendarstellung ist in knapper Form auf den Gegenstand der beanstandeten Darstellung zu beschränken.

² Die Gegendarstellung kann verweigert werden, wenn sie offensichtlich unrichtig ist oder wenn sie gegen das Recht oder die guten Sitten verstösst.

Art. 28i[14]

c. Verfahren

¹ Der Betroffene muss den Text der Gegendarstellung innert 20 Tagen, nachdem er von der beanstandeten Tatsachendarstellung Kenntnis erhalten hat, spätestens jedoch drei Monate nach der Verbreitung, an das Medienunternehmen absenden.

² Das Medienunternehmen teilt dem Betroffenen unverzüglich mit, wann es die Gegendarstellung veröffentlicht oder weshalb es sie zurückweist.

---

[10] Eingefügt durch Ziff. I des BG vom 16. Dez. 1983, in Kraft seit 1. Juli 1985 (AS **1984** 778 782; BBl **1982** II 636).

[11] Aufgehoben durch Anhang Ziff. 2 des Gerichtsstandsgesetzes vom 24. März 2000 (SR **272**).

[12] Eingefügt durch Ziff. I des BG vom 16. Dez. 1983, in Kraft seit 1. Juli 1985 (AS **1984** 778 782; BBl **1982** II 636).

[13] Eingefügt durch Ziff. I des BG vom 16. Dez. 1983, in Kraft seit 1. Juli 1985 (AS **1984** 778 782; BBl **1982** II 636).

[14] Eingefügt durch Ziff. I des BG vom 16. Dez. 1983, in Kraft seit 1. Juli 1985 (AS **1984** 778 782; BBl **1982** II 636).

Art. 28k[15]

d. Veröffentlichung

[1] Die Gegendarstellung ist sobald als möglich zu veröffentlichen, und zwar so, dass sie den gleichen Personenkreis wie die beanstandete Tatsachendarstellung erreicht.

[2] Die Gegendarstellung ist als solche zu kennzeichnen; das Medienunternehmen darf dazu nur die Erklärung beifügen, ob es an seiner Tatsachendarstellung festhält oder auf welche Quellen es sich stützt.

[3] Die Veröffentlichung der Gegendarstellung erfolgt kostenlos.

Art. 28l[16]

e. Anrufung des Gerichts

[1] Verhindert das Medienunternehmen die Ausübung des Gegendarstellungsrechts, verweigert es die Gegendarstellung oder veröffentlicht es diese nicht korrekt, so kann der Betroffene das Gericht anrufen.

[2] ...[17]

[3] Das Gericht entscheidet unverzüglich aufgrund der verfügbaren Beweismittel.

[4] Rechtsmittel haben keine aufschiebende Wirkung.

Art. 29

III. Recht auf den Namen

1. Namensschutz

[1] Wird jemandem die Führung seines Namens bestritten, so kann er auf Feststellung seines Rechtes klagen.

[2] Wird jemand dadurch beeinträchtigt, dass ein anderer sich seinen Namen anmasst, so kann er auf Unterlassung dieser Anmassung sowie bei Verschulden auf Schadenersatz und, wo die Art der Beeinträchtigung es rechtfertigt, auf Leistung einer Geldsumme als Genugtuung klagen.

Art. 30

2. Namensänderung

[1] Die Regierung des Wohnsitzkantons kann einer Person die Änderung des Namens bewilligen, wenn wichtige Gründe vorliegen.[18]

[2] Das Gesuch der Brautleute, von der Trauung an den Namen der Ehefrau als Familiennamen zu führen, ist zu bewilligen, wenn achtenswerte Gründe vorliegen.[19]

---

[15] Eingefügt durch Ziff. I des BG vom 16. Dez. 1983, in Kraft seit 1. Juli 1985 (AS **1984** 778 782; BBl **1982** II 636).

[16] Eingefügt durch Ziff. I des BG vom 16. Dez. 1983, in Kraft seit 1. Juli 1985 (AS **1984** 778 782; BBl **1982** II 636).

[17] Aufgehoben durch Anhang Ziff. 2 des Gerichtsstandsgesetzes vom 24. März 2000 (SR **272**).

[18] Fassung gemäss Ziff. I 2 des BG vom 25. Juni 1976, in Kraft seit 1. Jan. 1978 (AS **1977** 237 264; BBl **1974** II 1).

[19] Aufgehoben durch Ziff. I 2 des BG vom 25. Juni 1976 (AS **1977** 237; BBl **1974** II 1). Fassung gemäss Ziff. I 2 des BG vom 5. Okt. 1984, in Kraft seit 1. Jan. 1988 (AS **1986** 122; SR **210.1** Art. 1; BBl **1979** II 1191).

³ Wer durch Namensänderung verletzt wird, kann sie binnen Jahresfrist, nachdem er von ihr Kenntnis erlangt hat, gerichtlich anfechten.

[Art. 31–977 nicht abgedruckt]

Bundesgesetz gegen den unlauteren Wettbewerb
(UWG)

vom 19. Dezember 1986 (Stand am 10. Dezember 2002)

Die Bundesversammlung der Schweizerischen Eidgenossenschaft,
gestützt auf die Artikel 31bis Absatz 2, 31^{sexies}, 64 und 64bis der Bundesverfassung[1,2]
nach Einsicht in eine Botschaft des Bundesrates vom 18. Mai 1983[3],
beschliesst:

[die restlichen Bestimmungen des UWG sind unter Lauterkeitsrecht abgedruckt]

2. Kapitel: **Zivil- und prozessrechtliche Bestimmungen**

1. Abschnitt: Widerrechtlichkeit des unlauteren Wettbewerbs

Art. 2   **Grundsatz**

Unlauter und widerrechtlich ist jedes täuschende oder in anderer Weise gegen den Grundsatz von Treu und Glauben verstossende Verhalten oder Geschäftsgebaren, welches das Verhältnis zwischen Mitbewerbern oder zwischen Anbietern und Abnehmern beeinflusst.

Art. 3   **Unlautere Werbe- und Verkaufsmethoden und anderes widerrechtliches Verhalten**

Unlauter handelt insbesondere, wer:
a. [...]
d. Massnahmen trifft, die geeignet sind, Verwechslungen mit den Waren, Werken, Leistungen oder dem Geschäftsbetrieb eines anderen herbeizuführen;
e. [...]

---

[1] [BS **1** 3; AS **1981** 1244]. Den genannten Bestimmungen entsprechen heute Art. 95, 97, 122 und 123 der BV vom 18. April 1999 (SR **101**).

[2] Fassung gemäss Anhang Ziff. 14 des Gerichtsstandsgesetzes vom 24. März 2000, in Kraft seit 1. Jan.2001 (SR **272**).

[3] BBl **1983** II 10

Bundesgesetz zum Schutz öffentlicher Wappen und anderer öffentlicher Zeichen

vom 5. Juni 1931

Die Bundesversammlung der Schweizerischen Eidgenossenschaft,
gestützt auf die Artikel 64 und 64bis der Bundesverfassung[1],
nach Einsicht in eine Botschaft des Bundesrates vom 16. Dezember 1929[2],
beschliesst:

Erster Abschnitt: Wappen und andere Zeichen des Inlandes

A. Wappen und andere Zeichen der Eidgenossenschaft, der Kantone, Bezirke, Kreise und Gemeinden

I. Eintragung als Fabrik- oder Handelsmarken

Art. 1

¹ Als Fabrik- oder Handelsmarken oder als Bestandteile solcher dürfen nicht eingetragen werden:
1. die Wappen der Eidgenossenschaft, der Kantone, Bezirke, Kreise und Gemeinden oder solche Wappen darstellende Fahnen; das eidgenössische Kreuz; charakteristische Bestandteile von Kantonswappen;
2. andere Hoheitszeichen der Eidgenossenschaft oder der Kantone; Kontroll- oder Garantie-Zeichen und -Stempel der Eidgenossenschaft, der Kantone, Bezirke, Kreise und Gemeinden;
3. Zeichen, die mit den unter den Ziffern 1 und 2 genannten verwechselt werden können;
4. die Worte «Schweizerwappen», «Schweizerkreuz» oder andere Angaben, die auf das eidgenössische Wappen oder Kreuz, auf das Wappen eines Kantons, Bezirks, Kreises oder einer Gemeinde, oder auf charakteristische Bestandteile von Kantonswappen hinweisen.

² Zulässig ist die Eintragung:
a. der in Absatz 1 genannten Bild- und Wortzeichen für das Gemeinwesen (Eidgenossenschaft, Kanton, Bezirk, Kreis oder Gemeinde), dem sie gehören, oder auf das sie hinweisen, sowie für Unternehmungen dieses Gemeinwesen;
b. allgemein der nach Artikel 4 Absatz 2 und Artikel 5 Absatz 3 erlaubten Nachmachungen oder Nachahmungen von Kontroll- oder Garantie-Zeichen und -Stempeln.

---

[1] SR **101**
[2] BBl **1929** III 602

II. Tatsächlicher Gebrauch

1. Wappen und andere Zeichen der Eidgenossenschaft und der Kantone

Art. 2

¹ Es ist untersagt, die nachgenannten Zeichen zu geschäftlichen Zwecken, namentlich als Bestandteile von Fabrik- oder Handelsmarken, auf Erzeugnissen oder auf der Verpackung von Erzeugnissen anzubringen, die zum Vertrieb als Ware bestimmt sind:

1. die Wappen der Eidgenossenschaft oder der Kantone, solche Wappen darstellende Fahnen, das eidgenössische Kreuz, charakteristische Bestandteile von Kantonswappen oder andere Zeichen, die mit den genannten verwechselt werden können;
2. die Worte «Schweizerwappen», «Schweizerkreuz» oder andere Angaben, die auf das eidgenössische Wappen oder Kreuz, auf das Wappen eines Kantons oder auf charakteristische Bestandteile von Kantonswappen hinweisen.

² Zulässig ist:

a. die Benutzung der in Absatz 1 genannten Bild- und Wortzeichen durch die Eidgenossenschaft, die Kantone, Bezirke, Kreise und Gemeinden und durch Unternehmungen dieser Gemeinwesen;
b. die Benutzung von Marken, die ein in Absatz 1 genanntes Bild- oder Wortzeichen enthalten und von der Eidgenossenschaft oder einem Kanton als Kollektivmarken hinterlegt worden sind, durch Angehörige derjenigen Kreise von Produzenten, Industriellen oder Handeltreibenden, für welche die Kollektivmarken bestimmt sind;
c. allgemein die Verwendung des eidgenössischen Kreuzes als Bestandteil des schweizerischen Patentzeichens gemäss den bundesgesetzlichen Bestimmungen über die Erfindungspatente.

Art. 3

¹ Die in Artikel 2 Absatz 1 genannten Bild- und Wortzeichen dürfen auf Geschäftsschildern, Anzeigen, Prospekten oder Geschäftspapieren angebracht oder in anderer nicht unter Artikel 2 Absatz 1 fallender Weise benutzt werden, sofern die Benutzung nicht gegen die guten Sitten verstösst.

² Als Verstoss gegen die guten Sitten ist namentlich anzusehen die Benutzung:

a. die geeignet ist zur Täuschung über geographische Herkunft, Wert oder andere Eigenschaften von Erzeugnissen, über die Nationalität des Geschäftes oder über geschäftliche Verhältnisse des Benutzers, wie namentlich über angebliche amtliche Beziehungen zur Eidgenossenschaft oder zu einem Kanton;
b. die eine Missachtung der in Artikel 2 Absatz 1 genannten Zeichen darstellt;
c. durch einen im Ausland niedergelassenen Ausländer.

Art. 4

¹ Andere als die in Artikel 2 Absatz 1 Ziffer 1 genannten Hoheitszeichen sowie die Kontroll- oder Garantie-Zeichen und -Stempel der Eidgenossenschaft und der Kantone dürfen, auch ohne Fälschungsabsicht, nicht so nachgemacht oder nachgeahmt

werden, dass die Gefahr der Verwechslung mit den wirklichen Zeichen oder Stempeln besteht.

² Ausgenommen sind Nachmachungen oder Nachahmungen von Kontroll- oder Garantie-Zeichen und -Stempeln, wenn sie zur Bezeichnung von Erzeugnissen dienen, die sich von denen gänzlich unterscheiden, für welche die wirklichen Kontroll- oder Garantie-Zeichen und -Stempel bestimmt sind. Enthalten diese ein eidgenössisches oder kantonales Hoheitszeichen oder ein Bezirks-, Kreis- oder Gemeindewappen, so bleiben die Verbotsbestimmungen der Artikel 2, 3, 4 Absatz 1 sowie des Artikels 5 Absätze 1 und 2 vorbehalten.

2. Wappen und andere Zeichen von Bezirken, Kreisen und Gemeinden

Art. 5

¹ Die nachgenannten Zeichen von Bezirken, Kreisen oder Gemeinden, nämlich:

a. die Wappen oder sie darstellende Fahnen,

b. die Kontroll- oder Garantie-Zeichen und -Stempel, oder Zeichen, die mit ihnen verwechselt werden können, dürfen weder auf Erzeugnissen oder auf deren Verpackung angebracht noch anderswie benutzt werden, wenn die Benutzung gegen die guten Sitten verstösst. Das gleiche gilt von Angaben, die auf die Wappen der erwähnten Gemeinwesen hinweisen.

² Als Verstoss gegen die guten Sitten ist namentlich anzusehen die Benutzung:

a. die geeignet ist zur Täuschung über geographische Herkunft, Wert oder andere Eigenschaften von Erzeugnissen, über die Nationalität des Geschäftes, oder über geschäftliche Verhältnisse des Benutzers, wie namentlich über angebliche amtliche Beziehungen zu einem Bezirk oder Kreis oder zu einer Gemeinde;

b. die eine Missachtung der in Absatz 1 genannten Zeichen darstellt;

c. durch einen im Ausland niedergelassenen Ausländer.

³ Von den Bestimmungen der Absätze 1 und 2 ausgenommen sind Nachmachungen oder Nachahmungen von Kontroll- oder Garantie-Zeichen und -Stempeln, wenn sie zur Bezeichnung von Erzeugnissen dienen, die von denen sich gänzlich unterscheiden, für welche die wirklichen Kontroll- oder Garantie- Zeichen und -Stempel bestimmt sind. Enthalten diese ein eidgenössisches oder kantonales Hoheitszeichen oder ein Bezirks-, Kreis- oder Gemeindewappen, so bleiben vorbehalten die Verbotsbestimmungen der Artikel 2, 3, 4 Absatz 1 sowie der Absätze 1 und 2 hievor.

B. Amtliche Bezeichnungen

Art. 6

Die Worte «Eidgenossenschaft», «Bund», «eidgenössisch», «Kanton», «kantonal», «Gemeinde», «kommunal» oder Ausdrücke, die mit diesen Worten verwechselt werden können, dürfen weder für sich allein noch in Verbindung mit andern Worten benutzt werden, sofern diese Benutzung geeignet ist zur Täuschung über amtliche Beziehungen der Eidgenossenschaft, eines Kantons oder einer Gemeinde zum Benutzer oder zur Herstellung oder zum Vertrieb von Erzeugnissen. Das gleiche gilt, wenn die Benutzung eine Missachtung der Eidgenossenschaft, der Kantone oder Gemeinden darstellt.

C. Nationale Bild- und Wortzeichen

Art. 7

[1] Nationale Bild- oder Wortzeichen dürfen benutzt werden, sofern die Benutzung nicht gegen die guten Sitten verstösst.

[2] Als Verstoss gegen die guten Sitten ist namentlich anzusehen die Benutzung:
a. die geeignet ist zur Täuschung über geographische Herkunft, Wert oder andere Eigenschaften von Erzeugnissen, über die Nationalität des Geschäftes oder über geschäftliche Verhältnisse des Benutzers;
b. die eine Missachtung des nationalen Bild- oder Wortzeichens darstellt;
c. durch einen im Ausland niedergelassenen Ausländer.

D. Gemeinsame Bestimmungen

Art. 8

Soweit die Benutzung der in den Artikeln 6 und 7 genannten Bild- und Wortzeichen unzulässig ist, dürfen diese Zeichen auch nicht als Fabrik- oder Handelsmarken oder als Bestandteile solcher eingetragen werden.

Art. 9

Gegenstände, die entgegen den Artikeln 2–7 mit Bild- oder Wortzeichen versehen sind, dürfen weder verkauft oder feilgehalten, noch sonst in Verkehr gebracht, noch durch die Schweiz durchgeführt werden.

Zweiter Abschnitt: Wappen und andere Zeichen des Auslandes

Art. 10

[1] Soweit der Schweiz für gleichartige eidgenössische und kantonale Zeichen Gegenrecht gehalten wird, ist es unzulässig:
1. Wappen, Fahnen und andere Hoheitszeichen, amtliche Kontroll- und Garantie-Zeichen und -Stempel, oder nationale Bild- und Wortzeichen anderer Staaten oder Zeichen, die mit den genannten verwechselt werden können, als Fabrik- oder Handelsmarken oder als Bestandteile solcher einzutragen, oder zu geschäftlichen oder andern Zwecken zu benutzen;
2. Gegenstände, die mit einem der in Ziffer 1 genannten ausländischen Zeichen versehen sind, in Verkehr zu bringen.

[2] Diese Bestimmungen sind auf Personen nicht anwendbar, die zur Benutzung der ausländischen Zeichen ermächtigt sind.

[3] Soweit nicht staatsvertragliche Bestimmungen Anwendung finden, stellt der Bundesrat fest, ob und wieweit ein anderer Staat der Schweiz Gegenrecht hält. Seine Feststellung ist für die Gerichte verbindlich.

Art. 11

[1] Es ist ohne Rücksicht auf Gegenrecht untersagt:
1. folgende Zeichen:
   a. Wappen oder Fahnen ausländischer Staaten oder Gemeinden,

b. staatliche Hoheitszeichen anderer Art oder amtliche Kontroll- oder Garantie-Zeichen oder -Stempel des Auslandes,
  c. Zeichen, die mit den genannten verwechselt werden können, in einer Weise zu benutzen, die geeignet ist zur Täuschung über geographische Herkunft, Wert oder andere Eigenschaften von Erzeugnissen, oder über geschäftliche Verhältnisse des Benutzers, namentlich über angebliche amtliche Beziehungen zu dem Gemeinwesen, dessen Zeichen er benutzt;
2. Gegenstände, deren Bezeichnung gegen Ziffer 1 verstösst, zu verkaufen, feilzuhalten oder sonst in Verkehr zu bringen.

² Soweit die in Absatz 1 Ziffer 1 erwähnten Zeichen nicht benutzt werden dürfen, können sie auch nicht als Fabrik- oder Handelsmarken oder als Bestandteile solcher eingetragen werden.

Art. 12
Soweit öffentliche Wappen und Fahnen, amtliche Kontroll- oder Garantie-Zeichen und -Stempel oder andere öffentliche Zeichen des Inlandes nach diesem Gesetz benutzt werden können, darf die Benutzung auch nicht wegen Ähnlichkeit des Zeichens mit einem öffentlichen Zeichen des Auslandes untersagt werden.

Dritter Abschnitt: Strafbestimmungen

Art. 13
¹ Wer vorsätzlich entgegen den Bestimmungen dieses Gesetzes Wappen, Fahnen oder andere Hoheitszeichen, Kontroll- und Garantie-Zeichen und -Stempel oder andere Bild- oder Wortzeichen benutzt, nachmacht oder nachahmt, Gegenstände verkauft, feilhält oder sonst in Verkehr bringt oder durch die Schweiz durchführt, wird mit Busse bis zu 5000 Franken oder mit Gefängnis[3] bis zu zwei Monaten bestraft. Die beiden Strafen können verbunden und gegen Rückfällige bis auf das Doppelte erhöht werden.

² Rückfällig ist, wer vor Ablauf von drei Jahren nach Vollzug oder Erlass einer Strafe neuerdings auf Grund dieses Gesetzes verurteilt wird.

³ Erfüllt eine Zuwiderhandlung gegen dieses Gesetz einen Tatbestand, für den die eidgenössische oder kantonale Gesetzgebung eine schwerere Strafbestimmung enthält, so wird diese angewendet.

Art. 14
Die allgemeinen Bestimmungen des Bundesgesetzes vom 4. Februar 1853[4] über das Bundesstrafrecht der Schweizerischen Eidgenossenschaft finden Anwendung, soweit das gegenwärtige Gesetz nicht Abweichendes bestimmt.

---

[3] Heute: Haft (Art. 333 Abs. 2 StGB – SR **311.0**).
[4] [AS III 404, **VI** 312 Art. 5, **19** 253, **28** 129 Art. 227 Abs. 1 Ziff. 6; SR **312.0** Art. 342 Abs. 2 Ziff. 3. SR **311.0** Art. 398 Abs. 2 Buchst.a]. Heute: die allgemeinen Bestimmungen des StGB (Art. 334 StGB – SR **311.0**).

Art. 15

[1] Die Verfolgung und Beurteilung von Zuwiderhandlungen gegen dieses Gesetz liegt den Kantonen ob.

[2] Zuständig sind die Gerichte des Begehungsortes und diejenigen des Wohnortes des Angeschuldigten oder, im Falle mehrerer Angeschuldigter, des Wohnortes eines von ihnen.

[3] Ist der Begehungsort unbekannt oder im Ausland gelegen, so sind die Gerichte des inländischen Ortes zuständig, wo der Erfolg eingetreten ist.

[4] Das Verfahren ist dort durchzuführen, wo die Strafuntersuchung zuerst angehoben wurde.

Art. 16

[1] Die zuständige Behörde trifft die erforderlichen vorsorglichen Massnahmen; sie kann namentlich die Beschlagnahme gesetzwidrig bezeichneter Gegenstände anordnen.

[2] Die Einziehung von Gegenständen oder die Beseitigung unzulässiger Bezeichnungen auf Kosten des Eigentümers kann auch im Falle der Einstellung des Strafverfahrens oder der Freisprechung verfügt werden.

[3] Ordnet das Gericht die Beseitigung unzulässiger Bezeichnungen an, so sind nach der Beseitigung die Gegenstände dem Eigentümer gegen Entrichtung der Busse und der ihm auferlegten Kosten zurückzugeben.

Vierter Abschnitt: Register-, Übergangs- und Schlussbestimmungen

Art. 17

[1] Geschäftsfirmen, sowie Vereins- und Anstaltsnamen, die den Bestimmungen dieses Gesetzes zuwiderlaufen, dürfen nicht in das Handelsregister eingetragen werden.

[2] Ebenso sind gewerbliche Muster oder Modelle, die den Bestimmungen dieses Gesetzes zuwiderlaufen, von der Hinterlegung ausgeschlossen.

Art. 18

[1] Wenn das Eidgenössische Amt für geistiges Eigentum eine Fabrik- oder Handelsmarke einträgt, die nach diesem Gesetz unzulässig ist, so kann das Eidgenössische Justiz- und Polizeidepartement ihre Löschung anordnen.

[2] Eintragungen im Handelsregister, die diesem Gesetz zuwiderlaufen, sind nach dem für dieses Register geltenden Berichtigungsverfahren abzuändern oder zu löschen.

Art. 19

[1] Geschäftsfirmen sowie Vereins- und Anstaltsnamen, deren Benutzung nach dem 31. Dezember 1928 begonnen hat, müssen, sofern sie mit diesem Gesetz in Widerspruch stehen, innert fünf Jahren nach seinem Inkrafttreten abgeändert werden.

[2] Die Registerbehörden haben auf den Ablauf dieser Frist die eingetragenen Namen und Firmen zu löschen oder ihre Änderungen zu veranlassen.

Art. 20

¹ Die vor dem Inkrafttreten dieses Gesetzes erfolgten Eintragungen von Fabrik- oder Handelsmarken und Hinterlegungen gewerblicher Muster oder Modelle, die diesem Gesetz zuwider sind, gelten nach Ablauf von fünf Jahren seit dem Inkrafttreten dieses Gesetzes als erloschen, wenn sie nicht bis dahin mit dem Gesetz in Einklang gebracht worden sind. Die Markeneintragungen werden vom Eidgenössischen Amt für geistiges Eigentum gelöscht.

² Gesetzwidrige Markeneintragungen dürfen auch während der in Absatz 1 festgesetzten Frist weder übertragen noch erneuert werden. Das gleiche gilt für die Übertragung oder Schutzverlängerung offener oder entsiegelter Muster- und Modellhinterlegungen.

³ Die vom Eidgenössischen Amt für geistiges Eigentum auf Grund dieses Artikels getroffenen Verfügungen können innert 30 Tagen an das Eidgenössische Justiz- und Polizeidepartement weitergezogen werden. Gegen dessen Entscheid ist die Verwaltungsgerichtsbeschwerde zulässig.

Art. 21

¹ Liegen besondere Umstände vor, so kann der Bundesrat die Weiterführung einer Geschäftsfirma, eines Vereins- oder Anstaltsnamens oder einer Fabrik- oder Handelsmarke über die in den Artikeln 19 und 20 festgesetzte Frist hinaus gestatten.

² Besondere Umstände liegen vor, wenn nachgewiesen wird, dass die Änderung oder Ersetzung einer Firma, eines Namens oder einer Marke für den Inhaber mit unverhältnismässigen Nachteilen verbunden wäre. Bei einer Marke hat der Inhaber ausserdem nachzuweisen, dass er oder sein Geschäftsvorgänger seit mindestens zehn Jahren vor Inkrafttreten dieses Gesetzes sie schon benutzt hat, und dass sie im Verkehr als Kennzeichen der mit ihr versehenen Erzeugnisse bekannt geworden ist.

Art. 22

Mit dem Inkrafttreten dieses Gesetzes treten entgegenstehende Bestimmungen der eidgenössischen und der kantonalen Gesetzgebung ausser Kraft.

Art. 23

Der Bundesrat trifft die zur Ausführung dieses Gesetzes nötigen Massnahmen und bestimmt den Zeitpunkt seines Inkrafttretens.

Datum des Inkrafttretens: 1. Februar 1932[5]

---

[5] BRB vom 5. Juni 1932 (AS **48** 8)

Vollziehungsverordnung für das Bundesgesetz vom 5. Juni 1931 zum Schutz öffentlicher Wappen und anderer öffentlicher Zeichen

vom 5. Januar 1932

Der Schweizerische Bundesrat,

in Ausführung von Artikel 23 des Bundesgesetzes vom 5. Juni 1931[1] zum Schutz öffentlicher Wappen und anderer öffentlicher Zeichen
(im folgenden Wappenschutzgesetz genannt),

beschliesst:

I. Abschnitt: Gewerbliche Muster und Modelle; Fabrik- und Handelsmarken

I. Schutzgesuche

Art. 1

[1] Die Vorschriften des Wappenschutzgesetzes sind auch anwendbar auf die beim Inkrafttreten des Gesetzes schon hängigen Gesuche um Hinterlegung gewerblicher Muster oder Modelle oder um Eintragung von Fabrik- und Handelsmarken.

[2] Sowohl die schon hängigen als die nach Inkrafttreten des Wappenschutzgesetzes dem Bundesamt für geistiges Eigentum (Bundesamt)[2] eingereichten Gesuche für diesem Gesetz zuwiderlaufende Muster, Modelle oder Marken unterliegen den Bestimmungen, die nach den Bundesgesetzen und Vollziehungsverordnungen über Muster, Modelle und Marken für vorschriftswidrige Hinterlegungs- oder Eintragungsgesuche gelten.

II. Vor Inkrafttreten des Gesetzes erfolgte Hinterlegungen und Eintragungen

1. Gewerbliche Muster und Modelle

Art. 2

[1] Wenn das Bundesamt innerhalb von fünf Jahren seit dem Inkrafttreten des Wappenschutzgesetzes feststellt, dass eine Hinterlegung, die es vor dessen Inkrafttreten eingetragen hat, dem Gesetz zuwiderlaufende Muster oder Modelle enthält, so hat es, soweit sich aus Artikel 3 hienach kein anderer Adressat ergibt, den eingetragenen Inhaber der Hinterlegung oder seinen schweizerischen Vertreter durch eingeschriebene Anzeige hiervon zu benachrichtigen.

[2] Keine Anzeige erfolgt für international hinterlegte Muster und Modelle.

---

[1] SR **232.21**

[2] Bezeichnung gemäss Art. 1 des nicht veröffentlichten BRB vom 23. April 1980 über die Anpassung von bundesrechtlichen Erlassen an die neuen Bezeichnungen der Departemente und Ämter. Diese Änderung ist im ganzen Erlass berücksichtigt.

Art. 3

¹ Die Anzeige des Bundesamtes soll enthalten:
1. den Grund der Gesetzwidrigkeit der beanstandeten Muster oder Modelle;
2. je nachdem einer der hiernach erwähnten Fälle vorliegt, folgende Angaben:
   a. wird Verlängerung des Schutzes einer offenen oder bei diesem Anlass entsiegelten Hinterlegung nachgesucht, so ist dem Gesuchsteller zu eröffnen, dass für die beanstandeten Muster oder Modelle die Verlängerung nur zugelassen wird, wenn jene innert drei Monaten seit dem Ablauf der bisherigen Schutzperiode durch Exemplare ohne das gesetzwidrige Zeichen ersetzt werden;
   b. wird die Eintragung einer Änderung im Recht (Übertragung, Lizenzerteilung, Verpfändung) an gesetzwidrigen Mustern oder Modellen einer offenen oder bei diesem Anlass entsiegelten Hinterlegung nachgesucht, so ist dem Gesuchsteller zu eröffnen, dass die Eintragung nur zulässig ist, wenn innert vom Amt anzusetzender Frist die beanstandeten Muster oder Modelle durch Exemplare ohne das gesetzwidrige Zeichen ersetzt werden, und dass im Säumnisfall das Gesuch zurückgewiesen wird; fällt dieses in die I. oder II. Schutzperiode, so ist ausserdem die Löschung der beanstandeten Muster oder Modelle anzuordnen, falls der Ersatz nicht vor Ablauf der Frist zur Verlängerung des Schutzes erfolgt; fällt das Gesuch in die III. Schutzperiode und reicht diese über die Frist von fünf Jahren seit dem Inkrafttreten des Wappenschutzgesetzes hinaus, so ist die Löschung auf den Ablauf dieser Frist anzudrohen, falls der Ersatz nicht vorher erfolgt;
   c. werden gesetzwidrige Muster oder Modelle bei einem andern Anlass festgestellt, so sind die Vorschriften des Buchstabens b über die Löschung mangels rechtzeitigen Ersatzes entsprechend anwendbar.

² Betrifft die Anzeige Modelle, die bildlich veröffentlicht worden sind, so sind innert der für die Hinterlegung von Ersatzexemplaren angesetzten Frist auch Druckstöcke für deren bildliche Veröffentlichung einzureichen.

Art. 4

¹ Die für gesetzwidrige Muster oder Modelle eingereichten Ersatzexemplare dürfen sich von erstern nur dadurch unterscheiden, dass das beanstandete Zeichen weggelassen oder in eine Form gebracht wird, die hinreicht, um eine Verwechslung mit dem öffentlichen Zeichen auszuschliessen. Die Exemplare müssen in allen Fällen offen eingereicht werden; nachträgliche Versiegelung ist nur zulässig, wenn die Gesetzwidrigkeit bei vorübergehender Öffnung einer versiegelten Hinterlegung (Art. 21 Abs. 2 des BG vom 30. März 1900[3] betreffend die gewerblichen Muster und Modelle) festgestellt worden ist.

² Je nachdem das gesetzwidrige Muster oder Modell in natura oder in Reproduktion hinterlegt worden ist, gilt gleiches auch für das Ersatzexemplar. Erachtet das Bundesdamt auf den Ersatz bezügliche Eingaben nicht ohne weiteres als annehmbar, so kann es ein Beanstandungsverfahren einleiten, auf das Artikel 14 (ausgenommen Abs. 3 Sätze 2 und 3) der Vollziehungsverordnung vom 27. Juli 1900[4] zum Bundes-

---

[3] SR **232.12**
[4] SR **232.121.** Heute: der V über die gewerblichen Muster und Modelle

gesetz vom 30. März 1900 betreffend die gewerblichen Muster und Modelle entsprechend anwendbar ist.

[3] Die Hinterlegung von Ersatzexemplaren unterliegt keiner Gebühr. Der Lauf der Schutzfrist wird durch sie nicht unterbrochen. Die Ersatzexemplare werden vom Bundesamt als solche bezeichnet, mit dem Hinterlegungsdatum versehen und, zutreffendenfalls, bildlich veröffentlicht. Die Ersetzung wird im Aktenheft der Hinterlegung und im Register der Muster und Modelle vorgemerkt. Zu Vergleichszwecken bewahrt das Bundesamt, neben dem Ersatzexemplar, auch das ersetzte Muster oder Modell so lange auf, bis die Rückgabe nach den Vorschriften des Muster- und Modellgesetzes[5] zulässig geworden ist.

Art. 5

Stellt das Bundesamt erst nach Ablauf von fünf Jahren seit dem Inkrafttreten des Wappenschutzgesetzes fest, dass eine vor dem Inkrafttreten des Gesetzes eingetragene Hinterlegung gesetzwidrige Muster oder Modelle enthält, so hat es anzuzeigen:

1. die Tatsache und den Grund der Gesetzwidrigkeit der Muster oder Modelle;
2. dass deren Schutz mit dem Ablauf der obenerwähnten fünf Jahre erloschen ist und die Muster oder Modelle daher gelöscht werden.

Art. 6

Das Bundesamt teilt die Löschung des ganzen oder teilweisen Inhaltes einer Muster- oder Modellhinterlegung den beteiligten Parteien mit und veröffentlicht sie unter Angabe des Grundes im Schweizerischen Handelsamtsblatt.

2. Fabrik- und Handelsmarken

Art. 7

Das Bundesamt wird die eingetragenen Inhaber oder die Vertreter der eingetragenen Inhaber schweizerischer oder internationaler Marken, die vor Inkrafttreten des Wappenschutzgesetzes eingetragen worden sind und die es als gegen dieses Gesetz verstossend erachtet, hiervon vor Ablauf von fünf Jahren seit dessen Inkrafttreten durch eingeschriebene Anzeige benachrichtigen.

Art. 8

[1] Die auf schweizerischen Marken bezügliche Anzeige des Bundesamtes soll enthalten:

1. den Grund der Gesetzwidrigkeit der Marke;
2. die Aufforderung, die Marke mit dem Wappenschutzgesetz in Einklang zu bringen und dem Amt zu diesem Zweck zwei datierte und unterzeichnete Abbildungen der abgeänderten Marke sowie einen Druckstock für ihre Veröffentlichung einzureichen; für dessen Beschaffenheit gelten die Vorschriften der Vollziehungsverordnung vom 24. April 1929[6] zum Bundesgesetz vom 26. September 1890 betreffend den Schutz der Fabrik- und Handelsmarken, der Herkunftsbezeichnungen von Waren und der gewerblichen Auszeichnungen.

---

[5] SR **232.12**
[6] [BS **2** 856; AS **1951** 905, **1959** 2100, **1962** 1060, **1968** 601, **1972** 2444, **1977** 1989, **1983** 1478 Ziff. III 2, **1986** 526. SR 232.111 Art. 58 Bst. a]. Heute: der Markenschutzverordnung vom 23. Dez. 1992 (SR 232.111).

Bei ausländischen Marken bleibt die Einforderung des Ausweises vorbehalten, dass die Marke auch im Ursprungsland in ihrer abgeänderten Form eingetragen ist;
3. die Androhung, dass das Bundesamt die Marke löschen wird, wenn sie nicht innert fünf Jahren seit dem Inkrafttreten des Wappenschutzgesetzes, oder, falls die laufende Schutzfrist früher endigt, vor dem Ablauf der Erneuerungsfrist mit diesem Gesetz in Einklang gebracht wird.

[2] Entsprechendes gilt für den Fall, dass die Erneuerung oder Übertragung einer gesetzwidrigen Marke nachgesucht wird.

Art. 9

[1] Die auf internationale Marken bezügliche Anzeige des Bundesamtes soll enthalten:
1. den Grund der Gesetzwidrigkeit der Marke;
2. die Ankündigung, dass das Bundesamt infolgedessen die Marke nach fünf Jahren seit dem Inkrafttreten des Wappenschutzgesetzes oder, falls die laufende internationale Schutzfrist früher endigt, auf deren Ablauf, für das Gebiet der Schweiz löschen wird, wenn sie nicht vorher mit dem Gesetz in Einklang gebracht wird.

Dem Inhaber der Marke ist freizustellen, statt der Änderung der internationalen Eintragung, die dem Gesetz angepasste Marke innert vom Bundesamt zu bestimmender Frist direkt in der Schweiz zu hinterlegen.

[2] Entsprechendes gilt, wenn dem Bundesamt die Erneuerung oder Übertragung einer gesetzwidrigen internationalen Marke angezeigt wird.

Art. 10

[1] Die zur Anpassung an das Wappenschutzgesetz getroffenen Änderungen schweizerischer oder internationaler Marken dürfen einzig darin bestehen, dass das beanstandete Zeichen weggelassen oder in eine Form gebracht wird, die hinreicht, um eine Verwechslung mit dem öffentlichen Zeichen auszuschliessen. Der Lauf der Schutzfrist wird durch solche Änderungen nicht unterbrochen; sie schliessen auch nicht die Behandlung der abgeänderten Marke als Übertragung oder Erneuerung der bisherigen Marke aus.

[2] Erachtet das Bundesamt eine die Anpassung einer Marke an das Wappenschutzgesetz bezweckende Eingabe nicht ohne weiteres als annehmbar, so kann es ein Beanstandungsverfahren im Sinne von Artikel 12 der Vollziehungsverordnung vom 24. April 1929[7] zum Bundesgesetz vom 26. September 1890 betreffend den Schutz der Fabrik- und Handelsmarken, der Herkunftsbezeichnungen von Waren und der gewerblichen Auszeichnungen einleiten. Das gleiche gilt, wenn die Erneuerung oder Übertragung einer gesetzwidrigen schweizerischen Marke nachgesucht wird.

[3] Das Amt merkt die Änderung einer schweizerischen Marke im Aktenheft und im Markenregister vor und veröffentlicht die Abbildung der abgeänderten Marke (Abdruck des Druckstockes) im Schweizerischen Handelsamtsblatt. Diese Amtshandlungen unterliegen keiner Gebühr.

---

[7] Heute: von Art. 48 der Markenschutzverordnung vom 23. Dez. 1992 (SR **232.111**)

Art. 11

¹ Schweizerische oder internationale Marken, die nicht innert nützlicher Frist mit dem Wappenschutzgesetz in Einklang gebracht worden sind, werden vom Bundesamt gelöscht.

² Das Bundesamt zeigt die Löschung dem Markeninhaber oder seinem Vertreter an und veröffentlicht sie, unter Angabe des Grundes, im Schweizerischen Handelsamtsblatt. Für internationale Marken erfolgt die Löschungsanzeige durch Vermittlung des internationalen Büros.

Art. 12

¹ Wenn der Inhaber einer gesetzwidrigen Marke die Wohltat des Artikels 21 des Wappenschutzgesetzes beanspruchen will, so hat er das bezügliche Gesuch dem Bundesamt zuhanden des Bundesrates einzureichen. Die Einreichung hat zu erfolgen innert fünf Jahren seit dem Inkrafttreten des Gesetzes, oder, wenn die laufende Schutzfrist früher endigt, vor Ablauf der Erneuerungsfrist oder vor der endgültigen Zurückweisung eines rechtzeitig eingereichten Erneuerungsgesuches, falls die Erneuerungsfrist inzwischen abgelaufen ist.

² Wenn das Bundesamt eine Marke, deren Erneuerung wegen Ablaufes der bisherigen Schutzfrist nachgesucht wird, als gesetzwidrig beanstandet, so hat es den Gesuchsteller auf Absatz 1 aufmerksam zu machen. Wird die Gesetzwidrigkeit auf dem Beschwerdeweg bestritten, so wird das Eidgenössische Justiz- und Polizeidepartement, falls es die Beschwerde als unbegründet erklärt, dem Beschwerdeführer eine Frist für allfällige Anrufung von Artikel 21 des Wappenschutzgesetzes einräumen, unter der Androhung endgültiger Abweisung des Erneuerungsgesuches im Säumnisfall.

³ Wird Artikel 21 des Wappenschutzgesetzes angerufen, so hat der Gesuchsteller gleichzeitig nachzuweisen, dass die Voraussetzungen vorhanden sind, an die das Wappenschutzgesetz die Anwendung dieser Bestimmung knüpft. Das Gesuch wird vom Bundesamt mit einem Bericht an das Eidgenössische Justiz- und Polizeidepartement zuhanden des Bundesrates weitergeleitet. Erscheint es dem Amt als mangelhaft, so kann dieses vor der Weiterleitung dem Gesuchsteller Gelegenheit zur Behebung der Mängel geben.

3. Beschwerderecht

Art. 13

Gegen die auf Grund der Artikel 2 bis und mit 5 und 7 bis und mit 11 getroffenen Verfügungen des Amtes steht die Beschwerde an das Eidgenössische Justiz- und Polizeidepartement offen. Gegen dessen Entscheid ist die Verwaltungsgerichtsbeschwerde zulässig (Art. 20 Abs. 3 des Wappenschutzgesetzes).

II. Abschnitt: Handelsregister

Art. 14

¹ Einzelfirmen, Firmen von Gesellschaften (Genossenschaften eingeschlossen), Namen von Vereinen und Stiftungen sowie besondere Geschäftsbenennungen (Enseignes), welche seit dem 1. Januar 1929 in das Handelsregister eingetragen worden

sind und mit dem Wappenschutzgesetz im Widerspruch stehen, müssen innert fünf Jahren seit Inkrafttreten dieses Gesetzes abgeändert werden (Art. 19).

² Die kantonalen Handelsregisterführer haben dem Eidgenössischen Amt für das Handelsregister von den gesetzwidrigen Eintragungen Kenntnis zu geben.

³ In den Fällen, in welchen die Abänderung drei Monate vor Ablauf der fünfjährigen Frist noch nicht vorgenommen worden ist, fordert das eidgenössische Amt die Firmainhaber bzw. Verwaltungsorgane auf, die nötige Änderung innert zwei Monaten anzumelden. Diese Frist kann beim Vorliegen genügender Gründe verlängert werden.

⁴ Wird der Aufforderung nicht Folge geleistet, so bestimmt das Eidgenössische Amt für das Handelsregister, wie die Firma, der Name bzw. die Enseigne zu lauten hat.

⁵ Das gleiche Verfahren ist zu beobachten, wenn sich ergibt, dass seit dem Inkrafttreten des Wappenschutzgesetzes eine mit diesem im Widerspruch stehende Bezeichnung eingetragen worden ist.

⁶ Der Entscheid des Eidgenössischen Amtes für das Handelsregister kann in Anwendung von Artikel 4 Buchstabe c und Anhang I Absatz 2 des Bundesgesetzes vom 11. Juni 1928⁸ über die eidgenössische Verwaltungs- und Disziplinarrechtspflege innert 30 Tagen an das Bundesgericht weitergezogen werden.

Art. 15
Wenn mit Bezug auf eine im Handelsregister eingetragene, dem Wappenschutzgesetz zuwiderlaufende Bezeichnung die Wohltat von Artikel 21 des Gesetzes beansprucht werden will, so ist ein begründetes Gesuch dem Eidgenössischen Amt für das Handelsregister einzureichen. Dieses wird das Gesuch mit einem Bericht an das Eidgenössische Justiz- und Polizeidepartement zur Entscheidung (durch den Bundesrat) weiterleiten.

Schlussbestimmung

Art. 16
Diese Vollziehungsverordnung tritt am 1. Februar 1932 in Kraft.

---

⁸ [AS 44 779. SR 173.110 Art. 169]. Heute: in Anwendung der Art. 97ff. OG (SR **173.110**).

Übersetzung[1]

Abkommen zur Errichtung der Welthandelsorganisation

Abgeschlossen in Marrakesch am 15. April 1994
Von der Bundesversammlung genehmigt am 16. Dezember 1994[2]
Schweizerische Ratifikationsurkunde hinterlegt am 1. Juni 1995
Inkrafttreten für die Schweiz am 1. Juli 1995
(Stand am 1. Dezember 1998)

Abkommen über handelsbezogene Aspekte der Rechte an geistigem Eigentum

Teil I: Allgemeine Bestimmungen und Grundsätze

[Hinweis der Herausgeber: die allgemeinen Bestimmungen des TRIPS sind vorne, unter Markenrecht, abgedruckt.]

Teil II: Normen über die Verfügbarkeit, den Umfang und die Ausübung der Rechte an geistigem Eigentum

Abschnitt 3: Geographische Angaben

Art. 22   Schutz geographischer Angaben

1. Geographische Angaben im Sinne dieses Abkommens sind Angaben, die eine Ware als aus dem Hoheitsgebiet eines Mitglieds oder aus einer Region oder aus einem Ort in diesem Hoheitsgebiet stammend kennzeichnen, wenn eine bestimmte Qualität, ein bestimmter Ruf oder ein anderes bestimmtes Merkmal der Ware im wesentlichen seinem geographischen Ursprung zuzuschreiben ist.

2. In bezug auf geographische Angaben sehen die Mitglieder die rechtlichen Mittel vor, mit denen die beteiligten Parteien folgendes untersagen können:

a) die Verwendung eines Hinweises in der Bezeichnung oder der Aufmachung einer Ware, der auf eine hinsichtlich des geographischen Ursprungs der Ware die Öffentlichkeit irreführende Weise angibt oder nahelegt, dass die betreffende Ware ihren Ursprung in einem anderen geographischen Gebiet als dem wahren Ursprungsort hat;

---

[1] Der französische Originaltext findet sich unter der gleichen Nummer in der entsprechenden Ausgabe dieser Sammlung.
[2] AS **1995** 2113

b) jede Verwendung, die unlauteren Wettbewerb im Sinne von Artikel 10bis der Pariser Verbandsübereinkunft (1967) darstellt.

3. Die Mitglieder lehnen von Amts wegen, sofern ihre Rechtsvorschriften dies zulassen, oder auf Antrag einer beteiligten Partei die Eintragung einer Marke, die eine geographische Angabe enthält oder aus ihr besteht, für Waren, die ihren Ursprung nicht in dem angegebenen Gebiet haben, ab oder erklären sie für ungültig, wenn die Verwendung der Angabe in der Marke für solche Waren im betreffenden Mitgliedstaat geeignet ist, die Öffentlichkeit hinsichtlich des wahren Ursprungsorts irrezuführen.

4. Der Schutz nach den Absätzen 1, 2 und 3 kann auch gegen geographische Angaben angewandt werden, die zwar hinsichtlich des Ursprungsgebiets, der Ursprungsregion oder des Ursprungsorts der Waren dem Buchstaben nach wahr sind, in der Öffentlichkeit aber den falschen Eindruck hervorrufen, dass die Waren ihren Ursprung in einem anderen Gebiet haben.

Art. 23 Zusätzlicher Schutz für geographische Angaben für Weine und Spirituosen

1. Die Mitglieder sehen die rechtlichen Mittel vor, mit denen die beteiligten Parteien untersagen können, dass geographische Angaben zur Kennzeichnung von Weinen für Weine verwendet werden, die ihren Ursprung nicht in dem durch die betreffende geographische Angabe bezeichneten Ort haben, oder dass geographische Angaben zur Kennzeichnung von Spirituosen für Spirituosen verwendet werden, die ihren Ursprung nicht in dem durch die betreffende geographische Angabe bezeichneten Ort haben, selbst wenn der wahre Ursprung der Waren angegeben oder die geographische Angabe in der Übersetzung verwendet oder von Ausdrücken wie «Art», «Typ», «Stil», «Imitation» oder ähnlichem begleitet wird.[3]

2. Die Eintragung einer Marke für Weine, die eine geographische Angabe enthält oder aus ihr besteht, durch die Weine gekennzeichnet werden, oder einer Marke für Spirituosen, die eine geographische Angabe enthält oder aus ihr besteht, durch die Spirituosen gekennzeichnet werden, wird in bezug auf Weine oder Spirituosen, die diesen Ursprung nicht haben, von Amtes wegen, sofern die Rechtsvorschriften des Mitglieds dies zulassen, oder auf Antrag einer beteiligten Partei abgelehnt oder für ungültig erklärt.

3. Im Fall gleichlautender geographischer Angaben für Weine wird für jede Angabe vorbehaltlich des Artikels 22 Absatz 4 Schutz gewährt. Die Mitglieder legen die konkreten Bedingungen fest, unter denen die betreffenden gleichlautenden Angaben voneinander abgegrenzt werden, und berücksichtigen dabei, dass die betroffenen Produzenten angemessen behandelt und die Konsumenten nicht irregeführt werden.

4. Um den Schutz geographischer Angaben für Weine zu erleichtern, werden im Rat für TRIPS Verhandlungen über die Errichtung eines multilateralen Systems der Notifikation und der Eintragung geographischer Angaben für Weine geführt, die in den am System beteiligten Mitgliedstaaten schutzfähig sind.

---

[3] Abweichend von Artikel 42 Satz 1 können die Mitglieder in bezug auf diese Verpflichtungen statt dessen die Durchsetzung durch Verwaltungsmassnahmen vorsehen.

Art. 24 Internationale Verhandlungen; Ausnahmen

1. Die Mitglieder vereinbaren, in Verhandlungen einzutreten, die darauf abzielen, den Schutz einzelner geographischer Angaben nach Artikel 23 zu verstärken. Ein Mitglied kann sich nicht auf die Absätze 4–8 berufen, um die Führung von Verhandlungen oder den Abschluss zweiseitiger oder mehrseitiger Vereinbarungen zu verweigern. Die Mitglieder sind bereit, im Rahmen der Verhandlungen die Weitergeltung dieser Bestimmungen für einzelne geographische Angaben in Betracht zu ziehen, deren Verwendung Gegenstand der Verhandlungen war.

2. Der Rat für TRIPS überprüft die Umsetzung der Bestimmungen dieses Abschnitts; die erste Überprüfung findet innerhalb von zwei Jahren nach Inkrafttreten des WTO-Abkommens statt. Alle Fragen, welche die Einhaltung der sich aus diesen Bestimmungen ergebenden Verpflichtungen betreffen, können dem Rat zur Kenntnis gebracht werden; dieser konsultiert auf Antrag eines Mitglieds ein oder mehrere Mitglieder zu den Fragen, bei denen es nicht möglich war, durch zweiseitige oder mehrseitige Konsultationen zwischen den betroffenen Mitgliedern eine befriedigende Lösung zu finden. Der Rat trifft die Massnahmen, die vereinbart worden sind, um das Funktionieren dieses Abschnitts zu erleichtern und die Erreichung seiner Ziele zu fördern.

3. Bei der Umsetzung dieses Abschnitts behalten die Mitglieder den Schutz geographischer Angaben, der im betreffenden Mitgliedstaat unmittelbar vor Inkrafttreten des WTO-Abkommens bestand, mindestens bei.

4. Dieser Abschnitt verpflichtet ein Mitglied nicht, die fortgesetzte und gleichartige Verwendung einer bestimmten geographischen Angabe eines anderen Mitglieds, durch die Weine oder Spirituosen gekennzeichnet werden, im Zusammenhang mit Waren oder Dienstleistungen durch seine Staatsangehörigen oder Gebietsansässigen zu untersagen, wenn sie diese geographische Angabe im Hoheitsgebiet des Mitglieds für dieselben oder verwandte Waren oder Dienstleistungen ohne Unterbrechung entweder a) vor dem 15. April 1994 mindestens zehn Jahre lang oder b) vor diesem Tag gutgläubig verwendet haben.

5. Wurde eine Marke gutgläubig angemeldet oder eingetragen oder wurden Rechte an einer Marke durch gutgläubige Benutzung erworben,

a) bevor diese Bestimmungen in diesem Mitgliedstaat im Sinne von Teil VI Anwendung finden oder

b) bevor die geographische Angabe in ihrem Ursprungsland geschützt ist, so dürfen die zur Umsetzung dieses Abschnitts getroffenen Massnahmen die Eintragungsfähigkeit oder die Gültigkeit der Eintragung einer Marke oder das Recht auf Benutzung einer Marke nicht aufgrund der Tatsache beeinträchtigen, dass die Marke mit einer geographischen Angabe identisch oder ihr ähnlich ist.

6. Dieser Abschnitt verpflichtet ein Mitglied nicht, seine Bestimmungen auf eine geographische Angabe eines anderen Mitglieds für Waren oder Dienstleistungen anzuwenden, für welche die einschlägige Angabe identisch mit dem Ausdruck ist, der im Hoheitsgebiet des Mitglieds in der Alltagssprache die übliche Bezeichnung dieser Waren und Dienstleistungen ist. Dieser Abschnitt verpflichtet ein Mitglied nicht, seine Bestimmungen auf eine geographische Angabe eines anderen Mitglieds für Erzeugnisse des Rebstocks anzuwenden, für welche die einschlägige Angabe identisch mit der üblichen Bezeichnung einer Rebsorte ist, die bei Inkrafttreten des WTO-Abkommens im Hoheitsgebiet des Mitglieds besteht.

7. Die Mitglieder können vorsehen, dass ein nach diesem Abschnitt im Zusammenhang mit der Benutzung oder der Eintragung einer Marke gestellter Antrag innerhalb von fünf Jahren einzureichen ist, nachdem die entgegenstehende Verwendung der geschützten Angabe in diesem Mitglied allgemein bekannt geworden ist oder nachdem die Marke in diesem Mitgliedstaat eingetragen worden ist, sofern die Marke zu diesem Zeitpunkt veröffentlicht ist, falls dieser Zeitpunkt vor dem Zeitpunkt liegt, an dem die entgegenstehende Verwendung in diesem Mitgliedstaat allgemein bekannt geworden ist, sofern die geographische Angabe nicht bösgläubig verwendet oder eingetragen wird.

8. Dieser Abschnitt beeinträchtigt nicht das Recht einer Person, im geschäftlichen Verkehr ihren Namen oder den Namen ihres Geschäftsvorgängers zu verwenden, sofern dieser Name nicht in einer die Öffentlichkeit irreführenden Weise verwendet wird.

9. Nach diesem Abkommen besteht keine Verpflichtung, geographische Angaben zu schützen, die in ihrem Ursprungsland nicht oder nicht mehr geschützt sind oder in diesem Land ungebräuchlich geworden sind.

[...]

Register der Ursprungsbezeichnungen

(Stand 1. Oktober 2004)

Mit dem Register der Ursprungsbezeichnungen (GUB/AOC) und geografischen Angaben (GGA/IGP) lassen sich die Gebietsnamen und traditionellen Bezeichnungen von landwirtschaftlichen Erzeugnissen schützen (Wein ausgenommen), deren Qualität und Haupteigenschaften durch ihre geografische Herkunft bestimmt werden. Ist ein Name geschützt, darf er nur von den Produzentinnen und Produzenten des entsprechend definierten geografischen Gebiets benutzt werden, die sich an ein detailliertes Pflichtenheft halten. Die Regelungen in diesem Bereich ermöglichen die gegenseitige Anerkennung von Qualitätsprodukten zwischen der Schweiz und der Europäischen Union.

Am 1. Oktober 2004 eingetragene Bezeichnungen:

Abricotine / Eau-de-vie d'abricot du Valais

Berner Alpkäse / Berner Hobelkäse

Bündnerfleisch

Cardon épineux genevois

Eau-de-vie de poire du Valais

Formaggio d'alpe ticinese

L'Etivaz

Gruyère

Munder Safran

Rheintaler Ribel

Saucisse d'Ajoie

Saucisson neuchâtelois / Saucisse neuchâteloise

Saucisson vaudois / Saucissons aux choux vaudoise

Sbrinz

Tête-de-Moine

Vacherin Mont-d'Or

Walliser Trockenfleisch

Walliser Roggenbrot

Rechtsgrundlagen

Verordnung vom 28. Mai 1997 über den Schutz von Ursprungsbezeichnungen und geographischen Angaben für landwirtschaftliche Erzeugnisse und verarbeitete landwirtschaftliche Erzeugnisse (GUB/GGA-Verordnung) (SR 910.12); Verordnung des EVD vom 11. Juni 1999 über die Mindestanforderungen an die Kontrolle der geschützten Ursprungsbezeichnungen und geografischen Angaben (Verordnung über die Kontrolle der GUB und GGA) (SR 910.124)

(Quelle: http://www.blw.admin.ch/rubriken/00101/index.html?lang=de)

Amtlicher deutscher Text[1] gemäss Artikel 29 Absatz 1) Buchstabe b)

Pariser Verbandsübereinkunft zum Schutz des gewerblichen Eigentums revidiert in Stockholm am 14. Juli 1967

Abgeschlossen in Stockholm am 14. Juli 1967
Von der Bundesversammlung genehmigt am 2. Dezember 1969[2]
Schweizerische Ratifikationsurkunde hinterlegt am 26. Januar 1970
In Kraft getreten für die Schweiz am 26. April 1970

[Art. 1 vorne, unter Markenrecht abgedruckt]

Art. 2 **Inländerbehandlung für Angehörige der Verbandsländer**

1) Die Angehörigen eines jeden der Verbandsländer geniessen in allen übrigen Ländern des Verbandes in bezug auf den Schutz des gewerblichen Eigentums die Vorteile, welche die betreffenden Gesetze den eigenen Staatsangehörigen gegenwärtig gewähren oder in Zukunft gewähren werden, und zwar unbeschadet der durch diese Übereinkunft besonders vorgesehenen Rechte. Demgemäss haben sie den gleichen Schutz wie diese und die gleichen Rechtsbehelfe gegen jeden Eingriff in ihre Rechte, vorbehaltlich der Erfüllung der Bedingungen und Förmlichkeiten, die den eigenen Staatsangehörigen auferlegt werden.

2) Jedoch darf der Genuss irgendeines Rechts des gewerblichen Eigentums für die Verbandsangehörigen keinesfalls von der Bedingung abhängig gemacht werden, dass sie einen Wohnsitz oder eine Niederlassung in dem Land haben, in dem der Schutz beansprucht wird.

3) Ausdrücklich bleiben vorbehalten die Rechtsvorschriften jedes der Verbandsländer über das gerichtliche und das Verwaltungsverfahren und die Zuständigkeit sowie über die Wahl des Wohnsitzes oder die Bestellung eines Vertreters, die etwa nach den Gesetzen über das gewerbliche Eigentum erforderlich sind.

Art. 3 **Gleichstellung gewisser Personengruppen mit den Angehörigen der Verbandsländer**

Den Angehörigen der Verbandsländer sind gleichgestellt die Angehörigen der dem Verband nicht angehörenden Länder, die im Hoheitsgebiet eines Verbandslandes ihren Wohnsitz oder tatsächliche und nicht nur zum Schein bestehende gewerbliche oder Handelsniederlassungen haben.

[Art. 4–7 nicht abgedruckt]

---

[1] Der Originaltext findet sich unter der gleichen Nummer in der französischen Ausgabe dieser Sammlung. Die Artikel der Verbandsübereinkunft sind mit Überschriften versehen worden, um die Benützung des Textes zu erleichtern; der Originaltext enthält keine Artikelüberschriften.

[2] Art. 1 Ziff. 2 des BB vom 2. Dez. 1969 (AS **1970** 600)

Art. 8 **Handelsnamen**

Der Handelsname wird in allen Verbandsländern, ohne Verpflichtung zur Hinterlegung oder Eintragung, geschützt, gleichgültig ob er einen Bestandteil einer Fabrik- oder Handelsmarke bildet oder nicht.

Art. 9 **Marken, Handelsnamen: Beschlagnahme des mit einer Marke oder einem Handelsnamen widerrechtlich versehenen Erzeugnisses bei der Einfuhr**

1) Jedes widerrechtlich mit einer Fabrik- oder Handelsmarke oder mit einem Handelsnamen versehene Erzeugnis ist bei der Einfuhr in diejenigen Verbandsländer, in denen diese Marke oder dieser Handelsname Anspruch auf gesetzlichen Schutz hat, zu beschlagnahmen.

2) Die Beschlagnahme ist auch in dem Land vorzunehmen, in dem die widerrechtliche Anbringung stattgefunden hat, oder in dem Land, in das das Erzeugnis eingeführt worden ist.

3) Die Beschlagnahme erfolgt gemäss den innerstaatlichen Rechtsvorschriften jedes Landes auf Antrag entweder der Staatsanwaltschaft oder jeder anderen zuständigen Behörde oder einer beteiligten Partei, sei diese eine natürliche oder eine juristische Person.

4) Die Behörden sind nicht gehalten, die Beschlagnahme im Fall der Durchfuhr zu bewirken.

5) Lassen die Rechtsvorschriften eines Landes die Beschlagnahme bei der Einfuhr nicht zu, so tritt an die Stelle der Beschlagnahme das Einfuhrverbot oder die Beschlagnahme im Inland.

6) Lassen die Rechtsvorschriften eines Landes weder die Beschlagnahme bei der Einfuhr noch das Einfuhrverbot noch die Beschlagnahme im Inland zu, so treten an die Stelle dieser Massnahmen bis zu einer entsprechenden Änderung der Rechtsvorschriften diejenigen Klagen und Rechtsbehelfe, die das Gesetz dieses Landes im gleichen Fall den eigenen Staatsangehörigen gewährt.

Art. 10 **Herkunftsangaben: Beschlagnahme des mit einer falschen Herkunftsangabe versehenen Erzeugnisses bei der Einfuhr**

1) Die Bestimmungen des Artikels 9 sind im Fall des unmittelbaren oder mittelbaren Gebrauchs einer falschen Angabe über die Herkunft des Erzeugnisses oder über die Identität des Erzeugers, Herstellers oder Händlers anwendbar.

2) Als beteiligte Partei, mag sie eine natürliche oder juristische Person sein, ist jedenfalls jeder Erzeuger, Hersteller oder Händler anzuerkennen, der sich mit der Erzeugung oder Herstellung des Erzeugnisses befasst oder mit ihm handelt und in dem fälschlich als Herkunftsort bezeichneten Ort oder in der Gegend, in der dieser Ort liegt, oder in dem fälschlich bezeichneten Land oder in dem Land, in dem die falsche Herkunftsangabe verwendet wird, seine Niederlassung hat.

Art. 10ter **Marken, Handelsnamen, Herkunftsangaben, Schutz gegen unlauteren Wettbewerb: Rechtsbehelfe – Klagerecht von Vereinigungen**

1) Um alle in den Artikeln 9, 10 und 10bis bezeichneten Handlungen wirksam zu unterdrücken, verpflichten sich die Verbandsländer, den Angehörigen der anderen Verbandsländer geeignete Rechtsbehelfe zu sichern.

2) Sie verpflichten sich ausserdem, Massnahmen zu treffen, um den Verbänden und Vereinigungen, welche die beteiligten Gewerbetreibenden, Erzeuger oder Händler vertreten und deren Bestehen den Gesetzen ihres Landes nicht zuwiderläuft, das Auftreten vor Gericht oder vor den Verwaltungsbehörden zum Zweck der Unterdrückung der in den Artikeln 9, 10 und 10bis bezeichneten Handlungen in dem Mass zu ermöglichen, wie es das Gesetz des Landes, in dem der Schutz beansprucht wird, den Verbänden und Vereinigungen dieses Landes gestattet.

[Art. 11–30 nicht abgedruckt]

Uniform Domain Name Dispute Resolution Policy

(As Approved by ICANN on October 24, 1999)

1. **Purpose.** This Uniform Domain Name Dispute Resolution Policy (the "Policy") has been adopted by the Internet Corporation for Assigned Names and Numbers ("ICANN"), is incorporated by reference into your Registration Agreement, and sets forth the terms and conditions in connection with a dispute between you and any party other than us (the registrar) over the registration and use of an Internet domain name registered by you. Proceedings under Paragraph 4 of this Policy will be conducted according to the Rules for Uniform Domain Name Dispute Resolution Policy (the "Rules of Procedure"), which are available at www.icann.org/udrp/udrp-rules-24oct99.htm, and the selected administrative-dispute-resolution service provider's supplemental rules.

2. **Your Representations.** By applying to register a domain name, or by asking us to maintain or renew a domain name registration, you hereby represent and warrant to us that (a) the statements that you made in your Registration Agreement are complete and accurate; (b) to your knowledge, the registration of the domain name will not infringe upon or otherwise violate the rights of any third party; (c) you are not registering the domain name for an unlawful purpose; and (d) you will not knowingly use the domain name in violation of any applicable laws or regulations. It is your responsibility to determine whether your domain name registration infringes or violates someone else's rights.

3. **Cancellations, Transfers, and Changes.** We will cancel, transfer or otherwise make changes to domain name registrations under the following circumstances:

    a. subject to the provisions of Paragraph 8, our receipt of written or appropriate electronic instructions from you or your authorized agent to take such action;

    b. our receipt of an order from a court or arbitral tribunal, in each case of competent jurisdiction, requiring such action; and/or

    c. our receipt of a decision of an Administrative Panel requiring such action in any administrative proceeding to which you were a party and which was conducted under this Policy or a later version of this Policy adopted by ICANN. (See Paragraph 4(i) and (k) below.)

   We may also cancel, transfer or otherwise make changes to a domain name registration in accordance with the terms of your Registration Agreement or other legal requirements.

4. **Mandatory Administrative Proceeding.**

   This Paragraph sets forth the type of disputes for which you are required to submit to a mandatory administrative proceeding. These proceedings will be conducted before one of the administrative-dispute-resolution service providers listed at www.icann.org/udrp/approved-providers.htm (each, a "Provider").

    a. Applicable Disputes. You are required to submit to a mandatory administrative proceeding in the event that a third party (a "complainant") asserts to the applicable Provider, in compliance with the Rules of Procedure, that

Uniform Dispute Resolution Policy

(i) your domain name is identical or confusingly similar to a trademark or service mark in which the complainant has rights; and

(ii) you have no rights or legitimate interests in respect of the domain name; and

(iii) your domain name has been registered and is being used in bad faith.

In the administrative proceeding, the complainant must prove that each of these three elements are present.

b. Evidence of Registration and Use in Bad Faith. For the purposes of Paragraph 4(a)(iii), the following circumstances, in particular but without limitation, if found by the Panel to be present, shall be evidence of the registration and use of a domain name in bad faith:

(i) circumstances indicating that you have registered or you have acquired the domain name primarily for the purpose of selling, renting, or otherwise transferring the domain name registration to the complainant who is the owner of the trademark or service mark or to a competitor of that complainant, for valuable consideration in excess of your documented out-of-pocket costs directly related to the domain name; or

(ii) you have registered the domain name in order to prevent the owner of the trademark or service mark from reflecting the mark in a corresponding domain name, provided that you have engaged in a pattern of such conduct; or

(iii) you have registered the domain name primarily for the purpose of disrupting the business of a competitor; or

(iv) by using the domain name, you have intentionally attempted to attract, for commercial gain, Internet users to your web site or other on-line location, by creating a likelihood of confusion with the complainant's mark as to the source, sponsorship, affiliation, or endorsement of your web site or location or of a product or service on your web site or location.

c. How to Demonstrate Your Rights to and Legitimate Interests in the Domain Name in Responding to a Complaint. When you receive a complaint, you should refer to Paragraph 5 of the Rules of Procedure in determining how your response should be prepared. Any of the following circumstances, in particular but without limitation, if found by the Panel to be proved based on its evaluation of all evidence presented, shall demonstrate your rights or legitimate interests to the domain name for purposes of Paragraph 4(a)(ii):

(i) before any notice to you of the dispute, your use of, or demonstrable preparations to use, the domain name or a name corresponding to the domain name in connection with a bona fide offering of goods or services; or

(ii) you (as an individual, business, or other organization) have been commonly known by the domain name, even if you have acquired no trademark or service mark rights; or

(iii) you are making a legitimate noncommercial or fair use of the domain name, without intent for commercial gain to misleadingly divert consumers or to tarnish the trademark or service mark at issue.

d. Selection of Provider. The complainant shall select the Provider from among those approved by ICANN by submitting the complaint to that Provider. The selected Provider will administer the proceeding, except in cases of consolidation as described in Paragraph 4(f).

e. Initiation of Proceeding and Process and Appointment of Administrative Panel. The Rules of Procedure state the process for initiating and conducting a proceeding and for appointing the panel that will decide the dispute (the "Administrative Panel").

f. Consolidation. In the event of multiple disputes between you and a complainant, either you or the complainant may petition to consolidate the disputes before a single Administrative Panel. This petition shall be made to the first Administrative Panel appointed to hear a pending dispute between the parties. This Administrative Panel may consolidate before it any or all such disputes in its sole discretion, provided that the disputes being consolidated are governed by this Policy or a later version of this Policy adopted by ICANN.

g. Fees. All fees charged by a Provider in connection with any dispute before an Administrative Panel pursuant to this Policy shall be paid by the complainant, except in cases where you elect to expand the Administrative Panel from one to three panelists as provided in Paragraph 5(b)(iv) of the Rules of Procedure, in which case all fees will be split evenly by you and the complainant.

h. Our Involvement in Administrative Proceedings. We do not, and will not, participate in the administration or conduct of any proceeding before an Administrative Panel. In addition, we will not be liable as a result of any decisions rendered by the Administrative Panel.

i. Remedies. The remedies available to a complainant pursuant to any proceeding before an Administrative Panel shall be limited to requiring the cancellation of your domain name or the transfer of your domain name registration to the complainant.

j. Notification and Publication. The Provider shall notify us of any decision made by an Administrative Panel with respect to a domain name you have registered with us. All decisions under this Policy will be published in full over the Internet, except when an Administrative Panel determines in an exceptional case to redact portions of its decision.

k. Availability of Court Proceedings. The mandatory administrative proceeding requirements set forth in Paragraph 4 shall not prevent either you or the complainant from submitting the dispute to a court of competent jurisdiction for independent resolution before such mandatory administrative proceeding is commenced or after such proceeding is concluded. If an Administrative Panel decides that your domain name registration should be canceled or transferred, we will wait ten (10) business days (as observed in the location of our principal office) after we are informed by the applicable Provider of the Administrative Panel's decision before implementing that decision. We will then implement the decision unless we have received from you during that ten (10) business day period official documentation (such as a copy of a complaint, file-stamped by the clerk of the court) that you have commenced a lawsuit against the complainant in a jurisdiction to which the complainant has submitted under Paragraph 3(b)(xiii) of the Rules of Procedure. (In general, that jurisdiction is either the location of our principal office or of your address as shown in our Whois database. See Paragraphs 1 and 3(b)(xiii) of the Rules of Procedure for details.) If we receive such documentation within the ten (10) business day period, we will not implement the Administrative Panel's decision, and we will take no further action, until we receive (i) evidence satisfactory to us of a resolution between the parties; (ii) evidence satisfactory to us that your lawsuit has been dismissed or withdrawn; or (iii) a copy of an order from such court dismissing your lawsuit or ordering that you do not have the right to continue to use your domain name.

5. **All Other Disputes and Litigation.** All other disputes between you and any party other than us regarding your domain name registration that are not brought pursuant to the mandatory administrative proceeding provisions of Paragraph 4 shall be resolved between you and such other party through any court, arbitration or other proceeding that may be available.

6. **Our Involvement in Disputes.** We will not participate in any way in any dispute between you and any party other than us regarding the registration and use of your domain name. You shall not name us as a party or otherwise include us in any such proceeding. In the event that we are named as a party in any such proceeding, we reserve the right to raise any and all defenses deemed appropriate, and to take any other action necessary to defend ourselves.

7. **Maintaining the Status Quo.** We will not cancel, transfer, activate, deactivate, or otherwise change the status of any domain name registration under this Policy except as provided in Paragraph 3 above.

8. **Transfers During a Dispute.**

a. Transfers of a Domain Name to a New Holder. You may not transfer your domain name registration to another holder (i) during a pending administrative proceeding brought pursuant to Paragraph 4 or for a period of fifteen (15) business days (as observed in the location of our principal place of business) after such proceeding is concluded; or (ii) during a pending court proceeding or arbitration commenced regarding your domain name unless the party to whom the domain name registration is being transferred agrees, in writing, to be bound by the decision of the court or arbitrator. We reserve the right to cancel any transfer of a domain name registration to another holder that is made in violation of this subparagraph.

b. Changing Registrars. You may not transfer your domain name registration to another registrar during a pending administrative proceeding brought pursuant to Paragraph 4 or for a period of fifteen (15) business days (as observed in the location of our principal place of business) after such proceeding is concluded. You may transfer administration of your domain name registration to another registrar during a pending court action or arbitration, provided that the domain name you have registered with us shall continue to be subject to the proceedings commenced against you in accordance with the terms of this Policy. In the event that you transfer a domain name registration to us during the pendency of a court action or arbitration, such dispute shall remain subject to the domain name dispute policy of the registrar from which the domain name registration was transferred.

9. **Policy Modifications.** We reserve the right to modify this Policy at any time with the permission of ICANN. We will post our revised Policy at least thirty (30) calendar days before it becomes effective. Unless this Policy has already been invoked by the submission of a complaint to a Provider, in which event the version of the Policy in effect at the time it was invoked will apply to you until the dispute is over, all such changes will be binding upon you with respect to any domain name registration dispute, whether the dispute arose before, on or after the effective date of our change. In the event that you object to a change in this Policy, your sole remedy is to cancel your

domain name registration with us, provided that you will not be entitled to a refund of any fees you paid to us. The revised Policy will apply to you until you cancel your domain name registration.

Fundstellen weiterer Quellen für übriges Kennzeichenrecht

Nationale Erlasse
- Verordnung über die **Benützung des Schweizer Namens für Uhren,** 23. Dezember 1971 (SR 232.119)
- Regelung in Bezug auf das **Anbringen des Hersteller-Identifikationszeichens (SIP) auf Schweizer Uhren und Uhrwerken,** 1. April 1993 (erhältlich auf Französisch beim Verband der Schweizer Uhrenindustrie (FH), http://www.fhs.ch/Doc/98T0469.pdf)
- Bundesgesetz über die **Kontrolle des Verkehrs mit Edelmetallen und Edelmetallwaren,** 20. Juni 1933 (SR 941.31), Art. 9–12
- Vollzugsverordnung zum Bundesgesetz über die Kontrolle des Verkehrs mit Edelmetallen und Edelmetallwaren, 8. Mai 1943 (SR 941.311), Art. 58–80
- Bundesgesetz über **Lebensmittel und Gebrauchsgegenstände,** 9. Oktober 1992 (SR 817.0), Art. 20
- **Lebensmittelverordnung,** 1. März 1995 (SR 817.02), Art. 75 (Käse), Art. 367, 372 (Wein)
- Verordnung über die **Bezeichnung von Schweizer Käse,** 10. Dezember 1981 (SR 817.141)
- Bundesgesetz über die **Förderung der Landwirtschaft und die Erhaltung des Bauernstandes,** 3. Oktober 1951 (SR 910.1), Art. 18a–18c, Art. 112, 112b
- Verordnung über den Schutz **von Ursprungsbezeichnungen und geographischen Angaben für landwirtschaftliche Erzeugnisse** und verarbeitete landwirtschaftliche Erzeugnisse, 28. Mai 1997 (SR 910.12)
- **Register** der Ursprungsbezeichnungen (http://www.blw.admin.ch/aoc/d/)
- Verordnung über die **biologische Landwirtschaft und die Kennzeichnung biologisch produzierter Erzeugnisse und Lebensmittel,** 22. September 1997 (SR 910.18), Art. 2, Art. 17–24a
- Bundesbeschluss über den Rebbau, 19. Juni 1992 (SR 916.140.1), Art. 16–19
- Verordnung des BAKOM über die **Zuteilung und Verwaltung der Domain-Namen** der zweiten Ebene, die der Internet-Domain .ch untergeordnet sind (SR 784.101.113/2.13), erhältlich unter www.bakom.ch/de/telekommunikation/grundlagen/technik/artikel/00809/index.html
- Verordnung vom 6. Oktober 1997 über die **Adressierungselemente im Fernmeldebereich** (SR 784.104)

Multilaterale Staatsverträge
- Madrider **Abkommen über die Unterdrückung falscher oder irreführender Herkunftsangaben,** Lissabon 31. Oktober 1958 (SR 0.232.111.13)
- Madrider Abkommen über die Unterdrückung falscher oder irreführender Herkunftsangaben, **Stockholmer Zusatzvereinbarung,** Stockholm 14. Juli 1967 (SR 0.232.111.131)

- Internationales Abkommen über den **Gebrauch der Ursprungsbezeichnungen und der Benennungen für Käse,** 1. Juni 1951 Stresa, 18. Juli 1951 Den Haag (SR 0.817.142.1)
- Lissabonner Abkommen über den **Schutz der Ursprungsbezeichnungen und ihrer internationalen Registrierung,** Lissabon 31. Oktober 1958 (der frz. Text ist erhältlich unter http://www.wipo.org/treaties/registration/lisbon/index-fr.html; die Schweiz ist nicht Vertragsstaat)
- Genfer Abkommen zur **Verbesserung des Loses der Verwundeten und Kranken der bewaffneten Kräfte im Felde,** Genf 12. August 1949 (SR 0.518.12), Art. 44 und 53 (Schutz des Schweizer Wappens und des Roten Kreuzes)
- Internationales Übereinkommen zum **Schutz von Pflanzenzüchtungen,** Paris 2. Dezember 1961 (SR 0.232.161), Art. 13

Bilaterale Staatsverträge
- Vertrag zwischen der Schweizerischen Eidgenossenschaft und der Bundesrepublik **Deutschland** über den Schutz von Herkunftsangaben und anderen geographischen Bezeichnungen, Bonn 7. März 1967 (SR 0.232.111.191.36)
- Abkommen mit **Argentinien** betreffend Ursprungs- und Qualitätsbezeichnungen (siehe SR 0.946.291.541 Art. 2)
- Abkommen mit **Bulgarien** betreffend den Schutz der Herkunftsbezeichnungen (siehe SR 0.946.292.141 Art. 5)
- Vertrag zwischen der Schweizerischen Eidgenossenschaft und dem **Spanischen Staat** über den Schutz von Herkunftsangaben, Ursprungsbezeichnungen und ähnlichen Bezeichnungen, Bern 9. April 1974 (SR 0.232.111.193.32)
- Vertrag zwischen der Schweizerischen Eidgenossenschaft und der **Französischen Republik** über den Schutz von Herkunftsangaben und anderen geographischen Bezeichnungen, Bern 14. Mai 1974 (SR 0.232.111.193.49)
- Vertrag zwischen der Schweizerischen Eidgenossenschaft und der **Ungarischen Volksrepublik** über den Schutz von Herkunftsangaben und anderen geographischen Bezeichnungen, Bern 14. Dezember 1979 (SR 0.232.111.194.18)
- Vertrag zwischen der Schweizerischen Eidgenossenschaft und der **Portugiesischen Republik** über den Schutz von Herkunftsangaben, Ursprungsbezeichnungen und ähnlichen Bezeichnungen, Lissabon 16. September 1977 (SR 0.232.111.196.54)
- Vertrag zwischen der Schweizerischen Eidgenossenschaft und der **Tschechoslowakischen Sozialistischen Republik** über den Schutz von Herkunftsangaben und anderen geographischen Bezeichnungen, Bern 16. November 1973 (SR 0.232.111.196.41); findet Anwendung auf die **Slowakei** (SR 0.232.111.196.90) und auf die **Tschechische Republik** (SR 0.232.111.197.43)

Europäisches Recht
- Verordnung (EWG) Nr. 2081/92 des Rates vom 14. Juli 1992 zum **Schutz von geographischen Angaben und Ursprungsbezeichnungen für Agrarerzeugnisse** und Lebensmittel (ABl 1992 Nr. L 208, S. 1 ff.)
- Verordnung (EWG) Nr. 2037/93 der Kommission vom 27. Juli 1993 mit **Durchführungsbestimmungen** zur Verordnung (EWG) Nr. 2081/92 des Rates zum Schutz von geographischen Angaben und Ursprungsbezeichnungen für Agrarerzeugnisse und Lebensmittel (ABl. 1993 Nr. L 185, S. 5 f.)

Firmenrecht 345

- Verordnung (EWG) Nr. 2082/92 des Rates vom 14. Juli 1992 über **Bescheinigungen besonderer Merkmale von Agrarerzeugnisse und Lebensmittel** (ABl. 1992 Nr. L 208, S. 9 ff.)
- Verordnung (EG) Nr. 2301/97 der Kommission vom 20. November 1997 zur Eintragung bestimmter Namen in das Verzeichnis der Bescheinigungen besonderer Merkmale ge-mäß Verordnung (EWG) Nr. 2082/92 des Rates über Bescheinigungen besonderer Merkmale von Agrarerzeugnissen und Lebensmitteln (Text von Bedeutung für den **EWR**) (ABl. 1997 Nr. L 319 S.8)
- Verordnung (EG) Nr. 2400/96 der Kommission vom 17. Dezember 1996 zur Eintragung bestimmter Bezeichnungen in das Verzeichnis der geschützten Ursprungsbezeichnun-gen und der geschützten geographischen Angaben für Agrarerzeugnisse und Lebens-mittel gemäß Verordnung (EWG) Nr. 2081/92 des Rates (Text von Bedeutung für den **EWR**) (ABl. 1996 Nr. L 327 S.11)

Verschiedenes

- **Leitfaden** des Bundesamtes für Landwirtschaft für die Einreichung eines Gesuchs um Hinterlegung einer **Geschützten Ursprungsbezeichnung (GUB)** oder einer **Geschützten Geografischen Angabe (GGA)** (http://www.blw.admin.ch/imperia/md/content/ursprungsbezeichnungen/aocregister/info/leitfaden_d.pdf)
- **WIPO Supplemental Rules** for Uniform Domain Name Dispute Resolution Policy (http://arbiter.wipo.int/domains/rules/supplemental/index.html)
- Guide WIPO Domain Name Dispute Resolution (http://arbiter.wipo.int/center/publications/guide-en-web.pdf)
- **Verfahrensreglement für Streitbeilegungsverfahren** für .ch und .li Domain-Namen der SWITCH vom 1. März 2004 (www.switch.ch/de/id/disputes/rules_v1.html)
- **Joint Recommendation Concerning Provisions on the Protection of Marks and other Industrial Property Right in Signs on the Internet** (with Explanatory Notes), adopted by the Assembly of the Paris Union for the Protection of Industrial Property and the General Assembly of the World Intellectual Property Organization (WIPO) at the Thirty-Sixth Series of Meetings of the Assemblies of the Member States of WIPO – September 24 – October 3, 2001 (die drei Joint Recommendations sind auf Englisch und Französisch auf der Webseite der WIPO/OMPI erhältlich, http://www.wipo.org/about-ip/en/development_iplaw/ und http://www.wipo.org/about-ip/fr/development_iplaw/)

Urheberrecht

Bundesgesetz über das Urheberrecht und verwandte Schutzrechte

(Urheberrechtsgesetz, URG)

vom 9. Oktober 1992 (Stand am 23. März 2004)

Die Bundesversammlung der Schweizerischen Eidgenossenschaft,
gestützt auf die Artikel 31bis Absatz 2, 64 und 64bis der Bundesverfassung[1,2]
nach Einsicht in die Botschaft des Bundesrates vom 19. Juni 1989[3],
beschliesst:

1. Titel: Gegenstand

Art. 1

[1] Dieses Gesetz regelt:

a. den Schutz der Urheber und Urheberinnen von Werken der Literatur und Kunst;
b. den Schutz der ausübenden Künstler und Künstlerinnen, der Hersteller und Herstellerinnen von Ton- und Tonbildträgern sowie der Sendeunternehmen;
c. die Bundesaufsicht über die Verwertungsgesellschaften.

[2] Völkerrechtliche Verträge bleiben vorbehalten.

2. Titel: Urheberrecht

1. Kapitel: Das Werk

Art. 2 **Werkbegriff**

[1] Werke sind, unabhängig von ihrem Wert oder Zweck, geistige Schöpfungen der Literatur und Kunst, die individuellen Charakter haben.

[2] Dazu gehören insbesondere:

a. literarische, wissenschaftliche und andere Sprachwerke;
b. Werke der Musik und andere akustische Werke;
c. Werke der bildenden Kunst, insbesondere der Malerei, der Bildhauerei und der Graphik;
d. Werke mit wissenschaftlichem oder technischem Inhalt wie Zeichnungen, Pläne, Karten oder plastische Darstellungen;

---

[1] [BS **1** 3]. Den genannten Bestimmungen entsprechen heute Art. 95, 122 und 123 der BV vom 18. April 1999 (SR **101**).
[2] Fassung gemäss Anhang Ziff. 9 des Gerichtsstandsgesetzes vom 24. März 2000, in Kraft seit 1. Jan. 2000 (SR **272**).
[3] BBl **1989** III 477

e. Werke der Baukunst;
f. Werke der angewandten Kunst;
g. fotografische, filmische und andere visuelle oder audiovisuelle Werke;
h. choreographische Werke und Pantomimen.

[3] Als Werke gelten auch Computerprogramme.

[4] Ebenfalls geschützt sind Entwürfe, Titel und Teile von Werken, sofern es sich um geistige Schöpfungen mit individuellem Charakter handelt.

Art. 3   **Werke zweiter Hand**

[1] Geistige Schöpfungen mit individuellem Charakter, die unter Verwendung bestehender Werke so geschaffen werden, dass die verwendeten Werke in ihrem individuellen Charakter erkennbar bleiben, sind Werke zweiter Hand.

[2] Solche Werke sind insbesondere Übersetzungen sowie audiovisuelle und andere Bearbeitungen.

[3] Werke zweiter Hand sind selbständig geschützt.

[4] Der Schutz der verwendeten Werke bleibt vorbehalten.

Art. 4   **Sammelwerke**

[1] Sammlungen sind selbständig geschützt, sofern es sich bezüglich Auswahl oder Anordnung um geistige Schöpfungen mit individuellem Charakter handelt.

[2] Der Schutz von in das Sammelwerk aufgenommenen Werken bleibt vorbehalten.

Art. 5   **Nicht geschützte Werke**

[1] Durch das Urheberrecht nicht geschützt sind:
a. Gesetze, Verordnungen, völkerrechtliche Verträge und andere amtliche Erlasse;
b. Zahlungsmittel;
c. Entscheidungen, Protokolle und Berichte von Behörden und öffentlichen Verwaltungen;
d. Patentschriften und veröffentlichte Patentgesuche.

[2] Ebenfalls nicht geschützt sind amtliche oder gesetzlich geforderte Sammlungen und Übersetzungen der Werke nach Absatz 1.

2. Kapitel: Urheber und Urheberin

Art. 6   **Begriff**

Urheber oder Urheberin ist die natürliche Person, die das Werk geschaffen hat.

Art. 7   **Miturheberschaft**

[1] Haben mehrere Personen als Urheber oder Urheberinnen an der Schaffung eines Werks mitgewirkt, so steht ihnen das Urheberrecht gemeinschaftlich zu.

[2] Haben sie nichts anderes vereinbart, so können sie das Werk nur mit Zustimmung aller verwenden; die Zustimmung darf nicht wider Treu und Glauben verweigert werden.

³ Jeder Miturheber und jede Miturheberin kann Rechtsverletzungen selbständig verfolgen, jedoch nur Leistung an alle fordern.

⁴ Lassen sich die einzelnen Beiträge trennen und ist nichts anderes vereinbart, so darf jeder Miturheber und jede Miturheberin den eigenen Beitrag selbständig verwenden, wenn dadurch die Verwertung des gemeinsamen Werkes nicht beeinträchtigt wird.

Art. 8   **Vermutung der Urheberschaft**

¹ Solange nichts anderes nachgewiesen ist, gilt als Urheber oder als Urheberin, wer auf den Werkexemplaren oder bei der Veröffentlichung des Werks mit dem eigenen Namen, einem Pseudonym oder einem Kennzeichen genannt wird.

² Solange die Urheberschaft ungenannt oder bei einem Pseudonym oder einem Kennzeichen unbekannt bleibt, kann diejenige Person das Urheberrecht ausüben, die das Werk herausgibt. Wird auch diese Person nicht genannt, so kann das Urheberrecht ausüben, wer das Werk veröffentlicht hat.

3. Kapitel: Inhalt des Urheberrechts

1. Abschnitt: Verhältnis des Urhebers oder der Urheberin zum Werk

Art. 9   **Anerkennung der Urheberschaft**

¹ Der Urheber oder die Urheberin hat das ausschliessliche Recht am eigenen Werk und das Recht auf Anerkennung der Urheberschaft.

² Der Urheber oder die Urheberin hat das ausschliessliche Recht zu bestimmen, ob, wann, wie und unter welcher Urheberbezeichnung das eigene Werk erstmals veröffentlicht werden soll.

³ Ein Werk ist veröffentlicht, wenn der Urheber oder die Urheberin es selber erstmals ausserhalb eines privaten Kreises im Sinne von Artikel 19 Absatz 1 Buchstabe a einer grösseren Anzahl Personen zugänglich gemacht oder einer solchen Veröffentlichung zugestimmt hat.

Art. 10   **Verwendung des Werks**

¹ Der Urheber oder die Urheberin hat das ausschliessliche Recht zu bestimmen, ob, wann und wie das Werk verwendet wird.

² Der Urheber oder die Urheberin hat insbesondere das Recht:
a. Werkexemplare wie Druckerzeugnisse, Ton-, Tonbild- oder Datenträger herzustellen;
b. Werkexemplare anzubieten, zu veräussern oder sonstwie zu verbreiten;
c. das Werk direkt oder mit Hilfe irgendwelcher Mittel vorzutragen, aufzuführen, vorzuführen oder es anderswo wahrnehmbar zu machen;
d. das Werk durch Radio, Fernsehen oder ähnliche Einrichtungen, auch über Leitungen, zu senden;
e. gesendete Werke mit Hilfe von technischen Einrichtungen, deren Träger nicht das ursprüngliche Sendeunternehmen ist, insbesondere auch über Leitungen, weiterzusenden;
f. Sendungen und Weitersendungen wahrnehmbar zu machen.

³ Der Urheber oder die Urheberin eines Computerprogrammes hat zudem das ausschliessliche Recht, dieses zu vermieten.

Art. 11 Werkintegrität

¹ Der Urheber oder die Urheberin hat das ausschliessliche Recht zu bestimmen:
a. ob, wann und wie das Werk geändert werden darf;
b. ob, wann und wie das Werk zur Schaffung eines Werks zweiter Hand verwendet oder in ein Sammelwerk aufgenommen werden darf.

² Selbst wenn eine Drittperson vertraglich oder gesetzlich befugt ist, das Werk zu ändern oder es zur Schaffung eines Werkes zweiter Hand zu verwenden, kann sich der Urheber oder die Urheberin jeder Entstellung des Werks widersetzen, die ihn oder sie in der Persönlichkeit verletzt.

³ Zulässig ist die Verwendung bestehender Werke zur Schaffung von Parodien oder mit ihnen vergleichbaren Abwandlungen des Werks.

2. Abschnitt: Verhältnis der Urheberschaft zum Eigentum am Werkexemplar

Art. 12 Erschöpfungsgrundsatz

¹ Hat ein Urheber oder eine Urheberin ein Werkexemplar veräussert oder der Veräusserung zugestimmt, so darf dieses weiterveräussert oder sonstwie verbreitet werden.

¹ᵇⁱˢ Exemplare von audiovisuellen Werken dürfen so lange nicht weiterveräussert oder vermietet werden, als der Urheber oder die Urheberin dadurch in der Ausübung des Aufführungsrechts (Art. 10 Abs. 2 Bst. c) beeinträchtigt wird.[4]

² Hat ein Urheber oder eine Urheberin ein Computerprogramm veräussert oder der Veräusserung zugestimmt, so darf dieses gebraucht oder weiterveräussert werden.

³ Ausgeführte Werke der Baukunst dürfen vom Eigentümer oder von der Eigentümerin geändert werden; vorbehalten bleibt Artikel 11 Absatz 2.

Art. 13 Vermieten von Werkexemplaren

¹ Wer Werkexemplare der Literatur und Kunst vermietet oder sonstwie gegen Entgelt zur Verfügung stellt, schuldet dem Urheber oder der Urheberin hiefür eine Vergütung.

² Keine Vergütungspflicht besteht bei:
a. Werken der Baukunst;
b. Werkexemplaren der angewandten Kunst;
c. Werkexemplaren, die für eine vertraglich vereinbarte Nutzung von Urheberrechten vermietet oder ausgeliehen werden.

³ Die Vergütungsansprüche können nur von zugelassenen Verwertungsgesellschaften (Art. 40 ff.) geltend gemacht werden.

---

[4] Eingefügt durch Art. 36 Ziff. 3 des Filmgesetzes vom 14. Dez. 2001 (SR **443.1**). Fassung gemäss Ziff. II des BG vom 20. Juni 2003, in Kraft seit 1. April 2004 (AS **2004** 1385 1390; BBl **2002** 2022 5506).

⁴ Dieser Artikel findet keine Anwendung auf Computerprogramme. Das ausschliessliche Recht nach Artikel 10 Absatz 3 bleibt vorbehalten.

Art. 14 **Zutritts- und Ausstellungsrecht des Urhebers oder der Urheberin**

¹ Wer ein Werkexemplar zu Eigentum hat oder besitzt, muss es dem Urheber oder der Urheberin so weit zugänglich machen, als dies zur Ausübung des Urheberrechts erforderlich ist und kein berechtigtes eigenes Interesse entgegensteht.

² Der Urheber oder die Urheberin kann die Überlassung eines Werkexemplars zur Ausstellung im Inland verlangen, sofern ein überwiegendes Interesse nachgewiesen wird.

³ Die Herausgabe kann von der Leistung einer Sicherheit für die unversehrte Rückgabe des Werkexemplars abhängig gemacht werden. Kann das Werkexemplar nicht unversehrt zurückgegeben werden, so haftet der Urheber oder die Urheberin auch ohne Verschulden.

Art. 15 **Schutz vor Zerstörung**

¹ Müssen Eigentümer und Eigentümerinnen von Originalwerken, zu denen keine weiteren Werkexemplare bestehen, ein berechtigtes Interesse des Urhebers oder der Urheberin an der Werkerhaltung annehmen, so dürfen sie solche Werke nicht zerstören, ohne dem Urheber oder der Urheberin vorher die Rücknahme anzubieten. Sie dürfen dafür nicht mehr als den Materialwert verlangen.

² Sie müssen dem Urheber oder der Urheberin die Nachbildung des Originalexemplars in angemessener Weise ermöglichen, wenn die Rücknahme nicht möglich ist.

³ Bei Werken der Baukunst hat der Urheber oder die Urheberin nur das Recht, das Werk zu fotografieren und auf eigene Kosten Kopien der Pläne herauszuverlangen.

4. Kapitel: **Rechtsübergang; Zwangsvollstreckung**

Art. 16 **Rechtsübergang**

¹ Das Urheberrecht ist übertragbar und vererblich.

² Die Übertragung eines im Urheberrecht enthaltenen Rechtes schliesst die Übertragung anderer Teilrechte nur mit ein, wenn dies vereinbart ist.

³ Die Übertragung des Eigentums am Werkexemplar schliesst urheberrechtliche Verwendungsbefugnisse selbst dann nicht ein, wenn es sich um das Originalwerk handelt.

Art. 17 **Rechte an Programmen**

Wird in einem Arbeitsverhältnis bei Ausübung dienstlicher Tätigkeiten sowie in Erfüllung vertraglicher Pflichten ein Computerprogramm geschaffen, so ist der Arbeitgeber oder die Arbeitgeberin allein zur Ausübung der ausschliesslichen Verwendungsbefugnisse berechtigt.

Art. 18 **Zwangsvollstreckung**

Der Zwangsvollstreckung unterliegen die in Artikel 10 Absätze 2 und 3 sowie in Artikel 11 genannten Rechte, soweit der Urheber oder die Urheberin sie bereits ausgeübt hat und das Werk mit der Zustimmung des Urhebers oder der Urheberin bereits veröffentlicht worden ist.

5. Kapitel: Schranken des Urheberrechts

Art. 19 Verwendung zum Eigengebrauch

¹ Veröffentlichte Werke dürfen zum Eigengebrauch verwendet werden. Als Eigengebrauch gilt:

a. jede Werkverwendung im persönlichen Bereich und im Kreis von Personen, die unter sich eng verbunden sind, wie Verwandte oder Freunde;
b. jede Werkverwendung der Lehrperson für den Unterricht in der Klasse;
c. das Vervielfältigen von Werkexemplaren in Betrieben, öffentlichen Verwaltungen, Instituten, Kommissionen und ähnlichen Einrichtungen für die interne Information oder Dokumentation.

² Wer zum Eigengebrauch berechtigt ist, darf die dazu erforderlichen Werkexemplare auch durch Dritte herstellen lassen; als Dritte im Sinne dieses Absatzes gelten auch Bibliotheken, die ihren Benützern Kopiergeräte zur Verfügung stellen.

³ Ausserhalb des privaten Kreises sind nicht zulässig:

a. die vollständige oder weitgehend vollständige Vervielfältigung im Handel erhältlicher Werkexemplare;
b. die Vervielfältigung von Werken der bildenden Kunst;
c. die Vervielfältigung von graphischen Aufzeichnungen von Werken der Musik;
d. die Aufnahme von Vorträgen, Aufführungen oder Vorführungen eines Werkes auf Ton-, Tonbild- oder Datenträger.

⁴ Dieser Artikel findet keine Anwendung auf Computerprogramme.

Art. 20 Vergütung für den Eigengebrauch

¹ Die Werkverwendung im privaten Kreis gemäss Artikel 19 Absatz 1 Buchstabe a ist unter Vorbehalt von Absatz 3 vergütungsfrei.

² Wer zum Eigengebrauch nach Artikel 19 Absatz 1 Buchstabe b oder Buchstabe c oder wer als Drittperson nach Artikel 19 Absatz 2 Werke auf irgendwelche Art vervielfältigt, schuldet dem Urheber oder der Urheberin hiefür eine Vergütung.

³ Wer Leerkassetten und andere zur Aufnahme von Werken geeignete Ton- und Tonbildträger herstellt oder importiert, schuldet dem Urheber oder der Urheberin für die Werkverwendungen nach Artikel 19 eine Vergütung.

⁴ Die Vergütungsansprüche können nur von zugelassenen Verwertungsgesellschaften geltend gemacht werden.

Art. 21 Entschlüsselung von Computerprogrammen

¹ Wer das Recht hat, ein Computerprogramm zu gebrauchen, darf sich die erforderlichen Informationen über Schnittstellen zu unabhängig entwickelten Programmen durch Entschlüsselung des Programmcodes beschaffen oder durch Drittpersonen beschaffen lassen.

² Die durch Entschlüsselung des Programmcodes gewonnenen Schnittstelleninformationen dürfen nur zur Entwicklung, Wartung sowie zum Gebrauch von interoperablen Computerprogrammen verwendet werden, soweit dadurch weder die normale Auswertung des Programms noch die rechtmässigen Interessen der Rechtsinhaber und -inhaberinnen unzumutbar beeinträchtigt werden.

Urheberrechtsgesetz

Art. 22 Verbreitung gesendeter Werke

¹ Die Rechte, gesendete Werke zeitgleich und unverändert wahrnehmbar zu machen oder im Rahmen der Weiterleitung eines Sendeprogrammes weiterzusenden, können nur über zugelassene Verwertungsgesellschaften geltend gemacht werden.

² Die Weitersendung von Werken über technische Einrichtungen, die von vorneherein auf eine kleine Empfängerzahl beschränkt sind, wie Anlagen eines Mehrfamilienhauses oder einer geschlossenen Überbauung, ist erlaubt.

³ Dieser Artikel ist nicht anwendbar auf die Weiterleitung von Programmen des Abonnementsfernsehens und von Programmen, die nirgends in der Schweiz empfangbar sind.

Art. 23 Zwangslizenz zur Herstellung von Tonträgern

¹ Ist ein Werk der Musik mit oder ohne Text im In- oder Ausland auf Tonträger aufgenommen und in dieser Form mit der Zustimmung des Urhebers oder Urheberin angeboten, veräussert oder sonstwie verbreitet worden, so können alle Hersteller und Herstellerinnen von Tonträgern mit einer gewerblichen Niederlassung im Inland vom Inhaber oder von der Inhaberin des Urheberrechts gegen Entgelt die gleiche Erlaubnis für die Schweiz ebenfalls beanspruchen.

² Der Bundesrat kann die Bedingung der gewerblichen Niederlassung im Inland gegenüber den Angehörigen von Ländern, die Gegenrecht gewähren, ausser Kraft setzen.

Art. 24 Archivierungs- und Sicherungsexemplare

¹ Um die Erhaltung des Werks sicherzustellen, darf davon eine Kopie angefertigt werden. Ein Exemplar muss in einem der Allgemeinheit nicht zugänglichen Archiv aufbewahrt und als Archivexemplar gekennzeichnet werden.

² Wer das Recht hat, ein Computerprogramm zu gebrauchen, darf davon eine Sicherungskopie herstellen; diese Befugnis kann nicht vertraglich wegbedungen werden.

Art. 25 Zitate

¹ Veröffentlichte Werke dürfen zitiert werden, wenn das Zitat zur Erläuterung, als Hinweis oder zur Veranschaulichung dient und der Umfang des Zitats durch diesen Zweck gerechtfertigt ist.

² Das Zitat als solches und die Quelle müssen bezeichnet werden. Wird in der Quelle auf die Urheberschaft hingewiesen, so ist diese ebenfalls anzugeben.

Art. 26 Museums-, Messe- und Auktionskataloge

Ein Werk, das sich in einer öffentlich zugänglichen Sammlung befindet, darf in einem von der Verwaltung der Sammlung herausgegebenen Katalog abgebildet werden; die gleiche Regelung gilt für die Herausgabe von Messe- und Auktionskatalogen.

Art. 27 Werke auf allgemein zugänglichem Grund

¹ Ein Werk, das sich bleibend an oder auf allgemein zugänglichem Grund befindet, darf abgebildet werden; die Abbildung darf angeboten, veräussert, gesendet oder sonstwie verbreitet werden.

² Die Abbildung darf nicht dreidimensional und auch nicht zum gleichen Zweck wie das Original verwendbar sein.

Art. 28   Berichterstattung über aktuelle Ereignisse

¹ Soweit es für die Berichterstattung über aktuelle Ereignisse erforderlich ist, dürfen die dabei wahrgenommenen Werke aufgezeichnet, vervielfältigt, vorgeführt, gesendet, verbreitet oder sonstwie wahrnehmbar gemacht werden.

² Zum Zweck der Information über aktuelle Fragen dürfen kurze Ausschnitte aus Presseartikeln sowie aus Radio- und Fernsehberichten vervielfältigt, verbreitet und gesendet oder weitergesendet werden; der Ausschnitt und die Quelle müssen bezeichnet werden. Wird in der Quelle auf die Urheberschaft hingewiesen, so ist diese ebenfalls anzugeben.

6. Kapitel: Schutzdauer

Art. 29   Im allgemeinen

¹ Ein Werk ist urheberrechtlich geschützt, sobald es geschaffen ist, unabhängig davon, ob es auf einem Träger festgehalten ist oder nicht.

² Der Schutz erlischt:

a. 50 Jahre nach dem Tod des Urhebers oder der Urheberin für Computerprogramme;

b. 70 Jahre nach dem Tod des Urhebers oder der Urheberin für alle anderen Werke.

³ Muss angenommen werden, der Urheber oder die Urheberin sei seit mehr als 50 beziehungsweise 70 Jahren[5] tot, so besteht kein Schutz mehr.

Art. 30   Miturheberschaft

¹ Haben mehrere Personen an der Schaffung eines Werks mitgewirkt (Art. 7), so erlischt der Schutz:

a. 50 Jahre nach dem Tod der zuletzt verstorbenen Person für Computerprogramme[6];

b. 70 Jahre nach dem Tod der zuletzt verstorbenen Person für alle anderen Werke[7].

² Lassen sich die einzelnen Beiträge trennen, so erlischt der Schutz der selbständig verwendbaren Beiträge 50 beziehungsweise 70 Jahre[8] nach dem Tod des jeweiligen Urhebers oder der jeweiligen Urheberin.

³ Bei Filmen und anderen audiovisuellen Werken fällt für die Berechnung der Schutzdauer nur der Regisseur oder die Regisseurin in Betracht.

---

[5] Berichtigt von der Redaktionskommission der BVers [Art. 33 GVG–AS **1974** 1051].
[6] Berichtigt von der Redaktionskommission der BVers [Art. 33 GVG–AS **1974** 1051].
[7] Berichtigt von der Redaktionskommission der BVers [Art. 33 GVG–AS **1974** 1051].
[8] Berichtigt von der Redaktionskommission der BVers [Art. 33 GVG–AS **1974** 1051].

Art. 31　　**Unbekannte Urheberschaft**

¹ Ist der Urheber oder die Urheberin eines Werks unbekannt, so erlischt dessen Schutz 70 Jahre nach der Veröffentlichung oder, wenn das Werk in Lieferungen veröffentlicht wurde, 70 Jahre nach der letzten Lieferung.

² Wird vor Ablauf dieser Schutzfrist allgemein bekannt, welche Person[9] das Werk geschaffen hat, so erlischt der Schutz:

a. 50 Jahre na ch ihrem Tod für Computerprogramme[10];
b. 70 Jahre nach ihrem Tod für alle anderen Werke[11].

Art. 32　　**Berechnung**

Die Schutzdauer wird vom 31. Dezember desjenigen Jahres an berechnet, in dem das für die Berechnung massgebende Ereignis eingetreten ist.

3. Titel:　　Verwandte Schutzrechte

Art. 33　　**Rechte der ausübenden Künstler und Künstlerinnen**

¹ Ausübende Künstler und Künstlerinnen sind die natürlichen Personen, die ein Werk darbieten oder an der Darbietung eines Werks künstlerisch mitwirken.

² Die ausübenden Künstler und Künstlerinnen haben das ausschliessliche Recht, ihre Darbietung:

a. ausserhalb des Raumes, in welchem sie erbracht wird, wahrnehmbar zu machen;
b. durch Radio, Fernsehen oder ähnliche Verfahren, auch über Leitungen, zu senden, sowie die gesendete Darbietung mit Hilfe von technischen Einrichtungen, deren Träger nicht das ursprüngliche Sendeunternehmen ist, weiterzusenden;
c. auf Ton-, Tonbild- oder Datenträger aufzunehmen und solche Aufnahmen zu vervielfältigen;
d. als Vervielfältigungsexemplare anzubieten, zu veräussern oder sonstwie zu verbreiten;
e. wahrnehmbar zu machen, wenn sie gesendet oder weitergesendet wird.

Art. 34　　**Mehrere ausübende Künstler und Künstlerinnen**[12]

¹ Haben mehrere Personen an einer Darbietung künstlerisch mitgewirkt, so steht ihnen das Schutzrecht gemeinschaftlich zu.

² Bei einer Chor-, Orchester- oder Bühnenaufführung ist für eine Verwendung der Darbietung nach Artikel 33 die Zustimmung folgender Personen erforderlich:

a. der Solisten und Solistinnen;
b. des Dirigenten oder der Dirigentin;
c. des Regisseurs oder der Regisseurin;

---

[9] Berichtigt von der Redaktionskommission der BVers [Art. 33 GVG–AS **1974** 1051].
[10] Berichtigt von der Redaktionskommission der BVers [Art. 33 GVG–AS **1974** 1051].
[11] Berichtigt von der Redaktionskommission der BVers [Art. 33 GVG–AS **1974** 1051].
[12] Berichtigt von der Redaktionskommission der BVers [Art. 33 GVG–AS **1974** 1051].

d. der Vertretung der mitwirkenden Künstlergruppe oder, wenn eine solche nicht besteht, des Leiters oder der Leiterin der Gruppe.

³ Solange die Gruppe keine Vertretung bezeichnet hat und ihr Leiter oder ihre Leiterin unbekannt bleibt, kann das verwandte Schutzrecht im Sinne der Geschäftsführung ohne Auftrag ausüben, wer die Darbietung veranstaltet, von ihr Vervielfältigungsexemplare herstellt oder sie gesendet hat.

Art. 35 Vergütungsanspruch für die Verwendung von Ton- und Tonbildträgern

¹ Werden im Handel erhältliche Ton- oder Tonbildträger zum Zweck der Sendung, der Weitersendung, des öffentlichen Empfangs (Art. 33 Abs. 2 Bst. e) oder der Aufführung verwendet, so haben ausübende Künstler und Künstlerinnen Anspruch auf Vergütung.

² Der Hersteller oder die Herstellerin des benutzten Trägers ist an der Vergütung für die ausübenden Künstler und Künstlerinnen angemessen zu beteiligen.

³ Die Vergütungsansprüche können nur von zugelassenen Verwertungsgesellschaften geltend gemacht werden.

⁴ Ausländischen ausübenden Künstlern und Künstlerinnen, die ihren gewöhnlichen Aufenthalt nicht in der Schweiz haben, steht ein Anspruch auf Vergütung nur zu, wenn der Staat, dem sie angehören, den schweizerischen Staatsangehörigen ein entsprechendes Recht gewährt.

Art. 36 Rechte des Herstellers oder der Herstellerin von Ton- und Tonbildträgern

Der Hersteller oder die Herstellerin von Ton- oder Tonbildträgern hat das ausschliessliche Recht, die Aufnahmen zu vervielfältigen und die Vervielfältigungsexemplare anzubieten, zu veräussern oder sonstwie zu verbreiten.

Art. 37 Rechte der Sendeunternehmen

Das Sendeunternehmen hat das ausschliessliche Recht:

a. seine Sendung weiterzusenden;
b. seine Sendung wahrnehmbar zu machen;
c. seine Sendung auf Ton-, Tonbild- oder Datenträger aufzunehmen und solche Aufnahmen zu vervielfältigen;
d. die Vervielfältigungsexemplare seiner Sendung anzubieten, zu veräussern oder sonstwie zu verbreiten.

Art. 38 Rechtsübergang, Zwangsvollstreckung und Schranken des Schutzes

Die Bestimmungen der Artikel 12 Absatz 1 und Artikel 13 sowie das 4. und 5. Kapitel des zweiten Titels dieses Gesetzes finden sinngemäss Anwendung auf die Rechte, die den ausübenden Künstlern und Künstlerinnen sowie den Herstellern und Herstellerinnen von Ton- oder Tonbildträgern und dem Sendeunternehmen zustehen.

Art. 39 Schutzdauer

¹ Der Schutz beginnt mit der Darbietung des Werks durch die ausübenden Künstler und Künstlerinnen, mit der Herstellung der Ton- oder Tonbildträger sowie mit der Ausstrahlung der Sendung; er erlischt nach 50 Jahren.

² Die Schutzdauer wird vom 31. Dezember desjenigen Jahres an berechnet, in dem das für die Berechnung massgebende Ereignis eingetreten ist.

4. Titel: Verwertungsgesellschaften

1. Kapitel: Der Bundesaufsicht unterstellte Verwertungsbereiche

Art. 40

¹ Der Bundesaufsicht sind unterstellt:
a. die Verwertung der ausschliesslichen Rechte zur Aufführung und Sendung nichttheatralischer Werke der Musik und zur Herstellung von Tonträgern oder Tonbildträgern solcher Werke;
b. das Geltendmachen der in diesem Gesetz vorgesehenen Vergütungsansprüche nach den Artikeln 13, 20, 22 und 35.

² Der Bundesrat kann weitere Verwertungsbereiche der Bundesaufsicht unterstellen, wenn es das öffentliche Interesse erfordert.

³ Die persönliche Verwertung ausschliesslicher Rechte durch den Urheber oder die Urheberin oder deren Erben ist nicht der Bundesaufsicht unterstellt.

2. Kapitel: Bewilligung

Art. 41 **Grundsatz**

Wer Rechte verwertet, die der Bundesaufsicht unterstellt sind, braucht eine Bewilligung des Instituts für geistiges Eigentum[13].

Art. 42 **Voraussetzungen**

¹ Bewilligungen erhalten nur Verwertungsgesellschaften, die:
a. nach schweizerischem Recht gegründet wurden, ihren Sitz in der Schweiz haben und ihre Geschäfte von der Schweiz aus führen;
b. die Verwertung von Urheberrechten oder verwandten Schutzrechten zum Hauptzweck haben;
c. allen Rechtsinhabern und -inhaberinnen offenstehen;
d. den Urhebern und Urheberinnen und den ausübenden Künstlern und Künstlerinnen ein angemessenes Mitbestimmungsrecht einräumen;
e. für die Einhaltung der gesetzlichen Vorschriften, insbesondere aufgrund ihrer Statuten, Gewähr bieten;
f. eine wirksame und wirtschaftliche Verwertung erwarten lassen.

² In der Regel wird pro Werkkategorie und für die verwandten Schutzrechte je nur einer Gesellschaft eine Bewilligung erteilt.

---

[13] Bezeichnung gemäss nicht veröffentlichtem BRB vom 19. Dez. 1997. Diese Änd. ist im ganzen Erlass berücksichtigt.

Art. 43   Dauer; Veröffentlichung

[1] Die Bewilligung wird für fünf Jahre erteilt; sie kann jeweils für weitere fünf Jahre erneuert werden.

[2] Erteilung, Erneuerung, Änderung, Entzug und Nichterneuerung der Bewilligung werden veröffentlicht.

3. Kapitel: Pflichten der Verwertungsgesellschaften

Art. 44   Verwertungspflicht

Die Verwertungsgesellschaften sind gegenüber den Rechtsinhabern und -inhaberinnen verpflichtet, die zu ihrem Tätigkeitsgebiet gehörenden Rechte wahrzunehmen.

Art. 45   Grundsätze der Geschäftsführung

[1] Die Verwertungsgesellschaften müssen ihre Geschäfte nach den Grundsätzen einer geordneten und wirtschaftlichen Verwaltung führen.

[2] Sie müssen die Verwertung nach festen Regeln und nach dem Gebot der Gleichbehandlung besorgen.

[3] Sie dürfen keinen eigenen Gewinn anstreben.

[4] Sie schliessen nach Möglichkeit mit ausländischen Verwertungsgesellschaften Gegenseitigkeitsverträge ab.

Art. 46   Tarifpflicht

[1] Die Verwertungsgesellschaften stellen für die von ihnen geforderten Vergütungen Tarife auf.

[2] Sie verhandeln über die Gestaltung der einzelnen Tarife mit den massgebenden Nutzerverbänden.

[3] Sie legen die Tarife der Schiedskommission (Art. 55) zur Genehmigung vor und veröffentlichen die genehmigten Tarife.

Art. 47   Gemeinsamer Tarif

[1] Sind mehrere Verwertungsgesellschaften im gleichen Nutzungsbereich tätig, so stellen sie für die gleiche Verwendung von Werken oder Darbietungen einen gemeinsamen Tarif nach einheitlichen Grundsätzen auf und bezeichnen eine unter ihnen als gemeinsame Zahlstelle.

[2] Der Bundesrat kann weitere Vorschriften über ihre Zusammenarbeit erlassen.

Art. 48   Grundlagen der Verteilung

[1] Die Verwertungsgesellschaften sind verpflichtet, ein Verteilungsreglement aufzustellen und es der Aufsichtsbehörde (Art. 52 Abs. 1) zur Genehmigung zu unterbreiten.

[2] Mit Zustimmung des obersten Organs der Gesellschaft können Teile des Verwertungserlöses zum Zweck der Sozialvorsorge und einer angemessenen Kulturförderung verwendet werden.

Art. 49 Verteilung des Verwertungserlöses

¹ Die Verwertungsgesellschaften müssen den Verwertungserlös nach Massgabe des Ertrags der einzelnen Werke und Darbietungen verteilen. Sie haben zur Feststellung der Berechtigten alle ihnen zumutbaren Anstrengungen zu unternehmen.

² Ist diese Verteilung mit einem unzumutbaren Aufwand verbunden, so dürfen die Verwertungsgesellschaften das Ausmass des Ertrags schätzen; die Schätzungen müssen auf überprüfbaren und sachgerechten Gesichtspunkten beruhen.

³ Der Erlös soll zwischen den ursprünglichen Rechtsinhabern und -inhaberinnen und andern Berechtigten so aufgeteilt werden, dass den Urhebern und Urheberinnen und den ausübenden Künstlern und Künstlerinnen in der Regel ein angemessener Anteil verbleibt. Eine andere Verteilung ist zulässig, wenn der Aufwand unzumutbar wäre.

⁴ Das Verteilungsreglement hebt vertragliche Abmachungen der ursprünglichen Rechtsinhaber und -inhaberinnen mit Dritten nicht auf.

Art. 50 Auskunfts- und Rechenschaftspflicht

Die Verwertungsgesellschaften müssen der Aufsichtsbehörde alle Auskünfte erteilen und alle Unterlagen zur Verfügung stellen, die für die Durchführung der Aufsicht erforderlich sind, sowie jährlich in einem Geschäftsbericht Rechenschaft über ihre Tätigkeit ablegen.

4. Kapitel: Auskunftspflicht gegenüber den Verwertungsgesellschaften

Art. 51

¹ Soweit es ihnen zuzumuten ist, müssen die Werknutzer und -nutzerinnen den Verwertungsgesellschaften alle Auskünfte erteilen, welche diese für die Gestaltung und die Anwendung der Tarife sowie die Verteilung des Erlöses benötigen.

² Die Verwertungsgesellschaften sind verpflichtet, Geschäftsgeheimnisse zu wahren.

5. Kapitel: Aufsicht über die Verwertungsgesellschaften

1. Abschnitt: Aufsicht über die Geschäftsführung

Art. 52 Aufsichtsbehörde

¹ Das Institut für geistiges Eigentum (Aufsichtsbehörde) beaufsichtigt die Verwertungsgesellschaften.

² Die Aufsichtsbehörde erhebt für ihre Tätigkeit Gebühren; der Bundesrat erlässt den Gebührentarif.

Art. 53 Umfang der Aufsicht

¹ Die Aufsichtsbehörde überwacht die Geschäftsführung der Verwertungsgesellschaften und sorgt dafür, dass sie ihren Pflichten nachkommen. Sie prüft und genehmigt den Geschäftsbericht.

² Sie kann über die Auskunftspflicht (Art. 50) Weisungen erlassen.

³ Zur Ausübung ihrer Befugnisse kann sie auch nicht zur Bundesverwaltung gehörende Beauftragte beiziehen; diese unterstehen der Schweigepflicht.

Art. 54 Massnahmen bei Pflichtverletzungen

¹ Kommt eine Verwertungsgesellschaft ihren Pflichten nicht nach, so setzt die Aufsichtsbehörde eine angemessene Frist zur Herstellung des rechtmässigen Zustandes; wird die Frist nicht eingehalten, so ergreift sie die notwendigen Massnahmen.

² Bei Ungehorsam gegen Verfügungen kann die Aufsichtsbehörde nach entsprechender Androhung die Bewilligung einschränken oder entziehen.

³ Die Aufsichtsbehörde kann rechtskräftige Verfügungen auf Kosten der Verwertungsgesellschaft veröffentlichen.

2. Abschnitt: Aufsicht über die Tarife

Art. 55 Eidgenössische Schiedskommission für die Verwertung von Urheberrechten und verwandten Schutzrechten

¹ Die Eidgenössische Schiedskommission für die Verwertung von Urheberrechten und verwandten Schutzrechten (Schiedskommission) ist zuständig für die Genehmigung der Tarife der Verwertungsgesellschaften (Art. 46).

² Der Bundesrat wählt die Mitglieder. Er regelt Organisation und Verfahren der Schiedskommission im Rahmen des Verwaltungsverfahrensgesetzes vom 20. Dezember 1968[14].

³ Die Schiedskommission nimmt für ihre Entscheidungen keine Weisungen entgegen; das Personal des Kommissionssekretariates untersteht für diese Tätigkeit dem Kommissionspräsidenten beziehungsweise der Kommissionspräsidentin.

Art. 56 Zusammensetzung der Schiedskommission

¹ Die Schiedskommission besteht aus dem Präsidenten beziehungsweise der Präsidentin, zwei beisitzenden Mitgliedern, zwei Ersatzleuten sowie weiteren Mitgliedern.

² Die weiteren Mitglieder werden von den Verwertungsgesellschaften und den massgebenden Nutzerverbänden von Werken und Darbietungen vorgeschlagen.

Art. 57 Besetzung für den Entscheid

¹ Die Schiedskommission entscheidet mit fünf Mitgliedern: dem Präsidenten beziehungsweise der Präsidentin, zwei beisitzenden Mitgliedern und zwei weiteren Mitgliedern.

² Der Präsident beziehungsweise die Präsidentin bezeichnet für jedes Geschäft die zwei weiteren Mitglieder, die sachkundig sein müssen. Dabei ist jeweils ein auf Vorschlag der Verwertungsgesellschaften und ein auf Vorschlag der Nutzerverbände gewähltes Mitglied zu berücksichtigen.

³ Die Zugehörigkeit eines der sachkundigen Mitglieder zu einer Verwertungsgesellschaft oder einem Nutzerverband ist für sich allein kein Ausstandsgrund.

Art. 58 Administrative Aufsicht

¹ Das Eidgenössische Justiz- und Polizeidepartement ist administrative Aufsichtsbehörde der Schiedskommission.

² Die Schiedskommission erstattet dem Departement alljährlich Bericht über ihre Geschäftsführung.

---

[14] SR **172.021**

Art. 59 **Tarifgenehmigung**

¹ Die Schiedskommission genehmigt einen ihr vorgelegten Tarif, wenn er in seinem Aufbau und in den einzelnen Bestimmungen angemessen ist.

² Sie kann nach Anhörung der am Verfahren beteiligten Verwertungsgesellschaft und der Nutzerverbände (Art. 46 Abs. 2) Änderungen vornehmen.

³ Rechtskräftig genehmigte Tarife sind für die Gerichte verbindlich.

Art. 60 **Grundsatz der Angemessenheit**

¹ Bei der Festlegung der Entschädigung sind zu berücksichtigen:
a. der aus der Nutzung des Werks, der Darbietung, des Ton- oder Tonbildträgers oder der Sendung erzielte Ertrag oder hilfsweise der mit der Nutzung verbundene Aufwand;
b. die Art und Anzahl der benutzten Werke, Darbietungen, Ton- oder Tonbildträger oder Sendungen;
c. das Verhältnis geschützter zu ungeschützten Werken, Darbietungen, Ton- oder Tonbildträger oder Sendungen sowie zu anderen Leistungen.

² Die Entschädigung beträgt in der Regel höchstens zehn Prozent des Nutzungsertrags oder -aufwands für die Urheberrechte und höchstens drei Prozent für die verwandten Schutzrechte; sie ist jedoch so festzusetzen, dass die Berechtigten bei einer wirtschaftlichen Verwaltung ein angemessenes Entgelt erhalten.

³ Die Werkverwendungen nach Artikel 19 Absatz 1 Buchstabe b sind tariflich zu begünstigen.

5. Titel: Rechtsschutz

1. Kapitel: Zivilrechtlicher Schutz

Art. 61 **Feststellungsklage**

Wer ein rechtliches Interesse nachweist, kann gerichtlich feststellen lassen, ob ein Recht oder Rechtsverhältnis nach diesem Gesetz vorhanden ist oder fehlt.

Art. 62 **Leistungsklagen**

¹ Wer in seinem Urheber- oder verwandten Schutzrecht verletzt oder gefährdet wird, kann vom Gericht verlangen:
a. eine drohende Verletzung zu verbieten;
b. eine bestehende Verletzung zu beseitigen;
c. die beklagte Person zu verpflichten, die Herkunft der in ihrem Besitz befindlichen, widerrechtlich hergestellten oder in Verkehr gebrachten Gegenstände anzugeben.

² Vorbehalten bleiben die Klagen nach dem Obligationenrecht[15] auf Schadenersatz, auf Genugtuung sowie auf Herausgabe eines Gewinns entsprechend den Bestimmungen über die Geschäftsführung ohne Auftrag.

---

[15] SR **220**

Art. 63   Einziehung im Zivilverfahren

¹ Das Gericht kann die Einziehung sowie die Vernichtung oder Unbrauchbarmachung von widerrechtlich hergestellten oder verwendeten Gegenständen anordnen, die sich im Besitz der beklagten Person befinden.

² Ausgenommen sind ausgeführte Werke der Baukunst.

Art. 64   Einzige kantonale Instanz[16]

¹⁻² ...[17]

³ Die Kantone bezeichnen das Gericht, das für das ganze Kantonsgebiet als einzige kantonale Instanz für Zivilklagen zuständig ist.

Art. 65   Vorsorgliche Massnahmen

¹ Macht eine Person glaubhaft, dass sie in ihrem Urheber- oder verwandten Schutzrecht verletzt wird oder eine solche Verletzung befürchten muss und dass ihr aus der Verletzung ein nicht leicht wiedergutzumachender Nachteil droht, so kann sie die Anordnung vorsorglicher Massnahmen beantragen.

² Sie kann insbesondere verlangen, dass das Gericht Massnahmen zur Beweissicherung, zur Ermittlung der Herkunft widerrechtlich hergestellter oder in Verkehr gebrachter Gegenstände, zur Wahrung des bestehenden Zustandes oder zur vorläufigen Vollstreckung von Unterlassungs- und Beseitigungsansprüchen anordnet.

³ ...[18]

⁴ Im übrigen sind die Artikel 28c–28f des Zivilgesetzbuchs[19] sinngemäss anwendbar.

Art. 66   Veröffentlichung des Urteils

Das Gericht kann auf Antrag der obsiegenden Partei anordnen, dass das Urteil auf Kosten der anderen Partei veröffentlicht wird. Es bestimmt Art und Umfang der Veröffentlichung.

2. Kapitel: Strafbestimmungen

Art. 67   Urheberrechtsverletzung

¹ Auf Antrag der in ihren Rechten verletzten Person wird mit Gefängnis bis zu einem Jahr oder mit Busse bestraft, wer vorsätzlich und unrechtmässig:

a. ein Werk unter einer falschen oder einer andern als der vom Urheber oder von der Urheberin bestimmten Bezeichnung verwendet;
b. ein Werk veröffentlicht;
c. ein Werk ändert;
d. ein Werk zur Schaffung eines Werks zweiter Hand verwendet;

---

[16] Fassung gemäss Anhang Ziff. 9 des Gerichtsstandsgesetzes vom 24. März 2000, in Kraft seit 1. Jan. 2001 (SR **272**).
[17] Aufgehoben durch Anhang Ziff. 9 des Gerichtsstandsgesetzes vom 24. März 2000 (SR **272**).
[18] Aufgehoben durch Anhang Ziff. 9 des Gerichtsstandsgesetzes vom 24. März 2000 (SR **272**).
[19] SR **210**

Urheberrechtsgesetz 365

e. auf irgendeine Weise Werkexemplare herstellt;
f. Werkexemplare anbietet, veräussert oder sonstwie verbreitet;
g. ein Werk direkt oder mit Hilfe irgendwelcher Mittel vorträgt, aufführt, vorführt oder anderswo wahrnehmbar macht;
h. ein Werk durch Radio, Fernsehen oder ähnliche Verfahren, auch über Leitungen, sendet oder ein gesendetes Werk mittels technischer Einrichtungen, deren Träger nicht das ursprüngliche Sendeunternehmen ist, weitersendet;
i. ein gesendetes oder weitergesendetes Werk wahrnehmbar macht;
k. sich weigert, der zuständigen Behörde die Herkunft der in seinem Besitz befindlichen, rechtswidrig hergestellten oder in Verkehr gebrachten Werkexemplare anzugeben;
l. ein Computerprogramm vermietet.

[2] Wer eine Tat nach Absatz 1 gewerbsmässig begangen hat, wird von Amtes wegen verfolgt. Die Strafe ist Gefängnis und Busse bis zu 100 000 Franken.

Art. 68 **Unterlassung der Quellenangabe**

Wer es vorsätzlich unterlässt, in den gesetzlich vorgesehenen Fällen (Art. 25 und 28) die benützte Quelle und, falls er in ihr genannt ist, den Urheber anzugeben, wird auf Antrag der in ihren Rechten verletzten Person mit Busse bestraft.

Art. 69 **Verletzung von verwandten Schutzrechten**

[1] Auf Antrag der in ihren Rechten verletzten Person wird mit Gefängnis bis zu einem Jahr oder mit Busse bestraft, wer vorsätzlich und unrechtmässig:

a. eine Werkdarbietung durch Radio, Fernsehen oder ähnliche Verfahren, auch über Leitungen, sendet;
b. eine Werkdarbietung auf Ton-, Tonbild- oder Datenträger aufnimmt;
c. Vervielfältigungsexemplare einer Werkdarbietung anbietet, veräussert oder sonstwie verbreitet;
d. eine gesendete Werkdarbietung mittels technischer Einrichtungen, deren Träger nicht das ursprüngliche Sendeunternehmen ist, weitersendet;
e. eine gesendete oder weitergesendete Werkdarbietung wahrnehmbar macht;
f. einen Ton- oder Tonbildträger vervielfältigt, die Vervielfältigungsexemplare anbietet, veräussert oder sonstwie verbreitet;
g. eine Sendung weitersendet;
h. eine Sendung auf Ton-, Tonbild- oder Datenträger aufnimmt;
i. eine auf Ton-, Tonbild- oder Datenträger festgelegte Sendung vervielfältigt oder solche Vervielfältigungsexemplare verbreitet;
k. sich weigert, der zuständigen Behörde die Herkunft der in seinem Besitz befindlichen rechtswidrig hergestellten oder in Verkehr gebrachten Träger einer nach den Artikeln 33, 36 oder 37 geschützten Leistung anzugeben.

[2] Wer eine Tat nach Absatz 1 gewerbsmässig begangen hat, wird von Amtes wegen verfolgt. Die Strafe ist Gefängnis und Busse bis zu 100 000 Franken.

Art. 70　　　**Unerlaubte Geltendmachung von Rechten**

Wer ohne erforderliche Bewilligung (Art. 41) Urheber- oder verwandte Schutzrechte geltend macht, deren Verwertung der Bundesaufsicht unterstellt ist (Art. 40), wird mit Haft oder Busse bestraft.

Art. 71　　　**Widerhandlungen in Geschäftsbetrieben**

Für Widerhandlungen in Geschäftsbetrieben, durch Beauftragte und dergleichen sind die Artikel 6 und 7 des Verwaltungsstrafrechtsgesetzes vom 22. März 1974[20] anwendbar.

Art. 72　　　**Einziehung im Strafverfahren**

Ausgeführte Werke der Baukunst können nicht nach Artikel 58 des Strafgesetzbuches[21] eingezogen werden.

Art. 73　　　**Strafverfolgung**

[1] Die Strafverfolgung ist Sache der Kantone.

[2] Widerhandlungen nach Artikel 70 werden vom Institut für geistiges Eigentum nach dem Verwaltungsstrafrechtsgesetz vom 22. März 1974[22] verfolgt und beurteilt.

3. Kapitel:　Rekurskommission und Verwaltungsgerichtsbeschwerde

Art. 74

[1] Verfügungen der Aufsichtsbehörde können mit Beschwerde bei der Rekurskommission für geistiges Eigentum angefochten werden.

[2] Gegen Beschwerdeentscheide der Rekurskommission für geistiges Eigentum und Entscheide der Schiedskommission kann beim Bundesgericht Verwaltungsgerichtsbeschwerde geführt werden.

[3] Es gelten die Bestimmungen über die Bundesverwaltungsrechtspflege.

4. Kapitel:　Hilfeleistung der Zollverwaltung

Art. 75[23]　　　**Anzeige verdächtiger Sendungen**

Die Zollverwaltung ist ermächtigt, die Inhaber oder Inhaberinnen der Urheber- oder der verwandten Schutzrechte sowie die konzessionierten Verwertungsgesellschaften auf bestimmte Sendungen aufmerksam zu machen, wenn der Verdacht besteht, dass die Ein- oder Ausfuhr von Waren bevorsteht, deren Verbreitung gegen die in der Schweiz geltende Gesetzgebung über das Urheberrecht oder die verwandten Schutzrechte verstösst.

---

[20] SR **313.0**
[21] SR **311.0**
[22] SR **313.0**
[23] Fassung gemäss Ziff. I des BG vom 16. Dez. 1994, in Kraft seit 1. Juli 1995 (AS **1995** 1776 1777; BBl **1994** IV 950).

Urheberrechtsgesetz 367

Art. 76 **Antrag auf Hilfeleistung**

¹ Haben Inhaber und Inhaberinnen von Urheber- oder von verwandten Schutzrechten konkrete Anhaltspunkte dafür, dass die Ein- oder Ausfuhr von Waren bevorsteht, deren Verbreitung gegen die in der Schweiz geltende Gesetzgebung über das Urheberrecht oder die verwandten Schutzrechte verstösst, so können sie bei der Zollverwaltung schriftlich beantragen, die Freigabe der Waren zu verweigern.[24]

² Die Antragsteller haben alle ihnen greifbaren zweckdienlichen Angaben zu machen, welche die Zollverwaltung benötigt, um über den Antrag entscheiden zu können. Sie übergeben ihr namentlich eine genaue Beschreibung der Waren.

³ Die Zollverwaltung kann eine Gebühr zur Deckung der Verwaltungskosten erheben.

Art. 77 **Zurückbehalten von Waren durch die Zollverwaltung**

¹ Hat die Zollverwaltung aufgrund eines Antrags nach Artikel 76 den begründeten Verdacht, dass die Ein- oder Ausfuhr einer Ware gegen die in der Schweiz geltende Gesetzgebung über das Urheberrecht oder die verwandten Schutzrechte verstösst, so teilt sie dies dem Antragsteller oder der Antragstellerin mit.[25]

² Die Zollverwaltung behält die betreffenden Waren bis zu zehn Arbeitstagen vom Zeitpunkt der Mitteilung nach Absatz 1 an zurück, damit der Antragsteller oder die Antragstellerin vorsorgliche Massnahmen erwirken kann.[26]

²ᵇⁱˢ In begründeten Fällen kann die Zollverwaltung die betreffenden Waren während höchstens zehn weiteren Arbeitstagen zurückbehalten.[27]

²ᵗᵉʳ Ist durch das Zurückbehalten von Waren ein Schaden zu befürchten, so kann die Zollverwaltung das Zurückbehalten von einer angemessenen Sicherheitsleistung des Antragstellers oder der Antragstellerin abhängig machen.[28]

³ Der Antragsteller oder die Antragstellerin hat den durch das Zurückbehalten von Waren entstandenen Schaden zu ersetzen, wenn vorsorgliche Massnahmen nicht angeordnet werden oder sich als unbegründet erweisen.

6. Titel: Schlussbestimmungen

1. Kapitel: Vollzug und Aufhebung bisherigen Rechts

Art. 78 **Ausführungsbestimmungen**

Der Bundesrat erlässt die Ausführungsbestimmungen.

---

[24] Fassung gemäss Ziff. I des BG vom 16. Dez. 1994, in Kraft seit 1. Juli 1995 (AS **1995** 1776 1777; BBl **1994** IV 950).

[25] Fassung gemäss Ziff. I des BG vom 16. Dez. 1994, in Kraft seit 1. Juli 1995 (AS **1995** 1776 1777; BBl **1994** IV 950).

[26] Fassung gemäss Ziff. I des BG vom 16. Dez. 1994, in Kraft seit 1. Juli 1995 (AS **1995** 1776 1777; BBl **1994** IV 950).

[27] Eingefügt durch Ziff. I der V vom 16. Dez. 1994, in Kraft seit 1. Juli 1995 (AS **1995** 1776 1777; BBl **1994** IV 950).

[28] Eingefügt durch Ziff. I der V vom 16. Dez. 1994, in Kraft seit 1. Juli 1995 (AS **1995** 1776 1777; BBl **1994** IV 950).

Art. 79 **Aufhebung von Bundesgesetzen**

Es werden aufgehoben:
a. das Bundesgesetz vom 7. Dezember 1922[29] betreffend das Urheberrecht an Werken der Literatur und Kunst;
b. das Bundesgesetz vom 25. September 1940[30] betreffend die Verwertung von Urheberrechten.

2. Kapitel: Übergangsbestimmungen

Art. 80 **Bestehende Schutzobjekte**

[1] Dieses Gesetz gilt auch für Werke, Darbietungen, Ton- und Tonbildträger sowie Sendungen, die vor seinem Inkrafttreten geschaffen waren.

[2] War die Verwendung eines Werkes, einer Darbietung, eines Ton- und Tonbildträgers oder einer Sendung, die nach diesem Gesetz widerrechtlich wäre, bisher erlaubt, so darf sie vollendet werden, wenn sie vor dem Inkrafttreten dieses Gesetzes begonnen wurde.

Art. 81 **Bestehende Verträge**

[1] Vor Inkrafttreten dieses Gesetzes abgeschlossene Verträge über Urheber- oder verwandte Schutzrechte und aufgrund solcher Verträge getroffene Verfügungen bleiben nach dem bisherigen Recht wirksam.

[2] Soweit nichts anderes vereinbart ist, sind diese Verträge nicht anwendbar auf Rechte, die erst durch dieses Gesetz geschaffen werden.

Art. 82 **Bewilligungen für die Verwertung von Urheberrechten**

Die nach dem Bundesgesetz vom 25. September 1940[31] betreffend die Verwertung von Urheberrechten zugelassenen Verwertungsgesellschaften müssen innert sechs Monaten nach Inkrafttreten dieses Gesetzes um eine neue Bewilligung (Art. 41) nachsuchen.

Art. 83 **Tarife**

[1] Nach altem Recht genehmigte Tarife der konzessionierten Verwertungsgesellschaften bleiben bis zum Ablauf ihrer Gültigkeitsdauer in Kraft.

[2] Vergütungen nach den Artikeln 13, 20 und 35 sind ab Inkrafttreten dieses Gesetzes geschuldet; sie können ab Genehmigung des entsprechenden Tarifes geltend gemacht werden.

---

[29] [BS **2** 817; AS **1955** 855]
[30] [BS **2** 834]
[31] [BS **2** 834]

3. Kapitel: Referendum und Inkrafttreten

Art. 84

[1] Dieses Gesetz untersteht dem fakultativen Referendum.

[2] Der Bundesrat bestimmt das Inkrafttreten.

Datum des Inkrattretens:[32] 1. Juli 1993

Art. 74 Abs. 1: 1. Januar 1994.

---

[32] BRB vom 26. April 1993 (AS **1993** 1820).

Bundesgesetz über das Urheberrecht und verwandte Schutzrechte

(Urheberrechtsgesetz, URG)

Änderung vom ...
Vorentwurf 2004

Die Bundesversammlung der Schweizerischen Eidgenossenschaft,
gestützt auf die Artikel 95, 122 und 123 der Bundesverfassung1,
nach Einsicht in die Botschaft des Bundesrates vom......[2],
beschliesst:

I

Das Urheberrechtsgesetz vom 9. Oktober 1992[3] wird wie folgt geändert:

Art. 10 Abs. 2 Bst. c^{bis} (neu) und f

² Der Urheber oder die Urheberin hat insbesondere das Recht:

c^{bis}. das Werk mit irgendwelchen Mitteln so zugänglich zu machen, dass Personen von Orten und zu Zeiten ihrer Wahl dazu Zugang haben;

f. zugänglich gemachte, gesendete und weitergesendete Werke wahrnehmbar zu machen.

Art. 19 Abs. 2 und 3 Einleitungssatz

² Wer zum Eigengebrauch berechtigt ist, darf unter Vorbehalt von Absatz 3 die dazu erforderlichen Werkexemplare auch durch Dritte herstellen lassen; als Dritte im Sinne dieses Absatzes gelten unter anderen auch Bibliotheken, die ihren Benützern und Benützerinnen Kopiergeräte zur Verfügung stellen.

³ Ausserhalb des privaten Kreises nach Absatz 1 Buchstabe a sind nicht zulässig:

...

Art. 20 **Vergütung für den Eigengebrauch**

¹ Für das Vervielfältigen von Werken zum Eigengebrauch nach Artikel 19 Absätze 1 und 2 wird dem Urheber oder der Urheberin eine Vergütung geschuldet.

² Die Vergütungsansprüche können nur von zugelassenen Verwertungsgesellschaften geltend gemacht werden.

---

[1] **SR 101**
[2] **BBl ...**
[3] **SR 231.1**

Art. 20a (neu)   Schuldner der Vergütung für den Eigengebrauch

¹ Die Vergütung für das Vervielfältigen von Werken im privaten Kreis nach Artikel 19 Absatz 1 Buchstabe a ist vom Hersteller oder vom Importeur der dafür geeigneten Geräte, Ton-, Tonbild- oder Datenträger geschuldet; die Geräte- und die Leerträgerabgabe können kumuliert werden.

² Die Vergütung für das Vervielfältigen von Werken zum Eigengebrauch nach Artikel 19 Absätze 1 Buchstaben b und c sowie 2 ist vom Hersteller oder Importeur der dafür geeigneten Geräte, Ton-, Tonbild- oder Datenträger sowie vom Gerätebesitzer geschuldet.

³ Kleine und mittlere Betriebe, in denen nur gelegentlich oder in geringem Umfang Werke zum Zweck der internen Information oder Dokumentation vervielfältigt werden (Art. 19 Abs. 1 Bst. c), schulden als Gerätebesitzer keine Vergütung.

⁴ Die Schiedskommission prüft im Rahmen der Tarifaufsicht (Art. 55–60), ob die Vergütungsansprüche für das Vervielfältigen von Werken zum Eigengebrauch (Art. 20 Abs. 1) in angemessener Weise geltend gemacht werden.

Art. 22a (neu)   Zugänglichmachen gesendeter Werke

¹ Das Recht, in Radio- und Fernsehprogrammen enthaltene Werke der nichttheatralischen Musik in Verbindung mit ihrer Sendung zugänglich zu machen (Art. 10 Abs. 2 Bst. c^{bis}), kann nur über eine zugelassene Verwertungsgesellschaft geltend gemacht werden.

² Absatz 1 gilt nicht für Sendungen, die zur Hauptsache aus Musik bestehen.

Art. 24a (neu)   Vorübergehende Vervielfältigungen

Die vorübergehende Vervielfältigung eines Werks ist zulässig, wenn sie:
 a. flüchtig oder begleitend ist;
 b. einen integralen und wesentlichen Teil eines technischen Verfahrens darstellt;
 c. ausschliesslich der Übertragung in einem Netz zwischen Dritten durch einen Vermittler oder einer rechtmässigen Nutzung des Werks dient; und
 d. keine eigenständige wirtschaftliche Bedeutung hat.

Art. 24b (neu)   Vervielfältigungen zu Sendezwecken

¹ Das Vervielfältigungsrecht an nichttheatralischen Werken der Musik kann bei der Verwendung von im Handel erhältlichen oder zugänglich gemachten Ton- und Tonbildträgern zum Zweck der Sendung nur über eine zugelassene Verwertungsgesellschaft und ihre Tarife für das Senderecht geltend gemacht werden.

² Gestützt auf Absatz 1 hergestellte Vervielfältigungen dürfen weder veräussert noch sonstwie verbreitet werden; sie müssen vom Sendeunternehmen mit eigenen Mitteln hergestellt werden. Sie sind wieder zu löschen, wenn sie ihren Zweck erfüllt haben.

³ Der Zwang zur kollektiven Wahrnehmung des Vervielfältigungsrechts nach Absatz 1 gilt nur gegenüber den Sendeunternehmen, die dem Bundesgesetz vom 21. Juni 1991[4] über Radio und Fernsehen unterstehen.

⁴ Dieser Artikel gilt nicht für Werkverwendungen, die neben dem Vervielfältigungsrecht auch das Recht auf Werkintegrität nach Artikel 11 Absatz 1 betreffen.

Art. 24c (neu)   **Verwendung durch Menschen mit Behinderungen**

¹ Ein Werk darf in einer für behinderte Personen zugänglichen Form vervielfältigt werden, soweit diesen Personen die sinnliche Wahrnehmung des Werks in seiner bereits veröffentlichten Form nicht möglich oder erheblich erschwert ist.

² Solche Werkexemplare dürfen nur für den Gebrauch durch behinderte Personen und ohne Gewinnzweck hergestellt und in Verkehr gebracht werden.

³ Für die Vervielfältigung und Verbreitung seines oder ihres Werks in einer für behinderte Personen zugänglichen Form hat der Urheber oder die Urheberin Anspruch auf Vergütung, sofern es sich nicht nur um die Herstellung einzelner Werkexemplare handelt.

⁴ Der Vergütungsanspruch kann nur von einer zugelassenen Verwertungsgesellschaft (Art. 40 ff.) geltend gemacht werden.

Art. 33 Abs. 1, Abs. 2 Einleitungssatz sowie Bst. d^{bis} (neu) und e

¹ Ausübende Künstler und Künstlerinnen sind natürliche Personen, die ein Werk oder eine Ausdrucksweise der Folklore darbieten oder an einer solchen Darbietung künstlerisch mitwirken.

² Die ausübenden Künstler und Künstlerinnen haben das ausschliessliche Recht, ihre Darbietung oder deren Festlegung:

    d^{bis}. mit irgendwelchen Mitteln so zugänglich zu machen, dass Personen von Orten und zu Zeiten ihrer Wahl dazu Zugang haben;

    e. wahrnehmbar zu machen, wenn sie gesendet, weitergesendet oder zugänglich gemacht wird.

Art. 33a (neu)   **Persönlichkeitsrechte der ausübenden Künstler und Künstlerinnen**

¹ Die ausübenden Künstler und Künstlerinnen haben das Recht auf Anerkennung der Interpreteneigenschaft an ihren Darbietungen.

² Der Schutz der ausübenden Künstler und Künstlerinnen vor Beeinträchtigungen ihrer Darbietungen richtet sich nach den Artikeln 28 ff. des Zivilgesetzbuches[5]. Er erlischt mit dem Tod des ausübenden Künstlers oder der ausübenden Künstlerin; die Schutzfrist nach Artikel 39 bleibt vorbehalten.

---

[4] **SR 784.40**

[5] **SR 210**

Art. 35 Abs. 1 und 4

¹ Werden im Handel erhältliche oder zugänglich gemachte Ton- oder Tonbildträger zum Zweck der Sendung, der Weitersendung, des öffentlichen Empfangs (Art. 33 Abs. 2 Bst. e) oder der Aufführung verwendet, so haben ausübende Künstler und Künstlerinnen Anspruch auf Vergütung.

⁴ Aufgehoben

Art. 36   **Rechte des Herstellers oder der Herstellerin von Ton- und Tonbildträgern**

Der Hersteller oder die Herstellerin von Ton- oder Tonbildträgern hat das ausschliessliche Recht, die Aufnahmen:

- a. zu vervielfältigen und die Vervielfältigungsexemplare anzubieten, zu veräussern oder sonstwie zu verbreiten;
- b. mit irgendwelchen Mitteln so zugänglich zu machen, dass Personen von Orten und zu Zeiten ihrer Wahl dazu Zugang haben.

Art. 37 Bst. e (neu)

Das Sendeunternehmen hat das ausschliessliche Recht:

- e. seine Sendung mit irgendwelchen Mitteln so zugänglich zu machen, dass Personen von Orten und zu Zeiten ihrer Wahl dazu Zugang haben.

Art. 38a (neu)   **Archivaufnahmen**

Die zur Verwertung von Archivaufnahmen der Sendeunternehmen, von audiovisuellen Werken sowie von Ton- und Tonbildträgern nach diesem Titel erforderlichen Rechte werden nach den Regeln über die Geschäftsführung ohne Auftrag von einer zugelassenen Verwertungsgesellschaft wahrgenommen, soweit:

- a. die Berechtigten oder ihr Aufenthaltsort unbekannt sind;
- b. die zu verwertenden Objekte in der Schweiz produziert oder hergestellt wurden und seither mindestens zehn Jahre vergangen sind.

3a. Titel: Schutz von technischen Massnahmen und von Informationen für die Wahrnehmung von Rechten

Art. 39a (neu)   **Schutz technischer Massnahmen**

¹ Technische Massnahmen zum Schutz von Werken der Literatur und Kunst im Sinne von Artikel 2 sowie von Schutzobjekten nach dem dritten Titel dürfen bis zum Ablauf der Schutzfristen nicht umgangen werden.

² Gegen Umgehung geschützt sind Technologien und Vorrichtungen wie Zugangs- und Kopierkontrollen, Verschlüsselungs-, Verzerrungs- und andere Umwandlungsmechanismen, die der Rechtsinhaber oder die Rechtsinhaberin bzw. der ausschliessliche Lizenznehmer oder die ausschliessliche Lizenznehmerin anwendet, um unerlaubte Verwendungen von Werken und anderen Schutzobjekten zu verhindern oder zu kontrollieren.

³ Verboten sind das Herstellen, Einführen, Anbieten, Veräussern oder das sonstige Verbreiten, Vermieten, zum Gebrauch Überlassen, die Werbung für und der Besitz

zu Erwerbszwecken von Vorrichtungen, Erzeugnissen oder Bestandteilen sowie die Erbringung von Dienstleistungen, die:
   a. Gegenstand einer Verkaufsförderung, Werbung oder Vermarktung mit dem Ziel der Umgehung technischer Massnahmen sind;
   b. abgesehen von der Umgehung technischer Massnahmen nur einen begrenzten wirtschaftlichen Zweck oder Nutzen haben; oder
   c. hauptsächlich entworfen, hergestellt, angepasst oder erbracht werden, um die Umgehung technischer Massnahmen zu ermöglichen oder zu erleichtern.

[4] Das Umgehungsverbot kann gegenüber denjenigen Personen nicht durchgesetzt werden, welche die Umgehung ausschliesslich zum Zweck einer gesetzlich erlaubten Verwendung vornehmen.

Art. 39b (neu) **Pflichten der Anwender technischer Massnahmen**

[1] Wer Werke oder andere Schutzobjekte mit technischen Massnahmen schützt, muss:
   a. deutlich erkennbare Angaben über die Eigenschaften der Massnahmen und die Identifizierung seiner Person machen;
   b. auf Verlangen einer Person mit rechtmässigem Zugang zum Schutzobjekt Vorkehrungen treffen, um dieser eine gesetzlich erlaubte Verwendung des Schutzobjekts zu ermöglichen.

[2] Absatz 1 Buchstabe b gilt nicht für die vollständige oder weitgehend vollständige Vervielfältigung im Handel erhältlicher Werkexemplare.

[3] Wer bei der Anwendung technischer Massnahmen die ihm nach Absatz 1 obliegenden Pflichten verletzt, hat keinen Anspruch auf den Schutz nach Artikel 39*a*.

[4] Der Bundesrat kann für die Anwendung technischer Massnahmen im Bereich des Urheberrechtsschutzes weitere Regeln aufstellen, wenn es das öffentliche Interesse erfordert.

Art. 39c (neu) **Schutz von Informationen für die Wahrnehmung von Rechten**

[1] Informationen für die Wahrnehmung von Urheber- und verwandten Schutzrechten dürfen nicht entfernt oder geändert werden.

[2] Geschützt sind elektronische Informationen der Rechtsinhaber oder Rechtsinhaberinnen bzw. der ausschliesslichen Lizenznehmer oder ausschliesslichen Lizenznehmerinnen zur Identifizierung von Werken und anderen Schutzobjekten oder über Modalitäten und Bedingungen zu deren Verwendung sowie Zahlen oder Codes, die derartige Informationen darstellen, wenn ein solches Informationselement:
   a. an einem Ton-, Tonbild- oder Datenträger angebracht ist; oder
   b. im Zusammenhang mit einer unkörperlichen Wiedergabe eines Werkes oder eines anderen Schutzobjekts erscheint.

[3] Werke oder andere Schutzobjekte, an denen Informationen für die Wahrnehmung von Urheber- und verwandten Schutzrechten entfernt oder geändert wurden, dürfen in dieser Form weder vervielfältigt, eingeführt, angeboten, veräussert oder sonstwie verbreitet noch gesendet, wahrnehmbar oder zugänglich gemacht werden.

[4] Der Schutz von Informationen für die Wahrnehmung von Rechten erlischt mit dem Ablauf der Schutzdauer der Werke oder Schutzobjekte, auf die sich diese Informationen beziehen.

Art. 40 Abs. 1 Bst. a^{bis} (neu), b und c (neu) sowie Abs. 3

^{1} Der Bundesaufsicht sind unterstellt:

a^{bis}. die Verwertung der ausschliesslichen Rechte, soweit sie nach diesem Gesetz dem Zwang der kollektiven Verwertung unterstellt sind;

b. das Geltendmachen der in diesem Gesetz vorgesehenen Vergütungsansprüche;

c. die Verwertung der verwandten Schutzrechte nach Artikel 38*a*.

^{3} Die persönliche Verwertung der ausschliesslichen Rechte nach Absatz 1 Buchstabe a durch den Urheber oder die Urheberin oder deren Erben ist nicht der Bundesaufsicht unterstellt.

Art. 52 Abs. 2

Aufgehoben

Art. 55 Abs. 4 (neu)

^{4} Die Schiedskommission erhebt für ihre Verfügungen und Dienstleistungen Gebühren; der Bundesrat erlässt den Gebührentarif.

Art. 62 Abs. 1 Einleitungssatz und 3 (neu)

^{1} Wer in seinem Urheber- oder verwandten Schutzrecht oder in Bezug auf den Schutz seiner technischen Massnahmen oder seiner Informationen für die Wahrnehmung von Rechten verletzt oder gefährdet wird, kann vom Gericht verlangen:

...

^{3} Wer mit dem Begehren nach Artikel 39*b* Absatz 1 Buchstabe b nicht durchdringt, kann vom Gericht verlangen, dass es den Anwender oder die Anwenderin von technischen Massnahmen dazu verpflichtet, dem Begehren stattzugeben.

Art. 67 Abs. 1 Bst. g^{bis} (neu) und i

^{1} Auf Antrag der in ihren Rechten verletzten Person wird mit Freiheitsstrafe bis zu einem Jahr oder mit Geldstrafe bestraft, wer vorsätzlich und unrechtmässig:

g^{bis}. ein Werk mit irgendwelchen Mitteln so zugänglich macht, dass Personen von Orten und zu Zeiten ihrer Wahl dazu Zugang haben;

i. ein zugänglich gemachtes, gesendetes oder weitergesendetes Werk wahrnehmbar macht;

Art. 69 Abs. 1 Bst. e, e^{bis} (neu) und e^{ter} (neu)

^{1} Auf Antrag der in ihren Rechten verletzten Person wird mit Freiheitsstrafe bis zu einem Jahr oder mit Geldstrafe bestraft, wer vorsätzlich und unrechtmässig:

e. eine zugänglich gemachte, gesendete oder weitergesendete Werkdarbietung wahrnehmbar macht;

e^{bis}. eine Werkdarbietung unter einem falschen oder einem anderen als dem vom ausübenden Künstler oder von der ausübenden Künstlerin bestimmten Künstlernamen verwendet;

e^{ter}. eine Werkdarbietung, einen Ton- oder Tonbildträger oder eine Sendung mit irgendwelchen Mitteln so zugänglich macht, dass Personen von Orten und zu Zeiten ihrer Wahl dazu Zugang haben;

Art. 69a (neu) **Verletzung des Schutzes von technischen Massnahmen und von Informationen für die Wahrnehmung von Rechten**

¹ Auf Antrag des in Bezug auf den Schutz ihrer technischen Massnahmen oder ihrer Informationen für die Wahrnehmung von Rechten verletzten Person wird mit Freiheitsstrafe bis zu einem Jahr oder mit Geldstrafe bestraft, wer vorsätzlich und unrechtmässig:

    a. technische Massnahmen nach Artikel 39a Absatz 2 mit der Absicht umgeht, eine unerlaubte Verwendung von Werken oder anderen Schutzobjekten vorzunehmen oder sie einer anderen Person zu ermöglichen;

    b. Vorrichtungen und Erzeugnisse herstellt, einführt, anbietet, veräussert oder sonstwie verbreitet, vermietet, zum Gebrauch überlässt oder zu Erwerbszwecken besitzt, die hauptsächlich der Umgehung technischer Massnahmen nach Artikel 39a Absatz 2 dienen;

    c. Dienstleistungen zur Umgehung technischer Massnahmen nach Artikel 39a Absatz 2 anbietet oder erbringt;

    d. Werbung für Mittel oder Dienstleistungen zur Umgehung technischer Massnahmen nach Artikel 39a Absatz 2 betreibt;

    e. elektronische Informationen zur Wahrnehmung der Urheber- und verwandten Schutzrechte nach Artikel 39c Absatz 2 entfernt oder ändert;

    f. Werke oder andere Schutzobjekte, an denen Informationen über die Wahrnehmung von Rechten nach Artikel 39c Absatz 2 entfernt oder geändert wurden, vervielfältigt, einführt, anbietet, veräussert oder sonstwie verbreitet, sendet, wahrnehmbar oder zugänglich macht.

² Handelt der Täter oder die Täterin gewerbsmässig, so wird er oder sie von Amtes wegen verfolgt. Die Strafe ist Freiheitsstrafe bis zu drei Jahren oder Geldstrafe.

³ Handlungen nach Absatz 1 Buchstaben e und f sind nur strafbar, wenn sie von einer Person vorgenommen werden, der bekannt ist oder den Umständen nach bekannt sein muss, dass sie damit die Verletzung eines Urheber- oder verwandten Schutzrechts veranlasst, ermöglicht, erleichtert oder verschleiert.

Art. 70a (neu) **Verletzung der mit der Anwendung technischer Massnahmen verbundenen Kennzeichnungspflicht**

Wer vorsätzlich die Kennzeichnungspflicht nach Artikel 39b Absatz 1 Buchstabe a verletzt, wird mit Busse bis zu 20 000 Franken bestraft.

II

Die Änderung bisherigen Rechts wird im Anhang geregelt.

III

¹ Dieses Gesetz untersteht dem fakultativen Referendum.

² Der Bundesrat bestimmt das Inkrafttreten.

Änderung bisherigen Rechts

Das Bundesgesetz vom 24. März 1995[6] über Statut und Aufgaben des Eidgenössischen Instituts für Geistiges Eigentum wird wie folgt geändert:

Art. 13 Abs. 2

Aufgehoben

---

[6] SR 172.010.31

Verordnung über das Urheberrecht und verwandte Schutzrechte

(Urheberrechtsverordnung, URV)

vom 26. April 1993 (Stand am 22. Dezember 2003)

Der Schweizerische Bundesrat,
gestützt auf die Artikel 52 Absatz 2, 55 Absatz 2 und 78 des Urheberrechtsgesetzes vom 9. Oktober 1992[1] (URG),
auf Artikel 13 des Bundesgesetzes vom 24. März 1995[2] über Statut und Aufgaben des Eidgenössischen Instituts für Geistiges Eigentum (IGEG)
und auf Artikel 4 des Bundesgesetzes vom 4. Oktober 1974[3] über Massnahmen zur Verbesserung des Bundeshaushaltes,[4]
verordnet:

1. Kapitel: Eidgenössische Schiedskommission für die Verwertung von Urheberrechten und verwandten Schutzrechten

1. Abschnitt: Organisation

Art. 1 **Wahl**

[1] Bei der Wahl der Mitglieder der Eidgenössischen Schiedskommission für die Verwertung von Urheberrechten und verwandten Schutzrechten (Schiedskommission) sorgt der Bundesrat für eine ausgewogene personelle Zusammensetzung, welche die Fachkunde, die vier Sprachgemeinschaften, die Regionen des Landes sowie beide Geschlechter angemessen berücksichtigt.

[2] Der Bundesrat bezeichnet den Präsidenten oder die Präsidentin, die beisitzenden Mitglieder, deren Ersatzleute sowie die weiteren Mitglieder. Aus dem Kreis der beisitzenden Mitglieder wird der Vizepräsident beziehungsweise die Vizepräsidentin bestimmt.

[3] Das Eidgenössische Justiz- und Polizeidepartement (Departement) lässt Namen, Vornamen und Wohnort der erstmals gewählten Mitglieder im Bundesblatt ver-öffentlichen.

[4] Soweit für Wahlen und administrative Geschäfte der Bundesrat zuständig ist, stellt ihm das Departement Antrag.

---

[1] SR **231.1**
[2] SR **172.010.31**
[3] SR **611.010**
[4] Fassung gemäss Ziff. I der V vom 25. Okt. 1995, in Kraft seit 1. Jan. 1996 (AS **1995** 5152).

Art. 2 Rechtsstellung

¹ Die Amtsdauer und das Ausscheiden aus der Schiedskommission richten sich nach der Verordnung vom 2. März 1977[5] über ausserparlamentarische Kommissionen, Behörden und Vertretungen des Bundes und die Entschädigungsansprüche nach der Verordnung vom 1. Oktober 1973[6] über die Entschädigung für Kommissionsmitglieder, Experten und Beauftragte.

² Die Mitglieder unterstehen dem Amtsgeheimnis.

Art. 3 Administrative Leitung

¹ Der Präsident oder die Präsidentin ist für die administrative Leitung der Schiedskommission zuständig. Bei Verhinderung übernimmt der Vizepräsident oder die Vizepräsidentin diese Aufgabe.

² Zur Unterstützung in der administrativen Tätigkeit kann das Sekretariat (Art. 4) beigezogen werden.

Art. 4 Sekretariat

¹ Das Departement bestellt im Einvernehmen mit dem Präsidenten oder der Präsidentin der Schiedskommission das Sekretariat der Schiedskommission, dem ein juristischer Sekretär oder eine juristische Sekretärin vorsteht. Es stellt die erforderliche Infrastruktur zur Verfügung.[7]

¹bis Das Dienstverhältnis der Bediensteten des Sekretariats richtet sich nach dem Beamtengesetz vom 30. Juni 1927[8] und seinen Ausführungserlassen.[9]

² Das Sekretariat ist in der Ausübung seiner Funktionen von den Verwaltungsbehörden unabhängig und nur an die Weisungen des Präsidenten oder der Präsidentin gebunden.

³ Der juristische Sekretär oder die juristische Sekretärin erfüllt insbesondere folgende Aufgaben:

a. Redaktion von Verfügungen, Vernehmlassungen und Mitteilungen an Parteien und Behörden;
b. Protokollführung;
c. Führung der Dokumentation, Information der Schiedskommission und redaktionelle Bearbeitung der für die Veröffentlichung geeigneten Entscheide.

⁴ Der juristische Sekretär oder die juristische Sekretärin hat in Verhandlungen, in denen er oder sie das Protokoll führt, beratende Stimme.

---

[5] [AS **1977** 549, **1983** 842. AS **1996** 1651 Art. 21 Bst. a]. Siehe heute die Kommissionenverordnung vom 3. Juni 1996 (SR **172.31**).

[6] [AS **1973** 1559, **1989** 50, **1996** 518 Art. 72 Ziff. 2. AS **1996** 1651 Art. 21 Bst. b].

[7] Fassung gemäss Ziff. I der V vom 25. Okt. 1995, in Kraft seit 1. Jan. 1996 (AS **1995** 5152).

[8] SR **172.221.10**

[9] Eingefügt durch Ziff. I der V vom 25. Okt. 1995, in Kraft seit 1. Jan. 1996 (AS **1995** 5152).

Art. 5   **Information**

Die Schiedskommission informiert die Öffentlichkeit über ihre Praxis. Sie veröffentlicht insbesondere Entscheide von grundsätzlicher Bedeutung in der «Verwaltungspraxis der Bundesbehörden» oder, im Einvernehmen mit der Bundeskanzlei, in anderen amtlichen oder ausseramtlichen Organen, die der Information über die Verwaltungsrechtspflege dienen.

Art. 6   **Sitz**

Die Schiedskommission hat ihren Sitz in Bern.

Art. 7[10]   **Rechnungsführung**

Die Schiedskommission gilt für die Rechnungsführung als Verwaltungseinheit des Departements. Das Departement stellt die Einnahmen und die nach Personal- und Sachkosten gesonderten Ausgaben der Kommission in den Voranschlag ein.

Art. 8[11]

2. Abschnitt: Verfahren

Art. 9   **Antragstellung**

[1] Mit dem Antrag auf Genehmigung eines Tarifs reichen die Verwertungsgesellschaften die erforderlichen Unterlagen sowie einen kurzen Bericht über den Verlauf der Verhandlungen mit den massgebenden Nutzerverbänden (Art. 46 Abs. 2 URG) ein.

[2] Die Anträge auf Genehmigung eines neuen Tarifs müssen der Schiedskommission mindestens sieben Monate vor dem vorgesehenen Inkrafttreten vorgelegt werden. In begründeten Fällen kann der Präsident oder die Präsidentin von dieser Frist abweichen.

[3] Wurden die Verhandlungen nicht mit der gebotenen Einlässlichkeit geführt, so kann der Präsident oder die Präsidentin die Akten unter Ansetzung einer Frist zurückweisen.

Art. 10   **Einleitung des Verfahrens**

[1] Der Präsident oder die Präsidentin leitet das Genehmigungsverfahren ein, indem er oder sie gestützt auf Artikel 57 URG die Spruchkammer einsetzt und unter deren Mitgliedern Ausfertigungen der Eingaben samt Beilagen und allenfalls weitere Akten in Umlauf setzt.

[2] Der Präsident oder die Präsidentin stellt den Antrag auf Genehmigung eines Tarifs den massgebenden an den Verhandlungen mit den Verwertungsgesellschaften beteiligten Nutzerverbänden unter Ansetzung einer angemessenen Frist zur schriftlichen Vernehmlassung zu.

[3] Geht aus dem Genehmigungsantrag eindeutig hervor, dass die Verhandlungen mit den massgebenden Nutzerverbänden (Art. 46 Abs. 2 URG) zu einer Einigung geführt haben, kann auf eine Vernehmlassung verzichtet werden.

---

[10] Fassung gemäss Ziff. I der V vom 25. Okt. 1995, in Kraft seit 1. Jan. 1996 (AS **1995** 5152).
[11] Aufgehoben durch Ziff. I der V vom 25. Okt. 1995 (AS **1995** 5152).

Art. 11[12]   **Zirkularbeschluss**

Entscheide ergehen auf dem Zirkulationsweg, soweit die massgebenden Nutzerverbände dem Tarif zugestimmt haben und nicht ein Antrag eines Mitgliedes der Spruchkammer auf Einberufung einer Sitzung gestellt wird; Zwischenentscheide ergehen auf dem Zirkulationsweg.

Art. 12   **Einberufung einer Sitzung**

[1]   Der Präsident oder die Präsidentin legt den Sitzungstermin fest, bietet die Mitglieder der Spruchkammer auf und teilt den am Verfahren beteiligten Verwertungsgesellschaften und Nutzerverbänden rechtzeitig den Zeitpunkt der Sitzung mit.

[2]   Die Sitzungen finden in der Regel am Sitz der Schiedskommission (Art. 6) statt.

Art. 13   **Anhörung**

Die beteiligten Parteien haben das Recht auf mündliche Anhörung.

Art. 14   **Beratung**

[1]   Führt die Anhörung nicht zu einer Einigung unter den Parteien, so schreitet die Spruchkammer unmittelbar zur Beratung.

[2]   Die Beratung und die anschliessende Abstimmung finden unter Ausschluss der Parteien statt.

[3]   Bei Stimmengleichheit gibt der Präsident oder die Präsidentin den Stichentscheid.

Art. 15   **Anpassung der Tarifvorlage**

[1]   Hält die Spruchkammer einen Tarif oder einzelne Bestimmungen eines Tarifes nicht für genehmigungsfähig, so gibt sie vor ihrem Entscheid der Verwertungsgesellschaft Gelegenheit, ihre Tarifvorlage so zu ändern, dass eine Genehmigung möglich ist.

[2]   Macht die Verwertungsgesellschaft von dieser Möglichkeit keinen Gebrauch, so kann die Spruchkammer die notwendigen Änderungen selbst vornehmen (Art. 59 Abs. 2 URG).

Art. 16   **Eröffnung des Entscheids**

[1]   Der Entscheid wird vom Präsidenten oder von der Präsidentin im Anschluss an die Beratung mündlich oder schriftlich im Dispositiv eröffnet.[13]

[2]   Der Präsident oder die Präsidentin prüft und genehmigt die schriftliche Begründung selbständig; wirft die Abfassung Fragen auf, so können diese auf dem Zirkulationsweg den andern Mitgliedern der Spruchkammer zur Prüfung unterbreitet werden.[14]

[3]   Für den Beginn der Rechtsmittelfrist ist die Zustellung des schriftlich begründeten Entscheids massgebend.[15]

---

[12]   Fassung gemäss Ziff. I der V vom 25. Okt. 1995, in Kraft seit 1. Jan. 1996 (AS **1995** 5152).
[13]   Fassung gemäss Ziff. I der V vom 25. Okt. 1995, in Kraft seit 1. Jan. 1996 (AS **1995** 5152).
[14]   Fassung gemäss Ziff. I der V vom 25. Okt. 1995, in Kraft seit 1. Jan. 1996 (AS **1995** 5152).
[15]   Fassung gemäss Ziff. I der V vom 25. Okt. 1995, in Kraft seit 1. Jan. 1996 (AS **1995** 5152).

⁴ Im Entscheid werden die Mitglieder der Spruchkammer sowie der juristische Sekretär oder die juristische Sekretärin mit Namen genannt; der juristische Sekretär oder die juristische Sekretärin unterzeichnet den Entscheid neben dem Präsidenten oder der Präsidentin.

2. Kapitel: Schutz von Computerprogrammen

Art. 17

¹ Der nach Artikel 12 Absatz 2 URG zulässige Gebrauch eines Computerprogramms umfasst:

a. die bestimmungsgemässe Verwendung des Programms, zu der das Laden, Anzeigen, Ablaufen, Übertragen oder Speichern sowie die im Rahmen dieser Tätigkeiten erforderliche Herstellung eines Werkexemplares durch den rechtmässigen Erwerber oder die rechtmässige Erwerberin gehören;

b. das Beobachten des Funktionierens des Programms, das Untersuchen oder Testen desselben zum Zweck der Ermittlung der einem Programmelement zugrundeliegenden Ideen und Grundsätze, wenn dies im Rahmen der Handlungen zur bestimmungsgemässen Verwendung erfolgt.

² Nach Artikel 21 Absatz 1 URG erforderliche Informationen über Schnittstellen sind solche, die zur Herstellung der Interoperabilität eines unabhängig geschaffenen Programms mit anderen Programmen unerlässlich und dem Benutzer oder der Benutzerin von Programmen nicht ohne weiteres zugänglich sind.

³ Eine unzumutbare Beeinträchtigung der normalen Auswertung des Programms im Sinne von Artikel 21 Absatz 2 URG liegt insbesondere vor, wenn die im Rahmen der Entschlüsselung gewonnenen Schnittstelleninformationen für die Entwicklung, Herstellung oder Vermarktung eines Programms mit im wesentlichen ähnlicher Ausdrucksform verwendet werden.

Kapitel 2a:[16] Ausdehnung der Bundesaufsicht

Art. 17*a*

¹ In Ergänzung von Artikel 40 Absatz 1 des URG wird die Verwertung der ausschliesslichen Rechte zur Vervielfältigung und Verbreitung von literarischen, wissenschaftlichen und anderen Sprachwerken der Bundesaufsicht unterstellt, soweit:

a. die Vervielfältigung und die Verbreitung ausschliesslich dem Zweck dienen, das Werk für Menschen mit Behinderungen im Sinne des Behindertengleichstellungsgesetzes vom 13. Dezember 2002[17] wahrnehmbar zu machen;

b. es sich um veröffentlichte Werke handelt; und

c. mit der Inanspruchnahme dieser Rechte kein Erwerbszweck verfolgt wird.

² Absatz 1 findet keine Anwendung, wenn das Werk zu einem angemessenen Preis in einer für behinderte Menschen wahrnehmbaren Art bereits verfügbar ist.

---

[16] Eingefügt durch Anhang 2 Ziff. 3 der Behindertengleichstellungsverordnung vom 19. Nov. 2003, in Kraft seit 1. Jan. 2004 (SR **151.31**).

[17] SR **151.3**

3. Kapitel: Hilfeleistung der Zollverwaltung

Art. 18[18] Umfang

Die Hilfeleistung der Zollverwaltung erstreckt sich auf die Ein- und Ausfuhr von Waren, bei denen der Verdacht besteht, dass ihre Verbreitung gegen die in der Schweiz geltende Gesetzgebung über das Urheberrecht oder die verwandten Schutzrechte verstösst, sowie auf die Lagerung solcher Waren in einem Zollager.

Art. 19 Antrag auf Hilfeleistung

[1] Die Berechtigten müssen den Antrag auf Hilfeleistung bei der Oberzolldirektion stellen. In dringenden Fällen kann der Antrag unmittelbar beim Zollamt gestellt werden, bei dem verdächtige Waren ein- oder ausgeführt werden sollen.[19]

[2] Der Antrag gilt während zwei Jahren, wenn er nicht für eine kürzere Geltungsdauer gestellt wird. Er kann erneuert werden.

Art. 20 Zurückbehalten von Waren

[1] Behält das Zollamt Waren zurück, so verwahrt es sie gegen Gebühr selbst oder gibt sie auf Kosten der Antragsteller oder der Antragstellerinnen einer Drittperson in Verwahrung.

[2] Die Antragsteller oder die Antragstellerinnen sind berechtigt, die zurückbehaltenen Waren zu besichtigen. Die zur Verfügung über die Waren Berechtigten können an der Besichtigung teilnehmen.

[3] Seht schon vor Ablauf der Frist nach Artikel 77 Absatz 2 beziehungsweise Absatz 2bis URG fest, dass die Antragsteller oder Antragstellerinnen vorsorgliche Massnahmen nicht erwirken können, so werden die Waren sogleich freigegeben.[20]

Art. 21 Gebühren

Die Gebühren für die Behandlung des Antrags auf Hilfeleistung sowie für die Verwahrung zurückbehaltener Waren richten sich nach der Verordnung vom 22. August 1984[21] über die Gebühren der Zollverwaltung.

4. Kapitel:[22] Gebühren

1. Abschnitt: Gebühren der Schiedskommission

Art. 21a Gebühren und Auslagen

[1] Die Spruch- und Schreibgebühren für die Prüfung und Genehmigung der Tarife der Verwertungsgesellschaften (Art. 55 ff. URG) richten sich sinngemäss nach den Artikeln 1–3 und die Kanzleigebühren nach den Artikeln 14–20 der Verordnung vom 10. September 1969[23] über Kosten und Entschädigungen im Verwaltungsverfahren.

---

[18] Fassung gemäss Ziff. I der V vom 17. Mai 1995, in Kraft seit 1. Juli 1995 (AS **1995** 1778).
[19] Fassung gemäss Ziff. I der V vom 17. Mai 1995, in Kraft seit 1. Juli 1995 (AS **1995** 1778).
[20] Fassung gemäss Ziff. I der V vom 17. Mai 1995, in Kraft seit 1. Juli 1995 (AS **1995** 1778).
[21] SR **631.152.1**
[22] Eingefügt durch Ziff. I der V vom 25. Okt. 1995, in Kraft seit 1. Jan. 1996 (AS **1995** 5152).
[23] SR **172.041.0**

² Für die Auslagen der Schiedskommission wird gesondert Rechnung gestellt. Als Auslagen gelten namentlich:

a. Taggelder und Entschädigungen nach der Verordnung vom 1. Oktober 1973[24] über die Entschädigungen für Kommissionsmitglieder, Experten und Beauftragte;
b. Kosten für die Beweiserhebung, für wissenschaftliche Untersuchungen, für besondere Prüfungen oder für die Beschaffung der notwendigen Informationen und Unterlagen;
c. Kosten für Arbeiten, welche die Schiedskommission durch Dritte ausführen lässt;
d. Übermittlungskosten wie Porto-, Telefon- und Telefaxkosten.

Art. 21*b* **Zahlungspflichtige**

Die Spruch- und Schreibgebühren sowie die Entschädigung für Auslagen sind von derjenigen Verwertungsgesellschaft zu entrichten, welche den Tarif zur Genehmigung vorgelegt hat. Sind für dieselben Kosten mehrere Verwertungsgesellschaften zahlungspflichtig, so haften sie solidarisch. Die Schiedskommission kann in begründeten Fällen den an einem Verfahren teilnehmenden Nutzerverbänden einen Teil der Kosten auferlegen.

Art. 21*c* **Fälligkeit und Zahlungsfrist**

¹ Die Spruch- und Schreibgebühren sowie die Entschädigung der Auslagen werden mit der Zustellung des schriftlich begründeten Entscheids fällig.

² Die Zahlungsfrist beträgt 30 Tage vom Eintritt der Fälligkeit an.

2. Abschnitt: Gebühren der Aufsichtsbehörde

Art. 21*d* **Grundsatz**

¹ Verwertungsgesellschaften, die über eine Bewilligung zur Verwertung von der Bundesaufsicht unterstellten Urheberrechten oder verwandten Schutzrechten verfügen, haben der Aufsichtsbehörde Gebühren nach Aufwand zu entrichten.

² Die Gebühren werden so festgesetzt, dass sie die gesamten aus der Aufsichtstätigkeit entstandenen Kosten decken.

Art. 21*e* **Bemessung und Zahlungspflichtige**

¹ Für die Erteilung, Erneuerung oder Änderung von Bewilligungen und für die Prüfung und Genehmigung der Geschäftsberichte und Verteilungsreglemente sowie für besondere Tätigkeiten der Aufsichtsbehörde werden je nach Schwierigkeitsgrad 200–300 Franken pro aufgewendete Stunde berechnet.

² Die Gebühren sind von der Verwertungsgesellschaft zu entrichten, auf die sich eine Leistung der Aufsichtsbehörde bezieht. Sind mehrere Verwertungsgesellschaften für dieselbe Leistung zahlungspflichtig, so haften sie solidarisch. In begründeten Fällen können an einem Verfahren teilnehmende Dritte an den Kosten beteiligt werden.

---

[24] Siehe heute die Kommissionenverordnung vom 3. Juni 1996 (SR **172.31**).

[3] Für Kosten, die durch den Beizug externer Experten, durch besondere Prüfungen oder durch die Beschaffung der notwendigen Informationen und Unterlagen entstanden sind, wird gesondert Rechnung gestellt.

Art. 21*f* **Vorschuss und Zahlungsfrist**

[1] Die Zahlungspflichtigen können zur Leistung eines angemessenen Vorschusses verpflichtet werden.

[2] Die Gebühren sind bis zu dem von der Aufsichtsbehörde angegebenen Termin zu zahlen.

5. Kapitel:[25] Schlussbestimmungen

Art. 22 **Aufhebung bisherigen Rechts**

Es werden aufgehoben:

a. die Vollziehungsverordnung vom 7. Februar 1941[26] zum Bundesgesetz betreffend die Verwertung von Urheberrechten;
b. die Verordnung des EJPD vom 8. April 1982[27] über die Erteilung von Bewilligungen zur Verwertung von Urheberrechten;
c. das Reglement vom 22. Mai 1958[28] der Eidgenössischen Schiedskommission betreffend Verwertung von Urheberrechten.

Art. 23 **Inkrafttreten**

Diese Verordnung tritt am 1. Juli 1993 in Kraft.

---

[25] Ursprünglich 4. Kapitel
[26] [BS 2 836; AS **1956** 1692, **1978** 1692, **1982** 523]
[27] [AS **1982** 525]
[28] [AS **1958** 273]

Bundesgesetz betreffend die Ergänzung des Schweizerischen Zivilgesetzbuches

(Fünfter Teil: Obligationenrecht)

vom 30. März 1911 (Stand am 1. Juni 2004)

Die Bundesversammlung der Schweizerischen Eidgenossenschaft,

nach Einsicht in die Botschaften des Bundesrates vom 3. März 1905 und 1. Juni 1909[1],

beschliesst:

Das Obligationenrecht

[Art. 1–380 nicht abgedruckt]

Zwölfter Titel: Der Verlagsvertrag

Art. 380

A. Begriff

Durch den Verlagsvertrag verpflichten sich der Urheber eines literarischen oder künstlerischen Werkes oder seine Rechtsnachfolger (Verlaggeber), das Werk einem Verleger zum Zwecke der Herausgabe zu überlassen, der Verleger dagegen, das Werk zu vervielfältigen und in Vertrieb zu setzen.

Art. 381

B. Wirkungen

I. Übertragung des Urheberrechts und Gewährleistung

[1] Die Rechte des Urhebers werden insoweit und auf so lange dem Verleger übertragen, als es für die Ausführung des Vertrages erforderlich ist.

[2] Der Verlaggeber hat dem Verleger dafür einzustehen, dass er zur Zeit des Vertragsabschlusses zu der Verlagsgabe berechtigt war, und wenn das Werk schutzfähig ist, dass er das Urheberrecht daran hatte.

[3] Er hat, wenn das Werk vorher ganz oder teilweise einem Dritten in Verlag gegeben oder sonst mit seinem Wissen veröffentlicht war, dem Verleger vor dem Vertragsabschlusse hievon Kenntnis zu geben.

Art. 382

II. Verfügung des Verlaggebers

[1] Solange die Auflagen des Werkes, zu denen der Verleger berechtigt ist, nicht vergriffen sind, darf der Verlaggeber weder über das Werk im Ganzen noch über dessen einzelne Teile zum Nachteile des Verlegers anderweitig verfügen.

---

[1] BBl **1905** II 1, **1909** III 725, **1911** I 845

² Zeitungsartikel und einzelne kleinere Aufsätze in Zeitschriften darf der Verlaggeber jederzeit weiter veröffentlichen.

³ Beiträge an Sammelwerke oder grössere Beiträge an Zeitschriften darf der Verlaggeber nicht vor Ablauf von drei Monaten nach dem vollständigen Erscheinen des Beitrages weiter veröffentlichen.

Art. 383
III. Bestimmung der Auflagen

¹ Wurde über die Anzahl der Auflagen nichts bestimmt, so ist der Verleger nur zu einer Auflage berechtigt.

² Die Stärke der Auflage wird, wenn darüber nichts vereinbart wurde, vom Verleger festgesetzt, er hat aber auf Verlangen des Verlaggebers wenigstens so viele Exemplare drucken zu lassen, als zu einem gehörigen Umsatz erforderlich sind, und darf nach Vollendung des ersten Druckes keine neuen Abdrücke veranstalten.

³ Wurde das Verlagsrecht für mehrere Auflagen oder für alle Auflagen übertragen und versäumt es der Verleger, eine neue Auflage zu veranstalten, nachdem die letzte vergriffen ist, so kann ihm der Verlaggeber gerichtlich eine Frist zur Herstellung einer neuen Auflage ansetzen lassen, nach deren fruchtlosem Ablauf der Verleger sein Recht verwirkt.

Art. 384
IV. Vervielfältigung und Vertrieb

¹ Der Verleger ist verpflichtet, das Werk ohne Kürzungen, ohne Zusätze und ohne Abänderungen in angemessener Ausstattung zu vervielfältigen, für gehörige Bekanntmachung zu sorgen und die üblichen Mittel für den Absatz zu verwenden.

² Die Preisbestimmung hängt von dem Ermessen des Verlegers ab, doch darf er nicht durch übermässige Preisforderung den Absatz erschweren.

Art. 385
V. Verbesserungen und Berichtigungen

¹ Der Urheber behält das Recht, Berichtigungen und Verbesserungen vorzunehmen, wenn sie nicht die Verlagsinteressen verletzen oder die Verantwortlichkeit des Verlegers steigern, ist aber für unvorhergesehene Kosten, die dadurch verursacht werden, Ersatz schuldig.

² Der Verleger darf keine neue Ausgabe oder Auflage machen und keinen neuen Abdruck vornehmen, ohne zuvor dem Urheber Gelegenheit zu geben, Verbesserungen anzubringen.

Art. 386
VI. Gesamtausgaben und Einzelausgaben

¹ Ist die besondere Ausgabe mehrerer einzelner Werke desselben Urhebers zum Verlag überlassen worden, so gibt dieses dem Verleger nicht auch das Recht, eine Gesamtausgabe dieser Werke zu veranstalten.

² Ebenso wenig hat der Verleger, dem eine Gesamtausgabe sämtlicher Werke oder einer ganzen Gattung von Werken desselben Urhebers überlassen worden ist, das Recht, von den einzelnen Werken besondere Ausgaben zu veranstalten.

Art. 387

VII. Übersetzungsrecht

Das Recht, eine Übersetzung des Werkes zu veranstalten, bleibt, wenn nichts anderes mit dem Verleger vereinbart ist, ausschliesslich dem Verlaggeber vorbehalten.

Art. 388

VIII. Honorar des Verlaggebers

1. Höhe des Honorars

[1] Ein Honorar an den Verlaggeber gilt als vereinbart, wenn nach den Umständen die Überlassung des Werkes nur gegen ein Honorar zu erwarten war.

[2] Die Grösse desselben bestimmt der Richter auf das Gutachten von Sachverständigen.

[3] Hat der Verleger das Recht zu mehreren Auflagen, so wird vermutet, dass für jede folgende von ihm veranstaltete Auflage dieselben Honorar- und übrigen Vertragsbedingungen gelten, wie für die erste Auflage.

Art. 389

2. Fälligkeit Abrechnung und Freiexemplare

[1] Das Honorar wird fällig, sobald das ganze Werk oder, wenn es in Abteilungen (Bänden, Heften, Blättern) erscheint, sobald die Abteilung gedruckt ist und ausgegeben werden kann.

[2] Wird das Honorar ganz oder teilweise von dem erwarteten Absatze abhängig gemacht, so ist der Verleger zu übungsgemässer Abrechnung und Nachweisung des Absatzes verpflichtet.

[3] Der Verlaggeber hat mangels einer andern Abrede Anspruch auf die übliche Zahl von Freiexemplaren.

Art. 390

C. Beendigung

I. Untergang des Werkes

[1] Geht das Werk nach seiner Ablieferung an den Verleger durch Zufall unter, so ist der Verleger gleichwohl zur Zahlung des Honorars verpflichtet.

[2] Besitzt der Urheber noch ein zweites Exemplar des untergegangenen Werkes, so hat er es dem Verleger zu überlassen, andernfalls ist er verpflichtet, das Werk wieder herzustellen, wenn ihm dies mit geringer Mühe möglich ist.

[3] In beiden Fällen hat er Anspruch auf eine angemessene Entschädigung.

Art. 391

II. Untergang der Auflage

[1] Geht die vom Verleger bereits hergestellte Auflage des Werkes durch Zufall ganz oder zum Teile unter, bevor sie vertrieben worden ist, so ist der Verleger berechtigt, die untergegangenen Exemplare auf seine Kosten neu herzustellen, ohne dass der Verlaggeber ein neues Honorar dafür fordern kann.

[2] Der Verleger ist zur Wiederherstellung der untergegangenen Exemplare verpflichtet, wenn dies ohne unverhältnismässig hohe Kosten geschehen kann.

Art. 392

III. Endigungsgründe in der Person des Urhebers und des Verlegers

[1] Der Verlagsvertrag erlischt, wenn der Urheber vor der Vollendung des Werkes stirbt oder unfähig oder ohne sein Verschulden verhindert wird, es zu vollenden.

[2] Ausnahmsweise kann der Richter, wenn die ganze oder teilweise Fortsetzung des Vertragsverhältnisses möglich und billig erscheint, sie bewilligen und das Nötige anordnen.

[3] Gerät der Verleger in Konkurs, so kann der Verlaggeber das Werk einem anderen Verleger übertragen, wenn ihm nicht für Erfüllung der zur Zeit der Konkurseröffnung noch nicht verfallenen Verlagsverbindlichkeiten Sicherheit geleistet wird.

Art. 393

D. Bearbeitung eines Werkes nach Plan des Verlegers

[1] Wenn einer oder mehrere Verfasser nach einem ihnen vom Verleger vorgelegten Plane die Bearbeitung eines Werkes übernehmen, so haben sie nur auf das bedungene Honorar Anspruch.

[2] Das Urheberrecht am Werke steht dem Verleger zu.

[...]

Amtlicher deutscher Text gemäss Artikel 37 Absatz 1 Buchstabe b)

Berner Übereinkunft zum Schutz von Werken der Literatur und Kunst

revidiert in Paris am 24. Juli 1971

Abgeschlossen in Paris am 24. Juli 1971
Von der Bundesversammlung genehmigt am 4. Juni 1992[1]
Schweizerische Ratifikationsurkunde hinterlegt am 25. Juni 1993
In Kraft getreten für die Schweiz am 25. September 1993

(Stand am 9. März 2004)

Die Verbandsländer,

gleichermassen von dem Wunsch geleitet, die Rechte der Urheber an ihren Werken der Literatur und Kunst in möglichst wirksamer und gleichmässiger Weise zu schützen,

in Anerkennung der Bedeutung der Arbeitsergebnisse der 1967 in Stockholm abgehaltenen Revisionskonferenz

haben beschlossen, die von der Stockholmer Konferenz angenommene Fassung dieser Übereinkunft[2] unter unveränderter Beibehaltung der Artikel 1–20 und 22–26 zu revidieren.

Die unterzeichneten Bevollmächtigten haben daher nach Vorlage ihrer in guter und gehöriger Form befundenen Vollmachten folgendes vereinbart:

Art. 1

Die Länder, auf die diese Übereinkunft Anwendung findet, bilden einen Verband zum Schutz der Rechte der Urheber an ihren Werken der Literatur und Kunst.

Art. 2

1) Die Bezeichnung «Werke der Literatur und Kunst» umfasst alle Erzeugnisse auf dem Gebiet der Literatur, Wissenschaft und Kunst, ohne Rücksicht auf die Art und Form des Ausdrucks, wie: Bücher, Broschüren und andere Schriftwerke; Vorträge, Ansprachen, Predigten und andere Werke gleicher Art; dramatische oder dramatisch-musikalische Werke; choreographische Werke und Pantomimen; musikalische Kompositionen mit oder ohne Text; Filmwerke einschliesslich der Werke, die durch ein ähnliches Verfahren wie Filmwerke hervorgebracht sind; Werke der zeichnenden Kunst, der Malerei, der Baukunst, der Bildhauerei, Stiche und Lithographien; photographische Werke, denen Werke gleichgestellt sind, die durch ein der Photographie ähnliches Verfahren hervorgebracht sind; Werke der angewandten Kunst; Illustrationen, geographische Karten; Pläne, Skizzen und Darstellungen plastischer Art auf den Gebieten der Geographie, Topographie, Architektur oder Wissenschaft.

---

[1] Art. 1 Abs. 1 Bst. a des BB vom 4. Juni 1992 (AS **1993** 2634).
[2] SR **0.231.14**

2) Der Gesetzgebung der Verbandsländer bleibt jedoch vorbehalten, die Werke der Literatur und Kunst oder eine oder mehrere Arten davon nur zu schützen, wenn sie auf einem materiellen Träger festgelegt sind.

3) Den gleichen Schutz wie Originalwerke geniessen, unbeschadet der Rechte des Urhebers des Originalwerks, die Übersetzungen, Bearbeitungen, musikalischen Arrangements und andere Umarbeitungen eines Werkes der Literatur oder Kunst.

4) Der Gesetzgebung der Verbandsländer bleibt vorbehalten, den Schutz amtlicher Texte auf dem Gebiet der Gesetzgebung, Verwaltung und Rechtsprechung sowie der amtlichen Übersetzungen dieser Texte zu bestimmen.

5) Sammlungen von Werken der Literatur oder Kunst, wie zum Beispiel Enzyklopädien und Anthologien, die wegen der Auswahl oder der Anordnung des Stoffes geistige Schöpfungen darstellen, sind als solche geschützt, unbeschadet der Rechte der Urheber an jedem der einzelnen der Werke, die Bestandteile dieser Sammlungen sind.

6) Die oben genannten Werke geniessen Schutz in allen Verbandsländern. Dieser Schutz besteht zugunsten des Urhebers und seiner Rechtsnachfolger oder sonstiger Inhaber ausschliesslicher Werknutzungsrechte.

7) Unbeschadet des Artikels 7 Absatz 4) bleibt der Gesetzgebung der Verbandsländer vorbehalten, den Anwendungsbereich der Gesetze, die die Werke der angewandten Kunst und die gewerblichen Muster und Modelle betreffen, sowie die Voraussetzungen des Schutzes dieser Werke, Muster und Modelle festzulegen. Für Werke, die im Ursprungsland nur als Muster und Modelle geschützt werden, kann in einem anderen Verbandsland nur der besondere Schutz beansprucht werden, der in diesem Land den Mustern und Modellen gewährt wird, wird jedoch in diesem Land kein solcher besonderer Schutz gewährt, so sind diese Werke als Werke der Kunst zu schützen.

8) Der Schutz dieser Übereinkunft besteht nicht für Tagesneuigkeiten oder vermischte Nachrichten, die einfache Zeitungsmitteilungen darstellen.

Art. 2bis

1) Der Gesetzgebung der Verbandsländer bleibt vorbehalten, politische Reden und Reden in Gerichtsverhandlungen teilweise oder ganz von dem in Artikel 2 vorgesehenen Schutz auszuschliessen.

2) Ebenso bleibt der Gesetzgebung der Verbandsländer vorbehalten zu bestimmen, unter welchen Voraussetzungen Vorträge, Ansprachen und andere in der Öffentlichkeit dargebotene Werke gleicher Art durch die Presse vervielfältigt, durch Rundfunk gesendet, mittels Draht an die Öffentlichkeit übertragen werden und in den Fällen des Artikels 11bis Absatz 1) öffentlich wiedergegeben werden dürfen, wenn eine solche Benützung durch den Informationszweck gerechtfertigt ist.

3) Der Urheber geniesst jedoch das ausschliessliche Recht, seine in den Absätzen 1) und 2) genannten Werke in Sammlungen zu vereinigen.

Art. 3

1) Aufgrund dieser Übereinkunft sind geschützt:
a) die einem Verbandsland angehörenden Urheber für ihre veröffentlichten und unveröffentlichten Werke;

b) die keinem Verbandsland angehörenden Urheber für die Werke, die sie zum erstenmal in einem Verbandsland oder gleichzeitig in einem verbandsfremden und in einem Verbandsland veröffentlichen.

2) Die Urheber, die keinem Verbandsland angehören, jedoch ihren gewöhnlichen Aufenthalt in einem Verbandsland haben, sind für die Anwendung dieser Übereinkunft den Urhebern gleichgestellt, die diesem Land angehören.

3) Unter «veröffentlichten Werken» sind die mit Zustimmung ihrer Urheber erschienenen Werke zu verstehen, ohne Rücksicht auf die Art der Herstellung der Werkstücke, die je nach der Natur des Werkes in einer Weise zur Verfügung der Öffentlichkeit gestellt sein müssen, die deren normalen Bedarf befriedigt. Eine Veröffentlichung stellen nicht dar: die Aufführung eines dramatischen, dramatischmusikalischen oder musikalischen Werkes, die Vorführung eines Filmwerks, der öffentliche Vortrag eines literarischen Werkes, die Übertragung oder die Rundfunksendung von Werken der Literatur oder Kunst, die Ausstellung eines Werkes der bildenden Künste und die Errichtung eines Werkes der Baukunst.

4) Als gleichzeitig in mehreren Ländern veröffentlicht gilt jedes Werk, das innerhalb von 30 Tagen seit der ersten Veröffentlichung in zwei oder mehr Ländern erschienen ist.

Art. 4

Auch wenn die Voraussetzungen des Artikels 3 nicht vorliegen, sind durch diese Übereinkunft geschützt:

a) die Urheber von Filmwerken, deren Hersteller seinen Sitz oder seinen gewöhnlichen Aufenthalt in einem Verbandsland hat;
b) die Urheber von Werken der Baukunst, die in einem Verbandsland errichtet sind, oder von Werken der graphischen und plastischen Künste, die Bestandteile eines in einem Verbandsland gelegenen Grundstücks sind.

Art. 5

1) Die Urheber geniessen für die Werke, für die sie durch diese Übereinkunft geschützt sind, in allen Verbandsländern mit Ausnahme des Ursprungslands des Werkes die Rechte, die die einschlägigen Gesetze den inländischen Urhebern gegenwärtig gewähren oder in Zukunft gewähren werden, sowie die in dieser Übereinkunft besonders gewährten Rechte.

2) Der Genuss und die Ausübung dieser Rechte sind nicht an die Erfüllung irgendwelcher Förmlichkeiten gebunden; dieser Genuss und diese Ausübung sind unabhängig vom Bestehen des Schutzes im Ursprungsland des Werkes. Infolgedessen richten sich der Umfang des Schutzes sowie die dem Urheber zur Wahrung seiner Rechte zustehenden Rechtsbehelfe ausschliesslich nach den Rechtsvorschriften des Landes, in dem der Schutz beansprucht wird, soweit diese Übereinkunft nichts anderes bestimmt.

3) Der Schutz im Ursprungsland richtet sich nach den innerstaatlichen Rechtsvorschriften. Gehört der Urheber eines aufgrund dieser Übereinkunft geschützten Werkes nicht dem Ursprungsland des Werkes an, so hat er in diesem Land die gleichen Rechte wie die inländischen Urheber.

4) Als Ursprungsland gilt:

a) für die zum erstenmal in einem Verbandsland veröffentlichten Werke dieses Land; handelt es sich jedoch um Werke, die gleichzeitig in mehreren Verbandsländern mit verschiedener Schutzdauer veröffentlicht wurden, das Land, dessen innerstaatliche Rechtsvorschriften die kürzeste Schutzdauer gewähren;

b) für die gleichzeitig in einem verbandsfremden Land und in einem Verbandsland veröffentlichten Werke dieses letzte Land;

c) für die nichtveröffentlichten oder die zum erstenmal in einem verbandsfremden Land veröffentlichten Werke, die nicht gleichzeitig in einem Verbandsland veröffentlicht wurden, das Verbandsland, dem der Urheber angehört, jedoch ist Ursprungsland,

    i) wenn es sich um Filmwerke handelt, deren Hersteller seinen Sitz oder seinen gewöhnlichen Aufenthalt in einem Verbandsland hat, dieses Land und,

    ii) wenn es sich um Werke der Baukunst, die in einem Verbandsland errichtet sind, oder um Werke der graphischen und plastischen Künste handelt, die Bestandteile eines in einem Verbandsland gelegenen Grundstücks sind, dieses Land.

Art. 6

1) Wenn ein verbandsfremdes Land die Werke der einem Verbandsland angehörenden Urheber nicht genügend schützt, kann dieses letzte Land den Schutz der Werke einschränken, deren Urheber im Zeitpunkt der ersten Veröffentlichung dieser Werke Angehörige des verbandsfremden Landes sind und ihren gewöhnlichen Aufenthalt nicht in einem Verbandsland haben. Wenn das Land der ersten Veröffentlichung von dieser Befugnis Gebrauch macht, sind die anderen Verbandsländer nicht gehalten, den Werken, die in dieser Weise einer besonderen Behandlung unterworfen sind, einen weitergehenden Schutz zu gewähren als das Land der ersten Veröffentlichung.

2) Keine nach Absatz 1) festgesetzte Einschränkung darf die Rechte beeinträchtigen, die ein Urheber an einem Werk erworben hat, das in einem Verbandsland vor dem Inkrafttreten dieser Einschränkung veröffentlicht worden ist.

3) Die Verbandsländer, die nach diesem Artikel den Schutz der Rechte der Urheber einschränken, notifizieren dies dem Generaldirektor der Weltorganisation für geistiges Eigentum (im folgenden als «der Generaldirektor» bezeichnet) durch eine schriftliche Erklärung; darin sind die Länder, denen gegenüber der Schutz eingeschränkt wird, und die Einschränkungen anzugeben, denen die Rechte der diesen Ländern angehörenden Urheber unterworfen werden. Der Generaldirektor teilt dies allen Verbandsländern unverzüglich mit.

Art. 6bis

1) Unabhängig von seinen vermögensrechtlichen Befugnissen und selbst nach deren Abtretung behält der Urheber das Recht, die Urheberschaft am Werk für sich in Anspruch zu nehmen und sich jeder Entstellung, Verstümmelung, sonstigen Änderung oder Beeinträchtigung des Werkes zu widersetzen, die seiner Ehre oder seinem Ruf nachteilig sein könnten.

2) Die dem Urheber nach Absatz 1) gewährten Rechte bleiben nach seinem Tod wenigstens bis zum Erlöschen der vermögensrechtlichen Befugnisse in Kraft und werden von den Personen oder Institutionen ausgeübt, die nach den Rechtsvorschriften

des Landes, in dem der Schutz beansprucht wird, hierzu berufen sind. Die Länder, deren Rechtsvorschriften im Zeitpunkt der Ratifikation dieser Fassung der Übereinkunft oder des Beitritts zu ihr keine Bestimmungen zum Schutz aller nach Absatz 1) gewährten Rechte nach dem Tod des Urhebers enthalten, sind jedoch befugt vorzusehen, dass einzelne dieser Rechte nach dem Tod des Urhebers nicht aufrechterhalten bleiben.

3) Die zur Wahrung der in diesem Artikel gewährten Rechte erforderlichen Rechtsbehelfe richten sich nach den Rechtsvorschriften des Landes, in dem der Schutz beansprucht wird.

Art. 7

1) Die Dauer des durch diese Übereinkunft gewährten Schutzes umfasst das Leben des Urhebers und 50 Jahre nach seinem Tod.

2) Für Filmwerke sind die Verbandsländer jedoch befugt vorzusehen, dass die Schutzdauer 50 Jahre nach dem Zeitpunkt endet, in dem das Werk mit Zustimmung des Urhebers der Öffentlichkeit zugänglich gemacht worden ist, oder, wenn ein solches Ereignis nicht innerhalb von 50 Jahren nach der Herstellung eines solchen Werkes eintritt, 50 Jahre nach der Herstellung.

3) Für anonyme und pseudonyme Werke endet die durch diese Übereinkunft gewährte Schutzdauer 50 Jahre, nachdem das Werk erlaubterweise der Öffentlichkeit zugänglich gemacht worden ist. Wenn jedoch das vom Urheber angenommene Pseudonym keinerlei Zweifel über die Identität des Urhebers zulässt, richtet sich die Schutzdauer nach Absatz 1). Wenn der Urheber eines anonymen oder pseudonymen Werkes während der oben angegebenen Frist seine Identität offenbart, richtet sich die Schutzdauer gleichfalls nach Absatz 1). Die Verbandsländer sind nicht gehalten, anonyme oder pseudonyme Werke zu schützen, bei denen aller Grund zu der Annahme besteht, dass ihr Urheber seit 50 Jahren tot ist.

4) Der Gesetzgebung der Verbandsländer bleibt vorbehalten, die Schutzdauer für Werke der Photographie und für als Kunstwerke geschützte Werke der angewandten Kunst festzusetzen; diese Dauer darf jedoch nicht weniger als 25 Jahre seit der Herstellung eines solchen Werkes betragen.

5) Die sich an den Tod des Urhebers anschliessende Schutzfrist und die in den Absätzen 2), 3) und 4) vorgesehenen Fristen beginnen mit dem Tod oder dem in diesen Absätzen angegebenen Ereignis zu laufen, doch wird die Dauer dieser Fristen erst vom 1. Januar des Jahres an gerechnet, das auf den Tod oder das genannte Ereignis folgt.

6) Die Verbandsländer sind befugt, eine längere als die in den vorhergehenden Absätzen vorgesehene Schutzdauer zu gewähren.

7) Die Verbandsländer, die durch die Fassung von Rom dieser Übereinkunft[3] gebunden sind und die in ihren bei der Unterzeichnung der vorliegenden Fassung der Übereinkunft geltenden Rechtsvorschriften kürzere Schutzfristen gewähren, als in den vorhergehenden Absätzen vorgesehen sind, sind befugt, sie beim Beitritt zu dieser Fassung oder bei deren Ratifikation beizubehalten.

---

[3] SR **0.231.12**

8) In allen Fällen richtet sich die Dauer nach dem Gesetz des Landes, in dem der Schutz beansprucht wird; jedoch überschreitet sie, sofern die Rechtsvorschriften dieses Landes nichts anderes bestimmen, nicht die im Ursprungsland des Werkes festgesetzte Dauer.

Art. 7bis

Die Bestimmungen des Artikels 7 sind ebenfalls anwendbar, wenn das Urheberrecht den Miturhebern eines Werkes gemeinschaftlich zusteht, wobei die an den Tod des Urhebers anknüpfenden Fristen vom Zeitpunkt des Todes des letzten überlebenden Miturhebers an gerechnet werden.

Art. 8

Die Urheber von Werken der Literatur und Kunst, die durch diese Übereinkunft geschützt sind, geniessen während der ganzen Dauer ihrer Rechte am Originalwerk das ausschliessliche Recht, ihre Werke zu übersetzen oder deren Übersetzung zu erlauben.

Art. 9

1) Die Urheber von Werken der Literatur und Kunst, die durch diese Übereinkunft geschützt sind, geniessen das ausschliessliche Recht, die Vervielfältigung dieser Werke zu erlauben, gleichviel, auf welche Art und in welcher Form sie vorgenommen wird.

2) Der Gesetzgebung der Verbandsländer bleibt vorbehalten, die Vervielfältigung in gewissen Sonderfällen unter der Voraussetzung zu gestatten, dass eine solche Vervielfältigung weder die normale Auswertung des Werkes beeinträchtigt noch die berechtigten Interessen des Urhebers unzumutbar verletzt.

3) Jede Aufnahme auf einen Bild- oder Tonträger gilt als Vervielfältigung im Sinne dieser Übereinkunft.

Art. 10

1) Zitate aus einem der Öffentlichkeit bereits erlaubterweise zugänglich gemachten Werk sind zulässig, sofern sie anständigen Gepflogenheiten entsprechen und in ihrem Umfang durch den Zweck gerechtfertigt sind, einschliesslich der Zitate aus Zeitungs- und Zeitschriftenartikeln in Form von Presseübersichten.

2) Der Gesetzgebung der Verbandsländer und den zwischen ihnen bestehenden oder in Zukunft abzuschliessenden Sonderabkommen bleibt vorbehalten, die Benützung von Werken der Literatur oder Kunst in dem durch den Zweck gerechtfertigten Umfang zur Veranschaulichung des Unterrichts durch Veröffentlichungen, Rundfunksendungen oder Aufnahmen auf Bild oder Tonträger zu gestatten, sofern eine solche Benützung anständigen Gepflogenheiten entspricht.

3) Werden Werke nach den Absätzen 1) und 2) benützt, so ist die Quelle zu erwähnen sowie der Name des Urhebers, wenn dieser Name in der Quelle angegeben ist.

Art. 10bis

1) Der Gesetzgebung der Verbandsländer bleibt vorbehalten, die Vervielfältigung durch die Presse, die Rundfunksendung oder die Übertragung mittels Draht an die Öffentlichkeit von Artikeln über Tagesfragen wirtschaftlicher, politischer oder religiöser Natur, die in Zeitungen oder Zeitschriften veröffentlicht worden sind, oder

von durch Rundfunk gesendeten Werken gleicher Art zu erlauben, falls die Vervielfältigung, die Rundfunksendung oder die genannte Übertragung nicht ausdrücklich vorbehalten ist. Jedoch muss die Quelle immer deutlich angegeben werden; die Rechtsfolgen der Unterlassung dieser Angabe werden durch die Rechtsvorschriften des Landes bestimmt, in dem der Schutz beansprucht wird.

2) Ebenso bleibt der Gesetzgebung der Verbandsländer vorbehalten zu bestimmen, unter welchen Voraussetzungen anlässlich der Berichterstattung über Tagesereignisse durch Photographie oder Film oder im Weg der Rundfunksendung oder Übertragung mittels Draht an die Öffentlichkeit Werke der Literatur oder Kunst, die im Verlauf des Ereignisses sichtbar oder hörbar werden, in dem durch den Informationszweck gerechtfertigten Umfang vervielfältigt und der Öffentlichkeit zugänglich gemacht werden dürfen.

Art. 11

1) Die Urheber von dramatischen, dramatisch-musikalischen und musikalischen Werken geniessen das ausschliessliche Recht zu erlauben:

1. die öffentliche Aufführung ihrer Werke einschliesslich der öffentlichen Aufführung durch irgendein Mittel oder Verfahren,
2. die öffentliche Übertragung der Aufführung ihrer Werke durch irgendein Mittel.

2) Die gleichen Rechte werden den Urhebern dramatischer oder dramatisch-musikalischer Werke während der ganzen Dauer ihrer Rechte am Originalwerk hinsichtlich der Übersetzung ihrer Werke gewährt.

Art. 11bis

1) Die Urheber von Werken der Literatur und Kunst geniessen das ausschliessliche Recht zu erlauben:

1. die Rundfunksendung ihrer Werke oder die öffentliche Wiedergabe der Werke durch irgendein anderes Mittel zur drahtlosen Verbreitung von Zeichen, Tönen oder Bildern,
2. jede öffentliche Wiedergabe des durch Rundfunk gesendeten Werkes mit oder ohne Draht, wenn diese Wiedergabe von einem anderen als dem ursprünglichen Sendeunternehmen vorgenommen wird,
3. die öffentliche Wiedergabe des durch Rundfunk gesendeten Werkes durch Lautsprecher oder irgendeine andere ähnliche Vorrichtung zur Übertragung von Zeichen, Tönen oder Bildern.

2) Der Gesetzgebung der Verbandsländer bleibt vorbehalten, die Voraussetzungen für die Ausübung der in Absatz 1) erwähnten Rechte festzulegen, doch beschränkt sich die Wirkung dieser Voraussetzungen ausschliesslich auf das Hoheitsgebiet des Landes, das sie festgelegt hat. Sie dürfen in keinem Fall das Urheberpersönlichkeitsrecht oder den Anspruch des Urhebers auf eine angemessene Vergütung beeinträchtigen, die mangels gütlicher Einigung durch die zuständige Behörde festgesetzt wird.

3) Sofern keine gegenteilige Vereinbarung vorliegt, schliesst eine nach Absatz 1) gewährte Erlaubnis nicht die Erlaubnis ein, das durch Rundfunk gesendete Werk auf Bild- oder Tonträger aufzunehmen. Der Gesetzgebung der Verbandsländer bleibt jedoch vorbehalten, Bestimmungen über die von einem Sendeunternehmen mit seinen eigenen Mitteln und für seine eigenen Sendungen vorgenommenen ephemeren

Aufnahmen auf Bild- oder Tonträger zu erlassen. Diese Gesetzgebung kann erlauben, dass die Bild- oder Tonträger aufgrund ihres aussergewöhnlichen Dokumentationscharakters in amtlichen Archiven aufbewahrt werden.

Art. 11ter

1) Die Urheber von Werken der Literatur geniessen das ausschliessliche Recht zu erlauben:

1. den öffentlichen Vortrag ihrer Werke einschliesslich des öffentlichen Vortrags durch irgendein Mittel oder Verfahren,

2. die öffentliche Übertragung des Vortrags ihrer Werke durch irgendein Mittel.

2) Die gleichen Rechte werden den Urhebern von Werken der Literatur während der ganzen Dauer ihrer Rechte am Originalwerk hinsichtlich der Übersetzung ihrer Werke gewährt.

Art. 12

Die Urheber von Werken der Literatur oder Kunst geniessen das ausschliessliche Recht, Bearbeitungen, Arrangements und andere Umarbeitungen ihrer Werke zu erlauben.

Art. 13

1) Jedes Verbandsland kann für seinen Bereich Vorbehalte und Voraussetzungen festlegen für das ausschliessliche Recht des Urhebers eines musikalischen Werkes und des Urhebers eines Textes, dessen Aufnahme auf einen Tonträger zusammen mit dem musikalischen Werk dieser Urheber bereits gestattet hat, die Aufnahme des musikalischen Werkes und gegebenenfalls des Textes auf Tonträger zu erlauben; doch beschränkt sich die Wirkung aller derartigen Vorbehalte und Voraussetzungen ausschliesslich auf das Hoheitsgebiet des Landes, das sie festgelegt hat; sie dürfen in keinem Fall den Anspruch des Urhebers auf eine angemessene Vergütung beeinträchtigen, die mangels gütlicher Einigung durch die zuständige Behörde festgesetzt wird.

2) Tonträger, auf die musikalische Werke in einem Verbandsland nach Artikel 13 Absatz 3) der am 2. Juni 1928[4] in Rom und am 26. Juni 1948[5] in Brüssel unterzeichneten Fassungen dieser Übereinkunft aufgenommen worden sind, können in diesem Land bis zum Ablauf einer Frist von zwei Jahren seit dem Zeitpunkt, in dem dieses Land durch die vorliegende Fassung gebunden wird, ohne Zustimmung des Urhebers des musikalischen Werkes vervielfältigt werden.

3) Tonträger, die nach den Absätzen 1) und 2) hergestellt und ohne Erlaubnis der Beteiligten in ein Land eingeführt worden sind, in dem sie nicht erlaubt sind, können dort beschlagnahmt werden.

Art. 14

1) Die Urheber von Werken der Literatur oder Kunst haben das ausschliessliche Recht zu erlauben:

1. die filmische Bearbeitung und Vervielfältigung dieser Werke und das Inverkehrbringen der auf diese Weise bearbeiteten oder vervielfältigten Werke,

---

[4] SR **0.231.12**

[5] SR **0.231.13**

2. die öffentliche Vorführung und die Übertragung mittels Draht an die Öffentlichkeit der auf diese Weise bearbeiteten oder vervielfältigten Werke.

2) Die Bearbeitung von Filmwerken, die auf Werken der Literatur oder Kunst beruhen, in irgendeine andere künstlerische Form bedarf, unbeschadet der Erlaubnis ihrer Urheber, der Erlaubnis der Urheber der Originalwerke.

3) Artikel 13 Absatz 1) ist nicht anwendbar.

Art. 14bis

1) Unbeschadet der Rechte des Urhebers jedes etwa bearbeiteten oder vervielfältigten Werkes wird das Filmwerk wie ein Originalwerk geschützt. Der Inhaber des Urheberrechts am Filmwerk geniesst die gleichen Rechte wie der Urheber eines Originalwerks einschliesslich der in Artikel 14 genannten Rechte.

2)

a) Der Gesetzgebung des Landes, in dem der Schutz beansprucht wird, bleibt vorbehalten, die Inhaber des Urheberrechts am Filmwerk zu bestimmen.

b) In den Verbandsländern jedoch, deren innerstaatliche Rechtsvorschriften als solche Inhaber auch Urheber anerkennen, die Beiträge zur Herstellung des Filmwerks geleistet haben, können sich diese, wenn sie sich zur Leistung solcher Beiträge verpflichtet haben, mangels gegenteiliger oder besonderer Vereinbarung der Vervielfältigung, dem Inverkehrbringen, der öffentlichen Vorführung, der Übertragung mittels Draht an die Öffentlichkeit, der Rundfunksendung, der öffentlichen Wiedergabe, dem Versehen mit Untertiteln und der Textsynchronisation des Filmswerks nicht widersetzen.

c) Die Frage, ob für die Anwendung des Buchstaben b) die Form der dort genannten Verpflichtung in einem schriftlichen Vertrag oder in einem gleichwertigen Schriftstück bestehen muss, wird durch die Rechtsvorschriften des Verbandslands geregelt, in dem der Hersteller des Filmwerks seinen Sitz oder seinen gewöhnlichen Aufenthalt hat. Die Rechtsvorschriften des Verbandslands, in dem der Schutz beansprucht wird, können jedoch vorsehen, dass diese Verpflichtung durch einen schriftlichen Vertrag oder durch ein gleichwertiges Schriftstück begründet sein muss. Die Länder, die von dieser Befugnis Gebrauch machen, müssen dies dem Generaldirektor durch eine schriftliche Erklärung notifizieren, der sie unverzüglich allen anderen Verbandsländern mitteilt.

d) Als «gegenteilige oder besondere Vereinbarung» gilt jede einschränkende Bestimmung, die in der vorgenannten Verpflichtung gegebenenfalls enthalten ist.

3) Sofern die innerstaatlichen Rechtsvorschriften nichts anderes vorsehen, ist Absatz 2) Buchstabe b) weder auf die Urheber der Drehbücher, der Dialoge und der musikalischen Werke anwendbar, die für die Herstellung des Filmwerks geschaffen worden sind, noch auf dessen Hauptregisseur. Die Verbandsländer jedoch, deren Rechtsvorschriften keine Bestimmungen über die Anwendung des Absatzes 2) Buchstabe b) auf den Hauptregisseur vorsehen, müssen dies dem Generaldirektor durch eine schriftliche Erklärung notifizieren, der sie unverzüglich allen anderen Verbandsländern mitteilt.

Art. 14ter

1) Hinsichtlich der Originale von Werken der bildenden Künste und der Originalhandschriften der Schriftsteller und Komponisten geniesst der Urheber – oder nach

seinem Tod die von den innerstaatlichen Rechtsvorschriften dazu berufenen Personen oder Institutionen – ein unveräusserliches Recht auf Beteiligung am Erlös aus Verkäufen eines solchen Werkstücks nach der ersten Veräusserung durch den Urheber.

2) Der in Absatz 1) vorgesehene Schutz kann in jedem Verbandsland nur beansprucht werden, sofern die Heimatgesetzgebung des Urhebers diesen Schutz anerkennt und soweit es die Rechtsvorschriften des Landes zulassen, in dem dieser Schutz beansprucht wird.

3) Das Verfahren und das Ausmass der Beteiligung werden von den Rechtsvorschriften der einzelnen Länder bestimmt.

Art. 15

1) Damit der Urheber der durch diese Übereinkunft geschützten Werke der Literatur und Kunst mangels Gegenbeweises als solche gelten und infolgedessen vor den Gerichten der Verbandsländer zur Verfolgung der unbefugten Vervielfältiger zugelassen werden, genügt es, dass der Name in der üblichen Weise auf dem Werkstück angegeben ist. Dieser Absatz ist anwendbar, selbst wenn dieser Name ein Pseudonym ist. sofern das vom Urheber angenommene Pseudonym keinen Zweifel über seine Identität aufkommen lässt.

2) Als Hersteller des Filmwerks gilt mangels Gegenbeweises die natürliche oder juristische Person, deren Name in der üblichen Weise auf dem Werkstück angegeben ist.

3) Bei den anonymen Werken und bei den nicht unter Absatz 1) fallenden pseudonymen Werken gilt der Verleger, dessen Name auf dem Werkstück angegeben ist, ohne weiteren Beweis als berechtigt, den Urheber zu vertreten, in dieser Eigenschaft ist er befugt, dessen Rechte wahrzunehmen und geltend zu machen. Die Bestimmung dieses Absatzes ist nicht mehr anwendbar, sobald der Urheber seine Identität offenbart und seine Berechtigung nachgewiesen hat.

4)

a) Für die nichtveröffentlichten Werke, deren Urheber unbekannt ist, bei denen jedoch aller Grund zu der Annahme besteht, dass ihr Urheber Angehöriger eines Verbandslands ist, kann die Gesetzgebung dieses Landes die zuständige Behörde bezeichnen, die diesen Urheber vertritt und berechtigt ist, dessen Rechte in den Verbandsländern wahrzunehmen und geltend zu machen.

b) Die Verbandsländer, die nach dieser Bestimmung eine solche Bezeichnung vornehmen, notifizieren dies dem Generaldirektor durch eine schriftliche Erklärung, in der alle Angaben über die bezeichnete Behörde enthalten sein müssen. Der Generaldirektor teilt diese Erklärung allen anderen Verbandsländern unverzüglich mit.

Art. 16

1) Jedes unbefugt hergestellte Werkstück kann in den Verbandsländern, in denen das Originalwerk Anspruch auf gesetzlichen Schutz hat, beschlagnahmt werden.

2) Die Bestimmungen des Absatzes 1) sind auch auf Vervielfältigungsstücke anwendbar, die aus einem Land stammen, in dem das Werk nicht oder nicht mehr geschützt ist.

3) Die Beschlagnahme findet nach den Rechtsvorschriften jedes Landes statt.

Art. 17
Die Bestimmungen dieser Übereinkunft können in keiner Beziehung das der Regierung jedes Verbandslands zustehende Recht beeinträchtigen, durch Massnahmen der Gesetzgebung oder inneren Verwaltung die Verbreitung, die Aufführung oder das Ausstellen von Werken oder Erzeugnissen jeder Art zu gestatten, zu überwachen oder zu untersagen, für die die zuständige Behörde dieses Recht auszuüben hat.

Art. 18
1) Diese Übereinkunft gilt für alle Werke, die bei ihrem Inkrafttreten noch nicht infolge Ablaufs der Schutzdauer im Ursprungsland Gemeingut geworden sind.

2) Ist jedoch ein Werk infolge Ablaufs der Schutzfrist, die ihm vorher zustand, in dem Land, in dem der Schutz beansprucht wird, Gemeingut geworden, so erlangt es dort nicht von neuem Schutz.

3) Die Anwendung dieses Grundsatzes richtet sich nach den Bestimmungen der zwischen Verbandsländern zu diesem Zweck abgeschlossenen oder abzuschliessenden besonderen Übereinkünfte. Mangels solcher Bestimmungen legen die betreffenden Länder, jedes für sich, die Art und Weise dieser Anwendung fest.

4) Die vorstehenden Bestimmungen gelten auch, wenn ein Land dem Verband neu beitritt, sowie für den Fall, dass der Schutz nach Artikel 7 oder durch Verzicht auf Vorbehalte ausgedehnt wird.

Art. 19
Die Bestimmungen dieser Übereinkunft hindern nicht daran, die Anwendung von weitergehenden Bestimmungen zu beanspruchen, die durch die Gesetzgebung eines Verbandslands etwa erlassen werden.

Art. 20
Die Regierungen der Verbandsländer behalten sich das Recht vor, Sonderabkommen miteinander insoweit zu treffen, als diese den Urhebern Rechte verleihen, die über die ihnen durch diese Übereinkunft gewährten Rechte hinausgehen oder andere Bestimmungen enthalten, die dieser Übereinkunft nicht zuwiderlaufen. Die Bestimmungen bestehender Abkommen, die den angegebenen Voraussetzungen entsprechen, bleiben anwendbar.

Art. 21
1) Besondere Bestimmungen für Entwicklungsländer sind im Anhang enthalten.

2) Vorbehaltlich des Artikels 28 Absatz 1) Buchstabe b) ist der Anhang ein integrierender Bestandteil dieser Fassung der Übereinkunft.

[Art. 22–27 nicht abgedruckt]

Art. 28
1)
a) Jedes Verbandsland kann diese Fassung der Übereinkunft ratifizieren, wenn es sie unterzeichnet hat, oder ihr beitreten, wenn es sie nicht unterzeichnet hat. Die Ratifikations- oder Beitrittsurkunden werden beim Generaldirektor hinterlegt.

b) Jedes Verbandsland kann in seiner Ratifikations- oder Beitrittsurkunde erklären, dass sich seine Ratifikation oder sein Beitritt nicht auf die Artikel 1–21 und den Anhang erstreckt; hat jedoch ein Verbandsland bereits eine Erklärung nach Artikel VI Absatz 1) des Anhangs abgegeben, so kann es in der Urkunde nur erklären, dass sich seine Ratifikation oder sein Beitritt nicht auf die Artikel 1–20 erstreckt.

c) Jedes Verbandsland, das gemäss Buchstabe b) die dort bezeichneten Bestimmungen von der Wirkung seiner Ratifikation oder seines Beitritts ausgenommen hat, kann zu jedem späteren Zeitpunkt erklären, dass es die Wirkung seiner Ratifikation oder seines Beitritts auf diese Bestimmungen erstreckt. Eine solche Erklärung wird beim Generaldirektor hinterlegt.

2)
a) Die Artikel 1–21 und der Anhang treten drei Monate nach Erfüllung der beiden folgenden Voraussetzungen in Kraft:
   i) mindestens fünf Verbandsländer haben diese Fassung der Übereinkunft ohne Erklärung nach Absatz 1) Buchstabe b) ratifiziert oder sind ihr ohne eine solche Erklärung beigetreten;
   ii) Frankreich, Spanien, das Vereinigte Königreich von Grossbritannien und Nordirland und die Vereinigten Staaten von Amerika sind durch das in Paris am 24. Juli 1971[6] revidierte Welturheberrechtsabkommen gebunden.

b) Das Inkrafttreten nach Buchstabe a) ist für diejenigen Verbandsländer wirksam, die ihre Ratifikations- oder Beitrittsurkunden ohne Erklärung nach Absatz 1) Buchstabe b) und mindestens drei Monate vor dem Inkrafttreten hinterlegt haben.

c) Für jedes Verbandsland, auf das Buchstabe b) nicht anwendbar ist und das ohne Abgabe einer Erklärung nach Absatz 1) Buchstabe b) diese Fassung der Übereinkunft ratifiziert oder ihr beitritt, treten die Artikel 1–21 und der Anhang drei Monate nach dem Zeitpunkt in Kraft, in dem der Generaldirektor die Hinterlegung der betreffenden Ratifikations- oder Beitrittsurkunde notifiziert, sofern nicht in der hinterlegten Urkunde ein späterer Zeitpunkt angegeben ist. In diesem Fall treten die Artikel 1–21 und der Anhang für dieses Land zu dem angegebenen Zeitpunkt in Kraft.

d) Die Buchstaben a)–c) berühren die Anwendung des Artikels VI des Anhangs nicht.

3) Für jedes Verbandsland, das mit oder ohne Erklärung nach Absatz 1) Buchstabe b) diese Fassung der Übereinkunft ratifiziert oder ihr beitritt, treten die Artikel 22–38 drei Monate nach dem Zeitpunkt in Kraft, in dem der Generaldirektor die Hinterlegung der betreffenden Ratifikations- oder Beitrittsurkunde notifiziert, sofern nicht in der hinterlegten Urkunde ein späterer Zeitpunkt angegeben ist. In diesem Fall treten die Artikel 22–38 für dieses Land zu dem angegebenen Zeitpunkt in Kraft.

Art. 29

1) Jedes verbandsfremde Land kann dieser Fassung der Übereinkunft beitreten und dadurch Vertragspartei dieser Übereinkunft und Mitglied des Verbands werden. Die Beitrittsurkunden werden beim Generaldirektor hinterlegt.

---

[6] SR **0.231.01**

2)

a) Vorbehaltlich des Buchstaben b) tritt diese Übereinkunft für jedes verbandsfremde Land drei Monate nach dem Zeitpunkt in Kraft, in dem der Generaldirektor die Hinterlegung der betreffenden Beitrittsurkunde notifiziert, sofern nicht in der hinterlegten Urkunde ein späterer Zeitpunkt angegeben ist. In diesem Fall tritt die Übereinkunft für dieses Land zu dem angegebenen Zeitpunkt in Kraft.

b) Tritt diese Übereinkunft gemäss Buchstabe a) für ein verbandsfremdes Land vor dem Zeitpunkt in Kraft, in dem die Artikel 1–21 und der Anhang gemäss Artikel 28 Absatz 2) Buchstabe a) in Kraft treten, so ist dieses Land in der Zwischenzeit statt durch die Artikel 1–21 und den Anhang durch die Artikel 1–20 der Brüsseler Fassung dieser Übereinkunft[7] gebunden.

Art. 29bis

Die Ratifikation dieser Fassung der Übereinkunft oder der Beitritt zu ihr durch ein Land, das nicht durch die Artikel 22–38 der Stockholmer Fassung dieser Übereinkunft[8] gebunden ist, gilt, und zwar einzig und allein zum Zweck der Anwendung des Artikels 14 Absatz 2) des Übereinkommens zur Errichtung der Organisation[9], als Ratifikation der Stockholmer Fassung oder als Beitritt zu ihr mit der in ihrem Artikel 28 Absatz 1) Buchstabe b) Ziffer 1) vorgesehenen Beschränkung.

Art. 30

1) Vorbehaltlich der durch Absatz 2) dieses Artikels, durch Artikel 28 Absatz 1) Buchstabe b) und Artikel 33 Absatz 2) sowie durch den Anhang zugelassenen Ausnahmen bewirkt die Ratifikation oder der Beitritt von Rechts wegen die Annahme aller Bestimmungen und die Zulassung zu allen Vorteilen dieser Übereinkunft.

2)

a) Jedes Verbandsland, das diese Fassung der Übereinkunft ratifiziert oder ihr beitritt, kann vorbehaltlich des Artikels V Absatz 2) des Anhangs die früher erklärten Vorbehalte aufrechterhalten, sofern es bei der Hinterlegung seiner Ratifikations- oder Beitrittsurkunde eine entsprechende Erklärung abgibt.

b) Jedes verbandsfremde Land kann vorbehaltlich des Artikels V Absatz 2) des Anhangs beim Beitritt zu dieser Übereinkunft erklären, dass es den das Übersetzungsrecht betreffenden Artikel 8 dieser Fassung wenigstens vorläufig durch die Bestimmungen des Artikels 5 der im Jahre 1896 in Paris vervollständigten Verbandsübereinkunft von 1886[10] ersetzen will, wobei Einverständnis darüber besteht, dass diese Bestimmungen nur auf Übersetzungen in eine in diesem Land allgemein gebräuchliche Sprache anwendbar sind. Vorbehaltlich des Artikels 1 Absatz 6) Buchstabe b) des Anhangs ist jedes Verbandsland befugt, hinsichtlich des Übersetzungsrechts an Werken, deren Ursprungsland von einem solchen Vorbehalt Gebrauch macht, den Schutz anzuwenden, der dem vom Ursprungsland gewährten Schutz entspricht.

---

[7] SR **0.231.13**
[8] SR **0.231.14**
[9] SR **0.230**
[10] [AS **10** 219, **16** 611; BS **11** 931 945]

c) Jedes Land kann solche Vorbehalte jederzeit durch eine an den Generaldirektor gerichtete Notifikation zurückziehen.

Art. 31

1) Jedes Land kann in seiner Ratifikations- oder Beitrittsurkunde erklären oder zu jedem späteren Zeitpunkt dem Generaldirektor schriftlich notifizieren, dass diese Übereinkunft auf alle oder einzelne in der Erklärung oder Notifikation bezeichnete Gebiete anwendbar ist, für deren auswärtige Beziehungen es verantwortlich ist.

2) Jedes Land, das eine solche Erklärung oder eine solche Notifikation abgegeben hat, kann dem Generaldirektor jederzeit notifizieren, dass diese Übereinkunft auf alle oder einzelne dieser Gebiete nicht mehr anwendbar ist.

3)

a) Jede in der Ratifikations- oder Beitrittsurkunde abgegebene Erklärung gemäss Absatz 1) wird gleichzeitig mit der Ratifikation oder dem Beitritt und jede Notifikation gemäss Absatz 1) wird drei Monate nach ihrer Notifizierung durch den Generaldirektor wirksam.

b) Jede Notifikation gemäss Absatz 2) wird zwölf Monate nach ihrem Eingang beim Generaldirektor wirksam.

4) Dieser Artikel darf nicht dahin ausgelegt werden, dass er für ein Verbandsland die Anerkennung oder stillschweigende Hinnahme der tatsächlichen Lage eines Gebiets in sich schliesst, auf das diese Übereinkunft durch ein anderes Verbandsland aufgrund einer Erklärung nach Absatz 1) anwendbar gemacht wird.

Art. 32

1) Diese Fassung der Übereinkunft ersetzt in den Beziehungen zwischen den Verbandsländern und in dem Umfang, in dem sie anwendbar ist, die Berner Übereinkunft vom 9. September 1886[11] und die folgenden revidierten Fassungen dieser Übereinkunft[12]. Die früheren Fassungen bleiben in ihrer Gesamtheit oder in dem Umfang, in dem diese Fassung sie nicht gemäss dem ersten Satz ersetzt, in den Beziehungen zu den Verbandsländern anwendbar, die diese Fassung der Übereinkunft weder ratifizieren noch ihr beitreten.

2) Die verbandsfremden Länder, die Vertragsparteien dieser Fassung der Übereinkunft werden, wenden sie vorbehaltlich des Absatzes 3) im Verhältnis zu jedem Verbandsland an, das nicht durch diese Fassung der Übereinkunft gebunden ist oder das zwar durch diese Fassung gebunden ist, aber die in Artikel 28 Absatz 1) Buchstabe b) vorgesehene Erklärung abgegeben hat. Diese Länder lassen es zu, dass ein solches Verbandsland in seinen Beziehungen zu ihnen

    i) die Bestimmungen der jüngsten Fassung der Übereinkunft, durch die es gebunden ist, anwendet und

    ii) vorbehaltlich des Artikels 1 Absatz 6) des Anhangs befugt ist, den Schutz dem in dieser Fassung der Übereinkunft vorgesehenen Stand anzupassen.

---

[11] [AS **10** 219, **16** 611, BS **11** 931 945]
[12] SR **0.231.12**/.14

3) Jedes Land, das eine der im Anhang vorgesehenen Befugnisse in Anspruch genommen hat, kann die diese Befugnis betreffenden Bestimmungen des Anhangs in seinen Beziehungen zu jedem anderen Verbandsland anwenden, das nicht durch diese Fassung der Übereinkunft gebunden ist, aber die Anwendung dieser Bestimmungen zugelassen hat.

Art. 33

1) Jede Streitigkeit zwischen zwei oder mehr Verbandsländern über die Auslegung oder Anwendung dieser Übereinkunft, die nicht auf dem Verhandlungsweg beigelegt wird, kann von jedem beteiligten Land durch eine dem Statut des Internationalen Gerichtshofs entsprechende Klage diesem Gerichtshof zur Entscheidung vorgelegt werden, sofern die beteiligten Länder keine andere Regelung vereinbaren. Das Land, das die Streitigkeit vor diesen Gerichtshof bringt, hat dies dem Internationalen Büro mitzuteilen; das Büro setzt die anderen Verbandsländer davon in Kenntnis.

2) Jedes Land kann bei der Unterzeichnung dieser Fassung der Übereinkunft oder bei der Hinterlegung seiner Ratifikations- oder Beitrittsurkunde erklären, dass es sich durch Absatz 1) nicht als gebunden betrachtet. Auf Streitigkeiten zwischen einem solchen Land und jedem anderen Verbandsland ist Absatz 1) nicht anwendbar.

3) Jedes Land, das eine Erklärung gemäss Absatz 2) abgegeben hat, kann sie jederzeit durch eine an den Generaldirektor gerichtete Notifikation zurückziehen.

Art. 34

1) Vorbehaltlich des Artikels 29bis kann kein Land nach Inkrafttreten der Artikel 1–21 und des Anhangs frühere Fassungen dieser Übereinkunft ratifizieren noch ihnen beitreten.

2) Nach Inkrafttreten der Artikel 1–21 und des Anhangs kann kein Land eine Erklärung gemäss Artikel 5 des der Stockholmer Fassung dieser Übereinkunft[13] beigefügten Protokolls betreffend die Entwicklungsländer abgeben.

Art. 35

1) Diese Übereinkunft bleibt ohne zeitliche Begrenzung in Kraft.

2) Jedes Land kann diese Fassung der Übereinkunft durch eine an den Generaldirektor gerichtete Notifikation kündigen. Diese Kündigung gilt auch als Kündigung aller früheren Fassungen und hat nur Wirkung für das Land, das sie erklärt hat; für die übrigen Verbandsländer bleibt die Übereinkunft in Kraft und wirksam.

3) Die Kündigung wird ein Jahr nach dem Tag wirksam, an dem die Notifikation beim Generaldirektor eingegangen ist.

4) Das in diesem Artikel vorgesehene Kündigungsrecht kann von einem Land nicht vor Ablauf von fünf Jahren nach dem Zeitpunkt ausgeübt werden, in dem es Mitglied des Verbands geworden ist.

Art. 36

1) Jedes Vertragsland dieser Übereinkunft verpflichtet ‹sich, gemäss seiner Verfassung die notwendigen Massnahmen zu ergreifen, um die Anwendung dieser Übereinkunft zu gewährleisten.

---

[13] SR **0.231.14**

2) Es besteht Einverständnis darüber, dass jedes Land in dem Zeitpunkt, in dem es durch diese Übereinkunft gebunden wird, nach seinen innerstaatlichen Rechtsvorschriften in der Lage sein muss, den Bestimmungen dieser Übereinkunft Wirkung zu verleihen.

Art. 37

1)
a) Diese Fassung der Übereinkunft wird in einer einzigen Ausfertigung in englischer und französischer Sprache unterzeichnet und vorbehaltlich des Absatzes 2) beim Generaldirektor hinterlegt.
b) Amtliche Texte werden vom Generaldirektor nach Konsultierung der beteiligten Regierungen in arabischer, deutscher, italienischer, portugiesischer und spanischer Sprache sowie in anderen Sprachen hergestellt, die die Versammlung bestimmen kann.
c) Bei Streitigkeiten über die Auslegung der verschiedenen Texte ist der französische Text massgebend.

2) Diese Fassung der Übereinkunft liegt bis 31. Januar 1972 zur Unterzeichnung auf. Bis zu diesem Datum bleibt die in Absatz 1) Buchstabe a) bezeichnete Ausfertigung bei der Regierung der Französischen Republik hinterlegt.

3) Der Generaldirektor übermittelt zwei beglaubigte Abschriften des unterzeichneten Textes dieser Fassung der Übereinkunft den Regierungen aller Verbandsländer und der Regierung jedes anderen Landes, die es verlangt.

4) Der Generaldirektor lässt diese Fassung der Übereinkunft beim Sekretariat der Vereinten Nationen registrieren.

5) Der Generaldirektor notifiziert den Regierungen aller Verbandsländer die Unterzeichnungen, die Hinterlegungen von Ratifikations- oder Beitrittsurkunden sowie die in diesen Urkunden enthaltenen oder gemäss Artikel 28 Absatz 1) Buchstabe c), Artikel 30 Absatz 2) Buchstaben a) und b) und Artikel 33 Absatz 2) abgegebenen Erklärungen, das Inkrafttreten aller Bestimmungen dieser Fassung der Übereinkunft, die Notifikationen von Kündigungen und die Notifikationen gemäss Artikel 30 Absatz 2) Buchstabe c), Artikel 31 Absätze 1) und 2), Artikel 33 Absatz 3) und Artikel 38 Absatz 1) sowie die im Anhang vorgesehenen Notifikationen.

Art. 38

1) Verbandsländer, die diese Fassung der Übereinkunft weder ratifiziert haben noch ihr beigetreten sind und die nicht durch die Artikel 22–26 der Stockholmer Fassung dieser Übereinkunft[14] gebunden sind, können, wenn sie dies wünschen, bis zum 26. April 1975 die in diesen Artikeln vorgesehenen Rechte so ausüben, als wären sie durch diese Artikel gebunden. Jedes Land, das diese Rechte auszuüben wünscht, hinterlegt zu diesem Zweck beim Generaldirektor eine schriftliche Notifikation, die im Zeitpunkt ihres Eingangs wirksam wird. Solche Länder gelten bis zu dem genannten Tag als Mitglieder der Versammlung.

---

[14] SR **0.231.14**

2) Solange nicht alle Verbandsländer Mitglieder der Organisation geworden sind, handelt das Internationale Büro der Organisation zugleich als Büro des Verbands und der Generaldirektor als Direktor dieses Büros.

3) Sobald alle Verbandsländer Mitglieder der Organisation geworden sind, gehen die Rechte und Verpflichtungen sowie das Vermögen des Büros des Verbands auf das Internationale Büro der Organisation über.

Offizieller deutscher Text gemäss Artikel 33 Absatz 2

Internationales Abkommen über den Schutz der ausübenden Künstler, der Hersteller von Tonträgern und der Sendeunternehmen

Abgeschlossen in Rom am 26. Oktober 1961
Von der Bundesversammlung genehmigt am 4. Juni 1992[1]
Schweizerische Beitrittsurkunde hinterlegt am 24. Juni 1993
In Kraft getreten für die Schweiz am 24. September 1993
(Stand am 1. Juni 2004)

Die vertragsschliessenden Staaten,

von dem Wunsche geleitet, die Rechte der ausübenden Künstler, der Hersteller von Tonträgern und der Sendeunternehmen zu schützen,

haben folgendes vereinbart:

Art. 1

Der durch dieses Abkommen vorgesehene Schutz lässt den Schutz der Urheberrechte an Werken der Literatur und der Kunst unberührt und beeinträchtigt ihn in keiner Weise. Daher kann keine Bestimmung dieses Abkommens in einer Weise ausgelegt werden, die diesem Schutz Abbruch tut.

Art. 2

1. Für die Zwecke dieses Abkommens ist unter Inländerbehandlung die Behandlung zu verstehen, die der vertragsschliessende Staat, in dessen Gebiet der Schutz beansprucht wird, auf Grund seiner nationalen Gesetzgebung gewährt:

a) den ausübenden Künstlern, die seine Staatsangehörigen sind, für die Darbietungen, die in seinem Gebiet stattfinden, gesendet oder erstmals festgelegt werden;

b) den Herstellern von Tonträgern, die seine Staatsangehörigen sind, für die Tonträger, die in seinem Gebiet erstmals festgelegt oder erstmals veröffentlicht werden;

c) den Sendeunternehmen, die ihren Sitz in seinem Gebiet haben, für die Funksendungen, die von Sendern ausgestrahlt werden, die in seinem Gebiet gelegen sind.

2. Die Inländerbehandlung wird nach Massgabe des in diesem Abkommen ausdrücklich gewährleisteten Schutzes und der darin ausdrücklich vorgesehenen Einschränkungen gewährt.

---

[1] Art. 2 Abs. 1 des BB vom 4. Juni 1992 (AS **1993** 2634).

Art. 3

Für die Zwecke dieses Abkommens versteht man unter

a) «ausübenden Künstlern» die Schauspieler, Sänger, Musiker, Tänzer und anderen Personen, die Werke der Literatur oder der Kunst aufführen, singen, vortragen, vorlesen, spielen oder auf irgendeine andere Weise darbieten;

b) «Tonträger» jede ausschliesslich auf den Ton beschränkte Festlegung der Töne einer Darbietung oder anderer Töne;

c) «Hersteller von Tonträgern» die natürliche oder juristische Person, die erstmals die Töne einer Darbietung oder andere Töne festlegt;

d) «Veröffentlichung» das Angebot einer genügenden Anzahl von Vervielfältigungsstücken eines Tonträgers an die Öffentlichkeit;

e) «Vervielfältigung» die Herstellung eines Vervielfältigungsstücks oder mehrerer Vervielfältigungsstücke einer Festlegung;

f) «Funksendung» die Ausstrahlung von Tönen oder von Bildern und Tönen mittels radioelektrischer Wellen zum Zwecke des Empfangs durch die Öffentlichkeit;

g) «Weitersendung» die gleichzeitige Ausstrahlung der Sendung eines Sendeunternehmens durch ein anderes Sendeunternehmen.

Art. 4

Jeder vertragsschliessende Staat gewährt den ausübenden Künstlern Inländerbehandlung, wenn eine der folgenden Voraussetzungen vorliegt:

a) die Darbietung findet in einem anderen vertragsschliessenden Staat statt;

b) die Darbietung wird auf einem nach Artikel 5 geschützten Tonträger festgelegt;

c) die nicht auf einem Tonträger festgelegte Darbietung wird durch eine nach Artikel 6 geschützte Sendung ausgestrahlt.

Art. 5

1. Jeder vertragsschliessende Staat gewährt den Herstellern von Tonträgern Inländerbehandlung, wenn eine der folgenden Voraussetzungen vorliegt:

a) der Hersteller von Tonträgern ist Angehöriger eines anderen vertragsschliessenden Staates (Merkmal der Staatsangehörigkeit);

b) die erste Festlegung des Tons ist in einem anderen vertragsschliessenden Staat vorgenommen worden (Merkmal der Festlegung);

c) der Tonträger ist erstmals in einem anderen vertragsschliessenden Staat veröffentlicht worden (Merkmal der Veröffentlichung).

2. Wenn die erste Veröffentlichung in keinem vertragsschliessenden Staat stattgefunden hat, der Tonträger jedoch innerhalb von dreissig Tagen seit der ersten Veröffentlichung auch in einem vertragsschliessenden Staat veröffentlicht worden ist (gleichzeitige Veröffentlichung), gilt dieser Tonträger als erstmals in dem vertragsschliessenden Staat veröffentlicht.

3. Jeder vertragsschliessende Staat kann durch eine beim Generalsekretär der Organisation der Vereinten Nationen hinterlegte Mitteilung erklären, dass er entweder das Merkmal der Veröffentlichung oder das Merkmal der Festlegung nicht anwenden wird. Diese Mitteilung kann bei der Ratifikation, der Annahme oder dem Beitritt

oder in jedem späteren Zeitpunkt hinterlegt werden; im letzten Fall wird sie erst sechs Monate nach ihrer Hinterlegung wirksam.

Art. 6

1. Jeder vertragsschliessende Staat gewährt den Sendeunternehmen Inländerbehandlung, wenn eine der folgenden Voraussetzungen vorliegt:
   a) der Sitz des Sendeunternehmens liegt in einem anderen vertragsschliessenden Staat;
   b) die Sendung ist von einem im Gebiet eines anderen vertragsschliessenden Staates gelegenen Sender ausgestrahlt worden.

2. Jeder vertragsschliessende Staat kann durch eine beim Generalsekretär der Organisation der Vereinten Nationen hinterlegte Mitteilung erklären, dass er Sendungen nur Schutz gewähren wird, wenn der Sitz des Sendeunternehmens in einem anderen vertragsschliessenden Staat liegt und die Sendung von einem im Gebiet desselben vertragsschliessenden Staates gelegenen Sender ausgestrahlt worden ist. Diese Mitteilung kann bei der Ratifikation, der Annahme oder dem Beitritt oder in jedem späteren Zeitpunkt vorgenommen werden, im letzten Fall wird sie erst sechs Monate nach ihrer Hinterlegung wirksam.

Art. 7

1. Der in diesem Abkommen zugunsten der ausübenden Künstler vorgesehene Schutz muss die Möglichkeit geben zu untersagen:
   a) die Sendung und die öffentliche Wiedergabe ihrer Darbietung ohne ihre Zustimmung, es sei denn, dass für die Sendung oder für die öffentliche Wiedergabe eine bereits gesendete Darbietung oder die Festlegung einer Darbietung verwendet wird;
   b) die Festlegung ihrer nicht festgelegten Darbietung ohne ihre Zustimmung;
   c) die Vervielfältigung einer Festlegung ihrer Darbietung ohne ihre Zustimmung:
      (i) wenn die erste Festlegung selbst ohne ihre Zustimmung vorgenommen worden ist;
      (ii) wenn die Vervielfältigung zu anderen Zwecken als denjenigen vorgenommen wird, zu denen sie ihre Zustimmung gegeben haben;
      (iii) wenn die erste Festlegung auf Grund der Bestimmungen des Artikels 15 vorgenommen worden ist und zu anderen Zwecken vervielfältigt wird, als denjenigen, die in diesen Bestimmungen genannt sind.

2.
(1) Hat der ausübende Künstler der Sendung zugestimmt, so bestimmt sich der Schutz gegen die Weitersendung, gegen die Festlegung für Zwecke der Sendung und gegen die Vervielfältigung einer solchen Festlegung für Zwecke der Sendung nach der nationalen Gesetzgebung des vertragsschliessenden Staates, in dessen Gebiet der Schutz beansprucht wird.

(2) Die Voraussetzungen, unter denen Sendeunternehmen für Zwecke von Sendungen vorgenommene Festlegungen benützen dürfen, werden von der nationalen Gesetzgebung des vertragsschliessenden Staates geregelt, in dessen Gebiet der Schutz beansprucht wird.

(3) Die nationale Gesetzgebung darf jedoch in den Fällen der Unterabsätze (1) und (2) dieses Absatzes nicht zur Folge haben, dass den ausübenden Künstlern die Befugnis entzogen wird, ihre Beziehungen zu den Sendeunternehmen vertraglich zu regeln.

Art. 8
Jeder vertragsschliessende Staat kann durch seine nationale Gesetzgebung bestimmen, wie die ausübenden Künstler bei der Ausübung ihrer Rechte vertreten werden, wenn mehrere von ihnen an der gleichen Darbietung mitwirken.

Art. 9
Jeder vertragsschliessende Staat kann durch seine nationale Gesetzgebung den in diesem Abkommen vorgesehenen Schutz auf Künstler ausdehnen, die keine Werke der Literatur oder der Kunst darbieten.

Art. 10
Die Hersteller von Tonträgern geniessen das Recht, die unmittelbare oder mittelbare Vervielfältigung ihrer Tonträger zu erlauben oder zu verbieten.

Art. 11
Wenn ein vertragsschliessender Staat in seiner nationalen Gesetzgebung als Voraussetzung für den Schutz der Rechte der Hersteller von Tonträgern oder der ausübenden Künstler oder beider mit Bezug auf Tonträger die Erfüllung von Förmlichkeiten fordert, sind diese Erfordernisse als erfüllt anzusehen, wenn alle im Handel befindlichen Vervielfältigungsstücke des veröffentlichten Tonträgers oder ihre Umhüllungen einen Vermerk tragen, der aus dem Kennzeichen (in Verbindung mit der Angabe des Jahres der ersten Veröffentlichung besteht und in einer Weise angebracht ist, die klar erkennen lässt, dass der Schutz vorbehalten wird. Wenn die Vervielfältigungsstücke oder ihre Umhüllungen den Hersteller des Tonträgers oder den Inhaber des vom Hersteller eingeräumten Nutzungsrechts nicht – mit Hilfe des Namens, der Marke oder jeder anderen geeigneten Bezeichnung – erkennen lassen, muss der Vermerk ausserdem auch den Namen des Inhabers der Rechte des Herstellers des Tonträgers enthalten. Wenn schliesslich die Vervielfältigungsstücke oder ihre Umhüllungen die Hauptpersonen unter den ausübenden Künstlern nicht erkennen lassen, muss der Vermerk auch den Namen der Person enthalten, die in dem Land, in dem die Festlegung stattgefunden hat, die Rechte dieser Künstler innehat.

Art. 12
Wird ein zu Handelszwecken veröffentlichter Tonträger oder ein Vervielfältigungsstück eines solchen Tonträgers für die Funksendung oder für irgendeine öffentliche Wiedergabe unmittelbar benützt, so hat der Benützer den ausübenden Künstlern, den Herstellern von Tonträgern oder beiden eine einzige angemessene Vergütung zu zahlen. Für den Fall, dass die Beteiligten sich nicht einigen, kann die nationale Gesetzgebung die Aufteilung dieser Vergütung regeln.

Art. 13
Die Sendeunternehmen geniessen das Recht zu erlauben oder zu verbieten:
a) die Weitersendung ihrer Sendungen;
b) die Festlegung ihrer Sendungen;

c) die Vervielfältigung
   (i) der ohne ihre Zustimmung vorgenommenen Festlegungen ihrer Sendungen;
   (ii) der auf Grund der Bestimmungen des Artikels 15 vorgenommenen Festlegungen ihrer Sendungen, wenn die Vervielfältigung zu anderen als den in diesen Bestimmungen genannten Zwecken vorgenommen wird;
d) die öffentliche Wiedergabe ihrer Fernsehsendungen, wenn sie an Orten stattfindet, die der Öffentlichkeit gegen Zahlung eines Eintrittsgeldes zugänglich sind; es obliegt der nationalen Gesetzgebung des Staates, in dem der Schutz dieses Rechtes beansprucht wird, die Bedingungen für die Ausübung dieses Rechtes zu regeln.

Art. 14

Die Dauer des nach diesem Abkommen zu gewährenden Schutzes darf nicht kürzer als zwanzig Jahre sein, gerechnet:
a) vom Ende des Jahres der Festlegung bei Tonträgern und bei Darbietungen, die auf Tonträgern festgelegt sind;
b) vom Ende des Jahres, in dem die Darbietung stattgefunden hat, bei Darbietungen, die nicht auf Tonträgern festgelegt sind;
c) vom Ende des Jahres, in dem die Sendung stattgefunden hat, bei Funksendungen.

Art. 15

1. Jeder vertragsschliessende Staat kann in seiner nationalen Gesetzgebung Ausnahmen von dem mit diesem Abkommen gewährleisteten Schutz in den folgenden Fällen vorsehen:
a) für eine private Benützung,
b) für eine Benützung kurzer Bruchstücke anlässlich der Berichterstattung über Tagesereignisse;
c) für eine ephemere Festlegung, die von einem Sendeunternehmen mit seinen eigenen Mitteln und für seine eigenen Sendungen vorgenommen wird;
d) für eine Benützung, die ausschliesslich Zwecken des Unterrichts oder der wissenschaftlichen Forschung dient.

2. Unbeschadet der Bestimmungen des Absatzes 1 kann jeder vertragsschliessende Staat für den Schutz der ausübenden Künstler, der Hersteller von Tonträgern und der Sendeunternehmen in seiner nationalen Gesetzgebung Beschränkungen gleicher Art vorsehen, wie sie in dieser Gesetzgebung für den Schutz des Urheberrechts an Werken der Literatur und der Kunst vorgesehen sind. Zwangslizenzen können jedoch nur insoweit vorgesehen werden, als sie mit den Bestimmungen dieses Abkommens vereinbar sind.

Art. 16

1. Ein Staat, der Mitglied dieses Abkommens wird, übernimmt damit alle Verpflichtungen und geniesst alle Vorteile, die darin vorgesehen sind. Jedoch kann ein Staat jederzeit durch eine beim Generalsekretär der Organisation der Vereinten Nationen hinterlegte Mitteilung erklären:

a) hinsichtlich des Artikels 12:
   (i) dass er keine Bestimmung dieses Artikels anwenden wird;
   (ii) dass er die Bestimmungen dieses Artikels für bestimmte Benützungen nicht anwenden wird;
   (iii) dass er die Bestimmungen dieses Artikels für Tonträger nicht anwenden wird, deren Hersteller nicht Angehöriger eines vertragsschliessenden Staates ist;
   (iv) dass er für die Tonträger, deren Hersteller Angehöriger eines anderen vertragsschliessenden Staates ist, den Umfang und die Dauer des in diesem Artikel vorgesehenen Schutzes auf den Umfang und die Dauer des Schutzes beschränken wird, den dieser vertragsschliessende Staat den Tonträgern gewährt, die erstmals von einem Angehörigen des Staates, der die Erklärung abgegeben hat, festgelegt worden sind; wenn jedoch der vertragsschliessende Staat, dem der Hersteller angehört, den Schutz nicht dem oder den gleichen Begünstigten gewährt wie der vertragsschliessende Staat, der die Erklärung abgegeben hat, so gilt dies nicht als Unterschied im Umfang des Schutzes;
b) hinsichtlich des Artikels 13, dass er die Bestimmungen des Buchstabens d) dieses Artikels nicht anwenden wird; gibt ein vertragsschliessender Staat eine solche Erklärung ab, so sind die anderen vertragsschliessenden Staaten nicht verpflichtet, den Sendeunternehmen, die ihren Sitz im Gebiet dieses Staates haben, das in Artikel 13 Buchstabe d) vorgesehene Recht zu gewähren.

2. Wird die in Absatz 1 vorgesehene Mitteilung zu einem späteren Zeitpunkt als dem der Hinterlegung der Ratifikations-, Annahme- oder Beitrittsurkunde hinterlegt, so wird sie erst sechs Monate nach ihrer Hinterlegung wirksam.

Art. 17

Jeder Staat, dessen nationale Gesetzgebung am 26. Oktober 1961 den Herstellern von Tonträgern einen Schutz gewährt, der ausschliesslich auf dem Merkmal der Festlegung beruht, kann durch eine gleichzeitig mit seiner Ratifikations-, Annahme- oder Beitrittsurkunde beim Generalsekretär der Organisation der Vereinten Nationen hinterlegte Mitteilung erklären, dass er hinsichtlich des Artikels 5 nur dieses Merkmal der Festlegung und hinsichtlich des Artikels 16 Absatz 1 Buchstabe a) (iii) und (iv) das gleiche Merkmal der Festlegung an Stelle des Merkmals der Staatsangehörigkeit des Herstellers anwenden wird.

Art. 18

Jeder Staat, der eine der in Artikel 5 Absatz 3, in Artikel 6 Absatz 2, in Artikel 16 Absatz 1 oder in Artikel 17 vorgesehenen Erklärungen abgegeben hat, kann durch eine neue, an den Generalsekretär der Organisation der Vereinten Nationen gerichtete Mitteilung ihre Tragweite einschränken oder sie zurückziehen.

Art. 19

Unbeschadet aller anderen Bestimmungen dieses Abkommens ist Artikel 7 nicht mehr anwendbar, sobald ein ausübender Künstler seine Zustimmung dazu erteilt hat, dass seine Darbietung einem Bildträger oder einem Bild- und Tonträger eingefügt wird.

Art. 20

1. Dieses Abkommen lässt die Rechte unberührt, die in einem der vertragsschliessenden Staaten erworben worden sind, bevor dieses Abkommen für diesen Staat in Kraft getreten ist.

2. Kein vertragsschliessender Staat ist verpflichtet, die Bestimmungen dieses Abkommens auf Darbietungen oder Funksendungen anzuwenden, die stattgefunden haben, bevor dieses Abkommen für diesen Staat in Kraft getreten ist, oder auf Tonträger, die vor diesem Zeitpunkt festgelegt worden sind.

Art. 21

Der in diesem Abkommen vorgesehene Schutz lässt den Schutz unberührt, den die ausübenden Künstler, die Hersteller von Tonträgern und die Sendeunternehmen etwa aus anderen Rechtsgründen geniessen.

Art. 22

Die vertragsschliessenden Staaten behalten sich das Recht vor, untereinander besondere Vereinbarungen zu treffen, soweit diese den ausübenden Künstlern, den Herstellern von Tonträgern oder den Sendeunternehmen weitergehende Rechte verschaffen als diejenigen, die durch dieses Abkommen gewährt werden, oder soweit sie andere Bestimmungen enthalten, die nicht im Widerspruch zu diesem Abkommen stehen.

Art. 23

Dieses Abkommen wird beim Generalsekretär der Organisation der Vereinten Nationen hinterlegt. Es steht bis zum 30. Juni 1962 den Staaten zur Unterzeichnung offen, die zur Diplomatischen Konferenz über den internationalen Schutz der ausübenden Künstler, der Hersteller von Tonträgern und der Sendeunternehmen eingeladen worden sind und die dem Welturheberrechtsabkommen[2] angehören oder Mitglieder des Internationalen Verbandes zum Schutze von Werken der Literatur und der Kunst sind.

Art. 24

1. Dieses Abkommen soll durch die Unterzeichnerstaaten ratifiziert oder angenommen werden.

2. Dieses Abkommen steht für die Staaten, die zu der in Artikel 23 bezeichneten Konferenz eingeladen worden sind, sowie für jeden Mitgliedstaat der Organisation der Vereinten Nationen zum Beitritt offen, vorausgesetzt, dass der beitretende Staat dem Welturheberrechtsabkommen[3] angehört oder Mitglied des Internationalen Verbandes zum Schutze von Werken der Literatur und der Kunst ist.

3. Die Ratifikation, die Annahme oder der Beitritt geschieht durch Hinterlegung einer entsprechenden Urkunde beim Generalsekretär der Organisation der Vereinten Nationen.

Art. 25

1. Dieses Abkommen tritt drei Monate nach der Hinterlegung der sechsten Ratifikations-, Annahme- oder Beitrittsurkunde in Kraft.

---

[2] SR **0.231.0/.01**

[3] SR **0.231.0/.01**

2. In der Folge tritt dieses Abkommen für jeden Staat drei Monate nach Hinterlegung seiner Ratifikations-, Annahme- oder Beitrittsurkunde in Kraft.

Art. 26
1. Jeder vertragsschliessende Staat verpflichtet sich, im Einklang mit seiner Verfassung die notwendigen Massnahmen zu ergreifen, um die Anwendung dieses Abkommens zu gewährleisten.
2. Im Zeitpunkt der Hinterlegung seiner Ratifikations-, Annahme- oder Beitrittsurkunde muss jeder Staat nach seiner nationalen Gesetzgebung in der Lage sein, die Bestimmungen dieses Abkommens anzuwenden.

Art. 27
1. Jeder Staat kann im Zeitpunkt der Ratifikation, der Annahme oder des Beitritts oder in jedem späteren Zeitpunkt durch eine an den Generalsekretär der Organisation der Vereinten Nationen gerichtete Mitteilung erklären, dass dieses Abkommen sich auf alle oder einen Teil der Gebiete erstreckt, deren internationale Beziehungen er wahrnimmt, vorausgesetzt, dass das Welturheberrechtsabkommen[4] oder die Internationale Übereinkunft zum Schutze von Werken der Literatur und der Kunst[5] auf die betreffenden Gebiete anwendbar ist. Diese Mitteilung wird drei Monate nach ihrem Empfang wirksam.
2. Die in Artikel 5 Absatz 3, in Artikel 6 Absatz 2, in Artikel 16 Absatz 1, in Artikel 17 oder in Artikel 18 genannten Erklärungen und Mitteilungen können auf alle oder einen Teil der in Absatz 1 genannten Gebiete erstreckt werden.

Art. 28
1. Jeder vertragsschliessende Staat kann dieses Abkommen in seinem eigenen Namen oder im Namen aller oder eines Teiles der in Artikel 27 genannten Gebiete kündigen.
2. Die Kündigung geschieht durch eine an den Generalsekretär der Organisation der Vereinten Nationen gerichtete Mitteilung und wird zwölf Monate nach dem Empfang der Mitteilung wirksam.
3. Von der in diesem Artikel vorgesehenen Möglichkeit der Kündigung kann ein vertragsschliessender Staat nicht vor Ablauf von fünf Jahren von dem Zeitpunkt an Gebrauch machen, in dem das Abkommen für diesen Staat in Kraft getreten ist.
4. Jeder vertragsschliessende Staat hört in dem Zeitpunkt auf, Mitglied dieses Abkommens zu sein, in dem er nicht mehr dem Welturheberrechtsabkommen[6] angehört und nicht mehr Mitglied des Internationalen Verbandes zum Schutze von Werken der Literatur und der Kunst ist.
5. Dieses Abkommen hört in dem Zeitpunkt auf, auf eines der in Artikel 27 genannten Gebiete anwendbar zu sein, in dem auf dieses Gebiet weder das Welturheberrechtsabkommen noch die Internationale Übereinkunft zum Schutze von Werken der Literatur und der Kunst[7] weiterhin anwendbar ist.

---

[4] SR **0.231.0/.01**
[5] SR **0.231.12/.15**
[6] SR **0.231.0/.01**
[7] SR **0.231.12/.15**

Art. 29
1. Nachdem dieses Abkommen fünf Jahre lang in Kraft gewesen ist, kann jeder vertragsschliessende Staat durch eine an den Generalsekretär der Organisation der Vereinten Nationen gerichtete Mitteilung die Einberufung einer Konferenz zur Revision dieses Abkommens beantragen. Der Generalsekretär teilt diesen Antrag allen vertragsschliessenden Staaten mit. Wenn innerhalb von sechs Monaten seit der Mitteilung des Generalsekretärs der Organisation der Vereinten Nationen mindestens die Hälfte der vertragsschliessenden Staaten ihm ihre Zustimmung zu diesem Antrag bekanntgegeben hat, unterrichtet der Generalsekretär den Generaldirektor des Internationalen Arbeitsamtes, den Generaldirektor der Organisation der Vereinten Nationen für Erziehung, Wissenschaft und Kultur und den Direktor des Büros des Internationalen Verbandes zum Schutze von Werken der Literatur und der Kunst, die in Zusammenarbeit mit dem in Artikel 32 vorgesehenen Ausschuss von Regierungsvertretern eine Revisionskonferenz einberufen.
2. Jede Revision dieses Abkommens muss mit Zweidrittelmehrheit der bei der Revisionskonferenz anwesenden Staaten angenommen werden, vorausgesetzt, dass diese Mehrheit zwei Drittel der Staaten umfasst, die im Zeitpunkt der Revisionskonferenz Mitglieder dieses Abkommens sind.
3. Falls ein neues Abkommen angenommen wird, das dieses Abkommen ganz oder teilweise ändert, und sofern das neue Abkommen nichts anderes bestimmt,
   a) steht dieses Abkommen vom Zeitpunkt des Inkrafttretens des neuen, revidierten Abkommens an nicht mehr zur Ratifikation, zur Annahme oder zum Beitritt offen,
   b) bleibt dieses Abkommen hinsichtlich der Beziehungen zwischen den vertragsschliessenden Staaten in Kraft, die nicht Mitglieder des neuen Abkommens werden.

Art. 30
Jede Streitfrage zwischen zwei oder mehreren vertragsschliessenden Staaten über die Auslegung oder die Anwendung dieses Abkommens, die nicht auf dem Verhandlungswege geregelt wird, soll auf Antrag einer der streitenden Parteien zur Entscheidung vor den Internationalen Gerichtshof gebracht werden, sofern die beteiligten Staaten nicht eine andere Art der Regelung vereinbaren.

Art. 31
Unbeschadet der Bestimmungen des Artikels 5 Absatz 3, des Artikels 6 Absatz 2, des Artikels 16 Absatz 1 und des Artikels 17 ist kein Vorbehalt zu diesem Abkommen zulässig.

Art. 32
1. Es wird ein Ausschuss von Regierungsvertretern eingesetzt, der folgende Aufgaben hat:
   a) die Fragen zu prüfen, die sich auf die Anwendung und Durchführung dieses Abkommens beziehen;
   b) die Vorschläge zu sammeln und die Unterlagen vorzubereiten, die sich auf etwaige Revisionen dieses Abkommens beziehen.

2. Der Ausschuss setzt sich aus Vertretern der vertragsschliessenden Staaten zusammen, die unter Berücksichtigung einer angemessenen geographischen Verteilung ausgewählt werden. Die Zahl der Mitglieder des Ausschusses beträgt sechs, wenn die Zahl der vertragsschliessenden Staaten zwölf oder weniger beträgt, neun, wenn die Zahl der vertragsschliessenden Staaten dreizehn bis achtzehn beträgt, und zwölf, wenn die Zahl der vertragsschliessenden Staaten achtzehn übersteigt.

3. Der Ausschuss wird zwölf Monate nach Inkrafttreten dieses Abkommens auf Grund einer Abstimmung gebildet, die unter den vertragsschliessenden Staaten – von denen jeder über eine Stimme verfügt – von dem Generaldirektor des Internationalen Arbeitsamtes, dem Generaldirektor der Organisation der Vereinten Nationen für Erziehung, Wissenschaft und Kultur und dem Direktor des Büros des Internationalen Verbandes zum Schutze von Werken der Literatur und der Kunst nach den Regeln durchgeführt wird, die vorher von der absoluten Mehrheit der vertragsschliessenden Staaten genehmigt worden sind.

4. Der Ausschuss wählt seinen Vorsitzenden und sein Büro. Er stellt seine Geschäftsordnung auf, die sich insbesondere auf seine künftige Arbeitsweise und die Art seiner Erneuerung bezieht; diese Geschäftsordnung muss namentlich einen Wechsel unter den verschiedenen vertragsschliessenden Staaten sicherstellen.

5. Das Sekretariat des Ausschusses setzt sich zusammen aus Angehörigen des Internationalen Arbeitsamtes, der Organisation der Vereinten Nationen für Erziehung, Wissenschaft und Kultur und des Büros des Internationalen Verbandes zum Schutze von Werken der Literatur und der Kunst, die von den Generaldirektoren und dem Direktor der drei beteiligten Organisationen bestimmt werden.

6. Die Sitzungen des Ausschusses, der einberufen wird, sobald die Mehrheit seiner Mitglieder es für zweckmässig hält, werden abwechselnd am Sitz des Internationalen Arbeitsamtes, der Organisation der Vereinten Nationen für Erziehung, Wissenschaft und Kultur und des Büros des Internationalen Verbandes zum Schutze von Werken der Literatur und der Kunst abgehalten.

7. Die Auslagen der Mitglieder des Ausschusses werden von ihren Regierungen getragen.

Art. 33

1. Dieses Abkommen wird in englischer, französischer und spanischer Sprache abgefasst; diese drei Texte sind in gleicher Weise massgebend.

2. Ausserdem werden offizielle Texte dieses Abkommens in deutscher, italienischer und portugiesischer Sprache abgefasst.

Art. 34

1. Der Generalsekretär der Organisation der Vereinten Nationen unterrichtet die Staaten, die zu der in Artikel 23 genannten Konferenz eingeladen worden sind, und jeden Mitgliedstaat der Organisation der Vereinten Nationen sowie den Generaldirektor des Internationalen Arbeitsamtes, den Generaldirektor der Organisation der Vereinten Nationen für Erziehung, Wissenschaft und Kultur und den Direktor des Büros des Internationalen Verbandes zum Schutze von Werken der Literatur und der Kunst:

a) über die Hinterlegung jeder Ratifikations-, Annahme- oder Beitrittsurkunde;
b) über den Zeitpunkt des Inkrafttretens des Abkommens;

c) über die in diesem Abkommen vorgesehenen Mitteilungen, Erklärungen und sonstigen Anzeigen;
d) über den Eintritt eines in Artikel 28 Absatz 4 oder Absatz 5 genannten Sachverhalts.

2. Der Generalsekretär der Organisation der Vereinten Nationen unterrichtet ferner den Generaldirektor des Internationalen Arbeitsamtes, den Generaldirektor der Organisation der Vereinten Nationen für Erziehung, Wissenschaft und Kultur und den Direktor des Büros des Internationalen Verbandes zum Schutze von Werken der Literatur und der Kunst über die Anträge, die nach Artikel 29 an ihn gerichtet werden, sowie über jede Mitteilung, die er hinsichtlich der Revision dieses Abkommens von den vertragsschliessenden Staaten erhält.

Zu Urkund dessen haben die Unterzeichneten, die hierzu in gehöriger Weise ermächtigt sind, dieses Abkommen unterzeichnet.

Geschehen zu Rom am 26. Oktober 1961 in einem einzigen Exemplar in englischer, französischer und spanischer Sprache. Beglaubigte Abschriften übersendet der Generalsekretär der Organisation der Vereinten Nationen an alle Staaten, die zu der in Artikel 23 genannten Konferenz eingeladen worden sind, und an Jeden Mitgliedstaat der Organisation der Vereinten Nationen sowie an den Generaldirektor des Internationalen Arbeitsamtes, an den Generaldirektor der Organisation der Vereinten Nationen für Erziehung, Wissenschaft und Kultur und an den Direktor des Büros des Internationalen Verbandes zum Schutze von Werken der Literatur und der Kunst.

(Es folgen die Unterschriften)

Geltungsbereich des Abkommens am 28. November 2003

Vertragsstaaten	Ratifikation Beitritt (B) Nachfolgeerklärung (N)		In-Kraft-Treten	
Albanien	1. Juni	2000 B	1. September	2000
Argentinien	2. Dezember	1991	2. März	1992
Armenien	31. Oktober	2002 B	31. Januar	2003
Australien*	30. Juni	1992 B	30. September	1992
Barbados	18. Juni	1983 B	18. September	1983
Belarus*	27. Februar	2003 B	27. Mai	2003
Belgien*	2. Juli	1999	2. Oktober	1999
Bolivien	24. August	1993 B	24. November	1993
Brasilien	29. Juni	1965	29. September	1965
Bulgarien*	31. Mai	1995 B	31. August	1995
Burkina Faso	14. Oktober	1987 B	14. Januar	1988
Chile	5. Juni	1974	5. September	1974

Costa Rica	9.	Juni	1971 B	9. September	1971
Dänemark*	23.	Juni	1965	23. September	1965
Deutschland*	21.	Juli	1966	21. Oktober	1966
Dominica	9.	August	1999 B	9. November	1999
Dominikanische Republik	27.	Oktober	1986 B	27. Januar	1987
Ecuador	19.	Dezember	1963	18. Mai	1964
El Salvador	29.	März	1979 B	29. Juni	1979
Estland	28.	Januar	2000 B	28. April	2000
Fidschi*	11.	Januar	1972 B	11. April	1972
Finnland*	21.	Juli	1983	21. Oktober	1983
Frankreich*	3.	April	1987	3. Juli	1987
Griechenland	6.	Oktober	1992 B	6. Januar	1993
Guatemala	14.	Oktober	1976 B	14. Januar	1977
Honduras	16.	November	1989 B	16. Februar	1990
Irland*	19.	Juni	1979	19. September	1979
Island*	15.	März	1994	15. Juni	1994
Israel*	30.	September	2002	30. Dezember	2002
Italien*	8.	Januar	1975	8. April	1975
Jamaika	27.	Oktober	1993 B	27. Januar	1994
Japan*	26.	Juli	1989 B	26. Oktober	1989
Kanada*	4.	März	1998 B	4. Juni	1998
Kap Verde	3.	April	1997 B	3. Juli	1997
Kirgisistan	13.	Mai	2003 B	13. August	2003
Kolumbien	17.	Juni	1976 B	17. September	1976
Kongo (Brazzaville)*	29.	Juni	1962 B	18. Mai	1964
Kroatien*	20.	Januar	2000 B	20. April	2000
Lesotho*	26.	Oktober	1989 B	26. Januar	1990
Lettland*	20.	Mai	1999 B	20. August	1999
Libanon	12.	Mai	1997	12. August	1997
Liechtenstein*	12.	Juli	1999 B	12. Oktober	1999
Litauen*	22.	April	1999 B	22. Juli	1999
Luxemburg*	25.	November	1975 B	25. Februar	1976
Mazedonien*	2.	Dezember	1997 B	2. März	1998
Mexiko	17.	Februar	1964	18. Mai	1964
Moldau*	5.	September	1995 B	5. Dezember	1995
Monaco*	6.	September	1985	6. Dezember	1985
Nicaragua	10.	Mai	2000 B	10. August	2000
Niederlande*	7.	Juli	1993 B	7. Oktober	1993
Niger*	5.	April	1963 B	18. Mai	1964

Nigeria*	29. Juli	1993 B	29. Oktober	1993
Norwegen*	10. April	1978 B	10. Juli	1978
Österreich*	9. März	1973	9. Juni	1973
Panama	2. Juni	1983 B	2. September	1983
Paraguay	26. November	1969	26. Februar	1970
Peru	7. Mai	1985 B	7. August	1985
Philippinen	25. Juni	1984 B	25. September	1984
Polen*	13. März	1997 B	13. Juni	1997
Portugal	17. April	2002 B	17. Juli	2002
Rumänien*	22. Juli	1998 B	22. Oktober	1998
Russland*	26. Februar	2003 B	26. Mai	2003
St. Lucia*	17. Mai	1996 B	17. August	1996
Schweden*	13. Juli	1962	18. Mai	1964
Schweiz*	24. Juni	1993 B	24. September	1993
Serbien und Montenegro	10. März	2003	10. Juni	2003
Slowakei*	28. Mai	1993 N	1. Janua	1993
Slowenien*	9. Juli	1996 B	9. Oktober	1996
Spanien*	14. August	1991	14. November	1991
Togo	10. März	2003 B	10. Juni	2003
Tschechische Republik*	30. September	1993 N	1. Januar	1993
Ukraine	12. März	2002 B	12. Juni	2002
Ungarn	10. November	1994	10. Februar	1995
Uruguay	4. April	1977 B	4. Juli	1977
Venezuela	30. Oktober	1995 B	30. Januar	1996
Vereinigtes Königreich*	30. Oktober	1963	18. Mai	1964
Bermudas*	10. März	1970	10. Juni	1970
Gibraltar*	20. Dezember	1966	20. März	1967
Insel Man	28. April	1999	28. Juli	1999

* Vorbehalte und Erklärungen siehe hiernach.
Die Vorbehalte und Erklärungen werden, ausgenommen die Erklärungen der Schweiz, in der AS nicht veröffentlicht. Die französischen und englischen Texte können auf der Internet-Seite der Weltorganisation für geistiges Eigentum: www.ompi.org/treaties/index-fr.html eingesehen oder bei der Direktion für Völkerrecht, Sektion Staatsverträge, 3003 Bern, bezogen werden.

Erklärungen

Schweiz

Zu Artikel 5

Die Schweizerische Regierung erklärt in Übereinstimmung mit Absatz 3 von Artikel 5 des Abkommens, dass das Merkmal der ersten Festlegung nicht als Voraussetzung für die Inländerbehandlung gilt. Sie wird somit das Merkmal der ersten Veröffentlichung anwenden.

Zu Artikel 12

In Übereinstimmung mit den Bestimmungen in Absatz 1 von Artikel 16 des Abkommens erklärt die Schweizerische Regierung, dass sie die Bestimmungen des Artikels 12 nicht anwenden wird für Tonträger, deren Hersteller nicht Angehöriger eines vertragsschliessenden Staates ist.

Ebenso erklärt die Schweizerische Regierung hinsichtlich der Tonträger, deren Hersteller Angehöriger eines anderen vertragsschliessenden Staates ist, dass sie den Umfang und die Dauer des in Artikel 12 vorgesehenen Schutzes gemäss den Bestimmungen von Artikel 16 Absatz 1 Buchstabe a Ziffer iv des Abkommens auf den Umfang und die Dauer beschränken wird, den dieser Staat den Tonträgern gewährt, die erstmals von einem schweizerischen Staatsangehörigen festgelegt worden sind.

Diplomatic conference on certain copyright and neighboring rights questions
Geneva, December 2 to 20, 1996

Wipo Copyright Treaty
adopted by the Diplomatic Conference on December 20, 1996

The agreed statements of the Diplomatic Conference (that adopted the Treaty) concerning certain provisions of the WCT are reproduced in the original text of the Treaty as footnotes under the provisions concerned. These footnotes do not appear in the present text, but are replaced by bracketed references to the corresponding agreed statements.

Preamble

The Contracting Parties,

Desiring to develop and maintain the protection of the rights of authors in their literary and artistic works in a manner as effective and uniform as possible,

Recognizing the need to introduce new international rules and clarify the interpretation of certain existing rules in order to provide adequate solutions to the questions raised by new economic, social, cultural and technological developments,

Recognizing the profound impact of the development and convergence of information and communication technologies on the creation and use of literary and artistic works,

Emphasizing the outstanding significance of copyright protection as an incentive for literary and artistic creation,

Recognizing the need to maintain a balance between the rights of authors and the larger public interest, particularly education, research and access to information, as reflected in the Berne Convention,

Have agreed as follows:

Art. 1   Relation to the Berne Convention

(1) This Treaty is a special agreement within the meaning of Article 20 of the Berne Convention for the Protection of Literary and Artistic Works, as regards Contracting Parties that are countries of the Union established by that Convention. This Treaty shall not have any connection with treaties other than the Berne Convention, nor shall it prejudice any rights and obligations under any other treaties.

(2) Nothing in this Treaty shall derogate from existing obligations that Contracting Parties have to each other under the Berne Convention for the Protection of Literary and Artistic Works.

(3) Hereinafter, "Berne Convention" shall refer to the Paris Act of July 24, 1971 of the Berne Convention for the Protection of Literary and Artistic Works.

(4) Contracting Parties shall comply with Articles 1 to 21 and the Appendix of the Berne Convention. [See the agreed statement concerning Article 1(4)]

Art. 2   **Scope of Copyright Protection**

Copyright protection extends to expressions and not to ideas, procedures, methods of operation or mathematical concepts as such.

Art. 3   **Application of Articles 2 to 6 of the Berne Convention**

Contracting Parties shall apply *mutatis mutandis* the provisions of Articles 2 to 6 of the Berne Convention in respect of the protection provided for in this Treaty. [See the agreed statement concerning Article 3]

Art. 4   **Computer Programs**

Computer programs are protected as literary works within the meaning of Article 2 of the Berne Convention. Such protection applies to computer programs, whatever may be the mode or form of their expression. [See the agreed statement concerning Article 4]

Art. 5   **Compilations of Data (Databases)**

Compilations of data or other material, in any form, which by reason of the selection or arrangement of their contents constitute intellectual creations, are protected as such. This protection does not extend to the data or the material itself and is without prejudice to any copyright subsisting in the data or material contained in the compilation. [See the agreed statement concerning Article 5]

Art. 6   **Right of Distribution**

(1) Authors of literary and artistic works shall enjoy the exclusive right of authorizing the making available to the public of the original and copies of their works through sale or other transfer of ownership.

(2) Nothing in this Treaty shall affect the freedom of Contracting Parties to determine the conditions, if any, under which the exhaustion of the right in paragraph (1) applies after the first sale or other transfer of ownership of the original or a copy of the work with the authorization of the author. [See the agreed statement concerning Articles 6 and 7]

Art. 7   **Right of Rental**

(1) Authors of
- (i) computer programs;
- (ii) cinematographic works; and
- (iii) works embodied in phonograms, as determined in the national law of Contracting Parties,

shall enjoy the exclusive right of authorizing commercial rental to the public of the originals or copies of their works.

(2) Paragraph (1) shall not apply
- (i) in the case of computer programs, where the program itself is not the essential object of the rental; and
- (ii) in the case of cinematographic works, unless such commercial rental has led to widespread copying of such works materially impairing the exclusive right of reproduction.

(3) Notwithstanding the provisions of paragraph (1), a Contracting Party that, on April 15, 1994, had and continues to have in force a system of equitable remuneration of authors for the rental of copies of their works embodied in phonograms may maintain that system provided that the commercial rental of works embodied in phonograms is not giving rise to the material impairment of the exclusive right of reproduction of authors. [See the agreed statement concerning Articles 6 and 7, and the agreed statement concerning Article 7]

Art. 8 Right of Communication to the Public

Without prejudice to the provisions of Articles 11(1)(ii), $11^{bis}(1)(i)$ and (ii), $11^{ter}(1)(ii)$, 14(1)(ii) and $14^{bis}(1)$ of the Berne Convention, authors of literary and artistic works shall enjoy the exclusive right of authorizing any communication to the public of their works, by wire or wireless means, including the making available to the public of their works in such a way that members of the public may access these works from a place and at a time individually chosen by them. [See the agreed statement concerning Article 8]

Art. 9 Duration of the Protection of Photographic Works

In respect of photographic works, the Contracting Parties shall not apply the provisions of Article 7(4) of the Berne Convention.

Art. 10 Limitations and Exceptions

(1) Contracting Parties may, in their national legislation, provide for limitations of or exceptions to the rights granted to authors of literary and artistic works under this Treaty in certain special cases that do not conflict with a normal exploitation of the work and do not unreasonably prejudice the legitimate interests of the author.

(2) Contracting Parties shall, when applying the Berne Convention, confine any limitations of or exceptions to rights provided for therein to certain special cases that do not conflict with a normal exploitation of the work and do not unreasonably prejudice the legitimate interests of the author. [See the agreed statement concerning Article 10]

Art. 11 Obligations concerning Technological Measures

Contracting Parties shall provide adequate legal protection and effective legal remedies against the circumvention of effective technological measures that are used by authors in connection with the exercise of their rights under this Treaty or the Berne Convention and that restrict acts, in respect of their works, which are not authorized by the authors concerned or permitted by law.

Art. 12 Obligations concerning Rights Management Information

(1) Contracting Parties shall provide adequate and effective legal remedies against any person knowingly performing any of the following acts knowing, or with respect to civil remedies having reasonable grounds to know, that it will induce, enable, facilitate or conceal an infringement of any right covered by this Treaty or the Berne Convention:

    (i) to remove or alter any electronic rights management information without authority;

(ii) to distribute, import for distribution, broadcast or communicate to the public, without authority, works or copies of works knowing that electronic rights management information has been removed or altered without authority.

(2) As used in this Article, "rights management information" means information which identifies the work, the author of the work, the owner of any right in the work, or information about the terms and conditions of use of the work, and any numbers or codes that represent such information, when any of these items of information is attached to a copy of a work or appears in connection with the communication of a work to the public. [See the agreed statement concerning Article 12]

Art. 13 Application in Time

Contracting Parties shall apply the provisions of Article 18 of the Berne Convention to all protection provided for in this Treaty.

Art. 14 Provisions on Enforcement of Rights

(1) Contracting Parties undertake to adopt, in accordance with their legal systems, the measures necessary to ensure the application of this Treaty.

(2) Contracting Parties shall ensure that enforcement procedures are available under their law so as to permit effective action against any act of infringement of rights covered by this Treaty, including expeditious remedies to prevent infringements and remedies which constitute a deterrent to further infringements.

Art. 15 Assembly

(1)
- (a) The Contracting Parties shall have an Assembly.
- (b) Each Contracting Party shall be represented by one delegate who may be assisted by alternate delegates, advisors and experts.
- (c) The expenses of each delegation shall be borne by the Contracting Party that has appointed the delegation. The Assembly may ask the World Intellectual Property Organization (hereinafter referred to as "WIPO") to grant financial assistance to facilitate the participation of delegations of Contracting Parties that are regarded as developing countries in conformity with the established practice of the General Assembly of the United Nations or that are countries in transition to a market economy.

(2)
- (a) The Assembly shall deal with matters concerning the maintenance and development of this Treaty and the application and operation of this Treaty.
- (b) The Assembly shall perform the function allocated to it under Article 17(2) in respect of the admission of certain intergovernmental organizations to become party to this Treaty.
- (c) The Assembly shall decide the convocation of any diplomatic conference for the revision of this Treaty and give the necessary instructions to the Director General of WIPO for the preparation of such diplomatic conference.

(3)
- (a) Each Contracting Party that is a State shall have one vote and shall vote only in its own name.

(b) Any Contracting Party that is an intergovernmental organization may participate in the vote, in place of its Member States, with a number of votes equal to the number of its Member States which are party to this Treaty. No such intergovernmental organization shall participate in the vote if any one of its Member States exercises its right to vote and vice versa.

(4) The Assembly shall meet in ordinary session once every two years upon convocation by the Director General of WIPO.

(5) The Assembly shall establish its own rules of procedure, including the convocation of extraordinary sessions, the requirements of a quorum and, subject to the provisions of this Treaty, the required majority for various kinds of decisions.

Art. 16   **International Bureau**

The International Bureau of WIPO shall perform the administrative tasks concerning the Treaty.

Art. 17   **Eligibility for Becoming Party to the Treaty**

(1) Any Member State of WIPO may become party to this Treaty.

(2) The Assembly may decide to admit any intergovernmental organization to become party to this Treaty which declares that it is competent in respect of, and has its own legislation binding on all its Member States on, matters covered by this Treaty and that it has been duly authorized, in accordance with its internal procedures, to become party to this Treaty.

(3) The European Community, having made the declaration referred to in the preceding paragraph in the Diplomatic Conference that has adopted this Treaty, may become party to this Treaty.

Art. 18   **Rights and Obligations under the Treaty**

Subject to any specific provisions to the contrary in this Treaty, each Contracting Party shall enjoy all of the rights and assume all of the obligations under this Treaty.

Art. 19   **Signature of the Treaty**

This Treaty shall be open for signature until December 31, 1997, by any Member State of WIPO and by the European Community.

Art. 20   **Entry into Force of the Treaty**

This Treaty shall enter into force three months after 30 instruments of ratification or accession by States have been deposited with the Director General of WIPO.

Art. 21   **Effective Date of Becoming Party to the Treaty**

This Treaty shall bind
- (i) the 30 States referred to in Article 20, from the date on which this Treaty has entered into force;
- (ii) each other State from the expiration of three months from the date on which the State has deposited its instrument with the Director General of WIPO;
- (iii) the European Community, from the expiration of three months after the deposit of its instrument of ratification or accession if such instrument has been deposited after the entry into force of this Treaty according to Article 20, or, three months

after the entry into force of this Treaty if such instrument has been deposited before the entry into force of this Treaty;

(iv) any other intergovernmental organization that is admitted to become party to this Treaty, from the expiration of three months after the deposit of its instrument of accession.

Art. 22   **No Reservations to the Treaty**

No reservation to this Treaty shall be admitted.

Art. 23   **Denunciation of the Treaty**

This Treaty may be denounced by any Contracting Party by notification addressed to the Director General of WIPO. Any denunciation shall take effect one year from the date on which the Director General of WIPO received the notification.

Art. 24   **Languages of the Treaty**

(1) This Treaty is signed in a single original in English, Arabic, Chinese, French, Russian and Spanish languages, the versions in all these languages being equally authentic.

(2) An official text in any language other than those referred to in paragraph (1) shall be established by the Director General of WIPO on the request of an interested party, after consultation with all the interested parties. For the purposes of this paragraph, «interested party» means any Member State of WIPO whose official language, or one of whose official languages, is involved and the European Community, and any other intergovernmental organization that may become party to this Treaty, if one of its official languages is involved.

Art. 25   **Depositary**

The Director General of WIPO is the depositary of this Treaty.

Status on September 24, 2004

State	Date on which State became party to the Treaty
Argentina	March 6, 2002
Belarus	March 6, 2002
Bulgaria	March 6, 2002
Burkina Faso	March 6, 2002
Chile	March 6, 2002
Colombia	March 6, 2002
Costa Rica	March 6, 2002
Croatia	March 6, 2002
Cyprus	November 4, 2003
Czech Republic	March 6, 2002
Ecuador	March 6, 2002
El Salvador	March 6, 2002
Gabon	March 6, 2002
Georgia	March 6, 2002
Guatemala	February 4, 2003
Guinea	May 25, 2002
Honduras	May 20, 2002
Hungary	March 6, 2002
Indonesia	March 6, 2002
Jamaica	June 12, 2002
Japan	March 6, 2002
Jordan	April 27, 2004
Kazakhstan	November 12, 2004
Kyrgyzstan	March 6, 2002
Latvia	March 6, 2002
Lithuania	March 6, 2002
Mali	April 24, 2002
Mexico	March 6, 2002
Mongolia	October 25, 2002
Nicaragua	March 6, 2003
Panama	March 6, 2002
Paraguay	March 6, 2002
Peru	March 6, 2002
Philippines	October 4, 2002
Poland	March 23, 2004
Republic of Korea	June 24, 2004
Republic of Moldova	March 6, 2002
Romania	March 6, 2002
Saint Lucia	March 6, 2002
Senegal	May 18, 2002
Serbia and Montenegro	June 13, 2003
Slovakia	March 6, 2002
Slovenia	March 6, 2002
The former Yugoslav Republic of Macedonia	February 4, 2004
Togo	May 21, 2003
Ukraine	March 6, 2002
United Arab Emirates	July 14, 2004
United States of America	March 6, 2002

(Total: 48 States)

WIPO Performances and Phonograms Treaty and Agreed Statements Concerning the WIPO Performances and Phonograms Treaty

(adopted in Geneva on December 20, 1996)

Preamble

The Contracting Parties,

Desiring to develop and maintain the protection of the rights of performers and producers of phonograms in a manner as effective and uniform as possible,

Recognizing the need to introduce new international rules in order to provide adequate solutions to the questions raised by economic, social, cultural and technological developments,

Recognizing the profound impact of the development and convergence of information and communication technologies on the production and use of performances and phonograms,

Recognizing the need to maintain a balance between the rights of performers and producers of phonograms and the larger public interest, particularly education, research and access to information,

Have agreed as follows:

Chapter 1   General Provisions

Art. 1   Relation to Other Conventions

(1) Nothing in this Treaty shall derogate from existing obligations that Contracting Parties have to each other under the International Convention for the Protection of Performers, Producers of Phonograms and Broadcasting Organizations done in Rome, October 26, 1961 (hereinafter the "Rome Convention").

(2) Protection granted under this Treaty shall leave intact and shall in no way affect the protection of copyright in literary and artistic works. Consequently, no provision of this Treaty may be interpreted as prejudicing such protection.[1]

(3) This Treaty shall not have any connection with, nor shall it prejudice any rights and obligations under, any other treaties.

---

[1] **Agreed statement concerning Article 1(2):** It is understood that Article 1(2) clarifies the relationship between rights in phonograms under this Treaty and copyright in works embodied in the phonograms. In cases where authorization is needed from both the author of a work embodied in the phonogram and a performer or producer owning rights in the phonogram, the need for the authorization of the author does not cease to exist because the authorization of the performer or producer is also required, and vice versa.
It is further understood that nothing in Article 1(2) precludes a Contracting Party from providing exclusive rights to a performer or producer of phonograms beyond those required to be provided under this Treaty.

Art. 2   **Definitions**

For the purposes of this Treaty:

(a) "performers" are actors, singers, musicians, dancers, and other persons who act, sing, deliver, declaim, play in, interpret, or otherwise perform literary or artistic works or expressions of folklore;

(b) "phonogram" means the fixation of the sounds of a performance or of other sounds, or of a representation of sounds, other than in the form of a fixation incorporated in a cinematographic or other audiovisual work;[2]

(c) "fixation" means the embodiment of sounds, or of the representations thereof, from which they can be perceived, reproduced or communicated through a device;

(d) "producer of a phonogram" means the person, or the legal entity, who or which takes the initiative and has the responsibility for the first fixation of the sounds of a performance or other sounds, or the representations of sounds;

(e) "publication" of a fixed performance or a phonogram means the offering of copies of the fixed performance or the phonogram to the public, with the consent of the rightholder, and provided that copies are offered to the public in reasonable quantity;[3]

(f) "broadcasting" means the transmission by wireless means for public reception of sounds or of images and sounds or of the representations thereof; such transmission by satellite is also "broadcasting"; transmission of encrypted signals is "broadcasting" where the means for decrypting are provided to the public by the broadcasting organization or with its consent;

(g) "communication to the public" of a performance or a phonogram means the transmission to the public by any medium, otherwise than by broadcasting, of sounds of a performance or the sounds or the representations of sounds fixed in a phonogram. For the purposes of Article 15, "communication to the public" includes making the sounds or representations of sounds fixed in a phonogram audible to the public.

Art. 3   **Beneficiaries of Protection under this Treaty**

(1) Contracting Parties shall accord the protection provided under this Treaty to the performers and producers of phonograms who are nationals of other Contracting Parties.

(2) The nationals of other Contracting Parties shall be understood to be those performers or producers of phonograms who would meet the criteria for eligibility for protection provided under the Rome Convention, were all the Contracting Parties

---

[2] **Agreed statement concerning Article 2(b):** It is understood that the definition of phonogram provided in Article 2(b) does not suggest that rights in the phonogram are in any way affected through their incorporation into a cinematographic or other audiovisual work.

[3] **Agreed statement concerning Articles 2(e), 8, 9, 12, and 13:** As used in these Articles, the expressions «copies» and «original and copies,» being subject to the right of distribution and the right of rental under the said Articles, refer exclusively to fixed copies that can be put into circulation as tangible objects.

to this Treaty Contracting States of that Convention. In respect of these criteria of eligibility, Contracting Parties shall apply the relevant definitions in Article 2 of this Treaty.[4]

(3) Any Contracting Party availing itself of the possibilities provided in Article 5(3) of the Rome Convention or, for the purposes of Article 5 of the same Convention, Article 17 thereof shall make a notification as foreseen in those provisions to the Director General of the World Intellectual Property Organization (WIPO).[5]

Art. 4   **National Treatment**

(1) Each Contracting Party shall accord to nationals of other Contracting Parties, as defined in Article 3(2), the treatment it accords to its own nationals with regard to the exclusive rights specifically granted in this Treaty, and to the right to equitable remuneration provided for in Article 15 of this Treaty.

(2) The obligation provided for in paragraph (1) does not apply to the extent that another Contracting Party makes use of the reservations permitted by Article 15(3) of this Treaty.

Chapter II: Rights of perfomers

Art. 5   **Moral Rights of Performers**

(1) Independently of a performer's economic rights, and even after the transfer of those rights, the performer shall, as regards his live aural performances or performances fixed in phonograms, have the right to claim to be identified as the performer of his performances, except where omission is dictated by the manner of the use of the performance, and to object to any distortion, mutilation or other modification of his performances that would be prejudicial to his reputation.

(2) The rights granted to a performer in accordance with paragraph (1) shall, after his death, be maintained, at least until the expiry of the economic rights, and shall be exercisable by the persons or institutions authorized by the legislation of the Contracting Party where protection is claimed. However, those Contracting Parties whose legislation, at the moment of their ratification of or accession to this Treaty, does not provide for protection after the death of the performer of all rights set out in the preceding paragraph may provide that some of these rights will, after his death, cease to be maintained.

(3) The means of redress for safeguarding the rights granted under this Article shall be governed by the legislation of the Contracting Party where protection is claimed.

Art. 6   **Economic Rights of Performers in their Unfixed Performances**

Performers shall enjoy the exclusive right of authorizing, as regards their performances:

---

[4]   **Agreed statement concerning Article 3(2):** For the application of Article 3(2), it is understood that fixation means the finalization of the master tape ("bande-mère").

[5]   **Agreed statement concerning Article 3:** It is understood that the reference in Articles 5(a) and 16(a)(iv) of the Rome Convention to "national of another Contracting State" will, when applied to this Treaty, mean, in regard to an intergovernmental organization that is a Contracting Party to this Treaty, a national of one of the countries that is a member of that organization.

(i) the broadcasting and communication to the public of their unfixed performances except where the performance is already a broadcast performance; and

(ii) the fixation of their unfixed performances.

Art. 7   Right of Reproduction

Performers shall enjoy the exclusive right of authorizing the direct or indirect reproduction of their performances fixed in phonograms, in any manner or form.6

Art. 8   Right of Distribution

(1) Performers shall enjoy the exclusive right of authorizing the making available to the public of the original and copies of their performances fixed in phonograms through sale or other transfer of ownership.

(2) Nothing in this Treaty shall affect the freedom of Contracting Parties to determine the conditions, if any, under which the exhaustion of the right in paragraph (1) applies after the first sale or other transfer of ownership of the original or a copy of the fixed performance with the authorization of the performer.[7]

Art. 9   Right of Rental

(1) Performers shall enjoy the exclusive right of authorizing the commercial rental to the public of the original and copies of their performances fixed in phonograms as determined in the national law of Contracting Parties, even after distribution of them by, or pursuant to, authorization by the performer.

(2) Notwithstanding the provisions of paragraph (1), a Contracting Party that, on April 15, 1994, had and continues to have in force a system of equitable remuneration of performers for the rental of copies of their performances fixed in phonograms, may maintain that system provided that the commercial rental of phonograms is not giving rise to the material impairment of the exclusive right of reproduction of performers.[8]

Art. 10   Right of Making Available of Fixed Performances

Performers shall enjoy the exclusive right of authorizing the making available to the public of their performances fixed in phonograms, by wire or wireless means, in such a way that members of the public may access them from a place and at a time individually chosen by them.

---

[6] **Agreed statement concerning Articles 7, 11 and 16:** The reproduction right, as set out in Articles 7 and 11, and the exceptions permitted thereunder through Article 16, fully apply in the digital environment, in particular to the use of performances and phonograms in digital form. It is understood that the storage of a protected performance or phonogram in digital form in an electronic medium constitutes a reproduction within the meaning of these Articles.

[7] **Agreed statement concerning Articles 2(e), 8, 9, 12, and 13:** As used in these Articles, the expressions "copies" and "original and copies," being subject to the right of distribution and the right of rental under the said Articles, refer exclusively to fixed copies that can be put into circulation as tangible objects.

[8] **Agreed statement concerning Articles 2(e), 8, 9, 12, and 13:** As used in these Articles, the expressions "copies" and "original and copies," being subject to the right of distribution and the right of rental under the said Articles, refer exclusively to fixed copies that can be put into circulation as tangible objects.

Chapter III: Rights of producers of Phonograms

Art. 11 Right of Reproduction

Producers of phonograms shall enjoy the exclusive right of authorizing the direct or indirect reproduction of their phonograms, in any manner or form.[9]

Art. 12 Right of Distribution

(1) Producers of phonograms shall enjoy the exclusive right of authorizing the making available to the public of the original and copies of their phonograms through sale or other transfer of ownership.

(2) Nothing in this Treaty shall affect the freedom of Contracting Parties to determine the conditions, if any, under which the exhaustion of the right in paragraph (1) applies after the first sale or other transfer of ownership of the original or a copy of the phonogram with the authorization of the producer of the phonogram.[10]

Art. 13 Right of Rental

(1) Producers of phonograms shall enjoy the exclusive right of authorizing the commercial rental to the public of the original and copies of their phonograms, even after distribution of them by or pursuant to authorization by the producer.

(2) Notwithstanding the provisions of paragraph (1), a Contracting Party that, on April 15, 1994, had and continues to have in force a system of equitable remuneration of producers of phonograms for the rental of copies of their phonograms, may maintain that system provided that the commercial rental of phonograms is not giving rise to the material impairment of the exclusive right of reproduction of producers of phonograms.[11]

Art. 14 Right of Making Available of Phonograms

Producers of phonograms shall enjoy the exclusive right of authorizing the making available to the public of their phonograms, by wire or wireless means, in such a way that members of the public may access them from a place and at a time individually chosen by them.

---

[9] **Agreed statement concerning Articles 7, 11 and 16:** The reproduction right, as set out in Articles 7 and 11, and the exceptions permitted thereunder through Article 16, fully apply in the digital environment, in particular to the use of performances and phonograms in digital form. It is understood that the storage of a protected performance or phonogram in digital form in an electronic medium constitutes a reproduction within the meaning of these Articles.

[10] **Agreed statement concerning Articles 2(e), 8, 9, 12, and 13:** As used in these Articles, the expressions "copies" and "original and copies", being subject to the right of distribution and the right of rental under the said Articles, refer exclusively to fixed copies that can be put into circulation as tangible objects.

[11] **Agreed statement concerning Articles 2(e), 8, 9, 12, and 13:** As used in these Articles, the expressions "copies" and "original and copies," being subject to the right of distribution and the right of rental under the said Articles, refer exclusively to fixed copies that can be put into circulation as tangible objects.

Chapter IV: Common Provisions

Art. 15 Right to Remuneration for Broadcasting and Communication to the Public

(1) Performers and producers of phonograms shall enjoy the right to a single equitable remuneration for the direct or indirect use of phonograms published for commercial purposes for broadcasting or for any communication to the public.

(2) Contracting Parties may establish in their national legislation that the single equitable remuneration shall be claimed from the user by the performer or by the producer of a phonogram or by both. Contracting Parties may enact national legislation that, in the absence of an agreement between the performer and the producer of a phonogram, sets the terms according to which performers and producers of phonograms shall share the single equitable remuneration.

(3) Any Contracting Party may in a notification deposited with the Director General of WIPO, declare that it will apply the provisions of paragraph (1) only in respect of certain uses, or that it will limit their application in some other way, or that it will not apply these provisions at all.

(4) For the purposes of this Article, phonograms made available to the public by wire or wireless means in such a way that members of the public may access them from a place and at a time individually chosen by them shall be considered as if they had been published for commercial purposes.[12, 13]

Art. 16 Limitations and Exceptions

(1) Contracting Parties may, in their national legislation, provide for the same kinds of limitations or exceptions with regard to the protection of performers and producers of phonograms as they provide for, in their national legislation, in connection with the protection of copyright in literary and artistic works.

(2) Contracting Parties shall confine any limitations of or exceptions to rights provided for in this Treaty to certain special cases which do not conflict with a normal exploitation of the performance or phonogram and do not unreasonably prejudice the legitimate interests of the performer or of the producer of the phonogram.[14, 15]

---

[12] **Agreed statement concerning Article 15:** It is understood that Article 15 does not represent a complete resolution of the level of rights of broadcasting and communication to the public that should be enjoyed by performers and phonogram producers in the digital age. Delegations were unable to achieve consensus on differing proposals for aspects of exclusivity to be provided in certain circumstances or for rights to be provided without the possibility of reservations, and have therefore left the issue to future resolution.

[13] **Agreed statement concerning Article 15:** It is understood that Article 15 does not prevent the granting of the right conferred by this Article to performers of folklore and producers of phonograms recording folklore where such phonograms have not been published for commercial gain.

[14] **Agreed statement concerning Articles 7, 11 and 16:** The reproduction right, as set out in Articles 7 and 11, and the exceptions permitted thereunder through Article 16, fully apply in the digital environment, in particular to the use of performances and phonograms in digital form. It is understood that the storage of a protected performance or phonogram in digital form in an electronic medium constitutes a reproduction within the meaning of these Articles.

[15] **Agreed statement concerning Article 16:** The agreed statement concerning Article 10 (on Limitations and Exceptions) of the WIPO Copyright Treaty is applicable mutatis mutandis also to Article 16 (on Limitations and Exceptions) of the WIPO Performances and Phonograms Treaty. [The text of the agreed statement concerning Article 10 of the WCT reads as follows: "It is understood that the provisions of Article 10 permit Contracting Parties to carry forward and appropriately extend

Art. 17   **Term of Protection**

(1) The term of protection to be granted to performers under this Treaty shall last, at least, until the end of a period of 50 years computed from the end of the year in which the performance was fixed in a phonogram.

(2) The term of protection to be granted to producers of phonograms under this Treaty shall last, at least, until the end of a period of 50 years computed from the end of the year in which the phonogram was published, or failing such publication within 50 years from fixation of the phonogram, 50 years from the end of the year in which the fixation was made.

Art. 18   **Obligations concerning Technological Measures**

Contracting Parties shall provide adequate legal protection and effective legal remedies against the circumvention of effective technological measures that are used by performers or producers of phonograms in connection with the exercise of their rights under this Treaty and that restrict acts, in respect of their performances or phonograms, which are not authorized by the performers or the producers of phonograms concerned or permitted by law.

Art. 19   **Obligations concerning Rights Management Information**

(1) Contracting Parties shall provide adequate and effective legal remedies against any person knowingly performing any of the following acts knowing, or with respect to civil remedies having reasonable grounds to know, that it will induce, enable, facilitate or conceal an infringement of any right covered by this Treaty:

   (i) to remove or alter any electronic rights management information without authority;

   (ii) to distribute, import for distribution, broadcast, communicate or make available to the public, without authority, performances, copies of fixed performances or phonograms knowing that electronic rights management information has been removed or altered without authority.

(2) As used in this Article, "rights management information" means information which identifies the performer, the performance of the performer, the producer of the phonogram, the phonogram, the owner of any right in the performance or phonogram, or information about the terms and conditions of use of the performance or phonogram, and any numbers or codes that represent such information, when any of these items of information is attached to a copy of a fixed performance or a phonogram or appears in connection with the communication or making available of a fixed performance or a phonogram to the public.[16]

---

into the digital environment limitations and exceptions in their national laws which have been considered acceptable under the Berne Convention. Similarly, these provisions should be understood to permit Contracting Parties to devise new exceptions and limitations that are appropriate in the digital network environment.
"It is also understood that Article 10(2) neither reduces nor extends the scope of applicability of the limitations and exceptions permitted by the Berne Convention."]

[16] Agreed statement concerning Article 19: The agreed statement concerning Article 12 (on Obligations concerning Rights Management Information) of the WIPO Copyright Treaty is applicable mutatis mutandis also to Article 19 (on Obligations concerning Rights Management Information) of the WIPO Performances and Phonograms Treaty. [The text of the agreed statement concerning Article 12 of the WCT reads as follows: "It is understood that the reference to 'infringement of any right covered by this Treaty or the Berne Convention' includes both exclusive rights and rights of remuneration.

Art. 20   **Formalities**

The enjoyment and exercise of the rights provided for in this Treaty shall not be subject to any formality.

Art. 21   **Reservations**

Subject to the provisions of Article 15(3), to the provisions of Article 15(3), no reservations to this Treaty shall be permitted.

Art. 22   **Application in Time**

(1) Contracting Parties shall apply the provisions of Article 18 of the Berne Convention, mutatis mutandis, to the rights of performers and producers of phonograms provided for in this Treaty.

(2) Notwithstanding paragraph (1), a Contracting Party may limit the application of Article 5 of this Treaty to performances which occurred after the entry into force of this Treaty for that Party.

Art. 23   **Provisions on Enforcement of Rights**

(1) Contracting Parties undertake to adopt, in accordance with their legal systems, the measures necessary to ensure the application of this Treaty.

(2) Contracting Parties shall ensure that enforcement procedures are available under their law so as to permit effective action against any act of infringement of rights covered by this Treaty, including expeditious remedies to prevent infringements and remedies which constitute a deterrent to further infringements.

Chapter V: Administrative and final clauses

Art. 24   **Assembly**

(1)
- (a) The Contracting Parties shall have an Assembly.
- (b) Each Contracting Party shall be represented by one delegate who may be assisted by alternate delegates, advisors and experts.
- (c) The expenses of each delegation shall be borne by the Contracting Party that has appointed the delegation. The Assembly may ask WIPO to grant financial assistance to facilitate the participation of delegations of Contracting Parties that are regarded as developing countries in conformity with the established practice of the General Assembly of the United Nations or that are countries in transition to a market economy.

(2)
- (a) The Assembly shall deal with matters concerning the maintenance and development of this Treaty and the application and operation of this Treaty.

"It is further understood that Contracting Parties will not rely on this Article to devise or implement rights management systems that would have the effect of imposing formalities which are not permitted under the Berne Convention or this Treaty, prohibiting the free movement of goods or impending the enjoyment of rights under this Treaty."]

(b) The Assembly shall perform the function allocated to it under Article 26(2) in respect of the admission of certain intergovernmental organizations to become party to this Treaty.

(c) The Assembly shall decide the convocation of any diplomatic conference for the revision of this Treaty and give the necessary instructions to the Director General of WIPO for the preparation of such diplomatic conference.

(3)

(a) Each Contracting Party that is a State shall have one vote and shall vote only in its own name.

(b) Any Contracting Party that is an intergovernmental organization may participate in the vote, in place of its Member States, with a number of votes equal to the number of its Member States which are party to this Treaty. No such intergovernmental organization shall participate in the vote if any one of its Member States exercises its right to vote and vice versa.

(4) The Assembly shall meet in ordinary session once every two years upon convocation by the Director General of WIPO.

(5) The Assembly shall establish its own rules of procedure, including the convocation of extraordinary sessions, the requirements of a quorum and, subject to the provisions of this Treaty, the required majority for various kinds of decisions.

Art. 25   **International Bureau**

The International Bureau of WIPO shall perform the administrative tasks concerning the Treaty.

Art. 26   **Eligibility for Becoming Party to the Treaty**

(1) Any Member State of WIPO may become party to this Treaty.

(2) The Assembly may decide to admit any intergovernmental organization to become party to this Treaty which declares that it is competent in respect of, and has its own legislation binding on all its Member States on, matters covered by this Treaty and that it has been duly authorized, in accordance with its internal procedures, to become party to this Treaty.

(3) The European Community, having made the declaration referred to in the preceding paragraph in the Diplomatic Conference that has adopted this Treaty, may become party to this Treaty.

Art. 27   **Rights and Obligations under the Treaty**

Subject to any specific provisions to the contrary in this Treaty, each Contracting Party shall enjoy all of the rights and assume all of the obligations under this Treaty.

Art. 28   **Signature of the Treaty**

This Treaty shall be open for signature until December 31, 1997, by any Member State of WIPO and by the European Community.

Art. 29   **Entry into Force of the Treaty**

This Treaty shall enter into force three months after 30 instruments of ratification or accession by States have been deposited with the Director General of WIPO.

Art. 30 **Effective Date of Becoming Party to the Treaty**

This Treaty shall bind

(i) the 30 States referred to in Article 29, from the date on which this Treaty has entered into force;

(ii) each other State from the expiration of three months from the date on which the State has deposited its instrument with the Director General of WIPO;

(iii) the European Community, from the expiration of three months after the deposit of its instrument of ratification or accession if such instrument has been deposited after the entry into force of this Treaty according to Article 29, or, three months after the entry into force of this Treaty if such instrument has been deposited before the entry into force of this Treaty;

(iv) any other intergovernmental organization that is admitted to become party to this Treaty, from the expiration of three months after the deposit of its instrument of accession.

Art. 31 **Denunciation of the Treaty**

This Treaty may be denounced by any Contracting Party by notification addressed to the Director General of WIPO. Any denunciation shall take effect one year from the date on which the Director General of WIPO received the notification.

Art. 32 **Languages of the Treaty**

(1) This Treaty is signed in a single original in English, Arabic, Chinese, French, Russian and Spanish languages, the versions in all these languages being equally authentic.

(2) An official text in any language other than those referred to in paragraph (1) shall be established by the Director General of WIPO on the request of an interested party, after consultation with all the interested parties. For the purposes of this paragraph, «interested party» means any Member State of WIPO whose official language, or one of whose official languages, is involved and the European Community, and any other intergovernmental organization that may become party to this Treaty, if one of its official languages is involved.

Art. 33 **Depositary**

The Director General of WIPO is the depositary of this Treaty.

Status on September 24, 2004

State	Date on which State became party to the Treaty	State	Date on which State became party to the Treaty
Georgia	March 6, 2002	Kyrgyzstan	August 15, 2002
Albania	May 20, 2002	Latvia	May 20, 2002
Argentina	May 20, 2002	Lithuania	May 20, 2002
Belarus	May 20, 2002	Mali	May 20, 2002
Bulgaria	May 20, 2002	Mexico	May 20, 2002
Burkina Faso	May 20, 2002	Mongolia	October 25, 2002
Chile	May 20, 2002	Nicaragua	March 6, 2003
Colombia	May 20, 2002	Panama	May 20, 2002
Costa Rica	May 20, 2002	Paraguay	May 20, 2002
Croatia	May 20, 2002	Peru	July 18, 2002
Czech Republic	May 20, 2002	Philippines	October 4, 2002
Ecuador	May 20, 2002	Poland	October 21, 2003
El Salvador	May 20, 2002	Republic of Moldova	May 20, 2002
Gabon	May 20, 2002	Romania	May 20, 2002
Georgia	May 20, 2002	Saint Lucia	May 20, 2002
Guatemala	January 8, 2003	Senegal	May 20, 2002
Guinea	May 25, 2002	Serbia and Montenegro	June 13, 2003
Honduras	May 20, 2002	Slovakia	May 20, 2002
Hungary	May 20, 2002	Slovenia	May 20, 2002
Jamaica	June 12, 2002	Togo	May 21, 2003
Japan	October 9, 2002	Ukraine	May 20, 2002
Jordan	May 24, 2004	United States of America	May 20, 2002
Kazakhstan	November 12, 2004		

Total: 44 States

Übersetzung¹

Abkommen zur Errichtung der Welthandelsorganisation

Abgeschlossen in Marrakesch am 15. April 1994
Von der Bundesversammlung genehmigt am 16. Dezember 1994²
Schweizerische Ratifikationsurkunde hinterlegt am 1. Juni 1995
Inkrafttreten für die Schweiz am 1. Juli 1995
(Stand am 1. Dezember 1998)

Abkommen über handelsbezogene Aspekte der Rechte an geistigem Eigentum

Teil I: **Allgemeine Bestimmungen und Grundsätze**

[Hinweis der Herausgeber: die allgemeinen Bestimmungen des TRIPS sind vorne, unter Markenrecht, abgedruckt.]

Teil II: **Normen über die Verfügbarkeit, den Umfang und die Ausübung der Rechte an geistigem Eigentum**

Abschnitt 1: Urheberrecht und verwandte Schutzrechte

Art. 9 **Verhältnis zur Berner Übereinkunft**

1. Die Mitglieder befolgen die Artikel 1–21 der Berner Übereinkunft (1971) und deren Anhang. Die Mitglieder haben jedoch aus dem Abkommen keine Rechte oder Pflichten in bezug auf die nach Artikel 6bis der Berner Übereinkunft (1971) gewährten oder die daraus abgeleiteten Rechte.

2. Der urheberrechtliche Schutz erstreckt sich auf Ausdrucksformen, nicht aber auf Ideen, Verfahren, Arbeitsweisen oder mathematische Konzepte als solche.

Art. 10 **Computerprogramme und Datensammlungen**

1. Computerprogramme in Quellcode oder Programmcode werden als Werke der Literatur nach der Berner Übereinkunft (1971) geschützt.

2. Sammlungen von Daten oder sonstigem Material in maschinenlesbarer oder anderer Form, die aufgrund der Auswahl oder der Anordnung ihres Inhalts geistige Schöpfungen darstellen, werden als solche geschützt. Dieser Schutz, der sich nicht auf die Daten oder das Material selbst erstreckt, lässt ein an den Daten oder an dem Material selbst bestehendes Urheberrecht unberührt.

---

[1] Der französische Originaltext findet sich unter der gleichen Nummer in der entsprechenden Ausgabe dieser Sammlung.
[2] AS **1995** 2113

Art. 11   **Vermietrechte**

Zumindest für Computerprogramme und Filmwerke gewähren die Mitglieder den Urhebern und ihren Rechtsnachfolgern das Recht, die gewerbliche Vermietung von Originalen oder Kopien ihrer urheberrechtlich geschützten Werke an die Öffentlichkeit zu erlauben oder zu untersagen. Die Mitglieder sind hierzu bei Filmwerken nur verpflichtet, wenn deren Vermietung zu einem umfangreichen Kopieren dieser Werke geführt hat, welches das den Urhebern und ihren Rechtsnachfolgern in diesem Mitgliedstaat gewährte ausschliessliche Recht auf Vervielfältigung erheblich beeinträchtigt. Bei Computerprogrammen gilt diese Verpflichtung nicht für Vermietungen, bei denen das Programm selbst nicht der wesentliche Gegenstand der Vermietung ist.

Art. 12   **Schutzdauer**

Wird die Dauer des Schutzes eines Werkes, das kein photographisches Werk und kein Werk der angewandten Kunst ist, auf einer anderen Grundlage als jener der Lebensdauer einer natürlichen Person berechnet, so muss die Schutzdauer mindestens 50 Jahre, vom Ende des Jahres der erlaubten Veröffentlichung an gerechnet, oder, falls es innerhalb von 50 Jahren seit der Herstellung des Werkes zu keiner erlaubten Veröffentlichung kommt, 50 Jahre, vom Ende des Jahres der Herstellung an gerechnet, betragen.

Art. 13   **Beschränkungen und Ausnahmen**

Die Mitglieder grenzen Beschränkungen und Ausnahmen von ausschliesslichen Rechten auf bestimmte Sonderfälle ein, die weder die normale Verwertung des Werkes beeinträchtigen noch die berechtigten Interessen des Rechtsinhabers unangemessen verletzen.

Art. 14   **Schutz der ausübenden Künstler, der Hersteller von Tonträgern (Tonaufnahmen) und der Sendeunternehmen**

1. In bezug auf die Aufzeichnung ihrer Darbietung auf einem Tonträger haben die ausübenden Künstler die Möglichkeit, folgende Handlungen zu untersagen, wenn diese ohne ihre Erlaubnis vorgenommen werden: die Aufzeichnung ihrer nicht aufgezeichneten Darbietung und die Vervielfältigung einer solchen Aufzeichnung. Die ausübenden Künstler haben auch die Möglichkeit, folgende Handlungen zu untersagen, wenn diese ohne ihre Erlaubnis vorgenommen werden: die Sendung und die öffentliche Wiedergabe ihrer Live-Darbietung.

2. Die Hersteller von Tonträgern haben das Recht, die unmittelbare oder mittelbare Vervielfältigung ihrer Tonträger zu erlauben oder zu untersagen.

3. Die Sendeunternehmen haben das Recht, folgende Handlungen zu untersagen, wenn diese ohne ihre Erlaubnis vorgenommen werden: die Aufzeichnung, die Vervielfältigung von Aufzeichnungen und die Weitersendung ihrer Sendungen sowie die öffentliche Wiedergabe ihrer Fernsehsendungen. Die Mitglieder, die den Sendeunternehmen diese Rechte nicht gewähren, bieten den Inhabern des Urheberrechts bei Sendungen die Möglichkeit, die genannten Handlungen vorbehaltlich der Bestimmungen der Berner Übereinkunft (1971) zu untersagen.

4. Die Bestimmungen des Artikels 11 über Computerprogramme finden entsprechende Anwendung auf die Hersteller von Tonträgern und die sonstigen Inhaber der Rechte an Tonträgern nach dem Recht des Mitglieds. Ist am 15. April 1994 in einem Mitgliedstaat zugunsten der Rechtsinhaber ein System der angemessenen Vergütung

für die Vermietung von Tonträgern in Kraft, so kann der Mitgliedstaat dieses System beibehalten, sofern nicht die gewerbliche Vermietung der Tonträger die ausschliesslichen Rechte der Rechtsinhaber auf Vervielfältigung erheblich beeinträchtigt.

5. Die Dauer des den ausübenden Künstlern und den Herstellern von Tonträgern nach diesem Abkommen zu gewährenden Schutzes muss mindestens 50 Jahre, vom Ende des Jahres der Aufzeichnung oder der Darbietung an gerechnet, betragen. Die Dauer des aufgrund von Absatz 3 zu gewährenden Schutzes muss mindestens 20 Jahre, vom Ende des Jahres der Sendung an gerechnet, betragen.

6. Die Mitglieder können in bezug auf die nach den Absätzen 1, 2 und 3 gewährten Rechte in dem vom Rom-Abkommen zugelassenen Umfang Bedingungen, Beschränkungen, Ausnahmen und Vorbehalte vorsehen. Jedoch findet Artikel 18 der Berner Übereinkunft (1971) sinngemäss auch auf die Rechte der ausübenden Künstler und der Hersteller von Tonträgern an Tonträgern Anwendung.

[Hinweis der Herausgeber: die verfahrensrechtlichen Bestimmungen des TRIPS sind hinten, unter Prozessrecht, abgedruckt.]

Richtlinie des Rates über den Rechtsschutz von Computerprogrammen

(91/250/EWG)

vom 14. Mai 1991

Der Rat der europäischen Gemeinschaften –
gestützt auf den Vertrag zur Gründung der Europäischen Wirtschaftsgemeinschaft, insbesondere auf Artikel 100a, auf Vorschlag der Kommission[1],
in Zusammenarbeit mit dem Europäischen Parlament[2],
nach Stellungnahme des Wirtschafts- und Sozialausschusses[3],
in Erwägung nachstehender Gründe:

Derzeit ist nicht in allen Mitgliedstaaten ein eindeutiger Rechtsschutz von Computerprogrammen gegeben. Wird ein solcher Rechtsschutz gewährt, so weist er unterschiedliche Merkmale auf.

Die Entwicklung von Computerprogrammen erfordert die Investition erheblicher menschlicher, technischer und finanzieller Mittel. Computerprogramme können jedoch zu einem Bruchteil der zu ihrer unabhängigen Entwicklung erforderlichen Kosten kopiert werden.

Computerprogramme spielen eine immer bedeutendere Rolle in einer Vielzahl von Industrien. Die Technik der Computerprogramme kann somit als von grundlegender Bedeutung für die industrielle Entwicklung der Gemeinschaft angesehen werden.

Bestimmte Unterschiede des in den Mitgliedstaaten gewährten Rechtsschutzes von Computerprogrammen haben direkte und schädliche Auswirkungen auf das Funktionieren des Gemeinsamen Marktes für Computerprogramme; mit der Einführung neuer Rechtsvorschriften der Mitgliedstaaten auf diesem Gebiet könnten sich diese Unterschiede noch vergrössern.

Bestehende Unterschiede, die solche Auswirkungen haben, müssen beseitigt und die Entstehung neuer Unterschiede muss verhindert werden. Unterschiede, die das Funktionieren des Gemeinsamen Marktes nicht in erheblichem Masse beeinträchtigen, müssen jedoch nicht beseitigt und ihre Entstehung muss nicht verhindert werden.

Der Rechtsrahmen der Gemeinschaft für den Schutz von Computerprogrammen kann somit zunächst darauf beschränkt werden, grundsätzlich festzulegen, dass die Mitgliedstaaten Computerprogramme als Werke der Literatur Urheberrechtsschutz gewähren. Ferner ist festzulegen, wer schutzberechtigt und was schutzwürdig ist, und darüber hinaus sind die Ausschliesslichkeitsrechte festzulegen, die die Schutzberechtigten geltend machen können, um bestimmte Handlungen zu erlauben oder zu verbieten, sowie die Schutzdauer.

---

[1] ABl. Nr. C 91 vom 12. 4. 1989, S. 4, und ABl. Nr. C 320 vom 20. 12. 1990, S. 22.
[2] ABl. Nr. C 231 vom 17. 9. 1990, S. 78, und Beschluss vom 17. April 1991 (noch nicht im Amtsblatt veröffentlicht).
[3] ABl. Nr. C 329 vom 30. 12. 1989, S. 4.

Für die Zwecke dieser Richtlinie soll der Begriff «Computerprogramm» Programme injeder Form umfassen, auch solche, die indie Hardware integriert sind; dieser Begriff umfasst auch Entwurfsmaterial zur Entwicklung eines Computerprogramms, sofern die Art der vorbereitenden Arbeit die spätere Entstehung eines Computerprogramms zulässt.

Qualitative oder ästhetische Vorzüge eines Computerprogramms sollten nicht als Kriterium für die Beurteilung der Frage angewendet werden, ob ein Programm ein individuelles Werk ist oder nicht.

Die Gemeinschaft fühlt sich zur Förderung der internationalen Standardisierung verpflichtet.

Die Funktion von Computerprogrammen besteht darin, mit den anderen Komponenten eines Computersystems und den Benutzern in Verbindung zu treten und zu operieren. Zu diesem Zweck ist eine logische und, wenn zweckmässig, physische Verbindung und Interaktion notwendig, um zu gewährleisten, dass Software und Hardware mit anderer Software und Hardware und Benutzern wie beabsichtigt funktionieren können.

Die Teile des Programms, die eine solche Verbindung und Interaktion zwischen den Elementen von Software und Hardware ermöglichen sollen, sind allgemein als «Schnittstellen» bekannt.

Diese funktionale Verbindung und Interaktion ist allgemein als «Interoperabilität» bekannt. Diese Interoperabilität kann definiert werden als die Fähigkeit zum Austausch von Informationen und zur wechselseitigen Verwendung der ausgetauschten Informationen.

Zur Vermeidung von Zweifeln muss klargestellt werden, dass der Rechtsschutz nur für die Ausdrucksform eines Computerprogramms gilt und dass die Ideen und Grundsätze, die irgendeinem Element des Programms einschliesslich seiner Schnittstellen zugrunde liegen, im Rahmen dieser Richtlinie nicht urheberrechtlich geschützt sind.

Entsprechend diesem Urheberrechtsgrundsatz sind Ideen und Grundsätze, die der Logik, den Algorithmen und den Programmsprachen zugrunde liegen, im Rahmen dieser Richtlinie nicht urheberrechtlich geschützt.

Nach dem Recht und der Rechtsprechung der Mitgliedstaaten und nach den internationalen Urheberrechtskonventionen ist die Ausdrucksform dieser Ideen und Grundsätze urheberrechtlich zu schützen.

Im Sinne dieser Richtlinie bedeutet der Begriff «Vermietung» die Überlassung eines Computerprogramms oder einer Kopie davon zur zeitweiligen Verwendung und zu Erwerbszwecken; dieser Begriff beinhaltet nicht den öffentlichen Verleih, der somit aus dem Anwendungsbereich der Richtlinie ausgeschlossen bleibt.

Zu dem Ausschliesslichkeitsrecht des Urhebers, die nicht erlaubte Vervielfältigung seines Werks zu untersagen, sind im Fall eines Computerprogramms begrenzte Ausnahmen für die Vervielfältigung vorzusehen, die für die bestimmungsgemässe Verwendung des Programms durch denrechtmässigen Erwerber technisch erforderlich sind. Dies bedeutet, dass das Laden und Ablaufen, sofern es für die Benutzung einer Kopie eines rechtmässig erworbenen Computerprogramms erforderlich ist, sowie die Fehlerberichtigung nicht vertraglich untersagt werden dürfen. Wenn spezifische vertragliche Vorschriften nicht vereinbart worden sind, und zwar auch im Fall des Verkaufs einer Programmkopie, ist jede andere Handlung eines rechtmässigen Erwerbers einer Programmkopie zulässig, wenn sie für eine bestimmungsgemässe Benutzung der Kopie notwendig ist.

Einer zur Verwendung eines Computerprogramms berechtigten Person sollte nicht untersagt sein, die zum Betrachten, Prüfen oder Testen des Funktionierens des Programms notwendigen Handlungen vorzunehmen, sofern diese Handlungen nicht gegen das Urheberrecht an dem Programm verstossen.

Die nicht erlaubte Vervielfältigung, Übersetzung, Bearbeitung oder Änderung der Codeform einer Kopie eines Computerprogramms stellt eine Verletzung der Ausschliesslichkeitsrechte des Urhebers dar.

Es können jedoch Situationen eintreten, in denen eine solche Vervielfältigung des Codes und der Übersetzung der Codeform im Sinne des Artikels 4 Buchstaben a) und b) unerlässlich ist, um die Informationen zu erhalten, die für die Interoperabilität eines unabhängig geschaffenen Programms mit anderen Programmen notwendig sind.

Folglich ist davon auszugehen, dass nur in diesen begrenzten Fällen eine Vervielfältigung und Übersetzung seitens oder im Namen einer zur Verwendung einer Kopie des Programms berechtigten Person rechtmässig

ist, anständigen Gepflogenheiten entspricht und deshalb nicht der Zustimmung des Rechtsinhabers bedarf.

Ein Ziel dieser Ausnahme ist es, die Verbindung aller Elemente eines Computersystems, auch solcher verschiedener Hersteller, zu ermöglichen, so dass sie zusammenwirken können.

Von einer solchen Ausnahme vom Ausschliesslichkeitsrecht des Urhebers darf nicht in einer Weise Gebrauch gemacht werden, die die rechtmässigen Interessen des Rechtsinhabers beeinträchtigt oder die im Widerspruch zur normalen Verwendung des Programms steht.

Zur Wahrung der Übereinstimmung mit den Bestimmungen der Berner Übereinkunft über den Schutz literarischer und künstlerischer Werke sollte die Dauer des Schutzes auf die Lebenszeit des Urhebers und 50 Jahre ab dem 1. Januar des auf sein Todesjahr folgenden Jahres oder im Fall eines anonymen Werkes auf 50 Jahre nach dem 1. Januar des Jahres, das auf das Jahr der Erstveröffentlichung des Werkes folgt, festgesetzt werden.

Der Schutz von Computerprogrammen im Rahmen des Urheberrechts sollte unbeschadet der Anwendung anderer Schutzformen in den relevanten Fällen erfolgen. Vertragliche Regelungen, die im Widerspruch zu Artikel 6 oder den Ausnahmen nach Artikel 5 Absätze 2 und 3 stehen, sollten jedoch unwirksam sein.

Die Bestimmungen dieser Richtlinie lassen die Anwendung der Wettbewerbsregeln nach den Artikeln 85 und 86 des Vertrages unberührt, wenn ein marktbeherrschender Anbieter den Zugang zu Informationen verweigert, die für die in dieser Richtlinie definierte Interoperabilität notwendig sind.

Die Bestimmungen dieser Richtlinie sollten unbeschadet spezifischer Auflagen bereits bestehender gemeinschaftlicher Rechtsvorschriften für die Veröffentlichung von Schnittstellen im Telekommunikationssektor oder von Ratsbeschlüssen betreffend die Normung im Bereich der Informations- und Telekommunikationstechnologie gelten.

Diese Richtlinie berührt nicht die in den einzelstaatlichen Rechtsvorschriften in Übereinstimmung mit der Berner Übereinkunft vorgesehenen Ausnahmeregelungen für Punkte, die nicht von der Richtlinie erfasst werden –

Hat folgende Richtlinie erlassen:

Art. 1 Gegenstand des Schutzes

(1) Gemäss den Bestimmungen dieser Richtlinie schützen die Mitgliedstaaten-Computerprogramme urheberrechtlich als literarische Werke im Sinne der Berner Übereinkunft zum Schutze von Werken der Literatur und der Kunst. Im Sinne dieser Richtlinie umfasst der Begriff «Computerprogramm» auch das Entwurfsmaterial zu ihrer Vorbereitung.

(2) Der gemäss dieser Richtlinie gewährte Schutz gilt für alle Ausdrucksformen von Computerprogrammen. Ideen und Grundsätze, die irgendeinem Element eines Computerprogramms zugrunde liegen, einschliesslich der den Schnittstellen zugrundeliegenden Ideen und Grundsätze, sind nicht im Sinne dieser Richtlinie urheberrechtlich geschützt.

(3) Computerprogramme werden geschützt, wenn sie individuelle Werke in dem Sinne darstellen, dass sie das Ergebnis der eigenen geistigen Schöpfung ihres Urhebers sind. Zur Bestimmung ihrer Schutzfähigkeit sind keine anderen Kriterien anzuwenden.

Art. 2 Urheberschaft am Programm

(1) Der Urheber eines Computerprogramms ist die natürliche Person, die Gruppe natürlicher Personen, die das Programm geschaffen hat, oder, soweit nach den Rechtsvorschriften der Mitgliedstaaten zulässig, die juristische Person, die nach diesen Rechtsvorschriften als Rechtsinhaber gilt. Soweit kollektive Werke durch die Rechtsvorschriften eines Mitgliedstaats anerkannt sind, gilt die Person als Urheber, die nach den Rechtsvorschriften des Mitgliedstaats als Person angesehen wird, die das Werk geschaffen hat.

(2) Ist ein Computerprogramm von einer Gruppe natürlicher Personen gemeinsam geschaffen worden, so stehen dieser die ausschliesslichen Rechte daran gemeinsam zu.

(3) Wird ein Computerprogramm von einem Arbeitnehmer in Wahrnehmung seiner Aufgaben oder nach den Anweisungen seines Arbeitgebers geschaffen, so ist ausschliesslich der Arbeitgeber zur Ausübung aller wirtschaftlichen Rechte an dem so geschaffenen Programm berechtigt, sofern keine andere vertragliche Vereinbarung getroffen wird.

Art. 3 Schutzberechtigte

Schutzberechtigt sind alle natürlichen und juristischen Personen gemäss dem für Werke der Literatur geltenden innerstaatlichen Urheberrecht.

Art. 4 Zustimmungsbedürftige Handlungen

Vorbehaltlich der Bestimmungen der Artikel 5 und 6 umfassen die Ausschliesslichkeitsrechte des Rechtsinhabers im Sinne des Artikels 2 das Recht, folgende Handlungen vorzunehmen oder zu gestatten:

a) die dauerhafte oder vorübergehende Vervielfältigung, ganz oder teilweise, eines Computerprogramms mit jedem Mittel und in jeder Form. Soweit das Laden, Anzeigen, Ablaufen, Übertragen oder Speichern des Computerprogramms eine Vervielfältigung erforderlich macht, bedürfen diese Handlungen der Zustimmung des Rechtsinhabers;

b) die Übersetzung, die Bearbeitung, das Arrangement und andere Umarbeitungen eines Computerprogramms sowie die Vervielfältigung der erzielten Ergebnisse, unbeschadet der Rechte der Person, die das Programm umarbeitet;

c) jede Form der öffentlichen Verbreitung des originalen Computerprogramms oder von Kopien davon, einschliesslich der Vermietung. Mit dem Erstverkauf einer Programmkopie in der Gemeinschaft durch den Rechtsinhaber oder mit seiner Zustimmung erschöpft sich in der Gemeinschaft das Recht auf die Verbreitung dieser Kopie; ausgenommen hiervon ist jedoch das Recht auf Kontrolle der Weitervermietung des Programms oder einer Kopie davon.

Art. 5   **Ausnahmen von den zustimmungsbedürftigen Handlungen**

(1) In Ermangelung spezifischer vertraglicher Bestimmungen bedürfen die in Artikel 4 Buchstaben a) und b) genannten Handlungen nicht der Zustimmung des Rechtsinhabers, wenn sie für eine bestimmungsgemässe Benutzung des Computerprogramms einschliesslich der Fehlerberichtigung durch den rechtmässigen Erwerber notwendig sind.

(2) Die Erstellung einer Sicherungskopie durch eine Person, die zur Benutzung des Programms berechtigt ist, darf nicht vertraglich untersagt werden, wenn sie für die Benutzung erforderlich ist.

(3) Die zur Verwendung einer Programmkopie berechtigte Person kann, ohne die Genehmigung des Rechtsinhabers einholen zu müssen, das Funktionieren dieses Programms beobachten, untersuchen oder testen, um die einem Programmelement zugrundeliegenden Ideen und Grundsätze zu ermitteln, wenn sie dies durch Handlungen zum Laden, Anzeigen, Ablaufen, Übertragen oder Speichern des Programms tut, zu denen sie berechtigt ist.

Art. 6   **Dekompilierung**

(1) Die Zustimmung des Rechtsinhabers ist nicht erforderlich, wenn die Vervielfältigung des Codes oder die Übersetzung der Codeform im Sinne des Artikels 4 Buchstaben a) und b) unerlässlich ist, um die erforderlichen Informationen zur Herstellung der Interoperabilität eines unabhängig geschaffenen Computerprogramms mit anderen Programmen zu erhalten, sofern folgende Bedingungen erfüllt sind:

a) Die Handlungen werden von dem Lizenznehmer oder von einer anderen zur Verwendung einer Programmkopie berechtigten Person oder in deren Namen von einer hierzu ermächtigten Person vorgenommen;

b) die für die Herstellung der Interoperabilität notwendigen Informationen sind für die unter Buchstabe a) genannten Personen noch nicht ohne weiteres zugänglich gemacht; und

c) die Handlungen beschränken sich auf die Teile des ursprünglichen Programms, die zur Herstellung der Interoperabilität notwendig sind.

(2) Die Bestimmungen von Absatz 1 erlauben nicht, dass die im Rahmen ihrer Anwendung gewonnenen Informationen

a) zu anderen Zwecken als zur Herstellung der Interoperabilität des unabhängig geschaffenen Programms verwendet werden;

b) an Dritte weitergegeben werden, es sei denn, dass dies für die Interoperabilität des unabhängig geschaffenen Programms notwendig ist;

c) für die Entwicklung, Herstellung oder Vermarktung eines Programms mit im wesentlichen ähnlicher Ausdrucksform oder für irgendwelche anderen, das Urheberrecht verletzenden Handlungen verwendet werden.

(3) Zur Wahrung der Übereinstimmung mit den Bestimmungen der Berner Übereinkunft zum Schutz von Werken der Literatur und der Kunst können die Bestimmungen dieses Artikels nicht dahin gehend ausgelegt werden, dass dieser Artikel in einer Weise angewendet werden kann, die die rechtmässigen Interessen des Rechtsinhabers in unvertretbarer Weise beeinträchtigt oder im Widerspruch zur normalen Nutzung des Computerprogramms steht.

Art. 7 Besondere Schutzmassnahmen

(1) Unbeschadet der Artikel 4, 5 und 6 sehen die Mitgliedstaaten gemäss ihren innerstaatlichen Rechtsvorschriften geeignete Massnahmen gegen Personen vor, die eine der nachstehend unter den Buchstaben a), b) und c) aufgeführten Handlungen begehen:

a) Inverkehrbringen einer Kopie eines Computerprogramms, wenn die betreffende Person wusste oder Grund zu der Annahme hatte, dass es sich um eine unerlaubte Kopie handelt;

b) Besitz einer Kopie eines Computerprogramms für Erwerbszwecke, wenn diese betreffende Person wusste oder Grund zu der Annahme hatte, dass es sich um eine unerlaubte Kopie handelt;

c) das Inverkehrbringen oder der Erwerbszwecken dienende Besitz von Mitteln, die allein dazu bestimmt sind, die unerlaubte Beseitigung oder Umgehung technischer Programmschutzmechanismen zu erleichtern.

(2) Jede unerlaubte Kopie eines Computerprogramms kann gemäss den Rechtsvorschriften des betreffenden Mitgliedstaats beschlagnahmt werden.

(3) Die Mitgliedstaaten können die Beschlagnahme der in Absatz 1 Buchstabe c) genannten Mittel vorsehen.

Art. 9 Weitere Anwendung anderer Rechtsvorschriften

(1) Die Bestimmungen dieser Richtlinie stehen sonstigen Rechtsvorschriften, so für Patentrechte, Warenzeichen, unlauteres Wettbewerbsverhalten, Geschäftsgeheimnisse und den Schutz von Halbleiterprodukten, sowie dem Vertragsrecht nicht entgegen. Vertragliche Bestimmungen, die im Widerspruch zu Artikel 6 oder zu den Ausnahmen nach Artikel 5 Absätze 2 und 3 stehen, sind unwirksam.

(2) Die Bestimmungen dieser Richtlinie finden unbeschadet etwaiger vor dem 1. Januar 1993 getroffener Vereinbarungen und erworbener Rechte auch auf vor diesem Zeitpunkt geschaffene Programme Anwendung.

Art. 10 Schlussbestimmungen

(1) Die Mitgliedstaatenerlassen die erforderlichen Rechts- und Verwaltungsvorschriften, um dieser Richtlinie vor dem 1. Januar 1993 nachzukommen.

Wenn die Mitgliedstaaten diese Vorschriften erlassen, nehmen sie in ihnen selbst oder durch einen Hinweis bei der amtlichen Veröffentlichung auf diese Richtlinie Bezug. Sie regeln die Einzelheiten der Bezugnahme.

(2) Die Mitgliedstaaten teilen der Kommission die innerstaatlichen Rechtsvorschriften mit, die sie auf dem unter diese Richtlinie fallenden Gebiet erlassen.

Art. 11

Diese Richtlinie ist an die Mitgliedstaaten gerichtet.

Richtlinie des europäischen Parlaments und des Rates zur Harmonisierung bestimmter Aspekte des Urheberrechts und der verwandten Schutzrechte in der Informationsgesellschaft

vom 22. Mai 2001

Das europäische Parlament und der Rat der europäischen Union –
gestützt auf den Vertrag zur Gründung der Europäischen Gemeinschaft, insbesondere auf Artikel 47 Absatz 2, Artikel 55 und Artikel 95,
auf Vorschlag der Kommission[1],
nach Stellungnahme des Wirtschafts- und Sozialausschusses[2],
gemäss dem Verfahrendes Artikels 251 des Vertrags[3],
in Erwägung nachstehender Gründe:

(1) Der Vertrag sieht die Schaffung eines Binnenmarkts und die Einführung einer Regelung vor, die den Wettbewerb innerhalb des Binnenmarkts vor Verzerrungen schützt. Die Harmonisierung der Rechtsvorschriftender Mitgliedstaatenüber das Urheberrecht und die verwandten Schutzrechte trägt zur Erreichung dieser Ziele bei.

(2) Der Europäische Rat hat auf seiner Tagung in Korfu am 24. und 25. Juni 1994 die Notwendigkeit der Schaffung eines allgemeinen und flexiblen Ordnungsrahmens auf Gemeinschaftsebene für die Förderung der Entwicklung der Informationsgesellschaft in Europa hervorgehoben. Hierzu ist unter anderem ein Binnenmarkt für neue Produkte und Dienstleistungen erforderlich. Wichtige gemeinschaftsrechtliche Bestimmungen, mit denen ein derartiger Ordnungsrahmen sichergestellt werden sollte, wurden bereits eingeführt, in anderen Fällen steht ihre Annahme bevor. In diesem Zusammenhang spielen das Urheberrecht und die verwandten Schutzrechte eine bedeutende Rolle, da sie die Entwicklung und den Vertrieb neuer Produkte und Dienstleistungen und die Schaffung und Verwertung ihres schöpferischen Inhalts schützen und fördern.

(3) Die vorgeschlagene Harmonisierung trägt zur Verwirklichung der vier Freiheiten des Binnenmarkts bei und steht im Zusammenhang mit der Beachtung der tragenden Grundsätze des Rechts, insbesondere des Eigentums einschliesslich des geistigen Eigentums, der freien Meinungsäusserung und des Gemeinwohls.

---

[1] ABl. C 108 vom 7.4.1998, S. 6, und ABl. C 180 vom 25.6.1999, S. 6.
[2] ABl. C 407 vom 28.12.1998, S. 30.
[3] Stellungnahme des Europäischen Parlaments vom 10. Februar 1999 (ABl. C 150 vom 28.5.1999, S. 171), Gemeinsamer Standpunkt des Rates vom 28. September 2000 (ABl. C 344 vom 1.12.2000, S. 1) und Beschluss des Europäischen Parlaments vom 14. Februar 2001 (noch nicht im Amtsblatt veröffentlicht). Beschluss des Rates vom 9. April 2001.

(4) Einharmon isierter Rechtsrahmen zum Schutz des Urheberrechts und der verwandten Schutzrechte wird durch erhöhte Rechtssicherheit und durch die Wahrung eines hohen Schutzniveaus im Bereich des geistigen Eigentums substantielle Investitionen in Kreativität und Innovation einschließlich der Netzinfrastruktur fördern und somit zu Wachstum und erhöhter Wettbewerbsfähigkeit der europäischen Industrie beitragen, und zwar sowohl bei den Inhalten und der Informationstechnologie als auch allgemeiner in weiten Teilen der Industrie und des Kultursektors. Auf diese Weise können Arbeitsplätze erhalten und neueArbeitsplätze geschaffenwerden.

(5) Die technische Entwicklung hat die Möglichkeiten für das geistige Schaffen, die Produktion und die Verwertung vervielfacht und diversifiziert. Wenn auch kein Bedarf an neuen Konzepten für den Schutz des geistigen Eigentums besteht, so sollten die Bestimmungen im Bereich des Urheberrechts und der verwandten Schutzrechte doch angepasst und ergänzt werden, um den wirtschaftlichen Gegebenheiten, z.B. den neuen Formen der Verwertung, in angemessener Weise Rechnung zu tragen.

(6) Ohne Harmonisierung auf Gemeinschaftsebene könnten Gesetzgebungsinitiativen auf einzelstaatlicher Ebene, die in einigen Mitgliedstaatenbereits in die Wege geleitet worden sind, um den technischen Herausforderungen zu begegnen, erhebliche Unterschiede im Rechtsschutz und dadurch Beschränkungen des freien Verkehrs von Dienstleistungen und Produkten mit urheberrechtlichem Gehalt zur Folge haben, was zu einer Zersplitterung des Binnenmarkts und zu rechtlicher Inkohärenz führen würde. Derartige rechtliche Unterschiede und Unsicherheiten werden sich im Zuge der weiteren Entwicklung der Informationsgesellschaft, in deren Gefolge die grenzüberschreitende Verwertung des geistigen Eigentums bereits stark zugenommen hat, noch stärker auswirken. Diese Entwicklung wird und sollte fortschreiten. Erhebliche rechtliche Unterschiede und Unsicherheiten in Bezug auf den Rechtsschutz können die Erzielung von Grössenvorteilen für neue Produkte und Dienstleistungen mit urheber- und leistungsschutzrechtlichem Gehalt beschränken.

(7) Der bestehende Gemeinschaftsrechtsrahmen zum Schutz des Urheberrechts und der verwandten Schutzrechte ist daher anzupassen und zu ergänzen, soweit dies für das reibungslose Funktionieren des Binnenmarkts erforderlich ist. Zu diesem Zweck sollten diejenigen einzelstaatlichen Rechtsvorschriften über das Urheberrecht und die verwandten Schutzrechte, die sich vonMitgliedstaat zu Mitgliedstaat beträchtlich unterscheiden oder eine derartige Rechtsunsicherheit bewirken, dass der Binnenmarkt in seiner Funktionsfähigkeit beeinträchtigt und die Informationsgesellschaft in Europa in ihrer Entwicklung behindert wird, angepasst und uneinheitliches Vorgehen der Mitgliedstaaten gegenüber technischen Entwicklungen vermieden werden, während Unterschiede, die das Funktionieren des Binnenmarkts nicht beeinträchtigen, nicht beseitigt oder verhindert zu werdenbrauchen.

(8) Angesichts der verschiedenen sozialen, gesellschaftlichen und kulturellen Auswirkungen der Informationsgesellschaft ist die Besonderheit des Inhalts von Produkten und Dienstleistungen zu berücksichtigen.

(9) Jede Harmonisierung des Urheberrechts und der verwandten Schutzrechte muss von einem hohen Schutzniveau ausgehen, da diese Rechte für das geistige Schaffen wesentlich sind. Ihr Schutz trägt dazu bei, die Erhaltung und Entwicklung kreativer Tätigkeit im Interesse der Urheber, ausübenden Künstler, Hersteller, Verbraucher, vonKultur und Wirtschaft sowie der breiten Öffentlichkeit sicherzustellen. Das geistige Eigentum ist daher als Bestandteil des Eigentums anerkannt worden.

(10) Wenn Urheber und ausübende Künstler weiter schöpferisch und künstlerisch tätig sein sollen, müssen sie für die Nutzung ihrer Werke eine angemessene Vergütung erhalten, was ebenso für die Produzenten gilt, damit diese die Werke finanzieren können. Um Produkte wie Tonträger, Filme oder Multimediaprodukte herstellen und Dienstleistungen, z.B. Dienste auf Abruf, anbieten zu können, sind beträchtliche Investitionen erforderlich. Nur wenn die Rechte des geistigen Eigentums angemessen geschützt werden, kann eine angemessene Vergütung der Rechtsinhaber gewährleistet und ein zufrieden stellender Ertrag dieser Investitionen sichergestellt werden.

(11) Eine rigorose und wirksame Regelung zum Schutz der Urheberrechte und verwandten Schutzrechte ist eines der wichtigsten Instrumente, um die notwendigen Mittel für das kulturelle Schaffen in Europa zu garantieren und die Unabhängigkeit und Würde der Urheber und ausübenden Künstler zu wahren.

(12) Ein angemessener Schutz von urheberrechtlich geschützten Werken und sonstigen Schutzgegenständen ist auch kulturell gesehen von grosser Bedeutung. Nach Artikel 151 des Vertrags hat die Gemeinschaft bei ihrer Tätigkeit den kulturellen Aspekten Rechnung zu tragen.

(13) Gemeinsame Forschungsanstrengungen und die kohärente Anwendung technischer Massnahmen zum Schutz von Werken und sonstigen Schutzgegenständen und zur Sicherstellung der nötigen Informationen über die Schutzrechte auf europäischer Ebene sind von grundlegender Bedeutung, weil das Endziel dieser Massnahmen die Umsetzung der in den Rechtsvorschriften enthaltenen Grundsätze und Garantien ist.

(14) Ziel dieser Richtlinie ist es auch, Lernen und kulturelle Aktivitäten durch den Schutz von Werken und sonstigen Schutzgegenständen zu fördern; hierbei müssen allerdings Ausnahmen oder Beschränkungen im öffentlichen Interesse für den Bereich Ausbildung und Unterricht vorgesehen werden.

(15) Die Diplomatische Konferenz, die unter der Schirmherrschaft der Weltorganisation für geistiges Eigentum (WIPO) im Dezember 1996 stattfand, führte zur Annahme von zwei neuen Verträgen, dem WIPO-Urheberrechtsvertrag und dem WIPO-Vertrag über Darbietungen und Tonträger, die den Schutz der Urheber bzw. der ausübenden Künstler und Tonträgerhersteller zum Gegenstand haben. In diesen Verträgen wird der internationale Schutz des Urheberrechts und der verwandten Schutzrechte, nicht zuletzt in Bezug auf die sog. «digitale Agenda», auf den neuesten Stand gebracht; gleichzeitig werden die Möglichkeiten zur Bekämpfung der Piraterie weltweit verbessert. Die Gemeinschaft und die meisten Mitgliedstaaten haben die Verträge bereits unterzeichnet, und inzwischen wurde mit den Vorbereitungen zu ihrer Genehmigung bzw. Ratifizierung durch die Gemeinschaft und die Mitgliedstaaten begonnen. Die vorliegende Richtlinie dient auch dazu, einigen dieser neuen internationalen Verpflichtungen nachzukommen.

(16) Die Haftung für Handlungen im Netzwerk-Umfeld betrifft nicht nur das Urheberrecht und die verwandten Schutzrechte, sondern auch andere Bereiche wie Verleumdung, irreführende Werbung, oder Verletzung von Warenzeichen, und wird horizontal in der Richtlinie 2000/31/EG des Europäischen Parlaments und des Rates vom 8. Juni 2000 über bestimmte rechtliche Aspekte der Dienste der Informationsgesellschaft, insbesondere des elektronischen Geschäftsverkehrs, im Binnenmarkt («Richtlinie über den elektronischen Geschäftsverkehr»)[4] geregelt, die verschiedene

---

[4] ABl. L 178 vom 17.7.2000, S. 1.

rechtliche Aspekte der Dienste der Informationsgesellschaft, einschliesslich des elektronischen Geschäftsverkehrs, präzisiert und harmonisiert. Die vorliegende Richtlinie sollte in einem ähnlichen Zeitrahmen wie die Richtlinie über den elektronischen Geschäftsverkehr umgesetzt werden, da jene Richtlinie einen einheitlichen Rahmen für die Grundsätze und Vorschriften vorgibt, die auch für wichtige Teilbereiche der vorliegenden Richtlinie gelten. Die vorliegende Richtlinie berührt nicht die Bestimmungen der genannten Richtlinie zu Fragen der Haftung.

(17) Insbesondere aufgrund der durch die Digitaltechnik bedingten Erfordernisse muss sichergestellt werden, dass die Verwertungsgesellschaften im Hinblick auf die Beachtung der Wettbewerbsregeln ihre Tätigkeit stärker rationalisieren und für mehr Transparenz sorgen.

(18) Diese Richtlinie berührt nicht die Regelungen der betroffenen Mitgliedstaaten für die Verwaltung von Rechten, beispielsweise der erweiterten kollektiven Lizenzen.

(19) Die Urheberpersönlichkeitsrechte sind im Einklang mit den Rechtsvorschriften der Mitgliedstaaten und den Bestimmungen der Berner Übereinkunft zum Schutz von Werken der Literatur und der Kunst, des WIPO-Urheberrechtsvertrags und des WIPOVertrags über Darbietungen und Tonträger auszuüben. Sie bleiben deshalb ausserhalb des Anwendungsbereichs dieser Richtlinie.

(20) Die vorliegende Richtlinie beruht auf den Grundsätzen und Bestimmungen, die in den einschlägigen geltenden Richtlinien bereits festgeschrieben sind, und zwar insbesondere in den Richtlinien 91/250/EWG[5], 92/100/EWG[6], 93/83/EWG[7], 93/98/EWG[8] und 96/9/EG[9]. Die betreffenden Grundsätze und Bestimmungen werden fortentwickelt und in den Rahmen der Informationsgesellschaft eingeordnet. Die Bestimmungen dieser Richtlinie sollten unbeschadet der genannten Richtlinien gelten, sofern diese Richtlinie nichts anderes bestimmt.

(21) Diese Richtlinie sollte den Umfang der unter das Vervielfältigungsrecht fallenden Handlungen in Bezug auf die verschiedenen Begünstigten bestimmen. Dabei sollte der gemeinschaftliche Besitzstand zugrunde gelegt werden. Um die Rechtssicherheit im Binnenmarkt zu gewährleisten, muss die Definition dieser Handlungen weit gefasst sein.

(22) Die Verwirklichung des Ziels, die Verbreitung der Kultur zu fördern, darf nicht durch Verzicht auf einen rigorosen Schutz der Urheberrechte oder durch Duldung der unrechtmässigen Verbreitung von nachgeahmten oder gefälschten Werken erfolgen.

---

[5] Richtlinie 91/250/EWG des Rates vom 14. Mai 1991 über den Rechtsschutz vonComputerprogrammen (ABl. L 122 vom 17.5.1991, S. 42). Richtlinie geändert durch die Richtlinie 93/98/EWG.

[6] Richtlinie 92/100/EWG des Rates vom 19. November 1992 über das Vermietrecht und Verleihrecht sowie bestimmte dem Urheberrecht verwandte Schutzrechte im Bereich des geistigenEigen tums (ABl. L 346 vom 27.11.1992, S. 61). Richtlinie geändert durch die Richtlinie 93/98/EWG.

[7] Richtlinie 93/83/EWG des Rates vom 27. September 1993 zur Koordinierung bestimmter urheber- und leistungsschutzrechtlicher Vorschriften betreffend Satellitenrundfunk und Kabelweiterverbreitung (ABl. L 248 vom 6.10.1993, S. 15).

[8] Richtlinie 93/98/EWG des Rates vom 29. Oktober 1993 zur Harmonisierung der Schutzdauer des Urheberrechts und bestimmter verwandter Schutzrechte (ABl. L 290 vom 24.11.1993, S. 9).

[9] Richtlinie 96/9/EG des Europäischen Parlaments und des Rates vom 11. März 1996 über den rechtlichen Schutz von Datenbanken (ABl. L 77 vom 27.3.1996, S. 20).

(23) Mit dieser Richtlinie sollte das für die öffentliche Wiedergabe geltende Urheberrecht weiter harmonisiert werden. Dieses Recht sollte im weiten Sinne verstanden werden, nämlich dahin gehend, dass es jegliche Wiedergabe an die Öffentlichkeit umfasst, die an dem Ort, an dem die Wiedergabe ihren Ursprung nimmt, nicht anwesend ist. Dieses Recht sollte jegliche entsprechende drahtgebundene oder drahtlose öffentliche Übertragung oder Weiterverbreitung eines Werks, einschliesslich der Rundfunkübertragung, umfassen. Dieses Recht sollte für keine weiteren Handlungen gelten.

(24) Das Recht der öffentlichen Zugänglichmachung von Schutzgegenständen nach Artikel 3 Absatz 2 sollte dahin gehend verstanden werden, dass es alle Handlungen der Zugänglichmachung derartiger Schutzgegenstände für Mitglieder der Öffentlichkeit umfasst, die an dem Ort, an dem die Zugänglichmachung ihren Ursprung nimmt, nicht anwesend sind; dieses Recht gilt für keine weiteren Handlungen.

(25) Die Rechtsunsicherheit hinsichtlich der Art und des Umfangs des Schutzes der netzvermittelten Übertragung der urheberrechtlich geschützten Werke und der durch verwandte Schutzrechte geschützten Gegenstände auf Abruf sollte durch einen harmonisierten Rechtsschutz auf Gemeinschaftsebene beseitigt werden. Es sollte klargestellt werden, dass alle durch diese Richtlinie anerkannten Rechtsinhaber das ausschliessliche Recht haben sollten, urheberrechtlich geschützte Werke und sonstige Schutzgegenstände im Wege der interaktiven Übertragung auf Abruf für die Öffentlichkeit zugänglich zu machen. Derartige interaktive Übertragungen auf Abruf zeichnen sich dadurch aus, dass sie Mitgliedern der Öffentlichkeit von Orten und zu Zeiten ihrer Wahl zugänglich sind.

(26) In Bezug auf Radio- und Fernsehproduktionen, die Musik aus gewerblichen Tonträgern enthalten und von den Sendeunternehmen auf Abruf angeboten werden, sind Vereinbarungen über Sammellizenzen zu fördern, um die Klärung im Zusammenhang mit den betreffenden Rechten zu erleichtern.

(27) Die blosse Bereitstellung der Einrichtungen, die eine Wiedergabe ermöglichen oder bewirken, stellt selbst keine Wiedergabe im Sinne dieser Richtlinie dar.

(28) Der unter diese Richtlinie fallende Urheberrechtsschutz schliesst auch das ausschliessliche Recht ein, die Verbreitung eines in einem Gegenstand verkörperten Werks zu kontrollieren. Mit dem Erstverkauf des Originals oder dem Erstverkauf von Vervielfältigungsstücken des Originals in der Gemeinschaft durch den Rechtsinhaber oder mit dessen Zustimmung erschöpft sich das Recht, den Wiederverkauf dieses Gegenstands innerhalb der Gemeinschaft zu kontrollieren. Dies gilt jedoch nicht, wenn das Original oder Vervielfältigungsstücke des Originals durch den Rechtsinhaber oder mit dessen Zustimmung ausserhalb der Gemeinschaft verkauft werden. Die Vermiet- und Verleihrechte für Urheber wurden in der Richtlinie 92/100/EWG niedergelegt. Das durch die vorliegende Richtlinie gewährte Verbreitungsrecht lässt die Bestimmungen über die Vermiet- und Verleihrechte in Kapitel I jener Richtlinie unberührt.

(29) Die Frage der Erschöpfung stellt sich weder bei Dienstleistungen allgemein noch bei Online-Diensten im Besonderen. Dies gilt auch für materielle Vervielfältigungsstücke eines Werks oder eines sonstigen Schutzgegenstands, die durch den Nutzer eines solchen Dienstes mit Zustimmung des Rechtsinhabers hergestellt worden sind. Dasselbe gilt daher auch für die Vermietung oder den Verleih des Originals oder von Vervielfältigungsstücken eines Werks oder eines sonstigen Schutzgegenstands, bei denen es sich dem Wesen nach um Dienstleistungen handelt. Anders als bei CD-ROM

oder CD-I, wo das geistige Eigentum in einem materiellen Träger, d.h. einem Gegenstand, verkörpert ist, ist jede Bereitstellung eines Online-Dienstes im Grunde eine Handlung, die zustimmungsbedürftig ist, wenn das Urheberrecht oder ein verwandtes Schutzrecht dies vorsieht.

(30) Die von dieser Richtlinie erfassten Rechte können unbeschadet der einschlägigen einzelstaatlichen Rechtsvorschriften über das Urheberrecht und die verwandten Schutzrechte übertragen oder abgetreten werden oder Gegenstand vertraglicher Lizenzen sein.

(31) Es muss ein angemessener Rechts- und Interessenausgleich zwischen den verschiedenen Kategorien von Rechtsinhabern sowie zwischen den verschiedenen Kategorien von Rechtsinhabern und Nutzern von Schutzgegenständen gesichert werden. Die von den Mitgliedstaaten festgelegten Ausnahmen und Beschränkungen in Bezug auf Schutzrechte müssen vor dem Hintergrund der neuen elektronischen Medien neu bewertet werden. Bestehende Unterschiede bei den Ausnahmen und Beschränkungen in Bezug auf bestimmte zustimmungsbedürftige Handlungen haben unmittelbare negative Auswirkungen auf das Funktionieren des Binnenmarkts im Bereich des Urheberrechts und der verwandten Schutzrechte. Diese Unterschiede könnten sich mit der Weiterentwicklung der grenzüberschreitenden Verwertung von Werken und den zunehmenden grenzüberschreitenden Tätigkeiten durchaus noch deutlicher ausprägen. Um ein reibungsloses Funktionieren des Binnenmarkts zu gewährleisten, sollten diese Ausnahmen und Beschränkungen einheitlicher definiert werden. Dabei sollte sich der Grad ihrer Harmonisierung nach ihrer Wirkung auf die Funktionsfähigkeit des Binnenmarkts bestimmen.

(32) Die Ausnahmen und Beschränkungen in Bezug auf das Vervielfältigungsrecht und das Recht der öffentlichen Wiedergabe sind in dieser Richtlinie erschöpfend aufgeführt. Einige Ausnahmen oder Beschränkungen gelten, soweit dies angemessen erscheint, nur für das Vervielfältigungsrecht. Diese Liste trägt den unterschiedlichen Rechtstraditionen in den Mitgliedstaaten Rechnung und soll gleichzeitig die Funktionsfähigkeit des Binnenmarkts sichern. Die Mitgliedstaaten sollten diese Ausnahmen und Beschränkungen in kohärenter Weise anwenden; dies wird bei der zukünftigen Überprüfung der Umsetzungsvorschriften besonders berücksichtigt werden.

(33) Eine Ausnahme vom ausschliesslichen Vervielfältigungsrecht sollte für bestimmte vorübergehende Vervielfältigungshandlungen gewährt werden, die flüchtige oder begleitende Vervielfältigungen sind, als integraler und wesentlicher Teil eines technischen Verfahrens erfolgen und ausschliesslich dem Ziel dienen, entweder die effiziente Übertragung in einem Netz zwischen Dritten durch einen Vermittler oder die rechtmässige Nutzung eines Werks oder sonstiger Schutzgegenstände zu ermöglichen. Die betreffenden Vervielfältigungshandlungen sollten keinen eigenen wirtschaftlichen Wert besitzen. Soweit diese Voraussetzungen erfüllt sind, erfasst diese Ausnahme auch Handlungen, die das «Browsing» sowie Handlungen des «Caching» ermöglichen; dies schliesst Handlungen ein, die das effiziente Funktionieren der Übertragungssysteme ermöglichen, sofern der Vermittler die Information nicht verändert und nicht die erlaubte Anwendung von Technologien zur Sammlung von Daten über die Nutzung der Information, die von der gewerblichen Wirtschaft weithin anerkannt und verwendet werden, beeinträchtigt. Eine Nutzung sollte als rechtmässig gelten, soweit sie vom Rechtsinhaber zugelassen bzw. nicht durch Gesetze beschränkt ist.

(34) Die Mitgliedstaaten sollten die Möglichkeit erhalten, Ausnahmen oder Beschränkungen für bestimmte Fälle, etwa für Unterrichtszwecke und wissenschaftliche Zwecke, zugunsten öffentlicher Einrichtungen wie Bibliotheken und Archive, zu Zwecken der Berichterstattung über Tagesereignisse, für Zitate, für die Nutzung durch behinderte Menschen, für Zwecke der öffentlichen Sicherheit und für die Nutzung in Verwaltungs- und Gerichtsverfahren vorzusehen.

(35) In bestimmten Fällen von Ausnahmen oder Beschränkungen sollten Rechtsinhaber einen gerechten Ausgleich erhalten, damit ihnen die Nutzung ihrer geschützten Werke oder sonstigen Schutzgegenstände angemessen vergütet wird. Bei der Festlegung der Form, der Einzelheiten und der etwaigen Höhe dieses gerechten Ausgleichs sollten die besonderen Umstände eines jeden Falls berücksichtigt werden. Für die Bewertung dieser Umstände könnte der sich aus der betreffenden Handlung für die Rechtsinhaber ergebende etwaige Schaden als brauchbares Kriterium herangezogen werden. In Fällen, in denen Rechtsinhaber bereits Zahlungen in anderer Form erhalten haben, z.B. als Teil einer Lizenzgebühr, kann gegebenenfalls keine spezifische oder getrennte Zahlung fällig sein. Hinsichtlich der Höhe des gerechten Ausgleichs sollte der Grad des Einsatzes technischer Schutzmassnahmen gemäss dieser Richtlinie in vollem Umfang berücksichtigt werden. In bestimmten Situationen, in denen dem Rechtsinhaber nur ein geringfügiger Nachteil entstünde, kann sich gegebenenfalls keine Zahlungsverpflichtung ergeben.

(36) Die Mitgliedstaaten können einen gerechten Ausgleich für die Rechtsinhaber auch in den Fällen vorsehen, in denen sie die fakultativen Bestimmungen über die Ausnahmen oder Beschränkungen, die einen derartigen Ausgleich nicht vorschreiben, anwenden.

(37) Die bestehenden nationalen Regelungen über die Reprographie schaffen keine grösseren Hindernisse für den Binnenmarkt. Die Mitgliedstaaten sollten die Möglichkeit haben, eine Ausnahme oder Beschränkung für die Reprographie vorzusehen.

(38) Die Mitgliedstaaten sollten die Möglichkeit erhalten, unter Sicherstellung eines gerechten Ausgleichs eine Ausnahme oder Beschränkung in Bezug auf das Vervielfältigungsrecht für bestimmte Arten der Vervielfältigung von Ton-, Bild- und audiovisuellem Material zu privaten Zwecken vorzusehen. Dazu kann die Einführung oder Beibehaltung von Vergütungsregelungen gehören, die Nachteile für Rechtsinhaber ausgleichen sollen. Wenngleich die zwischen diesen Vergütungsregelungen bestehenden Unterschiede das Funktionieren des Binnenmarkts beeinträchtigen, dürften sie sich, soweit sie sich auf die analoge private Vervielfältigung beziehen, auf die Entwicklung der Informationsgesellschaft nicht nennenswert auswirken. Die digitale private Vervielfältigung dürfte hingegen eine weitere Verbreitung finden und grössere wirtschaftliche Bedeutung erlangen. Daher sollte den Unterschieden zwischen digitaler und analoger privater Vervielfältigung gebührend Rechnung getragen und hinsichtlich bestimmter Punkte zwischen ihnen unterschieden werden.

(39) Bei der Anwendung der Ausnahme oder Beschränkung für Privatkopien sollten die Mitgliedstaaten die technologischen und wirtschaftlichen Entwicklungen, insbesondere in Bezug auf die digitale Privatkopie und auf Vergütungssysteme, gebührend berücksichtigen, wenn wirksame technische Schutzmassnahmen verfügbar sind. Entsprechende Ausnahmen oder Beschränkungen sollten weder den Einsatz technischer Massnahmen noch deren Durchsetzung im Falle einer Umgehung dieser Massnahmen behindern.

(40) Die Mitgliedstaaten können eine Ausnahme oder Beschränkung zugunsten bestimmter nicht kommerzieller Einrichtungen, wie der Öffentlichkeit zugängliche Bibliotheken und ähnliche Einrichtungen sowie Archive, vorsehen. Jedoch sollte diese Ausnahme oder Beschränkung auf bestimmte durch das Vervielfältigungsrecht erfasste Sonderfälle begrenzt werden. Eine Nutzung im Zusammenhang mit der Online-Lieferung von geschützten Werken oder sonstigen Schutzgegenständen sollte nicht unter diese Ausnahme fallen. Die Möglichkeit, dass die Mitgliedstaaten Ausnahmen vom ausschliesslichen öffentlichen Verleihrecht gemäss Artikel 5 der Richtlinie 92/100/EWG vorsehen, bleibt von dieser Richtlinie unberührt. Spezifische Verträge und Lizenzen, die diesen Einrichtungen und ihrer Zweckbestimmung zur Verbreitung der Kultur in ausgewogener Weise zugute kommen, sollten daher unterstützt werden.

(41) Bei Anwendung der Ausnahme oder Beschränkung für ephemere Aufzeichnungen, die von Sendeunternehmen vorgenommen werden, wird davon ausgegangen, dass zu den eigenen Mitteln des Sendeunternehmens auch die Mittel einer Person zählen, die im Namen oder unter der Verantwortung des Sendeunternehmens handelt.

(42) Bei Anwendung der Ausnahme oder Beschränkung für nicht kommerzielle Unterrichtszwecke und nicht kommerzielle wissenschaftliche Forschungszwecke einschliesslich Fernunterricht sollte die nicht kommerzielle Art der betreffenden Tätigkeit durch diese Tätigkeit als solche bestimmt sein. Die organisatorische Struktur und die Finanzierung der betreffenden Einrichtung sind in dieser Hinsicht keine massgeblichen Faktoren.

(43) Die Mitgliedstaatensollten in jedem Fall alle erforderlichen Massnahmen ergreifen, um für Personen mit Behinderungen, die ihnen die Nutzung der Werke selbst erschweren, den Zugang zu diesen Werken zu erleichtern, und dabei ihr besonderes Augenmerk auf zugängliche Formate richten.

(44) Bei der Anwendung der Ausnahmen und Beschränkungen im Sinne dieser Richtlinie sollten die internationalen Verpflichtungen beachtet werden. Solche Ausnahmen und Beschränkungen dürfen nicht auf eine Weise angewandt werden, dass die berechtigten Interessen der Rechtsinhaber verletzt werden oder die normale Verwertung ihrer Werke oder sonstigen Schutzgegenstände beeinträchtigt wird. Die von den Mitgliedstaaten festgelegten Ausnahmen oder Beschränkungen sollten insbesondere die gesteigerte wirtschaftliche Bedeutung, die solche Ausnahmen oder Beschränkungen im neuen elektronischen Umfeld erlangen können, angemessen berücksichtigen. Daher ist der Umfang bestimmter Ausnahmen oder Beschränkungen bei bestimmten neuen Formen der Nutzung urheberrechtlich geschützter Werke und sonstiger Schutzgegenstände möglicherweise noch enger zu begrenzen.

(45) Die in Artikel 5 Absätze 2, 3 und 4 vorgesehenen Ausnahmen und Beschränkungen sollten jedoch vertraglichen Beziehungen zur Sicherstellung eines gerechten Ausgleichs für die Rechtsinhaber nicht entgegenstehen, soweit dies nach innerstaatlichem Recht zulässig ist.

(46) Die Einschaltung einer Schlichtungsinstanz könnte Nutzern und Rechtsinhabern für die Beilegung ihrer Streitigkeiten hilfreich sein. Die Kommission sollte gemeinsam mit den Mitgliedstaaten im Rahmen des Kontaktausschusses eine Untersuchung über neue rechtliche Möglichkeiten durchführen, mit denen Streitigkeiten im Bereich des Urheberrechts und der verwandten Schutzrechte beigelegt werden können.

(47) Im Zuge der technischen Entwicklung werden Rechtsinhaber von technischen Massnahmen Gebrauch machen können, die dazu bestimmt sind, die Verhinderung oder Einschränkung von Handlungen zu erreichen, die von den Inhabern von Urheberrechten oder verwandten Schutzrechten oder des Sui-generis-Rechts an Datenbanken nicht genehmigt worden sind. Es besteht jedoch die Gefahr, dass die Umgehung des durch diese Vorrichtungen geschaffenen technischen Schutzes durch rechtswidrige Handlungen ermöglicht oder erleichtert wird. Um ein uneinheitliches rechtliches Vorgehen zu vermeiden, das den Binnenmarkt in seiner Funktion beeinträchtigen könnte, muss der rechtliche Schutz vor der Umgehung wirksamer technischer Massnahmen und vor der Bereitstellung entsprechender Vorrichtungen und Produkte bzw. der Erbringung entsprechender Dienstleistungen harmonisiert werden.

(48) Dieser Rechtsschutz sollte für technische Massnahmen gelten, die wirksam Handlungen beschränken, die von den Inhabern von Urheberrechtenoder verwandten Schutzrechtenoder des Suigeneris-Rechts an Datenbanken nicht genehmigt worden sind, ohne jedoch den normalen Betrieb elektronischer Geräte und deren technische Entwicklung zu behindern. Dieser Rechtsschutz verpflichtet nicht dazu, Vorrichtungen, Produkte, Komponenten oder Dienstleistungen zu entwerfen, die den technischen Massnahmen entsprechen, solange diese Vorrichtungen, Produkte, Komponenten oder Dienstleistungen nicht in anderer Weise unter das Verbot des Artikels 6 fallen. Dieser Rechtsschutz sollte auch das Verhältnismässigkeitsprinzip berücksichtigen, und es sollten nicht jene Vorrichtungen oder Handlungen untersagt werden, deren wirtschaftlicher Zweck und Nutzen nicht in der Umgehung technischer Schutzvorkehrungen besteht. Insbesondere dürfen die Forschungsarbeiten im Bereich der Verschlüsselungstechniken dadurch nicht behindert werden.

(49) Der Rechtsschutz technischer Massnahmen lässt einzelstaatliche Rechtsvorschriftenun berührt, die den privaten Besitz von Vorrichtungen, Erzeugnissen oder Bestandteilen zur Umgehung technischer Massnahmen untersagen.

(50) Einsolcher harmonisierter Rechtsschutz lässt die speziellen Schutzbestimmungen gemäss der Richtlinie 91/250/EWG unberührt. Er sollte insbesondere nicht auf den Schutz der in Verbindung mit Computerprogrammen verwendeten technischen Massnahmen Anwendung finden, der ausschliesslich in jener Richtlinie behandelt wird. Er sollte die Entwicklung oder Verwendung anderer Mittel zur Umgehung technischer Massnahmen, die erforderlich sind, um Handlungen nach Artikel 5 Absatz 3 oder Artikel 6 der Richtlinie 91/250/EWG zu ermöglichen, nicht aufhalten oder verhindern. Artikel 5 und 6 jener Richtlinie sehen ausschliesslich Ausnahmen von den auf Computerprogramme anwendbaren ausschliesslichen Rechten vor.

(51) Der Rechtsschutz technischer Massnahmen gilt unbeschadet des in Artikel 5 zum Ausdruck kommenden Gesichtspunkts des Allgemeininteresses sowie unbeschadet der öffentlichen Sicherheit. Die Mitgliedstaaten sollten freiwillige Massnahmen der Rechtsinhaber, einschliesslich des Abschlusses und der Umsetzung von Vereinbarungen zwischen Rechtsinhabern und anderen interessierten Parteien, fördern, mit denen dafür Sorge getragen wird, dass die Ziele bestimmter Ausnahmen oder Beschränkungen, die im Einklang mit dieser Richtlinie in einzelstaatlichen Rechtsvorschriften vorgesehen sind, erreicht werden können. Werden innerhalb einer angemessenen Frist keine derartigen freiwilligen Massnahmen oder Vereinbarungen getroffen, sollten die Mitgliedstaaten angemessene Massnahmen ergreifen, um zu gewährleisten, dass die Rechtsinhaber durch Änderung einer schon angewandten technischen Massnahme oder durch andere Mittel den von derartigen Ausnahmen oder Beschränkungen

Begünstigten geeignete Mittel für die Inanspruchnahme dieser Ausnahmen oder Beschränkungen an die Hand geben. Damit jedoch bei derartigen Massnahmen, die von den Rechtsinhabern, auch im Rahmen von Vereinbarungen, oder von einem Mitgliedstaat ergriffen werden, kein Missbrauch entsteht, sollten alle technischen Massnahmen Rechtsschutz geniessen, die bei der Umsetzung derartiger Massnahmen zur Anwendung kommen.

(52) Bei der Umsetzung einer Ausnahme oder einer Beschränkung im Hinblick auf Vervielfältigungen zum privaten Gebrauch nach Artikel 5 Absatz 2 Buchstabe b) sollten die Mitgliedstaaten auch die Anwendung freiwilliger Massnahmen fördern, mit denen dafür Sorge getragen wird, dass die Ziele derartiger Ausnahmen oder Beschränkungen erreicht werden können. Werden innerhalb einer angemessenen Frist keine derartigen freiwilligen Massnahmen zur Ermöglichung von Vervielfältigungen zum privaten Gebrauch getroffen, können die Mitgliedstaaten Massnahmen ergreifen, damit die Begünstigten der betreffenden Ausnahme oder Beschränkung sie tatsächlich nutzen können. Freiwillige Massnahmen des Rechtsinhabers, einschliesslich etwaiger Vereinbarungen zwischen Rechtsinhabern und interessierten Parteien, sowie Massnahmen der Mitgliedstaaten stehen solchen technischen Massnahmen der Rechtsinhaber nicht entgegen, die mit den im nationalen Recht vorgesehenen Ausnahmen und Beschränkungen in Bezug auf Vervielfältigungen zum privaten Gebrauch nach Artikel 5 Absatz 2 Buchstabe b) vereinbar sind, wobei der Bedingung des gerechten Ausgleichs nach jener Bestimmung und der Möglichkeit einer Differenzierung zwischen verschiedenen Anwendungsbedingungen nach Artikel 5 Absatz 5, wie z.B. Überwachung der Anzahl der Vervielfältigungen, Rechnung zu tragen ist. Damit bei derartigen Massnahmen kein Missbrauch entsteht, sollten alle technischen Schutzmassnahmen Rechtsschutz geniessen, die bei der Umsetzung derartiger Massnahmen zur Anwendung kommen.

(53) Der Schutz technischer Massnahmen sollte ein sicheres Umfeld gewährleisten für die Erbringung interaktiver Dienste auf Abruf in der Weise, dass Mitgliedern der Öffentlichkeit Werke und andere Schutzgegenstände von Orten und zu Zeiten ihrer Wahl zugänglich sind. Werden entsprechende Dienste auf der Grundlage von vertraglichen Vereinbarungen erbracht, sollte Artikel 6 Absatz 4 Unterabsätze 1 und 2 keine Anwendung finden. Nicht interaktive Formen der Online-Nutzung sollten im Anwendungsbereich dieser Vorschriften verbleiben.

(54) Die internationale Normung technischer Identifizierungssysteme für Werke und sonstige Schutzgegenstände in digitalem Format hat grosse Fortschritte gemacht. In einer sich ausweitenden Netzwerkumgebung könnten Unterschiede zwischen technischen Massnahmen zur Inkompatibilität der Systeme innerhalb der Gemeinschaft führen. Kompatibilität und Interoperabilität der verschiedenen Systeme sollten gefördert werden. Es erscheint in hohem Masse wünschenswert, die Entwicklung weltweiter Systeme zu fördern.

(55) Die technische Entwicklung wird die Verbreitung von Werken, insbesondere die Verbreitung über Netze erleichtern, und dies bedeutet, dass Rechtsinhaber das Werk oder den sonstigen Schutzgegenstand, den Urheber und jeden sonstigen Leistungsschutzberechtigten genauer identifizieren und Informationen über die entsprechenden Nutzungsbedingungen mitteilen müssen, um die Wahrnehmung der mit dem Werk bzw. dem Schutzgegenstand verbundenen Rechte zu erleichtern. Rechtsinhaber sollten darin bestärkt werden, Kennzeichnungen zu verwenden, aus denen bei der

Eingabe von Werken oder sonstigen Schutzgegenständen in Netze zusätzlich zu den genannten Informationen unter anderem hervorgeht, dass sie ihre Erlaubnis erteilt haben.

(56) Es besteht jedoch die Gefahr, dass rechtswidrige Handlungen vorgenommen werden, um die Informationen für die elektronische Wahrnehmung der Urheberrechte zu entfernen oder zu verändern oder Werke oder sonstige Schutzgegenstände, aus denen diese Informationen ohne Erlaubnis entfernt wurden, in sonstiger Weise zu verbreiten, zu Verbreitungszwecken einzuführen, zu senden, öffentlich wiederzugeben oder der Öffentlichkeit zugänglich zu machen. Um ein uneinheitliches rechtliches Vorgehen zu vermeiden, das den Binnenmarkt in seiner Funktion beeinträchtigen könnte, muss der rechtliche Schutz vor solchen Handlungen harmonisiert werden.

(57) Die genannten Informationssysteme für die Wahrnehmung der Rechte sind je nach Auslegung in der Lage, gleichzeitig personenbezogene Daten über die individuelle Nutzung von Schutzgegenständen zu verarbeiten und Online-Aktivitäten nachzuvollziehen. Die technischen Funktionen dieser Vorrichtungen solltendem Schutz der Privatsphäre gemäss der Richtlinie 95/46/EG des Europäischen Parlaments und des Rates vom 24. Oktober 1995 zum Schutz natürlicher Personen bei der Verarbeitung personenbezogener Daten und zum freien Datenverkehr[10] gerecht werden.

(58) Die Mitgliedstaaten sollten wirksame Sanktionen und Rechtsbehelfe bei Zuwiderhandlungen gegen die in dieser Richtlinie festgelegten Rechte und Pflichten vorsehen. Sie sollten alle erforderlichen Massnahmen treffen, um die Anwendung dieser Sanktionen und Rechtsbehelfe sicherzustellen. Die vorgesehenen Sanktionen müssen wirksam, verhältnismässig und abschreckend sein und die Möglichkeit einschliessen, Schadenersatz und / oder eine gerichtliche Anordnung sowie gegebenenfalls die Beschlagnahme von rechtswidrigem Material zu beantragen.

(59 Insbesondere in der digitalen Technik können die Dienste von Vermittlernimmer stärker von Drittenfür Rechtsverstösse genutzt werden. Oftmals sind diese Vermittler selbst am besten in der Lage, diesen Verstössen ein Ende zu setzen. Daher sollten die Rechtsinhaber – unbeschadet anderer zur Verfügung stehender Sanktionen und Rechtsbehelfe – die Möglichkeit haben, eine gerichtliche Anordnung gegen einen Vermittler zu beantragen, der die Rechtsverletzung eines Dritten in Bezug auf ein geschütztes Werk oder einen anderen Schutzgegenstand in einem Netz überträgt. Diese Möglichkeit sollte auch dann bestehen, wenn die Handlungen des Vermittlers nach Artikel 5 freigestellt sind. Die Bedingungen und Modalitäten für eine derartige gerichtliche Anordnung sollten im nationalen Recht der Mitgliedstaatengeregeltwerden.

(60) Der durch diese Richtlinie gewährte Schutz sollte die nationalen und gemeinschaftlichen Rechtsvorschriften in anderen Bereichen wie gewerbliches Eigentum, Datenschutz, Zugangskontrolle, Zugang zu öffentlichen Dokumenten und den Grundsatz der Chronologie der Auswertung in den Medien, die sich auf den Schutz des Urheberrechts oder verwandter Rechte auswirken, unberührt lassen.

(61) Um den Bestimmungen des WIPO-Vertrags über Darbietungen und Tonträger nachzukommen, sollten die Richtlinien 92/100/EWG und 93/98/EWG geändert werden –

haben folgende Richtlinien erlassen:

---

[10] ABl. L 281 vom 23.11.1995, S. 31.

Kapitel I: Ziel und Anwendungsbereich

Art. 1 Anwendungsbereich

(1) Gegenstand dieser Richtlinie ist der rechtliche Schutz des Urheberrechts und der verwandten Schutzrechte im Rahmen des Binnenmarkts, insbesondere in Bezug auf die Informationsgesellschaft.

(2) Ausser in den in Artikel 11 genannten Fällen lässt diese Richtlinie die bestehenden gemeinschaftsrechtlichen Bestimmungen über folgende Bereiche unberührt und beeinträchtigt sie in keiner Weise:

a) über den rechtlichen Schutz von Computerprogrammen;

b) über das Vermietrecht, das Verleihrecht und bestimmte dem Urheberrecht verwandte Schutzrechte im Bereich des geistigen Eigentums;

c) über das Urheberrecht und die verwandten Schutzrechte im Bereich des Satellitenrundfunks und der Kabelweiterverbreitung;

d) über die Dauer des Schutzes des Urheberrechts und bestimmter verwandter Schutzrechte;

e) über den rechtlichen Schutz von Datenbanken.

Kapitel II: Rechte und Ausnahmen

Art. 2 Vervielfältigungsrecht

Die Mitgliedstaaten sehen für folgende Personen das ausschliessliche Recht vor, die unmittelbare oder mittelbare, vorübergehende oder dauerhafte Vervielfältigung auf jede Art und Weise und in jeder Form ganz oder teilweise zu erlauben oder zu verbieten:

a) für die Urheber in Bezug auf ihre Werke,

b) für die ausübenden Künstler in Bezug auf die Aufzeichnungen ihrer Darbietungen,

c) für die Tonträgerhersteller in Bezug auf ihre Tonträger,

d) für die Hersteller der erstmaligen Aufzeichnungen von Filmen in Bezug auf das Original und die Vervielfältigungsstücke ihrer Filme,

e) für die Sendeunternehmen in Bezug auf die Aufzeichnungen ihrer Sendungen, unabhängig davon, ob diese Sendungen drahtgebunden oder drahtlos, über Kabel oder Satellit übertragen werden.

Art. 3 Recht der öffentlichen Wiedergabe von Werken und Recht der öffentlichen Zugänglichmachung sonstiger Schutzgegenstände

(1) Die Mitgliedstaaten sehen vor, dass den Urhebern das ausschliessliche Recht zusteht, die drahtgebundene oder drahtlose öffentliche Wiedergabe ihrer Werke einschliesslich der öffentlichen Zugänglichmachung der Werke in der Weise, dass sie Mitgliedern der Öffentlichkeit von Orten und zu Zeiten ihrer Wahl zugänglich sind, zu erlauben oder zu verbieten.

(2) Die Mitgliedstaaten sehen für folgende Personen das ausschliessliche Recht vor, zu erlauben oder zu verbieten, dass die nachstehend genannten Schutzgegenstände drahtgebunden oder drahtlos in einer Weise der Öffentlichkeit zugänglich gemacht werden, dass sie Mitgliedern der Öffentlichkeit von Orten und zu Zeiten ihrer Wahl zugänglich sind:

a) für die ausübenden Künstler in Bezug auf die Aufzeichnungen ihrer Darbietungen;
b) für die Tonträgerhersteller in Bezug auf ihre Tonträger;
c) für die Hersteller der erstmaligen Aufzeichnungen von Filmen in Bezug auf das Original und auf Vervielfältigungsstücke ihrer Filme;
d) für die Sendeunternehmen in Bezug auf die Aufzeichnungen ihrer Sendungen, unabhängig davon, ob diese Sendungen drahtgebunden oder drahtlos, über Kabel oder Satellit übertragen werden.

(3) Die in den Absätzen 1 und 2 bezeichneten Rechte erschöpfen sich nicht mit den in diesem Artikel genannten Handlungen der öffentlichen Wiedergabe oder der Zugänglichmachung für die Öffentlichkeit.

Art. 4   Verbreitungsrecht

(1) Die Mitgliedstaaten sehen vor, dass den Urhebern in Bezug auf das Original ihrer Werke oder auf Vervielfältigungsstücke davon das ausschliessliche Recht zusteht, die Verbreitung an die Öffentlichkeit in beliebiger Form durch Verkauf oder auf sonstige Weise zu erlauben oder zu verbieten.

(2) Das Verbreitungsrecht erschöpft sich in der Gemeinschaft in Bezug auf das Original oder auf Vervielfältigungsstücke eines Werks nur, wenn der Erstverkauf dieses Gegenstands oder eine andere erstmalige Eigentumsübertragung in der Gemeinschaft durch den Rechtsinhaber oder mit dessen Zustimmung erfolgt.

Art. 5   Ausnahmen und Beschränkungen

(1) Die in Artikel 2 bezeichneten vorübergehenden Vervielfältigungshandlungen, die flüchtig oder begleitend sind und einen integralen und wesentlichen Teil eines technischen Verfahrens darstellen und deren alleiniger Zweck es ist,
a) eine Übertragung in einem Netz zwischen Dritten durch einen Vermittler oder
b) eine rechtmässige Nutzung eines Werks oder sonstigen Schutzgegenstands zu ermöglichen, und die keine eigenständige wirtschaftliche Bedeutung haben, werden von dem in Artikel 2 vorgesehenen Vervielfältigungsrecht ausgenommen.

(2) Die Mitgliedstaaten können in den folgenden Fällen Ausnahmen oder Beschränkungen in Bezug auf das in Artikel 2 vorgesehene Vervielfältigungsrecht vorsehen:
a) in Bezug auf Vervielfältigungen auf Papier oder einem ähnlichen Träger mittels beliebiger fotomechanischer Verfahren oder anderer Verfahren mit ähnlicher Wirkung, mit Ausnahme von Notenblättern und unter der Bedingung, dass die Rechtsinhaber einen gerechten Ausgleich erhalten;
b) in Bezug auf Vervielfältigungen auf beliebigen Trägern durch eine natürliche Person zum privaten Gebrauch und weder für direkte noch indirekte kommerzielle Zwecke unter der Bedingung, dass die Rechtsinhaber einen gerechten Ausgleich erhalten, wobei berücksichtigt wird, ob technische Massnahmen gemäss Artikel 6 auf das betreffende Werk oder den betreffenden Schutzgegenstand angewendet wurden;
c) in Bezug auf bestimmte Vervielfältigungshandlungen von öffentlich zugänglichen Bibliotheken, Bildungseinrichtungen oder Museen oder von Archiven, die keinen unmittelbaren oder mittelbaren wirtschaftlichen oder kommerziellen Zweck verfolgen;

d) in Bezug auf ephemere Aufzeichnungen von Werken, die von Sendeunternehmen mit eigenen Mitteln und für eigene Sendungen vorgenommen worden sind; aufgrund ihres aussergewöhnlichen Dokumentationscharakters kann die Aufbewahrung dieser Aufzeichnungen in amtlichen Archiven erlaubt werden;

e) in Bezug auf Vervielfältigungen von Sendungen, die von nicht kommerziellen sozialen Einrichtungen wie Krankenhäusern oder Haftanstalten angefertigt wurden, unter der Bedingung, dass die Rechtsinhaber einen gerechten Ausgleich erhalten.

(3) Die Mitgliedstaaten können in den folgenden Fällen Ausnahmen oder Beschränkungen in Bezug auf die in den Artikeln 2 und 3 vorgesehenen Rechte vorsehen:

a) für die Nutzung ausschliesslich zur Veranschaulichung im Unterricht oder für Zwecke der wissenschaftlichen Forschung, sofern – ausser in Fällen, in denen sich dies als unmöglich erweist – die Quelle, einschliesslich des Namens des Urhebers, wann immer dies möglich ist, angegeben wird und soweit dies zur Verfolgung nicht kommerzieller Zwecke gerechtfertigt ist;

b) für die Nutzung zugunsten behinderter Personen, wenn die Nutzung mit der Behinderung unmittelbar in Zusammenhang steht und nicht kommerzieller Art ist, soweit es die betreffende Behinderung erfordert;

c) für die Vervielfältigung durch die Presse, die öffentliche Wiedergabe oder die Zugänglichmachung von veröffentlichten Artikeln zu Tagesfragen wirtschaftlicher, politischer oder religiöser Natur oder von gesendeten Werken oder sonstigen Schutzgegenständen dieser Art, sofern eine solche Nutzung nicht ausdrücklich vorbehalten ist und sofern die Quelle, einschliesslich des Namens des Urhebers, angegeben wird, oder die Nutzung von Werken oder sonstigen Schutzgegenständen in Verbindung mit der Berichterstattung über Tagesereignisse, soweit es der Informationszweck rechtfertigt und sofern – ausser in Fällen, in denen sich dies als unmöglich erweist – die Quelle, einschliesslich des Namens des Urhebers, angegeben wird;

d) für Zitate zu Zwecken wie Kritik oder Rezensionen, sofern sie ein Werk oder einen sonstigen Schutzgegenstand betreffen, das bzw. der der Öffentlichkeit bereits rechtmässig zugänglich gemacht wurde, sofern – ausser in Fällen, in denen sich dies als unmöglich erweist – die Quelle, einschliesslich des Namens des Urhebers, angegeben wird und sofern die Nutzung den anständigen Gepflogenheiten entspricht und in ihrem Umfang durch den besonderen Zweck gerechtfertigt ist;

e) für die Nutzung zu Zwecken der öffentlichen Sicherheit oder zur Sicherstellung des ordnungsgemässen Ablaufs von Verwaltungsverfahren, parlamentarischen Verfahren oder Gerichtsverfahren oder der Berichterstattung darüber;

f) für die Nutzung von politischen Reden oder von Auszügen aus öffentlichen Vorträgen oder ähnlichen Werken oder Schutzgegenständen, soweit der Informationszweck dies rechtfertigt und sofern – ausser in Fällen, in denen sich dies als unmöglich erweist – die Quelle, einschliesslich des Namens des Urhebers, angegeben wird;

g) für die Nutzung bei religiösen Veranstaltungen oder offiziellen, von einer Behörde durchgeführten Veranstaltungen;

h) für die Nutzung von Werken wie Werken der Baukunst oder Plastiken, die dazu angefertigt wurden, sich bleibend an öffentlichen Orten zu befinden;

i) für die beiläufige Einbeziehung eines Werks oder sonstigen Schutzgegenstands in anderes Material;
j) für die Nutzung zum Zwecke der Werbung für die öffentliche Ausstellung oder den öffentlichen Verkauf von künstlerischen Werken in dem zur Förderung der betreffenden Veranstaltung erforderlichen Ausmass unter Ausschluss jeglicher anderer kommerzieller Nutzung;
k) für die Nutzung zum Zwecke von Karikaturen, Parodien oder Pastiches;
l) für die Nutzung im Zusammenhang mit der Vorführung oder Reparatur vonGeräten;
m) für die Nutzung eines künstlerischen Werks in Form eines Gebäudes bzw. einer Zeichnung oder eines Plans eines Gebäudes zum Zwecke des Wiederaufbaus des Gebäudes;
n) für die Nutzung von Werken und sonstigen Schutzgegenständen, für die keine Regelungen über Verkauf und Lizenzen gelten und die sich in den Sammlungen der Einrichtungen gemäss Absatz 2 Buchstabe c) befinden, durch ihre Wiedergabe oder Zugänglichmachung für einzelne Mitglieder der Öffentlichkeit zu Zwecken der Forschung und privater Studien auf eigens hierfür eingerichteten Terminals in den Räumlichkeiten der genannten Einrichtungen;
o) für die Nutzung in bestimmten anderen Fällen von geringer Bedeutung, soweit solche Ausnahmen oder Beschränkungen bereits in einzelstaatlichen Rechtsvorschriften vorgesehen sind und sofern sie nur analoge Nutzungen betreffen und den freien Waren- und Dienstleistungsverkehr in der Gemeinschaft nicht berühren; dies gilt unbeschadet der anderen in diesem Artikel enthaltenen Ausnahmen und Beschränkungen.

(4) Wenn die Mitgliedstaaten gemäss Absatz 2 oder 3 eine Ausnahme oder Beschränkung in Bezug auf das Vervielfältigungsrecht vorsehen können, können sie entsprechend auch eine Ausnahme oder Beschränkung in Bezug auf das Verbreitungsrecht im Sinne von Artikel 4 zulassen, soweit diese Ausnahme durch den Zweck der erlaubten Vervielfältigung gerechtfertigt ist.

(5) Die in den Absätzen 1, 2, 3 und 4 genannten Ausnahmen und Beschränkungen dürfen nur in bestimmten Sonderfällen angewandt werden, in denen die normale Verwertung des Werks oder des sonstigen Schutzgegenstands nicht beeinträchtigt wird und die berechtigten Interessen des Rechtsinhabers nicht ungebührlich verletzt werden.

Kapitel III: Schutz von technischen Massnahmen und von Informationen für die Wahrnehmung der Rechte

Art. 6   Pflichten in Bezug auf technische Massnahmen

(1) Die Mitgliedstaaten sehen einen angemessenen Rechtsschutz gegen die Umgehung wirksamer technischer Massnahmen durch eine Person vor, der bekannt ist oder den Umständen nach bekannt sein muss, dass sie dieses Ziel verfolgt.

(2) Die Mitgliedstaaten sehen einen angemessenen Rechtsschutz gegen die Herstellung, die Einfuhr, die Verbreitung, den Verkauf, die Vermietung, die Werbung im Hinblick auf Verkauf oder Vermietung und den Besitz zu kommerziellen Zwecken von Vorrichtungen, Erzeugnissen oder Bestandteilen sowie die Erbringung von Dienstleistungen vor,

Richtlinie Urheberrecht in der Informationsgesellschaft 463

a) die Gegenstand einer Verkaufsförderung, Werbung oder Vermarktung mit dem Ziel der Umgehung wirksamer technischer Massnahmen sind oder

b) die, abgesehen von der Umgehung wirksamer technischer Massnahmen, nur einen begrenzten wirtschaftlichen Zweck oder Nutzenhabenoder

c) die hauptsächlich entworfen, hergestellt, angepasst oder erbracht werden, um die Umgehung wirksamer technischer Massnahmen zu ermöglichenoder zu erleichtern.

(3) Im Sinne dieser Richtlinie bezeichnet der Ausdruck «technische Massnahmen» alle Technologien, Vorrichtungen oder Bestandteile, die im normalen Betrieb dazu bestimmt sind, Werke oder sonstige Schutzgegenstände betreffende Handlungen zu verhindern oder einzuschränken, die nicht von der Person genehmigt worden sind, die Inhaber der Urheberrechte oder der dem Urheberrecht verwandten gesetzlich geschütztenSchutzrechte oder des in Kapitel III der Richtlinie 96/9/EG verankerten Sui-generis-Rechts ist. Technische Massnahmen sind als «wirksam» anzusehen, soweit die Nutzung eines geschützten Werks oder eines sonstigen Schutzgegenstands von den Rechtsinhabern durch eine Zugangskontrolle oder einen Schutzmechanismus wie Verschlüsselung, Verzerrung oder sonstige Umwandlung des Werks oder sonstigen Schutzgegenstands oder einen Mechanismus zur Kontrolle der Vervielfältigung, die die Erreichung des Schutzziels sicherstellen, unter Kontrolle gehalten wird.

(4) Werden von Seiten der Rechtsinhaber freiwillige Massnahmen, einschliesslich Vereinbarungen zwischen den Rechtsinhabern und anderen betroffenen Parteien, nicht ergriffen, so treffen die Mitgliedstaaten ungeachtet des Rechtsschutzes nach Absatz 1 geeignete Massnahmen, um sicherzustellen, dass die Rechtsinhaber dem Begünstigten einer im nationalen Recht gemäss Artikel 5 Absatz 2 Buchstaben a), c), d), oder e) oder Absatz 3 Buchstabena), b) oder e) vorgesehenen Ausnahme oder Beschränkung die Mittel zur Nutzung der betreffenden Ausnahme oder Beschränkung in dem für die Nutzung der betreffenden Ausnahme oder Beschränkung erforderlichen Masse zur Verfügung stellen, soweit der betreffende Begünstigte rechtmässig Zugang zu dem geschützten Werk oder Schutzgegenstand hat. Ein Mitgliedstaat kann derartige Massnahmen auch in Bezug auf den Begünstigten einer Ausnahme oder Beschränkung gemäss Artikel 5 Absatz 2 Buchstabe b) treffen, sofern die Vervielfältigung zum privaten Gebrauch nicht bereits durch die Rechtsinhaber in dem für die Nutzung der betreffenden Ausnahme oder Beschränkung erforderlichen Masse gemäss Artikel 5 Absatz 2 Buchstabe b) und Absatz 5 ermöglicht worden ist; der Rechtsinhaber kann dadurch nicht gehindert werden, geeignete Massnahmen in Bezug auf die Zahl der Vervielfältigungen gemäss diesen Bestimmungen zu ergreifen.

Die von den Rechtsinhabern freiwillig angewandten technischen Massnahmen, einschliesslich der zur Umsetzung freiwilliger Vereinbarungen angewandten Massnahmen, und die technischen Massnahmen, die zur Umsetzung der von den Mitgliedstaaten getroffenen Massnahmen angewandt werden, geniessen den Rechtsschutz nach Absatz 1.

Die Unterabsätze 1 und 2 gelten nicht für Werke und sonstige Schutzgegenstände, die der Öffentlichkeit aufgrund einer vertraglichen Vereinbarung in einer Weise zugänglich gemacht werden, dass sie Mitgliedern der Öffentlichkeit von Orten und zu Zeiten ihrer Wahl zugänglich sind.

Wenn dieser Artikel im Zusammenhang mit der Richtlinie 92/100/EWG und 96/9/EG angewandt wird, so findet dieser Absatz entsprechende Anwendung.

Art. 7 **Pflichten in Bezug auf Informationen für die Rechtewahrnehmung**

(1) Die Mitgliedstaaten sehen einen angemessenen rechtlichen Schutz gegen Personen vor, die wissentlich unbefugt eine der nachstehenden Handlungen vornehmen, wobei ihnen bekannt ist oder den Umständen nach bekannt sein muss, dass sie dadurch die Verletzung von Urheberrechtenoder dem Urheberrecht verwandten gesetzlich geschütztenSchutzrechten oder die Verletzung des in Kapitel III der Richtlinie 96/9/EG vorgesehenen Sui-generis-Rechts veranlassen, ermöglichen, erleichtern oder verschleiern:

a) die Entfernung oder Änderung elektronischer Informationen für die Wahrnehmung der Rechte,

b) die Verbreitung, Einfuhr zur Verbreitung, Sendung, öffentliche Wiedergabe oder öffentliche Zugänglichmachung von Werken oder sonstigen unter diese Richtlinie oder unter Kapitel III der Richtlinie 96/9/EG fallenden Schutzgegenständen, bei denen elektronische Informationen für die Wahrnehmung der Rechte unbefugt entfernt oder geändert wurden.

(2) Im Sinne dieser Richtlinie bezeichnet der Ausdruck «Informationen für die Rechtewahrnehmung» die von Rechtsinhabern stammenden Informationen, die die in dieser Richtlinie bezeichneten Werke oder Schutzgegenstände oder die durch das in Kapitel III der Richtlinie 96/9/EG vorgesehene Sui-generis-Recht geschützten Werke oder Schutzgegenstände, den Urheber oder jeden anderen Rechtsinhaber identifizieren, oder Informationen über die Modalitäten und Bedingungen für die Nutzung der Werke oder Schutzgegenstände sowie die Zahlen oder Codes, durch die derartige Informationen ausgedrückt werden.

Unterabsatz 1 gilt, wenn irgendeine der betreffenden Informationen an einem Vervielfältigungsstück eines Werks oder eines sonstigen Schutzgegenstands, der in dieser Richtlinie genannt wird oder unter das in Kapitel III der Richtlinie 96/9/EG vorgesehene Sui-generis-Recht fällt, angebracht wird oder im Zusammenhang mit der öffentlichen Wiedergabe eines solchen Werks oder Schutzgegenstands erscheint.

Kapitel IV: Allgemeine Bestimmungen

Art. 8 **Sanktionen und Rechtsbehelfe**

(1) Die Mitgliedstaatensehen bei Verletzungen der in dieser Richtlinie festgelegten Rechte und Pflichten angemessene Sanktionen und Rechtsbehelfe vor und treffen alle notwendigen Massnahmen, um deren Anwendung sicherzustellen. Die betreffenden Sanktionen müssen wirksam, verhältnismässig und abschreckend sein.

(2) Jeder Mitgliedstaat trifft die erforderlichen Massnahmen, um sicherzustellen, dass Rechtsinhaber, deren Interessen durch eine in seinem Hoheitsgebiet begangene Rechtsverletzung beeinträchtigt werden, Klage auf Schadenersatz erheben und/oder eine gerichtliche Anordnung sowie gegebenenfalls die Beschlagnahme von rechtswidrigem Material sowie von Vorrichtungen, Erzeugnissen oder Bestandteilen im Sinne des Artikels 6 Absatz 2 beantragen können.

(3) Die Mitgliedstaatenstellen sicher, dass die Rechtsinhaber gerichtliche Anordnungen gegen Vermittler beantragen können, deren Dienste von einem Dritten zur Verletzung eines Urheberrechts oder verwandter Schutzrechte genutzt werden.

Art. 9 **Weitere Anwendung anderer Rechtsvorschriften**

Diese Richtlinie lässt andere Rechtsvorschriften insbesondere in folgenden Bereichen unberührt: Patentrechte, Marken, Musterrechte, Gebrauchsmuster, Topographien von Halbleitererzeugnissen, typographische Schriftzeichen, Zugangskontrolle, Zugang zum Kabel von Sendediensten, Schutz nationalen Kulturguts, Anforderungen im Bereich gesetzlicher Hinterlegungspflichten, Rechtsvorschriften über Wettbewerbsbeschränkungen und unlauteren Wettbewerb, Betriebsgeheimnisse, Sicherheit, Vertraulichkeit, Datenschutz und Schutz der Privatsphäre, Zugang zu öffentlichen Dokumenten sowie Vertragsrecht.

Art. 10 **Zeitliche Anwendbarkeit**

(1) Die Vorschriften dieser Richtlinie finden auf alle von ihr erfassten Werke und Schutzgegenstände Anwendung, die am 22. Dezember 2002 durch die Rechtsvorschriftender Mitgliedstaaten auf dem Gebiet des Urheberrechts und der verwandten Schutzrechte geschützt sind oder die die Schutzkriterien im Sinne dieser Richtlinie oder der in Artikel 1 Absatz 2 genannten Bestimmungen erfüllen.

(2) Die Richtlinie berührt Handlungen und Rechte nicht, die vor dem 22. Dezember 2002 abgeschlossenbzw. erworbenwurden.

Art. 11 **Technische Anpassungen**

(1) Die Richtlinie 92/100/EWG wird wie folgt geändert:

a) Artikel 7 wird gestrichen.

b) Artikel 10 Absatz 3 erhält folgende Fassung:

(3) «Die Beschränkungen dürfen nur in bestimmten Sonderfällen angewandt werden, in denen die normale Verwertung des Schutzgegenstands nicht beeinträchtigt wird und die berechtigten Interessen des Rechtsinhabers nicht ungebührlich verletzt werden.»

(2) Artikel 3 Absatz 2 der Richtlinie 93/98/EWG erhält folgende Fassung:

(2) «Die Rechte der Hersteller von Tonträgern erlöschen fünfzig Jahre nach der Aufzeichnung. Wurde jedoch der Tonträger innerhalb dieser Frist rechtmässig veröffentlicht, so erlöschen diese Rechte fünfzig Jahre nach der ersten rechtmässigen Veröffentlichung. Wurde der Tonträger innerhalb der in Satz 1 genannten Frist nicht rechtmässig veröffentlicht und wurde der Tonträger innerhalb dieser Frist rechtmässig öffentlich wiedergegeben, so erlöschen diese Rechte fünfzig Jahre nach der ersten rechtmässigen öffentlichen Wiedergabe.

Sind jedoch die Rechte der Hersteller von Tonträgern aufgrund des Ablaufs der Schutzfrist gemäss dem vorliegenden Absatz in seiner Fassung vor der Änderung durch die Richtlinie 2001/29/EG des Europäischen Parlaments und des Rates vom 22. Mai 2001 zur Harmonisierung bestimmter Aspekte des Urheberrechts und der verwandten Schutzrechte in der Informationsgesellschaft* am 22. Dezember 2002 nicht mehr geschützt, so bewirkt dieser Absatz nicht, dass jene Rechte erneut geschützt sind.

---

* ABl. L 167 vom 22.6.2001, S. 10.»

Art. 12   **Schlussbestimmungen**

(1) »C1 Spätestens am 22. Dezember 2004 und« danach alle drei Jahre unterbreitet die Kommission dem Europäischen Parlament, dem Rat und dem Wirtschafts- und Sozialausschuss einen Bericht über die Anwendung dieser Richtlinie, in dem sie unter anderem auf der Grundlage der von den Mitgliedstaaten mitgeteilten Informationen insbesondere die Anwendung der Artikel 5, 6 und 8 anhand der Entwicklung des digitalen Marktes prüft. Im Falle des Artikels 6 prüft sie insbesondere, ob dieser ein ausreichendes Schutzniveau sicherstellt und ob sich der Einsatz wirksamer technischer Massnahmen nachteilig auf gesetzlich erlaubte Handlungen auswirkt. Erforderlichenfalls legt sie – insbesondere um das Funktionieren des Binnenmarkts im Sinne von Artikel 14 des Vertrags sicherzustellen – entsprechende Änderungsvorschläge zu dieser Richtlinie vor.

(2) Der Schutz der dem Urheberrecht verwandten Schutzrechte im Sinne dieser Richtlinie lässt den Schutz des Urheberrechts unberührt und beeinträchtigt ihn in keiner Weise.

(3) Es wird ein Kontaktausschuss eingesetzt. Dieser Ausschuss setzt sich aus Vertretern der zuständigen Behörden der Mitgliedstaaten zusammen. In ihm führt ein Vertreter der Kommission den Vorsitz, und er tritt entweder auf Initiative des Vorsitzenden oder auf Antrag der Delegation eines Mitgliedstaats zusammen.

(4) Der Ausschuss hat folgende Aufgaben:

a) Prüfung der Auswirkungen dieser Richtlinie auf den Binnenmarkt und Benennung etwaiger Schwierigkeiten;

b) Durchführung von Konsultationen zu allen mit der Anwendung dieser Richtlinie zusammenhängenden Fragen;

c) Erleichterung des Informationsaustauschs über einschlägige Entwicklungen in der Gesetzgebung und Rechtsprechung sowie über die einschlägigen wirtschaftlichen, sozialen, kulturellen und technischen Entwicklungen;

d) Wahrnehmung der Funktion eines Forums zur Bewertung des digitalen Markts für Werke und andere Gegenstände, einschliesslich Privatkopien und der Verwendung technischer Massnahmen.

Art. 13   **Umsetzung**

(1) Die Mitgliedstaatenerlassen die erforderlichen Rechts- und Verwaltungsvorschriften, um dieser Richtlinie vor dem 22. Dezember 2002 nachzukommen. Sie setzen die Kommission hiervon unverzüglich in Kenntnis.

Wenn die Mitgliedstaaten diese Vorschriften erlassen, nehmen sie in den Vorschriften selbst oder durch einen Hinweis bei der amtlichen Veröffentlichung auf diese Richtlinie Bezug. Die Mitgliedstaaten regeln die Einzelheiten dieser Bezugnahme.

(2) Die Mitgliedstaatenteilen der Kommission den Wortlaut der innerstaatlichen Rechtsvorschriften mit, die sie auf dem unter diese Richtlinie fallenden Gebiet erlassen.

Art. 14   **Inkrafttreten**

Diese Richtlinie tritt am Tag ihrer Veröffentlichung im Amtsblatt der Europäischen Gemeinschaften inKraft.

Art. 15   **Adressaten**

Diese Richtlinie ist an die Mitgliedstaaten gerichtet.

Fundstellen weiterer Quellen für Urheberrecht und Leistungsschutzrechte

Nationale Erlasse
- Bundesgesetz über den Schutz von **Topographien** von Halbleitererzeugnissen, 9. Oktober 1992 (SR 231.2)
- Verordnung über den Schutz von Topographien von Halbleitererzeugnissen, 26. April 1993 (SR 231.21)

Multilaterale Staatsverträge
- **Welturheberrechts-Abkommen,** 6. September 1952 (SR 0.231.0) (nur noch massgebend für Staaten, die der revidierten Fassung nicht beigetreten sind)
- **Welturheberrechtsabkommen,** revidiert am 24. Juli 1971 in **Paris** (SR 0.231.01)
- **Berner Übereinkunft** zum Schutze von Werken der Literatur und Kunst, **Rom** 2. Juni 1928 (SR 0.231.12) (nur noch massgebend für Staaten, die der Brüsseler Fassung nicht beigetreten sind)
- **Berner Übereinkunft** zum Schutze von Werken der Literatur und Kunst (Fassung von **Brüssel**), Brüssel 26. Juni 1948 (SR 0.231.13)
- **Berner Übereinkunft** zum Schutze von Werken der Literatur und Kunst, revidiert in **Stockholm** am 14. Juli 1967 (mit Prot. betreffend die Entwicklungsländer) (SR 0.231.15) (die Schweiz hat nur Art. 22–38 ratifiziert, diese sind noch anwendbar in den Beziehungen zu den Staaten, die der Pariser Fassung nicht beigetreten sind)
- Übereinkommen vom 29. Oktober 1971 zum **Schutz der Hersteller von Tonträgern gegen die unerlaubte Vervielfältigung ihrer Tonträger, Genf** 29. Oktober 1971 (SR 0.231.172)
- Übereinkommen vom 21. Mai 1974 über die **Verbreitung der durch Satelliten übertragenen programmtragenden Signale, Brüssel** 21. Mai 1974 (SR 0.231.173)
- Schutz des literarischen, gewerblichen und künstlerischen Eigentums von **Flüchtlingen** (siehe SR 0.141.30 Art. 14) und **Staatenlosen** (siehe SR 0.142.40. Art. 14)

Bilaterale Staatsverträge
- (eine Liste der zahlreichen Staaten, mit denen die Schweiz Meistbegünstigungsklauseln vereinbart hat, findet sich in der SR unter SR 0.231)

Europäisches Recht
- Richtlinie 93/98/EWG des Rates vom 29. Oktober 1993 zur Harmonisierung der **Schutzdauer des Urheberrechts** und bestimmter verwandter Schutzrechte (ABl. 1993 Nr. L 290 S. 9 ff.)
- Richtlinie 92/100/EWG des Rates vom 19. November 1992 zum **Vermietrecht und Verleihrecht** sowie zu bestimmten dem Urheberrecht verwandten Schutzrechten im Bereich des geistigen Eigentums (ABl. 1992 Nr. L 346 S. 61 ff.)
- Richtlinie 96/9/EG des Europäischen Parlaments und des Rates vom 11. März 1996 über den rechtlichen **Schutz von Datenbanken** (ABl. 1996 Nr. L 77 S. 20 ff.)
- Richtlinie 93/83/EWG des Rates vom 27. September 1993 zur Koordinierung

bestimmter urheber- und leistungsschutzrechtlicher Vorschriften betreffend **Satellitenrundfunk und Kabelweiterverbreitung** (ABl. 1993 Nr. L 248 S. 15 ff.)
- Richtlinie 87/54/EWG des Rates vom 16. Dezember 1986 über den Rechtsschutz der **Topographien** von Halbleitererzeugnissen (ABl. 1987 Nr. L 024 S. 36 ff.)

Verschiedenes
- **Tarife der Verwertungsgesellschaften:**
    - ProLitteris: http://www.prolitteris.ch/set.asp?go=/wis/inf/inf.asp
    - SUISA: http://193.8.197.12/suisasites/suisa/hptarif.nsf/dtarifneu
    - SUISSIMAGE: http://www.suissimage.ch -> Download -> Dokumente -> Tarife
    - SSA: http://www.ssa.ch/francais/informations/documents/documentation1.htm
- **WIPO – Digital Agenda** (http://ecommerce.wipo.int/agenda/index.html)

Designrecht

Bundesgesetz über den Schutz von Design
(Designgesetz, DesG)

vom 5. Oktober 2001 (Stand am 25. Juni 2002)

Die Bundesversammlung der Schweizerischen Eidgenossenschaft,
gestützt auf die Artikel 122 und 123 der Bundesverfassung[1],
nach Einsicht in die Botschaft des Bundesrates vom 16. Februar 2000[2],
beschliesst:

1. Kapitel: Allgemeine Bestimmungen

1. Abschnitt: Schutzgegenstand und Schutzvoraussetzungen

Art. 1 Schutzgegenstand
Dieses Gesetz schützt Gestaltungen von Erzeugnissen oder Teilen von Erzeugnissen, die namentlich durch die Anordnung von Linien, Flächen, Konturen oder Farben oder durch das verwendete Material charakterisiert sind, als Design.

Art. 2 Schutzvoraussetzungen
[1] Design ist schutzfähig, soweit es neu ist und Eigenart aufweist.

[2] Design ist nicht neu, wenn der Öffentlichkeit vor dem Hinterlegungs- oder Prioritätsdatum ein identisches Design zugänglich gemacht worden ist, welches den in der Schweiz beteiligten Verkehrskreisen bekannt sein konnte.

[3] Design weist keine Eigenart auf, wenn es sich nach dem Gesamteindruck von Design, welches den in der Schweiz beteiligten Verkehrskreisen bekannt sein konnte, nur in unwesentlichen Merkmalen unterscheidet.

Art. 3 Unschädliche Offenbarungen
Die Offenbarung eines Designs kann bis zu einer Dauer von zwölf Monaten vor dem Hinterlegungs- oder Prioritätsdatum der Person, die das Recht innehat (Rechtsinhaberin), nicht entgegengehalten werden, wenn:
a. Dritte das Design missbräuchlich zum Nachteil der berechtigten Person offenbart haben;
b. die berechtigte Person das Design selber offenbart hat.

Art. 4 Ausschlussgründe
Der Designschutz ist ausgeschlossen, wenn:
a. kein Design im Sinne von Artikel 1 hinterlegt ist;

---

[1] SR **101**
[2] BBl **2000** 2729

b. das Design im Zeitpunkt der Hinterlegung die Voraussetzungen nach Artikel 2 nicht erfüllt;
c. die Merkmale des Designs ausschliesslich durch die technische Funktion des Erzeugnisses bedingt sind;
d. das Design Bundesrecht oder Staatsverträge verletzt;
e. das Design gegen die öffentliche Ordnung oder die guten Sitten verstösst.

2. Abschnitt: Bestand des Designrechts

Art. 5   **Entstehung des Designrechts und Dauer des Schutzes**

[1] Das Designrecht entsteht mit der Eintragung im Design-Register (Register).

[2] Der Schutz besteht während fünf Jahren vom Datum der Hinterlegung an.

[3] Er kann um vier Schutzperioden von jeweils fünf Jahren verlängert werden.

Art. 6   **Hinterlegungspriorität**

Das Designrecht steht demjenigen zu, der das Design zuerst hinterlegt.

Art. 7   **Berechtigung zur Hinterlegung**

[1] Zur Hinterlegung berechtigt ist diejenige Person, die das Design entworfen hat, deren Rechtsnachfolgerin oder eine Drittperson, welcher das Recht aus einem andern Rechtsgrund gehört.

[2] Haben mehrere Personen ein Design gemeinsam entworfen, so sind sie ohne gegenteilige Vereinbarung gemeinschaftlich zur Hinterlegung berechtigt.

3. Abschnitt: Schutzbereich und Wirkung

Art. 8   **Schutzbereich**

Der Schutz des Designrechts erstreckt sich auf Designs, welche die gleichen wesentlichen Merkmale aufweisen und dadurch den gleichen Gesamteindruck erwecken wie ein bereits eingetragenes Design.

Art. 9   **Wirkungen des Designrechts**

[1] Das Designrecht verleiht der Rechtsinhaberin das Recht, andern zu verbieten, das Design zu gewerblichen Zwecken zu gebrauchen. Als Gebrauch gelten insbesondere das Herstellen, das Lagern, das Anbieten, das Inverkehrbringen, die Ein-, Aus- und Durchfuhr sowie der Besitz zu diesen Zwecken.

[2] Die Rechtsinhaberin kann Dritten auch verbieten, bei einer widerrechtlichen Gebrauchshandlung mitzuwirken, deren Begehung zu begünstigen oder zu erleichtern.

Art. 10   **Auskunftspflicht der Rechtsinhaberin**

Wer auf Waren oder Geschäftspapieren auf Designschutz hinweist, ohne die Nummer des Designrechts zu nennen, ist verpflichtet, die Nummer auf Anfrage unentgeltlich bekannt zu geben.

Art. 11   **Mehrere Rechtsinhaberinnen**

Mehreren Rechtsinhaberinnen stehen ohne gegenteilige Vereinbarung die Befugnisse nach Artikel 9 gesamtheitlich zu.

Designgesetz

Art. 12 Weiterbenützungsrecht

¹ Die Rechtsinhaberin kann Dritten nicht verbieten, ein von diesen im Inland während der folgenden Zeitabschnitte gutgläubig gebrauchtes Design im bisherigen Umfang weiter zu gebrauchen:

a. vor dem Hinterlegungs- oder Prioritätsdatum;
b. während der Dauer des Aufschubs der Veröffentlichung (Art. 26).

² Das Weiterbenützungsrecht ist nur zusammen mit dem Unternehmen übertragbar.

Art. 13 Mitbenützungsrecht

¹ Die Rechtsinhaberin kann das eingetragene Design Dritten nicht entgegenhalten, wenn die Dritten es im Inland zwischen dem letzten Tag der Frist für die Zahlung der Gebühr für eine weitere Schutzperiode und dem Tag, an dem ein Weiterbehandlungsantrag (Art. 31) eingereicht worden ist, gutgläubig gewerbsmässig gebraucht oder dazu besondere Anstalten getroffen haben.

² Das Mitbenützungsrecht ist nur zusammen mit dem Unternehmen übertragbar.

³ Wer das Mitbenützungsrecht beansprucht, hat der Rechtsinhaberin ab Wiederaufleben des Designrechts eine angemessene Entschädigung zu bezahlen.

Art. 14 Übertragung

¹ Die Rechtsinhaberin kann das Designrecht ganz oder teilweise übertragen.

² Die Übertragung bedarf zu ihrer Gültigkeit der schriftlichen Form, nicht aber der Eintragung im Register. Sie ist gegenüber gutgläubigen Dritten erst wirksam, wenn sie im Register eingetragen ist.

³ Bis zur Eintragung der Übertragung im Register:

a. können gutgläubige Lizenznehmerinnen und Lizenznehmer mit befreiender Wirkung an die bisherige Rechtsinhaberin leisten;
b. können Klagen nach diesem Gesetz gegen die bisherige Rechtsinhaberin gerichtet werden.

Art. 15 Lizenz

¹ Die Rechtsinhaberin kann das Designrecht oder einzelne Befugnisse daraus Dritten ausschliesslich oder nicht ausschliesslich zum Gebrauch überlassen.

² Die Lizenz wird auf Antrag einer der beteiligten Personen in das Register eingetragen. Sie erhält damit Geltung gegenüber einem später erworbenen Recht am Design.

Art. 16 Nutzniessung und Pfandrecht

¹ Das Designrecht kann Gegenstand einer Nutzniessung oder eines Pfandrechts sein.

² Eine Nutzniessung und ein Pfandrecht können gegenüber gutgläubigen Erwerberinnen und Erwerbern des Designrechts nur geltend gemacht werden, wenn sie im Register eingetragen sind. Die Eintragung erfolgt auf Antrag einer der beteiligten Personen.

³ Bis zur Eintragung einer Nutzniessung im Register können gutgläubige Lizenznehmerinnen und Lizenznehmer mit befreiender Wirkung an die bisherige Rechtsinhaberin leisten.

Art. 17   **Zwangsvollstreckung**

Das Designrecht unterliegt der Zwangsvollstreckung.

4. Abschnitt: Vertretung

Art. 18

¹ Wer an einem Verwaltungs- oder Gerichtsverfahren nach diesem Gesetz beteiligt ist und in der Schweiz keinen Wohnsitz oder Sitz hat, muss eine in der Schweiz niedergelassene Vertretung bestellen.

² Vorbehalten bleiben die Bestimmungen über die berufsmässige Prozessvertretung.

2. Kapitel: Hinterlegung und Eintragung

1. Abschnitt: Hinterlegung

Art. 19   **Allgemeine Voraussetzungen**

¹ Ein Design gilt als hinterlegt, wenn beim Eidgenössischen Institut für Geistiges Eigentum (Institut) ein Eintragungsgesuch eingereicht wird. Das Gesuch enthält:

a. einen Antrag auf Eintragung;
b. eine zur Reproduktion geeignete Abbildung des Designs; erfüllt sie diese Voraussetzung nicht, so setzt das Institut der hinterlegenden Person eine Frist zur Behebung dieses Mangels.

² Innert der vom Institut gesetzten Frist ist zudem die vorgesehene Gebühr für die erste Schutzperiode zu bezahlen.

³ Wird ein flächenhaftes Design (Muster) hinterlegt und ist der Aufschub der Veröffentlichung nach Artikel 26 beantragt worden, so kann an Stelle der Abbildung ein Exemplar des Designs eingereicht werden. Soll der Designschutz nach Ablauf eines Aufschubs aufrechterhalten werden, so ist dem Institut vorab eine zur Reproduktion geeignete Abbildung des Designs nachzureichen.

⁴ Das Design kann erläuternd zur Abbildung gegen Entrichtung einer Gebühr mit höchstens 100 Wörtern beschrieben werden.

Art. 20   **Sammelhinterlegung**

¹ Designs, die nach dem Abkommen von Locarno vom 8. Oktober 1968³ über die Errichtung der internationalen Klassifikation für gewerbliche Muster und Modelle derselben Klasse angehören, können in einer Sammelhinterlegung hinterlegt werden.

² Der Bundesrat kann die Sammelhinterlegung hinsichtlich Grösse und Gewicht beschränken.

---

³ SR **0.232.121.3**

Art. 21 **Wirkung der Hinterlegung**

Die Hinterlegung begründet die Vermutung der Neuheit und der Eigenart sowie der Berechtigung zur Hinterlegung.

2. Abschnitt: Priorität

Art. 22 **Voraussetzungen und Wirkungen der Priorität**

[1] Ist ein Design erstmals in einem anderen Mitgliedstaat der Pariser Verbandsübereinkunft vom 20. März 1883[4] zum Schutz des gewerblichen Eigentums oder mit Wirkung für einen solchen Staat vorschriftsgemäss hinterlegt worden, so kann die hinterlegende Person oder deren Rechtsnachfolgerin für die Hinterlegung des gleichen Designs in der Schweiz das Datum der Ersthinterlegung beanspruchen, sofern die Hinterlegung in der Schweiz innerhalb von sechs Monaten nach der Ersthinterlegung erfolgt.

[2] Die Ersthinterlegung in einem Staat, welcher der Schweiz Gegenrecht hält, hat die gleiche Wirkung wie die Ersthinterlegung in einem Mitgliedstaat der Pariser Verbandsübereinkunft.

Art. 23 **Formvorschriften**

[1] Wer ein Prioritätsrecht beanspruchen will, hat dem Institut eine Prioritätserklärung einzureichen. Das Institut kann die Einreichung eines Prioritätsbelegs verlangen.

[2] Der Anspruch verwirkt, wenn die vom Bundesrat festzulegenden Fristen und Formerfordernisse nicht eingehalten werden.

[3] Die Eintragung einer Priorität begründet lediglich eine Vermutung zu Gunsten der Rechtsinhaberin.

3. Abschnitt: Eintragung und Veröffentlichung

Art. 24 **Eintragung**

[1] Ein nach den gesetzlichen Vorschriften hinterlegtes Design wird in das Register eingetragen.

[2] Das Institut tritt auf das Eintragungsgesuch nicht ein, wenn die formellen Erfordernisse nach Artikel 19 Absätze 1 und 2 nicht erfüllt sind.

[3] Es weist das Eintragungsgesuch ab, wenn offensichtlich ein Ausschlussgrund nach Artikel 4 Buchstaben a, d oder e vorliegt.

[4] Im Register werden ferner alle Änderungen im Bestand des Designrechts oder in der Berechtigung am Design eingetragen. Der Bundesrat kann die Eintragung weiterer Angaben wie Verfügungsbeschränkungen von Gerichten oder Zwangsvollstreckungsbehörden vorsehen.

---

[4] SR **0.232.01/.04**

Art. 25 Veröffentlichung

¹ Das Institut veröffentlicht auf Grund der Eintragungen im Register die in der Verordnung vorgesehenen Angaben sowie eine Reproduktion des hinterlegten Designs.

² Das Institut bestimmt das Publikationsorgan.

Art. 26 Aufschub der Veröffentlichung

¹ Die hinterlegende Person kann schriftlich beantragen, dass die Veröffentlichung um höchstens 30 Monate, vom Hinterlegungs- oder Prioritätsdatum an gerechnet, aufgeschoben wird.

² Während des Aufschubs kann die Rechtsinhaberin jederzeit die sofortige Veröffentlichung verlangen.

³ Das Institut hält das hinterlegte Design bis zum Ablauf des Aufschubs geheim. Die Geheimhaltung ist unbefristet, wenn die Hinterlegung vor Ablauf des Aufschubs zurückgenommen wird.

Art. 27 Öffentlichkeit des Registers und Akteneinsicht

¹ Jede Person kann in das Register Einsicht nehmen, über dessen Inhalt Auskünfte einholen und Auszüge verlangen; Artikel 26 bleibt vorbehalten.

² Sie hat zudem das Recht, in das Aktenheft eingetragener Designs Einsicht zu nehmen. Der Bundesrat darf das Einsichtsrecht nur einschränken, wenn Fabrikations- oder Geschäftsgeheimnisse oder andere überwiegende Interessen entgegenstehen.

³ Ausnahmsweise besteht das Einsichtsrecht in das Aktenheft schon vor der Eintragung, soweit dadurch die Voraussetzungen und der Umfang des Schutzes (Art. 2–17) nicht verändert werden. Der Bundesrat regelt die Einzelheiten.

Art. 28 Löschung der Eintragung

Das Institut löscht eine Eintragung ganz oder teilweise, wenn:

a. die Rechtsinhaberin die Löschung beantragt;
b. die Eintragung nicht verlängert wird;
c. die vorgesehenen Gebühren nicht bezahlt sind;
d. die Eintragung durch ein rechtskräftiges richterliches Urteil für nichtig erklärt wird; oder
e. die Schutzfrist nach Artikel 5 abgelaufen ist.

Art. 29 Internationale Hinterlegung

Wer ein gewerbliches Muster oder Modell (Design) international mit Benennung Schweiz hinterlegt, erlangt dadurch den Schutz dieses Gesetzes wie bei einer Hinterlegung in der Schweiz. Soweit die Bestimmungen des Haager Abkommens vom 6. November 1925[5] über die internationale Hinterlegung gewerblicher Muster und Modelle für die Inhaberin oder den Inhaber der internationalen Hinterlegung günstiger sind als dieses Gesetz, gehen sie diesem vor.

---

[5] SR **0.232.121.1/.2**

4. Abschnitt: Gebühren

Art. 30
Die Höhe der nach diesem Gesetz und seiner Verordnung zu zahlenden Gebühren sowie die Zahlungsmodalitäten richten sich nach der Gebührenordnung des Eidgenössischen Instituts für Geistiges Eigentum vom 28. April 1997[6] (IGE-GebO).

3. Kapitel: Rechtsschutz

1. Abschnitt: Weiterbehandlung bei Fristversäumnis

Art. 31
[1] Versäumt die hinterlegende Person oder die Rechtsinhaberin eine Frist, die gegenüber dem Institut einzuhalten ist, so kann sie bei diesem schriftlich die Weiterbehandlung beantragen.

[2] Der Antrag muss innerhalb von zwei Monaten ab Kenntnisnahme des Fristversäumnisses eingereicht werden, spätestens jedoch innerhalb von sechs Monaten nach Ablauf der versäumten Frist. Innerhalb dieser Fristen muss zudem die unterbliebene Handlung vollständig nachgeholt und die Weiterbehandlungsgebühr bezahlt werden.

[3] Die Gutheissung des Weiterbehandlungsantrags durch das Institut stellt den Zustand her, der bei rechtzeitiger Handlung eingetreten wäre.

[4] Die Weiterbehandlung ist ausgeschlossen beim Versäumen der Fristen:

a. für die Einreichung des Weiterbehandlungsantrags;

b. für die Inanspruchnahme einer Priorität.

2. Abschnitt: Beschwerde an die Rekurskommission

Art. 32
Verfügungen des Instituts können mit Beschwerde an die Rekurskommission für geistiges Eigentum weitergezogen werden.

3. Abschnitt: Zivilrechtlicher Schutz

Art. 33 Feststellungsklage
Wer ein rechtliches Interesse nachweist, kann gerichtlich feststellen lassen, dass ein Recht oder Rechtsverhältnis nach diesem Gesetz besteht oder nicht besteht.

Art. 34 Abtretungsklage
[1] Wer ein besseres Recht geltend macht, kann gegen die Rechtsinhaberin auf Abtretung des Designrechts klagen.

[2] Ist die Rechtsinhaberin gutgläubig, so ist ihr gegenüber die Klage innerhalb von zwei Jahren seit der Veröffentlichung des Designs anzuheben.

---

[6] SR **232.148**

³ Wird die Abtretung verfügt, so fallen die inzwischen Dritten eingeräumten Lizenzen oder andern Rechte dahin; diese Dritten haben jedoch, wenn sie in gutem Glauben das Design im Inland gewerbsmässig benützt oder besondere Anstalten dazu getroffen haben, Anspruch auf Erteilung einer nicht ausschliesslichen Lizenz.

⁴ Vorbehalten bleiben alle Schadenersatzansprüche.

Art. 35   Leistungsklage

¹ Die Rechtsinhaberin, die in ihren Rechten verletzt oder gefährdet wird, kann vom Gericht verlangen:

a. eine drohende Verletzung zu verbieten;
b. eine bestehende Verletzung zu beseitigen;
c. die beklagte Partei zu verpflichten, Herkunft und Umfang der in ihrem Besitz befindlichen, widerrechtlich hergestellten Gegenstände anzugeben und Adressaten sowie Umfang einer Weitergabe an gewerbliche Abnehmerinnen und Abnehmer zu nennen.

² Vorbehalten bleiben die Klagen nach dem Obligationenrecht[7] auf Schadenersatz, auf Genugtuung sowie auf Herausgabe eines Gewinns entsprechend den Bestimmungen über die Geschäftsführung ohne Auftrag.

³ Die Leistungsklage kann erst nach der Eintragung des Designs im Register angehoben werden. Ein Schaden kann rückwirkend auf den Zeitpunkt geltend gemacht werden, in dem die beklagte Partei vom Inhalt des Eintragungsgesuchs Kenntnis erhalten hat.

⁴ Wer über eine ausschliessliche Lizenz verfügt, ist unabhängig von der Eintragung der Lizenz im Register selbstständig zur Klage berechtigt, sofern dies im Lizenzvertrag nicht ausdrücklich ausgeschlossen worden ist. Alle Lizenznehmerinnen und Lizenznehmer können einer Verletzungsklage beitreten, um ihren eigenen Schaden geltend zu machen.

Art. 36   Einziehung im Zivilverfahren

Das Gericht kann die Einziehung und Verwertung oder Vernichtung[8] der widerrechtlich hergestellten Gegenstände oder der vorwiegend zu ihrer Herstellung dienenden Einrichtungen, Geräte und sonstigen Mittel anordnen.

Art. 37   Einzige kantonale Instanz

Die Kantone bezeichnen das Gericht, das für das ganze Kantonsgebiet als einzige Instanz für Zivilklagen zuständig ist.

Art. 38   Vorsorgliche Massnahmen

¹ Macht eine Person glaubhaft, dass sie in ihrem Designrecht verletzt wird oder eine solche Verletzung befürchten muss und dass ihr aus dieser Verletzung ein nicht leicht wieder gutzumachender Nachteil droht, so kann sie die Anordnung vorsorglicher Massnahmen beantragen.

---

[7] SR **220**
[8] Berichtigt von der Redaktionskommission der BVers (Art. 33 GVG – SR **171.11**).

Designgesetz

² Sie kann insbesondere verlangen, dass das Gericht Massnahmen zur Beweissicherung, zur Ermittlung der Herkunft widerrechtlich hergestellter Gegenstände, zur Wahrung des bestehenden Zustands oder zur vorläufigen Vollstreckung von Unterlassungs- und Beseitigungsansprüchen anordnet.

³ Im Übrigen gelten die Artikel 28c–28f des Zivilgesetzbuches[9] sinngemäss.

⁴ Artikel 35 Absatz 4 gilt sinngemäss.

Art. 39 Veröffentlichung des Urteils

Das Gericht kann auf Antrag der obsiegenden Partei anordnen, dass das Urteil auf Kosten der anderen Partei veröffentlicht wird. Es bestimmt Art und Umfang der Veröffentlichung.

Art. 40 Mitteilung des Urteils

Das Gericht teilt ein rechtskräftiges Urteil, welches die Änderung einer Eintragung im Register bewirkt, dem Institut mit.

4. Abschnitt: Strafrechtlicher Schutz

Art. 41 Designrechtsverletzung

1 Eine Person wird auf Antrag der Rechtsinhaberin mit Gefängnis bis zu einem Jahr oder mit Busse bis zu 100 000 Franken bestraft, wenn sie deren Designrecht vorsätzlich verletzt, indem sie:

a. das Design widerrechtlich gebraucht;

b. bei einer Gebrauchshandlung mitwirkt, deren Begehung begünstigt oder erleichtert;

c. sich weigert, der zuständigen Behörde die Herkunft und den Umfang der in ihrem Besitz befindlichen, widerrechtlich hergestellten Gegenstände anzugeben und Adressat sowie Umfang einer Weitergabe an gewerbliche Abnehmerinnen und Abnehmer zu nennen.

² Gewerbsmässige Handlungen werden von Amtes wegen verfolgt. Die Strafe ist Gefängnis und Busse bis zu 100 000 Franken.

Art. 42 Widerhandlung in Geschäftsbetrieben

Bei Widerhandlungen in Geschäftsbetrieben durch Untergebene, Beauftragte oder Vertreter gelten die Artikel 6 und 7 des Bundesgesetzes vom 22. März 1974[10] über das Verwaltungsstrafrecht.

Art. 43 Aussetzung des Verfahrens

¹ Macht die angeschuldigte Person die Nichtigkeit oder die Nichtverletzung des Designrechts in einem Zivilverfahren geltend, so kann das Gericht das Strafverfahren aussetzen.

---

[9] SR **210**
[10] SR **313.0**

² Wird im Strafverfahren die Nichtigkeit oder die Nichtverletzung des Designrechts behauptet, so kann das Gericht zu ihrer Geltendmachung in einem Zivilverfahren eine angemessene Frist setzen.

³ Während der Aussetzung ruht die Verjährung.

Art. 44 Einziehung im Strafverfahren

Das Gericht kann selbst im Falle eines Freispruchs die Einziehung oder Vernichtung der widerrechtlich hergestellten Gegenstände sowie der vorwiegend zu ihrer Herstellung dienenden Einrichtungen, Geräte und sonstigen Mittel anordnen.

Art. 45 Strafverfolgung

Die Strafverfolgung ist Sache der Kantone.

5. Abschnitt: Hilfeleistung der Zollverwaltung

Art. 46 Anzeige offensichtlich widerrechtlicher Sendungen

¹ Die Zollverwaltung ist ermächtigt, die Rechtsinhaberin eines hinterlegten Designs, sofern diese bekannt ist, auf bestimmte Sendungen aufmerksam zu machen, wenn offensichtlich ist, dass die Ein-, Aus- oder Durchfuhr von widerrechtlich hergestellten Gegenständen bevorsteht.

² In diesem Falle ist die Zollverwaltung ermächtigt, die Gegenstände während drei Arbeitstagen zurückzuhalten, damit die Rechtsinhaberin einen Antrag nach Artikel 47 stellen kann.

Art. 47 Antrag auf Hilfeleistung

¹ Hat die Rechtsinhaberin oder die Lizenznehmerin beziehungsweise der Lizenznehmer eines hinterlegten Designs konkrete Anhaltspunkte dafür, dass die Ein-, Aus- oder Durchfuhr von widerrechtlich hergestellten Gegenständen bevorsteht, so kann sie oder er der Zollverwaltung schriftlich beantragen, die Freigabe der Gegenstände zu verweigern.

² Die den Antrag stellende Person (Antragstellerin) muss alle ihr zur Verfügung stehenden Angaben machen, die für den Entscheid der Zollverwaltung erforderlich sind; dazu gehört eine genaue Beschreibung der Gegenstände.

³ Die Zollverwaltung entscheidet endgültig über den Antrag. Sie kann eine Gebühr zur Deckung der Verwaltungskosten erheben.

Art. 48 Zurückbehaltung der Gegenstände

¹ Hat die Zollverwaltung auf Grund eines Antrages nach Artikel 47 den begründeten Verdacht, dass ein zur Ein-, Aus- oder Durchfuhr bestimmter Gegenstand widerrechtlich hergestellt ist, so teilt sie dies der Antragstellerin mit.

² Die Zollverwaltung behält die betreffenden Gegenstände bis zu zehn Arbeitstage vom Zeitpunkt der Mitteilung nach Absatz 1 an zurück, damit die Antragstellerin vorsorgliche Massnahmen erwirken kann.

³ In begründeten Fällen kann die Zollverwaltung die betreffenden Gegenstände während höchstens zehn weiteren Arbeitstagen zurückbehalten.

Art. 49 Sicherheitsleistung und Schadenersatz

¹ Ist durch das Zurückbehalten von Gegenständen ein Schaden zu befürchten, so kann die Zollverwaltung das Zurückbehalten von einer angemessenen Sicherheitsleistung der Antragstellerin abhängig machen.

² Die Antragstellerin muss den durch das Zurückbehalten von Gegenständen entstandenen Schaden ersetzen, wenn vorsorgliche Massnahmen nicht angeordnet werden oder sich als unbegründet erweisen.

4. Kapitel: Schlussbestimmungen

Art. 50 Vollzug

Der Bundesrat erlässt die Ausführungsbestimmungen.

Art. 51 Aufhebung und Änderung bisherigen Rechts

Die Aufhebung und die Änderung bisherigen Rechts werden im Anhang geregelt.

Art. 52 Übergangsbestimmungen

¹ Eingetragene Muster und Modelle unterstehen ab dem Inkrafttreten dieses Gesetzes dem neuen Recht. Mit dem Gesuch um Verlängerung für eine vierte Schutzperiode ist dem Institut eine zur Reproduktion geeignete Abbildung des Designs einzureichen.

² Beim Inkrafttreten dieses Gesetzes bereits hinterlegte, aber noch nicht eingetragene Muster und Modelle unterstehen bis zum Zeitpunkt der Eintragung dem bisherigen Recht.

³ Beim Inkrafttreten dieses Gesetzes versiegelt eingetragene Muster und Modelle bleiben bis zum Ende der ersten Schutzperiode versiegelt.

⁴ Artikel 35 Absatz 4 findet nur auf Lizenzverträge Anwendung, welche nach Inkrafttreten dieses Gesetzes abgeschlossen oder bestätigt worden sind.

Art. 53 Referendum und Inkrafttreten

¹ Dieses Gesetz untersteht dem fakultativen Referendum.

² Der Bundesrat bestimmt das Inkrafttreten.

Datum des Inkrafttretens: 1. Juli 2002[11]

[Anhang: Aufhebung bisherigen Rechts nicht abgedruckt]

---

[11] BRB vom 8. März 2002 (AS **2002** 1468)

Verordnung über den Schutz von Design

(Designverordnung, DesV)

vom 8. März 2002 (Stand am 28. Mai 2002)

Der Schweizerische Bundesrat,

gestützt auf die Artikel 20 Absatz 2, 23 Absatz 2, 24 Absätze 2 und 4, 27 Absätze 2 und 3 des Designgesetzes vom 5. Oktober 2001[1] (Designgesetz)
und auf Artikel 13 des Bundesgesetzes vom 24. März 1995[2] über Statut und Aufgaben des Eidgenössischen Instituts für Geistiges Eigentum,

verordnet:

1. Kapitel: Allgemeine Bestimmungen

Art. 1 Zuständigkeit

[1] Der Vollzug der Verwaltungsaufgaben, die sich aus dem Designgesetz und dieser Verordnung ergeben, ist Sache des Eidgenössischen Instituts für Geistiges Eigentum (Institut).

[2] Der Vollzug der Artikel 46–49 Designgesetz und der Artikel 37–40 dieser Verordnung ist Sache der Eidgenössischen Zollverwaltung.

Art. 2 Fristen

Berechnet sich eine Frist nach Monaten oder Jahren, so endet sie im letzten Monat an dem Tag, der dieselbe Zahl trägt wie der Tag, an dem sie zu laufen begann. Fehlt ein entsprechender Tag, so endet die Frist am letzten Tag des letzten Monats.

Art. 3 Sprache

[1] Eingaben an das Institut müssen in einer schweizerischen Amtssprache abgefasst sein.

[2] Von Beweisurkunden, die nicht in einer Amtssprache abgefasst sind, kann das Institut eine Übersetzung sowie eine Bescheinigung ihrer Richtigkeit verlangen. Wird die Übersetzung oder die Bescheinigung trotz Aufforderung nicht eingereicht, so bleibt die Urkunde unberücksichtigt.

Art. 4 Vertretung bei mehreren Hinterlegerinnen oder Inhaberinnen eines Designs

[1] Sind mehrere Personen Hinterlegerinnen eines Designs oder Inhaberinnen eines Designrechts (Rechtsinhaberinnen), so fordert das Institut sie auf, eine gemeinsame Vertretung zu bestellen.

[2] Solange keine Vertretung bestimmt wurde, haben die Hinterlegerinnen oder Rechtsinhaberinnen gegenüber dem Institut gemeinschaftlich zu handeln.

---

[1] SR **232.12**
[2] SR **172.010.31**

Art. 5 Vertretungsvollmacht

Lässt sich eine Hinterlegerin oder Rechtsinhaberin vor dem Institut vertreten oder muss sie sich von Gesetzes wegen vertreten lassen, so kann das Institut eine schriftliche Vollmacht verlangen.

Art. 6 Unterschrift

¹ Eingaben müssen unterzeichnet sein.

² Fehlt auf einer Eingabe die rechtsgültige Unterschrift, so wird das ursprüngliche Einreichungsdatum anerkannt, wenn eine inhaltlich identische und unterzeichnete Eingabe innerhalb eines Monats nach Aufforderung durch das Institut nachgereicht wird.

³ Das Eintragungsgesuch muss nicht unterzeichnet sein. Das Institut kann weitere Dokumente bestimmen, für welche die Unterschrift nicht nötig ist.

Art. 7 Elektronischer Verkehr mit den Behörden

¹ Das Institut kann im Rahmen der allgemeinen Bestimmungen der Bundesrechtspflege die elektronische Kommunikation zulassen.

² Es kann seine Datenbestände im elektronischen Abrufverfahren Dritten zugänglich machen; es kann dafür ein Entgelt verlangen.

2. Kapitel: Hinterlegung und Eintragung

1. Abschnitt: Eintragungsverfahren

Art. 8 Hinterlegung

Für die Hinterlegung muss das amtliche oder ein vom Institut zugelassenes privates Formular verwendet werden.

Art. 9 Eintragungsgesuch

¹ Das Eintragungsgesuch enthält:
a. den Antrag auf Eintragung des Designs;
b. den Namen und Vornamen oder die Firma sowie die Adresse der Hinterlegerin;
c. die Anzahl der in der Hinterlegung enthaltenen Designs;
d. eine Ordnungsnummer für jedes hinterlegte Design;
e. mindestens eine Abbildung jedes hinterlegten Designs;
f. die Angabe der Erzeugnisse, bei denen die Designs verwendet werden sollen;
g. die Namen und Adressen der Personen, die die Designs entworfen haben.

² Das Eintragungsgesuch ist gegebenenfalls zu ergänzen mit:
a. dem Namen und der Adresse der Vertretung;
b. der Prioritätserklärung gemäss Artikel 23 Designgesetz;
c. dem Antrag auf Aufschub der Veröffentlichung gemäss Artikel 26 Absatz 1 Designgesetz;
d. einer Beschreibung des Designs mit bis zu 100 Wörtern gemäss Artikel 19 Absatz 4 Designgesetz; der Text muss maschinenlesbar sein.

³ Wurde bei einem flächenhaften Design (Muster) der Aufschub der Veröffentlichung gemäss Artikel 26 Designgesetz beantragt, so kann an Stelle einer Abbildung ein Exemplar des Designs eingereicht werden (Art. 19 Abs. 3 Designgesetz).

⁴ Die Abbildungen werden fünf Arbeitstage nach Eingang des Eintragungsgesuches zur Veröffentlichung freigegeben, sofern bis zu diesem Zeitpunkt beim Institut kein Antrag auf Aufschub der Veröffentlichung eingegangen ist.

Art. 10 **Anforderungen an Abbildungen des Designs und Grösse einer Sammelhinterlegung**

¹ Die Abbildungen des Designs müssen sich zur Reproduktion eignen.

² Eine Sammelhinterlegung darf, unabhängig von der Anzahl der damit hinterlegten Designs, nicht schwerer als 5 kg sein und die Grösse von 30 cm in keiner Richtung überschreiten.

Art. 11 **Prioritätserklärung und Prioritätsbeleg**

¹ Die Erklärung für die Priorität nach der Pariser Verbandsübereinkunft vom 20. März 1883³ zum Schutz des gewerblichen Eigentums (Prioritätserklärung) umfasst folgende Angaben:

a. das Datum der Ersthinterlegung;
b. das Land, in dem die Ersthinterlegung erfolgt ist;
c. die Länder, für die die Ersthinterlegung erfolgt ist.

² Die Prioritätserklärung kann sich auf mehrere Ersthinterlegungen beziehen.

³ Der Prioritätsbeleg besteht aus einer Bescheinigung der zuständigen Behörde über die Ersthinterlegung, mit der Angabe der Hinterlegungs- oder Eintragungsnummer des Designs. Er kann in englischer Sprache eingereicht werden.

Art. 12 **Erlöschen des Prioritätsanspruchs**

Der Prioritätsanspruch erlischt, wenn:

a. die Prioritätserklärung nicht im Zeitpunkt der Hinterlegung des Designs abgegeben wird;
b. der Prioritätsbeleg nicht innerhalb der vom Institut angesetzten Frist eingereicht wird.

Art. 13 **Prioritätsbeleg für schweizerische Ersthinterlegungen**

Das Institut erstellt auf Antrag und gegen Zahlung einer Gebühr einen Prioritätsbeleg für eine schweizerische Ersthinterlegung.

Art. 14 **Hinterlegungs- und Einreichungsdatum**

¹ Das Hinterlegungsdatum entspricht dem Tag, an dem die in Artikel 19 Absatz 1 Designgesetz genannten Unterlagen eingereicht sind.

² Als Einreichungsdatum gilt bei Postsendungen der Zeitpunkt, an welchem eine Sendung der Schweizerischen Post zuhanden des Instituts übergeben wird.

---

³ SR **0.232.01/.04**

Designverordnung

Art. 15   Formalprüfung

[1] Entspricht das Eintragungsgesuch in formeller Hinsicht nicht den Erfordernissen der Artikel 19 Absatz 1 und 20 Designgesetz sowie der Artikel 9 und 10 dieser Verordnung, so setzt das Institut der Hinterlegerin eine Frist zur Vervollständigung oder Verbesserung.

[2] Behebt die Hinterlegerin den Mangel nicht fristgerecht, so tritt das Institut auf das Eintragungsgesuch ganz oder teilweise nicht ein.

Art. 16   Materielle Prüfung

[1] Liegt ein Ausschlussgrund nach Artikel 4 Buchstaben a, d oder e Designgesetz vor, so setzt das Institut der Hinterlegerin eine Frist zur Behebung des Mangels.

[2] Behebt die Hinterlegerin den Mangel nicht fristgerecht, so weist das Institut das Eintragungsgesuch ganz oder teilweise ab.

Art. 17   Eintragungsgebühr

[1] Innerhalb der vom Institut angesetzten Frist ist die Eintragungsgebühr zu bezahlen (Art. 19 Abs. 2 Designgesetz).

[2] Die Eintragungsgebühr besteht aus:

a. der Grundgebühr;
b. gegebenenfalls der Veröffentlichungsgebühr;
c. gegebenenfalls der Gebühr für die Beschreibung des hinterlegten Designs;
d. gegebenenfalls der Gebühr für den Aufschub der Veröffentlichung.

[3] Hat die Hinterlegerin den Aufschub der Veröffentlichung beantragt, so tritt an die Stelle der Veröffentlichungsgebühr nach Absatz 2 Buchstabe b die Aufschubsgebühr nach Absatz 2 Buchstabe d.

[4] Soll die Eintragung nach dem Ablauf des Aufschubs veröffentlicht werden, so ist vor der Veröffentlichung zusätzlich die Veröffentlichungsgebühr zu bezahlen.

Art. 18   Eintragung und Veröffentlichung

[1] Liegen keine Nichteintretens- oder Abweisungsgründe vor und sind die erforderlichen Gebühren bezahlt worden, so trägt das Institut das Design im Register ein und veröffentlicht die Eintragung, es sei denn, dass ein Aufschub der Veröffentlichung beantragt worden ist.

[2] Es stellt der Rechtsinhaberin eine Eintragungsbescheinigung aus.

Art. 19   Veröffentlichung nach deren Aufschub

[1] Das Institut kann die im Register eingetragene Rechtsinhaberin oder ihre Vertretung zwei Monate vor Ablauf des Aufschubs der Veröffentlichung daran erinnern, die Veröffentlichungsgebühr zu bezahlen.

[2] Wurde bei einem flächenhaften Design (Muster) die Veröffentlichung gemäss Artikel 26 Designgesetz aufgeschoben und an Stelle einer Abbildung ein Exemplar des Designs eingereicht, so kann das Institut die im Register eingetragene Rechtsinhaberin oder ihre Vertretung vier Monate vor Ablauf des Aufschubs daran erinnern, mindestens eine Abbildung des Designs einzureichen.

³ Bei Sammelhinterlegungen (Art. 20 Designgesetz) kann der Schutz nach Ablauf des Aufschubs der Veröffentlichung auf Antrag auch nur für einzelne Designs aufrechterhalten werden.

⁴ Wird die Veröffentlichungsgebühr nicht bis zum letzten Tag des Aufschubs bezahlt oder werden nicht spätestens zwei Monate vor Ablauf des Aufschubs die erforderlichen Abbildungen nachgereicht, so löscht das Institut die Eintragung.

2. Abschnitt: Verlängerung der Schutzdauer

Art. 20 Mitteilung über den Ablauf der Schutzperiode

Das Institut kann die im Register eingetragene Rechtsinhaberin oder ihre Vertretung vier Monate vor Ablauf der Schutzperiode an das Datum des Ablaufs und die Möglichkeit einer Verlängerung erinnern. Das Institut kann auch Mitteilungen ins Ausland versenden.

Art. 21 Verfahren

¹ Der Antrag auf Verlängerung muss innerhalb der letzten zwölf Monate vor Ablauf der Schutzperiode, spätestens jedoch innerhalb von sechs Monaten nach deren Ablauf, beim Institut eingereicht werden.

² Bei Sammelhinterlegungen (Art. 20 Designgesetz) kann die Schutzverlängerung auf einzelne Designs beschränkt werden. In diesem Fall ist genau anzugeben, für welche Designs die Verlängerung beantragt wird.

³ Die Verlängerungsgebühr ist innerhalb der Fristen nach Absatz 1 zu bezahlen. Wird die Gebühr nach Ablauf der Schutzperiode bezahlt, so ist eine Zuschlagsgebühr zu entrichten.

⁴ Die Verlängerung wird mit Ablauf der vorangegangenen Schutzperiode wirksam.

⁵ Das Institut bescheinigt der Rechtsinhaberin die Verlängerung der Schutzdauer.

3. Kapitel: Aktenheft und Register

1. Abschnitt: Das Aktenheft

Art. 22 Inhalt

¹ Das Institut führt ein Aktenheft, in dem der Verlauf des Eintragungsverfahrens und alle Registereintragungen festgehalten werden.

² Beweisurkunden, die Fabrikations- oder Geschäftsgeheimnisse offenbaren oder andere Angaben enthalten, an deren Geheimhaltung die Hinterlegerin ein schützenswertes Interesse hat, werden auf Antrag oder von Amtes wegen ausgesondert. Die Aussonderung wird im Aktenheft vermerkt.

³ Das Aktenheft kann in elektronischer Form geführt werden.

Art. 23 Akteneinsicht

¹ Vor der Eintragung des Designs in das Register und während der Dauer des Aufschubs der Veröffentlichung dürfen in das Aktenheft Einsicht nehmen:

a. die Hinterlegerin und ihre Vertretung;
b. Personen, die nachweisen, dass die Hinterlegerin ihnen die Verletzung des Rechts am hinterlegten Design vorwirft oder sie vor einer solchen Verletzung warnt;
c. andere Personen mit der ausdrücklichen Zustimmung der Hinterlegerin oder ihrer Vertretung.

[2] Die in Absatz 1 genannten Personen dürfen auch in die Akten von Eintragungsgesuchen Einsicht nehmen, die zurückgezogen oder abgewiesen wurden oder auf die das Institut nicht eingetreten ist.

[3] Nach der Eintragung des Designs in das Register kann unter Vorbehalt der aufgeschobenen Veröffentlichung jede Person Einsicht in das Aktenheft nehmen.

[4] Über die Einsicht in ausgesonderte Beweisurkunden nach Artikel 22 Absatz 2 entscheidet das Institut nach Anhörung der Rechtsinhaberin.

[5] Das Institut kann für die Einsichtnahme eine Gebühr erheben.

Art. 24 **Aktenaufbewahrung**

[1] Das Institut bewahrt die Akten vollständig gelöschter Registereintragungen im Original oder in Kopie während fünf Jahren nach der Löschung auf.

[2] Es bewahrt die Akten von Eintragungsgesuchen, die zurückgezogen oder abgewiesen wurden oder auf die das Institut nicht eingetreten ist, im Original oder in Kopie während fünf Jahren nach der Zurückziehung, Abweisung oder dem Nichteintreten auf.

[3] Die Aktenaufbewahrung kann in elektronischer Form erfolgen.

[4] Auf Antrag und gegen Bezahlung einer Gebühr gibt das Institut die eingereichten Abbildungen und Exemplare der Designs nach Ablauf der Aufbewahrungsfrist der Rechtsinhaberin zurück. Der Antrag ist innert zwei Monaten nach Ablauf der Aufbewahrungsfrist zu stellen.

2. Abschnitt: Das Register

Art. 25 **Registerinhalt**

[1] Die Eintragung des Designs im Register enthält:
a. die Hinterlegungsnummer;
b. das Datum der Hinterlegung;
c. den Namen und Vornamen oder die Firma sowie die Adresse der Rechtsinhaberin;
d. den Namen und die Adresse einer allfälligen Vertretung;
e. den Namen der Person, die das Design entworfen hat;
f. die Angabe der Erzeugnisse, bei denen das Design verwendet werden soll;
g. eine Ordnungsnummer für jedes hinterlegte Design;
h. die Reproduktionen des Designs;
i. das Datum der Eintragung;
j. das Datum der Veröffentlichung.

² Die Eintragung wird gegebenenfalls ergänzt mit:

a. Angaben über die Inanspruchnahme einer Priorität nach den Artikeln 22 und 23 Designgesetz;
b. der Angabe, dass die Veröffentlichung aufgeschoben wurde;
c. einer Beschreibung des Designs.

³ Im Register werden ferner eingetragen:

a. die Verlängerung der Schutzdauer, mit der Angabe des Datums, an dem die Verlängerung wirksam wird;
b. die vollständige oder teilweise Löschung der Registereintragung, mit der Angabe des Grundes der Löschung;
c. die vollständige oder teilweise Übertragung des Designrechts;
d. die Erteilung einer Lizenz oder Unterlizenz, unter Angabe des Namens und Vornamens oder der Firma sowie der Adresse der Person, welcher die Lizenz erteilt wird (Lizenznehmerin), gegebenenfalls mit der Angabe, dass es sich um eine ausschliessliche Lizenz handelt, und im Falle einer Teillizenz mit der Angabe der lizenzierten Rechte;
e. die Nutzniessung am Design und die Verpfändung des Designs;
f. Verfügungsbeschränkungen von Gerichten und Zwangsvollstreckungsbehörden;
g. Änderungen, die eingetragene Angaben betreffen.

⁴ Das Institut kann weitere Angaben von öffentlichem Interesse eintragen.

⁵ Das Register kann in elektronischer Form geführt werden.

Art. 26 **Einsichtnahme und Registerauszüge**

¹ Das Register steht jeder Person zur Einsichtnahme offen, unter Vorbehalt derjenigen Eintragungen, deren Veröffentlichung aufgeschoben ist.

² Das Institut erteilt auf Antrag Auskünfte über den Inhalt des Registers und erstellt Auszüge aus dem Register.

³ Es kann für die Registereinsicht, für Auskünfte und für Auszüge Gebühren erheben.

3. Abschnitt: Änderungen der Designeintragung

Art. 27 **Übertragung**

¹ Der Antrag auf Eintragung der Übertragung ist von der bisherigen Rechtsinhaberin oder von der Person zu stellen, welche das Designrecht erwirbt (Erwerberin).

² Er umfasst:

a. eine ausdrückliche Erklärung der bisherigen Rechtsinhaberin oder eine andere genügende Urkunde, nach der das Designrecht ganz oder teilweise auf die Erwerberin übergegangen ist;
b. den Namen und Vornamen oder die Firma sowie die Adresse der Erwerberin und gegebenenfalls ihrer Vertretung.

Art. 28 Lizenz

¹ Der Antrag auf Eintragung einer Lizenz ist von der Rechtsinhaberin oder von der Lizenznehmerin zu stellen.

² Er umfasst:

a. eine ausdrückliche Erklärung der Rechtsinhaberin oder eine andere genügende Urkunde, wonach die Rechtsinhaberin das Design der Lizenznehmerin zum Gebrauch überlässt;
b. den Namen und Vornamen oder die Firma sowie die Adresse der Lizenznehmerin;
c. gegebenenfalls das Begehren, dass die Lizenz als ausschliessliche Lizenz eingetragen wird;
d. bei einer teilweisen Lizenz allenfalls die Angabe der lizenzierten Rechte.

³ Für die Eintragung einer Unterlizenz gelten die Absätze 1 und 2 sinngemäss. Ausserdem muss nachgewiesen werden, dass die Lizenznehmerin zur Erteilung von Unterlizenzen berechtigt ist.

Art. 29 Sonstige Änderungen im Register

Das Institut trägt auf Grund einer entsprechenden Erklärung der Rechtsinhaberin oder einer anderen genügenden Urkunde ein:

a. die Nutzniessung am Designrecht und die Verpfändung des Designrechts;
b. Änderungen, die auf einem vollstreckbaren Gerichtsurteil oder auf einer Vollstreckungsmassnahme beruhen, sowie Verfügungsbeschränkungen von Gerichten und Zwangsvollstreckungsbehörden;
c. Änderungen, die eingetragene Angaben betreffen.

Art. 30 Löschung von Rechten Dritter

Das Institut löscht auf Antrag das zu Gunsten einer Drittperson eingetragene Recht, wenn eine ausdrückliche Verzichtserklärung der Inhaberin dieses Rechts oder eine andere genügende Urkunde vorgelegt wird.

Art. 31 Berichtigungen

¹ Fehlerhafte Eintragungen werden auf Antrag berichtigt.

² Beruht der Fehler auf einem Versehen des Instituts, so erfolgt die Berichtigung von Amtes wegen.

Art. 32 Antrag und Gebühren

¹ Der Antrag auf Änderung oder Berichtigung der Registereintragung ist schriftlich zu stellen.

² Er ist gebührenpflichtig.

³ Wird für dasselbe Design gleichzeitig die Eintragung mehrerer Änderungen beantragt, so ist nur eine einfache Gebühr zu entrichten.

Art. 33 Gebührenfreie Änderungen

Folgende Änderungen sind gebührenfrei:

a. die Eintragung der erstmaligen Bestellung einer Vertretung sowie die Löschung von Vertretungsverhältnissen;

b. die Eintragung einer Adressänderung;
c. Änderungen, die auf einem vollstreckbaren Gerichtsurteil oder auf einer Vollstreckungsmassnahme beruhen, sowie Verfügungsbeschränkungen von Gerichten und Zwangsvollstreckungsbehörden;
d. Berichtigungen von Fehlern, die auf einem Versehen des Instituts beruhen.

4. Abschnitt: Löschung des Designs

Art. 34

[1] Der Antrag auf Löschung des Designs ist schriftlich zu stellen.

[2] Stützt sich der Antrag auf ein richterliches Urteil, so ist eine Kopie des Urteils mit Bescheinigung der Rechtskraft beizufügen.

[3] Das Institut löscht von sich aus ein Design, wenn:

a. die Eintragung nicht verlängert wird;
b. die für die Eintragung oder die Schutzverlängerung vorgesehenen Gebühren nicht bezahlt werden;
c. bei der aufgeschobenen Veröffentlichung keine Abbildungen eingereicht werden.

[4] Bei Löschungen nach Absatz 3 benachrichtigt das Institut die Rechtsinhaberin.

[5] Die Löschung eines Designs ist gebührenfrei.

4. Kapitel: Veröffentlichungen des Instituts

Art. 35 Gegenstand der Veröffentlichungen

Das Institut veröffentlicht unter dem Vorbehalt des Aufschubs der Veröffentlichung:

a. die Eintragung des Designs, mit den Angaben nach Artikel 25 Absätze 1 Buchstaben a–h und 2;
b. Angaben nach Artikel 25 Absätze 3 und 4, soweit deren Veröffentlichung zweckmässig erscheint.

Art. 36 Publikationsorgan, Publikationsform und massgebliche Veröffentlichung

[1] Das Institut bestimmt das Publikationsorgan.

[2] Die Veröffentlichung kann auch in elektronischer Form erfolgen.

[3] Die elektronische Veröffentlichung ist nur dann massgebend, wenn die Daten ausschliesslich elektronisch veröffentlicht werden.

5. Kapitel: Hilfeleistung der Zollverwaltung

Art. 37 Bereich

Die Hilfeleistung der Eidgenössischen Zollverwaltung erstreckt sich auf:

a. die Ein-, Aus- oder Durchfuhr von widerrechtlich hergestellten Gegenständen;
b. die Lagerung solcher Gegenstände in einem Zolllager.

Art. 38 **Antrag auf Hilfeleistung**

[1] Die Rechtsinhaberin oder Lizenznehmerin (Antragstellerin) muss den Antrag auf Hilfeleistung bei der Oberzolldirektion stellen. In dringenden Fällen kann der Antrag unmittelbar beim Zollamt gestellt werden, bei dem die widerrechtlich hergestellten Gegenstände ein-, aus- oder durchgeführt werden sollen.

[2] Die Antragstellerin muss ihre Berechtigung mittels Registerauszug belegen und ihr Rechtsschutzinteresse darlegen.

[3] Der Antrag gilt während zwei Jahren, wenn er nicht für eine kürzere Geltungsdauer gestellt wird. Er kann erneuert werden.

Art. 39 **Zurückbehaltung der Gegenstände**

[1] Behält das Zollamt Gegenstände zurück, so verwahrt es sie gegen Gebühr selbst oder gibt sie auf Kosten der Antragstellerin einer Drittperson in Verwahrung.

[2] Die Antragstellerin ist berechtigt, die zurückbehaltenen Gegenstände zu besichtigen. Die zur Verfügung über die Gegenstände berechtigte Person kann an der Besichtigung teilnehmen.

[3] Steht schon vor Ablauf der Frist nach Artikel 48 Absatz 2 oder 3 Designgesetz fest, dass die Antragstellerin keine vorsorgliche Massnahme erwirken kann, so werden die Gegenstände unverzüglich freigegeben.

Art. 40 **Gebühren**

Die Gebühren für die Behandlung des Antrages auf Hilfeleistung sowie für die Verwahrung zurückbehaltener Waren richten sich nach der Verordnung vom 22. August 1984[4] über die Gebühren der Zollverwaltung.

6. Kapitel: Schlussbestimmungen

Art. 41 **Aufhebung bisherigen Rechts**

Die Verordnung vom 27. Juli 1900[5] über die gewerblichen Muster und Modelle wird aufgehoben.

Art. 42 **Änderung bisherigen Rechts**

Die Änderung bisherigen Rechts wird im Anhang geregelt.

Art. 43 **Übergangsbestimmung zu laufenden Fristen**

Fristen, die vom Institut angesetzt wurden und die am Tag des Inkrafttretens dieser Verordnung laufen, bleiben unverändert.

Art. 44 **Inkrafttreten**

Diese Verordnung tritt am 1. Juli 2002 in Kraft.

---

[4] SR **631.152.1**
[5] [BS **2** 881; AS **1956** 806, **1962** 460, **1968** 603, **1972** 2447, **1977** 1994, **1978** 20, **1995** 1789 5161]

Locarno-Klassifikation, Oberbegriffe

Klasse 1	Nahrungsmittel
Klasse 2	Bekleidung und Kurzwaren
Klasse 3	Reiseartikel, Etuis, Schirme und persönliche Gebrauchsgegenstände, soweit sie nicht in anderen Klassen enthalten sind
Klasse 4	Bürstenwaren
Klasse 5	Nichtkonfektionierte Textilwaren, Folien (Bahnen) aus Kunst- oder Naturstoffen
Klasse 6	Wohnungsausstattungen
Klasse 7	Haushaltsartikel, soweit sie nicht in anderen Klassen enthalten sind
Klasse 8	Werkzeuge und Kleineisenwaren
Klasse 9	Verpackungen und Behälter für den Transport oder den Warenumschlag
Klasse 10	Uhren und andere Messinstrumente, Kontroll- und Anzeigegeräte
Klasse 11	Ziergegenstände
Klasse 12	Transport- und Hebevorrichtungen
Klasse 13	Apparate zur Erzeugung, Verteilung oder Umwandlung von elektrischer Energie
Klasse 14	Apparate zur Aufzeichnung, Übermittlung oder Verarbeitung von Informationen
Klasse 15	Maschinen, soweit sie nicht in anderen Klassen enthalten sind
Klasse 16	Fotografische, kinematografische oder optische Artikel
Klasse 17	Musikinstrumente
Klasse 18	Druckerei- und Büromaschinen
Klasse 19	Papier- und Büroartikel, Künstler- oder Lehrmittelbedarf
Klasse 20	Verkaufs- und Werbeausrüstungen, Schilder
Klasse 21	Spiele, Spielzeuge, Zelte und Sportartikel
Klasse 22	Waffen, Feuerwerksartikel, Artikel für die Jagd, den Fischfang oder zur Schädlingsbekämpfung
Klasse 23	Einrichtungen zur Verteilung von Flüssigkeiten, sanitäre Anlagen, Heizungs-, Lüftungs- und Klimaanlagen, feste Brennstoffe
Klasse 24	Medizinische und Laborausrüstungen
Klasse 25	Bauten und Bauelemente
Klasse 26	Beleuchtungsapparate
Klasse 27	Tabakwaren und Raucherartikel
Klasse 28	Pharmazeutische oder kosmetische Erzeugnisse, Toilettenartikel und -ausrüstungen
Klasse 29	Vorrichtungen und Ausrüstungen gegen Feuer, zur Unfallverhütung oder Rettung

Klasse 30	Artikel für das Halten und Pflegen von Tieren
Klasse 31	Maschinen und Apparate für die Zubereitung von Nahrung oder Getränken, soweit sie nicht in anderen Klassen enthalten sind
Klasse 99	Verschiedenes

Gebührenverzeichnis Designschutz (IGE)

HINTERLEGUNG

	CHF
Grundgebühr	
1 Design	200.–
jedes weitere Design im gleichen Gesuch	100.–
6 und mehr Designs im gleichen Gesuch, total	700.–
Publikationsgebühr	
• schwarzweiss	
bis 3 Abbildungen	50.–
jede weitere Abbildung	20.–
• farbig	
pro Abbildung	50.–
Aufschubsgebühr	
pro Dossier	100.–
Beschreibungsgebühr	
pro Beschreibungstext	200.–

VERLÄNGERUNG

Verlängerungsgebühr analog der Grundgebühr	
Zuschlag bei Zahlung nach Ablauf der Schutzperiode	200.–

DIVERSE GEBÜHREN

Registeränderungen (ausgenommen Adressänderungen/Sitzverlegungen)	100.–
Für jede zusätzliche Hinterlegung des gleichen Inhabers, wenn gleichzeitig dieselbe Änderung beantragt wird	50.–
Registerauszüge	100.–
Für jedes zusätzliche Exemplar des gleichen Auszugs, das im selben Auftrag verlangt wird	10.–
Prioritätsbeleg	100.–
Für jedes zusätzliche Exemplar des gleichen Belegs, das im selben Auftrag verlangt wird	10.–
Weiterbehandlung	200.–

Akteneinsicht

Für jede Hinterlegung	10.–
Mindestbetrag	100.–
Rückgabe von Abbildungen und Exemplaren	50.–

Auskunftsgebühr

Für jede Hinterlegung	10.–
Mindestbetrag	100.–

Übersetzung[1]

Genfer Akte des Haager Abkommens über die internationale Eintragung gewerblicher Muster und Modelle

Abgeschlossen in Genf am 2. Juli 1999
Von der Bundesversammlung genehmigt am 11. Juni 2001[2]
Schweizerische Ratifikationsurkunde hinterlegt am 11. September 2002
In Kraft getreten für die Schweiz am 23. Dezember 2003
(Stand am 17. Februar 2004)

Einleitende Bestimmungen

Art. 1 **Abkürzungen**

Im Sinne dieses Abkommens bedeutet:

i) «das Haager Abkommen» das Haager Abkommen über die internationale Hinterlegung gewerblicher Muster oder Modelle, künftig Haager Abkommen über die internationale Eintragung gewerblicher Muster und Modelle[3];

ii) «dieses Abkommen» das Haager Abkommen in der vorliegenden Fassung;

iii) «Ausführungsordnung» die Ausführungsordnung dieses Abkommens;

iv) «vorgeschrieben» in der Ausführungsordnung vorgeschrieben; «Regeln»: Regeln der Ausführungsordnung;

v) «Pariser Verbandsübereinkunft» die Pariser Verbandsübereinkunft zum Schutz des gewerblichen Eigentums, unterzeichnet in Paris am 20. März 1883[4], in ihrer revidierten und geänderten Fassung;

vi) «internationale Eintragung» die nach diesem Abkommen vorgenommene internationale Eintragung eines gewerblichen Musters oder Modells;

vii) «internationale Anmeldung» ein Gesuch um internationale Eintragung;

viii) «internationales Register» die beim Internationalen Büro geführte amtliche Sammlung von Daten über internationale Eintragungen, welche aufgrund des Abkommens oder der Ausführungsordnung registriert werden müssen oder dürfen, ungeachtet des Mediums, in dem die Daten gespeichert sind;

ix) «Person» eine natürliche oder juristische Person;

x) «Anmelder» die Person, auf deren Namen eine internationale Anmeldung eingereicht wird;

---

[1] Der Originaltext findet sich unter der gleichen Nummer in der französischen Ausgabe dieser Sammlung.
[2] AS **2004** 839
[3] SR **0.232.121.2**
[4] SR **0.232.04**

xi)	«Inhaber» die Person, auf deren Namen eine internationale Eintragung im internationalen Register eingetragen ist;
xii)	«zwischenstaatliche Organisation» eine zwischenstaatliche Organisation, die nach Artikel 27 Absatz 1 Ziffer ii berechtigt ist, diesem Abkommen beizutreten;
xiii)	«Vertragspartei» jeden Staat oder jede zwischenstaatliche Organisation, die Vertragspartei dieses Abkommens ist;
xiv)	«Vertragspartei des Anmelders» die Vertragspartei oder eine der Vertragsparteien, von der der Anmelder seine Berechtigung zur Hinterlegung einer internationalen Anmeldung herleitet, da er mindestens eine in Artikel 3 erläuterte Bedingung bezüglich dieser Vertragspartei erfüllt; kann der Anmelder seine Berechtigung zur Hinterlegung einer internationalen Anmeldung nach Artikel 3 von mehr als einer Vertragspartei herleiten, so bedeutet «Vertragspartei des Anmelders» diejenige dieser Vertragsparteien, die als solche in der internationalen Anmeldung angegeben ist;
xv)	«Gebiet einer Vertragspartei» das Gebiet eines Staates, sofern es sich bei dieser Vertragspartei um einen Staat handelt, oder das Gebiet, in dem der Gründungsvertrag der zwischenstaatlichen Organisation Gültigkeit hat, sofern es sich bei der Vertragspartei um eine zwischenstaatliche Organisation handelt;
xvi)	«Amt» die von einer Vertragspartei mit der Schutzerteilung für gewerbliche Muster und Modelle auf dem Gebiet dieser Vertragspartei beauftragte Einrichtung;
xvii)	«Prüfendes Amt» ein Amt, das von Amts wegen bei ihm eingereichte Gesuche auf Schutz gewerblicher Muster oder Modelle zumindest auf Neuheit prüft;
xviii)	«Bestimmung» ein Gesuch, das bezweckt, dass eine internationale Eintragung für eine Vertragspartei Wirksamkeit erlangt; es bedeutet auch die Registrierung dieses Gesuchs im internationalen Register;
xix)	«bestimmte Vertragspartei» und «Bestimmungsamt» die Vertragspartei beziehungsweise das Amt der Vertragspartei, auf die die Bestimmung anwendbar ist;
xx)	«Fassung von 1934» die am 2. Juni 1934[5] in London unterzeichnete Fassung des Haager Abkommens;
xxi)	«Fassung von 1960» die am 28. November 1960[6] im Haag unterzeichnete Fassung des Haager Abkommens;
xxii)	«Zusatzvereinbarung von 1961» die am 18. November 1961[7] in Monaco unterzeichnete Zusatzvereinbarung zu der Fassung von 1934;
xxiii)	«Ergänzungsvereinbarung von 1967» die am 14. Juli 1967[8] in Stockholm unterzeichnete Ergänzungsvereinbarung zum Haager Abkommen in der geänderten Fassung;

---

[5] SR **0.232.121.1**
[6] SR **0.232.121.2**
[7] SR **0.232.121.11**
[8] SR **0.232.121.12**

xxiv)	«Union» den durch das Haager Abkommen vom 6. November 1925[9] errichtete und durch die Fassungen von 1934 und 1960 sowie durch die Zusatzvereinbarung von 1961, die Ergänzungsvereinbarung von 1967 und diesem Abkommen aufrechterhaltene Haager Union;
xxv)	«Versammlung» die in Artikel 21 Absatz 1 Buchstabe a genannte Versammlung oder jedes Organ, das an die Stelle dieser Versammlung tritt;
xxvi)	«Organisation» die Weltorganisation für geistiges Eigentum;
xxvii)	«Generaldirektor» den Generaldirektor der Weltorganisation für geistiges Eigentum;
xxviii)	«Internationales Büro» das Internationale Büro der Organisation.
xxix)	«Ratifikationsurkunde» inklusive die Annahme- oder Zustimmungsurkunden.

Art. 2 **Anwendbarkeit sonstiger Schutzvorschriften nach dem Recht der Vertragsparteien und bestimmten internationalen Verträgen**

1) *[Recht der Vertragsparteien und bestimmte internationale Verträge]* Die Bestimmungen dieses Abkommens lassen die Anwendung von umfassenderen Schutzvorschriften nach dem Recht einer Vertragspartei unberührt; sie berühren auch in keiner Weise den Schutz, der den Werken der Kunst und den Werken der angewandten Kunst durch internationale Verträge und Abkommen über das Urheberrecht gewährt wird, und ebensowenig den Schutz, der gewerblichen Mustern oder Modellen nach dem Übereinkommen über handelsbezogene Aspekte der Rechte an geistigem Eigentum[10] (TRIPS) gewährt wird, das dem Übereinkommen über die Errichtung der Welthandelsorganisation beigefügt ist.

2) *[Verpflichtung zur Erfüllung der Pariser Verbandsübereinkunft]* Jede Vertragspartei muss die Bestimmungen der Pariser Verbandsübereinkunft betreffend die gewerblichen Muster und Modelle einhalten.

Kapitel I **Internationale Anmeldung und internationale Eintragung**

Art. 3 **Berechtigung zur Hinterlegung einer internationalen Anmeldung**

Jeder Angehörige eines Staats, der Vertragspartei ist, oder eines Mitgliedsstaats einer zwischenstaatlichen Organisation, die Vertragspartei ist, oder Personen, die ihren Wohnsitz, gewöhnlichen Aufenthalt oder ihre tatsächliche und nicht nur zum Schein bestehende gewerbliche oder Handelsniederlassung im Gebiet einer Vertragspartei haben, sind berechtigt, eine internationale Anmeldung zu hinterlegen.

Art. 4 **Verfahren zur Hinterlegung einer internationalen Anmeldung**

1) *[Direkte oder indirekte Hinterlegung]*

a) Die internationale Anmeldung kann nach Wahl des Anmelders entweder direkt beim Internationalen Büro oder indirekt über das Amt der Vertragspartei des Anmelders hinterlegt werden.

---

[9] SR 0.232.01
[10] SR 0.632.20 Anhang 1C

b) Unbeschadet des Buchstabens a kann jede Vertragspartei dem Generaldirektor in einer Erklärung mitteilen, dass internationale Anmeldungen nicht durch ihr Amt eingereicht werden können.

2) *[Übermittlungsgebühr im Falle indirekter Hinterlegung]* Das Amt jeder Vertragspartei kann verlangen, dass der Anmelder eine diesem Amt verbleibende Übermittlungsgebühr für jede durch dieses Amt eingereichte internationale Anmeldung entrichtet.

Art. 5 **Inhalt der internationalen Anmeldung**

1) *[Zwingend vorgeschriebener Inhalt der internationalen Anmeldung]* Die internationale Anmeldung muss in der vorgeschriebenen Sprache oder in einer der vorgeschriebenen Sprachen abgefasst sein; die Anmeldung muss folgendes enthalten oder ihr ist folgendes beizufügen:

i) ein Gesuch um internationale Eintragung nach diesem Abkommen;

ii) den Anmelder betreffende vorgeschriebene Angaben;

iii) die vorgeschriebene Anzahl von vorschriftsmässig eingereichten Kopien einer oder nach Wahl des Anmelders mehrerer verschiedener Abbildungen des gewerblichen Musters oder Modells, das Gegenstand der internationalen Anmeldung ist; handelt es sich jedoch um ein (zweidimensionales) gewerbliches Muster und wurde ein Gesuch um Aufschub der Veröffentlichung nach Absatz 5 gestellt, so kann die internationale Anmeldung anstelle der Abbildung die vorgeschriebene Anzahl Exemplare des Musters beigefügt werden;

iv) eine den Regeln entsprechende Angabe des Erzeugnisses oder der Erzeugnisse, die das gewerbliche Muster oder Modell darstellen oder für das oder die das gewerbliche Muster oder Modell verwendet werden soll;

v) eine Angabe der bestimmten Vertragsparteien;

vi) die vorgeschriebenen Gebühren;

vii) alle sonstigen vorgeschriebenen Angaben.

2) *[Zusätzlicher zwingend erforderlicher Inhalt der internationalen Anmeldung]*

a) Jede Vertragspartei, deren Amt ein Prüfendes Amt ist und bei der am Tag, an dem sie Vertragspartei dieses Abkommens wird, gesetzlich vorgesehen ist, dass ein Gesuch um Schutzerteilung für ein gewerbliches Muster oder Modell einen in Buchstabe b bezeichneten Bestandteil enthalten muss, damit diesem Gesuch ein Hinterlegungsdatum nach diesem Recht zuerkannt wird, kann dem Generaldirektor diese Bestandteile in einer Erklärung notifizieren.

b) Folgende Bestandteile können nach Buchstabe a notifiziert werden:

i) Angaben zur Identität des Schöpfers des gewerblichen Musters oder Modells, das Gegenstand der Anmeldung ist;

ii) eine kurze Beschreibung der Wiedergabe oder der charakteristischen Merkmale des gewerblichen Musters oder Modells, das Gegenstand der Anmeldung ist;

iii) ein Anspruch.

c) Enthält die internationale Anmeldung die Bestimmung einer Vertragspartei, die eine Mitteilung nach Buchstabe a vorgenommen hat, so muss sie ausserdem wie vorgeschrieben jeden Bestandteil, der Gegenstand der Notifikation war, enthalten.

3) *[Mögliche sonstige Bestandteile der internationalen Anmeldung]* Die internationale Anmeldung kann weitere in der Ausführungsordnung vorgesehene Bestandteile enthalten oder es können ihr weitere vorgeschriebene Bestandteile beigefügt werden.

4) *[Mehrere gewerbliche Muster und Modelle in einer internationalen Anmeldung]* Vorbehaltlich allfällig vorgeschriebener Bedingungen kann eine internationale Anmeldung mehr als ein gewerbliches Muster oder Modell enthalten.

5) *[Gesuch um Aufschub der Veröffentlichung]* Die internationale Anmeldung kann ein Gesuch um Aufschub der Veröffentlichung enthalten.

Art. 6   **Priorität**

1) *[Inanspruchnahme von Prioritäten]*

a) Die internationale Anmeldung kann eine Erklärung nach Artikel 4 der Pariser Verbandsübereinkunft zum Schutz des gewerblichen Eigentums enthalten, mit der die Priorität einer oder mehrerer früher hinterlegter Anmeldungen beansprucht wird, die in einem oder für einen Mitgliedstaat der Pariser Verbandsübereinkunft oder in einem oder für ein Mitglied der Welthandelsorganisation eingereicht worden sind.

b) Die Ausführungsordnung kann vorsehen, dass die Erklärung, auf die in Buchstabe a Bezug genommen wird, nach Hinterlegung der internationalen Anmeldung abgegeben werden kann. Ist dies der Fall, so schreibt die Ausführungsordnung den Zeitpunkt, zu dem die Erklärung spätestens abgegeben werden kann, vor.

2) *[Internationale Anmeldung als Basis für die Inanspruchnahme einer Priorität]* Der internationalen Anmeldung kommt ab ihrem Hinterlegungsdatum die Bedeutung einer vorschriftsmässigen Hinterlegung nach Artikel 4 der Pariser Verbandsübereinkunft zu, wobei der spätere Verlauf der Anmeldung ohne Bedeutung ist.

Art. 7   **Bestimmungsgebühren**

1) *[Vorgeschriebene Bestimmungsgebühr]* Vorbehaltlich Absatz 2 schliessen die vorgeschriebenen Gebühren eine Bestimmungsgebühr für jede bestimmte Vertragspartei ein.

2) *[Individuelle Bestimmungsgebühr]* Jede Vertragspartei, deren Amt ein Prüfendes Amt ist, und jede Vertragspartei, die eine zwischenstaatliche Organisation ist, kann dem Generaldirektor in einer Notifikation mitteilen, dass anstelle der in Absatz 1 genannten vorgeschriebenen Bestimmungsgebühr für jede internationale Anmeldung, in der die Vertragspartei bestimmt wird, und für die Verlängerung jeder internationalen Eintragung, die sich aus einer solchen internationalen Anmeldung ergibt, eine individuelle Bestimmungsgebühr zu entrichten ist, deren Betrag in der Erklärung anzugeben ist und in weiteren Erklärungen geändert werden kann. Dieser Betrag kann von der genannten Vertragspartei für die erste Schutzfrist und für jeden Verlängerungszeitraum oder für die von der betreffenden Vertragspartei zugelassene maximale Schutzdauer festgelegt werden; dieser Betrag darf jedoch nicht höher sein als der Gegenwert des Betrags, den das Amt der betreffenden Vertragspartei bei der

Schutzerteilung für einen entsprechend langen Zeitraum und dieselbe Anzahl von gewerblichen Mustern und Modellen vom Anmelder zu erhalten berechtigt wäre, wobei dieser Betrag um die Einsparungen verringert wird, die sich aus dem internationalen Verfahren ergeben.

3) *[Überweisung von Bestimmungsgebühren]* Die Bestimmungsgebühren, gemäss den Absätzen 1 und 2 sind vom Internationalen Büro an die Vertragsparteien zu überweisen, für welche diese Gebühren entrichtet wurden.

Art. 8   **Berichtigungen**

1) *[Prüfung der internationalen Anmeldung]* Stellt das Internationale Büro fest, dass die internationale Anmeldung am Tag ihres Eingangs beim Internationalen Büro die Erfordernisse dieses Abkommens und der Ausführungsordnung nicht erfüllt, so fordert es den Anmelder auf, die Berichtigungen innerhalb der vorgeschriebenen Frist vorzunehmen.

2) *[Nicht behobene Mängel]*
a) Kommt der Anmelder der Aufforderung innerhalb der vorgeschriebenen Frist nicht nach, so gilt die internationale Anmeldung vorbehaltlich des Buchstabens b als zurückgezogen.
b) Kommt der Anmelder im Falle eines Mangels in Bezug auf Artikel 5 Absatz 2 oder in Bezug auf ein besonderes Erfordernis, das dem Generaldirektor von einer Vertragspartei in Übereinstimmung mit der Ausführungsordnung mitgeteilt wurde, der Aufforderung nicht innerhalb der vorgeschriebenen Frist nach, so gilt die internationale Anmeldung als ohne die Bestimmung dieser Vertragspartei eingereicht.

Art. 9   **Hinterlegungsdatum der internationalen Anmeldung**

1) *[Direkt eingereichte internationale Anmeldung]* Wird die internationale Anmeldung direkt beim Internationalen Büro eingereicht, so ist das Hinterlegungsdatum vorbehaltlich des Absatzes 3 das Datum des Tages, an dem die internationale Anmeldung beim Internationalen Büro eingeht.

2) *[Indirekt eingereichte internationale Anmeldung]* Wird die internationale Anmeldung durch das Amt der Vertragspartei des Anmelders eingereicht, so wird das Hinterlegungsdatum wie vorgeschrieben bestimmt.

3) *[Mangelhafte internationale Anmeldung]* Enthält die internationale Anmeldung am Tag des Eingangs der Anmeldung beim Internationalen Büro einen Mangel, der nach den Regeln zu einer Verschiebung des Hinterlegungsdatum der internationalen Anmeldung führt, so ist das Hinterlegungsdatum das Datum des Tages, an dem die Berichtigung dieses Mangels beim Internationalen Büro eingeht.

Art. 10   **Internationale Eintragung, Datum der internationalen Eintragung, Veröffentlichung und vertrauliche Kopien der internationalen Eintragung**

1) *[Internationale Eintragung]* Das Internationale Büro trägt jedes gewerbliche Muster oder Modell, das Gegenstand einer internationalen Anmeldung ist, unverzüglich beim Eingang der internationalen Anmeldung ein oder, falls Berichtigungen nach Artikel 8 angefordert werden, unverzüglich bei Eingang der erforderlichen Berichtigungen. Die Eintragung erfolgt auch bei einem Aufschub der Veröffentlichung nach Artikel 11.

2) *[Datum der internationalen Eintragung]*

a) Vorbehaltlich des Buchstabens b ist das Datum der internationalen Eintragung das Hinterlegungsdatum der internationalen Anmeldung.

b) Enthält die internationale Anmeldung am Tag des Eingangs der Anmeldung beim Internationalen Büro einen Mangel in Bezug auf Artikel 5 Absatz 2, so ist das Datum der internationalen Eintragung entweder das Datum des Tages, an dem die Berichtigung dieses Mangels beim Internationalen Büro eingeht oder das Hinterlegungsdatum der internationalen Anmeldung, je nachdem, welches das spätere Datum ist.

3) *[Veröffentlichung]*

a) Die internationale Eintragung wird vom Internationalen Büro veröffentlicht. Diese Veröffentlichung gilt in allen Vertragsparteien als ausreichende Bekanntgabe; vom Inhaber kann keine sonstige Bekanntgabe verlangt werden.

b) Das Internationale Büro übermittelt eine Kopie der Veröffentlichung der internationalen Eintragung an jedes Bestimmungsamt.

4) *[Vertrauliche Behandlung vor der Veröffentlichung]* Vorbehaltlich des Absatzes 5 und des Artikels 11 Absatz 4 Buchstabe b behandelt das Internationale Büro jede internationale Anmeldung und jede internationale Eintragung bis zur Veröffentlichung vertraulich.

5) *[Vertrauliche Kopien]*

a) Das Internationale Büro übermittelt unverzüglich nach der vorgenommenen Registrierung eine Kopie der internationalen Eintragung zusammen mit allen massgeblichen Erklärungen, Unterlagen oder Musterabschnitten, die der internationalen Anmeldung beigefügt sind, an jedes Amt, das in der internationalen Anmeldung bestimmt worden ist und das dem Internationalen Büro mitgeteilt hat, dass es eine entsprechende Kopie zu erhalten wünscht.

b) Bis zur Veröffentlichung der internationalen Eintragung durch das Internationale Büro behandelt das Amt jede internationale Eintragung, von der ihm eine Kopie vom Internationalen Büro übermittelt wurde, vertraulich. Das Amt darf diese Kopie nur zum Zweck der Prüfung der internationalen Eintragung verwenden und zur Prüfung von Anträgen auf Schutz von gewerblichen Mustern oder Modellen, die in oder für die Vertragspartei, für die das Amt zuständig ist, eingereicht worden sind. Insbesondere darf es den Inhalt dieser internationalen Eintragungen an keine Person ausserhalb des Amtes mit Ausnahme des Inhabers dieser internationalen Eintragung weitergeben, ausser die Berechtigung zur Hinterlegung der internationalen Anmeldung, auf der die internationale Eintragung beruht, wird in einem Verwaltungs- oder Gerichtsverfahren bestritten. Im Falle eines solchen Verwaltungs- oder Gerichtsverfahrens wird der Inhalt der internationalen Eintragung den beteiligten Verfahrensparteien nur vertraulich offenbart, wobei diese verpflichtet sind, die Vertraulichkeit der Offenbarung zu wahren.

Art. 11 Aufschub der Veröffentlichung

1) *[Gesetzliche Vorschriften von Vertragsparteien über den Aufschub der Veröffentlichung]*

a) Sieht das Recht einer Vertragspartei den Aufschub der Veröffentlichung eines gewerblichen Musters oder Modells um einen kürzeren als den vorgeschriebenen

Zeitraum vor, so notifiziert die Vertragspartei dem Generaldirektor den zulässigen Zeitraum.

b) Sieht das Recht einer Vertragspartei keinen Aufschub der Veröffentlichung eines gewerblichen Musters oder Modells vor, so notifiziert die Vertragspartei dem Generaldirektor diese Tatsache.

2) *[Aufschub der Veröffentlichung]* Enthält die internationale Anmeldung ein Gesuch um Aufschub der Veröffentlichung, so findet die Veröffentlichung statt:

i) wenn keine der in der internationalen Anmeldung bestimmten Vertragsparteien eine Erklärung nach Absatz 1 abgegeben hat, bei Ablauf der vorgeschriebenen Frist,

ii) wenn eine der in der internationalen Anmeldung bestimmten Vertragsparteien eine Erklärung nach Absatz 1 Buchstabe a abgegeben hat, bei Ablauf der in dieser Erklärung angegebenen Frist oder, sofern es mehr als eine bestimmte Vertragspartei gibt, bei Ablauf des kürzesten Zeitraums, der in den Erklärungen der Vertragsparteien angegeben ist.

3) *[Handhabung von Gesuchen um Aufschub, bei denen ein Aufschub nach geltendem Recht nicht möglich ist]* Ist der Aufschub der Veröffentlichung beantragt worden und hat eine der in der internationalen Anmeldung bestimmten Vertragsparteien eine Erklärung nach Absatz 1 Buchstabe b abgegeben, wonach ein Aufschub der Veröffentlichung nach ihrem Recht nicht möglich ist,

i) so unterrichtet das Internationale Büro vorbehaltlich Ziffer ii den Anmelder hierüber; nimmt der Anmelder die Bestimmung dieser Vertragspartei nicht innerhalb der vorgeschriebenen Frist schriftlich zurück, so lässt das Internationale Büro das Gesuch um Aufschub der Veröffentlichung ausser acht;

ii) so lässt das Internationale Büro die Bestimmung dieser Vertragspartei ausser acht und unterrichtet den Anmelder hierüber, wenn die internationale Anmeldung anstelle von Abbildungen des gewerblichen Musters oder Modells Exemplare des Musters enthält.

4) *[Gesuch um vorzeitige Veröffentlichung oder auf besondere Einsichtnahme in diese internationale Eintragung]*

a) Der Inhaber kann jederzeit während des nach Absatz 2 massgeblichen Zeitraums den Aufschub die Veröffentlichung eines oder aller gewerblichen Muster und Modelle, die Gegenstand der internationalen Eintragung sind, beantragen, wobei der Zeitraum des Aufschubs in Bezug auf dieses gewerbliche Muster oder Modell oder diese gewerblichen Muster und Modelle vom Tag des Eingangs dieses Gesuchs beim Internationalen Büro an als abgelaufen gilt.

b) Der Inhaber kann auch jederzeit während des nach Absatz 2 massgeblichen Zeitraums des Aufschub beantragen, dass das Internationale Büro einem Dritten einen Auszug aus einem oder allen gewerblichen Mustern oder Modellen, die Gegenstand der internationalen Eintragung sind, zur Verfügung stellt oder diesem Dritten Einsichtnahme in das betreffende oder die betreffenden gewerblichen Muster oder Modelle gestattet.

5) *[Verzicht und Beschränkung]*

a) Verzichtet der Inhaber zu irgendeinem Zeitpunkt innerhalb des nach Absatz 2 massgeblichen Zeitraums des Aufschub auf die internationale Eintragung in Bezug auf alle bestimmten Vertragsparteien, so erfolgt keine Veröffentlichung des gewerblichen Musters oder Modells oder der Muster oder Modelle, die Gegenstand der internationalen Eintragung sind.

b) Beschränkt der Inhaber zu irgendeinem Zeitpunkt innerhalb des nach Absatz 2 massgeblichen Zeitraums des Aufschubs die internationale Eintragung hinsichtlich aller bestimmten Vertragsparteien auf ein oder mehrere gewerbliche Muster oder Modelle, die Gegenstand der internationalen Eintragung sind, so erfolgt keine Veröffentlichung des oder der anderen gewerblichen Muster und Modelle, die Gegenstand der internationalen Eintragung sind.

6) *[Veröffentlichung und Vorlage von Abbildungen]*

a) Bei Ablauf eines nach den Bestimmungen dieses Artikels massgeblichen Zeitraums des Aufschubs wird die internationale Eintragung vorbehaltlich der Zahlung der vorgeschriebenen Gebühren vom Internationalen Büro veröffentlicht. Werden die Gebühren nicht wie vorgeschrieben entrichtet, so wird die internationale Eintragung gelöscht und keine Veröffentlichung vorgenommen.

b) Waren der internationalen Anmeldung ein oder mehrere Musterabschnitte gemäss Artikel 5 Absatz 1 Ziffer iii beigefügt, so muss der Inhaber innerhalb der vorgeschriebenen Frist die vorgeschriebene Anzahl Abbildungen jedes gewerblichen Musters oder Modells vorlegen, das Gegenstand dieser Anmeldung beim Internationalen Büro ist. Soweit der Inhaber dies versäumt, wird die internationale Eintragung gelöscht und keine Veröffentlichung vorgenommen.

Art. 12   **Schutzverweigerung**

1) *[Recht auf Schutzverweigerung]* Werden die Bedingungen für die Schutzerteilung nach dem Recht einer bestimmten Vertragspartei für ein oder alle gewerblichen Muster und Modelle, die Gegenstand der internationalen Eintragung sind, nicht erfüllt, so kann das Amt dieser Vertragspartei die Wirkungen der internationalen Eintragung für das Gebiet dieser Vertragspartei teilweise oder ganz verweigern; jedoch kann kein Amt die Wirkungen der internationalen Eintragung ganz oder teilweise deshalb verweigern, weil die internationale Anmeldung die Erfordernisse hinsichtlich Form oder Inhalt, die in diesem Abkommen oder in dieser Ausführungsordnung vorgesehen sind, oder abweichende beziehungsweise ergänzende Erfordernisse nach dem Recht der betreffenden Vertragspartei nicht erfüllt.

2) *[Mitteilung der Schutzverweigerung]*

a) Das Amt unterrichtet das Internationale Büro innerhalb der vorgeschriebenen Frist in einer Mitteilung davon, dass es die Wirkungen einer internationalen Eintragung verweigert.

b) In jeder Mitteilung der Schutzverweigerung sind alle Gründe für die Schutzverweigerung anzuführen.

3) *[Übermittlung der Mitteilung der Schutzverweigerung; Rechtsmittel]*

a) Das Internationale Büro übermittelt unverzüglich eine Kopie der Mitteilung der Schutzverweigerung an den Inhaber.

b) Der Inhaber eines gewerblichen Musters oder Modells, das Gegenstand einer internationalen Eintragung ist, hat Anspruch auf dieselben Rechtsmittel wie der Inhaber eines gewerblichen Musters oder Modells, das Gegenstand eines Antrags auf Schutzerteilung nach dem geltenden Recht bei dem Amt ist, das die

Mitteilung der Schutzverweigerung vorgenommen hat. Der Inhaber hat zumindest Anspruch auf folgende Rechtsmittel: Nachprüfung oder Überprüfung der Schutzverweigerung oder Beschwerde gegen die Schutzverweigerung.

4) *[Zurücknahme der Schutzverweigerung]* Jede Schutzverweigerung kann jederzeit vom Amt, das die Mitteilung hierüber vorgenommen hat, ganz oder teilweise zurückgenommen werden.

Art. 13   **Besondere Erfordernisse hinsichtlich der Einheitlichkeit des Musters oder Modells**

1) *[Mitteilung über besondere Erfordernisse]* Wenn das Recht einer Vertragspartei zum Zeitpunkt ihres Beitritts zu diesem Abkommen verlangt, dass für Muster oder Modelle, die Gegenstand derselben Anmeldung sind, eine Einheitlichkeit des Musters oder Modells, eine einheitliche Herstellung oder eine einheitliche Nutzung gewährleistet ist, oder verlangt, dass die Muster oder Modelle, die Gegenstand derselben Anmeldung sind, zu derselben Serie oder Zusammensetzung von Gegenständen gehören, oder verlangt, dass nur ein einziges gesondertes und klar zu unterscheidendes Muster oder Modell in einer einzigen Anmeldung beansprucht werden kann, so kann die Vertragspartei den Generaldirektor in einer entsprechenden Notifikation hiervon unterrichten. Eine solche Notifikation hat jedoch keine Auswirkung auf das Recht des Anmelders, mehr als ein gewerbliches Muster oder Modell in Übereinstimmung mit Artikel 5 Absatz 4 in eine internationalen Anmeldung aufzunehmen, selbst wenn die Vertragspartei, die die Erklärung abgegeben hat, in der Anmeldung bestimmt wird.

2) *[Wirkung der Erklärung]* Eine solche Erklärung berechtigt das Amt der Vertragspartei, die sie abgegeben hat, die Wirkungen der internationalen Eintragung nach Artikel 12 Absatz 1 bis zur Erfüllung der Erfordernisse, die von dieser Vertragspartei mitgeteilt worden sind, zu verweigern.

3) *[Weitere bei Teilung der Eintragung zahlbare Gebühren]* Wird eine internationale Eintragung nach einer Mitteilung der Schutzverweigerung gemäss Absatz 2 vor dem betreffenden Amt geteilt, um ein in der Mitteilung angegebenes Schutzhindernis zu beseitigen, so ist dieses Amt berechtigt, eine Gebühr für jede zusätzliche internationale Anmeldung zu erheben, die zur Vermeidung dieses Schutzhindernisses notwendig gewesen wäre.

Art. 14   **Wirkungen der internationalen Eintragung**

1) *[Wirkung wie bei einer Anmeldung nach geltendem Recht]* Vom Zeitpunkt der internationalen Registrierung an hat die internationale Eintragung zumindest dieselbe Wirkung für jede bestimmte Vertragspartei wie ein nach dem Recht dieser Vertragspartei vorschriftsmässig eingereichtes Gesuch um Schutzerteilung für ein gewerbliches Muster oder Modell.

2) *[Identische Wirkung wie bei Schutzerteilung nach dem anwendbaren Recht]*

a) Für jede Vertragspartei, deren Amt keine Mitteilung der Schutzverweigerung in Übereinstimmung mit Artikel 12 vorgenommen hat, hat die inter-nationale Eintragung spätestens mit Ablauf der zulässigen Frist für die Mitteilung der Schutzverweigerung oder, falls eine Vertragspartei eine entsprechende Erklärung nach der Ausführungsordnung abgegeben hat, spätestens mit dem in der Erklärung angegebenen Zeitpunkt dieselbe Wirkung wie ein Schutzrecht, das nach dem Recht der Vertragspartei für ein gewerbliches Muster oder Modell erteilt wird.

b) Hat das Amt einer Vertragspartei eine Schutzverweigerung mitgeteilt und diese Schutzverweigerung dann nachträglich ganz oder teilweise zurückgenommen, so hat die internationale Eintragung, soweit die Schutzverweigerung zurückgenommen wurde, spätestens ab dem Zeitpunkt der Zurücknahme der Schutzverweigerung dieselbe Wirkung für diese Vertragspartei wie ein nach dem Recht dieser Vertragspartei erteiltes Schutzrecht für ein gewerbliches Muster oder Modell.

c) Die der internationalen Eintragung nach diesem Absatz verliehene Wirkung findet auf ein gewerbliches Muster oder Modell beziehungsweise auf die Muster oder Modelle Anwendung, welche Gegenstand dieser Eintragung sind, und zwar in der vom Internationalen Büro beim Bestimmungsamt eingegangenen Fassung oder in der gegebenenfalls in dem Verfahren vor diesem Amt geänderten Fassung.

3) *[Erklärung hinsichtlich der Wirkung der Bestimmung der Vertragspartei des Anmelders]*

a) Jede Vertragspartei, deren Amt ein Prüfendes Amt ist, kann, sofern es sich um die Vertragspartei des Anmelders handelt, dem Generaldirektor in einer Erklärung mitteilen, dass die Bestimmung dieser Vertragspartei in einer internationalen Eintragung keine Wirkung hat.

b) Wird eine Vertragspartei, die eine in Buchstabe a genannte Erklärung abgegeben hat, in einer internationalen Anmeldung sowohl als Vertragspartei des Anmelders als auch als bestimmte Vertragspartei angegeben, so lässt das Internationale Büro die Bestimmung dieser Vertragspartei ausser acht.

Art. 15 **Ungültigerklärung**

1) *[Möglichkeit der Verteidigung]* Die zuständigen Behörden der bestimmten Vertragspartei können die Wirkungen der internationalen Eintragung auf dem Gebiet der Vertragspartei nicht ganz oder teilweise für ungültig erklären, ohne dem Inhaber rechtzeitig die Möglichkeit zu geben, seine Rechte zu verteidigen.

2) *[Mitteilung der Ungültigkeit]* Das Amt der Vertragspartei, auf deren Gebiet die Wirkungen der internationalen Eintragung für ungültig erklärt worden sind, benachrichtigt das Internationale Büro hiervon, falls es Kenntnis von der Ungültigerklärung erlangt hat.

Art. 16 **Eintragung von Änderungen und sonstigen Angaben hinsichtlich internationaler Eintragungen**

1) *[Eintragung von Änderungen und sonstigen Angaben]* Das Internationale Büro trägt, wie vorgeschrieben, folgende Angaben in das internationale Register ein:

i) jede Änderung des Inhabers der internationalen Eintragung hinsichtlich einer oder aller bestimmten Vertragsparteien und hinsichtlich einer oder aller gewerblichen Muster und Modelle, die Gegenstand der internationalen Eintragung sind, sofern der neue Inhaber berechtigt ist, eine internationale Anmeldung nach Artikel 3 einzureichen;

ii) jede Änderung des Namens oder der Anschrift des Inhabers,

iii) die Bestellung eines Vertreters des Anmelders oder Inhabers und alle sonstigen massgeblichen Angaben bezüglich dieses Vertreters;

iv) jeden Verzicht auf die internationale Eintragung durch den Inhaber in Bezug auf eine oder alle bestimmten Vertragsparteien,

v) jede Einschränkung der internationalen Eintragung hinsichtlich eines oder mehrerer gewerblicher Muster oder Modelle, die Gegenstand der internationalen Eintragung sind, durch den Inhaber in Bezug auf eine oder alle bestimmten Vertragsparteien;

vi) jede Ungültigerklärung der Wirkungen einer internationalen Eintragung auf dem Gebiet einer Vertragspartei durch die zuständigen Behörden dieser bestimmten Vertragspartei in Bezug auf ein oder alle gewerblichen Muster oder Modelle, die Gegenstand der internationalen Eintragung sind;

vii) jede sonstige in der Ausführungsordnung festgelegte massgebliche Angabe über die Rechte an einem oder allen gewerblichen Mustern oder Modellen, die Gegenstand der internationalen Eintragung sind.

2) *[Wirkung der Eintragung im internationalen Register]* Jede in Absatz 1 Ziffern i, ii, iv, v, vi und vii genannte Eintragung hat dieselbe Wirkung wie eine Eintragung im Register des Amts jeder der betroffenen Vertragsparteien; eine Vertragspartei kann jedoch dem Generaldirektor in einer Notifikation mitteilen, dass eine in Absatz 1 Ziffer i genannte Eintragung keine Wirkung innerhalb dieser Vertragspartei hat, solange die Vertragspartei die in dieser Erklärung aufgeführten Angaben oder Unterlagen noch nicht erhalten hat.

3) *[Gebühren]* Für jede nach Absatz 1 vorgenommene Eintragung können Gebühren erhoben werden.

4) *[Veröffentlichung]* Das Internationale Büro veröffentlicht einen Hinweis hinsichtlich jeder nach Absatz 1 vorgenommenen Eintragung. Es übermittelt dem Amt jeder der betroffenen Vertragsparteien eine Kopie der Veröffentlichung des Hinweises.

Art. 17 **Erste Schutzfrist sowie Verlängerung der internationalen Eintragung und Schutzdauer**

1) *[Erste Schutzfrist der internationalen Eintragung]* Die internationale Eintragung wird zunächst für einen Zeitraum von fünf Jahren, gerechnet ab dem Datum der internationalen Eintragung, vorgenommen.

2) *[Verlängerung der internationalen Eintragung]* Die internationale Eintragung kann nach dem vorgeschriebenen Verfahren und vorbehaltlich der Zahlung der vorgeschriebenen Gebühren um weitere Zeiträume von fünf Jahren verlängert werden.

3) *[Schutzdauer in bestimmten Vertragsparteien]*

a) Sofern die internationale Eintragung verlängert wird und vorbehaltlich des Buchstabens b, beträgt die Schutzdauer ab dem Datum der internationalen Eintragung in jeder der bestimmten Vertragsparteien 15 Jahre.

b) Wenn nach dem Recht einer bestimmten Vertragspartei für ein gewerbliches Muster oder Modell, für das nach diesem Recht Schutz erteilt worden ist, eine Schutzdauer von mehr als 15 Jahren vorgesehen ist, so ist die Schutzdauer bei Verlängerung der internationalen Eintragung ebensolang wie die nach dem Recht der Vertragspartei vorgesehene Schutzdauer.

c) Jede Vertragspartei teilt dem Generaldirektor in einer Notifikation die nach ihrem Recht vorgesehene maximale Schutzdauer mit.

4) *[Möglichkeit der eingeschränkten Verlängerung]* Die Verlängerung der internationalen Eintragung kann für eine oder alle der bestimmten Vertragsparteien

vorgenommen werden und für ein oder alle gewerblichen Muster und Modelle, die Gegenstand der internationalen Eintragung sind.

5) *[Eintragung und Veröffentlichung der Verlängerung]* Das Internationale Büro trägt die Verlängerungen in das internationale Register ein und veröffentlicht einen entsprechenden Hinweis. Es übermittelt eine Kopie der Veröffentlichung des Hinweises an das Amt jeder der betroffenen Vertragsparteien.

Art. 18   **Auskunft über veröffentlichte internationale Eintragungen**

1) *[Zugang zu Informationen]* Das Internationale Büro stellt jeder Person auf Antrag und gegen Zahlung der vorgeschriebenen Gebühr hinsichtlich jeder veröffentlichten internationalen Eintragung Auszüge aus dem internationalen Register oder Informationen über den Inhalt des internationalen Registers zur Verfügung.

2) *[Befreiung von der Beglaubigung]* Die vom Internationalen Büro zur Verfügung gestellten Auszüge aus dem internationalen Register sind in jeder Vertragspartei vom Erfordernis der Beglaubigung freigestellt.

Kapitel II   Verwaltungsbestimmungen

[die Verwaltungsbestimmungen sind nicht abgedruckt]

Kapitel III   Revision und Änderung

Art. 25   **Revision dieses Abkommens**

1) *[Revisionskonferenzen]* Dieses Abkommen kann von einer Konferenz der Vertragsstaaten revidiert werden.

2) *[Revision oder Änderung bestimmter Artikel]* Artikel 21, 22, 23 und 26 können entweder durch eine Revisionskonferenz oder nach den Bestimmungen des Artikels 26 durch die Versammlung geändert werden.

Art. 26   **Änderung bestimmter Artikel durch die Versammlung**

1) *[Vorschläge zur Änderung]*

a)   Vorschläge zur Änderung der Artikel 21, 22, 23 und dieses Artikels durch die Versammlung können von jeder Vertragspartei oder vom Generaldirektor vorgelegt werden.

b)   Diese Vorschläge werden vom Generaldirektor mindestens sechs Monate, bevor sie in der Versammlung beraten werden, den Vertragsparteien mitgeteilt.

2) *[Mehrheiten]* Der Beschluss jeder Änderung der in Absatz 1 genannten Artikel erfordert eine Mehrheit von drei Vierteln; hingegen erfordert die Annahme einer Änderung des Artikels 21 oder des vorliegenden Absatzes eine Mehrheit von vier Fünfteln.

3) *[Inkrafttreten]*

a)   Ausser wenn Buchstabe b Anwendung findet, tritt jede Änderung der in Absatz 1 genannten Artikel einen Monat nach dem Zeitpunkt in Kraft, zu dem die schriftlichen Notifikationen der verfassungsmässig zustande gekommenen Annahme des Änderungsvorschlags von drei Vierteln der Vertragsparteien, die im Zeitpunkt der Beschlussfassung über die Änderung Mitglieder der Versammlung waren und das Recht zur Abstimmung über die Änderung hatten, beim Generaldirektor eingegangen sind.

b) Eine Änderung des Artikels 21 Absatz 3 oder 4 oder dieses Buchstabens tritt nicht in Kraft, wenn eine Vertragspartei dem Generaldirektor innerhalb von sechs Monaten nach der Beschlussfassung durch die Versammlung mitteilt, dass sie diese Änderung nicht annimmt.

c) Jede Änderung, die in Übereinstimmung mit den Bestimmungen dieses Absatzes in Kraft tritt, bindet alle Staaten und zwischenstaatlichen Organisationen, die im Zeitpunkt des Inkrafttretens der Änderung Vertragsparteien sind oder später werden.

Kapitel IV   Schlussbestimmungen

Art. 27   Voraussetzung um Mitglied dieses Abkommens zu werden

1) *[Voraussetzungen]* Vorbehaltlich der Absätze 2 und 3 und des Artikels 28 können dieses Abkommen unterzeichnen und Vertragspartei dieses Abkommens werden:

i) jeder Mitgliedstaat der Organisation;

ii) jede zwischenstaatliche Organisation, die ein Amt unterhält, bei dem Schutz gewerblicher Muster und Modelle mit Wirkung für das Gebiet, auf das der Gründungsvertrag der zwischenstaatlichen Organisation Anwendung findet, erlangt werden kann, sofern mindestens ein Mitgliedstaat der zwischenstaatlichen Organisation Mitglied der Organisation ist und soweit dieses Amt nicht Gegenstand einer Notifikation nach Artikel 19 ist.

2) *[Ratifikation oder Beitritt]* Alle in Absatz 1 genannten Staaten oder zwischenstaatlichen Organisationen können

i) eine Ratifikationsurkunde hinterlegen, wenn sie dieses Abkommen unterzeichnet haben, oder

ii) eine Beitrittsurkunde hinterlegen, wenn sie dieses Abkommen nicht unterzeichnet haben.

3) *[Tag des Wirksamwerdens der Hinterlegung]*

a) Vorbehaltlich der Buchstaben b bis d ist der Tag des Wirksamwerdens einer Ratifikations- oder Beitrittsurkunde der Tag, an dem diese Urkunde hinterlegt wird.

b) Der Tag des Wirksamwerdens einer Ratifikations- oder Beitrittsurkunde eines Staates, für den der Schutz gewerblicher Muster und Modelle nur durch das Amt einer zwischenstaatlichen Organisation, bei der dieser Staat Mitgliedstaat ist, erlangt werden kann, ist der Tag, an dem die Urkunde dieser zwischenstaatlichen Organisation hinterlegt wird, falls dieser Zeitpunkt nach dem Zeitpunkt der Hinterlegung der Urkunde des genannten Staates liegt.

c) Der Tag des Wirksamwerdens einer Ratifikations- oder Beitrittsurkunde, die eine Notifikation nach Artikel 19 enthält oder der eine Notifikation nach Artikel 19 beigefügt ist, ist der Tag, an dem die letzte der Urkunden der Mitgliedsstaaten der Gruppe von Staaten, die diese Notifikation vorgenommen haben, hinterlegt wird.

d) Jede Ratifikations- oder Beitrittsurkunde eines Staats kann eine Erklärung enthalten oder jeder dieser Urkunden kann eine Erklärung beigefügt werden, in der zur Bedingung gemacht wird, dass die Urkunde erst dann als hinterlegt gilt, wenn die Urkunde eines anderen Staats oder einer zwischenstaatlichen Organisation, die Urkunden von zwei anderen Staaten oder die Urkunden eines anderen

Staats und einer zwischenstaatlichen Organisation, die namentlich genannt und zum Beitritt zu diesem Abkommen berechtigt sind, ebenfalls hinterlegt sind. Die Urkunde, die eine derartige Erklärung enthält oder der eine derartige Erklärung beigefügt ist, gilt als an dem Tag hinterlegt, an dem die in der Erklärung genannte Bedingung erfüllt ist. Enthält eine in der Erklärung bezeichnete Urkunde jedoch selbst eine Erklärung dieser Art oder ist dieser Urkunde selbst eine Erklärung dieser Art beigefügt, so gilt diese Urkunde als an dem Tag hinterlegt, an dem die in der letzteren Erklärung genannte Bedingung erfüllt ist.

e) Jede nach Buchstabe d abgegebene Erklärung kann jederzeit ganz oder teilweise zurückgenommen werden. Eine Rücknahme wird an dem Tag wirksam, an dem die Notifikation der Rücknahme beim Generaldirektor eingeht.

Art. 28 Tag des Wirksamwerdens der Ratifikation und des Beitritts

1) *[In Betracht zu ziehende Urkunden]* Für die Zwecke dieses Artikels werden nur Ratifikations- oder Beitrittsurkunden in Betracht gezogen, die von den in Artikel 27 Absatz 1 bezeichneten Staaten oder zwischenstaatlichen Organisationen hinterlegt worden sind und deren Tag des Wirksamwerdens in Artikel 27 Absatz 3 vorgesehen ist.

2) *[Inkrafttreten dieses Abkommens]* Dieses Abkommen tritt drei Monate nach Hinterlegung der Ratifikations- oder Beitrittsurkunden von sechs Staaten in Kraft, sofern wenigstens drei dieser Staaten eine der nachfolgenden Bedingungen erfüllen:

i) nach den jüngsten vom Internationalen Büro gesammelten Jahresstatistiken sind mindestens 3000 Anträge auf Schutz gewerblicher Muster oder Modelle in oder für den betreffenden Staat eingereicht worden;

ii) nach den jüngsten vom Internationalen Büro gesammelten Jahresstatistiken sind mindestens 1000 Anträge auf Schutz gewerblicher Muster oder Modelle in oder für den betreffenden Staat von Personen eingereicht worden, die in einem anderen Staat ansässig sind.

3) *[Inkrafttreten der Ratifikation und des Beitritts]*

a) Alle Staaten oder zwischenstaatlichen Organisationen, die ihre Ratifikations- oder Beitrittsurkunde drei Monate vor dem Tag des Inkrafttretens dieses Abkommens oder früher hinterlegt haben, werden am Tag des Inkrafttretens dieses Abkommens durch dieses Abkommen gebunden.

b) Alle anderen Staaten oder zwischenstaatlichen Organisationen werden durch dieses Abkommen drei Monate nach dem Tag gebunden, an dem sie ihre Ratifikations- oder Beitrittsurkunden hinterlegt haben, oder zu einem späteren in diesen Urkunden angegebenen Zeitpunkt.

Art. 29 Verbot von Vorbehalten

Vorbehalte zu diesem Abkommen sind nicht gestattet.

Art. 30 Erklärungen der Vertragsparteien

1) *[Zeitpunkt für die Abgabe von Erklärungen]* Die Abgabe einer Erklärung nach Artikel 4 Absatz 1 Buchstabe b, Artikel 5 Absatz 2 Buchstabe a, Artikel 7 Absatz 2, Artikel 11 Absatz 1, Artikel 13 Absatz 1, Artikel 14 Absatz 3, Artikel 16 Absatz 2 oder Artikel 17 Absatz 3 Buchstabe c kann erfolgen:

i) zum Zeitpunkt der Hinterlegung der in Artikel 27 Absatz 2 genannten Urkunde, wobei sie in diesem Fall an dem Tag wirksam wird, an dem der Staat oder die zwischenstaatliche Organisation, die die Erklärung abgegeben hat, an dieses Abkommen gebunden wird, oder

ii) nach der Hinterlegung einer in Artikel 27 Absatz 2 genannten Urkunde, wobei sie in diesem Fall drei Monate nach dem Tag ihres Eingangs dem Generaldirektor oder zu einem späteren in der Erklärung angegebenen Zeitpunkt wirksam wird; sie findet jedoch nur Anwendung auf eine internationale Eintragung, bei der das Datum der internationalen Eintragung das Datum des Tages des Wirksamwerdens der Erklärung oder ein späteres Datum ist.

2) *[Erklärungen von Staaten mit einem gemeinsamen Amt]* Unbeschadet des Absatzes 1 wird eine in Absatz 1 genannte Erklärung, die von einem Staat abgegeben wurde, der zusammen mit einem anderen Staat oder mit anderen Staaten dem Generaldirektor nach Artikel 19 Absatz 1 notifiziert hat, dass ein gemeinsames Amt an die Stelle ihrer nationalen Ämter tritt, nur dann wirksam, wenn jener andere Staat eine entsprechende Erklärung abgibt oder jene anderen Staaten entsprechende Erklärungen abgeben.

3) *[Zurücknahme von Erklärungen]* Eine in Absatz 1 genannte Erklärung kann jederzeit durch eine an den Generaldirektor gerichtete Notifikation zurückgenommen werden. Diese Zurücknahme wird drei Monate nach dem Tag, an dem der Generaldirektor die Notifikation erhält oder zu einem späteren in der Notifikation angegebenen Zeitpunkt wirksam. Ist eine Erklärung nach Artikel 7 Absatz 2 abgegeben worden, so bleiben internationale Anmeldungen, die vor dem Wirksamwerden dieser Zurücknahme eingereicht wurden, von der Zurücknahme unberührt.

Art. 31 **Anwendbarkeit der Fassungen von 1934 und 1960**

1) *[Beziehungen zwischen Staaten, die gleichzeitig diesem Abkommen und dem Abkommen in den Fassungen von 1934 oder 1960 angehören]* Die Staaten, die gleichzeitig diesem Abkommen und dem Abkommen in der Fassung von 1934 oder der Fassung von 1960 angehören, sind in ihren gegenseitigen Beziehungen allein durch dieses Abkommen gebunden. Diese Staaten sind jedoch in ihren gegenseitigen Beziehungen verpflichtet, die Bestimmungen in der Fassung von 1934 oder der Fassung von 1960 anzuwenden, wenn die Muster oder Modelle beim Internationalen Büro vor dem Zeitpunkt hinterlegt worden sind, an dem dieses Abkommen für die gegenseitigen Beziehungen verbindlich geworden ist.

2) *[Beziehungen zwischen Staaten, die gleichzeitig diesem Abkommen und dem Abkommen in den Fassungen von 1934 oder 1960 angehören und Staaten, die dem Abkommen in den Fassungen von 1934 oder 1960 und nicht diesem Abkommen angehören]*

a) Jeder Staat, der gleichzeitig diesem Abkommen und dem Abkommen in der Fassung von 1934 angehört, ist in seinen Beziehungen zu Staaten, die nur dem Abkommen in der Fassung von 1934 angehören, aber weder diesem Abkommen noch dem Abkommen in der Fassung von 1960, weiterhin an die Bestimmungen des Abkommens von 1934 gebunden.

b) Jeder Staat, der gleichzeitig diesem Abkommen und dem Abkommen in der Fassung von 1960 angehört, ist in seinen Beziehungen zu Staaten, die nur dem Abkommen in der Fassung von 1960 und nicht diesem Abkommen angehören, weiterhin an die Bestimmungen des Abkommens von 1960 gebunden.

Art. 32   Kündigung dieses Abkommens

1) *[Notifikation]* Jede Vertragspartei kann dieses Abkommen durch eine an den Generaldirektor gerichtete Notifikation kündigen.

2) *[Zeitpunkt des Wirksamwerdens]* Die Kündigung wird ein Jahr nach dem Tag wirksam, an dem die Notifikation beim Generaldirektor eingegangen ist oder an einem späteren in der Notifikation angegebenen Tag. Sie lässt die Anwendung dieses Abkommens auf die im Zeitpunkt des Wirksamwerdens der Kündigung anhängigen internationalen Anmeldungen oder bestehenden internationalen Eintragungen in Bezug auf die kündigende Vertragspartei unberührt.

Art. 33   Sprachen dieses Abkommens; Unterzeichnung

1) *[Urschriften; amtliche Fassungen]*
a) Dieses Abkommen wird in der Urschrift in arabischer, chinesischer, englischer, französischer, russischer und spanischer Sprache unterzeichnet, wobei jeder Wortlaut gleichermassen verbindlich ist.
b) Amtliche Fassungen werden vom Generaldirektor nach Beratungen mit den beteiligten Regierungen in anderen Sprachen erstellt, welche die Versammlung bestimmen kann.

2) *[Unterzeichnungsfrist]* Dieses Abkommen liegt nach seiner Annahme ein Jahr lang am Sitz der Organisation zur Unterzeichnung auf.

Art. 34   Verwahrer

Der Generaldirektor ist Verwahrer dieses Abkommens.

(Es folgen die Unterschriften)

Haager Muster- und Modell-Abkommen

Geltungsbereich der Akte am 23. Dezember 2003

Vertragsstaaten	Ratifikation Beitritt (B)	In-Kraft-Treten
Estland	21. März 2002	23. Dezember 2003
Georgien	6. Mai 2003	23. Dezember 2003
Island	6. Juli 2001 B	23. Dezember 2003
Kirgisistan	17. Februar 2003 B	23. Dezember 2003
Liechtenstein*	11. August 2003 B	23. Dezember 2003
Moldau*	19. Dezember 2001	23. Dezember 2003
Rumänien	11. Mai 2001	23. Dezember 2003
Schweiz	11. September 2002	23. Dezember 2003
Slowenien	8. Mai 2002	23. Dezember 2003
Spanien*	23. September 2003	23. Dezember 2003
Ukraine	28. Mai 2002 B	23. Dezember 2003

* Vorbehalte und Erklärungen siehe hiernach.

Die Vorbehalte und Erklärungen werden in der AS nicht veröffentlicht. Die französischen und englischen Texte können auf der Internet-Seite der Weltorganisation für geistiges Eigentum: http://www.wipo.org/treaties/documents/french/pdf/h-lahaye.pdf gesehen oder bei der Direktion für Völkerrecht, Sektion Staatsverträge, 3003 Bern, bezogen werden.

Abkommen zur Errichtung der Welthandelsorganisation

Abgeschlossen in Marrakesch am 15. April 1994
Von der Bundesversammlung genehmigt am 16. Dezember 1994
Schweizerische Ratifikationsurkunde hinterlegt am 1. Juni 1995
Inkrafttreten für die Schweiz am 1. Juli 1995
   (Stand am 1. Dezember 1998)

Abkommen über handelsbezogene Aspekte der Rechte an geistigem Eigentum

Teil I: Allgemeine Bestimmungen und Grundsätze

[Hinweis der Herausgeber: die allgemeinen Bestimmungen des TRIPS sind vorne, unter Markenrecht, abgedruckt.]

Teil II: Normen über die Verfügbarkeit, den Umfang und die Ausübung der Rechte an geistigem Eigentum

Abschnitt 4: Gewerbliche Muster

Art. 25 **Schutzvoraussetzungen**

1. Die Mitglieder sehen den Schutz unabhängig geschaffener gewerblicher Muster vor, die neu oder originell sind. Die Mitglieder können bestimmen, dass Muster nicht als neu oder originell gelten, wenn sie sich von bekannten Mustern oder von Kombinationen bekannter Merkmale von Mustern nicht wesentlich unterscheiden. Die Mitglieder können bestimmen, dass sich dieser Schutz nicht auf Muster erstreckt, die im wesentlichen aufgrund technischer oder funktioneller Erwägungen vorgegeben sind.

2. Die Mitglieder stellen sicher, dass die Voraussetzungen für die Gewährung des Schutzes für Textilmuster, insbesondere hinsichtlich Kosten, Prüfung oder Veröffentlichung, die Möglichkeit, diesen Schutz zu beantragen und zu erlangen, nicht unangemessen beeinträchtigen. Es steht den Mitgliedern frei, dieser Verpflichtung durch musterrechtliche oder urheberrechtliche Vorschriften nachzukommen.

Art. 26 **Schutz**

1. Der Inhaber eines geschützten gewerblichen Musters hat das Recht, Dritten zu untersagen, ohne seine Zustimmung Waren herzustellen, zu verkaufen oder einzuführen, die ein Muster tragen oder enthalten, das eine Nachmachung oder eine Nachahmung des geschützten Musters ist, sofern diese Handlungen gewerblichen Zwecken dienen.

2. Die Mitglieder können begrenzte Ausnahmen vom Schutz gewerblicher Muster vorsehen, sofern diese Ausnahmen weder die normale Verwertung der geschützten gewerblichen Muster noch die berechtigten Interessen des Inhabers des geschützten Musters unangemessen beeinträchtigen und dabei die berechtigten Interessen Dritter berücksichtigt werden.

3. Die Schutzdauer muss mindestens zehn Jahre betragen.

Richtlinie des europäischen Parlaments und des Rates über den rechtlichen Schutz von Mustern und Modellen

vom 13. Oktober 1998

Das europäische Parlament und der Rat der europäischen Union –

gestützt auf den Vertrag zur Gründung der Europäischen Gemeinschaft, insbesondere auf Artikel 100a, auf Vorschlag der Kommission[1], nach Stellungnahme des Wirtschafts- und Sozialausschusses[2], gemäss dem Verfahren des Artikels 189b des Vertrags[3], aufgrund des vom Vermittlungsausschuss am 29. Juli 1998 gebilligten gemeinsamen Entwurfs, in Erwägung nachstehender Gründe:

(1) Zu den im Vertrag festgelegten Zielen der Gemeinschaft gehört es, die Grundlagen für einen immer engeren Zusammenschluss der europäischen Völker zu schaffen, engere Beziehungen zwischen den Mitgliedstaaten der Gemeinschaft zu fördern und durch gemeinsames Handeln den wirtschaftlichen und sozialen Fortschritt der Länder der Gemeinschaft zu fördern, indem die Europa trennenden Schranken beseitigt werden. Zu diese Zweck sieht der Vertrag die Errichtung eines Binnenmarkts vor, was die Beseitigung der Hindernisse für den freien Warenverkehr umfasst; er sieht ferner die Errichtung eines Systems vor, das den Wettbewerb innerhalb des Binnenmarkts vor Verfälschungen schützt. Die Angleichung der Rechtsvorschriften der Mitgliedstaaten über den rechtlichen Schutz von Mustern und Modellen (nachstehend «Muster» genannt) würde diese Ziele fördern.

(2) Die Unterschiede in dem von den Rechtsordnungen der Mitgliedstaaten gebotenen rechtlichen Schutz von Mustern wirken sich unmittelbar auf die Errichtung und das Funktionieren des Binnenmarkts mit Bezug auf Waren aus, bei denen Muster verwendet werden. Solche Unterschiede können zu einer Verzerrung des Wettbewerbs im Binnenmarkt führen.

(3) Daher ist im Hinblick auf das reibungslose Funktionieren des Binnenmarkts die Angleichung der Gesetze der Mitgliedstaaten zum Schutz von Mustern notwendig.

(4) Es ist wichtig, dabei die Lösungen und Vorteile zu berücksichtigen, die das Gemeinschaftsmustersystem den Unternehmen bieten wird, die Rechte an Mustern erwerben wollen.

(5) Es ist nicht notwendig, die Gesetze der Mitgliedstaaten zum Schutz von Mustern vollständig anzugleichen. Es ist ausreichend, wenn sich die Angleichung auf diejenigen innerstaatlichen Rechtsvorschriften beschränkt, die sich am unmittelbarsten auf das Funktionieren des Binnenmarkts auswirken. Bestimmungen über Sanktionen und Rechtsbehelfe sowie Vollzugsbestimmungen sollten Sache des innerstaatlichen

---

[1] ABl. C 345 vom 23.12.1993, S. 14, und ABl. C 142 vom 14.5.1996, S. 7.

[2] ABl. C 388 vom 31.12.1994, S. 9, und ABl. C 110 vom 2.5.1995, S. 12.

[3] Stellungnahme des Europäischen Parlaments vom 12. Oktober 1995 (ABl. C 287 vom 30.10.1995, S. 157), Gemeinsamer Standpunkt des Rates vom 17. Juni 1997 (ABl. C 237 vom 4.8.1997, S. 1), Beschluss des Europäischen Parlaments vom 22. Oktober 1997 (ABl. C 339 vom 10.11.1997, S. 52). Beschluss des Europäischen Parlaments vom 15. September 1998. Beschluss des Rates vom 24. September 1998.

Rechts bleiben. Die Ziele dieser beschränkten Annäherung lassen sich nicht ausreichend verwirklichen, wenn die Mitgliedstaaten für sich allein handeln.

(6) Folglich sollte es den Mitgliedstaaten weiterhin freistehen, Verfahrensvorschriften für die Eintragung, die Verlängerung der Schutzfrist und die Nichtigerklärung von Rechten an Mustern sowie Bestimmungen über die Rechtswirkung der Nichtigkeit zu erlassen.

(7) Diese Richtlinie schliesst nicht aus, dass auf die Muster Rechtsvorschriften der Mitgliedstaaten und der Gemeinschaft Anwendung finden, die einen anderen Schutz als den durch die Eintragung oder Bekanntmachung des Musters erworbenen Schutz gewähren, wie die Vorschriften über nicht eingetragene Rechte an Mustern, Marken, Patenten und Gebrauchsmustern, unlauteren Wettbewerb oder zivilrechtliche Haftung.

(8) Solange das Urheberrecht nicht harmonisiert ist, ist es wichtig, den Grundsatz der Kumulation des Schutzes nach dem einschlägigen Recht für den Schutz eingetragener Muster und nach dem Urheberrecht festzulegen, während es den Mitgliedstaaten freigestellt bleibt, den Umfang des urheberrechtlichen Schutzes und die Voraussetzungen festzulegen, unter denen dieser Schutz gewährt wird.

(9) Für die Verwirklichung der Ziele des Binnenmarkts ist es erforderlich, dass die Bedingungen für die Erlangung eines eingetragenen Rechts an einem Muster in allen Mitgliedstaaten identisch sind. Zu diesem Zweck ist es notwendig, eine einheitliche Definition des Begriffs des Musters und der Erfordernisse im Hinblick auf Neuheit und Eigenart aufzustellen, denen eingetragene Rechte an Mustern entsprechen müssen.

(10) Für die Erleichterung des freien Warenverkehrs ist es wesentlich, dass eingetragene Rechte an Mustern dem Rechtsinhaber in allen Mitgliedstaaten grundsätzlich einen gleichwertigen Schutz gewähren.

(11) Der Schutz von Mustern wird durch Eintragung für diejenigen Merkmale eines Musters eines ganzen Erzeugnisses oder eines Teils davon begründet, die in einer Anmeldung sichtbar wiedergegeben und der Öffentlichkeit durch Bekanntmachung oder Einsichtnahme zugänglich gemacht worden sind.

(12) Der Schutz sollte sich weder auf Bauelemente erstrecken, die während der bestimmungsgemässen Verwendung eines Erzeugnisses nicht sichtbar sind, noch auf Merkmale eines Bauelements, die unsichtbar sind, wenn das Bauelement eingebaut ist, oder die selbst nicht die Voraussetzungen der Neuheit oder Eigenart erfüllen. Merkmale eines Musters, die aus diesen Gründen vom Schutz ausgenommen sind, sollten bei der Beurteilung, ob andere Merkmale des Musters die Schutzvoraussetzungen erfüllen, nicht herangezogen werden.

(13) Die Eigenart eines Musters sollte danach beurteilt werden, inwieweit sich der Gesamteindruck, den der Anblick des Musters beim informierten Benutzer hervorruft, deutlich von dem unterscheidet, den der vorbestehende Formschatz bei ihm hervorruft, und zwar unter Berücksichtigung der Art des Erzeugnisses, bei dem das Muster benutzt wird oder in das es aufgenommen wird, und insbesondere des jeweiligen Industriesektors und des Grades der Gestaltungsfreiheit des Entwerfers bei der Entwicklung des Musters.

(14) Technologische Innovationen sollten nicht durch einen rechtlichen Schutz des Musters für ausschliesslich technisch bedingte Merkmale behindert werden. Dies setzt jedoch nicht voraus, dass ein Muster einen ästhetischen Gehalt aufweisen sollte.

Ebensowenig sollte die Interoperabilität von Erzeugnissen unterschiedlichen Fabrikats dadurch behindert werden, dass sich der Schutz auf das Design mechanischer Verbindungselemente erstreckt. Merkmale eines Musters, die aus diesen Gründen vom Schutz ausgenommen sind, sollten bei der Beurteilung, ob andere Merkmale des Musters die Schutzvoraussetzungen erfüllen, nicht herangezogen werden.

(15) Abweichend hiervon können die mechanischen Verbindungselemente von Kombinationsteilen ein wichtiges Element der innovativen Merkmale von Kombinationsteilen bilden und einen wesentlichen Aktivposten für das Marketing darstellen, und sollten daher schutzfähig sein.

(16) Es besteht kein Recht an einem Muster, wenn es gegen die öffentliche Ordnung oder gegen die guten Sitten verstösst. Diese Richtlinie stellt jedoch keine Harmonisierung der nationalen Begriffe der öffentlichen Ordnung oder der guten Sitten dar.

(17) Für das reibungslose Funktionieren des Binnenmarkts ist es entscheidend, die durch eingetragene Rechte an Mustern verliehene Schutzdauer zu vereinheitlichen.

(18) Diese Richtlinie lässt die Anwendbarkeit der Wettbewerbsregeln der Artikel 85 und 86 des Vertrages unberührt.

(19) Für etliche Industriesektoren ist die rasche Annahme dieser Richtlinie dringend geworden. Derzeit lässt sich eine vollständige Angleichung der Rechtsvorschriften der Mitgliedstaaten über die Benutzung geschützter Muster zur Reparatur eines komplexen Erzeugnisses im Hinblick auf die Wiederherstellung von dessen ursprünglicher Erscheinungsform dann nicht durchführen, wenn das Erzeugnis, in das das Muster aufgenommen ist oder bei dem es benutzt wird, Bauelement eines komplexen Erzeugnisses ist, von dessen Erscheinungsform das geschützte Muster abhängt. Der Umstand, dass die Rechtsvorschriften der Mitgliedstaaten über die Benutzung geschützter Muster für eine derartige Reparatur komplexer Erzeugnisse nicht vollständig angeglichen sind, sollte der Angleichung anderer einzelstaatlicher Vorschriften des Rechts zum Schutz von Mustern, die das Funktionieren des Binnenmarkts ganz unmittelbar berühren, nicht entgegenstehen. Daher sollten die Mitgliedstaaten in der Zwischenzeit gemäss dem Vertrag Bestimmungen beibehalten, die die Benutzung des Musters eines Bauelements zur Reparatur eines komplexen Erzeugnisses im Hinblick auf die Wiederherstellung von dessen ursprünglicher Erscheinungsform ermöglichen sollen; führen sie neue Bestimmungen über eine derartige Benutzung ein, so sollten diese lediglich die Liberalisierung des Handels mit solchen Bauelementen ermöglichen. Mitgliedstaaten, in denen es zum Zeitpunkt des Inkrafttretens dieser Richtlinie keinen Musterschutz für Bauelemente gibt, sind nicht verpflichtet, eine Eintragung der Muster für solche Elemente einzuführen. Drei Jahre nach Ablauf der Umsetzungsfrist sollte die Kommission einen Bericht vorlegen, in dem die Auswirkungen dieser Richtlinie auf die Industrie der Gemeinschaft, die Verbraucher, den Wettbewerb und das Funktionieren des Binnenmarkts untersucht werden. In bezug auf Bauelemente komplexer Erzeugnisse sollte in diesem Bericht insbesondere die Harmonisierung auf der Grundlage etwaiger Optionen, einschliesslich eines Vergütungssystems und einer begrenzten Ausschliesslichkeitsfrist, geprüft werden. Spätestens ein Jahr nach Vorlage ihres Berichts sollte die Kommission nach Anhörung der am stärksten betroffenen Parteien dem Europäischen Parlament und dem Rat die zur Vollendung des Binnenmarkts in bezug auf Bauelemente von komplexen Erzeugnissen notwendigen Änderungen dieser Richtlinie sowie etwaige weitere von ihr für erforderlich gehaltene Änderungen vorschlagen.

(20) Die Übergangsbestimmung in Artikel 14 betreffend die Benutzung des Musters eines Bauelements zur Reparatur eines komplexen Erzeugnisses im Hinblick auf die Wiederherstellung von dessen ursprünglicher Erscheinungsform darf keinesfalls als Hindernis für den freien Verkehr mit einem Erzeugnis, das ein derartiges Bauelement bildet, ausgelegt werden.

(21) Die Sachgründe für die Zurückweisung der Eintragung in den Mitgliedstaaten, die eine Sachprüfung der Anmeldungen vor ihrer Eintragung vorsehen, und die Sachgründe für die Nichtigkeit eingetragener Rechte an Mustern in allen Mitgliedstaaten müssen erschöpfend aufgezählt werden –

haben folgende Richtlinien erlassen:

Art. 1   Begriffe Im Sinne dieser Richtlinie

a ist ein «Muster oder Modell» (nachstehend «Muster» genannt) die Erscheinungsform eines ganzen Erzeugnisses oder eines Teils davon, die sich insbesondere aus den Merkmalen der Linien, Konturen, Farben, der Gestalt, Oberflächenstruktur und/oder der Werkstoffe des Erzeugnisses selbst und/oder seiner Verzierung ergibt;

b) ist ein «Erzeugnis» jeder industrielle oder handwerkliche Gegenstand, einschliesslich – unter anderem – von Einzelteilen, die zu einem komplexen Erzeugnis zusammengebaut werden sollen, Verpackung, Ausstattung, graphischen Symbolen und typographischen Schriftbildern; ein Computerprogramm gilt jedoch nicht als «Erzeugnis»;

c) ist ein «komplexes Erzeugnis» ein Erzeugnis aus mehreren Bauelementen, die sich ersetzen lassen, so dass das Erzeugnis auseinander- und wieder zusammengebaut werden kann.

Art. 2   Anwendungsbereich

(1) Diese Richtlinie gilt für:

a) die bei den Zentralbehörden für den gewerblichen Rechtsschutz der Mitgliedstaaten eingetragenen Rechte an Mustern;

b) die beim Benelux-Musteramt eingetragenen Rechte an Mustern;

c) die mit Wirkung für einen Mitgliedstaat international eingetragenen Rechte an Mustern;

d) die Anmeldungen der unter den Buchstaben a), b) und c) genannten Rechte an Mustern.

(2) Im Sinne dieser Richtlinie schliesst die Eintragung eines Musters auch die an die Hinterlegung anschlie- ssende Bekanntmachung eines Musters durch ein Amt für den gewerblichen Rechtsschutz eines Mitgliedstaats ein, in dem durch eine solche Bekanntmachung ein Recht an einem Muster begründet wird.

Art. 3   Schutzvoraussetzungen

(1) Die Mitgliedstaaten schützen Muster durch Eintragung und gewähren den Inhabern von Mustern nach Massgabe dieser Richtlinie ausschliessliche Rechte.

(2) Ein Muster wird durch ein Musterrecht geschützt, wenn es neu ist und Eigenart hat.

(3) Das Muster, das bei einem Erzeugnis, das Bauelement eines komplexen Erzeugnisse ist, benutzt oder in dieses Erzeugnis eingefügt wird, gilt nur dann als neu und hat nur dann Eigenart,

a) wenn das Bauelement, das in das komplexe Erzeugnis eingefügt ist, bei dessen bestimmungsgemässer Verwendung sichtbar bleibt und

b) soweit diese sichtbaren Merkmale des Bauelements selbst die Voraussetzungen der Neuheit und Eigenart erfüllen.

(4) «Bestimmungsgemässe Verwendung» im Sinne des Absatzes 3 Buchstabe a) bedeutet die Verwendung durch den Endbenutzer, ausgenommen Massnahmen der Instandhaltung, Wartung oder Reparatur.

Art. 4 Neuheit

Ein Muster gilt als neu, wenn der Öffentlichkeit vor dem Tag der Anmeldung des Musters zur Eintragung oder, wenn eine Priorität in Anspruch genommen wird, vor dem Prioritätstag kein identisches Muster zugänglich gemacht worden ist. Muster gelten als identisch, wenn sich ihre Merkmale nur in unwesentlichen Einzelheiten unterscheiden.

Art. 5 Eigenart

(1) Ein Muster hat Eigenart, wenn sich der Gesamteindruck, den es beim informierten Benutzer hervorruft, von dem Gesamteindruck unterscheidet, den ein anderes Muster bei diesem Benutzer hervorruft, das der Öffentlichkeit vor dem Tag seiner Anmeldung zur Eintragung oder, wenn eine Priorität in Anspruch genommen wird, am Prioritätstag zugänglich gemacht worden ist.

(2) Bei der Beurteilung der Eigenart wird der Grad der Gestaltungsfreiheit des Entwerfers bei der Entwicklung des Musters berücksichtigt.

Art. 6 Offenbarung

(1) Im Sinne der Artikel 4 und 5 gilt ein Muster als der Öffentlichkeit zugänglich gemacht, wenn es nach der Eintragung oder auf sonstige Weise bekanntgemacht, ausgestellt, im Verkehr verwendet oder aus anderen Gründen offenbart wurde, es sei denn, dass dies den in der Gemeinschaft tätigen Fachkreisen des betreffenden Sektors im normalen Geschäftsverlauf nicht vor dem Tag der Anmeldung zur Eintragung oder, wenn eine Priorität in Anspruch genommen wird, am Prioritätstag bekannt sein konnte. Ein Muster gilt jedoch nicht als der Öffentlichkeit zugänglich gemacht, wenn es lediglich einem Dritten unter der ausdrücklichen oder stillschweigenden Bedingung der Vertraulichkeit offenbart wurde.

(2) Eine Offenbarung bleibt bei der Anwendung der Artikel 4 und 5 unberücksichtigt, wenn ein Muster, für das der Schutz eingetragener Rechte an Mustern eines Mitgliedstaats in Anspruch genommen wird, der Öffentlichkeit zugänglich gemacht wird:

a) durch den Entwerfer oder seinen Rechtsnachfolger oder durch einen Dritten als Folge von Informationen oder Handlungen des Entwerfers oder seines Rechtsnachfolgers und

b) während der zwölf Monate vor dem Tag der Anmeldung oder, wenn eine Priorität in Anspruch genommen wird, vor dem Prioritätstag.

(3) Absatz 2 gilt auch dann, wenn das Muster als Folge einer missbräuchlichen Handlung gegen den Entwerfer oder seinen Rechtsnachfolger der Öffentlichkeit zugänglich gemacht wurde.

Art. 7 **Durch ihre technische Funktion bedingte Muster und Muster von Verbindungselementen**

(1) Ein Recht an einem Muster besteht nicht an Erscheinungsmerkmalen eines Erzeugnisses, die ausschliesslich durch dessen technische Funktion bedingt sind.

(2) Ein Recht an einem Muster besteht nicht an Erscheinungsmerkmalen eines Erzeugnisses, die zwangsläufig in ihrer genauen Form und ihren genauen Abmessungen nachgebildet werden müssen, damit das Erzeugnis, in das das Muster aufgenommen oder bei dem es verwendet wird, mit einem anderen Erzeugnis mechanisch zusammengebaut oder verbunden oder in diesem, an diesem oder um dieses herum angebracht werden kann, so dass beide Erzeugnisse ihre Funktion erfüllen.

(3) Ungeachtet des Absatzes 2 besteht ein Recht an einem Muster unter den in den Artikeln 4 und 5 festgelegten Voraussetzungen an einem Muster, das dem Zweck dient, den Zusammenbau oder die Verbindung einer Vielzahl von untereinander austauschbaren Teilen innerhalb eines modularen Systems zu ermöglichen.

Art. 8 **Muster, die gegen die öffentliche Ordnung oder gegen die guten Sitten verstossen**

Es besteht kein Recht an einem Muster, wenn es gegen die öffentliche Ordnung oder gegen die guten Sitten verstösst.

Art. 9 **Schutzumfang**

(1) Der Umfang des Schutzes aus einem Recht an einem Muster erstreckt sich auf jedes Muster, das beim informierten Benutzer keinen anderen Gesamteindruck erweckt.

(2) Bei der Beurteilung des Schutzumfangs wird der Grad der Gestaltungsfreiheit des Entwerfers bei der Entwicklung seines Musters berücksichtigt.

Art. 10 **Schutzdauer**

Nach Eintragung wird ein Muster, das die Voraussetzungen des Artikels 3 Absatz 2 erfüllt, für einen oder mehrere Zeiträume von fünf Jahren, beginnend mit dem Tag der Anmeldung, als Muster geschützt. Der Rechtsinhaber kann die Schutzfrist um einen oder mehrere Zeiträume von je fünf Jahren bis zu einer Gesamtlaufzeit von 25 Jahren ab dem Tag der Anmeldung verlängern lassen.

Art. 11 **Nichtigkeitsgründe und Eintragungshindernisse**

(1) Ein Muster wird von der Eintragung ausgeschlossen, oder das Recht an einem Muster wird, wenn das Muster eingetragen worden ist, für nichtig erklärt,

a) wenn das Muster kein Muster im Sinne des Artikels 1 Buchstabe a) ist, oder
b) wenn es die Schutzvoraussetzungen der Artikel 3 bis 8 nicht erfüllt, oder
c) wenn der Anmelder oder der Inhaber des Rechts an einem Muster nach dem Recht des betreffenden Mitgliedstaats nicht dazu berechtigt ist, oder

d) wenn das Muster mit einem früheren Muster kollidiert, das der Öffentlichkeit nach dem Tag der Anmeldung oder, wenn eine Priorität in Anspruch genommen wird, nach dem Prioritätstag zugänglich gemacht wurde und das durch ein eingetragenes Gemeinschaftsmuster oder eine Anmeldung als Gemeinschaftsmuster oder ein Recht des betreffenden Mitgliedstaats an einem Muster oder die Anmeldung eines solchen Rechts von einem Tag an geschützt ist, der vor dem erwähnten Tag liegt.

(2) Die Mitgliedstaaten können vorsehen, dass ein Muster von der Eintragung ausgeschlossen oder, wenn es eingetragen ist, für nichtig erklärt wird,

a) wenn in einem späteren Muster ein Zeichen mit Unterscheidungskraft verwendet wird und das Gemeinschaftsrecht oder das einzelstaatliche Recht des betreffenden Mitgliedstaats, dem das Zeichen unterliegt, den Inhaber des Zeichens dazu berechtigt, diese Verwendung zu untersagen, oder

b) wenn das Muster eine unerlaubte Benutzung eines Werks darstellt, das nach dem Urheberrecht des betreffenden Mitgliedstaats geschützt ist, oder

c) wenn das Muster eine missbräuchliche Benutzung eines der in Artikel 6b der Pariser Verbandsübereinkunft zum Schutz des gewerblichen Eigentums aufgeführten Zeichen oder von Abzeichen, Emblemen und Wappen darstellt, die nicht in Artikel 6b der genannten Übereinkunft erfasst sind und die für den betreffenden Mitgliedstaat von öffentlichem Interesse sind.

(3) Der in Absatz 1 Buchstabe c) vorgesehene Grund darf ausschliesslich von der Person geltend gemacht werden, die nach dem Recht des betreffenden Mitgliedstaats Anspruch auf das Recht an einem Muster hat.

(4) Die in Absatz 1 Buchstabe d) und in Absatz 2 Buchstaben a) und b) vorgesehenen Gründe dürfen ausschliess- lich vom Anmelder oder vom Inhaber des kollidierenden Rechts geltend gemacht werden.

(5) Der in Absatz 2 Buchstabe c) vorgesehene Grund darf ausschliesslich von Personen oder Rechtsträgern geltend gemacht werden, die von der Benutzung betroffen sind.

(6) Die Absätze 4 und 5 berühren nicht die Freiheit der Mitgliedstaaten vorzusehen, dass die in Absatz 1 Buchstabe d) und in Absatz 2 Buchstabe c) vorgesehenen Gründe von der zuständigen Behörde des betreffenden Mitgliedstaats auch von Amts wegen geltend gemacht werden können.

(7) Wenn gemäss Absatz 1 Buchstabe b) oder Absatz 2 ein Muster von der Eintragung ausgeschlossen oder das Recht an einem Muster für nichtig erklärt worden ist, kann das Muster eingetragen oder das Recht an einem Muster beibehalten werden, und zwar in einer geänderten Form, sofern dann die Schutzvoraussetzungen erfüllt werden und das Muster seine Identität behält. Eintragung oder Beibehaltung in einer geänderten Form können die Eintragung in Verbindung mit einem teilweisen Verzicht des Inhabers des Rechts an einem Muster oder die Aufnahme einer Gerichtsentscheidung über die teilweise Nichtigkeit des Rechts an einem Muster in das Musterregister einschliessen.

(8) Jeder Mitgliedstaat kann vorsehen, dass abweichend von den Absätzen 1 bis 7 die Eintragungshindernisse oder Nichtigkeitsgründe, die in diesem Staat vor dem Tag gegolten haben, an dem die zur Durchführung dieser Richtlinie erforderlichen

Bestimmungen in Kraft treten, auf die Anmeldungen von Mustern, die vor diesem Tag eingereicht worden sind, sowie auf die entsprechenden Eintragungen Anwendung finden.

(9) Ein Recht an einem Muster kann auch noch nach seinem Erlöschen oder nach dem Verzicht darauf für nichtig erklärt werden.

Art. 12 **Rechte aus dem Muster**

(1) Die Eintragung eines Musters gewährt seinem Inhaber das ausschliessliche Recht, es zu benutzen und Dritten zu verbieten, es ohne seine Zustimmung zu benutzen. Die erwähnte Benutzung schliesst insbesondere die Herstellung, das Anbieten, das Inverkehrbringen, die Einfuhr, die Ausfuhr oder die Benutzung eines Erzeugnisses, in das das Muster aufgenommen oder bei dem es verwendet wird, oder den Besitz des Erzeugnisses zu den genannten Zwecken ein.

(2) Soweit nach dem Recht eines Mitgliedstaats die in Absatz 1 genannten Handlungen vor dem Tag, an dem die zur Durchführung dieser Richtlinie erforderlichen Bestimmungen in Kraft treten, nicht verhindert werden konnten, können die Rechte aus dem Muster nicht geltend gemacht werden, um eine Fortsetzung solcher Handlungen durch eine Person, die mit diesen Handlungen vor diesem Tag begonnen hat, zu verhindern.

Art. 13 **Beschränkung der Rechte aus dem Muster**

(1) Die Rechte aus einem Muster nach seiner Eintragung können nicht geltend gemacht werden für:

a) Handlungen, die im privaten Bereich zu nichtgewerblichen Zwecken vorgenommen werden;

b) Handlungen zu Versuchszwecken;

c) die Wiedergabe zum Zweck der Zitierung oder zum Zweck der Lehre, vorausgesetzt, solche Handlungen sind mit den Gepflogenheiten des redlichen Geschäftsverkehrs vereinbar, beeinträchtigen die normale Verwertung des Musters nicht über Gebühr und die Quelle wird angegeben.

(2) Die Rechte aus einem Muster nach seiner Eintragung können ausserdem nicht geltend gemacht werden für:

a) Einrichtungen in Schiffen und Luftfahrzeugen, die in einem anderen Land zugelassen sind und vorübergehend in das Hoheitsgebiet des betreffenden Mitgliedstaats gelangen;

b) die Einfuhr von Ersatzteilen und Zubehör für die Reparatur solcher Fahrzeuge in dem betreffenden Mitgliedstaat;

c) die Durchführung von Reparaturen an solchen Fahrzeugen.

Art. 14 **Übergangsbestimmungen**

Solange nicht auf Vorschlag der Kommission gemäss Artikel 18 Änderungen dieser Richtlinie angenommen worden sind, behalten die Mitgliedstaaten ihre bestehenden Rechtsvorschriften über die Benutzung des Musters eines Bauelements zur Reparatur eines komplexen Erzeugnisses im Hinblick auf die Wiederherstellung von dessen ursprünglicher Erscheinungsform bei und führen nur dann änderungen an diesen Bestimmungen ein, wenn dadurch die Liberalisierung des Handels mit solchen Bauelementen ermöglicht wird.

Art. 15   Erschöpfung der Rechte

Die Rechte aus einem Muster nach seiner Eintragung erstrecken sich nicht auf Handlungen, die ein Erzeugnis betreffen, in das ein unter den Schutzumfang des Rechts an einem Muster fallendes Muster eingefügt oder bei dem es verwendet wird, wenn das Erzeugnis vom Inhaber des Rechts an einem Muster oder mit seiner Zustimmung in der Gemeinschaft in den Verkehr gebracht worden ist.

Art. 16   Verhältnis zu anderen Formen des Schutzes

Diese Richtlinie lässt Vorschriften des Gemeinschaftsrechts oder des Rechts des betreffenden Mitgliedstaats über nicht eingetragene Rechte an Mustern, Marken oder andere Zeichen mit Unterscheidungskraft, Patente und Gebrauchsmuster, Schriftbilder, zivilrechtliche Haftung und unlauteren Wettbewerb unberührt.

Art. 17   Verhältnis zum Urheberrecht

Das nach Massgabe dieser Richtlinie durch ein in einem oder mit Wirkung für einen Mitgliedstaat eingetragenes Recht an einem Muster geschützte Muster ist auch nach dem Urheberrecht dieses Staates von dem Zeitpunkt an schutzfähig, an dem das Muster geschaffen oder in irgendeiner Form festgelegt wurde. In welchem Umfang und unter welchen Bedingungen ein solcher Schutz gewährt wird, wird einschliesslich der erforderlichen Gestaltungshöhe von dem einzelnen Mitgliedstaat festgelegt.

Art. 18   Revision

Drei Jahre nach der in Artikel 19 genannten Umsetzungsfrist legt die Kommission einen Bericht vor, in dem die Auswirkungen dieser Richtlinie auf die Industrie der Gemeinschaft, insbesondere die am stärksten betroffenen Industriesektoren und namentlich die Hersteller von komplexen Erzeugnissen und Bauelementen, auf die Verbraucher, den Wettbewerb und das Funktionieren des Binnenmarkts analysiert werden. Spätestens ein Jahr danach wird die Kommission dem Europäischen Parlament und dem Rat die zur Vollendung des Binnenmarkts in bezug auf Bauelemente von komplexen Erzeugnissen notwendigen änderungen dieser Richtlinie sowie etwaige weitere Änderungen vorschlagen, die sie aufgrund ihrer Konsultation mit den am stärksten betroffenen Parteien für erforderlich hält.

Art. 19   Umsetzung

(1) Die Mitgliedstaaten setzen die Rechts- und Verwaltungsvorschriften, die erforderlich sind, um dieser Richtlinie bis zum 28. Oktober 2001 nachzukommen, in Kraft.

Wenn die Mitgliedstaaten diese Vorschriften erlassen, nehmen sie in den Vorschriften selbst oder durch einen Hinweis bei der amtlichen Veröffentlichung auf diese Richtlinie Bezug. Die Mitgliedstaaten regeln die Einzelheiten der Bezugnahme.

(2) Die Mitgliedstaaten teilen der Kommission die Vorschriften mit, die sie auf dem unter diese Richtlinie fallenden Gebiet erlassen.

Art. 20   Inkrafttreten

Diese Richtlinie tritt am zwanzigsten Tag nach ihrer Veröffentlichung im Amtsblatt der Europäischen Gemeinschaften in Kraft.

Art. 21 **Adressaten**
Diese Richtlinie ist an die Mitgliedstaaten gerichtet.

Geschehen zu Luxemburg am 13. Oktober 1998.

Im Namen des Europäischen Parlaments *Im Namen des Rates*
Der Präsident *Der Präsident*
J. M. Gil-Robles C. Einem

Verordnung des Rates über das Gemeinschaftsgeschmacksmuster

vom 12. Dezember 2001

Der Rat der europäischen Union –

gestützt auf den Vertrag zur Gründung der Europäischen Gemeinschaft, insbesondere auf Artikel 308,
auf Vorschlag der Kommission[1],
nach Stellungnahme des Europäischen Parlaments[2],
nach Stellungnahme des Wirtschafts- und Sozialausschusses[3],
in Erwägung nachstehender Gründe:

(1) Ein einheitliches System für die Erlangung eines Gemeinschaftsgeschmacksmusters, dem einheitlicher Schutz mit einheitlicher Wirkung für die gesamte Gemeinschaft verliehen wird, würde die im Vertrag festgelegten Ziele der Gemeinschaft fördern.

(2) Nur die Benelux-Länder haben bisher ein einheitliches Geschmacksmusterschutzgesetz erlassen. In allen anderen Mitgliedstaaten ist der Geschmacksmusterschutz Gegenstand einschlägiger einzelstaatlicher Gesetze und beschränkt sich auf das Gebiet des jeweiligen Mitgliedstaats. Daher können identische Muster in den verschiedenen Mitgliedstaaten unterschiedlich und zugunsten verschiedener Inhaber geschützt werden, was beim Handel zwischen den Mitgliedstaaten zwangsläufig zu Konflikten führt.

(3) Die erheblichen Unterschiede zwischen den Geschmacksmusterschutzgesetzen der Mitgliedstaaten verhindern und verzerren den gemeinschaftsweiten Wettbewerb. Im Vergleich zum innerstaatlichen Handel und Wettbewerb mit Erzeugnissen, in denen ein Muster Verwendung findet, werden nämlich der innergemeinschaftliche Handel und Wettbewerb durch eine grosse Zahl von Anmeldungen, Behörden, Verfahren, Gesetzen, einzelstaatlich begrenzten ausschliesslichen Rechten, sowie den Verwaltungsaufwand mit entsprechend hohen Kosten und Gebühren für den Anmelder verhindert und verzerrt. Die Richtlinie 98/71/EG des Europäischen Parlaments und des Rates vom 13. Oktober 1998 über den rechtlichen Schutz von Mustern und Modellen[4] trägt dazu bei, diesen Problemen abzuhelfen.

(4) Der auf das Gebiet der einzelnen Mitgliedstaaten beschränkteGeschmacksmusterschutz kann – unabhängig davon, ob deren Rechtsvorschriften aneinander angeglichen sind oder nicht – bei Erzeugnissen, bei denen ein Geschmacksmuster verwendet wird, das Gegenstand nationaler Rechte seitens unterschiedlicher Personen ist, zu einer Spaltung des Binnenmarktes führen und stellt damit ein Hindernis für den freien Warenverkehr dar.

---

[1] ABl. C 29 vom 31.1.1994, S. 20 und ABl. C 248 vom 29.8.2000, S. 3.
[2] ABl. C 67 vom 1.3.2001, S. 318.
[3] ABl. C 110 vom 2.5.1995 und ABl. C 75 vom 15.3.2000, S. 35.
[4] ABl. L 289 vom 28.10.1998, S. 28.

(5) Daher ist ein in den einzelnen Mitgliedstaaten unmittelbar geltendes Gemeinschaftsgeschmacksmuster notwendig; denn nur auf diese Weise ist es möglich, durch eine Anmeldung beim Harmonisierungsamt für den Binnenmarkt (Marken, Muster und Modelle) aufgrund eines einzigen Verfahrens nach Massgabe eines Gesetzes ein Geschmacksmusterrecht für ein alle Mitgliedstaaten umfassendes Gebiet zu erlangen.

(6) Da die Ziele der beabsichtigten Aktion, nämlich insbesondere der Schutz eines Geschmacksmusters in einem einzigen Gebiet, das alle Mitgliedstaaten umfasst, auf Ebene der Mitgliedstaaten nicht ausreichend erreicht werden können und daher wegen des Umfangs und der Wirkungen der Schaffung eines gemeinschaftlichen Geschmacksmusters und einer entsprechenden Gemeinschaftsbehörde besser auf Gemeinschaftsebene zu verwirklichen sind, kann die Gemeinschaft im Einklang mit dem in Artikel 5 des Vertrags niedergelegten Subsidiaritätsprinzip tätig werden. Entsprechend dem Verhältnismässigkeitsgrundsatz nach demselben Artikel geht die vorliegende Verordnung nicht über das zur Erreichung dieser Ziele erforderliche Mass hinaus.

(7) Ein verbesserter Schutz für gewerbliche Geschmacksmuster fördert deshalb nicht nur den Beitrag einzelner Entwerfer zu der herausragenden Gesamtleistung der Gemeinschaft auf diesem Gebiet, sondern ermutigt auch zur Innovation und zur Entwicklung neuer Erzeugnisse sowie zu Investitionen für ihre Herstellung.

(8) Ein solches Geschmacksmustersystem wäre die Voraussetzung, um auf den wichtigsten Ausfuhrmärkten der Gemeinschaft auf einen entsprechenden Geschmacksmusterschutz hinzuwirken.

(9) Die materiellrechtlichen Bestimmungen dieser Verordnung über das Geschmacksmusterrecht sollten den entsprechenden Bestimmungen der Richtlinie 98/71/EG angepasst werden.

(10) Technologische Innovationen dürfen nicht dadurch behindert werden, dass ausschliesslich technisch bedingten Merkmalen Geschmacksmusterschutz gewährt wird. Das heisst nicht, dass ein Geschmacksmuster unbedingt einen ästhetischen Gehalt aufweisen muss. Ebenso wenig darf die Interoperabilität von Erzeugnissen unterschiedlichen Fabrikats dadurch behindert werden, dass sich der Schutz auf das Design mechanischer Verbindungselemente erstreckt. Dementsprechend dürfen Merkmale eines Geschmacksmusters, die aus diesen Gründen vom Schutz ausgenommen sind, bei der Beurteilung, ob andere Merkmale des Geschmacksmusters die Schutzvoraussetzungen erfüllen, nicht herangezogen werden.

(11) Abweichend hiervon können die mechanischen Verbindungselemente von Kombinationsteilen ein wichtiges Element der innovativen Merkmale von Kombinationsteilen bilden und einen wesentlichen Faktor für das Marketing darstellen und sollten daher schutzfähig sein.

(12) Der Schutz sollte sich weder auf Bauelemente erstrecken, die während der bestimmungsgemässen Verwendung eines Erzeugnisses nicht sichtbar sind, noch auf Merkmale eines Bauelements, die unsichtbar sind, wenn das Bauelement eingebaut ist, oder die selbst nicht die Voraussetzungen der Neuheit oder Eigenart erfüllen. Merkmale eines Geschmacksmusters, die aus diesen Gründen vom Schutz ausgenommen sind, sollten bei der Beurteilung, ob andere Merkmale des Geschmacksmusters die Schutzvoraussetzungen erfüllen, nicht herangezogen werden.

(13) Durch die Richtlinie 98/71/EG konnte keine vollständige Angleichung der Rechtsvorschriften der Mitgliedstaaten im Bereich der Anwendung des Musterschutzes auf Bauelemente erreicht werden, die mit dem Ziel verwendet werden, die Reparatur eines komplexen Erzeugnisses zu ermöglichen, um diesem wieder sein ursprüngliches Erscheinungsbild zu verleihen, wenn das Muster bei einem Erzeugnis benutzt oder in dieses Erzeugnis eingefügt wird, das Bauelement eines komplexen Erzeugnisses ist, von dessen Erscheinungsbild das Muster abhängig ist. Im Rahmen des Vermittlungsverfahrens hinsichtlich der genannten Richtlinie hat sich die Kommission verpflichtet, die Auswirkungen dieser Richtlinie drei Jahre nach Ablauf der Umsetzungsfrist zu überprüfen, insbesondere im Hinblick auf die Industriesektoren, die am stärksten betroffen sind. Unter diesen Umständen ist es angebracht, das Recht an dem durch diese Verordnung eingeführten Muster nicht zu gewähren, wenn dieses Muster bei einem Erzeugnis benutzt oder in dieses Erzeugnis eingefügt wird, das Bauelement eines komplexen Erzeugnisses ist, von dessen Erscheinungsbild das Muster abhängig ist, und das mit dem Ziel verwendet wird, die Reparatur dieses komplexen Erzeugnisses zu ermöglichen, um diesem wieder sein ursprüngliches Erscheinungsbild zu verleihen, bis der Rat über seine Politik auf diesem Gebiet auf der Grundlage eines Vorschlags der Kommission einen Beschluss gefasst hat.

(14) Ob ein Geschmacksmuster Eigenart besitzt, sollte danach beurteilt werden, inwieweit sich der Gesamteindruck, den der Anblick des Geschmacksmusters beim informierten Benutzer hervorruft, deutlich von dem unterscheidet, den der vorbestehende Formschatz bei ihm hervorruft, und zwar unter Berücksichtigung der Art des Erzeugnisses, bei dem das Geschmacksmuster benutzt wird oder in das es aufgenommen wird, und insbesondere des jeweiligen Industriezweigs und des Grades der Gestaltungsfreiheit des Entwerfers bei der Entwicklung des Geschmacksmusters.

(15) Ein Gemeinschaftsgeschmacksmuster sollte so weit wie möglich den Bedürfnissen aller Wirtschaftszweige in der Gemeinschaft entsprechen.

(16) Einige dieser Wirtschaftszweige bringen zahlreiche Geschmacksmuster für Erzeugnisse hervor, die häufig nur eine kurze Lebensdauer auf dem Markt haben; für sie ist ein Schutz ohne Eintragungsformalitäten vorteilhaft und die Schutzdauer von geringerer Bedeutung. Andererseits gibt es Wirtschaftszweige, die die Vorteile der Eintragung wegen ihrer grösseren Rechtssicherheit schätzen und der Möglichkeit einer längeren, der absehbaren Lebensdauer ihrer Erzeugnisse auf dem Markt entsprechenden Schutzdauer bedürfen.

(17) Hierfür sind zwei Schutzformen notwendig, nämlich ein kurzfristiges nicht eingetragenes Geschmacksmuster und ein längerfristiges eingetragenes Geschmacksmuster.

(18) Ein eingetragenes Gemeinschaftsgeschmacksmuster macht die Schaffung und Führung eines Registers erforderlich, in das alle Anmeldungen eingetragen werden, die den formalen Erfordernissen entsprechen und deren Anmeldetag feststeht. Das Eintragungssystem sollte grundsätzlich nicht auf eine materiellrechtliche Prüfung der Erfüllung der Schutzvoraussetzungen vor der Eintragung gegründet sein. Dadurch wird die Belastung der Anmelder durch Eintragungs- und andere Verfahrensvorschriften auf ein Minimum beschränkt.

(19) Das Gemeinschaftsgeschmacksmuster sollte nur dann bestehen, wenn das Geschmacksmuster neu ist und wenn es ausserdem eine Eigenart im Vergleich zu anderen Geschmacksmustern besitzt.

(20) Es ist auch notwendig, dass der Entwerfer oder sein Rechtsnachfolger die Erzeugnisse, in denen das Geschmacksmuster verwendet wird, vor der Entscheidung darüber, ob der Schutz durch ein eingetragenes Gemeinschaftsgeschmacksmuster wünschenswert ist, auf dem Markt testen können. Daher ist vorzusehen, dass Offenbarungen des Geschmacksmusters durch den Entwerfer oder seinen Rechtsnachfolger oder missbräuchliche Offenbarungen während eines Zeitraums von 12 Monaten vor dem Tag der Einreichung der Anmeldung eines eingetragenen Gemeinschaftsgeschmacksmusters bei der Beurteilung der Neuheit oder der Eigenart des fraglichen Geschmacksmusters nicht schaden.

(21) Der ausschliessliche Charakter des Rechts aus dem eingetragenen Gemeinschaftsgeschmacksmuster steht mit seiner grösseren Rechtssicherheit im Einklang. Das nicht eingetragene Gemeinschaftsgeschmacksmuster sollte dagegen nur das Recht verleihen, Nachahmungen zu verhindern. Der Schutz kann sich somit nicht auf Erzeugnisse erstrecken, für die Geschmacksmuster verwendet werden, die das Ergebnis eines selbständigen Entwurfs eines anderen Entwerfers sind; dieses Recht sollte sich auch auf den Handel mit Erzeugnissen erstrecken, in denen nachgeahmte Geschmacksmuster verwendet werden.

(22) Die Durchsetzung dieser Rechte muss den einzelstaatlichen Rechtsvorschriften überlassen bleiben; daher sind in allen Mitgliedstaaten einige grundlegende einheitliche Sanktionen vorzusehen, damit unabhängig von der Rechtsordnung, in der die Durchsetzung verlangt wird, den Rechtsverletzungen Einhalt geboten werden kann.

(23) Ein Dritter, der glaubhaft machen kann, dass er ein in den Schutzumfang des eingetragenen Gemeinschaftsgeschmacksmusters fallendes Geschmacksmuster, das diesem nicht nachgeahmt wurde, in der Gemeinschaft gutgläubig in Nutzung, einschliesslich der Nutzung für gewerbliche Zwecke, genommen oder wirkliche und ernsthafte Anstalten dazu getroffen hat, hat unter Umständen Anspruch auf eine begrenzte Nutzung des Geschmacksmusters.

(24) Ein grundlegendes Ziel dieser Verordnung besteht darin, dass das Verfahren zur Erlangung eines eingetragenen Gemeinschaftsgeschmacksmusters für die Anmelder mit den geringst möglichen Kosten und Schwierigkeiten verbunden ist, damit es sowohl für kleine und mittlere Unternehmen als auch für einzelne Entwerfer leicht zugänglich ist.

(25) Wirtschaftszweige, die sehr viele möglicherweise kurzlebige Geschmacksmuster während kurzer Zeiträume hervorbringen, von denen vielleicht nur einige tatsächlich vermarktet werden, werden das nicht eingetragene Gemeinschaftsgeschmacksmuster vorteilhaft finden. Für diese Wirtschaftszweige besteht ferner der Bedarf, leichter auf das eingetragene Gemeinschaftsgeschmacksmuster zugreifen zu können. Die Möglichkeit, eine Vielzahl von Geschmacksmustern in einer Sammelanmeldung zusammenzufassen, würde diesem Bedürfnis abhelfen. Die in einer Sammelanmeldung enthaltenen Geschmacksmuster können allerdings geltend gemacht werden oder Gegenstand einer Lizenz, eines dinglichen Rechts, einer Zwangsvollstreckung, eines Insolvenzverfahrens, eines Verzichts, einer Erneuerung, einer Rechtsübertragung, einer Aufschiebung der Bekanntmachung oder einer Nichtigerklärung unabhängig voneinander sein.

(26) Die normale Bekanntmachung nach Eintragung eines Gemeinschaftsgeschmacksmusters könnte in manchen Fällen den kommerziellen Erfolg des Geschmacksmusters zunichte machen oder gefährden. Die Möglichkeit, die Bekanntmachung um einen angemessenen Zeitraum aufzuschieben, schafft in solchen Fällen Abhilfe.

(27) Ein Klageverfahren betreffend die Rechtsgültigkeit eines eingetragenen Gemeinschaftsgeschmacksmusters an einem einzigen Ort wäre gegenüber Verfahren vor unterschiedlichen einzelstaatlichen Gerichten kosten- und zeitsparend.

(28) In diesem Zusammenhang ist insbesondere die Möglichkeit der Beschwerde vor einer Beschwerdekammer und in letzter Instanz vor dem Gerichtshof zu gewährleisten. Auf diese Weise würde sich eine einheitliche Auslegung der Voraussetzungen für die Rechtsgültigkeit von Gemeinschaftsgeschmacksmustern herausbilden.

(29) Es ist von wesentlicher Bedeutung, dass die Rechte aus einem Gemeinschaftsgeschmacksmuster in der gesamten Gemeinschaft wirksam durchgesetzt werden können.

(30) Die Streitbeilegungsregelungen sollten so weit wie möglich ein «forum shopping» verhindern. Daher sind klare Regeln über die internationale Zuständigkeit erforderlich.

(31) Diese Verordnung schliesst nicht aus, dass auf Geschmacksmuster, die durch Gemeinschaftsgeschmacksmuster geschützt werden, Rechtsvorschriften zum gewerblichen Rechtsschutz oder andere einschlägige Vorschriften der Mitgliedstaaten Anwendung finden, die sich beispielsweise auf den durch Eintragung erlangten Geschmacksmusterschutz oder auf nicht eingetragene Geschmacksmuster, Marken, Patente und Gebrauchsmuster, unlauteren Wettbewerb oder zivilrechtliche Haftung beziehen.

(32) In Ermangelung einer vollständigen Angleichung des Urheberrechts ist es wichtig, den Grundsatz des kumulativen Schutzes als Gemeinschaftsgeschmacksmuster und nach dem Urheberrecht festzulegen, während es den Mitgliedstaaten freigestellt bleibt, den Umfang des urheberrechtlichen Schutzes und die Voraussetzungen festzulegen, unter denen dieser Schutz gewährt wird.

(33) Die zur Durchführung dieser Verordnung erforderlichen Massnahmen sollten nach dem Beschluss 1999/468/EG des Rates vom 28. Juni 1999 zur Festlegung der Modalitäten für die Ausübung der der Kommission übertragenen Durchführungsbefugnisse[5] getroffen werden –

Hat folgende Verordnung erlassen:

Titel 1   Allgemeine Bestimmungen

Art. 1   Gemeinschaftsgeschmacksmuster

(1) Ein den Voraussetzungen dieser Verordnung entsprechendes Geschmacksmuster wird nachstehend «Gemeinschaftsgeschmacksmuster» genannt.

(2) Ein Geschmacksmuster wird:

a) durch ein «nicht eingetragenes Gemeinschaftsgeschmacksmuster» geschützt, wenn es in der in dieser Verordnung vorgesehenen Weise der Öffentlichkeit zugänglich gemacht wird;

b) durch ein «eingetragenes Gemeinschaftsgeschmacksmuster» geschützt, wenn es in der in dieser Verordnung vorgesehenen Weise eingetragen ist.

---

[5] ABl. L 184 vom 17.7.1999, S. 23.

(3) Das Gemeinschaftsgeschmacksmuster ist einheitlich. Es hat dieselbe Wirkung in der gesamten Gemeinschaft. Es kann nur für dieses gesamte Gebiet eingetragen oder übertragen werden oder Gegenstand eines Verzichts oder einer Entscheidung über die Nichtigkeit sein, und seine Benutzung kann nur für die gesamte Gemeinschaft untersagt werden. Dieser Grundsatz gilt, sofern in der Verordnung nichts anderes bestimmt ist.

Art. 2 **Amt**

Das Harmonisierungsamt für den Binnenmarkt (Marken, Muster und Modelle), nachstehend «Amt» genannt, das im Rahmen der Verordnung (EG) Nr. 40/94 des Rates vom 20. Dezember 1993 über die Gemeinschaftsmarke[6], nachstehend «Verordnung über die Gemeinschaftsmarke» genannt, errichtet wurde, erfüllt die Aufgaben, die ihm durch diese Verordnung übertragen werden.

Titel II   Materielles Geschmacksmusterrecht

Abschnitt 1   Schutzvoraussetzungen

Art. 3 **Begriffe**

Im Sinne dieser Verordnung bezeichnet:
a) «Geschmacksmuster» die Erscheinungsform eines Erzeugnisses oder eines Teils davon, die sich insbesondere aus den Merkmalen der Linien, Konturen, Farben, der Gestalt, Oberflächenstruktur und/oder der Werkstoffe des Erzeugnisses selbst und/oder seiner Verzierung ergibt;
b) «Erzeugnis» jeden industriellen oder handwerklichen Gegenstand, einschliesslich – unter anderem – der Einzelteile, die zu einem komplexen Erzeugnis zusammengebaut werden sollen, Verpackung, Ausstattung, graphischen Symbolen und typographischen Schriftbildern; ein Computerprogramm gilt jedoch nicht als «Erzeugnis»;
c) «komplexes Erzeugnis» ein Erzeugnis aus mehreren Bauelementen, die sich ersetzen lassen, so dass das Erzeugnis auseinander- und wieder zusammengebaut werden kann.

Art. 4 **Schutzvoraussetzungen**

(1) Ein Geschmacksmuster wird durch ein Gemeinschaftsgeschmacksmuster geschützt, soweit es neu ist und Eigenart hat.

(2) Ein Geschmacksmuster, das in einem Erzeugnis, das Bauelement eines komplexen Erzeugnisses ist, benutzt oder in dieses Erzeugnis eingefügt wird, gilt nur dann als neu und hat nur dann Eigenart:
a) wenn das Bauelement, das in das komplexe Erzeugnis eingefügt ist, bei dessen bestimmungsgemässer Verwendung sichtbar bleibt, und
b) soweit diese sichtbaren Merkmale des Bauelements selbst die Voraussetzungen der Neuheit und Eigenart erfüllen.

---

[6] ABl. L 11 vom 14.1.1994, S. 1. Verordnung zuletzt geändert durch die Verordnung (EG) Nr. 3288/94 (ABl. L 349 vom 31.12.1994, S. 83).

(3) «Bestimmungsgemässe Verwendung» im Sinne des Absatzes 2 Buchstabe a) bedeutet Verwendung durch den Endbenutzer, ausgenommen Instandhaltungs-, Wartungs- oder Reparaturarbeiten.

Art. 5   Neuheit

(1) Ein Geschmacksmuster gilt als neu, wenn der Öffentlichkeit: a) im Fall nicht eingetragener Gemeinschaftsgeschmacksmuster vor dem Tag, an dem das Geschmacksmuster, das geschützt werden soll, erstmals der Öffentlichkeit zugänglich gemacht wird,

b) im Fall eingetragener Gemeinschaftsgeschmacksmuster vor dem Tag der Anmeldung zur Eintragung des Geschmacksmusters, das geschützt werden soll, oder, wenn eine Priorität in Anspruch genommen wird, vor dem Prioritätstag, kein identisches Geschmacksmuster zugänglich gemacht worden ist.

(2) Geschmacksmuster gelten als identisch, wenn sich ihre Merkmale nur in unwesentlichen Einzelheiten unterscheiden.

Art. 6   Eigenart

(1) Ein Geschmacksmuster hat Eigenart, wenn sich der Gesamteindruck, den es beim informierten Benutzer hervorruft, von dem Gesamteindruck unterscheidet, den ein anderes Geschmacksmuster bei diesem Benutzer hervorruft, das der Öffentlichkeit zugänglich gemacht worden ist, und zwar:

a) im Fall nicht eingetragener Gemeinschaftsgeschmacksmuster vor dem Tag, an dem das Geschmacksmuster, das geschützt werden soll, erstmals der Öffentlichkeit zugänglich gemacht wird,

b) im Fall eingetragener Gemeinschaftsgeschmacksmuster vor dem Tag der Anmeldung zur Eintragung oder, wenn eine Priorität in Anspruch genommen wird, vor dem Prioritätstag.

(2) Bei der Beurteilung der Eigenart wird der Grad der Gestaltungsfreiheit des Entwerfers bei der Entwicklung des Geschmacksmusters berücksichtigt.

Art. 7   Offenbarung

(1) Im Sinne der Artikel 5 und 6 gilt ein Geschmacksmuster als der Öffentlichkeit zugänglich gemacht, wenn es nach der Eintragung oder auf andere Weise bekannt gemacht, oder wenn es ausgestellt, im Verkehr verwendet oder auf sonstige Weise offenbart wurde, und zwar vor dem in Artikel 5 Absatz 1 Buchstabe a) und Artikel 6 Absatz 1 Buchstabe a) beziehungsweise in Artikel 5 Absatz 1 Buchstabe b) und Artikel 6 Absatz 1 Buchstabe b) genannten Zeitpunkt, es sei denn, dass dies den in der Gemeinschaft tätigen Fachkreisen des betreffenden Wirtschaftszweigs im normalen Geschäftsverlauf nicht bekannt sein konnte. Ein Geschmacksmuster gilt jedoch nicht als der Öffentlichkeit zugänglich gemacht, wenn es lediglich einem Dritten unter der ausdrücklichen oder stillschweigenden Bedingung der Vertraulichkeit offenbart wurde.

(2) Eine Offenbarung bleibt bei der Anwendung der Artikel 5 und 6 unberücksichtigt, wenn ein Geschmacksmuster, das als eingetragenes Gemeinschaftsgeschmacksmuster geschützt werden soll, der Öffentlichkeit zugänglich gemacht worden ist:

a) durch den Entwerfer oder seinen Rechtsnachfolger oder durch einen Dritten als Folge von Informationen oder Handlungen des Entwerfers oder seines Rechtsnachfolgers, und

b) während der zwölf Monate vor dem Anmeldetag oder, wenn eine Priorität in Anspruch genommen wird, vor dem Prioritätstag.

(3) Absatz 2 gilt auch dann, wenn das Geschmacksmuster als Folge einer missbräuchlichen Handlung gegen den Entwerfer oder seinen Rechtsnachfolger der Öffentlichkeit zugänglich gemacht wurde.

Art. 8   **Durch ihre technische Funktion bedingte Geschmacksmuster und Geschmacksmuster von Verbindungselementen**

(1) Ein Gemeinschaftsgeschmacksmuster besteht nicht an Erscheinungsmerkmalen eines Erzeugnisses, die ausschliesslich durch dessen technische Funktion bedingt sind.

(2) Ein Gemeinschaftsgeschmacksmuster besteht nicht an Erscheinungsmerkmalen eines Erzeugnisses, die zwangsläufig in ihrer genauen Form und ihren genauen Abmessungen nachgebildet werden müssen, damit das Erzeugnis, in das das Geschmacksmuster aufgenommen oder bei dem es verwendet wird, mit einem anderen Erzeugnis mechanisch verbunden oder in diesem, an diesem oder um dieses herum angebracht werden kann, so dass beide Erzeugnisse ihre Funktion erfüllen können.

(3) Ungeachtet des Absatzes 2 besteht ein Gemeinschaftsgeschmacksmuster unter den in den Artikeln 5 und 6 festgelegten Voraussetzungen an einem Geschmacksmuster, das dem Zweck dient, den Zusammenbau oder die Verbindung einer Vielzahl von untereinander austauschbaren Erzeugnissen innerhalb eines modularen Systems zu ermöglichen.

Art. 9   **Geschmacksmuster, die gegen die öffentliche Ordnung oder gegen die guten Sitten verstossen**

Ein Gemeinschaftsgeschmacksmuster besteht nicht an einem Geschmacksmuster, wenn dieses gegen die öffentliche Ordnung oder gegen die guten Sitten verstösst.

Abschnitt 2   Umfang und Dauer des Schutzes

Art. 10   **Schutzumfang**

(1) Der Umfang des Schutzes aus dem Gemeinschaftsgeschmacksmuster erstreckt sich auf jedes Geschmacksmuster, das beim informierten Benutzer keinen anderen Gesamteindruck erweckt.

(2) Bei der Beurteilung des Schutzumfangs wird der Grad der Gestaltungsfreiheit des Entwerfers bei der Entwicklung seines Geschmacksmusters berücksichtigt.

Art. 11   **Schutzdauer des nicht eingetragenen Gemeinschaftsgeschmacksmusters**

(1) Ein Geschmacksmuster, das die im 1. Abschnitt genannten Voraussetzungen erfüllt, wird als ein nicht eingetragenes Gemeinschaftsgeschmacksmuster für eine Frist von drei Jahren geschützt, beginnend mit dem Tag, an dem es der Öffentlichkeit innerhalb der Gemeinschaft erstmals zugänglich gemacht wurde.

(2) Im Sinne des Absatzes 1 gilt ein Geschmacksmuster als der Öffentlichkeit innerhalb der Gemeinschaft zugänglich gemacht, wenn es in solcher Weise bekannt gemacht, ausgestellt, im Verkehr verwendet oder auf sonstige Weise offenbart wurde, dass dies den in der Gemeinschaft tätigen Fachkreisen des betreffenden Wirtschaftszweigs im normalen Geschäftsverlauf bekannt sein konnte. Ein Geschmacksmuster gilt jedoch nicht als der Öffentlichkeit zugänglich gemacht, wenn es lediglich einem Dritten unter der ausdrücklichen oder stillschweigenden Bedingung der Vertraulichkeit offenbart wurde.

Art. 12   **Schutzdauer des eingetragenen Gemeinschaftsgeschmacksmusters**

Nach Eintragung durch das Amt wird ein Geschmacksmuster, das die im 1. Abschnitt genannten Voraussetzungen erfüllt, für einen Zeitraum von fünf Jahren, beginnend mit dem Anmeldetag durch ein eingetragenes Gemeinschaftsgeschmacksmuster geschützt. Der Rechtsinhaber kann die Schutzdauer einmal oder mehrmals um einen Zeitraum von jeweils fünf Jahren bis zu einer Gesamtlaufzeit von 25 Jahren ab dem Anmeldetag verlängern lassen.

Art. 13   **Verlängerung**

(1) Die Eintragung des eingetragenen Gemeinschaftsgeschmacksmusters wird auf Antrag des Rechtsinhabers oder einer von ihm hierzu ausdrücklich ermächtigten Person verlängert, sofern die Verlängerungsgebühr entrichtet worden ist.

(2) Das Amt unterrichtet den Inhaber des eingetragenen Gemeinschaftsgeschmacksmusters und die im Register eingetragenen Inhaber von Rechten an dem eingetragenen Gemeinschaftsgeschmacksmuster, die im Register gemäss Artikel 72 (nachstehend «Register» genannt) eingetragen sind, rechtzeitig vor dem Ablauf der Eintragung. Das Unterbleiben dieser Unterrichtung hat keine Haftung des Amtes zur Folge.

(3) Innerhalb eines Zeitraums von sechs Monaten vor Ablauf des letzten Tages des Monats, in dem die Schutzdauer endet, ist der Antrag auf Verlängerung einzureichen und die Verlängerungsgebühr zu entrichten. Der Antrag und die Gebühr können noch innerhalb einer Nachfrist von sechs Monaten nach Ablauf des in Satz 1 genannten Tages eingereicht bzw. gezahlt werden, sofern innerhalb dieser Nachfrist eine Zuschlaggebühr entrichtet wird.

(4) Die Verlängerung wird am Tage nach Ablauf der bestehenden Eintragung wirksam. Sie wird im Register eingetragen.

Abschnitt 3   Recht auf das Gemeinschaftsgeschmacksmuster

Art. 14   **Recht auf das Gemeinschaftsgeschmacksmuster**

(1) Das Recht auf das Gemeinschaftsgeschmacksmuster steht dem Entwerfer oder seinem Rechtsnachfolger zu.

(2) Haben mehrere Personen ein Geschmacksmuster gemeinsam entwickelt, so steht ihnen das Recht auf das Gemeinschaftsgeschmacksmuster gemeinsam zu.

(3) Wird ein Geschmacksmuster jedoch von einem Arbeitnehmer in Ausübung seiner Aufgaben oder nach den Weisungen seines Arbeitgebers entworfen, so steht das Recht auf das Gemeinschaftsgeschmacksmuster dem Arbeitgeber zu, sofern vertraglich nichts anderes vereinbart wurde oder sofern die anwendbaren innerstaatlichen Rechtsvorschriften nichts anderes vorsehen.

Art. 15 **Geltendmachung der Berechtigung auf das Gemeinschaftsgeschmacksmuster**

(1) Wird ein nicht eingetragenes Gemeinschaftsgeschmacksmuster von einer Person offenbart oder geltend gemacht, die hierzu nach Artikel 14 nicht berechtigt ist, oder ist ein eingetragenes Gemeinschaftsgeschmacksmuster auf den Namen einer solchen Person eingetragen oder angemeldet worden, so kann der nach Artikel 14 Berechtigte unbeschadet anderer Möglichkeiten verlangen, dass er als der rechtmässige Inhaber des Gemeinschaftsgeschmacksmusters anerkannt wird.

(2) Steht einer Person das Recht auf ein Gemeinschaftsgeschmacksmuster gemeinsam mit anderen zu, so kann sie entsprechend Absatz 1 verlangen, dass sie als Mitinhaber anerkannt wird.

(3) Ansprüche gemäss Absatz 1 oder 2 verjähren in drei Jahren nach dem Zeitpunkt der Veröffentlichung im Falle eingetragener Gemeinschaftsgeschmacksmuster bzw. der Offenbarung im Falle nicht eingetragener Gemeinschaftsgeschmacksmuster. Dies gilt nicht, wenn die Person, der kein Recht am Gemeinschaftsgeschmacksmuster zusteht, zu dem Zeitpunkt, zu dem dieses Muster angemeldet, offenbart oder ihr übertragen wurde, bösgläubig war.

(4) Im Falle des eingetragenen Gemeinschaftsgeschmacksmusters wird Folgendes in das Register eingetragen:

a) der Vermerk, dass ein gerichtliches Verfahren gemäss Absatz 1 eingeleitet wurde;

b) die rechtskräftige Entscheidung bzw. jede andere Beendigung des Verfahrens;

c) jede Änderung in der Inhaberschaft an dem eingetragenen Gemeinschaftsgeschmacksmuster, die sich aus der rechtskräftigen Entscheidung ergibt.

Art. 16 **Wirkungen der Gerichtsentscheidung über den Anspruch auf ein eingetragenes Gemeinschaftsgeschmacksmuster**

(1) Bei vollständigem Wechsel der Rechtsinhaberschaft an einem eingetragenen Gemeinschaftsgeschmacksmuster infolge eines gerichtlichen Verfahrens gemäss Artikel 15 Absatz 1 erlöschen mit der Eintragung der berechtigten Person in das Register die Lizenzen und sonstigen Rechte.

(2) Hat vor der Eintragung der Einleitung des gerichtlichen Verfahrens nach Artikel 15 Absatz 1 der Inhaber des eingetragenen Gemeinschaftsgeschmacksmusters oder ein Lizenznehmer das Geschmacksmuster in der Gemeinschaft verwertet oder dazu wirkliche und ernsthafte Anstalten getroffen, so kann er diese Verwertung fortsetzen, wenn er bei dem in das Register eingetragenen neuen Inhaber innerhalb der in der Durchführungsverordnung vorgeschriebenen Frist eine nicht ausschliessliche Lizenz beantragt. Die Lizenz ist für einen angemessenen Zeitraum zu angemessenen Bedingungen zu gewähren.

(3) Absatz 2 findet keine Anwendung, wenn der Inhaber der eingetragenen Gemeinschaftsgeschmacksmuster oder der Lizenznehmer zu dem Zeitpunkt, zu dem er mit der Verwertung des Geschmacksmusters begonnen oder Anstalten dazu getroffen hat, bösgläubig war.

Art. 17   **Vermutung zugunsten des eingetragenen Geschmacksmusterinhabers**

In jedem Verfahren vor dem Amt sowie in allen anderen Verfahren gilt die Person als berechtigt, auf deren Namen das Gemeinschaftsgeschmacksmuster eingetragen wurde, oder vor der Eintragung die Person, in deren Namen die Anmeldung eingereicht wurde.

Art. 18   **Recht des Entwerfers auf Nennung**

Der Entwerfer hat wie der Anmelder oder der Inhaber des eingetragenen Gemeinschaftsgeschmacksmusters das Recht, vor dem Amt und im Register als Entwerfer genannt zu werden. Ist das Geschmacksmuster das Ergebnis einer Gemeinschaftsarbeit, so kann die Nennung des Entwerferteams an die Stelle der Nennung der einzelnen Entwerfer treten.

Abschnitt 4   Wirkung des Gemeinschaftsgeschmacksmusters

Art. 19   **Rechte aus dem Gemeinschaftsgeschmacksmuster**

(1) Das eingetragene Gemeinschaftsgeschmacksmuster gewährt seinem Inhaber das ausschliessliche Recht, es zu benutzen und Dritten zu verbieten, es ohne seine Zustimmung zu benutzen. Die erwähnte Benutzung schliesst insbesondere die Herstellung, das Anbieten, das Inverkehrbringen, die Einfuhr, die Ausfuhr oder die Benutzung eines Erzeugnisses, in das das Muster aufgenommen oder bei dem es verwendet wird, oder den Besitz des Erzeugnisses zu den genannten Zwecken ein.

(2) Das nicht eingetragene Gemeinschaftsgeschmacksmuster gewährt seinem Inhaber das Recht, die in Absatz 1 genannten Handlungen zu verbieten, jedoch nur, wenn die angefochtene Benutzung das Ergebnis einer Nachahmung des geschützten Musters ist. Die angefochtene Benutzung wird nicht als Ergebnis einer Nachahmung des geschützten Geschmacksmusters betrachtet, wenn sie das Ergebnis eines selbständigen Entwurfs eines Entwerfers ist, von dem berechtigterweise angenommen werden kann, dass er das von dem Inhaber offenbarte Muster nicht kannte.

(3) Absatz 2 gilt auch für eingetragene Gemeinschaftsgeschmacksmuster, deren Bekanntmachung aufgeschoben ist, solange die entsprechenden Eintragungen im Register und die Akte der Öffentlichkeit nicht gemäss Artikel 50 Absatz 4 zugänglich gemacht worden sind.

Art. 20   **Beschränkung der Rechte aus dem Gemeinschaftsgeschmacksmuster**

(1) Die Rechte aus dem Gemeinschaftsgeschmacksmuster können nicht geltend gemacht werden für:

a) Handlungen, die im privaten Bereich zu nichtgewerblichen Zwecken vorgenommen werden,
b) Handlungen zu Versuchszwecken,
c) die Wiedergabe zum Zwecke der Zitierung oder für Lehrzwecke, sofern solche Handlungen mit den Gepflogenheiten des redlichen Geschäftsverkehrs vereinbar sind, die normale Verwertung des Geschmacksmusters nicht über Gebühr beeinträchtigen und die Quelle angegeben wird.

(2) Die Rechte aus dem Gemeinschaftsgeschmacksmuster können ferner nicht geltend gemacht werden für:

a) Einrichtungen in Schiffen und Luftfahrzeugen, die in einem Drittland zugelassen sind und vorübergehend in das Gebiet der Gemeinschaft gelangen,
b) die Einfuhr von Ersatzteilen und Zubehör für die Reparatur solcher Fahrzeuge in die Gemeinschaft,
c) die Durchführung von Reparaturen an solchen Fahrzeugen.

Art. 21 **Erschöpfung der Rechte**

Die Rechte aus dem Gemeinschaftsgeschmacksmuster erstrecken sich nicht auf Handlungen, die ein Erzeugnis betreffen, in welches ein unter den Schutzumfang des Gemeinschaftsgeschmacksmusters fallendes Geschmacksmuster aufgenommen oder bei dem es verwendet wird, wenn das Erzeugnis vom Inhaber des Gemeinschaftsgeschmacksmusters oder mit dessen Zustimmung in der Gemeinschaft in den Verkehr gebracht worden ist.

Art. 22 **Vorbenutzungsrecht betreffend das eingetragene Gemeinschaftsgeschmacksmuster**

(1) Ein Dritter, der glaubhaft machen kann, dass er vor dem Anmeldetag oder, wenn eine Priorität in Anspruch genommen wird, vor dem Prioritätstag, innerhalb der Gemeinschaft ein in den Schutzumfang eines eingetragenen Gemeinschaftsgeschmacksmusters fallendes Geschmacksmuster, das diesem nicht nachgeahmt wurde, gutgläubig in Benutzung genommen oder wirkliche und ernsthafte Anstalten dazu getroffen hat, hat ein Vorbenutzungsrecht.

(2) Das Vorbenutzungsrecht berechtigt den Dritten, das Muster für die Zwecke, für die er es vor dem Anmelde- oder Prioritätstag des eingetragenen Gemeinschaftsgeschmacksmusters in Benutzung genommen hat, oder für die er wirkliche und ernsthafte Anstalten getroffen hat, zu verwerten.

(3) Das Vorbenutzungsrecht erstreckt sich nicht auf das Recht, eine Lizenz zur Nutzung des Geschmacksmusters an andere Personen zu vergeben.

(4) Das Vorbenutzungsrecht ist nicht übertragbar, es sei denn, bei dem Dritten handelt es sich um ein Unternehmen und die Übertragung erfolgt zusammen mit dem Unternehmensteil, in dessen Rahmen die Benutzung erfolgte oder die Anstalten getroffen wurden.

Art. 23 **Verwendung durch die Regierung**

Die Rechtsvorschriften eines Mitgliedstaats, aufgrund deren nationale Geschmacksmuster von der Regierung oder für die Regierung verwendet werden können, können auch auf Gemeinschaftsgeschmacksmuster angewandt werden, jedoch nur insoweit, als deren Verwendung für wesentliche Verteidigungs- oder Sicherheitserfordernisse notwendig ist.

Abschnitt 5   Nichtigkeit

Art. 24 **Erklärung der Nichtigkeit**

(1) Ein eingetragenes Gemeinschaftsgeschmacksmuster wird auf Antrag beim Amt nach dem Verfahren gemäss Titel VI und Titel VII oder von einem Gemeinschaftsgeschmacksmustergericht auf Widerklage im Verletzungsverfahren für nichtig erklärt.

(2) Ein Gemeinschaftsgeschmacksmuster kann auch nach Erlöschen des Gemeinschaftsgeschmacksmusters oder dem Verzicht darauf für nichtig erklärt werden.

(3) Ein nicht eingetragenes Gemeinschaftsgeschmacksmuster wird von einem Gemeinschaftsgeschmacksmustergericht auf Antrag bei diesem oder auf Widerklage im Verletzungsverfahren für nichtig erklärt.

Art. 25   Nichtigkeitsgründe

(1) Ein Gemeinschaftsgeschmacksmuster kann nur dann für nichtig erklärt werden:

a) wenn kein Geschmacksmuster im Sinne von Artikel 3 Buchstabe a) vorliegt,

b) wenn es die Voraussetzungen der Artikel 4 bis 9 nicht erfüllt,

c) wenn dem Inhaber des Rechts infolge einer Gerichtsentscheidung kein Recht an dem Gemeinschaftsgeschmacksmuster im Sinne von Artikel 14 zusteht,

d) wenn das Gemeinschaftsgeschmacksmuster mit einem älteren Geschmacksmuster kollidiert, das der Öffentlichkeit nach dem Anmeldetag oder, wenn eine Priorität in Anspruch genommen wird, nach dem Prioritätstag des Gemeinschaftsgeschmacksmusters zugänglich gemacht wurde und das seit einem vor diesem Tag liegenden Zeitpunkt durch ein eingetragenes Gemeinschaftsgeschmacksmuster oder durch die Anmeldung eines solchen oder durch ein eingetragenes Geschmacksmusterrecht eines Mitgliedstaats oder durch die Anmeldung eines solchen geschützt ist,

e) wenn in einem jüngeren Geschmacksmuster ein Zeichen mit Unterscheidungskraft verwendet wird und das Gemeinschaftsrecht oder das nationale Recht des Mitgliedstaats, dem das Zeichen unterliegt, den Rechtsinhaber dazu berechtigen, diese Verwendung zu untersagen,

f) wenn das Geschmacksmuster eine unerlaubte Verwendung eines Werkes darstellt, das nach dem Urheberrecht eines Mitgliedstaats geschützt ist,

g) wenn das Geschmacksmuster eine missbräuchliche Verwendung eines der in Artikel 6b der Pariser Verbandsübereinkunft zum Schutz des gewerblichen Eigentums (nachstehend «Pariser Verbandsübereinkunft») genannten Gegenstände und Zeichen oder anderer als der in Artikel 6b aufgezählten Stempel, Kennzeichen und Wappen, die für einen Mitgliedstaat von besonderem öffentlichen Interesse sind, darstellt.

(2) Den Nichtigkeitsgrund gemäss Absatz 1 Buchstabe c) kann nur die Person geltend machen, der nach Artikel 14 das Recht am Gemeinschaftsgeschmacksmuster zusteht.

(3) Die Nichtigkeitsgründe gemäss Absatz 1 Buchstabe d), e) und f) kann nur der Anmelder oder Inhaber des älteren Rechts geltend machen.

(4) Den Nichtigkeitsgrund gemäss Absatz 1 Buchstabe g) kann nur die Person oder Einrichtung geltend machen, die von der Verwendung betroffen ist.

(5) Die Absätze 3 und 4 beeinträchtigen nicht das Recht der Mitgliedstaaten, vorzusehen, dass die Nichtigkeitsgründe nach Absatz 1 Buchstabe d) und g) auch von der zuständigen Behörde des betreffenden Mitgliedstaats von Amts wegen geltend gemacht werden können.

(6) Wenn ein eingetragenes Gemeinschaftsgeschmacksmuster gemäss Absatz 1 Buchstabe b), e), f) oder g) für nichtig erklärt worden ist, kann es in einer geänderten Form beibehalten werden, sofern dann die Schutzvoraussetzungen erfüllt werden und das Geschmacksmuster seine Identität behält. «Beibehaltung in einer geänderten Form» bedeutet Eintragung in Verbindung mit einem teilweisen Verzicht des Inhabers des eingetragenen Gemeinschaftsgeschmacksmusters oder die Aufnahme einer Gerichtsentscheidung oder einer Entscheidung des Amts über die teilweise Nichtigkeit des eingetragenen Gemeinschaftsgeschmacksmusters in das Register.

Art. 26   Wirkung der Nichtigkeit

(1) Die in dieser Verordnung vorgesehenen Wirkungen eines Gemeinschaftsgeschmacksmusters gelten in dem Umfang, in dem das Gemeinschaftsgeschmacksmuster für nichtig erklärt wurde, als von Anfang an nicht eingetreten.

(2) Vorbehaltlich der nationalen Rechtsvorschriften über Klagen auf Ersatz des Schadens, der durch fahrlässiges oder vorsätzliches Handeln des Inhabers des Gemeinschaftsgeschmacksmusters verursacht worden ist, sowie vorbehaltlich der nationalen Rechtsvorschriften über ungerechtfertigte Bereicherung berührt die Rückwirkung der Nichtigkeit des Gemeinschaftsgeschmacksmusters nicht:

a) Entscheidungen in Verletzungsverfahren, die vor der Entscheidung über die Nichtigkeit rechtskräftig geworden und vollstreckt worden sind,

b) vor der Entscheidung über die Nichtigkeit geschlossene Verträgeinsoweit, als sie vor dieser Entscheidung erfüllt worden sind; es kann jedoch verlangt werden, dass in Erfüllung des Vertrages gezahlte Beträge aus Billigkeitsgründen insoweit zurückerstattet werden, als die Umstände dies rechtfertigen.

Titel III   Das Gemeinschaftsgeschmackmuster als Vermögensgegenstand

Art. 27   Gleichstellung des Gemeinschaftsgeschmacksmusters mit dem Geschmacksmusterrecht eines Mitgliedstaats

(1) Soweit in den Artikeln 28 bis 32 nichts anderes bestimmt ist, wird das Gemeinschaftsgeschmacksmuster als Vermögensgegenstand in seiner Gesamtheit und für das gesamte Gebiet der Gemeinschaft wie ein nationales Geschmacksmusterrecht des Mitgliedstaats behandelt, in dem:

a) der Inhaber zum massgebenden Zeitpunkt seinen Wohnsitz oder Sitz hat, oder

b) wenn Buchstabe a) nicht anwendbar ist, der Inhaber zum massgebenden Zeitpunkt eine Niederlassung hat.

(2) Im Falle eines eingetragenen Gemeinschaftsgeschmacksmusters findet Absatz 1 entsprechend den Eintragungen im Register Anwendung.

(3) Wenn im Falle gemeinsamer Inhaber zwei oder mehr von ihnen die in Absatz 1 genannten Bedingungen erfüllen, bestimmt sich der nach Absatz 1 massgebende Mitgliedstaat:

a) im Falle des nicht eingetragenen Gemeinschaftsgeschmacksmusters durch Bezugnahme auf denjenigen gemeinsamen Inhaber, der von den gemeinsamen Inhabern einvernehmlich bestimmt wurde,

b) im Falle des eingetragenen Gemeinschaftsgeschmacksmusters durch Bezugnahme auf den ersten der gemeinsamen Inhaber in der Reihenfolge, in der sie im Register genannt sind.

(4) Liegen die Voraussetzungen der Absätze 1, 2 und 3 nicht vor, so ist der nach Absatz 1 massgebende Mitgliedstaat der Staat, in dem das Amt seinen Sitz hat.

Art. 28 **Übergang der Rechte an einem eingetragenen Gemeinschaftsgeschmacksmuster**

Der Übergang der Rechte an einem eingetragenen Gemeinschaftsgeschmacksmuster unterliegt folgenden Bestimmungen:

a) Der Rechtsübergang wird auf Antrag eines Beteiligten in das Registereingetragen und bekannt gemacht.

b) Solange der Rechtsübergang nicht in das Register eingetragen ist, kann der Rechtsnachfolger seine Rechte, die mit der Eintragung des Gemeinschaftsgeschmacksmusters verbunden sind, nicht geltend machen.

c) Sind gegenüber dem Amt Fristen zu wahren, so können, sobald der Antrag auf Eintragung des Rechtsübergangs beim Amt eingegangen ist, die entsprechenden Erklärungen gegenüber dem Amt vom Rechtsnachfolger abgegeben werden.

d) Alle Dokumente, die gemäss Artikel 66 der Zustellung an den Inhaber des eingetragenen Gemeinschaftsgeschmacksmusters bedürfen, sind vom Amt an den als Inhaber Eingetragenen oder gegebenenfalls an dessen Vertreter zu richten.

Art. 29 **Dingliche Rechte an einem eingetragenen Gemeinschaftsgeschmacksmuster**

(1) Das eingetragene Gemeinschaftsgeschmacksmuster kann verpfändet werden oder Gegenstand eines sonstigen dinglichen Rechts sein.

(2) Die in Absatz 1 genannten Rechte werden auf Antrag eines Beteiligten in das Register eingetragen und bekannt gemacht.

Art. 30 **Zwangsvollstreckung**

(1) Das eingetragene Gemeinschaftsgeschmacksmuster kann Gegenstand von Massnahmen der Zwangsvollstreckung sein.

(2) Für die Zwangsvollstreckungsmassnahmen gegenüber einem eingetragenen Gemeinschaftsgeschmacksmuster sind die Gerichte und Behörden des nach Artikel 27 massgebenden Mitgliedstaats ausschliesslich zuständig.

(3) Die Zwangsvollstreckungsmassnahmen werden auf Antrag eines Beteiligten in das Register eingetragen und bekannt gemacht.

Art. 31 **Insolvenzverfahren**

(1) Ein Gemeinschaftsgeschmacksmuster kann nur dann von einem Insolvenzverfahren erfasst werden, wenn dieses in dem Mitgliedstaat eröffnet wird, in dessen Hoheitsgebiet der Schuldner den Mittelpunkt seiner Interessen hat.

(2) Absatz 1 ist im Fall der Mitinhaberschaft an einem Gemeinschaftsgeschmacksmuster auf den Anteil des Mitinhabers entsprechend anzuwenden.

(3) Wird das Gemeinschaftsgeschmacksmuster von einem Insolvenzverfahren erfasst, so wird dies auf Antrag der zuständigen nationalen Stelle in das Register eingetragen und in dem Blatt für Gemeinschaftsgeschmacksmuster gemäss Artikel 73 Absatz 1 veröffentlicht.

Art. 32 **Lizenz**

(1) Das Gemeinschaftsgeschmacksmuster kann für das gesamte Gebiet oder einen Teil der Gemeinschaft Gegenstand von Lizenzen sein. Eine Lizenz kann ausschliesslich oder nicht ausschliesslich sein.

(2) Unbeschadet etwaiger vertraglicher Ansprüche kann der Rechtsinhaber gegenüber dem Lizenznehmer die Rechte aus dem Gemeinschaftsgeschmacksmuster geltend machen, wenn der Lizenznehmer hinsichtlich der Dauer der Lizenz, der Form der Nutzung des Geschmacksmusters, der Auswahl der Erzeugnisse, für die die Lizenz erteilt wurde, und der Qualität der vom Lizenznehmer hergestellten Erzeugnisse gegen eine Bestimmung seines Lizenzvertrags verstösst.

(3) Unbeschadet der Bestimmungen des Lizenzvertrags kann der Lizenznehmer ein Verfahren wegen Verletzung eines Gemeinschaftsgeschmacksmusters nur mit Zustimmung des Rechtsinhabers anhängig machen. Jedoch kann der Inhaber einer ausschliesslichen Lizenz ein solches Verfahren anhängig machen, wenn der Rechtsinhaber des Gemeinschaftsgeschmacksmusters nach Aufforderung innerhalb einer angemessenen Frist nicht selbst ein Verletzungsverfahren anhängig macht.

(4) Jeder Lizenznehmer kann einer vom Rechtsinhaber des Gemeinschaftsgeschmacksmusters erhobenen Verletzungsklage beitreten, um den Ersatz seines eigenen Schadens geltend zu machen.

(5) Die Erteilung oder der Übergang einer Lizenz an einem eingetragenen Gemeinschaftsgeschmacksmuster wird auf Antrag eines Beteiligten in das Register eingetragen und bekannt gemacht.

Art. 33 **Wirkung gegenüber Dritten**

(1) Die Wirkungen der in den Artikeln 28, 29, 30 und 32 bezeichneten Rechtshandlungen gegenüber Dritten richten sich nach dem Recht des nach Artikel 27 massgebenden Mitgliedstaats.

(2) Bei eingetragenen Gemeinschaftsgeschmacksmustern entfalten die in den Artikeln 28, 29 und 32 bezeichneten Rechtshandlungen gegenüber Dritten in allen Mitgliedstaaten erst Wirkung, wenn sie in das Register eingetragen worden sind. Gleichwohl kann eine Rechtshandlung, die noch nicht eingetragen ist, Dritten entgegengehalten werden, die Rechte an dem eingetragenen Gemeinschaftsgeschmacksmuster nach dem Zeitpunkt der Rechtshandlung erworben haben, aber zum Zeitpunkt des Erwerbs dieser Rechte von der Rechtshandlung Kenntnis hatten.

(3) Absatz 2 gilt nicht gegenüber einer Person, die das eingetragene Gemeinschaftsgeschmacksmuster oder ein Recht daran im Wege des Rechtsübergangs des Unternehmens in seiner Gesamtheit oder einer anderen Gesamtrechtsnachfolge erwirbt.

(4) Bis zum Inkrafttreten gemeinsamer Vorschriften in den Mitgliedstaaten betreffend das Insolvenzverfahren richtet sich die Wirkung eines Insolvenzverfahrens gegenüber Dritten nach dem Recht des Mitgliedstaats, in dem das Verfahren nach den dort geltenden Rechtsvorschriften oder Verordnungen zuerst eröffnet wird.

Art. 34 **Anmeldung des Gemeinschaftsgeschmacksmusters als Vermögensgegenstand**

(1) Die Anmeldung des eingetragenen Gemeinschaftsgeschmacksmusters als Vermögensgegenstand wird in ihrer Gesamtheit und für das gesamte Gebiet der Gemein-

schaft wie ein nationales Geschmacksmusterrecht des Mitgliedstaats behandelt, der sich nach Artikel 27 bestimmt.

(2) Die Artikel 28 bis 33 finden auf Anmeldungen eingetragener Gemeinschaftsgeschmacksmuster entsprechende Anwendung. Ist die Wirkung einer dieser Bestimmungen von der Eintragung ins Register abhängig, muss diese Formvorschrift bei der Eintragung des entstehenden Gemeinschaftsgeschmacksmusters erfüllt werden.

Titel IV   Die Anmeldung des Gemeinschaftsgeschmacksmusters

Abschnitt 1   Einreichung der und Anforderungen an die Anmeldung

Art. 35   Einreichung und Weiterleitung der Anmeldung

(1) Die Anmeldung des Gemeinschaftsgeschmacksmusters kann nach Wahl des Anmelders eingereicht werden:

a) beim Amt, oder

b) bei der Zentralbehörde für den gewerblichen Rechtsschutz eines Mitgliedstaates, oder

c) in den Benelux-Ländern beim Benelux-Musteramt.

(2) Wird die Anmeldung bei der Zentralbehörde für den gewerblichen Rechtsschutz eines Mitgliedstaats oder beim Benelux-Musteramt eingereicht, so trifft diese Behörde oder dieses Amt alle erforderlichen Massnahmen, damit die Anmeldung binnen zwei Wochen nach Einreichung an das Amt weitergeleitet wird. Die Zentralbehörde beziehungsweise das Benelux-Musteramt kann vom Anmelder eine Gebühr verlangen, die die Verwaltungskosten für Entgegennahme und Weiterleitung der Anmeldung nicht übersteigen darf.

(3) Sobald das Amt eine von einer Zentralbehörde für den gewerblichen Rechtsschutz eines Mitgliedstaates oder vom Benelux-Musteramt weitergeleitete Anmeldung erhalten hat, setzt es den Anmelder unter Angabe des Tags des Eingangs davon in Kenntnis.

(4) Zehn Jahre nach Inkrafttreten dieser Verordnung erstellt die Kommission einen Bericht über das Funktionieren des Systems zur Einreichung von Anmeldungen für eingetragene Gemeinschaftsgeschmacksmuster und unterbreitet dabei gegebenenfalls Änderungsvorschläge.

Art. 36   Erfordernisse der Anmeldung

(1) Die Anmeldung des eingetragenen Gemeinschaftsgeschmacksmustersmuss enthalten:

a) einen Antrag auf Eintragung;

b) Angaben, die auf die Identität des Anmelders schliessen lassen;

c) eine zur Reproduktion geeignete Wiedergabe des Geschmacksmusters. Ist jedoch ein Muster Gegenstand der Anmeldung und enthält die Anmeldung den Antrag, die Bekanntmachung der Anmeldung gemäss Artikel 50 aufzuschieben, kann die Wiedergabe des Musters durch eine Probe ersetzt werden.

(2) Die Anmeldung muss ausserdem die Angabe der Erzeugnisse enthalten, in die das Geschmacksmuster aufgenommen oder bei denen es verwendet werden soll.

(3) Darüber hinaus kann die Anmeldung enthalten:
a) eine Beschreibung mit einer Erläuterung der Wiedergabe oder die Probe,
b) einen Antrag auf Aufschiebung der Bekanntmachung der Eintragung gemäss Artikel 50,
c) Angaben zu seinem Vertreter, falls der Anmelder einen solchen benannt hat,
d) die Klassifikation der Erzeugnisse, in die das Geschmacksmuster aufgenommen oder bei denen es verwendet werden soll nach Klassen,
e) die Nennung des Entwerfers oder des Entwerferteams oder die Erklärung auf Verantwortung des Anmelders, dass der Entwerfer oder das Entwerferteam auf das Recht, genannt zu werden, verzichtet hat.

(4) Bei der Anmeldung ist eine Eintragungsgebühr und eine Bekanntmachungsgebühr zu entrichten. Wird ein Antrag auf Aufschiebung der Bekanntmachung gemäss Absatz 3 Buchstabe b gestellt, so tritt eine Gebühr für die Aufschiebung der Bekanntmachung an die Stelle der Bekanntmachungsgebühr.

(5) Die Anmeldung muss den Erfordernissen der Durchführungsverordnung genügen.

(6) Die Angaben gemäss Absatz 2 sowie gemäss Absatz 3 Buchstaben a) und d) beeinträchtigen nicht den Schutzumfang des Geschmacksmusters als solchen.

Art. 37 Sammelanmeldungen

(1) Mehrere Geschmacksmuster können in einer Sammelanmeldung für eingetragene Gemeinschaftsgeschmacksmuster zusammengefasst werden. Ausser im Falle von Verzierungen besteht diese Möglichkeit vorbehaltlich des Erfordernisses, dass alle Erzeugnisse, in die die Geschmacksmuster aufgenommen oder bei denen sie verwendet werden sollen, derselben Klasse der Internationalen Klassifikation für gewerbliche Muster und Modelle angehören müssen.

(2) Für die Sammelanmeldung ist neben den in Artikel 36 Absatz 4 bezeichneten Gebühren eine zusätzliche Eintragungsgebühr und eine zusätzliche Bekanntmachungsgebühr zu entrichten. Sofern die Sammelanmeldung einen Antrag auf Aufschiebung der Bekanntmachung enthält, tritt die zusätzliche Gebühr für die Aufschiebung der Bekanntmachung an die Stelle der zusätzlichen Bekanntmachungsgebühr. Die zusätzlichen Gebühren entsprechen einem Prozentsatz der Grundgebühren für jedes zusätzliche Geschmacksmuster.

(3) Die Sammelanmeldung muss den Erfordernissen der Durchführungsverordnung entsprechen.

(4) Alle in der Sammelanmeldung oder der Sammeleintragung enthaltenen Geschmacksmuster können für die Zwecke dieser Verordnung unabhängig voneinander behandelt werden. Sie können insbesondere unabhängig von den anderen Geschmacksmustern geltend gemacht werden, Gegenstand einer Lizenz, eines dinglichen Rechts, einer Zwangsvollstreckung, eines Insolvenzverfahrens oder eines Verzichts, einer Erneuerung, einer Rechtsübertragung oder einer Aufschiebung der Bekanntmachung sein, sowie für nichtig erklärt werden. Die Aufteilung einer Sammelanmeldung oder einer Sammeleintragung in gesonderte Anmeldungen oder Eintragungen ist nur unter den in der Durchführungsverordnung aufgeführten Bedingungen zulässig.

Art. 38 Anmeldetag

(1) Der Anmeldetag eines eingetragenen Gemeinschaftsgeschmacksmusters ist der Tag, an dem die Unterlagen mit den Angaben nach Artikel 36 Absatz 1 beim Amt oder, wenn die Anmeldung bei der Zentralbehörde für den gewerblichen Rechtsschutz eines Mitgliedstaats oder beim Benelux-Musteramt eingereicht worden ist, bei der Zentralbehörde bzw. beim Benelux-Musteramt eingereicht worden sind.

(2) Wird eine Anmeldung bei der Zentralbehörde für den gewerblichen Rechtsschutz eines Mitgliedstaats oder beim Benelux-Musteramt eingereicht und langt sie beim Amt später als zwei Monate nach dem Tag ein, an dem die Unterlagen mit den Angaben nach Artikel 36 Absatz 1 eingereicht worden sind, so gilt abweichend von Absatz 1 als Anmeldetag der Tag, an dem das Amt diese Unterlagen erhalten hat.

Art. 39 Wirkung wie eine nationale Anmeldung

Die Anmeldung eines eingetragenen Gemeinschaftsgeschmacksmusters, deren Anmeldetag feststeht, hat in den Mitgliedstaaten die Wirkung einer vorschriftsmässigen nationalen Anmeldung mit der gegebenenfalls für die besagte Anmeldung in Anspruch genommenen Priorität.

Art. 40 Klassifikation

Der Anhang zu dem am 8. Oktober 1968 in Locarno unterzeichneten Abkommen zur Errichtung einer Internationalen Klassifikation für gewerbliche Muster und Modelle findet auf diese Verordnung Anwendung.

Abschnitt 2 Priorität

Art. 41 Prioritätsrecht

(1) Jedermann, der in einem oder mit Wirkung für einen Vertragsstaat der Pariser Verbandsübereinkunft oder des Übereinkommens zur Errichtung der Welthandelsorganisation ein Geschmacksmuster oder ein Gebrauchsmuster vorschriftsmässig angemeldet hat, oder sein Rechtsnachfolger geniesst hinsichtlich der Anmeldung als eingetragenes Gemeinschaftsgeschmacksmuster für dieses Muster oder Gebrauchsmuster ein Prioritätsrecht von sechs Monaten nach Einreichung der ersten Anmeldung.

(2) Als prioritätsbegründend wird jede Anmeldung anerkannt, dernach dem innerstaatlichen Recht des Staates, in dem sie eingereicht worden ist, oder nach zwei- oder mehrseitigen Verträgen die Bedeutung einer vorschriftsmässigen nationalen Anmeldung zukommt.

(3) Unter «vorschriftsmässiger nationaler Anmeldung» ist jede Anmeldung zu verstehen, die die Feststellung des Tags ihrer Einreichung erlaubt; das spätere Schicksal der Anmeldung ist ohne Bedeutung.

(4) Zur Feststellung der Priorität wird als die erste Anmeldung, von deren Einreichung an die Prioritätsfrist läuft, auch eine jüngere Anmeldung angesehen, die dasselbe Geschmacksmuster betrifft wie eine ältere erste in demselben oder für denselben Staat eingereichte Anmeldung, sofern diese ältere Anmeldung vor der Einreichung der jüngeren Anmeldung zurückgenommen, fallen gelassen oder zurückgewiesen worden ist, ohne zur öffentlichen Einsichtnahme ausgelegt zu sein und ohne dass Rechte bestehen geblieben sind, und sofern sie nicht bereits als Grundlage für die Inanspruchnahme des Prioritätsrechts gedient hat. Die ältere Anmeldung kann in diesem Fall nicht mehr als Grundlage für die Inanspruchnahme des Prioritätsrechts dienen.

(5) Ist die erste Anmeldung in einem nicht zu den Vertragsstaatender Pariser Verbandsübereinkunft oder des Übereinkommens zur Errichtung der Welthandelsorganisation gehörenden Staat eingereicht worden, so finden die Absätze 1 bis 4 nur insoweit Anwendung, als dieser Staat veröffentlichen Feststellungen zufolge aufgrund einer Anmeldung beim Amt unter Voraussetzungen und mit Wirkungen, die denen dieser Verordnung vergleichbar sind, ein Prioritätsrecht gewährt.

Art. 42   **Inanspruchnahme der Priorität**

Der Anmelder eines eingetragenen Gemeinschaftsgeschmacksmusters, der die Priorität einer früheren Anmeldung in Anspruch nehmen will, hat eine Prioritätserklärung und eine Abschrift der früheren Anmeldung einzureichen. Ist letztere nicht in einer dieser Sprachen abgefasst, kann das Amt die Übersetzung der früheren Anmeldung in eine dieser Sprachen verlangen.

Art. 43   **Wirkung des Prioritätsrechts**

Das Prioritätsrecht hat die Wirkung, dass der Prioritätstag als Tag der Anmeldung des eingetragenen Gemeinschaftsgeschmacksmusters im Sinne der Artikel 5, 6, 7, 22, des Artikels 25 Absatz 1 Buchstabe d) und des Artikels 50 Absatz 1 gilt.

Art. 44   **Ausstellungspriorität**

(1) Hat der Anmelder eines eingetragenen Gemeinschaftsgeschmacksmusters Erzeugnisse, in die das Geschmacksmuster aufgenommen sind oder bei denen sie verwendet werden, auf einer amtlichen oder amtlich anerkannten internationalen Ausstellung nach den Vorschriften des am 22. November 1928 in Paris unterzeichneten Übereinkommens über Internationale Ausstellungen offenbart, so kann er, wenn er die Anmeldung innerhalb einer Frist von sechs Monaten seit der erstmaligen Offenbarung der Erzeugnisse einreicht, ein Prioritätsrecht ab diesem Tag im Sinne des Artikels 43 in Anspruch nehmen.

(2) Jeder Anmelder, der nach Absatz 1 Priorität in Anspruch nehmen will, muss gemäss den in der Durchführungsverordnung festgelegten Einzelheiten Nachweise für die Zurschaustellung der Erzeugnisse, in die Geschmacksmuster aufgenommen ist oder bei denen es verwendet wird, vorlegen.

(3) Eine Ausstellungspriorität, die in einem Mitgliedstaat oder einem Drittstaat gewährt wurde, verlängert die Prioritätsfrist des Artikels 41 nicht.

Titel V   Eintragungsverfahren

Art. 45   **Prüfung der Anmeldung auf Formerfordernisse**

(1) Das Amt prüft, ob die Anmeldung den in Artikel 36 Absatz 1 aufgeführten Erfordernissen für die Zuerkennung eines Anmeldetags genügt.

(2) Das Amt prüft, ob:
a) die Anmeldung den sonstigen in Artikel 36 Absätze 2, 3, 4 und 5 sowie im Falle einer Sammelanmeldung den in Artikel 37 Absätze 1 und 2 vorgesehenen Erfordernissen genügt;
b) die Anmeldung den in der Durchführungsverordnung zu den Artikeln 36 und 37 vorgesehenen Formerfordernissen genügt;
c) die Erfordernisse nach Artikel 77 Absatz 2 erfüllt sind;

d) die Erfordernisse für die Inanspruchnahme der Priorität erfüllt sind, wenn Priorität in Anspruch genommen wird.

(3) Die Einzelheiten der Prüfung der Anmeldung auf Formerfordernisse werden in der Durchführungsverordnung festgelegt.

Art. 46 Behebbare Mängel

(1) Stellt das Amt bei der Prüfung gemäss Artikel 45 Mängel fest, die beseitigt werden können, so fordert es den Anmelder auf, die Mängel innerhalb der vorgeschriebenen Frist zu beheben.

(2) Betreffen die Mängel die Erfordernisse gemäss Artikel 36 Absatz 1 und kommt der Anmelder der Aufforderung des Amtes innerhalb der vorgeschriebenen Frist nach, so erkennt das Amt als Anmeldetag den Tag an, an dem die Mängel behoben werden. Werden die Mängel nicht innerhalb der vorgeschriebenen Frist behoben, so gilt die Anmeldung nicht als Anmeldung eines eingetragenen Gemeinschaftsgeschmacksmusters.

(3) Betreffen die Mängel die Erfordernisse gemäss Artikel 45 Absatz 2 Buchstaben a), b) und c), einschliesslich der Entrichtung der Gebühren, und kommt der Anmelder der Aufforderung des Amtes innerhalb der vorgeschriebenen Frist nach, so erkennt das Amt als Anmeldetag den Tag an, an dem die Anmeldung ursprünglich eingereicht wurde. Werden die Mängel oder der Zahlungsverzug nicht innerhalb der vorgeschriebenen Frist behoben, so wird die Anmeldung vom Amt zurückgewiesen.

(4) Betreffen die Mängel die Erfordernisse gemäss Artikel 45 Absatz 2 Buchstabe d) und werden sie nicht innerhalb der vorgeschriebenen Frist behoben, so erlischt der Prioritätsanspruch für die Anmeldung.

Art. 47 Eintragungshindernisse

(1) Kommt das Amt bei der Prüfung gemäss Artikel 45 zu dem Schluss, dass das Geschmacksmuster, für das Schutz beantragt wird:
a) der Begriffsbestimmung nach Artikel 3 Buchstabe a) nicht entspricht, oder
b) gegen die öffentliche Ordnung oder die guten Sitten verstösst, so weist es die Anmeldung zurück.

(2) Die Anmeldung kann nur zurückgewiesen werden, wenn dem Anmelder zuvor Gelegenheit gegeben worden ist, die Anmeldung zurückzunehmen oder zu ändern oder eine Stellungnahme einzureichen.

Art. 48 Eintragung

Sind die Erfordernisse einer Anmeldung eines eingetragenen Gemeinschaftsgeschmacksmusters erfüllt und wurde die Anmeldung nicht gemäss Artikel 47 zurückgewiesen, trägt das Amt die Anmeldung im Register für Gemeinschaftsgeschmacksmuster als eingetragenes Gemeinschaftsgeschmacksmuster ein. Die Eintragung erfolgt unter dem Datum des Anmeldetags gemäss Artikel 38.

Art. 49 Bekanntmachung

Nach der Eintragung macht das Amt das eingetragene Gemeinschaftsgeschmacksmuster im Blatt für Gemeinschaftsgeschmacksmuster nach Artikel 73 Absatz 1 bekannt. Der Inhalt der Bekanntmachung wird in der Durchführungsverordnung festgelegt.

Art. 50 **Aufgeschobene Bekanntmachung**

(1) Der Anmelder eines eingetragenen Gemeinschaftsgeschmacksmusters kann mit der Anmeldung beantragen, die Bekanntmachung des eingetragenen Gemeinschaftsgeschmacksmusters um 30 Monate ab dem Anmeldetag oder, wenn Priorität in Anspruch genommen wird, ab dem Prioritätstag, aufzuschieben.

(2) Wird der Antrag gestellt, so trägt das Amt, wenn die Bedingungen nach Artikel 48 erfüllt sind, das eingetragene Gemeinschaftsgeschmacksmuster zwar ein, aber vorbehaltlich des Artikels 74 Absatz 2 werden weder die Darstellung des Geschmacksmusters noch sonstige Unterlagen im Zusammenhang mit der Anmeldung zur öffentlichen Einsichtnahme ausgelegt.

(3) Das Amt veröffentlicht im Blatt für Gemeinschaftsgeschmacksmuster einen Hinweis auf die aufgeschobene Bekanntmachung des eingetragenen Gemeinschaftsgeschmacksmusters. Begleitet wird der Hinweis von Angaben, die es erlauben, die Identität des Rechtsinhabers des eingetragenen Gemeinschaftsgeschmacksmusters festzustellen, von der Angabe des Anmeldetages und von sonstigen in der Durchführungsverordnung festgelegten Angaben.

(4) Bei Ablauf der Aufschiebungsfrist oder auf Antrag des Rechtsinhabers zu einem früheren Zeitpunkt legt das Amt alle Eintragungen im Register und die Akte betreffend die Anmeldung zur öffentlichen Einsichtnahme aus und macht das eingetragene Gemeinschaftsgeschmacksmuster im Blatt für Gemeinschaftsgeschmacksmuster bekannt, vorausgesetzt, dass innerhalb der in der Durchführungsverordnung festgelegten Frist:

a) die Bekanntmachungsgebühr und im Falle einer Sammelanmeldung die zusätzliche Bekanntmachungsgebühr entrichtet werden,

b) der Rechtsinhaber – bei einer Nutzung der in Artikel 36 Absatz 1 Buchstabe c) gebotenen Möglichkeit – die Wiedergabe des Geschmacksmusters beim Amt hinterlegt hat. Entspricht der Rechtsinhaber diesen Erfordernissen nicht, so wird das eingetragene Gemeinschaftsgeschmacksmuster so behandelt, als habe es die in dieser Verordnung festgelegten Wirkungen von Anfang an nicht gehabt.

(5) Im Falle einer Sammelanmeldung ist es möglich, Absatz 4 auf nur einige der in der Sammelanmeldung enthaltenen Geschmacksmuster anzuwenden.

(6) Die Einleitung eines gerichtlichen Verfahrens auf der Grundlage eines eingetragenen Gemeinschaftsgeschmacksmusters während der Frist der Aufschiebung der Bekanntmachung ist nur möglich, wenn die im Register und in der den Antrag betreffenden Akte enthaltenen Angaben der Person mitgeteilt wurden, gegen die der Prozess angestrengt wird.

Titel VI Verzicht auf das eingetragene Gemeinschaftsgeschmackmuster und Nichtigkeit

Art. 51 **Verzicht**

(1) Der Verzicht auf das eingetragene Gemeinschaftsgeschmacksmuster ist vom Rechtsinhaber dem Amt schriftlich zu erklären. Er wird erst wirksam, wenn er im Register eingetragen ist.

(2) Wird auf ein Gemeinschaftsgeschmacksmuster verzichtet, das Gegenstand einer aufgeschobenen Bekanntmachung ist, so wird das Geschmacksmuster so behandelt, als habe es die in dieser Verordnung festgelegten Wirkungen von Anfang an nicht gehabt.

(3) Auf ein eingetragenes Gemeinschaftsgeschmacksmuster kann teilweise verzichtet werden, sofern die geänderte Form die Schutzvoraussetzungen erfüllt und die Identität des Musters gewahrt bleibt.

(4) Der Verzicht wird nur mit Zustimmung des im Register eingetragenen Rechtsinhabers so eingetragen. Ist eine Lizenz in das Register eingetragen, so wird der Verzicht erst dann eingetragen, wenn der Inhaber des eingetragenen Gemeinschaftsgeschmacksmusters glaubhaft macht, dass er den Lizenznehmer von seiner Verzichtsabsicht unterrichtet hat. Die Eintragung wird nach Ablauf der in der Durchführungsverordnung vorgeschriebenen Frist vorgenommen.

(5) Wurde aufgrund von Artikel 14 im Zusammenhang mit der Berechtigung zu einem eingetragenen Gemeinschaftsgeschmacksmuster vor einem Gemeinschaftsgeschmacksmustergericht Klage erhoben, so trägt das Amt den Verzicht nur mit Zustimmung des Klägers in das Register ein.

Art. 52 Antrag auf Nichtigerklärung

(1) Vorbehaltlich des Artikels 25 Absätze 2, 3, 4 und 5 kann jede natürliche oder juristische Person sowie eine hierzu befugte Behörde beim Amt einen Antrag auf Nichtigerklärung eines eingetragenen Gemeinschaftsgeschmacksmusters stellen.

(2) Der Antrag ist schriftlich einzureichen und zu begründen. Er gilt erst als gestellt, wenn die Gebühr für den Antrag auf Nichtigerklärung entrichtet worden ist.

(3) Ein Antrag auf Nichtigerklärung ist unzulässig, wenn ein Gemeinschaftsgeschmacksmustergericht über einen Antrag wegen desselben Anspruchs zwischen denselben Parteien bereits rechtskräftig entschieden hat.

Art. 53 Prüfung des Antrags

(1) Gelangt das Amt zu dem Ergebnis, dass der Antrag auf Nichtigerklärung zulässig ist, so prüft es, ob die in Artikel 25 genannten Nichtigkeitsgründe der Aufrechterhaltung des eingetragenen Gemeinschaftsgeschmacksmusters entgegenstehen.

(2) Bei der Prüfung des Antrags, die nach Massgabe der Durchführungsverordnung durchzuführen ist, fordert das Amt die Beteiligten so oft wie erforderlich auf, innerhalb einer von ihm zu bestimmenden Frist eine Stellungnahme zu seinen Mitteilungen oder zu den Schriftsätzen anderer Beteiligter einzureichen.

(3) Die Entscheidung, durch die das eingetragene Gemeinschaftsgeschmacksmuster für nichtig erklärt wird, wird in das Register eingetragen, nachdem sie rechtskräftig geworden ist.

Art. 54 Beteiligung des angeblichen Rechtsverletzers am Verfahren

(1) Wurde ein Antrag auf Erklärung der Nichtigkeit eines eingetragenen Gemeinschaftsgeschmacksmusters gestellt und wurde vom Amt noch keine rechtskräftige Entscheidung getroffen, so kann ein Dritter, der glaubhaft macht, dass ein Verfahren wegen der Verletzung desselben Gemeinschaftsgeschmacksmusters gegen ihn eingeleitet worden ist, dem Nichtigkeitsverfahren beitreten, wenn er den Antrag innerhalb von drei Monaten ab dem Tag der Einleitung des Verletzungsverfahrens einreicht.

Dasselbe gilt für jeden Dritten, der glaubhaft macht, dass der Rechtsinhaber des Gemeinschaftsgeschmacksmusters ihn aufgefordert hat, eine angebliche Verletzung des Gemeinschaftsgeschmacksmusters zu beenden, und dass er ein Verfahren eingeleitet hat, um eine Gerichtsentscheidung darüber herbeizuführen, dass er das Gemeinschaftsgeschmacksmuster nicht verletzt.

(2) Der Antrag auf Beitritt zum Verfahren ist schriftlich einzureichen und zu begründen. Dieser Antrag gilt erst als gestellt, wenn die Gebühr sowie die in Artikel 52 Absatz 2 genannte Gebühr entrichtet worden sind. Danach wird der Antrag vorbehaltlich in der Durchführungsverordnung aufgeführter Ausnahmen als Antrag auf Nichtigerklärung behandelt.

Titel VII   Beschwerden

Art. 55   **Beschwerdefähige Entscheidungen**

(1) Die Entscheidungen der Prüfer, der Marken- und Musterverwaltungs- und Rechtsabteilung und der Nichtigkeitsabteilungen sind mit der Beschwerde anfechtbar. Die Beschwerde hat aufschiebende Wirkung.

(2) Eine Entscheidung, die ein Verfahren gegenüber einem Beteiligten nicht abschliesst, ist nur zusammen mit der Endentscheidung anfechtbar, sofern nicht in der Entscheidung die gesonderte Beschwerde zugelassen ist.

Art. 56   **Beschwerdeberechtigte und Verfahrensberechtigte**

Die Beschwerde steht denjenigen zu, die an dem Verfahren beteiligt waren, das zu der Entscheidung geführt hat, soweit sie durch die Entscheidung des Amtes beschwert sind. Die übrigen an diesem Verfahren Beteiligten sind am Beschwerdeverfahren beteiligt.

Art. 57   **Frist und Form der Beschwerde**

Die Beschwerde ist innerhalb von zwei Monaten nach Zustellung der Entscheidung schriftlich beim Amt einzulegen. Die Beschwerde gilt erst als eingelegt, wenn die Beschwerdegebühr entrichtet worden ist. Innerhalb von vier Monaten nach Zustellung der Entscheidung ist die Beschwerde schriftlich zu begründen.

Art. 58   **Abhilfe**

(1) Erachtet die Dienststelle, deren Entscheidung angefochten wird, die Beschwerde als zulässig und begründet, so hat sie ihre Entscheidung zu berichtigen. Dies gilt nicht, wenn dem Beschwerdeführer ein anderer an dem Verfahren Beteiligter gegenübersteht.

(2) Wird die Entscheidung innerhalb eines Monats nach Eingang der Begründung nicht berichtigt, so ist sie unverzüglich ohne sachliche Stellungnahme der Beschwerdekammer vorzulegen.

Art. 59   **Prüfung der Beschwerde**

(1) Ist die Beschwerde zulässig, so prüft die Beschwerdekammer, ob die Beschwerde begründet ist.

(2) Bei der Prüfung der Beschwerde fordert die Beschwerdekammer die Beteiligten so oft wie erforderlich auf, innerhalb einer von ihr zu bestimmenden Frist eine Stellungnahme zu ihren Mitteilungen oder zu den Schriftsätzen der anderen Beteiligten einzureichen.

Art. 60   Entscheidung über die Beschwerde

(1) Nach der Prüfung, ob die Beschwerde begründet ist, entscheidet die Beschwerdekammer über die Beschwerde. Die Beschwerdekammer wird entweder im Rahmen der Zuständigkeit der Dienststelle tätig, die die angefochtene Entscheidung erlassen hat, oder verweist die Angelegenheit zur weiteren Bearbeitung an diese Dienststelle zurück.

(2) Verweist die Beschwerdekammer die Angelegenheit zur weiteren Bearbeitung an die Dienststelle zurück, die die angefochtene Entscheidung erlassen hat, so ist diese Dienststelle durch die rechtliche Beurteilung der Beschwerdekammer, die der Entscheidung zugrunde gelegt ist, gebunden, soweit der Tatbestand derselbe ist.

(3) Die Entscheidungen der Beschwerdekammer werden erst mit dem Ablauf der in Artikel 61 Absatz 5 genannten Frist oder, wenn innerhalb dieser Frist eine Klage beim Gerichtshof eingereicht wurde, mit dem Tag der Zurückweisung dieser Klage wirksam.

Art. 61   Klage beim Gerichtshof

(1) Die von den Beschwerdekammern getroffenen Entscheidungen sind mit der Klage beim Gerichtshof anfechtbar.

(2) Die Klage kann auf die Behauptung der Unzuständigkeit, der Verletzung wesentlicher Verfahrensvorschriften, der Verletzung des Vertrages, dieser Verordnung und einer bei ihrer Durchführung anzuwendenden Rechtsnorm oder auf Ermessensmissbrauch gestützt werden.

(3) Der Gerichtshof kann die angefochtene Entscheidung aufheben oder abändern.

(4) Das Klagerecht steht den an dem Verfahren vor der Beschwerdekammer Beteiligten zu, soweit sie durch die Entscheidung beschwert sind.

(5) Die Klage ist innerhalb von zwei Monaten nach Zustellung der Entscheidung der Beschwerdekammer beim Gerichtshof zu erheben.

(6) Das Amt hat die Massnahmen zu ergreifen, die sich aus dem Urteil des Gerichtshofs ergeben.

Titel VIII   Verfahren vor dem Amt

Abschnitt 1   Allgemeine Vorschriften

Art. 62   Begründung der Entscheidungen

Die Entscheidungen des Amtes sind mit Gründen zu versehen. Sie dürfen nur auf Gründe gestützt werden, zu denen die Beteiligten sich äussern konnten.

Art. 63   Ermittlung des Sachverhalts von Amts wegen

(1) In dem Verfahren vor dem Amt ermittelt das Amt den Sachverhalt von Amts wegen. Soweit es sich jedoch um Verfahren bezüglich einer Nichtigerklärung handelt, ist das Amt bei dieser Ermittlung auf das Vorbringen und die Anträge der Beteiligten beschränkt.

(2) Das Amt braucht Tatsachen und Beweismittel, die von den Beteiligten verspätet vorgebracht werden, nicht zu berücksichtigen.

Art. 64　**Mündliche Verhandlung**

(1) Das Amt ordnet von Amts wegen oder auf Antrag eines Verfahrensbeteiligten eine mündliche Verhandlung an, sofern es dies für sachdienlich erachtet.

(2) Die mündliche Verhandlung, einschliesslich der Verkündung der Entscheidung, ist öffentlich, sofern die Dienststelle, die das Verfahren durchführt, nicht in Fällen anderweitig entscheidet, in denen insbesondere für eine am Verfahren beteiligte Partei die Öffentlichkeit des Verfahrens schwerwiegende und ungerechtfertigte Nachteile zur Folge haben könnte.

Art. 65　**Beweisaufnahme**

(1) In den Verfahren vor dem Amt sind insbesondere folgende Beweismittel zulässig:
a)　Vernehmung der Beteiligten,
b)　Einholung von Auskünften,
c)　Vorlegung von Urkunden und Beweisstücken,
d)　Vernehmung von Zeugen,
e)　Begutachtung durch Sachverständige,
f)　schriftliche Erklärungen, die unter Eid oder an Eides statt abgegeben werden oder nach den Rechtsvorschriften des Staates, in dem sie abgegeben werden, die gleiche Wirkung haben.

(2) Die befasste Dienststelle des Amtes kann eines ihrer Mitglieder mit der Durchführung der Beweisaufnahme beauftragen.

(3) Hält das Amt die mündliche Vernehmung eines Beteiligten, Zeugen oder Sachverständigen für erforderlich, so wird der Betroffene zu einer Vernehmung vor dem Amt geladen.

(4) Die Beteiligten werden von der Vernehmung eines Zeugen oder eines Sachverständigen vor dem Amt benachrichtigt. Sie sind berechtigt, an der Zeugenvernehmung teilzunehmen und Fragen an den Zeugen oder Sachverständigen zu richten.

Art. 66　**Zustellung**

Das Amt stellt von Amts wegen alle Entscheidungen und Ladungen sowie die Bescheide und Mitteilungen zu, durch die eine Frist in Lauf gesetzt wird oder die nach anderen Vorschriften dieser Verordnung oder nach der Durchführungsverordnung zuzustellen sind oder für die der Präsident des Amtes die Zustellung vorgeschrieben hat.

Art. 67　**Wiedereinsetzung in den vorigen Stand**

(1) Der Anmelder, der Inhaber des eingetragenen Gemeinschaftsgeschmacksmusters oder jeder andere an einem Verfahren vor dem Amt Beteiligte, der trotz Beachtung aller nach den gegebenen Umständen gebotenen Sorgfalt verhindert worden ist, gegenüber dem Amt eine Frist einzuhalten, wird auf Antrag wieder in den vorigen Stand eingesetzt, wenn die Verhinderung nach dieser Verordnung den Verlust eines Rechts oder eines Rechtsmittels zur unmittelbaren Folge hat.

(2 Der Antrag ist innerhalb von zwei Monaten nach Wegfall des Hindernisses schriftlich einzureichen. Die versäumte Handlung ist innerhalb dieser Frist nachzuholen. Der Antrag ist nur innerhalb eines Jahres nach Ablauf der versäumten Frist

zulässig. Ist der Antrag auf Verlängerung der Eintragung nicht eingereicht worden oder sind die Verlängerungsgebühren nicht entrichtet worden, so wird die in Artikel 13 Absatz 3 zweiter Satz vorgesehene Nachfrist von sechs Monaten in die Frist von einem Jahr eingerechnet.

(3) Der Antrag ist zu begründen, wobei die zur Begründung dienenden Tatsachen glaubhaft zu machen sind. Er gilt erst als gestellt, wenn die Wiedereinsetzungsgebühr entrichtet worden ist.

(4) Über den Antrag entscheidet die Dienststelle, die über die versäumte Handlung zu entscheiden hat.

(5) Dieser Artikel ist nicht auf die Fristen des Absatzes 2 sowie des Artikels 41 Absatz 1 anzuwenden.

(6) Wird dem Anmelder oder dem Inhaber des eingetragenen Gemeinschaftsgeschmacksmusters die Wiedereinsetzung in den vorigen Stand gewährt, so kann er Dritten gegenüber, die in der Zeit zwischen dem Eintritt des Rechtsverlusts an der Anmeldung oder der Eintragung des eingetragenen Gemeinschaftsgeschmacksmusters und der Bekanntmachung des Hinweises auf die Wiedereinsetzung in den vorigen Stand Erzeugnisse, in die ein Muster aufgenommen ist oder bei denen es verwendet wird, das unter den Schutzumfang des eingetragenen Gemeinschaftsgeschmacksmusters fällt, gutgläubig in den Verkehr gebracht haben, keine Rechte geltend machen.

(7) Dritte, die sich auf Absatz 6 berufen können, können gegen die Entscheidung über die Wiedereinsetzung des Anmelders oder des Inhabers des eingetragenen Gemeinschaftsgeschmacksmusters in den vorigen Stand binnen zwei Monaten nach dem Zeitpunkt der Bekanntmachung des Hinweises auf die Wiedereinsetzung in den vorigen Stand Drittwiderspruch einlegen.

(8) Dieser Artikel lässt das Recht eines Mitgliedstaats unberührt, Wiedereinsetzung in den vorigen Stand in Bezug auf Fristen zu gewähren, die in dieser Verordnung vorgesehen und den Behörden dieses Staats gegenüber einzuhalten sind.

Art. 68 Heranziehung allgemeiner Grundsätze

Soweit diese Verordnung, die Durchführungsverordnung, die Gebührenordnung oder die Verfahrensordnung der Beschwerdekammern Vorschriften über das Verfahren nicht enthalten, berücksichtigt das Amt die in den Mitgliedstaaten allgemein anerkannten Grundsätze des Verfahrensrechts.

Art. 69 Erlöschen von Zahlungsverpflichtungen

(1) Ansprüche des Amtes auf die Zahlung der Gebühren verjähren in vier Jahren nach Ablauf des Kalenderjahres, in dem die Gebühr fällig geworden ist.

(2) Ansprüche gegen das Amt auf Rückerstattung von Gebühren oder von Geldbeträgen, die bei der Entrichtung einer Gebühr zu viel gezahlt worden sind, verjähren in vier Jahren nach Ablauf des Kalenderjahres, in dem der Anspruch entstanden ist.

(3) Die in den Absätzen 1 und 2 vorgesehene Frist wird im Falle des Absatzes 1 durch eine Aufforderung zur Zahlung der Gebühr und im Falle des Absatzes 2 durch eine schriftliche Geltendmachung des Anspruchs unterbrochen. Sie beginnt mit der Unterbrechung erneut zu laufen und endet spätestens sechs Jahre nach Ablauf des Jahres, in dem sie ursprünglich zu laufen begonnen hat, es sei denn, dass der Anspruch in der Zwischenzeit gerichtlich geltend gemacht worden ist. In diesem Fall endet die Frist frühestens ein Jahr nach der Rechtskraft der Entscheidung.

Abschnitt 2   Kosten

Art. 70   **Kostenverteilung**

(1) Der im Verfahren zur Erklärung der Nichtigkeit des eingetragenen Gemeinschaftsgeschmacksmusters oder im Beschwerdeverfahren unterliegende Beteiligte trägt die von dem anderen Beteiligten zu entrichtenden Gebühren sowie alle für die Durchführung des Verfahrens notwendigen Kosten, die dem anderen Beteiligten entstehen, einschliesslich der Reise- und Aufenthaltskosten und der Kosten der Bevollmächtigten, Beistände und Anwälte im Rahmen der Tarife, die für jede Kostengruppe gemäss der Durchführungsverordnung festgelegt werden.

(2) Soweit jedoch die Beteiligten jeweils in einem oder mehreren Punkten unterliegen oder soweit es die Billigkeit erfordert, beschliesst die Nichtigkeitsabteilung oder Beschwerdekammer eine andere Kostenverteilung.

(3) Der Beteiligte, der ein Verfahren dadurch beendet, dass er auf das eingetragene Gemeinschaftsgeschmacksmuster verzichtet oder dessen Eintragung nicht verlängert oder den Antrag auf Erklärung der Nichtigkeit oder die Beschwerde zurückzieht, trägt die Gebühren sowie die Kosten des anderen Beteiligten gemäss den Absätzen 1 und 2.

(4) Im Falle der Einstellung des Verfahrens entscheidet die Nichtigkeitsabteilung oder Beschwerdekammer über die Kosten nach freiem Ermessen.

(5) Vereinbaren die Beteiligten vor der Nichtigkeitsabteilung oder Beschwerdekammer eine andere als die in den Absätzen 1 bis 4 vorgesehene Kostenregelung, so nimmt das Amt diese Vereinbarung zur Kenntnis.

(6) Die Geschäftsstelle der Nichtigkeitsabteilung oder Beschwerdekammer setzt auf Antrag den Betrag der nach den Absätzen 1 bis 5 zu erstattenden Kosten fest. Gegen die Kostenfestsetzung der Geschäftsstelle ist der innerhalb der in der Durchführungsverordnung festgelegten Frist gestellte Antrag auf Entscheidung durch die Nichtigkeitsabteilung oder Beschwerdekammer zulässig.

Art. 71   **Vollstreckung der Kostenentscheidung**

(1) Jede rechtskräftige Entscheidung des Amtes, die Kosten festsetzt, ist ein vollstreckbarer Titel.

(2) Die Zwangsvollstreckung erfolgt nach den Vorschriften des Zivilprozessrechts des Staates, in dessen Hoheitsgebiet sie stattfindet. Die Vollstreckungsklausel wird nach einer Prüfung, die sich lediglich auf die Echtheit des Titels erstrecken darf, von der staatlichen Behörde erteilt, welche die Regierung jedes Mitgliedstaats zu diesem Zweck bestimmt und dem Amt und dem Gerichtshof benennt.

(3) Sind diese Förmlichkeiten auf Antrag der die Vollstreckung betreibenden Partei erfüllt, so kann diese die Zwangsvollstreckung nach innerstaatlichem Recht betreiben, indem sie die zuständige Stelle unmittelbar anruft.

(4) Die Zwangsvollstreckung kann nur durch eine Entscheidung des Gerichtshofs ausgesetzt werden. Für die Prüfung der Ordnungsmässigkeit der Vollstreckungsmassnahmen sind jedoch die Rechtsprechungsorgane des betreffenden Mitgliedstaats zuständig.

Abschnitt 3 Unterrichtung der Öffentlichkeit und der Behörden der Mitgliedstaaten

Art. 72 Register für Gemeinschaftsgeschmacksmuster

Das Amt führt ein Register mit der Bezeichnung «Register für Gemeinschaftsgeschmacksmuster», in dem alle Angaben vermerkt werden, deren Eintragung in dieser Verordnung oder in der Durchführungsverordnung vorgeschrieben ist. Jedermann kann in das Register Einsicht nehmen, sofern nicht Artikel 50 Absatz 2 etwas anderes bestimmt.

Art. 73 Regelmässig erscheinende Veröffentlichungen

(1) Das Amt gibt regelmässig ein Blatt für Gemeinschaftsgeschmacksmuster heraus, welches die Eintragungen im Register wiedergibt, die zur öffentlichen Einsichtnahme bestimmt sind, sowie sonstige Angaben enthält, deren Veröffentlichung in dieser Verordnung oder in der Durchführungsverordnung vorgeschrieben ist.

(2) Allgemeine Bekanntmachungen und Mitteilungen des Präsidenten des Amtes sowie sonstige diese Verordnung oder ihre Anwendung betreffende Mitteilungen werden im Amtsblatt des Amtes veröffentlicht.

Art. 74 Akteneinsicht

(1) Einsicht in die Akten von Anmeldungen für eingetragene Gemeinschaftsgeschmacksmuster, die noch nicht bekannt gemacht worden sind, oder in die Akten von eingetragenen Gemeinschaftsgeschmacksmustern, die Gegenstand der aufgeschobenen Bekanntmachung gemäss Artikel 50 sind, oder die Gegenstand der aufgeschobenen Bekanntmachung waren und auf die bei oder vor Ablauf der Frist für die Aufschiebung der Bekanntmachung verzichtet wurde, wird nur mit Zustimmung des Anmelders oder des Rechtsinhabers des eingetragenen Gemeinschaftsgeschmacksmusters gewährt.

(2) Wer ein legitimes Interesse an der Akteneinsicht glaubhaft macht, kann sie in dem in Absatz 1 geregelten Fall vor der Bekanntmachung der Anmeldung oder nach dem Verzicht auf das eingetragene Gemeinschaftsgeschmacksmuster und ohne Zustimmung des Anmelders oder des Inhabers des eingetragenen Gemeinschaftsgeschmacksmusters verlangen. Dies gilt insbesondere, wenn er nachweist, dass der Anmelder oder der Inhaber des eingetragenen Gemeinschaftsgeschmacksmusters

Massnahmen mit dem Ziel unternommen hat, die Rechte aus dem eingetragenen Gemeinschaftsgeschmacksmuster gegen ihn geltend zu machen.

(3) Nach der Bekanntmachung des eingetragenen Gemeinschaftsgeschmacksmusters wird auf Antrag Einsicht in die Akte gewährt.

(4) Im Falle einer Akteneinsicht entsprechend den Absätzen 2 oder 3 können jedoch Teile der Akten gemäss der Durchführungsverordnung von der Einsicht ausgeschlossen werden.

Art. 75 Amtshilfe

Das Amt und die Gerichte oder Behörden der Mitgliedstaaten unterstützen einander auf Antrag durch die Erteilung von Auskünften oder die Gewährung von Akteneinsicht, soweit nicht Vorschriften dieser Verordnung oder des nationalen Rechts dem entgegenstehen. Gewährt das Amt Gerichten, Staatsanwaltschaften oder Zentralbehörden für den gewerblichen Rechtsschutz Akteneinsicht, so unterliegt diese nicht den Beschränkungen des Artikels 74.

Art. 76   **Austausch von Veröffentlichungen**

(1) Das Amt und die Zentralbehörden für den gewerblichen Rechtsschutz der Mitgliedstaaten übermitteln einander auf entsprechendes Ersuchen kostenlos für ihre eigenen Zwecke ein oder mehrere Exemplare ihrer Veröffentlichungen.

(2) Das Amt kann Vereinbarungen über den Austausch oder die Übermittlung von Veröffentlichungen treffen.

4. Abschnitt Vertretung

Art. 77   **Allgemeine Grundsätze der Vertretung**

(1) Vorbehaltlich des Absatzes 2 ist niemand verpflichtet, sich vor dem Amt vertreten zu lassen.

(2) Unbeschadet des Absatzes 3 Unterabsatz 2 müssen natürliche oder juristische Personen, die weder Wohnsitz noch Sitz noch eine tatsächliche und nicht nur zum Schein bestehende gewerbliche oder Handelsniederlassung in der Gemeinschaft haben, in jedem durch diese Verordnung geschaffenen Verfahren mit Ausnahme der Einreichung einer Anmeldung für ein eingetragenes Gemeinschaftsgeschmacksmuster gemäss Artikel 78 Absatz 1 vor dem Amt vertreten sein. Die Durchführungsverordnung kann weitere Ausnahmen vorsehen.

(3) Natürliche oder juristische Personen mit Wohnsitz oder Sitz oder einer tatsächlichen und nicht nur zum Schein bestehenden gewerblichen oder Handelsniederlassung in der Gemeinschaft können sich vor dem Amt durch einen ihrer Angestellten vertreten lassen, der eine unterzeichnete Vollmacht zu den Akten einzureichen hat; die entsprechenden Einzelheiten sind in der Durchführungsverordnung geregelt. Angestellte einer juristischen Person im Sinne dieses Absatzes können auch andere juristische Personen, die mit der erstgenannten Person wirtschaftlich verbunden sind, vertreten, selbst wenn diese anderen juristischen Personen weder Wohnsitz noch Sitz noch eine tatsächliche und nicht nur zum Schein bestehende gewerbliche oder Handelsniederlassung in der Gemeinschaft haben.

Art. 78   **Vertretung**

(1) Die Vertretung natürlicher oder juristischer Personen in Verfahren vor dem Amt nach dieser Verordnung kann nur wahrgenommen werden:

a) durch einen Rechtsanwalt, der in einem der Mitgliedstaaten zugelassen ist und seinen Geschäftssitz in der Gemeinschaft hat, soweit er in diesem Staat die Vertretung auf dem Gebiet des gewerblichen Rechtsschutzes ausüben kann, oder

b) durch zugelassene Vertreter, die in die Liste zugelassener Vertreter gemäss Artikel 89 Absatz 1 Buchstabe b) der Verordnung über die Gemeinschaftsmarke eingetragen sind, oder

c) durch Personen, die in die besondere Liste zugelassener Vertreter in Geschmacksmusterangelegenheiten gemäss Absatz 4 eingetragen sind.

(2) Personen nach Absatz 1 Buchstabe c) sind nur dazu berechtigt, Dritte in Verfahren in Geschmacksmusterangelegenheiten vor dem Amt zu vertreten.

(3) In der Durchführungsverordnung wird festgelegt, ob und unter welchen Voraussetzungen die Vertreter dem Amt eine unterzeichnete Vollmacht zur Aufnahme in die Akten vorlegen müssen.

(4) Jede natürliche Person kann in die besondere Liste zugelassener Vertreter in Geschmacksmusterangelegenheiten eingetragen werden, sofern sie die folgenden Voraussetzungen erfüllt:

a) Sie muss die Staatsangehörigkeit eines Mitgliedstaats besitzen.

b) Sie muss ihren Geschäftssitz oder Arbeitsplatz innerhalb der Gemeinschaft haben.

c) Sie muss befugt sein, natürliche oder juristische Personen in Geschmacksmusterangelegenheiten vor der Zentralbehörde für den gewerblichen Rechtsschutz eines Mitgliedstaats oder vor dem Benelux-Musteramt zu vertreten. Unterliegt in diesem Staat die Befugnis zur Vertretung in Geschmacksmusterangelegenheiten nicht dem Erfordernis einer besonderen beruflichen Befähigung, so muss der Antragsteller vor der Zentralbehörde für den gewerblichen Rechtsschutz dieses Staates mindestens fünf Jahre lang regelmässig in Geschmacksmusterangelegenheiten tätig gewesen sein. Die Voraussetzung der Berufsausübung gilt jedoch nicht für Personen, deren berufliche Befähigung, natürliche oder juristische Personen in Geschmacksmusterangelegenheiten vor der Zentralbehörde für den gewerblichen Rechtsschutz eines Mitgliedstaats zu vertreten, nach den Vorschriften dieses Staats amtlich festgestellt worden ist.

(5) Die Eintragung in die Liste gemäss Absatz 4 erfolgt auf Antrag, dem eine Bescheinigung der Zentralbehörde für den gewerblichen Rechtsschutz des betreffenden Mitgliedstaats beizufügen ist, aus der sich die Erfüllung der Voraussetzungen gemäss Absatz 4 ergibt.

(6) Der Präsident des Amtes kann von folgenden Erfordernissen befreien:

a) Erfordernis nach Absatz 4 Buchstabe a) unter besonderen Umständen;

b) Erfordernis nach Absatz 4 Buchstabe c) zweiter Satz, wenn der Antragsteller nachweist, dass er die erforderliche Befähigung auf andere Weise erworben hat.

(7) In der Durchführungsverordnung wird festgelegt, unter welchen Bedingungen eine Person von der Liste gestrichen werden kann.

Titel IX   Zuständigkeit und Verfahren für Klagen, die Gemeinschaftsgeschmackmuster betreffen

Abschnitt 1   Zuständigkeit und Vollstreckung

Art. 79   Anwendung des Vollstreckungsübereinkommens

(1) Soweit in dieser Verordnung nichts anderes bestimmt ist, ist das am 27. September 1968 in Brüssel unterzeichnete Übereinkommen über die gerichtliche Zuständigkeit und die Vollstreckung gerichtlicher Entscheidungen in Zivil- und Handelssachen (nachstehend «Vollstrekkungsübereinkommen» genannt)[7] auf Verfahren betreffend Gemeinschaftsgeschmackmuster und Anmeldungen von eingetragenen Gemein-

---

[7] ABl. L 299 vom 31.12.1972, S. 32. Übereinkommen geändert durch die Übereinkommen über den Beitritt der den Europäischen Gemeinschaften beitretenden Staaten zu diesem Übereinkommen.

schaftsgeschmacksmustern anzuwenden. Dies gilt auch für Verfahren bezüglich Klagen auf der Grundlage von Gemeinschaftsgeschmacksmustern und nationalen Mustern, die gleichzeitigen Schutz geniessen.

(2) Die Bestimmungen des Vollstreckungsübereinkommens gelten gegenüber den einzelnen Mitgliedstaaten nur hinsichtlich des Textes, der für den einzelnen Staat jeweils verbindlich ist.

(3) Auf Verfahren, welche durch die in Artikel 81 genannten Klagen und Widerklagen anhängig gemacht werden:

a) sind Artikel 2, Artikel 4, Artikel 5 Nummern 1, 3, 4 und 5, Artikel 16 Nummer 4 sowie Artikel 24 des Vollstreckungsübereinkommens nicht anzuwenden;

b) sind Artikel 17 und 18 des Vollstreckungsübereinkommens »C1 vorbehaltlich der Einschränkungen in Artikel 82 Absatz 4 « dieser Verordnung anzuwenden;

c) sind die Bestimmungen des Titels II des Vollstreckungsübereinkommens, die für die in einem Mitgliedstaat wohnhaften Personen gelten, auch auf Personen anzuwenden, die keinen Wohnsitz, jedoch eine Niederlassung in einem Mitgliedstaat haben.

(4) Das Vollstreckungsübereinkommen gilt nicht gegenüber Mitgliedstaaten, in denen es noch nicht in Kraft getreten ist. Bis zu seinem Inkrafttreten richten sich Verfahren nach Absatz 1 in solchen Mitgliedstaaten nach bilateralen oder multilateralen Übereinkommen, die die Beziehungen zu anderen betroffenen Mitgliedstaaten regeln; besteht kein solches Übereinkommen, gelten die nationalen Rechtsvorschriften über die Zuständigkeit sowie die Anerkennung und Vollstreckung von Entscheidungen.

Abschnitt 2   Streitigkeiten über die Verletzung und Rechtsgültigkeit der Gemeinschaftsgeschmacksmuster

Art. 80   Gemeinschaftsgeschmacksmustergerichte

(1) Die Mitgliedstaaten benennen für ihr Gebiet eine möglichst geringe Anzahl nationaler Gerichte erster und zweiter Instanz (Gemeinschaftsgeschmacksmustergerichte), die die ihnen durch diese Verordnung zugewiesenen Aufgaben wahrnehmen.

(2) Jeder Mitgliedstaat übermittelt der Kommission spätestens am 6. März 2005 eine Aufstellung der Gemeinschaftsgeschmacksmustergerichte mit Angabe ihrer Bezeichnungen und örtlichen Zuständigkeit.

(3) Änderungen der Anzahl, der Bezeichnung oder der örtlichen Zuständigkeit der Gemeinschaftsgeschmacksmustergerichte, die nach der in Absatz 2 genannten Übermittlung eintreten, teilt der betreffende Mitgliedstaat unverzüglich der Kommission mit.

(4) Die in den Absätzen 2 und 3 genannten Angaben werden den Mitgliedstaaten von der Kommission bekannt gegeben und im Amtsblatt der Europäischen Gemeinschaften veröffentlicht.

(5) Solange ein Mitgliedstaat die in Absatz 2 vorgesehene Übermittlung nicht vorgenommen hat, sind Verfahren, welche durch die in Artikel 81 genannten Klagen und Widerklagen anhängig gemacht werden und für die die Gerichte dieses Mitgliedstaates nach Artikel 82 zuständig sind, vor demjenigen Gericht dieses Mitgliedstaates anhängig zu machen, das örtlich und sachlich zuständig wäre, wenn es sich um Verfahren handelte, die ein nationales Musterrecht dieses Staats betreffen.

Art. 81 Zuständigkeit für Verletzung und Rechtsgültigkeit

Die Gemeinschaftsgeschmacksmustergerichte sind ausschliesslich zuständig:

a) für Klagen wegen Verletzung und – falls das nationale Recht dies zulässt – wegen drohender Verletzung eines Gemeinschaftsgeschmacksmusters;

b) für Klagen auf Feststellung der Nichtverletzung von Gemeinschaftsgeschmacksmustern, falls das nationale Recht diese zulässt;

c) für Klagen auf Erklärung der Nichtigkeit eines nicht eingetragenen Gemeinschaftsgeschmacksmusters;

d) für Widerklagen auf Erklärung der Nichtigkeit eines Gemeinschaftsgeschmacksmusters, die im Zusammenhang mit den unter Buchstabe a) genannten Klagen erhoben werden.

Art. 82 Internationale Zuständigkeit

(1) Vorbehaltlich der Vorschriften dieser Verordnung sowie der nach Artikel 79 anzuwendenden Bestimmungen des Vollstreckungsübereinkommens sind für die Verfahren, die durch eine in Artikel 81 genannte Klage oder Widerklage anhängig gemacht werden, die Gerichte des Mitgliedstaats zuständig, in dem der Beklagte seinen Wohnsitz oder – in Ermangelung eines Wohnsitzes in einem Mitgliedstaat – eine Niederlassung hat.

(2) Hat der Beklagte weder einen Wohnsitz noch eine Niederlassung in einem der Mitgliedstaaten, so sind für diese Verfahren die Gerichte des Mitgliedstaats zuständig, in dem der Kläger seinen Wohnsitz oder – in Ermangelung eines Wohnsitzes in einem Mitgliedstaat – eine Niederlassung hat.

(3) Hat weder der Beklagte noch der Kläger einen Wohnsitz oder eine Niederlassung in einem der Mitgliedstaaten, so sind für diese Verfahren die Gerichte des Mitgliedstaats zuständig, in dem das Amt seinen Sitz hat.

(4) Ungeachtet der Absätze 1, 2 und 3 ist:

a) Artikel 17 des Vollstreckungsübereinkommens anzuwenden, wenn die Parteien vereinbaren, dass ein anderes Gemeinschaftsgeschmacksmustergericht zuständig sein soll,

b) Artikel 18 des Vollstreckungsübereinkommens anzuwenden, wenn der Beklagte sich auf das Verfahren vor einem anderen Gemeinschaftsgeschmacksmustergericht einlässt.

(5) Die Verfahren, welche durch die in Artikel 81 Buchstaben a) und d) genannten Klagen und Widerklagen anhängig gemacht werden, können auch bei den Gerichten des Mitgliedstaats anhängig gemacht werden, in dem eine Verletzungshandlung begangen worden ist oder droht.

Art. 83 Reichweite der Zuständigkeit für Verletzungen

(1) Ein Gemeinschaftsgeschmacksmustergericht, dessen Zuständigkeit auf Artikel 82 Absätze 1, 2, 3 oder 4 beruht, ist für die in jedem Mitgliedstaat begangenen oder drohenden Verletzungshandlungen zuständig.

(2) Ein nach Artikel 82 Absatz 5 zuständiges Gemeinschaftsgeschmacksmustergericht ist nur für die Verletzungshandlungen zuständig, die in dem Mitgliedstaat begangen worden sind oder drohen, in dem das Gericht seinen Sitz hat.

Art. 84 **Klage und Widerklage auf Erklärung der Nichtigkeit eines Gemeinschaftsgeschmacksmusters**

(1) Eine Klage oder Widerklage auf Erklärung der Nichtigkeit eines Gemeinschaftsgeschmacksmusters kann nur auf die in Artikel 25 genannten Nichtigkeitsgründe gestützt werden.

(2) In den Fällen des Artikels 25 Absätze 2 bis 5 kann eine Klage oder Widerklage nur von der nach diesen Bestimmungen befugten Person erhoben werden.

(3) Wird die Widerklage in einem Rechtsstreit erhoben, in dem der Inhaber des Gemeinschaftsgeschmacksmusters noch nicht Partei ist, so ist er hiervon zu unterrichten und kann dem Rechtsstreit nach Massgabe der Vorschriften des nationalen Rechts des Mitgliedstaats beitreten, in dem das Gericht seinen Sitz hat.

(4) Die Rechtsgültigkeit eines Gemeinschaftsgeschmacksmusters kann nicht durch eine Klage auf Feststellung der Nichtverletzung angegriffen werden.

Art. 85 **Vermutung der Rechtsgültigkeit – Einreden**

(1) In Verfahren betreffend eine Verletzungsklage oder eine Klage wegen drohender Verletzung eines eingetragenen Gemeinschaftsgeschmacksmusters haben die Gemeinschaftsgeschmacksmustergerichte von der Rechtsgültigkeit des Gemeinschaftsgeschmacksmusters auszugehen. Die Rechtsgültigkeit kann vom Beklagten nur mit einer Widerklage auf Erklärung der Nichtigkeit bestritten werden. Allerdings ist der nicht im Wege der Widerklage erhobene Einwand der Nichtigkeit eines Gemeinschaftsgeschmacksmusters insoweit zulässig, als sich der Beklagte darauf beruft, dass das Gemeinschaftsgeschmacksmuster wegen eines ihm zustehenden älteren nationalen Musterrechts im Sinne des Artikels 25 Absatz 1 Buchstabe d) für nichtig erklärt werden sollte.

(2) In Verfahren betreffend eine Verletzungsklage oder eine Klage wegen drohender Verletzung eines nicht eingetragenen Gemeinschaftsgeschmacksmusters haben die Gemeinschaftsgeschmacksmustergerichte, wenn der Rechtsinhaber Beweis für das Vorliegen der Voraussetzungen von Artikel 11 erbringt und angibt, inwiefern sein Geschmacksmuster Eigenart aufweist, von der Rechtsgültigkeit des Gemeinschaftsgeschmacksmusters auszugehen. Die Rechtsgültigkeit kann vom Beklagten jedoch mit einer Widerklage auf Erklärung der Nichtigkeit bestritten werden.

Art. 86 **Entscheidungen über die Rechtsgültigkeit**

(1) In einem Verfahren vor einem Gemeinschaftsgeschmacksmustergericht, in dem die Rechtsgültigkeit des Gemeinschaftsgeschmacksmusters mit einer Widerklage auf Erklärung der Nichtigkeit angegriffen wurde:

a) erklärt das Gericht das Gemeinschaftsgeschmacksmuster für nichtig, wenn nach seinen Feststellungen einer der in Artikel 25 genannten Gründe der Aufrechterhaltung des Gemeinschaftsgeschmacksmusters entgegensteht;

b) weist das Gericht die Widerklage ab, wenn nach seinen Feststellungen keiner der in Artikel 25 genannten Gründe der Aufrechterhaltung des Gemeinschaftsgeschmacksmusters entgegensteht.

(2) Das Gemeinschaftsgeschmacksmustergericht, bei dem Widerklage auf Erklärung der Nichtigkeit des eingetragenen Gemeinschaftsgeschmacksmusters erhoben worden ist, teilt dem Amt den Tag der Erhebung der Widerklage mit. Das Amt vermerkt diese Tatsache im Register.

(3) Das mit einer Widerklage auf Erklärung der Nichtigkeit des eingetragenen Gemeinschaftsgeschmacksmusters befasste Gemeinschaftsgeschmacksmustergericht kann auf Antrag des Inhabers des eingetragenen Gemeinschaftsgeschmacksmusters nach Anhörung der anderen Parteien das Verfahren aussetzen und den Beklagten auffordern, innerhalb einer vom Gericht zu bestimmenden Frist beim Amt die Erklärung der Nichtigkeit zu beantragen. Wird der Antrag nicht innerhalb der Frist gestellt, wird das Verfahren fortgesetzt; die Widerklage gilt als zurückgenommen. Artikel 91 Absatz 3 findet Anwendung.

(4) Ist die Entscheidung des Gemeinschaftsgeschmacksmustergerichts über eine Widerklage auf Erklärung der Nichtigkeit des eingetragenen Gemeinschaftsgeschmacksmusters rechtskräftig geworden, so wird eine Ausfertigung dieser Entscheidung dem Amt zugestellt. Jede Partei kann darum ersuchen, von der Zustellung unterrichtet zu werden. Das Amt trägt nach Massgabe der Durchführungsverordnung einen Hinweis auf die Entscheidung im Register ein.

(5) Die Widerklage auf Erklärung der Nichtigkeit des eingetragenen Gemeinschaftsgeschmacksmusters ist unzulässig, wenn das Amt über einen Antrag wegen desselben Anspruchs zwischen denselben Parteien bereits eine rechtskräftige Entscheidung erlassen hat.

Art. 87   Wirkungen der Entscheidung über die Rechtsgültigkeit

Ist die Entscheidung eines Gemeinschaftsgeschmacksmustergerichts, mit der ein Gemeinschaftsgeschmacksmuster für nichtig erklärt wird, rechtskräftig geworden, so hat sie in allen Mitgliedstaaten die in Artikel 26 aufgeführten Wirkungen.

Art. 88   Anwendbares Recht

(1) Die Gemeinschaftsgeschmacksmustergerichte wenden die Vorschriften dieser Verordnung an.

(2) In allen Fragen, die nicht durch diese Verordnung erfasst werden, wenden die Gemeinschaftsgeschmacksmustergerichte ihr nationales Recht einschliesslich ihres internationalen Privatrechts an.

(3) Soweit in dieser Verordnung nichts anderes bestimmt ist, wendet das Gemeinschaftsgeschmacksmustergericht die Verfahrensvorschriften an, die in dem Mitgliedstaat, in dem es seinen Sitz hat, auf gleichartige Verfahren betreffend nationale Musterrechte anwendbar sind.

Art. 89   Sanktionen bei Verletzungsverfahren

(1) Stellt ein Gemeinschaftsgeschmacksmustergericht in einem Verfahren wegen Verletzung oder drohender Verletzung fest, dass der Beklagte ein Gemeinschaftsgeschmacksmuster verletzt hat oder zu verletzen droht, so erlässt es, wenn dem nicht gute Gründe entgegenstehen, folgende Anordnungen:

a) Anordnung, die dem Beklagten verbietet, die Handlungen, die das Gemeinschaftsgeschmacksmuster verletzen oder zu verletzen drohen, fortzusetzen;

b) Anordnung, die nachgeahmten Erzeugnisse zu beschlagnahmen;

c) Anordnung, Materialien und Werkzeug, die vorwiegend dazu verwendet wurden, die nachgeahmten Güter zu erzeugen, zu beschlagnahmen, wenn der Eigentümer vom Ergebnis der Verwendung wusste oder dieses offensichtlich war;

d) Anordnungen, durch die andere, den Umständen angemessene Sanktionen auferlegt werden, die in der Rechtsordnung einschliesslich des Internationalen Privatrechts des Mitgliedstaates vorgesehen sind, in dem die Verletzungshandlungen begangen worden sind oder drohen.

(2) Das Gemeinschaftsgeschmacksmustergericht trifft nach Massgabe seines innerstaatlichen Rechts die erforderlichen Massnahmen, um sicherzustellen, dass die in Absatz 1 genannten Anordnungen befolgt werden.

Art. 90 Einstweilige Massnahmen einschliesslich Sicherungsmassnahmen

(1) Bei den Gerichten eines Mitgliedstaats – einschliesslich der Gemeinschaftsgeschmacksmustergerichte – können in Bezug auf ein Gemeinschaftsgeschmacksmuster alle einstweiligen Massnahmen einschliesslich Sicherungsmassnahmen beantragt werden, die in dem Recht dieses Staates für nationale Musterrechte vorgesehen sind, auch wenn für die Entscheidung in der Hauptsache aufgrund dieser Verordnung ein Gemeinschaftsgeschmacksmustergericht eines anderen Mitgliedstaats zuständig ist.

(2) In Verfahren betreffend einstweilige Massnahmen einschliesslich Sicherungsmassnahmen ist der nicht im Wege der Widerklage erhobene Einwand der Nichtigkeit des Gemeinschaftsgeschmacksmusters zulässig. Artikel 85 Absatz 2 gilt entsprechend.

(3) Ein Gemeinschaftsgeschmacksmustergericht, dessen Zuständigkeit auf Artikel 82 Absätze 1, 2, 3 oder 4 beruht, ist zuständig für die Anordnung einstweiliger Massnahmen einschliesslich Sicherungsmassnahmen, die vorbehaltlich eines gegebenenfalls erforderlichen Anerkennungs- und Vollstreckungsverfahrens gemäss Titel III des Vollstreckungsübereinkommens in jedem Mitgliedstaat anwendbar sind. Hierfür ist kein anderes Gericht zuständig.

Art. 91 Besondere Vorschriften über im Zusammenhang stehende Verfahren

(1) Ist vor einem Gemeinschaftsgeschmacksmustergericht eine Klage im Sinne des Artikels 81 – mit Ausnahme einer Klage auf Feststellung der Nichtverletzung – erhoben worden, so setzt es das Verfahren, soweit keine besonderen Gründe für dessen Fortsetzung bestehen, von Amts wegen nach Anhörung der Parteien oder auf Antrag einer Partei nach Anhörung der anderen Parteien aus, wenn die Rechtsgültigkeit des Gemeinschaftsgeschmacksmusters bereits aufgrund einer Widerklage vor einem anderen Gemeinschaftsgeschmacksmustergericht angegriffen worden ist oder wenn beim Amt bereits ein Antrag auf Erklärung der Nichtigkeit des eingetragenen Gemeinschaftsgeschmacksmusters gestellt worden ist.

(2) Ist beim Amt ein Antrag auf Erklärung der Nichtigkeit des eingetragenen Gemeinschaftsgeschmacksmusters gestellt worden, so setzt es das Verfahren, soweit keine besonderen Gründe für dessen Fortsetzung bestehen, von Amts wegen nach Anhörung der Parteien oder auf Antrag einer Partei nach Anhörung der anderen Parteien aus, wenn die Rechtsgültigkeit des eingetragenen Gemeinschaftsgeschmacksmusters bereits aufgrund einer Widerklage vor einem Gemeinschaftsgeschmacksmustergericht angegriffen worden ist. Das Gemeinschaftsgeschmacksmustergericht kann jedoch auf Antrag einer Partei des bei ihm anhängigen Verfahrens nach Anhörung der anderen Parteien das Verfahren aussetzen. In diesem Fall setzt das Amt das bei ihm anhängige Verfahren fort.

(3) Setzt das Gemeinschaftsgeschmacksmustergericht das Verfahren aus, kann es für die Dauer der Aussetzung einstweilige Massnahmen einschliesslich Sicherungsmassnahmen treffen.

Art. 92   **Zuständigkeit der Gemeinschaftsgeschmacksmustergerichte zweiter Instanz – Weitere Rechtsmittel**

(1) Gegen Entscheidungen der Gemeinschaftsgeschmacksmustergerichte erster Instanz über Klagen und Widerklagen nach Artikel 81 findet die Berufung bei den Gemeinschaftsgeschmacksmustergerichten zweiter Instanz statt.

(2) Die Bedingungen für die Einlegung der Berufung bei einem Gemeinschaftsgeschmacksmustergericht zweiter Instanz richten sich nach dem nationalen Recht des Mitgliedstaats, in dem dieses Gericht seinen Sitz hat.

(3) Die nationalen Vorschriften über weitere Rechtsmittel sind auf die Entscheidungen der Gemeinschaftsgeschmacksmustergerichte zweiter Instanz anwendbar.

Abschnitt 3   Sonstige Streitigkeiten über Gemeinschaftsgeschmacksmuster

Art. 93   **Ergänzende Vorschriften über die Zuständigkeit der nationalen Gerichte, die keine Gemeinschaftsgeschmacksmustergerichte sind**

(1) Innerhalb des Mitgliedstaats, dessen Gerichte nach Artikel 79 Absatz 1 oder Absatz 4 zuständig sind, sind für andere als die in Artikel 81 genannten Klagen betreffend Gemeinschaftsgeschmacksmuster die Gerichte zuständig, die örtlich und sachlich zuständig wären, wenn es sich um Klagen handelte, die ein nationales Musterrecht in diesem Staat betreffen.

(2) Ist nach Artikel 79 Absatz 1 oder Absatz 4 und nach Absatz 1 dieses Artikels kein Gericht für die Entscheidung über andere als die in Artikel 81 genannten Klagen, die ein Gemeinschaftsgeschmacksmuster betreffen, zuständig, so kann die Klage vor den Gerichten des Mitgliedstaats erhoben werden, in dem das Amt seinen Sitz hat.

Art. 94   **Bindung des nationalen Gerichts**

Das nationale Gericht, vor dem eine nicht unter Artikel 81 fallende Klage betreffend ein Gemeinschaftsgeschmacksmuster anhängig ist, hat von der Rechtsgültigkeit des Gemeinschaftsgeschmacksmusters auszugehen. Artikel 85 Absatz 2 und Artikel 90 Absatz 2 finden jedoch entsprechende Anwendung.

Titel X   Auswirkungen auf das Recht der Mitgliedstaaten

Art. 95   **Parallele Klagen aus Gemeinschaftsgeschmacksmustern und aus nationalen Musterrechten**

(1) Werden Klagen wegen Verletzung oder drohender Verletzung wegen derselben Handlungen und zwischen denselben Parteien bei Gerichten verschiedener Mitgliedstaaten anhängig gemacht, von denen das eine Gericht wegen Verletzung eines Gemeinschaftsgeschmacksmusters und das andere Gericht wegen der Verletzung eines nationalen Musterrechts, das gleichzeitigen Schutz gewährt, angerufen wird, so hat sich das später angerufene Gericht von Amts wegen zugunsten des zuerst angerufenen Gerichts für unzuständig zu erklären. Das Gericht, das sich für unzuständig zu erklären hätte, kann das Verfahren aussetzen, wenn die Unzuständigkeit des anderen Gerichts geltend gemacht wird.

(2) Das wegen Verletzung oder drohender Verletzung eines Gemeinschaftsgeschmacksmusters angerufene Gemeinschaftsgeschmacksmustergericht weist die Klage ab, wenn wegen derselben Handlungen zwischen denselben Parteien ein rechtskräftiges Urteil in der Sache aufgrund eines Musterrechts, das gleichzeitigen Schutz gewährt, ergangen ist.

(3) Das wegen Verletzung oder drohender Verletzung eines nationalen Musterrechts angerufene Gericht weist die Klage ab, falls wegen derselben Handlungen zwischen denselben Parteien ein rechtskräftiges Urteil in der Sache aufgrund eines Gemeinschaftsgeschmacksmusters, das gleichzeitigen Schutz gewährt, ergangen ist.

(4) Die Absätze 1, 2 und 3 gelten nicht für einstweilige Massnahmen, einschliesslich Sicherungsmassnahmen.

Art. 96   **Verhältnis zu anderen Schutzformen nach nationalem Recht**

(1) Diese Verordnung lässt Bestimmungen des Gemeinschaftsrechts und des Rechts der betreffenden Mitgliedstaaten über nicht eingetragene Muster, Marken oder sonstige Zeichen mit Unterscheidungskraft, Patente und Gebrauchsmuster, Schriftbilder, zivilrechtliche Haftung und unlauteren Wettbewerb unberührt.

(2) Ein als Gemeinschaftsgeschmacksmuster geschütztes Muster ist ab dem Tag, an dem das Muster entstand oder in irgendeiner Form festgelegt wurde, auch nach dem Urheberrecht der Mitgliedstaaten schutzfähig. In welchem Umfang und unter welchen Bedingungen ein solcher Schutz gewährt wird, wird einschliesslich des erforderlichen Grades der Eigenart vom jeweiligen Mitgliedstaat festgelegt.

Titel XI   **Ergänzende Bestimmungen zum Amt**

Abschnitt 1   **Allgemeine Bestimmungen**

Art. 97   **Allgemeine Bestimmung**

Soweit in diesem Titel nichts anderes bestimmt wird, gilt für das Amt im Hinblick auf die ihm durch diese Verordnung zugewiesenen Aufgaben Titel XII der Verordnung über die Gemeinschaftsmarke.

Art. 98   **Verfahrenssprache**

(1) Anmeldungen von eingetragenen Gemeinschaftsgeschmacksmustern sind in einer der Amtssprachen der Gemeinschaft einzureichen.

(2) Der Anmelder hat eine zweite Sprache, die eine Sprache des Amtes ist, anzugeben, mit deren Benutzung als etwaiger Verfahrenssprache vor dem Amt er einverstanden ist. Ist die Anmeldung in einer Sprache, die nicht eine Sprache des Amtes ist, eingereicht worden, so sorgt das Amt dafür, dass die Anmeldung in die vom Anmelder angegebene Sprache übersetzt wird.

(3) Ist der Anmelder des eingetragenen Gemeinschaftsgeschmacksmusters in einem Verfahren vor dem Amt der einzige Beteiligte, so ist Verfahrenssprache die Sprache, in der die Anmeldung eingereicht worden ist. Ist die Anmeldung in einer Sprache, die nicht eine Sprache des Amtes ist, eingereicht worden, so kann das Amt dem Anmelder schriftliche Mitteilungen in der zweiten von ihm in der Anmeldung angegebenen Sprache übermitteln.

(4) In Verfahren auf Erklärung der Nichtigkeit ist die Verfahrenssprache die Sprache, in der die Anmeldung eingereicht worden ist, wenn es sich um eine Sprache des Amtes handelt. Ist die Anmeldung in einer Sprache eingereicht worden, die nicht eine Sprache des Amtes ist, so ist die Verfahrenssprache die zweite in der Anmeldung angegebene Sprache.

Anträge auf Erklärung der Nichtigkeit sind in der Verfahrenssprache zu stellen.

Ist die Verfahrenssprache nicht die Sprache, in der die Anmeldung eingereicht worden ist, so kann der Rechtsinhaber des Gemeinschaftsgeschmacksmusters Erklärungen in der Sprache abgeben, in der die Anmeldung eingereicht worden ist. Das Amt sorgt dafür, dass diese Erklärungen in die Verfahrenssprache übersetzt werden.

In der Durchführungsverordnung kann vorgesehen werden, dass die dem Amt auferlegten Übersetzungskosten einen für jede Verfahrensart festgelegten Betrag, der anhand des durchschnittlichen Umfangs der beim Amt eingegangenen Schriftsätze festgelegt wird, nicht überschreiten dürfen, wovon Fälle ausgenommen sind, in denen das Amt einer aufgrund der Kompliziertheit der Angelegenheit gerechtfertigten Ausnahmeregelung zustimmt. Die den betreffenden Betrag übersteigenden Kosten können nach Artikel 70 dem unterliegenden Beteiligten auferlegt werden.

(5) Die an einem Verfahren auf Erklärung der Nichtigkeit Beteiligten können vereinbaren, dass eine andere Amtssprache der Gemeinschaft als Verfahrenssprache verwendet wird.

Art. 99   **Veröffentlichung und Eintragung**

(1) Sämtliche Informationen, deren Veröffentlichung in dieser Verordnung oder in der Durchführungsverordnung vorgeschrieben ist, werden in allen Amtssprachen der Gemeinschaft veröffentlicht.

(2) Sämtliche Eintragungen in das Register für Gemeinschaftsgeschmacksmuster werden in allen Amtssprachen der Gemeinschaft vorgenommen.

(3) In Zweifelsfällen ist der Wortlaut in der Sprache des Amtes massgebend, in der die Anmeldung des Gemeinschaftsgeschmacksmusters eingereicht wurde. Wurde die Anmeldung in einer Amtssprache der Gemeinschaft eingereicht, die nicht eine Sprache des Amtes ist, so ist der Wortlaut in der vom Anmelder angegebenen zweiten Sprache verbindlich.

Art. 100   **Zusätzliche Befugnisse des Präsidenten**

Zusätzlich zu den Funktionen und Befugnissen, die dem Präsidenten des Amtes durch Artikel 119 der Verordnung über die Gemeinschaftsmarke übertragen werden, kann er der Kommission Entwürfe für Änderungen dieser Verordnung, der Durchführungsverordnung, der Gebührenordnung und jeder anderen Regelung nach Anhörung des Verwaltungsrates und – im Fall der Gebührenordnung – des Finanzausschusses, vorlegen, soweit sie sich auf das eingetragene Gemeinschaftsgeschmacksmuster beziehen.

Art. 101   **Zusätzliche Befugnisse des Verwaltungsrats**

Zusätzlich zu den Befugnissen, die dem Verwaltungsrat durch die Artikel 121 ff. der Verordnung über die Gemeinschaftsmarke oder andere Bestimmungen dieser Verordnung übertragen werden:

a) legt der Verwaltungsrat den Tag fest, an dem gemäss Artikel 111 Absatz 2 Anmeldungen von eingetragenen Gemeinschaftsgeschmacksmustern erstmals eingereicht werden können;
b) wird er vor der Annahme von Leitlinien für die vom Amt durchgeführte Prüfung auf Formerfordernisse und Prüfung der Eintragungshindernisse und Nichtigkeitsverfahren sowie in den anderen in dieser Verordnung vorgesehenen Fällen gehört.

Abschnitt 2 Verfahren

Art. 102 **Zuständigkeit**

Für Entscheidungen im Zusammenhang mit den in dieser Verordnung vorgeschriebenen Verfahren sind zuständig:
a) die Prüfer,
b) die Marken- und Musterverwaltungs- und Rechtsabteilung,
c) die Nichtigkeitsabteilungen,
d) die Beschwerdekammern.

Art. 103 **Prüfer**

Die Prüfer sind für Entscheidungen namens des Amtes im Zusammenhang mit der Anmeldung eines eingetragenen Gemeinschaftsgeschmacksmusters zuständig.

Art. 104 **Marken- und Musterverwaltungs- und Rechtsabteilung**

(1) Die Markenverwaltungs- und Rechtsabteilung, die durch Artikel 128 der Verordnung über die Gemeinschaftsmarke eingerichtet wurde, wird umbenannt in Marken- und Musterverwaltungs- und Rechtsabteilung.

(2) Zusätzlich zu den ihr in der Verordnung über die Gemeinschaftsmarke übertragenen Befugnissen ist sie für die nach dieser Verordnung erforderlichen Entscheidungen zuständig, die nicht in die Zuständigkeit eines Prüfers oder einer Nichtigkeitsabteilung fallen. Sie ist insbesondere zuständig für Entscheidungen über Eintragungen und Löschungen im Register.

Art. 105 **Nichtigkeitsabteilungen**

(1) Die Nichtigkeitsabteilungen sind zuständig für Entscheidungen im Zusammenhang mit einem Antrag auf Erklärung der Nichtigkeit eines eingetragenen Gemeinschaftsgeschmacksmusters.

(2) Eine Nichtigkeitsabteilung setzt sich aus drei Mitgliedern zusammen. Mindestens ein Mitglied muss rechtskundig sein.

Art. 106 **Beschwerdekammern**

Zusätzlich zu den ihnen in Artikel 131 der Verordnung über die Gemeinschaftsmarke übertragenen Befugnissen sind die durch diese Verordnung geschaffenen Beschwerdekammern zuständig für die Entscheidung über Beschwerden gegen Entscheidungen der Prüfer, der Nichtigkeitsabteilungen und der Marken- und Musterverwaltungs- und Rechtsabteilung, soweit die Entscheidungen Gemeinschaftsgeschmacksmuster betreffen.

Titel XII   Schlussbestimmungen

Art. 107   **Durchführungsverordnung**

(1) Die Vorschriften zur Durchführung dieser Verordnung werden in einer Durchführungsverordnung festgelegt.

(2) Ausser den in dieser Verordnung vorgesehenen Gebühren werden Gebühren in den nachstehend aufgeführten Fällen nach Massgabe der Durchführungsverordnung und einer Gebührenordnung erhoben:

a) verspätete Bezahlung der Eintragungsgebühr,
b) verspätete Bezahlung der Bekanntmachungsgebühr,
c) verspätete Bezahlung der Gebühr für die Aufschiebung der Bekanntmachung,
d) verspätete Bezahlung der zusätzlichen Gebühren für Sammelanmeldungen,
e) Ausstellung einer Kopie der Eintragungsurkunde,
f) Eintragung der Übertragung eines eingetragenen Gemeinschaftsgeschmacksmusters,
g) Eintragung einer Lizenz oder eines anderen Rechts an einem eingetragenen Gemeinschaftsgeschmacksmuster,
h) Löschung der Eintragung einer Lizenz oder eines anderen Rechts,
i) Ausstellung eines Registerauszugs,
j) Akteneinsicht,
k) Ausstellung von Kopien von Unterlagen aus den Akten,
l) Mitteilung von Informationen aus einer Akte,
m) Überprüfung der Festsetzung der zu erstattenden Verfahrenskosten,
n) Ausstellung von beglaubigten Kopien der Anmeldung.

(3) Die Durchführungsverordnung und die Gebührenordnung werden nach dem Verfahren des Artikels 109 Absatz 2 angenommen und geändert.

Art. 108   **Verfahrensvorschriften für die Beschwerdekammern**

Die Verfahrensvorschriften für die Beschwerdekammern gelten für Beschwerden, die diese Kammern im Rahmen dieser Verordnung bearbeiten, unbeschadet der erforderlichen Anpassungs- oder Zusatzbestimmungen, die nach Massgabe des in Artikel 109 Absatz 2 vorgesehenen Verfahrens angenommen wurden.

Art. 109   **Ausschuss**

(1) Die Kommission wird von einem Ausschuss unterstützt.

(2) Wird auf diesen Absatz Bezug genommen, so gelten die Artikel 5 und 7 des Beschlusses 1999/468/EG. Der Zeitraum nach Artikel 5 Absatz 6 des Beschlusses 1999/468/EG wird auf drei Monate festgesetzt.

(3) Der Ausschuss gibt sich eine Geschäftsordnung.

Art. 110   **Übergangsbestimmungen**

(1) Bis zu dem Zeitpunkt, zu dem auf Vorschlag der Kommission Änderungen zu dieser Verordnung in Kraft treten, besteht für ein Muster, das als Bauelement eines komplexen Erzeugnisses im Sinne des Artikels 19 Absatz 1 mit dem Ziel verwendet

wird, die Reparatur dieses komplexen Erzeugnisses zu ermöglichen, um diesem wieder sein ursprüngliches Erscheinungsbild zu verleihen, kein Schutz als Gemeinschaftsgeschmacksmuster.

(2) Der Vorschlag der Kommission gemäss Absatz 1 wird gleichzeitig mit den Änderungen, die die Kommission zu diesem Bereich gemäss Artikel 18 der Richtlinie 98/71/EG vorschlägt, vorgelegt und trägt diesen Änderungen Rechnung.

Art. 110a   **Bestimmungen über die Erweiterung der Gemeinschaft**

(1) Ab dem Tag des Beitritts der Tschechischen Republik, Estlands, Zyperns, Lettlands, Litauens, Ungarns, Maltas, Polens, Sloweniens und der Slowakei (im Folgenden als «neue Mitgliedstaaten» bezeichnet) wird ein vor dem Tag des Beitritts gemäss dieser Verordnung geschütztes oder angemeldetes Gemeinschaftsgeschmacksmuster auch im Gebiet dieser Mitgliedstaaten gelten, damit es dieselbe Wirkung in der gesamten Gemeinschaft hat.

(2) Die Anmeldung eines eingetragenen Gemeinschaftsgeschmacksmusters darf nicht aufgrund der in Artikel 47 Absatz 1 genannten Eintragungshindernisse zurückgewiesen werden, wenn diese Hindernisse lediglich durch den Beitritt eines neuen Mitgliedstaats entstanden sind.

(3) Ein Gemeinschaftsgeschmackmuster nach Absatz 1 darf nicht gemäss Artikel 25 Absatz 1 für nichtig erklärt werden, wenn die Nichtigkeitsgründe lediglich aufgrund des Beitritts eines neuen Mitgliedstaats entstanden sind.

(4) Der Anmelder oder der Inhaber eines in einem neuen Mitgliedstaat bestehenden älteren Rechts kann der Verwendung eines Gemeinschaftsgeschmacksmusters nach Artikel 25 Absatz 1 Buchstaben d, e oder f in dem Gebiet, in dem das ältere Recht geschützt ist, widersprechen. Für die Zwecke dieser Bestimmung bedeutet «älteres Recht» ein Recht, das vor dem Beitritt gutgläubig erworben oder angemeldet wurde.

(5) Die Absätze 1, 3 und 4 gelten auch für nicht eingetragene Gemeinschaftsgeschmacksmuster. Gemäss Artikel 11 geniesst ein Geschmacksmuster, das nicht in der Gemeinschaft öffentlich zugänglich gemacht wurde, keinen Schutz als nicht eingetragenes Gemeinschaftsgeschmacksmuster.

Art. 111   **Inkrafttreten**

(1) Diese Verordnung tritt am 60. Tag nach ihrer Veröffentlichung im Amtsblatt der Europäischen Gemeinschaften in Kraft.

(2) Anmeldungen von eingetragenen Gemeinschaftsgeschmacksmustern können von dem vom Verwaltungsrat auf Empfehlung des Präsidenten des Amtes festgelegten Tag an beim Amt eingereicht werden.

(3) Anmeldungen von eingetragenen Gemeinschaftsgeschmacksmustern, die in den letzten drei Monaten vor dem Stichtag gemäss Absatz 2 eingereicht werden, gelten als an diesem Tag eingereicht.

Diese Verordnung ist in allen ihren Teilen verbindlich und gilt unmittelbar in jedem Mitgliedstaat.

Weitere Fundstellen für Designrecht

Multilaterale Staatsverträge
- **Haager Abkommen betreffend die internationale Hinterlegung der gewerblichen Muster oder Modelle, revidiert in London** am 2. Juni 1934 (SR 0.232.121.1) (Dieses Abkommen gilt für die Schweiz nur noch im Verhältnis zu jenen Vertragsstaaten, die dem am 28. Nov. 1960 revidierten Haager Abkommen [SR 0.232.121.2] nicht beigetreten sind)
- **Zusatzvereinbarung von Monaco** vom 18. November 1961 zum Haager Abkommen betreffend die internationale Hinterlegung der gewerblichen Muster oder Modelle revidiert in London am 2. Juni 1934 (SR 0.232.121.11)
- **Stockholmer Ergänzungsvereinbarung** vom 14. Juli 1967 zum Haager Abkommen betreffend die internationale Hinterlegung der gewerblichen Muster oder Modelle (SR 0.232.121.12)
- **Genfer Protokoll** vom 29. August 1975 zum Haager Abkommen betreffend die internationale Hinterlegung der gewerblichen Muster oder Modelle (SR 0.232.121.13)
- **Ausführungsordnung** vom 1. Oktober 1985 zum Haager Abkommen betreffend die internationale Hinterlegung der gewerblichen Muster oder Modelle (SR 0.232.121.14)
- Haager Abkommen vom 28. November 1960 über die internationale Hinterlegung gewerblicher Muster oder Modelle **revidiert im Haag** am 28. November 1960 (SR 0.232.121.2)
- Abkommen von **Locarno** vom 8. Oktober 1968 zur Errichtung einer Internationalen **Klassifikation für gewerbliche Muster und Modelle** (SR 0.232.121.3)
- **Ausführungsordnung** vom 2. Juli 1999 **zur Genfer Akte des Haager Abkommens** über die internationale Eintragung gewerblicher Muster und Modelle sowie gemeinsame Erklärung der diplomatischen Konferenz (mit gemeinsamer Erkl.) (SR 0.232.121.41)

Bilaterale Staatsverträge
- Übereinkommen mit **Deutschland** betreffend den gegenseitigen Musterschutz (SR 0.232.149.136)

Europäisches Recht
- Verordnung (EG) Nr. 2245/2002 der Kommission vom 21. Oktober 2002 zur **Durchführung der Verordnung (EG) Nr. 6/2002 des Rates über das Gemeinschaftsgeschmacksmuster** (ABl. 2002 Nr. L 341 S. 28 ff.)

Verschiedenes
- **Locarno-Klassifikation auf Englisch** (mit Anmerkungen): http://www.wipo.org/classifications/fulltext/locarno/enlnot.htm
- **Locarno-Klassifikation auf Französisch** (mit Anmerkungen): http://www.wipo.org/classifications/fulltext/locarno/frlnot.htm

Patentrecht

Bundesgesetz über die Erfindungspatente

(Patentgesetz, PatG)[1]

vom 25. Juni 1954 (Stand am 25. Juni 2002)

Die Bundesversammlung der Schweizerischen Eidgenossenschaft,
gestützt auf die Artikel 64 und 64bis der Bundesverfassung[2,3]
nach Einsicht in eine Botschaft des Bundesrates vom 25. April 1950[4]
sowie in eine Ergänzungsbotschaft vom 28. Dezember 1951[5],
beschliesst:

1. Titel: **Allgemeine Bestimmungen**

1. Abschnitt: Voraussetzungen und Wirkung des Patentes

Art. 1
A. Patentfähige Erfindungen
I. Allgemeine Voraussetzungen[6]

[1] Für neue gewerblich anwendbare Erfindungen werden Erfindungspatente erteilt.

[2] Was sich in naheliegender Weise aus dem Stand der Technik (Art. 7) ergibt, ist keine patentfähige Erfindung.[7]

[3] Die Patente werden ohne Gewährleistung des Staates erteilt.[8]

Art. 1a[9]
II. Sonderfälle

Für Pflanzensorten und Tierarten und für im wesentlichen biologische Verfahren zur Züchtung von Pflanzen oder Tieren werden keine Erfindungspatente erteilt; jedoch sind mikrobiologische Verfahren und die damit gewonnenen Erzeugnisse patentfähig.

---

[1] Fassung gemäss Ziff. I des BG vom 3. Febr. 1995, in Kraft seit 1. Sept. 1995 (AS **1995** 2879 2887; BBl **1993** III 706).

[2] [BS **1** 3]. Den genannten Bestimmungen entsprechen heute Art. 122 und 123 der BV vom 18. April 1999 (SR **101**).

[3] Fassung gemäss Anhang Ziff. 11 des Gerichtsstandsgesetzes vom 24. März 2000, in Kraft seit 1. Jan. 2001 (SR **272**).

[4] BBl **1950** I 977

[5] BBl **1952** I 1

[6] Fassung gemäss Ziff. I des BG vom 17. Dez. 1976, in Kraft seit 1. Jan. 1978 (AS **1977** 1997 2026; BBl **1976** II 1).

[7] Fassung gemäss Ziff. I des BG vom 17. Dez. 1976, in Kraft seit 1. Jan. 1978 (AS **1977** 1997 2026; BBl **1976** II 1).

[8] Fassung gemäss Ziff. I des BG vom 17. Dez. 1976, in Kraft seit 1. Jan. 1978 (AS **1977** 1997 2026; BBl **1976** II 1).

[9] Fassung gemäss Ziff. I des BG vom 17. Dez. 1976, in Kraft seit 1. Jan. 1978 (AS **1977** 1997 2026; BBl **1976** II 1).

Art. 2[10]
B. Ausschluss von der Patentierung
Von der Patentierung sind ausgeschlossen:

a.[11] Erfindungen, deren Verwertung gegen die öffentliche Ordnung oder gegen die guten Sitten verstossen würde;

b. Verfahren der Chirurgie, Therapie und Diagnostik, die am menschlichen oder tierischen Körper angewendet werden.

Art. 3
C. Recht auf das Patent
I. Grundsatz

[1] Das Recht auf das Patent steht dem Erfinder, seinem Rechtsnachfolger oder dem Dritten zu, welchem die Erfindung aus einem andern Rechtsgrund gehört.

[2] Haben mehrere gemeinsam eine Erfindung gemacht, so steht ihnen dieses Recht gemeinsam zu.

[3] Haben mehrere die Erfindung unabhängig voneinander gemacht, so steht dieses Recht dem zu, der sich auf die frühere oder prioritätsältere Anmeldung berufen kann.

Art. 4
II. Im Prüfungsverfahren

Im Verfahren vor dem Eidgenössischen Institut für Geistiges Eigentum (Institut)[12] gilt der Patentbewerber als berechtigt, die Erteilung des Patentes zu beantragen.

Art. 5
D. Nennung des Erfinders
I. Anspruch des Erfinders

[1] Der Patentbewerber hat dem Institut den Erfinder schriftlich zu nennen.[13]

[2] Die vom Patentbewerber genannte Person wird im Patentregister, in der Veröffentlichung der Patenterteilung und in der Patentschrift als Erfinder aufgeführt.

[3] Absatz 2 ist entsprechend anwendbar, wenn ein Dritter ein vollstreckbares Urteil vorlegt, aus welchem hervorgeht, dass nicht die vom Patentbewerber genannte Person, sondern der Dritte der Erfinder ist.

---

[10] Fassung gemäss Ziff. I des BG vom 17. Dez. 1976, in Kraft seit 1. Jan. 1978 (AS **1977** 1997 2026; BBl **1976** II 1)

[11] Fassung gemäss Ziff. I des BG vom 16. Dez. 1994, in Kraft seit 1. Juli 1995 (AS **1995** 2606 2609; BBl **1994** IV 950).

[12] Ausdruck gemäss Ziff. I des BG vom 9. Okt. 1998, in Kraft seit 1. Mai 1999 (AS **1999** 1363 1366; BBl **1998** 1529). Diese Änderung ist im ganzen Erlass berücksichtigt.

[13] Fassung gemäss Ziff. I des BG vom 17. Dez. 1976, in Kraft seit 1. Jan. 1978 (AS **1977** 1997 2026; BBl **1976** II 1).

Patentgesetz 573

Art. 6
II. Verzicht auf Nennung
¹ Wenn der vom Patentbewerber genannte Erfinder darauf verzichtet, unterbleiben die in Artikel 5 Absatz 2 vorgeschriebenen Massnahmen.

² Ein im voraus erklärter Verzicht des Erfinders auf Nennung ist ohne rechtliche Wirkung.

Art. 7[14]
E. Neuheit der Erfindung
I. Stand der Technik
¹ Eine Erfindung gilt als neu, wenn sie nicht zum Stand der Technik gehört.

² Den Stand der Technik bildet alles, was vor dem Anmelde- oder dem Prioritätsdatum der Öffentlichkeit durch schriftlich oder mündliche Beschreibung, durch Benützung oder in sonstiger Weise zugänglich gemacht worden ist.

Art. 7a[15]
II. Älteres Recht
Eine Erfindung gilt nicht als neu, wenn sie, obwohl sie nicht zum Stand der Technik gehört, Gegenstand eines gültigen Patentes ist, das auf Grund einer früheren oder einer prioritätsälteren Anmeldung für die Schweiz erteilt wurde.

Art. 7b[16]
III. Unschädliche Offenbarungen
Ist die Erfindung innerhalb von sechs Monaten vor dem Anmelde- oder dem Prioritätsdatum der Öffentlichkeit zugänglich gemacht worden, so zählt diese Offenbarung nicht zum Stand der Technik, wenn sie unmittelbar oder mittelbar zurückgeht:[17]

a. auf einen offensichtlichen Missbrauch zum Nachteil des Patentbewerbers oder seines Rechtsvorgängers oder

b. auf die Tatsache, dass der Patentbewerber oder sein Rechtsvorgänger die Erfindung auf einer offiziellen oder offiziell anerkannten internationalen Ausstellung im Sinne des Übereinkommens vom 22. November 1928[18] über die internationalen Ausstellungen zur Schau gestellt hat, und er dies bei der Einreichung des Patentgesuches erklärt und durch einen genügenden Ausweis rechtzeitig belegt hat.

---

[14] Fassung gemäss Ziff. I des BG vom 17. Dez. 1976, in Kraft seit 1. Jan. 1978 (AS **1977** 1997 2026; BBl **1976** II 1).

[15] Eingefügt durch Ziff. I des BG vom 17. Dez. 1976, in Kraft seit 1. Jan. 1978 (AS **1977** 1997 2026; BBl **1976** II 1).

[16] Eingefügt durch Ziff. I des BG vom 17. Dez. 1976, in Kraft seit 1. Jan. 1978 (AS **1977** 1997 2026; BBl **1976** II 1).

[17] Fassung gemäss Ziff. I des BG vom 3. Febr. 1995, in Kraft seit 1. Sept. 1995 (AS **1995** 2879 2887; BBl **1993** III 706).

[18] SR **0.945.11**

Art. 7c[19]

IV. Neue Verwendung bekannter Stoffe

Stoffe und Stoffgemische, die als solche, aber nicht in bezug auf ihre Verwendung in einem chirurgischen, therapeutischen und diagnostischen Verfahren nach Artikel 2 Buchstabe b zum Stand der Technik gehören oder Gegenstand eines älteren Rechts sind, gelten als neu, soweit sie nur für eine solche Verwendung bestimmt sind.

Art. 8

F. Wirkung des Patentes

[1] Das Patent verschafft seinem Inhaber das ausschliessliche Recht, die Erfindung gewerbsmässig zu benützen.

[2] Als Benützung gelten neben dem Gebrauch und der Ausführung insbesondere auch das Feilhalten, der Verkauf, das Inverkehrbringen sowie die Einfuhr zu diesen Zwecken.[20]

[3] Betrifft die Erfindung ein Verfahren, so erstreckt sich dieses Recht auch auf die unmittelbaren Erzeugnisse des Verfahrens.

Art. 9–10[21]

G. ...

Art. 11

H. Hinweise auf Patentschutz

I. Patentzeichen

[1] Erzeugnisse, welche durch ein Patent geschützt sind, oder ihre Verpackung können mit dem Patentzeichen versehen werden, welches aus dem eidgenössischen Kreuz und der Patentnummer besteht. Der Bundesrat kann zusätzliche Angaben vorschreiben.[22]

[2] Der Patentinhaber kann von den Mitbenützern und Lizenzträgern verlangen, dass sie das Patentzeichen auf den von ihnen hergestellten Erzeugnissen oder deren Verpackung anbringen.

[3] Der Mitbenützer oder Lizenzträger, welcher dem Verlangen des Patentinhabers nicht nachkommt, haftet diesem, unbeschadet des Anspruches auf Anbringen des Patentzeichens, für den aus der Unterlassung entstehenden Schaden.

---

[19] Eingefügt durch Ziff. I des BG vom 17. Dez. 1976, in Kraft seit 1. Jan. 1978 (AS **1977** 1997 2026; BBl **1976** II 1).

[20] Fassung gemäss Ziff. I des BG vom 16. Dez. 1994, in Kraft seit 1. Juli 1995 (AS **1995** 2606 2609; BBl **1994** IV 950).

[21] Aufgehoben durch Ziff. I des BG vom 17. Dez. 1976 (AS **1977** 1997; BBl **1976** II 1).

[22] Fassung gemäss Ziff. I des BG vom 17. Dez. 1976, in Kraft seit 1. Jan. 1978 (AS **1977** 1997 2026; BBl **1976** II 1).

Art. 12
II. Andere Hinweise

¹ Wer seine Geschäftspapiere, Anzeigen jeder Art, Erzeugnisse oder Waren mit einer andern auf Patentschutz hinweisenden Bezeichnung in Verkehr setzt oder feilhält, ist verpflichtet, jedermann auf Anfrage hin die Nummer des Patentgesuches oder des Patentes anzugeben, auf welche sich die Bezeichnung stützt.

² Wer andern die Verletzung seiner Rechte vorwirft oder sie vor solcher Verletzung warnt, hat auf Anfrage hin die gleiche Auskunft zu geben.

Art. 13[23]
J. Auslandswohnsitz

¹ Wer in der Schweiz keinen Wohnsitz hat, muss einen in der Schweiz niedergelassenen Vertreter bestellen, der ihn in Verfahren nach diesem Gesetz vor den Verwaltungsbehörden und vor dem Richter vertritt.

² Vorbehalten bleiben die Bestimmungen über die berufsmässige Prozessvertretung.

Art. 14
K. Dauer des Patentes
I. Höchstdauer

¹ Das Patent kann längstens bis zum Ablauf von 20 Jahren seit dem Datum der Anmeldung dauern.[24]

² ...[25]

Art. 15
II. Vorzeitiges Erlöschen

¹ Das Patent erlischt:

a. wenn der Inhaber in schriftlicher Eingabe an das Institut darauf verzichtet;
b. wenn eine fällig gewordene Jahresgebühr nicht rechtzeitig bezahlt wird.[26]

² ...[27]

Art. 16[28]
L. Vorbehalt

Patentbewerber und Patentinhaber schweizerischer Staatsangehörigkeit können sich auf die Bestimmungen des für die Schweiz verbindlichen Textes der Pariser Verbands-

---

[23] Fassung gemäss Ziff. I des BG vom 17. Dez. 1976, in Kraft seit 1. Jan. 1978 (AS **1977** 1997 2026; BBl **1976** II 1).

[24] Fassung gemäss Ziff. I des BG vom 17. Dez 1976, in Kraft seit 1. Jan. 1978 (AS **1977** 1997 2026; BBl **1976** II 1).

[25] Aufgehoben durch Ziff. I des BG vom 17. Dez. 1976 (AS **1977** 1997; BBl **1976** II 1).

[26] Fassung gemäss Ziff. I des BG vom 17. Dez. 1976, in Kraft seit 1. Jan. 1978 (AS **1977** 1997 2026; BBl **1976** II 1).

[27] Aufgehoben durch Ziff. I des BG vom 17. Dez. 1976 (AS **1977** 1997; BBl **1976** II 1).

[28] Fassung gemäss Ziff. I des BG vom 17. Dez 1976, in Kraft seit 1. Jan. 1978 (AS **1977** 1997 2026; BBl **1976** II 1).

übereinkunft vom 20. März 1883[29] zum Schutz des gewerblichen Eigentums berufen, wenn jene günstiger sind als die Bestimmungen dieses Gesetzes.

2. Abschnitt: Prioritätsrecht

Art. 17
A. Voraussetzungen und Wirkung der Priorität[30]

[1] Ist eine Erfindung in einem anderen Land, für das die Pariser Verbandsübereinkunft vom 20. März 1883[31] zum Schutz des gewerblichen Eigentums gilt, oder mit Wirkung für ein solches Land vorschriftsgemäss zum Schutz durch Erfindungspatent, Gebrauchsmuster oder Erfinderschein angemeldet worden, so entsteht nach Massgabe von Artikel 4 der Übereinkunft ein Prioritätsrecht.[32] Dieses kann für das in der Schweiz für die gleiche Erfindung innerhalb von zwölf Monaten seit der Erstanmeldung eingereichte Patentgesuch beansprucht werden.

[1bis] Die Erstanmeldung in einem Land, das der Schweiz Gegenrecht hält, hat die gleiche Wirkung wie die Erstanmeldung in einem Land der Pariser Verbandsübereinkunft.[33]

[1ter] Absatz 1 und Artikel 4 der Pariser Verbandsübereinkunft gelten sinngemäss bezüglich einer schweizerischen Erstanmeldung, sofern sich aus diesem Gesetz oder der Verordnung nichts anderes ergibt.[34]

[2] Das Prioritätsrecht besteht darin, dass der Anmeldung keine Tatsachen entgegengehalten werden können, die seit der ersten Anmeldung eingetreten sind.[35]

[3] ...[36]

Art. 18
B. Legitimation[37]

[1] ...[38]

---

[29] SR **0.232.01/.04**

[30] Fassung gemäss Ziff. I des BG vom 17. Dez 1976, in Kraft seit 1. Jan. 1978 (AS **1977** 1997 2026; BBl **1976** II 1).

[31] SR **0.232.01/.04**

[32] Fassung gemäss Ziff. I des BG vom 3. Febr. 1995, in Kraft seit 1. Sept. 1995 (AS **1995** 2879 2887; BBl **1993** III 706).

[33] Eingefügt durch Ziff. I des BG vom 17. Dez. 1976, in Kraft seit 1. Jan. 1978 (AS **1977** 1997 2026; BBl **1976** II 1).

[34] Eingefügt durch Ziff. I des BG vom 3. Febr. 1995, in Kraft seit 1. Sept. 1995 (AS **1995** 2879 2887; BBl **1993** III 706).

[35] Fassung gemäss Ziff. I des BG vom 17. Dez. 1976, in Kraft seit 1. Jan. 1978 (AS **1977** 1997 2026; BBl **1976** II 1).

[36] Aufgehoben durch Ziff. I des BG vom 17. Dez. 1976 (AS **1977** 1997; BBl **1976** II 1).

[37] Fassung gemäss Ziff. I des BG vom 17. Dez. 1976, in Kraft seit 1. Jan. 1978 (AS **1977** 1997 2026; BBl **1976** II 1).

[38] Aufgehoben durch Ziff. I des BG vom 17. Dez. 1976 (AS **1977** 1997; BBl **1976** II 1).

² Das Prioritätsrecht kann vom Erstanmelder oder von demjenigen beansprucht werden, der das Recht des Erstanmelders erworben hat, die gleiche Erfindung in der Schweiz zur Patentierung anzumelden.[39]

³ Sind die Erstanmeldung, die Anmeldung in der Schweiz oder beide von einer Person bewirkt worden, der kein Recht auf das Patent zustand, so kann der Berechtigte die Priorität aus der Erstanmeldung geltend machen.[40]

Art. 19[41]

C. Formvorschriften

¹ Wer ein Prioritätsrecht beanspruchen will, hat dem Institut eine Prioritätserklärung abzugeben und einen Prioritätsbeleg einzureichen.

² Der Prioritätsanspruch ist verwirkt, wenn die Fristen und Formerfordernisse der Verordnung nicht beachtet werden.

Art. 20

D. Beweislast im Prozess

¹ Die Anerkennung des Prioritätsanspruches im Patenterteilungsverfahren befreit den Patentinhaber im Prozessfall nicht davon, den Bestand des Prioritätsrechtes nachzuweisen.

² Es wird vermutet, dass die Anmeldung, deren Priorität beansprucht wird, eine Erstanmeldung (Art. 17 Abs. 1 und 1bis) ist.[42]

Art. $20a$[43]

E. Verbot des Doppelschutzes

Hat der Erfinder oder sein Rechtsnachfolger für die gleiche Erfindung zwei gültige Patente mit gleichem Anmelde- oder Prioritätsdatum erhalten, so verliert das Patent aus der älteren Anmeldung seine Wirkung, soweit die sachlichen Geltungsbereiche der beiden Patente übereinstimmen.

Art. 21–23[44]

---

[39] Fassung gemäss Ziff. I des BG vom 17. Dez. 1976, in Kraft seit 1. Jan. 1978 (AS **1977** 1997 2026; BBl **1976** II 1).
[40] Fassung gemäss Ziff. I des BG vom 17. Dez. 1976, in Kraft seit 1. Jan. 1978 (AS **1977** 1997 2026; BBl **1976** II 1).
[41] Fassung gemäss Ziff. I des BG vom 17. Dez. 1976, in Kraft seit 1. Jan. 1978 (AS **1977** 1997 2026; BBl **1976** II 1).
[42] Fassung gemäss Ziff. I des BG vom 17. Dez. 1976, in Kraft seit 1. Jan. 1978 (AS **1977** 1997 2026; BBl **1976** II 1).
[43] Eingefügt durch Ziff. I des BG vom 3. Febr. 1995, in Kraft seit 1. Sept. 1995 (AS **1995** 2879 2887; BBl **1993** III 706).
[44] Aufgehoben durch Ziff. I des BG vom 17. Dez. 1976 (AS **1977** 1997; BBl **1976** II 1).

3. Abschnitt: Änderungen im Bestand des Patentes

Art. 24[45]

A. Teilverzicht

I. Voraussetzungen

¹ Der Patentinhaber kann auf das Patent teilweise verzichten, indem er beim Institut den Antrag stellt,

a. einen Patentanspruch (Art. 51 und 55) aufzuheben, oder

b. einen unabhängigen Patentanspruch durch Zusammenlegung mit einem oder mehreren von ihm abhängigen Patentansprüchen einzuschränken, oder

c. einen unabhängigen Patentanspruch auf anderem Weg einzuschränken; in diesem Fall muss der eingeschränkte Patentanspruch sich auf die gleiche Erfindung beziehen und eine Ausführungsart definieren, die in der veröffentlichten Patentschrift und in der für das Anmeldedatum massgebenden Fassung des Patentgesuches vorgesehen ist.

² Ein Antrag nach Buchstabe *c* ist für das gleiche Patent nur einmal zulässig und nach Ablauf von vier Jahren seit der Patenterteilung ausgeschlossen.

Art. 25[46]

II. Errichtung neuer Patente

¹ Können die nach einem Teilverzicht verbleibenden Patentansprüche nach den Artikeln 52 und 55 nicht im nämlichen Patent bestehen, so muss das Patent entsprechend eingeschränkt werden.

² Für die wegfallenden Patentansprüche kann der Patentinhaber die Errichtung eines oder mehrerer neuer Patente beantragen, die das Anmeldedatum des ursprünglichen Patentes erhalten.

³ Nach Eintragung des Teilverzichts im Patentregister setzt das Institut dem Patentinhaber eine Frist für den Antrag auf Errichtung neuer Patente nach Absatz 2; nachher erlischt das Antragsrecht.

Art. 26

B. Nichtigkeitsklage

I. Nichtigkeitsgründe

¹ Der Richter stellt auf Klage hin die Nichtigkeit des Patentes fest,[47]

1.[48] wenn der Gegenstand des Patentes nach den Artikeln 1 und 1*a* nicht patentfähig ist;

---

[45] Fassung gemäss Ziff. I des BG vom 17. Dez. 1976, in Kraft seit 1. Jan. 1978 (AS **1977** 1997 2026; BBl **1976** II 1).

[46] Fassung gemäss Ziff. I des BG vom 17. Dez. 1976, in Kraft seit 1. Jan. 1978 (AS **1977** 1997 2026; BBl **1976** II 1).

[47] Fassung gemäss Ziff. I des BG vom 17. Dez. 1976, in Kraft seit 1. Jan. 1978 (AS **1977** 1997 2026; BBl **1976** II 1).

[48] Fassung gemäss Ziff. I des BG vom 17. Dez. 1976, in Kraft seit 1. Jan. 1978 (AS **1977** 1997 2026; BBl **1976** II 1).

2.[49] wenn die Erfindung nach Artikel 2 von der Patentierung ausgeschlossen ist:

3.[50] wenn die Erfindung in der Patentschrift nicht so dargelegt ist, dass der Fachmann sie ausführen kann:

3.[bis51] wenn der Gegenstand des Patentes über den Inhalt des Patentgesuches in der für das Anmeldedatum massgebenden Fassung hinausgeht:

4.–5. ...[52]

6.[53] wenn der Patentinhaber weder der Erfinder noch dessen Rechtsnachfolger ist, noch aus einem andern Rechtsgrund ein Recht auf das Patent hatte.

[2] Ist ein Patent unter Anerkennung einer Priorität erteilt worden und hat die Anmeldung, deren Priorität beansprucht ist, nicht zum Patent geführt, so kann der Richter vom Patentinhaber verlangen, die Gründe anzugeben und Beweismittel vorzulegen; wird die Auskunft verweigert, so würdigt dies der Richter nach freiem Ermessen.[54]

Art. 27

II. Teilnichtigkeit

[1] Trifft ein Nichtigkeitsgrund nur für einen Teil der patentierten Erfindung zu, so ist das Patent durch den Richter entsprechend einzuschränken.

[2] Der Richter hat den Parteien Gelegenheit zu geben, sich zu der von ihm in Aussicht genommenen Neufassung des Patentanspruches zu äussern; er kann überdies die Vernehmlassung des Institutes einholen.

[3] Artikel 25 ist entsprechend anwendbar.

Art. 28

III. Klagerecht

Die Nichtigkeitsklage steht jedermann zu, der ein Interesse nachweist; die Klage aus Artikel 26 Absatz 1 Ziffer 6 indessen nur dem Berechtigten.

---

[49] Fassung gemäss Ziff. I des BG vom 17. Dez. 1976, in Kraft seit 1. Jan. 1978 (AS **1977** 1997 2026; BBl **1976** II 1).

[50] Fassung gemäss Ziff. I des BG vom 17. Dez. 1976, in Kraft seit 1. Jan. 1978 (AS **1977** 1997 2026; BBl **1976** II 1).

[51] Eingefügt durch Ziff. I des BG vom 17. Dez. 1976, in Kraft seit 1. Jan. 1978 (AS **1977** 1997 2026; BBl **1976** II 1).

[52] Aufgehoben durch Ziff. I des BG vom 17. Dez. 1976 (AS **1977** 1997; BBl **1976** II 1).

[53] Fassung gemäss Ziff. I des BG vom 17. Dez. 1976, in Kraft seit 1. Jan. 1978 (AS **1977** 1997 2026; BBl **1976** II 1).

[54] Fassung gemäss Ziff. I des BG vom 17. Dez. 1976, in Kraft seit 1. Jan. 1978 (AS **1977** 1997 2026; BBl **1976** II 1).

4. Abschnitt: Änderungen im Recht auf das Patent und im Recht am Patent; Lizenzerteilung

Art. 29
A. Abtretungsklage
I. Voraussetzungen und Wirkung gegenüber Dritten

¹ Ist das Patentgesuch von einem Bewerber eingereicht worden, der gemäss Artikel 3 kein Recht auf das Patent hat, so kann der Berechtigte auf Abtretung des Patentgesuches oder, wenn das Patent bereits erteilt worden ist, entweder auf Abtretung oder auf Erklärung der Nichtigkeit des Patentes klagen.

² ...[55]

³ Wird die Abtretung verfügt, so fallen die inzwischen Dritten eingeräumten Lizenzen oder andern Rechte dahin; diese Dritten haben jedoch, wenn sie bereits in gutem Glauben die Erfindung im Inland gewerbsmässig benützt oder besondere Veranstaltungen dazu getroffen haben, Anspruch auf Erteilung einer nicht ausschliesslichen Lizenz.[56]

⁴ Vorbehalten bleiben alle Schadenersatzansprüche.

⁵ Artikel 40b ist entsprechend anwendbar.[57]

Art. 30
II. Teilabtretung

¹ Vermag der Kläger sein Recht nicht hinsichtlich aller Patentansprüche nachzuweisen, so ist die Abtretung des Patentgesuches oder des Patentes unter Streichung jener Patentansprüche zu verfügen, für die er sein Recht nicht nachgewiesen hat.[58]

² Artikel 25 ist entsprechend anwendbar.

Art. 31
III. Klagefrist

¹ Die Abtretungsklage ist vor Ablauf von zwei Jahren seit dem amtlichen Datum der Veröffentlichung der Patentschrift anzuheben.

² Die Klage gegen einen bösgläubigen Beklagten ist an keine Frist gebunden.

Art. 32
B. Enteignung des Patentes

¹ Wenn das öffentliche Interesse es verlangt, kann der Bundesrat das Patent ganz oder zum Teil enteignen.

---

[55] Aufgehoben durch Ziff. I des BG vom 17. Dez. 1976 (AS **1977** 1997; BBl **1976** II 1).

[56] Fassung gemäss Ziff. I des BG vom 16. Dez. 1994, in Kraft seit 1. Juli 1995 (AS **1995** 2606 2609; BBl **1994** IV 950).

[57] Eingefügt durch Ziff. I des BG vom 16. Dez. 1994, in Kraft seit 1. Juli 1995 (AS **1995** 2606 2609; BBl **1994** IV 950).

[58] Fassung gemäss Ziff. I des BG vom 17. Dez. 1976, in Kraft seit 1. Jan. 1978 (AS **1977** 1997 2026; BBl **1976** II 1).

² Der Enteignete hat Anspruch auf volle Entschädigung, welche im Streitfall vom Bundesgericht festgesetzt wird; die Bestimmungen des II. Abschnittes des Enteignungsgesetzes[59] sind entsprechend anwendbar.

Art. 33
C. Übergang der Rechte auf das Patent und am Patent

¹ Das Recht auf das Patent und das Recht am Patent gehen auf die Erben über; sie können ganz oder zum Teil auf andere übertragen werden.

² Stehen diese Rechte im Eigentum mehrerer, so kann jeder Berechtigte seine Befugnisse nur mit Zustimmung der andern ausüben; jeder kann aber selbständig über seinen Anteil verfügen und Klage wegen Patentverletzung anheben.

²ᵇⁱˢ Die Übertragung des Patentgesuches und des Patentes durch Rechtsgeschäft bedarf zu ihrer Gültigkeit der schriftlichen Form.[60]

³ Zur Übertragung des Patentes bedarf es der Eintragung im Patentregister nicht; bis zur Eintragung können jedoch die in diesem Gesetz vorgesehenen Klagen gegen den bisherigen Inhaber gerichtet werden.

⁴ Gegenüber einem gutgläubigen Erwerber von Rechten am Patent sind entgegenstehende Rechte Dritter unwirksam, die im Patentregister nicht eingetragen sind.

Art. 34
D. Lizenzerteilung

¹ Der Patentbewerber oder Patentinhaber kann einen andern zur Benützung der Erfindung ermächtigen (Lizenzerteilung).

² Steht das Patentgesuch oder das Patent im Eigentum mehrerer, so kann eine Lizenz nur mit Zustimmung aller Berechtigten erteilt werden.

³ Gegenüber einem gutgläubigen Erwerber von Rechten am Patent sind entgegenstehende Lizenzen unwirksam, die im Patentregister nicht eingetragen sind.

5. Abschnitt: Gesetzliche Beschränkungen im Recht aus dem Patent

Art. 35
A. Mitbenützungsrecht; ausländische Verkehrsmittel

¹ Das Patent kann demjenigen nicht entgegengehalten werden, der bereits vor dem Anmelde- oder Prioritätsdatum die Erfindung im guten Glauben im Inland gewerbsmässig benützt oder besondere Anstalten dazu getroffen hat.[61]

² Wer sich auf Absatz 1 zu berufen vermag, darf die Erfindung zu seinen Geschäftszwecken benützen; diese Befugnis kann nur zusammen mit dem Geschäft vererbt oder übertragen werden.

---

[59] SR **711**

[60] Eingefügt durch Ziff. 1 des BG vom 17. Dez. 1976, in Kraft seit 1. Jan. 1978 (AS **1977** 1997 2026; BBl **1976** II 1.)

[61] Fassung gemäss Ziff. I des BG vom 17. Dez. 1976, in Kraft seit 1. Jan. 1978 (AS **1977** 1997 2026; BBl **1976** II 1).

³ Auf Verkehrsmittel, welche nur vorübergehend in das Inland gelangen, und auf Einrichtungen an solchen erstreckt sich die Wirkung des Patentes nicht.

Art. 36[62]
B. Abhängige Erfindung

¹ Kann eine patentierte Erfindung ohne Verletzung eines älteren Patentes nicht benützt werden, so hat der Inhaber des jüngeren Patentes Anspruch auf eine nicht ausschliessliche Lizenz in dem für die Benützung erforderlichen Umfang, sofern seine Erfindung im Vergleich mit derjenigen des älteren Patentes einen namhaften technischen Fortschritt von erheblicher wirtschaftlicher Bedeutung aufweist.

² Die Lizenz zur Benützung der Erfindung, die Gegenstand des älteren Patentes ist, kann nur zusammen mit dem jüngeren Patent übertragen werden.

³ Der Inhaber des älteren Patentes kann die Erteilung der Lizenz an die Bedingung knüpfen, dass ihm der Inhaber des jüngeren eine Lizenz zur Benützung seiner Erfindung erteilt.

Art. 37
C. Ausführung der Erfindung im Inland
I. Klage auf Lizenzerteilung

¹ Nach Ablauf von drei Jahren seit der Patenterteilung, frühestens jedoch vier Jahre nach der Patentanmeldung, kann jeder, der ein Interesse nachweist, beim Richter auf Erteilung einer nicht ausschliesslichen Lizenz für die Benützung der Erfindung klagen, wenn der Patentinhaber sie bis zur Anhebung der Klage nicht in genügender Weise im Inland ausgeführt hat und diese Unterlassung nicht zu rechtfertigen vermag. Als Ausführung im Inland gilt auch die Einfuhr.[63]

² ...[64]

³ Der Richter kann dem Kläger auf dessen Antrag schon nach Klageerhebung unter Vorbehalt des Endurteils die Lizenz einräumen, wenn der Kläger ausser den in Absatz 1 genannten Voraussetzungen ein Interesse an der sofortigen Benützung der Erfindung glaubhaft macht und dem Beklagten angemessene Sicherheit leistet; dem Beklagten ist vorher Gelegenheit zur Stellungnahme zu geben.[65]

Art. 38
II. Klage auf Löschung des Patentes

¹ Wenn dem Bedürfnis des inländischen Marktes durch die Erteilung von Lizenzen nicht genügt wird, so kann jeder, der ein Interesse nachweist, nach Ablauf von zwei Jahren seit der Einräumung der ersten Lizenz auf Grund von Artikel 37 Absatz 1 auf Löschung des Patentes klagen.

---

[62] Fassung gemäss Ziff. I des BG vom 16. Dez. 1994, in Kraft seit 1. Juli 1995 (AS **1995** 2606 2609; BBl **1994** IV 950).

[63] Fassung gemäss Ziff. I des BG vom 16. Dez. 1994, in Kraft seit 1. Juli 1995 (AS **1995** 2606 2609; BBl **1994** IV 950).

[64] Aufgehoben durch Ziff. I des BG vom 16. Dez. 1994 (AS **1995** 2606; BBl **1994** IV 950).

[65] Fassung gemäss Ziff. I des BG vom 16. Dez. 1994, in Kraft seit 1. Juli 1995 (AS **1995** 2606 2609; BBl **1994** IV 950).

² Ist nach der Gesetzgebung des Landes, dem der Patentinhaber angehört, oder in dem er niedergelassen ist, die Klage auf Löschung des Patentes mangels Ausführung der Erfindung im Inland schon nach Ablauf von drei Jahren seit der Patenterteilung gestattet, so kann unter den in Artikel 37 für die Lizenzerteilung genannten Voraussetzungen statt auf Erteilung einer Lizenz auf Löschung des Patentes geklagt werden.[66]

Art. 39
III. Ausnahmen
Der Bundesrat kann die Artikel 37 und 38 gegenüber den Angehörigen von Ländern, welche Gegenrecht halten, ausser Kraft setzen.

Art. 40
D. Lizenz im öffentlichen Interesse
¹ Wenn es das öffentliche Interesse verlangt, kann derjenige, dessen Lizenzgesuch vom Patentinhaber ohne ausreichende Gründe abgelehnt worden ist, beim Richter auf Erteilung einer Lizenz für die Benützung der Erfindung klagen.[67]

² ...[68]

Art. 40a[69]
E. Zwangslizenzen auf dem Gebiet der Halbleitertechnik
Für Erfindungen auf dem Gebiet der Halbleitertechnik darf eine nicht ausschliessliche Lizenz nur zur Behebung einer in einem Gerichts- oder Verwaltungsverfahren festgestellten wettbewerbswidrigen Praxis erteilt werden.

Art. 40b[70]
F. Gemeinsame Bestimmungen zu den Artikeln 36–40a
¹ Die in den Artikeln 36–40a vorgesehenen Lizenzen werden nur unter der Voraussetzung erteilt, dass Bemühungen des Gesuchstellers um Erteilung einer vertraglichen Lizenz zu angemessenen Marktbedingungen innerhalb einer angemessenen Frist erfolglos geblieben sind. Solche Bemühungen sind nicht notwendig im Falle eines nationalen Notstandes oder bei äusserster Dringlichkeit.

² Umfang und Dauer der Lizenz sind auf den Zweck beschränkt, für den sie gewährt worden ist.

³ Die Lizenz kann nur zusammen mit dem Geschäftsteil, auf den sich ihre Verwertung bezieht, übertragen werden. Dies gilt auch für Unterlizenzen.

---

[66] Fassung gemäss Ziff. I des BG vom 17. Dez. 1976, in Kraft seit 1. Jan. 1978 (AS **1977** 1997 2026; BBl **1976** II 1).

[67] Fassung gemäss Ziff. I des BG vom 17. Dez. 1976, in Kraft seit 1. Jan. 1978 (AS **1977** 1997 2026; BBl **1976** II 1).

[68] Aufgehoben durch Ziff. I des BG vom 16. Dez. 1994 (AS **1995** 2606; BBl **1994** IV 950).

[69] Eingefügt durch Ziff. I des BG vom 16. Dez. 1994, in Kraft seit 1. Juli 1995 (AS **1995** 2606 2609; BBl **1994** IV 950).

[70] Eingefügt durch Ziff. I des BG vom 16. Dez. 1994, in Kraft seit 1. Juli 1995 (AS **1995** 2606 2609; BBl **1994** IV 950).

⁴ Die Lizenz wird vorwiegend für die Versorgung des inländischen Marktes erteilt.

⁵ Auf Antrag entzieht der Richter dem Berechtigten die Lizenz, wenn die Umstände, die zu ihrer Erteilung geführt haben, nicht mehr gegeben sind und auch nicht zu erwarten ist, dass sie erneut eintreten. Vorbehalten bleibt ein angemessener Schutz der rechtmässigen Interessen des Berechtigten.

⁶ Der Inhaber des Patentes hat das Recht auf eine angemessene Vergütung. Bei der Bemessung werden die Umstände des Einzelfalles und der wirtschaftliche Wert der Lizenz berücksichtigt.

⁷ Der Richter entscheidet über Erteilung und Entzug der Lizenz, über deren Umfang und Dauer sowie über die zu leistende Vergütung.

6. Abschnitt: Gebühren[71]

Art. 41[72]

Das Erlangen und Aufrechterhalten eines Patents sowie das Behandeln von besonderen Anträgen setzen die Bezahlung der in der Verordnung dafür vorgesehenen Gebühren voraus.

Art. 42–44[73]

Art. 45–46[74]

7. Abschnitt: Weiterbehandlung und Wiedereinsetzung in den früheren Stand[75]

Art. 46a[76]

A. Weiterbehandlung

¹ Hat der Patentbewerber oder der Patentinhaber eine gesetzliche oder eine vom Institut angesetzte Frist versäumt, so kann er bei diesem Institut schriftlich die Weiterbehandlung beantragen.

² Er muss den Antrag innert zwei Monaten, nachdem er vom Fristversäumnis Kenntnis erhalten hat, einreichen, spätestens jedoch innert sechs Monaten nach Ablauf der versäumten Frist. Innerhalb dieser Fristen muss er zudem die unterbliebene Handlung vollständig nachholen, gegebenenfalls das Patentgesuch vervollständigen und die Weiterbehandlungsgebühr bezahlen.

---

[71] Fassung gemäss Ziff. I des BG vom 17. Dez. 1976, in Kraft seit 1. Jan. 1978 (AS **1977** 1997 2026; BBl **1976** II 1).

[72] Fassung gemäss Anhang Ziff. 4 des BG vom 24. März 1995 über Statut und Aufgaben des Eidgenössischen Instituts für Geistiges Eigentum, in Kraft seit 1. Jan. 1996 (SR **172.010.31**).

[73] Aufgehoben durch Anhang Ziff. 4 des BG vom 24. März 1995 über Statut und Aufgaben des Eidgenössischen Instituts für Geistiges Eigentum (SR **172.010.31**).

[74] Aufgehoben durch Ziff. I des BG vom 17. Dez. 1976 (AS **1977** 1997; BBl **1976** II 1).

[75] Ursprünglich vor Art. 47. Fassung gemäss Ziff. I des BG vom 3. Febr. 1995, in Kraft seit 1. Sept. 1995 (AS **1995** 2879 2887; BBl **1993** III 706).

[76] Eingefügt durch Ziff. I des BG vom 3. Febr. 1995, in Kraft seit 1. Sept. 1995 (AS **1995** 2879 2887; BBl **1993** III 706).

³ Durch die Gutheissung des Weiterbehandlungsantrags wird der Zustand hergestellt, der bei rechtzeitiger Handlung eingetreten wäre. Vorbehalten bleibt Artikel 48.

⁴ Die Weiterbehandlung ist ausgeschlossen beim Versäumen:
a. der Fristen, die nicht gegenüber dem Institut einzuhalten sind;
b. der Fristen für die Einreichung des Weiterbehandlungsantrags (Abs. 2);
c. der Fristen für die Einreichung des Wiedereinsetzungsgesuchs (Art. 47 Abs. 2);
d. der Fristen für die Einreichung eines Patentgesuchs mit Beanspruchung des Prioritätsrechts und für die Prioritätserklärung (Art. 17 und 19);
e. der Frist für den Antrag auf Teilverzicht (Art. 24 Abs. 2);
f. der Frist für die Änderung der technischen Unterlagen (Art. 58 Abs. 1);
g. der Frist für die Auswahlerklärung (Art. 138 Abs. 2);
h. von Fristen für das Gesuch um Erteilung eines ergänzenden Schutzzertifikats (Art. 140*f* Abs. 1, 146 Abs. 2 und 147 Abs. 3);
i. der Fristen, die durch Verordnung festgelegt worden sind und bei deren Überschreitung die Weiterbehandlung ausgeschlossen ist.

Art. 47

B. Wiedereinsetzung in den früheren Stand[77]

¹ Vermag der Patentbewerber oder Patentinhaber glaubhaft zu machen, dass er ohne sein Verschulden an der Einhaltung einer durch das Gesetz oder die Vollziehungsverordnung vorgeschriebenen oder vom Institut angesetzten Frist verhindert wurde, so ist ihm auf sein Gesuch hin Wiedereinsetzung in den frühern Stand zu gewähren.

² Das Gesuch ist innert zwei Monaten seit dem Wegfall des Hindernisses, spätestens aber innert eines Jahres seit dem Ablauf der versäumten Frist bei der Behörde einzureichen, bei welcher die versäumte Handlung vorzunehmen war; gleichzeitig ist die versäumte Handlung nachzuholen.

³ Eine Wiedereinsetzung ist nicht zulässig im Fall von Absatz 2 hievor (Frist für das Wiedereinsetzungsgesuch).

⁴ Wird dem Gesuch entsprochen, so wird dadurch der Zustand hergestellt, welcher bei rechtzeitiger Handlung eingetreten wäre; vorbehalten bleibt Artikel 48.

Art. 48

C. Vorbehalt von Rechten Dritter[78]

¹ Das Patent kann demjenigen nicht entgegengehalten werden, der die Erfindung im Inland gutgläubig während der folgenden Zeitabschnitte gewerbsmässig benützt oder dazu besondere Anstalten getroffen hat:

---

[77] Fassung gemäss Ziff. I des BG vom 3. Febr. 1995, in Kraft seit 1. Sept. 1995 (AS **1995** 2879 2887; BBl **1993** III 706).
[78] Fassung gemäss Ziff. I des BG vom 3. Febr. 1995, in Kraft seit 1. Sept. 1995 (AS **1995** 2879 2887; BBl **1993** III 706).

a. zwischen dem letzten Tag der Frist für die Zahlung einer Patentjahresgebühr (...[79]) und dem Tag, an dem ein Weiterbehandlungsantrag (Art. 46a) oder ein Wiedereinsetzungsgesuch (Art. 47) eingereicht worden ist;

b. zwischen dem letzten Tag der Prioritätsfrist (Art. 17 Abs. 1) und dem Tag, an dem das Patentgesuch eingereicht worden ist.[80]

2 Dieses Mitbenützungsrecht richtet sich nach Artikel 35 Absatz 2.

3 Wer das Mitbenützungsrecht gemäss Absatz 1 Buchstabe a beansprucht, hat dem Patentinhaber dafür mit Wirkung vom Wiederaufleben des Patentes an eine angemessene Entschädigung zu bezahlen.

4 Im Streitfall entscheidet der Richter über den Bestand und den Umfang des Mitbenützungsrechtes sowie über die Höhe einer nach Absatz 3 zu bezahlenden Entschädigung.

2. Titel: Die Patenterteilung

1. Abschnitt: Die Patentanmeldung

Art. 49

A. Form der Anmeldung

1 Wer ein Erfindungspatent erlangen will, hat beim Institut ein Patentgesuch einzureichen.

2 Das Patentgesuch muss enthalten:

a. einen Antrag auf Erteilung des Patentes;

b. eine Beschreibung der Erfindung;

c. einen oder mehrere Patentansprüche;

d. die Zeichnungen, auf die sich die Beschreibung oder die Patentansprüche beziehen;

e. eine Zusammenfassung.[81]

3 ...[82]

---

[79] Verweis gestrichen durch Anhang Ziff. 4 des BG vom 24. März 1995 über Statut und Aufgaben des Eidgenössischen Instituts für Geistiges Eigentum (SR **172.010.31**).

[80] Fassung gemäss Ziff. I des BG vom 3. Febr. 1995, in Kraft seit 1. Sept. 1995 (AS **1995** 2879 2887; BBl **1993** III 706).

[81] Fassung gemäss Ziff. I des BG vom 17. Dez. 1976, in Kraft seit 1. Jan. 1978 (AS **1977** 1997 2026; BBl **1976** II 1).

[82] Aufgehoben durch Anhang Ziff. 4 des BG vom 24. März 1995 über Statut und Aufgaben des Eidgenössischen Instituts für Geistiges Eigentum (SR **172.010.31**).

Art. 50

B. Offenbarung der Erfindung[83]

¹ Die Erfindung ist im Patentgesuch so darzulegen, dass der Fachmann sie ausführen kann.[84]

² ...[85]

Art. 51[86]

C. Patentansprüche
I. Tragweite

¹ Die Erfindung ist in einem oder mehreren Patentansprüchen zu definieren.

² Die Patentansprüche bestimmen den sachlichen Geltungsbereich des Patentes.

³ Die Beschreibung und die Zeichnungen sind zur Auslegung der Patentansprüche heranzuziehen.

Art. 52[87]

II. Unabhängige Patentansprüche

¹ Jeder unabhängige Patentanspruch darf nur eine einzige Erfindung definieren, und zwar:

a. ein Verfahren, oder

b. ein Erzeugnis, ein Ausführungsmittel oder eine Vorrichtung, oder

c. eine Anwendung eines Verfahrens, oder

d. eine Verwendung eines Erzeugnisses.

² Ein Patent kann mehrere unabhängige Patentansprüche umfassen, wenn sie eine Gruppe von Erfindungen definieren, die untereinander so verbunden sind, dass sie eine einzige allgemeine erfinderische Idee verwirklichen.

Art. 53–54[88]

Art. 55[89]

III. Abhängige Patentansprüche

Besondere Ausführungsarten der in einem unabhängigen Patentanspruch definierten Erfindung können durch abhängige Patentansprüche umschrieben werden.

---

[83] Fassung gemäss Ziff. I des BG vom 17. Dez. 1976, in Kraft seit 1. Jan. 1978 (AS **1977** 1997 2026; BBl **1976** II 1).

[84] Fassung gemäss Ziff. I des BG vom 17. Dez. 1976, in Kraft seit 1. Jan. 1978 (AS **1977** 1997 2026; BBl **1976** II 1).

[85] Aufgehoben durch Ziff. I des BG vom 17. Dez. 1976 (AS **1977** 1997; BBl **1976** II 1).

[86] Fassung gemäss Ziff. I des BG vom 17. Dez. 1976, in Kraft seit 1. Jan. 1978 (AS **1977** 1997 2026; BBl **1976** II 1).

[87] Fassung gemäss Ziff. I des BG vom 17. Dez. 1976, in Kraft seit 1. Jan. 1978 (AS **1977** 1997 2026; BBl **1976** II 1).

[88] Aufgehoben durch Ziff. I des BG vom 17. Dez. 1976 (AS **1977** 1997; BBl **1976** II 1).

[89] Fassung gemäss Ziff. I des BG vom 17. Dez. 1976, in Kraft seit 1. Jan. 1978 (AS **1977** 1997 2026; BBl **1976** II 1).

Art. 55*a*

Art. 55*b*[90]

D. Zusammenfassung

Die Zusammenfassung dient ausschliesslich der technischen Information.

Art. 56

E. Anmeldungsdatum

I. Im allgemeinen

[1] Als Anmeldedatum gilt der Tag, an dem das letzte der nach Artikel 49 Absatz 2 Buchstaben *a–d* erforderlichen Aktenstücke eingereicht wird.[91]

[2] Für Postsendungen ist der Zeitpunkt massgebend, an welchem sie der Schweizerischen Post zuhanden des Instituts übergeben wurden.[92]

Art. 57[93]

II. Bei Teilung des Patentgesuches

[1] Ein Patentgesuch, das aus der Teilung eines früheren hervorgeht, erhält dessen Anmeldedatum,

a. wenn es bei seiner Einreichung ausdrücklich als Teilgesuch bezeichnet wurde,

b. wenn das frühere Gesuch zur Zeit der Einreichung des Teilgesuches noch hängig war und

c. soweit sein Gegenstand nicht über den Inhalt des früheren Gesuches in der ursprünglich eingereichten Fassung hinausgeht.

[2] Geht der Gegenstand des Teilgesuches über den ursprünglichen Inhalt, aber nicht über denjenigen einer späteren Fassung des früheren Patentgesuches hinaus, so erhält das Teilgesuch als Anmeldedatum den Tag der Einreichung dieser späteren Fassung.

Art. 58

III. Bei Änderung der technischen Unterlagen[94]

[1] Der Patentbewerber kann bis zum Abschluss des Prüfungsverfahrens die technischen Unterlagen ändern.[95]

---

[90] Eingefügt durch Ziff. I des BG vom 17. Dez. 1976, in Kraft seit 1. Jan. 1978 (AS **1977** 1997 2026; BBl **1976** II 1).

[91] Fassung gemäss Ziff. I des BG vom 17. Dez. 1976, in Kraft seit 1. Jan. 1978 (AS **1977** 1997 2026; BBl **1976** II 1).

[92] Fassung gemäss Anhang Ziff. 6 des Postorganisationsgesetzes vom 30. April 1997, in Kraft seit 1. Jan. 1998 (SR **783.1**).

[93] Fassung gemäss Ziff. I des BG vom 17. Dez. 1976, in Kraft seit 1. Jan. 1978 (AS **1977** 1997 2026; BBl **1976** II 1).

[94] Fassung gemäss Ziff. I des BG vom 17. Dez. 1976, in Kraft seit 1. Jan. 1978 (AS **1977** 1997 2026; BBl **1976** II 1).

[95] Fassung gemäss Ziff. I des BG vom 17. Dez. 1976, in Kraft seit 1. Jan. 1978 (AS **1977** 1997 2026; BBl **1976** II 1).

² Geht der Gegenstand des geänderten Patentgesuches über den Inhalt der ursprünglich eingereichten Unterlagen hinaus, so gilt als Anmeldedatum der Tag, an dem Unterlagen eingereicht werden, welche die beanspruchte Erfindung offenbaren; das ursprüngliche Anmeldedatum verliert in diesem Fall jede gesetzliche Wirkung.[96]

³ ...[97]

2. Abschnitt: Das Prüfungsverfahren

Art. 59
A. Prüfungsgegenstand[98]

¹ Entspricht der Gegenstand des Patentgesuches den Artikeln 1, 1a und 2 nicht oder bloss teilweise, so teilt das Institut dies dem Patentbewerber unter Angabe der Gründe mit und setzt ihm eine Frist zur Stellungnahme.[99]

² Genügt das Patentgesuch andern Vorschriften des Gesetzes oder der Verordnung nicht, so setzt das Institut dem Patentbewerber eine Frist zur Behebung der Mängel.[100]

³ ...[101]

⁴ Das Institut prüft nicht, ob die Erfindung neu ist und ob sie sich in naheliegender Weise aus dem Stand der Technik ergibt.[102]

5–6 ...[103]

Art. 59a[104]
B. Prüfungsabschluss

¹ Sind die Voraussetzungen für die Erteilung des Patentes erfüllt, so teilt das Institut dem Patentbewerber den Abschluss des Prüfungsverfahrens mit.

² ...[105]

³ Das Institut weist das Patentgesuch zurück, wenn

---

[96] Fassung gemäss Ziff. I des BG vom 17. Dez. 1976, in Kraft seit 1. Jan. 1978 (AS **1977** 1997 2026; BBl **1976** II 1).
[97] Aufgehoben durch Ziff. I des BG vom 17. Dez. 1976 (AS **1977** 1997; BBl **1976** II 1).
[98] Fassung gemäss Ziff. I des BG vom 17. Dez. 1976, in Kraft seit 1. Jan. 1978 (AS **1977** 1997 2026; BBl **1976** II 1).
[99] Fassung gemäss Ziff. I des BG vom 17. Dez. 1976, in Kraft seit 1. Jan. 1978 (AS **1977** 1997 2026; BBl **1976** II 1).
[100] Fassung gemäss Ziff. I des BG vom 17. Dez. 1976, in Kraft seit 1. Jan. 1978 (AS **1977** 1997 2026; BBl **1976** II 1).
[101] Aufgehoben durch Ziff. I des BG vom 17. Dez. 1976 (AS **1977** 1997; BBl **1976** II 1).
[102] Fassung gemäss Ziff. I des BG vom 17. Dez. 1976, in Kraft seit 1. Jan. 1978 (AS **1977** 1997 2026; BBl **1976** II 1).
[103] Aufgehoben durch Ziff. I des BG vom 17. Dez. 1976 (AS **1977** 1997; BBl **1976** II 1).
[104] Eingefügt durch Ziff. I des BG vom 17. Dez. 1976, in Kraft seit 1. Jan. 1978 (AS **1977** 1997 2026; BBl **1976** II 1).
[105] Aufgehoben durch Anhang Ziff. 4 des BG vom 24. März 1995 über Statut und Aufgaben des Eidgenössischen Instituts für Geistiges Eigentum (SR **172.010.31**).

a. das Gesuch nicht zurückgezogen wird, obwohl die Erteilung eines Patentes aus den Gründen nach Artikel 59 Absatz 1 ausgeschlossen ist, oder
b. die nach Artikel 59 Absatz 2 gerügten Mängel nicht behoben werden.

Art. 59b[106]
C. Verschiebung der Patenterteilung
¹ Die Patenterteilung kann auf Antrag des Patentbewerbers bis zu sechs Monaten seit dem Datum der Mitteilung über den Abschluss des Prüfungsverfahrens (Art. 59a Abs. 1) verschoben werden.

² Ein Aufschub von mehr als sechs Monaten ist zulässig, solange an der Geheimhaltung der Erfindung ein öffentliches Interesse besteht. Der Bundesrat bestimmt die Voraussetzungen und regelt das Verfahren.

Art. 59c[107]
D. Rechtsmittel
Verfügungen des Institutes in Patentsachen unterliegen der Beschwerde an die Rekurskommission für geistiges Eigentum (Rekurskommission).

Art. 59d[108]
E. Vorbehalt der Vorprüfung
Die Artikel 59, 59a und 59b gelten nicht für Gesuche mit Vorprüfung (Art. 87ff.).

3. Abschnitt: Patentregister; Veröffentlichungen des Institutes

Art. 60
A. Patentregister
¹ Das Patent wird vom Institut durch Eintragung ins Patentregister erteilt.[109]

¹ᵇⁱˢ Ins Patentregister werden insbesondere folgende Angaben eingetragen: Nummer des Patentes, Klassifikationssymbole, Titel der Erfindung, Anmeldedatum, Name und Wohnsitz des Patentinhabers sowie gegebenenfalls Prioritätsangaben, Name und Geschäftssitz des Vertreters, Name des Erfinders.[110]

² Im Patentregister sind ferner alle Änderungen im Bestand des Patentes oder im Recht am Patent einzutragen.

---

[106] Eingefügt durch Ziff. I des BG vom 17. Dez. 1976, in Kraft seit 1. Jan. 1978 (AS **1977** 1997 2026; BBl **1976** II 1).

[107] Eingefügt durch Ziff. I des BG vom 17. Dez. 1976 (AS **1977** 1997; BBl **1976** II 1). Fassung gemäss Anhang Ziff. 10 des BG vom 4. Okt. 1991, in Kraft seit 1. Jan. 1994 (AS **1992** 288; SR **173.110.01** Art. 2 Abs. 1; BBl **1991** II 465).

[108] Eingefügt durch Ziff. I des BG vom 17. Dez. 1976, in Kraft seit 1. Jan. 1978 (AS **1977** 1997 2026; BBl **1976** II 1).

[109] Fassung gemäss Ziff. I des BG vom 17. Dez. 1976, in Kraft seit 1. Jan. 1978 (AS **1977** 1997 2026; BBl **1976** II 1).

[110] Eingefügt durch Ziff. I des BG vom 17. Dez. 1976, in Kraft seit 1. Jan. 1978 (AS **1977** 1997 2026; BBl **1976** II 1).

³ Rechtskräftige Urteile, welche solche Änderungen herbeiführen, sind dem Institut durch die Gerichte in vollständiger Ausfertigung unentgeltlich zwecks Eintragung im Register zuzustellen.

Art. 61
B. Veröffentlichungen
I. Betr. Patentgesuche und eingetragene Patente

¹ Das Institut veröffentlicht:[111]

1.[112] die Eintragung des Patentes ins Patentregister, mit den in Artikel 60 Absatz 1bis aufgeführten Angaben;
2. die Löschung des Patentes im Patentregister;
3. die im Register eingetragenen Änderungen im Bestand des Patentes und im Recht am Patent.

² Bei Patentgesuchen, die der amtlichen Vorprüfung (Art. 87ff.) unterliegen, werden ferner veröffentlicht:

1. die Bekanntmachung des Patentgesuches mit den in Artikel. 99 Absatz 1 aufgeführten Angaben;
2. die Zurückziehung oder die Zurückweisung des schon bekanntgemachten Patentgesuches.[113]

³ Das Institut bestimmt das Publikationsorgan.[114]

Art. 62
II. Verschiebung der Veröffentlichung

Hat der Bund Rechte an einem Patent erworben, so kann die Veröffentlichung des Registereintrages auf den Antrag des zuständigen Departementes auf unbestimmte Zeit verschoben werden.

Art. 63[115]
III. Patentschrift

a. Patente ohne Vorprüfung

¹ Das Institut gibt für jedes Patent, das ohne amtliche Vorprüfung (Art. 87ff.) erteilt wurde, eine Patentschrift heraus.

² Diese enthält die Beschreibung, die Patentansprüche, die Zusammenfassung und gegebenenfalls die Zeichnungen sowie die Registerangaben (Art. 60 Abs. 1bis).

---

[111] Fassung gemäss Ziff. I des BG vom 9. Okt. 1998, in Kraft seit 1. Mai 1999 (AS **1999** 1363 1366; BBl **1998** 1529).

[112] Fassung gemäss Ziff. I des BG vom 17. Dez. 1976, in Kraft seit 1. Jan. 1978 (AS **1977** 1997 2026; BBl **1976** II 1).

[113] Eingefügt durch Ziff. I des BG vom 17. Dez. 1976, in Kraft seit 1. Jan. 1978 (AS **1977** 1997 2026; BBl **1976** II 1).

[114] Eingefügt durch Ziff. I des BG vom 9. Okt. 1998 (AS **1999** 1363; BBl **1998** 1529). Fassung gemäss Anhang Ziff. II 4 des Designgesetzes vom 5. Okt. 2001, in Kraft seit 1. Juli 2002 (SR **232.12**).

[115] Fassung gemäss Ziff. I des BG vom 17. Dez. 1976, in Kraft seit 1. Jan. 1978 (AS **1977** 1997 2026; BBl **1976** II 1).

Art. 63a[116]

b. Patente mit Vorprüfung

[1] Bei Patentgesuchen, die der amtlichen Vorprüfung (Art. 87ff.) unterliegen, gibt das Institut für jedes bekanntgemachte Patentgesuch eine Auslegeschrift und für jedes erteilte Patent eine Patentschrift heraus.

[2] Diese Schriften enthalten die Beschreibung, die Patentansprüche, die Zusammenfassung und gegebenenfalls die Zeichnungen, ferner den Bericht über den Stand der Technik, sowie die Angaben über das Gesuch (Art. 99 Abs. 1) und über das Patent (Art. 60 Abs. 1bis).

[3] Weicht die Patentschrift inhaltlich nicht von der Auslegeschrift ab, so kann sie sich auf die Angaben über das Patent (Art. 60 Abs. 1bis) und einen Hinweis auf die Auslegeschrift beschränken.

Art. 64

C. Patenturkunde

[1] Sobald die Patentschrift zur Herausgabe bereit ist, stellt das Institut die Patenturkunde aus.

[2] Diese besteht aus einer Bescheinigung, in welcher die Erfüllung der gesetzlichen Bedingungen für die Erlangung des Patentes festgestellt wird, und aus einem Exemplar der Patentschrift.

Art. 65

D. Aktenaufbewahrung

Das Institut verwahrt die Patentakten im Original oder in Abschrift bis zum Ablauf von fünf Jahren nach dem Erlöschen des Patentes.

3. Titel: **Rechtsschutz**

1. Abschnitt: Gemeinsame Bestimmungen für den zivilrechtlichen und strafrechtlichen Schutz

Art. 66

A. Haftungstatbestände

Gemäss den nachfolgenden Bestimmungen kann zivil- und strafrechtlich zur Verantwortung gezogen werden:

a. wer die patentierte Erfindung widerrechtlich benützt; als Benützung gilt auch die Nachahmung;

b. wer sich weigert, der zuständigen Behörde die Herkunft der in seinem Besitz befindlichen widerrechtlich hergestellten Erzeugnisse anzugeben;

c. wer an Erzeugnissen oder ihrer Verpackung das Patentzeichen ohne Ermächtigung des Patentinhabers oder des Lizenznehmers entfernt;

d. wer zu diesen Handlungen anstiftet, bei ihnen mitwirkt, ihre Begehung begünstigt oder erleichtert.

---

[116] Eingefügt durch Ziff. I des BG vom 17. Dez. 1976, in Kraft seit 1. Jan. 1978 (AS **1977** 1997 2026; BBl **1976** II 1).

Art. 67
B. Umkehrung der Beweislast

¹ Betrifft die Erfindung ein Verfahren zur Herstellung eines neuen Erzeugnisses, so gilt bis zum Beweis des Gegenteils jedes Erzeugnis von gleicher Beschaffenheit als nach dem patentierten Verfahren hergestellt.

² Absatz 1 ist entsprechend anwendbar im Fall eines Verfahrens zur Herstellung eines bekannten Erzeugnisses, wenn der Patentinhaber eine Patentverletzung glaubhaft macht.

Art. 68
C. Wahrung des Fabrikations- oder Geschäftsgeheimnisses

¹ Fabrikations- oder Geschäftsgeheimnisse der Parteien sind zu wahren.

² Beweismittel, durch welche solche Geheimnisse offenbart werden können, dürfen dem Gegner nur insoweit zugänglich gemacht werden, als dies mit der Wahrung der Geheimnisse vereinbar ist.

Art. 69
D. Verwertung oder Zerstörung von Erzeugnissen oder Einrichtungen

¹ Im Falle der Verurteilung kann der Richter die Einziehung und die Verwertung oder Zerstörung der widerrechtlich hergestellten Erzeugnisse oder der vorwiegend zu ihrer Herstellung dienenden Einrichtungen, Geräte und sonstigen Mittel anordnen.[117]

² Der Verwertungsreinerlös wird zunächst zur Bezahlung der Busse, dann zur Bezahlung der Untersuchungs- und Gerichtskosten und endlich zur Bezahlung einer rechtskräftig festgestellten Schadenersatz- und Prozesskostenforderung des Verletzten verwendet; ein Überschuss fällt dem bisherigen Eigentümer der verwerteten Gegenstände zu.

³ Auch im Fall einer Klageabweisung oder eines Freispruchs kann der Richter die Zerstörung der vorwiegend zur Patentverletzung dienenden Einrichtungen, Geräte und sonstigen Mittel anordnen.[118]

Art. 70
E. Veröffentlichung des Urteils

¹ Der Richter kann die obsiegende Partei ermächtigen, das Urteil auf Kosten der Gegenpartei zu veröffentlichen; er bestimmt dabei Art, Umfang und Zeitpunkt der Veröffentlichung.

² In Strafsachen (Art. 81 und 82) richtet sich die Veröffentlichung des Urteils nach Artikel 61 des Strafgesetzbuches[119].

---

[117] Fassung gemäss Ziff. I des BG vom 16. Dez. 1994, in Kraft seit 1. Juli 1995 (AS **1995** 2606 2609; BBl **1994** IV 950).

[118] Fassung gemäss Ziff. I des BG vom 16. Dez. 1994, in Kraft seit 1. Juli 1995 (AS **1995** 2606 2609; BBl **1994** IV 950).

[119] SR **311.0**

Art. 71
F. Verbot der Stufenklagen
Wer eine der in den Artikeln 72, 73, 74 oder 81 vorgesehenen Klagen erhoben hat und später wegen der gleichen oder einer gleichartigen Handlung auf Grund eines andern Patentes eine weitere Klage gegen die gleiche Person erhebt, hat die Gerichts- und Parteikosten des neuen Prozesses zu tragen, wenn er nicht glaubhaft macht, dass er im frühern Verfahren ohne sein Verschulden nicht in der Lage war, auch dieses andere Patent geltend zu machen.

2. Abschnitt: Besondere Bestimmungen für den zivilrechtlichen Schutz

Art. 72
A. Klage auf Unterlassung oder Beseitigung
[1] Wer durch eine der in Artikel 66 genannten Handlungen bedroht oder in seinen Rechten verletzt ist, kann auf Unterlassung oder auf Beseitigung des rechtswidrigen Zustandes klagen.

[2] Bei Patentgesuchen, die der amtlichen Vorprüfung (Art. 87ff.) unterliegen, hat der Patentbewerber das Klagerecht von der Bekanntmachung des Patentgesuches an, wenn er dem Gegner angemessene Sicherheit leistet; Artikel 80 (Haftung) gilt sinngemäss.[120]

Art. 73
B. Klage auf Schadenersatz
[1] Wer eine der in Artikel 66 genannten Handlungen absichtlich oder fahrlässig begeht, wird dem Geschädigten nach Massgabe des Obligationenrechts[121] zum Ersatz des Schadens verpflichtet.

[2] Ist der Geschädigte nicht in der Lage, seine Schadenersatzforderung von vornherein zu beziffern, so kann er dem Richter beantragen, die Höhe des Schadenersatzes nach seinem Ermessen auf Grund des Beweisverfahrens über den Umfang des Schadens festzusetzen.

[3] Die Schadenersatzklage kann erst nach Erteilung des Patentes angehoben werden; mit ihr kann aber der Schaden geltend gemacht werden, den der Beklagte verursacht hat, seit er vom Inhalt des Patentgesuches Kenntnis erlangt hatte.

[4] Bei Patenten, die mit amtlicher Vorprüfung (Art. 87ff.) erteilt wurden, kann in jedem Fall Ersatz gefordert werden für den Schaden, den der Beklagte seit Bekanntmachung des Patentgesuches verursacht hat.[122]

---

[120] Eingefügt durch Ziff. I des BG vom 17. Dez. 1976, in Kraft seit 1. Jan. 1978 (AS **1977** 1997 2026; BBl **1976** II 1).

[121] SR **220**

[122] Eingefügt durch Ziff. I des BG vom 17. Dez. 1976, in Kraft seit 1. Jan. 1978 (AS **1977** 1997 2026; BBl **1976** II 1).

Art. 74
C. Klage auf Feststellung

Wer ein Interesse daran nachweist, kann auf Feststellung des Vorhandenseins oder des Fehlens eines nach diesem Gesetz zu beurteilenden Tatbestandes oder Rechtsverhältnisses klagen, insbesondere:

1. dass ein bestimmtes Patent zu Recht besteht;
2. dass der Beklagte eine der in Artikel 66 genannten Handlungen begangen hat;
3. dass der Kläger keine der in Artikel 66 genannten Handlungen begangen hat;
4.[123] dass ein bestimmtes Patent gegenüber dem Kläger kraft Gesetzes unwirksam ist;
5. dass für zwei bestimmte Patente die Voraussetzungen von Artikel 36 für die Erteilung einer Lizenz vorliegen oder nicht vorliegen;
6. dass der Kläger die Erfindung gemacht hat, die Gegenstand eines bestimmten Patentgesuches oder Patentes ist;
7.[124] dass ein bestimmtes Patent, das gegen das Verbot des Doppelschutzes verstösst, dahingefallen ist.

Art. 75[125]
D. ...

Art. 76
E. Einzige kantonale Instanz

[1] Die Kantone bezeichnen für die in diesem Gesetz vorgesehenen Zivilklagen eine Gerichtsstelle, welche für das ganze Kantonsgebiet als einzige kantonale Instanz entscheidet.

[2] Die Berufung in das Bundesgericht ist ohne Rücksicht auf den Streitwert zulässig.

Art. 77
F. Vorsorgliche Massnahmen
I. Voraussetzungen

[1] Zur Beweissicherung, zur Aufrechterhaltung des bestehenden Zustandes oder zur vorläufigen Vollstreckung streitiger Unterlassungs- oder Beseitigungsansprüche verfügt die zuständige Behörde auf Antrag eines Klageberechtigten vorsorgliche Massnahmen; sie kann insbesondere eine genaue Beschreibung der angeblich widerrechtlich angewendeten Verfahren oder hergestellten Erzeugnisse und der zur Herstellung dieser Erzeugnisse dienenden Einrichtungen, Geräte usw. oder die Beschlagnahme dieser Gegenstände anordnen.

---

[123] Fassung gemäss Ziff. I des BG vom 17. Dez. 1976, in Kraft seit 1. Jan. 1978 (AS **1977** 1997 2026; BBl **1976** II 1).

[124] Eingefügt durch Ziff. I des BG vom 17. Dez. 1976, in Kraft seit 1. Jan. 1978 (AS **1977** 1997 2026; BBl **1976** II 1).

[125] Aufgehoben durch Anhang Ziff. 11 des Gerichtsstandsgesetzes vom 24. März 2000 (SR **272**).

² Der Antragsteller hat glaubhaft zu machen, dass die Gegenpartei eine gegen dieses Gesetz verstossende Handlung begangen hat oder vorzunehmen beabsichtigt und dass ihm daraus ein nicht leicht ersetzbarer Nachteil droht, der nur durch eine vorsorgliche Massnahme abgewendet werden kann.

³ Bevor eine vorsorgliche Massnahme verfügt wird, ist die Gegenpartei anzuhören. In Fällen dringender Gefahr kann schon vorher eine einstweilige Verfügung erlassen werden. In diesem Fall ist die Gegenpartei nach dem Erlass der Massnahme unverzüglich zu benachrichtigen.[126]

⁴ Wird dem Antrag entsprochen, so ist gleichzeitig dem Antragsteller eine Frist bis zu 30 Tagen für die Anhebung der Klage anzusetzen mit der Androhung, dass bei Fristversäumnis die verfügte Massnahme dahinfällt.[127]

Art. 78[128]

II. ...

Art. 79

III. Sicherheitsleistung

¹ Der Antragsteller soll in der Regel zur Leistung von angemessener Sicherheit verhalten werden.

² Leistet die Gegenpartei zugunsten des Antragstellers eine angemessene Sicherheit, so kann von einer vorsorglichen Massnahme abgesehen oder eine verfügte Massnahme ganz oder teilweise aufgehoben werden.

Art. 80

IV. Haftung des Antragstellers

¹ Stellt sich heraus, dass dem Antrag auf Verfügung einer vorsorglichen Massnahme kein materiellrechtlicher Anspruch zugrunde lag, so hat der Antragsteller der Gegenpartei für den ihr durch die Massnahme verursachten Schaden nach Ermessen des Richters Ersatz zu leisten; Art und Grösse des Ersatzes bestimmt der Richter gemäss Artikel 43 des Obligationenrechts[129].

² Der Schadenersatzanspruch verjährt in einem Jahr seit dem Dahinfallen der vorsorglichen Massnahme.

³ Eine vom Antragsteller geleistete Sicherheit darf erst zurück gegeben werden, wenn feststeht, dass eine Schadenersatzklage nicht angehoben wird; die Behörde kann der Gegenpartei eine angemessene Frist zur Anhebung der Klage ansetzen mit der Androhung, dass im Säumnisfall die Sicherheit dem Antragsteller zurückgegeben werde.

---

[126] Fassung gemäss Ziff. I des BG vom 16. Dez. 1994, in Kraft seit 1. Juli 1995 (AS **1995** 2606 2609; BBl **1994** IV 950).

[127] Fassung gemäss Ziff. I des BG vom 16. Dez. 1994, in Kraft seit 1. Juli 1995 (AS **1995** 2606 2609; BBl **1994** IV 950).

[128] Aufgehoben durch Anhang Ziff. 11 des Gerichtsstandsgesetzes vom 24. März 2000 (SR **272**).

[129] SR **220**

3. Abschnitt: Besondere Bestimmungen für den strafrechtlichen Schutz

Art. 81

A. Strafbestimmungen
I. Patentverletzung

¹ Wer vorsätzlich eine Handlung nach Artikel 66 begeht, wird auf Antrag des Verletzten mit Gefängnis bis zu einem Jahr oder mit Busse bis zu 100 000 Franken bestraft.[130]

² Das Antragsrecht erlischt nach Ablauf von sechs Monaten seit dem Tag, an welchem dem Verletzten der Täter bekannt wurde.

Art. 82

II. Patentberühmung

¹ Wer seine Geschäftspapiere, Anzeigen jeder Art, Erzeugnisse oder Waren vorsätzlich mit einer Bezeichnung feilhält oder in Verkehr setzt, welche geeignet ist, zu Unrecht den Glauben zu erwecken, dass ein Patentschutz für die Erzeugnisse oder Waren besteht, wird mit Busse bis zu 2000 Franken bestraft.

² Der Richter kann die Veröffentlichung des Urteils anordnen.

Art. 83

B. Anwendbarkeit der allgemeinen Bestimmungen des StGB

Die allgemeinen Bestimmungen des Strafgesetzbuches[131] sind anwendbar, soweit dieses Gesetz keine abweichenden Vorschriften enthält.

Art. 84

C. Gerichtsstand

¹ Zur Verfolgung und Beurteilung einer strafbaren Handlung sind die Behörden des Ortes zuständig, wo die Tat ausgeführt wurde oder wo der Erfolg eingetreten ist; fallen mehrere Orte in Betracht oder sind an der Tat mehrere Mittäter beteiligt, so sind die Behörden des Ortes zuständig, wo die Untersuchung zuerst angehoben wurde.

² Zur Verfolgung und Beurteilung der Anstifter und Gehilfen sind die Behörden zuständig, denen die Verfolgung und Beurteilung des Täters obliegt.

Art. 85

D. Zuständigkeit der kantonalen Behörden
I. Im allgemeinen

¹ Die Verfolgung und Beurteilung einer strafbaren Handlung ist Sache der kantonalen Behörden.

---

[130] Fassung gemäss Ziff. I des BG vom 3. Febr. 1995, in Kraft seit 1. Sept. 1995 (AS **1995** 2879 2887; BBl **1993** III 706).

[131] SR **311.0**

² Urteile, Strafbescheide der Verwaltungsbehörden und Einstellungsbeschlüsse sind ohne Verzug in vollständiger Ausfertigung unentgeltlich der Bundesanwaltschaft mitzuteilen.

Art. 86
II. Einrede der Patentnichtigkeit
¹ Erhebt der Angeschuldigte die Einrede der Nichtigkeit des Patentes, so kann ihm der Richter eine angemessene Frist zur Anhebung der Nichtigkeitsklage unter geeigneter Androhung für den Säumnisfall ansetzen; war das Patent ohne amtliche Vorprüfung erteilt worden, oder hat der Angeschuldigte Umstände glaubhaft gemacht, welche die Nichtigkeitseinrede als begründet erscheinen lassen, so kann der Richter dem Verletzten eine angemessene Frist zur Anhebung der Klage auf Feststellung der Rechtsbeständigkeit des Patentes, ebenfalls unter geeigneter Androhung für den Säumnisfall, ansetzen.

² Wird daraufhin die Klage rechtzeitig angehoben, so ist das Strafverfahren bis zum endgültigen Entscheid über die Klage einzustellen; unterdessen ruht die Verjährung.

³ ...[132]

4. Titel: Amtliche Vorprüfung[133]

1. Abschnitt: Anwendungsbereich und Organe[134]

Art. 87
A. Anwendungsbereich der Vorprüfung[135]
¹ ...[136]

² Der Vorprüfung sind Patentgesuche unterstellt, die bis einen Monat nach dem Inkrafttreten der Änderung vom 3. Februar 1995[137] dieses Gesetzes eingereicht werden und die zum Gegenstand haben:[138]

a. Erfindungen von Erzeugnissen, die durch Anwendung nicht rein mechanischer Verfahren zur Veredelung von rohen oder verarbeiteten Textilfasern jeder Art erhalten werden sowie von derartigen Veredlungsverfahren, wenn diese Erfindungen für die Textilindustrie in Betracht kommen, und

---

[132] Aufgehoben durch Anhang Ziff. 11 des Gerichtsstandsgesetzes vom 24. März 2000 (SR **272**).

[133] Fassung gemäss Ziff. I des BG vom 17. Dez. 1976, in Kraft seit 1. Jan. 1978 (AS **1977** 1997 2026; BBl **1976** II 1).

[134] Fassung gemäss Ziff. I des BG vom 3. Febr. 1995, in Kraft seit 1. Sept. 1995 (AS **1995** 2879 2887; BBl **1993** III 706).

[135] Fassung gemäss Ziff. I des BG vom 3. Febr. 1995, in Kraft seit 1. Sept. 1995 (AS **1995** 2879 2887; BBl **1993** III 706).

[136] Aufgehoben durch Ziff. I des BG vom 17. Dez. 1976 (AS **1977** 1997; BBl **1976** II 1).

[137] AS **1995** 2879

[138] Fassung gemäss Ziff. I des BG vom 3. Febr. 1995, in Kraft seit 1. Sept. 1995 (AS **1995** 2879 2887; BBl **1993** III 706).

Patentgesetz 599

b. Erfindungen, die nach ihren Merkmalen ausgesprochen dem Gebiet der Zeitmessungstechnik angehören.[139]

3–4 ...[140]

5 Gegen die Verfügung der Prüfungsstelle, mit der ein Patentgesuch der Vorprüfung unterstellt oder nicht unterstellt wird, kann der Patentbewerber bei der Prüfungsstelle Einsprache erheben; der Einspracheentscheid unterliegt der Beschwerde an die Rekurskommission.[141]

Art. 88[142]

B. Organe

1 Zur Durchführung der amtlichen Vorprüfung werden innerhalb des Institutes Prüfungsstellen und Einspruchsabteilungen gebildet.

2 ...[143]

Art. 89

C. Prüfungsstellen[144]

1 Die Prüfungsstellen prüfen die Patentgesuche, soweit deren Inhalt bestimmend ist; sie entscheiden über die Erteilung des Patentes in den Fällen ohne Einspruchsverfahren.[145]

2 Die Obliegenheiten einer Prüfungsstelle werden von einem technisch gebildeten Einzelprüfer besorgt.

3 ...[146]

Art. 90

D. Einspruchsabteilungen[147]

1 Die Einspruchsabteilungen entscheiden über die Einsprüche; sie erlassen die Verfügung über die Erteilung des Patentes.[148]

---

[139] Fassung gemäss Ziff. I des BG vom 17. Dez. 1976, in Kraft seit 1. Jan. 1978 (AS **1977** 1997 2026; BBl **1976** II 1).

[140] Aufgehoben durch Ziff. I des BG vom 17. Dez. 1976 (AS **1977** 1997; BBl **1976** II 1).

[141] Fassung gemäss Anhang Ziff. 10 des BG vom 4. Okt. 1991, in Kraft seit 1. Jan. 1994 (AS **1992** 288; SR **173.110.01** Art. 2 Abs. 1; BBl **1991** II 465).

[142] Fassung gemäss Ziff. I des BG vom 17. Dez. 1976, in Kraft seit 1. Jan. 1978 (AS **1977** 1997 2026; BBl **1976** II 1).

[143] Aufgehoben durch Anhang Ziff. 10 des BG vom 4. Okt. 1991 (AS **1992** 288; BBl **1991** II 465).

[144] Fassung gemäss Ziff. I des BG vom 17. Dez. 1976, in Kraft seit 1. Jan. 1978 (AS **1977** 1997 2026; BBl **1976** II 1).

[145] Fassung gemäss Ziff. I des BG vom 17. Dez. 1976, in Kraft seit 1. Jan. 1978 (AS **1977** 1997 2026; BBl **1976** II 1).

[146] Aufgehoben durch Anhang Ziff. 10 des BG vom 4. Okt. 1991 (AS **1992** 288; BBl **1991** II 465).

[147] Fassung gemäss Ziff. I des BG vom 17. Dez. 1976, in Kraft seit 1. Jan. 1978 (AS **1977** 1997 2026; BBl **1976** II 1).

[148] Fassung gemäss Ziff. I des BG vom 17. Dez. 1976, in Kraft seit 1. Jan. 1978 (AS **1977** 1997 2026; BBl **1976** II 1).

² Sie setzen sich aus rechtskundigen und technisch gebildeten Mitgliedern zusammen.

³ Sie entscheiden in der Besetzung mit drei Mitgliedern, darunter dem Einzelprüfer.

⁴ ...[149]

Art. 91–94[150]

Art. 95[151]

2. Abschnitt: Das Prüfungsverfahren

Art. 96
A. Vor der Prüfungsstelle
I. Im allgemeinen

¹ Das Patentgesuch wird durch die Prüfungsstelle geprüft.

² Findet die Prüfungsstelle, dass die Erfindung nach den Artikeln 1, 1a und 2 nicht patentierbar ist, so teilt sie dies dem Patentbewerber unter Angabe der Gründe mit und setzt ihm eine Frist zur Stellungnahme.[152]

³ Findet die Prüfungsstelle, dass das Patentgesuch andern Vorschriften des Gesetzes oder der Vollziehungsverordnung nicht genügt, so setzt sie dem Patentbewerber eine Frist zur Behebung der Mängel an.

⁴ Die Prüfungsstelle prüft nicht, ob die Erfindung auch nach Artikel 7a neu ist.[153]

Art. 97[154]
II. Zurückweisung des Gesuches

Das Patentgesuch wird zurückgewiesen, wenn

a. das Gesuch nicht zurückgezogen wird, obwohl die Erteilung eines Patentes aus den Gründen nach Artikel 96 Absatz 2 ausgeschlossen ist, oder

b. die nach Artikel 96 Absatz 3 gerügten Mängel nicht behoben werden, oder

c. ...[155]

---

[149] Aufgehoben durch Anhang Ziff. 10 des BG vom 4. Okt. 1991 (AS **1992** 288; BBl **1991** II 465).

[150] Aufgehoben durch Anhang Ziff. 10 des BG vom 4. Okt. 1991 (AS **1992** 288; BBl **1991** II 465).

[151] Aufgehoben durch Ziff. I des BG vom 17. Dez. 1976 (AS **1977** 1997: BBl **1976** II 1).

[152] Fassung gemäss Ziff. I des BG vom 17. Dez. 1976, in Kraft seit 1. Jan. 1978 (AS **1977** 1997 2026; BBl **1976** II 1).

[153] Eingefügt durch Ziff. I des BG vom 17. Dez. 1976, in Kraft seit 1. Jan. 1978 (AS **1977** 1997 2026; BBl **1976** II 1).

[154] Fassung gemäss Ziff. I des BG vom 17. Dez. 1976, in Kraft seit 1. Jan. 1978 (AS **1977** 1997 2026; BBl **1976** II 1).

[155] Aufgehoben durch Anhang Ziff. 4 des BG vom 24. März 1995 über Statut und Aufgaben des Eidgenössischen Instituts für Geistiges Eigentum (SR **172.010.31**).

Art. 98
B. Bekanntmachung
I. Voraussetzungen

¹ Scheint der Erteilung des Patentes kein Grund nach Artikel 96 Absatz 2 entgegenzustehen und genügt das Patentgesuch auch sonst den Vorschriften des Gesetzes und der Verordnung, so teilt die Prüfungsstelle dem Patentbewerber mit, dass das Prüfungsverfahren abgeschlossen ist.[156]

² ...[157]

³ ...[158]

Art. 99[159]
II. Form

¹ Das Patentgesuch wird durch Veröffentlichung insbesondere folgender Angaben bekanntgemacht: Nummer des Patentgesuches, Klassifikationssymbole, Titel der Erfindung, Anmeldedatum, Name und Wohnsitz des Patentbewerbers sowie gegebenenfalls Prioritätsangaben, Name und Geschäftssitz des Vertreters, Name des Erfinders.

² Es wird während der Einspruchsfrist beim Institut zur Einsichtnahme ausgelegt mit dem Bericht über den Stand der Technik und gegebenenfalls mit dem Prioritätsbeleg.

Art. 100[160]
III. Verschiebung

¹ Die Bekanntmachung kann auf Antrag des Patentbewerbers bis zu sechs Monaten seit der Mitteilung über den Abschluss des Prüfungsverfahrens (Art. 98) verschoben werden.

² Ein Aufschub von mehr als sechs Monaten ist zulässig, solange an der Geheimhaltung der Erfindung ein öffentliches Interesse besteht. Der Bundesrat bestimmt die Voraussetzungen und regelt das Verfahren.

Art. 101
C. Einspruch[161]

¹ Innert drei Monaten seit der Bekanntmachung kann jedermann gegen die Erteilung des Patentes Einspruch erheben.

---

[156] Fassung gemäss Ziff. I des BG vom 17. Dez. 1976, in Kraft seit 1. Jan. 1978 (AS **1977** 1997 2026; BBl **1976** II 1).

[157] Aufgehoben durch Anhang Ziff. 4 des BG vom 24. März 1995 über Statut und Aufgaben des Eidgenössischen Instituts für Geistiges Eigentum (SR **172.010.31**).

[158] Aufgehoben durch Ziff. I des BG vom 17. Dez. 1976 (AS **1977** 1997; BBl **1976** II 1).

[159] Fassung gemäss Ziff. I des BG vom 17. Dez. 1976, in Kraft seit 1. Jan. 1978 (AS **1977** 1997 2026; BBl **1976** II 1).

[160] Fassung gemäss Ziff. I des BG vom 17. Dez. 1976, in Kraft seit 1. Jan. 1978 (AS **1977** 1997 2026; BBl **1976** II 1).

[161] Fassung gemäss Ziff. I des BG vom 17. Dez. 1976, in Kraft seit 1. Jan. 1978 (AS **1977** 1997 2026; BBl **1976** II 1).

² Der Einspruch kann nur auf die Behauptung gestützt werden, dass die Erfindung nicht patentfähig (Art. 1 und 1*a*) oder von der Patentierung ausgeschlossen sei (Art. 2). Der Einspruch auf Grund fehlender Neuheit wegen Bestehens eines ältern Rechts (Art. 7*a*) kann erhoben werden, auch wenn für die frühere oder die prioritätsältere Anmeldung das Patent noch nicht erteilt worden ist.[162]

³ Der Einspruch ist schriftlich einzureichen. Die angerufenen Tatsachen und die Beweismittel sind vollständig anzugeben. Auf Verlangen der Einspruchsabteilung sind die Beweismittel vorzulegen.[163]

⁴ Genügt der Einspruch diesem Artikel oder der Verordnung nicht, so kann der Einsprecher vom Verfahren ausgeschlossen werden.[164]

Art. 102–103[165]

Art. 104[166]

D. Kosten für die Abklärung des Sachverhaltes

In der Verfügung über die Erteilung des Patentes sowie nach vollständiger oder teilweiser Zurückziehung des Patentgesuches oder des Einspruchs bestimmt die Prüfungsstelle oder die Einspruchsabteilung, inwieweit die Kosten für die Abklärung des Sachverhaltes von den Beteiligten zu tragen sind.

Art. 105

E. Änderung der technischen Unterlagen[167]

¹ Nach Abschluss des Prüfungsverfahrens (Art. 98) sind Änderungen der technischen Unterlagen nur noch zulässig, wenn sie durch das Einspruchs- oder Beschwerdeverfahren gerechtfertigt werden.[168]

² ...[169]

³ Vorbehalten bleibt die Verschiebung des Anmeldungsdatums gemäss Artikel 58.

---

[162] Fassung gemäss Ziff. I des BG vom 17. Dez. 1976, in Kraft seit 1. Jan. 1978 (AS **1977** 1997 2026; BBl **1976** II 1).

[163] Fassung gemäss Ziff. I des BG vom 17. Dez. 1976, in Kraft seit 1. Jan. 1978 (AS **1977** 1997 2026; BBl **1976** II 1).

[164] Eingefügt durch Ziff. I des BG vom 17. Dez. 1976, in Kraft seit 1. Jan. 1978 (AS **1977** 1997 2026; BBl **1976** II 1).

[165] Aufgehoben durch Ziff. I des BG vom 17. Dez. 1976 (AS **1977** 1997; BBl **1976** II 1).

[166] Fassung gemäss Ziff. I des BG vom 17. Dez. 1976, in Kraft seit 1. Jan. 1978 (AS **1977** 1997 2026; BBl **1976** II 1).

[167] Fassung gemäss Ziff. I des BG vom 17. Dez. 1976, in Kraft seit 1. Jan. 1978 (AS **1977** 1997 2026; BBl **1976** II 1).

[168] Fassung gemäss Ziff. I des BG vom 17. Dez. 1976, in Kraft seit 1. Jan. 1978 (AS **1977** 1997 2026; BBl **1976** II 1).

[169] Aufgehoben durch Anhang Ziff. 4 des BG vom 24. März 1995 über Statut und Aufgaben des Eidgenössischen Instituts für Geistiges Eigentum (SR **172.010.31**).

Art. 106[170]
F. Rechtsmittel
I. Beschwerdeinstanz

¹ Gegen Verfügungen der Prüfungsstellen und Einspruchsabteilungen ist die Beschwerde an die Rekurskommission zulässig.

² Die Rekurskommission entscheidet im Rahmen der amtlichen Vorprüfung endgültig.

Art. 106a[171]
II. Beschwerdelegitimation

¹ Zur Beschwerde an die Rekurskommission ist berechtigt:[172]

a. wer am Verfahren, das zu der angefochtenen Verfügung führte, als Partei beteiligt ist;

b. wer durch die angefochtene Verfügung vom Verfahren ausgeschlossen wird (Art. 101 Abs. 4).

² Der Einsprecher ist zur Beschwerde nur soweit berechtigt, wie er im Einspruchsverfahren als Partei zugelassen war.

Art. 107–108[173]

5. Titel: Europäische Patentanmeldungen und europäische Patente[174]

1. Abschnitt: Anwendbares Recht[175]

Art. 109[176]

Geltungsbereich des Gesetzes; Verhältnis zum Europäischen Übereinkommen

¹ Dieser Titel gilt für europäische Patentanmeldungen und europäische Patente, die für die Schweiz wirksam sind.

² Die übrigen Bestimmungen dieses Gesetzes gelten, soweit sich aus dem Übereinkommen vom 5. Oktober 1973[177] über die Erteilung europäischer Patente (Europäisches Patentübereinkommen) und diesem Titel nichts anderes ergibt.

---

[170] Fassung gemäss Anhang Ziff. 10 des BG vom 4. Okt. 1991, in Kraft seit 1. Jan. 1994 (AS **1992** 288; SR **173.110.01** Art. 2 Abs. 1; BBl **1991** II 465).

[171] Eingefügt durch Ziff. I des BG vom 17. Dez. 1976, in Kraft seit 1. Juni 1978 (AS **1977** 1997 2026; BBl **1976** II 1).

[172] Fassung gemäss Anhang Ziff. 10 des BG vom 4. Okt. 1991, in Kraft seit 1. Jan. 1994 (AS **1992** 288; SR **173.110.01** Art. 2 Abs. 1; BBl **1991** II 465).

[173] Aufgehoben durch Ziff. I des BG vom 17. Dez. 1976 (AS **1977** 1997; BBl **1976** II 1).

[174] Eingefügt durch Ziff. I des BG vom 17. Dez. 1976, in Kraft seit 1. Juni 1978 (AS **1977** 1997 2026; BBl **1976** II 1).

[175] Eingefügt durch Ziff. I des BG vom 17. Dez. 1976, in Kraft seit 1. Juni 1978 (AS **1977** 1997 2026; BBl **1976** II 1).

[176] Fassung gemäss Ziff. I des BG vom 17. Dez. 1976, in Kraft seit 1. Jan. 1978 (AS **1977** 1997 2026; BBl **1976** II 1).

[177] SR **0.232.142.2**

³ Die für die Schweiz verbindliche Fassung des Europäischen Patentübereinkommens geht diesem Gesetz vor.

2. Abschnitt: Wirkungen der europäischen Patentanmeldung und des europäischen Patentes[178]

Art. 110[179]

A. Grundsatz

Die europäische Patentanmeldung, für die der Anmeldetag feststeht, und das europäische Patent haben in der Schweiz dieselbe Wirkung wie ein beim Institut vorschriftsmässig eingereichtes Patentgesuch und ein von diesem Institut erteiltes Erfindungspatent.

Art. 111[180]

B. Vorläufiger Schutz der europäischen Patentanmeldung

¹ Die veröffentlichte europäische Patentanmeldung verschafft dem Anmelder keinen Schutz nach Artikel 64 des Europäischen Patentübereinkommens.

² Mit der Schadenersatzklage kann aber der Schaden geltend gemacht werden, den der Beklagte verursacht hat, seitdem er vom Inhalt der europäischen Patentanmeldung Kenntnis erlangt hatte, spätestens jedoch seit der Veröffentlichung der Anmeldung durch das Europäische Patentamt.

Art. 112[181]

C. Vorbehalt von Übersetzungen

I. Für veröffentlichte europäische Anmeldungen

Ist die europäische Patentanmeldung nicht in einer schweizerischen Amtssprache veröffentlicht worden, so ist für den Schadenersatzanspruch der Tag massgebend, an dem der Anmelder eine Übersetzung der Patentansprüche in eine schweizerische Amtssprache

a. dem Beklagten zugestellt hat, oder

b. der Öffentlichkeit durch Vermittlung des Institutes zugänglich gemacht hat.

Art. 113[182]

II. Für europäische Patente

¹ Wird das europäische Patent nicht in einer schweizerischen Amtssprache veröffentlicht, so hat der Anmelder oder Patentinhaber dem Institut eine Übersetzung der Patentschrift in eine schweizerische Amtssprache einzureichen.

---

[178] Eingefügt durch Ziff. I des BG vom 17. Dez. 1976, in Kraft seit 1. Juni 1978 (AS **1977** 1997 2026; BBl **1976** II 1).

[179] Fassung gemäss Ziff. I des BG vom 17. Dez. 1976, in Kraft seit 1. Jan. 1978 (AS **1977** 1997 2026; BBl **1976** II 1).

[180] Fassung gemäss Ziff. I des BG vom 17. Dez. 1976, in Kraft seit 1. Jan. 1978 (AS **1977** 1997 2026; BBl **1976** II 1).

[181] Fassung gemäss Ziff. I des BG vom 17. Dez. 1976, in Kraft seit 1. Juni 1978 (AS **1977** 1997 2026; BBl **1976** II 1).

[182] Fassung gemäss Ziff. I des BG vom 17. Dez. 1976, in Kraft seit 1. Juni 1978 (AS **1977** 1997 2026; BBl **1976** II 1).

² Die Wirkung des europäischen Patentes gilt als nicht eingetreten, wenn die Übersetzung der Patentschrift nicht innert drei Monaten seit der Veröffentlichung eingereicht wird:
  a. des Hinweises auf die Patenterteilung im Europäischen Patentblatt;
  b. des Hinweises auf die Entscheidung über den Einspruch, wenn im Einspruchsverfahren das Patent in geändertem Umfang aufrechterhalten worden ist.[183]

Art. 114[184]
III. Berichtigung von Übersetzungen

¹ Der Anmelder oder Patentinhaber darf die Übersetzungen berichtigen.

² Die berichtigte Übersetzung ist erst wirksam, wenn sie der Öffentlichkeit durch Vermittlung des Institutes zugänglich gemacht oder, im Falle des Artikels 112, dem Beklagten zugestellt worden ist.

Art. 115[185]
D. Verbindliche Sprachen
I. Verfahrenssprache

Für den sachlichen Geltungsbereich der europäischen Patentanmeldung und des europäischen Patentes ist die Fassung in der Verfahrenssprache des Europäischen Patentamtes verbindlich.

Art. 116[186]
II. Sprache der Übersetzung; Mitbenützungsrecht

¹ Dritte können sich gegenüber dem Patentinhaber auf die nach diesem Gesetz vorgesehene Übersetzung berufen, wenn der sachliche Geltungsbereich der europäischen Patentanmeldung oder des europäischen Patentes in dieser Fassung enger ist als in jener der Verfahrenssprache.

² Die Wirkung des europäischen Patentes tritt, wenn der Anmelder oder Patentinhaber die Übersetzung wirksam berichtigt hat, nicht ein gegenüber demjenigen, der vorher die Erfindung in gutem Glauben im Inland gewerbsmässig benützt oder besondere Anstalten dazu getroffen hat.

³ Das Mitbenützungsrecht richtet sich nach Artikel 35 Absatz 2.

---

[183] Fassung gemäss Ziff. I des BG vom 3. Febr. 1995, in Kraft seit 1. Sept. 1995 (AS **1995** 2879 2887; BBl **1993** III 706).

[184] Fassung gemäss Ziff. I des BG vom 17. Dez. 1976, in Kraft seit 1. Juni 1978 (AS **1977** 1997 2026; BBl **1976** II 1).

[185] Fassung gemäss Ziff. I des BG vom 17. Dez. 1976, in Kraft seit 1. Juni 1978 (AS **1977** 1997 2026; BBl **1976** II 1).

[186] Fassung gemäss Ziff. I des BG vom 17. Dez. 1976, in Kraft seit 1. Juni 1978 (AS **1977** 1997 2026; BBl **1976** II 1).

3. Abschnitt: Verwaltung des europäischen Patentes[187]

Art. 117[188]
A. Register für europäische Patente

Das Institut trägt das europäische Patent, sobald auf die Erteilung im Europäischen Patentblatt hingewiesen worden ist, mit den im europäischen Patentregister vermerkten Angaben in das schweizerische Register für europäische Patente ein.

Art. 118[189]
B. Veröffentlichungen

Die Eintragungen im schweizerischen Register für europäische Patente werden vom Institut veröffentlicht.

Art. 119

Art. 120[190]
D. Vertretung

Der Bundesrat kann in Verfahren über europäische Patente vor dem Institut den im europäischen Patentregister eingetragenen Vertreter zulassen, wenn Gegenrecht besteht für die Vertretung vor den besonderen Organen des Europäischen Patentamts (Art. 143 des Europäischen Patentübereinkommens).

4. Abschnitt: Umwandlung der europäischen Patentanmeldung[191]

Art. 121[192]
A. Umwandlungsgründe

¹ Die europäische Patentanmeldung kann in ein schweizerisches Patentgesuch umgewandelt werden

a. in den Fällen des Artikels 135 Absatz 1 Buchstabe a des Europäischen Patentübereinkommens;

b. bei Versäumnis der Frist nach Artikel 14 Absatz 2 des Europäischen Patentübereinkommens, wenn die Anmeldung ursprünglich in italienischer Sprache eingereicht worden ist;

---

[187] Eingefügt durch Ziff. I des BG vom 17. Dez. 1976, in Kraft seit 1. Juni 1978 (AS **1977** 1997 2026; BBl **1976** II 1).

[188] Fassung gemäss Ziff. I des BG vom 17. Dez. 1976, in Kraft seit 1. Juni 1978 (AS **1977** 1997 2026; BBl **1976** II 1).

[189] Fassung gemäss Ziff. I des BG vom 17. Dez. 1976, in Kraft seit 1. Juni 1978 (AS **1977** 1997 2026; BBl **1976** II 1).

[190] Eingefügt durch Ziff. I des BG vom 17. Dez. 1976, in Kraft seit 1. Juni 1978 (AS **1977** 1997 2026; BBl **1976** II 1).

[191] Eingefügt durch Ziff. I des BG vom 17. Dez. 1976, in Kraft seit 1. Juni 1978 (AS **1977** 1997 2026; BBl **1976** II 1).

[192] Eingefügt durch Ziff. I des BG vom 17. Dez. 1976, in Kraft seit 1. Juni 1978 (AS **1977** 1997 2026; BBl **1976** II 1).

c. wenn sie wegen der Feststellung des Europäischen Patentamtes, dass sie dem Artikel 54 Absätze 3 und 4 des Europäischen Patentübereinkommens nicht entspricht, mit Wirkung für die Schweiz zurückgenommen oder zurückgewiesen worden ist.

² Die Umwandlung in ein schweizerisches Patentgesuch ist auch möglich, wenn das europäische Patent aus dem in Absatz 1 Buchstabe c genannten Grund widerrufen wird.

Art. 122[193]

B. Rechtswirkungen

¹ Ist der Umwandlungsantrag vorschriftsgemäss gestellt und dem Institut rechtzeitig zugestellt worden, so gilt das Patentgesuch als am Anmeldetag der europäischen Patentanmeldung eingereicht.

² Unterlagen der europäischen Patentanmeldung oder des europäischen Patentes, die beim Europäischen Patentamt eingereicht worden sind, gelten als gleichzeitig beim Institut eingereicht.

³ Die mit der europäischen Patentanmeldung erworbenen Rechte bleiben gewahrt.

Art. 123[194]

C. Übersetzung

Ist die Sprache der ursprünglichen Fassung der europäischen Patentanmeldung nicht eine schweizerische Amtssprache, so setzt das Institut dem Patentbewerber eine Frist zur Einreichung einer Übersetzung in eine schweizerische Amtssprache.

Art. 124[195]

D. Vorbehalt des Europäischen Patentübereinkommens

¹ Auf das aus der Umwandlung hervorgegangene Patentgesuch sind vorbehältlich Artikel 137 Absatz 1 des Europäischen Patentübereinkommens die für schweizerische Patentgesuche geltenden Bestimmungen anwendbar.

² Die Patentansprüche eines aus der Umwandlung des europäischen Patentes hervorgegangenen Patentgesuches dürfen nicht so abgefasst werden, dass der Schutzbereich erweitert wird.

---

[193] Eingefügt durch Ziff. I des BG vom 17. Dez. 1976, in Kraft seit 1. Juni 1978 (AS **1977** 1997 2026; BBl **1976** II 1).

[194] Eingefügt durch Ziff. I des BG vom 17. Dez. 1976, in Kraft seit 1. Juni 1978 (AS **1977** 1997 2026; BBl **1976** II 1).

[195] Eingefügt durch Ziff. I des BG vom 17. Dez. 1976, in Kraft seit 1. Juni 1978 (AS **1977** 1997 2026; BBl **1976** II 1).

5. Abschnitt: Bestimmungen für den zivilrechtlichen und strafrechtlichen Schutz[196]

Art. 125[197]

A. Verbot des Doppelschutzes

I. Vorrang des europäischen Patentes

¹ Soweit für die gleiche Erfindung demselben Erfinder oder seinem Rechtsnachfolger sowohl ein schweizerisches als auch ein für die Schweiz wirksames europäisches Patent mit gleichem Anmelde- oder Prioritätsdatum erteilt worden sind, fällt die Wirkung des schweizerischen Patentes in dem Zeitpunkt dahin, in dem

a. die Einspruchsfrist gegen das europäische Patent unbenützt abgelaufen ist, oder

b. das europäische Patent im Einspruchsverfahren rechtskräftig aufrechterhalten worden ist.

² Artikel 27 gilt sinngemäss.

Art. 126[198]

II. Vorrang des aus der Umwandlung hervorgegangenen Patentes

¹ Soweit für die gleiche Erfindung demselben Erfinder oder seinem Rechtsnachfolger sowohl ein aus einer schweizerischen oder internationalen Anmeldung (Art. 131 ff.) als auch ein aus einer umgewandelten europäischen Patentanmeldung hervorgegangenes Patent mit gleichem Anmelde- oder Prioritätsdatum erteilt worden sind, fällt die Wirkung des ersten Patentes im Zeitpunkt der Erteilung des Patentes für die umgewandelte europäische Patentanmeldung dahin.

² Artikel 27 gilt sinngemäss.

Art. 127[199]

B. Verfahrensregeln

I. Beschränkung des Teilverzichts

Ein teilweiser Verzicht auf das europäische Patent kann nicht beantragt werden, solange beim Europäischen Patentamt gegen dieses Patent ein Einspruch möglich oder über einen Einspruch noch nicht rechtskräftig entschieden ist.

---

[196] Eingefügt durch Ziff. I des BG vom 17. Dez. 1976, in Kraft seit 1. Juni 1978 (AS **1977** 1997 2026; BBl **1976** II 1).

[197] Eingefügt durch Ziff. I des BG vom 17. Dez. 1976, in Kraft seit 1. Juni 1978 (AS **1977** 1997 2026; BBl **1976** II 1).

[198] Eingefügt durch Ziff. I des BG vom 17. Dez. 1976, in Kraft seit 1. Juni 1978 (AS **1977** 1997 2026; BBl **1976** II 1).

[199] Eingefügt durch Ziff. I des BG vom 17. Dez. 1976, in Kraft seit 1. Juni 1978 (AS **1977** 1997 2026; BBl **1976** II 1).

Patentgesetz 609

Art. 128[200]

II. Aussetzen des Verfahrens

a. Zivilrechtsstreitigkeiten

Der Richter kann das Verfahren, insbesondere das Urteil aussetzen, wenn die Gültigkeit des europäischen Patentes streitig ist, und eine Partei nachweist, dass beim Europäischen Patentamt ein Einspruch noch möglich oder über einen Einspruch noch nicht rechtskräftig entschieden ist.

Art. 129[201]

b. Strafverfahren

¹ Erhebt im Falle des Artikels 86 der Angeschuldigte die Einrede der Nichtigkeit des europäischen Patentes, so kann der Richter, soweit gegen dieses Patent beim Europäischen Patentamt noch Einspruch erhoben oder dem Einspruchsverfahren beigetreten werden kann, eine angemessene Frist ansetzen, um Einspruch zu erheben oder dem Einspruchsverfahren beizutreten.

² Artikel 86 Absatz 2 gilt sinngemäss.

6. Abschnitt: Rechtshilfegesuche des Europäischen Patentamtes[202]

Art. 130[203]

Vermittlungsstelle

Das Institut nimmt die Rechtshilfegesuche des Europäischen Patentamtes entgegen und leitet sie an die zuständige Behörde weiter.

6. Titel: Internationale Patentanmeldungen[204]

1. Abschnitt: Anwendbares Recht[205]

Art. 131[206]

Geltungsbereich des Gesetzes; Verhältnis zum Zusammenarbeitsvertrag

¹ Dieser Titel gilt für internationale Anmeldungen im Sinne des Vertrages vom 19. Juni 1970[207] über die internationale Zusammenarbeit auf dem Gebiet des Patent-

---

[200] Eingefügt durch Ziff. I des BG vom 17. Dez. 1976, in Kraft seit 1. Juni 1978 (AS **1977** 1997 2026; BBl **1976** II 1).

[201] Eingefügt durch Ziff. I des BG vom 17. Dez. 1976, in Kraft seit 1. Juni 1978 (AS **1977** 1997 2026; BBl **1976** II 1).

[202] Eingefügt durch Ziff. I des BG vom 17. Dez. 1976, in Kraft seit 1. Juni 1978 (AS **1977** 1997 2026; BBl **1976** II 1).

[203] Eingefügt durch Ziff. I des BG vom 17. Dez. 1976, in Kraft seit 1. Juni 1978 (AS **1977** 1997 2026; BBl **1976** II 1).

[204] Eingefügt durch Ziff. I des BG vom 17. Dez. 1976, in Kraft seit 1. Juni 1978 (AS **1977** 1997 2026, 1978 550; BBl **1976** II 1).

[205] Eingefügt durch Ziff. I des BG vom 17. Dez. 1976, in Kraft seit 1. Juni 1978 (AS **1977** 1997 2026, 1978 550; BBl **1976** II 1).

[206] Eingefügt durch Ziff. I des BG vom 17. Dez. 1976, in Kraft seit 1. Juni 1978 (AS **1977** 1997 2026, 1978 550; BBl **1976** II 1).

[207] SR **0.232.141.1**

wesens (Zusammenarbeitsvertrag), für die das Institut Anmelde-, Bestimmungs- oder ausgewähltes Amt ist.[208]

[2] Die übrigen Bestimmungen dieses Gesetzes gelten soweit sich aus dem Zusammenarbeitsvertrag und diesem Titel nichts anderes ergibt.

[3] Die für die Schweiz verbindliche Fassung des Zusammenarbeitsvertrages geht diesem Gesetz vor.

2. Abschnitt: In der Schweiz eingereichte Anmeldungen[209]

Art. 132[210]

A. Anmeldeamt

Das Institut ist Anmeldeamt im Sinne des Artikels 2 des Zusammenarbeitsvertrages für internationale Anmeldungen von Personen, die schweizerische Staatsangehörige sind oder in der Schweiz ihren Sitz oder Wohnsitz haben.

Art. 133[211]

B. Verfahren

[1] Für das Verfahren vor dem Institut als Anmeldeamt gelten der Zusammenarbeitsvertrag und ergänzend dieses Gesetz.

[2] Für die internationale Anmeldung ist ausser den Gebühren nach dem Zusammenarbeitsvertrag noch eine Übermittlungsgebühr an das Institut zu bezahlen.

[3] Artikel 13 ist nicht anwendbar.

3. Abschnitt: Für die Schweiz bestimmte Anmeldungen; ausgewähltes Amt[212]

Art. 134[213]

A. Bestimmungs- und ausgewähltes Amt

Das Institut ist Bestimmungs- und ausgewähltes Amt im Sinne von Artikel 2 des Zusammenarbeitsvertrages für internationale Anmeldungen, mit denen der Schutz von Erfindungen in der Schweiz beantragt wird und die nicht die Wirkung einer Anmeldung für ein europäisches Patent haben.

---

[208] Fassung gemäss Ziff. I des BG vom 3. Febr. 1995, in Kraft seit 1. Sept. 1995 (AS **1995** 2879 2887; BBl **1993** III 706).

[209] Eingefügt durch Ziff. I des BG vom 17. Dez. 1976, in Kraft seit 1. Juni 1978 (AS **1977** 1977 2026, 1978 550; BBl **1976** II 1).

[210] Eingefügt durch Ziff. I des BG vom 17. Dez. 1976, in Kraft seit 1. Juni 1978 (AS **1977** 1977 2026, 1978 550; BBl **1976** II 1).

[211] Eingefügt durch Ziff. I des BG vom 17. Dez. 1976, in Kraft seit 1. Juni 1978 (AS **1977** 1977 2026, 1978 550; BBl **1976** II 1).

[212] Eingefügt durch Ziff. I des BG vom 17. Dez. 1976 (AS **1977** 1997; BBl **1976** II 1). Fassung gemäss Ziff. I des BG vom 3. Febr. 1995, in Kraft seit 1. Sept. 1995 (AS **1995** 2879 2887; BBl **1993** III 706).

[213] Eingefügt durch Ziff. I des BG vom 17. Dez. 1976 (AS 1977 1997; BBl 1976 II 1). Fassung gemäss Ziff. I des BG vom 3. Febr. 1995, in Kraft seit 1. Sept. 1995 (AS **1995** 2879 2887; BBl **1993** III 706).

Patentgesetz 611

Art. 135[214]

B. Wirkungen der internationalen Anmeldung

I. Grundsatz

Die internationale Anmeldung, für die das Institut Bestimmungsamt ist, hat, wenn das Anmeldedatum feststeht, in der Schweiz dieselbe Wirkung wie ein bei diesem Institut vorschriftsmässig eingereichtes schweizerisches Patentgesuch.

Art. 136[215]

II. Prioritätsrecht

Das Prioritätsrecht nach Artikel 17 kann für die internationale Anmeldung auch beansprucht werden, wenn die Erstanmeldung in der Schweiz oder nur für die Schweiz bewirkt worden ist.

Art. 137[216]

III. Vorläufiger Schutz

Die Artikel 111 und 112 dieses Gesetzes gelten sinngemäss für die nach Artikel 21 des Zusammenarbeitsvertrages veröffentlichte internationale Anmeldung, für die das Institut Bestimmungsamt ist.

Art. 138[217]

C. Formerfordernisse; Jahresgebühr

¹ Der Anmelder hat dem Institut innerhalb von 20 Monaten nach dem Anmelde- oder dem Prioritätsdatum:

a. den Erfinder schriftlich zu nennen;

b. die Anmeldegebühr zu bezahlen;

c. eine Übersetzung in eine schweizerische Amtssprache einzureichen, sofern die internationale Anmeldung nicht in einer solchen Sprache abgefasst ist.

² Ist die Schweiz vor Ablauf des 19. Monats nach dem Anmelde- oder dem Prioritätsdatum ausgewählt worden und ist das Institut ausgewähltes Amt, so beträgt die Frist 30 Monate nach dem Anmelde- oder dem Prioritätsdatum. In diesem Falle wird die dritte Jahresgebühr am letzten Tag des Monats fällig, in welchem die Frist abläuft, sofern dieser Tag nach dem in Artikel 42 Absätze 1 und 2 genannten Zeitpunkt liegt.

---

[214] Eingefügt durch Ziff. I des BG vom 17. Dez. 1976, in Kraft seit 1. Juni 1978 (AS 1977 1977 2026, 1978 550; BBl 1976 II 1).

[215] Eingefügt durch Ziff. I des BG vom 17. Dez. 1976, in Kraft seit 1. Juni 1978 (AS 1977 1977 2026, 1978 550; BBl 1976 II 1).

[216] Eingefügt durch Ziff. I des BG vom 17. Dez. 1976, in Kraft seit 1. Juni 1978 (AS 1977 1997 2026, 1978 550; BBl 1976 II 1).

[217] Eingefügt durch Ziff. I des BG vom 17. Dez. 1976 (AS 1977 1997; BBl 1976 II 1). Fassung gemäss Ziff. I des BG vom 3. Febr. 1995, in Kraft seit 1. Sept. 1995 (AS 1995 2879 2887; BBl 1993 III 706).

Art. 139[218]

D. Recherchenbericht

[1] Ist die internationale Anmeldung der Vorprüfung unterstellt, so tritt der internationale Recherchenbericht an die Stelle des Berichtes über den Stand der Technik (Art. 49 Abs. 4).

[2] Erlaubt der internationale Recherchenbericht die Prüfung der Anmeldung nach Artikel 96 Absatz 2 nicht, so ist die Recherchengebühr für die Erstellung eines ergänzenden Berichtes über den Stand der Technik zu bezahlen; sie wird unter den in der Verordnung festgesetzten Bedingungen zurückerstattet oder erlassen, falls der Anmelder selbst einen solchen Bericht rechtzeitig vorgelegt hat.

Art. 140[219]

E. Verbot des Doppelschutzes

[1] Soweit für die gleiche Erfindung dem gleichen Erfinder oder seinem Rechtsnachfolger zwei Patente mit gleichem Prioritätsdatum erteilt worden sind, fällt im Zeitpunkt der Erteilung des Patentes aus der internationalen Anmeldung die Wirkung des Patentes aus der nationalen Anmeldung dahin, gleichgültig, ob für das Patent aus der internationalen Anmeldung die Priorität der nationalen, oder für das Patent aus der nationalen Anmeldung die Priorität der internationalen Anmeldung beansprucht ist.

[2] Artikel 27 ist entsprechend anwendbar.

7. Titel:[220]   Ergänzende Schutzzertifikate[221]

1. Abschnitt: Ergänzende Schutzzertifikate für Arzneimittel[222]

Art. 140a[223]

A. Grundsatz

[1] Das Institut erteilt für Wirkstoffe oder Wirkstoffzusammensetzungen von Arzneimitteln auf Gesuch hin ein ergänzendes Schutzzertifikat (Zertifikat).

[2] Wirkstoffe oder Wirkstoffzusammensetzungen werden in diesem Abschnitt als Erzeugnisse bezeichnet.

---

[218] Eingefügt durch Ziff. I des BG vom 17. Dez. 1976, in Kraft seit 1. Juni 1978 (AS **1977** 1997 2026, 1978 550; BBl **1976** II 1).

[219] Eingefügt durch Ziff. I des BG vom 17. Dez. 1976, in Kraft seit 1. Juni 1978 (AS **1977** 1997 2026, 1978 550; BBl **1976** II 1).

[220] Eingefügt durch Ziff. I des BG vom 3. Febr. 1995, in Kraft seit 1. Sept. 1995 (AS **1995** 2879 2887; BBl **1993** III 706).

[221] Fassung gemäss Ziff. I des BG vom 9. Okt. 1998, in Kraft seit 1. Mai 1999 (AS **1999** 1363 1366; BBl **1998** 1529).

[222] Titel eingefügt durch Ziff. I des BG vom 9. Okt. 1998, in Kraft seit 1. Mai 1999 (AS **1999** 1363 1366; BBl **1998** 1529).

[223] Fassung gemäss Ziff. I des BG vom 9. Okt. 1998, in Kraft seit 1. Mai 1999 (AS **1999** 1363 1366; BBl **1998** 1529).

Art. 140b

B. Voraussetzungen

¹ Das Zertifikat wird erteilt, wenn im Zeitpunkt des Gesuchs:

a. das Erzeugnis als solches, ein Verfahren zu seiner Herstellung oder eine Verwendung durch ein Patent geschützt ist;
b. für das Inverkehrbringen des Erzeugnisses als Arzneimittel in der Schweiz eine behördliche Genehmigung vorliegt.

² Es wird aufgrund der ersten Genehmigung erteilt.

Art. 140c

C. Anspruch

¹ Anspruch auf das Zertifikat hat der Patentinhaber.

² Je Erzeugnis wird das Zertifikat nur einmal erteilt.[224]

³ Reichen jedoch aufgrund unterschiedlicher Patente für das gleiche Erzeugnis mehrere Patentinhaber ein Gesuch ein und ist noch kein Zertifikat erteilt worden, so kann das Zertifikat jedem Gesuchsteller erteilt werden.[225]

Art. 140d

D. Schutzgegenstand und Wirkungen

¹ Das Zertifikat schützt, in den Grenzen des sachlichen Geltungsbereichs des Patents, alle Verwendungen des Erzeugnisses als Arzneimittel, die vor Ablauf des Zertifikats genehmigt werden.

² Es gewährt die gleichen Rechte wie das Patent und unterliegt den gleichen Beschränkungen.

Art. 140e

E. Schutzdauer

¹ Das Zertifikat gilt ab Ablauf der Höchstdauer des Patents für einen Zeitraum, welcher der Zeit zwischen dem Anmeldedatum nach Artikel 56 und dem Datum der ersten Genehmigung für das Inverkehrbringen des Erzeugnisses als Arzneimittel in der Schweiz entspricht, abzüglich fünf Jahre.

² Es gilt für höchstens fünf Jahre.

³ Der Bundesrat kann bestimmen, dass als erste Genehmigung im Sinne von Absatz 1 diejenige im Europäischen Wirtschaftsraum (EWR) gilt, falls sie dort früher erteilt wird als in der Schweiz.

Art. 140f

F. Frist für die Einreichung des Gesuchs

¹ Das Gesuch um Erteilung des Zertifikats muss eingereicht werden:

---

[224] Eingefügt durch Ziff. I des BG vom 9. Okt. 1998, in Kraft seit 1. Mai 1999 (AS **1999** 1363 1366; BBl **1998** 1529).
[225] Eingefügt durch Ziff. I des BG vom 9. Okt. 1998, in Kraft seit 1. Mai 1999 (AS **1999** 1363 1366; BBl **1998** 1529).

a. innerhalb von sechs Monaten nach der ersten Genehmigung für das Inverkehrbringen des Erzeugnisses als Arzneimittel in der Schweiz;

b. innerhalb von sechs Monaten nach der Erteilung des Patents, wenn dieses später erteilt wird als die erste Genehmigung.

² Wird die Frist nicht eingehalten, so weist das Institut das Gesuch zurück.

Art. 140*g*

G. Erteilung des Zertifikats

Das Institut erteilt das Zertifikat durch Eintragung desselben ins Patentregister.

Art. 140*h*

H. Gebühren

¹ Für das Zertifikat sind eine Anmeldegebühr und Jahresgebühren zu bezahlen.

² Die Jahresgebühren für die gesamte Laufzeit des Zertifikats sind auf einmal und im voraus zu bezahlen. Sie werden am letzten Tag des Monats fällig, in dem:

a. die Laufzeit des Zertifikats beginnt;

b. das Zertifikat erteilt wird, wenn dies nach Ablauf der Höchstdauer des Patents geschieht.

³ Die Jahresgebühren sind innerhalb von sechs Monaten nach der Fälligkeit zu bezahlen; erfolgt die Zahlung in den letzten drei Monaten, so ist ein Zuschlag zu entrichten.

Art. 140*i*

I. Vorzeitiges Erlöschen und Sistierung

¹ Das Zertifikat erlischt, wenn:

a. der Inhaber in schriftlicher Eingabe an das Institut darauf verzichtet;

b. die Jahresgebühren nicht rechtzeitig bezahlt werden;

c. die Genehmigung für das Inverkehrbringen des Erzeugnisses als Arzneimittel widerrufen wird.

² Das Zertifikat wird sistiert, wenn die Genehmigung sistiert wird. Die Sistierung unterbricht die Laufzeit des Zertifikats nicht.

³ Die Genehmigungsbehörde teilt dem Institut den Widerruf oder die Sistierung der Genehmigung mit.

Art. 140*k*

K. Nichtigkeit

¹ Das Zertifikat ist nichtig, wenn:

a.[226] es entgegen Artikel 140*b*, 140*c* Absatz 2, 146 Absatz 1 oder 147 Absatz 1 erteilt worden ist;

b. das Patent vor Ablauf seiner Höchstdauer erlischt (Art. 15);

---

[226] Fassung gemäss Ziff. I des BG vom 9. Okt. 1998, in Kraft seit 1. Mai 1999 (AS **1999** 1363 1366; BBl **1998** 1529).

c. die Nichtigkeit des Patents festgestellt wird;
d. das Patent derart eingeschränkt wird, dass dessen Ansprüche das Erzeugnis, für welches das Zertifikat erteilt wurde, nicht mehr erfassen;
e. nach dem Erlöschen des Patents Gründe vorliegen, welche die Feststellung der Nichtigkeit nach Buchstabe c oder eine Einschränkung nach Buchstabe d gerechtfertigt hätten.

² Jedermann kann bei der Behörde, die für die Feststellung der Nichtigkeit des Patents zuständig ist, Klage auf Feststellung der Nichtigkeit des Zertifikats erheben.

Art. 140*l*
L. Verfahren, Register, Veröffentlichungen

¹ Der Bundesrat regelt das Verfahren zur Erteilung der Zertifikate, deren Eintragung in das Patentregister sowie die Veröffentlichungen des Institutes.

² Er berücksichtigt die Regelung in der Europäischen Gemeinschaft.

Art. 140*m*
M. Anwendbares Recht

Soweit die Bestimmungen über die Zertifikate keine Regelung enthalten, gelten die Bestimmungen des ersten, zweiten, dritten und fünften Titels dieses Gesetzes sinngemäss.

2. Abschnitt:[227] Ergänzende Schutzzertifikate für Pflanzenschutzmittel

Art. 140*n*

¹ Das Institut erteilt für Wirkstoffe oder Wirkstoffzusammensetzungen von Pflanzenschutzmitteln auf Gesuch hin ein ergänzendes Schutzzertifikat (Zertifikat).

² Die Artikel 140*a* Absatz 2–140*m* gelten sinngemäss.

Schlusstitel: Schluss- und Übergangsbestimmungen[228]

Art. 141[229]
A. Ausführungsmassnahmen

¹ Der Bundesrat trifft die zur Ausführung dieses Gesetzes nötigen Massnahmen.

² Er kann insbesondere Vorschriften aufstellen über die Bildung der Prüfungsstellen, der Einspruchsabteilungen und der Beschwerdekammern, über deren Geschäftskreis und Verfahren sowie über Fristen und Gebühren.

---

[227] Eingefügt durch Ziff. I des BG vom 9. Okt. 1998, in Kraft seit 1. Mai 1999 (AS **1999** 1363 1366; BBl **1998** 1529).

[228] Fassung gemäss Ziff. I des BG vom 17. Dez. 1976, in Kraft seit 1. Jan. 1978 (AS **1977** 1997 2026; BBl **1976** II 1).

[229] Eingefügt durch Ziff. I des BG vom 17. Dez. 1976, in Kraft seit 1. Jan. 1978 (AS **1977** 1997 2026; BBl **1976** II 1).

Art. 142[230]

B. Übergang vom alten zum neuen Recht

I. Patente

¹ Die beim Inkrafttreten dieses Gesetzes noch nicht erloschenen Patente unterstehen von diesem Zeitpunkt an dem neuen Recht.

² Jedoch richten sich weiterhin nach altem Recht:

a. die Zusatzpatente;

b. der Teilverzicht;

c. die Nichtigkeitsgründe;

d. die Zahlung der vor dem Inkrafttreten dieses Gesetzes fällig gewordenen Gebühren.

³ Das aus der Umwandlung eines Zusatzpatentes hervorgegangene Hauptpatent kann längstens bis zum Ablauf von 20 Jahren seit dem Datum der Anmeldung des ersten Hauptpatentes dauern.

Art. 143[231]

II. Patentgesuche

a. Grundsatz und Ausnahmen

¹ Die beim Inkrafttreten dieses Gesetzes hängigen Patentgesuche unterstehen von diesem Zeitpunkt an dem neuen Recht.

² Jedoch richten sich weiterhin nach altem Recht:

a. Zusatzpatentgesuche zu Hauptpatenten, die vor dem Inkrafttreten dieses Gesetzes erteilt wurden, und die auf solche Gesuche erteilten Zusatzpatente;

b. die Ausstellungspriorität;

c. die Patentfähigkeit, wenn die Voraussetzungen dafür nach altem Recht günstiger sind;

d. Patentansprüche für Verfahren zur Herstellung von chemischen Stoffen und zur Herstellung von Stoffen durch Atomkernveränderung.

³ Für die beim Inkrafttreten dieses Gesetzes hängigen Patentgesuche werden die Recherchengebühr und die Prüfungsgebühr nicht erhoben.

⁴ Das Prioritätsrecht nach Artikel 17 Absatz 1ter kann auch beansprucht werden, wenn die Erstanmeldung beim Inkrafttreten der Änderung vom 3. Februar 1995[232] dieses Gesetzes nicht mehr hängig ist.[233]

---

[230] Eingefügt durch Ziff. I des BG vom 17. Dez. 1976, in Kraft seit 1. Jan. 1978 (AS **1977** 1997 2026; BBl **1976** II 1).

[231] Eingefügt durch Ziff. I des BG vom 17. Dez. 1976, in Kraft seit 1. Jan. 1978 (AS **1977** 1997 2026; BBl **1976** II 1).

[232] AS **1995** 2879

[233] Eingefügt durch Ziff. I des BG vom 3. Febr. 1995, in Kraft seit 1. Sept. 1995 (AS **1995** 2879 2887; BBl **1993** III 706).

Art. 144[234]

b. Bisher nicht patentierbare Erfindungen

[1] Die beim Inkrafttreten dieses Gesetzes hängigen Patentgesuche für Erfindungen, die nach dem alten, nicht aber nach dem neuen Recht von der Patentierung ausgeschlossen sind, können mit Verschiebung des Anmeldedatums auf diesen Zeitpunkt aufrechterhalten werden.

[2] Das ursprüngliche Anmelde- oder Prioritätsdatum bleibt jedoch massgebend für die Bestimmung des Vorrangs im Sinne von Artikel 7a.

Art. 145[235]

III. Zivilrechtliche Verantwortlichkeit

Die zivilrechtliche Verantwortlichkeit richtet sich nach den zur Zeit der Handlung geltenden Bestimmungen.

Art. 146[236]

C. Ergänzende Schutzzertifikate für Pflanzenschutzmittel

I. Genehmigung vor dem Inkrafttreten

[1] Das ergänzende Schutzzertifikat kann für jedes Erzeugnis erteilt werden, das beim Inkrafttreten der Änderung vom 9. Oktober 1998[237] dieses Gesetzes durch ein Patent geschützt ist und für das die Genehmigung für das Inverkehrbringen gemäss Artikel 140b nach dem 1. Januar 1985 erteilt wurde.

[2] Das Gesuch um Erteilung des Zertifikats ist innerhalb von sechs Monaten nach dem Inkrafttreten der Änderung vom 9. Oktober 1998 dieses Gesetzes einzureichen. Wird die Frist nicht eingehalten, so weist das Institut das Gesuch zurück.

Art. 147[238]

II. Erloschene Patente

[1] Zertifikate werden auch aufgrund von Patenten erteilt, die zwischen dem 8. Februar 1997 und dem Inkrafttreten der Änderung vom 9. Oktober 1998[239] dieses Gesetzes nach Ablauf der Höchstdauer erloschen sind.

[2] Die Schutzdauer des Zertifikats berechnet sich nach Artikel 140e; seine Wirkungen beginnen jedoch erst mit der Veröffentlichung des Gesuchs um Erteilung des Zertifikats.

---

[234] Eingefügt durch Ziff. I des BG vom 17. Dez. 1976, in Kraft seit 1. Jan. 1978 (AS **1977** 1997 2026; BBl **1976** II 1).

[235] Eingefügt durch Ziff. I des BG vom 17. Dez. 1976, in Kraft seit 1. Jan. 1978 (AS **1977** 1997 2026; BBl **1976** II 1).

[236] Eingefügt durch Ziff. I des BG vom 3. Febr. 1995 (AS **1995** 2879 2887; BBl **1993** III 706). Fassung gemäss Ziff. I des BG vom 9. Okt. 1998, in Kraft seit 1. Mai 1999 (AS **1999** 1363 1366; BBl **1998** 1529).

[237] AS **1999** 1363

[238] Eingefügt durch Ziff. I des BG vom 3. Febr. 1995 (AS **1995** 2879 2887; BBl **1993** III 706). Fassung gemäss Ziff. I des BG vom 9. Okt. 1998, in Kraft seit 1. Mai 1999 (AS **1999** 1363 1366; BBl **1998** 1529).

[239] AS **1999** 1363; BBl **1998** 1529

³ Das Gesuch ist innerhalb von zwei Monaten nach dem Inkrafttreten der Änderung vom 9. Oktober 1998 dieses Gesetzes zu stellen. Wird die Frist nicht eingehalten, so weist das Institut das Gesuch zurück.

⁴ Artikel 48 Absätze 1, 2 und 4 gilt entsprechend für den Zeitraum zwischen dem Erlöschen des Patentes und der Veröffentlichung des Gesuchs.

Datum des Inkrafttretens: 1. Januar 1956[240]

Art. 89 Abs. 2, 90 Abs. 2 und 3, 91 Abs. 2 und 3, 96 Abs. 1 und 3, 101 Abs. 1, 105 Abs. 3: 1. Oktober 1959[241]

---

[240] BRB vom 18. Okt. 1955 (AS **1955** 906)
[241] BRB vom 8. Sept. 1959 (AS **1959** 861).

Entwurf

Bundesgesetz über die Erfindungspatente
(Patentgesetz, PatG)

Vorentwurf 2004

Änderung vom...

*Die Bundesversammlung der Schweizerischen Eidgenossenschaft,
nach Einsicht in die Botschaft des Bundesrates vom ...[1],
beschliesst:*

I
Das Patentgesetz vom 25. Juni 1954[2] wird wie folgt geändert:

Art. 1 Randtitel und Abs. 2
A. Patentierbare Erfindungen
I. Grundsatz

[2] Was sich in nahe liegender Weise aus dem Stand der Technik (Art. 7 Abs. 2) ergibt, ist keine patentierbare Erfindung.

Art. 1 a
[Aufgehoben]

Art. 2
II. Ausschluss von der Patentierung

[1] Der menschliche Körper als solcher in allen Phasen seiner Entstehung und Entwicklung, einschliesslich des Embryos, ist nicht patentierbar.

[2] Ebenfalls nicht patentierbar sind Bestandteile des menschlichen Körpers, einschliesslich einer Sequenz oder Teilsequenz eines Gens, in ihrer natürlichen Umgebung. Bestandteile des menschlichen Körpers, einschliesslich einer Sequenz oder Teilsequenz eines Gens, sind jedoch patentierbar, wenn diese Bestandteile technisch bereitgestellt werden, ein technischer Nutzeffekt angegeben wird und die weiteren Voraussetzungen von Artikel 1 erfüllt sind; Absatz 3 bleibt vorbehalten.

[3] Von der Patentierung ausgeschlossen sind Erfindungen, deren Verwertung die Menschenwürde verletzen oder die Würde der Kreatur missachten oder auf andere Weise gegen die öffentliche Ordnung oder die guten Sitten verstossen würde. Insbesondere werden keine Patente erteilt für:

a. Verfahren zum Klonen menschlicher Lebewesen und die damit gewonnenen Klone;

---

[1] BBl
[2] SR **232.14**

b. Verfahren zur Bildung von Mischwesen unter Verwendung menschlicher Keimzellen, menschlicher totipotenter Zellen oder menschlicher embryonaler Stammzellen und die damit gewonnenen Wesen;
c. Verfahren der Parthenogenese unter Verwendung menschlichen Keimguts und die damit erzeugten Parthenoten;
d. Verfahren zur Veränderung der in der Keimbahn enthaltenen Identität des menschlichen Lebewesens und die damit gewonnenen Keimbahnzellen;
e. unveränderte menschliche embryonale Stammzellen und Stammzelllinien;
f. die Verwendung menschlicher Embryonen zu nicht medizinischen Zwecken;
g. Verfahren zur Veränderung der genetischen Identität von Tieren, die geeignet sind, diesen Tieren Leiden zuzufügen, ohne durch überwiegende schutzwürdige Interessen gerechtfertigt zu sein, sowie die mit Hilfe solcher Verfahren erzeugten Tiere.

⁴ Von der Patentierung sind ferner ausgeschlossen:

a. Pflanzensorten und Tierrassen und im Wesentlichen biologische Verfahren zur Züchtung von Pflanzen und Tieren; unter Vorbehalt von Absatz 3 patentierbar sind jedoch mikrobiologische oder sonstige technische Verfahren und die damit gewonnenen Erzeugnisse sowie Erfindungen, deren Gegenstand Pflanzen oder Tiere sind und deren Ausführung technisch nicht auf eine bestimmte Pflanzensorte oder Tierrasse beschränkt ist;
b. Verfahren der Chirurgie, Therapie und Diagnostik, die am menschlichen oder am tierischen Körper angewendet werden.

Art. 5 Abs. 2

² Die vom Patentbewerber genannte Person wird im Patentregister, in der Veröffentlichung des Patentgesuchs und der Patenterteilung sowie in der Patentschrift als Erfinder aufgeführt.

Art. 7 Abs. 3 (neu)

³ In Bezug auf die Neuheit umfasst der Stand der Technik auch den Inhalt einer früheren oder einer prioritätsälteren Anmeldung für die Schweiz in der ursprünglichen Fassung, deren Anmeldedatum vor dem in Absatz 2 genannten Datum liegt und die erst an oder nach diesem Datum der Öffentlichkeit zugänglich gemacht worden ist.

Art. 7a

[Aufgehoben]

Art. 7c

IV. Neue Verwendung bekannter Stoffe

a. Erste medizinische Indikation

Stoffe und Stoffgemische, die als solche, aber nicht in Bezug auf ihre Verwendung in einem chirurgischen, therapeutischen oder diagnostischen Verfahren nach Artikel 2 Absatz 4 Buchstabe b zum Stand der Technik gehören oder Gegenstand eines älteren Rechts sind, gelten als neu, soweit sie nur für eine solche Verwendung bestimmt sind.

Art. 7d (neu)

b. Weitere medizinische Indikationen

Stoffe und Stoffgemische, die als solche, aber nicht in Bezug auf eine gegenüber der ersten medizinischen Indikation nach Artikel 7c spezifische Verwendung in einem chirurgischen, therapeutischen oder diagnostischen Verfahren nach Artikel 2 Absatz 4 Buchstabe b zum Stand der Technik gehören oder Gegenstand eines älteren Rechts sind, gelten als neu, soweit sie nur für eine solche spezifische Verwendung bestimmt sind.

Art. 8
F. Wirkung des Patents
I. Ausschliesslichkeitsrecht

[1] Das Patent verschafft seinem Inhaber das Recht, anderen zu verbieten, die Erfindung gewerbsmässig zu benützen.

[2] Als Benützung gelten insbesondere das Herstellen, das Lagern, das Anbieten, das Inverkehrbringen, die Ein-, Aus- und Durchfuhr sowie der Besitz zu diesen Zwecken.

[3] Die Durchfuhr kann nicht verboten werden, soweit der Patentinhaber die Einfuhr in das Bestimmungsland nicht verbieten kann.

Art. 8a (neu)
II. Herstellungsverfahren

[1] Betrifft die Erfindung ein Herstellungsverfahren, so erstreckt sich die Wirkung des Patents auch auf die unmittelbaren Erzeugnisse des Verfahrens.

[2] Handelt es sich bei den unmittelbaren Erzeugnissen um biologisches Material, so erstreckt sich die Wirkung des Patents zudem auf Erzeugnisse, die durch Vermehrung dieses biologischen Materials gewonnen werden und dieselben Eigenschaften aufweisen.

Art. 8b (neu)
III. Genetische Information

Betrifft die Erfindung ein Erzeugnis, das aus einer genetischen Information besteht oder eine solche enthält, so erstreckt sich die Wirkung des Patents auf jedes Material, in das dieses Erzeugnis Eingang findet und in dem die genetische Information enthalten ist und ihre Funktion erfüllt. Artikel 2 Absatz 1 bleibt vorbehalten.

Art. 8c (neu)
IV. Nukleotidsequenzen

[1] Betrifft die Erfindung eine nicht synthetisch entwickelte Sequenz oder Teilsequenz eines Gens, so beschränkt sich die Wirkung des Patents auf die in diesem Patent konkret beschriebene Funktion der Sequenz (Artikel 49 Absatz 2 Buchstabe f).

[2] Nukleotidsequenzen, die sich lediglich in für die Erfindung nicht wesentlichen Abschnitten überlagern, gelten als nicht abhängige Sequenzen.

Art. 9 (neu)
G. Ausnahmen von der Wirkung des Patents
I. Im Allgemeinen
¹ Die Wirkung des Patents erstreckt sich nicht auf:
a. Handlungen, die im privaten Bereich zu nicht gewerblichen Zweccken vorgenommen werden;
b. Handlungen zu Forschungs- und Versuchszwecken, die der Gewinnung von Erkenntnissen über den Gegenstand der Erfindung einschliesslich seiner Verwendungen dienen; insbesondere ist jede wissenschaftliche Forschung am Gegenstand der Erfindung frei;
c. die Benützung der Erfindung zu Unterrichtszwecken an Lehrstätten;
d. die Benützung biologischen Materials zum Zweck der Züchtung oder der Entdeckung und Entwicklung einer Pflanzensorte;
e. biologisches Material, das im Bereich der Landwirtschaft zufällig oder technisch nicht vermeidbar gewonnen wird.

² Abreden, welche die Rechte nach Absatz 1 einschränken, sind nichtig.

Art. 9a (neu)
II. Forschungswerkzeuge
¹ Wer eine patentierte Erfindung als Instrument oder Hilfsmittel zur Forschung benützen will, hat Anspruch auf eine nicht ausschliessliche Lizenz.

² Derjenige, dessen Bemühungen um Erteilung der Lizenz zu angemessenen Marktbedingungen innerhalb einer angemessenen Frist erfolglos geblieben sind, kann beim Richter auf Erteilung einer Lizenz nach Absatz 1 klagen.

³ Der Richter entscheidet über Umfang und Dauer der Lizenz sowie über die zu leistende Vergütung.

Art. 9b (neu)
III. Erschöpfung
¹ Hat der Patentinhaber eine patentgeschützte Ware im Inland in Verkehr gebracht oder ihrem Inverkehrbringen im Inland zugestimmt, ist die Befugnis des Patentinhabers zum gewerbsmässigen Gebrauch, Anbieten, Verkauf und Inverkehrbringen dieser Ware erloschen.

² Die Zustimmung des Patentinhabers zum Inverkehrbringen im Inland ist nicht erforderlich für eine patentgeschützte Ware, an der weitere Rechte des geistigen Eigentums bestehen und für deren Charakter der Patentschutz im Vergleich zu diesen Rechten untergeordnete Bedeutung hat.

³ Biologisches Material, das vom Patentinhaber oder mit dessen Zustimmung in Verkehr gebracht worden ist, darf vermehrt werden, soweit dies für die bestimmungsgemässe Verwendung notwendig ist. Das so gewonnene Material darf nicht für eine weitere Vermehrung verwendet werden.

Art. 13

J. Vertretung

¹ Niemand ist verpflichtet, sich in einem Verwaltungsverfahren nach diesem Gesetz vertreten zu lassen; Absatz 3 bleibt vorbehalten.

² Wer als Partei ein Verwaltungsverfahren nach diesem Gesetz nicht selbst führen will, muss sich durch einen zugelassenen Vertreter im Sinne des Patentanwaltsgesetzes vom ...³ oder einen eingetragenen Anwalt im Sinne des Anwaltsgesetzes vom 23. Juni 2000⁴ vertreten lassen.

³ Wer an einem Verwaltungsverfahren nach diesem Gesetz beteiligt ist und in der Schweiz keinen Wohnsitz oder Sitz hat, muss einen Vertreter nach Absatz 2 bestellen. Keiner Vertretung bedürfen:

a. die Einreichung eines Patentgesuchs zum Zweck der Zuerkennung eines Anmeldedatums;

b. die Bezahlung von Gebühren, die Einreichung von Übersetzungen sowie die Einreichung und Behandlung von Anträgen nach der Patenterteilung, soweit die Anträge zu keiner Beanstandung Anlass geben.

Art. 17 Abs. 1

¹ Ist eine Erfindung in einem Land, für das die Pariser Verbandsübereinkunft vom 20. März 1883⁵ zum Schutz des gewerblichen Eigentums oder das Abkommen vom 15. April 1994⁶ über handelsbezogene Aspekte der Rechte an geistigem Eigentum (Anhang 1 C zum Abkommen zur Errichtung der Welthandelsorganisation) gilt, oder mit Wirkung für ein solches Land vorschriftsgemäss zum Schutz durch Patent, Gebrauchsmuster oder Erfinderschein angemeldet worden, so entsteht nach Massgabe von Artikel 4 der Pariser Verbandsübereinkunft ein Prioritätsrecht. Dieses kann für das in der Schweiz für die gleiche Erfindung innerhalb von zwölf Monaten seit der Erstanmeldung eingereichte Patentgesuch beansprucht werden.

Art. 24 Abs. 2

[Aufgehoben]

Art. 26 Abs. 1

¹ Der Richter stellt auf Klage hin die Nichtigkeit des Patents fest, wenn:

a. der Gegenstand des Patents nach den Artikeln 1 und 2 nicht patentierbar ist;

b. die Erfindung in der Patentschrift nicht so dargelegt ist, dass der Fachmann sie ausführen kann;

c. der Gegenstand des Patents über den Inhalt des Patentgesuchs in der für das Anmeldedatum massgebenden Fassung hinausgeht;

d. der Patentinhaber weder der Erfinder noch dessen Rechtsnachfolger ist noch aus einem andern Rechtsgrund ein Recht auf das Patent hatte.

---

³ SR ...
⁴ SR **935.61**
⁵ SR **0.232.01/.04**
⁶ SR **0.632.20**

Art. 28

Die Nichtigkeitsklage steht jedermann zu, der ein Interesse nachweist, die Klage aus Artikel 26 Absatz 1 Buchstabe d indessen nur dem Berechtigten.

Art. 28a (neu)

C. Wirkung der Änderung im Bestand des Patents

Die Wirkung des erteilten Patents gilt in dem Umfang, in dem der Patentinhaber auf das Patent verzichtet oder der Richter auf Klage hin die Nichtigkeit festgestellt hat, als vom Datum der Erteilung an aufgehoben.

Art. 40b (neu)

F. Zwangslizenzen für Diagnostika

Für Erfindungen, die ein Erzeugnis oder ein Verfahren zur Diagnose beim Menschen zum Gegenstand haben, wird zur Behebung einer im Gerichts- oder Verwaltungsverfahren festgestellten wettbewerbswidrigen Praxis eine nicht ausschliessliche Lizenz erteilt.

Art. 40c (neu)

G. Zwangslizenzen für die Ausfuhr von pharmazeutischen Produkten

[1] Jedermann kann beim Richter auf Erteilung einer nicht ausschliesslichen Lizenz klagen für die Herstellung von patentgeschützten pharmazeutischen Produkten und für deren Ausfuhr in ein Land, das keine oder ungenügende eigene Herstellungskapazitäten auf dem pharmazeutischen Gebiet hat und dessen Bevölkerung von Gesundheitsproblemen wie HIV/Aids, Tuberkulose, Malaria oder anderen Epidemien betroffen ist (begünstigtes Land).

[2] Länder, die erklärt haben, dass sie ganz oder teilweise auf die Beanspruchung einer Lizenz nach Absatz 1 verzichten, sind nach Massgabe ihrer Erklärung als begünstigtes Land einer solchen Lizenz ausgeschlossen.

[3] Die Lizenz nach Absatz 1 ist auf die Herstellung derjenigen Menge des pharmazeutischen Produkts beschränkt, welche die Bedürfnisse des begünstigten Landes deckt; die gesamte Menge ist in das begünstigte Land auszuführen.

[4] Der Inhaber der Lizenz nach Absatz 1 sorgt dafür, dass sich seine Produkte von den patentgeschützten Produkten unterscheiden.

[5] Der Bundesrat regelt die Voraussetzungen für die Erteilung von Lizenzen nach Absatz 1. Er legt insbesondere den Gegenstand, die begünstigten Länder und die Modalitäten der Lizenz sowie die zur Verhinderung einer Zweckentfremdung zu treffenden Massnahmen fest.

Art. 40d

H. Gemeinsame Bestimmungen zu den Artikeln 36–40*c*

[1] Die in den Artikeln 36–40*c* vorgesehenen Lizenzen werden nur unter der Voraussetzung erteilt, dass Bemühungen des Gesuchstellers um Erteilung einer vertraglichen Lizenz zu angemessenen Marktbedingungen innerhalb einer angemessenen Frist erfolglos geblieben sind. Solche Bemühungen sind nicht notwendig im Falle eines nationalen Notstandes oder bei äusserster Dringlichkeit.

[2] Umfang und Dauer der Lizenz sind auf den Zweck beschränkt, für den sie gewährt worden ist.

³ Die Lizenz kann nur zusammen mit dem Geschäftsteil, auf den sich ihre Verwertung bezieht, übertragen werden. Dies gilt auch für Unterlizenzen.

⁴ Die Lizenz wird vorwiegend für die Versorgung des inländischen Marktes erteilt. Artikel 40c bleibt vorbehalten.

⁵ Auf Antrag entzieht der Richter dem Berechtigten die Lizenz, wenn die Umstände, die zu ihrer Erteilung geführt haben, nicht mehr gegeben sind und auch nicht zu erwarten ist, dass sie erneut eintreten. Vorbehalten bleibt ein angemessener Schutz der rechtmässigen Interessen des Berechtigten.

⁶ Der Inhaber des Patents hat das Recht auf eine angemessene Vergütung. Bei der Bemessung werden die Umstände des Einzelfalles und der wirtschaftliche Wert der Lizenz berücksichtigt.

⁷ Der Richter entscheidet über Erteilung und Entzug der Lizenz, über deren Umfang und Dauer sowie über die zu leistende Vergütung.

Art. 46a Abs. 2 erster Satz sowie Abs. 4 Bst. e und g

² Er muss den Antrag innerhalb von zwei Monaten seit dem Zugang der Benachrichtigung des Instituts über das Fristversäumnis einreichen, spätestens jedoch innerhalb von sechs Monaten nach Ablauf der versäumten Frist. ...

⁴ Die Weiterbehandlung ist ausgeschlossen beim Versäumen:

e. und g. *[Aufgehoben]*

Art. 49 Randtitel und Abs. 2 Bst. f (neu)

A. Form der Anmeldung

I. Im Allgemeinen

² Das Patentgesuch muss enthalten:

f. im Fall der Beanspruchung einer Nukleotidsequenz oder einer Sequenz oder Teilsequenz eines Gens eine konkrete Beschreibung der von ihr erfüllten Funktion.

Art. 49a (neu)

II. Angabe der Quelle

¹ Bei Erfindungen, die genetische Ressourcen oder traditionelles Wissen betreffen, muss das Patentgesuch Angaben enthalten über die Quelle:

a. der genetischen Ressource, zu welcher der Erfinder oder der Patentbewerber Zugang hatte, sofern die Erfindung direkt auf dieser Ressource basiert;

b. von traditionellem Wissen indigener oder lokaler Gemeinschaften über genetische Ressourcen, zu dem der Erfinder oder der Patentbewerber Zugang hatte, sofern die Erfindung direkt auf diesem Wissen basiert.

² Ist die Quelle weder dem Erfinder noch dem Patentbewerber bekannt, so muss der Patentbewerber dies mit einer schriftlichen Erklärung bestätigen.

Art. 50 Randtitel

B. Offenbarung der Erfindung

I. Im Allgemeinen

Art. 50a (neu)

II. Biologisches Material

¹ Kann eine Erfindung, welche die Herstellung oder Verwendung biologischen Materials betrifft, nicht ausreichend dargelegt werden, so ist die Darlegung durch die Hinterlegung einer Probe des biologischen Materials und, in der Beschreibung, durch Angaben über die wesentlichen Merkmale des biologischen Materials sowie einen Hinweis auf die Hinterlegung zu vervollständigen.

² Kann bei einer Erfindung, die biologisches Material als Erzeugnis betrifft, die Herstellung nicht ausreichend dargelegt werden, so ist die Darlegung durch die Hinterlegung einer Probe des biologischen Materials und, in der Beschreibung, durch einen Hinweis auf die Hinterlegung zu vervollständigen oder zu ersetzen.

³ Die Erfindung gilt nur dann als im Sinne von Artikel 50 offenbart, wenn die Probe des biologischen Materials spätestens am Anmeldedatum bei einer anerkannten Hinterlegungsstelle hinterlegt worden ist und das Patentgesuch in seiner ursprünglich eingereichten Fassung Angaben zum biologischen Material und den Hinweis auf die Hinterlegung enthält.

⁴ Der Bundesrat regelt im Einzelnen die Anforderungen an die Hinterlegung, an die Angaben zum biologischen Material und an den Hinweis auf die Hinterlegung sowie den Zugang zu den hinterlegten Proben.

Art. 56 Randtitel, Abs. 1 und 3

E. Anmeldedatum

I. Im Allgemeinen

¹ Als Anmeldedatum gilt der Tag, an dem der letzte der folgenden Bestandteile eingereicht wird:

a. eine ausdrückliche oder stillschweigende Angabe, dass die Bestandteile eine Anmeldung begründen sollen;

b. Angaben, anhand deren die Identität des Patentbewerbers festgestellt werden kann;

c. ein Bestandteil, der dem Aussehen nach als Beschreibung angesehen werden kann.

³ Der Bundesrat regelt die Einzelheiten, insbesondere die Sprache, in der die Bestandteile nach Absatz 1 einzureichen sind, das Anmeldedatum, falls ein fehlender Teil der Beschreibung oder eine fehlende Zeichnung nachgereicht wird, sowie den Ersatz der Beschreibung und der Zeichnungen durch den Verweis auf ein früher eingereichtes Patentgesuch.

Art. 58

F. Änderung der technischen Unterlagen

¹ Dem Patentbewerber ist bis zum Abschluss des Prüfungsverfahrens mindestens einmal Gelegenheit zu geben, die technischen Unterlagen zu ändern.

² Die technischen Unterlagen dürfen nicht so geändert werden, dass der Gegenstand des geänderten Patentgesuchs über den Inhalt der ursprünglich eingereichten Unterlagen hinausgeht.

Art. 58a (neu)
G. Veröffentlichung von Patentgesuchen
¹ Das Institut veröffentlicht Patentgesuche nach Ablauf von 18 Monaten seit dem Anmelde- oder dem Prioritätsdatum.

² Die Veröffentlichung enthält die Beschreibung, die Patentansprüche und gegebenenfalls die Zeichnungen jeweils in der ursprünglich eingereichten Fassung, ferner die Zusammenfassung, sofern diese vor Abschluss der technischen Vorbereitungen für die Veröffentlichung vorliegt, und gegebenenfalls den Bericht über den Stand der Technik nach Artikel 59 Absatz 5.

Art. 59 Abs. 1, 5 (neu) und 6 (neu)
¹ Entspricht der Gegenstand des Patentgesuchs den Artikeln 1 und 2 nicht oder bloss teilweise, so teilt das Institut dies dem Patentbewerber unter Angabe der Gründe mit und setzt ihm eine Frist zur Stellungnahme.

⁵ Der Gesuchsteller kann während sechs Monaten nach dem Anmeldedatum beantragen, dass das Institut einen Bericht über den Stand der Technik erstellt.

⁶ Ist kein Bericht nach Absatz 5 erstellt worden, so kann jede Person, die ein schutzwürdiges Interesse hat, nach der Veröffentlichung des Patentgesuchs gegen Zahlung einer Gebühr beantragen, dass das Institut einen Bericht über den Stand der Technik erstellt.

Art. 59b
[Aufgehoben]

Art. 59c Randtitel
C. Rechtsmittel
I. Beschwerde

Art. 59d
II. Einspruch
¹ Innerhalb von neun Monaten nach der Veröffentlichung der Eintragung in das Patentregister kann jede Person beim Institut gegen ein von diesem erteiltes Patent Einspruch einlegen. Der Einspruch ist schriftlich einzureichen und zu begründen.

² Der Einspruch kann nur darauf gestützt werden, dass der Gegenstand des Patents nach Artikel 2 Absatz 3 von der Patentierung ausgeschlossen ist.

³ Heisst das Institut den Einspruch ganz oder teilweise gut, so kann es das Patent widerrufen oder in geändertem Umfang aufrechterhalten. Der Einspruchsentscheid unterliegt der Beschwerde an die Rekurskommission.

⁴ Der Bundesrat regelt die Einzelheiten, namentlich das Verfahren.

Gliederungstitel vor Art. 60
Betrifft nur das Französische

Art. 60 Abs. 3
[Aufgehoben]

Art. 61 Abs. 1 und 2
[1] Das Institut veröffentlicht:
a. das Patentgesuch mit den in Artikel 58*a* Absatz 2 ausgeführten Angaben;
b. die Eintragung des Patentes ins Patentregister, mit den in Artikel 60 Absatz 1bis aufgeführten Angaben;
c. die Löschung des Patentes im Patentregister;
d. die im Register eingetragenen Änderungen im Bestand des Patentes und im Recht am Patent.

[2] *[Aufgehoben]*

Art. 62
[Aufgehoben]

Art. 63 Randtitel und Abs. 1
[1] Das Institut gibt für jedes Patent eine Patentschrift heraus.

Art. 63a
II. Patentschrift
[Aufgehoben]

Art. 65
D. Akteneinsicht
[1] Nach der Veröffentlichung des Patentgesuchs darf jedermann in das Aktenheft Einsicht nehmen. Der Bundesrat darf das Einsichtsrecht nur einschränken, wenn Fabrikations- oder Geschäftsgeheimnisse oder andere überwiegende Interessen entgegenstehen.
[2] Der Bundesrat regelt, in welchen Fällen vor der Veröffentlichung des Patentgesuchs Einsicht in das Aktenheft gewährt wird. Er regelt insbesondere auch die Einsichtnahme in Patentgesuche, die vor deren Veröffentlichung zurückgewiesen oder zurückgenommen wurden.

Art. 66 Bst. b
Gemäss den nachfolgenden Bestimmungen kann zivil- und strafrechtlich zur Verantwortung gezogen werden:
b. wer sich weigert, der zuständigen Behörde Herkunft und Menge der in seinem Besitz befindlichen, widerrechtlich hergestellten Erzeugnisse anzugeben und Adressaten sowie Ausmass einer Weitergabe an gewerbliche Abnehmer zu nennen;

Art. 70a (neu)

F. Mitteilung des Urteils

Die Gerichte stellen rechtskräftige Urteile dem Institut in vollständiger Ausfertigung unentgeltlich zu.

Art. 71 Randtitel

G. Verbot der Stufenklagen

Art. 72 Abs. 2

² *[Aufgehoben]*

Art. 73 Abs. 3 und 4

³ Die Schadenersatzklage kann erst nach Erteilung des Patents angehoben werden; mit ihr kann aber der Schaden geltend gemacht werden, den der Beklagte verursacht hat, seit er vom Inhalt des Patentgesuches Kenntnis erlangt hatte, spätestens jedoch seit dessen Veröffentlichung.

⁴ *[Aufgehoben]*

Art. 75

D. Klagebefugnis von Lizenznehmern

¹ Wer über eine ausschliessliche Lizenz verfügt, ist unabhängig von der Eintragung der Lizenz im Register selbständig zur Klage nach Artikel 72 oder 73 berechtigt, sofern dies im Lizenzvertrag nicht ausdrücklich ausgeschlossen worden ist.

² Alle Lizenznehmer können einer Klage nach Artikel 73 beitreten, um ihren eigenen Schaden geltend zu machen.

Art. 76

E. Bundespatentgericht

¹ Für die in diesem Gesetz vorgesehenen Zivilklagen und vorsorglichen Massnahmen ist das Bundespatentgericht ausschliesslich zuständig.

² Hängt ein Anspruch aus diesem Gesetz eng mit anderen zivilrechtlichen Ansprüchen zusammen, so können diese miteinander beim Bundespatentgericht geltend gemacht und von diesem beurteilt werden.

³ Die Berufung an das Bundesgericht ist unabhängig vom Streitwert zulässig.

Art. 77 Abs. 5 (neu)

⁵ Artikel 75 Absatz 1 gilt sinngemäss.

Art. 81 a (neu)

II. Falsche Angaben über die Quelle

¹ Wer vorsätzlich falsche Angaben nach Artikel 49*a* macht, wird mit Busse bis zu 100 000 Franken bestraft.

² Der Richter kann die Veröffentlichung des Urteils anordnen.

Art. 82 Randtitel

III. Patentberühmung

Art. 86 Abs. 1

¹ Erhebt der Angeschuldigte die Einrede der Nichtigkeit des Patentes, so kann ihm der Richter eine angemessene Frist zur Anhebung der Nichtigkeitsklage unter geeigneter Androhung für den Säumnisfall ansetzen; ist das Patent nicht auf Neuheit und erfinderische Tätigkeit geprüft worden und hat der Richter Zweifel an der Gültigkeit des Patents, oder hat der Angeschuldigte Umstände glaubhaft gemacht, welche die Nichtigkeitseinrede als begründet erscheinen lassen, so kann der Richter dem Verletzten eine angemessene Frist zur Anhebung der Klage auf Feststellung der Rechtsbeständigkeit des Patentes, ebenfalls unter geeigneter Androhung für den Säumnisfall, ansetzen.

Gliederungstitel vor Art. 86a

4. Abschnitt: Hilfeleistung der Zollverwaltung

Art. 86a (neu)
A. Anzeige offensichtlich widerrechtlicher Ware

¹ Die Zollverwaltung ist ermächtigt, den Patentinhaber, sofern dieser bekannt ist, zu benachrichtigen, wenn offensichtlich ist, dass die Ein-, Aus- oder Durchfuhr von Waren bevorsteht, die ein in der Schweiz gültiges Patent verletzen.

² In diesem Fall ist die Zollverwaltung ermächtigt, die Waren während drei Arbeitstagen zurückzuhalten, damit der Patentinhaber einen Antrag nach Artikel 86*b* stellen kann.

Art. 86b (neu)
B. Antrag auf Hilfeleistung

¹ Hat der Patentinhaber oder der klageberechtigte Lizenznehmer konkrete Anhaltspunkte dafür, dass die Ein-, Aus- oder Durchfuhr von Waren bevorsteht, die ein in der Schweiz gültiges Patent verletzen, so kann er der Zollverwaltung schriftlich beantragen, die Freigabe der Waren zu verweigern.

² Der Antragsteller muss alle ihm zur Verfügung stehenden Angaben machen, die für den Entscheid der Zollverwaltung erforderlich sind; dazu gehört eine genaue Beschreibung der Waren.

³ Die Zollverwaltung entscheidet endgültig über den Antrag. Sie kann eine Gebühr zur Deckung der Verwaltungskosten erheben.

Art. 86c (neu)
C. Zurückbehaltung der Waren

¹ Hat die Zollverwaltung auf Grund eines Antrags nach Artikel 86*b* Absatz 1 den begründeten Verdacht, dass eine zur Ein-, Aus- oder Durchfuhr bestimmte Ware ein in der Schweiz gültiges Patent verletzt, so teilt sie dies dem Antragsteller und dem Anmelder, Besitzer oder Eigentümer der Ware mit.

² Die Zollverwaltung behält die Ware bis höchstens zehn Arbeitstage vom Zeitpunkt der Mitteilung nach Absatz 1 an zurück, damit der Antragsteller vorsorgliche Massnahmen erwirken kann.

³ In begründeten Fällen kann die Zollverwaltung die Ware während höchstens zehn weiteren Arbeitstagen zurückbehalten.

Art. 86d (neu)
D. Proben oder Muster

¹ Während des Zurückbehaltens der Ware ist die Zollverwaltung ermächtigt, dem Antragsteller auf Antrag Proben oder Muster zur Prüfung zu übergeben oder zuzusenden.

² Die Proben oder Muster werden auf Kosten des Antragstellers entnommen und versandt.

³ Sie müssen nach erfolgter Prüfung, soweit sinnvoll, zurückgegeben werden. Verbleiben Proben oder Muster beim Antragsteller, so unterliegen sie den Bestimmungen der Zollgesetzgebung.

Art. 86e (neu)
E. Antrag auf Vernichtung der Ware
I. Verfahren

¹ Zusammen mit dem Antrag nach Artikel 86*b* Absatz 1 kann der Antragsteller der Zollverwaltung schriftlich beantragen, die Ware zu vernichten.

² Wird ein Antrag auf Vernichtung gestellt, so teilt die Zollverwaltung dies dem Anmelder, Besitzer oder Eigentümer der Ware im Rahmen der Mitteilung nach Artikel 86*c* Absatz 1 mit.

³ Der Antrag auf Vernichtung führt nicht dazu, dass die Fristen nach Artikel 86*c* Absätze 2 und 3 zur Erwirkung vorsorglicher Massnahmen verlängert werden.

Art. 86f (neu)
II. Ausdrückliche Zustimmung

¹ Für die Vernichtung der Ware ist die Zustimmung des Anmelders, Besitzers oder Eigentümers erforderlich.

² Stimmt der Anmelder, Besitzer oder Eigentümer der Ware der Vernichtung schriftlich zu und erweist sich die Vernichtung später als unbegründet, so entstehen gegenüber dem Antragsteller keine Ansprüche auf Ersatz des daraus entstandenen Schadens.

Art. 86g (neu)
III. Stillschweigende Zustimmung

¹ Die Zustimmung gilt als erteilt, wenn der Anmelder, Besitzer oder Eigentümer die Vernichtung nicht innerhalb der Fristen von Artikel 86*c* Absätze 2 und 3 ausdrücklich ablehnt.

² Erweist sich die Vernichtung der Ware als unbegründet, so haftet ausschliesslich der Antragsteller für den entstandenen Schaden.

³ Vor der Vernichtung entnimmt die Zollverwaltung Proben oder Muster und bewahrt sie als Beweismittel auf für allfällige Klagen auf Schadenersatz nach Absatz 2.

Art. 86h (neu)
IV. Kosten

¹ Die Vernichtung der Ware erfolgt auf Kosten des Antragstellers.

² Über die Kosten für die Entnahme und Aufbewahrung von Proben und Mustern nach Artikel 86g Absatz 3 entscheidet das Gericht im Rahmen des Hauptprozesses nach Artikel 86g Absatz 2.

Art. 86i (neu)
G. Sicherheitsleistung und Schadenersatz

¹ Ist durch das Zurückbehalten der Ware ein Schaden zu befürchten, so kann die Zollverwaltung das Zurückbehalten von einer angemessenen Sicherheitsleistung des Antragstellers abhängig machen.

² Der Antragsteller muss den Schaden, der durch das Zurückbehalten der Ware und die Entnahme von Proben oder Mustern entstanden ist, ersetzen, wenn vorsorgliche Massnahmen nicht angeordnet werden oder sich als unbegründet erweisen.

Vierter Titel (Art. 87–90, 96–101, 104–106a)

[Aufgehoben]

Gliederungstitel vor Art. 110

2. Abschnitt: Wirkungen der europäischen Patentanmeldung und des europäischen Patents und Änderungen im Bestand des europäischen Patents

Art. 110 Randtitel

A. Grundsatz

I. Wirkungen

Art. 110a (neu)

II. Änderungen im Bestand des Patents

Eine Änderung im Bestand des europäischen Patents durch ein rechtskräftiges Urteil in einem Verfahren vor dem Europäischen Patentamt hat dieselbe Wirkung wie ein solches Urteil in einem Verfahren in der Schweiz.

Art. 112–116

[Aufgehoben]

Art. 121 Abs. 1 Bst. a und c sowie Abs. 2

¹ Die europäische Patentanmeldung kann in ein schweizerisches Patentgesuch umgewandelt werden:

a. im Falle von Artikel 135 Absatz 1 Buchstabe a des Europäischen Patentübereinkommens;

c. *[Aufgehoben]*

² *[Aufgehoben]*

Art. 127

B. Verfahrensregeln

I. Beschränkung des Teilverzichts

Ein teilweiser Verzicht auf das europäische Patent kann nicht beantragt werden, solange beim Europäischen Patentamt gegen dieses Patent ein Einspruch möglich oder über einen Einspruch, eine Beschränkung oder einen Widerruf noch nicht rechtskräftig entschieden worden ist.

Art. 128

II. Aussetzen des Verfahrens

a. Zivilrechtsstreitigkeiten

Der Richter kann das Verfahren, insbesondere das Urteil aussetzen, wenn:

a. über eine Beschränkung, einen Widerruf oder einen Antrag auf Überprüfung des europäischen Patents noch nicht rechtskräftig entschieden worden ist; oder
b. die Gültigkeit des europäischen Patents streitig ist und eine Partei nachweist, dass beim Europäischen Patentamt ein Einspruch noch möglich oder über einen Einspruch noch nicht rechtskräftig entschieden worden ist.

Art. 138

C. Formerfordernisse

Der Anmelder hat dem Institut innerhalb von 30 Monaten nach dem Anmelde- oder dem Prioritätsdatum:

a. den Erfinder schriftlich zu nennen;
b. Angaben über die Quelle zu machen (Art. 49a);
c. die Anmeldegebühr zu bezahlen;
d. eine Übersetzung in eine schweizerische Amtssprache einzureichen, sofern die internationale Anmeldung nicht in einer solchen Sprache abgefasst ist.

Art. 139

[Aufgehoben]

Art. 140h Abs. 2 und 3

^{2} Die Jahresgebühren sind für die gesamte Laufzeit des Zertifikats auf einmal und im Voraus zu bezahlen.

^{3} *[Aufgehoben]*

Art. 142

B. Übergang vom alten zum neuen Recht

I. Patente

Patente, die beim Inkrafttreten der Änderung vom *[Datum der Verabschiedung durch die Bundesversammlung]* dieses Gesetzes noch nicht erloschen sind, unterstehen von diesem Zeitpunkt an dem neuen Recht.

Art. 143

II. Patentgesuche

¹ Patentgesuche, die beim Inkrafttreten der Änderung vom *[Datum der Verabschiedung durch die Bundesversammlung]* dieses Gesetzes hängig sind, unterstehen von diesem Zeitpunkt an dem neuen Recht.

² Jedoch richten sich weiterhin nach altem Recht:

a. die Ausstellungsimmunität;

b. die Patentierbarkeit, wenn die Voraussetzungen dafür nach altem Recht günstiger sind.

Art. 144

[Aufgehoben]

Art. 145 Abs. 2 (neu)

² Die Artikel 73*a* und 77 Absatz 5 sind nur auf Lizenzverträge anwendbar, die nach Inkrafttreten der Änderung vom *[Datum der Verabschiedung durch die Bundesversammlung]* dieses Gesetzes abgeschlossen oder verlängert worden sind.

Art. 148 (neu)

D. Vorbehalt von Übersetzungen und verbindliche Sprachen

¹ Für europäische Patente, die nicht in einer schweizerischen Amtssprache veröffentlicht werden, braucht keine Übersetzung der Patentschrift nach Artikel 113 Absatz 1 eingereicht zu werden, wenn die Veröffentlichung des Hinweises auf die Patenterteilung im Europäischen Patentblatt oder, im Falle der Aufrechterhaltung des Patents mit geändertem Umfang, die Veröffentlichung des Hinweises auf die Entscheidung über einen Einspruch weniger als drei Monate vor Inkrafttreten der Änderung vom *[Datum der Verabschiedung durch die Bundesversammlung]* dieses Gesetzes erfolgt.

² Die Artikel 114 und 116 sind auch nach Inkrafttreten der Änderung vom *[Datum der Verabschiedung durch die Bundesversammlung]* dieses Gesetzes auf Übersetzungen anwendbar, die nach Artikel 112 entweder dem Beklagten zugestellt oder der Öffentlichkeit durch Vermittlung des Instituts zugänglich gemacht oder nach Artikel 113 dem Institut eingereicht wurden.

II

Die Änderung bisherigen Rechts wird im Anhang geregelt.

III

¹ Dieses Gesetz untersteht dem fakultativen Referendum.

² Der Bundesrat bestimmt das Inkrafttreten.

Anhang

Änderung bisherigen Rechts

Die nachfolgenden Bundesgesetze werden wie folgt geändert:

1. Urheberrechtsgesetz vom 9. Oktober 1992[7]

Art. 62 Abs. 1 Bst. c und Abs. 3 (neu)

[1] Wer in seinem Urheber- oder verwandten Schutzrecht verletzt oder gefährdet wird, kann vom Gericht verlangen:

c. die beklagte Partei zu verpflichten, Herkunft und Menge der in ihrem Besitz befindlichen, widerrechtlich hergestellten oder in Verkehr gebrachten Gegenstände anzugeben und Adressaten sowie Ausmass einer Weitergabe an gewerbliche Abnehmer und Abnehmerinnen zu nennen.

[3] Wer über eine ausschliessliche Lizenz verfügt, ist selbständig zur Klage berechtigt, sofern dies im Lizenzvertrag nicht ausdrücklich ausgeschlossen worden ist. Alle Lizenznehmer und Lizenznehmerinnen können einer Verletzungsklage beitreten, um ihren eigenen Schaden geltend zu machen.

Art. 63 Abs. 1

[1] Das Gericht kann die Einziehung und Verwertung oder Vernichtung der widerrechtlich hergestellten Gegenstände oder der vorwiegend zu ihrer Herstellung dienenden Einrichtungen, Geräte und sonstigen Mittel anordnen.

Art. 65 Abs. 5 (neu)

[5] Artikel 62 Absatz 3 gilt sinngemäss.

Art. 66*a* (neu)   **Mitteilung von Urteilen**

Die Gerichte stellen rechtskräftige Urteile dem Institut in vollständiger Ausfertigung unentgeltlich zu.

Art. 67 Abs. 1 Bst. k

[1] Auf Antrag der in ihren Rechten verletzten Person wird mit Gefängnis bis zu einem Jahr oder mit Busse bestraft, wer vorsätzlich und unrechtmässig:

k. sich weigert, der zuständigen Behörde Herkunft und Menge der in seinem Besitz befindlichen, widerrechtlich hergestellten oder in Verkehr gebrachten Gegenstände anzugeben und Adressaten sowie Ausmass einer Weitergabe an gewerbliche Abnehmer und Abnehmerinnen zu nennen;

---

[7] SR **231.1**

Art. 75   **Anzeige offensichtlich widerrechtlicher Waren**

¹ Die Zollverwaltung ist ermächtigt, die Inhaber oder Inhaberinnen der Urheber- oder der verwandten Schutzrechte, sofern diese bekannt sind, sowie die zugelassenen Verwertungsgesellschaften zu benachrichtigen, wenn offensichtlich ist, dass die Ein-, Aus- oder Durchfuhr von Waren bevorsteht, deren Verbreitung gegen die in der Schweiz geltende Gesetzgebung über das Urheberrecht oder die verwandten Schutzrechte verstösst.

² In diesem Fall ist die Zollverwaltung ermächtigt, die Waren während drei Arbeitstagen zurückzuhalten, damit die Inhaber oder Inhaberinnen der Urheber- oder der verwandten Schutzrechte einen Antrag nach Artikel 76 stellen können.

Art. 76 Abs. 1 und 3

¹ Haben Inhaber und Inhaberinnen oder klageberechtigte Lizenznehmer und Lizenznehmerinnen von Urheber- oder von verwandten Schutzrechten oder eine zugelassene Verwertungsgesellschaft konkrete Anhaltspunkte dafür, dass die Ein-, Aus- oder Durchfuhr von Waren bevorsteht, deren Verbreitung gegen die in der Schweiz geltende Gesetzgebung über das Urheberrecht oder die verwandten Schutzrechte verstösst, so können sie bei der Zollverwaltung schriftlich beantragen, die Freigabe der Waren zu verweigern.

³ Die Zollverwaltung entscheidet endgültig über den Antrag. Sie kann eine Gebühr zur Deckung der Verwaltungskosten erheben.

Art. 77   **Zurückbehalten von Waren**

¹ Hat die Zollverwaltung auf Grund eines Antrags nach Artikel 76 Absatz 1 den begründeten Verdacht, dass die Ein-, Aus- oder Durchfuhr einer Ware gegen die in der Schweiz geltende Gesetzgebung über das Urheberrecht oder die verwandten Schutzrechte verstösst, so teilt sie dies dem Antragsteller oder der Antragstellerin und dem Anmelder, Besitzer oder Eigentümer beziehungsweise der Anmelderin, Besitzerin oder Eigentümerin der Ware mit.

² Die Zollverwaltung behält die Ware bis höchstens zehn Arbeitstage vom Zeitpunkt der Mitteilung nach Absatz 1 an zurück, damit der Antragsteller oder die Antragstellerin vorsorgliche Massnahmen erwirken kann.

³ In begründeten Fällen kann die Zollverwaltung die Waren während höchstens zehn weiteren Arbeitstagen zurückbehalten.

Art. 77a (neu)   **Proben oder Muster**

¹ Während des Zurückbehaltens der Ware ist die Zollverwaltung ermächtigt, dem Antragsteller oder der Antragstellerin auf Antrag Proben oder Muster zur Prüfung zu übergeben oder zuzusenden.

² Die Proben oder Muster werden auf Kosten des Antragstellers oder der Antragstellerin entnommen und versandt.

³ Sie müssen nach erfolgter Prüfung, soweit sinnvoll, zurückgegeben werden. Verbleiben Proben oder Muster beim Antragsteller oder bei der Antragstellerin, so unterliegen sie den Bestimmungen der Zollgesetzgebung.

Art. 77*b* (neu) **Antrag auf Vernichtung der Ware**

¹ Zusammen mit dem Antrag nach Artikel 76 Absatz 1 kann der Antragsteller oder die Antragstellerin der Zollverwaltung schriftlich beantragen, die Ware zu vernichten.

² Wird ein Antrag auf Vernichtung gestellt, so teilt die Zollverwaltung dies dem Anmelder, Besitzer oder Eigentümer beziehungsweise der Anmelderin, Besitzerin oder Eigentümerin der Ware im Rahmen der Mitteilung nach Artikel 77 Absatz 1 mit.

³ Der Antrag auf Vernichtung führt nicht dazu, dass die Fristen nach Artikel 77 Absätze 2 und 3 zur Erwirkung vorsorglicher Massnahmen verlängert werden.

Art. 77*c* (neu) **Ausdrückliche Zustimmung zur Vernichtung**

¹ Für die Vernichtung der Ware ist die Zustimmung des Anmelders, Besitzers oder Eigentümers beziehungsweise der Anmelderin, Besitzerin oder Eigentümerin erforderlich.

² Stimmt der Anmelder, Besitzer oder Eigentümer beziehungsweise die Anmelderin, Besitzerin oder Eigentümerin der Ware der Vernichtung schriftlich zu und erweist sich die Vernichtung später als unbegründet, so entstehen gegenüber dem Antragsteller oder der Antragstellerin keine Ansprüche auf Ersatz des daraus entstandenen Schadens.

Art. 77*d* (neu) **Stillschweigende Zustimmung zur Vernichtung**

¹ Die Zustimmung gilt als erteilt, wenn der Anmelder, Besitzer oder Eigentümer beziehungsweise die Anmelderin, Besitzerin oder Eigentümerin die Vernichtung nicht innerhalb der Fristen von Artikel 77 Absätze 2 und 3 ausdrücklich ablehnt.

² Erweist sich die Vernichtung der Ware als unbegründet, so haftet ausschliesslich der Antragsteller oder die Antragstellerin für den entstandenen Schaden.

³ Vor der Vernichtung entnimmt die Zollverwaltung Proben oder Muster und bewahrt sie als Beweismittel auf für allfällige Klagen auf Schadenersatz nach Absatz 2.

Art. 77*e* (neu) **Kosten der Vernichtung**

Die Vernichtung der Ware erfolgt auf Kosten des Antragstellers oder der Antragstellerin.

² Über die Kosten für die Entnahme und Aufbewahrung von Proben und Mustern nach Artikel 77*d* Absatz 3 entscheidet das Gericht im Rahmen des Hauptprozesses nach Artikel 77*d* Absatz 2.

Art. 77*f* (neu) **Sicherheitsleistung und Schadenersatz**

¹ Ist durch das Zurückbehalten der Ware ein Schaden zu befürchten, so kann die Zollverwaltung das Zurückbehalten von einer angemessenen Sicherheitsleistung des Antragstellers oder der Antragstellerin abhängig machen.

² Der Antragsteller oder die Antragstellerin muss den Schaden, der durch das Zurückbehalten der Ware und die Entnahme von Proben oder Mustern entstanden ist, ersetzen, wenn vorsorgliche Massnahmen nicht angeordnet werden oder sich als unbegründet erweisen.

Art. 81*a* (neu)   **Klagebefugnis von Lizenznehmern**

Die Artikel 62 Absatz 3 und 65 Absatz 5 sind nur auf Lizenzverträge anwendbar, die nach Inkrafttreten der Änderung vom *[Datum der Verabschiedung durch die Bundesversammlung]* dieses Gesetzes abgeschlossen oder verlängert worden sind.

2. Topographiengesetz vom 9. Oktober 1992[8]

Art. 5   **Nutzungsrechte**

[1] Der Hersteller oder die Herstellerin hat das ausschliessliche Recht:

a die Topographie nachzubilden, gleichviel mit welchen Mitteln oder in welcher Form;

b. die Topographie oder nachgebildete Ausführungen der Topographie in Verkehr zu bringen, anzubieten, zu veräussern, zu vermieten, zu verleihen oder sonstwie zu verbreiten oder zu diesen Zwecken ein-, aus- oder durchzuführen.

[2] Die Durchfuhr kann nicht verboten werden, soweit der Hersteller oder die Herstellerin die Einfuhr in das Bestimmungsland nicht verbieten kann.

Art. 12   **Hilfeleistung durch die Zollverwaltung**

Die Hilfeleistung durch die Zollverwaltung richtet sich nach den Artikeln 75–77*f* des Urheberrechtsgesetzes vom 9. Oktober 1992[9].

3. Markenschutzgesetz vom 28. August 1992[10]

Art. 13 Abs. 2 Bst. d und Abs. 2bis (neu) und 3

[2] Der Markeninhaber kann anderen verbieten, ein Zeichen zu gebrauchen, das nach Artikel 3 Absatz 1 vom Markenschutz ausgeschlossen ist, so insbesondere:

d. unter dem Zeichen Waren ein-, aus- oder durchzuführen;

[2bis] Die Durchfuhr kann nicht verboten werden, soweit der Markeninhaber die Einfuhr in das Bestimmungsland nicht verbieten kann.

[3] Die Ansprüche nach diesem Artikel stehen dem Markeninhaber auch gegenüber Nutzungsberechtigten nach Artikel 4 zu.

Art. 41 Abs. 1 erster Satz und Abs. 4 Bst. d (neu)

[1] Versäumt der Hinterleger oder der Rechtsinhaber eine Frist, die gegenüber dem Institut einzuhalten ist, so kann er bei diesem schriftlich die Weiterbehandlung beantragen. ...

[4] Die Weiterbehandlung ist ausgeschlossen bei Versäumnis:

d. der Frist für die Einreichung des Verlängerungsantrags nach Artikel 10 Absatz 3.

---

[8] SR **231.2**
[9] SR **231.1**
[10] SR **231.11**

Art. 53 Abs. 3 und 4 (neu)

³ Wird die Übertragung verfügt, so fallen die inzwischen Dritten eingeräumten Lizenzen oder anderen Rechte dahin; diese Dritten haben jedoch, wenn sie in gutem Glauben die Marke im Inland gewerbsmässig benützt oder besondere Anstalten dazu getroffen haben, Anspruch auf Erteilung einer nicht ausschliesslichen Lizenz.

⁴ Vorbehalten bleiben alle Schadenersatzansprüche.

Art. 54   **Mitteilung von Urteilen**

Die Gerichte stellen rechtskräftige Urteile dem Institut in vollständiger Ausfertigung unentgeltlich zu.

Art. 55 Abs. 1 Bst. c und Abs. 4 (neu)

¹ Wer in seinem Recht an der Marke oder an einer Herkunftsangabe verletzt oder gefährdet wird, kann vom Richter verlangen:
c. den Beklagten zu verpflichten, Herkunft und Menge der in seinem Besitz befindlichen, widerrechtlich mit der Marke oder der Herkunftsangabe versehenen Gegenstände anzugeben und Adressaten sowie Ausmass einer Weitergabe an gewerbliche Abnehmer zu nennen.

⁴ Wer über eine ausschliessliche Lizenz verfügt, ist unabhängig von der Eintragung der Lizenz im Register selbständig zur Klage berechtigt, sofern dies im Lizenzvertrag nicht ausdrücklich ausgeschlossen worden ist. Alle Lizenznehmer können einer Verletzungsklage beitreten, um ihren eigenen Schaden geltend zu machen.

Art. 57 Abs. 1

¹ Der Richter kann die Einziehung von Gegenständen, die widerrechtlich mit einer Marke oder einer Herkunftsangabe versehen sind, oder der vorwiegend zu ihrer Herstellung dienenden Einrichtungen, Geräte und sonstigen Mittel anordnen.

Art. 59 Abs. 5 (neu)

⁵ Artikel 55 Absatz 4 gilt sinngemäss.

Art. 61 Abs. 1 Bst. b und Abs. 2

¹ Auf Antrag des Verletzten wird mit Gefängnis bis zu einem Jahr oder mit Busse bis zu 100 000 Franken bestraft, wer vorsätzlich das Markenrecht eines anderen verletzt, indem er:
b. unter der angemassten, nachgemachten oder nachgeahmten Marke Waren in Verkehr setzt oder Dienstleistungen erbringt, solche Waren oder Dienstleistungen anbietet, ein-, aus- oder durchführt oder für sie wirbt.

² Ebenso wird auf Antrag des Verletzten bestraft, wer sich weigert, die Herkunft und Menge der in seinem Besitz befindlichen, widerrechtlich mit der Marke versehenen Gegenstände anzugeben und Adressaten sowie Ausmass einer Weitergabe an gewerbliche Abnehmer zu nennen.

Art. 62 Abs. 3

³ Wer Waren, von denen er weiss, dass sie zur Täuschung im geschäftlichen Verkehr dienen sollen, ein-, aus-, durchführt oder lagert, wird auf Antrag des Verletzten mit Haft oder mit Busse bis zu 20 000 Franken bestraft.

Art. 70   **Anzeige offensichtlich widerrechtlicher Waren**

¹ Die Zollverwaltung ist ermächtigt, den Markeninhaber, den an einer Herkunftsangabe Berechtigten oder einen nach Artikel 56 klageberechtigten Berufs- oder Wirtschaftsverband, sofern diese bekannt sind, zu benachrichtigen, wenn offensichtlich ist, dass die Ein-, Aus- oder Durchfuhr von widerrechtlich mit einer Marke oder einer Herkunftsangabe versehenen Waren bevorsteht.

² In diesem Fall ist die Zollverwaltung ermächtigt, die Waren während drei Arbeitstagen zurückzuhalten, damit der Markeninhaber, der an einer Herkunftsangabe Berechtigte oder ein nach Artikel 56 klageberechtigter Berufs- oder Wirtschaftsverband einen Antrag nach Artikel 71 stellen kann.

Art. 71 Abs. 1

¹ Hat der Markeninhaber, der klageberechtigte Lizenznehmer, der an einer Herkunftsangabe Berechtigte oder ein nach Artikel 56 klageberechtigter Berufs- oder Wirtschaftsverband konkrete Anhaltspunkte dafür, dass die Ein-, Aus- oder Durchfuhr von widerrechtlich mit einer Marke oder einer Herkunftsangabe versehenen Waren bevorsteht, so kann er der Zollverwaltung schriftlich beantragen, die Freigabe der Waren zu verweigern.

Art. 72

¹ Hat die Zollverwaltung auf Grund eines Antrags nach Artikel 71 Absatz 1 den begründeten Verdacht, dass eine zur Ein-, Aus- oder Durchfuhr bestimmte Ware widerrechtlich mit einer Marke oder einer Herkunftsangabe versehen ist, so teilt sie dies dem Antragsteller und dem Anmelder, Besitzer oder Eigentümer der Ware mit.

² Die Zollverwaltung behält die Ware bis höchstens zehn Arbeitstage vom Zeitpunkt der Mitteilung nach Absatz 1 an zurück, damit der Antragsteller vorsorgliche Massnahmen erwirken kann.

³ In begründeten Fällen kann die Zollverwaltung die Ware während höchstens zehn weiteren Arbeitstagen zurückbehalten.

Art. 72a (neu)   **Proben oder Muster**

¹ Während des Zurückbehaltens der Ware ist die Zollverwaltung ermächtigt, dem Antragsteller auf Antrag Proben oder Muster zur Prüfung zu übergeben oder zuzusenden.

² Die Proben oder Muster werden auf Kosten des Antragstellers entnommen und versandt.

³ Sie müssen nach erfolgter Prüfung, soweit sinnvoll, zurückgegeben werden. Verbleiben Proben oder Muster beim Antragsteller, so unterliegen sie den Bestimmungen der Zollgesetzgebung.

Art. 72b (neu)   Antrag auf Vernichtung der Ware

[1] Zusammen mit dem Antrag nach Artikel 71 Absatz 1 kann der Antragsteller der Zollverwaltung schriftlich beantragen, die Ware zu vernichten.

[2] Wird ein Antrag auf Vernichtung gestellt, so teilt die Zollverwaltung dies dem Anmelder, Besitzer oder Eigentümer der Ware im Rahmen der Mitteilung nach Artikel 72 Absatz 1 mit.

[3] Der Antrag auf Vernichtung führt zu keiner Verlängerung der Fristen nach Artikel 72 Absätze 2 und 3 zur Erwirkung vorsorglicher Massnahmen.

Art. 72c (neu)   Ausdrückliche Zustimmung zur Vernichtung

[1] Für die Vernichtung der Ware ist die Zustimmung des Anmelders, Besitzers oder Eigentümers erforderlich.

[2] Stimmt der Anmelder, Besitzer oder Eigentümer der Ware der Vernichtung schriftlich zu und erweist sich die Vernichtung später als unbegründet, so entstehen gegenüber dem Antragsteller keine Ansprüche auf Ersatz des daraus entstandenen Schadens.

Art. 72d (neu)   Stillschweigende Zustimmung zur Vernichtung

[1] Die Zustimmung gilt als erteilt, wenn der Anmelder, Besitzer oder Eigentümer die Vernichtung nicht innerhalb der Fristen von Artikel 72 Absätze 2 und 3 ausdrücklich ablehnt.

[2] Erweist sich die Vernichtung der Ware als unbegründet, so haftet ausschliesslich der Antragsteller für den entstandenen Schaden.

[3] Vor der Vernichtung entnimmt die Zollverwaltung Proben oder Muster und bewahrt sie als Beweismittel auf für allfällige Klagen auf Schadenersatz nach Absatz 2.

Art. 72e (neu)   Kosten der Vernichtung

[1] Die Vernichtung der Ware erfolgt auf Kosten des Antragstellers.

[2] Über die Kosten für die Entnahme und Aufbewahrung von Proben und Mustern nach Artikel 72d Absatz 3 entscheidet das Gericht im Rahmen des Hauptprozesses nach Artikel 72d Absatz 2.

Art. 72f (neu)   Sicherheitsleistung und Schadenersatz

[1] Ist durch das Zurückbehalten der Ware ein Schaden zu befürchten, so kann die Zollverwaltung das Zurückbehalten von einer angemessenen Sicherheitsleistung des Antragstellers abhängig machen.

[2] Der Antragsteller muss den Schaden, der durch das Zurückbehalten der Ware und die Entnahme von Proben oder Mustern entstanden ist, ersetzen, wenn vorsorgliche Massnahmen nicht angeordnet werden oder sich als unbegründet erweisen.

Art. 78a (neu)   Klagebefugnis von Lizenznehmern

Die Artikel 55 Absatz 4 und 59 Absatz 5 sind nur auf Lizenzverträge anwendbar, die nach Inkrafttreten der Änderung vom *[Datum der Verabschiedung durch die Bundesversammlung]* dieses Gesetzes abgeschlossen oder verlängert worden sind.

4. Designgesetz vom 5. Oktober 2001[11]

Art. 9 Abs. 1bis (neu)

$^{1 bis}$ Die Durchfuhr kann nicht verboten werden, soweit die Rechtsinhaberin die Einfuhr in das Bestimmungsland nicht verbieten kann.

Art. 40   **Mitteilung von Urteilen**

Die Gerichte stellen rechtskräftige Urteile dem Institut in vollständiger Ausfertigung unentgeltlich zu.

Art. 46 Sachüberschrift und Abs. 1
Anzeige offensichtlich widerrechtlicher Waren

^{1} Die Zollverwaltung ist ermächtigt, die Rechtsinhaberin eines hinterlegten Designs, sofern diese bekannt ist, zu benachrichtigen, wenn offensichtlich ist, dass die Ein-, Aus- oder Durchfuhr von widerrechtlich hergestellten Gegenständen bevorsteht.

Art. 47 Abs. 1

^{1} Hat die Rechtsinhaberin oder die klageberechtigte Lizenznehmerin beziehungsweise der klageberechtigte Lizenznehmer eines hinterlegten Designs konkrete Anhaltspunkte dafür, dass die Ein-, Aus- oder Durchfuhr von widerrechtlich hergestellten Gegenständen bevorsteht, so kann sie oder er der Zollverwaltung schriftlich beantragen, die Freigabe der Gegenstände zu verweigern.

Art. 48 Abs. 1

^{1} Hat die Zollverwaltung auf Grund eines Antrags nach Artikel 47 Absatz 1 den begründeten Verdacht, dass zur Ein-, Aus- oder Durchfuhr bestimmte Gegenstände widerrechtlich hergestellt worden sind, so teilt sie dies der Antragstellerin und der Anmelderin, Besitzerin oder Eigentümerin beziehungsweise dem Anmelder, Besitzer oder Eigentümer der Gegenstände mit.

Art. 48*a* (neu)   **Proben oder Muster**

^{1} Während des Zurückbehaltens der Gegenstände ist die Zollverwaltung ermächtigt, der Antragstellerin auf Antrag Proben oder Muster zur Prüfung zu übergeben oder zuzusenden.

^{2} Die Proben oder Muster werden auf Kosten der Antragstellerin entnommen und versandt.

^{3} Sie müssen nach erfolgter Prüfung, soweit sinnvoll, zurückgegeben werden. Verbleiben Proben oder Muster bei der Antragstellerin, so unterliegen sie den Bestimmungen der Zollgesetzgebung.

---

[11] SR **231.12**

Art. 48b (neu) **Antrag auf Vernichtung der Gegenstände**

¹ Zusammen mit dem Antrag nach Artikel 47 Absatz 1 kann die Antragstellerin der Zollverwaltung schriftlich beantragen, die Gegenstände zu vernichten.

² Wird ein Antrag auf Vernichtung gestellt, so teilt die Zollverwaltung dies der Anmelderin, Besitzerin oder Eigentümerin beziehungsweise dem Anmelder, Besitzer oder Eigentümer der Gegenstände im Rahmen der Mitteilung nach Artikel 48 Absatz 1 mit.

³ Der Antrag auf Vernichtung führt nicht dazu, dass die Fristen nach Artikel 48 Absätze 2 und 3 zur Erwirkung vorsorglicher Massnahmen verlängert werden.

Art. 48c (neu) **Ausdrückliche Zustimmung zur Vernichtung**

¹ Für die Vernichtung der Gegenstände ist die Zustimmung der Anmelderin, Besitzerin oder Eigentümerin beziehungsweise des Anmelders, Besitzers oder Eigentümers erforderlich.

² Stimmt die Anmelderin, Besitzerin oder Eigentümerin beziehungsweise der Anmelder, Besitzer oder Eigentümer der Gegenstände der Vernichtung schriftlich zu und erweist sich die Vernichtung später als unbegründet, so entstehen gegenüber dem Antragsteller keine Ansprüche auf Ersatz des daraus entstandenen Schadens.

Art. 48d (neu) **Stillschweigende Zustimmung zur Vernichtung**

¹ Die Zustimmung gilt als erteilt, wenn die Anmelderin, Besitzerin oder Eigentümerin beziehungsweise der Anmelder, Besitzer oder Eigentümer die Vernichtung nicht innerhalb der Fristen von Artikel 48 Absätze 2 und 3 ausdrücklich ablehnt.

² Erweist sich die Vernichtung der Gegenstände als unbegründet, so haftet ausschliesslich die Antragstellerin für den entstandenen Schaden.

³ Vor der Vernichtung entnimmt die Zollverwaltung Proben oder Muster und bewahrt sie als Beweismittel auf für allfällige Klagen auf Schadenersatz nach Absatz 2.

Art. 48e (neu) **Kosten der Vernichtung**

¹ Die Vernichtung der Gegenstände erfolgt auf Kosten der Antragstellerin.

² Über die Kosten für die Entnahme und Aufbewahrung von Proben und Mustern nach Artikel 48d Absatz 3 entscheidet das Gericht im Rahmen des Hauptprozesses nach Artikel 48d Absatz 2.

Art. 49 Abs. 2

² Die Antragstellerin muss den Schaden, der durch das Zurückbehalten der Gegenstände und die Entnahme von Proben oder Mustern entstanden ist, ersetzen, wenn vorsorgliche Massnahmen nicht angeordnet werden oder sich als unbegründet erweisen.

5. Bundesgesetz vom 18. Dezember 1987[12] über das Internationale Privatrecht

Art. 109
I. Zuständigkeit

¹ Für Klagen betreffend die Gültigkeit oder die Eintragung von Immaterialgüterrechten in der Schweiz sind die schweizerischen Gerichte am Wohnsitz des Beklagten zuständig. Hat der Beklagte keinen Wohnsitz in der Schweiz, so sind die schweizeri-

schen Gerichte am Geschäftssitz des im Register eingetragenen Vertreters oder, wenn ein solcher fehlt, diejenigen am Sitz der schweizerischen Registerbehörde zuständig.

² Für Klagen betreffend Verletzung von Immaterialgüterrechten sind die schweizerischen Gerichte am Wohnsitz des Beklagten oder, wenn ein solcher fehlt, diejenigen an seinem gewöhnlichen Aufenthaltsort zuständig. Überdies sind die schweizerischen Gerichte am Handlungs- und Erfolgsort sowie für Klagen auf Grund der Tätigkeit an einer Niederlassung in der Schweiz die Gerichte am Ort der Niederlassung zuständig.

³ Können mehrere Beklagte in der Schweiz belangt werden und stützen sich die Ansprüche im Wesentlichen auf die gleichen Tatsachen und Rechtsgründe, so kann bei jedem zuständigen Richter gegen alle geklagt werden; der zuerst angerufene Richter ist ausschliesslich zuständig.

Art. 111 Abs. 1

¹ Ausländische Entscheidungen betreffend Immaterialgüterrechte werden in der Schweiz anerkannt:

a. wenn sie im Staat ergangen sind, in dem der Beklagte seinen Wohnsitz hatte; oder

b. wenn sie am Handlungs- oder Erfolgsort ergangen sind und der Beklagte keinen Wohnsitz in der Schweiz hatte.

Art. 127

I. Zuständigkeit

Für Klagen aus ungerechtfertigter Bereicherung sind die schweizerischen Gerichte am Wohnsitz des Beklagten oder, wenn ein solcher fehlt, diejenigen an seinem gewöhnlichen Aufenthaltsort zuständig. Überdies sind für Klagen auf Grund der Tätigkeit an einer Niederlassung in der Schweiz die Gerichte am Ort der Niederlassung zuständig.

Art. 129

I. Zuständigkeit

1. Grundsatz

¹ Für Klagen aus unerlaubter Handlung sind die schweizerischen Gerichte am Wohnsitz des Beklagten oder, wenn ein solcher fehlt, diejenigen an seinem gewöhnlichen Aufenthaltsort zuständig. Überdies sind die schweizerischen Gerichte am Handlungs- oder Erfolgsort sowie für Klagen auf Grund der Tätigkeit an einer Niederlassung in der Schweiz die Gerichte am Ort der Niederlassung zuständig.

² Können mehrere Beklagte in der Schweiz belangt werden und stützen sich die Ansprüche im Wesentlichen auf die gleichen Tatsachen und Rechtsgründe, so kann bei jedem zuständigen Richter gegen alle geklagt werden; der zuerst angerufene Richter ist ausschliesslich zuständig.

³ *[Aufgehoben]*

---

[12] SR **291**

Verordnung über die Erfindungspatente
(Patentverordnung, PatV[1])

vom 19. Oktober 1977 (Stand am 28. Mai 2002)

Der Schweizerische Bundesrat,
gestützt auf die Artikel 59*b*, 100, 140/ und 141 des Bundesgesetzes
vom 25. Juni 1954[2] betreffend die Erfindungspatente (Gesetz)
und auf Artikel 13 des Bundesgesetzes vom 24. März 1995[3] über Statut und
Aufgaben des Eidgenössischen Instituts für Geistiges Eigentum (IGEG),[4]
verordnet:

1. Titel: Allgemeine Bestimmungen

1. Kapitel: Verkehr mit dem Eidgenössischen Institut für Geistiges Eigentum[5]

Art. 1[6]   **Zuständigkeit**

Der Vollzug der Verwaltungsaufgaben, die sich aus dem Gesetz ergeben, ist Sache des Eidgenössischen Instituts für Geistiges Eigentum (Institut).

Art. 2   **Einreichungsdatum bei Postsendungen**

[1] Als Einreichungsdatum gilt bei Postsendungen aus dem Inland der Tag der Postaufgabe. Er wird durch den Datumsstempel der Aufgabepoststelle nachgewiesen; fehlt der Stempel oder ist er unleserlich, so gilt der Stempel der Empfangspoststelle; fehlt auch dieser oder ist er unleserlich, so gilt der Tag des Eingangs der Sendung beim Institut[7] als Einreichungsdatum. Der Absender kann ein früheres Datum der Postaufgabe nachweisen.

[2] Als Einreichungsdatum gilt bei Postsendungen aus dem Ausland das Datum des ersten Stempels einer schweizerischen Poststelle; fehlt dieser oder ist er unleserlich, so gilt der Tag des Eingangs der Sendung beim Institut als Einreichungsdatum. Der Absender kann ein früheres Datum des Eingangs bei einer schweizerischen Poststelle nachweisen.

---

[1] Abkürzung eingefügt durch Ziff. I der V vom 25. Okt. 1995, in Kraft seit 1. Jan. 1996 (AS **1995** 5164).
[2] SR **232.14**
[3] SR **172.010.31**
[4] Fassung gemäss Ziff. I der V vom 25. Okt. 1995, in Kraft seit 1. Jan. 1996 (AS **1995** 5164).
[5] Fassung gemäss Ziff. I der V vom 25. Okt. 1995, in Kraft seit 1. Jan. 1996 (AS **1995** 5164).
[6] Fassung gemäss Ziff. I der V vom 25. Okt. 1995, in Kraft seit 1. Jan. 1996 (AS **1995** 5164).
[7] Ausdruck gemäss Ziff. I der V vom 25. Okt. 1995, in Kraft seit 1. Jan. 1996 (AS **1995** 5164). Diese Änd. ist im ganzen Erlass berücksichtigt.

Art. 3 **Unterschrift**

¹ Die Eingaben an das Institut, die schriftlich einzureichen sind, müssen rechtsgültig unterzeichnet sein.

² Fehlt die Unterschrift, so wird das Einreichungsdatum des nicht unterzeichneten Schriftstückes anerkannt, wenn die Unterschrift innert der vom Institut angesetzten Frist nachgeholt wird.[8]

Art. 4 **Sprache**

¹ Die Eingaben an das Institut müssen in deutscher, französischer oder italienischer Sprache (Amtssprachen) abgefasst werden.

² Die vom Patentbewerber bei der Anmeldung gewählte Amtssprache ist die Verfahrenssprache.

³ Die für die technischen Unterlagen einmal gewählte Sprache ist beizubehalten. Änderungen der technischen Unterlagen in einer andern Sprache werden nicht entgegengenommen. Dies gilt auch für den Teilverzicht (Art. 24 des Gesetzes).

⁴ Werden andere Eingaben nicht in der Verfahrenssprache eingereicht, so kann die Übersetzung in diese Sprache verlangt werden.

⁵ Beweisurkunden, die nicht in einer Amtssprache abgefasst sind, brauchen nur berücksichtigt zu werden, wenn eine Übersetzung in eine Amtssprache vorliegt: vorbehalten bleiben die Artikel 40 Absatz 2, 45 Absatz 3 und 75 Absatz 3.

⁶ Ist die Übersetzung eines Schriftstückes einzureichen, so kann verlangt werden, dass deren Richtigkeit innert der dafür angesetzten Frist bescheinigt wird. Wird die Bescheinigung nicht eingereicht, so gilt das Schriftstück als nicht eingegangen.

⁷ Sind die Unterlagen eines Teilgesuchs (Art. 57 des Gesetzes), eines Antrags auf Errichtung eines neuen Patentes (Art. 25, 27 und 30 des Gesetzes) oder einer Anmeldung, welche ein Prioritätsrecht aufgrund einer schweizerischen Erstanmeldung beansprucht (innere Priorität, Art. 17 Abs. 1ter des Gesetzes), nicht in der Sprache des ursprünglichen Patentgesuchs oder Patentes abgefasst, so setzt das Institut dem Patentbewerber oder Patentinhaber eine Frist, innert der er eine Übersetzung in diese Sprache einreichen kann.[9]

Art. 4a[10] **Elektronische Kommunikation**

¹ Das Institut kann die elektronische Kommunikation zulassen.

² Es legt die technischen Einzelheiten fest und veröffentlicht sie in geeigneter Weise.

Art. 5 **Mehrere Patentbewerber**

¹ Sind an einem Patentgesuch mehrere Personen beteiligt, so haben sie entweder eine von ihnen zu bezeichnen, der das Institut alle Mitteilungen mit Wirkung für alle zustellen kann, oder einen gemeinsamen Vertreter zu bestellen.

---

[8] Fassung gemäss Ziff. I der V vom 25. Okt. 1995, in Kraft seit 1. Jan. 1996 (AS **1995** 5164).
[9] Fassung gemäss Ziff. I der V vom 17. Mai 1995, in Kraft seit 1. Sept. 1995 (AS **1995** 3660).
[10] Eingefügt durch Ziff. I der V vom 31. März 1999, in Kraft seit 1. Mai 1999 (AS **1999** 1443).

² Solange weder das eine noch das andere geschehen ist, gilt die im Antrag zuerst genannte Person als Zustellungsempfänger im Sinne von Absatz 1. Widerspricht eine der anderen Personen, so fordert das Institut alle Beteiligen auf, nach Absatz 1 zu handeln.

Art. 6[11] **Unmöglichkeit der Zustellung**

Kann eine amtliche Verfügung dem Patentbewerber, dem Patentinhaber oder dem Vertreter nicht zugestellt werden, so wird sie veröffentlicht.

Art. 7 **Erbfolge**

Ist der Patentbewerber verstorben, so setzt das Institut den ihm bekannten Erben eine Frist zur Regelung der Erbfolge in das Patentgesuch; es kann diese Frist angemessen erstrecken.

2. Kapitel: **Vertretung**

Art. 8 **Verhältnis zwischen dem Institut und dem Vertreter**

¹ Solange der Patentbewerber oder Patentinhaber einen Vertreter bestellt hat, nimmt das Institut vom Vollmachtgeber in der Regel keine schriftlichen Mitteilungen oder Anträge entgegen, mit Ausnahme des Widerrufs der Vollmacht, des Rückzugs des Patentgesuchs sowie des Verzichts auf das Patent.

² Der Vertreter bleibt zur Entgegennahme der Akten und Gebühren befugt, die das Institut zurückgibt.

Art. 9 **Vertretungsbefugnis**

¹ Im Verfahren vor dem Institut können als Vertreter ausser natürlichen Personen, die in der Schweiz niedergelassen sind, auch Gesellschaften mit Sitz in der Schweiz bestellt werden.

² Gibt das Geschäftsgebaren eines Vertreters zu Klagen Anlass, so kann das Eidgenössische Justiz- und Polizeidepartement, nachdem es ihn angehört hat:

a. den Vertreter verwarnen;
b. das Institut ermächtigen, ihn zeitweilig oder für immer als Vertreter auszuschliessen;
c. die Veröffentlichung dieser Verfügungen anordnen.

³ Für die Beurteilung des Geschäftsgebarens im Sinne von Absatz 2 fällt die gesamte Geschäftstätigkeit des Vertreters im In- und Ausland in Betracht.

⁴ Das Institut soll in der Regel nur dann ermächtigt werden, einen Vertreter auszuschliessen, wenn sich eine vorausgegangene Verwarnung als wirkungslos erwiesen hat.

---

[11] Fassung gemäss Anhang Ziff. 2 der Designverordnung vom 8. März 2002, in Kraft seit 1. Juli 2002 (SR **232.121**).

3. Kapitel: Fristen

Art. 10[12] Berechnung

1 Die Fristenberechnung richtet sich nach dem Verwaltungsverfahrensgesetz[13].

2 Berechnet sich eine Frist nach Monaten oder Jahren und erfolgt das Ereignis, das die Frist in Gang setzt, oder die Zustellung der Mitteilung am letzten Tag eines Monats, so endet die Frist am letzten Tag des Monats, in dem sie abläuft.

3 Wird eine Frist vom Prioritätsdatum an berechnet und werden mehrere Prioritäten beansprucht, so ist das früheste Prioritätsdatum massgebend.

Art. 11 Dauer

1 Die im Prüfungsverfahren anzusetzenden Fristen sollen dem voraussichtlichen Arbeitsaufwand des Patentbewerbers angemessen sein. Sie betragen nicht weniger als zwei und nicht mehr als fünf Monate.

2 Im Einspruchsverfahren gilt Artikel 74 Absatz 2.

Art. 12 Fristerstreckung

1 Fristen, deren Dauer im Gesetz oder in der Verordnung festgelegt ist, können nicht erstreckt werden.

2 Andere Fristen werden erstreckt:

a.[14] im Prüfungsverfahren einmal um einen Monat, wenn vor Fristablauf ein Antrag vorliegt, ferner ein weiteres Mal um höchstens drei Monate, wenn vor Ablauf der erstreckten Frist ein begründeter Antrag vorliegt;

b. in den übrigen Fällen, wenn der Gesuchsteller vor Fristablauf zureichende Gründe geltend macht.

3 Der Fristenlauf wird durch Rückfragen nicht gehemmt, sofern sich aus der Antwort des Instituts nichts Gegenteiliges ergibt.

4 Im Einspruchsverfahren gilt Artikel 74 Absatz 2.

Art. 13 Säumnisfolge

1 Ist im Gesetz oder in dieser Verordnung keine andere Folge vorgesehen, so hat die Fristversäumnis die Zurückweisung des Antrags durch das Institut zur Folge.

2 In der Mitteilung, in der eine Frist angesetzt wird, sind die Folgen der Versäumnis anzugeben.

3 Im Versäumnisfalle treten nur die angedrohten Folgen ein.

Art. 14[15] Weiterbehandlung

Die Weiterbehandlung (Art. 46a des Gesetzes) ist ausgeschlossen bei:

a. der Frist für das Nachholen einer fehlenden Unterschrift (Art. 3);

---

[12] Fassung gemäss Ziff. I der V vom 25. Okt. 1995, in Kraft seit 1. Jan. 1996 (AS **1995** 5164).
[13] SR **172.021**
[14] Fassung gemäss Ziff. I der V vom 11. Aug. 1999, in Kraft seit 1. Jan. 2000 (AS **1999** 2629).
[15] Fassung gemäss Ziff. I der V vom 17. Mai 1995, in Kraft seit 1. Sept. 1995 (AS **1995** 3660).

b.[16] den Fristen für die Einreichung von Prioritätserklärungen (Art. 39 Abs. 2 und 4; 39a);

c. der Frist für den Antrag auf Aussetzung der Prüfung (Art. 62 Abs. 1 und 1bis; 62a Abs. 1);

d. der Frist für den Antrag auf Aufschub der Bekanntmachung des Patentgesuchs oder der Patenterteilung (Art. 70 Abs. 1);

e. den Fristen für die Zahlung der Übermittlungs-, Recherchen- und internationalen Gebühr (Art. 121, 122 und 122a);

f. den Fristen für den Antrag auf Durchführung einer Recherche internationaler Art (Art. 126 Abs. 2 und 5);

g. der Frist für den Antrag auf Rückerstattung von Jahresgebühren (Art. 127m Abs. 6);

h.[17] der Frist für die Mitteilung des Zahlungszwecks (Art. 5 Abs. 2 Gebührenordnung des Eidgenössischen Instituts für Geistiges Eigentum vom 28. April 1997[18], IGE-GebO);

i.[19] der Frist für die Deckung des Fehlbetrags im Rahmen eines Kontokorrents (Art. 7 Abs. 3 IGE-GebO);

k. ...[20].

Art. 15 Wiedereinsetzung in den früheren Stand
a. Form und Inhalt des Gesuchs

¹ Das Gesuch um Wiedereinsetzung in den früheren Stand (Art. 47 des Gesetzes) ist schriftlich zu stellen. Darin sind die Tatsachen zu bezeichnen, auf die sich das Gesuch stützt. Innert der Frist für die Einreichung des Wiedereinsetzungsgesuchs ist die versäumte Handlung vollständig nachzuholen. Ist eine dieser Bedingungen nicht erfüllt, so wird das Wiedereinsetzungsgesuch zurückgewiesen.[21]

² Es ist die Wiedereinsetzungsgebühr zu zahlen.

Art. 16 b. Prüfung des Gesuchs

¹ Ist die Wiedereinsetzungsgebühr nicht bei der Einreichung des Gesuchs gezahlt worden, so setzt das Institut dem Gesuchsteller eine Nachfrist.[22]

² Sind die zur Begründung des Gesuchs bezeichneten Tatsachen nicht glaubhaft gemacht, so setzt das Institut dem Gesuchsteller eine Frist zur Behebung des Mangels. Genügen die geltend gemachten Gründe nicht, so weist es das Gesuch zurück.

³ Wird das Gesuch gutgeheissen, so kann dem Gesuchsteller die Gebühr ganz oder teilweise zurückerstattet werden.

---

[16] Fassung gemäss Ziff. I der V vom 11. Aug. 1999, in Kraft seit 1. Jan. 2000 (AS **1999** 2629).
[17] Fassung gemäss Ziff. I der V vom 31. März 1999, in Kraft seit 1. Mai 1999 (AS **1999** 1443).
[18] SR **232.148**
[19] Fassung gemäss Ziff. I der V vom 31. März 1999, in Kraft seit 1. Mai 1999 (AS **1999** 1443).
[20] Aufgehoben durch Ziff. I der V vom 31. März 1999 (AS **1999** 1443).
[21] Fassung gemäss Ziff. I der V vom 17. Mai 1995, in Kraft seit 1. Sept. 1995 (AS **1995** 3660).
[22] Fassung gemäss Ziff. I der V vom 25. Okt. 1995, in Kraft seit 1. Jan. 1996 (AS **1995** 5164).

4. Kapitel: Gebühren

Art. 17[23] Gebührenordnung

Die Höhe der nach dem Gesetz und dieser Verordnung zu zahlenden Gebühren sowie die Zahlungsmodalitäten sind in der IGE-GebO[24] festgelegt.

Art. 17a[25] Gebührenarten

[1] Um ein Patent zu erlangen oder aufrechtzuerhalten, sind folgende Gebühren zu bezahlen:

a. die Anmeldegebühr;

b. die Anspruchsgebühr;

c. die Prüfungsgebühr;

d. ...[26]

e. die Jahresgebühren.

[2] Für Patentgesuche, die der amtlichen Vorprüfung (Art. 87 ff. des Gesetzes) unterliegen, sind zudem folgende Gebühren zu bezahlen:

a. die Recherchengebühr;

b. die Vorprüfungsgebühr anstelle der Prüfungsgebühr.

Art. 18[27] Jahresgebühren
a. Fälligkeit im allgemeinen

[1] Die Jahresgebühren sind für jedes Patentgesuch und jedes Patent ab Beginn des fünften Jahres nach der Anmeldung alljährlich im voraus zu bezahlen.[28]

[2] Sie werden jedes Jahr am letzten Tag des Monats fällig, in dem das Patentgesuch angemeldet wurde.

[3] Sie sind innerhalb von sechs Monaten nach der Fälligkeit zu bezahlen; erfolgt die Zahlung in den letzten drei Monaten, so ist ein Zuschlag zu entrichten.

Art. 18a[29] b. Fälligkeit bei Teilgesuchen und bei Errichtung neuer Patente

[1] Für ein aus der Teilung eines früheren Patentgesuches hervorgehendes Teilgesuch richten sich der Betrag und die Fälligkeit der Jahresgebühren nach dem Anmeldedatum nach Artikel 57 des Gesetzes.

[2] Für ein neu errichtetes Patent (Art. 25 Abs. 2, 27 oder 30 des Gesetzes) richten sich der Betrag und die Fälligkeit der Jahresgebühren nach dem Anmeldedatum des ursprünglichen Patentes.

---

[23] Fassung gemäss Ziff. I der V vom 31. März 1999, in Kraft seit 1. Mai 1999 (AS **1999** 1443).

[24] SR **232.148**

[25] Eingefügt durch Ziff. I der V vom 25. Okt. 1995, in Kraft seit 1. Jan. 1996 (AS **1995** 5164).

[26] Aufgehoben durch Ziff. I der V vom 11. Aug. 1999 (AS **1999** 2629).

[27] Fassung gemäss Ziff. I der V vom 25. Okt. 1995, in Kraft seit 1. Jan. 1996 (AS **1995** 5164).

[28] Fassung gemäss Ziff. I der V vom 17. Sept. 1997, in Kraft seit 1. Jan. 1998 (AS **1997** 2171).

[29] Eingefügt durch Ziff. I der V vom 25. Okt. 1995, in Kraft seit 1. Jan. 1996 (AS **1995** 5164).

Patentverordnung 651

³ Die bei der Einreichung des Teilgesuches oder des Antrages auf Errichtung des neuen Patentes bereits fälligen Jahresgebühren sind innerhalb von sechs Monaten nach Einreichung des Teilgesuches oder des Antrages auf Errichtung des neuen Patentes zu bezahlen; erfolgt die Zahlung in den letzten drei Monaten, so ist ein Zuschlag zu entrichten.

Art. 18*b*[30]   **c. Nicht rechtzeitige Zahlung**

¹ Ein Patentgesuch, für das eine fällige Jahresgebühr nicht rechtzeitig gezahlt worden ist, wird zurückgewiesen; ein Patent, für das eine fällige Jahresgebühr nicht rechtzeitig gezahlt worden ist, wird im Register gelöscht.

² Das Institut löscht das Patent mit Wirkung vom Datum der Fälligkeit der nicht gezahlten Jahresgebühr; wird das Patent erst nach diesem Datum erteilt, so wird es mit Wirkung vom Erteilungsdatum gelöscht. Die Löschung wird dem Patentinhaber angezeigt.

Art. 18*c*[31]   **d. Vorauszahlung**

¹ Jahresgebühren können frühestens zwei Monate vor ihrer Fälligkeit gezahlt werden. Löscht das Institut ein Patent, so erstattet es die noch nicht fällige Jahresgebühr zurück.

² Von der sechsten Jahresgebühr an können jeweils fünf Jahresgebühren auf einmal im Voraus bezahlt werden.[32]

³ Für die Vorauszahlung gelten die Fristen für die Zahlung der sechsten, elften und sechzehnten Jahresgebühr, einschliesslich der Regelung der Zahlung mit Zuschlag (Art. 18 Abs. 3).[33]

⁴ Nach Eintritt der Fälligkeit der jeweils ersten der im voraus bezahlten Jahresgebühren erfolgt keine Rückerstattung der Jahresgebühren.

Art. 18*d*[34]   **e. Zahlungserinnerung**

Das Institut macht den Patentbewerber oder Patentinhaber auf die Fälligkeit einer Jahresgebühr und gegebenenfalls auf die Möglichkeit der Vorauszahlung aufmerksam und weist ihn auf das Ende der Zahlungsfrist und die Folgen der nicht rechtzeitigen Zahlung der Gebühr hin. Es kann auf Verlangen des Patentbewerbers oder Patentinhabers Anzeigen auch an Dritte versenden, die für ihn regelmässig Zahlungen leisten. Ins Ausland werden keine Anzeigen versandt.

Art. 19[35]   **Stundung**

¹ Patentbewerbern oder Patentinhabern, die sich über ihre Bedürftigkeit ausweisen, können die Gebühren zur Erlangung und Aufrechterhaltung des Patentes, mit Ausnahme der Anmeldegebühr, bis zum Ablauf des fünften Jahres ab dem Anmeldedatum gestundet werden.

---

[30] Eingefügt durch Ziff. I der V vom 25. Okt. 1995, in Kraft seit 1. Jan. 1996 (AS **1995** 5164).
[31] Eingefügt durch Ziff. I der V vom 25. Okt. 1995, in Kraft seit 1. Jan. 1996 (AS **1995** 5164).
[32] Fassung gemäss Ziff. I der V vom 11. Aug. 1999, in Kraft seit 1. Jan. 2000 (AS **1999** 2629).
[33] Fassung gemäss Ziff. I der V vom 17. Sept. 1997, in Kraft seit 1. Jan. 1998 (AS **1997** 2171).
[34] Eingefügt durch Ziff. I der V vom 25. Okt. 1995, in Kraft seit 1. Jan. 1996 (AS **1995** 5164).
[35] Fassung gemäss Ziff. I der V vom 25. Okt. 1995, in Kraft seit 1. Jan. 1996 (AS **1995** 5164).

² Will der Patentinhaber das Patent nach Ablauf dieser Zeit aufrechterhalten, so muss er ausser den neu fälligen Jahresgebühren zu Beginn des sechsten, siebenten, achten und neunten Patentjahres je ein Viertel der insgesamt gestundeten Beträge bezahlen.

³ Bleibt das Patent nicht länger als fünf Jahre ab dem Anmeldedatum in Kraft, so werden die gestundeten Beträge erlassen.

Art. 19a[36]   **Voraussetzungen und Wirkung**

¹ Wer Stundung erlangen will, muss mit dem schriftlichen Stundungsgesuch einen amtlich bescheinigten Steuerregisterauszug oder eine andere geeignete amtliche Bescheinigung einreichen, die seine Bedürftigkeit ausweist.

² Ist die amtliche Bescheinigung ungenügend, so setzt das Institut dem Gesuchsteller eine Frist zur Behebung des Mangels.

³ Das Stundungsgesuch hat keine aufschiebende Wirkung.

⁴ Die Stundung fällt dahin, wenn das Patentgesuch oder das Patent einem Dritten abgetreten wird. Das Institut setzt dem neuen Patentbewerber oder dem im Register eingetragenen neuen Patentinhaber eine Frist von sechs Monaten zur Zahlung der insgesamt gestundeten Gebühren; erfolgt die Zahlung in den letzten drei Monaten, so ist ein Zuschlag zu entrichten. Wird die Zahlungsfrist nicht eingehalten, so weist das Institut das Patentgesuch zurück oder löscht das Patent mit Wirkung vom Datum der Zahlungsaufforderung.

Art. 20   **Rückerstattung**

Wird ein Patentgesuch vollständig zurückgezogen oder zurückgewiesen, so erstattet das Institut zurück:[37]

a.[38] eine im voraus gezahlte, noch nicht fällige Jahresgebühr;

b. ...[39]

c.[40] die Recherchen- und die Vorprüfungsgebühr unter den in den Artikeln 59 und 61 vorgesehenen Bedingungen;

d.[41] die Prüfungsgebühr, sofern das Institut die Sachprüfung noch nicht aufgenommen hat.

2. Titel: Das Patentgesuch

1. Kapitel: Allgemeines

Art. 21   **Einzureichende Akten. Gebühren**

¹ Am Anmeldetag sind einzureichen:

a. der Antrag auf Erteilung des Patentes;

---

[36] Eingefügt durch Ziff. I der V vom 25. Okt. 1995, in Kraft seit 1. Jan. 1996 (AS **1995** 5164).
[37] Fassung gemäss Ziff. I der V vom 25. Okt. 1995, in Kraft seit 1. Jan. 1996 (AS **1995** 5164).
[38] Fassung gemäss Ziff. I der V vom 17. Mai 1995, in Kraft seit 1. Sept. 1995 (AS **1995** 3660).
[39] Aufgehoben durch Ziff. I der V vom 11. Aug. 1999 (AS **1999** 2629).
[40] Fassung gemäss Ziff. I der V vom 25. Okt. 1995, in Kraft seit 1. Jan. 1996 (AS **1995** 5164).
[41] Eingefügt durch Ziff. I der V vom 25. Okt. 1995, in Kraft seit 1. Jan. 1996 (AS **1995** 5164).

b. die Beschreibung der Erfindung;
c. ein oder mehrere Patentansprüche;
d. die Zeichnungen, auf die sich die Beschreibung oder die Patentansprüche beziehen.

² Am Anmeldetag, spätestens aber innert der vom Institut angesetzten Frist, sind einzureichen:
a. die Zusammenfassung;
b. zwei weitere Exemplare der technischen Unterlagen;
c. gegebenenfalls die Vertretervollmacht.[42]

³ Am Anmeldetag, spätestens aber innert 16 Monaten seit dem Anmelde- oder dem Prioritätsdatum, sind einzureichen:
a. die Erfindernennung;
b. gegebenenfalls der Prioritätsbeleg.

3bis Innert der vom Institut angesetzten Frist sind zu zahlen:
a. die Anmeldegebühr und gegebenenfalls die Anspruchsgebühren;
b. gegebenenfalls die Recherchen- und die Vorprüfungsgebühr.[43]

⁴ ...[44]

⁵ Vom Beginn des fünften Jahres seit dem Anmeldedatum an sind die Jahresgebühren zu zahlen.[45]

Art. 22 Berichtigung von Fehlern

¹ Sprachliche Fehler, Schreibfehler und Unrichtigkeiten in den Gesuchsunterlagen können auf Antrag oder von Amtes wegen berichtigt werden; vorbehalten bleiben die Artikel 37 und 52 Absätze 3–5.

² Die Berichtigung der Beschreibung, der Patentansprüche oder der Zeichnungen ist nur zulässig, wenn offensichtlich ist, dass schon die fehlerhafte Stelle nichts anderes aussagen wollte.

2. Kapitel: Der Antrag auf Erteilung des Patentes

Art. 23[46] Form

Für den Antrag ist ein vom Institut zugelassenes Formular zu benützen.

---

[42] Fassung gemäss Ziff. I der V vom 25. Okt. 1995, in Kraft seit 1. Jan. 1996 (AS **1995** 5164).
[43] Eingefügt durch Ziff. I der V vom 25. Okt. 1995, in Kraft seit 1. Jan. 1996 (AS **1995** 5164).
[44] Aufgehoben durch Ziff. I der V vom 11. Aug. 1999 (AS **1999** 2629).
[45] Fassung gemäss Ziff. I der V vom 17. Sept. 1997, in Kraft seit 1. Jan. 1998 (AS **1997** 2171).
[46] Fassung gemäss Ziff. I der V vom 31. März 1999, in Kraft seit 1. Mai 1999 (AS **1999** 1443).

Art. 24   **Inhalt**

¹ Der Antrag muss folgende Angaben enthalten:

a. das Begehren auf Erteilung eines Patentes;
b. den Titel der Erfindung (Art. 26 Abs. 1);
c. Namen und Vornamen oder Firma, Wohnsitz oder Sitz sowie Adresse des Patentbewerbers;
d.[47] ein Verzeichnis der eingereichten Akten;
e. die Unterschrift des Patentbewerbers oder seines Vertreters.

² Der Antrag muss ausserdem enthalten:

a. wenn ein Vertreter bestellt ist, den Namen, den Wohnsitz oder Sitz und die Adresse des Vertreters;
b. im Falle mehrerer Patentbewerber die Bezeichnung des Zustellungsempfängers;
c. wenn es sich um ein Teilgesuch handelt, die Bezeichnung als solches sowie die Nummer des früheren Patentgesuchs und das beanspruchte Anmeldedatum;
d. wenn eine Priorität beansprucht wird, die Prioritätserklärung (Art. 39);
e. wenn eine Ausstellungsimmunität geltend gemacht wird, die Erklärung über die Ausstellungsimmunität (Art. 44).

3. Kapitel: Die technischen Unterlagen

Art. 25   **Allgemeines**

¹ Die technischen Unterlagen bestehen aus der Beschreibung der Erfindung, den Patentansprüchen, den Zeichnungen und der Zusammenfassung. Jeder Bestandteil muss auf einem neuen Blatt beginnen.

² Sie sind in drei Exemplaren einzureichen.

³ Sie müssen eine unmittelbare sowie eine elektronische Vervielfältigung, insbesondere durch Scanning, gestatten.[48] Die Blätter dürfen nicht gefaltet sein und sind einseitig zu beschriften.

⁴ Sie sind auf biegsamem, weissem, glattem, mattem und widerstandsfähigem Papier im Format A4 (21 cm mal 29,7 cm) einzureichen.

⁵ Die Textseiten müssen links einen unbeschrifteten Rand von mindestens 2,5 cm aufweisen. Die übrigen Ränder sollen 2 cm betragen.

⁶ Alle Blätter sind mit arabischen Zahlen zu numerieren.

⁷ Die Texte müssen mit Maschine geschrieben oder gedruckt sein. Symbole und einzelne Schriftzeichen, chemische oder mathematische Formeln können handgeschrieben oder gezeichnet sein. Es ist mindestens ein Zeilenabstand von $1^1/_2$ Zeilen einzuhalten. Die Schriftgrösse ist so zu wählen, dass die Grossbuchstaben eine Mindesthöhe von 0,21 cm aufweisen. Die Schrift muss unverwischbar sein.

---

[47] Fassung gemäss Ziff. I der V vom 25. Okt. 1995, in Kraft seit 1. Jan. 1996 (AS **1995** 5164).
[48] Fassung gemäss Ziff. I der V vom 31. März 1999, in Kraft seit 1. Mai 1999 (AS **1999** 1443).

⁸ Die Beschreibung, die Patentansprüche und die Zusammenfassung dürfen keine Zeichnungen enthalten.

⁹ Masseinheiten sind nach den Vorschriften des Bundesgesetzes vom 9. Juni 1977[49] über das Messwesen anzugeben; zusätzliche Angaben in anderen Masseinheiten sind zulässig. Für mathematische und chemische Formeln sind die auf dem Fachgebiet üblichen Schreibweisen und Symbole zu verwenden.[50]

¹⁰ Grundsätzlich sind nur solche technische Bezeichnungen, Zeichen und Symbole zu verwenden, die auf dem Fachgebiet allgemein anerkannt sind. Terminologie und Zeichen sollen im Patentgesuch einheitlich sein.

Art. 26 Beschreibung

¹ Die Beschreibung beginnt mit dem Titel, der eine kurze und genaue technische Bezeichnung der Erfindung wiedergibt. Der Titel darf keine Phantasiebezeichnung enthalten.

² ...[51]

³ In der Einleitung ist die Erfindung so darzulegen, dass danach die technische Aufgabe und ihre Lösung verstanden werden können.[52]

⁴ Die Beschreibung soll eine Aufzählung der Figuren der Zeichnungen enthalten, mit einer kurzen Angabe, was jede Figur darstellt.

⁵ Sie muss mindestens ein Ausführungsbeispiel der Erfindung enthalten, es sei denn, die Erfindung sei auf andere Weise genügend offenbart.

⁶ Sofern es nicht offensichtlich ist, muss die Beschreibung angeben, wie der Gegenstand der Erfindung gewerblich anwendbar ist.

⁷ ...[53]

⁸ ...[54]

Art. 27 Erfindung auf mikrobiologischem Gebiet

¹ Bezieht sich eine Erfindung auf ein mikrobiologisches Verfahren oder auf ein damit gewonnenes Erzeugnis und wird ein der Öffentlichkeit nicht zugänglicher Mikroorganismus verwendet oder gewonnen, der in den technischen Unterlagen nicht so beschrieben werden kann, dass ein Fachmann die Erfindung danach ausführen kann, so hat der Patentbewerber die unvollständige Offenbarung in der Beschreibung durch den Hinweis auf die Hinterlegung einer Kultur des Mikroorganismus zu ergänzen.

² Die Kultur muss am Anmeldedatum bei einer vom Institut anerkannten Sammelstelle hinterlegt sein.

³ Die hinterlegte Kultur gilt als Bestandteil der Beschreibung von dem Zeitpunkt an, an dem in der Beschreibung auf die Hinterlegung hingewiesen wird.

---

[49] SR **941.20**
[50] Fassung gemäss Ziff. I der V vom 12. Aug. 1986, in Kraft seit 1. Jan. 1987 (AS **1986** 1448).
[51] Aufgehoben durch Ziff. I der V vom 12. Aug. 1986 (AS **1986** 1448).
[52] Fassung gemäss Ziff. I der V vom 12. Aug. 1986, in Kraft seit 1. Jan. 1987 (AS **1986** 1448).
[53] Aufgehoben durch Ziff. I der V vom 12. Aug. 1986 (AS **1986** 1448).
[54] Aufgehoben durch Ziff. I der V vom 12. Aug. 1986 (AS **1986** 1448).

⁴ Der Hinweis besteht aus folgenden Angaben:

a. Bezeichnung der Sammelstelle;

b. Tag der Hinterlegung;

c. Ordnungsnummer, unter der die Kultur bei der Sammelstelle registriert ist.

⁵ Wird der Hinweis innert 16 Monaten seit dem Anmelde- oder dem Prioritätsdatum nachgereicht, so gilt er als von Anfang an vorhanden.[55]

⁶ Die Abgabe von Mustern der Kultur an Dritte kann davon abhängig gemacht werden, dass diese ihren Namen und ihre Adresse der Sammelstelle zuhanden des Hinterlegers bekanntgeben und sich verpflichten:

a. die hinterlegte oder eine von ihr abgeleitete Kultur anderen Personen nicht zugänglich zu machen;

b. diese ausserhalb des Geltungsbereiches des Gesetzes nicht zu benützen;

c. bei Streitigkeiten nachzuweisen, dass sie ihre Verpflichtungen nach den Buchstaben a und b nicht verletzt haben.[56]

Art. 28   Zeichnungen

¹ Die benutzte Fläche der Zeichnungsblätter darf 17 cm mal 26,2 cm nicht überschreiten und keine Umrahmungen aufweisen.

² Die Zeichnungen sind in unverwischbaren, gleichmässig starken und klaren Linien und Strichen ohne Farben oder Tönungen auszuführen; sie müssen sich unmittelbar für den Druck sowie für die elektronische Vervielfältigung eignen.[57]

³ Schnitte sind durch Schraffierungen zu kennzeichnen, welche die Erkennbarkeit der Bezugszeichen und Führungslinien nicht beeinträchtigen dürfen.

⁴ Der Massstab der Zeichnungen und die zeichnerische Ausführung müssen gewährleisten, dass die fotografische oder die elektronische Wiedergabe alle Einzelheiten mühelos erkennen lässt.[58] Wird der Massstab auf der Zeichnung angegeben, so ist er zeichnerisch darzustellen; andere Massangaben sind in der Regel nicht zulässig.

⁵ Zahlen, Buchstaben und Bezugszeichen in den Zeichnungen müssen einfach und eindeutig sein.[59]

⁶ Die Bezugszeichen in den Zeichnungen und in der Beschreibung oder den Patentansprüchen müssen miteinander übereinstimmen.

⁷ Teile einer Figur dürfen, soweit erforderlich, auf mehreren Blättern dargestellt werden, wenn die Figur durch Nebeneinanderreihen der Blätter mühelos zusammengesetzt werden kann.

⁸ Die einzelnen Figuren sind klar voneinander zu trennen, aber platzsparend anzuordnen. Sie sind durch arabische Zahlen fortlaufend und unabhängig von den Zeichnungsblättern zu numerieren.

---

[55] Fassung gemäss Ziff. I der V vom 12. Aug. 1986, in Kraft seit 1. Jan. 1987 (AS **1986** 1448).

[56] Fassung gemäss Ziff. I der V vom 12. Aug. 1986, in Kraft seit 1. Jan. 1987 (AS **1986** 1448).

[57] Fassung gemäss Ziff. I der V vom 31. März 1999, in Kraft seit 1. Mai 1999 (AS **1999** 1443).

[58] Fassung gemäss Ziff. I der V vom 31. März 1999, in Kraft seit 1. Mai 1999 (AS **1999** 1443).

[59] Fassung gemäss Ziff. I der V vom 12. Aug. 1986, in Kraft seit 1. Jan. 1987 (AS **1986** 1448).

⁹ Die Zeichnungen dürfen keine Erläuterungen enthalten. Zugelassen sind lediglich kurze Bezeichnungen oder Stichworte, die die Zeichnung besser verständlich machen; sie sind in der Sprache des Patentgesuches abzufassen.[60]

Art. 29 Patentansprüche

¹ In den Patentansprüchen sind die technischen Merkmale der Erfindung anzugeben.

² Die Patentansprüche müssen klar und möglichst knapp gefasst sein.[61]

³ Sie sind systematisch, klar und übersichtlich zu gliedern.

⁴ Sie dürfen in der Regel keine Hinweise auf die Beschreibung oder die Zeichnungen und insbesondere keine Ausdrücke wie «wie beschrieben in Teil ... der Beschreibung» oder «wie in Fig. ... der Zeichnung dargestellt» enthalten.

⁵ Bezugszeichen in den Zeichnungen, die auf die technischen Merkmale der Erfindung hinweisen, sind in Klammern in den Patentansprüchen anzugeben, wenn diese dadurch leichter verständlich werden. Sie bewirken keine Einschränkung der Patentansprüche.

⁶ Die Patentansprüche sind fortlaufend mit arabischen Zahlen zu numerieren.

Art. 30[62] Unabhängige Patentansprüche

¹ Enthält das Patentgesuch mehrere unabhängige Patentansprüche gleicher oder verschiedener Kategorie (Art. 52 des Gesetzes), so muss der technische Zusammenhang, der die allgemeine erfinderische Idee zum Ausdruck bringt, aus diesen Ansprüchen selbst hervorgehen.

² Diese Bedingung gilt insbesondere dann als erfüllt, wenn das Patentgesuch eine der folgenden Kombinationen von unabhängigen Patentansprüchen aufweist:

a. neben einem ersten Patentanspruch für ein Verfahren: je einen Patentanspruch für ein Mittel zu dessen Ausführung, für das Erzeugnis des Verfahrens und entweder für eine Anwendung des Verfahrens oder für eine Verwendung dieses Erzeugnisses;

b. neben einem ersten Patentanspruch für ein Erzeugnis: je einen Patentanspruch für ein Verfahren zu dessen Herstellung, für ein Mittel zur Ausführung des Verfahrens und für eine Verwendung des Erzeugnisses;

c. neben einem ersten Patentanspruch für eine Vorrichtung: je einen Patentanspruch für ein Verfahren zu ihrem Betrieb und für ein Verfahren zu ihrer Herstellung.

Art. 31[63] Abhängige Patentansprüche

¹ Jeder abhängige Patentanspruch muss sich auf mindestens einen vorangehenden Patentanspruch beziehen und die Merkmale enthalten, welche die besondere Ausführungsart kennzeichnen, die er zum Gegenstand hat.

---

[60] Fassung gemäss Ziff. I der V vom 12. Aug. 1986, in Kraft seit 1. Jan. 1987 (AS **1986** 1448).
[61] Fassung gemäss Ziff. I der V vom 12. Aug. 1986, in Kraft seit 1. Jan. 1987 (AS **1986** 1448).
[62] Fassung gemäss Ziff. I der V vom 12. Aug. 1986, in Kraft seit 1. Jan. 1987 (AS **1986** 1448).
[63] Fassung gemäss Ziff. I der V vom 12. Aug. 1986, in Kraft seit 1. Jan. 1987 (AS **1986** 1448).

² Ein abhängiger Patentanspruch kann sich auf mehrere der vorangehenden Patentansprüche beziehen, sofern er sie eindeutig und abschliessend aufzählt.

³ Alle abhängigen Patentansprüche sind übersichtlich zu gruppieren.

Art. 32   Form und Inhalt der Zusammenfassung

¹ Die Zusammenfassung soll die technische Information enthalten, die es ermöglicht zu beurteilen, ob es notwendig ist, die Patent- oder die Auslegeschrift selbst einzusehen.

² Sie muss eine Kurzfassung des Offenbarten enthalten und die hauptsächlichen Verwendungsmöglichkeiten der Erfindung angeben.[64]

³ Weisen die technischen Unterlagen chemische Formeln auf, die zur Charakterisierung der Erfindung geeignet sind, so muss mindestens eine davon in der Zusammenfassung enthalten sein; ihre Symbole sind zu erläutern.[65]

⁴ Enthalten die technischen Unterlagen Zeichnungen, die zur Charakterisierung der Erfindung geeignet sind, so ist mindestens eine davon für die Aufnahme in die Zusammenfassung zu bezeichnen; die wichtigsten Bezugszeichen dieser Zeichnung sind in der Zusammenfassung in Klammern anzugeben.[66]

⁵ Jede ausgewählte Figur muss sich für eine fotografische oder elektronische Wiedergabe, welche auch bei Verkleinerungen alle Einzelheiten noch erkennen lässt, eignen.[67]

⁶ Die Zusammenfassung soll aus nicht mehr als 150 Wörtern bestehen.

Art. 33   Bereinigte Zusammenfassung

¹ Der endgültige Inhalt der Zusammenfassung wird von Amtes wegen festgelegt.

² ...[68]

4. Kapitel: Die Erfindernennung

Art. 34   Form

¹ Der Erfinder ist in einem besonderen Schriftstück zu nennen, das nur die folgenden Angaben enthält:
a. Namen und Vornamen sowie Adresse des Erfinders; bei Zivilstandsänderungen soll ausserdem der frühere Name angegeben werden;
b. die Erklärung des Patentbewerbers, dass seines Wissens keine weiteren Personen an der Erfindung beteiligt sind;
c. falls der Patentbewerber nicht oder nicht allein der Erfinder ist, eine Erklärung darüber, wie er das Recht auf das Patent erworben hat;

---

[64] Fassung gemäss Ziff. I der V vom 12. Aug. 1986, in Kraft seit 1. Jan. 1987 (AS **1986** 1448).
[65] Fassung gemäss Ziff. I der V vom 12. Aug. 1986, in Kraft seit 1. Jan. 1987 (AS **1986** 1448).
[66] Fassung gemäss Ziff. I der V vom 12. Aug. 1986, in Kraft seit 1. Jan. 1987 (AS **1986** 1448).
[67] Fassung gemäss Ziff. I der V vom 31. März 1999, in Kraft seit 1. Mai 1999 (AS **1999** 1443).
[68] Aufgehoben durch Ziff. I der V vom 12. Aug. 1986 (AS **1986** 1448).

d. den Titel der Erfindung und, wenn sie bekannt ist, die Patentgesuchsnummer;
e. Namen und Vornamen oder Firma sowie Adresse des Patentbewerbers.

2 ...[69]

3 Wurde die Erfindernennung weder in einer Amtssprache noch in englischer Sprache abgefasst, so ist eine Übersetzung in einer dieser Sprachen beizufügen.[70]

Art. 35   **Frist**

1 Wird die Erfindernennung nicht mit dem Antrag eingereicht, so kann sie bis zum Ablauf von 16 Monaten seit dem Anmelde- oder dem Prioritätsdatum nachgereicht werden.

2 Das Institut setzt dem Patentbewerber, der ein Teilgesuch einreicht (Art. 57 des Gesetzes), eine Frist von zwei Monaten für die Einreichung der Erfindernennung, wenn die Frist nach Absatz 1 nicht später endigt.

3 Wird die Erfindernennung nicht rechtzeitig nachgereicht, so weist das Institut das Patentgesuch zurück.

Art. 36[71]

Art. 37   **Berichtigung**

1 Der Patentbewerber oder Patentinhaber kann die Berichtigung der Erfindernennung beantragen. Mit dem Antrag ist die Zustimmungserklärung der zu Unrecht als Erfinder genannten Person einzureichen. Innert der vom Institut angesetzten Frist ist die dafür in Rechnung gestellte Gebühr zu bezahlen.[72]

2 Ist die zu Unrecht als Erfinder genannte Person bereits im Patentregister eingetragen, so wird die Berichtigung ebenfalls eingetragen und veröffentlicht.

3 Die einmal eingereichte Erfindernennung wird nicht zurückgegeben.

Art. 38   **Verzicht auf Nennung**

1 Ein Verzicht des Erfinders auf Nennung im Patentregister und in den Veröffentlichungen des Instituts wird nur berücksichtigt, wenn der Patentbewerber dem Institut vor dem Prüfungsabschluss eine Verzichtserklärung des Erfinders einreicht.

2 Diese Erklärung muss den Titel der Erfindung und die Patentgesuchsnummer, wenn sie schon bekannt ist, enthalten; ferner muss sie datiert und mit der Unterschrift des Erfinders versehen sein.[73]

3 Artikel 34 Absatz 3 gilt sinngemäss.

4 Entspricht die Verzichtserklärung den Vorschriften, so wird sie und die Erfindernennung aus dem Aktenheft ausgesondert; auf das Vorhandensein dieser Urkunden wird im Aktenheft hingewiesen.[74]

---

[69] Aufgehoben durch Ziff. I der V vom 12. Aug. 1986 (AS **1986** 1448).
[70] Fassung gemäss Ziff. I der V vom 12. Aug. 1986, in Kraft seit 1. Jan. 1987 (AS **1986** 1448).
[71] Aufgehoben durch Ziff. I der V vom 12. Aug. 1986 (AS **1986** 1448).
[72] Fassung gemäss Ziff. I der V vom 25. Okt. 1995, in Kraft seit 1. Jan. 1996 (AS **1995** 5164).
[73] Fassung gemäss Ziff. I der V vom 25. Okt. 1995, in Kraft seit 1. Jan. 1996 (AS **1995** 5164).
[74] Eingefügt durch Ziff. I der V vom 12. Aug. 1986, in Kraft seit 1. Jan. 1987 (AS **1986** 1448).

5. Kapitel: Priorität und Ausstellungsimmunität

1. Abschnitt: Priorität

Art. 39 Prioritätserklärung

[1] Die Prioritätserklärung besteht aus folgenden Angaben:

a. Datum der Erstanmeldung;
b. Land, in dem oder für das diese Anmeldung eingereicht worden ist;
c. Aktenzeichen dieser Anmeldung.

[2] Die Prioritätserklärung, mit Ausnahme des Aktenzeichens, muss mit dem Antrag auf Erteilung des Patents abgegeben werden.[75]

[2bis] Die Prioritätserklärung kann auch innert zwei Monaten ab dem Anmeldedatum abgegeben werden. Wird diese Frist nicht eingehalten, so ist das Prioritätsrecht verwirkt.[76]

[3] Das Aktenzeichen muss innert der Frist für die Einreichung des Prioritätsbelegs (Art. 40 Abs. 4 und 43 Abs. 3) angegeben werden, soweit es nicht aus dem Beleg ersichtlich ist.

[4] Ist eine Prioritätserklärung rechtzeitig abgegeben worden, so können innert drei Monaten seit dem Anmeldedatum weitere Prioritätserklärungen (Art. 42) für nicht ältere Erstanmeldungen eingereicht werden.

Art. 39a[77] Prioritätserklärung bei der inneren Priorität

[1] Für die Prioritätserklärung genügt die Angabe des Aktenzeichens der Erstanmeldung. Sie muss mit dem Antrag auf Erteilung des Patents abgegeben werden.

[2] Die Prioritätserklärung kann auch innert zwei Monaten ab dem Anmeldedatum abgegeben werden. Wird diese Frist nicht eingehalten, so ist das Prioritätsrecht verwirkt.[78]

[3] Ist eine Prioritätserklärung rechtzeitig abgegeben worden, so können innert drei Monaten seit dem Anmeldedatum weitere Prioritätserklärungen (Art. 42) für nicht ältere Erstanmeldungen eingereicht werden.

Art. 40 Prioritätsbeleg

[1] Der Prioritätsbeleg besteht aus:

a. einer Kopie der technischen Unterlagen der Erstanmeldung, deren Übereinstimmung mit den Originalen von der Behörde bescheinigt ist, bei der die Erstanmeldung bewirkt wurde;
b. der Bescheinigung dieser Behörde über das Datum der Erstanmeldung.

---

[75] Fassung gemäss Ziff. I der V vom 17. Mai 1995, in Kraft seit 1. Sept. 1995 (AS **1995** 3660).
[76] Eingefügt durch Ziff. I der V vom 17. Mai 1995 (AS **1995** 3660). Fassung gemäss Ziff. I der V vom 11. Aug. 1999, in Kraft seit 1. Jan. 2000 (AS **1999** 2629).
[77] Eingefügt durch Ziff. I der V vom 17. Mai 1995, in Kraft seit 1. Sept. 1995 (AS **1995** 3660).
[78] Fassung gemäss Ziff. I der V vom 11. Aug. 1999, in Kraft seit 1. Jan. 2000 (AS **1999** 2629).

Patentverordnung

² Ist der Beleg nicht in einer Amtssprache oder in englischer Sprache abgefasst, so muss eine Übersetzung in eine dieser Sprachen eingereicht werden.

³ Soll der Prioritätsbeleg für mehrere Patentgesuche dienen, so genügt es, wenn er für ein Patentgesuch eingereicht und für die übrigen rechtzeitig auf ihn Bezug genommen wird. Die Bezugnahme auf den Prioritätsbeleg hat die gleiche Wirkung wie die Einreichung.

⁴ Der Prioritätsbeleg ist innert 16 Monaten seit dem Prioritätsdatum einzureichen. Wird die Frist nicht eingehalten, so ist das Prioritätsrecht verwirkt.[79]

⁵ Die Bescheinigung nach Absatz 1 Buchstabe a ist nicht erforderlich, wenn die Erstanmeldung in einem oder mit Wirkung für ein Land eingereicht worden ist, das der Schweiz Gegenrecht hält; die Befugnis des Instituts, die Bescheinigung zum Zwecke der Sachprüfung einzufordern, bleibt vorbehalten.

⁶ Wird für eine Patentanmeldung die innere Priorität beansprucht, so hat die Angabe des Aktenzeichens der Erstanmeldung die gleiche Wirkung wie die Einreichung des Prioritätsbelegs.[80]

Art. 41 **Ergänzende Prioritätsunterlagen**

Ergibt sich aus dem Prioritätsbeleg, dass die Anmeldung, deren Priorität beansprucht wird, nur teilweise eine Erstanmeldung im Sinne der Pariser Verbandsübereinkunft vom 20. März 1883[81] zum Schutz des gewerblichen Eigentums ist, so kann das Institut verlangen, dass die zur Abklärung des Sachverhalts notwendigen Unterlagen vorangehender Anmeldungen eingereicht werden.

Art. 42 **Mehrfache Priorität**

¹ Werden mehrere einzeln zum Schutz angemeldete Erfindungen in einem einzigen schweizerischen Patentgesuch vereinigt, so können unter den Voraussetzungen von Artikel 17 des Gesetzes ebensoviele Prioritätserklärungen abgegeben werden.

² Absatz 1 ist auch im Fall der Beanspruchung der inneren Priorität anwendbar.[82]

Art. 43 **Priorität bei Teilgesuchen**

¹ Wird ein Patentgesuch geteilt (Art. 57 des Gesetzes), so gilt eine für das frühere Patentgesuch ordnungsgemäss beanspruchte Priorität auch für ein Teilgesuch, sofern der Patentbewerber nicht schriftlich auf das Prioritätsrecht verzichtet. Vorbehalten bleibt Artikel 57 Absatz 2 des Gesetzes.[83]

² Wurden mehrere Prioritäten beansprucht (Art. 42), so muss der Patentbewerber angeben, welche von ihnen für das Teilgesuch gelten sollen.

³ Das Institut setzt dem Patentbewerber eine Frist von zwei Monaten für die Einreichung des Prioritätsbelegs (Art. 40), wenn die Frist nach Artikel 40 Absatz 4 nicht später endigt.

---

[79] Fassung gemäss Ziff. I der V vom 17. Mai 1995, in Kraft seit 1. Sept. 1995 (AS **1995** 3660).
[80] Eingefügt durch Ziff. I der V vom 17. Mai 1995, in Kraft seit 1. Sept. 1995 (AS **1995** 3660).
[81] SR **0.232.01/.04**
[82] Eingefügt durch Ziff. I der V vom 17. Mai 1995, in Kraft seit 1. Sept. 1995 (AS **1995** 3660).
[83] Fassung gemäss Ziff. I der V vom 17. Mai 1995, in Kraft seit 1. Sept. 1995 (AS **1995** 3660).

⁴ Die Absätze 1 und 2 sind auch bei der Beanspruchung der inneren Priorität anwendbar.[84]

Art. 43a[85]   Prioritätsbeleg betreffend schweizerische Erstanmeldungen

Das Institut erstellt einen Prioritätsbeleg, sofern ein entsprechender Antrag vorliegt und die dafür in Rechnung gestellte Gebühr gezahlt worden ist.

2. Abschnitt: Ausstellungsimmunität

Art. 44   Erklärung über die Austellungsimmunität

¹ Die Erklärung über die Ausstellungsimmunität (Art. 7b Bst. b des Gesetzes) besteht aus folgenden Angaben:

a. genaue Bezeichnung der Ausstellung;

b. Erklärung über die tatsächliche Zurschaustellung der Erfindung.

² Sie muss mit dem Antrag auf Erteilung eines Patentes abgegeben werden; geschieht dies nicht, so ist die Ausstellungsimmunität verwirkt.

³ Bei Teilgesuchen gilt Artikel 43 Absätze 1 und 2 sinngemäss.

Art. 45   Ausweis

¹ Der Ausweis über die Ausstellungsimmunität ist innert vier Monaten seit dem Anmeldedatum einzureichen.

² Er muss während der Ausstellung von der dafür zuständigen Stelle ausgefertigt worden sein und folgende Angaben enthalten:

a. eine Bestätigung, dass die Erfindung tatsächlich ausgestellt worden ist;

b. den Tag der Eröffnung der Ausstellung;

c. den Tag der erstmaligen Offenbarung der Erfindung, wenn dieser nicht mit dem Eröffnungstag zusammenfällt;

d. eine von der genannten Stelle bescheinigte Darstellung der Erfindung.

³ Ist der Ausweis nicht in einer Amtssprache oder in englischer Sprache abgefasst, so ist eine Übersetzung in eine dieser Sprachen einzureichen.

⁴ Bei Teilgesuchen gilt Artikel 43 Absatz 3 sinngemäss.

3. Titel: Prüfung des Patentgesuchs

1. Kapitel: Eingangs- und Formalprüfung

1. Abschnitt: Die Eingangsprüfung

Art. 46   Zuerkennung des Anmeldedatums

¹ Dem in einer Amtssprache eingereichten Patentgesuch wird das Anmeldedatum zuerkannt, wenn es enthält:

---

[84] Eingefügt durch Ziff. I der V vom 17. Mai 1995, in Kraft seit 1. Sept. 1995 (AS **1995** 3660).

[85] Eingefügt durch Ziff. I der V vom 25. Okt. 1995, in Kraft seit 1. Jan. 1996 (AS **1995** 5164).

a. einen Antrag auf Erteilung des Patentes;
b. eine Beschreibung der Erfindung;
c. einen oder mehrere Patentansprüche;
d. die Zeichnungen, auf die sich die Beschreibung oder die Patentansprüche beziehen;
e. Angaben, die den Patentbewerber identifizieren.

² Das Anmeldedatum wird auch dann zuerkannt, wenn die Unterlagen nach Absatz 1 Buchstaben *a–d* dem Gesetz und der Verordnung nicht in jeder Beziehung entsprechen.

³ Sind die Voraussetzungen des Absatzes 1 nicht erfüllt, so tritt das Institut auf das Gesuch nicht ein. Es sendet dem Patentbewerber, der identifiziert ist, die eingereichten Akten zurück oder gibt ihm Gelegenheit, die für die Zuerkennung des Anmeldedatums noch erforderlichen Voraussetzungen zu erfüllen.

⁴ Fehlt eine Zeichnung, so fordert das Institut den Patentbewerber auf, sie nachzureichen oder den Antrag zu stellen, dass zwecks Wahrung des Anmeldedatums der Hinweis auf diese Zeichnung als nicht vorhanden gelte.

⁵ Steht das Anmeldedatum fest, so stellt das Institut dem Patentbewerber eine Hinterlegungsbescheinigung aus.

⁶ Entspricht ein Teilgesuch dem Artikel 57 Absatz 1 Buchstaben a und b des Gesetzes, so geht das Institut davon aus, dass das beanspruchte Anmeldedatum zu Recht besteht, solange sich aus der Sachprüfung nichts anderes ergibt.

2. Abschnitt: Die Formalprüfung

Art. 47 Gegenstand

Steht das Anmeldedatum auf Grund der Eingangsprüfung fest, so prüft das Institut,
a. ob ein Vertreter zu bestellen ist (Art. 48);
b. ob die Anmelde- und gegebenenfalls die Anspruchsgebühren gezahlt worden sind (Art. 49 und 51 Abs. 4);
c. ob die technischen Unterlagen den nicht ihren Inhalt betreffenden Vorschriften entsprechen (Art. 50 und 51);
d. ob die anderen Gesuchsunterlagen rechtzeitig eingereicht worden sind und den Vorschriften entsprechen (Art. 52).

Art. 48[86] Vertreterbestellung bei Auslandswohnsitz

Hat ein nicht in der Schweiz wohnhafter Patentbewerber bei der Einreichung des Patentgesuchs keinen Vertreter bestellt, so wird er vom Institut aufgefordert, innert der angesetzten Frist den Namen, den Wohnsitz oder Sitz und die Adresse seines Vertreters anzugeben.

---

[86] Fassung gemäss Ziff. I der V vom 25. Okt. 1995, in Kraft seit 1. Jan. 1996 (AS **1995** 5164).

Art. 49[87]   **Anmelde- und Anspruchsgebühr**

¹ Das Institut fordert den Bewerber auf, innert der angesetzten Frist die Anmeldegebühr zu bezahlen.

² In jedem Patentgesuch können zehn Patentansprüche gebührenfrei aufgestellt werden; für jeden weiteren Patentanspruch ist eine Anspruchsgebühr zu bezahlen.

³ Enthalten die ursprünglich eingereichten technischen Unterlagen mehr als zehn Patentansprüche, so fordert das Institut den Patentbewerber auf, innert der angesetzten Frist für jeden weiteren Patentanspruch eine Anspruchsgebühr zu zahlen. Zahlt er nicht oder nur teilweise, so werden die überzähligen Patentansprüche vom letzten an gestrichen.

Art. 50   **Formmängel der technischen Unterlagen**

¹ Die Formalprüfung der technischen Unterlagen beschränkt sich auf:

a. ...[88]

b. die Wahl der richtigen Sprache (Art. 4 Abs. 3 und 7);

c. die vorgeschriebene Zahl von Exemplaren (Art. 25 Abs. 2 und 51 Abs. 3);

d. die geforderte äussere Form (Art. 25 Abs. 1 und 3–7; 28 Abs. 1 und 2).

² Stellt das Institut einen Mangel fest, so fordert es den Patentbewerber auf, ihn zu beheben.

Art. 51   **Änderungen der technischen Unterlagen**

¹ Änderungen der technischen Unterlagen werden nur entgegengenommen, wenn angegeben ist, zu welchem Patentgesuch sie gehören.

² Das Begleitschreiben, mit dem die Änderungen eingereicht werden, muss vom Patentbewerber oder seinem Vertreter unterzeichnet sein.

³ Änderungen sind in zwei Exemplaren einzureichen.

⁴ Enthalten die geänderten technischen Unterlagen mehr gebührenpflichtige Patentansprüche als vor der Änderung oder erstmals mehr als zehn Patentansprüche, so fordert das Institut den Patentbewerber auf, die fehlenden Anspruchsgebühren bis zum angesetzten Termin zu zahlen.[89] Zahlt er nicht oder nur teilweise, so werden die überzähligen Patentansprüche vom letzten an gestrichen. Verfallene Anspruchsgebühren werden nicht zurückerstattet.

Art. 52   **Andere Gesuchsunterlagen**

¹ Ist für den Antrag auf Erteilung des Patentes nicht das vorgeschriebene Formular (Art. 23) benützt worden, so fordert das Institut den Patentbewerber auf, den Mangel zu beheben.

² Hat der Patentbewerber einen Vertreter bestellt, so prüft das Institut, ob eine Vollmacht zugunsten dieses Vertreters eingereicht wurde. Fehlt sie, so fordert das Institut den Patentbewerber auf, sie nachzureichen.

---

[87] Fassung gemäss Ziff. I der V vom 25. Okt. 1995, in Kraft seit 1. Jan. 1996 (AS **1995** 5164).
[88] Aufgehoben durch Ziff. I der V vom 12. Aug. 1986 (AS **1986** 1448).
[89] Fassung gemäss Ziff. I der V vom 25. Okt. 1995, in Kraft seit 1. Jan. 1996 (AS **1995** 5164).

Patentverordnung

³ Weist die rechtzeitig eingereichte Erfindernennung Mängel auf, so fordert das Institut den Patentbewerber auf, sie zu beheben.

⁴ Das Institut fordert den Patentbewerber auf, heilbare Mängel rechtzeitig abgegebener Prioritätserklärungen oder rechtzeitig eingereichter Prioritätsbelege zu beheben und nötigenfalls die Übersetzung des Prioritätsbelegs (Art. 40 Abs. 2) und der Unterlagen einer vorangehenden Anmeldung (Art. 41) einzureichen. Kommt der Patentbewerber der Aufforderung nicht nach, so ist das Prioritätsrecht verwirkt.

⁵ Absatz 4 gilt sinngemäss für die Erklärung und den Ausweis über die Ausstellungsimmunität (Art. 44 und 45).

2. Kapitel: Bestimmung des Sachprüfungsverfahrens

Art. 53   Vorsortierung

¹ Steht das Anmeldedatum auf Grund der Eingangsprüfung fest, so teilt das Institut dem Patentbewerber mit, entweder:

a. dass das Patentgesuch der Prüfungsstelle (Art. 89 des Gesetzes) nicht zugeleitet wird, weil es der amtlichen Vorprüfung offensichtlich nicht unterstellt ist (Art. 87 Abs. 2 des Gesetzes), oder

b. dass das Patentgesuch der Prüfungsstelle zum Entscheid über die Unterstellung zugeleitet wird.

² Auf Antrag des Patentbewerbers, der eine Mitteilung nach Absatz 1 Buchstabe *a* erhalten hat, wird das Patentgesuch der Prüfungsstelle zum Entscheid über die Unterstellung zugeleitet.

Art. 54   Verfügung über die Unterstellung

¹ Ist das Patentgesuch der Prüfungsstelle zugeleitet worden (Art. 53 Abs. 1 Bst. *b* oder Abs. 2), so entscheidet sie über die Unterstellung.

² Erlauben die technischen Unterlagen nicht eine Entscheidung nach Absatz 1, so fordert die Prüfungsstelle den Patentbewerber auf, den Mangel zu beheben.

³ Die Einsprache gegen die Verfügung der Prüfungsstelle (Art. 87 Abs. 5 des Gesetzes) ist innert eines Monats seit Eröffnung der Verfügung schriftlich und begründet einzureichen.

⁴ Erweist sich die Einsprache als offensichtlich unbegründet, so auferlegt die Prüfungsstelle im Einspracheentscheid dem Patentbewerber die Verfahrenskosten.

⁵ Das der Vorprüfung rechtskräftig unterstellte Patentgesuch bleibt ihr auch dann unterstellt, wenn später die technischen Unterlagen geändert werden.

3. Kapitel: Ermittlung des Standes der Technik im Vorprüfungsverfahren

Art. 55   Zahlung der Recherchengebühr

¹ Gleichzeitig mit der Verfügung, welche die Unterstellung des Patentgesuchs unter die amtliche Vorprüfung bejaht, wird der Patentbewerber aufgefordert, die Recherchengebühr innert zweier Monate zu zahlen.⁹⁰

---

⁹⁰ Fassung gemäss Ziff. I der V vom 12. Aug. 1986, in Kraft seit 1. Jan. 1987 (AS **1986** 1448).

² Wird gegen diese Verfügung Einsprache erhoben und die Verfügung bestätigt, so wird eine neue Zahlungsfrist von zwei Monaten angesetzt.[91]

³ Liegt im Zeitpunkt der Verfügung ein Antrag auf Aussetzung der Sachprüfung (Art. 62 und 62*a*) vor, oder wird er während der Zahlungsfrist gestellt, so wird die Frist bis zum Ende der Aussetzung erstreckt. Das Institut teilt dies dem Patentbewerber mit, erlässt aber keine weitere Mahnung.[92]

Art. 56   **Vorbereitende Prüfung**

Nach Zahlung der Recherchengebühr prüft die Prüfungsstelle, ob das Patentgesuch eine sinnvolle Ermittlung des Standes der Technik erlaubt. Trifft dies nicht zu, so fordert sie den Patentbewerber auf, die Mängel zu beheben.

Art. 57   **Bericht über den Stand der Technik**

¹ Die Prüfungsstelle nimmt die Ermittlung des Standes der Technik an die Hand auf Grund der Unterlagen, die ihr in diesem Zeitpunkt vorliegen.

² Das Institut kann für die Ermittlung des Standes der Technik mit anderen Behörden oder Organisationen Zusammenarbeitsverträge abschliessen.

³ Der Bericht über den Stand der Technik nennt die der Recherchenstelle zugänglichen Schriftstücke, die zur Beurteilung der Patenfähigkeit (Art. 1 des Gesetzes) in Betracht zu ziehen sind.

⁴ Er wird dem Patentbewerber zusammen mit einer Kopie der darin erwähnten Schriftstücke zugestellt.

Art. 58   **Erlass der Recherchengebühr**

¹ Die Recherchengebühr wird nur erlassen, wenn die Prüfungsstelle schon vor der Zahlungsaufforderung (Art. 55 Abs. 1) oder, wenn die Aussetzung der Sachprüfung beantragt worden ist, einen Monat vor Ablauf der erstreckten Zahlungsfrist (Art. 55 Abs. 3) im Besitz eines Berichtes über den Stand der Technik ist, der:

a. von der für schweizerische Patentgesuche zuständigen Recherchenstelle stammt; und

b. ausgehend vom gleichen Anmelde- oder Prioritätsdatum den Gegenstand des Patentgesuchs vollumfänglich berücksichtigt.[93]

² Ein solcher Bericht kann sich insbesondere beziehen:

a. bei einem Teilgesuch (Art. 57 des Gesetzes) auf das frühere Patentgesuch,

b. auf die Erstanmeldung, deren Priorität beansprucht wird,

c. wenn das Patentgesuch eine Erstanmeldung ist, auf eine andere Anmeldung, für welche die Priorität dieser Erstanmeldung beansprucht wird.

---

[91] Fassung gemäss Ziff. I der V vom 12. Aug. 1986, in Kraft seit 1. Jan. 1987 (AS **1986** 1448).
[92] Fassung gemäss Ziff. I der V vom 17. Mai 1995, in Kraft seit 1. Sept. 1995 (AS **1995** 3660).
[93] Fassung gemäss Ziff. I der V vom 31. März 1999, in Kraft seit 1. Mai 1999 (AS **1999** 1443).

Art. 59   **Rückerstattung der Recherchengebühr**

¹ Die Recherchengebühr wird vollständig zurückerstattet, wenn:

a. der Patentbewerber, bevor die Ermittlung des Standes der Technik an die Hand genommen wird (Art. 57 Abs. 1), einen Bericht einreicht, der dem Artikel 58 Absatz 1 entspricht oder

b. aus einem anderen Grund der Stand der Technik nicht ermittelt zu werden braucht.

² Entspricht der Bericht nach Absatz 1 Buchstabe a dem Artikel 58 Absatz 1 nur teilweise, so wird der Betrag zurückerstattet, den das Institut durch diesen Bericht einspart.

Art. 60   **Zusätzliche Recherchengebühr**

¹ Wurde der Stand der Technik nicht für alle Patentansprüche ermittelt, weil das Patentgesuch nicht einheitlich ist (Art. 52 und 55 des Gesetzes), so fordert die Prüfungsstelle den Patentbewerber auf, die zusätzlichen Recherchengebühren innert zweier Monate zu zahlen; kann der Patentbewerber die Einheitlichkeit des Gesuches innerhalb der Zahlungsfrist belegen, so werden ihm die zusätzlichen Recherchengebühren zurückerstattet.[94]

² Kommt der Patentbewerber der Aufforderung nicht nach, so weist die Prüfungsstelle das Patentgesuch in dem Umfang zurück, als der Stand der Technik nicht ermittelt ist. Für diesen Teil kann bis zum Eintritt der Rechtskraft der Zurückweisung ein Teilgesuch (Art. 57 des Gesetzes) eingereicht werden.

³ Wird das Anmeldedatum nach der Ermittlung des Standes der Technik verschoben, so wird der Patentbewerber aufgefordert, innert zweier Monate eine zusätzliche Recherchengebühr zu zahlen. Artikel 59 Absatz 2 gilt sinngemäss.[95]

Art. 61[96]   **Vorprüfungsgebühr**

¹ Ist die Ermittlung des Standes der Technik abgeschlossen, so wird der Patentbewerber aufgefordert, innert drei Monaten die Vorprüfungsgebühr zu zahlen. Nach Zahlung der Gebühr wird die Prüfung fortgesetzt.

² Wird das Patentgesuch zurückgezogen oder zurückgewiesen, bevor eine Beanstandung nach Artikel 68 oder eine Ankündigung nach Artikel 69 Absatz 1 erlassen worden ist, so wird die Vorprüfungsgebühr zurückerstattet.

³ Wird die Vorprüfungsgebühr nicht gezahlt, so wird das Patentgesuch zurückgewiesen.

---

[94] Fassung gemäss Ziff. I der V vom 12. Aug. 1986, in Kraft seit 1. Jan. 1987 (AS **1986** 1448).
[95] Fassung gemäss Ziff. I der V vom 12. Aug. 1986, in Kraft seit 1. Jan. 1987 (AS **1986** 1448).
[96] Fassung gemäss Ziff. I der V vom 25. Okt. 1995, in Kraft seit 1. Jan. 1996 (AS **1995** 5164).

4. Kapitel: Die Sachprüfung[97]

1. Abschnitt: Allgemeine Bestimmungen[98]

Art. 61a[99]   Prüfungsgebühr
Der Patentbewerber muss vor Beginn der Sachprüfung auf Aufforderung des Instituts innert der angesetzten Frist die Prüfungsgebühr zahlen.

Art. 62   Aussetzung der Prüfung

[1] Solange das Prüfungsverfahren nicht abgeschlossen ist, kann der Patentbewerber beantragen, dass die Sachprüfung bis zum Ablauf von 18 Monaten seit dem Anmelde- oder dem Prioritätsdatum ausgesetzt wird.[100]

[1bis] Solange das Prüfungsverfahren nicht abgeschlossen ist, kann der Patentbewerber beantragen, dass die Sachprüfung bis zu dem in Artikel 125 des Gesetzes genannten Zeitpunkt ausgesetzt wird, wenn er nachweist:

a. dass er für die gleiche Erfindung zusätzlich zur schweizerischen Anmeldung eine europäische Anmeldung mit Benennung der Schweiz eingereicht hat; und

b. dass die beiden Anmeldungen das gleiche Anmelde- oder Prioritätsdatum aufweisen.[101]

[1ter] Wird im Fall von Absatz 1bis die europäische Patentanmeldung endgültig zurückgewiesen oder zurückgezogen oder wird das europäische Patent widerrufen, so wird die Sachprüfung wiederaufgenommen.[102]

[2] Die Anträge nach den Absätzen 1 und 1bis sind schriftlich einzureichen.[103]

[3] Bereits angesetzte Fristen werden durch Anträge nach den Absätzen 1 und 1bis nicht gehemmt, ausser sie werden nach den Artikeln 55 Absatz 3 und 61 Absatz 1bis erstreckt.[104]

Art. 62a[105]   Aussetzung der Prüfung im Fall der Beanspruchung der inneren Priorität

[1] Dient eine Anmeldung als Grundlage für die Beanspruchung einer inneren Priorität und ist das Prüfungsverfahren noch nicht abgeschlossen, so kann der Patentbewerber beantragen, dass die Sachprüfung bis zur Erteilung des aus der jüngeren Anmeldung hervorgehenden Patents ausgesetzt wird.

[2] Der Antrag auf Aussetzung ist schriftlich einzureichen.[106]

---

[97] Ursprünglich vor Art. 62.
[98] Ursprünglich vor Art. 62.
[99] Eingefügt durch Ziff. I der V vom 25. Okt. 1995, in Kraft seit 1. Jan. 1996 (AS **1995** 5164).
[100] Fassung gemäss Ziff. I der V vom 17. Mai 1995, in Kraft seit 1. Sept. 1995 (AS **1995** 3660).
[101] Eingefügt durch Ziff. I der V vom 12. Aug. 1986 (AS **1986** 1448). Fassung gemäss Ziff. I der V vom 17. Mai 1995, in Kraft seit 1. Sept. 1995 (AS **1995** 3660).
[102] Eingefügt durch Ziff. I der V vom 17. Mai 1995, in Kraft seit 1. Sept. 1995 (AS **1995** 3660).
[103] Fassung gemäss Ziff. I der V vom 11. Aug. 1999, in Kraft seit 1. Jan. 2000 (AS **1999** 2629).
[104] Fassung gemäss Ziff. I der V vom 12. Aug. 1986, in Kraft seit 1. Jan. 1987 (AS **1986** 1448).
[105] Eingefügt durch Ziff. I der V vom 17. Mai 1995, in Kraft seit 1. Sept. 1995 (AS **1995** 3660).
[106] Fassung gemäss Ziff. I der V vom 11. Aug. 1999, in Kraft seit 1. Jan. 2000 (AS **1999** 2629).

Patentverordnung 669

³ Wird die jüngere Anmeldung endgültig zurückgewiesen oder zurückgezogen, so wird die Sachprüfung wiederaufgenommen.

⁴ Bereits angesetzte Fristen werden durch Anträge nach Absatz 1 nicht gehemmt, ausser sie werden nach den Artikeln 55 Absatz 3 und 61 Absatz 1bis erstreckt.

Art. 63[107]   Beschleunigung der Prüfung

¹ Der Patentbewerber kann die beschleunigte Durchführung der Sachprüfung beantragen.

² Der Antrag ist schriftlich einzureichen; er gilt erst als gestellt, wenn die vom Institut dafür in Rechnung gestellte Gebühr gezahlt ist.[108]

Art. 64   Geänderte technische Unterlagen

¹ Wird ein Patentanspruch inhaltlich geändert oder neu aufgestellt, so muss der Patentbewerber auf Verlangen des Instituts angeben, wo der neu definierte Gegenstand in den Unterlagen des Patentgesuches erstmals offenbart wurde.[109]

² Ergibt sich nach Artikel 58 Absatz 2 des Gesetzes,[110] dass das Anmeldedatum auf den Tag der Einreichung der geänderten Unterlagen verschoben werden muss, so wird dem Patentbewerber eine Frist zur Stellungnahme angesetzt, innert der er

a. auf die Änderung, welche die Datumsverschiebung bewirkt, verzichten kann, soweit die Offenbarung der Erfindung dadurch nicht in Frage gestellt wird, oder

b. den Nachweis erbringen kann, dass die Erfindung bereits in früheren Unterlagen des Patentgesuchs offenbart war.

³ Verzichtet der Patentbewerber nicht auf die Änderung oder vermag er die Einwendungen nicht zu entkräften, so wird die Verschiebung des Anmeldedatums und, wenn die Prioritätsfrist überschritten ist, die Verwirkung des Prioritätsrechts verfügt.

⁴ Der Verzicht auf die Änderung nach Eintritt der Rechtskraft dieser Verfügung bewirkt keine Wiederherstellung eines früheren Anmeldedatums.

⁵ Wiederholte Änderungen dürfen den geordneten Ablauf des Prüfungsverfahrens nicht beeinträchtigen. Auf Änderungsanträge, die gegen diese Vorschrift verstossen, wird nicht eingetreten.

Art. 65[111]   Anmeldedatum des Teilgesuchs[112]

¹ Auf Verlangen des Instituts muss der Patentbewerber angeben, wo der in einem Teilgesuch definierte Gegenstand in den Unterlagen des früheren Gesuches erstmals offenbart wurde.

---

[107] Fassung gemäss Ziff. I der V vom 12. Aug. 1986, in Kraft seit 1. Jan. 1987 (AS **1986** 1448).
[108] Fassung gemäss Ziff. I der V vom 25. Okt. 1995, in Kraft seit 1. Jan. 1996 (AS **1995** 5164).
[109] Fassung gemäss Ziff. I der V vom 12. Aug. 1986, in Kraft seit 1. Jan. 1987 (AS **1986** 1448).
[110] Fassung gemäss Ziff. I der V vom 12. Aug. 1986, in Kraft seit 1. Jan. 1987 (AS **1986** 1448).
[111] Fassung gemäss Ziff. I der V vom 12. Aug. 1986, in Kraft seit 1. Jan. 1987 (AS **1986** 1448).
[112] Fassung gemäss Ziff. I der V vom 31. März 1999, in Kraft seit 1. Mai 1999 (AS **1999** 1443).

² Stellt sich heraus, dass das einem Teilgesuch bei der Eingangsprüfung vorläufig zuerkannte Anmeldedatum (Art. 46 Abs. 6) zu Unrecht beansprucht wird, so gilt Artikel 64 Absätze 2–4 sinngemäss.

Art. 66   **Klassierung**

¹ Jedes Patentgesuch wird nach der Internationalen Patentklassifikation des Strassburger Abkommens vom 24. März 1971[113] klassiert. Der Patentbewerber muss die notwendigen Angaben liefern.

² Bis zur Eintragung ins Patentregister kann das Institut die Klassierung ändern.

2. Abschnitt: Prüfungsgegenstand und -abschluss

Art. 67   **Verfahren ohne Vorprüfung**

¹ Im Verfahren ohne Vorprüfung wird das Patentgesuch zunächst daraufhin geprüft, ob es nach Artikel 59 Absatz 1 des Gesetzes zu beanstanden ist. Trifft dies zu, so weist das Institut das Patentgesuch zurück, wenn der Patentbewerber die erhobenen Einwände nicht durch Änderung der technischen Unterlagen oder auf anderem Weg zu entkräften vermag.

² Findet das Institut, dass das Patentgesuch den Artikeln 50, 51, 52, 55 und 57 des Gesetzes sowie dieser Verordnung nicht entspricht, so setzt es dem Patentbewerber eine Frist zur Behebung des Mangels. Wird er nur teilweise behoben, so kann das Institut, wenn es dies für zweckdienlich hält, weitere Beanstandungen erlassen.

Art. 68   **Vorprüfungsverfahren**

¹ Nach Zahlung der Prüfungsgebühr prüft die Prüfungsstelle (Art. 89 des Gesetzes) zunächst, ob das Patentgesuch nach Artikel 96 Absatz 2 des Gesetzes zu beanstanden ist. Trifft dies zu, so weist sie das Patentgesuch zurück, wenn der Patentbewerber die erhobenen Einwände nicht durch Änderung der technischen Unterlagen oder auf anderem Wege zu entkräften vermag.

² Findet die Prüfungsstelle, dass das Patentgesuch den Artikeln 50, 51, 52, 55 und 57 des Gesetzes sowie dieser Verordnung nicht entspricht, so setzt sie dem Patentbewerber eine Frist zur Behebung des Mangels. Wird er nur teilweise behoben, so kann sie, wenn sie dies für zweckdienlich hält, weitere Beanstandungen erlassen.

Art. 69   **Prüfungsabschluss**

¹ Sind die Voraussetzungen für die Bekanntmachung des Patentgesuches im Vorprüfungsverfahren oder für die Patenterteilung im Verfahren ohne Vorprüfung erfüllt, so wird dem Patentbewerber das vorgesehene Datum des Prüfungsabschlusses mindestens einen Monat im voraus angekündigt; gleichzeitig wird er gegebenenfalls darauf hingewiesen, dass er die Jahresgebühr noch vor dem Prüfungsabschluss zahlen muss.[114] Mit der Ankündigung werden ihm auch allfällige Änderungen in der Zusammenfassung und Berichtigungen nach Artikel 22 Absatz 2 mitgeteilt.[115]

---

[113] SR **0.232.143.1**

[114] Fassung gemäss Ziff. I der V vom 17. Sept. 1997, in Kraft seit 1. Jan. 1998 (AS **1997** 2171).

[115] Fassung des Satzes gemäss Ziff. I der V vom 11. Aug. 1999, in Kraft seit 1. Jan. 2000 (AS **1999** 2629).

² Nach Zahlung der bis zum Datum des Prüfungsabschlusses fällig gewordenen Jahresgebühr wird dem Patentbewerber das voraussichtliche Datum der Patenterteilung oder der Bekanntmachung mitgeteilt.[116]

³ Genügen die technischen Unterlagen von vorneherein oder nach der Beanstandung dem Gesetz und dieser Verordnung, so wird vermutet, dass der Patentbewerber der Fassung zustimmt, in der das Patentgesuch im Vorprüfungsverfahren bekanntgemacht oder das Patent im Verfahren ohne Vorprüfung erteilt werden soll.

⁴ ...[117]

⁵ ...[118]

5. Kapitel: Vorbereitung der Bekanntmachung oder der Patenterteilung

Art. 70 Aufschub der Bekanntmachung oder der Patenterteilung

¹ Will der Patentbewerber, dass die Bekanntmachung des Patentgesuches im Vorprüfungsverfahren oder die Patenterteilung im Verfahren ohne Vorprüfung aufgeschoben wird, so muss er dies beim Institut innert zweier Monate seit der Ankündigung des Prüfungsabschlusses schriftlich beantragen.[119]

² Anträge um Aufschub bis zu sechs Monaten seit der Ankündigung des Prüfungsabschlusses müssen nicht begründet werden.[120]

³ Anträge um Aufschub um mehr als sechs Monate können, wenn das Einvernehmen des Patentbewerbers nachgewiesen wird, auch von der Bundesbehörde gestellt werden, die nach dem Erfindungsgegenstand an der Geheimhaltung interessiert ist. Sie sind zu begründen. Das Eidgenössische Justiz- und Polizeidepartement entscheidet auf Antrag des Instituts und nachdem dieses die im Einzelfall sachkundige Behörde angehört hat. Das Institut prüft jährlich, ob das Geheimhaltungsinteresse fortbesteht.

Art. 71[121]

Art. 72 Sperrfrist

Anträge für Änderungen, die im Patentregister vorzumerken oder einzutragen sind, sowie die Zurückziehung des Patentgesuchs, die dem Institut später als einen Monat vor dem in Aussicht genommenen und dem Patentbewerber mitgeteilten Bekanntmachungs- oder Patenterteilungsdatum eingereicht werden, gelten erst nach der Bekanntmachung oder der Patenterteilung als gestellt.

6. Kapitel: Der Einspruch im Vorprüfungsverfahren

Art. 73 Form und Inhalt

¹ Der Einspruch ist innert drei Monaten seit der Bekanntmachung in zwei Exemplaren einzureichen und muss enthalten:

---

[116] Fassung gemäss Ziff. I der V vom 11. Aug. 1999, in Kraft seit 1. Jan. 2000 (AS **1999** 2629).
[117] Aufgehoben durch Ziff. I der V vom 11. Aug. 1999 (AS **1999** 2629).
[118] Aufgehoben durch Ziff. I der V vom 12. Aug. 1986 (AS **1986** 1448).
[119] Fassung gemäss Ziff. I der V vom 12. Aug. 1986, in Kraft seit 1. Jan. 1987 (AS **1986** 1448).
[120] Fassung gemäss Ziff. I der V vom 12. Aug. 1986, in Kraft seit 1. Jan. 1987 (AS **1986** 1448).
[121] Aufgehoben durch Ziff. I der V vom 11. Aug. 1999 (AS **1999** 2629).

a. Namen und Vornamen oder Firma, Wohnsitz oder Sitz sowie Adresse des Einsprechers;
b. die Bezeichnung des angefochtenen Patentgesuchs;
c. die Erklärung, in welchem Umfang gegen die Erteilung des Patentes Einspruch erhoben wird;
d. die Einspruchsgründe (Art. 1, 1*a* und 2 des Gesetzes);
e. die Begründung unter Angabe aller hiezu geltend gemachten Tatsachen und Beweismittel.

² Fehlt das zweite Exemplar des Einspruchs, so kann es innert 14 Tagen seit Aufforderung nachgereicht werden.

³ Werden als Beweismittel Schriftstücke angeführt, so sind das Veröffentlichungsdatum sowie die in Betracht fallenden Stellen anzugeben. Geschieht dies auch auf Aufforderung hin nicht, so braucht die Einspruchsabteilung das Beweismittel nicht zu berücksichtigen.

⁴ Artikel 5 gilt sinngemäss.

Art. 74   **Zuständigkeit des Abteilungsvorsitzenden**
¹ Der Vorsitzende der Einspruchsabteilung bezeichnet die für die Behandlung einer Sache notwendigen Mitglieder aus der Zahl der technisch oder juristisch gebildeten Beamten und Angestellten des Instituts.

² Er leitet das Verfahren; er ist insbesondere für die Anordnung der zur Abklärung des Sachverhalts geeigneten Massnahmen und für die Ansetzung und Erstreckung der Fristen im Einspruchsverfahren zuständig.

Art. 75   **Sprache**
¹ Vorbehältlich des Artikels 37 des Bundesgesetzes über das Verwaltungsverfahren[122] wird das Einspruchsverfahren in der Sprache des angefochtenen Patentgesuchs durchgeführt.

² Wird der Einspruch oder eine weitere Eingabe des Einsprechers in einer anderen Amtssprache eingereicht, so hat der Einsprecher auf Aufforderung hin eine Übersetzung in die Verfahrenssprache einzureichen.

³ Falls ein Beweismittel weder in einer Amtssprache noch in englischer Sprache abgefasst ist, kann die Einreichung einer Übersetzung in eine dieser Sprachen angeordnet werden. Wird sie nicht eingereicht, so braucht die Einspruchsabteilung das Beweismittel nicht zu berücksichtigen.

Art. 76   **Vertretung des Einsprechers**
¹ Der Einsprecher, der einen in der Schweiz niedergelassenen Vertreter bestellen muss (Art. 13 des Gesetzes), hat innert der Einspruchsfrist Namen, Wohnsitz oder Sitz und Adresse des Vertreters anzugeben.

² Der Vertreter hat innert der angesetzten Frist eine Vollmacht einzureichen.

³ Im übrigen gelten die Artikel 8 und 9 sinngemäss.

---

[122] SR **172.021**

Art. 77   Ausschluss des Einsprechers vom Verfahren

¹ Genügt der Einspruch den Artikeln 73 Absatz 1 und 76 nicht oder wird die Frist nach Artikel 73 Absatz 2 nicht eingehalten, so schliesst die Einspruchsabteilung den Einsprecher vom Verfahren aus.

² Werden die im Einspruch geltend gemachten Gründe, Tatsachen oder Beweismittel (Art. 73 Abs. 1 Bst. *d* und *e*) nach Ablauf der Einspruchsfrist erweitert, ohne dass dies insbesondere durch eine Änderung der technischen Unterlagen nach der Bekanntmachung gerechtfertigt erscheint, so kann die Einspruchsabteilung den Einsprecher in bezug auf diese Erweiterung vom Verfahren ausschliessen.

Art. 78   Beantwortung des Einspruchs

¹ Der Einspruch wird dem Patentbewerber zugestellt mit der Aufforderung, dazu Stellung zu nehmen und gegebenenfalls geänderte Unterlagen (Art. 105 des Gesetzes) einzureichen.

² Die Stellungnahme und die geänderten Unterlagen sind in so vielen Exemplaren einzureichen, als Einsprüche vorliegen, zuzüglich eines Exemplars der Stellungnahme und zweier Exemplare der geänderten Unterlagen.

Art. 79   Änderung der Patentansprüche

Werden die Patentansprüche unter Verwendung von Merkmalen geändert, die sich nicht aus der Auslegeschrift ergeben oder die eine Datumsverschiebung zur Folge haben, so muss die Bekanntmachung wiederholt werden.

Art. 80   Weiterer Schriftenwechsel. Verhandlung

¹ Die Einspruchsabteilung teilt die Stellungnahme des Patentbewerbers und die Änderungen der technischen Unterlagen allen Einsprechern mit; gleichzeitig bringt sie ihnen auch die übrigen Einsprüche zur Kenntnis.

² Hat der Patentbewerber die technischen Unterlagen geändert oder hält es die Einspruchsabteilung aus andern Gründen für sachdienlich, so fordert sie die Einsprecher zur Stellungnahme auf.

³ Die Einspruchsabteilung kann die Parteien zu einem weiteren Schriftenwechsel oder zu einer mündlichen Verhandlung einladen. Eine Verhandlung findet auch auf Antrag einer Partei statt, wenn sie zur Abklärung des Sachverhalts tauglich erscheint.

⁴ Setzt die Einspruchsabteilung eine Verhandlung an, so gibt sie den Parteien Ort und Zeit der Verhandlung bekannt.

⁵ Die Verhandlungen sind nicht öffentlich. Die zur Verhandlung erscheinenden Personen haben sich über ihre Teilnahmeberechtigung auszuweisen. Über die Verhandlung wird ein summarisches Protokoll geführt.

⁶ Die Beratungen sind geheim.

Art. 81   Endverfügung der Einspruchsabteilung

¹ Sind die Akten spruchreif, so verfügt die Einspruchsabteilung,

a. dass das Patentgesuch ganz oder teilweise zurückgewiesen und der Einspruch insoweit gutgeheissen wird oder

b. dass das Patent auf Grund der ausgelegten oder der im Einspruchsverfahren geänderten Unterlagen erteilt werden kann und der Einspruch, soweit ihm nicht entsprochen ist, zurückgewiesen wird.

² Wird das Patentgesuch teilweise zurückgewiesen, so fordert die Einspruchsabteilung den Patentbewerber nach Eintritt der Rechtskraft der Verfügung auf, die technischen Unterlagen den geänderten Patentansprüchen anzupassen. Kommt er der Aufforderung nicht nach, so wird der verbleibende Teil zurückgewiesen.

³ Für die Patenterteilung auf Grund geänderter Unterlagen gilt Artikel 69 Absatz 3 sinngemäss.

4. Titel: Die Beschwerde im Vorprüfungsverfahren

Art. 82[123] **Anwendbares Recht**

Auf Beschwerden im Vorprüfungsverfahren finden die Artikel 106 und 106*a* des Gesetzes Anwendung.

Art. 83–84[124]

Art. 85 Sprache

Vorbehältlich des Artikels 37 des Verwaltungsverfahrensgesetzes[125] gilt im Beschwerdeverfahren die für die Vorinstanz gültige Sprachenregelung.

Art. 86–88[126]

5. Titel: Aktenheft und Patentregister

1. Kapitel: Das Aktenheft

Art. 89 Inhalt

¹ Das Institut führt für jedes Patentgesuch und Patent ein Aktenheft, das über den Verlauf des Prüfungsverfahrens und über die Änderungen im Bestand und im Recht Auskunft gibt.

² Wer eine Beweisurkunde zu den Akten gibt und erklärt, dass sie Fabrikations- oder Geschäftsgeheimnisse offenbart, kann beantragen, dass die Urkunde ausgesondert wird. Auf das Vorhandensein solcher Urkunden wird im Aktenheft hingewiesen.

³ Das Aktenheft kann in elektronischer Form geführt werden.[127]

---

[123] Fassung gemäss Anhang 3 Ziff. 4 der V vom 3. Febr. 1993 über Organisation und Verfahren eidgenössischer Rekurs- und Schiedskommissionen, in Kraft seit 1. Jan. 1994 (SR **173.31**).

[124] Aufgehoben durch Anhang 3 Ziff. 4 der V vom 3. Febr. 1993 über Organisation und Verfahren eidgenössischer Rekurs- und Schiedskommissionen (SR **173.31**).

[125] SR **172.021**

[126] Aufgehoben durch Anhang 3 Ziff. 4 der V vom 3. Febr. 1993 über Organisation und Verfahren eidgenössischer Rekurs- und Schiedskommissionen (SR **173.31**).

[127] Eingefügt durch Ziff. I der V vom 31. März 1999, in Kraft seit 1. Mai 1999 (AS **1999** 1443).

Art. 90 **Akteneinsicht**

¹ Vor der Bekanntmachung des Patentgesuchs im Vorprüfungsverfahren oder der Patenterteilung im Verfahren ohne Vorprüfung dürfen gegen Zahlung einer Gebühr in das Aktenheft Einsicht nehmen:[128]

a. der Patentbewerber und sein Vertreter;

b. Personen, die nachweisen, dass ihnen der Patentbewerber die Verletzung seiner Rechte aus dem Patentgesuch vorwirft oder dass er sie vor solcher Verletzung warnt;

c. Dritte, die sich über die Zustimmung des Patentbewerbers oder seines Vertreters ausweisen können.

² Diese Personen dürfen auch in zurückgewiesene oder zurückgezogene Patentgesuche Einsicht nehmen.

³ Nach dem in Absatz 1 genannten Zeitpunkt steht das Aktenheft gegen Zahlung einer Gebühr jedermann zur Einsichtnahme offen.[129]

⁴ Wer nach Absatz 1 oder 2 Einsicht in das Aktenheft nehmen will, soll dem Institut im voraus schriftlich den Zeitpunkt nennen, den er dafür in Aussicht nimmt.

⁵ Wird Einsicht in ausgesonderte Beweisurkunden (Art. 89 Abs. 2) beantragt, so entscheidet das Institut darüber nach Anhörung des Patentbewerbers oder Patentinhabers. Im Einspruchs- und im Beschwerdeverfahren entscheidet der Vorsitzende der Einspruchsabteilung oder der Beschwerdekammer.

⁶ Wenn es das öffentliche Interesse verlangt, kann das Eidgenössische Justiz- und Polizeidepartement das Institut ermächtigen, Abteilungsdirektoren der Bundesverwaltung die Einsichtnahme in das Aktenheft zu gestatten.

⁷ Auf Antrag und gegen Zahlung einer Gebühr wird die Einsichtnahme durch Abgabe von Kopien gewährt.[130]

⁸ Vorbehalten bleiben die allgemeinen Vorschriften über die Rechtshilfe.

Art. 91 **Auskünfte über Patentgesuche**

¹ Das Institut gibt Dritten gegen Zahlung einer Gebühr ohne Gewähr für Vollständigkeit folgende Auskünfte über hängige Patentgesuche:

a. Name und Adresse des Patentbewerbers und seines Vertreters;

b. Name und Wohnsitz des Erfinders, sofern er nicht auf Nennung verzichtet hat;

c. Patentgesuchsnummer;

d. Anmeldedatum;

e. Angaben über Priorität und Ausstellungsimmunität;

f. Titel der Erfindung;

g. vorläufige Klassierung;

h. Unterstellung oder Nichtunterstellung unter die amtliche Vorprüfung;

i. Anträge auf Aussetzung der Sachprüfung, der Bekanntmachung oder der Patenterteilung;

---

[128] Fassung gemäss Ziff. I der V vom 25. Okt. 1995, in Kraft seit 1. Jan. 1996 (AS **1995** 5164).
[129] Fassung gemäss Ziff. I der V vom 25. Okt. 1995, in Kraft seit 1. Jan. 1996 (AS **1995** 5164).
[130] Fassung gemäss Ziff. I der V vom 25. Okt. 1995, in Kraft seit 1. Jan. 1996 (AS **1995** 5164).

k. Datum der Bekanntmachung und Nummer der Auslegeschrift;
l. Hängigkeit eines Einspruchsverfahrens;
m. eingeräumte Rechte sowie Verfügungsbeschränkungen von Gerichten und Zwangsvollstreckungsbehörden.

[2] Das Institut gibt diese Auskünfte, wenn der Name des Patentbewerbers oder die Patentgesuchsnummer angegeben wird. Soweit es dazu in der Lage ist, erteilt das Institut die Auskünfte auch auf Grund anderer Angaben.

Art. 92 **Aktenaufbewahrung**

[1] Das Institut verwahrt die Akten zurückgezogener und zurückgewiesener Patentgesuche im Original oder in Kopie bis zum Ablauf von fünf Jahren nach der Zurückziehung oder Zurückweisung, mindestens aber während zehn Jahren nach der Anmeldung.

[2] Die Akten können in elektronischer Form aufbewahrt werden.[131]

2. Kapitel: Das Patentregister

Art. 93 **Registerführung**

[1] Das Institut führt ein Register der erteilten Patente.

[2] Bekanntgemachte Patentgesuche werden darin vorgemerkt. Mit der Patenterteilung gelten die vorgemerkten Angaben als eingetragen.

[3] Das Patentregister kann in elektronischer Form geführt werden.[132]

Art. 94 **Registerinhalt**

[1] Die Patente werden mit folgenden Angaben im Patentregister eingetragen:
a. Patentnummer;
b. Klassifikationssymbole;
c. Titel der Erfindung;
d. Anmeldedatum;
e. Nummer des Patentgesuchs;
f. Datum der Bekanntmachung des Patentgesuchs im Vorprüfungsverfahren;
g. Datum der Patenterteilung.
h. Prioritäten und Ausstellungsimmunitäten;
i. Name und Vorname oder Firma, Wohnsitz oder Sitz sowie Adresse des Patentinhabers;
k. Name, Wohnsitz oder Sitz und Adresse des Vertreters;
l. Name und Wohnsitz des Erfinders, sofern er nicht auf Nennung verzichtet hat;
m. eingeräumte Rechte sowie Verfügungsbeschränkungen von Gerichten oder Zwangsvollstreckungsbehörden;

---

[131] Eingefügt durch Ziff. I der V vom 31. März 1999, in Kraft seit 1. Mai 1999 (AS **1999** 1443).
[132] Eingefügt durch Ziff. I der V vom 31. März 1999, in Kraft seit 1. Mai 1999 (AS **1999** 1443).

n. Änderungen im Bestand des Patentes oder im Recht am Patent;
o. Änderungen des Wohnsitzes oder Sitzes des Patentinhabers;
p. Änderungen in der Person des Vertreters oder seines Wohnsitzes oder Sitzes.

² Die bekanntgemachten Patentgesuche werden mit den entsprechenden Angaben unter der in Aussicht genommenen Patentnummer vorgemerkt.

³ Das Institut kann noch andere als nützlich erachtete Angaben eintragen oder vormerken.

Art. 95   Einsichtnahme. Registerauszüge. Elektronisches Abrufverfahren[133]

¹ Das Patentregister steht jedermann gegen Zahlung einer Gebühr zur Einsichtnahme offen.

² Das Institut erstellt auf Antrag und gegen Zahlung einer Gebühr Auszüge aus dem Patentregister.

³ Das Institut kann seine Datenbestände gegen Bezahlung Dritten im elektronischen Abrufverfahren zugänglich machen.[134]

3. Kapitel: Änderungen

1. Abschnitt: Änderungen im Bestand des Patentes

Art. 96   Teilverzicht
a. Form

¹ Die Erklärung des teilweisen Verzichts auf das Patent (Art. 24 des Gesetzes) ist schriftlich in zwei Exemplaren einzureichen.

² Sie darf an keine Bedingung geknüpft sein.

³ Sie gilt erst dann als eingereicht, wenn die vom Institut dafür in Rechnung gestellte Gebühr gezahlt ist.[135]

Art. 97   b. Inhalt

¹ Durch den Teilverzicht darf keine Unklarheit über die rechtliche Tragweite der Patentansprüche entstehen; die Artikel 1, 1a, 2, 51, 52 und 55 des Gesetzes gelten auch für die Neuordnung der Patentansprüche.

² Die Beschreibung, die Zeichnungen und die Zusammenfassung können nicht geändert werden. Der Teilverzicht soll indessen eine Erklärung folgender Art enthalten:

Soweit Teile der Beschreibung und der Zeichnungen mit der Neuordnung der Patentansprüche nicht vereinbar sind, sollen sie als nicht vorhanden gelten.

³ Entspricht die Erklärung des teilweisen Verzichts nicht den Vorschriften, so setzt das Institut dem Patentinhaber eine Frist zur Behebung des Mangels. Wird er nur teilweise behoben, so kann das Institut, wenn es dies für zweckdienlich hält, weitere Beanstandungen erlassen.

---

[133] Fassung gemäss Ziff. I der V vom 31. März 1999, in Kraft seit 1. Mai 1999 (AS **1999** 1443).
[134] Eingefügt durch Ziff. I der V vom 31. März 1999, in Kraft seit 1. Mai 1999 (AS **1999** 1443).
[135] Fassung gemäss Ziff. I der V vom 25. Okt. 1995, in Kraft seit 1. Jan. 1996 (AS **1995** 5164).

⁴ Betrifft der Teilverzicht ein im Vorprüfungsverfahren erteiltes Patent, so wird nicht erneut geprüft, ob der Gegenstand der neuen Patentansprüche gegenüber dem Stand der Technik patentfähig ist.

Art. 98   c. **Eintragung und Veröffentlichung**

¹ Entspricht die Erklärung des teilweisen Verzichts den Vorschriften, so wird sie im Patentregister eingetragen.

² Sie wird vom Institut veröffentlicht und der Patentschrift beigelegt; dem Patentinhaber wird eine neue Patenturkunde zugestellt.

³ Gleichzeitig setzt das Institut dem Patentinhaber eine Frist von drei Monaten, innert der er die Errichtung neuer Patente (Art. 25 des Gesetzes) beantragen kann.

Art. 99   **Beschränkung durch den Richter**

Artikel 98 gilt sinngemäss, wenn das Patent durch den Richter eingeschränkt wurde (Art. 27 oder 30 des Gesetzes).

Art. 100   **Errichtung neuer Patente**
           a. **Antrag**

Für den Antrag auf Errichtung eines neuen Patentes (Art. 25, 27 Abs. 3 oder 30 Abs. 2 des Gesetzes) gelten die für Patentgesuche anwendbaren Bestimmungen; vorbehalten bleiben die Artikel 101 und 102.

Art. 101   b. **Patentansprüche**

¹ Für jedes nach Artikel 100 neu zu errichtende Patent ist im Rahmen der aus dem ursprünglichen Patent ausgeschiedenen Patentansprüche und unter Berücksichtigung von Artikel 24 des Gesetzes mindestens ein neuer Patentanspruch aufzustellen.

² Ist das ursprüngliche Patent im Vorprüfungsverfahren erteilt worden, so wird nicht erneut geprüft, ob der Gegenstand der neuen Patentansprüche gegenüber dem Stand der Technik patentfähig ist.

Art. 102   c. **Beschreibung**

¹ Bezüglich der Beschreibung und Zeichnungen kann auf die Patentschrift des ursprünglichen Patentes verwiesen werden; dabei soll eine Erklärung folgender Art beigefügt werden:

Soweit Teile der Beschreibung und der Zeichnungen der Patentschrift Nr. ... mit den Patentansprüchen des vorliegenden Patentes nicht vereinbar sind, sollen sie als nicht vorhanden gelten.

² Führt das Vorgehen nach Absatz 1 zu Unklarheiten über die rechtliche Tragweite des Patentes, so sind die Teile der Patentschrift des ursprünglichen Patentes, die zum Verständnis der Patentansprüche nötig sind, in angepasster Form wiederzugeben.

2. Abschnitt: Änderungen im Recht auf das Patent und am Patent; Vertreteränderungen

Art. 103   **Teilweise Gutheissung einer Abtretungsklage**

¹ Hat der Richter die Abtretung eines Patentgesuchs unter Streichung einzelner Patentansprüche verfügt (Art. 30 des Gesetzes), so kann der unterlegene Patentbe-

werber die gestrichenen Patentansprüche zum Gegenstand eines oder mehrerer neuer Patentgesuche machen. Sie erhalten das Anmeldedatum des abgetretenen Patentgesuchs und werden im übrigen wie Teilgesuche (Art. 57 des Gesetzes) behandelt.

² Hat der Richter die Abtretung eines Patentes unter Streichung einzelner Patentansprüche verfügt (Art. 30 des Gesetzes), so kann der unterlegene Patentinhaber für die gestrichenen Patentansprüche die Errichtung eines oder mehrerer neuer Patente (Art. 100–102) beantragen.

³ Nach Eingang des rechtskräftigen Abtretungsurteils setzt das Institut dem unterlegenen Patentbewerber oder Patentinhaber eine Frist, innert der er neue Patentgesuche einreichen oder die Errichtung neuer Patente beantragen kann.[136]

Art. 104   **Vermerk im Aktenheft**

¹ Vor der Bekanntmachung des Patentgesuchs im Vorprüfungsverfahren oder der Patenterteilung im Verfahren ohne Vorprüfung werden im Aktenheft vermerkt:

a. Änderungen in der Person des Patentbewerbers;

b. Firmenänderungen;

c. andere Änderungen, wie Änderungen in der Person des Vertreters, die Einräumung von Rechten sowie Verfügungsbeschränkungen von Gerichten oder Zwangsvollstreckungsbehörden.

² Artikel 105 Absätze 2–6 gelten sinngemäss.

³ Der Erwerber eines Patentgesuchs übernimmt dieses in dem Stand, in dem es sich zur Zeit des Eingangs der Beweisurkunde beim Institut befindet.

Art. 105   **Vormerkung und Eintragung im Patentregister**

¹ Im Patentregister werden vorgemerkt oder eingetragen:

a. Änderungen im Recht auf das Patent nach der Bekanntmachung des Patentgesuchs im Vorprüfungsverfahren;

b. Änderungen im Recht am Patent;

c. Firmenänderungen;

d. andere Änderungen, wie Änderungen in der Person des Vertreters, die Einräumung von Rechten sowie Verfügungsbeschränkungen von Gerichten oder Zwangsvollstreckungsbehörden.

² Alle Änderungen müssen durch eine schriftliche Erklärung des bisherigen Patentinhabers oder Patentbewerbers oder durch eine andere genügende Beweisurkunde nachgewiesen werden; vorbehalten bleiben die Artikel 106 und 107. Die Beweisurkunden gehören zu den Akten.[137]

²ᵇⁱˢ Das Institut kann bei allen Änderungen die Beglaubigung der Unterschrift sowie zusätzliche Beweismittel wie namentlich einen Handelsregisterauszug verlangen, wenn dies nach den Umständen notwendig erscheint.[138]

---

[136] Fassung gemäss Ziff. I der V vom 25. Okt. 1995, in Kraft seit 1. Jan. 1996 (AS **1995** 5164).
[137] Fassung gemäss Ziff. I der V vom 25. Okt. 1995, in Kraft seit 1. Jan. 1996 (AS **1995** 5164).
[138] Eingefügt durch Ziff. I der V vom 25. Okt. 1995, in Kraft seit 1. Jan. 1996 (AS **1995** 5164).

³ Solange eine ausschliessliche Lizenz im Register vorgemerkt oder eingetragen ist, werden für das gleiche Patent keine weiteren Lizenzen vorgemerkt oder eingetragen, die mit der ausschliesslichen Lizenz nicht vereinbar sind.

⁴ Eine Unterlizenz wird im Register vorgemerkt oder eingetragen, wenn sie durch eine schriftliche Erklärung des vorgemerkten oder eingetragenen Lizenznehmers oder durch eine andere genügende Beweisurkunde nachgewiesen wird. Zudem muss das Recht des Lizenznehmers zur Einräumung von Unterlizenzen nachgewiesen sein.[139]

⁵ Der Antrag auf Vormerkung oder Eintragung einer Änderung gilt erst dann als gestellt, wenn die vom Institut dafür in Rechnung gestellte Gebühr gezahlt ist. Wird für das gleiche Patent gleichzeitig die Eintragung mehrerer Änderungen beantragt, so ist die Gebühr nur einmal zu zahlen.[140]

⁶ Änderungen, die auf einem vollstreckbaren Gerichtsurteil oder auf einem Zuschlag in der Zwangsvollstreckung beruhen, sowie Verfügungsbeschränkungen von Gerichten oder Zwangsvollstreckungsbehörden werden gebührenfrei vorgemerkt oder eingetragen.

Art. 106[141]   **Löschung von Drittrechten**

Das Institut löscht auf Antrag des Patentbewerbers oder Patentinhabers das zugunsten eines Dritten im Aktenheft vermerkte oder im Patentregister vorgemerkte oder eingetragene Recht, wenn gleichzeitig eine ausdrückliche Verzichtserklärung des Dritten oder eine andere genügende Beweisurkunde vorgelegt und die vom Institut dafür in Rechnung gestellte Gebühr gezahlt wird. Artikel 105 Absatz 2bis bleibt vorbehalten.

Art. 107   **Vertreteränderungen**

¹ Änderungen in der Person des Vertreters werden im Aktenheft vermerkt oder im Patentregister vorgemerkt oder eingetragen, sobald die Vollmacht für den neuen Vertreter vorliegt.

² Die Bestellung eines neuen Vertreters gilt gegenüber dem Institut als Widerruf der Vollmacht des früheren Vertreters.

³ Die erstmalige Bestellung eines Vertreters und die Löschung von Vertreterbestellungen sind gebührenfrei.

6. Titel: Veröffentlichungen des Instituts

Art. 108[142]   **Publikationsorgan**

¹ Das Institut bestimmt das Publikationsorgan.[143]

² Die Veröffentlichungen können auch in elektronischer Form erfolgen.

---

[139] Fassung gemäss Ziff. I der V vom 25. Okt. 1995, in Kraft seit 1. Jan. 1996 (AS **1995** 5164).
[140] Fassung gemäss Ziff. I der V vom 25. Okt. 1995, in Kraft seit 1. Jan. 1996 (AS **1995** 5164).
[141] Fassung gemäss Ziff. I der V vom 25. Okt. 1995, in Kraft seit 1. Jan. 1996 (AS **1995** 5164).
[142] Fassung gemäss Ziff. I der V vom 31. März 1999, in Kraft seit 1. Mai 1999 (AS **1999** 1443).
[143] Fassung gemäss Anhang Ziff. 2 der Designverordnung vom 8. März 2002, in Kraft seit 1. Juli 2002 (SR **232.121**).

³ Die elektronische Fassung ist jedoch nur massgebend, wenn die Daten ausschliesslich elektronisch veröffentlicht werden.

Art. 109 Patent- und Auslegeschriften

¹ Die Patentschriften werden am Tag der Patenterteilung veröffentlicht. Gleichzeitig werden die Patenterteilungen im Publikationsorgan bekannt gegeben.[144]

² Die Auslegeschriften werden am Tag der Bekanntmachung der Patentgesuche im Vorprüfungsverfahren veröffentlicht. Gleichzeitig werden die Aktenhefte zur Einsichtnahme bereitgestellt.

Art. 110[145]

Art. 111–113[146]

7. Titel: Europäische Patentanmeldungen und europäische Patente

Art. 114 Geltungsbereich der Verordnung

¹ Dieser Titel gilt für europäische Patentanmeldungen und europäische Patente, die für die Schweiz wirksam sind.

² Die übrigen Bestimmungen dieser Verordnung gelten, soweit sich aus Artikel 109 des Gesetzes und diesem Titel nichts anderes ergibt.

Art. 115 Einreichung beim Institut

¹ Personen mit Wohnsitz oder Sitz in der Schweiz können als Anmelder oder als Vertreter europäische Patentanmeldungen, mit Ausnahme von Teilanmeldungen, beim Institut einreichen.

² Das Institut vermerkt auf den Unterlagen der Anmeldung den Tag, an dem sie bei ihm eingegangen sind.

³ Die nach dem Europäischen Patentübereinkommen[147] zu entrichtenden Gebühren sind unmittelbar an das Europäische Patentamt zu zahlen.

Art. 116 Übersetzung

¹ Wer beim Institut eine Übersetzung der Patentansprüche der veröffentlichten europäischen Patentanmeldung (Art. 112 des Gesetzes) oder der ursprünglichen oder geänderten Patentschrift des europäischen Patentes (Art. 113 des Gesetzes) einreicht, muss die Nummer dieser Anmeldung oder dieses Patentes angeben.

² Ist das europäische Patent im Einspruchsverfahren in geändertem Umfang aufrechterhalten worden, so kann die neue Übersetzung ganz oder teilweise durch eine Erklärung ersetzt werden, in welchem Umfang die frühere Übersetzung auch für die geänderte Patentschrift gilt.

---

[144] Fassung des zweiten Satzes gemäss Anhang Ziff. 2 der Designverordnung vom 8. März 2002, in Kraft seit 1. Juli 2002 (SR 232.121).

[145] Aufgehoben durch Ziff. I der V vom 31. März 1999 (AS **1999** 1443).

[146] Aufgehoben durch Ziff. I der V vom 25. Okt. 1995 (AS **1995** 5164).

[147] SR **0.232.142.2**

³ Das Institut hält den Tag des Eingangs der Übersetzung fest. Es überprüft sie nur auf Vollständigkeit.

⁴ Es stellt die Übersetzung ohne Verzug zur Einsichtnahme bereit und hält fest, wann dies geschehen ist.

⁵ Wird die Übersetzung berichtigt (Art. 114 des Gesetzes), so gelten die Absätze 1–4 sinngemäss.

⁶ Ist die Übersetzung der Patentschrift oder die Erklärung nach Absatz 2 nicht rechtzeitig eingereicht worden (Art. 113 Abs. 2 des Gesetzes), stellt das Institut fest, dass die Wirkung des Patentes für die Schweiz nicht eingetreten ist. Nach Eintritt der Rechtskraft dieser Verfügung löscht es das Patent mit Wirkung vom Erteilungsdatum.

Art. 117   **Register und Aktenheft**

¹ In das schweizerische Register für europäische Patente (Art. 117 des Gesetzes) werden eingetragen:

a. die bei Erteilung im europäischen Patentregister vermerkten Angaben;
b. Angaben, die über das Einspruchsverfahren im europäischen Patentregister vermerkt werden;
c. im übrigen die für schweizerische Patente vorgesehenen Angaben.

² Das Institut trägt die Angaben in der Verfahrenssprache des Europäischen Patentamts ein, ist diese Sprache Englisch, in der schweizerischen Amtssprache, in der die Übersetzung der Patentschrift eingereicht wurde, fehlt die Übersetzung, in der vom Institut gewählten Amtssprache.

³ Die Sprache nach Absatz 2 wird Verfahrenssprache (Art. 4).

⁴ Das Institut führt für jedes europäische Patent ein Aktenheft.

Art. 117a[148]   **Patentzeichen**

Bei europäischen Patenten mit Wirkung für die Schweiz besteht das Patentzeichen (Art. 11 des Gesetzes) aus dem Vermerk «EP/CH», gefolgt von der Patentnummer.

Art. 118   **Umwandlung**

¹ Wird eine europäische Patentanmeldung oder ein europäisches Patent in ein schweizerisches Patentgesuch umgewandelt, so setzt das Institut dem Patentbewerber eine Frist, innert der folgende Handlungen vorzunehmen sind:[149]

a.[150] Zahlung der Anmeldegebühr (Art. 17a Abs. 1 Bst. a),
b. Einreichung der Übersetzung (Art. 123 des Gesetzes),
c. Bestellung eines Vertreters (Art. 13 des Gesetzes).

² Liegt das Anmeldedatum des aus der Umwandlung hervorgegangenen schweizerischen Patentgesuchs mehr als zwei Jahre zurück, so sind die bereits fälligen Jahresgebühren innert sechs Monaten seit Aufforderung des Instituts zu zahlen; erfolgt die Zahlung in den letzten drei Monaten, so ist ein Zuschlag zu entrichten.

---

[148] Eingefügt durch Ziff. I der V vom 17. Mai 1995, in Kraft seit 1. Sept. 1995 (AS **1995** 3660).
[149] Fassung gemäss Ziff. I der V vom 25. Okt. 1995, in Kraft seit 1. Jan. 1996 (AS **1995** 5164).
[150] Fassung gemäss Ziff. I der V vom 25. Okt. 1995, in Kraft seit 1. Jan. 1996 (AS **1995** 5164).

Patentverordnung

Art. 118a[151] **Jahresgebühren**

Für das europäische Patent sind alljährlich im voraus Jahresgebühren an das Institut zu zahlen, erstmals für das Patentjahr, welches dem Hinweis auf die Erteilung des europäischen Patentes im Europäischen Patentblatt folgt, frühestens jedoch ab Beginn des fünften Jahres nach der Anmeldung.

8. Titel: Internationale Patentanmeldungen

1. Kapitel: Geltungsbereich der Verordnung

Art. 119

¹ Dieser Titel gilt für internationale Anmeldungen, für die das Institut Anmeldeamt, Bestimmungsamt oder ausgewähltes Institut ist.[152]

² Die übrigen Bestimmungen dieser Verordnung gelten, soweit sich aus Artikel 131 des Gesetzes und diesem Titel nichts anderes ergibt.

2. Kapitel: Das Institut als Anmeldeamt

Art. 120[153] **Einreichung der internationalen Anmeldung**

¹ Die beim Institut eingereichte internationale Anmeldung muss in deutscher, französischer oder englischer Sprache abgefasst sein.

² Das Institut verkehrt mit dem Anmelder in deutscher oder französischer Sprache.

Art. 121 **Übermittlungs- und Recherchengebühr**

¹ Die Übermittlungsgebühr (Art. 133 Abs. 2 des Gesetzes) ist innert einem Monat seit dem Eingang der internationalen Anmeldung beim Institut zu zahlen.[154]

² Absatz 1 gilt sinngemäss für die Recherchengebühr, deren Betrag sich nach der Vereinbarung mit der für die Schweiz zuständigen internationalen Recherchenbehörde richtet. Das Institut veröffentlicht im Publikationsorgan den Betrag der von der internationalen Behörde festgesetzten Recherchengebühr.[155]

Art. 122[156] **Internationale Gebühr; weitere Bestimmungsgebühren und Bestätigungsgebühr**

¹ Die internationale Gebühr, bestehend aus Grundgebühr und Bestimmungsgebühren gemäss Regel 15.1 ii) der Ausführungsordnung vom 19. Juni 1970[157] zum Vertrag über die internationale Zusammenarbeit auf dem Gebiet des Patentwesens (Ausführungsordnung zum Zusammenarbeitsvertrag), ist an das Institut zu zahlen.

---

[151] Eingefügt durch Ziff. I der V vom 25. Okt. 1995 (AS **1995** 5164). Fassung gemäss Ziff. I der V vom 31. März 1999, in Kraft seit 1. Mai 1999 (AS **1999** 1443).
[152] Fassung gemäss Ziff. I der V vom 17. Mai 1995, in Kraft seit 1. Sept. 1995 (AS **1995** 3660).
[153] Fassung gemäss Ziff. I der V vom 31. März 1999, in Kraft seit 1. Mai 1999 (AS **1999** 1443).
[154] Fassung gemäss Ziff. I der V vom 2. Dez. 1991, in Kraft seit 1. Juli 1992 (AS **1991** 2565).
[155] Fassung des zweiten Satzes gemäss Anhang Ziff. 2 der Designverordnung vom 8. März 2002, in Kraft seit 1. Juli 2002 (SR **232.121**).
[156] Fassung gemäss Ziff. I der V vom 2. Dez. 1991, in Kraft seit 1. Juli 1992 (AS 1991 2565).
[157] SR **0.232.141.11**

² Für die Zahlung der Grundgebühr gilt Artikel 121 Absatz 1 sinngemäss.¹⁵⁸

³ Die Bestimmungsgebühren gemäss Regel 15. 1 ii) der Ausführungsordnung zum Zusammenarbeitsvertrag sind innert zwölf Monaten seit dem Anmelde- oder dem Prioritätsdatum zu zahlen. Bei Anmeldungen mit Priorität können diese Gebühren noch innert eines Monats seit dem Anmeldedatum gezahlt werden, wenn diese Frist später abläuft.

⁴ Die Bestimmungsgebühren und die Bestätigungsgebühr gemäss Regel 15.5 Buchstabe a) der Ausführungsordnung zum Zusammenarbeitsvertrag sind innert 15 Monaten seit dem Anmelde- oder dem Prioritätsdatum an das Institut zu zahlen.

⁵ Es gelten die im Gebührenverzeichnis der Ausführungsordnung zum Zusammenarbeitsvertrag angegebenen Gebührenbeträge.

Art. 122 a¹⁵⁹   Einladung zur Zahlung

¹ Werden die Übermittlungsgebühr, die Grundgebühr, die Recherchengebühr sowie die Bestimmungsgebühren gemäss Regel 15. 1 ii) der Ausführungsordnung zum Zusammenarbeitsvertrag¹⁶⁰ nicht fristgerecht gezahlt, so setzt das Institut dem Patentbewerber eine Frist von einem Monat zur Zahlung des fehlenden Betrags sowie einer Gebühr für verspätete Zahlung gemäss Regel 16bis. 2 der Ausführungsordnung zum Zusammenarbeitsvertrag.

² Bleibt die Zahlung innert dieser Frist ganz oder teilweise aus, so gelten die internationale Anmeldung oder die Bestimmungen der Staaten, für welche die Gebühren fehlen, als zurückgenommen.

3. Kapitel: Das Institut als Bestimmungsamt

Art. 123   Übersetzung der Patentansprüche

Für die Übersetzung der Patentansprüche der veröffentlichten internationalen Anmeldung, für die das Institut Bestimmungsamt ist (Art. 137 des Gesetzes), gilt Artikel 116 Absätze 1, 3 und 4 sinngemäss.

Art. 124   Formerfordernisse

¹ Wird für die internationale Anmeldung die Übersetzung oder die Erfindernennung nicht rechtzeitig eingereicht oder die nationale Anmeldegebühr nicht rechtzeitig gezahlt (Art. 138 des Gesetzes), so gilt die internationale Anmeldung mit Wirkung für die Schweiz als zurückgenommen.

² Der Patentbewerber, der in der Schweiz keinen Wohnsitz oder Sitz hat, muss innert 20 Monaten seit dem Anmelde- oder dem Prioritätsdatum einen Vertreter bestellen. Ist die Schweiz vor dem Ablauf des 19. Monats seit dem Anmelde- oder dem Prioritätsdatum ausgewählt worden, so beträgt die Frist 30 Monate.¹⁶¹

---

¹⁵⁸ Siehe heute auch Regel 15.4 der Ausführungsordnung zum Zusammenarbeitsvertrag (SR **0.232.141.11**).

¹⁵⁹ Eingefügt durch Ziff. I der V vom 2. Dez. 1991, in Kraft seit 1. Juli 1992 (AS **1991** 2565).

¹⁶⁰ SR **0.232.141.11**

¹⁶¹ Fassung gemäss Ziff. I der V vom 17. Mai 1995, in Kraft seit 1. Sept. 1995 (AS **1995** 3660).

²ᵇⁱˢ Werden die Fristen nach Absatz 2 nicht eingehalten, so setzt das Institut dem Patentbewerber eine Nachfrist von einem Monat für die Bestellung eines Vertreters.[162]

³ Ist der Prioritätsbeleg nicht innert 16 Monaten seit dem Prioritätsdatum beim Anmeldeamt oder beim internationalen Büro eingereicht worden, so ist das Prioritätsrecht verwirkt.[163]

⁴ Ist der Prioritätsbeleg nicht in einer schweizerischen Amtssprache oder in englischer Sprache abgefasst, so gilt Artikel 52 Absatz 4 sinngemäss.

Art. 125 Recherchenbericht

¹ Ist die internationale Anmeldung der amtlichen Vorprüfung unterstellt und der internationale Recherchenbericht von der für die Schweiz zuständigen internationalen Recherchenbehörde erstellt worden, so wird der Stand der Technik nicht weiter ermittelt.

² Ein ergänzender Bericht über den Stand der Technik (Art. 139 Abs. 2 des Gesetzes) wird erstellt:

a. wenn die internationale Recherche nicht für alle Patentansprüche ausgeführt wurde;

b. wenn der internationale Recherchenbericht nicht von der für die Schweiz zuständigen Behörde erstellt wurde und sich aus dem Bericht ergibt, dass die Recherche weniger umfassend war;

c. wenn zufolge Datumsverschiebung eine zusätzliche Recherche erforderlich wird (Art. 60 Abs. 3).

³ Die Recherchengebühr für den ergänzenden Bericht ist innert zweier Monate seit Aufforderung durch die Prüfungsstelle zu zahlen.[164]

⁴ Im übrigen gelten die Artikel 55–60 sinngemäss.

4. Kapitel:[165] Das Institut als ausgewähltes Amt[166]

Art. 125a Übersetzung der Anlagen zum internationalen vorläufigen Prüfungsbericht

¹ Ist nach Artikel 138 Absatz 1 Buchstabe c des Gesetzes eine Übersetzung einzureichen, so sind die Anlagen zum internationalen vorläufigen Prüfungsbericht innert einer Frist von 30 Monaten ab dem Anmelde- oder Prioritätsdatum in die gleiche schweizerische Amtssprache wie die der internationalen Anmeldung zu übersetzen.

² Wird die Frist nach Absatz 1 nicht eingehalten, so räumt das Institut dem Anmelder eine Nachfrist von zwei Monaten ein. Wird diese Nachfrist nicht eingehalten, so weist das Institut die Anmeldung zurück.

---

[162] Eingefügt durch Ziff. I der V vom 17. Mai 1995, in Kraft seit 1. Sept. 1995 (AS **1995** 3660).
[163] Fassung gemäss Ziff. I der V vom 17. Mai 1995, in Kraft seit 1. Sept. 1995 (AS **1995** 3660).
[164] Fassung gemäss Ziff. I der V vom 12. Aug. 1986, in Kraft seit 1. Jan. 1987 (AS **1986** 1448).
[165] Eingefügt durch Ziff. I der V vom 17. Mai 1995, in Kraft seit 1. Sept. 1995 (AS **1995** 3660).
[166] Fassung gemäss Ziff. I der V vom 31. März 1999, in Kraft seit 1. Mai 1999 (AS **1999** 1443).

Art. 125*b*   **Inhalt des Aktenhefts und Akteneinsicht**

¹ Das Aktenheft einer internationalen Anmeldung enthält zusätzlich zum Inhalt nach Artikel 89 den internationalen vorläufigen Prüfungsbericht.

² Sobald die internationale Anmeldung in die nationale Phase eingetreten ist, steht das Aktenheft jedermann zur Einsichtnahme offen.

9. Titel: Recherchen internationaler Art

Art. 126   **Voraussetzungen**

¹ Für eine schweizerische Erstanmeldung kann eine Recherche internationaler Art im Sinne von Artikel 15 Absatz 5 des Vertrags vom 19. Juni 1970[167] über die internationale Zusammenarbeit auf dem Gebiet des Patentwesens beantragt werden.[168]

² Der Antrag ist innert sechs Monaten seit dem Anmeldedatum beim Institut zu stellen. Gleichzeitig ist die Gebühr für eine Recherche internationaler Art zu zahlen. Deren Betrag wird, sofern die IGE-GebO[169] nichts anderes vorsieht, von der für die Schweiz zuständigen internationalen Recherchenbehörde festgesetzt.[170]

³ Ist die Sprache des Patentgesuchs nicht eine Arbeitssprache der für die Schweiz zuständigen internationalen Recherchenbehörde, so ist gleichzeitig eine Übersetzung in eine Arbeitssprache einzureichen.

⁴ Das Institut prüft nicht, ob das Patentgesuch und die Übersetzung den übrigen Voraussetzungen des Zusammenarbeitsvertrages, insbesondere den für internationale Anmeldungen geltenden Formvorschriften entspricht.

⁵ Die Recherche internationaler Art wird aufgrund geänderter technischer Unterlagen durchgeführt, wenn:

a. der Anmelder innert sechs Monaten nach dem Anmeldedatum den entsprechenden Antrag stellt;

b. die geänderten technischen Unterlagen dem Institut innert sechs Monaten nach dem Anmeldedatum eingereicht worden sind;

c. die Änderungen der technischen Unterlagen den Anforderungen der Artikel 51 und 64 genügen;

d. der Anmelder die beschleunigte Durchführung der Sachprüfung beantragt hat und das Institut das für die Recherche massgebliche Anmeldedatum bestimmt hat.[171]

⁶ Nach der Stellung eines Antrags für die Durchführung einer Recherche internationaler Art nach den Absätzen 1–5 können Änderungen der technischen Unterlagen für die Durchführung der beantragten Recherche nicht mehr berücksichtigt werden.[172]

---

[167] SR **0.232.141.1**
[168] Fassung gemäss Ziff. I der V vom 31. März 1999, in Kraft seit 1. Mai 1999 (AS **1999** 1443).
[169] SR **232.148**
[170] Fassung gemäss Ziff. I der V vom 31. März 1999, in Kraft seit 1. Mai 1999 (AS **1999** 1443).
[171] Eingefügt durch Ziff. I der V vom 17. Mai 1995, in Kraft seit 1. Sept. 1995 (AS **1995** 3660).
[172] Eingefügt durch Ziff. I der V vom 17. Mai 1995, in Kraft seit 1. Sept. 1995 (AS **1995** 3660).

Art. 127 Verfahren

¹ Sind die Voraussetzungen des Artikels 126 Absätze 1–3 erfüllt, so leitet das Institut die erforderlichen Akten der zuständigen internationalen Recherchenbehörde zu.

² Das Institut stellt den Recherchenbericht zusammen mit einer Kopie der darin erwähnten Schriftstücke dem Patentbewerber zu; eine Kopie bleibt bei den Patentgesuchsakten.[173]

10. Titel:[174] Ergänzende Schutzzertifikate für Arznei- und Pflanzenschutzmittel[175]

1. Kapitel: Geltungsbereich

Art. 127a

¹ Dieser Titel gilt für ergänzende Schutzzertifikate für Arznei- und Pflanzenschutzmittel.[176]

² Die übrigen Bestimmungen dieser Verordnung gelten, soweit im siebenten Titel des Gesetzes oder in diesem Titel nichts anderes bestimmt ist.

2. Kapitel: Gesuch um Erteilung des Zertifikats

Art. 127b Gesuch; Gebühr

¹ Das Gesuch muss enthalten:

a. den Antrag auf Erteilung des Zertifikats;

b. eine Kopie der ersten behördlichen Genehmigung für das Inverkehrbringen in der Schweiz, zusammen mit:

   1. einer Kopie der Registrierungsurkunde,

   2.[177] einer Kopie der Arzneimittelinformation beziehungsweise der Gebrauchsanweisung für Pflanzenschutzmittel, welche von der zuständigen Behörde genehmigt worden ist;

c. gegebenenfalls die Vollmacht des Vertreters.

² Innert der vom Institut angesetzten Frist muss die Anmeldegebühr gezahlt werden.[178]

---

[173] Fassung gemäss Ziff. I der V vom 2. Dez. 1991 (AS **1991** 2565).
[174] Eingefügt durch Ziff. I der V vom 17. Mai 1995, in Kraft seit 1. Sept. 1995 (AS **1995** 3660).
[175] Fassung gemäss Ziff. I der V vom 31. März 1999, in Kraft seit 1. Mai 1999 (AS **1999** 1443).
[176] Fassung gemäss Ziff. I der V vom 31. März 1999, in Kraft seit 1. Mai 1999 (AS **1999** 1443).
[177] Fassung gemäss Ziff. I der V vom 31. März 1999, in Kraft seit 1. Mai 1999 (AS **1999** 1443).
[178] Fassung gemäss Ziff. I der V vom 25. Okt. 1995, in Kraft seit 1. Jan. 1996 (AS **1995** 5164).

Art. 127c **Inhalt des Antrags**

Der Antrag auf Erteilung des Zertifikats muss folgende Angaben enthalten:

a. den Namen oder die Firma sowie die Adresse des Gesuchstellers;
b. gegebenenfalls den Namen und die Adresse des Vertreters;
c. die Nummer des Patents, auf welchem das Gesuch beruht (Grundpatent);
d. den Titel der durch das Grundpatent geschützten Erfindung;
e. das Datum der ersten behördlichen Genehmigung für das Inverkehrbringen des Erzeugnisses in der Schweiz;
f. eine Identifikation des von der Genehmigung bezeichneten Erzeugnisses und seine Registrierungsnummer;
g. die Unterschrift des Gesuchstellers oder seines Vertreters.

Art. 127d **Veröffentlichung eines Hinweises auf das Gesuch**

[1] Ein Hinweis auf das Gesuch wird veröffentlicht.

[2] Veröffentlicht werden die folgenden Angaben:

a. der Name oder die Firma sowie die Adresse des Gesuchstellers;
b. gegebenenfalls der Name und die Adresse des Vertreters;
c. das Datum der Einreichung des Gesuchs;
d. die Nummer des Grundpatents;
e. der Titel der durch das Grundpatent geschützten Erfindung;
f. das Datum der ersten behördlichen Genehmigung für das Inverkehrbringen des Erzeugnisses in der Schweiz;
g. eine Bezeichnung des von der Genehmigung erfassten Erzeugnisses und seine Registrierungsnummer.

[3] Die Veröffentlichung erfolgt nach Abschluss der Prüfung nach Artikel 127e.

3. Kapitel: Prüfung des Gesuchs

Art. 127e **Prüfung anlässlich der Einreichung des Gesuchs**

[1] Nach Eingang des Gesuchs prüft das Institut, ob die Frist für dessen Einreichung eingehalten ist und ob die Voraussetzungen nach den Artikeln 127b und 127c erfüllt sind.

[2] Genügt das Gesuch den in Absatz 1 genannten Voraussetzungen nicht, so setzt das Institut dem Gesuchsteller eine Frist von zwei Monaten für die Vervollständigung des Gesuchs.

[3] Wird diese Frist nicht eingehalten, so weist das Institut das Gesuch zurück.

Art. 127f **Prüfung der Voraussetzungen für die Erteilung des Zertifikats**

[1] Das Institut prüft, ob die Voraussetzungen für die Erteilung des Zertifikats (Art. 140b und 140c Abs. 2 und 3 des Gesetzes) erfüllt sind.[179]

---

[179] Fassung gemäss Ziff. I der V vom 31. März 1999, in Kraft seit 1. Mai 1999 (AS **1999** 1443).

² Sind diese Voraussetzungen nicht erfüllt, so weist das Institut das Gesuch ab.

4. Kapitel: Erteilung des Zertifikats

Art. 127g

¹ Sind die Voraussetzungen für die Erteilung des Zertifikats erfüllt, so wird das Zertifikat durch Eintragung im Patentregister erteilt.

² Die Erteilung des Zertifikats wird mit den folgenden Angaben veröffentlicht:

a. der mit einem Zusatz versehenen Nummer des Grundpatents;
b. dem Namen oder der Firma sowie der Adresse des Zertifikatsinhabers;
c. gegebenenfalls dem Namen und der Adresse des Vertreters;
d. dem Datum der Einreichung des Gesuchs;
e. der Nummer des Grundpatents;
f. dem Titel der durch das Grundpatent geschützten Erfindung;
g. dem Datum der ersten behördlichen Genehmigung für das Inverkehrbringen des Erzeugnisses in der Schweiz;
h. einer Bezeichnung des von der Genehmigung erfassten Erzeugnisses und seiner Registrierungsnummer;
i. dem Datum des Ablaufs der Schutzdauer des Zertifikats.

5. Kapitel: Veröffentlichung der Abweisung des Gesuchs um Erteilung, des vorzeitigen Erlöschens, der Nichtigkeit und der Sistierung des Zertifikats

Art. 127h

¹ Die Abweisung des Gesuchs um Erteilung, das vorzeitige Erlöschen, die Nichtigkeit und die Sistierung des Zertifikats werden veröffentlicht.

² Veröffentlicht werden die folgenden Angaben:

a. die mit einem Zusatz versehene Nummer des Grundpatents; ausgenommen ist der Fall der Abweisung des Gesuchs um Erteilung des Zertifikats;
b. der Name oder die Firma sowie die Adresse des Gesuchstellers oder des Zertifikatsinhabers;
c. die Nummer des Grundpatents;
d. der Titel der durch das Grundpatent geschützten Erfindung;
e. das Datum der ersten behördlichen Genehmigung für das Inverkehrbringen des Erzeugnisses in der Schweiz;
f. eine Bezeichnung des von der Genehmigung erfassten Erzeugnisses und seine Registrierungsnummer;
g. das Datum der Abweisung des Gesuchs um Erteilung, des vorzeitigen Erlöschens, der Nichtigkeit oder der Sistierung des Zertifikats.

6. Kapitel: Aktenheft und Register

Art. 127*i* Aktenheft

¹ Das Aktenheft des Zertifikats wird dem Aktenheft des Grundpatents beigefügt.

² Das Aktenheft des Zertifikats steht jedermann zur Einsicht offen.

³ Das Zertifikat erhält die mit einem Zusatz versehene Nummer des Grundpatents.

Art. 127*k* Register

¹ Die das Zertifikat betreffenden Eintragungen werden auf dem Registerblatt des Grundpatents vorgenommen.

² Eingetragen werden die folgenden Angaben:

a. die mit einem Zusatz versehene Nummer des Grundpatents;
b. der Name oder die Firma sowie die Adresse des Zertifikatsinhabers;
c. gegebenenfalls der Name und die Adresse des Vertreters;
d. das Datum der Einreichung des Gesuchs;
e. die Nummer des Grundpatents;
f. der Titel der durch das Grundpatent geschützten Erfindung;
g. das Datum der ersten behördlichen Genehmigung für das Inverkehrbringen des Erzeugnisses in der Schweiz;
h. eine Bezeichnung des von der Genehmigung erfassten Erzeugnisses und seine Registrierungsnummer;
i. das Datum der Erteilung des Zertifikats;
k. das Datum des Ablaufs der Schutzdauer des Zertifikats;
l. eingeräumte Rechte sowie Verfügungsbeschränkungen von Gerichten oder Zwangsvollstreckungsbehörden;
m. Änderungen im Bestand des Zertifikats oder im Recht am Zertifikat;
n. Änderungen des Wohnsitzes oder Sitzes des Zertifikatsinhabers;
o. Änderungen in der Person des Vertreters oder seines Wohnsitzes oder Sitzes.

³ Das Institut kann weitere als nützlich erachtete Angaben eintragen oder vormerken.

⁴ Eintragungen, welche die Einräumung von Rechten am Grundpatent betreffen, sowie Verfügungsbeschränkungen, welche von Gerichten oder Zwangsvollstreckungsbehörden für das Grundpatent angeordnet werden, gelten vermutungsweise für das Zertifikat in gleichem Mass wie für das Grundpatent.

7. Kapitel: Gebühren

Art. 127*l* Jahresgebühren

Die Jahresgebühr für einen blossen Jahresteil beträgt für jeden ganzen oder angebrochenen Monat der Laufzeit des Zertifikats einen Zwölftel der für das entsprechende Jahr geschuldeten Jahresgebühr, aufgerundet auf ganze Franken.

Art. 127m   **Rückerstattung der Jahresgebühren**

¹ Bei Nichtigkeit eines Zertifikats werden Jahresgebühren zurückerstattet für den Zeitraum zwischen der rechtskräftigen Feststellung der Nichtigkeit des Zertifikats und dem Zeitpunkt, in dem seine Laufzeit geendet hätte.

² Bei Verzicht auf ein Zertifikat werden Jahresgebühren zurückerstattet für den Teil der Laufzeit des Zertifikats, für den auf das Zertifikat verzichtet wird.

³ Wird die behördliche Genehmigung für das Inverkehrbringen eines Erzeugnisses widerrufen, so werden Jahresgebühren zurückerstattet für den Teil der Laufzeit des Zertifikats, während dem die Genehmigung widerrufen ist.

⁴ Wird die behördliche Genehmigung für das Inverkehrbringen eines Erzeugnisses sistiert, so werden Jahresgebühren zurückerstattet für den Zeitraum, während dem die Genehmigung sistiert ist.

⁵ Zurückerstattet werden in all diesen Fällen nur Jahresgebühren für volle Jahre.

⁶ Die Rückerstattung erfolgt nur auf Gesuch hin; dieses ist innert zwei Monaten einzureichen, gerechnet ab:

a. der Feststellung der Nichtigkeit des Zertifikats;

b. dem Verzicht auf das Zertifikat;

c. dem Widerruf der behördlichen Genehmigung nach Absatz 3;

d. dem Ende der Sistierung der behördlichen Genehmigung nach Absatz 4.

11. Titel: Schlussbestimmungen[180]

1. Kapitel: Aufhebung bisherigen Rechts

Art. 128

Die Verordnung (1) vom 14. Dezember 1959[181] und die Verordnung (2) vom 8. September 1959[182] zum Bundesgesetz über die Erfindungspatente werden aufgehoben.

2. Kapitel: Übergangsbestimmungen

Art. 129   **Fristen**

Fristen, die vor dem 1. Januar 1978 zu laufen begannen, bleiben unverändert.

Art. 130   **Gebühren**

¹ Für Jahresgebühren, die vom 1. Januar 1978 an fällig werden, gelten die Beträge des neuen Rechts, auch wenn sie vorher gezahlt wurden.

² Für Patentgesuche, deren Anmeldedatum dem 1. Januar 1978 um mehr als zwei Jahre vorausgeht, sind Jahresgebühren nach Massgabe des neuen Rechts innert sechs Monaten seit Aufforderung des Instituts zu zahlen.

---

[180] Fassung gemäss Ziff. I der V vom 17. Mai 1995, in Kraft seit 1. Sept. 1995 (AS **1995** 3660).

[181] [AS **1959** 1979 2097, **1972** 2449]

[182] [AS **1959** 728 2097, **1972** 2452]

³ Absatz 2 gilt sinngemäss für Zusatzpatentgesuche zu Hauptpatenten, die nach dem 1. Januar 1978 umgewandelt werden.

Art. 131 Zusatzpatentgesuche

Am 1. Januar 1978 hängige Zusatzpatentgesuche zu ebenfalls noch hängigen Patentgesuchen gelten von diesem Zeitpunkt an als selbständige Gesuche.

Art. 132 Erfindernennung

Ist der Erfinder eines am 1. Januar 1978 hängigen Patentgesuchs noch nicht genannt, so ist er auf Aufforderung des Instituts innert dreier Monate oder, wenn die Frist nach Artikel 35 Absatz 1 später endigt, innert dieser Frist zu nennen.

Art. 133 Priorität

¹ Prioritätserklärungen zu den am 1. Januar 1978 hängigen Patentgesuchen können bis zum 31. März 1978 eingereicht werden.

² Prioritätsbelege und fehlende Angaben über das Aktenzeichen der Erstanmeldung sind für die am 1. Januar 1978 hängigen Patentgesuche auf Aufforderung des Instituts innert dreier Monate oder, wenn die Frist nach Artikel 140 Absatz 4 später endigt, innert dieser Frist einzureichen.

³ Die Absätze 1 und 2 gelten nicht, wenn die Frist zur Abgabe einer Prioritätserklärung oder zur Einreichung des Prioritätsbelegs nach altem Recht vor dem 1. Januar 1978 abgelaufen oder in Gang gesetzt worden ist.

Art. 134 Akteneinsicht

Die Einsichtnahme nach Artikel 90 Absatz 3 in die Aktenhefte der vor dem 1. Januar 1978 erteilten Patente wird erst nach der Veröffentlichung der Patentschrift gewährt.

3. Kapitel: Inkrafttreten

Art. 135

¹ Diese Verordnung tritt mit Ausnahme des siebenten, achten und neunten Titels am 1. Januar 1978 in Kraft.

² Der siebente Titel tritt am 1. Juni 1978 in Kraft.

³ Der achte und der neunte Titel treten gleichzeitig mit dem sechsten Titel des Gesetzes[183] (Internationale Patentanmeldungen) in Kraft.

Schlussbestimmungen der Änderung vom 12. August 1986[184]

¹ Das neue Recht gilt grundsätzlich auch für Patentgesuche, die am Tage des Inkrafttretens bereits hängig waren.

² Das Institut darf jedoch Eingaben, die am Tag des Inkrafttretens bereits eingereicht waren, nicht beanstanden, wenn sie den Vorschriften des alten Rechts genügen; es kann aber die Auskünfte nach den Artikeln 64 Absatz 1 und 65 Absatz 1 verlangen.

---

[183] Der sechste Titel ist am 1. Juni 1978 in Kraft getreten (AS **1978** 550).
[184] AS **1986** 1448

³ Mitteilungen des Instituts nach altem Recht, die am Tage des Inkrafttretens bereits versandt sind, und die darin angekündigten Rechtsfolgen bleiben bestehen.

⁴ Vom Institut angesetzte Fristen, die am Tage des Inkrafttretens bereits laufen, bleiben unverändert.

⁵ Ist am Tage des Inkrafttretens die Prüfung des Patentgesuches bereits abgeschlossen, so richtet sich das weitere Verfahren bis zur Bekanntmachung oder Patenterteilung nach altem Recht.

Gebühren für Erfindungspatente (IGE)

Anmeldegebühr	200.–
Anspruchsgebühr vom elften Patentanspruch an, für jeden Patentanspruch	50.–
Recherchengebühr	1200.–
Vorprüfungsgebühr	600.–
Prüfungsgebühr	500.–
Jahresgebühr ab dem 5. Jahr nach der Anmeldung bis zum 20. Jahr nach der Anmeldung, jährlich	420.–
– Zuschlag	200.–
Weiterbehandlungsgebühr	200.–
Wiedereinsetzungsgebühr	500.–
Gebühr für die Berichtigung der Erfindernennung	100.–
Gebühr für die Erstellung eines Prioritätsbeleges	
– für jedes Schutzrecht, für das ein Beleg verlangt wird	100.–
– für jedes zusätzliche Exemplar des gleichen Beleges, das im selben Auftrag verlangt wird	10.–
Gebühr für die beschleunigte Durchführung der Sachprüfung	200.–
Auskunftsgebühr	
– für jedes Patentgesuch, Patent, Zertifikatsgesuch oder Zertifikat, über das Auskunft verlangt oder das vom Institut ermittelt und in die Auskunft einbezogen wird	10.–
– Mindestbetrag	100.–
– telefonische Auskünfte, pro Minute	2.–
Gebühr für die Einsichtnahme ins Aktenheft	100.–
– für die Einsichtnahme durch Abgabe von Kopien	200.–
Gebühr für die Einsichtnahme ins Patentregister	
– jedes Patentgesuch, Patent oder Zertifikat	10.–
– Mindestbetrag	100.–
Gebühr für einen Auszug aus dem Patentregister	
– für jedes Schutzrecht, für das ein Auszug verlangt wird	100.–
– für jedes zusätzliche Exemplar des gleichen Auszuges, das im selben Auftrag verlangt wird	10.–
Gebühr für die Behandlung einer Erklärung teilweisen Verzichts	500.–
Gebühr für eine Änderung im Aktenheft oder im Patentregister	100.–
– jedes zusätzliche Patentgesuch, Patent, Zertifikatsgesuch oder Zertifikat des gleichen Inhabers, wenn gleichzeitig dieselbe Änderung beantragt wird	50.–
Anmeldegebühr für ergänzende Schutzzertifikate	2500.–
Jahresgebühren für ergänzende Schutzzertifikate für das 1. Jahr bis zum 5. Jahr, jährlich	420.–
– Zuschlag	200.–
Übermittlungsgebühr	100.–

Originaltext

Übereinkommen über die Erteilung europäischer Patente

(Europäisches Patentübereinkommen)

Abgeschlossen in München am 5. Oktober 1973
Von der Bundesversammlung genehmigt am 29. November 1976[1]
Schweizerische Ratifikationsurkunde hinterlegt am 20. April 1977
In Kraft getreten für die Schweiz am 7. Oktober 1977
   (Stand am 29. Juli 2003)

Präambel

Die Vertragsstaaten,

in dem Bestreben, die Zusammenarbeit zwischen den europäischen Staaten auf dem Gebiet des Schutzes der Erfindungen zu verstärken,

in dem Bestreben, einen solchen Schutz in diesen Staaten durch ein einheitliches Patenterteilungsverfahren und durch die Schaffung bestimmter einheitlicher Vorschriften für die nach diesem Verfahren erteilten Patente zu erreichen,

in dem Bestreben, zu diesen Zwecken ein Übereinkommen zu schliessen, durch das eine Europäische Patentorganisation geschaffen wird und das ein Sonderabkommen im Sinn des Artikels 19 der am 20. März 1983[2] in Paris unterzeichneten und zuletzt am 14. Juli 1967[3] revidierten Verbandsübereinkunft zum Schutz des gewerblichen Eigentums und einen regionalen Patentvertrag im Sinn des Artikels 45 Absatz 1 des Vertrages über die internationale Zusammenarbeit auf dem Gebiet des Patentwesens vom 19. Juni 1970[4] darstellt,

sind wie folgt übereingekommen:

Erster Teil   Allgemeine und institutionelle Vorschriften

Kapitel I   Allgemeine Vorschriften

Art. 1   **Europäisches Recht für die Erteilung von Patenten**

Durch dieses Übereinkommen wird ein den Vertragsstaaten gemeinsames Recht für die Erteilung von Erfindungspatenten geschaffen.

Art. 2   **Europäisches Patent**

(1) Die nach diesem Übereinkommen erteilten Patente werden als europäische Patente bezeichnet.

---

[1] Art. 1 Ziff. 3 des BB vom 29. Nov. 1976 (AS **1971** 1709)
[2] [AS **7** 517, **16** 358]
[3] SR **0.232.04**
[4] SR **0.232.141.1**

(2) Das europäische Patent hat in jedem Vertragsstaat, für den es erteilt worden ist, dieselbe Wirkung und unterliegt denselben Vorschriften wie ein in diesem Staat erteiltes nationales Patent, soweit sich aus diesem Übereinkommen nichts anderes ergibt.

Art. 3 **Territoriale Wirkung**

Die Erteilung des europäischen Patents kann für einen, mehrere oder alle Vertragsstaaten beantragt werden.

Art. 4 **Europäische Patentorganisation**

(1) Durch dieses Übereinkommen wird eine Europäische Patentorganisation gegründet, die nachstehend Organisation genannt wird. Sie ist mit verwaltungsmässiger und finanzieller Selbständigkeit ausgestattet.

(2) Die Organe der Organisation sind:

a) das Europäische Patentamt;

b) der Verwaltungsrat.

(3) Die Organisation hat die Aufgabe, die europäischen Patente zu erteilen. Diese Aufgabe wird vom Europäischen Patentamt durchgeführt, dessen Tätigkeit vom Verwaltungsrat überwacht wird.

Kapitel II   Die Europäische Patentorganisation

Art. 5 **Rechtsstellung**

(1) Die Organisation besitzt Rechtspersönlichkeit.

(2) Die Organisation besitzt in jedem Vertragsstaat die weitestgehende Rechts- und Geschäftsfähigkeit, die juristischen Personen nach dessen Rechtsvorschriften zuerkannt ist; sie kann insbesondere bewegliches und unbewegliches Vermögen erwerben und veräussern sowie vor Gericht stehen.

(3) Der Präsident des Europäischen Patentamts vertritt die Organisation.

Art. 6 **Sitz**

(1) Die Organisation hat ihren Sitz in München.

(2) Das Europäische Patentamt wird in München errichtet. Es hat eine Zweigstelle in Den Haag.

Art. 7 **Dienststellen des Europäischen Patentamts**

In den Vertragsstaaten und bei zwischenstaatlichen Organisationen auf dem Gebiet des gewerblichen Rechtsschutzes können, soweit erforderlich und vorbehaltlich der Zustimmung des betreffenden Vertragsstaats oder der betreffenden Organisation, durch Beschluss des Verwaltungsrats Dienststellen des Europäischen Patentamts zu Informations- oder Verbindungszwecken geschaffen werden.

Art. 8 **Vorrechte und Immunitäten**

Die Organisation, die Mitglieder des Verwaltungsrats, die Bediensteten des Europäischen Patentamts und die sonstigen Personen, die in dem diesem Übereinkommen beigefügten Protokoll[5] über Vorrechte und Immunitäten bezeichnet sind und an der Arbeit der Organisation teilnehmen, geniessen in den Hoheitsgebieten der Vertragsstaaten die zur Durchführung ihrer Aufgaben erforderlichen Vorrechte und Immunitäten nach Massgabe dieses Protokolls.

Art. 9   Haftung

(1) Die vertragliche Haftung der Organisation bestimmt sich nach dem Recht, das auf den betreffenden Vertrag anzuwenden ist.

(2) Die ausservertragliche Haftung der Organisation für Schäden, die durch sie oder die Bediensteten des Europäischen Patentamts in Ausübung ihrer Amtstätigkeit verursacht worden sind, bestimmt sich nach dem in der Bundesrepublik Deutschland geltenden Recht. Ist der Schaden durch die Zweigstelle in Den Haag oder eine Dienststelle oder durch Bedienstete, die einer dieser Stellen angehören, verursacht worden, so ist das Recht des Vertragsstaats anzuwenden, in dem sich die betreffende Stelle befindet.

(3) Die persönliche Haftung der Bediensteten des Europäischen Patentamts gegenüber der Organisation bestimmt sich nach den Vorschriften ihres Statuts oder der für sie geltenden Beschäftigungsbedingungen.

(4) Für die Regelung der Streitigkeiten nach den Absätzen 1 und 2 sind folgende Gerichte zuständig:

a) bei einer Streitigkeit nach Absatz 1 das zuständige Gericht der Bundesrepublik Deutschland, sofern in dem von den Parteien geschlossenen Vertrag nicht ein Gericht eines anderen Staats bestimmt worden ist;

b) bei einer Streitigkeit nach Absatz 2, je nach Lage des Falls, entweder das in der Bundesrepublik Deutschland zuständige Gericht oder das zuständige Gericht des Staats, in dem sich die Zweigstelle oder die Dienststelle befindet.

Kapitel III   Das Europäische Patentamt

Art. 10   Leitung

(1) Die Leitung des Europäischen Patentamts obliegt dem Präsidenten, der dem Verwaltungsrat gegenüber für die Tätigkeit des Amts verantwortlich ist.

(2) Zu diesem Zweck hat der Präsident insbesondere folgende Aufgaben und Befugnisse:

a) Er trifft alle für die Tätigkeit des Europäischen Patentamts zweckmässigen Massnahmen, einschliesslich des Erlasses interner Verwaltungsvorschriften und der Veröffentlichung von Mitteilungen an die Öffentlichkeit;

b) er bestimmt, soweit in diesem Übereinkommen hierüber nichts vorgesehen ist, welche Handlungen beim Europäischen Patentamt in München und welche Handlungen bei seiner Zweigstelle in Den Haag vorzunehmen sind;

c) er kann dem Verwaltungsrat Vorschläge für eine Änderung dieses Übereinkommens sowie Entwürfe für allgemeine Durchführungsbestimmungen und Beschlüsse vorlegen, die zur Zuständigkeit des Verwaltungsrats gehören;

---

[5] Dieses Protokoll findet sich in SR **0.192.110.923.2.**

d) er bereitet den Haushaltsplan und etwaige Berichtigungs- und Nachtragshaushaltspläne vor und führt sie aus;
e) er legt dem Verwaltungsrat jedes Jahr einen Tätigkeitsbericht vor;
f) er übt das Weisungsrecht und die Aufsicht über das Personal aus;
g) vorbehaltlich Artikel 11 ernennt er die Bediensteten und entscheidet über ihre Beförderung;
h) er übt die Disziplinargewalt über die nicht in Artikel 11 genannten Bediensteten aus und kann dem Verwaltungsrat Disziplinarmassnahmen gegenüber den in Artikel 11 Absätze 2 und 3 genannten Bediensteten vorschlagen;
i) er kann seine Aufgaben und Befugnisse übertragen.

(3) Der Präsident wird von mehreren Vizepräsidenten unterstützt. Ist der Präsident abwesend oder verhindert, so wird er nach dem vom Verwaltungsrat festgelegten Verfahren von einem der Vizepräsidenten vertreten.

Art. 11 **Ernennung hoher Beamter**

(1) Der Präsident des Europäischen Patentamts wird vom Verwaltungsrat ernannt.

(2) Die Vizepräsidenten werden nach Anhörung des Präsidenten vom Verwaltungsrat ernannt.

(3) Die Mitglieder der Beschwerdekammern und der Grossen Beschwerdekammer einschliesslich der Vorsitzenden werden auf Vorschlag des Präsidenten des Europäischen Patentamts vom Verwaltungsrat ernannt. Sie können vom Verwaltungsrat nach Anhörung des Präsidenten des Europäischen Patentamts wiederernannt werden.

(4) Der Verwaltungsrat übt die Disziplinargewalt über die in den Absätzen 1 bis 3 genannten Bediensteten aus.

Art. 12 **Amtspflichten**

Die Bediensteten des Europäischen Patentamts sind verpflichtet, auch nach Beendigung ihrer Amtstätigkeit Kenntnisse, die ihrem Wesen nach unter das Berufsgeheimnis fallen, weder preiszugeben noch zu verwenden.

Art. 13 **Streitsachen zwischen der Organisation und den Bediensteten des Europäischen Patentamts**

(1) Die Bediensteten oder ehemaligen Bediensteten des Europäischen Patentamts oder ihre Rechtsnachfolger haben das Recht, in Streitsachen zwischen ihnen und der Europäischen Patentorganisation das Verwaltungsgericht der Internationalen Arbeitsorganisation nach der Satzung dieses Gerichts und innerhalb der Grenzen und nach Massgabe der Bedingungen anzurufen, die im Statut der Beamten oder in der Versorgungsordnung festgelegt sind oder sich aus den Beschäftigungsbedingungen für die sonstigen Bediensteten ergeben.

(2) Eine Beschwerde ist nur zulässig, wenn der Betreffende alle Beschwerdemöglichkeiten ausgeschöpft hat, die ihm das Statut der Beamten, die Versorgungsordnung oder die Beschäftigungsbedingungen für die sonstigen Bediensteten eröffnen.

Art. 14 **Sprachen des Europäischen Patentamts**

(1) Die Amtssprachen des Europäischen Patentamts sind Deutsch, Englisch und Französisch. Europäische Patentanmeldungen sind in einer dieser Sprachen einzureichen.

(2) Natürliche oder juristische Personen mit Wohnsitz oder Sitz im Hoheitsgebiet eines Vertragsstaats, in dem eine andere Sprache als Deutsch, Englisch oder Französisch Amtssprache ist, und die Angehörigen dieses Staats mit Wohnsitz im Ausland können europäische Patentanmeldungen in einer Amtssprache dieses Staats einreichen. Sie müssen jedoch eine Übersetzung in einer der Amtssprachen des Europäischen Patentamts innerhalb einer in der Ausführungsordnung[6] vorgeschriebenen Frist einreichen; diese Übersetzung kann während des gesamten Verfahrens vor dem Europäischen Patentamt mit der Anmeldung in der ursprünglich eingereichten Fassung in Übereinstimmung gebracht werden.

(3) Die Amtssprache des Europäischen Patentamts, in der die europäische Patentanmeldung eingereicht oder in die sie im Fall des Absatzes 2 übersetzt worden ist, ist in allen Verfahren vor dem Europäischen Patentamt, die diese Anmeldung oder das darauf erteilte Patent betreffen, als Verfahrenssprache zu verwenden, soweit in der Ausführungsordnung nichts anderes bestimmt ist.

(4) Die in Absatz 2 genannten Personen können auch fristgebundene Schriftstücke in einer Amtssprache des betreffenden Vertragsstaats einreichen. Sie müssen jedoch innerhalb einer in der Ausführungsordnung vorgeschriebenen Frist eine Übersetzung in der Verfahrenssprache einreichen; in den in der Ausführungsordnung vorgesehenen Fällen können sie auch eine Übersetzung in einer anderen Amtssprache des Europäischen Patentamts einreichen.

(5) Wird ein Schriftstück, das nicht zu den Unterlagen der europäischen Patentanmeldung gehört, nicht in der in diesem Übereinkommen vorgeschriebenen Sprache eingereicht oder wird eine Übersetzung, die in diesem Übereinkommen vorgeschrieben ist, nicht rechtzeitig eingereicht, so gilt das Schriftstück als nicht eingegangen.

(6) Die europäischen Patentanmeldungen werden in der Verfahrenssprache veröffentlicht.

(7) Die europäischen Patentschriften werden in der Verfahrenssprache veröffentlicht; sie enthalten eine Übersetzung der Patentansprüche in den beiden anderen Amtssprachen des Europäischen Patentamts.

(8) In den drei Amtssprachen des Europäischen Patentamts werden veröffentlicht:

a) das Europäische Patentblatt;

b) das Amtsblatt des Europäischen Patentamts.

(9) Die Eintragungen in das europäische Patentregister werden in den drei Amtssprachen des Europäischen Patentamts vorgenommen. In Zweifelsfällen ist die Eintragung in der Verfahrenssprache massgebend.

Art. 15 **Organe im Verfahren**

Im Europäischen Patentamt werden für die Durchführung der in diesem Übereinkommen vorgeschriebenen Verfahren gebildet:

a) eine Eingangsstelle;

b) Recherchenabteilungen;

c) Prüfungsabteilungen;

d) Einspruchsabteilungen;

---

[6] SR **0.232.142.21**

e) eine Rechtsabteilung;
f) Beschwerdekammern;
g) eine Grosse Beschwerdekammer.

Art. 16   Eingangsstelle

Die Eingangsstelle gehört zur Zweigstelle in Den Haag. Sie ist für die Eingangs- und Formalprüfung europäischer Patentanmeldungen bis zu dem Zeitpunkt zuständig, zu dem Prüfungsantrag gestellt worden ist oder der Anmelder nach Artikel 96 Absatz 1 erklärt hat, dass er die Anmeldung aufrechterhält. Ausserdem obliegt ihr die Veröffentlichung der europäischen Patentanmeldungen und europäischen Recherchenberichte.

Art. 17   Recherchenabteilungen

Die Recherchenabteilungen gehören zur Zweigstelle in Den Haag. Sie sind für die Erstellung europäischer Recherchenberichte zuständig.

Art. 18   Prüfungsabteilungen

(1) Die Prüfungsabteilungen sind für die Prüfung europäischer Patentanmeldungen von dem Zeitpunkt an zuständig, von dem an die Eingangsstelle nicht mehr zuständig ist.

(2) Eine Prüfungsabteilung setzt sich aus drei technisch vorgebildeten Prüfern zusammen. Bis zum Erlass der Entscheidung über die europäische Patentanmeldung wird jedoch in der Regel ein Prüfer der Prüfungsabteilung mit der Bearbeitung der Anmeldung beauftragt. Die mündliche Verhandlung findet vor der Prüfungsabteilung selbst statt. Hält es die Prüfungsabteilung nach Art der Entscheidung für erforderlich, so wird sie durch einen rechtskundigen Prüfer ergänzt. Im Fall der Stimmengleichheit gibt die Stimme des Vorsitzenden der Prüfungsabteilung den Ausschlag.

Art. 19   Einspruchsabteilungen

(1) Die Einspruchsabteilungen sind für die Prüfung von Einsprüchen gegen europäische Patente zuständig.

(2) Eine Einspruchsabteilung setzt sich aus drei technisch vorgebildeten Prüfern zusammen, von denen mindestens zwei in dem Verfahren zur Erteilung des europäischen Patents, gegen das sich der Einspruch richtet, nicht mitgewirkt haben dürfen. Ein Prüfer, der in dem Verfahren zur Erteilung des europäischen Patents mitgewirkt hat, kann nicht den Vorsitz führen. Bis zum Erlass der Entscheidung über den Einspruch kann die Einspruchsabteilung eines ihrer Mitglieder mit der Bearbeitung des Einspruchs beauftragen. Die mündliche Verhandlung findet vor der Einspruchsabteilung selbst statt. Hält es die Einspruchsabteilung nach Art der Entscheidung für erforderlich, so wird sie durch einen rechtskundigen Prüfer ergänzt, der in dem Verfahren zur Erteilung des Patents nicht mitgewirkt haben darf. Im Fall der Stimmengleichheit gibt die Stimme des Vorsitzenden der Einspruchsabteilung den Ausschlag.

Art. 20   Rechtsabteilung

(1) Die Rechtsabteilung ist zuständig für Entscheidungen über Eintragungen und Löschungen von Angaben im europäischen Patentregister sowie für Entscheidungen über Eintragungen und Löschungen in der Liste der zugelassenen Vertreter.

(2) Entscheidungen der Rechtsabteilung werden von einem rechtskundigen Mitglied getroffen.

Art. 21 Beschwerdekammern

(1) Die Beschwerdekammern sind für die Prüfung von Beschwerden gegen Entscheidungen der Eingangsstelle, der Prüfungsabteilungen, der Einspruchsabteilungen und der Rechtsabteilung zuständig.

(2) Bei Beschwerden gegen die Entscheidung der Eingangsstelle und der Rechtsabteilung setzt sich eine Beschwerdekammer aus drei rechtskundigen Mitgliedern zusammen.

(3) Bei Beschwerden gegen die Entscheidung einer Prüfungsabteilung setzt sich eine Beschwerdekammer zusammen aus:

a) zwei technisch vorgebildeten Mitgliedern und einem rechtskundigen Mitglied, wenn die Entscheidung die Zurückweisung einer europäischen Patentanmeldung oder die Erteilung eines europäischen Patents betrifft und von einer aus weniger als vier Mitgliedern bestehenden Prüfungsabteilung gefasst worden ist;

b) drei technisch vorgebildeten Mitgliedern und zwei rechtskundigen Mitgliedern, wenn die Entscheidung von einer aus vier Mitgliedern bestehenden Prüfungsabteilung gefasst worden ist oder die Beschwerdekammer der Meinung ist, dass es die Art der Beschwerde erfordert;

c) drei rechtskundigen Mitgliedern in allen anderen Fällen.

(4) Bei Beschwerden gegen die Entscheidung einer Einspruchsabteilung setzt sich eine Beschwerdekammer zusammen aus:

a) zwei technisch vorgebildeten Mitgliedern und einem rechtskundigen Mitglied, wenn die Entscheidung von einer aus drei Mitgliedern bestehenden Einspruchsabteilung gefasst worden ist;

b) drei technisch vorgebildeten Mitgliedern und zwei rechtskundigen Mitgliedern, wenn die Entscheidung von einer aus vier Mitgliedern bestehenden Einspruchsabteilung gefasst worden ist oder die Beschwerdekammer der Meinung ist, dass es die Art der Beschwerde erfordert.

Art. 22 Grosse Beschwerdekammer

(1) Die Grosse Beschwerdekammer ist zuständig für:

a) Entscheidungen über Rechtsfragen, die ihr von den Beschwerdekammern vorgelegt werden;

b) die Abgabe von Stellungnahmen zu Rechtsfragen, die ihr vom Präsidenten des Europäischen Patentamts nach Artikel 112 vorgelegt werden.

(2) Die Grosse Beschwerdekammer beschliesst in der Besetzung von fünf rechtskundigen Mitgliedern und zwei technisch vorgebildeten Mitgliedern. Ein rechtskundiges Mitglied führt den Vorsitz.

Art. 23 Unabhängigkeit der Mitglieder der Kammern

(1) Die Mitglieder der Grossen Beschwerdekammer und der Beschwerdekammern werden für einen Zeitraum von fünf Jahren ernannt und können während dieses Zeitraums ihrer Funktion nicht enthoben werden, es sei denn, dass schwerwiegende Gründe vorliegen und der Verwaltungsrat auf Vorschlag der Grossen Beschwerdekammer einen entsprechenden Beschluss fasst.

(2) Die Mitglieder der Kammern dürfen nicht der Eingangsstelle, den Prüfungsabteilungen, den Einspruchsabteilungen oder der Rechtsabteilung angehören.

(3) Die Mitglieder der Kammern sind für ihre Entscheidungen an Weisungen nicht gebunden und nur diesem Übereinkommen unterworfen.

(4) Die Verfahrensordnungen der Beschwerdekammern und der Grossen Beschwerdekammer werden nach Massgabe der Ausführungsordnung[7] erlassen. Sie bedürfen der Genehmigung des Verwaltungsrats.

Art. 24 Ausschliessung und Ablehnung

(1) Die Mitglieder der Beschwerdekammern und der Grossen Beschwerdekammer dürfen nicht an der Erledigung einer Sache mitwirken, an der sie ein persönliches Interesse haben, in der sie vorher als Vertreter eines Beteiligten tätig gewesen sind oder an deren abschliessender Entscheidung in der Vorinstanz sie mitgewirkt haben.

(2) Glaubt ein Mitglied einer Beschwerdekammer oder der Grossen Beschwerdekammer aus einem der in Absatz 1 genannten Gründe oder aus einem sonstigen Grund an einem Verfahren nicht mitwirken zu können, so teilt es dies der Kammer mit.

(3) Die Mitglieder der Beschwerdekammern oder der Grossen Beschwerdekammer können von jedem Beteiligten aus einem der in Absatz 1 genannten Gründe oder wegen Besorgnis der Befangenheit abgelehnt werden. Die Ablehnung ist nicht zulässig, wenn der Beteiligte im Verfahren Anträge gestellt oder Stellungnahmen abgegeben hat, obwohl er bereits den Ablehnungsgrund kannte. Die Ablehnung kann nicht mit der Staatsangehörigkeit der Mitglieder begründet werden.

(4) Die Beschwerdekammern und die Grosse Beschwerdekammer entscheiden in den Fällen der Absätze 2 und 3 ohne Mitwirkung des betroffenen Mitglieds. Bei dieser Entscheidung wird das abgelehnte Mitglied durch seinen Vertreter ersetzt.

Art. 25 Technische Gutachten

Auf Ersuchen des mit einer Verletzungs- oder Nichtigkeitsklage befassten zuständigen nationalen Gerichts ist das Europäische Patentamt verpflichtet, gegen eine angemessene Gebühr ein technisches Gutachten über das europäische Patent zu erstatten, das Gegenstand des Rechtsstreits ist. Für die Erstattung der Gutachten sind die Prüfungsabteilungen zuständig.

Kapitel IV Der Verwaltungsrat

Art. 26 Zusammensetzung

(1) Der Verwaltungsrat besteht aus den Vertretern der Vertragsstaaten und deren Stellvertretern. Jeder Vertragsstaat ist berechtigt, einen Vertreter und einen Stellvertreter für den Verwaltungsrat zu bestellen.

(2) Die Mitglieder des Verwaltungsrats können nach Massgabe der Geschäftsordnung des Verwaltungsrats Berater oder Sachverständige hinzuziehen.

Art. 27 Vorsitz

(1) Der Verwaltungsrat wählt aus den Vertretern der Vertragsstaaten und deren Stellvertretern einen Präsidenten und einen Vizepräsidenten. Der Vizepräsident tritt im Fall der Verhinderung des Präsidenten von Amts wegen an dessen Stelle.

---

[7] SR **0.232.142.21**

(2) Die Amtszeit des Präsidenten und des Vizepräsidenten beträgt drei Jahre. Wiederwahl ist zulässig.

Art. 28 **Präsidium**

(1) Beträgt die Zahl der Vertragsstaaten mindestens acht, so kann der Verwaltungsrat ein aus fünf seiner Mitglieder bestehendes Präsidium bilden.

(2) Der Präsident und der Vizepräsident des Verwaltungsrats sind von Amts wegen Mitglieder des Präsidiums; die drei übrigen Mitglieder werden vom Verwaltungsrat gewählt.

(3) Die Amtszeit der vom Verwaltungsrat gewählten Präsidiumsmitglieder beträgt drei Jahre. Die Wiederwahl dieser Mitglieder ist nicht zulässig.

(4) Das Präsidium nimmt die Aufgaben wahr, die ihm der Verwaltungsrat nach Massgabe der Geschäftsordnung zuweist.

Art. 29 **Tagungen**

(1) Der Verwaltungsrat wird von seinem Präsidenten einberufen.

(2) Der Präsident des Europäischen Patentamts nimmt an den Beratungen teil.

(3) Der Verwaltungsrat hält jährlich eine ordentliche Tagung ab; ausserdem tritt er auf Veranlassung seines Präsidenten oder auf Antrag eines Drittels der Vertragsstaaten zusammen.

(4) Der Verwaltungsrat berät aufgrund einer Tagesordnung nach Massgabe seiner Geschäftsordnung.

(5) Jede Frage, die auf Antrag eines Vertragsstaats nach Massgabe der Geschäftsordnung auf die Tagesordnung gesetzt werden soll, wird in die vorläufige Tagesordnung aufgenommen.

Art. 30 **Teilnahme von Beobachtern**

(1) Die Weltorganisation für geistiges Eigentum ist auf den Tagungen des Verwaltungsrats nach Massgabe eines Abkommens vertreten, das die Europäische Patentorganisation mit der Weltorganisation für geistiges Eigentum schliesst.

(2) Andere zwischenstaatliche Organisationen, die mit der Durchführung internationaler patentrechtlicher Verfahren beauftragt sind und mit denen die Organisation ein Abkommen geschlossen hat, sind, wenn dieses Abkommen entsprechende Vorschriften enthält, nach Massgabe dieser Vorschriften auf den Tagungen des Verwaltungsrats vertreten.

(3) Alle anderen zwischenstaatlichen und nichtstaatlichen internationalen Organisationen, die eine die Organisation betreffende Tätigkeit ausüben, können vom Verwaltungsrat eingeladen werden, sich auf seinen Tagungen bei der Erörterung von Fragen, die von gemeinsamem Interesse sind, vertreten zu lassen.

Art. 31 **Sprachen des Verwaltungsrats**

(1) Der Verwaltungsrat bedient sich bei seinen Beratungen der deutschen, englischen und französischen Sprache.

(2) Die dem Verwaltungsrat unterbreiteten Dokumente und die Protokolle über seine Beratungen werden in den drei in Absatz 1 genannten Sprachen erstellt.

Art. 32   **Personal, Räumlichkeiten und Ausstattung**

Das Europäische Patentamt stellt dem Verwaltungsrat sowie den vom Verwaltungsrat eingesetzten Ausschüssen das Personal, die Räumlichkeiten und die Ausstattung zur Verfügung, die sie zur Durchführung ihrer Aufgaben benötigen.

Art. 33   **Befugnisse des Verwaltungsrats in bestimmten Fällen**

(1) Der Verwaltungsrat ist befugt, folgende Vorschriften zu ändern:

a) die Dauer der in diesem Übereinkommen festgesetzten Fristen; dies gilt für die in Artikel 94 genannte Frist nur unter den in Artikel 95 festgelegten Voraussetzungen;

b) die Ausführungsordnung[8].

(2) Der Verwaltungsrat ist befugt, in Übereinstimmung mit diesem Übereinkommen folgende Vorschriften zu erlassen und zu ändern:

a) Die Finanzordnung;

b) das Statut der Beamten und die Beschäftigungsbedingungen für die sonstigen Bediensteten des Europäischen Patentamts, ihre Besoldung sowie die Art der zusätzlichen Vergütung und die Verfahrensrichtlinien für deren Gewährung;

c) die Versorgungsordnung und Erhöhungen der Versorgungsbezüge entsprechend einer Erhöhung der Dienstbezüge;

d) die Gebührenordnung;

e) seine Geschäftsordnung.

(3) Der Verwaltungsrat ist befugt zu beschliessen, dass abweichend von Artikel 18 Absatz 2 die Prüfungsabteilungen für bestimmte Gruppen von Fällen aus einem technisch vorgebildeten Prüfer bestehen, wenn die Erfahrung dies rechtfertigt. Dieser Beschluss kann rückgängig gemacht werden.

(4) Der Verwaltungsrat ist befugt, den Präsidenten des Europäischen Patentamts zu ermächtigen, Verhandlungen über den Abschluss von Abkommen mit Staaten oder zwischenstaatlichen Organisationen sowie mit Dokumentationszentren, die aufgrund von Vereinbarungen mit solchen Organisationen errichtet worden sind, zu führen und diese Abkommen mit Genehmigung des Verwaltungsrats für die Europäische Patentorganisation zu schliessen.

Art. 34   **Stimmrecht**

(1) Stimmberechtigt im Verwaltungsrat sind nur die Vertragsstaaten.

(2) Jeder Vertragsstaat verfügt über eine Stimme, soweit nicht Artikel 36 anzuwenden ist.

Art. 35   **Abstimmungen**

(1) Der Verwaltungsrat fasst seine Beschlüsse vorbehaltlich Absatz 2 mit der einfachen Mehrheit der vertretenen Vertragsstaaten, die eine Stimme abgeben.

---

[8] SR **0.232.142.21**

(2) Dreiviertelmehrheit der vertretenen Vertragsstaaten, die eine Stimme abgeben, ist für die Beschlüsse erforderlich, zu denen der Verwaltungsrat nach den Artikeln 7, 11 Absatz 1, 33, 39 Absatz 1, 40 Absätze 2 und 4, 46, 87, 95, 134, 151 Absatz 3, 154 Absatz 2, 155 Absatz 2, 156, 157 Absätze 2 bis 4, 160 Absatz 1 Satz 2, 162, 163, 166, 167 und 172 befugt ist.

(3) Stimmenthaltung gilt nicht als Stimmabgabe.

Art. 36   **Stimmenwägung**

(1) Jeder Vertragsstaat kann für die Annahme und Änderung der Gebührenordnung sowie, falls dadurch die finanzielle Belastung der Vertragsstaaten vergrössert wird, für die Feststellung des Haushaltsplans und eines Berichtigungs- oder Nachtragshaushaltsplans der Organisation nach einer ersten Abstimmung, in der jeder Vertragsstaat über eine Stimme verfügt, unabhängig vom Ausgang der Abstimmung verlangen, dass unverzüglich eine zweite Abstimmung vorgenommen wird, in der die Stimmen nach Absatz 2 gewogen werden. Diese zweite Abstimmung ist für den Beschluss massgebend.

(2) Die Zahl der Stimmen, über die jeder Vertragsstaat in der neuen Abstimmung verfügt, errechnet sich wie folgt:

a) Die sich für jeden Vertragsstaat ergebende Prozentzahl des in Artikel 40 Absätze 3 und 4 vorgesehenen Aufbringungsschlüssels für die besonderen Finanzbeiträge wird mit der Zahl der Vertragsstaaten multipliziert und durch fünf dividiert.

b) Die so errechnete Stimmenzahl wird auf eine ganze Zahl aufgerundet.

c) Dieser Stimmenzahl werden fünf weitere Stimmen hinzugezählt.

d) Die Zahl der Stimmen eines Vertragsstaats beträgt jedoch höchstens 30.

Kapitel V   Finanzvorschriften

Art. 37   **Deckung der Ausgaben**

Die Ausgaben der Organisation werden gedeckt:

a) durch eigene Mittel der Organisation;

b) durch Zahlungen der Vertragsstaaten aufgrund der für die Aufrechterhaltung der europäischen Patente in diesen Staaten erhobenen Gebühren;

c) erforderlichenfalls durch besondere Finanzbeiträge der Vertragsstaaten;

d) gegebenenfalls durch die in Artikel 146 vorgesehenen Einnahmen.

Art. 38   **Eigene Mittel der Organisation**

Eigene Mittel der Organisation sind das Aufkommen an Gebühren, die in diesem Übereinkommen vorgesehen sind, sowie alle sonstigen Einnahmen.

Art. 39   **Zahlungen der Vertragsstaaten aufgrund der für die Aufrechterhaltung der europäischen Patente erhobenen Gebühren**

(1) Jeder Vertragsstaat zahlt an die Organisation für jedes in diesem Staat aufrechterhaltene europäische Patent einen Betrag in Höhe eines vom Verwaltungsrat festzusetzenden Anteils an der Jahresgebühr, der 75% nicht übersteigen darf und für alle Vertragsstaaten gleich ist. Liegt der Betrag unter einem vom Verwaltungsrat festgesetzten einheitlichen Mindestbetrag, so hat der betreffende Vertragsstaat der Organisation diesen Mindestbetrag zu zahlen.

(2) Jeder Vertragsstaat teilt der Organisation alle Angaben mit, die der Verwaltungsrat für die Feststellung der Höhe dieser Zahlungen für notwendig erachtet.

(3) Die Fälligkeit der Zahlungen wird vom Verwaltungsrat festgelegt.

(4) Sind die genannten Zahlungen nicht fristgerecht in voller Höhe geleistet worden, so hat der Vertragsstaat den ausstehenden Betrag vom Fälligkeitstag an zu verzinsen.

Art. 40   **Bemessung der Gebühren und Anteile – besondere Finanzbeiträge**

(1) Die Höhe der Gebühren nach Artikel 38 und der Anteil nach Artikel 39 sind so zu bemessen, dass die Einnahmen hieraus den Ausgleich des Haushalts der Organisation gewährleisten.

(2) Ist die Organisation jedoch nicht in der Lage, den Haushaltsplan nach Massgabe des Absatzes 1 auszugleichen, so zahlen die Vertragsstaaten der Organisation besondere Finanzbeiträge, deren Höhe der Verwaltungsrat für das betreffende Haushaltsjahr festsetzt.

(3) Die besonderen Finanzbeiträge werden für jeden Vertragsstaat auf der Grundlage der Anzahl der Patentanmeldungen des vorletzten Jahrs vor dem Inkrafttreten dieses Übereinkommens nach folgendem Aufbringungsschlüssel festgelegt:

a) zur Hälfte im Verhältnis der Zahl der in dem jeweiligen Vertragsstaat eingereichten Patentanmeldungen;

b) zur Hälfte im Verhältnis der zweithöchsten Zahl von Patentanmeldungen, die von natürlichen oder juristischen Personen mit Wohnsitz oder Sitz in dem jeweiligen Vertragsstaat in den anderen Vertragsstaaten eingereicht worden sind.

Die Beträge, die von den Staaten zu tragen sind, in denen mehr als 25 000 Patentanmeldungen eingereicht worden sind, werden jedoch zusammengefasst und erneut im Verhältnis der Gesamtzahl der in diesen Staaten eingereichten Patentanmeldungen aufgeteilt.

(4) Kann für einen Vertragsstaat ein Beteiligungssatz nicht nach Absatz 3 ermittelt werden, so legt ihn der Verwaltungsrat im Einvernehmen mit diesem Staat fest.

(5) Artikel 39 Absätze 3 und 4 ist auf die besonderen Finanzbeiträge entsprechend anzuwenden.

(6) Die besonderen Finanzbeiträge werden mit Zinsen zu einem Satz zurückgezahlt, der für alle Vertragsstaaten einheitlich ist. Die Rückzahlungen erfolgen, soweit zu diesem Zweck Mittel im Haushaltsplan bereitgestellt werden können; der bereitgestellte Betrag wird nach dem in den Absätzen 3 und 4 vorgesehenen Aufbringungsschlüssel auf die Vertragsstaaten verteilt.

(7) Die in einem bestimmten Haushaltsjahr gezahlten besonderen Finanzbeiträge müssen in vollen Umfang zurückgezahlt sein, bevor in einem späteren Haushaltsjahr gezahlte besondere Finanzbeiträge ganz oder teilweise zurückgezahlt werden.

Art. 41   **Vorschüsse**

(1) Die Vertragsstaaten gewähren der Organisation auf Antrag des Präsidenten des Europäischen Patentamts Vorschüsse auf ihre Zahlungen und Beiträge in der vom Verwaltungsrat festgesetzten Höhe. Diese Vorschüsse werden auf die Vertragsstaaten im Verhältnis der Beträge, die von diesen Staaten für das betreffende Haushaltsjahr zu zahlen sind, aufgeteilt.

(2) Artikel 39 Absätze 3 und 4 ist auf die Vorschüsse entsprechend anzuwenden.

Art. 42   Haushaltsplan

(1) Alle Einnahmen und Ausgaben der Organisation werden für jedes Haushaltsjahr veranschlagt und in den Haushaltsplan eingesetzt. Falls erforderlich können Berichtigungs- und Nachtragshaushaltspläne festgestellt werden.

(2) Der Haushaltsplan ist in Einnahmen und Ausgaben auszugleichen.

(3) Der Haushaltsplan wird in der Rechnungseinheit aufgestellt, die in der Finanzordnung bestimmt wird.

Art. 43   Bewilligung der Ausgaben

(1) Die in den Haushaltsplan eingesetzten Ausgaben werden für ein Haushaltsjahr bewilligt, soweit die Finanzordnung nichts anderes bestimmt.

(2) Nach Massgabe der Finanzordnung dürfen Mittel, die bis zum Ende eines Haushaltsjahrs nicht verbraucht worden sind, lediglich auf das nächste Haushaltsjahr übertragen werden; eine Übertragung von Mitteln, die für personelle Ausgaben vorgesehen sind, ist nicht zulässig.

(3) Die vorgesehenen Mittel werden nach Kapiteln gegliedert, in denen die Ausgaben nach Art oder Bestimmung zusammengefasst sind; soweit erforderlich werden die Kapitel nach der Finanzordnung unterteilt.

Art. 44   Mittel für unvorhergesehene Ausgaben

(1) Im Haushaltsplan der Organisation können Mittel für unvorhergesehene Ausgaben veranschlagt werden.

(2) Die Verwendung dieser Mittel durch die Organisation setzt die vorherige Zustimmung des Verwaltungsrats voraus.

Art. 45   Haushaltsjahr

Das Haushaltsjahr beginnt am 1. Januar und endet am 31. Dezember.

Art. 46   Entwurf und Feststellung des Haushaltsplans

(1) Der Präsident des Europäischen Patentamts legt dem Verwaltungsrat den Entwurf des Haushaltsplans bis zu dem in der Finanzordnung vorgeschriebenen Zeitpunkt vor.

(2) Der Haushaltsplan sowie Berichtigungs- und Nachtragshaushaltspläne werden vom Verwaltungsrat festgestellt.

Art. 47   Vorläufige Haushaltsführung

(1) Ist zu Beginn eines Haushaltsjahrs der Haushaltsplan vom Verwaltungsrat noch nicht festgestellt, so können nach der Finanzordnung für jedes Kapitel oder jede sonstige Untergliederung monatliche Ausgaben bis zur Höhe eines Zwölftels der im Haushaltsplan für das vorausgegangene Haushaltsjahr bereitgestellten Mittel vorgenommen werden; der Präsident des Europäischen Patentamts darf jedoch höchstens über ein Zwölftel der Mittel verfügen, die in dem Entwurf des Haushaltsplans vorgesehen sind.

(2) Der Verwaltungsrat kann unter Beachtung der sonstigen Vorschriften des Absatzes 1 Ausgaben genehmigen, die über dieses Zwölftel hinausgehen.

(3) Die im Artikel 37 Buchstabe b genannten Zahlungen werden einstweilen weiter nach Massgabe der Bedingungen geleistet, die nach Artikel 39 für das vorausgegangene Haushaltsjahr festgelegt worden sind.

(4) Jeden Monat zahlen die Vertragsstaaten einstweilen nach dem in Artikel 40 Absätze 3 und 4 festgelegten Aufbringungsschlüssel besondere Finanzbeiträge, sofern dies notwendig ist, um die Durchführung der Absätze 1 und 2 zu gewährleisten. Artikel 39 Absatz 4 ist auf diese Beiträge entsprechend anzuwenden.

Art. 48 **Ausführung des Haushaltsplans**

(1) Im Rahmen der zugewiesenen Mittel führt der Präsident des Europäischen Patentamts den Haushaltsplan sowie Berichtigungs- und Nachtragshaushaltspläne in eigener Verantwortung aus.

(2) Der Präsident des Europäischen Patentamts kann im Rahmen des Haushaltsplans nach Massgabe der Finanzordnung Mittel von Kapitel zu Kapitel oder von Untergliederung zu Untergliederung übertragen.

Art. 49 **Rechnungsprüfung**

(1) Die Rechnung über alle Einnahmen und Ausgaben des Haushaltsplans sowie eine Übersicht über das Vermögen und die Schulden der Organisation werden von Rechnungsprüfern geprüft, die volle Gewähr für ihre Unabhängigkeit bieten müssen und vom Verwaltungsrat für einen Zeitraum von fünf Jahren bestellt werden; die Bestellung kann verlängert oder erneuert werden.

(2) Durch die Prüfung, die anhand der Rechnungsunterlagen und erforderlichenfalls an Ort und Stelle erfolgt, wird die Rechtmässigkeit und Ordnungsmässigkeit der Einnahmen und Ausgaben sowie die Wirtschaftlichkeit der Haushaltsführung festgestellt. Nach Abschluss eines jeden Haushaltsjahrs erstatten die Rechnungsprüfer einen Bericht.

(3) Der Präsident des Europäischen Patentamts legt dem Verwaltungsrat jährlich die Rechnungen des abgelaufenen Haushaltsjahrs für die Rechnungsvorgänge des Haushaltsplans und die Übersicht über das Vermögen und die Schulden zusammen mit dem Bericht der Rechnungsprüfer vor.

(4) Der Verwaltungsrat genehmigt die Jahresrechnung sowie den Bericht der Rechnungsprüfer und erteilt dem Präsidenten des Europäischen Patentamts Entlastung hinsichtlich der Ausführung des Haushaltsplans.

Art. 50 **Finanzordnung**

Die Finanzordnung bestimmt insbesondere:

a) die Art und Weise der Aufstellung und Ausführung des Haushaltsplans sowie der Rechnungslegung und Rechnungsprüfung;

b) die Art und Weise sowie das Verfahren, nach denen die in Artikel 37 vorgesehenen Zahlungen und Beiträge sowie die in Artikel 41 vorgesehenen Vorschüsse von den Vertragsstaaten der Organisation zur Verfügung zu stellen sind;

c) die Vorschriften über die Verantwortung der Anweisungsbefugten und der Rechnungsführer sowie die entsprechenden Kontrollmassnahmen;

d) die Sätze der in den Artikeln 39, 40 und 47 vorgesehenen Zinsen;

e) die Art und Weise der Berechnung der nach Artikel 146 zu leistenden Beiträge;

f) Zusammensetzung und Aufgaben eines Haushalts- und Finanzausschusses, der vom Verwaltungsrat eingesetzt werden soll.

Art. 51 Gebührenordnung

Die Gebührenordnung bestimmt insbesondere die Höhe der Gebühren und die Art und Weise, wie sie zu entrichten sind.

Zweiter Teil Materielles Patentrecht

Kapitel I Patentierbarkeit

Art. 52 Patentfähige Erfindungen

(1) Europäische Patente werden für Erfindungen erteilt, die neu sind, auf einer erfinderischen Tätigkeit beruhen und gewerblich anwendbar sind.

(2) Als Erfindungen im Sinn des Absatzes 1 werden insbesondere nicht angesehen:

a) Entdeckungen sowie wissenschaftliche Theorien und mathematische Methoden;

b) ästhetische Formschöpfungen;

c) Pläne, Regeln und Verfahren für gedankliche Tätigkeiten, für Spiele oder für geschäftliche Tätigkeiten sowie Programme für Datenverarbeitungsanlagen;

d) die Wiedergabe von Informationen.

(3) Absatz 2 steht der Patentfähigkeit der in dieser Vorschrift genannten Gegenstände oder Tätigkeiten nur insoweit entgegen, als sich die europäische Patentanmeldung oder das europäische Patent auf die genannten Gegenstände oder Tätigkeiten als solche bezieht.

(4) Verfahren zur chirurgischen oder therapeutischen Behandlung des menschlichen oder tierischen Körpers und Diagnostizierverfahren, die am menschlichen oder tierischen Körper vorgenommen werden, gelten nicht als gewerblich anwendbare Erfindungen im Sinn des Absatzes 1. Dies gilt nicht für Erzeugnisse, insbesondere Stoffe oder Stoffgemische, zur Anwendung in einem der vorstehend genannten Verfahren.

Art. 53 Ausnahmen von der Patentierbarkeit

Europäische Patente werden nicht erteilt für:

a) Erfindungen, deren Veröffentlichung oder Verwertung gegen die öffentliche Ordnung oder die guten Sitten verstossen würde; ein solcher Verstoss kann nicht allein aus der Tatsache hergeleitet werden, dass die Verwertung der Erfindung in allen oder einem Teil der Vertragsstaaten durch Gesetz oder Verwaltungsvorschrift verboten ist;

b) Pflanzensorten oder Tierarten sowie für im wesentlichen biologische Verfahren zur Züchtung von Pflanzen oder Tieren; diese Vorschrift ist auf mikrobiologische Verfahren und auf die mit Hilfe dieser Verfahren gewonnenen Erzeugnisse nicht anzuwenden.

Art. 54 Neuheit

(1) Eine Erfindung gilt als neu, wenn sie nicht zum Stand der Technik gehört.

(2) Den Stand der Technik bildet alles, was vor dem Anmeldetag der europäischen Patentanmeldung der Öffentlichkeit durch schriftliche oder mündliche Beschreibung, durch Benutzung oder in sonstiger Weise zugänglich gemacht worden ist.

(3) Als Stand der Technik gilt auch der Inhalt der europäischen Patentanmeldungen in der ursprünglich eingereichten Fassung, deren Anmeldetag vor dem in Absatz 2 genannten Tag liegt und die erst an oder nach diesem Tag nach Artikel 93 veröffentlicht worden sind.

(4) Absatz 3 ist nur insoweit anzuwenden, als ein für die spätere europäische Patentanmeldung benannter Vertragsstaat auch für die veröffentlichte frühere Anmeldung benannt worden ist.

(5) Gehören Stoffe oder Stoffgemische zum Stand der Technik, so wird ihre Patentfähigkeit durch die Absätze 1 bis 4 nicht ausgeschlossen, sofern sie zur Anwendung in einem der in Artikel 52 Absatz 4 genannten Verfahren bestimmt sind und ihre Anwendung zu einem dieser Verfahren nicht zum Stand der Technik gehört.

Art. 55 Unschädliche Offenbarungen

(1) Für die Anwendung des Artikels 54 bleibt eine Offenbarung der Erfindung ausser Betracht, wenn sie nicht früher als sechs Monate vor Einreichung der europäischen Patentanmeldung erfolgt ist und unmittelbar oder mittelbar zurückgeht:

a) auf einen offensichtlichen Missbrauch zum Nachteil des Anmelders oder seines Rechtsvorgängers oder

b) auf die Tatsache, dass der Anmelder oder sein Rechtsvorgänger die Erfindung auf amtlichen oder amtlich anerkannten Ausstellungen im Sinn des am 22. November 1928[9] in Paris unterzeichneten und zuletzt am 30. November 1972 revidierten Übereinkommens über internationale Ausstellungen zur Schau gestellt hat.

(2) Im Fall des Absatzes 1 Buchstabe b ist Absatz 1 nur anzuwenden, wenn der Anmelder bei Einreichung der europäischen Patentanmeldung angibt, dass die Erfindung tatsächlich zur Schau gestellt worden ist, und innerhalb der Frist und unter den Bedingungen, die in der Ausführungsordnung[10] vorgeschrieben sind, eine entsprechende Bescheinigung einreicht.

Art. 56 Erfinderische Tätigkeit

Eine Erfindung gilt als auf einer erfinderischen Tätigkeit beruhend, wenn sie sich für den Fachmann nicht in naheliegender Weise aus dem Stand der Technik ergibt. Gehören zum Stand der Technik auch Unterlagen im Sinn des Artikels 54 Absatz 3, so werden diese bei der Beurteilung der erfinderischen Tätigkeit nicht in Betracht gezogen.

Art. 57 Gewerbliche Anwendbarkeit

Eine Erfindung gilt als gewerblich anwendbar, wenn ihr Gegenstand auf irgendeinem gewerblichen Gebiet einschliesslich der Landwirtschaft hergestellt oder benutzt werden kann.

---

[9] SR **0.945.11**
[10] SR **0.232.142.21**

Kapitel II Zur Einreichung und Erlangung des europäischen Patents berechtigte Personen – Erfindernennung

Art. 58 Recht zur Anmeldung europäischer Patente

Jede natürliche oder juristische Person und jede einer juristischen Person nach dem für sie massgebenden Recht gleichgestellte Gesellschaft kann die Erteilung eines europäischen Patents beantragen.

Art. 59 Mehrere Anmelder

Die europäische Patentanmeldung kann auch von gemeinsamen Anmeldern oder von mehreren Anmeldern, die verschiedene Vertragsstaaten benennen, eingereicht werden.

Art. 60 Recht auf das europäische Patent

(1) Das Recht auf das europäische Patent steht dem Erfinder oder seinem Rechtsnachfolger zu. Ist der Erfinder ein Arbeitnehmer, so bestimmt sich das Recht auf das europäische Patent nach dem Recht des Staats, in dem der Arbeitnehmer überwiegend beschäftigt ist; ist nicht festzustellen, in welchem Staat der Arbeitnehmer überwiegend beschäftigt ist, so ist das Recht des Staats anzuwenden, in dem der Arbeitgeber den Betrieb unterhält, dem der Arbeitnehmer angehört.

(2) Haben mehrere eine Erfindung unabhängig voneinander gemacht, so steht das Recht auf das europäische Patent demjenigen zu, dessen europäische Patentanmeldung den früheren Anmeldetag hat; dies gilt jedoch nur, wenn diese frühere Anmeldung nach Artikel 93 veröffentlicht worden ist und nur mit Wirkung für die in der veröffentlichten früheren Anmeldung benannten Vertragsstaaten.

(3) Im Verfahren vor dem Europäischen Patentamt gilt der Anmelder als berechtigt, das Recht auf das europäische Patent geltend zu machen.

Art. 61 Anmeldung europäischer Patente durch Nichtberechtigte

(1) Wird durch rechtskräftige Entscheidung der Anspruch auf Erteilung eines europäischen Patents einer in Artikel 60 Absatz 1 genannten Person, die nicht der Anmelder ist, zugesprochen, so kann diese Person, sofern das europäische Patent noch nicht erteilt worden ist, innerhalb von drei Monaten nach Eintritt der Rechtskraft der Entscheidung in bezug auf die in der europäischen Patentanmeldung benannten Vertragsstaaten, in denen die Entscheidung ergangen oder anerkannt worden ist oder aufgrund des diesem Übereinkommen beigefügten Anerkennungsprotokolls[11] anzuerkennen ist

a) die europäische Patentanmeldung an Stelle des Anmelders als eigene Anmeldung weiterverfolgen,

b) eine neue europäische Patentanmeldung für dieselbe Erfindung einreichen oder

c) beantragen, dass die europäische Patentanmeldung zurückgewiesen wird.

(2) Auf eine nach Absatz 1 eingereichte neue europäische Patentanmeldung ist Artikel 76 Absatz 1 entsprechend anzuwenden.

---

[11] Dieses Protokoll findet sich in SR **0.232.142.22.**

(3) Das Verfahren zur Durchführung des Absatzes 1, die besonderen Erfordernisse für eine nach Absatz 1 eingereichte neue europäische Patentanmeldung und die Frist zur Zahlung der Anmeldegebühr, der Recherchengebühr und der Benennungsgebühren für die neue Anmeldung sind in der Ausführungsordnung[12] vorgeschrieben.

Art. 62   **Anspruch auf Erfindernennung**

Der Erfinder hat gegenüber dem Anmelder oder Inhaber des europäischen Patents das Recht, vor dem Europäischen Patentamt als Erfinder genannt zu werden.

Kapitel III   Wirkungen des europäischen Patents und der europäischen Patentanmeldung

Art. 63[13]   **Laufzeit des europäischen Patents**

(1) Die Laufzeit des europäischen Patents beträgt zwanzig Jahre, gerechnet vom Anmeldetag an.

(2) Absatz 1 lässt das Recht eines Vertragsstaats unberührt, die Laufzeit eines europäischen Patents im Kriegsfall oder in einer vergleichbaren Krisenlage dieses Staats zu den gleichen Bedingungen zu verlängern, die für die Laufzeit der nationalen Patente dieses Staats gelten.

Art. 64   **Rechte aus dem europäischen Patent**

(1) Das europäische Patent gewährt seinem Inhaber von dem Tag der Bekanntmachung des Hinweises auf seine Erteilung an in jedem Vertragsstaat, für den es erteilt ist, vorbehaltlich Absatz 2 dieselben Rechte, die ihm ein in diesem Staat erteiltes nationales Patent gewähren würde.

(2) Ist Gegenstand des europäischen Patents ein Verfahren, so erstreckt sich der Schutz auch auf die durch das Verfahren unmittelbar hergestellten Erzeugnisse.

(3) Eine Verletzung des europäischen Patents wird nach nationalem Recht behandelt.

Art. 65   **Übersetzung der europäischen Patentschrift**

(1) Jeder Vertragsstaat kann für den Fall, dass die Fassung, in der das Europäische Patentamt für diesen Staat ein europäisches Patent zu erteilen oder in geänderter Fassung aufrechtzuerhalten beabsichtigt, nicht in einer seiner Amtssprachen vorliegt, vorschreiben, dass der Anmelder oder Patentinhaber bei der Zentralbehörde für den gewerblichen Rechtsschutz eine Übersetzung der Fassung nach seiner Wahl in einer der Amtssprachen dieses Staats oder, soweit der betreffende Staat die Verwendung einer bestimmten Amtssprache vorgeschrieben hat, in dieser Amtssprache einzureichen hat. Die Frist für die Einreichung der Übersetzung endet drei Monate, nachdem der Hinweis auf die Erteilung des europäischen Patents oder die Aufrechterhaltung des europäischen Patents in geändertem Umfang im Europäischen Patentblatt bekanntgemacht worden ist, sofern nicht der betreffende Staat eine längere Frist vorschreibt.[14]

---

[12]   SR **0.232.142.21**
[13]   Siehe Art. 1 der Akte vom 17. Dez. 1991, welche die Revision von Art. 63 enthält (SR **0.232.142.201**).
[14]   Fassung des zweiten Satzes gemäss des Beschlusses vom 13. Dez. 1994, in Kraft seit 1. Jan. 1996 (AS **1995** 4187).

(2) Jeder Vertragsstaat, der eine Vorschrift nach Absatz 1 erlassen hat, kann vorschreiben, dass der Anmelder oder Patentinhaber innerhalb einer von diesem Staat bestimmten Frist die Kosten für eine Veröffentlichung der Übersetzung ganz oder teilweise zu entrichten hat.

(3) Jeder Vertragsstaat kann vorschreiben, dass im Fall der Nichtbeachtung einer aufgrund der Absätze 1 und 2 erlassenen Vorschrift die Wirkungen des europäischen Patents in diesem Staat als von Anfang an nicht eingetreten gelten.

Art. 66 **Wirkung der europäischen Patentanmeldung als nationale Hinterlegung**

Eine europäische Patentanmeldung, deren Anmeldetag feststeht, hat in den benannten Vertragsstaaten die Wirkung einer vorschriftsmässigen nationalen Hinterlegung, gegebenenfalls mit der für die europäische Patentanmeldung in Anspruch genommenen Priorität.

Art. 67 **Rechte aus der europäischen Patentanmeldung nach Veröffentlichung**

(1) Die europäische Patentanmeldung gewährt dem Anmelder vom Tag ihrer Veröffentlichung nach Artikel 93 an in den in der Veröffentlichung angegebenen benannten Vertragsstaaten einstweilen den Schutz nach Artikel 64.

(2) Jeder Vertragsstaat kann vorsehen, dass die europäische Patentanmeldung nicht den Schutz nach Artikel 64 gewährt. Der Schutz, der mit der Veröffentlichung der europäischen Patentanmeldung verbunden ist, darf jedoch nicht geringer sein als der Schutz, der sich aufgrund des Rechts des betreffenden Staats aus der zwingend vorgeschriebenen Veröffentlichung der ungeprüften nationalen Patentanmeldungen ergibt. Zumindest hat jeder Vertragsstaat vorzusehen, dass der Anmelder für die Zeit von der Veröffentlichung der europäischen Patentanmeldung an von demjenigen, der die Erfindung in diesem Vertragsstaat unter Voraussetzungen benutzt hat, die nach dem nationalen Recht im Fall der Verletzung eines nationalen Patents sein Verschulden begründen würden, eine den Umständen nach angemessene Entschädigung verlangen kann.

(3) Jeder Vertragsstaat kann für den Fall, dass eine seiner Amtssprachen nicht die Verfahrenssprache ist, vorsehen, dass der einstweilige Schutz nach den Absätzen 1 und 2 erst von dem Tag an eintritt, an dem eine Übersetzung der Patentansprüche nach Wahl des Anmelders in einer der Amtssprachen dieses Staats oder, soweit der betreffende Staat die Verwendung einer bestimmten Amtssprache vorgeschrieben hat, in dieser Amtssprache

a) der Öffentlichkeit unter den nach nationalem Recht vorgesehenen Voraussetzungen zugänglich gemacht worden ist oder

b) demjenigen übermittelt worden ist, der die Erfindung in diesem Vertragsstaat benutzt.

(4) Die in den Absätzen 1 und 2 vorgesehenen Wirkungen der europäischen Patentanmeldung gelten als von Anfang an nicht eingetreten, wenn die europäische Patentanmeldung zurückgenommen worden ist, als zurückgenommen gilt oder rechtskräftig zurückgewiesen worden ist. Das gleiche gilt für die Wirkungen der europäischen Patentanmeldung in einem Vertragsstaat, dessen Benennung zurückgenommen worden ist oder als zurückgenommen gilt.

Art. 68 Wirkung des Widerrufs des europäischen Patents

Die in den Artikeln 64 und 67 vorgesehenen Wirkungen der europäischen Patentanmeldung und des darauf erteilten europäischen Patents gelten in dem Umfang, in dem das Patent im Einspruchsverfahren widerrufen ist, als von Anfang an nicht eingetreten.

Art. 69[15] Schutzbereich

(1) Der Schutzbereich des europäischen Patents und der europäischen Patentanmeldung wird durch den Inhalt der Patentansprüche bestimmt. Die Beschreibung und die Zeichnungen sind jedoch zur Auslegung der Patentansprüche heranzuziehen.

(2) Für den Zeitraum bis zur Erteilung des europäischen Patents wird der Schutzbereich der europäischen Patentanmeldung durch die zuletzt eingereichten Patentansprüche, die in der Veröffentlichung nach Artikel 93 enthalten sind, bestimmt. Jedoch bestimmt das europäische Patent in seiner erteilten oder im Einspruchsverfahren geänderten Fassung rückwirkend den Schutzbereich der Anmeldung, soweit dieser Schutzbereich nicht erweitert wird.

Art. 70 Verbindliche Fassung einer europäischen Patentanmeldung oder eines europäischen Patents

(1) Der Wortlaut einer europäischen Patentanmeldung oder eines europäischen Patents in der Verfahrenssprache stellt in Verfahren vor dem Europäischen Patentamt sowie in jedem Vertragsstaat die verbindliche Fassung dar.

(2) Im Fall des Artikels 14 Absatz 2 ist jedoch in Verfahren vor dem Europäischen Patentamt der ursprüngliche Text für die Feststellung massgebend, ob der Gegenstand der europäischen Patentanmeldung oder des europäischen Patents nicht über den Inhalt der Anmeldung in der eingereichten Fassung hinausgeht.

(3) Jeder Vertragsstaat kann vorsehen, dass in seinem Staat eine im Übereinkommen vorgeschriebene Übersetzung in einer seiner Amtssprachen für den Fall massgebend ist, dass der Schutzbereich der europäischen Patentanmeldung oder des europäischen Patents in der Sprache der Übersetzung enger ist als der Schutzbereich in der Verfahrenssprache; dies gilt nicht für Nichtigkeitsverfahren.

(4) Jeder Vertragsstaat, der eine Vorschrift nach Absatz 3 erlässt,

a) muss dem Anmelder oder Patentinhaber gestatten, eine berichtigte Übersetzung der europäischen Patentanmeldung oder des europäischen Patents einzureichen. Die berichtigte Übersetzung hat erst dann rechtliche Wirkung, wenn die von dem Vertragsstaat in entsprechender Anwendung der Artikel 65 Absatz 2 und Artikel 67 Absatz 3 aufgestellten Voraussetzungen erfüllt sind;

b) kann vorsehen, dass derjenige, der in diesem Staat in gutem Glauben eine Erfindung in Benutzung genommen oder wirkliche und ernsthafte Veranstaltungen zur Benutzung einer Erfindung getroffen hat, deren Benutzung keine Verletzung der Anmeldung oder des Patents in der Fassung der ursprünglichen Übersetzung darstellen würde, nach Eintritt der rechtlichen Wirkung der berichtigten Übersetzung die Benutzung in seinem Betrieb oder für die Bedürfnisse seines Betriebs unentgeltlich fortsetzen darf.

---

[15] Siehe auch das Auslegungsprotokoll zu diesem Artikel (SR **0.232.142.25**).

Kapitel IV Die europäische Patentanmeldung als Gegenstand des Vermögens

Art. 71 Übertragung und Bestellung von Rechten

Die europäische Patentanmeldung kann für einen oder mehrere der benannten Vertragsstaaten übertragen werden oder Gegenstand von Rechten sein.

Art. 72 Rechtsgeschäftliche Übertragung

Die rechtsgeschäftliche Übertragung der europäischen Patentanmeldung muss schriftlich erfolgen und bedarf der Unterschrift der Vertragsparteien.

Art. 73 Vertragliche Lizenzen

Eine europäische Patentanmeldung kann ganz oder teilweise Gegenstand von Lizenzen für alle oder einen Teil der Hoheitsgebiete der benannten Vertragsstaaten sein.

Art. 74 Anwendbares Recht

Soweit in diesem Übereinkommen nichts anderes bestimmt ist, unterliegt die europäische Patentanmeldung als Gegenstand des Vermögens in jedem benannten Vertragsstaat und mit Wirkung für diesen Staat dem Recht, das in diesem Staat für nationale Patentanmeldungen gilt.

Dritter Teil Die europäische Patentanmeldung

Kapitel I Einreichung und Erfordernisse der europäischen Patentanmeldung

Art. 75 Einreichung der europäischen Patentanmeldung

(1) Die europäische Patentanmeldung kann eingereicht werden:

a) beim Europäischen Patentamt in München oder seiner Zweigstelle in Den Haag oder

b) bei der Zentralbehörde für den gewerblichen Rechtsschutz oder bei anderen zuständigen Behörden eines Vertragsstaats, wenn das Recht dieses Staats es gestattet. Eine in dieser Weise eingereichte Anmeldung hat dieselbe Wirkung, wie wenn sie an demselben Tag beim Europäischen Patentamt eingereicht worden wäre.

(2) Absatz 1 steht der Anwendung der Rechts- und Verwaltungsvorschriften nicht entgegen, die in einem Vertragsstaat

a) für Erfindungen gelten, die wegen ihres Gegenstands nicht ohne vorherige Zustimmung der zuständigen Behörden dieses Staats ins Ausland übermittelt werden dürfen, oder

b) bestimmen, dass Patentanmeldungen zuerst bei einer nationalen Behörde eingereicht werden müssen, oder die die unmittelbare Einreichung bei einer anderen Behörde von einer vorherigen Zustimmung abhängig machen.

(3) Ein Vertragsstaat darf weder vorschreiben noch zulassen, dass europäische Teilanmeldungen bei einer in Absatz 1 Buchstabe b genannten Behörde eingereicht werden.

Art. 76   **Europäische Teilanmeldung**

(1) Eine europäische Teilanmeldung ist unmittelbar beim Europäischen Patentamt in München oder seiner Zweigstelle in Den Haag einzureichen. Sie kann nur für einen Gegenstand eingereicht werden, der nicht über den Inhalt der früheren Anmeldung in der ursprünglich eingereichten Fassung hinausgeht; soweit diesem Erfordernis entsprochen wird, gilt die Teilanmeldung als an dem Anmeldetag der früheren Anmeldung eingereicht und geniesst deren Prioritätsrecht.

(2) In der europäischen Teilanmeldung dürfen nur Vertragsstaaten benannt werden, die in der früheren Anmeldung benannt worden sind.

(3) Das Verfahren zur Durchführung des Absatzes 1, die besonderen Erfordernisse der europäischen Teilanmeldung und die Frist zur Zahlung der Anmeldegebühr, der Recherchengebühr und der Benennungsgebühren sind in der Ausführungsordnung[16] vorgeschrieben.

Art. 77   **Übermittlung europäischer Patentanmeldungen**

(1) Die Zentralbehörde für den gewerblichen Rechtsschutz eines Vertragsstaats hat die bei ihr oder bei anderen zuständigen Behörden dieses Staats eingereichten europäischen Patentanmeldungen innerhalb der kürzesten Frist, die mit der Anwendung der nationalen Vorschriften über die Geheimhaltung von Erfindungen im Interesse des Staats vereinbar ist, an das Europäische Patentamt weiterzuleiten.

(2) Die Vertragsstaaten ergreifen alle geeigneten Massnahmen, damit die europäischen Patentanmeldungen, deren Gegenstand offensichtlich im Sinn der in Absatz 1 genannten Vorschriften nicht geheimhaltungsbedürftig ist, innerhalb von sechs Wochen nach Einreichung der Anmeldung an das Europäische Patentamt weitergeleitet werden.

(3) Europäische Patentanmeldungen, bei denen näher geprüft werden muss, ob sie geheimhaltungsbedürftig sind, sind so rechtzeitig weiterzuleiten, dass sie innerhalb von vier Monaten nach Einreichung der Anmeldung oder, wenn eine Priorität in Anspruch genommen worden ist, innerhalb von vierzehn Monaten nach dem Prioritätstag beim Europäischen Patentamt eingehen.

(4) Eine europäische Patentanmeldung, deren Gegenstand unter Geheimschutz gestellt worden ist, wird nicht an das Europäische Patentamt weitergeleitet.

(5) Europäische Patentanmeldungen, die nicht bis zum Ablauf des vierzehnten Monats nach Einreichung der Anmeldung oder, wenn eine Priorität in Anspruch genommen worden ist, nach dem Prioritätstag dem Europäischen Patentamt zugehen, gelten als zurückgenommen. Die Anmeldegebühr, die Recherchengebühr und die Benennungsgebühren werden zurückgezahlt.

Art. 78   **Erfordernisse der europäischen Patentanmeldung**

(1) Die europäische Patentanmeldung muss enthalten:

a)   einen Antrag auf Erteilung eines europäischen Patents;

b)   eine Beschreibung der Erfindung;

c)   einen oder mehrere Patentansprüche;

---

[16] SR **0.232.142.21**

d) die Zeichnungen, auf die sich die Beschreibung oder die Patentansprüche beziehen;

e) eine Zusammenfassung

(2) Für die europäische Patentanmeldung sind die Anmeldegebühr und die Recherchengebühr innerhalb eines Monats nach Einreichung der Anmeldung zu entrichten.

(3) Die europäische Patentanmeldung muss den Erfordernissen genügen, die in der Ausführungsordnung[17] vorgeschrieben sind.

Art. 79 Benennung von Vertragsstaaten

(1) Im Antrag auf Erteilung eines europäischen Patents sind der Vertragsstaat oder die Vertragsstaaten, in denen für die Erfindung Schutz begehrt wird, zu benennen.

(2) Für die Benennung eines Vertragsstaats ist die Benennungsgebühr zu entrichten. Die Benennungsgebühren sind innerhalb von zwölf Monaten nach Einreichung der europäischen Patentanmeldung oder, wenn eine Priorität in Anspruch genommen worden ist, nach dem Prioritätstag zu entrichten; im letztgenannten Fall kann die Zahlung noch bis zum Ablauf der in Artikel 78 Absatz 2 genannten Frist erfolgen, wenn diese Frist später abläuft.

(3) Die Benennung eines Vertragsstaats kann bis zur Erteilung des europäischen Patents zurückgenommen werden. Die Zurücknahme der Benennung aller Vertragsstaaten gilt als Zurücknahme der europäischen Patentanmeldung. Die Benennungsgebühren werden nicht zurückgezahlt.

Art. 80 Anmeldetag

Der Anmeldetag einer europäischen Patentanmeldung ist der Tag, an dem die vom Anmelder eingereichten Unterlagen enthalten:

a) einen Hinweis, dass ein europäisches Patent beantragt wird;

b) die Benennung mindestens eines Vertragsstaats;

c) Angaben, die es erlauben, die Identität des Anmelders festzustellen;

d) in einer der in Artikel 14 Absätze 1 und 2 vorgesehenen Sprachen eine Beschreibung und einen oder mehrere Patentansprüche, selbst wenn die Beschreibung und die Patentansprüche nicht den übrigen Vorschriften dieses Übereinkommens entsprechen.

Art. 81 Erfindernennung

In der europäischen Patentanmeldung ist der Erfinder zu nennen. Ist der Anmelder nicht oder nicht allein der Erfinder, so hat die Erfindernennung eine Erklärung darüber zu enthalten, wie der Anmelder das Recht auf das europäische Patent erlangt hat.

Art. 82 Einheitlichkeit der Erfindung

Die europäische Patentanmeldung darf nur eine einzige Erfindung enthalten oder eine Gruppe von Erfindungen, die untereinander in der Weise verbunden sind, dass sie eine einzige allgemeine erfinderische Idee verwirklichen.

---

[17] SR **0.232.142.21**

Art. 83 **Offenbarung der Erfindung**

Die Erfindung ist in der europäischen Patentanmeldung so deutlich und vollständig zu offenbaren, dass ein Fachmann sie ausführen kann.

Art. 84 **Patentansprüche**

Die Patentansprüche müssen den Gegenstand angeben, für den Schutz begehrt wird. Sie müssen deutlich, knapp gefasst und von der Beschreibung gestützt sein.

Art. 85 **Zusammenfassung**

Die Zusammenfassung dient ausschliesslich der technischen Information; sie kann nicht für andere Zwecke, insbesondere nicht für die Bestimmung des Umfangs des begehrten Schutzes und für die Anwendung des Artikels 54 Absatz 3, herangezogen werden.

Art. 86 **Jahresgebühren für die europäische Patentanmeldung**

(1) Für die europäische Patentanmeldung sind nach Massgabe der Ausführungsordnung[18] Jahresgebühren an das Europäische Patentamt zu entrichten. Sie werden für das dritte und jedes weitere Jahr, gerechnet vom Anmeldetag an, geschuldet.

(2) Erfolgt die Zahlung einer Jahresgebühr nicht bis zum Fälligkeitstag, so kann die Jahresgebühr noch innerhalb von sechs Monaten nach Fälligkeit wirksam entrichtet werden, sofern gleichzeitig die Zuschlagsgebühr entrichtet wird.

(3) Werden die Jahresgebühr und gegebenenfalls die Zuschlagsgebühr nicht rechtzeitig entrichtet, so gilt die europäische Patentanmeldung als zurückgenommen. Das Europäische Patentamt ist allein befugt, hierüber zu entscheiden.

(4) Die Verpflichtung zur Zahlung von Jahresgebühren endet mit der Zahlung der Jahresgebühr, die für das Jahr fällig ist, in dem der Hinweis auf die Erteilung des europäischen Patents bekanntgemacht wird.

Kapitel II   Priorität

Art. 87 **Prioritätsrecht**

(1) Jedermann, der in einem oder mit Wirkung für einen Vertragsstaat der Pariser Verbandsübereinkunft zum Schutz des gewerblichen Eigentums[19] eine Anmeldung für ein Patent, ein Gebrauchsmuster, ein Gebrauchszertifikat oder einen Erfinderschein vorschriftsmässig eingereicht hat, oder sein Rechtsnachfolger geniesst für die Anmeldung derselben Erfindung zum europäischen Patent während einer Frist von zwölf Monaten nach der Einreichung der ersten Anmeldung ein Prioritätsrecht.

(2) Als prioritätsbegründend wird jede Anmeldung anerkannt, der nach dem nationalen Recht des Staats, in dem die Anmeldung eingereicht worden ist, oder nach zwei- oder mehrseitigen Verträgen unter Einschluss dieses Übereinkommens die Bedeutung einer vorschriftsmässigen nationalen Anmeldung zukommt.

(3) Unter vorschriftsmässiger nationaler Anmeldung ist jede Anmeldung zu verstehen, die zur Festlegung des Tags ausreicht, an dem die Anmeldung eingereicht worden ist, wobei das spätere Schicksal der Anmeldung ohne Bedeutung ist.

---

[18] SR **0.232.142.21**
[19] SR **0.232.01/.04**

(4) Als erste Anmeldung, von deren Einreichung an die Prioritätsfrist läuft, wird auch eine jüngere Anmeldung angesehen, die denselben Gegenstand betrifft wie eine erste ältere in demselben oder für denselben Staat eingereichte Anmeldung, sofern diese ältere Anmeldung bis zur Einreichung der jüngeren Anmeldung zurückgenommen, fallengelassen oder zurückgewiesen worden ist, und zwar bevor sie öffentlich ausgelegt worden ist und ohne dass Rechte bestehen geblieben sind; ebensowenig darf diese ältere Anmeldung schon Grundlage für die Inanspruchnahme des Prioritätsrechts gewesen sein. Die ältere Anmeldung kann in diesem Fall nicht mehr als Grundlage für die Inanspruchnahme des Prioritätsrechts dienen.

(5) Ist die erste Anmeldung in einem nicht zu den Vertragsstaaten der Pariser Verbandsübereinkunft zum Schutz des gewerblichen Eigentums gehörenden Staat eingereicht worden, so sind die Absätze 1 bis 4 nur insoweit anzuwenden, als dieser Staat nach einer Bekanntmachung des Verwaltungsrats aufgrund einer ersten Anmeldung beim Europäischen Patentamt und aufgrund einer ersten Anmeldung in jedem oder für jeden Vertragsstaat gemäss zwei- oder mehrseitigen Verträgen ein Prioritätsrecht gewährt, und zwar unter Voraussetzungen und mit Wirkungen, die denen der Pariser Verbandsübereinkunft vergleichbar sind.

Art. 88 Inanspruchnahme der Priorität

(1) Der Anmelder, der die Priorität einer früheren Anmeldung in Anspruch nehmen will, hat eine Prioritätserklärung, eine Abschrift der früheren Anmeldung und, wenn die Sprache der früheren Anmeldung nicht eine Amtssprache des Europäischen Patentamts ist, eine Übersetzung der früheren Anmeldung in einer der Amtssprachen einzureichen. Das Verfahren zur Durchführung dieser Vorschrift ist in der Ausführungsordnung[20] vorgeschrieben.

(2) Für eine europäische Patentanmeldung können mehrere Prioritäten in Anspruch genommen werden, selbst wenn sie aus verschiedenen Staaten stammen. Für einen Patentanspruch können mehrere Prioritäten in Anspruch genommen werden. Werden mehrere Prioritäten in Anspruch genommen, so beginnen Fristen, die vom Prioritätstag an laufen, vom frühesten Prioritätstag an zu laufen.

(3) Werden eine oder mehrere Prioritäten für die europäische Patentanmeldung in Anspruch genommen, so umfasst das Prioritätsrecht nur die Merkmale der europäischen Patentanmeldung, die in der Anmeldung oder den Anmeldungen enthalten sind, deren Priorität in Anspruch genommen worden ist.

(4) Sind bestimmte Merkmale der Erfindung, für die die Priorität in Anspruch genommen wird, nicht in den in der früheren Anmeldung aufgestellten Patentansprüchen enthalten, so reicht es für die Gewährung der Priorität aus, dass die Gesamtheit der Anmeldungsunterlagen der früheren Anmeldung diese Merkmale deutlich offenbart.

Art. 89 Wirkung des Prioritätsrechts

Das Prioritätsrecht hat die Wirkung, dass der Prioritätstag als Tag der europäischen Patentanmeldung für die Anwendung des Artikels 54 Absätze 2 und 3 sowie des Artikels 60 Absatz 2 gilt.

---

[20] SR **0.232.142.21**

Vierter Teil   Erteilungsverfahren

Art. 90   **Eingangsprüfung**

(1) Die Eingangsstelle prüft, ob

a) die europäische Patentanmeldung den Erfordernissen für die Zuerkennung eines Anmeldetags genügt;

b) die Anmeldegebühr und die Recherchengebühr rechtzeitig entrichtet worden sind;

c) im Fall des Artikels 14 Absatz 2 die Übersetzung der europäischen Patentanmeldung in der Verfahrenssprache rechtzeitig eingereicht worden ist.

(2) Kann ein Anmeldetag nicht zuerkannt werden, so gibt die Eingangsstelle dem Anmelder nach Massgabe der Ausführungsordnung[21] Gelegenheit, die festgestellten Mängel zu beseitigen. Werden die Mängel nicht rechtzeitig beseitigt, so wird die Anmeldung nicht als europäische Patentanmeldung behandelt.

(3) Sind die Anmeldegebühr und die Recherchengebühr nicht rechtzeitig entrichtet worden oder ist im Fall des Artikels 14 Absatz 2 die Übersetzung der europäischen Patentanmeldung in der Verfahrenssprache nicht rechtzeitig eingereicht worden, so gilt die europäische Patentanmeldung als zurückgenommen.

Art. 91   **Formalprüfung**

(1) Steht der Anmeldetag einer europäischen Patentanmeldung fest und gilt die Anmeldung nicht nach Artikel 90 Absatz 3 als zurückgenommen, so prüft die Eingangsstelle, ob

a) den Erfordernissen des Artikels 133 Absatz 2 entsprochen worden ist;

b) die Anmeldung den Formerfordernissen genügt, die zur Durchführung dieser Vorschrift in der Ausführungsordnung[22] vorgeschrieben sind;

c) die Zusammenfassung eingereicht worden ist;

d) der Antrag auf Erteilung eines europäischen Patents hinsichtlich seines Inhalts den zwingenden Vorschriften genügt, die in der Ausführungsordnung vorgeschrieben sind, und ob gegebenenfalls den Vorschriften dieses Übereinkommens über die Inanspruchnahme der Priorität entsprochen worden ist;

e) die Benennungsgebühren entrichtet worden sind;

f) die Erfindernennung nach Artikel 81 erfolgt ist;

g) die in Artikel 78 Absatz 1 Buchstabe d genannten Zeichnungen am Anmeldetag eingereicht worden sind.

(2) Stellt die Eingangsstelle behebbare Mängel fest, so gibt sie dem Anmelder nach Massgabe der Ausführungsordnung Gelegenheit, diese Mängel zu beseitigen.

(3) Werden die in den Fällen des Absatzes 1 Buchstaben a bis d festgestellten Mängel nicht nach Massgabe der Ausführungsordnung beseitigt, so wird die europäische Patentanmeldung zurückgewiesen; betreffen die in Absatz 1 Buchstabe d genannten Vorschriften den Prioritätsanspruch, so erlischt der Prioritätsanspruch für die Anmeldung.

---

[21] SR **0.232.142.21**
[22] SR **0.232.142.21**

(4) Wird im Fall des Absatzes 1 Buchstabe e die Benennungsgebühr für einen Vertragsstaat nicht rechtzeitig entrichtet, so gilt die Benennung dieses Staats als zurückgenommen.

(5) Wird im Fall des Absatzes 1 Buchstabe f die Erfindernennung nicht nach Massgabe der Ausführungsordnung vorbehaltlich der darin vorgesehenen Ausnahmen innerhalb von sechzehn Monaten nach dem Anmeldetag oder, wenn eine Priorität in Anspruch genommen worden ist, nach dem Prioritätstag nachgeholt, so gilt die europäische Patentanmeldung als zurückgenommen.

(6) Werden im Fall des Absatzes 1 Buchstabe g die Zeichnungen nicht am Anmeldetag eingereicht und wird der Mangel nicht nach Massgabe der Ausführungsordnung beseitigt, so tritt nach der vom Anmelder aufgrund der Ausführungsordnung getroffenen Wahl die Rechtsfolge ein, dass entweder der Anmeldetag neu auf den Tag der Einreichung der Zeichnungen festgesetzt wird oder die Bezugnahmen auf die Zeichnungen in der Anmeldung als gestrichen gelten.

Art. 92 Erstellung des europäischen Recherchenberichts

(1) Steht der Anmeldetag einer europäischen Patentanmeldung fest und gilt die Anmeldung nicht nach Artikel 90 Absatz 3 als zurückgenommen, so erstellt die Recherchenabteilung den europäischen Recherchenbericht auf der Grundlage der Patentansprüche unter angemessener Berücksichtigung der Beschreibung und der vorhandenen Zeichnungen in der in der Ausführungsordnung[23] vorgeschriebenen Form.

(2) Der europäische Recherchenbericht wird unmittelbar nach seiner Erstellung dem Anmelder zusammen mit den Abschriften aller angeführten Schriftstücke übersandt.

Art. 93 Veröffentlichung der europäischen Patentanmeldung

(1) Die europäische Patentanmeldung wird unverzüglich nach Ablauf von achtzehn Monaten nach dem Anmeldetag oder, wenn eine Priorität in Anspruch genommen worden ist, nach dem Prioritätstag veröffentlicht. Sie kann jedoch auf Antrag des Anmelders vor Ablauf dieser Frist veröffentlicht werden. Wird die Entscheidung, durch die das europäische Patent erteilt worden ist, vor Ablauf dieser Frist wirksam, so wird die Anmeldung gleichzeitig mit der europäischen Patentschrift veröffentlicht.

(2) Die Veröffentlichung enthält die Beschreibung, die Patentansprüche und gegebenenfalls die Zeichnungen jeweils in der ursprünglich eingereichten Fassung sowie als Anlage den europäischen Recherchenbericht und die Zusammenfassung, sofern diese vor Abschluss der technischen Vorbereitungen für die Veröffentlichung vorliegen. Sind der europäische Recherchenbericht und die Zusammenfassung nicht mit der Anmeldung veröffentlicht worden, so werden sie gesondert veröffentlicht.

Art. 94 Prüfungsantrag

(1) Das Europäische Patentamt prüft auf schriftlichen Antrag, ob die europäische Patentanmeldung und die Erfindung, die sie zum Gegenstand hat, den Erfordernissen dieses Übereinkommens genügen.

---

[23] SR **0.232.142.21**

(2) Der Prüfungsantrag kann vom Anmelder bis zum Ablauf von sechs Monaten nach dem Tag gestellt werden, an dem im Europäischen Patentblatt auf die Veröffentlichung des europäischen Recherchenberichts hingewiesen worden ist. Der Antrag gilt erst als gestellt, wenn die Prüfungsgebühr entrichtet worden ist. Der Antrag kann nicht zurückgenommen werden.

(3) Wird bis zum Ablauf der in Absatz 2 genannten Frist ein Prüfungsantrag nicht gestellt, so gilt die europäische Patentanmeldung als zurückgenommen.

Art. 95   **Verlängerung der Frist zur Stellung des Prüfungsantrags**

(1) Der Verwaltungsrat kann die Frist zur Stellung des Prüfungsantrags verlängern, wenn feststeht, dass die europäischen Patentanmeldungen nicht in angemessener Zeit geprüft werden können.

(2) Verlängert der Verwaltungsrat die Frist, so kann er beschliessen, dass auch ein Dritter die Prüfung beantragen kann. In diesem Fall legt der Verwaltungsrat in der Ausführungsordnung[24] die Vorschriften zur Durchführung dieses Beschlusses fest.

(3) Ein Beschluss des Verwaltungsrats, die Frist zu verlängern, ist nur auf die europäischen Patentanmeldungen anzuwenden, die nach der Veröffentlichung dieses Beschlusses im Amtsblatt des Europäischen Patentamts eingereicht werden.

(4) Verlängert der Verwaltungsrat die Frist, so hat er Massnahmen zu treffen, um die ursprüngliche Frist so schnell wie möglich wiederherzustellen.

Art. 96   **Prüfung der europäischen Patentanmeldung**

(1) Hat der Anmelder den Prüfungsantrag gestellt, bevor ihm der europäische Recherchenbericht zugegangen ist, so fordert ihn das Europäische Patentamt nach Übersendung des Berichts auf, innerhalb einer zu bestimmenden Frist zu erklären, ob er die europäische Patentanmeldung aufrechterhält.

(2) Ergibt die Prüfung, dass die europäische Patentanmeldung oder die Erfindung, die sie zum Gegenstand hat, den Erfordernissen dieses Übereinkommens nicht genügt, so fordert die Prüfungsabteilung den Anmelder nach Massgabe der Ausführungsordnung[25] so oft wie erforderlich auf, innerhalb einer von ihr zu bestimmenden Frist eine Stellungnahme einzureichen.

(3) Unterlässt es der Anmelder, auf eine Aufforderung nach Absatz 1 oder 2 rechtzeitig zu antworten, so gilt die europäische Patentanmeldung als zurückgenommen.

Art. 97   **Zurückweisung oder Erteilung**

(1) Ist die Prüfungsabteilung der Auffassung, dass die europäische Patentanmeldung oder die Erfindung, die sie zum Gegenstand hat, den Erfordernissen dieses Übereinkommens nicht genügt, so weist sie die europäische Patentanmeldung zurück, sofern in diesem Übereinkommen nicht eine andere Rechtsfolge vorgeschrieben ist.

(2) Ist die Prüfungsabteilung der Auffassung, dass die europäische Patentanmeldung und die Erfindung, die sie zum Gegenstand hat, den Erfordernissen dieses Übereinkommens genügen, so beschliesst sie die Erteilung des europäischen Patents für die benannten Vertragsstaaten, vorausgesetzt, dass

---

[24] SR **0.232.142.21**
[25] SR **0.232.142.21**

a) gemäss der Ausführungsordnung[26] feststeht, dass der Anmelder mit der Fassung, in der die Prüfungsabteilung das europäische Patent zu erteilen beabsichtigt, einverstanden ist,

b) die Erteilungsgebühr und die Druckkostengebühr innerhalb der in der Ausführungsordnung vorgeschriebenen Frist entrichtet und

c) die bereits fälligen Jahresgebühren und Zuschlagsgebühren entrichtet worden sind.

(3) Werden die Erteilungsgebühr und die Druckkostengebühr nicht rechtzeitig entrichtet, so gilt die europäische Patentanmeldung als zurückgenommen.

(4) Die Entscheidung über die Erteilung des europäischen Patents wird erst an dem Tag wirksam, an dem im Europäischen Patentblatt auf die Erteilung hingewiesen worden ist. Dieser Hinweis wird frühestens drei Monate nach Beginn der in Absatz 2 Buchstabe b genannten Frist bekanntgemacht.

(5) In der Ausführungsordnung kann vorgesehen werden, dass der Anmelder eine Übersetzung der Fassung der Patentansprüche, in der die Prüfungsabteilung das europäische Patent zu erteilen beabsichtigt, in den beiden Amtssprachen des Europäischen Patentamts einzureichen hat, die nicht die Verfahrenssprache sind. In diesem Fall beträgt die in Absatz 4 vorgesehene Frist mindestens fünf Monate. Wird die Übersetzung nicht rechtzeitig eingereicht, so gilt die europäische Patentanmeldung als zurückgenommen.

(6) Auf Antrag des Anmelders wird der Hinweis auf die Erteilung des europäischen Patents vor Ablauf der Frist nach Absatz 4 oder 5 bekanntgemacht. Der Antrag kann erst gestellt werden, wenn die Erfordernisse nach den Absätzen 2 und 5 erfüllt sind.[27]

Art. 98 Veröffentlichung der europäischen Patentschrift

Das Europäische Patentamt gibt gleichzeitig mit der Bekanntmachung des Hinweises auf die Erteilung des europäischen Patents eine europäische Patentschrift heraus, in der die Beschreibung, die Patentansprüche und gegebenenfalls die Zeichnungen enthalten sind.

Fünfter Teil Einspruchsverfahren

Art. 99 Einspruch

(1) Innerhalb von neun Monaten nach der Bekanntmachung des Hinweises auf die Erteilung des europäischen Patents kann jedermann beim Europäischen Patentamt gegen das erteilte europäische Patent Einspruch einlegen. Der Einspruch ist schriftlich einzureichen und zu begründen. Er gilt erst als eingelegt, wenn die Einspruchsgebühr entrichtet worden ist.

(2) Der Einspruch erfasst das europäische Patent für alle Vertragsstaaten, in denen es Wirkung hat.

(3) Der Einspruch kann auch eingelegt werden, wenn für alle benannten Vertragsstaaten auf das europäische Patent verzichtet worden ist oder wenn das europäische Patent für alle diese Staaten erloschen ist.

(4) Am Einspruchsverfahren sind neben dem Patentinhaber die Einsprechenden beteiligt.

---

[26] SR **0.232.142.21**
[27] Eingefügt durch Beschluss vom 20. Okt. 1995, in Kraft seit 1. Jan. 1996 (AS **1996** 793).

(5) Weist jemand nach, dass er in einem Vertragsstaat aufgrund einer rechtskräftigen Entscheidung anstelle des bisherigen Patentinhabers in das Patentregister dieses Staats eingetragen ist, so tritt er auf Antrag in bezug auf diesen Staat an die Stelle des bisherigen Patentinhabers. Abweichend von Artikel 118 gelten der bisherige Patentinhaber und derjenige, der sein Recht geltend macht, nicht als gemeinsame Inhaber, es sei denn, dass beide dies verlangen.

Art. 100 **Einspruchsgründe**

Der Einspruch kann nur darauf gestützt werden, dass

a) der Gegenstand des europäischen Patents nach den Artikeln 52 bis 57 nicht patentfähig ist;

b) das europäische Patent die Erfindung nicht so deutlich und vollständig offenbart, dass ein Fachmann sie ausführen kann;

c) der Gegenstand des europäischen Patents über den Inhalt der Anmeldung in der ursprünglich eingereichten Fassung oder, wenn das Patent auf einer europäischen Teilanmeldung oder einer nach Artikel 61 eingereichten neuen europäischen Patentanmeldung beruht, über den Inhalt der früheren Anmeldung in der ursprünglich eingereichten Fassung hinausgeht.

Art. 101 **Prüfung des Einspruchs**

(1) Ist der Einspruch zulässig, so prüft die Einspruchsabteilung, ob die in Artikel 100 genannten Einspruchsgründe der Aufrechterhaltung des europäischen Patents entgegenstehen.

(2) Bei der Prüfung des Einspruchs, die nach Massgabe der Ausführungsordnung[28] durchzuführen ist, fordert die Einspruchsabteilung die Beteiligten sooft wie erforderlich auf, innerhalb einer von ihr zu bestimmenden Frist eine Stellungnahme zu ihren Bescheiden oder zu den Schriftsätzen anderer Beteiligter einzureichen.

Art. 102 **Widerruf oder Aufrechterhaltung des europäischen Patents**

(1) Ist die Einspruchsabteilung der Auffassung, dass die in Artikel 100 genannten Einspruchsgründe der Aufrechterhaltung des europäischen Patents entgegenstehen, so widerruft sie das Patent.

(2) Ist die Einspruchsabteilung der Auffassung, dass die in Artikel 100 genannten Einspruchsgründe der Aufrechterhaltung des europäischen Patents in unveränderter Form nicht entgegenstehen, so weist sie den Einspruch zurück.

(3) Ist die Einspruchsabteilung der Auffassung, dass unter Berücksichtigung der vom Patentinhaber im Einspruchsverfahren vorgenommenen Änderungen das europäische Patent und die Erfindung, die es zum Gegenstand hat, den Erfordernissen dieses Übereinkommens genügen, so beschliesst sie die Aufrechterhaltung des Patents in dem geänderten Umfang, vorausgesetzt, dass

a) gemäss der Ausführungsordnung[29] feststeht, dass der Patentinhaber mit der Fassung, in der die Einspruchsabteilung das Patent aufrechtzuerhalten beabsichtigt, einverstanden ist, und

---

[28] SR **0.232.142.21**
[29] SR **0.232.142.21**

b) die Druckkostengebühr für eine neue europäische Patentschrift innerhalb der in der Ausführungsordnung vorgeschriebenen Frist entrichtet worden ist.

(4) Wird die Druckkostengebühr für eine neue europäische Patentschrift nicht rechtzeitig entrichtet, so wird das europäische Patent widerrufen.

(5) In der Ausführungsordnung kann vorgesehen werden, dass der Patentinhaber eine Übersetzung der geänderten Patentansprüche in den beiden Amtssprachen des Europäischen Patentamts, die nicht Verfahrenssprache sind, einzureichen hat. Wird die Übersetzung nicht rechtzeitig eingereicht, so wird das europäische Patent widerrufen.

Art. 103   Veröffentlichung einer neuen europäischen Patentschrift

Ist das europäische Patent nach Artikel 102 Absatz 3 geändert worden, so gibt das Europäische Patentamt gleichzeitig mit der Bekanntmachung des Hinweises auf die Entscheidung über den Einspruch eine neue europäische Patentschrift heraus, in der die Beschreibung, die Patentansprüche und gegebenenfalls die Zeichnungen in der geänderten Form enthalten sind.

Art. 104   Kosten

(1) Im Einspruchsverfahren trägt jeder Beteiligte die ihm erwachsenen Kosten selbst, soweit nicht die Einspruchsabteilung oder die Beschwerdekammer, wenn und soweit dies der Billigkeit entspricht, über eine Verteilung der Kosten, die durch eine mündliche Verhandlung oder eine Beweisaufnahme verursacht worden sind, nach Massgabe der Ausführungsordnung[30] anders entscheidet.

(2) Die Geschäftsstelle der Einspruchsabteilung setzt auf Antrag den Betrag der Kosten fest, die aufgrund einer Entscheidung über die Verteilung zu erstatten sind. Gegen die Kostenfestsetzung der Geschäftsstelle ist der Antrag auf Entscheidung durch die Einspruchsabteilung innerhalb einer in der Ausführungsordnung vorgeschriebenen Frist zulässig.

(3) Jede unanfechtbare Entscheidung des Europäischen Patentamts über die Festsetzung der Kosten wird in jedem Vertragsstaat in bezug auf die Vollstreckung wie ein rechtskräftiges Urteil eines Zivilgerichts des Staats behandelt, in dessen Hoheitsgebiet die Vollstreckung stattfindet. Eine Überprüfung dieser Entscheidung darf sich lediglich auf ihre Echtheit beziehen.

Art. 105   Beitritt des vermeintlichen Patentverletzers

(1) Ist gegen ein europäisches Patent Einspruch eingelegt worden, so kann jeder Dritte, der nachweist, dass gegen ihn Klage wegen Verletzung dieses Patents erhoben worden ist, nach Ablauf der Einspruchsfrist dem Einspruchsverfahren beitreten, wenn er den Beitritt innerhalb von drei Monaten nach dem Tag erklärt, an dem die Verletzungsklage erhoben worden ist. Das gleiche gilt für jeden Dritten, der nachweist, dass er nach einer Aufforderung des Patentinhabers, eine angebliche Patentverletzung zu unterlassen, gegen diesen Klage auf gerichtliche Feststellung erhoben hat, dass er das Patent nicht verletze.

(2) Der Beitritt ist schriftlich zu erklären und zu begründen. Er ist erst wirksam, wenn die Einspruchsgebühr entrichtet worden ist. Im übrigen wird der Beitritt als Einspruch behandelt, soweit in der Ausführungsordnung[31] nichts anderes bestimmt ist.

---

[30]   SR **0.232.142.21**
[31]   SR **0.232.142.21**

Sechster Teil Beschwerdeverfahren

Art. 106   **Beschwerdefähige Entscheidungen**

(1) Die Entscheidungen der Eingangsstelle, der Prüfungsabteilungen, der Einspruchsabteilungen und der Rechtsabteilung sind mit der Beschwerde anfechtbar. Die Beschwerde hat aufschiebende Wirkung.

(2) Beschwerde gegen die Entscheidung der Einspruchsabteilung kann auch eingelegt werden, wenn für alle benannten Vertragsstaaten auf das europäische Patent verzichtet worden ist oder wenn das europäische Patent für alle diese Staaten erloschen ist.

(3) Eine Entscheidung, die ein Verfahren gegenüber einem Beteiligten nicht abschliesst, ist nur zusammen mit der Endentscheidung anfechtbar, sofern nicht in der Entscheidung die gesonderte Beschwerde zugelassen ist.

(4) Die Verteilung der Kosten des Einspruchsverfahrens kann nicht einziger Gegenstand einer Beschwerde sein.

(5) Eine Entscheidung über die Festsetzung des Betrags der Kosten des Einspruchsverfahrens ist mit der Beschwerde nur anfechtbar, wenn der Betrag eine in der Gebührenordnung bestimmte Höhe übersteigt.

Art. 107   **Beschwerdeberechtigte und Verfahrensbeteiligte**

Die Beschwerde steht denjenigen zu, die an dem Verfahren beteiligt waren, das zu der Entscheidung geführt hat, soweit sie durch die Entscheidung beschwert sind. Die übrigen an diesem Verfahren Beteiligten sind am Beschwerdeverfahren beteiligt.

Art. 108   **Frist und Form**

Die Beschwerde ist innerhalb von zwei Monaten nach Zustellung der Entscheidung schriftlich beim Europäischen Patentamt einzulegen. Die Beschwerde gilt erst als eingelegt, wenn die Beschwerdegebühr entrichtet worden ist. Innerhalb von vier Monaten nach Zustellung der Entscheidung ist die Beschwerde schriftlich zu begründen.

Art. 109   **Abhilfe**

(1) Erachtet das Organ, dessen Entscheidung angefochten wird, die Beschwerde für zulässig und begründet, so hat es ihr abzuhelfen. Dies gilt nicht, wenn dem Beschwerdeführer ein anderer an dem Verfahren Beteiligter gegenübersteht.

(2) Wird der Beschwerde innerhalb eines Monats nach Eingang der Begründung nicht abgeholfen, so ist sie unverzüglich ohne sachliche Stellungnahme der Beschwerdekammer vorzulegen.

Art. 110   **Prüfung der Beschwerde**

(1) Ist die Beschwerde zulässig, so prüft die Beschwerdekammer, ob die Beschwerde begründet ist.

(2) Bei der Prüfung der Beschwerde, die nach Massgabe der Ausführungsordnung[32] durchzuführen ist, fordert die Beschwerdekammer die Beteiligten so oft wie erforderlich auf, innerhalb einer von ihr zu bestimmenden Frist eine Stellungnahme zu ihren Bescheiden oder zu den Schriftsätzen anderer Beteiligter einzureichen.

---

[32] SR **0.232.142.21**

(3) Unterlässt es der Anmelder, auf eine Aufforderung nach Absatz 2 rechtzeitig zu antworten, so gilt die europäische Patentanmeldung als zurückgenommen, es sei denn, dass die mit der Beschwerde angefochtene Entscheidung von der Rechtsabteilung erlassen worden ist.

Art. 111   **Entscheidung über die Beschwerde**

(1) Nach der Prüfung, ob die Beschwerde begründet ist, entscheidet die Beschwerdekammer über die Beschwerde. Die Beschwerdekammer wird entweder im Rahmen der Zuständigkeit des Organs tätig, das die angefochtene Entscheidung erlassen hat, oder verweist die Angelegenheit zur weiteren Entscheidung an dieses Organ zurück.

(2) Verweist die Beschwerdekammer die Angelegenheit zur weiteren Entscheidung an das Organ zurück, das die angefochtene Entscheidung erlassen hat, so ist dieses Organ durch die rechtliche Beurteilung der Beschwerdekammer, die der Entscheidung zugrunde gelegt ist, gebunden, soweit der Tatbestand derselbe ist. Ist die angefochtene Entscheidung von der Eingangsstelle erlassen worden, so ist die Prüfungsabteilung ebenfalls an die rechtliche Beurteilung der Beschwerdekammer gebunden.

Art. 112   **Entscheidung oder Stellungnahme der Grossen Beschwerdekammer**

(1) Zur Sicherung einer einheitlichen Rechtsanwendung oder wenn sich eine Rechtsfrage von grundsätzlicher Bedeutung stellt,

a) befasst die Beschwerdekammer, bei der ein Verfahren anhängig ist, von Amts wegen oder auf Antrag eines Beteiligten die Grosse Beschwerdekammer, wenn sie hierzu eine Entscheidung für erforderlich hält. Weist die Beschwerdekammer den Antrag zurück, so hat sie die Zurückweisung in der Endentscheidung zu begründen;

b) kann der Präsident des Europäischen Patentamts der Grossen Beschwerdekammer eine Rechtsfrage vorlegen, wenn zwei Beschwerdekammern über diese Frage voneinander abweichende Entscheidungen getroffen haben.

(2) In den Fällen des Absatzes 1 Buchstabe a sind die am Beschwerdeverfahren Beteiligten am Verfahren vor der Grossen Beschwerdekammer beteiligt.

(3) Die in Absatz 1 Buchstabe a vorgesehene Entscheidung der Grossen Beschwerdekammer ist für die Entscheidung der Beschwerdekammer über die anhängige Beschwerde bindend.

Siebter Teil   Gemeinsame Vorschriften

Kapitel I   Allgemeine Vorschriften für das Verfahren

Art. 113   **Rechtliches Gehör**

(1) Entscheidungen des Europäischen Patentamts dürfen nur auf Gründe gestützt werden, zu denen die Beteiligten sich äussern konnten.

(2) Bei der Prüfung der europäischen Patentanmeldung oder des europäischen Patents und bei den Entscheidungen darüber hat sich das Europäische Patentamt an die vom Anmelder oder Patentinhaber vorgelegte oder gebilligte Fassung zu halten.

Art. 114   **Ermittlung von Amts wegen**

(1) In den Verfahren vor dem Europäischen Patentamt ermittelt das Europäische Patentamt den Sachverhalt von Amts wegen; es ist dabei weder auf das Vorbringen noch auf die Anträge der Beteiligten beschränkt.

(2) Das Europäische Patentamt braucht Tatsachen und Beweismittel, die von den Beteiligten verspätet vorgebracht werden, nicht zu berücksichtigen.

Art. 115   **Einwendungen Dritter**

(1) Nach der Veröffentlichung der europäischen Patentanmeldung kann jeder Dritte Einwendungen gegen die Patentierbarkeit der angemeldeten Erfindung erheben. Die Einwendungen sind schriftlich einzureichen und zu begründen. Der Dritte ist am Verfahren vor dem Europäischen Patentamt nicht beteiligt.

(2) Die Einwendungen werden dem Anmelder oder Patentinhaber mitgeteilt, der dazu Stellung nehmen kann.

Art. 116   **Mündliche Verhandlung**

(1) Eine mündliche Verhandlung findet entweder auf Antrag eines Beteiligten oder, sofern das Europäische Patentamt dies für sachdienlich erachtet, von Amts wegen statt. Das Europäische Patentamt kann jedoch einen Antrag auf erneute mündliche Verhandlung vor demselben Organ ablehnen, wenn die Parteien und der dem Verfahren zugrundeliegende Sachverhalt unverändert geblieben sind.

(2) Vor der Eingangsstelle findet eine mündliche Verhandlung auf Antrag des Anmelders nur statt, wenn die Eingangsstelle dies für sachdienlich erachtet oder beabsichtigt, die europäische Patentanmeldung zurückzuweisen.

(3) Die mündliche Verhandlung vor der Eingangsstelle, den Prüfungsabteilungen und der Rechtsabteilung ist nicht öffentlich.

(4) Die mündliche Verhandlung, einschliesslich der Verkündung der Entscheidung, ist vor den Beschwerdekammern und der Grossen Beschwerdekammer nach Veröffentlichung der europäischen Patentanmeldung sowie vor der Einspruchsabteilung öffentlich, sofern das angerufene Organ nicht in Fällen anderweitig entscheidet, in denen insbesondere für eine am Verfahren beteiligte Partei die Öffentlichkeit des Verfahrens schwerwiegende und ungerechtfertigte Nachteile zur Folge haben könnte.

Art. 117   **Beweisaufnahme**

(1) In den Verfahren vor einer Prüfungsabteilung, einer Einspruchsabteilung, der Rechtsabteilung oder einer Beschwerdekammer sind insbesondere folgende Beweismittel zulässig:

a)   Vernehmung der Beteiligten;
b)   Einholung von Auskünften;
c)   Vorlegung von Urkunden;
d)   Vernehmung von Zeugen;
e)   Begutachtung durch Sachverständige;
f)   Einnahme des Augenscheins;
g)   Abgabe einer schriftlichen Erklärung unter Eid.

(2) Die Prüfungsabteilung, die Einspruchsabteilung und die Beschwerdekammer können eines ihrer Mitglieder mit der Durchführung der Beweisaufnahme beauftragen.

(3) Hält das Europäische Patentamt die mündliche Vernehmung eines Beteiligten, Zeugen oder Sachverständigen für erforderlich, so wird

a) der Betroffene zu einer Vernehmung vor dem Europäischen Patentamt geladen oder

b) das zuständige Gericht des Staats, in dem der Betroffene seinen Wohnsitz hat, nach Artikel 131 Absatz 2 ersucht, den Betroffenen zu vernehmen.

(4) Ein vor das Europäische Patentamt geladener Beteiligter, Zeuge oder Sachverständiger kann beim Europäischen Patentamt beantragen, dass er vor einem zuständigen Gericht in seinem Wohnsitzstaat vernommen wird. Nach Erhalt eines solchen Antrags oder in dem Fall, dass innerhalb der vom Europäischen Patentamt in der Ladung festgesetzten Frist keine Äusserung auf die Ladung erfolgt ist, kann das Europäische Patentamt nach Artikel 131 Absatz 2 das zuständige Gericht ersuchen, den Betroffenen zu vernehmen.

(5) Hält das Europäische Patentamt die erneute Vernehmung eines von ihm vernommenen Beteiligten, Zeugen oder Sachverständigen unter Eid oder in gleichermassen verbindlicher Form für zweckmässig, so kann es das zuständige Gericht im Wohnsitzstaat des Betroffenen hierum ersuchen.

(6) Ersucht das Europäische Patentamt das zuständige Gericht um Vernehmung, so kann es das Gericht ersuchen, die Vernehmung unter Eid oder in gleichermassen verbindlicher Form vorzunehmen und es einem Mitglied des betreffenden Organs zu gestatten, der Vernehmung beizuwohnen und über das Gericht oder unmittelbar Fragen an die Beteiligten, Zeugen oder Sachverständigen zu richten.

Art. 118 Einheit der europäischen Patentanmeldung oder des europäischen Patents

Verschiedene Anmelder oder Inhaber eines europäischen Patents für verschiedene benannte Vertragsstaaten gelten im Verfahren vor dem Europäischen Patentamt als gemeinsame Anmelder oder gemeinsame Patentinhaber. Die Einheit der Anmeldung oder des Patents im Verfahren vor dem Europäischen Patentamt wird nicht beeinträchtigt; insbesondere ist die Fassung der Anmeldung oder des Patents für alle benannten Vertragsstaaten einheitlich, sofern in diesem Übereinkommen nichts anderes vorgeschrieben ist.

Art. 119 Zustellung

Das Europäische Patentamt stellt von Amts wegen alle Entscheidungen und Ladungen sowie die Bescheide und Mitteilungen zu, durch die eine Frist in Lauf gesetzt wird oder die nach anderen Vorschriften des Übereinkommens zuzustellen sind oder für die der Präsident des Europäischen Patentamts die Zustellung vorgeschrieben hat. Die Zustellungen können, soweit dies aussergewöhnliche Umstände erfordern, durch Vermittlung der Zentralbehörden für den gewerblichen Rechtsschutz der Vertragsstaaten bewirkt werden.

Art. 120   **Fristen**

In der Ausführungsordnung[33] wird bestimmt:

a) die Art der Berechnung der Fristen sowie die Voraussetzungen, unter denen Fristen verlängert werden können, wenn das Europäische Patentamt oder die in Artikel 75 Absatz 1 Buchstabe b genannten Behörden zur Entgegennahme von Schriftstücken nicht geöffnet sind oder Postsendungen am Sitz des Europäischen Patentamts oder der genannten Behörden nicht zugestellt werden oder die Postzustellung allgemein unterbrochen oder im Anschluss an eine solche Unterbrechung gestört ist;

b) die Mindest- und die Höchstdauer der vom Europäischen Patentamt zu bestimmenden Fristen.

Art. 121   **Weiterbehandlung der europäischen Patentanmeldung**

(1) Ist nach Versäumung einer vom Europäischen Patentamt bestimmten Frist die europäische Patentanmeldung zurückzuweisen oder zurückgewiesen worden oder gilt sie als zurückgenommen, so tritt die vorgesehene Rechtsfolge nicht ein oder wird, falls sie bereits eingetreten ist, rückgängig gemacht, wenn der Anmelder die Weiterbehandlung der Anmeldung beantragt.

(2) Der Antrag ist innerhalb von zwei Monaten nach dem Tag, an dem die Entscheidung über die Zurückweisung der europäischen Patentanmeldung oder an dem die Mitteilung, dass die Anmeldung als zurückgenommen gilt, zugestellt worden ist, schriftlich einzureichen. Die versäumte Handlung ist innerhalb dieser Frist nachzuholen. Der Antrag gilt erst als gestellt, wenn die Weiterbehandlungsgebühr entrichtet worden ist.

(3) Über den Antrag entscheidet das Organ, das über die versäumte Handlung zu entscheiden hat.

Art. 122   **Wiedereinsetzung in den vorigen Stand**

(1) Der Anmelder oder Patentinhaber, der trotz Beachtung aller nach den gegebenen Umständen gebotenen Sorgfalt verhindert worden ist, gegenüber dem Europäischen Patentamt eine Frist einzuhalten, wird auf Antrag wieder in den vorigen Stand eingesetzt, wenn die Verhinderung nach dem Übereinkommen zur unmittelbaren Folge hat, dass die europäische Patentanmeldung oder ein Antrag zurückgewiesen wird, die Anmeldung als zurückgenommen gilt, das europäische Patent widerrufen wird oder der Verlust eines sonstigen Rechts oder eines Rechtsmittels eintritt.

(2) Der Antrag ist innerhalb von zwei Monaten nach Wegfall des Hindernisses schriftlich einzureichen. Die versäumte Handlung ist innerhalb dieser Frist nachzuholen. Der Antrag ist nur innerhalb eines Jahrs nach Ablauf der versäumten Frist zulässig. Im Fall der Nichtzahlung einer Jahresgebühr wird die in Artikel 86 Absatz 2 vorgesehene Frist in die Frist von einem Jahr eingerechnet.

(3) Der Antrag ist zu begründen, wobei die zur Begründung dienenden Tatsachen glaubhaft zu machen sind. Er gilt erst als gestellt, wenn die Wiedereinsetzungsgebühr entrichtet worden ist.

(4) Über den Antrag entscheidet das Organ, das über die versäumte Handlung zu entscheiden hat.

---

[33] SR **0.232.142.21**

(5) Dieser Artikel ist nicht anzuwenden auf die Fristen des Absatzes 2 sowie der Artikel 61 Absatz 3, 76 Absatz 3, 78 Absatz 2, 79 Absatz 2, 87 Absatz 1 und 94 Absatz 2.

(6) Wer in einem benannten Vertragsstaat in gutem Glauben die Erfindung, die Gegenstand einer veröffentlichten europäischen Patentanmeldung oder eines europäischen Patents ist, in der Zeit zwischen dem Eintritt eines Rechtsverlusts nach Absatz 1 und der Bekanntmachung des Hinweises auf die Wiedereinsetzung in den vorigen Stand in Benutzung genommen oder wirkliche und ernsthafte Veranstaltungen zur Benutzung getroffen hat, darf die Benutzung in seinem Betrieb oder für die Bedürfnisse seines Betriebs unentgeltlich fortsetzen.

(7) Dieser Artikel lässt das Recht eines Vertragsstaats unberührt, Wiedereinsetzung in den vorigen Stand in Fristen zu gewähren, die in diesem Übereinkommen vorgesehen und den Behörden dieses Staats gegenüber einzuhalten sind.

Art. 123 Änderungen

(1) Die Voraussetzungen, unter denen eine europäische Patentanmeldung oder ein europäisches Patent im Verfahren vor dem Europäischen Patentamt geändert werden kann, sind in der Ausführungsordnung[34] geregelt. In jedem Fall ist dem Anmelder zumindest einmal Gelegenheit zu geben, von sich aus die Beschreibung, die Patentansprüche und die Zeichnungen zu ändern.

(2) Eine europäische Patentanmeldung und ein europäisches Patent dürfen nicht in der Weise geändert werden, dass ihr Gegenstand über den Inhalt der Anmeldung in der ursprünglich eingereichten Fassung hinausgeht.

(3) Im Einspruchsverfahren dürfen die Patentansprüche des europäischen Patents nicht in der Weise geändert werden, dass der Schutzbereich erweitert wird.

Art. 124 Angaben über nationale Patentanmeldungen

(1) Die Prüfungsabteilung oder die Beschwerdekammer kann den Anmelder auffordern, innerhalb einer von ihr zu bestimmenden Frist die Staaten anzugeben, in denen er nationale Patentanmeldungen für die Erfindung oder einen Teil der Erfindung, die Gegenstand der europäischen Patentanmeldung ist, eingereicht hat, und die Aktenzeichen der genannten Anmeldungen mitzuteilen.

(2) Unterlässt es der Anmelder, auf eine Aufforderung nach Absatz 1 rechtzeitig zu antworten, so gilt die europäische Patentanmeldung als zurückgenommen.

Art. 125 Heranziehung allgemeiner Grundsätze

Soweit dieses Übereinkommen Vorschriften über das Verfahren nicht enthält, berücksichtigt das Europäische Patentamt die in den Vertragsstaaten im allgemeinen anerkannten Grundsätze des Verfahrensrechts.

Art. 126 Beendigung von Zahlungsverpflichtungen

(1) Ansprüche der Organisation auf Zahlung von Gebühren an das Europäische Patentamt erlöschen nach vier Jahren nach Ablauf des Kalenderjahrs, in dem die Gebühr fällig geworden ist.

---

[34] SR **0.232.142.21**

(2) Ansprüche gegen die Organisation auf Rückerstattung von Gebühren oder von Geldbeträgen, die bei der Entrichtung einer Gebühr zuviel gezahlt worden sind, durch das Europäische Patentamt erlöschen nach vier Jahren nach Ablauf des Kalenderjahrs, in dem der Anspruch entstanden ist.

(3) Die in den Absätzen 1 und 2 vorgesehene Frist wird im Fall des Absatzes 1 durch eine Aufforderung zur Zahlung der Gebühr und im Fall des Absatzes 2 durch eine schriftliche Geltendmachung des Anspruchs unterbrochen. Diese Frist beginnt mit der Unterbrechung erneut zu laufen und endet spätestens sechs Jahre nach Ablauf des Jahrs, in dem sie ursprünglich zu laufen begonnen hat, es sei denn, dass der Anspruch gerichtlich geltend gemacht worden ist; in diesem Fall endet die Frist frühestens ein Jahr nach der Rechtskraft der Entscheidung.

Kapitel II Unterrichtung der Öffentlichkeit und Behörden

Art. 127   **Europäisches Patentregister**

Das Europäische Patentamt führt ein Patentregister mit der Bezeichnung europäisches Patentregister, in dem alle Angaben vermerkt werden, deren Eintragung in diesem Übereinkommen vorgeschrieben ist. Vor der Veröffentlichung der europäischen Patentanmeldung erfolgt keine Eintragung in das Patentregister. Jedermann kann in das Patentregister Einsicht nehmen.

Art. 128   **Akteneinsicht**

(1) Einsicht in die Akten europäischer Patentanmeldungen, die noch nicht veröffentlicht worden sind, wird nur mit Zustimmung des Anmelders gewährt.

(2) Wer nachweist, dass der Anmelder sich ihm gegenüber auf seine europäische Patentanmeldung berufen hat, kann vor der Veröffentlichung dieser Anmeldung und ohne Zustimmung des Anmelders Akteneinsicht verlangen.

(3) Nach der Veröffentlichung einer europäischen Teilanmeldung oder einer nach Artikel 61 Absatz 1 eingereichten neuen europäischen Patentanmeldung kann jedermann Einsicht in die Akten der früheren Anmeldung ungeachtet deren Veröffentlichung und ohne Zustimmung des Anmelders verlangen.

(4) Nach der Veröffentlichung der europäischen Patentanmeldung wird vorbehaltlich der in der Ausführungsordnung[35] vorgeschriebenen Beschränkungen auf Antrag Einsicht in die Akten der europäischen Patentanmeldung und des darauf erteilten europäischen Patents gewährt.

(5) Das Europäische Patentamt kann folgende Angaben bereits vor der Veröffentlichung der europäischen Patentanmeldung Dritten gegenüber machen oder veröffentlichen:

a)   Nummer der europäischen Patentanmeldung;

b)   Anmeldetag der europäischen Patentanmeldung und, wenn die Priorität einer früheren Anmeldung in Anspruch genommen worden ist, Tag, Staat und Aktenzeichen der früheren Anmeldung;

c)   Name des Anmelders;

---

[35] SR **0.232.142.21**

d) Bezeichnung der Erfindung;
e) die benannten Vertragsstaaten.

Art. 129 Regelmässig erscheinende Veröffentlichungen

Das Europäische Patentamt gibt regelmässig folgende Veröffentlichungen heraus:

a) ein Europäisches Patentblatt, das die Eintragungen in das europäische Patentregister wiedergibt sowie sonstige Angaben enthält, deren Veröffentlichung in diesem Übereinkommen vorgeschrieben ist;

b) ein Amtsblatt des Europäischen Patentamts, das allgemeine Bekanntmachungen und Mitteilungen des Präsidenten des Europäischen Patentamts sowie sonstige dieses Übereinkommen und seine Anwendung betreffende Veröffentlichungen enthält.

Art. 130 Gegenseitige Unterrichtung

(1) Das Europäische Patentamt und vorbehaltlich der Anwendung der in Artikel 75 Absatz 2 genannten Rechts- und Verwaltungsvorschriften die Zentralbehörden für den gewerblichen Rechtsschutz der Vertragsstaaten übermitteln einander auf Ersuchen sachdienliche Angaben über die Einreichung europäischer oder nationaler Patentanmeldungen und über Verfahren, die diese Anmeldungen und die darauf erteilten Patente betreffen.

(2) Absatz 1 gilt nach Massgabe von Arbeitsabkommen auch für die Übermittlung von Angaben zwischen dem Europäischen Patentamt und

a) den Zentralbehörden für den gewerblichen Rechtsschutz der Staaten, die nicht Vertragsstaaten sind,

b) den zwischenstaatlichen Organisationen, die mit der Erteilung von Patenten beauftragt sind, und

c) jeder anderen Organisation.

(3) Die Übermittlung von Angaben nach Absatz 1 und Absatz 2 Buchstaben a und b unterliegt nicht den Beschränkungen des Artikels 128. Der Verwaltungsrat kann beschliessen, dass die Übermittlung von Angaben nach Absatz 2 Buchstabe c den genannten Beschränkungen nicht unterliegt, sofern die betreffende Organisation die übermittelten Angaben bis zur Veröffentlichung der europäischen Patentanmeldung vertraulich behandelt.

Art. 131 Amts- und Rechtshilfe

(1) Das Europäische Patentamt und die Gerichte oder Behörden der Vertragsstaaten unterstützen einander auf Antrag durch die Erteilung von Auskünften oder die Gewährung von Akteneinsicht, soweit nicht Vorschriften dieses Übereinkommens oder des nationalen Rechts entgegenstehen. Gewährt das Europäische Patentamt Gerichten, Staatsanwaltschaften oder Zentralbehörden für den gewerblichen Rechtsschutz Akteneinsicht, so unterliegt diese nicht den Beschränkungen des Artikels 128.

(2) Die Gerichte oder andere zuständige Behörden der Vertragsstaaten nehmen für das Europäische Patentamt auf dessen Ersuchen um Rechtshilfe Beweisaufnahmen oder andere gerichtliche Handlungen innerhalb ihrer Zuständigkeit vor.

Art. 132 **Austausch von Veröffentlichungen**

(1) Das Europäische Patentamt und die Zentralbehörden für den gewerblichen Rechtsschutz der Vertragsstaaten übermitteln einander auf entsprechendes Ersuchen kostenlos für ihre eigenen Zwecke ein oder mehrere Exemplare ihrer Veröffentlichungen.

(2) Das Europäische Patentamt kann Vereinbarungen über den Austausch oder die Übermittlung von Veröffentlichungen treffen.

Kapitel III Vertretung

Art. 133 **Allgemeine Grundsätze der Vertretung**

(1) Vorbehaltlich Absatz 2 ist niemand verpflichtet, sich in den durch dieses Übereinkommen geschaffenen Verfahren durch einen zugelassenen Vertreter vertreten zu lassen.

(2) Natürliche oder juristische Personen, die weder Wohnsitz noch Sitz in einem Vertragsstaat haben, müssen in jedem durch dieses Übereinkommen geschaffenen Verfahren durch einen zugelassenen Vertreter vertreten sein und Handlungen mit Ausnahme der Einreichung einer europäischen Patentanmeldung durch ihn vornehmen; in der Ausführungsordnung[36] können weitere Ausnahmen zugelassen werden.

(3) Natürliche oder juristische Personen mit Wohnsitz oder Sitz in einem Vertragsstaat können in jedem durch dieses Übereinkommen geschaffenen Verfahren durch einen ihrer Angestellten handeln, der kein zugelassener Vertreter zu sein braucht, aber einer Vollmacht nach Massgabe der Ausführungsordnung bedarf. In der Ausführungsordnung kann vorgeschrieben werden, ob und unter welchen Voraussetzungen Angestellte einer juristischen Person für andere juristische Personen mit Sitz im Hoheitsgebiet eines Vertragsstaats, die mit ihr wirtschaftlich verbunden sind, handeln können.

(4) In der Ausführungsordnung können Vorschriften über die gemeinsame Vertretung mehrerer Beteiligter, die gemeinsam handeln, vorgesehen werden.

Art. 134 **Zugelassene Vertreter**

(1) Die Vertretung natürlicher oder juristischer Personen in den durch dieses Übereinkommen geschaffenen Verfahren kann nur durch zugelassene Vertreter wahrgenommen werden, die in einer beim Europäischen Patentamt geführten Liste eingetragen sind.

(2) In die Liste der zugelassenen Vertreter kann jede natürliche Person eingetragen werden, die folgende Voraussetzungen erfüllt:

a) sie muss die Staatsangehörigkeit eines Vertragsstaats besitzen;

b) sie muss ihren Geschäftssitz oder Arbeitsplatz im Hoheitsgebiet eines Vertragsstaats haben;

c) sie muss die europäische Eignungsprüfung bestanden haben.

(3) Die Eintragung erfolgt aufgrund eines Antrags, dem die Bescheinigungen beizufügen sind, aus denen sich die Erfüllung der in Absatz 2 genannten Voraussetzungen ergibt.

---

[36] SR **0.232.142.21**

(4) Die Personen, die in der Liste der zugelassenen Vertreter eingetragen sind, sind berechtigt, in den durch dieses Übereinkommen geschaffenen Verfahren aufzutreten.

(5) Jede Person, die in der Liste der zugelassenen Vertreter eingetragen ist, ist berechtigt, zur Ausübung ihrer Tätigkeit als zugelassener Vertreter einen Geschäftssitz in jedem Vertragsstaat zu begründen, in dem die Verfahren durchgeführt werden, die durch dieses Übereinkommen unter Berücksichtigung des dem Übereinkommen beigefügten Zentralisierungsprotokolls[37] geschaffen worden sind. Die Behörden dieses Staats können diese Berechtigung nur im Einzelfall in Anwendung der zum Schutz der öffentlichen Sicherheit und Ordnung erlassenen Rechtsvorschriften entziehen. Vor einer solchen Massnahme ist der Präsident des Europäischen Patentamts zu hören.

(6) Der Präsident des Europäischen Patentamts kann in besonders gelagerten Fällen von der Voraussetzung nach Absatz 2 Buchstabe a Befreiung erteilen.

(7) Die Vertretung in den durch dieses Übereinkommen geschaffenen Verfahren kann wie von einem zugelassenen Vertreter auch von jedem Rechtsanwalt, der in einem Vertragsstaat zugelassen ist und seinen Geschäftssitz in diesem Staat hat, in dem Umfang wahrgenommen werden, in dem er in diesem Staat die Vertretung auf dem Gebiet des Patentwesens ausüben kann. Absatz 5 ist entsprechend anzuwenden.

(8) Der Verwaltungsrat kann folgende Vorschriften erlassen:

a) über die Vorbildung und Ausbildung, die eine Person besitzen muss, um zu der europäischen Eignungsprüfung zugelassen zu werden, und die Durchführung dieser Eignungsprüfung;

b) über die Errichtung oder Anerkennung eines Instituts, in dem die aufgrund der europäischen Eignungsprüfung oder nach Artikel 163 Absatz 7 zugelassenen Vertreter zusammengeschlossen sind, und

c) über die Disziplinargewalt, die dieses Institut oder das Europäische Patentamt über diese Personen besitzt.

Achter Teil   Auswirkungen auf das nationale Recht

Kapitel I   Umwandlung in eine nationale Patentanmeldung

Art. 135   Umwandlungsantrag

(1) Die Zentralbehörde für den gewerblichen Rechtsschutz eines benannten Vertragsstaats leitet das Verfahren zur Erteilung eines nationalen Patents nur auf Antrag des Anmelders oder Inhabers eines europäischen Patents in den folgenden Fällen ein:

a) wenn die europäische Patentanmeldung nach Artikel 77 Absatz 5 oder Artikel 162 Absatz 4 als zurückgenommen gilt;

b) in den sonstigen vom nationalen Recht vorgesehenen Fällen, in denen nach diesem Übereinkommen die europäische Patentanmeldung zurückgewiesen oder zurückgenommen worden ist oder als zurückgenommen gilt oder das europäische Patent widerrufen worden ist.

---

[37] Dieses Protokoll findet sich in SR **0.232.142.24**

(2) Der Umwandlungsantrag muss innerhalb von drei Monaten nach dem Tag eingereicht werden, an dem die europäische Patentanmeldung zurückgenommen worden ist oder die Mitteilung, dass die Anmeldung als zurückgenommen gilt, oder die Entscheidung über die Zurückweisung der Anmeldung oder über den Widerruf des europäischen Patents zugestellt worden ist. Die in Artikel 66 vorgeschriebene Wirkung erlischt, wenn der Antrag nicht rechtzeitig eingereicht worden ist.

Art. 136   **Einreichung und Übermittlung des Antrags**

(1) Der Umwandlungsantrag ist beim Europäischen Patentamt zu stellen; im Antrag sind die Vertragsstaaten zu bezeichnen, in denen die Einleitung des Verfahrens zur Erteilung eines nationalen Patents gewünscht wird. Der Antrag gilt erst als gestellt, wenn die Umwandlungsgebühr entrichtet worden ist. Das Europäische Patentamt übermittelt den Umwandlungsantrag den Zentralbehörden für den gewerblichen Rechtsschutz der im Antrag bezeichneten Vertragsstaaten und fügt eine Kopie der Akten der europäischen Patentanmeldung oder des europäischen Patents bei.

(2) Ist dem Anmelder die Mitteilung zugestellt worden, dass die europäische Patentanmeldung nach Artikel 77 Absatz 5 als zurückgenommen gilt, so ist der Umwandlungsantrag bei der Zentralbehörde für den gewerblichen Rechtsschutz zu stellen, bei der die Anmeldung eingereicht worden ist. Diese Behörde leitet vorbehaltlich der Vorschriften über die nationale Sicherheit den Antrag mit einer Kopie der europäischen Patentanmeldung unmittelbar an die Zentralbehörden für den gewerblichen Rechtsschutz der vom Anmelder in dem Antrag bezeichneten Vertragsstaaten weiter. Die in Artikel 66 vorgeschriebene Wirkung erlischt, wenn der Antrag nicht innerhalb von zwanzig Monaten nach dem Anmeldetag oder, wenn eine Priorität in Anspruch genommen worden ist, nach dem Prioritätstag weitergeleitet wird.

Art. 137   **Formvorschriften für die Umwandlung**

(1) Eine europäische Patentanmeldung, die nach Artikel 136 übermittelt worden ist, darf nicht solchen Formerfordernissen des nationalen Rechts unterworfen werden, die von denen abweichen, die im Übereinkommen vorgesehen sind oder über sie hinausgehen.

(2) Die Zentralbehörde für den gewerblichen Rechtsschutz, der die europäische Patentanmeldung übermittelt worden ist, kann verlangen, dass der Anmelder innerhalb einer Frist, die nicht weniger als zwei Monate betragen darf,

a) die nationale Anmeldegebühr entrichtet und

b) eine Übersetzung der europäischen Patentanmeldung in einer der Amtssprachen des betreffenden Staats einreicht, und zwar in der ursprünglichen Fassung der Anmeldung und gegebenenfalls in der im Verfahren vor dem Europäischen Patentamt geänderten Fassung, die der Anmelder dem nationalen Verfahren zugrunde zu legen wünscht.

Kapitel II   Nichtigkeit und ältere Rechte

Art. 138   **Nichtigkeitsgründe**

(1) Vorbehaltlich Artikel 139 kann aufgrund des Rechts eines Vertragsstaats das europäische Patent mit Wirkung für das Hoheitsgebiet dieses Staats nur für nichtig erklärt werden, wenn

a) der Gegenstand des europäischen Patents nach den Artikeln 52 bis 57 nicht patentfähig ist;
b) das europäische Patent die Erfindung nicht so deutlich und vollständig offenbart, dass ein Fachmann sie ausführen kann;
c) der Gegenstand des europäischen Patents über den Inhalt der Anmeldung in der eingereichten Fassung oder, wenn das Patent auf einer europäischen Teilanmeldung oder einer nach Artikel 61 eingereichten neuen europäischen Patentanmeldung beruht, über den Inhalt der früheren Anmeldung in der ursprünglich eingereichten Fassung hinausgeht;
d) der Schutzbereich des europäischen Patents erweitert worden ist;
e) der Inhaber des europäischen Patents nicht nach Artikel 60 Absatz 1 berechtigt ist.

(2) Betreffen die Nichtigkeitsgründe nur einen Teil des europäischen Patents, so wird die Nichtigkeit durch entsprechende Beschränkung dieses Patents erklärt. Wenn es das nationale Recht zulässt, kann die Beschränkung in Form einer Änderung der Patentansprüche, der Beschreibung oder der Zeichnung erfolgen.

Art. 139 Ältere Rechte und Rechte mit gleichem Anmelde- oder Prioritätstag

(1) In jedem benannten Vertragsstaat haben eine europäische Patentanmeldung und ein europäisches Patent gegenüber einer nationalen Patentanmeldung und einem nationalen Patent die gleiche Wirkung als älteres Recht wie eine nationale Patentanmeldung und ein nationales Patent.

(2) Eine nationale Patentanmeldung und ein nationales Patent in einem Vertragsstaat haben gegenüber einem europäischen Patent, soweit dieser Vertragsstaat benannt ist, die gleiche Wirkung als älteres Recht wie gegenüber einem nationalen Patent.

(3) Jeder Vertragsstaat kann vorschreiben, ob und unter welchen Voraussetzungen eine Erfindung, die sowohl in einer europäischen Patentanmeldung oder einem europäischen Patent als auch in einer nationalen Patentanmeldung oder einem nationalen Patent mit gleichem Anmeldetag oder, wenn eine Priorität in Anspruch genommen worden ist, mit gleichem Prioritätstag offenbart ist, gleichzeitig durch europäische und nationale Anmeldungen oder Patente geschützt werden kann.

Kapitel III   Sonstige Auswirkungen

Art. 140 Nationale Gebrauchsmuster und Gebrauchszertifikate

Die Artikel 66, 124, 135 bis 137 und 139 sind in den Vertragsstaaten, deren Recht Gebrauchsmuster oder Gebrauchszertifikate vorsieht, auf diese Schutzrechte und deren Anmeldungen entsprechend anzuwenden.

Art. 141 Jahresgebühren für das europäische Patent

(1) Jahresgebühren für das europäische Patent können nur für die sich an das in Artikel 86 Absatz 4 genannte Jahr anschliessenden Jahre erhoben werden.

(2) Werden Jahresgebühren für das europäische Patent innerhalb von zwei Monaten nach der Bekanntmachung des Hinweises auf die Erteilung des europäischen Patents fällig, so gelten diese Jahresgebühren als wirksam entrichtet, wenn sie innerhalb der genannten Frist gezahlt werden. Eine nach nationalem Recht vorgesehene Zuschlagsgebühr wird nicht erhoben.

Neunter Teil Besondere Übereinkommen

Art. 142   **Einheitliche Patente**

(1) Eine Gruppe von Vertragsstaaten, die in einem besonderen Übereinkommen bestimmt hat, dass die für diese Staaten erteilten europäischen Patente für die Gesamtheit ihrer Hoheitsgebiete einheitlich sind, kann vorsehen, dass europäische Patente nur für alle diese Staaten gemeinsam erteilt werden können.

(2) Hat eine Gruppe von Vertragsstaaten von der Ermächtigung in Absatz 1 Gebrauch gemacht, so sind die Vorschriften dieses Teils anzuwenden.

Art. 143   **Besondere Organe des Europäischen Patentamts**

(1) Die Gruppe von Vertragsstaaten kann dem Europäischen Patentamt zusätzliche Aufgaben übertragen.

(2) Für die Durchführung der in Absatz 1 genannten zusätzlichen Aufgaben können im Europäischen Patentamt besondere, den Vertragsstaaten der Gruppe gemeinsame Organe gebildet werden. Die Leitung dieser besonderen Organe obliegt dem Präsidenten des Europäischen Patentamts; Artikel 10 Absätze 2 und 3 sind entsprechend anzuwenden.

Art. 144   **Vertretung vor den besonderen Organen**

Die Gruppe von Vertragsstaaten kann die Vertretung vor den in Artikel 143 Absatz 2 genannten Organen besonders regeln.

Art. 145   **Engerer Ausschuss des Verwaltungsrats**

(1) Die Gruppe von Vertragsstaaten kann zur Überwachung der Tätigkeit der nach Artikel 143 Absatz 2 gebildeten besonderen Organe einen engeren Ausschuss des Verwaltungsrats einsetzen, dem das Europäische Patentamt das Personal, die Räumlichkeiten und die Ausstattung zur Verfügung stellt, die er zur Durchführung seiner Aufgaben benötigt. Der Präsident des Europäischen Patentamts ist dem engeren Ausschuss des Verwaltungsrats gegenüber für die Tätigkeit der besonderen Organe verantwortlich.

(2) Die Zusammensetzung, die Zuständigkeit und die Tätigkeit des engeren Ausschusses bestimmt die Gruppe von Vertragsstaaten.

Art. 146   **Deckung der Kosten für die Durchführung besonderer Aufgaben**

Sind dem Europäischen Patentamt nach Artikel 143 zusätzliche Aufgaben übertragen worden, so trägt die Gruppe von Vertragsstaaten die der Organisation bei der Durchführung dieser Aufgaben entstehenden Kosten. Sind für die Durchführung dieser Aufgaben im Europäischen Patentamt besondere Organe gebildet worden, so trägt die Gruppe die diesen Organen zurechenbaren Kosten für das Personal, die Räumlichkeiten und die Ausstattung. Artikel 39 Absätze 3 und 4, Artikel 41 und 47 sind entsprechend anzuwenden.

Art. 147   **Zahlungen aufgrund der für die Aufrechterhaltung des einheitlichen Patents erhobenen Gebühren**

Hat die Gruppe von Vertragsstaaten für das europäische Patent einheitliche Jahresgebühren festgesetzt, so bezieht sich der Anteil nach Artikel 39 Absatz 1 auf diese einheitlichen Gebühren; der Mindestbetrag nach Artikel 39 Absatz 1 bezieht sich auf das einheitliche Patent. Artikel 39 Absätze 3 und 4 ist entsprechend anzuwenden.

Art. 148   **Die europäische Patentanmeldung als Gegenstand des Vermögens**

(1) Artikel 74 ist anzuwenden, wenn die Gruppe von Vertragsstaaten nichts anderes bestimmt hat.

(2) Die Gruppe von Vertragsstaaten kann vorschreiben, dass die europäische Patentanmeldung, soweit für sie diese Vertragsstaaten benannt sind, nur für alle diese Vertragsstaaten und nur nach den Vorschriften des besonderen Übereinkommens Gegenstand eines Rechtsübergangs sein sowie belastet oder Zwangsvollstreckungsmassnahmen unterworfen werden kann.

Art. 149   **Gemeinsame Benennung**

(1) Die Gruppe von Vertragsstaaten kann vorschreiben, dass ihre Benennung nur gemeinsam erfolgen kann und dass die Benennung eines oder mehrerer der Vertragsstaaten der Gruppe als Benennung aller dieser Vertragsstaaten gilt.

(2) Ist das Europäische Patentamt nach Artikel 153 Absatz 1 Bestimmungsamt, so ist Absatz 1 anzuwenden, wenn der Anmelder in der internationalen Anmeldung mitgeteilt hat, dass er für einen oder mehrere der benannten Staaten der Gruppe ein europäisches Patent begehrt. Das gleiche gilt, wenn der Anmelder in der internationalen Anmeldung einen dieser Gruppe angehörenden Vertragsstaat benannt hat, dessen Recht vorschreibt, dass eine Bestimmung dieses Staats die Wirkung einer Anmeldung für ein europäisches Patent hat.

Zehnter Teil   Internationale Anmeldung nach dem Vertrag über die internationale Zusammenarbeit auf dem Gebiet des Patentwesens

Art. 150   **Anwendung des Vertrags über die internationale Zusammenarbeit auf dem Gebiet des Patentwesens**

(1) Der Vertrag über die internationale Zusammenarbeit auf dem Gebiet des Patentwesens vom 19. Juni 1970, im folgenden Zusammenarbeitsvertrag genannt, ist nach Massgabe dieses Teils anzuwenden.

(2) Internationale Anmeldungen nach dem Zusammenarbeitsvertrag können Gegenstand von Verfahren vor dem Europäischen Patentamt sein. In diesen Verfahren sind der Zusammenarbeitsvertrag und ergänzend dieses Übereinkommen anzuwenden. Stehen die Vorschriften dieses Übereinkommens denen des Zusammenarbeitsvertrags entgegen, so sind die Vorschriften des Zusammenarbeitsvertrags massgebend. Insbesondere läuft die in Artikel 94 Absatz 2 dieses Übereinkommens genannte Frist zur Stellung des Prüfungsantrags für eine internationale Anmeldung nicht vor der in Artikel 22 oder 39 des Zusammenarbeitsvertrags genannten Frist ab.

(3) Eine internationale Anmeldung, für die das Europäische Patentamt als Bestimmungsamt oder ausgewähltes Amt tätig wird, gilt als europäische Patentanmeldung.

(4) Soweit in diesem Übereinkommen auf den Zusammenarbeitsvertrag Bezug genommen ist, erstreckt sich die Bezugnahme auch auf dessen Ausführungsordnung[38].

---

[38] SR **0.232.141.11**

Art. 151   **Das Europäische Patentamt als Anmeldeamt**

(1) Das Europäische Patentamt kann Anmeldeamt in Sinn des Artikels 2 Ziffer xv des Zusammenarbeitsvertrags sein, wenn der Anmelder Staatsangehöriger eines Vertragsstaats dieses Übereinkommens ist, für den der Zusammenarbeitsvertrag in Kraft getreten ist; das gleiche gilt, wenn der Anmelder in diesem Staat seinen Wohnsitz oder Sitz hat.

(2) Das Europäische Patentamt kann auch Anmeldeamt sein, wenn der Anmelder Staatsangehöriger eines Staats ist, der nicht Vertragsstaat dieses Übereinkommens, jedoch Vertragsstaat des Zusammenarbeitsvertrags ist und der mit der Organisation eine Vereinbarung geschlossen hat, nach der das Europäische Patentamt nach Massgabe des Zusammenarbeitsvertrags anstelle des nationalen Amts dieses Staats als Anmeldeamt tätig wird; das gleiche gilt, wenn der Anmelder in diesem Staat seinen Wohnsitz oder Sitz hat.

(3) Vorbehaltlich der vorherigen Zustimmung des Verwaltungsrats wird das Europäische Patentamt aufgrund einer zwischen der Organisation und dem Internationalen Büro der Weltorganisation für geistiges Eigentum geschlossenen Vereinbarung auch für andere Anmelder als Anmeldeamt tätig.

Art. 152   **Einreichung und Weiterleitung der internationalen Anmeldung**

(1) Wählt der Anmelder das Europäische Patentamt als Anmeldeamt für seine internationale Anmeldung, so hat er diese unmittelbar beim Europäischen Patentamt einzureichen. Artikel 75 Absatz 2 ist jedoch entsprechend anzuwenden.

(2) Die Vertragsstaaten ergreifen im Fall der Einreichung einer internationalen Anmeldung beim Europäischen Patentamt durch Vermittlung der zuständigen Zentralbehörde für den gewerblichen Rechtsschutz alle geeigneten Massnahmen, um sicherzustellen, dass die Anmeldungen so rechtzeitig an das Europäische Patentamt weitergeleitet werden, dass dieses den Übermittlungspflichten nach dem Zusammenarbeitsvertrag rechtzeitig genügen kann.

(3) Für die internationale Anmeldung ist die Übermittlungsgebühr zu zahlen, die innerhalb eines Monats nach Eingang der Anmeldung zu entrichten ist.[39]

Art. 153   **Das Europäische Patentamt als Bestimmungsamt**

(1) Das Europäische Patentamt ist Bestimmungsamt im Sinn des Artikels 2 Ziffer xiii des Zusammenarbeitsvertrags für die in der internationalen Anmeldung benannten Vertragsstaaten dieses Übereinkommens, für die der Zusammenarbeitsvertrag in Kraft getreten ist, wenn der Anmelder in der internationalen Anmeldung dem Anmeldeamt mitgeteilt hat, dass er für diese Staaten ein europäisches Patent begehrt. Das gleiche gilt, wenn der Anmelder in der internationalen Anmeldung einen Vertragsstaat benannt hat, dessen Recht vorschreibt, dass eine Bestimmung dieses Staats die Wirkung einer Anmeldung für ein europäisches Patent hat.

(2) Für Entscheidungen, die das Europäische Patentamt als Bestimmungsamt nach Artikel 25 Absatz 2 Buchstabe a des Zusammenarbeitsvertrags zu treffen hat, sind die Prüfungsabteilungen zuständig.

---

[39] Fassung gemäss Art. 1 des Beschlusses vom 21. Dez. 1978, in Kraft seit 1. März 1979 (AS **1979** 621).

Art. 154 **Das Europäische Patentamt als Internationale Recherchenbehörde**

(1) Vorbehaltlich einer zwischen der Organisation und dem Internationalen Büro der Weltorganisation für geistiges Eigentum geschlossenen Vereinbarung wird das Europäische Patentamt für Anmelder, die Staatsangehörige eines Vertragsstaats sind, für den der Zusammenarbeitsvertrag in Kraft getreten ist, als Internationale Recherchenbehörde im Sinn des Kapitels I des Zusammenarbeitsvertrags tätig; das gleiche gilt, wenn der Anmelder in diesem Staat seinen Wohnsitz oder Sitz hat.

(2) Vorbehaltlich der vorherigen Zustimmung des Verwaltungsrats wird das Europäische Patentamt aufgrund einer zwischen der Organisation und dem Internationalen Büro der Weltorganisation für geistiges Eigentum geschlossenen Vereinbarung auch für andere Anmelder als Internationale Recherchenbehörde tätig.

(3) Für Entscheidungen über einen Widerspruch des Anmelders gegen eine vom Europäischen Patentamt nach Artikel 17 Absatz 3 Buchstabe a des Zusammenarbeitsvertrags für die internationale Recherche festgesetzte zusätzliche Gebühr sind die Beschwerdekammern zuständig.

Art. 155 **Das Europäische Patentamt als mit der internationalen vorläufigen Prüfung beauftragte Behörde**

(1) Vorbehaltlich einer zwischen der Organisation und dem Internationalen Büro der Weltorganisation für geistiges Eigentum geschlossenen Vereinbarung wird das Europäische Patentamt für Anmelder, die Staatsangehörige eines Vertragsstaats sind, für den Kapitel II des Zusammenarbeitsvertrags verbindlich ist, als mit der internationalen vorläufigen Prüfung beauftragte Behörde im Sinn des Kapitels II des Zusammenarbeitsvertrags tätig; das gleiche gilt, wenn der Anmelder in diesem Staat seinen Wohnsitz oder Sitz hat.

(2) Vorbehaltlich der vorherigen Zustimmung des Verwaltungsrats wird das Europäische Patentamt aufgrund einer zwischen der Organisation und dem Internationalen Büro der Weltorganisation für geistiges Eigentum geschlossenen Vereinbarung auch für andere Anmelder als mit der internationalen vorläufigen Prüfung beauftragte Behörde tätig.

(3) Für Entscheidungen über einen Widerspruch des Anmelders gegen eine vom Europäischen Patentamt nach Artikel 34 Absatz 3 Buchstabe a des Zusammenarbeitsvertrags für die internationale vorläufige Prüfung festgesetzte zusätzliche Gebühr sind die Beschwerdekammern zuständig.

Art. 156 **Das Europäische Patentamt als ausgewähltes Amt**

Das Europäische Patentamt wird als ausgewähltes Amt im Sinn des Artikels 2 Ziffer xiv des Zusammenarbeitsvertrags tätig, wenn der Anmelder einen der benannten Staaten, auf die sich Artikel 153 Absatz 1 oder Artikel 149 Absatz 2 bezieht, ausgewählt hat und für diesen Staat Kapitel II dieses Vertrags verbindlich geworden ist. Vorbehaltlich der vorherigen Zustimmung des Verwaltungsrats gilt dies auch dann, wenn der Anmelder in einem Staat seinen Wohnsitz oder Sitz hat oder Staatsangehöriger eines Staats ist, der nicht Mitglied des Zusammenarbeitsvertrags ist oder für den Kapitel II nicht verbindlich ist, sofern er einer Personengruppe angehört, der die Versammlung des Internationalen Verbands für die Zusammenarbeit auf dem Gebiet des Patentwesens durch einen Beschluss nach Artikel 31 Absatz 2 Buchstabe b des Zusammenarbeitsvertrags gestattet hat, einen Antrag auf internationale vorläufige Prüfung zu stellen.

Art. 157   **Internationaler Recherchenbericht**

(1) Unbeschadet der nachstehenden Absätze treten der internationale Recherchenbericht nach Artikel 18 des Zusammenarbeitsvertrags oder eine Erklärung nach Artikel 17 Absatz 2 Buchstabe a des Vertrags und deren Veröffentlichung nach Artikel 21 des Vertrags an die Stelle des europäischen Recherchenberichts und des Hinweises auf dessen Veröffentlichung im Europäischen Patentblatt.

(2) Vorbehaltlich der Beschlüsse des Verwaltungsrats nach Absatz 3

a) wird zu jeder internationalen Anmeldung ein ergänzender europäischer Recherchenbericht erstellt;

b) hat der Anmelder die Recherchengebühr zu zahlen, die gleichzeitig mit der nationalen Gebühr nach Artikel 22 Absatz 1 oder Artikel 39 Absatz 1 des Zusammenarbeitsvertrags zu entrichten ist. Ist die Recherchengebühr nicht rechtzeitig entrichtet worden, so gilt die Anmeldung als zurückgenommen.

(3) Der Verwaltungsrat kann beschliessen, unter welchen Voraussetzungen und in welchem Umfang

a) auf einen ergänzenden europäischen Recherchenbericht verzichtet wird;

b) die Recherchengebühr herabgesetzt wird.

(4) Der Verwaltungsrat kann die nach Absatz 3 gefassten Beschlüsse jederzeit rückgängig machen.

Art. 158   **Veröffentlichung der internationalen Anmeldung und ihre Übermittlung an das Europäische Patentamt**

(1) Die Veröffentlichung einer internationalen Anmeldung nach Artikel 21 des Zusammenarbeitsvertrags, für die das Europäische Patentamt Bestimmungsamt ist, tritt vorbehaltlich Absatz 3 an die Stelle der Veröffentlichung der europäischen Patentanmeldung und wird im Europäischen Patentblatt bekanntgemacht. Eine solche Anmeldung gilt jedoch nicht als Stand der Technik nach Artikel 54 Absatz 3, wenn die in Absatz 2 genannten Voraussetzungen nicht erfüllt sind.

(2) Die internationale Anmeldung ist dem Europäischen Patentamt in einer seiner Amtssprachen zuzuleiten. Der Anmelder hat die nationale Gebühr nach Artikel 22 Absatz 1 oder Artikel 39 Absatz 1 des Zusammenarbeitsvertrags an das Europäische Patentamt zu entrichten.

(3) Ist die internationale Anmeldung in einer Sprache veröffentlicht, die nicht eine der Amtssprachen des Europäischen Patentamts ist, so veröffentlicht das Europäische Patentamt die ihm nach Absatz 2 zugeleitete internationale Anmeldung. Vorbehaltlich Artikel 67 Absatz 3 tritt der einstweilige Schutz nach Artikel 67 Absätze 1 und 2 erst von dem Tag dieser Veröffentlichung an ein.

Elfter Teil   Übergangsbestimmungen

Art. 159   **Verwaltungsrat während einer Übergangszeit**

(1) Die in Artikel 169 Absatz 1 genannten Staaten bestellen ihre Vertreter im Verwaltungsrat; auf Einladung der Regierung der Bundesrepublik Deutschland tritt der Verwaltungsrat nicht später als zwei Monate nach Inkrafttreten des Übereinkommens zusammen, um insbesondere den Präsidenten des Europäischen Patentamts zu ernennen.

(2) Die Amtszeit des ersten nach Inkrafttreten des Übereinkommens ernannten Präsidenten des Verwaltungsrats beträgt vier Jahre.

(3) Die Amtszeit eines gewählten Mitglieds des ersten nach Inkrafttreten des Übereinkommens gebildeten Präsidiums des Verwaltungsrats beträgt fünf Jahre und die Amtszeit eines weiteren gewählten Mitglieds dieses Präsidiums vier Jahre.

Art. 160   **Ernennung von Bediensteten während einer Übergangszeit**

(1) Bis zum Erlass des Statuts der Beamten und der für die sonstigen Bediensteten des Europäischen Patentamts geltenden Beschäftigungsbedingungen stellen der Verwaltungsrat und der Präsident des Europäischen Patentamts im Rahmen ihrer Zuständigkeit das erforderliche Personal ein und schliessen zu diesem Zweck befristete Verträge. Der Verwaltungsrat kann für die Einstellung des Personals allgemeine Grundsätze aufstellen.

(2) Während einer Übergangszeit, deren Ende der Verwaltungsrat bestimmt, kann der Verwaltungsrat nach Anhörung des Präsidenten des Europäischen Patentamts zu Mitgliedern der Grossen Beschwerdekammer oder der Beschwerdekammern auch technisch vorgebildete oder rechtskundige Mitglieder nationaler Gerichte und Behörden der Vertragsstaaten ernennen, die ihre Tätigkeit in den nationalen Gerichten oder Behörden weiterhin ausüben können. Sie können für einen Zeitraum ernannt werden, der weniger als fünf Jahre beträgt, jedoch mindestens ein Jahr betragen muss; sie können wiederernannt werden.

Art. 161   **Erstes Haushaltsjahr**

(1) Das erste Haushaltsjahr der Organisation beginnt mit dem Tag des Inkrafttretens dieses Übereinkommens und endet am 31. Dezember desselben Jahrs. Beginnt das erste Haushaltsjahr in der zweiten Jahreshälfte, so endet es am 31. Dezember des folgenden Jahrs.

(2) Der Haushaltsplan für das erste Haushaltsjahr ist baldmöglichst nach Inkrafttreten dieses Übereinkommens aufzustellen. Bis zum Eingang der in Artikel 40 vorgesehenen Beiträge der Vertragsstaaten im Rahmen des ersten Haushaltsplans zahlen die Vertragsstaaten auf Verlangen des Verwaltungsrats in der von ihm festgesetzten Höhe Vorschüsse, die auf ihre Beiträge für diesen Haushaltsplan angerechnet werden. Die Vorschüsse werden nach dem in Artikel 40 vorgesehenen Aufbringungsschlüssel festgesetzt. Artikel 39 Absätze 3 und 4 ist auf die Vorschüsse entsprechend anzuwenden.

Art. 162   **Stufenweise Ausdehnung des Tätigkeitsbereichs des Europäischen Patentamts**

(1) Europäische Patentanmeldungen können von dem Tag an beim Europäischen Patentamt eingereicht werden, den der Verwaltungsrat auf Vorschlag des Präsidenten des Europäischen Patentamts bestimmt.

(2) Der Verwaltungsrat kann auf Vorschlag des Präsidenten des Europäischen Patentamts die Behandlung europäischer Patentanmeldungen von dem in Absatz 1 genannten Zeitpunkt an beschränken. Die Beschränkung kann sich auf bestimmte Gebiete der Technik beziehen. Jedoch sind die Anmeldungen in jedem Fall daraufhin zu prüfen, ob sie einen Anmeldetag haben.

(3) Ist ein Beschluss nach Absatz 2 ergangen, so kann der Verwaltungsrat die Behandlung europäischer Patentanmeldungen nicht mehr weiter beschränken.

(4) Kann eine europäische Patentanmeldung infolge der Beschränkung des Verfahrens nach Absatz 2 nicht weiterbehandelt werden, so teilt das Europäische Patentamt dies dem Anmelder mit und weist ihn darauf hin, dass er einen Umwandlungsantrag stellen kann. Mit dieser Mitteilung gilt die europäische Patentanmeldung als zurückgenommen.

Art. 163 Zugelassene Vertreter während einer Übergangszeit

(1) Während einer Übergangszeit, deren Ende der Verwaltungsrat bestimmt, kann in Abweichung von Artikel 134 Absatz 2 in die Liste der zugelassenen Vertreter jede natürliche Person eingetragen werden, die die folgenden Voraussetzungen erfüllt:

a) Die Person muss die Staatsangehörigkeit eines Vertragsstaats besitzen;
b) sie muss ihren Geschäftssitz oder Arbeitsplatz im Hoheitsgebiet eines Vertragsstaats haben;
c) sie muss befugt sein, natürliche oder juristische Personen auf dem Gebiet des Patentwesens vor der Zentralbehörde für den gewerblichen Rechtsschutz des Vertragsstaats zu vertreten, in dem sie ihren Geschäftssitz oder Arbeitsplatz hat.

(2) Die Eintragung erfolgt auf Antrag, dem eine Bescheinigung der Zentralbehörde für den gewerblichen Rechtsschutz beizufügen ist, aus der sich die Erfüllung der in Absatz 1 genannten Voraussetzungen ergibt.

(3) Unterliegt in einem Vertragsstaat die in Absatz 1 Buchstabe c genannte Befugnis nicht dem Erfordernis einer besonderen beruflichen Befähigung, so muss der Antragsteller die Vertretung auf dem Gebiet des Patentwesens vor der Zentralbehörde für den gewerblichen Rechtsschutz dieses Staats mindestens fünf Jahre lang regelmässig ausgeübt haben. Die Voraussetzung der Berufsausübung ist jedoch nicht erforderlich für Personen, deren berufliche Befähigung, natürliche oder juristische Personen auf dem Gebiet des Patentwesens vor der Zentralbehörde für den gewerblichen Rechtsschutz eines Vertragsstaats zu vertreten, nach den Vorschriften dieses Staats amtlich festgestellt worden ist. Aus der Bescheinigung der Zentralbehörde für den gewerblichen Rechtsschutz muss sich ergeben, dass der Antragsteller eine der in diesem Absatz genannten Voraussetzungen erfüllt.

(4) Der Präsident des Europäischen Patentamts kann Befreiung erteilen:

a) vom Erfordernis nach Absatz 3 Satz 1, wenn der Antragsteller nachweist, dass er die erforderliche Befähigung auf andere Weise erworben hat;
b) in besonders gelagerten Fällen vom Erfordernis nach Absatz 1 Buchstabe a.

(5) Der Präsident des Europäischen Patentamts hat von dem Erfordernis des Absatzes 1 Buchstabe a Befreiung zu erteilen, wenn der Antragsteller am 5. Oktober 1973 die Voraussetzungen des Absatzes 1 Buchstaben b und c erfüllt hat.

(6) Personen, die ihren Geschäftssitz oder Arbeitsplatz in einem Staat haben, der diesem Übereinkommen weniger als ein Jahr vor Ablauf der Übergangszeit nach Absatz 1 oder nach Ablauf der Übergangszeit beitritt, können während eines Zeitraums von einem Jahr, gerechnet vom Zeitpunkt des Wirksamwerdens des Beitritts des genannten Staats an, unter den Voraussetzungen der Absätze 1 bis 5 in die Liste der zugelassenen Vertreter eingetragen werden.

(7) Nach Ablauf der Übergangszeit bleiben unbeschadet der in Anwendung von Artikel 134 Absatz 8 Buchstabe c getroffenen Disziplinarmassnahmen Personen, die während der Übergangszeit in die Liste der zugelassenen Vertreter eingetragen worden sind, in der Liste eingetragen oder werden auf Antrag in die Liste wieder eingetragen, sofern sie die Voraussetzungen des Absatzes 1 Buchstabe b erfüllen.

Zwölfter Teil   Schlussbestimmungen

Art. 164   **Ausführungsordnung und Protokolle**

(1) Die Ausführungsordnung[40], das Anerkennungsprotokoll[41], das Protokoll über Vorrechte und Immunitäten[42], das Zentralisierungsprotokoll[43] sowie das Protokoll über die Auslegung des Artikels 69[44] sind Bestandteile des Übereinkommens.

(2) Im Fall mangelnder Übereinstimmung zwischen Vorschriften des Übereinkommens und Vorschriften der Ausführungsordnung gehen die Vorschriften des Übereinkommens vor.

Art. 165   **Unterzeichnung – Ratifikation**

(1) Dieses Übereinkommen liegt für die Staaten, die an der Regierungskonferenz über die Einführung eines europäischen Patenterteilungsverfahrens teilgenommen haben oder die über die Abhaltung dieser Konferenz unterrichtet worden sind und denen die Möglichkeit der Teilnahme geboten worden ist, bis zum 5. April 1974 zur Unterzeichnung auf.

(2) Dieses Übereinkommen bedarf der Ratifikation; die Ratifikationsurkunden werden bei der Regierung der Bundesrepublik Deutschland hinterlegt.

Art. 166   **Beitritt**

(1) Dieses Übereinkommen steht zum Beitritt offen:

a) den in Artikel 165 Absatz 1 genannten Staaten;

b) auf Einladung des Verwaltungsrats jedem anderen europäischen Staat.

(2) Jeder ehemalige Vertragsstaat, der dem Übereinkommen nach Artikel 172 Absatz 4 nicht mehr angehört, kann durch Beitritt erneut Vertragspartei des Übereinkommens werden.

(3) Die Beitrittsurkunden werden bei der Regierung der Bundesrepublik Deutschland hinterlegt.

Art. 167   **Vorbehalte**

(1) Jeder Vertragsstaat kann bei der Unterzeichnung oder bei der Hinterlegung seiner Ratifikations- oder Beitrittsurkunde nur die in Absatz 2 vorgesehenen Vorbehalte machen.

(2) Jeder Vertragsstaat kann sich vorbehalten zu bestimmen:

---

[40] SR **0.232.142.21**
[41] SR **0.232.142.22**
[42] SR **0.192.110.923.2**
[43] SR **0.232.142.24**
[44] SR **0.232.142.25**

a) dass europäische Patente übereinstimmend mit den für nationale Patente geltenden Vorschriften unwirksam sind oder für nichtig erklärt werden können, soweit sie Schutz für chemische Erzeugnisse als solche oder für Nahrungs- oder Arzneimittel als solche gewähren; ein solcher Vorbehalt berührt nicht den Schutz aus dem Patent, soweit es ein Verfahren zur Herstellung oder Verwendung eines chemischen Erzeugnisses oder ein Verfahren zur Herstellung eines Nahrungs- oder Arzneimittels betrifft;

b) dass europäische Patente übereinstimmend mit den für nationale Patente geltenden Vorschriften unwirksam sind oder für nichtig erklärt werden könne, soweit sie Schutz für landwirtschaftliche oder gartenbauliche Verfahren gewähren, auf die nicht bereits Artikel 53 Buchstabe b anzuwenden ist;

c) dass europäische Patente übereinstimmend mit den für nationale Patente geltenden Vorschriften eine kürzere Laufzeit als zwanzig Jahre haben;

d) dass das Anerkennungsprotokoll[45] für ihn nicht verbindlich sein soll.

(3) Alle von einem Vertragsstaat gemachten Vorbehalte sind für einen Zeitraum von höchstens zehn Jahren vom Inkrafttreten dieses Übereinkommens an wirksam. Hat ein Vertragsstaat Vorbehalte nach Absatz 2 Buchstabe a oder b gemacht, so kann der Verwaltungsrat mit Wirkung für diesen Staat die Frist für alle oder einen Teil der gemachten Vorbehalte um höchstens fünf Jahre verlängern, wenn dieser Staat spätestens ein Jahr vor Ablauf des Zeitraums von zehn Jahren einen begründeten Antrag stellt, der es dem Verwaltungsrat erlaubt zu entscheiden, dass dieser Vertragsstaat am Ende des Zeitraums von zehn Jahren nicht in der Lage ist, den Vorbehalt zurückzunehmen.

(4) Jeder Vertragsstaat, der einen Vorbehalt gemacht hat, nimmt ihn zurück, sobald es die Umstände gestatten. Die Zurücknahme des Vorbehalts erfolgt durch eine an die Regierung der Bundesrepublik Deutschland gerichtete Notifikation und wird einen Monat nach dem Tag des Eingangs der Notifikation wirksam.

(5) Ein nach Absatz 2 Buchstabe a, b oder c gemachter Vorbehalt erstreckt sich auf die europäischen Patente, die aufgrund von europäischen Patentanmeldungen erteilt worden sind, die während der Wirksamkeit des Vorbehalts eingereicht worden sind. Der Vorbehalt bleibt während der gesamten Geltungsdauer dieser Patente wirksam.

(6) Jeder Vorbehalt wird mit Ablauf des in Absatz 3 Satz 1 erwähnten Zeitraums und, falls der Zeitraum verlängert worden ist, mit Ablauf des verlängerten Zeitraums unwirksam; Absätze 4 und 5 bleiben unberührt.

Art. 168   Räumlicher Anwendungsbereich

(1) Jeder Vertragsstaat kann in seiner Ratifikations- oder Beitrittsurkunde oder zu jedem späteren Zeitpunkt durch eine Notifikation an die Regierung der Bundesrepublik Deutschland erklären, dass das Übereinkommen auf alle oder einzelne Hoheitsgebiete anzuwenden ist, für deren auswärtige Beziehungen er verantwortlich ist. Die für den betreffenden Vertragsstaat erteilten europäischen Patente haben auch in den Hoheitsgebieten Wirkung, für die eine solche Erklärung wirksam ist.

(2) Ist die in Absatz 1 genannte Erklärung in der Ratifikations- oder Beitrittsurkunde enthalten, so wird sie gleichzeitig mit der Ratifikation oder dem Beitritt wirksam; wird die Erklärung nach der Hinterlegung der Ratifikations- oder Beitrittsurkunde in

---

[45] SR **0.232.142.22**

einer Notifikation abgegeben, so wird diese Notifikation sechs Monate nach dem Tag ihres Eingangs bei der Regierung der Bundesrepublik Deutschland wirksam.

(3) Jeder Vertragsstaat kann jederzeit erklären, dass das Übereinkommen für alle oder einzelne Hoheitsgebiete, für die er nach Absatz 1 eine Notifikation vorgenommen hat, nicht mehr anzuwenden ist. Diese Erklärung wird ein Jahr nach dem Tag wirksam, an dem sie der Regierung der Bundesrepublik Deutschland notifiziert worden ist.

Art. 169   Inkrafttreten

(1) Dieses Übereinkommen tritt in Kraft drei Monate nach Hinterlegung der letzten Ratifikations- oder Beitrittsurkunde von sechs Staaten, in deren Hoheitsgebiet im Jahre 1970 insgesamt mindestens 180 000 Patentanmeldungen für die Gesamtheit dieser Staaten eingereicht wurden.

(2) Jede Ratifikation oder jeder Beitritt nach Inkrafttreten dieses Übereinkommens wird am ersten Tag des dritten Monats nach der Hinterlegung der Ratifikations- oder Beitrittsurkunde wirksam.

Art. 170   Aufnahmebeitrag

(1) Jeder Staat, der nach Inkrafttreten dieses Übereinkommens das Übereinkommen ratifiziert oder ihm beitritt, hat der Organisation einen Aufnahmebeitrag zu zahlen, der nicht zurückgezahlt wird.

(2) Der Aufnahmebeitrag beträgt 5% des Betrags, der sich ergibt, wenn der für den betreffenden Staat nach dem in Artikel 40 Absätze 3 und 4 vorgesehenen Aufbringungsschlüssel ermittelte Prozentsatz, der zu dem Zeitpunkt gilt, zu dem die Ratifikation oder der Beitritt wirksam wird, auf die Summe der von den übrigen Vertragsstaaten bis zum Abschluss des diesem Zeitpunkt vorangehenden Haushaltsjahr geschuldeten besonderen Finanzbeiträge angewendet wird.

(3) Werden besondere Finanzbeiträge für das Haushaltsjahr, das dem in Absatz 2 genannten Zeitpunkt vorausgeht, nicht mehr gefordert, so ist der in Absatz 2 genannte Aufbringungsschlüssel derjenige, der auf den betreffenden Staat auf der Grundlage des letzten Jahrs, für das besondere Finanzbeiträge zu zahlen waren, anzuwenden gewesen wäre.

Art. 171   Geltungsdauer des Übereinkommens

Dieses Übereinkommen wird auf unbegrenzte Zeit geschlossen.

Art. 172   Revision

(1) Dieses Übereinkommen kann durch Konferenzen der Vertragsstaaten revidiert werden.

(2) Die Konferenz wird vom Verwaltungsrat vorbereitet und einberufen. Sie ist nur beschlussfähig, wenn mindestens drei Viertel der Vertragsstaaten auf ihr vertreten sind. Die revidierte Fassung des Übereinkommens bedarf zu ihrer Annahme der Dreiviertelmehrheit der auf der Konferenz vertretenen Vertragsstaaten, die eine Stimme abgeben. Stimmenthaltung gilt nicht als Stimmabgabe.

(3) Die revidierte Fassung des Übereinkommens tritt nach Hinterlegung der Ratifikations- oder Beitrittsurkunden durch die von der Konferenz festgesetzte Anzahl von Vertragsstaaten und zu dem von der Konferenz bestimmten Zeitpunkt in Kraft.

(4) Die Staaten, die die revidierte Fassung des Übereinkommens im Zeitpunkt ihres Inkrafttretens weder ratifiziert haben noch ihr beigetreten sind, gehören von diesem Zeitpunkt dem Übereinkommen nicht mehr an.

Art. 173   Streitigkeiten zwischen Vertragsstaaten

(1) Jede Streitigkeit zwischen Vertragsstaaten über die Auslegung oder Anwendung dieses Übereinkommens, die nicht im Verhandlungsweg beigelegt worden ist, wird auf Ersuchen eines beteiligten Staats dem Verwaltungsrat unterbreitet, der sich bemüht, eine Einigung zwischen diesen Staaten herbeizuführen.

(2) Wird eine solche Einigung nicht innerhalb von sechs Monaten nach dem Tag erzielt, an dem der Verwaltungsrat mit der Streitigkeit befasst worden ist, so kann jeder beteiligte Staat die Streitigkeit dem Internationalen Gerichtshof zum Erlass einer bindenden Entscheidung unterbreiten.

Art. 174   Kündigung

Jeder Vertragsstaat kann dieses Übereinkommen jederzeit kündigen. Die Kündigung wird der Regierung der Bundesrepublik Deutschland notifiziert. Sie wird ein Jahr nach dem Tag dieser Notifikation wirksam.

Art. 175   Aufrechterhaltung wohlerworbener Rechte

(1) Hört ein Staat nach Artikel 172 Absatz 4 oder Artikel 174 auf, Vertragspartei dieses Übereinkommens zu sein, so berührt dies nicht die nach diesem Übereinkommen bereits erworbenen Rechte.

(2) Die europäischen Patentanmeldungen, die zu dem Zeitpunkt anhängig sind, zu dem ein benannter Staat aufhört, Vertragspartei dieses Übereinkommens zu sein, werden in bezug auf diesen Staat vom Europäischen Patentamt so weiterbehandelt, als ob das Übereinkommen in der nach diesem Zeitpunkt geltenden Fassung auf diesen Staat anzuwenden wäre.

(3) Absatz 2 ist auf europäische Patente anzuwenden, für die zu dem in Absatz 2 genannten Zeitpunkt ein Einspruchsverfahren anhängig oder die Einspruchsfrist noch nicht abgelaufen ist.

(4) Das Recht eines ehemaligen Vertragsstaats, ein europäisches Patent nach der Fassung des Übereinkommens zu behandeln, die auf ihn anzuwenden war, wird durch diesen Artikel nicht berührt.

Art. 176   Finanzielle Rechte und Pflichten eines ausgeschiedenen Vertragsstaats

(1) Jeder Staat, der nach Artikel 172 Absatz 4 oder Artikel 174 nicht mehr dem Übereinkommen angehört, erhält die von ihm nach Artikel 40 Absatz 2 geleisteten besonderen Finanzbeiträge von der Organisation erst zu dem Zeitpunkt und den Bedingungen zurück, zu denen die Organisation besondere Finanzbeiträge, die im gleichen Haushaltsjahr von anderen Staaten gezahlt worden sind, zurückzahlt.

(2) Der in Absatz 1 bezeichnete Staat hat den in Artikel 39 genannten Anteil an den Jahresgebühren für die in diesem Staat aufrechterhaltenen europäischen Patente auch in der Höhe weiterzuzahlen, die zu dem Zeitpunkt massgebend war, zu dem er aufgehört hat, Vertragspartei zu sein.

Art. 177 **Sprachen des Übereinkommens**

(1) Dieses Übereinkommen ist in einer Urschrift in deutscher, englischer und französischer Sprache abgefasst, wobei jeder Wortlaut gleichermassen verbindlich ist, und wird im Archiv der Regierung der Bundesrepublik Deutschland hinterlegt.

(2) Fassungen des Übereinkommens in anderen als den in Absatz 1 genannten Amtssprachen von Vertragsstaaten, die der Verwaltungsrat genehmigt hat, gelten als amtliche Fassungen. Bei Meinungsverschiedenheiten über die Auslegung der verschiedenen Fassungen sind die in Absatz 1 genannten Fassungen massgebend.

Art. 178 **Übermittlungen und Notifikationen**

(1) Die Regierung der Bundesrepublik Deutschland stellt beglaubigte Abschriften des Übereinkommens her und übermittelt sie den Regierungen aller anderen Staaten, die das Übereinkommen unterzeichnet haben oder ihm beigetreten sind.

(2) Die Regierung der Bundesrepublik Deutschland notifiziert den in Absatz 1 genannten Regierungen:

a) jede Unterzeichnung;

b) die Hinterlegung jeder Ratifikations- oder Beitrittsurkunde;

c) Vorbehalte und Zurücknahmen von Vorbehalten nach Artikel 167;

d) Erklärungen und Notifikationen nach Artikel 168;

e) den Zeitpunkt des Inkrafttretens dieses Übereinkommens;

f) Kündigungen nach Artikel 174 und jeden Zeitpunkt des Inkrafttretens dieser Kündigungen.

(3) Die Regierung der Bundesrepublik Deutschland lässt dieses Übereinkommen beim Sekretariat der Vereinten Nationen registrieren.

Zu Urkund dessen haben die hierzu ernannten Bevollmächtigten nach Vorlage ihrer in guter und gehöriger Form befundenen Vollmachten dieses Übereinkommen unterschrieben.

Geschehen zu München am fünften Oktober neunzehnhundertdreiundsiebzig.

(Es folgen die Unterschriften)

Geltungsbereich des Übereinkommens am 1. März 2003

Vertragsstaaten	Ratifikation Beitritt (B)			In-Kraft-Treten		
Belgien	14.	Juli	1977	7.	Oktober	1977
Bulgarien	30.	April	2002 B	1.	Juli	2002
Dänemark*	30.	Oktober	1989	1.	Januar	1990
Deutschland	7.	Juli	1976	7.	Oktober	1977
Estland	30.	April	2002 B	1.	Juli	2002
Finnland	29.	Dezember	1995 B	1.	März	1996
Frankreich	1.	Juli	1977	7.	Oktober	1977
Überseeische Departemente und Gebiete	1.	Juli	1977	7.	Oktober	1977
Griechenland*	24.	Juli	1986	1.	Oktober	1986
Irland	11.	Mai	1992	1.	August	1992
Italien	29.	September	1978	1.	Dezember	1978
Liechtenstein	21.	Januar	1980	1.	April	1980
Luxemburg	7.	Juli	1977	7.	Oktober	1977
Monaco	27.	September	1991	1.	Dezember	1991
Niederlande	28.	Februar	1977	7.	Oktober	1977
Österreich*	27.	Februar	1979	1.	Mai	1979
Portugal	14.	Oktober	1991 B	1.	Januar	1992
Rumänien	12.	Dezember	2002 B	1.	März	2003
Schweden	17.	Februar	1978	1.	Mai	1978
Schweiz	20.	April	1977	7.	Oktober	1977
Slowakei	17.	April	2002 B	1.	Juli	2002
Slowenien	18.	September	2002 B	1.	Dezember	2002
Spanien*	24.	Juli	1986 B	1.	Oktober	1986
Tschechische Republik	30.	April	2002 B	1.	Juli	2002
Türkei	16.	August	2000 B	1.	November	2000
Ungarn	28.	Oktober	2002 B	1.	Januar	2003
Vereinigtes Königreich	3.	März	1977	7.	Oktober	1977
Insel Man	3.	März	1977	7.	Oktober	1977
Zypern	14.	Januar	1998 B	1.	April	1998

* Vorbehalte und Erklärung siehe hiernach.

Vorbehalte und Erklärung

Dänemark

Nach Artikel 168 des Übereinkommens erklärt Dänemark, dass dieses Übereinkommen, die Ausführungsordnung und die Protokolle weder für die Färöer-Inseln noch für Grönland gelten.

Griechenland

Nach Artikel 167 Absatz 2 Buchstabe a bringt Griechenland einen Vorbehalt lediglich in bezug auf Arzneimittel an.

Österreich

1. Gemäss Artikel 167 Absatz 2 Buchstabe a:

Europäische Patente können für das Gebiet der Republik Österreich übereinstimmend mit den für nationale Patente geltenden Vorschriften für nichtig erklärt werden, soweit sie Schutz für chemische Erzeugnisse als solche oder für Nahrungs- oder Arzneimittel als solche gewähren.

2. Gemäss Artikel 167 Absatz 2 Buchstabe d:

Das Anerkennungsprotokoll ist für die Republik Österreich nicht verbindlich.

Spanien

Nach Artikel 167 Absatz 2 Buchstabe a sind europäische Patente, soweit sie Schutz für chemische Erzeugnisse als solche oder Arzneimittel als solche gewähren, in Spanien unwirksam.

Originaltext

Ausführungsordnung zum Übereinkommen über die Erteilung europäischer Patente[1]

Abgeschlossen in München am 5. Oktober 1973
Von der Bundesversammlung genehmigt am 29. November 1976[2]
Schweizerische Ratifikationsurkunde hinterlegt am 20. April 1977
In Kraft getreten für die Schweiz am 7. Oktober 1977
   (Stand am 1. Oktober 1997)

1. Teil   Ausführungsvorschriften zum ersten Teil des Übereinkommens

Kapitel I   Sprachen des Europäischen Patentamts

Regel 1   **Ausnahmen von den Vorschriften über die Verfahrenssprache im schriftlichen Verfahren**

(1) Im schriftlichen Verfahren vor dem Europäischen Patentamt kann jeder Beteiligte sich jeder Amtssprache des Europäischen Patentamts bedienen. Die in Artikel 14 Absatz 4 vorgesehene Übersetzung kann in jeder Amtssprache des Europäischen Patentamts eingereicht werden.[3]

(2) Änderungen der europäischen Patentanmeldung oder des europäischen Patents müssen in der Verfahrenssprache eingereicht werden.[4]

(3) Schriftstücke, die als Beweismittel vor dem Europäischen Patentamt verwendet werden sollen, insbesondere Veröffentlichungen, können in jeder Sprache eingereicht werden. Das Europäische Patentamt kann jedoch verlangen, dass innerhalb einer von ihm zu bestimmenden Frist, die nicht kürzer als ein Monat sein darf, eine Übersetzung in einer seiner Amtssprachen eingereicht wird.[5]

Regel 2   **Ausnahmen von den Vorschriften über die Verfahrenssprache im mündlichen Verfahren**

(1) Jeder an einem mündlichen Verfahren vor dem Europäischen Patentamt Beteiligter kann sich anstelle der Verfahrenssprache einer anderen Amtssprache des Europäischen Patentamts bedienen, sofern er dies entweder dem Europäischen Patentamt

---

[1] SR **0.232.142.2**. Im folgenden als «Übereink.» bezeichnet oder bloss mit seinen Art. zitiert.
[2] Art. 1 Ziff. 3 des BB vom 29. Nov. 1976 (AS **1977** 1709).
[3] Fassung gemäss Art. 1 Ziff. 1 des Beschlusses vom 7. Dez. 1990, in Kraft seit 1. Juni 1991 (AS **1991** 1338).
[4] Eingefügt durch Art. 1 Ziff. 1 des Beschlusses vom 7. Dez. 1990, in Kraft seit 1. Juni 1991 (AS **1991** 1338).
[5] Ursprünglich Abs. 2.

spätestens einen Monat vor dem angesetzten Termin mitgeteilt hat oder selbst für die Übersetzung in die Verfahrenssprache sorgt.[6] Jeder Beteiligte kann sich auch einer Amtssprache eines der Vertragsstaaten bedienen, sofern er selbst für die Übersetzung in die Verfahrenssprache sorgt. Von den Vorschriften dieses Absatzes kann das Europäische Patentamt Ausnahmen zulassen.

(2) Die Bediensteten des Europäischen Patentamts können sich im mündlichen Verfahren anstelle der Verfahrenssprache einer anderen Amtssprache des Europäischen Patentamts bedienen.

(3) In der Beweisaufnahme können sich die zu vernehmenden Beteiligten, Zeugen oder Sachverständigen, die sich in einer der Amtssprachen des Europäischen Patentamts oder der Vertragsstaaten nicht hinlänglich ausdrücken können, einer anderen Sprache bedienen. Ist die Beweisaufnahme auf Antrag eines Beteiligten angeordnet worden, so werden die zu vernehmenden Beteiligten, Zeugen oder Sachverständigen mit Erklärungen, die sie in anderen Sprachen als den Amtssprachen des Europäischen Patentamts abgeben, nur gehört, sofern der antragstellende Beteiligte selbst für die Übersetzung in die Verfahrenssprache sorgt; das Europäische Patentamt kann jedoch die Übersetzung in eine seiner anderen Amtssprachen zulassen.

(4) Mit Einverständnis aller Beteiligten und des Europäischen Patentamts kann in einem mündlichen Verfahren jede Sprache verwendet werden.

(5) Das Europäische Patentamt übernimmt, soweit erforderlich, auf seine Kosten die Übersetzung in die Verfahrenssprache und gegebenenfalls in seine anderen Amtssprachen, sofern ein Beteiligter nicht selbst für die Übersetzung zu sorgen hat.

(6) Erklärungen der Bediensteten des Europäischen Patentamts, der Beteiligten, Zeugen und Sachverständigen in einem mündlichen Verfahren, die in einer Amtssprache des Europäischen Patentamts abgegeben werden, werden in dieser Sprache in die Niederschrift aufgenommen. Erklärungen in einer anderen Sprache werden in der Amtssprache aufgenommen, in die sie übersetzt worden sind. Änderungen des Textes der Beschreibung und der Patentansprüche der europäischen Patentanmeldung oder des europäischen Patents werden in der Verfahrenssprache in die Niederschrift aufgenommen.[7]

Regel 3[8]

Regel 4[9] **Sprache der europäischen Teilanmeldung**

Eine europäische Teilanmeldung oder, im Fall des Artikels 14 Absatz 2, ihre Übersetzung muss in der Verfahrenssprache der früheren europäischen Patentanmeldung eingereicht werden.

---

[6] Fassung gemäss Art. 1 des Beschlusses vom 10. Juni 1988, in Kraft seit 1. Okt. 1988 (AS **1988** 1534).

[7] Fassung gemäss Art. 1 Ziff. 1 des Beschlusses vom 5. Juli 1991, in Kraft seit 1. Okt. 1991 (AS **1991** 2104).

[8] Aufgehoben durch Art. 1 Ziff. 2 des Beschlusses vom 7. Dez. 1990 (AS **1991** 1338).

[9] Fassung gemäss Art. 1 Ziff. 3 des Beschlusses vom 7. Dez. 1990, in Kraft seit 1. Juni 1991 (AS **1991** 1338).

Regel 5   **Beglaubigung von Übersetzungen**

Ist die Übersetzung eines Schriftstücks einzureichen, so kann das Europäische Patentamt innerhalb einer von ihm zu bestimmenden Frist die Einreichung einer Beglaubigung darüber verlangen, dass die Übersetzung mit dem Urtext übereinstimmt. Wird die Beglaubigung nicht rechtzeitig eingereicht, so gilt das Schriftstück als nicht eingegangen, sofern im Übereinkommen nichts anderes bestimmt ist.

Regel 6   **Fristen und Gebührenermässigung**

(1) Die in Artikel 14 Absatz 2 vorgeschriebene Übersetzung ist innerhalb von drei Monaten nach Einreichung der europäischen Patentanmeldung einzureichen, jedoch nicht später als dreizehn Monate nach dem Prioritätstag. Betrifft die Übersetzung jedoch eine europäische Teilanmeldung oder die in Artikel 61 Absatz 1 Buchstabe b vorgesehene neue europäische Patentanmeldung, so darf sie innerhalb eines Monats nach Einreichung dieser Anmeldung vorgelegt werden.[10]

(2) Die in Artikel 14 Absatz 4 vorgeschriebene Übersetzung ist innerhalb eines Monats nach Einreichung des Schriftstücks einzureichen. Ist das Schriftstück ein Einspruch oder eine Beschwerde, so verlängert sich die genannte Frist gegebenenfalls bis zum Ablauf der Einspruchs- oder Beschwerdefrist.

(3) Macht ein Anmelder, Patentinhaber oder Einsprechender von den durch Artikel 14 Absätze 2 und 4 eröffneten Möglichkeiten Gebrauch, so werden dementsprechend die Anmeldegebühr, die Prüfungsgebühr, die Einspruchsgebühr und die Beschwerdegebühr ermässigt. Die Ermässigung wird in der Gebührenordnung in Höhe eines Prozentsatzes der Gebühren festgelegt.

Regel 7   **Rechtliche Bedeutung der Übersetzung der europäischen Patentanmeldung**

Das Europäische Patentamt kann, soweit nicht der Gegenbeweis erbracht wird, für die Bestimmung, ob der Gegenstand der europäischen Patentanmeldung oder des europäischen Patents nicht über den Inhalt der Anmeldung in der ursprünglich eingereichten Fassung hinausgeht, davon ausgehen, dass die in Artikel 14 Absatz 2 genannte Übersetzung mit dem ursprünglichen Text der Anmeldung übereinstimmt.

Kapitel II   Organisation des Europäischen Patentamts

Regel 8   **Patentklassifikation**

(1) Das Europäische Patentamt benutzt

a) bis zum Inkrafttreten des Strassburger Abkommens über die Internationale Patentklassifikation vom 24. März 1971[11] die Patentklassifikation, die in Artikel 1 der Europäischen Übereinkunft über die Internationale Patentklassifikation vom 19. Dezember 1954[12] vorgesehen ist;

---

[10] Fassung gemäss Art. 2 des Beschlusses vom 20. Okt. 1977, in Kraft seit 1. Febr. 1978 (AS **1978** 588).

[11] SR **0.232.143.1**

[12] [AS **1967** 866. AS **1975** 1830]

b) nach Inkrafttreten des genannten Strassburger Abkommens die in Artikel 1 dieses Abkommens vorgesehene Patentklassifikation.

(2) Die Klassifikation nach Absatz 1 wird nachstehend als Internationale Klassifikation bezeichnet.

Regel 9   **Geschäftsverteilung für die erste Instanz**

(1) Der Präsident des Europäischen Patentamts bestimmt die Zahl der Recherchenabteilungen, der Prüfungsabteilungen und der Einspruchsabteilungen. Er verteilt die Geschäfte auf diese Abteilungen in Anwendung der Internationalen Klassifikation und entscheidet gegebenenfalls über die Klassifikation einer europäischen Patentanmeldung oder eines europäischen Patents nach Massgabe der Internationalen Klassifikation.

(2) Der Präsident des Europäischen Patentamts kann der Eingangsstelle, den Recherchenabteilungen, den Prüfungsabteilungen, den Einspruchsabteilungen und der Rechtsabteilung über die Zuständigkeit hinaus, die ihnen durch das Übereinkommen zugewiesen ist, weitere Aufgaben übertragen.

(3) Der Präsident des Europäischen Patentamts kann mit der Wahrnehmung einzelner den Prüfungsabteilungen oder Einspruchsabteilungen obliegender Geschäfte, die technisch oder rechtlich keine Schwierigkeiten bereiten, auch Bedienstete betrauen, die keine technisch vorgebildeten oder rechtskundigen Prüfer sind.

(4) Der Präsident des Europäischen Patentamts kann bestimmen, dass nur eine der Geschäftsstellen der Einspruchsabteilungen für die Kostenfestsetzung nach Artikel 104 Absatz 2 zuständig ist.

Regel 10   **Geschäftsverteilung für die zweite Instanz und Bestimmung ihrer Mitglieder**

(1) Vor Beginn eines jeden Geschäftsjahrs werden die Geschäfte auf die Beschwerdekammern verteilt und die ständigen Mitglieder der einzelnen Beschwerdekammern und der Grossen Beschwerdekammer sowie ihre Vertreter bestimmt. Jedes Mitglied einer Beschwerdekammer kann zum Mitglied mehrerer Beschwerdekammern bestimmt werden. Falls erforderlich, können diese Anordnungen im Laufe des Geschäftsjahrs geändert werden.

(2) Die in Absatz 1 bezeichneten Anordnungen trifft das Präsidium, das sich zusammensetzt aus dem Präsidenten des Europäischen Patentamts als Vorsitzendem, dem für die Beschwerdekammern zuständigen Vizepräsidenten, den Vorsitzenden der Beschwerdekammern und drei weiteren Mitgliedern der Beschwerdekammern, die von der Gesamtheit der Mitglieder der Beschwerdekammern für die Dauer des Geschäftsjahrs gewählt werden. Zur Beschlussfähigkeit des Präsidiums ist die Anwesenheit von mindestens fünf Mitgliedern erforderlich, unter denen sich der Präsident oder ein Vizepräsident des Europäischen Patentamts und die Vorsitzenden von zwei Beschwerdekammern befinden müssen. Das Präsidium entscheidet mit Stimmenmehrheit; bei Stimmengleichheit gibt die Stimme des Vorsitzenden den Ausschlag.

(3) Bei Meinungsverschiedenheiten zwischen mehreren Beschwerdekammern über ihre Zuständigkeit entscheidet das Präsidium.

(4) Der Verwaltungsrat kann den Beschwerdekammern Aufgaben nach Artikel 134 Absatz 8 Buchstabe c übertragen.

Regel 11 **Verfahrensordnungen für die zweite Instanz**

Das in Regel 10 Absatz 2 genannte Präsidium erlässt die Verfahrensordnung der Beschwerdekammern. Die Grosse Beschwerdekammer erlässt ihre Verfahrensordnung selbst.

Regel 12 **Verwaltungsmässige Gliederung des Europäischen Patentamts**

(1) Die Prüfungsabteilungen und Einspruchsabteilungen werden verwaltungsmässig zu Direktionen zusammengefasst, deren Zahl vom Präsidenten des Europäischen Patentamts bestimmt wird.

(2) Die Direktionen, die Rechtsabteilung, die Beschwerdekammern und die Grosse Beschwerdekammer sowie die Dienststellen für die innere Verwaltung des Europäischen Patentamts werden verwaltungsmässig zu Generaldirektionen zusammengefasst. Die Eingangsstelle und die Recherchenabteilungen werden verwaltungsmässig zu einer Generaldirektion zusammengefasst.

(3) Jede Generaldirektion wird von einem Vizepräsidenten geleitet. Der Verwaltungsrat entscheidet nach Anhörung des Präsidenten des Europäischen Patentamts über die Zuweisung der Vizepräsidenten an die Generaldirektionen.

2. Teil **Ausführungsvorschriften zum zweiten Teil des Übereinkommens**

Kapitel I **Verfahren bei mangelnder Berechtigung des Anmelders oder Patentinhabers**

Regel 13 **Aussetzung des Verfahrens**

(1) Weist ein Dritter dem Europäischen Patentamt nach, dass er ein Verfahren gegen den Anmelder eingeleitet hat, in dem der Anspruch auf Erteilung des europäischen Patents ihm zugesprochen werden soll, so setzt das Europäische Patentamt das Erteilungsverfahren aus, es sei denn, dass der Dritte der Fortsetzung des Verfahrens zustimmt. Diese Zustimmung ist dem Europäischen Patentamt schriftlich zu erklären; sie ist unwiderruflich. Das Erteilungsverfahren kann jedoch nicht vor der Veröffentlichung der europäischen Patentanmeldung ausgesetzt werden.

(2) Wird dem Europäischen Patentamt nachgewiesen, dass in dem Verfahren zur Geltendmachung des Anspruchs auf Erteilung des europäischen Patents eine rechtskräftige Entscheidung ergangen ist, so teilt das Europäische Patentamt dem Anmelder und gegebenenfalls den Beteiligten mit, dass das Erteilungsverfahren von einem in der Mitteilung genannten Tag an fortgesetzt wird, es sei denn, dass nach Artikel 61 Absatz 1 Buchstabe b eine neue europäische Patentanmeldung für alle benannten Vertragsstaaten eingereicht worden ist. Ist die Entscheidung zugunsten des Dritten ergangen, so darf das Verfahren erst nach Ablauf von drei Monaten nach Eintritt der Rechtskraft dieser Entscheidung fortgesetzt werden, es sei denn, dass der Dritte die Fortsetzung des Erteilungsverfahrens beantragt.

(3) Mit der Entscheidung über die Aussetzung des Verfahrens oder später kann das Europäische Patentamt einen Zeitpunkt festsetzen, zu dem es beabsichtigt, das vor ihm anhängige Verfahren ohne Rücksicht auf den Stand des in Absatz 1 genannten, gegen den Anmelder eingeleiteten Verfahrens fortzusetzen. Der Zeitpunkt ist dem

Dritten, dem Anmelder und gegebenenfalls den Beteiligten mitzuteilen. Wird bis zu diesem Zeitpunkt nicht nachgewiesen, dass eine rechtskräftige Entscheidung ergangen ist, so kann das Europäische Patentamt das Verfahren fortsetzen.

(4) Weist ein Dritter dem Europäischen Patentamt während eines Einspruchsverfahrens oder während der Einspruchsfrist nach, dass er gegen den Inhaber des europäischen Patents ein Verfahren eingeleitet hat, in dem das europäische Patent ihm zugesprochen werden soll, so setzt das Europäische Patentamt das Einspruchsverfahren aus, es sei denn, dass der Dritte der Fortsetzung des Verfahrens zustimmt. Diese Zustimmung ist dem Europäischen Patentamt schriftlich zu erklären; sie ist unwiderruflich. Die Aussetzung darf jedoch erst angeordnet werden, wenn die Einspruchsabteilung den Einspruch für zulässig hält. Die Absätze 2 und 3 sind entsprechend anzuwenden.

(5) Die am Tag der Aussetzung laufenden Fristen mit Ausnahme der Fristen zur Zahlung der Jahresgebühren werden durch die Aussetzung gehemmt. An dem Tag der Fortsetzung des Verfahrens beginnt der noch nicht verstrichene Teil einer Frist zu laufen; die nach Fortsetzung des Verfahrens verbleibende Frist beträgt jedoch mindestens zwei Monate.

Regel 14   **Beschränkung der Zurücknahme der europäischen Patentanmeldung**

Von dem Tag an, an dem ein Dritter dem Europäischen Patentamt nachweist, dass er ein Verfahren zur Geltendmachung des Anspruchs auf Erteilung des europäischen Patents eingeleitet hat, bis zu dem Tag, an dem das Europäische Patentamt das Erteilungsverfahren fortsetzt, darf weder die europäische Patentanmeldung noch die Benennung eines Vertragsstaats zurückgenommen werden.

Regel 15   **Einreichung einer neuen europäischen Patentanmeldung durch den Berechtigten**

(1) Reicht die Person, der durch rechtskräftige Entscheidung der Anspruch auf Erteilung des europäischen Patents zugesprochen worden ist, nach Artikel 61 Absatz 1 Buchstabe b eine neue europäische Patentanmeldung ein, so gilt die frühere europäische Patentanmeldung für die in ihr benannten Vertragsstaaten, in denen die Entscheidung ergangen oder anerkannt worden ist, mit dem Tag der Einreichung der neuen europäischen Patentanmeldung als zurückgenommen.

(2) Für die neue europäische Patentanmeldung sind innerhalb eines Monats nach ihrer Einreichung die Anmeldegebühr, die Recherchengebühr und die Benennungsgebühren zu entrichten. Die Zahlung der Benennungsgebühren kann noch bis zum Ablauf der für die frühere europäische Patentanmeldung nach Artikel 79 Absatz 2 massgebenden Frist erfolgen, wenn diese Frist nach der in Satz 1 genannten Frist abläuft.

(3) Die in Artikel 77 Absätze 3 und 5 vorgeschriebenen Fristen für die Weiterleitung europäischer Patentanmeldungen betragen für die neue europäische Patentanmeldung vier Monate nach Einreichung dieser Anmeldung.

Regel 16   **Teilweiser Rechtsübergang aufgrund einer Entscheidung**

(1) Ergibt sich aus einer rechtskräftigen Entscheidung, dass einem Dritten der Anspruch auf Erteilung eines europäischen Patents nur für einen Teil des in der europäischen Patentanmeldung offenbarten Gegenstands zugesprochen worden ist, so sind für diesen Teil Artikel 61 und Regel 15 entsprechend anzuwenden.

(2) Erforderlichenfalls hat die frühere europäische Patentanmeldung für die benannten Vertragsstaaten, in denen die Entscheidung ergangen oder anerkannt worden ist, und für die übrigen benannten Vertragsstaaten unterschiedliche Patentansprüche, Beschreibungen und Zeichnungen zu enthalten.

(3) Ist ein Dritter nach Artikel 99 Absatz 5 in bezug auf einen oder mehrere Vertragsstaaten an die Stelle des bisherigen Patentinhabers getreten, so kann das im Einspruchsverfahren aufrechterhaltene europäische Patent für diesen Staat oder diese Staaten unterschiedliche Patentansprüche, Beschreibungen und Zeichnungen enthalten.

Kapitel II   Erfindernennung

Regel 17   **Einreichung der Erfindernennung**

(1) Die Erfindernennung hat in dem Antrag auf Erteilung eines europäischen Patents zu erfolgen. Ist jedoch der Anmelder nicht oder nicht allein der Erfinder, so ist die Erfindernennung in einem gesonderten Schriftstück einzureichen; sie muss den Namen, die Vornamen und die vollständige Anschrift des Erfinders, die in Artikel 81 genannte Erklärung und die Unterschrift des Anmelders oder Vertreters enthalten.

(2) Die Richtigkeit der Erfindernennung wird vom Europäischen Patentamt nicht geprüft.

(3) Ist der Anmelder nicht oder nicht allein der Erfinder, so teilt das Europäische Patentamt dem genannten Erfinder die in der Erfindernennung enthaltenen und die weiteren in Artikel 128 Absatz 5 vorgesehenen Angaben mit.[13]

(4) Der Anmelder und der Erfinder können aus der Unterlassung der Mitteilung nach Absatz 3 und aus in ihr enthaltenen Fehlern keine Ansprüche herleiten.

Regel 18   **Bekanntmachung der Erfindernennung**

(1) Die als Erfinder genannte Person wird auf der veröffentlichten europäischen Patentanmeldung und auf der europäischen Patentschrift als Erfinder vermerkt. ...[14]

(2) Reicht ein Dritter beim Europäischen Patentamt eine rechtskräftige Entscheidung ein, aus der hervorgeht, dass der Anmelder oder Patentinhaber verpflichtet ist, ihn als Erfinder zu nennen, so ist Absatz 1 entsprechend anzuwenden. ...[15]

(3) Verzichtet der vom Anmelder oder Patentinhaber genannte Erfinder dem Europäischen Patentamt gegenüber schriftlich auf seine Nennung als Erfinder, so unterbleiben die in Absatz 1 vorgesehenen Massnahmen.

Regel 19   **Berichtigung der Erfindernennung**

(1) Eine unrichtige Erfindernennung kann nur auf Antrag berichtigt werden; mit dem Antrag ist die Zustimmungserklärung des zu Unrecht als Erfinder Genannten, und, wenn der Antrag nicht vom Anmelder oder Patentinhaber eingereicht wird, dessen Zustimmungserklärung einzureichen. Regel 17 ist entsprechend anzuwenden.

---

[13] Fassung gemäss Art. 1 Ziff. 1 des Beschlusses vom 8. Dez. 1988, in Kraft seit 1. April 1989 (AS **1989** 534).

[14] Zweiter Satz aufgehoben durch Art. 1 Ziff. 4 des Beschlusses vom 7. Dez. 1990 (AS **1991** 1338).

[15] Zweiter Satz aufgehoben durch Art. 1 Ziff. 4 des Beschlusses vom 7. Dez. 1990 (AS **1991** 1338).

(2) Ist eine unrichtige Erfindernennung im europäischen Patentregister vermerkt oder im Europäischen Patentblatt bekanntgemacht, so wird diese Eintragung oder diese Bekanntmachung berichtigt. ...[16]

(3) Absatz 2 ist auf den Widerruf einer unrichtigen Erfindernennung entsprechend anzuwenden.

Kapitel III   Eintragung von Rechtsübergängen sowie von Lizenzen und anderen Rechten

Regel 20[17]   **Eintragung von Rechtsübergängen**

(1) Ein Rechtsübergang der europäischen Patentanmeldung wird auf Antrag eines Beteiligten in das europäische Patentregister eingetragen, wenn er dem Europäischen Patentamt durch Vorlage von Urkunden nachgewiesen wird.

(2) Der Eintragungsantrag gilt erst als gestellt, wenn eine Verwaltungsgebühr entrichtet worden ist. Er kann nur zurückgewiesen werden, wenn die in Absatz 1 vorgeschriebenen Voraussetzungen nicht erfüllt sind.

(3) Ein Rechtsübergang wird dem Europäischen Patentamt gegenüber erst und nur insoweit wirksam, als er ihm durch Vorlage von Urkunden nach Absatz 1 nachgewiesen wird.

Regel 21   **Eintragung von Lizenzen und anderen Rechten**

(1) Regel 20 Absätze 1 und 2 ist auf die Eintragung der Erteilung oder des Übergangs einer Lizenz sowie auf die Eintragung der Begründung oder des Übergangs eines dinglichen Rechts an einer europäischen Patentanmeldung und auf die Eintragung von Zwangsvollstreckungsmassnahmen in eine solche Anmeldung entsprechend anzuwenden.

(2) Die in Absatz 1 genannten Eintragungen werden auf Antrag gelöscht; der Antrag gilt erst als gestellt, wenn eine Verwaltungsgebühr entrichtet worden ist. Dem Antrag sind Urkunden, aus denen sich ergibt, dass das Recht nicht mehr besteht, oder eine Erklärung des Rechtsinhabers darüber beizufügen, dass er in die Löschung der Eintragung einwilligt; der Antrag darf nur zurückgewiesen werden, wenn diese Voraussetzungen nicht erfüllt sind.

Regel 22   **Besondere Angaben bei der Eintragung von Lizenzen**

(1) Eine Lizenz an einer europäischen Patentanmeldung wird im europäischen Patentregister als ausschliessliche Lizenz bezeichnet, wenn der Anmelder und der Lizenznehmer dies beantragen.

(2) Eine Lizenz an einer europäischen Patentanmeldung wird im europäischen Patentregister als Unterlizenz bezeichnet, wenn sie von einem Lizenznehmer erteilt wird, dessen Lizenz im europäischen Patentregister eingetragen ist.

---

[16] Zweiter Satz aufgehoben durch Art. 1 Ziff. 5 des Beschlusses vom 7. Dez. 1990 (AS **1991** 1338).

[17] Fassung gemäss Beschluss vom 13. Dez. 1994, in Kraft seit 1. Juni 1995 (AS **1995** 4187).

Kapitel IV   Ausstellungsbescheinigung

Regel 23   **Ausstellungsbescheinigung**

Der Anmelder muss innerhalb von vier Monaten nach Einreichung der europäischen Patentanmeldung die in Artikel 55 Absatz 2 genannte Bescheinigung einreichen, die während der Ausstellung von der Stelle erteilt wird, die für den Schutz des gewerblichen Eigentums auf dieser Ausstellung zuständig ist, und in der bestätigt wird, dass die Erfindung dort tatsächlich ausgestellt worden ist. In dieser Bescheinigung ist ferner der Tag der Eröffnung der Ausstellung und, wenn die erstmalige Offenbarung der Erfindung nicht mit dem Eröffnungstag der Ausstellung zusammenfällt, der Tag der erstmaligen Offenbarung anzugeben. Der Bescheinigung muss eine Darstellung der Erfindung beigefügt sein, die mit einem Beglaubigungsvermerk der vorstehend genannten Stelle versehen ist.

3. Teil   Ausführungsvorschriften zum dritten Teil des Übereinkommens

Kapitel I   Einreichung der europäischen Patentanmeldung

Regel 24   **Allgemeine Vorschriften**

(1) Europäische Patentanmeldungen können schriftlich bei den in Artikel 75 genannten Behörden unmittelbar oder durch die Post eingereicht werden. Der Präsident des Europäischen Patentamts kann bestimmen, dass europäische Patentanmeldungen auf andere Weise mittels technischer Einrichtungen zur Nachrichtenübermittlung eingereicht werden können und die Bedingungen für deren Benutzung festlegen. Er kann insbesondere bestimmen, dass innerhalb einer vom Europäischen Patentamt festzusetzenden Frist schriftliche Unterlagen nachzureichen sind, die den Inhalt der auf diese Weise eingereichten Anmeldungen wiedergeben und dieser Ausführungsordnung entsprechen.[18]

(2) Die Behörde, bei der die europäische Patentanmeldung eingereicht wird, vermerkt auf den Unterlagen der Anmeldung den Tag des Eingangs dieser Unterlagen. Sie erteilt dem Anmelder unverzüglich eine Empfangsbescheinigung, die zumindest die Nummer der Anmeldung, die Art und Zahl der Unterlagen und den Tag ihres Eingangs enthält.

(3) Wird die europäische Patentanmeldung bei einer in Artikel 75 Absatz 1 Buchstabe b genannten Behörde eingereicht, so unterrichtet diese Behörde das Europäische Patentamt unverzüglich vom Eingang der Unterlagen der Anmeldung. Sie teilt dem Europäischen Patentamt die Art und den Tag des Eingangs dieser Unterlagen, die Nummer der Anmeldung und gegebenenfalls den Prioritätstag mit.

(4) Hat das Europäische Patentamt eine europäische Patentanmeldung durch Vermittlung einer Zentralbehörde für den gewerblichen Rechtsschutz eines Vertragsstaats erhalten, so teilt es dies dem Anmelder unter Angabe des Tages ihres Eingangs beim Europäischen Patentamt mit.

---

[18] Fassung gemäss Art. 1 des Beschlusses vom 5. Juni 1987, in Kraft seit 1. Okt. 1987 (AS **1987** 1499).

Ausführungsordnung EPÜ 761

Regel 25   **Vorschriften für europäische Teilanmeldungen**

(1) Der Anmelder kann bis zu dem Zeitpunkt, zu dem er gemäss Regel 51 Absatz 4 sein Einverständnis mit der Fassung erklärt, in der das europäische Patent erteilt werden soll, eine Teilanmeldung zu der anhängigen früheren europäischen Patentanmeldung einreichen.[19]

...[20]

(2) Die Anmeldegebühr, die Recherchengebühr und die Benennungsgebühren sind für jede europäische Teilanmeldung innerhalb eines Monats nach ihrer Einreichung zu entrichten. Die Zahlung der Benennungsgebühren kann noch bis zum Ablauf der für die frühere europäische Patentanmeldung nach Artikel 79 Absatz 2 massgebenden Frist erfolgen, wenn diese Frist nach der in Satz 1 genannten Frist abläuft.[21]

Kapitel II   Anmeldebestimmungen

Regel 26   **Erteilungsantrag**

(1) Der Antrag auf Erteilung eines europäischen Patents ist schriftlich auf einem vom Europäischen Patentamt vorgeschriebenen Formblatt einzureichen. Vorgedruckte Formblätter werden von den in Artikel 75 Absatz 1 genannten Behörden gebührenfrei zur Verfügung gestellt.

(2) Der Antrag muss enthalten:

a) ein Ersuchen auf Erteilung eines europäischen Patents;

b)[22] die Bezeichnung der Erfindung, die eine kurz und genau gefasste technische Bezeichnung der Erfindung wiedergibt und keine Phantasiebezeichnung enthalten darf;

c) den Namen, die Anschrift, die Staatsangehörigkeit und den Staat des Wohnsitzes oder Sitzes des Anmelders. Bei natürlichen Personen sind Familienname und Vorname anzugeben, wobei der Familienname vor dem Vornamen zu stehen hat. Bei juristischen Personen und juristischen Personen gemäss dem für sie massgebenden Recht gleichgestellten Gesellschaften ist die amtliche Bezeichnung anzugeben. Anschriften sind in der Weise anzugeben, dass die üblichen Anforderungen für eine schnelle Postzustellung an die angegebene Anschrift erfüllt sind. Sie müssen in jedem Fall alle massgeblichen Verwaltungseinheiten, gegebenenfalls bis zur Hausnummer einschliesslich enthalten. Gegebenenfalls sollen Telegramm- und Telexanschriften und Telefonnummern angegeben werden;

d) falls ein Vertreter bestellt ist, seinen Namen und seine Geschäftsanschrift nach Massgabe von Buchstabe c;

e) gegebenenfalls eine Erklärung, dass es sich um eine europäische Teilanmeldung handelt, und die Nummer der früheren europäischen Patentanmeldung;

f) im Fall des Artikels 61 Absatz 1 Buchstabe b die Nummer der früheren europäischen Patentanmeldung;

---

[19] Fassung gemäss Art. 2 des Beschlusses vom 10. Juni 1988, in Kraft seit 1. Okt. 1988 (AS **1988** 1534).

[20] Abs. aufgehoben durch Art. 1 Ziff. 6 des Beschlusses vom 7. Dez. 1990 (AS **1991** 1338).

[21] Ursprünglich Abs. 3.

[22] Fassung gemäss Art. 1 des Beschlusses vom 11. Dez. 1980, in Kraft seit 31. Jan. 1981 (AS **1981** 181).

g) falls die Priorität einer früheren Anmeldung in Anspruch genommen wird, eine entsprechende Erklärung, in der der Tag dieser Anmeldung und der Staat angegeben sind, in dem oder für den sie eingereicht worden ist;

h) die Benennung des Vertragsstaats oder der Vertragsstaaten, in denen für die Erfindung Schutz begehrt wird;

i) die Unterschrift des Anmelders oder Vertreters;

j) eine Liste über die dem Antrag beigefügten Anlagen. In dieser Liste ist die Blattzahl der Beschreibung, der Patentansprüche, der Zeichnungen und der Zusammenfassung anzugeben, die mit dem Antrag eingereicht werden;

k) die Erfindernennung, wenn der Anmelder der Erfinder ist.

(3) Im Fall mehrerer Anmelder soll der Antrag die Bezeichnung eines Anmelders oder Vertreters als gemeinsamer Vertreter enthalten.[23]

Regel 27   **Inhalt der Beschreibung**

(1) In der Beschreibung [24] ...

a) ist das technische Gebiet, auf das sich die Erfindung bezieht, anzugeben;

b) ist der bisherige Stand der Technik anzugeben, soweit er nach der Kenntnis des Anmelders für das Verständnis der Erfindung, die Erstellung des europäischen Recherchenberichts und die Prüfung als nützlich angesehen werden kann; es sollen auch die Fundstellen angegeben werden, aus denen sich dieser Stand der Technik ergibt;

c) ist die Erfindung, wie sie in den Patentansprüchen gekennzeichnet ist, so darzustellen, dass danach die technische Aufgabe, auch wenn sie nicht ausdrücklich als solche genannt ist, und deren Lösung verstanden werden können; ausserdem sind gegebenenfalls vorteilhafte Wirkungen der Erfindung unter Bezugnahme auf den bisherigen Stand der Technik anzugeben;

d) sind die Abbildungen der Zeichnungen, falls solche vorhanden sind, kurz zu beschreiben;

e) ist wenigstens ein Weg zur Ausführung der beanspruchten Erfindung im einzelnen anzugeben; dies soll, wo es angebracht ist, durch Beispiele und gegebenenfalls unter Bezugnahme auf Zeichnungen geschehen;

f) ist, wenn es sich aus der Beschreibung oder der Art der Erfindung nicht offensichtlich ergibt, ausdrücklich anzugeben, in welcher Weise der Gegenstand der Erfindung gewerblich anwendbar ist.

(2) Die Beschreibung ist in der in Absatz 1 angegebenen Art und Weise sowie Reihenfolge einzureichen, sofern nicht wegen der Art der Erfindung eine abweichende Form oder Reihenfolge zu einem besseren Verständnis oder zu einer knapperen Darstellung führen würde.

---

[23] Fassung gemäss Art. 2 des Beschlusses vom 11. Dez. 1980, in Kraft seit 31. Jan. 1981 (AS **1981** 181).

[24] Bst. aufgehoben durch Art. 1 Ziff. 7 des Beschlusses vom 7. Dez. 1990 (AS **1991** 1338). Die ursprünglichen Bst. b–g werden zu Bst. a–f.

Regel 27a[25] **Erfordernisse europäischer Patentanmeldungen betreffend Nucleotid- und Aminosäuresequenzen**

(1) Sind in der europäischen Patentanmeldung Nucleotid- oder Aminosäuresequenzen offenbart, so hat die Beschreibung ein Sequenzprotokoll zu enthalten, das den vom Präsidenten des Europäischen Patentamts erlassenen Vorschriften für die standardisierte Darstellung von Nucleotid- und Aminosäuresequenzen entspricht.

(2) Der Präsident des Europäischen Patentamts kann bestimmen, dass zusätzlich zu den schriftlichen Anmeldungsunterlagen ein Sequenzprotokoll gemäss Absatz 1 auf einem von ihm vorgeschriebenen Datenträger einzureichen und eine Erklärung beizufügen ist, dass die auf dem Datenträger gespeicherte Information mit dem schriftlichen Sequenzprotokoll übereinstimmt.

(3) Wird ein Sequenzprotokoll nach dem Anmeldetag eingereicht oder berichtigt, so hat der Anmelder eine Erklärung beizufügen, dass das nachgereichte oder berichtigte Sequenzprotokoll nicht über den Inhalt der Anmeldung in der ursprünglich eingereichten Fassung hinausgeht.

(4) Ein nach dem Anmeldetag eingereichtes Sequenzprotokoll ist nicht Bestandteil der Beschreibung.

Regel 28[26] **Hinterlegung von biologischem Material**

(1) Wird bei einer Erfindung biologisches Material verwendet oder bezieht sie sich auf biologisches Material, das der Öffentlichkeit nicht zugänglich ist und in der europäischen Patentanmeldung nicht so beschrieben werden kann, dass ein Fachmann die Erfindung danach ausführen kann, so gilt die Erfindung nur dann als gemäss Artikel 83 offenbart, wenn

a) eine Probe des biologischen Materials spätestens am Anmeldetag bei einer anerkannten Hinterlegungsstelle hinterlegt worden ist,

b) die Anmeldung in ihrer ursprünglich eingereichten Fassung die dem Anmelder zur Verfügung stehenden massgeblichen Angaben über die Merkmale des biologischen Materials enthält,

c) die Hinterlegungsstelle und die Eingangsnummer des hinterlegten biologischen Materials in der Anmeldung angegeben sind und

d) – falls das biologische Material nicht vom Anmelder hinterlegt wurde – Name und Anschrift des Hinterlegers in der Anmeldung angegeben sind und dem Europäischen Patentamt durch Vorlage von Urkunden nachgewiesen wird, dass der Hinterleger den Anmelder ermächtigt hat, in der Anmeldung auf das hinterlegte biologische Material Bezug zu nehmen, und vorbehaltlos und unwiderruflich seine Zustimmung erteilt hat, dass das von ihm hinterlegte Material nach Massgabe dieser Regel der Öffentlichkeit zugänglich gemacht wird.

(2) Die in Absatz 1 Buchstaben c und gegebenenfalls d genannten Angaben können nachgereicht werden

---

[25] Eingefügt durch Art. 1 Ziff. 1 des Beschlusses vom 5. Juni 1992, in Kraft seit 1. Jan. 1993 (AS **1992** 1789).

[26] Fassung gemäss durch Art. 1 des Beschlusses vom 14. Juni 1996, in Kraft seit 1. Okt. 1996 (AS **1997** 1650).

a) innerhalb von sechzehn Monaten nach dem Anmeldetag oder, wenn eine Priorität in Anspruch genommen worden ist, nach dem Prioritätstag; die Frist gilt als eingehalten, wenn die Angaben bis zum Abschluss der technischen Vorbereitungen für die Veröffentlichung der europäischen Patentanmeldung mitgeteilt werden,
b) bis zum Tag der Einreichung eines Antrags auf vorzeitige Veröffentlichung der Anmeldung,
c) innerhalb eines Monats, nachdem das Europäische Patentamt dem Anmelder mitgeteilt hat, dass ein Recht auf Akteneinsicht nach Artikel 128 Absatz 2 besteht.

Massgebend ist die Frist, die zuerst abläuft. Die Mitteilung dieser Angaben gilt vorbehaltlos und unwiderruflich als Zustimmung des Anmelders, dass das von ihm hinterlegte biologische Material nach Massgabe dieser Regel der Öffentlichkeit zugänglich gemacht wird.

(3) Vom Tag der Veröffentlichung der europäischen Patentanmeldung an ist das hinterlegte biologische Material jedermann und vor diesem Tag demjenigen, der das Recht auf Akteneinsicht nach Artikel 128 Absatz 2 hat, auf Antrag zugänglich. Vorbehaltlich Absatz 4 wird der Zugang durch Herausgabe einer Probe des hinterlegten biologischen Materials an den Antragsteller hergestellt.

Die Herausgabe erfolgt nur, wenn der Antragsteller sich gegenüber dem Anmelder oder Patentinhaber verpflichtet hat, das biologische Material oder davon abgeleitetes biologisches Material Dritten nicht zugänglich zu machen und es lediglich zu Versuchszwecken zu verwenden, bis die Patentanmeldung zurückgewiesen oder zurückgenommen wird oder als zurückgenommen gilt oder das europäische Patent in allen benannten Vertragsstaaten erloschen ist, sofern der Anmelder oder Patentinhaber nicht ausdrücklich darauf verzichtet.

Die Verpflichtung, das biologische Material nur zu Versuchszwecken zu verwenden, ist hinfällig, soweit der Antragsteller dieses Material aufgrund einer Zwangslizenz verwendet. Unter Zwangslizenzen sind auch Amtslizenzen und Rechte zur Benutzung einer patentierten Erfindung im öffentlichen Interesse zu verstehen.

(4) Bis zum Abschluss der technischen Vorbereitungen für die Veröffentlichung der Anmeldung kann der Anmelder dem Europäischen Patentamt mitteilen, dass der in Absatz 3 bezeichnete Zugang

a) bis zu dem Tag, an dem der Hinweis auf die Erteilung des europäischen Patents bekanntgemacht wird, oder gegebenenfalls
b) für die Dauer von zwanzig Jahren ab dem Anmeldetag der Patentanmeldung, falls diese zurückgewiesen oder zurückgenommen worden ist oder als zurückgenommen gilt,

nur durch Herausgabe einer Probe an einen vom Antragsteller benannten Sachverständigen hergestellt wird.

(5) Als Sachverständiger kann benannt werden:

a) jede natürliche Person, sofern der Antragsteller bei der Einreichung des Antrags nachweist, dass die Benennung mit Zustimmung des Anmelders erfolgt,
b) jede natürliche Person, die vom Präsidenten des Europäischen Patentamts als Sachverständiger anerkannt ist.

Zusammen mit der Benennung ist eine Erklärung des Sachverständigen einzureichen, in der er die in Absatz 3 vorgesehenen Verpflichtungen gegenüber dem Anmelder bis zum Erlöschen des europäischen Patents in allen benannten Vertragsstaaten oder – falls die Patentanmeldung zurückgewiesen oder zurückgenommen wird oder als zurückgenommen gilt – bis zu dem in Absatz 4 Buchstabe b vorgesehenen Zeitpunkt eingeht, wobei der Antragsteller als Dritter anzusehen ist.

(6) Im Sinne dieser Regel gilt

a) als biologisches Material jedes Material, das genetische Informationen enthält und sich selbst reproduzieren oder in einem biologischen System reproduziert werden kann;

b) als abgeleitetes biologisches Material im Sinne des Absatzes 3 jedes Material, das noch die für die Ausführung der Erfindung wesentlichen Merkmale des hinterlegten Materials aufweist. Die in Absatz 3 vorgesehenen Verpflichtungen stehen einer für die Zwecke von Patentverfahren erforderlichen Hinterlegung eines abgeleiteten biologischen Materials nicht entgegen.

(7) Der in Absatz 3 vorgesehene Antrag ist beim Europäischen Patentamt auf einem von diesem Amt anerkannten Formblatt einzureichen. Das Europäische Patentamt bestätigt auf dem Formblatt, dass eine europäische Patentanmeldung eingereicht worden ist, die auf die Hinterlegung des biologischen Materials Bezug nimmt, und dass der Antragsteller oder der von ihm benannte Sachverständige Anspruch auf Herausgabe einer Probe dieses Materials hat. Der Antrag ist auch nach Erteilung des europäischen Patents beim Europäischen Patentamt einzureichen.

(8) Das Europäische Patentamt übermittelt der Hinterlegungsstelle und dem Anmelder oder Patentinhaber eine Kopie des Antrags mit der in Absatz 7 vorgesehenen Bestätigung.

(9) Der Präsident des Europäischen Patentamts veröffentlicht im Amtsblatt des Europäischen Patentamts das Verzeichnis der Hinterlegungsstellen und Sachverständigen, die für die Anwendung dieser Regel anerkannt sind.

Regel 28a[27] **Erneute Hinterlegung von biologischem Material**

(1) Ist nach Regel 28 Absatz 1 hinterlegtes biologisches Material bei der Stelle, bei der es hinterlegt worden ist, nicht mehr zugänglich, weil

a) das biologische Material nicht mehr lebensfähig ist oder

b) die Hinterlegungsstelle aus anderen Gründen zur Abgabe von Proben nicht in der Lage ist,

und ist keine Probe des biologischen Materials an eine andere für die Anwendung der Regel 28 anerkannte Hinterlegungsstelle weitergeleitet worden, bei der dieses Material weiterhin zugänglich ist, so gilt die Unterbrechung der Zugänglichkeit als nicht eingetreten, wenn das ursprünglich hinterlegte biologische Material innerhalb von drei Monaten nach dem Tag erneut hinterlegt wird, an dem dem Hinterleger von der Hinterlegungsstelle diese Unterbrechung mitgeteilt wurde, und dem Europäischen Patentamt innerhalb von vier Monaten nach dem Tag der erneuten Hinterlegung eine Kopie der von der Hinterlegungsstelle ausgestellten Empfangsbescheinigung unter Angabe der Nummer der europäischen Patentanmeldung oder des europäischen Patents übermittelt wird.

---

[27] Eingefügt durch Art. 2 des Beschlusses vom 30. Nov. 1979 (AS **1980** 642). Fassung gemäss Art. 1 des Beschlusses vom 14. Juni 1996, in Kraft seit 1. Okt. 1996 (AS **1997** 1650).

(2) Die erneute Hinterlegung ist im Fall von Absatz 1 Buchstabe a bei der Hinterlegungsstelle vorzunehmen, bei der die ursprüngliche Hinterlegung vorgenommen wurde; sie kann in den Fällen des Absatzes 1 Buchstabe b bei einer anderen für die Anwendung der Regel 28 anerkannten Hinterlegungsstelle vorgenommen werden.

(3) Ist die Hinterlegungsstelle, bei der die ursprüngliche Hinterlegung vorgenommen wurde, für die Anwendung der Regel 28 entweder insgesamt oder für die Art des biologischen Materials, zu der die hinterlegte Probe gehört, nicht mehr anerkannt oder hat sie die Erfüllung ihrer Aufgaben in bezug auf hinterlegtes biologisches Material vorübergehend oder endgültig eingestellt und erfolgt die in Absatz 1 genannte Mitteilung der Hinterlegungsstelle nicht innerhalb von sechs Monaten nach dem Eintritt dieses Ereignisses, so beginnt die in Absatz 1 genannte Dreimonatsfrist zu dem Zeitpunkt, in dem der Eintritt dieses Ereignisses im Amtsblatt des Europäischen Patentamts veröffentlicht wurde.

(4) Jeder erneuten Hinterlegung ist eine vom Hinterleger unterzeichnete Erklärung beizufügen, in der bestätigt wird, dass das erneut hinterlegte biologische Material dasselbe wie das ursprünglich hinterlegte ist.

(5) Wird die erneute Hinterlegung nach dem Budapester Vertrag über die internationale Anerkennung der Hinterlegung von Mikroorganismen für die Zwecke von Patentverfahren vom 28. April 1977[28] vorgenommen, so gehen die Vorschriften dieses Vertrages vor.

Regel 29 Form und Inhalt der Patentansprüche

(1) Der Gegenstand des Schutzbegehrens ist in den Patentansprüchen durch Angabe der technischen Merkmale der Erfindung anzugeben. Wo es zweckdienlich ist, haben die Patentansprüche zu enthalten:

a) die Bezeichnung des Gegenstands der Erfindung und die technischen Merkmale, die zur Festlegung des beanspruchten Gegenstands der Erfindung notwendig sind, jedoch in Verbindung miteinander zum Stand der Technik gehören;

b) einen kennzeichnenden Teil, der durch die Worte «dadurch gekennzeichnet» oder «gekennzeichnet durch» eingeleitet wird und die technischen Merkmale bezeichnet, für die in Verbindung mit den unter Buchstabe a angegebenen Merkmalen Schutz begehrt wird.

(2) Vorbehaltlich Artikel 82 können in einer europäischen Patentanmeldung zwei oder mehr unabhängige Patentansprüche der gleichen Kategorie (Erzeugnis, Verfahren, Vorrichtung oder Verwendung) enthalten sein, sofern es mit Rücksicht auf den Gegenstand der Anmeldung nicht zweckmässig ist, diesen in einem einzigen Anspruch wiederzugeben.

(3) Zu jedem Patentanspruch, der die wesentlichen Merkmale der Erfindung wiedergibt, können ein oder mehrere Patentansprüche aufgestellt werden, die sich auf besondere Ausführungsarten dieser Erfindung beziehen.

(4) Jeder Patentanspruch, der alle Merkmale eines anderen Patentanspruchs enthält (abhängiger Patentanspruch), hat, wenn möglich in seiner Einleitung, eine Bezugnahme auf den anderen Patentanspruch zu enthalten und nachfolgend die zusätzlichen Merkmale anzugeben, für die Schutz begehrt wird. Ein abhängiger Patentanspruch ist

---

[28] SR **0.232.145.1**

auch zulässig, wenn der Patentanspruch, auf den er sich unmittelbar bezieht, selbst ein abhängiger Patentanspruch ist. Alle abhängigen Patentansprüche, die sich auf einen oder mehrere vorangehende Patentansprüche beziehen, sind soweit wie möglich und auf die zweckmässigste Weise zusammenzufassen.

(5) Die Anzahl der Patentansprüche hat sich bei Berücksichtigung der Art der beanspruchten Erfindung in vertretbaren Grenzen zu halten. Mehrere Patentansprüche sind fortlaufend mit arabischen Zahlen zu numerieren.

(6) Die Patentansprüche dürfen sich, wenn dies nicht unbedingt erforderlich ist, im Hinblick auf die technischen Merkmale der Erfindung nicht auf Bezugnahmen auf die Beschreibung oder die Zeichnungen stützen. Sie dürfen sich insbesondere nicht auf Hinweise stützen wie: «wie beschrieben in Teil... der Beschreibung» oder «wie in Abbildung... der Zeichnung dargestellt».

(7) Sind der europäischen Patentanmeldung Zeichnungen beigefügt, so sollen die in den Patentansprüchen genannten technischen Merkmale mit Bezugszeichen, die auf diese Merkmale hinweisen, versehen werden, wenn dies das Verständnis des Patentanspruchs erleichtert; die Bezugszeichen sind in Klammern zu setzen. Die Bezugszeichen dürfen nicht zu einer einschränkenden Auslegung des Patentanspruchs herangezogen werden.

Regel 30[29] **Einheitlichkeit der Erfindung**

(1) Wird in einer europäischen Patentanmeldung eine Gruppe von Erfindungen beansprucht, so ist das Erfordernis der Einheitlichkeit der Erfindung nach Artikel 82 nur erfüllt, wenn zwischen diesen Erfindungen ein technischer Zusammenhang besteht, der in einem oder mehreren gleichen oder entsprechenden besonderen technischen Merkmalen zum Ausdruck kommt. Unter dem Begriff «besondere technische Merkmale» sind diejenigen technischen Merkmale zu verstehen, die einen Beitrag jeder beanspruchten Erfindung als Ganzes zum Stand der Technik bestimmen.

(2) Die Entscheidung, ob die Erfindungen einer Gruppe untereinander in der Weise verbunden sind, dass sie eine einzige allgemeine erfinderische Idee verwirklichen, hat ohne Rücksicht darauf zu erfolgen, ob die Erfindungen in gesonderten Patentansprüchen oder als Alternativen innerhalb eines einzigen Patentanspruchs beansprucht werden.

Regel 31[30] **Gebührenpflichtige Patentansprüche**

(1) Enthält eine europäische Patentanmeldung bei der Einreichung mehr als zehn Patentansprüche, so ist für jeden weiteren Patentanspruch eine Anspruchsgebühr zu entrichten. Die Anspruchsgebühren sind bis zum Ablauf eines Monats nach Einreichung der Anmeldung zu entrichten. Werden die Anspruchsgebühren nicht rechtzeitig entrichtet, so können sie noch innerhalb einer Nachfrist von einem Monat nach Zustellung einer Mitteilung, in der auf die Fristversäumung hingewiesen wird, wirksam entrichtet werden.

---

[29] Fassung gemäss Art. 1 Ziff. 8 des Beschlusses vom 7. Dez. 1990, in Kraft seit 1. Juni 1991 (AS **1991** 1338). Laut Art. 3 Ziff. 3 dieses Beschlusses findet sie auf die ab dem Zeitpunkt ihres Inkrafttretens eingereichten europäischen Patentanmeldungen Anwendung.

[30] Fassung gemäss Art. 1 Ziff. 9 des Beschlusses vom 7. Dez. 1990, in Kraft seit 1. Juni 1991 (AS **1991** 1338).

(2) Wird eine Anspruchsgebühr nicht innerhalb der in Absatz 1 genannten Frist entrichtet, so gilt dies als Verzicht auf den entsprechenden Patentanspruch. Eine fällig gewordene Anspruchsgebühr, die entrichtet worden ist, wird nur im Fall des Artikels 77 Absatz 5 zurückgezahlt.

Regel 32   **Form der Zeichnungen**

(1) Auf Blättern, die Zeichnungen enthalten, darf die benutzte Fläche 26,2 cm mal 17 cm nicht überschreiten. Die Blätter dürfen keine Umrahmungen um die benutzbare oder benutzte Fläche aufweisen. Die Mindestränder sind folgende:

Oberer Rand: 2,5 cm
Linker Seitenrand: 2,5 cm
Rechter Seitenrand: 1,5 cm
Unterer Rand: 1 cm

(2) Die Zeichnungen sind wie folgt auszuführen:

a)[31] Die Zeichnungen sind in widerstandsfähigen, schwarzen, ausreichend festen und dunklen, in sich gleichmässig starken und klaren Linien oder Strichen ohne Farben oder Tönungen auszuführen.

b) Querschnitte sind durch Schraffierungen kenntlich zu machen, die die Erkennbarkeit der Bezugszeichen und Führungslinien nicht beeinträchtigen dürfen.

c) Der Massstab der Zeichnungen und die Klarheit der zeichnerischen Ausführung müssen gewährleisten, dass eine fotografische Wiedergabe auch bei Verkleinerungen auf zwei Drittel alle Einzelheiten noch ohne Schwierigkeiten erkennen lässt. Wird der Massstab in Ausnahmefällen auf der Zeichnung angegeben, so ist er zeichnerisch darzustellen.

d) Alle Zahlen, Buchstaben und Bezugszeichen in den Zeichnungen müssen einfach und eindeutig sein. Klammern, Kreise oder Anführungszeichen dürfen bei Zahlen und Buchstaben nicht verwendet werden.

e) Alle Linien in den Zeichnungen sollen mit Zeichengeräten gezogen werden.

f) Jeder Teil der Abbildung muss im richtigen Verhältnis zu jedem anderen Teil der Abbildung stehen, sofern nicht die Verwendung eines anderen Verhältnisses für die Klarheit der Abbildung unerlässlich ist.

g) Die Ziffern und Buchstaben müssen mindestens 0,32cm hoch sein. Für die Beschriftung der Zeichnungen sind lateinische und, soweit üblich, griechische Buchstaben zu verwenden.

h)[32] Ein Zeichnungsblatt kann mehrere Abbildungen enthalten. Sollen Abbildungen auf zwei oder mehr Blättern nur eine einzige vollständige Abbildung darstellen, so sind die Abbildungen auf den einzelnen Blättern so anzuordnen, dass die vollständige Abbildung zusammengesetzt werden kann, ohne dass ein Teil der Abbildungen auf den einzelnen Blättern verdeckt wird. Die einzelnen Abbildungen sind auf einem Blatt oder auf mehreren Blättern ohne Platzverschwendung anzuordnen, eindeutig voneinander getrennt und vorzugsweise in Hochformat; sind die Abbildungen nicht im Hochformat dargestellt, so sind sie im Querformat mit

---

[31] Fassung gemäss Art. 2 des Beschlusses vom 21. Dez. 1978, in Kraft seit 1. Mai 1979 (AS **1979** 621).

[32] Fassung gemäss Art. 3 des Beschlusses vom 11. Dez. 1980, in Kraft seit 31. Jan. 1981 (AS **1981** 181).

dem Kopf der Abbildungen auf der linken Seite des Blattes anzuordnen. Sie sind durch arabische Zahlen fortlaufend und unabhängig von den Zeichnungsblättern zu numerieren.

i) Bezugszeichen dürfen in den Zeichnungen nur insoweit verwendet werden, als sie in der Beschreibung und in den Patentansprüchen aufgeführt sind; das gleiche gilt für den umgekehrten Fall. Gleiche mit Bezugszeichen gekennzeichnete Teile müssen in der ganzen Anmeldung die gleichen Zeichen erhalten.

j) Die Zeichnungen dürfen keine Erläuterungen enthalten; ausgenommen sind kurze unentbehrliche Angaben wie «Wasser», «Dampf», «Offen», «Zu», «Schnitt nach A-B» sowie in elektrischen Schaltplänen und Blockschaltbildern oder Flussdiagrammen kurze Stichworte, die für das Verständnis unentbehrlich sind. Diese Erläuterungen sind so anzubringen, dass sie im Fall der Übersetzung überklebt werden können, ohne dass die Linien der Zeichnungen verdeckt werden.

(3) Flussdiagramme und Diagramme gelten als Zeichnungen.

Regel 33   **Form und Inhalt der Zusammenfassung**

(1) Die Zusammenfassung muss die Bezeichnung der Erfindung enthalten.

(2) Die Zusammenfassung muss eine Kurzfassung der in der Beschreibung, den Patentansprüchen und Zeichnungen enthaltenen Offenbarung enthalten; die Kurzfassung soll das technische Gebiet der Erfindung angeben und so gefasst sein, dass sie ein klares Verständnis des technischen Problems, des entscheidenden Punkts der Lösung der Erfindung und der hauptsächlichen Verwendungsmöglichkeiten ermöglicht. In der Zusammenfassung ist gegebenenfalls die chemische Formel anzugeben, die unter den in der europäischen Patentanmeldung enthaltenen Formeln die Erfindung am besten kennzeichnet. Sie darf keine Behauptungen über angebliche Vorzüge oder den angeblichen Wert der Erfindung oder über deren theoretische Anwendungsmöglichkeiten enthalten.

(3) Die Zusammenfassung soll aus nicht mehr als 150 Worten bestehen.

(4) Enthält die europäische Patentanmeldung Zeichnungen, so hat der Anmelder diejenige Abbildung oder in Ausnahmefällen diejenigen Abbildungen anzugeben, die er zur Veröffentlichung mit der Zusammenfassung vorschlägt. Das Europäische Patentamt kann eine oder mehrere andere Abbildungen veröffentlichen, wenn es der Auffassung ist, dass diese die Erfindung besser kennzeichnen. Hinter jedem wesentlichen Merkmal, das in der Zusammenfassung erwähnt und durch die Zeichnung veranschaulicht ist, hat in Klammern ein Bezugszeichen zu stehen.

(5) Die Zusammenfassung ist so zu formulieren, dass sie eine wirksame Handhabe zur Sichtung des jeweiligen technischen Gebiets gibt und insbesondere eine Beurteilung der Frage ermöglicht, ob es notwendig ist, die europäische Patentanmeldung selbst einzusehen.

Regel 34   **Unzulässige Angaben**

(1) Die europäische Patentanmeldung darf nicht enthalten:

a) Angaben oder Zeichnungen, die gegen die öffentliche Ordnung oder die guten Sitten verstossen;

b) herabsetzende Äusserungen über Erzeugnisse oder Verfahren Dritter oder den Wert oder die Gültigkeit von Anmeldungen oder Patenten Dritter. Reine Vergleiche mit dem Stand der Technik allein gelten nicht als herabsetzend;

c) Angaben, die den Umständen nach offensichtlich belanglos oder unnötig sind.

(2) Enthält eine europäische Patentanmeldung Angaben oder Zeichnungen im Sinne des Absatzes 1 Buchstabe a, so schliesst das Europäische Patentamt diese Angaben bei der Veröffentlichung aus und gibt dabei die Stelle der Auslassung sowie die Zahl der ausgelassenen Wörter und Zeichnungen an.

(3) Enthält eine europäische Patentanmeldung Äusserungen im Sinn des Absatzes 1 Buchstabe b, so kann das Europäische Patentamt diese Angaben bei der Veröffentlichung der Anmeldung ausschliessen. Dabei gibt es die Stelle der Auslassung und die Zahl der ausgelassenen Wörter an und stellt auf Antrag eine Abschrift der ausgelassenen Stellen zur Verfügung.

Regel 35　**Allgemeine Bestimmungen über die Form der Anmeldungsunterlagen**

(1) Die in Artikel 14 Absatz 2 genannten Übersetzungen gelten als Unterlagen der europäischen Patentanmeldung.

(2) Die Unterlagen der europäischen Patentanmeldung sind in drei Stücken einzureichen. Der Präsident des Europäischen Patentamts kann jedoch bestimmen, dass die Unterlagen in weniger als drei Stücken einzureichen sind.[33]

(3) Die Unterlagen der europäischen Patentanmeldung sind in einer Form einzureichen, die gewährleistet, dass eine unmittelbare Vervielfältigung durch Fotografie, elektrostatisches Verfahren, Foto-Offsetdruck und Mikroverfilmung in einer unbeschränkten Stückzahl vorgenommen werden kann. Die Blätter müssen glatt und knitterfrei sein. Sie dürfen nicht gefaltet sein und sind einseitig zu beschriften.

(4) Die Unterlagen der europäischen Patentanmeldung sind auf biegsamem, festem, weissem, glattem, mattem und widerstandsfähigem Papier im Format A4 (29,7 cm mal 21 cm) einzureichen. Vorbehaltlich Regel 32 Absatz 2 Buchstabe h sowie des Absatzes 11 ist jedes Blatt in der Weise zu verwenden, dass die kurzen Seiten oben und unten erscheinen (Hochformat).[34]

(5) Jeder Bestandteil der europäischen Patentanmeldung (Antrag, Beschreibung, Patentansprüche, Zeichnungen und Zusammenfassung) muss auf einem neuen Blatt beginnen. Alle Blätter müssen so miteinander verbunden sein, dass sie leicht gewendet sowie leicht entfernt und wieder miteinander verbunden werden können.

(6) Vorbehaltlich Regel 32 Absatz 1 sind auf den Blättern als Mindestträger folgende Flächen unbeschriftet zu lassen:

Oberer Rand: 2 cm
Linker Seitenrand: 2,5 cm
Rechter Seitenrand: 2 cm
Unterer Rand: 2 cm

---

[33] Fassung gemäss Art. 1 Ziff. 2 des Beschlusses vom 8. Dez. 1988, in Kraft seit 1. April 1989 (AS **1989** 534).
[34] Fassung gemäss Art. 4 des Beschlusses vom 11. Dez. 1980, in Kraft seit 31. Jan. 1981 (AS **1981** 181).

Die empfohlenen Höchstmasse für die vorstehenden Ränder sind folgende:

Oberer Rand: 4 cm
Linker Seitenrand: 4 cm
Rechter Seitenrand: 3 cm
Unterer Rand: 3 cm.[35]

(7) Die Ränder der Blätter müssen bei der Einreichung der europäischen Patentanmeldung vollständig unbenutzt sein.

(8) Alle Blätter der europäischen Patentanmeldung sind fortlaufend mit arabischen Zahlen zu numerieren. Die Blattzahlen sind oben in der Mitte, aber nicht auf dem oberen Rand anzubringen.

(9) Auf jedem Blatt der Beschreibung und der Patentansprüche soll jede fünfte Zeile numeriert sein. Die Zahlen sind an der linken Seite, rechts vom Rand anzubringen.

(10) Der Antrag auf Erteilung eines europäischen Patents, die Beschreibung, die Patentansprüche und die Zusammenfassung müssen mit Maschine geschrieben oder gedruckt sein. Nur graphische Symbole und Schriftzeichen, chemische oder mathematische Formeln können, falls notwendig, handgeschrieben oder gezeichnet sein. Der Zeilenabstand hat 1 1/2zeilig zu sein. Alle Texte müssen in Buchstaben, deren Grossbuchstaben eine Mindesthöhe von 0,21 cm besitzen, und mit dunkler unauslöschlicher Farbe geschrieben sein.

(11) Der Antrag auf Erteilung eines europäischen Patents, die Beschreibung, die Patentansprüche und die Zusammenfassung dürfen keine Zeichnungen enthalten. Die Beschreibung, die Patentansprüche und die Zusammenfassung können chemische oder mathematische Formeln enthalten. Die Beschreibung und die Zusammenfassung können Tabellen enthalten. Ein Patentanspruch darf dies nur dann, wenn sein Gegenstand die Verwendung von Tabellen wünschenswert erscheinen lässt. Tabellen sowie chemische oder mathematische Formeln können im Querformat wiedergegeben werden, wenn sie im Hochformat nicht befriedigend dargestellt werden können; Blätter, auf denen Tabellen oder chemische oder mathematische Formeln im Querformat wiedergegeben werden, sind so anzuordnen, dass der Kopf der Tabellen oder Formeln auf der linken Seite des Blattes erscheint.[36]

(12) Physikalische Grössen sind in den in der internationalen Praxis anerkannten Einheiten anzugeben, soweit zweckdienlich nach dem metrischen System unter Verwendung der SI-Einheiten. Soweit Angaben diesem Erfordernis nicht genügen, sind die in der internationalen Praxis anerkannten Einheiten zusätzlich anzugeben. Für mathematische Formeln sind die allgemein üblichen Schreibweisen und für chemische Formeln die allgemein üblichen Symbole, Atomgewichte und Molekularformeln zu verwenden. Grundsätzlich sind nur solche technische Bezeichnungen, Zeichen und Symbole zu verwenden, die auf dem Fachgebiet allgemein anerkannt sind.[37]

(13) Terminologie und Zeichen sind in der gesamten europäischen Patentanmeldung einheitlich zu verwenden.

---

[35] Fassung gemäss Art. 3 des Beschlusses vom 21. Dez. 1978, in Kraft seit 1. Mai 1979 (AS **1979** 621).

[36] Fassung gemäss Art. 5 des Beschlusses vom 11. Dez. 1980, in Kraft seit 31. Jan. 1981 (AS **1981** 181).

[37] Fassung gemäss Beschluss vom 13. Dez. 1994, in Kraft seit 1. Juni 1995 (AS **1995** 4187).

(14) Jedes Blatt muss weitgehend frei von Radierstellen und frei von Änderungen, Überschreibungen und Zwischenbeschriftungen sein. Von diesem Erfordernis kann abgesehen werden, wenn der verbindliche Text dadurch nicht in Frage gestellt wird und die Voraussetzungen für eine gute Vervielfältigung nicht gefährdet sind.

Regel 36 Unterlagen nach Einreichung der europäischen Patentanmeldung

(1) Die Regeln 27, 29 und 32 bis 35 sind auf Schriftstücke, die die Unterlagen der europäischen Patentanmeldung ersetzen, anzuwenden. Die Regel 35 Absätze 2 bis 14 ist ferner auf die in Regel 51 Absatz 6 genannten Übersetzungen der Patentansprüche anzuwenden.[38][39]

(2) Alle anderen als die in Absatz 1 Satz 1 genannten Schriftstücke sollen mit Maschine geschrieben oder gedruckt sein. Auf jedem Blatt ist links ein etwa 2,5 cm breiter Rand freizulassen.[40]

(3) Die nach Einreichung der europäischen Patentanmeldung einzureichenden Schriftstücke sind zu unterzeichnen, soweit es sich nicht um Anlagen handelt. Ist ein Schriftstück nicht unterzeichnet worden, so fordert das Europäische Patentamt den Beteiligten auf, das Schriftstück innerhalb einer vom Europäischen Patentamt zu bestimmenden Frist zu unterzeichnen. Wird das Schriftstück rechtzeitig unterzeichnet, so behält es den ursprünglichen Tag des Eingangs; anderenfalls gilt das Schriftstück als nicht eingegangen.

(4) Schriftstücke, die anderen Personen mitzuteilen sind oder die mehrere europäische Patentanmeldungen oder europäische Patente betreffen, sind in der entsprechenden Stückzahl einzureichen. Kommt ein Beteiligter dieser Verpflichtung trotz Aufforderung des Europäischen Patentamts nicht nach, so werden die fehlenden Stücke auf Kosten des Beteiligten angefertigt.

(5) Der Präsident des Europäischen Patentamts kann bestimmen, dass nach Einreichung der europäischen Patentanmeldung Unterlagen abweichend von den Absätzen 2 bis 4 beim Europäischen Patentamt auf andere Weise mittels technischer Einrichtungen zur Nachrichtenübermittlung eingereicht werden können, und die Bedingungen für deren Benutzung festlegen. Er kann insbesondere bestimmen, dass innerhalb einer von ihm festgesetzten Frist ein Schriftstück nachzureichen ist, das den Inhalt der auf diese Weise eingereichten Unterlagen wiedergibt und dieser Ausführungsordnung entspricht; wird dieses Schriftstück nicht rechtzeitig eingereicht, so gelten die Unterlagen als nicht eingegangen.[41]

---

[38] Fassung des zweiten Satzes gemäss Art. 3 des Beschlusses vom 10. Juni 1988, in Kraft seit 1. Okt. 1988 (AS **1988** 1534).

[39] Fassung gemäss Art. 5 des Beschlusses vom 20. Okt. 1977, in Kraft seit 1. Febr. 1978 (AS **1978** 588).

[40] Fassung gemäss Art. 5 des Beschlusses vom 20. Okt. 1977, in Kraft seit 1. Febr. 1978 (AS **1978** 588).

[41] Fassung gemäss Art. 2 des Beschlusses vom 5. Juni 1987, in Kraft seit 1. Okt. 1987 (AS **1987** 1499).

Kapitel III Jahresgebühren

Regel 37 Fälligkeit

(1) Die Jahresgebühren für die europäische Patentanmeldung sind jeweils für das kommende Jahr am letzten Tag des Monats fällig, der durch seine Benennung dem Monat entspricht, in den der Anmeldetag für diese Anmeldung fällt. Die Jahresgebühr kann frühestens ein Jahr vor ihrer Fälligkeit wirksam entrichtet werden. ...[42]

...[43]

(2[44])Die Zuschlagsgebühr gilt im Sinn des Artikels 86 Absatz 2 als gleichzeitig mit der Jahresgebühr entrichtet, wenn sie innerhalb der in dieser Vorschrift vorgeschriebenen Frist entrichtet wird.[45]

(3) Jahresgebühren, die für eine frühere Patentanmeldung bis zu dem Tag der Einreichung einer europäischen Teilanmeldung fällig geworden sind, sind auch für die Teilanmeldung zu entrichten und werden mit Einreichung der Teilanmeldung fällig. Diese Gebühren und eine Jahresgebühr, die bis zum Ablauf von vier Monaten nach Einreichung der Teilanmeldung fällig wird, können innerhalb dieser Frist ohne Zuschlagsgebühr entrichtet werden. Erfolgt die Zahlung nicht rechtzeitig, so können die Jahresgebühren noch innerhalb von sechs Monaten nach Fälligkeit wirksam entrichtet werden, sofern gleichzeitig die Zuschlagsgebühr nach Artikel 86 Absatz 2 entrichtet wird.[46]

(4) Für eine nach Artikel 61 Absatz 1 Buchstabe b eingereichte neue europäische Patentanmeldung sind Jahresgebühren für das Jahr, in dem diese Anmeldung eingereicht worden ist, und für vorhergehende Jahre nicht zu entrichten.

Kapitel IV Priorität

Regel 38 Prioritätserklärung und Prioritätsunterlagen

(1) Die in Artikel 88 Absatz 1 genannte Prioritätserklärung besteht aus einer Erklärung über den Tag der früheren Anmeldung und den Staat, in dem oder für den sie eingereicht worden ist, sowie aus der Angabe des Aktenzeichens.

(2) Die Erklärung über den Tag und den Staat der früheren Anmeldung ist bei Einreichung der europäischen Patentanmeldung anzugeben; das Aktenzeichen ist vor Ablauf des sechzehnten Monats nach dem Prioritätstag zu nennen.

(3) Die für die Inanspruchnahme der Priorität erforderliche Abschrift der früheren Anmeldung ist vor Ablauf des sechzehnten Monats nach dem Prioritätstag einzureichen. Die Abschrift muss von der Behörde, bei der die frühere Anmeldung eingereicht worden ist, als mit der früheren Anmeldung übereinstimmend bescheinigt sein; der Abschrift ist eine Bescheinigung dieser Behörde über den Tag der Einreichung der früheren Anmeldung beizufügen. Der Präsident des Europäischen Patentamts

---

[42] Aufgehoben durch Art. 1 Ziff. 1 des Beschlusses vom 5. Dez. 1986 (AS **1987** 759).
[43] Aufgehoben durch Art. 1 Ziff. 1 des Beschlusses vom 5. Dez. 1986 (AS **1987** 759).
[44] Früher Abs. 2a.
[45] Eingefügt durch Art. 6 Ziff. 1 des Beschlusses vom 20. Okt. 1977, in Kraft seit 1. Febr. 1978 (AS **1978** 588).
[46] Fassung gemäss Art. 1 Ziff. 10 des Beschlusses vom 7. Dez. 1990, in Kraft seit 1. Juni 1991 (AS **1991** 1338)

kann bestimmen, dass eine Abschrift der früheren Anmeldung, wenn diese dem Europäischen Patentamt zugänglich ist, in die Akte der europäischen Patentanmeldung aufgenommen wird, und die Bedingungen für dieses Verfahren festlegen. Er kann insbesondere bestimmen, dass eine Verwaltungsgebühr zu entrichten ist.[47]

(4) Ist eine Übersetzung der früheren Anmeldung in eine der Amtssprachen des Europäischen Patentamts erforderlich, so ist diese innerhalb einer vom Europäischen Patentamt zu bestimmenden Frist, spätestens jedoch innerhalb der Frist nach Regel 51 Absatz 6 einzureichen oder eine Erklärung vorzulegen, dass die europäische Patentanmeldung eine vollständige Übersetzung der früheren Anmeldung ist. Absatz 3 Satz 3 ist entsprechend anzuwenden.[48]

(5) Die Angaben der Prioritätserklärung sind in der veröffentlichten europäischen Patentanmeldung und auf der europäischen Patentschrift zu vermerken.

4. Teil   Ausführungsvorschriften zum vierten Teil des Übereinkommens

Kapitel I   Prüfung durch die Eingangsstelle

Regel 39   Mitteilung auf Grund der Eingangsprüfung

Genügt die europäische Patentanmeldung nicht den Erfordernissen des Artikels 80, so teilt die Eingangsstelle die festgestellten Mängel dem Anmelder mit und weist ihn darauf hin, dass die Anmeldung nicht als europäische Patentanmeldung behandelt wird, wenn er die festgestellten Mängel nicht innerhalb eines Monats beseitigt. Beseitigt der Anmelder rechtzeitig die festgestellten Mängel, so teilt ihm die Eingangsstelle den Anmeldetag mit.

Regel 40[49]   Prüfung bestimmter Formerfordernisse

Die Formerfordernisse, denen eine europäische Patentanmeldung nach Artikel 91 Absatz 1 Buchstabe b genügen muss, sind die in Regel 27a Absätze 1 bis 3, Regel 32 Absätze 1 und 2, Regel 35 Absätze 2 bis 11 und 14 und Regel 36 Absätze 2 und 4 vorgeschriebenen Erfordernisse.

Regel 41   Beseitigung von Mängeln in den Anmeldungsunterlagen

(1) Werden aufgrund der in Artikel 91 Absatz 1 Buchstaben a bis d vorgeschriebenen Prüfung Mängel der europäischen Patentanmeldung festgestellt, so teilt die Eingangsstelle dies dem Anmelder mit und fordert ihn auf, die Mängel innerhalb einer von ihr zu bestimmenden Frist zu beseitigen.[50] Die Beschreibung, die Patentansprüche und die Zeichnungen können nur insoweit geändert werden, als es erforderlich ist, um die festgestellten Mängel gemäss den Bemerkungen der Eingangsstelle zu beseitigen.

(2) Absatz 1 ist nicht anzuwenden, wenn der Anmelder, der eine Priorität in Anspruch nimmt, bei Einreichung der europäischen Patentanmeldung den Tag oder Staat der früheren Anmeldung nicht angegeben hat.

---

[47] Satz eingefügt durch Beschluss vom 13. Dez. 1994, in Kraft seit 1. Juni 1995 (AS **1995** 4187).
[48] Fassung gemäss Beschluss vom 13. Dez. 1994, in Kraft seit 1. Juni 1995 (AS **1995** 4187).
[49] Fassung gemäss Art. 1 Ziff. 2 des Beschlusses vom 5. Juni 1992, in Kraft seit 1. Jan. 1993 (AS **1992** 1789).
[50] Fassung gemäss Art. 8 des Beschlusses vom 20. Okt. 1977, in Kraft seit 1. Febr. 1978 (AS **1978** 588).

(3) Absatz 1 ist auch nicht anzuwenden, wenn die Prüfung ergeben hat, dass der bei Einreichung der europäischen Patentanmeldung genannte erste Anmeldetag um mehr als ein Jahr vor dem Anmeldetag der europäischen Patentanmeldung liegt. In diesem Fall teilt die Eingangsstelle dem Anmelder mit, dass kein Prioritätsanspruch besteht, wenn der Anmelder nicht innerhalb eines Monats einen berichtigten Prioritätstag angibt, der in das Jahr fällt, das vor dem Anmeldetag der europäischen Patentanmeldung liegt.

Regel 42   **Nachholung der Erfindernennung**

(1) Ergibt die in Artikel 91 Absatz 1 Buchstabe f vorgeschriebene Prüfung, dass die Erfindernennung nicht nach Regel 17 erfolgt ist, so teilt die Eingangsstelle dem Anmelder mit, dass die europäische Patentanmeldung als zurückgenommen gilt, wenn der Mangel nicht innerhalb der in Artikel 91 Absatz 5 vorgeschriebenen Frist beseitigt wird.

(2) Handelt es sich um eine europäische Teilanmeldung oder um eine nach Artikel 61 Absatz 1 Buchstabe b eingereichte neue europäische Patentanmeldung, so endet die Frist für die Erfindernennung nicht vor Ablauf von zwei Monaten nach der in Absatz 1 genannten Mitteilung; auf diese Frist wird in der Mitteilung hingewiesen.

Regel 43   **Verspätet oder nicht eingereichte Zeichnungen**

(1) Ergibt die in Artikel 91 Absatz 1 Buchstabe g vorgeschriebene Prüfung, dass die Zeichnungen nach dem Anmeldetag eingereicht worden sind, so teilt die Eingangsstelle dem Anmelder mit, dass die Zeichnungen und die Bezugnahmen auf die Zeichnungen in der europäischen Patentanmeldung als gestrichen gelten, wenn der Anmelder nicht innerhalb eines Monats beantragt, den Anmeldetag neu auf den Tag der Einreichung der Zeichnungen festzusetzen.

(2) Ergibt die in Absatz 1 genannte Prüfung, dass die Zeichnungen nicht eingereicht worden sind, so erfordert die Eingangsstelle den Anmelder auf, die Zeichnungen innerhalb eines Monats einzureichen, und teilt dem Anmelder mit, dass der Anmeldetag neu auf den Tag der Einreichung der Zeichnungen festgesetzt wird oder, wenn die Zeichnungen nicht rechtzeitig eingereicht werden, die Bezugnahmen auf die Zeichnungen in der europäischen Patentanmeldung als gestrichen gelten.

(3) Jeder neu festgesetzte Anmeldetag wird dem Anmelder mitgeteilt.

Kapitel II   Europäischer Recherchenbericht

Regel 44   **Inhalt des europäischen Recherchenberichts**

(1) Im europäischen Recherchenbericht werden die dem Europäischen Patentamt zum Zeitpunkt der Erstellung des Berichts zur Verfügung stehenden Schriftstücke genannt, die zur Beurteilung der Neuheit der der europäischen Patentanmeldung zugrunde liegenden Erfindung und der erfinderischen Tätigkeit, auf der die Erfindung beruht, in Betracht gezogen werden können.

(2) Die Schriftstücke werden im Zusammenhang mit den Patentansprüchen aufgeführt, auf die sie sich beziehen. Soweit erforderlich werden die massgeblichen Teile jedes Schriftstücks näher gekennzeichnet (beispielsweise durch Angabe der Seite, der Spalte und der Zeilen oder der Abbildungen).

(3) Im europäischen Recherchenbericht ist zu unterscheiden zwischen Schriftstücken, die vor dem beanspruchten Prioritätstag, zwischen dem Prioritätstag und dem Anmeldetag und an oder nach dem Anmeldetag veröffentlicht worden sind.

(4) Schriftstücke, die sich auf eine vor dem Anmeldetag der europäischen Patentanmeldung der Öffentlichkeit zugänglich gemachte mündliche Beschreibung, Benutzung oder sonstige Offenbarung beziehen, werden in dem europäischen Recherchenbericht unter Angabe des Tags einer etwaigen Veröffentlichung des Schriftstücks und einer nichtschriftlichen Offenbarung genannt.

(5) Der europäische Recherchenbericht wird in der Verfahrenssprache abgefasst.[51]

(6) Auf dem europäischen Recherchenbericht ist die Klassifikation des Gegenstands der europäischen Patentanmeldung nach der Internationalen Klassifikation anzugeben.

Regel 45   **Unvollständige Recherche**

Ist die Recherchenabteilung der Auffassung, dass die europäische Patentanmeldung den Vorschriften dieses Übereinkommens so wenig entspricht, dass es nicht möglich ist, auf der Grundlage aller oder einiger Patentansprüche sinnvolle Ermittlungen über den Stand der Technik durchzuführen, so stellt sie entweder in einer Erklärung fest, dass Ermittlungen nicht möglich sind, oder erstellt, soweit dies durchführbar ist, für einen Teil der Anmeldung einen europäischen Recherchenbericht. Diese Erklärung und dieser Bericht gelten für das weitere Verfahren als europäischer Recherchenbericht.

Regel 46   **Europäischer Recherchenbericht bei mangelnder Einheitlichkeit**

(1) Entspricht die europäische Patentanmeldung nach Auffassung der Recherchenabteilung nicht den Anforderungen an die Einheitlichkeit der Erfindung, so erstellt sie einen teilweisen europäischen Recherchenbericht für die Teile der Anmeldung, die sich auf die zuerst in den Patentansprüchen erwähnte Erfindung oder Gruppe von Erfindungen im Sinn des Artikels 82 beziehen. Sie teilt dem Anmelder mit, dass für jede weitere Erfindung innerhalb einer von der Recherchenabteilung zu bestimmenden Frist, die nicht kürzer als zwei Wochen sein und sechs Wochen nicht übersteigen darf, eine weitere Recherchengebühr zu entrichten ist, wenn der europäische Recherchenbericht diese Erfindungen erfassen soll. Die Recherchenabteilung erstellt den europäischen Recherchenbericht für die Teile der Anmeldung, die sich auf die Erfindungen beziehen, für die Recherchengebühren entrichtet worden sind.[52]

(2) Eine nach Absatz 1 gezahlte Recherchengebühr wird zurückgezahlt, wenn der Anmelder im Verlauf der Prüfung der europäischen Patentanmeldung durch die Prüfungsabteilung einen Erstattungsantrag stellt und die Prüfungsabteilung feststellt, dass die in Absatz 1 genannte Mitteilung nicht gerechtfertigt war.

Regel 47   **Endgültiger Inhalt der Zusammenfassung**

(1) Gleichzeitig mit der Erstellung des europäischen Recherchenberichts bestimmt die Recherchenabteilung den endgültigen Inhalt der Zusammenfassung.

---

[51] Fassung gemäss Art. 1 Ziff. 12 des Beschlusses vom 7. Dez. 1990, in Kraft seit 1. Juni 1991 (AS **1991** 1338).

[52] Fassung gemäss Art. 10 des Beschlusses vom 20. Okt. 1977, in Kraft seit 1. Febr. 1978 (AS **1978** 588).

(2) Der endgültige Inhalt der Zusammenfassung wird dem Anmelder zusammen mit dem europäischen Recherchenbericht übersandt.

Kapitel III   Veröffentlichung der europäischen Patentanmeldung

Regel 48   **Technische Vorbereitungen für die Veröffentlichung**

(1) Der Präsident des Europäischen Patentamts bestimmt, wann die technischen Vorbereitungen für die Veröffentlichung der europäischen Patentanmeldung als abgeschlossen gelten.

(2) Die europäische Patentanmeldung wird nicht veröffentlicht, wenn sie vor Abschluss der technischen Vorbereitungen für die Veröffentlichung rechtskräftig zurückgewiesen oder zurückgenommen worden ist oder als zurückgenommen gilt.

Regel 49   **Form der Veröffentlichung der europäischen Patentanmeldungen und europäischen Recherchenberichte**

(1) Der Präsident des Europäischen Patentamts bestimmt, in welcher Form die europäischen Patentanmeldungen veröffentlicht werden und welche Angaben sie enthalten. Das gleiche gilt, wenn der europäische Recherchenbericht und die Zusammenfassung gesondert veröffentlicht werden. Der Präsident des Europäischen Patentamts kann für die Veröffentlichung der Zusammenfassung besondere Vorschriften erlassen.

(2) In der veröffentlichten europäischen Patentanmeldung werden die benannten Vertragsstaaten angegeben.

(3) Sind vor Abschluss der technischen Vorbereitungen für die Veröffentlichungen der europäischen Patentanmeldung die Patentansprüche nach Regel 86 Absatz 2 geändert worden, so werden in der Veröffentlichung ausser den ursprünglichen Patentansprüchen auch die neuen oder geänderten Patentansprüche aufgeführt.

Regel 50   **Mitteilung über die Veröffentlichung**

(1) Das Europäische Patentamt hat dem Anmelder den Tag mitzuteilen, an dem im Europäischen Patentblatt auf die Veröffentlichung des europäischen Recherchenberichts hingewiesen worden ist, und ihn in dieser Mitteilung auf Artikel 94 Absätze 2 und 3 hinzuweisen.[53]

(2) Der Anmelder kann aus der Unterlassung der Mitteilung nach Absatz 1 keine Ansprüche herleiten. Ist in der Mitteilung ein späterer Tag der Veröffentlichung angegeben, so ist für die Frist zur Stellung des Prüfungsantrags der spätere Tag als der Tag des Hinweises auf die Veröffentlichung massgebend, wenn der Fehler nicht ohne weiteres erkennbar war.

Kapitel IV   Prüfung durch die Prüfungsabteilung

Regel 51   **Prüfungsverfahren**

(1) In dem Bescheid nach Artikel 96 Absatz 1 stellt das Europäische Patentamt dem Anmelder anheim, zu dem europäischen Recherchenbericht Stellung zu nehmen und gegebenenfalls die Beschreibung, die Patentansprüche und die Zeichnungen zu ändern.

---

[53] Fassung gemäss Art. 1 Ziff. 13 des Beschlusses vom 7. Dez. 1990, in Kraft seit 1. Juni 1991 (AS **1991** 1338).

(2) In den Bescheiden nach Artikel 96 Absatz 2 fordert die Prüfungsabteilung den Anmelder gegebenenfalls auf, die festgestellten Mängel zu beseitigen und soweit erforderlich die Beschreibung, die Patentansprüche und die Zeichnungen in geänderter Form einzureichen.

(3) Die Bescheide nach Artikel 96 Absatz 2 sind zu begründen; dabei sollen alle Gründe zusammengefasst werden, die der Erteilung des europäischen Patents entgegenstehen.

(4) Bevor die Prüfungsabteilung die Erteilung des europäischen Patents beschliesst, teilt sie dem Anmelder mit, in welcher Fassung sie das europäische Patent zu erteilen beabsichtigt, und fordert ihn auf, innerhalb einer von ihr zu bestimmenden Frist, die nicht kürzer als zwei Monate sein und vier Monate nicht übersteigen darf, sein Einverständnis mit der mitgeteilten Fassung zu erklären. Die Frist wird einmal um höchstens zwei Monate verlängert, sofern der Anmelder dies vor Ablauf der Frist beantragt.[54]

(5) Teilt der Anmelder innerhalb der in Absatz 4 vorgesehenen Frist sein Einverständnis nicht mit, so wird die europäische Patentanmeldung zurückgewiesen. Schlägt der Anmelder innerhalb dieser Frist Änderungen der Patentansprüche, der Beschreibung oder der Zeichnungen vor, denen die Prüfungsabteilung nach Regel 86 Absatz 3 nicht zustimmt, so fordert die Prüfungsabteilung, bevor sie eine Entscheidung trifft, den Anmelder unter Angabe der Gründe auf, innerhalb einer von ihr zu bestimmenden Frist eine Stellungnahme einzureichen.[55]

(6) Steht fest, dass der Anmelder mit der Fassung einverstanden ist, in der die Prüfungsabteilung das europäische Patent, gegebenenfalls unter Berücksichtigung von vorgeschlagenen Änderungen (Regel 86 Absatz 3), zu erteilen beabsichtigt, so fordert sie ihn auf, innerhalb einer von ihr zu bestimmenden nicht verlängerbaren Frist, die nicht kürzer als zwei Monate sein und drei Monate nicht übersteigen darf, die Erteilungsgebühr und die Druckkostengebühr zu entrichten sowie eine Übersetzung der Patentansprüche in den beiden Amtssprachen des Europäischen Patentamts einzureichen, die nicht die Verfahrenssprache sind.[56]

(7) Enthält die europäische Patentanmeldung in der Fassung, in der die Prüfungsabteilung das europäische Patent zu erteilen beabsichtigt, mehr als zehn Patentansprüche, so fordert die Prüfungsabteilung den Anmelder auf, innerhalb der in Absatz 6 vorgesehenen Frist für jeden weiteren Patentanspruch Anspruchsgebühren zu entrichten, soweit diese nicht bereits gemäss Regel 31 Absatz 1 entrichtet worden sind.[57]

(8) Werden die Erteilungsgebühr, die Druckkostengebühr oder die Anspruchsgebühren nicht rechtzeitig entrichtet oder wird die Übersetzung nicht rechtzeitig eingereicht, so gilt die europäische Patentanmeldung als zurückgenommen.[58]

---

[54] Fassung gemäss Art. 2 des Beschlusses vom 5. Juni 1987, in Kraft seit 1. Sept. **1987** (AS **1987** 1499). Laut Art. 3 des genannten Beschlusses finden auf die europäische Patentanmeldung die bisher geltenden Vorschriften weiter Anwendung, wenn die Ankündigung der Mitteilung vor dem 1. Sept. 1987 abgesendet worden ist.

[55] Fassung gemäss Art. 2 des Beschlusses vom 5. Juni 1987, in Kraft seit 1. Sept. 1987 (AS **1987** 1499).

[56] Fassung gemäss Art. 1 Ziff. 14 des Beschlusses vom 7. Dez. 1990, in Kraft seit 1. Juni 1991 (AS **1991** 1338).

[57] Eingefügt durch Art. 2 des Beschlusses vom 5. Juni 1987, in Kraft seit 1. Sept. 1987 (AS **1987** 1499).

[58] Eingefügt durch Art. 2 des Beschlusses vom 5. Juni 1987, in Kraft seit 1. Sept. 1987 (AS **1987** 1499).

(9) Wird eine Jahresgebühr nach Zustellung der Aufforderung nach Absatz 6 und vor dem Tag der frühestmöglichen Bekanntmachung des Hinweises auf die Erteilung des europäischen Patents fällig, so wird der Hinweis erst bekanntgemacht, wenn die Jahresgebühr entrichtet ist. Der Anmelder wird hiervon unterrichtet.[59]

(10) In der Mitteilung der Prüfungsabteilung nach Absatz 6 werden die benannten Vertragsstaaten angegeben, die eine Übersetzung nach Artikel 65 Absatz 1 verlangen.[60]

(11) In der Entscheidung, durch die das europäische Patent erteilt wird, ist die der Patenterteilung zugrunde liegende Fassung der europäischen Patentanmeldung anzugeben.[61]

Regel 52   Erteilung des europäischen Patents an verschiedene Anmelder

Sind als Anmelder für verschiedene Vertragsstaaten verschiedene Personen in das europäische Patentregister eingetragen, so erteilt die Prüfungsabteilung das europäische Patent den verschiedenen Anmeldern jeweils für die sie betreffenden Vertragsstaaten.

Kapitel V   Europäische Patentschrift

Regel 53[62]   **Technische Vorbereitungen für die Veröffentlichung und Form der europäischen Patentschrift**

Die Regeln 48 und 49 Absätze 1 und 2 sind auf die europäische Patentschrift entsprechend anzuwenden. Ausserdem wird in der Patentschrift die Frist angegeben, innerhalb deren Einspruch gegen das europäische Patent eingelegt werden kann.

Regel 54   **Urkunde über das europäische Patent**

(1) Sobald die europäische Patentschrift herausgegeben worden ist, stellt das Europäische Patentamt dem Patentinhaber die Urkunde über das europäische Patent aus, der als Anlage die Patentschrift beigefügt ist. In dieser Urkunde wird bescheinigt, dass das Patent für die in der Patentschrift beschriebene Erfindung der in der Urkunde genannten Person für die in der Patentschrift bezeichneten Vertragsstaaten erteilt worden ist.

(2) Der Patentinhaber kann verlangen, dass ihm gegen Entrichtung einer Verwaltungsgebühr Ausfertigungen der Urkunde über das europäische Patent ausgestellt werden.

---

[59] Eingefügt durch Art. 2 des Beschlusses vom 5. Juni 1987, in Kraft seit 1. Sept. 1987 (AS **1987** 1499).

[60] Eingefügt durch Art. 2 des Beschlusses vom 5. Juni 1987, in Kraft seit 1. Sept. 1987 (AS **1987** 1499).

[61] Eingefügt durch Art. 2 des Beschlusses vom 5. Juni 1987, in Kraft seit 1. Sept. 1987 (AS **1987** 1499).

[62] Fassung gemäss Art. 4 des Beschlusses vom 10. Juni 1988, in Kraft seit 1. Okt. 1988 (AS **1988** 1534).

5. Teil   Ausführungsvorschriften zum fünften Teil des Übereinkommens

Regel 55   Inhalt der Einspruchsschrift

Die Einspruchsschrift muss enthalten:

a) den Namen, die Anschrift und den Staat des Wohnsitzes oder Sitzes des Einsprechenden nach Massgabe der Regel 26 Absatz 2 Buchstabe c;

b) die Nummer des europäischen Patents, gegen das der Einspruch eingelegt wird, sowie die Bezeichnung des Inhabers dieses Patents und der Erfindung;

c) eine Erklärung darüber, in welchem Umfang gegen das europäische Patent Einspruch eingelegt und auf welche Einspruchsgründe der Einspruch gestützt wird, sowie die Angabe der zur Begründung vorgebrachten Tatsachen und Beweismittel;

d) falls ein Vertreter des Einsprechenden bestellt ist, seinen Namen und seine Geschäftsanschrift nach Massgabe der Regel 26 Absatz 2 Buchstabe c.

Regel 56   Verwerfung des Einspruchs als unzulässig

(1) Stellt die Einspruchsabteilung fest, dass der Einspruch Artikel 99 Absatz 1 sowie Regel 1 Absatz 1 und Regel 55 Buchstabe c nicht entspricht oder dass das europäische Patent, gegen das der Einspruch eingelegt wird, nicht hinreichend bezeichnet ist, so verwirft sie den Einspruch als unzulässig, sofern die Mängel nicht bis zum Ablauf der Einspruchsfrist beseitigt worden sind.

(2) Stellt die Einspruchsabteilung fest, dass der Einspruch anderen als den in Absatz 1 bezeichneten Vorschriften nicht entspricht, so teilt sie dies dem Antragsteller mit und fordert ihn auf, innerhalb einer von ihr zu bestimmenden Frist die festgestellten Mängel zu beseitigen. Werden die Mängel nicht rechtzeitig beseitigt, so verwirft die Einspruchsabteilung den Einspruch als unzulässig.[63]

(3) Jede Entscheidung, durch die ein Einspruch als unzulässig verworfen wird, wird dem Patentinhaber mit einer Abschrift des Einspruchs mitgeteilt.

Regel 57   Vorbereitung der Einspruchsprüfung

(1) Die Einspruchsabteilung teilt dem Patentinhaber den Einspruch mit und fordert ihn auf, innerhalb einer von ihr zu bestimmenden Frist eine Stellungnahme und gegebenenfalls Änderungen der Beschreibung, der Patentansprüche und der Zeichnungen einzureichen.[64]

(2) Sind mehrere Einsprüche eingelegt worden, so teilt die Einspruchsabteilung gleichzeitig mit der Mitteilung nach Absatz 1 die Einsprüche den übrigen Einsprechenden mit.

(3) Die Einspruchsabteilung teilt die Stellungnahme des Patentinhabers und gegebenenfalls die Änderungen den übrigen Beteiligten mit und fordert sie auf, wenn sie dies für sachdienlich erachtet, sich innerhalb einer von ihr zu bestimmenden Frist hierzu zu äussern.

---

[63] Fassung gemäss Art. 12 des Beschlusses vom 20. Okt. 1977, in Kraft seit 1. Febr. 1978 (AS **1978** 588).

[64] Fassung gemäss Art. 5 des Beschlusses vom 10. Juni 1988, in Kraft seit 1. Okt. 1988 (AS **1988** 1534).

Ausführungsordnung EPÜ 781

(4) Im Fall eines Antrags auf Beitritt zum Einspruchsverfahren kann die Einspruchsabteilung von der Anwendung der Absätze 1 bis 3 absehen.

Regel 57a[65] **Änderung des europäischen Patents**

Unbeschadet Regel 87 können die Beschreibung, die Patentansprüche und die Zeichnungen geändert werden, soweit die Änderungen durch Einspruchsgründe nach Artikel 100 veranlasst sind, auch wenn der betreffende Grund vom Einsprechenden nicht geltend gemacht worden ist.

Regel 58 **Prüfung des Einspruchs**

(1) Alle Bescheide nach Artikel 101 Absatz 2 und alle hierzu eingehenden Stellungnahmen werden den Beteiligten übersandt.

(2) In den Bescheiden, die nach Artikel 101 Absatz 2 an den Patentinhaber ergehen, wird dieser gegebenenfalls aufgefordert, soweit erforderlich die Beschreibung, die Patentansprüche und die Zeichnungen in geänderter Form einzureichen.

(3) Die Bescheide, die nach Artikel 101 Absatz 2 an den Patentinhaber ergehen, sind soweit erforderlich zu begründen; dabei sollen alle Gründe zusammengefasst werden, die der Aufrechterhaltung des europäischen Patents entgegenstehen.

(4) Bevor die Einspruchsabteilung die Aufrechterhaltung des europäischen Patents in geändertem Umfang beschliesst, teilt sie den Beteiligten mit, in welchem Umfang sie das Patent aufrechtzuerhalten beabsichtigt, und fordert sie auf, innerhalb von zwei Monaten Stellung zu nehmen, wenn sie mit der Fassung, in der das Patent aufrechterhalten werden soll, nicht einverstanden sind.[66]

(5) Ist ein Beteiligter mit der von der Einspruchsabteilung mitgeteilten Fassung nicht einverstanden, so kann das Einspruchsverfahren fortgesetzt werden; andernfalls fordert die Einspruchsabteilung den Patentinhaber nach Ablauf der in Absatz 4 genannten Frist auf, innerhalb von drei Monaten die Druckkostengebühr für eine neue europäische Patentschrift zu entrichten und eine Übersetzung der geänderten Patentansprüche in den beiden Amtssprachen des Europäischen Patentamts einzureichen, die nicht die Verfahrenssprache sind.[67]

(6) Werden die nach Absatz 5 erforderlichen Handlungen nicht rechtzeitig vorgenommen, so können sie noch innerhalb einer Frist von zwei Monaten nach Zustellung einer Mitteilung, in der auf die Fristversäumung hingewiesen wird, wirksam vorgenommen werden, sofern innerhalb dieser Frist eine Zuschlagsgebühr in Höhe der zweifachen Druckkostengebühr für eine neue europäische Patentschrift entrichtet wird.[68]

---

[65] Eingefügt durch Ziff. II des Beschlusses vom 13. Dez. 1994, in Kraft seit 1. Juni 1995 (AS **1995** 4187).

[66] Fassung gemäss Art. 6 des Beschlusses vom 10. Juni 1988, in Kraft seit 1. Okt. 1988 (AS **1988** 1534).

[67] Fassung gemäss Art. 1 Ziff. 15 des Beschlusses vom 7. Dez. 1990, in Kraft seit 1. Juni 1991 (AS **1991** 1338).

[68] Eingefügt durch Art. 1 Ziff. 3 des Beschlusses vom 8. Dez. 1988, in Kraft seit 1. April 1989 (AS **1989** 534). Laut Art. 2 des genannten Beschlusses ist dieser Abs. auf alle Fälle, in denen die Feststellung eines Rechtsverlusts zum Zeitpunkt des Inkrafttretens dieses Beschlusses noch nicht rechtskräftig geworden ist, anzuwenden.

(7) In der Mitteilung der Einspruchsabteilung nach Absatz 5 werden die benannten Vertragsstaaten angegeben, die eine Übersetzung nach Artikel 65 Absatz 1 verlangen.[69]

(8) In der Entscheidung, durch die das europäische Patent in geändertem Umfang aufrechterhalten wird, ist die der Aufrechterhaltung zugrunde liegende Fassung des europäischen Patents anzugeben.[70]

Regel 59[71]   **Anforderung von Unterlagen**

Unterlagen, die von einem am Einspruchsverfahren Beteiligten genannt werden, sind zusammen mit dem Einspruch oder dem schriftlichen Vorbringen in zwei Stücken einzureichen. Sind solche Unterlagen nicht beigefügt und werden sie nach Aufforderung durch das Europäische Patentamt nicht rechtzeitig nachgereicht, so braucht das Europäische Patentamt das darauf gestützte Vorbringen nicht zu berücksichtigen.

Regel 60   **Fortsetzung des Einspruchsverfahrens von Amts wegen**

(1) Hat der Patentinhaber für alle benannten Vertragsstaaten auf das europäische Patent verzichtet oder ist das europäische Patent für alle diese Staaten erloschen, so kann das Einspruchsverfahren auf Antrag des Einsprechenden fortgesetzt werden; der Antrag ist innerhalb von zwei Monaten nach dem Tag zu stellen, an dem ihm das Europäische Patentamt den Verzicht oder das Erlöschen mitgeteilt hat.

(2) Stirbt ein Einsprechender oder verliert er seine Geschäftsfähigkeit, so kann das Einspruchsverfahren auch ohne die Beteiligung seiner Erben oder gesetzlichen Vertreter von Amts wegen fortgesetzt werden. Das Verfahren kann auch fortgesetzt werden, wenn der Einspruch zurückgenommen wird.

Regel 61   **Rechtsübergang des europäischen Patents**

Regel 20 ist auf einen Rechtsübergang des europäischen Patents während der Einspruchsfrist oder der Dauer des Einspruchsverfahrens entsprechend anzuwenden.

Regel 61a[72]   **Unterlagen im Einspruchsverfahren**

Die Vorschriften von Kapitel II des Dritten Teils der Ausführungsordnung sind auf die im Einspruchsverfahren eingereichten Unterlagen entsprechend anzuwenden.

Regel 62   **Form der neuen europäischen Patentschrift im Einspruchsverfahren**

Regel 49 Absätze 1 und 2 ist auf die neue europäische Patentschrift entsprechend anzuwenden.

Regel 62a[73]   **Neue Urkunde über das europäische Patent**

Regel 54 ist auf die neue europäische Patentschrift entsprechend anzuwenden.

---

[69] Ursprünglich Abs. (6).
[70] Ursprünglich Abs. (7).
[71] Fassung gemäss Art. 1 Ziff. 16 des Beschlusses vom 7. Dez. 1990, in Kraft seit 1. Juni 1991 (AS **1991** 1338).
[72] Eingefügt durch Art. 14 des Beschlusses vom 20. Okt. 1977, in Kraft seit 1. Febr. 1978 (AS **1978** 588).
[73] Eingefügt durch Art. 15 des Beschlusses vom 20. Okt. 1977, in Kraft seit 1. Febr. 1978 (AS **1978** 588).

Ausführungsordnung EPÜ 783

Regel 63 **Kosten**

(1) Die Kostenverteilung wird in der Entscheidung über den Einspruch angeordnet. Es können nur die Kosten berücksichtigt werden, die zur zweckentsprechenden Wahrung der Rechte notwendig waren. Zu den Kosten gehört die Vergütung für die Vertreter der Beteiligten.

(2) Dem Antrag auf Kostenfestsetzung sind eine Kostenberechnung und die Belege beizufügen. Der Antrag ist erst zulässig, wenn die Entscheidung, für die die Kostenfestsetzung beantragt wird, rechtskräftig ist. Zur Festsetzung der Kosten genügt es, dass sie glaubhaft gemacht werden.

(3) Der Antrag auf Entscheidung der Einspruchsabteilung über die Kostenfestsetzung der Geschäftsstelle ist innerhalb eines Monats nach Zustellung der Kostenfestsetzung schriftlich beim Europäischen Patentamt einzureichen und zu begründen. Der Antrag gilt erst als gestellt, wenn die Kostenfestsetzungsgebühr entrichtet worden ist.

(4) Die Einspruchsabteilung entscheidet über den in Absatz 3 genannten Antrag ohne mündliche Verhandlung.

6. Teil   Ausführungsvorschriften zum Sechsten Teil des Übereinkommens

Regel 64 **Inhalt der Beschwerdeschrift**

Die Beschwerdeschrift muss enthalten:

a) den Namen und die Anschrift des Beschwerdeführers nach Massgabe der Regel 26 Absatz 2 Buchstabe c;

b) einen Antrag, der die angefochtene Entscheidung und den Umfang anzugeben hat, in dem ihre Änderung oder Aufhebung begehrt wird.

Regel 65 **Verwerfung der Beschwerde als unzulässig**

(1) Entspricht die Beschwerde nicht den Artikeln 106 bis 108 sowie Regel 1 Absatz 1 und Regel 64 Buchstabe b, so verwirft die Beschwerdekammer sie als unzulässig, sofern die Mängel nicht bis zum Ablauf der nach Artikel 108 massgebenden Fristen beseitigt worden sind.

(2) Stellt die Beschwerdekammer fest, dass die Beschwerde der Regel 64 Buchstabe a nicht entspricht, so teilt sie dies dem Beschwerdeführer mit und fordert ihn auf, innerhalb einer von ihr zu bestimmenden Frist die festgestellten Mängel zu beseitigen. Werden die Mängel nicht rechtzeitig beseitigt, so verwirft die Beschwerdekammer die Beschwerde als unzulässig.

Regel 66 **Prüfung der Beschwerde**

(1) Die Vorschriften für das Verfahren vor der Stelle, die die mit der Beschwerde angefochtene Entscheidung erlassen hat, sind im Beschwerdeverfahren entsprechend anzuwenden, soweit nichts anderes bestimmt ist.

(2) Die Entscheidung ist vom Vorsitzenden der Beschwerdekammer und von dem dafür zuständigen Bediensteten der Geschäftsstelle der Beschwerdekammer zu unterschreiben. Die Entscheidung enthält:

a) die Feststellung, dass sie von der Beschwerdekammer erlassen ist;
b) den Tag, an dem die Entscheidung erlassen worden ist;
c) die Namen des Vorsitzenden und der übrigen Mitglieder der Beschwerdekammer, die bei der Entscheidung mitgewirkt haben;
d) die Bezeichnung der Beteiligten und ihrer Vertreter;
e) die Anträge der Beteiligten;
f) eine kurze Darstellung des Sachverhalts;
g) die Entscheidungsgründe;
h) die Formel der Entscheidung, gegebenenfalls einschliesslich der Entscheidung über die Kosten.

Regel 67   **Rückzahlung der Beschwerdegebühr**

Die Rückzahlung der Beschwerdegebühr wird angeordnet, wenn der Beschwerde abgeholfen oder ihr durch die Beschwerdekammer stattgegeben wird und die Rückzahlung wegen eines wesentlichen Verfahrensmangels der Billigkeit entspricht. Die Rückzahlung wird, falls der Beschwerde abgeholfen wird, von dem Organ, dessen Entscheidung angefochten wurde, und in den übrigen Fällen von der Beschwerdekammer angeordnet.

7. Teil   Ausführungsvorschriften zum siebenten Teil des Übereinkommens

Kapitel I   Entscheidungen, Bescheide und Mitteilungen des Europäischen Patentamts

Regel 68   **Form der Entscheidungen**

(1) Findet eine mündliche Verhandlung vor dem Europäischen Patentamt statt so können die Entscheidungen verkündet werden. Später sind die Entscheidungen schriftlich abzufassen und den Beteiligten zuzustellen.

(2) Die Entscheidungen des Europäischen Patentamts, die mit der Beschwerde angefochten werden können, sind zu begründen und mit einer schriftlichen Belehrung darüber zu versehen, dass gegen die Entscheidung die Beschwerde statthaft ist. In der Belehrung sind die Beteiligten auch auf die Artikel 106 bis 108 aufmerksam zu machen, deren Wortlaut beizufügen ist. Die Beteiligten können aus der Unterlassung der Rechtsmittelbelehrung keine Ansprüche herleiten.

Regel 69   **Feststellung eines Rechtsverlusts**

(1) Stellt das Europäische Patentamt fest, dass ein Rechtsverlust aufgrund des Übereinkommens eingetreten ist, ohne dass eine Entscheidung über die Zurückweisung der europäischen Patentanmeldung oder über die Erteilung, den Widerruf oder die Aufrechterhaltung des europäischen Patents oder über die Beweisaufnahme ergangen ist, so teilt es dies dem Betroffenen nach Artikel 119 mit.

(2) Ist der Betroffene der Auffassung, dass die Feststellung des Europäischen Patentamts nicht zutrifft, so kann er innerhalb von zwei Monaten nach Zustellung der Mitteilung nach Absatz 1 eine Entscheidung des Europäischen Patentamts beantragen.

Eine solche Entscheidung wird nur getroffen, wenn das Europäische Patentamt die Auffassung des Antragstellers nicht teilt; andernfalls unterrichtet das Europäische Patentamt den Antragsteller.

Regel 70[74] **Unterschrift, Name, Dienstsiegel**

(1) Entscheidungen, Bescheide und Mitteilungen des Europäischen Patentamts sind mit der Unterschrift und dem Namen des zuständigen Bediensteten zu versehen.

(2) Werden die in Absatz 1 genannten Schriftstücke von dem zuständigen Bediensteten mit Hilfe einer Datenverarbeitungsanlage erstellt, so kann die Unterschrift durch ein Dienstsiegel ersetzt werden. Werden diese Schriftstücke automatisch durch eine Datenverarbeitungsanlage erstellt, so kann auch die Namensangabe des zuständigen Bediensteten entfallen. Dies gilt auch für vorgedruckte Bescheide und Mitteilungen.

Kapitel II   Mündliche Verhandlung und Beweisaufnahme

Regel 71   **Ladung zur mündlichen Verhandlung**

(1) Zur mündlichen Verhandlung nach Artikel 116 werden die Beteiligten unter Hinweis auf Absatz 2 geladen. Die Ladungsfrist beträgt mindestens zwei Monate, sofern die Beteiligten nicht mit einer kürzeren Frist einverstanden sind.[75]

(2) Ist ein zu einer mündlichen Verhandlung ordnungsgemäss geladener Beteiligter vor dem Europäischen Patentamt nicht erschienen, so kann das Verfahren ohne ihn fortgesetzt werden.

Regel 71a[76]   **Vorbereitung der mündlichen Verhandlung**

(1) Mit der Ladung weist das Europäische Patentamt auf die Fragen hin, die es für die zu treffende Entscheidung als erörterungsbedürftig ansieht. Gleichzeitig wird ein Zeitpunkt bestimmt, bis zu dem Schriftsätze zur Vorbereitung der mündlichen Verhandlung eingereicht werden können. Regel 84 ist nicht anzuwenden. Nach diesem Zeitpunkt vorgebrachte neue Tatsachen und Beweismittel brauchen nicht berücksichtigt zu werden, soweit sie nicht wegen einer Änderung des dem Verfahren zugrunde liegenden Sachverhalts zuzulassen sind.

(2) Sind dem Anmelder oder Patentinhaber die Gründe mitgeteilt worden, die der Erteilung oder Aufrechterhaltung des Patents entgegenstehen, so kann er aufgefordert werden, bis zu dem in Absatz 1 Satz 2 genannten Zeitpunkt Unterlagen einzureichen, die den Erfordernissen des Übereinkommens genügen. Absatz 1 Sätze 3 und 4 sind entsprechend anzuwenden.

---

[74] Fassung gemäss Art. 7 des Beschlusses vom 10. Juni 1988, in Kraft seit 1. Okt. 1988 (AS **1988** 1534).

[75] Fassung gemäss Art. 8 des Beschlusses vom 10. Juni 1988, in Kraft seit 1. Okt. 1988 (AS **1988** 1534).

[76] Eingefügt durch Ziff. II des Beschlusses vom 13. Dez. 1994, in Kraft seit 1. Juni 1995 (AS **1995** 4187).

Regel 72 **Beweisaufnahme durch das Europäische Patentamt**

(1) Hält das Europäische Patentamt die Vernehmung von Beteiligten, Zeugen oder Sachverständigen oder eine Augenscheinseinnahme für erforderlich, so erlässt es eine entsprechende Entscheidung, in der das betreffende Beweismittel, die rechtserheblichen Tatsachen sowie Tag, Uhrzeit und Ort angegeben werden. Hat ein Beteiligter die Vernehmung von Zeugen oder Sachverständigen beantragt, so wird in der Entscheidung des Europäischen Patentamts die Frist festgesetzt, in der der antragstellende Beteiligte dem Europäischen Patentamt Name und Anschrift der Zeugen und Sachverständigen mitteilen muss, die er vernehmen zu lassen wünscht.

(2) Die Frist zur Ladung von Beteiligten, Zeugen und Sachverständigen zur Beweisaufnahme beträgt mindestens zwei Monate, sofern diese nicht mit einer kürzeren Frist einverstanden sind.[77] Die Ladung muss enthalten:

a) einen Auszug aus der in Absatz 1 genannten Entscheidung, aus der insbesondere Tag, Uhrzeit und Ort der angeordneten Beweisaufnahme sowie die Tatsachen hervorgehen, über die die Beteiligten, Zeugen und Sachverständigen vernommen werden sollen;

b) die Namen der am Verfahren Beteiligten sowie die Ansprüche, die den Zeugen und Sachverständigen nach Regel 74 Absätze 2 bis 4 zustehen;

c) einen Hinweis darauf, dass der Beteiligte, Zeuge oder Sachverständige seine Vernehmung durch das zuständige Gericht seines Wohnsitzstaats verlangen kann, sowie eine Aufforderung, dem Europäischen Patentamt innerhalb einer von diesem festgesetzten Frist mitzuteilen, ob er bereit ist, vor dem Europäischen Patentamt zu erscheinen.

(3) Beteiligte, Zeugen und Sachverständige werden vor ihrer Vernehmung darauf hingewiesen, dass das Europäische Patentamt das zuständige Gericht in ihrem Wohnsitzstaat um Wiederholung der Vernehmung unter Eid oder in gleichermassen verbindlicher Form ersuchen kann.

(4) Die Beteiligten können an der Beweisaufnahme teilnehmen und sachdienliche Fragen an die vernommenen Beteiligten, Zeugen und Sachverständigen richten.

Regel 73 **Beauftragung von Sachverständigen**

(1) Das Europäische Patentamt entscheidet, in welcher Form das Gutachten des von ihm beauftragten Sachverständigen zu erstatten ist.

(2) Der Auftrag an den Sachverständigen muss enthalten:

a) die genaue Umschreibung des Auftrags;

b) die Frist für die Erstattung des Gutachtens;

c) die Bezeichnung der am Verfahren Beteiligten;

d) einen Hinweis auf die Rechte, die ihm nach Regel 74 Absätze 2 bis 4 zustehen.

(3) Die Beteiligten erhalten eine Abschrift des schriftlichen Gutachtens.

(4) Die Beteiligten können den Sachverständigen ablehnen. Über die Ablehnung entscheidet das Organ des Europäischen Patentamts, das für die Beauftragung des Sachverständigen zuständig ist.

---

[77] Fassung gemäss Art. 9 des Beschlusses vom 10. Juni 1988, in Kraft seit 1. Okt. 1988 (AS **1988** 1534)

Regel 74 **Kosten der Beweisaufnahme**

(1) Das Europäische Patentamt kann die Beweisaufnahme davon abhängig machen, dass der Beteiligte, der sie beantragt hat, beim Europäischen Patentamt einen Vorschuss hinterlegt, dessen Höhe im Wege einer Schätzung der voraussichtlichen Kosten bestimmt wird.

(2) Zeugen und Sachverständige, die vom Europäischen Patentamt geladen worden sind und vor diesem erscheinen, haben Anspruch auf Erstattung angemessener Reise- und Aufenthaltskosten. Es kann ihnen ein Vorschuss auf diese Kosten gewährt werden. Satz 1 ist auch auf Zeugen und Sachverständige anzuwenden, die ohne Ladung vor dem Europäischen Patentamt erscheinen und als Zeugen oder Sachverständige vernommen werden.

(3) Zeugen, denen nach Absatz 2 ein Erstattungsanspruch zusteht, haben Anspruch auf eine angemessene Entschädigung für Verdienstausfall; Sachverständige haben Anspruch auf Vergütung ihrer Tätigkeit. Diese Entschädigung oder Vergütung wird den Zeugen und Sachverständigen gezahlt, nachdem sie ihrer Pflicht oder ihrem Auftrag genügt haben.

(4) Der Verwaltungsrat legt die Einzelheiten der Anwendung der Absätze 2 und 3 fest. Das Europäische Patentamt zahlt die nach den Absätzen 2 und 3 fälligen Beträge aus.

Regel 75 **Beweissicherung**

(1) Das Europäische Patentamt kann auf Antrag zur Sicherung eines Beweises unverzüglich eine Beweisaufnahme über Tatsachen vornehmen, die für eine Entscheidung von Bedeutung sein können, die das Europäische Patentamt hinsichtlich einer europäischen Patentanmeldung oder eines europäisches Patents wahrscheinlich zu treffen hat, wenn zu besorgen ist, dass die Beweisaufnahme zu einem späteren Zeitpunkt erschwert oder unmöglich sein wird. Der Zeitpunkt der Beweisaufnahme ist dem Anmelder oder Patentinhaber so rechtzeitig mitzuteilen, dass er. daran teilnehmen kann. Er kann sachdienliche Fragen stellen.

(2) Der Antrag muss enthalten:

a) den Namen, die Anschrift und den Staat des Wohnsitzes oder Sitzes des Antragstellers nach Massgabe der Regel 26 Absatz 2 Buchstabe c;
b) eine ausreichende Bezeichnung der europäischen Patentanmeldung oder des europäischen Patents;
c) die Bezeichnung der Tatsachen, über die Beweis erhoben werden soll;
d) die Bezeichnung der Beweismittel;
e) die Darlegung und die Glaubhaftmachung des Grunds, der die Besorgnis rechtfertigt, dass die Beweisaufnahme zu einem späteren Zeitpunkt erschwert oder unmöglich sein wird.

(3) Der Antrag gilt erst als gestellt, wenn die Beweissicherungsgebühr entrichtet worden ist.

(4) Für die Entscheidung über den Antrag und für eine daraufhin erfolgende Beweisaufnahme ist das Organ des Europäischen Patentamts zuständig, das die Entscheidung zu treffen hätte, für die die zu beweisenden Tatsachen von Bedeutung sein können. Die Vorschriften des Übereinkommens über die Beweisaufnahme in den Verfahren vor dem Europäischen Patentamt sind entsprechend anzuwenden.

Regel 76   **Niederschrift über mündliche Verhandlungen und Beweisaufnahmen**

(1) Über eine mündliche Verhandlung oder Beweisaufnahme wird eine Niederschrift aufgenommen, die den wesentlichen Gang der mündlichen Verhandlung oder Beweisaufnahme, die rechtserheblichen Erklärungen der Beteiligten und die Aussagen der Beteiligten, Zeugen oder Sachverständigen sowie das Ergebnis eines Augenscheins enthalten soll.

(2) Die Niederschrift über die Aussage eines Zeugen, Sachverständigen oder Beteiligten wird diesem vorgelesen oder zur Durchsicht vorgelegt. In der Niederschrift wird vermerkt, dass dies geschehen und die Niederschrift von der Person genehmigt ist, die ausgesagt hat. Wird die Niederschrift nicht genehmigt, so werden die Einwendungen vermerkt.

(3) Die Niederschrift wird von dem Bediensteten, der die Niederschrift aufnimmt, und von dem Bediensteten, der die mündliche Verhandlung oder Beweisaufnahme leitet, unterzeichnet.

(4) Die Beteiligten erhalten eine Abschrift der Niederschrift.

Kapitel III   Zustellungen

Regel 77   **Allgemeine Vorschriften über Zustellungen**

(1) In den Verfahren vor dem Europäischen Patentamt wird entweder das Originalschriftstück, eine vom Europäischen Patentamt beglaubigte oder mit Dienstsiegel versehene Abschrift dieses Schriftstücks oder ein mit Dienstsiegel versehener Computerausdruck zugestellt. Abschriften von Schriftstücken, die von Beteiligten eingereicht werden, bedürfen keiner solchen Beglaubigung.[78]

(2) Die Zustellung wird bewirkt:

a)   durch die Post gemäss Regel 78;

b)   durch Übergabe im Europäischen Patentamt gemäss Regel 79;

c)   durch öffentliche Bekanntmachung gemäss Regel 80;

d)   durch technische Einrichtungen zur Nachrichtenübermittlung, die der Präsident des Europäischen Patentamts unter Festlegung der Bedingungen für ihre Benutzung bestimmt.[79]

(3) Die Zustellung durch Vermittlung der Zentralbehörde für den gewerblichen Rechtsschutz eines Vertragsstaats erfolgt nach den Vorschriften, die von dieser Behörde in nationalen Verfahren anzuwenden sind.

---

[78] Fassung gemäss Art. 10 des Beschlusses vom 10. Juni 1988, in Kraft seit 1. Okt. 1988 (AS **1988** 1534).

[79] Fassung gemäss Art. 1 Ziff. 17 des Beschlusses vom 7. Dez. 1990, in Kraft seit 1. Juni 1991 (AS **1991** 1338).

Regel 78 **Zustellung durch die Post**

(1) Entscheidungen, durch die eine Beschwerdefrist in Lauf gesetzt wird, Ladungen und andere vom Präsidenten des Europäischen Patentamts bestimmte Schriftstücke werden durch eingeschriebenen Brief mit Rückschein zugestellt. Alle anderen Zustellungen durch die Post, mit Ausnahme der in Absatz 2 genannten, erfolgen mittels eingeschriebenen Briefs.

(2) Zustellungen an Empfänger, die weder Wohnsitz noch Sitz im Gebiet eines Vertragsstaats haben und einen Vertreter nach Artikel 133 Absatz 2 nicht bestellt haben, werden dadurch bewirkt, dass das zuzustellende Schriftstück als gewöhnlicher Brief unter der dem Europäischen Patentamt bekannten letzten Anschrift des Empfängers zur Post gegeben wird. Die Zustellung wird mit der Aufgabe zur Post als bewirkt angesehen, selbst wenn der Brief als unbestellbar zurückkommt.

(3) Bei der Zustellung mittels eingeschriebenen Briefs mit oder ohne Rückschein gilt dieser mit dem zehnten Tag nach der Abgabe zur Post als zugestellt, es sei denn, dass das zuzustellende Schriftstück nicht oder an einem späteren Tag zugegangen ist; im Zweifel hat das Europäische Patentamt den Zugang des Schriftstücks und gegebenenfalls den Tag des Zugangs nachzuweisen.

(4) Die Zustellung mittels eingeschriebenen Briefs mit oder ohne Rückschein gilt auch dann als bewirkt, wenn die Annahme des Briefs verweigert wird.

(5) Soweit die Zustellung durch die Post durch die Absätze 1 bis 4 nicht geregelt ist, ist das Recht des Staats anzuwenden, in dessen Hoheitsgebiet die Zustellung erfolgt.

Regel 79 **Zustellung durch unmittelbare Übergabe**

Die Zustellung kann in den Dienstgebäuden des Europäischen Patentamts durch unmittelbare Übergabe des Schriftstücks an den Empfänger bewirkt werden, der dabei den Empfang zu bescheinigen hat. Die Zustellung gilt auch dann als bewirkt, wenn der Empfänger die Annahme des Schriftstücks oder die Bescheinigung des Empfangs verweigert.

Regel 80 **Öffentliche Zustellung**

(1) Kann der Aufenthaltsort des Empfängers nicht festgestellt werden oder war die Zustellung nach Regel 78 Absatz 1 auch nach einem zweiten Versuch des Europäischen Patentamts unmöglich, so wird durch öffentliche Bekanntmachung zugestellt.[80]

(2) Der Präsident des Europäischen Patentamts bestimmt, in welcher Weise die öffentliche Bekanntmachung erfolgt und wann die Frist von einem Monat zu laufen beginnt, nach deren Ablauf das Schriftstück als zugestellt gilt.

Regel 81 **Zustellung an Vertreter**

(1) Ist ein Vertreter bestellt worden, so werden die Zustellungen an den Vertreter gerichtet.

(2) Sind mehrere Vertreter für einen Beteiligten bestellt, so genügt die Zustellung an einen von ihnen.

---

[80] Fassung gemäss Art. 1 Ziff. 18 des Beschlusses vom 7. Dez. 1990, in Kraft seit 1. Juni 1991 (AS **1991** 1338).

(3) Haben mehrere Beteiligte einen gemeinsamen Vertreter, so genügt die Zustellung nur eines Schriftstücks an den gemeinsamen Vertreter.

Regel 82 **Heilung von Zustellungsmängeln**

Kann das Europäische Patentamt die formgerechte Zustellung eines Schriftstücks nicht nachweisen oder ist das Schriftstück unter Verletzung von Zustellungsvorschriften zugegangen, so gilt das Schriftstück als an dem Tag zugestellt, den das Europäische Patentamt als Tag des Zugangs nachweist.

Kapitel IV   Fristen

Regel 83 **Berechnung der Fristen**

(1) Die Fristen werden nach vollen Tagen, Wochen, Monaten oder Jahren berechnet.

(2) Bei der Fristberechnung wird mit dem Tag begonnen, der auf den Tag folgt, an dem das Ereignis eingetreten ist, aufgrund dessen der Fristbeginn festgelegt wird; dieses Ereignis kann eine Handlung oder der Ablauf einer früheren Frist sein. Besteht die Handlung in einer Zustellung, so ist das massgebliche Ereignis der Zugang des zugestellten Schriftstücks, sofern nichts anderes bestimmt ist.

(3) Ist als Frist ein Jahr oder eine Anzahl von Jahren bestimmt, so endet die Frist in dem massgeblichen folgenden Jahr in dem Monat und an dem Tag, die durch ihre Benennung oder Zahl dem Monat und Tag entsprechen, an denen das Ereignis eingetreten ist; hat der betreffende nachfolgende Monat keinen Tag mit der entsprechenden Zahl, so läuft die Frist am letzten Tag dieses Monats ab.

(4) Ist als Frist ein Monat oder eine Anzahl von Monaten bestimmt, so endet die Frist in dem massgeblichen folgenden Monat an dem Tag, der durch seine Zahl dem Tag entspricht, an dem das Ereignis eingetreten ist; hat der betreffende nachfolgende Monat keinen Tag mit der entsprechenden Zahl, so läuft die Frist am letzten Tag dieses Monats ab.

(5) Ist als Frist eine Woche oder eine Anzahl von Wochen bestimmt, so endet die Frist in der massgeblichen Woche an dem Tag, der durch seine Benennung dem Tag entspricht, an dem das Ereignis eingetreten ist.

Regel 84 **Dauer der Fristen**

Ist im Übereinkommen oder in dieser Ausführungsordnung eine Frist vorgesehen, die vom Europäischen Patentamt zu bestimmen ist, so darf diese Frist auf nicht weniger als zwei Monate und auf nicht mehr als vier Monate sowie, wenn besondere Umstände vorliegen, auf nicht mehr als sechs Monate festgesetzt werden. In besonders gelagerten Fällen kann die Frist vor Ablauf auf Antrag verlängert werden.

Regel 85 **Verlängerung von Fristen**

(1) Läuft eine Frist an einem Tag ab, an dem eine Annahmestelle des Europäischen Patentamts im Sinne von Artikel 75 Absatz 1 Buchstabe a zur Entgegennahme von Schriftstücken nicht geöffnet ist oder an dem gewöhnliche Postsendungen aus anderen als den in Absatz 2 genannten Gründen dort nicht zugestellt werden, so erstreckt

sich die Frist auf den nächstfolgenden Tag, an dem alle Annahmestellen zur Entgegennahme von Schriftstücken geöffnet sind und an dem gewöhnliche Postsendungen zugestellt werden.[81]

(2) Läuft eine Frist an einem Tag ab, an dem die Postzustellung in einem Vertragsstaat oder zwischen einem Vertragsstaat und dem Europäischen Patentamt allgemein unterbrochen oder im Anschluss an eine solche Unterbrechung gestört ist, so erstreckt sich die Frist für Beteiligte, die in diesem Staat ihren Wohnsitz oder Sitz haben oder einen Vertreter mit Geschäftssitz in diesem Staat bestellt haben, auf den ersten Tag nach Beendigung der Unterbrechung oder Störung. Satz 1 ist auf die in Artikel 77 Absatz 5 genannte Frist entsprechend anzuwenden. Ist der betreffende Staat der Sitzstaat des Europäischen Patentamts, so gilt diese Vorschrift für alle Beteiligten. Die Dauer der Unterbrechung oder Störung der Postzustellung wird in einer Mitteilung des Präsidenten des Europäischen Patentamts bekanntgegeben.[82]

(3) Die Absätze 1 und 2 sind auf Fristen, die im Übereinkommen vorgesehen sind, in Fällen entsprechend anzuwenden, in denen Handlungen bei der zuständigen Behörde nach Artikel 75 Absatz 1 Buchstabe b oder Absatz 2 Buchstabe b vorgenommen werden.[83]

(4) Ist der ordnungsgemässe Dienstbetrieb des Europäischen Patentamts durch ein ausserordentliches Ereignis, zum Beispiel eine Naturkatastrophe oder einen Streik, unterbrochen oder gestört und verzögern sich dadurch amtliche Benachrichtigungen über den Ablauf von Fristen, so können die innerhalb dieser Fristen vorzunehmenden Handlungen noch innerhalb eines Monats nach Zustellung der verzögerten Benachrichtigung wirksam vorgenommen werden. Der Beginn und das Ende einer solchen Unterbrechung oder Störung werden in einer Mitteilung des Präsidenten des Europäischen Patentamts bekanntgegeben.[84]

Regel 85a[85] **Nachfrist für Gebührenzahlungen**

(1) Werden die Anmeldegebühr, die Recherchengebühr, eine Benennungsgebühr oder die nationale Grundgebühr nicht innerhalb der in Artikel 78 Absatz 2, Artikel 79 Absatz 2, Regel 15 Absatz 2, Regel 25 Absatz 2 oder Regel 104b Absatz 1 Buchstaben b und c vorgesehenen Fristen entrichtet, so können sie noch innerhalb einer Nachfrist von einem Monat nach Zustellung einer Mitteilung, in der auf die Fristversäumung hingewiesen wird, wirksam entrichtet werden, sofern innerhalb dieser Frist eine Zuschlagsgebühr entrichtet wird.[86]

---

[81] Fassung gemäss Art. 1 des Beschlusses vom 5. Juni 1987, in Kraft seit 1. Aug. 1987 (AS **1987** 1499).

[82] Fassung gemäss Art. 1 Ziff. 19 des Beschlusses vom 7. Dez. 1990, in Kraft seit 1. Juni 1991 (AS **1991** 1338).

[83] Fassung gemäss Beschluss vom 13. Dez. 1994, in Kraft seit 1. Juni 1995 (AS **1995** 4187).

[84] Eingefügt durch Art. 1 des Beschlusses vom 14. Febr. 1985, in Kraft seit 10. Dez. 1984 (AS **1985** 599).

[85] Eingefügt durch Art. 1 des Beschlusses vom 30. Nov. 1979 (AS **1980** 641). Fassung gemäss Art. 1 Ziff. 4 des Beschlusses vom 8. Dez. 1988, in Kraft seit 1. April 1989 (AS **1989** 534). Laut Art. 2 des genannten Beschlusses ist diese Regel auf alle Fälle, in denen die Feststellung eines Rechtsverlusts zum Zeitpunkt des Inkrafttretens dieses Beschlusses noch nicht rechtskräftig geworden ist, anzuwenden.

[86] Fassung gemäss Art. 1 Ziff. 20 des Beschlusses vom 7. Dez. 1990, in Kraft seit 1. Juni 1991 (AS **1991** 1338).

(2) Benennungsgebühren, für die der Anmelder auf einen Hinweis nach Absatz 1 verzichtet hat, können noch innerhalb einer Nachfrist von zwei Monaten nach Ablauf der in Absatz 1 genannten Grundfristen wirksam entrichtet werden, sofern innerhalb dieser Frist eine Zuschlagsgebühr entrichtet wird.

Regel 85b[87]   **Nachfrist für die Stellung des Prüfungsantrags**

Wird der Prüfungsantrag nicht innerhalb der in Artikel 94 Absatz 2 oder Regel 104b Absatz 1 Buchstabe d vorgesehenen Frist gestellt, so kann er noch innerhalb einer Nachfrist von einem Monat nach Zustellung einer Mitteilung, in der auf die Fristversäumung hingewiesen wird, wirksam gestellt werden, sofern innerhalb dieser Frist eine Zuschlagsgebühr entrichtet wird.

Kapitel V   Änderungen und Berichtigungen

Regel 86   **Änderung der europäischen Patentanmeldung**

(1) Vor Erhalt des europäischen Recherchenberichts darf der Anmelder die Beschreibung, die Patentansprüche oder die Zeichnungen der europäischen Patentanmeldung nicht ändern, soweit nichts anderes vorgeschrieben ist.

(2) Nach Erhalt des europäischen Recherchenberichts und vor Erhalt des ersten Bescheids der Prüfungsabteilung kann der Anmelder von sich aus die Beschreibung, die Patentansprüche und die Zeichnungen ändern.

(3) Nach Erhalt des ersten Bescheids der Prüfungsabteilung kann der Anmelder von sich aus die Beschreibung, die Patentansprüche und die Zeichnungen einmal ändern, sofern die Änderung gleichzeitig mit der Erwiderung auf den Bescheid eingereicht wird. Weitere Änderungen können nur mit Zustimmung der Prüfungsabteilung vorgenommen werden.

(4) Geänderte Patentansprüche dürfen sich nicht auf nicht recherchierte Gegenstände beziehen, die mit der ursprünglich beanspruchten Erfindung oder Gruppe von Erfindungen nicht durch eine einzige allgemeine erfinderische Idee verbunden sind.[88]

Regel 87[89]   **Unterschiedliche Patentansprüche, Beschreibungen und Zeichnungen für verschiedene Staaten**

Stellt das Europäische Patentamt fest, dass für einen oder mehrere der benannten Vertragsstaaten der Inhalt einer früheren europäischen Patentanmeldung nach Artikel 54 Absätze 3 und 4 zum Stand der Technik gehört, oder wird ihm das Bestehen eines älteren Rechts nach Artikel 139 Absatz 2 mitgeteilt, so kann die europäische Patentanmeldung oder das europäische Patent für diesen Staat oder diese Staaten unterschiedliche Patentansprüche und, wenn es das Europäische Patentamt für erforderlich hält, unterschiedliche Beschreibungen und Zeichnungen enthalten.

---

[87] Eingefügt durch Art. 1 des Beschlusses vom 4. Juni 1981 (AS **1981** 1476). Fassung gemäss Art. 1 Ziff. 21 des Beschlusses vom 7. Dez. 1990, in Kraft seit 1. Juni 1991 (AS **1991** 1338).

[88] Eingefügt durch Ziff. II des Beschlusses vom 13. Dez. 1994, in Kraft seit 1. Juni 1995 (AS **1995** 4187).

[89] Fassung gemäss Beschluss vom 13. Dez. 1994, in Kraft seit 1. Juni 1995 (AS **1995** 4187).

Regel 88 **Berichtigung von Mängeln in den beim Europäischen Patentamt eingereichten Unterlagen**

Sprachliche Fehler, Schreibfehler und Unrichtigkeiten in den beim Europäischen Patentamt eingereichten Unterlagen können auf Antrag berichtigt werden. Betrifft jedoch der Antrag auf Berichtigung die Beschreibung, die Patentansprüche oder die Zeichnungen, so muss die Berichtigung derart offensichtlich sein, dass sofort erkennbar ist, dass nichts anderes beabsichtigt sein konnte als das, was als Berichtigung vorgeschlagen wird.

Regel 89 **Berichtigung von Fehlern in Entscheidungen**

In Entscheidungen des Europäischen Patentamts können nur sprachliche Fehler, Schreibfehler und offenbare Unrichtigkeiten berichtigt werden.

Kapitel VI Unterbrechung des Verfahrens

Regel 90 **Unterbrechung des Verfahrens**

(1) Das Verfahren vor dem Europäischen Patentamt wird unterbrochen:

a) im Fall des Todes oder der fehlenden Geschäftsfähigkeit des Anmelders oder Patentinhabers oder der Person, die nach dem Heimatrecht des Anmelders oder Patentinhabers zu dessen Vertretung berechtigt ist. Solange die genannten Ereignisse die Vertretungsbefugnis eines nach Artikel 134 bestellten Vertreters nicht berühren, tritt eine Unterbrechung des Verfahrens jedoch nur auf Antrag dieses Vertreters ein;

b) wenn der Anmelder oder Patentinhaber aufgrund eines gegen sein Vermögen gerichteten Verfahrens aus rechtlichen Gründen verhindert ist, das Verfahren vor dem Europäischen Patentamt fortzusetzen;

c)[90] wenn der Vertreter des Anmelders oder Patentinhabers stirbt, seine Geschäftsfähigkeit verliert oder aufgrund eines gegen sein Vermögen gerichteten Verfahrens aus rechtlichen Gründen verhindert ist, das Verfahren vor dem Europäischen Patentamt fortzusetzen.

(2) Wird dem Europäischen Patentamt bekannt, wer in den Fällen des Absatzes 1 Buchstaben a und b die Berechtigung erlangt hat, das Verfahren vor dem Europäischen Patentamt fortzusetzen, so teilt es dieser Person und gegebenenfalls den übrigen Beteiligten mit, dass das Verfahren nach Ablauf einer von ihm zu bestimmenden Frist wieder aufgenommen wird.

(3) Im Fall des Absatzes 1 Buchstabe c wird das Verfahren wieder aufgenommen, wenn dem Europäischen Patentamt die Bestellung eines neuen Vertreters des Anmelders angezeigt wird oder das Europäische Patentamt die Anzeige über die Bestellung eines neuen Vertreters des Patentinhabers den übrigen Beteiligten zugestellt hat. Hat das Europäische Patentamt drei Monate nach dem Beginn der Unterbrechung des Verfahrens noch keine Anzeige über die Bestellung eines neuen Vertreters erhalten, so teilt es dem Anmelder oder Patentinhaber mit:

---

[90] Fassung gemäss Art. 1 des Beschlusses vom 5. Juni 1987 (AS **1987** 1499).

a) im Fall des Artikels 133 Absatz 2, dass die europäische Patentanmeldung als zurückgenommen gilt oder das europäische Patent widerrufen wird, wenn die Anzeige nicht innerhalb von zwei Monaten nach Zustellung dieser Mitteilung erfolgt, oder,

b) wenn der Fall des Artikels 133 Absatz 2 nicht vorliegt, dass das Verfahren vom Tag der Zustellung dieser Mitteilung an mit dem Anmelder oder Patentinhaber wieder aufgenommen wird.

(4) Die am Tag der Unterbrechung für den Anmelder oder Patentinhaber laufenden Fristen, mit Ausnahme der Frist zur Stellung des Prüfungsantrags und der Frist für die Entrichtung der Jahresgebühren, beginnen an dem Tag von neuem zu laufen, an dem das verfahren wieder aufgenommen wird. Liegt dieser Tag später als zwei Monate vor Ablauf der Frist zur Stellung des Prüfungsantrags, so kann ein Prüfungsantrag noch bis zum Ablauf von zwei Monaten nach diesem Tag gestellt werden.

Kapitel VII   Verzicht auf Beitreibung

Regel 91   **Verzicht auf Beitreibung**

Der Präsident des Europäischen Patentamts kann davon absehen, geschuldete Geldbeträge beizutreiben, wenn der beizutreibende Betrag geringfügig oder die Beitreibung zu ungewiss ist.

Kapitel VIII Unterrichtung der Öffentlichkeit

Regel 92   **Eintragungen in das europäische Patentregister**

(1) Im europäischen Patentregister müssen folgende Angaben eingetragen werden:

a) Nummer der europäischen Patentanmeldung;

b) Anmeldetag der europäischen Patentanmeldung;

c) Bezeichnung der Erfindung;

d) Symbole der Klassifikation der europäischen Patentanmeldung;

e) die benannten Vertragsstaaten;

f)[91] Name, Vornamen, Anschrift, Staat des Wohnsitzes oder Sitzes des Anmelders oder Patentinhabers;

g) Name, Vornamen und Anschrift des vom Anmelder oder Patentinhaber genannten Erfinders, sofern er nicht nach Regel 18 Absatz 3 auf seine Nennung verzichtet hat;

h)[92] Name, Vornamen und Geschäftsanschrift des in Artikel 134 bezeichneten Vertreters des Anmelders oder Patentinhabers;

im Fall mehrerer Vertreter werden nur Name, Vornamen und Geschäftsanschrift des zuerst genannten Vertreters gefolgt von den Worten «und Partner» eingetragen; im Fall eines Zusammenschlusses von Vertretern nach Regel 101 Absatz 9 werden nur Name und Anschrift des Zusammenschlusses eingetragen;

---

[91] Fassung gemäss Art. 17 Ziff. 1 des Beschlusses vom 20. Okt. 1977, in Kraft seit 1. Febr. 1978 (AS **1978** 588).

[92] Fassung gemäss Art. 17 Ziff. 2 des Beschlusses vom 20. Okt. 1977, in Kraft seit 1. Febr. 1978 (AS **1978** 588).

i) Prioritätsangaben (Tag, Staat und Aktenzeichen der früheren Anmeldung);
j) im Fall der Teilung der europäischen Patentanmeldung die Nummern der europäischen Teilanmeldungen;
k) bei europäischen Teilanmeldungen und bei den nach Artikel 61 Absatz 1 Buchstabe b eingereichten neuen europäischen Patentanmeldungen die unter den Buchstaben a, b und i vorgesehenen Angaben für die frühere europäische Patentanmeldung;
l) Tag der Veröffentlichung der europäischen Patentanmeldung und gegebenenfalls Tag der gesonderten Veröffentlichung des europäischen Recherchenberichts;
m) Tag der Stellung eines Prüfungsantrags;
n) Tag, an dem die europäische Patentanmeldung zurückgewiesen oder zurückgenommen worden ist oder als zurückgenommen gilt;
o) Tag der Bekanntmachung des Hinweises auf die Erteilung des europäischen Patents;
p) Tag des Erlöschens des europäischen Patents in einem Vertragsstaat während der Einspruchsfrist und gegebenenfalls bis zur rechtskräftigen Entscheidung über den Einspruch;
q) Tag der Einleitung des Einspruchs;
r) Tag und Art der Entscheidung über den Einspruch;
s) Tag der Aussetzung und der Fortsetzung des Verfahrens im Fall der Regel 13;
t) Tag der Unterbrechung und der Wiederaufnahme des Verfahrens im Fall der Regel 90;
u) Tag der Wiedereinsetzung in den vorigen Stand, sofern eine Eintragung nach den Buchstaben n oder r erfolgt ist;
v) die Einreichung eines Antrags nach Artikel 135 beim Europäischen Patentamt;
w) Rechte an der europäischen Patentanmeldung oder am europäischen Patent und Rechte an diesen Rechten, soweit ihre Eintragung in Anwendung dieser Ausführungsordnung vorgenommen wird.

(2) Der Präsident des Europäischen Patentamts kann bestimmen, dass in das europäische Patentregister andere als die in Absatz 1 vorgesehenen Angaben eingetragen werden.

(3) Auf Antrag werden Auszüge aus dem europäischen Patentregister nach Entrichtung einer Verwaltungsgebühr erteilt.

Regel 93 Von der Einsicht ausgeschlossene Aktenteile

Von der Akteneinsicht sind nach Artikel 128 Absatz 4 folgende Aktenteile ausgeschlossen:

a) Vorgänge über die Frage der Ausschliessung oder Ablehnung von Mitgliedern der Beschwerdekammern oder der Grossen Beschwerdekammer;
b) Entwürfe zu Entscheidungen und Bescheiden sowie sonstige Schriftstücke, die der Vorbereitung von Entscheidungen und Bescheiden dienen und den Beteiligten nicht mitgeteilt werden;
c) die Erfindernennung, wenn der Erfinder nach Regel 18 Absatz 3 auf seine Nennung verzichtet hat;

d) andere Schriftstücke, die vom Präsidenten des Europäischen Patentamts von der Einsicht ausgeschlossen werden, weil die Einsicht in diese Schriftstücke nicht dem Zweck dient, die Öffentlichkeit über die europäische Patentanmeldung oder das darauf erteilte europäische Patent zu unterrichten.

Regel 94   **Durchführung der Akteneinsicht**

(1) Die Einsicht in die Akten europäischer Patentanmeldungen und europäischer Patente wird entweder in das Original oder in eine Kopie oder, wenn die Akten mittels anderer Medien gespeichert sind, in diese Medien gewährt. Das für die Einsichtnahme zu wählende Medium wird vom Präsidenten des Europäischen Patentamts bestimmt. Für die Akteneinsicht ist eine Verwaltungsgebühr zu entrichten.[93]

(2) Die Akteneinsicht wird in den Dienstgebäuden des Europäischen Patentamts und, solange sich die Akte gemäss einem im Rahmen des Zentralisierungsprotokolls[94] geschlossenen Abkommen bei der Zentralbehörde für den gewerblichen Rechtsschutz eines Vertragsstaats befindet, in den Dienstgebäuden der betreffenden Zentralbehörde gewährt. Auf Antrag wird die Akteneinsicht auch in den Dienstgebäuden der Zentralbehörde für den gewerblichen Rechtsschutz des Vertragsstaats gewährt, in dessen Hoheitsgebiet der Antragsteller seinen Wohnsitz oder Sitz hat.[95][96]

(3) Auf Antrag wird die Akteneinsicht durch Erteilung von Kopien gewährt. Diese Kopien sind gebührenpflichtig.

(4) Auf Antrag stellt das Europäische Patentamt beglaubigte Kopien der europäischen Patentanmeldung gegen Entrichtung einer Verwaltungsgebühr aus.

Regel 95   **Auskunft aus den Akten**

Das Europäische Patentamt kann vorbehaltlich der in Artikel 128 Absätze 1 bis 4 und Regel 93 vorgesehenen Beschränkungen auf Antrag und gegen Entrichtung einer Verwaltungsgebühr Auskünfte aus den Akten europäischer Patentanmeldungen oder europäischer Patente erteilen. Das Europäische Patentamt kann jedoch verlangen, dass von der Möglichkeit der Akteneinsicht Gebrauch gemacht wird, wenn dies im Hinblick auf den Umfang der zu erteilenden Auskünfte zweckmässig erscheint.

Regel 95a[97]   **Aufbewahrung von Akten**

(1) Das Europäische Patentamt bewahrt die Akten der europäischen Patentanmeldungen und der europäischen Patente für eine Zeitdauer von mindestens fünf Jahren ab dem Ende des Jahres auf, in dem

a) die Anmeldung zurückgewiesen oder zurückgenommen worden ist oder als zurückgenommen gilt oder

---

[93] Fassung gemäss Art. 1 Ziff. 22 des Beschlusses vom 7. Dez. 1990, in Kraft seit 1. Juni 1991 (AS **1991** 1338).

[94] SR **0.232.142.24**

[95] Fassung des zweiten Satzes gemäss Art. 1 Ziff. 22 vom 7. Dez. 1990, in Kraft seit 1. Juni 1991 (AS **1991** 1338).

[96] Fassung gemäss Art. 18 des Beschlusses vom 20. Okt. 1977, in Kraft seit 1. Febr. 1978 (AS **1978** 588).

[97] Eingefügt durch Art. 19 des Beschlusses vom 20. Okt. 1977, in Kraft seit 1. Febr. 1978 (AS **1978** 588).

b) das Patent im Einspruchsverfahren widerrufen worden ist oder

c) die Geltungsdauer des Patents im letzten der benannten Staaten abgelaufen ist.

(2) Unbeschadet von Absatz 1 bewahrt das Europäische Patentamt die Akten der europäischen Patentanmeldungen, welche Gegenstand von Teilanmeldungen nach Artikel 76 oder einer neuen Anmeldung nach Artikel 61 Absatz 1 Buchstabe b waren, zumindest ebensolange auf wie irgendeine der Akten einer der letztgenannten Anmeldungen. Das gleiche gilt für die Akten von Patenten, die aufgrund dieser Anmeldungen erteilt worden sind.

(3) Der Präsident des Europäischen Patentamts bestimmt, in welcher Form die Akten europäischer Patentanmeldungen aufbewahrt werden.[98]

Regel 96   **Weitere Veröffentlichungen des Europäischen Patentamts**

(1) Der Präsident des Europäischen Patentamts kann bestimmen, dass und in welcher Form die in Artikel 128 Absatz 5 vorgesehenen Angaben Dritten mitgeteilt oder veröffentlicht werden.

(2) Der Präsident des Europäischen Patentamts kann bestimmen, dass und in welcher Form neue oder geänderte Patentansprüche, die nach dem in Regel 49 Absatz 3 genannten Zeitpunkt eingegangen sind, veröffentlicht werden und dass ein Hinweis auf Einzelheiten solcher Ansprüche im Europäischen Patentblatt bekanntgemacht wird.

Kapitel IX   Rechts- und Amtshilfe

Regel 97   **Verkehr des Europäischen Patentamts mit Behörden der Vertragsstaaten**

(1) Bei Mitteilungen, die sich aus der Anwendung des Übereinkommens ergeben, verkehren das Europäische Patentamt und die Zentralbehörden für den gewerblichen Rechtsschutz der Vertragsstaaten unmittelbar miteinander. Das Europäische Patentamt und die Gerichte sowie die übrigen Behörden der Vertragsstaaten können miteinander durch Vermittlung der Zentralbehörde für den gewerblichen Rechtsschutz verkehren.

(2) Die Kosten, die durch die in Absatz 1 genannten Mitteilungen entstehen, sind von der Behörde zu tragen, die die Mitteilungen gemacht hat; diese Mitteilungen sind gebührenfrei.

Regel 98   **Akteneinsicht durch Gerichte und Behörden der Vertragsstaaten oder durch deren Vermittlung**

(1) Die Einsicht in die Akten einer europäischen Patentanmeldung oder eines europäischen Patents durch Gerichte und Behörden der Vertragsstaaten wird in das Original oder in eine Kopie gewährt; Regel 94 ist nicht anzuwenden.

---

[98] Eingefügt durch Art. 11 des Beschlusses vom 10. Juni 1988, in Kraft seit 1. Okt. 1988 (AS **1988** 1534).

(2) Gerichte und Staatsanwaltschaften der Vertragsstaaten können in Verfahren, die bei ihnen anhängig sind, Dritten Einsicht in die vom Europäischen Patentamt übermittelten Akten oder Kopien der Akten gewähren. Die Akteneinsicht wird nach Massgabe des Artikels 128 gewährt; die Verwaltungsgebühr für die Akteneinsicht wird nicht erhoben.

(3) Das Europäische Patentamt weist die Gerichte und Staatsanwaltschaften der Vertragsstaaten bei der Übermittlung der Akten oder Kopien der Akten auf die Beschränkungen hin, denen die Gewährung der Einsicht in die Akten einer europäischen Patentanmeldung oder eines europäischen Patents an Dritte nach Artikel 128 Absätze 1 und 4 unterworfen ist.

Regel 99   **Verfahren bei Rechtshilfeersuchen**

(1) Jeder Vertragsstaat bestimmt eine zentrale Behörde, die vom Europäischen Patentamt ausgehende Rechtshilfeersuchen entgegenzunehmen und dem zuständigen Gericht oder der zuständigen Behörde zur Erledigung zuzuleiten hat.

(2) Das Europäische Patentamt fasst Rechtshilfeersuchen in der Sprache des zuständigen Gerichts oder der zuständigen Behörde ab oder fügt den Rechtshilfeersuchen eine Übersetzung in dieser Sprache bei.

(3) Vorbehaltlich der Absätze 5 und 6 hat das zuständige Gericht oder die zuständige Behörde bei der Erledigung eines Ersuchens in den Formen zu verfahren, die ihr Recht vorsieht. Sie hat insbesondere geeignete Zwangsmittel nach Massgabe ihrer Rechtsvorschriften anzuwenden.

(4) Ist das ersuchte Gericht oder die ersuchte Behörde nicht zuständig, so ist das Rechtshilfeersuchen von Amts wegen unverzüglich an die in Absatz 1 genannte zentrale Behörde zurückzusenden. Die zentrale Behörde übermittelt das Rechtshilfeersuchen, wenn ein anderes Gericht oder eine andere Behörde in diesem Staat zuständig ist, diesem Gericht oder dieser Behörde, oder, wenn kein Gericht oder keine Behörde in diesem Staat zuständig ist, dem Europäischen Patentamt.

(5) Das Europäische Patentamt ist von Zeit und Ort der durchzuführenden Beweisaufnahme oder der anderen vorzunehmenden gerichtlichen Handlungen zu benachrichtigen und unterrichtet seinerseits die betreffenden Beteiligten, Zeugen und Sachverständigen.

(6) Auf Ersuchen des Europäischen Patentamts gestattet das zuständige Gericht oder die zuständige Behörde die Teilnahme von Mitgliedern des betreffenden Organs und erlaubt diesen, an vernommene Personen über das Gericht oder die Behörde oder unmittelbar Fragen zu richten.

(7) Für die Erledigung von Rechtshilfeersuchen dürfen Gebühren und Auslagen irgendwelcher Art nicht erhoben werden. Der ersuchte Staat ist jedoch berechtigt, von der Organisation die Erstattung der an Sachverständige und an Dolmetscher gezahlten Entschädigung sowie der Auslagen zu verlangen, die durch das Verfahren nach Absatz 6 entstanden sind.

(8) Haben nach dem von dem zuständigen Gericht oder der zuständigen Behörde angewendeten Recht die Beteiligten selbst für die Aufnahme der Beweise zu sorgen und ist das Gericht oder die Behörde zur Erledigung des Rechtshilfeersuchens ausserstande, so kann das Gericht oder die Behörde mit Einverständnis des Europäischen Patentamts eine geeignete Person mit der Erledigung beauftragen. Bei der Einholung des Einverständnisses des Europäischen Patentamts gibt das zuständige Gericht

oder die zuständige Behörde die ungefähre Höhe der Kosten an, die durch dieses Verfahren entstehen. Durch das Einverständnis des Europäischen Patentamts wird die Organisation verpflichtet, die entstehenden Kosten zu erstatten; ohne ein solches Einverständnis ist die Organisation zur Zahlung der Kosten nicht verpflichtet.

Kapitel X   Vertretung

Regel 100   **Bestellung eines gemeinsamen Vertreters**

(1) Wird eine europäische Patentanmeldung von mehreren Personen eingereicht i und ist im Antrag auf Erteilung eines europäischen Patents kein gemeinsamer Vertreter bezeichnet, so gilt der Anmelder, der im Antrag als erster genannt ist, als gemeinsamer Vertreter. Ist einer der Anmelder jedoch verpflichtet, einen zugelassenen Vertreter zu bestellen, so gilt dieser Vertreter als gemeinsamer Vertreter, sofern nicht der im Antrag als erster genannte Anmelder einen zugelassenen Vertreter bestellt hat. Entsprechendes gilt für gemeinsame Patentinhaber und mehrere Personen, die gemeinsam einen Einspruch oder einen Antrag auf Beitritt einreichen.

(2) Erfolgt im Laufe des Verfahrens ein Rechtsübergang auf mehrere Personen und haben diese Personen keinen gemeinsamen Vertreter bezeichnet, so ist Absatz 1 entsprechend anzuwenden. Ist eine entsprechende Anwendung nicht möglich, so fordert das Europäische Patentamt die genannten Personen auf, innerhalb von zwei Monaten einen gemeinsamen Vertreter zu bestellen. Wird dieser Aufforderung nicht entsprochen, so bestimmt das Europäische Patentamt den gemeinsamen Vertreter.

Regel 101   **Vollmacht**

(1) Die Vertreter vor dem Europäischen Patentamt haben auf Verlangen innerhalb einer vom Europäischen Patentamt zu bestimmenden Frist eine unterzeichnete Vollmacht einzureichen. Der Präsident des Europäischen Patentamts bestimmt, in welchen Fällen zur Einreichung einer Vollmacht aufzufordern ist. Die Vollmacht kann sich auf eine oder mehrere europäische Patentanmeldungen oder europäische Patente erstrecken und ist in der entsprechenden Stückzahl einzureichen. Ist den Erfordernissen des Artikels 133 Absatz 2 nicht entsprochen, so wird für die Anzeige über die Bestellung eines Vertreters und die Einreichung der Vollmacht dieselbe Frist gesetzt.[99]

(2) Die Beteiligten können allgemeine Vollmachten einreichen, die einen Vertreter zur Vertretung in allen ihren Patentangelegenheiten bevollmächtigen. Die allgemeine Vollmacht braucht nur in einem Stück eingereicht zu werden.

(3) Der Präsident des Europäischen Patentamts kann Form und Inhalt

a) einer Vollmacht, die die Vertretung von Personen im Sinn des Artikels 133 Absatz 2 betrifft, und

b) einer allgemeinen Vollmacht

bestimmen und im Amtsblatt des Europäischen Patentamts bekanntmachen.

---

[99] Fassung gemäss Art. 1 Ziff. 2 des Beschlusses vom 5. Juli 1991, in Kraft seit 1. Okt. 1991 (AS **1991** 2104).

(4) Wird die Vollmacht nicht rechtzeitig eingereicht, so gelten unbeschadet anderer im Übereinkommen vorgesehener Rechtsfolgen die Handlungen des Vertreters mit Ausnahme der Einreichung einer europäischen Patentanmeldung als nicht erfolgt.[100]

(5) Die Absätze 1 und 2 sind auf Schriftstücke über den Widerruf von Vollmachten entsprechend anzuwenden.

(6) Der Vertreter, dessen Vertretungsmacht erloschen ist, wird weiter als Vertreter angesehen, bis das Erlöschen der Vertretungsmacht dem Europäischen Patentamt angezeigt worden ist.

(7) Sofern die Vollmacht nichts anderes bestimmt, erlischt sie gegenüber dem Europäischen Patentamt nicht mit dem Tod des Vollmachtgebers.

(8) Hat ein Beteiligter mehrere Vertreter bestellt, so sind diese ungeachtet einer abweichenden Bestimmung in der Anzeige über ihre Bestellung oder in der Vollmacht berechtigt, sowohl gemeinschaftlich als auch einzeln zu handeln.[101]

(9) Die Bevollmächtigung eines Zusammenschlusses von Vertretern gilt als Bevollmächtigung für jeden Vertreter, der den Nachweis erbringt, dass er in diesem Zusammenschluss tätig ist.[102]

Regel 102   **Änderungen in der Liste der Vertreter**

(1) Die Eintragung des zugelassenen Vertreters in der Liste der zugelassenen Vertreter wird gelöscht, wenn der zugelassene Vertreter dies beantragt oder trotz wiederholter Mahnung den Jahresbeitrag an das Institut der beim Europäischen Patentamt zugelassenen Vertreter bis zum Ende des Jahres, für das der Beitrag fällig ist, nicht entrichtet hat.[103]

(2) Nach Ablauf der in Artikel 163 Absatz 1 genannten Übergangszeit wird die Eintragung des zugelassenen Vertreters unbeschadet der in Anwendung von Artikel 134 Absatz 8 Buchstabe c getroffenen Disziplinarmassnahmen von Amts wegen nur gelöscht:

a) im Falle des Todes oder der fehlenden Geschäftsfähigkeit des zugelassenen Vertreters;

b) wenn der zugelassene Vertreter nicht mehr die Staatsangehörigkeit eines Vertragsstaats besitzt, sofern er nicht während der Übergangszeit in die Liste eingetragen worden ist oder der Präsident des Europäischen Patentamts nicht eine Befreiung nach Artikel 134 Absatz 6 erteilt hat;

c) wenn der zugelassene Vertreter seinen Geschäftssitz oder Arbeitsplatz nicht mehr in einem Vertragsstaat hat.[104]

(3) Eine Person, deren Eintragung gelöscht worden ist, wird auf Antrag in die Liste der zugelassenen Vertreter wieder eingetragen, wenn die Voraussetzungen für die Löschung entfallen sind.

---

[100] Fassung gemäss Art. 1 Ziff. 2 des Beschlusses vom 5. Juli 1991, in Kraft seit 1. Okt. 1991 (AS **1991** 2104).

[101] Fassung gemäss Art. 1 Ziff. 2 des Beschlusses vom 5. Juli 1991, in Kraft seit 1. Okt. 1991 (AS **1991** 2104).

[102] Eingefügt durch Art. 20 Ziff. 2 des Beschlusses vom 20. Okt. 1977, in Kraft seit 1. Febr. 1978 (AS **1978** 588).

[103] Fassung gemäss Artikel 1des Beschlusses vom 9. Dez. 1993 (AS **1994** 785).

[104] Fassung gemäss Art. 21 des Beschlusses vom 20. Okt. 1977, in Kraft seit 1. Febr. 1978 (AS **1978** 588).

8. Teil Ausführungsvorschriften zum achten, zehnten und elften Teil des Übereinkommens

Regel 103 Unterrichtung der Öffentlichkeit bei Umwandlungen

(1) Die Unterlagen, die dem Umwandlungsantrag nach Artikel 136 beizufügen sind, sind der Öffentlichkeit von der Zentralbehörde für den gewerblichen Rechtsschutz unter den gleichen Voraussetzungen und im gleichen Umfang wie die Unterlagen eines nationalen Verfahrens zugänglich zu machen.

(2) Auf den Patentschriften der nationalen Patente, die aus der Umwandlung einer europäischen Patentanmeldung hervorgehen, ist diese Anmeldung anzugeben.

Regel 104[105] Das Europäische Patentamt als Anmeldeamt

(1) Wird das Europäische Patentamt als Anmeldeamt nach dem Zusammenarbeitsvertrag[106] tätig, so ist die internationale Anmeldung in deutscher, englischer oder französischer Sprache einzureichen. Die internationale Anmeldung ist in drei Stücken einzureichen. Das gleiche gilt für alle Unterlagen, die in der Regel 3.3a Ziffer ii der Ausführungsordnung[107] zum Zusammenarbeitsvertrag vorgesehene Kontrollliste genannt sind, mit Ausnahme der Gebührenquittung oder des Schecks für die Gebührenzahlung.

(2) Wird Absatz 1 Satz 2 nicht entsprochen, so werden die fehlenden Stücke vom Europäischen Patentamt auf Kosten des Anmelders angefertigt.

(3) Wird eine internationale Anmeldung bei einer Behörde eines Vertragsstaats zur Weiterleitung an das Europäische Patentamt als Anmeldeamt eingereicht, so hat der Vertragsstaat dafür zu sorgen, dass die Anmeldung beim Europäischen Patentamt spätestens zwei Wochen vor Ablauf des dreizehnten Monats nach ihrer Einreichung oder, wenn eine Priorität in Anspruch genommen wird, nach dem Prioritätstag eingeht.

Regel 104a[108] Das Europäische Patentamt als Internationale Recherchenbehörde oder als mit der internationalen vorläufigen Prüfung beauftragte Behörde

(1) Im Fall des Artikels 17 Absatz 3 Buchstabe a des Zusammenarbeitsvertrags[109] ist für jede weitere Erfindung, für die eine internationale Recherche durchzuführen ist, eine zusätzliche Gebühr in Höhe der Recherchengebühr zu entrichten.

(2) Im Fall des Artikels 34 Absatz 3 Buchstabe a des Zusammenarbeitsvertrags ist für jede weitere Erfindung, für die eine internationale vorläufige Prüfung durchzuführen ist, eine zusätzliche Gebühr in Höhe der Gebühr für die vorläufige Prüfung zu entrichten.

---

[105] Fassung gemäss Art. 22 des Beschlusses vom 20. Okt. 1977, in Kraft seit 1. Febr. 1978 (AS **1978** 588).

[106] SR **0.232.141.1**

[107] SR **0.232.141.11**

[108] Eingefügt durch Art. 23 des Beschlusses vom 20. Okt. 1977, in Kraft seit 1. Febr. 1978 (AS **1978** 588).

[109] SR 0.232.141.1

(3) Ist eine zusätzliche Gebühr unter Widerspruch entrichtet worden, so überprüft das Europäische Patentamt unbeschadet der Regeln 40.2 Absatz e und 68.3 Absatz e der Ausführungsordnung zum Zusammenarbeitsvertrag, ob die Aufforderung zur Zahlung der zusätzlichen Gebühr berechtigt war, und erstattet die zusätzliche Gebühr zurück, wenn dies nach seiner Auffassung nicht der Fall war. Ist das Europäische Patentamt nach dieser Überprüfung der Auffassung, dass die Aufforderung berechtigt war, so unterrichtet es den Anmelder hiervon und fordert ihn zur Entrichtung einer Gebühr für die Prüfung des Widerspruchs («Widerspruchsgebühr») auf. Wird die Widerspruchsgebühr rechtzeitig entrichtet, so wird der Widerspruch der Beschwerdekammer zur Entscheidung vorgelegt.[110]

Regel 104b[111] Das Europäische Patentamt als Bestimmungsamt oder ausgewähltes Amt

(1) Für eine internationale Anmeldung nach Artikel 150 Absatz 3 des Übereinkommens hat der Anmelder im Fall des Artikels 22 Absätze 1 und 2 des Zusammenarbeitsvertrags[112] innerhalb von einundzwanzig Monaten oder im Fall des Artikels 39 Absatz 1 Buchstabe a des Zusammenarbeitsvertrags innerhalb von einunddreissig Monaten nach dem Anmeldetag oder, wenn eine Priorität in Anspruch genommen worden ist, nach dem Prioritätstag die folgenden Handlungen vorzunehmen:

a)[113] die gegebenenfalls nach Artikel 158 Absatz 2 des Übereinkommens erforderliche Übersetzung der internationalen Anmeldung einzureichen;

b) die nationale Gebühr nach Artikel 158 Absatz 2 des Übereinkommens zu entrichten, die sich zusammensetzt aus

   i) einer der Anmeldegebühr nach Artikel 78 Absatz 2 entsprechenden nationalen Grundgebühr,

   ii) den Benennungsgebühren nach Artikel 79 Absatz 2 und

   iii) gegebenenfalls den Anspruchsgebühren nach Regel 31;

c) die Recherchengebühr nach Artikel 157 Absatz 2 Buchstabe b des Übereinkommens zu entrichten, wenn ein ergänzender europäischer Recherchenbericht erstellt werden muss;

d) den Prüfungsantrag gemäss Artikel 94 des Übereinkommens zu stellen, wenn die in Artikel 94 Absatz 2 angegebene Frist früher abläuft;

e) die Jahresgebühr für das dritte Jahr gemäss Artikel 86 Absatz 1 des Übereinkommens zu entrichten, wenn diese Gebühr nach Regel 37 Absatz 1 früher fällig wird;

---

[110] Eingefügt durch Art. 1 Ziff. 3 des Beschlusses vom 5. Juni 1992, in Kraft seit 1. Okt. 1992 (AS 1992 1789).

[111] Eingefügt durch Art. 24 des Beschlusses vom 20. Okt. 1977, in Kraft seit 1. Febr. 1978 (AS 1978 588).

[112] SR **0.232.141.1**

[113] Laut Art. 3 Ziff. 1 des Beschlusses vom 7. Dez. 1990, in Kraft seit 1. Juni 1991 (AS **1991** 1338), ist dieser Bst. in allen Fällen anzuwenden, in denen die Feststellung eines Rechtsverlustes im Zeitpunkt des Inkrafttretens dieses Beschlusses noch nicht rechtskräftig geworden ist.

f) gegebenenfalls die Ausstellungsbescheinigung nach Artikel 55 Absatz 2 und Regel 23 des Übereinkommens einzureichen.[114]

(2) Sind die in Regel 17 Absatz 1 des Übereinkommens vorgeschriebene Angaben über den Erfinder bei Ablauf der in Absatz 1 genannten Frist von einundzwanzig oder einunddreissig Monaten noch nicht mitgeteilt worden, so wird der Anmelder aufgefordert, die Angaben innerhalb einer vom Europäischen Patentamt zu bestimmenden Frist zu machen.[115]

(3) Wird die Priorität einer früheren Anmeldung in Anspruch genommen und ist das Aktenzeichen oder die Abschrift nach Artikel 88 Absatz 1 und Regel 38 Absätze 1 bis 3 des Übereinkommens bei Ablauf der in Absatz 1 genannten Frist von einundzwanzig oder einunddreissig Monaten noch nicht eingereicht worden, so wird der Anmelder aufgefordert, das Aktenzeichen oder die Abschrift der früheren Anmeldung innerhalb einer vom Europäischen Patentamt zu bestimmenden Frist einzureichen. Regel 38 Absatz 3 Satz 3 ist auf die Einreichung der Abschrift der früheren Anmeldung anzuwenden.[116]

(3a) Liegt bei Ablauf der in Absatz 1 genannten Frist von einundzwanzig oder einunddreissig Monaten ein nach Regel 5.2 der Ausführungsordnung zum Zusammenarbeitsvertrag vorgeschriebenes Sequenzprotokoll dem Europäischen Patentamt nicht vor, entspricht es nicht dem vorgeschriebenen Standard, ist es nicht auf dem vorgeschriebenen Datenträger eingereicht worden oder ist ein innerhalb dieser Frist nachgereichtes Sequenzprotokoll nicht in einer Amtssprache des Europäischen Patentamts abgefasst, so wird der Anmelder aufgefordert, ein dem vorgeschriebenen Standard entsprechendes Sequenzprotokoll, ein Sequenzprotokoll auf dem vorgeschriebenen Datenträger oder eine Übersetzung innerhalb einer vom Europäischen Patentamt zu bestimmenden Frist einzureichen.[117]

(4) Ist nur für einen Teil der internationalen Anmeldung von der Internationalen Recherchenbehörde eine Recherche durchgeführt worden, weil diese Behörde der Auffassung war, dass die internationale Anmeldung nicht den Anforderungen an die Einheitlichkeit der Erfindung entspricht, und hat der Anmelder nicht alle zusätzlichen Gebühren nach Artikel 17 Absatz 3 Buchstabe a des Zusammenarbeitsvertrags innerhalb der vorgeschriebenen Frist entrichtet, so prüft die Recherchenabteilung, ob die Anmeldung den Anforderungen an die Einheitlichkeit der Erfindung entspricht. Ist die Recherchenabteilung der Auffassung, dass dies nicht der Fall ist, so teilt sie dem Anmelder mit, dass für die Teile der internationalen Anmeldung, für die eine Recherche durchgeführt worden ist, ein europäischer Recherchenbericht erstellt werden kann, wenn für jede weitere Erfindung innerhalb einer von der Recherchenabtei-

---

[114] Fassung gemäss Art. 1 Ziff. 23 des Beschlusses vom 7. Dez. 1990, in Kraft seit 1. Juni 1991 (AS **1991** 1338). Laut Art. 3 Ziff. 2 des genannten Beschlusses ist die bisherige Fassung dieses Abs. (AS **1978** 588) in den Fällen anzuwenden, in denen im Zeitpunkt des Inkrafttretens dieses Beschlusses die vorgeschriebene Frist zwar begonnen hat, aber noch nicht abgelaufen ist und nach der bisherigen Fassung zu einem späteren Zeitpunkt ablaufen würde als nach der neuen Fassung.

[115] Fassung gemäss Art. 1 Ziff. 23 des Beschlusses vom 7. Dez. 1990, in Kraft seit 1. Juni 1991 (AS **1991** 1338).

[116] Fassung gemäss Beschluss vom 13. Dez. 1994, in Kraft seit 1. Juni 1995 (AS **1995** 4187).

[117] Eingefügt durch Art. 1 Ziff. 1 des Beschlusses vom 7. Dez. 1990 (AS **1991** 1338). Fassung gemäss Beschluss vom 13. Dez. 1994, in Kraft seit 1. Juni 1995 (AS **1995** 4187).

lung zu bestimmenden Frist, die nicht kürzer als zwei Wochen sein und sechs Wochen nicht übersteigen darf, eine Recherchengebühr entrichtet wird. Die Recherchenabteilung erstellt einen europäischen Recherchenbericht für die Teile der internationalen Anmeldung, die sich auf die Erfindungen beziehen, für die Recherchengebühren entrichtet worden sind.[118]

(5) Regel 46 Absatz 2 ist auf die Mitteilung nach Absatz 4[119] entsprechend anzuwenden.[120]

(6) Hat das Europäische Patentamt für eine internationale Anmeldung einen internationalen vorläufigen Prüfungsbericht erstellt, so wird die Prüfungsgebühr ermässigt. Die Ermässigung wird in der Gebührenordnung in Höhe eines Prozentsatzes der Gebühren festgelegt.[121]

Regel 104c[122]   Folgen bei Nichtzahlung

(1) Werden die nationale Grundgebühr und mindestens eine Benennungsgebühr nach Regel 104b Absatz 1 Buchstabe b nicht rechtzeitig entrichtet, so gilt die europäische Patentanmeldung als zurückgenommen.

(2) Vorbehaltlich Absatz 1 gilt die Benennung eines Vertragsstaats, für den die Benennungsgebühr nach Regel 104b Absatz 1 Buchstabe b nicht rechtzeitig entrichtet worden ist, als zurückgenommen.

(3) Wird eine Anspruchsgebühr nach Regel 104b Absatz 1 Buchstabe b nicht rechtzeitig entrichtet, so gilt dies als Verzicht auf den entsprechenden Patentanspruch.

Regel 105   Beschränkungen der Prüfung

(1) Die Beschränkungen der Prüfung der europäischen Patentanmeldungen nach Artikel 162 und die Aufhebung dieser Beschränkungen werden im Europäischen Patentblatt bekanntgemacht.

(2) Die Gebiete der Technik, auf denen europäische Patentanmeldungen behandelt werden, werden in Anwendung der Internationalen Klassifikation festgelegt.

Regel 106   Änderungen in der Liste der Vertreter während der Übergangszeit

(1) Während der in Artikel 163 Absatz 1 genannten Übergangszeit nimmt die Zentralbehörde für den gewerblichen Rechtsschutz eine nach Artikel 163 Absatz 2 erteilte Bescheinigung zurück:

a)[123] in den in Regel 102 Absatz 2 Buchstaben a und c genannten Fällen;

b) wenn andere, nach dem nationalen Recht des betreffenden Vertragsstaats vorgesehene Voraussetzungen für die Erteilung der Bescheinigung nicht mehr erfüllt sind.

---

[118] Ursprünglich Abs. (3)

[119] Bezugnahme gemäss Art. 1 Ziff. 23.3 des Beschlusses vom 7. Dez. 1990, in Kraft seit 1. Juni 1991 (AS **1991** 1338).

[120] Ursprünglich Abs. (4)

[121] Ursprünglich Abs. (5)

[122] Eingefügt durch Art. 1 Ziff. 24 des Beschlusses vom 7. Dez. 1990, in Kraft seit 1. Juni 1991 (AS **1991** 1338).

[123] Fassung gemäss Art. 25 Ziff. 1 des Beschlusses vom 20. Okt. 1977, in Kraft seit 1. Febr. 1978 (AS **1978** 588).

(2) Die Zentralbehörde für den gewerblichen Rechtsschutz teilt die Rücknahme der Bescheinigung dem Europäischen Patentamt mit. Das Europäische Patentamt löscht daraufhin von Amts wegen die Eintragung des Vertreters in der Liste der zugelassenen Vertreter, es sei denn, dass Artikel 163 Absatz 4 Buchstabe b oder Absatz 5 angewendet wird.

(2a) Die Löschung der Eintragung eines zugelassenen Vertreters infolge einer in Anwendung von Artikel 134 Absatz 8 Buchstabe c getroffenen Disziplinarmassnahme wird vom Europäischen Patentamt von Amts wegen vorgenommen und der Zentralbehörde für den gewerblichen Rechtsschutz, die dem betreffenden Vertreter die in Artikel 163 Absatz 2 vorgesehene Bescheinigung erteilt hat, mitgeteilt.[124]

(3) Regel 102 Absatz 1 ist anzuwenden.

(4) Eine Person, deren Eintragung gelöscht worden ist, wird auf ihren Antrag in die Liste der zugelassenen Vertreter wieder eingetragen, wenn sie, je nach Lage des Falls, eine Bescheinigung der Zentralbehörde für den gewerblichen Rechtsschutz einreicht, aus der hervorgeht, dass die Gründe, die zur Rücknahme der in Absatz 1 genannten Bescheinigung geführt haben, entfallen sind, oder wenn die ihr gegenüber getroffene Disziplinarmassnahme nicht mehr wirksam ist.[125]

Regel 106a[126] **Präsidium für die Beschwerdekammern während einer Übergangszeit**

Bis zur Ernennung des für die Beschwerdekammern zuständigen Vizepräsidenten und bis zur Bildung mehrerer Beschwerdekammern wird das in Regel 10 Absatz 2 genannte Präsidium wie folgt gebildet:

a) Ist der für die Beschwerdekammern zuständige Vizepräsident noch nicht ernannt und nur eine Beschwerdekammer gebildet, so setzt sich das Präsidium zusammen aus dem Präsidenten des Europäischen Patentamts als Vorsitzendem, dem Vorsitzenden der bereits gebildeten Beschwerdekammer und drei weiteren Mitgliedern der Beschwerdekammer, die von der Gesamtheit der Mitglieder der Beschwerdekammer für die Dauer des Geschäftsjahres gewählt werden.

b) Ist der für die Beschwerdekammern zuständige Vizepräsident noch nicht ernannt, so setzt sich das Präsidium zusammen aus dem Präsidenten des Europäischen Patentamts als Vorsitzendem, den Vorsitzenden der Beschwerdekammern und drei weiteren Mitgliedern der Beschwerdekammern, die von der Gesamtheit der Mitglieder der Beschwerdekammern für die Dauer des Geschäftsjahres gewählt werden.

c) Ist nur eine Beschwerdekammer gebildet, so setzt sich das Präsidium zusammen aus dem Präsidenten des Europäischen Patentamts als Vorsitzendem, dem für die Beschwerdekammern zuständigen Vizepräsidenten, dem Vorsitzenden der bereits gebildeten Beschwerdekammer und drei weiteren Mitgliedern der Beschwerdekammer, die von der Gesamtheit der Mitglieder der Beschwerdekammer für die Dauer des Geschäftsjahres gewählt werden.

---

[124] Eingefügt durch Art. 25 Ziff. 2 des Beschlusses vom 20. Okt. 1977, in Kraft seit 1. Febr. 1978 (AS **1978** 588).

[125] Fassung gemäss Art. 25 Ziff. 3 des Beschlusses vom 20. Okt. 1977, in Kraft seit 1. Febr. 1978 (AS **1978** 588).

[126] Eingefügt durch Art. 1 des Beschlusses vom 24. Febr. 1978 (AS **1978** 596).

d) In den in den Buchstaben a, b und c genannten Fällen ist zur Beschlussfähigkeit des Präsidiums die Anwesenheit von mindestens vier Mitgliedern erforderlich, unter denen sich der Präsident oder ein Vizepräsident des Europäischen Patentamts und ein Vorsitzender einer Beschwerdekammer befinden müssen.

Originaltext

Protokoll über die gerichtliche Zuständigkeit und die Anerkennung von Entscheidungen über den Anspruch auf Erteilung eines europäischen Patents

(Anerkennungsprotokoll)

Abgeschlossen in München am 5. Oktober 1973
Von der Bundesversammlung genehmigt am 29. November 1976[1]
Schweizerische Ratifikationsurkunde hinterlegt am 20. April 1977
In Kraft getreten für die Schweiz am 7. Oktober 1977

Abschnitt I   Zuständigkeit

Art. 1

(1) Für Klagen gegen den Anmelder, mit denen der Anspruch auf Erteilung eines europäischen Patents für einen oder mehrere der in der europäischen Patentanmeldung benannten Vertragsstaaten geltend gemacht wird, bestimmt sich die Zuständigkeit der Gerichte der Vertragsstaaten nach den Artikeln 2 bis 6.

(2) Den Gerichten im Sinn dieses Protokolls sind Behörden gleichgestellt, die nach dem nationalen Recht eines Vertragsstaats für die Entscheidung über die in Absatz 1 genannten Klagen zuständig sind. Die Vertragsstaaten teilen dem Europäischen Patentamt die Behörden mit, denen eine solche Zuständigkeit zugewiesen ist; das Europäische Patentamt unterrichtet die übrigen Vertragsstaaten hiervon.

(3) Als Vertragsstaaten im Sinn dieses Protokolls sind nur die Vertragsstaaten zu verstehen, die die Anwendung dieses Protokolls nach Artikel 167 des Übereinkommens[2] nicht ausgeschlossen haben.

Art. 2

Der Anmelder, der seinen Wohnsitz oder Sitz in einem Vertragsstaat hat, ist vorbehaltlich der Artikel 4 und 5 vor den Gerichten dieses Vertragsstaats zu verklagen.

Art. 3

Wenn der Anmelder seinen Wohnsitz oder Sitz ausserhalb der Vertragsstaaten hat und die Person, die den Anspruch auf Erteilung des europäischen Patents geltend macht, ihren Wohnsitz oder Sitz in einem Vertragsstaat hat, sind vorbehaltlich der Artikel 4 und 5 die Gerichte des letztgenannten Staats ausschliesslich zuständig.

---

[1]   Art. 1 Ziff. 3 des BB vom 29. Nov. 1976 (AS **1977** 1709)
[2]   SR **0.232.142.2**

Art. 4

Ist der Gegenstand der europäischen Patentanmeldung eine Erfindung eines Arbeitnehmers, so sind vorbehaltlich Artikel 5 für einen Rechtsstreit zwischen dem Arbeitnehmer und dem Arbeitgeber ausschliesslich die Gerichte des Vertragsstaats zuständig, nach dessen Recht sich das Recht auf das europäische Patent gemäss Artikel 60 Absatz 1 Satz 2 des Übereinkommens bestimmt.

Art. 5

(1) Haben die an einem Rechtsstreit über den Anspruch auf Erteilung eines europäischen Patents beteiligten Parteien durch eine schriftliche oder durch eine mündliche, schriftlich bestätigte Vereinbarung bestimmt, dass ein Gericht oder die Gerichte eines bestimmten Vertragsstaats über diesen Rechtsstreit entscheiden sollen, so sind dieses Gericht oder die Gerichte dieses Staats ausschliesslich zuständig.

(2) Handelt es sich bei den Parteien um einen Arbeitnehmer und seinen Arbeitgeber, so ist Absatz 1 jedoch nur anzuwenden, soweit das für den Arbeitsvertrag massgebliche nationale Recht eine solche Vereinbarung zulässt.

Art. 6

In den nicht in den Artikeln 2 bis 4 und in Artikel 5 Absatz 1 geregelten Fällen sind die Gerichte der Bundesrepublik Deutschland ausschliesslich zuständig.

Art. 7

Die Gerichte der Vertragsstaaten, die mit Klagen nach Artikel 1 befasst werden, prüfen ihre Zuständigkeit nach den Artikeln 2 bis 6 von Amts wegen.

Art. 8

(1) Werden bei Gerichten verschiedener Vertragsstaaten Klagen wegen desselben Anspruchs zwischen denselben Parteien anhängig gemacht, so hat sich das später angerufene Gericht von Amts wegen zugunsten des zuvor angerufenen Gerichts für unzuständig zu erklären.

(2) Das Gericht, das sich nach Absatz 1 für unzuständig zu erklären hätte, hat die Entscheidung bis zur rechtskräftigen Entscheidung des zuvor angerufenen Gerichts auszusetzen, wenn der Mangel der Zuständigkeit des anderen Gerichts geltend gemacht wird.

Abschnitt II Anerkennung

Art. 9

(1) Die in einem Vertragsstaat ergangenen rechtskräftigen Entscheidungen über den Anspruch auf Erteilung eines europäischen Patents für einzelne oder alle in der europäischen Patentanmeldung benannte Vertragsstaaten werden vorbehaltlich Artikel 11 Absatz 2 in den anderen Vertragsstaaten anerkannt, ohne dass es hierfür eines besonderen Verfahrens bedarf.

(2) Die Zuständigkeit des Gerichts, dessen Entscheidung anerkannt werden soll, und die Gesetzmässigkeit dieser Entscheidung dürfen nicht nachgeprüft werden.

Art. 10

Artikel 9 Absatz 1 ist nicht anzuwenden, wenn:

a) der Anmelder, der sich auf die Klage nicht eingelassen hat, nachweist, dass ihm das diesen Rechtsstreit einleitende Schriftstück nicht ordnungsgemäss und nicht so rechtzeitig zugestellt worden ist, dass er sich verteidigen konnte;

b) der Anmelder nachweist, dass die Entscheidung mit einer anderen Entscheidung unvereinbar ist, die zwischen denselben Parteien in einem Vertragsstaat auf eine Klage hin ergangen ist, die früher eingereicht wurde als die Klage, die zu der anzuerkennenden Entscheidung geführt hat.

Art. 11

(1) Im Verhältnis der Vertragsstaaten zueinander haben die Vorschriften dieses Protokolls Vorrang vor widersprechenden Vorschriften anderer Abkommen, die die gerichtliche Zuständigkeit oder die Anerkennung von Entscheidungen regeln.

(2) Dieses Protokoll steht der Anwendung von Abkommen zwischen Vertragsstaaten und einem nicht durch das Protokoll gebundenen Staat nicht entgegen.

Originaltext

Protokoll über die Auslegung des Artikels 69 des Übereinkommens[1]

Abgeschlossen in München am 5. Oktober 1973
Von der Bundesversammlung genehmigt am 29. November 1976[2]
Schweizerische Ratifikationsurkunde hinterlegt am 20. April 1977
In Kraft getreten für die Schweiz am 7. Oktober 1977

Artikel 69 ist nicht in der Weise auszulegen, dass unter dem Schutzbereich des europäischen Patents der Schutzbereich zu verstehen ist, der sich aus dem genauen Wortlaut der Patentansprüche ergibt, und dass die Beschreibung sowie die Zeichnungen nur zur Behebung etwaiger Unklarheiten in den Patentansprüchen anzuwenden sind. Ebensowenig ist Artikel 69 dahingehend auszulegen, dass die Patentansprüche lediglich als Richtlinie dienen und der Schutzbereich sich auch auf das erstreckt, was sich dem Fachmann nach Prüfung der Beschreibung und der Zeichnungen als Schutzbegehren des Patentinhabers darstellt. Die Auslegung soll vielmehr zwischen diesen extremen Auffassungen liegen und einen angemessenen Schutz für den Patentinhaber mit ausreichender Rechtssicherheit für Dritte verbinden.

Geltungsbereich des Protokolls[3]

---

[1] SR **0.232.142.2**
[2] Art. 1 Ziff. 3 des BB vom 29. Nov. 1976 (AS **1977** 1709)
[3] Siehe Geltungsbereich des Europäischen Patentübereinkommens (SR **0.232.142.2**).

Gebühren und Auslagen EPA (Stand 1. Juli 2004)

Gebührenart	Kode	Betrag *EUR*
1 **Verfahrensgebühren (Artikel 2 und 8(3) Gebührenordnung)**		
1 Anmeldegebühr (Nationale Grundgebühr), wenn		
• die europäische Patentanmeldung oder das Formblatt für den Eintritt in die europäische Phase (EPA Form 1200) online eingereicht wird	001 (020)	90,00[1]
• die europäische Patentanmeldung oder das Formblatt für den Eintritt in die europäische Phase (EPA Form 1200) auf Papier eingereicht wird	001 (020)	125,00
2 Recherchengebühr 2.1 für eine europäische Recherche oder eine ergänzende europäische Recherche	002	690,00
2.2 für eine internationale Recherche	003	1550.00[2]
3 Benennungsgebühr für jeden benannten Vertragsstaat (Artikel 79(2)) mit der Massgabe, dass mit der Entrichtung des siebenfachen Betrags dieser Gebühr die Benennungsgebühren für alle Vertragsstaaten als entrichtet gelten[3]	005	75,00
3a Gemeinsame Benennungsgebühr für die Schweizerische Eidgenossenschaft und das Fürstentum Liechtenstein	005	75,00
3b Zuschlagsgebühr für die verspätete Entrichtung der Anmeldegebühr, der Recherchengebühr oder der Benennungsgebühren (Regel 85a): 50 % der betreffenden Gebühr oder Gebühren, insgesamt jedoch höchstens	032	650.00
3c Zuschlagsgebühr für die verspätete Einreichung der Übersetzung der internationalen Anmeldung oder die verspätete Stellung des Prüfungsantrags oder die verspätete Entrichtung der nationalen Grundgebühr, der Recherchengebühr oder der Benennungsgebühren (Regel 108 Absatz 3): 50 % der betreffenden Gebühren, jedoch mindestens 500 EUR bei verspäteter Einreichung der Übersetzung und insgesamt höchstens	065	1750,00

Gebührenart	Kode	Betrag **EUR**
4 Jahresgebühren für die europäische Patentanmeldung		
4.1 für das 3. Jahr	033	380,00
4.2 für das 4. Jahr	034	405,00
4.3 für das 5. Jahr	035	430,00
4.4 für das 6. Jahr	036	715,00
4.5 für das 7. Jahr	037	740,00
4.6 für das 8. Jahr	038	765,00
4.7 für das 9. Jahr	039	970,00
4.8 für das 10. Jahr und jedes weitere Jahr	040 – 050	1020,00
5 Zuschlagsgebühr für die verspätete Zahlung einer Jahresgebühr für die europäische Patentanmeldung	093 – 110	*10% der verspätet gezahlten Jahresgebühr*
6 Prüfungsgebühr	006	1430,00
7 Zuschlagsgebühr für die verspätete Stellung des Prüfungsantrags (Regel 85b)	053	*50% der Prüfungs- gebühr*

Gebühren und Auslagen EPA 813

Gebührenart	Kode	Betrag EUR
8 Erteilungsgebühr einschliesslich Druckkostengebühr für die europäische Patentschrift bei einer Seitenzahl der für den Druck bestimmten Anmeldungsunterlagen von		
8.1 höchstens 35 Seiten	007	715,00
8.2 mehr als 35 Seiten zuzüglich für die 36. und jede weitere Seite	007 008	715,00 10,00
9 Druckkostengebühr für eine neue europäische Patentschrift	009	50,00
10 Einspruchsgebühr	010	610,00
11 Beschwerdegebühr	011	1020,00
12 Weiterbehandlungsgebühr	012	75,00
13 Wiedereinsetzungsgebühr	013	75,00
14 Umwandlungsgebühr	014	50,00
15 Anspruchsgebühr für den elften und jeden weiteren Patentanspruch	015 016[1]	40,00
16 Kostenfestsetzungsgebühr	017	50,00
17 Beweissicherungsgebühr	018	50,00
18 Übermittlungsgebühr für eine internationale Anmeldung	019	100,00
19 Gebühr für die vorläufige Prüfung einer Internationalen Anmeldung	021	1530,00

Gebührenart	Kode	Betrag *EUR*
20 Gebühr für ein technisches Gutachten	060	3060,00
21 Widerspruchsgebühr	062	1020,00
22 Zuschlagsgebühr nach Artikel 8(3) der Gebührenordnung: 10 % der betreffenden Gebühr oder Gebühren, höchstens jedoch	061	150,00

---

[1] Anwendbar für europäische Patentanmeldungen, **die ab 1. April 2004 eingereicht** werden und für internationale Anmeldungen, die ab diesem Tag in die europäische Phase eintreten.

[2] Anwendbar für internationale Anmeldungen, **die ab 1. Januar 2004 eingereicht** werden.

[3] «Erstreckungsgebühr» siehe «4. Sonstige Gebühren».

[4] Anspruchsgebühr gemäss Regel 51 (7) EPCÜ.

Gebührenart	Kode	Betrag *EUR*
2. Gebühren und Auslagen (Artikel 3(1) Gebührenordnung) **2.1 Verwaltungsgebühren/Auslagen**		
1 Eintragung von Rechtsübergängen (R 20(2) EPÜ)	022	75,00
2 Eintragung von Lizenzen und anderen Rechten (R 21(1) EPÜ)	023	75,00
3 Löschung der Eintragung einer Lizenz und anderer Rechte (R 21(2) EPÜ)	024	75,00
4 Zusätzliche Ausfertigungen der Urkunde über das europäische Patent (R 54(2) EPÜ)	025	30,00
5 Auszug aus dem europäischen Patentregister (R 92(3) EPÜ)	026	20,00
6 Gewährung von Online Akteneinsicht in die Akten europäischer Patentanmeldungen und Patente (R 94 (1) EPÜ) • pro Ausdruck einer Seite A4 (nur Selbstbedienung in den Dienstgebäuden des Europäischen Patentamts)	027	kostenlos 0,20
7.1 Akteneinsicht durch Erteilung von Papierkopien bis zu 100 Seiten A4 oder auf einem elektronischen Datenträger	027	30,00
• zuzüglich pro Papierkopie über 100 Seiten A4		0,30
7.2 Zuschlag für die Übermittlung von Kopien per Telefax, pro Seite • in Europa • ausserhalb Europas		 2,50 4,00

Gebührenart	Kode	Betrag EUR
8.1 Ausstellung einer beglaubigten Kopie einer europäischen Patentanmeldung oder einer internationalen Anmeldung und Bescheinigung des Anmeldezeitpunkts (Prioritätsbeleg) (EPÜ R 38a PCT R 17.1(b), R 20.9)	029	30,00
8.2 Beglaubigung sonstiger Unterlagen	080	30,00
9.1 Auskunftserteilung aus den Akten einer europäischen Patentanmeldung (EPÜ R 95)	030	20,00
9.2 Zuschlag pro Seite für die Übermittlung mit Fernschreiben oder Telefax • in Europa • ausserhalb Europas		2,5 4,0
10 Übersetzung einer internationalen Anmeldung, pro 100 Worte im Originaltext (EPU Art. 150 (1, 2) PCT R 48.3 (b))	052	20,00
11 Zusätzliche Kopie der im europäischen Recherchenbericht aufgeführten Schriften	055	20,00
12.1 Prüfungsgebühr für die europäische Eignungsprüfung für zugelassene Vertreter (VEP / REE Art. 19)	054	405,00
12.2 Beschwerdegebühr (VEP / REE Art. 27)		355,00
13 Ausstellung von Empfangsbestätigungen per Fernschreiben oder Telefax: • in Europa • ausserhalb Europas (ABl. EPA 1992, 310)	031	35,00 60,00
14 Kopien aus Unterlagen des EPA, pro Seite (A4) • Fertigung durch EPA-Personal • Selbstbedienung	–	0,60 0,20

Gebührenart	Kode	Betrag EUR
2.2 Gebühren für verschiedene Recherchen		
1 Gebühr für eine Recherche internationaler Art[1] ABl. EPA 1999, 300		
1.1 Für Erstanmeldungen	–	*945,00*
1.2 Für alle anderen Fälle	–	*1480,00*
2.1 Pauschalpreis für eine Standardrecherche	–	*1735,00*
2.2 Pauschalpreis für eine zusätzliche Recherche über geänderte Patentansprüche	–	*430,00*
2.3 Dringlichkeitsgebühr für Standardrecherchen	–	*150,00*
2.4 Fotokopien, pro Seite, zuzüglich Versandkosten, wenn die Kopien per Luftpost versandt werden müssen	–	*0.60*

---

[1] Diese Gebühr gilt vorbehaltlich abweichender Vereinbarungen zwischen der Europäischen Patentorganisation und einem Vertragsstaat des Europäischen Patentübereinkommens.

Gebührenart	Kode	Betrag EUR
3 **Verkaufspreise von Veröffentlichungen (Artikel 3(2) Gebührenordnung)** **Die Preise der Veröffentlichungen, Produkte und Dienstleistungen der Hauptdirektion «Patentinformation» werden in einer gesonderten «epidos»-Preisliste veröffentlicht.**		
4 **Sonstige Gebühren** 1 Erstreckungsgebühr für jeden «Erstreckungsstaat» (Abl. EPA 1994, 76)	*LT402* *LV 403* *AL404* *MK406*	*102,00*

Amtlicher deutscher Text[1]

Vertrag
über die internationale Zusammenarbeit
auf dem Gebiet des Patentwesens (PCT)

Abgeschlossen in Washington am 19. Juni 1970
Von der Bundesversammlung genehmigt am 29. November 1976[2]
Schweizerische Ratifikationsurkunde hinterlegt am 14. September 1977
In Kraft getreten für die Schweiz am 24. Januar 1978
(Stand am 25. Mai 2004)

Die Vertragsstaaten,

In dem Wunsch, einen Beitrag für den Fortschritt von Wissenschaft und Technik zu leisten,

In dem Wunsch, den Schutz von Erfindungen zu vervollkommen,

In dem Wunsch, den Schutz von Erfindungen, wenn um Schutz in mehreren Ländern nachgesucht wird, zu erleichtern und wirtschaftlicher zu gestalten,

In dem Wunsch, der Öffentlichkeit den Zugang zu technischen Informationen, die in Dokumenten enthalten sind, in denen neue Erfindungen beschrieben werden, zu erleichtern und zu beschleunigen,

In dem Wunsch, den wirtschaftlichen Fortschritt der Entwicklungsländer zu fördern und zu beschleunigen, durch die Annahme von Massnahmen, die bestimmt sind, die Wirksamkeit der auf nationaler oder regionaler Ebene für den Schutz von Erfindungen entwickelten Rechtssysteme dadurch zu erhöhen, dass leicht erreichbare Informationen über die Verfügbarkeit technischer Lösungen, die auf ihre besonderen Bedürfnisse zugeschnitten sind, zur Verfügung gestellt werden und dass der Zugang zu der in ständigem Wachstum begriffenen modernen Technik erleichtert wird,

In der Überzeugung, dass die internationale Zusammenarbeit die Verwirklichung dieser Ziele in hohem Masse fördern wird,

Haben diesen Vertrag geschlossen.

---

[1] Amtliche deutsche Übersetzung nach Art. 67 Abs. 1 Bst. b des Vertrages. Der nachstehende Wortlaut des Vertrages weicht in verschiedenen Punkten geringfügig ab von der mit der Botschaft veröffentlichten Fassung (BBl **1976** I 137–275), die noch nicht der bereinigte amtliche Text war. Wie die parlamentarische Redaktionskommission festgestellt hat, sind die Unterschiede rein redaktioneller Natur.

[2] Art. 1 Ziff. 2 des BB vom 29. Nov. 1976 (AS **1977** 1709)

Art. 1 **Bildung eines Verbands**

(1) Die Mitgliedstaaten dieses Vertrags (nachstehend als «Vertragsstaaten» bezeichnet) bilden einen Verband für die Zusammenarbeit bei der Einreichung, der Recherche und der Prüfung von Anmeldungen für den Schutz von Erfindungen und für die Leistung besonderer technischer Dienste. Der Verband trägt die Bezeichnung Verband für die internationale Zusammenarbeit auf dem Gebiet des Patentwesens.

(2) Keine Bestimmung dieses Vertrags ist so auszulegen, dass sie die Rechte aus der Pariser Verbandsübereinkunft zum Schutz des gewerblichen Eigentums[3] der Personen beeinträchtigt, die die Staatsangehörigkeit eines Mitgliedslands dieser Übereinkunft besitzen oder in einem solchen Land ihren Sitz oder Wohnsitz haben.

Art. 2 **Begriffsbestimmungen**

Im Sinne dieses Vertrags und der Ausführungsordnung[4] und sofern nicht ausdrücklich etwas anderes bestimmt wird:

i) bedeutet «Anmeldung» eine Anmeldung für den Schutz einer Erfindung; Bezugnahmen auf eine «Anmeldung» sind zu verstehen als Bezugnahme auf Anmel für Gebrauchsmuster, für Zusatzpatente oder -zertifikate, für Zusatzerfinderscheine und Zusatzgebrauchszertifikate;

ii) sind Bezugnahmen auf ein «Patent» zu verstehen als Bezugnahmen auf Erfindungspatente, auf Erfinderscheine, auf Gebrauchszertifikate, auf Gebrauchsmuster, auf Zusatzpatente oder -zertifikate und auf Zusatzgebrauchszertifikate;

iii) bedeutet «nationales Patent» ein von einem nationalen Amt erteiltes Patent;

iv) bedeutet «regionales Patent» ein von einem nationalen Amt oder von einer zwischenstaatlichen Behörde erteiltes Patent, wenn das Amt oder die Behörde die Befugnis hat, Patente zu erteilen, die in mehr als in einem Staat Wirkung entfalten;

v) bedeutet «regionale Anmeldung» eine Anmeldung für die Erteilung eines regionalen Patents;

vi) sind Bezugnahmen auf eine «nationale Anmeldung» zu verstehen als Bezugnahmen auf Anmeldungen für die Erteilung nationaler oder regionaler Patente, sofern die Anmeldungen nicht nach diesem Vertrag eingereicht werden;

vii) bedeutet «internationale Anmeldung» eine nach diesem Vertrag eingereichte Anmeldung;

viii) sind Bezugnahmen auf eine «Anmeldung» zu verstehen als Bezugnahmen auf internationale Anmeldungen und nationale Anmeldungen;

ix) sind Bezugnahmen auf ein «Patent» zu verstehen als Bezugnahmen auf nationale und regionale Patente;

x) sind Bezugnahmen auf das «nationale Recht» zu verstehen als Bezugnahmen auf das nationale Recht eines Vertragsstaats oder, wenn es sich um eine regionale Anmeldung oder ein regionales Patent handelt, als Bezugnahmen auf den Vertrag, der die Einreichung regionaler Anmeldungen oder die Erteilung regionaler Patente vorsieht;

---

[3] SR **0.232.01/.04**
[4] SR **0.232.141.11**

xi) bedeutet «Prioritätsdatum» für die Berechnung der in diesem Vertrag und der Ausführungsordnung vorgesehenen Fristen:
   a) wenn für die internationale Anmeldung eine Priorität nach Artikel 8 beansprucht wird, das Anmeldedatum der Anmeldung, deren Priorität in Anspruch genommen wird;
   b) wenn für die internationale Anmeldung mehrere Prioritäten nach Artikel 8 in Anspruch genommen werden, das Anmeldedatum der ältesten Anmeldung, deren Priorität in Anspruch genommen wird;
   c) wenn für die internationale Anmeldung keine Priorität nach Artikel 8 in Anspruch genommen wird, das internationale Anmeldedatum dieser Anmeldung;
xii) bedeutet «nationales Amt» die mit der Erteilung von Patenten beauftragte Regierungsbehörde eines Vertragsstaats; Bezugnahmen auf ein «nationales Amt» sollen auch eine zwischenstaatliche Behörde einschliessen, die mehrere Staaten mit der Erteilung regionaler Patente beauftragt haben, sofern mindestens einer dieser Staaten ein Vertragsstaat ist und sofern die genannten Staaten die Behörde ermächtigt haben, die Pflichten zu übernehmen und die Rechte auszuüben, die dieser Vertrag und die Ausführungsordnung für nationale Ämter vorsehen;
xiii) bedeutet «Bestimmungsamt» das nationale Amt des Staates, den der Anmelder nach Kapitel I dieses Vertrags bestimmt hat, oder das für diesen Staat handelnde nationale Amt;
xiv) bedeutet «ausgewähltes Amt» das nationale Amt des Staates, den der Anmelder nach Kapitel II dieses Vertrags ausgewählt hat, oder das für diesen Staat handelnde nationale Amt;
xv) bedeutet «Anmeldeamt» das nationale Amt oder die zwischenstaatliche Organisation, bei der die internationale Anmeldung eingereicht worden ist;
xvi) bedeutet «Verband» den Verband für die internationale Zusammenarbeit auf dem Gebiet des Patentwesens;
xvii) bedeutet «Versammlung» die Versammlung des Verbands;
xviii) bedeutet «Organisation» die Weltorganisation für geistiges Eigentum;
xix) bedeutet «Internationales Büro» das Internationale Büro der Organisation und – für die Dauer ihres Bestehens – die Vereinigten Internationalen Büros für den Schutz des geistigen Eigentums (BIRPI);
xx) bedeutet «Generaldirektor» den Generaldirektor der Organisation und – für die Dauer des Bestehens der BIRPI – den Direktor der BIRPI.

Kapitel I   Internationale Anmeldung und internationale Recherche

Art. 3   Die internationale Anmeldung

(1) Anmeldungen zum Schutz von Erfindungen in jedem der Vertragsstaaten können als internationale Anmeldungen im Sinne dieses Vertrags eingereicht werden.

(2) Eine internationale Anmeldung hat in der in diesem Vertrag und der Ausführungsordnung[5] festgelegten Form einen Antrag, eine Beschreibung, einen oder mehrere Ansprüche, eine oder mehrere Zeichnungen (soweit erforderlich) und eine Zusammenfassung zu enthalten.

---

[5] SR **0.232.141.11**

(3) Die Zusammenfassung dient ausschliesslich der technischen Information und kann nicht für andere Zwecke, insbesondere nicht für die Bestimmung des Umfangs des begehrten Schutzes herangezogen werden.

(4) Die internationale Anmeldung:

i) muss in einer vorgeschriebenen Sprache abgefasst sein;

ii) hat den vorgeschriebenen Formerfordernissen zu entsprechen;

iii) hat den vorgeschriebenen Anforderungen an die Einheitlichkeit der Erfindung zu entsprechen;

iv) verpflichtet zur Zahlung der vorgeschriebenen Gebühren.

Art. 4 **Der Antrag**

(1) Der Antrag hat zu enthalten:

i) ein Gesuch auf Behandlung der internationalen Anmeldung nach diesem Vertrag;

ii) die Bestimmung des Vertragsstaats oder der Vertragsstaaten, in denen Schutz für die Erfindung auf der Grundlage der internationalen Anmeldung begehrt wird (Bestimmungsstaaten); kann mit Wirkung für einen Bestimmungsstaat ein regionales Patent erteilt werden und wünscht der Anmelder ein regionales Patent an Stelle eines nationalen Patents, so ist im Antrag hierauf hinzuweisen; kann der Anmelder nach dem das regionale Patent betreffenden Vertrag seine Anmeldung nicht auf einzelne der Vertragsstaaten des genannten Vertrags beschränken, so wird die Bestimmung eines dieser Staaten in Verbindung mit dem Hinweis auf den Wunsch, ein regionales Patent zu erhalten, als Bestimmung aller Vertragsstaaten des genannten Vertrags behandelt; hat nach dem nationalen Recht eines Bestimmungsstaats die Bestimmung dieses Staates die Wirkung einer Anmeldung für ein regionales Patent, so wird die Bestimmung dieses Staates als Hinweis auf den Wunsch, ein regionales Patent zu erhalten, behandelt;

iii) den Namen des Anmelders und (soweit vorhanden) des Anwalts sowie andere diese Personen betreffende vorgeschriebene Angaben;

iv) die Bezeichnung der Erfindung;

v) den Namen des Erfinders und andere den Erfinder betreffende vorgeschriebene Angaben, wenn das nationale Recht mindestens eines Bestimmungsstaats verlangt, dass diese Angaben im Zeitpunkt der nationalen Anmeldung eingereicht werden. In anderen Fällen können die genannten Angaben entweder in dem Antrag oder in besonderen Mitteilungen gemacht werden, die an jedes Bestimmungsamt zu richten sind, dessen nationales Recht die genannten Angaben verlangt, jedoch gestattet, dass sie zu einem späteren Zeitpunkt als dem Zeitpunkt der nationalen Anmeldung eingereicht werden.

(2) Für jede Bestimmung ist die vorgeschriebene Gebühr innerhalb der vorgeschriebenen Zeit zu zahlen.

(3) Die Bestimmung bedeutet, dass das Schutzbegehren auf die Erteilung eines Patents in dem oder für den Bestimmungsstaat gerichtet ist, sofern der Anmelder nicht eine andere Schutzart nach Artikel 43 begehrt. Für die Anwendung dieses Absatzes gilt Artikel 2 Ziffer ii nicht.

(4) Fehlt in dem Antrag der Name des Erfinders oder andere den Erfinder betreffende Angaben, so hat dies keine Folgen für Bestimmungsstaaten, deren nationales Recht diese Angaben zwar verlangt, jedoch gestattet, dass sie zu einem späteren Zeitpunkt als dem Zeitpunkt der nationalen Anmeldung eingereicht werden. Werden die genannten Angaben nicht in einer besonderen Mitteilung gemacht, so hat dies keine Folgen in einem Bestimmungsstaat, dessen nationales Recht diese Angaben nicht verlangt.

Art. 5 **Die Beschreibung**

In der Beschreibung ist die Erfindung so deutlich und vollständig zu offenbaren, dass ein Fachmann sie danach ausführen kann.

Art. 6 **Die Ansprüche**

Der Anspruch oder die Ansprüche haben den Gegenstand anzugeben, für den Schutz begehrt wird. Die Ansprüche sind klar und knapp zu fassen. Sie müssen in vollem Umfang durch die Beschreibung gestützt werden.

Art. 7 **Die Zeichnungen**

(1) Die Zeichnungen sind vorbehaltlich des Absatzes 2 Ziffer ii erforderlich, wenn sie für das Verständnis der Erfindung notwendig sind.

(2) Sind Zeichnungen für das Verständnis der Erfindung nicht notwendig, ist die Erfindung aber ihrer Art nach der Erläuterung durch Zeichnungen zugänglich,

i) so kann der Anmelder solche Zeichnungen bei Einreichung der internationalen Anmeldung beifügen,

ii) so kann jedes Bestimmungsamt verlangen, dass der Anmelder solche Zeichnungen innerhalb der vorgeschriebenen Frist nachreicht.

Art. 8 **Die Inanspruchnahme von Prioritäten**

(1) Die internationale Anmeldung kann eine Erklärung der in der Ausführungsordnung[6] näher bestimmten Art enthalten, mit der die Priorität einer oder mehrerer in einem oder für einen Mitgliedstaat der Pariser Verbandsübereinkunft zum Schutz des gewerblichen Eigentums[7] eingereichter früherer Anmeldungen beansprucht wird.

(2)

a) Vorbehaltlich des Buchstaben b richten sich Voraussetzungen und Wirkung einer nach Absatz 1 abgegebenen Prioritätserklärung nach Artikel 4 der Stockholmer Fassung der Pariser Verbandsübereinkunft zum Schutz des gewerblichen Eigentums[8].

b) In der internationalen Anmeldung, für die die Priorität einer oder mehrerer in einem oder für einen Vertragsstaat eingereichter früherer Anmeldungen beansprucht wird, kann dieser Staat als Bestimmungsstaat benannt werden. Wird für die internationale Anmeldung die Priorität einer oder mehrerer früherer in einem oder für einen Bestimmungsstaat eingereichter nationaler Anmeldungen beansprucht oder wird die Priorität einer internationalen Anmeldung bean-

---

[6] SR **0.232.141.11**
[7] SR **0.232.01/.04**
[8] SR **0.232.01**

sprucht, in der nur ein Staat als Bestimmungsstaat benannt ist, so richten sich Voraussetzungen und Wirkung des Prioritätsanspruchs in diesem Staat nach dessen nationalem Recht.

Art. 9 **Der Anmelder**

(1) Jeder Staatsangehörige eines Vertragsstaats sowie jeder, der in einem Vertragsstaat seinen Sitz oder Wohnsitz hat, kann eine internationale Anmeldung einreichen.

(2) Die Versammlung der Vertragsstaaten kann bestimmen, dass Staatsangehörige von nicht zu den Vertragsstaaten gehörigen Mitgliedstaaten der Pariser Verbandsübereinkunft zum Schutz des gewerblichen Eigentums[9] sowie Personen mit Sitz oder Wohnsitz in solchen Staaten ebenfalls internationale Anmeldungen einreichen können.

(3) Die Begriffe «Sitz», «Wohnsitz» und «Staatsangehörigkeit» sowie die Anwendung der Begriffe in Fällen, in denen mehrere Anmelder vorhanden sind oder die Anmelder für alle Bestimmungsstaaten nicht die gleichen sind, sind in der Ausführungsordnung[10] festgelegt.

Art. 10 **Das Anmeldeamt**

Die internationale Anmeldung ist bei dem vorgeschriebenen Anmeldeamt einzureichen, das sie entsprechend diesem Vertrag und der Ausführungsordnung 3) überprüft und bearbeitet.

Art. 11 **Das Anmeldedatum und die Wirkungen der internationalen Anmeldung**

(1) Das Anmeldeamt erkennt als internationales Anmeldedatum das Datum des Eingangs der internationalen Anmeldung zu, vorausgesetzt, dass das Amt festgestellt hat, dass im Zeitpunkt des Eingangs:

i) der Anmelder aus Gründen des Sitzes, des Wohnsitzes oder der Staatsangehörigkeit nicht offensichtlich unberechtigt ist, eine internationale Anmeldung bei diesem Anmeldeamt einzureichen,

ii) die internationale Anmeldung in der vorgeschriebenen Sprache abgefasst ist,

iii) die internationale Anmeldung wenigstens folgende Bestandteile enthält:

a) einen Hinweis darauf, dass die Anmeldung als internationale Anmeldung behandelt werden soll,

b) die Bestimmung mindestens eines Vertragsstaats,

c) den Namen des Anmelders, wie vorgeschrieben,

d) einen Teil, der dem Anschein nach als Beschreibung angesehen werden kann,

e) einen Teil, der dem Anschein nach als Anspruch oder als Ansprüche angesehen werden kann.

---

[9] SR **0.232.01/.04**
[10] SR **0.232.141.11**

(2)

a) Stellt das Anmeldeamt fest, dass die internationale Anmeldung im Zeitpunkt des Eingangs die Erfordernisse des Absatzes 1 nicht erfüllt hat, so hat es entsprechend der Ausführungsordnung[11] den Anmelder aufzufordern, die erforderliche Richtigstellung nachzureichen.

b) Kommt der Anmelder der Aufforderung entsprechend der Ausführungsordnung nach, so erkennt das Anmeldeamt der Anmeldung das Datum des Eingangs der erforderlichen Richtigstellung zu.

(3) Jede internationale Anmeldung, die die Erfordernisse der Ziffern i bis iii des Absatzes 1 erfüllt und der ein internationales Anmeldedatum zuerkannt worden ist, hat vorbehaltlich des Artikels 64 Absatz 4 in jedem Bestimmungsstaat die Wirkung einer vorschriftsmässigen nationalen Anmeldung mit dem internationalen Anmeldedatum; das internationale Anmeldedatum gilt als das tatsächliche Anmeldedatum in jedem Bestimmungsstaat.

(4) Jede internationale Anmeldung, die die Erfordernisse der Ziffern i bis iii des Absatzes 1 erfüllt, steht einer vorschriftsmässigen nationalen Anmeldung im Sinne der Pariser Verbandsübereinkunft zum Schutz des gewerblichen Eigentums[12] gleich.

Art. 12 **Übermittlung der internationalen Anmeldung an das Internationale Büro und die Internationale Recherchenbehörde**

(1) Ein Exemplar der internationalen Anmeldung verbleibt beim Anmeldeamt «(Anmeldeamtsexemplar»), ein Exemplar («Aktenexemplar») wird dem Internationalen Büro übermittelt, ein weiteres Exemplar «(Recherchenexemplar») wird der zuständigen Internationalen Recherchenbehörde (Artikel 16) nach den Vorschriften der Ausführungsordnung[13] übermittelt.

(2) Das Aktenexemplar gilt als das massgebende Exemplar der internationalen Anmeldung.

(3) Die internationale Anmeldung gilt als zurückgenommen, falls das Aktenexemplar dem Internationalen Büro nicht innerhalb der vorgeschriebenen Frist zugeht.

Art. 13 **Übermittlung eines Exemplars der internationalen Anmeldung an die Bestimmungsämter**

(1) Jedes Bestimmungsamt kann das Internationale Büro auffordern, ihm vor der in Artikel 20 vorgesehenen Übermittlung ein Exemplar der internationalen Anmeldung zuzuleiten; das Internationale Büro übermittelt es dem Bestimmungsamt so bald wie möglich nach Ablauf eines Jahres ab Prioritätsdatum.

(2)

a) Der Anmelder kann jederzeit jedem Bestimmungsamt ein Exemplar seiner internationalen Anmeldung übermitteln.

b) Der Anmelder kann jederzeit das Internationale Büro auffordern, ein Exemplar seiner internationalen Anmeldung einem Bestimmungsamt zuzuleiten; das Internationale Büro übermittelt ein solches Exemplar so bald wie möglich dem Bestimmungsamt.

---

[11] SR **0.232.141.11**
[12] SR **0.232.01/.04**
[13] SR **0.232.141.11**

c) Jedes nationale Amt kann dem Internationalen Büro notifizieren, dass es nicht wünscht, gemäss Buchstabe b Exemplare der internationalen Anmeldung zu erhalten, in diesem Fall findet Buchstabe b auf dieses Amt keine Anwendung.

Art. 14   Bestimmte Mängel der internationalen Anmeldung

(1)
a) Das Anmeldeamt prüft, ob die internationale Anmeldung einen der nachstehend aufgeführten Mängel aufweist, nämlich ob sie
   i) nicht entsprechend der Ausführungsordnung[14] unterzeichnet ist;
   ii) nicht die vorgeschriebenen Angaben über den Anmelder enthält;
   iii) keine Bezeichnung der Erfindung enthält;
   iv) keine Zusammenfassung enthält;
   v) den Formerfordernissen in dem von der Ausführungsordnung vorgesehenen Umfang nicht entspricht.
b) Stellt das Anmeldeamt einen dieser Mängel fest, so fordert es den Anmelder auf, die internationale Anmeldung innerhalb der vorgesehenen Frist zu berichtigen; kommt der Anmelder dieser Aufforderung nicht nach, so gilt diese Anmeldung als zurückgenommen und wird vom Anmeldeamt für zurückgenommen erklärt.

(2) Ist in der internationalen Anmeldung auf Zeichnungen Bezug genommen, die tatsächlich nicht beigefügt sind, so benachrichtigt das Anmeldeamt den Anmelder hiervon; er kann sie innerhalb der vorgeschriebenen Frist nachreichen, und in diesem Falle gilt als internationales Anmeldedatum der Tag, an dem die Zeichnungen beim Anmeldeamt eingehen. Andernfalls gilt jede Bezugnahme auf diese Zeichnungen als nicht erfolgt.

(3)
a) Stellt das Anmeldeamt fest, dass die gemäss Artikel 3 Absatz 4 Ziffer iv vorgeschriebenen Gebühren nicht oder die gemäss Artikel 4 Absatz 2 vorgeschriebene Gebühr für keinen Bestimmungsstaat innerhalb der vorgeschriebenen Fristen eingezahlt worden sind, so gilt die internationale Anmeldung als zurückgenommen und wird vom Anmeldeamt für zurückgenommen erklärt.
b) Stellt das Anmeldeamt fest, dass die gemäss Artikel 4 Absatz 2 vorgeschriebene Gebühr für einzelne (jedoch nicht alle) Bestimmungsstaaten innerhalb der vorgeschriebenen Frist eingezahlt worden ist, so gilt die Bestimmung der Staaten, für welche die Gebühr innerhalb der vorgeschriebenen Frist nicht gezahlt worden ist, als zurückgenommen und wird vom Anmeldeamt für zurückgenommen erklärt.

(4) Stellt das Anmeldeamt, nachdem es der internationalen Anmeldung ein internationales Anmeldedatum zuerkannt hat, innerhalb der vorgeschriebenen Frist fest, dass ein unter Ziffern i bis iii des Artikels 11 Absatz 1 aufgeführtes Erfordernis zum Anmeldezeitpunkt nicht erfüllt war, so gilt die Anmeldung als zurückgenommen und wird vom Anmeldeamt für zurückgenommen erklärt.

Art. 15   Die internationale Recherche

(1) Für jede internationale Anmeldung wird eine internationale Recherche durchgeführt.

---

[14] SR **0.232.141.11**

(2) Die internationale Recherche dient der Ermittlung des einschlägigen Standes der Technik.

(3) Die internationale Recherche wird auf der Grundlage der Ansprüche unter angemessener Berücksichtigung der Beschreibung und der Zeichnungen (falls vorhanden) durchgeführt.

(4) Die in Artikel 16 genannte Internationale Recherchenbehörde bemüht sich, den Stand der Technik so weit zu ermitteln, wie es ihre Möglichkeiten erlauben, und berücksichtigt auf jeden Fall den in der Ausführungsordnung[15] festgelegten Prüfstoff.

(5)

a) Der Anmelder, der eine nationale Anmeldung bei dem nationalen Amt eines Vertragsstaats oder bei einem für einen Vertragsstaat handelnden Amt einreicht, kann, wenn das nationale Recht dieses Staates es gestattet und unter den nach diesem Recht vorgesehenen Bedingungen, beantragen, dass für diese Anmeldung eine der internationalen Recherche ähnliche Recherche («Recherche internationaler Art») durchgeführt wird.

b) Das nationale Amt eines Vertragsstaats oder das für einen Vertragsstaat handelnde Amt kann, wenn das Recht dieses Staates es gestattet, jede bei ihm eingereichte nationale Anmeldung einer Recherche internationaler Art unterwerfen.

c) Die Recherche internationaler Art wird von der in Artikel 16 genannten Internationalen Recherchenbehörde durchgeführt, die für eine internationale Recherche zuständig wäre, wenn es sich um eine bei dem in den Buchstaben a und b genannten Amt eingereichte internationale Anmeldung handeln würde. Ist die nationale Anmeldung in einer Sprache eingereicht worden, in der sie die Internationale Recherchenbehörde nicht glaubt bearbeiten zu können, so wird die Recherche internationaler Art auf der Grundlage einer Übersetzung durchgeführt, die der Anmelder in einer Sprache eingereicht hat, die für internationale Anmeldungen vorgeschrieben ist und in der die Internationale Recherchenbehörde entsprechend der von ihr übernommenen Verpflichtung internationale Anmeldungen entgegenzunehmen hat. Die nationale Anmeldung und eine Übersetzung, falls diese verlangt wird, sind in der für internationale Anmeldungen vorgeschriebenen Form vorzulegen.

Art. 16 Die Internationale Recherchenbehörde

(1) Die internationale Recherche wird von der Internationalen Recherchenbehörde durchgeführt, die entweder ein nationales Amt sein kann oder eine zwischenstaatliche Organisation, wie das Internationale Patentinstitut, zu deren Aufgabe die Erstellung von dokumentarischen Recherchenberichten über den Stand der Technik für Erfindungen gehört, die Gegenstand von Patentanmeldungen sind.

(2) Solange bis zur Errichtung einer einzigen Internationalen Recherchenbehörde mehrere Internationale Recherchenbehörden bestehen, bestimmt jedes Anmeldeamt – in Übereinstimmung mit der anwendbaren, in Absatz 3 Buchstabe b genannten Vereinbarung – für die bei ihm eingereichten internationalen Anmeldungen die zuständige Internationale Recherchenbehörde oder die zuständigen Internationalen Recherchenbehörden.

---

[15] SR **0.232.141.11**

(3)

a) Internationale Recherchenbehörden werden durch die Versammlung eingesetzt. Jedes nationale Amt und jede zwischenstaatliche Organisation, die die in Buchstabe c genannten Voraussetzungen erfüllen, können als Internationale Recherchenbehörde eingesetzt werden.

b) Die Einsetzung als Internationale Recherchenbehörde bedarf der Zustimmung der einzusetzenden nationalen Behörde oder zwischenstaatlichen Organisation und setzt den Abschluss einer von der Versammlung gebilligten Vereinbarung zwischen dieser Behörde oder Organisation und dem Internationalen Büro voraus. In der Vereinbarung sind die Rechte und Pflichten der Vertragspartner im einzelnen festzulegen, insbesondere die ausdrückliche Verpflichtung dieser Behörde oder Organisation, dass sie die gemeinsamen Regeln für die Durchführung von internationalen Recherchen anwenden und beachten wird.

c) In der Ausführungsordnung[16] werden die Mindestanforderungen vorgeschrieben, die jede Behörde oder Organisation insbesondere hinsichtlich ihrer personellen Besetzung und ihres Prüfstoffs erfüllen muss, damit sie als Internationale Recherchenbehörde eingesetzt werden und weiterhin tätig bleiben kann.

d) Die Einsetzung erfolgt für eine bestimmte Zeit und kann verlängert werden.

e) Vor einem Beschluss über die Einsetzung einer nationalen Behörde oder zwischenstaatlichen Organisation als Internationale Recherchenbehörde oder über die Verlängerung oder Aufhebung der Einsetzung hört die Versammlung die in Betracht kommende Behörde oder Organisation an und holt die Stellungnahme des in Artikel 56 genannten Ausschusses für technische Zusammenarbeit ein, sobald dieser Ausschuss eingesetzt ist.

Art. 17 **Verfahren vor der Internationalen Recherchenbehörde**

(1) Das Verfahren vor der Internationalen Recherchenbehörde richtet sich nach den Bestimmungen dieses Vertrags und der Ausführungsordnung[17] sowie nach der Vereinbarung, die das Internationale Büro mit dieser Behörde in Übereinstimmung mit diesem Vertrag und der Ausführungsordnung abschliesst.

(2)

a) Falls nach Auffassung der Internationalen Recherchenbehörde

　i) die internationale Anmeldung einen Gegenstand betrifft, in bezug auf den die Internationale Recherchenbehörde nach der Ausführungsordnung nicht verpflichtet ist, eine Recherche durchzuführen, und im vorliegenden Fall beschliesst, keine Recherche durchzuführen,

　ii) die Beschreibung, die Ansprüche oder die Zeichnungen den vorgeschriebenen Anforderungen so wenig entsprechen, dass eine sinnvolle Recherche nicht durchgeführt werden kann,

so stellt die Internationale Recherchenbehörde diesen Tatbestand in einer Erklärung fest und teilt dem Anmelder und dem Internationalen Büro mit, dass kein internationaler Recherchenbericht erstellt wird.

---

[16] SR **0.232.141.11**

b) Wird einer der in Buchstabe a aufgeführten Fälle nur in bezug auf bestimmte Ansprüche festgestellt, so ist in den internationalen Recherchenbericht im Hinblick auf diese Ansprüche lediglich ein entsprechender Hinweis aufzunehmen, während für die anderen Ansprüche ein Recherchenbericht nach Artikel 18 erstellt wird.

(3)
a) Entspricht nach Auffassung der Internationalen Recherchenbehörde die internationale Anmeldung nicht den in der Ausführungsordnung festgelegten Anforderungen an die Einheitlichkeit der Erfindung, so fordert die Recherchenbehörde den Anmelder auf, zusätzliche Gebühren zu zahlen. Die Internationale Recherchenbehörde erstellt den internationalen Recherchenbericht für die Teile der internationalen Anmeldung, die sich auf die in den Ansprüchen zuerst erwähnte Erfindung beziehen («Haupterfindung»), und, wenn die angeforderten zusätzlichen Gebühren fristgerecht entrichtet worden sind, für die Teile der internationalen Anmeldung, die sich auf die Erfindung beziehen, für die die genannten Gebühren entrichtet worden sind.

b) Das nationale Recht eines Bestimmungsstaats kann vorschreiben, dass in den Fällen, in denen das nationale Amt dieses Staates die in Buchstabe a genannte Aufforderung der Internationalen Recherchenbehörde als gerechtfertigt ansieht und der Anmelder nicht alle zusätzlichen Gebühren entrichtet hat, die Teile der internationalen Anmeldung, für die eine Recherche nicht durchgeführt worden ist, hinsichtlich der Rechtswirkungen in jenem Staat als zurückgenommen gelten, sofern der Anmelder nicht eine besondere Gebühr an dieses Amt zahlt.

Art. 18 Der internationale Recherchenbericht

(1) Der internationale Recherchenbericht wird innerhalb der vorgeschriebenen Frist und in der vorgeschriebenen Form erstellt.

(2) Der internationale Recherchenbericht wird, sobald er erstellt ist, von der Internationalen Recherchenbehörde dem Anmelder und dem Internationalen Büro übermittelt.

(3) Der internationale Recherchenbericht oder die in Artikel 17 Absatz 2 Buchstabe a genannte Erklärung werden wie in der Ausführungsordnung[18] bestimmt übersetzt. Die Übersetzungen werden von dem Internationalen Büro oder unter seiner Verantwortung angefertigt.

Art. 19 Änderung der Ansprüche im Verfahren vor dem Internationalen Büro

(1) Nach Eingang des internationalen Recherchenberichts ist der Anmelder befugt, einmal die Ansprüche der internationalen Anmeldung durch Einreichung von Änderungen beim Internationalen Büro innerhalb der vorgeschriebenen Frist zu ändern. Er kann gleichzeitig eine kurze, in der Ausführungsordnung[19] näher bestimmte Erklärung einreichen, mit der er die Änderungen erklären und ihre Auswirkungen auf die Beschreibung und die Zeichnungen darlegen kann.

(2) Die Änderungen dürfen nicht über den Offenbarungsgehalt der internationalen Anmeldung im Anmeldezeitpunkt hinausgehen.

---

[17] SR **0.232.141.11**

(3) In einem Bestimmungsstaat, nach dessen nationalem Recht Änderungen über den Offenbarungsgehalt der Anmeldung hinausgehen dürfen, hat die Nichtbeachtung des Absatzes 2 keine Folgen.

Art. 20 Übermittlung an die Bestimmungsämter

(1)
a) Die internationale Anmeldung wird zusammen mit dem internationalen Recherchenbericht (einschliesslich eines möglichen Hinweises gemäss Artikel 17 Absatz 2 Buchstabe b) oder der Erklärung gemäss Artikel 17 Absatz 2 Buchstabe a jedem Bestimmungsamt nach Massgabe der Ausführungsordnung[20] übermittelt, sofern das Bestimmungsamt hierauf nicht ganz oder zum Teil verzichtet.
b) Ausserdem wird die vorgeschriebene Übersetzung des genannten Berichts und der genannten Erklärung übermittelt.

(2) Sind die Ansprüche gemäss Artikel 19 Absatz 1 geändert worden, werden entweder der vollständige Wortlaut der Ansprüche in der ursprünglichen und der geänderten Fassung oder der vollständige Wortlaut der Ansprüche in der ursprünglichen Fassung und eine genaue Angabe der Änderungen sowie gegebenenfalls die in Artikel 19 Absatz 1 genannte Erklärung übersandt.

(3) Auf Verlangen des Bestimmungsamts oder des Anmelders übersendet die Internationale Recherchenbehörde diesem Amt oder dem Anmelder, wie in der Ausführungsordnung vorgesehen, Kopien der Unterlagen, die im internationalen Recherchenbericht genannt sind.

Art. 21 Internationale Veröffentlichung

(1) Das Internationale Büro veröffentlicht die internationale Anmeldung.

(2)
a) Jede internationale Anmeldung wird vorbehaltlich der in Buchstabe b und in Artikel 64 Absatz 3 bestimmten Ausnahmen unverzüglich nach Ablauf von 18 Monaten seit dem Prioritätsdatum der Anmeldung veröffentlicht.
b) Der Anmelder kann beim Internationalen Büro beantragen, seine internationale Anmeldung jederzeit vor Ablauf der nach Buchstabe a massgeblichen Frist zu veröffentlichen. Das Internationale Büro entspricht diesem Antrag gemäss der Ausführungsordnung[21].

(3) Der internationale Recherchenbericht oder die in Artikel 17 Absatz 2 Buchstabe a genannte Erklärung werden, wie in der Ausführungsordnung vorgesehen, veröffentlicht.

(4) Die Sprache und Form der internationalen Veröffentlichung sowie andere Einzelheiten sind in der Ausführungsordnung festgelegt.

(5) Eine internationale Veröffentlichung findet nicht statt, wenn die internationale Anmeldung vor dem Abschluss der technischen Vorbereitungen für die Veröffentlichung zurückgenommen worden ist oder als zurückgenommen gilt.

---

[18] SR **0.232.141.11**
[19] SR **0.232.141.11**
[20] SR **0.232.141.11**
[21] SR **0.232.141.11**

(6) Enthält die internationale Anmeldung Ausdrücke oder Zeichnungen, die nach Auffassung des Internationalen Büros gegen die guten Sitten oder die öffentliche Ordnung verstossen, oder enthält die internationale Anmeldung nach seiner Meinung herabsetzende Äusserungen der durch die Ausführungsordnung gekennzeichneten Art, so kann das Internationale Büro solche Ausdrücke, Zeichnungen und Äusserungen von seinen Veröffentlichungen ausschliessen; es gibt dabei die Stelle der Auslassung und die Zahl der ausgelassenen Wörter und Zeichnungen an und stellt auf Antrag einzelne Kopien der ausgelassenen Stellen zu Verfügung.

Art. 22   **Übermittlung eines Exemplars und einer Übersetzung der Anmeldung sowie Gebührenzahlung an die Bestimmungsämter**

(1) Der Anmelder muss jedem Bestimmungsamt spätestens mit dem Ablauf von 20 Monaten seit dem Prioritätsdatum ein Exemplar der internationalen Anmeldung (soweit es nicht bereits gemäss Artikel 20 übermittelt worden ist) und eine Übersetzung der Anmeldung (wie vorgeschrieben) zuleiten sowie die nationale Gebühr (falls eine solche erhoben wird) zahlen. Verlangt das nationale Recht des Bestimmungsstaats die Mitteilung des Namens des Erfinders und andere den Erfinder betreffende, vorgeschriebene Angaben, gestattet es jedoch, dass diese Angaben zu einem späteren Zeitpunkt als dem Zeitpunkt der Einreichung einer nationalen Anmeldung gemacht werden, so hat der Anmelder diese Angaben, wenn sie nicht bereits in dem Antrag enthalten sind, dem nationalen Amt des Staates oder dem für den Staat handelnden Amt spätestens bis zum Ablauf von 20 Monaten ab Prioritätsdatum zu übermitteln.

(2) Erklärt die Internationale Recherchenbehörde gemäss Artikel 17 Absatz 2 Buchstabe a, dass kein internationaler Recherchenbericht erstellt wird, so gilt für die Vornahme der in Absatz 1 genannten Handlungen dieselbe Frist wie in Absatz 1.[22]

(3) Das nationale Recht kann für die Vornahme der in den Absätzen 1 oder 2 genannten Handlungen Fristen setzen, die später als die in diesen Absätzen bestimmten Fristen ablaufen.

Art. 23   **Aussetzung des nationalen Verfahrens**

(1) Ein Bestimmungsamt darf die internationale Anmeldung vor dem Ablauf der nach Artikel 22 massgeblichen Frist nicht prüfen oder bearbeiten.

(2) Unbeschadet des Absatzes 1 kann jedes Bestimmungsamt auf ausdrücklichen Antrag des Anmelders die Bearbeitung oder Prüfung der internationalen Anmeldung jederzeit aufnehmen.

Art. 24   **Möglicher Verlust der Wirkung in den Bestimmungsstaaten**

(1) Vorbehaltlich des Artikels 25 in den Fällen der Ziffer ii endet die in Artikel 11 Absatz 3 vorgesehene Wirkung der internationalen Anmeldung in einem Bestimmungsstaat mit den gleichen Folgen wie die Zurücknahme einer nationalen Anmeldung,

  i) wenn der Anmelder seine internationale Anmeldung oder die Bestimmung dieses Staates zurücknimmt;

---

[22] Bestimmung geändert am 1. Jan. 1985 (AS **1984** 1538).

ii) wenn die internationale Anmeldung auf Grund von Artikel 12 Absatz 3, Artikel 14 Absatz 1 Buchstabe b, Artikel 14 Absatz 3 Buchstabe a oder Artikel 14 Absatz 4 oder die Bestimmung dieses Staates auf Grund des Artikels 14 Absatz 3 Buchstabe b als zurückgenommen gilt;

iii) wenn der Anmelder die in Artikel 22 genannten Handlungen nicht innerhalb der massgeblichen Frist vornimmt.

(2) Unbeschadet des Absatzes 1 kann jedes Bestimmungsamt die in Artikel 11 Absatz 3 bestimmte Wirkung aufrechterhalten, auch wenn diese Wirkung auf Grund des Artikels 25 Absatz 2 nicht aufrechterhalten werden muss.

Art. 25 **Nachprüfung durch die Bestimmungsämter**

(1)

a) Hat das Anmeldeamt die Zuerkennung eines internationalen Anmeldedatums abgelehnt oder hat es erklärt, dass die internationale Anmeldung als zurückgenommen gilt, oder hat das Internationale Büro eine Feststellung nach Artikel 12 Absatz 3 getroffen, so übersendet das Internationale Büro auf Antrag des Anmelders unverzüglich Kopien jedes bei den Akten befindlichen Schriftstücks an jedes vom Anmelder benannte Bestimmungsamt.

b) Hat das Anmeldeamt erklärt, dass die Bestimmung eines Staates als zurückgenommen gilt, so übersendet das Internationale Büro auf Antrag des Anmelders unverzüglich Kopien jedes bei den Akten befindlichen Schriftstücks an das nationale Amt dieses Staates.

c) Der Antrag nach Buchstabe a oder b ist innerhalb der vorgeschriebenen Frist zu stellen.

(2)

a) Vorbehaltlich des Buchstaben b trifft jedes Bestimmungsamt, vorausgesetzt, dass innerhalb der vorgeschriebenen Frist die nationale Gebühr (falls sie erhoben wird) bezahlt und eine geeignete Übersetzung (wie vorgeschrieben) übermittelt worden ist, eine Entscheidung darüber, ob die Ablehnung, die Erklärung oder die Feststellung, auf die sich Absatz 1 bezieht, nach diesem Vertrag und der Ausführungsordnung[23] zu Recht getroffen worden sind; stellt es fest, dass die Ablehnung oder die Erklärung auf eine versehentliche Massnahme oder Unterlassung des Anmeldeamts, beziehungsweise die Feststellung auf eine versehentliche Massnahme oder Unterlassung des Internationalen Büros zurückzuführen sind, so behandelt es die internationale Anmeldung, was die Wirkungen in dem Staat dieses Bestimmungsamts betrifft, so, als wäre das Versehen nicht vorgekommen.

b) Hat das Internationale Büro das Aktenexemplar wegen einer versehentlichen Massnahme oder Unterlassung des Anmelders erst nach Ablauf der in Artikel 12 Absatz 3 genannten Frist erhalten, so greifen die Vorschriften des Buchstaben a nur unter den in Artikel 48 Absatz 2 genannten Bedingungen ein.

---

[23] SR **0.232.141.11**

Art. 26   **Möglichkeit der Berichtigung vor den Bestimmungsämtern**

Ein Bestimmungsamt darf eine internationale Anmeldung wegen Nichtbeachtung von Vorschriften dieses Vertrags oder der Ausführungsordnung[24] nicht zurückweisen, ohne dem Anmelder zuvor Gelegenheit zu geben, die Anmeldung in dem nach dem nationalen Recht für gleiche und vergleichbare Fälle bei nationalen Anmeldungen vorgesehenen Umfang und Verfahren zu berichtigen.

Art. 27   **Nationale Erfordernisse**

(1) Das nationale Recht darf hinsichtlich Form und Inhalt der internationalen Anmeldung nicht die Erfüllung anderer Erfordernisse verlangen, als sie im Vertrag und der Ausführungsordnung[25] vorgesehen sind, oder zusätzliche Anforderungen stellen.

(2) Absatz 1 steht weder der Anwendung des Artikels 7 Absatz 2 entgegen noch hindert er einen Staat daran, in seinem nationalen Recht nach dem Beginn der Bearbeitung der internationalen Anmeldung in dem Bestimmungsamt zu verlangen:

i) wenn der Anmelder eine juristische Person ist, die Angabe des Namens eines Verantwortlichen, der berechtigt ist, diese juristische Person zu vertreten,

ii) die Vorlage von Unterlagen, die nicht Bestandteile der internationalen Anmeldung sind, zum Beweis der Richtigkeit von Äusserungen und Erklärungen, einschliesslich der Bestätigung der internationalen Anmeldung durch die Unterschrift des Anmelders, wenn die eingereichte Anmeldung von

einem Vertreter oder Anwalt unterzeichnet worden war.

(3) Wenn der Anmelder für die Zwecke eines Bestimmungsstaats in bezug auf das nationale Recht dieses Staates mangels Erfindereigenschaft nicht berechtigt ist, eine nationale Anmeldung einzureichen, so kann die internationale Anmeldung vom Bestimmungsamt zurückgewiesen werden.

(4) Enthält das nationale Recht eines Bestimmungsstaats in bezug auf Form und Inhalt nationaler Anmeldungen Vorschriften, die aus der Sicht des Anmelders milder sind, als die in diesem Vertrag und in der Ausführungsordnung enthaltenen Vorschriften in bezug auf internationale Anmeldungen, so können das nationale Amt, die Gerichte und andere zuständige Stellen dieses Staates sowie die für diesen Staat handelnden Stellen auf internationale Anmeldungen die zuerst genannten Vorschriften statt der zuletzt genannten anwenden, sofern der Anmelder nicht darauf besteht, dass die Vorschriften dieses Vertrags und der Ausführungsordnung auf seine internationale Anmeldung angewendet werden.

(5) Der Vertrag und die Ausführungsordnung können nicht dahin verstanden werden, dass sie die Freiheit eines Vertragsstaats zur freien Bestimmung der materiellen Voraussetzungen der Patentfähigkeit einschränken. Insbesondere dient jede den Begriff des Standes der Technik betreffende Vorschrift dieses Vertrags und der Ausführungsordnung ausschliesslich den Zwecken des internationalen Verfahrens, und es steht demzufolge jedem Vertragsstaat bei der Prüfung der Patentfähigkeit einer den Gegenstand einer internationalen Anmeldung bildenden Erfindung frei, die Begriffe

---

[24] SR **0.232.141.11**
[25] SR **0.232.141.11**

des Standes der Technik und anderer Voraussetzungen der Patentfähigkeit, sofern sie nicht Form und Inhalt von Anmeldungen betreffen, so anzuwenden, wie sie nach seinem Recht verstanden werden.

(6) Nach dem nationalen Recht kann verlangt werden, dass der Anmelder für jede nach dem nationalen Recht dieses Staates vorgeschriebene materielle Voraussetzung der Patentfähigkeit Beweis erbringt.

(7) Jedes Anmeldeamt und jedes Bestimmungsamt, das mit der Bearbeitung der Anmeldung begonnen hat, können das nationale Recht anwenden, soweit dieses verlangt, dass der Anmelder durch einen zur Vertretung vor diesem Amt befugten Anwalt vertreten ist und gegebenenfalls für den Empfang von Mitteilungen eine Anschrift in dem Bestimmungsstaat angibt.

(8) Der Vertrag und die Ausführungsordnung können nicht dahin verstanden werden, dass sie die Freiheit eines Vertragsstaats beeinträchtigen, die notwendigen Massnahmen zum Schutz seiner nationalen Sicherheit zu ergreifen oder im Interesse des Schutzes seiner allgemeinen wirtschaftlichen Interessen das Recht seiner eigenen Staatsangehörigen oder Personen mit Sitz oder Wohnsitz in diesem Staat zur Einreichung internationaler Anmeldungen einzuschränken.

Art. 28 **Änderung der Ansprüche, der Beschreibung und der Zeichnungen im Verfahren vor den Bestimmungsämtern**

(1) Dem Anmelder muss die Möglichkeit gegeben werden, die Ansprüche, die Beschreibung und die Zeichnungen im Verfahren vor dem Bestimmungsamt innerhalb der vorgeschriebenen Frist zu ändern. Kein Bestimmungsamt darf ohne Zustimmung des Anmelders ein Patent erteilen oder die Erteilung eines Patents ablehnen, bevor diese Frist abgelaufen ist.

(2) Die Änderungen dürfen nicht über den Offenbarungsgehalt der internationalen Anmeldung im Anmeldezeitpunkt hinausgehen, sofern es das nationale Recht des Bestimmungsstaats nicht zulässt, dass sie darüber hinausgehen.

(3) Soweit der Vertrag und die Ausführungsordnung[26] keine ausdrückliche Regelung treffen, müssen die Änderungen in jeder Hinsicht dem nationalen Recht des Bestimmungsstaats entsprechen.

(4) Verlangt das Bestimmungsamt eine Übersetzung der internationalen Anmeldung, so müssen die Änderungen in der Sprache der Übersetzung eingereicht werden.

Art. 29 **Die Wirkungen der internationalen Veröffentlichung**

(1) Die Wirkungen der internationalen Veröffentlichung einer internationalen Anmeldung sind, was den Schutz der Rechte des Anmelders in einem Bestimmungsstaat betrifft, vorbehaltlich der Absätze 2 bis 4 die gleichen, wie sie nach dem nationalen Recht dieses Bestimmungsstaats der gesetzlich vorgeschriebenen inländischen Veröffentlichung einer ungeprüften nationalen Anmeldung zukommen.

---

[26] SR **0.232.141.11**

(2) Unterscheidet sich die Sprache, in der die internationale Veröffentlichung erfolgt ist, von der Sprache, in welcher nationale Anmeldungen in einem Bestimmungsstaat veröffentlicht werden, so kann das nationale Recht dieses Staates bestimmen, dass die in Absatz 1 vorgesehene Wirkung erst von dem Zeitpunkt an eintritt, an dem:

i) eine Übersetzung in die letztgenannte Sprache nach den Bestimmungen des nationalen Rechts veröffentlicht worden ist oder

ii) eine Übersetzung in die letztgenannte Sprache der Öffentlichkeit nach den Bestimmungen des nationalen Rechts durch Offenlegung zur Einsichtnahme zugänglich gemacht worden ist oder

iii) eine Übersetzung in die letztgenannte Sprache vom Anmelder einem tatsächlichen oder mutmasslichen unberechtigten Benutzer der Erfindung, die Gegenstand der internationalen Anmeldung ist, übermittelt worden ist oder

iv) die beiden unter Ziffern i und iii oder die beiden unter Ziffern ii und iii angegebenen Massnahmen getroffen worden sind.

(3) Das nationale Recht jedes Bestimmungsstaats kann vorschreiben, dass dann, wenn die internationale Veröffentlichung auf Antrag des Anmelders vor dem Ablauf von 18 Monaten seit dem Prioritätsdatum durchgeführt worden ist, die in Absatz 1 genannten Wirkungen erst mit dem Ablauf von 18 Monaten seit dem Prioritätsdatum eintreten.

(4) Im nationalen Recht eines Bestimmungsstaats kann vorgesehen werden, dass die Wirkungen nach Absatz 1 erst von dem Zeitpunkt an eintreten, zu dem das nationale Amt oder das für diesen Staat handelnde Amt ein Exemplar der nach Artikel 21 veröffentlichten internationalen Anmeldung erhalten hat. Das genannte Amt veröffentlicht das Empfangsdatum in seinem Blatt so früh wie möglich.

Art. 30 Vertraulicher Charakter der internationalen Anmeldung

(1)

a) Ausser auf Antrag des Anmelders oder mit seiner Einwilligung dürfen, vorbehaltlich des Buchstaben b, das Internationale Büro und die Internationalen Recherchenbehörden keiner Person oder Behörde Einsicht in eine internationale Anmeldung gewähren, bevor die internationale Veröffentlichung der Anmeldung erfolgt ist.

b) Buchstabe a ist auf Übermittlungen an die zuständige Internationale Recherchenbehörde sowie auf Übermittlungen nach Artikel 13 und nach Artikel 20 nicht anzuwenden.

(2)

a) Kein nationales Amt gewährt Dritten ohne Antrag oder Genehmigung des Anmelders Einsicht in die internationale Anmeldung vor dem frühesten der nachstehend angegebenen Zeitpunkte:

i) dem Zeitpunkt der internationalen Veröffentlichung der internationalen Anmeldung,

ii) dem Zeitpunkt des Eingangs der Übermittlung der internationalen Anmeldung nach Artikel 20,

iii) dem Zeitpunkt des Eingangs eines Exemplars der internationalen Anmeldung nach Artikel 22.

b) Buchstabe a hindert kein nationales Amt, Dritte davon zu unterrichten, dass es bestimmt worden ist, oder diese Tatsache zu veröffentlichen. Eine solche Mitteilung oder Veröffentlichung darf jedoch nur folgende Angaben enthalten: Bezeichnung des Anmeldeamts, Name des Anmelders, internationales Anmeldedatum, internationales Aktenzeichen und Bezeichnung der Erfindung.

c) Buchstabe a hindert kein Bestimmungsamt, Gerichtsbehörden Einsicht in die internationale Anmeldung zu gestatten.

(3) Absatz 2 Buchstabe a gilt für jedes Anmeldeamt, sofern es sich nicht um Übermittlungen nach Artikel 12 Absatz 1 handelt.

(4) Im Sinne dieses Artikels umfasst der Begriff «Einsichtnahme» alle Möglichkeiten für Dritte, Kenntnis zu erlangen, einschliesslich persönlicher Mitteilungen und allgemeiner Veröffentlichungen; jedoch darf kein nationales Amt eine internationale Anmeldung oder eine Übersetzung dieser Anmeldung allgemein veröffentlichen, bevor die internationale Veröffentlichung erfolgt ist oder, wenn die internationale Veröffentlichung bei Ablauf von 20 Monaten ab Prioritätsdatum noch nicht stattgefunden hat, vor Ablauf von 20 Monaten nach diesem Prioritätsdatum.

Kapitel II[27]   Die internationale vorläufige Prüfung

Art. 31   Antrag auf internationale vorläufige Prüfung

(1) Auf Antrag des Anmelders erfolgt eine internationale vorläufige Prüfung der Anmeldung nach Massgabe der folgenden Vorschriften und der Ausführungsordnung[28].

(2)

a) Jeder Anmelder, der im Sinne der Ausführungsordnung seinen Sitz oder Wohnsitz in einem Vertragsstaat hat oder Staatsangehöriger eines Vertragsstaats ist, für den Kapitel II verbindlich ist, und dessen internationale Anmeldung bei dem Anmeldeamt dieses Staates oder dem für diesen Staat handelnden Anmeldeamt eingereicht worden ist, kann einen Antrag auf internationale vorläufige Prüfung stellen.

b) Die Versammlung kann durch Beschluss zur Einreichung internationaler Anmeldungen befugten Personen gestatten, einen Antrag auf internationale vorläufige Prüfung zu stellen, auch wenn sie in einem Staat ihren Sitz oder Wohnsitz haben oder Angehörige eines Staates sind, der nicht Mitglied dieses Vertrags ist oder für den Kapitel II nicht verbindlich ist.

(3) Der Antrag auf internationale vorläufige Prüfung ist gesondert von der internationalen Anmeldung zu stellen. Der Antrag hat die vorgeschriebenen Angaben zu enthalten und muss in der vorgeschriebenen Sprache und Form abgefasst sein.

(4)

a) In dem Antrag sind die Vertragsstaaten anzugeben, in denen der Anmelder die Ergebnisse der internationalen vorläufigen Prüfung verwenden will («ausgewählte Staaten»). Weitere Vertragsstaaten können nachträglich ausgewählt wer-

---

[27] Dieses Kapitel ist für die Schweiz nicht verbindlich (siehe Vorbehalt der Schweiz am Schluss dieses Vertrages).

[28] SR **0.232.141.11**

den. Die Auswahlerklärung kann sich nur auf solche Vertrags. staaten beziehen, die nach Artikel 4 bereits Bestimmungsstaaten sind.

b) Die in Absatz 2 Buchstabe a genannten Anmelder können jeden Vertragsstaat, für den Kapitel II verbindlich ist, auswählen. Die in Absatz 2 Buchstabe b genannten Anmelder können nur solche Vertragsstaaten, für die Kapitel II verbindlich ist, auswählen, die eine Erklärung abgegeben haben, dass sie bereit sind, von diesen Anmeldern ausgewählt zu werden.

(5) Für den Antrag sind die vorgeschriebenen Gebühren innerhalb der vorgeschriebenen Frist zu zahlen.

(6)

a) Der Antrag ist bei der in Artikel 32 genannten zuständigen mit der internationalen vorläufigen Prüfung beauftragten Behörde einzureichen.

b) Jede nachträgliche Auswahlerklärung ist beim Internationalen Büro einzureichen.

(7) Jedes ausgewählte Amt ist über seine Benennung als ausgewähltes Amt zu benachrichtigen.

Art. 32 Die mit der internationalen vorläufigen Prüfung beauftragte Behörde

(1) Die internationale vorläufige Prüfung wird durch die mit der internationalen vorläufigen Prüfung beauftragte Behörde durchgeführt.

(2) Für die in Artikel 31 Absatz 2 Buchstabe a genannten Anträge bestimmt das Anmeldeamt, für die in Artikel 31 Absatz 2 Buchstabe b genannten Anträge bestimmt die Versammlung die mit der internationalen vorläufigen Prüfung beauftragte Behörde oder Behörden, die für die vorläufige Prüfung zuständig sind, in Übereinstimmung mit der anwendbaren Vereinbarung zwischen der interessierten mit der internationalen vorläufigen Prüfung beauftragten Behörde oder den interessierten mit der internationalen vorläufigen Prüfung beauftragten Behörden und dem Internationalen Büro.

(3) Artikel 16 Absatz 3 ist sinngemäss auf die mit der internationalen vorläufigen Prüfung beauftragten Behörden anzuwenden.

Art. 33 Die internationale vorläufige Prüfung

(1) Gegenstand der internationalen vorläufigen Prüfung ist die Erstellung eines vorläufigen und nicht bindenden Gutachtens darüber, ob die beanspruchte Erfindung als neu, auf erfinderischer Tätigkeit beruhend (nicht offensichtlich) und gewerblich anwendbar anzusehen ist.

(2) Für die Zwecke der internationalen vorläufigen Prüfung gilt eine beanspruchte Erfindung als neu, wenn sie nicht durch den Stand der Technik, wie er in der Ausführungsordnung[29] umschrieben ist, vorweggenommen ist.

(3) Für die Zwecke der internationalen vorläufigen Prüfung gilt eine beanspruchte Erfindung als auf einer erfinderischen Tätigkeit beruhend, wenn sie für einen Fachmann nach dem Stand der Technik, wie er in der Ausführungsordnung umschrieben ist, nicht zu dem vorgeschriebenen massgeblichen Zeitpunkt als naheliegend anzusehen ist.

---

[29] SR **0.232.141.11**

(4) Für die Zwecke der internationalen vorläufigen Prüfung gilt eine beanspruchte Erfindung als gewerblich anwendbar, wenn ihr Gegenstand dem Wesen der Erfindung nach auf irgendeinem gewerblichen Gebiet hergestellt oder (im technischen Sinne) benutzt werden kann. Der Ausdruck «gewerbliches Gebiet» ist entsprechend der Pariser Verbandsübereinkunft zum Schutz des gewerblichen Eigentums[30] im weitesten Sinne zu verstehen.

(5) Die zuvor aufgeführten Begriffe haben nur für die internationale vorläufige Prüfung Bedeutung. Jeder Vertragsstaat kann für die Entscheidung über die Patentfähigkeit der beanspruchten Erfindung in diesem Staat zusätzliche oder abweichende Merkmale aufstellen.

(6) Bei der internationalen vorläufigen Prüfung sind alle Unterlagen zu berücksichtigen, die im internationalen Recherchenbericht aufgeführt sind. Es kann auch jede weitere Unterlage in Betracht gezogen werden, die in dem betreffenden Fall als einschlägig anzusehen ist.

Art. 34 Das Verfahren vor der mit der internationalen vorläufigen Prüfung beauftragten Behörde

(1) Das Verfahren vor der mit der internationalen vorläufigen Prüfung beauftragten Behörde regelt sich nach den Bestimmungen dieses Vertrags, der Ausführungsordnung[31] und nach der Vereinbarung, die das Internationale Büro im Rahmen des Vertrags und der Ausführungsordnung mit dieser Behörde schliesst.

(2)

a) Der Anmelder hat das Recht, mündlich und schriftlich mit der mit der internationalen vorläufigen Prüfung beauftragten Behörde zu verkehren.

b) Der Anmelder hat das Recht, die Ansprüche, die Beschreibung und die Zeichnungen in der vorgeschriebenen Weise und innerhalb der vorgeschriebenen Frist vor der Erstellung des internationalen vorläufigen Prüfungsberichts zu ändern. Die Änderung darf nicht über den Offenbarungsgehalt der internationalen Anmeldung im Anmeldezeitpunkt hinausgehen.

c) Der Anmelder erhält von der mit der internationalen vorläufigen Prüfung beauftragten Behörde wenigstens einen schriftlichen Bescheid, es sei denn, dass nach Ansicht dieser Behörde alle folgenden Voraussetzungen erfüllt sind:

   i) die Erfindung entspricht den in Artikel 33 Absatz 1 genannten Anforderungen,

   ii) die internationale Anmeldung genügt den Erfordernissen dieses Vertrags und der Ausführungsordnung, soweit sie von der genannten Behörde geprüft worden sind,

   iii) es sind keine Bemerkungen nach Artikel 35 Absatz 2 letzter Satz beabsichtigt.

d) Der Anmelder kann zu dem schriftlichen Bescheid Stellung nehmen.

---

[30] SR **0.232.01/.04**
[31] SR **0.232.141.11**

(3)

a) Genügt nach der Auffassung der mit der internationalen vorläufigen Prüfung beauftragten Behörde die internationale Anmeldung den in der Ausführungsordnung festgesetzten Anforderungen an die Einheitlichkeit der Erfindung nicht, so kann diese Behörde den Anmelder auffordern, nach seiner Wahl entweder die Ansprüche einzuschränken, um sie auf diese Weise mit den Anforderungen in Übereinstimmung zu bringen, oder zusätzliche Gebühren zu bezahlen.

b) Das nationale Recht jedes ausgewählten Staates kann bestimmen, dass dann, wenn der Anmelder sich entschliesst, die Ansprüche gemäss Buchstabe a einzuschränken, jene Teile der internationalen Anmeldung, für die wegen der Einschränkung eine internationale vorläufige Prüfung nicht durchgeführt wird, hinsichtlich der Rechtswirkungen in diesem Staat als zurückgenommen gelten, falls der Anmelder nicht eine besondere Gebühr an das nationale Amt dieses Staates zahlt.

c) Kommt der Anmelder der in Buchstabe a genannten Aufforderung nicht innerhalb der vorgeschriebenen Frist nach, so erstellt die mit der internationalen vorläufigen Prüfung beauftragte Behörde einen internationalen vorläufigen Prüfungsbericht über jene Teile der internationalen Anmeldung, die sich auf das beziehen, was als Haupterfindung anzusehen ist, und nimmt einen entsprechenden Hinweis in den Bericht auf. Das nationale Recht jedes ausgewählten Staates kann vorsehen, dass dann, wenn sein nationales Amt die Aufforderung der mit der internationalen vorläufigen Prüfung beauftragten Behörde für gerechtfertigt hält, solche Teile der internationalen Anmeldung, die sich nicht auf die Haupterfindung beziehen, hinsichtlich der Rechtswirkungen in diesem Staat als zurückgenommen gelten, falls der Anmelder keine besondere Gebühr an dieses Amt zahlt.

(4)

a) Falls nach Auffassung der mit der internationalen vorläufigen Prüfung beauftragten Behörde

i) die internationale Anmeldung einen Gegenstand betrifft, in bezug auf den die mit der internationalen vorläufigen Prüfung beauftragte Behörde nach der Ausführungsordnung nicht verpflichtet ist, eine internationale vorläufige Prüfung durchzuführen und im vorliegenden Fall auch beschliesst, keine solche Prüfung durchzuführen, oder

ii) die Beschreibung, die Ansprüche oder die Zeichnungen so unklar sind oder die Ansprüche so unzureichend durch die Beschreibung gestützt sind, dass kein sinnvolles Gutachten über die Neuheit, über das Beruhen auf einer erfinderischen Tätigkeit (Nichtoffensichtlichkeit) oder über die gewerbliche Anwendbarkeit der beanspruchten Erfindung möglich ist,

so prüft die Behörde nicht, ob die in Artikel 33 Absatz 1 aufgeführten Merkmale vorliegen, und teilt dem Anmelder ihre Auffassung und die Gründe dafür mit.

b) Ist einer der in Buchstabe a aufgeführten Umstände nur bei oder im Zusammenhang mit einzelnen Ansprüchen festzustellen, so ist dieser Absatz nur auf die in Betracht kommenden Ansprüche anzuwenden.

Art. 35 **Der internationale vorläufige Prüfungsbericht**

(1) Der internationale vorläufige Prüfungsbericht wird innerhalb der vorgeschriebenen Frist und in der vorgeschriebenen Form erstellt.

(2) Der internationale vorläufige Prüfungsbericht darf keine Feststellungen über die Frage enthalten, ob die beanspruchte Erfindung nach irgendeinem nationalen Recht patentfähig oder nicht patentfähig ist oder zu sein scheint. Er bringt lediglich, vorbehaltlich des Absatzes 3, in bezug auf jeden Anspruch zum Ausdruck, ob dieser Anspruch die Merkmale der Neuheit, des Beruhens auf einer erfinderischen Tätigkeit (Nichtoffensichtlichkeit) und der gewerblichen Anwendbarkeit zu erfüllen scheint, wie sie für die Zwecke der internationalen vorläufigen Prüfung in Artikel 33 Absätze 1 bis 4 festgelegt sind. Diese Feststellung wird durch die Anführung der Unterlagen, auf welche sich die Beurteilung stützt, sowie durch Erklärungen ergänzt, die nach den Umständen erforderlich sind. Die Feststellung ist ferner durch andere in der Ausführungsordnung[32] vorgesehene Bemerkungen zu ergänzen.

(3)

a) Lassen sich zur Zeit der Erstellung des internationalen vorläufigen Prüfungsberichts nach Auffassung der mit der internationalen vorläufigen Prüfung beauftragten Behörde irgendwelche der unter Artikel 34 Absatz 4 Buchstabe a aufgeführten Umstände feststellen, so wird auf diese Auffassung in dem Bericht unter Angabe von Gründen hingewiesen. Der Bericht darf in diesem Falle keine Feststellungen der in Absatz 2 angeführten Art enthalten.

b) Lässt sich ein in Artikel 34 Absatz 4 Buchstabe b aufgeführter Umstand feststellen, so wird in den internationalen vorläufigen Prüfungsbericht im Hinblick auf die in Betracht kommenden Ansprüche der in Buchstabe a vorgesehene Hinweis aufgenommen, während im Hinblick auf die anderen Ansprüche eine Feststellung nach Absatz 2 getroffen wird.

Art. 36 **Übermittlung, Übersetzung und Übersendung des internationalen vorläufigen Prüfungsberichts**

(1) Der internationale vorläufige Prüfungsbericht wird mit den vorgeschriebenen Anlagen dem Anmelder und dem Internationalen Büro übermittelt.

(2)

a) Der internationale vorläufige Prüfungsbericht und seine Anlagen werden in die vorgeschriebenen Sprachen übersetzt.

b) Jede Übersetzung des Berichts selbst erfolgt durch das Internationale Büro oder unter seiner Verantwortung, während eine Übersetzung der Anlagen durch den Anmelder vorzunehmen ist.

(3)

a) Der internationale vorläufige Prüfungsbericht wird mit seiner Übersetzung (wie vorgeschrieben) und seinen Anlagen (in der Originalsprache) durch das Internationale Büro jedem ausgewählten Amt übersandt.

b) Die vorgeschriebene Übersetzung der Anlagen wird innerhalb der vorgeschriebenen Frist vom Anmelder den ausgewählten Ämtern übermittelt.

---

[32] SR **0.232.141.11**

(4) Auf Kopien der im internationalen vorläufigen Prüfungsbericht genannten Unterlagen, die nicht bereits im internationalen Recherchenbericht genannt sind, findet Artikel 20 Absatz 3 entsprechende Anwendung.

Art. 37 Zurücknahme eines Antrags oder einer Auswahlerklärung

(1) Der Anmelder kann jede einzelne oder auch alle Auswahlerklärungen zurücknehmen.

(2) Wird die Auswahlerklärung für alle ausgewählten Staaten zurückgenommen, so gilt der Antrag als zurückgenommen.

(3)
a) Die Zurücknahme ist dem Internationalen Büro mitzuteilen.
b) Das Internationale Büro unterrichtet jedes betroffene ausgewählte Amt und die mit der internationalen vorläufigen Prüfung beauftragte Behörde von der Zurücknahme.

(4)
a) Vorbehaltlich des Buchstaben b gilt die Zurücknahme eines Antrags oder der Auswahlerklärung, falls das nationale Recht dieses Staates nichts anderes bestimmt, mit Wirkung für diesen Staat als Zurücknahme der internationalen Anmeldung.
b) Erfolgt die Zurücknahme des Antrags oder die Zurücknahme der Auswahlerklärung vor Ablauf der jeweils anwendbaren Frist nach Artikel 22, so gilt sie nicht als Zurücknahme der internationalen Anmeldung; jedoch kann das Recht jedes Vertragsstaats vorsehen, dass diese Vergünstigung nur dann gilt, wenn sein nationales Amt innerhalb der vorgenannten Frist ein Exemplar der internationalen Anmeldung mit einer Übersetzung (wie vorgeschrieben) erhalten hat und die nationalen Gebühren gezahlt worden sind.

Art. 38 Vertraulicher Charakter der internationalen vorläufigen Prüfung

(1) Weder das Internationale Büro noch die mit der internationalen vorläufigen Prüfung beauftragte Behörde dürfen ausser auf Antrag des Anmelders oder mit seiner Einwilligung Personen oder Behörden zu irgendeiner Zeit Einsicht im Sinne und unter dem Vorbehalt des Artikels 30 Absatz 4 in die Akten der vorläufigen internationalen Prüfung gewähren; das gilt nicht für die ausgewählten Ämter, sobald der vorläufige internationale Prüfungsbericht erstellt worden ist.

(2) Vorbehaltlich des Absatzes 1, des Artikels 36 Absätze 1 und 3 und des Artikels 37 Absatz 3 Buchstabe b dürfen weder das Internationale Büro noch die mit der internationalen vorläufigen Prüfung beauftragte Behörde ohne Antrag oder Einwilligung des Anmelders Auskünfte darüber erteilen, ob ein vorläufiger internationaler Prüfungsbericht erstellt oder nicht erstellt und ob ein Antrag auf internationale vorläufige Prüfung oder die Benennung eines Staates als ausgewählter Staat zurückgenommen oder nicht zurückgenommen ist.

Art. 39   **Übermittlung eines Exemplars und einer Übersetzung der Anmeldung sowie Gebührenzahlung an das ausgewählte Amt**

(1)

a)[33] Ist ein Vertragsstaat vor dem Ablauf des 19. Monats seit dem Prioritätsdatum ausgewählt worden, so ist Artikel 22 auf einen solchen Staat nicht anzuwenden, und der Anmelder hat jedem ausgewählten Amt vor dem Ablauf von 30 Monaten seit dem Prioritätsdatum ein Exemplar der internationalen Anmeldung (sofern diese nicht bereits nach Artikel 20 übermittelt worden ist) und eine Übersetzung hiervon (wie vorgeschrieben) zuzuleiten und die nationale Gebühr (falls sie erhoben wird) zu bezahlen.

b) Das nationale Recht kann für die Vornahme der unter Buchstabe a genannten Handlungen Fristen setzen, die später als die in jenem Absatz bestimmten Fristen ablaufen.

(2) Die in Artikel 11 Absatz 3 genannte Wirkung endet in dem ausgewählten Staat mit den gleichen Folgen wie die Zurücknahme einer nationalen Anmeldung in diesem Staat, falls der Anmelder die in Absatz 1 Buchstabe a vorgesehenen Handlungen nicht innerhalb der gemäss Absatz 1 Buchstaben a oder b massgeblichen Frist vornimmt.

(3) Jedes ausgewählte Amt kann die in Artikel 11 Absatz 3 genannte Wirkung auch für den Fall aufrechterhalten, dass der Anmelder die Erfordernisse des Absatzes 1 Buchstaben a oder b nicht erfüllt.

Art. 40   **Aussetzung der nationalen Prüfung und des sonstigen Verfahrens**

(1) Ist ein Vertragsstaat vor dem Ablauf des 19. Monats seit dem Prioritätsdatum als ausgewählter Staat benannt worden, so ist Artikel 23 auf einen solchen Staat nicht anwendbar; das nationale Amt dieses Staates oder das für diesen Staat handelnde Amt darf die internationale Anmeldung vorbehaltlich des Absatzes 2 nicht vor dem Ablauf der nach Artikel 39 massgeblichen Frist prüfen oder bearbeiten.

(2) Unbeschadet des Absatzes 1 kann auf ausdrücklichen Antrag des Anmelders jedes ausgewählte Amt die Prüfung und Bearbeitung der internationalen Anmeldung jederzeit aufnehmen.

Art. 41   **Änderung der Ansprüche, der Beschreibung und der Zeichnungen vor dem ausgewählten Amt**

(1) Dem Anmelder muss die Möglichkeit gegeben werden, die Ansprüche, die Beschreibung und die Zeichnungen im Verfahren vor jedem ausgewählten Amt innerhalb der vorgeschriebenen Frist zu ändern. Kein ausgewähltes Amt darf vor Ablauf dieser Frist ausser mit ausdrücklicher Zustimmung des Anmelders ein Patent erteilen oder die Erteilung eines Patents ablehnen.

(2) Die Änderungen dürfen nicht über den Offenbarungsgehalt der internationalen Anmeldung im Anmeldezeitpunkt hinausgehen, sofern das nationale Recht des ausgewählten Staates nicht zulässt, dass sie über den genannten Offenbarungsgehalt hinausgehen.

(3) Soweit in diesem Vertrag und der Ausführungsordnung[34] keine ausdrückliche Bestimmung getroffen ist, müssen die Änderungen dem nationalen Recht des ausgewählten Staates entsprechen.

---

[33] Bestimmung geändert am 1. Jan. 1985 (AS **1984** 1538).
[34] SR **0.232.141.11**

(4) Verlangt der ausgewählte Staat eine Übersetzung der internationalen Anmeldung, so müssen die Änderungen in der Sprache der Übersetzung eingereicht werden.

Art. 42   Ergebnisse nationaler Prüfungen durch ausgewählte Ämter

Ein ausgewähltes Amt, das den internationalen vorläufigen Prüfungsbericht erhält, kann nicht verlangen, dass der Anmelder Kopien oder Auskünfte über den Inhalt von Unterlagen zur Verfügung stellt, die sich auf die Prüfung der gleichen internationalen Anmeldung durch ein anderes ausgewähltes Amt beziehen.

Kapitel III   Gemeinsame Bestimmungen

Art. 43   Nachsuchen um bestimmte Schutzrechtsarten

Wird ein Staat bestimmt oder ausgewählt, dessen Recht die Erteilung von Erfinderscheinen Gebrauchszertifikaten, Gebrauchsmustern, Zusatzpatenten, Zusatzzertifikaten, Zusatzerfinderscheinen oder Zusatzgebrauchszertifikaten vorsieht, so kann der Anmelder, wie in der Ausführungsordnung[35] vorgesehen, angeben, dass mit seiner internationalen Anmeldung in diesem Staat an Stelle der Erteilung eines Patents die Erteilung eines Erfinderscheins, eines Gebrauchszertifikats oder eines Gebrauchsmusters beantragt wird oder dass die Anmeldung auf die Erteilung eines Zusatzpatents, Zusatzzertifikats, Zusatzerfinderscheins oder Zusatzgebrauchszertifikats gerichtet ist; die Wirkung richtet sich nach der Wahl des Anmelders. Für die Zwecke dieses Artikels und jede dazugehörige Regel ist Artikel 2 Ziffer ii nicht anzuwenden.

Art. 44   Nachsuchen um zwei Schutzrechtsarten

Wird ein Staat bestimmt oder ausgewählt, nach dessen Recht neben einem Antrag auf Erteilung eines Patents oder eines der sonstigen in Artikel 43 genannten Schutzrechte zusätzlich die Erteilung eines anderen Schutzrechts der genannten Art beantragt werden kann, so kann der Anmelder die beiden Schutzrechte, um die er nachsucht, gemäss der Ausführungsordnung[36] angeben, die Wirkung richtet sich nach den Angaben des Anmelders. Für die Zwecke dieses Artikels ist Artikel 2 Ziffer ii nicht anzuwenden.

Art. 45   Regionale Patentverträge

(1) In einem Vertrag, in dem die Erteilung regionaler Patente vorgesehen ist («regionaler Patentvertrag») und nach dem alle gemäss Artikel 9 zur Einreichung internationaler Patentanmeldungen befugten Personen das Recht haben, die Erteilung eines solchen regionalen Patents zu beantragen, kann bestimmt werden, dass internationale Anmeldungen, durch die ein Mitgliedstaat sowohl des regionalen Patentvertrags als auch dieses Vertrags als Bestimmungsstaat oder ausgewählter Staat benannt wird, als Anmeldungen für die Erteilung regionaler Patente eingereicht werden können.

(2) In dem nationalen Recht des genannten Bestimmungsstaats oder ausgewählten Staates kann vorgesehen werden, dass jede Bestimmung oder Auswahl eines solchen Staates in der internationalen Anmeldung als Hinweis auf den Wunsch anzusehen ist, ein regionales Patent nach dem regionalen Patentvertrag zu erhalten.

---

[35] SR **0.232.141.11**
[36] SR **0.232.141.11**

Art. 46 **Unrichtige Übersetzung der internationalen Anmeldung**

Geht als Folge einer unrichtigen Übersetzung einer internationalen Anmeldung der Umfang eines auf die Anmeldung erteilten Patents über den Umfang der internationalen Anmeldung in der Originalsprache hinaus, so können die zuständigen Behörden des betreffenden Vertragsstaats den Umfang des Patents mit rückwirkender Kraft entsprechend einschränken und es insoweit für nichtig erklären, wie sein Umfang den Umfang der internationalen Anmeldung in der Originalsprache übersteigt.

Art. 47 **Fristen**

(1) Die Einzelheiten für die Berechnung der in diesem Vertrag festgesetzten Fristen ergeben sich aus der Ausführungsordnung[37].

(2)
a) Alle in den Kapiteln I und II dieses Vertrags festgesetzten Fristen können unabhängig von einer Revision nach Artikel 60 durch einen Beschluss der Vertragsstaaten geändert werden.
b) Der Beschluss wird in der Versammlung oder im schriftlichen Verfahren gefasst und bedarf der Einstimmigkeit.
c) Die Einzelheiten dieses Verfahrens ergeben sich aus der Ausführungsordnung.

Art. 48 **Überschreitung bestimmter Fristen**

(1) Wird eine in diesem Vertrag oder der Ausführungsordnung[38] festgesetzte Frist infolge einer Unterbrechung des Postdiensts oder infolge eines unvermeidbaren Verlusts oder einer Verzögerung bei der Postzustellung überschritten, so gilt diese Frist in den in der Ausführungsordnung vorgesehenen Fällen als gewahrt, sofern die dort vorgeschriebenen Nachweise erbracht und die dort erwähnten sonstigen Voraussetzungen erfüllt sind.

(2)
a) Jeder Vertragsstaat sieht, soweit er betroffen ist, eine Fristüberschreitung als entschuldigt an, wenn Gründe vorliegen, die nach seinem nationalen Recht zugelassen sind.
b) Jeder Vertragsstaat kann, soweit er betroffen ist, eine Fristüberschreitung auch aus anderen Gründen als den in Buchstabe a genannten als entschuldigt ansehen.

Art. 49 **Das Recht zum Auftreten vor den internationalen Behörden**

Rechtsanwälte, Patentanwälte oder andere Personen, welche befugt sind, vor dem nationalen Amt aufzutreten, bei dem die internationale Anmeldung eingereicht worden ist, haben auch das Recht, vor dem Internationalen Büro, der zuständigen internationalen Recherchenbehörde und der zuständigen mit der internationalen vorläufigen Prüfung beauftragten Behörde in bezug auf diese Anmeldung aufzutreten.

---

[37] SR **0.232.141.11**
[38] SR **0.232.141.11**

Kapitel IV   Technische Dienste

Art. 50   **Patentinformationsdienste**

(1) Das Internationale Büro kann Dienste einrichten, durch die technische und andere geeignete Informationen, die ihm auf der Grundlage veröffentlichter Unterlagen, insbesondere von Patenten und veröffentlichten Patentanmeldungen zugänglich sind, zur Verfügung gestellt werden (in diesem Artikel als «Informationsdienste» bezeichnet).

(2) Das Internationale Büro stellt diese Informationsdienste entweder unmittelbar oder durch eine oder mehrere Internationale Recherchenbehörden oder durch besondere nationale oder internationale Einrichtungen, mit denen es eine Vereinbarung treffen kann, zur Verfügung.

(3) Die Informationsdienste werden in einer Weise betrieben, dass sie es besonders den Vertragsstaaten, die Entwicklungsländer sind, ermöglichen, technische Kenntnisse und technologisches Wissen unter Einschluss von zugänglichem veröffentlichtem know-how zu erlangen.

(4) Die Informationsdienste stehen den Regierungen der Vertragsstaaten sowie Personen zur Verfügung, die die Staatsangehörigkeit von Vertragsstaaten besitzen oder in einem Vertragsstaat ihren Sitz oder Wohnsitz haben. Die Versammlung kann beschliessen, dass diese Dienste auch anderen zur Verfügung gestellt werden.

(5)

a) Jede Dienstleistung an Regierungen der Vertragsstaaten wird gegen Erstattung der Selbstkosten erbracht; handelt es sich um die Regierung eines Vertragsstaats, der ein Entwicklungsland ist, so wird die Dienstleistung unter Selbstkostenpreis erbracht, wenn der Fehlbetrag aus Gewinnen gedeckt werden kann, die aus Dienstleistungen an Empfänger, die nicht Regierungen der Vertragsstaaten sind, erzielt werden, oder wenn zur Deckung Mittel der in Artikel 51 Absatz 4 genannten Art zur Verfügung stehen.

b) Als Selbstkosten im Sinne des Buchstaben a sind Beträge zu verstehen, die über das hinausgehen, was ein nationales Amt oder eine Internationale Recherchenbehörde auf jeden Fall normalerweise für die Erfüllung seiner Aufgaben aufwenden muss.

(6) Die Einzelheiten der Anwendung dieses Artikels werden durch Beschlüsse der Versammlung oder – im Rahmen der von der Versammlung gezogenen Grenzen – durch Beschlüsse von Arbeitsgruppen geregelt, die die Versammlung zu diesem Zweck einsetzen kann.

(7) Die Versammlung empfiehlt, wenn sie dies für erforderlich erachtet, zusätzliche Finanzierungsmassnahmen in Ergänzung zu den in Absatz 5 vorgesehenen Finanzierungsmöglichkeiten.

Art. 51   **Technische Hilfe**

(1) Die Versammlung bildet einen Ausschuss für technische Hilfe (in diesem Artikel als «der Ausschuss» bezeichnet).

(2)

a) Die Mitglieder des Ausschusses sind aus dem Kreis der Vertragsstaaten auszuwählen; eine angemessene Vertretung der Entwicklungsländer ist sicherzustellen.

b) Der Generaldirektor lädt auf eigene Initiative oder auf Antrag des Ausschusses zur Teilnahme an den Arbeiten des Ausschusses Vertreter zwischenstaatlicher Organisationen ein, die sich mit technischer Hilfe für Entwicklungsländer befassen.

(3)

a) Der Ausschuss hat die Aufgabe, die technische Hilfe für die Entwicklungsländer unter den Vertragsstaaten bei der Entwicklung ihrer Patentsysteme auf nationaler oder regionaler Ebene in die Wege zu leiten und zu überwachen.

b) Die technische Hilfe umfasst unter anderem die Ausbildung von Fachleuten, die Entsendung von Sachverständigen und die Lieferung von Lehr- und Arbeitsmitteln.

(4) Im Hinblick auf die Finanzierung von Vorhaben, die sich aus diesem Artikel ergeben, wird sich das Internationale Büro bemühen, einerseits mit internationalen Finanzierungsorganisationen und zwischenstaatlichen Organisationen, insbesondere den Vereinten Nationen, ihren Unterorganen und Sonderorganisationen, soweit sie mit technischer Hilfe befasst sind, und andererseits mit den Regierungen der Empfängerstaaten der technischen Hilfe Vereinbarungen abzuschliessen.

(5) Die Einzelheiten der Anwendung dieses Artikels werden durch Beschlüsse der Versammlung oder – im Rahmen der von der Versammlung gezogenen Grenzen – durch Beschlüsse von Arbeitsgruppen geregelt, die die Versammlung zu diesem Zweck einsetzen kann.

Art. 52   **Beziehungen zu anderen Vertragsbestimmungen**

Dieses Kapitel lässt die in anderen Kapiteln dieses Vertrags enthaltenen finanziellen Bestimmungen unberührt. Diese Bestimmungen sind auf das vorstehende Kapitel und seine Durchführung nicht anwendbar.

Kapitel V   Verwaltungsbestimmungen
[mit Ausnahme von Art. 48 sind die Verwaltungsbestimmungen nicht abgedruckt]

Art. 58   **Die Ausführungsordnung**

(1) Die diesem Vertrag beigefügte Ausführungsordnung[39] enthält Regeln über:

i) Fragen, hinsichtlich derer der Vertrag ausdrücklich auf die Ausführungsordnung verweist oder ausdrücklich vorsieht, dass sie vorgeschrieben sind oder vorgeschrieben werden,

ii) verwaltungstechnische Erfordernisse, Angelegenheiten oder Verfahren,

iii) Einzelheiten, die für die Durchführung des Vertrags zweckmässig sind.

(2)

a) Die Versammlung kann die Ausführungsordnung ändern.

b) Vorbehaltlich des Absatzes 3 erfordern Änderungen eine Mehrheit von drei Vierteln der abgegebenen Stimmen.

---

[39] SR **0.232.141.11**

(3)

a) Die Ausführungsordnung bestimmt Regeln,

i) die nur durch einstimmigen Beschluss geändert werden können oder

ii) die nur geändert werden können, wenn kein Vertragsstaat dagegen stimmt, dessen nationales Amt als Internationale Recherchenbehörde oder als mit der internationalen vorläufigen Prüfung beauftragte Behörde tätig ist, und – falls die Aufgaben einer solchen Behörde durch eine zwischenstaatliche Organisation wahrgenommen werden – wenn der dieser Organisation angehörende Vertragsstaat, der zu diesem Zweck von den anderen Mitgliedstaaten in dem zuständigen Organ der Organisation ermächtigt worden ist, nicht dagegen stimmt.

b) Der künftige Ausschluss einer solchen Regel von dem betreffenden Erfordernis bedarf der Einhaltung der hierfür in Buchstabe a Ziffer i oder Buchstabe a Ziffer ii jeweils vorgesehenen Bedingungen.

c) Die künftige Unterwerfung einer Regel unter das eine oder andere in Buchstabe a genannte Erfordernis bedarf einstimmiger Zustimmung.

(4) Die Ausführungsordnung sieht den Erlass von Verwaltungsrichtlinien durch den Generaldirektor unter Aufsicht der Versammlung vor.

(5) Im Falle mangelnder Übereinstimmung zwischen den Bestimmungen des Vertrags und den Bestimmungen der Ausführungsordnung haben die Bestimmungen des Vertrags den Vorrang.

Kapitel VI Streitigkeiten

Art. 59 **Beilegung von Streitigkeiten**

Vorbehaltlich des Artikels 64 Absatz 5 kann jede Streitigkeit zwischen zwei oder mehreren Vertragsstaaten über die Auslegung oder die Anwendung des Vertrags oder der Ausführungsordnung[40], die nicht auf dem Verhandlungsweg beigelegt wird, von jedem beteiligten Staat durch eine Klage, die gemäss dem Statut des Internationalen Gerichtshofs[41] zu erheben ist, vor den Internationalen Gerichtshof gebracht werden, sofern die beteiligten Staaten nicht eine andere Regelung vereinbaren. Der Vertragsstaat, der die Streitigkeit vor den Internationalen Gerichtshof bringt, hat dies dem Internationalen Büro mitzuteilen; dieses setzt die anderen Vertragsstaaten davon in Kenntnis.

Kapitel VII Revision und Änderungen

Art. 60 **Revision des Vertrags**

(1) Dieser Vertrag kann von Zeit zu Zeit von einer besonderen Konferenz der Vertragsstaaten Revisionen unterzogen werden.

(2) Die Einberufung einer Revisionskonferenz wird von der Versammlung beschlossen.

(3) Jede zwischenstaatliche Organisation, die als Internationale Recherchenbehörde oder als mit der internationalen vorläufigen Prüfung beauftragte Behörde eingesetzt worden ist, wird als Beobachter zu jeder Revisionskonferenz zugelassen.

---

[40] SR **0.232.141.11**
[41] SR **0.193.501**

(4) Artikel 53 Absätze 5, 9 und 11, Artikel 54, Artikel 55 Absätze 4 bis 8, Artikel 56 und Artikel 57 können entweder durch eine Revisionskonferenz oder nach Artikel 61 geändert werden.

Art. 61 Änderung einzelner Bestimmungen des Vertrags

(1)

a) Vorschläge für die Änderung der Artikel 53 Absätze 5, 9 und 11, Artikel 54, Artikel 55 Absätze 4 bis 8, Artikel 56 und Artikel 57 können von jedem Mitgliedstaat der Versammlung, vom Exekutivausschuss oder vom Generaldirektor unterbreitet werden.

b) Diese Vorschläge werden vom Generaldirektor mindestens sechs Monate, bevor sie in der Versammlung beraten werden, den Vertragsstaaten mitgeteilt.

(2)

a) Änderungen der in Absatz 1 genannten Artikel werden durch die Versammlung beschlossen.

b) Der Beschluss erfordert drei Viertel der abgegebenen Stimmen.

(3)

a) Jede Änderung der in Absatz 1 genannten Artikel tritt einen Monat nach dem Zeitpunkt in Kraft, zu dem die schriftliche Notifikation der verfassungsmässig zustande gekommenen Annahme des Änderungsvorschlags von drei Vierteln der Mitgliedstaaten der Versammlung im Zeitpunkt der Beschlussfassung beim Generaldirektor eingegangen sind.

b) Jede auf diese Weise angenommene Änderung bindet alle Staaten, die im Zeitpunkt des Inkrafttretens der Änderung Mitglieder der Versammlung sind; jedoch bindet eine Änderung, die die finanziellen Verpflichtungen der Mitgliedstaaten erweitert, nur die Staaten, die die Annahme dieser Änderung notifiziert haben.

c) Jede in Übereinstimmung mit Buchstabe a angenommene Änderung bindet alle Staaten, die nach dem Zeitpunkt, in dem die Änderung in Übereinstimmung mit Buchstabe a in Kraft getreten ist, Mitglieder der Versammlung werden.

Kapitel VIII Schlussbestimmungen

Art. 62 Möglichkeiten, Vertragspartei zu werden

(1) Jeder Mitgliedstaat der Pariser Verbandsübereinkunft zum Schutz des gewerblichen Eigentums[42] kann Vertragspartei dieses Vertrags werden durch

i) Unterzeichnung und nachfolgende Hinterlegung der Ratifikationsurkunde oder

ii) Hinterlegung einer Beitrittsurkunde.

(2) Die Ratifikations- oder Beitrittsurkunden werden beim Generaldirektor hinterlegt.

(3) Artikel 24 der Stockholmer Fassung der Pariser Verbandsübereinkunft zum Schutz des gewerblichen Eigentums[43] ist auf diesen Vertrag anzuwenden.

---

[42] SR **0.232.01/.04**
[43] SR **0.232.04**

(4) Absatz 3 darf nicht dahin verstanden werden, dass er die Anerkennung oder stillschweigende Hinnahme der tatsächlichen Lage eines Gebiets, auf das dieser Vertrag durch einen Vertragsstaat auf Grund des genannten Absatzes anwendbar gemacht wird, durch einen anderen Vertragsstaat in sich schliesst.

Art. 63 **Inkrafttreten des Vertrags**

(1)

a) Vorbehaltlich des Absatzes 3 tritt dieser Vertrag drei Monate nach dem Zeitpunkt in Kraft, zu dem acht Staaten ihre Ratifikations- oder Beitrittsurkunden hinterlegt haben, sofern wenigstens vier dieser Staaten gesondert eine der nachfolgenden Bedingungen erfüllen:

i) die Zahl der in diesem Staat eingereichten Anmeldungen hat nach den jüngsten vom Internationalen Büro veröffentlichten Jahresstatistiken 40000 überschritten;

ii) die Staatsangehörigen dieses Staates oder die Personen mit Sitz oder Wohnsitz in diesem Staat haben nach den jüngsten vom Internationalen Büro veröffentlichten Jahresstatistiken mindestens 1000 Anmeldungen in einem einzigen ausländischen Staat eingereicht;

iii) das nationale Amt des Staates hat nach den jüngsten vom Internationalen Büro veröffentlichten Jahresstatistiken mindestens 10000 Anmeldungen von Staatsangehörigen ausländischer Staaten oder Personen mit Sitz oder Wohnsitz in diesen Staaten erhalten.

b) Für die Anwendung dieses Absatzes umfasst der Begriff «Anmeldungen» nicht Gebrauchsmusteranmeldungen.

(2) Vorbehaltlich des Absatzes 3 tritt der Vertrag für jeden Staat, der nicht bei Inkrafttreten des Vertrags nach Absatz 1 Mitglied wird, drei Monate nach Hinterlegung seiner Ratifikations- oder Beitrittsurkunde in Kraft.

(3) Kapitel II und die sich darauf beziehenden Bestimmungen der diesem Vertrag beigefügten Ausführungsordnung[44] werden erst mit dem Tage anwendbar, zu dem drei Staaten, die jeder für sich wenigstens eine der in Absatz 1 genannten Bedingungen erfüllen, Mitglieder des Vertrags werden, ohne nach Artikel 64 Absatz 1 erklärt zu haben, dass Kapitel II für sie nicht verbindlich sein soll. Dieser Zeitpunkt darf jedoch nicht früher liegen als der Zeitpunkt des ersten Inkrafttretens des Vertrags nach Absatz 1.

Art. 64 **Vorbehalte**

(1)

a) Jeder Staat kann erklären, dass Kapitel II für ihn nicht verbindlich sein soll.

b) Staaten, die eine Erklärung nach Buchstabe a abgeben, sind durch die Bestimmungen des genannten Kapitels und durch die entsprechenden Bestimmungen der Ausführungsordnung[45] nicht gebunden.

---

[44] SR **0.232.141.11**
[45] SR **0.232.141.11**

(2)

a) Jeder Staat, der keine Erklärung nach Absatz 1 Buchstabe a abgegeben hat, kann erklären,

i) dass die Bestimmungen des Artikels 39 Absatz 1 hinsichtlich der Zuleitung eines Exemplars der internationalen Anmeldung und einer Übersetzung hiervon (wie vorgeschrieben) für ihn nicht verbindlich sind,

ii) dass die in Artikel 40 vorgesehene Verpflichtung zur Aussetzung des nationalen Verfahrens einer Veröffentlichung der internationalen Anmeldung oder einer Übersetzung hiervon durch sein nationales Amt oder durch Vermittlung dieses Amtes nicht entgegensteht, wodurch das Amt aber nicht von den in Artikeln 30 und 38 vorgesehenen Verpflichtungen freigestellt wird.

b) Staaten, die eine solche Erklärung abgegeben haben, sind entsprechend gebunden.

(3)

a) Jeder Staat kann erklären, dass, soweit er betroffen ist, eine internationale Veröffentlichung einer internationalen Anmeldung nicht erforderlich ist.

b) Enthält die internationale Anmeldung beim Ablauf von 18 Monaten seit dem Prioritätsdatum nur Bestimmungen solcher Staaten, die Erklärungen nach Buchstabe a abgegeben haben, so unterbleibt die Veröffentlichung der Anmeldung nach Artikel 21 Absatz 2.

c) Im Fall des Buchstaben b wird die internationale Anmeldung gleichwohl vom Internationalen Büro veröffentlicht:

i) auf Antrag des Anmelders gemäss den Bestimmungen der Ausführungsordnung,

ii) wenn eine nationale Anmeldung oder ein Patent, die auf der internationalen Anmeldung beruhen, durch das nationale Amt eines Bestimmungsstaats, der eine Erklärung nach Buchstabe a abgegeben hat, oder auf Veranlassung eines solchen Amtes veröffentlicht wird, unverzüglich nach einer derartigen Veröffentlichung, jedoch nicht vor dem Ablauf von 18 Monaten seit dem Prioritätsdatum.

(4)

a) Jeder Staat, dessen nationales Recht Patenten zu einem früheren Zeitpunkt als dem Zeitpunkt ihrer Veröffentlichung Bedeutung für den Stand der Technik beimisst, jedoch für Zwecke der Bestimmung des Standes der Technik das Prioritätsdatum nach der Pariser Verbandsübereinkunft zum Schutz des gewerblichen Eigentums[46] nicht dem tatsächlichen Anmeldedatum in diesem Staat gleichstellt, kann erklären, dass die Einreichung einer internationalen Anmeldung ausserhalb dieses Staates, in der der Staat als Bestimmungsstaat benannt wird, für Zwecke der Bestimmung des Standes der Technik nicht einer tatsächlichen Anmeldung in diesem Staat gleichgestellt wird.

b) Jeder Staat, der eine Erklärung nach Buchstabe a abgibt, ist insoweit nicht durch Artikel 11 Absatz 3 gebunden.

---

[46] SR **0.232.01/.04**

c) Jeder Staat, der eine Erklärung nach Buchstabe a abgibt, hat gleichzeitig schriftlich mitzuteilen, von welchem Zeitpunkt an und unter welchen Bedingungen internationale Anmeldungen, in denen dieser Staat als Bestimmungsstaat benannt ist, in diesem Staat als zum Stand der Technik gehörend gelten. Diese Erklärung kann jederzeit durch Notifikation an den Generaldirektor geändert werden.

(5) Jeder Staat kann erklären, dass er sich durch Artikel 59 nicht als gebunden betrachtet. Auf Streitigkeiten zwischen einem Vertragsstaat, der eine solche Erklärung abgegeben hat, und jedem anderen Vertragsstaat ist Artikel 59 nicht anzuwenden.

(6)

a) Jede Erklärung nach diesem Artikel muss schriftlich abgegeben werden. Sie kann zum Zeitpunkt der Unterzeichnung des Vertrags oder der Hinterlegung der Ratifikations- und Beitrittsurkunde oder ausser in dem in Absatz 5 bezeichneten Fall zu einem späteren Zeitpunkt durch Notifikation an den Generaldirektor abgegeben werden. Im Fall einer solchen Notifikation wird die Erklärung sechs Monate nach dem Tag wirksam, an dem der Generaldirektor die Notifikation erhalten hat, und hat für internationale Anmeldungen, die vor dem Ablauf dieser Sechs-Monats-Frist eingereicht worden sind, keine Wirkung.

b) Jede Erklärung nach diesem Artikel kann jederzeit durch Notifikation an den Generaldirektor zurückgenommen werden. Diese Rücknahme wird drei Monate nach dem Tag wirksam, an dem der Generaldirektor die Notifikation erhalten hat, und hat im Fall der Rücknahme einer gemäss Absatz 3 abgegebenen Erklärung für internationale Anmeldungen, die vor dem Ablauf dieser Drei-Monats-Frist eingereicht worden sind, keine Wirkung.

(7) Andere Vorbehalte zu diesem Vertrag als die in den Absätzen 1 bis 5 genannten Vorbehalte sind nicht zulässig.

Art. 65   **Schrittweise Anwendung**

(1) Wird in der Vereinbarung mit einer Internationalen Recherchenbehörde oder einer mit der internationalen vorläufigen Prüfung beauftragten Behörde vorübergehend vorgesehen, dass die Zahl oder die Art der internationalen Anmeldungen, zu deren Bearbeitung sich diese Behörde verpflichtet, beschränkt wird, so beschliesst die Versammlung die notwendigen Massnahmen für die schrittweise Anwendung des Vertrags und der Ausführungsordnung[47] in bezug auf bestimmte Gruppen von internationalen Anmeldungen. Diese Bestimmung ist auch auf Anträge auf eine Recherche internationaler Art nach Artikel 15 Absatz 5 anzuwenden.

(2) Die Versammlung setzt die Zeitpunkte fest, von denen an vorbehaltlich des Absatzes 1 internationale Anmeldungen eingereicht und Anträge auf eine internationale vorläufige Prüfung gestellt werden können. Diese Zeitpunkte dürfen nicht später liegen als – je nach Lage des Falls – entweder sechs Monate nach Inkrafttreten dieses Vertrags gemäss Artikel 63 Absatz 1 oder sechs Monate, nachdem Kapitel II gemäss Artikel 63 Absatz 3 verbindlich geworden ist.

Art. 66   **Kündigung**

(1) Jeder Mitgliedstaat kann diesen Vertrag durch eine an den Generaldirektor gerichtete Notifikation kündigen.

---

[47] SR **0.232.141.11**

(2) Die Kündigung wird sechs Monate nach dem Zeitpunkt wirksam, zu dem die Notifikation beim Generaldirektor eingegangen ist. Sie lässt die Wirkungen der internationalen Anmeldung in dem kündigenden Staat unberührt, falls die internationale Anmeldung vor dem Ablauf der erwähnten Sechs-Monats-Frist eingereicht und, wenn der kündigende Staat ausgewählt worden ist, die Auswahlerklärung vor dem Ablauf dieser Frist abgegeben worden ist.

Art. 67 **Unterzeichnung und Sprachen**

(1)

a) Dieser Vertrag wird in einer Urschrift in englischer und französischer Sprache unterzeichnet, wobei jeder Wortlaut gleichermassen verbindlich ist.

b) Amtliche Texte werden vom Generaldirektor nach Beratung mit den beteiligten Regierungen in deutscher, japanischer, portugiesischer, russischer und spanischer Sprache sowie in anderen Sprachen hergestellt, die die Versammlung bestimmen kann.

(2) Dieser Vertrag liegt bis zum 31. Dezember 1970 in Washington zur Unterzeichnung auf.

Art. 68 **Hinterlegung**

(1) Die Urschrift dieses Vertrags wird, nachdem sie nicht mehr zur Unterzeichnung aufliegt, beim Generaldirektor hinterlegt.

(2) Der Generaldirektor übermittelt je zwei von ihm beglaubigte Abschriften dieses Vertrags und der diesem Vertrag beigefügten Ausführungsordnung[48] den Regierungen aller Mitgliedstaaten der Pariser Verbandsübereinkunft zum Schutz des gewerblichen Eigentums[49] und der Regierung jedes anderen Staates, die es verlangt.

(3) Der Generaldirektor lässt diesen Vertrag beim Sekretariat der Vereinten Nationen registrieren.

(4) Der Generaldirektor übermittelt zwei von ihm beglaubigte Ausfertigungen jeder Änderung dieses Vertrags oder der Ausführungsordnung an die Regierungen aller Vertragsstaaten und, auf Antrag, an die Regierung jedes anderen Staates.

Art. 69 **Notifikationen**

Der Generaldirektor notifiziert den Regierungen aller Mitgliedstaaten der Pariser Verbandsübereinkunft zum Schutz des gewerblichen Eigentums[50].

i) die Unterzeichnung nach Artikel 62,

ii) die Hinterlegungen von Ratifikations- oder Beitrittsurkunden nach Artikel 62,

iii) den Tag des Inkrafttretens des Vertrags und den Tag, von dem an Kapitel II nach Artikel 63 Absatz 3 anwendbar wird,

iv) Erklärungen nach Artikel 64 Absätze 1 bis 5,

v) Zurücknahmen von Erklärungen nach Artikel 64 Absatz 6 Buchstabe b,

---

[48] SR **0.232.141.11**
[49] SR **0.232.01/.04**
[50] SR **0.232.01/.04**

vi) Kündigungen, die nach Artikel 66 zugehen, und
vii) Erklärungen nach Artikel 31 Absatz 4.

Zu Urkund dessen haben die hierzu gehörig befugten Unterzeichneten diesen Vertrag unterschrieben.

Geschehen in Washington am neunzehnten Juni tausendneunhundertsiebzig.

(Es folgen die Unterschriften)

Geltungsbereich des Vertrags am 13. Februar 2004

Vertragsstaaten	Ratifikation Beitritt (B) Nachfolgeerklärung (N)			In-Kraft-Treten		
Ägypten	6.	Juni	2003	6.	September	2003
Albanien	4.	Juli	1995 B	4.	Oktober	1995
Algerien*	8.	Dezember	1999	8.	März	2000
Antigua und Barbuda	17.	Dezember	1999 B	17.	März	2000
Armenien*	17.	Mai	1994 N	25.	Dezember	1991
Äquatorialguinea	17.	April	2001 B	17.	Juli	2001
Aserbaidschan	25.	September	1995 B	25.	Dezember	1995
Australien	31.	Dezember	1979 B	31.	März	1980
Barbados	12.	Dezember	1984 B	12.	März	1985
Belarus*	14.	April	1993 N	25.	Dezember	1991
Belgien	14.	September	1981	14.	Dezember	1981
Belize	17.	März	2000 B	17.	Juni	2000
Benin	26.	November	1986 B	26.	Februar	1987
Bosnien und Herzegowina	7.	Juni	1996 B	7.	September	1996
Botsuana	30.	Juli	2003 B	30.	Oktober	2003
Brasilien	9.	Januar	1978	9.	April	1978
Bulgarien	21.	Februar	1984 B	21.	Mai	1984
Burkina Faso	21.	Dezember	1988 B	21.	März	1989
China	1.	Oktober	1993 B	1.	Januar	1994
Hongkong	6.	Juni	1997	1.	Juli	1997
Costa Rica	3.	Mai	1999 B	3.	August	1999
Côte d'Ivoire	31.	Januar	1991	30.	April	1991
Dänemark	1.	September	1978	1.	Dezember	1978
Deutschland	19.	Juli	1976	24.	Januar	1978
Dominica	7.	Mai	1999 B	7.	August	1999

Ecuador	7.	Februar	2001 B	7. Mai	2001
Estland	24.	Mai	1994 B	24. August	1994
Finnland*	1.	Juli	1980	1. Oktober	1980
Frankreich*	25.	November	1977	25. Februar	1978
Überseeische Departemente und Gebiete	25.	November	1977	25. Februar	1978
Gabun	6.	März	1975 B	24. Januar	1978
Gambia	9.	September	1997	9. Dezember	1997
Georgien*	18.	Januar	1994 N	25. Dezember	1991
Ghana	26.	November	1996 B	26. Februar	1997
Grenada	22.	Juni	1998 B	22. September	1998
Griechenland*	9.	Juli	1990 B	9. Oktober	1990
Guinea	27.	Februar	1991 B	27. Mai	1991
Guinea-Bissau	12.	September	1997 B	12. Dezember	1997
Indien*	7.	September	1998 B	7. Dezember	1998
Indonesien*	5.	Juni	1997 B	5. September	1997
Irland	1.	Mai	1992	1. August	1992
Island	23.	Dezember	1994 B	23. März	1995
Israel	1.	März	1996	1. Juni	1996
Italien	28.	Dezember	1984	28. März	1985
Japan	1.	Juli	1978	1. Oktober	1978
Kamerun	15.	März	1973 B	24. Januar	1978
Kanada	2.	Oktober	1989	2. Januar	1990
Kasachstan*	16.	Februar	1993 N	25. Dezember	1991
Kenia	8.	März	1994 B	8. Juni	1994
Kirgisistan*	14.	Februar	1994 N	25. Dezember	1991
Kolumbien	29.	November	2000 B	28 Februar	2001
Kongo (Brazzaville)	8.	August	1977 B	24. Januar	1978
Korea (Nord-)	8.	April	1980 B	8. Juli	1980
Korea (Süd-)	10.	Mai	1984 B	10. August	1984
Kroatien	1.	April	1998 B	1. Juli	1998
Kuba*	16.	April	1996 B	16. Juli	1996
Lesotho	21.	Juli	1995 B	21. Oktober	1995
Lettland	7.	Juni	1993 B	7. September	1993
Liberia	27.	Mai	1994 B	27. August	1994
Liechtenstein	19.	Dezember	1979 B	19. März	1980
Litauen	5.	April	1994 B	5. Juli	1994
Luxemburg	31.	Januar	1978	30. April	1978
Madagaskar	27.	März	1972	24. Januar	1978

Malawi	16.	Mai	1972 B	24. Januar	1978
Mali	19.	Juli	1984 B	19. Oktober	1984
Marokko	8.	Juli	1999 B	8. Oktober	1999
Mauretanien	13.	Januar	1983 B	13. April	1983
Mazedonien	10.	Mai	1995 B	10. August	1995
Mexiko	1.	Oktober	1994 B	1. Januar	1995
Moldova*	14.	Februar	1994 N	25. Dezember	1991
Monaco	22.	März	1979	22. Juni	1979
Mongolei	27.	Februar	1991 B	27. Mai	1991
Mosambik*	18.	Februar	2000 B	18. Mai	2000
Namibia	1.	Oktober	2003 B	1. Januar	2004
Neuseeland	1.	September	1992 B	1. Dezember	1992
Nicaragua	6.	Dezember	2002 B	6. März	2003
Niederlande*	10.	April	1979	10. Juli	1979
Aruba				1. Januar	1986
Niederländische Antillen	10.	April	1979	10. Juli	1979
Niger	21.	Dezember	1992 B	21. März	1993
Norwegen*	1.	Oktober	1979	1. Januar	1980
Oman	26.	Juli	2001 B	26. Oktober	2001
Österreich	23.	Januar	1979	23. April	1979
Papua-Neuguinea	14.	März	2003 B	14. Juni	2003
Philippinen	17.	Mai	2001	17. August	2001
Polen*	25.	September	1990 B	25. Dezember	1990
Portugal	24.	August	1992 B	24. November	1992
Rumänien*	23.	April	1979	23. Juli	1979
Russland*	29.	Dezember	1977	29. März	1978
Sambia	15.	August	2001 B	15. November	2001
St. Lucia*	30.	Mai	1996 B	30. August	1996
St. Vincent und die Grenadinen	6.	Mai	2002 B	6. August	2002
Schweden*	17.	Februar	1978	17. Mai	1978
Schweiz	14.	September	1977	24. Januar	1978
Senegal	8.	März	1972	24. Januar	1978
Serbien und Montenegro	1.	November	1996	1. Februar	1997
Seychellen	7.	August	2002 B	7. November	2002
Sierra Leone	17.	März	1997 B	17. Juni	1997
Simbabwe	11.	März	1997 B	11. Juni	1997
Singapur	23.	November	1994 B	23. Februar	1995
Slowakei	30.	Dezember	1992 N	1. Januar	1993
Slowenien	1.	Dezember	1993 B	1. März	1994

Spanien*	16.	August	1989 B	16.	November 1989
Sri Lanka	26.	November	1981 B	26.	Februar 1982
Südafrika*	16.	Dezember	1998 B	16.	März 1999
Sudan	16.	Januar	1984 B	16.	April 1984
Swasiland	20.	Juni	1994 B	20.	September 1994
Syrien	26.	März	2003	26.	Juni 2003
Tadschikistan*	14.	Februar	1994 N	25.	Dezember 1991
Tansania	14.	Juni	1999 B	14.	September 1999
Togo	28.	Januar	1975	24.	Januar 1978
Trinidad und Tobago	10.	Dezember	1993 B	10.	März 1994
Tschad	12.	Februar	1974 B	24.	Januar 1978
Tschechische Republik	18.	Dezember	1992 N	1.	Januar 1993
Tunesien*	10.	September	2001 B	10.	Dezember 2001
Türkei	1.	Oktober	1995 B	1.	Januar 1996
Turkmenistan*	1.	März	1995 N	25.	Dezember 1991
Uganda	9.	November	1994 B	9.	Februar 1995
Ukraine*	21.	September	1992 N	25.	Dezember 1991
Ungarn*	27.	März	1980	27.	Juni 1980
Usbekistan*	18.	August	1993 N	25.	Dezember 1991
Vereinigte Arabische Emirate	10.	Dezember	1998 B	10.	März 1999
Vereinigte Staaten von Amerika*	26.	November	1975	24.	Januar 1978
Vereinigtes Königreich	24.	Oktober	1977	24.	Februar 1978
Insel Man	27.	Juli	1983	29.	Oktober 1983
Vietnam	10.	Dezember	1992 B	10.	März 1993
Zentralafrikanische Republik	15.	September	1971 B	24.	Januar 1978
Zypern	1.	Januar	1998 B	1.	April 1998

---

* Vorbehalte und Erklärungen siehe hiernach.

Die Vorbehalte und Erklärungen werden in der AS nicht veröffentlicht. Die französischen und englischen Texte können auf der Internet-Seite der Weltorganisation für geistiges Eigentum: www.ompi.org/treaties/index-fr.html eingesehen oder bei der Direktion für Völkerrecht, Sektion Staatsverträge, 3003 Bern, bezogen werden.

Amtlicher deutscher Text[1]

Ausführungsordnung zum Vertrag über die internationale Zusammenarbeit auf dem Gebiet des Patentwesens

Abgeschlossen In Washington am 19. Juni 1970
Von der Bundesversammlung genehmigt am 29. November 1976[2]
Schweizerische Ratifikationsurkunde hinterlegt am 14. September 1977
In Kraft getreten für die Schweiz am 24. Januar 1978

Teil A   Einleitende Regeln

Regel 1   **Abkürzungen**

1.1   *Bedeutung der Abkürzungen*

a) In dieser Ausführungsordnung wird die Bezeichnung «Vertrag» für den Vertrag über die internationale Zusammenarbeit auf dem Gebiet des Patentwesens[3] verwendet.

b) In dieser Ausführungsordnung verweisen die Bezeichnungen «Kapitel» und «Artikel» auf die jeweils angegebenen Kapitel und Artikel des Vertrags.

Regel 2   **Auslegung bestimmter Bezeichnungen**

2.1   *«Anmelder»*

Die Bezeichnung «Anmelder» ist so auszulegen, dass sie auch einen Anwalt oder anderen Vertreter des Anmelders umfasst, sofern sich das Gegenteil nicht eindeutig aus der Fassung oder der Art der Bestimmung oder aus dem Zusammenhang ergibt, in dem diese Bezeichnung verwendet wird, wie beispielsweise in den Fällen, in denen sich die Bestimmung auf den Sitz, den Wohnsitz oder die Staatsangehörigkeit des Anmelders bezieht.

2.2[4]   *«Anwalt»*

Die Bezeichnung «Anwalt» ist so auszulegen, dass sie einen nach Regel 90.1 bestellten Anwalt umfasst, sofern sich das Gegenteil nicht eindeutig aus der Fassung oder der Art der Bestimmung oder aus dem Zusammenhang ergibt, in dem die Bezeichnung verwendet wird.

---

[1] Amtliche deutsche Übersetzung nach Art. 67 Abs. 1 Bst. b des Vertrages. Der nachstehende Wortlaut der Ausführungsordnung weicht in verschiedenen Punkten geringfügig ab von der mit der Botschaft veröffentlichten Fassung (BBl **1976** I 137-275), die noch nicht der bereinigte amtliche Text war. Wie die parlamentarische Redaktionskommission festgestellt hat, sind die Unterschiede rein redaktioneller Natur.

[2] Art. 1 Ziff. 2 des BB vom 29. Nov. 1976 (AS **1977** 1709)

[3] SR **0.232.141.1**

[4] Fassung gemäss der am 1. Juli 1992 in Kraft getretenen Änderung (AS **1992** 1446).

2.2^bis 5 «*Gemeinsamer Vertreter*»

Die Bezeichnung «gemeinsamer Vertreter» ist so auszulegen, dass sie einen Anmelder umfasst, der nach Regel 90.2 als gemeinsamer Vertreter bestellt ist oder gilt.

2.3 «*Unterschrift*»

Die Bezeichnung «Unterschrift» ist dahin zu verstehen, dass sie, falls das nationale Recht, das vom Anmeldeamt oder von der zuständigen Internationalen Recherchenbehörde oder von der mit der internationalen vorläufigen Prüfung beauftragten Behörde angewendet wird, die Verwendung eines Siegels an Stelle einer Unterschrift vorschreibt, für die Zwecke dieses Amtes oder dieser Behörde Siegel bedeutet.

Teil B   Regeln zu Kapitel I des Vertrags

Regel 3   **Der Antrag (Form)** [6]

3.1 [7]   *Form des Antrags*

Der Antrag ist auf einem gedruckten Formblatt zu stellen oder als Computerausdruck einzureichen.

3.2   *Ausgabe von Formblättern*

Vorgedruckte Formblätter werden den Anmeldern vom Anmeldeamt oder, auf Wunsch des Anmeldeamts, vom Internationalen Büro gebührenfrei zur Verfügung gestellt.

3.3   *Kontrolliste*

a) Der Antrag hat eine Liste zu enthalten, die angibt:[8]

   i) die Gesamtblattzahl der internationalen Anmeldung und die Blattzahl jedes Bestandteils der internationalen Anmeldung (Antrag, Beschreibung, Ansprüche, Zeichnungen, Zusammenfassung),

   ii)[9] ob der internationalen Anmeldung im Anmeldezeitpunkt beigefügt sind: eine Vollmacht (d.h. ein Schriftstück, in dem ein Anwalt oder ein gemeinsamer Vertreter ernannt wird), eine Kopie einer allgemeinen Vollmacht, ein Prioritätsbeleg, ein Schriftstück über die Gebührenzahlung und andere Unterlagen (die in der Kontrollstelle im einzelnen aufzuführen sind);

   iii)[10] die Nummer der Abbildung der Zeichnungen, die nach Vorschlag des Anmelders mit der Zusammenfassung bei ihrer Veröffentlichung abgedruckt werden soll; in Ausnahmefällen kann der Anmelder mehr als eine Abbildung vorschlagen.

---

[5] Eingefügt durch die am 1. Juli 1992 in Kraft getretene Änderung (AS **1992** 1446).
[6] Fassung gemäss der am 1. Juli 1992 in Kraft getretenen Änderung (AS **1992** 1446).
[7] Fassung gemäss der am 1. Juli 1992 in Kraft getretenen Änderung (AS **1992** 1446).
[8] Fassung gemäss der am 1. Juli 1992 in Kraft getretenen Änderung (AS **1992** 1446).
[9] Bestimmung geändert am 1. Okt. 1981 (AS **1981** 1753).
[10] Fassung gemäss der am 1. Juli 1992 in Kraft getretenen Änderung (AS **1992** 1446).

b)[11] Die Liste wird vom Anmelder erstellt; unterlässt er dies, macht das Anmeldeamt die notwendigen Angaben; jedoch ist die in Absatz a Ziffer iii genannte Nummer vom Anmeldeamt nicht anzugeben.

3.4[12]   *Gestaltung des Antrags im einzelnen*

Die Gestaltung des vorgedruckten Antragsformblatts und eines als Computerausdruck eingereichten Antrags wird vorbehaltlich Regel 3.3 durch die Verwaltungsrichtlinien vorgeschrieben.

Regel 4   **Der Antrag (Inhalt)**

4.1   *Vorgeschriebener und wahlweiser Inhalt; Unterschrift*

a)   Der Antrag hat zu enthalten:
   i)   ein Antragsersuchen,
   ii) die Bezeichnung der Erfindung,
   iii) Angaben über den Anmelder und gegebenenfalls den Anwalt,
   iv) die Bestimmung von Staaten,
   v)   Angaben über den Erfinder, wenn das nationale Recht wenigstens eines Bestimmungsstaats die Erfindernennung zum Anmeldezeitpunkt verlangt.

b)[13] Der Antrag hat gegebenenfalls zu enthalten:
   i)   einen Prioritätsanspruch,
   ii) einen Hinweis auf eine frühere internationale Recherche, Recherche internationaler Art oder andere Recherche,
   iii) eine Erklärung hinsichtlich der gewählten Schutzrechtsart,
   iv)[14] einen Hinweis, dass der Anmelder ein regionales Patent zu erhalten wünscht,
   v)   eine Bezugnahme auf die Hauptanmeldung oder das Hauptpatent,
   vi)[15] die Angabe der vom Anmelder gewählten zuständigen Internationalen Recherchenbehörde.

c)[16] Der Antrag kann enthalten:
   i)   Angaben über den Erfinder, wenn das nationale Recht keines Bestimmungsstaats die Erfindernennung im Anmeldezeitpunkt verlangt,
   ii) einen Antrag an das Anmeldeamt auf Übermittlung des Prioritätsbelegs an das Internationale Büro, wenn die Anmeldung, deren Priorität beansprucht wird, bei dem nationalen Amt oder der zwischenstaatlichen Behörde eingereicht worden war, das oder die das Anmeldeamt ist.

d)   Der Antrag muss unterzeichnet sein.

---

[11]   Fassung gemäss der am 1. Juli 1992 in Kraft getretenen Änderung (AS **1992** 1446).
[12]   Fassung gemäss der am 1. Juli 1992 in Kraft getretenen Änderung (AS **1992** 1446).
[13]   Bestimmung geändert am 1. Okt. 1980 (AS **1981** 62).
[14]   Fassung gemäss der am 1. Juli 1992 in Kraft getretenen Änderung (AS **1992** 1446).
[15]   Eingefügt durch Beschluss vom 29. Sept. 1993, in Kraft seit 1. Jan. 1994 (AS **1994** 843).
[16]   Bestimmung geändert am 1. Okt. 1981 (AS **1981** 1753).

4.2   *Antragsersuchen*

Das Antragsersuchen soll sinngemäss folgendes zum Ausdruck bringen und ist vorzugsweise wie folgt zu fassen: «Der Unterzeichnete beantragt, dass die vorliegende internationale Anmeldung nach dem Vertrag über die internationale Zusammenarbeit auf dem Gebiet des Patentwesens behandelt wird.»

4.3   *Bezeichnung der Erfindung*

Die Bezeichnung der Erfindung ist kurz (vorzugsweise zwei bis sieben Wörter, wenn in englischer Sprache abgefasst oder in die englische Sprache übersetzt) und genau zu fassen.

4.4   *Namen und Anschriften*

a) Bei natürlichen Personen sind der Familienname und der Vorname oder die Vornamen anzugeben; der Familienname ist vor dem oder den Vornamen anzugeben.

b) Bei juristischen Personen ist die volle amtliche Bezeichnung anzugeben.

c)[17] Anschriften sind in der Weise anzugeben, dass sie die üblichen Anforderungen für eine schnelle Postzustellung an die angegebene Anschrift erfüllen, und müssen in jedem Fall alle massgeblichen Verwaltungseinheiten, gegebenenfalls einschliesslich der Hausnummer, enthalten. Schreibt das nationale Recht des Bestimmungsstaats die Angabe der Hausnummer nicht vor, so hat die Nichtangabe der Nummer in diesem Staat keine Folgen. Um eine schnelle Kommunikation mit dem Anmelder zu ermöglichen, wird empfohlen, eine Fernschreibanschrift, die Telefon- und Telefaxnummern oder entsprechende Angaben zu ähnlichen Einrichtungen zur Nachrichtenübermittlung des Anmelders oder gegebenenfalls des Anwalts oder gemeinsamen Vertreters anzugeben.

d)[18] Für jeden Anmelder, Erfinder oder Anwalt darf nur eine Anschrift angegeben werden; ist jedoch zur Vertretung des Anmelders oder, bei mehreren Anmeldern, aller Anmelder kein Anwalt bestellt worden, so kann der Anmelder oder, bei mehreren Anmeldern, der gemeinsame Vertreter zusätzlich zu den im Antrag angegebenen Anschriften eine Zustellanschrift angeben.

4.5   *Anmelder*

a) Der Antrag hat Namen, Anschrift, Staatsangehörigkeit sowie Sitz oder Wohnsitz des Anmelders oder, wenn mehrere Anmelder beteiligt sind, jedes Anmelders zu enthalten.

b) Die Staatsangehörigkeit des Anmelders ist durch Angabe des Namens des Staates, dem der Anmelder angehört, anzugeben.

c) Der Sitz oder Wohnsitz des Anmelders ist durch Angabe des Staates, in dem der Anmelder seinen Sitz oder Wohnsitz hat, anzugeben.

d)[19] Im Antrag können für verschiedene Bestimmungsstaaten verschiedene Anmelder angegeben werden. In diesem Fall sind der oder die Anmelder für jeden Bestimmungsstaat oder jede Gruppe von Bestimmungsstaaten anzugeben.

---

[17]   Fassung gemäss der am 1. Juli 1992 in Kraft getretenen Änderung (AS **1992** 1446).
[18]   Bestimmung geändert am 1. Okt. 1981 (AS **1981** 1753).
[19]   Eingefügt durch die am 1. Juli 1992 in Kraft getretene Änderung (AS **1992** 1446).

4.6   *Erfinder*

a) Findet Regel 4.1 Absatz a Ziffer v Anwendung, so ist im Antrag Name und Anschrift des oder, wenn mehrere Erfinder vorhanden sind, der Erfinder anzugeben.

b)[20] Ist der Anmelder zugleich der Erfinder, so hat der Antrag an Stelle der Angabe nach Absatz a eine entsprechende Erklärung zu enthalten.

c) Der Antrag kann verschiedene Personen für verschiedene Bestimmungsstaaten als Erfinder nennen, wenn in dieser Hinsicht die Voraussetzungen des nationalen Rechts der Bestimmungsstaaten nicht übereinstimmen. In diesem Fall hat der Antrag eine besondere Erklärung für jeden Bestimmungsstaat oder jede Staatengruppe zu enthalten, in denen eine bestimmte Person oder die gleiche Person als Erfinder angesehen wird oder in denen bestimmte Personen oder die gleichen Personen als Erfinder angesehen werden.

4.7   *Anwalt*

Sind Anwälte bestellt, so sind diese im Antrag durch Angabe ihres Namens und ihrer Anschrift zu bezeichnen.

4.8[21]   *Gemeinsamer Vertreter*

Ist ein gemeinsamer Vertreter benannt worden, so ist dies im Antrag anzugeben.

4.9[22]   *Bestimmung von Staaten*

a) Vertragsstaaten sind im Antrag wie folgt zu bestimmen:
   i) bei Bestimmungen zur Erlangung von nationalen Patenten durch Angabe jedes einzelnen Staats;
   ii) bei Bestimmungen zur Erlangung eines regionalen Patents durch die Angabe, dass ein regionales Patent entweder für alle Vertragsstaaten des betreffenden regionalen Patentvertrags oder nur für die angegebenen Vertragsstaaten gewünscht wird.

b) In dem Antrag kann angegeben werden, dass neben den Bestimmungen nach Absatz a auch alle anderen nach dem Vertrag zulässigen Bestimmungen vorgenommen worden sind, sofern
   i) mindestens ein Vertragsstaat nach Absatz a bestimmt worden ist und
   ii) der Antrag eine Erklärung enthält, dass eine nach diesem Absatz vorgenommene Bestimmung unter dem Vorbehalt einer Bestätigung nach Absatz c steht und eine Bestimmung, die vor Ablauf von 15 Monaten seit dem Prioritätsdatum nicht auf diese Weise bestätigt worden ist, nach Ablauf dieser Frist als vom Anmelder zurückgenommen gilt.

c) Die Bestätigung einer Bestimmung nach Absatz b erfolgt durch
   i) Einreichung einer schriftlichen Mitteilung beim Anmeldeamt mit der in Absatz a Ziffer i oder ii genannten Angabe und

---

[20] Bestimmung geändert am 1. Okt. 1981 (AS **1981** 1753).
[21] Fassung gemäss der am 1. Juli 1992 in Kraft getretenen Änderung (AS **1992** 1446).
[22] Fassung gemäss der am 1. Juli 1992 in Kraft getretenen Änderung (AS **1992** 1446).

ii) Zahlung der in Regel 15.5 genannten Bestimmungs- und Bestätigungsgebühr an das Anmeldeamt innerhalb der Frist nach Absatz b Ziffer ii.

4.10   *Prioritätsanspruch*

a) Die in Artikel 8 Absatz 1 bezeichnete Erklärung muss im Antrag abgegeben werden; sie besteht aus einer Erklärung des Inhalts, dass die Priorität einer früheren Anmeldung in Anspruch genommen wird und muss enthalten:
   i) wenn die frühere Anmeldung keine regionale oder internationale Anmeldung ist, das Land, in dem sie eingereicht worden ist; wenn die frühere Anmeldung eine regionale oder internationale Anmeldung ist, das Land oder die Länder, für das oder die sie eingereicht worden ist,
   ii) das Datum, an dem sie eingereicht worden ist,
   iii) das Aktenzeichen, unter dem sie eingereicht worden ist, und
   iv) wenn die frühere Anmeldung eine regionale oder internationale Anmeldung ist, das nationale Amt oder die zwischenstaatliche Organisation, bei dem oder der sie eingereicht worden ist.

b)[23] Enthält der Antrag nicht die beiden folgenden Angaben:
   i) das Land, in dem die frühere Anmeldung eingereicht worden ist, wenn diese Anmeldung keine regionale oder internationale Anmeldung ist; wenigstens ein Land, für das die frühere Anmeldung eingereicht worden ist, wenn es sich um eine regionale oder internationale Anmeldung handelt, und
   ii) das Datum, an dem die frühere Anmeldung eingereicht worden ist, so gilt der Prioritätsanspruch für das Verfahren nach dem Vertrag als nicht erhoben. Wenn jedoch aufgrund eines offensichtlichen Fehlers die Angabe des Landes oder des Datums fehlt oder unrichtig ist, so kann das Anmeldeamt auf Antrag des Anmelders die notwendige Berichtigung vornehmen. Der Fehler gilt als offensichtlich, wenn die Berichtigung aufgrund eines Vergleichs mit der früheren Anmeldung offensichtlich ist. Besteht der Fehler in der fehlenden Datumsangabe, so kann die Berichtigung nur vor Übermittlung des Aktenexemplars an das Internationale Büro erfolgen. Liegt ein anderer Fehler bezüglich der Datumsangabe oder ein Fehler bezüglich der Landesangabe vor, so kann die Berichtigung nur vor Ablauf der nach dem richtigen Prioritätsdatum berechneten Frist nach Regel 17.1 Absatz a erfolgen.

c)[24] Wird das Aktenzeichen der früheren Anmeldung im Antrag nicht genannt, jedoch vom Anmelder vor dem Ablauf des 16. Monats nach dem Prioritätsdatum beim Internationalen Büro oder beim Anmeldeamt nachgereicht, so gilt es in allen Bestimmungsstaaten als rechtzeitig eingereicht.

d)[25] Fällt das im Antrag angegebene Anmeldedatum der früheren Anmeldung nicht in den Zeitraum von einem Jahr vor dem internationalen Anmeldedatum, so fordert das Anmeldeamt oder, wenn das Anmeldeamt dies unterlassen hat, das Internationale Büro den Anmelder auf, entweder die Streichung der Erklärung nach Artikel 8 Absatz 1 oder im Falle eines Irrtums bei der Angabe des Datums

---

[23]   Fassung gemäss der am 1. Juli 1992 in Kraft getretenen Änderung (AS **1992** 1446).
[24]   Bestimmung geändert am 1. Jan. 1985 (AS **1984** 1539).
[25]   Bestimmung geändert am 1. Jan. 1985 (AS **1984** 1539).

der früheren Anmeldung die Berichtigung des angegebenen Datums zu beantragen. Kommt der Anmelder dieser Aufforderung nicht innerhalb eines Monats seit dem Datum der Aufforderung nach, so ist die Erklärung nach Artikel 8 Absatz 1 von Amts wegen zu streichen.

e) Werden die Prioritäten mehrerer früherer Anmeldungen in Anspruch genommen, so sind Absätze a bis d auf jeden Prioritätsanspruch anzuwenden.

4.11[26]   *Bezugnahme auf eine frühere Recherche*

Ist für eine Anmeldung eine internationale Recherche oder eine Recherche internationaler Art gemäss Artikel 15 Absatz 5 beantragt worden oder wünscht der Anmelder, dass die Internationale Recherchenbehörde den internationalen Recherchenbericht ganz oder teilweise auf die Ergebnisse einer anderen Recherche als einer internationalen Recherche oder Recherche internationaler Art stützt, welche von dem für die internationale Anmeldung als Internationale Recherchenbehörde zuständigen nationalen Amt oder der dafür zuständigen zwischenstaatlichen Organisation durchgeführt worden ist, so hat der Antrag einen Hinweis auf diese Tatsache zu enthalten. In diesem Hinweis ist entweder die Anmeldung (oder gegebenenfalls deren Übersetzung), für die die frühere Recherche durchgeführt worden ist, durch Angabe des Landes, des Datums und des Aktenzeichens oder diese Recherche, gegebenenfalls durch Angabe des Datums und des Aktenzeichens des Recherchenantrags, näher zu bezeichnen.

4.12   *Wahl bestimmter Schutzrechtsarten*

a) Wünscht der Anmelder, dass seine internationale Anmeldung in einem Bestimmungsstaat nicht als Patentanmeldung, sondern als Antrag auf Erteilung einer anderen der in Artikel 43 genannten Schutzrechtsarten behandelt werden soll, so hat er dies im Antrag anzugeben. Auf diesen Absatz ist Artikel 2 Ziffer ii nicht anzuwenden.

b) Im Falle des Artikels 44 hat der Anmelder die beiden Schutzrechtsarten, um die er nachsucht, anzugeben; wenn um eine der beiden Schutzrechtsarten in erster Linie nachgesucht wird, hat der Anmelder anzugeben, um welche Schutzrechtsart in erster Linie und um welche Schutzrechtsart hilfsweise nachgesucht wird.

4.13   *Angabe der Hauptanmeldung oder des Hauptpatents*

Wünscht der Anmelder, dass seine internationale Anmeldung in einem Bestimmungsstaat als Anmeldung für ein Zusatzpatent oder -zertifikat, einen Zusatzerfinderschein oder ein Zusatzgebrauchszertifikat behandelt wird, so hat er die Hauptanmeldung, das Hauptpatent, den Haupterfinderschein oder das Hauptgebrauchszertifikat, worauf sich das Zusatzpatent oder -zertifikat, der Zusatzerfinderschein oder das Zusatzgebrauchszertifikat nach Erteilung beziehen, genau zu kennzeichnen. Auf diesen Absatz ist Artikel 2 Ziffer ii nicht anzuwenden.

4.14   *Fortsetzung oder Teilfortsetzung*

Wünscht der Anmelder, dass seine internationale Anwendung in einem Bestimmungsstaat als eine Fortsetzung oder Teilfortsetzung einer früheren Anmeldung behandelt wird, so hat er dies im Antrag anzugeben und die Hauptanmeldung genau zu kennzeichnen.

---

[26] Bestimmung geändert am 1. Okt. 1980 (AS **1981** 62).

4.14[bis27]   *Wahl der Internationalen Recherchenbehörde*

Sind zwei oder mehr Internationale Recherchenbehörden für die Durchführung der Recherche zur internationalen Anmeldung zuständig, so hat der Anmelder die von ihm gewählte Internationale Recherchenbehörde im Antrag anzugeben.

4.15[28]   *Unterschrift*

a) Vorbehaltlich Absatz b ist der Antrag vom Anmelder oder bei mehreren Anmeldern von allen Anmeldern zu unterzeichnen.

b) Reichen zwei oder mehr Anmelder eine internationale Anmeldung ein, in der ein Staat bestimmt ist, dessen nationales Recht die Einreichung von nationalen Anmeldungen durch den Erfinder vorschreibt, und verweigert ein Anmelder für diesen Bestimmungsstaat, der Erfinder ist, die Unterzeichnung des Antrags oder konnte er trotz Anwendung gebührender Sorgfalt nicht aufgefunden oder erreicht werden, so muss der Antrag von diesem Anmelder nicht unterzeichnet werden, wenn er von wenigstens einem Anmelder unterzeichnet ist und eine Erklärung vorgelegt wird, die dem Anmeldeamt eine ausreichende Begründung für das Fehlen der Unterschrift gibt.

4.16   *Transkription oder Übersetzung bestimmter Wörter*

a) Werden Namen oder Anschriften in anderen Buchstaben als denen des lateinischen Alphabets geschrieben, so sind sie auch in Buchstaben des lateinischen Alphabets anzugeben, und zwar als blosse Transkription oder durch Übersetzung in die englische Sprache. Der Anmelder hat zu bestimmen, welche Wörter lediglich transkribiert und welche Wörter übersetzt werden.

b) Der Name eines Landes, der in anderen Buchstaben als denen des lateinischen Alphabets angegeben ist, ist auch in englischer Sprache anzugeben.

4.17[29]   *Weitere Angaben*

a) Der Antrag darf keine weiteren als die in den Regeln 4.1 bis 4.16 aufgeführten Angaben enthalten; die Verwaltungsrichtlinien können die Aufnahme weiterer dort angeführter Angaben im Antrag gestatten, jedoch nicht zwingend vorschreiben.

b) Enthält der Antrag andere als die in Regeln 4.1 bis 4.16 aufgeführten oder gemäss Buchstabe a nach den Verwaltungsrichtlinien zulässigen Angaben, so hat das Anmeldeamt von Amts wegen die zusätzlichen Angaben zu streichen.

Regel 5   **Die Beschreibung**

5.1   *Art der Beschreibung*

a) In der Beschreibung ist zunächst die im Antrag erscheinende Bezeichnung der Erfindung zu nennen; ferner

    i) ist das technische Gebiet, auf das sich die Erfindung bezieht, anzugeben;

---

[27] Eingefügt durch Beschluss vom 29. Sept. 1993, in Kraft seit 1. Jan. 1994 (AS **1994** 843).
[28] Fassung gemäss der am 1. Juli 1992 in Kraft getretenen Änderung (AS **1992** 1446).
[29] Bestimmung geändert am 1. Jan.1985 (AS **1984** 1539).

ii) ist der zugrundeliegende Stand der Technik anzugeben, soweit er nach der Kenntnis des Anmelders für das Verständnis der Erfindung, für die Recherche und die Prüfung als nützlich angesehen werden kann; vorzugsweise sind auch Fundstellen anzugeben, aus denen sich dieser Stand der Technik ergibt;

iii) ist die Erfindung, wie sie in den Ansprüchen gekennzeichnet ist, so darzustellen, dass danach die technische Aufgabe (auch wenn nicht ausdrücklich als solche genannt) und deren Lösung verstanden werden können; ausserdem sind gegebenenfalls die vorteilhaften Wirkungen der Erfindung unter Bezugnahme auf den zugrundeliegenden Stand der Technik anzugeben;

iv) sind die Abbildungen der Zeichnungen, falls solche vorhanden sind, kurz zu beschreiben;

v) ist wenigstens der nach Ansicht des Anmelders beste Weg zur Ausführung der beanspruchten Erfindung anzugeben; dies soll, wo es angebracht ist, durch Beispiele und gegebenenfalls unter Bezugnahme auf Zeichnungen geschehen; fordert das nationale Recht eines Bestimmungsstaats nicht die Beschreibung des besten Weges, sondern lässt es die Beschreibung irgendeines Weges zur Ausführung (gleichgültig, ob er als der beste angesehen wird) genügen, so hat die Nichtangabe des besten Weges zur Ausführung in diesem Staat keine Folgen;

vi) ist im einzelnen anzugeben, falls dies nicht nach der Beschreibung oder der Natur der Erfindung offensichtlich ist, in welcher Weise der Gegenstand der Erfindung gewerblich verwertet, hergestellt und verwendet werden kann oder, wenn er nur verwendet werden kann, auf welche Weise er verwendet werden kann; der Begriff «gewerblich» ist im weitesten Sinne wie in der Pariser Verbandsübereinkunft zum Schutz des gewerblichen Eigentums[30] zu verstehen.

b) Die im Absatz a festgelegte Form und Reihenfolge sind einzuhalten, ausser wenn wegen der Art der Erfindung eine abweichende Form oder Reihenfolge zu einem besseren Verständnis oder zu einer knapperen Darstellung führen würde.

c) Vorbehaltlich des Absatzes b soll möglichst jedem der in Absatz a genannten Teile eine geeignete Überschrift vorangestellt werden, wie sie in den Verwaltungsrichtlinien vorgeschlagen wird.

5.2[31]   *Offenbarung von Nucleotid- und/oder Aminosäuresequenzen*

Offenbart die internationale Anmeldung eine Nucleotid- und/oder Aminosäuresequenz, so muss die Beschreibung ein Sequenzprotokoll enthalten, das dem durch die Verwaltungsrichtlinien vorgeschriebenen Standard entspricht.

Regel 6   **Die Ansprüche**

6.1   *Zahl und Numerierung der Ansprüche*

a) Die Anzahl der Ansprüche hat sich bei Berücksichtigung der Art der beanspruchten Erfindung in vertretbaren Grenzen zu halten.

---

[30] SR **0.232.01/.04**
[31] Eingefügt durch die am 1. Juli 1992 in Kraft getretene Änderung (AS **1992** 1446).

b) Mehrere Ansprüche sind fortlaufend mit arabischen Zahlen zu numerieren.

c) Die Art und Weise der Numerierung im Falle der Änderung von Ansprüchen wird durch die Verwaltungsrichtlinien geregelt.

6.2 *Bezugnahme auf andere Teile der Anmeldung*

a) Ansprüche dürfen sich, wenn dies nicht unbedingt erforderlich ist, im Hinblick auf die technischen Merkmale der Erfindung nicht auf Bezugnahmen auf die Beschreibung oder die Zeichnungen stützen. Sie dürfen sich insbesondere nicht auf Hinweise stützen wie: «wie beschrieben in Teil ... der Beschreibung» oder «wie in Abbildung ... der Zeichnung dargestellt».

b) Sind der Internationalen Anmeldung Zeichnungen beigefügt, so sind die in den Ansprüchen genannten technischen Merkmale vorzugsweise mit Bezugszeichen zu versehen, die auf diese Merkmale hinweisen. Die Bezugszeichen sind vorzugsweise in Klammern zu setzen. Ermöglichen die Bezugszeichen kein schnelleres Verständnis des Anspruchs, so sollen sie nicht aufgenommen werden. Bezugszeichen können durch ein Bestimmungsamt für die Zwecke der Veröffentlichung durch dieses Amt entfernt werden.

6.3 *Formulierung der Ansprüche*

a) Der Gegenstand des Schutzbegehrens ist durch Angabe der technischen Merkmale der Erfindung festzulegen.

b) Wo es zweckdienlich ist, haben die Ansprüche zu enthalten:
   i) die Angabe der technischen Merkmale, die für die Festlegung des beanspruchten Gegenstands der Erfindung notwendig sind, jedoch – in Verbindung miteinander – zum Stand der Technik gehören,
   ii) einen kennzeichnenden Teil – eingeleitet durch die Worte «dadurch gekennzeichnet», «gekennzeichnet durch», «wobei die Verbesserung darin besteht» oder durch eine andere Formulierung mit der gleichen Bedeutung –, der in gedrängter Form die technischen Merkmale bezeichnet, für die in Verbindung mit den unter Ziffer i angegebenen Merkmalen Schutz begehrt wird.

c) Fordert das nationale Recht des Bestimmungsstaats die in Absatz b vorgeschriebene Art der Formulierung der Ansprüche nicht, so hat der Nichtgebrauch dieser Formulierung in diesem Staat keine Folgen, sofern die Art der Formulierung der Ansprüche dem nationalen Recht dieses Staates genügt.

6.4 *Abhängige Ansprüche*

a)[32] Jeder Anspruch, der alle Merkmale eines oder mehrerer anderer Ansprüche enthält (Anspruch in abhängiger Form, nachfolgend bezeichnet als «abhängiger Anspruch»), hat vorzugsweise am Anfang eine Bezugnahme auf den oder die anderen Ansprüche zu enthalten und nachfolgend die zusätzlich beanspruchten Merkmale anzugeben. Jeder abhängige Anspruch, der auf mehr als einen anderen Anspruch verweist («mehrfach abhängiger Anspruch»), darf nur in Form einer Alternative auf andere Ansprüche verweisen. Mehrfach abhängige Ansprüche dürfen nicht als Grundlage für andere mehrfach abhängige Ansprüche

---

[32] Bestimmung geändert am 1. Jan. 1985 (AS **1984** 1537).

dienen. Gestattet es das nationale Recht des als Internationale Recherchenbehörde tätigen nationalen Amtes nicht, dass mehrfach abhängige Ansprüche anders als in den beiden vorstehenden Sätzen bestimmt abgefasst werden, so kann in den internationalen Recherchenbericht ein Hinweis nach Artikel 17 Absatz 2 Buchstabe b aufgenommen werden, wenn Ansprüche diesen Bestimmungen nicht entsprechen. Der Umstand, dass die Ansprüche nicht entsprechend diesen Bestimmungen abgefasst sind, hat in einem Bestimmungsstaat keine Folgen, wenn die Ansprüche entsprechend dem nationalen Recht dieses Staates abgefasst sind.

b) Jeder abhängige Anspruch ist dahin zu verstehen, dass er alle Beschränkungen des Anspruchs enthält, auf den er sich bezieht, oder im Falle mehrfacher Abhängigkeit alle Beschränkungen des Anspruchs, mit dem er im Einzelfall in Verbindung gebracht wird.

c) Alle abhängigen Ansprüche, die sich auf einen oder mehrere vorangehende Ansprüche rückbeziehen, sind soweit möglich und auf die zweckmässigste Weise zu gruppieren.

6.5 *Gebrauchsmuster*

Jeder Bestimmungsstaat, in dem auf der Grundlage einer internationalen Anmeldung um die Erteilung eines Gebrauchsmusters nachgesucht wird, kann hinsichtlich der in den Regeln 6.1 bis 6.4 geregelten Fragen an Stelle dieser Regeln sein nationales Gebrauchsmusterrecht anwenden, sobald mit der Bearbeitung der internationalen Anmeldung in diesem Staat begonnen worden ist, unter der Voraussetzung, dass dem Anmelder eine Frist von mindestens zwei Monaten nach Ablauf der nach Artikel 22 massgeblichen Frist gewährt wird, damit er seine Anmeldung den genannten Bestimmungen des nationalen Rechts anpassen kann.

Regel 7 **Die Zeichnungen**

7.1 *Flussdiagramme und Diagramme*

Flussdiagramme und Diagramme gelten als Zeichnungen.

7.2 *Frist*

Die in Artikel 7 Absatz 2 Ziffer ii genannte Frist muss unter Berücksichtigung der Umstände des Falles angemessen sein und darf in keinem Falle kürzer bemessen werden als zwei Monate seit dem Zeitpunkt, in dem die Nachreichung von Zeichnungen oder von zusätzlichen Zeichnungen nach der genannten Vorschrift schriftlich verlangt worden ist.

Regel 8 **Die Zusammenfassung**

8.1 *Inhalt und Form der Zusammenfassung*

a) Die Zusammenfassung hat zu bestehen:
   i) aus einer Kurzfassung der in der Beschreibung, den Ansprüchen und Zeichnungen enthaltenen Offenbarung; die Kurzfassung soll das technische Gebiet der Erfindung angeben und so gefasst sein, dass sie ein klares Verständnis des technischen Problems, des entscheidenden Punktes der Lösung durch die Erfindung und der hauptsächlichen Verwendungsmöglichkeiten ermöglicht;

ii) gegebenenfalls aus der chemischen Formel, die unter allen in der internationalen Anmeldung enthaltenen Formeln die Erfindung am besten kennzeichnet.
b) Die Zusammenfassung hat so kurz zu sein, wie es die Offenbarung erlaubt (vorzugsweise 50 bis 150 Wörter, wenn in englischer Sprache abgefasst oder in die englische Sprache übersetzt).
c) Die Zusammenfassung darf keine Behauptungen über angebliche Vorzüge oder den Wert der beanspruchten Erfindung oder über deren theoretische Anwendungsmöglichkeiten enthalten.
d) Jedem in der Zusammenfassung erwähnten und in einer der Anmeldung beigefügten Zeichnung veranschaulichten technischen Merkmal hat in Klammern ein Bezugszeichen zu folgen.

8.2[33] *Abbildung*

a) Macht der Anmelder die in Regel 3.3 Absatz a Ziffer iii erwähnte Angabe nicht oder kommt die Internationale Recherchenbehörde zu dem Ergebnis, dass eine oder mehrere andere Abbildungen als die vom Anmelder vorgeschlagene von allen Abbildungen aller Zeichnungen die Erfindung besser kennzeichnen, so soll sie vorbehaltlich Absatz b die Abbildung oder Abbildungen angeben, die vom Internationalen Büro zusammen mit der Zusammenfassung veröffentlicht werden sollen. In diesem Fall wird die Zusammenfassung mit der oder den von der Internationalen Recherchenbehörde angegebenen Abbildungen veröffentlicht. Andernfalls wird die Zusammenfassung vorbehaltlich Absatz b mit der oder den vom Anmelder vorgeschlagenen Abbildungen veröffentlicht.
b) Kommt die Internationale Recherchenbehörde zu dem Ergebnis, dass keine Abbildung der Zeichnungen für das Verständnis der Zusammenfassung nützlich ist, so teilt sie dies dem Internationalen Büro mit. In diesem Fall wird die Zusammenfassung vom Internationalen Büro ohne eine Abbildung der Zeichnungen veröffentlicht, auch wenn der Anmelder einen Vorschlag nach Regel 3.3 Absatz a Ziffer iii gemacht hat.

8.3 *Richtlinien für die Abfassung*

Die Zusammenfassung ist so zu formulieren, dass sie auf dem jeweiligen Fachgebiet als brauchbare Handhabe zur Nachsuche dienen kann, insbesondere dem Wissenschaftler, dem Ingenieur oder dem Rechercheur dabei hilft, sich eine Meinung darüber zu bilden, ob es notwendig ist, die internationale Anmeldung selbst einzusehen.

Regel 9 **Nicht zu verwendende Ausdrücke usw.**

9.1 *Begriffsbestimmung*

Die internationale Anmeldung darf nicht enthalten:
i) Ausdrücke oder Zeichnungen, die gegen die guten Sitten verstossen;
ii) Ausdrücke oder Zeichnungen, die gegen die öffentliche Ordnung verstossen;

---

[33] Bestimmung geändert am 1. Jan. 1985 (AS **1984** 1537).

iii) herabsetzende Äusserungen über Erzeugnisse oder Verfahren Dritter oder den Wert oder die Gültigkeit von Anmeldungen oder Patenten Dritter (blosse Vergleiche mit dem Stand der Technik gelten als solche nicht als herabsetzend);

iv) jede den Umständen nach offensichtlich belanglose oder unnötige Äusserung oder sonstige Angabe.

9.2　　*Feststellung der Zuwiderhandlung*

Das Anmeldeamt und die Internationale Recherchenbehörde können eine Zuwiderhandlung gegen die Regel 9.1 feststellen und können dem Anmelder vorschlagen, seine internationale Anmeldung freiwillig entsprechend zu ändern. Ist die Zuwiderhandlung vom Anmeldeamt festgestellt worden, so unterrichtet dieses die zuständige Internationale Recherchenbehörde und das Internationale Büro; war sie von der Internationalen Recherchenbehörde festgestellt worden, so unterrichtet diese das Anmeldeamt und das Internationale Büro.

9.3　　*Bezugnahme auf Artikel 21 Absatz 6*

Der Ausdruck «herabsetzende Äusserungen» in Artikel 21 Absatz 6 hat die in Regel 9.1 Ziffer iii festgelegte Bedeutung.

Regel 10　　**Terminologie und Zeichen**

10.1　　*Terminologie und Zeichen*

a) Gewichts- und Masseinheiten sind nach dem metrischen System anzugeben oder jedenfalls auch in diesem System, falls den Angaben ein anderes System zugrunde liegt.

b)[34] Temperaturen sind in Grad Celsius oder, falls den Angaben ein anderes System zugrunde liegt, auch in Grad Celsius anzugeben.

c)　...[35]

d) Für Angaben über Wärme, Energie, Licht, Schall und Magnetismus sowie für mathematische Formeln und elektrische Einheiten sind die in der internationalen Praxis anerkannten Regeln zu beachten; für chemische Formeln sind die allgemein üblichen Symbole, Atomgewichte und Molekularformeln zu verwenden.

e) Allgemein sind nur solche technischen Bezeichnungen, Zeichen und Symbole zu verwenden, wie sie allgemein auf dem Fachgebiet anerkannt sind.

f)[36] Der Beginn von Dezimalstellen ist, wenn die internationale Anmeldung oder ihre Übersetzung in chinesischer, englischer oder japanischer Sprache abgefasst ist, durch einen Punkt und, wenn die internationale Anmeldung oder ihre Übersetzung in einer anderen Sprache abgefasst ist, durch ein Komma zu kennzeichnen.

---

[34] Bestimmung geändert am 1. Okt. 1980 (AS **1981** 62).
[35] Bestimmung aufgehoben am 1. Okt. 1980 (AS **1981** 62).
[36] Fassung gemäss Beschluss vom 29. Sept. 1992, in Kraft von dem Tage, an dem der Vertrag für China verbindlich ist (AS **1993** 1393).

10.2 *Einheitlichkeit*

Terminologie und Zeichen sind in der gesamten internationalen Anmeldung einheitlich zu verwenden.

Regel 11 **Bestimmungen über die äussere Form der internationalen Anmeldung**

11.1 *Anzahl von Exemplaren*

a) Vorbehaltlich des Absatzes b sind die internationale Anmeldung und jede der in der Liste (Regel 3.3 Absatz a Ziffer ii) genannten Unterlagen in einem Exemplar einzureichen.

b) Jedes Anmeldeamt kann verlangen, dass die internationale Anmeldung und jede der in der Kontrolliste (Regel 3.3 Absatz a Ziffer ii) genannten Unterlagen mit Ausnahme der Gebührenquittung und des Schecks für die Gebührenzahlung in zwei oder drei Exemplaren eingereicht wird. In diesem Fall ist das Anmeldeamt für die Feststellung der Übereinstimmung des zweiten und dritten Exemplars mit dem Aktenexemplar verantwortlich.

11.2 *Vervielfältigungsfähigkeit*

a) Alle Teile der internationalen Anmeldung (d.h. der Antrag, die Beschreibung, die Ansprüche, die Zeichnungen und die Zusammenfassung) sind in einer Form einzureichen, die eine unmittelbare Vervielfältigung durch Fotografie, elektrostatisches Verfahren, Foto-Offsetdruck und Mikroverfilmung in einer unbeschränkten Anzahl von Exemplaren gestattet.

b) Die Blätter müssen glatt, knitterfrei und ungefaltet sein.

c) Die Blätter sind einseitig zu beschriften.

d)[37] Vorbehaltlich der Regel 11.10 Absatz d und der Regel 11.13 Absatz i ist jedes Blatt im Hochformat zu verwenden (d.h. die kurzen Seiten oben und unten).

11.3 *Zu verwendendes Material*

Alle Bestandteile der internationalen Anmeldung sind auf biegsamem, festem, weissem, glattem, mattem und widerstandsfähigem Papier einzureichen.

11.4 *Einzelne Blätter*

a) Jeder Teil der internationalen Anmeldung (Antrag, Beschreibung, Ansprüche, Zeichnungen, Zusammenfassung) hat auf einem neuen Blatt zu beginnen.

b) Alle Blätter der internationalen Anmeldung haben so miteinander verbunden zu sein, dass sie beim Einsehen leicht gewendet werden können und leicht zu entfernen und wieder einzuordnen sind, wenn sie zu Zwecken der Vervielfältigung entnommen werden sollen.

---

[37] Bestimmung geändert am 1. Okt. 1980 (AS **1981** 62).

Ausführungsordnung PCT 871

11.5 *Blattformat*

Als Blattgrösse ist das Format A4 (29,7 cm mal 21 cm) zu verwenden. Jedoch können die Anmeldeämter internationale Anmeldungen auf Blättern von anderem Format zulassen, vorausgesetzt, dass das Aktenexemplar, wie es dem Internationalen Büro übermittelt wird, und, falls es die zuständige Internationale Recherchenbehörde so wünscht, auch das Recherchenexemplar das Format A4 aufweisen.

11.6 *Ränder*

a)[38] Als Mindesträtnder sind auf den Blättern der Beschreibung, der Ansprüche und der Zusammenfassung folgende Abstände einzuhalten:

- Oben: 2 cm
- Links: 2,5 cm
- Rechts: 2 cm
- Unten: 2 cm

b)[39] Die empfohlenen Höchstmasse für die Ränder nach Absatz a sind folgende Abstände:

- Oben: 4 cm
- Links: 4 cm
- Rechts: 3 cm
- Unten: 3 cm

c)[40] Auf Blättern, die Zeichnungen enthalten, darf die benutzte Fläche 26,2 (17 cm nicht überschreiten. Die benutzbare oder benutzte Fläche der Blätter darf nicht umrandet sein. Als Mindesträtnder sind folgende Abstände einzuhalten:

- Oben: 2,5 cm
- Links: 2,5 cm
- Rechts: 1,5 cm
- Unten: 1 cm

d) Die in den Absätzen a bis c genannten Ränder beziehen sich auf Blätter vom A4-Format, so dass, selbst wenn das Anmeldeamt andere Formate zulässt, auch dem das A4-Format aufweisende Aktenexemplar und, falls gefordert, dem das A4-Format aufweisenden Recherchenexemplar noch die vorgeschriebenen Ränder verbleiben müssen.

e)[41] Vorbehaltlich Absatz f und Regel 11.8 Absatz b müssen die Ränder der internationalen Anmeldung bei ihrer Einreichung vollständig frei sein.

f)[42] Der Oberrand darf in der linken Ecke die Angabe des Aktenzeichens des Anmelders enthalten, sofern es nicht mehr als 1,5 cm vom oberen Blattrand entfernt eingetragen ist. Die für das Aktenzeichen des Anmelders verwendete Anzahl von Zeichen darf die in den Verwaltungsrichtlinien festgelegte Höchstzahl nicht überschreiten.

---

[38] Fassung gemäss der am 1. Juli 1992 in Kraft getretenen Änderung (AS **1992** 1446).
[39] Fassung gemäss der am 1. Juli 1992 in Kraft getretenen Änderung (AS **1992** 1446).
[40] Fassung gemäss der am 1. Juli 1992 in Kraft getretenen Änderung (AS **1992** 1446).
[41] Fassung gemäss der am 1. Juli 1992 in Kraft getretenen Änderung (AS **1992** 1446).
[42] Eingefügt durch die am 1. Juli 1992 in Kraft getretene Änderung (AS **1992** 1446).

11.7   *Numerierung der Blätter*

a) Alle Blätter der internationalen Anmeldung sind fortlaufend nach arabischen Zahlen zu numerieren.

b)[43] Die Blattzahlen sind oben oder unten, in der Mitte, aber nicht innerhalb des Randes der Blätter anzubringen.

11.8   *Numerierung von Zeilen*

a) Es wird dringend empfohlen, jede fünfte Zeile auf jedem Blatt der Beschreibung und auf jedem Blatt der Patentansprüche zu numerieren.

b)[44] Die Zahlen sind in der rechten Hälfte des linken Randes anzubringen.

11.9   *Schreibweise von Texten*[45]

a) Der Antrag, die Beschreibung, die Ansprüche und die Zusammenfassung müssen mit Maschine geschrieben oder gedruckt sein.

b)[46] Nur graphische Symbole und Schriftzeichen, chemische oder mathematische Formeln und besondere Zeichen der chinesischen oder japanischen Sprache können, falls notwendig, handgeschrieben oder gezeichnet sein.

c) Der Zeilenabstand hat 1½ zeilig zu sein.

d) Alle Texte müssen in Buchstaben, deren Grossbuchstaben eine Mindestgrösse von 2,1 mm Höhe aufweisen, und mit dunkler unauslöschlicher Farbe entsprechend Regel 11.2 geschrieben sein.

e)[47] Die Absätze c und d sind, soweit sie den Zeilenabstand und die Grösse der Buchstaben betreffen, auf Texte in chinesischer oder japanischer Sprache nicht anzuwenden.

11.10   *Zeichnungen, Formeln und Tabellen innerhalb des Textes*

a) Der Antrag, die Beschreibung, die Ansprüche und die Zusammenfassung dürfen keine Zeichnungen enthalten.

b) Die Beschreibung, die Ansprüche und die Zusammenfassung können chemische oder mathematische Formeln enthalten.

c) Die Beschreibung und die Zusammenfassung können Tabellen enthalten; ein Anspruch darf Tabellen nur enthalten, wenn der Gegenstand des Anspruchs die Verwendung von Tabellen wünschenswert erscheinen lässt.

d)[48] Tabellen sowie chemische und mathematische Formeln können im Querformat wiedergegeben werden, wenn sie im Hochformat nicht befriedigend dargestellt

---

[43] Fassung gemäss der am 1. Juli 1992 in Kraft getretenen Änderung (AS **1992** 1446).

[44] Fassung gemäss der am 1. Juli 1992 in Kraft getretenen Änderung (AS **1992** 1446).

[45] Fassung gemäss Beschluss vom 29. Sept. 1992, in Kraft von dem Tage, an dem der Vertrag für China verbindlich ist (AS **1993** 1393).

[46] Fassung gemäss Beschluss vom 29. Sept. 1992, in Kraft von dem Tage, an dem der Vertrag für China verbindlich ist (AS **1993** 1393).

[47] Fassung gemäss Beschluss vom 29. Sept. 1992, in Kraft von dem Tage, an dem der Vertrag für China verbindlich ist (AS **1993** 1393).

[48] Bestimmung eingefügt am 1. Okt. 1980 (AS **1981** 62).

werden können; Blätter, auf denen Tabellen oder chemische oder mathematische Formeln im Querformat wiedergegeben werden, sind so anzuordnen, dass der Kopf der Tabellen oder Formeln auf der linken Seite des Blattes erscheint.

11.11 *Erläuterungen in Zeichnungen*

a) Erläuterungen dürfen in die Zeichnungen nicht aufgenommen werden; ausgenommen sind kurze unentbehrliche Angaben – z.B. «Wasser», «Dampf», «offen», «geschlossen», «Schnitt nach A-B» – sowie in elektrischen Schaltplänen und Blockschaltbildern oder Flussdiagrammen kurze Stichworte, die für das Verständnis unentbehrlich sind.

b) Verwendete Erläuterungen sind so anzubringen, dass sie, wenn sie übersetzt werden, ohne die Linien der Zeichnungen zu beeinflussen, überklebt werden können.

11.12[49] *Änderungen und ähnliches*

Jedes Blatt muss weitgehend frei von Radierstellen und frei von Änderungen, Überschreibungen und Zwischenbeschriftungen sein. Von diesem Erfordernis kann abgesehen werden, wenn der verbindliche Text dadurch nicht in Frage gestellt wird und die Voraussetzungen für eine gute Vervielfältigung nicht gefährdet sind.

11.13 *Besondere Bestimmungen für Zeichnungen*

a)[50] Zeichnungen sind in widerstandsfähigen schwarzen, ausreichend festen und dunklen, in sich gleichmässig starken und klaren Linien oder Strichen ohne Farben auszuführen.

b) Querschnitte sind durch Schraffierungen kenntlich zu machen, die die Erkennbarkeit der Bezugszeichen und Führungslinien nicht beeinträchtigen dürfen.

c) Der Massstab der Zeichnungen und die Klarheit der zeichnerischen Ausführung müssen gewährleisten, dass eine fotografische Wiedergabe auch bei Verkleinerungen auf 1/3 alle Einzelheiten noch ohne Schwierigkeiten erkennen lässt.

d) Wenn in Ausnahmefällen der Massstab in einer Zeichnung angegeben wird, so ist er zeichnerisch darzustellen.

e) Alle Zahlen, Buchstaben und Bezugslinien, welche in der Zeichnung vorhanden sind, müssen einfach und eindeutig sein. Klammern, Kreise oder Anführungszeichen dürfen bei Zahlen und Buchstaben nicht verwendet werden.

f) Alle Linien in den Zeichnungen sollen im allgemeinen mit Zeichengeräten gezogen werden.

g) Jeder Teil der Abbildung hat im richtigen Verhältnis zu jedem anderen Teil der Abbildung zu stehen, sofern nicht die Verwendung eines anderen Verhältnisses für die Übersichtlichkeit der Abbildung unerlässlich ist.

h) Die Grösse der Ziffern und Buchstaben darf 3,2 mm nicht unterschreiten. Für die Beschriftung der Zeichnungen ist lateinische Schrift zu verwenden und, wo üblich, die griechische Schrift.

---

[49] Bestimmung geändert am 1. Okt. 1980 (AS **1981** 62).
[50] Bestimmung geändert am 14. April 1978.

i) Ein Zeichnungsblatt kann mehrere Abbildungen enthalten. Bilden Abbildungen auf zwei oder mehr Blättern eine einzige vollständige Abbildung, so sind die Abbildungen auf den mehreren Blättern so anzubringen, dass die vollständige Abbildung zusammengesetzt werden kann, ohne dass ein Teil einer Abbildung auf den einzelnen Blättern verdeckt wird.

j)[51] Die einzelnen Abbildungen sind auf einem Blatt oder mehreren Blättern ohne Platzverschwendung vorzugsweise im Hochformat und eindeutig voneinander getrennt anzuordnen. Sind die Abbildungen nicht im Hochformat dargestellt, so sind sie im Querformat mit dem Kopf der Abbildungen auf der linken Seite des Blattes anzuordnen.

k) Die einzelnen Abbildungen sind durch arabische Zahlen fortlaufend und unabhängig von den Zeichnungsblättern zu numerieren.

l) Nicht in der Beschreibung genannte Bezugszeichen dürfen in den Zeichnungen nicht erscheinen und umgekehrt.

m) Gleiche mit Bezugszeichen gekennzeichnete Teile müssen in der gesamten internationalen Anmeldung die gleichen Zeichen erhalten.

n) Enthalten die Zeichnungen eine grosse Zahl von Bezugszeichen, so wird dringend empfohlen, ein gesondertes Blatt mit einer Zusammenstellung aller Bezugszeichen und der durch sie gekennzeichneten Teile beizufügen.

11.14 *Nachgereichte Unterlagen*

Die Regeln 10 und 11.1 bis 11.13 sind auf alle zu der internationalen Anmeldung nachgereichten Unterlagen – z.B. korrigierte Seiten, geänderte Ansprüche – anzuwenden.

11.15[52]

Regel 12[53] **Sprache der internationalen Anwendung**

12.1 *Zugelassene Sprachen*

a) Jede internationale Anmeldung ist in der Sprache oder einer der Sprachen einzureichen, die in der Vereinbarung zwischen dem Internationalen Büro und der für die internationale Recherche dieser Anmeldung zuständigen Internationalen Recherchenbehörde festgelegt ist; legt die Vereinbarung mehrere Sprachen fest, so kann das Anmeldeamt unter den festgelegten Sprachen die Sprache vorschreiben, in der die internationale Anmeldung einzureichen ist, oder für die Anmeldung mehrere dieser Sprachen zur Auswahl stellen.

b)[54] Unbeschadet des Absatzes a müssen der Antrag, Textbestandteile der Zeichnungen und die Zusammenfassung nicht in derselben Sprache abgefasst sein wie die übrigen Teile der internationalen Anmeldung, sofern

i) der Antrag in einer nach Absatz a zugelassenen Sprache oder in der Sprache abgefasst ist, in der die internationale Anmeldung veröffentlicht wird;

---

[51] Bestimmung geändert am 1. Okt. 1980 (AS **1981** 62).
[52] Bestimmung aufgehoben am 1. Jan. 1985 (AS **1984** 1539).
[53] Bestimmung geändert am 1. Jan. 1985 (AS **1984** 1539).
[54] Fassung gemäss der am 1. Juli 1992 in Kraft getretenen Änderung (AS **1992** 1446).

ii) Textbestandteile der Zeichnungen in der Sprache abgefasst sind, in der die internationale Anmeldung veröffentlicht wird;

iii) die Zusammenfassung in der Sprache abgefasst ist, in der die internationale Anmeldung veröffentlicht wird.

c)[55] Ist die Amtssprache des Anmeldeamts eine der in Regel 48.3 Absatz a genannten Sprachen, jedoch nicht in der Vereinbarung nach Absatz a festgelegt, so kann die internationale Anmeldung vorbehaltlich Absatz d in dieser Amtssprache eingereicht werden. Wird die internationale Anmeldung in dieser Amtssprache eingereicht, so ist dem Recherchenexemplar, das der Internationalen Recherchenbehörde nach Regel 23.1 übermittelt wird, eine Übersetzung in der Sprache oder einer der Sprachen beizufügen, die in der Vereinbarung nach Absatz a festgelegt sind; diese Übersetzung wird unter der Verantwortung des Anmeldeamts erstellt.

d)[56] Absatz c ist nur anzuwenden, wenn die Internationale Recherchenbehörde in einer Mitteilung an das Internationale Büro erklärt hat, dass sie bereit ist, Recherchen zu internationalen Anmeldungen auf der Grundlage der in Absatz c genannten Übersetzung durchzuführen.

12.2 *Sprache von Änderungen in der internationalen Anmeldung*

Änderungen in der internationalen Anmeldung wie Ergänzungen oder Berichtigungen sind vorbehaltlich der Regeln 46.3 und 66.9 in der gleichen Sprache, in der die betreffende Anmeldung abgefasst ist, einzureichen.

Regel 13 **Einheitlichkeit der Erfindung**

13.1 *Erfordernis*

Die internationale Anmeldung darf sich nur auf eine Erfindung oder eine Gruppe von Erfindungen beziehen, die so zusammenhängen, dass sie eine einzige allgemeine erfinderische Idee verwirklichen («Erfordernis der Einheitlichkeit der Erfindung»).

13.2[57] *Fälle, in denen das Erfordernis der Einheitlichkeit der Erfindung als erfüllt gilt*

Wird in einer internationalen Anmeldung eine Gruppe von Erfindungen beansprucht, so ist das Erfordernis der Einheitlichkeit der Erfindung nach Regel 13.1 nur erfüllt, wenn zwischen diesen Erfindungen ein technischer Zusammenhang besteht, der in einem oder mehreren gleichen oder entsprechenden besonderen technischen Merkmalen zum Ausdruck kommt. Unter dem Begriff «besondere technische Merkmale» sind diejenigen technischen Merkmale zu verstehen, die einen Beitrag jeder beanspruchten Erfindung als Ganzes zum Stand der Technik bestimmen.

---

[55] Dieser Absatz wird zum Zeitpunkt anwendbar, wo der Vertrag für dasjenige Land in Kraft tritt, welches unter den Ländern spanischer Sprache als erstes den Vertrag ratifiziert oder diesem beitritt (siehe AS **1984** 1539).

[56] Dieser Absatz wird zum Zeitpunkt anwendbar, wo der Vertrag für dasjenige Land in Kraft tritt, welches unter den Ländern spanischer Sprache als erstes den Vertrag ratifiziert oder diesem beitritt (siehe AS **1984** 1539).

[57] Fassung gemäss der am 1. Juli 1992 in Kraft getretenen Änderung (AS **1992** 1446).

13.3[58]   *Feststellung der Einheitlichkeit der Erfindung unabhängig von der Fassung der Ansprüche*

Die Feststellung, ob die Erfindungen einer Gruppe untereinander in der Weise verbunden sind, dass sie eine einzige allgemeine erfinderische Idee verwirklichen, hat ohne Rücksicht darauf zu erfolgen, ob die Erfindungen in gesonderten Patentansprüchen oder als Alternativen innerhalb eines einzigen Patentanspruchs beansprucht werden.

13.4   *Abhängige Ansprüche*

Vorbehaltlich der Regel 13.1 ist es zulässig, in einer internationalen Anmeldung eine angemessene Zahl abhängiger Ansprüche, mit denen bestimmte Ausführungsformen der in einem unabhängigen Anspruch geltend gemachten Erfindung beansprucht werden, aufzunehmen, auch dann, wenn die Merkmale des abhängigen Anspruchs für sich genommen als unabhängige Erfindung angesehen werden könnten.

13.5   *Gebrauchsmuster*

Jeder Bestimmungsstaat, in dem auf der Grundlage einer internationalen Anmeldung um die Erteilung eines Gebrauchsmusters nachgesucht wird, kann hinsichtlich der in den Regeln 13.1 bis 13.4 geregelten Gegenstände an Stelle dieser Regeln sein nationales Gebrauchsmusterrecht anwenden, sobald mit der Bearbeitung der internationalen Anmeldung in diesem Staat begonnen worden ist; dem Anmelder ist jedoch auf jeden Fall eine Frist von zwei Monaten nach Ablauf der nach Artikel 22 massgeblichen Frist zu gewähren, damit er seine Anmeldung den Bestimmungen des genannten nationalen Rechts anpassen kann.

Regel 13bis[59]   Mikrobiologische Erfindungen

13bis.1   *Begriffsbestimmung*

Im Sinne dieser Regel bedeutet «Bezugnahme auf einen hinterlegten Mikroorganismus» die in einer internationalen Anmeldung in bezug auf die Hinterlegung eines Mikroorganismus bei einer Hinterlegungsstelle oder den so hinterlegten Mikroorganismus gemachten Angaben.

13bis.2   *Bezugnahmen (Allgemeines)*

Jede Bezugnahme auf einen hinterlegten Mikroorganismus hat gemäss dieser Regel zu erfolgen und gilt in diesem Fall als mit den Erfordernissen des nationalen Rechts eines jeden Bestimmungsstaates in Einklang stehend.

13bis.3   *Bezugnahmen: Inhalt; Fehlen einer Bezugnahme oder Angabe*

a)   Eine Bezugnahme auf einen hinterlegten Mikroorganismus hat zu enthalten

   i)   den Namen und die Anschrift der Hinterlegungsstelle, bei der die Hinterlegung vorgenommen wurde;

   ii) das Datum der Hinterlegung des Mikroorganismus bei dieser Stelle;

---

[58]   Fassung gemäss der am 1. Juli 1992 in Kraft getretenen Änderung (AS **1992** 1446).
[59]   Bestimmung eingefügt am 1. Jan. 1981 (AS **1981** 62).

iii) die Eingangsnummer, welche diese Stelle der Hinterlegung zugeteilt hat, sowie

iv) jede weitere Angabe, deren Erfordernis dem Internationalen Büro gemäss Regel 13bis.7 Absatz a Ziffer i mitgeteilt worden ist, sofern das Erfordernis dieser Angabe mindestens zwei Monate vor Einreichung der internationalen Anmeldung gemäss Regel 13bis.7 Absatz c im Blatt veröffentlicht worden ist.

b) Das Fehlen einer Bezugnahme auf einen hinterlegten Mikroorganismus oder das Fehlen einer Angabe gemäss Absatz a in einer Bezugnahme auf einen hinterlegten Mikroorganismus hat in einem Bestimmungsstaat, dessen nationales Recht diese Bezugnahme oder Angabe in einer nationalen Anmeldung nicht vorschreibt, keine Folgen.

13bis.4   *Bezugnahmen: Frist zur Einreichung von Angaben*

Ist eine der in Regel 13bis.3 Absatz a genannten Angaben nicht in einer Bezugnahme auf einer hinterlegten Mikroorganismus in der eingereichten internationalen Anmeldung enthalten, wird sie jedoch vom Anmelder beim Internationalen Büro innerhalb von 16 Monaten seit dem Prioritätsdatum eingereicht, so wird diese Angabe von jedem Bestimmungsamt als rechtzeitig eingereicht angesehen, es sei denn, dass das nationale Recht im Falle einer nationalen Anmeldung die Einreichung dieser Angabe zu einem früheren Zeitpunkt vorschreibt und dieses Erfordernis dem Internationalen Büro gemäss Regel 13bis.7 Absatz a Ziffer ii mitgeteilt worden ist, vorausgesetzt, dass das Internationale Büro dieses Erfordernis mindestens zwei Monate vor Einreichung der internationalen Anmeldung gemäss Regel 13bis.7 Absatz c im Blatt veröffentlicht hat. Beantragt der Anmelder die vorzeitige Veröffentlichung nach Artikel 21 Absatz 2 Absatz b, so kann jedes Bestimmungsamt im Zeitpunkt der Antragstellung nicht eingereichte Angaben als nicht rechtzeitig eingereicht ansehen. Unabhängig von der Einhaltung der gemäss den vorhergehenden Sätzen massgebenden Frist unterrichtet das Internationale Büro den Anmelder und die Bestimmungsämter von dem Datum, an dem eine in der eingereichten internationalen Anmeldung nicht enthaltene Angabe bei ihm eingegangen ist. Das Internationale Büro gibt dieses Datum in der internationalen Veröffentlichung der internationalen Anmeldung an, wenn die Angabe vor Abschluss der technischen Vorbereitungen für die internationale Veröffentlichung bei ihm eingereicht wurde.

13bis.5   *Bezugnahmen und Angaben für die Zwecke eines oder mehrerer Bestimmungsstaaten; verschiedene Hinterlegungen für verschiedene Bestimmungsstaaten; bei anderen als den mitgeteilten Hinterlegungsstellen vorgenommene Hinterlegungen.*

a) Eine Bezugnahme auf einen hinterlegten Mikroorganismus gilt als für alle Bestimmungsstaaten erfolgt, wenn sie nicht ausdrücklich nur für die Zwecke bestimmter Bestimmungsstaaten vorgenommen wird; das gleiche gilt für die in der Bezugnahme enthaltenen Angaben.

b) Für verschiedene Bestimmungsstaaten können Bezugnahmen auf verschiedene Hinterlegungen des Mikroorganismus erfolgen.

c) Jedes Bestimmungsamt ist berechtigt, eine Hinterlegung unberücksichtigt zu lassen, die bei einer anderen als einer von ihm gemäss Regel 13 bis .7 Absatz b mitgeteilten Hinterlegungsstelle vorgenommen worden ist.

13bis.6   *Abgabe von Proben*

a) Enthält die internationale Anmeldung eine Bezugnahme auf einen hinterlegten Mikroorganismus, so hat der Anmelder auf Antrag der Internationalen Recherchenbehörde oder der mit der internationalen vorläufigen Prüfung beauftragten Behörde in die Abgabe einer Probe dieses Mikroorganismus durch die Hinterlegungsstelle an diese Behörde einzuwilligen und für deren Durchführung Sorge zu tragen, vorausgesetzt, dass diese Behörde dem Internationalen Büro mitgeteilt hat, dass die Abgabe von Proben erforderlich werden kann, dass solche Proben nur für die Zwecke der internationalen Recherche oder gegebenenfalls der internationalen vorläufigen Prüfung verwendet werden, und dass diese Mitteilung im Blatt veröffentlicht worden ist.

b) Die Abgabe von Proben des hinterlegten Mikroorganismus, auf den in einer internationalen Anmeldung Bezug genommen ist, darf gemäss Artikel 23 und 40 vor Ablauf der massgeblichen Fristen, nach dem das nationale Verfahren gemäss den genannten Artikeln aufgenommen werden kann, nur mit Einwilligung des Anmelders erfolgen. Nimmt jedoch der Anmelder die in Artikel 22 oder 39 genannten Handlungen nach der internationalen Veröffentlichung, aber vor Ablauf der genannten Fristen vor, so kann die Abgabe von Proben des hinterlegten Mikroorganismus erfolgen, sobald die genannten Handlungen vorgenommen worden sind. Unbeschadet der vorhergehenden Bestimmung kann die Abgabe von Proben des hinterlegten Mikroorganismus nach dem für jedes Bestimmungsamt geltenden nationalen Recht erfolgen, sobald die internationale Veröffentlichung nach diesem Recht die Wirkungen der gesetzlich vorgeschriebenen inländischen Veröffentlichung einer ungeprüften nationalen Anmeldung erlangt hat.

13bis.7   *Nationale Erfordernisse: Mitteilung und Veröffentlichung*

a) Jedes nationale Amt kann dem Internationalen Büro jedes Erfordernis des nationalen Rechts mitteilen, aufgrund dessen

i)   eine Bezugnahme auf einen hinterlegten Mikroorganismus in einer nationalen Anmeldung ausser den in Regel 13bis.3 Absatz a Ziffer i, ii und iii genannten Angaben zusätzlich die in der Mitteilung genannten Angaben zu enthalten hat;

ii) eine nationale Anmeldung eine oder mehrere der in Regel 13bis.3 Absatz a genannten Angaben im Zeitpunkt der Einreichung zu enthalten hat oder diese Angabe(n) zu einem in der Mitteilung angegebenen früheren Zeitpunkt als vor dem Ablauf von 16 Monaten seit dem Prioritätsdatum einzureichen sind.

b)[60] Jedes nationale Amt teilt dem Internationalen Büro die Hinterlegungsstellen mit, bei denen das nationale Recht Hinterlegungen von Mikroorganismen für die Zwecke von Patentverfahren vor diesem Amt gestattet, oder teilt ihm gegebenenfalls mit, dass das nationale Recht solche Hinterlegungen nicht vorschreibt oder gestattet.

c) Das Internationale Büro veröffentlicht die ihm gemäss Absatz a mitgeteilten Erfordernisse und die ihm gemäss Absatz b mitgeteilten Angaben unverzüglich im Blatt.

---

[60]   Bestimmung geändert am 1. Jan. 1985 (AS **1984** 1539).

Regel 13$^{\text{ter }61}$ **Protokoll der Nucleotid- und/oder Aminosäuresequenzen**

13ter.1 *Sequenzprotokoll für internationale Behörden*

a) Stellt die Internationale Recherchenbehörde fest, dass das Protokoll einer Nucleotid- und/oder Aminosäuresequenz nicht dem nach Regel 5.2 in den Verwaltungsrichtlinien vorgeschriebenen Standard und/oder nicht der in diesen Richtlinien vorgeschriebenen maschinenlesbaren Form entspricht, so kann sie vom Anmelder je nach Sachlage verlangen, innerhalb einer in der Aufforderung gesetzten Frist

  i) ein dem vorgeschriebenen Standard entsprechendes Sequenzprotokoll einzureichen und/oder

  ii) ein Sequenzprotokoll in einer den Verwaltungsrichtlinien entsprechenden maschinenlesbaren Form einzureichen oder, wenn die Behörde bereit ist, das Sequenzprotokoll in diese Form zu übertragen, die Kosten für diese Übertragung zu zahlen.

b) Einem nach Absatz a eingereichten Sequenzprotokoll ist eine Erklärung beizufügen, dass der Inhalt des Protokolls nicht über den Offenbarungsgehalt der internationalen Anmeldung in der eingereichten Fassung hinausgeht.

c) Kommt der Anmelder der Aufforderung nicht innerhalb der darin festgesetzten Frist nach, so ist die Internationale Recherchenbehörde nicht verpflichtet, eine Recherche zu der internationalen Anmeldung durchzuführen, soweit wegen Nichtbeachtung der Aufforderung eine sinnvolle Recherche nicht möglich ist.

d) Überträgt die Internationale Recherchenbehörde nach Absatz a Ziffer ii das Sequenzprotokoll in eine maschinenlesbare Form, so übermittelt sie dem Anmelder eine Kopie des in maschinenlesbare Form übertragenen Textes.

e) Die Internationale Recherchenbehörde stellt der mit der internationalen vorläufigen Prüfung beauftragten Behörde auf Antrag eine Kopie des bei ihr nach Absatz a eingereichten oder von ihr übertragenen Sequenzprotokolls zur Verfügung.

f) Ein nach Absatz a bei der Internationalen Recherchenbehörde eingereichtes oder von ihr übertragenes Sequenzprotokoll ist nicht Bestandteil der internationalen Anmeldung.

13ter.2 *Sequenzprotokoll für das Bestimmungsamt*

a) Hat ein Bestimmungsamt mit der Bearbeitung der internationalen Anmeldung begonnen, kann es vom Anmelder die Einreichung eines Exemplars des bei der Internationalen Recherchenbehörde nach Regel 13ter.1 Absatz a eingereichten oder von ihr übertragenen Sequenzprotokolls verlangen.

b) Stellt ein Bestimmungsamt fest, dass das Protokoll einer Nucleotid- und/ oder Aminosäuresequenz nicht dem nach Regel 5.2 in den Verwaltungsrichtlinien vorgeschriebenen Standard entspricht und/oder nicht der in diesen Richtlinien vorgeschriebenen maschinenlesbaren Form entspricht und/ oder ein Sequenzprotokoll nicht nach Regel 13ter.1 Absatz a bei der Internationalen Recherchenbehörde eingereicht oder von ihr übertragen wurde, so kann das Amt vom Anmelder verlangen,

---

[61] Eingefügt durch die am 1. Juli 1992 in Kraft getretene Änderung (AS **1992** 1446).

i) ein dem vorgeschriebenen Standard entsprechendes Sequenzprotokoll bei ihm einzureichen und/oder

ii) ein Sequenzprotokoll in einer den Verwaltungsrichtlinien entsprechenden maschinenlesbaren Form bei ihm einzureichen oder, wenn das Amt bereit ist, das Sequenzprotokoll in diese Form zu übertragen, die Kosten für diese Übertragung zu zahlen.

Regel 14   **Die Übermittlungsgebühr**

14.1   *Übermittlungsgebühr*

a) Das Anmeldeamt kann verlangen, dass der Anmelder ihm eine diesem Amt verbleibende Gebühr für die Entgegennahme der internationalen Anmeldung, die Übermittlung von Exemplaren der Anmeldung an das Internationale Büro und an die zuständige Internationale Recherchenbehörde und für die Durchführung aller weiteren Aufgaben, die das Anmeldeamt im Zusammenhang mit der internationalen Anmeldung durchzuführen hat, entrichtet (Übermittlungsgebühr).

b) Höhe und Fälligkeitsdatum der Übermittlungsgebühr, sofern eine solche erhoben wird, werden durch das Anmeldeamt festgesetzt.

Regel 15   **Die internationale Gebühr**

15.1[62]   *Grundgebühr und Bestimmungsgebühren*

Für jede internationale Anmeldung ist eine vom Anmeldeamt erhobene Gebühr zugunsten des Internationalen Büros zu zahlen («internationale Gebühr»), bestehend aus

i) einer «Grundgebühr» und

ii) so vielen «Bestimmungsgebühren», wie vom Anmelder in der internationalen Anmeldung nach Regel 4.9 Absatz a nationale Patente und regionale Patente beantragt werden; findet jedoch Artikel 44 auf eine Bestimmung Anwendung, so ist für diese Bestimmung nur eine Bestimmungsgebühr zu entrichten.

15.2[63]   *Beträge*

a) Die Höhe der Grundgebühr und der Bestimmungsgebühr ergibt sich aus dem Gebührenverzeichnis.

b) Die Höhe der Grundgebühr und der Bestimmungsgebühr wird für jedes Anmeldeamt, das nach Regel 15.3 die Zahlung dieser Gebühren in einer anderen Währung oder in anderen Währungen als der Schweizer Währung vorschreibt, vom Generaldirektor nach Anhörung dieses Amtes in der (oder in den) von diesem Amt vorgeschriebenen Währung(en) festgesetzt («vorgeschriebene Währung»). Die Beträge in jeder vorgeschriebenen Währung stellen den Gegenwert der im Gebührenverzeichnis in Schweizer Währung angegebenen Beträge in runden Zahlen dar. Sie werden im Blatt veröffentlicht.

---

[62] Fassung gemäss der am 1. Juli 1992 in Kraft getretenen Änderung (AS **1992** 1446).

c) Werden die im Gebührenverzeichnis angegebenen Gebührenbeträge geändert, so sind die entsprechenden Beträge in den vorgeschriebenen Währungen von demselben Zeitpunkt an anwendbar wie die in dem geänderten Gebührenverzeichnis angegebenen Beträge.

d) Ändert sich der Wechselkurs zwischen der Schweizer Währung und einer der vorgeschriebenen Währungen gegenüber dem zuletzt zugrundegelegten Wechselkurs, so setzt der Generaldirektor die neuen Beträge in der vorgeschriebenen Währung gemäss den Weisungen der Versammlung fest. Die neu festgesetzten Beträge werden zwei Monate nach ihrer Veröffentlichung im Blatt anwendbar mit der Massgabe, dass das beteiligte Amt und der Generaldirektor sich auf einen Zeitpunkt innerhalb dieser Zweimonatsfrist einigen können, von dem an diese Beträge für dieses Amt anwendbar werden.

15.3[64]   *Zahlungsart*

Die internationale Gebühr ist in der (v12 den) vom Anmeldeamt vorgeschriebenen Währung(en) zu zahlen; bei Überweisung durch das Anmeldeamt an das Internationale Büro muss der überwiesene Betrag frei in Schweizer Währung umwechselbar sein.

15.4[65]   *Zahlungszeitpunkt*

a) Die Grundgebühr ist innerhalb eines Monats nach Eingang der internationalen Anmeldung zu entrichten.

b) Die Bestimmungsgebühr ist zu entrichten,

i) wenn für die internationale Anmeldung keine Priorität nach Artikel 8 beansprucht wird, innerhalb eines Jahres nach Eingang der internationalen Anmeldung;

ii) wenn für die internationale Anmeldung eine Priorität nach Artikel 8 beansprucht wird, innerhalb eines Jahres nach dem Prioritätsdatum oder innerhalb eines Monats nach Eingang der internationalen Anmeldung, wenn diese Monatsfrist später abläuft als ein Jahr seit dem Prioritätsdatum.

c) Wird die Grundgebühr oder die Bestimmungsgebühr nach Eingang der internationalen Anwendung entrichtet und ist der Betrag dieser Gebühr in der Währung, in der sie zu zahlen ist, am Zahlungstag höher («höherer Betrag») als am Tag des Eingangs der internationalen Anmeldung («niedrigerer Betrag»),

i) so ist der niedrigere Betrag zu zahlen, wenn die Gebühr innerhalb eines Monats nach Eingang der internationalen Anmeldung entrichtet wird;

ii) so ist der höhere Betrag zu zahlen, wenn die Gebühr später als einen Monat nach Eingang der internationalen Anmeldung entrichtet wird.

d) ...[66]

---

[63] Bestimmung geändert am 1. Aug. 1979 (AS **1979** 1117).
[64] Bestimmung geändert am 1. Aug. 1979 (AS **1979** 1117).
[65] Bestimmung geändert am 1. Jan. 1985 (AS **1984** 1539).
[66] Aufgehoben durch die am 1. Juli 1992 in Kraft getretene Änderung (AS **1992** 1446).

15.5[67]   *Gebühren nach Regel 4.9 Absatz c*

a) Unbeschadet der Regel 15.4 Absatz b hat der Anmelder für die Bestätigung nach Regel 4.9 Absatz c einer nach Regel 4.9 Absatz b vorgenommenen Bestimmung so viele Bestimmungsgebühren (zugunsten des Internationalen Büros) an das Anmeldeamt zu zahlen, wie er nationale und regionale Patente aufgrund der Bestätigung beantragt hat, und eine Bestätigungsgebühr (zugunsten des Anmeldeamtes) gemäss dem Gebührenverzeichnis zu entrichten.

b) Reichen die von dem Anmelder innerhalb der Frist nach Regel 4.9 Absatz b Ziffer il gezahlten Beträge nicht für die nach Absatz a fälligen Gebühren aus, so verwendet das Anmeldeamt die Beträge nach den Angaben des Anmelders oder bei fehlenden Angaben nach den Bestimmungen der Verwaltungsrichtlinien.

15.6[68]   *Rückerstattung*

Das Anmeldeamt erstattet dem Anmelder die internationale Gebühr zurück,

i)   wenn die nach Artikel 11 Absatz 1 vorgesehene Feststellung negativ ist oder

ii)   wenn die internationale Anmeldung vor Übermittlung des Aktenexemplars an das Internationale Büro zurückgenommen wird oder als zurückgenommen gilt.

Regel 16   **Die Recherchengebühr**

16.1   *Befugnis, eine Gebühr zu verlangen*

a) Jede Internationale Recherchenbehörde kann verlangen, dass der Anmelder zugunsten der Behörde eine Gebühr für die Durchführung der internationalen Recherche und aller anderen den Internationalen Recherchenbehörden durch den Vertrag und diese Ausführungsordnung übertragenen Aufgaben entrichtet («Recherchengebühr»).

b)[69] Die Recherchengebühr wird vom Anmeldeamt erhoben. Die genannte Gebühr ist in der (den) von diesem Amt bestimmten Währung(en) («Anmeldeamtswährung») zahlbar; ist die Währung eines Anmeldeamts nicht die gleiche Währung oder eine der Währungen, in denen die Internationale Recherchenbehörde die genannte Gebühr festgelegt hat («festgelegte Währung oder Währungen»), so muss sie, wenn sie vom Anmeldeamt an die Internationale Recherchenbehörde überwiesen wird, in die Währung des Staates, in dem die Internationale Recherchenbehörde ihren Sitz hat, frei umwechselbar sein («Währung des Sitzstaates»). Die Höhe der Gebühr in einer anderen Anmeldeamtswährung als der festgelegten Währung oder den festgelegten Währungen wird vom Generaldirektor nach Anhörung dieses Amtes festgesetzt. Die so festgesetzten Beträge stellen den Gegenwert des von der Internationalen Recherchenbehörde in der Währung des Sitzstaates festgesetzten Betrags in runden Zahlen dar. Sie werden im Blatt veröffentlicht.

---

[67] Bestimmung aufgehoben am 1. Okt. 1980 (AS 1981 62). Fassung gemäss der am 1. Juli 1992 in Kraft getretenen Änderung (AS **1992** 1446).

[68] Fassung gemäss der am 1. Juli 1992 in Kraft getretenen Änderung (AS **1992** 1446).

[69] Bestimmung geändert am 1. Aug. 1979 (AS **1979** 1117).

c)[70] Wird der Betrag der Recherchengebühr in der Währung des Sitzstaates geändert, so sind die entsprechenden Beträge in den anderen Anmeldeamtswährungen als der festgelegten Währung oder den festgelegten Währungen von demselben Zeitpunkt an anwendbar, wie der geänderte Betrag in der Währung des Sitzstaates.

d)[71] Ändert sich der Wechselkurs zwischen der Währung des Sitzstaates und einer anderen Anmeldeamtswährung als der festgelegten Währung oder den festgelegten Währungen gegenüber dem zuletzt zugrundegelegten Wechselkurs, so setzt der Generaldirektor den neuen Betrag in dieser Anmeldeamtswährung gemäss den Weisungen der Versammlung fest. Der neu festgesetzte Betrag wird zwei Monate nach seiner Veröffentlichung im Blatt anwendbar mit der Massgabe, dass das beteiligte Anmeldeamt und der Generaldirektor sich auf einen Zeitpunkt innerhalb dieser Zweimonatsfrist einigen können, von dem an der genannte Betrag für dieses Amt anwendbar wird.

e)[72] Ist der bei der Internationalen Recherchenbehörde in der Währung des Sitzstaates tatsächlich eingegangene, zur Zahlung der Recherchengebühr in einer anderen Anmeldeamtswährung als der festgelegten Währung oder den festgelegten Währungen bestimmte Betrag geringer als der von ihr festgelegte, so zahlt das Internationale Büro die Differenz an die Internationale Recherchenbehörde; ist der tatsächlich eingegangene Betrag höher, so verbleibt die Differenz dem Internationalen Büro.

f)[73] Für die Fälligkeit der Recherchengebühr gelten die Bestimmungen der Regel 15.4 bezüglich der Grundgebühr.

16.2[74]   *Rückerstattung*

Das Anmeldeamt erstattet dem Anmelder die Recherchengebühr zurück,

i) wenn die nach Artikel 11 Absatz 1 vorgesehene Feststellung negativ ist oder

ii) wenn die internationale Anmeldung vor Übermittlung des Recherchenexemplars an die Internationale Recherchenbehörde zurückgenommen wird oder als zurückgenommen gilt.

16.3   *Teilweise Rückerstattung*

Wird für die internationale Anmeldung die Priorität einer früheren internationalen Anmeldung in Anspruch genommen, die von der gleichen Internationalen Recherchenbehörde recherchiert worden ist, so hat die Behörde die für die jüngere internationale Anmeldung geleistete Recherchengebühr in dem Umfang und nach den Bedingungen, die in der Vereinbarung nach Artikel 16 Absatz 3 Buchstabe b festgesetzt sind, zu erstatten, sofern der internationale Recherchenbericht zu der jüngeren internationalen Anmeldung ganz oder teilweise auf die Ergebnisse der internationalen Recherche gestützt werden konnte, die für die ältere internationale Anmeldung durchgeführt wurde.

---

[70] Bestimmung eingefügt am 1. Aug. 1979 (AS **1979** 1117).
[71] Bestimmung eingefügt am 1. Aug. 1979 (AS **1979** 1117).
[72] Bestimmung eingefügt am 1. Aug. 1979 (AS **1979** 1117).
[73] Bestimmung eingefügt am 1. Aug. 1979 (AS **1979** 1117).
[74] Fassung gemäss der am 1. Juli 1992 in Kraft getretenen Änderung (AS **1992** 1446).

Regel 16^{bis75} **Verlängerung der Fristen für die Zahlung von Gebühren**

16bis.1   *Aufforderung durch das Anmeldeamt*

a) Stellt das Anmeldeamt im Zeitpunkt der Fälligkeit nach Regel 14.1 Absatz b, Regel 15.4 Absatz a und Regel 16.1 Absatz f in bezug auf eine internationale Anmeldung fest, dass der Anmelder keine Gebühren entrichtet hat oder der vom Anmelder gezahlte Betrag geringer ist als der zur Deckung der Übermittlungsgebühr, der Grundgebühr und der Recherchengebühr erforderliche Betrag, so fordert es den Anmelder auf, innerhalb eines Monats nach dem Datum der Aufforderung den zur Deckung dieser Gebühren erforderlichen Betrag und gegebenenfalls die Gebühr für verspätete Zahlung nach Regel 16bis.2 zu entrichten.

b) Stellt das Anmeldeamt im Zeitpunkt der Fälligkeit nach Regel 15.4 Absatz b in bezug auf eine internationale Anmeldung fest, dass die Zahlung des Anmelders nicht zur Deckung der Bestimmungsgebühren für alle Bestimmungen nach Regel 4.9 Absatz a ausreicht, so fordert es den Anmelder auf, innerhalb eines Monats nach dem Datum der Aufforderung den zur Deckung dieser Gebühr erforderlichen Betrag und gegebenenfalls die Gebühr für verspätete Zahlung nach Regel 16bis.2 zu entrichten.

c) Hat das Anmeldeamt dem Anmelder eine Aufforderung nach Absatz a oder b übermittelt und hat der Anmelder innerhalb eines Monats nach dem Datum der Aufforderung den fälligen Betrag gegebenenfalls einschliesslich der Gebühr für verspätete Zahlung nach Regel 16bis.2 nicht in voller Höhe entrichtet,

  i) so verwendet es den gezahlten Betrag nach den Angaben des Anmelders oder bei fehlenden Angaben nach den Bestimmungen der Verwaltungsrichtlinien,

  ii) nimmt die entsprechende Erklärung nach Artikel 14 Absatz 3 vor und

  iii) verfährt nach Regel 29.

16bis.2   *Gebühr für verspätete Zahlung*

a) Das Anmeldeamt kann die Zahlung von Gebühren aufgrund einer Aufforderung nach Regel 16bis.1 Absatz a oder b davon abhängig machen, dass ihm eine Gebühr für verspätete Zahlung entrichtet wird. Die Höhe dieser Gebühr

  i) beträgt 50 Prozent der in der Aufforderung angegebenen nicht entrichteten Gebühren oder

  ii) entspricht der Übermittlungsgebühr, wenn der nach Ziffer i errechnete Betrag niedriger als die Übermittlungsgebühr ist.

b) Die Gebühr für verspätete Zahlung darf jedoch nicht höher sein als die Grundgebühr.

---

[75] Bestimmung eingefügt am 1. Okt. 1980 (AS 1981 62). Fassung gemäss der am 1. Juli 1992 in Kraft getretenen Änderung (AS **1992** 1446).

Regel 17   **Prioritätsbeleg**

17.1[76]   *Verpflichtung zur Einreichung einer Kopie der früheren nationalen Anmeldung*

a)[77] Wird für die internationale Anmeldung gemäss Artikel 8 die Priorität einer früheren nationalen Anmeldung beansprucht, so hat der Anmelder eine vom Hinterlegungsamt beglaubigte Abschrift dieser nationalen Anmeldung («Prioritätsbeleg»), falls nicht schon bei dem Anmeldeamt zusammen mit der internationalen Anmeldung eingereicht, dem Internationalen Büro oder dem Anmeldeamt nicht später als 16 Monate nach dem Prioritätsdatum oder im Fall des Artikels 23 Absatz 2 zu dem Zeitpunkt, zu dem die Bearbeitung oder Prüfung beantragt wird, einzureichen.

b)[78] Wird der Prioritätsbeleg vom Anmeldeamt ausgestellt, so kann der Anmelder, statt den Prioritätsbeleg einzureichen, beim Anmeldeamt beantragen, dass dieses den Prioritätsbeleg an das Internationale Büro übermittelt. Dieser Antrag ist spätestens bis zum Ablauf der nach Absatz a anwendbaren Frist zu stellen und kann vom Anmeldeamt von der Zahlung einer Gebühr abhängig gemacht werden.

c)   Werden die Erfordernisse keines der beiden vorstehenden Absätze erfüllt, so kann jeder Bestimmungsstaat den Prioritätsanspruch unberücksichtigt lassen.

d)   ...[79]

17.2   *Bereitstellung von Kopien*[80]

a)   Das Internationale Büro leitet auf besondere Aufforderung eines Bestimmungsamts unverzüglich, jedoch nicht vor Ablauf der in Regel 17.1 Absatz a genannten Frist, diesem Bestimmungsamt eine Kopie des Prioritätsbelegs zu. Keines dieser Ämter darf den Anmelder um die Einreichung einer Kopie ersuchen, sofern es nicht die Einreichung einer Kopie des Prioritätsbelegs zusammen mit einer beglaubigten Übersetzung derselben fordert. Von dem Anmelder kann die Vorlage einer beglaubigten Übersetzung an das Bestimmungsamt nicht vor Ablauf der nach Artikel 22 anwendbaren Frist verlangt werden.

b)   Das Internationale Büro darf Kopien des Prioritätsbelegs nicht vor der internationalen Veröffentlichung der internationalen Anmeldung der Öffentlichkeit zugänglich machen.

c)[81] Ist die internationale Anmeldung nach Artikel 21 veröffentlicht worden, so übermittelt das Internationale Büro auf Antrag und gegen jedermann eine Kopie des Prioritätsbelegs, sofern nicht vor der Veröffentlichung

   i)   die internationale Anmeldung zurückgenommen wurde,

   ii) der entsprechende Prioritätsanspruch zurückgenommen wurde oder nach Regel 4.10 Absatz b als nicht erhoben galt oder

---

[76] Bestimmung geändert am 1. Okt. 1980 (AS **1981** 62).
[77] Bestimmung geändert am 1. Jan. 1985 (AS **1984** 1539).
[78] Bestimmung aufgehoben am 1. Jan. 1985 (AS **1984** 1539).
[79] Fassung gemäss der am 1. Juli 1992 in Kraft getretenen Änderung (AS **1992** 1446).
[80] Fassung gemäss der am 1. Juli 1992 in Kraft getretenen Änderung (AS **1992** 1446).
[81] Fassung gemäss der am 1. Juli 1992 in Kraft getretenen Änderung (AS **1992** 1446).

iii) die Erklärung nach Artikel 8 Absatz 1 gemäss Regel 4.10 Absatz d gestrichen wurde.

d)[82] Die Absätze a bis c sind auf eine frühere internationale Anmeldung anzuwenden, deren Priorität in der späteren internationalen Anmeldung beansprucht wird.

Regel 18 **Der Anmelder**

18.1[83] *Sitz, Wohnsitz und Staatsangehörigkeit*

a) Vorbehaltlich der Absätze b und c unterliegt die Frage, ob ein Anmelder seinen Sitz oder Wohnsitz in dem Vertragsstaat hat, in dem er seinen Sitz oder Wohnsitz zu haben behauptet, oder Angehöriger des Vertragsstaates ist, dessen Staatsangehöriger er zu sein behauptet, dem nationalen Recht dieses Staates und wird durch das Anmeldeamt entschieden.

b) In jedem Fall
   i) gilt der Besitz einer tatsächlichen und nicht nur zum Schein bestehenden gewerblichen oder Handelsniederlassung in einem Vertragsstaat als Sitz oder Wohnsitz in diesem Staat und
   ii) gilt eine juristische Person, die nach dem Recht eines Vertragsstaats begründet worden ist, als dessen Staatsangehörige.

c) Wird die internationale Anmeldung beim Internationalen Büro als Anmeldeamt eingereicht, so ersucht dieses in den in den Verwaltungsrichtlinien genannten Fällen das nationale Amt des betreffenden Vertragsstaats oder das für diesen Staat handelnde Amt, die Frage nach Absatz a zu entscheiden. Das Internationale Büro unterrichtet den Anmelder hiervon. Der Anmelder kann eine Stellungnahme direkt beim nationalen Amt einreichen. Das nationale Amt entscheidet diese Frage unverzüglich.

18.2[84]

18.3[85] *Zwei oder mehr Anmelder*

Bei zwei oder mehr Anmeldern ist die Berechtigung zur Einreichung einer internationalen Anmeldung gegeben, wenn wenigstens einer von ihnen zur Einreichung einer internationalen Anmeldung nach Artikel 9 berechtigt ist.

18.4 *Informationen über nationale Erfordernisse in bezug auf Anmelder*[86]

a)–b) ...[87]

c) Das Internationale Büro veröffentlicht von Zeit zu Zeit Informationen über die verschiedenen nationalen Bestimmungen in bezug auf die Berechtigung zur Einreichung einer nationalen Anmeldung (Erfinder, Rechtsnachfolger des Erfin-

---

[82] Eingefügt durch die am 1. Juli 1992 in Kraft getretene Änderung (AS **1992** 1446).
[83] Fassung gemäss Beschluss vom 29. Sept. 1993, in Kraft seit 1. Jan. 1994 (AS **1994** 843).
[84] Aufgehoben durch Beschluss vom 29. Sept. 1993 (AS **1994** 843).
[85] Fassung gemäss der am 1. Juli 1992 in Kraft getretenen Änderung (AS **1992** 1446).
[86] Fassung gemäss der am 1. Juli 1992 in Kraft getretenen Änderung (AS **1992** 1446).
[87] Aufgehoben durch die am 1. Juli 1992 in Kraft getretene Änderung (AS **1992** 1446).

ders, Inhaber der Erfindung oder dergleichen) und verbindet diese Information mit dem Hinweis, dass die Wirkung einer internationalen Anmeldung in einem Bestimmungsstaat davon abhängen kann, dass die in der internationalen Anmeldung für diesen Staat als Anmelder genannte Person nach dem nationalen Recht dieses Staates zur Einreichung einer nationalen Anmeldung berechtigt ist.

18.5[88]

Regel 19 **Zuständigkeit des Anmeldeamts**

19.1 *Zuständigkeit des Anmeldeamtes*[89]

a) Vorbehaltlich Absatz b ist die internationale Anmeldung nach der Wahl des Anmelders einzureichen:

i) beim nationalen Amt des Vertragsstaats, in dem er seinen Sitz oder Wohnsitz hat, oder dem für diesen Staat handelnden Amt,

ii) beim nationalen Amt des Vertragsstaats, dessen Staatsangehöriger er ist, oder dem für diesen Staat handelnden Amt oder

iii) unabhängig von dem Vertragsstaat, in dem der Anmelder seinen Sitz oder Wohnsitz hat oder dessen Staatsangehöriger er ist, beim Internationalen Büro.

b) Ein Vertragsstaat kann mit einem anderen Vertragsstaat oder einer zwischenstaatlichen Organisation übereinkommen, dass das nationale Amt des letzteren Staates oder die zwischenstaatliche Organisation als Anmeldeamt für Anmelder, die ihren Sitz oder Wohnsitz in dem ersten Staat haben oder dessen Staatsangehörigkeit besitzen, ganz oder teilweise an die Stelle des nationalen Amtes des ersteren Staates tritt. Unbeschadet eines solchen Übereinkommens gilt das nationale Amt des ersteren Staates als zuständiges Anmeldeamt für die Zwecke des Artikels 15 Absatz 5.

c) In Verbindung mit einem Beschluss gemäss Artikel 9 Absatz 2 benennt die Versammlung das nationale Amt oder die zwischenstaatliche Organisation, welches oder welche für die Staatsangehörigen von Staaten, die die Versammlung bestimmt, oder für die Personen mit Sitz oder Wohnsitz in solchen Staaten als Anmeldeamt tätig wird. Die Benennung setzt die vorherige Zustimmung des betreffenden nationalen Amtes oder der betreffenden zwischenstaatlichen Organisation voraus.

19.2[90] *Zwei oder mehr Anmelder*

Bei zwei oder mehr Anmeldern

i) gelten die Erfordernisse der Regel 19.1 als erfüllt, wenn das nationale Amt, bei dem die internationale Anmeldung eingereicht wird, das nationale Amt eines Vertragsstaats ist oder für einen Vertragsstaat handelt und wenigstens einer der Anmelder seinen Sitz oder Wohnsitz in diesen Staat hat oder dessen Staatsangehöriger ist;

---

[88] Bestimmung aufgehoben am 1. Okt. 1980 (AS **1981** 62).
[89] Fassung gemäss Beschluss vom 29. Sept. 1993, in Kraft seit 1. Jan. 1994 (AS **1994** 843).
[90] Fassung gemäss Beschluss vom 29. Sept. 1993, in Kraft seit 1. Jan. 1994 (AS **1994** 843).

ii) kann die internationale Anmeldung beim Internationalen Büro nach Regel 19.1 Absatz a Ziffer iii eingereicht werden, wenn wenigstens einer der Anmelder seinen Sitz oder Wohnsitz in einem Vertragsstaat hat oder dessen Staatsangehöriger ist.

19.3 *Veröffentlichung der Übertragung von Aufgaben des Anmeldeamts*

a) Jedes Übereinkommen gemäss Regel 19.1 Absatz b ist dem Internationalen Büro unverzüglich durch den Vertragsstaat mitzuteilen, der die Aufgaben des Anmeldeamts dem nationalen Amt eines anderen Vertragsstaats oder dem für diesen Staat handelnden Amt oder einer zwischenstaatlichen Organisation überträgt.

b) Das Internationale Büro veröffentlicht die Mitteilung unverzüglich nach Eingang im Blatt.

19.4[91] *Übermittlung an das Internationale Büro als Anmeldeamt*

a) Wird eine internationale Anmeldung von einem Anmelder, der seinen Sitz oder Wohnsitz in einem Vertragsstaat hat oder der Staatsangehöriger eines Vertragsstaats ist, bei einem nationalen Amt eingereicht, das nach diesem Vertrag zwar Anmeldeamt, jedoch nach Regel 19.1 oder 19.2 nicht zur Entgegennahme dieser internationalen Anmeldung zuständig ist, so gilt sie vorbehaltlich Absatz b als von diesem Amt für das Internationale Büro als Anmeldeamt nach Regel 19.1 Absatz a Ziffer iii entgegengenommen.

b) Wird eine internationale Anmeldung nach Absatz a von einem nationalen Amt für das Internationale Büro als Anmeldeamt nach regel 19.1 Absatz a Ziffer iii entgegengenommen, so übermittelt das nationale Amt die Anmeldung unverzüglich dem Internationalen Büro, sofern dem nicht Vorschriften über die nationale Sicherheit entgegenstehen. Das nationale Amt kann die Übermittlung von der Zahlung einer ihm verbleibenden Gebühr in Höhe der von ihm nach Regel 14 erhobenen Übermittlungsgebühr abhängig machen. Die so übermittelte internationale Anmeldung gilt als am Tag ihrer Entgegennahme durch das nationale Amt beim Internationalen Büro als Anmeldeamt nach Regel 19.1 Absatz a Ziffer iii eingegangen.

Regel 20 **Eingang der internationalen Anmeldung**

20.1 *Datum und Aktenzeichen*

a)[92] Bei Eingang der Unterlagen, die eine internationale Anmeldung darstellen sollen, bringt das Anmeldeamt das Datum des tatsächlichen Eingangs auf dem Antrag jedes erhaltenen Exemplars und das internationale Aktenzeichen auf jedem Blatt jedes erhaltenen Exemplars unlöschbar an.

b) Die Stelle auf jedem Blatt, an der das Datum oder das Aktenzeichen angebracht werden sollen, sowie die sonstigen Einzelheiten werden in den Verwaltungsrichtlinien festgelegt.

---

[91] Eingefügt durch Beschluss vom 29. Sept. 1993, in Kraft seit 1. Jan. 1994 (AS **1994** 843).
[92] Fassung gemäss der am 1. Juli 1992 in Kraft getretenen Änderung (AS 1992 **1446**).

20.2 *Eingang an verschiedenen Tagen*

a) Gehen nicht alle Blätter, die zu derselben vorgeblichen internationalen Anmeldung gehören, am gleichen Tag beim Anmeldeamt ein, so hat dieses Amt das auf dem Antrag vermerkte Datum zu ändern (wobei das frühere Datum oder die früheren Daten lesbar zu lassen sind), so dass es den Tag angibt, an welchem die Blätter, die die Unterlagen vervollständigt haben, eingegangen sind, vorausgesetzt, dass

  i) die vervollständigenden Blätter, wenn der Anmelder nicht nach Artikel 11 Absatz 2 Buchstabe a zur Berichtigung aufgefordert worden ist, innerhalb von 30 Tagen nach dem ersten Eingang der Blätter eingegangen sind;

  ii) die vervollständigenden Blätter, wenn der Anmelder nach Artikel 11 Absatz 2 Buchstabe a zur Berichtigung aufgefordert worden ist, innerhalb der nach Regel 20.6 massgeblichen Frist eingegangen sind;

  iii) im Falle des Artikels 14 Absatz 2 die fehlenden Zeichnungen innerhalb von 30 Tagen nach Einreichung der unvollständigen Blätter eingegangen sind;

  iv) das Fehlen oder der spätere Eingang eines Blattes, das die Zusammenfassung oder einen Teil derselben enthält, für sich allein eine Berichtigung des auf dem Antrag vermerkten Datums nicht erforderlich macht.

b) Jedes Blatt, das zu einem späteren Datum als dem Datum eingeht, zu dem zuerst Blätter eingegangen sind, wird vom Anmeldeamt mit dem Datum des Eingangs versehen.

20.3 *Berichtigte internationale Anmeldung*

Im Falle des Artikels 11 Absatz 2 Buchstabe b berichtigt das Anmeldeamt das auf dem Antrag vermerkte Datum in der Weise, dass es den Tag des Eingangs der letzten erforderlichen Berichtigung angibt (wobei das frühere Datum oder die früheren Daten lesbar zu lassen sind).

20.4 *Feststellung nach Artikel 11 Absatz 1*

a) Unmittelbar nach Eingang der Unterlagen, die eine internationale Anmeldung darstellen sollen, stellt das Anmeldeamt fest, ob die Unterlagen den Erfordernissen des Artikels 11 Absatz 1 entsprechen.

b) Für Artikel 11 Absatz 1 Ziffer iii Buchstabe c genügt es, den Namen des Anmelders so anzugeben, dass seine Identität festgestellt werden kann, auch dann, wenn der Name falsch geschrieben, die Angabe der Vornamen nicht vollständig oder die Bezeichnung juristischer Personen abgekürzt oder unvollständig ist.

c)[93] Für die Zwecke des Artikels 11 Absatz 1 Ziffer ii genügt es, dass die in Artikel 11 Absatz 1 Ziffer iii Absätze d und e genannten Teile in einer nach Regel 12.1 Absatz a oder c zugelassenen Sprache abgefasst sind.

d)[94] Ist Absatz c am 12. Juli 1991 nicht mit dem vom Anmeldeamt anzuwendenden nationalen Recht vereinbar, so gilt es für das Anmeldeamt nicht, solange diese Unvereinbarkeit besteht, sofern dieses Amt das Internationale Büro bis zum 31. Dezember 1991 davon unterrichtet. Diese Mitteilung wird vom Internationalen Büro unverzüglich im Blatt veröffentlicht.

---

[93] Eingefügt durch die am 1. Juli 1992 in Kraft getretene Änderung (AS 1992 **1446**).

[94] Eingefügt durch die am 1. Juli 1992 in Kraft getretene Änderung (AS 1992 **1446**).

20.5   *Positive Feststellung*

a)[95] Ist die Feststellung nach Artikel 11 Absatz 1 positiv, so bringt das Anmeldeamt auf dem Antrag einen Stempel mit dem Namen des Anmeldeamts und den Worten «PCT International Application» oder «Demande internationale PCT» an. Ist die Amtssprache des Anmeldeamts weder Englisch noch Französisch, so kann den Worten «International Application» oder «Demande internationale» eine Übersetzung dieser Worte in der Amtssprache des Anmeldeamts hinzugefügt werden.

b)[96] Das Exemplar mit dem auf diese Weise gestempelten Antrag ist das Aktenexemplar der internationalen Anmeldung.

c)[97] Das Anmeldeamt teilt dem Anmelder unverzüglich das internationale Aktenzeichen und das internationale Anmeldedatum mit. Gleichzeitig übermittelt es dem Internationalen Büro eine Kopie der Mitteilung an den Anmelder, sofern es dem Internationalen Büro das Aktenexemplar nicht bereits nach Regel 22.1 Absatz a übermittelt hat oder gleichzeitig übermittelt.

20.6   *Aufforderung zur Richtigstellung*

a) Die Aufforderung zur Richtigstellung gemäss Artikel 11 Absatz 2 hat das Erfordernis des Artikels 11 Absatz 1 zu nennen, das nach Ansicht des Anmeldeamts nicht erfüllt ist.

b) Das Anmeldeamt hat die Aufforderung unverzüglich an den Anmelder abzusenden und eine den Umständen angemessene Frist zur Richtigstellung festzusetzen. Die Frist soll nicht weniger als zehn Tage und nicht mehr als einen Monat seit dem Tage der Aufforderung betragen. Läuft die Frist nach dem Ablauf eines Jahres seit dem Anmeldedatum einer Anmeldung ab, deren Priorität beansprucht wird, so hat das Anmeldeamt den Anmelder auf diesen Umstand aufmerksam zu machen.

20.7   *Negative Feststellung*

Erhält das Anmeldeamt innerhalb der vorgeschriebenen Frist keine Antwort auf seine Aufforderung zur Richtigstellung oder genügt die Richtigstellung des Anmelders den Anforderungen des Artikels 11 Absatz 1 noch nicht, so hat das Anmeldeamt

  i) den Anmelder unverzüglich davon in Kenntnis zu setzen, dass seine Anmeldung keine internationale Anmeldung ist und als solche nicht behandelt wird, und hat die Gründe hierfür anzugeben,

 ii) das Internationale Büro davon in Kenntnis zu setzen, dass das auf den Schriftstücken der Anmeldung angebrachte Aktenzeichen nicht als internationales Aktenzeichen verwendet wird,

iii) die Unterlagen der vorgeblichen internationalen Anmeldung und die dazugehörige Korrespondenz gemäss Regel 93.1 aufzubewahren und

 iv) eine Kopie der genannten Schriftstücke dem Internationalen Büro zu übermitteln, wenn dieses bei der Bearbeitung eines Antrags des Anmelders gemäss Artikel 25 Absatz 1 eine solche Abschrift benötigt und sie anfordert.

---

[95] Fassung gemäss der am 1. Juli 1992 in Kraft getretenen Änderung (AS 1992 **1446**).
[96] Fassung gemäss der am 1. Juli 1992 in Kraft getretenen Änderung (AS 1992 **1446**).
[97] Bestimmung geändert am 1. Jan. 1985 (AS **1984** 1539).

20.8 *Fehler des Anmeldeamts*

Stellt das Anmeldeamt später fest oder bemerkt es auf Grund der Antwort des Anmelders, dass es diesen irrtümlich zur Richtigstellung aufgefordert hat, weil die Erfordernisse des Artikels 11 Absatz 1 beim Eingang der Schriftstücke erfüllt waren, so verfährt es nach Regel 20.5.

20.9 *Beglaubigte Kopien für den Anmelder*

Auf Antrag des Anmelders stellt das Anmeldeamt diesem gegen Zahlung einer Gebühr beglaubigte Kopien der internationalen Anmeldung in ihrer ursprünglichen Form sowie der an ihr vorgenommenen Änderungen zur Verfügung.

Regel 21 **Herstellung von Exemplaren**

21.1 *Aufgabe des Anmeldeamts*

a) Ist die internationale Anmeldung in einem Exemplar einzureichen, so ist das Anmeldeamt für die Herstellung des Anmeldeamtsexemplars und des Recherchenexemplars nach Artikel 12 Absatz 1 verantwortlich.

b) Ist die internationale Anmeldung in zwei Exemplaren einzureichen, so ist das Anmeldeamt für die Herstellung des Anmeldeamtsexemplars verantwortlich.

c) Ist die internationale Anmeldung in geringerer Stückzahl eingereicht worden als nach der Regel 11.1 Absatz b vorgeschrieben, so ist das Anmeldeamt für die sofortige Herstellung der erforderlichen Anzahl von Exemplaren verantwortlich und hat das Recht, für diese Aufgabe eine Gebühr festzusetzen und diese vom Anmelder zu erheben.

Regel 22 **Übermittlung des Aktenexemplars**

22.1 *Verfahren*

a) Ist die Feststellung nach Artikel 11 Absatz 1 positiv und stehen Vorschriften über die nationale Sicherheit der Behandlung der Anmeldung als internationaler Anmeldung nicht entgegen, so übersendet das Anmeldeamt das Aktenexemplar an das Internationale Büro. Die Übersendung wird unverzüglich nach dem Eingang der internationalen Anmeldung oder, falls eine Überprüfung zum Schutz der nationalen Sicherheit erforderlich ist, sobald diese Prüfung erfolgreich abgeschlossen worden ist, vorgenommen. In jedem Fall sendet das Anmeldeamt das Aktenexemplar so rechtzeitig ab, dass es beim Internationalen Büro mit dem Ablauf des dreizehnten Monats seit dem Prioritätsdatum eingeht. Wird durch die Post übermittelt, so darf das Anmeldeamt das Aktenexemplar nicht später als fünf Tage vor dem Ablauf des dreizehnten Monats ab Prioritätsdatum absenden.

b)[98] Hat das Internationale Büro eine Kopie der Mitteilung nach Regel 20.5 Absatz c erhalten und ist es bei Ablauf des dreizehnten Monats nach dem Prioritätsdatum nicht im Besitz des Aktenexemplars, so fordert es das Anmeldeamt auf, ihm das Aktenexemplar unverzüglich zu übermitteln.

---

[98] Bestimmung geändert am 1. Jan. 1985 (AS **1984** 1539).

c)[99] Hat das Internationale Büro eine Kopie der Mitteilung nach Regel 20.5 Absatz c erhalten und ist es bei Ablauf des vierzehnten Monats nach dem Prioritätsdatum nicht im Besitz des Aktenexemplars, so teilt es dies dem Anmelder und dem Anmeldeamt mit.

d)[100] Nach Ablauf des vierzehnten Monats nach dem Prioritätsdatum kann der Anmelder vom Anmeldeamt verlangen, dass dieses eine Kopie seiner internationalen Anmeldung als mit der eingereichten internationalen Anmeldung übereinstimmend beglaubigt, und diese beglaubigte Kopie an das Internationale Büro übersenden.

e)[101] Die Beglaubigung nach Absatz d ist kostenlos und kann nur aus einem der folgenden Gründe abgelehnt werden:

  i) die Kopie, deren Beglaubigung vom Anmeldeamt verlangt wird, stimmt nicht mit der eingereichten internationalen Anmeldung überein;

  ii) die Vorschriften über die nationale Sicherheit stehen der Behandlung der Anmeldung als internationaler Anmeldung entgegen;

  iii) das Anmeldeamt hat das Aktenexemplar bereits an das Internationale Büro übersandt und dieses hat ihm den Eingang bestätigt.

f)[102] Sofern oder solange das Aktenexemplar nicht bei dem Internationalen Büro eingegangen ist, gilt die nach Absatz e beglaubigte und beim Internationalen Büro eingegangene Kopie als Aktenexemplar.

g)[103] Hat der Anmelder bis zum Ablauf der Frist nach Artikel 22 die in diesem Artikel genannten Handlungen vorgenommen, ohne dass das Bestimmungsamt vom Internationalen Büro über den Eingang des Aktenexemplares unterrichtet worden ist, so teilt das Bestimmungsamt dies dem Internationalen Büro mit. Ist das Internationale Büro nicht im Besitz des Aktenexemplars, so teilt es dies dem Anmelder und dem Anmeldeamt unverzüglich mit, sofern dies nicht bereits nach Absatz c geschehen ist.

22.2[104]

22.3[105]   *Frist gemäss Artikel 12 Absatz 3*

Die in Artikel 12 Absatz 3 genannte Frist beträgt drei Monate ab dem Datum der Mitteilung, die das Internationale Büro gemäss Regel 22.1 Absatz c oder g an den Anmelder übersandt hat.

22.4–22.5[106]

---

[99] Bestimmung geändert am 1. Jan. 1985 (AS **1984** 1539).
[100] Bestimmung geändert am 1. Jan. 1985 (AS **1984** 1539).
[101] Bestimmung eingefügt am 1. Jan. 1985 (AS **1984** 1539).
[102] Bestimmung eingefügt am 1. Jan. 1985 (AS **1984** 1539).
[103] Bestimmung eingefügt am 1. Jan. 1985 (AS **1984** 1539).
[104] Bestimmung aufgehoben am 1. Jan. 1985 (AS **1984** 1539).
[105] Bestimmung geändert am 1. Jan. 1985 (AS **1984** 1539).
[106] Bestimmung aufgehoben am 1. Jan. 1985 (AS **1984** 1539).

Regel 23 **Übermittlung des Recherchenexemplars**

23.1 *Verfahren*

a)[107] Das Recherchenexemplar wird der Internationalen Recherchenbehörde durch das Anmeldeamt spätestens am gleichen Tag übermittelt, an dem das Aktenexemplar dem Internationalen Büro übermittelt wird, es sei denn, dass die Recherchengebühr nicht entrichtet worden ist. Im letzteren Fall ist es unverzüglich nach Entrichtung der Recherchengebühr zu übermitteln.

b) ...[108]

c) ...[109]

Regel 24 **Eingang des Aktenexemplars beim Internationalen Büro**

24.1[110]

24.2[111] *Mitteilung über den Eingang des Aktenexemplars*

a) Das Internationale Büro teilt
   i) dem Anmelder,
   ii) dem Anmeldeamt und
   iii) der Internationalen Recherchenbehörde (es sei denn, sie hat dem Internationalen Büro mitgeteilt, dass sie nicht benachrichtigt werden will) unverzüglich den Eingang des Aktenexemplars und das Datum des Eingangs mit. In der Mitteilung wird die internationale Anmeldung mit ihrem Aktenzeichen, dem internationalen Anmeldedatum und dem Namen des Anmelders gekennzeichnet; ausserdem ist das Anmeldedatum einer früheren Anmeldung anzugeben, deren Priorität in Anspruch genommen wird. In der Mitteilung an den Anmelder sind die nach Regel 4.9 Absatz a bestimmten Staaten und gegebenenfalls die Staaten anzugeben, deren Bestimmung nach Regel 4.9 Absatz c bestätigt worden ist.

b) Ein Bestimmungsamt, das dem Internationalen Büro mitgeteilt hat, dass es vor der Übermittlung nach Regel 47.1 eine Mitteilung nach Absatz a erhalten möchte, wird vom Internationalen Büro wie folgt benachrichtigt:
   i) wenn die betreffende Bestimmung nach Regel 4.9 Absatz a erfolgt ist, unverzüglich nach Eingang des Aktenexemplars,
   ii) wenn die betreffende Bestimmung nach Regel 4.9 Absatz b erfolgt ist, unverzüglich nachdem das Anmeldeamt das Internationale Büro von der Bestätigung dieser Bestimmung unterrichtet hat.

c) Geht das Aktenexemplar nach Ablauf der Frist nach Regel 22.3 ein, so teilt das Internationale Büro dies dem Anmelder, dem Anmeldeamt und der Internationalen Recherchenbehörde unverzüglich mit.

---

[107] Fassung gemäss der am 1. Juli 1992 in Kraft getretenen Änderung (AS **1992** 1446).

[108] Aufgehoben durch die am 1. Juli 1992 in Kraft getretene Änderung (AS **1992** 1446).

[109] Bestimmung aufgehoben am 1. Jan. 1985 (AS **1984** 1539).

[110] Bestimmung aufgehoben am 1. Jan. 1985 (AS **1984** 1539).

[111] Fassung gemäss der am 1. Juli 1992 in Kraft getretenen Änderung (AS **1992** 1446).

Regel 25 **Eingang des Recherchenexemplars bei der Internationalen Recherchenbehörde**

25.1 *Benachrichtigung über den Eingang des Recherchenexemplars*

Die Internationale Recherchenbehörde benachrichtigt unverzüglich das Internationale Büro, den Anmelder und – falls die Internationale Recherchenbehörde nicht mit dem Anmeldeamt identisch ist – das Anmeldeamt über den Eingang des Recherchenexemplars und das Datum des Eingangs.

Regel 26 **Prüfung und Berichtigung bestimmter Bestandteile der internationalen Anmeldung vor dem Anmeldeamt**[112]

26.1 *Frist für die Prüfung*

a) Die Aufforderung zur Beseitigung von Mängeln nach Artikel 14 Absatz 1 Buchstabe b erlässt das Anmeldeamt so bald wie möglich, vorzugsweise innerhalb eines Monats nach Eingang der internationalen Anmeldung.

b) Versendet das Anmeldeamt eine Aufforderung, Mängel der in Artikel 14 Absatz 1 Buchstabe a Ziffer iii oder iv genannten Art (fehlende Bezeichnung oder Zusammenfassung) zu beheben, so benachrichtigt es die Internationale Recherchenbehörde hiervon.

26.2[113] *Frist für die Mängelbeseitigung*

Die in Artikel 14 Absatz 1 Buchstabe b genannte Frist hat den Umständen nach angemessen zu sein und ist in jedem Fall durch das Anmeldeamt festzusetzen. Sie darf nicht früher als einen Monat nach dem Zeitpunkt der Aufforderung zur Mängelbeseitigung ablaufen. Sie kann vom Anmeldeamt jederzeit verlängert werden, solange keine Entscheidung getroffen worden ist.

26.3[114] *Prüfung der Formerfordernisse nach Artikel 14 Absatz 1 Buchstabe a Ziffer v*

Die in Regel 11 genannten Formerfordernisse werden nur geprüft, soweit ihre Erfüllung für eine im wesentlichen einheitliche internationale Veröffentlichung erforderlich ist.

26.3bis [115] *Aufforderung zur Mängelbeseitigung nach Artikel 14 Absatz 1 Buchstabe b*

Das Anmeldeamt braucht die Aufforderung zur Mängelbeseitigung nach Artikel 14 Absatz 1 Buchstabe a Ziffer v nicht zu erlassen, wenn die in Regel 11 genannten Formerfordernisse soweit erfüllt sind, als dies für eine im wesentlichen einheitliche internationale Veröffentlichung erforderlich ist.

---

[112] Tit. geändert am 1. Jan. 1985 (AS 1984 1539).
[113] Bestimmung geändert am 1. Jan. 1985 (AS **1984** 1539).
[114] Bestimmung geändert am 1. Jan. 1985 (AS **1984** 1539).
[115] Bestimmung eingefügt am 1. Jan. 1985 (AS **1984** 1539).

26.3ter [116]   *Aufforderung zur Beseitigung von Mängeln nach Artikel 3 Absatz 4 Ziffer i*

a) Erfüllt ein Teil der internationalen Anmeldung, ausser den in Artikel 11 Absatz 1 Ziffer iii Buchstaben d und e genannten Bestandteilen, nicht die Bestimmungen der Regel 12.1, so fordert das Anmeldeamt den Anmelder zur Einreichung der erforderlichen Berichtigung auf. Die Regeln 26.1 Absatz a, 26.2, 26.5 und 29.1 sind entsprechend anzuwenden.

b) Ist Absatz a am 12. Juli 1991 mit dem vom Anmeldeamt anzuwendenden nationalen Recht vereinbar, so gilt er für das Anmeldeamt nicht, solange diese Unvereinbarkeit besteht, sofern dieses Amt das Internationale Büro bis zum 31. Dezember 1991 davon unterrichtet. Diese Mitteilung wird vom Internationalen Büro unverzüglich im Blatt veröffentlicht.

26.4   *Verfahren*

a) Eine dem Anmeldeamt unterbreitete Berichtigung kann in einem an das Amt gerichteten Schreiben niedergelegt werden, wenn sie so beschaffen ist, dass sie von dem Schreiben in das Aktenexemplar übertragen werden kann, ohne die Übersichtlichkeit oder Vervielfältigungsfähigkeit des Blattes zu beeinträchtigen, auf das die Berichtigung zu übertragen ist; in anderen Fällen wird der Anmelder aufgefordert, ein Ersatzblatt einzureichen, das die Berichtigung enthält, und das Begleitschreiben hat auf die Unterschiede zwischen dem auszutauschenden Blatt und dem Ersatzblatt hinzuweisen.

b)–d)[117]

26.5   *Entscheidung des Anmeldeamts*[118]

a)[119]Das Anmeldeamt entscheidet, ob die Berichtigung innerhalb der Frist nach Regel 26.2 unterbreitet worden ist und, wenn dies der Fall ist, ob die so berichtigte internationale Anmeldung als zurückgenommen gilt oder nicht; jedoch gilt eine internationale Anmeldung nicht wegen Nichterfüllung der in Regel 11 genannten Formerfordernisse als zurückgenommen, wenn sie diese Erfordernisse soweit erfüllt, als dies für eine im wesentlichen einheitliche internationale Veröffentlichung erforderlich ist.

b) ...[120]

26.6   *Fehlende Zeichnungen*

a) Bezieht sich die internationale Anmeldung wie in Artikel 14 Absatz 2 vorgesehen auf Zeichnungen, die der Anmeldung tatsächlich nicht beigefügt sind, so vermerkt das Anmeldeamt dies in der Anmeldung.

b) Der Zeitpunkt, in dem der Anmelder die Benachrichtigung nach Artikel 14 Absatz 2 erhält, hat auf die gemäss Regel 20.2 Absatz a Ziffer iii festgesetzte Frist keine Wirkung.

---

[116] Eingefügt durch die am 1. Juli 1992 in Kraft getretene Änderung (AS **1992** 1446).

[117] Bestimmung aufgehoben am 1. Jan. 1985 (AS **1984** 1539).

[118] Tit. geändert am 1. Jan. 1985 (AS **1984** 1539).

[119] Bestimmung geändert am 1. Jan. 1985 (AS **1984** 1539).

[120] Bestimmung aufgehoben am 1. Jan. 1985 (AS 1984 1539).

Regel 27[121]   **Unterlassene Gebührenzahlung**

27.1   *Gebühren*

a) Die in Artikel 14 Absatz 3 Buchstabe a genannten «nach Artikel 3 Absatz 4 Ziffer iv vorgeschriebenen Gebühren» sind: die Übermittlungsgebühr (Regel 14), die Grundgebühr als Teil der internationalen Gebühr (Regel 15.1 Ziffer i), die Recherchengebühr (Regel 16) und gegebenenfalls die Gebühr für verspätete Zahlung (Regel 16bis.2).

b) Die in Artikel 14 Absatz 3 Buchstaben a und b genannte «nach Artikel 4 Absatz 2 vorgeschriebene Gebühr» ist die Bestimmungsgebühr als Teil der internationalen Gebühr (Regel 15.1 Ziffer ii) und gegebenenfalls die Gebühr für verspätete Zahlung (Regel 16bis.2).

Regel 28   **Mängel, die durch das Internationale Büro festgestellt werden**[122]

28.1   *Mitteilung über bestimmte Mängel*

a)[123] Weist die internationale Anmeldung nach Ansicht des Internationalen Büros einen der in Artikel 14 Absatz 1 Buchstabe a Ziffer i, ii oder v genannten Mängel auf, so macht es das Anmeldeamt darauf aufmerksam.

b) Das Anmeldeamt verfährt, ausser wenn es mit der Auffassung nicht übereinstimmt, nach Artikel 14 Absatz 1 Buchstabe b und Regel 26.

Regel 29   **Internationale Anmeldungen oder Bestimmungen, die nach Artikel 14 Absatz 1, 3 oder 4 als zurückgenommen gelten**

29.1   *Feststellung durch das Anmeldeamt*

a) Erklärt das Anmeldeamt, dass die Anmeldung nach Artikel 14 Absatz 1 Buchstabe b und Regel 26.5 (Nichtbeseitigung bestimmter Mängel), nach Artikel 14 Absatz 3 Buchstabe a (Versäumnis der Zahlung der nach Regel 27.1 Absatz a vorgeschriebenen Gebühren) oder nach Artikel 14 Absatz 4 (nachträgliche Feststellung der Nichterfüllung der Erfordernisse nach Artikel 11 Absatz 1 Ziffern i bis iii) als zurückgenommen gilt:[124]

  i) so übersendet das Anmeldeamt das Aktenexemplar (soweit dies nicht bereits geschehen ist) sowie jede vom Anmelder vorgeschlagene Berichtigung an das Internationale Büro;

  ii)[125] so unterrichtet das Anmeldeamt den Anmelder und das Internationale Büro unverzüglich von dieser Erklärung; dieses wiederum benachrichtigt jedes bereits von seiner Bestimmung unterrichtete Bestimmungsamt;

  iii) so unterlässt das Anmeldeamt entweder die Übermittlung des Recherchenexemplars gemäss Regel 23 oder, wenn es dieses bereits übersandt hat, unterrichtet die Internationale Recherchenbehörde über die Erklärung;

---

[121] Fassung gemäss der am 1. Juli 1992 in Kraft getretenen Änderung (AS **1992** 1446).
[122] Tit. geändert am 1. Jan. 1985 (AS **1984** 1539).
[123] Bestimmung geändert am 1. Jan. 1985 (AS **1984** 1539).
[124] Fassung gemäss der am 1. Juli 1992 in Kraft getretenen Änderung (AS **1992** 1446).

iv) so ist das Internationale Büro nicht verpflichtet, den Anmelder von dem Empfang des Aktenexemplars zu benachrichtigen.

b)[126] Erklärt das Anmeldeamt nach Artikel 14 Absatz 3 Buchstabe b, dass die Bestimmung eines Staates als zurückgenommen gilt (Unterlassung der Zahlung einer Bestimmungsgebühr nach Regel 27.1 Absatz b), so unterrichtet das Anmeldeamt unverzüglich den Anmelder und das Internationale Büro; dieses wiederum benachrichtigt jedes bereits von seiner Bestimmung unterrichtete Bestimmungsamt.

29.2[127]

29.3 *Hinweis des Anmeldeamts auf bestimmte Tatsachen*

Ist das Internationale Büro oder die Internationale Recherchenbehörde der Ansicht, dass das Anmeldeamt eine Feststellung nach Artikel 14 Absatz 4 treffen sollte, so macht das Büro oder die Behörde das Anmeldeamt auf die einschlägigen Tatsachen aufmerksam.

29.4 *Mitteilung der Absicht, eine Erklärung nach Artikel 14 Absatz 4 abzugeben*

Bevor das Anmeldeamt eine Erklärung nach Artikel 14 Absatz 4 abgibt, teilt es dem Anmelder seine Absicht, eine solche Erklärung abzugeben, und die Gründe dafür mit. Der Anmelder kann, wenn er die vorläufige Feststellung des Anmeldeamts für unrichtig hält, innerhalb eines Monats nach der Mitteilung Gegenvorstellungen erheben.

Regel 30 **Frist gemäss Artikel 14 Absatz 4**

30.1[128] *Frist*

Die in Artikel 14 Absatz 4 genannte Frist beträgt vier Monate seit dem internationalen Anmeldedatum.

Regel 31 **Nach Artikel 13 erforderliche Exemplare**

31.1 *Anforderung der Exemplare*

a) Jede Anforderung nach Artikel 13 Absatz 1 kann sich auf alle oder einzelne internationale Anmeldungen oder bestimmte Arten hiervon beziehen, in denen das anfordernde nationale Amt als Bestimmungsamt benannt ist. Anforderungen hinsichtlich aller oder bestimmter Arten von internationalen Anmeldungen müssen jährlich durch eine Note, die bis zum 30. November des vorausgehenden Jahres an das Internationale Büro zu richten ist, erneuert werden.

b) Für Anträge nach Artikel 13 Absatz 2 Buchstabe b ist eine Gebühr zu entrichten, die die Kosten der Herstellung und der Versendung des Exemplars deckt.

---

[125] Fassung gemäss der am 1. Juli 1992 in Kraft getretenen Änderung (AS **1992** 1446).
[126] Fassung gemäss der am 1. Juli 1992 in Kraft getretenen Änderung (AS **1992** 1446).
[127] Bestimmung aufgehoben am 1. Jan. 1985 (AS **1984** 1539).
[128] Bestimmung geändert am 1. Okt. 1980 (AS **1981** 62).

31.2   *Herstellung der Exemplare*

Die Herstellung der nach Artikel 13 erforderlichen Exemplare ist Aufgabe des Internationalen Büros.

Regel 32[129]   **Erstreckung der Wirkungen der internationalen Anmeldung auf bestimmte Nachfolgestaaten**

32.1   *Antrag auf Erstreckung der internationalen Anmeldung auf den Nachfolgestaat*

a) Die Wirkungen einer internationalen Anmeldung, deren internationales Anmeldedatum in den in Absatz b genannten Zeitraum fällt, können, sofern der Anmelder die in Absatz c genannten Handlungen vornimmt, auf einen Staat («den Nachfolgestaat») erstreckt werden, dessen Gebiet vor seiner Unabhängigkeit Teil des Gebiets eines Vertragsstaates war, der nicht mehr fortbesteht («der Vorgängerstaat»), vorausgesetzt, dass der Nachfolgestaat Mitgliedstaat geworden ist durch Hinterlegung einer Fortsetzungserklärung beim Generaldirektor des Inhalts, dass der Vertrag vom Nachfolgestaat angewandt wird.

b) Der in Absatz a genannte Zeitraum beginnt mit dem auf den letzten Tag des Bestehens des Vorgängerstaats folgenden Tag und endet zwei Monate nach dem Tag, an dem die in Absatz a genannte Erklärung den Regierungen der Mitgliedstaaten der Pariser Verbandsübereinkunft zum Schutz des gewerblichen Eigentums vom Generaldirektor notifiziert worden ist. Liegt jedoch das Datum der Unabhängigkeit des Nachfolgestaates vor dem auf den letzten Tag des Bestehens des Vorgängerstaates folgenden Tag, so kann der Nachfolgestaat erklären, dass dieser Zeitraum mit dem Datum seiner Unabhängigkeit beginnt; diese Erklärung ist zusammen mit der Erklärung nach Absatz a abzugeben und hat das Datum der Unabhängigkeit anzugeben.

c) Für jede internationale Anmeldung, deren Anmeldedatum in den nach Absatz b massgeblichen Zeitraum fällt, übersendet das Internationale Büro dem Anmelder eine Mitteilung, dass er einen Antrag auf Erstreckung stellen kann, indem er innerhalb von drei Monaten nach dem Datum dieser Mitteilung die folgenden Handlungen vornimmt:

   i) Einreichung eines Antrags auf Erstreckung beim Internationalen Büro;

   ii) Zahlung einer Erstreckungsgebühr in Schweizer Franken in Höhe der in Regel 15.2 Absatz a genannten Bestimmungsgebühr an das Internationale Büro.

d) Diese Regel findet auf die Russische Föderation keine Anwendung.

32.2   *Wirkungen der Erstreckung auf den Nachfolgestaat*

a) Wird ein Antrag auf Erstreckung gemäss Regel 32.1 gestellt,

   i) so gilt der Nachfolgestaat als in der internationalen Anmeldung bestimmt und

   ii) verlängert sich die nach Artikel 22 oder 39 Absatz 1 für diesen Staat massgebliche Frist bis zum Ablauf von mindestens drei Monaten seit dem Datum des Antrags auf Erstreckung.

---

[129] Aufgehoben durch die am 1. Juli 1992 in Kraft getretene Änderung (AS **1992** 1446). Fassung gemäss Beschluss vom 29. Sept. 1992 (AS **1993** 1393).

b) Ist für einen Nachfolgestaat Kapitel 11 des Vertrags verbindlich und ist der Antrag auf erstreckung nach Ablauf, der Antrag auf internationale vorläufige Prüfung jedoch vor Ablauf des 19. Monats seit dem Prioritätsdatum gestellt worden und wird innerhalb von drei Monaten nach dem Datum des Antrags auf Erstreckung der Nachfolgestaat nachträglich ausgewählt, so beträgt die massgebliche Frist nach Absatz a Ziffer ii mindestens 30 Monate seit dem Prioritätsdatum.

c) Der Nachfolgestaat kann Fristen vorsehen, die später als die Fristen nach den Absätzen a Ziffer ii und b ablaufen. Das Internationale Büro veröffentlicht Angaben über diese Fristen im Blatt.

Regel 33 **Einschlägiger Stand der Technik für die internationale Recherche**

33.1 *Einschlägiger Stand der Technik für die internationale Recherche*

a) Für die Zwecke des Artikels 15 Absatz 2 ist unter dem einschlägigen Stand der Technik alles zu verstehen, was der Öffentlichkeit irgendwo in der Welt mittels schriftlicher Offenbarung (unter Einschluss von Zeichnungen und anderen Darstellungen) zugänglich gemacht worden ist und was für die Feststellung bedeutsam ist, ob die beanspruchte Erfindung neu oder nicht neu ist und ob sie auf einer erfinderischen Leistung beruht oder nicht (d. h., ob sie offensichtlich ist oder nicht), vorausgesetzt, dass der Zeitpunkt, zu dem es der Öffentlichkeit zugänglich gemacht wurde, vor dem internationalen Anmeldedatum liegt.

b)[130] Verweist eine schriftliche Offenbarung auf eine mündliche Offenbarung, Benutzung, Ausstellung oder andere Massnahmen, durch die der Inhalt der schriftlichen Offenbarung der Öffentlichkeit vor dem internationalen Anmeldedatum zugänglich gemacht worden ist, so werden im internationalen Recherchenbericht diese Tatsache und der Zeitpunkt der Zugänglichkeit gesondert erwähnt, sofern die schriftliche Offenbarung der Öffentlichkeit erst an oder nach dem internationalen Anmeldedatum zugänglich war.

c)[131] Veröffentlichte Anmeldungen oder Patente, deren Veröffentlichungsdatum mit dem internationalen Anmeldedatum der recherchierten internationalen Anmeldung zusammenfällt oder später liegt, deren Anmeldedatum oder gegebenenfalls beanspruchtes Prioritätsdatum aber früher liegt und die nach Artikel 15 Absatz 2 zum einschlägigen Stand der Technik gehören würden, wären sie vor dem internationalen Anmeldedatum veröffentlicht worden, werden im internationalen Recherchenbericht besonders erwähnt.

33.2 *Bei der internationalen Recherche zu berücksichtigende Sachgebiete*

a) Die internationale Recherche bezieht alle technischen Sachgebiete ein und wird auf der Basis des gesamten Prüfstoffs durchgeführt, der die Erfindung betreffendes Material enthalten könnte.

b) Folglich sind nicht nur technische Gebiete in die Recherche einzubeziehen, in welche die Erfindung eingruppiert werden kann, sondern auch gleichartige technische Gebiete ohne Rücksicht auf die Klassifikation.

---

[130] Fassung gemäss der am 1. Juli 1992 in Kraft getretenen Änderung (AS **1992** 1446).
[131] Fassung gemäss der am 1. Juli 1992 in Kraft getretenen Änderung (AS **1992** 1446).

c) Die Frage, welche technischen Gebiete im Einzelfall als gleichartig anzusehen sind, wird unter dem Gesichtspunkt beurteilt, was als die notwendige wesentliche Funktion oder Verwendung der Erfindung erscheint, und nicht nur im Hinblick auf die Einzelfunktionen, die in der internationalen Anmeldung ausdrücklich aufgeführt sind.

d) Die internationale Recherche hat alle Gegenstände einzuschliessen, welche allgemein als äquivalent zum Gegenstand der beanspruchten Erfindung für alle oder bestimmte ihrer Merkmale angesehen werden, selbst wenn die in der internationalen Anmeldung beschriebene Erfindung in ihren Einzelheiten unterschiedlich sind.

33.3 *Ausrichtung der internationalen Recherche*

a) Die internationale Recherche wird auf der Grundlage der Ansprüche unter angemessener Berücksichtigung der Beschreibung und der Zeichnungen (soweit vorhanden) durchgeführt und berücksichtigt besonders die erfinderische Idee, auf die die Ansprüche gerichtet sind.

b) Soweit es möglich und sinnvoll ist, hat die internationale Recherche den gesamten Gegenstand zu erfassen, auf den die Ansprüche gerichtet sind, oder auf den sie, wie vernünftigerweise erwartet werden kann, nach einer Anspruchsänderung gerichtet werden können.

Regel 34 **Mindestprüfstoff**

34.1 *Begriffsbestimmung*

a) Die Begriffsbestimmungen in den Artikeln 2 Ziffern i und ii sind auf diese Regel nicht anzuwenden.

b) Der in Artikel 15 Absatz 4 erwähnte Prüfstoff «Mindestprüfstoff») setzt sich zusammen aus:
   i) den in Absatz c näher bezeichneten «nationalen Patentschriften»,
   ii) den veröffentlichten internationalen (PCT) Anmeldungen, den veröffentlichten regionalen Patent- und Erfinderscheinanmeldungen und den veröffentlichten regionalen Patenten und Erfinderscheinen,
   iii) anderen, nicht zur Patentliteratur gehörenden Veröffentlichungen, auf die die Recherchenbehörden sich einigen und die in einer Aufstellung vom Internationalen Büro bekanntgegeben werden, sobald sie erstmalig festgelegt sind und so oft sie geändert werden.

c) Vorbehaltlich der Absätze d und e sind als «nationale Patentschriften» anzusehen:
   i) die im Jahre oder nach dem Jahre 1920 von dem früheren Reichspatentamt Deutschlands, von Frankreich, von Japan, von der Schweiz (nur in deutscher und französischer Sprache), von der Sowjetunion, von dem Vereinigten Königreich und von den Vereinigten Staaten von Amerika erteilten Patente,
   ii) die von der Bundesrepublik Deutschland erteilten Patente,
   iii) die im Jahre oder nach dem Jahre 1920 in den in Ziffern i und ii genannten Ländern veröffentlichten Patentanmeldungen,
   iv) die von der Sowjetunion erteilten Erfinderscheine,

v) die von Frankreich erteilten Gebrauchszertifikate und veröffentlichten Anmeldungen für solche Zertifikate,

vi)[132] die von anderen Ländern nach 1920 erteilten Patente und dort veröffentlichten Patentanmeldungen in deutscher, englischer, französischer und spanischer Sprache, für die keine Priorität in Anspruch genommen wird, vorausgesetzt, dass das nationale Amt des interessierten Staates diese Unterlagen aussondert und jeder Internationalen Recherchenbehörde zur Verfügung stellt.

d) Wird eine Anmeldung einmal oder mehrfach neu veröffentlicht (zum Beispiel eine Offenlegungsschrift als Auslegeschrift), so ist keine Internationale Recherchenbehörde verpflichtet, alle Fassungen in ihren Prüfstoff aufzunehmen: folglich braucht jede Recherchenbehörde nur eine dieser Fassungen aufzubewahren. Ausserdem ist in den Fällen, in denen eine Anmeldung in Form eines Patents oder eines Gebrauchszertifikats (Frankreich) erteilt und herausgegeben wird, keine Internationale Recherchenbehörde verpflichtet, sowohl die Anmeldung als auch das Patent oder das Gebrauchszertifikat (Frankreich) in seinen Prüfstoff aufzunehmen; jede Behörde braucht nur entweder die Anmeldung oder das Patent oder das Gebrauchszertifikat (Frankreich) aufzubewahren.

e)[133] Ist Japanisch, Russisch oder Spanisch keine Amtssprache einer Internationalen Recherchenbehörde, so braucht die Behörde Patentschriften Japans und der Sowjetunion sowie Patentschriften in spanischer Sprache, für die Zusammenfassungen in englischer Sprache nicht allgemein verfügbar sind, nicht in ihren Prüfstoff aufzunehmen. Werden englische Zusammenfassungen nach dem Zeitpunkt des Inkrafttretens dieser Ausführungsordnung allgemein verfügbar, so sind die Patentschriften, auf die sich diese Zusammenfassungen beziehen, spätestens sechs Monate, nachdem die Zusammenfassungen allgemein verfügbar geworden sind, in den Prüfstoff einzubeziehen. Werden Zusammenfassungen in englischer Sprache auf Gebieten, auf denen früher englische Zusammenfassungen allgemein verfügbar waren, nicht mehr erstellt, so hat die Versammlung zweckdienliche Massnahmen zu ergreifen, um für die unverzügliche Wiederherstellung der Zusammenfassungsdienste zu sorgen.

f) Für die Zwecke dieser Regel gelten Anmeldungen, die lediglich zur öffentlichen Einsichtnahme ausgelegt worden sind, nicht als veröffentlichte Anmeldungen.

Regel 35 **Zuständige Internationale Recherchenbehörde**

35.1 *Zuständigkeit nur einer Internationalen Recherchenbehörde*

Jedes Anmeldeamt teilt dem Internationalen Büro in Übereinstimmung mit der anwendbaren, in Artikel 16 Absatz 3 Buchstabe b erwähnten Vereinbarung mit, welche Internationale Recherchenbehörde für die Durchführung von Recherchen für die bei ihm eingereichten internationalen Anmeldungen zuständig ist; das Internationale Büro veröffentlicht diese Mitteilung unverzüglich.

---

[132] Bestimmung geändert am 1. Jan. 1985 (AS **1984** 1539). Die kursiv gedruckten Wörter werden zu dem Zeitpunkt anwendbar, an dem der Vertrag für das erste Spanisch sprechende Land, das den Vertrag ratifizieren oder ihm beitreten wird, in Kraft tritt (siehe AS **1984** 1539).

[133] Bestimmung geändert am 1. Jan. 1985 (AS **1984** 1539). Die kursiv gedruckten Wörter werden zu dem Zeitpunkt anwendbar, an dem der Vertrag für das erste Spanisch sprechende Land, das den Vertrag ratifizieren oder ihm beitreten wird, in Kraft tritt (siehe AS **1984** 1539).

35.2 *Zuständigkeit mehrerer Internationaler Recherchenbehörden*

a) Jedes Anmeldeamt kann in Übereinstimmung mit der anwendbaren, in Artikel 16 Absatz 3 Buchstabe b erwähnten Vereinbarung mehrere Internationale Recherchenbehörden bestimmen:

    i) durch eine Erklärung, dass jede Internationale Recherchenbehörde für jede bei ihm eingereichte internationale Anmeldung zuständig ist und die Wahl dem Anmelder überlassen bleibt, oder

    ii) durch eine Erklärung, dass eine oder mehrere Internationale Recherchenbehörden für bestimmte Arten und eine oder mehrere andere Internationale Recherchenbehörden für andere Arten von bei ihm eingereichten internationalen Anmeldungen zuständig sind, vorausgesetzt, dass für die Arten von Anmeldungen, für welche mehrere Internationale Recherchenbehörden als zuständig erklärt werden, die Wahl dem Anmelder überlassen bleibt.

b) Jedes Anmeldeamt, das von der Möglichkeit nach Absatz a Gebrauch macht, teilt dies unverzüglich dem Internationalen Büro mit, und das Internationale Büro veröffentlicht diese Mitteilung unverzüglich.

35.3[134] *Zuständigkeit, wenn das Internationale Büro nach Regel 19.1 Absatz a Ziffer iii Anmeldeamt ist*

a) Wird die internationale Anmeldung beim Internationalen Büro als Anmeldeamt nach Regel 19.1 Absatz a Ziffer iii eingereicht, so ist für die Recherche zu dieser Anmeldung diejenige Internationale Recherchenbehörde zuständig, die zuständig gewesen wäre, wenn die Anmeldung bei einem nach Regel 19.1 Absatz a Ziffer i oder ii, b oder c oder nach Regel 19.2 Ziffer i zuständigen Anmeldeamt eingereicht worden wäre.

b) Sind zwei oder mehr Internationale Recherchenbehörden nach Absatz a zuständig, so bleibt die Wahl dem Anmelder überlassen.

c) Die Regeln 35.1 und 35.2 gelten nicht für das Internationale Büro als Anmeldeamt nach regel 19.1 Absatz a Ziffer iii.

Regel 36 **Mindestanforderungen an die Internationale Recherchenbehörde**

36.1 *Aufzählung der Mindestanforderungen*

Die Mindestanforderungen nach Artikel 16 Absatz 3 Buchstabe c sind folgende:[135]

i) das nationale Amt oder die zwischenstaatliche Organisation muss wenigstens 100 hauptamtliche Beschäftigte mit ausreichender technischer Qualifikation zur Durchführung von Recherchen haben;

ii) 2) das Amt oder die Organisation muss mindestens den in Regel 34 erwähnten Mindestprüfstoff auf Papier, in Mikroform oder auf elektronischen Speichermedien in einer für Recherchenzwecke geordneten Form besitzen oder Zugang dazu haben;

iii) das Amt oder die Organisation muss über einen Stab von Mitarbeitern verfügen, der Recherchen auf den erforderlichen technischen Gebieten durchführen kann und ausreichende Sprachkenntnisse besitzt, um wenigstens die Sprachen zu verstehen, in denen der Mindestprüfstoff nach Regel 34 abgefasst oder in die er übersetzt ist.

---

[134] Eingefügt durch Beschluss vom 29. Sept. 1993, in Kraft seit 1. Jan. 1994 (AS **1994** 843).
[135] Fassung gemäss der am 1. Juli 1992 in Kraft getretenen Änderung (AS **1992** 1446).

Regel 37   **Fehlende oder mangelhafte Bezeichnung**

37.1   *Fehlen der Bezeichnung*

Enthält die internationale Anmeldung keine Bezeichnung und hat das Anmeldeamt die Internationale Recherchenbehörde davon in Kenntnis gesetzt, dass es den Anmelder aufgefordert hat, den Mangel zu beseitigen, so setzt die Internationale Recherchenbehörde die internationale Recherche fort, bis sie gegebenenfalls davon benachrichtigt wird, dass die Anmeldung als zurückgenommen gilt.

37.2[136]   *Festsetzung der Bezeichnung*

Enthält die internationale Anmeldung keine Bezeichnung und hat das Anmeldeamt die Internationale Recherchenbehörde nicht davon unterrichtet, dass der Anmelder zur Vorlage einer Bezeichnung aufgefordert worden ist, oder ist die Internationale Recherchenbehörde der Auffassung, dass die Bezeichnung gegen Regel 4.3 verstösst, so setzt sie selbst eine Bezeichnung fest. Diese Bezeichnung wird in der Sprache, in der die internationale Anmeldung veröffentlicht wird, oder, wenn eine Übersetzung nach Regel 12.1 Absatz c übermittelt worden ist und die Internationale Recherchenbehörde dies wünscht, in der Sprache der Übersetzung festgesetzt.

Regel 38   **Fehlende oder mangelhafte Zusammenfassung**

38.1   *Fehlende Zusammenfassung*

Enthält die internationale Anmeldung keine Zusammenfassung und hat das Anmeldeamt die Internationale Recherchenbehörde davon in Kenntnis gesetzt, dass es den Anmelder aufgefordert hat, den Mangel zu beseitigen, so setzt die Internationale Recherchenbehörde die internationale Recherche fort, bis sie gegebenenfalls davon benachrichtigt wird, dass die Anmeldung als zurückgenommen gilt.

38.2[137]   *Festsetzung der Zusammenfassung*

a) [138] Anmeldeamt die Internationale Recherchenbehörde nicht davon unterrichtet, dass der Anmelder zur Vorlage einer Zusammenfassung aufgefordert worden ist, oder ist die Internationale Recherchenbehörde der Auffassung, dass die Zusammenfassung gegen Regel 8 verstösst, so erstellt sie selbst eine Zusammenfassung. Diese Zusammenfassung wird in der Sprache, in der die internationale Anmeldung veröffentlicht wird, oder, wenn eine Übersetzung nach Regel 12.1 Absatz c übermittelt worden ist und die Internationale Recherchenbehörde dies wünscht, in der Sprache der Übersetzung erstellt.

b)   Der Anmelder kann innerhalb eines Monats nach dem Datum der Absendung des internationalen Recherchenberichts zu der von der Internationalen Recherchenbehörde erstellten Zusammenfassung Stellung nehmen. Ändert diese Behörde die von ihr erstellte Zusammenfassung, so teilt sie dem Internationalen Büro diese Änderung mit.

---

[136]   Fassung gemäss Beschluss vom 29. Sept. 1992, in Kraft seit 1. Jan. 1993 (AS **1993** 1393).
[137]   Fassung gemäss der am 1. Juli 1992 in Kraft getretenen Änderung (AS **1992** 1446).
[138]   Fassung gemäss Beschluss vom 29. Sept. 1992, in Kraft seit 1. Jan. 1993 (AS **1993** 1393).

Regel 39 **Anmeldungsgegenstand nach Artikel 17 Absatz 2 Buchstabe a Ziffer i**

39.1 *Begriffsbestimmung*

Die Internationale Recherchenbehörde ist nicht verpflichtet, eine internationale Recherche für eine internationale Anwendung durchzuführen, wenn und soweit der Anmeldungsgegenstand folgende Gebiete betrifft:

i) wissenschaftliche und mathematische Theorien,

ii) Pflanzensorten oder Tierarten sowie im wesentlichen biologische Verfahren zur Züchtung von Pflanzen und Tieren mit Ausnahme mikrobiologischer Verfahren und der mit Hilfe dieser Verfahren gewonnenen Erzeugnisse,

iii) Pläne, Regeln und Verfahren für eine geschäftliche Tätigkeit, für rein gedankliche Tätigkeiten oder für Spiele,

iv) Verfahren zur chirurgischen oder therapeutischen Behandlung des menschlichen oder tierischen Körpers sowie Diagnostizierverfahren,

v) blosse Wiedergabe von Informationen,

vi) Programme von Datenverarbeitungsanlagen insoweit, als die Internationale Recherchenbehörde nicht dafür ausgerüstet ist, für solche Programme eine Recherche über den Stand der Technik durchzuführen.

Regel 40 **Mangelnde Einheitlichkeit der Erfindung (Internationale Recherche)**

40.1 *Aufforderung zur Zahlung*

In der Aufforderung, gemäss Artikel 17 Absatz 3 Buchstabe a zusätzliche Gebühren zu zahlen, sind die Gründe für die Feststellung anzugeben, dass die internationale Anmeldung dem Erfordernis der Einheitlichkeit der Erfindung nicht entspricht; ausserdem ist der zu zahlende Betrag zu nennen.

40.2 *Zusätzliche Gebühren*

a) Die Höhe der zusätzlichen Recherchengebühr nach Artikel 17 Absatz 3 Buchstabe a wird durch die zuständige Internationale Recherchenbehörde festgesetzt.

b) Die zusätzliche Recherchenbehörde nach Artikel 17 Absatz 3 Buchstabe a ist unmittelbar an die Internationale Recherchenbehörde zu zahlen.

c) Der Anmelder kann die zusätzliche Gebühr unter Widerspruch zahlen; dem Widerspruch ist eine Begründung des Inhalts beizufügen, dass die internationale Anmeldung das Erfordernis der Einheitlichkeit der Erfindung erfülle oder dass der Betrag der geforderten zusätzlichen Gebühr überhöht sei. Der Widerspruch wird von einem Ausschuss aus drei Mitgliedern oder von einer anderen besonderen Instanz der Internationalen Recherchenbehörde oder von einer zuständigen höheren Stelle geprüft; kommt die Instanz zu dem Ergebnis, dass der Widerspruch begründet ist, ordnet sie die völlige oder teilweise Rückzahlung der zusätzlichen Gebühr an den Anmelder an. Auf Antrag des Anmelders wird der Wortlaut des Widerspruchs und der Entscheidung hierüber den Bestimmungsämtern zusammen mit dem internationalen Recherchenbericht mitgeteilt. Gleichzeitig mit der Übermittlung der Übersetzung der internationalen Anmeldung gemäss Artikel

22 hat der Anmelder eine Übersetzung des Wortlauts des Widerspruchs und der Entscheidung hierüber einzureichen.

d) Personen, die an der Entscheidung, die Gegenstand des Widerspruchs ist, mitgewirkt haben, dürfen nicht Mitglied des in Absatz c genannten Ausschusses aus drei Mitgliedern, der anderen besonderen Instanz oder der zuständigen höheren Stelle sein.

e)[139]Hat der Anmelder eine zusätzliche Gebühr nach Absatz c unter Widerspruch entrichtet, so kann die Internationale Recherchenbehörde nach vorheriger Überprüfung, ob die Aufforderung zur Zahlung einer zusätzlichen Gebühr berechtigt war, verlangen, dass der Anmelder eine Gebühr für die Prüfung des Widerspruchs («Widerspruchsgebühr») entrichtet. Die Widerspruchsgebühr ist innerhalb eines Monats nach dem Datum der Mitteilung zu zahlen, mit der dem Anmelder das Ergebnis der Überprüfung mitgeteilt worden ist. Wird die Widerspruchsgebühr nicht rechtzeitig entrichtet, so gilt der Widerspruch als zurückgenommen. Die Widerspruchsgebühr ist an den Anmelder zurückzuzahlen, wenn der in Absatz c genannte aus drei Mitgliedern bestehende Ausschuss, die besondere Instanz oder höhere Stelle den Widerspruch als in vollem Umfang begründet befindet.

40.3   *Frist*

Die in Artikel 17 Absatz 3 Buchstabe a vorgesehene Frist wird in jedem Einzelfall entsprechend den Umständen dieses Falles durch die Internationale Recherchenbehörde festgesetzt; sie darf nicht kürzer als 15 Tage oder gegebenenfalls 30 Tage vom Zeitpunkt der Aufforderung an sein, je nachdem der Anmelder seine Anschrift im Sitzstaat der Internationalen Recherchenbehörde oder in einem anderen Staat hat; sie soll 45 Tage nicht übersteigen.

Regel 41   **Frühere, nicht internationale Recherche**

41.1[140]   *Verpflichtung zur Verwertung der Ergebnisse: Gebührenerstattung*

Wird im Antrag in der Form der Regel 4.11 auf eine unter den Bedingungen des Artikels 15 Absatz 5 durchgeführte Recherche internationaler Art oder auf eine andere Recherche als eine internationale Recherche oder Recherche internationaler Art Bezug genommen, so muss die Internationale Recherchenbehörde soweit wie möglich die Ergebnisse der genannten Recherche bei der Erstellung des internationalen Recherchenberichts für die internationale Anmeldung verwerten. Die Internationale Recherchenbehörde erstattet im Umfang und unter den Bedingungen, die in der Vereinbarung nach Artikel 16 Absatz 3 Buchstabe b oder in einer an das Internationale Büro gerichteten und von diesem im Blatt veröffentlichten Mitteilung vorgesehen sind, die Recherchengebühr zurück, sofern der internationale Recherchenbericht ganz oder teilweise auf die Ergebnisse der genannten Recherche gestützt werden konnte.

---

[139] Eingefügt durch die am 1. Juli 1992 in Kraft getretenen Änderung (AS **1992** 1446).
[140] Bestimmung geändert am 1. Okt. 1980 (AS **1981** 62).

Regel 42[141]   **Frist für die internationale Recherche**

42.1   *Frist für die internationale Recherche*

Die Frist für die Erstellung des internationalen Recherchenberichts oder für die in Artikel 17 Absatz 2 Buchstabe a genannte Erklärung beträgt drei Monate seit dem Eingang des Recherchenexemplars bei der Internationalen Recherchenbehörde oder neun Monate seit dem Prioritätsdatum, je nachdem welche Frist später abläuft.

Regel 43   **Der internationale Recherchenbericht**

43.1[142]   *Angaben*

Im internationalen Recherchenbericht ist die Internationale Recherchenbehörde, die den Bericht erstellt hat, mit ihrer amtlichen Bezeichnung anzugeben; die internationale Anmeldung ist durch Angabe des internationalen Aktenzeichens, den Namen des Anmelders und das internationale Anmeldedatum zu kennzeichnen.

43.2[143]   *Daten*

Der internationale Recherchenbericht muss datiert werden und angeben, wann die internationale Recherche tatsächlich abgeschlossen worden ist. Ausserdem ist das Anmeldedatum einer früheren Anmeldung, deren Priorität in Anspruch genommen wird, oder, wenn die Priorität mehrerer früherer Anmeldungen in Anspruch genommen wird, das Anmeldedatum der frühesten anzugeben.

43.3   *Klassifikation*

a)   Der internationale Recherchenbericht muss die Klassifikation des Gegenstandes zumindest nach der Internationalen Patentklassifikation enthalten.

b)   Diese Klassifikation ist durch die Internationale Recherchenbehörde vorzunehmen.

43.4[144]   *Sprache*

Der internationale Recherchenbericht und Erklärung nach Artikel 17 Absatz 2 Buchstabe a werden in der Sprache, in der die zugehörige Anmeldung veröffentlicht wird, oder, wenn eine Übersetzung nach regel 12.1 Absatz c übermittelt worden ist und die Internationale Recherchenbehörde dies wünscht, in der Sprache der Übersetzung erstellt.

43.5   *Angabe der Unterlagen*

a)   Im internationalen Recherchenbericht sind alle Unterlagen anzugeben, die als wesentlich angesehen werden.

b)   Die Art und Weise der Kennzeichnung der Unterlagen wird in den Verwaltungsrichtlinien geregelt.

---

[141]   Bestimmung geändert am 1. Jan. 1985 (AS **1984** 1539).
[142]   Fassung gemäss der am 1. Juli 1992 in Kraft getretenen Änderung (AS **1992** 1446).
[143]   Fassung gemäss der am 1. Juli 1992 in Kraft getretenen Änderung (AS **1992** 1446).
[144]   Fassung gemäss Beschluss vom 29. Sept. 1992, in Kraft seit 1. Jan. 1993 (AS **1993** 1393).

c) Unterlagen von besonderer Bedeutung sind hervorzuheben.
d) Unterlagen, die sich nicht auf alle Ansprüche beziehen, sind im Zusammenhang mit dem Anspruch oder den Ansprüchen, auf die sie sich beziehen, anzugeben.
e) [145]Sind nur bestimmte Abschnitte der angegebenen Unterlage einschlägig oder besonders einschlägig, so werden sie näher, z. B. durch Angabe der Seite, der Spalte oder der Zeilen gekennzeichnet. Wenn eine Unterlage insgesamt einschlägig ist, aber einige Abschnitte davon besonders, so sind diese, soweit möglich, zu kennzeichnen.

43.6 *Recherchierte Sachgebiete*[146]

a) Im internationalen Recherchenbericht ist die Klassifikationsbezeichnung der in die internationale Recherche einbezogenen Sachgebiete aufzuführen. Falls eine solche Angabe nicht auf der Internationalen Patentklassifikation beruht, gibt die Internationale Recherchenbehörde die benutzte Klassifikation an.
b) Hat sich die internationale Recherche auf Patente, Erfinderscheine, Gebrauchszertifikate, Gebrauchsmuster, Zusatzpatente oder -zertifikate, Zusatzerfinderscheine, Zusatzgebrauchszertifikate oder veröffentlichte Anmeldungen einer dieser Schutzrechtsarten aus anderen Staaten, aus anderen Zeiträumen oder in anderen Sprachen erstreckt, als sie in dem Mindestprüfstoff nach Regel 34 aufgeführt sind, so werden im internationalen Recherchenbericht, falls durchführbar, die Art der Unterlagen, die Staaten, die Zeiträume und die Sprachen, auf die sich der Recherchenbericht erstreckt, angegeben. Auf diesen Absatz ist Artikel 2 Ziffer ii nicht anzuwenden.
c) [147]Ist die internationale Recherche auf eine elektronische Datenbank gestützt oder ausgedehnt worden, so können im internationalen Recherchenbericht der Name der Datenbank und, soweit dies möglich ist und für andere nützlich erscheint, die verwendeten Suchbegriffe angegeben werden.

43.7[148] *Bemerkungen zur Einheitlichkeit der Erfindung*

Hat der Anmelder zusätzliche Gebühren für die internationale Recherche gezahlt, so wird dies im internationalen Recherchenbericht angegeben. Ist die internationale Recherche ausschliesslich für die Haupterfindung oder nicht für alle Erfindungen (Artikel 17 Absatz 3 Buchstabe a) durchgeführt worden, so gibt der internationale Recherchenbericht ferner an, für welche Teile der internationalen Anmeldung die internationale Recherche durchgeführt worden ist und für welche nicht.

43.8[149] *Zuständiger Bediensteter*

Im internationalen Recherchenbericht ist der Name des für den Bericht verantwortlichen Bediensteten der Internationalen Recherchenbehörde anzugeben.

---

[145] Fassung gemäss der am 1. Juli 1992 in Kraft getretenen Änderung (AS **1992** 1446).
[146] Fassung gemäss der am 1. Juli 1992 in Kraft getretenen Änderung (AS **1992** 1446).
[147] Eingefügt durch die am 1. Juli 1992 in Kraft getretene Änderung (AS **1992** 1446).
[148] Fassung gemäss der am 1. Juli 1992 in Kraft getretenen Änderung (AS **1992** 1446).
[149] Fassung gemäss der am 1. Juli 1992 in Kraft getretenen Änderung (AS **1992** 1446).

43.9[150]   *Zusätzliche Angaben*

Der internationale Recherchenbericht darf keine anderen Angaben als die in den Regeln 33.1 Absätze b und c, 43.1 bis 43.3, 43.5 bis 43.8 und 44.2 Absatz a genannten und den Hinweis nach Artikel 17 Absatz 2 Buchstabe b enthalten, es sei denn, die Verwaltungsrichtlinien gestatten die Aufnahme bestimmter zusätzlicher Angaben in den internationalen Recherchenbericht. Meinungsäusserungen, Begründungen, Argumente oder Erläuterungen dürfen weder im internationalen Recherchenbericht enthalten sein noch durch die Verwaltungsrichtlinien zugelassen werden.

43.10   *Form*

Die Formerfordernisse für den internationalen Recherchenbericht werden durch die Verwaltungsrichtlinien festgelegt.

Regel 44   **Übermittlung des internationalen Recherchenberichts und ähnliches**

44.1   *Kopien des Berichts oder der Erklärung*

Die Internationale Recherchenbehörde übermittelt am gleichen Tage je eine Kopie des internationalen Recherchenberichts oder der Erklärung nach Artikel 17 Absatz 2 Buchstabe a dem Internationalen Büro und dem Anmelder.

44.2   *Bezeichnung oder Zusammenfassung*

a)[151]Der internationale Recherchenbericht stellt entweder fest, dass die Internationale Recherchenbehörde die Bezeichnung und die Zusammenfassung, wie vom Anmelder eingereicht, für zutreffend hält, oder gibt den Wortlaut der Bezeichnung und der Zusammenfassung an, wie er durch die Internationalen Recherchenbehörde nach den Regeln 37 und 38 erstellt worden ist.

b)–c) ...[152]

44.3   *Kopien angegebener Unterlagen*

a) Der Antrag nach Artikel 20 Absatz 3 kann jederzeit innerhalb von sieben Jahren vom internationalen Anmeldedatum der internationalen Anmeldung, auf die sich der internationale Recherchenbericht bezieht, an gestellt werden.

b) Die Internationale Recherchenbehörde kann verlangen, dass der Antragsteller (Anmelder oder Bestimmungsamt) die Kosten der Herstellung und Versendung der Kopien erstattet. Die Höhe der Herstellungskosten der Kopien wird in den in Artikel 16 Absatz 3 Buchstabe b genannten Vereinbarungen zwischen den Internationalen Recherchenbehörden und dem Internationalen Büro festgesetzt.

c)   ...[153]

d)[154]Die Internationale Recherchenbehörde kann den Verpflichtungen nach den Absätzen a und b durch eine andere ihr verantwortliche Stelle nachkommen.

---

[150] Fassung gemäss der am 1. Juli 1992 in Kraft getretenen Änderung (AS **1992** 1446).
[151] Fassung gemäss der am 1. Juli 1992 in Kraft getretenen Änderung (AS **1992** 1446).
[152] Aufgehoben durch die am 1. Juli 1992 in Kraft getretene Änderung (AS **1992** 1446).
[153] Aufgehoben durch die am 1. Juli 1992 in Kraft getretene Änderung (AS **1992** 1446).
[154] Fassung gemäss der am 1. Juli 1992 in Kraft getretenen Änderung (AS **1992** 1446).

Regel 45 Übersetzung des internationalen Recherchenberichts

45.1 *Sprachen*

Internationale Recherchenberichte und Erklärungen nach Artikel 17 Absatz 2 Buchstabe a sind, wenn sie nicht in englischer Sprache abgefasst sind, in die englische Sprache zu übersetzen.

Regel 46 Änderung von Ansprüchen vor dem Internationalen Büro

46.1[155] *Frist*

Die Frist nach Artikel 19 beträgt zwei Monate seit der Übermittlung des internationalen Recherchenberichts durch die Internationale Recherchenbehörde an das Internationale Büro und an den Anmelder oder sechzehn Monate seit dem Prioritätsdatum, je nachdem welche Frist später abläuft; eine nach Artikel 19 vorgenommene Änderung, die dem Internationalen Büro nach Ablauf der massgebenden Frist zugeht, gilt jedoch als am letzten Tag dieser Frist beim Internationalen Büro eingegangen, wenn sie dem Internationalen Büro vor Abschluss der technischen Vorbereitungen für die internationale Veröffentlichung zugeht.

46.2[156] *Wo sind die Änderungen einzureichen?*

Änderungen nach Artikel 19 sind unmittelbar beim Internationalen Büro einzureichen.

46.3[157] *Sprache der Änderungen*

Ist die internationale Anmeldung in einer anderen Sprache eingereicht worden als in der Sprache, in der sie veröffentlicht wird, so ist jede gemäss Artikel 19 vorgenommene Änderung in der Sprache der Veröffentlichung einzureichen.

46.4[158] *Erklärung*

a) Die in Artikel 19 Absatz 1 genannte Erklärung ist in der Sprache abzufassen, in der die internationale Anmeldung veröffentlicht wird, und darf, falls in englischer Sprache abgefasst oder in die englische Sprache übersetzt, nicht mehr als 500 Wörter enthalten. Die Erklärung ist in der Überschrift als solche zu kennzeichnen, vorzugsweise mit den Worten «Erklärung nach Artikel 19 Absatz 1» oder einer entsprechenden Angabe in der Sprache der Erklärung.

b) Die Erklärung darf keine herabsetzende Äusserung über den internationalen Recherchenbericht oder über die Bedeutung von in dem Bericht angeführten Veröffentlichungen enthalten. Sie darf auf im internationalen Recherchenbericht angeführte Veröffentlichungen, die sich auf einen bestimmten Anspruch beziehen, nur in Zusammenhang mit einer Änderung dieses Anspruchs Bezug nehmen.

---

[155] Bestimmung geändert am 1. Jan. 1985 (AS **1984** 1539).

[156] Bestimmung aufgehoben am 1. Jan. 1985 (AS **1984** 1539). Fassung gemäss der am 1. Juli 1992 in Kraft getretenen Änderung (AS **1992** 1446).

[157] Bestimmung geändert am 1. Jan. 1985 (AS **1984** 1539).

[158] Bestimmung geändert am 1. Jan. 1985 (AS **1984** 1539).

46.5   *Form der Änderungen*

a) Der Anmelder ist aufzufordern, für jedes Blatt der Ansprüche, das wegen einer oder mehrerer Änderungen nach Artikel 19 von dem ursprünglich eingereichten Blatt abweicht, ein Ersatzblatt einzureichen. Das Begleitschreiben soll auf die Unterschiede zwischen den Ersatzblättern und den ausgetauschten Blättern hinweisen. Führt die Änderung zum Fortfall eines ganzen Blattes, so ist sie in einem Schreiben mitzuteilen.

b)–c) ...[159]

Regel 47   **Übermittlung an die Bestimmungsämter**

47.1   *Verfahren*

a) Die Übermittlung nach Artikel 20 wird vom Internationalen Büro durchgeführt.

a^{bis})[160] Das Internationale Büro unterrichtet jedes Bestimmungsamt bei der Übermittlung nach Artikel 20 unter Angabe des Eingangsdatums vom Eingang des Aktenexemplars und der Prioritätsbelege. Dies gilt auch für ein Bestimmungsamt, das auf die Übermittlung nach Artikel 20 verzichtet hat, es sei denn, es hat auch auf die Mitteilung seiner Bestimmung verzichtet.

b)[161] Die Übermittlung erfolgt unverzüglich nach der internationalen Veröffentlichung der internationalen Anmeldung und jedenfalls bis zum Ablauf des 19. Monats nach dem Prioritätsdatum. Das Internationale Büro teilt den Bestimmungsämtern unverzüglich alle Änderungen mit, die bei ihm innerhalb der Frist nach Regel 46.1 eingegangen sind und in der Übermittlung nicht enthalten waren, und unterrichtet den Anmelder hiervon.

c)[162] Das Internationale Büro lässt dem Anmelder eine Mitteilung zugehen, aus der hervorgeht, an welche Bestimmungsämter und zu welchem Zeitpunkt die Übermittlung erfolgt ist. Diese Mitteilung wird am gleichen Tag abgesandt, an dem die Übermittlung erfolgt. Jedes Bestimmungsamt wird, gesondert von der Übermittlung, über die Absendung und das Absendedatum der Mitteilung unterrichtet. Die Mitteilung ist von allen Bestimmungsämtern als Nachweis dafür zu betrachten, dass die Übermittlung zu dem in der Mitteilung angegebenen Zeitpunkt ordnungsgemäss erfolgt ist.

d) Jedes Bestimmungsamt erhält auf Anforderung die internationalen Recherchenberichte und die in Artikel 17 Absatz 2 Buchstabe a genannten Erklärungen zusätzlich auch in der Übersetzung nach Regel 45.1.

e) Hat ein Bestimmungsstaat auf das in Artikel 20 vorgesehene Erfordernis verzichtet, so werden die Kopien der Unterlagen, die andernfalls diesem Amt übermittelt worden wären, dem Anmelder auf seinen Antrag oder auf Antrag dieses Amtes gleichzeitig mit der in Absatz c genannten Erklärung übersandt.

---

[159] Bestimmung aufgehoben am 1. Jan. 1985 (AS **1984** 1539).
[160] Eingefügt durch die am 1. Juli 1992 in Kraft getretene Änderung (AS **1992** 1446).
[161] Bestimmung geändert am 1. Jan. 1985 (AS **1984** 1539).
[162] Bestimmung geändert am 1. Okt. 1980 (AS **1981** 62).

47.2   *Kopien*

a) Die für die Übermittlung notwendigen Kopien werden vom Internationalen Büro hergestellt.

b) Sie sind auf Blättern in A4-Format herzustellen.

c) [163]Soweit ein Bestimmungsamt dem Internationalen Büro nichts anderes mitteilt, können Kopien der Schrift gemäss Regel 48 für den Zweck der Übermittlung der internationalen Anmeldung gemäss Artikel 20 verwendet werden.

47.3   *Sprachen*

Die nach Artikel 20 übermittelte internationale Anmeldung muss in der Sprache abgefasst sein, in der sie veröffentlicht wird; ist sie in einer anderen Sprache veröffentlicht als der, in der sie eingereicht wurde, so muss sie, auf Antrag des Bestimmungsamts, in einer dieser beiden oder in beiden Sprachen übermittelt werden.

47.4[164]   *Ausdrücklicher Antrag nach Artikel 23 Absatz*

Stellt der Anmelder vor der Übermittlung nach Artikel 20 einen ausdrücklichen Antrag nach Artikel 23 Absatz 2 bei einem Bestimmungsamt, so nimmt das Internationale Büro auf Antrag des Anmelders oder des Bestimmungsamts die Übermittlung an dieses Amt unverzüglich vor.

Regel 48   **Internationale Veröffentlichung**

48.1   *Form*

a) Die internationale Anmeldung wird in Form einer Schrift veröffentlicht.

b) Die Einzelheiten hinsichtlich der Form der Schriften und des Vervielfältigungsverfahrens werden in den Verwaltungsrichtlinien festgelegt.

48.2   *Inhalt*

a) [165]Die Schrift enthält:

   i)   einen normierten Kopfbogen,

   ii) die Beschreibung,

   iii) die Ansprüche,

   iv) die Zeichnungen falls vorhanden,

   v)   vorbehaltlich des Absatzes g den internationalen Recherchenbericht oder die Erklärung nach Artikel 17 Absatz 2 Buchstabe a; bei der Veröffentlichung des internationalen Recherchenberichts in der Schrift ist jedoch die Aufnahme des Teils des internationalen Recherchenberichts, der nur Gegenstände nach Regel 43 enthält und bereits auf der Titelseite der Schrift erscheint, nicht erforderlich,

   vi) jede Erklärung nach Artikel 19 Absatz 1, sofern das Internationale Büro nicht zu dem Ergebnis gelangt, dass die Erklärung die Erfordernisse der Regel 46.4 nicht erfüllt,

---

[163] Bestimmung eingefügt am 1. Mai 1979 (AS **1979** 1117).
[164] Eingefügt durch die am 1. Juli 1992 in Kraft getretene Änderung (AS **1992** 1446).
[165] Bestimmung geändert am 1. April 1978.

vii)[166] jeden Berichtigungsantrag nach Regel 91.1 Absatz f Satz 3,

viii)[167] alle Angaben über einen hinterlegten Mikroorganismus, die nicht nach Regel 13 bis zusammen mit der Beschreibung eingereicht worden sind, sowie die Angabe des Datums, an dem diese Angaben beim Internationalen Büro eingegangen sind.

b) Der Kopfbogen enthält vorbehaltlich Absatz c:
   i) dem Antragsblatt entnommene und alle anderen in den Verwaltungsrichtlinien vorgeschriebenen Angaben,
   ii)[168] eine oder mehrere Abbildungen, wenn die internationale Anmeldung Zeichnungen enthält, es sei denn, dass Regel 8.2 Absatz b Anwendung findet,
   iii) die Zusammenfassung; ist die Zusammenfassung in Englisch und in einer anderen Sprache abgefasst, so erscheint die englische Fassung an erster Stelle.

c) Ist eine Erklärung nach Artikel 17 Absatz 2 Buchstabe a abgegeben worden, so ist auf dem Kopfbogen deutlich darauf hinzuweisen und dieser braucht weder Zeichnungen noch eine Zusammenfassung zu enthalten.

d) Die Abbildung oder Abbildungen, die in Absatz b Ziffer ii erwähnt sind, sind gemäss Regel 8.2 auszuwählen. Ihre Wiedergabe auf dem Kopfbogen kann in verkleinerter Form erfolgen.

e) Ist auf dem Kopfbogen für die Gesamtheit der in Absatz b Ziffer iii erwähnten Zusammenfassung nicht ausreichend Raum vorhanden, so ist die Zusammenfassung auf der Rückseite des Kopfbogens wiederzugeben. Dies gilt auch für die Übersetzung der Zusammenfassung, wenn die Veröffentlichung der Übersetzung nach Regel 48.3 Absatz c erforderlich ist.

f) Sind die Ansprüche nach Artikel 19 geändert worden, muss die Veröffentlichung entweder den vollen Wortlaut der ursprünglich eingereichten und der geänderten Ansprüche oder den vollen Wortlaut der ursprünglich eingereichten Ansprüche und die Änderungen wiedergeben. Ebenso ist eine Erklärung nach Artikel 19 Absatz 1 zu veröffentlichen, sofern das Internationale Büro nicht zu dem Ergebnis kommt, dass die Erklärung die Bestimmungen der Regel 46.4 nicht erfüllt. Das Datum des Eingangs der geänderten Ansprüche beim Internationalen Büro wird angegeben.

g)[169] Liegt bei Abschluss der technischen Vorbereitungen für die internationale Veröffentlichung der internationale Recherchenbericht noch nicht vor (etwa wegen einer auf Antrag des Anmelders nach Artikel 21 Absatz 2 Buchstabe b und Artikel 64 Absatz 3 Buchstabe c Ziffer i vorgenommenen Veröffentlichung), so enthält die Schrift anstelle des internationalen Recherchenberichts einen Hinweis darauf, dass dieser Bericht noch nicht vorgelegen hat und entweder die Schrift (einschliesslich des internationalen Recherchenberichts) erneut veröffentlicht oder der internationale Recherchenbericht (sobald er vorliegt) gesondert veröffentlicht wird.

---

[166] Bestimmung eingefügt am 1. Jan. 1985 (AS **1984** 1539).
[167] Eingefügt durch die am 1. Juli 1992 in Kraft getretene Änderung (AS **1992** 1446).
[168] Bestimmung geändert am 1. April 1978.
[169] Bestimmung geändert am 1. Jan. 1985 (AS **1984** 1539).

h)[170]Ist bei Abschluss der technischen Vorbereitungen für die internationale Veröffentlichung die Frist zur Änderung der Ansprüche gemäss Artikel 19 noch nicht abgelaufen, so wird in der Schrift auf diese Tatsache hingewiesen und angegeben, dass im Falle einer Änderung der Ansprüche nach Artikel 19 unverzüglich entweder die Schrift (mit den geänderten Ansprüchen) erneut veröffentlicht oder eine alle Änderungen enthaltende Erklärung veröffentlicht wird. Im zuletzt genannten Fall sind zumindest, der Kopfbogen und die Ansprüche neu zu veröffentlichen; ferner ist eine gegebenenfalls nach Artikel 19 Absatz 1 abgegebene Erklärung ebenfalls zu veröffentlichen, sofern das Internationale Büro nicht zu dem Ergebnis kommt, dass die Erklärung den Vorschriften der Regel 46.4 nicht entspricht.

i) Die Verwaltungsrichtlinien bestimmen die Fälle, in denen die in den Absätzen g und h genannten verschiedenen Alternativen Anwendung finden. Die Bestimmung richtet sich nach dem Umfang und der Schwierigkeit der Änderungen sowie nach dem Umfang der Anmeldung und nach Kostengesichtspunkten.

48.3[171] *Sprache*

a)[172]Ist die internationale Anmeldung in chinesischer, deutscher, englischer, französischer, japanischer, russischer oder spanischer Sprache eingereicht worden, so wird sie in der Sprache veröffentlicht, in der sie eingereicht worden ist.

b)[173]Ist die internationale Anmeldung in einer anderen als in chinesischer, deutscher, englischer, französischer, japanischer, russischer oder spanischer Sprache eingereicht worden, so wird sie in englischer Übersetzung veröffentlicht. Die Übersetzung wird unter der Verantwortung der Internationalen Recherchenbehörde angefertigt, die verpflichtet ist, sie so rechtzeitig zu erstellen, dass die internationale Veröffentlichung zum vorgeschriebenen Zeitpunkt oder, wenn Artikel 64 Absatz 3 Buchstabe b Anwendung findet, die Übermittlung nach Artikel 20 vor Ablauf des 19. Monats nach dem Prioritätsdatum erfolgen kann. Unbeschadet der Regel 16.1 Absatz a kann die Internationale Recherchenbehörde von dem Anmelder eine Gebühr für die Übersetzung verlangen. Die Internationale Recherchenbehörde gibt dem Anmelder Gelegenheit, zu dem Entwurf der Übersetzung Stellung zu nehmen. Sie setzt dem Anmelder hierfür eine den Umständen nach angemessene Frist. Kann seine Stellungnahme aus Zeitgründen nicht berücksichtigt werden, bevor die Übersetzung versandt wird, oder besteht eine Meinungsverschiedenheit zwischen dem Anmelder und der Behörde über die Richtigkeit der Übersetzung, so kann der Anmelder eine Kopie seiner Stellungnahme oder ihres nicht berücksichtigten Teils dem Internationalen Büro und jedem Bestimmungsamt, dem die Übersetzung übermittelt wurde, zusenden. Das Internationale Büro veröffentlicht den wesentlichen Inhalt der Stellungnahme zusammen mit der von der Internationalen Recherchenbehörde angefertigten Übersetzung oder nach der Veröffentlichung der Übersetzung.

---

[170] Bestimmung geändert am 1. Jan. 1985 (AS **1984** 1539).
[171] Bestimmung geändert am 1. Jan. 1985 (AS **1984** 1539).
[172] Fassung gemäss Beschluss vom 29. Sept. 1992, in Kraft von dem Tage, an dem der Vertrag für China verbindlich wird (AS **1993** 1393).
[173] Fassung gemäss Beschluss vom 29. Sept. 1992, in Kraft von dem Tage, an dem der Vertrag für China verbindlich wird (AS **1993** 1393).

c) Wird die internationale Anwendung in einer anderen als der englischen Sprache veröffentlicht, so werden der internationale Recherchenbericht, soweit er gemäss Regel 48.2 Absatz a Ziffer v veröffentlicht wird, oder die Erklärung nach Artikel 17 Absatz 2 Buchstabe a, die Bezeichnung der Erfindung, die Zusammenfassung und jeder Text zu der oder den Zeichnungen, die mit der Zusammenfassung veröffentlicht werden, sowohl in dieser als auch in englischer Sprache veröffentlicht. Die Übersetzungen werden unter der Verantwortung des Internationalen Büros angefertigt.

48.4   *Vorzeitige Veröffentlichung auf Antrag des Anmelders*

a) Beantragt der Anmelder die Veröffentlichung nach Artikel 21 Absatz 2 Buchstabe b und Artikel 64 Absatz 3 Buchstabe c Ziffer i und stehen der internationale Recherchenbericht oder die Erklärung nach Artikel 17 Absatz 2 Buchstabe a noch nicht für die Veröffentlichung zusammen mit der internationalen Anmeldung zur Verfügung, so erhebt das Internationale Büro eine besondere Veröffentlichungsgebühr, deren Höhe durch die Verwaltungsrichtlinien festgelegt wird.

b) Die Veröffentlichung nach Artikel 21 Absatz 2 Buchstabe b und Artikel 64 Absatz 3 Buchstabe c Ziffer i wird vom Internationalen Büro unverzüglich durchgeführt, sobald der Anmelder sie beantragt hat und, falls eine Gebühr nach Absatz a gezahlt werden muss, sobald er diese Gebühr gezahlt hat.

48.5   *Unterrichtung über die nationale Veröffentlichung*

Richtet sich die Veröffentlichung der internationalen Anmeldung durch das Internationale Büro nach Artikel 64 Absatz 3 Buchstabe c Ziffer ii, so hat das betreffende nationale Amt das Internationale Büro unverzüglich nach Vornahme der in jener Vorschrift genannten nationalen Veröffentlichung über die Tatsache der Veröffentlichung zu unterrichten.

48.6   *Veröffentlichung bestimmter Tatsachen*[174]

a) Erreicht eine Mitteilung nach Regel 29.1 Absatz a Ziffer ii das Internationale Büro so spät, dass die internationale Veröffentlichung der internationalen Anmeldung nicht mehr verhindert werden kann, so veröffentlicht das Internationale Büro im Blatt unverzüglich einen Hinweis, der den wesentlichen Inhalt der Mitteilung wiedergibt.

b)   ...[175]

c)[176]Wird nach Abschluss der technischen Vorbereitungen für die internationale Veröffentlichung die internationale Anmeldung, die Bestimmung eines Bestimmungsstaates oder der Prioritätsanspruch nach Regel 90bis zurückgenommen, so wird dies im Blatt veröffentlicht.

---

[174] Tit. geändert am 1. Jan. 1985 (AS **1984** 1539).
[175] Bestimmung aufgehoben am 1. Jan. 1985 (AS **1984** 1539).
[176] Fassung gemäss der am 1. Juli 1992 in Kraft getretenen Änderung (AS **1992** 1446).

Regel 49 **Übermittlung eines Exemplares und einer Übersetzung der Anmeldung sowie Gebührenzahlung nach Artikel 22**[177]

49.1 *Mitteilung*

a) Jeder Vertragsstaat, der die Vorlage einer Übersetzung oder die Zahlung einer nationalen Gebühr oder beides nach Artikel 22 verlangt, unterrichtet das Internationale Büro über

 i) die Sprachen, aus denen, und die Sprache, in die eine Übersetzung verlangt wird,

 ii) die Höhe der nationalen Gebühr.

a^{bis})[178] Jeder Vertragsstaat, der vom Anmelder die Übermittlung eines Exemplares der internationalen Anmeldung nach Artikel 22 nicht verlangt, auch wenn das Internationale Büro bis zum Ablauf der gemäss Artikel 22 massgebenden Frist ein Exemplar der internationalen Anmeldung nicht nach Regel 47 übermittelt hat, teilt dies dem Internationalen Büro mit.

a^{ter})[179] Jeder Vertragsstaat, der als Bestimmungsstaat die in Artikel 11 Absatz 3 vorgesehene Wirkung gemäss Artikel 24 Absatz 2 aufrechterhält, auch wenn der Anmelder bei Ablauf der nach Artikel 22 massgebenden Frist ein Exemplar der internationalen Anmeldung nicht übermittelt hat, teilt dies dem Internationalen Büro mit.

b)[180] Das Internationale Büro veröffentlicht jede ihm nach Absatz a, a^{bis} oder a^{ter} zugegangene Mitteilung unverzüglich im Blatt.

c) Ändern sich die Anforderungen nach Absatz a später, so teilt der Vertragsstaat diese Änderungen dem Internationalen Büro mit, das die Mitteilung unverzüglich im Blatt veröffentlicht. Hat die Änderung zum Inhalt, dass eine Übersetzung in eine vor der Änderung nicht geforderte Sprache erforderlich wird, so wird die Änderung nur für solche internationale Anmeldungen wirksam, die später als zwei Monate nach der Veröffentlichung der Mitteilung im Blatt eingereicht worden sind. Für die übrigen Fälle bestimmt der Vertragsstaat den Zeitpunkt, in dem die Änderung wirksam wird.

49.2 *Sprachen*

Die Sprache, in die eine Übersetzung verlangt werden kann, muss eine Amtssprache des Bestimmungsamts sein. Ämter mit mehreren Amtssprachen können keine Übersetzung verlangen, wenn die internationale Anmeldung in einer dieser Amtssprachen verfasst ist. Ist einem Amt mit mehreren Amtssprachen eine Übersetzung zu übermitteln, so kann der Anmelder eine dieser Sprachen auswählen. Unbeschadet der Bestimmungen dieses Absatzes kann, wenn mehrere Amtssprachen bestehen, aber das nationale Recht eine dieser Sprachen für Ausländer vorschreibt, eine Übersetzung in diese Sprache verlangt werden.

---

[177] Tit. geändert am 1. Jan. 1985 (AS **1984** 1539).
[178] Bestimmung eingefügt am 1. Jan. 1985 (AS **1984** 1539).
[179] Bestimmung eingefügt am 1. Jan. 1985 (AS **1984** 1539).
[180] Bestimmung geändert am 1. Jan. 1985 (AS **1984** 1539).

49.3[181]   *Erklärungen nach Artikel 19; Angaben nach Regel 13bis.4*

Im Sinne von Artikel 22 und dieser Regel gelten jede Erklärung nach Artikel 19 Absatz 1 und jede Angabe nach Regel 13bis.4, vorbehaltlich Regel 49.5 Absatz c und h, als Teil der internationalen Anmeldung.

49.4[182]   *Verwendung eines nationalen Formblatts*

Vom Anmelder kann nicht verlangt werden, für die Vornahme der in Artikel 22 vorgesehenen Handlungen ein nationales Formblatt zu verwenden.

49.5[183]   *Inhalt und äussere Form der Übersetzung*

a)[184] Für die Zwecke des Artikels 22 hat die Übersetzung der internationalen Anmeldung die Beschreibung, die Patentansprüche, gegebenenfalls Textbestandteile der Zeichnungen und die Zusammenfassung zu umfassen. Auf Verlangen des Bestimmungsamts muss die Übersetzung vorbehaltlich Absätze b, c bis und e ferner

  i) den Antrag,

  ii) falls die Ansprüche nach Artikel 19 geändert worden sind, die Ansprüche in der ursprünglich eingereichten und der geänderten Fassung und

  iii) als Anlage eine Kopie der Zeichnungen enthalten.

b) Jedes Bestimmungsamt, das eine Übersetzung des Antrags verlangt, stellt den Anmeldern kostenlos Exemplare des Antragsformblatts in der Sprache der Übersetzung zur Verfügung. Form und Inhalt des Antragsformblatts in der Sprache der Übersetzung dürfen sich von denen des Antrags nach den Regeln 3 und 4 nicht unterscheiden; so darf das Antragsformblatt in der Sprache der Übersetzung insbesondere keine Angaben verlangen, die nicht im Antrag in der eingereichten Fassung enthalten sind. Die Verwendung des Antragsformblatts in der Sprache der Übersetzung ist fakultativ.

c) Hat der Anmelder keine Übersetzung der Erklärung nach Artikel 19 Absatz 1 eingereicht, so kann das Bestimmungsamt die Erklärung ausser Betracht lassen.

c^{bis})[185] Reicht der Anmelder bei einem Bestimmungsamt, das nach Absatz a Ziffer ii eine Übersetzung der Ansprüche sowohl in der ursprünglich eingereichten als auch in der geänderten Fassung verlangt, nur eine dieser Übersetzungen ein, so kann das Bestimmungsamt Ansprüche, für die keine Übersetzung vorliegt, unberücksichtigt lassen oder den Anmelder auffordern, die fehlende Übersetzung innerhalb einer in der Aufforderung festgesetzten, den Umständen nach angemessenen Frist einzureichen. Fordert das Bestimmungsamt den Anmelder zur Einreichung der fehlenden Übersetzung auf und wird diese nicht innerhalb der in der Aufforderung festgesetzten Frist eingereicht, so kann das Bestimmungsamt Ansprüche, für die keine Übersetzung vorliegt, unberücksichtigt lassen oder die internationale Anmeldung als zurückgenommen betrachten.

---

[181] Bestimmung geändert am 1. Jan. 1985 (AS **1984** 1539).
[182] Bestimmung eingefügt am 1. Jan. 1985 (AS **1984** 1539).
[183] Bestimmung eingefügt am 1. Jan. 1985 (AS **1984** 1539).
[184] Fassung gemäss der am 1. Juli 1992 in Kraft getretenen Änderung (AS **1992** 1446).
[185] Eingefügt durch die am 1. Juli 1992 in Kraft getretene Änderung (AS **1992** 1446).

d) Enthält eine Zeichnung Textbestandteile, so ist die Übersetzung dieses Textes entweder in Form einer Kopie der Originalzeichnung, in der die Übersetzung über den Originaltext geklebt ist, oder in Form einer neu ausgeführten Zeichnung einzureichen.

e) [186]Verlangt ein Bestimmungsamt gemäss Absatz a die Übermittlung einer Kopie der Zeichnungen und hat der Anmelder diese Kopie nicht innerhalb der nach Artikel 22 massgebenden Frist eingereicht, so fordert es den Anmelder auf, diese Kopie innerhalb einer in der Aufforderung festgesetzten, den Umständen nach angemessenen Frist einzureichen.

f) Eine Übersetzung des Ausdrucks «Fig.» in andere Sprachen ist nicht erforderlich.

g) Entspricht eine nach Absatz d oder e eingereichte Kopie der Zeichnungen oder neu ausgeführte Zeichnung nicht den Formvorschriften nach Regel 11, so kann das Bestimmungsamt den Anmelder auffordern, den Mangel innerhalb einer in der Aufforderung festgesetzten, den Umständen nach angemessenen Frist zu beheben.

h) [187]Hat der Anmelder keine Übersetzung der Zusammenfassung oder einer Angabe nach Regel 13 bis A eingereicht, und hält das Bestimmungsamt diese Übersetzung für erforderlich, so fordert es den Anmelder auf, diese innerhalb einer in der Aufforderung festgesetzten, den Umständen nach angemessenen Frist einzureichen.

i) Das Internationale Büro veröffentlicht im Blatt Auskünfte über die Anforderungen und die Praxis der Bestimmungsämter nach Absatz a Satz 2.

j) Kein Bestimmungsamt darf verlangen, dass die Übersetzung der internationalen Anmeldung anderen als den für die internationale Anmeldung in der ursprünglich eingereichten Fassung geltenden Formerfordernissen entspricht.

k) [188]Hat die Internationale Recherchenbehörde nach Regel 37.2 eine Bezeichnung festgesetzt, so hat die Übersetzung die von der Behörde festgesetzte Bezeichnung zu enthalten.

l) [189]Ist Absatz c bis oder Absatz k am 12. Juli 1991 nicht mit dem vom Bestimmungsamt anzuwendenden nationalen Recht vereinbar, so gilt der betreffende Absatz für das Bestimmungsamt nicht, solange diese Unvereinbarkeit besteht, sofern dieses Amt das Internationale Büro bis zum 31. Dezember 1991 davon unterrichtet. Diese Mitteilung wird vom Internationalen Büro unverzüglich im Blatt veröffentlicht.

Regel 50   **Befugnis nach Artikel 22 Absatz 3**

50.1   *Ausübung der Befugnis*

a) Jeder Vertragsstaat, der eine Frist bestimmt, die später als die in Artikel 22 Absatz 1 oder 2 festgesetzte Frist abläuft, teilt dem Internationalen Büro diese Frist mit.

---

[186] Fassung gemäss der am 1. Juli 1992 in Kraft getretenen Änderung (AS **1992** 1446).
[187] Fassung gemäss der am 1. Juli 1992 in Kraft getretenen Änderung (AS **1992** 1446).
[188] Eingefügt durch die am 1. Juli 1992 in Kraft getretene Änderung (AS **1992** 1446).
[189] Eingefügt durch die am 1. Juli 1992 in Kraft getretene Änderung (AS **1992** 1446).

b) Das Internationale Büro veröffentlicht jede ihm nach Absatz a zugegangene Mitteilung unverzüglich im Blatt.

c) Mitteilungen, die eine Verkürzung der vorher festgesetzten Frist betreffen, werden für internationale Anmeldungen wirksam, die nach dem Ablauf einer Frist von drei Monaten eingereicht werden; die Frist von drei Monaten beginnt mit dem Zeitpunkt der Bekanntmachung der Mitteilung durch das Internationale Büro.

d) Mitteilungen, die eine Verlängerung der vorher festgesetzten Frist betreffen, werden mit der Bekanntmachung durch das Internationale Büro im Blatt für die internationalen Anmeldungen wirksam, die zu diesem Zeitpunkt anhängig sind oder nach dem Zeitpunkt einer solchen Bekanntmachung eingereicht werden; setzt der Vertragsstaat, der die Mitteilung abgibt, einen späteren Zeitpunkt fest, so ist dieser Zeitpunkt massgebend.

Regel 51   **Nachprüfung durch die Bestimmungsämter**

51.1[190]   *Frist zur Stellung des Antrags auf Übersendung von Kopien*

Die Frist nach Artikel 25 Absatz 1 Buchstabe c beträgt zwei Monate und beginnt mit dem Zeitpunkt der Mitteilung an den Anmelder nach den Regeln 20.7 Ziffer i, 24.2 Absatz c, 29.1 Absatz a Ziffer ii oder 29.1 Absatz b.

51.2   *Kopie der Mitteilung*

Beantragt der Anmelder, der eine negative Feststellung nach Artikel 11 Absatz 1 erhalten hat, beim Internationalen Büro nach Artikel 25 Absatz 1 Kopien aus den Akten der vorgeblichen internationalen Anmeldung einem der Ämter zuzuschicken, die er versucht hat, als Bestimmungsämter zu benennen, so hat er mit dem Antrag eine Kopie der Nachricht nach Regel 20.7 Ziffer i zu übersenden.

51.3   *Frist zur Zahlung der nationalen Gebühr und zur Vorlegung einer Übersetzung*

Die Frist nach Artikel 25 Absatz 2 Buchstabe a läuft zum gleichen Zeitpunkt wie die in Regel 51.1 vorgeschriebene Frist ab.

51.4[191]

Regel 51bis[192]   **Nach Artikel 27 Absatz 1, 2, 6 und 7 zulässige nationale Erfordernisse**

51bis.1   *Zulässige nationale Erfordernisse*

a) Zu den Unterlagen nach Artikel 27 Absatz 2 Ziffer ii oder den Beweisen nach Artikel 27 Absatz 6, die nach dem für das Bestimmungsamt geltenden nationalen Recht vom Anmelder verlangt werden können, gehören insbesondere:

  i) Unterlagen über die Identität des Erfinders,

  ii) Unterlagen über die Übertragung oder Abtretung des Rechts auf die Anmeldung,

---

[190] Fassung gemäss der am 1. Juli 1992 in Kraft getretenen Änderung (AS **1992** 1446).
[191] Bestimmung aufgehoben am 1. Jan. 1985 (AS **1984** 1539).
[192] Bestimmung eingefügt am 1. Jan. 1985 (AS **1984** 1539).

iii) Unterlagen, die eine eidesstattliche Versicherung oder eine Erklärung des Erfinders enthalten, dass er der Erfinder ist,

iv) Unterlagen, in denen der Anmelder den Erfinder benennt oder sein Recht auf die Anmeldung geltend macht,

v) Unterlagen zum Nachweis, dass das Prioritätsrecht dem Anmelder zusteht, wenn die frühere Anmeldung, deren Priorität in Anspruch genommen wird, nicht von ihm eingereicht worden ist,

vi) Nachweise über unschädliche Offenbarungen oder Ausnahmen von der Neuheitsschädlichkeit, wie z.B. Offenbarungen, die auf einen Missbrauch zurückgehen, Offenbarungen auf bestimmten Ausstellungen oder Offenbarungen durch den Anmelder, die während eines bestimmten Zeitraums erfolgt sind.

b) Das für das Bestimmungsamt geltende nationale Recht kann gemäss Artikel 27 Absatz 7 vorschreiben, dass

i) der Anmelder durch einen zur Vertretung vor diesem Amt befugten Anwalt vertreten ist oder für den Empfang von Mitteilungen eine Anschrift in dem Bestimmungsstaat angibt;

ii) der Anwalt, der den Anmelder gegebenenfalls vertritt, vom Anmelder ordnungsgemäss bestellt ist.

c) Das für das Bestimmungsamt geltende nationale Recht kann gemäss Artikel 27 Absatz 1 verlangen, dass die internationale Anmeldung, ihre Übersetzung oder damit zusammenhängende Unterlagen in mehreren Exemplaren eingereicht werden.

d) Das für das Bestimmungsamt geltende nationale Recht kann gemäss Artikel 27 Absatz 2 Ziffer ii verlangen, dass der Anmelder oder der Übersetzer der internationalen Anmeldung in einer Erklärung bestätigt, dass die vom Anmelder nach Artikel 22 eingereichte Übersetzung der internationalen Anmeldung nach seinem besten Wissen vollständig und richtig ist.

$51^{bis}.2$ *Erfüllung der nationalen Erfordernisse*

a) Ist ein Erfordernis nach Regel $51^{bis}.1$ oder ein anderes Erfordernis des für das Bestimmungsamt geltenden nationalen Rechts, das das Bestimmungsamt gemäss Artikel 27 Absatz 1, 2, 6 oder 7 anwenden kann, nicht innerhalb der für die Erfüllung der Erfordernisse nach Artikel 22 geltenden Frist erfüllt, so muss dem Anmelder die Möglichkeit eingeräumt werden, dies nach Ablauf dieser Frist nachzuholen.

b) Das für das Bestimmungsamt geltende nationale Recht kann gemäss Artikel 27 Absatz 2 Ziffer ii verlangen, dass der Anmelder auf Aufforderung des Bestimmungsamts innerhalb einer in der Aufforderung festgesetzten, den Umständen nach angemessenen Frist eine Beglaubigung der Übersetzung der internationalen Anmeldung durch eine amtlich befugte Einrichtung oder einen beeidigten Übersetzer einreicht, wenn das Bestimmungsamt diese Beglaubigung den Umständen nach für erforderlich hält.

c) ...[193]

---

[193] Aufgehoben durch die am 1. Juli 1992 in Kraft getretene Änderung (AS **1992** 1446).

Regel 52 **Änderung der Ansprüche, der Beschreibung und der Zeichnungen vor den Bestimmungsämtern**

52.1 *Frist*

a) In einem Bestimmungsstaat, in dem die Bearbeitung oder die Prüfung ohne besonderen Antrag beginnt, kann der Anmelder das Recht aus Artikel 28 innerhalb eines Monats, nachdem die Erfordernisse nach Artikel 22 erfüllt sind, ausüben; ist die Übermittlung nach Regel 47.1 bei Ablauf der nach Artikel 22 anwendbaren Frist noch nicht erfolgt, so darf er das Recht nicht später als vier Monate nach Ablauf der Frist ausüben. In jedem Fall kann der Anmelder das Recht zu einem anderen Zeitpunkt ausüben, wenn das nationale Recht des Staates dies zulässt.

b) In einem Bestimmungsstaat, in dem die Prüfung nach dem nationalen Recht nur auf besonderen Antrag beginnt, kann das in Artikel 28 vorgesehene Recht innerhalb der gleichen Frist oder zu dem gleichen Zeitpunkt ausgeübt werden, die oder den das nationale Recht für die Einreichung von Änderungen im Fall einer auf besonderen Antrag durchgeführten Prüfung einer nationalen Anmeldung vorschreibt, vorausgesetzt, dass diese Frist nicht vor Ablauf der nach Absatz a massgeblichen Frist abläuft oder der Zeitpunkt nicht vor dem Ablauf dieser Frist liegt.

Teil C[194] **Regeln zu Kapitel II des Vertrags**

Regel 53 *Der Antrag*

53.1 *Formblatt*

a)[195] Der Antrag ist auf einem gedruckten Formblatt zu stellen oder als Computerausdruck einzureichen. Die Gestaltung des vorgedruckten Formblatts und eines als Computerausdruck eingereichten Antrags wird durch die Verwaltungsrichtlinien vorgeschrieben.

b)[196] Vorgedruckte Antragsformblätter werden vom Anmeldeamt oder von der mit der internationalen vorläufigen Prüfung beauftragten Behörde kostenlos zur Verfügung gestellt.

c) ...[197]

d) ...[198]

53.2 *Inhalt*

a) Der Antrag muss enthalten:
   i) ein Gesuch,
   ii) Angaben über den Anmelder und gegebenenfalls den Anwalt,

---

[194] Die Schweiz ist an die Bestimmungen dieses Teils nicht gebunden.
[195] Fassung gemäss der am 1. Juli 1992 in Kraft getretenen Änderung (AS **1992** 1446).
[196] Fassung gemäss der am 1. Juli 1992 in Kraft getretenen Änderung (AS **1992** 1446).
[197] Aufgehoben durch die am 1. Juli 1992 in Kraft getretene Änderung (AS **1992** 1446).
[198] Bestimmung aufgehoben am 1. Jan. 1985 (AS **1984** 1539).

iii) Angaben betreffend die internationale Anmeldung, auf die er sich bezieht,
iv) die Benennung von Staaten als ausgewählte Staaten,
v)[199] gegebenenfalls eine Erklärung betreffend Änderungen.
b) Der Antrag muss unterzeichnet sein.

53.3 Gesuch

Das Gesuch soll sinngemäss folgendes zum Ausdruck bringen und ist vorzugsweise wie folgt zu fassen: «Antrag nach Artikel 31 des Vertrags über die internationale Zusammenarbeit auf dem Gebiet des Patentwesens: Der Unterzeichnete beantragt, dass für die unten näher bezeichnete internationale Anmeldung die internationale vorläufige Prüfung nach dem Vertrag über die internationale Zusammenarbeit auf dem Gebiet des Patentwesens durchgeführt wird.»

53.4[200] Anmelder

Für die Angaben über den Anmelder sind die Regeln 4.4 und 4.16 anzuwenden; Regel 4.5 ist entsprechend anzuwenden. Im Antrag sollen nur die Anmelder für die ausgewählten Staaten angegeben werden.

53.5[201] Anwalt oder gemeinsamer Vertreter

Ist ein Anwalt oder gemeinsamer Vertreter bestellt, so ist dies im Antrag anzugeben. Die Regeln 4.4 und 4.16 sind anzuwenden; Regel 4.7 ist entsprechend anzuwenden.

53.6[202] Kennzeichnung der internationalen Anmeldung

Die internationale Anmeldung soll durch den Namen und die Anschrift des Anmelders, die Bezeichnung der Erfindung, das internationale Anmeldedatum (falls dem Anmelder bekannt) und das internationale Aktenzeichen oder, sofern dieses dem Anmelder nicht bekannt ist, den Namen des Anmeldeamts, bei dem die internationale Anmeldung eingereicht worden ist, gekennzeichnet werden.

53.7[203] Benennung von Staaten als ausgewählte Staaten

a) Im Antrag ist wenigstens ein Bestimmungsstaat, für den Kapitel 11 des Vertrags verbindlich ist («auswählbarer Staat»), als ausgewählter Staat anzugeben.
b) Die Auswahl von Vertragsstaaten im Antrag erfolgt
   i) durch eine Angabe, dass alle auswählbaren Staaten ausgewählt werden, oder
   ii) bei Staaten, die zur Erlangung eines nationalen Patents bestimmt worden sind, durch die Angabe der ausgewählten auswählbaren Staaten und bei Staaten, die zur Erlangung eines regionalen Patents bestimmt worden sind, durch die Angabe des betreffenden regionalen Patents und entweder die Angabe, dass alle auswählbaren Vertragsstaaten des betreffenden regionalen Patentvertrags ausgewählt werden, oder die Angabe der daraus ausgewählten Staaten.

---

[199] Eingefügt durch die am 1. Juli 1992 in Kraft getretene Änderung (AS **1992** 1446).
[200] Fassung gemäss der am 1. Juli 1992 in Kraft getretenen Änderung (AS **1992** 1446).
[201] Fassung gemäss der am 1. Juli 1992 in Kraft getretenen Änderung (AS **1992** 1446).
[202] Fassung gemäss der am 1. Juli 1992 in Kraft getretenen Änderung (AS **1992** 1446).
[203] Fassung gemäss der am 1. Juli 1992 in Kraft getretenen Änderung (AS **1992** 1446).

53.8[204]   *Unterschrift*

a) Vorbehaltlich Absatz b ist der Antrag durch den Anmelder oder, bei mehreren Anmeldern, von allen antragstellenden Anmeldern zu unterzeichnen.

b) Reichen zwei oder mehr Anmelder einen Antrag ein, in dem ein Staat ausgewählt ist, dessen nationales Recht die Einreichung von nationalen Anmeldungen durch den Erfinder vorschreibt, und verweigert ein Anmelder für diesen ausgewählten Staat, der Erfinder ist, die Unterzeichnung des Antrags oder konnte er trotz Anwendung gebührender Sorgfalt nicht aufgefunden oder erreicht werden, so muss der Antrag von diesem Anmelder («dem betreffenden Anmelder») nicht unterzeichnet werden, wenn er von wenigstens einem Anmelder unterzeichnet ist und

   i)   eine Erklärung vorgelegt wird, die der mit der internationalen vorläufigen Prüfung beauftragten Behörde eine ausreichende Begründung für das Fehlen der Unterschrift des betreffenden Anmelders gibt, oder

   ii) der betreffende Anmelder zwar den Antrag nicht unterzeichnet hat, die Erfordernisse der Regel 4.15 Absatz b jedoch erfüllt waren.

53.9[205]   *Erklärung betreffend Änderungen*

a) Sind Änderungen nach Artikel 19 vorgenommen worden, so hat der Anmelder in der Erklärung betreffend Änderungen anzugeben, ob diese Änderungen für die Zwecke der internationalen vorläufigen Prüfung

   i)   berücksichtigt werden sollen, in diesem Fall ist eine Kopie der Änderungen vorzugsweise zusammen mit dem Antrag einzureichen, oder

   ii) aufgrund einer Änderung nach Artikel 34 als überholt gelten sollen.

b) Sind keine Änderungen nach Artikel 19 vorgenommen worden und ist die Frist für die Einreichung derartiger Änderungen noch nicht abgelaufen, so kann der Anmelder in der Erklärung angeben, dass der Beginn der internationalen vorläufigen Prüfung nach Regel 69.1 Absatz d aufgeschoben werden soll.

c) Werden Änderungen nach Artikel 34 zusammen mit dem Antrag eingereicht, so ist dies in der Erklärung anzugeben.

Regel 54   **Der antragsberechtigte Anmelder**[206]

54.1[207]   *Sitz, Wohnsitz und Staatsangehörigkeit*

a) Vorbehaltlich Absatz b bestimmen sich für die Anwendung von Artikel 31 Absatz 2 Sitz, Wohnsitz oder Staatsangehörigkeit des Anmelders nach Regel 18.1 Absätze a und b.

---

[204] Fassung gemäss der am 1. Juli 1992 in Kraft getretenen Änderung (AS **1992** 1446).
[205] Eingefügt durch die am 1. Juli 1992 in Kraft getretene Änderung (AS **1992** 1446).
[206] Fassung gemäss Beschluss vom 29. Sept. 1993, in Kraft seit 1. Jan. 1994 (AS **1994** 843).
[207] Fassung gemäss Beschluss vom 29. Sept. 1993, in Kraft seit 1. Jan. 1994 (AS **1994** 843).

b) In den in den Verwaltungsrichtlinien genannten Fällen ersucht die mit der internationalen vorläufigen Prüfung beauftragte Behörde das Anmeldeamt oder, wenn die internationale Anmeldung beim Internationalen Büro als Anmeldeamt eingereicht worden ist, das nationale Amt des betreffenden Vertragsstaats oder das für diesen Staat handelnde Amt, darüber zu entscheiden, ob der Anmelder seinen Sitz oder Wohnsitz in dem Vertragsstaat hat, in dem er einen Sitz oder Wohnsitz zu haben behauptet, oder Angehöriger des Vertragsstaats ist, dessen Staatsangehöriger er zu sein behauptet. Die mit der internationalen vorläufigen Prüfung beauftragte Behörde unterrichtet den Anmelder hiervon. Der Anmelder kann eine Stellungnahme direkt bei dem betreffenden Amt einreichen. Das betreffende Amt entscheidet diese Frage unverzüglich.

54.2   *Zwei oder mehr Anmelder*[208]

Bei zwei oder mehr Anmeldern ist die Berechtigung zur Stellung eines Antragsnach Artikel 31 Absatz 2 nur gegeben, wenn wenigstens einer der antragstellenden Anmelder[209]

i)[210] seinen Sitz oder Wohnsitz in einem Vertragsstaat hat, für den Kapitel II des Vertrags verbindlich ist, oder Staatsangehöriger eines solchen Staates ist und die internationale Anmeldung bei dem Anmeldeamt eines Vertragsstaats, für den Kapitel 11 dieses Vertrags verbindlich ist, oder einem für diesen Staat handelnden Anmeldeamt eingereicht worden ist, oder

ii) berechtigt ist, einen Antrag nach Artikel 31 Absatz 2 Buchstabe b zu stellen, und die internationale Anmeldung entsprechend dem Beschluss der Versammlung eingereicht worden ist.

54.3[211]   *Beim Internationalen Büro als Anmeldeamt eingereichte internationale Anmeldungen*

Wird die internationale Anmeldung beim Internationalen Büro als Anmeldeamt nach Regel 19.1 Absatz a Ziffer iii eingereicht, so gilt für die Anwendung von Artikel 31 Absatz 2 Buchstabe a, als handele das Internationale Büro für den Vertragsstaat, in dem der Abmelder seinen Sitz oder Wohnsitz hat oder dessen Staatsangehöriger er ist.

54.4   *Zur Antragstellung nicht berechtigter Anmelder*[212]

a)[213]   Ist der Anmelder nicht berechtigt, einen Antrag zu stellen, oder ist bei zwei oder mehr Anmeldern keiner von ihnen berechtigt, einen Antrag nach Regel 54.2 zu stellen, so gilt der Antrag als nicht gestellt.

b)   ...[214]

---

[208] Fassung gemäss der am 1. Juli 1992 in Kraft getretenen Änderung (AS **1992** 1446).

[209] Fassung gemäss der am 1. Juli 1992 in Kraft getretenen Änderung (AS **1992** 1446).

[210] Fassung gemäss der am 1. Juli 1992 in Kraft getretenen Änderung (AS **1992** 1446).

[211] Aufgehoben durch die am 1. Juli 1992 in Kraft getretene Änderung (AS **1992** 1446). Fassung gemäss Beschluss vom 29. Sept. 1993, in Kraft seit 1. Jan. 1994 (AS **1994** 843).

[212] Fassung gemäss der am 1. Juli 1992 in Kraft getretenen Änderung (AS **1992** 1446).

[213] Fassung gemäss der am 1. Juli 1992 in Kraft getretenen Änderung (AS **1992** 1446).

[214] Aufgehoben durch die am 1. Juli 1992 in Kraft getretene Änderung (AS **1992** 1446).

Regel 55[215] **Sprachen (internationale vorläufige Prüfung)**

55.1 *Sprache des Antrags*

Der Antrag ist in der Sprache der internationalen Anmeldung oder, wenn diese in einer anderen Sprache eingereicht worden ist als der, in der sie veröffentlicht wird, in der Sprache der Veröffentlichung zu stellen. Ist jedoch eine Übersetzung der internationalen Anmeldung nach Regel 55.2 erforderlich, so ist der Antrag in der Sprache der Übersetzung zu stellen.

55.2 *Übersetzung der internationalen Anmeldung*

a) Wird die internationale Anmeldung nicht in der oder einer der Sprachen eingereicht oder veröffentlicht, die in der Vereinbarung zwischen dem Internationalen Büro und der für die internationale vorläufige Prüfung dieser Anmeldung zuständigen Behörde festgelegt sind, so kann diese Behörde verlangen, dass der Anmelder vorbehaltlich Absatz b zusammen mit dem Antrag eine Übersetzung der internationalen Anmeldung in der oder einer der in der Vereinbarung festgelegten Sprachen einreicht.

b) Ist der Internationalen Recherchenbehörde eine Übersetzung der internationalen Anmeldung in einer in Absatz a genannten Sprache nach Regel 12.1 Absatz c übermittelt worden und ist die mit der internationalen vorläufigen Prüfung beauftragte Behörde Teil desselben nationalen Amts oder derselben zwischenstaatlichen Organisation wie die Internationale Recherchenbehörde, so muss der Anmelder keine Übersetzung nach Absatz a einreichen. In diesem Fall wird die internationale vorläufige Prüfung auf der Grundlage der nach Regel 12.1 Absatz c übermittelten Übersetzung durchgeführt, es sei denn, der Anmelder reicht eine Übersetzung nach Absatz a ein.

c) Ist das Erfordernis von Absatz a nicht erfüllt und Absatz b nicht anwendbar, so fordert die mit der internationalen vorläufigen Prüfung beauftragte Behörde den Anmelder auf, die erforderliche Übersetzung innerhalb einer den Umständen nach angemessenen Frist einzureichen. Diese Frist darf nicht kürzer sein als ein Monat seit dem Datum der Aufforderung. Sie kann von der mit der internationalen vorläufigen Prüfung beauftragten Behörde jederzeit verlängert werden, solange noch keine Entscheidung getroffen worden ist.

d) Kommt der Anmelder der Aufforderung innerhalb der Frist nach Absatz c nach, so gilt das Erfordernis als erfüllt. Andernfalls gilt der Antrag als nicht gestellt.

e) Die Absätze a bis d sind nur anzuwenden, wenn sich die mit der internationalen vorläufigen Prüfung beauftragte Behörde in einer Mitteilung an das Internationale Büro dazu bereit erklärt hat, die internationale vorläufige Prüfung auf der Grundlage der in diesen Absätzen genannten Übersetzung durchzuführen.

55.3 *Übersetzung von Änderungen*

a) Ist eine Übersetzung der internationalen Anmeldung nach Regel 55.2 erforderlich, so sind die in der Erklärung nach Regel 53.9 genannten Änderungen, die auf Wunsch des Anmelders für die Zwecke der internationalen vorläufigen Prüfung berücksichtigt werden sollen, sowie Änderungen nach Artikel 19, die nach Regel

---

[215] Fassung gemäss Beschluss vom 29. Sept. 1992, in Kraft seit 1. Jan. 1993 (AS **1993** 1393).

66.1 Absatz c berücksichtigt werden sollen, in der Sprache der Übersetzung abzufassen. Sind oder werden diese Änderungen in einer anderen Sprache eingereicht, so ist auch eine Übersetzung einzureichen.

b) Wird die nach Absatz a erforderliche Übersetzung einer Änderung nicht eingereicht, so fordert die mit der internationalen vorläufigen Prüfung beauftragte Behörde den Anmelder auf, die fehlende Übersetzung innerhalb einer den Umständen nach angemessenen Frist einzureichen. Diese Frist darf nicht kürzer sein als ein Monat seit dem Datum der Aufforderung. Sie kann von der mit der internationalen vorläufigen Prüfung beauftragten Behörde jederzeit verlängert werden, solange noch keine Entscheidung getroffen worden ist.

c) Kommt der Anmelder der Aufforderung nicht innerhalb der Frist nach Absatz b nach, so wird die Änderung für die Zwecke der internationalen vorläufigen Prüfung nicht berücksichtigt.

Regel 56   **Nachträgliche Auswahlerklärung**

56.1[216]   *Nachträglich mitgeteilte Auswahlerklärung*

a) Eine nach Einreichung des Antrags vorgenommene Auswahl von Staaten («nachträgliche Auswahlerklärung») hat durch eine beim Internationalen Büro einzureichende Erklärung zu erfolgen. Diese Erklärung muss die internationale Anmeldung und den Antrag bezeichnen und eine Angabe nach Regel 53.7 Absatz b Ziffer ii enthalten.

b) Vorbehaltlich Absatz c ist die in Absatz a genannte Erklärung von dem Anmelder für die betreffenden ausgewählten Staaten oder bei mehreren Anmeldern für diese Staaten, von allen Anmeldern zu unterzeichnen.

c) Haben zwei oder mehr Anmelder eine nachträgliche Auswahlerklärung hinsichtlich eines Staates eingereicht, dessen nationales Recht die Einreichung von nationalen Anmeldungen durch den Erfinder vorschreibt, und verweigert ein Anmelder für diesen ausgewählten Staat, der Erfinder ist, die Unterzeichnung der Erklärung oder konnte er trotz Anwendung gebührender Sorgfalt nicht aufgefunden oder erreicht werden, so muss die Erklärung von diesem Anmelder («dem betreffenden Anmelder») nicht unterzeichnet werden, wenn sie von wenigstens einem Anmelder unterzeichnet ist und

   i) eine Erklärung vorgelegt wird, die dem Internationalen Büro eine ausreichende Begründung für das Fehlen der Unterschrift des betreffenden Anmelders gibt, oder

   ii) der betreffende Anmelder zwar den Antrag oder den Antrag auf internationale vorläufige Prüfung nicht unterzeichnet hat, die Erfordernisse der Regeln 4.15 Absatz b oder 53.8 Absatz b jedoch erfüllt waren.

d) Ein Anmelder für einen nachträglich ausgewählten Staat muss im Antrag auf internationale vorläufige Prüfung nicht als Anmelder angegeben sein.

e) Wird eine nachträgliche Auswahlerklärung nach Ablauf von 19 Monaten seit dem Prioritätsdatum eingereicht, so teilt das Internationale Büro dem Anmelder mit, dass die Auswahlerklärung nicht die in Artikel 39 Absatz 1 Buchstabe a ge-

---

[216] Fassung gemäss der am 1. Juli 1992 in Kraft getretenen Änderung (AS **1992** 1446).

nannte Wirkung hat und die in Artikel 22 genannten Handlungen in bezug auf das betreffende ausgewählte Amt innerhalb der Frist nach Artikel 22 vorgenommen werden müssen.

f) Wird unbeschadet des Absatzes a eine nachträgliche Auswahlerklärung vom Anmelder nicht beim Internationalen Büro, sondern bei der mit der internationalen vorläufigen Prüfung beauftragten Behörde eingereicht, so vermerkt diese das Eingangsdatum auf der Erklärung und leitet sie unverzüglich an das Internationale Büro weiter. Die Erklärung gilt als an dem vermerkten Eingangsdatum beim Internationalen Büro eingereicht.

56.2 *Angabe der internationalen Anmeldung*

Die internationale Anmeldung ist entsprechend Regel 53.6 zu bezeichnen.

56.3 *Angabe des Antrags*

Der Antrag ist durch das Datum zu bezeichnen, an dem er eingereicht wurde, sowie durch den Namen der mit der internationalen vorläufigen Prüfung beauftragten Behörde, bei der er eingereicht wurde.

56.4[217] *Form der nachträglichen Auswahlerklärung*

Die nachträgliche Auswahlerklärung ist vorzugsweise folgendermassen zu fassen: «Unter Bezugnahme auf die internationale Anmeldung, eingereicht bei (Amt) am (Datum) unter Aktenzeichen ... durch (Anmelder) (und auf den Antrag auf internationale vorläufige Prüfung, eingereicht am [Datum] bei [Amt]) wählt der Unterzeichnete folgenden zusätzlichen Staat (Staaten) nach Artikel 31 des Vertrags über die internationale Zusammenarbeit auf dem Gebiet des Patentwesens aus: ...».

56.5 *Sprache der nachträglichen Auswahlerklärung*

Die nachträgliche Auswahlerklärung hat in der Sprache des Antrags zu erfolgen.

Regel 57[218] **Bearbeitungsgebühr**

57.1 *Gebührenpflicht*

a) Für jeden Antrag auf internationale vorläufige Prüfung ist eine Gebühr zugunsten des Internationalen Büros «Bearbeitungsgebühr») zu zahlen, die von der mit der internationalen vorläufigen Prüfung beauftragten Behörde, bei welcher der Antrag eingereicht wird, einzuziehen ist.

b) ...[219]

57.2 *Betrag*[220]

a)[221]Die Höhe der Bearbeitungsgebühr ergibt sich aus dem Gebührenverzeichnis.

---

[217] Fassung gemäss der am 1. Juli 1992 in Kraft getretenen Änderung (AS **1992** 1446).
[218] Bestimmung geändert am 1. Aug. 1979 (AS **1979** 1117).
[219] Aufgehoben durch die am 1. Juli 1992 in Kraft getretene Änderung (AS **1992** 1446).
[220] Fassung gemäss der am 1. Juli 1992 in Kraft getretenen Änderung (AS **1992** 1446).
[221] Fassung gemäss der am 1. Juli 1992 in Kraft getretenen Änderung (AS **1992** 1446).

b) ...[222]

c) Die Höhe der Bearbeitungsgebühr wird für jede mit der vorläufigen internationalen Prüfung beauftragte Behörde, die nach Regel 57.3 Absatz c die Zahlung der Bearbeitungsgebühr in einer anderen Währung oder in anderen Währungen als der Schweizer Währung vorschreibt, vom Generaldirektor nach Anhörung dieser Behörde in der oder den von diesem Amt vorgeschriebenen Währungen festgesetzt («vorgeschriebene Währung»). Der Betrag in jeder vorgeschriebenen Währung stellt den Gegenwert des im Gebührenverzeichnis in Schweizer Währung angegebenen Betrags der Bearbeitungsgebühr in runden Zahlen dar. Die Beträge in den vorgeschriebenen Währungen werden im Blatt veröffentlicht.

d) Ändert sich der im Gebührenverzeichnis angegebene Betrag der Bearbeitungsgebühr, so werden die entsprechenden Beträge in den vorgeschriebenen Währungen im gleichen Zeitpunkt wie der in dem geänderten Gebührenverzeichnis angegebene Betrag anwendbar.

e) Ändert sich der Wechselkurs zwischen der Schweizer Währung und einer der vorgeschriebenen Währungen gegenüber dem zuletzt zugrundegelegten Wechselkurs, so setzt der Generaldirektor den neuen Betrag in der vorgeschriebenen Währung gemäss den Weisungen der Versammlung fest. Der neu festgesetzte Betrag wird zwei Monate nach seiner Veröffentlichung im Blatt anwendbar mit der Massgabe, dass die beteiligte mit der internationalen vorläufigen Prüfung beauftragte Behörde und der Generaldirektor sich auf einen Zeitpunkt innerhalb dieser Zweimonatsfrist einigen können, von dem an dieser Betrag für diese Behörde anwendbar wird.

57.3 *Fälligkeit und Zahlungsart*

a) Die Bearbeitungsgebühr ist zu dem Zeitpunkt der Einreichung des Antrags fällig.

b) ...[223]

c) Die Bearbeitungsgebühr ist in der Währung oder den Währungen zu zahlen, die von der mit der internationalen vorläufigen Prüfung beauftragten Behörde, bei der der Antrag gestellt wurde, vorgeschrieben werden; der Betrag muss bei Überweisung durch diese Behörde an das Internationale Büro frei in Schweizer Währung umwechselbar sein.

d) ...[224]

57.4 *Zahlungsversäumnis*[225]

a) Wird die Bearbeitungsgebühr nicht wie erforderlich bezahlt, so fordert die mit der internationalen vorläufigen Prüfung beauftragte Behörde den Anmelder zur Zahlung der Gebühr innerhalb eines Monats vom Datum der Aufforderung an auf.

---

[222] Aufgehoben durch die am 1. Juli 1992 in Kraft getretene Änderung (AS **1992** 1446).
[223] Aufgehoben durch die am 1. Juli 1992 in Kraft getretene Änderung (AS **1992** 1446).
[224] Aufgehoben durch die am 1. Juli 1992 in Kraft getretene Änderung (AS **1992** 1446).
[225] Fassung gemäss der am 1. Juli 1992 in Kraft getretenen Änderung (AS **1992** 1446).

b)[226] Kommt der Anmelder der Aufforderung innerhalb der Einmonatsfrist nach, so gilt die Bearbeitungsgebühr als rechtzeitig entrichtet.

c) Kommt der Anmelder der Aufforderung nicht innerhalb der vorgeschriebenen Frist nach, so gilt der Antrag als nicht gestellt.

57.5[227]

57.6[228]   *Rückerstattung*

Die mit der internationalen vorläufigen Prüfung beauftragte Behörde erstattet dem Anmelder die Bearbeitungsgebühr zurück, wenn der Antrag

i) vor seiner Weiterleitung durch diese Behörde an das Internationale Büro zurückgenommen wird oder

ii) nach Regel 54.4 Absatz a als nicht gestellt gilt.

Regel 58   **Gebühr für die vorläufige Prüfung**

58.1   *Befugnis, eine Gebühr zu verlangen*

a) Jede mit der internationalen vorläufigen Prüfung beauftragte Behörde kann verlangen, dass der Anmelder zu ihren Gunsten eine Gebühr für die Durchführung der internationalen Prüfung und für die Durchführung aller anderen Aufgaben entrichtet, die den mit der internationalen vorläufigen Prüfung beauftragten Behörden durch den Vertrag und diese Ausführungsordnung übertragen sind («Gebühr für die vorläufige Prüfung»).

b) Betrag und Fälligkeit der Gebühr für die vorläufige Prüfung, sofern eine solche Gebühr erhoben wird, werden von der mit der internationalen vorläufigen Prüfung beauftragten Behörde festgesetzt, jedoch darf das Fälligkeitsdatum nicht früher liegen als das Fälligkeitsdatum für die Bearbeitungsgebühr.

c) Die Gebühr für die vorläufige Prüfung ist unmittelbar an die mit der internationalen vorläufigen Prüfung beauftragte Behörde zu entrichten. Ist diese Behörde ein nationales Amt, so ist die Gebühr in der von dem Amt vorgeschriebenen Währung zu zahlen; ist die Behörde eine zwischenstaatliche Organisation, so ist sie in der Währung des Sitzstaats zu zahlen oder in einer anderen Währung, die in die Währung des Sitzstaats frei umwechselbar ist.

58.2[229]   *Zahlungsversäumnis*

a) Wird die von der mit der internationalen vorläufigen Prüfung beauftragten Behörde gemäss Regel 58.1 Absatz b festgesetzte Gebühr für die vorläufige Prüfung nicht wie in dieser Regel vorgeschrieben entrichtet, so fordert die mit der internationalen vorläufigen Prüfung beauftragte Behörde den Anmelder auf, die Gebühr oder den fehlenden Gebührenteil innerhalb eines Monats vom Datum der Aufforderung zu entrichten.

---

[226] Bestimmung geändert am 1. Okt. 1980 (AS **1981** 62).
[227] Aufgehoben durch die am 1. Juli 1992 in Kraft getretene Änderung (AS **1992** 1446).
[228] Fassung gemäss der am 1. Juli 1992 in Kraft getretenen Änderung (AS **1992** 1446).
[229] Bestimmung eingefügt am 14. April 1978.

b) Kommt der Anmelder der Aufforderung innerhalb der vorgeschriebenen Frist nach, so gilt die Gebühr für die vorläufige Prüfung als rechtzeitig bezahlt.

c) Kommt der Anmelder der Aufforderung nicht innerhalb der vorgeschriebenen Frist nach, so gilt der Antrag als nicht gestellt.

58.3[230]   *Rückerstattung*

Die mit der internationalen vorläufigen Prüfung beauftragten Behörden unterrichten das Internationale Büro gegebenenfalls von dem Umfang und den Bedingungen, zu denen sie einen als Gebühr für die internationale vorläufige Prüfung entrichteten Betrag zurückerstatten, wenn der Antrag als nicht gestellt gilt, und das Internationale Büro veröffentlicht diese Angaben unverzüglich.

Regel 59   **Zuständige mit der internationalen vorläufigen Prüfung beauftragte Behörde**

59.1[231]   *Anträge nach Artikel 31 Absatz 2 Buchstabe a*

a) Für Anträge nach Artikel 31 Absatz 2 Buchstabe a teilt jedes Anmeldeamt eines Vertragsstaats, für den Kapitel II[232] verbindlich ist, oder jedes für diesen Staat handelnde Anmeldeamt in Übereinstimmung mit der anwendbaren Vereinbarung nach Artikel 32 Absätze 2 und 3 dem Internationalen Büro mit, welche mit der internationalen vorläufigen Prüfung beauftragte Behörde oder Behörden für die internationale vorläufige Prüfung der bei ihm eingereichten internationalen Anmeldungen zuständig sind. Das Internationale Büro veröffentlicht diese Mitteilung unverzüglich. Sind mehrere mit der internationalen vorläufigen Prüfung beauftragte Behörden zuständig, so ist Regel 35.2 entsprechend anzuwenden.

b) Ist die internationale Anmeldung beim Internationalen Büro als Anmeldeamt nach Regel 19.1 Absatz a Ziffer iii eingereicht worden, so ist Regel 35.3 Absätze a und b entsprechend anzuwenden. Absatz a gilt nicht für das Internationale Büro als Anmeldeamt nach Regel 19.1 Absatz a Ziffer iii.

59.2   *Anträge nach Artikel 31 Absatz 2 Buchstabe b*

Bestimmt die Versammlung für internationale Anmeldungen, die bei einem nationalen Amt, das gleichzeitig eine mit der internationalen vorläufigen Prüfung beauftragte Behörde ist, eingereicht worden sind, die für Anträge nach Artikel 31 Absatz 2 Buchstabe b zuständige mit der internationalen vorläufigen Prüfung beauftragte Behörde, so hat sie diesem Amt den Vorzug zu geben; ist das nationale Amt nicht eine mit der internationalen vorläufigen Prüfung beauftragte Behörde, so hat sie der mit der internationalen vorläufigen Prüfung beauftragten Behörde den Vorzug zu geben, die dieses Amt empfiehlt.

---

[230] Bestimmung eingefügt am 14. April 1978, geändert am 1. Jan. 1985 (AS **1984** 1539).
[231] Fassung gemäss Beschluss vom 29. Sept. 1993, in Kraft seit 1. Jan. 1994 (AS **1994** 843).

Regel 60 *Bestimmte Mängel des Antrags oder der Auswahlerklärung*

60.1[233] **Mängel des Antrags**

a)[234] Entspricht der Antrag nicht den Regeln 53.1, 53.2 Absatz a Ziffern i bis iv, 53.2 Absatz b, 53.3 bis 53.8 und 55.1, so fordert die mit der internationalen vorläufigen Prüfung beauftragte Behörde den Anmelder auf, diese Mängel innerhalb einer den Umständen nach angemessenen Frist zu beheben. Diese Frist darf nicht kürzer sein als ein Monat seit dem Datum der Aufforderung. Sie kann von der mit der internationalen vorläufigen Prüfung beauftragten Behörde jederzeit verlängert werden, solange noch keine Entscheidung getroffen worden ist.

b) Kommt der Anmelder der Aufforderung innerhalb der Frist nach Absatz a nach, so gilt der Antrag als zum Zeitpunkt seiner tatsächlichen Einreichung eingegangen, sofern der Antrag in der eingereichten Fassung die Angabe wenigstens eines ausgewählten Staates enthält und die internationale Anmeldung hinreichend kennzeichnet; andernfalls gilt der Antrag als zu dem Zeitpunkt eingegangen, zu dem die mit der internationalen vorläufigen Prüfung beauftragte Behörde die Berichtigung erhalten hat.

c) Vorbehaltlich Absatz d gilt der Antrag als nicht eingereicht, wenn der Anmelder der Aufforderung nicht innerhalb der Frist nach Absatz a nachkommt.

d) Fehlt nach Ablauf der Frist nach Absatz a eine nach Regel 53.8 erforderliche Unterschrift oder eine vorgeschriebene Angabe in bezug auf einen Anmelder für einen bestimmten ausgewählten Staat, so gilt die Auswahlerklärung hinsichtlich dieses Staates als nicht erfolgt.

e) Wird der Mangel durch das Internationale Büro festgestellt, so unterrichtet es die mit der internationalen vorläufigen Prüfung beauftragte Behörde, die sodann nach den Absätzen a bis d verfährt.

f) Enthält der Antrag keine Erklärung betreffend Änderungen, so verfährt die mit der internationalen vorläufigen Prüfung beauftragte Behörde nach den Regeln 66.1 und 69.1 Absatz a oder b.

g) Enthält die Erklärung betreffend Änderungen einen Hinweis, dass zusammen mit dem Antrag Änderungen nach Artikel 34 eingereicht werden (Regel 53.9 Absatz c), werden diese jedoch nicht eingereicht, so fordert die mit der internationalen vorläufigen Prüfung beauftragte Behörde den Anmelder auf, die Änderungen innerhalb einer in der Aufforderung festgesetzten Frist einzureichen, und verfährt nach Regel 69.1 Absatz e.

60.2[235] *Mängel der nachträglichen Auswahlerklärung*

a) Entspricht die nachträgliche Auswahlerklärung nicht der Regel 56, so fordert das Internationale Büro den Anmelder auf, diese Mängel innerhalb einer den Umständen nach angemessenen Frist zu beheben. Diese Frist darf nicht kürzer sein als ein Monat seit dem Datum der Aufforderung und kann durch das Internationale Büro vor Erlass einer Entscheidung jederzeit verlängert werden.

---

[232] Die Schweiz ist an die Bestimmungen dieses Kapitels nicht gebunden.
[233] Fassung gemäss der am 1. Juli 1992 in Kraft getretenen Änderung (AS **1992** 1446).
[234] Fassung gemäss Beschluss vom 29. Sept. 1992, in Kraft seit 1. Jan. 1993 (AS **1993** 1393).
[235] Fassung gemäss der am 1. Juli 1992 in Kraft getretenen Änderung (AS **1992** 1446).

b) Kommt der Anmelder der Aufforderung innerhalb der Frist nach Absatz a nach, so gilt die Erklärung als zum Zeitpunkt ihrer tatsächlichen Einreichung eingegangen, sofern die Erklärung in der eingereichten Fassung die Angabe wenigstens eines ausgewählten Staates enthält und die internationale Anmeldung hinreichend kennzeichnet; andernfalls gilt sie als zu dem Zeitpunkt eingegangen, zu dem das Internationale Büro die Berichtigung erhalten hat.

c) Vorbehaltlich Absatz d gilt die Erklärung als nicht eingereicht, wenn der Anmelder der Aufforderung nicht innerhalb der Frist nach Absatz a nachkommt.

d) Fehlt nach Ablauf der Frist nach Absatz a eine nach Regel 56.1 Absätze b und c erforderliche Unterschrift, der Name oder die Anschrift des Anmelders für einen bestimmten ausgewählten Staat, so gilt die nachträgliche Auswahlerklärung hinsichtlich dieses Staates als nicht erfolgt.

60.3[236]

Regel 61   **Mitteilung über den Antrag und die Auswahlerklärung**

61.1   *Mitteilungen an das Internationale Büro und den Anmelder*[237]

a)[238]Die mit der internationalen vorläufigen Prüfung beauftragte Behörde vermerkt auf dem Antrag das tatsächliche Eingangsdatum oder, wo dies in Betracht kommt, den in Regel 60.1 Absatz b genannten Zeitpunkt. Die mit der internationalen vorläufigen Prüfung beauftragte Behörde sendet dem Internationalen Büro unverzüglich den Antrag zu. Sie fertigt eine Kopie an und behält sie in ihren Akten.[239]

b)[240]Die mit der internationalen vorläufigen Prüfung beauftragte Behörde unterrichtet den Anmelder unverzüglich schriftlich über das Eingangsdatum des Antrags. Gilt der Antrag nach den Regeln 54.4 Absatz a, 57.4 Absatz c, 58.2 Absatz c oder 60.1 Absatz c als nicht eingereicht oder gilt eine Auswahlerklärung nach Regel 60.1 Absatz d als nicht erfolgt, so teilt die mit der internationalen vorläufigen Prüfung beauftragte Behörde dem Anmelder und dem Internationalen Büro dies mit.

c)[241]Das Internationale Büro unterrichtet den Anmelder unverzüglich über den Eingang und das Eingangsdatum einer nachträglichen Auswahlerklärung. Dieses Datum ist das tatsächliche Eingangsdatum beim Internationalen Büro oder gegebenenfalls der in den Regeln 56.1 Absatz f oder 60.2 Absatz b genannte Zeitpunkt. Gilt die Erklärung nach Regel 60.2 Absatz c als nicht eingereicht oder eine nachträgliche Auswahlerklärung nach Regel 60.2 Absatz d als nicht erfolgt, so teilt das Internationale Büro dies dem Anmelder mit.

---

[236] Bestimmung aufgehoben am 1. Jan. 1985 (AS 1984 1539).
[237] Fassung gemäss der am 1. Juli 1992 in Kraft getretenen Änderung (AS **1992** 1446).
[238] Bestimmung geändert am 1. Jan. 1985 (AS **1984** 1539).
[239] AS **1985** 312
[240] Fassung gemäss Beschluss vom 29. Sept. 1992, in Kraft seit 1. Jan. 1993 (AS **1993** 1393).
[241] Fassung gemäss der am 1. Juli 1992 in Kraft getretenen Änderung (AS **1992** 1446).

61.2   *Mitteilung an die ausgewählten Ämter*

a) Die in Artikel 31 Absatz 7 vorgesehene Mitteilung wird durch das Internationale Büro vorgenommen.

b)[242] In der Mitteilung werden das Aktenzeichen und Anmeldedatum der internationalen Anmeldung, der Name des Anmelders, das Anmeldedatum der Anmeldung, deren Priorität beansprucht wird (wenn eine Priorität beansprucht wird), das Eingangsdatum des Antrags bei der mit der internationalen vorläufigen Prüfung beauftragten Behörde und – im Falle einer nachträglichen Auswahlerklärung – das Eingangsdatum dieser Erklärung angegeben. Letzteres ist das tatsächliche Eingangsdatum beim Internationalen Büro oder gegebenenfalls der in den Regeln 56.1 Absatz f oder 60.2 Absatz b genannte Zeitpunkt.

c)[243] Die Mitteilung an das ausgewählte Amt erfolgt zusammen mit der in Artikel 20 vorgeschriebenen Übermittlung. Auswahlerklärungen, die nach dieser Übermittlung erfolgen, werden dem ausgewählten Amt unverzüglich mitgeteilt.

d)[244] Stellt der Anmelder vor der Übermittlung nach Artikel 20 einen ausdrücklichen Antrag nach Artikel 40 Absatz 2 bei einem ausgewählten Amt, so nimmt das Internationale Büro auf Antrag des Anmelders oder des ausgewählten Amts die Übermittlung an dieses Amt unverzüglich vor.

61.3[245]   *Unterrichtung des Anmelders*

Das Internationale Büro unterrichtet den Anmelder schriftlich davon, dass es die Mitteilung nach Regel 61.2 vorgenommen und welche ausgewählten Ämter es nach Artikel 31 Absatz 7 benachrichtigt hat.

61.4[246]   *Veröffentlichung im Blatt*

Ist ein Antrag vor Ablauf des 19. Monats seit dem Prioritätsdatum gestellt worden, so veröffentlicht das Internationale Büro dies unverzüglich nach der Antragstellung, jedoch nicht vor der internationalen Veröffentlichung der internationalen Anmeldung im Blatt. In dieser Veröffentlichung sind alle nicht ausgewählten Bestimmungsstaaten anzugeben, für die Kapitel II verbindlich ist.

Regel 62   **Kopie der Änderungen nach Artikel 19 für die mit der internationalen vorläufigen Prüfung beauftragte Behörde**[247]

62.1[248]   *Vor Antragstellung eingereichte Änderungen*

Nach Erhalt eines Antrags von der mit der internationalen vorläufigen Prüfung beauftragten Behörde leitet das Internationale Büro eine Kopie der Änderungen nach Artikel 19 unverzüglich an diese Behörde weiter, sofern diese nicht mitgeteilt hat, dass sie bereits eine Abschrift erhalten hat.

---

[242] Fassung gemäss der am 1. Juli 1992 in Kraft getretenen Änderung (AS **1992** 1446).
[243] Fassung gemäss der am 1. Juli 1992 in Kraft getretenen Änderung (AS **1992** 1446).
[244] Eingefügt durch die am 1. Juli 1992 in Kraft getretene Änderung (AS **1992** 1446).
[245] Fassung gemäss der am 1. Juli 1992 in Kraft getretenen Änderung (AS **1992** 1446).
[246] Eingefügt durch die am 1. Juli 1992 in Kraft getretene Änderung (AS **1992** 1446).
[247] Fassung gemäss der am 1. Juli 1992 in Kraft getretenen Änderung (AS **1992** 1446).
[248] Bestimmung aufgehoben am 1. Jan. 1985 (AS 1984 1539). Fassung gemäss der am 1. Juli 1992 in Kraft getretenen Änderung (AS **1992** 1446).

62.2 Nach Antragstellung eingereichte Änderungen[249]

a) [250]Ist bei Einreichung von Änderungen nach Artikel 19 bereits ein Antrag gestellt worden, so soll der Anmelder bei Einreichung der Änderungen beim Internationalen Büro gleichzeitig auch eine Kopie der Änderungen bei der mit der internationalen vorläufigen Prüfung beauftragten Behörde einreichen. Das Internationale Büro leitet in jedem Fall eine Kopie dieser Änderungen unverzüglich an diese Behörde weiter.

b) ...[251]

Regel 63 Mindestanforderungen für die mit der internationalen vorläufigen Prüfung beauftragten Behörden

63.1 Aufzählung der Mindestanforderungen

Die Mindestanforderungen nach Artikel 32 Absatz 3 sind folgende:

i) das nationale Amt oder die zwischenstaatliche Organisation müssen mindestens 100 hauptamtliche Beschäftigte mit ausreichender technischer Qualifikation zur Durchführung der Prüfungen haben;

ii) das Amt oder die Organisation müssen mindestens den in Regel 34 erwähnten Mindestprüfstoff in einer für Prüfzwecke geordneten Form besitzen;

iii) das Amt oder die Organisation müssen über einen Stab von Mitarbeitern verfügen, der Prüfungen auf den erforderlichen technischen Gebieten durchführen kann und ausreichende Sprachkenntnisse besitzt, um wenigstens die Sprachen zu verstehen, in denen der Mindestprüfstoff nach Regel 34 abgefasst oder in die er übersetzt ist.

Regel 64 Stand der Technik für die internationale vorläufige Prüfung

64.1 Stand der Technik

a) Für die Anwendung des Artikels 33 Absätze 2 und 3 wird alles, was der Öffentlichkeit irgendwo in der Welt durch schriftliche Offenbarung (unter Einschluss von Zeichnungen und anderen Darstellungen) vor dem massgeblichen Zeitpunkt zugänglich war, zum Stand der Technik gerechnet.

b) Für die Anwendung des Absatzes a ist massgeblicher Zeitpunkt:

i) vorbehaltlich der Ziffer ii das internationale Anmeldedatum der vorläufig zu prüfenden internationalen Anmeldung;

ii) wenn die vorläufig zu prüfende internationale Anmeldung zu Recht die Priorität einer früheren Anmeldung beansprucht, das Anmeldedatum der früheren Anmeldung.

---

[249] Fassung gemäss der am 1. Juli 1992 in Kraft getretenen Änderung (AS **1992** 1446).
[250] Fassung gemäss der am 1. Juli 1992 in Kraft getretenen Änderung (AS **1992** 1446).
[251] Aufgehoben durch die am 1. Juli 1992 in Kraft getretene Änderung (AS **1992** 1446).

64.2[252]   *Nicht-schriftliche Offenbarungen*

Sind der Öffentlichkeit vor dem nach Regel 64.1 Absatz b massgeblichen Zeitpunkt Kenntnisse durch mündliche Offenbarung, Benutzung, Ausstellung oder auf andere nicht-schriftliche Weise zugänglich gemacht worden «nicht-schriftliche Offenbarung») und ist das Datum einer solchen Offenbarung in einer schriftlichen Offenbarung enthalten, die der Öffentlichkeit zu diesem oder einem späteren Zeitpunkt zugänglich gemacht worden ist, so wird die nicht-schriftliche Offenbarung nicht zum Stand der Technik nach Artikel 33 Absätze 2 und 3 gerechnet. Im internationalen vorläufigen Prüfungsbericht wird jedoch auf solche nicht-schriftlichen Offenbarungen nach Regel 70.9 hingewiesen.

64.3[253]   *Bestimmte veröffentlichte Unterlagen*

Anmeldungen oder Patente, die nach Artikel 33 Absätze 2 und 3 zum Stand der Technik zu rechnen wären, hätte ihre Veröffentlichung vor dem in Regel 64.1 genannten Zeitpunkt stattgefunden, die aber erst zu dem in Regel 64.1 genannten massgeblichen oder zu einem späteren Zeitpunkt veröffentlicht, jedoch vor dem massgeblichen Zeitpunkt eingereicht worden sind oder die Priorität einer vor diesem Zeitpunkt eingereichten früheren Anmeldung beanspruchen, gelten nicht als Stand der Technik nach Artikel 33 Absätze 2 und 3. Im internationalen vorläufigen Prüfungsbericht wird jedoch auf solche Anmeldungen oder Patente nach Regel 70.10 hingewiesen.

Regel 65   **Erfinderische Tätigkeit oder Nichtoffensichtlichkeit**

65.1   *Bewertung des Standes der Technik*

Für Artikel 33 Absatz 3 wird in der internationalen vorläufigen Prüfung das Verhältnis eines bestimmten Anspruchs zum Stand der Technik in seiner Gesamtheit in Betracht gezogen. Dabei wird nicht nur das Verhältnis des Anspruchs nur zu den einzelnen Unterlagen oder Teilen derselben berücksichtigt, sondern auch das Verhältnis zu Kombinationen von solchen Unterlagen oder Teilen derselben, wenn solche Kombinationen für einen Fachmann offensichtlich sind.

65.2   *Massgeblicher Zeitpunkt*

Für die Anwendung von Artikel 33 Absatz 3 ist massgeblicher Zeitpunkt für die Beurteilung des Beruhens auf erfinderischer Tätigkeit (der Nichtoffensichtlichkeit) der in Regel 64.1 vorgeschriebene Zeitpunkt.

Regel 66   **Verfahren vor der mit der internationalen vorläufigen Prüfung beauftragten Behörde**

66.1[254]   *Grundlagen der internationalen vorläufigen Prüfung*

a)   Vorbehaltlich Absätze b bis d wird der internationalen vorläufigen Prüfung die internationale Anmeldung in der ursprünglich eingereichten Fassung zugrunde gelegt.

---

[252] Fassung gemäss der am 1. Juli 1992 in Kraft getretenen Änderung (AS **1992** 1446).
[253] Fassung gemäss der am 1. Juli 1992 in Kraft getretenen Änderung (AS **1992** 1446).
[254] Fassung gemäss der am 1. Juli 1992 in Kraft getretenen Änderung (AS **1992** 1446).
[255] Bestimmung geändert am 1. Jan. 1985 (AS **1984** 1539).
[256] Fassung gemäss der am 1. Juli 1992 in Kraft getretenen Änderung (AS **1992** 1446).

b) Der Anmelder kann bei Antragstellung oder, vorbehaltlich Regel 66.4^{bis}, zur Erstellung des internationalen vorläufigen Prüfungsberichts Änderungen nach Artikel 34 einreichen.

c) Vor der Antragstellung vorgenommene Änderungen nach Artikel 19 sind bei der internationalen vorläufigen Prüfung zu berücksichtigen, sofern sie nicht durch eine Änderung nach Artikel 34 überholt sind oder als überholt gelten.

d) Nach der Antragstellung vorgenommene Änderungen nach Artikel 19 und bei der mit der internationalen vorläufigen Prüfung beauftragten Behörde eingereichte Änderungen nach Artikel 34 sind, vorbehaltlich Regel 66.4^{bis}, bei der internationalen vorläufigen Prüfung zu berücksichtigen.

e) Auf Ansprüche, die sich auf Erfindungen beziehen, für die kein internationaler Recherchenbericht erstellt worden ist, muss sich die internationale vorläufige Prüfung nicht erstrecken.

66.2 *Erster schriftlicher Bescheid der mit der internationalen vorläufigen Prüfung beauftragten Behörde*

a)[255] Wenn die mit der internationalen vorläufigen Prüfung beauftragte Behörde

  i)[256] der Auffassung ist, dass einer der in Artikel 34 Absatz 4 genannten Fälle vorliegt,

  ii)[257] der Auffassung ist, dass der internationale vorläufige Prüfungsbericht zu einem Anspruch negativ ausfallen würde, weil die darin beanspruchte Erfindung nicht neu, nicht auf erfinderischer Tätigkeit zu beruhen (nahezuliegen) oder nicht gewerblich anwendbar zu sein scheint,

  iii) feststellt, dass die internationale Anmeldung nach Form oder Inhalt im Sinne des Vertrags oder der Ausführungsordnung mangelhaft ist,

  iv)[258] der Auffassung ist, dass eine Änderung über den Offenbarungsgehalt der internationalen Anmeldung in der ursprünglich eingereichten Fassung hinausgeht,

  v) dem internationalen vorläufigen Prüfungsbericht Bemerkungen zur Klarheit der Ansprüche, Beschreibung oder Zeichnungen oder zu der Frage, ob die Ansprüche in vollem Umfang durch die Beschreibung gestützt werden, hinzuzufügen wünscht,

  vi)[259] der Auffassung ist, dass sich ein Anspruch auf eine Erfindung bezieht, für die kein internationaler Recherchenbericht erstellt worden ist, und beschlossen hat, keine internationale vorläufige Prüfung für diesen Anspruch durchzuführen, oder

  vii)[260] der Auffassung ist, dass kein Protokoll einer Nucleotid- und/oder Aminosäuresequenz in einer Form vorliegt, die eine sinnvolle internationale vorläufige Prüfung ermöglicht, so teilt die Behörde dies dem Anmelder schriftlich mit. Gestattet es das nationale Recht des als mit der internationalen vorläufigen Prüfung beauftragten Behörde handelnden nationalen

---

[257] AS **1993** 1401

[258] Fassung gemäss der am 1. Juli 1992 in Kraft getretenen Änderung (AS **1992** 1446).

[259] Eingefügt durch die am 1. Juli 1992 in Kraft getretene Änderung (AS **1992** 1446).

[260] Eingefügt durch die am 1. Juli 1992 in Kraft getretene Änderung (AS **1992** 1446).

Amts nicht, dass mehrfach abhängige Ansprüche anders als nach Regel 6.4 Buchstabe a Satz 2 und 3 abgefasst werden, so kann die Behörde Artikel 34 Absatz 4 Buchstabe b anwenden, wenn die Ansprüche nicht so abgefasst sind. In diesem Fall teilt sie dies dem Anmelder schriftlich mit.

b) Die Auffassung der mit der internationalen vorläufigen Prüfung beauftragten Behörde ist in dem Bescheid eingehend zu begründen.

c)[261] In dem Bescheid ist der Anmelder aufzufordern, eine schriftliche Stellungnahme und, wo dies angebracht ist, Änderungen einzureichen.

d)[262] In dem Bescheid ist eine für die Stellungnahme den Umständen nach angemessene Frist zu setzen, die normalerweise zwei Monate seit dem Datum der Mitteilung beträgt. Sie darf nicht kürzer sein als ein Monat und beträgt wenigstens zwei Monate, wenn der internationale Recherchenbericht gleichzeitig mit der Mitteilung zugesandt wird. Sie darf nicht länger sein als drei Monate, kann jedoch verlängert werden, wenn der Anmelder dies vor Ablauf der Frist beantragt.

66.3 *Förmliche Stellungnahme gegenüber der mit der internationalen vorläufigen Prüfung beauftragten Behörde*

a)[263] Der Anmelder kann auf die Aufforderung der mit der internationalen vorläufigen Prüfung beauftragten Behörde nach Regel 66.2 Absatz c mit Änderungen oder – falls er mit der Auffassung der Behörde nicht übereinstimmt – mit Gegenvorstellungen antworten oder beides tun.

b) Jede Antwort ist unmittelbar an die mit der internationalen vorläufigen Prüfung beauftragte Behörde zu richten.

66.4 *Zusätzliche Möglichkeit zur Einreichung von Änderungen oder Gegenvorstellungen*[264]

a) Die mit der internationalen vorläufigen Prüfung beauftragte Behörde kann nach ihrem Ermessen einen oder mehrere zusätzliche schriftliche Bescheide abgeben; hierauf sind die Regeln 66.2 und 66.3 anzuwenden.

b)[265] Auf Antrag des Anmelders kann die mit der internationalen vorläufigen Prüfung beauftragte Behörde ihm eine oder mehrere zusätzliche Möglichkeiten zur Änderung oder Gegenvorstellung einräumen.

66.4^{bis}[266] *Berücksichtigung von Änderungen und Gegenvorstellungen*

Die mit der internationalen vorläufigen Prüfung beauftragte Behörde muss Änderungen oder Gegenvorstellungen in einem schriftlichen Bescheid oder im internationalen vorläufigen Prüfungsbericht nicht berücksichtigen, wenn sie zu einem Zeitpunkt eingehen, zu dem die Behörde bereits mit der Erstellung des Bescheids oder Berichts begonnen hat.

---

[261] Bestimmung geändert am 1. Jan. 1985 (AS **1984** 1539).
[262] Fassung gemäss der am 1. Juli 1992 in Kraft getretenen Änderung (AS **1992** 1446).
[263] Bestimmung geändert am 1. Jan. 1985 (AS **1984** 1539).
[264] Tit. geändert am 1. Jan. 1985 (AS **1984** 1539).
[265] Bestimmung geändert am 1. Jan. 1985 (AS **1984** 1539).
[266] Eingefügt durch die am 1. Juli 1992 in Kraft getretene Änderung (AS **1992** 1446).

66.5[267]   *Änderungen*

Jede Abänderung der Ansprüche, der Beschreibung oder der Zeichnungen einschliesslich einer Streichung von Ansprüchen, von Teilen der Beschreibung oder von einzelnen Zeichnungen, mit Ausnahme der Berichtigung offensichtlicher Fehler, gilt als Änderung.

66.6   *Formlose Erörterungen mit dem Anmelder*

Die mit der internationalen vorläufigen Prüfung beauftragte Behörde kann jederzeit formlos telefonisch, schriftlich oder in einer Anhörung mit dem Anmelder in Verbindung treten. Die Behörde hat nach eigenem Ermessen zu entscheiden, ob sie mehr als eine Anhörung gewähren soll, falls dies vom Anmelder beantragt wird, oder ob sie auf formlose schriftliche Mitteilungen des Anmelders antworten will.

66.7   *Prioritätsbeleg*

a)[268] Benötigt die mit der internationalen vorläufigen Prüfung beauftragte Behörde eine Kopie der Anmeldung, deren Priorität für die internationale Anmeldung beansprucht wird, so übermittelt ihr das Internationale Büro auf Aufforderung unverzüglich eine solche Kopie. Wird diese Kopie der mit der internationalen vorläufigen Prüfung beauftragten Behörde nicht übermittelt, weil der Anmelder die Vorschriften der Regel 17.1 nicht erfüllt hat, so kann der internationale vorläufige Prüfungsbericht erstellt werden, als wäre keine Priorität beansprucht worden.

b)[269] Ist die Anmeldung, deren Priorität in der internationalen Anmeldung beansprucht wird, in einer anderen Sprache als der Sprache oder einer der Sprachen der mit der internationalen vorläufigen Prüfung beauftragten Behörde abgefasst, so kann diese den Anmelder auffordern, innerhalb von zwei Monaten nach dem Datum der Aufforderung eine Übersetzung in diese oder eine dieser Sprachen einzureichen. Wird die Übersetzung nicht fristgerecht eingereicht, so kann der internationale vorläufige Prüfungsbericht erstellt werden, als wäre keine Priorität beansprucht worden.

c)   ...[270]

66.8   *Form der Änderungen*[271]

a)[272] Der Anmelder hat für jedes Blatt der internationalen Anmeldung, das aufgrund einer Änderung von einem früher eingereichten Blatt abweicht, ein Ersatzblatt einzureichen. Das Begleitschreiben soll auf die Unterschiede zwischen den Ersatzblättern und den ausgetauschten Blättern hinweisen. Besteht die Änderung in der Streichung von Abschnitten oder in geringfügigen Änderungen oder Hinzufügungen, so kann sie auf einer Abschrift des betreffenden Blatts der internationalen Anmeldung vorgenommen werden, sofern dies die Klarheit und unmittelbare Reproduzierbarkeit dieses Blatts nicht beeinträchtigt. Führt die Änderung zum Fortfall eines ganzen Blattes, so ist dies in einem Schreiben mitzuteilen.

---

[267] Bestimmung geändert am 1. Jan. 1985 (AS **1984** 1539).
[268] Bestimmung geändert am 1. Jan. 1985 (AS **1984** 1539).
[269] Bestimmung geändert am 1. Jan. 1985 (AS **1984** 1539).
[270] Bestimmung aufgehoben am 1. Jan. 1985 (AS **1984** 1539).
[271] Tit. geändert am 1. Jan. 1985 (AS **1984** 1539).
[272] Fassung gemäss der am 1. Juli 1992 in Kraft getretenen Änderung (AS **1992** 1446).

b) ...[273]

66.9[274]   *Sprache der Änderungen*

a) Ist die internationale Anmeldung in einer anderen Sprache als der Sprache der Veröffentlichung eingereicht worden, so sind, vorbehaltlich Absätze b und c, Änderungen und Schreiben nach Regel 66.8 Absatz a in der Sprache der Veröffentlichung einzureichen.

b) Wird die internationale vorläufige Prüfung nach Regel 55.2 auf der Grundlage einer Übersetzung der internationalen Anmeldung durchgeführt, so sind die in Absatz a genannten Änderungen und Schreiben in der Sprache der Übersetzung einzureichen.

c) Wird vorbehaltlich Regel 55.3 eine Änderung oder ein Schreiben nicht in der in Absatz a oder b vorgeschriebenen Sprache eingereicht, so fordert die mit der internationalen vorläufigen Prüfung beauftragte Behörde den Anmelder auf, die Änderung oder das Schreiben innerhalb einer den Umständen nach angemessenen Frist in der erforderlichen Sprache einzureichen, wenn dies im Hinblick auf die Frist für die Erstellung des internationalen vorläufigen Prüfungsberichts noch möglich ist.

d) Kommt der Anmelder der Aufforderung zur Einreichung einer Änderung in der erforderlichen Sprache nicht innerhalb der Frist nach Absatz c nach, so wird die Änderung für die Zwecke der internationalen vorläufigen Prüfung nicht berücksichtigt. Kommt der Anmelder der Aufforderung zur Einreichung eines Schreibens nach Absatz a in der erforderlichen Sprache nicht innerhalb der Frist nach Absatz c nach, so braucht die betreffende Änderung für die Zwecke der internationalen vorläufigen Prüfung nicht berücksichtigt zu werden.

Regel 67   **Anmeldungsgegenstand nach Artikel 34 Absatz 4 Buchstabe a Ziffer i**

67.1   *Begriffsbestimmung*

Die mit der internationalen vorläufigen Prüfung beauftragte Behörde ist nicht verpflichtet, eine internationale vorläufige Prüfung einer internationalen Anmeldung durchzuführen, wenn und soweit der Anmeldungsgegenstand folgende Gebiete betrifft:

i) wissenschaftliche und mathematische Theorien,

ii) Pflanzensorten oder Tierarten sowie im wesentlichen biologische Verfahren zur Züchtung von Pflanzen und Tieren mit Ausnahme mikrobiologischer Verfahren und der mit Hilfe dieser Verfahren gewonnenen Erzeugnisse,

iii) Pläne, Regeln und Verfahren für eine geschäftliche Tätigkeit, für rein gedankliche Tätigkeiten oder für Spiele,

iv) Verfahren zur chirurgischen oder therapeutischen Behandlung des menschlichen oder tierischen Körpers sowie Diagnostizierverfahren,

---

[273] Bestimmung aufgehoben am 1. Jan. 1985 (AS **1984** 1539).

[274] Bestimmung eingefügt am 1. Jan. 1985 (AS **1984** 1539). Fassung gemäss Beschluss vom 29. Sept. 1992, in Kraft seit 1. Jan. 1993 (AS **1993** 1393).

v) blosse Wiedergabe von Informationen,

vi) Programme von Datenverarbeitungsanlagen insoweit, als die mit der internationalen vorläufigen Prüfung beauftragte Behörde nicht dafür ausgerüstet ist, für solche Programme eine internationale vorläufige Prüfung durchzuführen.

Regel 68 **Mangelnde Einheitlichkeit der Erfindung (internationale vorläufige Prüfung)**

68.1[275] *Keine Aufforderung zur Einschränkung oder Zahlung*

Stellt die mit der internationalen vorläufigen Prüfung beauftragte Behörde fest, dass das Erfordernis der Einheitlichkeit der Erfindung nicht erfüllt ist, und beschliesst sie, den Anmelder nicht zur Einschränkung der Ansprüche oder zur Zahlung zusätzlicher Gebühren aufzufordern, so fährt sie mit der internationalen vorläufigen Prüfung – vorbehaltlich Artikel 34 Absatz 4 Buchstabe b und Regel 66.1 Absatz e – für die gesamte internationale Anmeldung fort, weist jedoch in allen schriftlichen Bescheiden und im internationalen vorläufigen Prüfungsbericht darauf hin, dass nach ihrer Auffassung das Erfordernis der Einheitlichkeit der Erfindung nicht erfüllt ist, und gibt die Gründe hierfür an.

68.2 *Aufforderung zur Einschränkung oder Zahlung*

Stellt die mit der internationalen vorläufigen Prüfung beauftragte Behörde fest, dass das Erfordernis der Einheitlichkeit der Erfindung nicht erfüllt ist, und entschliesst sie sich, den Anmelder nach seiner Wahl entweder zur Einschränkung der Ansprüche oder zur Zahlung zusätzlicher Gebühren aufzufordern, so gibt sie mindestens eine Möglichkeit zur Einschränkung an, die nach ihrer Auffassung den massgeblichen Anforderungen entspricht; sie gibt weiter die Höhe der zusätzlichen Gebühren und die Gründe an, aus denen nach ihrer Auffassung die internationale Anmeldung dem Erfordernis der Einheitlichkeit der Erfindung nicht genügt. Gleichzeitig setzt die mit der internationalen vorläufigen Prüfung beauftragte Behörde eine den Umständen des Einzelfalls angemessene Frist fest, während welcher der Aufforderung nachzukommen ist; diese Frist darf nicht kürzer sein als ein Monat und nicht länger als zwei Monate und beginnt mit dem Zeitpunkt der Aufforderung zu laufen.

68.3 *Zusätzliche Gebühren*

a) Die Höhe der zusätzlichen Gebühr für die internationale vorläufige Prüfung nach Artikel 34 Absatz 3 Buchstabe a wird durch die zuständige mit der internationalen vorläufigen Prüfung beauftragte Behörde bestimmt.

b) Die zusätzliche Gebühr, die nach Artikel 34 Absatz 3 für die internationale vorläufige Prüfung zu entrichten ist, ist unmittelbar an die mit der internationalen vorläufigen Prüfung beauftragte Behörde zu zahlen.

c) Der Anmelder kann die zusätzliche Gebühr unter Widerspruch zahlen; dem Widerspruch ist eine Begründung des Inhalts beizufügen, dass die internationale Anmeldung das Erfordernis der Einheitlichkeit der Erfindung erfülle oder dass der Betrag der geforderten zusätzlichen Gebühr überhöht sei. Der Widerspruch wird von einem Ausschuss aus drei Mitgliedern oder von einer anderen besonderen Instanz der mit der internationalen vorläufigen Prüfung beauftragten

---

[275] Fassung gemäss der am 1. Juli 1992 in Kraft getretenen Änderung (AS **1992** 1446).

Behörde oder von einer zuständigen höheren Stelle geprüft; kommt die Instanz zu dem Ergebnis, dass der Widerspruch begründet ist, ordnet sie die völlige oder teilweise Rückzahlung der zusätzlichen Gebühr an den Anmelder an. Auf Antrag des Anmelders wird der Wortlaut des Widerspruchs und der Entscheidung hierüber den ausgewählten Ämtern als Anhang zum internationalen vorläufigen Prüfungsbericht mitgeteilt.

d) Personen, die an der Entscheidung, die Gegenstand des Widerspruchs ist, mitgewirkt haben, dürfen nicht Mitglied des in Absatz c genannten Ausschusses aus drei Mitgliedern, der anderen besonderen Instanz oder der zuständigen höheren Stelle sein.

e)[276]Hat der Anmelder eine zusätzliche Gebühr nach Absatz c unter Widerspruch entrichtet, so kann die mit der internationalen vorläufigen Prüfung beauftragte Behörde nach vorheriger Überprüfung, ob die Aufforderung zur Zahlung einer zusätzlichen Gebühr berechtigt war, verlangen, dass der Anmelder eine Gebühr für die Prüfung des Widerspruchs («Widerspruchsgebühr») entrichtet. Die Widerspruchsgebühr ist innerhalb eines Monats nach dem Datum der Mitteilung zu zahlen, mit der dem Anmelder das Ergebnis der Überprüfung mitgeteilt worden ist. Wird die Widerspruchsgebühr nicht rechtzeitig entrichtet, so gilt der Widerspruch als zurückgenommen. Die Widerspruchsgebühr ist an den Anmelder zurückzuzahlen, wenn der in Absatz c genannte aus drei Mitgliedern bestehende Ausschuss, die besondere Instanz oder die höhere Stelle den Widerspruch als in vollem Umfang begründet findet.

68.4 *Verfahren im Fall der nicht ausreichenden Einschränkung der Ansprüche*

Schränkt der Anmelder die Ansprüche ein, ohne in ausreichendem Masse dem Erfordernis der Einheitlichkeit der Erfindung zu entsprechen, so verfährt die mit der internationalen vorläufigen Prüfung beauftragte Behörde nach Artikel 34 Absatz 3 Buchstabe c.

68.5 *Haupterfindung*

Bestehen Zweifel darüber, welche Erfindung die Haupterfindung im Sinne des Artikels 34 Absatz 3 Buchstabe c ist, so ist die in den Ansprüchen zuerst genannte Erfindung als Haupterfindung anzusehen.

Regel 69[277] **Beginn und Frist der internationalen vorläufigen Prüfung**

69.1 *Beginn der internationalen vorläufigen Prüfung*

a) Vorbehaltlich Absätze b bis e beginnt die mit der internationalen vorläufigen Prüfung beauftragte Behörde mit der internationalen vorläufigen Prüfung, wenn sie im Besitz des Antrags und entweder des internationalen Recherchenberichts oder einer Mitteilung über die Erklärung der Internationalen Recherchenbehörde nach Artikel 17 Absatz 2 Buchstabe a ist, dass kein internationaler Recherchenbericht erstellt wird.

---

[276] Eingefügt durch die am 1. Juli 1992 in Kraft getretene Änderung (AS **1992** 1446).

[277] Fassung gemäss der am 1. Juli 1992 in Kraft getretenen Änderung (AS **1992** 1446).

b) Sind die zuständige mit der internationalen vorläufigen Prüfung beauftragte Behörde und die zuständige Internationale Recherchenbehörde Abteilungen desselben nationalen Amtes oder derselben zwischenstaatlichen Organisation, so kann die internationale vorläufige Prüfung, falls die mit der internationalen vorläufigen Prüfung beauftragte Behörde dies wünscht, vorbehaltlich Absatz d gleichzeitig mit der internationalen Recherche beginnen.

c) Enthält die Erklärung betreffend Änderungen eine Angabe, dass Änderungen nach Artikel 19 zu berücksichtigen sind (Regel 53.9 Absatz a Ziffer i), so beginnt die mit der internationalen vorläufigen Prüfung beauftragte Behörde mit der internationalen vorläufigen Prüfung erst, wenn sie eine Kopie der betreffenden Änderungen erhalten hat.

d) Enthält die Erklärung betreffend Änderungen eine Angabe, dass der Beginn der internationalen vorläufigen Prüfung aufgeschoben werden soll (Regel 53.9 Absatz b), so beginnt die mit der internationalen vorläufigen Prüfung beauftragte Behörde mit der internationalen vorläufigen Prüfung erst, wenn

   i) sie eine Kopie nach Artikel 19 vorgenommener Änderungen erhalten hat;

   ii) sie eine Erklärung des Anmelders erhalten hat, dass er keine Änderungen nach Artikel 19 vornehmen möchte; oder

   iii) 20 Monate seit dem Prioritätsdatum verstrichen sind, je nachdem, was zuerst eintritt.

e) Enthält die Erklärung betreffend Änderungen eine Angabe, dass zusammen mit dem Antrag Änderungen nach Artikel 34 eingereicht werden (Regel 53.9 Absatz c), werden diese jedoch nicht eingereicht, so beginnt die mit der internationalen vorläufigen Prüfung beauftragte Behörde mit der internationalen vorläufigen Prüfung erst nach Eingang dieser Änderungen oder nach Ablauf der in der Aufforderung nach Regel 60.1 Absatz g festgesetzten Frist, je nachdem, was zuerst eintritt.

69.2 *Frist für die internationale vorläufige Prüfung*

Die Frist für die Erstellung des internationalen vorläufigen Prüfungsberichts beträgt

i) 28 Monate seit dem Prioritätsdatum, wenn der Antrag vor Ablauf des 19. Monats seit dem Prioritätsdatum gestellt worden ist;

ii) 9 Monate nach dem Beginn der internationalen vorläufigen Prüfung, wenn der Antrag nach Ablauf des 19. Monats seit dem Prioritätsdatum gestellt worden ist.

Regel 70 **Der internationale vorläufige Prüfungsbericht**

70.1 *Begriffsbestimmung*

Im Sinne dieser Regel bedeutet «Bericht» den internationalen vorläufigen Prüfungsbericht.

70.2 *Grundlage für den Bericht*

a) Sind die Ansprüche geändert worden, so wird der Bericht auf der Grundlage der geänderten Ansprüche erstellt.

b)[278] Ist der Bericht gemäss Regel 66.7 Absatz a oder b erstellt worden, als wäre keine Priorität beansprucht worden, so wird hierauf im Bericht hingewiesen.

c) Ist die mit der internationalen vorläufigen Prüfung beauftragte Behörde der Auffassung, dass eine Änderung über den Offenbarungsgehalt der internationalen Anmeldung, wie sie eingereicht worden ist, hinausgeht, so wird der Bericht ohne Berücksichtigung der Änderung erstellt und hierauf im Bericht hingewiesen. Die Behörde gibt ausserdem die Gründe an, aus denen nach ihrer Auffassung die Änderung über den Offenbarungsgehalt hinausgeht.

d)[279] Beziehen sich Ansprüche auf Erfindungen, für die kein internationaler Recherchenbericht erstellt und daher auch keine internationale vorläufige Prüfung durchgeführt worden ist, so wird im internationalen vorläufigen Prüfungsbericht hierauf hingewiesen.

70.3[280]   *Angaben*

In dem Bericht ist die mit der internationalen vorläufigen Prüfung beauftragte Behörde, die den Bericht erstellt hat, mit ihrer amtlichen Bezeichnung anzugeben; die internationale Anmeldung ist durch Angabe des internationalen Aktenzeichens, des Namens des Anmelders und des internationalen Anmeldedatums zu kennzeichnen.

70.4   *Daten*

In dem Bericht werden angegeben:

i)   das Datum der Einreichung des Antrags und

ii) das Datum des Berichts; dieses Datum ist das Datum, an welchem der Bericht fertiggestellt worden ist.

70.5   *Klassifikation*

a) In dem Bericht ist die nach Regel 43.3 angegebene Klassifikation zu wiederholen, falls die mit der internationalen vorläufigen Prüfung beauftragte Behörde mit der Klassifikation einverstanden ist.

b) Andernfalls gibt die mit der internationalen vorläufigen Prüfung beauftragte Behörde im Bericht die Klassifikation an, die von ihr als richtig angesehen wird, wobei sie zumindest die Internationale Patentklassifikation zugrunde legt.

70.6   *Feststellung nach Artikel 35 Absatz 2*

a) Die Feststellung nach Artikel 35 Absatz 2 besteht aus den Wörtern «JA» oder «NEIN» oder den entsprechenden Wörtern in der im Bericht verwendeten Sprache oder aus geeigneten, in den Verwaltungsrichtlinien vorgesehenen Symbolen und soll gegebenenfalls die Angaben, Erklärungen und Bemerkungen nach Artikel 35 Absatz 2 letzter Satz enthalten.

b) Ist eines der drei Merkmale nach Artikel 35 Absatz 2 (nämlich Neuheit, erfinderische Tätigkeit [Nichtoffensichtlichkeit], gewerbliche Anwendbarkeit) nicht in ausreichendem Masse gegeben, so ist die Feststellung negativ. Wird in einem solchen Fall einem der Merkmale, für sich allein genommen, genügt, so sollen in dem Bericht das Merkmal oder die Merkmale angegeben werden, denen genügt wird.

---

[278] Bestimmung geändert am 1. Jan. 1985 (AS **1984** 1539).

[279] Eingefügt durch die am 1. Juli 1992 in Kraft getretene Änderung (AS **1992** 1446).

[280] Fassung gemäss der am 1. Juli 1992 in Kraft getretenen Änderung (AS **1992** 1446).

70.7   *Angabe der Unterlagen nach Artikel 35 Absatz 2*

a) In dem Bericht sind die Unterlagen anzugeben, die als wesentliche Grundlage für die Feststellungen nach Artikel 35 Absatz 2 angesehen werden.
b) Regel 43.5 Absätze b und e findet auch auf den Bericht Anwendung.

70.8   *Erläuterung nach Artikel 35 Absatz 2*

Die Verwaltungsrichtlinien werden Leitsätze darüber enthalten, in welchen Fällen die nach Artikel 35 Absatz 2 vorgesehenen Erläuterungen abgegeben oder nicht abgegeben werden und wie sie zu fassen sind. Diese Leitsätze werden sich auf die nachfolgenden Grundsätze stützen:

i) eine Erläuterung wird abgegeben, wenn die Feststellung im Hinblick auf irgendeinen Anspruch negativ ist;
ii) eine Erläuterung wird abgegeben, wenn die Feststellung positiv ist, sofern der Grund für die Angabe der Unterlagen nicht ohne weiteres durch eine Einsichtnahme in die angegebenen Unterlagen zu erkennen ist;
iii) im allgemeinen wird eine Erläuterung dann abgegeben, wenn der im letzten Satz der Regel 70.6 Absatz b vorgesehene Fall gegeben ist.

70.9   *Nicht-schriftliche Offenbarungen*

Nicht-schriftliche Offenbarungen, die im Bericht auf Grund der Regel 64.2 erwähnt sind, werden durch Angabe ihrer Art, durch Angabe des Datums, an welchem die schriftliche Offenbarung, die sich auf die nicht-schriftliche Offenbarung bezieht, der Öffentlichkeit zugänglich gemacht wurde und des Datums, an welchem die nicht-schriftliche Offenbarung der Öffentlichkeit bekannt wurde, gekennzeichnet.

70.10   *Bestimmte veröffentlichte Unterlagen*

Veröffentlichte Anmeldungen oder Patente, auf die sich der Bericht gemäss Regel 64.3 bezieht, sind als solche unter Angabe ihres Veröffentlichungsdatums und ihres Anmeldedatums oder ihres etwa beanspruchten Prioritätsdatums zu erwähnen. Der Bericht kann in bezug auf jedes in den genannten Unterlagen beanspruchte Prioritätsdatum angeben, dass nach Meinung der mit der internationalen vorläufigen Prüfung beauftragten Behörde das Prioritätsdatum nicht zu Recht beansprucht worden ist.

70.11[281]   *Hinweis auf Änderungen*

Sind vor der mit der internationalen vorläufigen Prüfung beauftragten Behörde Änderungen vorgenommen worden, so wird hierauf im Bericht hingewiesen. Führt die Änderung zum Fortfall eines ganzen Blattes, so wird auch dies im Bericht angegeben.

70.12   *Erwähnung bestimmter Mängel und anderer Sachverhalte*[282]

Ist die mit der internationalen vorläufigen Prüfung beauftragte Behörde der Auffassung, dass bei Erstellung des Berichts[283]

---

[281] Bestimmung geändert am 1. Jan. 1985 (AS **1984** 1539).
[282] Fassung gemäss der am 1. Juli 1992 in Kraft getretenen Änderung (AS **1992** 1446).
[283] Fassung gemäss der am 1. Juli 1992 in Kraft getretenen Änderung (AS **1992** 1446).

i) die internationale Anmeldung Mängel der in Regel 66.2 Absatz a Ziffer iii genannten Art aufweist, so wird im Bericht auf diese Auffassung und die Begründung hierfür hingewiesen;

ii) die internationale Anmeldung zu den in Regel 66.2 Absatz a Ziffer v genannten Bemerkungen Anlass gibt, kann sie im Bericht auch auf diese Auffassung hinweisen und hat in diesem Fall ihre Auffassung zu begründen;

iii)[284] einer der in Artikel 34 Absatz 4 genannten Fälle vorliegt, so weist sie im Bericht unter Angabe der Gründe darauf hin;

iv)[285] kein Protokoll einer Nucleotid- und/oder Aminosäuresequenz in einer Form vorliegt, die eine sinnvolle internationale vorläufige Prüfung ermöglicht, so weist sie im Bericht darauf hin.

70.13[286]   *Bemerkungen in bezug auf die Einheitlichkeit der Erfindung*

Hat der Anmelder zusätzliche Gebühren für die internationale vorläufige Prüfung bezahlt oder ist die internationale Anmeldung oder die internationale vorläufige Prüfung nach Artikel 34 Absatz 3 eingeschränkt worden, so gibt der Bericht dies an. Ist die internationale vorläufige Prüfung nur für eingeschränkte Ansprüche (Artikel 34 Absatz 3 Buchstabe a) oder nur für die Haupterfindung (Artikel 34 Absatz 3 Buchstabe c) durchgeführt worden, so gibt der Bericht ferner an, welche Teile der internationalen Anmeldung geprüft worden sind und welche nicht. Der Bericht enthält die Angaben nach Regel 68.1, wenn die mit der internationalen vorläufigen Prüfung beauftragte Behörde beschlossen hat, den Anmelder nicht zur Einschränkung der Ansprüche oder zur Zahlung zusätzlicher Gebühren aufzufordern.

70.14[287]   *Zuständiger Bediensteter*

Im Bericht ist der Name des für den Bericht verantwortlichen Bediensteten der mit der internationalen vorläufigen Prüfung beauftragten Behörde anzugeben.

70.15   *Form*

Die Formerfordernisse für den Bericht werden durch die Verwaltungsrichtlinien geregelt.

70.16[288]   *Anlagen zum Bericht*

Jedes Ersatzblatt nach Regel 66.8 Absatz a und jedes Ersatzblatt mit Änderungen nach Artikel 19 ist dem Bericht als Anlage beizufügen, sofern es nicht durch später eingereichte Ersatzblätter überholt ist. Änderungen nach Artikel 19, die durch eine Änderung nach Artikel 34 als überholt gelten, und Schreiben nach Regel 66.8 Absatz a werden nicht beigefügt.

---

[284] Eingefügt durch die am 1. Juli 1992 in Kraft getretene Änderung (AS **1992** 1446).
[285] Eingefügt durch die am 1. Juli 1992 in Kraft getretene Änderung (AS **1992** 1446).
[286] Fassung gemäss der am 1. Juli 1992 in Kraft getretenen Änderung (AS **1992** 1446).
[287] Fassung gemäss der am 1. Juli 1992 in Kraft getretenen Änderung (AS **1992** 1446).
[288] Fassung gemäss der am 1. Juli 1992 in Kraft getretenen Änderung (AS **1992** 1446).

70.17 Sprache des Berichts und der Anlagen

a)[289]Der Bericht und alle Anlagen werden in der Sprache, in der die betreffende internationale Anmeldung veröffentlicht ist, oder, wenn die internationale vorläufige Prüfung nach Regel 55.2 auf der Grundlage einer Übersetzung der internationalen Anmeldung durchgeführt wird, in der Sprache der Übersetzung abgefasst.

b) ...[290]

Regel 71 Übersendung des internationalen vorläufigen Prüfungsberichts

71.1 Empfänger

Je eine Ausfertigung des internationalen vorläufigen Prüfungsberichts und seiner etwa vorhandenen Anlagen übersendet die mit der internationalen vorläufigen Prüfung beauftragte Behörde am gleichen Tag dem Internationalen Büro und dem Anmelder.

71.2 Kopien angegebener Unterlagen

a) Der Antrag nach Artikel 36 Absatz 4 kann jederzeit innerhalb von sieben Jahren, gerechnet vom internationalen Anmeldedatum der internationalen Anmeldung, auf die sich der Bericht bezieht, gestellt werden.

b) Die mit der internationalen vorläufigen Prüfung beauftragte Behörde kann verlangen, dass der Antragsteller (Anmelder oder ausgewähltes Amt) die Kosten der Herstellung und Versendung der Kopien erstattet. Die Höhe der Herstellungskosten wird in den in Artikel 32 Absatz 2 genannten Vereinbarungen zwischen den mit der internationalen vorläufigen Prüfung beauftragten Behörden und dem Internationalen Büro festgesetzt.

c) ...[291]

d)[292]Die mit der internationalen vorläufigen Prüfung beauftragte Behörde kann den Verpflichtungen nach den Absätzen a und b durch eine andere ihr verantwortliche Stelle nachkommen.

Regel 72 Übersetzung des internationalen vorläufigen Prüfungsberichts

72.1 Sprachen

a)[293]Jeder ausgewählte Staat kann verlangen, dass der internationale vorläufige Prüfungsbericht in die englische Sprache übersetzt wird, wenn dieser nicht in der oder einer der Amtssprachen seines nationalen Amtes erstellt ist.

b) Jedes Erfordernis dieser Art ist dem Internationalen Büro mitzuteilen, das die Mitteilung unverzüglich im Blatt veröffentlicht.

---

[289] Fassung gemäss Beschluss vom 29. Sept. 1992, in Kraft seit 1. Jan. 1993 (AS **1993** 1393).
[290] Bestimmung aufgehoben am 1. Jan. 1985 (AS **1984** 1539).
[291] Aufgehoben durch die am 1. Juli 1992 in Kraft getretene Änderung (AS **1992** 1446).
[292] Fassung gemäss der am 1. Juli 1992 in Kraft getretenen Änderung (AS **1992** 1446).
[293] Fassung gemäss der am 1. Juli 1992 in Kraft getretenen Änderung (AS **1992** 1446).

72.2[294]   *Kopie der Übersetzung für den Anmelder*

Das Internationale Büro übermittelt dem Anmelder eine Kopie der in Regel 72.1 Absatz a genannten Übersetzung des internationalen vorläufigen Prüfungsberichts zum gleichen Zeitpunkt, in dem es diese Übersetzung den interessierten ausgewählten Ämtern übermittelt.

72.3   *Stellungnahme zu der Übersetzung*

Der Anmelder kann schriftlich zu den nach seiner Ansicht fehlerhaften Teilen der Übersetzung des internationalen vorläufigen Prüfungsberichts Stellung nehmen; er hat eine Abschrift dieser Stellungnahme jedem interessierten ausgewählten Amt sowie dem Internationalen Büro zu übermitteln.

Regel 73   **Übermittlung des internationalen vorläufigen Prüfungsberichts**

73.1   *Herstellung der Kopien*

Das Internationale Büro stellt die Kopien der nach Artikel 36 Absatz 3 Buchstabe a zu übermittelnden Unterlagen her.

73.2[295]   *Frist für die Übermittlung*

Die Übermittlung nach Artikel 36 Absatz 3 Buchstabe a erfolgt so schnell wie möglich, jedoch nicht vor der Übermittlung nach Artikel 20.

Regel 74[296]   **Übersetzung der Anlagen des internationalen vorläufigen Prüfungsberichts und ihre Übermittlung**

74.1   *Inhalt der Übersetzung und Frist für ihre Übermittlung*

a) Verlangt das ausgewählte Amt nach Artikel 39 Absatz 1 die Übermittlung einer Übersetzung der internationalen Anmeldung, so hat der Anmelder innerhalb der nach Artikel 39 Absatz 1 massgebenden Frist diesem Amt eine Übersetzung der in Regel 70.16 genannten, dem internationalen vorläufigen Prüfungsbericht als Anlage beigefügten Ersatzblätter zuzuleiten, es sei denn, diese Blätter sind in der Sprache der erforderlichen Übersetzung der internationalen Anmeldung abgefasst. Dieselbe Frist ist massgebend, wenn eine Übersetzung der internationalen Anmeldung beim ausgewählten Amt aufgrund einer Erklärung nach Artikel 64 Absatz 2 Buchstabe a Ziffer i innerhalb der nach Artikel 22 massgebenden Frist einzureichen ist.

b) Verlangt das ausgewählte Amt keine Übersetzung der internationalen Anmeldung nach Artikel 39 Absatz 1, so kann es verlangen, dass der Anmelder, wenn die in Regel 70.16 genannten, dem internationalen vorläufigen Prüfungsbericht als Anlage beigefügten Ersatzblätter nicht in der Sprache der Veröffentlichung der internationalen Anmeldung abgefasst sind, eine Übersetzung in dieser Sprache innerhalb der nach Artikel 39 Absatz 1 massgebenden Frist einreicht.

---

[294] Fassung gemäss der am 1. Juli 1992 in Kraft getretenen Änderung (AS **1992** 1446).
[295] Fassung gemäss der am 1. Juli 1992 in Kraft getretenen Änderung (AS **1992** 1446).
[296] Fassung gemäss Beschluss vom 29. Sept. 1992, in Kraft seit 1. Jan. 1993 (AS **1993** 1393).

Regel 75[297]

Regel 76   **Exemplar, Übersetzung und Gebühr nach Artikel 39 Absatz 1; Übersetzung des Prioritätsbelegs**

76.1–76.3[298]

76.4   *Frist für die Übersetzung des Prioritätsbelegs*

Der Anmelder darf nicht aufgefordert werden, vor Ablauf der nach Artikel 39 anwendbaren Frist eine beglaubigte Übersetzung des Prioritätsbelegs einem ausgewählten Amt zu übermitteln.

76.5[299]   *Anwendung der Regeln 22.1 Absatz g, 49 und 51bis*

Die Regeln 22.1 Absatz g, 49 und 51bis finden mit der Massgabe Anwendung, dass

i) jede Bezugnahme in diesen Regeln auf das Bestimmungsamt oder den Bestimmungsstaat als Bezugnahme auf das ausgewählte Amt oder den ausgewählten Staat zu verstehen ist;

ii)[300] jede Bezugnahme auf Artikel 22 oder Artikel 24 Absatz 2 in diesen Regeln als Bezugnahme auf Artikel 39 Absatz 1 oder Artikel 39 Absatz 3 zu verstehen ist;

iii) in Regel 49.1 Absatz c die Worte «internationale Anmeldungen» durch das Wort «Anträge» ersetzt werden;

iv)[301] bei Vorliegen des internationalen vorläufigen Prüfungsberichts eine Übersetzung einer Änderung nach Artikel 19 für die Zwecke des Artikels 39 Absatz 1 nur dann erforderlich ist, wenn diese Änderung dem Bericht als Anlage beigefügt ist.

76.6[302]   *Übergangsbestimmung*

Ist Regel 76.5 Ziffer iv am 12. Juli 1991 nicht mit dem vom ausgewählten Amt auf nach Artikel 19 geänderte Ansprüche anzuwendenden nationalen Recht vereinbar, so gilt Regel 76.5 Ziffer iv insoweit für das ausgewählte Amt nicht, solange diese Unvereinbarkeit besteht, sofern dieses Amt das Internationale Büro bis zum 31. Dezember 1991 davon unterrichtet. Diese Mitteilung wird vom Internationalen Büro unverzüglich im Blatt veröffentlicht.

Regel 77   **Befugnis nach Artikel 39 Absatz 1 Buchstabe b**

77.1   *Ausübung der Befugnis*

a) Jeder Vertragsstaat, der eine Frist festsetzt, die später als die Frist nach Artikel 39 Absatz 1 Buchstabe a abläuft, hat das Internationale Büro hiervon zu unterrichten.

---

[297] Aufgehoben durch die am 1. Juli 1992 in Kraft getretene Änderung (AS **1992** 1446).
[298] Bestimmung aufgehoben am 1. Jan. 1985 (AS **1984** 1539).
[299] Bestimmung eingefügt am 1. Jan. 1985 (AS **1984** 1539).
[300] Fassung gemäss der am 1. Juli 1992 in Kraft getretenen Änderung (AS **1992** 1446).
[301] Eingefügt durch die am 1. Juli 1992 in Kraft getretene Änderung (AS **1992** 1446).
[302] Eingefügt durch die am 1. Juli 1992 in Kraft getretene Änderung (AS **1992** 1446).

b) Das Internationale Büro veröffentlicht jede ihm nach Absatz a zugegangene Mitteilung unverzüglich im Blatt.

c) Mitteilungen über die Verkürzung einer früher festgesetzten Frist werden für Anträge wirksam, die später als drei Monate nach der Bekanntmachung der Mitteilung durch das Internationale Büro eingereicht werden.

d) Mitteilungen über die Verlängerung einer früher festgesetzten Frist werden mit der Bekanntmachung durch das Internationale Büro im Blatt für Anträge wirksam, die zu diesem Zeitpunkt abhängig sind oder nach dieser Bekanntmachung eingereicht werden; setzt der Vertragsstaat, der die Mitteilung vornimmt, einen späteren Zeitpunkt fest, so ist dieser Zeitpunkt massgeblich.

Regel 78 **Änderung der Ansprüche, Beschreibung und Zeichnungen vor den ausgewählten Ämtern**[303]

78.1[304] *Frist, wenn die Auswahl vor Ablauf von 19 Monaten seit dem Prioritätsdatum erfolgt*

a) Wird ein Vertragsstaat vor Ablauf von 19 Monaten seit dem Prioritätsdatum ausgewählt, so kann der Anmelder das Recht nach Artikel 41 zur Änderung der Ansprüche, der Beschreibung und der Zeichnungen vor dem betreffenden ausgewählten Amt innerhalb eines Monats nach Erfüllung der Erfordernisse des Artikels 39 Absatz 1 Buchstabe a ausüben; ist der internationale vorläufige Prüfungsbericht bei Ablauf der nach Artikel 39 massgeblichen Frist noch nicht nach Artikel 36 Absatz 1 übermittelt worden, so muss er dieses Recht innerhalb von vier Monaten nach Ablauf dieser Frist ausüben. In jedem Fall kann der Anmelder dieses Recht zu einem anderen Zeitpunkt ausüben, wenn das nationale Recht dieses Staates dies gestattet.

b) Das nationale Recht eines ausgewählten Staates, das die Prüfung von Patentanmeldungen von einem besonderen Antrag abhängig macht, kann bestimmen, dass für die Frist oder den Zeitpunkt für die Ausübung des Rechts nach Artikel 41, sofern dieser Staat vor Ablauf von 19 Monaten seit dem Prioritätsdatum ausgewählt worden ist, das gleiche gilt wie nach dem nationalen Recht für die Einreichung von Änderungen bei einer auf besonderen Antrag aufgenommenen Prüfung einer nationalen Anmeldung; diese Frist läuft jedoch nicht vor der nach Absatz a massgeblichen Frist ab, und dieser Zeitpunkt darf nicht vor deren Ablauf liegen.

78.2 *Frist, wenn die Auswahlerklärung nach Ablauf von 19 Monaten ab Prioritätsdatum abgegeben worden ist*

Wird die Auswahlerklärung für einen Vertragsstaat nach Ablauf von 19 Monaten nach dem Prioritätsdatum abgegeben und wünscht der Anmelder, Änderungen nach Artikel 41 vorzunehmen, so gilt für die Vornahme von Änderungen die Frist nach Artikel 28.

---

[303] Fassung gemäss der am 1. Juli 1992 in Kraft getretenen Änderung (AS **1992** 1446).
[304] Fassung gemäss der am 1. Juli 1992 in Kraft getretenen Änderung (AS **1992** 1446).

78.3 *Gebrauchsmuster*

Die Regeln 6.5 und 13.5 sind vor den ausgewählten Ämtern entsprechend anzuwenden. Wird die Auswahlerklärung vor Ablauf von 19 Monaten nach dem Prioritätsdatum abgegeben, so wird die Bezugnahme auf die nach Artikel 22 anwendbare Frist durch eine Bezugnahme auf die Frist nach Artikel 39 ersetzt.

Teil D Regeln zu Kapitel III des Vertrags

Regel 79 Zeitrechnung

79.1 *Angabe von Daten*

Anmelder, nationale Ämter, Anmeldeämter, Internationale Recherchenbehörden oder mit der internationalen vorläufigen Prüfung beauftragte Behörden und das Internationale Büro haben im Zusammenhang mit diesem Vertrag und der Ausführungsordnung jedes Datum nach christlicher Zeitrechnung und nach dem Gregorianischen Kalender oder, falls eine andere Zeitrechnung und einen anderen Kalender verwenden, zusätzlich jedes Datum nach der genannten Zeitrechnung und nach dem genannten Kalender anzugeben.

Regel 80 Berechnung der Fristen

80.1 *In Jahren bestimmte Fristen*

Ist als Frist ein Jahr oder eine Anzahl von Jahren bestimmt, so wird bei der Berechnung der Frist mit dem Tag begonnen, der dem Tag folgt, in den das massgebliche Ereignis fällt; die Frist endet in dem massgeblichen folgenden Jahr in dem Monat und an dem Tag, die durch ihre Benennung oder Zahl dem Monat und Tag entsprechen, in den das massgebliche Ereignis fällt; fehlt in dem betreffenden Monat der für den Ablauf der Frist massgebliche Tag, so endet die Frist mit dem Ablauf des letzten Tages dieses Monats.

80.2 *In Monaten bestimmte Fristen*

Ist als Frist ein Monat oder eine Anzahl von Monaten bestimmt, so wird bei der Berechnung der Frist mit dem Tag begonnen, der dem Tag folgt, in den das massgebliche Ereignis fällt; die Frist endet in dem massgeblichen folgenden Monat an dem Tag, der durch seine Zahl dem Tag entspricht, in den das massgebliche Ereignis fällt; fehlt in dem betreffenden Monat der für den Ablauf der Frist massgebliche Tag, so endet die Frist mit dem Ablauf des letzten Tages dieses Monats.

80.3 *In Tagen bestimmte Fristen*

Ist als Frist eine Anzahl von Tagen bestimmt, wird bei der Berechnung der Frist mit dem Tag begonnen, der dem Tag folgt, in den das massgebliche Ereignis fällt; die Frist endet am letzten Tag der in Betracht kommenden Anzahl von Tagen.

80.4 *Örtliche Daten*

a) Das Datum, das als das Anfangsdatum für die Berechnung einer Frist in Betracht kommt, ist das Datum, welches zur Zeit des Eintritts des massgeblichen Ereignisses an diesem Ort galt.

b) Das Datum, an dem eine Frist abläuft, ist das Datum, das an dem Ort gilt, an dem das angeforderte Schriftstück eingereicht oder die verlangte Gebühr eingezahlt werden muss.

80.5 *Ablauf an einem anderen Tag als einem Werktag*

Endet eine Frist, innerhalb welcher bei einem nationalen Amt oder einer zwischenstaatlichen Organisation ein Schriftstück eingehen oder eine Gebühr eingezahlt werden muss, an einem Tag, an dem dieses Amt oder diese Organisation für den Publikumsverkehr geschlossen ist oder an dem gewöhnliche Postsendungen am Ort des Sitzes dieses Amtes oder dieser Organisation nicht zugestellt werden, so läuft die Frist an dem nächstfolgenden Tag ab, an welchem die genannten Umstände nicht mehr bestehen.

80.6[305] *Datum von Schriftstücken*

a) Beginnt eine Frist am Tag des Datums eines Schriftstücks oder eines Schreibens eines nationalen Amtes oder einer zwischenstaatlichen Organisation und kann ein Beteiligter nachweisen, dass dieses Schriftstück oder das Schreiben an einem späteren Tag als deren Datum abgesandt worden ist, so ist das Datum der tatsächlichen Absendung für die Berechnung der Frist als massgebend anzusehen. Weist der Anmelder dem nationalen Amt oder der zwischenstaatlichen Organisation nach, dass das Schriftstück oder das Schreiben später als 7 Tage nach dem Tag zugegangen ist, dessen Datum es trägt, so verlängert sich ungeachtet des Absendedatums die Frist, die durch das Datum des Schriftstücks oder des Schreibens in Lauf gesetzt wird, um die diese 7 Tage überschreitende Anzahl von Tagen.

b) ...[306]

80.7 *Ende eines Werktags*

a) Eine an einem bestimmten Tag ablaufende Frist endet zu dem Zeitpunkt, zu dem das nationale Amt oder die zwischenstaatliche Organisation, bei welchen das Schriftstück eingereicht oder die Gebühr eingezahlt werden muss, für den Publikumsverkehr geschlossen wird.

b) Jedes Amt und jede Organisation kann von den Bestimmungen des Absatzes a abweichen, sofern die Frist nicht später als zu Mitternacht des betreffenden Tages endet.

c) ...[307]

Regel 81 **Änderung von im Vertrag festgesetzten Fristen**

81.1 *Änderungsvorschlag*

a) Jeder Vertragsstaat oder der Generaldirektor können Änderungen nach Artikel 47 Absatz 2 vorschlagen.

b) Die Änderungsvorschläge eines Vertragsstaats werden an den Generaldirektor gerichtet.

---

[305] Bestimmung geändert am 1. Okt. 1980 (AS **1981** 62).
[306] Bestimmung aufgehoben auf den 1. Jan. 1986 (AS **1984** 1539).
[307] Aufgehoben durch die am 1. Juli 1992 in Kraft getretene Änderung (AS **1992** 1446).

81.2 *Entscheidung der Versammlung*

a) Ist der Versammlung ein Vorschlag vorgelegt worden, so teilt der Generaldirektor den Wortlaut allen Vertragsstaaten mindestens zwei Monate vor der Sitzung der Versammlung mit, in deren Tagesordnung der Vorschlag aufgenommen worden ist.

b) Während der Behandlung des Vorschlags in der Versammlung kann dieser geändert oder können Folgeänderungen vorgeschlagen werden.

c) Der Vorschlag gilt als angenommen, falls keiner der Vertragsstaaten, die bei der Abstimmung vertreten sind, gegen diesen Vorschlag stimmt.

81.3 *Schriftliche Abstimmung*

a) Wird der Weg der schriftlichen Abstimmung gewählt, so wird der Vorschlag in einer schriftlichen Mitteilung des Generaldirektors den Vertragsstaaten mit der Aufforderung vorgelegt, ihre Stimme schriftlich abzugeben.

b) Mit der Aufforderung wird eine Frist festgesetzt, innerhalb welcher eine Antwort mit der schriftlichen Stimmabgabe beim Internationalen Büro eingehen muss. Diese Frist darf nicht weniger als drei Monate, gerechnet vom Datum der Aufforderung an, betragen.

c) Antworten müssen positiv oder negativ sein. Änderungsvorschläge oder blosse Feststellungen gelten nicht als Stimmabgabe.

d) Der Vorschlag gilt als angenommen, wenn keiner der Vertragsstaaten die Änderung ablehnt und wenn wenigstens die Hälfte der Vertragsstaaten ihre Zustimmung, ihr mangelndes Interesse oder ihre Stimmenthaltung erklärt haben.

Regel 82 **Störungen im Postdienst**

82.1 *Verzögerung oder Verlust bei der Postzustellung*

a)[308] Jeder Beteiligte kann den Beweis anbieten, dass er ein Schriftstück oder ein Schreiben fünf Tage vor Ablauf der Frist bei der Post aufgegeben hat. Dieser Beweis kann nur angeboten werden, wenn die Beförderung durch Luftpost erfolgte, wobei Fälle ausgenommen sind, in denen die normale Post in der Regel innerhalb von zwei Tagen Beförderungszeit am Bestimmungsort eintrifft oder kein Luftpostdienst besteht. In jedem Fall kann der Beweis nur angeboten werden, wenn die Aufgabe zur Post eingeschrieben erfolgte.

b)[309] Ist die Aufgabe eines Schriftstücks oder Schreibens bei der Post nach Absatz a dem nationalen Amt oder der zwischenstaatlichen Organisation, an das oder die die Sendung gerichtet ist, hinreichend nachgewiesen worden, so ist die Verzögerung der Zustellung als entschuldigt anzusehen; ist das Schriftstück oder Schreiben auf dem Postweg verlorengegangen, so ist dessen Ersatz durch ein neues Exemplar zu gestatten, wenn der Beteiligte dem Amt oder der Organisation hinreichend nachweist, dass das als Ersatz vorgelegte Schriftstück oder Schreiben mit dem verlorengegangenen Schriftstück oder Schreiben übereinstimmt.

---

[308] Bestimmung geändert am 1. Jan. 1981 (AS **1981** 62).
[309] Fassung gemäss der am 1. Juli 1992 in Kraft getretenen Änderung (AS **1992** 1446).

c)[310] In den in Absatz b vorgesehenen Fällen hat der Nachweis, dass die Aufgabe zur Post innerhalb der vorgeschriebenen Frist erfolgt war und, im Falle des Verlusts des Schriftstücks oder Schreibens, die Vorlage des Ersatzschriftstücks oder Ersatzschreibens sowie der Nachweis seiner Übereinstimmung mit dem verlorenen Schriftstück oder Schreiben innerhalb eines Monats nach dem Zeitpunkt zu erfolgen, an dem der Beteiligte die Verzögerung oder den Verlust festgestellt hat – oder bei Anwendung gehöriger Sorgfalt festgestellt hätte –, und in keinem Fall später als sechs Monate nach Ablauf der jeweils geltenden Frist.

d)[311] Wird ein Schriftstück oder Schreiben durch einen anderen Übermittlungsdienst als die Post befördert, so sind die Absätze a bis c entsprechend anzuwenden, wenn das nationale Amt oder die zwischenstaatliche Organisation dem Internationalen Büro mitgeteilt hat, dass es so verfahren wird. Der letzte Satz von Absatz a ist jedoch nicht anzuwenden, und Beweis kann nur angeboten werden, wenn der Übermittlungsdienst die Einzelheiten der Beförderung bei der Aufgabe aufgezeichnet hat. In der Mitteilung kann angegeben werden, dass dies nur für die Beförderung durch bestimmte Übermittlungsdienste oder Dienste gilt, die näher bezeichnete Anforderungen erfüllen. Das Internationale Büro veröffentlicht diese Angaben im Blatt.

e)[312] Ein nationales Amt oder eine zwischenstaatliche Organisation kann auch dann nach Absatz d verfahren, wenn

  i) der benutzte Übermittlungsdienst nicht in der Mitteilung nach Absatz d angegeben ist oder nicht die darin genannten Anforderungen erfüllt, oder

  ii) das Amt oder die Organisation dem Internationalen Büro keine Mitteilung nach Absatz d übermittelt hat.

82.2 *Unterbrechung des Postdiensts*

a)[313] Jeder Beteiligte kann den Beweis anbieten, dass an einem der letzten zehn Tage vor Ablauf der Frist der Postdienst an seinem Sitz, Wohnsitz, dem Ort der Geschäftstätigkeit oder dem gewöhnlichen Aufenthaltsort als Folge eines Krieges, einer Revolution, einer Störung der öffentlichen Ordnung, eines Streiks, einer Naturkatastrophe oder ähnlicher Ursachen unterbrochen war.

b) Sind solche Umstände dem nationalen Amt oder der zwischenstaatlichen Organisation, an das oder an die die Sendung gerichtet ist, nachgewiesen worden, so wird die Verzögerung der Zustellung als entschuldigt angesehen, vorausgesetzt, dass der Beteiligte dem Amt oder der Organisation nachweist, dass er den Versand innerhalb von fünf Tagen nach der Wiederherstellung des Postdiensts vorgenommen hat. Regel 82.1 Absatz c ist entsprechend anzuwenden.

---

[310] Bestimmung geändert am 1. Jan. 1985 (AS **1984** 1539).
[311] Eingefügt durch die am 1. Juli 1992 in Kraft getretene Änderung (AS **1992** 1446).
[312] Eingefügt durch die am 1. Juli 1992 in Kraft getretene Änderung (AS **1992** 1446).
[313] Bestimmung geändert am 1. Jan. 1981 (AS **1981** 62).

Ausführungsordnung PCT

Regel 82^{bis 314} Vom Bestimmungsstaat oder ausgewählten Staat zu entschuldigende Fristüberschreitungen

82bis.1   *Bedeutung von «Frist» in Artikel 48 Absatz 2*

Die Bezugnahme auf eine «Frist» in Artikel 48 Absatz 2 ist insbesondere zuverstehen als Bezugnahme auf

i)   eine im Vertrag oder in dieser Ausführungsordnung vorgeschriebene Frist;

ii) eine vom Anmeldeamt, von der Internationalen Recherchenbehörde, von der mit der internationalen vorläufigen Prüfung beauftragten Behörde oder vom Internationalen Büro festgesetzte Frist oder eine aufgrund des nationalen Rechtes für das Anmeldeamt geltende Frist :

iii) eine Frist für eine vom Anmelder vor dem Bestimmungsamt oder ausgewählten Amt vorzunehmende Handlung, die dieses Amt festgesetzt oder nach dem für es geltenden nationalen Recht anzuwenden hat.

82bis.2   *Wiedereinsetzung in den vorigen Stand und andere Vorschriften, auf die Artikel 48 Absatz 2 anzuwenden ist*

Bei den Vorschriften des in Artikel 48 Absatz 2 genannten nationalen Rechts, die es dem Bestimmungsstaat oder ausgewählten Staat gestatten, Fristüberschreitungen zu entschuldigen, handelt es sich um Vorschriften, die die Wiedereinsetzung in den vorigen Stand oder die Weiterbehandlung trotz Fristversäumung vorsehen, sowie um alle anderen Vorschriften, die eine Fristverlängerung vorsehen oder die Entschuldigung von Fristüberschreitungen gestatten.

Regel 82^{ter 315}   Berichtigung von Fehlern des Anmeldeamts oder des Internationalen Büros

82ter.1   *Fehler hinsichtlich des internationalen Anmeldedatums oder des Prioritätsanspruchs*

Weist der Anmelder einem Bestimmungsamt oder ausgewählten Amt in ausreichendem Masse nach, dass das internationale Anmeldedatum aufgrund eines Fehlers des Anmeldeamts unrichtig ist oder die Erklärung nach Artikel 8 Absatz 1 vom Anmeldeamt oder vom Internationalen Büro irrtümlich gestrichen oder berichtigt worden ist, und würde dieser Fehler, wäre er vom Bestimmungsamt oder ausgewählten Amt selbst gemacht worden, von diesem Amt aufgrund des nationalen Rechts oder der nationalen Praxis berichtigt, so hat dieses Amt den Fehler zu berichtigen und die internationale Anmeldung so zu behandeln, als wäre ihr das berichtigte internationale Anmeldedatum zuerkannt oder die Erklärung nach Artikel 8 Absatz 1 nicht gestrichen oder berichtigt worden.

Regel 83   Das Recht zum Auftreten vor internationalen Behörden

83.1   *Nachweis des Rechts*

Das Internationale Büro, die zuständige Internationale Recherchenbehörde und die zuständige mit der internationalen vorläufigen Prüfung beauftragte Behörde können den Nachweis des Rechts zum Auftreten nach Artikel 49 verlangen.

---

[314] Bestimmung eingefügt am 1. Jan. 1985 (AS **1984** 1539).

[315] Bestimmung eingefügt am 1. Jan. 1985 (AS **1984** 1539).

83.1^bis 316   *Das Internationale Büro als Anmeldeamt*

a) Eine Person, die zum Auftreten vor dem nationalen Amt eines Vertragsstaats oder dem für diesen Staat handelnden Amt befugt ist, in dem der Anmelder oder, bei zwei oder mehr Anmeldern, einer der Anmelder seinen Sitz oder Wohnsitz hat oder dessen Staatsangehöriger ist, ist auch befugt, in bezug auf die internationale Anmeldung vor dem Internationalen Büro als Anmeldeamt nach Regel 19.1 Absatz a Ziffer iii aufzutreten.

b) Eine Person, die befugt ist, in bezug auf eine internationale Anmeldung vor dem Internationalen Büro als Anmeldeamt aufzutreten, ist insoweit auch befugt, vor dem Internationalen Büro in jeder anderen Eigenschaft sowie vor der zuständigen Internationalen Recherchenbehörde und mit der internationalen vorläufigen Prüfung beauftragten Behörde aufzutreten.

83.2   *Mitteilung*

a) Das nationale Amt oder die zwischenstaatliche Organisation, vor denen die betreffende Person ein Recht zum Auftreten zu haben behauptet, haben auf Antrag das Internationale Büro, die zuständige Internationale Recherchenbehörde oder die zuständige mit der internationalen vorläufigen Prüfung beauftragte Behörde darüber zu unterrichten, ob diese Person das Recht zum Auftreten besitzt.

b) Eine derartige Mitteilung ist für das Internationale Büro, die Internationale Recherchenbehörde oder die mit der internationalen vorläufigen Prüfung beauftragte Behörde bindend.

Teil E   Regeln zu Kapitel V des Vertrags

Regel 84   Kosten der Delegationen

84.1   *Kostentragung durch Regierungen*

Die Kosten einer Delegation, die an der Sitzung eines durch diesen Vertrag oder in dessen Anwendung gebildeten Organs teilnimmt, werden von der Regierung getragen, die die Delegation ernannt hat.

Regel 85   Fehlen des Quorums in der Versammlung

85.1   *Schriftliche Abstimmung*

In dem in Artikel 53 Absatz 5 Buchstabe b vorgesehenen Fall übermittelt das Internationale Büro die Beschlüsse der Versammlung (sofern sie nicht das Verfahren der Versammlung selbst betreffen) den Vertragsstaaten, die nicht vertreten waren, und fordert diese auf, ihre Stimme innerhalb einer Frist von drei Monaten, vom Datum der Mitteilung an gerechnet, schriftlich abzugeben oder Stimmenthaltung mitzuteilen. Erreicht bei Ablauf dieser Frist die Anzahl von Vertragsstaaten, die auf diese Weise ihre Stimme abgegeben oder Stimmenthaltung mitgeteilt haben, die Anzahl von Vertragsstaaten, die zur Erreichung des Quorums während der Sitzung selbst fehlten, so werden die Beschlüsse wirksam, vorausgesetzt, dass zur gleichen Zeit die erforderliche Mehrheit erreicht bleibt.

---

[316] Eingefügt durch Beschluss vom 29. Sept. 1993, in Kraft seit 1. Jan. 1994 (AS **1994** 843).

Regel 86 **Blatt**

86.1 *Inhalt*

Das in Artikel 55 Absatz 4 erwähnte Blatt enthält:

i) für jede bekanntgemachte internationale Anmeldung diejenigen dem Kopfbogen der nach Regel 48 veröffentlichten Schrift entnommenen Angaben, die durch die Verwaltungsrichtlinien festgesetzt werden, die auf diesem Kopfbogen wiedergegebene Zeichnung (falls vorhanden) und die Zusammenfassung,

ii) die Liste aller Gebühren, die an die Anmeldeämter, das Internationale Büro, die Internationale Recherchenbehörde und die mit der vorläufigen Prüfung beauftragte Behörde gezahlt werden müssen,

iii) Hinweise, deren Veröffentlichung nach dem Vertrag oder nach dieser Ausführungsordnung vorgeschrieben ist,

iv) wenn und soweit Bestimmungsämter und ausgewählte Ämter sie dem Internationalen Büro übermitteln, Informationen darüber, ob die Erfordernisse der Artikel 22 oder 39 in bezug auf internationale Anmeldungen erfüllt worden sind, für welche die betreffenden Ämter bestimmt oder ausgewählt sind,

v) jede andere zweckdienliche Mitteilung, welche durch die Verwaltungsrichtlinien vorgeschrieben ist, falls solche Mitteilungen nach dem Vertrag oder dieser Ausführungsordnung nicht unzulässig sind.

86.2 *Sprachen*

a) Das Blatt erscheint in einer englischsprachigen und einer französischsprachigen Ausgabe. Es erscheint auch in anderen Sprachen, vorausgesetzt, dass die Kosten der Ausgabe durch Verkauf oder Subventionen gedeckt sind.

b) Die Versammlung kann eine Ausgabe des Blattes in anderen als in den nach Absatz a erwähnten Sprachen anordnen.

86.3[317] *Erscheinensfolge*

Die Erscheinungsfolge des Blattes wird vom Generaldirektor festgelegt.

86.4[318] *Verkauf*

Der Abonnementpreis und andere Verkaufspreise des Blattes werden vom Generaldirektor festgesetzt.

86.5[319] *Titel*

Der Titel des Blattes wird vom Generaldirektor festgelegt.

86.6 *Weitere Einzelheiten*

Weitere das Blatt betreffende Einzelheiten können in den Verwaltungsrichtlinien vorgeschrieben werden.

---

[317] Fassung gemäss der am 1. Juli 1992 in Kraft getretenen Änderung (AS **1992** 1446).
[318] Fassung gemäss der am 1. Juli 1992 in Kraft getretenen Änderung (AS **1992** 1446).
[319] Fassung gemäss der am 1. Juli 1992 in Kraft getretenen Änderung (AS **1992** 1446).

Regel 87 **Exemplare von Veröffentlichungen**

87.1 *Internationale Recherchenbehörden und mit der internationalen vorläufigen Prüfung beauftragte Behörden*

Internationale Recherchenbehörden und mit der internationalen vorläufigen Prüfung beauftragte Behörden haben das Recht, zwei kostenlose Exemplare jeder veröffentlichten internationalen Anmeldung, des Blattes und jeder anderen Veröffentlichung von allgemeinem Interesse, die das Internationale Büro nach dem Vertrag oder dieser Ausführungsordnung veröffentlicht hat, zu verlangen.

87.2 *Nationale Ämter*

a) Jedes nationale Amt hat das Recht, ein Exemplar jeder veröffentlichten internationalen Anmeldung, des Blattes und jeder anderen vom Internationalen Büro in Verbindung mit dem Vertrag und dieser Ausführungsordnung herausgegebenen anderen Veröffentlichung von allgemeinem Interesse kostenlos zu erhalten.

b)[320] Die Veröffentlichungen nach Absatz a werden auf besonderen Antrag übermittelt. Ist eine Veröffentlichung in mehr als einer Sprache verfügbar, so ist im Antrag anzugeben, in welcher oder welchen Sprachen sie gewünscht wird.

Regel 88 **Änderung der Ausführungsordnung**

88.1 *Erfordernis der Einstimmigkeit*

Eine Änderung der folgenden Bestimmungen dieser Ausführungsordnung setzt voraus, dass kein Staat, der in der Versammlung Stimmrecht hat, gegen die vorgeschlagene Änderung stimmt:

i) Regel 14.1 (Übermittlungsgebühr),

ii) ...[321]

iii) Regel 22.3 (Frist gemäss Artikel 12 Absatz 3),

iv) Regel 33 (Einschlägiger Stand der Technik für die internationale Recherche),

v) Regel 64 (Stand der Technik für die internationale vorläufige Prüfung),

vi) Regel 81 (Änderung von im Vertrag festgesetzten Fristen),

vii) dieser Absatz (d.h. Regel 88.1).

88.2[322]

88.3 *Erfordernis, dass bestimmte Staaten nicht widersprechen*

Eine Änderung der folgenden Bestimmungen dieser Ausführungsordnung setzt voraus, dass keiner der in Artikel 58 Absatz 3 Buchstabe a Ziffer ii genannten Staaten, die in der Versammlung Stimmrecht haben, gegen die vorgeschlagene Änderung stimmt:

---

[320] Fassung gemäss der am 1. Juli 1992 in Kraft getretenen Änderung (AS **1992** 1446).
[321] Aufgehoben durch die am 1. Juli 1992 in Kraft getretene Änderung (AS **1992** 1446).
[322] Bestimmung aufgehoben am 1. Jan. 1985 (AS **1984** 1539).

i) Regel 34 (Mindestprüfstoff),

ii) Regel 39 (Anmeldungsgegenstand nach Artikel 17 Absatz 2 Buchstabe a Ziffer i),

iii) Regel 67 (Anmeldungsgegenstand nach Artikel 34 Absatz 4 Buchstabe a Ziffer i),

iv) dieser Absatz (d. h. Regel 88.3).

88.4[323]   *Verfahren*

Jeder Vorschlag zur Änderung einer der in Regel 88.1 oder 88.3 genannten Bestimmungen, über den die Versammlung entscheiden soll, ist allen Vertragsstaaten mindestens zwei Monate vor Beginn der Tagung der Versammlung mitzuteilen, auf der über den Vorschlag entschieden werden soll.

Regel 89   **Verwaltungsrichtlinien**

89.1   *Umfang*

a) Die Verwaltungsrichtlinien enthalten Bestimmungen,

i) die Angelegenheiten betreffen, hinsichtlich derer diese Ausführungsordnung ausdrücklich auf diese Richtlinien Bezug nimmt,

ii) die Einzelheiten für die Anwendung dieser Ausführungsordnung betreffen.

b) Die Verwaltungsrichtlinien dürfen nicht zu den Bestimmungen des Vertrags, dieser Ausführungsordnung oder irgendeiner Vereinbarung, die zwischen dem Internationalen Büro und einer Internationalen Recherchenbehörde oder einer mit der internationalen vorläufigen Prüfung beauftragten Behörde geschlossen worden ist, im Widerspruch stehen.

89.2   *Entstehung*

a) Die Verwaltungsrichtlinien sind vom Generaldirektor nach Anhörung der Anmeldeämter, der Internationalen Recherchenbehörden und der mit der internationalen vorläufigen Prüfung beauftragten Behörden auszuarbeiten und zu erlassen.

b) Sie können durch den Generaldirektor nach Anhörung der Ämter oder Behörden, die ein unmittelbares Interesse an der vorgesehenen Änderung haben, geändert werden.

c) Die Versammlung kann den Generaldirektor auffordern, die Verwaltungsrichtlinien zu ändern; der Generaldirektor muss der Aufforderung Folge leisten.

89.3   *Erlass und Inkrafttreten*

a) Die Verwaltungsrichtlinien und ihre Änderungen werden im Blatt bekanntgemacht.

b) In jeder Bekanntmachung wird der Zeitpunkt angegeben, an dem die bekanntgemachten Vorschriften in Kraft treten. Die Zeitpunkte können für verschiedene Vorschriften unterschiedlich sein, jedoch kann keine Vorschrift vor ihrer Bekanntmachung im Blatt in Kraft treten.

---

[323] Bestimmung geändert am 1. Jan. 1985 (AS 1984 1539).

Teil F Regeln zu mehreren Kapiteln des Vertrags

Regel 90[324] Anwälte und gemeinsame Vertreter

90.1 *Bestellung als Anwalt*

a)[325] Eine Person, die befugt ist, vor dem nationalen Amt, bei dem die Anmeldung eingereicht wird, oder, wenn die internationale Anmeldung beim Internationalen Büro eingereicht wird, in bezug auf die internationale Anmeldung vor dem Internationalen Büro als Anmeldeamt aufzutreten, kann vom Anmelder als Anwalt zu seiner Vertretung vor dem Anmeldeamt, dem Internationalen Büro, der Internationalen Recherchenbehörde und der mit der internationalen vorläufigen Prüfung beauftragten Behörde bestellt werden.

b) Eine Person, die befugt ist, vor dem nationalen Amt oder der zwischenstaatlichen Organisation aufzutreten, die als Internationale Recherchenbehörde handelt, kann vom Anmelder als Anwalt zu seiner Vertretung speziell vor dieser Behörde bestellt werden.

c) Eine Person, die befugt ist, vor dem nationalen Amt oder der zwischenstaatlichen Organisation aufzutreten, die als mit der internationalen vorläufigen Prüfung beauftragten Behörde handelt, kann vom Anmelder als Anwalt zu seiner Vertretung speziell vor dieser Behörde bestellt werden.

d) Ein nach Absatz a bestellter Anwalt kann, sofern in dem Schriftstück, in dem er bestellt wird, nichts anderes angegeben ist, einen oder mehrere Unteranwälte bestellen zur Vertretung des Anmelders:[326]

   i)[327] vor dem Anmeldeamt, dem Internationalen Büro, der Internationalen Recherchenbehörde und der mit der internationalen vorläufigen Prüfung beauftragten Behörde, sofern die so bestellten Personen befugt sind, vor dem nationalen Amt, bei dem die internationale Anmeldung eingereicht worden ist, oder in bezug auf die internationale Anmeldung vor dem Internationalen Büro als Anmeldeamt aufzutreten;

   ii) speziell vor der Internationalen Recherchenbehörde oder der mit der internationalen vorläufigen Prüfung beauftragten Behörde, sofern die so bestellten Personen befugt sind, vor dem nationalen Amt oder der zwischenstaatlichen Organisation aufzutreten, die als Internationale Recherchenbehörde oder als mit der internationalen vorläufigen Prüfung beauftragten Behörde handelt.

90.2 *Gemeinsamer Vertreter*

a) Haben zwei oder mehr Anmelder keinen Anwalt zur gemeinsamen Vertretung nach Regel 90.1 Absatz a («gemeinsamer Anwalt») bestellt, so kann einer der nach Artikel 9 zur Einreichung einer internationalen Anmeldung berechtigten Anmelder von den übrigen Anmeldern als ihr gemeinsamer Vertreter bestellt werden.

---

[324] Fassung gemäss der am 1. Juli 1992 in Kraft getretenen Änderung (AS **1992** 1446).
[325] Fassung gemäss Beschluss vom 29. Sept. 1993, in Kraft seit 1. Jan. 1994 (AS **1994** 843).
[326] Fassung gemäss Beschluss vom 29. Sept. 1993, in Kraft seit 1. Jan. 1994 (AS **1994** 843).
[327] Fassung gemäss Beschluss vom 29. Sept. 1993, in Kraft seit 1. Jan. 1994 (AS **1994** 843).

b) Haben zwei oder mehr Anmelder keinen gemeinsamen Anwalt nach Regel 90.1 Absatz a oder keinen gemeinsamen Vertreter nach Absatz a bestellt, so gilt der im Antrag zuerst genannte Anmelder, der nach Regel 19.1 zur Einreichung einer internationalen Anmeldung beim Anmeldeamt berechtigt ist, als gemeinsamer Vertreter aller Anmelder.

90.3 *Wirkungen von Handlungen, die durch Anwälte und gemeinsame Vertreter oder diesen gegenüber vorgenommen werden*

a) Eine von einem Anwalt oder ihm gegenüber vorgenommene Handlung hat die gleiche Wirkung wie eine von dem oder den Anmeldern oder ihm/ihnen gegenüber vorgenommenen Handlung.

b) Vertreten zwei oder mehrere Anwälte den- oder dieselben Anmelder, so hat eine von einem dieser Anwälte oder ihm gegenüber vorgenommene Handlung die gleiche Wirkung wie eine von diesem oder diesen Anmeldern oder ihm/ ihnen gegenüber vorgenommene Handlung.

c) Vorbehaltlich Regel 90bis.5 Absatz a Satz 2 hat eine von einem gemeinsamen Vertreter oder dessen Anwalt oder ihm gegenüber vorgenommene Handlung die gleiche Wirkung wie eine von allen Anmeldern oder ihnen gegenüber vorgenommene Handlung.

90.4 *Bestellung eines Anwalts oder gemeinsamen Vertreters*

a) Ein Anwalt ist vom Anmelder durch Unterzeichnung des Antrags, des Antrags auf internationale vorläufige Prüfung oder einer gesonderten Vollmacht zu bestellen. Die Bestellung eines gemeinsamen Anwalts oder gemeinsamen Vertreters erfolgt bei zwei oder mehr Anmeldern durch jeden Anmelder, und zwar wahlweise durch Unterzeichnung des Antrags, des Antrags auf internationale vorläufige Prüfung oder einer gesonderten Vollmacht.

b) Vorbehaltlich Regel 90.5 ist eine gesonderte Vollmacht entweder beim Anmeldeamt oder Internationalen Büro einzureichen; wird jedoch mit der Vollmacht ein Anwalt nach Regel 90.1 Absatz b, c oder d Ziffer ii bestellt, so ist sie bei der Internationalen Recherchenbehörde oder der mit der internationalen vorläufigen Prüfung beauftragten Behörde einzureichen.

c) Ist die gesonderte Vollmacht nicht unterzeichnet, fehlt sie oder entspricht die Angabe des Namens oder der Anschrift des Vertreters nicht der Regel 4.4, so gilt die Vollmacht bis zur Behebung dieses Mangels als nicht erteilt.

90.5 *Allgemeine Vollmacht*

a) In bezug auf eine bestimmte internationale Anmeldung kann ein Anwalt dadurch bestellt werden, dass im Antrag, im Antrag auf internationale vorläufige Prüfung oder in einer gesonderten Mitteilung auf eine bereits vorhandene gesonderte Vollmacht, in der dieser Anwalt zur Vertretung des Anmelders für alle internationalen Anmeldungen dieses Anmelders bestellt worden ist (d.h. eine «allgemeine Vollmacht»), Bezug genommen wird, sofern

   i) die allgemeine Vollmacht nach Absatz b hinterlegt worden ist und

   ii) eine Abschrift davon dem Antrag, dem Antrag auf internationale vorläufige Prüfung oder der gesonderten Mitteilung beigefügt ist. Diese Abschrift muss nicht unterzeichnet sein.

b) Die allgemeine Vollmacht ist beim Anmeldeamt zu hinterlegen; wird jedoch mit der Vollmacht ein Anwalt nach Regel 90.1 Absatz b, c oder d Ziffer ii bestellt, so ist sie bei der Internationalen Recherchenbehörde oder der mit der internationalen vorläufigen Prüfung beauftragten Behörde zu hinterlegen.

90.6 *Widerruf und Verzicht*

a) Die Bestellung eines Anwalts oder gemeinsamen Vertreters kann von den Personen, die die Bestellung vorgenommen haben oder von ihren Rechtsnachfolgern widerrufen werden; in diesem Fall gilt die Bestellung eines Unteranwalts nach Regel 90.1 Absatz d ebenfalls als widerrufen. Die Bestellung eines Unteranwalts nach Regel 90.1 Absatz d kann auch vom Anmelder widerrufen werden.

b) Die Bestellung eines Anwalts nach Regel 90.1 Absatz a hat, sofern nichts anderes angegeben ist, die Wirkung eines Widerrufs der nach dieser Regel vorgenommenen früheren Bestellung eines Anwalts.

c) Die Bestellung eines gemeinsamen Vertreters hat, sofern nichts anderes angegeben ist, die Wirkung eines Widerrufs der früheren Bestellung eines gemeinsamen Vertreters.

d) Ein Anwalt oder gemeinsamer Vertreter kann durch eine von ihm unterzeichnete Mitteilung auf seine Bestellung verzichten.

e) Regel 90.4 Absätze b und c gilt entsprechend für ein Schriftstück, das einen Widerruf oder einen Verzicht nach dieser Regel enthält.

Regel 90bis [328] **Zurücknahmen**

90bis.1 *Zurücknahme der internationalen Anmeldung*

a) Der Anmelder kann die internationale Anmeldung vor Ablauf von 20 Monaten seit dem Prioritätsdatum oder, wenn Artikel 39 Absatz 1 anwendbar ist, vor Ablauf von 30 Monaten seit dem Prioritätsdatum jederzeit zurücknehmen.

b) Die Zurücknahme wird mit Eingang einer wahlweise an das Internationale Büro, das Anmeldeamt oder, wenn Artikel 39 Absatz 1 anwendbar ist, die mit der internationalen vorläufigen Prüfung beauftragte Behörde gerichteten Erklärung des Anmelders wirksam.

c) Die internationale Veröffentlichung der internationalen Anmeldung unterbleibt, wenn die vom Anmelder übersandte oder durch das Anmeldeamt oder die mit der internationalen vorläufigen Prüfung beauftragte Behörde übermittelte Zurücknahmeerklärung beim Internationalen Büro vor Abschluss der technischen Vorbereitungen für die internationale Veröffentlichung eingeht.

90bis.2 *Zurücknahme von Bestimmungen*

a) Der Anmelder kann die Bestimmung eines Bestimmungsstaates vor Ablauf von 20 Monaten seit dem Prioritätsdatum oder, wenn Artikel 39 Absatz 1 auf diesen Staat anwendbar ist, vor Ablauf von 30 Monaten seit dem Prioritätsdatum jederzeit zurücknehmen. Die Zurücknahme der Bestimmung eines ausgewählten Staates bewirkt die Zurücknahme der entsprechenden Auswahlerklärung nach Regel 90bis.4.

---

[328] Eingefügt durch die am 1. Juli 1992 in Kraft getretene Änderung (AS **1992** 1446).

b) Ist ein Staat zur Erlangung sowohl eines nationalen als auch eines regionalen Patents bestimmt worden, so gilt die Zurücknahme der Bestimmung dieses Staates nur als Zurücknahme der Bestimmung für ein nationales Patent, sofern nichts anderes angegeben ist.

c) Die Zurücknahme der Bestimmung aller Bestimmungsstaaten gilt als Zurücknahme der internationalen Anmeldung nach Regel 90bis.1.

d) Die Zurücknahme wird mit Eingang einer wahlweise an das Internationale Büro, das Anmeldeamt oder, wenn Artikel 39 Absatz 1 anwendbar ist, an die mit der internationalen vorläufigen Prüfung beauftragte Behörde gerichteten Erklärung des Anmelders wirksam.

e) Die internationale Veröffentlichung der Bestimmung unterbleibt, wenn die vom Anmelder übersandte oder durch das Anmeldeamt oder die mit der internationalen vorläufigen Prüfung beauftragte Behörde übermittelte Zurücknahmeerklärung beim Internationalen Büro vor Abschluss der technischen Vorbereitungen für die internationale Veröffentlichung eingeht.

90bis.3 Zurücknahme von Prioritätsansprüchen

a) Der Anmelder kann eine nach Artikel 8 Absatz 1 in der internationalen Anmeldung in Anspruch genommene Priorität vor Ablauf von 20 Monaten seit dem Prioritätsdatum oder, wenn Artikel 39 Absatz 1 anwendbar ist, vor Ablauf von 30 Monaten seit dem Prioritätsdatum jederzeit zurücknehmen.

b) Enthält die internationale Anmeldung mehr als einen Prioritätsanspruch, so kann der Anmelder das in Absatz a vorgesehene Recht für einen, mehrere oder für alle Prioritätsansprüche ausüben.

c) Die Zurücknahme wird mit Eingang einer wahlweise an das Internationale Büro, das Anmeldeamt oder, wenn Artikel 39 Absatz 1 anwendbar ist, an die mit der internationalen vorläufigen Prüfung beauftragte Behörde gerichteten Erklärung des Anmelders wirksam.

d) Führt die Zurücknahme eines Prioritätsanspruchs zu einer Änderung des Prioritätsdatums, so wird eine aufgrund des ursprünglichen Prioritätsdatums berechnete und noch nicht abgelaufene Frist vorbehaltlich Absatz e nach dem geänderten Prioritätsdatum berechnet.

e) Im Falle der Frist nach Artikel 21 Absatz 2 Buchstabe a kann das Internationale Büro die internationale Veröffentlichung dennoch auf der Grundlage der nach dem ursprünglichen Prioritätsdatum berechneten Frist vornehmen, wenn die vom Anmelder übersandte oder durch das Anmeldeamt oder die mit der internationalen vorläufigen Prüfung beauftragte Behörde übermittelte Zurücknahmeerklärung beim Internationalen Büro nach Abschluss der technischen Vorbereitungen für die internationale Veröffentlichung eingeht.

90bis.4 Zurücknahme des Antrags oder von Auswahlerklärungen

a) Der Anmelder kann den Antrag auf internationale vorläufige Prüfung, eine oder alle Auswahlerklärungen vor Ablauf von 30 Monaten seit dem Prioritätsdatum jederzeit zurücknehmen.

b) Die Zurücknahme wird mit Eingang der vom Anmelder an das Internationale Büro gerichteten Erklärung wirksam.

c) Reicht der Anmelder die Zurücknahmeerklärung bei der mit der internationalen vorläufigen Prüfung beauftragten Behörde ein, so vermerkt diese das Eingangsdatum auf der Erklärung und leitet sie unverzüglich an das Internationale Büro weiter. Die Erklärung gilt als an dem so vermerkten Eingangsdatum beim Internationalen Büro eingereicht.

$90^{bis}.5$ *Unterschrift*

a) Eine Zurücknahmeerklärung nach den Regeln $90^{bis}.1$ bis $90^{bis}.4$ ist vorbehaltlich Absatz b vom Anmelder zu unterzeichnen. Gilt einer der Anmelder als gemeinsamer Vertreter nach Regel 90.2 Absatz b, so muss diese Erklärung vorbehaltlich Absatz b von allen Anmeldern unterzeichnet sein.

b) Reichen zwei oder mehr Anmelder eine internationale Anmeldung ein, in der ein Staat bestimmt ist, dessen nationales Recht die Einreichung von nationalen Anmeldungen durch den Erfinder vorschreibt, und konnte ein Anmelder für diesen Bestimmungsstaat, der Erfinder ist, trotz Anwendung gebührender Sorgfalt nicht aufgefunden oder erreicht werden, so muss eine Zurücknahmeerklärung nach den Regeln $90^{bis}.1$ bis $90^{bis}.4$ von diesem Anmelder («dem betreffenden Anmelder») nicht unterzeichnet werden, wenn sie von wenigstens einem Anmelder unterzeichnet ist und

  i) eine Erklärung vorgelegt wird, die dem Anmeldeamt, dem Internationalen Büro oder der mit der internationalen vorläufigen Prüfung beauftragten Behörde eine ausreichende Begründung für das Fehlen der Unterschrift des betreffenden Anmelders gibt, oder

  ii) im Falle einer Zurücknahmeerklärung nach den Regeln $90^{bis}.1$ Absatz b, $90^{bis}.2$ Absatz d oder $90^{bis}.3$ Absatz c der betreffende Anmelder zwar den Antrag nicht unterzeichnet hat, die Erfordernisse der Regel 4.15 Absatz b jedoch erfüllt waren, oder

  iii) im Falle einer Zurücknahmeerklärung nach Regel $90^{bis}.4$ Absatz b der betreffende Anmelder zwar den Antrag auf internationale vorläufige Prüfung oder die nachträgliche Auswahlerklärung nicht unterzeichnet hat, die Erfordernisse der Regel 53.8 Absatz b oder der Regel 56.1 Absatz c jedoch erfüllt waren.

$90^{bis}.6$ *Wirkung der Zurücknahme*

a) Die nach Regel 90bis erfolgte Zurücknahme der internationalen Anmeldung, einer Bestimmung, eines Prioritätsanspruchs, des Antrags oder einer Auswahlerklärung hat keine Wirkung für ein Bestimmungsamt oder ausgewähltes Amt, in dem die Bearbeitung oder Prüfung der internationalen Anmeldung nach Artikel 23 Absatz 2 oder Artikel 40 Absatz 2 bereits begonnen hat.

b) Wird die internationale Anmeldung nach Regel $90^{bis}.1$ zurückgenommen, so wird die internationale Bearbeitung der internationalen Anmeldung eingestellt.

c) Werden der Antrag auf internationale vorläufige Prüfung oder alle Auswahlerklärungen nach Regel $90^{bis}.4$ zurückgenommen, so wird die Bearbeitung der internationalen Anmeldung durch die mit der internationalen vorläufigen Prüfung beauftragte Behörde eingestellt.

90bis.7   *Regelung nach Artikel 37 Absatz 4 Buchstabe b*

a) Ein Vertragsstaat, dessen nationales Recht die in Artikel 37 Absatz 4 Buchstabe b, 2. Halbsatz, umschriebene Regelung enthält, unterrichtet das Internationale Büro schriftlich hiervon.

b) Die Mitteilung nach Absatz a wird vom Internationalen Büro unverzüglich im Blatt veröffentlicht und ist für internationale Anmeldungen wirksam, die später als einen Monat nach dem Datum dieser Veröffentlichung eingereicht werden.

Regel 91   **Offensichtliche Fehler in Schriftstücken**[329]

91.1   *Berichtigung*

a)[330]Vorbehaltlich der Absätze b bis g^{quater} können in der internationalen Anmeldung oder in anderen vom Anmelder eingereichten Schriftstücken enthaltene offensichtliche Fehler berichtigt werden.

b)[331]Fehler, die darauf zurückzuführen sind, dass in der internationalen Anmeldung oder in einem anderen Schriftstück etwas anderes zum Ausdruck gebracht worden ist als das, was offensichtlich beabsichtigt war, gelten als offensichtliche Fehler. Die Berichtigung selbst muss derart offensichtlich sein, dass für jedermann sofort erkennbar ist, dass nichts anderes beabsichtigt sein konnte als das, was als Berichtigung vorgeschlagen wird.

c) Fehlen ganze Bestandteile oder Seiten der internationalen Anmeldung, so ist eine Berichtigung auch dann nicht zulässig, wenn das Fehlen eindeutig auf eine Unachtsamkeit etwa bei der Vervielfältigung oder beim Einordnen von Blättern zurückzuführen ist.

d)[332]Die Berichtigung erfolgt auf Antrag des Anmelders. Die Behörde, die einen offensichtlichen Fehler festgestellt hat, kann den Anmelder auffordern, einen Berichtigungsantrag gemäss den Absätzen e bis g^{quater} zu stellen. Regel 26.4 Absatz a ist für den Berichtigungsantrag entsprechend anzuwenden.

e) Eine Berichtigung bedarf der ausdrücklichen Zustimmung

 i) des Anmeldeamts, wenn der Fehler im Antrag enthalten ist,

 ii) der Internationalen Recherchenbehörde, wenn der Fehler in einem anderen Teil der internationalen Anmeldung als dem Antrag oder in einem Schriftstück enthalten ist, das bei dieser Behörde eingereicht worden ist,

 iii)[333] der mit der internationalen vorläufigen Prüfung beauftragten Behörde, wenn der Fehler in einem anderen Teil der internationalen Anmeldung als dem Antrag oder in einem Schriftstück enthalten ist, das bei dieser Behörde eingereicht worden ist,

 iv) des Internationalen Büros, wenn der Fehler in einem anderen bei dieser Behörde eingereichten Schriftstück als der internationalen Anmeldung oder einer bei ihr eingereichten Änderung oder Berichtigung der Anmeldung enthalten ist.

---

[329] Tit. geändert am 1. Jan. 1985 (AS **1984** 1539).
[330] Bestimmung geändert am 1. Jan. 1985 (AS 1984 1539).
[331] Bestimmung geändert am 1. Jan. 1985 (AS **1984** 1539).
[332] Bestimmung geändert am 1. Jan. 1985 (AS **1984** 1539).
[333] Fassung gemäss Beschluss vom 29. Sept. 1993, in Kraft seit 1. Jan. 1994 (AS **1994** 843).

f)³³⁴ Jede Behörde, die einer Berichtigung zustimmt oder sie ablehnt, teilt dies dem Anmelder unverzüglich mit, wobei im Falle einer Ablehnung die Entscheidung zu begründen ist. Die Behörde, die einer Berichtigung zustimmt, teilt dies dem Internationalen Büro unverzüglich mit. Wird der Berichtigung nicht zugestimmt, so veröffentlicht das Internationale Büro den Berichtigungsantrag zusammen mit der internationalen Anmeldung, wenn der Anmelder dies vor dem nach Absatz gbis, gter oder gquater massgebenden Zeitpunkt beantragt und eine Gebühr, deren Betrag in den Verwaltungsrichtlinien festgesetzt wird, entrichtet hat. Eine Kopie des Berichtigungsantrags wird zusammen mit den Unterlagen nach Artikel 20 übermittelt, wenn für die Übermittlung nicht ein Exemplar der Druckschrift verwendet wird oder wenn die internationale Anwendung aufgrund von Artikel 64 Absatz 3 nicht veröffentlicht wird.

g)³³⁵ Die Zustimmung zur Berichtigung nach Absatz e wird vorbehaltlich Absatz g^{bis}, g^{ter} oder g^{quater} wirksam,

    i) sofern sie das Anmeldeamt oder die Internationale Recherchenbehörde erteilt: wenn die an das Internationale Büro gerichtete Mitteilung bei diesem vor Ablauf von 17 Monaten seit dem Prioritätsdatum eingeht;

    ii) sofern sie die mit der internationalen vorläufigen Prüfung beauftragte Behörde erteilt: wenn sie vor Erstellung des internationalen vorläufigen Prüfungsberichts erteilt wird;

    iii) sofern sie das Internationale Büro erteilt: wenn sie vor Ablauf von 17 Monaten seit dem Prioritätsdatum erteilt wird.

9bis)³³⁶ Geht die Mitteilung nach Absatz g Ziffer 1 nach Ablauf von 17 Monaten seit dem Prioritätsdatum, aber noch vor Abschluss der technischen Vorbereitungen für die internationale Veröffentlichung beim Internationalen Büro ein oder stimmt das Internationale Büro der nach Absatz g Ziffer iii vorgenommenen Berichtigung nach diesem Zeitpunkt zu, so ist die Zustimmung wirksam, und die Berichtigung wird in die Veröffentlichung aufgenommen.

g^{ter})³³⁷ Hat der Anmelder beim Internationalen Büro beantragt, dass seine internationale Anmeldung vor Ablauf von 18 Monaten seit dem Prioritätsdatum veröffentlicht wird, so muss eine Mitteilung nach Absatz g Ziffer i spätestens bis zum Abschluss der technischen Vorbereitungen für die internationale Veröffentlichung beim Internationalen Büro eingehen und das Internationale Büro einer Berichtigung nach Absatz g Ziffer iii bis zu diesem Zeitpunkt zustimmen, damit die Zustimmung wirksam ist.

g^{quater})³³⁸ Wird die internationale Anmeldung aufgrund von Artikel 64 Absatz 3 nicht veröffentlicht, so muss eine Mitteilung nach Absatz g Ziffer i spätestens bis zum Zeitpunkt der Übermittlung der internationalen Anmeldung nach Artikel 20 beim Internationalen Büro eingehen und das Internationale Büro einer Berichtigung nach Absatz g Ziffer iii bis zu diesem Zeitpunkt zustimmen, damit die Zustimmung wirksam ist.

---

[334] Bestimmung geändert am 1. Jan. 1985 (AS **1984** 1539).
[335] Bestimmung geändert am 1. Jan. 1985 (AS **1984** 1539).
[336] Bestimmung eingefügt am 1. Jan. 1985 (AS **1984** 1539).
[337] Bestimmung eingefügt am 1. Jan. 1985 (AS **1984** 1539).
[338] Bestimmung eingefügt am 1. Jan. 1985 (AS **1984** 1539).

h) ...[339]

Regel 92   **Schriftverkehr**

92.1   *Erfordernis von Begleitschreiben und von Unterschriften*

a) Jedem vom Anmelder im Verlauf des internationalen Verfahrens gemäss dem Vertrag und dieser Ausführungsordnung übermittelten Schriftstück, ausgenommen die internationale Anmeldung selbst, ist, wenn es nicht selbst die Form eines Schreibens hat, ein Begleitschreiben beizufügen, in dem die internationale Anmeldung zu bezeichnen ist, auf die sich das Schriftstück bezieht. Das Begleitschreiben ist vom Anmelder zu unterzeichnen.

b)[340]Sind die Erfordernisse des Absatzes a nicht erfüllt, so wird der Anmelder hiervon unterrichtet und aufgefordert, das Versäumnis innerhalb einer in der Aufforderung festgesetzten Frist nachzuholen. Die festgesetzte Frist hat den Umständen nach angemessen zu sein; auch wenn die festgesetzte Frist später abläuft als die für die Einreichung des Schriftstücks massgebende Frist (oder diese Frist bereits abgelaufen ist), darf sie jedoch nicht weniger als zehn Tage und nicht mehr als einen Monat seit der Absendung der Aufforderung betragen. Wird das Versäumnis innerhalb der in der Aufforderung festgesetzten Frist nachgeholt, so bleibt das Versäumnis ausser Betracht; andernfalls wird der Anmelder davon unterrichtet, dass das Schriftstück unberücksichtigt bleibt.

c)[341]Waren die Erfordernisse des Absatzes a nicht erfüllt, ist das Schriftstück jedoch im internationalen Verfahren berücksichtigt worden, so bleibt die Nichterfüllung ausser Betracht.

92.2   *Sprachen*

a)[342]Vorbehaltlich Regeln 55.1 und 66.9 sowie des Absatzes b ist ein vom Anmelder bei der Internationalen Recherchenbehörde oder der mit der internationalen vorläufigen Prüfung beauftragten Behörde eingereichtes Schreiben oder Schriftstück in derselben Sprache abzufassen wie die zugehörige internationale Anmeldung. Ist jedoch eine Übersetzung der internationalen Anmeldung nach Regel 12.1 Absatz c übermittelt oder nach Regel 55.2 Absatz a oder c eingereicht worden, so ist die Sprache der Übersetzung zu verwenden.

b) Jedes Schreiben des Anmelders an die Internationale Recherchenbehörde oder die mit der internationalen vorläufigen Prüfung beauftragte Behörde kann in einer anderen Sprache als der Sprache der internationalen Anmeldung abgefasst sein, wenn diese Behörde den Gebrauch der anderen Sprache zugelassen hat.

c) ...[343]

d) Jedes Schreiben des Anmelders an das Internationale Büro wird in englischer oder französischer Sprache abgefasst.

---

[339] Bestimmung aufgehoben am 1. Jan. 1985 (AS **1984** 1539).
[340] Bestimmung eingefügt am 1. Okt. 1980 (AS **1981** 62).
[341] Bestimmung eingefügt am 1. Okt. 1980 (AS **1981** 62).
[342] Fassung gemäss Beschluss vom 29. Sept. 1992, in Kraft seit 1. Jan. 1993 (AS **1993** 1393).
[343] Bestimmung aufgehoben am 1. Jan. 1985 (AS **1984** 1539).

e) Jedes Schreiben oder jede Mitteilung des Internationalen Büros an den Anmelder oder an ein nationales Amt wird in englischer oder französischer Sprache abgefasst.

92.3[344] *Postversand durch nationale Ämter oder zwischenstaatliche Organisationen*

Ein Schriftstück oder Schreiben, das von einem nationalen Amt oder einer zwischenstaatlichen Organisation abgesandt oder übermittelt wird und ein Ereignis darstellt, das den Lauf einer im Vertrag oder dieser Ausführungsordnung vorgesehenen Frist in Gang setzt, ist als Luftpostsendung aufzugeben; der Versand kann jedoch mit normaler Post erfolgen, wenn solche Sendungen regelmässig zwei Tage nach der Aufgabe beim Empfänger eingehen oder ein Luftpostdienst nicht zur Verfügung steht.

92.4[345] *Benutzung des Telegrafen, Fernschreibers, Telefaxgeräts usw.*

a) Unbeschadet der Regeln 11.14 und 92.1 Absatz a und vorbehaltlich Absatz h können die Unterlagen der internationalen Anmeldung und alle sie betreffenden späteren Schriftstücke oder Schreiben, soweit möglich, mittels Telegraf, Fernschreiber, Telefax oder ähnlicher Einrichtungen zur Nachrichtenübermittlung, die ein gedrucktes oder geschriebenes Schriftstück erzeugen, übermittelt werden.

b) Eine Unterschrift auf einem durch Telefax übermittelten Schriftstück wird für die Zwecke des Vertrags und dieser Ausführungsordnung als ordnungsgemässe Unterschrift anerkannt.

c) Hat der Anmelder versucht, ein Schriftstück mit einer der in Absatz a genannten Einrichtungen zu übermitteln und ist das übermittelte Schriftstück ganz oder teilweise unleserlich oder unvollständig eingegangen, so gilt es als nicht eingegangen, soweit es unleserlich ist oder der Übermittlungsversuch fehlgeschlagen ist. Das nationale Amt oder die zwischenstaatliche Organisation unterrichtet den Anmelder unverzüglich hiervon.

d) Ein nationales Amt oder eine zwischenstaatliche Organisation kann verlangen, dass das Original eines mit den in Absatz a genannten Einrichtungen übermittelten Schriftstücks und ein Begleitschreiben mit Angaben über diese frühere Übermittlung innerhalb von 14 Tagen seit dieser Übermittlung eingereicht werden, sofern dieses Erfordernis dem Internationalen Büro mitgeteilt worden ist und dieses Angaben hierüber im Blatt veröffentlicht hat. In der Mitteilung ist anzugeben, ob dieses Erfordernis alle oder nur bestimmte Arten von Schriftstücken betrifft.

e) Versäumt der Anmelder die nach Absatz d erforderliche Einreichung des Originals eines Schriftstücks, so kann das nationale Amt oder die zwischenstaatliche Organisation je nach Art des übermittelten Schriftstücks im Hinblick auf die Regeln 11 und 26.3

 i) von der Einhaltung der Vorschrift nach Absatz d absehen oder

 ii) den Anmelder auffordern, das Original des übermittelten Schriftstücks innerhalb einer in der Aufforderung gesetzten und den Umständen nach angemessenen Frist einzureichen;

---

[344] Fassung gemäss der am 1. Juli 1992 in Kraft getretenen Änderung (AS **1992** 1446).

weist jedoch das übermittelte Schriftstück Mängel auf oder ist daraus ersichtlich, dass das Original Mängel aufweist, zu deren Behebung das nationale Amt oder die zwischenstaatliche Organisation den Anmelder auffordern kann, so kann dieses Amt oder diese Organisation dies zusätzlich oder an Stelle des Verfahrens nach Ziffer i oder ii tun.

f) Ist die Einreichung des Originals eines Schriftstücks nach Absatz d nicht erforderlich, hält jedoch das nationale Amt oder die zwischenstaatliche Organisation die Vorlage des Originals des genannten Schriftstücks für notwendig, so kann dieses Amt oder diese Organisation den Anmelder hierzu nach Absatz e Ziffer ii auffordern.

g) Kommt der Anmelder einer Aufforderung nach Absatz e Ziffer ii oder Absatz f nicht nach und handelt es sich bei dem Schriftstück

　　i) um die internationale Anmeldung, so gilt diese als zurückgenommen und wird vom Anmeldeamt für zurückgenommen erklärt;

　　ii) um ein zur internationalen Anmeldung nachgereichtes Schriftstück, so gilt das Schriftstück als nicht eingereicht.

h) Ein nationales Amt und eine zwischenstaatliche Organisation ist nicht verpflichtet, ein durch die in Absatz a genannten Einrichtungen übermitteltes Schriftstück entgegenzunehmen, es sei denn, das Amt oder die zwischenstaatliche Organisation hat dem Internationalen Büro mitgeteilt, dass so übermittelte Schriftstücke entgegengenommen werden und das Internationale Büro Angaben hierüber im Blatt veröffentlicht hat.

Regel 92$^{bis\,346}$ Eintragung von Änderungen bestimmter Angaben im Antrag oder im Antrag auf internationale vorläufige Prüfung^{347}

92bis.1^{348}　*Eintragung von Änderungen durch das Internationale Büro*

a) Auf Antrag des Anmelders oder des Anmeldeamts vermerkt das Internationale Büro Änderungen folgender im Antrag oder im Antrag auf internationale vorläufige Prüfung enthaltener Angaben:

　　i) Person, Name, Wohnsitz oder Sitz, Staatsangehörigkeit oder Anschrift des Anmelders,

　　ii) Person, Name oder Anschrift des Anwalts, des gemeinsamen Vertreters oder des Erfinders.

b) Das Internationale Büro vermerkt die beantragte Änderung nicht, wenn ihm der Eintragungsantrag nach Ablauf folgender Fristen zugeht:

　　i) der Frist nach Artikel 22 Absatz 1, wenn Artikel 39 Absatz 1 auf keinen Vertragsstaat anzuwenden ist;

　　ii) der Frist nach Artikel 39 Absatz 1 Buchstabe a, wenn Artikel 39 Absatz 1 auf mindestens einen Vertragsstaat anzuwenden ist.

---

[345] Bestimmung eingefügt am 1. Okt. 1980 (AS **1981** 62). Fassung gemäss der am 1. Juli 1992 in Kraft getretenen Änderung (AS **1992** 1446).

[346] Bestimmung eingefügt am 1. Okt. 1980 (AS **1981** 62).

[347] Tit. eingefügt am 1. Jan. 1985 (AS **1984** 1539).

[348] Bestimmung geändert am 1. Jan. 1985 (AS **1984** 1539).

92bis.2^{349}

Regel 93   **Aufbewahrung von Vorgängen und Akten**

93.1   *Das Anmeldeamt*

Jedes Anmeldeamt bewahrt die Vorgänge über jede internationale Anmeldung oder vorgebliche internationale Anmeldung, einschliesslich des Anmeldeamtsexemplars für eine Zeitdauer von mindestens zehn Jahren nach dem internationalen Anmeldedatum oder nach dem Eingangsdatum, wenn kein internationales Anmeldedatum zuerkannt worden ist, auf.

93.2   *Das Internationale Büro*

a) Das Internationale Büro bewahrt die Akten über jede internationale Anmeldung, einschliesslich des Aktenexemplars, für eine Zeitdauer von mindestens 30 Jahren nach Eingang des Aktenexemplars auf.

b) Die wesentlichen Vorgänge des Internationalen Büros werden für eine unbeschränkte Zeitdauer aufbewahrt.

93.3   *Die Internationalen Recherchenbehörden und die mit der internationalen vorläufigen Prüfung beauftragten Behörden*

Jede Internationale Recherchenbehörde und jede mit der internationalen vorläufigen Prüfung beauftragte Behörde bewahrt die Akten über jede ihr übermittelte internationale Anmeldung für eine Zeitdauer von mindestens zehn Jahren nach dem internationalen Anmeldedatum auf.

93.4   *Vervielfältigungen*

Im Rahmen dieser Regel sind unter Vorgängen, Exemplaren und Akten auch fotografische Vervielfältigungen jeder Art (durch Mikrofilm oder sonstwie) von Vorgängen, Exemplaren und Akten zu verstehen.

Regel 94   **Erteilung von Kopien durch das Internationale Büro und die mit der internationalen vorläufigen Prüfung beauftragte Behörde**

94.1   *Verpflichtung zur Erteilung*

Auf Antrag des Anmelders oder einer von ihm bevollmächtigten Person erteilen das Internationale Büro und die mit der internationalen vorläufigen Prüfung beauftragte Behörde gegen Erstattung der entstehenden Auslagen Kopien eines jeden Schriftstücks, das sich in den Akten der internationalen Anmeldung oder vorgeblichen internationalen Anmeldung des Anmelders befindet.

Regel 95   **Vorlage von Übersetzungen**

95.1   *Kopien der Übersetzungen*

a) Jedes Bestimmungsamt oder ausgewählte Amt übersendet dem Internationalen Büro auf dessen Antrag eine Kopie der bei ihm vom Anmelder eingereichten Übersetzung der internationalen Anmeldung.

---

[349] Bestimmung aufgehoben am 1. Jan. 1985 (AS **1984** 1539).

b) Auf Antrag und gegen Kostenerstattung übersendet das Internationale Büro Kopien der nach Absatz a erhaltenen Übersetzungen an jedermann.

Regel 96[350] Gebührenverzeichnis

96.1 *Gebührenverzeichnis im Anhang zur Ausführungsordnung*

Die Beträge der in Regel 15 und 57 genannten Gebühren werden in Schweizer Währung angegeben. Sie ergeben sich aus dem Gebührenverzeichnis, das im Anhang zu dieser Ausführungsordnung erscheint und Bestandteil hiervon ist.

---

[350] Bestimmung eingefügt am 1. Aug. 1979 (AS **1979** 1115).

Anhang

Gebührenverzeichnis[351]

Gebühr		Betrag	
1.	*Grundgebühr:* (Regel 15.2 Absatz a)		
a)	falls die internationale Anmeldung nicht mehr als 30 Blätter enthält	762	Schweizer Franken
b)	falls die internationale Anmeldung mehr als 30 Blätter enthält	762	Schweizer Franken und 15 Franken für jedes 30 Blätter übersteigende Blatt
2.	*Bestimmungsgebühr:* (Regel 15.2 Absatz a)		
a)	für Bestimmungen nach Regel 4.9 Absatz a	185	Schweizer Franken für jede Bestimmung mit der Massgabe, dass alle über 11 hinausgehenden Bestimmungen nach Regel 4.9 Absatz a nicht gebührenpflichtig sind
b)	für Bestimmungen nach Regel 4.9 Absatz b, die nach Regel 4.9 Absatz c bestätigt werden	185	Schweizer Franken für jede Bestimmung
3.	*Bestätigungsgebühr:* (Regel 15.5 Absatz a)	50%	des Gesamtbetrags aller nach Nummer 2 Buchstabe b zu zahlenden Bestimmungsgebühren
4.	*Bearbeitungsgebühr:* (Regel 57.2 Absatz a)	233	Schweizer Franken

Sämtliche Gebühren für internationale Anmeldungen, die von einem Anmelder eingereicht werden, der eine natürliche Person und Staatsangehöriger eines Staates ist und in einem Staat seinen Wohnsitz hat, dessen nationales Pro-Kopf-Einkommen unterhalb von 3000 US-Dollar liegt (entsprechend den von den Vereinten Nationen für die Festlegung ihrer Beitragsskala für die in den Jahren 1995, 1996 und 1997 zu zahlenden Beiträge verwandten durchschnittlichen nationalen Pro-Kopf-Einkommen), sind um 75 Prozent ermässigt. Bei mehreren Anmeldern muss jeder die oben genannten Kriterien erfüllen.

---

[351] Bestimmung eingefügt am 1. Aug. 1979 (AS **1979** 1117), geändert mit Wirkung ab 1. Jan. 1992 (AS **1992** 444), bereinigt gemäss der am 1. Jan. 1996 in Kraft getretenen Änd. (AS **1996** 315).

Zuschlagsgebühr

5. *Zuschlagsgebühr wegen* Mindestbetrag:
   verspäteter Zahlung: 289 Schweizer Franken
   (Regel 16 bis .2 Absatz a) Höchstbetrag:
   728 Schweizer Franken

Geltungsbereich der Ausführungsordnung[352]

---

[352] Siehe Geltungsbereich des Vertrages über die internationale Zusammenarbeit auf dem Gebiet des Patentwesens (SR **0.232.141.1**).

Types of Protection Available via the PCT in PCT Contracting States

(situation on 1 June 2004)

State	National patent	ARIPO patent (AP)	Eurasian patent (EA)	European patent (EP)	OAPI patent (OA)	Utility model **instead of** patent	Utility model **in addition to** patent	Other
AE	X					X		Patent of addition
AG[1]	X							
AL	X					X		Extension of EP patent[2]
AM	X		X			X		Provisional patent
AT	X			X		X	X	Patent of addition
AU	X							Patent of addition
AZ	X		X			X		
BA	X							Patent of addition
BB	X							
BE				X				
BF					X	OAPI utility model		OAPI certificate of addition
BG	X			X				
BJ					X	OAPI utility model		OAPI certificate of addition
BR	X							Certificate of addition
BW[1]	X	X				ARIPO utility model	ARIPO utility model	
BY	X		X					
BZ	X							
CA	X							
CF					X	OAPI utility model		OAPI certificate of addition
CG						OAPI utility model		OAPI certificate of addition
CH + LI	X			X				
CI					X	OAPI utility model		OAPI certificate of addition
CM						OAPI utility model		OAPI certificate of addition
CN	X					X		
CO	X					X		

Types of Protection Available via the PCT in PCT Contracting States *[continued]*

State	National patent	ARIPO patent (AP)	Eurasian patent (EA)	European patent (EP)	OAPI patent (OA)	Utility model **instead of** patent	Utility model **in addition to** patent	Other
CR	X					X		
CU	X					X		Patent of addition, inventor's certificate, inventor's certificate of addition
CY				X				
CZ	X			X		X	X	
DE	X			X		X	X	Patent of addition
DK	X			X		X	X	
DM[1]	X							
DZ	X							Certificate of addition
EC	X					X		
EE	X			X		X	X	
EG1	X							
ES	X			X		X		Patent of addition
FI	X			X		X	X	
FR				X				
GA					X	OAPI utility model		OAPI certificate of addition
GB	X			X				
GD1	X							
GE	X					X		
GH	X	X				ARIPO utility model	ARIPO utility model	Utility certificate
GM	X	X				ARIPO utility model	ARIPO utility model	
GN					X	OAPI utility model		OAPI certificate of addition
GQ					X	OAPI utility model		OAPI certificate of addition
GR				X				
GW					X	OAPI utility model		OAPI certificate of addition
HR	X							«Consensual patent, extension of EP patent[2]
HU	X			X		X		
ID	X							
IE				X				
IL	X							Patent of addition

Types of Protection Available via the PCT in PCT Contracting States *[continued]*

State	National patent	ARIPO patent (AP)	Eurasian patent (EA)	European patent (EP)	OAPI patent (OA)	Utility model **instead of** patent	Utility model **in addition to** patent	Other
IN	X							Patent of addition
IS	X							
IT				X				
JP	X					X		
KE	X	X				National or ARIPO utility model	ARIPO utility model	
KG	X		X			X		
KP	X					X		Inventor's certificate
KR	X					X		
KZ	X		X			X		Provisional patent
LC	X							
LI (see CH)								
LK	X							
LR	X							
LS	X	X				National or ARIPO utility model	ARIPO utility model	
LT	X							Extension of EP patent[2]
LU	X			X				
LV	X							Extension of EP patent[2]
MA	X							Certificate of addition
MC				X				
MD	X		X			X		
MG	X							Certificate of addition
MK	X							Patent of addition, extension of EP patent[2]
ML					X	OAPI utility model		OAPI certificate of addition
MN	X							
MR					X	OAPI utility model		OAPI certificate of addition
MW	X	X				ARIPO utility model	ARIPO utility model	Patent of addition

Types of Protection Available via the PCT in PCT Contracting States *[continued]*

State	National patent	ARIPO patent (AP)	Eurasian patent (EA)	European patent (EP)	OAPI patent (OA)	Utility model **instead of** patent	Utility model **in addition to** patent	Other
MX	X					X		
MZ	X	X				National or ARIPO utility model	ARIPO utility model	
NA[1]	X	X						
NE					X	OAPI utility model		OAPI certificate of addition
NI	X					X		
NL				X				
NO	X							
NZ	X							Patent of addition
OM[1]	X							
PG[1]	X							
PH	X					X		
PL	X			X		X		Patent of addition
PT	X			X		X	X	
RO	X			X[3]				Extension of EP patent[2,4]
RU	X		X			X		
SC[1]	X							
SD	X	X				ARIPO utility Model	ARIPO utility Model	
SE	X			X				
SG	X							
SI	X[5]			X[6]				Patent of addition[5] extension of EP patent[2,5]
SK	X			X		X	X	
SL	X	X				National or ARIPO utility model	ARIPO utility model	
SN					X	OAPI utility model		OAPI certificate of addition
SY[1]	X							
SZ		X				ARIPO utility Model	ARIPO utility Model	
TD					X	OAPI utility model		OAPI certificate of addition
TG					X	OAPI utility model		OAPI certificate of addition

Types of Protection Available via the PCT in PCT Contracting States [continued]

State	National patent	ARIPO patent (AP)	Eurasian patent (EA)	European patent (EP)	OAPI patent (OA)	Utility model instead of patent	Utility model in addition to patent	Other
TJ	X		X			X		
TM	X		X					Provisional patent
TN	X							
TR	X			X		X		Patent of addition
TT	X							Utility certificate
TZ	X	X				ARIPO utility model	ARIPO utility model	
UA	X					X		
UG	X	X				ARIPO utility model	ARIPO utility model	Utility certificate
US	X							
UZ	X					X		
VC	X							
VN	X							Patents for utility solution
YU	X							Patent of addition, petty patent
ZA	X							Patent of addition
ZM[1]	X	X				ARIPO utility model	ARIPO utility model	
ZW	X	X				ARIPO utility model	ARIPO utility model	Patent of addition

---

[1] Information regarding any other type of national protection is not yet available.

[2] A request for an extension may be made at the time of entry into the regional phase before the European Patent Office, provided that the designations of EP and/or of the State concerned have not been withdrawn, or, in the case of international applications filed before 1 January 2004, provided that the PCT application contained designations both for a European patent and of the State concerned. Such a request may not be made in the PCT request form itself. See the *PCT Applicant's Guide,* Vol. I/A, paragraphs 41 and 89, and Vol. II/A, National Chapter (EP) for further details as to the procedure to be followed.

[3] Only for international applications filed on or after 1 March 2003.

[4] Only for international applications filed before 1 March 2003.

[5] Only for international applications filed before 1 December 2002.

[6] Only for international applications filed on or after 1 December 2002.

Übersetzung[1]

Abkommen zur Errichtung der Welthandelsorganisation

Abgeschlossen in Marrakesch am 15. April 1994
Von der Bundesversammlung genehmigt am 16. Dezember 1994[2]
Schweizerische Ratifikationsurkunde hinterlegt am 1. Juni 1995
Inkrafttreten für die Schweiz am 1. Juli 1995
    (Stand am 1. Dezember 1998)

Abkommen über handelsbezogene Aspekte der Rechte an geistigem Eigentum

Teil I: **Allgemeine Bestimmungen und Grundsätze**

[Hinweis der Herausgeber: die allgemeinen Bestimmungen des TRIPS sind vorne, unter Markenrecht, abgedruckt.]

Teil II: **Normen über die Verfügbarkeit, den Umfang und die Ausübung der Rechte an geistigem Eigentum**

Abschnitt 5: Patente

Art. 27   **Patentfähiger Gegenstand**

1. Vorbehaltlich der Absätze 2 und 3 werden Patente für Erfindungen, ob es sich um Erzeugnisse oder Verfahren handelt, auf allen Gebieten der Technik erteilt, sofern sie neu sind, auf einer erfinderischen Tätigkeit beruhen und gewerblich anwendbar sind.[3] Vorbehaltlich des Artikels 65 Absatz 4, des Artikels 70 Absatz 8 und des Absatzes 3 erfolgt die Erteilung von Patenten und die Ausübung von Patentrechten unabhängig vom Ort der Erfindung, vom Gebiet der Technik oder davon, ob die Erzeugnisse eingeführt oder im Land selber hergestellt werden.

2. Die Mitglieder können Erfindungen von der Patentierbarkeit ausschliessen, wenn die Verhinderung ihrer gewerblichen Verwertung in ihrem Hoheitsgebiet zum Schutz der öffentlichen Ordnung oder der guten Sitten einschliesslich des Schutzes des Lebens oder der Gesundheit von Menschen, Tieren oder Pflanzen oder zur Vermeidung einer schweren Schädigung der Umwelt notwendig ist, sofern der Ausschluss nicht allein deshalb vorgenommen wird, weil das Landesrecht die Verwertung verbietet.

---

[1] Der französische Originaltext findet sich unter der gleichen Nummer in der entsprechenden Ausgabe dieser Sammlung.

[2] AS **1995** 2113

[3] Für die Zwecke dieses Artikels können die Mitglieder die Ausdrücke «erfinderische Tätigkeit» und «gewerblich anwendbar» als Synonyme der Ausdrücke «nicht naheliegend» beziehungsweise «nützlich» betrachten.

3. Die Mitglieder können von der Patentierbarkeit auch ausschliessen:

a) diagnostische, therapeutische und chirurgische Verfahren für die Behandlung von Menschen oder Tieren;

b) Pflanzen und Tiere mit Ausnahme von Mikroorganismen sowie im wesentlichen biologische Verfahren zur Züchtung von Pflanzen oder Tieren mit Ausnahme von nichtbiologischen und mikrobiologischen Verfahren. Die Mitglieder sehen jedoch den Schutz von Pflanzensorten entweder durch Patente oder durch ein wirksames System sui generis oder durch eine Verbindung beider vor. Die Bestimmungen dieses Buchstabens werden vier Jahre nach Inkrafttreten des WTO-Abkommens überprüft.

Art. 28 Rechte aus dem Patent

1. Ein Patent verleiht seinem Inhaber die folgenden ausschliesslichen Rechte:

a) wenn der Gegenstand des Patents ein Erzeugnis ist, Dritten zu untersagen, ohne Zustimmung des Inhabers folgende Handlungen vorzunehmen: das Herstellen, das Benutzen, das Anbieten, das Verkaufen und die diesen Zwecken dienende Einfuhr[4] des Erzeugnisses;

b) wenn der Gegenstand des Patents ein Verfahren ist, Dritten zu untersagen, ohne Zustimmung des Inhabers das Verfahren anzuwenden und folgende Handlungen vorzunehmen: das Benutzen, das Anbieten, das Verkaufen und die diesen Zwecken dienende Einfuhr zumindest des durch das Verfahren unmittelbar hergestellten Erzeugnisses.

2. Der Patentinhaber ist auch berechtigt, das Patent rechtsgeschäftlich oder auf dem Wege der Rechtsnachfolge zu übertragen und Lizenzverträge zu schliessen.

Art. 29 Bedingungen für Patentanmelder

1. Die Mitglieder verlangen vom Anmelder eines Patents, die Erfindung so deutlich und vollständig zu offenbaren, dass eine Fachperson sie ausführen kann, und sie können vom Anmelder verlangen, die nach Wissen des Erfinders am Tag der Anmeldung oder, wenn Priorität in Anspruch genommen wird, am Prioritätstag der Anmeldung beste Art der Ausführung der Erfindung anzugeben.

2. Die Mitglieder können vom Anmelder eines Patents verlangen, Angaben über entsprechende von ihm angemeldete oder erteilte Auslandpatente zu machen.

Art. 30 Ausnahmen von den Rechten aus dem Patent

Die Mitglieder können begrenzte Ausnahmen von den ausschliesslichen Rechten aus dem Patent vorsehen, sofern diese Ausnahmen weder die normale Verwertung des Patents noch die berechtigten Interessen des Patentinhabers unangemessen beeinträchtigen und dabei die berechtigten Interessen Dritter berücksichtigt werden.

---

[4] Dieses Recht unterliegt wie alle anderen nach diesem Abkommen gewährten Rechte in bezug auf Benutzung, Verkauf, Einfuhr oder sonstiges Verbreiten von Waren den Bestimmungen von Artikel 6.

Art. 31 **Sonstige Benutzung ohne Erlaubnis des Rechtsinhabers**

Lässt das Recht eines Mitglieds die sonstige Benutzung[5] des Gegenstands eines Patents ohne Erlaubnis des Rechtsinhabers zu, einschliesslich der Benutzung durch die Regierung oder durch von der Regierung ermächtigte Dritte, so sind die folgenden Bestimmungen zu beachten:

a) Die Erlaubnis zu einer solchen Benutzung ist nach den Umständen des Einzelfalls zu prüfen;

b) eine solche Benutzung darf nur erlaubt werden, wenn derjenige, der die Benutzung beabsichtigt, sich vor der Benutzung darum bemüht hat, die Erlaubnis des Rechtsinhabers zu angemessenen, geschäftsüblichen Bedingungen zu erhalten, und wenn diese Bemühungen innerhalb einer angemessenen Frist ohne Erfolg geblieben sind. Ein Mitglied kann im Fall des nationalen Notstands oder sonstiger Umstände von äusserster Dringlichkeit oder in Fällen der öffentlichen, nichtgewerblichen Benutzung auf dieses Erfordernis verzichten. Im Fall des nationalen Notstands oder sonstiger Umstände von äusserster Dringlichkeit ist jedoch der Rechtsinhaber zu benachrichtigen, sobald dies durchführbar ist. Wenn im Fall der öffentlichen, nichtgewerblichen Benutzung die Regierung oder der Unternehmer, ohne eine Patentnachforschung vorgenommen zu haben, weiss oder aufgrund der Umstände wissen muss, dass ein gültiges Patent von der oder für die Regierung benutzt wird oder benutzt werden wird, ist der Rechtsinhaber umgehend zu benachrichtigen;

c) Umfang und Dauer einer solchen Benutzung sind auf den Zweck zu begrenzen, für den sie erlaubt wurde; handelt es sich um Halbleitertechnik, so darf sie nur zur öffentlichen, nichtgewerblichen Benutzung erfolgen oder um eine in einem Gerichts- oder Verwaltungsverfahren festgestellte wettbewerbswidrige Praxis abzustellen;

d) eine solche Benutzung ist keine ausschliessliche;

e) eine solche Benutzung kann nicht einem anderen übertragen werden, es sei denn, dass sie zusammen mit dem Teil des Unternehmens oder des Goodwills übertragen wird, dem diese Benutzung zusteht;

f) eine solche Benutzung ist vorwiegend für die Versorgung des Binnenmarkts des Mitglieds, das sie zulässt, zu erlauben;

g) die Erlaubnis zu einer solchen Benutzung unterliegt vorbehaltlich eines angemessenen Schutzes der berechtigten Interessen der ermächtigten Personen der Aufhebung, sofern und sobald die Umstände, die zu ihr geführt haben, nicht mehr bestehen und voraussichtlich nicht wieder eintreten. Die zuständige Behörde ist befugt, auf begründeten Antrag hin den Fortbestand dieser Umstände zu überprüfen;

h) dem Rechtsinhaber ist eine nach den Umständen des Einzelfalls angemessene Vergütung zu zahlen, wobei der wirtschaftliche Wert der Erlaubnis zu berücksichtigen ist;

i) die Rechtsgültigkeit des Entscheids über die Erlaubnis zu einer solchen Benutzung unterliegt der Überprüfung durch ein Gericht oder einer sonstigen unabhängigen Überprüfung durch eine gesonderte übergeordnete Behörde des Mitglieds;

---

[5] «Sonstige Benutzung» ist eine andere als die nach Artikel 30 erlaubte Benutzung.

j) der Entscheid über die für eine solche Benutzung vorgesehene Vergütung unterliegt der Überprüfung durch ein Gericht oder einer sonstigen unabhängigen Überprüfung durch eine gesonderte übergeordnete Behörde des Mitglieds;

k) die Mitglieder sind nicht verpflichtet, die unter den Buchstaben b und f festgelegten Bedingungen anzuwenden, wenn eine solche Benutzung erlaubt wird, um eine in einem Gerichts- oder Verwaltungsverfahren festgestellte wettbewerbswidrige Praxis abzustellen. Die Notwendigkeit, eine wettbewerbswidrige Praxis zu berichtigen, kann in diesem Fall bei der Festsetzung der Höhe der Vergütung berücksichtigt werden. Die zuständigen Behörden sind befugt, die Aufhebung der Erlaubnis abzulehnen, sofern und sobald damit gerechnet werden muss, dass die Umstände, die zur Erlaubnis geführt haben, wieder eintreten;

l) wird eine solche Benutzung erlaubt, um die Verwertung eines Patents («zweites Patent») zu ermöglichen, das nicht verwertet werden kann, ohne ein anderes Patent («erstes Patent») zu verletzen, so gelten zusätzlich folgende Bedingungen:

   i) Die im zweiten Patent beanspruchte Erfindung muss gegenüber der im ersten Patent beanspruchten Erfindung einen namhaften technischen Fortschritt von erheblicher wirtschaftlicher Bedeutung darstellen;

   ii) der Inhaber des ersten Patents hat Anspruch darauf, zu angemessenen Bedingungen eine Gegenlizenz für die Benutzung der im zweiten Patent beanspruchten Erfindung zu erhalten; und

   iii) die Benutzungserlaubnis betreffend das erste Patent ist nicht übertragbar, es sei denn, dass sie zusammen mit dem zweiten Patent übertragen wird.

Art. 32   **Widerruf/Nichtigerklärung**

Es ist die Möglichkeit vorzusehen, den Entscheid, mit dem ein Patent widerrufen oder für nichtig erklärt wird, gerichtlich überprüfen zu lassen.

Art. 33   **Schutzdauer**

Die Schutzdauer muss mindestens zwanzig Jahre vom Tag der Anmeldung an betragen.[6]

Art. 34   **Verfahrenspatente: Beweislast**

1. Ist ein Verfahren zur Herstellung eines Erzeugnisses Gegenstand des Patents, so sind in Zivilverfahren wegen Verletzung der in Artikel 28 Absatz 1 Buchstabe b genannten Rechte des Inhabers die Justizbehörden befugt, dem Beklagten den Nachweis aufzuerlegen, dass sich das Verfahren für die Herstellung eines identischen Erzeugnisses von dem patentierten Verfahren unterscheidet. Daher sehen die Mitglieder vor, dass ein identisches Erzeugnis, das ohne Zustimmung des Patentinhabers hergestellt wurde, bis zum Beweis des Gegenteils als durch das patentierte Verfahren hergestellt gilt, wenn zumindest einer der nachstehenden Umstände gegeben ist:

a) das durch das patentierte Verfahren hergestellte Erzeugnis ist neu;

b) das identische Erzeugnis wurde mit grosser Wahrscheinlichkeit durch das Verfahren hergestellt, und es ist dem Inhaber des Patents trotz angemessener Bemühungen nicht gelungen, das tatsächlich angewandte Verfahren festzustellen.

---

[6] Es herrscht Einigkeit darüber, dass diejenigen Mitglieder, deren System kein Hauptpatent kennt, vorsehen können, dass die Schutzdauer ab dem Tag der Anmeldung im Hauptpatentsystem gerechnet wird.

2. Es steht den Mitgliedern frei vorzusehen, dass die Beweislast nach Absatz 1 dem angeblichen Zuwiderhandelnden nur dann auferlegt wird, wenn die unter Buchstabe a genannte Bedingung erfüllt ist, oder nur dann, wenn die unter Buchstabe b genannte Bedingung erfüllt ist.

3. Bei der Erbringung des Beweises des Gegenteils ist das berechtigte Interesse des Beklagten am Schutz seiner Fabrikations- und Geschäftsgeheimnisse zu berücksichtigen.

[Hinweis der Herausgeber: die verfahrensrechtlichen Bestimmungen des TRIPS sind hinten, unter Prozessrecht, abgedruckt.]

Amtlicher deutscher Text[1] gemäss Artikel 29 Absatz 1) Buchstabe b)

Pariser Verbandsübereinkunft zum Schutz des gewerblichen Eigentums revidiert in Stockholm am 14. Juli 1967

Abgeschlossen in Stockholm am 14. Juli 1967
Von der Bundesversammlung genehmigt am 2. Dezember 1969[2]
Schweizerische Ratifikationsurkunde hinterlegt am 26. Januar 1970
In Kraft getreten für die Schweiz am 26. April 1970

[...]

Art. 2 [Inländerbehandlung für Angehörige der Verbandsländer]

1) Die Angehörigen eines jeden der Verbandsländer geniessen in allen übrigen Ländern des Verbandes in bezug auf den Schutz des gewerblichen Eigentums die Vorteile, welche die betreffenden Gesetze den eigenen Staatsangehörigen gegenwärtig gewähren oder in Zukunft gewähren werden, und zwar unbeschadet der durch diese Übereinkunft besonders vorgesehenen Rechte. Demgemäss haben sie den gleichen Schutz wie diese und die gleichen Rechtsbehelfe gegen jeden Eingriff in ihre Rechte, vorbehaltlich der Erfüllung der Bedingungen und Förmlichkeiten, die den eigenen Staatsangehörigen auferlegt werden.

2) Jedoch darf der Genuss irgendeines Rechts des gewerblichen Eigentums für die Verbandsangehörigen keinesfalls von der Bedingung abhängig gemacht werden, dass sie einen Wohnsitz oder eine Niederlassung in dem Land haben, in dem der Schutz beansprucht wird.

3) Ausdrücklich bleiben vorbehalten die Rechtsvorschriften jedes der Verbandsländer über das gerichtliche und das Verwaltungsverfahren und die Zuständigkeit sowie über die Wahl des Wohnsitzes oder die Bestellung eines Vertreters, die etwa nach den Gesetzen über das gewerbliche Eigentum erforderlich sind.

Art. 3 [Gleichstellung gewisser Personengruppen mit den Angehörigen der Verbandsländer]

Den Angehörigen der Verbandsländer sind gleichgestellt die Angehörigen der dem Verband nicht angehörenden Länder, die im Hoheitsgebiet eines Verbandslandes ihren Wohnsitz oder tatsächliche und nicht nur zum Schein bestehende gewerbliche oder Handelsniederlassungen haben.

---

[1] Der Originaltext findet sich unter der gleichen Nummer in der französischen Ausgabe dieser Sammlung. Die Artikel der Verbandsübereinkunft sind mit Überschriften versehen worden, um die Benützung des Textes zu erleichtern; der Originaltext enthält keine Artikelüberschriften.

[2] Art. 1 Ziff. 2 des BB vom 2. Dez. 1969 (AS **1970** 600)

Art. 4 **[A.–I. Patente, Gebrauchsmuster, gewerbliche Muster und Modelle, Marken, Erfinderscheine: Prioritätsrecht. – G. Patente: Teilung der Anmeldung]**

A.

1) Wer in einem der Verbandsländer die Anmeldung für ein Erfindungspatent, ein Gebrauchsmuster, ein gewerbliches Muster oder Modell, eine Fabrik- oder Handelsmarke vorschriftsmässig hinterlegt hat, oder sein Rechtsnachfolger geniesst für die Hinterlegung in den anderen Ländern während der unten bestimmten Fristen ein Prioritätsrecht.

2) Als prioritätsbegründend wird jede Hinterlegung anerkannt, der nach den innerstaatlichen Rechtsvorschriften jedes Verbandslandes oder nach den zwischen Verbandsländern abgeschlossenen zwei- oder mehrseitigen Verträgen die Bedeutung einer vorschriftsmässigen nationalen Hinterlegung zukommt.

3) Unter vorschriftsmässiger nationaler Hinterlegung ist jede Hinterlegung zu verstehen, die zur Festlegung des Zeitpunkts ausreicht, an dem die Anmeldung in dem betreffenden Land hinterlegt worden ist, wobei das spätere Schicksal der Anmeldung ohne Bedeutung ist.

B. Demgemäss kann die spätere, jedoch vor Ablauf dieser Fristen in einem der anderen Verbandsländer bewirkte Hinterlegung nicht unwirksam gemacht werden durch inzwischen eingetretene Tatsachen, insbesondere durch eine andere Hinterlegung, durch die Veröffentlichung der Erfindung oder deren Ausübung, durch das Feilbieten von Stücken des Musters oder Modells, durch den Gebrauch der Marke; diese Tatsachen können kein Recht Dritter und kein persönliches Besitzrecht begründen. Die Rechte, die von Dritten vor dem Tag der ersten, prioritätsbegründenden Anmeldung erworben worden sind, bleiben nach Massgabe der innerstaatlichen Rechtsvorschriften eines jeden Verbandslandes gewahrt.

C.

1) Die oben erwähnten Prioritätsfristen betragen zwölf Monate für die Erfindungspatente und die Gebrauchsmuster und sechs Monate für die gewerblichen Muster oder Modelle und für die Fabrik- oder Handelsmarken.

2) Diese Fristen laufen vom Zeitpunkt der Hinterlegung der ersten Anmeldung an; der Tag der Hinterlegung wird nicht in die Frist eingerechnet.

3) Ist der letzte Tag der Frist in dem Land, in dem der Schutz beansprucht wird, ein gesetzlicher Feiertag oder ein Tag, an dem das Amt zur Entgegennahme von Anmeldungen nicht geöffnet ist, so erstreckt sich die Frist auf den nächstfolgenden Werktag.

4) Als erste Anmeldung, von deren Hinterlegungszeitpunkt an die Prioritätsfrist läuft, wird auch eine jüngere Anmeldung angesehen, die denselben Gegenstand betrifft wie eine erste ältere im Sinn des Absatzes 2) in demselben Verbandsland eingereichte Anmeldung, sofern diese ältere Anmeldung bis zum Zeitpunkt der Hinterlegung der jüngeren Anmeldung zurückgezogen, fallengelassen oder zurückgewiesen worden ist, und zwar bevor sie öffentlich ausgelegt worden ist und ohne dass Rechte bestehen geblieben sind; ebensowenig darf diese ältere Anmeldung schon Grundlage für die Inanspruchnahme des Prioritätsrechts gewesen sein. Die ältere Anmeldung kann in diesem Fall nicht mehr als Grundlage für die Inanspruchnahme des Prioritätsrechts dienen.

D.

1) Wer die Priorität einer früheren Hinterlegung in Anspruch nehmen will, muss eine Erklärung über den Zeitpunkt und das Land dieser Hinterlegung abgeben. Jedes Land bestimmt, bis wann die Erklärung spätestens abgegeben werden muss.

2) Diese Angaben sind in die Veröffentlichungen der zuständigen Behörde, insbesondere in die Patenturkunden und die zugehörigen Beschreibungen aufzunehmen.

3) Die Verbandsländer können von demjenigen, der eine Prioritätserklärung abgibt, verlangen, dass er die frühere Anmeldung (Beschreibung, Zeichnungen usw.) in Abschrift vorlegt. Die Abschrift, die von der Behörde, die diese Anmeldung empfangen hat, als übereinstimmend bescheinigt ist, ist von jeder Beglaubigung befreit und kann auf alle Fälle zu beliebiger Zeit innerhalb einer Frist von drei Monaten nach der Hinterlegung der späteren Anmeldung gebührenfrei eingereicht werden. Es kann verlangt werden, dass ihr eine von dieser Behörde ausgestellte Bescheinigung über den Zeitpunkt der Hinterlegung und eine Übersetzung beigefügt werden.

4) Andere Förmlichkeiten für die Prioritätserklärung dürfen bei der Hinterlegung der Anmeldung nicht verlangt werden. Jedes Verbandsland bestimmt die Folgen der Nichtbeachtung der in diesem Artikel vorgesehenen Förmlichkeiten; jedoch dürfen diese Folgen über den Verlust des Prioritätsrechts nicht hinausgehen.

5) Später können weitere Nachweise verlangt werden.

Wer die Priorität einer früheren Anmeldung in Anspruch nimmt, ist verpflichtet, das Aktenzeichen dieser Anmeldung anzugeben; diese Angabe ist nach Massgabe des Absatzes 2) zu veröffentlichen.

E.

1) Wird in einem Land ein gewerbliches Muster oder Modell unter Inanspruchnahme eines auf die Anmeldung eines Gebrauchsmusters gegründeten Prioritätsrechts hinterlegt, so ist nur die für gewerbliche Muster oder Modelle bestimmte Prioritätsfrist massgebend.

2) Im übrigen ist es zulässig, in einem Land ein Gebrauchsmuster unter Inanspruchnahme eines auf die Hinterlegung einer Patentanmeldung gegründeten Prioritätsrechts zu hinterlegen und umgekehrt.

F.

Kein Verbandsland darf deswegen die Anerkennung einer Priorität verweigern oder eine Patentanmeldung zurückweisen, weil der Anmelder mehrere Prioritäten in Anspruch nimmt, selbst wenn sie aus verschiedenen Ländern stammen, oder deswegen, weil eine Anmeldung, für die eine oder mehrere Prioritäten beansprucht werden, ein oder mehrere Merkmale enthält, die in der oder den Anmeldungen, deren Priorität beansprucht worden ist, nicht enthalten waren, sofern in beiden Fällen Erfindungseinheit im Sinn des Landesgesetzes vorliegt.

Hinsichtlich der Merkmale, die in der oder den Anmeldungen, deren Priorität in Anspruch genommen worden ist, nicht enthalten sind, lässt die jüngere Anmeldung ein Prioritätsrecht unter den allgemeinen Bedingungen entstehen.

G.

1) Ergibt die Prüfung, dass eine Patentanmeldung nicht einheitlich ist, so kann der Anmelder die Anmeldung in eine Anzahl von Teilanmeldungen teilen, wobei ihm für jede Teilanmeldung als Anmeldezeitpunkt der Zeitpunkt der ursprünglichen Anmeldung und gegebenenfalls das Prioritätsvorrecht erhalten bleiben.

2) Der Anmelder kann auch von sich aus die Patentanmeldung teilen, wobei ihm für jede Teilanmeldung als Anmeldezeitpunkt der Zeitpunkt der ursprünglichen Anmeldung und gegebenenfalls das Prioritätsvorrecht erhalten bleiben. Jedem Verbandsland steht es frei, die Bedingungen festzulegen, unter denen diese Teilung zugelassen wird.

H. Die Priorität kann nicht deshalb verweigert werden, weil bestimmte Merkmale der Erfindung, für welche die Priorität beansprucht wird, nicht in den in der Patentanmeldung des Ursprungslandes aufgestellten Patentansprüchen enthalten sind, sofern nur die Gesamtheit der Anmeldungsunterlagen diese Merkmale deutlich offenbart.

I.

1) Anmeldungen für Erfinderscheine, die in einem Land eingereicht werden, in dem die Anmelder das Recht haben, nach ihrer Wahl entweder ein Patent oder einen Erfinderschein zu verlangen, begründen das in diesem Artikel vorgesehene Prioritätsrecht unter den gleichen Voraussetzungen und mit den gleichen Wirkungen wie Patentanmeldungen.

2) In einem Land, in dem die Anmelder das Recht haben, nach ihrer Wahl entweder ein Patent oder einen Erfinderschein zu verlangen, geniesst der Anmelder eines Erfinderscheins das auf eine Patent-, Gebrauchsmuster- oder Erfinderscheinanmeldung gegründete Prioritätsrecht nach den für Patentanmeldungen geltenden Bestimmungen dieses Artikels.

Art. 4bis [Patente: Unabhängigkeit der für dieselbe Erfindung in verschiedenen Ländern erlangten Patente]

1) Die in den verschiedenen Verbandsländern von Verbandsangehörigen angemeldeten Patente sind unabhängig von den Patenten, die für dieselbe Erfindung in anderen Ländern erlangt worden sind, mögen diese Länder dem Verband angehören oder nicht.

2) Diese Bestimmung ist ohne jede Einschränkung zu verstehen, insbesondere in dem Sinn, dass die während der Prioritätsfrist angemeldeten Patente sowohl hinsichtlich der Gründe der Nichtigkeit und des Verfalls als auch hinsichtlich der gesetzmässigen Dauer unabhängig sind.

3) Sie findet auf alle im Zeitpunkt ihres Inkrafttretens bestehenden Patente Anwendung.

4) Für den Fall des Beitritts neuer Länder wird es mit den im Zeitpunkt des Beitritts auf beiden Seiten bestehenden Patenten ebenso gehalten.

5) Die mit Prioritätsvorrecht erlangten Patente geniessen in den einzelnen Verbandsländern die gleiche Schutzdauer, wie wenn sie ohne das Prioritätsvorrecht angemeldet oder erteilt worden wären.

Art. 4ter [Patente: Erfindernennung im Patent]

Der Erfinder hat das Recht, als solcher im Patent genannt zu werden.

Art. 4^{quater} **[Patente: Patentierbarkeit im Falle innerstaatlicher Vertriebsbeschränkungen]**

Die Erteilung eines Patents kann nicht deshalb verweigert und ein Patent kann nicht deshalb für ungültig erklärt werden, weil der Vertrieb des patentierten Erzeugnisses oder des Erzeugnisses, das das Ergebnis eines patentierten Verfahrens ist, Beschränkungen oder Begrenzungen durch die innerstaatlichen Rechtsvorschriften unterworfen ist.

Art. 5 **[A. Patente: Einfuhr von Gegenständen, unterlassene oder ungenügende Ausübung, Zwangslizenzen. – B. Gewerbliche Muster und Modelle: Unterlassene Ausübung, Einfuhr von Gegenständen. – C. Marken: Unterlassener Gebrauch, Gebrauch in abweichender Form, Gebrauch durch Mitinhaber. – D. Patente, Gebrauchsmuster, Marken, gewerbliche Muster und Modelle: Nichterforderlichkeit von Schutzvermerken]**

A.

1) Die durch den Patentinhaber bewirkte Einfuhr von Gegenständen, die in dem einen oder anderen Verbandsland hergestellt worden sind, in das Land, in dem das Patent erteilt worden ist, hat den Verfall des Patents nicht zur Folge.

2) Jedem der Verbandsländer steht es frei, gesetzliche Massnahmen zu treffen, welche die Gewährung von Zwangslizenzen vorsehen, um Missbräuche zu verhüten, die sich aus der Ausübung des durch das Patent verliehenen ausschliesslichen Rechts ergeben könnten, zum Beispiel infolge unterlassener Ausübung.

3) Der Verfall des Patents kann nur dann vorgesehen werden, wenn die Gewährung von Zwangslizenzen zur Verhütung dieser Missbräuche nicht ausreichen würde. Vor Ablauf von zwei Jahren seit Gewährung der ersten Zwangslizenz kann kein Verfahren auf Verfall oder Zurücknahme eines Patents eingeleitet werden.

4) Wegen unterlassener oder ungenügender Ausübung darf eine Zwangslizenz nicht vor Ablauf einer Frist von vier Jahren nach der Hinterlegung der Patentanmeldung oder von drei Jahren nach der Patenterteilung verlangt werden, wobei die Frist, die zuletzt abläuft, massgebend ist; sie wird versagt, wenn der Patentinhaber seine Untätigkeit mit berechtigten Gründen entschuldigt. Eine solche Zwangslizenz ist nicht ausschliesslich und kann, auch in der Form der Gewährung einer Unterlizenz, nur mit dem Teil des Unternehmens oder des Geschäftsbetriebs übertragen werden, der mit ihrer Auswertung befasst ist.

5) Die vorstehenden Bestimmungen finden unter Vorbehalt der notwendigen Änderungen auch auf Gebrauchsmuster Anwendung.

B. Der Schutz gewerblicher Muster und Modelle darf wegen unterlassener Ausübung oder wegen der Einfuhr von Gegenständen, die mit den geschützten übereinstimmen, in keiner Weise durch Verfall beeinträchtigt werden.

C.

1) Ist in einem Land der Gebrauch der eingetragenen Marke vorgeschrieben, so darf die Eintragung erst nach Ablauf einer angemessenen Frist und nur dann für ungültig erklärt werden, wenn der Beteiligte seine Untätigkeit nicht rechtfertigt.

2) Wird eine Fabrik- oder Handelsmarke vom Inhaber in einer Form gebraucht, die von der Eintragung in einem der Verbandsländer nur in Bestandteilen abweicht, ohne dass dadurch die Unterscheidungskraft der Marke beeinflusst wird, so soll dieser Gebrauch die Ungültigkeit der Eintragung nicht nach sich ziehen und den der Marke gewährten Schutz nicht schmälern.

3) Der gleichzeitige Gebrauch derselben Marke auf gleichen oder gleichartigen Erzeugnissen durch gewerbliche oder Handelsniederlassungen, die nach den Bestimmungen des Gesetzes des Landes, in dem der Schutz beansprucht wird, als Mitinhaber der Marke angesehen werden, steht der Eintragung der Marke nicht entgegen und schmälert nicht den der genannten Marke in einem Verbandsland gewährten Schutz, sofern dieser Gebrauch nicht eine Irreführung des Publikums zur Folge hat und dem öffentlichen Interesse nicht zuwiderläuft.

D. Für die Anerkennung des Rechts ist die Anbringung eines Zeichens oder Vermerks über das Patent, das Gebrauchsmuster, die Eintragung der Fabrik- oder Handelsmarke oder die Hinterlegung des gewerblichen Musters oder Modells auf dem Erzeugnis nicht erforderlich.

Art. 5bis **[Alle gewerblichen Schutzrechte: Nachfrist für die Zahlung von Aufrechterhaltungsgebühren. – Patente: Wiederherstellung]**

1) Für die Zahlung der zur Aufrechterhaltung der gewerblichen Schutzrechte vorgesehenen Gebühren wird eine Nachfrist von mindestens sechs Monaten gewährt, und zwar gegen Entrichtung einer Zuschlagsgebühr, sofern die innerstaatlichen Rechtsvorschriften eine solche auferlegen.

2) Den Verbandsländern steht es frei, die Wiederherstellung der mangels Zahlung von Gebühren verfallenen Patente vorzusehen.

Art. 5ter **[Patente: Freie Einfuhr von in Verkehrsmitteln eingebauten patentierten Gegenständen]**

In keinem der Verbandsländer wird als Eingriff in die Rechte des Patentinhabers angesehen:

1. der an Bord von Schiffen der anderen Verbandsländer stattfindende Gebrauch patentierter Einrichtungen im Schiffskörper, in den Maschinen, im Takelwerk, in den Geräten und sonstigem Zubehör, wenn die Schiffe vorübergehend oder zufällig in die Gewässer des Landes gelangen, vorausgesetzt, dass diese Einrichtungen dort ausschliesslich für die Bedürfnisse des Schiffes verwendet werden;
2. der Gebrauch patentierter Einrichtungen in der Bauausführung oder für den Betrieb der Luft- oder Landfahrzeuge der anderen Verbandsländer oder des Zubehörs solcher Fahrzeuge, wenn diese vorübergehend oder zufällig in dieses Land gelangen.

Art. 5^{quater} **[Patente: Einfuhr von Erzeugnissen bei Schutz des Herstellungsverfahrens im Einfuhrland]**

Wird ein Erzeugnis in ein Verbandsland eingeführt, in dem ein Patent zum Schutz eines Verfahrens zur Herstellung dieses Erzeugnisses besteht, so hat der Patentinhaber hinsichtlich des eingeführten Erzeugnisses alle Rechte, die ihm die Rechtsvorschriften des Einfuhrlandes auf Grund des Verfahrenspatents hinsichtlich der im Land selbst hergestellten Erzeugnisse gewähren.

[...]

Art. 11 **[Patentfähige Erfindungen, Gebrauchsmuster, gewerbliche Muster und Modelle, Marken: Zeitweiliger Schutz im Zusammenhang mit internationalen Ausstellungen]**

1) Die Verbandsländer werden nach Massgabe ihrer innerstaatlichen Rechtsvorschriften den patentfähigen Erfindungen, den Gebrauchsmustern, den gewerblichen Mustern oder Modellen sowie den Fabrik- oder Handelsmarken für Erzeugnisse, die in einem Verbandsland auf den amtlichen oder amtlich anerkannten internationalen Ausstellungen zur Schau gestellt werden, einen zeitweiligen Schutz gewähren.

2) Dieser zeitweilige Schutz verlängert die Fristen des Artikels 4 nicht. Wird später das Prioritätsrecht beansprucht, so kann die Behörde eines jeden Landes die Frist mit dem Zeitpunkt beginnen lassen, zu dem das Erzeugnis in die Ausstellung eingebracht worden ist.

3) Jedes Land kann zum Nachweis der Übereinstimmung des ausgestellten Gegenstandes und des Zeitpunkts der Einbringung die ihm notwendig erscheinenden Belege verlangen.

[Art. 12–30 nicht abgedruckt]

Weitere Fundstellen für Patentrecht und Sortenschutz

Nationale Erlasse
- Bundesratsbeschluss vom 28. Januar 1908 über die Anwendung von Artikel 18 des Bundesgesetzes über die Erfindungspatente (Gegenrecht mit den **Vereinigten Staaten von Amerika** betreffend Löschung von Patenten) (SR 232.149.336)
- Bundesgesetz vom 20. März 1975 über den Schutz von Pflanzenzüchtungen **(Sortenschutzgesetz)** (SR 232.16)
- **Sortenschutzverordnung** vom 11. Mai 1977 (SR 232.161)
- Verordnung vom 20. Oktober 1994 über die **Gebühren des Büros für Sortenschutz** (SR 232.161.4)

Multilaterale Staatsverträge
- Übereinkommen vom 27. November 1963 zur **Vereinheitlichung gewisser Begriffe des materiellen Rechts der Erfindungspatente** (SR 0.232.142.1)
- Strassburger Abkommen vom 24. März 1971 über die **internationale Klassifikation der Erfindungspatente** (SR 0.232.143.1)
- Budapester Vertrag vom 28. April 1977 über die internationale **Anerkennung der Hinterlegung von Mikroorganismen für die Zwecke von Patentverfahren** (SR 0.232.145.1)
- **Ausführungsordnung** vom 28. April 1977 zum Budapester Vertrag über die internationale Anerkennung der Hinterlegung von Mikroorganismen für die Zwecke von Patentverfahren (SR 0.232.145.11)
- Internationales Übereinkommen vom 2. Dezember 1961 zum **Schutz von Pflanzenzüchtungen** (mit Anlage) (SR 0.232.161)
- **Zusatzvereinbarung** vom 10. November 1972 zur Änderung des Internationalen Übereinkommens zum Schutz von Pflanzenzüchtungen (SR 0.232.161.1)
- Internationales Übereinkommen vom 2. Dezember 1961 zum **Schutz von Pflanzenzüchtungen,** revidiert in Genf am 10. November 1972 und am 23. Oktober 1978 (SR 0.232.162)

Bilaterale Verträge
- Vertrag vom 22. Dezember 1978 zwischen der Schweizerischen Eidgenossenschaft und dem Fürstentum **Liechtenstein** über den Schutz der Erfindungspatente (Patentschutzvertrag) (mit Anlagen) (SR 0.232.149.514)
- **Ergänzungsvereinbarung** vom 2. November 1994 zwischen der Schweizerischen Eidgenossenschaft und dem Fürstentum **Liechtenstein** zum Vertrag vom 22. Dezember 1978 über den Schutz der Erfindungspatente (Patentschutzvertrag) (SR 0.232.149.514.0)
- **Ausführungsvereinbarung** vom 10. Dezember 1979 zum **schweizerisch-liechtensteinischen Patentschutzvertrag** (SR 0.232.149.514.1)
- Übereinkommen vom 13. April 1892 zwischen der Schweiz und **Deutschland** betreffend den gegenseitigen Patent-, Muster- und Markenschutz (SR 0.232.149.136)
- Erkl. der Vereinigten Staaten von **Amerika** betreffend die Ausführung der Erfindung im Inland (SR 0.232.149.336)

Europäisches Recht

- Richtlinie 98/44/EG des Europäischen Parlaments und des Rates vom 6. Juli 1998 über den rechtlichen **Schutz biotechnologischer Erfindungen** (ABl. 1998 Nr. L 213 S. 13 ff.)
- Verordnung (EG) Nr. 2100/94 des Rates vom 27. Juli 1994 über den **gemeinschaftlichen Sortenschutz** (ABl. 1994 Nr L 227 S.1 ff.)

Verschiedenes

- Richtlinien für die **Sachprüfung der Patentgesuche des IGE** (www.ige.ch/D/jurinfo/pdf/richtpat.pdf)
- Richtlinien für die **Prüfung beim europäischen Patentamt** (http://www.european-patent-office.org/legal/gui_lines/pdf_2003/index_d.html)
- **Rechtsprechung der Beschwerdekammern** des europäischen Patentamts (4. Auflage 2001; http://db1.european-patent-office.org/dwl/legal/case_law/clr_all_de.pdf).
- **Durchführungsvorschriften zum europäischen Patentübereinkommen** (www.european-patent-office.org/legal/anc_reg/de/index.htm#ANCTOC)
- **PCT applicant's guide** (http://www.wipo.int/pct/guide/en/)
- **PCT Administrative Instructions** (http://www.wipo.org/pct/en/texts/)
- **PCT Receiving Office Guidelines** (as in force January 1, 2004)
- **PCT International Search and Preliminary Examination Guidelines** (applicable international applications filed on or after January 1, 2004) (alle erhältlich unter http://www.wipo.org/pct/en/)

Lauterkeitsrecht

Bundesgesetz
gegen den unlauteren Wettbewerb
(UWG)

vom 19. Dezember 1986 (Stand am 10. Dezember 2002)

Die Bundesversammlung der Schweizerischen Eidgenossenschaft,
gestützt auf die Artikel 31bis Absatz 2, 31^{sexies}, 64 und 64bis der Bundesverfassung[1],[2]
nach Einsicht in eine Botschaft des Bundesrates vom 18. Mai 1983[3],
beschliesst:

1. Kapitel: Zweck

Art. 1 **Dieses Gesetz bezweckt, den lauteren und unverfälschten Wettbewerb im Interesse aller Beteiligten zu gewährleisten.**

2. Kapitel: Zivil- und prozessrechtliche Bestimmungen
1. Abschnitt: Widerrechtlichkeit des unlauteren Wettbewerbs

Art. 2 **Grundsatz**

Unlauter und widerrechtlich ist jedes täuschende oder in anderer Weise gegen den Grundsatz von Treu und Glauben verstossende Verhalten oder Geschäftsgebaren, welches das Verhältnis zwischen Mitbewerbern oder zwischen Anbietern und Abnehmern beeinflusst.

Art. 3 **Unlautere Werbe- und Verkaufsmethoden und anderes widerrechtliches Verhalten**

Unlauter handelt insbesondere, wer:

a. andere, ihre Waren, Werke, Leistungen, deren Preise oder ihre Geschäftsverhältnisse durch unrichtige, irreführende oder unnötig verletzende Äusserungen herabsetzt;

b.[4] über sich, seine Firma, seine Geschäftsbezeichnung, seine Waren, Werke oder Leistungen, deren Preise, die vorrätige Menge, die Art der Verkaufsveranstaltung oder über seine Geschäftsverhältnisse unrichtige oder irreführende Angaben macht oder in entsprechender Weise Dritte im Wettbewerb begünstigt;

c. unzutreffende Titel oder Berufsbezeichnungen verwendet, die geeignet sind, den Anschein besonderer Auszeichnungen oder Fähigkeiten zu erwecken;

---

[1] [BS 1 3; AS **1981** 1244]. Den genannten Bestimmungen entsprechen heute Art. 95, 97, 122 und 123 der BV vom 18. April 1999 (SR **101**).

[2] Fassung gemäss Anhang Ziff. 14 des Gerichtsstandsgesetzes vom 24. März 2000, in Kraft seit 1. Jan. 2001 (SR **272**).

[3] BBl **1983** II 10

[4] Fassung gemäss Ziff. I des BG vom 24. März 1995, in Kraft seit 1. Nov. 1995 (AS **1995** 4086 4087; BBl **1994** III 442).

d. Massnahmen trifft, die geeignet sind, Verwechslungen mit den Waren, Werken, Leistungen oder dem Geschäftsbetrieb eines anderen herbeizuführen;

e. sich, seine Waren, Werke, Leistungen oder deren Preise in unrichtiger, irreführender, unnötig herabsetzender oder anlehnender Weise mit anderen, ihren Waren, Werken, Leistungen oder deren Preisen vergleicht oder in entsprechender Weise Dritte im Wettbewerb begünstigt;

f. ausgewählte Waren, Werke oder Leistungen wiederholt unter Einstandspreisen anbietet, diese Angebote in der Werbung besonders hervorhebt und damit den Kunden über die eigene oder die Leistungsfähigkeit von Mitbewerbern täuscht; Täuschung wird vermutet, wenn der Verkaufspreis unter dem Einstandspreis vergleichbarer Bezüge gleichartiger Waren, Werke oder Leistungen liegt; weist der Beklagte den tatsächlichen Einstandspreis nach, so ist dieser für die Beurteilung massgebend;

g. den Kunden durch Zugaben über den tatsächlichen Wert des Angebots täuscht;

h. den Kunden durch besonders aggressive Verkaufsmethoden in seiner Entscheidungsfreiheit beeinträchtigt;

i. die Beschaffenheit, die Menge, den Verwendungszweck, den Nutzen oder die Gefährlichkeit von Waren, Werken oder Leistungen verschleiert und dadurch den Kunden täuscht;

k.[5] es bei öffentlichen Auskündigungen über einen Konsumkredit unterlässt, seine Firma eindeutig zu bezeichnen oder den Nettobetrag des Kredits, die Gesamtkosten des Kredits und den effektiven Jahreszins deutlich anzugeben;

l.[6] es bei öffentlichen Auskündigungen über einen Konsumkredit zur Finanzierung von Waren oder Dienstleistungen unterlässt, seine Firma eindeutig zu bezeichnen oder den Barzahlungspreis, den Preis, der im Rahmen des Kreditvertrags zu bezahlen ist, und den effektiven Jahreszins deutlich anzugeben;

m.[7] im Rahmen einer geschäftlichen Tätigkeit einen Konsumkreditvertrag oder einen Vorauszahlungskauf anbietet oder abschliesst und dabei Vertragsformulare verwendet, die unvollständige oder unrichtige Angaben über den Gegenstand des Vertrags, den Preis, die Zahlungsbedingungen, die Vertragsdauer, das Widerrufs- oder Kündigungsrecht des Kunden oder über sein Recht zu vorzeitiger Bezahlung der Restschuld enthalten;

n.[8] es bei öffentlichen Auskündigungen über einen Konsumkredit (Bst. k) oder über einen Konsumkredit zur Finanzierung von Waren oder Dienstleistungen (Bst. l) unterlässt, darauf hinzuweisen, dass die Kreditvergabe verboten ist, falls sie zur Überschuldung der Konsumentin oder des Konsumenten führt.

---

[5] Fassung gemäss Anhang 2 Ziff. II 2 des BG 23. März 2001 über den Konsumkredit, in Kraft seit 1. Jan. 2003 (SR **221.214.1**).

[6] Fassung gemäss Anhang 2 Ziff. II 2 des BG 23. März 2001 über den Konsumkredit, in Kraft seit 1. Jan. 2003 (SR **221.214.1**).

[7] Fassung gemäss Anhang 2 Ziff. II 2 des BG 23. März 2001 über den Konsumkredit, in Kraft seit 1. Jan. 2003 (SR **221.214.1**).

[8] Eingefügt durch Anhang 2 Ziff. II 2 des BG 23. März 2001 über den Konsumkredit, in Kraft seit 1. Jan. 2003 (SR **221.214.1**).

Art. 4   **Verleitung zu Vertragsverletzung oder -auflösung**

Unlauter handelt insbesondere, wer:

a. Abnehmer zum Vertragsbruch verleitet, um selber mit ihnen einen Vertrag abschliessen zu können;

b. sich oder einem andern Vorteile zu verschaffen sucht, indem er Arbeitnehmern, Beauftragten oder anderen Hilfspersonen eines Dritten Vergünstigungen gewährt oder anbietet, die diesen rechtmässig nicht zustehen und die geeignet sind, diese Personen zu pflichtwidrigem Verhalten bei ihren dienstlichen oder geschäftlichen Verrichtungen zu verleiten;

c. Arbeitnehmer, Beauftragte oder andere Hilfspersonen zum Verrat oder zur Auskundschaftung von Fabrikations- oder Geschäftsgeheimnissen ihres Arbeitgebers oder Auftraggebers verleitet;

d.[9] einen Käufer oder Kreditnehmer, der einen Vorauszahlungskauf oder einen Konsumkreditvertrag abgeschlossen hat, veranlasst, den Vertrag zu widerrufen, oder wer einen Käufer, der einen Vorauszahlungskauf abgeschlossen hat, veranlasst, diesen zu kündigen, um selber mit ihm einen solchen Vertrag abzuschliessen.

Art. 5   **Verwertung fremder Leistung**

Unlauter handelt insbesondere, wer:

a. ein ihm anvertrautes Arbeitsergebnis wie Offerten, Berechnungen oder Pläne unbefugt verwertet;

b. ein Arbeitsergebnis eines Dritten wie Offerten, Berechnungen oder Pläne verwertet, obwohl er wissen muss, dass es ihm unbefugterweise überlassen oder zugänglich gemacht worden ist;

c. das marktreife Arbeitsergebnis eines andern ohne angemessenen eigenen Aufwand durch technische Reproduktionsverfahren als solches übernimmt und verwertet.

Art. 6   **Verletzung von Fabrikations- und Geschäftsgeheimnissen**

Unlauter handelt insbesondere, wer Fabrikations- oder Geschäftsgeheimnisse, die er ausgekundschaftet oder sonstwie unrechtmässig erfahren hat, verwertet oder andern mitteilt.

Art. 7   **Nichteinhaltung von Arbeitsbedingungen**

Unlauter handelt insbesondere, wer Arbeitsbedingungen nicht einhält, die durch Rechtssatz oder Vertrag auch dem Mitbewerber auferlegt, oder berufs- oder ortsüblich sind.

Art. 8   **Verwendung missbräuchlicher Geschäftsbedingungen**

Unlauter handelt insbesondere, wer vorformulierte allgemeine Geschäftsbedingungen verwendet, die in irreführender Weise zum Nachteil einer Vertragspartei:

a. von der unmittelbar oder sinngemäss anwendbaren gesetzlichen Ordnung erheblich abweichen oder

---

[9] Fassung gemäss Anhang 2 Ziff. II 2 des BG 23. März 2001 über den Konsumkredit, in Kraft seit 1. Jan. 2003 (SR **221.214.1**).

b. eine der Vertragsnatur erheblich widersprechende Verteilung von Rechten und Pflichten vorsehen.

2. Abschnitt: Klageberechtigung

Art. 9　　Grundsatz

[1] Wer durch unlauteren Wettbewerb in seiner Kundschaft, seinem Kredit oder beruflichen Ansehen, in seinem Geschäftsbetrieb oder sonst in seinen wirtschaftlichen Interessen bedroht oder verletzt wird, kann dem Richter beantragen:

a. eine drohende Verletzung zu verbieten;
b. eine bestehende Verletzung zu beseitigen;
c. die Widerrechtlichkeit einer Verletzung festzustellen, wenn sich diese weiterhin störend auswirkt.

[2] Er kann insbesondere verlangen, dass eine Berichtigung oder das Urteil Dritten mitgeteilt oder veröffentlicht wird.

[3] Er kann ausserdem nach Massgabe des Obligationenrechts[10] auf Schadenersatz und Genugtuung sowie auf Herausgabe eines Gewinnes entsprechend den Bestimmungen über die Geschäftsführung ohne Auftrag klagen.

Art. 10　　Klagen von Kunden und Organisationen sowie des Bundes[11]

[1] Die Klagen gemäss Artikel 9 stehen ebenso den Kunden zu, die durch unlauteren Wettbewerb in ihren wirtschaftlichen Interessen bedroht oder verletzt sind.

[2] Ferner können nach Artikel 9 Absätze 1 und 2 klagen:

a. Berufs- und Wirtschaftsverbände, die nach den Statuten zur Wahrung der wirtschaftlichen Interessen ihrer Mitglieder befugt sind;
b. Organisationen von gesamtschweizerischer oder regionaler Bedeutung, die sich statutengemäss dem Konsumentenschutz widmen;
c.[12] der Bund, wenn er es zum Schutz des Ansehens der Schweiz im Ausland als nötig erachtet und die klageberechtigten Personen im Ausland ansässig sind.

Art. 11　　Klagen gegen den Geschäftsherrn

Ist der unlautere Wettbewerb von Arbeitnehmern oder anderen Hilfspersonen bei dienstlichen oder geschäftlichen Verrichtungen begangen worden, so kann auch gegen den Geschäftsherrn nach Artikel 9 Absätze 1 und 2 geklagt werden.

---

[10] SR **220**

[11] Fassung gemäss Ziff. I des BG vom 20. März 1992, in Kraft seit 1. Aug. 1992 (AS **1992** 1514 1515; BBl **1992** I 355).

[12] Eingefügt durch Ziff. I des BG vom 20. März 1992, in Kraft seit 1. Aug. 1992 (AS **1992** 1514 1515; BBl **1992** I 355).

3. Abschnitt: Prozessrechtliche Bestimmungen

Art. 12   Sachzusammenhang[13]

¹ ...[14]

² Steht ein zivilrechtlicher Anspruch wegen unlauteren Wettbewerbs im Zusammenhang mit einer zivilrechtlichen Streitigkeit, für die das entsprechende Bundesgesetz eine einzige kantonale Instanz oder andere Gerichtsstände vorsieht, so kann die Klage wegen unlauteren Wettbewerbs auch an diese angehoben werden. Ist eine einzige kantonale Instanz vorgesehen, so ist die Berufung an das Bundesgericht ohne Rücksicht auf den Streitwert zulässig.

Art. 13   Schlichtungsverfahren oder einfaches und rasches Prozessverfahren

Die Kantone sehen für Streitigkeiten wegen unlauteren Wettbewerbs bis zu einem vom Bundesrat zu bestimmenden Streitwert ein Schlichtungsverfahren oder ein einfaches und rasches Prozessverfahren vor. Dieses Verfahren ist auch auf Streitigkeiten ohne Streitwert anwendbar.

Art. 13a[15]   **Beweislastumkehr**

¹ Der Richter kann vom Werbenden den Beweis für die Richtigkeit von in der Werbung enthaltenen Tatsachenbehauptungen verlangen, wenn dies unter Berücksichtigung der berechtigten Interessen des Werbenden und anderer am Verfahren beteiligter Personen im Einzelfall angemessen erscheint.

² Der Richter kann Tatsachenbehauptungen als unrichtig ansehen, wenn der Beweis nicht angetreten oder für unzureichend erachtet wird.

Art. 14   Vorsorgliche Massnahmen

Auf vorsorgliche Massnahmen sind die Artikel 28c–28f des Zivilgesetzbuches[16] sinngemäss anwendbar.

Art. 15   Wahrung von Fabrikations- und Geschäftsgeheimnissen

¹ In Streitigkeiten gemäss Artikel 3 Buchstabe f und im Falle von Artikel 13a sind die Fabrikations- und Geschäftsgeheimnisse der Parteien zu wahren.[17]

² Beweismittel, durch die solche Geheimnisse offenbart werden können, dürfen der Gegenpartei nur soweit zugänglich gemacht werden, als dies mit der Wahrung der Geheimnisse vereinbar ist.

---

[13] Fassung gemäss Anhang Ziff. 14 des Gerichtsstandsgesetzes vom 24. März 2000, in Kraft seit 1. Jan.2001 (SR **272**).

[14] Aufgehoben durch Anhang Ziff. 14 des Gerichtsstandsgesetzes vom 24. März 2000 (SR **272**).

[15] Eingefügt durch Ziff. I des BG vom 18. Juni 1993, in Kraft seit 1. April 1994 (AS **1994** 375 376; BBl **1993** I 805).

[16] SR **210**

[17] Fassung gemäss Ziff. I des BG vom 18. Juni 1993, in Kraft seit 1. April 1994 (AS **1994** 375 376; BBl **1993** I 805).

3. Kapitel: Verwaltungsrechtliche Bestimmungen
1. Abschnitt: Preisbekanntgabe an Konsumenten

Art. 16 Pflicht zur Preisbekanntgabe

¹ Für Waren, die dem Konsumenten zum Kaufe angeboten werden, ist der tatsächlich zu bezahlende Preis bekanntzugeben, soweit der Bundesrat keine Ausnahmen vorsieht. Ausnahmen sind insbesondere aus technischen oder Sicherheitsgründen zulässig. Dieselbe Pflicht besteht für die vom Bundesrat bezeichneten Dienstleistungen.

² Der Bundesrat regelt die Bekanntgabe von Preisen und Trinkgeldern.

³ Für messbare Güter und Leistungen gelten zudem die Bestimmungen von Artikel 11 des Bundesgesetzes vom 9. Juni 1977[18] über das Messwesen.

Art. 17 Preisbekanntgabe in der Werbung

Werden Preise oder Preisreduktionen in der Werbung angezeigt, so richtet sich deren Bekanntgabe nach den vom Bundesrat zu erlassenden Bestimmungen.

Art. 18 Irreführende Preisbekanntgabe

Es ist unzulässig, in irreführender Weise:
a. Preise bekanntzugeben;
b. auf Preisreduktionen hinzuweisen oder
c. neben dem tatsächlich zu bezahlenden Preis weitere Preise aufzuführen.

Art. 19 Auskunftspflicht

¹ Die zuständigen Organe der Kantone können Auskünfte einholen und Unterlagen verlangen, soweit es die Abklärung des Sachverhalts erfordert.

² Der Auskunftspflicht unterstehen:
a. Personen und Firmen, die Konsumenten Waren zum Kauf anbieten oder solche Waren herstellen, kaufen oder damit Handel treiben;
b. Personen und Firmen, die Dienstleistungen anbieten, erbringen, vermitteln oder in Anspruch nehmen;
c. Organisationen der Wirtschaft;
d. Organisationen von gesamtschweizerischer oder regionaler Bedeutung, die sich statutengemäss dem Konsumentenschutz widmen.

³ Die Auskunftspflicht entfällt, wenn nach Artikel 42 des Bundesgesetzes über den Bundeszivilprozess[19] die Aussage verweigert werden kann.

⁴ Bestimmungen der Kantone über das Verwaltungs- und Strafverfahren bleiben vorbehalten.

Art. 20 Vollzug

¹ Der Vollzug obliegt den Kantonen, die Oberaufsicht dem Bund.

² Der Bundesrat erlässt die Ausführungsbestimmungen.

---

[18] SR **941.20**
[19] SR **273**

2. Abschnitt: Ausverkäufe und ähnliche Veranstaltungen

Art. 21–22[20]

4. Kapitel: Strafbestimmungen

Art. 23   Unlauterer Wettbewerb

Wer vorsätzlich unlauteren Wettbewerb nach den Artikeln 3, 4, 5 oder 6 begeht, wird auf Antrag mit Gefängnis oder Busse bis zu 100 000 Franken bestraft. Strafantrag stellen kann, wer nach den Artikeln 9 und 10 zur Zivilklage berechtigt ist.

Art. 24   Verletzung der Pflicht zur Preisbekanntgabe an Konsumenten

[1] Wer vorsätzlich:

a. die Pflicht zur Preisbekanntgabe (Art. 16) verletzt;
b. den Vorschriften über die Preisbekanntgabe in der Werbung (Art. 17) zuwiderhandelt;
c. in irreführender Weise Preise bekanntgibt (Art. 18);
d. die Auskunftspflicht im Zusammenhang mit der Preisbekanntgabe (Art. 19) verletzt;
e. den Ausführungsvorschriften des Bundesrates über die Preisbekanntgabe (Art. 16 und 20) zuwiderhandelt,

wird mit Haft oder Busse bis zu 20 000 Franken bestraft.

[2] Handelt der Täter fahrlässig, so ist die Strafe Busse.

Art. 25[21]

Art. 26   Widerhandlungen in Geschäftsbetrieben

Für Widerhandlungen in Geschäftsbetrieben, durch Beauftragte und dergleichen sind die Artikel 6 und 7 des Verwaltungsstrafrechtsgesetzes[22] anwendbar.

Art. 27   Strafverfolgung

[1] Die Strafverfolgung ist Sache der Kantone.

[2] Die kantonalen Behörden teilen sämtliche Urteile, Strafbescheide und Einstellungsbeschlüsse aus dem Bereich der Preisbekanntgabe an Konsumenten unverzüglich und unentgeltlich in vollständiger Ausfertigung der Bundesanwaltschaft zuhanden des Eidgenössischen Volkswirtschaftsdepartements mit.[23]

---

[20] Aufgehoben durch Ziff. I des BG vom 24. März 1995 (AS **1995** 4086; BBl **1994** III 442).
[21] Aufgehoben durch Ziff. I des BG vom 24. März 1995 (AS **1995** 4086; BBl **1994** III 442).
[22] SR **313.0**
[23] Fassung gemäss Ziff. I des BG vom 24. März 1995, in Kraft seit 1. Nov. 1995 (AS **1995** 4086 4087; BBl **1994** III 442).

5. Kapitel: Schlussbestimmungen

Art. 28 Aufhebung bisherigen Rechts

Das Bundesgesetz vom 30. September 1943[24] über den unlauteren Wettbewerb wird aufgehoben.

Art. 29 Referendum und Inkrafttreten

1 Dieses Gesetz untersteht dem fakultativen Referendum.
2 Der Bundesrat bestimmt das Inkrafttreten.

Datum des Inkrafttretens: 1. März 1988[25]

---

[24] [BS 2 951; AS **1962** 1047 Art. 2, **1978** 2057]
[25] BRB vom 14. Dez. 1987 (AS **1988** 231)

Verordnung über die Bekanntgabe von Preisen (Preisbekanntgabeverordnung, PBV)[1]

vom 11. Dezember 1978 (Stand am 17. Februar 2004)

Der Schweizerische Bundesrat,
gestützt auf die Artikel 16, 17 und 20 des Bundesgesetzes vom 19. Dezember 1986[2] gegen den unlauteren Wettbewerb
und Artikel 11 des Bundesgesetzes vom 9. Juni 1977[3] über das Messwesen,[4]
verordnet:

1. Kapitel: Zweck und Geltungsbereich

Art. 1 Zweck

Zweck dieser Verordnung ist, dass Preise klar und miteinander vergleichbar sind und irreführende Preisangaben verhindert werden.

Art. 2 Geltungsbereich

¹ Die Verordnung gilt für:

a. das Angebot von Waren zum Kauf an Konsumenten[5]
b. Rechtsgeschäfte mit Konsumenten mit wirtschaftlich gleichen oder ähnlichen Wirkungen wie der Kauf, beispielsweise Abzahlungsverträge, Mietkaufverträge, Leasingverträge und mit Kaufgeschäften verbundene Eintauschaktionen (kaufähnliche Rechtsgeschäfte);
c. das Angebot der in Artikel 10 genannten Dienstleistungen;
d. die an Konsumenten gerichtete Werbung für sämtliche Waren und Dienstleistungen.

² Konsumenten sind Personen, die Waren oder Dienstleistungen für Zwecke kaufen, die nicht im Zusammenhang mit ihrer gewerblichen oder beruflichen Tätigkeit stehen.[6]

---

[1] Abkürzung gemäss Ziff. I der V vom 14. Dez. 1987, in Kraft seit 1. März 1988 (AS **1988** 241).
[2] SR **241**
[3] SR **941.20**
[4] Fassung gemäss Ziff. I der V vom 14. Dez. 1987, in Kraft seit 1. März 1988 (AS **1988** 241).
[5] Ausdruck gemäss Ziff. I der V vom 14. Dez. 1987, in Kraft seit 1. März 1988 (AS **1988** 241). Diese Änderung ist im ganzen Erlass berücksichtigt.
[6] Fassung gemäss Ziff. I der V vom 28. April 1999, in Kraft seit 1. Nov. 1999 (AS **1999** 1637).

2. Kapitel: Waren

1. Abschnitt: Bekanntgabe des Detailpreises

Art. 3   Bekanntgabepflicht

¹ Für Waren, die dem Konsumenten zum Kauf angeboten werden, ist der tatsächlich zu bezahlende Preis in Schweizerfranken (Detailpreis) bekanntzugeben.

² Die Bekanntgabepflicht gilt auch für kaufähnliche Rechtsgeschäfte.

³ Sie gilt nicht für Waren, die an Versteigerungen, Auktionen und ähnlichen Veranstaltungen verkauft werden.

Art. 4   Öffentliche Abgaben, Vergünstigungen

¹ Überwälzte öffentliche Abgaben müssen im Detailpreis enthalten sein.

^{1bis} Bei Änderung des Mehrwertsteuersatzes muss innert drei Monaten nach deren Inkrafttreten die Preisanschrift angepasst werden. Die Konsumenten sind während dieser Frist mit einem gut sichtbaren Hinweis darüber in Kenntnis zu setzen, dass in der Preisanschrift die Steuersatzänderung noch nicht berücksichtigt ist.[7]

² Vergünstigungen wie Rabatte, Rabattmarken oder Rückvergütungen, die erst nach dem Kauf realisiert werden können, sind gesondert bekanntzugeben und zu beziffern.

2. Abschnitt: Bekanntgabe des Grundpreises

Art. 5   Bekanntgabepflicht

¹ Für messbare Waren, die dem Konsumenten zum Kauf angeboten werden, ist der Grundpreis bekanntzugeben.

² Für vorverpackte Ware sind Detail- und Grundpreis bekanntzugeben.

³ Der Grundpreis muss nicht angegeben werden bei:

a. Verkauf per Stück oder nach Stückzahl;
b. Verkauf von 1, 2 oder 5 Liter, Kilogramm, Meter, Quadratmeter oder Kubikmeter und ihrer dezimalen Vielfachen und Teile;
c. Behältern mit einem Nenninhalt von 25, 35, 37,5, 70, 75 und 150 cl;
d. Fertigpackungen mit einem Nettogewicht oder einem Abtropfgewicht von 25, 125, 250 und 2500 g;
e. Kombinationspackungen, Mehrteilpackungen und Geschenkpackungen;
f. Lebensmittelkonserven, die aus einer Mischung von festen Produkten bestehen, sofern die Gewichte der Bestandteile angegeben werden;
g.[8] Waren in Fertigpackungen, deren Detailpreis nicht mehr als 2 Franken beträgt;
h. Waren in Fertigpackungen, deren Grundpreis je Kilogramm oder Liter bei Lebensmitteln 150 Franken und bei den übrigen Waren 750 Franken übersteigt;
i. gastgewerblichen Betrieben.

---

[7] Eingefügt durch Ziff. I der V vom 28. April 1999, in Kraft seit 1. Nov. 1999 (AS **1999** 1637).
[8] Fassung gemäss Ziff. I der V vom 14. Dez. 1987, in Kraft seit 1. März 1988 (AS **1988** 241).

Preisbekanntgabeverordnung

Art. 6   Messbare Waren und Grundpreis

¹ Messbare Waren sind solche, deren Detailpreis üblicherweise nach Volumen, Gewicht, Masse, Länge oder Fläche bestimmt wird.

² Als Grundpreis gilt der dem Detailpreis zugrundeliegende Preis je Liter, Kilogramm, Meter, Quadratmeter, Kubikmeter oder eines dezimalen Vielfachen oder eines dezimalen Teiles davon.

³ Wird bei Lebensmittelkonserven in Anwendung von Artikel 18 der Deklarationsverordnung vom 15. Juli 1970⁹ das Abtropfgewicht angegeben, bezieht sich der Grundpreis auf das Abtropfgewicht.

3. Abschnitt: Art und Weise der Bekanntgabe

Art. 7   Anschrift

¹ Detail- und Grundpreise müssen durch Anschrift an der Ware selbst oder unmittelbar daneben (Anschrift, Aufdruck, Etikette, Preisschild usw.) bekanntgegeben werden.

² Sie können in anderer leicht zugänglicher und gut lesbarer Form bekanntgegeben werden (Regalanschrift, Anschlag von Preislisten, Auflage von Katalogen usw.), wenn die Anschrift an der Ware selbst wegen der Vielzahl preisgleicher Waren oder aus technischen Gründen nicht zweckmässig ist.

³ Die Bekanntgabe nach Absatz 2 ist auch zulässig für Antiquitäten, Kunstgegenstände, Orientteppiche, Pelzwaren, Uhren, Schmuck und andere Gegenstände aus Edelmetallen, wenn der Preis 5000 Franken übersteigt.¹⁰

Art. 8   Sichtbarkeit und Lesbarkeit

¹ Detail- und Grundpreise müssen leicht sichtbar und gut lesbar sein. Sie sind in Zahlen bekanntzugeben.

² Insbesondere müssen in Schaufenstern die Detailpreise, bei Waren, die offen verkauft werden, die Grundpreise von aussen gut lesbar sein.

Art. 9   Spezifizierung

¹ Aus der Bekanntgabe muss hervorgehen, auf welches Produkt und welche Verkaufseinheit sich der Detailpreis bezieht.

² Die Menge ist nach dem Bundesgesetz vom 9. Juni 1977 über das Messwesen anzugeben.

³ Weitergehende Bestimmungen über die Spezifizierung in anderen Erlassen bleiben vorbehalten.

---

⁹ [AS **1970** 937, **1972** 1723 2742, **1978** 2074, **1986** 1924; SR **817.02** Art. 440 Ziff. 3]. Siehe heute die V vom 8. Juni 1998 (SR **941.281**).

¹⁰ Eingefügt durch Ziff. I der V vom 14. Dez. 1987, in Kraft seit 1. März 1988 (AS **1988** 241).

3. Kapitel: Dienstleistungen

Art. 10   Bekanntgabepflicht

¹ Für Dienstleistungen in den folgenden Bereichen sind die tatsächlich zu bezahlenden Preise in Schweizerfranken bekanntzugeben:

a. Coiffeurgewerbe;

b. Garagegewerbe für Serviceleistungen;

c. Gastgewerbe und Hotellerie;

d. Kosmetische Institute und Fusspflege;

e.[11] Fitnessinstitute, Schwimmbäder, Eisbahnen und andere Sportanlagen;

f. Taxigewerbe;

g. Unterhaltungsgewerbe (Theater, Konzerte, Kinos, Dancings und dgl.), Museen, Ausstellungen, Messen sowie Sportveranstaltungen;

h. Vermietung von Fahrzeugen, Apparaten und Geräten;

i. Wäschereien und chemische Reinigungsbetriebe (Hauptverfahren und Standardartikel);

k. Parkieren und Einstellen von Autos;

l. Fotobranche (standardisierte Leistungen in den Bereichen Entwickeln, Kopieren, Vergrössern);

m.[12] Kurswesen;

n.[13] Pauschalreisen;

o.[14] die mit der Buchung einer Reise zusammenhängenden und gesondert in Rechnung gestellten Leistungen (Buchung, Reservation, Vermittlung);

p.[15] Fernmeldedienste nach dem Fernmeldegesetz vom 30. April 1997[16], soweit im Mobilfunkbereich nicht Dienste von anderen Fernmeldedienstanbieterinnen im Ausland mitbenützt werden (Roaming);

q.[17] auf Fernmeldediensten aufbauende Mehrwertdienste wie Informations-, Beratungs-, Vermarktungs-, Gebührenteilungsdienste, soweit im Mobilfunkbereich nicht Dienste von anderen Fernmeldedienstanbieterinnen im Ausland mitbenützt werden (Roaming);

r.[18] die Kontoeröffnung, -führung und -schliessung, den Zahlungsverkehr im Inland und grenzüberschreitend, Zahlungsmittel (Kreditkarten) sowie den Kauf und Verkauf ausländischer Währungen (Geldwechsel);

---

[11] Fassung gemäss Ziff. I der V vom 28. April 1999, in Kraft seit 1. Nov. 1999 (AS **1999** 1637).
[12] Eingefügt durch Ziff. I der V vom 28. April 1999, in Kraft seit 1. Nov. 1999 (AS **1999** 1637).
[13] Eingefügt durch Ziff. I der V vom 28. April 1999, in Kraft seit 1. Nov. 1999 (AS **1999** 1637).
[14] Eingefügt durch Ziff. I der V vom 28. April 1999, in Kraft seit 1. Nov. 1999 (AS **1999** 1637).
[15] Eingefügt durch Ziff. I der V vom 28. April 1999, in Kraft seit 1. Nov. 1999 (AS **1999** 1637).
[16] SR **784.10**
[17] Eingefügt durch Ziff. I der V vom 28. April 1999, in Kraft seit 1. Nov. 1999 (AS **1999** 1637).
[18] Eingefügt durch Ziff. I der V vom 28. April 1999, in Kraft seit 1. Nov. 1999 (AS **1999** 1637).

s.[19] Teilzeitnutzungsrechte an Immobilien;

t.[20] zahnärztliche Dienstleistungen.

[2] Überwälzte öffentliche Abgaben müssen im Preis enthalten sein.

[3] Bei Änderung des Mehrwertsteuersatzes muss innert drei Monaten nach deren Inkrafttreten die Preisanschrift angepasst werden. Die Konsumenten sind während dieser Frist mit einem gut sichtbaren Hinweis darüber in Kenntnis zu setzen, dass die Steuersatzänderung in der Preisanschrift noch nicht berücksichtigt ist.[21]

Art. 11   Art und Weise der Bekanntgabe

[1] Preisanschläge, Preislisten, Kataloge usw. müssen leicht zugänglich und gut lesbar sein.

[1bis] ...[22]

[2] Aus der Bekanntgabe muss hervorgehen, auf welche Art und Einheit der Dienstleistung oder auf welche Verrechnungssätze sich der Preis bezieht.

[3] In gastgewerblichen Betrieben muss aus der Bekanntgabe des Preises für Spirituosen, Liköre, Apéritifs, Wein, Bier, Mineralwasser, Süssgetränke, Obst-, Frucht- und Gemüsesäfte sowie für kalte Milch und kalte Milchmischgetränke usw. hervorgehen, auf welche Menge sich der Preis bezieht.

[4] In Betrieben, die gewerbsmässig Personen beherbergen, ist der Preis für die Übernachtung mit oder ohne Frühstück, für Halb- oder Vollpension dem Gast bei seiner Ankunft mündlich oder schriftlich bekanntzugeben und in den Gästezimmern anzuschlagen.

Art. 11a[23]   Art und Weise der Preisbekanntgabe für entgeltliche Mehrwertdienste

[1] Bei Mehrwertdiensten (Art. 10 Abs. 1 Bst. q), deren Grundgebühr oder deren Preis pro Minute zwei Franken übersteigt, darf dem Kunden nichts in Rechnung gestellt werden, dessen Preis ihm nicht zuvor zumindest in der Sprache des Dienstangebotes unmissverständlich und kostenlos angekündigt worden ist. Zwischengeschaltete Fixgebühren sowie die Kosten bei Einweisung in eine Warteschlaufe bei 090x-Nummern oder Kurznummern sind unabhängig von ihrer Höhe anzukündigen.

[2] Für die Dauer der Tarifansage dürfen dem Kunden jedoch belastet werden:

a. die Verbindungsgebühren bei Anrufen auf normale Teilnehmernummern;
b. allfällige Mobilfunkgebühren.

[3] Die Grundgebühr, zwischengeschaltete Fixgebühren sowie die Tarifierung pro Minute dürfen erst fünf Sekunden nach Abschluss der Tarifansage ausgelöst werden.

[4] Übersteigen die fixen Gebühren zehn Franken oder der Preis pro Minute fünf Franken, so darf der Mehrwertdienst dem Kunden nur belastet werden, wenn dieser die Annahme des Angebots durch ein besonderes Signal bestätigt hat.

---

[19] Eingefügt durch Ziff. I der V vom 28. April 1999, in Kraft seit 1. Nov. 1999 (AS **1999** 1637).
[20] Eingefügt durch Ziff. I der V vom 21. Jan. 2004, in Kraft seit 1. Juni 2004 (AS **2004** 827).
[21] Eingefügt durch Ziff. I der V vom 28. April 1999, in Kraft seit 1. Nov. 1999 (AS **1999** 1637).
[22] Eingefügt durch Ziff. I der V vom 28. April 1999 (AS **1999** 1637). Aufgehoben durch Ziff. I der V vom 21. Jan. 2004, mit Wirkung seit 1. Juni 2004 (AS **2004** 827).
[23] Eingefügt durch Ziff. I der V vom 21. Jan. 2004, in Kraft seit 1. Juni 2004 (AS **2004** 827).

⁵ Bei Mehrwertdiensten, die über Internet- oder Datenverbindungen angeboten werden, darf dem Kunden nichts in Rechnung gestellt werden, dessen Preis ihm nicht zuvor in gut sichtbarer und deutlich lesbarer Schrift bekannt gegeben worden ist. Zusätzlich müssen die auflaufenden Gebühren in ständig gut sichtbarer und deutlich lesbarer Schrift bekannt gegeben werden. Absatz 4 ist sinngemäss anwendbar.

Art. 11b[24] Art und Weise der Preisbekanntgabe bei Mehrwertdiensten, die pro Einzelinformation abgerechnet werden

Bei Mehrwertdiensten, die auf einer Anmeldung des Konsumenten beruhen und eine Mehrzahl von Einzelinformationen (wie Text- und Bildmitteilungen, Audio- oder Videosequenzen) auslösen können (sog. Push-Dienste), müssen dem Konsumenten vor der Aktivierung des Dienstes kostenlos und unmissverständlich bekannt gegeben werden:

a. eine allfällige Grundgebühr;
b. der Preis pro Einzelinformation;
c. das Vorgehen zur Deaktivierung des Dienstes.

Art. 12 Trinkgeld

¹ Das Trinkgeld muss im Preis inbegriffen oder deutlich als Trinkgeld bezeichnet und beziffert sein.

² Hinweise wie «Trinkgeld inbegriffen» oder entsprechende Formulierungen sind zulässig. Hinweise wie «Trinkgeld nicht inbegriffen» oder entsprechende Formulierungen ohne ziffernmässige Bezeichnung sind unzulässig.

³ Es ist unzulässig, Trinkgelder über den bekanntgegebenen Preis oder das ziffernmässig bekanntgegebene Mass hinaus zu verlangen.

4. Kapitel: Werbung

Art. 13 Preisbekanntgabe in der Werbung

¹ Werden in der Werbung Preise aufgeführt oder bezifferte Hinweise auf Preisrahmen oder Preisgrenzen gemacht, so sind die tatsächlich zu bezahlenden Preise bekanntzugeben.

¹ᵇⁱˢ Werden in der Werbung die Telefonnummer oder sonstige Zeichen- oder Buchstabenfolgen eines entgeltlichen Mehrwertdienstes (Art. 10 Abs. 1 Bst. q) publiziert, so sind dem Konsumenten die Grundgebühr und der Preis pro Minute bekannt zu geben. Kommt ein anderer Tarifablauf zur Anwendung, so muss die Taxierung unmissverständlich bekannt gegeben werden. Die Preisinformationen nach diesem Absatz müssen in mindestens der gleichen Schriftgrösse bekannt gegeben werden wie die beworbene Mehrwertdienstnummer.[25]

² Hersteller, Importeure und Grossisten können Richtpreise bekanntgeben.[26]

---

[24] Eingefügt durch Ziff. I der V vom 21. Jan. 2004, in Kraft seit 1. Juni 2004 (AS **2004** 827).
[25] Eingefügt durch Ziff. I der V vom 28. April 1999 (AS **1999** 1637). Fassung gemäss Ziff. I der V vom 21. Jan. 2004, in Kraft seit 1. Juni 2004 (AS **2004** 827).
[26] Fassung gemäss Ziff. I der V vom 28. April 1999, in Kraft seit 1. Nov. 1999 (AS **1999** 1637).

Art. 14 Spezifizierung

[1] Aus der Preisbekanntgabe muss deutlich hervorgehen, auf welche Ware und Verkaufseinheit oder auf welche Art, Einheit und Verrechnungssätze von Dienstleistungen sich der Preis bezieht.

[2] Die Waren sind nach Marke, Typ, Sorte, Qualität und Eigenschaften zu umschreiben.[27]

[3] Die Preisangabe muss sich auf die allenfalls abgebildete oder mit Worten bezeichnete Ware beziehen.

[4] Weitergehende Bestimmungen über die Spezifizierung in anderen Erlassen bleiben vorbehalten.

Art. 15[28] Irreführende Preisbekanntgabe

Die Bestimmungen über die irreführende Preisbekanntgabe (Art. 16–18) gelten auch für die Werbung.

5. Kapitel: Irreführende Preisbekanntgabe

Art. 16[29] Bekanntgabe weiterer Preise

[1] Neben dem tatsächlich zu bezahlenden Preis darf der Anbieter einen Vergleichspreis bekanntgeben, wenn:

a. er die Ware oder die Dienstleistung unmittelbar vorher tatsächlich zu diesem Preis angeboten hat (Selbstvergleich);

b. er die Ware oder die Dienstleistung unmittelbar danach tatsächlich zu diesem Preis anbieten wird (Einführungspreis); oder

c. andere Anbieter im zu berücksichtigenden Marktgebiet die überwiegende Menge gleicher Waren oder Dienstleistungen tatsächlich zu diesem Preis anbieten (Konkurrenzvergleich).

[2] Aus der Ankündigung muss die Art des Preisvergleichs (Selbstvergleich, Einführungspreis oder Konkurrenzvergleich) hervorgehen. Die Voraussetzungen für die Verwendung von Vergleichspreisen sind vom Anbieter auf Verlangen glaubhaft zu machen.

[3] Der Vergleichspreis nach Absatz 1 Buchstaben a und b darf während der Hälfte der Zeit bekanntgegeben werden, während der er gehandhabt wurde beziehungsweise gehandhabt werden wird, längstens jedoch während zwei Monaten.

[4] Preise für schnell verderbliche Waren dürfen, wenn sie während eines halben Tages gehandhabt wurden, noch während des folgenden Tages als Vergleichspreis bekanntgegeben werden.

[5] Katalog-, Richtpreise und dergleichen sind nur dann als Vergleichspreise zulässig, wenn die Voraussetzungen nach Absatz 1 Buchstabe c erfüllt sind.

---

[27] Fassung gemäss Ziff. I der V vom 28. April 1999, in Kraft seit 1. Nov. 1999 (AS **1999** 1637).
[28] Fassung gemäss Ziff. I der V vom 14. Dez. 1987, in Kraft seit 1. März 1988 (AS **1988** 241).
[29] Fassung gemäss Ziff. I der V vom 28. April 1999, in Kraft seit 1. Nov. 1999 (AS **1999** 1637).

Art. 17   **Hinweise auf Preisreduktionen**

¹ Bezifferte Hinweise auf Preisreduktionen, Zugaben, Eintausch- und Rücknahmeangebote sowie auf Geschenke und dergleichen werden wie die Bekanntgabe weiterer Preise neben dem tatsächlich zu bezahlenden Preis beurteilt.[30]

² Für solche Hinweise gilt die Pflicht zur Preisbekanntgabe sowie zur Spezifizierung im Sinne dieser Verordnung. Ausgenommen sind Hinweise auf mehrere Produkte, verschiedene Produkte, Produktegruppen oder Sortimente, soweit für sie der gleiche Reduktionssatz gilt.

³ Absatz 2 gilt für Dienstleistungen sinngemäss.[31]

Art. 18[32]   **Hersteller, Importeure und Grossisten**

¹ Die Bestimmungen über die irreführende Preisbekanntgabe gelten auch für Hersteller, Importeure und Grossisten.

² Hersteller, Importeure und Grossisten dürfen Konsumenten Preise oder Richtpreise bekanntgeben oder für Konsumenten bestimmte Preislisten, Preiskataloge und dergleichen zur Verfügung stellen, sofern die betreffenden Preise im zu berücksichtigenden Marktgebiet für die überwiegende Menge tatsächlich gehandhabt werden.

Art. 19[33]

6. Kapitel: Bekanntgabepflichtige

Art. 20

Die Pflicht zur vorschriftsgemässen Bekanntgabe von Preisen und zur vorschriftsgemässen Werbung im Sinne dieser Verordnung obliegt dem Leiter von Geschäften aller Art.

7. Kapitel: Strafbestimmungen

Art. 21[34]

Widerhandlungen gegen diese Verordnung werden nach den Bestimmungen des Bundesgesetzes vom 19. Dezember 1986 gegen den unlauteren Wettbewerb und des Bundesgesetzes vom 9. Juni 1977 über das Messwesen bestraft.

8. Kapitel: Schlussbestimmungen

Art. 22   **Vollzug**

¹ Die zuständigen kantonalen Stellen überwachen die vorschriftsgemässe Durchführung dieser Verordnung und verzeigen Verstösse den zuständigen Instanzen.

² Das Verfahren richtet sich nach kantonalem Recht.

---

[30] Fassung gemäss Ziff. I der V vom 14. Dez. 1987, in Kraft seit 1. März 1988 (AS **1988** 241).
[31] Eingefügt durch Ziff. I der V vom 14. Dez. 1987, in Kraft seit 1. März 1988 (AS **1988** 241).
[32] Fassung gemäss Ziff. I der V vom 28. April 1999, in Kraft seit 1. Nov. 1999 (AS **1999** 1637).
[33] Aufgehoben durch Ziff. I der V vom 23. Aug. 1995 (AS **1995** 4186).
[34] Fassung gemäss Ziff. I der V vom 14. Dez. 1987, in Kraft seit 1. März 1988 (AS **1988** 241).

Art. 23   **Oberaufsicht durch den Bund**

[1] Der Bund führt die Oberaufsicht. Sie wird durch das Eidgenössische Volkswirtschaftsdepartement ausgeübt.

[2] Das Eidgenössische Volkswirtschaftsdepartement kann Weisungen und Kreisschreiben gegenüber den Kantonen erlassen, von den Kantonen Informationen und Unterlagen einverlangen und Verstösse bei den zuständigen kantonalen Instanzen anzeigen.

[3] Das Eidgenössische Volkswirtschaftsdepartement kann mit den betroffenen Branchen und interessierten Organisationen Gespräche über die Preisbekanntgabe führen.

Art. 24   **Änderung bisherigen Rechts**

1. Die Allgemeine Verordnung vom 11. April 1961[35] über geschützte Warenpreise wird wie folgt geändert:

Art. 4

...

2. Der Bundesratsbeschluss vom 24. Juli 1951[36] betreffend Überwälzung der Warenumsatzsteuer wird wie folgt geändert:

Titel

...

Art. 1

...

Art. 25   **Inkrafttreten**

Diese Verordnung tritt am 1. Januar 1979 in Kraft.

Schlussbestimmung zur Änderung vom 21. Januar 2004[37]

Bis zum Inkrafttreten von Artikel 4 Absatz 1[38] sind vorgezogene Entsorgungsbeiträge, die nicht im Detailpreis inbegriffen sind, im Laden, im Schaufenster und in der Werbung gesondert und gut lesbar bekannt zu geben.

---

[35] [AS **1961** 269. AS **1999** 295 Art. 8 Bst. a]
[36] [AS **1951** 708]
[37] AS **2004** 827
[38] am 1. Juni 2005

Schweizerische Lauterkeitskommission Grundsätze Lauterkeit in der kommerziellen Kommunikation 2003

Die Schweizerische Lauterkeitskommission ist das ausführende Organ der Stiftung der Schweizer Werbung für die Lauterkeit in der kommerziellen Kommunikation, der alle bedeutenden Organisationen der schweizerischen Kommunikationsbranche angehören.

Die Kommission stützt sich in ihrer Arbeit unter Berücksichtigung der Richtlinien der Internationalen Handelskammer auf die vorliegenden Grundsätze, die die schweizerischen Vorschriften aufgrund von Gesetzgebung und Rechtsprechung spezifisch berücksichtigen.

1. Geltungs- und Anwendungsbereiche

Grundsatz Nr. 1.1: **Begriff der kommerziellen Kommunikation**

Unter kommerzieller Kommunikation[1] ist jede Massnahme von Konkurrenten oder Dritten zu verstehen, die eine Mehrheit von Personen systematisch in ihrer Einstellung zu bestimmten Waren, Werken, Leistungen oder Geschäftsverhältnissen zum Zweck des Abschlusses eines Rechtsgeschäftes oder seiner Verhinderung beeinflussen.

Grundsatz Nr. 1.2: **Formen der kommerziellen Kommunikation**

Kommerzielle Kommunikation umfasst sämtliche Formen von Werbung, Direktmarketing, Sponsoring, Verkaufsförderung und Öffentlichkeitsarbeit.

Grundsatz Nr. 1.3: **Politische Propaganda**

Kommerzielle Kommunikation ist politische Propaganda nur, soweit sie wirtschaftliche Fragen beinhaltet. Werden solche Fragen jedoch Gegenstand einer Abstimmung, so sind sie der politischen Propaganda zuzuordnen und zwar während der Zeitdauer von der Bekanntgabe des Abstimmungsdatums bis einen Tag nach erfolgter Abstimmung.

Grundsatz Nr. 1.4: **Gemeinnützige und religiöse Propaganda**

Gemeinnützige und religiöse Propaganda gilt nicht als kommerzielle Kommunikation.

Soweit religiöse oder gemeinnützige Organisationen eine kommerzielle Tätigkeit betreiben, haben diese die Grundsätze der werblichen Lauterkeit zu beachten.

Grundsatz Nr. 1.5: **Direktwerbung/Direktmarketing**

Direktmarketing umfasst alle Massnahmen gegenüber ausgewählten, physisch nicht anwesenden Personen, um diese über Angebote von Waren und Dienstleistungen in Kenntnis zu setzen, unabhängig davon, ob eine Anfrage vorliegt.

---

[1] Im Folgenden wird neben dem Begriff kommerzielle Kommunikation der umgangssprachliche Ausdruck Werbung synonym verwendet.

Grundsätze der Lauterkeitskommission 1011

Grundsatz Nr. 1.6: **Transnationale kommerzielle Kommunikation**

Für die Beurteilung einer Massnahme der kommerziellen Kommunikation ist das Recht des Staates massgeblich, auf dessen Markt die Massnahme ihre Wirkung entfaltet.

Grundsatz Nr. 1.7: **Verantwortlichkeit für die Werbeaussage**

Die Verantwortung für die Richtigkeit und Rechtmässigkeit der Werbeaussage liegt beim Auftraggeber.

Berater haften für die Rechtmässigkeit einer Werbeaussage. Auftragnehmer und Mittler haben die übernommenen Aufträge mit der nötigen Sorgfalt auszuführen und haften bei Vorsatz oder grober Fahrlässigkeit.

Grundsatz Nr. 1.8: **Beweislast**

Jeder Werbetreibende muss die Richtigkeit seiner Werbeaussagen beweisen können.

2. Unzulässige Aussagen

Grundsatz Nr. 2.1: **Verwendung des Begriffs «Schweiz»**

Die Verwendung des Begriffs «Schweizer Ware» oder eine gleichlautende Bezeichnung in der Werbung ist unlauter, mit Ausnahme für
1. Einheimische Produkte
2. Fabrikate,
    – soweit sie zu 100% in der Schweiz hergestellt werden,
    – soweit sie in der Schweiz zu neuen Produkten mit mehrheitlich anderen typischen Merkmalen und mit einem völlig verschiedenen Gebrauchsnutzen umgestaltet werden,
    – soweit eine sonstige Verarbeitung in der Schweiz wertmässig mindestens 50% der totalen Produktionskosten (Rohmaterialien, Halbfabrikate, Zubehörteile, Löhne, Fabrikationsgemeinkosten) ausmacht.

Ein Handels-, Fabrikations- oder sonstwie nach kaufmännischen Grundsätzen geführtes Unternehmen darf sich in der Werbung nur dann als «Schweizerisch» oder gleichbedeutend bezeichnen, wenn es (vorbehältlich der Einzelfirmen mit einem Jahresumsatz von weniger als Franken 100 000.–) in der Schweiz als Firma im Handelsregister eingetragen ist und in dem beworbenen Bereich in der Schweiz eine Tätigkeit ausübt.

Grundsatz Nr. 2.2: **Verwendung akademischer Titel**

Die Verwendung ausländischer, akademischer Titel in der Werbung ist unlauter, sofern nicht nachgewiesen werden kann, dass zur Erlangung eine vergleichbare Voraussetzung wie in der Schweiz erfüllt werden musste.

Grundsatz Nr. 2.3: **Verwendung des Begriffs «invalid»**

Als «invalid» werden im Zusammenhang mit Werbemassnahmen Personen verstanden, die infolge angeborener oder später entstandener körperlicher, geistiger oder seelischer Schäden in ihrer Erwerbstätigkeit so stark behindert sind, dass sie bei der Abgabe der ihnen noch möglichen wirtschaftlichen Leistungen auf die Wohltätigkeit der Abnehmer angewiesen sind.

Grundsatz Nr. 2.4: **Verwendung von Medizinalpersonen**

In der Werbung für Erzeugnisse, Vorrichtungen und Methoden, die der staatlichen Kontrolle nicht unterstehen, aber mit der Gesundheit in Verbindung gebracht werden, ist es nicht gestattet, auf Medizinalpersonen oder medizinischtechnisches Fachpersonal als Referenzen oder anderweitig hinzuweisen, um dem beworbenen Erzeugnis den Anschein eines Heilmittels oder eines heilmittelähnlichen Produktes zu geben.

3. Grundlagen

Grundsatz Nr. 3.1: **Firmengebrauchspflicht in der Werbung**

Sämtliche Unternehmen sind gehalten, im Geschäftsverkehr die im Handelsregister eingetragene Firmenbezeichnung vollständig und unverändert zu benutzen. Nicht zum Handelsregistereintrag verpflichtete Einzelunternehmen müssen ausnahmslos in der Firmenbezeichnung den Familiennamen des Inhabers angeben.

Kurzbezeichnungen, Logos, Geschäftsbezeichnungen und Enseignes sowie ähnliche Angaben dürfen nur zusammen mit der eingetragenen Firmenbezeichnung verwendet werden.

Unlauter sind alle Angaben, die geeignet sind, das Publikum über wesentliche, tatsächliche oder rechtliche Verhältnisse des Anbieters, seiner Firma, seiner Geschäftsbezeichnung, seines Wohnsitzes oder Sitzes sowie seiner Herkunft irrezuführen oder zu täuschen. Dies gilt insbesondere für

– Die Verwendung einer Firmenbezeichnung, die mit der im Handelsregister eingetragenen nicht übereinstimmt.
– Änderungen oder Weglassungen am Wortlaut der Firma, wie das Weglassen des Familiennamens des Inhabers bei Einzelfirmen.
– Die Verwendung von Enseignes oder sonstigen Geschäftsbezeichnungen anstelle von Firmenbezeichnungen (z.B. korrekt: Esoterik AG, Madame Tamara; unlauter Madame Tamara).
– Die Verwendung einer irreführenden Bezeichnung für ein im Handelsregister nicht eingetragenes Unternehmen (z.B. Müller Söhne oder Schmid + Sutter, die eine eintragungspflichtige Kollektivgesellschaft beinhalten).
– Die Irreführung über den Firmensitz von nicht im Schweizer Handelsregister eingetragenen ausländischen Unternehmen (z.B. Registered Trust Ltd, Postfach, 8048 Zürich).
– Die Nichtangabe des Sitzes der Hauptniederlassung bei Zweigniederlassungen oder blossen Betriebsstätten ausländischer Unternehmen.

Grundsatz Nr. 3.2: **Persönlichkeits- und Datenschutz**

1. Persönlichkeitsschutz

Es ist unlauter, in der kommerziellen Kommunikation ohne ausdrückliche Zustimmung Name, Abbild, Aussage oder Stimme einer identifizierbaren Person zu verwenden.

Als Abbild gilt jede Darstellung (auch durch Zeichnung, Karikatur, Gemälde oder Double). Auf die Rechte der Angehörigen eines Verstorbenen ist angemessen Rücksicht zu nehmen.

2. Testimonials und Referenzen

Testimonials sind subjektive Aussagen von natürlichen Personen über ihre Erfahrungen mit bestimmten Produkten (Waren oder Dienstleistungen). Sie haben sich auf Angaben zum Produkt zu beschränken. Sie müssen hinsichtlich ihres Inhalts und Urhebers belegt werden können.

Jeder Hinweis auf Personen soll wahr und nicht irreführend sein. Die Bezugnahme auf fiktive Personen hat selbst dann zu unterbleiben, wenn über die Fiktion keine Unklarheit bestehen kann.

3. Datenschutz

a) Bearbeitungsgrundsatz: Personendaten dürfen nur zu dem Zweck bearbeitet werden, der bei der Beschaffung angegeben wurde, aus den Umständen ersichtlich oder gesetzlich vorgesehen ist; Personendaten müssen sachlich zutreffen.

b) Transparenzgrundsatz: Personendaten müssen stets mit der Herkunftsangabe der ursprünglichen Datensammlung gekennzeichnet sein.

Grundsatz Nr. 3.3: Durchführung und Kommunikation von Tests

1. Unter «Test» wird das Feststellen einer oder mehrerer Eigenschaften eines bestimmten Erzeugnisses, Verfahrens oder einer Dienstleistung nach einem vorgeschriebenen geeigneten Verfahren verstanden.
2. Die Durchführung von Tests und die Kommunikation von Testergebnissen hat unter den Gesichtspunkten der
   - Neutralität,
   - Objektivität,
   - Sachlichkeit und
   - Transparenz

   zu erfolgen.

   Hinsichtlich der Objektivität gelten die Gebote der Wahrheit (Täuschungsverbot), der Klarheit (Irreführungsverbot), der Vollständigkeit und der Nachvollziehbarkeit.
3. Die Durchführung von Tests oder die Kommunikation von Testergebnissen ist unlauter, wenn sie die vorstehenden Voraussetzungen nicht erfüllen.
4. Im übrigen gelten die «Richtlinien für Tests»[2].

Grundsatz Nr. 3.4: Ausländische Gutachten und dergleichen

Der Hinweis auf ausländische Gutachten und dergleichen in der kommerziellen Kommunikation ist unlauter, soweit diese in der Schweiz nicht verifizierbar sind.

Grundsatz Nr. 3.5: Vergleichende Werbung

Die vergleichende Werbung gilt als unlauter, sofern sie mittels unrichtiger, irreführender oder unnötig verletzender Äusserungen oder in unnötig anlehnender Weise mit anderen, ihren Waren, Werken, Leistungen oder deren Preisen vergleicht.

---

[2] Können von der Lauterkeitskommission bezogen werden; nicht elektronisch erhältlich.

1. Unrichtig ist eine Äusserung, wenn
- die verglichenen Waren oder Leistungen nicht vergleichsfähig sind, d.h. einen umfassenden und abschliessenden sachlichen Vergleich nicht ermöglichen,
- der Bezugnahme nicht identische oder zumindest nicht vergleichbare – im System- oder Warenvergleich nicht austauschbare oder vertretbare – Elemente zugrunde gelegt werden,
- die Angaben den Tatsachen, wie sie das Publikum versteht, nicht entsprechen,
- die Bezugnahme fälschlicherweise als umfassend und abschliessend dargestellt wird.

2. Irreführend ist eine Äusserung, wenn
- die Angabe Tatsachen unterdrückt, die nach den Erwartungen des Publikums im Zusammenhang mit der Äusserung ebenfalls gesagt werden müssten,
- die Bezugnahme dem durchschnittlichen Verständnis des Empfängers nicht Rechnung trägt,
- lediglich einzelne Vor- und Nachteile miteinander verglichen werden und die übrigen Elemente nicht identisch sind.

3. Unnötig verletzend ist eine Äusserung, wenn
- ihr Inhalt unerlaubt ist, d.h. für sachliche Aufklärung der Abnehmerschaft nicht nötig ist,
- ihr Zweck unerlaubt ist, d.h. mehr als für die Erstellung der Markttransparenz nötig in die Persönlichkeit des oder der Mitbewerber eingreift,
- sie statt das beworbene Erzeugnis oder die beworbene Leistung zu rühmen, das verglichene Produkt oder die verglichene Leistung in direkter Weise herabsetzt.

4. Unnötig anlehnend ist eine Äusserung,
- die sich den guten Namen oder den Ruf eines anderen zunutze macht,
- die von einer fremden Unternehmensleistung profitiert. Erfolgt die Äusserung systematisch oder wiederholt, wird ihre unnötige Anlehnung vermutet.

Grundsatz Nr. 3.6: **Werbung mit Selbstverständlichkeiten**

Jede Werbung, die für einzelne Waren, Werke oder Leistungen bestimmte Eigenschaften hervorhebt, ist irreführend und damit unlauter, wenn diese Eigenschaften für die meisten dieser Waren, Werke und Leistungen ohnehin zutreffen, üblich oder vorgeschrieben sind.

Grundsatz Nr. 3.7: **Nachahmung werblicher Gestaltungen**

Die Nachahmung werblicher Gestaltungen, auch einzelner oder wesentlicher Teile wie Headline, Layout, Signet, Bildfolge ist unlauter.

Es wird vermutet, dass der Nachahmer das nachgeahmte Werk kennt oder kennen muss, und mithin schmarotzerisch handelt, wenn die nachgeahmte Gestaltung
- für ein Produkt (Ware oder Dienstleistung) der gleichen oder ähnlichen Branche auf dem relevanten Markt verwendet wurde, oder
- wenigstens 6 Monate vor dem ersten Erscheinen des Nachahmers erstmals erschienen ist, oder

- höchstens fünf Jahre vor dem ersten Erscheinen des Nachahmers letztmals gebraucht wurde.

Grundsatz Nr. 3.8: **Gratis-Gutscheine zu Werbezwecken**

Gutscheine, die zum verbilligten oder kostenlosen Bezug von Waren oder Leistungen berechtigen, müssen auf dem Gutschein selbst die Bedingungen enthalten, zu denen die Waren oder Leistungen erhältlich sind.

Fehlen entsprechende Angaben, so darf angenommen werden, dass die Gutscheine unbefristet und ohne Einschränkung eingelöst werden dürfen.

Grundsatz Nr. 3.9: **Gewinnspiele oder Publikumswettbewerbe**

1. Anforderungen gemäss Lotterierecht

Gewinnspiele und Publikumswettbewerbe sind unzulässig, sofern sie folgende vier Merkmale kumulativ aufweisen:

- Abschluss eines Rechtsgeschäftes (Zwang zum Vertragsabschluss, also zur Vereinbarung einer vertraglichen Leistung, was auch bei einem Kauf auf Probe oder Besicht zutrifft) oder Leistung eines vermögensrechtlichen Einsatzes (geldwerte Leistung des Teilnehmers auch in Form von Umtriebsentschädigungen, Spesen-, Versand- und andere Anteile, zusätzlich zu den effektiven Porto- und Übermittlungskosten) als Teilnahmevoraussetzung,
- Gewährung eines vermögenswerten Vorteils als Gewinn,
- Ermittlung der Gewinner oder der Höhe der Gewinne durch überwiegenden Zufall (Verlosung), so dass die Geschicklichkeit des Teilnehmers nicht mehr wesentlich erscheint,
- Planmässigkeit des Spiels oder Wettbewerbs, indem der Veranstalter sein Spielrisiko ausschliesst.

2. Anforderungen gemäss Lauterkeitsrecht

Unlauter handelt insbesondere, wer den Teilnehmer an einem Spiel oder Wettbewerb irreführt, so durch

- *Spielanlagen,* die den Teilnehmer im unklaren darüber lassen, ob ein Kauf für die Teilnahme nötig ist, oder glauben lassen, ein Kauf würde die Gewinnchancen erhöhen,
- *Vorabverlosungen* (Sweepstake), bei denen namentlich aufgeführten Personen ausgesetzte Gewinne in Aussicht gestellt werden, sofern der Veranstalter weiss oder wissen könnte, dass den genannten Personen die ausgesetzten Gewinne nicht zugeteilt worden sind, wobei die Gewinnzuteilung durch technische Vorrichtungen oder beauftragte Dritte dem Veranstalter zuzurechnen ist,
- *Preise,* die nicht in der Abstufung ihres Wertes aufgelistet werden, teilweise Wertangaben enthalten, teilweise nicht oder die bei einem Verkaufswert unter Fr. 100.– als wertvoll bezeichnet werden,
- *Gewinnversprechen,* die schlagwortartig angepriesen und nur an optisch untergeordneter Stelle relativiert werden, anstatt durch Hervorheben des Textes in ähnlich prägnanter Form an anderer Stelle unmissverständlich klarmachen, unter welchen Voraussetzungen der Teilnehmer welchen Preis in welcher Veranstaltung erhält,

- *Teilnahmebedingungen,* die verlangen, dass die Teilnahmeerklärung auf einem Formular für eine verbindliche oder probeweise Bestellung eingereicht wird, sofern auf dem gleichen Formular nicht unmissverständlich die wahlweise oder chancengleiche Teilnahme auch ohne verbindliche oder probeweise Bestellung erwähnt wird,
- *Teilnahmeerklärungen,* bei denen die Teilnahmeerklärung auf unterschiedlichen Formularen, nur mit der Bestellkarte ohne spezielle Rubrik für die Teilnahme ohne Bestellung, mittels verschiedenartigen Umschlägen oder Frankaturen zu erfolgen hat.

Als Verkaufspromotion stellt ein Gewinnspiel oder Wettbewerb eine aggressive Verkaufsmethode dar und ist unlauter, sofern der Veranstalter die Entscheidungsfreiheit des Teilnehmers beeinträchtigt, insbesondere durch

- Ausnutzung der Dankbarkeit des Teilnehmers, indem dem Teilnehmer bereits bei früheren Gewinnspielen oder Auslosungen ein Gewinn angeboten oder ausgerichtet worden ist,
- Appell an den Anstand, indem dem Teilnehmer trotz Wegbedingung einer Bestellung nahegelegt wird, zu bestellen.

Grundsatz Nr. 3.10: **Garantierte Rückgabemöglichkeit**

Jede Anpreisung, die die Rückgabe eines Produktes innert einer bestimmten Frist in Aussicht stellt, ist unlauter, sofern sie nicht folgende Anforderungen erfüllt:

1. Wird die Rückgabe ohne nähere Bedingungen oder in genereller Weise durch Wendungen wie z.B. «bei Nichtgefallen zurück» und dergleichen angeboten, so muss das unbeschädigte Produkt unter gleichzeitiger Rückerstattung der entrichteten Kaufsumme Zug um Zug ohne jegliche Abzüge und ohne Vorbehalt zurückgenommen werden.
2. Ist die Rücknahme an gewisse Bedingungen gebunden, so müssen diese klar und allgemein verständlich in der Werbung genannt werden. Der Empfänger ist lediglich angehalten, das Fehlen dieser Bedingungen glaubhaft zu machen.
3. Die Rückgabefrist für Produkte mit einer zugesicherten Eigenschaft oder Wirkung muss so bemessen sein, dass dem Empfänger die Überprüfung und Beurteilung dieser Eigenschaft oder Wirkung effektiv möglich ist.
4. Werden Waren auf Probe oder auf Besicht oder zur freien Prüfung angeboten, ist deutlich zu machen, wer die Rücksendekosten übernimmt und wie die Retournierung zu erfolgen hat.
5. Ansichtsendungen, die in Sukzessiv- oder Teillieferungen angepriesen werden, müssen unmissverständlich die Zahl der Lieferungen und den Preis der einzelnen sowie der gesamten Lieferungen angeben.

Grundsatz Nr. 3.11: **Geschlechterdiskriminierende Werbung**

1. Werbung, die ein Geschlecht diskriminiert, indem sie die Würde von Frau oder Mann herabsetzt, ist unlauter.
2. Geschlechterdiskriminierende Werbung liegt insbesondere dann vor, wenn sie die ein Geschlecht verkörpernde Person
    - als Objekt von Unterwerfung, Untertänigkeit, Ausbeutung etc. darstellt,
    - visuell, verbal oder akustisch herabwürdigt,

- im Kindes- und Jugendalter nicht mit erhöhter Zurückhaltung respektiert,
- in sexistischer Art und Weise beeinträchtigt. Sexistische Beeinträchtigung ist vor allem dann gegeben, wenn zwischen der das Geschlecht verkörpernden Person und dem Produkt kein natürlicher Zusammenhang besteht oder die Person in rein dekorativer Funktion (Blickfang) dargestellt wird.

Grundsatz Nr. 3.12: **Trennung zwischen redaktioneller Information und kommerzieller Kommunikation**

1. Kennzeichnung und Erkennbarkeit von kommerzieller Kommunikation

Kommerzielle Kommunikation, gleichgültig in welcher Form sie erscheint oder welchen Werbeträger sie benutzt, soll als solche eindeutig erkennbar und vom übrigen Inhalt klar getrennt sein. Wird sie in Werbeträgern veröffentlicht, die gleichzeitig Nachrichten und Meinungen publizieren, muss sie so gestaltet und gekennzeichnet sein, dass sie als bezahlte Einschaltung klar erkennbar ist.

2. Verbot von Schleichwerbung

Unentgeltliche redaktionelle Veröffentlichungen, die auf Unternehmen, ihre Produkte (Waren oder Dienstleistungen) hinweisen, dürfen nicht die Grenze zur Schleichwerbung überschreiten. Eine Überschreitung liegt insbesondere vor, wenn die Veröffentlichung über ein begründetes öffentliches Interesse oder das Informationsinteresse des Medienkonsumenten hinausgeht.

3. Verbot der Koppelung von kommerzieller Kommunikation mit redaktionellen Beiträgen

Es ist unlauter, im Interesse der Akquisition von kommerziellen Aufträgen redaktionelle Beiträge zuzusichern oder kommerzielle Aufträge vom Entgegenkommen im redaktionellen Teil abhängig zu machen.

4. Sponsoring von redaktionellen Beiträgen

Sponsoring von redaktionellen Beiträgen ist unlauter, sofern für den Medienkonsumenten nicht jederzeit nachvollziehbar ist, welche Teile der Publikation gesponsert sind und wer der Sponsor ist.

5. Product Placement

Die Abbildung oder Nennung von Produkten sowie Firmen- und Markenbezeichnungen in redaktionellen oder künstlerischen Angeboten ist unlauter, soweit redaktionelle oder künstlerische Interessen dies nicht rechtfertigen, bzw. soweit dies für das Publikum nicht transparent gemacht wird.

6. Beilagen

Beilagen oder Sonderseiten, deren Zustandekommen von einem entsprechenden Anzeigenaufkommen abhängt, sind durch eine vom übrigen redaktionellen Teil abweichende Gestaltung zu kennzeichnen. Der Kopf dieser Seiten ist mit dem Wort «Sonderseite» oder «Sonderbeilage» zu versehen. Ausserdem sind in einem separaten Impressum der Herausgeber und die verantwortliche Redaktion aufzuführen.

7. PR-Botschaften auf bezahltem Raum

PR-Botschaften können auch auf bezahltem Raum, d.h. als Inserate veröffentlicht werden. Um die Unterscheidung gegenüber dem Redaktionsteil sicherzustellen, sollen solche PR-Botschaften klar ersichtlich als «Werbe oder Publireportage» bzw. als «Anzeige» oder «Inserat» bezeichnet werden.

4. Vorschriften für Direktmarketing

Grundsatz Nr. 4.1:   **Fernabsatz**

Fernabsatz ist kommerzielle Kommunikation, die mit Hilfe eines oder mehrerer Kommunikationsmittel einen Vertragsabschluss ohne physische Anwesenheit der Parteien ermöglicht (Distanzgeschäft). Als Kommunikationsmittel kommen insbesondere die (herkömmliche oder elektronische) Post, Kurierdienste, Telefon, Telefax, Television, Radio oder Internet in Frage.

Grundsatz Nr. 4.2:   **Informationspflichten beim Fernabsatz**

Der kommerzielle Zweck der Informationen über Waren und Dienstleistungen muss eindeutig klar und verständlich sowie den verwendeten Fernkommunikationstechniken angepasst sein.

Jede Art von Fernabsatz ist unlauter, sofern nicht die folgenden Informationen gegeben werden:

– Identität des Anbieters (Name, Firma, Adresse. Deckadressen und Postfachnummern genügen nicht),
– wesentliche Eigenschaften,
– Preis,
– Gültigkeitsdauer des Angebotes,
– Einzelheiten über Zahlung und Lieferung (wie Lieferkosten, Lieferfristen) oder Erfüllung,
– Rückgabemöglichkeit oder Widerrufsrecht,
– Garantie und Kundendienst.

Grundsatz Nr. 4.3:   **Bestätigung und Widerruf beim Fernabsatz**

Sofern der Abnehmer nicht ausdrücklich darauf verzichtet oder die Leistung des Abnehmers Fr. 100.– übersteigt, ist die Bestellung schriftlich zu bestätigen, bevor die Ware zugestellt oder die Dienstleistung ausgeführt wird.

Die Frist des Widerrufs- und Rückgaberechts von 7 Tagen beginnt bei Waren mit dem Tag ihres Eingangs, bei Dienstleistungen mit dem Tag des Vertragsabschlusses.

Grundsatz Nr. 4.4:   **Aggressive Verkaufsmethoden im Fernabsatz**

1. Verkaufsmethoden im Fernabsatz sind kommerzielle Kommunikationen, die sich mittels persönlicher Adressierung an individuelle Personen richten.
2. Sie gelten als aggressiv und damit als unlauter,
   – wenn der Empfänger im voraus erklärt hat, keine kommerzielle Kommunikation erhalten zu wollen (z.B. durch Eintrag in der Robinsonliste des Schweizer Direktmarketing Verbandes SDV oder durch Registereintrag mit Sternmarkierung); besteht zwischen Anbieter und Empfänger eine Ge-

schäfts- oder Kundenbeziehung, darf der Anbieter bis auf ausdrücklichen Widerruf das Einverständnis des Abnehmers annehmen,
- wenn der Empfänger nach einer Kontaktnahme erklärt hat, keine kommerzielle Kommunikation mehr erhalten zu wollen (z.B. Refusé per Post, Meldung per E-Mail),
- wenn es der Anbieter unterlässt, dem Empfänger die Möglichkeit anzubieten, mittels dem gleichen Kommunikationsmittel zu erklären, keine weitere kommerzielle Kommunikation erhalten zu wollen (z.B. Wahloption auf der Website, wirksamer «unsubscribe» Link).

Grundsatz Nr. 4.5: **Geschäftsabschluss ohne Bestellung**

Jeder Geschäftsabschluss mittels Nachnahme ist unlauter, wenn
1. keine eindeutige Bestellung vorliegt,
2. gemäss OR 6 wegen der besonderen Natur des Geschäfts eine ausdrückliche Bestellung nicht zu erwarten ist,
3. es sich um eine Ansichtssendung handelt, oder
4. eine Rückgabemöglichkeit vorgesehen ist.

Grundsatz Nr. 4.6: **Werbung mit Rechnungen**

Der Gebrauch von Einzahlungskarten, -scheinen oder in sonstiger Weise als Rechnung gestalteten Formularen zu Bestellzwecken ist unlauter, sofern im Text oder in begleitenden Schriftstücken nicht unmissverständlich hervorgehoben wird, dass eine blosse Einladung zu einer Bestellung vorliegt.

Aus dem Bestellformular hat klar und vollständig hervorzugehen, welche Rechte und Pflichten Anbieter und Abnehmer mit der Bestellung eingehen.

5. Vorschriften für einzelne Branchen

Grundsatz Nr. 5.1: **Carfahrten zu Werbezwecken**

Einladungen zu Carfahrten mit Werbeschau, Werbevorträgen und Verkauf oder Bestellaufnahme für die beworbenen Produkte sind unlauter, wenn sie nicht deutlich als solche deklariert werden. Sie dürfen den Empfänger über den eigentlichen Zweck der Veranstaltung nicht irreführen. Aus den Einladungen muss ferner hervorgehen, für welche Produkte (Waren oder Dienstleistungen) geworben wird.

Grundsatz Nr. 5.2: **Werbung für Finanzinstitute**

Der Ausdruck «Bank» darf in der Werbung nur im Zusammenhang mit Unternehmen verwendet werden, die eine Bewilligung der Eidgenössischen Bankenkommission haben.

Der Begriff «Sparen» im Zusammenhang mit Spareinlagen oder dergleichen darf in der Werbung nur von Banken benutzt werden, die zur Entgegennahme solcher Einlagen berechtigt sind und darüber öffentlich Rechnung ablegen.

Die Bezeichnung «Anlagefonds» oder ähnliche Wendungen sind in der Werbung ausschliesslich für ein Vermögen reserviert, das von den Anlegern zum Zweck gemeinschaftlicher Kapitalanlagen aufgebracht und von der Fondsleitung nach dem

Grundsatz der Risikoverteilung für Rechnung der Ausleger verwaltet wird. Für die Aufnahme der Geschäftstätigkeit bedarf die Fondsleitung einer staatlichen Bewilligung.

Grundsatz Nr. 5.3: **Werbung für Heimarbeit**

Jede Werbung, die für die Überlassung von Unterlagen für die Heimarbeit eine Vorauszahlung oder -leistung verlangt, ist unlauter.

Der Auftraggeber für Heimarbeit muss sich in der Werbung mit vollständiger Adresse identifizieren.

Grundsatz Nr. 5.4: **Werbung von Lehrinstituten**

Aus der Werbung von Lehrinstituten soll deutlich hervorgehen, dass deren Kurse
1. am betreffenden Lehrinstitut direkt zum Erwerb eines staatlichen oder anerkannten Diploms oder Fähigkeitsausweises führen können, oder
2. nur auf Prüfungen vorbereiten, die vom betreffenden Lehrinstitut selbst nicht abgenommen werden.

Grundsatz Nr. 5.5: **Promotion von Medien im Werbemarkt**

1. Werbung mit Auflagezahlen (gedruckte Periodika)

a) WEMF/SW-beglaubigte Auflage

Unter dem Begriff «Auflage» wird die von der WEMF AG für Werbemedienforschung beglaubigte Auflage verstanden. Grundlage sind die von der paritätischen «Kommission für Auflage und Verbreitung» (KAV) festgelegten «Bestimmungen über die Durchführung der WEMF/SW Auflagebeglaubigung in der Schweiz».

b) Notariell beglaubigte Auflage

Notarielle Beglaubigungen müssen sich in allen Fällen nach den o.a. «Richtlinien» der KAV richten.

2. Werbung mit Daten der Mediaforschung

Wenn immer möglich sollen Daten aus den aktuellen, offiziellen Mediaforschungen verwendet werden. Werden andere Daten verwendet, so müssen die wesentlichen Parameter den üblichen marktforscherischen Qualitätskriterien entsprechen (Sampling, Fallzahlen etc.).

Die Datenquelle und die zugrunde gelegten Auswertungskriterien (geographische Gebiete, einbezogene Medien, Altersklassen etc.) sind eindeutig zu deklarieren.

Grundsatz Nr. 5.6: **Werbung für Registereintragungen**

Jede Werbung für Eintragungen in Adressbüchern und Registern ist unlauter, wenn
1. aus den Geschäftsbedingungen nicht deutlich hervorgeht, welche Eintragungen kostenlos und welche kostenpflichtig sind,
2. der Anbieter belegbare Auskünfte über Ausmass und Art der Verbreitung der Publikation verweigert.

Grundsatz Nr. 5.7: **Werbung für quasikosmetische/-medizinische Erzeugnisse**

Jede werbliche Anpreisung von Erzeugnissen und Methoden, die der Körperpflege und -hygiene sowie dem Wohlbefinden dienen, ist unlauter, sofern sie nicht den nachstehenden Richtlinien nachkommt:

1. Die Werbung hat das Erzeugnis oder die Methode klar zu umschreiben und darf keine Angaben enthalten, die den Anschein krankheitsheilender oder -verhütender, schmerzstillender oder schlafförderner Wirkung erweckt.

2. Die Werbung darf nicht den Eindruck erwecken, dass mit dem Einsatz dieser Erzeugnisse und Methoden Hautfalten, Glatzen, Pigmentflecken dauernd beseitigt, Büsten gestrafft oder vergrössert und Hautfalten sowie anatomische Missbildungen oder andere irreversible Tatbestände dauernd rückgängig gemacht werden könnten.

3. Jede Anpreisung ist zu unterlassen, die eine dauernde Gewichtsabnahme ohne gleichzeitige Nahrungskontrolle, d.h. Diät und körperliche Bewegung glaubhaft machen will. Das gleiche gilt für die Anpreisung von Erzeugnissen und Methoden für die Entwicklung und Erhaltung von Muskeln ohne dauerndes körperliches Training.

4. Personen oder Situationen vor und nach der Behandlung dürfen nur wiedergegeben werden, wenn sie unter gleichen Bedingungen hinsichtlich Position, Massstab und Aufmachung sowie Dekor, Aufnahmewinkel, Beleuchtung und dergleichen aufgenommen worden sind oder dargestellt werden, sowie wenn sie sich weder phototechnischer noch anderer Vorkehren bedienen mit dem Zweck, die Abbildung vor der Behandlung nachteilig zu verändern oder die Wiedergabe nach der Behandlung zu verschönern.

Grundsatz Nr. 5.8: **Werbung für Schmuck und Edelmetalle**

1. Edelsteine, Schmucksteine, Perlen

a) Edelsteine sind Brillant, Saphir, Smaragd und Rubin, d.h. Mineralien, die ohne Zutun des Menschen in natürlichen Vorkommen entstanden sind. Alle anderen Mineralien werden als Schmucksteine bezeichnet. Ein Teil davon (z.B. Berylle) wurden früher Halbedelsteine genannt, was unzutreffend und deshalb irreführend ist.

b) Perlen sind natürliche Gebilde, die zufällig im Inneren von Mollusken (Muscheln) abgesondert werden und ohne menschliches Zutun entstehen.

c) Der Begriff «echt» / «edel» ist synonym mit «natürlich» und bezieht sich ausschliesslich auf Substanzen, die ohne menschliche Einflussnahme in der Natur entstanden sind. In der Werbung dürfen nur natürliche Edelsteine, Schmucksteine und Perlen mit «echt», «edel», «natürlich» oder gleichbedeutend bezeichnet werden.

d) Künstliche Farbveränderungen von Edel- und Schmucksteinen sind anzugeben.

2. Andere Steine und Kulturperlen

a) Synthetische Steine sind kristallisierte und rekristallisierte Produkte, deren Herstellung ganz oder teilweise durch den Menschen veranlasst wurde. Sie sind als solche zu bewerben. Imitationen sind Nachahmungen von natürlichen Steinen oder Fantasieprodukte, die ganz oder teilweise von Menschen hergestellt worden sind. Sie imitieren die Wirkung, die Farbe und das Aussehen natürlicher Edelsteine oder synthetischer Steine oder von Perlen und sind in der Werbung als solche oder als Similisteine zu benennen.

b) Zucht- oder Kulturperlen sind Gebilde, deren Entstehung ganz oder teilweise durch menschliches Einwirken auf die Innenschale der produktiven Mollusken veranlasst wurde. Sie sind als Zucht- oder Kulturperlen zu spezifizieren.

c) Aus zwei oder mehreren Teilen zusammengesetzte Steine und Kulturperlen müssen als «zusammengesetzt» bezeichnet werden. In diesem Zusammenhang verwendete Begriffe wie Dublette, Triplette haben vor der Artbezeichnung zu stehen.

d) Künstliche Produkte, die ganz oder teilweise unter Zutun des Menschen veranlasst oder erzeugt wurden, sind als solche zu bezeichnen.

3. *Edelmetalle*

a) Edelmetalle sind Gold, Silber und Platin roh oder in Form von Schmelzprodukten (Goldbarren) oder Schmelzgut (Abfälle aller Art). Die Schmelzprodukte sind mit dem tatsächlichen Feingehalt sowie mit einem Schmelzer- und Prüfzeichen zu bezeichnen.

b) Edelmetallwaren sind Fertigprodukte aus Edelmetallen, auch in Verbindung mit anderen Stoffen (z.B. Edelsteine, Glas, Holz), nicht aber in Verbindung mit unedlen Metallen. Sie müssen eine gesetzliche Feingehaltsangabe und eine Verantwortlichkeitsmarke aufweisen. Uhrgehäuse aus Edelmetall müssen zudem mit einer amtlichen Garantiepunze gestempelt sein.

Zulässige Feingehalte (in Tausendstel):
Gold: 750 (= 18 Karat)
585 (= 14 Karat)
375 (nur für Uhrgehäuse)
Silber: 925 und 800
Platin: 950

c) Doublèwaren (auch «Plaquéwaren» genannt) sind Waren aus unedlem Metall, die auf galvanischem oder mechanischem Weg mit einer Schicht aus den vorgenannten Edelmetallen überzogen worden sind (Ausnahme: galvanische Versilberungen). Minimaldicke der Veredlung: 8 Mikron. Der Mindestfeingehalt ist ebenfalls vorgeschrieben. Doublèwaren sind mit der entsprechenden Bezeichnung (z.B. Doublé G 10 Mikron) und einer Verantwortlichkeitsmarke zu versehen. Feingehaltsangaben sind verboten.

d) Ersatzwaren sind Waren aus unedlem Metall mit einem Edelmetallüberzug unter 8 Mikron oder Waren aus Edelmetall, die den vorgeschriebenen Mindestfeingehalt nicht erreichen. Sie können als «vergoldet» «versilbert» oder «verplatiniert» bezeichnet werden. Angaben des Feingehalts und der Dicke der Edelmetallschicht sind verboten. Phantasienamen wie «Gam», «Gome», «Nec», «Dica», u.a.m. dürfen für Waren mit einem niedrigen Goldgehalt (8-10 Karat) verwendet werden.

4. Gemeinsame Bestimmungen

Sämtliche Bezeichnungsvorschriften gelten nicht nur für die Gegenstände selber, sondern auch für die Werbung aller Art, Etiketten, Verpackungen, Garantiescheine, Rechnungen, usw.

Das Hausieren mit den in diesem Grundsatz aufgeführten Waren, sowie mit Uhren, ist verboten.

Grundsatz Nr. 5.9: **Werbung für Tabakwaren und alkoholische Getränke**

1. Untersagt ist jede Werbung für Tabakwaren und alkoholische Getränke, die sich speziell an Jugendliche unter 18 Jahren (Jugendliche) richtet und bezweckt, diese zum Konsum von Tabakwaren und Alkohol zu veranlassen.

   Verboten ist insbesondere die Werbung:
   - an Orten, wo sich hauptsächlich Jugendliche aufhalten,
   - in Zeitungen, Zeitschriften oder anderen Publikationen die hauptsächlich für Jugendliche bestimmt sind,
   - auf Schülermaterialien (Schulmappen, Etuis, Füllfederhalter, usw.),
   - mit Werbegegenständen, die unentgeltlich an Jugendliche abgegeben werden, wie T-Shirts, Mützen, Fähnchen, Badebälle,
   - auf Spielzeug,
   - durch unentgeltliche Abgabe von Tabakwaren und alkoholischen Getränken an Jugendliche,
   - an Kultur-, Sport- oder anderen Veranstaltungen, die hauptsächlich von Jugendlichen besucht werden.

2. Die Werbung für gebrannte Wasser richtet sich nach Art. 42 b des Alkoholgesetzes.

Grundsatz Nr. 5.10: **Werbung für konzessionspflichtige Erzeugnisse**

Die werbliche Anpreisung von konzessionspflichtigen Erzeugnissen (insbesondere der Übermittlungstechnik) zu einem Gebrauch der von der zuständigen Konzessionsbehörde nicht bewilligt ist, gilt als unlauter, soweit nicht in der gleichen Werbung unmissverständlich auf den beschränkten oder auf den unzulässigen Gebrauch hingewiesen wird oder dies aus dem übrigen Zusammenhang klar ersichtlich ist.

Grundsatz Nr. 5.11: **Werbung für Versicherungen**

Die Verwendung des Begriffs «Versicherung» in der Werbung ist unlauter, wenn die nachgenannten Anforderungen nicht kumulativ erfüllt sind:

1. Vorliegen eines Risikos oder einer Gefahr,
2. Leistung des Versicherten (Prämie),
3. Leistung des Versicherers im Versicherungsfall,
4. Selbständigkeit der Operation,
5. Kompensation der Risiken nach den Gesetzen der Statistik
   - planmässiger Geschäftsbetrieb.

Versicherungen dieser Art dürfen nur von Unternehmen betrieben werden, die im Besitz einer staatlichen Konzession sind.

Grundsatz Nr. 5.12: Werbung für Heirat

Die Werbung mit Portraits in der Ich-Form für Heirat oder Partnervermittlung durch professionelle Vermittlungsinstitute oder von diesen beauftragten Personen, die nicht selbst Interessenten sind, ist unlauter.

Übersetzung[1]

Abkommen zur Errichtung der Welthandelsorganisation

Abgeschlossen in Marrakesch am 15. April 1994
Von der Bundesversammlung genehmigt am 16. Dezember 1994[2]
Schweizerische Ratifikationsurkunde hinterlegt am 1. Juni 1995
Inkrafttreten für die Schweiz am 1. Juli 1995

(Stand am 1. Dezember 1998)

Abkommen über handelsbezogene Aspekte der Rechte an geistigem Eigentum

Teil I: Allgemeine Bestimmungen und Grundsätze

[Hinweis der Herausgeber: die allgemeinen Bestimmungen des TRIPS sind vorne, unter Markenrecht, abgedruckt.]

Teil II: Normen über die Verfügbarkeit, den Umfang und die Ausübung der Rechte an geistigem Eigentum

Abschnitt 7: Schutz vertraulicher Informationen

Art. 39

1. Zur Gewährleistung eines wirksamen Schutzes gegen unlauteren Wettbewerb entsprechend Artikel 10bis der Pariser Verbandsübereinkunft (1967) schützen die Mitglieder vertrauliche Informationen nach Massgabe von Absatz 2 und dem Staat oder den staatlichen Stellen vorgelegte Angaben nach Massgabe von Absatz 3.

2. Natürliche und juristische Personen haben die Möglichkeit zu untersagen, dass Informationen, die sich rechtmässig in ihrer Verfügungsgewalt befinden, ohne ihre Zustimmung in einer gegen die redliche Geschäftspraxis verstossenden Weise[3] Dritten preisgegeben oder von diesen erworben oder verwendet werden, solange diese Informationen

---

[1] Der französische Originaltext findet sich unter der gleichen Nummer in der entsprechenden Ausgabe dieser Sammlung.
[2] AS **1995** 2113
[3] Im Sinne dieser Bestimmung wird unter «eine gegen die redliche Geschäftspraxis verstossende Weise» zumindest eine Verhaltensweise wie Vertragsverletzung, Verletzung der Geheimhaltungspflicht und Verleitung hierzu verstanden, die den Erwerb vertraulicher Informationen durch Dritte einschliesst, die wussten oder grob fahrlässig nicht wussten, dass eine solche Verhaltensweise beim Erwerb eine Rolle spielte.

a) in dem Sinne geheim sind, dass sie weder in ihrer Gesamtheit noch in der genauen Anordnung und Zusammenstellung ihrer Bestandteile den Angehörigen der Kreise, die sich normalerweise mit den betreffenden Informationen befassen, allgemein bekannt oder leicht zugänglich sind;

b) einen Marktwert haben, weil sie geheim sind; und

c) Gegenstand von den Umständen entsprechenden Geheimhaltungsmassnahmen durch die Person gewesen sind, in deren Verfügungsgewalt sie sich rechtmässig befinden.

3. Schreiben die Mitglieder als Voraussetzung für die Marktzulassung von pharmazeutischen oder agrochemischen Erzeugnissen, in denen neue chemische Stoffe verwendet werden, die Vorlage vertraulicher Testergebnisse oder sonstiger Angaben vor, deren Erstellung erhebliche Anstrengungen erfordert, so schützen sie diese Angaben vor unlauterer gewerblicher Verwendung. Darüber hinaus schützen die Mitglieder diese Angaben vor Preisgabe, sofern diese nicht zum Schutz der Öffentlichkeit notwendig ist oder sofern nicht Massnahmen zum Schutz der Angaben vor unlauterer gewerblicher Verwendung getroffen werden.

[Die verfahrensrechtlichen Bestimmungen des TRIPS sind hinten, unter Verfahrensrecht, abgedruckt.]

Amtlicher deutscher Text[1] gemäss Artikel 29 Absatz 1) Buchstabe b)

Pariser Verbandsübereinkunft zum Schutz des gewerblichen Eigentums revidiert in Stockholm am 14. Juli 1967

Abgeschlossen in Stockholm am 14. Juli 1967
Von der Bundesversammlung genehmigt am 2. Dezember 1969[2]
Schweizerische Ratifikationsurkunde hinterlegt am 26. Januar 1970
In Kraft getreten für die Schweiz am 26. April 1970

[...]

Art. 2 **[Inländerbehandlung für Angehörige der Verbandsländer]**

1) Die Angehörigen eines jeden der Verbandsländer geniessen in allen übrigen Ländern des Verbandes in bezug auf den Schutz des gewerblichen Eigentums die Vorteile, welche die betreffenden Gesetze den eigenen Staatsangehörigen gegenwärtig gewähren oder in Zukunft gewähren werden, und zwar unbeschadet der durch diese Übereinkunft besonders vorgesehenen Rechte. Demgemäss haben sie den gleichen Schutz wie diese und die gleichen Rechtsbehelfe gegen jeden Eingriff in ihre Rechte, vorbehaltlich der Erfüllung der Bedingungen und Förmlichkeiten, die den eigenen Staatsangehörigen auferlegt werden.

2) Jedoch darf der Genuss irgendeines Rechts des gewerblichen Eigentums für die Verbandsangehörigen keinesfalls von der Bedingung abhängig gemacht werden, dass sie einen Wohnsitz oder eine Niederlassung in dem Land haben, in dem der Schutz beansprucht wird.

3) Ausdrücklich bleiben vorbehalten die Rechtsvorschriften jedes der Verbandsländer über das gerichtliche und das Verwaltungsverfahren und die Zuständigkeit sowie über die Wahl des Wohnsitzes oder die Bestellung eines Vertreters, die etwa nach den Gesetzen über das gewerbliche Eigentum erforderlich sind.

Art. 3 **[Gleichstellung gewisser Personengruppen mit den Angehörigen der Verbandsländer]**

Den Angehörigen der Verbandsländer sind gleichgestellt die Angehörigen der dem Verband nicht angehörenden Länder, die im Hoheitsgebiet eines Verbandslandes ihren Wohnsitz oder tatsächliche und nicht nur zum Schein bestehende gewerbliche oder Handelsniederlassungen haben.

---

[1] Der Originaltext findet sich unter der gleichen Nummer in der französischen Ausgabe dieser Sammlung. Die Artikel der Verbandsübereinkunft sind mit Überschriften versehen worden, um die Benützung des Textes zu erleichtern; der Originaltext enthält keine Artikelüberschriften.

[2] Art. 1 Ziff. 2 des BB vom 2. Dez. 1969 (AS **1970** 600)

Art. 10bis [Schutz gegen unlauteren Wettbewerb]

1) Die Verbandsländer sind gehalten, den Verbandsangehörigen einen wirksamen Schutz gegen unlauteren Wettbewerb zu sichern.

2) Unlauterer Wettbewerb ist jede Wettbewerbshandlung, die den anständigen Gepflogenheiten in Gewerbe oder Handel zuwiderläuft.

3) Insbesondere sind zu untersagen:

1. alle Handlungen, die geeignet sind, auf irgendeine Weise eine Verwechslung mit der Niederlassung, den Erzeugnissen oder der gewerblichen oder kaufmännischen Tätigkeit eines Wettbewerbers hervorzurufen;
2. die falschen Behauptungen im geschäftlichen Verkehr, die geeignet sind, den Ruf der Niederlassung, der Erzeugnisse oder der gewerblichen oder kaufmännischen Tätigkeit eines Wettbewerbers herabzusetzen;
3. Angaben oder Behauptungen, deren Verwendung im geschäftlichen Verkehr geeignet ist, das Publikum über die Beschaffenheit, die Art der Herstellung, die wesentlichen Eigenschaften, die Brauchbarkeit oder die Menge der Waren irrezuführen.

Art. 10ter [Marken, Handelsnamen, Herkunftsangaben, Schutz gegen unlauteren Wettbewerb: Rechtsbehelfe – KIagerecht von Vereinigungen]

1) Um alle in den Artikeln 9, 10 und 10bis bezeichneten Handlungen wirksam zu unterdrücken, verpflichten sich die Verbandsländer, den Angehörigen der anderen Verbandsländer geeignete Rechtsbehelfe zu sichern.

2) Sie verpflichten sich ausserdem, Massnahmen zu treffen, um den Verbänden und Vereinigungen, welche die beteiligten Gewerbetreibenden, Erzeuger oder Händler vertreten und deren Bestehen den Gesetzen ihres Landes nicht zuwiderläuft, das Auftreten vor Gericht oder vor den Verwaltungsbehörden zum Zweck der Unterdrückung der in den Artikeln 9, 10 und 10bis bezeichneten Handlungen in dem Mass zu ermöglichen, wie es das Gesetz des Landes, in dem der Schutz beansprucht wird, den Verbänden und Vereinigungen dieses Landes gestattet.

[Art. 11–30 nicht abgedruckt]

Richtlinie des Rates
vom 10. September 1984
über irreführende und vergleichende Werbung

Der Rat Der europäischen Gemeinschaft –

gestützt auf den Vertrag zur Gründung der Europäischen Wirtschaftsgemeinschaft, insbesondere auf Artikel 100,

auf Vorschlag der Kommission[1],
nach Stellungnahme des Europäischen Parlaments[2],
nach Stellungnahme des Wirtschafts- und Sozialausschusses[3],
in Erwägung nachstehender Gründe:

Die in den Mitgliedstaaten gegenwärtig geltenden Vorschriften gegen irreführende Werbung weichen stark voneinander ab. Da die Werbung über die Grenzen der einzelnen Mitgliedstaaten hinausreicht, wirkt sie sich unmittelbar auf die Errichtung und das Funktionieren des Gemeinsamen Marktes aus. Irreführende Werbung ist geeignet, zur Verfälschung des Wettbewerbs im Gemeinsamen Markt zu führen. Die Werbung berührt unabhängig davon, ob sie zum Abschluss eines Vertrags führt, die wirtschaftlichen Interessen der Verbraucher. Irreführende Werbung kann den Verbraucher zu nachteiligen Entscheidungen beim Erwerb von Waren oder anderen Gütern oder bei der Inanspruchnahme von Dienstleistungen veranlassen. Die Unterschiede zwischen den einzelstaatlichen Rechtsvorschriften führen vielfach nicht nur zu einem ungenügenden Schutz der Verbraucher, sondern behindern auch die Durchführung von Werbekampagnen, die die Grenzen eines Staates überschreiten, und beeinflussen so den freien Verkehr von Waren und Dienstleistungen. Das Zweite Programm der Europäischen Wirtschaftsgemeinschaft für eine Politik zum Schutz und zur Unterrichtung der Verbraucher ([4])sieht vor, dass geeignete Massnahmen zum Schutz der Verbraucher vor irreführender und unlauterer Werbung zu treffen sind. Es liegt im Interesse der Allgemeinheit der Verbraucher sowie all derer, die im Gemeinsamen Markt bei der Ausübung eines Handels, Gewerbes, Handwerksoder freien Berufsmiteinander im Wettbewerb stehen, in einer ersten Phase die einzelstaatlichen Bestimmungen zum Schutz gegen irreführende Werbung einander anzugleichen und in einer zweiten Phase anhand entsprechender Vorschläge der Kommission die unlautere Werbung und, soweit erforderlich, auch die vergleichende Werbung zu behandeln. Dazu ist erforderlich, objektive Mindestkriterien aufzustellen, nach denen beurteilt werden kann, ob eine Werbung irreführend ist. Die von den Mitgliedstaaten zu erlassenden Rechtsvorschriften gegen irreführende Werbung müssen angemessen und wirksam sein. Personen oder Organisationen, die nach dem nationalen Recht ein berechtigtes Interesse an der Angelegenheit haben, müssen die Möglichkeit besitzen, vor Gericht

---

[1] ABl. Nr. C 70 vom 21. 3. 1978, S. 4.
[2] ABl. Nr. C 140 vom 5. 6. 1979, S. 23.
[3] ABl. Nr. C 171 vom 9. 7. 1979, S. 43.
[4] ABl. Nr. C 133 vom 3. 6. 1981, S. 1.

oder bei einer Verwaltungsbehörde, die über Beschwerden entscheiden oder geeignete gerichtliche Schritte einleiten kann, gegen irreführende Werbung vorzugehen. Jedem Mitgliedstaat sollte vorbehalten bleiben zu entscheiden, ob die Gerichte oder Verwaltungsbehörden ermächtigt werden sollen, vorab die Durchführung eines Verfahrens vor anderen bestehenden Einrichtungen zur Regelung der Beschwerde zu verlangen. Die Gerichte, oder Verwaltungsbehörden müssen Befugnisse haben, die Einstellung einer irreführenden Werbung anzuordnen oder zu erwirken. In gewissen Fällen kann es zweckmässig sein, eine irreführende Werbung zu untersagen, noch ehe sie veröffentlicht worden ist; dies bedeutet jedoch nicht, dass die Mitgliedstaaten verpflichtet sind, eine Regelung einzuführen, die eine systematische Vorabkontrolle der Werbung vorsieht. Beschleunigte Verfahren, in denen Massnahmen mit vorläufiger oder endgültiger Wirkung getroffen werden können, sollten vorgesehen werden. Es kann sich als wünschenswert erweisen, die Veröffentlichung von Entscheidungen von Gerichten oder Verwaltungsbehörden oder von berichtigenden Erklärungen anzuordnen, um eine fortdauernde Wirkung irreführender Werbung auszuräumen. Die Verwaltungsbehörden müssen unparteilich sein, und die Ausübung ihrer Befugnisse sollte von den Gerichten überprüft werden können. Freiwillige Kontrollen, die durch Einrichtungen der Selbstverwaltung zur Unterbindung irreführender Werbung durchgeführt werden, können die Einleitung eines Verwaltungs- oder Gerichtsverfahrens entbehrlich machen und sollten deshalb gefördert werden. Der Werbende muss in der Lage sein, die Richtigkeit der in seiner Werbung enthaltenden Tatsachenbehauptungen durch geeignete Mittel nachzuweisen, und das Gericht oder die Verwaltungsbehörde sollte in Fällen, in denen dies angemessen ist, einen solchen Nachweis verlangen können. Diese Richtlinie soll die Mitgliedstaaten nicht daran hindern, Bestimmungen aufrechtzuerhalten oder zu erlassen, um für einen weiterreichenden Schutz der Verbraucher, der einen Handel, ein Gewerbe, ein Handwerk oder einen freien Beruf ausübenden Personen sowie der Allgemeinheit zu sorgen –

hat folgende Richtlinie erlassen:

Artikel 1
Zweck dieser Richtlinie ist der Schutz der Verbraucher, der Personen, die einen Handel oder ein Gewerbe betreiben oder ein Handwerk oder einen freien Beruf ausüben, sowie der Interessen der Allgemeinheit gegen irreführende Werbung und deren unlautere Auswirkungen und die Festlegung der Bedingungen für zulässige vergleichende Werbung.

Artikel 2
Im Sinne dieser Richtlinie bedeutet
1. «Werbung» jede Äusserung bei der Ausübung eines Handels, Gewerbes, Handwerks oder freien Berufs mit dem Ziel, den Absatz von Waren oder die Erbringung von Dienstleistungen, einschliesslich unbeweglicher Sachen, Rechte und Verpflichtungen zu fördern;
2. «irreführende Werbung» jede Werbung, die in irgendeiner Weise – einschliesslich ihrer Aufmachung – die Personen, an die sie sich richtet oder die von ihr erreicht werden, täuscht oder zu täuschen geeignet ist und die infolge der ihr innewohnenden Täuschung ihr wirtschaftliches Verhalten beeinflussen kann oder aus diesen Gründen einen Mitbewerber schädigt oder zu schädigen geeignet ist;

2a. «vergleichende Werbung» jede Werbung, die unmittelbar oder mittelbar einen Mitbewerber oder die Erzeugnisse oder Dienstleistungen, die von einem Mitbewerber angeboten werden, erkennbar macht;

3. «Personen» jede natürliche oder juristische Person.

Artikel 3

Bei der Beurteilung der Frage, ob eine Werbung irreführend ist, sind alle ihre Bestandteile zu berücksichtigen, insbesondere in ihr enthaltene Angaben über:

a) die Merkmale der Waren oder Dienstleistungen wie Verfügbarkeit, Art, Ausführung, Zusammensetzung, Verfahren und Zeitpunkt der Herstellung oder Erbringung, die Zwecktauglichkeit, Verwendungsmöglichkeit, Menge, Beschaffenheit, die geographische oder kommerzielle Herkunft oder die von der Verwendung zu erwartenden Ergebnisse oder die Ergebnisse und wesentlichen Bestandteile von Tests der Waren oder Dienstleistungen;

b) den Preis oder die Art und Weise, in der er berechnet wird, und die Bedingungen unter denen die Waren geliefert oder die Dienstleistungen erbracht werden;

c) die Art, die Eigenschaften und die Rechte des Werbenden, wie seine Identität und sein Vermögen, seine Befähigungen.

Artikel 3a

(1) Vergleichende Werbung gilt, was den Vergleich anbelangt, als zulässig, sofern folgende Bedingungen erfüllt sind:

a) Sie ist nicht irreführend im Sinne des Artikels 2 Nummer 2, des Artikels 3 und des Artikels 7 Absatz 1;

b) sie vergleicht Waren oder Dienstleistungen für den gleichen Bedarf oder dieselbe Zweckbestimmung;

c) sie vergleicht objektiv eine oder mehrere wesentliche, relevante, nachprüfbare und typische Eigenschaften dieser Waren und Dienstleistungen, zu denen auch der Preis gehören kann;

d) sie verursacht auf dem Markt keine Verwechslung zwischen dem Werbenden und einem Mitbewerber oder zwischen den Marken, den Handelsnamen, anderen Unterscheidungszeichen, den Waren oder den Dienstleistungen des Werbenden und denen eines Mitbewerbers;

e) durch sie werden weder die Marken, die Handelsnamen oder andere Unterscheidungszeichen noch die Waren, die Dienstleistungen, die Tätigkeiten oder die Verhältnisse eines Mitbewerbers herabgesetzt oder verunglimpft;

f) bei Waren mit Ursprungsbezeichnung bezieht sie sich in jedem Fall auf Waren mit der gleichen Bezeichnung;

g) sie nutzt den Ruf einer Marke, eines Handelsnamens oder anderer Unterscheidungszeichen eines Mitbewerbers oder der Ursprungsbezeichnung von Konkurrenzerzeugnissen nicht in unlauterer Weise aus;

h) sie stellt nicht eine Ware oder eine Dienstleistung als Imitation oder Nachahmung einer Ware oder Dienstleistung mit geschützter Marke oder geschütztem Handelsnamen dar.

(2) Bezieht sich der Vergleich auf ein Sonderangebot, so müssen klar und eindeutig der Zeitpunkt des Endes des Sonderangebots und, wenn das Sonderangebot noch nicht gilt, der Zeitpunkt des Beginns des Zeitraums angegeben werden, in dem der Sonderpreis oder andere besondere Bedingungen gelten; gegebenenfalls ist darauf hinzuweisen, dass das Sonderangebot nur so lange gilt, wie die Waren und Dienstleistungen verfügbar sind.

Artikel 4

(1) Die Mitgliedstaaten sorgen im Interesse sowohl der Verbraucher als auch der Mitbewerber und der Allgemeinheit für geeignete und wirksame Möglichkeiten zur Bekämpfung der irreführenden Werbung und zur Gewährleistung der Einhaltung der Bestimmungen über vergleichende Werbung. Diese Möglichkeiten müssen Rechtsvorschriften umfassen, die es den Personen oder Organisationen, die nach dem nationalen Recht ein berechtigtes Interesse am Verbot irreführender Werbung oder an der Regelung vergleichender Werbung haben, gestatten,

a) gerichtlich gegen eine solche Werbung vorzugehen und/oder
b) eine solche Werbung vor eine Verwaltungsbehörde zu bringen, die zuständig ist, über Beschwerden zu entscheiden oder geeignete gerichtliche Schritte einzuleiten. Jedem Mitgliedstaat bleibt vorbehalten zu entscheiden, welche dieser Möglichkeiten gegeben sein soll und ob das Gericht oder die Verwaltungsbehörde ermächtigt werden soll, vorab die Durchführung eines Verfahrens vor anderen bestehenden Einrichtungen zur Regelung von Beschwerden, einschliesslich der in Artikel 5 genannten Einrichtungen, zu verlangen.

(2) Im Rahmen der in Absatz 1 genannten Rechtsvorschriften übertragen die Mitgliedstaaten den Gerichten oder Verwaltungsbehörden Befugnisse, die sie ermächtigen, in Fällen, in denen sie diese Massnahmen unter Berücksichtigung aller betroffenen Interessen und insbesondere des Allgemeininteresses für erforderlich halten,

– die Einstellung einer irreführenden oder unzulässigen vergleichenden Werbung anzuordnen oder geeignete gerichtliche Schritte zur Veranlassung der Einstellung dieser Werbung einzuleiten oder
– sofern eine irreführende oder unzulässige vergleichende Werbung noch nicht veröffentlicht ist, die Veröffentlichung aber bevorsteht, die Veröffentlichung zu verbieten oder geeignete gerichtliche Schritte einzuleiten, um das Verbot dieser Veröffentlichung anzuordnen, auch wenn kein Beweis eine staatsächlichen Verlustes oder Schadens oder der Absicht oder Fahrlässigkeit seitens des Werbenden erbracht wird. Die Mitgliedstaaten sehen ferner vor, dass die in Unterabsatz 1 bezeichneten Massnahmen im Rahmen eines beschleunigten Verfahrens mit
– vorläufiger oder
– endgültiger

Wirkung getroffen werden können, wobei jedem Mitgliedstaat vorbehalten bleibt zu entscheiden, welche dieser beiden Möglichkeiten gewählt wird.

Ausserdem können die Mitgliedstaaten den Gerichten oder Verwaltungsbehörden Befugnisse übertragen, die es diesen gestatten, zur Ausräumung der fortdauernden Wirkung einer irreführenden oder unzulässigen vergleichenden Werbung, deren Einstellung durch eine rechtskräftige Entscheidung angeordnet worden ist,

- die Veröffentlichung dieser Entscheidung ganz oder auszugsweise und in der von ihnen für angemessen erachteten Form zu verlangen;
- ausserdem die Veröffentlichung einer berichtigenden Erklärung zu verlangen.

(3) Die in Absatz 1 genannten Verwaltungsbehörden müssen

a) so zusammengesetzt sein, dass ihre Unparteilichkeit nicht in Zweifel gezogen werden kann;

b) ausreichende Befugnisse haben, die Einhaltung ihrer Entscheidungen wirksam zu überwachen und durchzusetzen, sofern sie über die Beschwerden entscheiden;

c) in der Regel ihre Entscheidungen begründen.

Werden die in Absatz 2 genannten Befugnisse ausschliesslich von einer Verwaltungsbehörde ausgeübt, sind die Entscheidungen stets zu begründen. In diesem Fall sind ferner Verfahren vorzusehen, in denen eine fehlerhafte oder unsachgemässe Ausübung der Befugnisse durch die Verwaltungsbehörde oder eine ungerechtfertigte oder unsachgemässe Unterlassung, diese Befugnisse auszuüben, von den Gerichten überprüft werden kann.

Artikel 5

Diese Richtlinie schliesst die freiwillige Kontrolle irreführender oder vergleichender Werbung durch Einrichtungen der Selbstverwaltung und die Inanspruchnahme dieser Einrichtungen durch die in Artikel 4 genannten Personen oder Organisationen nicht aus, wenn entsprechende Verfahren vor solchen Einrichtungen zusätzlich zu den in Artikel 4 genannten Gerichts- oder Verwaltungsverfahren zur Verfügung stehen. Die Mitgliedstaaten können diese freiwillige

Artikel 6

Die Mitgliedstaaten übertragen den Gerichten oder Verwaltungsbehörden Befugnisse, die sie ermächtigen, in den in Artikel 4 vorgesehenen Verfahren vor den Zivilgerichten oder Verwaltungsbehörden

a) vom Werbenden Beweise für die Richtigkeit von in der Werbung enthaltenen Tatsachenbehauptungen zu verlangen, wenn ein solches Verlangen unter Berücksichtigung der berechtigten Interessen des Werbenden und anderer Verfahrensbeteiligter im Hinblick auf die Umstände des Einzelfalls angemessen erscheint, und bei vergleichender Werbung vom Werbenden zu verlangen, die entsprechenden Beweise kurzfristig vorzulegen, sowie

b) Tatsachenbehauptungen als unrichtig anzusehen, wenn der gemäss Buchstabe a) verlangte Beweis nicht angetreten wird oder wenn er von dem Gericht oder der Verwaltungsbehörde für unzureichend erachtet wird.

Artikel 7

(1) Diese Richtlinie hindert die Mitgliedstaaten nicht daran, Bestimmungen aufrechtzuerhalten oder zu erlassen, die bei irreführender Werbung einen weiterreichenden Schutz der Verbraucher, der einen Handel, ein Gewerbe, ein Handwerk oder einen freien Beruf ausübenden Personen sowie der Allgemeinheit vorsehen.

(2) Absatz 1 gilt nicht für vergleichende Werbung, soweit es sich um den Vergleich handelt.

(3) Diese Richtlinie gilt unbeschadet der Rechtsvorschriften der Gemeinschaft, die auf die Werbung für bestimmte Waren und/oder Dienstleistungen anwendbar sind, sowie unbeschadet der Beschränkungen oder Verbote für die Werbung in bestimmten Medien.

(4) Aus den die vergleichende Werbung betreffenden Bestimmungen dieser Richtlinie ergibt sich keine Verpflichtung für diejenigen Mitgliedstaaten, die unter Einhaltung der Vorschriften des Vertrags ein Werbeverbot für bestimmte Waren oder Dienstleistungen aufrechterhalten oder einführen, vergleichende Werbung für diese Waren oder Dienstleistungen zuzulassen; dies gilt sowohl für unmittelbar ausgesprochene Verbote als auch für Verbote durch eine Einrichtung oder Organisation, die gemäss den Rechtsvorschriften des Mitgliedstaats für die Regelung eines Handels, Gewerbes, Handwerks oder freien Berufs zuständig ist. Sind diese Verbote auf bestimmte Medien beschränkt, so gilt diese Richtlinie für diejenigen Medien, die nicht unter diese Verbote fallen.

(5) Diese Richtlinie hindert die Mitgliedstaaten nicht daran, unter Einhaltung der Bestimmungen des Vertrags Verbote oder Beschränkungen für die Verwendung von Vergleichen in der Werbung für Dienstleistungen freier Berufe aufrechtzuerhalten oder einzuführen, und zwar unabhängig davon, ob diese Verbote oder Beschränkungen unmittelbar auferlegt oder von einer Einrichtung oder Organisation verfügt werden, die nach dem Recht der Mitgliedstaaten für die Regelung der Ausübung einer beruflichen Tätigkeit zuständig ist.

Artikel 8

Die Mitgliedstaaten setzen die erforderlichen Massnahmen in Kraft, um dieser Richtlinie spätestens am 1. Oktober 1986 nachzukommen. Sie setzen die Kommission unverzüglich hiervon in Kenntnis. Die Mitgliedstaaten teilen der Kommission den Wortlaut aller innerstaatlichen Rechtsvorschriften mit, die sie auf dem unter diese Richtlinie fallenden Gebiet erlassen.

Artikel 9

Diese Richtlinie ist an alle Mitgliedstaaten gerichtet.

Weitere Fundstellen für Lauterkeitsrecht

Verschiedenes
- **seco-Wegleitung für die Praxis zur Preisbekanntgabeverordnung,** erhältlich unter www.seco-admin.ch/imperia/md/content/spezialthemen/wettbewerb/pbv_d.pdf
- **seco-Informationsblätter zur Preisbekanntgabeverordnung** für folgende Branchen, alle erhältlich unter www.seco-admin.ch/themen/spezial/wettbewerb/preisbekanntgabe/?lang=de:
  - Arzneimittel
  - Autoleasingangebote
  - Bank- und bankähnliche Dienstleistungen
  - Blumen und Pflanzen
  - Chemische Reinigungsbetriebe
  - Coiffeurgewerbe
  - Doppelte Preisdeklaration Schweizer Franken/Euro
  - Fernmelde- und Mehrwertdienste
  - Garagengewerbe
  - Handgeknüpfte Orientteppiche
  - Heimelektronik
  - Hotellerie und Gastgewerbe
  - Mobiltelefone in Verbindung mit Mobile-Abonnement
  - Personenwagenreifen
  - Reiseangebote
  - Taxigewerbe
- **ICC Guidelines Marketing/Promotion,** alle erhältlich unter www.iccwbo.org/home/menu_advert_marketing.asp:
  - ICC International Code of Sales Promotion
  - Compendium of Rules for Users of the Telephone in Sales, Marketing and Research
  - ICC International Code of Direct Marketing
  - ICC International Code of Environmental Marketing
  - ICC International Code of Direct Selling
  - ICC Guidelines on Advertising and Marketing on the Internet
  - ICC International Code of Advertising Practice

Kartellrecht

Bundesgesetz über Kartelle und andere Wettbewerbsbeschränkungen (Kartellgesetz, KG)

vom 6. Oktober 1995 (Stand am 23. März 2004)

Die Bundesversammlung der Schweizerischen Eidgenossenschaft,
gestützt auf die Artikel 27 Absatz 1, 96[1], 97 Absatz 2 und 122[2]
der Bundesverfassung[3],[4] in Ausführung der wettbewerbsrechtlichen
Bestimmungen internationaler Abkommen, nach Einsicht in die
Botschaft des Bundesrates vom 23. November 1994[5], beschliesst:

1. Kapitel: Allgemeine Bestimmungen

Art. 1 Zweck

Dieses Gesetz bezweckt, volkswirtschaftlich oder sozial schädliche Auswirkungen von Kartellen und anderen Wettbewerbsbeschränkungen zu verhindern und damit den Wettbewerb im Interesse einer freiheitlichen marktwirtschaftlichen Ordnung zu fördern.

Art. 2 Geltungsbereich

[1] Das Gesetz gilt für Unternehmen des privaten und des öffentlichen Rechts, die Kartell- oder andere Wettbewerbsabreden treffen, Marktmacht ausüben oder sich an Unternehmenszusammenschlüssen beteiligen.

[1bis] Als Unternehmen gelten sämtliche Nachfrager oder Anbieter von Gütern und Dienstleistungen im Wirtschaftsprozess, unabhängig von ihrer Rechts- oder Organisationsform.[6]

[2] Das Gesetz ist auf Sachverhalte anwendbar, die sich in der Schweiz auswirken, auch wenn sie im Ausland veranlasst werden.

Art. 3 Verhältnis zu anderen Rechtsvorschriften

[1] Vorbehalten sind Vorschriften, soweit sie auf einem Markt für bestimmte Waren oder Leistungen Wettbewerb nicht zulassen, insbesondere Vorschriften:

---

[1] Dieser Bestimmung entspricht Art. 31bis der BV vom 29. Mai 1874 [BS **1** 3].
[2] Dieser Bestimmung entspricht Art. 64 der BV vom 29. Mai 1874 [BS **1** 3].
[3] SR **101**
[4] Fassung gemäss Ziff. I des BG vom 20. Juni 2003, in Kraft seit 1. April 2004 (AS **2004** 1385 1390; BBl **2002** 2022 5506).
[5] BBl **1995** I 468
[6] Eingefügt durch Ziff. I des BG vom 20. Juni 2003, in Kraft seit 1. April 2004 (AS **2004** 1385 1390; BBl **2002** 2022 5506).

a. die eine staatliche Markt- oder Preisordnung begründen;
b. die einzelne Unternehmen zur Erfüllung öffentlicher Aufgaben mit besonderen Rechten ausstatten.

² Nicht unter das Gesetz fallen Wettbewerbswirkungen, die sich ausschliesslich aus der Gesetzgebung über das geistige Eigentum ergeben. Hingegen unterliegen Einfuhrbeschränkungen, die sich auf Rechte des geistigen Eigentums stützen, der Beurteilung nach diesem Gesetz.[7]

³ Verfahren zur Beurteilung von Wettbewerbsbeschränkungen nach diesem Gesetz gehen Verfahren nach dem Preisüberwachungsgesetz vom 20. Dezember 1985[8] vor, es sei denn die Wettbewerbskommission und der Preisüberwacher treffen gemeinsam eine gegenteilige Regelung.

Art. 4   Begriffe

¹ Als Wettbewerbsabreden gelten rechtlich erzwingbare oder nicht erzwingbare Vereinbarungen sowie aufeinander abgestimmte Verhaltensweisen von Unternehmen gleicher oder verschiedener Marktstufen, die eine Wettbewerbsbeschränkung bezwecken oder bewirken.

² Als marktbeherrschende Unternehmen gelten einzelne oder mehrere Unternehmen, die auf einem Markt als Anbieter oder Nachfrager in der Lage sind, sich von andern Marktteilnehmern (Mitbewerbern, Anbietern oder Nachfragern) in wesentlichem Umfang unabhängig zu verhalten.[9]

3 Als Unternehmenszusammenschluss gilt:
a. die Fusion von zwei oder mehr bisher voneinander unabhängigen Unternehmen;
b. jeder Vorgang, wie namentlich der Erwerb einer Beteiligung oder der Abschluss eines Vertrages, durch den ein oder mehrere Unternehmen unmittelbar oder mittelbar die Kontrolle über ein oder mehrere bisher unabhängige Unternehmen oder Teile von solchen erlangen.

2. Kapitel: Materiellrechtliche Bestimmungen

1. Abschnitt: Unzulässige Wettbewerbsbeschränkungen

Art. 5   Unzulässige Wettbewerbsabreden

¹ Abreden, die den Wettbewerb auf einem Markt für bestimmte Waren oder Leistungen erheblich beeinträchtigen und sich nicht durch Gründe der wirtschaftlichen Effizienz rechtfertigen lassen, sowie Abreden, die zur Beseitigung wirksamen Wettbewerbs führen, sind unzulässig.

---

[7] Satz eingefügt durch Ziff. I des BG vom 20. Juni 2003, in Kraft seit 1. April 2004 (AS **2004** 1385 1390; BBl **2002** 2022 5506).

[8] SR **942.20**

[9] Fassung gemäss Ziff. I des BG vom 20. Juni 2003, in Kraft seit 1. April 2004 (AS **2004** 1385 1390; BBl **2002** 2022 5506).

Kartellgesetz 1041

² Wettbewerbsabreden sind durch Gründe der wirtschaftlichen Effizienz gerechtfertigt, wenn sie:
a. notwendig sind, um die Herstellungs- oder Vertriebskosten zu senken, Produkte oder Produktionsverfahren zu verbessern, die Forschung oder die Verbreitung von technischem oder beruflichem Wissen zu fördern oder um Ressourcen rationeller zu nutzen; und
b. den beteiligten Unternehmen in keinem Fall Möglichkeiten eröffnen, wirksamen Wettbewerb zu beseitigen.

³ Die Beseitigung wirksamen Wettbewerbs wird bei folgenden Abreden vermutet, sofern sie zwischen Unternehmen getroffen werden, die tatsächlich oder der Möglichkeit nach miteinander im Wettbewerb stehen:
a. Abreden über die direkte oder indirekte Festsetzung von Preisen;
b. Abreden über die Einschränkung von Produktions-, Bezugs- oder Liefermengen;
c. Abreden über die Aufteilung von Märkten nach Gebieten oder Geschäftspartnern.

⁴ Die Beseitigung wirksamen Wettbewerbs wird auch vermutet bei Abreden zwischen Unternehmen verschiedener Marktstufen über Mindest- oder Festpreise sowie bei Abreden in Vertriebsverträgen über die Zuweisung von Gebieten, soweit Verkäufe in diese durch gebietsfremde Vertriebspartner ausgeschlossen werden.[10]

Art. 6 Gerechtfertigte Arten von Wettbewerbsabreden

¹ In Verordnungen oder allgemeinen Bekanntmachungen können die Voraussetzungen umschrieben werden, unter denen einzelne Arten von Wettbewerbsabreden aus Gründen der wirtschaftlichen Effizienz in der Regel als gerechtfertigt gelten. Dabei werden insbesondere die folgenden Abreden in Betracht gezogen:
a. Abreden über die Zusammenarbeit bei der Forschung und Entwicklung;
b. Abreden über die Spezialisierung und Rationalisierung, einschliesslich diesbezügliche Abreden über den Gebrauch von Kalkulationshilfen;
c. Abreden über den ausschliesslichen Bezug oder Absatz bestimmter Waren oder Leistungen;
d. Abreden über die ausschliessliche Lizenzierung von Rechten des geistigen Eigentums;
e.[11] Abreden mit dem Zweck, die Wettbewerbsfähigkeit kleiner und mittlerer Unternehmen zu verbessern, sofern sie nur eine beschränkte Marktwirkung aufweisen.

² Verordnungen und allgemeine Bekanntmachungen können auch besondere Kooperationsformen in einzelnen Wirtschaftszweigen, namentlich Abreden über die rationelle Umsetzung von öffentlich-rechtlichen Vorschriften zum Schutze von Kunden oder Anlegern im Bereich der Finanzdienstleistungen, als in der Regel gerechtfertigte Wettbewerbsabreden bezeichnen.

---

[10] Eingefügt durch Ziff. I des BG vom 20. Juni 2003, in Kraft seit 1. April 2004 (AS **2004** 1385 1390; BBl **2002** 2022 5506).
[11] Eingefügt durch Ziff. I des BG vom 20. Juni 2003, in Kraft seit 1. April 2004 (AS **2004** 1385 1390; BBl **2002** 2022 5506).

³ Allgemeine Bekanntmachungen werden von der Wettbewerbskommission im Bundesblatt veröffentlicht. Verordnungen im Sinne der Absätze 1 und 2 werden vom Bundesrat erlassen.

Art. 7 Unzulässige Verhaltensweisen marktbeherrschender Unternehmen

¹ Marktbeherrschende Unternehmen verhalten sich unzulässig, wenn sie durch den Missbrauch ihrer Stellung auf dem Markt andere Unternehmen in der Aufnahme oder Ausübung des Wettbewerbs behindern oder die Marktgegenseite benachteiligen.

² Als solche Verhaltensweisen fallen insbesondere in Betracht:

a. die Verweigerung von Geschäftsbeziehungen (z. B. die Liefer- oder Bezugssperre);

b. die Diskriminierung von Handelspartnern bei Preisen oder sonstigen Geschäftsbedingungen;

c. die Erzwingung unangemessener Preise oder sonstiger unangemessener Geschäftsbedingungen;

d. die gegen bestimmte Wettbewerber gerichtete Unterbietung von Preisen oder sonstigen Geschäftsbedingungen;

e. die Einschränkung der Erzeugung, des Absatzes oder der technischen Entwicklung;

f. die an den Abschluss von Verträgen gekoppelte Bedingung, dass die Vertragspartner zusätzliche Leistungen annehmen oder erbringen.

Art. 8 Ausnahmsweise Zulassung aus überwiegenden öffentlichen Interessen

Wettbewerbsabreden und Verhaltensweisen marktbeherrschender Unternehmen, die von der zuständigen Behörde für unzulässig erklärt wurden, können vom Bundesrat auf Antrag der Beteiligten zugelassen werden, wenn sie in Ausnahmefällen notwendig sind, um überwiegende öffentliche Interessen zu verwirklichen.

2. Abschnitt: Unternehmenszusammenschlüsse

Art. 9 Meldung von Zusammenschlussvorhaben

¹ Vorhaben über Zusammenschlüsse von Unternehmen sind vor ihrem Vollzug der Wettbewerbskommission zu melden, sofern im letzten Geschäftsjahr vor dem Zusammenschluss:

a. die beteiligten Unternehmen einen Umsatz von insgesamt mindestens 2 Milliarden Franken oder einen auf die Schweiz entfallenden Umsatz von insgesamt mindestens 500 Millionen Franken erzielten; und

b. mindestens zwei der beteiligten Unternehmen einen Umsatz in der Schweiz von je mindestens 100 Millionen Franken erzielten.

² ...¹²

---

¹² Aufgehoben durch Ziff. I des BG vom 20. Juni 2003, mit Wirkung seit 1. April 2004 (AS **2004** 1385 1390; BBl **2002** 2022 5506).

³ Bei Versicherungsgesellschaften treten an die Stelle des Umsatzes die jährlichen Bruttoprämieneinnahmen, bei Banken und übrigen Finanzintermediären die Bruttoerträge, sofern sie den Rechnungslegungsvorschriften gemäss dem Bankengesetz vom 8. November 1934[13] unterstellt sind.[14]

⁴ Die Meldepflicht besteht ungeachtet der Absätze 1–3, wenn am Zusammenschluss ein Unternehmen beteiligt ist, für welches in einem Verfahren nach diesem Gesetz rechtskräftig festgestellt worden ist, dass es in der Schweiz auf einem bestimmten Markt eine beherrschende Stellung hat, und der Zusammenschluss diesen Markt oder einen solchen betrifft, der ihm vor- oder nachgelagert oder benachbart ist.

⁵ Die Bundesversammlung kann mit allgemeinverbindlichem, nicht referendumspflichtigem Bundesbeschluss:

a. die Grenzbeträge in den Absätzen 1–3 den veränderten Verhältnissen anpassen;

b. für die Meldepflicht von Unternehmenszusammenschlüssen in einzelnen Wirtschaftszweigen besondere Voraussetzungen schaffen.

Art. 10 Beurteilung von Zusammenschlüssen

¹ Meldepflichtige Zusammenschlüsse unterliegen der Prüfung durch die Wettbewerbskommission, sofern sich in einer vorläufigen Prüfung (Art. 32 Abs. 1) Anhaltspunkte ergeben, dass sie eine marktbeherrschende Stellung begründen oder verstärken.

² Die Wettbewerbskommission kann den Zusammenschluss untersagen oder ihn mit Bedingungen und Auflagen zulassen, wenn die Prüfung ergibt, dass der Zusammenschluss:

a. eine marktbeherrschende Stellung, durch die wirksamer Wettbewerb beseitigt werden kann, begründet oder verstärkt; und

b. keine Verbesserung der Wettbewerbsverhältnisse in einem anderen Markt bewirkt, welche die Nachteile der marktbeherrschenden Stellung überwiegt.

³ Bei Zusammenschlüssen von Banken im Sinne des Bundesgesetzes über die Banken und Sparkassen vom 8. November 1934[15], die der Eidgenössischen Bankenkommission aus Gründen des Gläubigerschutzes als notwendig erscheinen, können die Interessen der Gläubiger vorrangig Berücksichtigung finden. In diesen Fällen tritt die Bankenkommission an die Stelle der Wettbewerbskommission; sie lädt die Wettbewerbskommission zur Stellungnahme ein.

⁴ Bei der Beurteilung der Auswirkungen eines Zusammenschlusses auf die Wirksamkeit des Wettbewerbs berücksichtigt die Wettbewerbskommission auch die Marktentwicklung sowie die Stellung der Unternehmen im internationalen Wettbewerb.

---

[13] SR **952.0**

[14] Fassung gemäss Ziff. I des BG vom 20. Juni 2003, in Kraft seit 1. April 2004 (AS **2004** 1385 1390; BBl **2002** 2022 5506).

[15] SR **952.0**

Art. 11   **Ausnahmsweise Zulassung aus überwiegenden öffentlichen Interessen**

Unternehmenszusammenschlüsse, die nach Artikel 10 untersagt wurden, können vom Bundesrat auf Antrag der beteiligten Unternehmen zugelassen werden, wenn sie in Ausnahmefällen notwendig sind, um überwiegende öffentliche Interessen zu verwirklichen.

3. Kapitel: Zivilrechtliches Verfahren

Art. 12   **Ansprüche aus Wettbewerbsbehinderung**

[1] Wer durch eine unzulässige Wettbewerbsbeschränkung in der Aufnahme oder Ausübung des Wettbewerbs behindert wird, hat Anspruch auf:

a. Beseitigung oder Unterlassung der Behinderung;
b. Schadenersatz und Genugtuung nach Massgabe des Obligationenrechts[16];
c. Herausgabe eines unrechtmässig erzielten Gewinns nach Massgabe der Bestimmungen über die Geschäftsführung ohne Auftrag.

[2] Als Wettbewerbsbehinderung fallen insbesondere die Verweigerung von Geschäftsbeziehungen sowie Diskriminierungsmassnahmen in Betracht.

[3] Die in Absatz 1 genannten Ansprüche hat auch, wer durch eine zulässige Wettbewerbsbeschränkung über das Mass hinaus behindert wird, das zur Durchsetzung der Wettbewerbsbeschränkung notwendig ist.

Art. 13   **Durchsetzung des Beseitigungs- und Unterlassungsanspruchs**

Zur Durchsetzung des Beseitigungs- und Unterlassungsanspruchs kann das Gericht auf Antrag des Klägers namentlich anordnen, dass:

a. Verträge ganz oder teilweise ungültig sind;
b. der oder die Verursacher der Wettbewerbsbehinderung mit dem Behinderten marktgerechte oder branchenübliche Verträge abzuschliessen haben.

Art. 14   **Gerichtsstand**

[1] Die Kantone bezeichnen für Klagen aufgrund einer Wettbewerbsbeschränkung ein Gericht, welches für das Kantonsgebiet als einzige kantonale Instanz entscheidet. Es beurteilt auch andere zivilrechtliche Ansprüche, wenn sie gleichzeitig mit der Klage geltend gemacht werden und mit ihr sachlich zusammenhängen.

[2] ...[17]

Art. 15   **Beurteilung der Zulässigkeit einer Wettbewerbsbeschränkung**

[1] Steht in einem zivilrechtlichen Verfahren die Zulässigkeit einer Wettbewerbsbeschränkung in Frage, so wird die Sache der Wettbewerbskommission zur Begutachtung vorgelegt.

---

[16] SR 220
[17] Aufgehoben durch Anhang Ziff. 15 des Gerichtsstandsgesetzes vom 24. März 2000 (SR 272).

Kartellgesetz

² Wird geltend gemacht, eine an sich unzulässige Wettbewerbsbeschränkung sei zur Verwirklichung überwiegender öffentlicher Interessen notwendig, so entscheidet der Bundesrat.

Art. 16   Wahrung von Geschäftsgeheimnissen

¹ In Streitigkeiten über Wettbewerbsbeschränkungen sind die Fabrikations- und Geschäftsgeheimnisse der Parteien zu wahren.

² Beweismittel, durch die solche Geheimnisse offenbart werden können, dürfen der Gegenpartei nur so weit zugänglich gemacht werden, als dies mit der Wahrung der Geheimnisse vereinbar ist.

Art. 17   Vorsorgliche Massnahmen

¹ Zum Schutze von Ansprüchen, die aufgrund einer Wettbewerbsbeschränkung entstehen, kann das Gericht auf Antrag einer Partei die notwendigen vorsorglichen Massnahmen anordnen.

² Auf vorsorgliche Massnahmen sind die Artikel 28c–28f des Schweizerischen Zivilgesetzbuches[18] sinngemäss anwendbar.

4. Kapitel: Verwaltungsrechtliches Verfahren

1. Abschnitt: Wettbewerbsbehörden

Art. 18   Wettbewerbskommission

¹ Der Bundesrat bestellt die Wettbewerbskommission und bezeichnet die Mitglieder des Präsidiums.[19]

² Die Wettbewerbskommission besteht aus 11–15 Mitgliedern. Die Mehrheit der Mitglieder müssen unabhängige Sachverständige sein.

^{2bis} Die Mitglieder der Wettbewerbskommission legen ihre Interessen in einem Interessenbindungsregister offen.[20]

³ Die Wettbewerbskommission trifft die Entscheide und erlässt die Verfügungen, die nicht ausdrücklich einer anderen Behörde vorbehalten sind. Sie gibt Empfehlungen (Art. 45 Abs. 2) und Stellungnahmen (Art. 46 Abs. 2) an die politischen Behörden ab und erstattet Gutachten (Art. 47 Abs. 1).

Art. 19   Organisation

¹ Die Wettbewerbskommission ist von den Verwaltungsbehörden unabhängig. Sie kann sich in Kammern mit selbständiger Entscheidungsbefugnis gliedern. Sie kann ein Mitglied des Präsidiums im Einzelfall ermächtigen, dringliche Fälle oder Fälle untergeordneter Bedeutung direkt zu erledigen.

² Die Wettbewerbskommission ist administrativ dem Eidgenössischen Volkswirtschaftsdepartement (Departement) zugeordnet.

---

[18] SR **210**
[19] Fassung gemäss Ziff. I des BG vom 20. Juni 2003, in Kraft seit 1. April 2004 (AS **2004** 1385 1390; BBl **2002** 2022 5506).
[20] Eingefügt durch Ziff. I des BG vom 20. Juni 2003, in Kraft seit 1. April 2004 (AS **2004** 1385 1390; BBl **2002** 2022 5506).

Art. 20   **Geschäftsreglement**

¹ Die Wettbewerbskommission erlässt ein Geschäftsreglement; darin regelt sie insbesondere die Einzelheiten der Organisation, namentlich die Zuständigkeiten des Präsidiums, der einzelnen Kammern und der Gesamtkommission.

² Das Geschäftsreglement bedarf der Genehmigung durch den Bundesrat.

Art. 21   **Beschlussfassung**

¹ Die Wettbewerbskommission und die Kammern sind beschlussfähig, wenn mindestens die Hälfte der Mitglieder, in jedem Fall aber mindestens drei Mitglieder, anwesend sind.

² Sie fassen ihre Beschlüsse mit dem einfachen Mehr der anwesenden Mitglieder; bei Stimmengleichheit gibt der Präsident oder die Präsidentin den Stichentscheid.

Art. 22   **Ausstand von Kommissionsmitgliedern**

¹ Ein Mitglied der Wettbewerbskommission tritt in den Ausstand, wenn ein Ausstandsgrund nach Artikel 10 des Verwaltungsverfahrensgesetzes vom 20. Dezember 1968[21] vorliegt.

² Ein persönliches Interesse oder ein anderer Grund der Befangenheit ist in der Regel nicht gegeben, wenn ein Mitglied der Wettbewerbskommission einen übergeordneten Verband vertritt.

³ Ist der Ausstand streitig, so entscheidet die Wettbewerbskommission oder die entsprechende Kammer unter Ausschluss des betreffenden Mitgliedes.

Art. 23   **Aufgaben des Sekretariats**

¹ Das Sekretariat bereitet die Geschäfte der Wettbewerbskommission vor, führt die Untersuchungen durch und erlässt zusammen mit einem Mitglied des Präsidiums die notwendigen verfahrensleitenden Verfügungen. Es stellt der Wettbewerbskommission Antrag und vollzieht ihre Entscheide. Es verkehrt mit Beteiligten, Dritten und Behörden direkt.

² Es gibt Stellungnahmen ab (Art. 46 Abs. 1) und berät Amtsstellen und Unternehmen bei Fragen zu diesem Gesetz.

Art. 24   **Personal des Sekretariats**

¹ Der Bundesrat wählt die Direktion, die Wettbewerbskommission wählt das übrige Personal des Sekretariats.

² Das Dienstverhältnis richtet sich nach der Personalgesetzgebung des Bundes.

Art. 25   **Amts- und Geschäftsgeheimnis**

¹ Die Wettbewerbsbehörden wahren das Amtsgeheimnis.

² Sie dürfen Kenntnisse, die sie bei ihrer Tätigkeit erlangen, nur zu dem mit der Auskunft oder dem Verfahren verfolgten Zweck verwerten.

³ Dem Preisüberwacher dürfen die Wettbewerbsbehörden diejenigen Daten weitergeben, die er für die Erfüllung seiner Aufgaben benötigt.

⁴ Die Veröffentlichungen der Wettbewerbsbehörden dürfen keine Geschäftsgeheimnisse preisgeben.

---

[21] SR **172.021**

2. Abschnitt: Untersuchung von Wettbewerbsbeschränkungen

Art. 26 Vorabklärung

[1] Das Sekretariat kann Vorabklärungen von Amtes wegen, auf Begehren von Beteiligten oder auf Anzeige von Dritten hin durchführen.

[2] Das Sekretariat kann Massnahmen zur Beseitigung oder Verhinderung von Wettbewerbsbeschränkungen anregen.

[3] Im Verfahren der Vorabklärung besteht kein Recht auf Akteneinsicht.

Art. 27 Eröffnung einer Untersuchung

[1] Bestehen Anhaltspunkte für eine unzulässige Wettbewerbsbeschränkung, so eröffnet das Sekretariat im Einvernehmen mit einem Mitglied des Präsidiums eine Untersuchung. Eine Untersuchung wird in jedem Fall eröffnet, wenn das Sekretariat von der Wettbewerbskommission oder vom Departement damit beauftragt wird.[22]

[2] Die Wettbewerbskommission entscheidet, welche der eröffneten Untersuchungen vorrangig zu behandeln sind.

Art. 28 Bekanntgabe

[1] Das Sekretariat gibt die Eröffnung einer Untersuchung durch amtliche Publikation bekannt.

[2] Die Bekanntmachung nennt den Gegenstand und die Adressaten der Untersuchung. Sie enthält zudem den Hinweis, dass Dritte sich innert 30 Tagen melden können, falls sie sich an der Untersuchung beteiligen wollen.

[3] Die fehlende Publikation hindert Untersuchungshandlungen nicht.

Art. 29 Einvernehmliche Regelung

[1] Erachtet das Sekretariat eine Wettbewerbsbeschränkung für unzulässig, so kann es den Beteiligten eine einvernehmliche Regelung über die Art und Weise ihrer Beseitigung vorschlagen.

[2] Die einvernehmliche Regelung wird schriftlich abgefasst und bedarf der Genehmigung durch die Wettbewerbskommission.

Art. 30 Entscheid

[1] Die Wettbewerbskommission entscheidet auf Antrag des Sekretariats mit Verfügung über die zu treffenden Massnahmen oder die Genehmigung einer einvernehmlichen Regelung.

[2] Die am Verfahren Beteiligten können schriftlich zum Antrag des Sekretariats Stellung nehmen. Die Wettbewerbskommission kann eine Anhörung beschliessen und das Sekretariat mit zusätzlichen Untersuchungsmassnahmen beauftragen.

[3] Haben sich die tatsächlichen oder rechtlichen Verhältnisse wesentlich geändert, so kann die Wettbewerbskommission auf Antrag des Sekretariats oder der Betroffenen den Entscheid widerrufen oder ändern.

---

[22] Fassung gemäss Ziff. I des BG vom 20. Juni 2003, in Kraft seit 1. April 2004 (AS **2004** 1385 1390; BBl **2002** 2022 5506).

Art. 31 Ausnahmsweise Zulassung

¹ Hat die Wettbewerbskommission entschieden, dass eine Wettbewerbsbeschränkung unzulässig ist, so können die Beteiligten innerhalb von 30 Tagen beim Departement eine ausnahmsweise Zulassung durch den Bundesrat aus überwiegenden öffentlichen Interessen beantragen. Ist ein solcher Antrag gestellt, so beginnt die Frist für die Einreichung einer Beschwerde an die Rekurskommission für Wettbewerbsfragen erst mit der Eröffnung des Entscheides des Bundesrates zu laufen.

² Der Antrag auf ausnahmsweise Zulassung durch den Bundesrat kann auch innerhalb von 30 Tagen seit Eintritt der Rechtskraft eines Entscheides der Rekurskommission für Wettbewerbsfragen oder des Bundesgerichts aufgrund einer Verwaltungsgerichtsbeschwerde gestellt werden.

³ Die Zulassung ist zeitlich zu beschränken; sie kann mit Bedingungen und Auflagen verbunden werden.

⁴ Der Bundesrat kann eine Zulassung auf Gesuch hin verlängern, wenn die Voraussetzungen dafür weiterhin erfüllt sind.

3. Abschnitt: Prüfung von Unternehmenszusammenschlüssen

Art. 32 Einleitung des Prüfungsverfahrens

¹ Wird ein Vorhaben über einen Unternehmenszusammenschluss gemeldet (Art. 9), so entscheidet die Wettbewerbskommission, ob eine Prüfung durchzuführen ist. Sie hat die Einleitung dieser Prüfung den beteiligten Unternehmen innerhalb eines Monats seit der Meldung mitzuteilen. Erfolgt innerhalb dieser Frist keine Mitteilung, so kann der Zusammenschluss ohne Vorbehalt vollzogen werden.

² Die beteiligten Unternehmen dürfen den Zusammenschluss innerhalb eines Monats seit der Meldung des Vorhabens nicht vollziehen, es sei denn, die Wettbewerbskommission habe dies auf Antrag dieser Unternehmen aus wichtigen Gründen bewilligt.

Art. 33 Prüfungsverfahren

¹ Beschliesst die Wettbewerbskommission die Durchführung einer Prüfung, so veröffentlicht das Sekretariat den wesentlichen Inhalt der Meldung des Zusammenschlusses und gibt die Frist bekannt, innerhalb welcher Dritte zum gemeldeten Zusammenschluss Stellung nehmen können.

² Zu Beginn der Prüfung entscheidet die Wettbewerbskommission, ob der Zusammenschluss ausnahmsweise vorläufig vollzogen werden kann oder aufgeschoben bleibt.

³ Sie führt die Prüfung innerhalb von vier Monaten durch, sofern sie nicht durch Umstände gehindert wird, die von den beteiligten Unternehmen zu verantworten sind.

Art. 34 Rechtsfolgen

Die zivilrechtliche Wirksamkeit eines meldepflichtigen Zusammenschlusses bleibt, unter Vorbehalt des Fristablaufs gemäss Artikel 32 Absatz 1 und der Bewilligung zum vorläufigen Vollzug, aufgeschoben. Trifft die Wettbewerbskommission innerhalb der in Artikel 33 Absatz 3 genannten Frist keine Entscheidung, so gilt der Zusammenschluss als zugelassen, es sei denn, die Wettbewerbskommission stelle mit einer Verfügung fest, dass sie bei der Prüfung durch Umstände gehindert worden ist, die von den beteiligten Unternehmen zu verantworten sind.

Art. 35 Verletzung der Meldepflicht

Wurde ein meldepflichtiger Unternehmenszusammenschluss ohne Meldung vollzogen, so wird das Verfahren nach den Artikeln 32–38 von Amtes wegen eingeleitet. In einem solchen Fall beginnt die Frist nach Artikel 32 Absatz 1 zu laufen, sobald die Behörde im Besitz der Informationen ist, die eine Meldung enthalten muss.

Art. 36 Verfahren der Ausnahmegenehmigung

[1] Hat die Wettbewerbskommission den Zusammenschluss untersagt, so können die beteiligten Unternehmen innerhalb von 30 Tagen beim Departement eine ausnahmsweise Zulassung durch den Bundesrat aus überwiegenden öffentlichen Interessen beantragen. Ist ein solcher Antrag gestellt, so beginnt die Frist für die Einreichung einer Beschwerde an die Rekurskommission für Wettbewerbsfragen erst mit der Eröffnung des Entscheides des Bundesrates zu laufen.

[2] Der Antrag auf ausnahmsweise Zulassung durch den Bundesrat kann auch innerhalb von 30 Tagen seit Eintritt der Rechtskraft eines Entscheides der Rekurskommission für Wettbewerbsfragen oder des Bundesgerichts aufgrund einer Verwaltungsgerichtsbeschwerde gestellt werden.

[3] Der Bundesrat entscheidet über den Antrag möglichst innerhalb von vier Monaten seit Eingang des Antrages.

Art. 37 Wiederherstellung wirksamen Wettbewerbs

[1] Wird ein untersagter Zusammenschluss vollzogen oder ein vollzogener Zusammenschluss untersagt und für den Zusammenschluss keine ausnahmsweise Zulassung beantragt oder erteilt, so sind die beteiligten Unternehmen verpflichtet, die Massnahmen durchzuführen, die zur Wiederherstellung wirksamen Wettbewerbs erforderlich sind.

[2] Die Wettbewerbskommission kann die beteiligten Unternehmen auffordern, verbindliche Vorschläge darüber zu machen, wie wirksamer Wettbewerb wiederhergestellt wird. Sie setzt dafür eine Frist fest.

[3] Billigt die Wettbewerbskommission die Vorschläge, so kann sie verfügen, wie und innert welcher Frist die beteiligten Unternehmen die Massnahmen durchführen müssen.

[4] Machen die beteiligten Unternehmen trotz Aufforderung der Wettbewerbskommission keine Vorschläge oder werden diese von der Wettbewerbskommission nicht gebilligt, so kann die Wettbewerbskommission folgende Massnahmen verfügen:

a. die Trennung der zusammengefassten Unternehmen oder Vermögenswerte;
b. die Beendigung des kontrollierenden Einflusses;
c. andere Massnahmen, die geeignet sind, wirksamen Wettbewerb wiederherzustellen.

Art. 38 Widerruf und Revision

[1] Die Wettbewerbskommission kann eine Zulassung widerrufen oder die Prüfung eines Zusammenschlusses trotz Ablauf der Frist von Artikel 32 Absatz 1 beschliessen, wenn:

a. die beteiligten Unternehmen unrichtige Angaben gemacht haben;
b. die Zulassung arglistig herbeigeführt worden ist; oder
c. die beteiligten Unternehmen einer Auflage zu einer Zulassung in schwerwiegender Weise zuwiderhandeln.

² Der Bundesrat kann eine ausnahmsweise Zulassung aus denselben Gründen widerrufen.

4. Abschnitt: Verfahren und Rechtsschutz

Art. 39   **Grundsatz**
Auf die Verfahren sind die Bestimmungen des Verwaltungsverfahrensgesetzes vom 20. Dezember 1968[23] anwendbar, soweit dieses Gesetz nicht davon abweicht.

Art. 40   **Auskunftspflicht**
Beteiligte an Abreden, marktmächtige Unternehmen, Beteiligte an Zusammenschlüssen sowie betroffene Dritte haben den Wettbewerbsbehörden alle für deren Abklärungen erforderlichen Auskünfte zu erteilen und die notwendigen Urkunden vorzulegen. Das Recht zur Verweigerung der Auskunft richtet sich nach Artikel 16 des Verwaltungsverfahrensgesetzes vom 20. Dezember 1968[24].

Art. 41   **Amtshilfe**
Amtsstellen des Bundes und der Kantone sind verpflichtet, an Abklärungen der Wettbewerbsbehörden mitzuwirken und die notwendigen Unterlagen zur Verfügung zu stellen.

Art. 42[25]   **Untersuchungsmassnahmen**
¹ Die Wettbewerbsbehörden können Dritte als Zeugen einvernehmen und die von einer Untersuchung Betroffenen zur Beweisaussage verpflichten. Artikel 64 des Bundesgesetzes vom 4. Dezember 1947[26] über den Bundeszivilprozess ist sinngemäss anwendbar.

² Die Wettbewerbsbehörden können Hausdurchsuchungen anordnen und Beweisgegenstände sicherstellen. Für diese Zwangsmassnahmen sind die Artikel 45–50 des Bundesgesetzes vom 22. März 1974[27] über das Verwaltungsstrafrecht sinngemäss anwendbar. Hausdurchsuchungen und Beschlagnahmen werden auf Grund eines Antrages des Sekretariats von einem Mitglied des Präsidiums angeordnet.

---

[23] SR **172.021**
[24] SR **172.021**
[25] Fassung gemäss Ziff. I des BG vom 20. Juni 2003, in Kraft seit 1. April 2004 (AS **2004** 1385 1390; BBl **2002** 2022 5506).
[26] SR **273**
[27] SR **313.0**

Kartellgesetz

Art. 42a[28] **Untersuchungen in Verfahren nach dem Luftverkehrsabkommen Schweiz-EG**

[1] Die Wettbewerbskommission ist die schweizerische Behörde, die für die Zusammenarbeit mit den Organen der Europäischen Gemeinschaft nach Artikel 11 des Abkommens zwischen der Schweizerischen Eidgenossenschaft und der Europäischen Gemeinschaft vom 21. Juni 1999[29] über den Luftverkehr zuständig ist.

[2] Widersetzt sich ein Unternehmen in einem auf Artikel 11 des Abkommens gestützten Verfahren der Nachprüfung, so können auf Ersuchen der Kommission der Europäischen Gemeinschaft Untersuchungsmassnahmen nach Artikel 42 vorgenommen werden; Artikel 44 ist anwendbar.

Art. 43 **Beteiligung Dritter an der Untersuchung**

[1] Ihre Beteiligung an der Untersuchung einer Wettbewerbsbeschränkung können anmelden:
a. Personen, die aufgrund der Wettbewerbsbeschränkung in der Aufnahme oder in der Ausübung des Wettbewerbs behindert sind;
b. Berufs- und Wirtschaftsverbände, die nach den Statuten zur Wahrung der wirtschaftlichen Interessen ihrer Mitglieder befugt sind, sofern sich auch Mitglieder des Verbands oder eines Unterverbands an der Untersuchung beteiligen können;
c. Organisationen von nationaler oder regionaler Bedeutung, die sich statutengemäss dem Konsumentenschutz widmen.

[2] Das Sekretariat kann verlangen, dass Gruppen von mehr als fünf am Verfahren Beteiligten mit gleichen Interessen eine gemeinsame Vertretung bestellen, falls die Untersuchung sonst übermässig erschwert würde. Es kann in jedem Fall die Beteiligung auf eine Anhörung beschränken; vorbehalten bleiben die Parteirechte nach dem Verwaltungsverfahrensgesetz vom 20. Dezember 1968[30].

[3] Die Absätze 1 und 2 gelten sinngemäss auch im Verfahren der ausnahmsweisen Zulassung einer unzulässigen Wettbewerbsbeschränkung durch den Bundesrat (Art. 8).

[4] Im Verfahren der Prüfung von Unternehmenszusammenschlüssen haben nur die beteiligten Unternehmen Parteirechte.

Art. 44[31] **Beschwerde an die Rekurskommission**

Gegen Verfügungen der Wettbewerbskommission oder ihres Sekretariates sowie gegen Zwangsmassnahmen nach Artikel 42 Absatz 2 kann bei der Rekurskommission für Wettbewerbsfragen Beschwerde erhoben werden.

---

[28] Eingefügt durch Ziff. I des BG vom 20. Juni 2003, in Kraft seit 1. April 2004 (AS **2004** 1385 1390; BBl **2002** 2022 5506).
[29] SR **0.748.127.192.68**
[30] SR **172.021**
[31] Fassung gemäss Ziff. I des BG vom 20. Juni 2003, in Kraft seit 1. April 2004 (AS **2004** 1385 1390; BBl **2002** 2022 5506).

5. Abschnitt:
Übrige Aufgaben und Befugnisse der Wettbewerbsbehörden

Art. 45   Empfehlungen an Behörden

¹ Die Wettbewerbskommission beobachtet laufend die Wettbewerbsverhältnisse.

² Sie kann den Behörden Empfehlungen zur Förderung von wirksamem Wettbewerb unterbreiten, insbesondere hinsichtlich der Schaffung und Handhabung wirtschaftsrechtlicher Vorschriften.

Art. 46   Stellungnahmen

¹ Entwürfe von wirtschaftsrechtlichen Erlassen des Bundes oder andern Bundeserlassen, die den Wettbewerb beeinflussen können, sind dem Sekretariat vorzulegen. Es prüft diese auf Wettbewerbsverfälschungen oder übermässige Wettbewerbsbeschränkungen hin.

² Die Wettbewerbskommission nimmt im Vernehmlassungsverfahren Stellung zu Entwürfen von rechtsetzenden Erlassen des Bundes, die den Wettbewerb beschränken oder auf andere Weise beeinflussen. Sie kann zu kantonalen rechtsetzenden Erlassesentwürfen Stellung nehmen.

Art. 47   Gutachten

¹ Die Wettbewerbskommission verfasst für andere Behörden Gutachten zu Wettbewerbsfragen von grundsätzlicher Bedeutung. Sie kann das Sekretariat in Fällen von untergeordneter Bedeutung beauftragen, an ihrer Stelle Gutachten zu erstatten.

² ...[32]

Art. 48   Veröffentlichung von Entscheiden und Urteilen

¹ Die Wettbewerbsbehörden können ihre Entscheide veröffentlichen.

² Die Gerichte stellen dem Sekretariat die Urteile, die in Anwendung dieses Gesetzes gefällt werden, unaufgefordert und in vollständiger Abschrift zu. Das Sekretariat sammelt diese Urteile und kann sie periodisch veröffentlichen.

Art. 49   Informationspflichten

¹ Das Sekretariat und die Wettbewerbskommission orientieren die Öffentlichkeit über ihre Tätigkeit.

² Die Wettbewerbskommission erstattet dem Bundesrat jährlich einen Tätigkeitsbericht.

6. Abschnitt: Verwaltungssanktionen[33]

Art. 49a[34]   Sanktion bei unzulässigen Wettbewerbsbeschränkungen

¹ Ein Unternehmen, das an einer unzulässigen Abrede nach Artikel 5 Absätze 3 und 4 beteiligt ist oder sich nach Artikel 7 unzulässig verhält, wird mit einem Betrag

---

[32] Aufgehoben durch Ziff. I des BG vom 20. Juni 2003, mit Wirkung seit 1. April 2004 (AS **2004** 1385 1390; BBl **2002** 2022 5506).

[33] Ursprünglich vor Art. 50.

[34] Eingefügt durch Ziff. I des BG vom 20. Juni 2003, in Kraft seit 1. April 2004 (AS **2004** 1385 1390; BBl **2002** 2022 5506). Siehe auch die SchlB am Ende dieses Erlasses.

Kartellgesetz

bis zu 10 Prozent des in den letzten drei Geschäftsjahren in der Schweiz erzielten Umsatzes belastet. Artikel 9 Absatz 3 ist sinngemäss anwendbar. Der Betrag bemisst sich nach der Dauer und der Schwere des unzulässigen Verhaltens. Der mutmassliche Gewinn, den das Unternehmen dadurch erzielt hat, ist angemessen zu berücksichtigen.

² Wenn das Unternehmen an der Aufdeckung und der Beseitigung der Wettbewerbsbeschränkung mitwirkt, kann auf eine Belastung ganz oder teilweise verzichtet werden.

³ Die Belastung entfällt, wenn:

a. das Unternehmen die Wettbewerbsbeschränkung meldet, bevor diese Wirkung entfaltet. Wird dem Unternehmen innert fünf Monaten nach der Meldung die Eröffnung eines Verfahrens nach den Artikeln 26–30 mitgeteilt und hält es danach an der Wettbewerbsbeschränkung fest, entfällt die Belastung nicht;
b. die Wettbewerbsbeschränkung bei Eröffnung der Untersuchung länger als fünf Jahre nicht mehr ausgeübt worden ist;
c. der Bundesrat eine Wettbewerbsbeschränkung nach Artikel 8 zugelassen hat.

Art. 50[35]   **Verstösse gegen einvernehmliche Regelungen und behördliche Anordnungen**

Verstösst ein Unternehmen zu seinem Vorteil gegen eine einvernehmliche Regelung, eine rechtskräftige Verfügung der Wettbewerbsbehörden oder einen Entscheid der Rechtsmittelinstanzen, so wird es mit einem Betrag bis zu 10 Prozent des in den letzten drei Geschäftsjahren in der Schweiz erzielten Umsatzes belastet. Artikel 9 Absatz 3 ist sinngemäss anwendbar. Bei der Bemessung des Betrages ist der mutmassliche Gewinn, den das Unternehmen durch das unzulässige Verhalten erzielt hat, angemessen zu berücksichtigen.

Art. 51   **Verstösse im Zusammenhang mit Unternehmenszusammenschlüssen**

¹ Ein Unternehmen, das einen meldepflichtigen Zusammenschluss ohne Meldung vollzieht oder das vorläufige Vollzugsverbot missachtet, gegen eine mit der Zulassung erteilte Auflage verstösst, einen untersagten Zusammenschluss vollzieht oder eine Massnahme zur Wiederherstellung wirksamen Wettbewerbs nicht durchführt, wird mit einem Betrag bis zu einer Million Franken belastet.

² Bei wiederholtem Verstoss gegen eine mit der Zulassung erteilte Auflage wird das Unternehmen mit einem Betrag bis zu 10 Prozent des auf die Schweiz entfallenden Gesamtumsatzes der beteiligten Unternehmen belastet. Artikel 9 Absatz 3 ist sinngemäss anwendbar.

Art. 52   **Andere Verstösse**

Ein Unternehmen, das die Auskunftspflicht oder die Pflichten zur Vorlage von Urkunden nicht oder nicht richtig erfüllt, wird mit einem Betrag bis zu 100 000 Franken belastet.

---

[35] Fassung gemäss Ziff. I des BG vom 20. Juni 2003, in Kraft seit 1. April 2004 (AS **2004** 1385 1390; BBl **2002** 2022 5506).

Art. 53   **Verfahren und Rechtsmittel**

[1] Verstösse werden vom Sekretariat im Einvernehmen mit einem Mitglied des Präsidiums untersucht. Sie werden von der Wettbewerbskommission beurteilt.

[2] Entscheide der Wettbewerbskommission unterliegen der Beschwerde an die Rekurskommission für Wettbewerbsfragen.

7. Abschnitt: [36] Gebühren

Art. 53a

[1] Die Wettbewerbsbehörden erheben Gebühren für:

a. Verfügungen über die Untersuchung von Wettbewerbsbeschränkungen nach den Artikeln 26–31;
b. die Prüfung von Unternehmenszusammenschlüssen nach den Artikeln 32–38;
c. Gutachten und sonstige Dienstleistungen.

[2] Die Gebühr bemisst sich nach dem Zeitaufwand.

[3] Der Bundesrat legt die Gebührensätze fest und regelt die Gebührenerhebung. Er kann vorsehen, dass für bestimmte Verfahren oder Dienstleistungen, namentlich bei der Einstellung der Verfahren, keine Gebühren erhoben werden.

5. Kapitel: Strafsanktionen

Art. 54   **Widerhandlungen gegen einvernehmliche Regelungen und behördliche Anordnungen**

Wer vorsätzlich einer einvernehmlichen Regelung, einer rechtskräftigen Verfügung der Wettbewerbsbehörden oder einem Entscheid der Rechtsmittelinstanzen zuwiderhandelt, wird mit Busse bis zu 100 000 Franken bestraft.

Art. 55   **Andere Widerhandlungen**

Wer vorsätzlich Verfügungen der Wettbewerbsbehörden betreffend die Auskunftspflicht (Art. 40) nicht oder nicht richtig befolgt, einen meldepflichtigen Zusammenschluss ohne Meldung vollzieht oder Verfügungen im Zusammenhang mit Unternehmenszusammenschlüssen zuwiderhandelt, wird mit Busse bis zu 20 000 Franken bestraft.

Art. 56   **Verjährung**

[1] Die Strafverfolgung für Widerhandlungen gegen einvernehmliche Regelungen und behördliche Anordnungen (Art. 54) verjährt nach fünf Jahren. Die Verjährungsfrist kann durch Unterbrechung um nicht mehr als die Hälfte hinausgeschoben werden.

[2] Die Strafverfolgung für andere Widerhandlungen (Art. 55) verjährt nach zwei Jahren.

---

[36] Eingefügt durch Ziff. I des BG vom 20. Juni 2003, in Kraft seit 1. April 2004 (AS **2004** 1385 1390; BBl **2002** 2022 5506).

Kartellgesetz 1055

Art. 57　**Verfahren und Rechtsmittel**

[1] Für die Verfolgung und die Beurteilung der strafbaren Handlung gilt das Bundesgesetz über das Verwaltungsstrafrecht vom 22. März 1974[37].

[2] Verfolgende Behörde ist das Sekretariat im Einvernehmen mit einem Mitglied des Präsidiums. Urteilende Behörde ist die Wettbewerbskommission.

6. Kapitel:　Ausführung internationaler Abkommen

Art. 58　**Feststellung des Sachverhalts**

[1] Macht eine Vertragspartei eines internationalen Abkommens geltend, eine Wettbewerbsbeschränkung sei mit dem Abkommen unvereinbar, so kann das Departement das Sekretariat mit einer entsprechenden Vorabklärung beauftragen.

[2] Das Departement entscheidet auf Antrag des Sekretariats über das weitere Vorgehen. Es hört zuvor die Beteiligten an.

Art. 59　**Beseitigung von Unvereinbarkeiten**

[1] Wird bei der Ausführung eines internationalen Abkommens festgestellt, dass eine Wettbewerbsbeschränkung mit dem Abkommen unvereinbar ist, so kann das Departement im Einvernehmen mit dem Eidgenössischen Departement für auswärtige Angelegenheiten den Beteiligten eine einvernehmliche Regelung über die Beseitigung der Unvereinbarkeit vorschlagen.

[2] Kommt eine einvernehmliche Regelung nicht rechtzeitig zustande und drohen der Schweiz von der Vertragspartei Schutzmassnahmen, so kann das Departement im Einvernehmen mit dem Eidgenössischen Departement für auswärtige Angelegenheiten die Massnahmen verfügen, die zur Beseitigung der Wettbewerbsbeschränkung erforderlich sind.

6a. Kapitel:[38] Evaluation

Art. 59a

[1] Der Bundesrat sorgt für die Evaluation der Wirksamkeit der Massnahmen und des Vollzugs dieses Gesetzes.

[2] Der Bundesrat erstattet nach Abschluss der Evaluation, spätestens aber fünf Jahre nach Inkrafttreten dieser Bestimmung, dem Parlament Bericht und unterbreitet Vorschläge für das weitere Vorgehen.

7. Kapitel:　Schlussbestimmungen

Art. 60　**Ausführungsbestimmungen**

Der Bundesrat erlässt die Ausführungsbestimmungen.

---

[37] SR **313.0**

[38] Eingefügt durch Ziff. I des BG vom 20. Juni 2003, in Kraft seit 1. April 2004 (AS **2004** 1385 1390; BBl **2002** 2022 5506).

Art. 61 **Aufhebung bisherigen Rechts**

Das Kartellgesetz vom 20. Dezember 1985[39] wird aufgehoben.

Art. 62 **Übergangsbestimmungen**

¹ Laufende Verfahren der Kartellkommission über Wettbewerbsabreden werden mit Inkrafttreten dieses Gesetzes sistiert; nötigenfalls werden sie nach Ablauf von sechs Monaten nach neuem Recht weitergeführt.

² Neue Verfahren der Wettbewerbskommission über Wettbewerbsabreden können frühestens sechs Monate nach Inkrafttreten des Gesetzes eingeleitet werden, es sei denn, mögliche Verfügungsadressaten verlangten eine frühere Untersuchung. Vorabklärungen sind jederzeit möglich.

³ Rechtskräftige Verfügungen und angenommene Empfehlungen nach dem Kartellgesetz vom 20. Dezember 1985[40] unterstehen auch bezüglich der Sanktionen dem bisherigen Recht.

Art. 63 **Referendum und Inkrafttreten**

¹ Dieses Gesetz untersteht dem fakultativen Referendum.

² Der Bundesrat bestimmt das Inkrafttreten.

Schlussbestimmung zur Änderung vom 20. Juni 2003[41]

Wird eine bestehende Wettbewerbsbeschränkung innert eines Jahres nach Inkrafttreten von Artikel 49*a* gemeldet oder aufgelöst, so entfällt eine Belastung nach dieser Bestimmung.

Datum des Inkrafttretens:

Artikel 18–25 am 1. Februar 1996[42]

alle übrigen Bestimmungen am 1. Juli 1996[43]

[Anhang Aufhebung bisherigen Rechts nicht abgedruckt]

---

[39] [AS **1986** 874, **1992** 288 Anhang Ziff. 12]
[40] [AS **1986** 874, **1992** 288 Anhang Ziff. 12]
[41] AS **2004** 1385; BBl **2002** 2022 5506
[42] BRB vom 24. Jan. 1996 (AS **1996** 562)
[43] V vom 17. Juni 1996 (AS **1996** 1805)

Verordnung über die Kontrolle von Unternehmenszusammenschlüssen

vom 17. Juni 1996 (Stand am 23. März 2004)

Der Schweizerische Bundesrat,
gestützt auf Artikel 60 des Kartellgesetzes vom 6. Oktober 1995[1] (Gesetz),
verordnet:

Art. 1 Erlangung der Kontrolle

Ein Unternehmen erlangt im Sinne von Artikel 4 Absatz 3 Buchstabe b des Gesetzes die Kontrolle über ein bisher unabhängiges Unternehmen, wenn es durch den Erwerb von Beteiligungsrechten oder auf andere Weise die Möglichkeit erhält, einen bestimmenden Einfluss auf die Tätigkeit des andern Unternehmens auszuüben. Mittel zur Kontrolle können, einzeln oder in Kombination, insbesondere sein:

a. Eigentums- oder Nutzungsrechte an der Gesamtheit oder an Teilen des Vermögens des Unternehmens;

b. Rechte oder Verträge, die einen bestimmenden Einfluss auf die Zusammensetzung, die Beratungen oder Beschlüsse der Organe des Unternehmens gewähren.

Art. 2 Gemeinschaftsunternehmen

[1] Ein Vorgang, durch den zwei oder mehr Unternehmen gemeinsam die Kontrolle über ein Unternehmen erlangen, das sie bisher nicht gemeinsam kontrollierten, stellt einen Unternehmenszusammenschluss im Sinne von Artikel 4 Absatz 3 Buchstabe b des Gesetzes dar, wenn das Gemeinschaftsunternehmen auf Dauer alle Funktionen einer selbständigen wirtschaftlichen Einheit erfüllt.

[2] Gründen zwei oder mehr Unternehmen ein Unternehmen, das sie gemeinsam kontrollieren wollen, so liegt ein Unternehmenszusammenschluss vor, wenn das Gemeinschaftsunternehmen die Funktionen nach Absatz 1 erfüllt und in es Geschäftstätigkeiten von mindestens einem der kontrollierenden Unternehmen einfliessen.

Art. 3 Beteiligte Unternehmen

[1] Für die Berechnung der Grenzbeträge nach Artikel 9 Absätze 1–3 des Gesetzes sind die Umsätze der am Zusammenschluss beteiligten Unternehmen massgebend. Als beteiligte Unternehmen im Sinne dieser Verordnung gelten:

a. bei der Fusion: die fusionierenden Unternehmen;

b. bei der Erlangung der Kontrolle: die kontrollierenden und die kontrollierten Unternehmen.

---

[1] SR **251**

² Ist Gegenstand des Zusammenschlusses ein Teil eines Unternehmens, so gilt dieser Teil als beteiligtes Unternehmen.

Art. 4 **Berechnung des Umsatzes**

¹ Für die Berechnung des Umsatzes sind von den Erlösen, die die beteiligten Unternehmen während des letzten Geschäftsjahres mit Waren und Leistungen in ihrem normalen geschäftlichen Tätigkeitsbereich erzielt haben, Erlösminderungen wie Skonti und Rabatte, Mehrwertsteuern und andere Verbrauchssteuern sowie weitere unmittelbar auf den Umsatz bezogene Steuern abzuziehen.

² Geschäftsjahre, die nicht zwölf Monate umfassen, sind nach dem Durchschnitt der erfassten Monate auf volle zwölf Monate umzurechnen. Umsätze in ausländischen Währungen sind nach den in der Schweiz geltenden Grundsätzen ordnungsmässiger Rechnungslegung in Schweizer Franken umzurechnen.

³ Finden zwischen denselben Unternehmen innerhalb von zwei Jahren zwei oder mehr Vorgänge zur Erlangung der Kontrolle über Teile von diesen Unternehmen statt, so sind diese Vorgänge für die Umsatzberechnung als einziger Zusammenschluss anzusehen. Der Zeitpunkt des letzten Geschäftes ist massgebend.

Art. 5 **Umsatz eines beteiligten Unternehmens**

¹ Der Umsatz eines beteiligten Unternehmens setzt sich zusammen aus den Umsätzen aus eigener Geschäftstätigkeit und den Umsätzen:
a. der Unternehmen, bei denen es mehr als die Hälfte des Kapitals oder der Stimmrechte besitzt oder mehr als die Hälfte der Mitglieder der zur gesetzlichen Vertretung berufenen Organe bestellen kann oder auf andere Weise das Recht hat, die Geschäfte des Unternehmens zu führen (Tochterunternehmen);
b. der Unternehmen, die bei ihm einzeln oder gemeinsam die Rechte oder Einflussmöglichkeiten nach Buchstabe a haben (Mutterunternehmen);
c. der Unternehmen, bei denen ein Unternehmen nach Buchstabe b die Rechte oder Einflussmöglichkeiten nach Buchstabe a hat (Schwesterunternehmen);
d. der Unternehmen, bei denen mehrere der in diesem Absatz aufgeführten Unternehmen die Rechte oder Einflussmöglichkeiten nach Buchstabe a jeweils gemeinsam haben (Gemeinschaftsunternehmen).

² Bei der Berechnung des Gesamtumsatzes eines beteiligten Unternehmens sind die Umsätze aus Geschäften zwischen den in Absatz 1 genannten Unternehmen nicht zu berücksichtigen.

³ Umsätze eines Gemeinschaftsunternehmens, das von den beteiligten Unternehmen gemeinsam kontrolliert wird, sind diesen Unternehmen zu gleichen Teilen zuzurechnen. Absatz 2 ist sinngemäss anwendbar.

Art. 6 **Berechnung der Bruttoprämieneinnahmen bei Versicherungsgesellschaften**

¹ Die Bruttoprämieneinnahmen umfassen die im letzten Geschäftsjahr in Rechnung gestellten Prämien im Erst- und im Rückversicherungsgeschäft, einschliesslich der in Rückdeckung gegebenen Anteile und abzüglich der auf den Erstversicherungsprämien eingenommenen Steuern oder sonstigen Abgaben. Für die Berechnung des

auf die Schweiz entfallenden Anteils ist auf die Bruttoprämieneinnahmen abzustellen, die von in der Schweiz ansässigen Personen gezahlt werden.

[2] Artikel 4 Absätze 2 und 3 sowie Artikel 5 sind sinngemäss anwendbar.

Art. 7[2]

Art. 8[3]   **Ermittlung der Grenzwerte bei Beteiligung von Banken und übrigen Finanzintermediären**

[1] Die Bruttoerträge umfassen sämtliche im letzten Geschäftsjahr erwirtschafteten Erträge aus der ordentlichen Geschäftstätigkeit gemäss den Bestimmungen des Bundesgesetzes vom 8. November 1934[4] über Banken und Sparkassen und dessen Ausführungserlasse, einschliesslich:

a. des Zins- und Diskontertrages;
b. des Zins- und Dividendenertrages aus den Handelsbeständen;
c. des Zins- und Dividendenertrages aus Finanzanlagen;
d. des Kommissionsertrages aus dem Kreditgeschäft;
e. des Kommissionsertrages aus dem Wertschriften- und Anlagegeschäft;
f. des Kommissionsertrages aus dem übrigen Dienstleistungsgeschäft;
g. des Erfolges aus dem Handelsgeschäft;
h. des Erfolges aus Veräusserungen von Finanzanlagen;
i. des Beteiligungsertrages;
j. des Liegenschaftenerfolges; und
k. anderer ordentlicher Erträge.

[2] Mehrwertsteuern und andere unmittelbar auf die Bruttoerträge bezogene Steuern dürfen davon abgezogen werden.

[3] Banken und übrige Finanzintermediäre, welche internationale Rechnungslegungsvorschriften anwenden, berechnen die Bruttoerträge analog den vorstehenden Bestimmungen.

[4] Sind an einem Zusammenschluss Unternehmen beteiligt, von denen nur ein Teil Banken oder Finanzintermediäre sind oder die nur teilweise solche Tätigkeiten betreiben, so sind zur Ermittlung des Erreichens der Grenzwerte die Bruttoerträge dieser Unternehmen oder Unternehmensteile zu veranschlagen und zum Umsatz beziehungsweise zu den Bruttoprämieneinnahmen der übrigen beteiligten Unternehmen oder Unternehmensteile hinzuzuzählen.

[5] Artikel 4 Absätze 2 und 3 sowie Artikel 5 sind sinngemäss anwendbar.

Art. 9   **Meldung eines Zusammenschlussvorhabens**

[1] Die Meldung eines Zusammenschlussvorhabens ist in fünffacher Ausfertigung beim Sekretariat der Wettbewerbskommission (Sekretariat) einzureichen, und zwar:

a. bei der Fusion durch die beteiligten Unternehmen gemeinsam;

---

[2] Aufgehoben durch Ziff. I der V vom 12. März 2004 (AS **2004** 1395).
[3] Fassung gemäss Ziff. I der V vom 12. März 2004 (AS **2004** 1395).
[4] SR **952.0**

b. bei der Erlangung der Kontrolle durch das Unternehmen, welches die Kontrolle erlangt, beziehungsweise gemeinsam durch die Unternehmen, welche die Kontrolle erlangen.

² Bei gemeinsamer Meldung haben die meldenden Unternehmen mindestens einen gemeinsamen Vertreter zu bestellen.

³ Meldende Unternehmen oder ihre Vertreter mit Wohnsitz oder Sitz im Ausland haben in der Schweiz ein Zustellungsdomizil zu bezeichnen.

Art. 10 Benachrichtigung der Bankenkommission

Die Wettbewerbskommission informiert die Eidgenössische Bankenkommission unverzüglich über die Meldung von Zusammenschlussvorhaben von Banken im Sinne des Bundesgesetzes vom 8. November 1934[5] über die Banken und Sparkassen.

Art. 11 Inhalt der Meldung

¹ Die Meldung muss folgende Angaben enthalten:

a. Firma, Sitz und Kurzbeschreibung der Geschäftstätigkeit der Unternehmen, die nach den Artikeln 4–8 zur Feststellung des Erreichens der Grenzwerte miteinzubeziehen sind, sowie der Veräusserer der Beteiligungen;

b. eine Beschreibung des Zusammenschlussvorhabens, der relevanten Tatsachen und Umstände sowie der Ziele, die mit dem Zusammenschlussvorhaben verfolgt werden;

c. die nach den Artikeln 4–8 berechneten Umsätze beziehungsweise Bilanzsummen oder Bruttoprämieneinnahmen sowie die auf die Schweiz entfallenden Anteile der beteiligten Unternehmen;

d. die Angabe aller sachlichen und räumlichen Märkte, die von dem Zusammenschluss betroffen sind und in denen der gemeinsame Marktanteil in der Schweiz von zwei oder mehr der beteiligten Unternehmen 20 Prozent oder mehr beträgt oder der Marktanteil in der Schweiz von einem der beteiligten Unternehmen 30 Prozent oder mehr beträgt, und eine Beschreibung dieser Märkte, die zumindest über die Vertriebs- und Nachfragestrukturen sowie die Bedeutung von Forschung und Entwicklung Auskunft gibt;

e. hinsichtlich der nach Buchstabe d erfassten Märkte für die letzten drei Jahre die Marktanteile der am Zusammenschluss beteiligten Unternehmen und, soweit bekannt, von jedem der drei wichtigsten Wettbewerber sowie eine Erläuterung der Grundlagen für die Berechnung der Marktanteile;

f. für die nach Buchstabe d erfassten Märkte die Angabe der in den letzten fünf Jahren neu eingetretenen Unternehmen sowie derjenigen Unternehmen, die in den nächsten drei Jahren in diese Märkte eintreten könnten, und, nach Möglichkeit, die Kosten, die ein Markteintritt verursacht.

² Der Meldung sind ferner folgende Unterlagen beizulegen:

a. Kopien der neuesten Jahresrechnungen und Jahresberichte der beteiligten Unternehmen;

---

[5] SR **952.0**

b. Kopien der Verträge, die den Zusammenschluss bewirken oder sonst mit ihm in einem Zusammenhang stehen, soweit sich deren wesentlicher Inhalt nicht bereits aus den Angaben nach Absatz 1 Buchstabe b ergibt;
c. im Falle eines öffentlichen Kaufangebots Kopien der Angebotsunterlagen;
d. Kopien der Berichte, Analysen und Geschäftspläne, die im Hinblick auf den Zusammenschluss erstellt wurden, soweit sie für die Beurteilung des Zusammenschlusses wichtige Angaben enthalten, die sich nicht bereits aus der Beschreibung nach Absatz 1 Buchstabe b ergeben.

[3] Die sachlichen und räumlichen Märkte nach Absatz 1 Buchstaben d–f bestimmen sich wie folgt:
a. Der sachliche Markt umfasst alle Waren oder Leistungen, die von der Marktgegenseite hinsichtlich ihrer Eigenschaften und ihres vorgesehenen Verwendungszwecks als substituierbar angesehen werden.
b. Der räumliche Markt umfasst das Gebiet, in welchem die Marktgegenseite die den sachlichen Markt umfassenden Waren oder Leistungen nachfragt oder anbietet.

[4] Die Meldung ist in einer der Amtssprachen einzureichen. Das Verfahren wird in dieser Sprache durchgeführt, sofern nichts anderes vereinbart wird. Die Beilagen können auch in englischer Sprache eingereicht werden.

Art. 12   **Erleichterte Meldung**

Die beteiligten Unternehmen und das Sekretariat können vor der Meldung eines Zusammenschlusses Einzelheiten des Inhalts der Meldung einvernehmlich festlegen. Das Sekretariat kann dabei von der Pflicht zur Vorlage von einzelnen Angaben oder Unterlagen nach Artikel 11 Absätze 1 und 2 befreien, wenn es der Ansicht ist, dass diese für die Prüfung des Falles nicht notwendig sind. Vorbehalten bleibt die Pflicht zur Vorlage von zusätzlichen Angaben und Unterlagen nach Artikel 15.

Art. 13   **Meldeformulare und Erläuterungen**

[1] Die Wettbewerbskommission kann die Angaben nach Artikel 11 in Meldeformularen umschreiben und die Anmeldeerfordernisse in Erläuterungen näher bezeichnen. Sie kann festlegen, inwieweit eine bei einer ausländischen Behörde eingereichte Meldung für die Meldung eines Zusammenschlussvorhabens in der Schweiz verwendet werden kann.

[2] Die Wettbewerbskommission veranlasst die Veröffentlichung der Meldeformulare und der Erläuterungen im Bundesblatt.

Art. 14   **Bestätigung der Vollständigkeit der Meldung**

Das Sekretariat bestätigt den meldenden Unternehmen innert zehn Tagen schriftlich den Eingang der Meldung und deren Vollständigkeit. Sind die Angaben oder Beilagen in einem wesentlichen Punkt unvollständig, so fordert das Sekretariat die meldenden Unternehmen innert der gleichen Frist auf, die Meldung zu ergänzen.

Art. 15   **Zusätzliche Angaben und Unterlagen**

[1] Beteiligte Unternehmen und mit ihm im Sinne von Artikel 5 verbundene Unternehmen sowie Veräusserer von Beteiligungen müssen auch nach der Bestätigung der

Vollständigkeit der Meldung dem Sekretariat binnen einer von ihm gesetzten Frist zusätzliche Angaben machen und Unterlagen einreichen, die für die Prüfung des Zusammenschlussvorhabens von Bedeutung sein können. Insbesondere müssen sie Auskunft erteilen über bisherige oder geplante Absatz- oder Umsatzzahlen sowie über die Marktentwicklung und ihre Stellung im internationalen Wettbewerb.

[2] Das Sekretariat kann bei betroffenen Dritten Auskünfte einholen, die für die Beurteilung des Zusammenschlussvorhabens von Bedeutung sein können. Es kann dabei Dritten unter Wahrung der Geschäftsgeheimnisse der beteiligten Unternehmen und der mit ihnen im Sinne von Artikel 5 verbundenen Unternehmen sowie der Veräusserer vom Zusammenschlussvorhaben in geeigneter Weise Kenntnis geben.

Art. 16   Bewilligung des Vollzugs

[1] Die beteiligten Unternehmen dürfen den Zusammenschluss vor Ablauf der Monatsfrist nach Artikel 32 Absatz 2 des Gesetzes vollziehen, wenn ihnen die Wettbewerbskommission mitteilt, dass sie den Zusammenschluss für unbedenklich hält.

[2] Bewilligt die Wettbewerbskommission den Vollzug nach Artikeln 32 Absatz 2 und 33 Absatz 2 des Gesetzes, so kann sie diesen mit Bedingungen und Auflagen verbinden. Im Falle der Bewilligung des Vollzugs im Zusammenhang mit einem öffentlichen Kaufangebot kann sie insbesondere anordnen, dass die durch die übernehmende Gesellschaft erworbenen Stimmrechte nur zur Erhaltung des Werts der getätigten Investition ausgeübt werden dürfen.

Art. 17   Bewilligung des Vollzugs bei Banken

Erachtet die Eidgenössische Bankenkommission einen Zusammenschluss von Banken aus Gründen des Gläubigerschutzes als notwendig, so kann sie auf Ersuchen der beteiligten Banken oder von Amtes wegen in jedem Zeitpunkt des Verfahrens und nötigenfalls vor Eingang der Meldung des Zusammenschlussvorhabens den Vollzug nach den Artikeln 32 Absatz 2 und 33 Absatz 2 in Verbindung mit Artikel 10 Absatz 3 des Gesetzes bewilligen. Sie lädt vor ihrem Entscheid die Wettbewerbskommission zur Stellungnahme ein.

Art. 18   Veröffentlichung der Einleitung eines Prüfungsverfahrens

Beschliesst die Wettbewerbskommission, ein Prüfungsverfahren nach Artikel 32 des Gesetzes einzuleiten, so ist dies in der nächstmöglichen Ausgabe des Bundesblattes und des Schweizerischen Handelsamtsblattes zu veröffentlichen. Die Veröffentlichung enthält Firma, Sitz und Geschäftstätigkeit der beteiligten Unternehmen und eine kurze Beschreibung des Zusammenschlusses sowie die Angabe der Frist, innert welcher Dritte zum gemeldeten Zusammenschlussvorhaben Stellung nehmen können.

Art. 19   Stellungnahme Dritter

Die Stellungnahme Dritter im Sinne von Artikel 33 Absatz 1 des Gesetzes erfolgt in schriftlicher Form. Das Sekretariat kann im Einzelfall eine Anhörung anordnen.

Art. 20 Fristen

[1] Die Frist von einem Monat für die Einleitung des Prüfungsverfahrens nach Artikel 32 Absatz 1 des Gesetzes beginnt am Tag nach Eingang der vollständigen Meldung und endet mit Ablauf des Tages im Folgemonat, dessen Datum dieselbe Tageszahl trägt wie der Tag des Fristbeginns; gibt es diesen Tag im Folgemonat nicht, so endet die Frist am letzten Tag des Folgemonats. Artikel 22a des Verwaltungsverfahrensgesetzes vom 20. Dezember 1968[6] findet keine Anwendung.

[2] Der Beschluss über die Einleitung der Prüfung ist den beteiligten Unternehmen innerhalb der Monatsfrist nach Artikel 32 Absatz 1 des Gesetzes zuzustellen.

[3] Die Frist für die Durchführung einer Prüfung nach Artikel 33 Absatz 3 des Gesetzes beginnt am Tag nach der Zustellung des Beschlusses der Wettbewerbskommission zur Durchführung der Prüfung nach Artikel 10 des Gesetzes. Für die Fristberechnung gilt Absatz 1 sinngemäss.

Art. 21 Wesentliche Änderungen der Verhältnisse

Wesentliche Änderungen der in der Meldung beschriebenen tatsächlichen Verhältnisse sind dem Sekretariat unaufgefordert und umgehend mitzuteilen. Können diese Änderungen erhebliche Auswirkungen auf die Beurteilung des Zusammenschlussvorhabens haben, so kann das Sekretariat vor Einleitung des Prüfungsverfahrens oder die Wettbewerbskommission nach Einleitung des Prüfungsverfahrens beschliessen, dass die Frist nach Artikel 20 erst am Tag nach Eingang der Mitteilung über die wesentlichen Änderungen beim Sekretariat zu laufen beginnt.

Art. 22 Berichterstattung über unbedenkliche Zusammenschlüsse

Die Wettbewerbskommission erstattet dem Eidgenössischen Volkswirtschaftsdepartement laufend Bericht über die von ihr als unbedenklich erachteten Zusammenschlüsse. Sie bezeichnet die beteiligten Unternehmen und begründet in kurzer Form, warum hinsichtlich eines meldepflichtigen Zusammenschlusses kein Prüfungsverfahren eingeleitet wurde (Art. 32 Abs. 1 des Gesetzes) beziehungsweise weder eine Untersagung noch eine Zulassung mit Bedingungen oder Auflagen ausgesprochen wurde.

Art. 23 Veröffentlichung des Entscheides nach Abschluss der Prüfung

Das Sekretariat veranlasst die Veröffentlichung des Entscheides der Wettbewerbskommission nach Abschluss der Prüfung im Bundesblatt und im Schweizerischen Handelsamtsblatt. Die Veröffentlichung enthält Firma und Sitz der beteiligten Unternehmen, eine kurze Beschreibung des Zusammenschlussvorhabens, eine summarische Wiedergabe der Entscheidgründe und des Dispositivs des Entscheides.

Art. 24 Übergangsbestimmung

[1] Unternehmenszusammenschlüsse im Sinne des Gesetzes sind bis vier Monate nach dem Inkrafttreten des Gesetzes nicht meldepflichtig, sofern:

a. der dem Zusammenschluss zugrundeliegende Vertrag vor dem Inkrafttreten des Gesetzes abgeschlossen worden ist;

---

[6] SR **172.021**

b. ein öffentliches Kaufangebot vor dem Inkrafttreten des Gesetzes veröffentlicht worden ist.

[2] Wird der Vollzug in der Schweiz durch ein vorläufiges Vollzugsverbot verhindert, das sich aus einem öffentlich-rechtlichen Bewilligungsverfahren einschliesslich eines ausländischen Fusionskontrollverfahrens ergibt, so steht die Frist von vier Monaten bis zum Wegfall dieses Vollzugsverbots still.

Art. 25   **Inkrafttreten**

Diese Verordnung tritt am 1. Juli 1996 in Kraft.

Verordnung
über die Sanktionen bei unzulässigen Wettbewerbsbeschränkungen
(KG-Sanktionsverordnung, SVKG)

vom 12. März 2004 (Stand am 23. März 2004)

Der Schweizerische Bundesrat,
gestützt auf Artikel 60 des Kartellgesetzes vom 6. Oktober 1995[1] (KG),
verordnet:

1. Abschnitt: Allgemeines

Art. 1
Diese Verordnung regelt:
a. die Bemessungskriterien bei der Verhängung von Sanktionen gemäss Artikel 49a Absatz 1 KG;
b. die Voraussetzungen und das Verfahren beim gänzlichen oder teilweisen Verzicht auf eine Sanktion gemäss Artikel 49a Absatz 2 KG;
c. die Voraussetzungen und das Verfahren der Meldung nach Artikel 49a Absatz 3 Buchstabe a KG.

2. Abschnitt: Sanktionsbemessung

Art. 2 Grundsätze
[1] Die Sanktion bemisst sich nach der Dauer und der Schwere des unzulässigen Verhaltens. Der mutmassliche Gewinn, den das Unternehmen dadurch erzielt hat, ist angemessen zu berücksichtigen.

[2] Bei der Festsetzung der Sanktion ist das Prinzip der Verhältnismässigkeit zu beachten.

Art. 3 Basisbetrag
Der Basisbetrag der Sanktion bildet je nach Schwere und Art des Verstosses bis zu 10 Prozent des Umsatzes, den das betreffende Unternehmen in den letzten drei Geschäftsjahren auf den relevanten Märkten in der Schweiz erzielt hat.

Art. 4 Dauer
Dauerte der Wettbewerbsverstoss zwischen ein und fünf Jahren, so wird der Basisbetrag um bis zu 50 Prozent erhöht. Dauerte der Wettbewerbsverstoss mehr als fünf Jahre, so wird der Basisbetrag für jedes zusätzliche Jahr mit einem Zuschlag von je bis zu 10 Prozent erhöht.

---

[1] SR **251**

Art. 5   **Erschwerende Umstände**

¹ Bei erschwerenden Umständen wird der Betrag nach den Artikeln 3 und 4 erhöht, insbesondere wenn das Unternehmen:

a. wiederholt gegen das Kartellgesetz verstossen hat;

b. mit einem Verstoss einen Gewinn erzielt hat, der nach objektiver Ermittlung besonders hoch ausgefallen ist;

c. die Zusammenarbeit mit den Behörden verweigert oder versucht hat, die Untersuchungen sonstwie zu behindern.

² Bei Wettbewerbsbeschränkungen nach Artikel 5 Absätze 3 und 4 KG wird der Betrag nach den Artikeln 3 und 4 zusätzlich erhöht, wenn das Unternehmen:

a. zur Wettbewerbsbeschränkung angestiftet oder dabei eine führende Rolle gespielt hat;

b. zur Durchsetzung der Wettbewerbsabrede gegenüber anderen an der Wettbewerbsbeschränkung Beteiligten Vergeltungsmassnahmen angeordnet oder durchgeführt hat.

Art. 6   **Mildernde Umstände**

¹ Bei mildernden Umständen, insbesondere wenn das Unternehmen die Wettbewerbsbeschränkung nach dem ersten Eingreifen des Sekretariats der Wettbewerbskommission, spätestens aber vor der Eröffnung eines Verfahrens nach den Artikeln 26–30 KG beendet, wird der Betrag nach den Artikeln 3 und 4 vermindert.

² Bei Wettbewerbsbeschränkungen gemäss Artikel 5 Absätze 3 und 4 KG wird der Betrag nach den Artikeln 3 und 4 vermindert, wenn das Unternehmen:

a. dabei ausschliesslich eine passive Rolle gespielt hat;

b. Vergeltungsmassnahmen, die zur Durchsetzung der Wettbewerbsabrede vereinbart waren, nicht durchgeführt hat.

Art. 7   **Maximale Sanktion**

Die Sanktion beträgt in keinem Fall mehr als 10 Prozent des in den letzten drei Geschäftsjahren in der Schweiz erzielten Umsatzes des Unternehmens (Art. 49*a* Abs. 1 KG).

3. Abschnitt: Vollständiger Erlass der Sanktion

Art. 8   **Voraussetzungen**

¹ Die Wettbewerbskommission erlässt einem Unternehmen die Sanktion vollständig, wenn es seine Beteiligung an einer Wettbewerbsbeschränkung im Sinne von Artikel 5 Absätze 3 und 4 KG anzeigt und als Erstes:

a. Informationen liefert, die es der Wettbewerbsbehörde ermöglichen, ein kartellrechtliches Verfahren gemäss Artikel 27 KG zu eröffnen; oder

b. Beweismittel vorlegt, welche der Wettbewerbsbehörde ermöglichen, einen Wettbewerbsverstoss gemäss Artikel 5 Absätze 3 oder 4 KG festzustellen.

² Sie erlässt die Sanktion nur, wenn das Unternehmen:

a. kein anderes Unternehmen zur Teilnahme an dem Wettbewerbsverstoss gezwungen hat und nicht die anstiftende oder führende Rolle im betreffenden Wettbewerbsverstoss eingenommen hat;
b. der Wettbewerbsbehörde unaufgefordert sämtliche in seinem Einflussbereich liegenden Informationen und Beweismittel betreffend den Wettbewerbsverstoss vorlegt;
c. während der gesamten Dauer des Verfahrens ununterbrochen, uneingeschränkt und ohne Verzug mit der Wettbewerbsbehörde zusammenarbeitet;
d. seine Beteiligung am Wettbewerbsverstoss spätestens zum Zeitpunkt der Selbstanzeige oder auf erste Anordnung der Wettbewerbsbehörde einstellt.

[3] Der Erlass der Sanktion gemäss Absatz 1 Buchstabe a wird nur gewährt, sofern die Wettbewerbsbehörde nicht bereits über ausreichende Informationen verfügt, um ein Verfahren nach den Artikeln 26 und 27 KG betreffend die angezeigte Wettbewerbsbeschränkung zu eröffnen.

[4] Der Erlass der Sanktion gemäss Absatz 1 Buchstabe b wird nur gewährt, sofern:
a. nicht bereits ein anderes Unternehmen die Voraussetzungen für einen Erlass gemäss Absatz 1 Buchstabe a erfüllt; und
b. die Wettbewerbsbehörde nicht bereits über ausreichende Beweismittel verfügt, um den Wettbewerbsverstoss zu beweisen.

Art. 9 Form und Inhalt der Selbstanzeige

[1] Die Selbstanzeige enthält die nötigen Informationen zum anzeigenden Unternehmen, zur Art des angezeigten Wettbewerbsverstosses, zu den an diesem Verstoss beteiligten Unternehmen und zu den betroffen bzw. relevanten Märkten. Die Selbstanzeige kann auch mündlich zu Protokoll gegeben werden.

[2] Das Unternehmen kann die Selbstanzeige unter Einreichung der Informationen in anonymisierter Form stellen. Das Sekretariat regelt die Modalitäten im Einzelfall im Einvernehmen mit einem Mitglied des Präsidiums der Wettbewerbskommission.

[3] Das Sekretariat bestätigt den Eingang der Selbstanzeige unter Angabe der Eingangszeit. Es teilt dem anzeigenden Unternehmen im Einvernehmen mit einem Mitglied des Präsidiums mit:
a. inwieweit es die Voraussetzungen für einen vollständigen Erlass der Sanktion nach Artikel 8 Absatz 1 als gegeben erachtet;
b. welche Informationen das anzeigende Unternehmen zusätzlich einzureichen hat, insbesondere um die Voraussetzungen von Artikel 8 Absatz 1 zu erfüllen; und
c. im Falle einer anonymen Selbstanzeige, binnen welcher Frist das Unternehmen seine Identität offen legen muss.

Art. 10 Verfahren bei mehreren Selbstanzeigen

Die Wettbewerbsbehörde prüft später eingegangene Selbstanzeigen erst, wenn sie über früher eingegangene Selbstanzeigen nach Massgabe von Artikel 9 Absatz 3 befunden hat.

Art. 11 Entscheid über den vollständigen Erlass der Sanktion

[1] Die Wettbewerbskommission entscheidet über die Gewährung des vollständigen Erlasses der Sanktion.

² Die Wettbewerbskommission kann von einer Mitteilung des Sekretariats gemäss Artikel 9 Absatz 3 Buchstabe a nur abweichen, wenn ihr nachträglich Tatsachen bekannt werden, die dem Erlass der Sanktion entgegenstehen.

4. Abschnitt: Reduktion der Sanktion

Art. 12   **Voraussetzungen**

¹ Die Wettbewerbskommission reduziert die Sanktion, wenn ein Unternehmen an einem Verfahren unaufgefordert mitgewirkt und im Zeitpunkt der Vorlage der Beweismittel die Teilnahme am betreffenden Wettbewerbsverstoss eingestellt hat.

² Die Reduktion beträgt bis zu 50 Prozent des nach den Artikeln 3–7 berechneten Sanktionsbetrags. Massgebend ist die Wichtigkeit des Beitrags des Unternehmens zum Verfahrenserfolg.

³ Die Reduktion beträgt bis zu 80 Prozent des nach den Artikeln 3–7 berechneten Sanktionsbetrags, wenn ein Unternehmen unaufgefordert Informationen liefert oder Beweismittel vorlegt über weitere Wettbewerbsverstösse gemäss Artikel 5 Absatz 3 oder 4 KG.

Art. 13   **Form und Inhalt der Kooperation**

¹ Das Unternehmen legt der Wettbewerbsbehörde die nötigen Informationen zum anzeigenden Unternehmen, zur Art des angezeigten Wettbewerbsverstosses, zu den an diesem Verstoss beteiligten Unternehmen und zu den betroffenen bzw. relevanten Märkten vor.

² Das Sekretariat bestätigt den Eingang der Beweismittel unter Angabe der Eingangszeit.

Art. 14   **Entscheid über die Reduktion**

¹ Die Wettbewerbskommission entscheidet darüber, um wie viel die Sanktion gegen das kooperierende Unternehmen reduziert wird.

² Legt das kooperierende Unternehmen der Wettbewerbskommission Beweismittel über die Dauer des Wettbewerbsverstosses vor, von welchen diese keine Kenntnis hatte, so berechnet sie die Sanktion ohne Berücksichtigung dieses Zeitraumes.

5. Abschnitt: Meldung und Widerspruchsverfahren

Art. 15   **Meldung einer möglicherweise unzulässigen Wettbewerbsbeschränkung**

Die Meldung gemäss Artikel 49*a* Absatz 3 Buchstabe a KG ist in einer der Amtssprachen in dreifacher Ausfertigung beim Sekretariat einzureichen.

Art. 16   **Meldeformulare und Erläuterungen**

¹ Die Wettbewerbskommission umschreibt die für die Meldung erforderlichen Angaben in einem Meldeformular. Sie gibt bekannt, inwieweit eine bei einer ausländischen Behörde eingereichte Meldung für die Meldung in der Schweiz verwendet werden kann.

[2] Sie veranlasst die Veröffentlichung der Meldeformulare und der Erläuterungen im Bundesblatt.

Art. 17 Erleichterte Meldung

Das Sekretariat und das meldende Unternehmen können vor der Meldung einer Wettbewerbsbeschränkung Einzelheiten des Inhalts der Meldung einvernehmlich festlegen. Das Sekretariat kann dabei das Unternehmen von der Vorlage von einzelnen Angaben oder Unterlagen befreien, wenn es der Ansicht ist, dass diese für die Beurteilung des Falles nicht notwendig sind.

Art. 18 Bestätigung des Eingangs der Meldung

Das Sekretariat bestätigt dem meldenden Unternehmen den Eingang der Meldung. Sind die Angaben oder Beilagen in einem wesentlichen Punkt unvollständig, so fordert das Sekretariat das meldende Unternehmen auf, die Meldung zu ergänzen.

Art. 19 Widerspruchsverfahren

Wird dem Unternehmen innerhalb von fünf Monaten nach Eingang der Meldung keine Eröffnung eines Verfahrens nach den Artikeln 26–30 KG mitgeteilt, so entfällt für den gemeldeten Sachverhalt eine Sanktion nach Artikel 49*a* Absatz 1 KG.

6. Abschnitt: Inkrafttreten

Art. 20

Diese Verordnung tritt am 1. April 2004 in Kraft.

Bekanntmachung über die wettbewerbsrechtliche Behandlung vertikaler Abreden

Beschluss der Wettbewerbskommission vom 18. Februar 2002

Die Schweizerische Wettbewerbskommission erlässt die folgende allgemeine Bekanntmachung in Erwägung nachstehender Gründe:

– Gemäss Art. 6 KG kann die Wettbewerbskommission in allgemeinen Bekanntmachungen die Voraussetzungen umschreiben, unter denen einzelne Arten von Wettbewerbsabreden aus Gründen der wirtschaftlichen Effizienz im Sinne von Art. 5 Abs. 2 KG in der Regel als gerechtfertigt gelten. Wenn ein Bedürfnis nach mehr Rechtssicherheit es erfordert, kann sie in analoger Anwendung von Art. 6 KG auch andere Grundsätze der Rechtsanwendung in allgemeinen Bekanntmachungen veröffentlichen.

– Die vorliegende Bekanntmachung soll verdeutlichen, unter welchen Voraussetzungen anzunehmen ist, dass eine vertikale Wettbewerbsabrede eine erhebliche Beeinträchtigung des Wettbewerbs im Sinne von Art. 5 Abs. 1 KG darstellt. Insbesondere wird aufgezeigt, welche vertikalen Wettbewerbsabreden die Wettbewerbskommission unabhängig vom Anteil der Beteiligten an den relevanten Märkten als erheblich betrachtet. Damit sollen insbesondere Praktiken von Unternehmen erfasst werden, welche den schweizerischen Markt gegen ausländische Märkte abschotten.

– Aus der Aufzählung der erheblichen Abreden in Ziffer 3 kann nicht geschlossen werden, dass andere vertikale Wettbewerbsabreden grundsätzlich als nicht erheblich zu betrachten sind. Unerheblichkeit ist in der Regel vielmehr nur dann anzunehmen, wenn eine solche Abrede die in Ziffer 4 Absatz 1 der Bekanntmachung genannte Marktanteilsschwelle unterschreitet und sich nicht kumulativ mit anderen Abreden auf den Markt auswirkt. Die vorliegende Bekanntmachung sagt zudem nichts aus über die Beurteilung der Zulässigkeit eines Verhaltens unter Art. 7 KG.

– Mit der vorliegenden Bekanntmachung gibt die Wettbewerbskommission bekannt, nach welchen Kriterien sie die Erheblichkeit von vertikalen Wettbewerbsabreden im Lichte von Art. 5 Abs. 1 KG beurteilen wird. Diese Bekanntmachung bindet weder die Rekurskommission für Wettbewerbsfragen noch das Schweizerische Bundesgericht bei der Auslegung der kartellrechtlichen Bestimmungen.

A. Begriffe

Ziffer 1   Vertikale Wettbewerbsabreden

Als vertikale Wettbewerbsabreden gelten erzwingbare oder nicht erzwingbare Vereinbarungen sowie auf einander abgestimmte Verhaltensweisen (vgl. Art. 4 Abs. 1 KG) von zwei oder mehr Unternehmen verschiedener Marktstufen, welche die Geschäftsbedingungen betreffen, zu denen die beteiligten Unternehmen bestimmte Waren oder Dienstleistungen beziehen, verkaufen oder weiterverkaufen können.

Ziffer 2   **Selektive Vertriebssysteme**

Ein selektives Vertriebssystem liegt vor, wenn zwischen Lieferant und Händler eine Vereinbarung getroffen wird, wonach:
- der Lieferant die Vertragswaren oder -dienstleistungen nur an Händler verkaufen darf, die aufgrund festgelegter Merkmale ausgewählt werden, und
- diese Händler die betreffenden Waren oder Dienstleistungen nicht an Händler weiter verkaufen dürfen, die nicht zum Vertrieb zugelassen sind.

B. Regeln

Ziffer 3   **Erheblichkeit aufgrund des Gegenstands**

Die Wettbewerbskommission erachtet vertikale Wettbewerbsabreden grundsätzlich als erhebliche Beeinträchtigung des Wettbewerbs im Sinne von Art. 5 Abs. 1 KG, wenn sie namentlich Folgendes zum Gegenstand haben:

a) Direkte oder indirekte Fixierung von Fest- oder Mindestverkaufspreisen für den Weiterverkauf der bezogenen Waren oder Dienstleistungen durch den Händler;

b) Direkte oder indirekte Beschränkungen des geographischen Absatzgebietes oder des Kundenkreises für den Weiterverkauf durch den Händler;

c) Beschränkungen des Verkaufs an Endverbraucher, sofern diese Beschränkungen Händlern innerhalb selektiver Vertriebsysteme auferlegt werden;

d) Beschränkungen von Querlieferungen innerhalb eines selektiven Vertriebsystems zwischen zugelassenen Händlern, auch wenn es sich um Händler unterschiedlicher Marktstufen handelt;

e) Beschränkungen, die den Lieferanten hindern, Bestand- bzw. Ersatzteile an Andere (Endverbraucher, Reparaturwerkstätten etc.) als den an der Abrede beteiligten Händler zu liefern;

f) Wettbewerbsverbote, welche für eine Dauer von mehr als fünf Jahren oder für mehr als ein Jahr nach Beendigung der vertikalen Wettbewerbsabrede vereinbart werden.

Ziffer 4   **Bagatellfälle**

Andere vertikale Wettbewerbsabreden betrachtet die Wettbewerbskommission in der Regel nicht als erhebliche Beeinträchtigung des Wettbewerbs, wenn die von allen beteiligten Unternehmen gehaltenen Marktanteile auf keinem der relevanten Märkte eine Schwelle von 10% überschreiten.

Ausgenommen sind Fälle, in denen der Wettbewerb auf dem relevanten Markt durch die kumulativen Auswirkungen mehrerer gleichartiger, nebeneinander bestehender vertikaler Vertriebsnetze beschränkt wird, sofern die beteiligten Lieferanten bzw. Händler tatsächlich oder der Möglichkeit nach miteinander im Wettbewerb stehen.

Ziffer 5   **Rechtfertigung**

Ergibt sich aufgrund der Kriterien gemäss Ziffern 3 und 4, dass eine vertikale Wettbewerbsabrede als erhebliche Wettbewerbsbeeinträchtigung im Sinne von Art. 5 Abs. 1 KG zu betrachten ist, ist zu prüfen, ob die Abrede gemäss Art. 5 Abs. 2 KG gerechtfertigt ist. Ist dies nicht der Fall, so ist die vertikale Wettbewerbsabrede unzulässig.

Ein Rechtfertigungsgrund kann insbesondere vorliegen, wenn eine Abrede eine effizientere Vertriebsgestaltung erlaubt und die Wettbewerbsbeeinträchtigung notwendig ist, um dieses Ziel zu erreichen. Dies kann namentlich der Fall sein bei Beschränkungen des geographischen Absatzgebiets oder des Kundenkreises für den Weiterverkauf durch den Händler, die

a) Gebiete oder Kundengruppen betreffen, in Bezug auf welche sich der Lieferant vorbehält, diese selbst zu beliefern. Vorausgesetzt ist, dass es dem Händler belassen bleibt, unaufgeforderte Bestellungen individueller Kunden zu erfüllen, und dass die Weiterverkäufe durch die Kunden des Händlers nicht ebenfalls begrenzt werden.

b) Gebiete oder Kundengruppen betreffen, die aufgrund eines Vertrages mit dem Lieferanten einem andern Händler exklusiv zugeordnet sind. Vorausgesetzt ist, dass es dem Händler belassen bleibt, unaufgeforderte Bestellungen individueller Kunden zu erfüllen, und dass die Weiterverkäufe durch die Kunden des Händlers nicht ebenfalls begrenzt werden.

c) Grossisten in ihrer Freiheit einschränken, direkt an die Endverbraucher zu verkaufen.

d) einen innerhalb eines selektiven Vertriebssystems zugelassenen Händler in seiner Freiheit einschränken, die bezogenen Waren oder Dienstleistungen an nicht zugelassene Händler weiterzuverkaufen.

e) den Händler in seiner Freiheit einschränken, Bestandteile, die ihm der Lieferant zur Einfügung in andere Produkte liefert, an Dritte weiterzuverkaufen, welche diese Bestandteile zur Herstellung von Konkurrenzprodukten verwenden.

Bekanntmachung betreffend die Voraussetzungen für die kartellgesetzliche Zulässigkeit von Abreden über die Verwendung von Kalkulationshilfen

Die Schweizerische Wettbewerbskommission hat in Erwägung nachstehender Gründe:

Gemäss Art. 6 KG kann die Wettbewerbskommission in allgemeinen Bekanntmachungen die Voraussetzungen umschreiben, unter denen einzelne Arten von Wettbewerbsabreden aus Gründen der wirtschaftlichen Effizienz im Sinne von Art. 5 Abs. 2 lit. a KG in der Regel als gerechtfertigt gelten. Dabei werden auch ausdrücklich Abreden über die Spezialisierung und Rationalisierung, einschliesslich diesbezügliche Abreden über den Gebrauch von Kalkulationshilfen, in Betracht gezogen (Art. 6 Abs. 1 lit. b KG).

Die Wettbewerbskommission ist bereits mehrfach mit der Frage der kartellgesetzlichen Zulässigkeit des Gebrauchs von Kalkulationshilfen konfrontiert worden, welche von Wirtschaftsverbänden, anderen Branchenorganisationen und Dritten zur Verfügung gestellt werden.

Im Wettbewerb stehende Unternehmen können ihre Preisbildung durch den Gebrauch von Kalkulationshilfen bewusst oder unbewusst aufeinander abstimmen. Des weiteren können Wirtschaftsverbände und Branchenorganisationen durch die Zurverfügungstellung von Kalkulationshilfen eine direkte oder indirekte Preisabrede zwischen ihren Mitgliedern vermitteln, fördern oder diesen eine solche gar aufzwingen.

Die Verwendung von Kalkulationshilfen, sei es mit oder ohne die Vermittlung von Wirtschaftsverbänden und Branchenorganisationen, kann somit einer Abrede im Sinne von Art. 4 Abs. 1 KG entsprechen. Unbedeutend ist, ob die Abrede über die Verwendung von Kalkulationshilfen verbindlichen oder unverbindlichen Charakter hat, weil sowohl rechtlich erzwingbare als auch nicht erzwingbare Vereinbarungen sowie das aufeinander abgestimmte Verhalten als Abreden gemäss Art. 4 Abs. 1 KG gelten.

In den Verbands- und Branchenkreisen besteht offensichtlich ein Bedürfnis nach klärenden Aussagen der Wettbewerbskommission zur kartellgesetzlichen Zulässigkeit von Abreden über die Verwendung von Kalkulationshilfen.

Die Wettbewerbskommission kann in einer Bekanntmachung Aussagen über Regelfälle machen, d.h. über Fälle, die in Untersuchungen nach Artikel 27 KG regelmässig zum selben Resultat führen würden. Die vorliegende Bekanntmachung hat branchenübergreifenden Charakter und kommt in sämtlichen Wirtschaftssektoren zur Anwendung. Sie bezieht sich auf Abreden über die Verwendung von Kalkulationshilfen und nicht auf die Kalkulationshilfen als solche. Ein konkreter Die vorliegende Bekanntmachung repräsentiert den Stand der heutigen Praxis im Bereich der Kalkulationshilfen. Mit fortschreitender Praxis kann die Bekanntmachung gegebenenfalls angepasst werden.

gestützt auf Artikel 6 des Bundesgesetzes über Kartelle und andere Wettbewerbsbeschränkungen (KG) die folgende allgemeine Bekanntmachung erlassen:

A. Geltungsbereich

Art. 1

Diese Bekanntmachung erfasst Abreden im Sinne von Art. 4 Abs. 1 KG von Unternehmen gleicher Marktstufe über die Verwendung von Kalkulationshilfen einschliesslich entsprechende Vermittlungstätigkeiten von Branchenverbänden oder Dritten, sofern diese Abreden den Wettbewerb erheblich beeinträchtigen (Art. 5 Abs. 1 KG).

B. Begriff

Art. 2

Kalkulationshilfen sind standardisierte, in allgemeiner Form abgefasste Hinweise und rechnerische Grundlagen, welche den Anwendern erlauben, die Kosten von Produkten oder der Erbringung von Dienstleistungen im Hinblick auf die Preisbestimmung zu berechnen oder zu schätzen.

C. Regeln

Art. 3

Abreden (im Sinne von Art. 1) zwischen Unternehmen gleicher Marktstufe über den Gebrauch von Kalkulationshilfen sowie entsprechende Vermittlungstätigkeiten von Branchenverbänden oder Dritten lassen sich aus Gründen der wirtschaftlichen Effizienz in der Regel dann rechtfertigen, wenn

a) die Kalkulationshilfen inhaltlich auf Angaben und Formeln zur Kalkulation der Kosten oder Bestimmung der Preise beschränkt sind,

b) die betreffenden Abreden den Austausch von Wissen und Fähigkeiten der Beteiligten im Bereich der Kostenrechnung und der Kalkulation bewirken,

c) sie den Beteiligten die Freiheit zur Bestimmung von Leistungs- oder Lieferkonditionen und Abnehmerpreisen sowie zur Gewährung von Rabatten und anderen Preisabschlägen belassen und

d) sie keinen Austausch von Informationen beinhalten, die Aufschluss über das effektive Verhalten von einzelnen Beteiligten in der Offertstellung beziehungsweise bezüglich der Bestimmung von Endpreisen und Konditionen geben können.

Art. 4

Abreden (im Sinne von Art. 1) über den Gebrauch von Kalkulationshilfen lassen sich aus Gründen der wirtschaftlichen Effizienz in der Regel dann nicht rechtfertigen, wenn

a) sie den Beteiligten pauschale Beträge oder pauschale Prozentsätze für Gemeinkostenzuschläge oder andere Kostenzuschläge zur Bestimmung der Selbstkosten vorgeben oder vorschlagen oder

b) sie den Beteiligten Margen, Rabatte, andere Preisbestandteile oder Endpreise vorgeben oder vorschlagen oder

c) sie den Beteiligten in anderer Form Aufschluss über das effektive Verhalten von einzelnen Beteiligten in der Offertstellung beziehungsweise bezüglich der Bestimmung von Endpreisen und Konditionen geben können.

D. Publikation dieser Bekanntmachung

Art. 5

Diese allgemeine Bekanntmachung wird im Bundesblatt veröffentlicht (Art. 6 Abs. 3 KG).

Konsolidierte Fassung des Vertrags zur Gründung der europäischen Gemeinschaft

(Amtsblatt Nr. C 325 vom 24. Dezember 2002)

[Art. 1–80 nicht abgedruckt]

Titel VI   **Gemeinsame Regeln betreffend Wettbewerb, Steuerfragen und Angleichung der Rechtsvorschriften**

Kapitel 1   **Wettbewerbsregeln**

Abschnitt 1   **Vorschriften für Unternehmen**

Artikel 81

(1) Mit dem Gemeinsamen Markt unvereinbar und verboten sind alle Vereinbarungen zwischen Unternehmen, Beschlüsse von Unternehmensvereinigungen und aufeinander abgestimmte Verhaltensweisen, welche den Handel zwischen Mitgliedstaaten zu beeinträchtigen geeignet sind und eine Verhinderung, Einschränkung oder Verfälschung des Wettbewerbs innerhalb des Gemeinsamen Marktes bezwecken oder bewirken, insbesondere

a)   die unmittelbare oder mittelbare Festsetzung der An-oder Verkaufspreise oder sonstiger Geschäftsbedingungen;

b)   die Einschränkung oder Kontrolle der Erzeugung, des Absatzes, der technischen Entwicklung oder der Investition;

c)   die Aufteilung der Märkte oder Versorgungsquellen;

d)   die Anwendung unterschiedlicher Bedingungen bei gleichwertigen Leistungen gegenüber Handelspartnern, wodurch diese im Wettbewerb benachteiligt werden;

e)   die an den Abschluss von Verträgen geknüpfte Bedingung, dass die Vertragspartner zusätzlicher Leistungen annehmen, die weder sachlich noch nach Handelsbrauch in Beziehung zum Vertragsgegenstand stehen.

(2) Die nach diesem Artikel verbotenen Vereinbarungen oder Beschlüsse sind nichtig.

(3) Die Bestimmungen des Absatzes 1 können für nicht anwendbar erklärt werden auf

–   Vereinbarungen oder Gruppen von Vereinbarungen zwischen Unternehmen,

–   Beschlüsse oder Gruppen von Beschlüssen von Unternehmensvereinigungen,

–   aufeinander abgestimmte Verhaltensweisen oder Gruppen von solchen,

–   aufeinander abgestimmte Verhaltensweisen oder Gruppen von solchen,

die unter angemessener Beteiligung der Verbraucher an dem entstehenden Gewinn zur Verbesserung der Warenerzeugung oder -verteilung oder zur Förderung des technischen oder wirtschaftlichen Fortschritts beitragen, ohne dass den beteiligten Unternehmen

a) Beschränkungen auferlegt werden, die für die Verwirklichung dieser Ziele nicht unerlässlich sind, oder

b) Möglichkeiten eröffnet werden, für einen wesentlichen Teil der betreffenden Waren den Wettbewerb auszuschalten.

Artikel 82

Mit dem Gemeinsamen Markt unvereinbar und verboten ist die missbräuchliche Ausnutzung einer beherrschenden Stellung auf dem Gemeinsamen Markt oder auf einem wesentlichen Teil desselben durch ein oder mehrere Unternehmen, soweit dies dazu führen kann, den Handel zwischen Mitgliedstaaten zu beeinträchtigen.

Dieser Missbrauch kann insbesondere in Folgendem bestehen:

a) der unmittelbaren oder mittelbaren Erzwingung von unangemessenen Einkaufs- oder Verkaufspreisen oder sonstigen Geschäftsbedingungen;

b) der Einschränkung der Erzeugung, des Absatzes oder der technischen Entwicklung zum Schaden der Verbraucher;

c) der Anwendung unterschiedlicher Bedingungen bei gleichwertigen Leistungen gegenüber Handelspartnern, wodurch diese im Wettbewerb benachteiligt werden;

d) der an den Abschluss von Verträgen geknüpften Bedingung, dass die Vertragspartner zusätzliche Leistungen annehmen, die weder sachlich noch nach Handelsbrauch in Beziehung zum Vertragsgegenstand stehen.

Artikel 83

(1) Die zweckdienlichen Verordnungen oder Richtlinien zur Verwirklichung der in den Artikeln 81 und 82 niedergelegten Grundsätze werden vom Rat mit qualifizierter Mehrheit auf Vorschlag der Kommission und nach Anhörung des Europäischen Parlaments beschlossen.

(2) Die in Absatz 1 vorgesehenen Vorschriften bezwecken insbesondere:

a) die Beachtung der in Artikel 81 Absatz 1 und Artikel 82 genannten Verbote durch die Einführung von Geldbussen und Zwangsgeldern zu gewährleisten;

b) die Einzelheiten der Anwendung des Artikels 81 Absatz 3 festzulegen; dabei ist dem Erfordernis einer wirksamen Überwachung bei möglichst einfacher Verwaltungskontrolle Rechnung zu tragen;

c) gegebenenfalls den Anwendungsbereich der Artikel 81 und 82 für die einzelnen Wirtschaftszweige näher zu bestimmen;

d) die Aufgaben der Kommission und des Gerichtshofes bei der Anwendung der in diesem Absatz vorgesehenen Vorschriften gegeneinander abzugrenzen;

e) das Verhältnis zwischen den innerstaatlichen Rechtsvorschriften einerseits und den in diesem Abschnitt enthaltenen oder aufgrund dieses Artikels getroffenen Bestimmungen andererseits festzulegen.

Artikel 84

Bis zum Inkrafttreten der gemäss Artikel 83 erlassenen Vorschriften entscheiden die Behörden der Mitgliedstaaten im Einklang mit ihren eigenen Rechtsvorschriften und den Bestimmungen der Artikel 81, insbesondere Absatz 3, und 82 über die Zulässigkeit von Vereinbarungen, Beschlüssen und aufeinander abgestimmten Verhaltensweisen sowie über die missbräuchliche Ausnutzung einer beherrschenden Stellung auf dem Gemeinsamen Markt.

Artikel 85

(1) Unbeschadet des Artikels 84 achtet die Kommission auf die Verwirklichung der in den Artikeln 81 und 82 niedergelegten Grundsätze. Sie untersucht auf Antrag eines Mitgliedstaats oder von Amts wegen in Verbindung mit den zuständigen Behörden der Mitgliedstaaten, die ihr Amtshilfe zu leisten haben, die Fälle, in denen Zuwiderhandlungen gegen diese Grundsätze vermutet werden. Stellt sie eine Zuwiderhandlung fest, so schlägt sie geeignete Mittel vor, um diese abzustellen.

(2) Wird die Zuwiderhandlung nicht abgestellt, so trifft die Kommission in einer mit Gründen versehenen Entscheidung die Feststellung, dass eine derartige Zuwiderhandlung vorliegt. Sie kann die Entscheidung veröffentlichen und die Mitgliedstaaten ermächtigen, die erforderlichen Abhilfemassnahmen zu treffen, deren Bedingungen und Einzelheiten sie festlegt.

Artikel 86

(1) Die Mitgliedstaaten werden in Bezug auf öffentliche Unternehmen und auf Unternehmen, denen sie besondere oder ausschliessliche Rechte gewähren, keine diesem Vertrag und insbesondere dessen Artikeln 12 und 81 bis 89 widersprechende Massnahmen treffen oder beibehalten.

(2) Für Unternehmen, die mit Dienstleistungen von allgemeinem wirtschaftlichem Interesse betraut sind oder den Charakter eines Finanzmonopols haben, gelten die Vorschriften dieses Vertrags, insbesondere die Wettbewerbsregeln, soweit die Anwendung dieser Vorschriften nicht die Erfüllung der ihnen übertragenen besonderen Aufgabe rechtlich oder tatsächlich verhindert. Die Entwicklung des Handelsverkehrs darf nicht in einem Ausmass beeinträchtigt werden, das dem Interesse der Gemeinschaft zuwiderläuft.

(3) Die Kommission achtet auf die Anwendung dieses Artikels und richtet erforderlichenfalls geeignete Richtlinien oder Entscheidungen an die Mitgliedstaaten.

Bekanntmachung der Kommission über Vereinbarungen von geringer Bedeutung, die den Wettbewerb gemäss Artikel 81 Absatz 1 des Vertrags zur Gründung der Europäischen Gemeinschaft nicht spürbar beschränken (de minimis)[1]

(2001/C 368/07)

(Text von Bedeutung für den EWR)

I

1. Gemäss Artikel 81 Absatz 1 sind mit dem Gemeinsamen Markt unvereinbar und verboten alle Vereinbarungen zwischen Unternehmen, die den Handel zwischen Mitgliedstaaten zu beeinträchtigen geeignet sind und eine Verhinderung, Einschränkung oder Verfälschung des Wettbewerbs innerhalb des Gemeinsamen Marktes bezwecken oder bewirken. Der Gerichtshof der Europäischen Gemeinschaften hat präzisiert, dass diese Vorschrift nicht eingreift, wenn die Vereinbarung keine spürbaren Auswirkungen auf den innergemeinschaftlichen Handel hat oder keine spürbare Wettbewerbsbeschränkung vorliegt.

2. In der vorliegenden Bekanntmachung quantifiziert die Kommission anhand von Marktanteilsschwellen, wann keine spürbare Wettbewerbsbeschränkung gemäss Artikel 81 EG-Vertrag vorliegt. Diese negative Definition der Spürbarkeit bedeutet nicht, dass Vereinbarungen zwischen Unternehmen, deren Marktanteile über den in dieser Bekanntmachung festgelegten Schwellen liegen, den Wettbewerb spürbar beschränken. Solche Vereinbarungen können trotzdem nur geringfügige Auswirkungen auf den Wettbewerb haben und daher nicht dem Verbot des Artikels 81 Absatz 1[2] unterliegen.

3. Ferner können Vereinbarungen ausserhalb des Anwendungsbereichs des Artikel 81 Absatz 1 liegen, wenn sie nicht geeignet sind, den Handel zwischen Mitgliedstaaten spürbar zu beeinträchtigen. Diese Frage wird von der vorliegenden Bekanntmachung nicht behandelt. Die Bekanntmachung macht somit keine Angaben dazu, wann keine spürbaren Auswirkungen auf den Handel vorliegen. Allerdings ist zu berücksichtigen, dass Vereinbarungen zwischen kleinen und mittleren Unternehmen, wie sie im Anhang zur Empfehlung 96/280/EG der Kommission[3] definiert sind, selten geeignet sind, den Handel zwischen Mitgliedstaaten spürbar zu beeinträchtigen. Als kleine

---

[1] Diese Bekanntmachung ersetzt die Bekanntmachung über Vereinbarungen von geringer Bedeutung, die im ABl. C 372 vom 9.12.1997 veröffentlicht wurde.

[2] Siehe z. B. Urteil des Gerichtshofs in den verbundenen Rechtssachen C-215/96 und C-216/96: Bagnasco (Carlos) geg. Banca Popolare di Novara und Casa di Risparmio di Genova e Imperia (1999), Slg. I-135, Rdnrn. 34–35. Diese Bekanntmachung lässt die Grundsätze für die Bewertung gemäss Artikel 81 Absatz 1 unberührt, die dargelegt sind in der Bekanntmachung der Kommission Leitlinien zur Anwendbarkeit von Artikel 81 EGV auf Vereinbarungen über horizontale Zusammenarbeit, ABl. C 3 vom 6.1.2001, S. 2, insbesondere Ziffern 17–31, sowie in der Bekanntmachung der Kommission Leitlinien für vertikale Beschränkungen, ABl. C 291 vom 13.10.2000, S. 1, insbesondere Ziffern 5–20.

und mittlere Unternehmen anzusehen sind nach der genannten Empfehlung derzeit Unternehmen, die weniger als 250 Mitarbeiter haben und deren Jahresumsatz 40 Mio. EUR oder deren Bilanzsumme 27 Mio. EUR nicht übersteigt.

4. In Fällen, die in den Anwendungsbereich dieser Bekanntmachung fallen, wird die Kommission weder auf Antrag noch von Amts wegen ein Verfahren eröffnen. Gehen Unternehmen gutgläubig davon aus, dass eine Vereinbarung in den Anwendungsbereich der Bekanntmachung fällt, wird die Kommission keine Geldbussen verhängen. Die Bekanntmachung soll auch den Gerichten und Behörden der Mitgliedstaaten bei der Anwendung von Artikel 81 als Leitfaden dienen, auch wenn sie für diese nicht verbindlich ist.

5. Die Bekanntmachung gilt auch für Beschlüsse von Unternehmensvereinigungen und aufeinander abgestimmte Verhaltensweisen.

6. Die Bekanntmachung greift der Auslegung von Artikel 81 durch den Gerichtshof und das Gericht erster Instanz der Europäischen Gemeinschaften nicht vor.

II

7. Die Kommission ist der Auffassung, dass Vereinbarungen zwischen Unternehmen, die den Handel zwischen Mitgliedstaaten beeinträchtigen, den Wettbewerb im Sinne des Artikels 81 Absatz 1 nicht spürbar beschränken,

a) wenn der von den an der Vereinbarung beteiligten Unternehmen insgesamt gehaltene Marktanteil auf keinem der von der Vereinbarung betroffenen relevanten Märkte 10 überschreitet in Fällen, wo die Vereinbarung zwischen Unternehmen geschlossen wird, die tatsächliche oder potenzielle Wettbewerber auf einem dieser Märkte sind (Vereinbarung zwischen Wettbewerbern)[4], oder

b) wenn der von jedem der beteiligten Unternehmen gehaltene Marktanteil auf keinem der von der Vereinbarung betroffenen relevanten Märkte 15 % überschreitet in Fällen, wo die Vereinbarung zwischen Unternehmen geschlossen wird, die keine tatsächlichen oder potenziellen Wettbewerber auf diesen Märkten sind (Vereinbarung zwischen Nichtwettbewerbern). Treten Schwierigkeiten bei der Einstufung einer Vereinbarung als Vereinbarung zwischen Wettbewerbern oder als Vereinbarung zwischen Nichtwettbewerbern auf, so gilt die 10%-Schwelle. DE 22.12.2001 Amtsblatt der Europäischen Gemeinschaften C 368/13

---

[3] ABl. L 107 vom 30.4.1996, S. 4. Diese Empfehlung wird angepasst werden. Es ist beabsichtigt, den Schwellenwert für den Jahresumsatz von 40 Mio. EUR auf 50 Mio. EUR und den Schwellenwert für die Bilanzsumme von 27 Mio. EUR auf 43 Mio. EUR anzuheben.

[4] Zum Begriff des tatsächlichen oder potenziellen Wettbewerbers siehe die Leitlinien der Kommission zur Anwendbarkeit von Artikel 81 EG-Vertrag auf Vereinbarungen über horizontale Zusammenarbeit, ABl. C 3 vom 6.1.2001, Ziffer 9. Ein Unternehmen wird als tatsächlicher Wettbewerber angesehen, wenn es entweder auf demselben relevanten Markt tätig ist oder wenn es auch ohne Vereinbarung in der Lage wäre, in Erwiderung auf eine geringe aber dauerhafte Erhöhung der relativen Preise seine Produktion auf die relevanten Produkte umzustellen und sie kurzfristig auf den Markt zu bringen, ohne spürbare zusätzliche Kosten oder Risiken zu gewärtigen (sofortige Substituierbarkeit auf der Angebotsseite). Ein Unternehmen wird als potenzieller Wettbewerber angesehen, wenn es Anhaltspunkte dafür gibt, dass es ohne die Vereinbarung die notwendigen zusätzlichen Investitionen und andere erforderliche Umstellungskosten auf sich nehmen könnte und wahrscheinlich auch würde, um als Reaktion auf eine geringfügige, aber dauerhafte Heraufsetzung der relativen Preise gegebenenfalls in den Markt einzutreten.

8. Wird in einem relevanten Markt der Wettbewerb durch die kumulative Wirkung von Vereinbarungen beschränkt, die verschiedene Lieferanten oder Händler für den Verkauf von Waren oder Dienstleistungen geschlossen haben (kumulativer Marktabschottungseffekt durch nebeneinander bestehende Netze von Vereinbarungen, die ähnliche Wirkungen auf dem Markt haben), so werden die in Ziffer 7 genannten Marktanteilsschwellen auf 5 % herabgesetzt, sowohl für Vereinbarungen zwischen Wettbewerbern als auch für Vereinbarungen zwischen Nichtwettbewerbern. Bei einzelnen Lieferanten oder Händlern mit einem Marktanteil, der 5 % nicht überschreitet, ist in der Regel nicht davon auszugehen, dass sie wesentlich zu dem kumulativen Abschottungseffekt beitragen[5]. Es ist unwahrscheinlich, dass ein kumulativer Abschottungseffekt vorliegt, wenn weniger als 30 % des relevanten Marktes von nebeneinander bestehenden (Netzen von) Vereinbarungen, die ähnliche Wirkungen auf dem Markt haben, abgedeckt werden.

9. Die Kommission ist weiter der Auffassung, dass Vereinbarungen auch dann nicht wettbewerbsbeschränkend sind, wenn die Marktanteile die in den Ziffern 7 und 8 angegebenen Schwellenwerte von 10 %, 15 % oder 5 % während zwei aufeinander folgender Kalenderjahre um höchstens 2 Prozentpunkte überschreiten.

10. Zur Berechnung des Marktanteils muss der relevante Markt bestimmt werden, und zwar sowohl der relevante Produktmarkt als auch der räumlich relevante Markt. Bei der Definition dieses Marktes sollte auf die Bekanntmachung der Kommission über die Definition des relevanten Marktes im Sinne des Wettbewerbsrechts der Gemeinschaft zurückgegriffen werden[6]. Bei der Marktanteilsberechnung sollte grundsätzlich der Absatzwert, oder, wo es darauf ankommt, der Wert der auf dem Markt getätigten Käufe zugrunde gelegt werden. Sind keine Wertangaben vorhanden, dürfen auch begründete Schätzungen vorgenommen werden, die auf anderen verlässlichen Marktdaten, einschliesslich Mengenangaben, beruhen.

11. Die Ziffern 7, 8 und 9 gelten nicht für Vereinbarungen, die eine der nachstehenden schwerwiegenden Beschränkungen (Kernbeschränkungen) enthalten:

1. bei Vereinbarungen zwischen Wettbewerbern, wie sie in Ziffer 7 definiert sind, Beschränkungen, die unmittelbar oder mittelbar, für sich allein oder in Verbindung mit anderen Umständen unter der Kontrolle der Vertragsparteien Folgendes bezwecken[7]:

    a) die Festsetzung der Preise beim Verkauf von Erzeugnissen an Dritte;

    b) die Beschränkung der Produktion oder des Absatzes;

    c) die Aufteilung von Märkten oder Kunden;

---

[5] Siehe auch die Leitlinien der Kommission für vertikale Beschränkungen, ABl. C 291 vom 13.10.2000, insbesondere die Ziffern 73, 142, 143 und 189. Während in den Leitlinien für vertikale Beschränkungen bei bestimmten Beschränkungen nicht nur auf den gesamten, sondern auch auf den gebundenen Marktanteil eines bestimmten Lieferanten oder Käufers abgestellt wird, beziehen sich alle Marktanteilsschwellen in der vorliegenden Bekanntmachung auf den gesamten Marktanteil.

[6] ABl. C 372 vom 19.12.1997, S. 5.

[7] Dies lässt Fälle einer gemeinsamen Produktion mit oder ohne gemeinsamen Vertrieb unberührt, wie sie in Artikel 5 Absatz 2 der Verordnung (EG) Nr. 2658/2000 der Kommission und Artikel 5 Absatz 2 der Verordnung (EG) Nr. 2659/2000 der Kommission, ABl. L 304 vom 5.12.2000, S. 3 bzw. 7, definiert sind.

2. bei Vereinbarungen zwischen Nichtwettbewerbern wie sie in Ziffer 7 definiert sind, Beschränkungen, die unmittelbar oder mittelbar, für sich allein oder in Verbindung mit anderen Umständen unter der Kontrolle der Vertragsparteien Folgendes bezwecken:

   a) die Beschränkung der Möglichkeiten des Käufers, seinen Verkaufspreis selbst festzusetzen; dies gilt unbeschadet der Möglichkeit des Lieferanten, Höchstverkaufspreise festzusetzen oder Preisempfehlungen auszusprechen, sofern sich diese nicht infolge der Ausübung von Druck oder der Gewährung von Anreizen durch eine der Vertragsparteien tatsächlich wie Fest- oder Mindestverkaufspreise auswirken;

   b) Beschränkungen des Gebiets oder des Kundenkreises, in das oder an den der Käufer die Vertragswaren oder -dienstleistungen verkaufen darf, mit Ausnahme der nachstehenden Beschränkungen, die keine Kernbeschränkungen sind:
   – Beschränkungen des aktiven Verkaufs in Gebiete oder an Gruppen von Kunden, die der Lieferant sich selbst vorbehaltender ausschliesslich einem anderen Käufer zugewiesen hat, sofern dadurch Verkäufe seitens der Kunden des Käufers nicht begrenzt werden;
   – Beschränkungen des Verkaufs an Endbenutzer durch Käufer, die auf der Grosshandelsstufe tätig sind;
   – Beschränkungen des Verkaufs an nicht zugelassene Händler, die Mitgliedern eines selektiven Vertriebssystems auferlegt werden;
   – Beschränkungen der Möglichkeiten des Käufers, Bestandteile, die zwecks Einfügung in andere Erzeugnisse geliefert werden, an Kunden zu verkaufen, welche diese Bestandteile für die Herstellung derselben Art von Erzeugnissen verwenden würden, wie sie der Lieferant herstellt;

   c) Beschränkungen des aktiven oder passiven Verkaufs an Endverbraucher, soweit diese Beschränkungen Mitgliedern eines selektiven Vertriebssystems auferlegt werden, welche auf der Einzelhandelsstufe tätig sind; dies gilt unbeschadet der Möglichkeit, Mitgliedern des Systems zu verbieten, Geschäfte von nicht zugelassenen Niederlassungen aus zu betreiben;

   d) die Beschränkung von Querlieferungen zwischen Händlern innerhalb eines selektiven Vertriebssystems, auch wenn diese auf unterschiedlichen Handelsstufen tätig sind;

   e) Beschränkungen, die zwischen dem Lieferanten und dem Käufer von Bestandteilen, welche dieser in andere Erzeugnisse einfügt, vereinbart werden und die den Lieferanten hindern, diese Bestandteile als Ersatzteile an Endverbraucher oder an Reparaturwerkstätten oder andere Dienstleistungserbringer zu verkaufen, die der Käufer nicht mit der Reparatur oder Wartung seiner eigenen Erzeugnisse betraut hat;

3. bei Vereinbarungen zwischen Wettbewerbern wie sie in Ziffer 7 definiert sind, wenn die Wettbewerber zwecks Durchführung der Vereinbarung auf unterschiedlichen Produktions- oder Vertriebsstufen tätig sind, jede der in den Absätzen 1 und 2 genannten Kernbeschränkungen.

12. 1. Die Begriffe des Unternehmens, beteiligten Unternehmens, des Händlers, des Lieferanten und des Käufers im Sinne dieser Bekanntmachung schliessen die mit diesen jeweils verbundenen Unternehmen ein.
2. Verbundene Unternehmen sind:
   a) Unternehmen, in denen ein an der Vereinbarung beteiligtes Unternehmen unmittelbar oder mittelbar
      – über mehr als die Hälfte der Stimmrechte verfügt oder
      – mehr als die Hälfte der Mitglieder des Leitungs- oder Verwaltungsorgans oder der zur gesetzlichen Vertretung berufenen Organe bestellen kann oder
      – das Recht hat, die Geschäfte des Unternehmens zu führen;
   b) Unternehmen, die in einem an der Vereinbarung beteiligten Unternehmen unmittelbar oder mittelbar die unter Buchstabe a) bezeichneten Rechte oder Einflussmöglichkeiten haben;
   c) Unternehmen, in denen ein unter Buchstabe b) genanntes Unternehmen unmittelbar oder mittelbar die unter Buchstabe a) bezeichneten Rechte oder Einflussmöglichkeiten hat;
   d) Unternehmen, in denen eine der Vertragsparteien gemeinsam mit einem oder mehreren der unter den Buchstaben a), b) oder c) genannten Unternehmen oder in denen zwei oder mehr als zwei der zuletzt genannten Unternehmen gemeinsam die in Buchstabe a) bezeichneten Rechte oder Einflussmöglichkeiten haben;
   e) Unternehmen, in denen
      – Vertragsparteien oder mit ihnen jeweils verbundene Unternehmen im Sinne der Buchstaben a) bis d) oder
      – eine oder mehrere der Vertragsparteien oder eines oder mehrere der mit ihnen im Sinne der Buchstaben a) bis d) verbundenen Unternehmen und ein oder mehrere dritte Unternehmen. gemeinsam die unter Buchstabe a) bezeichneten Rechte oder Einflussmöglichkeiten haben.
3. Bei der Anwendung von Absatz 2 Buchstabe e) wird der Marktanteil des Unternehmens, an dem die gemeinsamen Rechte oder Einflussmöglichkeiten bestehen, jedem der Unternehmen, das die in Absatz 2 Buchstabe a) bezeichneten Rechte oder Einflussmöglichkeiten hat, zu gleichen Teilen zugerechnet.

Verordnung der Kommission über die Anwendung von Artikel 81 Absatz 3 des Vertrages auf Gruppen von vertikalen Vereinbarungen und aufeinander abgestimmten Verhaltensweisen

(Text von Bedeutung für den EWR)

vom 22. Dezember 1999

Die Kommission der europäischen Gemeinschaft –

gestützt auf den Vertrag zur Gründung der Europäischen Gemeinschaft,

gestützt auf die Verordnung Nr. 19/65/EWG des Rates vom 2. März 1965 über die Anwendung von Artikel 85 Absatz 3 des Vertrages auf Gruppen von Vereinbarungen und aufeinander abgestimmten Verhaltensweisen[1], zuletzt geändert durch die Verordnung (EG) Nr. 1215/1999[2], insbesondere auf Artikel 1, nach Veröffentlichung des Entwurfs dieser Verordnung[3], nach Anhörung des Beratenden Ausschusses für Kartell- und Monopolfragen, in Erwägung nachstehender Gründe:

(1) Nach der Verordnung Nr. 19/65/EWG ist die Kommission ermächtigt, Artikel 81 Absatz 3 des Vertrages (Ex-Artikel 85 Absatz 3) durch Verordnung auf bestimmte Gruppen von vertikalen Vereinbarungen und die entsprechenden aufeinander abgestimmten Verhaltensweisen anzuwenden, die unter Artikel 81 Absatz 1 fallen.

(2) Aufgrund der bisherigen Erfahrungen lässt sich eine Gruppe von vertikalen Vereinbarungen definieren, die regelmässig die Voraussetzungen von Artikel 81 Absatz 3 erfüllen.

(3) Diese Gruppe umfasst vertikale Vereinbarungen über den Kauf oder Verkauf von Waren oder Dienstleistungen, die zwischen nicht miteinander im Wettbewerb stehenden Unternehmen, zwischen bestimmten Wettbewerbern sowie von bestimmten Vereinigungen des Wareneinzelhandels geschlossen werden. Diese Gruppe umfasst ebenfalls vertikale Vereinbarungen, die Nebenabreden über die Übertragung oder Nutzung geistiger Eigentumsrechte enthalten. Für die Anwendung dieser Verordnung umfasst der Begriff «vertikale Vereinbarungen» die entsprechenden aufeinander abgestimmten Verhaltensweisen.

(4) Für die Anwendung von Artikel 81 Absatz 3 durch Verordnung ist es nicht erforderlich, diejenigen vertikalen Vereinbarungen zu umschreiben, welche geeignet sind, unter Artikel 81 Absatz 1 zu fallen; bei der individuellen Beurteilung von Vereinbarungen nach Artikel 81 Absatz 1 sind mehrere Faktoren, insbesondere die Marktstruktur auf der Angebots- und Nachfrageseite zu berücksichtigen.

---

[1] ABl. 36 vom 6.3.1965, S. 533/65.
[2] ABl. L 148 vom 15.6.1999, S. 1.
[3] ABl. C 270 vom 24.9.1999, S. 7.

Gruppenfreistellung vertikale Vereinbarungen 1085

(5) Die Gruppenfreistellung sollte nur vertikalen Vereinbarungen zugute kommen, von denen mit hinreichender Sicherheit angenommen werden kann, dass sie die Voraussetzungen von Artikel 81 Absatz 3 erfüllen.

(6) Vertikale Vereinbarungen, die zu der in dieser Verordnung umschriebenen Gruppe gehören, können die wirtschaftliche Effizienz innerhalb einer Produktions- oder Vertriebskette erhöhen, weil sie eine bessere Koordinierung zwischen den beteiligten Unternehmen ermöglichen. Sie können insbesondere die Transaktions- und Distributionskosten der Beteiligten verringern und deren Umsätze und Investitionen optimieren.

(7) Die Wahrscheinlichkeit, dass derartige effizienzsteigernde Wirkungen stärker ins Gewicht fallen als wettbewerbsschädliche Wirkungen, die von Beschränkungen in vertikalen Vereinbarungen verursacht werden, hängt von der Marktmacht der beteiligten Unternehmen und somit von dem Ausmass ab, in dem diese Unternehmen dem Wettbewerb anderer Lieferanten von Waren oder Dienstleistungen ausgesetzt sind, die von den Käufern aufgrund ihrer Eigenschaften, ihrer Preislage und ihres Verwendungszwecks als austauschbar oder substituierbar angesehen werden.

(8) Es kann vermutet werden, dass vertikale Vereinbarungen, die nicht bestimmte Arten schwerwiegender wettbewerbsschädigender Beschränkungen enthalten, im allgemeinen zu einer Verbesserung der Produktion oder des Vertriebs und zu einer angemessenen Beteiligung der Verbraucher an dem daraus entstehenden Gewinn führen, sofern der auf den Lieferanten entfallende Anteil an dem relevanten Markt 30% nicht überschreitet. Bei vertikalen Vereinbarungen, die Alleinbelieferungsverpflichtungen vorsehen, sind die gesamten Auswirkungen der Vereinbarung auf den Markt anhand des Marktanteils des Käufers zu bestimmen.

(9) Es gibt keine Vermutung, dass oberhalb der Marktanteilsschwelle von 30% vertikale Vereinbarungen, die unter Artikel 81 Absatz 1 fallen, regelmässig objektive Vorteile entstehen lassen, welche nach Art und Umfang geeignet sind, die Nachteile auszugleichen, die sie für den Wettbewerb mit sich bringen.

(10) Diese Verordnung darf keine vertikalen Vereinbarungen freistellen, welche Beschränkungen enthalten, die für die Herbeiführung der vorgenannten günstigen Wirkungen nicht unerlässlich sind. Insbesondere solche vertikalen Vereinbarungen, die bestimmte Arten schwerwiegender wettbewerbsschädigender Beschränkungen enthalten, wie die Festsetzung von Mindest- oder Festpreisen für den Weiterverkauf oder bestimmte Arten des Gebietsschutzes, sind daher ohne Rücksicht auf den Marktanteil der betroffenen Unternehmen von dem Vorteil der Gruppenfreistellung, die durch diese Verordnung gewährt wird, auszuschliessen.

(11) Die Gruppenfreistellung ist mit bestimmten Einschränkungen zu versehen, um den Marktzugang zu gewährleisten und um Marktabsprachen vorzubeugen. Zu diesem Zwecke muss die Freistellung auf Wettbewerbsverbote von einer bestimmten Höchstdauer beschränkt werden. Aus demselben Grund sind alle unmittelbaren oder mittelbaren Verpflichtungen, welche die Mitglieder eines selektiven Vertriebssystems veranlassen, die Marken bestimmter konkurrierender Lieferanten nicht zu führen, von der Anwendung dieser Verordnung auszuschliessen.

(12) Durch die Begrenzung des Marktanteils, den Ausschluss bestimmter vertikaler Vereinbarungen von der Gruppenfreistellung und die Voraussetzungen, die in dieser Verordnung vorgesehen sind, wird in der Regel sichergestellt, dass Vereinbarungen,

auf welche die Gruppenfreistellung Anwendung findet, den beteiligten Unternehmen nicht die Möglichkeit eröffnen, für einen wesentlichen Teil der betreffenden Waren den Wettbewerb auszuschalten.

(13) Wenn im Einzelfall eine Vereinbarung zwar unter diese Verordnung fällt, dennoch aber Wirkungen zeitigt, die mit Artikel 81 Absatz 3 unvereinbar sind, kann die Kommission den Vorteil der Gruppenfreistellung entziehen. Dies kommt insbesondere dann in Betracht, wenn der Käufer auf dem relevanten Markt, auf dem er Waren verkauft oder Dienstleistungen erbringt, über erhebliche Marktmacht verfügt oder wenn der Zugang zu dem relevanten Markt oder der Wettbewerb auf diesem Markt durch gleichartige Wirkungen paralleler Netze vertikaler Vereinbarungen in erheblichem Masse beschränkt wird. Derartige kumulative Wirkungen können sich etwa aus selektiven Vertriebssystemen oder aus Wettbewerbsverboten ergeben.

(14) Nach der Verordnung Nr. 19/65/EWG sind die zuständigen Behörden der Mitgliedstaaten ermächtigt, den Vorteil der Gruppenfreistellung zu entziehen, wenn die Vereinbarung Wirkungen zeitigt, die mit Artikel 81 Absatz 3 des Vertrages unvereinbar sind und im Gebiet des betreffenden Staates oder in einem Teil desselben eintreten, sofern dieses Gebiet die Merkmale eines gesonderten räumlichen Marktes aufweist. Die Mitgliedstaaten sollten sicherstellen, dass sie bei der Ausübung dieser Entzugsbefugnis nicht die einheitliche Anwendung der Wettbewerbsregeln der Gemeinschaft auf dem gesamten gemeinsamen Markt oder die volle Wirksamkeit der zu ihrem Vollzug ergangenen Massnahmen beeinträchtigen.

(15) Um die Überwachung paralleler Netze vertikaler Vereinbarungen mit gleichartigen wettbewerbsbeschränkenden Wirkungen zu verstärken, die mehr als 50% eines Marktes erfassen, kann die Kommission erklären, dass diese Verordnung auf vertikale Vereinbarungen, welche bestimmte auf den betroffenen Markt bezogene Beschränkungen enthalten, keine Anwendung findet, und dadurch die volle Anwendbarkeit von Artikel 81 auf diese Vereinbarungen wiederherstellen.

(16) Diese Verordnung gilt unbeschadet der Anwendung von Artikel 82.

(17) Entsprechend dem Grundsatz des Vorrangs des Gemeinschaftsrechts dürfen Massnahmen, die auf der Grundlage der nationalen Wettbewerbsgesetze getroffen werden, nicht die einheitliche Anwendung der Wettbewerbsregeln der Gemeinschaft auf dem gesamten gemeinsamen Markt oder die volle Wirksamkeit der zu ihrer Durchführung ergangenen Massnahmen einschliesslich dieser Verordnung beeinträchtigen —

Hat folgende Verordnung erlassen:

Artikel 1

Für die Anwendung dieser Verordnung gelten folgende Begriffsbestimmungen:

a) «Wettbewerber» sind tatsächliche oder potentielle Anbieter im selben Produktmarkt; der Produktmarkt umfasst Waren oder Dienstleistungen, die vom Käufer aufgrund ihrer Eigenschaften, ihrer Preislage und ihres Verwendungszwecks als mit den Vertragswaren oder -dienstleistungen austauschbar oder durch diese substituierbar angesehen werden.

b) «Wettbewerbsverbote» sind alle unmittelbaren oder mittelbaren Verpflichtungen, die den Käufer veranlassen, keine Waren oder Dienstleistungen herzustellen, zu beziehen, zu verkaufen oder weiterzuverkaufen, die mit den Vertragswaren oder -dienstleistungen im Wettbewerb stehen, sowie alle unmittelbaren oder mittelbaren Verpflichtungen des Käufers, mehr als 80 % seiner auf der Grundlage des Einkaufswertes des vorherigen Kalenderjahres berechneten gesamten Einkäufe von Vertragswaren oder –dienstleistungen sowie ihrer Substitute auf dem relevanten Markt vom Lieferanten oder einem anderen vom Lieferanten bezeichneten Unternehmen zu beziehen.

c) «Alleinbelieferungsverpflichtungen» sind alle unmittelbaren oder mittelbaren Verpflichtungen, die den Lieferanten veranlassen, die in der Vereinbarung bezeichneten Waren oder Dienstleistungen zum Zwecke einer spezifischen Verwendung oder des Weiterverkaufs nur an einen einzigen Käufer innerhalb der Gemeinschaft zu verkaufen.

d) «Selektive Vertriebssysteme» sind Vertriebssysteme, in denen sich der Lieferant verpflichtet, die Vertragswaren oder -dienstleistungen unmittelbar oder mittelbar nur an Händler zu verkaufen, die aufgrund festgelegter Merkmale ausgewählt werden, und in denen sich diese Händler verpflichten, die betreffenden Waren oder Dienstleistungen nicht an Händler zu verkaufen, die nicht zum Vertrieb zugelassen sind.

e) «Intellektuelle Eigentumsrechte» umfassen unter anderem gewerbliche Schutzrechte, Urheberrechte sowie verwandte Schutzrechte.

f) «Know-how» ist eine Gesamtheit nicht patentierter praktischer Kenntnisse, die der Lieferant durch Erfahrung und Erprobung gewonnen hat und die geheim, wesentlich und identifiziert sind; hierbei bedeutet «geheim», dass das Know-how als Gesamtheit oder in der genauen Gestaltung und Zusammensetzung seiner Bestandteile nicht allgemein bekannt und nicht leicht zugänglich ist; «wesentlich» bedeutet, dass das Know-how Kenntnisse umfasst, die für den Käufer zum Zwecke der Verwendung, des Verkaufs oder des Weiterverkaufs der Vertragswaren oder –dienstleistungen unerlässlich sind; «identifiziert» bedeutet, dass das Know-how umfassend genug beschrieben ist, so dass überprüft werden kann, ob es die Merkmale «geheim» und «wesentlich» erfüllt.

g) «Käufer» ist auch ein Unternehmen, das auf der Grundlage einer unter Artikel 81 Absatz 1 des Vertrages fallenden Vereinbarung Waren oder Dienstleistungen für Rechnung eines anderen Unternehmens verkauft.

Artikel 2

(1) Artikel 81 Absatz 1 des Vertrages wird gemäss Artikel 81 Absatz 3 unter den in dieser Verordnung genannten Voraussetzungen für unanwendbar erklärt auf Vereinbarungen oder aufeinander abgestimmte Verhaltensweisen zwischen zwei oder mehr Unternehmen, von denen jedes zwecks Durchführung der Vereinbarung auf einer unterschiedlichen Produktions- oder Vertriebsstufe tätig ist, und welche die Bedingungen betreffen, zu denen die Parteien bestimmte Waren oder Dienstleistungen beziehen, verkaufen oder weiterverkaufen können (im folgenden «vertikale Vereinbarungen» genannt). Die Freistellung gilt, soweit diese Vereinbarungen Wettbewerbsbeschränkungen enthalten, die unter Artikel 81 Absatz 1 fallen (im folgenden «vertikale Beschränkungen» genannt).

(2) Die Freistellung nach Absatz 1 gilt für vertikale Vereinbarungen zwischen einer Unternehmensvereinigung und ihren Mitgliedern oder zwischen einer solchen Vereinigung und ihren Lieferanten nur dann, wenn alle Mitglieder der Vereinigung Wareneinzelhändler sind und wenn keines ihrer einzelnen Mitglieder zusammen mit seinen verbundenen Unternehmen einen jährlichen Gesamtumsatz von mehr als 50

Mio. EUR erzielt; die Freistellung der von solchen Vereinigungen geschlossenen vertikalen Vereinbarungen lässt die Anwendbarkeit von Artikel 81 auf horizontale Vereinbarungen zwischen den Mitgliedern der Vereinigung sowie auf Beschlüsse der Vereinigung unberührt.

(3) Die Freistellung nach Absatz 1 gilt für vertikale Vereinbarungen, die Bestimmungen enthalten, welche die Übertragung von geistigen Eigentumsrechten auf den Käufer oder die Nutzung solcher Rechte durch den Käufer betreffen, sofern diese Bestimmungen nicht Hauptgegenstand der Vereinbarung sind und sofern sie sich unmittelbar auf die Nutzung, den Verkauf oder den Weiterverkauf von Waren oder Dienstleistungen durch den Käufer oder seine Kunden beziehen. Die Freistellung gilt unter der Voraussetzung, dass diese Bestimmungen in Bezug auf die Vertragswaren oder -dienstleistungen keine Wettbewerbsbeschränkungen mit demselben Zweck oder derselben Wirkung enthalten wie vertikale Beschränkungen, die durch diese Verordnung nicht freigestellt werden.

(4) Die Freistellung nach Absatz 1 gilt nicht für vertikale Vereinbarungen zwischen Wettbewerbern; sie findet jedoch Anwendung, wenn Wettbewerber eine nichtwechselseitige vertikale Vereinbarung treffen und

a) der jährliche Gesamtumsatz des Käufers 100 Mio. EUR nicht überschreitet oder

b) der Lieferant zugleich Hersteller und Händler von Waren, der Käufer dagegen ein Händler ist, der keine mit den Vertragswaren im Wettbewerb stehenden Waren herstellt, oder

c) der Lieferant ein auf mehreren Wirtschaftsstufen tätiger Dienstleistungserbringer ist und der Käufer auf der Wirtschaftsstufe, auf der er die Vertragsdienstleistungen bezieht, keine mit diesen im Wettbewerb stehenden Dienstleistungen erbringt.

(5) Diese Verordnung gilt nicht für vertikale Vereinbarungen, deren Gegenstand in den Geltungsbereich einer anderen Gruppenfreistellungsverordnungen fällt.

Artikel 3

(1) Unbeschadet des Absatzes 2 dieses Artikels gilt die Freistellung nach Artikel 2 nur, wenn der Anteil des Lieferanten an dem relevanten Markt, auf dem er die Vertragswaren oder -dienstleistungen verkauft, 30 % nicht überschreitet.

(2) Im Fall von vertikalen Vereinbarungen, die Alleinbelieferungsverpflichtungen enthalten, gilt die Freistellung nach Artikel 2 nur, wenn der Anteil des Käufers an dem relevanten Markt, auf dem er die Vertragswaren oder -dienstleistungen einkauft, 30 % nicht überschreitet.

Artikel 4

Die Freistellung nach Artikel 2 gilt nicht für vertikale Vereinbarungen, die unmittelbar oder mittelbar, für sich allein oder in Verbindung mit anderen Umständen unter der Kontrolle der Vertragsparteien folgendes bezwecken:

a) die Beschränkung der Möglichkeiten des Käufers, seinen Verkaufspreis selbst festzusetzen; dies gilt unbeschadet der Möglichkeit des Lieferanten, Höchstverkaufspreise festzusetzen oder Preisempfehlungen auszusprechen, sofern sich diese nicht infolge der Ausübung von Druck oder der Gewährung von Anreizen durch eine der Vertragsparteien tatsächlich wie Fest- oder Mindestverkaufspreise auswirken;

b) Beschränkungen des Gebiets oder des Kundenkreises, in das oder an den der Käufer Vertragswaren oder –dienstleistungen verkaufen darf, mit Ausnahme von:
   – Beschränkungen des aktiven Verkaufs in Gebiete oder an Gruppen von Kunden, die der Lieferant sich selbst vorbehalten oder ausschliesslich einem anderen Käufer zugewiesen hat, sofern dadurch Verkäufe seitens der Kunden des Käufers nicht begrenzt werden;
   – Beschränkungen des Verkaufs an Endbenutzer durch Käufer, die auf der Grosshandelsstufe tätig sind;
   – Beschränkungen des Verkaufs an nicht zugelassene Händler, die Mitgliedern eines selektiven Vertriebssystems auferlegt werden;
   – Beschränkungen der Möglichkeiten des Käufers, Bestandteile, die zwecks Einfügung in andere Erzeugnisse geliefert werden, an Kunden zu verkaufen, welche diese Bestandteile für die Herstellung derselben Art von Erzeugnissen verwenden würden, wie sie der Lieferant herstellt;
c) Beschränkungen des aktiven oder passiven Verkaufs an Endverbraucher, soweit diese Beschränkungen Mitgliedern eines selektiven Vertriebssystems auferlegt werden, welche auf der Einzelhandelsstufe tätig sind; dies gilt unbeschadet der Möglichkeit, Mitgliedern des Systems zu verbieten, Geschäfte von nicht zugelassenen Niederlassungen aus zu betreiben;
d) die Beschränkung von Querlieferungen zwischen Händlern innerhalb eines selektiven Vertriebssystems, auch wenn diese auf unterschiedlichen Handelsstufen tätig sind;
e) Beschränkungen, die zwischen dem Lieferanten und dem Käufer von Bestandteilen, welche dieser in andere Erzeugnisse einfügt, vereinbart werden und die den Lieferanten hindern, diese Bestandteile als Ersatzteile an Endverbraucher oder an Reparaturwerkstätten oder andere Dienstleistungserbringer zu verkaufen, die der Käufer nicht mit der Reparatur oder Wartung seiner eigenen Erzeugnisse betraut hat.

Artikel 5

Die Freistellung nach Artikel 2 gilt nicht für die folgenden, in vertikalen Vereinbarungen enthaltenen Verpflichtungen:

a) alle unmittelbaren oder mittelbaren Wettbewerbsverbote, welche für eine unbestimmte Dauer oder für eine Dauer von mehr als fünf Jahren vereinbart werden; Wettbewerbsverbote, deren Dauer sich über den Zeitraum von fünf Jahren hinaus stillschweigend verlängert, gelten als für eine unbestimmte Dauer vereinbart; die Begrenzung auf fünf Jahre gilt nicht, wenn die Vertragswaren oder -dienstleistungen vom Käufer in Räumlichkeiten und auf Grundstücken verkauft werden, die Eigentum des Lieferanten oder durch diesen von dritten, nicht mit dem Käufer verbundenen Unternehmen gemietet oder gepachtet worden sind und das Wettbewerbsverbot nicht über den Zeitraum hinausreicht, in welchem der Käufer diese Räumlichkeiten und Grundstücke nutzt,
b) alle unmittelbaren oder mittelbaren Verpflichtungen, die den Käufer veranlassen, Waren oder Dienstleistungen nach Beendigung der Vereinbarung nicht herzustellen bzw. zu erbringen, zu beziehen, zu verkaufen oder weiterzuverkaufen, es sei denn, dass diese Verpflichtungen

- sich auf Waren oder Dienstleistungen beziehen, die mit den Vertragswaren oder -dienstleistungen im Wettbewerb stehen,
- sich auf Räumlichkeiten und Grundstücke beschränken, von denen aus der Käufer während der Vertragsdauer seine Geschäfte betrieben hat, sowie
- unerlässlich sind, um ein dem Käufer vom Lieferanten übertragenes Knowhow zu schützen, und ein solches Wettbewerbsverbot auf einen Zeitraum von höchstens einem Jahr nach Beendigung der Vereinbarung begrenzt ist; dies gilt unbeschadet der Möglichkeit, Nutzung und Offenlegung von nicht allgemein bekannt gewordenem Know-how zeitlich unbegrenzten Beschränkungen zu unterwerfen;

c) alle unmittelbaren oder mittelbaren Verpflichtungen, welche die Mitglieder eines selektiven Vertriebsystems veranlassen, Marken bestimmter konkurnerender Lieferanten nicht zu verkaufen.

Artikel 6

Gemäss Artikel 7 Absatz 1 der Verordnung Nr. 19/65/EWG kann die Kommission im Einzelfall den Vorteil der Anwendung dieser Verordnung entziehen, wenn eine vertikale Vereinbarung, die unter diese Verordnung fällt, gleichwohl Wirkungen hat, die mit den Voraussetzungen des Artikels 81 Absatz 3 des Vertrages unvereinbar sind, insbesondere wenn der Zugang zu dem betroffenen Markt oder der Wettbewerb auf diesem Markt durch die kumulativen Wirkungen nebeneinander bestehender Netze gleichartiger vertikaler Beschränkungen, die von miteinander im Wettbewerb stehenden Lieferanten oder Käufern angewandt werden, in erheblichem Masse beschränkt wird.

Artikel 7

Wenn eine unter die Freistellung des Artikels 2 fallende Vereinbarung im Gebiet eines Mitgliedstaats oder in einem Teil desselben, der alle Merkmale eines gesonderten räumlichen Marktes aufweist, im Einzelfall Wirkungen hat, die mit den Voraussetzungen von Artikel 81 Absatz 3 des Vertrages unvereinbar sind, so kann die zuständige Behörde dieses Mitgliedstaates, unter den gleichen Umständen wie in Artikel 6, den Vorteil der Anwendung dieser Verordnung mit Wirkung für das betroffene Gebiet entziehen.

Artikel 8

(1) Gemäss Artikel 1a der Verordnung Nr. 19/65/EWG kann die Kommission durch Verordnung erklären, dass in Fällen, in denen mehr als 50% des betroffenen Marktes von nebeneinander bestehenden Netzen gleichartiger vertikaler Beschränkungen erfasst werden, die vorliegende Verordnung auf vertikale Vereinbarungen, die bestimmte Beschränkungen des Wettbewerbs auf dem betroffenen Markt enthalten, keine Anwendung findet.

(2) Eine Verordnung im Sinne von Absatz 1 wird frühestens sechs Monate nach ihrem Erlass anwendbar.

Artikel 9

(1) Bei der Ermittlung des Marktanteils von 30% im Sinne von Artikel 3 Absatz 1 wird der Absatzwert der verkauften Vertragswaren oder -dienstleistungen sowie der sonstigen von dem Lieferanten verkauften Waren oder Dienstleistungen zugrunde

gelegt, die vom Käufer aufgrund ihrer Eigenschaften, ihrer Preislage und ihres Verwendungszwecks als austauschbar oder substituierbar angesehen werden. Liegen keine Angaben über den Absatzwert vor, so können zur Ermittlung des Marktanteils Schätzungen vorgenommen werden, die auf anderen verlässlichen Marktdaten unter Einschluss der Absatzmengen beruhen. Bei der Anwendung von Artikel 3 Absatz 2 ist der Marktanteil auf der Grundlage des Wertes der auf dem Markt getätigten Käufe oder anhand von Schätzungen desselben zu ermitteln.

(2) Für die Anwendung der Marktanteilsschwelle im Sinne des Artikels 3 gelten folgende Regeln:

a) Der Marktanteil wird anhand der Angaben für das vorhergehende Kalenderjahr ermittelt.

b) Der Marktanteil schliesst Waren oder Dienstleistungen ein, die zum Zweck des Verkaufs an integrierte Händler geliefert werden.

c) Beträgt der Marktanteil zunächst nicht mehr als 30 % und überschreitet er anschliessend diese Schwelle, übersteigt jedoch nicht 35 %, so gilt die Freistellung nach Artikel 2 im Anschluss an das Jahr, in welchem die 30-%-Schwelle erstmals überschritten wurde, noch für zwei weitere Kalenderjahre.

d) Beträgt der Marktanteil zunächst nicht mehr als 30% und überschreitet er anschliessend 35 %, so gilt die Freistellung nach Artikel 2 im Anschluss an das Jahr, in welchem die Schwelle von 35 % erstmals überschritten wurde, noch für ein weiteres Kalenderjahr.

e) Die unter den Buchstaben c) und d) genannten Vorteile dürfen nicht in der Weise miteinander verbunden werden, dass ein Zeitraum von zwei Kalenderjahren überschritten wird.

Artikel 10

(1) Für die Ermittlung des jährlichen Gesamtumsatzes im Sinne von Artikel 2 Absätze 2 und 4 sind die Umsätze zusammenzuzählen, welche die jeweilige an der vertikalen Vereinbarung beteiligte Vertragspartei und die mit ihr verbundenen Unternehmen im letzten Geschäftsjahr mit allen Waren und Dienstleistungen nach Abzug von Steuern und sonstigen Abgaben erzielt haben. Dabei werden Umsätze zwischen der an der Vereinbarung beteiligten Vertragspartei und den mit ihr verbundenen Unternehmen oder zwischen den mit ihr verbundenen Unternehmen nicht mitgezählt.

(2) Die Freistellung nach Artikel 2 gilt weiter, wenn der jährliche Gesamtumsatz in zwei jeweils aufeinanderfolgenden Geschäftsjahren den in dieser Verordnung genannten Schwellenwert um nicht mehr als ein Zehntel überschreitet.

Artikel 11

(1) Die Begriffe des «Unternehmens», des «Lieferanten» und des «Käufers» im Sinne dieser Verordnung schliessen die mit diesen jeweils verbundenen Unternehmen ein.

(2) Verbundene Unternehmen sind:

a) Unternehmen, in denen ein an der Vereinbarung beteiligtes Unternehmen unmittelbar oder mittelbar

- über mehr als die Hälfte der Stimmrechte verfügt oder
- mehr als die Hälfte der Mitglieder des Leitungs- oder Verwaltungsorgans oder der zur gesetzlichen Vertretung berufenen Organe bestellen kann oder
- das Recht hat, die Geschäfte des Unternehmens zu führen;

b) Unternehmen, die in einem an der Vereinbarung beteiligten Unternehmen unmittelbar oder mittelbar die unter Buchstabe a) bezeichneten Rechte oder Einflussmöglichkeiten haben;

c) Unternehmen, in denen ein unter Buchstabe b) genanntes Unternehmen unmittelbar oder mittelbar die unter Buchstabe a) bezeichneten Rechte oder Einflussmöglichkeiten hat;

d) Unternehmen, in denen eine der Vertragsparteien gemeinsam mit einem oder mehreren der unter den Buchstaben a), b) oder c) genannten Unternehmen oder in denen zwei oder mehr als zwei der zuletzt genannten Unternehmen gemeinsam die in Buchstabe a) bezeichneten Rechte oder Einflussmöglichkeiten haben;

e) Unternehmen, in denen
- Vertragsparteien oder mit ihnen jeweils verbundene Unternehmen im Sinne der Buchstaben a) bis d) oder
- eine oder mehrere der Vertragsparteien oder eines oder mehrere der mit ihnen im Sinne der Buchstaben a) bis d) verbundenen Unternehmen und ein oder mehrere dritte Unternehmen gemeinsam die unter Buchstabe a) bezeichneten Rechte oder Einflussmöglichkeiten haben.

(3) Bei der Anwendung von Artikel 3 wird der Marktanteil der in Absatz 2 Buchstabe e) bezeichneten Unternehmen jedem der Unternehmen, das die in Absatz 2 Buchstabe a) bezeichneten Rechte oder Einflussmöglichkeiten hat, zu gleichen Teilen zugerechnet.

Artikel 12

(1) Die in den Verordnungen (EWG) Nr. 1983/83[4], (EWG) Nr. 1984/83[4] und (EWG) Nr. 4087/88[6] der Kommission vorgesehenen Freistellungen gelten bis zum 31. Mai 2000 weiter.

(2) Das in Artikel 81 Absatz 1 des Vertrags geregelte Verbot gilt vom 1. Juni 2000 bis zum 31. Dezember 2001 nicht für Vereinbarungen, die am 31. Mai 2000 bereits in Kraft waren und die die Voraussetzungen für eine Freistellung zwar nach den Verordnungen (EWG) Nr. 1983/83, (EWG) Nr. 1984/83 oder (EWG) Nr. 4087/88, nicht aber nach der vorliegenden Verordnung erfüllen.

Artikel 13

Diese Verordnung tritt am 1. Januar 2000 in Kraft. Sie ist ab dem 1. Juni 2000 anwendbar mit Ausnahme ihres Artikels 12 Absatz 1, der ab dem 1. Januar 2000 anwendbar ist. Sie gilt bis zum 31. Mai 2010.

---

[4] ABl. L 173 vom 30.6.1983, S. 1.
[5] ABl. L 173 vom 30.6.1983, S. 5.
[6] ABl. L 359 vom 28.12.1988, S. 46.

Diese Verordnung ist in allen ihren Teilen verbindlich und gilt unmittelbar in jedem Mitgliedstaat.

Brüssel, den 22. Dezember 1999

Für die Kommission
Mario Monti
Mitglied der Kommission

Verordnung der Kommission über die Anwendung von Artikel 81 Absatz 3 EG-Vertrag auf Gruppen von Technologietransfer-Vereinbarungen

(Text von Bedeutung für den EWR)

vom 27. April 2004

Die Kommission der europäischen Gemeinschaften –

gestützt auf den Vertrag zur Gründung der Europäischen Gemeinschaft,

gestützt auf die Verordnung Nr. 19/65/EWG des Rates vom 2. März 1965 über die Anwendung von Artikel 85 Absatz 3 des Vertrags auf Gruppen von Vereinbarungen und aufeinander abgestimmte Verhaltensweisen[1], insbesondere auf Artikel 1, nach Veröffentlichung des Entwurfs dieser Verordnung[2], nach Anhörung des Beratenden Ausschusses für Kartell- und Monopolfragen, in Erwägung nachstehender Gründe:

(1) Nach der Verordnung Nr. 19/65/EWG ist die Kommission ermächtigt, Artikel 81 Absatz 3 EG-Vertrag durch Verordnung auf bestimmte unter Artikel 81 Absatz 1 EG-Vertrag fallende Gruppen von Technologietransfer- Vereinbarungen und entsprechende aufeinander abgestimmte Verhaltensweisen für anwendbar zu erklären, an denen nur zwei Unternehmen beteiligt sind.

(2) Auf der Grundlage der Verordnung Nr. 19/65/EWG hat die Kommission insbesondere die Verordnung (EG) Nr. 240/96 vom 31. Januar 1996 zur Anwendung von Artikel 81 Absatz 3 des Vertrags auf Gruppen von Technologietransfer- Vereinbarungen erlassen[3].

(3) Am 20. Dezember 2001 veröffentlichte die Kommission einen Evaluierungsbericht über die Gruppenfreistellungsverordnung (EG) Nr. 240/96 für Technologietransfer- Vereinbarungen[4]. Dieser Bericht löste eine öffentliche Diskussion über die Anwendung der Verordnung (EG) Nr. 240/96 und die Anwendung von Artikel 81 Absätze 1 und 3 EG-Vertrag auf Technologietransfer-Vereinbarungen allgemein aus. Mitgliedstaaten und Dritte sprachen sich dabei allgemein für eine Reform der Wettbewerbspolitik der Kommission in Bezug auf Technologietransfer-Vereinbarungen aus. Es ist daher angebracht, die Verordnung (EG) Nr. 240/96 zu ersetzen.

---

[1] ABl. 36 vom 6.3.1965, S. 533/65; Verordnung zuletzt geändert durch die Verordnung (EG) Nr. 1/2003 (ABl. L 1 vom 4.1.2003, S. 1).

[2] ABl. C 235 vom 1.10.2003, S. 10.

[3] ABl. L 31 vom 9.2.1996, S. 2; geändert durch die Beitrittsakte von 2003.

[4] KOM(2001) 786 endgültig.

(4) Die vorliegende Verordnung soll für wirksamen Wettbewerb sorgen und zugleich den Unternehmen angemessene Rechtssicherheit bieten. Bei der Verfolgung dieser Ziele sollten die rechtlichen Vorgaben vereinfacht und für eine einfachere Anwendung gesorgt werden. Anstelle einer Aufzählung der vom Verbot des Artikels 81 Absatz 1 EG-Vertrag freigestellten Bestimmungen empfiehlt es sich, künftig die Gruppen von Vereinbarungen zu beschreiben, die von dem Verbot freigestellt sind, solange die Marktmacht der Beteiligten ein bestimmtes Mass nicht überschreitet, und die Beschränkungen oder Bestimmungen zu benennen, die in solchen Vereinbarungen nicht enthalten sein dürfen. Dies entspricht einem wirtschaftsorientierten Ansatz, bei dem untersucht wird, wie sich eine Vereinbarung auf den relevanten Markt auswirkt. Diesem Ansatz entspricht es auch, zwischen Vereinbarungen zwischen Wettbewerbern und Vereinbarungen zwischen Nicht-Wettbewerbern zu unterscheiden.

(5) Gegenstand einer Technologietransfer-Vereinbarung ist die Vergabe einer Lizenz für eine bestimmte Technologie. Solche Vereinbarungen steigern in der Regel die wirtschaftliche Leistungsfähigkeit und wirken sich positiv auf den Wettbewerb aus, da sie die Verbreitung der Technologie erleichtern, parallelen Forschungs- und Entwicklungsaufwand reduzieren, den Anreiz zur Aufnahme von Forschungs- und Entwicklungsarbeiten stärken, Anschlussinnovationen fördern und Wettbewerb auf den Produktmärkten erzeugen können.

(6) Die Wahrscheinlichkeit, dass die effizienzsteigernden und wettbewerbsfördernden Wirkungen stärker ins Gewicht fallen als wettbewerbsschädliche Wirkungen, die von Beschränkungen in Technologietransfer-Vereinbarungen verursacht werden, hängt von der Marktmacht der beteiligten Unternehmen und somit von dem Ausmass ab, in dem diese Unternehmen dem Wettbewerb anderer Unternehmen ausgesetzt sind, die über Ersatztechnologien verfügen oder Ersatzprodukte herstellen.

(7) Diese Verordnung sollte nur für Vereinbarungen gelten, in denen der Lizenzgeber dem Lizenznehmer erlaubt, die lizenzierte Technologie – gegebenenfalls nach weiteren Forschungs- und Entwicklungsarbeiten des Lizenznehmers – zur Produktion von Waren oder Dienstleistungen zu nutzen. Lizenzvereinbarungen, die die Vergabe von Unteraufträgen für Forschungs- und Entwicklungstätigkeiten zum Ziel haben, sollten hiervon nicht erfasst werden. Ferner sollten Lizenzvereinbarungen zur Errichtung von Technologiepools nicht erfasst werden, d. h. Vereinbarungen über die Zusammenlegung von Technologien mit dem Ziel, das so entstandene Paket an Schutzrechtslizenzen Dritten zur Nutzung anzubieten.

(8) Für die Anwendung von Artikel 81 Absatz 3 EG-Vertrag durch Verordnung ist es nicht erforderlich, diejenigen Technologietransfer-Vereinbarungen zu bestimmen, die unter Artikel 81 Absatz 1 EG-Vertrag fallen könnten. Bei der individuellen Beurteilung von Vereinbarungen nach Artikel 81 Absatz 1 sind mehrere Faktoren, insbesondere die Struktur und Dynamik der relevanten Technologie und Produktmärkte, zu berücksichtigen.

(9) Die in dieser Verordnung geregelte Gruppenfreistellung sollte nur Vereinbarungen zugute kommen, von denen mit hinreichender Sicherheit angenommen werden kann, dass sie die Voraussetzungen von Artikel 81 Absatz 3 EG-Vertrag erfüllen. Um die Vorteile des Technologietransfers nutzen und die damit verbundenen Ziele erreichen zu können, sollte diese Verordnung auch für Bestimmungen in Technologietransfer-Vereinbarungen gelten, die nicht den Hauptgegenstand dieser Vereinbarungen bilden, aber mit der Anwendung der lizenzierten Technologie unmittelbar verbunden sind.

(10) Bei Technologietransfer-Vereinbarungen zwischen Wettbewerbern kann angenommen werden, dass sie im Allgemeinen zu einer Verbesserung der Produktion oder des Vertriebs und zu einer angemessenen Beteiligung der Verbraucher an dem daraus entstehenden Gewinn führen, wenn der gemeinsame Marktanteil der Parteien auf den relevanten Märkten 20% nicht überschreitet und die Vereinbarungen nicht schwerwiegende wettbewerbsschädigende Beschränkungen enthalten.

(11) Bei Technologietransfer-Vereinbarungen zwischen Nicht-Wettbewerbern kann angenommen werden, dass sie im Allgemeinen zu einer Verbesserung der Produktion oder des Vertriebs und zu einer angemessenen Beteiligung der Verbraucher an dem daraus entstehenden Gewinn führen, wenn der individuelle Marktanteil der Parteien auf den relevanten Märkten 30% nicht überschreitet und die Vereinbarungen nicht schwerwiegende wettbewerbsschädigende Beschränkungen enthalten.

(12) Bei Technologietransfer-Vereinbarungen oberhalb dieser Marktanteilsschwellen kann nicht ohne weiteres davon ausgegangen werden, dass sie unter Artikel 81 Absatz 1 EG-Vertrag fallen. Eine Vereinbarung zwischen nicht konkurrierenden Unternehmen über die Vergabe einer Exklusivlizenz fällt beispielsweise häufig nicht unter Artikel 81 Absatz 1 EG-Vertrag. Ebenso wenig kann oberhalb dieser Marktanteilsschwellen davon ausgegangen werden, dass Technologietransfer-Vereinbarungen, die unter Artikel 81 Absatz 1 EG-Vertrag fallen, die Freistellungsvoraussetzungen nicht erfüllen oder dass sie im Gegenteil regelmässig objektive Vorteile mit sich bringen, die nach Art und Umfang geeignet sind, die Nachteile auszugleichen, die sie für den Wettbewerb nach sich ziehen.

(13) Diese Verordnung sollte keine Technologietransfer-Vereinbarungen freistellen, die Beschränkungen enthalten, die für die Verbesserung der Produktion oder des Vertriebs nicht unerlässlich sind. Insbesondere Technologietransfer-Vereinbarungen, die schwerwiegende wettbewerbsschädigende Beschränkungen enthalten, wie die Festsetzung von Preisen gegenüber Dritten, sollten ohne Rücksicht auf den Marktanteil der beteiligten Unternehmen von dem Vorteil der Gruppenfreistellung nach dieser Verordnung ausgenommen werden. Bei diesen so genannten Kernbeschränkungen sollte die gesamte Vereinbarung vom Vorteil der Gruppenfreistellung ausgeschlossen werden.

(14) Um Innovationsanreize zu erhalten und eine angemessene Anwendung der Rechte an geistigem Eigentum sicherzustellen, sollten bestimmte Beschränkungen, insbesondere in Form ausschliesslicher Rücklizenz-Verpflichtungen für abtrennbare Verbesserungen, von der Gruppenfreistellung ausgenommen werden. Sind solche Beschränkungen in einer Lizenzvereinbarung enthalten, sollte nur die betreffende Beschränkung vom Vorteil der Gruppenfreistellung ausgeschlossen werden.

(15) Durch die Marktanteilsschwellen, den Ausschluss von Technologietransfer-Vereinbarungen, die schwerwiegende Wettbewerbsbeschränkungen enthalten, von der Gruppenfreistellung und durch die nicht freigestellten Beschränkungen, die in dieser Verordnung vorgesehen sind, dürfte sichergestellt sein, dass Vereinbarungen, auf die die Gruppenfreistellung Anwendung findet, den beteiligten Unternehmen nicht die Möglichkeit eröffnen, für einen wesentlichen Teil der betreffenden Produkte den Wettbewerb auszuschalten.

(16) Wenn im Einzelfall eine Vereinbarung zwar unter diese Verordnung fällt, aber dennoch Wirkungen entfaltet, die mit Artikel 81 Absatz 3 EG-Vertrag unvereinbar sind, sollte die Kommission den Vorteil der Gruppenfreistellung entziehen können. Dies kann unter anderem dann der Fall sein, wenn Innovationsanreize eingeschränkt werden oder der Marktzugang erschwert wird.

(17) Nach der Verordnung (EG) Nr. 1/2003 des Rates vom 16. Dezember 2003 zur Durchführung der in den Artikeln 81 und 82 des Vertrags niedergelegten Wettbewerbsregeln[5] können die zuständigen Behörden der Mitgliedstaaten den Rechtsvorteil der Gruppenfreistellung entziehen, wenn Technologietransfer-Vereinbarungen Wirkungen entfalten, die mit Artikel 81 Absatz 3 EG-Vertrag unvereinbar sind und im Gebiet eines Mitgliedstaats oder in einem Teilgebiet dieses Mitgliedstaats, das alle Merkmale eines gesonderten räumlichen Markts aufweist, auftreten. Die Mitgliedstaaten müssen sicherstellen, dass sie bei der Ausübung dieser Entzugsbefugnis nicht die einheitliche Anwendung der Wettbewerbsregeln der Gemeinschaft auf dem gesamten Gemeinsamen Markt oder die volle Wirksamkeit der zu ihrer Durchführung erlassenen Massnahmen beeinträchtigen.

(18) Um die Überwachung paralleler Netze von Technologietransfer-Vereinbarungen mit gleichartigen wettbewerbsbeschränkenden Wirkungen zu verstärken, die mehr als 50 % eines Markts erfassen, sollte die Kommission erklären können, dass diese Verordnung auf Technologietransfer-Vereinbarungen, die bestimmte auf den relevanten Markt bezogene Beschränkungen enthalten, keine Anwendung findet, und dadurch die volle Anwendbarkeit von Artikel 81 EG-Vertrag auf diese Vereinbarungen wiederherstellen.

(19) Diese Verordnung sollte nur für Technologietransfer-Vereinbarungen zwischen einem Lizenzgeber und einem Lizenznehmer gelten. Sie sollte für solche Vereinbarungen auch dann gelten, wenn sie Beschränkungen für mehr als eine Handelsstufe enthalten, beispielsweise wenn der Lizenznehmer verpflichtet wird, ein spezielles Vertriebssystem zu errichten, und wenn ihm vorgegeben wird, welche Verpflichtungen er den Weiterverkäufern der in Lizenz hergestellten Produkte auferlegen muss oder kann. Diese Beschränkungen und Verpflichtungen sollten jedoch mit den für Liefer- und Vertriebsvereinbarungen geltenden Wettbewerbsregeln vereinbar sein. Liefer- und Vertriebsvereinbarungen zwischen einem Lizenznehmer und seinen Kunden sollten von dieser Verordnung nicht freigestellt sein.

(20) Diese Verordnung gilt unbeschadet der Anwendung von Artikel 82 EG-Vertrag –

Hat folgende Verordnung erlassen:

Artikel 1 **Definitionen**

(1) Für diese Verordnung gelten folgende Begriffsbestimmungen:

a) «Vereinbarung»: eine Vereinbarung, ein Beschluss einer Unternehmensvereinigung oder eine aufeinander abgestimmte Verhaltensweise;

b) «Technologietransfer-Vereinbarung»: eine Patentlizenzvereinbarung, eine Know-how-Vereinbarung, eine Softwarelizenz-Vereinbarung oder gemischte Patentlizenz, Know-how- oder Softwarelizenz-Vereinbarungen einschliesslich Vereinbarungen mit Bestimmungen, die sich auf den Erwerb oder Verkauf von Produkten beziehen oder die sich auf die Lizenzierung oder die Übertragung von Rechten an geistigem Eigentum beziehen, sofern diese Bestimmungen nicht den eigentlichen Gegenstand der Vereinbarung bilden und unmittelbar mit der Produktion

---

[5] ABl. L 1 vom 4.1.2003, S. 1; Verordnung geändert durch die Verordnung (EG) Nr. 411/2004 (ABl. L 68 vom 6.3.2004, S. 1).

der Vertragsprodukte verbunden sind; als Technologietransfer-Vereinbarung gilt auch die Übertragung von Patent-, Know-how- oder Software-Rechten sowie einer Kombination dieser Rechte, wenn das mit der Verwertung der Technologie verbundene Risiko zum Teil beim Veräusserer verbleibt, insbesondere, wenn der als Gegenleistung für die Übertragung zu zahlende Betrag vom Umsatz abhängt, den der Erwerber mit Produkten erzielt, die mithilfe der übertragenen Technologie produziert worden sind, oder von der Menge dieser Produkte oder der Anzahl der unter Einsatz der Technologie durchgeführten Arbeitsvorgänge;

c) «wechselseitige Vereinbarung»: eine Technologietransfer-Vereinbarung, bei der zwei Unternehmen einander in demselben oder in getrennten Verträgen eine Patent-, Know-how-, Softwarelizenz oder eine gemischte Patent-, Know-how- oder Softwarelizenz für konkurrierende Technologien oder für die Produktion konkurrierender Produkte erteilen;

d) «nicht wechselseitige Vereinbarung»: eine Technologietransfer-Vereinbarung, bei der ein Unternehmen einem anderen Unternehmen eine Patent-, eine Know-how-, eine Softwarelizenz oder eine gemischte Patent-, Know-how oder Softwarelizenz erteilt oder mit der zwei Unternehmen einander eine solche Lizenz erteilen, wobei diese Lizenzen jedoch keine konkurrierenden Technologien zum Gegenstand haben und auch nicht zur Produktion konkurrierender Produkte genutzt werden können;

e) «Produkt»: eine Ware und/oder eine Dienstleistung in Form eines Zwischen- oder Endprodukts;

f) «Vertragsprodukt»: ein Produkt, das mit der lizenzierten Technologie produziert wird;

g) «Rechte an geistigem Eigentum»: gewerbliche Schutzrechte, Know-how, Urheberrechte sowie verwandte Schutzrechte;

h) «Patent»: Patente, Patentanmeldungen, Gebrauchsmuster, Gebrauchsmusteranmeldungen, Geschmacksmuster, Topografien von Halbleitererzeugnissen, ergänzende Schutzzertifikate für Arzneimittel oder andere Produkte, für die solche Zertifikate erlangt werden können, und Sortenschutzrechte;

i) «Know-how»: eine Gesamtheit nicht patentierter praktischer Kenntnisse, die durch Erfahrungen und Versuche gewonnen werden und die

　　i) geheim, d. h. nicht allgemein bekannt und nicht leicht zugänglich sind,

　　ii) wesentlich, d. h. die für die Produktion der Vertragsprodukte von Bedeutung und nützlich sind, und

　　iii) identifiziert sind, d. h. umfassend genug beschrieben sind, so dass überprüft werden kann, ob es die Merkmale «geheim» und «wesentlich» erfüllt;

j) «konkurrierende Unternehmen»: Unternehmen, die auf dem relevanten Technologiemarkt und/oder dem relevanten Produktmarkt miteinander im Wettbewerb stehen, wobei

　　i) konkurrierende Unternehmen auf dem «relevanten Technologiemarkt» solche Unternehmen sind, die Lizenzen für konkurrierende Technologien vergeben, ohne die Rechte des anderen Unternehmens an geistigem Eigentum zu verletzen (tatsächliche Wettbewerber auf dem Technologiemarkt); zum relevanten Technologiemarkt gehören auch Technologien, die von den Lizenznehmern aufgrund ihrer Eigenschaften, ihrer Lizenzgebühren und ihres Verwendungszwecks als austauschbar oder substituierbar angesehen werden;

ii) konkurrierende Unternehmen auf dem «relevanten Produktmarkt» solche Unternehmen sind, die ohne die Technologietransfer-Vereinbarung auf den sachlich und räumlich relevanten Märkten, auf denen die Vertragsprodukte angeboten werden, tätig sind, ohne die Rechte des anderen Unternehmens an geistigem Eigentum zu verletzen (tatsächliche Wettbewerber auf dem Produktmarkt), oder die unter realistischen Annahmen die zusätzlichen Investitionen oder sonstigen Umstellungskosten auf sich nehmen würden, die nötig sind, um auf eine geringfügige dauerhafte Erhöhung der relativen Preise hin ohne Verletzung fremder Rechte an geistigem Eigentum in vertretbarer Zeit in die sachlich und räumlich relevanten Märkte eintreten zu können (potenzielle Wettbewerber auf dem Produktmarkt); der relevante Produktmarkt umfasst Produkte, die vom Käufer aufgrund ihrer Eigenschaften, ihrer Preise und ihres Verwendungszwecks als austauschbar oder substituierbar angesehen werden;

k) «selektive Vertriebssysteme»: Vertriebssysteme, in denen sich der Lizenzgeber verpflichtet, Lizenzen für die Produktion der Vertragsprodukte nur Lizenznehmern zu erteilen, die aufgrund festgelegter Merkmale ausgewählt werden, und in denen sich diese Lizenznehmer verpflichten, die Vertragsprodukte nicht an Händler zu verkaufen, die nicht zum Vertrieb zugelassen sind;

l) «Exklusivgebiet»: ein Gebiet, in dem nur ein Unternehmen die Vertragsprodukte mit der lizenzierten Technologie produzieren darf, ohne die Möglichkeit auszuschliessen, einem anderen Lizenznehmer in diesem Gebiet die Produktion der Vertragsprodukte nur für einen bestimmten Kunden zu erlauben, wenn diese zweite Lizenz erteilt worden ist, um diesem Kunden eine alternative Bezugsquelle zu verschaffen;

m) «Exklusivkundengruppe»: eine Gruppe von Kunden, denen nur ein Unternehmen die mit der lizenzierten Technologie produzierten Vertragsprodukte aktiv verkaufen darf;

n) «abtrennbare Verbesserung»: eine Verbesserung, die ohne Verletzung der lizenzierten Technologie verwertet werden kann.

(2) Die Begriffe «Unternehmen», «Lizenzgeber» und «Lizenznehmer» schliessen verbundene Unternehmen ein. «Verbundene Unternehmen» sind

a) Unternehmen, bei denen ein an der Vereinbarung beteiligtes Unternehmen unmittelbar oder mittelbar

   i) über mehr als die Hälfte der Stimmrechte verfügt oder

   ii) mehr als die Hälfte der Mitglieder des Leitungs- oder Verwaltungsorgans oder der zur gesetzlichen Vertretung berufenen Organe bestellen kann oder

   iii) das Recht hat, die Geschäfte des Unternehmens zu führen;

b) Unternehmen, die in einem an der Vereinbarung beteiligten Unternehmen unmittelbar oder mittelbar die unter Buchstabe a) bezeichneten Rechte oder Einflussmöglichkeiten haben;

c) Unternehmen, in denen ein unter Buchstabe b) genanntes Unternehmen unmittelbar oder mittelbar die unter Buchstabe a) bezeichneten Rechte oder Einflussmöglichkeiten hat;

d) Unternehmen, in denen eine der Vertragsparteien gemeinsam mit einem oder mehreren der unter den Buchstaben a), b) oder c) genannten Unternehmen oder in denen zwei oder mehr als zwei der zuletzt genannten Unternehmen gemeinsam die in Buchstabe a) bezeichneten Rechte oder Einflussmöglichkeiten haben;

e) Unternehmen, in denen die unter Buchstabe a) bezeichneten Rechte und Einflussmöglichkeiten gemeinsam ausgeübt werden durch:
   i) Vertragsparteien oder mit ihnen jeweils verbundene Unternehmen im Sinne der Buchstaben a) bis d) oder
   ii) eine oder mehrere Vertragsparteien oder eines oder mehrere der mit ihnen im Sinne der Buchstaben a) bis d) verbundenen Unternehmen und ein oder mehrere dritte Unternehmen.

Artikel 2   **Freistellung**

Artikel 81 Absatz 1 EG-Vertrag wird gemäss Artikel 81 Absatz 3 EG-Vertrag unter den in dieser Verordnung genannten Voraussetzungen für nicht anwendbar erklärt auf Technologietransfer- Vereinbarungen zwischen zwei Unternehmen, die die Produktion der Vertragsprodukte ermöglichen. Die Freistellung gilt, soweit diese Vereinbarungen Wettbewerbsbeschränkungen enthalten, die unter Artikel 81 Absatz 1 EG Vertrag fallen. Die Freistellung gilt, solange die Rechte an der lizenzierten Technologie nicht abgelaufen, erloschen oder für ungültig erklärt worden sind oder – im Falle lizenzierten Know-hows – solange das Know-how geheim bleibt, es sei denn, das Know-how wird infolge des Verhaltens des Lizenznehmers offenkundig; in diesem Fall gilt die Freistellung für die Dauer der Vereinbarung.

Artikel 3   **Marktanteilsschwellen**

(1) Handelt es sich bei den Vertragsparteien um konkurrierende Unternehmen, so gilt die Freistellung nach Artikel 2 unter der Voraussetzung, dass der gemeinsame Marktanteil der Parteien auf dem betroffenen relevanten Technologie- und Produktmarkt 20% nicht überschreitet.

(2) Handelt es sich bei den Vertragsparteien um nicht konkurrierende Unternehmen, so gilt die Freistellung nach Artikel 2 unter der Voraussetzung, dass der individuelle Marktanteil der Parteien auf dem betroffenen relevanten Technologie und Produktmarkt 30% nicht überschreitet.

(3) Für die Anwendung der Absätze 1 und 2 bestimmt sich der Marktanteil einer Partei auf den relevanten Technologiemärkten nach der Präsenz der lizenzierten Technologie auf den relevanten Produktmärkten. Als Marktanteil des Lizenzgebers auf dem relevanten Technologiemarkt gilt der gemeinsame Marktanteil, den der Lizenzgeber und seine Lizenznehmer mit den Vertragsprodukten auf dem relevanten Produktmarkt erzielen.

Artikel 4   **Kernbeschränkungen**

(1) Handelt es sich bei den Vertragsparteien um konkurrierende Unternehmen, so gilt die Freistellung nach Artikel 2 nicht für Vereinbarungen, die unmittelbar oder mittelbar, für sich allein oder in Verbindung mit anderen Umständen unter der Kontrolle der Vertragsparteien Folgendes bezwecken:

a) die Beschränkung der Möglichkeit einer Partei, den Preis, zu dem sie ihre Produkte an Dritte verkauft, selbst festzusetzen;

Gruppenfreistellung Technologietransfer-Vereinbarungen 1101

b) die Beschränkung des Outputs mit Ausnahme von Output-Beschränkungen, die dem Lizenznehmer in einer nicht wechselseitigen Vereinbarung oder einem der Lizenznehmer in einer wechselseitigen Vereinbarung in Bezug auf die Vertragsprodukte auferlegt werden;

c) die Zuweisung von Märkten oder Kunden mit Ausnahme
   i) der dem bzw. den Lizenznehmern auferlegten Verpflichtung, die lizenzierte Technologie nur in einem oder mehreren Anwendungsbereichen oder in einem oder mehreren Produktmärkten zu nutzen;
   ii) der dem Lizenzgeber und/oder dem Lizenznehmer in einer nicht wechselseitigen Vereinbarung auferlegten Verpflichtung, mit der lizenzierten Technologie nicht in einem oder mehreren Anwendungsbereichen, in einem oder mehreren Produktmärkten oder in einem oder mehreren Exklusivgebieten, die der anderen Partei vorbehalten sind, zu produzieren;
   iii) der dem Lizenzgeber auferlegten Verpflichtung, in einem bestimmten Gebiet keinem anderen Lizenznehmer eine Technologie-Lizenz zu erteilen;
   iv) der in einer nicht wechselseitigen Vereinbarung dem Lizenznehmer und/oder dem Lizenzgeber auferlegten Beschränkung des aktiven und/oder passiven Verkaufs in das Exklusivgebiet oder an die Exklusivkundengruppe, das bzw. die der anderen Partei vorbehalten ist;
   v) der in einer nicht wechselseitigen Vereinbarung dem Lizenznehmer auferlegten Beschränkung des aktiven Verkaufs in das Exklusivgebiet oder an die Exklusivkundengruppe, das bzw. die vom Lizenzgeber einem anderen Lizenznehmer zugewiesen worden ist, sofern es sich bei Letzterem nicht um ein Unternehmen handelt, das zum Zeitpunkt der Lizenzerteilung in Konkurrenz zum Lizenzgeber stand;
   vi) der dem Lizenznehmer auferlegten Verpflichtung, die Vertragsprodukte nur für den Eigenbedarf zu produzieren, sofern er keiner Beschränkung in Bezug auf den aktiven und passiven Verkauf der Vertragsprodukte als Ersatzteile für seine eigenen Produkte unterliegt;
   vii) der dem Lizenznehmer in einer nicht wechselseitigen Vereinbarung auferlegten Verpflichtung, die Vertragsprodukte nur für einen bestimmten Kunden zu produzieren, wenn die Lizenz erteilt worden ist, um diesem Kunden eine alternative Bezugsquelle zu verschaffen;

d) die Beschränkung der Möglichkeit des Lizenznehmers, seine eigene Technologie zu verwerten, oder die Beschränkung der Möglichkeit der Vertragsparteien, Forschungs- und Entwicklungsarbeiten durchzuführen, es sei denn, letztere Beschränkungen sind unerlässlich, um die Preisgabe des lizenzierten Know-hows an Dritte zu verhindern.

(2) Handelt es sich bei den Vertragsparteien nicht um konkurrierende Unternehmen, gilt die Freistellung nach Artikel 2 nicht für Vereinbarungen, die unmittelbar oder mittelbar, für sich allein oder in Verbindung mit anderen Umständen unter der Kontrolle der Vertragsparteien Folgendes bezwecken:

a) die Beschränkung der Möglichkeit einer Partei, den Preis, zu dem sie ihre Produkte an Dritte verkauft, selbst festzusetzen; dies gilt unbeschadet der Möglichkeit, Höchstverkaufspreise festzusetzen oder Preisempfehlungen auszusprechen, sofern sich diese nicht infolge der Ausübung von Druck oder der Gewährung von

Anreizen durch eine der Vertragsparteien tatsächlich wie Fest- oder Mindestverkaufspreise auswirken;

b) die Beschränkung des Gebiets oder des Kundenkreises, in das oder an den der Lizenznehmer Vertragsprodukte passiv verkaufen darf, mit Ausnahme

    i) der Beschränkung des passiven Verkaufs in ein Exklusivgebiet oder an eine Exklusivkundengruppe, das bzw. die dem Lizenzgeber vorbehalten ist;

    ii) der Beschränkung des passiven Verkaufs in ein Exklusivgebiet oder an eine Exklusivkundengruppe, das bzw. die vom Lizenzgeber einem anderen Lizenznehmer für die ersten beiden Jahren, in denen dieser Lizenznehmer die Vertragsprodukte in dieses Gebiet bzw. an diese Kundengruppe verkauft, zugewiesen worden ist;

    iii) der dem Lizenznehmer auferlegten Verpflichtung, die Vertragsprodukte nur für den Eigenbedarf zu produzieren, sofern er keiner Beschränkung in Bezug auf den aktiven und passiven Verkauf der Vertragsprodukte als Ersatzteile für seine eigenen Produkte unterliegt;

    iv) der Verpflichtung, die Vertragsprodukte nur für einen bestimmten Kunden zu produzieren, wenn die Lizenz erteilt worden ist, um diesem Kunden eine alternative Bezugsquelle zu verschaffen;

    v) der Beschränkung des Verkaufs an Endverbraucher durch Lizenznehmer, die auf der Grosshandelsstufe tätig sind;

    vi) der Beschränkung des Verkaufs an nicht zugelassene Händler, die Mitgliedern eines selektiven Vertriebssystems auferlegt werden;

c) die Beschränkung des aktiven oder passiven Verkaufs an Endverbraucher, soweit diese Beschränkungen Lizenznehmern auferlegt werden, die einem selektiven Vertriebssystem angehören und auf der Einzelhandelsstufe tätig sind; dies gilt unbeschadet der Möglichkeit, Mitgliedern des Systems zu verbieten, Geschäfte von nicht zugelassenen Niederlassungen aus zu betreiben.

(3) Sind die Vertragsparteien zum Zeitpunkt des Abschlusses der Vereinbarung keine konkurrierenden Unternehmen, sondern treten sie erst später miteinander in Wettbewerb, so ist Absatz 2 anstelle von Absatz 1 während der Laufzeit der Vereinbarung anwendbar, sofern die Vereinbarung nicht später wesentlich geändert wird.

Artikel 5   **Nicht freigestellte Beschränkungen**

(1) Die Freistellung nach Artikel 2 gilt nicht für die folgenden in Technologietransfer-Vereinbarungen enthaltenen Verpflichtungen:

a) alle unmittelbaren oder mittelbaren Verpflichtungen des Lizenznehmers, dem Lizenzgeber oder einem vom Lizenzgeber benannten Dritten eine Exklusivlizenz für seine eigenen abtrennbaren Verbesserungen an der lizenzierten Technologie oder seine eigenen neuen Anwendungen dieser Technologie zu erteilen;

b) alle unmittelbaren oder mittelbaren Verpflichtungen des Lizenznehmers, Rechte an eigenen abtrennbaren Verbesserungen an der lizenzierten Technologie oder Rechte an eigenen neuen Anwendungen dieser Technologie vollständig oder teilweise auf den Lizenzgeber oder einen vom Lizenzgeber benannten Dritten zu übertragen;

c) alle unmittelbaren oder mittelbaren Verpflichtungen des Lizenznehmers, die Gültigkeit der Rechte an geistigem Eigentum, über die der Lizenzgeber im Gemeinsamen Markt verfügt, nicht anzugreifen, unbeschadet der Möglichkeit, die Beendigung der Technologietransfer-Vereinbarung für den Fall vorzusehen, dass der Lizenznehmer die Gültigkeit eines oder mehrerer der lizenzierten Schutzrechte angreift.

(2) Handelt es sich bei den Vertragsparteien nicht um konkurrierende Unternehmen, so gilt die Freistellung nach Artikel 2 nicht für unmittelbare oder mittelbare Verpflichtungen, die die Möglichkeit des Lizenznehmers, seine eigene Technologie zu verwerten, oder die Möglichkeit der Vertragsparteien, Forschungs- und Entwicklungsarbeiten durchzuführen, beschränken, es sei denn, letztere Beschränkung ist unerlässlich, um die Preisgabe des lizenzierten Know-hows an Dritte zu verhindern.

Artikel 6 **Entzug des Rechtsvorteils der Verordnung im Einzelfall**

(1) Die Kommission kann den mit dieser Verordnung verbundenen Rechtsvorteil nach Artikel 29 Absatz 1 der Verordnung (EG) Nr. 1/2003 im Einzelfall entziehen, wenn eine nach Absatz 2 freigestellte Technologietransfer-Vereinbarung gleichwohl Wirkungen hat, die mit Artikel 81 Absatz 3 EG Vertrag unvereinbar sind; dies gilt insbesondere, wenn

a) der Zugang fremder Technologien zum Markt beschränkt wird, beispielsweise durch die kumulative Wirkung paralleler Netze gleichartiger beschränkender Vereinbarungen, die den Lizenznehmern die Nutzung fremder Technologien untersagen;

b) der Zugang potenzieller Lizenznehmer zum Markt beschränkt wird, beispielsweise durch die kumulative Wirkung paralleler Netze gleichartiger beschränkender Vereinbarungen, die den Lizenzgebern die Erteilung von Lizenzen an andere Lizenznehmer untersagen;

c) die Parteien die lizenzierte Technologie ohne sachlich gerechtfertigten Grund nicht verwerten.

(2) Wenn eine unter die Freistellung des Artikels 2 fallende Technologietransfer-Vereinbarung im Gebiet eines Mitgliedstaats oder in einem Teil desselben, der alle Merkmale eines gesonderten räumlichen Marktes aufweist, im Einzelfall Wirkungen hat, die mit Artikel 81 Absatz 3 EG-Vertrag unvereinbar sind, kann die Wettbewerbsbehörde dieses Mitgliedstaats unter den gleichen Umständen wie in Absatz 1 des vorliegenden Artikels den Rechtsvorteil dieser Verordnung gemäss Artikel 29 Absatz 2 der Verordnung (EG) Nr. 1/2003 mit Wirkung für das betroffene Gebiet entziehen.

Artikel 7 **Nichtanwendbarkeit dieser Verordnung**

(1) Gemäss Artikel 1a der Verordnung Nr. 19/65/EWG kann die Kommission durch Verordnung erklären, dass in Fällen, in denen mehr als 50% eines relevanten Marktes von parallelen Netzen gleichartiger Technologietransfer-Vereinbarungen erfasst werden, die vorliegende Verordnung auf Technologietransfer-Vereinbarungen, die bestimmte Beschränkungen des Wettbewerbs auf diesem Markt vorsehen, keine Anwendung findet.

(2) Eine Verordnung im Sinne von Absatz 1 wird frühestens sechs Monate nach ihrem Erlass anwendbar.

Artikel 8   **Anwendung der Marktanteilsschwellen**

(1) Für die Anwendung der Marktanteilsschwellen im Sinne des Artikels 3 gelten die in diesem Absatz genannten Regeln: Der Marktanteil wird anhand des Absatzwerts berechnet. Liegen keine Angaben über den Absatzwert vor, so können zur Ermittlung des Marktanteils Schätzungen vorgenommen werden, die auf anderen verlässlichen Marktdaten unter Einschluss der Absatzmengen beruhen. Der Marktanteil wird anhand der Angaben für das vorhergehende Kalenderjahr ermittelt. Der Marktanteil der in Artikel 1 Absatz 2 Buchstabe e) genannten Unternehmen wird zu gleichen Teilen jedem Unternehmen zugerechnet, das die in Artikel 1 Absatz 2 Buchstabe a) bezeichneten Rechte oder Einflussmöglichkeiten hat.

(2) Wird die in Artikel 3 Absatz 1 oder Absatz 2 genannte Marktanteilsschwelle von 20% bzw. 30% erst im Laufe der Zeit überschritten, so gilt die Freistellung nach Artikel 2 im Anschluss an das Jahr, in dem die Schwelle von 20% bzw. 30% zum ersten Mal überschritten wird, noch für zwei aufeinander folgende Kalenderjahre weiter.

Artikel 9   **Aufhebung der Verordnung (EG) Nr. 240/96**

Die Verordnung (EG) Nr. 240/96 wird aufgehoben. Bezugnahmen auf die aufgehobene Verordnung gelten als Bezugnahmen auf die vorliegende Verordnung.

Artikel 10   **Übergangsfrist**

Das Verbot des Artikels 81 Absatz 1 EG-Vertrag gilt vom 1. Mai 2004 bis zum 31. März 2006 nicht für Vereinbarungen, die am 30. April 2004 bereits in Kraft waren und die Voraussetzungen für eine Freistellung zwar nach der Verordnung (EG) Nr. 240/96, nicht aber nach dieser Verordnung erfüllen.

Artikel 11   **Geltungsdauer**

Diese Verordnung tritt am 1. Mai 2004 in Kraft. Sie gilt bis zum 30. April 2014.

Diese Verordnung ist in allen ihren Teilen verbindlich und gilt unmittelbar in jedem Mitgliedstaat.

Brüssel, den 27. April 2004

Für die Kommission
Mario Monti
Mitglied der Kommission

Weitere Fundstellen für Kartellrecht

Nationale Erlasse
- Verordnung vom 25. Februar 1998 über die Erhebung von **Gebühren im Kartellgesetz** (SR 251.2)
- **Preisüberwachungsgesetz** (SR 942.20)
- **Binnenmarktgesetz** (SR 943.02)
- Bundesgesetz über das **öffentliche Beschaffungswesen** (SR 172.056.1)
- Verordnung vom 11. Dezember 1995 über das öffentliche Beschaffungswesen (SR 172.056.11)
- Verordnung des UVEK vom 18. Juli 2002 über die **Nichtunterstellung unter das öffentliche Beschaffungswesen** (SR 172.056.111)
- Verordnung des EVD vom 13. Oktober 2003 über die **Anpassung der Schwellenwerte** im öffentlichen Beschaffungswesen für das Jahr 2004 (172.056.12)
- Bundesbeschluss vom 30. April 1997 betreffend die **Ausdehnung des Anwendungsbereichs des WTO-Übereinkommen** über das öffentliche Beschaffungswesen (SR 172.056.2)
- **Interkantonale Vereinbarung** vom 25. November 1994 über das **öffentliche Beschaffungswesen** (SR 172.056.4)
- **Interkantonale Vereinbarung** vom 25. November 1994/15. März 2001 über das **öffentliche Beschaffungswesen** (SR 172.056.5)

Europarecht
- Verordnung (EG) Nr. 1/2003 des Rates vom 16. Dezember 2002 zur **Durchführung** der in den **Artikeln 81 und 82** des Vertrags niedergelegten Wettbewerbsregeln (Text von Bedeutung für den EWR) (ABl. 2003 Nr. L 001, S.1)
- Verordnung Nr. 2821/71 des Rates über die **Anwendung von Artikel 85 Absatz 3 des Vertrages auf Gruppen von Vereinbarungen,** Beschlüssen und aufeinander abgestimmten Verhaltensweisen vom 20. Dezember 1971, Abl. 1971 Nr. L 285 S. 46, zuletzt geändert durch VO 1/2003, Abl. 2003 Nr. L1, S. 1
- Verordnung Nr. 2658/2000 der Kommission vom 29. November 2000 über die Anwendung von Artikel 81 Abs. 3 EG-Vertrag auf Gruppen von **Spezialisierungsvereinbarungen,** ABl. 2000 Nr. L304 S. 3, geändert durch die Beitrittsakte zur Osterweiterung der EU, ABl. 2003 Nr. L 236, S. 344 ff.
- Verordnung Nr. 2659/2000 der Kommission vom 29. November 2000 über die Anwendung von Artikel 81 Abs. 3 EG-Vertrag auf Gruppen von **Vereinbarungen über Forschung und Entwicklung,** ABl. 2000 Nr. L 304, S. 7, geändert durch die Beitrittsakte zur Osterweiterung der EU, ABl. 2003 Nr. L 236, S. 344 ff.
- Verordnung (EG) Nr. 1400/2002 der Kommission vom 31. Juli 2002 über die Anwendung von Artikel 81 Absatz 3 des Vertrags auf Gruppen von **vertikalen Vereinbarungen** und aufeinander abgestimmten Verhaltensweisen im **Kraftfahrzeugsektor** (ABl. 2002 Nr. L 203, S. 30)
- Wettbewerbsregeln für **Liefer- und Vertriebsvereinbarungen** (Broschüre, erhältlich unter europa.eu.int/comm/competition/publications/rules_de.pdf)

- **Leitlinien** für vertikale Beschränkungen (ABl. 2000 Nr. C 291, S. 1)
- **Leitlinien** zur Anwendung von Artikel 81 EG-Vertrag auf **Technologietransfer-**Vereinbarungen (ABl. 2004 Nr. C 101, S. 2)
- **Leitlinien** zur Anwendbarkeit von Artikel 81 EG-Vertrag auf Vereinbarungen über **horizontale Zusammenarbeit** (ABl. 2001 Nr. C 3, S. 2)
- Verordnung (EG) Nr. 358/2003 der Kommission vom 27. Februar 2003 über die Anwendung von Artikel 81 Absatz 3 EG-Vertrag auf Gruppen von Vereinbarungen, Beschlüssen und aufeinander abgestimmten Verhaltensweisen im **Versicherungssektor** (ABl. 2003 Nr. L 053, S.8)
- Verordnung (EG) Nr. 139/2004 des Rates vom 20. Januar 2004 über die Kontrolle von Unternehmenszusammenschlüssen («EG-Fusionskontrollverordnung») (ABl. 2004 Nr. L 024, S.1)

Verschiedenes

- **Bekanntmachungen** der Wettbewerbskommission (www.weko.admin.ch -> Publikationen -> Gesetzestexte):
  - Wettbewerbsrechtliche Behandlung **vertikaler Abreden im Automobilhandel**
  - **Homologation** und Sponsoring bei **Sportartikeln**
- **Meldeformulare** der Wettbewerbskommission (www.weko.admin.ch -> Kontakt -> Meldungen):
  - Formular für die **Meldung von Wettbewerbsbeschränkungen**
  - Formular für die **Meldung von Zusammenschlüssen**
- **Erläuterungen** der Wettbewerbskommission zur Kartellgesetz-Sanktionsverordnung (www.weko.admin.ch -> Publikationen -> Gesetzestexte)

Verfahrensrecht

Bundesgesetz
über den Gerichtsstand in Zivilsachen
(Gerichtsstandsgesetz, GestG)

vom 24. März 2000 (Stand am 1. Juni 2004)

Die Bundesversammlung der Schweizerischen Eidgenossenschaft,
gestützt auf die Artikel 30 und 122 der Bundesverfassung[1],
nach Einsicht in die Botschaft des Bundesrates vom 18. November 1998[2],
beschliesst:

1. Kapitel: Gegenstand und Geltungsbereich

Art. 1

[1] Dieses Gesetz regelt die örtliche Zuständigkeit in Zivilsachen, wenn kein internationales Verhältnis vorliegt.

[2] Vorbehalten bleiben die Bestimmungen über die Zuständigkeit:

a. auf dem Gebiet des Kindesschutzes und des Vormundschaftsrechts;
b. nach dem Bundesgesetz vom 11. April 1889[3] über Schuldbetreibung und Konkurs;
c. auf dem Gebiet der Binnen- und Seeschifffahrt sowie der Luftfahrt.

2. Kapitel: Allgemeine Gerichtsstandsvorschriften

Art. 2 **Zwingende Zuständigkeit**

[1] Ein Gerichtsstand ist nur dann zwingend, wenn das Gesetz es ausdrücklich vorsieht.

[2] Von einem zwingenden Gerichtsstand können die Parteien nicht abweichen.

Art. 3 **Wohnsitz und Sitz**

[1] Sieht dieses Gesetz nichts anderes vor, so ist zuständig:

a. für Klagen gegen eine natürliche Person das Gericht an deren Wohnsitz;
b. für Klagen gegen eine juristische Person das Gericht an deren Sitz;
c. für Klagen gegen den Bund ein Gericht in der Stadt Bern;
d. für Klagen gegen öffentlich-rechtliche Anstalten oder Körperschaften des Bundes ein Gericht an deren Sitz.

[2] Der Wohnsitz bestimmt sich nach dem Zivilgesetzbuch[4] (ZGB). Artikel 24 ZGB ist nicht anwendbar.

---

[1] SR **101**
[2] BBl **1999** 2829
[3] SR **281.1**
[4] SR **210**

Art. 4 **Aufenthaltsort**

¹ Hat die beklagte Partei keinen Wohnsitz, so ist das Gericht an ihrem gewöhnlichen Aufenthaltsort zuständig.

² Gewöhnlicher Aufenthaltsort ist der Ort, an dem eine Person während längerer Zeit lebt, selbst wenn diese Zeit von vornherein befristet ist.

Art. 5 **Niederlassung**

Für Klagen aus dem Betrieb einer geschäftlichen oder beruflichen Niederlassung oder einer Zweigniederlassung ist das Gericht am Wohnsitz oder Sitz der beklagten Partei oder am Ort der Niederlassung zuständig.

Art. 6 **Widerklage**

¹ Beim Gericht der Hauptklage kann Widerklage erhoben werden, wenn die Widerklage mit der Hauptklage in einem sachlichen Zusammenhang steht.

² Der Gerichtsstand bleibt bestehen, auch wenn die Hauptklage aus irgendeinem Grund dahinfällt.

Art. 7 **Klagenhäufung**

¹ Richtet sich die Klage gegen mehrere Streitgenossen, so ist das für eine beklagte Partei zuständige Gericht für alle beklagten Parteien zuständig.

² Für mehrere Ansprüche gegen eine beklagte Partei, welche in einem sachlichen Zusammenhang stehen, ist jedes Gericht zuständig, das für einen der Ansprüche zuständig ist.

Art. 8 **Interventions- und Gewährleistungklage**

Das kantonale Recht kann für eine Interventions- und Gewährleistungklage, insbesondere auf Grund eines Regresses des Beklagten, die Zuständigkeit des Gerichtes des Hauptprozesses vorsehen.

Art. 9 **Gerichtsstandsvereinbarung**

¹ Soweit das Gesetz nichts anderes vorsieht, können die Parteien für einen bestehenden oder für einen künftigen Rechtsstreit über Ansprüche aus einem bestimmten Rechtsverhältnis einen Gerichtsstand vereinbaren. Geht aus der Vereinbarung nichts anderes hervor, so kann die Klage nur am vereinbarten Gerichtsstand angehoben werden.

² Die Vereinbarung muss schriftlich erfolgen. Einer schriftlichen Vereinbarung gleichgestellt sind:

a. Formen der Übermittlung, die den Nachweis durch Text ermöglichen, wie namentlich Telex, Telefax und E-Mail;

b. eine mündliche Vereinbarung mit schriftlicher Bestätigung der Parteien.

³ Das bezeichnete Gericht kann seine Zuständigkeit ablehnen, wenn die Streitigkeit keinen genügenden örtlichen oder sachlichen Bezug zum vereinbarten Gerichtsstand aufweist.

Gerichtsstandsgesetz 1111

Art. 10 **Einlassung**

[1] Soweit das Gesetz nichts anderes vorsieht, wird das angerufene Gericht zuständig, wenn sich die beklagte Partei zur Sache äussert, ohne die Einrede der Unzuständigkeit zu erheben.

[2] Artikel 9 Absatz 3 gilt sinngemäss.

Art. 11 **Freiwillige Gerichtsbarkeit**

In Angelegenheiten der freiwilligen Gerichtsbarkeit ist das Gericht am Wohnsitz oder Sitz der gesuchstellenden Partei zuständig, sofern das Gesetz nichts anderes bestimmt.

3. Kapitel: Besondere Gerichtsstände

[Art. 12–24 nicht abgedruckt]

6. Abschitt: Klagen aus unerlaubter Handlung

Art. 25 **Grundsatz**

Für Klagen aus unerlaubter Handlung ist das Gericht am Wohnsitz oder Sitz der geschädigten Person oder der beklagten Partei oder am Handlungs- oder am Erfolgsort zuständig.

[Art. 26–32 nicht abgedruckt]

4. Kapitel: Vorsorgliche Massnahmen

Art. 33

Für den Erlass vorsorglicher Massnahmen ist das Gericht am Ort, an dem die Zuständigkeit für die Hauptsache gegeben ist, oder am Ort, an dem die Massnahme vollstreckt werden soll, zwingend zuständig.

5. Kapitel: Prüfung der örtlichen Zuständigkeit

Art. 34

[1] Das Gericht prüft die örtliche Zuständigkeit von Amtes wegen.

[2] Wird eine mangels örtlicher Zuständigkeit zurückgezogene oder zurückgewiesene Klage binnen 30 Tagen beim zuständigen Gericht neu angebracht, so gilt als Zeitpunkt der Klageanhebung das Datum der ersten Einreichung.

6. Kapitel: Identische und in Zusammenhang stehende Klagen

Art. 35 **Identische Klagen**

[1] Werden bei mehreren Gerichten Klagen über denselben Streitgegenstand zwischen denselben Parteien rechtshängig gemacht, so setzt jedes später angerufene Gericht das Verfahren aus, bis das zuerst angerufene Gericht über seine Zuständigkeit entschieden hat.

² Ein später angerufenes Gericht tritt auf die Klage nicht ein, sobald die Zuständigkeit des zuerst angerufenen Gerichts feststeht.

Art. 36 In Zusammenhang stehende Klagen

¹ Werden bei mehreren Gerichten Klagen rechtshängig gemacht, die miteinander in sachlichem Zusammenhang stehen, so kann jedes später angerufene Gericht das Verfahren aussetzen, bis das zuerst angerufene entschieden hat.

² Das später angerufene Gericht kann die Klage an das zuerst angerufene Gericht überweisen, wenn dieses mit der Übernahme einverstanden ist.

7. Kapitel: Anerkennung und Vollstreckung

Art. 37

Bei der Anerkennung und Vollstreckung eines Entscheides darf die Zuständigkeit des Gerichts, das den Entscheid gefällt hat, nicht mehr geprüft werden.

8. Kapitel: Schlussbestimmungen

Art. 38 Hängige Verfahren

Für Klagen, die bei Inkrafttreten dieses Gesetzes hängig sind, bleibt der Gerichtsstand bestehen.

Art. 39 Gerichtsstandsvereinbarung

Die Gültigkeit einer Gerichtsstandsvereinbarung bestimmt sich nach bisherigem Recht, wenn sie vor dem Inkrafttreten dieses Gesetzes getroffen worden ist.

Art. 40 Referendum und Inkrafttreten

¹ Dieses Gesetz untersteht dem fakultativen Referendum.

² Der Bundesrat bestimmt das Inkrafttreten.

Datum des Inkrafttretens: 1. Januar 2001[5]

[Anhang mit Änderungen bisherigen Rechts nicht abgedruckt]

---

[5] BRB vom 7. Sept. 2000 (AS **2000** 2364)

Bundesgesetz über das Internationale Privatrecht (IPRG)

vom 18. Dezember 1987 (Stand am 1. Juni 2004)

Die Bundesversammlung der Schweizerischen Eidgenossenschaft,
gestützt auf die Zuständigkeit des Bundes in auswärtigen Angelegenheiten[1]
und auf Artikel 64 der Bundesverfassung[2],
nach Einsicht in eine Botschaft des Bundesrates vom 10. November 1982[3], [4]
beschliesst:

1. Kapitel: Gemeinsame Bestimmungen

1. Abschnitt: Geltungsbereich

Art. 1

[1] Dieses Gesetz regelt im internationalen Verhältnis:

a. die Zuständigkeit der schweizerischen Gerichte oder Behörden;
b. das anzuwendende Recht;
c. die Voraussetzungen der Anerkennung und Vollstreckung ausländischer Entscheidungen;
d. den Konkurs und den Nachlassvertrag;
e. die Schiedsgerichtsbarkeit.

[2] Völkerrechtliche Verträge sind vorbehalten.

2. Abschnitt: Zuständigkeit

Art. 2

I. Im allgemeinen

Sieht dieses Gesetz keine besondere Zuständigkeit vor, so sind die schweizerischen Gerichte oder Behörden am Wohnsitz des Beklagten zuständig.

---

[1] Dieser Zuständigkeitsumschreibung entspricht Art. 54 Abs. 1 der neuen Bundesverfassung vom 18. April 1999 (SR **101**).
[2] [BS 1 3]. Dieser Bestimmung entspricht Art. 122 der neuen Bundesverfassung vom 18. April 1999 (SR **101**).
[3] BBl **1983** I 263
[4] Fassung gemäss Anhang Ziff. 1 des BG vom 8. Okt. 1999 über die in die Schweiz entsandten Arbeitnehmerinnen und Arbeitnehmer, in Kraft seit 1. Juni 2004 (SR **823.20**).

Art. 3

II. Notzuständigkeit

Sieht dieses Gesetz keine Zuständigkeit in der Schweiz vor und ist ein Verfahren im Ausland nicht möglich oder unzumutbar, so sind die schweizerischen Gerichte oder Behörden am Ort zuständig, mit dem der Sachverhalt einen genügenden Zusammenhang aufweist.

Art. 4

III. Arrestprosequierung

Sieht dieses Gesetz keine andere Zuständigkeit in der Schweiz vor, so kann die Klage auf Prosequierung des Arrestes am schweizerischen Arrestort erhoben werden.

Art. 5

IV. Gerichtsstandsvereinbarung

¹ Für einen bestehenden oder für einen zukünftigen Rechtsstreit über vermögensrechtliche Ansprüche aus einem bestimmten Rechtsverhältnis können die Parteien einen Gerichtsstand vereinbaren. Die Vereinbarung kann schriftlich, durch Telegramm, Telex, Telefax oder in einer anderen Form der Übermittlung, die den Nachweis der Vereinbarung durch Text ermöglicht, erfolgen. Geht aus der Vereinbarung nichts anderes hervor, so ist das vereinbarte Gericht ausschliesslich zuständig.

² Die Gerichtsstandsvereinbarung ist unwirksam, wenn einer Partei ein Gerichtsstand des schweizerischen Rechts missbräuchlich entzogen wird.

³ Das vereinbarte Gericht darf seine Zuständigkeit nicht ablehnen:

a. wenn eine Partei ihren Wohnsitz, ihren gewöhnlichen Aufenthalt oder eine Niederlassung im Kanton des vereinbarten Gerichts hat, oder

b. wenn nach diesem Gesetz auf den Streitgegenstand schweizerisches Recht anzuwenden ist.

Art. 6

V. Einlassung

In vermögensrechtlichen Streitigkeiten begründet die vorbehaltlose Einlassung die Zuständigkeit des angerufenen schweizerischen Gerichtes, sofern dieses nach Artikel 5 Absatz 3 seine Zuständigkeit nicht ablehnen kann.

Art. 7

VI. Schiedsvereinbarung

Haben die Parteien über eine schiedsfähige Streitsache eine Schiedsvereinbarung getroffen, so lehnt das angerufene schweizerische Gericht seine Zuständigkeit ab, es sei denn:

a. der Beklagte habe sich vorbehaltlos auf das Verfahren eingelassen;

b. das Gericht stelle fest, die Schiedsvereinbarung sei hinfällig, unwirksam oder nicht erfüllbar, oder

c. das Schiedsgericht könne nicht bestellt werden aus Gründen, für die der im Schiedsverfahren Beklagte offensichtlich einzustehen hat.

Art. 8

VII. Widerklage

Das Gericht, bei dem die Hauptklage hängig ist, beurteilt auch die Widerklage, sofern zwischen Haupt- und Widerklage ein sachlicher Zusammenhang besteht.

Art. 9

VIII. Rechtshängigkeit

[1] Ist eine Klage über denselben Gegenstand zwischen denselben Parteien zuerst im Ausland hängig gemacht worden, so setzt das schweizerische Gericht das Verfahren aus, wenn zu erwarten ist, dass das ausländische Gericht in angemessener Frist eine Entscheidung fällt, die in der Schweiz anerkennbar ist.

[2] Zur Feststellung, wann eine Klage in der Schweiz hängig gemacht worden ist, ist der Zeitpunkt der ersten, für die Klageeinleitung notwendigen Verfahrenshandlung massgebend. Als solche genügt die Einleitung des Sühneverfahrens.

[3] Das schweizerische Gericht weist die Klage zurück, sobald ihm eine ausländische Entscheidung vorgelegt wird, die in der Schweiz anerkannt werden kann.

Art. 10

IX. Vorsorgliche Massnahmen

Die schweizerischen Gerichte oder Behörden können vorsorgliche Massnahmen treffen, auch wenn sie für die Entscheidung in der Sache selbst nicht zuständig sind.

Art. 11

X. Rechtshilfehandlungen

[1] Rechtshilfehandlungen werden in der Schweiz nach dem Recht des Kantons durchgeführt, in dem sie vorgenommen werden.

[2] Auf Begehren der ersuchenden Behörde können auch ausländische Verfahrensformen angewendet oder berücksichtigt werden, wenn es für die Durchsetzung eines Rechtsanspruchs im Ausland notwendig ist und nicht wichtige Gründe auf Seiten des Betroffenen entgegenstehen.

[3] Die schweizerischen Gerichte oder Behörden können Urkunden nach einer Form des ausländischen Rechts ausstellen oder einem Gesuchsteller die eidesstattliche Erklärung abnehmen, wenn eine Form nach schweizerischem Recht im Ausland nicht anerkannt wird und deshalb ein schützenswerter Rechtsanspruch dort nicht durchgesetzt werden könnte.

Art. 12

XI. Fristen

Hat eine Person im Ausland vor schweizerischen Gerichten oder Behörden eine Frist zu wahren, so genügt es für die Wahrung von Fristen, wenn die Eingabe am letzten Tag der Frist bei einer schweizerischen diplomatischen oder konsularischen Vertretung eintrifft.

3. Abschnitt: Anwendbares Recht

Art. 13

I. Umfang der Verweisung

Die Verweisung dieses Gesetzes auf ein ausländisches Recht umfasst alle Bestimmungen, die nach diesem Recht auf den Sachverhalt anwendbar sind. Die Anwendbarkeit einer Bestimmung des ausländischen Rechts ist nicht allein dadurch ausgeschlossen, dass ihr ein öffentlichrechtlicher Charakter zugeschrieben wird.

Art. 14

II. Rück- und Weiterverweisung

[1] Sieht das anwendbare Recht eine Rückverweisung auf das schweizerische Recht oder eine Weiterverweisung auf ein anderes ausländisches Recht vor, so ist sie zu beachten, wenn dieses Gesetz sie vorsieht.

[2] In Fragen des Personen- oder Familienstandes ist die Rückverweisung auf das schweizerische Recht zu beachten.

Art. 15

III. Ausnahmeklausel

[1] Das Recht, auf das dieses Gesetz verweist, ist ausnahmsweise nicht anwendbar, wenn nach den gesamten Umständen offensichtlich ist, dass der Sachverhalt mit diesem Recht in nur geringem, mit einem anderen Recht jedoch in viel engerem Zusammenhang steht.

[2] Diese Bestimmung ist nicht anwendbar, wenn eine Rechtswahl vorliegt.

Art. 16

IV. Feststellung ausländischen Rechts

[1] Der Inhalt des anzuwendenden ausländischen Rechts ist von Amtes wegen festzustellen. Dazu kann die Mitwirkung der Parteien verlangt werden. Bei vermögensrechtlichen Ansprüchen kann der Nachweis den Parteien überbunden werden.

[2] Ist der Inhalt des anzuwendenden ausländischen Rechts nicht feststellbar, so ist schweizerisches Recht anzuwenden.

Art. 17

V. Vorbehaltsklausel

Die Anwendung von Bestimmungen eines ausländischen Rechts, ist ausgeschlossen, wenn sie zu einem Ergebnis führen würde, das mit dem schweizerischen Ordre public unvereinbar ist.

Art. 18

VI. Zwingende Anwendung des schweizerischen Rechts

Vorbehalten bleiben Bestimmungen des schweizerischen Rechts, die wegen ihres besonderen Zweckes, unabhängig von dem durch dieses Gesetz bezeichneten Recht, zwingend anzuwenden sind.

Art. 19
VII. Berücksichtigung zwingender Bestimmungen eines ausländischen Rechts

[1] Anstelle des Rechts, das durch dieses Gesetz bezeichnet wird, kann die Bestimmung eines andern Rechts, die zwingend angewandt sein will, berücksichtigt werden, wenn nach schweizerischer Rechtsauffassung schützenswerte und offensichtlich überwiegende Interessen einer Partei es gebieten und der Sachverhalt mit jenem Recht einen engen Zusammenhang aufweist.

[2] Ob eine solche Bestimmung zu berücksichtigen ist, beurteilt sich nach ihrem Zweck und den daraus sich ergebenden Folgen für eine nach schweizerischer Rechtsauffassung sachgerechte Entscheidung.

4. Abschnitt: Wohnsitz, Sitz und Staatsangehörigkeit

Art. 20
I. Wohnsitz,

gewöhnlicher Aufenthalt und Niederlassung einer natürlichen Person

[1] Im Sinne dieses Gesetzes hat eine natürliche Person:

a. ihren Wohnsitz in dem Staat, in dem sie sich mit der Absicht dauernden Verbleibens aufhält;

b. ihren gewöhnlichen Aufenthalt in dem Staat, in dem sie während längerer Zeit lebt, selbst wenn diese Zeit zum vornherein befristet ist;

c. ihre Niederlassung in dem Staat, in dem sich der Mittelpunkt ihrer geschäftlichen Tätigkeit befindet.

[2] Niemand kann an mehreren Orten zugleich Wohnsitz haben. Hat eine Person nirgends einen Wohnsitz, so tritt der gewöhnliche Aufenthalt an die Stelle des Wohnsitzes. Die Bestimmungen des Zivilgesetzbuches[5] über Wohnsitz und Aufenthalt sind nicht anwendbar.

Art. 21
II. Sitz und Niederlassung von Gesellschaften

[1] Bei Gesellschaften gilt der Sitz als Wohnsitz.

[2] Als Sitz einer Gesellschaft gilt der in den Statuten oder im Gesellschaftsvertrag bezeichnete Ort. Fehlt eine solche Bezeichnung, so gilt als Sitz der Ort, an dem die Gesellschaft tatsächlich verwaltet wird.

[3] Die Niederlassung einer Gesellschaft befindet sich in dem Staat, in dem sie ihren Sitz oder eine Zweigniederlassung hat.

Art. 22
III. Staatsangehörigkeit

Die Staatsangehörigkeit einer natürlichen Person bestimmt sich nach dem Recht des Staates, zu dem die Staatsangehörigkeit in Frage steht.

[Art. 23–108 nicht abgedruckt]

---

[5] SR **210**

8. Kapitel: Immaterialgüterrecht

Art. 109

I. Zuständigkeit

[1] Für Klagen betreffend Immaterialgüterrechte sind die schweizerischen Gerichte am Wohnsitz des Beklagten zuständig. Fehlt ein solcher, so sind die schweizerischen Gerichte am Ort zuständig, wo der Schutz beansprucht wird. Ausgenommen sind Klagen betreffend die Gültigkeit oder die Eintragung von Immaterialgüterrechten im Ausland.

[2] Können mehrere Beklagte in der Schweiz belangt werden und stützen sich die Ansprüche im wesentlichen auf die gleichen Tatsachen und Rechtsgründe, so kann bei jedem zuständigen Richter gegen alle geklagt werden; der zuerst angerufene Richter ist ausschliesslich zuständig.

[3] Hat der Beklagte keinen Wohnsitz in der Schweiz, so sind für Klagen betreffend die Gültigkeit oder die Eintragung von Immaterialgüterrechten in der Schweiz die schweizerischen Gerichte am Geschäftssitz des im Register eingetragenen Vertreters oder, wenn ein solcher fehlt, diejenigen am Sitz der schweizerischen Registerbehörde zuständig.

Art. 110

II. Anwendbares Recht

[1] Immaterialgüterrechte unterstehen dem Recht des Staates, für den der Schutz der Immaterialgüter beansprucht wird.

[2] Für Ansprüche aus Verletzung von Immaterialgüterrechten können die Parteien nach Eintritt des schädigenden Ereignisses stets vereinbaren, dass das Recht am Gerichtsort anzuwenden ist.

[3] Verträge über Immaterialgüterrechte unterstehen den Bestimmungen dieses Gesetzes über das auf obligationenrechtliche Verträge anzuwendende Recht (Art. 122).

Art. 111

III. Ausländische Entscheidungen

[1] Ausländische Entscheidungen betreffend Immaterialgüterrechte werden in der Schweiz anerkannt:
   a. wenn sie im Staat ergangen sind, in dem der Beklagte seinen Wohnsitz hatte, oder
   b. wenn sie im Staat ergangen sind, für den der Schutz der Immaterialgüter beansprucht wird, und der Beklagte keinen Wohnsitz in der Schweiz hat.

[2] Ausländische Entscheidungen betreffend Gültigkeit oder Eintragung von Immaterialgüterrechten werden nur anerkannt, wenn sie im Staat ergangen sind, für den der Schutz beansprucht wird, oder wenn sie dort anerkannt werden.

9. Kapitel: Obligationenrecht

1. Abschnitt: Verträge

Art. 112

I. Zuständigkeit

1. Grundsatz

¹ Für Klagen aus Vertrag sind die schweizerischen Gerichte am Wohnsitz des Beklagten oder, wenn ein solcher fehlt, diejenigen an seinem gewöhnlichen Aufenthalt zuständig.

² Für Klagen aufgrund der Tätigkeit einer Niederlassung in der Schweiz sind überdies die Gerichte am Ort der Niederlassung zuständig.

Art. 113

2. Erfüllungsort

Hat der Beklagte weder Wohnsitz oder gewöhnlichen Aufenthalt, noch eine Niederlassung in der Schweiz, ist aber die Leistung in der Schweiz zu erbringen, so kann beim schweizerischen Gericht am Erfüllungsort geklagt werden.

[Art. 114 [Konsumentenverträge] und 115 [Arbeitsverträge] nicht abgedruckt]

Art. 116

II. Anwendbares Recht

1. Im allgemeinen

a. Rechtswahl

¹ Der Vertrag untersteht dem von den Parteien gewählten Recht.

² Die Rechtswahl muss ausdrücklich sein oder sich eindeutig aus dem Vertrag oder aus den Umständen ergeben. Im übrigen untersteht sie dem gewählten Recht.

³ Die Rechtswahl kann jederzeit getroffen oder geändert werden. Wird sie nach Vertragsabschluss getroffen oder geändert, so wirkt sie auf den Zeitpunkt des Vertragsabschlusses zurück. Die Rechte Dritter sind vorbehalten.

Art. 117

b. Fehlen einer Rechtswahl

¹ Bei Fehlen einer Rechtswahl untersteht der Vertrag dem Recht des Staates, mit dem er am engsten zusammenhängt.

² Es wird vermutet, der engste Zusammenhang bestehe mit dem Staat, in dem die Partei, welche die charakteristische Leistung erbringen soll, ihren gewöhnlichen Aufenthalt hat oder, wenn sie den Vertrag aufgrund einer beruflichen oder gewerblichen Tätigkeit geschlossen hat, in dem sich ihre Niederlassung befindet.

³ Als charakteristische Leistung gilt namentlich:

a. bei Veräusserungsverträgen die Leistung des Veräusserers;

b. bei Gebrauchsüberlassungsverträgen die Leistung der Partei, die eine Sache oder ein Recht zum Gebrauch überlässt;

c. bei Auftrag, Werkvertrag und ähnlichen Dienstleistungsverträgen die Dienstleistung;

d. bei Verwahrungsverträgen die Leistung des Verwahrers;

e. bei Garantie- oder Bürgschaftsverträgen die Leistung des Garanten oder des Bürgen.

[Art. 118–121 nicht abgedruckt]

Art. 122

e. Verträge über Immaterialgüterrechte

[1] Verträge über Immaterialgüterrechte unterstehen dem Recht des Staates, in dem derjenige, der das Immaterialgüterrecht überträgt oder die Benutzung an ihm einräumt, seinen gewöhnlichen Aufenthalt hat.

[2] Eine Rechtswahl ist zulässig.

[3] Verträge zwischen Arbeitgebern und Arbeitnehmern über Rechte an Immaterialgütern, die der Arbeitnehmer im Rahmen der Erfüllung des Arbeitsvertrages geschaffen hat, unterstehen dem auf den Arbeitsvertrag anwendbaren Recht.

Art. 123

3. Gemeinsame Bestimmungen

a. Schweigen auf einen Antrag

Schweigt eine Partei auf einen Antrag zum Abschluss eines Vertrages, so kann sie sich für die Wirkungen des Schweigens auf das Recht des Staates berufen, in dem sie ihren gewöhnlichen Aufenthalt hat.

Art. 124

b. Form

[1] Der Vertrag ist formgültig, wenn er dem auf den Vertrag anwendbaren Recht oder dem Recht am Abschlussort entspricht.

[2] Befinden sich die Parteien im Zeitpunkt des Vertragsabschlusses in verschiedenen Staaten, so genügt es, wenn die Form dem Recht eines dieser Staaten entspricht.

[3] Schreibt das auf den Vertrag anwendbare Recht die Beachtung einer Form zum Schutz einer Partei vor, so richtet sich die Formgültigkeit ausschliesslich nach diesem Recht, es sei denn, dieses lasse die Anwendung eines anderen Rechts zu.

Art. 125

c. Erfüllungs- und Untersuchungsmodalitäten

Erfüllungs- und Untersuchungsmodalitäten unterstehen dem Recht des Staates, in dem sie tatsächlich erfolgen.

Art. 126

d. Stellvertretung

[1] Bei rechtsgeschäftlicher Vertretung untersteht das Verhältnis zwischen dem Vertretenen und dem Vertreter dem auf ihren Vertrag anwendbaren Recht.

[2] Die Voraussetzungen, unter denen eine Handlung des Vertreters den Vertretenen gegenüber dem Dritten verpflichtet, unterstehen dem Recht des Staates, in dem der Vertreter seine Niederlassung hat oder, wenn eine solche fehlt oder für den Dritten nicht erkennbar ist, dem Recht des Staates, in dem der Vertreter im Einzelfall hauptsächlich handelt.

[3] Steht der Vertreter in einem Arbeitsverhältnis zum Vertretenen und besitzt er keine eigene Geschäftsniederlassung, so befindet sich der Ort seiner Niederlassung am Sitz des Vertretenen.

[4] Das nach Absatz 2 anwendbare Recht gilt auch für das Verhältnis zwischen dem nicht ermächtigten Vertreter und dem Dritten.

2. Abschnitt: Ungerechtfertigte Bereicherung

Art. 127

I. Zuständigkeit

Für Klagen aus ungerechtfertigter Bereicherung sind die schweizerischen Gerichte am Wohnsitz des Beklagten oder, wenn ein solcher fehlt, diejenigen an seinem gewöhnlichen Aufenthalt oder am Ort seiner Niederlassung zuständig.

Art. 128

II. Anwendbares Recht

[3] Ansprüche aus ungerechtfertigter Bereicherung unterstehen dem Recht, dem das bestehende oder das vermeintliche Rechtsverhältnis unterstellt ist, aufgrund dessen die Bereicherung stattgefunden hat.

[2] Besteht kein Rechtsverhältnis, so unterstehen die Ansprüche aus ungerechtfertigter Bereicherung dem Recht des Staates, in dem die Bereicherung eingetreten ist; die Parteien können vereinbaren, dass das Recht am Gerichtsort anzuwenden ist.

3. Abschnitt: Unerlaubte Handlungen

Art. 129

I. Zuständigkeit

1. Grundsatz

[1] Für Klagen aus unerlaubter Handlung sind die schweizerischen Gerichte am Wohnsitz des Beklagten oder, wenn ein solcher fehlt, diejenigen an seinem gewöhnlichen Aufenthalt oder am Ort seiner Niederlassung zuständig.

[2] Hat der Beklagte weder Wohnsitz oder gewöhnlichen Aufenthalt, noch eine Niederlassung in der Schweiz, so kann beim schweizerischen Gericht am Handlungs- oder am Erfolgsort geklagt werden.

[3] Können mehrere Beklagte in der Schweiz belangt werden und stützen sich die Ansprüche im wesentlichen auf die gleichen Tatsachen und Rechtsgründe, so kann bei jedem zuständigen Richter gegen alle geklagt werden; der zuerst angerufene Richter ist ausschliesslich zuständig.

[Art. 130 betr. Kernanlagen nicht abgedruckt]

Art. 131

3. Unmittelbares Forderungsrecht

Für Klagen aufgrund eines unmittelbaren Forderungsrechts gegen den Haftpflichtversicherer sind die schweizerischen Gerichte am Ort der Niederlassung des Versicherers oder diejenigen am Handlungs- oder am Erfolgsort zuständig.

Art. 132

II. Anwendbares Recht

1. Im allgemeinen

a. Rechtswahl

Die Parteien können nach Eintritt des schädigenden Ereignisses stets vereinbaren, dass das Recht am Gerichtsort anzuwenden ist.

Art. 133

b. Fehlen einer Rechtswahl

[1] Haben Schädiger und Geschädigter ihren gewöhnlichen Aufenthalt im gleichen Staat, so unterstehen Ansprüche aus unerlaubter Handlung dem Recht dieses Staates.

[2] Haben Schädiger und Geschädigter ihren gewöhnlichen Aufenthalt nicht im gleichen Staat, so ist das Recht des Staates anzuwenden, in dem die unerlaubte Handlung begangen worden ist. Tritt der Erfolg nicht in dem Staat ein, in dem die unerlaubte Handlung begangen worden ist, so ist das Recht des Staates anzuwenden, in dem der Erfolg eintritt, wenn der Schädiger mit dem Eintritt des Erfolges in diesem Staat rechnen musste.

[3] Wird durch eine unerlaubte Handlung ein zwischen Schädiger und Geschädigtem bestehendes Rechtsverhältnis verletzt, so unterstehen Ansprüche aus unerlaubter Handlung, ungeachtet der Absätze 1 und 2, dem Recht, dem das vorbestehende Rechtsverhältnis unterstellt ist.

[Art. 134 [Strassenverkehrsunfälle] und 135 [Produkthaftpflicht] nicht abgedruckt]

Art. 136

c. Unlauterer Wettbewerb

[1] Ansprüche aus unlauterem Wettbewerb unterstehen dem Recht des Staates, auf dessen Markt die unlautere Handlung ihre Wirkung entfaltet.

[2] Richtet sich die Rechtsverletzung ausschliesslich gegen betriebliche Interessen des Geschädigten, so ist das Recht des Staates anzuwenden, in dem sich die betroffene Niederlassung befindet.

[3] Artikel 133 Absatz 3 ist vorbehalten.

Art. 137

d. Wettbewerbsbehinderung

[1] Ansprüche aus Wettbewerbsbehinderung unterstehen dem Recht des Staates, auf dessen Markt der Geschädigte von der Behinderung unmittelbar betroffen ist.

² Unterstehen Ansprüche aus Wettbewerbsbehinderung ausländischem Recht, so können in der Schweiz keine weitergehenden Leistungen zugesprochen werden als nach schweizerischem Recht für eine unzulässige Wettbewerbsbehinderung zuzusprechen wären.

[Art. 138 [Grundstücksimmissionen] nicht abgedruckt]

Art. 139

f. Persönlichkeitsverletzung

¹ Ansprüche aus Verletzung der Persönlichkeit durch Medien, insbesondere durch Presse, Radio, Fernsehen oder durch andere Informationsmittel in der Öffentlichkeit unterstehen nach Wahl des Geschädigten:

a. dem Recht des Staates, in dem der Geschädigte seinen gewöhnlichen Aufenthalt hat, sofern der Schädiger mit dem Eintritt des Erfolges in diesem Staat rechnen musste;

b. dem Recht des Staates, in dem der Urheber der Verletzung seine Niederlassung oder seinen gewöhnlichen Aufenthalt hat, oder

c. dem Recht des Staates, in dem der Erfolg der verletzenden Handlung eintritt, sofern der Schädiger mit dem Eintritt des Erfolges in diesem Staat rechnen musste.

² Das Gegendarstellungsrecht gegenüber periodisch erscheinenden Medien richtet sich ausschliesslich nach dem Recht des Staates, in dem das Druckerzeugnis erschienen ist oder von dem aus die Radio- oder Fernsehsendung verbreitet wurde

³ Absatz 1 ist auch anwendbar auf Ansprüche aus Verletzung der Persönlichkeit durch das Bearbeiten von Personendaten sowie aus Beeinträchtigung des Rechts auf Auskunft über Personendaten.[6]

Art. 140

3. Besondere Bestimmungen

a. Mehrfache Haftpflichtige

Sind mehrere Personen an einer unerlaubten Handlung beteiligt, so ist für jede von ihnen das anwendbare Recht gesondert zu bestimmen, unabhängig von der Art ihrer Beteiligung.

Art. 141

b. Unmittelbares Forderungsrecht

Der Geschädigte kann seinen Anspruch direkt gegen den Versicherer des Haftpflichtigen geltend machen, wenn das auf die unerlaubte Handlung oder auf den Versicherungsvertrag anwendbare Recht es vorsieht.

---

[6] Eingefügt durch Anhang Ziff. 3 des BG vom 19. Juni 1992 über den Datenschutz, in Kraft seit 1. Juli 1993 (SR **235.1**).

Art. 142

4. Geltungsbereich

¹ Das auf die unerlaubte Handlung anwendbare Recht bestimmt insbesondere die Deliktsfähigkeit, die Voraussetzungen und den Umfang der Haftung sowie die Person des Haftpflichtigen.

² Sicherheits- und Verhaltensvorschriften am Ort der Handlung sind zu berücksichtigen.

4. Abschnitt: Gemeinsame Bestimmungen

Art. 143

I. Mehrheit von Schuldnern

1. Ansprüche gegen mehrere Schuldner

Hat der Gläubiger Ansprüche gegen mehrere Schuldner, so unterstehen die Rechtsfolgen daraus dem Recht, dem das Rechtsverhältnis zwischen dem Gläubiger und dem in Anspruch genommenen Schuldner unterstellt ist.

Art. 144

2. Rückgriff zwischen Schuldnern

¹ Ein Schuldner kann auf einen anderen Schuldner unmittelbar oder durch Eintritt in die Rechtsstellung des Gläubigers insoweit Rückgriff nehmen, als es die Rechte zulassen, denen die entsprechenden Schulden unterstehen.

² Die Durchführung des Rückgriffs untersteht dem gleichen Recht wie die Schuld des Rückgriffsverpflichteten. Fragen, die nur das Verhältnis zwischen Gläubiger und Rückgriffsberechtigtem betreffen, unterstehen dem Recht, das auf die Schuld des Rückgriffsberechtigten anwendbar ist.

³ Ob einer Einrichtung, die öffentliche Aufgaben wahrnimmt, ein Rückgriffsrecht zusteht, bestimmt sich nach dem auf diese Einrichtung anwendbaren Recht. Für die Zulässigkeit und die Durchführung des Rückgriffes gelten die Absätze 1 und 2.

Art. 145

II. Übergang einer Forderung

1. Abtretung durch Vertrag

¹ Die Abtretung einer Forderung durch Vertrag untersteht dem von den Parteien gewählten Recht oder, wenn ein solches fehlt, dem auf die Forderung anzuwendenden Recht. Die Rechtswahl ist gegenüber dem Schuldner ohne dessen Zustimmung unwirksam.

² Für die Abtretung einer Forderung des Arbeitnehmers ist die Rechtswahl nur insoweit wirksam, als Artikel 121 Absatz 3 sie für den Arbeitsvertrag zulässt.

³ Die Form der Abtretung untersteht ausschliesslich dem auf den Abtretungsvertrag anwendbaren Recht.

⁴ Fragen, die nur das Verhältnis zwischen den Parteien des Abtretungsvertrages betreffen, unterstehen dem Recht, welches auf das der Abtretung zugrundeliegende Rechtsverhältnis anwendbar ist.

Art. 146

2. Übergangkraft Gesetzes

[1] Der Übergang einer Forderung kraft Gesetzes untersteht dem Recht des zugrundeliegenden Rechtsverhältnisses zwischen altem und neuem Gläubiger oder, wenn ein solches fehlt, dem Recht der Forderung.

[2] Vorbehalten sind die Bestimmungen des Rechts der Forderung, die den Schuldner schützen.

Art. 147

III. Währung

[1] Was unter einer Währung zu verstehen ist, bestimmt das Recht des Staates, dessen Währung in Frage steht.

[2] Die Wirkungen einer Währung auf die Höhe einer Schuld unterstehen dem Recht, das auf die Schuld anwendbar ist.

[3] In welcher Währung zu zahlen ist, richtet sich nach dem Recht des Staates, in dem die Zahlung zu erfolgen hat.

Art. 148

IV. Verjährung und Erlöschen einer Forderung

[1] Verjährung und Erlöschen einer Forderung unterstehen dem auf die Forderung anwendbaren Recht.

[2] Bei der Verrechnung untersteht das Erlöschen dem Recht der Forderung, deren Tilgung mit der Verrechnung bezweckt ist.

[3] Die Neuerung, der Erlass- und der Verrechnungsvertrag richten sich nach den Bestimmungen dieses Gesetzes über das auf Verträge anwendbare Recht (Art. 116 ff.).

[Ab Art. 149 nicht abgedruckt]

Übereinkommen
über die gerichtliche Zuständigkeit und die Vollstreckung gerichtlicher Entscheidungen in Zivil- und Handelssachen

(Stand am 5. November 1999)

Abgeschlossen in Lugano am 16. September 1988
Von der Bundesversammlung genehmigt am 14. Dezember 1990[1]
Schweizerische Ratifikationsurkunde hinterlegt am 18. Oktober 1991
In Kraft getreten für die Schweiz am 1. Januar 1992

Präambel

Die hohen Vertragsparteien dieses Übereinkommens-

in dem Bestreben, in ihren Hoheitsgebieten den Rechtsschutz der dort ansässigen Personen zu verstärken, in der Erwägung, dass es zu diesem Zweck geboten ist, die internationale Zuständigkeit ihrer Gerichte festzulegen, die Anerkennung von Entscheidungen zu erleichtern und ein beschleunigtes Verfahren einzuführen, um die Vollstreckung von Entscheidungen, öffentlichen Urkunden und gerichtlichen Vergleichen sicherzustellen, im Bewusstsein der zwischen ihnen bestehenden Bindungen, die im wirtschaftlichen Bereich durch die Freihandelsabkommen zwischen der Europäischen Wirtschaftsgemeinschaft und den Mitgliedstaaten der Europäischen Freihandelsassoziation bestätigt worden sind, unter Berücksichtigung des Brüsseler Übereinkommens vom 27. September 1968 über die gerichtliche Zuständigkeit und die Vollstreckung gerichtlicher Entscheidungen in Zivil- und Handelssachen in der Fassung der infolge der verschiedenen Erweiterungen der Europäischen Gemeinschaften geschlossenen Beitrittsübereinkommen, in der Überzeugung, dass die Ausdehnung der Grundsätze des genannten Übereinkommens auf die Vertragsstaaten des vorliegenden Übereinkommens die rechtliche und wirtschaftliche Zusammenarbeit in Europa verstärken wird, in dem Wunsch, eine möglichst einheitliche Auslegung des Übereinkommens sicherzustellen – haben in diesem Sinne beschlossen, dieses Übereinkommen zu schliessen, und

sind wie folgt übereingekommen:

Titel I: Anwendungsbereich

Art. 1

Dieses Übereinkommen ist in Zivil- und Handelssachen anzuwenden, ohne dass es auf die Art der Gerichtsbarkeit ankommt. Es erfasst insbesondere nicht Steuer- und Zollsachen sowie verwaltungsrechtliche Angelegenheiten.

---

[1] Art. 1 Abs. 1 des BB vom 14. Dez. 1990 (AS **1991** 2435)

Es ist nicht anzuwenden auf

1. den Personenstand, die Rechts- und Handlungsfähigkeit sowie die gesetzliche Vertretung von natürlichen Personen, die ehelichen Güterstände, das Gebiet des Erbrechts einschliesslich des Testamentsrechts;
2. Konkurse, Vergleiche und ähnliche Verfahren;
3. die soziale Sicherheit;
4. die Schiedsgerichtsbarkeit.

Titel II: Zuständigkeit

1. Abschnitt: Allgemeine Vorschriften

Art. 2

Vorbehaltlich der Vorschriften dieses Übereinkommens sind Personen, die ihren Wohnsitz in dem Hoheitsgebiet eines Vertragsstaats haben, ohne Rücksicht auf ihre Staatsangehörigkeit vor den Gerichten dieses Staates zu verklagen.

Auf Personen, die nicht dem Staat, in dem sie ihren Wohnsitz haben, angehören, sind die für Inländer massgebenden Zuständigkeitsvorschriften anzuwenden.

Art. 3

Personen, die ihren Wohnsitz in dem Hoheitsgebiet eines Vertragsstaats haben, können vor den Gerichten eines anderen Vertragsstaats nur gemäss den Vorschriften des 2. bis 6. Abschnitts verklagt werden.

Insbesondere können gegen diese Personen nicht geltend gemacht werden

– [...]
– in der Schweiz: der Gerichtsstand des Arrestortes/for du lieu du séquestre/foro del luogo del sequestro gemäss Artikel 4 des Bundesgesetzes über das internationale Privatrecht[2] /loi fédérale sur le droit international privé/legge federale sul diritto internazionale privato;
– [...]

Art. 4

Hat der Beklagte keinen Wohnsitz in dem Hoheitsgebiet eines Vertragsstaats, so bestimmt sich, vorbehaltlich des Artikels 16, die Zuständigkeit der Gerichte eines jeden Vertragsstaats nach seinen eigenen Gesetzen.

Gegenüber einem Beklagten, der keinen Wohnsitz in dem Hoheitsgebiet eines Vertragsstaats hat, kann sich jede Person, die ihren Wohnsitz in dem Hoheitsgebiet eines Vertragsstaats hat, in diesem Staat auf die dort geltenden Zuständigkeitsvorschriften, insbesondere auf die in Artikel 3 Absatz 2 angeführten Vorschriften, wie ein Inländer berufen, ohne dass es auf ihre Staatsangehörigkeit ankommt.

---

[2] SR 291

2. Abschnitt: Besondere Zuständigkeiten

Art. 5

Eine Person, die ihren Wohnsitz in dem Hoheitsgebiet eines Vertragsstaats hat, kann in einem anderen Vertragsstaat verklagt werden,

1. wenn ein Vertrag oder Ansprüche aus einem Vertrag den Gegenstand des Verfahrens bilden, vor dem Gericht des Ortes, an dem die Verpflichtung erfüllt worden ist oder zu erfüllen wäre; wenn ein individueller Arbeitsvertrag oder Ansprüche aus einem individuellen Arbeitsvertrag den Gegenstand des Verfahrens bilden, vor dem Gericht des Ortes, an dem der Arbeitnehmer gewöhnlich seine Arbeit verrichtet; verrichtet der Arbeitnehmer seine Arbeit gewöhnlich nicht in ein und demselben Staat, vor dem Gericht des Ortes, an dem sich die Niederlassung befindet, die den Arbeitnehmer eingestellt hat;
2. wenn es sich um eine Unterhaltssache handelt, vor dem Gericht des Ortes, an dem der Unterhaltsberechtigte seinen Wohnsitz oder seinen gewöhnlichen Aufenthalt hat, oder im Falle einer Unterhaltssache, über die im Zusammenhang mit einem Verfahren in bezug auf den Personenstand zu entscheiden ist, vor dem nach seinem Recht für dieses Verfahren zuständigen Gericht, es sei denn, diese Zuständigkeit beruht lediglich auf der Staatsangehörigkeit einer der Parteien;
3. wenn eine unerlaubte Handlung oder eine Handlung, die einer unerlaubten Handlung gleichgestellt ist, oder wenn Ansprüche aus einer solchen Handlung den Gegenstand des Verfahrens bilden, vor dem Gericht des Ortes, an dem das schädigende Ereignis eingetreten ist;
4. wenn es sich um eine Klage auf Schadenersatz oder auf Wiederherstellung des früheren Zustands handelt, die auf eine mit Strafe bedrohte Handlung gestützt wird, vor dem Strafgericht, bei dem die öffentliche Klage erhoben ist, soweit dieses Gericht nach seinem Recht über zivilrechtliche Ansprüche erkennen kann;
5. wenn es sich um Streitigkeiten aus dem Betrieb einer Zweigniederlassung, einer Agentur oder einer sonstigen Niederlassung handelt, vor dem Gericht des Ortes, an dem sich diese befindet;
6. wenn sie in ihrer Eigenschaft als Begründer, «trustee» oder Begünstigter eines «trust» in Anspruch genommen wird, der aufgrund eines Gesetzes oder durch schriftlich vorgenommenes oder schriftlich bestätigtes Rechtsgeschäft errichtet worden ist, vor den Gerichten des Vertragsstaats, in dessen Hoheitsgebiet der «trust» seinen Sitz hat;
7. wenn es sich um eine Streitigkeit wegen der Zahlung von Berge- und Hilfslohn handelt, der für Bergungs- oder Hilfeleistungsarbeiten gefordert wird, die zugunsten einer Ladung oder einer Frachtforderung erbracht worden sind, vor dem Gericht, in dessen Zuständigkeitsbereich diese Ladung oder die entsprechende Frachtforderung
   a) mit Arrest belegt worden ist, um die Zahlung zu gewährleisten, oder
   b) mit Arrest hätte belegt werden können, jedoch dafür eine Bürgschaft oder eine andere Sicherheit geleistet worden ist;

diese Vorschrift ist nur anzuwenden, wenn behauptet wird, dass der Beklagte Rechte an der Ladung oder an der Frachtforderung hat oder zur Zeit der Bergungs- oder Hilfeleistungsarbeiten hatte.

Art. 6

Eine Person, die ihren Wohnsitz in dem Hoheitsgebiet eines Vertragsstaats hat, kann auch verklagt werden,

1. wenn mehrere Personen zusammen verklagt werden, vor dem Gericht, in dessen Bezirk einer der Beklagten seinen Wohnsitz hat;
2. wenn es sich um eine Klage auf Gewährleistung oder um eine Interventionsklage handelt, vor dem Gericht des Hauptprozesses, es sei denn, dass diese Klage nur erhoben worden ist, um diese Person dem für sie zuständigen Gericht zu entziehen;
3. wenn es sich um eine Widerklage handelt, die auf denselben Vertrag oder Sachverhalt wie die Klage selbst gestützt wird, vor dem Gericht, bei dem die Klage selbst anhängig ist;
4. wenn ein Vertrag oder Ansprüche aus einem Vertrag den Gegenstand des Verfahrens bilden und die Klage mit einer Klage wegen dinglicher Rechte an unbeweglichen Sachen gegen denselben Beklagten verbunden werden kann, vor dem Gericht des Vertragsstaats, in dem die unbewegliche Sache belegen ist.

Art. 6*a*

Ist ein Gericht eines Vertragsstaats nach diesem Übereinkommen zur Entscheidung in Verfahren wegen einer Haftpflicht aufgrund der Verwendung oder des Betriebs eines Schiffes zuständig, so entscheidet dieses oder ein anderes, an seiner Stelle durch das Recht dieses Staates bestimmtes Gericht auch über Klagen auf Beschränkung dieser Haftung.

3. Abschnitt: Zuständigkeit für Versicherungssachen [nicht abgedruckt]

4. Abschnitt: Zuständigkeit für Verbrauchersachen [nicht abgedruckt]

5. Abschnitt: Ausschliessliche Zuständigkeiten

Art. 16

Ohne Rücksicht auf den Wohnsitz sind ausschliesslich zuständig

1. a) für Klagen, welche dingliche Rechte an unbeweglichen Sachen sowie die Miete oder Pacht von unbeweglichen Sachen zum Gegenstand haben, die Gerichte des Vertragsstaats, in dem die unbewegliche Sache belegen ist,
   b) für Klagen betreffend die Miete oder Pacht unbeweglicher Sachen zum vorübergehenden privaten Gebrauch für höchstens sechs aufeinanderfolgende Monate sind jedoch auch die Gerichte des Vertragsstaats zuständig, in dem der Beklagte seinen Wohnsitz hat, sofern es sich bei dem Mieter oder Pächter um eine natürliche Person handelt und weder die eine noch die andere Partei ihren Wohnsitz in dem Vertragsstaat hat, in dem die unbewegliche Sache belegen ist;
2. für Klagen, welche die Gültigkeit, die Nichtigkeit oder die Auflösung einer Gesellschaft oder juristischen Person oder der Beschlüsse ihrer Organe zum Gegenstand haben, die Gerichte des Vertragsstaats, in dessen Hoheitsgebiet die Gesellschaft oder juristische Person ihren Sitz hat;

3. für Klagen, welche die Gültigkeit von Eintragungen in öffentliche Register zum Gegenstand haben, die Gerichte des Vertragsstaats, in dessen Hoheitsgebiet die Register geführt werden;
4. für Klagen, welche die Eintragung oder die Gültigkeit von Patenten, Warenzeichen, Mustern und Modellen sowie ähnlicher Rechte, die einer Hinterlegung oder Registrierung bedürfen, zum Gegenstand haben, die Gerichte des Vertragsstaats, in dessen Hoheitsgebiet die Hinterlegung oder Registrierung beantragt oder vorgenommen worden ist oder aufgrund eines zwischenstaatlichen Übereinkommens als vorgenommen gilt;
5. für Verfahren, welche die Zwangsvollstreckung aus Entscheidungen zum Gegenstand haben, die Gerichte des Vertragsstaats, in dessen Hoheitsgebiet die Zwangsvollstreckung durchgeführt werden soll oder durchgeführt worden ist.

6. Abschnitt: Vereinbarung über die Zuständigkeit

Art. 17

(1) Haben die Parteien, von denen mindestens eine ihren Wohnsitz in dem Hoheitsgebiet eines Vertragsstaats hat, vereinbart, dass ein Gericht oder die Gerichte eines Vertragsstaats über eine bereits entstandene Rechtsstreitigkeit oder über eine künftige aus einem bestimmten Rechtsverhältnis entspringende Rechtsstreitigkeit entscheiden sollen, so sind dieses Gericht oder die Gerichte dieses Staates ausschliesslich zuständig. Eine solche Gerichtsstandsvereinbarung muss geschlossen werden

a) schriftlich oder mündlich mit schriftlicher Bestätigung;

b) in einer Form, welche den Gepflogenheiten entspricht, die zwischen den Parteien entstanden sind, oder

c) im internationalen Handel in einer Form, die einem Handelsbrauch entspricht, den die Parteien kannten oder kennen mussten und den Parteien von Verträgen dieser Art in dem betreffenden Geschäftszweig allgemein kennen und regelmässig beachten.

Wenn eine solche Vereinbarung von Parteien geschlossen wurde, die beide ihren Wohnsitz nicht im Hoheitsgebiet eines Vertragsstaats haben, so können die Gerichte der anderen Vertragsstaaten nicht entscheiden, es sei denn, das vereinbarte Gericht oder die vereinbarten Gerichte haben sich rechtskräftig für unzuständig erklärt.

(2) Ist in schriftlich niedergelegten «trust»-Bedingungen bestimmt, dass über Klagen gegen einen Begründer, «trustee» oder Begünstigten eines «trust» ein Gericht oder die Gerichte eines Vertragsstaats entscheiden sollen, so ist dieses Gericht oder sind diese Gerichte ausschliesslich zuständig, wenn es sich um Beziehungen zwischen diesen Personen oder ihre Rechte oder Pflichten im Rahmen des «trust» handelt.

(3) Gerichtsstandsvereinbarungen und entsprechende Bestimmungen in «trust»-Bedingungen haben keine rechtliche Wirkung, wenn sie den Vorschriften der Artikel 12 oder 15 zuwiderlaufen oder wenn die Gerichte, deren Zuständigkeit abbedungen wird, aufgrund des Artikels 16 ausschliesslich zuständig sind.

(4) Ist eine Gerichtsstandsvereinbarung nur zugunsten einer der Parteien getroffen worden, so behält diese das Recht, jedes andere Gericht anzurufen, das aufgrund dieses Übereinkommens zuständig ist.

(5) Bei individuellen Arbeitsverträgen haben Gerichtsstandsvereinbarungen nur dann rechtliche Wirkung, wenn sie nach der Entstehung der Streitigkeit getroffen werden.

Art. 18
Sofern das Gericht eines Vertragsstaats nicht bereits nach anderen Vorschriften dieses Übereinkommens zuständig ist, wird es zuständig, wenn sich der Beklagte vor ihm auf das Verfahren einlässt. Dies gilt nicht, wenn der Beklagte sich nur einlässt, um den Mangel der Zuständigkeit geltend zu machen, oder wenn ein anderes Gericht aufgrund des Artikels 16 ausschliesslich zuständig ist.

7. Abschnitt: Prüfung der Zuständigkeit und der Zulässigkeit des Verfahrens

Art. 19
Das Gericht eines Vertragsstaats hat sich von Amts wegen für unzuständig zu erklären, wenn es wegen einer Streitigkeit angerufen wird, für die das Gericht eines anderen Vertragsstaats aufgrund des Artikels 16 ausschliesslich zuständig ist.

Art. 20
Lässt sich der Beklagte, der seinen Wohnsitz in dem Hoheitsgebiet eines Vertragsstaats hat und der vor den Gerichten eines anderen Vertragsstaats verklagt wird, auf das Verfahren nicht ein, so hat sich das Gericht von Amts wegen für unzuständig zu erklären, wenn seine Zuständigkeit nicht aufgrund der Bestimmungen dieses Übereinkommens begründet ist.

Das Gericht hat die Entscheidung so lange auszusetzen, bis festgestellt ist, dass es dem Beklagten möglich war, das den Rechtsstreit einleitende Schriftstück oder ein gleichwertiges Schriftstück so rechtzeitig zu empfangen, dass er sich verteidigen konnte, oder dass alle hierzu erforderlichen Massnahmen getroffen worden sind.

An die Stelle des vorstehenden Absatzes tritt Artikel 15 des Haager Übereinkommens vom 15. November 1965 über die Zustellung gerichtlicher und aussergerichtlicher Schriftstücke im Ausland in Zivil- oder Handelssachen, wenn das den Rechtsstreit einleitende Schriftstück gemäss dem erwähnten übereinkommen zu übermitteln war.

8. Abschnitt: Rechtshängigkeit und im Zusammenhang stehende Verfahren

Art. 21
Werden bei Gerichten verschiedener Vertragsstaaten Klagen wegen desselben Anspruchs zwischen denselben Parteien anhängig gemacht, so setzt das später angerufene Gericht das Verfahren von Amts wegen aus, bis die Zuständigkeit des zuerst angerufenen Gerichts feststeht.

Sobald die Zuständigkeit des zuerst angerufenen Gerichts feststeht, erklärt sich das später angerufene Gericht zugunsten dieses Gerichts für unzuständig.

Art. 22
Werden bei Gerichten verschiedener Vertragsstaaten Klagen, die im Zusammenhang stehen, erhoben, so kann das später angerufene Gericht das Verfahren aussetzen, solange beide Klagen im ersten Rechtszug anhängig sind.

Das später angerufene Gericht kann sich auf Antrag einer Partei auch für unzuständig erklären, wenn die Verbindung im Zusammenhang stehender Verfahren nach seinem Recht zulässig ist und das zuerst angerufene Gericht für beide Klagen zuständig ist.

Klagen stehen im Sinne dieses Artikels im Zusammenhang, wenn zwischen ihnen eine so enge Beziehung gegeben ist, dass eine gemeinsame Verhandlung und Entscheidung geboten erscheint, um zu vermeiden, dass in getrennten Verfahren widersprechende Entscheidungen ergehen könnten.

Art. 23

Ist für die Klage die ausschliessliche Zuständigkeit mehrerer Gerichte gegeben, so hat sich das zuletzt angerufene Gericht zugunsten des zuerst angerufenen Gerichts für unzuständig zu erklären.

9. Abschnitt: Einstweilige Massnahmen einschliesslich solcher, die auf eine Sicherung gerichtet sind

Art. 24

Die in dem Recht eines Vertragsstaats vorgesehenen einstweiligen Massnahmen einschliesslich solcher, die auf eine Sicherung gerichtet sind, können bei den Gerichten dieses Staates auch dann beantragt werden, wenn für die Entscheidung in der Hauptsache das Gericht eines anderen Vertragsstaats aufgrund dieses Übereinkommens zuständig ist.

Titel III: Anerkennung und Vollstreckung [nicht abgedruckt]

Titel V: Allgemeine Vorschriften

Art. 52

Ist zu entscheiden, ob eine Partei im Hoheitsgebiet des Vertragsstaats, dessen Gerichte angerufen sind, einen Wohnsitz hat, so wendet das Gericht sein Recht an.

Hat eine Partei keinen Wohnsitz in dem Staat, dessen Gerichte angerufen sind, so wendet das Gericht, wenn es zu entscheiden hat, ob die Partei einen Wohnsitz in einem anderen Vertragsstaat hat, das Recht dieses Staates an.

Art. 53

Der Sitz von Gesellschaften und juristischen Personen steht für die Anwendung dieses Übereinkommens dem Wohnsitz gleich. Jedoch hat das Gericht bei der Entscheidung darüber, wo der Sitz sich befindet, die Vorschriften seines internationalen Privatrechts anzuwenden.

Um zu bestimmen, ob ein «trust» seinen Sitz in dem Vertragsstaat hat, bei dessen Gerichten die Klage anhängig ist, wendet das Gericht sein internationales Privatrecht an.

Titel VI: Übergangsvorschriften [nicht abgedruckt]

Titel VII: Verhältnis zum Brüsseler Übereinkommen und zu anderen Abkommen

Art. 54*b*

(1) Dieses übereinkommen lässt die Anwendung des am 27. September 1968 in Brüssel unterzeichneten Übereinkommens über die gerichtliche Zuständigkeit und die Vollstreckung gerichtlicher Entscheidungen in Zivil- und Handelssachen und des am 3. Juni 1971 in Luxemburg unterzeichneten Protokolls über die Auslegung des genannten Übereinkommens durch den Gerichtshof in der Fassung der Übereinkommen, mit denen die neuen Mitgliedstaaten der Europäischen Gemeinschaften jenem Übereinkommen und dessen Protokoll beigetreten sind, durch die Mitgliedstaaten der Europäischen Gemeinschaften unberührt. Das genannte übereinkommen und dessen Protokoll zusammen werden nachstehend als «Brüsseler Übereinkommen» bezeichnet.

(2) Dieses Übereinkommen wird jedoch in jedem Fall angewandt

a) in Fragen der gerichtlichen Zuständigkeit, wenn der Beklagte seinen Wohnsitz in dem Hoheitsgebiet eines Vertragsstaates hat, der nicht Mitglied der Europäischen Gemeinschaften ist, oder wenn die Gerichte eines solchen Vertragsstaates nach den Artikeln 16 oder 17 zuständig sind;

b) bei Rechtshängigkeit oder im Zusammenhang stehenden Verfahren im Sinne der Artikel 21 und 22, wenn Verfahren in einem den Europäischen Gemeinschaften nicht angehörenden und in einem den Europäischen Gemeinschaften angehörenden Vertragsstaat anhängig gemacht werden;

c) in Fragen der Anerkennung und Vollstreckung, wenn entweder der Ursprungsstaat oder der ersuchte Staat nicht Mitglied der Europäischen Gemeinschaften ist.

(3) Ausser aus den in Titel III vorgesehenen Gründen kann die Anerkennung oder Vollstreckung versagt werden, wenn sich der der Entscheidung zugrunde liegende Zuständigkeitsgrund von demjenigen unterscheidet, der sich aus diesem Übereinkommen ergibt, und wenn die Anerkennung oder Vollstreckung gegen eine Partei geltend gemacht wird, die ihren Wohnsitz in einem nicht den Europäischen Gemeinschaften angehörenden Vertragsstaat hat, es sei denn, dass die Entscheidung anderweitig nach dem Recht des ersuchten Staates anerkannt oder vollstreckt werden kann.

Art. 55

Dieses Übereinkommen ersetzt unbeschadet der Vorschriften des Artikels 54 Absatz 2 und des Artikels 56 die nachstehenden zwischen zwei oder mehr Vertragsstaaten geschlossenen Abkommen:

– das am 15. Juni 1869[3] in Paris unterzeichnete französisch-schweizerische Abkommen über die gerichtliche Zuständigkeit und die Vollstreckung gerichtlicher Urteile in Zivilsachen;

---

[3] [BS 12 347; AS **1989** 1775. AS **1992** 200]

- den am 19. November 1896[4] in Madrid unterzeichneten spanisch-schweizerischen Vertrag über die gegenseitige Vollstreckung gerichtlicher Urteile und Entscheidungen in Zivil- und Handelssachen;
- das am 2. November 1929[5] in Bern unterzeichnete deutsch-schweizerische Abkommen über die gegenseitige Anerkennung und Vollstreckung von gerichtlichen Entscheidungen und Schiedssprüchen;
- [...]
- das am 3. Januar 1933[6] in Rom unterzeichnete italienisch-schweizerische Abkommen über die Anerkennung und Vollstreckung gerichtlicher Entscheidungen;
- das am 15. Januar 1936[7] in Stockholm unterzeichnete schwedisch-schweizerische Abkommen über die Anerkennung und Vollstreckung von gerichtlichen Entscheidungen und Schiedssprüchen;
- [...]
- das am 29. April 1959[8] in Bern unterzeichnete belgisch-schweizerische Abkommen über die Anerkennung und Vollstreckung von gerichtlichen Entscheidungen und Schiedssprüchen;
- [...]
- den am 16. Dezember 1960[9] in Bern unterzeichneten österreichisch-schweizerischen Vertrag über die Anerkennung und Vollstreckung gerichtlicher Entscheidungen;
- [...]

Art. 56

Die in Artikel 55 angeführten Abkommen und Verträge behalten ihre Wirksamkeit für die Rechtsgebiete, auf die dieses Übereinkommen nicht anzuwenden ist.

Sie bleiben auch weiterhin für die Entscheidungen und die öffentlichen Urkunden wirksam, die vor Inkrafttreten dieses Übereinkommens ergangen oder aufgenommen sind.

Art. 57

(1) Dieses Übereinkommen lässt Übereinkommen unberührt, denen die Vertragsstaaten angehören oder angehören werden und die für besondere Rechtsgebiete die gerichtliche Zuständigkeit, die Anerkennung oder die Vollstreckung von Entscheidungen regeln.

(2) Dieses übereinkommen schliesst nicht aus, dass ein Gericht eines Vertragsstaats, der Vertragspartei eines Übereinkommens nach Absatz 1 ist, seine Zuständigkeit auf ein solches übereinkommen stützt, und zwar auch dann, wenn der Beklagte seinen Wohnsitz in dem Hoheitsgebiet eines Vertragsstaats hat, der nicht Vertragspartei eines solchen Übereinkommens ist. In jedem Fall wendet dieses Gericht Artikel 20 an.

---

[4] SR **0.276.193.321**
[5] SR **0.276.191.361**
[6] SR **0.276.194.541**
[7] SR **0.276.197.141**
[8] SR **0.276.191.721**
[9] SR **0.276.191.632**

(3) Entscheidungen, die in einem Vertragsstaat von einem Gericht erlassen worden sind, das seine Zuständigkeit auf ein in Absatz 1 bezeichnetes Übereinkommen gestützt hat, werden in den anderen Vertragsstaaten nach Titel III anerkannt und vollstreckt.

(4) Ausser aus den in Titel III vorgesehenen Gründen kann die Anerkennung oder Vollstreckung versagt werden, wenn der ersuchte Staat nicht Vertragspartei eines in Absatz 1 bezeichneten Übereinkommens ist und wenn die Person, gegen die die Anerkennung oder Vollstreckung geltend gemacht wird, ihren Wohnsitz in diesem Staat hat, es sei denn, dass die Entscheidung nach einer anderen Rechtsvorschrift des ersuchten Staates anerkannt oder vollstreckt werden kann.

(5) Sind der Ursprungsstaat und der ersuchte Staat Vertragsparteien eines in Absatz 1 bezeichneten Übereinkommens, welches die Voraussetzungen für die Anerkennung und Vollstreckung von Entscheidungen regelt, so gelten diese Voraussetzungen. In jedem Fall können die Bestimmungen des vorliegenden Übereinkommens über das Verfahren zur Anerkennung und Vollstreckung von Entscheidungen angewandt werden.

Art. 58

(Gegenstandslos)

Art. 59

Dieses Übereinkommen hindert einen Vertragsstaat nicht, sich gegenüber einem dritten Staat im Rahmen eines Abkommens über die Anerkennung und Vollstreckung von Urteilen zu verpflichten, Entscheidungen der Gerichte eines anderen Vertragsstaats gegen Beklagte, die ihren Wohnsitz oder gewöhnlichen Aufenthalt in dem Hoheitsgebiet des dritten Staates haben, nicht anzuerkennen, wenn die Entscheidungen in den Fällen des Artikels 4 nur in einem der in Artikel 3 Absatz 2 angeführten Gerichtsstände ergehen können.

Kein Vertragsstaat kann sich jedoch gegenüber einem dritten Staat verpflichten, eine Entscheidung nicht anzuerkennen, die in einem anderen Vertragsstaat durch ein Gericht gefällt wurde, dessen Zuständigkeit auf das Vorhandensein von Vermögenswerten des Beklagten in diesem Staat oder die Beschlagnahme von dort vorhandenem Vermögen durch den Kläger gegründet ist,

1. wenn die Klage erhoben wird, um Eigentums- oder Inhaberrechte hinsichtlich dieses Vermögens festzustellen oder anzumelden oder um Verfügungsgewalt darüber zu erhalten, oder wenn die Klage sich aus einer anderen Streitsache im Zusammenhang mit diesem Vermögen ergibt, oder
2. wenn das Vermögen die Sicherheit für einen Anspruch darstellt, der Gegenstand des Verfahrens ist.

Titel VIII: Schlussbestimmungen [Art. 60–67 nicht abgedruckt]

Art. 68

Dieses Übereinkommen ist in einer Urschrift in dänischer, deutscher, englischer, finnischer, französischer, griechischer, irischer, isländischer, italienischer, niederländischer, norwegischer, portugiesischer, schwedischer und spanischer Sprache abgefasst, wobei jeder Wortlaut gleichermassen verbindlich ist; es wird im Archiv des

Schweizerischen Bundesrates hinterlegt, der den Regierungen der Staaten, die auf der diplomatischen Konferenz von Lugano vertreten waren, und jedem beitretenden Staat eine beglaubigte Abschrift übermittelt.

Zu *Urkund dessen* haben die unterzeichneten Bevollmächtigten ihre Unterschrift unter dieses übereinkommen gesetzt.

Geschehen zu Lugano am sechzehnten September neunzehnhundertachtundachtzig.

(Es folgen die Unterschriften)

Protokoll Nr. 1
über bestimmte Zuständigkeits-, Verfahrens- und Vollstreckungsfragen

Die hohen Vertragsparteien

haben nachstehende Bestimmungen vereinbart, die dem Übereinkommen beigefügt werden:

Art. I

Jede Person, die ihren Wohnsitz in Luxemburg hat und vor dem Gericht eines anderen Vertragsstaats aufgrund des Artikels 5 Nummer 1 verklagt wird, kann die Unzuständigkeit dieses Gerichts geltend machen. Lässt sich der Beklagte auf das Verfahren nicht ein, so erklärt sich das Gericht von Amts wegen für unzuständig.

Jede Gerichtsstandsvereinbarung im Sinne des Artikels 17 ist für eine Person, die ihren Wohnsitz in Luxemburg hat, nur dann wirksam, wenn diese sie ausdrücklich und besonders angenommen hat.

Art. I*a*

(1) Die Schweizerische Eidgenossenschaft behält sich das Recht vor, bei der Hinterlegung der Ratifikationsurkunde zu erklären, dass eine in einem anderen Vertragsstaat ergangene Entscheidung in der Schweiz nicht anerkannt oder vollstreckt wird, wenn

a) die Zuständigkeit des Gerichts, das die Entscheidung erlassen hat, sich nur auf Artikel 5 Nummer 1 des Übereinkommens stützt;

b) der Beklagte zum Zeitpunkt der Einleitung des Verfahrens seinen Wohnsitz in der Schweiz hatte; im Sinne dieses Artikels hat eine Gesellschaft oder juristische Person ihren Sitz in der Schweiz, wenn ihr statutarischer Sitz und der tatsächliche Mittelpunkt ihrer Tätigkeit in der Schweiz liegen und

c) der Beklagte gegen die Anerkennung oder die Vollstreckung der Entscheidung in der Schweiz Einspruch erhebt, sofern er nicht auf den Schutz der in diesem Absatz vorgesehenen Erklärung verzichtet hat.

(2) Dieser Vorbehalt ist nicht anzuwenden, soweit in dem Zeitpunkt, zu dem die Anerkennung oder Vollstreckung beantragt wird, eine Änderung von Artikel 59 der Schweizerischen Bundesverfassung[10] stattgefunden hat. Der Schweizerische Bundesrat teilt solche Änderungen den Unterzeichnerstaaten und den beitretenden Staaten mit.

(3) Dieser Vorbehalt wird am 31. Dezember 1999 unwirksam. Er kann jederzeit zurückgezogen werden.

[...]

---

[10] SR **101**

Art. V*d*

Unbeschadet der Zuständigkeit des Europäischen Patentamts nach dem am 5. Oktober 1973[11] in München unterzeichneten Übereinkommen über die Erteilung europäischer Patente sind die Gerichte eines jeden Vertragsstaats ohne Rücksicht auf den Wohnsitz der Parteien für alle Verfahren ausschliesslich zuständig, welche die Erteilung oder die Gültigkeit eines europäischen Patents zum Gegenstand haben, das für diesen Staat erteilt wurde und kein Gemeinschaftspatent nach Artikel 86 des am 15. Dezember 1975 in Luxemburg unterzeichneten Übereinkommens über das europäische Patent für den Gemeinsamen Markt ist.

Geltungsbereich des Übereinkommens am 1. Mai 1998

Vertragsstaaten	Ratifikation		In-Kraft-Treten	
Belgien	31. Juli	1997	1. Oktober	1997
Dänemark*	20. Dezember	1995	1. März	1996
Deutschland*	14. Dezember	1994	1. März	1995
Finnland*	27. April	1993	1. Juli	1993
Frankreich*	3. August	1990	1. Januar	1992
Griechenland*	11. Juni	1997	1. September	1997
Irland	27. September	1993	1. Dezember	1993
Island*	11. September	1995	1. Dezember	1995
Italien	22. September	1992	1. Dezember	1992
Luxemburg	5. November	1991	1. Februar	1992
Niederlande*	23. Januar	1990	1. Januar	1992
Norwegen	2. Februar	1993	1. Mai	1993
Österreich*	27. Juni	1996	1. September	1996
Portugal	14. April	1992	1. Juli	1992
Schweiz*	18. Oktober	1991	1. Januar	1992
Schweden*	9. Oktober	1992	1. Januar	1993
Spanien	30. August	1994	1. November	1994
Vereinigtes Königreich*	5. Februar	1992	1. Mai	1992

* Vorbehalte und Erklärungen siehe hiernach.

---

[11] SR **0.232.142.2**

Vorbehalte und Erklärungen

Dänemark

Vorbehältlich eines späteren Entscheides ist das Übereinkommen nicht auf die Inseln Färöer und Grönland anwendbar.

Deutschland

Die Bundesrepublik Deutschland erklärt den in Artikel IV des Protokolls Nummer 1 zum Übereinkommen vorgesehenen Widerspruch.

Finnland

Aufgrund einer finnischen Gesetzesänderung soll der Antrag nach Artikel 32 des Übereinkommens bei dem käräjäoikeus/tingsrätt eingereicht werden.

Frankreich

Indem die Französische Republik dieses Übereinkommen und die ihm beigefügten Protokolle ratifiziert, erklärt sie gemäss Artikel Ib des Protokolls Nr. 1, dass sie sich das Recht vorbehält, in den Vertragsstaaten ergangene Entscheidungen nicht anzuerkennen und zu vollstrecken, wenn die Zuständigkeit des Gerichts des Ursprungsstaates nach Artikel 16 Nummer 1 Buchstabe b ausschliesslich dadurch begründet ist, dass der Beklagte seinen Wohnsitz in dem Ursprungsstaat hat und die unbewegliche Sache in dem Hoheitsgebiet der Französischen Republik gelegen ist.

Griechenland

Die Republik Griechenland behält sich in Anwendung von Artikel Ib des Protokolls Nummer 1 zum Übereinkommen vor, in anderen Vertragsstaaten ergangene Entscheidungen nicht anzuerkennen und nicht zu vollstrecken, wenn die Zuständigkeit des Gerichts des Ursprungsstaats nach Artikel 16 Nummer 1 Buchstabe b ausschliesslich dadurch begründet ist, dass der Beklagte seinen Wohnsitz in dem Ursprungsstaat hat und die unbewegliche Sache im Hoheitsgebiet der Republik Griechenland belegen ist.

Island

Das Ministerium für auswärtige Angelegenheiten informiert gemäss Artikel VI des Protokolls Nummer 1 des genannten Übereinkommens, dass Artikel 77 des Gesetzes über den Zivilprozess (Gesetz 85/1936), auf den sich Artikel 3 des Übereinkommens bezieht, aufgehoben und ersetzt wurde durch Artikel 32 Absatz 4 des neuen Gesetzes über den Zivilprozess (Gesetz 91/1991). Kapitel III des Gesetzes über Arrest und gerichtliche Verfügungen (lög um kyrrsetningu og lögbann), auf das sich Artikel 54a Nummer 7 des genannten Übereinkommens bezieht, wurde aufgehoben und ersetzt durch Kapitel IV des Gesetzes über Arrest und gerichtliche Verfügungen (lög um kyrrsetningu og lögbann) Nummer 31 vom 23. April 1990, in Kraft getreten am 1. Juli 1992.

Niederlande

Das Übereinkommen gilt für das Königreich in Europa.

Österreich

Die Republik Österreich erklärt den im Artikel IV Absatz 2 des Protokolls Nummer 1 über bestimmte Zuständigkeits-, Verfahrens- und Vollstreckungsfragen vorgesehenen Widerspruch. Nach Artikel 32 Absatz 1 ist der Antrag in Österreich an das «Landesgericht beziehungsweise das Kreisgericht» zu richten. Nach Artikel 37 Absatz 1 und Artikel 40 Absatz 1 ist ein Rechtsbehelf in Österreich bei dem «Landesgericht beziehungsweise dem Kreisgericht» einzulegen (als Eingangsgericht). Aufgrund der Änderung des § 82 der Exekutionsordnung durch die Exekutionsordnungsnovelle 1995 (Bundesgesetz vom 8. Aug. 1995, BGBl. Nr. 519) ist zur Vollstreckbarerklärung eines ausländischen Exekutionstitels nunmehr seit 1. Oktober 1995 das «Bezirksgericht» zuständig. Rechtsbehelfe gegen Entscheidungen sind ebenfalls bei dem «Bezirksgericht» einzulegen (als Eingangsgericht).

Schweden

Schweden erklärt, sich dem in Artikel IV Absatz 2 des Protokolls Nr. 1 beschriebenen Verfahren zu widersetzen, wonach Schriftstücke auch von den gerichtlichen Amtspersonen des Staates, in dem sie angefertigt worden sind, unmittelbar den gerichtlichen Amtspersonen des Staates übersendet werden können, in dessen Hoheitsgebiet sich die Person befindet, für welche das Schritftstück bestimmt ist.

Schweiz[12]

Die Schweizerische Eidgenossenschaft behält sich das in Artikel Ia des Protokolls Nr. 1 vorgesehene Recht vor, eine in einem anderen Vertragsstaat ergangene Entscheidung in der Schweiz nicht anzuerkennen oder zu vollstrecken, wenn

a) die Zuständigkeit des Gerichts, das die Entscheidung erlassen hat, sich nur auf Artikel 5 Nummer 1 des Übereinkommens stützt;

b) der Beklagte zum Zeitpunkt der Einleitung des Verfahrens seinen Wohnsitz in der Schweiz hatte; im Sinne dieses Artikels hat eine Gesellschaft oder juristische Person ihren Sitz in der Schweiz, wenn ihr statutarischer Sitz und der tatsächliche Mittelpunkt ihrer Tätigkeit in der Schweiz liegen und

c) der Beklagte gegen die Anerkennung oder die Vollstreckung der Entscheidung in der Schweiz Einspruch erhebt, sofern er nicht auf den Schutz der in diesem Absatz vorgesehenen Erklärung verzichtet hat.

Die Schweizerische Eidgenossenschaft behält sich das in Artikel IV Absatz 2 des Protokolls Nr. 1 vorgesehene Recht vor, für die Zustellung von Schriftstücken zwischen gerichtlichen Amtspersonen von und nach der Schweiz die Einhaltung abweichender Formen zu verlangen.

Vereinigtes Königreich

Das Übereinkommen wird nur in Bezug auf das Vereinigte Königreich Grossbritannien und Nordirland ratifiziert. Das Vereinigte Königreich behält sich das Recht vor, den Anwendungsbereich des Übereinkommens zu einem späteren Zeitpunkt auf irgendein Gebiet auszudehnen, für dessen internationale Beziehungen die Regierung des Vereinigten Königreichs verantwortlich ist, und verpflichtet sich, alle Bestimmungen des Übereinkommens getreu einzuhalten.

---

[12] Art. 1 Abs. 3 des BB vom 14. Dez. 1990 (AS **1991** 2435)

Übersetzung[1]

Abkommen zur Errichtung der Welthandelsorganisation

Abgeschlossen in Marrakesch am 15. April 1994
Von der Bundesversammlung genehmigt am 16. Dezember 1994[2]
Schweizerische Ratifikationsurkunde hinterlegt am 1. Juni 1995
Inkrafttreten für die Schweiz am 1. Juli 1995
   (Stand am 1. Dezember 1998)

Abkommen über handelsbezogene Aspekte der Rechte an geistigem Eigentum

Teil I: Allgemeine Bestimmungen und Grundsätze

[Hinweis der Herausgeber: die allgemeinen Bestimmungen des TRIPS sind vorne, unter Markenrecht, abgedruckt; die Bestimmungen zu den einzelnen Schutzrechten bei den jeweiligen Schutzrechten]

Teil III Durchsetzung der Rechte an geistigem Eigentum

Abschnitt 1: Allgemeine Pflichten

Art. 41

1. Die Mitglieder stellen sicher, dass ihr Recht die in diesem Teil aufgeführten Verfahren zur Rechtsdurchsetzung vorsieht, um ein wirksames Vorgehen gegen jede Verletzung von unter das Abkommen fallenden Rechten an geistigem Eigentum einschliesslich schneller Abhilfemassnahmen zur Verhinderung von Verletzungen und Abhilfemassnahmen zur Abschreckung von weiteren Verletzungen zu ermöglichen. Diese Verfahren sind so anzuwenden, dass die Errichtung von Schranken für den rechtmässigen Handel vermieden wird und dass der Schutz vor ihrem Missbrauch gewährleistet ist.

2. Die Verfahren zur Durchsetzung von Rechten an geistigem Eigentum müssen gerecht und billig sein. Sie dürfen weder unnötig kompliziert oder kostspielig sein noch unangemessene Fristen oder ungerechtfertigte Verzögerungen mit sich bringen.

3. Die Sachentscheide sind vorzugsweise schriftlich abzufassen und mit Gründen zu versehen. Sie müssen zumindest den Verfahrensparteien ohne ungehörige Verzögerung zugänglich gemacht werden. Die Sachentscheide dürfen sich nur auf Beweise stützen, zu denen die Parteien sich äussern konnten.

---

[1] Der französische Originaltext findet sich unter der gleichen Nummer in der entsprechenden Ausgabe dieser Sammlung.
[2] AS **1995 2113**

4. Die Verfahrensparteien müssen die Möglichkeit haben, gegen abschliessende Entscheide der Verwaltungsbehörden und, vorbehaltlich der Zuständigkeitsbestimmungen im Recht des Mitglieds in bezug auf die Bedeutung eines Falles, zumindest auch die rechtlichen Aspekte der erstinstanzlichen Sachentscheide der Gerichte durch eine Justizbehörde überprüfen zu lassen. Es besteht jedoch keine Verpflichtung, eine Möglichkeit zur Überprüfung von Freisprüchen in Strafsachen vorzusehen.

5. Es herrscht Einigkeit darüber, dass dieser Teil weder die Verpflichtung begründet, ein gerichtliches System für die Durchsetzung der Rechte an geistigem Eigentum getrennt von derjenigen für die Durchsetzung des Rechts im allgemeinen zu schaffen, noch die Möglichkeit der Mitglieder berührt, ihr Recht im allgemeinen durchzusetzen. Dieser Teil begründet keine Verpflichtung, ein eigenes, von der Durchsetzung des Rechts im allgemeinen getrenntes gerichtliches System zur Durchsetzung der Rechte an geistigem Eigentum vorzusehen.

Abschnitt 2: Zivil- und verwaltungsrechtliche Verfahren und Abhilfemassnahmen

Art. 42   **Gerechte und billige Verfahren**

Die Mitglieder machen den Rechtsinhabern[3] Zivilverfahren für die Durchsetzung der unter dieses Abkommen fallenden Rechte an geistigem Eigentum zugänglich. Die beklagte Partei hat Anspruch auf rechtzeitige schriftliche Benachrichtigung, die genügend Einzelheiten einschliesslich der Anspruchsgrundlage enthalten muss. Den Parteien ist zu gestatten, sich durch einen unabhängigen Prozessbevollmächtigten vertreten zu lassen, und es darf ihnen in den Verfahren keine unzumutbare Pflicht zum persönlichen Erscheinen auferlegt werden. Die Parteien dieser Verfahren sind berechtigt, ihre Behauptungen zu substantiieren und alle zweckdienlichen Beweismittel beizubringen. In den Verfahren sind Mittel vorzusehen, mit denen vertrauliche Informationen gekennzeichnet und geschützt werden, sofern dies nicht den verfassungsrechtlichen Vorschriften widerspricht.

Art. 43   **Beweismittel**

1. Hat eine Partei als Beleg für ihre Behauptungen in angemessener Weise verfügbare Beweismittel beigebracht und Beweismittel benannt, die sich in der Verfügungsgewalt der Gegenpartei befinden, so sind die Justizbehörden befugt anzuordnen, dass diese Beweismittel von der Gegenpartei beigebracht werden, gegebenenfalls mit gewissen Auflagen zum Schutz vertraulicher Informationen.

2. Für die Fälle, in denen eine Verfahrenspartei absichtlich und ohne triftigen Grund den Zugang zu notwendigen Informationen verweigert oder diese nicht innerhalb einer angemessenen Frist beibringt oder auf andere Weise ein Verfahren zur Durchsetzung eines Rechts wesentlich behindert, können die Mitglieder die Justizbehörden ermächtigen, auf der Grundlage der diesen vorliegenden Informationen, einschliesslich der Klageschrift und des Vorbringens der durch die Verweigerung des Zugangs zu den Informationen beeinträchtigten Partei, positive oder negative vorläufige oder endgültige Entscheide zu treffen; zuvor ist den Parteien Gelegenheit zu geben, sich zu dem Vorbringen oder den Beweismitteln zu äussern.

---

[3] In diesem Teil gelten als «Rechtsinhaber» auch Verbände und Vereinigungen, die rechtlich befugt sind, solche Rechte geltend zu machen.

Art. 44 **Unterlassungsanordnungen**

1. Die Justizbehörden sind befugt, eine Partei anzuweisen, von einer Verletzung abzulassen, unter anderem um zu verhindern, dass eingeführte Waren, die ein Recht an geistigem Eigentum verletzen, unmittelbar nach ihrer Verzollung in die Handelswege ihres Zuständigkeitsbereichs gelangen. Die Mitglieder sind nicht verpflichtet, diese Befugnis für einen geschützten Gegenstand zu erteilen, der von einer Person erworben oder bestellt wird, bevor sie weiss oder aufgrund der Umstände wissen muss, dass der Handel mit diesem Gegenstand ein Recht an geistigem Eigentum verletzt.

2. Sofern die Bestimmungen von Teil II über die Benutzung ohne Erlaubnis des Rechtsinhabers durch die Regierung oder durch von der Regierung ermächtigte Dritte eingehalten werden, können die Mitglieder abweichend von den übrigen Bestimmungen von Teil III die gegen eine solche Benutzung zur Verfügung stehenden Abhilfemassnahmen auf die Zahlung einer Vergütung gemäss Artikel 31 Buchstabe h beschränken. In anderen Fällen finden die in diesem Teil festgelegten Abhilfemassnahmen Anwendung, oder es sind, falls diese Abhilfemassnahmen mit dem Recht des Mitglieds unvereinbar sind, Feststellungsurteile und angemessene Entschädigung vorzusehen.

Art. 45 **Schadensersatz**

1. Die Justizbehörden sind befugt, den Zuwiderhandelnden anzuweisen, dem Rechtsinhaber den Schadensersatz zu leisten, der als Ausgleich für den Schaden angemessen ist, den der Rechtsinhaber aufgrund der Verletzung seines Rechts an geistigem Eigentum durch den Zuwiderhandelnden erlitten hat, der wusste oder aufgrund der Umstände wissen musste, dass er eine Verletzung beging.

2. Die Justizbehörden sind ferner befugt, den Zuwiderhandelnden anzuweisen, dem Rechtsinhaber die Kosten zu erstatten, zu denen auch angemessene Anwaltskosten gehören können. Gegebenenfalls können die Mitglieder die Justizbehörden ermächtigen, die Herausgabe der Gewinne und/oder die Leistung eines zuvor festgesetzten Schadensersatzes selbst dann anzuordnen, wenn der Zuwiderhandelnde nicht wusste oder nicht aufgrund der Umstände wissen musste, dass er eine Verletzung beging.

Art. 46 **Sonstige Abhilfemassnahmen**

Um wirksam von Verletzungen abzuschrecken, sind die Justizbehörden befugt anzuordnen, dass über Waren, die nach ihren Feststellungen ein Recht verletzen, ohne Entschädigung ausserhalb der Handelswege so verfügt wird, dass dem Rechtsinhaber kein Schaden entstehen kann, oder dass sie vernichtet oder zerstört werden, sofern dies nicht den verfassungsrechtlichen Erfordernissen zuwiderläuft. Die Justizbehörden sind ferner befugt anzuordnen, dass über Materialien und Werkzeuge, die vorwiegend zur Herstellung der rechtsverletzenden Waren verwendet wurden, ohne Entschädigung ausserhalb der Handelswege so verfügt wird, dass die Gefahr weiterer Verletzungen möglichst gering gehalten wird. Bei der Prüfung entsprechender Anträge sind die Notwendigkeit eines angemessenen Verhältnisses zwischen der Schwere der Verletzung und den angeordneten Abhilfemassnahmen sowie die Interessen Dritter zu berücksichtigen. Bei nachgeahmten Markenwaren ist die blosse Entfernung der rechtswidrig angebrachten Marke für die Überlassung der Waren in die Handelswege nur in Ausnahmefällen ausreichend.

Art. 47 **Recht auf Auskunft**

Die Mitglieder können vorsehen, dass die Justizbehörden befugt sind, den Zuwiderhandelnden anzuweisen, den Rechtsinhaber von der Identität Dritter, die an der Herstellung und an der Verbreitung der rechtsverletzenden Waren oder Dienstleistungen beteiligt sind, und von ihren Verbreitungswegen in Kenntnis zu setzen, sofern diese Massnahme der Schwere der Verletzung angemessen ist.

Art. 48 **Entschädigung des Beklagten**

1. Die Justizbehörden sind befugt, eine Partei, auf deren Antrag Massnahmen getroffen wurden und die Verfahren zur Rechtsdurchsetzung missbräuchlich benutzt hat, anzuweisen, einer zu Unrecht mit einem Verbot oder einer Beschränkung belegten Partei angemessenen Ersatz für den durch einen solchen Missbrauch erlittenen Schaden zu leisten. Die Justizbehörden sind ferner befugt, den Antragsteller anzuweisen, dem Beklagten die Kosten zu erstatten, zu denen auch angemessene Anwaltskosten gehören können.

2. In bezug auf die Anwendung von Rechtsvorschriften über den Schutz oder die Durchsetzung der Rechte an geistigem Eigentum stellen die Mitglieder Behörden und Beamte von der Haftung nur frei, wenn sie bei der Anwendung dieser Rechtsvorschriften gutgläubig gehandelt oder zu handeln beabsichtigt haben.

Art. 49 **Verwaltungsrechtliche Verfahren**

Soweit in verwaltungsrechtlichen Verfahren als Folge von Sachentscheiden zivilrechtliche Abhilfemassnahmen angeordnet werden können, müssen diese Verfahren Grundsätzen entsprechen, die im wesentlichen den in diesem Abschnitt dargelegten Grundsätzen gleichwertig sind.

Abschnitt 3: Vorsorgliche Massnahmen

Art. 50

1. Die Justizbehörden sind befugt, umgehende und wirksame vorsorgliche Massnahmen anzuordnen,
a) um die Verletzung eines Rechts an geistigem Eigentum zu verhindern und um insbesondere zu verhindern, dass Waren, einschliesslich eingeführter Waren unmittelbar nach der Verzollung, in die Handelswege ihres Zuständigkeitsbereichs gelangen;
b) um Beweise für die behauptete Verletzung zu sichern.

2. Die Justizbehörden sind befugt, soweit angebracht, vorsorgliche Massnahmen ohne Anhörung der anderen Partei zu treffen, insbesondere wenn wahrscheinlich ist, dass dem Rechtsinhaber durch eine Verzögerung ein nicht wiedergutzumachender Schaden entsteht, oder wenn nachweislich die Gefahr besteht, dass Beweismittel vernichtet werden.

3. Die Justizbehörden sind befugt, vom Antragsteller zu verlangen, soweit zumutbar, Beweismittel beizubringen, um sich mit hinreichender Sicherheit davon überzeugen zu können, dass der Antragsteller der Inhaber des Rechts ist und dass das Recht des Antragstellers verletzt wird oder dass eine solche Verletzung droht; sie können vom Antragsteller eine Kaution oder eine gleichwertige Sicherheit verlangen, die ausreicht, um den Beklagten zu schützen und einem Missbrauch vorzubeugen.

4. Werden vorsorgliche Massnahmen ohne Anhörung der anderen Partei getroffen, so sind sie den betroffenen Parteien spätestens unverzüglich nach der Durchführung der Massnahmen mitzuteilen. Der Beklagte kann eine Überprüfung der Massnahmen, die das Recht zur Äusserung einschliesst, beantragen, die innerhalb einer angemessenen Frist nach der Mitteilung feststellen soll, ob die Massnahmen geändert, aufgehoben oder bestätigt werden.

5. Vom Antragsteller kann verlangt werden, weitere Auskünfte zu geben, die für die Sicherung der Identität der betreffenden Waren durch die Behörde, welche die vorsorglichen Massnahmen durchführt, notwendig sind.

6. Unbeschadet des Absatzes 4 werden aufgrund der Absätze 1 und 2 getroffene vorsorgliche Massnahmen auf Antrag des Beklagten aufgehoben oder auf andere Weise ausser Kraft gesetzt, falls ein zu einem Sachentscheid führendes Verfahren nicht innerhalb einer angemessenen Frist eingeleitet wird; diese wird entweder von der die Massnahme anordnenden Justizbehörde festgesetzt, sofern dies nach dem Recht des Mitglieds zulässig ist; ohne eine solche Festsetzung beträgt die Frist höchstens 20 Arbeitstage oder 31 Kalendertage, sofern letzterer Zeitraum der längere ist.

7. Werden vorsorgliche Massnahmen aufgehoben oder werden sie aufgrund einer Handlung oder einer Unterlassung des Antragstellers hinfällig oder wird in der Folge festgestellt, dass keine Verletzung eines Rechts an geistigem Eigentum vorlag oder drohte, so sind die Justizbehörden befugt, auf Antrag des Beklagten den Antragsteller anzuweisen, dem Beklagten angemessenen Ersatz für den durch diese Massnahmen entstandenen Schaden zu leisten.

8. Soweit in verwaltungsrechtlichen Verfahren vorsorgliche Massnahmen angeordnet werden können, müssen diese Verfahren Grundsätzen entsprechen, die im wesentlichen den in diesem Abschnitt dargelegten Grundsätzen gleichwertig sind.

Abschnitt 4: Besondere Voraussetzungen für Massnahmen an der Grenze[4]

Art. 51   Aussetzung der Freigabe durch die Zollbehörden

Die Mitglieder sehen nach den nachstehenden Bestimmungen Verfahren[5] vor, in denen ein Rechtsinhaber, der triftige Gründe zu der Annahme hat, dass es zur Einfuhr von nachgeahmten Markenwaren oder unerlaubt hergestellten urheberrechtlich geschützten Waren[6] kommen kann, bei den zuständigen Verwaltungs- oder Justizbehörden schriftlich beantragen kann, dass die Zollbehörden die Freigabe dieser Waren aussetzen. Die Mitglieder können vorsehen, dass ein solcher Antrag auch in bezug auf Waren gestellt werden kann, bei denen es um andere Verletzungen von Rechten an geistigem Eigentum geht, sofern die Voraussetzungen dieses Abschnitts erfüllt sind. Die Mitglieder können ferner entsprechende Verfahren für die Aussetzung der Freigabe von Waren, die für die Ausfuhr aus ihrem Hoheitsgebiet bestimmt sind, durch die Zollbehörden vorsehen.

---

[4] Hat ein Mitglied die Überwachung des Verkehrs mit Waren über seine Grenze mit einem anderen Mitglied, mit dem es Teil einer Zollunion ist, im wesentlichen abgebaut, so braucht es die Bestimmungen dieses Abschnitts an der betreffenden Grenze nicht anzuwenden.

[5] Es herrscht Einigkeit darüber, dass keine Verpflichtung besteht, diese Verfahren auf die Einfuhr von Waren, die in einem anderen Land vom Rechtsinhaber oder mit seiner Zustimmung in den Verkehr gebracht wurden, oder auf Transitwaren anzuwenden.

[6] Im Sinne des Abkommens sind:

Art. 52   **Antrag**

Die Rechtsinhaber, welche die Verfahren nach Artikel 51 einleiten wollen, müssen angemessene Beweise beibringen, um die zuständigen Behörden davon zu überzeugen, dass nach dem Recht des Einfuhrlands Verdacht besteht, dass eine Verletzung ihres Rechts an geistigem Eigentum vorliegt, sowie eine hinreichend genaue Beschreibung der Waren liefern, die sie für die Zollbehörden leicht erkennbar macht. Die zuständigen Behörden teilen dem Antragsteller innerhalb einer angemessenen Frist mit, ob sie den Antrag annehmen und für welchen Zeitraum die Zollbehörden Massnahmen treffen werden, sofern von den zuständigen Behörden ein Zeitraum festgelegt worden ist.

Art. 53   **Kaution oder gleichwertige Sicherheit**

1. Die zuständigen Behörden sind befugt, vom Antragsteller eine Kaution oder eine gleichwertige Sicherheit zu verlangen, die ausreicht, um den Beklagten und die zuständigen Behörden zu schützen und einem Missbrauch vorzubeugen. Die Kaution oder die entsprechende Sicherheitsleistung darf nicht unangemessen von der Inanspruchnahme dieser Verfahren abschrecken.

2. Wird in Anwendung der Bestimmungen dieses Abschnitts die Freigabe von Waren, für die gewerbliche Muster, Patente, Layout-Designs oder vertrauliche Informationen verwendet wurden, von den Zollbehörden aufgrund eines nicht von einer Justizbehörde oder einer sonstigen unabhängigen Behörde getroffenen Entscheids ausgesetzt und ist die in Artikel 55 vorgesehene Frist abgelaufen, ohne dass die ordnungsgemäss ermächtigte Behörde eine vorläufige Massnahme getroffen hat, und sind alle anderen Voraussetzungen für die Einfuhr erfüllt, so hat der Eigentümer, der Importeur oder der Empfänger dieser Waren Anspruch auf deren Freigabe gegen Leistung einer Sicherheit in einer Höhe, die zum Schutz des Rechtsinhabers vor einer Verletzung ausreicht. Die Leistung der Sicherheit berührt nicht die Inanspruchnahme anderer Abhilfemassnahmen durch den Rechtsinhaber, wobei davon ausgegangen wird, dass die Sicherheit freigegeben wird, falls der Rechtsinhaber die Durchsetzung des Rechts nicht innerhalb einer angemessenen Frist weiterverfolgt.

Art. 54   **Mitteilung der Aussetzung**

Dem Importeur und dem Antragsteller wird die Aussetzung der Freigabe von Waren gemäss Artikel 51 umgehend mitgeteilt.

Art. 55   **Dauer der Aussetzung**

Werden die Zollbehörden nicht innerhalb von 10 Arbeitstagen, nachdem dem Antragsteller die Mitteilung der Aussetzung zugestellt worden ist, davon in Kenntnis gesetzt, dass von einer anderen Partei als dem Beklagten ein zu einem Sachentscheid füh-

---

a) «nachgeahmte Markenwaren» Waren einschliesslich ihrer Verpackung, die ohne Erlaubnis eine Marke tragen, die mit einer rechtsgültig für solche Waren eingetragenen Marke identisch ist oder die sich in ihren wesentlichen Merkmalen nicht von einer solchen Marke unterscheiden lässt, und die dadurch nach dem Recht des Einfuhrlands die Rechte des Inhabers der betreffenden Marke verletzen;

b) «unerlaubt hergestellte urheberrechtlich geschützte Waren» Waren, die ohne Zustimmung des Rechtsinhabers oder der vom Rechtsinhaber im Herstellungsland ordnungsgemäss bevollmächtigten Person hergestellte Kopien sind, die unmittelbar oder mittelbar von einem Gegenstand gemacht wurden, dessen Kopieren nach dem Recht des Einfuhrlands die Verletzung eines Urheberrechts oder eines verwandten Schutzrechts darstellt.

rendes Verfahren eingeleitet worden ist oder dass die ordnungsgemäss ermächtigte Behörde vorsorgliche Massnahmen zur Verlängerung der Aussetzung der Freigabe der Waren getroffen hat, so sind die Waren freizugeben, sofern alle anderen Voraussetzungen für die Einfuhr oder die Ausfuhr erfüllt sind; gegebenenfalls kann diese Frist um weitere 10 Arbeitstage verlängert werden. Ist ein zu einem Sachentscheid führendes Verfahren eingeleitet worden, so kann der Beklagte eine Überprüfung, die das Recht zur Äusserung einschliesst, beantragen, die innerhalb einer angemessenen Frist feststellen soll, ob die Massnahmen geändert, aufgehoben oder bestätigt werden. Abweichend von diesen Bestimmungen findet Artikel 50 Absatz 6 Anwendung, wenn die Aussetzung der Freigabe von Waren aufgrund einer vorsorglichen gerichtlichen Massnahme durchgeführt oder fortgesetzt wird.

Art. 56   **Entschädigung des Importeurs und des Eigentümers der Waren**

Die zuständigen Behörden sind befugt, den Antragsteller anzuweisen, dem Importeur, dem Empfänger und dem Eigentümer der Waren angemessenen Ersatz für den durch die rechtswidrige Zurückhaltung von Waren oder durch die Zurückhaltung von gemäss Artikel 55 freigegebenen Waren entstandenen Schaden zu leisten.

Art. 57   **Recht auf Beschau und Auskunft**

Unbeschadet des Schutzes vertraulicher Informationen ermächtigen die Mitglieder die zuständigen Behörden, dem Rechtsinhaber hinreichend Gelegenheit zu geben, die von den Zollbehörden zurückgehaltenen Waren besichtigen zu lassen, damit der Rechtsinhaber seine Behauptungen substantiieren kann. Die zuständigen Behörden sind ferner befugt, dem Importeur eine entsprechende Gelegenheit zu geben, diese Waren besichtigen zu lassen. Für die Fälle, in denen ein positiver Sachentscheid ergeht, können die Mitglieder die zuständigen Behörden ermächtigen, dem Rechtsinhaber die Namen und die Anschriften des Absenders, des Importeurs und des Empfängers sowie die Menge der betreffenden Waren mitzuteilen.

Art. 58   **Tätigwerden von Amtes wegen**

Weisen die Mitglieder die zuständigen Behörden an, von sich aus tätig zu werden und die Freigabe der Waren auszusetzen, bei denen ihnen ein Beweis des ersten Anscheins für eine Verletzung eines Rechts an geistigem Eigentum vorliegt,

a) so können die zuständigen Behörden jederzeit beim Rechtsinhaber Auskünfte einholen, die ihnen bei der Ausübung dieser Befugnisse helfen können;

b) so wird dem Importeur und dem Rechtsinhaber die Aussetzung umgehend mitgeteilt. Hat der Importeur bei den zuständigen Behörden ein Rechtsmittel gegen die Aussetzung eingelegt, so sind für die Aussetzung die Bedingungen nach Artikel 55 sinngemäss anwendbar;

c) so stellen die Mitglieder Behörden und Beamte von der Haftung nur frei, wenn ihre Handlungen in gutem Glauben vorgenommen wurden oder beabsichtigt waren.

Art. 59   **Abhilfemassnahmen**

Unbeschadet anderer Möglichkeiten des Rechtsinhabers zur Durchsetzung seines Rechts und vorbehaltlich des Rechts des Beklagten, die Überprüfung durch eine Justizbehörde zu beantragen, sind die zuständigen Behörden befugt, die Vernichtung oder Zerstörung der rechtsverletzenden Waren oder die Verfügung über sie nach den

Grundsätzen von Artikel 46 anzuordnen. Bei nachgeahmten Markenwaren gestatten die Behörden nicht die Wiederausfuhr der rechtsverletzenden Waren in unverändertem Zustand und unterstellen sie nur in Ausnahmefällen einem anderen Zollverfahren.

Art. 60   **Einfuhren geringer Mengen**

Die Mitglieder können geringe, nicht zum Handel geeignete Mengen von Waren, die sich im persönlichen Gepäck von Reisenden oder in Kleinsendungen befinden, von der Anwendung der vorstehenden Bestimmungen ausnehmen.

Abschnitt 5: Strafverfahren

Art. 61

Die Mitglieder sehen Strafverfahren und Strafen vor, die zumindest bei gewerbsmässiger vorsätzlicher Nachahmung von Markenwaren und bei gewerbsmässiger vorsätzlicher unerlaubter Herstellung urheberrechtlich geschützter Waren Anwendung finden. Die vorzusehenden Rechtsfolgen umfassen Freiheits- und/oder Geldstrafen, die ausreichen, um abschreckend zu wirken, und dem Strafmass entsprechen, das bei entsprechend schweren Straftaten angewandt wird. Gegebenenfalls umfassen die vorzusehenden Rechtsfolgen auch die Beschlagnahmung, die Einziehung und die Vernichtung oder Zerstörung der rechtsverletzenden Waren und der Materialien und Werkzeuge, die vorwiegend zur Begehung der Straftat verwendet wurden. Die Mitglieder können Strafverfahren und Strafen für andere Fälle der Verletzung von Rechten an geistigem Eigentum vorsehen, insbesondere wenn die Handlungen vorsätzlich und gewerbsmässig begangen werden.

Teil IV   Erwerb und Aufrechterhaltung der Rechte an geistigem Eigentum und damit zusammenhängende Verfahren inter partes

Art. 62

1. Die Mitglieder können als Voraussetzung für den Erwerb oder die Aufrechterhaltung der in Teil II Abschnitte 2–6 vorgesehenen Rechte an geistigem Eigentum die Einhaltung angemessener Verfahren und Formalitäten vorschreiben. Diese Verfahren und Formalitäten müssen mit den Bestimmungen dieses Abkommens vereinbar sein.

2. Setzt der Erwerb eines Rechts an geistigem Eigentum die Gewährung oder die Eintragung des Rechts voraus, so stellen die Mitglieder sicher, dass vorbehaltlich der Erfüllung der inhaltlichen Voraussetzungen für den Erwerb des Rechts die Verfahren für die Gewährung oder die Eintragung die Gewährung oder die Eintragung des Rechts innerhalb einer angemessenen Frist ermöglichen, um eine ungerechtfertigte Verkürzung der Schutzdauer zu vermeiden.

3. Artikel 4 der Pariser Verbandsübereinkunft (1967) ist auf Dienstleistungsmarken sinngemäss anwendbar.

4. Die Verfahren für den Erwerb und die Aufrechterhaltung von Rechten an geistigem Eigentum und, sofern im Recht des Mitglieds vorgesehen, die verwaltungsrechtliche Aufhebung und die Verfahren inter partes wie Widerspruch, Aufhebung und Löschung unterliegen den in Artikel 41 Absätze 2 und 3 dargelegten allgemeinen Grundsätzen.

5. Die abschliessenden Verwaltungsentscheide in den Verfahren nach Absatz 4 unterliegen der Überprüfung durch eine Justizbehörde oder eine justizähnliche Behörde. Es besteht jedoch keine Verpflichtung, die Möglichkeit zu einer solchen Überprüfung von Entscheiden für die Fälle des erfolglosen Widerspruchs und der verwaltungsrechtlichen Aufhebung vorzusehen, sofern die Gründe für diese Verfahren Gegenstand von Anfechtungsverfahren sein können.

Berichtigung der Richtlinie 2004/48/EG des Europäischen Parlaments und des Rates vom 29. April 2004 zur Durchsetzung der Rechte des geistigen Eigentums

(Amtsblatt der Europäischen Union L 157 vom 30. April 2004)

Die Richtlinie 2004/48/EG erhält folgende Fassung:

Richtlinie 2004/48/EG des Europäischen Parlaments und des Rates
vom 29. April 2004
zur Durchsetzung der Rechte des geistigen Eigentums

(Text von Bedeutung für den EWR)

DAS EUROPÄISCHE PARLAMENT UND DER RAT DER EUROPÄISCHEN UNION —

gestützt auf den Vertrag zur Gründung der Europäischen Gemeinschaft, insbesondere auf Artikel 95,

auf Vorschlag der Kommission,

nach Stellungnahme des Europäischen Wirtschafts- und Sozialausschusses[1],

nach Anhörung des Ausschusses der Regionen,

gemäss dem Verfahren des Artikels 251 des Vertrags[2],

in Erwägung nachstehender Gründe:

[1] Damit der Binnenmarkt verwirklicht wird, müssen Beschränkungen des freien Warenverkehrs und Wettbewerbsverzerrungen beseitigt werden, und es muss ein Umfeld geschaffen werden, das Innovationen und Investitionen begünstigt. Vor diesem Hintergrund ist der Schutz geistigen Eigentums ein wesentliches Kriterium für den Erfolg des Binnenmarkts. Der Schutz geistigen Eigentums ist nicht nur für die Förderung von Innovation und kreativem Schaffen wichtig, sondern auch für die Entwicklung des Arbeitsmarkts und die Verbesserung der Wettbewerbsfähigkeit.

---

[1] ABl. C 32 vom 5.2.2004, S. 15.
[2] Stellungnahme des Europäischen Parlaments vom 9. März 2004 (noch nicht im Amtsblatt erschienen) und Beschluss des Rates vom 26. April 2004.

² Der Schutz geistigen Eigentums soll Erfinder oder Schöpfer in die Lage versetzen, einen rechtmässigen Gewinn aus ihren Erfindungen oder Werkschöpfungen zu ziehen. Er soll auch die weitestgehende Verbreitung der Werke, Ideen und neuen Erkenntnisse ermöglichen. Andererseits soll er weder die freie Meinungsäusserung noch den freien Informationsverkehr, noch den Schutz personenbezogener Daten behindern; dies gilt auch für das Internet.

³ Ohne wirksame Instrumente zur Durchsetzung der Rechte des geistigen Eigentums werden jedoch Innovation und kreatives Schaffen gebremst und Investitionen verhindert. Daher ist darauf zu achten, dass das materielle Recht auf dem Gebiet des geistigen Eigentums, das heute weitgehend Teil des gemeinschaftlichen Besitzstands ist, in der Gemeinschaft wirksam angewandt wird. Daher sind die Instrumente zur Durchsetzung der Rechte des geistigen Eigentums von zentraler Bedeutung für den Erfolg des Binnenmarkts.

⁴ Auf internationaler Ebene sind alle Mitgliedstaaten — wie auch die Gemeinschaft selbst in Fragen, die in ihre Zuständigkeit fallen,— an das durch den Beschluss 94/800/EG des Rates[3] gebilligte Übereinkommen über handelsbezogene Aspekte der Rechte des geistigen Eigentums (TRIPS-Übereinkommen), das im Rahmen der multilateralen Verhandlungen der Uruguay-Runde geschlossen wurde, gebunden.

⁵ Das TRIPS-Übereinkommen enthält vornehmlich Bestimmungen über die Instrumente zur Durchsetzung der Rechte des geistigen Eigentums, die gemeinsame, international gültige Normen sind und in allen Mitgliedstaaten umgesetzt wurden. Diese Richtlinie sollte die völkerrechtlichen Verpflichtungen der Mitgliedstaaten einschliesslich derjenigen aufgrund des TRIPS-Übereinkommens unberührt lassen.

⁶ Es bestehen weitere internationale Übereinkünfte, denen alle Mitgliedstaaten beigetreten sind und die ebenfalls Vorschriften über Instrumente zur Durchsetzung der Rechte des geistigen Eigentums enthalten. Dazu zählen in erster Linie die Pariser Verbandsübereinkunft zum Schutz des gewerblichen Eigentums, die Berner Übereinkunft zum Schutz von Werken der Literatur und Kunst und das Rom-Abkommen über den Schutz der ausübenden Künstler, der Hersteller von Tonträgern und der Sendeunternehmen.

---

[3] ABl. L 336 vom 23.12.1994, S. 1.

⁷ Aus den Sondierungen der Kommission zu dieser Frage hat sich ergeben, dass ungeachtet des TRIPS-Übereinkommens weiterhin zwischen den Mitgliedstaaten grosse Unterschiede bei den Instrumenten zur Durchsetzung der Rechte des geistigen Eigentums bestehen. So gibt es z. B. beträchtliche Diskrepanzen bei den Durchführungsbestimmungen für einstweilige Massnahmen, die insbesondere zur Sicherung von Beweismitteln verhängt werden, bei der Berechnung von Schadensersatz oder bei den Durchführungsbestimmungen für Verfahren zur Beendigung von Verstössen gegen Rechte des geistigen Eigentums. In einigen Mitgliedstaaten stehen Massnahmen, Verfahren und Rechtsbehelfe wie das Auskunftsrecht und der Rückruf rechtsverletzender Ware vom Markt auf Kosten des Verletzers nicht zur Verfügung.

⁸ Die Unterschiede zwischen den Regelungen der Mitgliedstaaten hinsichtlich der Instrumente zur Durchsetzung der Rechte des geistigen Eigentums beeinträchtigen das reibungslose Funktionieren des Binnenmarktes und verhindern, dass die bestehenden Rechte des geistigen Eigentums überall in der Gemeinschaft in demselben Grad geschützt sind. Diese Situation wirkt sich nachteilig auf die Freizügigkeit im Binnenmarkt aus und behindert die Entstehung eines Umfelds, das einen gesunden Wettbewerb begünstigt.

⁹ Die derzeitigen Unterschiede schwächen ausserdem das materielle Recht auf dem Gebiet des geistigen Eigentums und führen zu einer Fragmentierung des Binnenmarktes in diesem Bereich. Dies untergräbt das Vertrauen der Wirtschaft in den Binnenmarkt und bremst somit Investitionen in Innovation und geistige Schöpfungen. Verletzungen von Rechten des geistigen Eigentums stehen immer häufiger in Verbindung mit dem organisierten Verbrechen. Die verstärkte Nutzung des Internet ermöglicht einen sofortigen globalen Vertrieb von Raubkopien. Die wirksame Durchsetzung des materiellen Rechts auf dem Gebiet des geistigen Eigentums bedarf eines gezielten Vorgehens auf Gemeinschaftsebene. Die Angleichung der diesbezüglichen Rechtsvorschriften der Mitgliedstaaten ist somit eine notwendige Voraussetzung für das reibungslose Funktionieren des Binnenmarktes.

¹⁰ Mit dieser Richtlinie sollen diese Rechtsvorschriften einander angenähert werden, um ein hohes, gleichwertiges und homogenes Schutzniveau für geistiges Eigentum im Binnenmarkt zu gewährleisten.

¹¹ Diese Richtlinie verfolgt weder das Ziel, die Vorschriften im Bereich der justiziellen Zusammenarbeit, der gerichtlichen Zuständigkeit oder der Anerkennung und Vollstreckung von Entscheidungen in Zivil- und Handelssachen zu harmonisieren, noch das Ziel, Fragen des anwendbaren Rechts zu behandeln. Es gibt bereits gemeinschaftliche Instrumente, die diese Angelegenheiten auf allgemeiner Ebene regeln; sie gelten prinzipiell auch für das geistige Eigentum.

¹² Diese Richtlinie darf die Anwendung der Wettbewerbsvorschriften, insbesondere der Artikel 81 und 82 des Vertrags, nicht berühren. Die in dieser Richtlinie vorgesehenen Massnahmen dürfen nicht dazu verwendet werden, den Wettbewerb entgegen den Vorschriften des Vertrags unzulässig einzuschränken.

¹³ Der Anwendungsbereich dieser Richtlinie muss so breit wie möglich gewählt werden, damit er alle Rechte des geistigen Eigentums erfasst, die den diesbezüglichen Gemeinschaftsvorschriften und/oder den Rechtsvorschriften der jeweiligen Mitgliedstaaten unterliegen. Dieses Erfordernis hindert die Mitgliedstaaten jedoch nicht daran, die Bestimmungen dieser Richtlinie bei Bedarf zu innerstaatlichen Zwecken auf Handlungen auszuweiten, die den unlauteren Wettbewerb einschliesslich der Produktpiraterie oder vergleichbare Tätigkeiten betreffen.

¹⁴ Nur bei in gewerblichem Ausmass vorgenommenen Rechtsverletzungen müssen die Massnahmen nach Artikel 6 Absatz 2, Artikel 8 Absatz 1 und Artikel 9 Absatz 2 angewandt werden. Unbeschadet davon können die Mitgliedstaaten diese Massnahmen auch bei anderen Rechtsverletzungen anwenden. In gewerblichem Ausmass vorgenommene Rechtsverletzungen zeichnen sich dadurch aus, dass sie zwecks Erlangung eines unmittelbaren oder mittelbaren wirtschaftlichen oder kommerziellen Vorteils vorgenommen werden; dies schliesst in der Regel Handlungen aus, die in gutem Glauben von Endverbrauchern vorgenommen werden.

¹⁵ Diese Richtlinie sollte das materielle Recht auf dem Gebiet des geistigen Eigentums, nämlich die Richtlinie 95/46/EG des Europäischen Parlaments und des Rates vom 24. Oktober 1995 zum Schutz natürlicher Personen bei der Verarbeitung personenbezogener Daten und zum freien Datenverkehr[4], die Richtlinie 1999/93/EG des Europäischen Parlaments und des Rates vom 13. Dezember 1999 über gemeinschaftliche Rahmenbedingungen für elektronische Signaturen[5] und die Richtlinie 2000/31/EG des Europäischen Parlaments und des Rates vom 8. Juni 2000 über bestimmte rechtliche Aspekte der Dienste der Informationsgesellschaft, insbesondere des elektronischen Geschäftsverkehrs, im Binnenmarkt[6] nicht berühren.

¹⁶ Diese Richtlinie sollte die gemeinschaftlichen Sonderbestimmungen zur Durchsetzung der Rechte und Ausnahmeregelungen auf dem Gebiet des Urheberrechts und der verwandten Schutzrechte, insbesondere die Bestimmungen der Richtlinie 91/250/EWG des Rates vom 14. Mai 1991 über den Rechtsschutz von Computerprogrammen[7] und der Richtlinie 2001/29/EG des Europäischen Parlaments und des Rates vom 22. Mai 2001 zur Harmonisierung bestimmter Aspekte des Urheberrechts und der verwandten Schutzrechte in der Informationsgesellschaft[8], unberührt lassen.

¹⁷ Die in dieser Richtlinie vorgesehenen Massnahmen, Verfahren und Rechtsbehelfe sollten in jedem Einzelfall so bestimmt werden, dass den spezifischen Merkmalen dieses Falles, einschliesslich der Sonderaspekte jedes Rechts an geistigem Eigentum und gegebenenfalls des vorsätzlichen oder nicht vorsätzlichen Charakters der Rechtsverletzung gebührend Rechnung getragen wird.

---

[4] ABl. L 281 vom 23.11.1995, S. 31. Richtlinie geändert durch die Verordnung (EG) Nr. 1882/2003 (ABl. L 284 vom 31.10.2003, S. 1).

[5] ABl. L 13 vom 19.1.2000, S. 12.

[6] ABl. L 178 vom 17.7.2000, S. 1.

[7] ABl. L 122 vom 17.5.1991, S. 42. Richtlinie geändert durch die Richtlinie 93/98/EWG (ABl. L 290 vom 24.11.1993, S. 9).

[8] ABl. L 167 vom 22.6.2001, S. 10

¹⁸ Die Befugnis, die Anwendung dieser Massnahmen, Verfahren und Rechtsbehelfe zu beantragen, sollte nicht nur den eigentlichen Rechtsinhabern eingeräumt werden, sondern auch Personen, die ein unmittelbares Interesse haben und klagebefugt sind, soweit dies nach den Bestimmungen des anwendbaren Rechts zulässig ist und mit ihnen im Einklang steht; hierzu können auch Berufsorganisationen gehören, die mit der Verwertung der Rechte oder mit der Wahrnehmung kollektiver und individueller Interessen betraut sind.

¹⁹ Da das Urheberrecht ab dem Zeitpunkt der Werkschöpfung besteht und nicht förmlich eingetragen werden muss, ist es angezeigt, die in Artikel 15 der Berner Übereinkunft enthaltene Bestimmung zu übernehmen, wonach eine Rechtsvermutung dahin gehend besteht, dass der Urheber eines Werkes der Literatur und Kunst die Person ist, deren Name auf dem Werkstück angegeben ist. Eine entsprechende Rechtsvermutung sollte auf die Inhaber verwandter Rechte Anwendung finden, da die Bemühung, Rechte durchzusetzen und Produktpiraterie zu bekämpfen, häufig von Inhabern verwandter Rechte, etwa den Herstellern von Tonträgern, unternommen wird.

²⁰ Da Beweismittel für die Feststellung einer Verletzung der Rechte des geistigen Eigentums von zentraler Bedeutung sind, muss sichergestellt werden, dass wirksame Mittel zur Vorlage, zur Erlangung und zur Sicherung von Beweismitteln zur Verfügung stehen. Die Verfahren sollten den Rechten der Verteidigung Rechnung tragen und die erforderlichen Sicherheiten einschliesslich des Schutzes vertraulicher Informationen bieten. Bei in gewerblichem Ausmass vorgenommenen Rechtsverletzungen ist es ferner wichtig, dass die Gerichte gegebenenfalls die Übergabe von Bank-, Finanz- und Handelsunterlagen anordnen können, die sich in der Verfügungsgewalt des angeblichen Verletzers befinden.

²¹ In einigen Mitgliedstaaten gibt es andere Massnahmen zur Sicherstellung eines hohen Schutzniveaus; diese sollten in allen Mitgliedstaaten verfügbar sein. Dies gilt für das Recht auf Auskunft über die Herkunft rechtsverletzender Waren und Dienstleistungen, über die Vertriebswege sowie über die Identität Dritter, die an der Rechtsverletzung beteiligt sind.

²² Ferner sind einstweilige Massnahmen unabdingbar, die unter Wahrung des Anspruchs auf rechtliches Gehör und der Verhältnismässigkeit der einstweiligen Massnahme mit Blick auf die besonderen Umstände des Einzelfalles, sowie vorbehaltlich der Sicherheiten, die erforderlich sind, um dem Antragsgegner im Falle eines ungerechtfertigten Antrags den entstandenen Schaden und etwaige Unkosten zu ersetzen, die unverzügliche Beendigung der Verletzung ermöglichen, ohne dass eine Entscheidung in der Sache abgewartet werden muss. Diese Massnahmen sind vor allem dann gerechtfertigt, wenn jegliche Verzögerung nachweislich einen nicht wieder gutzumachenden Schaden für den Inhaber eines Rechts des geistigen Eigentums mit sich bringen würde.

²³ Unbeschadet anderer verfügbarer Massnahmen, Verfahren und Rechtsbehelfe sollten Rechtsinhaber die Möglichkeit haben, eine gerichtliche Anordnung gegen eine Mittelsperson zu beantragen, deren Dienste von einem Dritten dazu genutzt werden, das gewerbliche Schutzrecht des Rechtsinhabers zu verletzen. Die Voraussetzungen und Verfahren für derartige Anordnungen sollten Gegenstand der einzelstaatlichen Rechtsvorschriften der Mitgliedstaaten bleiben. Was Verletzungen des Urheberrechts oder verwandter Schutzrechte betrifft, so gewährt die Richtlinie 2001/29/EG bereits ein umfassendes Mass an Harmonisierung. Artikel 8 Absatz 3 der Richtlinie 2001/29/EG sollte daher von dieser Richtlinie unberührt bleiben.

²⁴ Je nach Sachlage und sofern es die Umstände rechtfertigen, sollten die zu ergreifenden Massnahmen, Verfahren und Rechtsbehelfe Verbotsmassnahmen beinhalten, die eine erneute Verletzung von Rechten des geistigen Eigentums verhindern. Darüber hinaus sollten Abhilfemassnahmen vorgesehen werden, deren Kosten gegebenenfalls dem Verletzer angelastet werden und die beinhalten können, dass Waren, durch die ein Recht verletzt wird, und gegebenenfalls auch die Materialien und Geräte, die vorwiegend zur Schaffung oder Herstellung dieser Waren gedient haben, zurückgerufen, endgültig aus den Vertriebswegen entfernt oder vernichtet werden. Diese Abhilfemassnahmen sollten den Interessen Dritter, insbesondere der in gutem Glauben handelnden Verbraucher und privaten Parteien, Rechnung tragen.

²⁵ In Fällen, in denen eine Rechtsverletzung weder vorsätzlich noch fahrlässig erfolgt ist und die in dieser Richtlinie vorgesehenen Abhilfemassnahmen oder gerichtlichen Anordnungen unangemessen wären, sollten die Mitgliedstaaten die Möglichkeit vorsehen können, dass in geeigneten Fällen als Ersatzmassnahme die Zahlung einer Abfindung an den Geschädigten angeordnet wird. Wenn jedoch die kommerzielle Nutzung der nachgeahmten Waren oder die Erbringung von Dienstleistungen andere Rechtsvorschriften als die Vorschriften auf dem Gebiet des geistigen Eigentums verletzt oder ein möglicher Nachteil für den Verbraucher entsteht, sollte die Nutzung der Ware bzw. die Erbringung der Dienstleistung untersagt bleiben.

²⁶ Um den Schaden auszugleichen, den ein Verletzer von Rechten des geistigen Eigentums verursacht hat, der wusste oder vernünftigerweise hätte wissen müssen, dass er eine Verletzungshandlung vornahm, sollten bei der Festsetzung der Höhe des an den Rechtsinhaber zu zahlenden Schadensersatzes alle einschlägigen Aspekte berücksichtigt werden, wie z. B. Gewinneinbussen des Rechtsinhabers oder zu Unrecht erzielte Gewinne des Verletzers sowie gegebenenfalls der immaterielle Schaden, der dem Rechtsinhaber entstanden ist. Ersatzweise, etwa wenn die Höhe des tatsächlich verursachten Schadens schwierig zu beziffern wäre, kann die Höhe des Schadens aus Kriterien wie z. B. der Vergütung oder den Gebühren, die der Verletzer hätte entrichten müssen, wenn er die Erlaubnis zur Nutzung des besagten Rechts eingeholt hätte, abgeleitet werden. Bezweckt wird dabei nicht die Einführung einer Verpflichtung zu einem als Strafe angelegten Schadensersatz, sondern eine Ausgleichsentschädigung für den Rechtsinhaber auf objektiver Grundlage unter Berücksichtigung der ihm entstandenen Kosten, z. B. im Zusammenhang mit der Feststellung der Rechtsverletzung und ihrer Verursacher.

²⁷ Die Entscheidungen in Verfahren wegen Verletzungen von Rechten des geistigen Eigentums sollten veröffentlicht werden, um künftige Verletzer abzuschrecken und zur Sensibilisierung der breiten Öffentlichkeit beizutragen.

²⁸ Zusätzlich zu den zivil- und verwaltungsrechtlichen Massnahmen, Verfahren und Rechtsbehelfen, die in dieser Richtlinie vorgesehen sind, stellen in geeigneten Fällen auch strafrechtliche Sanktionen ein Mittel zur Durchsetzung der Rechte des geistigen Eigentums dar.

²⁹ Die Industrie sollte sich aktiv am Kampf gegen Produktpiraterie und Nachahmung beteiligen. Die Entwicklung von Verhaltenskodizes in den direkt betroffenen Kreisen ist ein weiteres Mittel zur Ergänzung des Rechtsrahmens. Die Mitgliedstaaten sollten in Zusammenarbeit mit der Kommission die Ausarbeitung von Verhaltenskodizes im Allgemeinen fördern. Die Kontrolle der Herstellung optischer Speicherplatten, vornehmlich mittels eines Identifikationscodes auf Platten, die in der Gemeinschaft gefertigt werden, trägt zur Eindämmung der Verletzung der Rechte geistigen Eigentums in diesem Wirtschaftszweig bei, der in hohem Mass von Produktpiraterie betroffen ist. Diese technischen Schutzmassnahmen dürfen jedoch nicht zu dem Zweck missbraucht werden, die Märkte gegeneinander abzuschotten und Parallelimporte zu kontrollieren.

³⁰ Um die einheitliche Anwendung der Bestimmungen dieser Richtlinie zu erleichtern, empfiehlt es sich, Mechanismen für die Zusammenarbeit und den Informationsaustausch vorzusehen, die einerseits die Zusammenarbeit zwischen den Mitgliedstaaten untereinander, andererseits zwischen ihnen und der Kommission fördern, insbesondere durch die Schaffung eines Netzes von Korrespondenzstellen, die von den Mitgliedstaaten benannt werden, und durch die regelmässige Erstellung von Berichten, in denen die Umsetzung dieser Richtlinie und die Wirksamkeit der von den verschiedenen einzelstaatlichen Stellen ergriffenen Massnahmen bewertet wird.

³¹ Da aus den genannten Gründen das Ziel der vorliegenden Richtlinie auf Ebene der Mitgliedstaaten nicht ausreichend erreicht werden kann und daher besser auf Gemeinschaftsebene zu erreichen ist, kann die Gemeinschaft im Einklang mit dem in Artikel 5 des Vertrags niedergelegten Subsidiaritätsprinzip tätig werden. Entsprechend dem in demselben Artikel genannten Verhältnismässigkeitsprinzip geht diese Richtlinie nicht über das für die Erreichung dieses Ziels erforderliche Mass hinaus.

³² Diese Richtlinie steht im Einklang mit den Grundrechten und Grundsätzen, die insbesondere mit der Charta der Grundrechte der Europäischen Union anerkannt wurden. In besonderer Weise soll diese Richtlinie im Einklang mit Artikel 17 Absatz 2 der Charta die uneingeschränkte Achtung geistigen Eigentums sicherstellen —

HABEN FOLGENDE RICHTLINIEN ERLASSEN:

Kapitel I   Ziel- und Anwendungsbereich

Art. 1   **Gegenstand**
Diese Richtlinie betrifft die Massnahmen, Verfahren und Rechtsbehelfe, die erforderlich sind, um die Durchsetzung der Rechte des geistigen Eigentums sicherzustellen. Im Sinne dieser Richtlinie umfasst der Begriff «Rechte des geistigen Eigentums» auch die gewerblichen Schutzrechte.

Art. 2 **Anwendungsbereich**

[1] Unbeschadet etwaiger Instrumente in den Rechtsvorschriften der Gemeinschaft oder der Mitgliedstaaten, die für die Rechtsinhaber günstiger sind, finden die in dieser Richtlinie vorgesehenen Massnahmen, Verfahren und Rechtsbehelfe gemäss Artikel 3 auf jede Verletzung von Rechten des geistigen Eigentums, die im Gemeinschaftsrecht und/oder im innerstaatlichen Recht des betreffenden Mitgliedstaats vorgesehen sind, Anwendung.

[2] Diese Richtlinie gilt unbeschadet der besonderen Bestimmungen zur Gewährleistung der Rechte und Ausnahmen, die in der Gemeinschaftsgesetzgebung auf dem Gebiet des Urheberrechts und der verwandten Schutzrechte vorgesehen sind, namentlich in der Richtlinie 91/250/EWG, insbesondere in Artikel 7, und der Richtlinie 2001/29/EG, insbesondere in den Artikeln 2 bis 6 und Artikel 8.

[3] Diese Richtlinie berührt nicht:

a) die gemeinschaftlichen Bestimmungen zum materiellen Recht auf dem Gebiet des geistigen Eigentums, die Richtlinie 95/46/EG, die Richtlinie 1999/93/EG und die Richtlinie 2000/31/EG im Allgemeinen und insbesondere deren Artikel 12 bis 15;

b) die sich aus internationalen Übereinkünften für die Mitgliedstaaten ergebenden Verpflichtungen, insbesondere solche aus dem TRIPS-Übereinkommen, einschliesslich solcher betreffend strafrechtliche Verfahren und Strafen;

c) innerstaatliche Vorschriften der Mitgliedstaaten betreffend strafrechtliche Verfahren und Strafen bei Verletzung von Rechten des geistigen Eigentums.

Kapitel II   Massnahmen, Verfahren und Rechtsbefehle

Abschnitt 1 **Allgemeine Bestimmungen**

Art. 3 **Allgemeine Verpflichtung**

[1] Die Mitgliedstaaten sehen die Massnahmen, Verfahren und Rechtsbehelfe vor, die zur Durchsetzung der Rechte des geistigen Eigentums, auf die diese Richtlinie abstellt, erforderlich sind. Diese Massnahmen, Verfahren und Rechtsbehelfe müssen fair und gerecht sein, ausserdem dürfen sie nicht unnötig kompliziert oder kostspielig sein und keine unangemessenen Fristen oder ungerechtfertigten Verzögerungen mit sich bringen.

[2] Diese Massnahmen, Verfahren und Rechtsbehelfe müssen darüber hinaus wirksam, verhältnismässig und abschreckend sein und so angewendet werden, dass die Einrichtung von Schranken für den rechtmässigen Handel vermieden wird und die Gewähr gegen ihren Missbrauch gegeben ist.

Art. 4   **Zur Beantragung der Massnahmen,**
          Verfahren und Rechtsbehelfe befugte Personen

Die Mitgliedstaaten räumen den folgenden Personen das Recht ein, die in diesem Kapitel vorgesehenen Massnahmen, Verfahren und Rechtsbehelfe zu beantragen:

a) den Inhabern der Rechte des geistigen Eigentums im Einklang mit den Bestimmungen des anwendbaren Rechts,

b) allen anderen Personen, die zur Nutzung solcher Rechte befugt sind, insbesondere Lizenznehmern, soweit dies nach den Bestimmungen des anwendbaren Rechts zulässig ist und mit ihnen im Einklang steht,

c) Verwertungsgesellschaften mit ordnungsgemäss anerkannter Befugnis zur Vertretung von Inhabern von Rechten des geistigen Eigentums, soweit dies nach den Bestimmungen des anwendbaren Rechts zulässig ist und mit ihnen im Einklang steht,

d) Berufsorganisationen mit ordnungsgemäss anerkannter Befugnis zur Vertretung von Inhabern von Rechten des geistigen Eigentums, soweit dies nach den Bestimmungen des anwendbaren Rechts zulässig ist und mit ihnen im Einklang steht.

Art. 5   **Urheber- oder Inhabervermutung**

Zum Zwecke der Anwendung der in dieser Richtlinie vorgesehenen Massnahmen, Verfahren und Rechtsbehelfe gilt Folgendes:

a) Damit der Urheber eines Werkes der Literatur und Kunst mangels Gegenbeweises als solcher gilt und infolgedessen Verletzungsverfahren anstrengen kann, genügt es, dass sein Name in der üblichen Weise auf dem Werkstück angegeben ist.

b) Die Bestimmung des Buchstabens a) gilt entsprechend für Inhaber von dem Urheberrecht verwandten Schutzrechten in Bezug auf ihre Schutzgegenstände.

Abschnitt 2   **Beweise**

Art. 6   **Beweise**

[1] Die Mitgliedstaaten stellen sicher, dass die zuständigen Gerichte auf Antrag einer Partei, die alle vernünftigerweise verfügbaren Beweismittel zur hinreichenden Begründung ihrer Ansprüche vorgelegt und die in der Verfügungsgewalt der gegnerischen Partei befindlichen Beweismittel zur Begründung ihrer Ansprüche bezeichnet hat, die Vorlage dieser Beweismittel durch die gegnerische Partei anordnen können, sofern der Schutz vertraulicher Informationen gewährleistet wird. Für die Zwecke dieses Absatzes können die Mitgliedstaaten vorsehen, dass eine angemessen grosse Auswahl aus einer erheblichen Anzahl von Kopien eines Werks oder eines anderen geschützten Gegenstands von den zuständigen Gerichten als glaubhafter Nachweis angesehen wird.

[2] Im Falle einer in gewerblichem Ausmass begangenen Rechtsverletzung räumen die Mitgliedstaaten den zuständigen Gerichten unter den gleichen Voraussetzungen die Möglichkeit ein, in geeigneten Fällen auf Antrag einer Partei die Übermittlung von in der Verfügungsgewalt der gegnerischen Partei befindlichen Bank-, Finanz- oder Handelsunterlagen anzuordnen, sofern der Schutz vertraulicher Informationen gewährleistet wird.

Art. 7 Massnahmen zur Beweissicherung

[1] Die Mitgliedstaaten stellen sicher, dass die zuständigen Gerichte selbst vor Einleitung eines Verfahrens in der Sache auf Antrag einer Partei, die alle vernünftigerweise verfügbaren Beweismittel zur Begründung ihrer Ansprüche, dass ihre Rechte an geistigem Eigentum verletzt worden sind oder verletzt zu werden drohen, vorgelegt hat, schnelle und wirksame einstweilige Massnahmen zur Sicherung der rechtserheblichen Beweismittel hinsichtlich der behaupteten Verletzung anordnen können, sofern der Schutz vertraulicher Informationen gewährleistet wird. Derartige Massnahmen können die ausführliche Beschreibung mit oder ohne Einbehaltung von Mustern oder die dingliche Beschlagnahme der rechtsverletzenden Ware sowie gegebenenfalls der für die Herstellung und/oder den Vertrieb dieser Waren notwendigen Werkstoffe und Geräte und der zugehörigen Unterlagen umfassen. Diese Massnahmen werden gegebenenfalls ohne Anhörung der anderen Partei getroffen, insbesondere dann, wenn durch eine Verzögerung dem Rechtsinhaber wahrscheinlich ein nicht wieder gutzumachender Schaden entstünde, oder wenn nachweislich die Gefahr besteht, dass Beweise vernichtet werden.

Wenn Massnahmen zur Beweissicherung ohne Anhörung der anderen Partei getroffen wurden, sind die betroffenen Parteien spätestens unverzüglich nach der Vollziehung der Massnahmen davon in Kenntnis zu setzen. Auf Antrag der betroffenen Parteien findet eine Prüfung, die das Recht zur Stellungnahme einschliesst, mit dem Ziel statt, innerhalb einer angemessenen Frist nach der Mitteilung der Massnahmen zu entscheiden, ob diese abgeändert, aufgehoben oder bestätigt werden sollen.

[2] Die Mitgliedstaaten stellen sicher, dass die Massnahmen zur Beweissicherung an die Stellung einer angemessenen Kaution oder entsprechenden Sicherheit durch den Antragsteller geknüpft werden können, um eine Entschädigung des Antragsgegners wie in Absatz 4 vorgesehen sicherzustellen.

[3] Die Mitgliedstaaten stellen sicher, dass die Massnahmen zur Beweissicherung auf Antrag des Antragsgegners unbeschadet etwaiger Schadensersatzforderungen aufgehoben oder auf andere Weise ausser Kraft gesetzt werden, wenn der Antragsteller nicht innerhalb einer angemessenen Frist — die entweder von dem die Massnahmen anordnenden Gericht festgelegt wird, sofern dies nach dem Recht des Mitgliedstaats zulässig ist, oder, wenn es nicht zu einer solchen Festlegung kommt, 20 Arbeitstage oder 31 Kalendertage, wobei der längere der beiden Zeiträume gilt, nicht überschreitet – bei dem zuständigen Gericht das Verfahren einleitet, das zu einer Sachentscheidung führt.

[4] Werden Massnahmen zur Beweissicherung aufgehoben oder werden sie auf Grund einer Handlung oder Unterlassung des Antragstellers hinfällig, oder wird in der Folge festgestellt, dass keine Verletzung oder drohende Verletzung eines Rechts des geistigen Eigentums vorlag, so sind die Gerichte befugt, auf Antrag des Antragsgegners anzuordnen, dass der Antragsteller dem Antragsgegner angemessenen Ersatz für durch diese Massnahmen entstandenen Schaden zu leisten hat.

[5] Die Mitgliedstaaten können Massnahmen zum Schutz der Identität von Zeugen ergreifen.

Abschnitt 3   **Recht auf Auskunft**

Art. 8   **Recht auf Auskunft**

¹ Die Mitgliedstaaten stellen sicher, dass die zuständigen Gerichte im Zusammenhang mit einem Verfahren wegen Verletzung eines Rechts des geistigen Eigentums auf einen begründeten und die Verhältnismässigkeit wahrenden Antrag des Klägers hin anordnen können, dass Auskünfte über den Ursprung und die Vertriebswege von Waren oder Dienstleistungen, die ein Recht des geistigen Eigentums verletzen, von dem Verletzer und/oder jeder anderen Person erteilt werden, die

a) nachweislich rechtsverletzende Ware in gewerblichem Ausmass in ihrem Besitz hatte,

b) nachweislich rechtsverletzende Dienstleistungen in gewerblichem Ausmass in Anspruch nahm,

c) nachweislich für rechtsverletzende Tätigkeiten genutzte Dienstleistungen in gewerblichem Ausmass erbrachte, oder

d) nach den Angaben einer in Buchstabe a), b) oder c) genannten Person an der Herstellung, Erzeugung oder am Vertrieb solcher Waren bzw. an der Erbringung solcher Dienstleistungen beteiligt war.

² Die Auskünfte nach Absatz 1 erstrecken sich, soweit angebracht, auf

a) die Namen und Adressen der Hersteller, Erzeuger, Vertreiber, Lieferer und anderer Vorbesitzer der Waren oder Dienstleistungen sowie der gewerblichen Abnehmer und Verkaufsstellen, für die sie bestimmt waren;

b) Angaben über die Mengen der hergestellten, erzeugten, ausgelieferten, erhaltenen oder bestellten Waren und über die Preise, die für die betreffenden Waren oder Dienstleistungen gezahlt wurden.

³ Die Absätze 1 und 2 gelten unbeschadet anderer gesetzlicher Bestimmungen, die

a) dem Rechtsinhaber weiter gehende Auskunftsrechte einräumen,

b) die Verwendung der gemäss diesem Artikel erteilten Auskünfte in straf- oder zivilrechtlichen Verfahren regeln,

c) die Haftung wegen Missbrauchs des Auskunftsrechts regeln,

d) die Verweigerung von Auskünften zulassen, mit denen die in Absatz 1 genannte Person gezwungen würde, ihre Beteiligung oder die Beteiligung enger Verwandter an einer Verletzung eines Rechts des geistigen Eigentums zuzugeben, oder

e) den Schutz der Vertraulichkeit von Informationsquellen oder die Verarbeitung personenbezogener Daten regeln.

Abschnitt 4 Einstweilige Massnahmen und Sicherungsmassnahmen

Art. 9 Einstweilige Massnahmen und Sicherungsmassnahmen

¹ Die Mitgliedstaaten stellen sicher, dass die zuständigen Gerichte die Möglichkeit haben, auf Antrag des Antragstellers

a) gegen den angeblichen Verletzer eine einstweilige Massnahme anzuordnen, um eine drohende Verletzung eines Rechts des geistigen Eigentums zu verhindern oder einstweilig und, sofern die einzelstaatlichen Rechtsvorschriften dies vorsehen, in geeigneten Fällen unter Verhängung von Zwangsgeldern die Fortsetzung angeblicher Verletzungen dieses Rechts zu untersagen oder die Fortsetzung an die Stellung von Sicherheiten zu knüpfen, die die Entschädigung des Rechtsinhabers sicherstellen sollen; eine einstweilige Massnahme kann unter den gleichen Voraussetzungen auch gegen eine Mittelsperson angeordnet werden, deren Dienste von einem Dritten zwecks Verletzung eines Rechts des geistigen Eigentums in Anspruch genommen werden; Anordnungen gegen Mittelspersonen, deren Dienste von einem Dritten zwecks Verletzung eines Urheberrechts oder eines verwandten Schutzrechts in Anspruch genommen werden, fallen unter die Richtlinie 2001/29/EG;

b) die Beschlagnahme oder Herausgabe der Waren, bei denen der Verdacht auf Verletzung eines Rechts des geistigen Eigentums besteht, anzuordnen, um deren Inverkehrbringen und Umlauf auf den Vertriebswegen zu verhindern.

² Im Falle von Rechtsverletzungen in gewerblichem Ausmass stellen die Mitgliedstaaten sicher, dass die zuständigen Gerichte die Möglichkeit haben, die vorsorgliche Beschlagnahme beweglichen und unbeweglichen Vermögens des angeblichen Verletzers einschliesslich der Sperrung seiner Bankkonten und der Beschlagnahme sonstiger Vermögenswerte anzuordnen, wenn die geschädigte Partei glaubhaft macht, dass die Erfüllung ihrer Schadensersatzforderung fraglich ist. Zu diesem Zweck können die zuständigen Behörden die Übermittlung von Bank-, Finanz- oder Handelsunterlagen oder einen geeigneten Zugang zu den entsprechenden Unterlagen anordnen.

³ Im Falle der Massnahmen nach den Absätzen 1 und 2 müssen die Gerichte befugt sein, dem Antragsteller aufzuerlegen, alle vernünftigerweise verfügbaren Beweise vorzulegen, um sich mit ausreichender Sicherheit davon überzeugen zu können, dass der Antragsteller der Rechtsinhaber ist und dass das Recht des Antragstellers verletzt wird oder dass eine solche Verletzung droht.

⁴ Die Mitgliedstaaten stellen sicher, dass die einstweiligen Massnahmen nach den Absätzen 1 und 2 in geeigneten Fällen ohne Anhörung der anderen Partei angeordnet werden können, insbesondere dann, wenn durch eine Verzögerung dem Rechtsinhaber ein nicht wieder gutzumachender Schaden entstehen würde. In diesem Fall sind die Parteien spätestens unverzüglich nach der Vollziehung der Massnahmen davon in Kenntnis zu setzen.

Auf Antrag des Antragsgegners findet eine Prüfung, die das Recht zur Stellungnahme einschliesst, mit dem Ziel statt, innerhalb einer angemessenen Frist nach der Mitteilung der Massnahmen zu entscheiden, ob diese abgeändert, aufgehoben oder bestätigt werden sollen.

⁵ Die Mitgliedstaaten stellen sicher, dass die einstweiligen Massnahmen nach den Absätzen 1 und 2 auf Antrag des Antragsgegners aufgehoben oder auf andere Weise ausser Kraft gesetzt werden, wenn der Antragsteller nicht innerhalb einer angemessenen Frist — die entweder von dem die Massnahmen anordnenden Gericht festgelegt wird, sofern dies nach dem Recht des Mitgliedstaats zulässig ist, oder, wenn es nicht zu einer solchen Festlegung kommt, 20 Arbeitstage oder 31 Kalendertage, wobei der längere der beiden Zeiträume gilt, nicht überschreitet — bei dem zuständigen Gericht das Verfahren einleitet, das zu einer Sachentscheidung führt.

⁶ Die zuständigen Gerichte können die einstweiligen Massnahmen nach den Absätzen 1 und 2 an die Stellung einer angemessenen Kaution oder die Leistung einer entsprechenden Sicherheit durch den Antragsteller knüpfen, um eine etwaige Entschädigung des Antragsgegners gemäss Absatz 7 sicherzustellen.

⁷ Werden einstweilige Massnahmen aufgehoben oder werden sie auf Grund einer Handlung oder Unterlassung des Antragstellers hinfällig, oder wird in der Folge festgestellt, dass keine Verletzung oder drohende Verletzung eines Rechts des geistigen Eigentums vorlag, so sind die Gerichte befugt, auf Antrag des Antragsgegners anzuordnen, dass der Antragsteller dem Antragsgegner angemessenen Ersatz für durch diese Massnahmen entstandenen Schaden zu leisten hat.

Abschnitt 5   Massnahmen aufgrund einer Sachentscheidung

Art. 10   Abhilfemassnahmen

¹ Die Mitgliedstaaten stellen sicher, dass die zuständigen Gerichte auf Antrag des Antragstellers anordnen können, dass in Bezug auf Waren, die nach ihren Feststellungen ein Recht des geistigen Eigentums verletzen, und gegebenenfalls in Bezug auf Materialien und Geräte, die vorwiegend zur Schaffung oder Herstellung dieser Waren gedient haben, unbeschadet etwaiger Schadensersatzansprüche des Rechtsinhabers aus der Verletzung sowie ohne Entschädigung irgendwelcher Art geeignete Massnahmen getroffen werden. Zu diesen Massnahmen gehören

a) der Rückruf aus den Vertriebswegen,

b) das endgültige Entfernen aus den Vertriebswegen oder

c) die Vernichtung.

² Die Gerichte ordnen an, dass die betreffenden Massnahmen auf Kosten des Verletzers durchgeführt werden, es sei denn, es werden besondere Gründe geltend gemacht, die dagegen sprechen.

³ Bei der Prüfung eines Antrags auf Anordnung von Abhilfemassnahmen sind die Notwendigkeit eines angemessenen Verhältnisses zwischen der Schwere der Verletzung und den angeordneten Abhilfemassnahmen sowie die Interessen Dritter zu berücksichtigen.

Art. 11   Gerichtliche Anordnungen

Die Mitgliedstaaten stellen sicher, dass die zuständigen Gerichte bei Feststellung einer Verletzung eines Rechts des geistigen Eigentums eine Anordnung gegen den Verletzer erlassen können, die ihm die weitere Verletzung des betreffenden Rechts untersagt. Sofern dies nach dem Recht eines Mitgliedstaats vorgesehen ist, werden im Falle einer Missachtung dieser Anordnung in geeigneten Fällen Zwangsgelder verhängt, um die Einhaltung der Anordnung zu gewährleisten. Unbeschadet des Artikels 8 Absatz 3 der Richtlinie 2001/29/EG stellen die Mitgliedstaaten ferner sicher, dass die Rechtsinhaber eine Anordnung gegen Mittelspersonen beantragen können, deren Dienste von einem Dritten zwecks Verletzung eines Rechts des geistigen Eigentums in Anspruch genommen werden.

Art. 12   Ersatzmassnahmen

Die Mitgliedstaaten können vorsehen, dass die zuständigen Gerichte in entsprechenden Fällen und auf Antrag der Person, der die in diesem Abschnitt vorgesehenen Massnahmen auferlegt werden könnten, anordnen können, dass anstelle der Anwendung der genannten Massnahmen eine Abfindung an die geschädigte Partei zu zahlen ist, sofern die betreffende Person weder vorsätzlich noch fahrlässig gehandelt hat, ihr aus der Durchführung der betreffenden Massnahmen ein unverhältnismässig grosser Schaden entstehen würde und die Zahlung einer Abfindung an die geschädigte Partei als angemessene Entschädigung erscheint.

Abschnitt 6   **Schadensersatz und Rechtskosten**

Art. 13   **Schadensersatz**

[1] Die Mitgliedstaaten stellen sicher, dass die zuständigen Gerichte auf Antrag der geschädigten Partei anordnen, dass der Verletzer, der wusste oder vernünftigerweise hätte wissen müssen, dass er eine Verletzungshandlung vornahm, dem Rechtsinhaber zum Ausgleich des von diesem wegen der Rechtsverletzung erlittenen tatsächlichen Schadens angemessenen Schadensersatz zu leisten hat.

Bei der Festsetzung des Schadensersatzes verfahren die Gerichte wie folgt:

a) Sie berücksichtigen alle in Frage kommenden Aspekte, wie die negativen wirtschaftlichen Auswirkungen, einschliesslich der Gewinneinbussen für die geschädigte Partei und der zu Unrecht erzielten Gewinne des Verletzers, sowie in geeigneten Fällen auch andere als die rein wirtschaftlichen Faktoren, wie den immateriellen Schaden für den Rechtsinhaber, oder

b) sie können stattdessen in geeigneten Fällen den Schadensersatz als Pauschalbetrag festsetzen, und zwar auf der Grundlage von Faktoren wie mindestens dem Betrag der Vergütung oder Gebühr, die der Verletzer hätte entrichten müssen, wenn er die Erlaubnis zur Nutzung des betreffenden Rechts des geistigen Eigentums eingeholt hätte.

[2] Für Fälle, in denen der Verletzer eine Verletzungshandlung vorgenommen hat, ohne dass er dies wusste oder vernünftigerweise hätte wissen müssen, können die Mitgliedstaaten die Möglichkeit vorsehen, dass die Gerichte die Herausgabe der Gewinne oder die Zahlung von Schadensersatz anordnen, dessen Höhe im Voraus festgesetzt werden kann.

Art. 14   **Prozesskosten**

Die Mitgliedstaaten stellen sicher, dass die Prozesskosten und sonstigen Kosten der obsiegenden Partei in der Regel, soweit sie zumutbar und angemessen sind, von der unterlegenen Partei getragen werden, sofern Billigkeitsgründe dem nicht entgegenstehen.

Abschnitt   **Veröffentlichung**

Art. 15   **Veröffentlichung von Gerichtsentscheidungen**

Die Mitgliedstaaten stellen sicher, dass die Gerichte bei Verfahren wegen Verletzung von Rechten des geistigen Eigentums auf Antrag des Antragstellers und auf Kosten des Verletzers geeignete Massnahmen zur Verbreitung von Informationen über die betreffende Entscheidung, einschliesslich der Bekanntmachung und der vollständigen oder teilweisen Veröffentlichung, anordnen können. Die Mitgliedstaaten können andere, den besonderen Umständen angemessene Zusatzmassnahmen, einschliesslich öffentlichkeitswirksamer Anzeigen, vorsehen.

Kapitel III   Sanktionen der Mitgliedstaaten

Art. 16   **Sanktionen der Mitgliedstaaten**

Unbeschadet der in dieser Richtlinie vorgesehenen zivil- und verwaltungsrechtlichen Massnahmen, Verfahren und Rechtsbehelfe können die Mitgliedstaaten in Fällen von Verletzungen von Rechten des geistigen Eigentums andere angemessene Sanktionen vorsehen.

Kapitel IV   Verhaltenskodizes und Verwaltungszusammenarbeit

Art. 17   **Verhaltenskodizes**

Die Mitgliedstaaten wirken darauf hin, dass

a)   die Unternehmens- und Berufsverbände oder -organisationen auf Gemeinschaftsebene Verhaltenskodizes ausarbeiten, die zum Schutz der Rechte des geistigen Eigentums beitragen, insbesondere indem die Anbringung eines Codes auf optischen Speicherplatten empfohlen wird, der den Ort ihrer Herstellung erkennen lässt;

b)   der Kommission die Entwürfe innerstaatlicher oder gemeinschaftsweiter Verhaltenskodizes und etwaige Gutachten über deren Anwendung übermittelt werden.

Art. 18 Bewertung

¹ Jeder Mitgliedstaat legt der Kommission drei Jahre nach Ablauf der in Artikel 20 Absatz 1 genannten Frist einen Bericht über die Umsetzung dieser Richtlinie vor. Anhand dieser Berichte erstellt die Kommission einen Bericht über die Anwendung dieser Richtlinie, einschliesslich einer Bewertung der Wirksamkeit der ergriffenen Massnahmen sowie einer Bewertung der Auswirkungen der Richtlinie auf die Innovation und die Entwicklung der Informationsgesellschaft. Dieser Bericht wird dem Europäischen Parlament, dem Rat und dem Europäischen Wirtschafts- und Sozialausschuss vorgelegt. Soweit erforderlich, legt die Kommission unter Berücksichtigung der Entwicklung des Gemeinschaftsrechts zusammen mit dem Bericht Vorschläge zur Änderung dieser Richtlinie vor.

² Die Mitgliedstaaten lassen der Kommission bei der Erstellung des in Absatz 1 Unterabsatz 2 genannten Berichts jede benötigte Hilfe und Unterstützung zukommen.

Art. 19 Informationsaustausch und Korrespondenzstellen

Zur Förderung der Zusammenarbeit, einschliesslich des Informationsaustauschs, der Mitgliedstaaten untereinander sowie zwischen den Mitgliedstaaten und der Kommission benennt jeder Mitgliedstaat mindestens eine nationale Korrespondenzstelle für alle die Durchführung der in dieser Richtlinie vorgesehenen Massnahmen betreffenden Fragen. Jeder Mitgliedstaat teilt die Kontaktadressen seiner Korrespondenzstelle(n) den anderen Mitgliedstaaten und der Kommission mit.

Kapitel V Schlussbestimmungen

Art. 20 Umsetzung

¹ Die Mitgliedstaaten setzen die Rechts- und Verwaltungsvorschriften in Kraft, die erforderlich sind, um dieser Richtlinie spätestens ab dem 29. April 2006 nachzukommen. Sie setzen die Kommission unverzüglich davon in Kenntnis. Wenn die Mitgliedstaaten diese Vorschriften erlassen, nehmen sie in den Vorschriften selbst oder durch einen Hinweis bei der amtlichen Veröffentlichung auf diese Richtlinie Bezug. Die Mitgliedstaaten regeln die Einzelheiten der Bezugnahme.

² Die Mitgliedstaaten teilen der Kommission den Wortlaut der innerstaatlichen Rechtsvorschriften mit, die sie auf dem unter diese Richtlinie fallenden Gebiet erlassen.

Art. 21 Inkrafttreten

Diese Richtlinie tritt am zwanzigsten Tag nach ihrer Veröffentlichung im Amtsblatt der Europäischen Union in Kraft.

Art. 22 **Adressaten**
Diese Richtlinie ist an die Mitgliedstaaten gerichtet.
Geschehen zu Strassburg, am 29. April 2004.

Im Namen des Europäischen Parlaments   Im Namen des Rates
Der Präsident   Der Präsident
P. COX   M. McDOWELL

Weitere Fundstellen Verfahrensrecht

Nationale Erlasse
- Bundesrechtspflegegesetz (SR 173.110)
- Verwaltungsverfahrensgesetz (SR 172.021)
- Konkordat über die Schiedsgerichtsbarkeit (SR 269)

Multilaterale Staatsverträge
- Übereinkommen über die Anerkennung und Vollstreckung **ausländischer Schiedssprüche,** abgeschlossen in New York (SR 0.277.12)

Europarecht
- Verordnung (EG) Nr. 44/2001 des Rates vom 22. Dezember 2000 über die gerichtliche Zuständigkeit und die Anerkennung und Vollstreckung von Entscheidungen in Zivil- und Handelssachen (ABl. 2001 Nr. L 012, S1 ff.)

Verschiedenes
- WIPO Schiedsordnung (arbiter.wipo.int/arbitration/rules/)
- ICC Schiedsgerichtsordnung vom 1. Januar 1998 (www.iccwbo.org/court/english/arbitration/rules.asp)
- Swiss Rules of International Arbitration vom 1. Januar 2004 (ersetzen die Regeln der Zürcher Handelskammer für internationale Verfahren; http://www.swissarbitration.ch/)
- Schlichtungs- und Schiedsgerichtsordnung der Zürcher Handelskammer (für Binnen-Verfahren; zu beziehen bei der Zürcher Handelskammer, www.zurichcci.ch/feedback_fr.html)